U1063528

别下齋叢書 涉聞梓舊

（一）

東湖叢記 别下齋書畫録

（清）蔣光煦 編撰

廣陵書社
中國·揚州

圖書在版編目（CIP）數據

別下齋叢書 ; 涉聞梓舊 ; 東湖叢記 ; 別下齋書畫
錄 / (清) 蔣光煦編撰. -- 揚州 : 廣陵書社, 2016.6
ISBN 978-7-5554-0585-6

Ⅰ. ①別… Ⅱ. ①蔣… Ⅲ. ①國學－研究－中國
Ⅳ. ①Z126

中國版本圖書館CIP數據核字(2016)第159148號

書　　名　別下齋叢書・涉聞梓舊・東湖叢記・別下齋書畫録
編　　撰　(清)蔣光煦
責任編輯　徐大軍
出 版 人　曾學文
出版發行　廣陵書社
揚州市維揚路 349 號　郵編　225009
http://www.yzglpub.com　E-mail:yzglss@163.com
印　　刷　無錫市極光印務有限公司
裝　　訂　無錫市西新印刷有限公司
開　　本　787 毫米 ×1092 毫米　1/16
印　　張　137.5
版　　次　2016 年 6 月第 1 版第 1 次印刷
標準書號　ISBN 978-7-5554-0585-6
定　　價　850.00 圓(全叁册)

出版説明

本書為清蔣光煦編輯和撰著的幾種著作的合編，包括《別下齋叢書》《涉聞梓舊》《東湖叢記》和《別下齋書畫録》四種。

蔣光煦(一八一三—一八六〇)，字日甫，一字愛笱，號雅山，後改生沐，又自號放庵居士，清海寧州(今浙江海寧)人。諸生，候選訓導。十歲而孤，母馬氏親自課讀。自幼即喜藏書，三吳書籍，搜羅殆遍，所藏秘笈不下四五萬卷。所藏多影宋抄本、刻本，為錢泰吉、俞樾、邵懿辰等學者所推重。太平天國運動時，避居鄉間，聞藏書樓被焚，嘔血而亡。所著有《東湖叢記》《別下齋書畫録》《花事草堂學吟》《花事草堂詩稿》等。

《別下齋叢書》，二十九種，九十一卷，蔣光煦輯。以其書室『別下齋』命名此書，蓋取宋王應麟『困而學之別於下民』之義。是書所收唐宋以來經史要籍及鄉邦遺著，有不少詞集著作。校刻極精，人多珍之，世稱為善本。是書原為隨刻隨印，初印行僅十種，後陸續編刻，與《涉聞梓舊》並行。通行本有清道光間海昌蔣氏刻咸豐六年續刻本、民國十二年上海商務印書館據清蔣氏刻本影印本、民國間武林竹簡齋據清蔣氏刻本影印本。此次據民國間武林竹簡齋影印清蔣氏刻本影印，個別缺頁，據民國十二年上海商務印書館影印清蔣氏刻本補。

《涉聞梓舊》二十五種，一百一十四卷，蔣光煦輯。蔣光煦既刊《别下齋叢書》之後，意猶未盡，又校刊此書。其門類與前書大致相同，選輯諸書雖上及宋元，然以清代撰述為多。所收各書，大都為罕秘之本，多為金石考訂之作。其中《易學濫觴》《非詩辨妄》均為罕見之籍；《金石録補續跋》用原稿刊行，為海内孤本；其所撰輯《斠補隅録》為校補古書脱誤的劄記，撰集尤精。全書搜輯各書，較《别下齋叢書》為善，為世所重。通行本有清道光咸豐間海昌蔣氏宜年堂刻咸豐六年重編本、民國十三年上海商務印書館據清蔣氏刻本影印本、民國間武林竹簡齋據清蔣氏刻本影印本等。此次據民國十三年上海商務印書館影印清蔣氏刻本影印。

《東湖叢記》六卷，蔣光煦撰。本書為蔣氏的讀書筆記，著録作者平生寓目的諸多珍本秘笈和金石碑帖等，凡一百四十一則。所録書籍多宋元刊本及鈔本、稿本，多為稀見之本，為諸家目録未著録者。金石亦以罕見者為多。各書往往全録舊有序跋，並以雙行小字注出行款及得書經過、校刻事由等，保存了大量的版本學和金石學資料。與錢泰吉《曝書雜記》並重於時。通行本有光緒九年江陰繆荃孫輯刻《雲自在龕叢書》本。此次據光緒九年江陰繆荃孫輯刻《雲自在龕叢書》本影印。

《别下齋書畫録》七卷《補闕》一卷，蔣光煦撰，許光治校，管庭芬輯。此書收録宋至清代名家書畫，兼收題跋、印章等。書前有同治四年芷湘老人管庭芬序，述蔣氏搜收書畫之事及此書成書經過。序謂蔣氏曾與同鄉許羹梅（光治）編纂此書若干卷，清本未竟，羹梅謝世。咸豐庚申州陷，光煦碶石之居被毁，平生所蓄一旦成為灰燼，抱恨而終。管氏輯其草稿一册及許羹梅手稿二册以成斯篇。是書著錄名蹟不多，多為清初以來諸名家作品，其中尤以嘉慶至道光間江、浙兩省畫家作品居多。此書有手稿本存世，又有同治四年管庭芬抄本、清抄本等，民國十三年蘇州文學山房木活字印《江氏聚珍版叢書》本。此次據同治四年管庭芬抄本影印。

鑒於蔣氏所編輯和撰寫之書對於相關學術研究的重要價值，此次特薈萃於一編，並據相關版本縮小影印，以方便讀者的使用和研究。

廣陵書社

二〇一六年六月

總目錄

第一册

別下齋叢書

涉聞梓舊

第三册

海昌蔣生沐編

別下齋叢書

涉聞梓舊坿

道光丁酉海昌蔣氏校刊

武林竹簡齋重印

別下齋叢書序

道光丁酉春予訪嘉興錢警石學博於海昌蔣生沐茂才以所為篝鐙教讀圖徵序予固深有意乎其為人也已而生沐以所刻別下齋叢書見視屬為序之且夫六經尚矣而班志兼列九家蓋以九家亦六經之支流餘裔也是故賢人君子之撰著與憔悴專壹之士以偏長自足者其致力雖殊而所冀後人之采而輯之傳諸久遠則其用意未嘗有異叢書之刻其事雖微而與班志之兼列九家為讀書稽古之助其用意亦未嘗有異近世刻叢書之富者無過新安鮑氏知不足齋今生沐於古人之書網羅放失皆鮑氏之所遺而並世之人有著述媲美於前賢而未及梓以行世者亦采錄以公諸同好行見空谷遯心考槃

寤歌之徒俯仰古今幸夫偃蹇寥戾仰屋梁著書者之不終泯滅方將太虛以為室明月以為燭齊千載於旦暮等天涯若比鄰尚何有乎蕭條寂歷之感恨不獲相與晤言而詠歎也哉宜興吳德旋序

別下齋藏書記

自古藏書之難繇於聚書之不專聚之不專繇於其心之不好歐陽子云物必聚於所好然好之而無其力與有力而不好之篤皆不能以聚其不好亦繇於人之不知讀甚矣聚而能藏之之爲難也宋元以前無論已明代所偁藏書者有鄞范氏天一閣西亭宗正聚樂堂晉江黃氏千頃堂崑山葉氏菉竹堂山陰祁氏澹生堂秀水項氏天籟閣常熟毛氏汲古閣

國朝有秀水曹氏靜惕堂朱氏暴書亭長洲徐氏傳是樓濟南王氏池北書庫其最著者雖卷帙之多寡不同要皆以人重其所藏而天一閣巋然尚存其詒後人葆

守之灋至善也今海昌蔣君生沐少失怙性耆古好讀書自十齡即喜購書迄今十餘年積有五萬卷並有宋元舊槧舊精鈔本并世所希覯者君既以所藏若干種付剞劂爲宜年堂叢刻行世昔朱竹垞太史有書八萬卷自云亦足以豪君今好之既篤則歲增月益其儲藏正未可量豈僅八萬卷而已使好之之心不專好之而不能有力亦安得即籤帙之富如是邪齋曰別下者孔子言困學爲學知之次君能讀其書已無媿於學知而猶以別下爲名其亦自抑而自厲之者歟

道光二十一年歲在辛丑立冬後一日嘉興李富孫拜譔時年七十有八

別下齋叢書總目 丙辰年重編

別下齋叢書總目　別下齋校本

龍氏易傳

欽定四庫全書提要

周易集傳八卷

元龍仁夫撰仁夫字觀復廬陵人吉安府志作永新人官湖廣儒學提舉事蹟附載元史儒學傳劉詵傳內是書成於至治辛酉董眞卿周易會通稱其有自序一篇此本無之朱彝尊經義考於舊序例皆全錄而亦無是篇則其佚已久矣吉安府志云仁夫周易集傳十八卷立說主本義每卦爻下各分變象辭占今觀所注雖根據程朱者多而意在卽象詁義於卦象爻象互觀析觀反覆推闡頗能抒所心得非如胡炳文

等徒墨守舊文者也吉安府志又稱其謂雜卦爲占筮書引春秋傳屯固比入坤安震殺皆以一字斷卦義爲證其說似創而有本亦異乎游談無根者元史稱仁夫所著周易多發前儒之所未發殆不誣矣原書十八卷今僅存八卷然上下經皆已全具朱彝尊曝書亭集有是書跋謂通志堂刻經解時以其殘闕故未開雕云云夫傳錄古書當問其義理之是非不當論其篇頁之殘闕殘篇斷簡古人尙且蒐輯仁夫是書上下經裒然俱完而以不全棄之何其傎也況傅寅禹貢說斷程大昌禹貢圖說林之奇三山

書傳今以永樂大典校之皆非完帙而徐氏仍登梨棗是又何說歟今特錄存之俾重著於世庶於經義有所裨焉

周易集傳卷第一

廬陵　龍仁夫　學

新安胡一桂曰上經十八卦反對成三十卦下經亦十八卦反對成三十四卦上經五十二陽爻五十六陰爻下經五十六陽爻五十二陰爻

☰☰ 乾下乾上

乾元亨利貞 貞有二義曰正曰固先儒并取二字釋之間有牴牾不通處按經文主貞固義爲多如貞吉永貞艱貞安貞微異而實同如貞凶貞厲貞各則不宜主固耳至可貞不可貞勿用永貞義尤明孔子作傳憂後人以易占險故象傳凡釋貞曰正與經文訓固不相妨況文言貞固足以幹事可謂一言蔽之今審定凡經文言貞並訓固傳文言貞並訓正後不重出

初九潛龍勿用 荀說卦乾爲龍六陽變化故取以象焉潛見躍飛亢象因龍而生逐爻相次第爾无別義○六陽全體龍也爻居最下潛地之龍也若有德者當之但可靜晦涵養需時而動稍見鋒穎

有取傷之道若常人又不足當故戒以勿用坎三勿見同師既濟小人勿用頤十年勿用之類並同○說卦震雖爲龍然乾亦未嘗不爲龍諸儒反牽合震以釋乾誤矣震爲長子故爲馬爲玉之屬皆與乾同象象不獨龍也乾爲龍坤宜爲牝龍故坤上六稱龍戰云

九二見龍在田利見大人 離初潛而出故言見六爻之象二爲地上故言田蝌三四雞歎甑吐雞大人德位俱尊之稱經言大人皆主九二九五而言○龍見於田人皆覩之此盛德著明全體呈露之象二爲下卦中爻故美象如此惟有德者當之檻躂辟巽

九三君子終日乾乾夕惕若厲无咎 此爻義在重乾故直以君子屬辭不復取龍爲象經言君子多矣皆兆言或謂三人位故言君子非是乾乾者上下兩乾之象歟姤爻變曰乾之履有離日體三爲下卦終故言終日言夕離九三日昃同○爻在上下兩乾間所謂重剛也以九居三爻重剛君子當之終日之間其行事健而又健至於日夕而猶兢惕不自甯蓋剛之至也若雜柔體則暫焉奮勵少焉舒肆矣六陽純體又居卦中无凶悔吝之可言不免危厲終无咎也

九四或躍在淵无咎爻在見之上飛之下故言躍不言龍因上下爻互見離爻變曰乾之小畜有兌澤體水澤體通故言淵四居上卦底即初之潛處也亦有淵義○四與天飛隔一膜爾故有躍而上升之勢然六陽純體居於卦中又兼柔畫非躁進者故以或言其體蓋在躍未躍之間而實未離所止之淵也與離之突如來如者不可同日語矣

九五飛龍在天利見大人由躍而升故言飛五爲天位故言天互見九二○龍飛騰之物在天乃爲得位雲行雨施天下蒙其利澤也五爲上卦中故有此象惟有天德居天位者乃足當之常人遇此則止宜見大德之人與九二同

上九亢龍有悔爻居六陽之終以德言則剛極以位言則高極其體如此舉動能无悔乎故爲有悔凡悔吝皆次於凶朱子曰吝在事前悔在事後後倣此

用九見羣龍无首吉陽爻七九陰爻八六九六變而七八不變易占其變故七八无辭而爻皆九六然六爻皆變則主變卦彖辭此通例也乾六爻變則以用九辭決之坤六爻變則以用六辭決之此特例也○龍隱見變化之物罕有見其全者故雖見而无首亦吉又六陽過剛未免於亢變陰則不至亢矣故吉

☷☷坤下坤上

坤元亨利牝馬之貞說卦乾爲馬乾牡而坤牝故言牝馬江陵項氏曰地方畜牧當游牝時每一牡將十牝以出雖千百爲羣各從其牡不他合○坤爲乾對故亦主大亨通而利貞之義小異牝馬物之順而正者也宜以順正之道而周主之也君子有攸往先迷後得主舊以主利爲句然爻言得主合爲句按蹇解彖利西南又合爲句今正之○荀說卦坤爲迷陰不能自爲主必從乎陽故其先與迷而後乃得其所主得主則不迷矣利西南得朋東北喪朋文王卦位西南爲坤方又巽離兌坤之朋也乃西南卦震坎艮乾之朋也乃東北卦故適西南方則朋類從之若東北方則併己之朋而喪失也安貞吉陰體柔躁故必安靜貞固處之則吉爻戒辭

初六履霜堅冰至初爲卦足故言履坤伏乾爲冰未詳霜象然冰以象坤六霜以象坤初不必鑿求之○陰始凝爲霜盛則水凍爲冰初雖甚微其勢必盛此聖人扶陽抑陰教人愼微之意也○坤十月卦也初六姤也季秋霜降剝月也舊說牽合非是有謂坤上之氣爲露露結爲霜亦周折辭費不敢從

六二直方大不習无不利項氏曰坤爻辭皆協霜韻小象文言止釋直方字大字別自爲句○直方大皆坤地象說見下文習重也書卜不習吉○天包地外而圓地處天中而方東西南北四隅地之方也方直相生漢志云矩方生繩是已南北爲經東西爲緯地之直也直方故能大含宏光大德合無疆又地之大也坤六爻間中正純粹无如六二故明地道以訓臣德人臣之德直方爲主古大臣任重致遠成大德業立大動名者率由此道未有不直方而能大也然必其人乃當之爻體最佳故不待重習无所施而不利也不習語與益勿問元吉革未占有孚相似

六三含章可貞陰陽相錯而成章六陰體三陽爻故言章在二四陰爻間陰虛含之故言含○

夫人之章美暴露於外者常有限含蓄於中者常无窮中庸所謂衣錦尚絅也三能含蓄其章美故爲可貞固之象或從王事无成有終大傳三與五同功而異位以互卦言與五體通又三居下卦上公侯位也剛爻有動意故爲或從王事之象陰爻空虛爲无成功之象河圖地无一而有十爲有終之象謙彖同○凡爻有止一象有正象外復著旁象不當并爲一說強釋之如本爻可貞一義无成有終又一義後倣此

六四括囊无咎无譽荀說卦坤爲囊括結也以卦而言四在兩坤間首尾重陰閉塞以爻而言四陰爻在三五間三剛爻在下囊底結也五剛爻在上囊口結也○此爻君子无道則隱深自晦匿象也既晦匿矣故免於咎然亦何名譽之有朱子曰在位者當去未仕者當隱愚謂朱子此語蓋有功於易若當去不去當隱不隱雖阿乾沒竊位全身以應括囊之象者小人之流也豈易旨哉

六五黃裳元吉荀說卦坤爲黃爲裳黃者土中色裳者衣下體○五以柔居剛陰陽相錯之章與六三同然居外卦中爻有不容含晦者矣黃裳德業之著見也然爲黃而不爲元爲裳而不爲衣則又

坤道之嘗然也非伊周孰當之故爲大吉之象

上六龍戰于野其血玄黃　龍乾象以牝馬例求之坤爲牝龍爻居卦外故言野元乾天色黃坤地色○六陰既極陰陽敵體故有牝牡二龍交戰之象血元黃者陰陽兩敗俱傷之狀也鳴呼有國家者能謹初六履霜之戒則无上六戰野之傷矣幾微之際可不慎哉

用六利永貞　用六說見乾卦凡得此卦六爻皆變陽以此辭決之坤體偏於陰柔非可永久貞固之道變而爲乾則兼陽體故於永久貞固爲宜小象所謂以大終也

☵☳　震下坎上　屯難也物始生而未通之意以卦德言下動上陷曰動乎險中以卦象言震爲雷坎爲雲鬱轕未通屯難之象○二至四互坤三至五互艮

屯元亨利貞　初九震陽得乾體厚爲卦主爻故其象爲大通而宜貞固主之**勿用有攸往**　動而遇險故不宜有所往**利建侯**　震爲諸侯互坤土爲國以震陽承坤土此諸侯建國象屯初九上承坤土從九四下乘坤土皆曰利建侯○左氏傳孔成子爲衛公子元筮遇屯國語司空季子爲晉重耳筮遇屯後果爲諸侯此屯建侯明驗也乾爲君震長子宜爲公侯左傳魯季氏出昭公晉史墨曰在易雷乘乾曰大壯杜注震爲諸侯而在乾上國語晉董因迎重耳入國筮之韋昭注泰三至五震爲侯此震爲公侯明驗也經言公侯皆震體然三四爻亦公侯位大有公亨天子晉康侯又以爻言也

初九磐桓利居貞利建侯　磐桓不遠進貌震足遇坎險之象磐從石桓從木字文偶然耳舊取震木坎石象文刻畫非是建侯象見前○初九之陽當屯未能直遂故曰磐桓震有躁動之憂故利自處於貞固之道此通辭若有位者又爲利建侯之象居貞建侯二句同象辭凡卦主爻辭多與象同

六二屯如邅如乘馬班如匪寇婚媾女子貞不字十年乃字　邅遲迴難進貌震足遇坎險象乘馬震象指初九班分布也震象多馬爲善鳴馵足作足的顙故有班布象女子坤象寇坎盜象婚媾二五配合象十坤土數字孕育也○六二九五正應當屯時欲往從五邅如而不能進初之乘馬忽班布而前以非正應疑之然初以陽剛爲卦主爻陰陽相邇而相求亦理勢之常故曰非爲寇乃婚媾也[illegible]然六二確乎自守有女子堅貞不苟從人之象坤體重遲故十年而後變至此則天道人事无不推遷然後得從其正應而遂其字育也爻在初九九五間二體雖柔而中正故象如此此遲遲終吉之象

六三即鹿无虞惟入于林中君子幾不如舍往吝　鹿虞翻王肅本作麓山足也然春秋沙鹿崩范甯注鹿山足據此則仍本字訓山足亦通訓獸名非是乃艮下爻象艮坎爲木坎爲蒺藜叢棘皆林象入坎陷象舍艮止象又以艮三爻奇偶言之九奇實禽也三從禽者也四爲三前導虞人也而爻體偶虛爲无人故曰无虞凡偶虛爻皆无人象艮象不見人豐上六无人皆偶虛耳○三處震動之極又陰柔居剛不中正志於得禽者也无虞而獵登徒无益而又害之幾者事將然未然之辭君子見幾只宜舍去若冒焉遂往羞吝道也爻爲震極又在坎陷艮止間故象如此乃動凶靜吉之象

六四乘馬班如求婚媾往吉　乘馬婚媾象同二爻亦謂初九四與初應故曰婚媾

○初當屯時應四求助震馬之求乃求四之婚媾也正應而從尚何疑焉故往從則吉宜行而行宜止而止聖人前民用之意正在此**无不利**　汎詞又无施而不利凡言吉无不利者倣此

九五屯其膏小貞吉大貞凶　膏附坎血一云附坎雨象小大從朱子訓小事大事○九陽居五本爲得位在坎陷中其象每不及況當屯時初爲之主五之氣象索然又兼艮止象故屯其膏澤而不得施若小事貞固主之尚爲吉大事而貞固主之則爲凶也

上六乘馬班如泣血漣如　乘馬本爻坎象與二四震馬不同坎亦多馬美脊亟心下首薄蹄皆是故有班布象血坎象○時之屯難惟陽剛多助可以濟屯初九是已上處屯極蓋有志焉出乘馬所以班如也陰柔非才孤立无應時命如此且奈何哉泣血漣如良可憫也此勞而无成之象

☶☵　坎下艮上　蒙昧也以卦象言下坎上艮山下有險蒙之地也以卦德言在險而止蒙之意也故曰蒙○二至四互震三至五互坤

蒙亨　九二剛中爲羣蒙主與六五相正應故爲亨通然六五非九五比也故不言元亨**匪我求**

童蒙童蒙求我我謂二凡主爻例稱我童謂五艮少男有童象五以童蒙求二二何求於五哉此己不即人而人即己之象**初筮告再三瀆瀆則不告**艮坎皆鬼神卦龜覯艮手有揲蓍象故言筮以上下卦自然象言之初陰求於九二為初筮坎上偶開口為告四五之陰求於上九為再三筮艮上奇閉口為不告此教人發蒙之道筮占之初誠意精專故告以吉凶至再至三則誠敬而瀆故不復告所謂卜不習吉也發蒙之道亦然**利貞**宜於固主與它卦同

初六發蒙利用刑人發開通也初在首尾奇爻閉塞之外有開發象坎為獄囚震為刑官初坎體前爻震體故言刑○初居蒙底乃下民之蒙者開發之道非止一端臨川吳氏曰禮大司寇平罷民桎梏坐諸嘉石改則宥之又圜土聚教罷民以明刑恥之所謂刑人不虧體罰人不虧財者非五刑之刑也發下民之蒙斯義不容廢故曰利用刑人此教者之象**用說桎梏以往吝**苟坎為桎梏然噬嗑屨校何校皆剛爻初偶虛出剛爻外有破械出獄象故為困者有將脫桎梏而去之象往去也雖幸脫不免於吝及得亦吝象此自為一義○二用字義各不同并為一說非是○坎一陽陷二陰

有獄囚象坎又為桎梏故噬嗑用獄屨校何校蒙刑人桎梏坎徽纆皆同然離明震威有刑官象若坎體遇離震兼兌毀折則為受刑睽天劓困劓刖是也

九二包蒙吉項氏曰包即苞其字子夏虞氏包氏並作苞凡包必以茅葦附震木象二為蒙主彙蒙之所歸也治蒙之道包容為貴書曰母忿疾於頑是也二體剛中蓋能包者故吉**納婦吉子克家**坤有婦象而三男卦環之坎為中男初至震為長男匪至艮為少男胭至拱夾坤母之前後坤土為家乃它日有子能家之象此納婦所以吉也自為一義○二吉義各不同并為一說非是

六三勿用取女見金夫不有躬女坤象夫坎男象乾為金乾坎體通故言金躬艮背象○三與上應上者三之夫也上體艮止有不俯就三之意三陰柔不中正兼震動之質與九二切近又同坎震體說而從之此不貞之女見多金之夫而不自有其身者故斷之曰勿取二本剛中之賢由三言之則為金夫易不可為典要是也○屯六二在初九九五間蒙六三在九二上九間頗相類屯二中正故貞不字蒙三不中正故見夫不有躬互觀易旨見矣**无攸利**此泛辭

六四困蒙吝四以陰居陰蒙之甚者又承五乘三應初皆陰爻俯仰四顧无與發蒙故其象為困為吝一云蒙坎下艮上困坎下兌上艮兌反對卦故假困象

六五童蒙吉童艮少男象柔居尊位而蒙體賴九二陽剛之應以發其蒙太甲成王之有伊尹周公是已凡柔弱之資得剛明之助其象皆然故為吉

上九擊蒙擊艮手象以全卦言初發蒙二包蒙治蒙之道盡矣爻居蒙極蓋冥頑不靈之甚故不得已擊之以二陽爻言二不得不包上不得不擊此也擊之大者甲兵小者刑戮待極蒙之道如此**不利為寇利禦寇**此辭以漸九三稽之自為一義蒙上九與六三坎體相應坎為盜而已值之是遇寇也聖人告曰為寇者必不利而禦寇者之利也三雖寇體而震艮環之震將師也師師於其後艮山也窒止於其前寇將安遯故為利禦之象與漸象相出入舊連擊蒙為一義非是震為將帥統衆說見師卦

䷄ 乾下坎上

需待也以卦德言乾健上進坎陷在前勢不得不少待以卦象言坎雲上於乾天待

陰陽和而後成雨故曰需○二至四互兌三至五互離

需有孚光亨貞吉孚信之在中也二五皆中實故言有孚離日在乾天上无所不照又在坎水兌澤閒日水之光相為蕩射故言光有孚已具亨義又兼光體故主光明而亨通貞固主之吉也**利涉大川**以乾健蹈坎陰之象自為一象○經言大川坎水兌澤象澤之大者如孟諸彭蠡即大川也或巽木遇水為舟或乾健加之或震足臨之皆利涉否則為不利涉然卦中偶虛亦川象蓋奇實即平地山邱林麓偶虛即水其象於頤益凡著不必鑿求坎兌也後不重出

初九需于郊需以坎險在前而成卦初去坎遠故言郊二漸近為沙三又近為泥一云乾稽類有郊野象二三兼兌澤體有泥沙象亦通去險最遠需而後進則不陷於險矣需之善也**利用恆无咎**剛正之體而遠於險此可以恆常之道也故為利用於常事之象凡言利用皆謂宜用於某事非教戒辭

九二需于沙小有言終吉沙義見前兌為口舌故小有言朱子曰沙則近於險矣言

語之傷災之小者漸近坎故有此象剛中能需故爲終吉

九三需于泥致寇至泥義見前寇坎盜象朱子曰泥將陷於險矣寇害之大者

六四需于血出自穴血說卦坎象穴坎下偶虛象坎初之入未探四柔而正互體離明下應乾健故需血避凶出穴不終凶爾

九五需于酒食貞吉酒食虞翻李鼎祚皆云坎象程子亦云飲食潤益於物有雲雨蒸潤之象

上六入于穴有不速之客三人來敬之終吉穴坎上偶虛象客三人下乾三爻象或云乾西北卦賓位也故乾爲賓客速召也儀禮有速賓之文○陰居險極何需之云故直云入穴不復言需此陷於患難之象易窮則變乾之三陽豈終待者故不召而來前當險陷中而有非意之于敬以待之則終吉也此敬愼之義

䷅坎下乾上 訟爭辯也以卦德言上健下險險健相接也又人內險外健所以訟也以卦象言天

陽上行水性下就其行相違故曰訟○二至五互離三至五互巽

訟有孚窒惕二五剛實有孚之象窒坎中實象惕或云坎加憂象程子曰訟之道必有孚實中无其實是誣妄也訟待決於人雖有孚須窒塞未通事既未辯吉凶未可必故有畏懼**中吉**主二五而言如二五得中則吉**終凶**主上九而言如上九亢極則凶○以上皆因象設教之辭**利見大人**大人九五象剛明中正可以決訟**不利涉大川**上健行而下險陷有陷入於險之象故不利涉又謂訟者不宜冒險也○二利雖爲訟言之亦泛辭

初六不永所事小有言終吉有言偶爻開口象一云爻變曰訟之履有兌口象陰柔居下當訟之初略訟而不長也小有言語之爭此害之最輕者故終吉○兌爲口凡言警告戒笑號歌嗟並同巽風又有命令象然不可泥稽類凡偶虛爻卽開口象經主偶爻九多益易象奇偶而已兌爲口亦上偶耳○離體中虛而火性燥烈亦有歌哭不常之象或與兌合則象每如此離歌嗟涕嗟同人旅笑號咷中孚鼓罷泣歌皆是

九二不克訟歸而逋其邑人三百戶无眚說卦坎萬物所歸坎又爲隱伏故曰歸逋爻變曰訟之否有坤土象故言邑曰三百戶者指坤三爻凡三例指三爻臨川吳氏曰坤數十三爻爲三十衍之十千爲百故言三百蓋小邑論語騈邑三百是也眚[illegible]災之輕者○二陽剛而坎險本能訟者卦以應爻爲訟敵五君位也義不可訟故曰不克二爲得中復乘離體知不能訟是以退歸而逋逃然有三百戶之邑可以自處人之自處勢雖卑約荷安分守於己无不足者何訟爭爲故无眚

六三食舊德貞厲終吉訟三陰卦自避變而仍以陰體居下卦未嘗變也變在二而下在三故爲食舊德象若二升於四則爲重巽升五則爲鼎升上則爲大過不可言食舊德矣○二安常守舊之君子也非爲訟者一柔介四剛間險健紛接震撼侵陵有所不免貞固主之有危厲象然三之自處如此爲終吉也**或從王事无成**以離明體上承乾君有從王事象巽爲不果又无成象辭同坤三而義異自爲一象與訟義與上文舊德並不相涉

九四不克訟復卽命渝安貞吉復返回也卽命就人敎命也渝安貞變而爲安

靜貞固也象義專主互巽而言巽一陰二陽相牽制爲進退不果有復象三爲巽主爻開口有敎命象巽象象兩言申命亦命象巽之上剛入於下柔四有卽三敎命之象○四體乾健本能訟者上承九五不可訟下應初六不能訟退而復回遇六三焉三食舊德之君子也以己不訟而止人之訟於是有敎命焉其陳仲弓王彥方之倫歟四能復回就三之教命變其不安貞之心爲安貞故吉凡人訟氣方炎而能受教於有道之君子退然中止遂爲不遠之復其吉宜哉○巽下一陰爲主與上二陽相牽制故爲進退不果爲躁卦訟四復卽命渝安貞上錫帶三褫皆巽體中變也履四履虎尾愬愬同人三伏戎不興四乘墉弗克攻恒三不恒其德益上立心勿恒觀四巽[illegible]進退之屬皆巽象此稽類說後不重出

九五訟元吉此爻以畫爲象[illegible]項氏曰爻與小象皆直稱訟舊謂五爲聽訟之君非也訟五爻皆不正惟九五剛中而正此訟中之最善故爲大吉

上九或錫之鞶帶終朝三褫之鞶帶卽革帶命服之飾身之文也稽類離象束之則外實中虛又離體巽爲進退不果終朝三褫巽三爻象離爲日故言朝○上以陽剛之極居訟體之

終窮訟者也與六三應乃互離中爻故曰或錫鞶帶離又互爲巽故曰終朝三褫程子曰人之窮極於訟取禍喪身理也設或善訟至受服命之賞是仇爭所獲其能久乎聖人之戒深矣○褫鄭氏作拕晁云卽拕紳之拕或作褫義亦相近愚按經文教戒全在三褫一語諸本或非是○朱子曰訟一卦之體只是訟不可成初不永所事二四不克訟三守舊非能訟者上雖有鞶帶之錫不免終朝之褫首尾皆不可訟之意故象傳曰終凶訟不可成也

䷆坎下坤上

師兵衆也以卦體言一陽居下卦中而統五陰將帥總師象以卦德言下坎險上坤順險道而順行亦師之道以卦象言地中有水衆聚之象故曰師○二至四互震三至五互坤

師貞丈人吉无咎師者民之死生國之存亡繫焉當以貞固主之卦上坤下坎體皆安靜无躁動意貞也將帥者又死生存亡所繫必得人帥師而後可二爲震體以陽剛居下卦中總上下衆陰所謂丈人也丈人者齒德位俱尊之稱主之以貞帥之以丈人故吉且无咎吉謂克敵无咎謂完師程子曰有吉而有咎者有无咎而不吉者吉且无咎乃盡善也

初六師出以律否臧凶律法也荀說卦坎爲律程子曰在興師而言以禁亂誅暴而動在行師而言號令節制以統於衆是律也愚謂初以陰柔居坎底非能以律者故凶○周禮大師執同律以聽軍聲詔吉凶先儒或取此謂出師之始以同律之音察其吉凶愚謂易非徒占筮教戒在焉音律之義狹不若法律之義廣也從程朱說爲是

九二在師中吉无咎王三錫命上下五陰羅列二居其中將在師中衆卽象所謂丈人故吉且无咎又言王三錫命見將權隆重主恩優渥之意自五至三歷三爻皆偶虛開口五王位也三偶爻三錫命也本項氏說

六三師或輿尸凶說卦坤坎皆爲輿獨尸无明象然象義專主坎而言坎爲男而陷爲輿而名告以多告之輿載巳陷之男輿尸象也又坎爲血爲曳血而曳亦尸象六五弟子輿尸指坎象甚明爻義與五遥○三居下卦上亦重臣之帥師者以不中正之陰兼坎陷體將非其人者也師徒撓敗或有輿尸而歸宜也或云者偶出於意外之謂聖人設此象以戒世之輕任將者故凶

六四師左次无咎卦中爻爲身下爻爲左上爲右以三爻賢觀之益明[illegible]老子云用兵尙右以右爲上則四外卦下爻也宜爲左左次退舍也○四以柔居柔有量才進退象故發左次之義焉程子曰見可而進知難而退師之常也度不能勝完師以退賢於覆敗遠矣故无咎

六五田有禽利執言无咎田獵必以師故言田上下五陰羅列有禽之象驪鶬毀路地鸐嶡彫蜥五之下三爻倒艮爲手有執象○此田狩美象多禽如此宜執取之而其象爲无咎**長子帥師弟子輿尸貞凶**長子震象弟子坎象坎爲中男震弟也輿尸說見前長子弟子皆主二而言以震體言則爲帥師之長子以坎體言則爲輿尸之弟子○任將之道貴專五以柔應二實兼震坎二體非能專於任將者故設戒云震之長子既任帥師之事坎之弟子復有輿尸之象將權之分師之所由敗也貞固主之爲凶程子曰自古任將不專而致覆敗如荀林父邲之戰郭子儀相州之敗是也愚按師下卦兼震坎體二之在師中震也三之輿尸坎也既分言之以見將帥賢否之別五爲應爻又合言之以寓任將不專之戒師危道也故聖人因象起義蓋奉辭焉○田禽帥師一无咎一凶各隨

所向決之○離爲网罟田漁乃田狩之卦然震長子有將帥總師象田必以師故震象亦言田明夷南狩解田狐巽田三品中孚虞吉皆離體師田有禽恒田无禽則主震體後不重出

上六大君有命開國承家小人勿用大君上爻象命偶爻開口象國家坤土象師至上六師之功成矣振旅凱入以次受封大者開諸侯之國小者承大夫之家美象也小人何足當之故戒以勿用○震爲乾長子震初一陽有將帥統衆象本卦居二爻三三則爲在師中吉居三爻則爲謙三三故利用侵伐利用行師征邑國又爲升三三故南征吉居四則爲豫三三故利行師皆震陽得位也復雖美卦然一陽沈五陰之下三三故師敗君凶至十年不克征震陽不得位故也泰下三陽无專將三三故勿用師夬五陽无兵象三三故不利卽戎此卦爻精義云

䷇坤下坎上

比親輔也以卦體言衆爻皆陰五以陽剛居尊衆所親比以卦象言上坎下坤物之相切比無如水在地上故曰比○二至四互坤三至五互艮

比吉一陽爲五陰主爲吉**原筮元永貞无咎不寧方來**艮坎鬼坤卦歸魂艮

手有揲著象故言筮原再也如原蠶原廟之原以奇偶言之下四偶左右手以四揲也上一奇扐也筮巳成矣上一偶有再分爲二之象故曰原筮愚謂若求比它人亦必如原筮以審之**後夫凶**艮坎男皆夫象三至五艮夫之體先具四至上坎夫之體後成坎爲險陷故後夫凶自爲一象漸三夫征不復義互相發

初六有孚比之无咎有孚本爻中虛象誠親比之指二與四也初承二應四所與比者也二四雖陰而居正又二應五四承五皆得其所比初若內積孚信則於比二與四何疑焉故无咎**有孚盈缶終來有它吉**缶盆盎屬偶畫中虛象坎酒離[illegible]爲比初至五爻通爲一缶☷初爲缶口五爲缶底若初之孚誠蓄積深厚直達於五是盈缶也終有自他而來比者謂五也古之人自修於篳門圭竇之閒升聞於九重黃屋之上有孚盈缶之謂也况初雖與五隔遠二四皆上比於五復下比於初賢者之舉必以其類有它之吉其在是乎凡相去遠偶然而至曰它故吉豈特无咎而巳

六二比之自內貞吉內指本爻下卦爲內上卦爲外二五正應五來比二自外也而實自內大人君子得君行道亦必取於己而巳豈自外哉二雖柔而中正所謂自內也貞固主之爲吉

六三比之匪人匪人指上六爲无首之凶非復人矣上居最高之地處非其據內象巳成雖具人形而非復人如管輅言何晏鄧颺之類三以不中正之陰貪其應而從之雖不言凶其凶可知故夫子云不亦凶乎

六四外比之貞吉外指九五以內外卦言四五皆爲外由四視五四內而五外四五當比之時居親比之地以柔正之四外比剛中之五乃理當然貞固主之吉也

九五顯比王用三驅失前禽邑人不誡吉顯象未詳一云艮先明象徵見王九五象三驅奇偶自然象後三面實前一面虛☷與禽下爻陰偶象失縱失也邑坤上象誠偶爻開口象○程子曰三驅禮所謂天子不合圍也圍合其三面前開一面使之可去止取其不用命不出而反入者禽獸前去皆免成湯祝網其義也人君比天下之道顯明其比道而巳如誠意以待物恕己以及

人發政施仁使天下蒙其惠澤是比天下之道也天下自然來比來者撫之固不煦煦然求比於物若田之三驅禽去不追此王道之大其民皞皞而莫知爲之者也愚按古者將田必先告誡都邑之人如周禮大司馬教大閱前期羣吏戒衆庶族師作民師田掌其治令戒禁皆是邑人不誡亦无容心之謂此聖人大公至正歸斯受之之心也宜爲吉象

上六比之无首凶此爻比之指五比以九五之陽爲主上獨背之而居其上雖比而不能比安能无凶此以理言也上爲卦首通下諸爻爲身以九五橫截其中如人身首異處故爲无首之象此以象言也○卦凡五言比之初指二四爻二指五爻三指上爻四上指五爻獨五爲卦主不言比之耳舊說泛言比者非是

䷈乾下巽上

畜止也以卦德言乾健上進爲巽柔所畜以卦體言上下五陽爲六四一陰所畜然以巽畜乾以一陰畜五陽能係而不能固爲所畜者小之象與大畜名義相對○二至四互兌三至五互離

小畜亨朱子曰二五皆陽居中當得亨通**密雲不雨自我西郊**坎水兌澤體通故坎爲雲雨兌亦爲雲兌正西卦故爲西郊之雲四兌體爲卦主爻故稱我程子曰陰陽和而成雨陽倡陰和順也故和陰先陽倡不順也故不和雲雖密而不雨自西郊故也愚按西雲巳難成雨巽東南之風又從而散之不雨宜也此凡事无成之象

初九復自道何其咎吉復返回也與訟卦復即命之復同四以陰柔得位而爲畜主初與之應陽性上進進則爲所畜矣初剛而正爻變曰小畜之重巽有進退不果象欲進不果退而復回免於受畜是復也蓋自其當然之道耳不知者以不進爲咎豈知當復而復何咎之有傳曰自勝者剛初九其當之宜吉一云前爻兌伏艮徑路有道象

九二牽復吉兌伏艮手有牽象二與四雖非應而同兌說體苟无所守亦將爲所畜矣二剛而中與初之剛正同體合志伏艮又爲止故有與初牽引欲進復回之象賢於受畜遠矣宜吉○一陰之畜小故初雖應四而復自道且與二牽復焉若大畜初二應爻則不能不止矣

九三輿說輻夫妻反目輻子夏虞陸本並作輹音復與大畜說輹同釋名及鄭注皆云輿狀如伏兎在軸上說輹則无以固軸車不可行作輻非是乾伏坤離伏坎皆有輿象說輹兌毁折象夫乾象謂三妻巽象謂四目離象○下卦三陽同受畜初二隔遠之巽陽未至遠爲所畜三四切近陰陽相說而相親故爲說輹之輿不復能行然本非正應四爲畜主而居上三又以剛居剛有兩不相下之意而至怒目不和也雖不言凶非美象○輻音福說文注輪之輮也項氏曰輻无說理必車破轂裂而後說輿下之輹乃有說時斯言是也況大畜小畜辭同不應輹輻字異定爲輹字无疑○說卦兌爲毁折萃坤體之降殺也經言毁折皆兌體履歸妹眇跛大壯羸角離折首豐折肱是肢體之毁折也小畜大畜說輹大壯羸決井羸瓶甕漏鼎耳革折足是器物之毁折也若以坎四遇離震刑官則爲受刑睽天劓困劓刖是刑獄之毁折也後不重出

六四有孚血去惕出无咎卦中虛略似中孚故曰有孚離伏坎爲血爲加憂故言血惕一陰畜五陽其力弱其事難本有傷害驚憂之勢四之所仗孚誠而已孚誠之感過於勢力之敵也故其傷害去其驚憂出而爲无咎

九五有孚攣如富以其鄰孚義同前五中實亦爲孚巽爲股爻變大畜又有艮手象巽繩繫之故言攣中孚五同富本爻陽實象鄰指六四經言以其通訓與其[illegible] [illegible] [illegible]○四爲畜主而五切近之四五相孚而相得巽體以下陰爲主入於上陽故其情深交密如拘攣然固結而不可解也五爲陽實四則陰虛如富實之人與其貧鄰同處末光餘潤鄰之沾丐多矣美象在四不在五也賴四柔而正兼離明兌說體故五无凶咎可言然止平平之象○陽近陰曰富以其鄰如富者與貧鄰處小畜五是也陰近陽曰不富以其鄰如貧者與富鄰處泰四謙五是也互見各卦

上九既雨既處尚德載婦貞厲爻變曰小畜之需有坎雨坎宮象陰陽和而後成雨伉儷諧而後安處畜道既成矣尚上也載滿也詩厥聲載路串夷載路並訓滿以陰德尚上陽以婦德上夫柔行巽入積滿至此非一朝夕之故也陰德如此豈常理哉故婦人貞固主之爲危厲之象

月幾望君子征凶坎爲月納甲兌爲上弦後望前之月故曰幾望幾近也較上變嬌以柔巽畜陽剛未盡如望月之敵日然亦驟驟矣故君子至壯征進則凶○坤上六戰野元黃陰禍之深也小畜上九貞厲征凶陰禍之尚淺也玩辭者宜凜凜矣○幾望无明象以坎爲月體兌爲上弦後望前之月此納甲說經言幾望者三獨歸妹六五坎兌體全小畜上六變而後有坎中孚六四變而後有伏坎其義僅通此外諸說皆破碎抵梧无可用也

䷉ 兌下乾上

履踐也以卦德言兌柔居下乾剛居上而履踐之以卦象言上天下澤自然之禮乃人所履踐之常道故曰履○二至四互離三至五互巽

履虎尾不咥人亨兌正西卦西方七宿爲白虎禮以白虎禮西方故虎爲兌象卦以下爻爲尾乾履兌爲履虎尾兌口有咥象然一剛一說不相傷又互離爲明互巽爲柔人所以下兌咥也

初九素履往无咎素平素也尚兌爲常有平素之象常履之初明履之義夫人莫不有中分但當率其平素之履而巳如此而往且爲无咎中庸曰素富貴行乎富貴素貧賤行乎貧賤素患難行乎患難素履說也

九二履道坦坦幽人貞吉前爻偶虛有道路象爻變曰履之无妄亦有震大途艮可路象坦坦寬平貌幽人无明象稽類兌爲澤有停畜不流意爲說有安恬自適意宜爲幽人之象○天下有道行之道如康莊九達坦无窒礙而持心躁競行險徼幸者失之苟幽靜安恬之人履之焉往非坦道試貞固守之爲吉程子曰其中恬正則所履安裕中若躁動豈能安其所履也○三陰卦中兌體大抵柔靜初二爻同兌體故以幽素爲義

六三眇能視跛能履履虎尾咥人凶離爲目巽爲股兌爲毁折故言眇跛跛履歸妹象通兌三爻爲一虎爻析兌三爻爲三虎如乾能漸鴻之比三居九二爲剛虎又正在兌口中故有咥象○凡卦主爻多吉此履主爻也乃爲不美之象眇跛體之不完也能視能履尚庶幾焉而陰柔居剛不中不正冥行蹈險履虎尾而不知懼取咥宜矣武人爲于大君武人无明家猶類離火燥烈又爲戈兵兌金主殺伐二體合爲武人狀爲大君乾象三兼離兌體武人也爻變則卦爲純

乾大君也若武人得之則爲非常之象自爲一義〇同人小畜大有夬皆與履相似然同人有乾離无兌體小畜大有離兌而乾在下无君象夬无離體故武人大君象獨履當之

九四履虎尾愬愬終吉四履三亦兌虎象愬愬畏縮貌乃巽進退之象以爻言則四履三爲柔虎以卦言則乾剛履兌柔終不相傷即象所謂不咥人者四爻柔爻巽體非過於冒險者故能愬愬畏縮而終吉

九五夬履貞厲夬五陽一陰下乾上兌履亦五陽一陰上乾下兌故假夬象爻體乾剛又巽究爲躁卦皆有夬決義〇程子曰五以陽剛居尊位任其剛決而行者也古聖人明足以照剛足以決勢足以專然未嘗不盡天下之議雖芻蕘之微必取若自任剛明決行不顧危道也〇臨川吳氏曰夬履指六三而言三以不中正之柔履九二之剛小人之乘君子者九五欲決去之然決一柔乘五剛此當去之時可去之勢決去爲宜履之五雖乘剛於時未宜於勢未易決而去之則反危矣愚謂履之三猶夬之上然夬之決易履之決難易雖扶陽抑陰之書而輕舉躁動爻聖人所惡也吳說亦通故並著焉貞固主之危厲之象

上九視履考祥其旋元吉視履象與六三同考成也如考室考牧之義旋回首也附乾首象〇凡卦主爻多吉若主爻凶則吉在應爻三之跛眇兌爲之毀折也至此兌體已盡乾體獨行而離目巽股之視之履固无恙也乾上本亢與三爲應柔以濟剛故視履之間成其福祥爲大吉

周易集傳卷第一

周易集傳卷第二

廬陵龍仁夫學

䷊乾下坤上泰通也以卦象言乾陽下降坤陰上升天地交而萬物通之象以卦體言內陽外陰爲君子內而小人外治象也故曰泰〇二至四兌三至五震

泰小往大來吉亨小謂陰大謂陽泰否反對之卦陰小往而居外陽大來而居內則爲泰象否則反是泰美象也故吉且亨

初九拔茅茹以其彙征吉茅叢生卑陋處本象茹根也彙同類也以其通調須其驗也卦〇茅根方拔則與其同類相連而上君子小人皆然初茅茹也二三茅束也方泰之初一君子進則衆君子必牽引而升如拔茅然美象也故征進則吉

九二包荒用馮河不遐遺朋亡得尙于中行坤土在兌澤旁有澤藪荒穢象乾包坤故曰包荒二至四兌澤河也三以震足超而過之有馮河象震從乾故曰用馮河上六僻居卦外不與二通遐也泰五應二有與上牽連遠二之象故曰不遐遺內卦諸陽朋也泰三陽三陰各自正應有朋而不朋之象故曰朋亡中行指六五凡自下配上曰尚〇二以陽剛大臣爲泰主爻經於此明治泰之道焉爲大臣者廓然器度藏疾納汚而後可非狹心淺量所堪也然包豈含糊混貸之謂事有當爲必奮往直前以圖之包荒似仁馮河似勇包荒則博大成裕馮河則明作有功也大臣之道立賢无方雖僻遠之才而可遺棄乎君子之交和而不同雖合志之朋而可阿黨乎鑑空衡平豁然公道推賢之任惟理之從此不遐遺朋亡說也四者交盡而大臣主泰之道備矣其得上配六五中行之君也宜哉雖不言吉乃吉象惟有德者當之〇或問上爲遐遠下得通於二何也曰非承非乘非應又不通互體遐在卦外故也泰二五爲正應而五上同坤體有牽聯而達之象否則以遐見遺矣六爻之例初與五不相通設見此初大有初上與二不召通說見同人上頤二

九三无平不陂无往不復艱貞无咎勿恤其孚于食有福高下險夷一平一陂坤地之勢也晦明寒暑一往一復乾天之行也此暗取乾坤象坤上故先言平

陂乾下故復言往復福祉无明象稽類坤厚載物有福祉象故經言福祉皆坤體○三下卦終以治亂言則平者將陂以陰陽言則往者將復處否泰之交可不煩乎必以艱難貞固之心處之而後无咎不艱而忽易不貞而躁妄咎隨之矣此訓戒辭又曰平陂往復理之可信也勿以信然爲憂終當享其所有之福爾蓋全卦之泰尚有三爻是福之未艾也此爻慰勉之辭乃戒愼保吉之象

六四翩翩不富以其鄰不戒以孚 翩翩象義未詳稽類小過以偶交爲鳥翅泰上三偶亦有三馬翩翩之象不富陰虛交象鄰指九三坻偶爻開口象亦兌象以其亞訓與其離見○爻上連三陰下近九三故取爲象二陰非安於外者泰已過中有翩翩發下之勢而未直遂也三以陽剛當泰時若下卦上蕃得位者與四同震體而相親四雖陰虛三則陽實鄰不富之人與其鄰同志竊其發光以爲援此三陰之明所以不待告戒而相孚信諸叶志也內有其二之鄰外有三陰之字爲六四謀則可喜爲世道謀則可憂小人方未得志往往交君子以自媒而亂皆啟矣故不言吉凶若泛從亦得朋多助之象○翩翩古文作篇篇說文徐往云詩書一篇爲一義篇聯也據此假取三陰羣聯之義篇從竹乃

嘗箇竹象以翩象不明故附著之

六五帝乙歸妹以祉元吉 泰三三與歸妹三三皆三陽卦相變若易置三四爻即歸妹卦泰六五歸妹六五也本卦互兌震亦有震男兌女象故以歸妹言帝乙尚賢君歸妹事无可考以意逆之必當定于亦之禮故假爲象與高宗其子同祉與前福象同歸妹以禰猶言以歸妹復福祉也○此爻大抵婚姻之美與泰否義俯不相涉程傳主五應二之義曰六五以陰柔居尊位下應九二剛明之賢倚任其賢而順從之如帝乙歸妹降其尊而順從於陽以之受祉且元吉也○史謂湯爲大乙又有帝祖乙又微子父名帝乙左傳哀九年陽虎下代宋遇此爻曰微子啟帝乙之元子我安得吉據此則經所云乃微子父也京房傳載湯嫁妹辭疑後人傳會之說不足據

上六城復于隍 城三陽下實象隍泄也否三陰下虛象泰下三陽反對爲否下之三陰一治一亂相爲循環所謂城復于隍天下事至此蓋尤可言者坤土兌澤亦城隍象 **勿用師** 義乃見師卦說震爲將師象師謙豫升四卦利於行兵震一陽得地故也復師敗君凶震一陽陷沒故也此卦震陽居三雖得地而三陽下逮乃將師權分之象三三荀林父邲之戰郭子儀相州之兵是已故勿用師 **自邑告命** 邑坤土象告命偶畫開口象亦兌口象世之泰也命令出於王畿其末也自邑告命如夫子所謂政在大夫陪臣執國命者天下事可知已 **貞吝** 貞固主之必爲羞吝

䷋ 坤下乾上 否塞也以卦象言乾陽上升坤陰下降天地不交萬物不通之象以卦體言內陰外陽爲小人內而君子外亂象也故曰否○二至四互艮三至五互巽

否之匪人不利君子貞 匪人奇偶自然象田疇云人之形上虛下實故七竅皆上慮否有倒懸之象非復人理凶象也繩斷蹈鶴人義蹈謂小人道長故君子得此不宂固主宜變動也 **大往小來** 否泰反對三陽本內令往居外三陰本外令來居內非美象

初六拔茅茹以其彙貞吉亨 茅草屬附巽木象茹彙訓見前君子小人皆以類進否之茅小人也一小人進朋類從之非美象貞吉亨語似可疑蓋上文茹彙之象已明宜有見幾勇決意不應貞固主之反吉亨也曩見蜀上三履云蜀舊未有作否亨與六二辭同餂妨吉否二字上體相近而

說耳謂若貞固主之則不亨通也此說似通故著之以待明者朱子云貞吉亨以戒小人按經文貞訓固設已見乾象且易未必爲小人言也

六二包承小人吉大人否亨 包即苞字義見蒙二附巽木象承坤地承乾天象其字中從手亦作拏蓋以手奉承物也兼艮手象○臣之承君如地承天理當然也而有陳善責難勿欺而犯之義焉非徒承也二當否時以坤陰居大臣之位中所包含惟奉順之心而已不逢君之惡幾希此小人道也豈君子行志時哉故斷之曰小人吉大人則不亨否嚮易豈爲小人謀者明吉凶之決所以贊大人進退之決也或吉或否隨乎人而已

六三包羞 包義同前羞无明象稽類巽一陰伏二陽下有女子羞愧象交上承三陽又羞之甚醜羞壞秘呻說難疑恒謬陂○三爲上下卦之交否將轉泰時也以不中正之陰居下卦上此小人之有位者進无撥亂傾否之材退无明哲見幾之勇本體巽也入於上陽惟有睢盱側媚忍汚含垢偷爲自容之計而已經止包羞二字殆曲盡其形容微矣哉○按否二三皆陰柔小人而實巽二猶自居於中正其與君

子懸隔者曰包承剛三不中正而巽入故以包羞象之爻按否泰皆言包泰之包荒包容失在外者也否之包承包羞包藏失在內者也此君子小人之辨

九四有命无咎疇離祉巽風有命合象故彖象兩言申命祉象義見泰三有命謂有九五之君命也臨川吳氏曰與師上六大君有命同四以剛健之才居近密之位受君命之寵委任以濟否者愚按否至此已過中矣四之陽剛足以濟否故无咎不特如此疇類皆附麗其福祉謂諸陽皆蒙其福也自古君子當否運之極愚士眷之降以一身爲世道機括而福及羣賢者多矣无咎一人之象離祉又衆人之慶

九五休否大人吉其亡其亡繫于苞桑休息也象未詳人與誅殺小亡喪失也繫維繫也暗取乾馬坤羊及巽繩象苞叢生也桑巽木象巽居坤三爻上土力重厚本末深固之象姒結懸三陽姤柅離○否至五將極有休息之理九五陽剛中正大人也必能休之故吉下文又設戒之辭程子曰否將反泰不可便爲安肆當深慮遠戒常虞否之復來曰其亡乎其亡乎爲安固之道如維繫于苞桑然漢王允唐李德裕不知此戒所以致禍敗也此愼懼保吉之象

上九傾否先否後喜上乾三陽下坤三陰以重壓輕以實壓虛有傾象蹶坏紾亂極則治否終則傾傾循環之道也上九之陽其力又足以傾之傾則陽實在下又爲泰矣

䷌離下乾上同人與人同也以卦體言一陰在下衆陽所欲同以卦象言乾天上行離火上炎亦同象○二至四互巽三至五互乾

同人于野亨初九六二人之同也前臨四陽奇實如坦坦平地无山邱水澤之阻此同于野之象一云稽類乾有郊野象此公平廣大豁然无我之同也故爲亨通程子曰天下大同之道聖賢至公之心也常人之同以私意合乃昵比之情耳不以昵近**利**之私而于野外曠遠之地乃至公大同之道也**涉大川**離伏坎爲水巽木爲舟以乾健出坎水巽舟之外故曰利涉**利君子貞**乾健而離明二五中正而應君子道也宜貞固主之

初九同人于門无咎門前爻偶虛象爻變曰同人之遯亦有艮門闕象然艮爲門以下偶

也其義實同二者諸陽所欲同也初之前鄰爲二如出門遯遁遂與之同此適然之同非私意經營之合也故无咎○門偶虛爻象戶奇實爻象震下一奇戶也上二偶空庭也故豐闃戶節戶庭皆震體艮下二偶門也上一奇闕庭也故明夷節門庭隨出門皆艮體說卦有艮門闕象无庭象可稽類求也同入之門則又直以前偶爲門蓋艮門亦以下偶耳後不重出

六二同人于宗吝禮大小宗凡五各自爲宗蓋族之私親也初二皆離體有宗象二爲諸陽所欲同同人之道貴乎大公无我且二五相應而相同正也與初同體爻相切近遠與之同是同于宗族之私而巳故吝

九三伏戎于莽升其高陵三歲不興離爲戈兵巽爲伏巽木爲林莽故曰伏戎于莽茂指九四自下卦升上卦又爻變无妄有艮山體巽爲高故曰高陵三歲指巽三爻巽爲進退不果故曰三歲不興○二五相應同之正也三近二有欲同之心乃有攻五意爻兼離巽乾體伏戎林莽離巽體也升四之陵伺五之隙蓋乾離體皆上行也然乾離之剛終爲巽體之柔牽制故盡巽三爻不能興也曰三歲者遲久不決之義三之攻五本凶象以其不興故免於凶亦衆事无成之象

九四乘其墉弗克攻吉墉三爻象三爲上下卦之限有墉象本朱氏蔡氏說鄰墉攻離兵象四亦欲同於二而三爲之墉四雖乾健遂乘墉而欲攻蓋攻二也而有不能攻之勢九雖剛而四柔又巽爲進退不果故也知難而退乃理之宜故吉○程子曰二者衆陽所欲同也獨三四有爭奪之義者爻在二五之間也初終遠故取義別

九五同人先號咷而後笑大師克相遇離中虛而火燥爲歌哭不常之象互見離旅中孚諸卦本爻變曰同人之重離又有兌口故取號哭笑象大師離戈兵象乾陽故言大○五之同二理也三四阻之故號咷於其先阻而終合故笑於其後既爭矣不免興師而五則堂堂正正之師也故爲大師曰克者克三之戎四之攻也相遇者遇二之應也所謂人衆固能勝天天定亦能勝人於同人九五見之雖克其用力勞矣故不言吉○號笑卦中所有之象先後乃象外意諸說往往主變兌釋後笑之義例通但兌爲笑口孰爲號咷口乎況夬孚號惕號无號皆兌口體又何以通之耶活法求象義

可也

上九同人于郊无悔郊稽類爲乾象國外曰郊僻遠地也諸爻所欲同者二也初承三乘四通互體五正應皆有同義上居卦外曠然疏遠獨无與同者故言郊程子曰始有同者則至終或有睽悔處遠而无與雖求同之志不遂而終无悔也○郊野本通稱然象意主寬曠爻意主僻遠其旨不同故所繫辭不得不異爾

䷍乾下離上大有所有之大也以卦體言六五一陰居尊五陽應之所有大矣以卦象言離火在乾天之上无所不照亦大有之義○二至四互乾三至五互兌

大有元亨內乾剛健外離文明六五柔中而應九二之剛中故大亨

初九无交害匪咎艱則无咎害謂五也卦本純乾由五毀之成大有互兌有毀折象所謂害也五爲大有主利之聚也自古憂喜聚門吉凶同域利之所出害亦因焉本卦諸爻二爲正應三通互體四承上柔皆與五交其洎焉无相交涉獨初耳由常情言之是无交於利聖人則曰是无交害

也非初之咎然初以剛居剛又乾體上進本之不交未保其往必以艱難之心處之則終无咎此慎懼遠害之象或曰五君位又卦主爻何以言害曰易變動不居不可爲典要如蒙九二爲主而三目爲金夫之類是也○同人大有反對二爲同人主爻獨上九不與同故云同人于郊无悔五爲大有主爻獨初不與交故云无交害匪咎皆僻在利害之表故也互觀其旨瞭然

九二大車以載有攸往无咎乾伏坤有大輿象大有之時不患无可載特憂車之不勝任爾九二剛而得中勝其任者凡有所往爲无咎程子曰九以陽剛居二爲六五所倚任剛健則才勝居柔則謙順得中則无過所以能勝大有之任如大車強壯勝載重物也愚按爻義似无專指而大臣勝任義在其中矣

九三公用亨于天子小人弗克左傳晉文公納王筮得大有之睽傳作享字諸易本多作亨○禮諸侯入朝既奠圭乃三享皆束帛加璧庭實唯國所有又十馬隨之書所謂享多儀也三公位五天子位六五離體有天子南面向明之象三兼乾兌體乾主上進兌下陽與上陰相說有升而朝五之象乾艮馬玉金離龜伏坤爲帛皆庭實象離日之光下照兌澤而澤受之又君臣恩禮交接之象故曰公用亨于天子此非常之象小人豈能堪之故曰小人弗克○按卜偃有戰克王亨之文是公受亨也愚以經文亨于帝亨于西山岐山稽之合以亨天子爲義蓋諸侯禮畢王乃答亨偃特逢迎之辭耳未盡經旨

九四匪其彭无咎彭干寶云彭亨退之詩豕腹彭亨是也盈滿而不能容之義離大腹亦四陽盛大象四當大有之時人豐物阜蓄衍盛大時也而居近君之位盈滿可知譬之腹焉盈溢過彭則痾矣推有識之賢退然謙虛廓然[illegible]何彭之有匪其彭猶言未嘗彭也故无咎○彭之象諸家多異說稽之經陽至四而太盛故四陽卦以大壯名遯上九在四陽之首曰肥則彭義可類推況離又爲大腹乎

六五厥孚交如威如吉孚離中虛象交乾男離女象成雖戈兵象嫁娶上五以一柔居五陽之閒爲大有之主本體陰柔不可以无輔五能以中虛之孚下應九二之乾精同神比所謂交如以一陰臨五陽下陵上替有可慮者五體離明又居剛交有凜然不可犯之意所謂威如交則有陽剛之助威則无柔懦之過其保大有之福宜哉故吉○漢上朱氏曰異體之合曰交如大有二五是也同體之合曰攣如小畜四五中孚四五是也

上九自天祐之吉天乾象亦上爻象盛必衰大有之極苟非天祐未易保其終也爻乃有美象而不言其所以祐大傳釋之云履信思順又以尚賢也王弼傳曰五爲孚信而已履焉履信也餘爻皆剛已獨乘柔思順也程子曰五文明之德上降志應之爲尚賢崇善之義其處如此合道之至也此自天祐之之故云**无不利**此迂辭

䷎艮下坤上謙退讓也以卦德言下艮止上坤順止於卑順謙之義也以卦象言艮山雖高屈處坤地之中亦謙象○二至四互坎三至五互震

謙亨九三陽剛得位爲卦主爻其義爲亨**君子有終**有終坤象大衍之數地无一而有十乃有終象故坤六三亦言有終三居下卦終上承坤體故爲君子合終

初六謙謙君子用涉大川吉 卦爲謙而初在謙底故曰謙謙攓攓缺決坎水在前震足臨之有利涉大川象謙而又謙之君子何險難之不濟哉故吉

六二鳴謙貞吉 鳴偶爻開口象然主陰陽相感而言中孚鶴鳴子和莊子蟲鳴雌應皆謂相感也謙言鳴者再二之鳴承三也上之鳴應三也豫言鳴者一初應四也互觀鳴義乃見〇三爲謙主爻切近於二二柔中謙讓之賢與之相得不自知發於聲音笑語聞此同聲相應之意非以鳴爲悅也貞固主之則吉

九三勞謙君子有終吉 坎勞卦故以勞爲象三居下卦上乃重臣之位一剛五柔亦有獨勞之象〇有勞而謙自視歉然如禹之不矜伐周公之不驕吝是也乃君子令終之象其義大傳著矣此謙主爻故與卦辭同

六四无不利撝謙 說文注撝裂也擘也下艮爲手倒艮亦爲手故取兩手擘裂象四處上下卦間以柔居柔是能分裂其謙接下承上兩盡其道者聖人作易至此有喜之之意先言无不利而繫之

曰四之撝裂无非謙矣宜爲美象

六五不富以其鄰利用侵伐 震爲長子若總衆陰有將帥總師象師卦震陽居二得位故吉謙與師止爭一畫易置二三爻即師也陰虛爻爲不富鄰指九三以其通訓與其說見前〇五體陰柔而虛本非能侵伐者震陽居三爲得地宜於用師五君位也與之同互體而相近如不富之人而與其鄰同處藉鄰之富而成其事也故利侵伐之象〇師謙升豫宜於用兵復不宜用兵皆主震陽而言說見師卦及各卦 **无不利** 又汎辭

上六鳴謙 鳴象見六二爻上六之鳴與三應也上居謙極則中之積美不吝撿又與三應則外之合志有可樂是以鳴也此本爻正象 **利用行師征邑國** 行師義見前邑國坤土象三以震陽居下卦上總上下五陰爻此行師最吉之象五爲君位上爲應爻故一再言之小曰邑大曰國利征邑國則行師行无不宜也自爲一象〇朱子連上文爲一義云自初六積到六五上六謙亦極矣宜人人服之尚更不服則非人矣故利用征伐也

䷏ 坤下震上 豫和樂也以卦德言下坤上震以順而動豫樂之道以卦象言雷出坤地中其聲奮發有通暢和豫象〇二至四互艮三至五互坎

豫利建侯行師 震長子爲公侯象臨坤土上諸侯建國之象也故利建侯震陽又將師象居四爲得位而帥五陰之衆故利行師建侯與屯象出入行師與師謙升復出入互見各卦

初六鳴豫凶 鳴義見謙六二豫初之鳴應四而鳴甚程子曰初以陰柔居下四豫主也而應之是不中正之小人而爲上所寵志意滿極不勝其豫發於聲音輕淺如是爲凶

六二介于石不終日貞吉 說卦艮爲石經以一爻爲一日如三日七日皆是不終日謂不隔一爻一云爻變曰豫之解有離日體居離初故曰不終日〇陰當豫時未免溺於所安二又切近鳴豫之小人蓋難自拔二雖柔而中正與初本同坤體遠變爲艮石之剛介于石言堅如石初二不隔一爻而遽變所謂不俟終日也可謂見幾與決之君子矣程子曰人於樂豫心悅之故遲遲眈戀不能自已處豫不可安且久也久則溺矣二能如是貞固主之爲吉

六三盱豫悔遲有悔 盱盻望也坎伏離目象遲退止也艮象九四在前爲豫樂主三切近而欲從之前爲伏離之目故言盱後爲艮止之體故言遲程子曰陰而居陽不中不正上瞻望於四則以不中正不見取故悔苟遲遲不前則是棄絕亦有悔處身不正進退皆悔非美象

九四由豫大有得勿疑朋盍簪 由豫者豫之卦體由四而成也融顯大有得者一陽得五陰之象疑坎加憂象簪首笄以貫髮者一奇貫五偶有自然簪象侯果云衆豫所宗若以簪參之是也盍與合同〇四爲豫樂之主五陰之所歸也故曰大有得然爻爲多懼之地又加憂之體其象未免憂疑故勉之曰不必疑也五陰之髮將爲一陽之簪所盍矣雖不言吉乃吉象〇簪京房作撍先儒冠云古无簪字非也簪說文作兂從人從匕象簪形後乃加竹加簪古有此字特古今文異耳漢文多用之鹽鐵論神禹遺簪列女傳宣后脫簪珥是也

六五貞疾恒不死 貞疾貞固之疾也凡陰陽偏勝爲疾坎心病亦疾象此爻在五陰中陰之過極也故爲貞固之疾然震之一陽近在其下元氣雖微而无恙故爲恒不死之象若以君道言亦柔弱

不至危亡之象程子曰此弱主制於權臣如漢魏季世之君也○凡人陰陽和則无疾偏陰偏陽則生疾經言疾非五陰五陽卦即四陰四陽卦豫无妄遯鼎兌皆同獨損疾當是主坎心病兌毀折象然陽疾遇陰陰疾遇陽爲喜謂疾愈也後不重出

上六冥豫成有渝无咎 成有渝與隨初官有渝語勢同宜爲句荀坤爲迷冥即迷也坤象渝變也上爲震體震動有渝變象又卦終則變故言渝○陰柔當豫之極昏迷而不知止者也本宜凶咎然象雖成而有變變則不終冥矣穆王武帝之末年冥豫而渝者也故无咎

☱☳ 震下兌上 隨從也以卦德言震動兌說有相隨之義以卦象言長男下少女而又從之有隨義又雷在澤中隨時藏伏亦隨義○二至四互艮三至五互巽

隨元亨利貞无咎 三陰卦自否變一陽下而成震一陰上而成兌雖曰陽下於陰然四五陽仍居上二三陰仍居下六二九五中正而應皆美象故爲大亨宜貞固主之又爲无咎○春秋傳穆姜筮得此云元體之長也亨嘉之會也利義之和也貞事之幹也云云夫子文言采之以釋乾四德自是一義互見乾彖

初九官有渝貞吉出門交有功 官爵位也象未詳渝變也震動有渝變象艮爲門闕故曰出門此爻之體有官者爲爵有渝變之象然非變凶乃變吉貞固主之爲吉四與初應陽剛同體而居近君之位其力足以援初者必出艮之門闕而與四交則可有功蓋猶有拔茅連彙之喜也左傳隨其出也卦利於出故初云出門

六二係小子失丈夫 震艮各以陽爻爲丈夫以陰爻爲小子不必泥長少男之義本爻小子指六三丈夫指初九二在初與三之間陰柔不自守而震體上行上係於三之小子故下失初之丈夫隨之下也非美象

六三係丈夫失小子隨有求得利居貞 三在二與四之間震體上行上係四之丈夫故下失二之小子所隨者止非二比也陰虛爲求遇陽爲得隨而得九四之陽故有求而得然陰柔不中正又震動之極故戒以自居於貞固之道則爲利爾

九四隨有獲貞凶有孚在道以明何咎 經文多以有孚字落句如革此三就有孚未濟君子之光有孚大壯征凶有孚皆是此貞凶有孚正與大壯語相類宜句絕在道以明句絕○四居人臣之極爲衆所隨與二三同艮體陰陽相得而二三隨之與初爲應以陽交陽而初隨之故言有獲居多懼之地衆不隨五而隨四凶道也又互兌爲毀折爻變坎爲險陷故貞固守之其凶必然可信然四艮體也艮爲徑路是在道也艮內虛是明也親私暱道夫人自速於凶由行之非道知之不明爾在道而明何咎之有无咎則凶象不必言矣程子曰古之人有行之者伊尹周公是也其次威震主而主不疑其唐之子儀乎

九五孚于嘉吉 孚本爻中實象嘉象未詳一云下應六二之中正孚於善也一云隨以從陽爲善故初出門交三係丈夫皆主從陽五所謂嘉孚於四也未知孰是姑類離嘉遯嘉皆陽爻後說似優

上六拘係之乃從維之 上升爲兌體兌一陰與下二陽本相說而相從又居隨極其隨堅固而不可解下二陽兼巽艮體以艮手拘之巽繩係維之謂不可解也値此者事一成而不可變不言吉凶者顧事何如耳

王用亨于西山 亨當作享義見大有三○兌爲正西艮爲山兌爲巫艮爲鬼神卦故爲王享西山之象古者卜而後祭也自爲一義項氏曰享岐山不出國都享西山則從其方而秩祀之○艮坎皆北方卦乾鑿度云艮爲鬼門天文志斗爲天廟危主廟堂祭祀斗艮丑寅位之星也危坎子位之星也亦其義然坎一陽居二陰中止爲鬼艮一陽儼然尊高宜爲宗廟故萃渙假廟皆艮象其餘觀盥薦隨升萃旣濟享禴雜取坎艮○兌爲巫亦主祭祀凡言祭享通取三卦象

☶☴ 巽下艮上 蠱壞極而有事也文皿蟲爲蠱器中盛諸蟲自相食致壞爛之義以卦德言下巽柔而上艮止彼此委靡因循此其所以蠱也以卦象言風落山實長女惑少男亦蠱象○二至四互兌三至五互震

蠱元亨 蠱三陽卦自泰變初九升爲上上六降爲初剛上柔下各得其理故爲大亨 利涉大川 巽舟入兌澤震足出兌澤皆利澤象 先甲三日後甲三日 先如字後三日句下疑脫吉字○蠱巽甲庚之義未易明朱子曰似是卜日法其義甚優眉山蘇氏曰先甲三日謂甲子甲寅

甲辰後甲三日謂甲午甲申甲戌先庚三日謂庚子庚寅庚辰後庚三日謂庚午庚申庚戌釋先後三日甚明愚因卦變之義得蠱甲因反對之義得巽庚遂并通朱子蘇氏之說焉蠱三陰三陽卦也以陽言則自泰變是乾甲三爻在下先甲三日也以陰言則自否變是乾甲三爻在上後甲三日也故筮得蠱者六甲月吉爾巽與震反對卦也下三爻變震庚是先庚三日也上三爻變震庚是後庚三日也故筮得巽者六庚日吉爾十干起於甲更於庚意者古卜日以甲庚為重故於二卦者其義云巽九五三三變即為蠱三三故其象相出入○十干配八卦前无明文不得不用納甲朱子上辛丁丁癸說儒明且漢元鼎詔有後甲丁酉之文尤可微但蠱有辛丁巽有丁无坤癸不害守擊强附其餘諸說破碎牴牾尤難用

初六幹父之蠱有子考无咎厲終吉乾父道也泰初九乾體夫為蠱上九有父委夫家事之象上六來為初六有子承父事之象考則父也偶變文开幾諫蟻瞷激隸謗跡蠕○父者家之嚴君委家事不問故蠱壞而難治子能幹蠱則家為有子而考免廢事之咎一或非人咎將歸其考矣初居最下而導父事本危厲之象以巽體故終吉

九二幹母之蠱不可貞此爻承初六卦變之義而言泰六五本坤體母道也又以蠱奇偶言上九六五對處卦首亦父母象二與五應故以幹母蠱為象○凡幹父蠱易幹母蠱難不可以貞固之道行之程子曰子之於母當以柔巽輔導之從容將順閒已下意使之身正事治而已若伸己剛陽之道遽然矯拂以至敗蠱子罪也愚謂此爻凡臣事女后婦君與子奉孀母皆所當知也

九三幹父之蠱小有悔无大咎震為長男故取子象以九居三又震初之體疑過於剛故為小悔然兼巽入兌說之體是能以柔說濟其剛也故无大咎

六四裕父之蠱往見吝震艮皆子象幹有經理扶植之意剛者能之裕有從容舒緩之意柔者能之四以柔居柔兼艮止兌說體備能裕之而已持此以往則為羞吝○朱子曰九三有悔而无咎由凶而趨吉也六四雖裕而終吝由吉而趨凶也宋元祐諸君子欲盡去小人求免於悔其它欲且寬裕无事莫大段整頓月前雖遷延遮掩後來憂吝却多

六五幹父之蠱用譽震艮皆子象譽兌象為口為說譽象也體五五亦予之一以柔居剛而得中又應九二之剛以濟其柔如家之有良輔國之有賢臣能幹必矣而兌之譽口適在其後故不特不敗事而已名譽翕然歸之吉象也○三之小悔剛應剛也四之往吝柔應柔也五之用譽則以柔應剛故耳處蠱者其可无輔哉

上九不事王侯高尚其事上指五言侯指三四言高尚居卦首之象上本泰初之陽變而來此若居卦初遯在三四五爻之下乃臣事王侯象今以艮體居卦上俯觀諸爻乃在下風故曰不事王侯艮為止為山此安於靜止高蹈山林之上不居世故者故曰高尚其事非蠱壞所能浼也在事外故无吉凶

䷒兌下坤上臨逼近也以卦體言二陽方長上逼四陰故曰臨以卦象言密近相鄰者莫如地與水故地上有水則為比澤上有地則為臨○二上至四互震三至五互坤

臨元亨利貞臨為最美之卦蓋復一陽方微泰三陽將變否臨二陽浸長美卦也又兌說而坤順二剛中而應五故為大通宜貞固主之**至于八月有凶**令八月也觀八月卦與臨反對

臨觀皆二陽之卦臨二陽浸長之陽觀二陽浸消之陽此爭一爻則成剝矣若至觀月得此則有凶也○八月舊云遯月然自臨至遯數之七閏月耳并復數為八易无此例參之復震七日例可見若經欲言遯月宜言七月不應言八若以遯月為周八月又不可三代改歲首不改正月先儒據詩書辨之甚詳況文王演易羑里商正朔無恙安得攙稱遯月為八月乎有謂八月乃商八月蓋否三陰月也尤非是合從反對義為正

初九咸臨貞吉咸以卦言則艮男下兌女以爻言則九五男上而六二女下故為婚媾交感之象復之一陽以震體居卦初及為臨則初九與兌體仍在下九二互震以居上又男上女下之象暗與咸同故曰咸臨初二以浸長之陽具咸感之體聲應氣求樂何可言此九官相遜於虞朝十亂同心於周室之象也值此美象貞固主之為吉

九二咸臨吉象義見前**无不利**二以象體居下卦中氣象又優於初矣故无所不利○爻辭假他卦名為象如夬履咸臨困蒙與泰之歸妹睽之噬膚義誠有在其餘字偶相犯義不相假此類甚

多不容悉舉若一一強求其說則用力勞而經旨晦矣咸臨義最難明愚蓋反覆涵詠而以得之

六三甘臨无攸利既憂之无咎

兌爲說爲口有甘象廝同○三之位與二陽相臨兌之上陰每求說於下陽故以柔說之甘自媚焉初之剛中正二之剛中豈甘所能動哉故无所利然乘二陽之剛上陽方浸長若相侵逼既不能媚不免於憂亦其情也能憂之則能愼之又爲无咎程子曰邪說由己憂而改之復何咎乎

六四至臨无咎

說文至鳥飛從高下至地也本臨川吳氏說爻變臨之歸妹有離飛鳥象故言至○四與初應初浸長之陽有騤騤消陰之勢四之居高本非其據然離柔而正非他陰爻比其心切於求初有飛鳥自高至地之勢庶幾識時措之宜而附陽剛之朋者也初與四臨則有應與之美无侵逼之嫌矣故无咎

六五知臨大君之宜吉

大君五爻象五居尊位大君之臨下者也爻體坤陰爲迷然與二應二爲震初九之陽蓋明知之賢也以卦體言之自五以下皆偶虛爻洞无窒礙直達於二是人君徹去壅蔽虛己傾心不自任而任賢之象故二之知即五之知也況初二之陽有拔茅連彙之理五之知可勝用乎此大君之所宜故吉程子曰以一人之身臨天下之廣其知豈能徧物故自任其知適爲不知惟取天下之善任天下之聰明不自任其知則其知大矣

上六敦臨吉无咎

敦坤土厚載之象正互凡兩坤可謂敦矣故曰敦臨上居臨下之地以敦厚之道爲臨臨之善者故吉且无咎也○臨與復只爭一畫自九二而上即復卦也臨之上六即復之六五故臨曰敦臨復曰敦復艮上九土力之厚故亦曰敦艮

䷓ 坤下巽上

觀爲人所觀也以卦體言二陽居上四陰仰之故曰觀以卦象言巽風行坤地上觀周觀歷覽之象○二至四互坤三至五互艮

觀盥而不薦有孚顒若

艮北方鬼神卦乾鑿度云艮爲鬼門覯薦故言祭祀盥薦艮手象孚五上中實象顒說文注引詩其大有顒注頭大也巽廣顙象亦卦首二陽象○總大旨言之盥而不薦主下四爻陰虛而言凱祏歆散獻殘无有孚顒若主上二爻陽實而言入廟沃盥祭之始事也三獻而薦腥五獻而薦孰祭之盛節也盥所以薦未有不薦之盥令云不薦乃開端不及竟之意然舉事雖不及竟體段極是可觀如臨祭之容發於孚誠顒顒隆重可觀仰也此如孔子相魯而達大孟子爲齊卿而遂行紲般薦之觀未能萬一然休光合閭去之千載瞻望如新此不薦孚顒說也王弼引禘自既灌之義釋盥薦先儒因之皆取誠敬不散之義求之象旨不合○觀卦體去剝不遠賴九五之陽可觀爾故象辭在吉凶闡文辭除四利賓外无吉象至象傳大觀在上中正以觀天下此專指九五而言自夫子意釋經傳者宜各從本旨明之舊說釋卦辭即用大觀中正之義非是彖止斷若一語指五上餘不然也○舊云卦名之觀音去聲六爻之觀音平聲稽之六十四卦以无此例並合依卦名去聲一讀鶴山魏氏曰聞見先後上下等字考諸義二字可一易詩以來東漢以前頌語皆然孫炎沈約限以四聲韻切始不可同日語矣

初六童觀小人无咎君子吝

童艮少男象初陰在下去陽剛遠所觀淺近童子之觀也小人得之爲无咎君子則爲吝也

六二闚觀利女貞

自三至五爲艮門闕二以坤陰居其內有女子內處而外闚之象二之闚

非遠大之觀乃女子之常分爾女道宜於闚守而言外之意則如恒五婦人吉夫子凶也

六三觀我生進退

自三至五互艮爲背有背人反觀象艮爲成卦之主故三五皆以我言○凡卦主爻例稱我[illegible]我生猶言我身○爻體坤柔艮止故但反觀我身而已位剛應剛欲進而不得直遂進退亦巽象

六四觀國之光利用賓于王

先儒云艮內虛有含光象故大畜象傳釋光艮象傳光明皆艮體下坤土爲國故言國之光王九五象賓稽類乾象乾西北卦實位也○五以陽剛中正爲大觀主國之光皆五光也天下之觀莫明於近四五相與密近五之盛德光華溢於國家政治閒四觀之熟邦有道則見此其時乎故利用入賓于王朝也詩言嘉賓禮言賓與古君臣閒有賓主意或曰四公侯位此諸侯賓觀之吉象

九五觀我生君子无咎

觀我生義見六三通六爻言則五陽剛中正爲大觀主分上下則卦言則上體巽也稽類凡巽以下陰爲主入於上陽陽受制焉爻又兼艮止體故五之象不過反觀我身

而已五之觀雖不能遠及然陽剛中正君子道也故君子得之爲无咎語與初六小人无咎相對

上九觀其生君子无咎艮爲成觀之主故三五皆稱我上已出艮三畫外故變文云觀其生義實與觀我生同亦謂反觀其身爾巽陽御於下陰故其觀不能遠及也君子无咎義與五同

周易集傳卷第二

周易集傳卷第三

廬陵龍仁夫學

☲☳震下離上噬齧也嗑合也以自然卦象言上下二陽如頤頷中偶畫如齒九四一陽在中如頤中有物噬之乃嗑故曰噬嗑以卦德言噬嗑取去惡之義震動離明噬所以嗑也○二至四互艮三至五互坎

噬嗑亨利用獄坎一陽陷二陰中有獄囚象又說卦坎爲桎梏爲叢棘本卦初上兩奇首尾壅閑如桎坎居中獄囚也下震主剸斷上離主明察獄官治獄之道也故利用獄○外兩奇如頤頷中三偶如齒一奇如頤中之物此名卦本象外兩奇如獄坎中爻如四離震如獄官此文王彖辭象初上兩奇如上下齶噬物者中四爻皆所噬之物此又周公爻辭象二五鄰初上而受噬三四應初上而受噬膚肉胏則象其所噬之柔剛鼻毒矢金則又著各爻所有之雜象如此則經旨瞭然矣○初上有屨校荷校之文則又爲受刑之人易道之不可爲典要如此

初九屨校滅趾无咎荀坎爲桎梏卽校也趾震足象一剛橫之校象薦廁之屨古所以用之囚徒也施校於屨而滅其趾乃刑之輕者在卦之初其象如此大傳所謂小懲而大戒也故爲无咎

六二噬膚滅鼻无咎膚肉之柔脆者乃柔爻象荀說卦艮爲鼻二互艮故言鼻○二鄰初而受噬者也以柔居柔易噬之膚也而初以震剛臨之如噬柔輭之膚而并滅其人之鼻蓋被威之過小象所謂乘剛也爻體順正故无咎○禮有膚鼎舊說嘗引用拔剝夬姤膚皆謂人膚若鼎中乃豕膚也无滅鼻之理

六三噬腊肉遇毒小吝无咎周禮鄭注小物全乾曰腊大物解肆乾之曰乾肉其腊實腊肉乾肉義同非胏比也日乾曰腊乃離乾卦象爻入坎爲隱伏有毒象○三應上而受噬者也六柔體三剛畫故如腊肉其噬在離易之間上陽剛離體過於明察三以不中正之陰兼坎險體而應之其機胼足以陰陷獄官故如噬者反遇腊中之毒三舉措如此豈不小爲羞吝然遇毒者上也三固无恙故无咎

九四噬乾胏得金矢利艱貞吉 胏音姊說文作䏁馬融云有骨曰胏程朱皆云聯骨之肉離乾卦故言乾金矢本爻象坎通乾體爲金離剛之爻爲矢四兼坎離故云○四應初而受噬者也中四爻此爲剛畫故以聯骨之胏喻之噬者亦少勢矣然四乃互坎中爻之陽美器也故如噬胏中忽得金矢之象金矢之堅決不吝噬而其體反有可貴者此免於刑獄而方來入用之象也在坎陷中宜以艱難貞固處之乃吉○按金矢與金柅金車金鉉及黃矢語勢同舊引鈞金束矢非是○說卦坎爲弓如睽張弧解射隼小過弋穴皆坎體獨矢无明象檽類離爲兵爲飛爲火兵器能飛而有燥火體者矢也然經言矢必剛畫今審定矢爲離剛畫象噬嗑金矢解黃矢旅矢亡並同互見各爻

六五噬乾肉得黃金貞厲无咎 離乾卦故言乾與前胏肉義同黃金本爻象坎通乾體爲金離通坤體爲黃爻兼坎離體故云○五鄰上而受噬者也六柔體五剛畫故譬之乾肉其噬在離易之間然五乃互離文明之中爻蓋至貴也故如噬肉中忽得黃金之象黃金非可噬之物而方來反爲至貴之用蓋美象也一柔介二剛閒故貞固主之有危厲象然終爲无咎之象○項氏曰噬者除其惡得者取其善噬乾胏之強而收金矢之用噬乾肉之強而收黃金之用聖人之仁如此竊謂聽獄之難久矣繫辭聖人於此深致意焉夫圜扉叢棘之閒未必皆強梗不肯者居之也而有金矢黃金之屬在焉小則爲堂阜之夷吾齊之名卿也大則爲郡邸之皇孫漢之英主也使微鮑叔之知人丙吉之長者則遂巳矣治獄者奚可苟哉周公呼太史而告之曰司寇蘇公式敬爾由獄以長我王國此意與噬嗑辭同

上九何校滅耳凶 校坎桎梏象上爲卦首剛橫之有何校象耳坎象何校至於滅耳其傷甚爻當噬之終罪大刑極其自取也大傳曰善不積不足以成名惡不積不足以滅身是也故凶

䷕ 離下艮上

賁飾也以卦體言內文明而外艮止質文相宜賁飾之義以卦象言離火在艮山下草木被其光曜亦賁象○二至四互坎三至五互震

賁亨小利有攸往 項氏曰內卦二剛爲質而以柔文之亨道內一剛分往居外反使二柔爲質而剛文之不堪大事故小利有攸往而巳以柔文剛則順以剛文柔其質弱矣

初九賁其趾舍車而徒 趾初爻象亦震足象自二交而上坎爲輿輹說震爲車閱新傳初在坎震車輿外舍車而徒行之象此隱居有道之士自飾其身之所行而舍去非道之富貴者也旣在事外故无吉凶

六二賁其須 上四爻似頤卦二以柔居其下須象也須之爲賁附於頤頷二復柔體不能自爲動靜隨人者也故无吉凶小象云與上興也

九三賁如濡如永貞吉 濡坎水象三乃坎中爻故言濡陰陽相待而成賁以陽剛之質受賁於陰賁之美也三以一陽居二陰閒賁之尤美者光彩外發若濡潤然卽詩羔裘如濡六轡如濡之義吉曰永貞乃吉之至謂可永長貞固保其吉也

六四賁如皤如白馬翰如匪寇婚媾 震伏巽爲白艮伏兌西方之色亦爲白然卦言皤白蓋雜卦賁无色之義待賁於外者巳本无色也白馬指九三坎震體皆有馬象翰兼離飛鳥象寇坎盜象婚媾九六配合象○四以陰柔居賁之時雖與初應有隔之者未能賁也故言皤三亦陽剛无應未能賁也故言白三四切近陰陽相近而相求乃理勢自然三之白馬如飛翰而來蓋求四也本非正應若在可疑聖人曰匪寇也婚媾也蓋許四之從三也三四相須而成賁則不終於皤白矣雖不言吉乃吉象與屯六二全相例下文異耳互見屯卦

六五賁于丘園束帛戔戔吝終吉 邱園艮象艮在五上爻言邱卽山也聯聯五爲艮中爻有邱中平地寬廣象故言園束帛震元黃象古束帛五匹三元二纁元纁震大小五畫又五匹象戔戔委積貌○五當賁時其體柔中而艮止此柔退靜止之賢不求賁於外但自修飾於邱園之閒者也然兼處動體又應離文明之中爻蓋棲遯而不終棲遯者故禮賢之束帛將戔戔委積而前不止今者之觀而巳其始邱園棲遲似小吝其後束帛雖來故終吉○五上同艮體但上專靜止五則不終靜也

上九白賁无咎 白象同前爻爲艮止九居靜止之極此有道之賢遺去紛華泊然世外以質素爲賁飾者故无咎○舊說取賁極之義程子曰賁飾之極則失於華僞惟能質白其賁則不失其本貞非无飾也不使華沒實耳朱子曰賁極反本復於无色漢上朱氏曰五色本於素五味本於淡五聲本於虛質者文之本也記有之醴酒之美而元酒明水之尙黼黻文繡之美而疏布之尙莞簟之安而蒲越槀鞂

之尙丹漆雕幾之美而素車之尙此白賁說也○愚說主本爻舊說通一卦二義俱通故並著之

䷖ 坤下艮上 剝落也以卦體言五陰下進一陽將落故曰剝以卦象言艮山高起坤地之上而反附著於地亦圮剝象○二至四互坤三至五互坤

剝不利有攸往 朱子曰陰盛陽衰小人壯而君子病又內坤外艮有順時而止之象故不可有所往愚謂卦上奇有壅窒不通象故不宜有往也

初六剝牀以足蔑貞凶 牀艮象下二偶牀足上一奇牀身也艮巽皆牀象而艮九者棟觧校貇亦足辨膚象因牀而生不必別求其義初在卦下故以牀足爲義蔑无也勿也蔑貞者猶蠱不可貞小過勿用永貞謂不可貞固虛之○六陰之體漸剝陽由下而升如消剝牀上之人先自牀足故戒以不可貞固爲必凶也先言蔑貞者蓋易以趨吉避凶爲教正聖人前民用之意云○戒剝以艮爲主故下卦无艮而言牀經多如此例大壯主兌故上九无兌而言羊姤主巽故九五无巽而言杞觀主艮故初六无艮而言童之類皆其義也別不重出

六二剝牀以辨蔑貞凶 辨牀之分辨上下處崔憬云牀梐也由初而二則足進而辨矣處者其可貞固乎凶象也

六三剝之无咎 剝之謂三在五陰中獨能剝去羣陰之黨而應上九之陽此小人中之君子程子曰如東漢呂彊是也此爻與復六四相似蓋二卦反對復四即剝三也

六四剝牀以膚凶 剝五陰卦陰未至五而至四如剝至牀上及人肌膚陰禍迫身之象也故凶不復言蔑貞者蓋初二尚可避凶四則无所避矣

六五貫魚以宮人寵 先儒偕類謂巽爲魚然剝貫魚乃奇偶自然象五偶魚也一奇貫也䷓一云爻變之觀亦有巽象宮人坤艮象內坤爲女加以互坤女之衆也艮爲門闕爲閽寺門闕之開閽寺守之內則衆女居焉宜爲宮人象○卦以一陽下統五陰故聖人起貫魚宮人之義以上九王者也六五后也其下諸陰宮人也王后主之以次進御於君此貫魚說也非關睢樛木之賢孰當之項氏曰五以下四夫人也三嬪也二世婦也初御妻也此爻不必泥剝復義求之所謂易不可爲典要也

无不利 一陽下統諸陰勢從理順故又无所不利○虞翻洪邁皆云巽爲魚郭璞云魚震之廢氣益巽者震之反也魚陰物而伏水中巽上陽實水也下陰伏魚也姤卦中孚魚並同然剝貫魚又奇偶自然象不必泥巽也

上九碩果不食君子得輿小人剝廬 果艮果蓏象輿坤象廬艮門闕象亦上爻象上猶屋之蓋覆也體居五陽剝盡其一獨存如衆果皆食而碩果獨餘生生无窮之意自在此果墮地則爲根陽反下則爲復也衆陰藏一陽於上得輿之象一陽覆五陰於下今將剝矣又剝廬之象易崇陽抑陰之書也故喜之曰君子自此將得車輿以自載小人自此併其居廬剝之矣有德者得之則吉不然剝廬之禍亦可畏哉○程子曰上九亦變則純陰矣然陽无可盡之理變於上則生於下无間可容息也聖人發明此理以見陽與君子之道不可亡也或曰剝盡則爲純坤豈復有陽乎曰以卦配月則坤當十月以氣消息言則陽剝爲坤陽來爲復陽未嘗盡也剝盡於上則復生於下矣故十月謂之陽月恐疑其无陽也陰亦然聖人不言耳

䷗ 震下坤上 復反也以卦體言六陰已盡一陽復反故曰復以卦象言震雷在坤地中陽氣初復時也○二至四互坤三至五互坤

復亨出入无疾朋來无咎 復一陽出而爲師爲謙爲豫比剝還入爲復此出入象一陽長而爲臨泰壯夬乾之朋此朋來象復美卦也聖人喜之曰一陽復矣自此出入皆无疾朋來又无咎卦體偏陰稽類本疾象曰无疾者復陽壯鋭非他卦比也

反復其道七日來復利 一陽方長動而順行又卦體上通无壅亦利

有攸往 有往之象○復震既濟七日皆主反對爻而言復言七日者姤初變復初也震七日者震二變巽二也既濟七日者既濟二變未濟二也其義相通焦延壽京房輩出臆見作卦氣屬於六十四卦提出震兌坎離爲四大辟卦各主九十日分其餘六十卦五百六十爻直一歲之日各卦主六日七分謂冬至卦氣起中孚六日七分後方爲復非經旨也

初九不遠復无祇悔元吉 剝復反對卦陽剝於上卽復於下此不遠象凡人有失而復有復失之不遠而復則不至於悔以九陽居復初能不遠而復反者故元吉

六二休復吉休息也以否五楷之宜爲坤象坤體陰靜有二鄰於初乃陽氣纔復之後也宜休息以養之以六居二是能休者宜爲吉象

六三頻復厲无咎初至二至三有頻數象復者改過以復於善而已有不善未嘗不知知之未嘗復行所以爲顏子也苟頻失頻復下矣三以陰柔居震動之極故有頻象雖非初之不遠復豈不賢上六之迷復乎故危厲而終无咎○一云說文頻水涯詩池之竭矣不云自頻是也今作瀕三爲下卦盡處有頻象爻變之明夷亦有坎水象三陰柔震極本非能復者言行之失利害迨於目前如在水頻進退不可不得已而復亦通

六四中行獨復析上下卦而言二五爲中合六爻而言三四爲中中行謂行五陰之中也臨所中五陰而應初九有獨象此象小人之朋乃心獨從君子者初陽力微四爻以陰居陰故不言吉朱子曰理所當然吉凶非所論此言爻得象外意

六五敦復无悔敦坤象坤厚載物其象爲土五坤體也爻互二坤可謂敦矣能敦於復何悔之

有臨復只爭一爻此爻卽臨上六故辭同

上六迷復凶荀坤爲迷上以陰晦居卦終昏冥迷謬而不知復者故凶**有災眚**常人不至迷凶亦有災眚**用行師終有大敗以其國君凶至于十年不克征**震一陽有將帥總師象坤土爲國震爲公侯又國君象經言以其通訓與其卜坤數說並見前○師之二謙升之三豫之四皆一陽得位統上下諸陰故爲行師克捷之象復雖美卦然初九主爻也而沈於五陰之底此將沒師陷象也故於卦終著大敗之象與其國君皆凶正指初九陷沒而言蓋師敗而凶及其君也坤土重遲十而後變十年不克征是終无可行師之日也自爲一象以不必泥剝復求之

䷘ 震下乾上　无妄天理自然之謂以卦德言下震上乾動而剛健則无非天理故曰无妄古妄望字通史記春申君傳作毋望馬鄭王肅皆云妄猶望也○按象傳物與无妄序卦復則不妄雖主誠妄之妄彖傳天之命也天命不佑行矣哉雜卦无妄災也又似期望之望○二至四互艮三至五互巽

无妄元亨利貞二體震動而乾健中四交剛上柔下二五中正而應皆美象故爲大通而貞固

主之也**其匪正有眚**卦本有災眚象**不利有攸往**震互爲艮動而止也又卦中大抵有災眚象故不利於往

初九无妄往吉往震足象无妄往者謂非素所期望偶然有所往也爻爲震初九乃陽體最壯者以卦變言所謂剛自外來爲主於內是也若有往則吉

六二不耕穫不菑畬則利有攸往田一歲曰菑三歲曰畬耕穫田功也卦初二爻爲地二在地上有田象[illegible]說然以震艮而言乃空田震上虛爲无人豐上九闚其无人是也艮下虛爲无人象不見其人是也故爲不耕穫菑畬象然震爲反生巳刈之稼偶然復生此不耕穫菑畬而得穀之象

六三无妄之災或繫之牛行人之得邑人之災下卦震互巽爻變則无妄之同人有乾伏坤體坤爲牛巽爲繩故曰或繫之牛震足爲行伏坤土爲邑震體毀是行人已去伏坤方來是邑人獨留故曰行人得邑人災○世固有適然災眚不可避者故以係牛爲譬行人得牛

旣去邑人反遭詰捕之災三陰柔不中正又居震動之極故以災象屬焉

九四可貞无咎此爻以畫爲象[illegible]西爲五艮上爻其體靜止无凶象又以剛居柔下无係應皆貞固之象蓋雖進无六二之福退得免於三上之災者也宜无咎

九五无妄之疾勿藥有喜稽類偏陰偏陽爲疾爻變曰无妄之噬嗑又有坎心病象陰疾遇陽陽疾遇陰又喜象[illegible]同○夫人致疾非一端亦有偶然无故而疾者有故之疾藥而後痊理也无故之疾不藥而痊亦理也九五剛中之體非自速於疾者卦體偏陽適有疾象而下遇六二之陰則喜象又臨其前矣

上九无妄行有眚行乾健象无妄行者非素所期望適有征行之事也然行則將有災眚蓋爻爲乾上九乃亢極有悔之陽故也卦本有災眚象爻復上窮故象如此**无攸利**此亦无所宜也○无妄者天命之本然卽世俗所謂定數者稽之經乃不然不耕穫之福屬柔中之六二係牛之災屬陰不中正之六三勿藥之喜屬剛中之九五震初九之陽則往吉乾上九之亢則行有眚以至九四之可貞

皆當然之理也豈曰數乎然則君子自處之道宜何如亦曰盡人事之當然聽天命之自然而已矣

䷙ 乾下艮上　大畜所畜止者大也以卦體言與小畜對彼一陰畜五陽畜之力小此二陰畜四陽畜之力大以卦德言艮止乾健非巽畜乾之比亦畜之大也○二至四互兌三至五互震

大畜利貞　四陽卦自大壯變九四升爲上九美陽象也故利於貞固主之**不家食吉**　亦主卦變而言四本中爻而兌體升爲上乃自家出外之象兌口有食象不家食謂仕而食祿與凡受養於外皆是宜吉**利涉大川**　兌爲澤又卦體中虛皆川象以乾震剛健臨之故云利涉

初九有厲利已　已艮止象二陰爲畜之主而初與四應初陽銳於上進四居上得位而畜止之有危厲象故利於止既止矣无凶悔吝之可言

九二輿說輹　輿乾伏坤象輹議見說輹兌毀折象二與五應五爲畜主說輹宜也言必不可行○與初二皆受畜初言有厲者以陽居陽銳於上進故也二不言凶吝者剛居柔而得中知不可而止也此初二之分二之說輹與小畜九三同彼言反目而此不言者三四非應二五則正應畜而安矣此二卦之分

九三良馬逐利艱貞曰閑輿衛利有攸往　艮馬乾象乾伏坤爲輿爲衆輿衛之象曰兌口象○三陽之性豈安於畜下卦既終有變動意故震馬欲動乾之良馬相追逐而來然當畜時未可躁進利以艱難貞固之心處之相與閑習車輿兵衛之屬而後行則利有所往矣聖人愛惜陽類憂其无成故也此愼畜保吉之象

六四童牛之牿元吉　童牛指初九乾伏坤有牛象童兼艮象在卦初故曰童牛牿說文注牛馬牢又書費誓舍牿牛馬注閑牧也閑必木爲之附震木象○四畜初者也童牛謂初而四其牿也畜止之道貴及於初牛之方童從而牿之則易爲力其四畜初之謂歟故爲大吉之象程子曰人之惡止於初則易既盛而後禁則捍格而難勝上之惡甚雖聖人救之不免違拂下之惡甚雖聖人治之不免刑戮莫若止之於初如童牛而加牿也牿舊說施橫木於角以防觸詩所謂楅衡也然童牛未角雖角才繭栗爾楅衡安施書牛馬皆言牿非楅衡明矣

六五豶豕之牙吉　豶豕指九二坎爲豕乾坎體通故乾亦言豕亥爲乾位有豕象豶謂去其乾勢也二至四互兌毀折爲已豶之豕牙安定胡氏本埤雅云杙以繫豕者愚按說文枒木也集韻通作牙與埤雅合宜爲繫豕之木附震木象○五畜二者也二雖已豶之豕然豕性蹢躅突藳不可无以係之如人之爲惡小懲未必知大戒牙者所以善其後也五能牙之故爲吉象舊說牡豕牙能傷物豶之則牙自褻義雖通然據象二兌體有豶象五震木但有牙象无豶象爻童牛與豶豕特與牙語勢正相對宜從胡氏牙鄭元音互朗梏也橺楯之屬義亦相近○四之特童牛所以禁未萌之惡畜道也五之牙豶豕所以防覆出之奸亦畜道也先王明禮樂定經制問以牿童牛爲心然豈以豶豕不足慮而遂繼之乎但牙於旣發不若牿於方童之尤善故有吉與元吉之分然二義不相廢也

上九何天之衢亨　天乾象亦卦上爻象震大塗艮徑路皆衢象天衢者程子云空中雲氣飛鳥往來之道也陰之畜陽終非聖人所與至卦終則畜體變矣曰何者有驚喜意何爲至此而天路廓然了无窒礙也亨通之象不言可知○程子曰小畜畜之小故極而成大畜畜之大故極而散○愚按小畜畜之道小爻辭但明陰畜陽之義四爲畜主爻止云血去惕出而已大畜畜之大初二兩爻取陽受陰畜雖與小畜三五同四牿童牛五牙豶豕則明聖人畜邪禁惡之道其旨廣大不可以小畜例觀至若三良馬逐上天衢亨則又藹然崇陽抑陰之意大哉易乎

䷚ 震下艮上　頤口旁也口主飲食以養人故又訓養以卦體言上下二奇爻如頤頷中四爻如齒故曰頤以卦德言下震動上艮止食則下動上止亦頤象○二至四互坤三至五互坤

頤貞吉　卦內虛外實適相均稱二五皆柔中貞周上之爲吉○經文貞並訓固說見乾彖**觀頤自求口實**　卦爲厚畫離離目有觀象卦有口象而虛君子觀頤之象則自求以實其虛口實飲食也曰自求則求其所當求舍其所不當求義皆具矣

初九舍爾靈龜觀我朵頤凶　頤六爻外剛中虛有自然龜象龜又下伏之物故初爻言龜朵頤欲食頤動貌凡食下頤先動初又震動體有朵頤象似離爲目有觀象上爲卦主爻故稱我蒙豫亦臨彖○初九在下本不待養於外此咽息不食之靈龜也而震體躁動下爻又有頤動之象自古山林道義之士自賤其貴動心榮利而蹈禍機者多象故凶初陽剛之賢他爻以顛頤爲吉而本爻反凶

易不可為典要者如此

六二顚頤拂經于丘頤征凶 勉齋黃氏曰頤六爻止顚拂二義求養於下為顚求養於上為拂今從之然顚拂各有象義上艮為手中坤為腹下震為足有人身象若自上求下如人顚倒故求頤於初曰顚卦有自然織紝象初為持緯上軸之下杼上為受經之上軸中四爻如布帛之經受經[illegible]下杼坤有布帛象艮手有拂象凡織紝隨所成卷持緯於杼而拂動上經以續之故求頤於上曰拂經舊訓拂逆經常非是三應上五承上若求頤是順經常非抑逆也邱上九艮象[illegible]貴○陰柔求養於陽故二頤而下求初九之頤二與上非乘非承非無本不相涉然二頤於初如織歸於杼則織者不能不拂動在上之經故二爻有求頤於艮邱之象此以象言也二兼震坤體震動則躁進坤柔則不自守既顚於下又拂經於上進退失據能无凶乎人之中无所守而躁競干進者似之故征進則凶

六三拂頤貞凶十年勿用 拂義承六二而言謂求頤於上如拂動上軸之經蓋三與上應爻故也然上雖應三而艮陽上止无下就意三為震動之極過於決躁兼坤柔不自守躁於干進者也以不中正之陰躁進而強附焉非徒无益且將蹈禍故貞固主之為凶十坤數十年勿用則終不可用矣无攸利 泥之亦无所利凶之至也○鄭剛中曰頤下三爻皆凶惡其動也上三爻皆吉喜其止也

六四顚頤吉 四與初應顚而求頤宜也又初為得正之陽四為得正之陰應之善者故吉 虎視眈眈其欲逐逐无咎 [illegible]○虎艮象覩睹六爻自下卦順觀則上為艮虎自上卦倒觀則下亦艮虎上下偶交開眼相向覩致故之象二虎牝牡相求欲逐逐之象木宜驚憂然二虎方志於相求不暇咥人又交體順正故无咎與履虎尾不咥人相似上吉下无咎各一義并為一義非是

六五拂經居貞吉 拂經義與前同五切比於上而求頤如織者拂動上軸之經以求續其與二三之不當拂而拂者異矣五為上卦中本養人之位而陰柔居之待養於上體又艮止故自處於貞固則吉朱子曰居貞吉如洪範用靜吉用作凶守常則吉也 不可涉大川 凡奇實為平地偶虛為水先儒雖未言可以神悟卦中偶虛涉无津涯之水也五在水中故不可涉特言不可比他卦不利語之尤嚴與上爻利涉相應偶虛川象甚明他說強求之伏兌伏巽非是此自為一義

上九由頤厲吉 頤之為卦由上九而成故曰由頤[illegible]超居六五之上而為羣頤之主有危厲象然道尊德貴推其餘以及人使頤養之功由我而成吉象也 利涉大川 上九已出諸爻偶虛之外如人出險而履平也故云利涉自為一義

䷛ 巽下兌上

大過大者過也以卦體言中四陽而外二陰陽過之象以卦象言兌澤之水過巽木而沒之亦大過象○二至四互乾三至五互乾

大過棟橈 棟屋極也以自然象而言通六爻為一棟本末二陰不勝四陽之重有橈折象訓又荀說卦坎為棟卦中實謂之厚畫坎故言棟兌為毀折故言橈 利有攸往亨 二陰卦自遯變二往為上此利有往之象下巽順上兌說二五皆以剛居中又為亨通

初六藉用白茅无咎 茅草屬附巽木象白巽象禮小司徒共茅蒩甸師共蕭茅鄭注皆云以藉祭物蓋古者祭物皆陳於地以茅藉之也本卦上兌為巫主祭祀四爻陽實有祭器物象初陰柔在下有白茅藉之之象其義則過於敬愼之謂故无咎大傳曰苟錯諸地而可矣藉之用茅何咎之有愼之至也

九二枯楊生稊老夫得其女妻无不利 荀巽為楊又巽木生兌澤旁亦奇楊象大過之楊有枯象稊從鄭氏作[illegible]偶言二為楊身下偶為荑[illegible]乾象二之乾在上故曰老夫初之巽在下故曰女妻[illegible]壯夫○楊身雖枯於上稊復萌於下此生意也老夫而得女妻亦有生生不窮之理二居下處柔得中過而不過又鄰初六之陰已居上而蒙其助故无不利

九三棟橈凶 本爻變困有坎棟象自為一棟而巽下虛其本弱也故橈九居三又剛過故橈三既橈矣宜為凶象

九四棟隆吉有它吝 本爻變井有坎棟象自為一棟而兌下實其本壯也故隆又九居四剛柔適中故隆此吉象也然初有橈體四與之應故為羞吝自它而來凡偶然而至曰它

九五枯楊生華老婦得其士夫无咎无譽枯楊說見前以奇偶言五爲楊身上偶爲華婦兌象夫乾象五之乾在下士夫也上之兌在上老婦也妻翻蹤敗○枯楊不壯於根本而僅美於英華特暫焉之觀而已士夫之陽而爲老婦之陰所得生生之意亦无足言五居四陽上過之甚者鄰上六窮極之陰其助薄矣故象如此雖无咎而亦何譽之有

上六過涉滅頂凶巽舟入兌澤有涉象乾爲首乃伏上六之下是過於涉水而滅其頂其凶宜也无咎兌上交非其內故也

䷜坎下坎上坎陷也險也以三畫卦言一陽陷二陰中故曰坎中實者水體外虛者水之流通處故其象爲水六畫卦因焉○二至四互震三至五互艮

習坎有孚維心亨習重也○易以中實爲孚中虛亦爲孚繫辭二五中實重卦中虛皆孚象奇實居中人心之象故曰有孚維心人之處險苟此心之誠足以取孚何險難之不濟通神明裂金石誠而已矣故爲亨通行有尚坎勞卦故利於行若行而往則有向上之望程子曰坎以能行爲功

若止不行則常在陰中矣震足亦有行象

初六習坎入于坎窞凶習坎本卦象虞氏坎中小穴稱窞本爻偶虛象初在重坎之下是在水中也而又入於窞穴之中故凶

九二坎有險求小得險水中之險謂波濤洶漩處也乃前爻偶虛象求小得亦謂得前二偶之助陰爲小虞氏據陰有實故言小得二在坎中復值前虛是坎之中又有險也三坎而又險亦危甚矣幸而求助得二陰焉陰之力小少助而已二體剛中故无凶辭

六三來之坎坎險且枕入于坎窞勿用䷜坎坎重卦之象來之卽來往也險枕窞三者指互艮三爻而言三之前偶虛爲險象巇偶前一奇爲枕象艮爲石謂枕於石也本爻偶虛又窞象虞氏枕止也艮爲止此爻之體往來二坎間一凶坎前遇險二凶又遇艮石在前如舟觸石而遭枕三凶本體又入於窞中四凶未有如此象者故斷之曰勿用辭與乾勿用同

六四樽酒簋貳用缶納約自牖終无咎依象傳貳字爲句詳見下文樽簋缶取簡約之義四之前爻有一樽二簋象二下三爻中虛外實缶象三合四爻外實中虛又室中窗牖象三坎爲酒食爲宮故取象如此翻蠙賝諑納約謂進簡約之誠卽上文樽簋缶也舊訓要約非是○周禮尊有獻象山罍泰著六名祭簋數經无明文燕享之簋最多者聘禮堂上東西夾共簋二十最少者玉藻諸侯朔日食四簋今曰樽酒簋貳約也又用瓦缶盛酒以盆樽中約之甚也卽二簋用享西鄰禴祭之意人之出入誰不由戶而曰自牖者就彼開明之處委曲以致吾約也卽遇主於巷之意夫人不幸墜鄹險中處已酬物之方苟能主之以質實將之以委曲雖崎嶔歷落亦何至履危蹈禍哉四體柔正益能之故終爲无咎○朱子舉晁氏云樽酒簋爲句貳卽副貳如周禮大祭三貳弟子職周旋而貳之貳援引甚明但象傳明析簋貳爲句正與損象二簋相叶說文古三字作式諸書二貳義每通如孟子市貫不貳詩毋貳兩心衣服不貳卽二字也故從舊句○按坎諸爻皆據象淺深以爲義獨此爻乃教人處險之道程子專取四近君爲義愚謂虞險皆然況近君之大臣乎然經旨宏闊不專指也又姚小彭嘗取儀禮醴婦爲義易家多取之按儀禮側尊牖下之文雖明簋缶之義未免牽合不完非經旨不敢從

九五坎不盈祇既平无咎祇音支抵也○坎中奇實爲水其上偶虛爲水不盈象中實上虛又爲水平象既抵於平如風濤洶湧已就恬息亦不至甚憂虞爾故爲无咎朱子曰无咎者上不至吉下不至凶平平恰好處是也五雖陽剛方陷坎中故其義如此

上六繫用徽纆寘于叢棘三歲不得凶坎一陽陷二陰中爲獄囚象互震又刑官象徽纆索也三股曰徽兩股曰纆巽繩象上變渙有巽體故假巽象叢棘坎象上爲重坎之極而六以陰柔居之有陷於刑獄之象凡言三者卦三爻象三日其變易而速三歲其變難而甚遲三歲不得乃甚凶之象

䷝離下離上離麗也以三畫卦言一陰附麗二陽之中故曰離中虛而明其象爲火爲日六畫卦因焉○二至四互巽三至五互兌

離利貞亨二五柔麗乎中正宜貞固主之象爲亨通畜牝牛吉牝牛見說卦離象坤爲牛離坤之中女故降稱牝牛

初九履錯然敬之无咎 初爲卦足有履象坤爾六二在前有剛柔錯雜成文之象初以剛居卦下而柔復文之此少年在下之賢踐履之間文采錯然可喜也以敬將之則可无咎驕輕傲慢自損其文錯然者將黜然矣故聖人因象爲戒云

六二黃離元吉 黃坤象離中爻即坤也五色之文黃爲最貴二文明順正居下卦中離體之最善者故元吉二五皆中五有重日之嫌不及二矣

九三日昃之離不鼓缶而歌則大耋之嗟凶 日離象昃日昳也下離終之象缶離中虛象鄭注謂兌離外堅中虛爲瓶器象缶義與此同詩詁云耋之言昳也過七十筋力衰如日昳八十則大耋乃下卦明盡之象歌嗟上下偶爻謂口象不字與則字對聯○程子曰三居下體終前明將盡後明當繼人之始終時之變易也以理言之盛必有衰始必有終常道也達者順理爲樂缶常用之器也鼓缶而歌樂其常也不達者則恐恒有將盡之悲故爲大耋之嗟愚按程傳美矣似未盡缶義缶者簡朴无華之器鼓缶而歌謂樂其分之固有不以紛華爲樂也經文不則二字義甚明謂不歌則

必嗟矣爻以九居三爻下離炎上遠此中虛燥烈之流不歌而嗟者也故凶○左傳杜注七十曰耋禮記陸音義說文徐注並云八十曰耋與詩詁大概同獨漢上朱氏云九十曰大耋未詳所出至牽合下三爻則乾坤九十六策釋之太鑿矣學者擇焉

九四突如其來如焚如死如棄如 突古文作㐬謂不孝子突出者今文又敢犬出穴之義謂衝突而前耳來謂自下來上也突來離火上炎象巽爲木爲風助離火焰故曰焚如然四爲巽上爻有木盡火死象又爻變之賁有坎水體火遇水亦死象故曰死如坎爲溝瀆又棄尸象故曰棄如○卦有重日之體爻爲兩明之交火性趨上而妄行四又剛爻而不中正聖人於此特垂戒焉此楚商臣衛州吁窮羿新莽象也來如焚如其焰可畏死如棄如亦何所自逃於天地之間其凶有不忍言者矣夫子曰易之興也其於中古乎作易者其有憂患乎

六五出涕沱若戚嗟若吉 涕目液也離爲目重卦中實又肖坎三兼坎血象沱涕涕貌戚嗟兌口象○五以文明之體居上離之中而涕沱戚嗟何也下應六二似並照之日上乘九四又爭明之火五居其上能自安乎中虛故无定主火燥又有焦熬意涕嗟宜也然二爲明盡之日消滅可待四又太空之資涕耳夫何憂天定勝人五居中麗正之體自如也故吉或曰下日已明盡何以又云並照日通一卦觀之兩日仍相向易象變動不居不可執一求也○項凡謂四爲逆子五爲順子取居廬哭泣之義試者多取之愚謂四之亟戒通爲亂臣賊子而言不專于也內四之義遂註於五觀太執著如萃上六齎吝滿渙正與此同豈有專指哉易旨宏闊不當迫狹求之○三歌嗟五號嗟求義雖各有屬大抵離體中虛而火陸燥烈之故同人五號咷笑旅上笑號咷皆辭象中孚三鼓罷泣歌似離之象合而觀之可以知八卦之性情矣互見諸卦

上九王用出征有嘉折首獲匪其醜无咎 離爲戈兵有征伐象首上爻象折兌毀折象醜類也詩云執訊獲醜是也卦九陰衆故曰匪其醜○上以陽剛居離火之極此師旅征伐之象曰有嘉者有克捷之美功也然兵者不祥之器書所謂天吏逆德烈於猛火聖人憂之故因象以爲教折首者殲厥渠魁也匪醜者脅從罔治咸與惟新也如此則无咎矣不言吉者嘉即吉也用兵无咎爲難爾泛亦美象

周易集傳卷第三

周易集傳卷第四

廬陵　龍仁夫　學

程子曰天地萬物之本夫婦人倫之始所以上經首乾坤下經首咸恒也天地二物故乾坤二卦分男女交合而成夫婦故咸恒皆二體合也

䷞ 艮下兌上 咸感也以卦象言少男少女相感之速咸又有皆義男女皆相感也故曰咸艮山兌澤之氣相感亦咸義以卦德言艮止兌說艮止則感至兌說則應速止而相說咸感之義○二至四互巽三至五互乾

咸亨利貞 三陰卦自否變柔上剛下六爻相應又二五中正而應故亨宜貞固主之也 **取女吉** 以卦而言男下於女親迎象也以二五而言男上女下又婚姻象也故取女吉禮禮嫁歸歟故○以說卦求之下艮爲指蹢蚔大上兌爲口舌爲輔頰曰腓曰股由拇而升也曰脢曰心由口而下也四居卦中居三陽中心之位也○咸艮皆取人身象咸通人身取義艮則專主背後象與咸實異二卦象皆六爻自相次第不入它卦身體象例

初六咸其拇 拇象義見前足大指也身之至微者雖感而動不能自爲進退故无吉凶

六二咸其腓凶 腓足肚也二居拇上股下有腓象腓之爲物每不感而自動如人輕動之象故凶 **居吉** 居艮止象艮體而處卦中故居處而无動作則吉

九三咸其股執其隨往吝 三居下體上有股象執艮手象隨指下二陰爻而言足之拇腓隨股而動艮二陰隨九三之陽而動是初二者三之隨也陰陽相近而相感陽剛之體又每爲陰柔所係故三有係執於其隨之意非感之正也故往而羞吝

九四貞吉悔亡 先言吉凶而後言象下經卦多此例雖頤雖頰腓脢四居互乾中爻故貞固主之爲吉雖乾剛巽躁不能无悔而悔亦亡也 **憧憧往來朋從爾思** 四居股上脢下卦之中也爲心位故言思憧憧心不定貌經以上出爲往下入爲來朋无明象咸九居四兼陰陽體其上一奇一偶下一奇二偶皆可言朋○天下之物莫不由心思而感者夫人此心貴有定守若吾之心思憧憧不定既往之彼復來之此感陽則陽朋從之感陰則陰朋從之外物之應千態萬狀紛綸不齊皆吾心思之妄實感之耳程子語錄云人心作主不定正如一箇翻車流轉動搖无須臾停所感萬端若不作一箇主怎生柰何此咸九四說也學者觀此可以悟存養之方矣

九五咸其脢无悔 五居心上頰舌下有脢象謂背脢也感之不動亦不能感靜體也朱子釋艮背云人之四體皆能動維背不動取此義愚謂此咸脢義也故无悔○項氏曰查許國學于陸佃謂脢喉間梅核在心上口下俗謂之三思臺厚齋馮氏亦曰脢爲喉之出納所也感之邪正係心言之是非係口故脢爲无悔按此說亦通但以脢爲梅核陸以前未經見姑附著焉

上六咸其輔頰舌 輔頰舌象義見前分言之輔頰在外口舌在內合言之皆人所以言語者以言感人感之下也雖不言凶非吉象

䷟ 巽下震上 恒久也以卦象言長男居上長女居下恒之義也雷風相與亦恒之道以卦德言巽順震動動於上順於下恒道也○二至四互乾三至五互兌

恒亨无咎 以卦變言三陽卦自泰變初九上爲四六四下爲初曰剛上柔下又六爻剛柔皆應故亨通而又无咎也 **利貞** 剛上柔下之象可以恒久宜於固主 **利有攸往** 初往爲四之象又宜有往也

初六浚恒貞凶 恒初至五似厚畫坎三二初居坎水底有浚象巽又爲入愈入而愈求深浚水之道也恒常之道至中而止又求深焉則過而非中矣故貞固主之爲凶○程子曰初居下而四正應四震體陽性以剛居高志上而不下又爲二三所隔應初之志異乎常矣而初乃守常而不度勢求望於上之深堅固守此凶道也世之責望故素而至悔咎皆浚恒者也愚按程子專主應與而言似未盡爻義然亦學者所當恥也 **无攸利** 亦无所利

九二悔亡 此爻以畫爲象[illegible]爻兼巽乾體乾剛巽躁舉動不能无悔然以剛居中乃恒道之善故雖有悔而悔亦亡也此平平之象

九三不恒其德或承之羞貞吝 巽一陰爲主與上二陽相牽制故爲躁卦爲進

退爲不果此不恒其德之象[illegible]羞偕類疑爲巽象一陰伏二陽下有女子含羞象隔三上卦倒艮爲爲手有承象隔二○夫人行已以恒爲貴子曰得見行恒者斯可矣又曰人而无恒不可以作巫醫恒之於人大矣三剛而不中居巽體之極人之不恒其德者也或且有奉承羞辱之事至其前者言不免於羞也故貞固主之爲吝

九四田无禽震陽統衆有將帥總師象觀用狩必以師故言田震巽合爲恒震動而上不復下巽入而下不復上四適在震巽之間兌互乾互兌之金交克震木无成必矣

六五恒其德貞婦人吉夫子凶苟兌爲常蓋澤水疑止之象五居兌體之極能恒常其德而貞固者也然體柔而說以此爲恒於婦人則爲吉於夫子則爲凶爻兼兌女震男體故一吉一凶兩致其詞爾○恒之二五其得中同也二乾健而得中故悔亡五雖中而兌說故夫子凶學者於此可以知恒道矣

上六振恒凶震巽皆木而雷風鼓舞有振撼不常象上居木杪故言振恒道貴於靜止以振動爲

恒豈可恒之道故凶

䷠ 艮下乾上 遯退避也六月之卦也以卦體言二陰浸長四陽退避有遠害之義故曰遯以卦象言艮山在乾天下乾性上行艮體本止若相違然亦遯象○二至四互巽三至五互乾○卦爲雙畫巽蓋兩畫當一畫

遯亨小利貞從彖傳亨字爲句九五剛中當位而應六二有亨遯彖二陰浸長有漸逼四陽之勢故雖利於貞固而止爲小利也

初六遯尾厲尾初爻象說見履虎遯所以避患若後衆人則遯也晚矣初居卦底尾象也遯之最後者故爲危厲此舉爲遯避者言之勿用有攸往下艮爲止前互巽爲進退不果故不宜有所往也

六二執之用黃牛之革莫之勝說說音脫與說輻說弧音同○執艮手象黃牛坤象爻變曰遯之姤有乾伏坤故假黃牛象二又坤外爻牛革也鞕韌下卦艮爲止二兼巽體爲入爲進退爲不果此遯者必不容遯之象其勢堅固如以黃牛之革束縛而執持之莫之勝說猶云不可得說也君子得之亦不容遯之象○遯二曰執用黃牛革謂執持去者不容遯也革初曰鞏用黃牛革謂鞏固已行之事不可革也互觀其旨甚明

九三係遯巽爲進退不果又爲繩故言係三在四陽中爲遯之最後與下二陰同艮止體而兼巽巽陽爲下陰所牽係不能遯者也非美象有疾厲凡偏陰偏陽爲疾爻在四陽之下疾象也巽體進退疾者得之爲危厲之象畜臣妾吉兩陰爻臣妾象艮男在下爲臣巽女在下爲妾艮止巽入又臣妾羈縻不去之象也故吉與六二黃牛革意略同

九四好遯君子吉小人否否音缶與否臧否亨音同四與初六應初艮男四巽女○有男女好合象九陽爻六陰爻亦好合象好而絕之決然遯去此人情之甚難也君子見善明而用心剛能遯故吉小人必不能也故否謂不吉也君子小人豈一定不可變哉苟能割情勇遯斯吉君子已

九五嘉遯貞吉嘉象未詳然遯以前去爲美五前遯者也本體陽剛中正雖應六二之柔邐然

遯去可謂遯之嘉美者故貞固主之爲吉

上九肥遯无不利陽爲大居四陽之首有肥象[illegible]上爲衆遯之最先者超然高蹈下无係應從容事外心廣體胖遯之最善者凡得之无所不利吉義在其中矣

䷡ 乾下震上 大者陽也壯者盛也二月之卦也以卦體言下四陽上二陰陰消陽息大壯之義以卦象言震雷在乾天上乾健震動雷動天威陽氣盛壯之象○二至四互乾三至五互兌○卦爲雙畫兌蓋兩畫當一畫

大壯利貞四陽之體駿六陽又下乾之上震以剛而動美象也宜固主之

初九壯于趾征凶有孚趾初爻象上震爲足初居下亦趾象當壯之初以陽居陽銳於進者也有壯於所行之象勇往直前禍之招也而兌毀折之體復在前故動而征進其凶必矣有孚者言其信然也卦體似夬故與夬初爻辭相似

九二貞吉此爻以畫爲象[illegible]二當大壯時以陽居陰而得中又應六五之柔中不過於

壯者貞固主之爲吉

九三小人用壯君子用罔貞厲羝羊觸藩羸其角羊兌象羝乾爻

壯羊也藩九四奇爻象四爲震體震蒼筤竹萑葦爻藩屬羸角兌毁折象○當大壯時三以陽居陽爻乾體之極乃壯之過甚者小人用之則過於壯君子用之亦視有如无謂過於勇也貞固主之必爲危厲又以羝羊象之羊之爲物成羣而行剛很好觸前有藩籬以備其觸之而遂至於羸傷其角也程子曰剛柔得中不折不屈施於天下而无不宜苟剛之大過則无和順之德多傷莫與危道也

九四貞吉悔亡藩決不羸壯于大輿之輹藩象同前決兌毁折附決

象大輿乾伏坤象輹伏兌在車軸上詳見小畜卦九四震體之陽爲大輿之輔故云壯輹○三之羸角以四爲之藩也四之前偶虛如藩籬之決蕩无窒礙必无傷角之患矣乾之大輿其體已壯輔以震陽之輹其壯可知是宜縱橫直遂无不適也其吉宜哉此爻全主震初九而言

六五喪羊于易无悔五乃兌上爻亦羊之一其體陰柔與羣陽相失如喪其羊羣於忽然容易之中大壯之陽變其大過故五雖喪羣爲无悔之象○易晁朱項氏音入聲古易場通漢食貨志場作易五爲陰陽分界陽變而陰喪羊于疆場之象也亦通

上六羝羊觸藩不能退不能遂无攸利艱則吉以雙畫兌而言

上亦羊之一藩象與三四異彼以剛爻前隔爲藩此以上窮无復去處爲藩○上本陰柔當壯之時一氣所薰不自知體之爲陰以震動之極居陽壯之極亦爲以角觸藩之羊欲後則震體上進而不能退欲前則卦體窮極而不能遂謂進退皆不可也故爲无所利之象然大壯美卦故不言凶悔以艱難之心處之有可吉之義

䷢ 坤下離上　晉進也以卦象言離日出坤地上其明進而方盛故曰晉以卦德言順而麗乎明亦晉義○二至四互艮三至五互坎

晉康侯用錫馬蕃庶晝日三接康侯與考工記甯侯語同坤坎皆馬象而坎多馬美脊亟心下首薄蹄皆是故曰錫馬蕃庶離日出地上而下臨坤三爻此晝日三接之象○諸侯來朝天子必錫車馬覲禮賜侯氏車服路下四亞之隣駟重賜无數曰无數則蕃庶義在其中三接王勞諸侯之禮始覲延升一也覲畢致享升致命二也享畢王勞之升成拜三也詩采菽雖无與之路車乘馬大戴記有儐禮三享三食三燕之文皆其義也○或以錫馬爲錫錫元圭之錫諸侯享王匹馬九馬之文非是錫稽顙錫命錫鞶帶皆上錫下非下錫上也大有三乃公享天子晉象乃天子錫諸侯宜各依本旨明之

初六晉如摧如貞吉罔孚裕无咎摧艮石象初爲坤體出而互艮有遇石而摧折象裕坤厚象○方進而摧難於遽進也然以順而進有終進之理故貞固主之爲吉若初之誠實未孚於人惟當寬裕雍容以處之則无咎也程子曰苟欲信之心切非汲汲失其守則悻悻傷於義矣无咎謂日前吉謂方來此進吉之象

六二晉如愁如貞吉受兹介福于其王母愁坎加憂象福象未詳稽顙宜爲坤厚象王母祖母指六五也○二以坤體出而互坎故曰愁欲進未敢前也其體中正故貞固主之爲吉而二之吉象又勝於初觀之二四本同坤體而四爲坤上爻母也今變晉則四升居五有王母象而與二爲應晉觀同體今則應爻終當受大福於五之王母也此晉遲回而甚吉之象○初摧如二愁如雖由互艮互坎之故亦以體本坤陰故也若陽剛則直遂其進矣

六三衆允悔亡衆坤象當晉時三陰皆有晉意初之摧二之愁非其意也至三而下體變可以進矣三之欲進衆皆允信之宜也陰不中正兼坎陷艮止體故有悔衆之所允其悔亡矣此次吉之象

九四晉如鼫鼠貞厲鼫鼠艮象兼坎體有穴鼠象鼫子夏傳作碩鼠詩序所謂貪而畏人者

四陽剛而離體銳於上進然兼艮止坎陷之體欲進不能欲退不可彷徨周章如貪而畏人之鼠貞固主之爲危厲也鼫雖未內乃內之漸○鼫鼠一云螻蛄爾雅螜天螻郭云螻蛄也見釋蟲部又鼫鼠郭注云頭似兔尾青黃好在田食粟豆見釋獸部此明螻蛄鼫鼠判然二物宜以子夏傳爲正

六五悔亡失得勿恤往吉以觀卦之變而言四本陰而變陽得也五本陽而變陰失也此失得象五兼坎水離火之體不能无悔然以文明居中爲晉主故雖有悔而亡目前或得或失不足憂也朱子曰失也不須問得也不須問猶言勝負兵家之常爾有往則吉**无不利**泛得之又无不

利

上九晉其角維用伐邑厲吉无咎角上爻象亦離牛象伐離兵象邑坤土象上以離剛之體居晉極晉而至角晉之窮也本非美象維用之於征伐都邑則離危厲而吉且无咎吉謂克敵无咎謂完師臨象離居上爻每主征伐蓋火焰之烈但宜用之師旅也雖趾貞吝若泛則貞同主之必爲涣吝蓋爻體除征伐外它非所宜也與上文六相紫

䷣離下坤上夷傷也以卦象言離日入坤地之下其明受傷曰明夷以卦體言內文明而外柔順此聖賢處難之象○二至四互坎三至五互震

明夷利艱貞中爻互坎爲險難象艱也內文明而外柔順貞也當明夷之時利於處艱難而守貞

圖闕

初九明夷于飛垂其翼君子于行三日不食有攸往主人有言飛鳥離象適坎弓有垂翼象震足有行象上遇坤三爻坤爲腹而虛此三日不食象往近

行也二爲內卦上而偶處開日此主人有言之象飛而垂翼遇傷也遠行則三日不食近往則主人有言進退交厄也離有所傷而猶未極方夷之初其象如此○程子曰垂翼謂傷其所以飛爾事未顯也于行謂去其祿位而退三日不食困窮之極也事未顯而遠甚艱非見幾之明不能衆人所不識也若俟其盡識傷已及而不能去矣薛方所以爲明而揚雄所以不獲其去也君子見幾而去世俗異而非之如穆生去楚申公白公且非之哀閔於黨事未起之前潛身土室人以爲狂生主人有言胡足怪也愚按程子於明夷初發見幾勇往之義亦學者所當知故著之○先儒多云明夷寓意紂文王之事微其意於諸爻而顯其辭於箕子愚以六爻稽之義亦明著九三文王也上六紂也初殷諸賢受傷殘者二散宜生諸賢拯難者四微子輩引去者五則箕子也

六二明夷夷于左股用拯馬壯吉夷于字子夏鄭陸並作睇于今從之左股謂九三也凡卦下爻爲左[illegible]三居震足之下爻有左股象卽遇傷之君子睇離日象傷股者三睇其傷而拯之者二也二以上坎震馬象甚多故曰壯○三爲震足之左股不幸遇上六之傷二在陽外睇而拯之凡拯人之難顧已材力何如耳二之馬旣壯盛拯之宜也故吉

九三明夷于南狩得其大首不可疾貞項氏以疾字爲句貞自爲句今從之○離田狩卦南離方大首上六象震陽疾速坤陰重遲互震變上坤乃不可疾之象○上以坤陰之極居卦首以至晦傷明者也三居離明之極而與上應不幸受其傷然以明克闇以剛克柔理勢必然也故爲狩而得大首之象謂用師而殲元惡也然不可疾速輕舉宜堅貞待之養威蓄銳兵之當然況以九三克上六豈細事哉俟天休命可也朱子曰湯起夏臺文王興羑里之象此待時而動之義

六四入于左腹獲明夷之心于出門庭坤爲腹四居坤下爻爲左腹象㦸見心坎象門庭前爻偶虛象亦倒艮象艮爲門庭一奇庭也二偶門也由本爻觀之有自庭內出門外象[illegible]庭○四與上同坤體如人其腹左窺見上之底蘊也幸而夫傷尚遠可見幾而作矣于出門庭者翩然遠去之義此避禍之象

六五箕子之明夷借古聖賢名爲象此變例禱睬畜上爲臣闇傷明之主而五切近之內三爻又互坎所謂內難也以六居五外柔內剛又佯狂免禍之象非箕子孰當之故以爲象利貞貞固自處不宜動作

上六不明晦初登于天後入于地晦日入地象天上爻象地坤象晦者不明之極朱子曰始居尊位以傷人之明登于天也後乃自傷而墜厥命入于地也此爻桀紂之事其凶可知

䷤離下巽上家人一家之人也以卦體言六二女正位乎內九五男正位乎外家人之象以卦象言巽風在離火上火熾則風起由內而出亦家人象以卦德言內明外巽亦處家之道○二至四互坎三至五互離

家人利女貞離巽皆爲女二五皆有女正位象又以卦變言四陽卦自大壯變九升居五爲男正位乎外六降居二爲女正位乎內女事宜於閫主也

初九閑有家悔亡閑闌防之謂一奇下橫有閑象雜巽木又閑屬治家之道當閑於初古者父子異宮內言不出外言不入雖椸枷湢浴防限截然皆其義也顏氏家訓云敎婦初來敎子嬰孩亦閑

於初之意閑於初乃有家之善者以九居初又離火體微有過剛之悔而其悔亦亡也程子曰苟不閑之以法度則人情流放失長幼之序亂男女之別傷恩義害倫理无所不至能以法度閑之於始則无是矣

六二无攸遂在中饋貞吉 中饋坎飲食象虞翻李鼎祚朱子皆云然未盡象旨九五居上爲夫六二居下爲婦二五皆有離體上離之火與巽木相生其明直遂夫道也下離之火爲坎水所制其明不直遂婦道也故曰无攸遂然以內禮而言離火下坎水上乃饋食烹飪象故曰在中饋婦人无遂事居中主飲食之事而已斯干之祝曰无非无儀唯酒食是議孟母曰婦人之職精五飯羃酒漿養舅姑縫衣裳而已皆此意貞固主之爲吉與家女貞同

九三家人嗃嗃悔厲吉婦子嘻嘻終吝 三居二四間上下皆偶畫開口象故以嗃嗃嘻嘻爲義三嗃嗃嚴急貌二離火體有嗃嗃象嘻嘻笑語貌四巽體有嘻嘻象婦離巽象子坎象治家之道過於嚴急則爲悔爲厲然分限截然家政修舉故吉若相與笑語而已蹈淫玩弛之弊將有不可勝言者故爲終吝之道與其嘻嘻甯嗃嗃也三以剛居剛是嗃嗃而不爲嘻嘻者聖人因象設戒云爾或吉或吝宜自得之嘻張作嬉馬云笑聲良是

六四富家大吉 易以陽實爲富象四雖偶虛然承五乘三應初皆則爻以一虛受衆實如倉廩府庫塡委而前而四以虛受之又富之甚故曰富家其體順巽而文明順巽則富而不驕文明則富而好禮富家如此其福澤詎有涯邪故爲大吉之象

九五王假有家勿恤吉 假至也假有家與假有廟句同九五居上王也六二居下爲家人主之有家者也二五皆離體交錯貫通五來應二一君一臣交明相接五又有南面向明之體故爲王至臣家象中互坎爲加憂有恤象不必憂恤乃吉象也文王之訪尙父昭烈之顧孔明蓋似之

上九有孚威如終吉 孚本爻剛實象初至五正互二離皆爲戈兵而本爻臨之有威象既九居上爻家主也主家之道威嚴爲貴然豈抗然自尊怫然憑怒以爲威哉至誠之積孚於其家則尊重嚴整自有不怒而威之道所謂家人有嚴君是也主家如此故爲終吉之象小象曰反身之謂也蓋推其本言之○初曰閑有家悔亡愼於初也三曰嗃嗃吉治家甯嚴毋過寛也上曰有孚威如吉以修身爲齊家之本也合而觀之家人之道盡是矣

䷥ 兌下離上 睽乖異也以卦象言兌澤下潤離火上炎其性不同故曰睽又兌少女離中女今雖同居後不同行亦睽象○二至四互離三至五互坎

睽小事吉 以兌說而麗離明以五柔而應二剛有吉象止云小事吉者既睽矣不能大吉也

初九悔亡 爻處睽初而以剛居剛不能无悔體本兌說故其悔遂亡 **喪馬勿逐自復** 四陽卦自大壯變下卦本乾良馬象三變爲兌則喪馬矣然三升爲四與初正應今之坎馬卽前日已喪之乾馬也何待追逐而後復乎坤羇駟榪驪 **見惡人无咎** 惡人亦謂四任二離間不勝操烈本體坎也又爲險陰險非惡人乎離目有見象初與之應不見不可得也水澤同體終不相傷故无咎

九二遇主于巷无咎 巷宮內道名秦漢所謂永巷古宮官曰巷伯詩巷伯篇乃寺人作也二之前爻偶虛爲道路坎爲宮此入宮之道故曰巷主指五而言朱子曰二五陰陽正應居睽之時乖戾不合必委曲相求而得會遇程子曰所謂委曲者以善道宛轉將就使合而已非枉己屈道也

六三見輿曳其牛掣其人天且劓无初有終 掣從陸音昌逝反爻辭叶韻○見離目象謂上九見六三輿曳說卦坎象牛離象正互二離有前後二牛抽掣之象天馬云剝鑿其額程子云髡首胡氏瑗云天乃篆文字訛而謂剝須也劓截鼻也○三以陰不中正取睽於上以上離之目觀之若見其車輪徐曳而行其牛乃有前後抽掣之態視其人又有天且劓之醜進退自失形容可憎如此蓋三兼坎離兌體故也取睽於人故曰无初三上正應无終睽之理故曰有終○坎爲獄因離震爲刑官遇兌毀折爲受刑說已見蒙小畜卦困五劓刖與睽天劓象相出入睽三乃兌上爻故取上體天劓之刑困五乃兌中爻故取上劓下刖俱刑之象互觀其旨乃見諸說鑿求乾首艮鼻震足皆非是

九四睽孤遇元夫交孚厲无咎 睽諸爻皆剛柔正應獨初四皆陽爲无應故曰孤一陽介二陰間亦孤象元夫初也初四皆夫初居卦始故曰元夫孚剛爻中實象○程子曰四與初皆以陽處一卦之下當睽乖時各無應援自然同德相親故會遇也上下二陽至誠相合則何時之不能行何危之不能濟當睽離時孤居二陰之間處不當位危也以遇元夫而交孚故无咎

六五悔亡厥宗噬膚往何咎五當睽時兼坎水離火體不能无悔其體柔中故悔亡二五正應皆離體故言宗禍訟貼新同卦體似噬噬故假噬象三二膚指九四○二五相應睽而不睽者也四剛爻介其間如頤中有物有隔兩睽之之勢然二人同心其利斷金二五相與叶力而噬四之膚則睽者合矣噬膚亦言易也往而從二何咎之有自古天倫之睽常起於讒邪之離間離間之得行常起於彼此心事之不交使有厥宗噬膚之決何患睽之不終合哉然非六五文明不能辦此忖悔亡又何咎亦美象

上九睽孤見豕負塗載鬼一車先張之弧後說之弧匪寇婚媾往遇雨則吉上居睽極有應如无應故亦曰孤見本爻離目象豕塗鬼車弧寇雨皆指六三坎象而各有義三坎豕而陰爻在兌澤中故曰負塗坎為輿又為隱伏故曰鬼一車坎為弓兼兌毀折故曰先張後說坎盜有寇象三與上正應又婚媾象坎離和合雨象○上與三本正應而不相能三之舉措又誠有取睽於人者故上之摹疑滿腹如象所云然何嘗有是哉蓋睽疑之極變怪百

出耳聖人曉之曰三非寇也乃婚媾也何至此然往而遇雨則陰陽和矣故吉天下之理人合者猶可開天合者不可離三上之應天合也三曰有終上曰遇雨宜哉此終吉之象○程子曰睽上九離也離之為德在諸卦為明獨於睽變為惡以剛在上則為很以明在上則為察以很以察所以為睽之極遇雨吉是物極則必反然所以能解睽却是用明之功

䷦艮下坎上蹇艱也以卦象言坎水在艮山之前艱於上進故曰蹇以卦德言止於險而不得進亦蹇義○二至四互坎三至五互離

蹇利西南不利東北利西南主卦變而言蹇四陰卦自觀變上九下居坤體中為三有來而得坤眾之象☷西南坤方故以坤方為利也東北又主上下卦方位而言艮東北卦坎正北卦二卦乃蹇方故為不利○蹇解反對二卦利西南皆取卦變蹇主九三下入坤體中解主九四上入坤體中但解彖傳往得眾之義明蹇彖傳之義甫晦故讀者惑焉然二卦義相出入細味甚明无可疑利見大人大人謂九五見之可濟蹇貞吉貞固主之為吉也

初六往蹇來譽凡外出為往內入為來蹇有足義故以往來為象偶畫開口有譽象初之前卽坎往則蹇也當蹇之初而來退非明哲見幾不能譽所歸也故為來譽之象

六二王臣蹇蹇匪躬之故上下卦皆蹇二又在重坎下故曰蹇蹇嫌嫌畊井王臣二爻象躬艮背象說見蒙三○爻當蹇時居大臣之位處重坎之底聖人因象以為教焉為王臣者崎嶇竭蹶蹇而又蹇夫豈為身故哉委質為臣分當爾也諸葛孔明有言鞠躬盡瘁死而後已成敗利鈍非臣之明所能逆覩深契此爻之旨矣既曰匪躬何吉凶之足言

九三往蹇來反往則入坎陰之中故曰蹇來則還艮止之體故曰反

六四往蹇來連往而入坎故曰蹇來而連九三之陽故曰連以陰遇陽庶幾少助然三四皆在蹇中故為不凶不吉之象

九五大蹇朋來五人君之蹇故曰大朋象未詳或云三為互坎中爻之陽與五同功有朋象朋助之來則可濟蹇矣然在坎中未能出險故不言吉

上六往蹇來碩吉碩大也凡陽為大往則險極故曰蹇來則乘五應三皆陽碩大可知故吉利見大人大人謂五此迄辭○諸陰爻不能濟蹇故无吉象三五皆陽爻而不言吉三在互坎中五正坎中故也上六陰爻曰來碩吉者上乃將出蹇之時而五三兩陽交助也人之濟蹇惟才與時而已然時為大故吉不在三五之陽乃在上六之陰吉凶進退能違時哉易之旨蓋如此

䷧坎下震上解難之散也以卦德言下坎上震處險而動險難解散之象以卦象言天地之義解散而成震雷坎雨故曰解○二至四互離三至五互坎

解利西南利西南主卦變而言解二陽卦自臨變初九上入坤體中為西☷西南坤方故利於西南彖傳云往得眾謂初九往而得坤眾也○解以震東坎北為卦與蹇反對蹇言不利東北而此不言者前卦艮坎方蹇地也不利之甚本卦艮坎方解散地也故辭不同无所往其來復吉有攸往夙吉有往无往亦主卦變義初九上升為震體有攸往也帝出乎震初動之陽也有夙義九二不動為坎體无所往也萬物歸乎坎內伏之陽也有來復義處解散之時者若無可往之事則宜如

坎陽之內復有當往之事則宜如震陽之夙出不能復則以紛擾而滋多事不能夙則以玩弛而宿釁端非解道也宜復而復宜夙而夙何患難之不解散哉故二義皆為吉也

初六无咎小象曰剛柔之際義无咎也解之所欲散者陰邪之朋剛初應九四之陽得其應矣故无咎此爻以畫為象[illegible]剛臧

九二田獲三狐得黃矢貞吉離為罔罟乃田狩主卦故言田此爻蓋通前後爻取象三狐謂初三五也說卦坎為狐初三坎體五互坎體合言之為三狐[illegible]黃矢謂九四也離剛畫為矢離假坤象為黃[illegible]二剛中文明之才主解散之任譬之田獵三狐既為所獲黃矢又為所得謂盡散陰邪之朋而并得陽剛之助美象也貞固主之為吉矣[illegible]除本爻外三狐一矢

六三負且乘致寇至貞吝此爻舊說在二陽間有負乘象蓋近之而未盡三在下坎與上卦倒艮[illegible]艮為背有負象坎為輿為輪有乘象下坎之盜又迫其後有致寇象大傳曰負也者小人之事也乘也者君子之器也小人而乘君子之器盜思奪之矣三陰柔不中正負者也而猥居下卦之上乘也故象如此貞固[illegible]之必為羞吝

九四解而拇朋至斯孚震為足與初六應初者震足之拇指也朋象未詳解以解散陰邪為義四本震初九陽之主也然不免下應初六之陰故誨之曰解散汝足之拇[illegible]謂則朋類之至斯可孚信否則正人之朋將望望去之矣朋之至不至係於拇之解不解關自古君子負天下之望為善類之歸小有牽係反見疑於衆君子者有矣聖人所深戒也爻義在凶吉之間

六五君子維有解吉有孚于小人諸言君子小人通辭未詳象義然以解諸爻觀之曰拇曰三狐曰負乘曰隼小人象也而屬坎體曰解拇曰射隼君子象也而屬震體則君子震象小人坎象明矣震動盪決裂君子也坎隱伏幽陰小人也五以震體主解而二坎在下皆中實此孚于小人之象故曰君子若有所解散則為吉象其至誠孚于小人矣小人雖未易孚至誠之道裂金石感鬼神小人洗心革面不至敗吾之解所謂孚也其吉宜哉

上六公用射隼于高墉之上獲之无不利震為公侯縣純上卦震體故稱公射亦弓象隼指六三蓋三兼坎離體離為飛鳥兼坎為剛鷙之禽故曰隼三為上下卦之限有墉象剛隊上居解散之極而六三負乘之陰尚此負固此高墉之隼也解既極矣此物安能獨存故一射而遂獲之美象也射隼獨於上言之與三應爻故也○或指倒艮黔喙為隼象按隼指六三也艮體至四而止三无艮象或說非是

䷨ 兌下艮上

損減省也以卦體言損下卦之剛以益上卦之柔此損下益上之義故曰損以卦象言浚下兌之澤以益上艮之山亦損下益上之義○二至四互震三至五互坤

損有孚元吉无咎易以中實為孚中虛亦為孚讀見卦中虛而九二中實兼二字義孚之至也故為大吉又无咎之象**可貞利有攸往**二語皆主上九而言夫陽自下而升上理之當然固可貞固主之由內卦而外卦往也故又利有攸往可貞宜靜之象利往宜動之象義主上九故上九辭與此同**曷之用二簋可用享**二句自為問答以釋損義艮北方鬼神卦稽類為宗廟兌為巫皆祭祀卦[illegible]故言享二簋指下卦二奇爻祭享之簋而止用二損之至也[illegible]見程子曰損者損過就中損浮末就本實也享祀之禮誠敬為本多儀備物所以飾之飾過於誠則為偽矣去飾所以存誠也

初九巳事遄往无咎酌損之震動為有事之象巳艮止象[illegible]往震足象酌兌口象爻居損初前為震體是有當損之往事也欲止其事則宜速往救過必於初弭患必於徵遲回顧慮止之難矣若能速往為无咎之義此謂圖損者不可不勇決也然矯枉又不可過正故又戒以斟酌其宜損而後損之世之因循退懦見幾不早坐待淊天燎原而不可止或欲速乘快掃地新之并壞已成之舊者皆非也聖人於損初明遄往酌損二者之義至矣哉一曰巳事者止六四之事四居震極為有事初與四應宜速往止之亦通

九二利貞征凶弗損益之損體宜於靜止爻為震初九有躁動象而前為六三乃受損之爻上卦又為艮止故戒以利於貞固自處若征進則凶也蓋震初九之陽值者每吉但爻體不宜於征進苟能貞固將不損而有益鎮靜乃人事之當然福澤則天理之自然也躁動安進將以求益乃招損

爾此靜守之象

六三三人行則損一人一人行則得其友卦下三爻本乾體損九三

爲上九是三人損一之象六三一陰自上而來仍與四五相合成互坤體是一人得友之象聖人因此發明損益之義天下之理有餘不足而已三人損一有餘則必損也一人得交不足則必益也乘除消息陰陽至理人循其中而不悟耳程子曰天下无不二者一與二相對待生生之本也三則餘而當損矣此損益之大義也

六四損其疾使遄有喜无咎交變曰損之睽有坎心病象下兌又毀折象故言疾

凡疾陰陽相値爲喜四有疾象幸與初九之陽相應是宜有喜瘚鼓脫但當力損其疾使之速喜則无終咎藥石鍼砭損疾之道也此疾病之象風雷益以遷善改過貴其速也其理亦然○勿藥有喜者偶然之疾損之使遄有喜者有因之疾玩辭者審焉○損自六爻言益之者三是不必損也九三明二三人之義是自然損益也獨初言已事四言損疾此一二者人事當損之大者初曰遄往四曰使遄喜然則事之當改疾之當除可不勇決速圖而乃遲回顧慮自貽伊慼哉此經意也

周易集傳卷第四　十五

六五或益之十朋之龜弗克違元吉舊說離外實中虛爲龜損益似離故

假龜象愚謂損益龜象不必取之離此奇偶自然象三三十坤土數十朋之龜所謂大寶龜漢食貨志元龜岠冉髯緣兩長尺二寸爲大貝十朋是也但王莽之制兩貝爲朋直二百千六元龜直二十貝鄭氏詩百朋注云五貝爲朋則十朋當是五十貝二義求詳弗克違言欲辭之不能也○五以柔順中虛居上卦中天下之益皆歸焉故或有以至寶益之而不容辭者書曰謙受益咸象曰以虛受人皆此意雖不求益益之大也故大吉○損益龜以象言也二五虛中受益以理言也又以象玩之一陽龜首也三陰龜足也二陽龜身尾也損龜首上向故言於五益龜首下向故言於二且損生益上益主益下故也象義之精如此

上九弗損益之无咎貞吉利有攸往得臣无家爻乃泰九三變

所謂益上也故爲不損而有益之之象而爲无咎曰貞吉者靜而吉曰利有攸往者動而吉語同象辭凡曰

卦主爻多與象同如純初震初之辭又曰得臣无家者臣坤象家坤上象上居卦首下臨坤三爻坤爲臣爲衆无家猶言无家數蒸甚多也此最美之象○凡震初爻多吉二乃震初九故云弗損益之艮上爻多吉上乃艮上九故云弗損益之又稽類說

䷩震下巽上

益增益也以卦體言損上卦之艮下而爲震此損上益下之義以卦象言震雷巽風相爲助益亦益義○二至四互坤三至五互艮

益利有攸往卦雖否三陰變亦泰三陽變以泰言之二三往而爲五上乃自下往上之象故利有所往**利涉大川**卦中虛爲川說見需象巽爲木遇水爲舟以巽舟出中虛之險故爲利涉

初九利用爲大作元吉无咎大作如書庶殷不作周禮竭作是也師旅出獵城郭宮室大興力役之謂震爲動作之象坤爲衆方震動之初而坤衆翕然從之故爲利用大作之象初成卦主爻故其吉如此

六二或益之十朋之龜弗克違永貞吉龜象與損同三三乃卦中虛自

周易集傳卷第四　十六

然象不必取之離也十坤土數損益二卦反對益二卽損五故辭同損主益上故於五言之益主益下故於二言之其旨則以順正中虛受益爲吉加永貞謂可永長貞固而保其吉乃吉之至也**王用享于帝吉**艮爲山郊邱也坤爲牛特牲也震爲東方王蒼璧也皆宜於享帝之象故吉

六三益之用凶事无咎有孚事爲讀孚爲句○益之與弗損益之莫益之句同无咎有孚與大壯征凶有孚革三就有孚句同○爻居震巽閒震動而邀上巽入而就下兩相順從有相益之義故曰益之凶事謂凶禍之事象未詳然稽類震動之極多凶如恆上頤三震上爻辭可見本爻居雷風振撼閒又爲互坤中爻二木交克坤土皆凶義○爻有受益之體雖用之凶事而其无咎必然可信同有孚者明其決无咎也此衆人之象**中行告公用圭**三四在重卦中曰中行猶言中路公指初九震體纖規偶爻開口有告象震爲玉艮手執之有執圭象大戴記諸侯相朝各執其圭瑞主君致饔餼還圭○文雖別起而與上文相屬若諸侯遇之則爲告方伯之吉象震公體也而在卦初蒞方伯出而在外者三諸侯位也倉卒凶事就中路執瑞信之圭而告之告而用圭禮也初剛果有爲之賢與三爻

同震體必能慨然拯三之凶上文言益之又言无咎亦以此歟○益三四爻皆侯國告方伯之象三以凶事告四以遷國告四之旨明三之旨晦以四證三其義見矣三四告於初經之變例也震初九爲公象三四爻爲諸侯位又通例也知常知變斯可與言易矣

六四中行告公從利用爲依遷國中行告公義同前亦謂列國於中路告方伯也初九震體爲公四爲諸侯位初四正應四巽爲又爲入有告而從之象卦以九四下遷於初初六上遷於四而成益坤土爲國有遷國象依謂依於公也古列國之遷意必稟方伯而後行事告公而從故可依之而遷也後來邢遷夷儀衛遷楚邱皆依於齊亦其義爾

九五有孚惠心勿問元吉有孚惠我德上有孚五中實象下有孚卦中虛象巽見惠順也上惠巽順象下惠坤順象虛實爻皆有孚體故兩言孚巽坤皆有順體故兩言惠有孚惠心指九五巽體五陽剛中正爲巽中爻是信乎有順理之心也書曰惠迪吉其爲大吉勿問可知有孚惠我德謂其下三爻坤順體上以孚感則下以孚應五信有惠順之心則下亦皆信乎順君之德矣蓋君民上下勢雖隔絕心則潛通在上者行事之順逆本心之誠僞如影響形聲不爽毫髮大學謂堯舜帥天下以仁而民從中庸論篤恭天下平之理至以上天之載无聲无臭贊之是也爻因二孚二惠發明感應之理辭義廣大非前爻比與益義不相涉舊訓惠爲愛非是

上九莫益之或擊之立心勿恒凶擊艮手象巽爲進退不果爲躁卦有立心不恒之象朱子曰勿是不字非禁止辭[illegible][illegible]上居益體之極是宜受益於人然莫有利益之者或反有攻擊之何也立心不恒之所致也夫立心不恒則舉錯悖謬忽恩忽怨乍親乍疏寡助之至舟中皆敵國也見擊宜哉

周易集傳卷第四

周易集傳卷第五

盧陵龍仁夫學

䷪乾下兌上

夬決也以卦體言五陽上進決去一陰故曰夬以卦象言兌澤在乾天上有潰決下注之象亦夬義○二至四互乾三至五互乾

夬揚于王庭孚號有厲乾爲君兌伏艮爲門庭觀游傳王庭九五所居公朝也孚五剛實象號兌口象程子曰小人方盛君子含晦俟時漸圖消之之道小人衰微君子道盛當顯行公朝使人明知善惡朱子曰以五陽去一陰必正名其罪盡誠以呼號其衆相與合力也然尚有危厲之勢愚謂一陰雖窮而居高五陽雖盛而太過居高則尚能跳浪太過則或至摧折以象言之正互凡三乾其過可知上兌又爲毀折危象也知其危而愼之則无凶矣**告自邑**告兌口象邑坤土象坤五爻變盡爲夬獨上六僅存乃小邑爾告卽揚庭之意自邑而告并絕孤陰之援則上六无所咎矣聖人決陰邪之道如此**不利卽戎**稽類一陽統衆陰爲將帥總師之象則利於用兵師謙豫升是也說見各卦夬下五陽无專將上一陰无兵衆故不利卽兵戎**利有攸往**五陽健行上虛无壅之象

初九壯于前趾往不勝爲咎趾初爻象往不勝兌毀折象當夬決之初在一卦之下以陽居陽勇往徑行然不勝之象巳著於前矣世之不能堅忍須時而剛躁妄動鮮有不敗者故爲災咎卦與大壯只爭一畫故初爻相似

九二惕號莫夜有戎勿恤惕象未詳號兌口象乾兌皆金在天爲參伐在人爲鋒鏑乾又爲戰其象隱而不顯故言莫夜有戎又爻變曰夬之革有離巽體離日在兌西乾西北莫夜也離爲甲冑戈兵戎也又巽爲伏同人三伏戎于莽亦離巽體故爲莫夜伏戎象○陽盛之過卦體有可懼者惟九二居柔得中故能驚惕呼號以自警如此則雖有莫夜兵戎之至不必憂恤也

九三壯于頄有凶頄音葵○頄者顴頰也兌輔頰象三在重乾間以剛居剛又當夬決時其勇壯見於面頰而不自知凶道也此衆人之象**君子夬夬獨行遇雨若濡有慍无咎**夬夬二卦中之象糠糠隴蹇雨濡稽類爲兌象兌坎體通亦爲水爲雨爻變之重兌故言

別下齋校本

兩言濡○三陽剛君子之朋也當陽盛之時以陽居陽本有決而又決之心不幸在衆陽中獨與上應兌體有雨象雨者陰陽之和也獨行遇雨似與之私矣然若有沾濡之狀非眞濡也慍者蓄怒不得泄之意以三之純陽而應於陰志不得騁迹反可疑是以有慍然而本心終无志也故无咎朱子曰王允之於董卓溫嶠之於王敦是也此君子之象○復四居五陰中而應初故曰獨夬三居五陽中而應上故亦曰獨其旨互相發

九四臀无膚其行次且牽羊悔亡聞言不信

臀象未詳經三言臀皆居陽爻後臀後體也故陽爻後言臀行乾健象羊兌象言兌口象○四在九五後臀也下厄三陽如臀之无膚而不容坐四體乾健能行者也上隔九五如行之次且而不能前蓋羣陽壯盛四介其間反有進退不安之象有告之曰牽兌羊之羣可以亡過剛之悔謂以柔濟剛也四聞兌口之言終不深信蓋乾體大多兌體終滿剛決之氣勝和說之意衰也賴兌體不至甚凶故无決辭

九五莧陸夬夬中行无咎

江陵項氏曰莧音丸山羊也易家多從之臨川吳氏曰字上從𠂉羊角也中從冃羊目也下從先羊足也故寬字諧莧聲羊羣之行山羊居前謂之引路殺此說艮是乃兌羊象高平曰陸五陽連互有陸路坦夷象爻變之大壯亦有震大塗象夬夬義見前○羊羣行者也五爲夬三率五陽之衆如平陸之獺引羣而前決之又決以去上六之陰此美象也聖人憂焉自古以君子決小人奮迅大過或以激而生患非中也一私𦎫纏病根尚存或遺方來之憂亦非中也中行无過不及之謂九五剛中庶幾能之故无咎○莧舊音胡澗切釋爲莧菜一云莧陸二物陸商陸也然未詳卦象所謂先儒以爲澤草兌象疑強附會本草莧菜燥濕處皆有之何名澤草故不敢從

上六无號終有凶

號兌口象无與毋同陰柔小人當夬之終黨盡勢窮无苟免之理雖欲號呼以自脫得乎故曰毋用號呼終有凶也剝之終曰得輿夬之上曰无號易之崇陽抑陰至矣

䷫ 巽下乾上

姤遇也五月之卦也以卦體言六陽之極忽與一陰相遇故曰姤以卦象言巽風行乾天之下偏歷萬物若相遇然亦姤義○二至四互乾三至五互乾

姤女壯勿用取女

卦有陰陽相遇之象故言婚姻然以一陰而遇五陽可謂壯甚他日由邂而坤消盡五陽皆是物也此陳夏姤之流凶可知矣

初六繫于金柅貞吉

繫巽繩象柅子夏傳作鑈說文作檷注云絡絲木漢上朱氏取之今從朱氏金柅言堅重也柅巽木象金乾象○姤六爻陰陽之遇最切近者三與初而巳凡巽以下陰爲主上陽每牽於陰下陰必從於陽其象爲入故相遇爲甚切經以繫柅譬之初柔入之陰絲也二之陽剛柅也繫絲金柅綢繆聯絡而不容釋遇之美者也貞固主之爲吉此主初二之遇而言○舊說柅爲止車器者非是巽雖无絲象而有其義无車義也從子夏傳爲優

有攸往見凶羸豕孚蹢躅

豕稽類爲乾象說卦坎爲豕乾坎體通故假豕象一豕云亥乾位爲豕陬臨乾六陽毀而爲姤有羸象羣陽在前如羸傷之豕尚能蹢躅非初陰所能抗若動而有往則見凶此主前遇五陽而言貞吉又云見凶蓋靜則吉動則凶也舊說羸豕指初陰謂當禁之勿使跳痕考之象義非是豕實剛屬况羸角羸撅字義皆訓毀傷初陰方壯何羸之有乾毀爲姤乃可言羸互見九五說

九二包有魚无咎不利賓

包與苞同苞苴必以茅冉附巽木象詳見蒙二魚稽類爲巽象見剝五賓謂前四陽稽類乾象見需上○陰陽相遇情之所同而最親近者先得之巽二與初相遇又入之深者包中之魚爲二所得宜矣故爲无咎而其勢不利於四陽之賓以人事言之如沛公先得關中是也

九三臀无膚其行次且厲无大咎

三居上卦陽爻之後故言臀乾健故言行遯規下乘九二无膚也上承乾三陽行次且也夬姤反對此爻即夬九四故辭同居衆陽閒進退不安雖有危厲之象然居巽體之極非夬四比也故无大咎

九四包无魚起凶

包魚象見前四與初應初巽爲魚包中之魚宜爲四有而爲二所先故曰无魚凡已所宜有奪於它人非明理知命能无介然於中者四雖剛而不中正不能以理自克忿很而爭此凶之所由起也以人事言之項羽後至關中而力爭是也

九五以杞包瓜含章有隕自天

杞美木也巽象以喻[illegible]五[illegible]瓜蓏也附乾果象以喻羣陽陰陽相錯而成章乾[illegible]下含巽陰曰含章[illegible]又爻變之[illegible]

有離中虛體故言含天乾象亦五爻象○五當姤時爲羣陽主如以杞木之蔭包藏羣瓜羣陽攀附如離離之瓜縈杞木而實此言諸陽之遇五也五不特能包羣陽又下含巽陰相與成其文章此言乾巽之相遇也五之盛德如此故非常之遇有若自天而隕此又言五之奇遇也陽剛中正美象萃焉不待言吉其吉可知項氏曰无心於得尊位而天位自降如舜禹所遇是也愚謂此象非舜禹不足當之○易崇陽抑陰之書也如坤初六上六泰否剝夬復姤之屬每拳拳焉然易道廣大不可泥一義求之如復象七日來復姤象勿取女此言陰陽消長也六爻多取別義舊說釋嬴豕包瓜皆於陰生取義非是合依本旨明之

上九姤其角吝角上爻象亦乾龍象語與晉其角相似以乾之極居姤之窮故吝**无咎**姤以巽爲主終賴下巽濟其亢極故又无咎三上應爻三厲无大咎義亦同

䷬坤下兌上萃聚也以卦體言四五之陽類聚而爲上下羣陰所歸亦猶水瀦爲澤萬物羣聚而生故曰萃以卦德言坤順兌說二五剛柔相應亦衆所由聚也○二至四互艮三至五互巽

萃亨王假有廟王九五象廟九四艮象艮坎北方鬼神卦乾鑿度云艮爲鬼門艮又爲門闕而

一陽儼然尊高宜爲宗廟兌爲巫亦主祭祀辭[illegible][illegible]瑤假[illegible][illegible][illegible][illegible][illegible][illegible]批爲假至也謂王親至於宗廟中乃祭祀之象**利見大人**指九五**亨利貞**坤順兌說五剛中而應二爲亨通又宜貞固主之**用大牲吉**坤兌爲牛羊古者卜牲而後用也**利有攸往**坤順兌說故利有所往又四陰卦自觀變四往爲上亦利往之象也

初六有孚不終乃亂乃萃若號一握爲笑勿恤往无咎中虛爲有孚初與四應間於二陰故爲不終不得已苟與坤衆聚故曰乃亂乃萃亂而萃非正也若號偶畫開口象艮巽兌上下皆開口艮手又有握義故曰一握爲笑☱驩吁☱驩吁☱驩吁卦上肖坎爲憂☵故曰勿恤○方萃之初陰陽相應而相聚初之孚誠在於四而有間之者近與其類苟聚非得已也故若號呼以求萃而一握笑之此如流俗見人齟齬相與翕翕訿訿也然四爲卦主爻衆萃所歸況正應乎不必憂也往而應四何咎之有此初滯終通之象

六二引吉无咎引謂四也二四同艮手體有牽引象○二與五本正應四爲萃主爻與五同德相萃故二五之應似有不容直遂者二自處中正四則大公无我之賢也又有牽引同升意此賢者拔茅連彙之象四曰大吉无咎二曰引吉无咎宜哉**孚乃利用禴**禴薄祭名王制祭統字作礿皆云春祭注云春物未成其祭尚薄前漢郊祀志作禴顏注禴煮新菜以祭故名禴本卦艮爲宗廟肖坎☵爲鬼神兌爲巫故言祭祀巽木草蔬也兌坎水澤也坤釜也有禴菜象孚本爻中虛象○祭祀之道以誠爲主苟有孚誠乃利用薄祭之禴爻本祭祀之象然按萃升用禴皆言於二蓋主二五君臣之交而言天下之理不誠未有能動況臣之事上乎論者損去浮文薦其至誠而已二苟以孚交其上雖用薄祭之禴可也既濟西鄰禴坎樽簋損二簋義同說互見升二

六三萃如嗟如无攸利往无咎小吝嗟偶畫開口象諸爻間三獨无應故有嗟歎意衆皆萃而已獨立故无所利然與四切近四爲衆萃所歸三四互巽巽上陽每入於下陰往而萃焉夫何咎但非正應而即之不免小羞吝耳曰无攸利又曰无咎又曰小吝其實一也

九四大吉无咎此爻以畫爲象[illegible][illegible][illegible][illegible][illegible]二萃卦體與比同所多者九四一爻之陽也比

以五爲主四乃成萃之主上與九五同德而萃下爲三陰所歸而萃故爲大吉而又无咎也或曰四多懼之地不設戒何也曰四之德非它卦比也爲臣貴於止足而四體則艮止事君貴於柔順而四體巽順而兌說上萃於五非招權也下萃於衆非市恩也大吉且无咎宜矣不然易其忘戒哉小象位不當也蓋以剛居柔之謂說見小象

九五萃有位无咎匪孚元永貞悔亡五本萃主其權若爲四所分美象反不及四聖人勉之曰九居乎五爲有天位本可无咎若五之至誠有未孚於人者但反求諸己合乎大善永久貞固之道則匪孚之悔可亡也人心之萃非可力致元永貞之德乃萃人心之本也譬如夏商之季而有七十里之亳百里之周爲其君者宜何如哉以有位自彊以元永貞自彊可也下有侵陵上乃恣肆噬臍夫何及大凡見倡於外者但當反求於內而已易之設戒其微哉元永貞見比象卦體與比相似故其辭亦互見云

上六齎咨涕洟无咎齎咨嗟怨聲兌口象虞氏三之四體離爲目艮爲鼻自目曰涕自鼻

曰渙附坎血象卦肖坎故云三○萃之四陰初二有應三近四而往從之上六无應又笑獨居於卦外誰與萃者齎咨涕洟宜也其情又切於三之嗟如矣萃者人之同情也然萃非其萃咎或生焉上无與萃亦終无咎與同人上九无悔義相似

䷭ 巽下坤上 升進而上也以卦體言四陰卦自觀變三陰上升故曰升以卦象言巽木生坤地之中漸升而上亦升義○二至四互兌三至五互震

升元亨 彖傳謂柔以時升巽而順剛中而應兼此三者故爲大亨 **用見大人勿恤** 大人指九二若用之見大人則勿憂恤蓋卦有肖坎三爲加憂故使之勿憂恤也 **南征吉** 巽東南坤西南拱離於中互震東兌西亦拱離於中離爲南兵故曰南征吉又卦體與師同多一陽畫爾震陽統諸陰爻乃將帥總師象居三亦爲得地故征伐吉互見師謙豫復卦

初六允升大吉 四陰卦自觀變三陰皆上升而初獨下處以時義言之初離未升信有可升之理也故大吉荀爽云一體相從允然俱升得之矣

九二孚乃利用禴 禴義見前卦本爻中實爲孚其餘兌巽坤倒艮肖坎象並同前○凡反對卦反對爻象每互見如損益二五夬姤三四是已升萃言禴皆於二爻蓋主大臣事君而言爾夫事君上與交神明之道一而已苟有孚誠所謂蘋蘩薀藻之菜潢汙行潦之水可薦於鬼神也萃二與五聚升二上升於五其事蓋同故再言之亦祭祀之象 **无咎** 二體剛中故无咎

九三升虛邑 邑坤土象虛偶畫象以九居三剛之至也又震初之陽其體盛壯上臨坤順此升之最易者升虛邑者如入无人之境言其易也然亦虛而无實之象

六四王用亨于岐山吉 亨從朱子作享獻隨岐山周國內山即西山但享西山則秩在西之羣山享岐山則專主一山耳坤土在上卦兼艮體兌又正西卦西山也艮爲鬼神卦兌爲巫主祭祀○按隨升同主艮山兌西取象隨總言西山升專言岐或曰爻爲坤體岐在周西南坤方云 **无咎** 爻柔而得正故无咎

六五貞吉升階 坤爲土左右三偶有東西階象三凡升之道以循序順升爲貴五以柔居中升之善者如升階然次第而升安且順也故貞固守之爲吉

上六冥升利于不息之貞 冥坤迷象隱上以陰柔居升之極冥於求升无適而利但可反其求升之心爲不息之貞而已不息如大象自彊不息中庸至誠无息此爲善之心也貞者固守此心而已程子曰小人貪求无已移於進道何善如之

䷮ 坎下兌上 困窮也又剛掩也以卦體言三陰卦自否變上九降而二爲二陰所掩四及五爲上六所掩以卦象言坎水窮於兌澤之下爲澤无水亦困義故曰困○二至四互離三至五互巽

困亨 以兌說處坎險二五皆剛中故爲亨通亨有二義身雖困而道通亨也出困而通亦亨也 **貞大人吉无咎** 處困之道若以靜固處之又有大人之才德則困吉且无咎蓋貞則可以處困大人則可以濟困皆指二五剛中而言吉謂出困无咎謂不陷溺也 **有言不信** 兌口在上有名言象若當困而有言語其誰信之夫子所謂尚口乃窮也靜默自守之象

初六臀困于株木入于幽谷三歲不覿 居陽爻後稽類有臀象[illegible][illegible]離

科上槁木象幽谷坎底象三指坎三爻三歲甚久不變之象覿離目象○離體在前是臀困于離之株木本爻坎底是又入于坎之幽谷卦體雖變未可以期故雖三歲而不得覿初以陰柔居坎下故困而不能自拔如此不言凶乃凶象

九二困于酒食朱紱方來 酒食坎象[illegible]見紱與芾黻韍字並同乃冕服之韠詩采芑朱芾斯皇是也離稽類爲服飾象朱離南方色○二本陽剛而當困時處坎中傷於醉飽困之薄也而前爲離體是朱紱榮貴之命方來及門醉飽之情樂於舒放乃有降登拜受之煩此形容九二不困之中甚困也○或曰朱紱方來乃美象謂將有命服之寵賚至其前說則迥然以征凶无咎之文參之朱紱方來未進爲吉象方酒食困而朱紱之人適來此形容九二薄困之辭身已劓刖而又爲赤紱之人折辱此形容九五極同之辭互觀可也 **利用享祀** 卦有坎兌坎爲北方鬼神卦兌爲巫故利用享祀 **征凶无咎** 爻體征進則爲凶靜守則无咎也

六三困于石據于蒺藜入于其宮不見其妻凶 艮爲石艮坎陽

體迺故假石象荀坎爲蒺藜爲宮三居坎險之極而上卦皆坎又臨之三上體爲坎是困于石也下體爲坎是據于蒺藜也宮謂皆坎之中爻妻謂上六也兌爲少女上又純陰與三坎男相應妻也其爻偶虛有无人之象訊鶻颻爲敗以三陰柔不中正其才不足濟困而反自速於咎大傳所謂非所困而困非所據而據者故象如此

九四來徐徐困于金車吝有終車坎輿象金乾象坎中爻即乾故假金象諸爻皆无應而四剛初柔獨爲正應當困之時欲求初以自援而初之來徐徐不能達蓋陷于坎體所謂困于金車也故吝然剛柔正應有終之理故曰有終又初坎水四兌澤水澤之體作離之而終合也

九五劓刖困于赤紱乃徐有說說音閱○坎爲囚離爲刑官遇兌毀折爲獄四被刑象說見噬嗑睽卦五居兌三爻之中上爻毀折是上劓也下爻毀折是下刖也擊求艮鼻震足非是赤紱離象稽顙離文明爲服飾赤又離方色說兌象○五雖君位在困體不以君道言直以人之困極者當之自初至五困亦甚矣身被劓刖之刑而爲赤紱者所折辱其困可知然九五之陽非終困者體雖困極亦將出困之時也兌爲說體故徐徐漸有喜說事此極困將通之象感五見○按記玉藻再命三命皆服赤韍詩候人采菽車攻等篇皆言赤芾蒞命服也然采芑朱芾亦人臣服沚云黃朱芾是也二云朱五云赤偶變文耳陸績云朱紱赤紱享祀祭祀互言无它義○又按五之困極言劓刖上之困未減言臲卼此立言之序荀王諸家本改五爻辭爲臲卼此緣上六之文而訛耳小象文甚明不當改**利用祭祀**象與二同

上六困于葛藟于臲卼曰動悔有悔征吉藟一名巨荒亦葛屬附木而生五以下互巽居巽木之上有葛藟象居風木之上有臲卼象○困于葛藟謂有所纏繞于臲卼又居不得安雖不免困然較之株木蒺藜劓刖之屬有間矣若當此時過變其困曰吾動將得悔如此則反有悔隨之矣易窮則變決无終困之理知進退存亡者不可以執一不通也故征進則吉

☵☴巽下坎上　井穴地出泉處也以卦體言初虛爲泉眼二三實爲泉體四虛爲中空處五實爲已汲將出之泉上虛爲井口此自然象以卦象言巽木下入而坎水上出又汲井象故曰井○二至四互兌三至五互離

井改邑不改井主卦變而言三陰卦自否變二升爲四三升爲上坤體盡變坤土爲邑是改邑也九五陽剛不變而成坎水體是不改井也都邑可改而之它井不可遷而它去此一定不易之象**无喪无得往來井井**下陰變陽得也上陽變陰喪也然二陰上往而成坎水之井三陽下來而成坎之井三是謂无喪无得往來井井**汔至亦未繘井羸其瓶凶**

☲☴　離瓶　巽繘　兌毀　**蘁**此兼離兌巽三體而言汔至幾至也繘巽繩象謂以繩汲水也瓶離象韓氏謂離外堅中虛爲瓶象兌爲毀折故曰羸瓶傷也凡汲井自上而入巽繩雖繘象然初爻方是井眼今甕至中爻已爲兌所毀折繘未至井眼而甁破何以成汲井之功故又爲凶○上卦坎下卦復肖坎故爻取新舊二井爲義初舊與四甃對甃謂新甃也三渫與五冽對三渫謂下井淘過冽謂上井清甘也獨下卦多九三一陽故曰井谷乃重坎幽深之象上爻則爲井口即象井井之義與名卦自然象又不同蓋卦象包羲所畫象爻文王周公所制聖人鉤深致遠各有義也

初六井泥不食舊井无禽泥坎底象不食亦坎底象井以上出爲食故至五後言食五以下皆不食象下坎之井故曰舊卦本多禽巽雞離飛鳥雉兌羊坎豕之屬皆禽象然以五行生克言上坎水克離火離克兌金兌克巽木至初而禽體空蓋故言无○泥汚之井不爲人食猶云可也雖禽不食可賤之甚世之下流无用者似之

九二井谷射鮒甕敝漏井谷者山谷中坎井山泉自上注入井中以象二三重疊之陽二井坎也三泉之自上注下者鮒小魚子夏傳云蝦蟇稽類附巽魚象甕汲器莊子漢陰丈人抱甕是也兌上有口甕象鄭氏云兌離外堅中虛瓶甕象奇下又有偶虛漏甕象三漏亦兌毀折象○谷中幽深之井不能澤物飛泉注射但及鮒魚之細而已雖欲汲取而又敝漏之甕无所容力安能上及哉亦无所取之象

九三井渫不食爲我心惻可用汲王明並受其福渫淘治也三居下坎上有井而淘渫之象未出坎中有不食象心惻坎心病象汲艮手象爻變之習坎有艮體王乾

象明離象○井面淘渫之水可以食矣而猶不食見者之心惻然惜井之不遇也然是水也可用汲取以共享譬如有用之則王明亦將並受其福譬如有用之才宜爲世用登終淪棄而已賢者之用國家之福也此遲遲終吉之美象

六四井甃无咎下卦變上卦下坎變上坎有從新甃砌象兌毀折復變坎水亦重甃象與前舊井相應井之舊者甃而爲新君子自新其德之義也故无咎

九五井洌寒泉食洌清徹貌此上坎面水有洌象寒乾象坎乾體通故假乾象出坎有食象○井洌而寒體之完也爲人所食用之著也井之功於是成矣凡坎中爻之陽孚言吉然井因象

上六井收勿幕有孚元吉收陸云去聲又如字上爲井口故以井收爲象收宜訓虛字謂成功也陸云井幹晁云鹿盧皆非是幕干氏作冂今作羃即羃字者覓謂掩覆也勿幕本爻偶虛象○井功雖成不掩覆以待來者原泉混混積之不窮故取之不匱也此大聖大賢體博用宏之象有孚元吉信乎大吉也

䷰ 離下兌上 革改變也以卦象言離火在兌澤下其性相革息又離中女兌少女志不相得亦革義故曰革○二至四互巽三至五互乾

革巳日乃孚日離象巳日終日也革者革舊爲新之義內卦離三爻事之舊也有未宜輕革之象巳日乃孚者待離日終則內卦變外卦革舊從新之時也乃信其爲當革爾古人重於改革故象如此○巳日漢上朱氏讀爲戊巳之巳武陵丁氏曰革二陰卦自大壯變革二乃大壯五之大壯上震納庚今變爲離納巳自庚至巳凡換日乃信其爲可革蓋遲回詳審不輕革之意也亦通**元亨利貞悔亡**卦體內文明而外和說三陽居中二五皆中正而應故可以大亨而利於貞固主之離火燥烈巽躁卦乾健體不能无悔而悔亦亡革卦體甚美故也彖傳云革而當其悔乃亡又夫子意

初九鞏用黃牛之革荀離爲牛坤爲黃坤離體通故假黃象卦外爻有皮革象故離三爻爲黃牛初爲革騷粗鞿○當革之初明未可輕革之義以黃牛之革束縛而鞏固之謂堅確執守而不變也革非得巳戒於輕躁此靜守之象

六二巳日乃革之象以離三爻終爲巳日爻辭以一爻爲一日故二云巳日與象義異既巳日則可革矣天下之弊有不容不革者初至於二可革之時也故許其革此改革之象**征吉无咎**二居離體之中文明順正值者每吉又上應九五之剛凡有征進吉且无咎

九三征凶貞厲三爻爲離體正在火澤之交不容前進前兌爻爲毀折征進則凶居乾離開體皆剛燥故貞固主之又爲危厲之象**革言三就有孚**以革道言乃宜革之象兌曰在前爲言三就指兌三爻就成也

九四悔亡有孚與上文三就有孚下文未占有孚語勢同爻兼乾巽體乾欲上行巽欲下入故有悔然居乾三爻中又九居四不過剛故雖有悔而亡必然可信也**改命吉**命巽象說見前兌曰亦有命象互巽體盡改爲兌體乃改命象天下事不當革而革則爲輕躁妄動當革不革則爲因循苟且皆弊也下卦之離既終巽命之體復盡是命之當改也故用之改命則吉

九五大人虎變未占有孚虎兌象說見履卦大人本爻象○爻當革時陽剛中正而

得位此大人之革也如希革毛毨之虎其文炳然未占有孚猶坤二不習无不利益五勿問元吉言其理必然也此吉象然惟有德者當之

上六君子豹變小人革面征凶居貞吉豹同兌虎象五陽爻稱虎上陰爻故降稱豹豹次於虎也兌爲輔頰口舌乾爲首合言之有面象○上居革道之終君子小人至此无不革者文采蔚然如豹毛毨君子之革也去惡遷善如改頭易面然小人之革也革雖若異而實同蓋革之功成矣方革之初不无動擾革道既成宜鎮靜以守之故有所征進則凶自居於貞固則吉也○凶吉亦汎辭兌有毀折象故征進則凶以說體應陽剛故居貞則吉宜靜不宜動爾

䷱ 巽下離上 鼎烹飪器也以卦體言初偶虛爲鼎足中三奇實爲腹五偶虛爲耳上奇實爲鉉此自然鼎象以卦象言以下巽木入於上離火亦鼎烹象○二至四互乾三至五互兌

鼎元吉亨程朱云吉字衍以彖傳考之良是○內巽順而外文明又卦自遯變六進居五而應九二之剛故爲大亨

初六鼎顛趾利出否初爲鼎足而一柔承三剛有足趾顛倒之義本非吉象然鼎中若舊有否惡之物則反宜顛倒而出之**得妾以其子**兌乃坤之降殺故爲妾卦中奇實有陽氣疑聚之象故宜子三此爻又下連三陽乾體三宜子必矣鰕[illegible]**无咎**以巽下柔上應九四之剛則爲无咎○兌乃坤之降殺故爲妾然有宜子象本爻是也巽爲坤長女其體甚貴乃有不宜子之象漸婦孕不育三歲不孕是也嘗求其理兌下奇實故陽聚巽下偶虛故陽散耳天地間何事非陰陽聖人鉤深致遠何所不到於此見之

九二鼎有實我仇有疾不我能即吉實鼎烹之物陽剛居中爲有實象仇指九四稽類偏陰陽爲疾四在四陽間故言疾居兌毀折中爻本爻又言折足皆疾象○二陽剛居中有獻有爲之賢也故以鼎實譬之上應六五可薦其實矣四以不中不正之陽爲近居貴臣而下應初六之陰五之心惟在應二四之志乃在援初故相疾而相仇子夏傳所謂四以近權惡我專任是也然四之仇二者人也而正邪勝負蓋有天焉四疾象如此雖欲即而賊二不可得也而二得以完其鼎實矣故吉○

舊說謂初爲仇非是屬之四者近似而未得其所以仇至訓仇爲匹而屬之五又迂僻不通蓋四欲專五之權樹初之黨則不免仇二矣細味經旨乃見

九三鼎耳革其行塞雉膏不食方雨虧悔終吉耳六五象革兌毀折象雉離象雨坎象爻變曰鼎之未濟有坎雨體○鼎之行以耳而五有耳變之象謂遇毀折也然耳革者五五而言於三蓋自三至五同兌體兌以上陰爻爲主五兌之主也五之耳既革則三之行亦塞矣離有雉膏珍美之味不見食於人此悔吝象也而變坎有方雨意方雨方將雨也雨則沛然和暢而三之悔釋矣故終吉

九四鼎折足覆公餗其形渥凶足初六象折兌毀折象餗中三爻剛實象渥兌澤象○四與初應初爲鼎足陰柔不勝重任是以折也足折則覆餗矣覆餗雖初而鼎之清滓沾濡被體其辱不在四乎近君大臣體不中正應與非人凶于而國尙何言哉故凶○按形渥鄭虞晁朱諸本作刑剭蓋周禮司烜氏若屋誅則爲明竁鄭氏注屋即剭謂不誅於市以適甸師蓋重刑也然刑剭凶之極也

既曰刑剭下文不應復言凶況折足覆餗皆初也獨形渥一語屬四輒改非是

六五鼎黃耳金鉉利貞黃坤象坤離體通故假黃象耳本爻偶虛象金鉉指九二奇實而乾體鉉奇實象金乾象○耳鉉相須之物耳非鉉不能舉鼎二五相應之位五非二不能成功五文明體黃中之耳也二陽剛體金堅之鉉也以鉉舉耳二美具矣然不言吉止言利貞者鼎初爲足五爲耳皆柔爻又兌毀折體居卦中故三四有足折耳革之文賴五爲離明中爻未遽傷也故爻仍著美象然終非純吉之體故但利於靜固不宜動爾○或曰以鼎象言上宜爲鉉今屬之二何也曰上非乾體无金象本爻止有耳象无鉉象宜歸之二易不可爲典要也

上九鼎玉鉉大吉玉說卦震象爻變曰鼎之恆有震體上鼎鉉也以文明之極備剛柔之體而居鼎功之成德盛位崇可尊可貴如以玉飾鉉陳之廟朝用之賓祭不獨以其能舉鼎而已器之甚美比金鉉又貴矣故爲大吉○儀禮甸人陳鼎設扃鼏鼏音覓鼎蓋也扃鼎扛所以舉鼎者即鉉也考工記鄭注牛鼎扃三尺腳鼎扃二尺鼎垂器也鉉必以本爲之金玉特美其辭爾經言金矢金柅金車豈必以

金爲之取象而已釋者眞謂以金玉爲鉉蓋失之**无不利**汎得之亦无不利

䷲ 震下震上 震動也以三畫卦言一陽動於二陰之下其象爲雷其屬爲長子六畫卦因焉○二至四互艮三至五互坎

震亨震爲乾長子陽體最厚其亨可知**震來虩虩笑言啞啞**虩許逆反啞烏客反○震來☳主下一畫而言震自下起故曰來虩說文云蠅虎也性善驚虩虩喻驚怖貌附艮虎象笑言☱主上二畫而言偶爻開口者二有載笑載言之象蓋其先恐懼其後和樂也**震驚百里不喪匕鬯**艮坎皆北方鬼神卦艮又爲宗廟親萃故言匕鬯初四兩奇實爻獨存不喪匕鬯之象震驚百里雷之甚迅而祭祀之人未嘗以震驚失其匕鬯程子曰臨大震懼能安而自不失者唯誠敬而已此處震之道也然亦先凶後吉之象

初九震來虩虩後笑言啞啞吉此震主爻故與卦辭同○震以初一陽爲主故吉在初而四則遂泥艮以上一陽爲主故吉在上而三厲熏心物莫能兩大也

六二震來厲億喪貝躋于九陵勿逐七日得億陸音於其反噫同今從之六五倣此○貝說文介蟲也古以爲貨周有泉貝至秦廢貝行錢喪貝即喪財也乃初九剛實象爻變曰震之歸妹亦有離贏象陵九四艮山象九陵猶言九層陵四乃互艮上爻歷震坎艮各三畫乃至艮上其數恰九故曰九陵七日本卦六爻變盡而遇反對爻之象○初之震勢方來二與之遇象爲危厲而大喪貨貝即初九之陽也二變而陰故喪貝初九之陽其實升爲九四故曰躋九陵然陰陽往復之理震反對爲巽自震二至巽二恰七爻則六變爲九而貝復還矣故曰勿逐七日得暇黷蹝眺此暫失復還之象

六三震蘇蘇震行无眚行震足象蘇蘇朱子曰散緩自失貌一云蘇如秦謀三日蘇謂驚怖之極已絕而蘇也比初之虩虩雖若少減然震來未有已也故行而去之則爲无眚之象趨吉避凶理當然也不行而止乃爲凶象

九四震遂泥泥坎水象四當洊雷之至又在坎險之中不勝其震遂入於泥非吉象爻爲陽體尚可支也故不言凶

六五震往來厲億无喪有事往來震足象五居重震間一震往一震來有危厲之象五之遇震本與二同然震陽莫盛於初至四則少衰矣故二厲至於喪貝至五則歎之曰是不至喪財不免有紛紜之事而已世俗之憂以喪財爲重有事其輕也震動故爲有事經言有事稽類皆震體

上六震索索視矍矍征凶震不于其躬于其鄰无咎婚媾有言視離目象躬艮背象說見蒙鄰指六五婚媾指六三應爻有言偶畫開口象○上以陰柔處震極其神索索欲盡其視矍矍不甯動而征進凶道也以卦體言震氣愈上則愈衰四之重震之本不及上之身及五而已靜處可无咎也但主婚媾之開言語小傷爾分言之征凶主六居震上而言无咎主重震第三爻而言合言之乃靜安動危之象

䷳艮下艮上艮止也以三畫卦言一陽在二陰上陽自下升極上而止故曰艮其象爲山下坤土乃山之質一陽高出二陰上重濁者在下輕清者在上亦止之象六畫卦因焉○二至四互坎三至五互

震

艮其背不獲其身行其庭不見其人无咎艮與震反對震有人身之似前二偶面目手足也後一奇身也自外見之如人正立艮則反是如人內向而立外來者止見背而已約而言之外虛內實爲面立外實內虛爲背立也故曰艮其背僅見其背則不得見其身也艮又爲門闕內二偶門也外一奇闕庭也故杜預左傳注云門庭而內內虛爲无人象自下而來如行庭中不見人也本非吉象以其體靜止故免於咎若動體必爲凶矣○按彖傳釋背云艮其止止其所也自夫子意程子朱子又是釋彖傳意今別著於本篇○卦以背爲彖故下三爻趾腓限皆背後所見者九四有轉身之象三口輔乃身前所見者與咸六爻身象似同而異二卦形體象皆以六爻自相次第不入它卦例

初六艮其趾无咎利永貞踵以下足故通曰趾莊子兀者叔山无趾踵見仲尼是也詩舉趾傳主趾之義皆然艮初言趾乃背後所見最下之體也趾者人所以行苟欲靜止先自其趾可也宜爲无咎艮諸爻惟初得艮止之正體故利永貞自二以上即兼坎震體矣

六二艮其腓不拯其隨其心不快腓足肚也背後所見在下體中故爲二爻象隨指九三心不快坎心病象腓之爲物隨上體而動如二之陰隨九三而動三有列夤熏心之憂二以陰柔居下不能拯之其心所以不快也此因人而憂吝之象○三畫艮以上一陽爲主故二之腓隨三者也咸九三言隨亦指初拇二腓隨三而動經語不貫通觸類可也

九三艮其限列其夤厲熏心限謂髀骨上肋骨下人身分限處即腰也乃背後所見在上下體開故爲三爻象夤從月不從夕馬云夾脊肉即脊肉也在限之中脊之旁上連於心列與裂同象傳云上下敵應不相與也蓋艮之上下體皆爲止有判然不相顧之象而三處其中如裂開其夤危厲至於熏心也三爻互坎中爻正値坎心病象故曰厲熏心所値如此雖不言凶乃凶象

六四艮其身无咎以三畫艮而言有背象三通六爻而言四有轉身之象益上二偶交又在前也三故曰身人之身貴靜止而不貴輕動故艮止其身爲无咎也

六五艮其輔言有序悔亡輔口旁也乃轉身所見在身之上故爲五爻象身之上最

當止者口輔所謂口容止是也人之或語或默與語之疾徐常病於无序能止其輔則其言必有序矣爻爲互震動體之極雖有悔而其悔必亡也

上九敦艮吉敦厚也艮以上一陽爲主重艮之陽萃於此爻以艮土而言此上體之最厚者故曰敦艮能敦於艮止吉也[illegible]○震以下一陽爲主故吉在下艮以上一陽爲主故吉在上震之在初九者无妄隨噬嗑益屯復皆有吉无凶獨頤爲凶而吉在應爻曰顛頤吉艮之在上九者剝賁大畜頤損蒙皆有吉无凶坎離中爻亦然

䷴艮下巽上漸以漸進也以卦德言艮止於下而巽入於上有漸進之義以卦象言巽木生艮山上其長以漸故曰漸○二至四互坎三至五互離

漸女歸吉以卦言之艮男下巽女男先女也以爻言之九五上而六二下男女正位也與咸相類故爲女歸吉之象利貞九五六二中正而應又自二至五皆得正位故宜於貞固主之

初六鴻漸于干小子厲有言无咎離爲飛鳥坎爲水鴻水鳥也又艮爲東北

巽爲東南坎正北離正南往來南北間其飛循序漸進鴻象也由干而進以序遞升亦漸義○干水濱也坎象前爲坎水故言干乃鴻之初飛處小子艮象有言偶爻開口象鴻行水干未能高舉其旁小子遂見而危厲之嘖口有覬覦之言然其智力終不足以傷鴻也故无咎

六二鴻漸于磐飲食衎衎吉艮爲石磐水濱之石兼艮坎象飲食坎象鷇見漸于磐如人得其所安也飲食衎衎亦謂人之樂而得所也二體柔順中正故爾其象爲吉

九三鴻漸于陸夫征不復婦孕不育凶高平曰陸山屬也附艮象鴻水鳥陸非所安也夫征不復者主艮互坎而言艮陽在外爲夫征三互爲坎則陷於險矣故不復三婦孕不有者主互離變巽而言離體中虛有包含象爲婦孕三變爲巽則陽散於下矣故不育三皆非美象[illegible]三過剛不中又應剛故凶利禦寇坎爲盜乃寇也而下艮爲山爲止上離爲戈兵坎在其中退限艮山而无所往進遇離兵而不容逃其敗必矣故利禦寇也[illegible]九

六四鴻漸于木或得其桷无咎木桷皆巽象鴻趾連不能握枝漸木非其所安

桷橫平之柯如桷桷者上下兩爻奇實象此爻本非美象然或得其桷則不安中之安也四順而正故无咎

九五鴻漸于陵婦三歲不孕終莫之勝吉大阜曰陵即山也艮象五變曰漸之重艮故言陵鴻水宿陸非其所安也婦不孕巽象巽雖坤長女而陽散於下乃有不宜子之象與九三不育義同三合離巽而言故不育五專主巽中爻而言故不孕[illegible]三指巽三爻曰三歲言遲久也然其象終莫有能勝之者蓋巽三爻三盡變則爲震三又宜子之祥矣故吉

上九鴻漸于陸其羽可用爲儀吉陸胡安定程朱皆作逵按六爻以次遷升又爻辭皆叶音宜作逵謂雲路也與大畜天衢同乃卦上爻象下艮徑路亦有逵象儀朱子云羽旄旌纛之飾下爻離文明象鴻雖飛於雲路而羽可用爲儀此高人逸士超然人事之表而隱然有益於世者如漢四皓之流是也上陽剛居卦外而下有離文明之體故象如此

䷵兌下震上歸妹嫁女也以卦象言兌女下而震男上以卦德言男動而女說皆婚姻象故曰歸

妹項氏云男三十娶女二十嫁女嫁皆少時故稱妹詩俔天之妹是也歸妹乃嫁女之通稱○二至四互離三至五互坎

歸妹征凶无攸利二三四五爻陰陽皆失位三五又以柔乘剛故爲征進則凶之象又凡事无所利也○卦以兌妹歸震男爲義則下卦妹象也爻以六五爲所歸之妹而下兌初至三皆爲娣蓋五爲妹主爻六爲妹正體而兌有妾象故也知此則六爻之義著矣

初九歸妹以娣跛能履征吉古國君一娶九女夫人與二媵各以二娣從即妾也初居卦下无應兌又爲妾故以娣而歸兌爲毀折故言跛與四震足對故尚能履不爲嫡而爲娣體又不完此不如人之象然震在陽卦中爲最貴值者每吉初雖不如人今之不足後之有餘也跛而能履蓋庶幾焉故爲征進則吉或疑初四兩陽无妃偶義曰非正應故言娣言跛值震初九故言能履言征吉何疑焉

九二眇能視利幽人之貞二離目體有視象兌爲毀折故言眇[illegible]

交所有之象而誠故不同隨幽人无明象稽類兌象
詳見履二爻眇目不如人者也然猶能視蓋庶幾焉
天地開蕴剝姤媿嘗有定形苟以沖恬幽靜之人處
之於己无不足者故利於幽人之貞固自守尉諸爻
獨二不言歸妹不必泥婚姻爲義若以女道言九當
知幽人之所衛莊姜之失位其伯妻之早寡庶幾得
幽貞之義者

六三歸妹以須反歸以娣須待也虞翻曰初至五有需象故言須理或如此三嬬姻
以應爻爲配偶三无正應是欲歸而有須待也下卦
兌體皆娣妾象三陰不中正說以從人故反以娣妾
而歸非吉象○天官書婁四星賤妾之稱先儒本此
以須爲妾者非是下云反歸以娣則上不應復出妾
義也

九四歸妹愆期遲歸有時下卦終而變上卦是女之過期未嫁者也四又无應故曰
愆期然爻本震之初九值者多吉體兼離坎又男女
配合象今雖遲遲後當有嘉配也爻有日時象凡經
言歲月日皆主爻五九爲歸妹主爻乃歸之時也因之
去五其時近矣此遲吉之象○三歸以娣上之躁進
俯就者似之四歸有時上之自重難進者似之

六五帝乙歸妹其君之袂不如其娣之袂良月幾望吉
帝乙商賢君意嘗有歸妹之事故假以爲象詳見泰
六五君即所歸之妹曲禮夫人曰小君袂衣褎稽類
爲離文明之象五君也其體陰柔二娣也其體反陽剛
二爻離明之體五不及也故曰袂不如娣良月幾望
坎兌象坎爲月納甲兌爲上弦後望前之月故曰幾
望不如娣者寡約之義幾望者未盈滿之義也夫婦
之際以德而不以容故欲其寡約婦人之道宜卑
而不宜亢故惡其盈滿此不足而足之象爲吉

上六女承筐无實士刲羊无血无攸利震爲蒼筤竹有筐象震下兌之女上
承震筐震上虛故曰无實羊兌象上震之士下刲兌
羊兌上虛故曰无血皆空虛不實之象朱子曰上六
以陰柔居歸妹之終而无應約婚而不終者也謂男
交非美象不特婚姻也故无所利○程子曰卦有男
女配合之義者四咸恒漸歸妹也咸男下女止而說
男女相感之象恒男上女下巽順而動陰陽皆相應
是男女居室之常道漸女歸之得其正也男下女而
各得正位止靜而巽順其進有漸男女得其道也歸
妹女之嫁也男上女下女從男也而有說少之美以
說而動則不得其正矣咸與歸妹男女之情也咸止
而說歸妹動於說皆以說也恒與漸夫婦之義也恒
巽而動漸止而巽皆以巽順也男女之道夫婦之義
備於
是矣

周易集傳卷第五

周易集傳卷第六

廬陵　龍仁夫　學

䷶ 離下震上　豐盛大也以卦象言震雷離電一時交至盛大之象以卦德言離明震動相資而成盛大亦豐義〇二至四互巽三至五互兌

豐亨　明動相資爲亨　**王假之勿憂**　豐雖盛大有可憂之象凡物不可兩大六子卦中震離之體極盛震爲陽卦中最剛健坎陷艮止之陽不及也離爲陰卦中最精明巽入兌說之陰不及也又於天爲雷爲日氣象非它卦比合而爲卦所謂兩大也反有可憂之勢雜卦云豐多故也正此意假與假有廟有家同謂至其地爾〇以經稽之震離合者噬嗑豐二卦噬嗑象爻止利用獄然離明出震陽之外未至甚凶豐則震陽上壓離明下伏故多凶象亦憂說也　**宜日中**　離日在震東方乃方升之旦駸駸至中何所不照又美象茲易道變動不居故也

初九遇其配主雖旬无咎往有尚　配主謂震夷主謂離按乾坤父母退處无用之地震長子諸事无不主其次則離離雖陰卦而文明實陽卦故震離皆易中主卦震視離猶弟妹曰夷主者等夷之主離視震猶夫曰配主者配合之主旬均也眡敢殉凡卦例以一爻爲主若勢均體敵則有兩大之嫌而豐盛多故之時明動之體相須以濟故二主之勢雖均而終无咎也離火動宜於上行故曰往有尚〇或訓旬爲旬日謂震庚至離已恰一旬雖遲之旬日而无咎其說似通但震庚至離已於九四言之則可今初九離已與震庚相聯何待旬耶周折强合非經旨小象過旬災之義合從程傳

六二豐其蔀日中見斗往得疑疾有孚發若吉　蔀馬融云小也韻書草名又菜名廣雅蔀蔀魚薺也鄭薛作菩玉篇菩草名參觀之乃小草屬附震木震蕃鮮象星斗附離日象疑疾巽進退不果之象有孚本爻中虛象〇震陽發生之體最盛五行爲木說卦爲蒼筤竹萑葦蕃鮮今但豐小草之蔀是震陽之不暢也日乃離之大明斗乃離之末光日中冥暗之甚不見大明僅見末光是離明之不完也卦爲兩大豐爲多故凶象如此爻云往得疑疾者爻入巽體故巽之凶象從之賴離中虛之孚其憂發若而散發若猶言豁然也故吉二乃離文明主爻故象雖多凶終爲吉也

九三豐其沛日中見沬折其右肱无咎　王制沮澤注沮萊沛也草所生曰萊水所生曰沛公羊傳草棘曰沛韻書草生水中曰沛參觀乃水草屬同附震木震蕃鮮象沬鄭注字林並作昧周禮十煇五曰闇六曰瞢詩終風且霾終風且曀昧即闇瞢霾曀之義乃離日不明之象䊵擬觶飢之名䃈䆇之云斟代柄殘劾䛥糟賜栖承三爲離右爻壯鵜貼斷鵬左兌爲毁折爻變之重震有艮手體故言肱〇不豐他物而豐水草之沛震陽之不暢也不見大明而見陰昏之沬離明之不完也三在震離之交故凶象亦如此又曰折右肱者爻入兌體故兌之凶象從之然以剛居正兼巽柔兌說故又爲无咎〇王弼以蔀爲障明物物之可障明多矣未詳何物又改沛爲旆以旛幔釋之按旆乃旐旗幔乃帷帟旛又旆於末世自是三物可謂枝辭先儒襲之一誤也蔀斗沛沬爻辭取叶韻耳諸儒或以七數或以分野求斗至沬則以小星模糊釋之二誤也今甄正之

九四豐其蔀日中見斗遇其夷主吉　蔀斗象見六二夷主見初九說四爲震主爻故凶象與離中爻同然與初九離體爲應是遇等夷之主也多故之時明動相資故吉凡震初爻亦无不吉者〇凡物兩强則抗兩大則妨豐其蔀沛離妨震也日中斗沬震妨離也二得疑疾巽之凶象從之也三折右肱兌之凶象從之也凶象萃於二三四者二四爲離震主爻三介其間也初配主四夷主者離震陽爻之相對者也然震離本皆美卦吉體終在故象雖凶而多吉至五則凶象既往吉象畢來所謂易變動不居不可爲典要者如此〇或曰豐之離明爲震陽所壓故取蔀沛障明之象而日中所以見斗沬爾何謂震離兩相妨耶愚曰若專主震壓離明而言則蔀斗沛沬言於二三宜也至四則震體爲主宜豁然光明矣何爲復言蔀斗且如或人之言則震乃象仇離受屈者也又何配主夷主之云䌷繹卦爻宜從兩大相妨義爲是

六五來章有慶譽吉　震陽離陰有交錯成章之象噬嗑彖傳雷電合而章正謂離震與此象義合[illegible]章來謂離自下來與震合也譽兌象兌爲口爲說有稱譽象〇五以柔中爲豐主美皆歸焉以離震之美者言曰來章以巽兌之美者言曰慶譽其吉宜也

上六豐其屋蔀其家闚其戶闃其无人三歲不覿凶　中爻

背坎爲宮三上爲宮之蓋覆故曰屋闃戶无人此合震三爻言之其下奇畫戶也上二畫偶虛戶闃无人也三離目在震戶內有闃象三指震三爻覿亦離目象○豐盛其屋外觀之美也萃生其家內實之衰也闃又无人消亡可知三歲不覿遲之又遲終不變也豐爲多故其體本凶上以陰柔處震動之極當豐盛之終壯世之小人情於存亡進退之幾陷於剝蘊滿首之禍而不自知者也其象如此○艮上奇爲庭而下虛故艮象行其庭不見其人震下奇爲戶而上虛故豐上闃其戶闃其无人義互相發

䷷艮下離上 旅羇旅也以卦象言離火炎艮山上野燎也有行而不遠之象又山內而火外內爲主外爲客山止而不動猶舍館也火動而不止猶行人也故曰旅以卦德言艮止而相附麗亦旅象○二至四互巽三至五互兌

旅小亨 艮止而麗離明五柔中而居外卦亨道也然二在背柔故止小亨又羇旅非大亨之時也 旅貞吉 羇旅之道貞固處之則吉輕躁妄動凶之招也故貞吉上特加旅字以著其致

初六旅瑣瑣斯其所取災 瑣瑣猥細也陰小之象初二兩爻皆陰二故曰瑣瑣一云字

文從玉瑣瑣乃玉石細碎若艮小石象當旅之時瑣瑣猥細必九上下之爻此自取災禍之道也

六二旅即次懷其資得童僕貞 即次就舍也處下卦中爻有即次象三四在前而陽實懷其資財之象初居下而陰偶得童僕之象又艮爲門庭有次象巽近利市三倍有資財象艮男在下童僕象二者皆可貞固之象也二當旅時爻體柔順中正故象如此方旅故不言吉

九三旅焚其次喪其童僕貞厲 三爲重卦中爻有次象亦艮門庭象上近離火兼兌毀折爲焚次象初二陰偶以艮男體在下童僕象初艮體也艮土爲互巽木所克二兼巽體也巽木爲互兌金所克故爲喪童僕象程子曰處旅之道以柔順謙下爲先三剛而不中居艮上又居下體上有自高之象在旅而過剛自高致災困之道也貞固守之爲危厲之象

九四旅于處得其資斧我心不快 四爲重卦中爻有處象背坎亦有宮象三故言處巽木兌金合成離兵之體斧象然旅四入離體曰得斧巽上離體盡曰喪斧蓋主離而言也斧亦奇資爻象資斧者斧可爲資如云以金刀爲貨耳心不快背坎心病象○于處則就所安得資斧則利歸

己旅而有此可以快矣而終有不快之心者四兼陽剛文明之體賢者也于處得資斧如景公待夫子季孟間齊王養孟子萬鍾於旅時未嘗不可然懷安計利豈君子志哉我心不快固自它有在也程子曰四以陽剛之才爲五所與爲物所應在旅爲善然應與皆陰不能伸其才行其志故心不快也○資斧語與貨貝略相似故旅一巽通言之或云旅中備禦器非是二懷資四資斧義一也諸本及漢書作齊斧或又作齋斧皆流傳訛耳不必泥

六五射雉一矢亡終以譽命 雉離象中爻背坎爲弓有射象三矢離剛爻象鏃鏑亡失也兌爲口爲說有譽象巽風有命象○此爻主卦變而言旅三陰卦自否變否上三陽如三矢六五上升成離體是射雉也上三陽遂喪其一是一矢亡也此小有喪失之象然五爲離主文明虛中豈旅所能淹者互兌之譽互巽之命終必歸焉此脫羇旅躋顯榮之象

上九鳥焚其巢旅人先笑後號咷喪牛于易凶 離爲飛鳥上爻爲鳥巢焚離火象先笑後號咷兌離象兌爲口舌離體中虛火性燥烈爲或笑或哭象[illegible]屬牛離象爻

變小過則離體毀矣故曰喪牛○焚巢則无所居喪牛則有所損初而順適故笑後而拂亂故號咷凶象也夫羇旅之道貴於下人而居上則過高貴於柔巽而九體則過剛貴於含晦而離極則過明三者皆非旅道所宜也于易者喪於忽然容易之中一云易音亦即疆場字旅上爲卦窮處有疆場象互見大壯說

䷸巽下巽上 巽入也以三畫卦言一陰伏於二陽之下以巽而入故曰巽一陰欲上二陽陽之其象爲風之動橈風善入亦巽義六畫卦因焉○二至四互兌三至五互離

巽小亨 柔居剛下二五皆剛中有亨象然下柔乃方長之陰與上二剛有牽制意僅小亨也 利有攸往 二陰卦自遯變二往上而爲四乃利有所往之象 利見大人 二五皆大人象故曰利見

初六進退利武人之貞 三巽離一初進退巽象武人无明象稽類爲離兌象離爲戈兵火體燥烈兌金主殺伐二體合則爲武人[illegible]初陰乃巽主爻而牽制於上二陽故爲乍進乍退不決之象而兌離武人體適在前但宜武人之固主爾易以象起義舊說利以武人健決濟之非是

九二巽在牀下巽有自然牀象下偶對峙牀足也上奇橫覆牀身也屬重巽如二牀初爲下牀之下四爲上牀之下九二上九本在牀上而云牀下者巽陽每爲下陰所制初四之陰撓而下之也然初能撓二不能撓三四能撓上不能撓五者三五表裏皆陽二上則以陽居陰也天下惟純剛者不奪於物凡爲陰柔所奪者其中先入於陰者也**用史巫紛若吉无咎**史巫兌象說卦兌爲巫爲口舌祝史巫覡皆以口舌交鬼神者巽中爻互兌又反對有兩兌體故云紛若紛者謂祀非一所非一人周禮男女巫仕者无數荒政十二曰索鬼神詩靡神不舉傳徧走羣望是也此諭禳醻禜之義蓋古有禱祠則亦筮其吉凶此爲吉且无咎也自爲一象與牀下義不相蒙○或連上文爲一義云牀下象也史巫紛若以諭禳之卽子路所謂禱爾於上下神祇是也所以吉且无咎叔專是寢疾者之美象亦通

九三頻巽吝初至二至三有頻數象下巽之究爲躁卦三又重剛不中本非能巽者當巽時承四之柔不得不巽乘二應上皆剛又不得不巽勉而爲之頻巽頻失失而復巽非美德也故羞吝○一云頻

卽瀕也視復兌澤濱之象爻變渙亦有坎水象二承四之柔乘二應上之剛如在水濱進退不可不得已而巽耳餘義概與前同

六四悔亡巽下柔上剛勢相牽制不能无悔六居四得正又互離中爻故曰悔亡**田獲三品**離爲罔罟稽類爲一田狩卦觀三品離三爻象王制天子諸侯歲三田一乾豆二賓客三充君庖所謂三品也又詩車攻注自左膘達右腢爲上殺達右耳本爲中殺左髀達右䯚爲下殺此三品也面傷翦毛不成禽皆不獻紅瀾鐵殺訟烊瞯性黜一舉而獲三品此爻田狩最吉之象經言田狩多以離爲主四乃互離中爻重巽之木皆生離火田狩所以吉也

九五貞吉悔亡无不利貞吉悔亡无不利皆泛辭陽剛中正故貞固主之而爲吉兼巽離體木助火炎此離上爻也不能无悔而悔亦亡又无不利也**无初有終**初爲六四之陰所牽撓故曰无初終以陽剛中正屹然不動非上九牀下比故曰有終自一義**先庚三日後庚三日吉**甲庚詳見蠱彖不重出巽震反對卦也下卦變震則震庚三爻在下先庚三日也上卦變震則震庚三爻在上後庚三日也蘇氏云先庚謂庚子庚寅庚辰後庚謂庚午庚申庚戌巽九五二三變卽爲蠱三三故象義通耳與上文不相蒙

上九巽在牀下喪其資斧貞凶牀下義見前爻資斧見旅四資斧主離而言以陽體至五而盡故言喪○上居卦首本在牀上而以陽處陰非純剛者爲六四撓之而下非美象也得資斧者權利在己之象上非无資斧者居極巽之地復制於陰不能有其有遂喪之也漢上朱氏以爲魯昭失國无所竄伏之象蓋近之貞固主之爲凶象

䷹兌下兌上兌說也以三畫卦言一陰進居二陽之上有喜說意上二畫例坎而窒其下此不流之水也故其象爲澤六畫卦因焉○二至四五互離三至五互巽

兌亨利貞二五皆剛而得中故爲亨通而利於貞固也

初九和兌吉和兌說象凡君子與君子處則和則一小人其間不和矣初剛而得正君子也應四承二皆陽有叶和象說之善也故吉

九二孚兌吉悔亡孚本爻剛實象兌二五皆剛實是孚誠相與精交神契其說也如笙磬之同音魚水之相歡非矯飾邪媚之說也此君臣相得象朋友之孚亦然故吉爻兼兌金離火不能无悔而悔亦亡也

六三來兌凶自上而下曰來凡陽喜上往陰喜下來三爻不中不正之陰兼巽入體身爲下兌之主有來求說二陽之意不正甚矣故凶

九四商兌未寧商度也與書我商賚汝之商同四與上陰本同體而相說又下與六三近在兩兌口間若相與友而未知適從者爻爲不中正之陽又互巽爲進退不果雖欲上從爲下陰牽制故曰未寧**介疾有喜**稽類陰陽偏勝爲疾兌毀折亦疾象陰疾遇陽陽疾遇陰又爲喜戲離交在四陽間故爲疾介於上下卦間故爲介疾一陰近在其下故爲疾而有喜之象撫[illegible][illegible]

九五孚于剝有厲孚本爻中實象剝指上六而言兌反對卦兌上一陰卽巽下一陰由巽陰馴致五陰之剝皆是物故聖人直以剝目之上以陰柔居兌之極乃柔邪側媚之小人五與之相近而

相孚是孚于剥也將有日銷月鑠於冥冥之中者九五剛中未遠至凶然其勢可不懼哉故爲危厲之象項氏曰兌正秋卦析兌六爻初二屬否三四屬觀五上屬剝似陽巧非是

上六引兌引伏艮手象萃剛謂上與三相引而成兌也凡人之情孤立則寡歡朋從則相説三上皆孤立之陰以類似引固其宜也然陰柔之朋相引而自相説亦无是言者

䷺坎下巽上渙散也以卦體言三陰卦自否變六二往爲四九四來爲二各有渙散藥與象以卦象言巽風行坎水上其文渙散故曰渙○二至四互震三至五互艮

渙亨二五皆剛中有亨象王假有廟艮坎北方卦坎隱伏爲鬼艮爲鬼門闕艮一陽尊居卦上有宗廟象以萃渙求之艮象九著萃九四艮爲廟五爲王假此卦九五艮爲廟上爲王假假至也利涉大川巽木爲舟行坎水上此利涉大川象十三卦舟楫取諸渙即此意利貞利貞主二五剛中而言利於貞固不必變動也

初六用拯馬壯吉馬坎震象説卦坎震多馬象故曰壯明賊初當渙散之時居坎險底爲有

難之象而坎震壯盛之馬從而拯之故吉

九二渙奔其机悔亡初二兩爻有自然机象上奇爲机下偶爲足也二震巽體木奔震足象以三陰三陽卦言之二體本陰由九四之來變而爲坎如渙散其黨奔趨而來遂就憑机之安二在卦中居安之象也處坎中不能无悔其悔亦亡

六三渙其躬无悔躬艮背象軀見渙其躬乃散其已私之義夫人血氣之私最難渙散故自知爲明自勝爲剛古人貴之六三下中正之陰而應上九之陽能渙其已私以從善者爲无悔之象

六四渙其羣元吉渙有丘匪夷所思羣下卦二陰之象邱九五艮山象離剛以三陰三陽卦而言四本下卦中爻若羣陰同處朋姦聚慝有不可勝悔者四割然離去而上升豈非大吉之象於是成上艮體如渙散而來忽有山邱之固可喜也此非等夷之人思慮所及夷謂下二陰舊同處者非四之超然獨見能如是乎此世之君子去危險就坦夷去凡陋邇高明之象也渙由二四兩爻變而成卦二以陽陷陰故但奔机悔亡四由下升高去陰即陽故象如此思稽類爲坎心象

九五渙汗其大號渙王居无咎汗附坎血象大號巽命象亦下偶爻開口象號[illegible]王居九五坎象坎爲宮故曰王居五以陽剛之君爲渙散之主布宣大號天下之難忽然消散如病者之得汗其快可知然自五而下唯坎中爻似有窒塞意三此王居之當渙者如宮掖之私人暬御之姦朋府庫之私財皆是併渙散之則所謂汗者自頂浹踵沛然四達矣宜爲无咎朱子釋汗義曰號令當如汗出千毛百竅迸散出來又曰號令當出乎人君中心由中而外由近而遠雖至幽至遐无不及猶人身汗出乎中而浹乎四體也

上九渙其血去逖出无咎渙其血合依小象三字爲句去字衍文傳者因小畜血去惕出而誤也血坎象逖出震足象渙出患難貴於及早至上九所傷甚矣幸而已渙勇往遠去則爲免咎之象次且猶豫必爲凶也

䷻兌下坎上節限止也以卦體言下二陽二陰上一陽一陰剛柔均分有節義以卦象言坎水在兌澤之上其容有限故曰節○二至四互震三至五互艮

節亨剛柔均分二五爻皆剛中象爲亨通苦節不可貞苦坎險難象節美德也然貴得中若過於苦則非可久之道故不可貞固行之

初九不出戶庭无咎九二一奇在初之前戶象戶庭又震象一奇爲戶上偶爲虛庭豐上六闕戶无人震體也初之前爻爲震故曰戶庭天地開陰陽通塞有自然之象君子進退行藏有一定之理所謂節也若宜止而出宜出而止則非其理矣戶庭之象其前壅塞止而不出可也故无咎兌澤體爲戶止亦有不出之象

九二不出門庭凶三四偶爻在二之前門象門庭又艮象下偶虛門也上奇實庭也前爲互艮故曰門庭門庭之象豁然无礙其出宜也然二雖震動體而前艮爲止又前爲坎陷是雖有門庭疏通之象而不能出也故反爲凶玩辭觀變者審於初二兩爻通窒之間以爲行止進退之決則凶者轉而吉矣

六三不節若則嗟若无咎三居二四間二奇爻窒塞有節象四偶爻開口有嗟象嗟

亦兌口象三陰不中正居兌說之極兼震動之體不能節者也不能節若而知止則嗟若之憂將隨之矣[illegible]天下之理未有蕩无防檢而无後悔也然三又兼艮止體則非終不節者前之縱恣後之收斂故无咎

六四安節亨 安艮止象四以柔正居艮體之中於節道安而行之非勉強者故爲亨

九五甘節吉 甘兌說象臨節以兌坎爲卦兌說故甘坎險故苦五陽剛中正節之善者象傳所謂當位以節中正以通也故假甘象上陰柔居險極節之過者故假苦象甘者不吝不偏從容中節之謂此節之最善者故吉 **往有尚** 爻在坎中往乃可出坎進往則有向上之理與坎象行有尚語意同

上六苦節貞凶 苦節見前爻節以中正爲甘上極而過矣苦者刻厲嚴迫无復春容之意以節儉言則魏葛屨之褊也以節介言則於陵仲子之廉也節而至此豈可恆之道哉貞固主之爲凶○甘上兌說苦上坎險此經本旨說者云五變臨有坤土作甘上坎伏離火作苦鑿說不敢從五雖无兌象然卦有此象不必泥本爻經多此例无可疑也 **悔亡** 上居坎終時將出險雖有悔而亡不復主節道言也

䷼ 兌下巽上 中孚信在中也外實中虛爲孚二五中實亦爲孚在二體則中實在全體則中虛中虛信之本中實信之質此以卦體言也以卦象言澤上有風水體中實故能感風亦孚義○二至四互震三至五互艮

中孚豚魚吉 豚魚隆山李氏厚齋馮氏吳氏丁氏云江豚魚是也舊翻稱二兌爲澤巽爲風爲魚鰕鯤說江豚風澤之魚也其爲物最知風風起之方則昂首迎之南北東西皆然舟人率以爲風候不爽毫髮蓋物之孚者苟爽中孚說云兩巽對合外實中虛蓋反覆倒之順觀之也中孚卦體顛而觀之則兌爲澤巽爲向風之魚倒而觀之亦兌爲澤巽爲向風之魚如豚魚然故取爲象人之孚信苟如此魚何吉如之○或曰江豚南方水族文王繫易未必嘗見曰聖人仰觀俯察何所不知況化行江漢安知江豚不接於耳目曾謂聖人察物不及子產張華輩哉又按郭璞江賦云江豚海豨退之詩江豚時出戲唐詩人多用之非僻見玉篇江豚一名鱒䱐意亦取尊而孚之義與 **利涉大川** 巽舟出兌澤利涉之象象

傳云乘木舟虛乘木主巽象舟虛又以奇偶而言外實中虛自然舟象 **利貞** 二五皆剛實居中利貞固主之

初九虞吉有它不燕 虞田獵官屯三所謂即鹿无虞者離爲田狩主卦中孚乃厚畫離故言虞下兌爲澤互艮爲山又應四體山虞澤虞象故爲虞人之吉然爻與四應四爲震極稍類多凶故有偶然不燕樂之事凡偶然而至曰它說見比

九二鳴鶴在陰其子和之我有好爵吾與爾靡之 荀震爲鵠古鵠字通鶴謂二子謂三四上爻爲陽下爲陰故二言在陰陽畫大如母陰畫小如子故三四言子卦以偶虛成中孚故三四言我言吾謂二爲爾震爲公侯三四侯位稽類有爵象靡子夏傳作縻訓係京房作劘訓分今從京本○二剛中而震體有位之賢也三四雖陰而同震體賢之同類也二以中實之孚感三四中虛之孚氣求聲應出於自然如鶴鳴於此子和於彼孚之至也三四不特和二之鳴而已相歡相洽而謂二曰我有美好之爵願與爾共剖而分之有爵豈可分二三亦何待分而有爵三四中虛而孚極不

自知言之及此如詩人與子同袍同裳之意經因二中實三四中虛而相孚感故著此象○或曰鳴和先儒主二五今獨不然何也曰稽類陰陽相感則鳴說見謙豫而中孚二五无鳴和象一也凡主爻言我說見蒙小畜諸卦而中孚以三四中虛成卦豈拘一偶偶稱故三四得言吾我二也漢上云巽體曰交如同體曰攣如五之攣乃指同體之四非應二之謂三也舊說蓋未究經旨爾或又疑三四皆陰故三有鼓罷泣歌之象今以爲同類之賢何居曰由三四專言則爲陰虛由二言之則同震體所謂易不可爲典要也

六三得敵或鼓或罷或泣或歌 敵匹敵謂六四也從荀爽說三居初二之上四居五上之下偶虛體正相匹敵也震爲鼓艮爲止有鼓罷象泣離目象歌兌口象此爻大旨蓋主中虛之離而言中虛无主火體燥烈以六居三又不中正之陰與四切近兩偶相匹皆內无所守者故喜而或鼓又忽然而罷悲而或泣又倏然而歌世之无恆心者往往如此與離九三歌嗟旅同人笑號咷義互相發皆離體辭覗

六四月幾望馬匹亡无咎 納甲兌爲上弦後望前月稽類坎兼兌爲月幾望中孚无

坎月然四變曰中孚之驗有離伏坎故曰月幾望馬震象震三爻皆馬下二爻震木體為兌兌金所克四獨上升爻變為履則入乾艮馬之羣非兌所能克是止亡其匹馬而已小象所謂絶類上也○月幾望而不成圓其象為可借馬匹亡而已獨免其象為可喜世之不惟於目前之觀而竟脫於它日之禍者此象也故无咎

九五有孚攣如无咎 本爻中實故言孚艮為手巽為股爻為繩故言攣辭與小畜五同凡巽下陰為主入於上陽四五同體相親其交固結而不可解所謂攣如四中虛孚也五中實亦孚也以孚交孚又以五之剛中交四之柔正其攣非苟合也故无咎或謂攣指二五非是漢上朱氏云同體合曰攣如異體合曰交如斯言是也

上九翰音登于天貞凶 曲禮雞曰翰音蓋雞鳴則振翰成音也巽象天上爻象以巽體居卦上故云登天翰音豈登天之物而登于天處非其據也世之虛名无實忝竊高位者似之與孚義正相反然忽焉登天倏焉仆地其理也

䷽ 艮下震上

小過小者過也以卦體言外四陰而中二陽陰過於陽也陰為小故曰小過四陽二陰曰大過名卦之義正相對○二至四互巽三至五互兌

小過亨利貞 卦雖陰過而四陰外列二陽中居得體之正故其象為亨而宜於貞固也 可小事不可大事 小者既過故但可小事而不可大事 飛鳥遺之音不宜上宜下大吉 卦乃中孚之反對中孚有卵象外剛為㲉中柔為渾故孚字爻為鳥爪子之義與孔字同三三六爻盡變則為小過有飛鳥象外柔為翅內剛為身如鳥自卵中而出故以飛鳥為象三三兌口正在鳥身處又有遺音象鳥雖飛於上而音則遺於下此自然之理故下乃卦之用處不宜於上而宜下則大吉也[illegible]上下或以所居之位言或以地勢言以意逆志可耳

初六飛鳥以凶 卦辭通六爻為一飛鳥此自然象初變曰小過之豐又自有離飛鳥象初雖居卦下然當陰柔過盛之時又與九四為應四剛而居高初倚之為聲援有不知其過者如飛鳥然不量其力志於沖舉自取顛躋故凶自作孽不可逭之意○初應九四上應九三皆以過盛之陰又有陽剛以助

其過聲生氣長小人之自貽伊慼者初曰飛鳥以凶上曰飛鳥離之凶其旨互相發

六二過其祖遇其妣不及其君遇其臣无咎 此爻以大過九二象互觀之其義乃明大過二至四乃乾爻體九五在其上祖也小過二不遇九五而遇六五乃妣象故曰過其祖遇其妣[illegible]大過九五乾為君今小過六五乃震體震為公侯[illegible]見臣象也故曰不及其君遇其臣小過乃陰過之卦若二復遇祖遇君則愈過矣遇妣遇臣過而不過之象也六居二蓋柔而得中故假象如此宜為无咎獄三三三九二應九五為遇祖遇君對三三六二應六五為遇妣遇臣

九三弗過防之從或戕之凶 防隄防也兌澤象戕兌毀折象陽少陰多是三弗能過之也盛衰相形之勢不可不隄防之雖防尚或有從其後而戕之者蓋三在毀折中而下兩爻過盛之陰又從其後也故凶易崇陽之書然理象有不免凶聖人亦无可如可也○三弗過防之凶弗過遇之上弗遇過之語勢並同今中分兩字為句此爻舊說以過防為義者非是

九四无咎弗過遇之往厲必戒勿用永貞 戒警戒也兌口象四所以无咎者雖弗能過極盛之陰而與之相遇謂上二爻也陰陽相遇宜有相得之理然兌毀折之體乃在震體又有躁於上遇之意故往將危厲必為警戒也又曰勿用永貞者不可輕信苟安而以永長貞固處之此丁甯示儆之意不然笑談之罟擭甘餐之腊毒其患可勝道哉卦止二陽爻故勝負吉凶之際聖人拳拳如此

六五密雲不雨自我西郊公弋取彼在穴 密雲西郊兌象說見小畜公震象說見屯內坎為弓巽為繩以巽繩加坎弓有弋象二陽在內坎中爻有在穴象○小畜不雨一陰不能畜五陽也小過不雨二陽不能聚四陰也然大事雖无成迹利則可獲自五觀之二陽在下如禽在穴弋取之不難也項氏曰小過陰為主故西郊為我以陽為彼此爻上而登天則不能成雨下而取物則可以有獲所謂可小事不可大事宜下不宜上是也或以六五之陰弋取二陽為疑曰易占書也多適然象所謂不可為典要也此爻觀我彼二字在穴指二陽甚明爻辭尤弗過弗遇之語亦可見也

上六弗遇過之飛鳥離之凶是謂災眚 飛鳥主爻變而言上變曰小過

之旅有離飛鳥象上六之陰不復與陽遇惟有過之而已極盛必衰理也陰柔小人不知盈溢之戒又有九三陽剛之應以助其過如飛鳥然愈飛愈高自取顛仆故曰離之與詩鴻則離之義同謂適罹於禍也程子云災天災自外來眚已過由內作上六之凶離天命之所遭亦人事之自取也世之小人觀此可以懼矣

䷾ 離下坎上 既濟○二至四互坎三至五互離

既濟事已成也以卦象言離火居下而上炎坎水居上而下潤水火交而成功故曰

既濟亨小利貞 自初至上皆剛柔得位故亨三剛皆在柔下故宜於貞固也 **初吉終亂** 初而觀之下離上炎上坎下潤有交濟之象故曰初吉終而觀之互坎仍在下互離仍在上其象交錯故曰終亂亂者交錯雜亂吉凶相半之象

初九曳其輪濡其尾无咎 坎爲輪爲曳爲狐坎水爲濡初爻爲尾爻本陽剛離體而互坎之險迫於其前剛而離明則達緩急之宜非急於濟者故曰曳輪然不免迫於坎險故曰濡尾曳輪則有舒遲之意濡尾又薄有憂虞之象體剛而明是以終爲无咎

六二婦喪其茀勿逐七日得 婦離象茀婦人車蔽詩云翟茀以朝韓茀朱鞹周禮王后五路有重翟厭翟鄭氏釋爲車蔽是也兼坎巽離女象下卦本離體離外二陽婦車之有茀也三互而爲坎坎之外偶虛是喪茀也三七日得益以反對言之自既濟二至未濟二恰七爻下坎又互爲離六二爲九二而茀復還矣故云七日得與復震七日義通互見各卦

九三高宗伐鬼方三年克之小人勿用 鬼坎隱伏象鬼䰟鬼方北坎方也疑即詩書獯鬻玁狁之屬伐離兵象意殷高宗當有北伐之事故假爲象歸配其三年克者進遲而後有功之象○中國之有鬼方此天地陰陽對待之理易所不能无之象也聖人作易將終故於二卦存及之伐者以離兵伐坎方之謂然六爻坎離交互有勝負未遽決之勢其難至於三年而後克凡三皆主三爻近則曰三日甚久則曰三年歷時既久而天理乃定也小人勿用謂小人不足當之㳺恥○按左傳云投之四裔以禦魑魅所謂鬼方也小雅有內𡘋於中國覃及鬼方之語迺言夷方本无專指然以象例考之南離无鬼象北坎无伐象又此卦下離故伐言於三後卦上離故伐言於四其象又明甚以事理求之帝王征苗撻荊楚伐徐方皆南征也戰蚩尤伐玁狁皆北伐也事雖迭見然自秦漢以來爲中國患者每在北聖人前民用知來物微意疑在此高宗北伐之事不見別經學者因詩撻荊楚之語傳會南方鬼國非也按杜佑通典北狄門亦有鬼國皆不足牽引當以象義爲斷云

六四繻有衣袽終日戒 繻王弼程子皆云當作濡坎水象袽與絮帤同說文作敝絮黃庭經云臭如帤蔽敝衣塞漏孔者但王弼以爲塞舟則非是既濟合坎離爲卦坎爲輿輪故初云曳輪二云喪茀卦有車涉象无舟象也離文明稽類爲服飾象四變曰既濟之革有兌毀折象毀折之衣故言袽終日離象戒坎加憂象亦偶爻開口象○濟水而濡其車有可憂之勢幸有衣袽可以窒漏故不免終日形於告戒亦愼畏之義濡則鄰於凶戒則鄰於吉乃未定之象

九五東鄰殺牛不如西鄰之禴祭實受其福 東西鄰暗指離坎離正南卦乃東之鄰坎正北卦乃西之鄰微其辭以象二卦非如東家西家之謂也離爲牛故言殺牛坎鬼神卦主祭祀故言禴祭禴義見萃升二漢書注及集韻皆云春祭可禴故名禴坎水亦禴象福象未詳○祭祀之道誠敬爲主而禮文不與焉殺牛禮之盛也而誠敬或不足禴祭禮之薄也而誠敬或有餘故反不如薄祭之受福世固有寡弱而獲慶亦有豐盛而罹殃顧德何如爾不獨祭祀然也升萃禴義同損二簋享亦此意

上六濡其首厲 濡坎水象首上爻象亦坎狐象坎險之極而以陰柔處之如狐之涉水併濡其首危道也既濟之終反有不濟之義

䷿ 坎下離上 未濟事之未成也以卦象言坎水就下離火上炎二體不交未能成功故曰未濟○二至四互離三至五互坎

未濟亨 凡未濟則終濟又六爻雖不當位而剛上柔下各相正應故亨 **小狐汔濟濡其尾无攸利** 狐荀說卦坎象下坎之內又有互坎所謂小狐卦有川水象上爻乃爲登岸互坎之狐至五爻而止未能上出三其尾也乃陷下坎水中此幾濟濡尾之象汔幾也先儒云狐首輕尾重濟則

自負其尾尾重而濡則不濟矣故无攸利彖傳小狐汔濟未出中也濡其尾无攸利不續終也釋彖義甚明○卦雖有既未濟之分諸爻通取濟水爲義實无既未濟之別故初濡尾上濡首與曳輪伐鬼方之象並同二卦並取坎離象故也

初六濡其尾吝 初爻濡尾與彖義異乃指下坎而言坎爲狐初爲尾水中爲濡也狐首輕尾重濡尾則有憂虞之象故吝陰柔之才處坎險之下其象如此

九二曳其輪貞吉 曳輪坎象見說卦當未濟之時居坎險之中急於求濟人之通病然倉皇急遽乃取敗之道而舒遲不迫常有濟險之功二陽剛得中兼離明體達緩急之宜者故有徐曳其輪之象而貞固主之爲吉○按曳輪濡尾並前卦初爻象而此析爲二蓋前卦下離初乃陽明進退從容但微有憂虞爾故并二象言之此卦下坎初乃陰柔故但濡尾此卦之二即前卦之初也二居中又非初爻比故但有曳輪之從容不復濡尾之憂虞而曰吝曰无咎曰吉三爻亦異知象之所以同又知象之所以異斯可與言易矣

六三未濟征凶利涉大川 涉大川坎象三柔不中正居坎水離火之交故征進則凶下坎雖終互坎繼之故利涉

九四貞吉悔亡 四爲坎水離火之交不能无悔然本體文明故貞固主之爲吉雖有悔而亦亡也**震用伐鬼方三年有賞于大國** 伐鬼方三年象見前卦大國指六五

二卦反對未濟四既濟三皆離體然辭小異者既濟三居離上爻乃用兵之主故以高宗爲象前爲坎體故言克之不謂克坎也未濟四居離下爻乃臣之奉辭而伐者故不言高宗前爲離六五故言有賞于大國謂受賞于五也一云本爻變曰未濟之蒙有互坤土故稱大國又互震故言震

六五貞吉无悔 五柔中文明乃離主也无悔可言又非四比也 **君子之光有孚吉** 光離日兼坎水象坎離交錯日水相蕩射其光可知觀離明得中之君子盛德之光煥然著見孟子所謂充實而有光輝記所謂誠中形外者故曰有孚其吉又可知也或云君子之光有孚乃上爻所以貞吉无悔之理也

下吉字疑羨文

上九有孚于飲酒无咎濡其首有孚失是 飲酒坎象本虞翻李鼎祚朱子說辭見濡首象同前卦易窮則變未濟之終有濟之理爻又以陽剛離明處之下坎互坎之險又至此而盡故曰有孚于飲酒謂信可從容晏樂以處之然離火上炎有躁動之憂或躁於求濟如獸自濡其首則信乎失理之是矣世之處大事濟大難者未有不成於安詳而敗於倉卒也爻體剛實離體中虛兼二孚義故再言之○西谿李氏曰上篇首乾坤終坎離下篇首咸恆終既未濟亦坎離也天地之道不過於陰陽陰陽之用莫先於水火上篇首天地陰陽之正也故以水火之正終焉下篇首夫婦陰陽之交也故以水火之交終焉

周易集傳卷第六

周易集傳卷第七

廬陵　龍仁夫　學

朱子曰彖卽文王所繫之辭傳者孔子釋經之辭後凡言傳倣此愚按彖傳之義廣大精微初讀若汗漫朱子以卦德卦象卦體卦變八字釋之包括无遺今以朱說爲主義有闕者則以程傳輔焉〇一二愚說附見

大哉乾元萬物資始乃統天朱子曰此專以天道明乾義又析元亨利貞爲四德以明之此一節首釋元義大哉歎辭元大也始也乾元天德之大始故萬物之生皆資之以爲始又爲四德之首而貫乎天德之始終故曰統天程子曰四德之元猶五常之仁偏言則一事專言則包四者雲行雨施品物流形朱子曰此釋乾之亨乾道變化各正性命保合大和乃利貞朱子曰變者化之漸化者變之成物所受爲性天所賦爲命大和陰陽會合沖和之氣也各正者得於有生之初保合者全於已生之後此言乾道變化无所不利而萬物各得其性命以自全以釋利貞之義也程子曰洪纖高下各以其類各正性命也朱子曰性命是合下分付底保合是有個皮殼包裹在裏如人之有體果實之有皮核保合以全之則其性常存生生不窮〇愚按以上言天道之乾此簡十五字舊錯置御天之下今正之大明終始六位時成時乘六龍以御天朱子曰始卽元終卽貞此言聖人大明乾道之終始則見卦之六位各以時成而乘此六陽以行天道愚謂御有主宰制御之意猶言以理御氣耳〇愚按以下言聖人之乾此簡十五字舊錯置乾道變化之上今正之首出庶物萬國咸寧朱子曰聖人在上高出於物猶乾道之變化萬國各得其所而咸寧猶萬物之各正性命保合大和也

至哉坤元萬物資生乃順承天朱子曰此以地道明坤之義而首言元至極也比大義差緩始者氣之始生者形之始順承天施地之道也坤厚載物德合无疆含弘光大品物咸亨朱子曰言亨也德合元體謂配乾也程子曰含包含宏寬裕光昭明大博厚有此四者故能成承天之功品物咸得其亨遂牝馬地類行地无疆柔順利貞君子攸行朱子曰言利貞也馬乾之象而以爲地類者牝陰物而馬又行地之物也行地无疆則順而健矣柔順利貞坤德也君子攸行人之所行如坤德也先迷失道後順得常西南得朋乃與類行東北喪朋乃終有慶朱子曰陽大陰小陽得兼陰陰不得兼陽故坤之德常減乾之半東北雖喪朋然反之西南則終有慶矣安貞之吉應地无疆朱子曰安而且貞地之德也程子曰彖有三无疆蓋不同德合无疆天之不已也應地无疆地之无窮也行地无疆馬之健行也

屯剛柔始交而難生動乎險中大亨貞朱子曰以二體釋卦名義始交謂震難生謂坎又以二體之德釋卦辭動震之爲也險坎之地也乾坤始交而遇險陷故名爲屯震下坎上是能動乎險中能動雖可以亨而在險則宜守正又曰自此以下釋元亨利貞乃用文王本意雷雨之動滿盈天造草昧宜建侯而不寧朱子曰以二體之象釋卦辭雷震象雨坎象天造猶言天運陰陽交而雷雨作雜亂冥晦塞乎兩間天下未定名分未明宜立君以統治未可遽謂安寧之時也又曰孔子又別發出一道理〇愚按卦爻辭主占凡言貞宜訓固說見乾彖夫子傳辭主教故專以正訓貞今並從本旨釋之此下貞並訓正不重出

蒙山下有險險而止蒙朱子曰以卦象卦德釋卦名有兩義程子曰內險不可處外止莫能進未知所爲昏蒙之義也蒙亨以亨行時中也匪我求童蒙童蒙求我志應也朱子曰此以下以卦體釋卦辭九二以可亨之道發人之蒙而又得時之中謂當其可也志應者二剛明五柔暗其志自相應也程子曰非二求於五五之志應於二也賢者在下豈可自進以求於君苟自求之无能信用之理古之人待人君致敬盡禮而後往者非欲自爲尊大其尊德樂道不如是不足與有爲也初筮告以剛中也再三瀆瀆則不告瀆蒙也朱子曰剛而中故能告而有節也筮者二三則問者固瀆而告者亦瀆矣蒙以養正聖功也朱子曰釋利貞之義程子曰以純一未發之蒙而養其正乃作聖之功也發而後禁則捍格而難勝養正於蒙學之至善也

需須也險在前也剛健而不陷其義不困窮矣朱子曰以卦德釋卦名義程子曰險在前未可遽進故須待而行也以乾之剛健而能須待不輕動故不陷於險不至困窮也剛健之人其動必躁乃能須待而動處之至善也需有孚光亨貞吉位乎天位以正中也利涉大川往有功也朱子曰以卦體及兩象釋卦辭但天位指五大川是坎利涉是乾往有功是乾有功也

訟上剛下險險而健訟朱子曰以卦德釋卦名義程子曰健而不險不生訟也險而不健不能訟也險而又健是以訟訟有孚窒惕中吉剛來而得中也終凶訟不可成也利見大人尚中正也不利涉大川入于淵也朱子曰以卦變卦體卦象釋卦辭又曰四陽二陰自遯變九來居二日剛來而得中○愚按此卦變也終凶指上九大人指九五此卦體也入于淵謂上健行而下險陷此卦象也

師衆也貞正也能以衆正可以王矣朱子曰此以卦體釋師貞[illegible]以用也能用衆而出於正則王者之師矣剛中而應行險而順以此毒天下而民從之吉又何咎矣朱子曰以卦體卦德釋丈人吉无咎剛中謂九二應謂六五此卦體也險謂坎順謂坤卦德也剛中而應則得爲將之道行險而順則合行師之理師衆之興不免毒害天下之民而民心悅從之故吉且无咎

比吉也朱子曰此也字羨比輔也下順從也朱子曰輔也解比字下順從也解吉字又曰以卦體釋卦名義原筮元永貞无咎以剛中也不寧方來上下應也後夫凶其道窮也朱子曰亦以卦體釋卦辭剛中謂五上下謂五陰程子曰所謂元永貞如五是也以陽剛居中正盡比道之善者也

小畜柔得位而上下應之曰小畜朱子曰以卦體釋卦名義柔得位指六居四上下謂五陽健而巽剛中而志行乃亨朱子曰以卦德卦體而言程子曰內健外巽健而能巽也二五居中陽性上行剛中志行也以成卦之義言則爲陰畜陽以卦才言則畜雖小而能亨也密雲不雨尚往也自我西郊施未行也朱子曰尚往言畜之未極其氣猶上進又曰以巽畜乾巽順乾健畜不往故不能雨凡雨是陰氣盛凝結得密方濕潤下降爲雨如飯甑蓋密氣鬱不通四畔方有濕汗今乾上進一陰止它不得故曰尚往也程子曰小畜之不能成大猶西郊之雲不能成雨也

履柔履剛也朱子曰以二體釋卦名義又曰上乾下兌以陰躡陽是隨後躡之如踏脚跡相似說而應乎乾是以履虎尾不咥人亨朱子曰以卦德釋卦辭程子曰兌以說順應乾剛下順乎上陰承乎陽所履如此至順至當故不見傷害其亨可知剛中正履帝位而不疚光明也朱子曰又以卦體明之指九五也

泰小往大來吉亨則是天地交而萬物通也上下交而其志同也此以乾坤交釋泰義內陽而外陰內健而外順內君子而外小人君子道長小人道消也又以乾內坤外釋泰義陰陽交通者此天地之泰若天地不交則否塞而物不通上下不交則否塞而志不同此一義也陰陽內外分別截然者此世道之泰若陰當外而內則小人道長陽當內而外則君子道消小非所以爲泰此又一義也渾然交通截然內外斯其爲泰歟

否之匪人不利君子貞則是天地不交而萬物不通也上下不交而天下无邦也此以乾上坤下釋否義无邦謂无復邦國之道將至危亡內陰而外陽內柔而外剛內小人而外君子小人道長君子道消也此以坤內乾外釋否義

同人柔得位得中而應乎乾曰同人朱子曰以卦體釋卦名義柔謂六二乾謂九五同人曰程子曰三字羨文同人于野亨利涉大川乾行也此以卦象釋卦辭乾爲郊野故曰于野乾健出坎險故曰涉川所謂乾行也文明以健中正而應君子正也唯君子爲能通天下之志朱子曰以

卦德卦體釋卦辭較[illegible]程子曰有文明之德而剛健以中正之道而相應乃君子之正道也又曰天下之志萬殊理則一也君子明理故能通天下之志聖人視億兆之心猶一心者通於理而已文明則能燭理故能明大同之義剛健則能克己故能盡大同之道然後能中正合乎乾行也

大有柔得尊位大中而上下應之曰大有朱子曰以卦體釋卦名義柔謂六五上下謂五陽程子曰居尊執柔衆之所歸而又虛中文明有大中之德故上下同志應之所以為大有其德剛健而文明應乎天而時行是以元亨朱子曰以卦德卦體釋卦辭程子曰六五之君應於乾之九二二乾之主是應乎乾也朱子曰有可行之時以時而行也

謙亨天道下濟而光明程子曰濟當為際地道卑而上行天道虧盈而益謙地道變盈而流謙鬼神害盈而福謙人道惡盈而好謙程子曰此明謙而能亨之義天以其氣下交此能化育萬物其道光明地

道以其處卑所以其氣上交於天以天行而言盈者則虧謙者則益日月陰陽是也以地勢而言盈滿者傾變而反陷卑下者流注而益增也鬼神謂造化之跡盈滿者禍害之謙損者福祿之凡損過益不足皆是人情又疾惡於盈滿而好與於謙巽也謙者人之至德聖人詳言所以戒盈而勸謙也謙尊而光卑而不可踰君子之終也朱子曰人能謙則居尊者其德愈光居卑者人亦莫能過此君子所以有終也〇愚按此推廣謙道釋卦辭亨有終之義

豫剛應而志行順以動豫朱子曰以卦體卦德釋卦名義程子曰剛應謂四為羣陰所應志行謂上下順從其志得行也震動坤順動而順理所以豫也豫順以動故天地如之而況建侯行師乎朱子曰以卦德釋卦辭程子曰天地之道萬物之理惟至順而已大人所以先天後天而不違者亦順乎理而已天地以順動故日月不過而四時不忒聖人以順動則刑罰清而民服豫之時義大矣哉朱子曰極言之而贊其大也

隨剛來而下柔動而說隨朱子曰以卦變卦德釋卦名義〇隨三陰卦自否變上九之剛來為初九而下於二三之柔故成震兌此動彼說隨之義也大亨貞无咎而天下隨時朱子曰王肅本時作之今當從之釋卦辭言能如是則天下之所隨也隨時之義大矣哉朱子曰王肅本時字在之字下今當從之

蠱剛上而柔下巽而止蠱朱子曰以卦體卦變卦德釋卦名義蓋如此則積弊而至於蠱矣程子曰乾之初九上而為上九坤之上六下而為初六由剛上柔下變而為艮巽艮止也巽順也朱子曰艮剛居上巽柔居下上高亢而不下交下卑巽而不能救所以蠱壞又曰下面人又務巽上面人又懶惰不肯向前上面一向剛下面一向柔倒塌了蠱元亨而天下治也朱子曰釋卦辭治蠱至於元亨則亂而復治之象愚謂剛上柔下而成蠱如朱子所云是也然剛居上柔居下亦柔之正理所以元亨也所謂不可為典要也利涉大川往有事也程子曰天下壞亂之際宜涉艱險而濟之是往有所事也先甲三日後甲三日終則有始天

行也朱子曰亂之終治之始天運然也

臨剛浸而長說而順剛中而應大亨以正天之道也朱子曰浸長以卦體釋卦名說順剛中以卦德卦體言卦之善亨貞天道言當剛長之時有此善故其占如此又曰浸長以下三句解辭字亨貞天道解亨字〇愚按浸漸也二陽下長而漸進卦體也兌說坤順卦德也九二剛中與六五應又卦體也如此故大亨而合於正此天道之自然也至于八月有凶消不久也臨反對為觀乃八月卦一轉即為剝為坤故曰消不久也程子曰聖人為戒必於方盛之時方盛而慮衰則可以防滿極而圖永久若既衰而後戒亦无及矣自古天下治安未有久而不亂者蓋不能戒於盛也狃安富則驕侈生樂舒肆則綱紀壞忘禍亂則釁孽萌是以浸淫不知亂之至也

大觀在上順而巽中正以觀天下朱子曰以卦體卦德釋卦名義程子曰五居尊位以陽剛中正之德為下所觀故曰大觀在上下坤上巽是能順而巽也又五居中得正以巽順中

正之德爲觀於天下也觀盥而不薦有孚顒若下觀而化也朱子曰釋卦辭又曰聖人至德出治更不待用力天下自然觀感而化故取義於盥謂積誠信之至但是盥滌不待乎薦亨有孚已自顒若又曰祭无不薦亨者但假託來說觀天之神道而四時不忒聖人以神道設教而天下服矣朱子曰極言觀之道也程子曰天道至神運行四時化育萬物无有差忒至神之道莫可名言聖人默契體其妙用設爲政教故天下之人涵泳其德而不知其功鼓舞其化而莫測其用自然仰觀而戴服故曰天下服矣

頤中有物曰噬嗑噬嗑而亨程子曰天下之事在口則爲有物隔而不得合在天下則爲強梗讒邪間隔於其間至於一國一家至於萬事所以不和合者由有間也无間則合矣閒隔者天下之大害也去其間隔而合之則无不和且治噬嗑者治天下之大用也○朱子以亨屬下文今從程傳剛柔分動而明雷電合而章柔得中而上行雖不當位利用獄也朱子曰以卦體卦德卦象釋卦辭程子曰剛爻與柔爻相間分而不離爲明辨之象下震上離動而明也雷震電燿相須並見合而章也明辨察獄之本照與威並行用獄之道也能照則无所隱情有威則无敢不畏然六五以柔居中爲用柔得中之義上行謂居尊不當位謂以柔居五而利於用獄者治獄之道全剛則傷於嚴暴過柔則失於寬縱五爲用獄之主以柔處剛而得中得用獄之宜也

賁亨朱子曰亨字疑衍柔來而文剛故亨分剛上而文柔故小利有攸往朱子曰以卦變釋卦辭棣覲天文也朱子曰先儒說此句上當有剛柔交錯四字剛柔之交自然之象也故曰天文文明以止人文也朱子曰又以卦德言之止謂各得其分○程子曰質必有文自然之理理必有對待生生之本也有上則有下有此則有彼有質則有文一不獨立二則爲文非知道者孰能識之觀乎天文以察時變觀乎人文以化成天下朱子曰極言賁道之大也程子曰天文謂日月星辰之錯列寒暑陰陽之代變觀其運行以察四時之遷改人文謂人理之倫序觀人文以教化天下成其禮俗乃聖人用賁之道

也

剝剝也柔變剛也朱子曰以卦體釋卦名義程子曰夏至一陰生而漸長陰長則陽消至建戌則極而成剝是陰柔變陽剛也不利有攸往小人長也順而止之觀象也君子尚消息盈虛天行也朱子曰以卦體卦德釋卦辭程子曰小人之道長盛而剝消於陽故君子不利有所往也卦有順止象乃處剝之道當觀而體之天理有消衰有息長有盈滿有虛損順之則吉逆之則凶君子隨時敦尚所以事天也

復亨句剛反句動而以順行是以出入无疾朋來无咎朱子曰剛反當作一句此二字解復亨動而以順行以卦德言解出入无疾以下程子曰復亨謂剛反而亨也陽剛消極而來反則漸長盛而亨通矣動上順是動而以順行是以无疾而无咎也下反復其道七日來復天行也程子曰其道反復往來迭消迭息七日而來復者天道運行如是也消長相因天之理也又曰近取諸身百理皆具屈伸往來之義只於鼻息見之屈伸往來只是理不必將既屈之氣復爲方伸之氣生生之理自然不息如復言七日來復其間元不斷續六陰纔盡陽已復生物極必返理須如此又曰凡物之散其氣遂盡无復歸本原之理天地間如洪爐雖生物銷鑠亦盡況既散之氣乎天地焉用此既散之氣其造化者自是生氣○朱子曰大德敦化而川流不窮豈假夫既消之氣以爲方息之資也哉見其絶於彼生於此而因以著其往來之象爾又曰看來天地中間此氣升降上下當分爲六層十一月冬至自下而第一層生起直到第六層上至天爲四月陽氣纔生足便消下而陰氣便生只是一氣升降循環不已往來乎六層之中也利有攸往剛長也朱子曰以卦體言既生則漸長矣復其見天地之心乎程子曰一陽復於下乃天地生物之心也先儒皆以靜爲見天地之心不知動之端乃天地之心也非知道者孰能識之○又曰復見天地之心一言蔽之天地以生物爲心○朱子曰積陰之下一陽復生天地生物之心幾於滅息而至此乃復可見在人則爲靜極而動惡極而善本心幾息而復見之端也程子論之詳矣邵子詩亦曰冬至子之半天心无改移一陽初動處萬物未生時元酒味方淡大音聲正希此言如不信更請問包犧至哉言也學

者宜盡心焉○愚按程子之旨重在動初邵子之旨重在動靜之間正似小異學者不可不察也○朱子之有復卦贊略曰陰閡陽開一靜一動於穆无疆全體妙用奚獨於斯潛陽壯陰而曰昭哉此天地心蓋翕之餘斯闢之始生意蔚然此其全美其在于人曰性之仁斂藏方寸包括无垠有茁其萌有惻其隱于以充之四海其準云云

无妄剛自外來而爲主於內動而健剛中而應大亨以正天之命也朱子曰剛自外來說卦變儀觀動健說卦德剛中而應說卦體卦之善如此故其占當獲大亨而利於正乃天命之當然也其匪正有眚不利有攸往无妄之往何之矣天命不祐行矣哉此釋卦辭朱子曰其有不正則不利有所往欲何往哉蓋逆天之命而天不祐之故不可以有行也

大畜剛健篤實輝光日新其德朱子曰以卦德釋卦名義程子曰乾體剛健艮體篤實人之才剛健篤實則所畜能大充實而有輝光畜之不已其德日新也剛上而尚賢能止健大正也朱子曰以卦變卦體釋卦辭○大壯之四升爲上九剛上也上九陽之賢加乎四五之上尚賢也遂成乾艮二體以艮之止畜乾之健能止健也非大正之道能若此哉不家食吉養賢也利涉大川應乎天也朱子曰養賢亦取尚賢之象應天以卦體下乾而言

頤貞吉養正則吉也觀頤觀其所養也自求口實觀其自養也朱子曰釋卦辭○貞吉所養者正則吉也所養自養說見卦下天地養萬物聖人養賢以及萬民頤之時大矣哉朱子曰極言養道而贊之程子曰天地養育萬物之道正而已矣聖人則養賢才與之共天位食天祿俾施澤於天下養賢所以養萬民也夫天地之中品物之衆非養不生聖人裁成天地之道輔相天地之宜以養天下至於鳥獸草木皆有養之之政其道配天地故夫子推頤之道贊天地與聖人之功曰頤之時大矣哉

大過大者過也朱子曰以卦體釋卦名義謂陽過也棟橈本末弱也朱子曰復以卦體釋卦辭本謂初末謂上弱謂陰柔剛過而中巽而說行利有攸往乃亨朱子曰又以卦體卦德釋卦辭程子曰剛雖過而二五皆得中是處不失中道也下巽上兌是以巽順和說之道而行也在大過之時以中道巽說而行故利有攸往乃所以能亨也大過之時大矣哉

習坎重險也朱子曰釋卦名義水流而不盈行險而不失其信朱子曰以卦象釋有孚之義程子曰陽動於險中而未出於險乃水性之流行而未盈於坎也陽剛中實居險之中行險而不失其信者也坎中實水就下皆爲孚信義維心亨乃以剛中也程子曰維其心可以亨通者乃以其剛中也以剛中之道而行則可以濟險難而亨通行有尚往有功也程子曰若止不行則常在險中矣坎以能行爲功天險不可升也地險山川丘陵也王公設險以守其國險之時用大矣哉朱子曰極言之而贊其大也程子曰高不可升者天之險山川丘陵地之險王公觀象知險之不可陵也故設爲之險以守其國保其民人山河城池設險之大端也若夫尊卑之辨貴賤之分明等威異物采凡所以杜絕陵僭限隔上下者皆體險之用也

離麗也日月麗乎天百穀草木麗乎土重明以麗乎正乃化成天下朱子曰釋卦名義程子曰萬物莫不各有所麗天地之中无无麗之物在人當審其所麗也上下皆離重明也五二皆處中正麗乎正也君臣上下皆有明德而處中正可以化天下成文明之俗也柔麗乎中正故亨是以畜牝牛吉也朱子曰以卦體釋卦辭程子曰二五以柔順麗於中正所以能亨人能養其至順以麗中正則吉故曰畜牝牛吉朱子又曰六二柔麗乎中而得正五雖中而不正特借中字包正耳

周易集傳卷第七

周易集傳卷第八

廬陵　龍仁夫　學

咸感也朱子曰釋卦名義柔上而剛下二氣感應以相與止而說男下女是以亨利貞取女吉也朱子曰以卦體卦德卦象釋卦辭程子曰柔爻上而剛爻下柔上變剛而成兌剛下變柔而成艮陰陽二氣相感相應而和合是相與也止而[illegible]卦○朱子又曰艮止則感之專兌說則應之至又艮以少男下於兌之少女男先於女得男女之正婚姻之時故其占亨而利貞取女則吉也天地感而萬物化生聖人感人心而天下和平觀其所感而天地萬物之情可見矣朱子曰極言感通之理

恆久也剛上而柔下雷風相與巽而動剛柔皆應恆朱子曰以卦體卦象卦德釋卦名義程子曰乾之初上居於四坤之四下居於初二爻易處則成震巽[illegible]卦變○剛居上而柔居下常道也雷震則風發二者相須交助其勢常也下巽順上震動以巽而動常也一卦剛柔之爻皆相應剛柔相應常也此四者恆之道所以為恆恆亨无咎利貞久於其道也天地之道恆久而不已也朱子曰恆固能亨且无咎矣然必利於正乃為久於其道不正則久非其道矣天地之道所以長久亦以正而已矣利有攸往終則有始也程子曰天下之理未有不動而能恆者動則終而復始所以恆而不窮凡天地所生之物雖山川堅厚未有能不變者故恆非一定之謂也一定則不能恆矣隨時變易乃常道也朱子曰恆非一定之謂故晝必夜夜復晝寒必暑暑復寒其在人冬日則飲湯夏日則飲水可以仕則仕可以止則止又如孟子辭齊王之金而受薛宋之餽皆隨時變易故可以為常也又曰體之常所以為用之變用之變所以為體之常○以上釋卦辭日月得天而能久照四時變化而能久成聖人久於其道而天下化成觀其所恆而天地萬物之情可見矣朱子曰極言恆久之道程子曰觀其所恆謂觀日月之久照四時之久成聖人之道所以能常久之理則天地萬物之情理可見矣

遯亨遯而亨也剛當位而應與時行也朱子曰以九五一爻釋亨義為其剛當位而應所以能知時而遯也小利貞浸而長也遯之時義大矣哉朱子曰以下二陰釋小利貞見其浸長故設戒令其貞正

大壯大者壯也剛以動故壯朱子曰釋卦名義以卦體言則陽長過中大者壯也以卦德言則乾剛震動所以壯也大壯利貞大者正也正大而天地之情可見矣朱子曰釋利貞之義而極言之所以大者以其正也天地之情不過於正大

晉進也朱子曰釋卦名義明出地上順而麗乎大明柔進而上行是以康侯用錫馬蕃庶晝日三接也朱子曰以卦象卦德卦變釋卦辭程子曰明出地上離在坤上也坤麗於離以順麗於大明之德之臣上附於大明之君也又其變自觀而來為六四之柔進而上行以至於五也[illegible]是為諸侯能順附天子之明也是以亨寵錫而見覲禮晝日之間三接見於天子也

明入地中明夷朱子曰以卦象釋卦名內文明而外柔順以蒙大難文王以之朱子曰以卦德釋卦義程子曰內卦離文明之象外卦坤柔順之象當紂昏暗乃明夷之時文王內有文明之德外柔順以事紂蒙犯大難內不失其明聖而外足以遠禍患此文王所用之道故曰文王以之利艱貞晦其明也內難而能正其志箕子以之朱子曰以六五一爻之義釋卦辭程子曰明夷之時利於處艱戹而不失其貞正謂能晦藏其明也不晦其明則被禍患不守其正則非賢明箕子當紂時內切近其難然能藏晦其明而自守其正志箕子所用之道也故曰箕子以之朱子曰箕子比干是一樣心見比干死若更死諫无益於國徒使人君有殺諫臣之名就他處此最難微子去却易比干諫死又一向索性箕子在半上落下最難處被其監繫不免佯狂外雖狂心則定也

家人女正位乎內男正位乎外男女正天地之大義也

朱子曰以卦體九五六二釋利女貞程子曰陽居五在外也陰居二處內也男女各得其正位也尊卑內外之道正合天地陰陽之大義也家人有嚴君焉父母之謂也父父子子兄兄弟弟夫夫婦婦而家道正正家而天下定矣此推極家人之義程子曰家人之道必有所尊嚴而君長者謂父母也雖一家之小无尊嚴則孝敬衰无君長則法度廢有嚴君而家道正家者國之則也推一家之道可以及天下故家正則天下定矣朱子曰嚴君者所尊嚴之君長

睽火動而上澤動而下二女同居其志不同行朱子曰以卦象釋卦名義說而麗乎明柔進而上行得中而應乎剛是以小事吉朱子曰以卦德卦變卦體爲三人于坤體中故利西南坤方其義相出人今解象傳曰往得眾謂初九往而得坤眾其旨甚光照案卦體下明蹇彖傳云往得中未詳其旨原本有脫簡

解險以動動而免乎險解朱子曰以卦德釋卦名義程子曰坎險震動險以動也不

險則非難不動則不能出難動而出於險外是免乎險難也故爲解解利西南往得眾也其來復吉乃得中也有攸往夙吉往有功也朱子曰以卦變釋卦辭坤爲眾得眾謂九四入坤體愚謂得中謂九二不往而居下卦之中往有功卽謂四往而成得眾之功皆主卦變而言也詳見本卦彖下天地解而雷雨作雷雨作而百果草木皆甲坼解之時大矣哉朱子曰極言而贊其大也陰陽之氣閉結之極忽然迸散出爲雷雨只管閉結不解散如何會有雷雨作而使百果草木皆遂其生意哉

損損下益上其道上行朱子曰以卦體釋卦名義損而有孚元吉无咎可貞利有攸往曷之用二簋可用享二簋應有時損剛益柔有時損益盈虛與時偕行朱子曰此釋卦辭程子曰卦辭簡直謂當損去浮飾夫子恐後人不達遂以爲文當盡去故詳言之有本必有末有實必有文天下萬事无不然者无本不立无文不行父子主恩必有嚴順之理君臣主敬必有承接之儀禮讓存乎內待威儀而後行尊卑有其序非物采則无別文之與實相須而不可闕也及夫文之勝末之流遠本喪實乃當損之時非其所用而用之不可也謂文飾未過而損之與損之至於過甚則非也剛爲過柔爲不足損益皆損剛益柔也必順時而行不當時而損益之則非也或損或益或盈或虛唯隨時而已

益損上益下民說无疆自上下下其道大光下下上去聲下如字○朱子曰以卦體釋卦名義程子曰損於上而益下則民說之无窮極也自上而降已以下下其道大光顯也陽下居初陰上居四爲自上下下之義利有攸往中正有慶利涉大川木道乃行朱子曰以卦體卦象釋卦辭程子曰五以陽剛中正居尊位二復以中正應之是以中正之道益天下天下受其福慶也濟艱險乃益道大行之時也益誤作木朱子曰不須改木字爲益渙卦說乘木有功中孚說乘木舟虛見得只是木字○愚按巽舟出中虛之險說見卦辭下益動而巽日進无疆朱子曰動巽二卦之德程子曰下動上巽動而巽也巽順則其益日進无有疆限動而不順於理豈能成大益也天施地生其益无方凡益之道

與時偕行朱子曰極言贊益之大程子曰天道資始地道生物化育萬物各正性命其益可謂无方所矣聖人利益天下之道應時順理與天地合與時偕行也

夬決也剛決柔也健而說決而和朱子曰釋卦名義而贊其德程子曰下健而上說是健而能說兌說爲和決而能和決之善也揚于王庭柔乘五剛也孚號有厲其危乃光也朱子曰此下釋卦辭柔乘五剛以卦體言程子曰柔雖消矣然居五剛之上猶爲乘陵之象非理之甚君子勢既足以去之當顯其罪於大庭使眾知善惡又盡誠信以命其眾而知有危懼則君子之道乃无虞而光大也告自邑不利卽戎所尚乃窮也利有攸往剛長乃終也程子曰卽戎則所尚乃至窮極夬之時所尚謂剛武也陽剛雖盛長猶未終尚有一陰更當決去則君子之道純一而无害者矣乃剛長之終也朱子曰剛長乃終謂一變卽爲純乾也又曰今人以爲陽不能无陰君子不能无小人故不可盡去觀剛長乃終之言則聖人豈不欲小人之盡去邪但所以決之者自有道爾

姤遇也柔遇剛也朱子曰釋卦名本非所望而卒然值之如不期而遇者故爲遇勿用取女不可與長也朱子曰釋卦辭一陰遇五陽女德不貞而壯之甚取以自配必害乎陽程子曰漸盛之陰將消勝於陽不可與之長久也天地相遇品物咸章也剛遇中正天下大行也朱子曰以卦體言程子曰陰陽不相交遇則萬物不生天地相遇則化育庶類品物咸章明也愚謂羣剛皆遇九五之中正故其道大行於天下也姤之時義大矣哉

萃聚也順以說剛中而應故聚也朱子曰以卦德卦體釋卦名義程子曰上說而下順爲上以說道使民而順於人心下說上之政令而順從於上又陽剛處中正之位而下有應助如此故能聚也王假有廟致孝享也朱子曰以下釋卦辭程子曰王者萃衆天下之道至於有廟極也羣生至衆也而可一其歸仰人心莫知其鄉也而能致其誠敬鬼神不可度也而能致其來格天下萃合人心總攝衆志之道非一其至大莫過於宗廟朱子曰廟所以聚祖考之精神又人必

能聚己之精神則可以至于廟而承祖考也利見大人亨聚以正也程子曰萃之時見大人則能亨蓋聚以正也得正則亨矣萃不以正其能亨乎用大牲吉利有攸往順天命也程子曰豐聚之時交於物者當厚稱其宜也物聚力贍可以有爲利有攸往天理然也故云順天命觀其所聚而天地萬物之情可見矣

柔以時升巽而順剛中而應是以大亨朱子曰以卦變卦德卦體釋卦辭變蹊限程子曰柔升謂坤上行也巽既體卑而就下坤乃順時而上升時當升也下巽上順以巽順之道升也二以剛中之道應五五以中順之德應二是以大亨也用見大人勿恤有慶也以下釋卦辭程子曰凡升之道必由大人升於位則由王公升於道則由聖賢用巽順剛中之道以見大人必遂其升勿恤不憂其不遂也遂其升則已之福慶而福慶及物也南征吉志行也程子曰南人之所向南征謂前進也前進則遂其升而得行其志是以吉也

困剛揜也朱子曰以卦體釋卦名坎剛爲兌柔所揜九二爲二陰所揜四五爲上六所揜所以爲困險以說困而不失其所句亨句其唯君子乎朱子曰此下以卦德卦體釋卦辭程子曰下險而上說爲處險而能說雖在困窮艱險之中樂天安義自得其說樂也愚謂所字合爲句亨字爲句所如艮止其所之所雖在困中不愧不怍泰然不失其常處此之謂亨能此者其唯君子乎貞大人吉以剛中也貞困則吉者處困之道大人則吉者出困之才此指二五而言二五皆以剛居中故能如此有言不信尚口乃窮也程子曰當困而言人所不信欲以口免乃所以致窮也以說處困故有尚口之戒

巽乎水而上水井井養而不窮也朱子曰以卦象釋卦名義程子曰巽木入於水下而上其水者井也井之養物取而不竭德有常也改邑不改井乃以剛中也以卦變釋卦辭說見卦下坤體變改邑也九五剛中之德不變而成坎不改井也剛中指九五而言汔至亦未繘井未有功也羸其瓶是以凶也朱子曰以卦體釋卦辭无喪无得往來井井兩句意與不改井同故不復出程子曰雖幾至未爲用亦與未繘井同

水出乃爲用未出則何功也瓶所以上水而致用也羸敗其瓶則不爲用矣是以凶

革水火相息二女同居其志不相得曰革朱子曰以卦象釋卦名義○說見卦下巳日乃孚革而信之程子曰事之變革人心豈能便信必終日而後孚在上者於改爲之際當詳告申令至於巳日使人信之人心不信雖強之行不能成也先王政令人心始以爲疑者有矣然其久也必信終不孚而成善治未之有也文明以說大亨以正革而當其悔乃亡朱子曰以卦德釋卦辭程子曰離爲文明兌爲說文明則理无不盡事无不察說則人心和順革而能照察事理和順人心可致大亨而得貞正如是變革得其至當故悔亡也天下之事革之不得其道則反致弊害故革有悔之道唯革之至當則新舊之悔皆亡也天地革而四時成湯武革命順乎天而應乎人革之時大矣哉朱子曰極言而贊其大程子曰推革之道極乎天地變易時運終始也天地陰陽推遷改易而成四時於是生長成就各得其宜革而後四時成也時運既終必有革而新之者王者之興受命於天故

易世謂之革命湯武上應天命
下應人心順乎天而應乎人也
鼎象也以木巽火亨飪也亨音烹飪音稔朱子曰以卦體二象釋卦名義程子
曰卦之爲鼎取鼎象也鼎之爲器法卦象也又以二體言鼎之用以木從火所以亨飪也**聖人亨**
以享上帝而大亨以養聖賢朱子曰因極其大而言之享帝貴誠用犢而已
養賢則饔飧牢醴當極其盛故曰大亨**巽而耳目聰明柔進而上行得**
中而應乎剛是以元亨朱子曰以卦象卦變卦體釋卦辭程子曰下體巽爲巽順
於理離明而中虛於上爲耳目聰明之象五居中又以柔而應剛其才如是所以能元亨也〇愚按柔上
行以上卦變見卦辭下
震亨朱子曰震有亨道不待言也以下釋卦辭**震來虩虩恐致福也笑言啞**
啞後有則也程子曰震來而能恐懼自修自愼則可反致福吉也笑言啞啞言自若也由能
恐懼而後自處有法則也有則則安而不懼也**震驚百里驚遠而懼邇也出**

周易集傳卷第八　七　劉下齋交本

可以守宗廟社稷以爲祭主也程子曰雷之震及於百里遠者驚邇者懼
言其威遠大也脫不喪匕鬯一句卦辭本謂誠敬之至威懼不能使之自失彖傳以長子宜如是因承上
文解之謂其誠敬能不喪匕鬯則君出而可以守宗廟社稷爲祭主長子如是後可守世祀承國家也朱
子曰或謂出卽鬯字之誤
艮止也時止則止時行則行動靜不失其時其道光明
朱子曰此釋卦名艮之義止也然行止各有其時故時止而止止也時行而行亦止也艮體篤實故又有
光明之義又曰行固非止然得而不失其理乃止也〇問艮象何以爲光明曰定則明凡人胸次煩擾則
愈昏昧中有定止自然光明莊子所謂泰宇定而天光發也**艮其止止其所也上**
下敵應不相與也是以不獲其身行其庭不見其人
无咎也朱子曰此釋卦辭易背爲止以明背卽止也背者止之所也以卦體言內外之卦陰陽敵
應而不相與也不相與則內不見已外不見人而无咎矣晁氏云艮其止當依卦辭作背項氏云古文背

字爲北有說爲止字之理〇程朱釋經文艮其背至无咎今附于此程子曰人之所以不能安其止者動
於欲也欲牽於前而求其止不可得也故艮之道當艮其背所見者在前而背乃背之是所不見也止於
所不見則无欲以亂其心而止乃安不獲其身不見其身也謂忘我也无我則止矣不能无我无可止之
道行其庭不見其人庭除之間至近也在背則雖至近不見謂不交於物也外物不接內欲不萌如是而
止乃得止之道於止爲无咎也〇朱子曰身動物也唯背爲止艮其背則止於所當止也止於所當止則
不隨身而動矣是不有其身也如是則雖行於庭除有人之地而亦不見其人矣蓋艮其背而不獲其身
者止而止也行其庭而不見其人者行而止也動靜各止其所而皆主夫靜焉所以得无咎也〇艮其背
一句是腦故象傳言是以不獲其身行其庭不見其人四句只略對〇艮其背渾只見得道理合如此人
自家一分不得著一些私意不得靜時不獲其身動時不見其人〇艮其背不獲其身是只見箇道理不
見自家行其庭不見其人是只見箇道理不見人也如君止於仁臣止於忠但見得事之當止不見此身
之爲利爲害不見其人又似不曾見人一般不見有我不見有物只見所當止也〇有問程傳外物不接

周易集傳卷第八　八　劉下齋交本

內欲不萌一段曰亦有可疑外物豈能不接但當於非禮勿視聽言動四者用力伊川謂艮其背爲止於
所不見恐未然〇愚按經文主象而言釋已見本卦孔子傳主理而言程朱說得之而朱義較程尤精蓋
夫子云艮其止止其所也則背卽訓止程子云止於所不見是見時又未必能止矣朱子於止其所處見
得卽是大學知止章意恐故釋彖全用此意
漸之進也女歸吉也進得位往有功也進以正可以正
邦也其位剛得中也朱子曰以卦變卦體釋利貞之意愚謂傳文首舉女歸吉之語
而解之所以吉者九五進而得位也漸三陽卦自泰變陽皆上升惟九居五爲得位是五之上往爲有功
也五巽女體其進以正不特可正家且可以正邦也夫子恐人未悟得位之旨故復申言之曰其所謂位
五之陽剛得中是也剛而得中其漸進以正可知已**止而巽動不窮也**朱子曰又以卦
德言漸進之義程子曰內艮止外巽順止爲安靜之象巽爲和順之義人之進也若以欲心動則躁而不
得其漸故有困窮內止靜而外巽順故其進動不困窮也

歸妹天地之大義也天地不交而萬物不興歸妹人之終始也朱子曰釋卦名義程子曰一陰一陽之謂道陰陽交感男女配合天地之常理天地不交則萬物何從而生男女交而後有生息有生息而後其終不窮前者有終而後者有始是人之終始也朱子曰歸者女之終生育者人之始說以動所歸妹也征凶位不當也无攸利柔乘剛也朱子曰說動以卦德言不當位乘剛以卦體釋卦辭程子曰說而動者少女之事故以說而動所歸者妹也所以征則凶者以諸爻皆不當位也所處不正何動不凶不唯位不當上三五皆有乘剛之過男女有尊卑之序夫婦有倡隨之禮此常理如恆是也苟不由常正之道徇情肆欲惟說是動則夫婦瀆亂男牽欲而失其剛婦狃說而忘其順如歸妹之乘剛是也所以凶又无所往而利也

豐大也明以動故豐朱子曰以卦德釋卦名義王假之尚大也勿憂宜日中宜照天下也朱子曰釋卦辭王者至此極大時節所尚者皆大事又曰日中則自然照天下是照宜閑何日中則昃月盈則食天地盈虛與時消息而況於人乎況於鬼神乎朱子曰發明卦辭外意言不可過中也程子曰既言豐盛之至復言其難常以爲誡也日中盛極則有昃映月既盈滿則有虧缺天地之盈虛尚與時消息況人與鬼神乎盈虛謂盛衰消息謂進退天地之運亦隨時進退也鬼神謂造化之跡於萬物盛衰可見其消息也於豐盛之時而爲此誡欲其守中不至過盛處豐之道豈易也哉朱子曰盛德極常須保守得日中時候方得不然便是偃仆傾壞這處去危亡只一閒耳又曰天地舉全體而言鬼神指其功用之跡似有人所爲者物到盛時必衰雖鬼神有不能違驟雨不終朝自不能久而況其小者乎

旅小亨柔得中乎外而順乎剛止而麗乎明是以小亨旅貞吉也朱子曰以卦體卦德釋卦辭程子曰六上居五柔得中乎外也麗於上下之剛順乎剛也中謂得在外之中中非一揆旅有旅之中爾下艮止上離麗止而麗於明也止麗於明又不失時宜然後得處旅之道然旅困之時非陽剛中正有助於下故不能致大亨也旅之時義大矣

哉

重巽以申命朱子曰釋卦義又曰風之吹物无處不入无物不鼓動諸令入人淪肌浹髓亦如風之動物也程子曰重爲重復之義君子體重巽之義以申復其命令申丁寧之謂也剛巽乎中正而志行柔皆順乎剛是以小亨利有攸往利見大人朱子曰以卦體釋卦辭剛巽乎中正而志行指九五柔謂初四程子曰陽剛居巽而得中正巽順於中正之道也又上下之柔皆巽順於剛其才如是雖內柔可以小亨也

兌說也朱子曰釋卦名義剛中而柔外說以利貞是以順乎天而應乎人朱子曰以卦體釋卦辭程子曰陽剛居中中心誠實之象柔爻在外接物和柔之象故爲說而能貞也說而能貞是以上順天理下應人心說道之至正至善者也若夫違道以干百姓之譽苟說之道爾違道不順天干譽非應人苟取一時之說耳非君子之正道也說以先民民忘其勞說以犯難民忘其死說之大民勸矣哉先難並音去聲○程子曰君子之道其說於民如天地之施感於其心而說服无斁故以之先民則民心說隨而忘其勞率之犯難則民心說服於義而不恤其死說道之大民莫不知勸勸謂信之而勉力順從人君之道人心說服爲本故聖人贊其大

渙亨剛來而不窮柔得位乎外而上同朱子曰以卦變釋卦辭程子曰渙之成渙由九來居二六二居四也則陽剛之來不窮極於下而處得其中陰柔之往則得正位於外而上同於五巽順於五乃上同也故亨王假有廟王乃在中也朱子曰在中是指廟中言宜在廟祭祀也利涉大川乘木有功也以卦象釋卦辭程子曰上巽木也下坎水大川也利涉險以濟渙涉則有濟渙之功也

節亨剛柔分而剛得中朱子曰以卦體釋卦辭程子曰剛柔分處剛得中而不過所以爲節故能亨也苦節不可貞其道窮也朱子曰又以理言程子曰節至於極而苦則不可堅固常守其道乃窮極也說以行險當位以節中正以通朱子

曰又以卦德卦體言之愚謂以兌說行坎險故不至苦節此卦德也九居五爲當位而主節得節之中正者也故其道可以通行而不至苦此卦體也程子曰中正則通過則苦矣**天地節而四時成節以制度不傷財不害民**朱子曰極言節道程子曰天地有節故能成四時无節則失序也聖人立制度以爲節故能不傷財害民人欲无窮苟非節以制度則侈肆而至於傷財害民矣

中孚柔在内而剛得中說而巽孚句**乃化邦也**朱子曰以卦體卦德釋卦名義程子曰二柔在內中虛爲孚誠之象二剛得上下體之中中實亦孚之象卦所以爲中孚上至誠以順巽於下下有孚以說從其上上其孚如是乃能化於邦國也**豚魚吉信及豚魚也利涉大川乘木舟虛也**朱子曰以卦象言愚按舊說孚信之感及於豚魚以象觀之當云及乎豚魚之信及猶及肩及人之及謂如豚魚之信也乘木巽象舟虛以奇偶言外實中虛有舟虛象**中孚以利貞乃應乎天也**朱子曰信而正則應乎天矣

小過小者過而亨也朱子曰以卦體釋卦名義與其辭愚按小者過而亨乃是釋卦辭小過亨三字首句小過字下疑脫亨字程子曰小事有時而當過過事固有待過而後亨者小過所以能亨也**過以利貞與時行也**程子曰時當過而過非過也時之宜也乃所謂正也**柔得中是以小事吉也剛失位而不中是以不可大事也**朱子曰柔得中以二五言剛失位以三四言愚按得中二五居卦中也失位三不得中四不得正也**有飛鳥之象焉飛鳥遺之音不宜上宜下大吉上逆而下順也**朱子曰以卦體言愚謂外柔內剛爲飛鳥辭卦體亦卦象也上逆下順又夫子意謂二陰在下順也二陰在上則逆矣

旣濟亨小者亨也朱子曰上亨字下疑脫小字**利貞剛柔正而位當也**以下釋卦辭朱子曰以卦體言程子曰剛柔正當其位者其常也利貞利於如是之貞也**初吉柔得中也終止則亂其道窮也**程子曰二居下體方濟之初也以柔順文明而得中故能成旣濟之功濟之終不進而止矣九五之才非不善時極道窮理必變也惟聖人爲能通其變於未窮堯舜是也故有終而无亂

未濟亨柔得中也朱子曰指六五言**小狐汔濟未出中也濡其尾无攸利不續終也**此以卦體釋卦辭三四五互坎爲小狐其體上至五爻而止是未出水中也互坎下爻乃在下坎水中是其身已濟其尾乃濡不能接續其終也詳見卦辭下**雖不當位剛柔應也**程子曰卦諸爻皆不得位故爲未濟雜卦云未濟男之窮謂三陽皆失位也愚謂六爻雖失位然初與四二與五三與上皆剛柔相應故卦辭言亨也

周易集傳卷第八　　海昌蔣光煦校

元廬陵龍氏仁夫著易集傳十八卷元史稱其能發前儒所未發今麈存上下經六卷彖上下傳二卷餘俱闕失　四庫本同卷末有男陽壽校栞是曾刻於元時康熙間徐健菴司寇爲納蘭氏刻通志堂經解嘗欲付彫以非全書而止是編爲李秋錦徵士得之於華陰王山史朱竹垞檢討亦從借鈔其所釋卦爻取象巧而說理貶獨抒所見具有精意第所采程朱之說人多誦習兼每爻過泥占詞李敬堂明府略加消節更爲絜滯不支李薌沚明經以此本見貽雖卷帙殘闕無從補全亦學易者之所宜參究爾道光丁酉春仲海昌蔣光煦跋

元龍氏仁夫易傳二冊得之華陰王山史朱子錫鬯從余借鈔傳中釋卦義殊有獨見不隨人步趨釋彖或失之巧然亦多精鑿可采處宜錫鬯歎爲元人說經之最以視胡炳文之通釋吳澄之纂言不可同年語矣秋錦良年手識

按吉安府志稱仁夫集傳十八卷今所存止此非全書也又稱其以雜卦爲古筮書春秋傳所引屯固比入坤安震殺皆以一字斷卦義此類是也孔子存之以爲經羽翼初非創作其言先儒所未發元史亦亟稱之惜軼去大半深爲惋悒憶癸未試南宮座主大司寇秦公首策發問及龍氏傳集風簷寸管崖略疏答謁見時公大加賞歎且曰資州集解刊之毛氏君覼縷及之已爲難矣若龍氏書愚亦僅見若何由讀是書耶必有著述當以相眎耳余唯唯而退私擬他日得從公借讀易解諸種且或覩龍氏完書也南歸甫一載而吾師遽棄世矣慨知已之飄零念經學之荒落因檢龍傳而志其所感云乙酉閏二月杪集再跋

詩氏族考

詩氏族攷敘

詩雖吟詠性情而政治之得失風俗之盛衰與夫山川谿谷禽獸艸木之類罔弗賅備而於頌美風刺則係今已至往古或直顯言其姓氏或隱斥其人而小序明揭之者其人之賢否善惡舉皆可攷見而知之顧艸木蟲魚則有疏名物則有解地理則有攷而詩中所稱之人則未有纂緝成書宋王質詩總聞有聞人恐亦略而未詳也伯兄引樹學博精深詩學因取詩人之氏族名字博攷經史諸子已及近儒所著述并列國之世次洎其人之行事莫不搜羅薈萃而詩人美刺之意恉益可得而觀感焉孟子曰誦其詩讀其書不知其人可乎蓋知其人即可已論其世而興衰正變之端治亂存亡之故亦繇此而愈明是則斯攷之有裨詩教視夫艸木蟲魚諸書其所繫爲尤大洵足已傳於後而無疑矣

道光十有五年歲在端蒙汁洽壯月同爰弟富孫謹敘

詩氏族考卷第一

嘉興　李超孫　輯

周南

關雎

后妃小序

按后妃太姒也首章君子好逑蓋思得淑女以爲后妃之助若以淑女爲后妃君子爲文王則失之矣考大戴禮文王十五而生武王前此已有伯邑考計文王未取后妃之時年尚幼沖宮中乃先有琴瑟鐘鼓與夫宮妾之盛且思其配至于展轉反側毋乃邇色之甚乎郝氏敬辯之最爲確當

召南

采蘋

季女

毛傳尸主齋敬季少也

鄭箋使季女者成其婦禮也

何楷詩經世本古義序采蘋美邑姜也古者婦人將嫁教于宗廟教成有蘋藻之祭武王元妃邑姜教成能修此禮詩人美之齊讀如字言有齊季女齊國名太公之先所封國也太公本齊後仍封于齊當武王爲西伯時以女邑姜妻武王計其時太公年已老則邑姜之爲季女無疑左傳襄二十八年公過鄭鄭伯有廷勞于黃崖不敬穆叔曰敬民之主也而棄之何以承守濟澤之阿行潦之蘋藻寘諸宗室季蘭尸之敬也所謂季蘭意即邑姜之名不可知而其言濟澤之阿則尤齊地之證據讀齊爲齋誤矣二南之詩爲太姒詠者不一而足太姜太任亦再見于大雅邑姜開國聖配獨無一詩及之乎

按何氏以季蘭即邑姜名固不可臆定至謂太公年老邑姜爲季女齊讀如字以濟澤之阿證齊地似有足據姑存其說

甘棠

召伯古今人表列上中作召公

鄭箋召伯姬姓名奭食采于召作上公爲二伯說文奭燕召公名讀若郝史篇名醜路史又名顯

白虎通召公文王子也

史記召公奭與周同姓姬氏周武王滅紂封召公于北燕其在成王時召公爲三公自陝以西召公主之自陝以東周公主之召公之治西方甚得兆民和召公巡行鄉邑有棠樹決獄政事其下自侯伯至庶人各得其所無失職者召公卒而民人思召公之政作甘棠之詩

韓詩外傳昔者周道之盛召伯在朝有司請營召以居召伯曰嗟吾以一身而勞百姓此非吾先君文王之志也于是出而就蒸庶于阡陌隴畝之閒而聽斷焉召伯暴處遠野廬于樹下百姓大說耕桑倍力以勸于是歲

大稔民給家足其後在位者驕奢不恤元元稅賦繁數
百姓困之耕桑失時于是詩人見召伯之所休息樹下
美而歌之詩曰蔽芾甘棠此之謂也
說苑召公述職當桑蠶之時不欲變民事故不入邑中
舍于甘棠之下而聽斷焉陝間之人皆得其所是故後
世思而歌詠之
逸齋詩補傳武王克商封黃帝之後于薊召即薊也後
改爲燕故太史遷謂武王封召公奭于北燕然則薊之
爲燕猶唐之爲晉荆之爲楚或曰黃帝之後封于薊者
已絕成王更封召公奭于薊爲燕猶封微子于宋以繼
商後也皇甫謐以召公爲文王之庶子信如其說則周
公召公蓋兄弟也成王封周公于魯既以元子伯禽代
之而留周公爲師則封召公于燕亦必以元子代而留
召公爲保矣
世本古義召地召公奭采邑也史記燕世家云與周同
姓皇甫謐云文王之庶子勝殷後封于北燕留周佐政
食邑于召輔成王康王卒謚曰康長子繼燕支子繼召
按左傳富辰言文之昭十六國無燕似不足信豐熙以
爲王季庶子不知何所本也
毛詩集解李樗曰召公爲伯乃是武王之時此稱爲伯
者亦當追稱之耳
竹書紀年康王二十四年召康公薨

論衡召公年百八十
風俗通召公壽百九十餘乃卒
括地志召伯廟在洛州壽安縣西北五里
清白士人表攷召采地又作邵名奭死謚康呂氏春秋
曰保召公易林曰姬奭楚辭曰燕公
按燕世家云召公奭與周同姓孔安國鄭康成說皆
同正義第云武王之時召公爲西伯爲伯武王時食
采文王時唯皇甫謐謂召伯文王之庶子論衡亦云
周公兄陸德明云左傳富辰言文之昭十六國無燕
未知士安之言何所據又繹史世系圖云召亦同姓
或云即郇伯亦文王之子然郇召當是二人不得混
合而士安之說爲可從也

何彼襛矣

王姬

陸德明曰王姬武王姬周姓也
正義曰王姬者王女而姬姓春秋築王姬之館于外杜
預云不稱字以王爲尊是也何休云天子嫁女于諸侯
備姪娣如諸侯禮義不可以天子之尊絕人繼嗣之路
皇甫謐云武王五男二女元女妻胡公王姬宜爲媵今
何得適齊侯之子何休事無所出未可據信或以尊故
命同族爲媵
容齋隨筆春秋莊公元年當周莊王之四年齊襄公之

五年書王姬歸于齊莊公十一年當莊王之十四年齊桓公之三年又書王姬歸于齊莊王爲平王之孫則所嫁王姬當是姊妹齊侯之子即襄公桓公二者必居一于此矣

詩補傳據春秋所書魯莊公元年及十有一年冬皆書王姬歸于齊實平王孫女嫁齊襄公桓公也嫁桓公者傳謂之恭姬則肅雝可知矣

世本古義春秋魯莊公十有一年冬王姬歸于齊時周莊王之十四年也左傳齊侯來逆共姬公羊穀梁傳皆云過我也林堯叟云共姬即王姬按左傳記齊桓公之夫人三王姬徐嬴蔡姬皆無子然則即此王姬也桓新

有齊國任用管仲將興霸業而聯姻王室詩人美之

顧炎武日知錄山堂考索載林氏云攷春秋莊公元年書王姬歸于齊此乃桓王女平王孫下嫁于齊襄公非平王孫齊侯子而何說者必欲以爲西周之詩于時未有平王乃以平爲平正之王齊爲齊一之侯與書言甯王同義此妄也

平王　齊侯

詩補傳先儒以文王爲平正之王猶書以爲甯王也既以平王之孫爲文王之孫遂以齊侯之子爲齊太公之子殊不知武王娶太公望之女謂之邑姜則武王之女謂太公之子乃甥舅也必無昏姻之理或者又謂齊侯乃齊一之侯猶易言康侯終非確據

世本古義平王名宜臼孫桓王名林曾孫莊王名佗未知共姬爲何王之女齊侯之子謂桓公小白也小白父僖公名祿父兄襄公名諸兒桓即位後三年王姬始歸齊時已將霸矣桓本非嫡而爲諸侯故本其所自而曰齊侯之子申培說則以爲齊襄公殺魯桓公莊王將平之使榮叔錫桓公命因使莊公主昏以桓王之妹嫁襄公攷春秋傳魯莊公元年爲周莊王之四年齊襄公之五年夏單伯送王姬秋築王姬之館于外冬王姬歸于齊公羊傳云天子嫁女于諸侯必使諸侯同姓者主之所疑者襄已爲齊侯五年似不應仍稱齊侯之子唯襄

弟小白亦娶王姬以內難得國故詩人本其父爲齊侯以稱之蓋許其繼統也獨惜共姬之賢無所考耳

按春秋兩書王姬歸于齊皆在周莊王時以世次上推則平王是平王宜臼齊侯之子不出襄公桓公此說當矣先儒以平正齊一爲解並非

邶風

柏舟

衛頃公 小序　古今人表列下上作衛頃侯

頃公貞伯子在位十二年謚法甄心動懼曰頃

朱公遷疏義頃公有賂王請命之事其謚爲甄心動懼之名如漢諸王必其嘗以罪譴然後加以此謚以是意

其必有棄賢用佞之失
按史記作頃侯云頃侯厚賂周夷王命爲衛侯旄邱疏云案世家自康叔至貞伯不稱侯頃侯賂夷王始爲侯又平王命武公爲公不恆以康叔言康叔之封者以康叔之後自爲時王所黜頃侯因康叔本侯故賂夷王而復之命武公爲公謂爲三公爵仍侯也許謙詩名物鈔云史記謂康叔之子康伯六世皆書伯至頃侯厚賂周夷王王命爲衛侯索隱曰康誥命爾侯于東土又云孟侯則康叔已爲侯也子康伯即稱伯謂方伯耳非降爵也頃侯德衰不監諸侯乃從本爵非賂王而稱侯也其說甚明

綠衣

衛莊姜 小序

鄭箋莊姜莊公夫人齊女姓姜氏
隱三年左傳衛莊公娶于齊東宮得臣之妹曰莊姜美而無子
史記莊公五年取齊女爲夫人
春秋疏莊姜齊莊公女僖公姊妹得臣爲太子蚤死不言僖公姊妹而繫得臣者見其是適女也
列女傳齊女爲衛莊公夫人號曰莊姜始往操行衰惰心淫佚冶容傅母見其婦道不正諭之云子之家世世尊榮當爲民法則子之質聰達于事當爲人表式儀貌莊麗不可不自修整衣錦褧裳飾在輿馬是不貴德也乃作詩曰碩人砥厲女以高節女遂感而自修君子善傅母之防未然也

仲氏

毛傳仲氏戴嬀字也
陸德明曰戴諡也嬀陳姓也
正義曰婦人不以名行今稱仲氏明是其字禮記男女異長注各自爲伯季故婦人稱仲氏也
按衛世家云莊公娶齊女爲夫人好而無子又娶陳女爲夫人生子蚤死陳女女弟亦幸于莊公而生子完完母死莊公令夫人齊女子之立爲太子孔穎達謂禮諸侯不再娶且莊姜仍在左傳唯言又娶于陳不言爲夫人世家云又娶陳女爲夫人非也左傳唯言戴嬀生桓公莊姜以爲已子不言其死云完母死亦非也言又娶者蓋謂媵也左傳曰同姓媵之異姓則否陳女得媵莊姜者春秋之世不能如禮竊謂史記固誤孔疏亦未之考

日月

州吁 小序 古今人表州下下作公子州吁

隱三年左傳公子州吁嬖人之子也有寵而好兵
穀梁傳州吁州又作祝
史記莊公有寵妾生子州吁十八年州吁長好兵莊公

使將石碏諫曰庶子好兵使將亂自此起不聽二十三年莊公卒桓公二年弟州吁驕奢桓公絀之州吁出奔十三年鄭伯弟段攻其兄不勝亡而州吁求與之友十六年州吁收聚衞亡人以襲殺桓公州吁自立爲衞君衞人皆不愛石碏乃因桓公母家于陳佯爲善州吁至鄭郊石碏與陳侯共謀使右宰醜進食因殺州吁于濮

李樗曰衞定姜衞獻公之嫡母定公卒夫人姜氏既哭而息見太子之不哀也不納勺飲歎曰是夫也將不唯衞國之敗其必始于未亡人及衞獻公之奔也定姜曰余以巾櫛事先君而暴妾使余則衞獻公之于母亦如州吁之于母也以衞之爲國而爲人子者多如此良可怪也

按州吁以隱四年春弑立秋即泣殺于濮史與左傳敘殺州吁之事微異

擊鼓

孫子仲

毛傳孫子仲謂公孫文仲也

鄭箋仲字也

正義曰鄭謂子仲字仲長幼之稱故知是字則文是謚也國人所言時未死不言謚序從後言之故以謚配字也

世本古義孫子仲孫公孫其後因以孫爲氏子仲其字

序稱公孫文仲者文其謚也名無考時軍帥也

按春秋隱四年夏書宋公陳侯蔡人衞人伐鄭州吁以是年二月弑立至九月被殺竊國僅及八月而于夏即糾三國伐鄭可謂佳兵黷武矣孫子仲序稱公孫文仲蓋是時大夫而爲將也

雄雉

衞宣公小序　古今人表列下上作衞宣公晉

衞宣公名晉桓公之子在位十九年謚法聖善周聞曰宣

隱四年左傳衞人逆公子晉于邢冬十有二月宣公即位書曰衞人立晉衆也

公羊傳晉者何公子晉也立者何立者不宜立也其稱人何衆立之之辭也然則孰立之石碏立之石碏立之則其稱人何衆之所欲立也衆雖欲立之其立之非也

穀梁傳衞人者衆辭也立者不宜立者也晉之名惡也其稱人以立之何也得衆也得衆則是賢也賢則其曰不宜立何也春秋之義諸侯與正而不與賢也

世本古義案世家以宣公爲桓公子誤也今本世家以晉爲莊公之子桓公之弟亦未的疑是桓庶兄

按公穀俱以宣公即位爲非正跡其上烝夷姜下納伋妻淫亂成風其穢德已概可見卒謚曰宣得不謂之誣美乎

旄丘

衛伯 小序

正義曰衛伯衛宣公也案世家自康叔至貞伯不稱侯頃侯賂夷王始爲侯又平王命武公爲公謂爲三公爵仍侯也此云衛伯以知宣公非州牧而爲牧下二伯以周之州長曰牧以長一方言之謂之方伯

式微

黎侯 小序

說文黎作𪏽

水經注黎侯名陽

呂氏春秋武王封帝堯之後于黎城

路史黎子姓侯爵文王所戡者與紂都接

馬驌繹史黎侯祇存其爵不得而譜也　左傳魯宣公十六年晉滅赤狄數之以其奪黎氏地與此脗合但彼在衛穆公時去宣公遠矣或黎氏世受翟害不得强合爲一事

列女傳黎莊公夫人衛侯之女也既往而不同欲未嘗得見其傅母閔夫人賢謂夫人曰胡不去乎乃作詩曰式微式微胡不歸夫人曰婦人之道一而已矣彼雖不吾以吾何可以離于婦道乎乃作詩曰微君之故胡爲乎中路終執貞一以俟君命君子故序之以編詩

按列女傳謂式微二人之作其後世聯句所自昉與但其說與序大異未可據以釋是詩

簡兮

簡

按子貢傳謂邶之伶東心在王室焦弱侯云申公曰東伶官名恥居亂邦自呼而歎曰東兮東兮汝乃自晝而舞于此乎毛譌東爲簡然子貢詩傳申公詩說雖僞書不足据考漢書高惠高后文功臣表遬東布章師古曰東古簡字東簡二字本通謂毛譌東爲簡亦非

二子乘舟

伋

壽 小序 伋公子壽 古今人表並列上下作衛太子

毛傳二子伋壽也宣公爲伋取于齊女而美公奪之生壽及朔朔與其母愬伋于公公令伋之齊使賊先待于隘而殺之壽知之以告伋使去之伋曰君命也不可以逃壽竊其節而先往賊殺之伋至曰君命殺我壽有何罪賊又殺之

正義曰傳言二子爭死之由與桓十六年左傳小異此言愬伋傳言構伋子此言先待于隘傳言使盜待諸莘此言君命不可逃壽竊其節而先往傳言壽子告之使行不可棄父之命惡用子矣有無父之國則可也及行飲以酒壽子載其旌以先此文不足亦當如傳飲以酒也

史記初宣公愛夫人夷姜夷姜生子伋以爲太子而令右公子傅之右公子爲太子取齊女未入室而宣公見所欲爲太子婦者好說而自取之更爲太子取他女宣公得齊女生子壽子朔令左公子傅之太子伋母死宣公正夫人與朔共讒惡太子伋宣公自以其奪太子妻也心惡太子欲廢之及聞其惡大怒乃使太子伋于齊而令盜遮界上殺之與太子白旄而告界盜見持白旄者殺之且行子朔之兄壽太子異母弟也知朔之惡太子而君欲殺之乃謂太子曰可毋行太子曰逆父命求生不可遂行壽見太子不止乃盜其白旄而先馳至界界盜見其驗卽殺之而太子伋又至謂盜曰所當殺乃我也盜并殺太子伋以報宣公乃以子朔爲太子

新序衞宣公之子伋也壽也朔也伋前母子也壽與朔後母子也壽之母與朔謀欲殺太子伋而立壽也使人與伋乘舟于河中將沈而殺之壽知不能止也因與之同舟舟人不得殺伋方乘舟時伋傅母恐其死也閔而作詩二子乘舟之詩是也于是壽閔其兄之且見害作憂思之詩黍離之詩是也又使伋之齊將使盜見載旌要而殺之壽止伋伋曰棄父之命非子道也不可壽又與之偕行壽之母知不能止也因戒之曰壽無爲前也壽又爲前竊伋旌以先行幾及齊矣盜是而殺之伋至見壽之死痛其代已死涕泣悲哀遂載其屍還至境而自殺兄弟俱死故君子義此二人而傷宣公之聽讒也

容齋隨筆宣公以魯隱公四年十二月立至桓公十二年十一月卒凡十有九年姑以卽位之始便成烝亂而伋子卽以次年生勢須十五歲然後取旣取而奪之又生壽朔朔能同母譖兄壽又能代使越境非十歲以下所能辦也最爲難曉

世本古義鄒氏云夷姜固莊公妾而衞宣非與其父莊公爲代者洪氏殆考之未悉莊卒而桓立十三年入春秋至魯隱四年則衞桓十六年矣其春桓爲州吁所弒乃自衞人殺州吁而宣公晉以是冬立然則晉之烝夷姜而生伋子當在其兄桓公之世及宣卽位計伋年且長因以爲世子新臺之築距此時亦或不遠其十九年間所生壽朔或已幾弱冠壽之能代兄使而朔之能同母愬兄固無足怪

人表考衞太子伋左傳曰急子母夷姜公子壽左傳曰壽子衞世家曰子壽母宣姜

按新序說詩事不同以黍離爲壽所作困學紀聞謂魯詩出于浮邱伯以授楚元王交劉向乃交之孫其說葢本魯詩然黍離王風之首恐不可以爲壽作也

鄘風

柏舟

共姜小序

陸德明曰共姜共伯之妻也婦人從夫謚姜姓也

共伯 小序 古今人表列下下作衞共伯

共伯名餘僖侯之世子未立卒謚法敬事供上曰共

史記釐侯卒太子共伯餘立爲君共伯弟和有寵于釐侯多與之賂和以其賂賂士以襲攻共伯于墓上入釐侯羨自殺衞人因葬之釐侯旁謚曰共伯

正義曰言衞世子者依世家共伯死時釐侯已葬入釐侯羨自殺則未成君故繫之父在之辭言世子以別于衆子共謚伯字以未成君故不稱爵共伯死時去髦久矣仍云兩髦者追本父母在之飾

困學紀聞呂成公曰衞武公在位五十五年國語又稱

武公年九十有五猶箴儆于國計其初即位其齒蓋已四十餘矣使果弑共伯而篡立則共伯見弑之時其齒又加長于武公安得謂之蚤死乎髦者子事父母之飾史記謂釐侯已葬而共伯自殺則是時共伯已脫髦矣安得猶謂髧彼兩髦乎是共伯未嘗有見弑之事武公未嘗有篡弑之惡也

繹史言共伯蚤死非立而和殺之也蘇子由古史云武公賢者無奪嫡之事

世本古義共伯一作恭伯名餘恭其謚也共伯娶齊武公之女

牆有茨

公子頑 小序

鄭箋宣公卒惠公幼其庶兄頑烝于惠公之母生子五人齊子戴公文公宋桓夫人許穆夫人

正義曰閔二年左傳初惠公之即位也少齊人使昭伯烝于宣姜不可强之生齊子戴公文公宋桓夫人許穆夫人服虔云昭伯衞宣公之長庶伋之兄

陸德明曰頑宣公庶子昭伯名也

桑中

孟姜　孟弋　孟庸

按世本古義孟長女也姜齊姓始于神農居姜水因以爲氏弋杞女姓案春秋定姒公穀作定弋然則弋

姒同一姓蓋杞女夏后氏之後庸本鄘姓之國漢有庸光及膠東庸生是其後也古或作庸蘇轍云姜弋庸皆著姓刺無禮則稱孟言雖長而忘禮也美有禮則稱季曰有齊季女言雖幼而知好禮也

定之方中

衞文公 小序 古今人表列中下

文公名燬 新書作燬 昭伯之子戴公之弟在位二十五年謚法慈惠愛民曰文

鄭箋春秋閔二年冬狄人入衞衞懿公及狄人戰于熒澤而敗宋桓公迎衞之遺民渡河立戴公以廬于漕戴公立一年而卒魯僖公二年齊桓公城楚邱而封衞于

是文公立而建國焉

正義曰閔二年左傳狄人伐衛戰于熒澤衛師敗績及敗宋桓公逆諸河宵濟衛之遺民男女七百有三人益之以共滕之民爲五千人立戴公以廬于漕世家云戴公申元年卒復立其弟文公二十五年文公卒然則狄入以十二月入衛懿公死其月戴公立而卒文公以此年冬立戴公立未踰年不成君稱謚者以衛既滅而立不繫于先君故臣子成其喪而爲之謚

史記初翟殺懿公也衛人憐之思復立宣公前死太子伋之後伋子又死而代伋死者子壽又無子太子伋同母弟二人其一曰黔牟嘗代惠公爲君八年復去其二曰昭伯皆已前死故立昭伯子爲戴公卒復立其弟燬爲文公文公初立輕賦平罪身自勞與百姓同苦以救衛民

韓非子衛君入朝于周周行人問其號對曰諸侯辟疆周行人却之曰諸侯不得與天子同號衛君乃自更曰諸侯燬而後內之仲尼聞之曰遠哉禁偪虛名不以借人況實事乎

人表考衛文公昭伯烝宣姜生名燬史集解本書孝文紀顏注引賈逵作燬而今本作熣字書不載錢大昭以熣乃㷄之訛詩王室如燬說文引作㷄後書列女傳注引韓詩亦作㷄與燬同

按僖十九年春秋書衛人伐邢左氏云報菟圃之役張洽曰衛不自省其從宋伐喪之罪而以報復爲事罪之也二十五年春秋書衛侯燬滅邢左氏云衛侯燬滅邢同姓也故名公羊云衛侯何以名絕曷爲絕之滅同姓也穀梁云燬之名何也不正其伐本而滅同姓也據閔二年左傳云僖之元年齊桓公遷邢于夷儀二年封衛于楚邱脣齒相依卒至邢衛交惡遂以滅邢文公衛之賢君興復之功炳于一時乃以滅同姓故致干春秋生名之貶惜哉

齊桓公白 小序　古今人表列中中作齊桓公小

齊桓公名小白僖公之子在位四十三年謚法辟土服遠曰桓

莊八年左傳僖公之母弟曰夷仲年生公孫無知有寵于僖公衣服禮秩如適襄公絀之二人因之以作亂遂弑之而立無知初襄公立無常鮑叔牙曰君使民慢亂將作矣奉公子小白出奔莒亂作管夷吾召忽奉公子糾來奔　九年雍廩殺無知夏公伐齊納子糾桓公自莒先入秋師及齊師戰于乾時我師敗績鮑叔帥師來言曰子糾親也請君討之管召讎也請受而甘心焉乃殺子糾于生竇

穀梁傳齊公孫無知弑襄公公子糾公子小白不能存出亡齊人殺無知而迎公子糾于魯公子小白不讓公

子糾先入又殺之于魯故曰齊小白入于齊惡之也

說苑齊桓公使管仲治國管仲對曰賤不能臨貴桓公以為上卿而國不治桓公曰何故對曰貧不能使富桓公賜之齊國市租一年而國不治桓公曰何故對曰疏不能制親桓公以為仲父齊國大安而遂霸天下

史記齊桓公既霸會諸侯于葵邱而欲封禪管仲曰古者封泰山禪梁父者七十二家而夷吾所記者十有二焉昔無懷氏封泰山禪云云虙羲封泰山禪云云神農封泰山禪云云炎帝封泰山禪云云黃帝封泰山禪亭亭顓頊封泰山禪云云帝俈封泰山禪云云堯封泰山禪云云舜封泰山禪云云禹封泰山禪會稽湯封泰山禪云云周成王封泰山禪社首皆受命然後得封禪桓公曰寡人北伐山戎過孤竹西伐大夏涉流沙束馬懸車上卑耳之山南伐至召陵登熊耳山以望江漢兵車之會三而乘車之會六諸侯莫違我昔三代受命又何以異乎管仲曰古之封禪鄗上之黍北里之禾所以為盛江淮之閒一茅三脊所以為藉東海致比目之魚西海致比翼之鳥然後物有不召而自至者十有五焉今鳳皇麒麟不來嘉穀不生而欲封禪毋乃不可乎桓公乃止

淮南子桓公立政去食肉之獸食粟之鳥係罝之網三舉而百姓說

韓非子桓公微服而行于民閒有鹿門稷者行年七十而無妻桓公曰何以令之有妻管仲曰上有積財則民臣必匱乏于下宮中有怨女則有老而無妻者桓公曰善令于宮中女子未嘗御出嫁之乃令男子年二十而室女年十五而嫁

呂氏春秋管仲有疾桓公往問之曰仲父之疾病矣將何以教寡人管仲曰願君之遠易牙豎刁常之巫衛公子啟方管仲死盡逐之三年復召而返公病常之巫從中出曰公將以某日薨易牙豎刁常之巫相與作亂塞宮門築高牆不通人矯以公令衛公子啟方以書社四十下衛公慨焉歎涕出曰死者有知我將何面目以見仲父乎蒙衣袂而絕乎壽宮蟲流出于戶上蓋以楊門之扇三月不葬

史記桓公病五公子各樹黨爭立及桓公卒遂相攻以故宮中空莫敢棺桓公尸在牀上六十七日蟲出于戶十二月乙亥無詭立乃棺赴辛巳夜斂殯桓公十有餘子要其後立者五人無詭立三月死次孝公次昭公次懿公次惠公

人表考齊桓公衛姬之子在位四十三年葬齊城南二十里女水西水經注元和志云在臨淄縣東南二十三里鼎足山上

按皇侃云桓公是齊僖公之庶子子糾是桓公之庶

兄又云僖有三子長襄公次子糾是庶小者名小白則糾兄桓弟其序明甚而殺兄自立桓罪固難末減然得國以後信任管仲倡霸中原考困學紀聞引崔氏曰莊十六年九國盟于幽二十七年五國又盟于幽僖元年六國會于檉二年四國盟于貫五年八國會王世子于首止七年五國盟于甯母八年王人與七國會于洮九年宰周公與七國會于葵邱十三年七國會于鹹凡九合諸侯也其霸績之盛至于不以兵車而尊周抑楚懾服諸侯其亦不讓古之方伯矣惜乎王室不競一君一臣經營四十年而克濟焉迨管仲死而桓之晚節漸衰桓公沒而諸侯乃競啟兵

端君子是以信管仲之賢而追美桓公之績不得不傷天下之無霸也

載馳

許穆夫人　小序　古今人表列中中作許夫人

鄭箋許穆夫人公子頑烝于宣姜所生

列女傳許穆夫人者衞懿公女初許求之齊亦求之懿公將與許女因其傅母而言曰古者諸侯之有女子也所以繫援于大國也今許小而遠齊大而近如使邊境有寇戎之事控告大國妾在不猶愈乎衞侯不聽其後翟人攻衞大破之而許不能救許夫人馳驅而弔唁衞侯因疾之而作詩君子善其慈惠而遠識也

世本古義衞宣公夫娶夷姜生太子伋公子黔牟公子頑巳又娶齊女是爲宣姜生壽及朔其後伋壽俱爲盜所殺以朔爲太子是爲惠公惠公卒子赤立是爲懿公初惠公之卽位也齊人使頑烝于宣姜生齊子戴公文公宋桓夫人許穆夫人及懿公在位九年爲翟所殺衞人思立伋壽之後而皆無子先是惠公四年黔牟作亂代惠公爲君八年諸侯放之于周及頑皆巳前死至是乃立頑子申爲戴公以輩行論之許穆夫人雖宣姜所出而實懿公之從妹以爲懿公女者非也

按許男爵穆公名新臣見春秋僖四年許穆夫人是公子頑烝于宣姜所生鄭說是也

衞懿公　小序　古今人表列下中

衞懿公論衡作哀公名赤惠公子在位九年謚法溫柔賢善曰懿

閔二年左傳狄人伐衞衞懿公好鶴鶴有乘軒者將戰國人受甲者皆曰使鶴鶴實有祿位余焉能戰及戰于熒澤衞師敗績遂滅衞衞侯不去其旗是以甚敗

新書衞懿公喜鶴有飾以文繡而乘軒者賦斂繁多而不顧其民貴優而輕大臣羣臣或諫則面叱之及翟伐衞寇挾城堞矣衞君垂泣而拜其臣民曰寇迫矣士民其勉之士民曰君亦使君之貴優將君之愛鶴以爲君戰矣我儕小人也安能守戰乃潰門而出走寇遂入衞

君奔死遂喪其國

呂氏春秋衛懿公有臣曰宏演有所于使翟人攻衛其民曰君之所予位祿者鶴也所富貴者宮人也君使宮人與鶴戰余焉能戰遂潰而去翟人至及懿公于熒澤殺之盡食其肉獨舍其肝宏演至報使于肝畢呼天而啼曰臣請爲襮因自殺先出其腹實內懿公之肝桓公聞之曰衛之亡也以爲無道也今有臣若此不可不存于是復立衛于楚邱

許人

春秋譜許姜姓與齊同祖堯四嶽伯夷之後周公封其苗裔文叔于許靈公徙棄悼公遷夷又居析許男斯處容城自文叔至莊公十一世始見春秋

衛風

淇奧

武公 小序　古今人表列中下作衛武公

衛武公名和僖侯之子共伯之弟在位五十五年謚法厥彊叡德曰武

史記武公即位修康叔之政百姓和集

人表考武公和周平王命爲公故亦曰衛武侯年九十有五猶箴儆于國其沒謂之叡聖武公

按序言武公入相于周孔疏謂毛傳于卒章曰重較卿士之車則入相爲卿士也賓之初筵序武公既入而作是詩則武公當幽王之時已爲卿士矣又世家云武公將兵佐周平戎甚有功平王命爲公則平王之初未命爲公亦爲卿士矣序言入相于周不斥其時之王或幽或平未可知也若平王則爲公而云卿士者卿爲典事公其兼官

又按楚語云昔衛武公年九十有五矣猶箴儆于國曰自卿以下至于師長苟在朝者無謂我耄而捨我于是乎作懿以自儆韋昭曰懿詩大雅抑之篇也抑讀曰懿抑序謂衛武公刺厲王亦以自警正義引史記衛世家云武公者僖侯之子共伯之弟以宣王三十六年即位則厲王之世武公時爲諸侯之庶子耳未爲國君未有職事善惡無豫于物不應作詩刺王然則武公于宣王之世即位至幽王時始入而爲卿也

考槃

莊公 小序　古今人表列中下作衛嚴公

衛莊公名揚侯表世家竝作楊武公之子在位二十三年謚法勝敵克亂曰莊

按莊公棄莊姜之賢而寵幸嬖人以州吁之驕縱好兵不知教以義方而反有使將之命卒啟弒亂之階是詩又刺莊公不能繼先公之業以上有武公之賢正當修德任賢仔承舊緒乃近替前徽家聲弗紹然

則莊公于父子夫婦閒無克盡其道矣

碩人

齊侯 古今人表列下上作齊嚴侯

齊侯齊莊公也名購史表作贖成公之子在位六十四年謚法勝敵克亂曰莊

東宮

毛傳東宮齊太子也齊莊公太子得臣

世本古義東宮太子所居之宮杜預云太子不敢居上位故常處東宮孔穎達云四時東爲春萬物生長在東西爲秋萬物成就在西以此君在西宮太子常處東宮也易象西北爲乾乾爲君父故君在西東方震震爲長男故太子在東也左傳東宮名得臣孔云齊世家莊公生僖公東宮得臣未知何公太子案史記年表衞莊公之立在春秋前二十五年齊僖公之立在春秋前八年得臣爲太子蚤死故僖公得立也

邢侯

按說文邢周公子所封國括地志亦云周公子封邢侯馬驌周世系圖周公子凡八人伯禽君陳凡伯蔣邢侯茅胙祭伯然則周公始封之時邢固侯爵也後爲衞所滅

譚公

正義曰春秋譚子奔莒則譚子爵言公者葢依臣子之稱

世本古義譚國名路史云嬴姓譚本子爵而得稱公者白虎通云伯子男臣子于其國中褒其君爲公以爲諸侯有會聚其事相朝聘之道稱公而尊故皆令臣子得稱其君爲公也

按白虎通譚作覃云覃子也說文鄿國也齊桓公之所滅从邑覃聲臣鉉等曰今作譚非是說文註義有譚長當是同音通用

芄蘭

惠公 小序 古今人表列中下作衞惠公朔

衞惠公名朔宣公之子在位十二年謚法柔質受諫曰惠

正義曰閔二年左傳惠公之卽位也少杜預云葢年十五六以傳言初衞宣公烝于夷姜生伋子爲之娶于齊而美公娶之生壽及朔言爲之娶于齊則宣公已卽位也宣公以隱四年冬立假令五年卽娶齊女至桓十二年見經凡十九年而朔尚有兄壽則宣公卽位三四年始生惠公故疑爲十五六也

桓十六年左傳二公子故怨惠公十一月左公子洩右公子職立公子黔牟惠公奔齊 莊五年冬伐衞納惠公也 六年夏衞侯入放公子黔牟于周放甯跪于秦殺左公子洩右公子職乃卽位君子以二公子之立黔

牟爲不度矣
公羊傳衞侯朔何以名絶曷爲絶之犯命也其言入何
篡辭也
穀梁傳其不言伐衞納朔何也不逆天王之命也入者
納弗受也何用弗受也爲以王命絶之也朔之名惡也
朔入逆則出順矣朔出入名以王命絶之也
史記宣公卒太子朔立是爲惠公左右公子不平朔之
立也惠公四年左右公子怨惠公之讒殺前太子伋而
代立乃作亂攻惠公立太子伋之弟黔牟爲君惠公奔
齊衞君黔牟立八年齊襄公率諸侯奉王命共伐衞納
惠公誅左右公子衞君黔牟奔于周惠公復立惠公立
三年出亡亡八年復入與前通年凡十三年
詩緝衞自宣公殺伋壽朔爲世子代立左右公子作亂
立黔牟惠公奔齊其後諸侯納惠公黔牟奔周惠公怨
周之容黔牟與燕伐周立子頽爲王惠公奔溫及惠公
卒子懿公立百姓大臣猶以殺伋之故皆不服翟乘其
隙殺懿公而滅衞嗚呼衞之亂極矣
繹史按左氏朔立四年出亡亡八年復入通年十二年
史遷云十三年既與左氏不同復與上數不合年表十
年復入也宣公既没黔牟者急子之母弟也以次當嗣
爲君矣二公子不以此時拒朔使其竊位四載然後逐
之是何也公羊氏曰朔得罪于天子也然則惠之初立
二公子雖欲圖之尙無其閒今也開釁王室正罪有辭
抗義援立因隙爲功逆朔之罪天下共聞奈何五國之
師受寶助亂王人不競竟使佩觿之童子賊守正之親
臣二子不幸無功非其立君之不度也
世本古義惠公以穉年卽位聽其母與庶兄通而不能
禁亦可謂無知之甚者矣

河廣

宋襄公　小序　古今人表列中下

宋襄公名茲父（公羊作慈父）桓公之子在位十四年謚法辟
地有德曰襄甲胄有勞曰襄
說苑宋襄公茲父爲桓公太子桓公有後妻子曰公子
目夷公愛之茲父爲公愛之也欲立之請于公曰請使
目夷立臣爲之相兄以佐之公曰何故對曰臣之舅在
衞愛臣若終立則不可以往絶迹于衞是背母也且臣
自知不足以處目夷之上公不許强以請公許之將立
公子目夷目夷辭曰兄立而弟在下是其義也今弟立
而兄在下不義也不義而使目夷爲之目夷將逃乃逃
之衞茲父從之三年桓公有疾使人召茲父若不來是
使我以憂死也茲父乃返公復立之以爲太子然後目
夷歸
詩補傳宋襄公之母卽宋桓夫人衞文公之妹也生襄
公而見出以其子襄公之在宋也故思而不止然則非

思宋也思其子也宋襄公之爲太子也嘗請立目夷曰臣之舅在衞臣若終立則不可以往託舅爲言思其母也宋襄公之母子可謂慈孝兩盡矣

僖九年左傳宋襄公卽位以公子目夷爲仁使爲左師以聽政于是宋治　二十二年楚人伐宋以救鄭宋公及楚人戰于泓宋人既成列楚人未既濟司馬曰彼衆我寡及其未既濟也請擊之公曰不可既濟而未成列又以告公曰未可既陳而後擊之宋師敗績公傷股門官殲焉　二十三年夏五月宋襄公卒傷于泓故也

韓非子宋襄公與楚人戰涿谷上襄公曰今楚未濟而擊之害義請使楚畢涉成陳而後鼓士進之右司馬曰

君不愛宋民腹心不完特爲義耳公曰不反列且行法右司馬反列楚人已成列撰陳矣公乃鼓之宋人大敗公傷股三日而死

繹史宋桓公之立也適當北杏之會齊桓之霸首在得宋自兩鄄以來每會先從三十餘年宴然無事襄公乘數十年休養之餘未見齊霸之盛而會逢其衰鹹也淮也牡邱也非不身從然而救徐不克謀鄫不成襄公心竊易之以爲取而代之無難也于是執滕用鄫伐曹圍曹一歲之中三國交病乃爲鹿上之盟以求諸侯于楚嗚呼抑愚矣中國之所患者唯楚蕞爾宋國輒欲抑主齊盟乎楚人佯許而實誘之秋執冬釋宋之無君也閱

三月矣顧猶不悟以至傷身辱國楚頵不遑得肆志以窺上國者宋襄啟之也初公之立也以子魚爲左師自是以來每事必諫倘能用其一言猶堪振禍曷爲知其仁而不聽其謀剛愎自信固敗是求宋之不亡也幸耳列之五霸不亦忝乎

人表考宋襄公桓公太子母衞文公女弟昭伯女名兹父立十四年與楚戰傷股七月而死葬承匡襄陵

按宋襄公處父母兄弟之閒恂恂孝友固春秋時所罕及惜其拙于謀國虛擁仁義之名而卒無以救敗也

王風

君子于役

平王　小序　古今人表列下下作平王宜臼

平王名宜臼晉語作咎幽王之子在位五十一年謚法執事有制曰平

古文瑣語幽王將殺太子宜臼立伯服釋虎將執之宜臼叱之虎弭耳而伏

史記周幽王用褒姒廢太子立褒姒子爲適數欺諸侯諸侯叛之西戎犬戎與申侯伐周殺幽王酈山下秦襄公將兵救周周避犬戎東徙雒邑襄公以兵送周平王平王立東遷之時周室衰微諸侯彊并弱齊楚秦晉始大政由方伯

竹書紀年幽王死申侯立平王于申虢公立王子余二
王並立余爲晉文侯所殺是爲攜王
李㯳曰太子宜臼平王也且曰申后之子也幽王既愛
褒姒生子伯服遂廢申后以伯服爲太子遂逐宜臼左
傳云至于幽王天不弔周王昏不若用愆厥位攜王奸
命諸侯黜之而建王嗣用遷郟鄏攜王指伯服也王嗣
指宜臼也詳左氏之文則是幽王既死伯服自立故謂
之攜王諸侯黜之而立王嗣也
人表考案左傳有攜王竹書幽王弒後宜臼立申虢公
翰立王子余臣于攜二王並立者二十年晉文侯殺之
其立較宜臼爲正史漢俱不書晉語韋注左傳杜注及
世族譜以攜王爲伯服皆誤

兔爰

桓王 小序　古今人表列下上作桓王林

桓王名林平王之孫太子洩父之子在位二十三年謚
法辟土服遠曰桓
桓十五年左傳天王使家父來求車非禮也諸侯不貢
車服天子不私求財
人表考史周紀平王太子洩父蚤死故立孫二十三年
崩葬河南澠池縣東北百二十里
按周桓公言周之東遷晉鄭焉依而鄭桓公武公尤
有功于王室及桓王即位而先自貳鄭隱三年以周
人將畀虢公政致使鄭人取麥取禾之不已六年鄭
伯如周始朝王而王又不禮欲善鄭以勸來者固如
是乎十一年王取鄔劉蔿邘之田于鄭而與鄭人蘇
忿生之田桓王之失鄭有由來也迨至桓五年王奪
鄭伯政鄭伯竟不朝矣繻葛之戰敢于射王中肩大
敗王卒君臣之分安在雖鄭居虢檜恃險可虞惜王
無以善處之至于構怨速禍甘蹈不臣之罪爲春秋
所共誅君子以是罪鄭莊公即以閔周也

丘中有麻

莊王 小序　古今人表列中下作嚴王佗

莊王名佗桓王之子在位十五年謚法勝敵克亂曰莊

桓十八年左傳周公欲弒莊王而立王子克辛伯告王
遂與王殺周公黑肩王子克奔燕初子儀有寵于桓王
桓王屬諸周公辛伯諫曰並后匹嫡兩政耦國亂之本
也周公弗從故及
人表考莊王名佗周語注作它杜世族譜作他稽古錄
作仲謅
按周室之亂起于並后匹嫡而姦人乘之以爲利在
昔攜王干位王室播遷幾于不祀乃猶不鑒子克之
謀由于桓王之寵若非辛伯先識亂本而早除其害
不且爲國大患乎

畱子嗟

毛傳畱大夫氏子嗟字也
曹氏曰畱本邑名其大夫以爲氏
李樗曰彼留子嗟毛氏鄭氏蘇氏皆以爲留姓惟歐陽不以爲姓若以爲大夫之姓則莊王之事跡見于春秋史記當時大夫留氏無所聞于人其被放逐亦不見其事何從而知之此說不然邱中有麻所謂彼畱子嗟者亦猶陳風所謂子仲之子豈必求于他書有子仲乃言其姓氏乎葢詩中所陳便是實事跡不必于春秋史記中而求之也
陳啟源毛詩稽古編說文無劉字有鎦字徐鍇以爲鎦卽劉當是也通作留周大夫采地因氏焉子國子嗟以

父子而世賢皆著名于東周不知誰之裔且受邑在何王之世也羅泌以爲堯長子考監明之後是不然留乃東周畿內邑緱氏縣有劉聚者是堯之後在夏世已有劉累其來舊矣不以周邑氏也厥後八十餘年而留邑復爲王季子采地是爲劉康公豈子嗟之遭放逐併失其爵邑乎

畱子國

毛傳子國子嗟父
鄭箋言子國著其世賢
按畱姓出會稽本衞大夫畱封人之後吳志有左將畱贊其又子國子嗟之苗裔與

又按世本古義以是詩爲刺鄭桓公桓公處于留與鄶君夫人叔妘通焉詩人託爲叔妘之辭以醜之引公羊傳鄭國處于留先鄭伯有善于鄶公者通乎夫人以取其國而遷鄭焉而野留又路史云畱國陶唐氏之後妘姓愚案留後入于鄭或先爲王所滅而以之封鄭或鄭自取之孟康云留鄭邑後爲陳所并故曰陳留留子卽鄭伯也隱其國爵而以留子呼之葢自醜其行而忌諱之意姑備一說

詩氏族考卷第一

詩氏族考卷第二

嘉興　李超孫　輯

鄭風

緇衣

武公小序　古今人表列下上作鄭武公

鄭武公名掘突桓公之子在位二十七年諡法剛彊直理曰武

史記犬戎殺幽王于驪山下并殺桓公鄭人共立其子掘突是爲武公

隱三年左傳鄭武公莊公爲平王卿士

正義曰武公之與桓公父子皆爲周司徒之卿諸侯有德乃能入仕王朝

韓非子昔者鄭武公欲伐胡故先以其女妻胡君以娛其意因問于羣臣吾欲用兵誰可伐者大夫關其思對曰胡可伐武公怒而戮之曰胡兄弟之國也子言伐之何也胡君聞之以鄭爲親己遂不備鄭鄭人襲取之

人表考鄭武公名攷周語注杜世族譜史表竝作滑突譙周又作突滑父子竝爲周司徒故竹書稱司徒鄭伯周語單稱武立二十七年

按鄭武公養賢而賦緇衣子曰于緇衣見好賢之至篇中稱子卽指武公也諸侯卽位未踰年改元稱子

將仲子

莊公小序　古今人表列下中作鄭嚴公寤生

鄭莊公名寤生武公之子在位四十三年諡法勝敵克亂曰莊

隱元年左傳初鄭武公娶于申曰武姜生莊公及共叔段莊公寤生驚姜氏故名曰寤生遂惡之

李樗曰春秋書鄭伯克段于鄢穀梁釋之曰何甚乎鄭伯甚鄭伯之處心積慮成于殺也莊公以大邑封之俟其惡積之深而後誅之以免天下之議春秋書之見其肺肝矣

繹史鄭伯巳嗣先君而有國善事母而友愛厥弟段也不才夫豈不可教諫乃姜之所愛莊滋不能容與之制則曰巖邑懼其阻險而難制也與之京則使居之庶乎處大都以驕其志因以蔽罪焉莊段同母之子以武姜言之處鄭而爲君母亦復何求而啟弟殺兄事之未集厥謀先漏處京而京人叛奔鄢而鄢不保設能母子陰處合謀當不輕舉速禍如是也鄭伯處心積慮以成其殺予以正告天下則曰段將襲我也姜將啟段也莊之按兵未動先邀愛弟之名闕地而賦大隧以爲天性之樂母子如初也孰其信之

按鄭莊公狡詐性成自絕于人道縞葛一戰是無君也寘城潁而誓黃泉是絕母也失教以成其惡克段之舉是棄弟也然則莊公一春秋之罪人也

仲子　古今人表列中中作鄭祭足

毛傳仲子祭仲也

桓五年左傳鄭伯使祭足勞王　十五年祭仲專鄭伯患之使其壻雍糾殺之將享諸郊雍姬知之遂告祭仲曰雍氏舍其室而將享子于郊吾惑之以告祭仲殺雍糾尸諸周氏之汪

杜預曰祭足卽祭仲之字葢名仲字仲足也

世本古義仲子祭仲也名足仲其字鄭大夫也其先爲祭封人因以爲氏

人表考祭仲易林作蔡仲左傳曰祭仲足亦曰祭封人仲足祭鄭地釋文名仲字足葬密縣邢山

按桓十一年左傳祭封人仲足有寵于莊公莊公使爲卿杜注陳留長垣縣東北有祭城封人掌封疆者因以所守爲氏夫祭仲恃權專恣周鄭交質之不已又帥師取溫之麥取成周之禾繻葛一戰君臣之義亡矣仲又不諫反爲左拒以敗王卒鄭巳立世子忽矣以宋公欲立突而執己乃與宋人盟以厲公歸而立之是仲廢忽也祭仲殺雍糾厲公出奔蔡特畏祭仲害已耳齊侯師于首止討高渠彌之弑昭公而立公子亹也齊人殺子亹仲遂逆子儀于陳而立之人以祭仲稱疾不往爲智不知其懼罪而倖免也然則祭仲一專國脅君之賊耳詩曰人之多言亦可畏也所以懼之者深矣公羊傳曰祭仲者何鄭相也何以不名賢也何賢乎祭仲以爲知權也祭仲不能死難黜君納賊其權何可爲訓公羊賢之爲失當矣

叔于田

叔　古今人表列下中作叔段

毛傳叔太叔段也

正義曰太叔其字曰叔以寵祿過度時呼爲太叔左傳謂之京城太叔是由寵而異其號也

毛詩集解黃櫄曰管蔡與商人同濟其惡則商人必以管蔡爲賢共叔段與京人叛則國人必以段爲仁且武此如安祿山史思明乃唐室之賊而范陽之人以爲二

聖也

人表考叔段莊公弟左傳曰太叔曰太叔段曰共叔段曰京城太叔曰共叔亦單稱段後書曰鄭叔潛夫論作恭叔墓在衞州共城縣

大叔于田

按段稱太叔據左傳在封京之後則受寵異之號擁人民兵甲之衆不得出居閭巷下雜民伍前篇乃謂巷無居人當是未受封時事故篇名但以叔稱是篇以莊公旣封叔段于京號爲京城太叔故名太叔于田則受封後事也

清人

文公小序　古今人表列中下作鄭文公棱

鄭文公名捷厲公之子在位四十五年謚法慈惠愛民曰文

宣三年左傳初鄭文公有賤妾曰燕姞夢天使與己蘭既而文公見之與之蘭而御之生穆公名之曰蘭

人表考鄭文公名棱公羊作接古从木从手通寫左穀周語傒表竝作捷古字通世家作踕左傳亦曰鄭捷立四十五年

按鄭自公子五爭忽儀亹各一而子突兩立鄭之困于兵革屢矣文公于惠王五年立十二年侵許十七年棄其師觀于春秋所書而文公之失見矣李迂仲曰慶賞刑威人主之柄高克有罪則當戮之于市朝如其罪小則竄逐之可也何乃委而棄之至于不召乎後漢耿公爲敵所圍公卿以爲不宜救鮑昱議曰今使人于危難之地急而棄之如復犯塞爲寇陛下何以取將今鄭文公之于高克如其後有難則何以使將兵乎其不亡者幸矣此言是也

高克小序　古今人表列下上作鄭高克

閔二年左傳鄭人惡高克使帥師次于河上久而弗召師潰而歸高克奔陳鄭人爲之賦清人

公羊傳鄭棄其師者何惡其將也鄭伯惡高克使之將逐而不納棄師之道也

杜預曰高克鄭大夫也

正義曰高克志好財利見利而不顧其君文公惡而欲遠離之乃使將兵禦狄于境久而不召公羊傳云大夫以君命出進退在大夫然則高克禮當自還不須待召而文公不召久留河上者其戰伐進退自由將帥若罷兵還國必須君命故不召不得歸也

人表考高克釋文作剋或謂克是渠彌子

公子素小序　古今人表列下上作公孫素

正義曰鄭公子名素惡高克進之事君不以禮又惡文公退之逐臣不以道乃是危國亡師之本故作清人之詩以刺之

人表考公孫素公孫當作公子據詩序素即作詩刺鄭文公高克者陳鱣詩人考曰春秋傳莊十四年莊公之子八人杜注傳惟見四人子忽子亹子儀竝死獨厲公在八人名字記傳無聞顧炎武補正云桓十四年鄭伯使其弟語莊公子來盟傳稱其字子人蓋其一也此公子素疑亦莊公八人之一于文公爲叔父故所作之詩君臣同責與

按正義第云文公有臣鄭之公子名素者其氏字殆無可考

有女同車

太子忽小序　古今人表列下上作鄭昭公忽

忽鄭昭公名也莊公世子厲公之兄謚法昭德有勞曰

昭

桓十一年左傳初祭封人仲足有寵于莊公使爲卿爲公娶鄧曼生昭公故祭仲立之宋雍氏女于鄭莊公曰雍姞生厲公雍氏有寵于宋莊公故誘祭仲而執之曰不立突將死祭仲與宋人盟以厲公歸而立之秋九月丁亥昭公奔衞己亥厲公立　十五年祭仲殺雍糾厲公出奔蔡六月乙亥昭公入

韓非子鄭伯將以高渠彌爲卿昭公惡之固諫不聽昭公立懼其殺己也辛卯弒昭公而立公子亹君子曰昭公知所惡矣

李樗曰據鄭莊公卒太子忽立宋人乃執鄭祭仲出忽而立突突雍姞之子也雍氏有寵于宋莊公故宋人執祭仲而立突是突得大國之助而忽無大國之助所以見逐詩人推原其見逐之由蓋本于辭齊之昏嘗觀古賢人君子亦有辭昏者劉德妻死霍光欲以女妻之德不敢畏盛滿也又欲妻鱄不疑固辭不敢當若二子者可謂善避禍者矣卒之霍禹謀不軌霍氏之壻如鄧廣漢范明友皆不得其死然則知辭昏若二子者然後爲善也劉鱄之辭昏乃免于禍忽之辭昏乃所以召禍至于公子互爭兵革不息國人皆不得保其室家也

人表考鄭昭公忽說文作曶春秋經曰世子忽亦曰鄭忽左傳曰太子忽史傳曰昭君莊公娶鄧曼所生立二年

按正義引桓六年左傳北戎侵齊齊侯使乞師于鄭鄭太子忽帥師救齊大敗戎師獲其二帥大良少良甲首三百以獻于齊是太子忽嘗有功于齊也傳又云公之未昏于齊也齊侯欲以文姜妻鄭太子忽太子忽辭及其敗戎師也齊侯又請妻之固辭人問其故太子曰無事于齊吾猶不敢今以君命奔齊之急而受室以歸是以師昏也民其謂我何遂辭諸鄭伯如左傳文齊侯前欲以文姜妻忽後復欲以他女妻忽再請之此言齊女賢而忽不娶謂復請妻者非文姜也謂之孟姜者假言其賢長以美之隱八年左傳鄭公子忽如陳逆婦嬀則是已娶正妻矣齊侯所以得請妻者春秋之世不必如禮或陳嬀已死忽將改娶二者無文以明之竊謂祭仲曾勸忽娶于齊以爲大國之援何以昭公之逐卽由祭仲其出奔衞也不得不罪祭仲之反覆不臣且以惜昭公之無援也

山有扶蘇

子都

按隱十一年左傳杜注子都鄭大夫公孫閼也字子都以美麗稱初鄭祭仲專權鄭伯使其壻雍糾殺之祭仲知之與其黨子都殺雍糾而逐厲公厲公反國欲殺雍糾之徒莊十六年左傳鄭伯治與于雍糾之

亂者九月殺公子閼（郎公孫閼）是其事也

子充

按孟子稱子都之姣毛傳亦云子都世之美好者則與孟子合若子充傳第以爲良人正義謂性行充塞良善之人案豐氏坊謂子都乃公孫閼字子充乃瑕叔盈字皆世族之賢者豐坊僞説雖不足據然考隱十一年左傳公會齊侯鄭伯伐許潁考叔取鄭伯之旗蝥弧以先登子都自下射之顛瑕叔盈又以蝥弧登周麾而呼曰君登矣鄭師畢登遂入許杜注瑕叔盈鄭大夫則此與子都皆鄭卿之勇而有將略者以是斥昭公之狂狡而思見此兩人其説似相脗合

齊風

雞鳴

哀公　小序　古今人表列下中作齊哀公

齊哀公名不辰（世本作不臣）癸公之子太公四世孫謚法蚤孤短折曰哀

竹書紀年哀公名昴周夷王三年致諸侯翦齊哀公昴

史記哀公時紀侯譖之周周烹哀公

困學紀聞詩譜序懿王始受譖烹齊哀公夷王失禮之後邶不尊賢正義謂變風之作齊衞爲先齊哀公當懿王衞頃公當夷王故先言此也

世本古義哀公未有所考韓詩以爲説人也其義未詳

按莊四年公羊傳史記齊世家但言周烹哀公不斥何王惟詩譜及正義指爲周懿王公羊世家竹書又謂周夷王徐廣亦云周夷王烹之懿王至夷王中閒僅歷孝王一世是時王世不長故未易遽定與

南山

襄公　小序　古今人表列下下作齊襄公兒

齊襄公名諸兒（人表似傳寫脫諸字）僖公之子在位十二年謚法甲胄有勞曰襄

漢書襄公淫亂姑姊妹不嫁于是令國中民家長女不得嫁名曰巫兒爲家主祠

繹史齊僖小伯雄長東方而國儲無世子之教愛女無公宮之訓文姜一嫁兩國行穢春秋病襄兼以病僖也

按襄公以魯桓十五年立莊八年冬春秋書齊無知弒其君諸兒左氏言其田于貝邱見大豕從者曰公子彭生也公怒射之豕人立而啼公懼隊車遂死于門中自襄公數與文姜通致使彭生搚殺桓公魯人因是請除彭生彭生之殺其禍蓋起于襄公好淫所致然則公之見弒未始非彭生怨氣鬱結而爲此祟也信乎天道惡淫厥報豈有爽哉

齊子　古今人表列下下作夫人文姜

毛傳齊子文姜也（齊僖公之女襄公之妹）

桓三年左傳會于嬴成昏于齊也秋公子翬如齊逆女

齊侯送姜氏非禮也冬齊仲年來聘致夫人也　十八年公會齊侯于濼遂及文姜如齊齊侯通焉　莊元年春不稱即位文姜出故也三月夫人孫于齊不稱姜氏絕不爲親禮也

管子魯桓公夫人文姜齊女也公將如齊與夫人皆行申俞諫公不聽文姜通于齊侯

莊二十一年穀梁傳夫人姜氏薨婦人弗目也

世本古義據左傳先是齊僖公欲以女文姜妻鄭太子忽太子忽辭想文姜爲室女之日內行已不正矣忽所謂齊大非耦蓋權辭也桓竟取之國人知其婦道之必不終也

按文姜以桓三年歸魯十八年即如齊與齊侯通桓公謫之致羅彭生搚殺之禍莊二年春秋書夫人姜氏會于禚矣四年又享齊侯于祝丘五年又如齊師七年又會齊侯于防會于穀矣以齊僖之女魯莊之母而瀆穢若此論者徒歸其咎于莊公然謂子不能防母豈知夫不能制婦之罪在桓公乎魯三世通昏于齊僖十一年春秋書公及夫人姜氏會齊侯于陽穀汪氏克寬曰桓公如齊稱公與姜氏此稱及則僖公猶能防制云爾魯頌稱聲姜爲令妻是聲姜必無文姜之行也易恆卦曰閑有家悔亡其信然矣

敝笱

魯桓公　小序　古今人表列下下

魯桓公名軌史記作允惠公之子隱公之弟在位十八年謚法辟土服遠曰桓

左傳惠公元妃孟子孟子卒繼室以聲子生隱公宋武公生仲子仲子生而有文在其手曰爲魯夫人故仲子歸于我生桓公而惠公薨是以隱公立而奉之　隱十一年羽父請殺桓公將以求太宰公曰爲其少故也吾將授之矣使營菟裘吾將老焉羽父懼反譖公于桓公而請弒之十一月公祭鍾巫齊于社圃館于蔿氏羽父使賊弒公于蔿氏立桓公　十八年春公及文姜如齊齊侯通焉公謫之以告夏四月享公使公子彭生乘公公薨于車

人表考桓公名軌世家作允又作子允又作兀惠公子立十八年齊襄公享公醉使公子彭生抱上車搚幹而殺之薨于車

按桓公弒兄自立則兄弟之道廢弒立而用即位之禮假同于遭喪繼位者則君臣之義薄御廩召災非時而舉嘗祭則非所以敬祖文姜之得通襄公實始于濼之會公與姜氏遂如齊以啟瀆亂之端則非所以帥婦其不克善終也宜哉

猗嗟

魯莊公　小序　古今人表列下上作魯嚴公同

魯莊公名同桓公之子在位三十二年謚法勝敵克壯
曰莊

莊元年左傳春不稱卽位文姜出故也

愼子魯莊公鑄大鐘曹劌入見曰今國褊而鐘大君何
不圖之

按桓六年春秋書九月丁卯子同生左氏稱其以太
子生之禮舉之公與文姜宗婦命之且曰是其生也
與我同物命之曰同公羊傳曰何言乎子同生喜有
正也穀梁傳曰疑故志之然考春秋十二公唯子同
生是嫡夫人之長子劉原父曰子同生何以書貴也
何貴爾世子也詩人信魯莊公爲齊侯之甥豈聖人

反疑爲齊侯之子乎就令當時國人有疑之者是國
惡無大于此矣聖人曷爲明揭之乎竊謂夫人姜氏
于桓三年至自齊六年子同生至十八年夫人始如
齊豈可疑莊公爲齊侯之子乎公羊于莊元年又謂
夫人譖公于齊侯公曰同非吾子齊侯之子也說固
矛盾穀梁疑之亦非詩序云人以爲齊侯之子而鄭
箋則據詩曰我甥謂是拒時人言齊侯之子其義乃
明

又按莊二十三年左傳夏公如齊觀社秋丹桓宮之
楹二十四年春刻其桷秋哀姜至公使宗婦覿用幣
左氏皆以非禮譏之公之觀社所以縱游觀棄國政
罪已具見而丹楹刻桷又以將迎夫人故爲盛飾哀
姜之娶在魯爲雠女而納幣圖昏又在母喪未再期
之時及哀姜旣至使大夫宗婦同贄俱見欲以奢夸
夫人其不能正身率禮如此異日淫縱弑逆之禍殆
勢之所必至也

唐風

蟋蟀

晉僖公小序　古今人表列中下作晉釐侯

晉僖公史記作釐侯名司徒靖侯之子在位十八年謚法小
心畏忌曰僖

人表考左傳曰晉僖侯

按晉僖公之立當周共和二年攝行王事天下帖然
至十四年爲宣王靖元年幸際中興之主復睹太平
僖公恪守舊封儉飾自持不敢逸樂惜乎閱四年而
遽卒享國不久謚之曰僖洵克副小心畏忌之實矣

山有樞

晉昭公小序　古今人表列下中作晉昭侯

晉昭公名伯文侯之子在位七年謚法威儀恭明曰昭

左傳曰晉昭侯潘父弑之

按惠王二十四年晉始亂封靖侯之孫桓叔于曲沃
欒賓傅之師服曰晉甸侯也而建國本既弱矣其能
久乎惠之三十年晉潘父弑昭侯而納桓叔不克追

昭公封桓叔于沃必非一邑鵠亦其旁邑也使專有之不復屬晉宜其日益盛強詩人于其始封已知晉國必爲桓叔所有故三章皆以宛其死矣憫之而以他人惕之他人謂桓叔也

又按史記稱晉昭侯七年晉大臣潘父弑其君昭侯而迎曲沃桓叔桓叔欲入晉晉人發兵攻桓叔桓叔敗還歸曲沃孝侯十五年曲沃莊伯弑其君孝侯于翼晉人攻莊伯復入曲沃鄂侯六年卒曲沃莊伯乃興兵伐晉周平王使虢公將兵伐莊伯莊伯走保曲沃又紀年云鄂侯五年莊伯以曲沃叛伐翼公子萬救翼荀叔軫追之至于家谷翼侯焚曲沃之禾而還翼侯伐曲沃大捷武公請成于翼至桐而還哀侯三年荀人董伯皆叛曲沃竊謂曲沃封邑雖大于國然自桓叔一敗于晉繼以莊伯三敗武公又因敗請成是時有方伯連帥得專征伐何難乘其敗而殲除之何至養惡縱姦潘父作難于內而昭侯弑焉旣而孝侯鄂侯莊伯弑之哀緡小子侯武公弑之遂以并晉三世濟惡驕恣罔忌實自昭公時兆其禍也

揚之水

沃 古今人表列下下作曲沃桓叔

曲沃桓叔名成師穆侯之子

史記昭侯元年封文侯弟成師于曲沃曲沃邑大于翼翼晉君都邑也成師封曲沃號爲桓叔靖侯庶孫欒賓相桓叔桓叔是時年五十八矣好德晉國之衆皆附焉君子曰晉之亂其在曲沃矣

正義曰桓叔雖受封于晉非天子之命天子不賜以爵桓叔莊伯皆以字配謚蓋雖君其國未有爵命左傳每云曲沃伯或可自稱伯也

詩緝時沃有簒國之謀潘父將爲內應而昭公不知此詩正發其謀以警昭公也若眞欲從沃則是潘父之黨必不作此以泄其事且自取戾也

詩補傳穆公之子成師昭公之叔父也昭公以沃之大邑封成師已無遠慮且不知人矣詩人刺之與祭仲諫鄭莊公封叔段于京之事類也

按桓二年左傳初晉穆侯之夫人姜氏以條之役生太子命之曰仇其弟以千畝之戰生命曰成師師服曰異哉君之名子也嘉耦曰妃怨耦曰仇古之命也今君命太子曰仇弟曰成師始兆亂矣兄其替乎然則成師命名之始已兆亂萌師服可謂識微知著者矣

無衣

晉武公 小序 古今人表列下中作曲沃武公

晉武公名稱莊伯之子三十七年滅晉二年而卒謚法剛彊直理曰武

史記哀侯二年曲沃莊伯卒子稱代立是爲曲沃武公釐王命曲沃武公爲晉君已卽位三十七年矣更號曰晉武公始都晉國代晉二年卒與曲沃通年卽位凡三十九年

正義曰左傳桓八年王使立緡于晉至莊十六年乃云王使虢公命曲沃伯爲晉侯不言滅晉之事晉世家云哀侯二年曲沃莊伯卒晉侯緡立二十八年曲沃武公伐晉侯緡滅之盡以其寶器賂周僖王僖王命曲沃武公爲晉君列爲諸侯于是盡并晉地而有之武公已卽位三十七年矣計緡以桓八年立至莊十六年乃得二十八年然則虢公命晉侯之年始并晉也

待軒詩記以左傳史記考之平王二十六年晉昭侯封成師于曲沃專封而王不問一失也三十二年潘父弒昭侯欲納成師而王又不問二失也四十七年曲沃莊伯弒孝侯而王又不問三失也桓王二年莊伯攻晉王非特不能誅曲沃反使尹氏武氏助之及曲沃叛王王尚能命虢公伐曲沃立晉哀侯使其初出于正豈至于此乎四失也十五年武公弒晉小子侯明年猶能命虢仲立緡于晉又明年命虢仲率諸侯伐曲沃至是武公篡晉僖王反受賂命之五失也以此五失觀之則禮樂征伐移于諸侯降于大夫竊于陪臣所由來者漸矣

人表考武公左傳曰曲沃伯史記竹書曰武公稱滅晉周釐王命爲晉侯前卽位曲沃三十八年代晉二歲通四十年卒

按左傳桓二年稱魯惠公三十年晉潘父弒昭侯而納桓叔不克晉人立孝侯惠之四十五年曲沃莊伯伐翼翼侯奔隨秋王命虢公伐曲沃而立哀侯于翼隱六年翼人逆晉侯于隨納諸鄂晉人謂之鄂侯桓二年鄂侯生哀侯哀侯侵陘庭之田陘庭南鄙啟曲沃伐翼桓三年曲沃伯武公誘晉小子侯殺之八年春滅翼冬王命虢仲立晉哀侯之弟緡于晉觀于亂及五世而武公卒以并晉莊十六年王使虢公命曲沃伯以一軍爲晉侯雖曰國小故一軍勢亦寖熾矣

葛生

晉獻公　小序　古今人表列下中

晉獻公名詭諸武公之子在位二十六年謚法博聞多能曰獻

正義曰獻公以莊十八年立僖九年卒左傳莊二十八年稱晉伐驪戎驪戎男女以驪姬閔元年晉侯作二軍以滅耿滅霍滅魏二年晉侯使太子申生伐東山皋落氏僖二年晉師滅下陽五年八月晉侯圍上陽冬滅虢又執虞公八年晉里克敗狄于采桑是好攻戰也

人表考晉獻公名詭諸左公穀並作佹諸楚辭抱朴子曰晉獻莊子稱爲王立二十六年[illegible]葬絳縣東槐泉郈一

統志寰宇記云冢在濠州定遠縣東去驪姬冢十步
按左傳莊二十八年晉獻公娶于賈無子烝于齊姜生秦穆夫人及太子申生則穢亂甚矣至于蠱惑驪姬既殺太子申生又聽其譖以逐二公子父子之倫斁矣此采苓之詩所以刺其好聽讒也

詩氏族考卷第二

詩氏族考卷第三

嘉興　李超孫　輯

秦風

車鄰

秦仲　小序　古今人表列中中

秦仲公伯之子非子之曾孫爲周大夫（竹書作大夫仲）二十三年伐戎死之

正義曰鄭語云桓公問于史伯曰姜嬴其孰興對曰國大而有德者興秦仲齊侯姜嬴之雋也且大其將興乎言秦仲國大故附庸而得有詩案年表秦仲以宣王六年卒計桓公問史伯之時乃在幽王九年所以仍言秦仲者以秦仲有德故繫而言之秦仲以字配國者附庸未得爵命無謚可稱春秋附庸君例稱名褒之則書字秦仲又作宣王大夫史策之文正當書字故稱字配國也

史記周厲王無道諸侯叛之西戎反王室滅犬邱大駱之族宣王卽位乃以秦仲爲大夫誅西戎西戎殺之仲立二十三年死于戎有子五人長曰莊公周宣王乃召莊公昆弟五人與兵七千人使伐西戎破之于是復予秦仲後及其先大駱地犬邱并有之爲西垂大夫

駟驖

襄公　小序　古今人表列中中作秦襄公

秦襄公名[illegible]莊公之子在位十二年謚法辟地有德曰襄

李樗曰襄公秦仲之孫自非子已來世爲附庸未得王命及周幽王爲犬戎所敗平王東遷洛邑襄公將兵救周有功平王賜之地命爲諸侯案本紀平王封襄公爲諸侯賜之岐西之地曰戎爲無道奪我岐豐之地秦能攻逐戎即有其地襄公十二年伐戎至岐而卒

按史記莊公長男世父曰戎殺我大父仲我非殺戎王則不敢入邑遂將擊戎讓其弟襄公莊公卒太子襄公代立元年以女弟繆嬴爲豐王妻二年戎圍犬邱世父爲所虜歲餘復歸世父七年周避犬戎難東

徙雒邑襄公以兵送周平王平王封襄公爲諸侯賜之岐以西之地于是始國與諸侯通使聘享之禮襄公既侯居西垂自以爲主少皞之神作西畤祠白帝其牲用騮駒黃牛羝羊各一云以知秦自非子至于莊襄常爲附庸平王之世始命襄公爲諸侯也

蒹葭

伊人

按史記犬戎與申侯伐周殺幽王驪山下而秦襄公將兵救周戰甚力周避難東遷雒邑襄公以兵送周平王蒹葭本襄公詩則水一方者洛也伊人者平王也溯洄溯游襄公相從而遠送也李天生曰周之遺民不忘故主思平王之在洛水一方者蓋言洛也惟詩人繫思不置故追敘送洛之時葭蒼露白道里阻長縮途中之景物紀閱歷之多艱而平王之繫人思者深矣

黃鳥

穆公　小序　古今人表列中上作秦繆公

秦穆公名任好德公之子在位三十九年謚法布德執義曰穆

尚書中候維天降秦穆公出狩至于咸陽天震大雷下有火化爲白雀銜籙丹書集于公車公俯取書言秦穆公之霸也訖胡亥秦家世事

漢書秦穆公立病臥五日不寤寤迺言夢見上帝命穆公平晉亂史書而藏之府

韓詩外傳禽息秦大夫薦百里奚不見納繆公出當車以頭擊闑腦乃精出曰臣生無補于國不如死也繆公感悟而用百里奚秦以大化

山海經墨子曰昔秦穆公有明德上帝使句芒賜之壽十九年

文選西京賦昔者大帝說秦繆公而覲之饗以鈞天廣樂帝有醉焉乃爲金策錫用此土而翦諸鶉首李善注虞喜志林曰諺曰天帝醉秦暴金誤隕石墜謂秦穆公夢天帝奏樂已有此諺列仙傳贊曰秦穆公受金策祚

世之業

文三年左傳秦伯伐晉濟河焚舟取王官及郊晉人不出遂自茅津濟封殽師而還遂霸西戎用孟明也

世本古義括地志秦穆公冢在岐州雍縣東南二里三良冢在雍縣一里故城內然則二冢迥不相及蓋從死而非同葬也三人者不食其言以死從君所謂殉榮樂非所謂殉仁義也可與梁邱據安陵君同譏矣不足美也

人表考左傳曰秦穆亦單稱穆晉語曰秦公立三十九年葬雍槖泉宮祈年館下　案秦伯之謚公羊史記作繆與穆同而史蒙恬傳風俗通皇霸篇以繆爲惡謚讀

靡幼反宋姚鉉唐文粹有皮日休秦穆謚論及明楊慎二伯論竝從之

按秦穆公能悔過用賢而削患辟疆遂成霸業左氏言之詳矣今據中候漢書文選諸書多侈言天帝以爲秦穆公鋪張盛美而授策饗樂更若超絕塵世列仙傳又謂以女弄玉妻簫史公作鳳臺使居之其後夫婦且仙去恐亦後人傳會之辭

子車奄息 古今人表列上下

毛傳子車氏奄息名 廣韻以奄爲姓非

子車仲行 古今人表列上下

鄭箋仲行字也

子車鍼虎 古今人表列上下

正義曰鍼虎亦名也 丁度集韻司馬光類篇鍼又作葴

服虔曰子車秦大夫氏也 史記作子輿

蘇氏曰三良之死穆公之命也康公從其言而不改其亦異于魏顆矣

按秦穆公違蹇叔之言殽師一敗至于匹馬隻輪不返禍已酷矣卒也殺良殉葬康公竟從其命尚得謂幹蠱之子乎文六年左傳秦伯任好卒以子車氏之三子爲殉皆秦之良也秦本紀云穆公卒葬雍從死者百七十七人然則死者不止三良矣漢書匡衡傳謂秦穆公貴信士而士多從死應劭曰秦穆公與羣

臣飲酒酣公曰生共此樂死共此哀于是奄息仲行鍼虎許諾及公薨皆從死黃鳥詩所爲作也若然是從君于昏何良之有揚子亦謂三良嘗許穆公以殉死故鑿其壙之側以從之而實其言說雖不同要之康公聽其殉死以從父命亦不仁之甚者矣

晨風

康公 小序　古今人表列中中作秦康公

秦康公名罃穆公之子在位十二年謚法安樂撫民曰康

史記穆公子四十人其太子罃代立是爲康公

韓非子秦康公築臺三年荆人起兵將欲以兵攻齊任

妄曰飢召兵疾召兵勞召兵亂召兵君築臺三年今荆人起兵將攻齊臣恐其攻齊爲聲而以襲秦爲實也不如備之戍東邊荆人輟行

詩補傳康公以魯文公七年立是年卽與晉人戰于令狐十年又伐晉十二年又與晉人戰于河曲十六年又與楚人滅庸康公征伐之事見于春秋經傳者如此

人表考秦康公母晉獻公女名䓨何休公羊注誤作嬰立十二年葬竘社

按春秋文公七年晉人及秦人戰于令狐令狐之役康公爲送晉公子雍也晉襄公卒于文六年八月卒十月葬秦人豈不知巳立靈公乃于次年四月銜先蔑之請而以師强納公子雍是誠何心哉汪氏克寬謂康公始爲太子送舅氏而念母之不見今乃納庶孽而奪嫡甥之位豈非害良乎馬驌繹史亦謂秦康公晉甥也渭陽之詩克念舅氏而卽位以來日與晉構難夫非舅氏之國與晉實不能親秦旣求君于其國又變計而擊之令狐河曲漸爲仇讎于是二國之怨彌深秦楚之交始合矣蓋觀于康公之爲人宜詩于晨風刺其忘穆公之業于無衣刺好攻戰繼以渭陽之詩譏其以甥之國而尋諸仇讎也

又按篇末錄渭陽之詩康公愛舅之心厚矣其爲太子之時念母不見其思念如此至于文公七年方卽位其送舅氏巳十七年後猶能追感其事則爲康公者可謂孝矣然秦自伐殽之後日尋干戈以相征討昏姻之道旣絶遂爲仇讎之邦使康公卽位能推其愛舅之心釋舊憾而修新好則秦晉之民不勝其幸其爲孝豈不大哉此李迂仲之說也其論甚正

渭陽

文公小序　古今人表列中上作晉文公

晉文公名重耳獻公之子在位九年謚法慜民惠禮曰文

國語文公學讀書于臼季三日曰吾不能行咫聞則多矣對曰然而多聞以待能者不猶愈乎

史記晉文公重耳自少好士年十七有賢士五人曰趙衰狐偃咎犯賈佗先軫魏武子自獻公爲太子時重耳固巳成人矣獻公卽位重耳年二十一獻公十三年以驪姬故重耳備蒲城守秦二十一年獻公殺太子申生驪姬讒之恐不辭獻公而守蒲城二十二年獻公使宦者履鞮趣殺重耳重耳踰垣宦者逐斬其衣袪遂奔狄是時重耳年四十三重耳出亡凡十九歲而得入時年六十二矣文公元年夏周襄王以弟帶難出居鄭地來告急晉二年三月晉乃發兵至陽樊圍溫入襄王于周殺王弟帶襄王賜晉河內陽樊之地五年次城濮與楚兵合戰楚兵敗獻俘于周天子使王子虎命晉侯爲伯

賜大輅彤弓矢百旅弓矢千秬鬯一卣珪瓚虎賁三千
人晉侯三辭然後稽首受之
國語襄王使太宰文公及內史興賜晉文公命上卿逆
于境晉侯郊勞館諸宗廟饋九牢設庭燎及期命于武
宮設桑主布几筵太宰涖之晉侯端委以入太宰以王
命命冕服內史贊之三命而後即冕服既畢賓饗贈餞
如公命侯伯之禮而加之以宴好內史興以告王曰晉
不可不善也其君必霸及惠后之難王出在鄭晉侯納
之襄王十六年立晉文公二十一年以諸侯朝于衡雝
且獻楚捷遂爲踐土之盟于是乎始霸
淮南子晉文君大布之衣牂羊之裘葦以帶劍威立于

海內
世本古義案文公未得國之時父事狐偃師事趙衰長
事賈佗左傳鄭叔詹所謂有三士足以上人而從之是
也歷後反國外傳紀其紀善援能官方定物發親戚明
賢良事耇老禮賓旅友故舊胥籍狐箕等十一族實掌
近官諸姬之良掌其中官異姓之能掌其遠官大夫食
邑士食田以至工商皁隸官宰無不食饒于官其欲蓋
無厭物色多方可知已
人表考晉文公獻公子母大戎狐季姬骨體駢脅春秋
左傳曰公子重耳亦曰晉侯重耳亦曰晉重李商隱集
曰晉耳呂氏春秋曰晉公楚辭淮南子曰文君文選單

稱文立九年卒葬絳縣東南二十里
按晉文公之入不書于春秋故左氏于僖二十四年
傳云春王正月秦伯納之不書不告入也公及夫人
嬴氏至自王城秦伯送衞三千人實紀綱之僕康公
爲太子送至渭陽復有乘黃瑰佩之贈亦云厚矣君
子是以于殽之役墨經興戎不能無譏于晉襄也

麗姬　小序　古今人表列下下作晉驪姬

穀梁傳驪作麗
國語獻公卜伐驪戎史蘇占之曰勝而不吉遇兆挾以
銜骨齒牙爲猾戎夏交捽且懼有口攜民國移心焉公
不聽伐驪戎克之獲驪姬以歸有寵立以爲夫人

之優曰施通于驪姬驪姬問曰吾欲作大事而難三公
子之徒如何對曰蚤處之是故先施讒于申生　優施
教驪姬夜半而泣謂公曰吾聞申生甚好仁而彊甚寬
惠而慈于民皆有所行之今謂君惑于我必亂國君其
圖之是故使申生伐東山衣之偏裻之衣佩之金玦僕
人贊聞之曰太子殆哉
僖四年左傳初晉獻公欲以驪姬爲夫人卜之不吉筮
之吉公曰從筮卜人曰筮短龜長不如從長且其繇曰
專之渝攘公之羭一薰一蕕十年尚猶有臭必不可弗
聽立之生奚齊
史記獻公五年得驪姬驪姬弟俱愛幸之

人表考驪姬左穀呂覽韓子作麗淮南檀弓楚辭作孋
竹書作離驪戎西戎之別在驪山者其君男爵姬姓晉
獻公伐驪戎獲驪姬乃驪戎國艾地守封疆人之女說
苑曰驪氏莊子曰麗之姬爲里克所殺葬絳州正平縣
南八里

按驪姬始賂二五繼通優施掩涕工讒君心惑蠱致
殺申生而逐二公子厥後其子奚齊及其娣子卓子
俱爲里克所殺列女傳云乃戮驪姬鞭而殺之天道
好還信然

秦姬　小序　古今人表列中上作秦穆夫人

史記太子申生其母齊桓公女曰齊姜蚤死申生同母

女弟爲秦穆夫人　秦穆公與晉惠公夷吾戰于韓虜
晉君以歸令于國齋宿吾將以晉君祠上帝夷吾姊爲
穆公夫人聞之乃衰絰跣曰妾兄弟不能相救以辱君
命穆公曰我得晉君以爲功夫人是憂乃與晉君盟許
歸之

列女傳穆姬者秦穆公之夫人晉獻公之女賢而有義
穆姬死穆姬之弟重耳入秦秦送之晉太子罃思母之
恩而送其舅氏也

人表考秦穆夫人史秦紀謂申生姊晉世家言女弟非
左曰秦穆姬亦曰伯姬

按正義引莊二十八年左傳晉獻公娶于賈無子烝
于齊姜生秦穆夫人及太子申生又取二女于戎大
戎狐姬生重耳小戎子生夷吾是康公之母爲文公
異母姊也以秦國夫人而其姓爲姬故謂之秦姬又
僖十五年左傳初晉獻公筮嫁伯姬于秦遇歸妹之
睽史蘇占之曰不吉其繇曰士刲羊亦無衁也女承
筐亦無貺也西鄰責言不可償也歸妹之睽猶無相
也震之離亦離之震爲雷爲火爲嬴敗姬車說其輹
火焚其旗不利行師敗于宗邱歸妹睽孤寇張之弧
姪其從姑明年其死于高梁之虛韓之戰秦獲晉侯
以歸是其驗矣于時穆姬登臺履薪免服衰絰以逆
使穆公不以喪歸而卒反晉侯者秦姬一人之力也

陳風

宛丘

幽公　小序　古今人表列下中作陳幽公

陳幽公名甯慎公之子在位二十三年謚法動祭亂常
曰幽

李樗曰武王封嬀滿于陳以備三恪幽公其六世孫

按幽公之立當周厲王時世家謂幽公十二年周厲
王奔于彘二十三年幽公卒陳自桓公鮑二十三年
始入春秋幽公事蹟無攷觀宛邱東門之枌序屢刺
淫荒游蕩則其謚幽也宜矣

東門之枌

子仲

毛傳子仲陳大夫氏

正義曰子仲大夫之氏姓也禮孫以王父字為氏其祖必有字子仲者故氏子仲也

按世本古義班固地理志云武王封嬀滿于陳是為胡公妻以元女大姬婦人尊貴好祭祀用巫覡故其俗好巫鬼鄭譜言大姬無子好巫覡禱祈鬼神孔穎達云大姬無子而左傳子產云我周之自出杜預曰陳周之出者葢大姬于後生子以禱而得子故彌信巫覡也又子仲之子嚴氏云子女子也愚案以下文婆娑觀之字皆從女則子仲之子即女巫是也此亦

足廣異聞

原

毛傳原大夫氏

公羊傳原仲者何陳大夫也

按春秋莊二十五年陳侯使女叔來聘杜注季友相魯原仲相陳二人有舊故女叔來聘季友冬亦報聘又二十七年季友如陳葬原仲注原氏仲字也正義亦引此以證陳有大夫姓原也

衡門

僖公 小序 古今人表列下上作陳釐公

陳僖公名孝幽公之子在位三十六年謚法小心畏忌曰僖

史記釐公六年周宣王即位三十六年釐公卒

世本古義歐陽修云陳僖公性不恣放可以勉進于善而惜其懦無自立之志故作詩以誘進之謚法小心畏忌曰僖公得此謚則序所謂愿而無立志葢近之矣

墓門

陳佗 小序

陳佗文公之子桓公之弟也弒桓公太子免自立踰年為蔡人所殺

公羊傳陳佗者何陳君也陳君則曷為謂之陳佗絕也曷為絕之賤也其賤柰何外淫也惡乎淫淫于蔡蔡人

殺之

穀梁傳陳佗者陳君也其曰陳佗柰何匹夫行故匹夫稱之也其匹夫行柰何陳侯憙獵淫獵于蔡與蔡人爭禽蔡人不知其是陳君也而殺之何以知其是陳君也兩下相殺不道其不地于蔡也

困學紀聞陳世家桓公鮑卒弟佗其母蔡女故蔡人為佗殺五父及桓公太子免而立佗是為厲公太子免之三弟長者名躍中曰林少曰杵臼與蔡人共殺厲公而立躍是為利公詩正義曰案左傳桓五年文公子佗殺太子免而代之則是佗自殺免非蔡人為佗殺免也六年蔡人殺陳佗莊二十二年傳曰陳厲公蔡出也故蔡

人殺五父而立之五父與佗一人不得云爲佗殺五父也六年殺佗十二年陳侯躍卒則厲公卽是躍躍既爲厲公則無復利公矣既誤以佗爲厲公又稱躍爲利公皆史記之繆

詩補傳序詩者不以爲君直言陳佗蓋得春秋不稱爵書蔡人殺陳佗之旨與書衛州吁鄭忽同也使詩序不經聖人之手孰敢竊春秋之法書三君之名哉

按隱七年左傳云陳及鄭平陳五父涖盟及鄭伯盟歃如忘洩伯曰五父必不免不賴盟矣桓五年傳甲戌己丑陳侯鮑卒于是陳亂文公子佗殺太子免而立之杜注佗桓公弟五父也五父與佗本是一人佗

之不義莫大于殺太子免以亂其國色荒禽荒猶其惡之小者列女傳云辯女者陳采桑之女也晉大夫解居甫使于宋道過陳遇采桑之女止而戲之曰女爲我歌我將舍女女乃歌曰墓門有棘斧以斯之夫也不良國人知之大夫又曰爲我歌其二曰墓門有梅有鴞萃止言不獨國人知棘上猶有鴞大夫乃服而釋之然則陳佗之惡至采桑女亦能歌其詩君子謂其貞正而有辭柔順而有守其後屈原天問亦用其事

防有鵲巢

宣公　小序　古今人表列下上作陳宣公杵臼

陳宣公名杵（公羊傳作處）臼桓公之子莊公之弟在位四十五年謚法聖善周聞曰宣

史記宣公三年楚武王卒楚始彊十七年周惠王娶陳女爲后二十一年宣公後有嬖姬生子欵欲立之乃殺其太子禦寇禦寇素愛公子完完懼禍及已乃奔齊桓公使爲工正齊懿仲欲妻陳敬仲卜之占曰是謂鳳皇于飛和鳴鏘鏘有嬀之後將育于姜五世其昌並于正卿八世之後莫之與京四十五年宣公卒子欵立

按陳宣公以莊二年立五年會齊人宋人蔡人伐衛十三年又會于北杏十四年伐宋十五年會于鄄是時齊桓始霸以陳爲三恪遂進之以序衛上終于春

秋十六年會于幽二十七年又會于幽僖四年會侵蔡遂伐楚五年會王世子于首止七年甯母之會八年洮之盟則使世子欵往焉然則宣公當齊襄桓時屢廁盟壇共襄戢績定王嗣靖楚氛陳宣與有勞焉且陳介齊楚之閒故僖四年齊人執陳轅濤塗以其有叛齊卽楚之漸秋及江人黃人伐陳左氏謂討不忠也而陳卒未嘗背盟顯爲楚援齊桓倡霸數十年而强楚帖服亦以陳宣未有貳也是年冬公孫茲帥師侵陳論者俱罪齊桓責其待陳太甚宣公固可與有爲者也唯殺其太子御寇欲立嬖姬子欵雖陳人之志實公之志也則不得掩其眚矣

株林

靈公小序　古今人表列下下作陳靈公

陳靈公名平國共公之子在位十五年謚法不勤成名曰靈

宣九年左傳陳靈公與孔甯儀行父通于夏姬皆衷其衵服以戲于朝洩冶諫曰公卿宣淫民無效焉且聞不令公告二子遂殺洩冶　十年陳靈公與孔甯儀行父飲酒于夏氏公謂行父曰徵舒似汝對曰亦似君徵舒病之公出自其廄射而殺之二子奔楚

詩集傳名物鈔靈公者胡公之十八世孫也靈公十五年弒當周定王之八年魯宣公之十年

說苑陳靈公行僻而言失泄冶曰陳其亡矣吾驟諫君君不吾聽而愈失威儀人君之動不可不慎也今君不是之慎而縱恣焉不亡必弒靈公聞之以泄冶為妖言而殺之後果弒于徵舒

人表考案陳之先有武公靈何以謚靈左氏曰靈侯呂氏春秋曰陳靈

按陳靈公于晉靈之世同盟于新城盟于扈矣又同伐宋會棐林伐鄭再侵鄭矣周旋壇坫恃晉以安晉成嗣立甫四年即與衞人侵陳越二年楚又伐陳七年晉荀林父復帥師伐陳趙鵬飛曰晉合諸侯于扈以求陳陳靈叛晉即楚楚滅舒蓼陳懼而歸晉既而楚師伐陳則陳復為楚陳之從違晉楚之閒雖非得已然亦失所歸矣又曰陳不幸當晉楚之衝使有桓文之君則陳固不樂從楚矣彼晉成庸庸耳何足以宗諸侯而抗楚乎宜陳之不能自固而復為楚也馬驌云楚人雄視南服伺釁而動辰陵之盟陳成公業已從事矣無端而受孔儀之訟宣言討罪實欲兼陳輿論不協猶立夏州姬氏弗誅而庇其亂臣是可謂之霸討乎夫徵舒弒逆車裂以徇于國誠快舉也孔儀逢惡而擅殺忠臣其罪豈宜末減既誅夏南以謝靈公亦當誅孔儀以謝洩冶乃狃于二子之先託強納于陳以亂人國左氏以為有禮無乃春秋所不許與此論是也

夏姬小序　古今人表列下下

鄭箋夏姬陳大夫妻夏徵舒之母鄭女也徵舒字子南夫字御叔

正義曰昭二十八年左傳叔向之母論夏姬云是鄭穆公少妃姚子之子子貉之妹也子貉早死而天鍾美于是陳公子夏為御叔娶于鄭穆公女生子南子南之母亂陳而亡之

李樗曰夏姬鄭穆公之女靈公之妹嫁于陳大夫公子夏御叔也本姬姓故以姬為氏為夏氏之婦故曰夏姬

列女傳陳女夏姬者大夫夏徵舒之母也其狀美好無

匹內挾技術蕊老而復壯者三三爲王后七爲夫人公侯爭之莫不迷惑失意公孫甯儀行父與陳靈公皆通于夏姬

按徵舒父御叔于靈公爲從祖父乃帥其卿佐以淫于夏氏故周語單襄公謂之瀆姓

夏南

楚語陳宣公子公子夏爲御叔娶于鄭穆公女生子南

正義曰徵舒祖字子夏故爲夏氏徵舒字子南以氏配字謂之夏南楚殺徵舒左傳謂之戮夏南是知夏南卽徵舒也

按史記謂徵舒伏弩廄門射殺靈公孔甯儀行父皆

奔楚靈公太子午奔晉徵舒自立爲陳侯然左氏不言徵舒自立遷說未可信也又左傳宣十一年冬楚子爲陳夏氏亂故伐陳謂陳人無動將討于少西氏（少西者徵舒祖子夏之名）遂入陳殺夏徵舒轘諸栗門因縣陳夏姬淫亂貽禍陳國固罪不勝誅矣

曹風

蜉蝣

昭公　小序　古今人表列中下作曹昭公班

曹昭公名班僖公之子在位九年謚法威儀恭明曰昭

鄭譜昭公好奢而任小人曹之變風始作

按曹昭公以閔元年立僖元年春與齊師宋師次聶北救邢夏城邢秋會于檉四年春會侵蔡遂伐楚冬公孫茲帥師會侵陳五年夏會王世子于首止六年夏會伐鄭則昭公當齊桓之世屢與盟壇備勤戰績者也七年秋書曹伯班卒冬書葬曹昭公黃氏震曰七月卒冬而葬時也

候人

共公　小序　古今人表列下中作曹共公

曹共公名襄昭公之子在位三十五年謚法執事堅固曰共

淮南子晉公子重耳過曹曹君欲見其骿脅使之袒而捕魚

韓非子重耳卽位三年舉兵伐曹因令人告曹君曰懸叔瞻而出之我且殺而以爲大戮又令人告釐負羈曰軍旅薄城我知子不違也其表子之閭寡人將以爲令令軍勿敢犯曹人聞之率其親戚而保釐負羈之閭者七百餘家

按共公歷事齊桓宋襄晉文三伯主當齊桓時盟洮以謀王室會葵邱以修好再會鹹以謀王室盟牡邱以救徐伐厲之役則唯曹師與焉姜氏寶曰諸侯志怠不欲重煩而曹共之位齊所定也故獨勞之桓之衰也宋人卽伐曹矣宋襄圖伯復同伐齊以納孝公桓公當日既失制命之義而輕屬幼少乃長子無虧

既嗣立雖以宋襄爲主奉少奪長以亂齊國而曹伯
亦不能無咎矣輕從宋師以亂齊復盟曹南而背宋
宜無解宋人之圍也晉文公出亡過曹共公欲觀其
駢脅雖淮南子祖捕之說固屬不經第如左氏言其
裸浴薄觀無禮已甚無怪文公得國甫三年即興侵
曹之師遂入曹執曹伯左傳稱晉文公入曹數之以
其不用僖負羈而乘軒者三百人且曰獻狀詩所云
三百赤芾即其事也觀于此而共公之昏闇貪才可
見已又曹伯襄復歸于曹遂會諸侯圍許傳云晉侯
有疾曹伯之豎侯獳貨筮史使以曹伯解公說復曹
伯張氏洽曰共公迫于晉之威令一年拘執而得釋
遂會于圍許之役曹之弱可憫也共公之復在僖二
十八年至文九年經書曹伯襄卒中閒十四年並不
見于春秋噫勢弱難支幾不得列于諸侯矣此風所
以終曹與

下泉

郇伯 古今人表列中上作郇侯

毛傳郇伯郇侯也諸侯有事二伯述職
鄭箋郇侯文王之子爲州伯有治諸侯之功
說文郇周武王子所封國在晉地
正義曰僖二十四年左傳富辰稱畢原酆郇文之昭也
知郇伯是文王之子時爲牧下二伯治其當州諸侯也
武王成王之時東西大伯惟有周公召公太公畢公爲
之無郇侯者知爲牧下二伯也
人表考郇伯逸周書曰荀叔案郇荀栒三字古通故本
書地理志栒邑師古謂讀與荀同應劭引春秋桓九年
荀侯作郇侯惟孔晁周書注云荀叔成王弟疑武字譌
成而高氏春秋地名攷據之以郇是文昭在絳州荀是
武穆在解縣判爲兩國殊不可信
按竹書載昭王六年王錫郇伯命不知其何所表見
說文荀从艸旬聲臣鉉等案今人姓荀氏本郇侯之
後宜用郇字据此是後人去邑爲荀

豳風

七月

周公 小序 古今人表列上上

呂氏春秋周公旦文王之子武王之弟成王之叔父也
所朝于窮巷之中甕牖之下者七十八
荀子周公之狀身如斷菑
說文周公韤僂或言背僂
白虎通周公背僂是謂強俊成就周道輔于弱主
正義曰鄭以爲周公辟居之初是武王崩後三年成王
年十三也居東二年罪人斯得成王年十四也迎周公
返而居攝成王年十五也七年致政成王年二十一也
金縢注云文王十五生武王九十七而終時武王八十

三矣于文王受命爲七年後六年伐紂後二年有疾疾瘳後二年而崩時年九十三矣周公以武王崩後三年出五年秋反而居攝四年作康誥五年作召誥七年作洛誥伐紂至此十六年也作康誥時成王年十八洛誥時年二十一即政時年二十二也然則成王以文王終明年生也周公壬流言之年辟位而出是武王崩後三年也金縢云周公居東二年言二年者并數出年是崩後四年也又曰秋大熟未穫注云秋謂周公出二年之後明年秋也是武王崩後五年周公即以其年返也周公將攝出避流言今成王自新逆之明其返即居攝武王崩後五年即是攝政之元年王肅金縢注云武王崩以冬十二月其明年稱元年周公攝政遭流言作大誥而東征二年克殷殺管蔡三年而歸制禮作樂出入四年至六年而成七年營洛邑致政成王然則文王崩之年成王已三歲武王八十而後有成王武王崩時成王已十三周公攝政七年致政成王年二十金縢云武王既喪即云管蔡流言周公居東則是武王崩之後管蔡即流言周公即東征也

尙書大傳周公居攝六年天下和平越裳以三象重九譯而獻白雉成王以歸周公公曰德澤不加焉則君子不饗其質政令不施焉則君不臣其人吾何獲此賜也其使請曰吾受命吾國之黃耇曰久矣天之無別風淮雨意者中國有聖人乎有則盍往朝之周公乃薦于宗廟　周公攝政一年救亂二年克殷三年踐奄四年建侯衛五年營成周六年制禮作樂七年致政

古今注周公治致太平越裳氏重譯來貢白雉一黑雉二象牙一使者迷其歸路周公錫以文錦二疋軿車五乘皆爲司南之制使越裳氏載之以南

風俗通周公年九十九

書序周公在豐將沒欲葬成周薨成王葬于畢告周公作亳姑

人表考周采地爲上公故謂周公謚曰文國語竹書曰周文公後書抱朴子曰公旦晉書曰姬旦亦曰周旦楚辭呂氏春秋曰叔旦文選曰姬公後書曰至聖唐高祖高宗時以周公爲先聖天授元年封襃德王宋大中祥符元年封文憲王年九十九從文王之墓葬于畢

按詩傳云管叔封于邶與蔡叔霍叔康叔監殷四國害周公康叔諫不聽三叔遂以殷畔康叔憂王室賦柏舟管叔將畔大夫諫之賦雄雉管叔以殷畔邶人風之賦匏有苦葉仕者苦之賦北門三叔搆周公鄘人風之賦牆有茨三叔以殷畔遂伐衛鄘人從軍其妻念之賦伯兮詩傳係豐坊僞撰其說多與毛鄭不同以邶鄘屬之管蔡亦本班志而稍異耳

鴟鴞

成王　小序　古今人表列上中作成王誦

帝王世紀武王妃太公之女曰邑姜修教于內生太子誦

皇王大紀西伯納呂尙之女曰邑姜爲妃邑姜賢立未嘗倚坐未嘗倨怒未嘗厲是年生子誦

新書周后妃妊成王于身立而不跛坐而不差笑而不喧獨處而不倨雖怒而不詈胎敎之謂也成王生仁者養之孝者襁之四賢傍之成王有知而選太公爲師周公爲傅前有與計而後有與慮也是以封于泰山而禪于梁父朝諸侯一天下由是觀之立左右不可不練也

周成王年六歲卽位親以其身見于粥子之家而問焉曰敢問興國之道奈何粥子對曰君思善則行之聞善則行之知善則行之位敬而常之行信而長之則興國之道也成王曰受命矣

家語武王崩成王年十有三而嗣立明年夏六月旣葬冠成王而朝于祖以見諸侯周公命祝雍作頌曰祝王辭達而勿多也祝雍辭曰使王近于民遠于年嗇于時惠于財親賢而任能其頌曰令月吉日王始加元服去王幼志服王袞職欽若昊天六合是式率爾祖考永永無極此周公之志也

古史考成王將加元服周公使人來零陵取文竹爲冠

史記成王旣伐東夷息愼來賀王賜榮伯作賄息愼之命

帝王世紀成王定鼎于郟鄏其南名定鼎門蓋九鼎所從入也

人表考成王誦竹書誦作庸在位三十七年葬咸陽

詩氏族考卷第二

詩氏族考卷第二

詩氏族考卷第四

嘉興　李超孫　輯

小雅

常棣

管　蔡　小序　古今人表並列下下作管叔鮮蔡叔度

史記武王已克殷紂平天下封功臣昆弟于是封叔鮮于管封叔度于蔡相紂子武庚祿父治殷遺民武王既崩成王少管叔蔡叔挾武庚以作亂　管蔡武庚等反周公乃奉成王命興師東伐作大誥遂誅管叔殺武庚放蔡叔二年而畢定

帝王世紀自殷都以東爲衞管叔監之殷都以西爲鄘蔡叔監之殷都以北爲邶霍叔監之是謂三監

困學紀聞詩譜以三叔爲三監孫毓云三監當有霍叔鄭義爲長

尚書大傳武王殺紂而繼公子祿父使管叔蔡叔霍叔監祿父武王死成王幼周公盛養成王使召公奭爲傅周公身聽天下之政管叔蔡叔疑周公流言于國曰公將不利于王奄君薄姑謂祿父曰武王既死矣今王尚幼周公見疑矣此百世一時也請舉事然後祿父及三監叛

人表考管叔名鮮文王子墨子作關叔晉語管叔初亦爲蔡與蔡叔稱二蔡經史諸子俱言周公誅之逸書言經而卒蔡叔名度文王子杜世族譜云侯爵書孔傳言以罪放而卒

按正義引左傳言周公弔二叔之不咸鄭衆賈逵以二叔爲管蔡馬融以爲夏殷之叔世鄭志張逸問云周仲文以左氏論之三辟之興皆在叔世謂三代之末二叔宜爲夏殷末也鄭答注左氏者亦云管蔡耳竊以左傳謂周公弔二叔之不咸而作常棣詩序言閔管蔡之失道故作常棣可知二叔即管蔡也

出車

南仲　古今人表列上下作南中

毛傳南仲文王之屬

鄭常武箋南仲文王時武臣故命以爲大將

路史南仲禹後有南氏之裔

正義曰皇甫謐帝王世紀云文王受命四年周正月丙子朔昆夷氏侵周一日三至周之東門文王閉門修德而不與戰來不與戰明退即伐之尚書大傳四年伐犬夷注云四年伐之南仲一行并平二寇

詩補傳班固人表文王之臣無南仲豈未嘗見毛詩邪宣王之臣有南中乃南宮仲考之博古圖有王命南宮中者中仲古字通用故班固以爲南中也

世本古義南仲申培說爲宣王再命南仲伐玁狁遂平西戎漢書古今人表南仲作南中亦繫之宣王時人總

因常武篇有王命卿士南仲太祖之語致誤或又疑竹書紀年宣王三年命大夫仲伐西戎謂即此南仲然攷史記彼乃秦仲也何得相混又彭證云湯八世孫盤庚妃姜氏夢赤龍入懷孕十二月生子手抱南字長荊州號南赤龍生絛孫仲爲紂將平玁狁此南仲則尹氏也春秋隱九年天王使南季來聘杜注謂南氏季字意即南仲後也

毛詩稽古編南仲之名見出車常武二詩出車傳云文王之屬未詳其譜系路史言禹後有南氏二臣勢均爭權而國分南仲即其後泌語本周書史記解其以爲禹後則見夏本紀贊贊云禹後有男氏索隱云系本男作南是也斯語信矣泌子苹謂殷庚子生而手把南字號南赤龍孫仲爲紂將據此則仲乃殷後非夏後不知出何典汲冢紀年云帝乙三年王命南仲距昆夷城朔方此正出車詩所詠事也又據紀年文王以文丁十二年立至帝乙三年在位五年矣而逸周書序言文王立西距昆夷北備玁狁則亦爲初年事二書語正相合意南仲以王臣會西伯出征玩詩所云自天子所謂我來矣又云王命南仲往城于方天子命我城彼朔方則紀年語頗近之但據此則南仲乃王臣非文王之屬一年而平二寇在即位之五年不在受命之四年矣皆與毛鄭相左紀年之書非先儒所取信姑記以備攷

按常武首章言南仲太祖或誤以爲王命南仲于太祖二章即連言尹氏及程伯休父疑班氏人表第依是詩類及牽列南中于尹吉父程伯休父之前遂并繫于宣王之臣與常武毛傳以南仲爲宣王之將然宣王時太師皇父巳于南仲稱太祖安得爲宣王將哉毛誤解太祖爲命將于太祖之廟故有此說攷采薇序言文王以天子命命將遣戍拒昆夷玁狁之患合之是詩毛傳王殷王南仲文王之屬鄭箋西伯以殷王之命命其屬爲將率其非宣王時將甚著

六月

宣王 小序　古今人表列上中作周宣王靖

宣王名靜厲王之子在位四十六年謚法聖善周聞曰宣

史記厲王出奔彘太子靜匿召公之家太子竟得脫召公周公二相行政號曰共和共和十四年厲王死于彘太子靜長于召公家二相乃共立之是爲宣王宣王即位二相輔之修政法文武成康之遺風諸侯復宗周

竹書紀年共伯干王位沈約注云大旱既久廬舍俱焚會汾王崩卜于太陽兆曰厲王爲祟周公召公乃立太子靜共和遂歸國

困學紀聞呂成公曰古史案汲冢紀年共伯和干王位故謚共和左傳王子朝告諸侯曰諸侯釋位以閒王政

宣王有志而后效官推是而言則厲宣之閒諸侯有去其位而代王爲政者莊子曰共伯得之于邱首

漢書宣王興師命將詩人美大其功稱爲中興

正義曰王肅云宣王親伐玁狁出鎬京而還使吉甫追伐追逐乃至于太原鄭以爲獨遣吉甫王不自行王基亦云六月使吉甫釆芑命方叔江漢命召公唯常武宣王親自征耳孔晁言六月王親行常武王不親行孫毓亦以六月王不自行鄭說爲長

列女傳周宣姜后賢而有德非禮不言非禮不動宣王常早卧宴起后夫人不出房姜后脫簪珥待罪于永巷使其傅母通言于王曰妾之不才至使君王失禮而晏朝以見君王樂色而忘德也夫苟樂色必好奢窮欲亂之所興也原亂之興從婢子起敢請婢子之罪王曰寡人不德實自有過非夫人之罪也遂復姜后而勤于政事早朝晏退卒成中興之名君子謂姜后善于威儀而有德行

琴錄周宣王有琴曰蠲風背銘云牆有耳伏寇在是武王之遺器也宣王每朝姜后輒以此銘援琴奏宣王于是益兢兢不忘

困學紀聞宣王三十年有兎舞于鎬京而赫赫宗周有寖微之象矣

周春秋周杜伯之國名爲恆爲周大夫宣王之妾曰女鳩欲通之杜伯不可女鳩訴之宣王曰恆竊與妾交宣王信之囚杜伯于焦其友左儒爭之九諫而王不聽王使薛甫與司工錡殺杜伯左儒死之杜伯既死卽爲人見王曰恆之罪何哉召祝而以杜伯語告之祝曰何不殺錡以謝宣王乃殺錡司工錡爲人而至曰臣何罪之有宣王告皇甫殺祝以兼謝焉皆爲人而至祝亦曰我焉知之柰何以爲罪而殺臣也後三年游于圃田從人滿野日中杜伯乘白馬素車司工錡爲左祝爲右朱衣朱冠起于道左執朱弓朱矢射宣王中心折脊伏于弓矢而死

國語杜伯射王于鄗

史記宣王十二年不修籍于千畝虢文公諫曰不可王弗聽三十九年戰于千畝王師敗績宣王既亡南國之師乃料民于太原仲山甫諫曰民不可料也宣王不聽卒料民四十六年宣王崩

按墨子亦云宣王殺其臣杜伯並不及女鳩之讒未審周春秋何所據

吉甫 古今人表列上下作尹吉父

毛傳吉甫尹吉甫也有文有武

鄭箋吉甫此時大將也

崧高正義洪範云師尹惟日立政云三亳阪尹楚官多以尹爲號左傳稱官有世功則有官族吉甫以尹爲氏

明其先嘗爲尹官而因氏焉

琴清英尹吉甫子伯奇至孝後母譖之自投江中衣荷帶藻忽夢見水仙賜其美藥惟念養親揚聲悲歌船人聞而學之吉甫聞船人之聲疑似伯奇援琴作子安之操

琴操履霜操尹伯奇所作也伯奇無罪爲後母譖而見逐乃集芰荷以爲衣採楟花以爲食晨朝履霜自傷見放于是援琴鼓之而作操　伯奇放于野宣王出遊吉甫從乃作歌以言感之宣王聞之曰此孝子之辭也吉甫乃求伯奇于野而射殺後妻

世本古義趙岐孟子注伯奇仁人而父虐之故作小弁之詩中山勝亦如此說劉更生且以伯奇爲王國子正謂繼母欲立其子伯封而譖之王王以信之王充論衡亦云伯奇放流首髮蚤白故詩云維憂用老按琴操云尹吉甫子伯奇事親甚孝甫娶後妻欲害伯奇乃取蜂去尾而自著衣領上伯奇恐其螫也趨而掇衣後妻呼曰伯奇牽我衣吉甫聞之曰唉伯奇懼走之野履霜以足采楟花以食其鄰大夫憫伯奇無罪爲賦小弁以諷吉甫吉甫悟逐後妻而召伯奇伯奇至請父復後母吉甫從之後母感伯奇孝化而爲慈諸家之說蓋本于此

人表考尹吉甫周尹佚之後謂尹本官名恐非

按吉甫與張仲友亦可知爲孝友人矣故其子伯奇以至孝稱伯封又克盡友愛其家聲有自來也而乃惑于後妻之讒伯奇負不幸矣哉無怪履霜多怨悱之辭然如琴操謂吉甫求伯奇于野而殺後妻則伯奇固未嘗被殺而後妻之讒終以敗露是則吉甫之過尙可與天下共見乎

又按趙岐孟子注云伯奇作小弁之詩韓詩云黍離伯封作陳思王植令禽惡鳥論曰昔尹吉甫信後妻之讒而殺孝子伯奇其弟伯封求而不得作黍離之詩其說雖異皆可見憂時遭讒之苦伯封與伯奇異母而篤于至性如是晉時王覽之于王祥殆聞風而起者與

張仲　古今人表列上下作張中

毛傳張仲賢臣也使文武之臣征伐與孝友之臣處內

鄭箋張仲吉甫之友其性孝友

正義曰爾雅李巡注云張姓仲字其人孝故稱孝友

路史帝鴻氏次妃生揮造弧矢受封于張爲張氏

唐書宰相世系表少昊第五子揮始制弓矢子孫賜姓張氏周宣王時有卿士張仲其後裔事晉爲大夫

困學紀聞張艮張仲三十代孫

按靈應寶錄稱梓潼神降生于周初爲張善動性至孝宣王時又降生于張无忌家爲張仲以孝友著稱顧再世降生道書神異之說不足信也

采芑

方叔 古今人表列上下

毛傳方叔宣王卿士也受命而爲將

正義曰巾車金路同姓以封今方叔所乘者或方叔爲同姓也又下云方叔元老則方叔五官之長是上公也上公雖非同姓或亦得乘金路

路史周書武王命伐方乃商圻內地方叔采地

十國名紀方采地方叔周之族卿

節南山

幽王 小序 古今人表列下下作幽王宮涅

幽王名宮涅宣王之子在位十一年謚法動祭亂常曰幽

史記幽王二年西周三川皆震是歲三川竭岐山崩三年幽王嬖愛褒姒褒姒不好笑幽王欲其笑萬方故不笑幽王爲熢燧大鼓有寇至則舉熢火諸侯悉至至而無寇褒姒乃大笑幽王說之爲數舉熢火其後不信諸侯亦不至幽王以虢石父爲卿用事國人皆怨又廢申后去太子申侯怒與繒西夷犬戎攻幽王幽王舉燧火徵兵兵莫至遂殺幽王驪山下

後漢書幽王命伯士伐六濟之戎軍敗伯士死焉

述異記周幽王時牛化爲虎羊化爲狼洛南有避狼城云幽王時羣羊爲狼食人故築城避之

人表考幽王楚辭曰周幽魯語單稱幽在位十一年申繒犬戎攻王驪山下滅于戲　案字書無涅字而幽王之名竹書皇王大紀單作涅此表及杜世族譜周晉語注作宮涅周紀作宮涅詩王風譜疏引紀作宮皇呂氏春秋當染注作官皇疑當依外紀古史通志作宮涅爲是集解徐廣曰一作生惟名涅故又作生說文腥鯹竝作胜鮏知古字凡从星者恆爲生也

師尹　尹氏

毛傳師太師周之三公也尹尹氏爲太師

困學紀聞尹氏不平幽王所以亡春秋于平王之末書尹氏卒見權臣之繼世也于景王之後書尹氏立王子朝見權臣之危國也詩之所刺春秋之所譏也

李樗曰春秋書尹氏卒譏世卿也其後又書尹氏立王子朝則尹氏之爲世卿其來甚久詩所謂尹氏太師正春秋所謂尹氏當幽王之時專政至平王之世猶爲卿故春秋之末猶且專權則其爲世卿也明矣

世本古義尹氏吉甫之後太師三公之首公羊傳云尹氏者何天子之大夫也其稱尹氏何貶曷爲貶譏世卿世卿非禮也何休云世卿者父死子繼也氏者起其世也若曰世世尹氏也汪氏云宣王時吉甫已稱氏春秋唯尹武公兩伐鄭書子其餘經傳所紀悉曰尹氏疑若漢大將軍霍氏專權秉政特寵異之而不名也

按常武疏以尹氏是尹吉甫故宣王賢之使掌策命之任幽王繼世仍以尹氏爲太師是爲吉甫之裔伯封之後也詩人刺其爲政不平致召天災則忝厥祖矣錄異記云周時尹氏貴盛數代不別食口數千嘗連飢荒羅鼎鑊作糜之聲聞數十里其世族之盛亦概可見

家父

毛傳家父大夫也

鄭箋家父字周大夫也

正義曰春秋之例天子大夫稱字桓十五年天王使家父來求車以字與此同知亦是大夫也桓十五年上距

幽王之卒七十五歲若幽王之初則八十五年矣古人以父爲字或累世同之宋大夫有孔父者其父正考父其子木金父此家氏或父子同字父未必是一人也

世本古義家父周大夫何休以家爲采地因以爲氏父其字也春秋桓八年天王使家父來聘十有五年天王使家父來求車皆作詩後事家父刺尹氏之不平不憚激怒于君相盡竭忠于王室者曾幾何時風節頓隳至于曲徇王命而有求車之失人品之難恃可畏哉孔云詩人之情不一或微加諷諭或指示懲咎或隱匿姓名或自顯官字家父盡忠竭誠不憚誅罰故自載字焉寺人孟子亦此類也

按杜氏預謂家父天子大夫家氏父字季氏本云家氏父名嘉天子之元士作詩者自謂家父作誦而可不名稱乎說雖近理然如儀禮伯某甫以父爲字則當從字爲正

正月

褒姒 古今人表列下下

毛傳褒國也姒姓也有褒國之女幽王惑焉而以爲后

史記昔自夏后氏之衰有二神龍止于帝庭而言曰余褒之二君夏帝卜請其漦而藏之至厲王末發而觀之漦流于庭化爲元黿入王後宮童妾既齔而遭之既笄而孕無夫而生子懼而棄之宣王之時童女謠曰檿弧

箕服實亡周國于是有夫婦賣是器者宣王使執而戮之逃于道而見鄉者後宮所棄妖子出于路者聞其夜啼哀而收之夫婦遂亡犇于褒褒人有罪請入童妾所棄女子于王以贖罪棄女子出于褒是爲褒姒當幽王三年王之後宮見而愛之生子伯服竟廢申后及太子以褒姒爲后犬戎攻殺幽王虜褒姒而去

白華正義帝王世紀云幽王三年嬖褒姒褒姒年十四然則宣王立四十六年崩是先幽王之立十一年而生其生在宣王三十六年也厲王流彘之歲爲共和十四年而後宣王立自宣王三十六年上距流彘之歲爲五十年流彘時童妾七歲則生女時母年五十六凡在母

腹五十年其母共和九年而笄年十五而孕自孕後尚
四十二年而生作爲妖異故不與人道同
列女傳幽王惑于褒姒出入與之同乘不恤國事驅馳
弋獵不時以適褒姒之意飲酒流湎倡優在前以夜繼
晝忠諫者誅唯褒姒言是從上下相諛百姓乖離
按上古聖人往往感精而生相傳孕之久者庖犧十
二年而生近者黃帝二十四月而生堯契並十四月
而生外此亦不多見褒姒既絕人道據世紀曼褒姒
之年合史記童妾既笄而孕在母腹至五十年之久
其爲妖異則信然矣

十月之交

皇父 古今人表列下下作皇父卿士

鄭箋家伯仲允番棸蹶楀六人之中雖官有尊卑權寵
相連朋黨于朝皇父則爲之端首兼擅羣職故但目以
卿士云
正義曰皇父家伯仲允皆字蓋與后同姓剡也其番棸
蹶楀皆氏蓋后氏之外親也
竹書紀年幽王元年王錫太師尹氏皇父命
困學紀聞宣王太師皇父之後爲皇父卿士
詩補傳常武詩宣王所命之卿士論其世則以南仲爲
太祖官則太師字則皇父也皇父既爲文王時名臣南
仲之後宣王復命爲將可謂光顯矣至幽王時猶爲卿
士十月之交所謂皇父卿士是也
世本古義據竹書載宣王二年錫太師皇父命又載幽
王元年錫太師尹氏皇父命系尹氏于皇父之上所以
別于宣王時之皇父耳
人表考皇氏父字世本云姜姓
按皇甫本文王時武臣南仲之裔故常武首章曰南
仲太祖太師皇父箋云宣王命卿士爲大將乃用其
以南仲爲太祖者今太師皇父是也正義曰皇父爲
卿士太師三公之名謂三公而兼卿士之官十月之
交皇父擅恣若爲厲王則在先幽王則在後皆相接
連與此皇父得爲一人夫以南仲爲祖而有皇父之
專權倡亂是子孫之弗類也

番 古今人表列下下作司徒皮

顏師古曰司徒皮卽詩所謂蕃維司徒是也
鄭箋司徒之職掌天下土地之圖人民之數卿也
崔琦外戚箴云匪賢是上番爲司徒荷爵負乘采食名
都詩人是刺德用不憮
繹史鄭譜以十月爲厲王詩箋云幽王時司徒鄭桓公
友非番也然此詩在六年而鄭桓公爲司徒在八年鄭
說非是
世本古義番疑卽樊仲山甫之後據漢書作皮顏師古
漢書注作蕃韓詩作繁案古文番蕃皮繁樊五字皆通

用卜式傳隨牧畜番番卽蕃也路史載有虞氏後有番國者其地在漢屬魯國亦名蕃城而引白褎魯國記云陳子游爲魯相太尉陳蕃子也國人爲諱蕃改曰皮是番與蕃通蕃與皮通之證也儀禮君射則皮樹中今文皮作繁音婆是皮與繁通之證也左傳繁纓以朝禮記作大路樊纓是繁與樊通之證也此詩若皇父之先爲尹吉甫蹶之先爲蹶父而卒犬戎以攻周者其先爲申伯皆宣王時臣則番之爲仲山甫後可類推矣

錢大昕曰蕃音婆古讀皮如婆

按番本或作潘韓詩作繁人表作皮攷魯國有蕃縣應劭曰蕃音皮是蕃有皮音故亦作皮也白褎魯國記云陳逸子游爲魯相蕃子國人爲諱改曰皮然蕃繁皆有皮音白褎晉人未識古音故有是說

家伯　古今人表列下下作太宰冢伯

鄭司農周禮宰夫注詩謂家伯維宰謂此宰夫也

鄭箋冢宰掌建邦之六典卿也

正義曰周禮有太宰卿小宰鄉大夫宰夫下大夫王肅以此宰爲小宰鄭以爲冢宰者以司徒內史等六官是列職之事五者皆是一官之長宰不當獨爲太宰之佐以此知是冢宰也

按人表太宰冢伯是家伯作冢伯天官注云百官總焉謂之冢左傳注作冢字何氏云冢者釆邑伯字也家伯卽冢父之先也冢當爲家字之譌段玉裁亦云當作家伯今本譌冢

仲允　古今人表列下下作膳夫中術

顏師古曰膳夫中術卽所謂中允膳夫也

鄭箋膳夫上士也掌王之飲食膳羞

世本古義仲允鄭云字也人表作中術未詳何許人

聚子　古今人表列下下作內史掫子

鄭箋內史中大夫也掌爵祿廢置殺生予奪之法

正義曰番聚蹶楀單言人聚子以子配之若曾子閔子然

世本古義聚韻會云聚姓也襄州有之故知是氏季本

云稱氏繇世族而進用也稱子者年尚少也

按聚人表作掫掫本作聚鄭云氏也字統云聚姓也詩小雅聚子內史

又按正義所云聚子以子配不必援曾閔爲例祇是男子之通稱毛則以爲聚氏之子

蹶　古今人表列下下作趣馬蹶

鄭箋趣馬中士也掌王馬之政

正義曰毛以爲蹶氏周禮序官趣馬下士一人此言中士誤也

按困學紀聞以蹶爲蹶父之後韓奕傳蹶父卿士也箋云蹶父甚武健爲王使于天下國國皆至而其後

又以武力得掌馬政蓋有自己何氏云蹶本姞姓蓋以蹶父之字為氏

楀古今人表列下下作師氏萬

顏師古曰師氏萬萬讀與楀同

鄭箋師氏亦中大夫也掌司朝得失之事

正義曰毛以為楀氏

世本古義楀顏師古云楀者木名因樹以得姓也謂女寵之屬有姓楀者為師氏之官漢書游俠傳有萬章字子夏者其後也

按萬本作楀人表作萬萬姓急就篇有萬段卿註萬亦楀字故楀為姓

豔妻

毛傳豔妻褒氏美色曰豔

釋文鄭云豔妻厲王后

毛詩本義毛以豔妻為褒姒而鄭謂褒姒非王后不得稱妻遂以豔妻是厲王之后就使褒姒不稱妻亦安知豔妻為厲王后也案史記載厲王之事惟云好專利任用榮夷公拒芮良夫召公等諫若使豔妻用事以致流亡則不得略而不載也厲王出奔于彘十四年本紀惟言太子靜留匿召公家而不言王后所在及其姓氏始末前世諸書皆無之既無所見鄭氏何從而知之鄭又以七子者皆是后之親黨詩無后黨之文而豔妻姓氏本末尚皆不可知而七子者安知皆為后黨是三者皆臆說也

世本古義豔妻謂褒姒也豔說文云好而長也从豐徐鍇云容色豐滿也鄭云敵夫曰妻王安石云言其配王以色而已非以德也是時褒姒已正位中宮矣禮天子之妻曰后此不言后而言妻者不予其為后也又褒姒豔妻或疑是兩人以漢書谷永之谷永云褒姒用國宗周以喪閻妻驕扇日以不臧班倢伃賦云悲晨婦之作戒兮哀褒閻之為郵使厲王時別有閻妻則當序閻于褒之前不應先褒後閻也褒表其地剡仍是豔之轉音以表其色其為褒姒而刺幽王明矣

人表考褒國姒姓幽王使為后是為幽后此曰豔妻後書曰褒豔　案豔亦作剡魯詩作閻毛以豔妻為褒姒而鄭以為厲王后謂后姓豔谷永對策褒姒與閻妻並舉左雄上疏幽厲與褒豔對稱鄭仍此解當是三家之說然以韓奕常武之蹶父皇甫例觀鄭義似有未合

按鄭箋豔妻厲王后正義引中候曰剡者配姬以放賢剡豔古今字耳以剡對姬剡為其姓以此知非褒姒也鄭于十月之交及雨無正等篇俱改序幽王而為厲王宋儒歐陽修蘇轍陳鵬飛皆斥其繆詩既依序刺幽王則豔妻自宜从毛傳為褒姒美色曰豔左氏曰美而豔魯詩豔妻作閻妻見漢書注

雨無正

正大夫

鄭箋正長也長官之大夫

正義曰大夫而言長官者大夫是公卿之緫名正大夫爲一人

世本古義正大夫六官之長皆上大夫周禮八職一曰正是也

按雨無正當從韓詩爲雨無極序雨無極正大夫刺幽王也篇首多二句曰雨無其極傷我稼穡疑此爲毛公脫簡今序云雨無正大夫刺幽王也以正字斷句則正大夫之稱離析不屬無以合經

何人斯

蘇公 小序

毛傳暴蘇皆畿內國名

正義曰蘇公蘇忿生之後成十一年左傳云昔周克商使諸侯撫封蘇忿生以溫爲司寇則蘇國在溫杜預曰今河內溫縣是蘇在東都畿內春秋之世爲公者多是畿內諸侯蘇稱子此云公者蓋子爵而爲三公也

世本古義蘇公據鄭語謂己姓昆吾之後左傳謂周克商撫封蘇忿生以溫爲司寇與檀伯達封于河書立政篇所謂司寇蘇公是也春秋時蘇稱子以國在溫又稱溫子此蓋以子爵而爲三公世本譙周古史考以蘇公乃蘇成公也據左隱十一年王以蘇忿生之田溫原絺樊隰郕攢茅向盟州陘隤懷凡十二邑以與鄭人實周桓王八年也蘇公以被讒失國或在此時張守節云蘇忿生十二邑桓王奪以與鄭故蘇子同五大夫伐惠王巵言云蘇爲畿內國故桓王得以其田與鄭當時蘇之采地亦可謂廣矣然所謂原樊郕茅其初亦皆國也豈蘇子亦有兼幷與無故而奪之是以叛

暴公 小序

正義曰徧檢書傳未聞畿外有暴國今暴公爲卿士明在畿內得稱公者當卿士兼公官也

路史暴辛公采地一曰暴隧

世本古義據毛傳暴蘇皆畿內國名春秋文八年公子遂會雒戎盟于暴杜註以爲鄭地其姓未詳以世本及譙周古史考證之則此暴公爲暴辛公路史又作新公世代無考

按世本暴辛公作塤蘇成公作篪譙周古史考謂古有塤篪尚矣周幽王時暴辛公善塤蘇成公善篪此詩末章並言壎篪則知暴爲辛公蘇爲成公也

又按韓有將軍暴鳶秦有將軍暴鷩漢有御史大夫暴勝之豈皆暴辛公之苗裔耶蓋後人即以國爲姓爾

巷伯

巷伯 小序

鄭箋巷伯奄官上士四人掌王后之命于宮中爲近故謂之巷伯

正義曰巷伯是內官也其官用奄內小臣而謂之巷伯釋宮云宮中巷謂之壼孫炎曰巷舍閒道也王肅曰今後宮稱永巷是宮內道名也伯長也主宮內道官之長周禮無巷伯之官蓋其官名內小臣時人以職號之稱爲巷伯

世本古義路史以巷爲伯之采邑而姓纂有巷氏者云是巷伯之後可見巷伯自有其人舊說以巷爲永巷伯者內小臣之長云卽寺人非也周禮官名有寺人而無

巷伯其非奄官審矣

寺人孟子 古今人表列中上

毛傳寺人而曰孟子者罪已定矣而將踐刑作此詩

鄭箋寺人王之正內五人旣言寺人復自著孟子者自傷將去此官也

正義曰寺人字曰孟子天官序官注云寺人之言侍也當在路寢侍王之側自傷將去此官故舉官言之

詩補傳孟姓也寺人自謂孟子亦後人以子自稱之謂也

世本古義寺人侍王于路寢而掌王之內臣及女宮之戒令蓋奄人也孟子其字也姓名無考

大東

譚大夫 小序 古今人表列中上

鄭箋譚國在東故其大夫尤苦征役之事魯莊公十年齊師滅譚

世本古義譚嬴姓子爵

按莊十年左傳齊侯之出也過譚譚不禮焉及其入也諸侯皆賀譚又不至齊師滅譚譚無禮也譚子奔莒同盟故也范氏甯曰譚子國滅不名蓋無罪也凡書奔責不死社稷蓋齊桓之于譚不過以無禮一節挾其私隙而滅之原不足定譚子罪案然其疲苶不振勢實難支已非一朝夕之故矣考譚滅在莊王十

三年上距幽王作詩刺亂之時僅隔九十餘年是時困役傷財已不勝供億之苦其君安于孱弱大夫第鰓鰓告病何裨于國宜其不數傳而卽見滅于齊未始不由其先積弱使然也爲大夫者當亦與有責焉

公子

毛傳公子譚公子也

按譚公子行周轉餫葛屨履霜襤褸寒涼能無淒感

信南山

曾孫

毛傳曾孫成王也

正義曰成王繼文武之後爲太平之主特異其號故詩

通稱成王爲曾孫也

都人士

尹吉

毛傳尹正也

鄭箋吉讀爲姞尹氏姞氏周室昏姻之舊姓也人見都人之家女咸謂之尹氏姞氏之女言有禮法

正義曰傳言尹正也王肅云正而吉也尹既是姓則吉亦姓也故讀爲姞節南山云尹氏太師常武云王謂尹氏昭二十三年尹氏立王子朝是其世爲公卿明與周室爲昏姻也韓奕以韓姞爲汾王甥是姞與周室爲昏姻也又宣三年左傳鄭石癸曰吾聞姬姞耦其子孫必

蕃姞吉人也后稷之元妃也言姬姞耦明爲舊姓以此知尹亦有昏姻矣既世貴舊姓昏連于王室家風不替是有禮法

世本古義尹吉尹尹氏也世爲周公卿唐宰相世系云吉氏出自姞姓黃帝裔伯儵封于南燕賜姓曰姞又后稷妃家也或作郅潛夫論云郅與姞音同而字異又姚寬云吉尹二姓俱出尹吉甫之後元和姓纂云尹吉甫之後以王父字爲氏漢有漢中太尉吉恪是也

黍苗

召伯

正義曰國語韋昭注召公康公之後卿士也左傳服虔注召穆公王卿士也經言召伯亦作上公爲二伯以其卿士耳召公之爲卿士宣王時也

李樗曰召伯召穆公也召康公之後康公爲二伯故其後繼之亦爲伯

白華

申后 小序

鄭箋申姜姓之國也

史記幽王太子母申侯女而爲后後得褒姒愛之欲廢申后并去太子宜臼以褒姒爲后以伯服爲太子

正義曰帝王世紀云幽王三年納褒姒八年立以爲后則得在三年而黜申后在八年此詩作在見黜之後

按困學紀聞申侯申伯之後厲幽二王皆娶于申故崧高傳以申伯爲宣王之舅揚之水傳以申侯爲平王之舅但史言幽王后是申侯女則申侯乃平王外祖非舅也韋昭于晉語注從之

又按正義據世紀幽王八年立褒姒則申后即于是年廢矣前編以申后之廢在五年綱目在九年說又互異

詩氏族考卷第四

詩氏族考卷第五

嘉興　李超孫　輯

大雅

文王

文王古今人表列上上作文王周氏

宋書符瑞志季歷之妃曰太任夢長人感已溲于豕牢而生昌是爲周文王龍顏虎肩身長十尺胸有四乳

白虎通文王四乳是謂至仁天下所歸百姓所親

春秋元命苞文王四乳是謂含良蓋法酒旗布恩舒明

文王龍顏柔肩望羊　姬昌蒼帝之精位在房心

晉語文王在母不憂在傅不勤處師勿煩事王不怒及

其即位也詢于八虞而咨于二虢度于閎夭而謀于南宮諏于蔡原而訪于辛尹重之以周召畢榮億甯百姓而柔和萬民

孔叢子子思曰殷王帝乙之時王季以九命作伯于西受圭瓚秬鬯之錫文王因之得專征伐

帝王世紀文王嗣父爲西伯

易乾鑿度昌二十九年伐崇侯作靈臺

淮南子文王砥德修政三年而天下二分歸之紂聞而患之崇侯虎曰周伯昌行仁義而善謀太子發勇敢而不疑中子旦恭儉而知時若與之從則不堪其殃縱而赦之身必危亡冠雖弊必加于首及未成請圖之乃拘

文王于羑里

史記帝紂囚西伯于羑里閎夭之徒患之乃求有莘氏美女驪戎之文馬有熊九駟他奇怪物因殷嬖臣費仲而獻之紂紂大說曰此一物足以釋西伯況其多乎乃赦西伯賜之弓矢斧鉞使西伯得征伐西伯乃獻洛西之地以請紂去除炮烙之刑紂許之

六韜商王拘周伯昌于羑里太公與散宜生以金千鎰求天下珍物以免君之罪于是得文馬騤身朱鬛目如黄金項下雞毛名曰雞斯之乘以獻商王

尚書大傳注散宜生文王四臣之一也呂尚有勇謀而爲將散宜生有文德而爲相

困學紀聞鬻熊爲周文王師著書二十二篇諸子之最先者

人表考文王名昌父王季母太任謚曰文白虎通引謚法慈惠愛民曰文呂氏春秋引謚法經緯天地曰文追王爲王唐天授元年追尊爲始祖文皇帝享國五十年年九十七都豐葬于畢

按尚書武成惟九年大統未集孔安國云言諸侯歸之九年而卒故大業未就劉歆以爲文王受命九年而崩正義以文王九十七而終終時受命九年受命之元年年八十九其即諸侯之位巳四十二年矣故帝王世紀云文王即位四十二年歲在鶉火于是更爲受命之元年引周書稱文王受命九年惟暮之春

在鎬召太子發作文傳九年猶召太子明其七年未崩故諸儒皆以爲九年而崩尚書大傳文王受命一年斷虞芮之訟二年伐邘三年伐密須四年伐犬夷五年伐耆六年伐崇七年而崩史記周本紀西伯陰行善諸侯皆來決平虞芮俱讓諸侯聞之曰西伯蓋受命之君明年伐犬戎明年伐密須明年敗耆國明年伐邘明年伐崇而作豐邑明年西伯崩雖與書傳先後不次要皆以文王受命七年而崩蓋自羑里之出至是九年矣緯書俱以文王伐崇在六年始稱王如乾鑿度布王號之下注云受命後五年乃爲改號是鄭意亦以六年始王也史遷以受命之年稱王皇甫謐亦云受命元年始稱王馬驌謂詩書所稱文王皆後世追述之辭武王追王三王在坶野既事之後豈有率畔事殷終守臣節之文王而及身稱王乎歐陽公泰誓論極言受命改元之妄

大明

摯仲氏任　古今人表列上中作大任

毛傳摯國任姓之中女也

鄭箋摯國中女曰大任

正義曰任姓仲氏故知摯爲國以下言大任婦人稱姓故知任爲姓仲者中也故言之中女此言仲任下言大任者此本其未嫁故詳言其國及姓字下言已嫁以常稱言之禮婦人從夫之謚故頌稱大姒爲文母大任非謚也以其尊加于婦故謂之大姜大任大姒皆稱大明皆尊而稱之唯武王之妻左傳謂之邑姜不稱大蓋避大姜故也周本紀云大王曰我世當有興者其在昌乎則王季未爲世子而生昌矣此則從後而言若王季爲君之時也

國語摯疇之國由太任注摯疇二國奚仲仲虺之後太任之家

列女傳太任者摯任氏中女也王季娶爲妃太任之性端一誠莊惟德之行及其有娠目不視惡色耳不聽淫聲口不出惡言文王生而明聖太任教之以一而識百君子謂太任爲能胎教

世本古義太任王季之妃皇王大紀云太任有賢德目不視窈色耳不聽淫聲口不出惡言容貌恭肅齋如也以來嫁之年生子昌卽文王也

人表考國語注以摯爲仲虺後唐書任氏薛氏世系表路史謂仲虺後祖已七世孫成徙封于摯任潛夫論作姙

武王　古今人表列上上

史記西伯崩太子發立是爲武王

白虎通武王望羊是謂攝揚盱目陳兵天下富昌

春秋元命苞武王駢齒是謂剛强取象參房逐命誅害

以從天心

新書昔周文王使太公望傅太子發嗜鮑魚而太公弗與曰禮鮑魚不登于俎豈有非禮而可以養太子哉

帝王世紀武王妃太公之女曰邑姜修教于內

史記武王卽位太公望爲師周公旦爲輔召公畢公之徒左右王師修文王緒業九年東觀兵盟津爲文王木主載車中遂興師渡河中流白魚躍入王舟中旣渡有火自上復于下至王屋流爲烏其色赤其聲魄是時諸侯不期而會者八百諸侯皆曰紂可伐矣武王曰女未知天命未可也乃還師歸居二年聞紂昏亂暴虐滋甚于是徧告諸侯率戎車三百乘虎賁三千人甲士四萬五千人以東伐紂十一年十二月戊午師畢渡盟津諸侯咸會作太誓二月甲子昧爽武王朝至商郊牧野乃誓誓已諸侯兵會者車四千乘紂亦發兵七十萬人距武王王使師尚父致師紂師皆倒兵以戰武王馳之紂兵皆崩紂走反入登于鹿臺之上蒙衣其珠玉自燔于火而死

論衡師尚父爲周司馬將師伐紂到孟津之上杖鉞把旄號其衆曰倉兕倉兕者水中之獸也善覆人船因神以化欲令急渡武王得白魚喉下文曰以予發

六韜武王問散宜生曰伐紂吉乎曰不吉將行雨輜車太公曰是非子所知也祖行之日雨輜重車是洗濯甲兵也

人表考武王名發文王子母大姒白虎通剛強理直曰武史周紀正義作克定禍亂曰武爲西伯十一年爲王六年年五十四本路史都鎬葬京兆長安鎬聚東杜中

按墨子云武王折紂而繫之赤環載之白旗以爲天下諸侯僇論衡謂紂就斬以鉞懸其首于太白古今注亦謂武王以黃鉞斬紂尸子又以武王親斫殷紂之頸手汚于血諸書俱言武王斬紂儒者多不信賈誼新書謂紂走還于寢廟之上身鬭而死據此則斬紂之說非也史記謂自燔而死說或可信至云武王至紂死所以黃鉞斬紂頭縣大白之旗此又史遷之

妄淮南子云紂拘于宣室而不反其過而悔不誅文王于羑里若然則紂猶不死而拘也說雖不同亦足以證斬紂之誣

又按馬驌云自文王有受命改元之誣說者遂謂武王嗣立不改元卽上接文王之年而泰誓稱十三年者畢喪伐紂也此皆妄說蓋泰誓所稱卽武王十三年也愚謂文王世子夢齡之言亦未可憑信雖在聖人豈能減已齡而益其子乎考史記周本紀載武王初得天下告周公旦曰維天不饗殷自發未生于今六十年是武王生于殷帝乙十一年庚辰逮卽位十三年克紂又七年而崩如本紀又云武王卽位九年

祭文王之墓于畢然後觀兵盟津而伯夷列傳復有父死不葬之說進退無據無惑俗儒邪說之紛紛也

師尚父 古今人表列上中

毛傳師太師也尚父可尚可父

鄭箋尚父呂望也尊稱焉佐武王爲上將

史記太公望呂尚者東海上人其先祖嘗爲四嶽佐禹平水土甚有功虞夏之際封于呂或封于申姓姜氏夏商時申呂或封枝庶子孫或爲庶人尚其苗裔也本姓姜氏從其封姓故曰呂尚

正義曰齊世家云太公望呂尚者西伯出獵得之曰吾太公望子久矣故號曰太公望載與俱歸立爲太師劉向別錄曰師之尚之父之故曰師尚父泰誓注云文王于磻谿得呂尚號曰尚父尊之爲作此號如世家之文尚本是名號之曰望雒師謀云呂尚釣厓注尚名也又曰望公七年尚立變名注變名爲望蓋因所呼之號遂以爲名以其道可尊尚又取本名爲號也孫子兵法曰周之興也呂牙在殷則牙又是其名字也

六韜文王將田史編布卜曰田于渭陽將大得焉非龍非彲非虎非羆兆得公侯天遺汝師以之佐昌施及三王文王曰兆致是乎史編對曰編之太祖史疇爲禹占得皐陶兆比于此文王乃齋三日田于渭陽卒見太公坐茅以漁乃載與俱歸立爲師

水經注磻谿中有玆泉泉水潭積自成淵渚東南隅有石室蓋太公所居也水次平石釣處太公垂釣之所也其投竿跽餌兩膝遺跡猶存

說苑呂望年七十釣于渭渚三日三夜魚無食者上有農人謂望曰子姑復釣必細其綸芳其餌徐徐而投無令魚駭望如其言初得鮒次得鯉刺魚腹得書文曰呂望封于齊

鼎錄太公于渭水得玉璜鑄一鼎刻其文曰璜鼎

搜神記文王以太公爲灌壇令期年風不鳴條文王夢一婦人甚麗當道而哭問其故曰我泰山之女嫁東海婦欲歸灌壇令當道有德吾行必有大風疾雨是毀其德也文王覺召太公問之是日果有疾雨暴風從太公邑外而過文王乃令太公爲大司馬

繹史博物志云西海神女嫁于東海神童按凡言神怪者多附會太公其來久矣

人表考尚父姓姜名望字子牙號太公又名涓易林曰姜望抱朴子曰姜公亦曰姜老河內汲人封于齊卒年百餘歲葬鎬京陪文武之墓唐上元元年尊爲武成王宋大中祥符元年加謚昭烈武成王

按文王之得太公其得之年歲經典各殊雒師謀注謂文王既伐崇侯乃得呂尚于磻谿是伐崇之年得也書大傳謂散宜生南宮括閎夭三子相與學訟于

太公四子遂相見于姜里是被四之年得也齊世家
云西伯斷虞芮之訟而詩人稱西伯受命曰文王大
作豐邑天下三分其二歸周者太公之謀計居多是
斷虞芮之前得也皇甫謐則以爲未受命時已得太
公孔疏以左傳稱呂伋爲王舅則武王之后太公女
也文王受命六年武王已八十二矣不應此時方取
王室且文王于今年得之明年卽崩以人情準之未
應便爲武王取其女也此亦可疑
又按符子太公涓釣隱谿五十六年列仙傳以呂尚
爲冀州人隱于南山釣于卞谿三年譙周古史考桓
譚鹽鐵論俱云呂望屠牛于朝歌太公出處史遷已

不能定宜諸說之紛歧也

緜

古公亶父　古今人表列上中作大王亶父

毛傳古公豳公也古言久也亶父字或殷以名言質也
鄭箋古公據文王本其祖也諸侯之臣稱君曰公
正義曰以在豳爲公故曰豳公言其年世久古後世稱
前世曰古公猶云先王先公也太王追號爲王而稱公
者本其生存之稱士冠禮爲冠者制字云伯某甫以周
制論之甫必是字或殷以亶父爲名名終當諱而得言
之者時質故也中候稷起注云亶父以字爲號則鄭意
定以爲字不從或說也

詩集傳名物鈔案世本自公劉慶節皇僕差弗僞榆公
非辟方高圉侯牟亞圉雲都太公組紺諸盩十有二世
而生古公亶父自稷至亶父蓋二十餘世矣
史記古公亶父復修后稷公劉之業積德行義國人皆
戴之
吳越春秋古公杖策去邠踰梁山而處岐周曰彼君與
我何異邠人父子兄弟相帥負老攜幼揭斧甑而歸古
公居三月成城郭一年成邑二年成都而民五倍其初
書傳略說太王亶父杖策過梁山邑岐山周人束脩奔
而從之者二千乘一歲而成三千戶之邑
琴苑要錄岐山操周太王之所作也曰翟人侵兮土地

遷移邦邑適于岐山烝民不憂兮誰者知嗟嗟柰何兮
予命遭斯
惠棟九經古義古公者故公也說文云古故也穀梁云
踰年不卽位是有故公也猶言先王先公
人表考大王公祖子大淮南子作泰父韓詩作甫古公
楚辭單稱古去邠邑岐其南有周原始改國曰周壽百
二十
按世本太公組紺史記作公叔祖類世表作祖類皇
甫謐云公祖一名組紺諸盩史記亦缺路史號爲太
公司馬貞曰世本云太公組紺諸盩三代世表稱祖
類凡四名史記既缺而不全竟稱亞圉子公叔祖類

公叔祖類子古公亶父孔疏乃謂祖紺卽諸盩太王父以諸盩爲太王父是也而以祖紺諸盩合爲一人則非矣

姜女古今人表列上中

毛傳姜女太姜也

正義曰姜女太王之妃周本紀云太姜生季歷故知姜女是太姜也

列女傳太姜者有呂氏之女賢而有色太王娶以爲妃生太伯仲雍王季貞順率道靡有過失太王謀事遷徙必與太姜

周語曰皇妣太姜

大明正義周語伶州鳩曰昔武王伐殷歲在鶉火月在天駟日在析木之津辰在斗柄星在天黿我姬氏出自天黿皇妣太姜之姪伯陵之後逢公之所憑神也天黿一名元枵齊之分野太姜之祖有逢伯陵者殷之諸侯封之齊地逢公之死其神憑焉我周出于姜姓爲外祖所佐也

世本古義姜女太王妃也號曰太姜韋昭云有逢伯陵之後也皇王大紀云亶父娶于齊有台氏女曰大姜美而賢列女傳有台作有呂

思齊

周姜

毛傳周姜大姜也

世本古義太姜太王之妃周自太王始遷故系姜于周

大姒古今人表列上中

毛傳大姒文王之妃也大姒十子衆妾則宜百子

史記太姒文王正妃也

大明正義姒是其姓莘國長女

列女傳太姒者有莘姒氏之女仁而明道文王嘉之親迎于渭及入思媚太姜太任旦夕勤勞以進婦道生有十男長伯邑考次武王發次周公旦次管叔鮮次蔡叔度次曹叔振鐸次霍叔武次成叔處次康叔封次聃季載太姒教誨十子自少及長未嘗見邪辟之事卒成武

王周公之德

皇王大紀昌爲世子娶于有莘氏曰太姒太姒不妒忌而西伯有內行此德政所以流布而風化所以大興也

汪師韓韓門綴學鄒氏忠允以太姒爲文王繼妃田間詩學推明其說以爲大明之詩曰文王初載天作之合明爲文王卽位之初年文王年九十七享國五十年則四十七卽位若太姒年政及笄齒不相當大明又曰纘女維莘纘繼也明以莘女繼莘女也意必文王爲世子時所娶莘女是太姒之姊不祿無子中年再娶于莘而得太姒故曰俔天之妹其曰長子維行乃女子有行之禮重嫡長珍重其女而尊稱之卽謂太姒居長亦可

安知太姒之姊非其伯叔之女乎
人表考太姒亦曰文母唐天授元年追尊爲文定皇后
按長子維行余疑長子蓋指初娶莘女言行訓爲往必姊妹同嫁于周猶謂娣姪從之未定是不祿而卒也
按鄭于天作之合箋云于文王適有所識則爲之生配謂生太姒疏申其說謂于文王有所識則不過二三歲大戴禮稱文王十三生伯邑考十五生武王發明太姒之小于文王纔一二歲耳若如鄭氏混言文王有所識而太姒始生則似大于太姒數歲矣以文王十三生伯邑考準之太姒不尙髫齔矣乎無是理也疏義自明

又按孫毓以嘉止定祥謂昏禮不稱主人母在則命之此時文王纔十三四孺子耳王季尙在豈得制定求昏之事其說似非無理然以文王是時爲十三四歲又與大戴不合
又按毛公云太姒十子此外尙有滕叔郜子雍豐侯毛叔鄭原伯畢公高郇伯皇甫謐并召公亦文王庶子其皆衆妾所生與

皇矣

大伯　古今人表列上中

史記古公有長子曰太伯次曰虞仲太姜生少子季歷季歷生昌有聖瑞古公曰我世當有興者其在昌乎長子太伯虞仲知古公欲立季歷以傳昌乃亡如荆蠻文身斷髮以讓季歷　太伯之犇荆蠻自號勾吳荆蠻義之從而歸之千餘家立爲吳太伯
吳越春秋古公知昌聖欲傳國以及昌太伯仲雍望風知指古公病二人託名采藥于衡山遂之荆蠻古公卒太伯仲雍歸赴喪畢還荆蠻國民君而事之自號爲勾吳吳人問何像而爲勾吳太伯曰吾以伯長居國絶嗣者也其當有封者吳仲也故自號勾吳荆蠻義之從而歸之者千有餘家數年之閒民人殷富遭殷之末世衰中國侯王數用兵恐及于荆蠻故太伯起城周三里二百步外郭三百餘里在西北隅名曰故吳人民皆耕田其中

鄭氏論語注太王疾太伯因適吳越採藥太王沒而不返季歷爲喪主一讓也季歷赴之不來奔喪二讓也免喪之後遂斷髮文身三讓也
論衡太王薨太伯還王季避之太伯再讓王季不聽三讓曰吳越之俗斷髮文身吾刑餘之人不可爲宗廟社稷之主王季知不可權而受之
人表考太伯太王適子季歷之兄亦曰吳太伯文身斷髮以避季歷自號勾吳後武王追封爲吳伯葬吳郡無錫縣東皇山宋元符三年封至德侯
按史記謂古公長子太伯次虞仲太姜生少子季歷

則太伯乃庶長季歷爲嫡出矣若使太伯以避嫌而
讓少弟豈可謂至德乎王伯厚云太伯虞仲辟季歷
適荆蠻若有適庶不須相辟知其皆同母也

王季 古今人表列上中

史記古公卒季歷立是爲公季公季修古公遺道篤于
行義諸侯順之

論衡太王以王季之可立易其名爲歷歷者適也

韓詩外傳太王賢昌而欲季爲後也太伯去之吳太王
將死謂曰我死汝往讓兩兄彼即不來汝有義而安太
王薨季之吳告伯仲伯仲從季而歸羣臣欲伯之立季
季又讓伯謂仲曰何以處之仲曰刑有所謂矣要于扶

微者可以立季季遂立而養文王文王果受命而王孔
子曰太伯獨見王季獨知伯見父志季知父心故太王
太伯王季可謂見始知終而能承志矣

古今樂錄太王卒太伯虞仲還奔喪哭于門外季歷謂
太伯長當立垂涕留之終不肯止遂去吳是後季歷作
哀慕之歌曰先王既徂長賔異都哀喪腹心未寫中懷
追念伯仲我季如何梧桐萋萋生于道周宮館徘徊臺
閣既除何爲遠去使此空虛支骨離別垂思南隅瞻望
荆越涕淚交流伯兮仲兮逝肯來遊自非二人誰訴此
憂

竹書紀年武乙三十四年周公季歷來朝王賜地三十
里玉十瑴馬十匹三十五年周王季伐西落鬼戎文丁
二年伐燕京之戎四年伐余無之戎克之周王季命爲
殷牧師七年伐始呼之戎克之十一年伐翳徒之戎捷
其三大夫王嘉季歷之功賜之圭瓚秬鬯九命爲伯既
而執諸塞庫季歷困而死

周書王季宅程

詩集傳名物鈔王季之薨當在帝乙七祀丙子之歲

人表考王季泰伯少弟史周紀曰季歷亦曰公季作程
邑文王遷焉壽百歲竹書謂文丁殺季歷妄也葬鄠縣南山在渭水
之尾

生民

姜嫄 古今人表列上中作姜原

毛傳姜姓也后稷之母配高辛氏帝焉

韓詩章句姜姓嫄字史記亦作姜原

說文嫄台國之女周棄母字也

陸德明曰姜姓嫄名有邰氏之女帝嚳元妃后稷母也

正義曰晉語云炎帝以姜水成成而異德故炎帝爲姜
是姜炎帝之姓姜嫄是炎帝後姓姜而以嫄配之知有
女名嫄婦人不以名行此嫄或當是字但五帝時質未
必有名字之別故以名言之大戴禮帝系篇帝嚳卜四
妃之子皆有天下上妃有邰氏女曰姜嫄生后稷帝嚳
聖夫姜嫄正妃配合生子人之常道婦人無外事不因

求子之祭而有出國之理禋祀以求子是祀禖也姜嫄隨帝之後踐履帝迹行事敬而敏疾故爲神歆饗河圖曰姜嫄履大人迹生后稷中候稷起云蒼耀稷生感迹苗興云契以卵生稷以迹乳是悉信亦非不信亦非斯干正義特牲少牢祭祀之禮皆以其妃配夫而食無特立廟之禮耆姜嫄生后稷以配天爲周之王業則周之先妣特立廟者唯姜嫄耳

人表考姜原帝嚳妃生棄原本作嫄姜嫄名周之先妣墓在聞喜縣西北稷王山下冰池村

按鄭箋以帝爲上帝意主姜嫄非帝嚳之妃乃信讖緯命歴序云少昊傳八世顓頊傳九世帝嚳傳十世

則堯非嚳子稷年又少于堯則姜嫄不得爲帝嚳之妃故云當堯之時爲高辛氏之世妃謂爲其後世子孫之妃也與大戴禮史記諸書皆不合不可信也

后稷 古今人表列上中作弃

史記周后稷名棄其母有邰氏女曰姜原姜原爲帝嚳元妃姜原出野見巨人迹踐之居期而生子以爲不祥棄之隘巷馬牛過者皆辟不踐徙置之林中適會山林多人遷之而棄渠中冰上飛鳥以其翼覆薦之姜原以爲神遂收養長之初欲棄之因名曰棄棄爲兒時屹如巨人之志其游戲好種樹麻菽麻菽美及爲成人遂好耕農相地之宜宜穀者稼穡焉民皆法則之帝堯聞之舉棄爲農師天下得其利有功帝舜封棄于邰號曰后稷別姓姬氏

正義曰王肅引馬融云姜嫄任身之月帝嚳崩崩後十月而后稷生蓋遺腹子也以爲遺腹子姜嫄避嫌而棄之王基駮之曰世本云帝嚳卜其四妃之子皆有天下若任身之月而帝嚳崩姜嫄尚未知有身帝嚳焉得知而卜之孫毓云天道徵祥古今有之皆依人道而有靈助巨迹之感何獨不然是言天異后稷于人帝又承天之意所以棄而異之明示天下安有遺腹寡居之事乎且馬王之說姜嫄爲高辛之正妃其于帝堯則君母也比之後世則太后也以太后之尊欲棄已子足以自專

堯爲兒聽母棄弟縱其安忍之心殘其聖父之允不慈不孝豈其若此王說進退多尢所言遺腹非毛旨矣

春秋元命苞稷岐頤自求是謂好農蓋象角亢載土食穀

吳越春秋棄爲兒時好種樹禾黍桑麻五穀相五土之宜青赤黃黑陵水高下粢稷黍禾蕖麥豆稻各得其理堯遭洪水人民泛濫遂高而居堯聘棄使教民山居隨地造區研營樹之術三年餘行人無飢乏之色乃拜棄爲農師封之台

通鑑前編漢趙過曰后稷始甽田則甽壠之法自稷始也晉董氏曰辰以成善后稷是相則農時之節自稷始

也
左傳姞后稷元妃
帝王世紀后稷納姞氏生不窋
說文姞黃帝之後百鰍姓后稷妃家也
山海經后稷是播百穀稷之孫曰叔均始作牛耕　西
南黑水之閒有廣都之野后稷葬焉爰有膏菽膏稻膏
黍膏稷百穀自生冬夏播琴鸞鳥自歌鳳鳥自儛靈壽
實華草木所聚爰有百獸相羣爰處此草冬夏不死
后稷之葬山水環之在氏國西
詩集傳名物鈔史記以不窋爲后稷子而又缺辟方侯
牟雲都諸盩四世遂謂后稷至文王十五世且自夏歷

商凡四十五世而后稷至文王止十五世其亦誤矣子
金子云案世本自不窋鞠公劉至季歷已十七世史記
拘于十五王文始平之數謂后稷之子爲不窋曾孫爲
公劉前既缺代又自公非以後缺四世不書皇甫氏不
得其說遂以四世爲字而組紺又自有四名獨索隱覺
其非而不明辨路史已明辨而不斷十五王之說今案
國語十五王蓋自公劉數至文王爾
人表考弃本作棄字度辰本路史堯使居稷官百穀稷首
種稷爲大官農官之君故號后稷周之太祖國于邰厥
相披頤以癸巳日死于黑水之山葬黑水閒都廣之野
按傳言夏衰不窋失官史遷皇甫謐俱以不窋爲后

稷子謬也路史稷生漦璽漦璽生叔均又閱數世而
至不窋若以不窋棄之親子至文王千餘歲惟十五
代實不合事情歐陽公洪容齋羅長源皆辯其非

公劉

公劉古今人表列上中
鄭箋公劉者后稷之曾孫也
陸德明曰王肅云公號劉名也尙書傳云公爵劉名也
王基云公劉字也
正義曰公劉是后稷曾孫后稷本封于邰非有所迫不
應去國適豳公劉有道之君天子不應見逐知以夏之
衰世始遷豳也鄭譜以公劉當太康時韋昭注國語以

不窋當太康時不窋乃公劉祖不應共當一世夏氏之
衰太康爲始計不窋宜當太康公劉應在其後太康之
後有羿浞之亂比至少康之立幾將百年蓋太康始衰
之時不窋失官少康未立之前而公劉見逐也公劉是
名是字王基謂周人以諱事神王者祫百世召公大賢
出自姬姓稱揚先祖盛德之君而舉其名不亦遠于禮
乎其意以爲公劉必是字也虞夏之時世代尙質以之
爲名未必非矣
通鑑前編不窋生鞠鞠生公劉始遷于邠周家稱公自
公劉始
史記公劉復修后稷之業務耕種行地宜自漆沮度渭

取材用行者有資居者有畜積民賴其慶百姓懷之多徙而保歸焉周道之興自此始

漢書周之先自后稷堯封之邰積德累善十餘世公劉避桀居豳

吳越春秋公劉慈仁行不履生草運車以避葭葦公劉于戎變易風俗民化其政

民勞

厲王 小序　古今人表列下下作厲王胡

厲王名胡夷王之子在位三十七年謚法致戮無辜曰厲

鄭箋厲王成王七世孫也

國語厲王說榮夷公芮良夫曰榮公好專利而不知大難若用周必敗旣榮公爲卿士諸侯不享王流于彘

史記厲王卽位三十年好利近榮夷公大夫芮良夫諫厲王不聽卒以榮公爲卿士用事王行暴虐侈傲國人謗王王使監謗者以告則殺之其謗鮮矣諸侯不朝三十四年王益嚴于是國莫敢出言三年乃相與畔襲厲王厲王出犇于彘太子靜匿召公之家

呂氏春秋共伯和修其行好賢仁而海內皆以來爲稽矣周厲之難天子曠絶而天下皆來請矣

魯連子衞州共城縣本周共伯之國也共伯名和好行仁義諸侯賢之周厲王無道國人作難王奔于彘諸侯奉和以行天子事號曰共和元年十四年厲王死于彘共伯使諸侯奉王子靖爲宣王共伯復歸國于衛

世本古義厲王之難天子曠絶諸侯知共伯賢請立爲天子共伯不聽弗獲免遂即位一十四年天下大旱舍屋焚卜于太陽兆曰厲王爲祟召公乃立宣王共伯歸還于宗逍遥得意于共邱山之首莊子及呂氏春秋魯連子皆言共伯得志于邱首卽其人也向秀郭象援古之說以爲共和者周王之孫懷道抱德食封于共共今謂之共城故漢之共縣

人表考厲王魯語單稱厲以戾虐流彘死葬晉州霍邑縣東二十九里　案厲王之年據本紀是三十七年奔彘五十一年崩外紀通志謂在位四十年通共和五十四年竹書作十二年奔彘二十六年陟未定孰是

版

凡伯 小序

鄭箋凡伯周同姓周公之允也入爲王卿士

公羊傳凡伯者何天子之大夫也

正義曰僖二十四年左傳云凡蔣邢茅胙祭周公之允也以其伯爵故宜爲卿士春秋隱七年天王使凡伯來聘世在王朝蓋畿內之國杜預云汲郡共縣東南有凡城共縣于漢屬河內郡蓋在周東都之畿內也

詩補傳凡伯乃周同姓之世卿故至厲王時猶膺伯爵

按節南山疏謂瞻卬箋引隱七年天王使凡伯來聘自隱七年上距幽王之卒五十六歲凡國伯爵爲君皆然不知其人之同異但版與瞻卬俱是凡伯所作版已言老夫灌灌匪我言耄則不得下及幽王時矣逸齋于瞻卬詩亦云凡伯爲版之詩以刺厲王有曰老夫灌灌匪我言耄已非少壯矣歷年既久又刺幽大壞則非版之凡伯明矣凡爲周同姓之國豈非入爲卿士與瞻卬召旻二詩葢版之凡伯子若孫也然則凡伯世守爵邑一進諫于厲王至其子孫復進諫于幽王閱數傳俱克盡規切之義不媿周公之裔矣

桑柔

芮伯　小序　古今人表列上下作芮良夫

鄭箋芮伯畿內諸侯王卿士也字良夫

陸德明曰芮國名

竹書紀年芮伯周大夫也

顏師古曰芮伯周司徒也

正義曰書序云巢伯來朝芮伯作旅巢命武王時也顧命同召六卿芮伯在焉成王時也桓九年王使虢仲芮伯伐曲沃桓王時也此又厲王之時世在王朝常爲卿士故知是畿內諸侯爲王卿士也書敘注云芮伯周同姓國在畿內則芮伯姬姓也杜預云芮國在馮翊臨晉縣則在西都之畿內也

按詩序謂芮伯刺厲王而作桑柔周書稱芮伯稽古作訓納王于善暨執政小臣咸省厥躬作芮良夫國語又述芮良夫諫厲王用榮夷公不聽則芮良夫不愧爲忠直之臣惜乎厲王不能用卒致流彘之禍也

雲漢

仍叔　小序

鄭箋仍叔周大夫也春秋桓五年夏天王使仍叔之子來聘

正義曰仍氏叔字春秋之例天子公卿稱爵大夫則稱字此言仍叔故知大夫也桓五年夏天王使仍叔之子來聘證此仍叔是天子大夫也

詩補傳仍叔亦周之世臣也春秋書仍叔之子來聘乃周威王之十三年去宣王卽位之初已百餘年左氏云仍叔之子弱葢未滿二十也故杜預云譏使童子出聘以歲考之殆其曾孫與

按節南山疏云箋引桓五年仍叔之子來聘春秋時趙氏世稱孟智氏世稱伯仍氏或亦世字叔也自桓五年上距宣王之卒七十六歲若當初年則百二十年矣引之以證仍叔是周大夫耳未必是一人也春秋桓王使仍叔之子來聘穀梁仍作任公羊亦作任叔譏其父老子代從政仍叔雖已年老然考宣王遇旱前編在六年大紀連年書旱則雲漢之詩作于宣

王六年矣宣王在位四十六年歷幽王十一年平王五十一年至桓王十三年已百十五年仍叔已能作詩美王年應長矣斷未有至桓王時尚存而年老逾百三四十歲者則此非春秋所書之仍叔明矣蓋仍氏叔字世爲大夫後嗣相襲是其常也

崧高

申　甫

毛傳堯之時姜氏爲四伯掌四嶽之祀述諸侯之職于周則有甫有申有齊有許也

鄭箋申申伯也甫甫侯也甫侯相穆王訓夏贖刑

正義曰申甫並指其人不指其國申伯甫侯入爲卿士

也周語堯使禹治水四岳佐之帝嘉禹德賜姓曰姒氏曰有夏祚四岳國爲侯伯氏曰有呂周語唯云四岳不詩名字鄭語云伯夷能禮于神以佐堯者也掌禮之官總主諸神故掌四岳之祀德當神意山神祐之降生申甫而福興其子孫史記齊世家太公望其先祖嘗爲四岳佐禹有功虞夏之際封于呂或封于申尚書作呂刑孔安國云呂侯後爲甫侯詩及禮記作甫尚書與外傳作呂孔子閒居引此詩注以甫爲仲山甫案外傳稱樊仲山甫則是樊國之君必不得與申伯同爲岳神所生

困學紀聞禮記孔子閒居注云周道將興五嶽爲之生賢輔佐仲山甫及申伯爲周之幹臣愚謂仲山甫猶儀禮所謂伯某甫也周語云樊仲山父蓋甫與父同若以仲山甫爲甫則尹吉甫蹶父皇父程伯休父亦可以言甫矣近世說詩者乃取此而舍箋傳愛奇之過也

詩補傳言生甫及申謂生山甫及申伯也說者泥唐虞之時姜氏掌四岳之祀之說以爲神祐其子孫在周有齊許申甫遂以甫爲穆王之甫侯申爲宣王之申伯夫遠取穆王之臣以配申伯已非人情而謂神專祐掌祀者之子孫抑又近誣詩人或兼言姓名或止言其字或言國而不及名或言名而不及姓今吉甫于申伯言其國于山甫言其字皆有義例近舍山甫而遠取甫侯理不可信

詩緝申伯光輔中興而遠取周道始衰之甫侯以匹之非所以襃揚申伯也

世本古義就詩文證之惟仲山甫吉甫字俱作甫而其餘蹶父皇父休父皆是父非甫何慮其混若吉甫既爲作詩之人必無自讚之理而烝民之詩美仲山甫篇中亦明著爲吉甫所作此詩以申甫並言乃統爲二詩發端亦可見甫之爲仲山甫斷無疑也

按逸齋補傳嚴氏詩緝辨甫非甫侯說甚直捷若孔氏穎達王氏應麟則未免曲護箋說

申伯　古今人表列上下

鄭箋申伯以賢入爲周之卿士佐王有功

正義曰申伯先封于申來仕王朝今命爲州牧故改邑于謝

左隱元年正義申出伯夷姜姓國語齊許申呂由大姜言由大姜得封在周興之初其後中絶至宣王時申伯以王舅改邑于謝

李樗曰史記周本紀云申侯與西戎共攻幽王則是申者乃侯爵也以其爲方伯故謂申伯亦猶召公稱公而謂之伯也

詩緝方伯者一方之牧也

世本古義申伯之國而稱王舅按說文母之兄弟爲舅妻之父爲外舅申伯稱王舅疑是后父漢書外戚恩澤侯表云其餘后父據春秋襃紀之義帝舅緣大雅申伯之意寖廣博矣又以列女傳證之宣后稱姜后申固姜姓而後章有申伯番番之語番番者老也此非后父而何

烝民

仲山甫 古今人表列上下作中山父

毛傳仲山甫樊侯也

正義曰仲山甫是樊國之君爵爲侯而字仲山甫也周語稱樊仲山甫諫宣王韋昭云食采于樊僖二十五年左傳晉文公納定襄王王賜之樊邑則樊在東都畿內杜預云經傳不見畿內之國稱侯男者天子不以此爵賜畿內也如畿內本無侯爵傳言樊侯不知何據

漢書杜欽傳仲山甫異姓之臣就封于齊

困學紀聞自注權德輿集云魯獻公仲子曰山甫入輔周食采于樊

詩補傳史記周宣王時有樊穆仲韋昭云穆仲仲山甫之謚

仲山甫鼎銘仲山甫鼎其萬年子子孫孫永寶用

人表考周語注仲山父食采于樊謚穆故曰樊仲山父亦曰樊穆仲葬咸陽城西堯陵北

按晉語王賜文公陽樊之田陽人不服公圍之將殘其民倉葛呼曰陽有夏商之嗣典有周室之師旅樊仲之官守焉樊仲卽仲山甫也

韓奕

韓侯 古今人表列上下

毛傳韓侯之先祖武王之子也

鄭箋韓姬姓之國也韓侯先祖有功德者受先王之命封爲韓侯居韓城

正義曰桓三年左傳曲沃武公伐翼韓萬御戎服虔云韓萬晉大夫曲沃桓叔之子晉爲大夫以韓爲氏襄昭之閒有韓宣子六國之韓王是此韓爲之後也宣王之時韓爲侯伯武公之世萬已受之蓋晉文侯輔平王爲方伯之時滅之也韋昭云宣王時命韓侯爲侯伯其後

爲晉所滅以爲邑以賜桓叔之子萬是爲韓萬則其亡在平王時也

詩補傳韓非六國之韓乃武王之後左氏傳所謂邘晉應韓也

顯父

毛傳顯父有顯德者也

鄭箋顯父周之公卿也

正義曰父者丈夫之稱以有顯德故稱顯父

汾王

毛傳汾大也

鄭箋汾王厲王也厲王流于彘彘在汾水之上故時人因以號之猶言莒郊公黎比公也

正義曰釋詁云墳大也傳以墳汾音同故亦爲大也王肅云大王王之尊稱也箋作汾水之汾不得訓之爲大且作者當舉其實故以爲厲王在汾因號厲王爲汾王以所居之地號之也左傳于昭公之世有莒郊公襄公之世有黎比公莒在東夷不爲君謚每世皆以地號公此外猶有茲丕公著邱公之等

詩補傳厲王流于彘在汾水之上故以爲汾王猶晉侯居翼謂之翼侯晉人納諸鄂謂之鄂侯鄭叔段居京謂之京城太叔及出奔共謂之共叔也又楚人謂王不終者爲敖葬郟者曰郟敖葬訾者曰訾敖其汾王之類乎説者以莒郊公黎比公爲比非也案左氏傳莒夷無謚于是有黎比公莒郊公茲丕公著邱公皆以號爲稱與汾王以地爲稱不類

蹶父

毛傳蹶父卿士也

正義曰蹶氏父字不書國爵則非諸侯下言靡國不到則是爲王聘使之人故知卿士也

詩補傳蹶父卿士姞姓也

春秋地名攷略蹶父疑南燕之君入爲卿士者

按黄帝之枝裔曰伯儵蹶父其後也國語云黄帝之子二十五宗其得姓者十四人爲十二姓姬酉祁已滕葴任荀僖姞嬛依是也故蹶父之先受姓姞也焦氏易林引此作大夫祈父不知何據

韓姞

毛傳姞蹶父姓也

鄭箋蹶父甚武健爲其女韓侯夫人姞氏視其所居韓國最樂

正義曰婦人稱姓今以姓配夫之國謂之韓姞故知姞是蹶父之姓也

世本古義韓姞按路史國名記姞姓一十四國南燕伯儵國郎后稷妃家亦曰東燕及左昭三年北燕伯欵亦姞姓末章言燕師所完疑蹶父國本在燕而仕于王朝

因與韓侯聯姻故敘及其先世之事

江漢

召虎 古今人表列上下

毛傳召虎召穆公也

鄭箋召公召穆公也名虎

正義曰經言召公皆召康公也嫌此亦爲康公故辨之經云王命召虎是名虎也世本穆公是康公之十六世孫

詩補傳召康公當成王時陳三詩以自獻其言類皐陶賡歌不忘警戒宜裔孫穆公有乃祖風烈厲王之世雖不見信用屢陳規諫傳記所載謂厲王暴虐侈傲國人

謗王穆公曰民不堪命王怒使人監謗穆公曰防民之口甚于防川王既不能聽其後奔彘太子靜匿穆公之家國人圍之穆公曰吾驟諫王不從以及此難今殺太子王其以我爲怨懟乎乃以其子代之脫太子晚事宣王立江漢之功穆公之賢其始終大略如此

郡國志注雍召穆公采邑

按竹書召穆公與周定公立宣王小序宣王命召公平淮夷王肅曰召公爲司空主繕治其勤勞克繼康公之業民勞疏引左傳服虔注云穆公召康公十六世孫史記但云召公以下九世至惠侯而不著其年諡謂惠侯當厲王奔彘之時下至十五世則爲繆侯七年爲魯隱公元年與疏不合

常武

尹氏

毛傳尹氏掌命卿士

鄭箋尹氏天子世大夫也

正義曰尹氏掌命卿士即內史也凡命諸侯及孤卿大夫則策命之此時尹氏當是尹吉甫吉甫卿士而云大夫者以命臣內史之事周禮內史中大夫故以大夫言之吉甫卿士而掌命臣者蓋爲卿而兼內史也

程伯休父 古今人表列上下

毛傳程伯休父始命爲大司馬

詩地理考氏族略重爲火正裔孫封于程

應劭曰封爲程國伯休甫字也

正義曰王使內史大夫尹氏爲策書命此程國之伯字休父者謂命爲大司馬之卿也大司馬職云若大師則掌其戒令此言戒我師旅是司馬之事又楚語云重黎氏世敘天地其在周程伯休父其後也當宣王時失其官守而爲司馬氏韋昭云程國伯爵休父名也失官謂失天地之官而以諸侯爲大司馬也案父宜是字而昭以爲名未能審之

詩疏義濮氏曰程畿內邑在豐

世本古義案路史和實爲黎後爲和氏商封之程羅苹

云或謂風姓有裔孫程伯始啟土失之子華子云昔吾之宗君爲周日正周公作成周定鼎于郟鄏修和周郊于是吾之宗君薦其所以爲祥者其族有三曰井里之璞也曰太山之器車也曰唐叔里畝之禾也王命分寶玉于魯公歸禾于周公作歸禾吾之宗君始有蒲璧以朝作程典令其顯榮書在故府迨宣王之時吾之宗君入董六師爲王虎臣是曰司馬司馬之後凡九世而其子孫或播居于汾河之閒十有一世而國并于溫程伊川撰明道先生行狀云程氏之先曰喬伯爲周大司馬封于程子孫遂以氏按喬伯休父當是一人喬名而休字豈亦取喬木休息之意與郡國志云雒陽有上程聚古程伯休父之國也文王居程故此加爲上程又楚語謂程伯休父當宣王時爲司馬氏韋昭謂以諸侯爲大司馬按司馬遷敘傳自述爲休父之後則休父之爲司馬明矣

詩氏族考卷第五

詩氏族考卷第六

嘉興　李超孫　輯

周頌

雝

太祖

鄭箋太祖謂文王

正義曰文王雖不得爲始祖可以爲太祖

皇考

鄭箋皇考斥文王也

烈考

毛傳烈考武王也

正義曰卽洛誥所云烈考武王宏朕恭一也

文母

毛傳文母太姒也

正義曰文母繼文言之雖太姒自有文德亦因文王而稱也

列女傳太姒號曰文母文王理陽道以治外文母理陰道以治內

世本古義烈考卽文王也文母毛云太姒蓋烈以功稱文從夫謚

載見

昭考

毛傳昭考武王也

有客

微子 小序　古今人表列上中

史記帝乙長子曰微子啟啟母賤不得嗣少子辛辛母正后辛爲嗣紂既立不明淫亂于政微子數諫不聽度紂終不可諫欲死之及去乃問于太師少師太師若曰今誠得治國國治身死不恨爲死終不得治不如去遂亡

正義曰微宋地名微子啟紂同母庶兄也武王投之于宋因命之封爲宋公代殷後承湯祀是也微子之命由微子先封于宋未得爲殷後于此時命爲宋公故作此

命辭或召來命之或遣使就命史傳無文要是既受命乃來朝而見也

新論微子傷殷之將亡終不可柰何見鴻鵠高飛援琴作操其聲淸以浮

人表考微子紂庶兄微國名子爵路史作魏子名啟又作開避景帝諱殷帝乙之首子也國于宋爲上公周書曰殷公葬梁國薄縣城西元至元六年封爲仁靖公小司馬謂古書多用魏字作微而殷紀微子索隱亦云家語微或作魏讀從微音此路史所本也

按大明疏云微子之命及左傳皆謂微子爲帝乙之元子而紂得爲正適者鄭注書序云微子啟紂同母庶兄紂之母本帝乙之妾生啟及衍後立爲后生紂據此微子之母始爲妾後爲后生紂如史記言啟母賤辛母正后則微子與紂似非同母矣

又按尚書微子自言耄遜于荒論語亦曰微子去之是殷未亡時微子已去矣史記謬云武王伐紂克殷微子持其祭器造于軍門肉袒面縛左牽羊右把茅膝行而前以告于是武王乃釋微子復其位面縛之說乃楚人以誑莊王受鄭伯之降耳未可憑信王伯厚亦云微子已行則武王伐商之際何反歸于國以自取面縛之辱攷左傳微子適周乃在克商之後武王既投殷後于宋至成王黜殷命殺武庚命微子啟代殷後作微子之命于其來朝也則作有客之詩當

是周公攝政二年時事詩稱有客卽書所謂作賓也

絲衣

高子 小序　古今人表列中上

正義曰高子者不知何人公孫丑稱高子之言以問孟子則高子與孟子同時趙岐以爲齊人此言高子蓋彼是也

按朱竹垞著孟子弟子考稱高子宋贈泗水伯引趙岐云高子齊人嘗學于孟子究未審其何人困學紀聞引徐整云子夏授詩高行子卽詩序及孟子所謂高子也以絲衣繹賓尸爲靈星之尸以小弁爲小人之詩則失其義矣據此高子知是高行子也

魯頌

駉

僖公　小序　古今人表列中中作魯釐公

魯僖公名申莊公之子母成風閔公庶兄在位三十三年謚法小心畏忌曰僖

三十三年左傳冬公如齊朝且弔有狄師也反薨于小寢卽安也

按僖公于齊桓二十七年立卽結好于齊屢隨壇坫自會檉至會淮凡十與盟會此由僖公知齊之可倚而善自圖治者也自十七年齊桓既沒至二十五年晉文公立僖公遂有郞楚之漸盍觀以楚師伐齊取

穀及會諸侯盟宋以結楚好而知僖公之業衰矣其與晉文同會者不過踐土之盟溫之會翟泉之盟已耳僖公爲魯之令主能如處齊桓之世內外交修何難隆隆日起而卒未竟其業惜哉頌所稱尊賢祿士新祖廟修泮宮以至牧馬復舊諸事與夫服淮獻馘之功雖未免過于揚美然使文能承父之志僖公之業可成矣聖人于此有微意焉

伯禽　小序　古今人表列中中作魯公伯禽

公羊傳封魯公以爲周公也周公拜乎前魯公拜乎後曰生以養周公死以爲周公主

史記周公相成王而使其子伯禽代就封于魯周公戒伯禽曰我文王之子武王之弟成王之叔父我于天下亦不賤矣然我一沐三捉髮一飯三吐哺起以待士猶恐失天下之賢人子之魯愼無以國驕人　魯公伯禽之初受封之魯三年而後報政周公周公曰何遲也伯禽曰變其俗革其禮喪三年然後除之故遲太公亦封于齊五月而報政周公周公曰何疾也曰吾簡其君臣禮從其俗爲也及後聞伯禽報政遲乃歎曰魯後世其北面事齊矣

說苑昔成王封周公周公辭不受乃封周公子伯禽于魯將辭去周公戒之曰去矣子其無以魯國驕士吾聞德行廣大而守以恭者榮土地博裕而守以儉者安祿位尊

盛而守以卑者貴人衆兵强而守以畏者勝聰明睿智而守以愚者益博聞多記而守以淺者廣此六守者皆謙德也夫貴爲天子富有四海不謙者先天下亡其身桀紂是也可不愼乎故易曰有一道大足以守天下中足以守國家小足以守其身謙之謂也夫天道毁滿而益謙是以衣成則缺衽宮成則缺隅屋成則加錯示不成者天道然也其戒之哉無以魯國驕士矣

尙書大傳伯禽與康叔見周公三見而三笞康叔有駭色謂伯禽曰有商子者賢人也與子見之乃見商子而問焉商子曰南山之陽有木焉名曰橋二三子往觀之見橋實高高然而上反以告商子商子曰橋者父道也

南山之陰有木焉名曰梓二三子復往觀焉見梓實晉晉然而循反以告商子商子曰梓者子道也二三子明日見周公入門而趨登堂而跪拂其首勞而食之曰爾安見君子乎

呂氏春秋伯禽將行請所以治魯周公曰利而弗利也

竹書紀年成王十一年王命周平公治東郊沈約注周平公卽君陳周公之子伯禽之弟

帝王世紀伯禽以成王元年封四十六年康王十六年卒

人表考魯公伯禽周公子左傳曰禽父竹書曰魯侯禽父在位四十六年葬曲阜南七里

按閟宮疏引洛誥說周公攝政七年十有二月歸政成王之事經云歲文王騂牛一武王騂牛一王命作冊逸作冊告周公其後注云歲成王元年正月朔日祫祭文武于文王廟使逸讀所作冊祝之書告神以周公其宜爲後者謂將封伯禽則是成王卽政之元年正月朔日封伯禽也說與世紀合

季孫行父 小序　古今人表列上下作魯季文子

鄭箋季孫行父季文子也

正義曰行父是季友之孫故以季孫爲氏謚曰文子左傳世本皆有其事

穀梁傳季孫行父禿 史晉世家云魯使蹇

襄五年左傳季文子卒大夫入斂公在位宰庀家器爲葬備無衣帛之妾無食粟之馬無藏金玉無重器備君子是以知季文子之忠也相三君而無私積可不謂忠乎

鹽鐵論季文子相魯妾不衣帛馬不秣粟孔子曰不可大儉極下

繹史魯以慶父之亂再世不甯季子起而平內難大義滅親援立新君卒能佐霸成功爲魯國之令主其孫行父復請周作頌闡揚君德亦可謂善繼善述矣

劉克曰言詩之難其人其閒亦有甚可疑者案左氏傳季孫行父以襄公五年卒不以壽聞者也姑以七十歲

爲準在僖公薨年纔十有一歲安有八九歲之兒顧乃請命于周用前代未有之典出于諸卿之右哉

閻若璩曰論語政逮于大夫四世文子武子平子桓子魯文公薨君于是失國政在季氏季氏者文子也若武子始專國武子立襄五年耳上溯宣元年凡四十一年政將誰歸乎悼子未執政蚤死于武子手故經未書其卒孔注之誤則以無處位置悼子故自桓子上數四世至武子止矣若知季氏中少一世種種皆合

人表考世本云魯季友生仲無佚無佚生行父行父葬沂州蘭山縣西南神峰山下　案左穀注竝云行父季友孫周語注亦云文子季友之孫齊仲無佚之子而檀

弓疏云公子友生齊仲齊仲生無逸無逸生行父謨分爲二人齊益其謚也齊仲不見經傳疑行父以孫繼祖如季平子之嗣武子與

按行父歷相文宣成三君而以忠儉著名可謂賢矣然自是私强公弱東門歸父謀去三桓行父即修怨以逐東門氏莒僕弒君而以寶玉來奔則當以逆順告君請君命以出諸境乃自使司寇出之可不謂自專乎宜其一傳至武子遂四分公室而專其二再傳而至平子竟肆逐君之惡詒謀不臧于是見矣

史克 小序

鄭箋史克魯史也

正義曰文十八年左傳稱季文子使太史克對宣公知史克魯史也文六年行父始見于經十八年史克名見于傳則克于文公之時爲史官矣然則詩作在文公之世行父請周不見于經以羣臣之心請王作頌雖告君乃行不稱君命以使非史策所得書也騶序云史克作是頌則四篇皆史克所作王肅曰當文公時魯賢臣季孫行父請于周而令史克作頌四篇以祀

泮水

皋陶 古今人表列上中作咎繇

陸德明曰皋陶唐虞之士官

春秋元命苞堯爲天子夢白虎遺馬喙子其母曰扶始升高邱覩白虎上有雲感已生皋陶索扶始問之如堯言明于刑法罪次始終故立皋陶爲大理

白虎通皋陶烏喙是謂至信決獄明白察于人情

文子皋陶喑而爲大理天下無虐刑有貴乎言者也

荀子皋陶之狀色如削瓜

論衡觟䚦者一角之羊也性知有罪皋陶治獄其罪疑者令羊觸之有罪則觸無罪則不觸故皋陶敬羊起坐視之

困學紀聞淮南子曰皋陶瘖而爲大理此猶夔一足之說也皋陶陳謨賡歌謂之瘖可乎司馬公詩云法官由來少和泰皋陶之面如削瓜然荀子非相之言亦未必然

人表考咎繇虞書今本作皋陶皋又作睪偃姓少昊之後荀子云狀色如削瓜抱朴子云面如蒙箕淮南子云馬喙而瘖易林曰陶叔路史曰瘖繇年百有六以壬辰日卒葬廬江六縣唐天寶二載尊爲德明皇帝

按秦風正義引秦本紀云秦之先帝顓頊之苗裔孫曰女脩女脩織元鳥隕卵女脩吞之生子大業大業取少典之子曰女華女華生大費與禹平水土又佐舜調馴鳥獸是爲柏翳舜賜姓嬴氏如本紀之言則益又名大費大費之父名大業列女傳曰睪子生五歲而贊禹曹大家注云睪子皋陶之子伯益也然則

皋陶大業一人也中候苗興云皋陶之苗爲秦秦出伯益明是皋陶之子又考李邕爲李思訓碑云咎子贊禹咎與皋同亦以大業卽皋陶也

又按水經注偃師九山有百蟲將軍顯靈碑云將軍姓伊氏諱益字隤敳帝高陽之第二子伯益者也秦本紀亦以大業祖顓頊馬驌曰秦大業是爲咎繇卽皋陶也其子柏翳卽伯益也宜祖少皞氏顓頊其母家爾又高陽八愷中有庭堅杜注卽皋陶字此據臧孫不祀之言爲證路史辯其非一人得之矣據此益信皋陶卽大業實少皞之孫其母家則帝顓頊高陽氏也

閟宮

令妻

詩補傳令妻謂聲姜也

公羊傳聖姜者何文公之母也聲作聖古字通

高閌曰不稱僖姜而別爲之謚非禮也

文十六年左傳有蛇自泉宮出入于國如先君之數秋八月辛未聲姜薨毁泉臺　十七年夏四月癸亥葬聲姜有齊難是以緩

按春秋僖十一年夏書公及夫人姜氏會齊侯于陽穀杜氏預曰婦人送迎不出門見兄弟不踰閾與公俱會齊侯非禮十七年秋又書夫人姜氏會齊侯于十趙氏鵬飛曰婦人既嫁從夫公不在而夫人出竟會齊侯此尤甚于陽穀之會是皆參譏之也唯汪克寬云魯頌稱聲姜爲令妻必無文姜之行張溥亦云聲姜魯夫人之賢者也書會齊侯爲男女遠嫌也此論甚正

壽母

詩補傳壽母謂成風也

公羊傳成風者何僖公之母也

何休曰風氏也任宿顓臾之姓

孫復曰成謚也

程端學曰妾母私謚亂禮甚矣

陸淳曰啖子云自成風之後妾母皆僭用夫人之禮

世本古義春秋僖八年秋七月禘于太廟用致夫人左傳以爲致哀姜鄒氏非之謂哀姜淫惡義與廟絕穀梁以爲成風其說與劉向同而孫明復從之蓋成風爲妾母初年未經廟見故于禘廟而因以致之爲後日祔廟張本其稱致夫人猶後世之上尊號也或謂此夫人乃僖公妻姜氏公羊傳僖二十年西宮災何休注僖公爲齊侯所脅以齊媵爲嫡楚女廢居西宮則竊意夫人卽聲姜而前此不書納幣送女者以原非正配也趙子常疑聲姜是僖爲公子時所娶故昏禮不見于經今觀何休以齊媵爲嫡之說或僖公先是所娶元妃已卒于未

為君之日聲姜乃其繼室如惠公之聲子禘而致者昔未廟見今乃廟見也僖公八年始用郊禘史克賦閟宮正春秋禘太廟致夫人之年也其云令妻壽母以妻與母疊稱當是婦姑必同與廟祭兼致崇號然則致夫人禮與曰其致成風不失為母以子貴所謂禮以義起變之正也其致聲姜以媵于中宮之位則斷非禮也成風薨于文四年聲姜薨于文十六年距僖公三十一年卜郊時兩人尚無恙故詩人及之

按僖公為閔之庶兄莊公妾成風所生也閔公是哀姜娣叔姜之子叔姜當是哀姜之媵莊公于二十四年娶哀姜二十七年叔姜生閔公而僖公為其庶兄然則成風之納應在數年之前其年當踰笄矣莊公至三十二年薨歷閔公二年僖公三十三年及文公四年春秋書成風薨約計六七十歲矣此頌所以稱壽母也

奚斯　古今人表列上下作魯公子奚斯

毛傳大夫公子奚斯作是廟也

正義曰閔二年慶父出奔莒左傳曰以賂求共仲于莒莒人歸之及密使公子魚請不許哭而往共仲曰奚斯之聲也乃縊是奚斯為公子也如傳文蓋名魚而字奚斯

世本古義按左閔二年共仲使卜齮賊公于武闈成季以僖公適邾共仲奔莒乃入立之以賂求共仲于莒莒人歸之及密使公子魚請不許哭而往共仲曰奚斯之聲也乃縊公羊傳亦云公子慶父弒閔公走而之莒莒人逐之將緣乎齊齊人不納却返舍于汶水之上使公子奚斯入請季子曰公子不可以入入則殺矣奚斯不忍反命于慶父自南涘北面而哭慶父聞之曰嘻此奚斯之聲也諾已曰吾不得入矣于是抗輈經而死據此二傳則奚斯乃慶父用事之人莊公薨慶父賊子般而立閔公此時慶父實主魯國故以作廟任奚斯

按左閔二年傳公子魚杜注云公子魚奚斯也毛傳言有大夫公子奚斯者或其時為大夫也

又按韓詩章句曰奚斯作魯頌故班固兩都賦序云奚斯頌魯采于孔氏王延壽魯靈光殿賦序云奚斯頌僖歌其路寢揚雄法言亦曰正考甫嘗晞尹吉甫公子奚斯嘗晞正考甫司馬公注謂正考甫作商頌奚斯作閟宮之詩後漢曹褒傳奚斯頌魯注引韓詩薛君傳云是詩公子奚斯所作此皆本韓詩之說王伯厚已辯其謬攷是詩明言新廟奕奕奚斯所作是奚斯作新廟非作魯頌也

商頌

那

成湯　小序　古今人表列上上作帝湯殷商氏

正義曰殷本紀云主癸生天乙是爲成湯案中候雒予
命云天乙在亳注天乙湯名是鄭以湯之名爲天乙成
湯非復名也自殷以上未有謚法蓋生爲其號死因爲
謚耳謚法安民立政曰成除殘去虐曰湯以天乙有此
行故號曰成湯
帝王世紀主癸之妃曰扶都見白氣貫月意感以乙日
生湯故名履字天乙是謂成湯豐下銳上晳而有髯倨
身而揚聲長九尺臂四肘
洛書黑帝子湯長八尺一寸珠庭
春秋元命苞湯臂四肘是謂神剛象月推移以綏四方
白虎通湯臂三肘是謂柳翼攘去不義萬民蕃息

尙書大傳湯半體枯
墨子湯封于亳方地百里與其百姓兼相愛交相利百
姓親之未沒世而王天下
新序湯見祝網者置四面其祝曰從天墜者從地出者
從四方來者皆罹吾網湯曰嘻盡之矣非桀其孰爲此
湯乃解其三面置其一面更敎之祝曰昔蛛蝥作網今
之人循序欲左者左欲右者右欲高者高欲下者下吾
取其犯命者漢南之國聞之曰湯之德及禽獸矣四十
國歸之
皇王大紀桀疾其大得諸侯和也召之囚于重泉夏臺
太公金匱桀怒湯以諛臣趙梁計召而囚之均臺寘之
種泉嫌于死湯乃行賂桀遂釋之而賞之贊茅
尙書中候天乙在亳諸鄰國襁負歸德東觀乎雒降三
分璧黃龍雙躍出濟于壇化爲黑玉赤勒曰元精天乙
受神福伐桀克三年天下悉合
後漢書湯克夏而大旱禱于桑林翦其爪磨其手以爲
犧祝曰政不節邪使人疾邪苞苴行邪讒夫昌邪宮室
營邪女謁盛邪何不雨之極邪
帝王世紀湯思賢夢見有人負鼎抗俎對已而笑寤而
占曰鼎爲和味俎者割截天下豈有人爲我宰者哉初
力牧之後曰伊摯耕于有莘之野湯聞以幣聘之
呂氏春秋殷湯討桀功名大成乃命伊尹作爲大濩歌

晨露修九招六列以見其善
鬻子湯之治天下也得慶誧伊尹湟里且東門虛南門
蠉西門疵北門側得七大夫佐以治天下而天下治
人表考帝湯殷商氏名履又名天乙竹書曰商侯履潛
夫論曰子履五德志曰黑帝以乙日生虛之星精晳而
長顏以髯兌上豐下脩肱龜背臂再肘足左扁而右便
爲侯十七年爲天子十三年百歲崩都亳冡在濟陰薄
縣北
按湯以乙日生曰帝乙白虎通云殷道尙質故直以
生日名子世紀云商家生子以日爲名蓋自上甲微
始

戴公 小序 古今人表列中下作宋戴公

宋戴公名白宦公之子在位三十四年謚法愛民好治曰戴典禮不塞曰戴

正義曰宋世家云微子啟卒弟仲衍立卒子宋公稽立卒子丁公申立卒子湣公共立卒弟煬公熙立湣公子鮒祀殺煬公而自立是爲厲公卒子釐公舉立卒子惠公覵立卒子哀公立卒子戴公立自微子至戴公凡十君除二及餘八君是微子之後七世至戴公也世家又云惠公四年周宣王卽位戴公二十九年周幽王爲犬戎所殺考校其年宣王以戴公十八年崩是戴公當宣王時也

正考甫 小序 古今人表列上下作宋正考父

鄭箋正考甫孔子之先也其祖弗甫何以有宋而授厲公

陸德明曰正考父宋湣公之曾孫孔子七世祖

正義曰世本云宋湣公生弗甫何弗甫何生宋父宋父生正考父正考父生孔父嘉爲宋司馬華督殺之而絶其世其子木金父降爲士木金父生祁父祁父生防叔爲華氏所偪奔魯爲防大夫故曰防叔防叔生伯夏伯夏生叔梁紇叔梁紇生仲尼則正考甫是孔子七世祖也 案家語本姓據世本弗父何生宋父周周生世子勝勝生正考父此脱去世子一代

困學紀聞宋世家云襄公之時修行仁義欲爲盟主其大夫正考甫美之故追道契湯高宗殷所以興作商頌注韓詩章句美襄公考之左傳正考甫佐戴武宣世本正考甫生孔父嘉爲宋司馬華督殺之而絶其世皆在襄公之前安得作頌于襄公之時乎

詩補傳周用六代之樂故周太師有商頌而太史公謂正考甫作其說本之韓氏今所存五篇皆言湯孫及武丁孫子無一辭及宋則知太史公信韓氏之爲妄矣

曹氏曰自戴公至襄公凡一百五十有一年正考甫既佐戴公而能至于襄公之時作頌何其壽邪

正考父鼎銘一命而僂再命而傴三命而俯循牆而走亦莫余敢侮饘于是鬻于是以餬余口

按史記宋世家襄公之時修行仁義其大夫正考父作商頌又云宋桓公卒太子茲甫立是爲襄公未葬而齊桓公會諸侯于葵邱襄公往會攷葵邱之會在魯僖公九年姑以襄公卽位之始而正考父作頌至魯襄公二十一年孔子生相距僅九十九年正考父于孔子爲七世祖豈中間世代俱十餘年之促乎又世本云正考父生孔父嘉魯桓公二年宋華督弒其君與夷 殤公 及大夫孔父宋人立公子馮爲莊公十九年卒子湣公捷立十一年南宮萬弒之弟桓公禦說立三十一年卒乃立襄公距殤公凡六十二年古者男子三十而娶正考父既生孔父嘉孔父又爲督所

殺無慮四五十年矣自殤至襄又歷六十二年之久正考父是時尚存已百有餘歲安得至是而作頌左傳明言正考父佐戴武宣矣宣公十四年卒弟穆公立孔父方爲大司馬先後時適相當微子至于戴公禮樂廢壞魯語昔正考甫校商之名頌十二篇于周太師以那爲首明是考甫校而非作矣

烈祖

鄭箋烈祖湯也

正義曰烈祖正謂成湯是殷家有功烈之祖也

湯孫 古今人表列上中作太甲

鄭箋湯孫太甲也

正義曰殷本紀湯生太丁太丁生太甲成湯嫡長孫也以其追述成湯當在初崩之後太甲是殷之賢主湯之親孫故知爲指太甲也

史記太甲居桐宮三年悔過自責反善伊尹迺迎而授之政太甲修德諸侯咸歸伊尹嘉之作太甲訓三篇褒帝太甲稱太宗

竹書紀年太甲名至元年辛巳王卽位居亳

繹史年表太甲太丁子在位三十三年或云十二年

世本古義按此湯孫指高宗也徧攷經傳唯高宗武丁祭成湯見于尚書序及史記覩于高宗免喪弗言自謂恭默思道此詩及烈祖二篇皆祀成湯之詩一則曰綏我思成再則曰賚我思成與思道賚予之言相合

人表考太甲湯適長孫也在位十二年稱太宗葬濟南歷城山上

按書序云成湯旣沒太甲元年是無外丙仲壬之年也邵氏經世亦無二君之年當是湯崩時外丙方二歲仲壬方四歲太甲差長故立之鄭氏以太甲湯之嫡長孫故謂湯孫爲太甲至烈祖篇孔疏述鄭以爲此時祭者當是中宗子孫亦是湯遠孫故得言湯孫初不定爲何人于殷武則鄭以湯孫爲太甲之等亦不專主太甲李迂仲謂鄭氏以湯孫爲太甲非也卽高宗也何氏楷曰案那及烈祖篇亦皆稱高宗爲湯孫說自可存

烈祖

中宗 小序 古今人表列上中作太戊

鄭箋中宗殷王太戊湯之元孫也有桑穀之異懼而修德殷道復興故表顯之號爲中宗

正義曰殷本紀湯生太丁太丁生太甲崩子沃丁立崩弟太庚立崩子小甲立崩弟雍已立崩弟太戊立是太戊爲湯之元孫也

竹書紀年太戊名密元年丙戌 通鑑前編元年甲辰

書序正義太戊小甲之弟太庚之子

繹史年表太戊雍已弟在位七十五年

史記帝太戊立伊陟爲相亳有祥桑穀共生于朝一暮大拱帝太戊懼伊陟曰臣聞妖不勝德帝其修德太戊從之而祥桑枯死伊陟贊言于巫咸巫咸治王家有成作咸艾作太戊帝太戊贊伊陟于廟言弗臣伊陟讓作原命殷復興諸侯歸之故稱中宗

帝王世紀桑穀共生于朝太戊問于伊陟伊陟退而占之曰桑穀野木不合生于朝意者朝亡乎太戊懼修先王之政明養老之禮三年而遠方重譯而至者七十六國

李樗曰商有三宗太甲爲太宗太戊爲中宗武丁爲高宗烈祖則祀中宗元鳥則祀高宗太宗則無詩烈祖鄭

氏以爲成湯歐陽氏以爲太戊以此序言祀中宗也

人表考太戊湯之元孫後書曰殷戊此王中興故號中宗葬大名內黃縣東南

元鳥

高宗　小序　古今人表列上中作武丁

鄭箋高宗殷王武丁中宗元孫之孫也有雉雊之異又懼而修德殷道復興故亦表顯之號爲高宗

正義曰殷本紀太戊生仲丁及外壬及河亶甲亶甲生祖乙祖乙生祖辛祖辛生祖丁祖丁生陽甲及盤庚及小辛及小乙小乙生武丁是武丁爲太戊元孫之孫當此之時殷衰而復興禮廢而復起高而宗之故謂之高宗

竹書紀年武丁名昭元年丁未命卿士甘盤

繹史年表武丁小乙子在位五十九年

史記帝武丁即位思復興殷而未得其佐三年不言政事決定于冢宰以觀國風武丁夜夢得聖人名曰說以夢所見視羣臣百吏皆非也于是迺使百工營求之野得說于傅險中是時說爲胥靡築于傅險見于武丁武丁曰是也得而與之語果聖人舉以爲相殷國大治

易乾鑿度孔子曰既濟九三高宗伐鬼方三年克之殷道中衰王道陵遲至于高宗內理其國以得民心扶救衰微伐征遠方三年而惡銷滅王道成殷人高而宗之

文王挺以校易勸德也

尚書大傳武丁祭成湯有雉飛升鼎耳而雊祖己曰雉者野鳥升于鼎者欲爲用也無則遠方將有來朝者故武丁內反諸己以思先王之道三年編髮重譯來朝者六國孔子曰吾于高宗肜日見德之有報之疾也

古今注雉尾扇起于殷世高宗時有雊雉之祥服章多用翟羽

人表考武丁名昭殷之賢王也德義高美殷人尊之故曰高宗抱朴子曰殷高在位五十九年葬陳州西華縣北

按帝王世紀云武丁有賢子孝己其母蚤死高宗惑

後妻之言放之而死天下哀之武丁為殷一代中興之主修德行仁以復王道豈有聽讒殺子之事不可信也

武丁

李樗曰此詩祀高宗而指武丁者蓋以諱事神周人之制自周以前則未嘗諱也

世本古義武丁名昭武丁其字也工歌于祖考之前直呼其字古人之尚質如此

按解頤新語云周人以諱事神駿發爾私克昌厥後皆不諱何也蓋周之前無諱至書稱元孫某則諱之始也然不以其名號之耳不指其人則亦不諱如穆王名滿後有王孫滿襄王名鄭後有衞侯鄭匡王名班春秋書曹伯班簡王名夷春秋書晉夷吾皆周之故實也然則此祀高宗而直斥武丁九見殷世尚質故耳

長發

禹古今人表列上上作帝禹夏后氏

大戴禮顓頊產鯀鯀娶于有莘氏之子謂之女志吳越春秋作女嬉產文命

論衡禹母吞薏苡而生禹故夏姓曰姒

帝王世紀伯禹夏后氏姒姓父鯀妻修已見流星貫昴夢接意感又吞神珠薏苡胸拆而生禹于石坳虎鼻大口兩耳參漏首戴鉤鈴胸有玉斗足文履已故名文命字高密案史記以文命為名張晏謂禹為名孔安國謂禹為字　禹纘鯀治水手足胼胝故世傳禹病偏枯足不相過至今巫稱禹步是也

法言昔者姒氏治水土而巫步多禹

淮南子禹耳參漏是謂大通興利除害疏河決江

尚書帝命期有人大口兩耳參漏足文履已首戴鉤鈴胸懷玉斗分別九州隨山濬川任土作貢

吳越春秋禹以六月六日生　堯曰俞以固冀於此乃號禹曰伯禹官曰司空賜姓姒氏統領州伯以巡十二部　禹三十未娶行到塗山恐時之暮失其度制乃辭曰吾娶也必有應矣乃有白狐九尾造于禹禹曰白者吾之服也其九尾者王之證也塗山之歌曰綏綏白狐九尾痝痝我家嘉夷來賓為王成家成室我造彼昌天人之際于茲則行明矣哉禹因娶塗山謂之女嬌世本名女媧大戴禮記作女憍氏　禹傷父功不成循江泝河盡濟甄淮七年功未及成乃按黃帝中經歷蓋聖人所記曰在于九山東南天柱號曰宛委赤帝在闕其巖之巔承以文玉覆以盤石其書金簡青玉為字編以白銀皆瑑其文禹乃東巡登衡嶽血白馬以祭不幸所求禹乃登山仰天而嘯因夢見赤繡衣男子自稱元夷蒼水使者聞帝使文命于斯故來候之非厥歲月將告以期無為戲吟故倚歌覆斧之山東顧謂禹曰欲得我山神書者齋于黃

帝巖嶽之下三月庚子登山發石金簡之書存矣禹退又齋三月庚子登宛委山發金簡之書案金簡玉字得通水之理

呂氏春秋禹行功見塗山之女禹未之遇而巡省南土塗山氏之女乃令其妾待禹于塗山之陽女乃作歌歌曰候人兮猗實始作爲南音

拾遺記鯀治水九載無績自沈于羽淵化爲元魚羽淵與河海通源海民于羽山之中修立鯀廟四時以致祭祀常見元魚跳躍而出至舜命禹疏川奠岳濟巨海則黿鼉而爲梁踰翠岑則神龍而爲馭行徧日月之墟唯不踐羽山之地

鹽鐵論禹慼洪水身親其勞澤行路宿過門不入當此之時簪墮不掇冠掛不顧

古岳瀆經禹治水三至桐柏山驚風迅雷石號木鳴五伯擁川天老肅兵不能興禹怒召集百靈授命夔龍桐柏千君長稽首請命禹因囚鴻冢氏商章氏兜氏盧氏犂婁氏乃獲淮渦水神名巫支祈善應對言語辨江淮之淺深原隰之遠近形若獼猴力踰九象疾奔輕利倏忽聞視不可久禹乃授之童律不能制授之烏木田不能制授之庚辰能制頸鎖大索鼻穿金鈴徙之淮陽之龜山足下淮水安流

六經奧論昔鯀治水汨陳五行禹之治水順五行之序一曰水禹治水自冀州始冀爲帝都在北方屬水故冀在先水生木木屬東方故次兗次青次徐皆東方也木生火火屬南方故次揚次荆皆南方也火生土土屬中央故次豫豫居天下之中也土生金金屬西方故終之以梁雍焉

鬻子禹之治天下也以五聲聽門懸鐘鼓鐸磬而置鞀以得四海之士爲銘于簨虡曰教寡人以道者擊鼓教寡人以義者擊鐘教寡人以事者振鐸語寡人以憂者擊磬語寡人以獄訟者揮鞀此之謂五聲是以禹嘗據一饋而七十起四海之士皆至　禹之治天下也得皐陶杜子業既子施子黯季子甯然子湛輕子玉得七大夫以治天下天下治

漢書禹收九牧之金鑄九鼎象九州皆嘗鬺亨上帝鬼神其空足曰鬲以象三德饗承天祜

困學紀聞成相曰禹傅土平天下躬親爲民行勞苦得益皐陶横革直成爲輔注云横革直成未聞嘗考呂氏春秋云得陶化益眞窺横革之交五人佐禹故功績銘乎金石著于盤盂陶即皐陶也化益即伯益也眞窺即直成也横革即横革也皆禹輔佐之名

水經注會稽山上有禹廟昔大禹東巡崩于會稽因葬其地鳥爲之耘春拔草根秋啄其穢山東有井深不見底即禹穴也

史記禹會諸侯江南計功而崩因葬焉命曰會稽會稽者會計也

說文禹葬會稽桐棺三寸葛以緘之

人表考禹本書作佘師古曰古禹字路史作疍華陽國志曰聖禹書帝驗曰姒戎文禹淮南子注禹母感石而生路史則云獲石服媚之而孕孕十四月背剖而生禹于西羌參之星精長九尺九寸耳三漏長頸鳥喙河目駢齒虎鼻大口疾行先左在位八年年百歲都安邑　案史正義三國蜀志華陽國志吳越春秋竝言禹生石紐鄉爲蜀之汶山廣柔人然古帝王多起冀方其時蜀又不與中國通且鯀娶有莘氏女莘在陳留其封于崇爲今鄠縣相去不甚遠何緣家居蜀土攷世紀禹生石坳路史注有人出石夷引隨巢子云禹生崑石又言隨巢謂生碣石之東然則所稱石夷石坳崑石者指崑崙碣石戎夷之地與後書戴良傳言禹生西羌合世人傅會其說移于蜀之石紐也

有娀古今人表列上中作簡逷

毛傳有娀契母也

說文娀帝高辛之妃偰母號也

正義曰有娀契母之姓婦人以姓爲字故云有娀

世本帝嚳次妃有娀氏女曰簡狄生契

列女傳簡狄有娀氏之長女也

呂氏春秋有娀氏有二佚女爲之九成之臺飲食必以鼓帝令燕往視之鳴若謚隘二女愛而爭搏之覆以玉筐少選發而視之燕遺二卵北飛遂不返二女作歌一終曰燕燕往飛實始作爲北音

拾遺記商之始也有神女簡狄遊于桑野見黑鳥遺卵于地有五色文作八百字簡狄拾之夜夢神母謂之曰爾懷此卵即生聖子以繼金德狄乃懷卵一年而有娠經十四月而生契祚以八百叶卵之文也

世本古義有娀契母家所封國也史記言桀敗于有娀之墟其地在陝虢閒有娀氏有二女長曰柬逖次曰建疪柬逖爲嚳次妃是爲簡翟故屈原云簡翟在臺嚳何宜乙鳥致貽女何喜又云高辛氏之靈盛兮遭乙鳥而致貽古書之存者言簡翟未嘗不及于嚳譙周謂契生堯代舜始舉之必非嚳子羅泌闢之何所疑邪

人表考簡逷簡路史作柬逷帝繫記作狄索隱作易淮南子作翟有娀氏女月令注疏曰娀簡亦曰簡妃後王以爲媒官謂之高禖

元王古今人表列上中作卨

毛傳元王契也

鄭箋承黑帝而立子故謂契爲元王

正義曰鄭以契不爲王元又非謚解其稱元之意元黑色之別以其承黑帝子故謂元王國語云元王勤商十

四世而興元王爲契明矣是其爲王之祖故呼爲王非追號爲王也

昌契握云元鳥翔水遺卵流娀簡狄吞之生契封商

帝王世紀簡狄剖背生契

論衡禼母吞燕卵而生契故殷姓曰子

詩補傳以契爲元王以志元鳥之祥猶后稷之名以棄也古人質朴故有此稱

李樗曰契未爲天子而乃稱王者以其爲王之祖也謂之元王者歐陽公言元深微之稱也老子曰元之又元此說得之

世本古義元者幽遠之義稱契爲元王亦猶曾孫之下爲元孫蓋以其爲遠祖而名之或謂其生因元鳥降得名而鄭又謂黑帝所感生故以元稱皆不可信

人表考禼本作契說文作偰以元鳥子生故姓子稱曰元王封于商又居蕃

按契以卵生當从毛氏春分元鳥至日簡狄祈于郊禖而得之說爲正通鑑前編亦云古人以元鳥至之日祀于高禖以祈子簡狄以是日祈焉而孕故傳述其感生之祥吞卵之說未可盡信

相土古今人表列上下

毛傳相土契孫也

鄭箋相土居夏后之世承契之業入爲王官之伯出長諸侯

正義曰相土是昭明之子契之孫也契封商國相土嗣之止爲一國之君不得威行海外故知入爲王官之伯出長諸侯王肅云相土能繼契四海之外截然整齊而治言有烈烈之威則相土在夏爲司馬之職掌征伐也

世本相土作乘馬

世本古義案竹書載帝相十五年商侯相土作乘馬遂遷于商邱與左傳言陶唐氏火正閼伯居商邱相土因之者合其曰作乘馬則此詩所詠也乘馬即甸賦也班固漢志謂殷周以兵定天下立司馬之官設六軍之衆因井田而制軍賦是謂乘馬之法今據竹書所載則乘馬之法夏后之世相土固先爲之矣

人表考相土世本及竹書作相士土古通寫荀子稱乘杜杜與土同以其作乘馬之法故謂之乘杜居商邱故曰商侯　案呂覽乘雅作駕注雅一作持疑皆杜字之譌

武王

毛傳武王湯也

史記湯興師率諸侯自把鉞以伐昆吾遂伐桀作湯誓于是湯曰吾甚武號曰武王

那正義稱湯爲武王者以其伐桀革命成就武功故以武名之非其號謚也

夏桀古今人表列下中作癸

史記帝發崩子帝履癸立是爲桀桀不務德而武傷百姓百姓弗堪湯伐夏桀走鳴條遂放而死

國語桀伐有施有施人以妹喜女焉

楚辭注夏桀征伐蒙山之國而得妹嬉

列女傳桀棄禮儀淫于婦人收倡優侏儒狎徒能爲奇偉戲者聚之于旁造爛漫之樂日夜與末喜及宮女飲酒無有休時置末喜于膝上聽用其言爲酒池可以運舟一鼓而牛飲者三千人輢其頭而飲之于酒池醉而溺死者末喜笑之以爲樂

帝王世紀妹喜好聞裂繒之聲爲發繒裂之以順適其意　湯來伐桀以乙卯日戰于鳴條之野桀未戰而敗績乃與妹喜及諸嬖妾同舟浮海奔于南巢之山而死

新序桀作瑤臺罷民力殫民財爲酒池糟隄縱靡靡之樂羣臣相持而歌曰江水沛沛兮舟楫敗兮我王廢兮趣歸薄兮薄亦大兮又曰樂兮樂兮四牡蹻兮六轡沃兮去不善而從善何不樂兮伊尹知天命之至舉觴而告桀曰君王不聽臣之言亡無日矣桀拍然而作啞然而笑曰子何妖言吾有天下如天之有日也日有亡乎日亡吾亦亡矣

歸藏桀筮伐有唐枚于熒惑曰不吉不利出征惟利安處彼爲貍我爲鼠勿用作事恐傷其父

博物志夏桀之時爲長夜宮于深谷之中男女雜處十旬不出聽政天乃大風揚沙一夕塡此宮谷又爲石室瑤臺關龍逢諫桀以爲妖言而殺之　桀作瓦屋

新書桀自謂天父

淮南子桀之力制觡伸鉤索鐵歙金椎移大犧水殺黿鼉陸捕熊羆　桀囚于焦門而不能自非其所行而悔不殺湯于夏臺

呂氏春秋夏太史令終古出其圖法執而泣之夏桀迷惑暴亂愈甚太史令終古乃出奔如商

繹史年表桀無道成湯伐之放南巢在位五十二年或云三十一年

人表考癸一名桀長巨姣美垂腴尺餘筋力越勁自謂天父湯放于南巢以乙卯日亡三年卒亭山　案此表及竹書單稱癸甚是史誤多履字湯名曰履豈有君臣同名之理

阿衡　古今人表列上中作伊尹

毛傳阿衡伊尹也

鄭箋阿倚衡平也伊尹湯所依倚而取平故以爲官名

正義曰伊是其氏尹正也言其能正天下故謂之伊尹阿衡其官名也君奭注云伊尹名摯湯以爲阿衡至太甲改曰保衡阿衡保衡皆公官此言卿士者二公兼卿士也

呂氏春秋有侁氏女子採桑得嬰兒于空桑之中獻之

其君其君令烰人養之察其所以然曰其母居伊水之上孕夢有神告之曰臼出水而東走毋顧明日視臼出水告其鄰東走十里而顧其邑盡爲水身因化爲空桑故命之曰伊尹此伊尹生空桑之故也

荀子伊尹之狀面無須麋

宋書符瑞志伊摯將應湯命夢乘船過日月之旁

墨子湯將往見伊尹令彭氏之子御彭氏之子半道而問曰君將何之湯曰將往見伊尹彭氏之子曰伊尹天下之賤人也君若欲見之亦令召問焉彼受賜矣湯曰非女所知也今有藥于此食之則耳加聰目加明則吾必說而强食之今夫伊尹之于我國也譬之良醫善藥也而子不欲我見伊尹是子不欲我善也因下彭氏之子不使御

史記或曰伊尹處士湯使人聘迎之五反然後肯往從湯言素王及九主之事湯舉任以國政案劉向別錄九主者有法君專君授君勞君等君寄君破君國君三歲社君凡九品圖畫其形

氾勝之書湯有旱災伊尹作爲區田教民糞種負水澆稼收至畝百石

皇王大紀伊尹言于王發莊山之金鑄幣通有無于四方以賑救之民是以不困

帝王世紀沃丁八年伊尹卒卒年百有餘歲大霧三日沃丁葬之以天子禮祀以太牢親自臨喪三年以報大德

書序孔傳伊尹既致仕老終以三公禮葬

竹書紀年沃丁八年祠保衡

漢書音義臣瓚案湯居亳今濟陰薄縣是也今薄有湯冢已氏有伊尹冢皆相近

困學紀聞陸士衡豪士賦序伊尹抱明允以嬰戮蓋惑于汲冢紀年之妄說也皇甫謐云伊尹百有餘歲

李樗曰此詩言禘其祖之所自出而末言實維阿衡蘇氏云阿衡亦與禘祭意或然也

世本古義阿衡官名郝敬云如太公之號尚父也按此宰相之位上卿之職太甲改官名爲保衡書君奭篇成湯既受命時則有若伊尹在太甲時則有若保衡以伊尹保衡是一人故一稱其名一稱其官也

人表考伊氏尹字名摯力牧之後母居伊水上生于空桑黑而短蓬而髯豐上兌下僂身下聲爲湯右相易林曰伊子亦曰伊伯文選曰伊生後書曰伊公阿衡隸釋作猗衡文選曰太阿年百餘歲冢在濟陰已氏平利鄉

按史記帝王世紀新語韓非子諸書俱言伊尹爲有莘媵臣負鼎說湯固與孟子說背馳呂氏春秋但云有侁氏爲媵送女其說亦誣墨子乃謂爲有莘氏女師鷮冠子以伊尹爲酒保更荒誕不經至若伊尹之放太甲自孟子辯之遂爲千古定案羅泌曰周公之

拖沖子太甲之居桐皆在諒陰時元祀十二月王始居陰百官聽于冢宰此喪之常紀非攝也謂之放者自內而外之辭抗世子之謂云爾非廢也三年復歸于亳是起復之時非再立也羅氏之說甚正汲冢紀年謂伊尹放太甲而自立則尤妄矣

殷武

殷武

毛傳殷武殷王武丁也

正義曰述高宗而言殷武故定本直云殷武武丁也世本古義商自盤庚遷殷始改國號曰殷武丁名昭小乙之子成湯十四世孫廟號高宗鄒氏云商家賢聖之君惟載旆之湯及奮伐之丁以武特聞

詩氏族考卷第六

受業海昌蔣光煦校

春秋三傳異文釋

春秋三傳異文釋自敘

孔子作春秋明王道筆削謹嚴游夏不能贊一辭漢嚴氏彭祖引觀周篇云孔子將修春秌與左邱明乘如周觀書於周史歸而修春秌之經邱明為之傳共為表裏齊公羊高魯穀梁赤為子夏之門人竝作傳以發明春秌之誼三家於經互有得失前人論之綦詳左氏先著竹帛公穀先繇口授後著竹帛所說不能盡同公羊著於漢景之時穀梁顯於漢宣之代歷世既久安能無展轉傳寫之誤其閒方俗異言音聲易淆而文字因隨以變經師授受家灋各殊故三傳之文最為錯雜唐陸德明經典釋文廑采諸家之文字音切而未盡會通其誼茲就擘窾之餘見經史傳注諸子百氏所引以及漢唐宋石經宋元槧本校其異同或字有古今或音近通假或沿襲乖舛悉據古誼而疏證之而前儒之論說竝為蒐緝使正其譌繆辨其得失折衷以求一是學者讀之而經傳之異文亦可無惑於紛紛之歧說矣

嘉慶十有八秊歲在尙章作鄂陽月李富孫述

春秋三傳異文釋卷一

嘉興李富孫學

春秋左氏傳一

傳仲子生而有文在其手曰爲魯夫人論衡雷虛紀妖竝作在其掌自然篇仍作手正義石經古文魯作夬案正義云成季唐叔亦有文在其手曰友曰虞王充作掌佀較明古文魯作夬與說文合見攴部

隱元年經公及邾儀父盟于蔑公羊作邾婁儀父桓十七年經公會邾儀父盟于趡公羊作邾婁儀父莊十三年邾人公羊作邾婁人十五年邾人僖元年邾人十八年邾人十九年邾人成十五年邾人襄元年邾人十四年邾人小邾人廿九年小邾人昭廿五年邾人小邾人卅二年穀梁邾人小邾人竝作邾婁人小邾婁人僖元年邾師公羊作邾婁師十九年盟于邾廿二

年伐邾卅二年伐邾卅三年伐邾文十四年納捷菑于邾宣十年伐邾襄廿三年邾畀我公羊竝作邾婁僖廿八年邾子文十三年邾子襄十七年邾子廿二年邾子小邾子廿四年邾子小邾子廿十一年邾子定三年邾子公羊竝作邾婁子小邾婁子盟于眛穀梁唐石經亦作眛注疏本作眛後漢李固傳注引同文七年經晉先蔑奔秦公穀作先眛公羊疏左穀作先蔑漢鄒陽傳儀作義汲郡古文作魯隱公及邾莊公盟于姑蔑案何休注云邾婁者夷言婁聲相近也釋文婁邾人語聲後曰婁故曰邾婁葢方言有語聲在肯者句奚於越是也有語聲在後者邾婁是也檀弓釋文云邾人呼邾聲曰婁故曰邾婁鄒陽傳師古注義讀曰儀古禮儀字本作義漢書从古字莊十六年經邾子克夷父當卽儀父夷儀同音說文蔑勞無精也勞則蔑然眛目不明也眛義同五經文字眛音蔑文選劇秦美新注眛或爲蔑荀子議兵注眛與蔑同古眛蔑同音義通杜注蔑姑蔑魯地汲郡古文作姑蔑惠氏補注謂隱公名息姑當時史官爲之諱也

傳故不書爵釋文云一本無故字案正義本有故字當从之

鄭武公娶於申釋文於作于唐石經經傳中于於二字錯見案說文云于於也詩采蘩傳擊鼓箋同象气之舒亏於古文烏省士昏禮記注今文於爲于易詩書春秋多作于禮論語春秋傳多作於此古今字之異

及共叔段潛夫論志氏姓作恭莊廿四年傳德之共也後漢翟酺傳共作恭注

引同僖十年傳改葬共大子檀弓作恭世子釋文共本亦作恭漢五行志引同左行共華通志氏族略共氏亦作恭十七年傳衞共姬廿七年傳杞不共也釋文共本亦作恭成七年傳楚共王呂覽作荊龔王魯晉楚語說苑淮南竝作恭十五年經宋共公漢五行志作恭昭七年傳三命滋益共孔子世家作恭十一年傳不道不共漢五行志作恭十六年傳無有不共恪釋文作恭廿八年傳共子之廢釋文共本亦作恭案詩韓奕箋云古之恭字或作共是共爲古借字

巖邑也釋文云巖本又作嚴案詩維石巖巖經音辨引作嚴云巖巖高也巖巖形聲相佀古字通見詩釋

他邑惟命明監本閩本毛本足利本作佗案九經字樣云他說文作佗音拕古作它後通作佗唐石經作他字俗

祭仲曰易林作蔡仲昭十二年傳祭公謀父穆天子傳作郲公案呂覽音初

蔡公𢬵於澨中古今人表作祭公僖四年傳疏引作祭二字古通說文祭周邑也古从省借

都城過百雉水經濟水注引作京城案坊記曰都城不過百雉杜預注凡邑有先君之廟曰都是槩言之鄙注作京城當即京邑所謂京城大叔也

必自斃釋文云斃本又作弊僖十年傳斃於韓論衡引作斃襄廿九年傳將巳其力斃漢五行志引作敝下實斃之同昭元年傳弗能斃也漢五行志引作敝哀二年傳斃于車中釋文斃本亦作弊案釋言曰斃踣也說文獘為或斃字後省作獘弊俗字與敝同皆巳同音通用段氏曰獘引伸為利弊字遂改其字作弊

不義不暱說文黍部暱引作䵒云黏也或作⿰黍刃周禮弓人注作昵疏引同文選朱浮與彭寵書注引亦同僖廿四年傳暱近尊賢文選宣德皇后令注引作昵成十三年傳暱就寡人釋文作昵襄二年傳其誰暱我釋文暱本又作昵昭廿五年傳私降暱宴說文日部引作暱宴哀廿年傳親暱之極也釋文作昵案釋言曰䵒膠也弓人注杜子春云昵或為䵒黏也方言亦云䵒粘也說文暱或作昵昵與䵒同故傳作暱字九經字樣云䵒見春秋則唐時本尚有作䵒者邵氏晉涵曰說文作䵒言不義者不能堅固故下文云厚將崩今本作不暱杜注訓暱為親則與厚將崩之文詞不相屬矣

若闕地及泉鄭世家作穿地後漢周舉傳注引作掘案穿與闕義同惠氏補注云山海經注厥掘也今从門厥聲闕又與屈通故後世有掘字

隧而相見御覽四百十二隧引作⿰土遂案玉篇云⿰土遂墓道也正作隧廣韵⿰土遂俗字錢氏曰說文闓即隧而相見之隧

其樂也融融文選思元賦注引作彤彤案賦云展洩洩巳彤彤正用此文舊注洩洩彤彤皆和貌李善云融與彤古字通後漢張衡傳注仍引作融云彤與融通

預凶事唐石經預作豫案杜注作豫說文豫象之大者引伸為豫行之字預為新坿字徐鉉曰經典通用豫

二年經無駭帥師入極穀梁作無侅八年經無駭卒穀梁亦作侅公羊作展無駭古今人表無作亾莊二年經無麥苗漢五行志無作亡八年經齊無知殺其君十二諸侯年表作毋知古今人表作亡廿八年經大無麥禾五行志作亡成十八年傳韓無忌人表作亡襄七年傳孫子無辭亦無悛容九年傳國亂無象昭十一年傳若無賊咨五行志竝作亡十三年傳寅須無十五年傳費無極人表竝作亡其反無分乎五行志作亡哀二年傳鄭無恤人表作亡案說文云無亾也亾無聲相近義同史記从今文作毋漢書多作亾字襄卅一年傳誰能無偷五行志引作毋杜注無駭不書氏未賜族公羊作展無駭是追書之也釋文侅音詼又戶楷反說文侅駭竝从亥聲音義相近字亦通

紀裂繻來逆女公羊作紀履繻穀梁作履綸案顧氏唐韻正裂上聲音履裂履聲之轉公羊釋文繻亦作綸音須說文繻繒采色徐鉉曰漢書傳符帛也玉篇繻又思俱切帛邊也古者過關巳符書帛裂而分之若今券也綸布也裂繻字子帛則从左氏為正廣韻衫

綸帛也繻綸音同義通惠氏士奇曰古裂讀爲厲履厲音相近見詩釋

紀子帛莒子盟于密公穀作紀子伯案穀梁傳曰或曰年同爵同故紀子以伯先也釋文子伯如字長也內則注云紀子帛名裂繻杜注子帛裂繻字弓人疏云裂繻字子帛則爲裂破衣義史記伍子胥傳伯嚭論衡逢遇作帛喜注讀作伯嚭吳越春秋作帛否帛伯聲近古通

傳費庈父勝之山井鼎攷文宋本永懷堂本作庈父案釋文庈音琴當从今聲俗本作庈譌

三年經日有食之十二諸侯年表皆作日蝕釋文云食本或作蝕音同昭廿一年傳日有食之文選弔魏武帝文注引作蝕下同案釋名曰日月虧曰蝕稍小侵虧如蟲食艸木之葉古通作食字諸書或多作蝕史漢二字錯見

君氏卒公穀作尹氏昭二十年傳棠君尙釋文君或作尹案左氏傳君氏卒聲子也公穀竝云尹氏天子之大夫也荀子大略堯學于君疇古今人表作尹壽新序雜事引同公穀作尹亦聲之轉故各據師傳之本言之顧氏炎武曰君氏卒以定十五年姒氏卒例之从左氏爲是若天子之卿則當舉其名不但言氏也趙氏佑曰君母而謂君氏此名言之不順公穀作尹氏公羊以爲譏世卿實近事理

葬宋穆公公穀作繆公鄭世家宋世家作穆古今人表同莊廿八年傳秦穆夫人古今人表作繆僖四年經葬許穆公宣三年葬鄭穆公成三年葬衞穆公公穀竝作繆十三年傳秦穆公秦本紀前後皆作繆古今人表作繆襄九年葬穆姜公穀作繆案禮記大傳序以昭繆注繆讀爲穆聲之誤也魯世家大公召公乃繆卜徐廣曰古書穆字多作繆故繆與穆古字竝通史記凡謚穆繆穆二字亦錯見梁氏玉繩曰繆與穆同史蒙恬傳風俗通皇霸以繆爲惡謚惟酉陽雜俎續集云論衡言秦穆爲繆音謬可笑也錢氏曰古書昭穆之穆與謚法之繆二字相亂

傳又取成周之禾詩兔罝疏引作之粟案禾以連稾本而言粟穀實也時值秋穫當取其禾言粟亦可通

苟有明信詩采蘩疏引作明德案采蘋疏仍作明信歬後未檢正或轉寫有誤

澗谿沼沚之毛釋文作時云本又作沚案釋名云沚止也說文畤天地五帝所基止祭也正義云洔玉篇沚或作洔與畤音義同作畤亦通假字

蘋蘩薀藻之菜唐石經蘩作緐薀作蘊六年傳芟夷蘊崇之釋文作薀稻人職注疏引同唐石經同昭十年傳蘊利生孽說文艸部引作薀唐石經攷文永懷堂本同廿五年傳將薀釋文薀本又作蘊文選注劉楨贈從弟傅亮修張良廟教引作蘊藻案詩于以采蘩釋文云本亦作緐鄉射禮作采緐是从省

杜注藻聚藻也本毛傳正義云此草好聚生薀訓聚也說文薀積也與聚義通則當作薀張有復古編同蘊俗字

得保首領以沒釋文云沒本亦作歿昭廿五年傳獲保首領以歿唐石經

作没哀十六秊傳君其不没於魯乎漢五行志作歿案說文云歾終也或作歿

没沈也二字音同義異今多通用

羣臣願奉馮也釋文云馮本亦作憑襄廿五秊傳以憑陵我敝邑釋文作馮唐石經同案說文云馮馬行疾也徐鉉曰經典通用爲

依馮字今別作憑非是

百祿是荷釋文作何云本又作荷昭七秊傳其子弗克負荷釋文荷本亦作何漢魯峻碑作斯薪弗何唐石經作何宋淳化本岳氏本同案詩

本作何古㠯荷爲苛察字負荷作何說文何儋也徐鉉曰儋何卽負何也僭爲誰何之何今俗別作擔荷

非是宋本多依開成石經

降而不憾釋文云憾本又作感同恨也五秊同文十四秊傳不

可使多蓄憾釋文憾本又作感宣二秊傳以其私憾釋文憾本亦作感十二秊傳二憾往矣釋文作感成二秊傳朝夕釋憾於敝邑之地釋文作感云本又作憾唐石經初刻二憾釋憾竝作感襄十六秊傳釋憾於敝邑之地釋文作感云本亦作憾羣經音辨作感廿九秊傳猶有憾釋文同昭廿一秊傳心是以感感實生疾唐石經初刻作憾哀十七秊傳令尹有憾於陳釋文憾本又作感案說文無憾字

吳世家索隱曰憾或作感字省耳亦讀爲憾復古編

感又枏紺切恨也羣經音辨感恨也動也戶暗切是

感字本有兩音二義憾俗體錢氏曰感卽憾也石經

初刻之勝於後改者

兄愛初學記廿引作兄友案友與愛義同

四秊經衞州吁弑其君完穀梁作祝吁下殺州吁于濮穀梁亦作祝

釋文云弑本又作殺同音試十一秊傳而請弑之釋文作殺使賊殺公于寪爲

氏唐石經作弑桓十七秊傳殺莊公唐石經同莊八秊經齊無知殺其君唐石經作弑僖八秊經里克殺其君之子公羊作弑廿四秊傳而弑晉侯釋文作殺云又作弑文十四秊傳齊商人弑其君舍釋文作殺宣四秊經弑其君夷皋漢五行志作殺唐石經同成十七秊傳程滑弑厲公文選辨命論注引作殺襄廿五秊傳欲弑公以說于晉廿九秊經閽弑吳子餘祭卅一秊傳弑之乃立昭元秊傳縊而弑之釋文竝作殺十五秊傳殺公子比公羊作弑定四秊傳將弑王釋文作殺又申志反下同哀四秊經盜殺蔡侯申十六秊傳殺王不辭唐石經竝作弑案周禮儀禮禮記祝字釋文皆音

之六之又二反書逸祝冊左哀廿五秊傳公羊襄廿

九秊傳釋文同桓五秊城祝丘洪範五行傳云輿州

邱之役唐韻正祝平聲音州州祝是聲之轉趙氏佑曰古讀祝如呪故得與州通釋文殺如字又音試讀與弑同漢高帝紀

師古注殺讀曰弑古二字通用

傳公及宋人遇于清唐石經作宋公淳化本同案經作

宋公此作宋人當爲轉寫之譌

五秊經公矢魚于棠公穀作觀魚傳公將如棠觀魚者釋文本亦作漁者釋文云魚本亦作漁昭十二秊傳乃使叔魚古今人表作叔漁十二諸侯

秊表作觀魚續漢郡國志注文選吳都賦李善注引

同魯世家濼五行志作觀漁案左氏曰陳魚而觀之

釋詁矢陳也穀梁曰常事曰視非常曰觀陳與觀義

竝通杜注今高平方與縣北有魯侯觀魚臺易㠯佃

㠯漁釋文本亦作魚說文云魚捕魚也則捕魚謂之

魚段氏曰捕魚字古文本作魚周禮𩺰人釋文𩺰本又作魚是魚

卽古漁字錢氏曰說文鄺卽觀魚于棠之棠

鄧師師魯世家鄧作揮案文選西征賦注揮與鄧古字
通二字同聲故通用
僞師入郕公穀作入盛十年經齊人鄭人入郕桓三年公會杞侯于郕公穀竝作盛六年公會紀侯于成穀梁作郕莊八年師及齊師圍郕郕降于齊師公羊作成文十二年郕伯來奔公羊作盛十八年傳以謚盛德疏服本作成德宣二年傳盛服將朝釋文本或作成案公羊莊八
年傳曰成者何盛也盛則曷爲謂之成諱滅同姓也
易成象之謂乾釋文蜀才作盛象郕盛同聲故公穀
竝通用趙氏佑曰成盛自是一字而後加邑爲郕者
非諱盛爲成也王氏引之曰古字多借盛爲成
傳臧僖伯諫漢五行志作臧伯古今人表同案說文云
釐家福也史記文帝紀吾聞祠官祝釐如淳注釐福
也賈生傳文帝方受釐坐宣室漢書顏注釐本字作
禧借用同音僖史漢凡謚曰僖皆通用釐亦同音假
字齊世家音義史記僖字皆作釐詩柏舟小序疏云釐音僖古今字
異而音同段氏曰春秋三傳僖公史漢皆作釐公殆
史漢假釐爲僖乎
秋獮釋文云獮說文作𤜶案說文云𤜶秋田也或作禒
今經傳皆作獮从省土部壐字籀文从玉同
鳥獸之肉釋文云一本作其肉案之其音相近依義作
之字爲勝
敝邑爲道釋文云道本亦作導案石鼓文導遄我駟音
訓衜卽導字說文作導大司樂職注道讀曰導經典

通用道字
六年經鄭人來渝平公穀作輸平案左氏曰更成也杜
注渝變也正義變平者變更前惡而復和好公羊曰
輸平猶墮成何言乎墮成敗其成也穀梁曰來輸平
者不果成也廣雅輸更也疏證輸讀爲渝是輸渝古
字通義亦不異王氏應麟曰詛楚文變輸盟刺卽渝
字朱文公引以證公穀鄭人來輸平卽渝平也惠氏
曰渝讀爲輸渝更也平成也傳曰更成注獨訓渝爲
變必俗儒傳寫之誤服注亦訓爲更古文渝輸通輸
亦訓墮左氏謂之更成公羊謂之墮成其義一耳趙
氏坦曰隱公未與鄭人平則此書渝不得爲墮其成
渝輸音近義同
傳不可鄉邇釋文云鄉本又作嚮案今東晉古文書作
嚮此俗字左傳作鄉猶存漢時相傳舊本
芟夷蘊崇之說文癶部引作癹夷云癹足蹋夷艸案杜
注云芟刈也癹與芟音義不同當以字形相亂廣韻
癹除草文選荅賓戲夷險芟荒晉灼注發開也與癹
字義實相因周禮注稻人薙氏文選東京賦注後漢宦者
傳注竝作芟字
猶懼不旣衆經音義二十引作不暨莊九年經盟于旣公穀竝作暨案杜
注云旣至也玉篇暨與也至也音義同
七年經天王使凡伯來聘釋文云凡字本作汎音凡案

僖廿四秊傳凡蔣邢茅胙祭凡伯當爲會桼於凡佀
汎者或隸體通字
傳畝如忘說文欠部引佀而忘昭六秊傳火如象之漢五行志引佀而象案
僖廿六秊傳室如縣罄注如而也穀梁莊七秊傳注
漢五行志竝同孟子九一而助趙注而如也此傳服
注亦云如而也臨畝而忘其盟載之辭正與許合古
二字竝通用臧氏琳曰古之而字多叚借佀如故服
注轉如爲而杜氏意佀如字讀恐非
八秊經鄭伯使宛來歸祊公穀佀歸邴傳曰泰山之祊易許田漢五行志引佀邴九秊經公會齊侯于防公穀佀邴案急就篇邴勝箱注邴一佀
祊音柄士冠禮注今文枋爲柄士昏禮注同少牢饋

食禮注古文柄皆爲枋古从方从丙字多通祊邴亦
音相近惠氏曰穆天子傳天子北入于邴郭璞曰邴
鄭邑左傳佀祊古丙同字錢氏曰祊邴即說文仿俩
相通之例
蔡侯攷父卒蔡世家佀揩父十二諸侯秊表佀措論案
史公雜取它書故所據有不同因竝存㠯徵舊聞
公及莒人盟于浮來公穀佀包來案鹽鐵論毀學李斯
與苞邱子同事荀卿苞邱即浮邱子也漢楚元王傳
浮邱者孫卿門人古蕭宵肴豪與尤幽韻相通轉故
浮轉爲苞王氏引之曰包與苞通包浮古聲相近趙氏佑曰范甯注包來宋邑誤杜注浮來紀邑按山東莒州舊志相傳古莒國州東北二十里有山曰浮來又曰包來亦偁公來土俗㠯爲因魯隱公來盟于此而名
傳胙之土而命之氏文選注陸機皇太子宴元圃詩魏公九錫文陽給事誄引
佀祚之㠯土昭九秊傳非祚之也釋文佀胙云本又佀祚案說文新坿祚
字云祚福也凡祭必受胙胙即福也此字後人所加
是古但佀胙字李善所據本當有㠯字
諸侯㠯字爲謚五帝本紀集解駁五經異義引佀爲氏
案古無㠯字爲謚者當佀氏謚字誤明陸氏粲傅氏
遜顧氏炎武皆辨正之洪氏頤煊曰正義服虔云公
之母弟則㠯長幼爲氏貴適統伯仲叔季是也庶公
子則㠯配字爲氏尊公族展氏臧氏是也服本當佀
㠯字爲氏

九秊經天子使南季來聘公穀佀天王足利本同案經
甫後皆偁天王此佀天子俗本之譌
挾卒公穀佀俠穀梁隱九秊傳所俠也唐石經佀挾案詩使不挾四方韓
詩外傳佀俠漢禮樂志師古注俠與挾同季布傳注
俠之言挾也灋言注云俠與挾同持也
傳使勇而無剛者嘗寇而速去之詩皇矣箋引佀使勇
而無剛者肆之案文十二秊傳若使輕者肆焉其可
杜注云肆暫往而退也則與速去意亦同詩疏云左
傳隱九秊文十二秊其言皆不與此同鄭㠯輕者與
勇而無剛義同故引之而遂繆也
十秊經宋人蔡人衞人伐戴公穀佀伐載釋文載本或

佮戴哀十五年傳景伯負載載疏引劉炫佮戴漢五行志佮減戴師古注讀者多誤爲載唐石經初刻佮載案詩載弁俅俅釋言注玉篇頁部竝引佮戴弁鄭箋載猶戴也曲禮儒行釋文竝云載音戴本亦佮戴釋名載戴也戴枉其上也又云戴載也載之於頭也荀子解蔽注載讀曰戴二字互相訓亦音近義同故古多通用錢氏曰石經佮載此據陸氏釋文非誤也說文戴卽伐戴之戴

十一秊經公會鄭伯于時來傳佮于郲水經濟水注引佮釐唐石經初刻佮時郲時字衍後刊去公羊佮五月公會鄭伯于祁黎穀梁亦有五月二字案公穀竝有五月則左氏爲脫文傳曰公會鄭伯于郲注時來郲也滎陽縣東有釐城鄭地也釋

文釐音來王元規力之反時來佮郲語音有緩急時與祁聲之轉爾雅正義云淮南有州黎邱者州黎卽州來古來黎音同詩詒我來牟漢劉向傳引佮釐麰少牢饋食禮注來讀曰釐來釐古音亦同

傳工則度之釋器注引佮劇之案說文云劇判也玉篇劇治木也廣雅劇分也古从省通錢氏曰說文劇卽工則度之之度

君謂許不共釋文云共本亦佮供閔二秊傳不共是懼釋文共本又佮供僖四秊傳王祭不共釋文共本亦佮供說文酉部引佮供呂覽注書禹貢疏詩伐木疏大宰職疏漢荆法志注文選魏公九錫文注引竝同卅秊傳共其乏困釋文共本亦佮供成十八秊傳鄉無共御釋文同襄廿六秊傳縱有共其外釋文共本又佮供下同案釋詁曰供共具也說文云共同也供設也二字義異古多假共爲供錢氏曰說文鄦卽鄭伯入許之許

而使餬其口於四方方言注引佮子口案昭七秊傳曰饘於是鬻於是㠯餬余口或涉彼文誤佮子字徐鍇曰左傳㠯餬其口當佮鬻字

隰郕傳廿五秊傳佮隰城續漢郡國志引同案司馬彪曰懷有隰城今本佮郕當㠯音相近而亂

王與鄭人欑茅之田續漢郡國志水經淸水注竝引佮攢案釋文唐石經淳化本岳本竝佮欑後轉寫佮攢

非

使營菟裘公羊四秊傳佮修塗裘案修與營義稍別亦

通塗菟以音近而字異

館于寪氏魯世家佮蔿氏一仍佮寪唐石經初刻無氏字案蔿寪字形相近杜注寪氏魯大夫故石經後又磨改增氏字錢氏曰蔿薳古通用孟僖子有薳氏之簉其卽寪氏之族乎

桓元秊經公卽位小宗伯職注鄭司農云古文春秋經爲公卽立立讀爲位古者立位同字後鄭云故書位佮立案博古圖周鼎銘曰立中庭毛伯敦銘亦同楊南仲謂古立位同字鐘鼎篆文每多从省賈疏云古者立位同字是古者叚借字同也藝文志春秋古經十二卷文帝除挾書之律此本然後行於世故儛

古文

傳宋華父督殺孔父士冠禮注作孔甫十四季經齊侯祿父卒齊世家作祿甫十五季天王使家父來求車士冠禮注作嘉甫疏引同僖八季傳大子茲父廿三季經宋公茲父卒宋世家作茲甫文十一季傳王子成父晏子春秋新序雜事作成甫昭七季傳其祖弗父何世本作甫詩那序箋同正考父後漢馬援傳贊注引作甫廿三季經于雜父穀梁作甫廿九季傳董父路史後紀作甫定五季傳公父文伯韓詩外傳一作甫哀三十六季傳尼父士冠禮注作甫士虞禮注同案釋名云父甫也始生已也士冠禮注甫是丈夫之美偁甫字或作父士相見禮注今文父爲甫是甫本字父古通字見詩釋

二季經杞侯來朝公穀作紀侯三季經公會杞侯于郕公羊作紀六季公會紀侯于成穀梁釋文云左氏作杞侯十三季公會杞侯莒子盟于曲池公穀竝作紀侯案詩有紀

有堂白帖五引作有杞有棠杞紀形聲相似故易亂何休注㠯爲天子將娶于紀疏引八季冬遂逆王后于紀惟天子娶於諸侯至於七季之久恐非

傳大路越席論語注引作大輅僖廿八季傳賜之大路之服戎路之服文選冊魏公九錫文注竝引作輅唐石經同襄廿六季傳賜之先路釋文作輅云本亦作路定四季傳分魯公㠯大路釋文同云下皆同後漢荀彧傳注引作輅家語作趏席案說文云輅車軨前橫木也俗通爲路車字見書釋又云簬古文作簵是路輅古亦通王肅注趏越同集韻趏同越草也古作越借字

大羹不致淮南主術作不和案和與致義竝通

粢食不鑿釋文云鑿字林作毇淮南主術同玉篇毇部引作糳案說文云糲稷也或作粲毇米一斛舂爲九斗也糳米一斛舂爲八斗曰糳米部無粲字是粲之譌高誘注毇細也毇非字林所增鑿亦糳之譌今俗㠯爲通借字非

衡紞紘綖文選東京賦作珩紞李善注引同案詩有瑲葱珩玉府職注引作葱衡文選思元賦注云珩與衡音義同

藻率鞞鞛東京賦作藻繂李善注引同續漢輿服志引亦同詩公劉疏鞛引作琫案玉藻注云率繂也又云率與繂同是古从省玉篇鞛亦作鞛詩瞻彼洛矣釋文琫字又作鞛古竝通

鞶厲游纓司几筵疏東京賦注匡謬正俗竝引作斿纓案說文云游旌旗之流不載斿字論語子游漢石經作斿是隸體从省

遷九鼎于雒邑釋文云雒本亦作洛書召誥傳疏周禮疏天官大司徒職後漢班固傳注文選任昉奏彈劉整注引竝同昭十七季傳請有事於雒呂覽注引作洛案職方氏豫州其川滎雒雍州其澮渭洛二字古不相涉後多通用非見易書釋

命之曰仇漢五行志命引作名下命之曰成師同異哉君之名子也晉世家作命閔元季傳今名之大晉世家同二季傳遂以命之魯世家作名昭元季傳余命而子曰虞地理志作名案孟子其閒必有名世者三國魏志注作命世文選西征賦注引同荅蘇武書注引孟子其中有命世者

說文云命名也廣雅同音轉而義同

其弟曰千畝之戰生漢五行志引作千畮宣十五季經初稅畝漢食貨志作畮案說文晦或作畝周禮多作畮班書亦从古字

夫名曰制義漢五行志義引作誼下同昭六季傳閑之以義刑法志引作誼案說文云義己之威儀也卽古威儀字誼人所宜也卽古義字漢書多㠯誼爲今義字

怨耦曰仇後漢朱馮虞鄭周傳贊注引作怨偶六季傳人各有耦齊大非吾耦也說苑權謀文選沈約奏彈王源注耦竝引作偶案文選文賦注云耦與偶古字通耦偶同聲義亦通

兄其替乎岳本替作朁後竝同魏三體石經作朁漢五行志乎引作虖案說文云朁廢也或作普或作朁徐鉉曰今俗作替非是又云乎語之餘也虖哮虖也釋文唐石經作替从隸省朁曾也與朁字音義竝異漢書凡乎字皆作虖亦通假字

惠王之二十四季唐石經二十作廿案說文十部云廿二十幷也古文省漢石經論語三十四十作卅卌故唐石經竝从之

哀矦僵陘庭之田晉世家作陘廷襄廿三季傳張武軍於熒庭釋文庭本亦作廷定十四季傳使人立於庭釋文作廷云本又作庭案說文云廷朝中也庭宮中也古今人表注廷讀曰庭古同音通

三季經齊矦送姜氏于讙公會齊矦于讙傳上句無于讙二字杜注本或作送姜氏于讙水經汶水注引作下讙案經作送姜氏于讙傳無此二字或从省杜注讙魯地濟北蛇邱縣西有下讙亭故酈注因有下字

傳逐翼矦于汾隰晉世家作汾旁案杜注云汾隰汾水邊翼地近汾故史公作汾旁梁氏履繩曰地近汾水卽㠯汾隰爲名如渭汭睢澨之屬

五季經天王使仍叔之子來聘穀梁作任叔案史世家索隱云仍任聲相近故穀梁作任畢氏沅晉地理志音義曰詩序雲漢仍叔美宣王也仍氏世爲周大夫仍叔穀梁作任古仍任通用昭廿二季傳王師次于任氏當卽仍叔之仍也或是一地甫呂虢郭之類

螽公羊作螺僖十五季經螽蝕釋文本亦作螺後皆同案說文云螽蝗也螺或體字

傳高渠彌曰中軍奉公秦本紀彌作眯宣二季傳其右提彌明知之晉世家作眯明定六季傳彌子瑕大戴保傅作迷注彌當聲誤爲迷也鄭世家索隱彌一作眯案莊子天運云播穅眯目眡禮職一曰彌注彌者白虹彌天也故書彌作迷三字皆同音字通義亦相近

爲魚麗之陳後漢劉表傳贊作魚儷注引同蓋動傳注仍引作麗案說文云麗旅行也禮麗皮納聘蓋鹿皮也儷棽儷也士冠禮曰束帛儷皮注兩鹿皮也是麗儷古字通集韻魚麗陣名通作麗

旝動而鼓釋文云旝本亦作檜案詩其會如林說文引

作旝云建大木置石其上發機以槌今釋文正義本引作磓敵
也賈逵以旝爲發石杜注旝旃也字从㫃當爲旌旗
之屬又作檜者或取建大木發石之說詩會弁士器
禮作檜與會字亦通
祝聃射王中肩鄭世家作祝瞻肩作臂案說文云聃耳
曼也瞻垂耳也南方瞻耳之國二字音義相同今本
瞻从目旁譌臂與肩略異錢氏曰說文瞻即祝聃射
王之聃
六年經寔來詩韓奕疏引左氏作實來昭廿八年傳實繁有徒詩譏疏
引作寔文選西京賦作寔案廣韻寔實二字音義俱別杜注寔實
也薛綜注同古亦通用見詩釋錢氏曰實寔由聲同故字有

變異今本左氏亦作寔與詩疏所引不同蓋孔氏所
據乃服本非杜本也覲禮注今文實作寔春秋公穀
爲今文左氏爲古文杜本改从二傳失古文之舊矣
楚武王侵隨十二諸侯年表隨作隋下隨爲大莊四年傳楚武王伐隨營
軍臨隨水經涓水注竝引作隋本或仍作隨案淮南氾論云隋說苑雜言新序雜事
後漢班固傳竝作隨注引同侯之珠高誘注隋侯漢中國姬姓諸
侯也文選西都賦隋侯明月竝即此隨侯字顧氏曰
隨作隋古金石文二字通用未必文帝始去辵也
公會紀侯于成公穀作于郕桓六年經會于成穀文一本作郕襄十六年圍郕公
穀作成唐石經同昭七年傳季孫將以成與之後漢馮衍傳作郕注引同案說文云郕魯
孟氏邑經傳成郕錯見成與郕一也作成从省

傳使薳章求成焉潛夫論志氏姓作蔿章元和姓纂引潛夫論作薳
僖廿七年傳蔿賈尚幼古今人表作薳賈廿八年傳蔿呂臣廿三年傳注作薳襄十八年傳蔿子馮釋文
作薳云本又作蔿廿二年廿四年廿五年傳皆作薳廿五年卅年傳蔿掩淳化本注作薳昭十三年傳古
今人表唐石經同昭五年傳薳啟彊文選顏延之釋奠作注引作蔿謝朓郡內登望注和伏武昌注引同
七年傳薳啟彊嘯賦注劉楨贈五官中郎將注引竝同十一年傳使助薳氏之簉釋文薳本又作蔿案
說文新附薳字引薳子馮廣韻左傳晉大夫蔿伯楚
有薳氏代爲大夫通志氏族略云薳氏亦作蔿芈姓
楚蚡冒之後薳章食邑於薳故以命氏楚有地名蔿
又有蔿澨則薳爲楚邑蔿通假字淮南高注五經文
字竝云薳與蔿同傳中蔿薳二字互出
季粱在古今人表作季良冢宰職疏封人充人職疏水

經涓水注同晉書苻堅傳文選注西京賦藉田賦顏延之讌曲水作
引同案孟子王良趙簡子御天官書天駟旁一星曰
王良荀子正論論衡命義漢天文志竝引作王梁漢
袁良碑水經渠水注作袁梁秦本紀其後有將梁氏
路史作將良梁良同音古通用
是以聖王先成民而後致力於神詩旱麓疏引作先成
於民思齊疏引同案孔所據本或因下而後致力於
神故上亦加於字
謂其不疾瘯蠡也釋文云瘯本又作蔟同蠡說文作瘰
云瘯瘰皮肥也玉篇疒部作瘯蠡瘰同案今本說文
無瘯瘰二字陸氏所引往往多誤唐人或併字林爲本說文玉篇

瘯蠡皮膚病族瘯同音通蠡爲省借瘰蠡俗體字錢
氏曰說文㿗字注云畜產疫病也此瘯蠡之正字蠡
㿗聲相近故假借爲蠡瘯亦俗字當爲族族之言聚
也疫者相聚傳染之疾故六畜之疫曰族㿗或作族
絫說文痤小腫也一曰族絫絫㿗亦聲相近俗書絫爲累或加疒
旁而陸以爲說文作瘰誣矣

奉盛曰告少牢饋食禮注引作奉粢案杜注黍稷曰粢
在器曰盛粢盛義竝通說文作秶無粢字

絜粢豐盛後漢曹惠班傳注引作潔齊案絜从水旁俗
體詩曰我齊明毛傳云器實曰齊司尊彝職注杜子
春云齊讀皆爲粢古字通

齊使乞師于鄭唐石經作齊侯攺文一本作齊侯案當
从石經作齊侯今本疑誤脫

鄭太子忽帥師救齊說文曰部引作太子曶案說文云
曶出气詞也一曰佩也笏新附字書今文采政忽五行傳
注引作曶論語仲忽古今人表作中曶士喪禮注云
今文笏作忽是曶爲古文文選舞賦注曶與忽同

接曰太牢釋文云接鄭注禮記作捷讀此者亦或捷音
案內則注云接讀爲捷捷勝也謂食其母使補虛強氣
也釋詁曰捷勝也接捷也接捷聲相近讀通義亦因
之

公問名於申繻對曰管子大匡作申俞唐石經初刻作
申繻對曰案繻俞聲相近字石經爲後人磨改不憂
申繻二字今本从之

有信論衡詰術作曰信下四句同案此有字皆作以義
竝通

八年傳將失楚師釋文云一本無師字案無師字義亦
通

立晉哀侯之弟緡于晉十二諸侯年表緡作湣僖廿六年經楚圍緡穀梁作閔卅三年經傳齊侯伐宋圍緡同古今人表作晉愍侯案緡是
其名故晉世家亦稱晉侯緡漢律歷志師古注緡讀
與愍同班表作愍侯侶曰爲謚非也

九年經曹伯使其世子射姑來朝曹世家作夜一作夕姑

穀梁釋文射麋氏本作亦莊廿三年經曹伯射姑古今人表作亦姑穀梁釋文本或作亦文六年經晉狐射姑出奔狄穀梁作夜姑傳同昭廿五年傳申夜姑相其室釋文夜本或作射音夜又音亦案射或讀夜讀亦故古多通用唐韻正射字
古有樹豫石亦四音音樹者詩太叔于田禮射義是
也音石者易雷風相薄水火不相射是也音豫者文
六年狐射姑穀梁作夜漢書僕射音夜夜古音豫是
也音亦者詩車舝抑是也

傳楚使鬬廉帥師唐石經初刻作楚子案後人磨改去
子字今本从之

荀侯風俗通引作郇侯僖二年傳晉荀息潛夫論志氏姓作郇漢地理志
注文選北征賦注引同案詩郇伯勞之周書王會作

荀伯說文云郇周武王子所封國在晉地艸部新附荀字徐鉉曰今人姓荀氏本郇侯之後宜用郇字後人去邑爲荀爾

十秊經曹伯終生卒曹世家集解作終湦案魯惠公會子問疏魯世家索隱名弗皇十二諸侯秊表作弗生世家作弗湦釋文作不皇皇王大紀作沸湟皆當爲湦之譌梁氏曰古生湦通用周幽王名宮湦亦作生曹桓公名終生亦作湦

傳虞公求旃文選鸚鵡賦注引作求之宣二秊傳莫能逢之文選西京賦李善注之引作旃案詩上慎旃哉毛傳旃訓之廣雅旃之也義同

故虞公出奔共池御覽十二引作洪池案釋文共音洪一音恭故御覽引作洪

齊人氣諸侯說文米部引作來氣云饋客芻米也或作槩餼廣韵八未引同案氣爲餼本字今經傳皆用餼字而以氣爲气不復知氣之本義矣

十一秊經公會宋公于夫鍾公穀作夫童案穀梁釋文云麋氏本鍾作童音鍾重童古通是鍾童爲同音省借字

傳將與隨絞州蓼伐楚師釋文云蓼本或作鄝同文五秊傳楚公子燮滅蓼釋文蓼字或作鄝宣八秊經楚人滅舒蓼穀梁作舒鄝詩漸漸之石箋同釋文並云鄝本又作蓼哀十七秊傳是以克州蓼釋文蓼本又作鄝案說文云鄝國名蓼辛菜薔虞也是鄝本字蓼借字錢氏曰說文鄝即舒蓼之蓼

且日虞四邑之至也唐石經日作曰案易曰閑輿衞鄭人實反士器禮注古文曰爲日二字形相佀故易亂

十二秊經公會杞矦莒子盟于曲池公羊作盟于毆蛇釋文毆蛇邱于反又音曲矦反蛇音移又音池案漢曹參傳西擊楊熊軍於曲遇師古注曲音邱羽反樊噲傳注同是曲毆音近詩滮池北流說文引作滮沱俾滂沱矣仲尼弟子傳引作滂池蛇沱聲同唐韵正曲平聲音區曲池公羊作毆蛇汲冢書作區蛇上聲則邱羽反是曲與毆音相近說文沱徐鉉曰沱沼之沱通用此字今別作池非是故池古皆音駝說文蛇爲它之或體它讀託何反與沱音亦同

公會宋公于虛公羊作于郯案杜注云虛宋地說文郯東海縣帝少昊之後所封魯宋不聞有郯邑是公羊因據所傳而異也趙氏坦曰虛古多訓空邑其有空音也郯與空音之通轉猶坙隴之作坙斂爾

傳君子屢盟釋文云屢本又作婁音同案釋言曰婁亟也屢說文新坿字漢宣帝紀師古注婁古屢字漢書多作婁

十三秊傳謂其御曰莫敖必敗漢五行志御引作馭敖作郻師古注莫郻楚官名字或作敖音同案說文御

古文作馭詩讒口𨇾𨇾潛夫論賢難後漢馮衍傳注竝引作敖敖二字同音通用

舉趾高漢五行志趾引作止案說文云止下基也故㠯止爲足足部無趾字士昏禮注云古文止爲趾是止爲古文見易詩釋臧氏曰據此知漢書所載左氏皆古文也

遂見楚子漢五行志引作遠見案遠與遂字形相似玉篇遽急也疾也作遽義更勝

亂次㠯濟釋文云本或作亂次㠯濟淇水後漢南蠻傳注引作㠯濟其水案水經洱水注云沶水與夷水亂流東出謂之淇水春秋莫敖自羅敗退及鄢亂次㠯

濟淇水是也故或本有淇水二字惟以濟淇爲敗後誤也今本章懷注似誤脫水旁

羅與盧戎兩軍之釋文作廬云本或作盧音同水經沔水注引作廬成十三季經曹伯盧卒于師釋文作盧云本亦作盧公羊作盧釋文本亦作盧穀梁同昭廿季經蔡侯盧卒釋文作盧云本亦作盧唐石經作盧案孟子屋廬子廣韵十一模作屋盧子吳大伯世家餘橋疑吾卒子柯盧立吳越春秋作柯盧荀卿列傳楚有尸子長盧漢蓺文志作長盧子劉向荀卿書作長盧子二字形聲相近古通

使賴人追之不及漢五行志作弗及閔二季傳不獲而尨五行志作弗僖廿四季傳祿亦弗及晉世家作不文選宣德皇后令注引同文二季傳夏父弗忌古今人表作不忌襄四季傳使臣弗敢與聞鍾師注引作不廿一季傳叔向弗應釋文一本作不應廿八季傳繆子不說釋文作弗鄭人不討唐石經皆作弗廿九季傳民弗堪也文選晉紀總論注引作不廿一季傳不能終也漢五行志作弗哀五季傳不與盟不與謀齊世家竝作弗十六季傳生不能用五行志作弗案弗不古通用見書詩釋亦脣音輕重之異錢氏曰古讀弗如不廣韵不與弗同分勿切說文吳謂之不律燕謂之弗秦謂之筆筆弗聲相近也

莫敖縊於荒谷釋文云荒本或作巟音同案易包荒說文引作巟釋文荒本亦作巟同音字通

十四季經鄭伯使其弟語來盟穀梁作弟禦釋文禦本亦作御案史記建元季表正義云禦兒在嘉興今爲語兒鄉東越列傳樓船將軍率錢唐轅終古斬徇北

將軍爲禦兒侯正義禦字今作語越語北至於禦兒韋昭注今語兒鄉語禦同音古通用

十五季經公會齊侯于艾公羊作于鄗穀梁作蒿案公羊釋文鄗戶老反又火各反唐韵正鄗去聲則音昊是與艾爲音相近字左氏宣十二季傳在敖鄗之閒釋文鄗苦交反哀四季傳釋文鄗呼洛反鄗蒿亦同音通轉

公會宋公衞侯陳侯于袲公羊作公會齊侯宋公衞侯陳侯于侈說文衣部引作公會齊侯于袳案公羊有齊侯與說文所引正同左穀或有脫文杜注袲宋地在沛國相縣西南釋例沛國相縣西南有侈亭袲侈

形近（說文作移）音同

十六秊傳生急子釋文云急詩作伋衛世家古今人表水經河水注同詩芃蘭疏引同案詩新臺二子乘舟序作伋說文伋人名急伋同音

左公子洩古今人表洩作泄（僖廿四秊傳臣負羈紲說文糸部引作紲水經河水注檀弓疏廣韵十七薛竝引同爲羈紲之僕晉語作紲士洩堵俞彌周語注引作泄宣九秊傳洩冶公穀作泄大戴保傳家語古今人表陳世家正義詩士疏說苑尊賢竝作泄襄廿二秊傳洩命重刑釋文作泄廿六秊傳不能負羈紲釋文作紲昭四秊傳杜洩見六秊傳薳洩七秊傳公孫洩廿秊傳以洩其過廿五秊傳言若洩廿六秊傳洩聲子釋文竝作泄哀八秊傳王問於子洩釋文洩又作泄）案玉篇云泄又思列切漏也洩同說文無此字今經典从曳之字皆或从世从世之字亦或从曳當以唐時避諱而

亂開成石經皆作洩今本多仍之

十七秊經公會邾儀父盟于趡公穀作公及案公羊隱元秊傳及者何與也會及暨皆與也曷爲或言會或言及或言暨會猶冣也（注冣聚也）及猶汲汲也暨猶暨暨也及我欲之暨不得已也穀梁傳及者何內爲志焉爾會者外爲主焉爾左氏隱元秊經疏云史書魯事以公爲主言公及者自此及彼據魯爲文也桓十七秊公會邾儀父盟于趡彼言會此言及者彼行會禮此不行會禮故也劉炫云策書之例先會後盟者上言會下言盟唯盟不會者直言及此言不行會禮故言及也是三家各因所聞而書也

五月丙午及齊師戰于奚穀梁作夏五月下作于郎唐石經春秋集解竝無夏字岳本監本有夏字案春秋序正義云四時必具乃得成秊桓十七秊五月無夏昭十秊十二月無冬者皆有月而無時既得其月時則可知仲尼不應故闕其時獨書其月當是仲尼之後寫者脫漏然此經正義云桓十七秊無夏以此起例是本無夏字奚郎亦傳聞之異也趙氏坦曰韵補七之頤宧二字入陽韵以其有養音也支脂之微齊佳皆灰咍古音同爲一部七之既得轉入陽則齊之通唐亦其類也穀梁作郎亦方音之轉

十八秊經公與夫人姜氏遂如齊公羊作公夫人唐石

經穀梁同案公羊傳曰公何以不言及夫人夫人外也夫人外者何內辭也其實夫人外公也然公羊無與字當爲脫文

傳而立公子亹韓子說難作公子亶釋文云或作亹案亶與亹當以字形相涉釋詁亹亹釋文字或作亹此竝俗字

公子達韓非子作公子圉案圉與達亦以形近而淆

祭仲逆鄭子于陳而立之鄭世家作召子亹弟公子嬰於陳而立之是爲鄭子案史記與傳詳略稍異索隱曰左傳以鄭子名子儀此云嬰蓋別有所見

春秋三傳異文釋卷一

春秋三傳異文釋卷第二

嘉興李富孫學

春秋左氏傳二

莊元季經夫人孫于齊釋文云孫本亦作遜閔二季經夫人姜氏孫于邾漢五行志孫引作遜昭廿五季傳公孫于齊釋文孫本又作遜哀廿六季傳昔成公孫於陳釋文孫本亦作遜唐石經同案穀梁傳曰孫之爲言猶孫也釋名孫遜也遜遁在後生也古多假孫爲遜字詩狼跋疏云古之遜字借孫爲之段氏曰孫順孫遁字本皆作孫經傳中作遜者皆非古也

築王姬之館于外白虎通嫁娶館引作觀案詩于豳斯館白虎通京師亦引作觀二字古通見詩釋

二季經夫人姜氏會齊侯于禚公羊作于郜四季經狩于禚公穀亦作郜論衡書虛同案唐韵正禚去聲則音告說文無禚字禾部䅵禾皮也从禾羔聲玉篇云䅵又齊地名左穀作禚或因䅵字而譌廣韵䅵音古沃切是䅵與郜音同

三季經紀季以酅入于齊釋文云酅本又作攜案酅攜俱从巂得聲故本又作攜同音通

公次于滑公穀作于郎案滑與郎形聲俱別三家當各據所聞如此趙氏坦曰滑爲皆部入聲滑之轉郎與奚之轉郎同

四季經夫人姜氏享齊侯于祝丘公穀享作饗釋文饗本又作享十七季傳饗齊侯戍釋文饗本又作享僖二十九季傳其誰饗之風俗通義引作享廿二季傳饗畢夜出廿五季傳王饗醴新序釋文唐石經宋淳化本足利本竝作享廿八季傳王享醴詩彤弓疏引作饗文元季傳享江芊楚世家作饗宣十六季傳王享有禮薦公當享詩伐木疏禮王制疏竝引作饗成十二季傳於是乎有享宴之禮釋文享本亦作饗享㠯訓共儉燕禮疏引作饗十四季傳衛侯饗苦成叔漢五行志作享襄四季傳晉侯享之樂師職疏引作饗十九季傳晉侯享之文選永明十一季策秀才文注引作饗昭四季傳夏啟有鈞臺之享楚世家作饗漢地理志注水經潁水注引同魏大饗碑同哀十四季傳公使夫人驟請享焉唐石經作饗案說文云亯獻也玉篇饗設盛禮㠯飯賓也毛詩亯饗二字義本不同見詩釋聘禮不享釋文本又作饗曲禮食饗釋文本又作亯今亯饗竝通用趙氏佑曰昭五季傳杜注享饗也此誤訓享獻之享爲饗食之饗古享與饗異禮亦異用後世始通假爲一今經傳於此二字多混

傳除道梁滍說文水部除道引作修涂案許氏所引當爲古本文雖異而義亦同

五季經郳犁來來朝公羊作倪黎來十五季經伐郳又作兒釋文音郳穀梁作郳黎來成十五季傳伯州犁潛夫論作黎襄卅一季傳犁比公後漢楊震傳注引作黎昭廿九季傳犁爲祝融鄭語楚語太史公自序漢郊祀志作黎案倪郳音同八季經齊無知弒其君諸兒釋文兒一音五兮反漢律歷志御史大夫兒寬師古注音五奚反古倪字从省書黎民於變時雍漢樊毅脩華嶽碑作犂民古同音通

六季經春王正月公穀作三月案三傳無明文未審孰是

齊人來歸衛俘左傳作衛寶公穀同漢五行志引同案說文孚古文作𤓽保从人𤓽省聲古文保不省易聖人之大寶曰位孟喜本作大保古鐘鼎款識𡨥寶字皆作保周本紀展九鼎保玉徐廣曰保一作寶是保與寶古通古文保與俘字形相似故左氏經譌作俘三傳並作寶當得其實顏氏匡謬正俗毛氏奇齡已經傳俱可通未確

七季經辛卯夜恆星不見夜中星隕如雨穀梁作辛卯昔釋文本或作昔同公羊作星霣僖十六季經隕石于宋五公羊作霣宋世家作霣星如雨索隱同卅三季經隕霜公羊作霣宣十五季傳有叔無隕釋文一本作霣昭四季傳殷是以隕新序善謀作霣釋文云辛卯夜一本無夜字論衡藝增說日引作夜中星霣說文日部引傳同大司樂疏引作星霣而雨案左氏哀四季傳曰為一昔之期杜注夜結期楚辭大招王逸注昔夜也列子昔昔夢為國君張湛注昔昔夜夜也後漢張衡傳發昔夢於木禾兮注昔夜也是字異義同昔俗體說文云隕從高下也霣雨也齊人謂靁為霣隕作霣亦同音通假文選上林賦李善注霣即隕字何休注如而也義同

八季經甲午治兵公羊經傳作祠兵案大司馬職疏引傳治兵于廟治祠音相近故公羊譌作祠傳義則同惠氏曰鄭駮異義云祠兵者公羊字之誤故詩采芑箋引公羊直作治趙氏佑曰祠兵異者先祠于廟後治于郊三傳各據其一言之

傳期戍釋文云期本亦作朞僖八季傳期季狄必至釋文期本或作朞廿三季傳期期而不至釋文下期字亦作朞襄九季傳行之期季釋文期本亦作朞昭廿三季傳叔孫旦而立期焉釋文期本又作朞案說文云稘復其時也期會也古文作𠀇今稘通作期又變𠀇作朞此俗體字見書釋

衣服禮秩如適十二諸矦季表作袟服案月令收秩薪柴衆經音義□引作收袠是袟與秩字通

遂田於貝丘齊世家作遂獵沛丘案集解引杜注安樂博昌縣南有地名貝丘昭廿季傳齊矦田于沛釋文沛音貝即貝丘沛貝音相近

豕人立而啼管子大匡啼作諦水經淄水注引作泣案啼大記主人啼釋文作諦云本又作啼既夕禮主人啼宋本釋文同古言𠷎與口𠷎字多通啼泣義亦不遠洪氏曰荀子禮論哭泣諦號淮南精神訓病疵瘕踐踊而諦繇露執贄篇羊殺之不諦啼皆作諦

隊于車漢五行志隊作墜唐石經同僖廿八季傳俾隊其師後漢臧洪傳注引作墜案說文云隊從高隊也墜新附字唐石經凡隊皆作墜史記水經注同

屨屨反誅屨於徒人費御覽四百八十三六百四十九六百九十八八百八十三屨並引作屨僖十五季傳登臺而屨薪焉釋文屨徐本作屨宣十四季傳屨及於室皇御覽叔佰引作屨成二季傳流血及屨齊世家作至屨昭三季傳踊貴屨賤御覽廿六佰四引作屨哀十四季傳取其一屨御覽七二十佰叔佰叔十八引作屨齊世家徒人費作主屨者茀下

同古今人表作寺人費師古注即徭人費也案說文云屨履也古今注屨者屨之不帶者也屨屨古多通用徭人當卽寺人主屨者史漢可相證明竹書紀季晉魏公濆漢律歷志作茀濆費字同費茀音相近王氏引之曰徭當爲侍字之誤侍人卽寺人師古注作徭是唐初本已如是

召忽奉公子糾來奔公羊傳作邵忽古今人表召忽師古注召讀曰邵（僖四季經盟于召陵秦本紀作邵陵管蔡世家同襄廿九季傳公巫召伯仲釋文作邵爲之歌周南召南釋文召本或作邵定四季經召陵管蔡世家作邵陵）管子大匡淮南氾論新序雜事糾作糺（昭廿季傳糾之以猛家語正論竝作糺）案說文云邵晉邑凡周召字作邵者俗通字詩糾糾葛

屨御覽引作糺糺廣韵糺俗糾字

公孫無知虐于雍廩楚語水經淄水注作雝廩（廩一作稟）齊世家作雍林（僖廿八季傳至于衡雍周語作雝襄十八季傳伐雍門之萩水經淄水注引作雝門廿六季傳則雍子之爲也楚語作雝子後竝同）古今人表作雍人稟案雝雍古今字（見詩釋）賈逵注雍林渠邱大夫也林廩一聲之轉說文亩或作廩稟賜穀也人表作稟从古省梁氏曰人表人字衍因史言雍林人而誤史巳雍林爲邑名亦非

九季經公伐齊納子糾公穀作納糾魯世家作內子糾於齊案左傳正義云公羊傳糾者何公子糾也何巳不偁公子君前臣名也賈逵云不言公子次正也公羊之說不可通於左氏次正不偁公子其事又無所出今定本經文糾之上有子字自外入內不偁公子者多惟楚公子比偁公子益告辭有詳略故爲文不同是定本作子糾古本作糾賈逵與公穀亦同內古納字史記多作內又作入（見書釋）臧氏曰公伐齊納糾左氏公穀經竝同今左氏經作納子糾子衍文沿唐定本之誤也正義於後九月齊人取子糾殺之下引賈逵云偁子者慇之可知賈本於此無子字自漢至六朝以及隋唐皆作納糾公羊疏云無子者與左氏經異穀梁釋文左氏作子糾皆爲定本所誤也

傳巳公旗辟於下道釋文云辟本亦作避（昭十七季傳辟移時漢五

行志引作避）案古字少故避譬僻璧經典多通用辟字亦聲之轉

管仲請囚淮南繆稱說苑君道漢蓺文志賈誼傳管竝作筦漢武梁畫像作莞案漢蓺文志筦子八十六篇師古注筦讀與管同東方朔傳注筦古管字說文云筦筟也玉篇管亦作筦是通假字管从艸隸體

乃殺子糾於生竇齊世家作笙瀆（索隱案鄒誕生本作莘瀆莘笙聲相近襄十九季傳執公子牙於句瀆之邱齊世家作句竇）案賈逵注云生竇魯地句瀆也桓十二季傳盟于句瀆之邱釋文瀆音豆（襄廿八季傳句瀆之邱卅季傳自墓門之瀆入釋文音竝同）大司樂職注四鎮四竇（小宗伯職注同）釋文竇本作瀆釋名笙生也笙生音同瀆竇聲

近讀通

及堂阜而稅之齊世家稅作脫文選解嘲注引同釋文云稅本又作說同僖卅三年傳無禮則脫器服小記注引作說定八年傳陽虎說甲釋文說本又作稅案詩召伯所說釋文說本或作稅又作脫同士昏禮注今文說作稅方言注稅猶脫也是脫本字稅借字說古通字

十年經吕蔡侯獻舞歸穀梁作獻武釋文本亦依左氏作舞案釋名曰武舞也征伐動行如物鼓舞也詩序維清奏象舞也獨斷作象武論語射不主皮集解引周禮五曰興舞作武戰國燕策秦武陽史記刺客傳作舞陽音近古通

齊師滅譚齊世家作滅郯說文作鄲云鄲國也齊桓公之所滅徐鉉曰今作譚非是案鄲正字史記作郯借字徐廣曰一作譚詩譚公維私亦同音通字

傳曹劌請見呂覽貴信博志作曹翽戰國齊燕策齊魯世家刺客傳竝作曹沫管子大匡注劌一作沫索隱曰沫劌聲相近而字異魯仲連傳索隱又作昧案劌翽形聲相似檀弓注沫靧也漢禮樂志晉灼注沫古靧字是沬與劌音同昧沫亦形聲相同易日中見沬子夏傳馬鄭九家虞薛字林竝作昧

息侯亦娶焉息嬀將歸說文邑部作鄎釋文同隋書列女傳作鄎嬀案說文云鄎姬姓之國在淮北作息从

省

十一年傳得儁儁一作曰克釋文云儁本或作俊漢陳湯傳師古注引同攷文作雋宣十五年傳鄷舒有三儁才唐石經作儁攷文同案說文云雋从弓所吕射隹俊才過千人也玉篇儁同俊儁爲俗加偏旁字竝同音通

臧文仲古今人表作文中閔元年傳齊仲孫湫人表作中孫文六年傳仲行人表同釋文作中云本又作仲十八年傳仲容路史後紀作中成二年傳仲叔于奚人表作中襄十九年傳仲子釋文作中云本亦作仲定元年經宋仲幾人表五行志作中哀七年傳仲雍人表同案中仲古今字見書釋

其興也悖焉韓詩外傳三說苑君道竝引作勃焉釋文云悖一作勃同呂覽當染注後漢陳蕃傳注引同案

論語色勃如也說文引作孛云𢍁也卽𢍁孛之皃勃排也非此義悖音蒲沒切釋詁疏引作浡然竝僭音字五經文字云悖俗作勃非

公子御說之辭也釋文云御本或作禦古今人表同廿三年經陳人殺其公子御寇釋文御本亦作禦公穀陳世家同廿四年傳御孫釋文御本亦作禦古今人表同廿八年傳鬬御彊釋文御本亦作禦僖九年經宋公御說卒公穀作禦古今人表同廿二年傳不設備而禦之釋文作御云本亦作禦文七年傳華御事釋文作禦云本又作御十一年傳帥師禦之釋文作御云本亦作禦襄十一年傳士魴禦之唐石經作御昭元年傳主不能禦釋文本亦作御廿三年傳魯將御我釋文作禦哀十一年傳二子從公禦諸竟釋文禦亦作御十四年傳侍人禦之釋文作御云本亦作禦十七年傳出子禦之笠澤釋文作御案說文云禦祀也御使馬也詩曰我御冬毛傳御禦也漢儒訓詁音義相兼吕禦爲御

卽可互通而禦之本義晦矣段氏曰禦後人用此爲
禁禦字古只用御字
公㠯金僕姑射南宮長萬廣韵十一模引字林云鏷鋍
魯矢左傳作僕姑下經傳南宮長萬作宋萬又作南
宮萬釋文本或作長萬長衍字下亦然宋世家同案鏷鋍此後人滋
益之字長萬又單偁萬賈逵注南宮氏萬名文選長
笛賦長萬輟逆謀注云長萬南宮萬也南宮氏長萬
名也昭元年經莒展輿三傳皆作莒展其名或省一
字同此例也梁氏履繩曰南宮長萬下年經作宋萬
傳偁南宮萬疑長是其字也
十二年經宋萬弒其君捷及其大夫仇牧鄭世家作宋

人長萬殺其君湣公公羊作其君接僖卅二年經鄭伯捷卒古今人
表作椄疑譌文十四年經晉人納捷菑于邾公羊作接菑鶡冠子備知仇作裘
穀梁唐石經脫下六字案釋詁曰接捷也易晝日三
接釋文鄭音捷勝也漢藝文志捷子二篇史記作接
子接與捷聲近義通梁氏曰椄與接同古木手通廣韵十一九注
云姓本作仇避讐改裘臧氏曰公羊解云正本皆作
接字故賈氏云公羊穀梁曰接也此知賈所見穀梁
本與公羊同今作捷者後人誤从左氏改耳當从賈
注校正接捷二字古多互用
傳宋萬弒閔公于蒙澤宋世家十二諸侯年表作湣公
古今人表作愍公卅年傳立閔公十二諸侯年表魯世家作湣公漢律歷志五行志並

作愍昭元年傳吾代二子愍矣漢五行志作閔案儒行不閔有司釋文閔本
亦作愍說文愍痛也集韵或作緍文選四子講德論
注湣與閔同荀子王霸注同閔愍湣緍並同音通轉
批而殺之玉篇手部批引作攙云手擊也案張有復古
編云攙反手擊也別作批非蓋說文無批字玉篇別
有批字不引傳文文選琴賦注批與攙同引說文批字誤
猛獲通志氏族略作孟獲昭廿一年傳王與賓孟說之古今人表作賓猛師古注卽賓孟也案猛孟一聲之轉字通
十三年經春齊侯宋人陳人蔡人邾人會于北杏穀梁
作齊人案穀梁傳曰是齊侯宋公也其曰人何也始
疑之何疑焉桓非受命之伯也將㠯事授之者也曰

可矣乎未乎舉人衆之辭也蓋穀梁弟據經文書人
而言之也趙氏坦曰北杏之會爲齊桓九合之一不
當貶偁人穀梁謂作人遂從而爲之辭
十四年經單伯會齊侯宋公衞侯鄭伯于鄄齊世家鄄
作甄公羊釋文鄄本亦作甄案齊世家集解引杜注
亦作甄云鄄衞地今東郡甄城也釋文甄城音絹一
音眞或音旃或作鄄集韵鄄地名通作甄甄與鄄形
相涉讀亦同
傳獲傳瑕鄭世家作甫瑕索隱作甫假案甫傅聲相近
檀弓公肩假古今人表作瑕燕世家魏王假列女傳
五作瑕瑕假亦聲之轉

猶有妖乎正義本作由云古者由猶二字義得通用案今本正義述經作猶傳亦作猶是後人因其義而改易之

其氣燄巨取之妖由人興也漢藝文志引作氣炎五行志同妖作祅下同宣十五年傳地反物爲妖說文示部作祅昭廿六年傳秦人降妖釋文妖本又作祅師古注炎讀與燄同潛夫論正列風俗通過譽竝引作炎釋文唐石經初刻同案書無若火始燄燄杜注引作炎炎藝文志注炎謂火之光始燄燄也炎燄聲同古字从省見書釋說文地反物爲祅道德經善復爲祅河上公作訞王弼作妖古無訞字當作祅俗通作妖段氏曰說文爓今人云光燄者作此字爲正古多假炎爲之爓與燄字義別焰俗爓字

繩息嬀呂語楚子釋文云繩說文作譝正義曰字書繩作譝字从言訓爲譽案杜注云繩譽也廣雅同表記注譽繩也互相訓義同今本說文無譝字又恐陸誤玉篇譝譽也傳作繩當是假音字

生堵敖楚世家古今人表作杜敖十二諸侯年表作堵敖囏釋文杜云楚人謂未成君爲敖案杜堵聲相近索隱云系家作莊劉音壯此或形近之誤楚世家子熊囏立是爲杜敖囏是其名

十六年經會齊侯宋公陳侯衛侯鄭伯許男滑伯滕子同盟于幽公羊作公會公穀許男下竝有曹伯案杜注云書會魯會之不書其人微者也此弟依文爲說然左穀無公字左氏無曹伯當竝爲脫文古經解鉤沈引折衷云左穀無公字闕文也

傳宋故也釋文云本或作爲宋故案作爲宋故亦通

十七年經齊人執鄭詹公羊作鄭瞻下鄭詹自齊逃來公羊亦作瞻僖七年傳鄭有叔詹韓子十過晉鄭世家竝作瞻呂覽務本作被瞻上德務大同案詩魯邦所詹說苑引作瞻風俗通初學記五御覽二十九竝同詹瞻古今字叔詹呂覽作被瞻或卽其字梁氏曰齊人執鄭詹孔疏謂卽僖七年之叔詹恐不可信公穀俱鄭詹佞人洩非三良之一且叔詹於晉能據鼎就烹豈其先狂齊反不能伏節守死而遁逃苟免乎

齊人殲于遂公羊作瀸于遂漢地理志班固自注遂引作隧案公羊傳曰瀸者何瀸積也衆殺戍者也何休注瀸者死文瀸之爲死積死非一之辭故曰瀸漬穀梁傳殲者盡也杜注戍遂翫而無備遂人討而盡殺之瀸殲聲同義亦不異班固注云隧鄉故隧國書三郯三遂魯世家作隧古通用

十八年傳皆賜玉五瑴釋文云瑴字又作珏案說文云二玉相合爲一珏或作瑴

禮亦異數隋經籍志引作節文異數案節文與禮義亦相同當偶記舛而異其文

呂叛闉而殺之釋文云叛本或作畔俗字成十六年傳歸必叛矣漢

宋傳傳注引作畔昭元年傳神怒民叛漢五行志引作畔廿一年經入于宋南里以叛公羊作畔案說文云畔田界也孟子管叔以殷畔是同音通字

遷權於那處釋文云那又作𨚗同案字書無𨚗字此當爲六朝時別體

十九年傳大敗於津水經江水注引作津鄉（戴氏震校無鄉字）案酈注羅縣西三里有津鄉應劭注同又所引古地名每多鄉字

鬻拳弗納古今人表作粥拳（僖廿八年傳鬻熊列子天瑞潛夫論古今人表竝作粥熊）俗作粥是从省文選閒居賦注粥與鬻音義同吳都賦李善注云拳與權同亦同音通用段氏曰五經文字權字注云从手作攉者古拳握字則从手非从木與捲勇拳勇字同今字書佚此字僅見於張參之書吳都賦覽將帥之攉勇注拳與攉同今俗刻作權譌

生子頹周語唐石經作穨濆化本歧文同（廿七年傳立子頹昭廿六年傳生頹禍心唐石經竝作穨）案說文云穨禿皃今作頹俗體字

𨘢伯之宮古今人表作𨘢柏（文十八年傳伯奮伯虎古今人表竝作柏成十五年傳伯州犂呂覽重言作柏襄四年傳伯明潛夫論作柏又伯因昭廿五年傳逢伯陵古今人表竝作柏定四年經戰于柏舉公穀作伯戰國燕策同）案書伯與伯益論語伯達伯适古今人表皆作柏穆天子傳注云古伯字多从木二字同聲通

二十年經齊人伐戎穀梁作伐我案戎與我字形相涉是時齊魯同盟合好不應有侵伐之事當以左公爲是

傳樂及徧舞家語作儛案樂記干戚之舞樂書作儛集韻儛同舞亦俗字

廿一年傳王巡虢守釋文云守本或作狩後放此（廿三年傳王有巡狩唐石經作守僖廿八年經天王狩于河陽釋文狩本又作守穀梁作守昭十一年傳楚子狩于州來釋文作守云本亦作狩）案釋天曰冬獵爲狩又曰火田爲狩白虎通云冬謂之狩何守地而取之也故狩可通作守土訓職注巡守行視所守也大司馬職注狩言守取之無所擇也是守亦可通也

王子之爵鄭世家作惠王不賜厲公爵祿案索隱曰此言爵祿與左氏說異蓋史公雜采它書故有不同

廿二年經肆大眚公羊作大省釋文云肆本或作佚案穀梁傳曰肆失也佚失字通故或作佚公羊傳曰大省者何災省也疏省讀如減省之省也書王省惟歲宋世家作王眚八有小罪非眚釋文本亦作省潛夫論引作省左公釋文眚省竝音所景反古字通用惠氏曰失古佚字佚與逸同謂逸四也

傳使爲工正漢陳球碑作爲桓公公正（昭八年傳子工十年傳作子公）案詩矇瞍奏公楚辭九章注引作奏工古公工字通

和鳴鏘鏘釋文作將將云本又作鏘鏘案詩佩玉將將楚辭九歌注引作鏘鏘（詩中將將釋文竝云本或作鏘）說文無鏘字

古多假將爲之
是謂觀國之光陳杞世家謂作爲僖四秊傳一之爲甚唐石經作謂案
爲謂聲之轉義竝通
大嶽之後也馬質疏引作大岳下同案說文嶽古文作
𡶳隸變作岳
廿四秊經大夫宗婦覿漢五行志覿作見案說文覿新
附字釋詁曰覿見也義同
傳御孫曰魯語作宗人夏父展曰案韋注云宗人宗伯
也魯有夏父氏世爲宗人之官用幣則夏父展有言
逆祀則夏父弗忌以爲非可謂能濟其美魯語當必
有據

女贄不過榛栗棗脩說文木部贄引作摯成十二秊傳交贄往來釋文贄本又作摯榛作亲云果實小栗九經字樣引作亲案曲
禮凡摯釋文摯本又作贄此俗字古書皆作摯說文
榛木也今經傳通假爲亲栗字魯語無榛脩字
廿五秊經公子友如陳鹽鐵論殊路友引作有昭十一秊經執蔡世子有㠯歸穀梁作世子友蔡世家注引作大子友案釋名云友有也白虎
通三綱六紀曰友者有也荀子大略友者所以相有
也注友與有同義論語有朋釋文有本作友二字古
通
廿六秊經春公伐戎公羊無春字春秋纂例引同案公
羊疏引經文作春公伐戎則此無春字當爲脫文趙

氏佑曰公羊脫春字宋本之誤非
廿八秊經公會齊人宋人救鄭公羊宋人下有邾婁人
案公羊多邾婁人三字此亦經師相承之本不同耳
大無麥禾漢五行志引作大水亡麥禾案志引董仲舒
以爲哀姜淫亂逆陰氣故大水董爲公羊學則漢時
公羊經或本有水字
冬築郿公穀作築微釋文微左氏作麋案士冠禮注云
古文眉作麋少牢饋食禮注古文眉爲微詩居河之
麋釋文麋本又作湄是眉麋古字通杜注郿魯下邑
故从邑微麋音相近水經注濟水又北逕微鄉東春
秋經書築郿京相璠曰公羊傳謂之微東平壽張縣

西北三十里有故微鄉魯邑也杜預曰有微子冢今注本無之
傳女曰驪姬詩渭陽序作麗姬釋文麗本又作驪穀梁
僖十秊傳呂覽上德介立注韓子備內淮南說山注文
選幽通賦注竝作麗姬僖四秊傳驪姬後漢劉表傳注引作麗崔琦傳竝注同宣二秊傳驪姬之難釋文作麗唐石經淳化本岳本攷文同檀弓注釋文驪本又作
麗水經渭水注引同攷文宋本同淮南說林楚辭惜
往日注作孋竹書紀年又作離案水經注云麗戎男
國也姬姓秦之麗邑矣作麗當从省下云幽王死於
麗山之北亦不从馬漢匈奴傳師古注麗讀曰驪孋
離與麗又同音通

入于桔柣之門玉篇門部作閭閧云鄭城門左傳作桔
柣案引左傳仍作桔柣則閭閧爲後人滋益之字
鬬御彊唐石經彊作彊襄廿四年傳使薳啟彊如齊聘楚語古今人表作彊廿五年傳
子彊唐石經作彊攷文宋本永懷堂本同數彊潦疏引賈逵以彊爲彊驃墝埆之地孫毓讀爲彊潦昭元
年傳薳啟彊爲太宰釋文作彊云其良反又居良反唐石經同五年傳薳啟彊曰可矣攷文宋本作彊七
年傳同廿六年傳必子彊也唐石經作彊案越世家越王無彊越絕書竹
書紀年水經漸江水注並作無彊釋文彊音其良居
良二反襄廿四年傳昭四年傳釋文同則彊彊二字古通陸氏恐牽
混故輒加音切
廿九年傳水昏正而栽蔡邕月令章句引作栽築案蔡
氏當亦依義增築字惠氏曰栽築者栽木而始築也

卅年經夏次于成公穀作師次案左氏經無師字或是
脫文
傳鬬穀於菟爲令尹釋文云穀漢書作穀或作穀誤說文繫
傳引同案漢書敘傳作穀不作穀說文云穀乳也徐
鍇曰楚人謂乳曰穀故名子文曰穀於菟廣雅作穀
穀正字今通作穀荀子禮論注穀或讀爲鬬穀於菟
之穀穀亦聲之轉錢氏曰說文穀即穀於菟之穀
卅一年經齊侯來獻戎捷說文手部引作齊人案二傳
皆作齊侯公羊注云據齊未嘗朝魯穀梁傳曰不言
使內與同不言使也范注不㠯齊爲異國故不傳使
疏引徐邈云齊還經魯界故使人獻捷不入國都而
言來獻敬重霸主親而內之也則許君作齊人亦據
實言之也
卅二年經春城小穀公羊疏云二傳作小字與左氏異
案今左氏經作小穀楊士勛疏謂二傳作小字與左
氏異似左氏無小字是所見本不同
冬十月己未子般卒公穀作乙未魯世家作子斑僖七年經
曹伯班卒公羊作般廿八年傳門尹般晉語作班文十一年傳耏班古今人表作班釋文唐石經同成十
三年傳鄭公子班釋文作般云一作班本亦作般襄十八年傳有班馬之聲釋言注釋文引作般卅年經
蔡世子般昭十一年經楚子虔誘蔡侯般白虎通誅伐並引作班哀十七年傳般師衛世家作斑師音義
引同廿四年傳役將班矣釋言注釋文引作般案釋例春秋長歷莊卅二年
十月戊午朔大又云十月己未二日則十月不得有

乙未己乙㠯字形相似而譌易乘馬班如釋文鄭本
作般漢禮樂志般裔裔師古注般讀與班同鄒陽東
方朔趙充國揚雄傳注並同文選西京賦注般與斑
古字通是古般班斑並通用
傳監其德也釋文云監本又作鑑案詩我心匪監韓詩
外傳引作鑑凌人職春始治鑑釋文鑑本或作監二
字同音古通
閟而㠯夫人言許之說文門部引作閟門而與之言闟
下又引國語闟門而與之言案說文云閟閉也闟闢
門也二字義自別古本或有門字亦通段氏曰此當
是閟而㠯夫人言之誤閟爲句謂孟任不從也而㠯

夫人言謂莊公㠯立夫人爲辭也
圉人犖公羊作鄧扈樂楚語犖作㗅案抱朴子疾謬云
扈樂之變當卽本公羊文圉扈音相近犖樂音同㗅
字㠯形似而譌盧氏文弨曰公羊宣十二年傳斯役
扈養注云養馬者曰扈是扈與圉人同義鄧當是其
字爾
公待于鍼巫氏公羊作無傫氏案左公各據所聞而言
故文有不同
歸及逵泉而卒公羊作至乎王隄而死案逵泉王隄亦
所見各異也
閔元年經公及齊侯盟于落姑公穀作洛姑穀梁釋文

云一本作路姑案漢揚雄傳虎路三嵕晉灼注路音
落鼂錯傳中周虎落韋昭注於城中爲藩落如落虎
矣謂之虎落建元以來王子侯表洛陵索隱一作路
陵唐韻正落去聲則音路路落一聲之轉
傳宴安酖毒釋文云宴本又作晏案說文云宴安也晏
天清也二字本異此㠯同音通用
卜偃曰晉語四三作郭偃御覽廿六百引呂覽同墨子所
染作高偃案卜與郭聲之轉呂覽當染曰晉文公染
於咎犯郄偃郄與郭形近之誤高又郭音之轉
二年傳虢公敗犬戎于渭汭水經渭水注引作渭隊服
虔曰隊謂汭也案汭與隊聲相近服本當作隊

及狄人戰于熒澤竹書紀年作及赤狄戰于洞澤釋文
作熒澤唐石經岳本攷文同呂覽忠廉引作營澤案
閔元年狄人伐邢與此當皆爲赤狄杜左傳後序疑
洞當爲洞而不敢改此注云當在河北宣十二年傳
及熒澤注熒澤在熒陽縣東說文熒絕小水也熒澤
不當作此字天官書熒惑說文作營惑淮南鴻烈㶏
揚雄傳皆假營爲營高誘注作營惑是營與熒亦通
顧氏棟高曰自宣十五年已前凡單㠯狄舉者皆赤
狄也段氏曰熒者光不定之貌沸水出沒無常故書
泆爲熒作此字熒澤熒陽古皆作熒今乃㠯爲水名
當作熒非也

㠯廬于曹釋文云詩作漕下㠯戍曹詩載馳疏引作漕案詩思須與
漕鄭箋引傳作漕水經濟水注引詩作曹言至于漕
列女傳三引作曹一仍作漕皆从省
齊侯使公子無虧齊世家古今人表作無詭師古注左
傳作無虧僖十七年傳衛姬生武孟注公子無虧齊世家作生無詭武孟或其字案虧
詭一聲之轉
鄭人惡高克詩釋文作剋案釋詁曰剋勝也玉篇同廣
韵剋剋已又殺也此竝克俗字
里克諫曰呂覽先已注作李克通志氏族略作理案管
子云皋陶爲李注李同理魏世家李克韓詩外傳作
里魯語里革王制疏引作李古同音字多通用

夫帥師專行謀晉世家作率師下同正義引同僖十五年經公孫敖帥師公羊作率卅二年經公子遂帥師伐邾成三年經鄭公子去疾帥師伐許六年衞孫良夫帥師侵宋晉欒書帥師救鄭七年楚公子嬰齊帥師伐鄭十年黑背帥師侵鄭十四年鄭公子喜帥師伐許十七年衞北宮括帥師侵鄭公羊皆作率襄十年傳率帥老夫文選謝瞻苔靈運詩注引作率十八年傳將帥諸侯以討焉大宗伯職注引作率廿七年傳使盧蒲嫳帥甲足利本作率廿九年傳臣帥徒以討之水經泗水注引作率昭十三年經晉荀吳帥師水經濊水注引同哀二年經晉趙鞅帥師水經河水注引作率案帥率古字通率从辵省見詩釋

故君之嗣適釋文云適本又作嫡僖廿四年傳以爲嫡子釋文本亦作適文七年傳舍適嗣不立釋文適本又作嫡十七年傳佐寡君之嫡夷釋文作適宣二年傳卿之適子釋文本又作嫡襄卅一年傳非嫡嗣唐石經作適昭三年傳而數於守適釋文本或作嫡下同五年傳殺適立庶釋文本又作嫡案說文云嫡孎也省作嫡經典多通用適字

段氏曰嫡庶字古祇用適適者之也所之必有一定也詩天位殷適凡今經傳作嫡者皆不古

衣之尨服漢五行志引作衣㠯案上下二句皆作㠯則此句亦當作㠯字臧氏曰命㠯時卒三句與上公衣之偏衣三之字相對今此句作衣之葢誤

尨涼冬殺說文牛部引作牻椋云牻白黑襍毛牛椋牻牛也案上云衣之尨服則牻椋正謂偏衣其色尨襍不純故疏云尨涼據服冬殺據時㠯傳作涼借字杜注㠯寒涼竝言是望文生義沈氏彤曰廣韵椋牻牛駁色葢說文脫一字牻椋謂尨服色駁也上文偏衣即牻服

受脤於社詩緜疏脤引作蜃成十三年傳成子受脤於社緜疏亦引作蜃定十四年經天王使石尙來歸脤掌蜃職注引作蜃案公羊㠯爲宜社之肉㠯蜃器而盛肉故名肉爲蜃是脤爲祭社之名蜃爲盛社肉之器名異而實同

外寵二政韓非子引作貳政僖十五年傳其卜貳圉也坊記注貳引作二疏同案說文云貳副益也一二字古文作弌弍後遂以弍通作貳字而古文不行矣惠氏曰二讀爲王貳于虢之貳

大帛之冠雜記注引作大白疏引同案子思之母白漢孔光傳作帛論衡帛喜吳越春秋作白喜白與帛古字通

務材御覽八百卅二引作務財案孟子有達財者疏財作材集注財與材同文選魏都賦李善注云廣雅財貨也財與材古字通

春秋三傳異文釋卷第二

春秋三傳異文釋卷第三

嘉興李富孫學

春秋左氏傳三

僖元秊經齊師宋師曹伯次于聶北公穀曹伯作曹師唐石經同莊三秊經疏襄廿三秊傳疏竝引作曹師說文喦部引作次于喦北云讀與聶同案正義云將卑師衆稱師此三國皆師多而大夫將故竝稱師穀梁傳曹無師曹師者曹伯也故淳化本譌作曹伯後遂因之說文讀若字可通用是古文經當作喦後通用聶字錢氏曰漢人言讀若者皆文字假借之例不特寓其音并可通其字許所云讀若讀與同皆此例

邢遷于夷儀公羊作陳儀宣十一秊經盟于辰陵穀梁作夷陵襄廿四秊經會于夷儀公羊作陳儀廿五秊經入于夷儀漢五行志作陳儀案說文云𡰥古文仁或从尸漢地理志師古注𡰥古夷字是夷或轉讀爲陳古方音脂真二韵多通轉盧氏曰觀今真文韵中之字多有與支微齊通讀者如寅亦可讀移純亦可讀緇辰亦可讀祁此類甚多

齊人曰歸唐石經作以尸歸案魯世家作以其屍歸故石經作尸歸正義云齊人乃以其屍歸是經無尸字

公會齊侯宋公鄭伯曹伯邾人于檉公羊作于朾左氏釋文檉勑呈反公羊釋文朾勑貞反疏朾字左氏作檉亦有作朾字穀梁釋文檉勑貞反一本作朾音同案左氏正義云經書會于檉傳言盟于犖犖卽檉也釋例宋地檉犖二名陳國陳縣有檉城檉朾同音通字

公敗邾師于偃公羊作于纓穀梁釋文偃一本作堰案公羊昭五秊疏云文十八秊秦伯罃卒賈氏云穀梁傳曰秦伯偃不道公羊曰嬰知公羊與左氏同皆作罃字矣古今人表徐隱王師古注卽偃王也是纓偃亦聲之轉堰又形聲相似

公子友帥師敗莒師于酈獲莒挐公羊作于犂釋文挐一本作茹音同穀梁作于麗案漢西域傳師古注挐讀與驪同釋文酈犂竝力知反麗力池反俱同音通

假麗又从酈省北齊鄭述祖天柱山銘麗其馳辯之地卽酈倉其也淮南本經注挐讀上谷茹縣之茹茹挐同音通今本作拏非

傳救患分災大宗伯職疏引作分烖案說文烖正字災籀文周禮俱作烖字

及費魯世家作鄪昭廿五秊傳請囚於費卅二秊傳受費以爲上卿魯世家竝作鄪案說文無鄪字此後人增加偏旁古从省

二秊經虞師晉師滅下陽公穀作夏陽案左僖五秊正義引馬融曰虢仲封下陽虢叔封上陽竹書紀秊亦作下陽隸續斥彰長田君斷碑假印綬守廣平夏曲陽令斥彰長洪适云鉅鹿之四邑曰任曰廣平曰下

曲陽曰斥章碑㠯夏爲下㠯彰爲章下夏音同
齊侯宋公江人黃人盟于貫杜注梁國蒙縣西北有貰
城貰與貫字相佀續漢郡國志注引傳佀貰公羊佀
貫澤新序雜事引同案公羊僖九年傳貫澤之會疏
云卽上二年齊侯宋公江黃盟于貫是也而此言貫
澤者葢地有二名釋文本有澤字是在唐時公羊已
有二本不同釋例宋地蒙縣西北有貰城水經注汳
水又東逕貰城闕駰十三州志以爲貰城也貰貫形
相似文異而實同
傳假道於虞㠯伐虢公羊傳佀郭秦策同案公羊傳曰
虞郭見與釋文郭音虢書有若虢叔新序佀郭叔郭

虢音相近釋見書
懦而不能強諫釋文懦佀燸云字林佀愞案廣韵愞同
愞愞弱也集韵燸澀也當亦俗字釋文音同
保於逆旅荀子佀御旅案詩百兩御之鄭箋御迎也說
文逆訓迎是義亦同
齊寺人貂古今人表序佀豎貂管子戒小稱大戴保傅
公羊僖十八年傳墨子所染竝佀豎刀後漢宦者傳
序同注刀卽貂也案正義鄭云豎未冠者之官名此
人名貂幼童爲內豎之官後雖年長遂呼爲豎貂此
時爲寺人之官故稱寺人貂也刀與貂同音故通用
梁氏曰刀本有貂音今佀刁非也

三年經徐人取舒玉篇邑部引佀郐案說文云郐地名
古通用舒字
冬公子友如齊涖盟穀梁佀公子季友案左僖十六年
公子季友卒杜注稱字者貴之也正義云季是其字
友是其名如仲遂叔肹之類皆名字雙舉則穀梁佀
季友卽从兼書字之例也
四年經齊人執陳轅濤塗釋文云轅本多佀袁公穀佀
袁濤塗齊世家同襄三年經袁僑杜氏世族譜佀轅哀十一年經陳轅頗出奔鄭公羊佀袁頗案僖十五年傳晉於是乎佀爰田晉語佀轅田
襄三年傳陳袁僑注云袁僑濤塗四世孫廣韵二十
二元注袁本自胡公之後或佀袁隷釋袁良碑厥先

舜苗世爲封君嗣滿爲陳侯至元孫濤塗初氏父字
立姓曰袁魯僖四年爲大夫哀十一年頗爲司徒是
古爰袁轅字竝通洪适曰班史㠯袁生爲轅生左傳
轅濤塗頗皆佀轅古字通用也
公孫茲帥師會齊人宋人衛人鄭人許人曹人侵陳公
羊佀公孫慈十六年經公孫茲卒公羊佀慈廿三年經宋公茲父卒公羊佀慈父案襄
十年傳秦丕茲事仲尼家語弟子解秦商魯人字不
慈漢地理志上郡龜茲應劭音邱慈傳介子傳西域
傳服顏音同是茲有慈音故公羊佀慈
傳賜我先君履文選冊魏公九錫文佀錫水經淇水注
御覽一百六十二引同文元年經天王使毛伯來錫公命漢五行志引傳佀賜命唐石經淳

作本岳本同成八年經天子使召伯來賜公命釋文作錫公穀作來錫曲禮疏引同案釋詁曰錫賜也燕禮注古文賜作錫是古假錫爲賜御覽所據猶从古本見易書釋

爾貢包茅不入穀梁傳作菁茅甸師職注引作苞疏同詩伐木疏文選注藉田賦冊魏公九錫文六代論後漢公孫瓚傳注引竝同昭元年傳無乃包藏禍心文選阮瑀爲曹公與孫權書注引作苞定四年傳申包胥如秦乞師文選八公山詩注引作苞案書苞匭菁茅管子輕重云江淮之間一茅三脊名曰菁茅鄭注菁茅茅有毛刺者給宗廟縮酒重之故包裹苞注菁茅香草所以縮酒則卽爲苞茅釋言苞稹也孫炎注物叢生曰苞古書多通爲包裹字見易釋

無㠯縮酒說文酉部引作茜酒云禮祭束茅加于祼圭而灌鬯酒是爲茜象神歆之也案甸師職祭祀共蕭茅注鄭大夫云蕭字或爲茜茜讀爲縮王祭不共無以縮酒杜子春讀爲蕭蕭茜聲之轉茜讀爲縮故傳作縮六書正譌云茜俗作縮非臧氏曰今左傳作縮酒司尊彝作數酌皆茜之聲近假借字作蕭亦爲聲近錢氏坫曰郊特牲注引作泲以酌酒是亦讀茜因與酌同也段氏曰縮者古文假借字茜者小篆新造字周禮注蕭茅或作茜皆漢人所用字

君其問諸水濱齊世家諸作之文七年傳而屬諸子晉世家作之子哀六年傳先諸田完世家坐之案穀梁莊廿四年傳注云諸之也廣雅同

詩寘之河之干兮中庸注引作寘諸之諸音近字從讀變也

漢水㠯爲池釋文云本或作漢以爲池水衍字案文選注南都賦齊安陸昭王碑文引作漢水杜注傅漢水是有水字齊世家作江漢以爲溝池義同臧氏曰方城者山名漢者水名傳文漢不云水猶方城不言山也

雖眾無所用之詩商頌疏引作雖君之眾文選西征賦注引同案唐初舊本或有此二字唐石經無之

一薰一蕕內則注蕕引作庮云庮惡臭也釋文薰或作焄又作葷案玉藻注云葷或作焄士相見禮注古文葷作薰禮經三字通故內則釋文或作如此說文云

薰香艸也蕕水邊艸也庮久屋朽木周禮牛夜鳴則庮臭如朽木是薰爲艸庮爲木蕕無臭義杜注蕕臭艸亦因上文而言之蕕字亦同音通假疏云杜知蕕是臭者內則庮字亦是臭義其字雖異其意亦同李氏時珍曰蕕者庮也朽木臭也此草莖頗似蕙而臭

其娣生卓子晉世家娣作弟卓子作悼子下竝同案索隱曰弟女弟也公羊莊十九年傳娣者何弟也字通魯世家作卓子音義卓一作悼齊世家音義史記卓多作悼秦本紀集解又作倬悼與卓祇偏旁增省史記所據或爲悼字梁氏曰悼卓疑古通借

歸胙於公穀梁作致福於君晉世家作歸釐於君案說

文云胙祭福肉也釐家福也文異而義竝同

與犬犬獘說文犬部引作犬獘云頓仆也或作斃晉世家作殪案獘从犬或通作斃非是晉世家作殪義同

地墳穀梁作地賁案范解云賁沸起也與墳義同當从省

五秊經會王世子于首止公穀作首戴水經河水注同案杜注首止衞地范解首戴同酈注以爲首陽山夷齊之歌所矣隱十秊經伐戴釋文音再止戴亦音相近

傳狐裘尨茸晉世家作蒙茸集解引服注同詩小戎疏引同案詩狐裘蒙戎毛傳以言亂也蒙伐有苑箋云

蒙尨也疏厖蒙同音茸與戎亦同爲下國駿尨荀子榮辱引作駿蒙蒙與尨古字通

公使寺人披伐蒲晉世家作獻公使宦者履鞮趣殺重耳索隱曰卽左傳之勃鞮亦曰寺人披僖廿五秊傳作寺人勃鞮晉語同文選注報任少卿書宦者傳論序引史作履貂後漢宦者傳序同注一名勃鞮字伯楚案韋昭注云宦勃鞮一作勃貂貂卽刁此疑誤葢披是其名而履鞮勃鞮履貂皆主屨者之官名後呂郤之難晉語曰伯楚知之旨告公後漢張衡傳注伯楚勃鞮字也梁氏曰晉語披字伯楚注云文公時爲勃鞮宋庠補音云官名則所謂勃鞮勃貂履貂官號之異葢主屨者若周官之鞮鞻氏鞮是革履貂是皮履勃乃排比之義

公孫兹如牟娶焉釋文云娶本又作取襄廿五秊傳使偃取之釋文取或作娶字不可娶也釋文娶亦作取廿六秊傳椒舉娶於申公子牟釋文娶本又作取哀十二秊傳昭公娶于吳釋文作取云本亦作娶案說文云娶取婦也古多通用取字

諺所謂輔車相依脣亡齒寒者玉篇面部輔引作酺云亦作輔呂覽權勳淮南說林竝引作脣竭莊子胠篋漢五行志同案說文云輔人頰車也酺頰也易咸其輔頰舌釋文虞作酺是酺正字輔通戰國趙策脣揭而齒寒注揭猶反也呂覽注竭亡也義亦同竭揭文音相近

大伯虞仲論語作泰伯吳世家索隱引范甯論語集解作太案皇侃義疏引范甯曰泰善大之偁也伯長也太王元子故號泰伯大泰亦古今字

其愛之也正義服虔其作甚注云愛之甚廿四秊傳行者甚衆釋文甚一本作其懼者甚衆矣釋文本或作其衆案正義云當愛桓莊之族甚也愛之若甚何以誅之且文勢不順又改字貟繆之甚也然其與甚亦字形相涉而亂

丙之晨漢律厯志引作丙子之辰案下云丙子旦故作丙子辰說文曟房星或作晨是借字

均服振振釋文云均字書作袀漢書五行志律厯志引作袀服師古注袀服黑衣振振袀服之貌文選注吳都賦劉淵林閒居

賦
御覽三百四十引竝同案閒居賦注引服虔注袀服黑
服也說文袀今本佡袗元服也呂覽悔過注云兵服上下
無别故曰袀服司几筵注引佡均劉淵林注袀同也
文異而音義不殊臧氏曰士冠禮兄弟畢袗元注袗
同也元者元衣元裳也古文袗爲均當云古文均爲袗則从
今文佡均晉語賈注呂覽注杜注竝云均同也與此
注義正合又曰據閒居賦注則左傳本佡袀服其義
爲黑衣均同也葢賈景伯義而杜氏用之惠氏曰上
下皆元故謂之黑服袀古文皆佡均粱氏履繩曰袀
均也言戎服均尚黑故卽以袀服爲黑服葢衣同色
者皆爲袀服廣韵專以袀爲戎衣於義儉矣

虢公其奔漢五行志奔佡犇案玉篇云犇牛驚犇與奔
音同漢書多佡犇

及其大夫井伯晉世家井伯下有百里奚十三季傳謂百里與諸乎晉世家佡百里奚　案秦本紀晉獻公虜虞君及其大夫百里
奚以爲秦穆夫人媵於秦然孟子言百里奚知虞公
不可諫而去之秦則無晉虜媵秦之事史公雜采它
書傳聞有異爾世說注引楚國先賢傳百里奚字井伯九非

罪虞公言易也唐石經公佡且案此當从石經佡且言
易也今俗本譌

七季經盟于甯母穀梁佡寧宣九季傳孔寧公羊傳禮運注佡孔甯禮記釋文甯本又佡寧昭廿季經向寧公羊佡甯廿一季經向寧同廿八季經鄭伯寧卒滕子寧卒公羊竝佡甯哀十
五季傳欒寧問之衛世家佡甯案說文云甯所願也寧願詞也徐鍇
曰甯猶寧也今俗人言寧如此爲甯可如此漢禮樂
志周流常羊思所并穰穰復正直往甯師古注甯合
韻音寧王莽傳永邑康甯後漢烏桓傳始復置校尉
上谷甯注云前書甯縣佡寧史記甯城亦佡寧寧甯
音義同杜注高平方與縣東有泥母亭音如甯泥甯
音相近

傳襄王惡大叔帶之難釋文云叔又佡州文十季經叔仲彭生釋文叔又佡州本或佡叔彭生　案衛州吁穀梁佡祝吁州祝古音相近
叔與祝聲亦同

八季經公會王人齊侯宋公衛侯許男曹伯陳世子款
盟于洮公羊陳世子款下有鄭世子華案下書鄭伯
乞盟則鄭世子華當不預此會盟公羊所據恐未得
其實趙氏坦曰公羊衍此四字

傳曰敗狄于采桑晉世家佡齧桑案晉世家佡翟以重
耳故亦擊晉於齧桑集解左傳佡采桑服虔曰翟地
是一地而二名也

九季經甲子晉侯佹从岳本諸卒公羊佡甲戌公穀佡詭
諸十二諸侯季表晉世家竹書紀季同案杜注甲子
九月十一日戊辰十五日也書在盟後從赴則當从
公羊爲是隸釋鄭固碑造膝佹辭洪适云碑以佹爲
詭佹詭音義同趙氏坦曰據左氏盟于葵邱傳獻公

之卒實在盟後公羊作甲戌爲九月二十一日似得其實左穀作甲子或譌一字

傳天子有事于文武文選宋郊祀歌注引作于郊案李善注每多改經文㠯就選此作郊當亦因郊祀而易之

㠯伯舅耋老御覽三百八十二引作耄老案杜注云七十曰耋釋名八十曰耋釋言郭注同曲禮八十九十曰耄漢平帝紀師古注八十曰眊耄耋字形相涉

其在亂乎水經泗水注引作有亂案杜注云在存也微戒獻公晉將有亂有與在形近作有義通

君務靖亂無勤於行文選三國名臣序贊注靖引作靜勤作懃案詩靖共爾位韓詩外傳作靜古字通懃俗體

里克丕鄭欲納文公晉語秦本紀作丕鄭晉世家作邳集傳纂例引公羊作邳十年傳丕豹李斯上始皇書作邳唐石經左公作丕昭三年傳昧旦丕顯釋文淳化本岳本攷文宋本足利本作丕案說文丕大也漢石經尚書丕作丕山陽太守祝睦碑涼州刺史魏元丕碑梁相費汎碑皆同五經文字云丕丕上說文下石經是丕爲隸變體說文邳奚仲之後湯左相仲虺所封國或从省作丕字互通

令不及魯釋文云令本又作命案玉篇云命教令也義同

齊隰朋帥師會秦師納晉惠公齊世家集解作隰崩案易朋來无咎釋文朋京作崩漢五行志引同崩朋聲轉而字異

公謂公孫枝曰晉世家枝作支李斯傳說苑同案詩本支百世左莊六年傳作本枝古枝支字通見詩釋

十年經晉里克弒其君卓公羊作卓子秦本紀十二諸侯年表漢五行志師古注引同穀梁經稱卓傳作卓子案僖九年傳稱卓子又稱公子卓呂覽原亂同是卓其名子者男子之稱故可通言之

冬大雨雪公羊作雨雹漢五行志引同案公羊傳曰何㠯書記異也雹與雪㠯字形相似而誤公羊言記異則似當作雹若冬而大雨雪此常事可不必書也錢氏曰班史敘恆寒㠯雪爲首而霜雹次之大雨雪此左穀經文故引劉向說次引公羊經兼采董生說盖㠯經有異文特附出之其餘書大雨雹者則見於後義例之嚴如此劉知幾偶見誤本不尋其上下文義輒生駁難非矣

倣於韓晉世家倣作弊宣十五年傳敝邑易子而食後漢來歙傳注引作弊襄十九年傳豈惟敝邑文選永明十一年策秀才文注引作弊廿三年傳猶有先人之敝廬在羊祜讓開府表注廿五年傳以憑陵我敝邑奏彈曹景宗注昭四年傳其敝猶貪晉紀總論注五等諸侯論注並引作弊定九年傳敝無存之父御覽二百引作弊案論語衣倣縕袍說文衣部引作弊玉篇倣或作獘俗作弊今通用

呂甥晉世家作呂省下皆同案秦本紀仍作呂甥甥省一聲之轉杜注瑕呂飴甥卽呂甥蓋姓瑕呂名飴甥趙氏佑曰蓋本氏呂而瑕與陰皆食邑非姓也梁氏履繩曰呂甥㠯邑爲氏族系無攷廿四年傳瑕甥瑕亦其邑故幷偁瑕呂通志氏族略所謂複姓瑕呂氏是也其偁陰飴甥者兼食陰邑耳杜氏㠯瑕呂爲姓未免從俗甥者蓋晉侯之甥卽㠯爲名

十一年經晉殺其大夫丕鄭父公羊疏云左氏經無父字案左僖十九十一年傳竝作丕鄭則經當無父字故徐彥所見本如此今本有父字或後人從公穀增通志氏族略云丕鄭亦曰丕鄭父名字通偁也父者男子之美偁則知自偁爲丕鄭人偁之曰丕鄭父

傳受玉惰說文心部引作執玉憜昭廿六年傳後世若少惰釋文惰本亦作憜同案周語晉侯執玉卑拜不稽首執與受義通說文憜或省作惰古文作媠今皆从或體

而何繼之有漢五行志而作其唐石經同案依文義當作其今本誤

十二年經春王三月穀梁作正月案正與三字形相近蓋所見之不同

陳侯杵臼卒公羊作處臼文十六年經宋人弒其君杵臼定五年經齊侯杵臼卒公羊竝作處臼齊世家音義史記多作著案杵處同音通用著亦音近

傳楚滅黃楚世家作滅英音義年表及它本皆作英一本作黃唐石經初刻作楚人案經作楚人十一年經亦作楚人伐黃故石經於傳亦增人字史記正義云英國在淮南蓋蓼國也然滅蓼在文五年非是

愷悌君子釋文作凱云本亦作愷悌本亦作弟廿八年傳振旅愷以入于晉釋文作凱文十八年傳謂之八愷潛夫論五德氏姓作凱舉八愷初學記引同成十八年傳恭儉孝弟釋文弟本亦作悌案說文云豈還師振旅樂也愷康也悌新附字豈俗作凱毛詩从古作豈弟後多用俗字

十三年傳晉荐饑文選永明九年策秀才文注引作洊飢文十六年傳楚大饑釋文亦作飢定四年傳饑氏廣韵六脂作飢案洊荐古字通見易釋說文云穀不孰爲饑飢餓也二字義別今俗或通用非

天災流行晉世家災作菑案說文云菑不當作才耕田也从巛巛音災故古多借爲災字

十四年經季姬及鄫子遇于防使鄫子來朝釋文云鄫本或作繒穀梁竝作繒十九年經鄫子會盟于邾宣十八年經邾人戕鄫子于鄫穀梁竝作繒釋文繒本或作鄫哀七年經公會吳于鄫穀梁作繒十二諸侯年表吳世家魯世家孔子世家同八年傳拘鄫人之漏菅者攷工㡆氏注引作繒案孔子世家吳與魯會繒正義曰括地志故鄫城周本紀正義引作繒縣在沂州承縣地理志繒縣屬東海郡也周語杞繒由大姒又云杞繒猶在補音鄫或作繒通荀子非相注云繒與鄫同說文鄫姒姓國在東海或作繒者亦同音通左氏惟宣十八年傳作盟于繒

沙鹿崩說文林部引作沙麓漢五行志元后傳引同昭卅年傳衡鹿守之大司徒職疏引作麓風俗通山澤同案穀梁傳曰林屬於山爲鹿說文解同杜注曰沙鹿爲山名在晉地公羊以爲河上邑穀梁爲山足書納于大麓魏受禪表作大鹿鹿麓古字通

十五季傳步揚御戎晉世家作步陽襄四季傳猶在繁揚昭五季傳帥繁揚之師唐石經竝作陽漢地理志繁陽應劭注在繁水之陽廿五季經次于陽州公羊作揚案詩燎之方揚漢谷永傳引作陽釋名陽揚也陽氣發揚在外二字古通

梁由靡御韓簡晉世家由作繇十六季傳吉凶由人漢五行志作繇宣十二季傳養由基路史國名紀作繇案說文無由字本作邎通作繇繇由古今字古今人表辛繇靡師古注繇讀與由同文選諷諫詩注繇與由古字通

晉大夫反首拔舍詩載馳疏引作茇舍案大司馬職仲夏教茇舍注茇讀如萊沛之沛茇舍草止之也杜注同傳疏云茇與跋通詩狼跋釋文云跋或作拔同

寡人之從君而西也唐石經初刻作從晉君案與晉大夫言似可無晉字故後復刓去之

以大子罃宏公羊罃作嬰案戰國魏策惠王名嬰魏世家作罃二字音同

使吕免服衰經逆釋文作絻云本又作免案玉篇云絻器服或作免古字省通

曰上天降災以下四十七當作二攷文同字杜注云檢古本皆無晁杜注亦不得有有是後人加也案正義云左傳本無此言後人妄增之服虔解誼其文甚煩何由四十餘字不解一言明是本無之也今定本亦無蓋上云且告卽登臺履薪之事故杜注且告將以恥辱自殺後人因且告下當有辭故增此四十餘字耳趙氏佑曰登臺而履薪者積薪於臺下蓋作將自焚之狀故使以器服告也曰上天降災下四十七字正合未必出後人手服杜闕注安知其所據本不有脫佚乎

晉於是乎作爰田晉語作轅田案正義云服虔孔晁皆云爰易也國語賈逵注同說文云爰籀文以爲車轅字故外傳又作轅漢地理志孟康注轅爰同說文趄田易居也是當爲轅田之本字徐鍇曰左傳作爰田國語作轅田皆假借趄乃正字謂吕田相換易也錢氏曰說文趄卽作爰田之爰

羣臣輯睦釋言注引作百姓輯睦案呂甥與衆言似當作百姓今作羣臣或涉成十六季傳之文

亦無貺焉釋文云貺本亦作況案漢武帝紀遭天地況施著見景象應劭注況賜也禮樂志師古注同釋詁釋文貺本作況是同音通字貺亦俗體段氏曰兄字引伸爲兄益用況者于古爲叚借貺況皆俗字

饋七牢焉晉世家饋作餽哀十一季傳皆有饋賂釋文饋或作餽案說文

云吳人謂祭曰餽孟子王餽兼金宋餽薛餽皆借以爲饋字漢律歷志師古注餽與饋同見禮記釋

蛾析釋文云蛾或作蟻析本或作晳晉語作晳定八年傳鄧析文選長笛賦注引作晳　案學記蛾子時術之釋文蛾本或作蟻注云蛾蚍蜉也古多以蛾爲蟻字通析作晳聲同

十六年經隕石于宋五說文石部引作磒石云磒落也案說文實磒二字義別今皆通作隕字釋詁注磒猶隕也古字通

是月六鷁退飛過宋都公羊作提月初學記四引同公羊釋文是月如字或一音徒兮反左傳釋文是月本或作是日鷁本或作鶂音同穀梁作六鶂公穀釋文本並作鶂宋世家漢書五行志劉向傳終軍傳引並同說文鳥部引作鶃宋世家飛作蜚漢書同案公羊傳曰提月者何僅逮是月也何休注提月邊也魯人語也釋文是音徒兮反曰古本有作提月唐韻正提音匙提是音讀同說文鶃或作鷊鶂無鷁千祿字書云鶂六鶂鷁首船二字義異五經文字鷁鶂並收此當作鶂飛作蜚通假字史漢多作蜚漢五行志師古注蜚古飛字盧氏曰提月在正月之幾盡故曰劣及是月也在陸德明時所見本固有曰提月改作是月故釋文所言如此不詳審傳文及邵公之注明是爲提字作詁訓若作是何勞如此費辭乎陸佃注鶡冠子家里用提云提零日也亦引公羊爲證臧氏曰穀梁疏引賈逵曰闐解鶂是取同聲字爲詁亢可見六鶂字本从兒也廣韵反以鷁爲正首尾倒置矣洪氏曰提當通作扺字故傳以爲僅逮此月也

傳齊徵諸侯而戍周唐石經無而字案而字當衍

十七年傳多內寵漢五行志注文選後漢皇后紀論注引皆無內字齊世家無下內嬖二字　案上云齊侯好內下云內嬖如夫人者此句內字或因後內寵之文而衍耳

易牙入大戴保傅賈子胎教法言問神論衡譴告並作狄牙文選琴賦北齊顏之推傳琴賦注引淮南同案白虎通禮樂云狄者易也易狄聲近古通

十八年經宋公曹伯衞人邾人伐齊公羊作宋公會曹伯案公羊有會字或是衍文

十九年經冬會陳人蔡人楚人鄭人盟于齊公羊作公會案穀梁范解云會無主名內卑者也四國稱人外卑者也故二傳皆無公字此如莊十四年經同盟于幽書公會皆誤衍公字趙氏坦曰四國俱稱人則不當書公會公羊衍公字

傳退修教而復伐之釋文作而復之云一本作而復伐之伐衍字也案注云復往攻之則杜本似有伐字襄十一年傳注引此有伐字詩皇矣疏文選注爲曹洪與魏文帝書爲石仲容與孫皓書引並同

廿一年經會于盂公羊作霍穀梁作雩范解雩或爲宇

案公羊疏云左氏作孟穀梁作雩蓋誤或所見異三
禮義宗云霍者護也唐韻正霍去聲則虛故反霍有
護音與孟聲相近雩與孟爲同部字而字與孟一聲
之轉也
傳務穡論衡明雩引作務嗇文選冊魏公九錫文注引
同案說文云穀可收曰穡嗇愛濇也詩不稼不穡漢
石經作嗇古穡嗇字通（見詩釋）
任宿須句顓臾風姓也水經濟水注引作須朐（作于魚語誤廿二年經取須句公羊作須朐文七年經取須句公羊漢五行志引竝同）釋文云本或作
皆風姓案釋文句朐竝其俱反左氏作句从省皆字
或爲經師所增
廿二年傳戰戰兢兢釋文云本或作矜矜（宣十六年傳戰戰兢兢釋文本亦作矜矜）案詩無羊傳云矜矜兢兢目言堅彊也說文
兢讀若矜古字通
蠭蠆有毒釋文云蠭本又作螽俗作蜂皆同（文元年傳蠭目釋文蠭本又作蜂）蠆字林作蠆案說文蠭古文从省作螽蠆或
作蠤蜂又俗省玉篇分蠵蠆爲二張有从說文以俗
作蠆蠤非
戰于升陘釋文作登陘云本亦作升玉篇邑部陘引作
鄧案釋詁曰登升（今作陞俗）也二字同部古通用義同玉
篇鄧鄉名从邑通
戎事不邇女器釋文邇作爾案少牢饋食禮曰佐食爾
上敦黍于筵上鄭注爾近也肆長職注爾亦近也古
从省通
險而不列文選注（魏都賦辨亾論陽給事誄弔魏武帝文）竝引作不成列
案此當涉上不鼓不成列之文或唐初本有如是
廿三年傳遂取焦夷水經陰溝水注引作遂取譙案杜
注云焦今譙縣也水經注渦水又東逕譙縣故城北
魏立譙郡此後人增加言旁
而殺人目逞釋文作目呈云本亦作逞案逞與呈聲之
轉當从省借
生伯儵釋文作儵云本又作儵音同（文十六年傳唯裨儵魚人釋文作儵十七年傳以待於儵宣三年傳余爲伯儵釋文竝同惠氏曰說文作伯鯈黃帝之後姞姓）案儵與
儵音義竝異晉世家唐石經皆作儵釋文作儵目形
似而誤
我二十五年矣晉世家我作犂案呂后紀犂明孝惠還
徐廣音義犂猶比也犂與我亦語音之異段氏曰遲
徐也或假黎爲之史衞霍傳遲明一作犂又或假犂
爲之史尉陀傳黎旦城中皆降伏卽黎明漢書犂旦
爲遲旦晉世家犂二十五年益可見犂之爲遲也
乞食於野人野人與之塊晉語作野人舉塊以與之漢
律歷志野竝引作壄下作舉凷而與之案說文壄古
文野从里省从林凷或作塊字同漢志當本晉語文
閩其駢脅欲觀其裸晉語呂覽上德淮南人閒竝作骿

脅說文骨部引同論衡骨相作仳脅晉語裸作狀案
說文云骿并骨也今傳作駢晉世家同是同音通用
今釋文引說文疏引晉語竝作駢誤仳駢又音相近外傳作狀語加詳
呂覽淮南皆云使袒而捕池魚此所傳之異也
薄而觀之晉語作設微薄而觀之案孔晁云微蔽也薄
簾也杜注訓薄爲迫是隨文釋之
僖負羈之妻晉語作釐淮南道應人閒作釐負羇韓非子晉
世家作釐負羈曹世家古今人表作羈唐石經同廿四
季傳臣負羈紲說文糸部引作羈釋文同昭七季傳君之羇臣岳本作羈十三季傳寫羇終世楚世家作
羇案說文云羈馬絡頭也玉篇羈羈旅也寄止也羇
寄也音義同然說文無羇字

晉公子廣而儉呂覽上德注廣引作廉案廉與廣字形
相似義竝通
公子賦河水晉語韋注云河當作沔字相似誤也案杜
注云河水逸詩義取河水朝宗于海若沔水詩則正
合朝宗于海之義韋說是
廿四季傳所不與舅氏同心者檀弓疏引所下有反國
二字案此二字當爲衍文
寺人披請見釋文云寺本又作侍昭六季傳宋寺人柳十季傳惡寺人柳釋
文竝云寺本又作侍廿五季傳使侍人僚柤釋文侍本亦作寺案周禮敘官注云寺
之言侍也文異而義同古多通用見詩釋
曰田渭濱韓非子作惠竇案惠渭音同竇與濆通濆濱

字形相似
女中宿至釋文無至字云一本有至字案有至字文義
較明
晉侯之豎頭須注云頭須一曰里鳧須正義史記謂之
里鳧須新序雜事同案韓詩外傳云晉文公亡過曹
里鳧須從因盜重耳資而亡重耳無糧餒不能行介
子推割股曰食重耳然後能行豎頭作里鳧亦音之
轉惠氏士奇曰鳧與頭古音同梁氏曰頭字古叶同
都切與鳧音近里葢其字此傳聞之別故韋杜竝著
之非有二名也
介之推不言祿呂覽介立晉世家古今人表說苑雜言

新序節士竝作介子推後漢荀彧傳水經汾水注同
晉世家又作介推說苑復恩同弟子傳作介山子然
大戴衞將軍文子作介山子推荆楚歲時記引琴操
作介子綏案杜注云介推文公微臣之語助則推其
名故下但偁推之爲語助如舟之僑燭之武後漢張衡傳作
燭武之類子推或其字推綏聲相近梁氏曰綏或其字
下義其罪晉世家作下冒案正義云在下者冒貪天之
功爲立君之義是下義其罪史記作冒字義尤明
王使伯服鄭世家作伯犕索隱云郳伯服也案易服牛
乘馬說文引作犕牛後漢皇甫嵩傳注云犕古服字
以蕃屏周文選注求通親親表齊竟陵王行狀引作以藩屏周室襄廿

九年傳以蕃王室也釋文蕃作藩昭廿六年傳以蕃屛周釋文作藩云亦作蕃定四年傳以藩屛周釋文作蕃唐石經同案史記滑稽傳引詩止于蕃漢昌邑王傳引
作藩大司徒職注杜子春讀蕃爲藩二字同聲通
邢茅胙祭潛夫論五德志茅作茆胙作祚穆天子傳說
文邑部祭作鄒案醢人職茆菹注鄭大夫讀茆爲茅
說文新附祚字此後人所加是茆與祚皆俗通字說
文鄒周邑也古从省借
使積叔桃子釋文云桃本或作姚亦音桃定十四年傳小王桃子釋文桃本又作姚案姚與桃亦形聲相亂
狄固貪惏文選馬汧督誄注引作貪婪案說文云河內
之北謂貪曰惏婪貪也二字音義同

及坎欿續漢郡國志作坎埳注引同案廣雅埳陷也欿
窞坑也易釋文坎本亦作埳京劉作欿險也陷也二
字義同
服之不衷後漢劉元傳注作不中案周語其君齊明衷
正卽中正字孔子世家皆折衷於夫子漢貢禹傳作
折中此作中字九切
子臧之服釋文云一本作之及案作及字義亦通王氏
念孫曰作及者是也謂及於難桓十八年傳周公弗
從故及於難也
天子有事膰焉說文炙部膰引作䙶云宗廟火孰肉春
秌傳天子有事䙶焉以饋同姓諸侯釋文云潘周禮

又作燔字襄廿二年傳與執燔焉釋文燔又作膰案燔當从䙶省通玉
篇䙶或作膰俗字
得罪于母弟之寵子帶五年傳正義引作母氏案宋淳
化本無弟字曲禮疏引及唐石經岳本皆有弟字或
爲氏字之誤
石甲父廣韵三十二狎引作甲石父案石甲父當卽石
癸之字晉有胥甲父古有甲父之鼎氏族略以甲父
癸爲二人廣韵注謂姓甲竝誤
廿五年傳掖㠯赴外詩衡門疏掖引作持謂持其臂而
投之城外案說文云掖持臂也義同
命之宥晉語宥作侑新序善謀引同廿八年傳命晉侯侑唐石經作宥宋

本岳本同案聘禮注云古文侑皆作宥有司徹注同釋詁
釋文侑本作宥周禮三宥管子作三侑古字竝通
蒼葛呼曰古今人表作倉葛文十八年傳蒼舒古今人表作倉五帝紀索隱引同
文選思元賦注同水經濟水注引晉語同案詩悠悠蒼天釋
文蒼本亦作倉漢史晨祀孔子奏銘黑不代倉熹平
殘碑何辜穹倉漢碑多如此作是古隷省通
泰人過析隈釋文云俗作柝隈衆經音義五十引作拆隈
案漢魯峻碑柝薪弗何卽析之隷體玉篇不收柝字
廣韵析俗作柝拆當以形似而誤弓人注引作入隈
得原失信呂覽爲欲作失寶案上云夫信國之寶也故
此作寶字

筲趙衰㠯壺飧從徑餒而弗食正義云劉炫徑作經文選宦者傳論注餒引作餧案杜注云徑猶行也正義杜以徑字上讀爲義劉改爲經謂經歷飢餓下屬爲句輒改其字以規杜非也說文餧飢也無餒字五經文字云餧經典相承別作餒以爲飢餒字以此字爲餧餉之餧字書無文案餒字見玉篇云餓也

廿六年經公會莒子衞甯速盟于向公羊作甯遬成二年經衞侯速卒公羊作遬十二諸侯年表衞世家同襄十六年傳孟孺子速釋文速本亦作遬廿年經仲孫速定六年經鄭游速十年經鄭游速公羊竝作遬十四年傳戲陽速衞世家作遬案說文速籒文作遬漢宣帝紀師古注遬古速字

公追齊師至酅釋文作嶲云本又作酅公穀作嶲案說文云酅東海之邑公穀作嶲从省音同

公子遂如楚乞師世本遂作述襄廿二年傳毋或如東門遂魯世家索隱引世本作述案詩定之方中釋文引鄭志述讀如遂事不諫之遂古述術遂字竝通

楚人滅夔㠯夔子歸公羊夔竝作隗譙周古史考作滅歸案夔隗聲之轉夔與歸音亦相近水經江水注秭歸縣故歸鄉地理志歸子國卽夔子國也樂緯昔歸典協聲律宋忠注歸卽夔歸鄉蓋夔鄉矣是皆以歸爲夔也

傳使展喜犒師魯語作乙喜注乙喜魯大夫展喜也案正義引魯語使展喜以膏沐犒師今本作乙亦轉寫之異熊氏經說云李陽冰篆脩廟碑喜作乙冰體當有所本犒古作槀或作槁廣雅始作犒俗字

君子則否魯語作則不宣二年傳未知母之存否晉世家作存不十二年傳故曰律否臧唐石經作不臧昭廿年傳而有否焉臣獻其否漢彼傳注引皆作不晉語韋注引同案說文云否不也義同論語予所否者古論作不不讀上聲則方九反

室如縣罄釋文云罄亦作磬盡也魯語作磬文王世子疏引同後漢陳寵傳作懸磬注引同公孫瓚傳注文選謝靈運述祖德詩注引竝同案正義引服虔云言室屋皆發撤榱椽在如縣磬孔晁曰縣磬但有桷無覆劉炫云如磬在縣下無粟帛魯語韋注府藏空虛但有榱梁如縣磬也是諸家皆作磬韋懷注言其屋居如磬之懸下無所有較杜爲長樂記石聲磬注磬當爲罄玉篇磬或爲罄古亦通借臧氏曰磬罄字別而聲相近故互誤孔晁注國語亦从服義杜改如爲而又以磬爲罄此好異於先儒劉規之當也趙氏佑曰大戴禮禮有三本云縣一罄而尚拊搏足爲古罄磬通用之證

我先王熊摯有疾楚世家作摯紅古今人表同案楚世家熊渠卒子熊摯紅立上云熊渠生子三人長子康中子紅少子執疵而不及摯然正義引樂緯注熊渠嫡嗣曰熊摯杜注熊摯楚嫡子則熊摯熊紅爲兄弟

二人也梁氏曰世家不數摯者必因廢疾寘處不復
齒合摯紅爲一人殊誤
廿七秊傳責無禮也釋文云本或作責禮也唐石經同
案文義當有無字宋石經淳化本同
郤縠可後漢鄭興盧植傳注引作郄縠傳同文選史岑出師
頌注御覽二百七十七引同下郤溱郤至郤克郤錡郤犨郤宛二郤三郤御覽皆引作郄郤至郤犨郤錡郤宛古今人表皆作郄成十四秊傳三郤郤犨郤錡郤至呂覽驕恣竝作郄後漢徐穉傳注引同昭廿七秊經傳郤宛縠梁作郄呂覽愼行同釋文作縠云本又作縠
同文二秊經晉士縠釋文本又作縠縠梁作縠宣十二秊先縠佐之釋文縠本又作縠縠梁釋文同十三秊經晉殺其大夫先縠縠梁作縠釋文一本作縠案說文云郤晉叔虎邑集
韵晉郄獻子會邑于郄因氏通作郤郄爲俗字廣韵郤俗

从厽然郄溱郄縠皆在郤克前非因郄獻子也縠與縠
形聲相雜
廿八秊經公會晉侯齊侯宋公蔡侯鄭伯陳子莒子邾
子秦人于溫穀梁無齊侯案穀梁無齊侯二字或所
見異或脫文
傳謂楚人曰不卒戍也唐石經淳化本無曰字案岳本
有曰字文章正宗同玩注義當有曰字
且曰獻狀晉語作文公誅觀狀案誅責也觀與獻義略
同
乃拘宛春于衛晉世家作乃囚案釋言曰囚拘也義同
原田每每文選魏都賦劉淵林注引作莓莓御覽四百四十

八引同羣經音辨引作毐毐案說文云毐艸盛上出
也徐鉉曰左傳原田每每今別作莓非是葢本从屮
不應又加艸也
韅靷鞅靽釋文云說文作韅云著掖皮案杜注云在背
曰韅今本从省
鄉役之三月說文日部引作曏役云不久也釋文云鄉
又作曏同案士昏禮云曏者吾子辱使某見注曏曩
也釋言曩曏也杜注鄉猶屬也是不爲曏也
旝弓矢千續漢輿服志作旝弓十旝矢千袁紹傳注引
同釋文云矢千本或作旝弓十旝矢千後人專輒加
也文選潘勗冊魏公九錫文同唐石經旁添十旝二

字案杜注云弓一矢百則矢千弓十矣正義此具於
形而略於旝準之則矢千弓十也是潘劉所言準此
推之故後人於傳文亦加此二字也詩彤弓序疏引
服虔云矢千則弓十是本無十旝二字
糾逖王慝漢都鄉正衛彈碑作糾剔王慝案詩泮水箋
云狄當爲剔剔治也逖與狄同說文慝失常也音同
義通
明神殛之俾隊其師釋文云殛本亦作極下是殛同成十
二秊傳明神殛之釋文殛本又作極昭七秊傳殛鯀于羽山釋文同後漢謝該傳注引同俾本亦
作卑文元秊傳覆俾我悖釋文俾本亦作卑成十二秊傳俾隊其師釋文作卑云本又作俾十三秊
傳俾我惠公釋文俾或作卑襄十一秊傳俾失其民昭八秊傳俾躬處休卅二秊傳俾我兄弟釋文竝云

俾本又作卑 案書鯀則殛死釋文殛本或作極詩菀柳箋
極誅也正義云釋言文今爾雅本作殛說文殛殊也
極殛聲近古通荀子宥坐引詩卑民不迷注卑讀爲
俾卑俾一聲之轉古多省俗爲之
及其元孫唐石經作及而淳化本岳本同案中庸抑而
強與注而之言汝也淮南氾論注而汝也與其字義
更切
楚子玉自爲瓊弁玉纓說文玉部引作璿弁成十七年傳贈我以瓊瑰山海經注穆天子傳四注竝引作璿瑰釋文作玣云本又作弁案張
衡西京賦璿弁玉纓正用此傳文說文璿美玉也瓊
亦玉也二字古多相亂當从許氏所引段氏說文本瓊下琁字移改璿字下文選陶徵士誄注引說文琁亦璿字玣俗字錢
氏坫曰堯典在璿璣玉衡後漢書作琁玉篇琁瓊爲
二文不同後人不知璿琁爲二文故以璿弁爲瓊爾
段氏曰史記正義璿璣作瓊璣璿與瓊古書恆相亂
祁瞞奸命通志氏族略引作干命成十六年傳奸時以動釋文奸或作干昭十三年傳再奸王命後漢劉梁傳注引作干案說文云奸犯婬也干犯也
二字音義相同
盟于宛濮水經濟水注引作菀一作宛仍濮案詩宛彼鳴鳩
讀詩記引釋文宛作菀國語注引同古字通用見詩釋
鍼莊子爲坐廣韻二十一侵注引風俗通作箴莊子宣四年傳箴尹克黃定四年傳作鍼尹案說文云鍼所以縫也箴綴衣箴
也音義本同釋文鍼其廉反廣韻箴音斟姓也二音
通讀文選景福殿賦注云箴古鍼字段氏曰箴引伸
之義爲箴規古箴鍼通用
士榮爲大士小司寇職注引作大理案虞書咎繇作士
淮南主術云皋陶瘖而爲大理舊唐職官志注云古
謂掌刑爲士又曰理漢景帝加大字取天官貴人之
牢曰大理之義通典序注士理獄官義同
曹伯之豎侯獳廣韻十九侯作孺成十年經晉侯獳卒十二年諸侯年表晉世家作據案獳獳形聲相雜據與孺亦聲近史公所見春
秋歷譜牒與今本或異
屠擊將右行晉世家作先穀案史公雜采它書故與傳
有不同
廿九年經會王人晉人宋人齊人陳人蔡人秦人盟于
翟泉公穀作公會公羊翟作狄文十一年傳獲長狄僑如魯世家作長翟宣十五年傳以略狄土論衡亦僞引作翟昭十五年傳戎狄之與鄰卅二年傳合諸侯之大夫于狄泉漢五行志竝作翟續漢郡國志水經穀水注引同案左氏傳傳公會則與公穀
同經無公字或脫文杜注諸侯大夫上敵公侯虧禮
傷教故貶諸大夫諱與公盟似曲爲之說書羽畎夏
翟染人職注引作狄賈疏云狄與翟聲相近古竝通
用
卅年傳焉用亡鄭以倍鄰新序善謀引作陪鄰唐石經
作陪宋石經岳本同定四年傳分之土田陪敦釋文陪本亦作倍案說文

云陪重土也書至于陪尾漢地理志作倍尾師古注
倍讀曰陪是倍與陪通錢氏曰杜注倍益也則从自
爲正釋文倍蒲回反是陸亦作陪也
行李之往來正義云昭十三季傳行理之命杜云行理
使人李理字異注同案周語行理以節逆之孔晁本
作李云行李行人之官也二字同音通春秋元命苞皋陶爲大理鶡冠子作大李臧氏曰管子皋陶爲李房元齡注古治獄之官李同理又國子爲李注李獄官也李理同
若不闕秦將焉取之新序善謀引無若字唐石經初刻
無若字將字淳化本南宋石經同御覽四百六十引同案
正義述經無此二字引沈文阿云不闕秦家更何處
取之石經旁注爲後人所增此泥於文勢俗本从之岳氏沿革云依建上諸本并文章正宗增若字將字
楊孫唐石經作揚卅三季傳同文八季傳使解揚歸匡戌之田十二諸侯季表晉世家作揚御覽四百卌七引同宣元季傳囚晉解揚後漢袁譚傳注引作揚唐石經同襄三季傳揚干晉魏世家古今人表作楊後漢趙歐傳注御覽八百卌七引並同然而作陽十二季傳師于揚梁十八季傳使揚豚尹宜唐石經淳化本並作揚呂覽行論作揚梁昭廿一季傳公自揚門見之唐石經作揚孜文永懷堂本同
案詩揚之水蓬石經作楊廣雅云楊揚也音義並
同見詩釋
饗有昌歜玉篇欠部作歡云昌蒲葅也案杜注云昌歜
昌蒲葅說文歡歍歡也歜盛气怒也則非一字玉篇
歡又徂敢切訓昌蒲葅是當从玉篇作歡顧氏日知錄說同
今作歜形近之譌正義云齊有邴歜魯有公甫歜音爲觸此昌歜相傳爲在感反觸檢經傳昌蒲之苒無此別名未知其所由也
卅一季經衞遷于帝丘漢地理志遷作𨙻說苑敬愼引
作遷于商丘案說文云䙴升高也遷登也𨙻律歷志
師古注𨙻古遷字皆䙴之變體水經瓠子水注商邱
或謂之帝邱然商邱在睢陽寰宇記古帝邱在衞南
縣恐酈亦承劉說之誤也
傳晉新得諸侯唐石經新作親案親與新古訓義同武
氏億曰書惟朕小子其親迎鄭注云新迎馬本亦訓
親爲新詩東山箋親迎周公注仍訓爲新此舊作親
而後人轉釋爲新也
卅二季傳杞子自鄭使告于秦鄭世家作賁鄭者乃鄭
司城繒賀案鄭無司城史所采雜說故與左氏有不
同
穆公訪諸蹇叔公穀作百里子蹇叔子秦本紀作蹇叔
子百里傒案說苑尊賢云秦穆公用百里子蹇叔子
郎本二傳呂覽先識曰蹇叔有子曰申與視高誘注
申白乙丙也視孟明視也此與史公說又異
召孟明西乞白乙卅三季傳作百里孟明視西乞術白
乙丙十二諸侯季表淮南人閒作孟盟襄廿九季傳則明主也吳世家作盟主音義盟作明晉世家作西乞秫淮南作西乙哀十六季傳石乞淮南道應作石乙案正義云世族譜曰百里孟明視爲百
里奚之子秦本紀百里子孟明視蹇叔子西乞術白乙丙孫氏志祖曰均屬傳說則姓

百里名視字孟明古人之言名字者皆先字後名而連言之其術必是名西乞白乙或字或氏不可明也詩黃鳥箋云明當爲盟釋名盟明也聲同魯仲遂魯世家索隱引世本作述鄒誕生本作秫術與秫亦音同戰國楚策江乙韓子內儲說作江乞此皆形聲相近呂覽悔過穆公使其三臣丙也林也視也丙與申林與秫亦字形相近

孟子吾見師之出釋文云孟子本或作孟兮唐石經初刻作兮案陸孔俱从子字作兮亦通臧氏曰孟明爲百里視之字蹇叔老臣何爲稱百里之子孟子乎呼曰孟兮蓋痛傷之詞與上蹇叔哭之文正合

晉人禦師必於殽水經河水注殽引作崤下殽有二陵焉文選西都

賦注引作崤卅三年經敗秦師于殽十二諸侯年表作崤後同後漢鄧騭傳注引同淮南說山注廣韻十五肴引作郩文二年傳封殽尸漢五行志注水經河水注並引作崤釋文云殽本又作崤後漢班固傳注引同公羊釋文殽本又作肴案酈注云石崤山有二陵山徑委深峰阜交蔭故可以避風雨也雍錄二崤山又名嶔崟山蓋崤正字殽肴同音通郩俗借字

其南陵夏后皋之墓也竹書紀年皋作昊路史後紀作睪宣四年傳戰于皋滸御覽臣陋狄記引作睪滸案釋訓釋文皋樊本作浩皐昊一聲之轉荀子大略云望其壙皋如也莊子危言列子天瑞俱作睪如荀子王霸睪牢陵山後漢馬援傳作皐牢東觀漢紀馬援曰成皐令印皐字爲白下羊丞印四下羊皐睪皆隸變之僞體

卅三年經敗秦師于殽公羊作敗秦于殽十二諸侯年表作破秦於崤唐石經初刻穀梁無師字案公羊傳曰謂之秦何夷狄之也注據敗者稱師未得師稱人公羊無師字或脫文或所見不同

取訾婁公羊作取叢釋文云本作取菆才工反左傳作取訾樓穀梁同案公羊疏云叢有作鄒字者文七年疏云叢字多作鄒字左襄廿六年傳及零婁釋文婁徐力俱反如淳音樓說文叢从丵取聲故本又作菆檀弓疏菆叢也玉篇菆阻𠚁切草叢生也故又作鄒音同唐韻正樓古音閭婁樓聲亦同婁或从省史記

建元以來王子侯表叢侯索隱音緅漢表作菆是叢有鄒音訾婁二字合音即爲鄒左作郰史記作陬趙氏坦曰叢从取得聲古音近租合訾婁二音卽爲叢公羊疏謂有作鄒者亦假音字

傳鄭商人弦高呂覽悔過作弦高奚施淮南人閒作蹇他案呂覽作賈人尚有奚施當本於它書不止弦高一人故淮南亦有蹇他皆傳說之不同梁氏曰此可補傳所未備

猶秦之有具囿也淮南墬形注引作具圃云陽紆蓋在馮翊池陽一名具圃初學記八引同張文宋本同案正義云囿者所以養禽獸後漢馬融傳注引韓詩東

有圃艸詩攷詩地理攷又引作囿二字形近易淆盧氏曰杜注原圃具圃皆囿名若是具囿必不如是下注當止云原圃亦囿名以此知作具圃爲是水經濟水注引作具圃

鄉師而哭書秦誓疏引作嚮襄廿七季傳不鄉衛國而坐釋文本亦作嚮昭四季傳何鄉而不濟釋文本又作嚮新序同十八季傳乃毀於而鄉釋文本又作向唐石經作向淳化本攷文同案釋名云鄉向也衆所向也古作向漢時多假鄉爲向鄉俗字段氏曰鄉今人所用之向字漢人無作向者

不替孟明文選西征賦注引作不廢案釋詁曰替廢也說文同義同

臼季使過冀晉世家作咎季案臼季卽胥臣亦曰司空季子食采于臼晉世家作子犯誤周本紀宐臼晉語詩小弁序白華箋竝作咎六國表韓世家屈宐臼說苑權謀臼作咎二字古通

春秋三傳異文釋卷三

春秋三傳異文釋卷第四

嘉興李富孫學

春秋左氏傳四

文元季經二月癸亥日有食之公羊作癸亥朔案杜注云癸亥月一日不書朔官失之左穀無朔字或爲闕文

楚世子商臣弑其君頵公穀作君髡緐露滅國引同十二諸侯季表楚世家古今人表竝作惲案頵髡同部頵惲亦聲之轉

傳歸餘於終史記歷書引作歸邪集解音餘案詩其虛其邪釋訓作其徐鄭箋邪讀如徐徐與餘聲同

事則不悖漢律歷志引作不誖案說文云誖亂也或作悖字同籀文从二或

序則不愆天官書作不僁昭廿一季傳豐愆釋文愆本又作諐哀十六季傳名失則愆失所爲愆家語終記竝作僁御覽七十引同案說文愆或作𡩒籀文作諐玉篇云僁俗字

黜乃亂也楚世家黜作絀案書黜陟幽明五帝本紀作絀陟荀子不苟注云絀與黜同

宐君王之欲殺女韓非子作廢女史通言語引同案上云王欲黜大子則此作廢字自合

二季經盟于垂隴公穀作垂斂唐石經穀梁同案喪大記凡封用綍注周禮作窆或皆作斂是封或爲窆或

轉爲斂公穀隴作斂亦方音之變顧氏曰古侵韵可入東故垂隴公穀作坐斂臧氏學標曰竷竷鼓我之竷變作坎其字从夅聲可證隴斂音變

大事于大廟宮正職注引作有大事案昭五秊經有事于武宮鼓鄭注引此亦作有大事似因彼文而加之也

傳萊駒爲右小史職疏引作來駒案來字或从省或誤脫艸

書士穀釋文云或作書曰晉士穀案上云及晉司空士穀則下不必再偁晉所以傳與經異也

於是夏父弗忌爲宗伯魯語作夏父弗忌爲宗韋注宗宗伯周禮敘官宗伯注引作爲宗人疏引同家語顏回注同禮器作夏父弗綦家語同案綦忌音相近故字有變異小宗伯職掌辨廟祧之昭穆魯三卿司馬兼宗伯諸矦不應有宗伯夏父弗忌當爲小宗伯則宏傳宗人也顧氏棟高曰定四秊傳偁魯公之封有祝宗卜史杜氏解宗爲宗伯魯語宗人夏父展韋注宗人宗伯也則魯之宗人亦謂之宗伯蓋其所掌與周官小宗伯同秦氏蕙田曰魯之夏父氏世爲宗人之官左傳以弗忌爲宗伯蓋僭偁也

廢六關家語顏回廢作置注云六關關名魯本無此關文仲置之以稅行者故爲不仁案廢關以便行旅不可爲不仁則作置爲是公羊宣八秊傳注廢置也二字義通何氏焯曰置之爲廢猶治之爲亂香之爲臭也

宋公子成釋文云成本或作戌音恤成十五秊經宋世子成公羊作世子戌釋文戌本或作成宋世家作成昭十秊經宋公成卒公羊作戌釋文成音城何休音恤定四秊經杞伯成卒于會公羊作戌釋文又音恤哀十三秊經許男成卒釋文成本或作戌公羊作戌釋文作成云本或作戌案昭十秊經釋文云宋戌讀左傳者音成何云向戌與君同名則宏音恤戰國韓策大成午趙世家成作戌戌與成成與戌皆以字形相似而異故師讀亦不同吳氏東發曰左昭十秊傳宋公成公羊作戌史記亦作成宋平公鐘銘云宋公成之誙鐘當吕公羊爲正頌壺銘甲戌豐姑敦丙戌文皆作成與此同又昭廿秊傳公子城杜注平公子成與城同若平公名成其子不得名城也梁氏曰公羊昭元秊注謂向戌與君同名音恤則作成似誤戌戌竝以形近譌混也趙氏坦曰公羊作戌左氏作成或字之譌

三秊經晉陽處父伐楚吕救江公穀無吕字案公羊傳曰伐楚爲救江也穀梁傳曰伐楚所以救江也似當有以字今脫

傳取王官及郊秦本紀作及鄗正義鄗音郊案宣十二秊傳晉師在敖鄗之閒釋文音苦交反郊鄗聲之轉

四秊經衞侯使甯俞來聘公羊解云正本作速字故賈

氏云公羊作甯速是也案正本作甯速當即據賈所見本今公羊釋文作甯俞是不从正本也速字當譌

傳臣曰爲肆業及之也釋文作肆云依字作肄昭卅秊傳若爲三師以肄焉釋文肄本又作肆案說文肄習也肆極陳也字別內則請肄簡諒釋文作肆云本又作肄小宗伯職注故書肄爲肆聘禮注古文肆爲肄二字古亦通王氏念孫曰昭卅秊傳釋文肄本又作肆肆者本字作肄者借字也聘禮記爲肆古文爲肄小宗伯肄儀故書爲肆玉藻肆束讀爲肄文十二秊傳若使輕者肆焉其可杜注肆暫往而退也義竝同

諸侯敵王所愾說文金部愾引鎎云怒戰也案杜注云愾恨怒也怒戰而獻其功則當作鎎今作愾字形相雜段氏本仍作愾云王所愾王所怒也敵王所怒故用金革此引目證會意之指

五秊經王使榮叔歸含釋文云含本亦作唅說文作琀襄十九秊傳不可含釋文含本亦作唅下同文選馬汧督誄注引竝作唅御覽五百卅引同受含御覽五百四引同哀十一秊傳具含玉釋文含本又作唅御覽五百四引同案說文云琀送終口中玉經典通作含俗作唅

王使召伯來會葬穀梁作毛伯案穀梁疏云左公及徐邈本竝云召伯此本作毛伯疑誤也則作毛爲聲之誤臧氏曰據疏知徐仙民所注穀梁亦同二傳作召伯今本誤也元秊天王使毛伯來錫公命范注毛采邑伯字也於此無注則范本作毛伯又元秊天王使叔服來會葬疏引此亦作毛伯

傳德之不建水經涑水注引作不逮一仍作建案二字形近易淆作逮義亦通

六秊經晉侯驩卒公穀作讙穀梁釋文本作驩晉語作讙晉世家作歡案說文云讙譁也驩馬名檀弓引書言乃讙注讙喜說也坊記注讙當爲歡聲之誤也魯世家作驩孟子驩虞如也音義丁云義當作歡娛古字通用古書多借驩爲歡公穀作讙亦同音通假

傳改蒐于董水經涑水注引作董澤案杜注云河東汾陰縣有董亭宣十二年傳董澤之蒲杜注澤名河東聞喜縣東北有董澤陂則當非一地矣

辟刑獄唐石經作獄刑岳本同案正義述經作獄刑云謂有獄未決斷當時之罪則石經爲是今本誤倒

治舊洿釋文云洿本又作汙同案說文云洿濁水不流也汙薉也二字古通

與大師賈佗晉語作它十八秊傳季佗魯語作它襄卅一秊傳將有他志漢五行志他作它昭十一秊經衛北宮佗釋文作他案說文云佗負何也古借作它俗又作他漢郭解傳注它古作他字

目子車氏之三子秦本紀作子輿詩黃鳥疏引同案古車輿字通用見易釋詩疏云輿車字異義同陳氏樹華曰今傳作車當轉寫之譌孔氏所據乃古本也

鍼虎集韵類篇鍼作箴案晉語黃帝之子二十五宗其得姓者有滕箴則箴與鍼箴字皆通

難必抒矣正義引服虔抒作紓一作舒紓緩也文選西征賦注引杜注作紓除也案正義云字有聲相近而爲訓者抒聲近除故爲除也紓抒音同

時以作事隋經籍志引作序事案序事卽元年傳所謂事則不悖義亦通

棄時政也漢律歷志引作時正案詩大序正得失釋文本作政漢陸賈傳注正亦政也二字古通見詩釋

七年經宋公王臣卒釋文云王臣本或作壬臣穀梁作壬臣釋文本作王臣唐石經同襄元年經楚公子壬夫古今人表作任夫

穀梁釋文王而林反匡謬正俗當讀爲壬定四年傳宋王臣釋文王本或作壬穀梁文三年經王子虎卒唐石經作壬子案壬與王字形相似故二傳互異漢魯峻碑陰壬端子行壬韓子助疑並爲王字梁氏曰周頃王本紀作壬臣杜世族譜同當依人表作王臣宋成公之名亦譌王爲壬襄五年楚公子壬夫匡謬正俗謂宜爲王夫可互證也蓋古壬作壬而王作王故譌亂耳

晉先蔑奔秦公羊作晉先眛以師奔秦案公羊傳曰其稱人何貶曷爲貶外也其外奈何以師外也經因衍以師二字公羊疑非事實何休亦強爲附會

傳則本根無所庇廕矣葛藟猶能庇其本根釋文云廕本又作蔭藟本或作虆案說文云蔭艸陰地廕俗字詩莫莫葛藟釋文藟字又作虆玉篇虆與藟同

此子也才晉世家作子材下不才同案易兼三才而兩之學記注引作三材唐石經同論語才不才仲尼弟子傳作材不材古字通

同官爲寮釋文云寮本又作僚昭七年傳隸臣僚文選東京賦李善注引作寮同下同案論語公伯寮仲尼弟子傳作僚說文僚好皃亦同音通

八年經公子遂會雒戎盟于暴釋文云雒戎本或作伊雒之戎此後妄取傳文加爾公羊作伊雒戎釋文本或作伊雒之戎誤案左氏傳曰遂會伊雒之戎後人

或於經文依傳妄增二字非是

公孫敖如京師不至而復公羊作不至復唐石經穀梁同後刊去而字案公羊無而字亦通或脫文

傳且復致公壻池之封釋文云壻俗作婿案說文壻讀與細同或作婿今以爲俗字

九年經楚子使椒來聘漢五行志引作楚使越椒公羊釋文椒一本作萩子小反穀梁作萩釋文萩子遙反又子小反或作菽案唐石經初刻子下似有使字後刊去繆也椒作萩聲相近古今人表楚湫舉師古曰卽椒舉或作菽亦萩之譌耳王氏引之曰萩菽椒古並通

傳執幣傲釋文云本又作敖成十四季傳苦成叔傲漢五行志引作敖師古注敖讀曰傲釋文傲本又作敖襄廿八季傳而傲五行志引作敖卅季傳大夫敖釋文敖本又作傲案釋言曰敖傲也說文敖游也漢禮樂志師古注敖讀曰傲古省通段氏曰敖經傳假借爲倨傲字

十季經楚子蔡侯次于厥貉公羊作屈貉襄九季經晉韓厥公羊作韓屈昭十一季經會于厥慭公羊作屈銀釋文屈居勿反又音厥案厥屈音相近而字異古今人表厥黨童子師古曰闕黨童子也闕與屈音亦同惠氏曰公羊厥字皆作屈

傳及文之無畏呂覽行論淮南主術並作文無畏潛夫論志氏姓作申無畏案之爲語辭如介之推晉世家作介推燭之武後漢張衡傳稱燭武之類潛夫論云

楚申氏芊姓又氏文氏梁氏履繩曰文蓋以謚爲氏者申其食邑舟字也

十一季經楚子伐麇公羊作伐圈釋文圈求阮反一音卷案說文圈从囗卷聲與麇音相近趙氏坦曰廣韵㠯圈氏本氏其國是古有圈國何氏無注廣韵所稱豈即楚子所伐之麇與洪氏曰說文麇从鹿囷省聲傳寫者省鹿作囷通作圈昭元季楚子麇卒公羊作卷又圈之省

叔仲彭生會晉郤缺于承筐釋文云叔又作尗本或作叔彭生仲衍字公穀無仲字筐作匡漢五行志水經陰溝水注引同唐石經岳本同案尗隸變體傳稱叔仲惠伯叔氏仲字彭生名故經書叔彭生十四季經無仲字而傳兼舉其字說文匡或作筐公穀从正字

傳至于錫穴釋文作錫音羊云或作錫唐石經岳本作錫案漢地理志漢中郡縣錫應劭注音陽師古引此錫穴水經沔水注亦作錫寰宇記鄖鄉縣古錫穴縣續漢郡國志漢中郡錫有錫春秋時曰錫穴則字當作錫錫與錫㠯字形相似而亂錢氏曰文十一季錫穴哀十二季戈錫釋文並音羊又星歷反若用後音字當爲錫今無㠯辯之

獲長狄僑如魯世家作喬如下僑字同釋文云僑本作喬成二季經叔孫僑如漢五行志引作喬襄廿二季傳公孫僑呂覽下賢注作喬隸釋元賓碑同後漢陳寵傳美

鄭僑之仁政案釋詁曰喬高也說文云僑高也喬高而曲也漢劉向傳張子僑師古注或作喬列仙傳王子喬漢樊敏碑作僑二字同音古通

司寇牛父古今人表作司空案侯國三卿司空兼司寇故班表作司空在宋武公之世故其名猶未諱

晉之滅潞也魯語魯世家潞作路漢地理志劉寬碑陰並同宣十五季傳潞子嬰兒潛夫論引作路子文選求自試表注引國語克路之役荅臨淄侯牋宣貴妃誄褚淵碑注並同案路與潞同音从省詩串夷載路箋云路瘠也呂覽不屈士民罷潞注潞瘠也字亦通

齊襄公之二季魯世家作齊惠公案齊世家云惠公二季長翟來王子城父攻殺之十二諸侯季表齊惠公

二季書王子城父敗長翟據史記文是當作惠公陸氏粲曰惠之二季卽魯宣之二季在晉滅潞之前僅十三季此傳以惠公爲襄公葢傳寫之譌杜有是說失之不攷趙氏佑曰玩傳文自晉以下乃通說後事襄字葢誤

齊王子成父管子小匡呂覽勿躬齊魯世家竝作城父昭八季傳逐子成十季傳作子城案論語棘子成皇侃本作城二字同音通

國人弗徇御覽引服本作循案五帝紀黃帝幼而徇齊金樓子引作循齊說文云循行順也杜注徇順也音轉義同

十二季經秦伯使術來聘傳作西乞術公羊作遂漢五行志引同師古注遂卽西乞術案杜注云術不稱氏史略文月令審端徑術注云術周禮作遂學記術有序注當爲遂聲之誤也唐韵正術去聲則音遂古術遂二字通用亦音相近

城諸及鄆釋文云鄆音運本又作鄖音同公羊作運襄十二季經遂入鄆昭元季經取鄆定十季經齊人來歸鄆讙公羊竝作運案杜注云鄆莒魯所爭者城陽姑幕縣南有員亭員卽鄆也葢鄆運音同鄖員亦聲相近莊子天運釋文司馬作天員山海經西山經廣員百里畢氏沅曰國語廣運百里韋注東西爲廣南北爲運員音相近

傳兩君之士皆未慭也說苑至公引作二軍之士皆未息案方言云慭傷也杜注缺也正義傷卽缺也息字或形近而譌

十三季經邾子蘧蒢卒公穀作籧篨案說文云籧篨粗竹席也艸部蘧蒢爲二物是經文當从竹从艸隸體通

大室屋壞公羊作世室襄十四季傳大叔儀廿九季經作世叔昭廿二季傳大叔論語作世叔昭廿五季經宋樂大心定十季經宋樂大心公羊竝作世心卅二季經衞世叔申穀梁作大叔哀二季經衞世子水經河水注引作大子十一季經世叔齊傳作大叔疾案公羊傳曰世室者何魯公之廟也周公稱大廟魯公稱世室羣公稱宮穀梁傳曰大室猶世室也桓九季經曹伯使其世

子射姑來朝正義曰諸經稱世子及衞世叔齊經作世字傳皆爲大宣十八季經晉侯衞世子臧伐齊傳作大子臧曲禮不敢與世子同名注云世或爲大是大與世古竝通用惠氏曰大室賈逵服虔等皆以爲大廟禮說曰清廟之制如明堂明堂五室中央曰大室屋壞者室上重屋明堂位所謂復廟重檐天子之廟室洛誥王入大室祼是也孔穎達曰左傳不辨此是何公之廟而經謂之大室則此室之取大者故知是周公之廟非魯公也明堂位曰魯公之廟文世室也武公之廟武世室也世室非一君不宜專屬伯禽案公羊皆以世爲大天子之子稱大子春秋傳云會

世子于首止諸矦之子稱世子而晉有大子申生鄭有大子華春秋經齊世子光左傳云大子光明古世與大同義是世室猶大室也

衛矦會公于沓公羊作會于沓案公羊無公字當爲脫文

公還自晉鄭伯會公于棐公穀作還自晉公羊棐作裴釋文裴本又作棐（宣元年經會晉師于棐林公羊作斐林襄卅一年傳印段廷勞于棐林釋文棐本又作斐）案公穀無公字或爲闕文裴與棐亦同音通用

傳乃使魏壽餘秦本紀作讐餘正義讐音受又作犨音同案讐犨與壽皆以音近而字變

繞朝贈之以策釋文作筴云本又作策（昭三年傳授之以策釋文作筴哀十一年傳抽矢策其馬釋文策本或作筴）案說文云策馬箠也杜注馬檛筴隸體服虔以爲方策之策文心雕龍用之然杜說爲長文選文賦注引作馬策李杜詩皆从之

十四年傳子叔姬妃齊昭公釋文云妃本亦作配（襄廿五年傳大姬配胡公釋文作妃云本亦作配）案易遇其配主孟喜鄭虞皆作妃釋言曰妃匹也對也媲也詩皇矣傳云配媲也妃正字配通假字（見易詩釋）

爾不可使多蓄憾釋文作畜云本又作蓄（襄九年傳蓄水潦釋文蓄本又作畜漢五行志引同廿五年傳不可蓄也釋文作畜云本亦作蓄下並同）唐石經初刻作畜案說文云畜田畜也漢景帝紀師古注畜讀曰蓄是畜通借爲蓄積字（見易詩釋）

盧戢黎唐石經黎作棃岳本同案漢碑黎棃字通楊震碑凡百棃萌高頤碑棃庶　費鳳碑棃儀瘁傷並作黎字

十五年經齊人侵我西鄙公穀上有秋字岳本足利本同案傳文有秋字則今本經文誤脫

傳一人門于句鼆釋文云鼆又作黽案說文云鼆冥也讀若黽蛙之黽故从省通作黽

十六年經公四不視朔大僕職注引作不視朝（一本作朔）案玉藻疏云每月以朔告神謂之告朔於時聽治此月朔之事謂之視朔告朔之後當視朝故誤作朝字

公子遂及齊矦盟于郪丘公羊作犀丘穀梁作師丘公羊疏云正本作菑丘故賈氏云公羊曰菑丘穀梁曰師丘是也案郪犀音同故公羊作犀漢匈奴傳上黃金犀毗一師古注犀比亦謂師比戰國策趙武靈王賜周紹貝帶黃金師比即犀毗也犀與師音相近師菑亦同部字臧氏曰據公羊疏知經本作菑丘當从賈氏所見本釋文作犀丘穀梁音義亦云公羊作犀丘則唐以來本多不作菑字公羊疏唐以前人爲之所據皆晉宋古書故猶見正本與賈合也

傳而後可克釋文云或作可擊案擊與克義亦兩通先君蚡冒戰國楚策作棼冒古今人表作蚠冒潛夫論

同楚世家索隱古本作扮十二諸侯季表索隱鄒氏
云一作粉案棼蚡同聲扮或通假粉恐扮之譌
楚子乘驛釋文作馹唐石經岳本攷文宋本永懷堂本
同襄廿七季傳子木使馹謁諸王廿八季傳吾將使驛釋文並作馹唐石經攷文宋本永懷堂本同
案釋言曰馹遽傳也說文馹傳也驛置騎也玉藻注
傳遽以車馬給使也正義引舍人云馹尊者之傳也
亦未盡然孟子置郵傳命趙注置驛也郵馹也驛遲
馹疾或曰馹爲驛之省非是
子越自石溪子貝自例釋文云溪本又作谿貝今俗本
多作員案溪爲谿之俗體員與貝字形相雜
宋公子鮑晉世家作鮑革音義一無革字案下云先襄

公夫人欲通於公子鮑不可昭公出獵夫人王姬使
衛伯攻殺昭公弟鮑革立並與傳合則鮑與鮑革卽
一人也
無不饋詒也御覽卌五引作饋飴案說文云飴米糱煎也
晉書王薈傳以私米作饘粥以飴餓者義亦通
使帥甸攻而殺之檀弓疏帥甸引作甸師案杜注云帥
甸郊甸之師故檀弓疏作甸師師與帥字通
十七季經葬我小君聲姜公羊作聖姜案衛世家聲公
訓索隱引系本作聖公馳風俗通云聖者聲也言聞
聲知情聲聖一聲之轉義同段氏曰聲聖字古相假
借

傳鋌而走險後漢皇甫規傳注御覽九百六鋌並引作挺
案杜注云鋌疾走貌挺鋌聲同說文鋌銅鐵樸也亦
爲借字李氏治曰鋌挺古字通用挺挺勁捷也勁捷
卽疾走之貌
十八季傳與邴歜之父齊世家作丙戎一作鄒水經淄水
注作邴戎古今人表衛世家索隱歜作鄒案廣韵三
十八梗注引風俗通作丙歜又別出邴姓是同音通
借晉書音義邴與丙同衛世家索隱云齊世家作邴
戎者葢邴歜掌御戎車故號邴戎戎歜一音之轉鄒
歜亦形近致異
納閻職之妻齊世家作庸職水經淄水注引同說苑復

恩作庸織案書無若火始燄燄漢梅福傳引作始庸
庸燄與閻聲之轉閻燄庸並音相近織職形聲之誤
隤敳潛夫論五德氏姓敳作凱五帝紀索隱作皚案釋
文敳五才反一音五回反則凱皚皆音之轉
檮戭潛夫論五德氏姓檮作擣古今人表戭作⿰寅攵師古
音瞚演五德志路史後紀作演案說文云戭長槍也
引傳有檮一作擣戭人表作⿰寅攵別體字擣檮形聲相淆
戭演音同
尨降潛夫論五德氏姓易林尨作龍文選注任昉爲范尚書讓封侯表劉峻辨命論
引作龍降路史後紀作龐江案攷工記上
公用龍鄭司農云龍當爲尨古尨與龍通龐尨同音

降江聲近夏本紀不降路史後紀作不江

庭堅古今人表作咎繇漢孫叔敖碑作霆堅案杜注云庭堅卽臯陶字論語鄭注臯陶爲士師號曰庭堅此竝誤以臯陶庭堅爲一人也霆庭聲同梁氏曰路史後紀霆堅與咎繇異族別姓乃表直曰咎繇易庭堅豈誤讀左傳臯陶庭堅之文邪抑誤讀秦本紀以女脩爲男子系于高陽之後合大業臯陶庭堅三人爲一邪自有此誤而岐說紛馳矣

叔獻路史後紀作叔戲案司尊彝職用兩獻尊注云鄭司農說或作獻亦作戲二字古讀通

仲熊潛夫論五德志作仲雄案白虎通號易下繫疏引

世紀有熊氏路史後紀注熊或爲雄易疏又引帝王世紀伏羲曰皇雄氏月令疏引作黃熊尸子雄陶路史國名紀作熊陶竝同音通

季貍古今人表作季熊案杜注云此卽稷契朱虎熊羆之倫上已有仲熊則季不得又名熊或卽爲羆字之譌梁氏曰路史後紀注云書有朱虎熊羆說者以爲二人予稽之四人也虎爲伯虎熊爲仲熊江東語豹爲朱是朱爲叔豹則羆爲季貍人表作季熊傳寫誤爾吳氏刊誤補遺同

謂之渾敦莊子天地五帝本紀作渾沌玉篇人部引作倱伅案正義云服虔用山海經以渾敦爲獸名莊子以無竅爲混沌混沌與渾敦字之異耳杜注渾敦謂驩兜故又作倱伅也

少皞氏文選廣絕交論注引作少昊昭十七年傳少皞摯之立也初學記九引作少昊少皞氏以鳥名官家語辨物作少皞下同漢律歷志五行志引作少昊下太皞之虛也漢五行志作大昊定四年傳少皞魯世家作少昊案詩昊天罔極漢鄭崇傳作皞天師古注皞字與昊同說文皞皓旰也皓日出皃昦春爲昦天九經字樣云隸省作昊皞皓昊三字古竝通見詩釋

謂之檮杌說文木部引作檮柮案檮與檮字同易于臲卼說文作槷䊁是出聲與兀聲古通

謂之饕餮說文食部引作饕飻案正義云服虔以檮杌

饕餮皆獸名說文饕或作叨籀文作𩟗飻从殄省聲今不省後人加耳

使布五教於四方司徒敍官疏布引作敷案古音敷如布儀禮管人注今文布作敷此讀有重輕之異見書釋

宣元年經晉趙穿帥師侵崇釋文作宼云本亦作崇公羊作侵柳案宼崇字同漢地理志師古注宼古崇字玉篇䲞直龍切又直又切廣韵䲞徂紅切又直冡直久二切則古東聲可轉讀入有故公羊作柳趙氏坦曰書大傳秋祀柳穀華山鄭注祭柳穀之氣於華山柳聚也齊人語廣雅崇聚也此必齊人讀崇爲柳故其訓同公羊崇作柳正齊人方音之轉

二年經晉趙盾弒其君夷皐公羊作夷獋案大祝職來瞽令皐舞注皐讀爲卒嘷呼之嘷鄭司農云皐當爲告元謂皐之言號告國子當舞者說文嘷咆也獋譚長說嘷从犬是皐讀爲嘷獋與嘷字同

傳鄭公子歸生受命于楚釋文無受字云本或作受命于楚非也唐石經有受字案杜注云受楚命也若傳文有受字則杜注不必複出是杜本無受字（呂覽察微注引作受命）

䤋百人釋文作䤋百云本或作百人者人衍字案上云俘二百五十人此句人可省唐石經有人字从俗本也

其御羊斟不與十二諸侯年表作羊羹宋世家作羊羹不及（鄭世家仍作羊斟呂覽察微同）案羹斟聲之轉淮南繆稱云羊羹不斟而宋國危張儀傳索隱引以爲左傳誤史公亦雜采它書故作羊羹此語音傳說之異釋詁曰及與也義同錢氏曰淮南云羊羹不斟則斟爲斟酌之義當以羊爲其御之名斟不與三字爲句下文其御字叔牂正與羊名相應則淮南說亦可通後兩斟字或後人所加梁氏曰此漢人解經之别然與下文羊斟非人羊斟之謂二語相礙且如呂覽先識說苑貴德漢書人表皆作羊斟也

子爲政呂覽察微政作制下句同案說文云制裁也樂記疏制是裁斷義亦通

文馬百駟說文馬部引作媽馬云畫馬也西伯獻紂以全其身案說文云駁馬赤鬣縞身目若黃金名曰媽吉皇之乘周文王時犬戎獻之（漢王莽傳晉灼注引此文稍異）賈逵云文貍文也王肅注與許同今作文从省邱氏光庭曰文馬馬之毛色自有文采重其難得若畫爲文乃是常馬何足貴乎

厚斂以雕牆釋文云雕本亦作彫唐石經淳化本岳本同案說文云雕鷻也彫琢文也集解引賈逵注作彫今俗多通作雕是同音假字

宰夫胹熊蹯呂覽過理引作宰人臑熊蹞文選注（名都篇七發）

引作臑案說文云胹爛也臑臂羊豕曰臑獸足謂之番从釆田象其掌或作蹞古文作𨇨方言臑孰也楚辭招魂注臑若孰爛也是臑與胹通蹯俗字錢氏曰說文蹞卽請倉熊蹯之蹯

趙盾士季見其手釋文云手一本作首（成二年經曹公子首公穀作公子手公羊釋文本作手襄廿五年傳授手于我家語正論引作授首）案大射儀何瑟後首注古文後首爲後手士昬禮魚左首注古文首爲手說文舜女弟名敤首古今人表作敤手二字亦同音通假錢氏曰卯敦銘拜手卽稽首春秋曹公子首二傳作手聲同假借也

使鉏麑賊之呂覽過理作沮麛古今人表作鉏麛說苑

立節作鉏之彌襄廿三年傳公鉏廣韻一東作公沮定十年傳犂彌齊世家作犂鉏意林引韓子作犂沮案沮鉏形聲相近古通論語素衣麑裘玉藻注引作麛輿禮注引同麛从弭彌弭古通故又作彌

其右提彌明知之公羊宣六年傳作祁彌明古今人表水經河水注同晉世家作公宰示眯明釋文作祇云本又作提續漢郡國志注引史記作祇案史公以示眯明即桑下之餓人已而爲晉宰夫與左氏異迺合二人爲一人非也索隱曰祁提二字同示即周禮地神曰示字提祁示祇皆音轉字異彌眯亦聲相近錢氏曰古音提與祈相近故提或作祈也說文眯即提彌明之彌

遂扶以下釋文云扶服虔注作跣徒跣也今杜注本往往有作跣者御覽三百引作遂扶跣一作遂跣案正義引服注云趙盾徒跣而下走禮脫屨而升堂降階乃納屨堂上無屨跣則是常何須云遂跣而下且遂者因上生下之言提彌明言訖而遂不得爲趙盾遂也然作跣字則當謂趙盾跣而下走乃與下文義合又云杜本作扶言扶趙盾下階跣是合二說爲一御覽作扶跣即本此義臧氏曰遂跣以下者言雖降階猶不暇納屨故公羊宣六年傳云躇階而走又云有起于甲中者抱趙盾而乘之明盾雖已下階猶未納屨不能疾走故也遂跣以下正言匆遽之狀若爲提彌明扶盾下階一何從容不迫乎大夫侍宴君所御僕立於堂下趨登者言登階而呼百不得竟上堂扶盾也

公嗾夫獒焉釋文云嗾服本作㖩晉世家獒作敖案正義引服注嗾㖩也是以㖩訓嗾非作㖩字集韻㖩音叟與嗾同使犬聲本說文釋文引作使犬也或又作嗻並俗字獒作敖从省臧氏曰案釋文㖩即嗾字㖩讀若諏與嗾聲相近依正義則服本亦作嗾但訓爲㖩耳說文引作嗾此左氏古文服本不當用俗字

宣子田於首山文選朱浮與彭寵書注田引作畋案說文云畋平田也廣韻畋取禽獸也田畋古今字

舍於翳桑呂覽報更引作骫桑下翳桑之餓人亦作骫公羊傳作暴桑注暴桑蒲蘇桑疏闕淮南人間作委桑案說文云骫骨耑骫奊也楚辭招隱士林木茷骫王逸注枝條盤紆文選上林賦崔錯癹骫郭璞注癹骫蟠戾也骫古委字是委與骫同骫桑亦謂桑之枝條盤曲多蔭也骫翳亦聲相近

趙穿攻靈公於桃園晉世家攻作襲殺釋文云攻本或作弒案義當作弒襲殺是據事言之

以視於朝唐石經淳化本岳本視作示案士昏禮注云視乃正字今文作示視示古今字見詩禮釋

趙盾爲旌車之族詩汾沮洳箋引作軞車釋文云旌一本作軞案汾沮洳箋云公路主君之軞車庶子爲之

軞字

三年經楚子伐陸渾之戎公羊作伐賁渾戎穀梁作陸渾戎（昭十七年經滅陸渾之戎公羊作賁渾戎穀梁作陸渾戎）案公羊釋文賁渾舊音六或音奔集韻賁又力竹切賁渾地名卽本陸氏音義二傳無之字亦或省文錢氏曰陸渾公羊作賁渾此轉寫之譌本當爲𡍯卽古文睦字从先先讀爲六故睦亦有陸音

傳及郔唐石經作延淳化本同案杜注云郔鄭地或云卽廩延也宣十二年傳楚子北師次于郔注鄭北地作延从省錢氏曰今本作郔說文亦以郔爲鄭地然

地名从邑多由經師增益廩延字亦無邑旁也

不逢不若釋詁注引作禁禦不若案文選西京賦李善注引作不逢吳都賦劉淵林注引同是與郭氏所見本異惠氏曰張衡西京賦禁禦不若以知神姦螭魅魍魎莫能逢旃今作不逢不若旣云不逢下又云莫能逢之文旣重出杜氏云逢遇也且不應舍上句注下句此晉以後傳寫之訛

螭魅罔兩說文𧈜傳引作离魅釋文云魅本又作鬽兩本又作蛧神仕注引作螭鬽魍魎（昭九年傳以禦螭魅釋文魅本又作鬽）魯語作蝄蜽說文鼎部引同案說文鬽或作魅字同方相氏職毆方良注方良罔兩也孔子世家作罔閬皆音之轉說文蛧蜽（釋文引作罔兩）山川之精物也徐鉉曰今俗別作魍魎非是傳作罔兩从省段氏曰說文离山神獸形杜注螭訓同神仕疏引服氏左傳注上林賦如淳注同山神之字本不从虫从虫者乃許所謂若龍而黃左傳作螭乃俗寫之譌徐鉉於鬼部增魑字誤矣

生子瑕鄭世家作瀎音義一作瑕案瑕與瀎亦音之轉

四年經秦伯稻卒十二諸侯年表稻作和案秦本紀不著其名和與稻或字形相涉

傳圍伯嬴於轑陽呂覽知分注作伯盈淮南　同案文選古詩注云盈與嬴同

伯棼射王襄廿六年傳作伯賁（十七年傳苗賁皇晉語賁作棼）案賁棼音同古字通

若敖娶於䢵釋文云䢵本又作鄖案詩聊樂我員釋文員本亦作云疏云云員古今字故云旁亦作員說文鄖漢南之國今無作䢵矣

使棄諸夢中漢書敍傳引作瞢中師古注瞢與夢同案瞢雲夢職方氏作雲瞢說文瞢目不明也二字亦音義相近

楚人謂乳穀謂虎於菟漢書敍傳作謂乳穀謂虎於檡玉篇虎部於作烏唐石經作謂乳爲穀謂虎爲於菟廣韻十一模作烏䖘說文虎部新附云楚人謂虎爲

烏䖘案方言云虎或謂烏䖘玉篇烏俗作䖘䖘即虎也
說文烏古文作於字同菟䖘古今字師古注檡字或
作菟並音塗玉篇檡榑棗也則亦借字
五年經齊高固來逆叔姬公穀作子叔姬案張洽集解
云據高固及子叔姬來當从公穀有子字在叔姬上
是左氏或脫子字
八年經夫人嬴氏薨公穀作熊氏下葬我小君敬嬴公穀亦作熊案穀
梁疏云文十八年注宣母敬嬴此云頃熊者一人有
兩號故也然熊與嬴實音相近故公穀作熊唐韵正
熊古音羽陵反王劭曰古人讀雄與熊皆于陵反按
詩無羊正月及襄十年衛卜禦寇皆以雄韵陵劭言
是也
葬我小君敬嬴公穀作頃熊昭七年傳南宮敬叔說苑雜言作頃叔案敬
頃音相近亦方俗之異唐韵正頃音近敬熊音近嬴
正義不得其解乃云一人有兩號非矣段氏曰熊嬴
二字雙聲
傳晉人獲秦諜晉世家作虜秦將赤案索隱曰赤即斥
謂斥候之人也左傳彼諜即此赤也古斥與赤通
九年傳民無効焉釋文作傚唐石經作效襄廿一年傳九而效之釋
文效或作傚案說文云效象也亦作傚此滋益字九經字
樣云作効者訛
民之多僻釋文云辟本又作僻成五年傳伯宗辟重釋文辟本又作僻八年傳
夫豈無辟王釋文作僻昭六年傳楚辟我衷釋文作僻下同十九年傳而楚辟陋釋文作僻廿八年傳民
之多辟釋文作僻云本又作僻案玉篇人部引詩作僻云僻邪也古
多通假辟字
十年經取繹公羊作取蘱案左傳正義云繹為邾都更
別有繹邑亦因繹山為名蓋近在邾都之旁公羊作
蘱則師傳之本不同耳趙氏坦曰繹與蘱古音不同
部公羊作蘱方音之轉十三年齊師伐莒公羊作伐
衛義與此同
傳楚盟于辰陵釋文云楚盟本或作楚子案依經文當
作楚子或因傳上文而省
平板榦釋文作幹云本亦作榦昭廿五年傳所以藉幹者說文引作薦榦唐
石經作幹案說文云榦築牆耑木也徐鉉曰今別作
幹非是月令羽箭幹亦當為榦幹俗字
謂陳人無動陳世家作無驚案詩不震不動箋云不可
驚憚也義通王氏引之曰昭十八年傳民震動也猶
震驚也爾雅震驚懼也義同
牽牛以蹊人之田陳楚世家作徑人田案杜注云蹊徑
也字異而義同
十二年傳至于逵路釋文作馗云九逵道似龜背故謂
之馗案說文馗正字逵或字
鄭伯肉袒牽羊以逆鄭世家牽作擊楚世家逆作迎鄭
世家作迎文選西征賦注引作逆襄廿六年傳逆於門者說文頁部引

作逆昭十三年傳歸楚而不逆楚世家作不迎哀二年傳僞自衞逆者孔子世家作迎六年傳逆越女之子章楚世家作迎唐石經同案易牽羊子夏傳作擊說文擊固也三蒼云擊亦牽字說文逆迎也關東曰逆關西曰迎義同亦聲相近

其俘諸江南邑實海濱楚世家作賓之南海鄭世家作遷之江南案莊子徐無鬼先生居山林以賓寡人釋文賓或作擯棄也史記蘇秦傳其次必長賓之言長擯棄關西也是賓讀爲擯世家與傳義亦相同閻氏若璩曰賓之南海言不得從楚境內即塡實於百越之地爲海濱之民

庸可幾乎楚世家幾作絕案正義云幾讀如冀作絕義亦通

觀釁而動文選史述贊引作觀亹案說文釁或省作亹文選劉琨荅盧諶注引杜注作亹玉篇亹俗字

汋曰詩序作酌案正義云詩經無汋字序云言能汋先祖之道以養天下故以汋爲名焉詩疏云酌左傳作汋古今字

川壅爲澤釋文云壅本又作雍說文引作雝成十二年傳道路無壅唐石經作雍彼文同昭九年傳而有所壅塞釋文作雍云本又作壅案說文云邕四方有水自邕成池者此邕塞本字古通用雝隸變爲雍又作壅俗字

沈尹將中軍杜注沈或作寢寢縣也案正義云楚官多名爲尹沈或是邑名其字或作寢哀十八年有寢尹吳由于因辭寢爲縣名寢沈亦聲相近梁氏履繩曰沈作寢者乃或本疑後人因孫叔敖之子封寢邱遂謂將中軍者必是沈叔輒改沈爲寢不知此時尙未封寢地而令尹本不在三軍之數呂東萊說高誘注呂覽尊師以爲沈縣大夫是也又曰哀十八年傳寢尹司王之寢處沈或作寢自是邑名

鞬人伍參古今人表作五參襄廿六年傳伍舉漢叔敖碑作五昭元年傳爲五陳以相難唐石經作伍十九年傳使伍奢爲之師廿年傳伍尚歸廣韵十姥並作五廿三年傳明其伍候疏賈服王董皆作五卅年傳吳子問於伍員呂覽異寶作五卅一年傳子胥古今人表作五子胥藝文志同案易參伍以變漢律歷志作五廣韵注五姓於伍字不言姓是古多作五也

次于管邑待之釋文云管本或作菅非御覽二百九十引作菅案菅與管以字形相似而誤然从竹字隸變亦多从艸

內官序當其夜釋文云一本作其次案杜注云序次也則作其次與上序字義複

御靡旌摩壘而還御覽三百十三百卅五旌引作旍成十六年傳楚人謂夫旌御覽匪栢一旌引作旍摩作靡案月令載旌旐逸周書月令解作旍旐玉篇旍同旌當爲別體字成二年傳師至於靡笄之下釋文靡又音摩是靡與摩讀通

御下兩馬環人職注引作掚一作掚馬釋文兩徐云或作掚案集韵云掚整飾也杜注兩飾也環人疏掚猶飾也正義

云兩飾無明訓服虔云是相傳爲然也飾馬者謂隨
左㕑刮焉則當从手旁作兩古省通洪氏曰㮰通作
柳說文柳馬柱掉搖也謂繫其馬於柱搖動其鞅而
還
養由基爲右成十六季傳與養由基埶文類聚北國御覽七四七養作萶此隸體字淮南
說山作養由其後漢班固傳注作游基案文選阮籍
詠懷詩注游應作由古人字類無定也陳琳檄吳將
校注游與由同詩夙夜基命宥密孔子閒居引作其
命古从省通
工尹齊將右拒釋文云拒本亦作矩下同案論語其不
可者拒之漢石經皇侃本釋文並作距攷工記注故

書矩爲距鄭司農云當作矩是矩與拒同聲字亦通
師游闕四十乘車僕職注引作斿闕案史記天官書三
曰九游漢天文志作斿論語子游熹平石經作斿古
从省
屈蕩尸之漢王嘉傳師古注文選宦者傳注並引作戶
之唐石經淳化本岳本宋巾箱本同說文繫傳邑部
引作扈注同案杜注尸止皆當从古作戶俗本並誤
扈戶音義同洪氏曰古本皆作戶之小爾雅戶止也
戶通作扈昭十七季傳杜注扈止也
晉人或以廣隊不能進楚人惎之說文廾部引作晉人
或曰廣墜楚人畀之云畀舉也黃顥說廣車陷楚人

爲舉之案隊墜古今字杜注惎教也惎畀聲相近文
異而義亦不同
趙傁在後儀禮喪服疏引作趙叟哀二季傳傁曰釋文傁又作叟案
說文云㝁或作傁方言傁艾長老也五經文字云傁
與叟同
鋪時繹思詩周頌疏引作敷時繹思案釋文鋪徐音敷
詩鋪敦淮濆韓詩作敷聲近字通
今使我二國暴骨釋文云暴本或作暴一作曝案說文暴
晞也暴从省俗作暴尤非
取其鯨鯢而封之說文魚部引作䲔鯢漢翟義傳引同
案說文䲔正字鯨或字師古注䲔古鯨字文選羽獵

賦騎京魚注京魚大魚也字或爲鯨是又从省五經
文字並收䲔鯨二字注云同
士貞子諫曰晉世家作隨會說苑尊賢作士貞伯案隨
會爲士季士貞子即士伯杜注貞子士渥濁成五季
傳稱士貞伯此史公所據爲異也
拊而勉之文選馬汧督誄注拊引作撫案說文云拊揗
也撫安也一曰循也音同今通用
有山鞠窮乎說文繫傳艸部引作芎藭羣經音辨作鞠
藭案釋文鞠起弓反則讀與芎同杜注鞠窮所以禦
濕欲使無社逃泥水中本艸有芎藭是藥艸之名徐
鍇云藭即江離根又名蘪蕪其根名芎藭本艸療頭

痛寒痺諸寒冷氣腹痛傳作鞠窮亦偕字錢氏曰說文营藭即鞠窮之異文

十三季經齊師伐莒公羊作伐衛案左穀作莒公羊作衛亦所見本或異趙氏坦曰莒與衛古音部不通公羊作衛方音之轉（毛氏奇齡曰伐莒有前事伐衛則不知何事不可攷）

十四季傳楚子使申舟聘于齊呂覽行論注作申周案詩舟人之子鄭箋舟當作周攷工記注故書舟作周二字古通（見詩釋）

屨及於窒皇呂覽行論注引作經皇案正義引莊十九季傳而葬於經皇及注云彼作窒此作經字異音同古字多同音通用惠氏士奇曰經與窒通

車及于蒲胥之市呂覽行論作蒲疏之市案詩予曰有疏附書大傳作胥附魏策東有無疏史記作無胥二字聲相近古通

十五季經晉師滅赤狄潞氏淳化本足利本無潞字案杜注云潞氏國故稱氏正義云赤狄既須言狄單國不復成文故以氏配之潞氏甲氏皐落氏是也則無潞字當為誤脫

王札子殺召伯毛伯杜注王札子王子札也蓋經文倒札字世族譜作王子札案傳稱王子捷捷札一人故杜疑經文倒札字古今人表作王札子或舊本如此

仲孫蔑會齊高固于無婁公羊作牟婁案士冠禮毋追釋文毋音牟郊特牲釋文同公食大夫禮注鶩無母釋文無音牟蓋古讀無如牟故公羊作牟（阮宮保師以鄭注鶩毋無今監本誤倒作無毋毋音牟不得改爲毋也）

傳瑾瑜匿瑕國君含垢漢路溫舒傳瑕引作惡垢作詬釋文云垢本或作詬案惡與瑕義不甚異說文謑詬恥也文選曹植表忍垢苟全詬與垢義亦通

析骸已爨呂覽行論作析骨宋楚世家作析骨而炊公羊作炊釋文云骸本又作骨（哀八季傳析骸而爨釋文骸本又作骨）案公羊注云骸骨也杜注爨炊也文異而義同

酆舒為政而殺之古今人表作豐舒水經濁漳水注引同（一仍作酆）潛夫論氏姓殺引作虐案豐酆古今字（見詩釋）

下文云虐我伯姬此即以虐為殺書惟作五虐之刑墨子引作五殺虐與殺同

必已為殉釋文云本或作必以殉案本或無為字亦通（上文獲杜回論衡死偽重杜回二字張衡傳注引同必嫁是論衡引作是妾張衡傳注同文選陳情表注引作吾死嫁之疾病論衡引作病困文選注引作及困此句論衡引作必以是下為殉古人引經傳往往不嫌竄易增損文字）

余而所嫁婦人之父也文選注（思元賦陳情表）而引作乃案杜注云而汝也盧雖乃汝也說同論衡作是亦通

爾用先人之治命唐石經作用而先人案論衡从偽後漢張衡傳注文選思元賦注引竝無而字淳化本岳本同此為朱梁補刻顧氏以為今本脫而字非也

吾獲狄土唐石經土作士案書有邦有土周本紀作有
土呂覽任地注土當作士古土士字多通寫（見書釋）武
氏億曰漢碑刻文多以土爲士是石經所依者與古
同
芊舌職說是賞也說苑難善作芊殖文選褚淵碑文作
芊職案芊舌爲氏單偁芊殖芊職是割截其氏殖與
職音相近惠氏士奇曰殖爲舌職合聲
獻狄俘于周不敬釋文云不敬一作而傲案不敬與而
傲義亦不異
十六年經成周宣榭火釋文作謝云本又作榭（襄卅一年傳無觀臺榭釋文榭本亦作謝）公羊作宣謝災春秋纂例作謝穀梁作

宣榭災（襄九年經宋災公羊作宋火昭六年傳鄭其火乎司爟疏引作災九年經陳災公穀竝作火）釋文榭本或作謝（宋本穀梁傳單疏本同）案荀子王霸臺謝
甚高注謝與榭同爾雅無室曰榭何休注引作謝古
字通左傳宣榭火人火之也凡火人火曰火天火曰
災說文天火曰烖籀文作災穀梁注云傳例曰國曰
災邑曰火然左傳宋災陳災公穀皆作火則亦可通
言之惠氏曰左氏古文榭本作射郙敦銘曰王格于
宣射是也劉逵引國語射不過講軍實（案詩抑疏引楚語同）今
本作榭說文無榭字經傳通作謝泰誓無宮室臺榭
釋文云本又作謝吳射慈亦作謝慈是射與謝通錢
氏曰說文無榭字則臺榭之榭亦當爲射蓋因習射

已得名也
傳禹稱善人玉篇人部稱引作偁案釋言曰偁舉也稱
好也說文偁揚也稱銓也二字義異今俗多用稱字
十七年傳使苗賁皇見晏桓子說苑善說作釁蚠皇（一作黃）案苗賁皇鬬伯棼之子以父字爲氏食邑于苗釁
讀爲門與苗聲相近伯棼亦作伯賁蚠棼同聲通假
庶有豸乎釋文云豸本又作鳩唐石經作鳩（後改字）羣經
音辨引同云今文作豸案釋文云豸解也定四年傳
若鳩楚竟注云鳩安集也義竝通
十八年經楚子旅卒穀梁作楚子呂十二諸侯年表楚
世家作侶案說文云呂膂骨也昔太嶽爲禹心呂之

臣故封呂侯篆文作膂膂亦通作旅詩旅力方剛是
也周語注呂之爲言膂也呂覽季冬紀律中大呂注
呂旅也（漢律歷志同）所以旅陰助陽助其成功二字音義
同侶又形聲之亂
歸父還自晉至笙釋文笙徐又勅貞反云本作檉亦作
朾公穀作檉案笙徐仙民音勅貞反是讀爲檉僖元
年經會于檉公羊作朾皆音近字
傳欲以伐齊唐石經作將以案將字義較勝
凡自虐其君曰弒大司馬職疏引作自內虐文選魏都
賦李善注引作自內害其君曰殺唐石經有內字案
下文自外曰戕則此句當作自內正義述經有內字

俗本脫虐害義通錢氏曰今本少內字內與外相對成文似不可省

春秋三傳異文釋卷第四

春秋三傳異文釋卷第五

嘉興李富孫學

春秋左氏傳五

成元年經王師敗績于茅戎公穀作貿戎周本紀漢五行志劉向傳竝同案茅貿聲之轉故又作貿惠氏士奇曰齊魯諸儒讀茅爲貿

冬十月穀梁注云疑下脫季孫行父如齊六字案春秋於四時雖無事必具書此冬十月無傳未知范何所據

傳晉侯使瑕嘉平戎于王典瑞職注引作叚嘉釋文叚本又作瑕亦作假音同案檀弓公肩假古今人表作

肩瑕是瑕假同音通叚讀爲遐古文从省

二年經及國佐盟于袁婁左傳穀梁作爰婁案廣韵注云袁或作爰亦同音通用

傳取龍十二諸侯年表作取隆齊魯晉世家同案索隱曰劉氏云隆卽龍也二字同音通十二諸侯年表在元年與傳不同

隕子辱矣說文手部引作抎子案說文云抎有所失也廣雅抎抶失也杜注隕見禽獲是抎本字隕同音字惠氏曰呂覽季夏紀昭王抎于漢中注抎隊音顚隕之隕史記東越傳不戰而耘此抎字之誤漢書作殞知抎與隕通

請曲縣繁纓以朝釋文云繁纓亦作樊纓案巾車職玉路鍚樊纓注樊讀如鞶帶之鞶謂今馬大帶也釋文樊步干反廣韵繁馬飾薄官切古繁樊皆讀如鞶通君之所司也呂覽審分注司引作慎案上云唯名與器不可以假人作慎字義長

余姑翦滅此說文繫傳引作揃搣案莊子揃搣可以休老急就篇沐浴揃搣文異義同

右援枹而鼓釋文云枹本亦作桴文選孫楚與孫晧書注引同案說文云枹擊鼓杖也王融曲水詩序注引作桴鼓柄也桴本楝名禮運釋文桴鼓槌明堂位蕢桴皆枹之借字古包孚聲同說文𦊆或从孚作罦故枹桴字亦通吳氏玉搢別雅曰古字包孚一聲之轉錢氏曰一切經音義枹桴二字同體扶鳩反是桴與枹同音段氏曰桴枹異義桴借爲鼓柄耳

且辟左右唐石經且作旦昭廿五年傳且召六卿唐石經作旦淳化本同案此爲韓厥夢其父之言夢當在夜故曰旦今作且形近致譌昭廿一年傳趙簡子夢童子嬴而轉以歌旦占諸史墨此旦字今本不誤錢氏曰夢必在夜則旦義爲長左氏紀夢每言旦庚宗之夢則云旦召其徒社宮之夢則云旦而求之曹石刻字畫分明可證俗本之誤

韓厥執縶馬前說文馬部引作執馽前云絆馬也从馬口其足讀若輒或作縶案今經傳多用縶字襄廿五年鄭公孫舍之帥師入陳傳曰陳侯免擁社子展執縶而見說文無馬字與此傳合臧氏曰據說文左氏古文本作執馬前今本譌爲馬又別出縶字當爲衍文上言驂絓於木而止丑父爲蛇傷不能推車爲韓厥所及故厥執齊絆馬而前也杜注以爲執之示修臣僕之職正義引襄廿五年傳非是錢氏坫曰今有馬字誤也

無令輿師唐石經作輿師案上釋文云師如字一音所類反地官注師之言帥也義通

遂自齊關入唐石經作徐關攷文宋本永懷堂本同案

襄十七年傳齊侯與國佐盟于徐關此石經作徐關不誤俗本譌作齊字顧氏曰杜子美寄臨邑舍弟詩徐關深水府送舍弟潁赴齊州詩徐關東海西徐關在齊境今不可攷

辟女子御覽二百辟引作避案釋文辟音避一音扶亦反御覽从杜義陸氏案曰辟義如周禮司寇前王而辟讀作闢孟子行辟人注辟除人使卑避尊也陳氏樹華曰杜注使避君也使字正解辟除人之義

入自丘輿擊馬陘御覽七百五十七引作丘轝齊世家陘作陵音義一作陘案易輿說輹釋文輿本或作轝呂覽武王未下轝此輿之別體陵與陘字形相亂

必邑蕭同叔子爲質公羊作蕭同姪子穀梁作蕭同姪
子之母齊世家同作桐晉世家作蕭桐姪子案杜注
云同叔蕭君之字齊侯外祖父子女也何休注蕭同
國名姪子者蕭同君姪娣之子范甯注齊侯與姪子
同母異父昆弟不欲斥言齊侯之母故云姪子之母
三傳旣所聞異辭故注亦各異桐同聲同姪與叔亦
語音之異安邑左氏爲正
五伯之霸也正義鄭云霸把也言把持王者之政教故
其字或作伯或作霸也案漢律歷志云共工氏伯九
域地里志穆公稱伯師古注竝云伯讀曰霸伯之語
轉爲霸也

君子謂華元樂舉呂覽安死注引作樂呂潛夫論引同
案樂呂於宣二年爲鄭所獲已二十年復歸於宋傳
無文樂呂當以音近相雜
吾知免矣釋文云一本無知字案依杜注當有知字
鄭公子去疾古今人表作弃疾昭卅年經晉侯去疾卒十二諸侯年表作棄疾
案弃古棄字去與弃形聲相近義竝通
寧不亦淫從其欲釋文云從本亦作縱襄十四年傳以從其淫釋文從
本或作縱昭卅二年傳魯君世從其失釋文從本亦作縱案論語從之釋文從鄭
讀曰縱玉篇縱恣也放也古字从省
三年經晉郤克衛孫良夫伐廧咎如公羊作將咎如穀
梁作牆襄廿六年傳寺人惠牆伊戾釋文作廧云或作牆唐石經初刻作廧昭廿三年傳劉子取

牆人路史國名紀作廧淳化本作廧案詩兄弟鬩于牆釋文牆
本或作廧葢牆正字廧廧隸變體牆將同部音近字
傳以爲俘馘說文人部引作俘聝耳部引同或作馘案
釋文唐石經及諸本皆从或體而聝字不行矣
四年經鄭伯堅卒公羊釋文作臤云苦刃反本或作堅
疏云左氏作堅穀梁作賢字今定本亦作堅字玉篇
糸部引作緊案說文云臤堅也古文目爲賢字陸氏
所據公羊本作臤疏目爲穀梁作賢皆爲古本臤賢
古今字臤與堅聲近義同釋名緊絙也疏證云今本
緊皆作絙譌緊亦古堅字惠氏曰公羊作臤穀梁作
賢本一字也漢潘乾校官碑親臤寶智國三老賢良

碑優臤之寵今文大誓云優賢揚歷是優臤卽優賢
也玉篇又引作緊緊與堅同臤亦爲古堅字堅又與
賢通東觀漢紀陰城公主名賢得續漢天文志作堅
得疑古堅字賢字皆省作臤公羊从古文作臤穀梁
目爲賢左氏目爲堅師讀各異故也
五年經叔孫僑如會晉荀首于穀公羊作荀秀案秀首
同部音近公羊作秀亦語音之異
傳以傳召伯宗穀梁傳作伯尊案白虎通宗族宗廟云宗者
尊也音相近義同
許靈公愬鄭伯于楚鄭世家作鄦公案說文云鄦炎帝
太嶽之允甫侯所封讀若許許聽也今通假讀若字

爲之辭𠯑子蟜之難釋文云一本無之難二字案文義當有此二字

六年經鄭伯費卒鄭世家作潰索隱引鄒本作沸又作弗案費潰沸皆形聲相似漢律歷志注潰古沸字也竹書紀年晉繆侯名費生世本作弗費弗又聲之轉

晉欒書帥師救鄭公羊作侵鄭案左氏傳曰晉欒書救鄭與楚師遇于繞角楚師還襄廿六年傳伍舉亦言繞角之役是左氏爲得其實公羊作侵所傳聞異辭耳趙氏坦曰按五年盟于蟲牢左云鄭服也故六年楚公子嬰齊帥師伐鄭鄭有楚師故欒書救鄭本末如此則非侵鄭可知公羊作侵旣不發傳無從見義當是傳寫之誤

傳沃饒而近盬水經涑水注引作近鹽戴校仍作盬案服虔云盬鹽也杜注盬鹽也義同正義云盬是鹽之名盬雖是鹽唯此池之鹽獨名爲盬餘鹽不名盬也

民愁則墊隘說文雨部引作墊阸土部仍作隘昭四年傳所遇又阸定四年傳亦載冥阸釋文並云阸本又作隘墨子非攻作冥隘案禮器君子𠯑爲隘矣釋文隘本又作阸戰國楚策塞鄳隘高誘注隘阸字通鄳隘卽定四年傳冥阸段氏曰阸隸變字阨隘古通用

有沈溺重腿之疾埤蒼引作重膇云與腿同案玉篇腿或作瘇當爲俗字

七年傳四鄖公鍾儀釋文云鄖本又作員襄九年傳使皇鄖命校正釋文鄖本亦作員定四年傳鄖公辛古今人表作員師古注員讀曰鄖案說文云鄖漢南之國是作員从省通

此申呂所𠯑邑也釋文云一本作所邑也案杜注云言申呂賴此田成邑耳無𠯑字亦通

及共王卽位呂覽權勳作龔王昭廿九年傳共工氏有子家語五帝作龔工案書僞孔傳序魯共王釋文共亦作龔漢百官公卿表垂作共工師古注共讀曰龔說文龏慤也龔給也則敬共字作龔亦爲通假

八年傳𠯑其田與祁奚呂覽開春風俗通十反易林祁作祈晉世家作祁傒昭廿二年傳衞彪傒呂覽作已注文選西征賦注並作奚大戴衞將軍文子作傒案詩興雲祁祁呂覽亦作祈同音通孟子百里奚秦本紀作傒管子小問作傒傒傒字亦同呂覽去私作祁黃羊注祁奚高粱伯之子祁黃羊也又云黃羊祁奚字

唯然故多大國矣釋文云唯本或作雖後人改也案正義云俗本作雖今定本作唯少儀雜記注雖或爲唯表記注唯當爲雖二字恆相亂

九年傳文賦綠衣之卒章釋文云綠本又作祿案鄭箋以綠爲褖言褖衣自有禮制也此又作褖从鄭說

泠人也釋文云泠依字作伶昭廿一年傳泠州鳩周語作伶釋文泠字或作伶非也案呂覽古樂云昔黃帝令伶倫作爲律古今人表

佁洽淪律歷志佁洽綸詩簡兮序衛之賢者仕於伶官正義引佁洽官一佁伶人文選登樓賦注引同昭廿一年傳景王鑄無射洽州鳩藏之文選鄒陽獄中書注引周語佁洽周語景王鑄鍾成洽人告和魯語洽簫詠歌及鹿鳴之三是洽為樂官之偁伶俗通字

無棄菅蒯玉篇艸部引佁菅蔽蒯同案說文云蔽艸也無蒯字則蒯為俗體

無棄蕉萃史記呂后紀索隱引佁顦悴後漢應劭傳引佁不棄憔悴詩東門之池疏文選注西都賦任昉為范尚書讓封侯表王文憲集序竝引佁憔悴案說文云顦顦顇也悴憂也讀與萃同心部無憔字是蕉萃為借字顇悴聲同章懷注蕉萃憔悴古字通錢氏曰說文醮顇卽蕉萃之異文

為將改立君者釋文云為本或佁偽昭廿五年傳為讒於臧氏魯世家佁偽定八年傳以為公期杜注讀偽十二年傳子偽不知釋文佁偽云一本佁偽案詩人之為言定本佁偽正義同古偽字多佁為漢郊祀志問之果為書封禪書佁偽皆是徐鍇曰偽者人為之非天眞也故人為為偽段氏曰左傳為讀偽者不一蓋事涉於佁為則曰偽

冬十月公羊無此三字集傳纂例同案公羊公如晉注云如晉者冬也去冬者惡成公前既怨懟不免牲今復如晉過郊乃反遂怨懟無事天之心當絕之此似曲為之解無冬十月三字疑脫文孫氏志祖曰按公如晉與秋七月連文蓋公以秋七月如晉也左傳秋公如晉可證左穀經文於此年末本有冬十月三字公羊經文偶脫而何氏乃妄造去冬之說以如晉為冬時惡成公而不書冬繆戾極矣且謂成公以卜郊不從遂怨懟而如晉亦非理也

傳立髡頑公穀佁髡原鄭世家佁惲案索隱云左傳佁髡原是與今本異頑原音相近頑惲亦聲之轉

晉立大子州蒲以為君釋文云州蒲本或佁州滿襄廿七年傳盧蒲嫳呂覽愼行佁滿嫳定五年傳秦子蒲楚策佁滿新序節士同十二諸侯年表晉世家佁壽曼案正義引應劭諱議曰周穆王名滿而有晉侯州滿或誤蒲定本佁滿史通五行志以蒲為誤漢郊祀志師古注蒲字或佁滿是滿與蒲字形相亂壽曼竝音相近梁氏曰厲公實名州滿史記佁壽曼州壽古通滿曼音近

及寢門而入釋文云一本無及字案文義當有及字

在肓之上說文肉部引佁之下案說文云肓心上鬲下也今釋文本引佁心下鬲上不誤肓之下當佁肓之上案杜注云肓鬲也心下為膏正義云此賈逵之言杜依用之當以說文心下鬲上為是陸氏粲曰素問鬲肓之上中有父母楊上善說云心下鬲上為肓

十一年經晉侯使郤犨來聘己丑及郤犨盟公羊竝佁

郤州（十六年經及晉郤犨盟于扈公羊作州）左傳疏引世本同釋文郤州一本作犨潛夫論志氏姓作讎案左閔元年傳畢萬爲右正義云世本畢萬生芒季季生武仲州（索隱引系本同）州卽犨也此經正義云郤豹生義義生步揚步揚生州州卽犨也犨州音相近魏世家索隱曰州與犨聲近字異耳讐又犨之譌

傳聲伯之母不聘釋文云聘本亦作娉案說文云娉問也聘訪也辛部引春秋云女爲人妾妾不娉也玉篇娉娶也廣韵同是古以娉爲娉娶字

且與伯與爭政釋文云與本亦作輿（襄二年傳使正輿子釋文輿本亦作與十年傳與伯輿爭政釋文輿本又作與音同卅一年傳及展輿釋文輿本又作與昭十四年傳夷輿釋文與音餘本亦作輿定五年傳四閭輿罷釋文輿又作與唐石經初刻作與）案莊子逍遙游接輿大宗師子輿釋文竝云輿本作與與輿形聲相似竝通

十二年經公會晉侯衛侯于瑣澤釋文作璅云依字宜作瑣公羊作沙澤釋文沙素禾反又如字（定四年傳乃盟于瑣經作沙注瑣卽沙也）案說文云璅石之似玉者瑣玉聲也本二字通用沙素禾反則讀如莎與瑣音相近故轉作沙梁氏履繩曰瑣沙音得相轉

傳曰云莫矣釋文云莫本亦作暮案說文云莫日且冥也从日在茻中今俗又加日作暮非是

宴曰示慈惠燕禮疏宴引作燕案詩宴爾新昏釋文宴本又作燕漢五行志注云燕與宴同燕爲假字（見詩釋）

公侯干城釋文云干本一作扞（襄廿五年傳陪臣干掫釋文干徐云讀曰扞）案釋言曰干扞也（詩毛傳同）上文作扞城注扞蔽也干扞一聲之轉

吾奴無日矣夫釋文云本亦無夫字案無夫字語助亦通

十三年傳能者養之以福漢書（律歷志五行志）引作養以之福案師古注云之往也往就福也又云能養生者則定禮義威儀自致於福正義亦云往適於福漢酸棗令劉熊碑養曰之福維德之隅漢唐舊本當如此今誤倒（呂覽注書洪範疏文選漢高祖功臣頌注引與今本同）臧氏曰據杜作注時

猶未誤故與師古義同惠氏曰杜注養威儀以致福則當如漢書所引與下文正相對

不能者敗以取禍漢律歷志作（旣十四年傳省禍福也禍漢五行志引作取旣福也下取禍之道也亦作旣襄九年傳商人閱其禍敗之釁廿八年傳極有子禍五行志竝作旣）案說文云猧屰惡驚詞也玉篇旣同猧師古注旣古文禍字漢書多作此字

盡力莫如敦篤漢書（律歷志五行志）引作惇篤案說文云惇厚也經傳作敦通借字

戮力同心釋文云戮（一作勠）稽康力幽反呂靜字韻與飂同後漢袁紹傳作勠唐石經淳化本同（昭四年傳無暇者可以勠人呂覽先己作勠廿五年傳戮力壹心釋文作勠唐石經同）案說文云勠幷力也

勠力字當从此嵇呂所讀亦音之轉戮與勠又通借

蔑死我君釋文云本或以我字在死上非（一本無非字）唐石經作蔑我死君案石經从或本亦是惠氏曰僖卅三季傳其爲死君乎可謂死君乎尋文義當云蔑我死君鄭易注蔑輕慢也或从石經初刻作蔑我先君亦通

芟夷我農功釋文作痍云本亦作夷案說文云痍傷也古省作夷音義同

虔劉我邊陲唐石經作垂岳本𢻰文宋本永懷堂本同案說文云垂遠邊也陲危也二字義異今通作陲非段氏曰俗書邊垂字作陲乃由用垂爲𠂹不得不用陲爲垂矣

我寡君是以有令狐之會注云申厲公之命宣言寡人稱君誤也釋文云寡君讀者亦作寡人案劉炫以稱寡君以規杜過正義隱十一季鄭伯告許大夫云假手于我寡人今呂相稱厲公之命還與自稱無異亦當云我寡人故知稱寡君爲誤陸氏粲曰案上文我是以有令狐之役等句則寡君當爲衍字

荀庚佐之古今人表作荀尹案荀庚始見成二三季經傳趙世家索隱引世本作宣伯庚宿（一本無宿字）此作尹疑譌梁氏曰此轉寫字脫其半耳

迓晉侯于新楚釋文云迓本又作訝案釋詁曰訝迎也周禮有訝士說文迓爲徐鉉所增俗字

使公子欣時逆曹伯之喪公羊作喜時新序節士同古今人表作曹喜時師古注即曹欣時釋文欣時徐云或作款亦音欣案說文云欣笑也欣喜音近義同𣡦別體字款以形近致異梁氏曰𣡦與郗同𣡦喜欣聲皆相近釋文款喜兩異文竝音欣疑款乃歆之譌師古如字讀亦通

十四季傳彼交匪傲漢五行志引作匪儌匪敖（襄廿七季傳引詩作匪交匪敖）應劭注言在位者不儌訐不倨傲也（師古注儌謂徼幸也）案詩彼交匪紓荀子勸學引作匪交襄八季傳注匪彼也廣雅同二字古通徼交音近故字隨讀異而義亦不同

十五季經晉侯執曹伯歸于京師公羊作歸之于京師案公羊僖廿八季晉人執衛侯歸之于京師傳云歸之于者何歸于者何歸之于者罪已定矣歸于者罪未定也罪未定何以得爲伯討（注此難成十五季晉侯執曹伯歸于京師）歸之于者執之于天子之側者也罪定不定已可知矣歸于者非執之于天子之側者也罪定不定未可知也此執曹伯非執之於天子之側是不當有之字趙氏坦曰有之字者衍文

傳向帶爲大宰釋文云帶本又作帶下仿此案詩垂帶而厲釋文作帶此隸體字

殺子山宋世家作司馬唐山案子山卽蕩澤澤爲司馬唐蕩一聲之轉

伯州犂奔楚論衡逢遇作白州犂案白虎通爵云伯者白也周留鼎銘白犧牛鼎白卽伯字古鍾鼎文多以白爲伯是从省

民惡其上家語觀周作民怨案說苑敬愼引金人銘曰盜怨主人民害其貴怨與惡義亦同

十六年經戰于鄢陵漢五行志作鄢陵續漢郡國志注引同淮南人閒引作鄔陵（昭廿八年傳鄔臧釋文鄔舊音烏戶反又音偃地名在周者从鄔餘皆从焉字林亦作鄢音同）氾論又作陰陵注同水經渠水注引作傿陵案說文無鄢字此亦別體特移邑旁从阜爾鄭世家段出走鄢正義作鄔鄢鄢陰傿皆以字形相近而亂春秋辨疑引啖助集解鄢當作鄔鄭地也左氏曰王取鄔劉蔿邘之田于鄭是也傳寫誤爲鄢字杜注今潁川鄢陵誤甚矣

舍之於苕丘公羊作招丘釋文招又上饒反（昭元年經陳公子招陳世家索隱招又一名苕蔡世家陳司徒招索隱招或作苕又作昭竝音時遙反）案詩苕之華釋文苕徐音韶漢禮樂志師古注招讀曰韶是苕招竝同音通用

剌公子偃釋文作刺云依字作剌案剌作刺剌竝隸變體廣韵集韵竝云剌俗剌字

傳而疲民以逞釋文作罷云本亦作疲（昭十九年傳勞罷焂轉釋文罷本或作疲）案少儀師役曰罷注引春秋傳師還曰疲罷之言罷勞也古字通

吾不復見子矣釋文云一本無復字案無復字亦通

我若孥臣輯睦釋文作集云又作輯（襄十九年傳其天下輯睦釋文輯本作集文選永明十一年策秀才文注引同）案詩辭之輯矣新序雜事引作集漢高帝紀師古注輯與集同見寬傳注文選上林賦注竝同

盡釋楚以爲外懼乎晉語作外患案上云唯聖人能內外無患則作患竝通

范匄趨進釋文云匄本又作丐呂覽開春注晉世家音義竝同（襄卅一年傳寡君使匄請命釋文作丐云士文伯名本又作匄今傳本皆作此字或作丐）

（士文伯字伯瑕作丐是疏云古本及釋例皆作丐俗本作匄今定本作匄恐非昭元年傳不彊匄釋文匄本或作丐廿一年傳張匄之釋文匄本亦作丐）案說文云匄气也襄卅一年傳釋文范宣子名作匄或作丐此俗字

楚師輕窕集韵引作輕姚案釋言曰窕肆也集韻姚他弔切音讀同字通

楚子登巢車九經字樣登作藥釋文云巢說文作轈云兵車高如巢（正義引作兵高車加巢今本說文同陸氏所據本爲勝）以望敵也字林同案藥與巢音近義通說文引此傳作轈今作巢當从省

潘尫之黨釋文作潘尫之子黨云古本無子字注云黨潘尫之子也則傳文不得有子字古本此及襄廿三

季申鮮虞之傳摯皆無子字案正義云潘尫之子其名爲黨申鮮虞之傳摯辭與此同古人爲文略言耳是舊本無子字後人從而增益之

有韎韋之跗注詩六月疏引鄭雜問志引作不注不讀如跗跗幅也案賈服等說跗謂足跗注屬也袴而屬於跗詩鄂不韡韡箋云不當作柎鄂足也古聲不柎同釋文柎亦作跗不跗亦聲相近臧氏曰不假借字左氏正文必作不故賈服讀爲跗鄭讀爲幅若原作跗注鄭可無庸改讀矣

其右茀翰胡晉語注茀引作弗案詩茀厥豐草毛傳茀治也釋詁作弗訓同古字通

叔山冉古今人表冉作舟案舟與冉字形相亂梁氏曰舟乃冉之譌

囚楚公子茷晉語作王子發鉤案詩其旂茷茷釋文作伐伐旆工記注伐之言發也正義云蓋一名一字也

好臣暇唐石經初刻作好暇案後人磨改依上文增以字今本並同

楚人謂夫旌子重之麾也御覽三百四十麾引作旌案旌字不應一句內複見當涉上文而譌

穀陽豎獻飲於子反呂覽權勳晉楚世家淮南人閒說苑敬愼竝作豎陽穀正義引呂覽同案呂覽與傳三字皆倒此所聞之異晉楚世家或即本呂氏書正義云傳依簡牘本紀彼采傳聞異辭所說既殊其文亦異梁氏曰內外傳韓子十過飾邪二篇漢書人表並是穀陽

申宮儆備文選豪士賦序注儆引作警案衆經音義云古文憼儆今作警同是警儆字通

而後食釋文云一本作聲伯而後食案上云聲伯四日不食以待之則此聲伯二字可省

十七年經衞北宮括帥師侵鄭公羊作北宮結案說文云搯絜也挈壺氏疏絜卽結也廣韵括結也二字音近義同

公孫嬰齊卒于貍脤公羊作貍軫疏云正本作貍辰穀梁作貍蜃文十四年傳注引同案脤軫蜃辰皆一聲之轉故經師所傳之本有異

傳反自鄢陵釋文作反自鄢云一本作自鄢陵案唐石經初刻似無陵字後人增入今本从之

胥童以胥克之廢也韓子內儲童作僮晉語作胥之昧案古以僮爲未冠之偁童爲皁奴字與今所用相反之昧或爲其字

郤錡奪夷陽五田下又作夷羊五晉語作夷陽午古今人表作羊魚唐石經作羊五案陽羊古字通見易釋五午音同魚午亦聲之轉

與長魚矯爭田晉語矯作蟜案詩矯矯虎臣釋文作蟜云本又作矯漢書注薛宣朱博傳引呂靖曰蟜今借以爲

嬌字葢古字通借

公使覘之信說文䫜傳覘之引作窺視案作窺視義亦不異然當爲形聲之誤

一朝而尸三卿韓子作夷三卿案淩人職大器共夷槃冰注夷之言尸也是夷與尸義同

在內爲軌釋文云軌本又作宄案書寇賊姦宄五帝紀漢刑法志竝作姦軌說文宄姦也外爲盜內爲宄讀若軌是宄本字軌借字

公遊于匠麗氏大戴保傅作匠黎注引同晉世家作匠驪集解引賈逵注淮南人閒竝同周語注引作鄺案通鑑外紀引六韜黎連氏路史前紀作麗連晉驪姬呂覽韓子作麗姬是黎驪麗竝同音通鄺又聲之轉

楚公子橐師襲舒庸釋文作槖師襄廿四季傳皆取胄於櫜御覽八百引作於槖唐石經同宋本九經南宋巾箱本岳本竝同案說文櫜車上大槖槖囊也義不甚殊此古本皆作槖今作櫜形近之譌顧氏以櫜字爲是非石經槖下旁注師字此後人妄加

十八季經晉侯使士魴來乞師公羊作士彭襄十二季經晉侯使士魴來聘公羊亦作士彭案易匪其彭釋文彭子夏作旁姚云彭旁俗音同彭與魴亦音相近公羊襄十二季疏云彼諸正本皆作士魴字若作士彭者誤矣錢氏曰古音魴如旁公羊作彭是魴非輕脣也

傳辛巳朝于武宮正義云服虔本作辛未晉語亦作辛巳孔晁云以辛未盟入國辛巳朝祖廟取其新也按晉語稱庚午大夫逆于清原傳云庚午盟而入逆日卽盟非辛未也傳與晉語皆云辛巳服本自誤耳案內外傳竝作辛巳服本作辛未揆之事理正合臧氏曰庚午既盟而入故明日辛未卽朝於始祖廟服本是也若作辛巳則與盟而入之日相去十有二日久入而不朝何也故知國語作巳字誤而杜氏反據之改左傳何邪

周子有兄而無慧文選辨命論注御覽四百九十八竝引作無惠案論語好行小慧釋文魯讀慧爲惠皇侃本作惠文選檄吳將校注御覽三百九十引竝同道德經智慧出焉河上公本作智惠二字同音古通

弁糾御戎晉語作欒糾韋注晉大夫卞糾也宋本作卞釋文云弁本又作卞同襄廿九季傳季武子取卞釋文作弁云本又作卞昭九季傳豈如弁髦釋文作弁云本又作卞案欒字當爲聲誤說文覍冕也籒文作㝸或作弁北堂書鈔引書率循大弁今書作卞恐爲衛包所改戰國秦策卞隨務光詩關雎序疏作弁隨漢東方朔傳弁嚴子爲衛尉卽卞莊子弁卽籒文或體弁之變卞又隸變俗字

魏絳爲司馬樂記疏引世本絳作降案書北過降水水經河水注作絳二字亦形聲相似

張老爲候奄晉語作張孟（正義引仍作老）韋注老之字案檀弓張老與趙文子同時襄九年趙武爲新軍將三年張老爲中軍司馬孟是其字

籍偃爲之司馬晉語作藉偃（昭五年傳籍談廣韻二十二昔作藉十八年傳鄅人藉稻說文邑部引作籍稻定八年傳籍邱子鉏廣韻十八九作藉）案月令躬耕帝籍說文作耤漢文帝紀其開藉田五經要義籍蹈也史記武安矦傳注作藉俗字

㠯惡曰復入釋文云本或作以惡入案此有入字或爲經師所增

春秋三傳異文釋卷第五

春秋三傳異文釋卷第六

嘉興李富孫學

春秋左氏傳六

襄元年經次于鄫公羊作次于合案杜注云鄫鄭地穀梁注鄫或爲合惟形聲不相似是所見或異也趙氏坦曰鄫古或省作曾曾與合篆文相近遂譌作合

衞侯使公孫剽來聘古今人表作殤公焱師古注焱春秋作剽十二諸侯年表作狄衞世家作秋案焱剽音同秋狄皆與焱字形相雜世家云定公弟秋所見列國世譜或異索隱曰左作剽人表作焱葢音相亂字改易耳

二年經六月庚辰鄭伯睔卒穀梁作庚寅古今人表睔作綸案上五月有庚寅不得六月又有庚寅此穀梁亦誤當从傳七月爲是師古注綸音工頑反綸睔聲相近梁氏曰經史皆作睔讀若衮惟此作綸葢睔與腂同亦音胡關切而綸又音鰥遂音工頑反竝聲之轉也

傳穆姜使擇美檟釋木注引作美榎案釋木曰槄山榎槐（郭注當爲楸）小葉曰檟說文檟楸也槄爲山楸楸小葉爲檟釋文榎舍人本作檟古通用

於是爲不哲矣釋文云一本作不爲哲矣案釋言曰哲知也作不哲義較順

是棄力與言正義云服本作棄功昭廿八年傳今女有功於王室唐石經作有力孩文宋本同案正義述經作力功與力義不甚殊臧氏
曰當从服本作棄功言楚有功於鄭也
三年經秋公至自會穀梁作自晉案此當作會穀梁以
涉上文公至自晉而誤
傳士富爲候奄晉語作范獻子韋注獻子范文子之族
昆弟士富也案杜注云士富士會別族與韋說略同
士鞅亦謚獻子是范氏有兩獻子
四年經夫人姒氏薨公羊作弋氏下葬我小君定姒公羊作定弋定十五年經姒氏卒穀梁作弋氏葬定姒穀梁作定弋案杜注云姒杞姓范甯同公
羊疏云左氏經作姒氏字聲埶與此同穀梁疏云公

羊曰爲弋氏何休云莒女此與左氏竝爲姒氏范及
杜預皆云杞女是與公羊說異然莒乃已姓非是月
令羅綱畢翳注今月令翳爲弋翳弋音相近姒弋亦
聲之轉趙氏佑曰公羊於鄫世子巫如晉傳有舅出
之文知定姒葢鄫女杞鄫皆姒姓
傳咨禮爲度咨事爲諏咨難爲謀魯語禮作義事作才
難作事案正義云魯語三者與此皆異韋昭改從此
傳云材當爲事事當爲難孔晁注云材謂政幹也然
魯語之文雖異而其義各通臧氏曰國語云咨才爲
諏者謂咨賢才之謀也咨詢爲親戚之謀咨諏爲賢
才之謀合親賢之謀而謀無不周矣詩周爰咨詢二傳作咨親爲詢

說文諏聚謀也賢才須合聚謀之釋詁詢信也親戚
者吾之諸父昆弟其謀爲吾所親信不必聚合而擇
之也國語作才較二傳作事義更精密韋注才當爲
事非也毛傳咨事之難易爲謀此合二傳爲訓猶咨
禮義爲度也韋云事當爲難誤矣
匠慶謂季文子莊子達生作梓慶案杜注云魯大匠孩
工有梓人匠人孟子梓匠竝偁故亦作梓
有窮后羿說文邑部云竆夏后時諸侯夷羿國也从邑
窮省聲羽部羿亦古諸侯一曰射師弓部芎帝嚳射
官夏少康滅之論語芎善躲案竆今作窮同音通字
羿世爲射官后羿慕羿射故號此名水經巨洋水注

曰窮后路史注曰窮羿古作羿後又作芎故說文竝
存之今作羿是从羿省段氏曰芎與羿古葢同字梁
氏曰嚳時有羿堯時亦有羿則羿是善射之號
不脩民事風俗通義引作不循案易德之脩也釋文脩
馬本作循古脩循二字多通用見易釋
伯因夏本紀正義引世紀作伯一作柏姻案釋名曰姻因
也論語因不失其親說文繫傳作姻二字音義同
尨圉古今人表作庬圉潛夫論五德志作龍圉文選桓
溫薦譙秀表注引左同案牧人職注故書尨作庬杜
子春云庬當爲尨詩狐裘蒙戎左傳作尨茸蒙戎有
苑鄭箋作庬戎庬尨字同龍尨古亦通

而用寒浞古今人表作韓浞水經巨洋水注同案戰國韓策韓哀侯漢王褒傳注作韓哀呂覽勿躬作寒哀游俠傳寒孺史記作韓文選名都篇注云寒韓古字通七啟注寒與韓同此以同音通用

靡奔有鬲氏水經巨洋水注引作逃於鬲氏案文義不甚異鬲加自旁是俗誤字

生澆及豷說文豕部引作生敖論語及夰部作奡古今人表同師古注楚詞所謂澆者也潛夫論五德志豷作殪案澆與敖聲相近說文奡讀若傲故敖奡字亦通論語奡盪舟天問注引作澆是澆奡一人也論語孔安國注寒浞因羿室而生奡邢疏澆卽奡也聲轉

字異哀元年傳釋文澆一音五報反豷俗體梁氏曰澆奡傲三字古多通偕

使澆用師滅斟灌及斟鄩氏夏本紀灌作戈鄩作尋哀元年傳以伐斟鄩吳世家作尋漢地里志注斟作抖廣韵二十一侵同玉篇土部作圤古今人表鄩作尋路史後紀國名紀作鄩案戈灌二字音相近地理志應劭注云故抖鄩抖灌禹後抖斟之別體圤又抖之譌鄩从省廣韵鄩姓也俗通字錢氏曰艸書甚作厺與土相似故斟或作抖師古不能辨但音抖爲斟廣韵亦兼收二字蓋六書之不講隋唐人已然矣

后杼滅豷于戈夏本紀杼作宁正義引作杼三代世表作予索隱作宁又引世本作佇墨子非儒作仔初學記廿引世本作輿案杼宁佇仔予輿皆形聲相似而字因遞變也

命百官官箴王闕文選注顏延之曲水詩序陶徵士誄引不疊官字案正義云官箴者各曰其官所掌而爲箴辭李善注無下官字或脫文

芒芒禹迹詩信南山疏芒作茫迹作跡案詩宅般土芒芒文選弔魏武帝文注引作茫茫亦俗字說文迹或作蹟籀文作速無跡字

各有攸處釋文作攸家云本或作處案上云獸有茂草則當作攸處爲是

戎狄荐居晉語作薦一仍作荐處昭十八年傳薦爲敝邑不利釋文作荐唐石經同哀十五年傳薦伐吳國唐石經作荐足利本同案杜注云荐聚也釋言荐再也孫炎注荐草生之再也服注荐草也莊子麋鹿食薦疏引作荐韓子內儲說猶獸鹿也唯薦草而就漢終軍傳蘇林注薦草也師古注薦讀曰荐歷書索隱云荐字或作薦假借用耳則字亦互通詩黃鳥傳處居也義同陸氏粲曰古字荐薦通

朱儒是使釋文云朱本或作侏案王制晉語作侏儒漢東方朔傳作朱儒侏亦俗加偏旁字

五年經會于善道公穀作善稻穀梁傳吳謂善伊謂稻緩號從中國名從主人釋文善稻吳謂之伊緩案杜

注云善道地闕范注善稻吳地道稻音同伊緩吳人
語也趙氏佑曰此後世譯語之始 洪氏曰伊緩吳語善字雙聲吳
子名乘左氏云壽夢皆雙聲字
公會晉侯宋公衛侯鄭伯曹伯齊世子光救陳公穀曹
伯下有莒子邾婁子穀梁作邾子 滕子薛伯案公穀或涉
上文會于戚有莒邾滕薛四國而衍或左氏有脫文
也
六年經季孫宿如晉魯語宿作夙檀弓注及疏引世本
同案祭義宮宰宿夫人注宿讀爲肅詩載震載夙箋
訓肅戒說文宿从宀佰聲佰古文夙二字竝通
傳遷萊于郳釋文云本或作遷于郳唐石經初刻同案

或以萊衍字亦通
七年經鄭伯髡頑如會未見諸侯丙戌卒于鄵公穀作
髡原鄵作操公羊疏云正本作頑字一本作原字非
也其鄵字者非正本也穀梁釋文髡本又作郡或作
顆十二諸侯年表鄭世家作惲羣經音辨引與公穀
同案髡與郡顆惲皆㠯聲近而異字頑原亦音相近
操與鄵同聲徐彥疏云鄵字非正本則當作操趙氏
坦曰說文無鄵字古祗借用操字後世始去手從邑
公穀作操猶是古文洪氏曰公羊釋文髡原左氏作
髡頑鄭世家索隱引左傳作髡原是左氏作髡原公
羊作髡頑今本是後人據釋文本改之

傳公族穆子有廢疾唐石經廢作癈昭八年傳哀公有癈疾唐石經作癈
疾淳化本岳本同 淳化本岳本同案說文云癈固病也今通
作廢从省借
參和爲仁釋文云參或爲三案易參天兩地而倚數虞
注參三也參伍㠯變虞注引作三天參三古今字
及將會于鄬說文邑部引作將會鄭伯于⿰阝爲案說文多
鄭伯二字或記憶之誤云鄬地名⿰阝爲鄭地阪則鄭地
當作⿰阝爲字九經字樣云⿰阝爲鄭地名今經典多作鄬
八年經獲蔡公子燮穀梁作公子濕釋文公子溼本又
作隰同音濕又音燮二十年經蔡殺其大夫公子燮穀梁作溼 羣經音辨
濕音隰引作公子濕又音燮案溼燮音相近隰濕又

與溼形聲相佀而淆
季孫宿會晉侯鄭伯齊人宋人衛人邾人于邢丘足利
本作刑丘案邢作刑恐形近之誤漢金鄉長侯成碑
惟想邢景郎形字孫叔敖碑埋掩其刑刑形字亦通
洪氏适曰漢碑刑形邢三字多互用
傳職競作羅文選魏都賦職競弗羅劉淵林注引逸詩
同案注云干木寂然不競於俗故曰職競弗羅也則
與傳所引義自不同
不遑啟處唐石經作皇淳化本同襄廿九年傳不遑啟處唐石經亦作皇
案詩遑恤我後表記引作皇釋言偟暇也偟遑竝俗
字

亦不使一介行李釋文作一个唐石經淳化本足利本同（昭十四年傳收介特唐石經初刻作个）案書如有一介臣大學引作一个个俗字（陳氏樹華曰士虞禮注个猶枚也今俗或名枚曰箇昭三年傳又弱一个焉四年傳使置饋于个不得亦作介）

今譬於草木釋文作辟云本多作譬羣經音辨同案學記燕辟廢其學鄭讀辟爲譬古譬字多借作辟

吕爲子孫藏釋文藏作臧（昭六年傳藏爭辟焉漢五行志引作臧）唐石經同案說文無藏字新坿有之漢書多作臧此古字之廑存者

九年傳陳畚挶漢五行志引作畚輂唐石經作梮案應劭注云輂所以輿土也師古音居玉反與挶音義同漢溝洫志山行則梮韋注梮木器如今轝牀人轝以行也夏本紀作檋書益稷疏梮輂本一字以其字从手非

具正徒漢五行志具引作儲案釋詁曰峙具也郭舍人本峙作偫說文儲偫也儲與具音近義同臧氏曰具與上具綆缶複當從漢志

祝宗用馬于四墉祀盤庚于西門之外釋文作庸云本又作墉（昭廿一年傳宋城舊墉釋文作鄘云本或作墉）般亦作盤案易棄其墉釋文鄭作庸說文墉古文作𩫖是作庸古从省書盤庚大傳古今人表漢石經竝作般庚亦古省通

吕出內火漢五行志引作入火案說文云入內也（釋名同）內入也轉注相訓義同釋文內如字徐音納書寅餞納日大傳作入日夙夜出納朕命九江納錫五帝紀夏本紀皆作入是入即古納字（見書釋）

閼伯居商丘路史後紀作遏伯（廿五年傳昔虞閼父三年疏魯語注陳世家索隱竝作遏父漢陳球碑同）案釋詁曰遏止也說文閼遮攤也音同古通用

是以日知其有天道也漢五行志引作是以知有天道案漢志無日字今本當衍

門于鄟門釋文云鄟本亦作專（定八年傳將盟衛侯于鄟澤釋文鄟本亦作專說苑權謀引作鱄澤）案專从鄟省輒亦形聲之誤

公子騑公穀傳作公子斐（十年經盜殺鄭公子騑公穀亦作斐）案詩小戎疏云車駕四馬在內兩馬謂之服在外兩馬謂之騑春秋時鄭有公子騑字子駟是有騑乃成駟也古人名字必相應則當作騑公穀作斐或聲轉之譌

閏月戊寅注云以長歷參校上下此年不得有閏月戊寅戊寅是十二月二十日疑閏月當爲門五日五字上與門合爲閏則後學自然轉日爲月釋文云閏月依注讀爲門五日案杜以長歷推筭此年無閏月知爲門五日之誤晉三分其軍更攻鄭門門各五日凡十五日鄭故不服而去戊寅濟于陰阪復侵鄭之外邑也趙氏佑曰漢志不載襄九年閏故知此閏當門五二字月當是日字蓋班固時左傳本尚是門五日

三字未誤故志不言魯亡閭而置閭也

十季經會吳于柤水經淮水注柤引作鄐沭水注仍引作柤案杜注云柤楚地玉篇鄐屬沛郡此俗通字漢地理志沛郡鄼應劭音嵯師古注此縣本爲鄐中古以來借鄼字爲之讀皆爲鄐鄼注今其地鄐聚是也

遂滅偪陽釋文云偪徐甫目反本或作逼穀梁作傅陽公羊釋文偪音福又彼力反疏云左氏經作偪字音夫目反一音逼近之逼古今人表作福陽師古注即偪陽也續漢郡國志作傅陽注引亦作福水經沭水注引作偪陽又作傅陽案漢地理志楚國傅陽故偪陽國莽曰輔陽師古注偪音福左氏所云偪陽妘姓者後漢陶謙傳注傳陽縣名屬彭城國本春秋時偪陽也楚宣王滅宋改曰傅陽偪有福音故人表作福穀梁作傅聲之轉逼偪音義同梁氏曰福輔傅爲一音之轉而偪諧畐聲福有偪音故二字通借釋文列甫目彼力二反然以音福爲是釋文云本或作逼恐非

傳郰人紇抉之十七季傳作郰叔紇論語作鄹孔子世家作陬水經泗水注作鄒一作鄹叔梁之邑案說文云郰魯下邑孔子之鄉鄹別體字陬同音通字鄒聲之誤正義云紇爲郰邑大夫公邑大夫皆以邑名冠之呼爲某人紇字叔梁古人名字並言者皆先字而後名則十七季傳邑字名皆舉而字又僅傅一字也梁氏曰此與郰國所改之鄒異檀弓釋文郰又作鄒春秋序釋文孟子鄹邑人皆誤合二地爲一

狄虒彌古今人表虒作斯案斯虒當爲同音通字梁氏曰斯字疑以音近而誤

投之以机釋文作几云本又作机同昭元季傳圍布几筵釋文几本亦作机五季傳設机而不倚燕禮疏引作几禮書四十八引作几案說文云机木也几尻几也此作机亦通假字

生秦丕茲釋文云一本作秦不茲家語弟子解作不慈史記正義引家語作不茲索隱引作不慈案家語秦商魯人字不慈弟子傳作子丕書子丕克羞爾漢石經作不克爾丕克遠省蓬翟義傳亦作不古多假不爲丕見書釋茲慈古字通

諸侯之師還鄭釋文云還本亦作環哀三季傳道還公宮釋文還本又作環案杜注云還繞也漢食貨志還廬樹桑師古注同士喪禮注古文環作還是還環亦古今字段氏曰今人還繞字用環古經傳衹用還字

篳門閨竇之人釋文云閨本亦作圭說文竹部引作圭窬玉篇竹部引同文選謝朓辭隨王牋注引作蓽門圭窬案玉篇云篳亦作蓽廣韵同儒行作圭窬說文云閨特立之戶上圜下方有似圭杜注閨竇小戶上銳下方狀如圭也則作圭从省通儒行釋文窬徐音

豆是讀與竇同惠氏曰籥與竇同物同音

十一年經同盟于亳城北公穀作京城北公羊疏云服氏之經亦作京城北乃與此傳同之案杜注云亳城鄭地然其地別無所見公穀及服氏皆作京城北於義爲合惠氏曰京鄭地在滎陽隱元年傳謂之京城大叔是也亳城無攷此傳寫之譌當从公穀爲正

傳居安思危周書程典作於安楚策呂覽愼大同高注引書同文選檄吳將校部曲亦作於案楚策引爲春秋呂覽陳琳所引皆當爲古語居於聲相近字通見易釋

十二年經圍台穀梁作圍部釋文部本又作台下救台穀梁亦作部案詩郎有部家室白虎通引作台吳越春秋后稷母台氏之女杜注琅邪費縣有台亭說文部从邑台聲故通作部字

吳子乘卒傳作壽夢杜注壽夢吳子之號案十年傳正義引服虔云壽夢發聲吳言多發聲數語共成一言壽夢一言也是壽夢二字合言之即爲乘字錢氏曰乘壽皆齒音壽當讀如疇與乘爲雙聲夢古音莫登切與乘疊韵併兩字爲一言孫炎制反切蓋萌芽於此吳世家索隱曰系本吳孰姑徙句吳宋衷注孰姑壽夢也代謂祝夢乘諸也壽孰音相近姑之言諸也毛詩傳讀姑爲諸孰姑壽夢爲一人又名乘也

十三年經取邿公羊作公取詩傳曰詩者何邾婁之邑也疏云正本皆作邿字有作詩者誤案說文云邿附庸國在東平亢父邿亭杜注任城亢父有邿亭水經濟水注亢父縣有詩亭春秋之詩國也邿詩亦同音通假

楚子審卒楚語莊王使士亹傅大子箴注箴共王名今左傳作審案箴明道本作箴與審聲之轉也

傳小人農力以事其上唐石經初刻作展力淳化本同案石經後改作農魏了翁讀書雜鈔云農力乃農用八政之農厚也是了翁時已有作農石經作展即小人盡力之意

唯是春秋窀穸之事所以從先君於禰廟者說文穴部引作窀穸從先君於地下案正義云晉語屯厚也說文夕暮也是古作屯夕後加从穴許君所引之文與今本不同當爲撮舉之辭

而歲習其祥表記注習引作襲大卜職疏引同文選侍游蒜山作注引作歲卜案書一習吉曲禮疏引作襲吉司稽職注故書襲爲習胥師注同是習襲古今字文選竟陵文宣王行狀注襲與習通卜字義略同

不習則增修德而改卜釋文云不習則增絕句一本無增字則連下總爲句案正義述經似亦無增字竝通

焉用之釋文云焉本或作何案正義云何須用此良霄留之於楚則正作何字義亦通

十四秊經鄭公孫蠆公羊作囆定九秊經鄭伯蠆卒公羊作囆古今人表作蠆疑誤案說文云囆高气多言也从口蠆省聲襄九秊傳公孫蠆杜注云子蟜說文訓蟜爲蟲則子蟜當名蠆公羊作囆形聲相雜王氏引之曰說文蠆毒蟲也漢朱博傳蕭該音義引呂靜韵集云蟜毒蟲也則蟜卽蠆以其尾夭蟜上曲故謂之蟜齊公孫蠆字子尾其意一也公羊作囆叚借字耳

衞矦出奔齊公羊作衞矦衎案杜注云不書名从告公羊疏傳言舉君絕爲重者謂書衎者名見其當絕不合爲諸矦此各據經文爲說然諸矦出奔例得書名公羊亦曲爲之解趙氏坦曰禮記諸矦失地名左傳

定姜曰告亡而已無告無罪則諸矦之策當書衞矦名爲得左穀或脫衎字

傳蓋言語漏洩文選注王粲贈文叔良任昉奏彈曹景宗引作漏渫案莊子秋水云尾閭渫之而不虛是與洩同

使子行於孫子攷文云子行下異本有請字案杜注云使往請也則亦當有請字阮宮保師曰唐石經子行二字改刊此行只九字初刻尚有一字則石經刊去之字卽請字也

敗公徒於阿澤水經濼水注引作柯澤十九秊經諸矦盟于祝柯公羊作祝阿案杜注云濟北東阿縣西南有大澤此非鄭之柯澤莊十三秊公會齊矦盟于柯注今濟北東阿齊之阿邑猶祝柯今爲祝阿水經河水注河水右歷柯澤左傳孫文子敗公徒於阿澤者也又濟水注玉水又西北枕祝阿縣故城東襄十九秊諸矦盟于祝柯左傳所謂督揚者也漢興改之曰阿矣通典東阿春秋時之柯邑柯阿形聲相近

射爲禮乎釋文云或一讀射而禮乎唐石經初刻作而御覽引同案爲與而同部音近故一讀爲而義通王氏引之曰作而爲是

公使厚成叔弔于衞呂覽觀表作郈成子古今人表作厚成子釋文云厚本或作郈音同昭廿五秊傳郈氏漢五行志作后氏郈昭伯古今人表作厚昭伯師古注郈昭伯也魯世家索隱郈昭伯係厚氏文選廣絕交論注引孔叢子與呂覽同嵇康幽憤詩注引作后一作郈案說文厚古文作垕此本或作郈形聲相似魯世家郈氏音義云一本作厚世本亦然檀弓漢五行志風俗通過舉厚作后集韵厚或作郿是郈作厚作后皆从省通

右宰穀從而逃歸呂覽觀表古今人表作穀臣文選廣絕交論注引孔叢子作轂臣宋本孔叢子注作穀臣案古本或作穀臣杜注已無臣字道德經孤寡不轂卽穀字轂與穀同音通

余狐裘而羔袖釋文云袖本又作褏案說文云褏袂也袖俗作字

臧紇如齊唁衞侯釋文云唁徐作⿰歹言案玉篇唁同唁集
韵⿰歹言與唁同此又別體字
仰之如日月釋文作卬云本亦作仰案詩高山仰止說
文引作卬止漢溝洫志注卬讀曰仰古省通
畏之如雷霆釋文云霆本又作電案易鼓之以雷霆釋
文蜀才云疑作電霆電亦聲相近
若困民之主匱神乏祀說苑君道引作困民之性乏神
之祀新序雜事引同釋文云乏本或作之誤案周語
虢文公曰匱神之祀而困民之財明道本作乏祀補音云讀者以之爲乏然匱是乏之義無容重也與此傳文略同陸氏粲謂主或當作生
大司徒職注杜子春讀生爲性古生性字通乏作之
爲是沈氏彤曰主當作生乏當作之
王室之不壞釋文云壞服本作懷案正義引孫毓云舊
本及賈氏皆作壞服虔本作懷云懷柔也緊蒙也王
室之不懷柔諸侯恃蒙齊桓之匡正也懷壞形聲皆
相近
十五年經晉侯周卒晉世家集解作糾公羊釋文一本
作雕案大司徒職注杜子春云瞗當爲糾周糾雕皆
聲之轉
傳邾人伐我南鄙唐石經作北鄙案經作南鄙則石經
誤也
若以與我淮南精神注引作若予我廿九年傳璽書追而與之魯語唐石經與作予昭十二年傳王其與我乎楚世家作予定四年傳以我與之楚世家作予下與同十年傳而朱其尾鬣以與之漢五行志引作予案說文云予推予也与賜予也曲
禮注與或爲予字通
鄭人奪堵狗之妻釋文作苟云本或作狗襄廿九年傳見史狗昭七年傳作史苟案苟狗亦形聲相似而變
十七年經邾子牼卒公穀作邾子瞷案牼與瞷形義竝
異亦方音之轉惠氏曰攷工梓人云數目顧脰注故
書顧或作牼鄭司農云牼讀爲鬜頭無髮之鬜是牼
有瞷音故或作瞷劉昌宗周禮音云牼苦顏反今左
傳音苦耕反非也
圍桃公羊作圍洮穀梁莊廿七年經公會杞伯姬于洮釋文洮本或作桃案水經
瓠子河注瓠子故瀆又東逕桃城南春秋傳曰分曹
地自洮以南東傅于濟盡曹地也今鄄城西南五十
里有姚城或謂之洮也桃洮形聲相近
高厚帥師伐我北鄙公穀作齊高厚案公穀有齊字經
師相傳之本不同爾趙氏坦曰此接齊侯伐我北鄙
圍桃下則高厚爲齊分遣之師故不須復繫齊公穀
或衍齊字
傳爾父爲厲詩民勞箋爾引作其案傳重邱人詢孫蒯
故稱爾父箋祇引一句故易其字
以杙抉其傷而死釋文云傷一本作瘍音羊案醫師職
注身傷曰瘍廣韵瘍傷也文異而義同

遂幽其妻漢五行志幽引作就案幽就聲之轉言就其
妻索大璧亦通
瘈狗入於華臣氏釋文云瘈字林作狾漢五行志引作
狾狗說文犬部引作狾犬入華臣氏之門論衡感類
作華臣之門案說文云狾狂犬也則古本作狾瘈與
狾聲相近當為俗字九經字樣收狾猘二字云見春
秋上說文下經典相承是唐時又有作猘說文多之
門二字與論衡本同段氏曰哀十二季傳國狗之瘈
許所見作狾左非古也
妨於農功岳本作農收張文永懷堂本同案杜注云周
十一月今九月收斂時則作收為是今本作功或因
下文相涉
澤門之晳釋文云澤本或作皐誤詩縣疏引作皐門張
文宋本永懷堂本晳皆作晳昭元季傳子姑憂子晳之欲背誕也漢五行志
引作子晳案昭廿八季傳御以如皐注云為妻御之皐澤
疏云詩鶴鳴九皐是皐為澤也故澤亦或作皐水經
潁水注云皐澤字相似名與字乖耳說文晳人色白
也杜注皇國父白晳則當作晳字洪氏曰尚書皐陶
列女傳作咎陶詩鶴鳴傳皐澤也義同釋文晳星歷
反徐思益反是徐為晳
皆有闔廬晏子春秋作闔閭昭廿七季傳闔廬以其子為卿呂覽當染簡選大戴
保傳吳越世家古今人表地理志皆同楚語呂覽尊師不苟淮南泰族秦本紀十二諸侯季表燕陳楚世
家漢地理埶文志注水經濯水注吳越春秋越絕書文選吳都賦李善注勸晉王牋注廣韵十一唐竝作
闔閭說苑新序廬閭二字錯見案後漢郭丹傳范遷字子廬漢官儀
作閭廬音同古字通用
晏嬰麤縗斬釋文作麄云本又作麤哀十二季傳麤則有之釋文麤本又
作麄縗作衰云本又作縗廿三季傳墨縗冒經釋文縗本又作衰卅一季傳三易衰
釋文衰本又作縗昭二季傳枉縗經之中釋文作衰云本亦作縗十季傳枉衰經之中釋文衰本又作縗
雜記注及疏引作衰後漢東海恭王傳注文選注嘲解
引作麄斬衰齊竟陵文宣王行狀引同孔叢子大引作斬衰案玉篇
云麤不精也或作麄此俗體說文縗喪服衣古經傳
多从省作衰字
菅屨孔叢子引作菅菲案喪服傳曰菅屨者菅菲也菲
者屨之別名是菲與屨字異而物同
食鬻雜記注引作食粥孔疏後漢東海恭王傳注孔叢
子引同案說文云鬻鍵也徐鉉曰今俗作粥从省
十八季經齊師伐我北鄙穀梁作齊侯案左傳作齊侯
杜注云不書齊侯齊侯不入竟據傳文則與經異趙
氏坦曰左傳明云齊侯則經宜書齊侯左公作齊師
或字之譌
傳執孫蒯于純留釋文云純地理志作屯案詩白茅純
東鄭箋純讀如屯漢地理志屯留屬上黨郡師古注
屯音純水經濁漳水注屯留即純留是也从省通
叔向謂晉侯魯語晉語呂覽開春求人晉世家漢五行志竝

作叔鬻昭十五秊傳以古叔向五行志同案向鬻古今字

乃弛弓而自後縛之釋文云弛本又作施案論語君子不施其親釋文作弛云本又作施筆解云當爲弛北堂書鈔六引作弛施弛古字通

伐雍門之萩釋文云萩本又作秋案萩與楸同漢東方朔傳師古注萩卽楸字作秋从省王氏引之曰萩卽楸字繫傳楸梓也引作楸萩同漢貨殖傳山居千章之萩師古注萩卽楸樹字也晏子春秋外篇作橚中山經其狀如橚郭注卽楸字也

斬其楢以爲公琴御覽九百六十一引作斬雍門之椿案此引作雍門當涉上文而增說文楢柂也徐鍇曰柂又作椿是椿與楢同胡氏渭曰杶櫄楢椿爲一木字異而音義竝同

東侵及濰釋文云濰本又作維案書濰淄其道周書職方解作維淄漢地理志琅邪郡下作維竝从省

十九秊經齊侯環卒公羊作齊侯瑗釋文瑗于眷反一音環案釋器曰好倍肉謂之瑗肉好若一謂之環環瑗音相近又音環讀同

鄭殺其大夫公子嘉公羊作公子喜案古今人表鄭簡公嘉十二諸侯秊表作喜後漢劉植傳弟喜注東觀記作嘉嘉與喜以字形相似而淆洪氏曰喜卽嘉字之省古人名字相配嘉字子孔宋有孔父嘉

傳荀偃癉疽玉篇疒部引作疸疽云亦作癉案說文云癉勞病也疸黃病也疽癰也二字同音通

宣子盥而撫之論衡死僞盥作浣案士冠禮注古文盥皆作浣鄉射禮注同說文作瀚俗省作浣盥浣音之轉

士子孔亦相親也唐石經作二子孔淳化本同案二子孔謂子孔士子孔陸氏粲疑士子孔上當脫子然子孔四字似非攷石經可以知諸本士字之譌

穆叔曰齊猶未也岳本攷文永懷堂本作穆叔歸曰案下文不可以不懼乃城武城當有歸字今本疑脫

廿秊經陳侯之弟黃出奔楚公穀作弟光廿二秊傳同案書大傳曰黃者光也漢天文志中道者黃道一曰光道白虎通璜之爲言光也風俗通黃光也蓋光與黃同部音近義亦同惠氏曰說文炗古文光灮古文黃字相似

春秋三傳異文釋卷第六

春秋三傳異文釋卷第七

嘉興李富孫學

春秋左氏傳七

廿一秊經邾庶其以漆閭丘來奔古今人表邾作朱漢地理志注其作期釋文云漆本或作溙案朱爲邾之省戰國燕策樊於期漢武梁碑作其古字通漆作溙隸省體

晉欒盈出奔楚十二諸侯秊表晉世家竝作欒逞齊世家音義盈史記多作逞昭廿秊經沈子逞穀梁作沈子盈釋文本亦作逞公羊作沈子楹案田敬仲世家欒逞作亂索隱逞音盈昭四秊傳逞其心以厚其毒新序善謀逞作盈是逞卽盈也盈逞音相近楹盈聲同

傳重繭衣裘說文衣部引作重襺云襺袍衣也以絮曰襺以緼曰袍釋言注引同案正義云玉藻纊爲繭緼爲袍鄭注衣有著之異名也則繭是袍之別名杜謂繭緜衣字當从衣今作繭从省

叔羆釋文作叔罷案唐石經諸本皆作羆集韻云羆或省作罷周氏宣武曰叔羆疑虎之母弟唐宰相世系表以虎字叔羆爲一人恐非或曰釋文作叔罷別是一人高氏姓名同異攷芈舌氏下不列叔羆入之雜人中也

聖有謩勲今書允征作謨訓案正義云杜以傳作謩勲故順傳文解之劉背傳文而規杜非也東晉本以勲爲訓亦音之轉王氏鳴盛曰此經必本作勲非祁奚所改作訓者直是僞撰人之意

欒盈過於周候人疏引作晉欒盈出奔楚過周唐石經過上有奔楚二字案賈疏所引稍有增損石經奔上旁增出字亦非陳氏樹華曰上文欒盈出奔楚閒隔已遠不再提明則盈過周又不知何由至从石經諸本皆脫去

識其枚數釋文云枚本亦作版案杜注云識門版數正義十八秊傳以枚數闔枚謂馬檛以馬枚數門扇之版則二枚字不同杜云版數當不作枚也諸本引釋文竝作版

廿二秊經邾子薛伯杞伯公穀邾子下有滕子案左氏經無滕子或脫文或所見各異

傳而何敢差池釋文云池徐本作沱案詩滮池北流說文引作滮沱徐鍇曰沱沼之沱通用此字今別作池非是段氏曰說文沱卽池也今本改爲池字

鄭游販古今人表从日譌將歸晉說文目部作游眅唐石經作鄭游眅如晉案說文云眅多白眼也鄭游眅字子明今本或作販譌游販公孫蠆子俗本作將歸晉更繆當从石經

廿三秊經邾畀我來奔公羊作邾婁鼻我案露觀德作

鼻我廿一季傳疏昭廿季經疏廿七季經疏宋本竝引作卑我唐石經淳化本同案穀梁昭廿七季傳注邾畀我釋文本或作鼻孟子封之有庳音義史記作鼻漢昌邑王傳魏志諸王傳水經湘水注引王隱說皆同漢宣帝紀葢聞象有罪舜封之應劭曰封之於有鼻之國鄒陽傳封之於有卑服虔音畀子之畀師古注音鼻今鼻亭是也畀鼻同音通鄒陽傳作有卑故唐石經亦以卑為畀也

次于雍榆公穀作雍渝魯語作雝俞案周語注定王揄舊音揄音榆本或為渝榆渝形聲相似故或通假俞又从省

傳子無懈矣釋文作解唐石經同案懈古多通用解字从省

范鞅逆魏舒樂記疏魏世家索隱引世本舒竝作荼案書洪舒于民困學紀聞引古文作洪荼攷工記弓人注荼古文舒假借字即古今字之異

斐豹廣韵八微引作奜豹案廣韵云奜姓今作斐當以形聲相似而譌

申鮮虞之傅摯釋文云本或作申鮮虞之子傅摯案杜注云傅摯申鮮虞之子故本或有子字正義云俗本多云申鮮虞之子今注云云若傳先有子字無煩此注故今定本皆無葢此與成十六季傳潘尩之黨文法正同

啟牢成御襄罷師釋文云牢一本作罕案罕與牢以字形相涉而淆

獲晏氂魯語作晏萊釋文氂力之反徐音來案詩詒我來牟漢劉向傳作釐爾雅釐蔓華說文引作萊氂萊古音同

新樽絜之釋文云樽本亦作尊昭十五季傳樽以魯壺釋文樽本或作尊又作鐏司尊彝職注引作尊疏同大行人職疏引同後漢劉梁傳注作鐏案說文云𢍜酒器也或作尊今別作樽鐏皆俗字

閔子馬見之後漢楊秉傳注引作閔子騫北堂書鈔卅六文選注檄吳將校部曲褚淵碑文引竝同昭十八季傳閔子馬曰後漢袁紹傳注引作閔

子騫白帖卅十引同案杜注云閔子馬閔馬父楊秉傳引禍福無門二句注左傳閔子騫之辭今本皆作馬字或脫去上寒之誤

美疢不如惡石呂覽長見注引作美疹云疾疹也哀五季傳則有疾疢釋文疢本或作疹案說文云疢熱病也徐鉉曰今俗別作疢非是疹即疢字詩疢如疾首釋文疢又作疹同集韵疢俗作疹

華周對曰古今人表作華州昭三季傳賜女州田水經沁水注引左傳周以賜鄭公孫段說苑立節善說雜言作舟案韓詩外傳舉太公於舟人荀子君道作州人攷工記曰作舟以行水注故書作周是周州舟三字皆同音通用

獲杞梁文選洞簫賦注引琴操作芑梁殖案洞簫賦注云芑與杞同芑杞同聲梁字殖名雀豹古今注作植廣雅植種也文選閒居賦注引蒼頡云殖種也音義同

廿四秊傳既沒其言立魯語作其言立於後禮器疏引傳同釋文云今俗本皆作其言立於世檢元熙以前本則無於世二字案六朝本有於世二字當據魯語而加之舊本無此二字故杜注本同

象有齒以焚其身釋文服云焚讀曰僨僨僵也案杜注云焚斃也正義服虔讀曰僨爲生齒牙僵仆其身義亦略同梁氏屨繩曰集韵僨或作焚葢本服義

寡君是以請罪焉釋文作是以請請罪焉云徐上請字音情案杜注云請得罪於陳也是杜本無上請字唐石經同當衍

輔躒說文㞷部引作輔𨅃（昭五秊傳輔躒釋文作櫟云本又作躒同九秊傳使荀躒佐下軍釋文躒本又作櫟十二諸侯秊表作濼十五秊傳晉荀躒如周釋文作櫟云本又作躒同卅一秊經會晉荀躒于適歷公穀作荀櫟公羊釋文荀櫟一本又作躒又作濼亦滴濼也穀梁釋文櫟舊作躒定十三秊傳荀躒晉世家作櫟）案从足从㞷字古或通篇韵皆云𨅃躒同躒別體字櫟濼同音通

部婁無松柏說文𨸏部引作附婁云附婁小土山也風俗通義文選魏都賦注並引作培塿釋文云婁或作樓案風俗通云部者阜之類也今齊魯之閒田中少高卬名之爲部部附音相近婁樓聲同培塿俗作字錢氏曰古讀附如部今人稱培塿

廿五秊經鄭公孫夏帥師伐陳公羊作公孫囆案左氏傳曰子西復伐陳陳及鄭平是當作夏公羊作囆則爲子蟜或所見本異也

吳子遏伐楚公穀作吳子謁疏云吳子謁者亦有一本作遏字者說苑至公作謁案釋文遏徐仙民並音謁詩無遏爾躬釋文遏或作謁音同遏謁形聲相似讀亦同

傳孟公綽曰釋文云綽徐本作卓（哀九秊傳使孟公綽釋文綽本又作卓同）案說文䮶或作綽唐扶頌朝有公卓洪适云卽公綽

論語釋文公綽本又作卓古从省

男女辨姓釋文辨作辯案周禮敘官辨方正位注辨別也釋文辨本亦作辯音義同

嫠也何害釋文云嫠本又作釐（昭十九秊傳已爲嫠婦釋文嫠本又作釐文選七命注引同廿四秊傳嫠不恤其緯釋文作釐云本又作嫠）案詩巷伯傳云鄰之釐婦（家語好生同注釐寡婦也）又獨處于室釋文釐寡婦也依字作嫠後漢西羌傳注寡婦曰釐是釐與嫠同音古字通

公拊楹而歌齊世家作公擁柱案史記作擁柱文異而義略同

陪臣干掫齊世家作陪臣爭（音義爭一作扞）趣（昭廿二秊傳賓將掫鑄師掌固）

職注引作將趣一作趨釋文云掫服本作諏子須反謀也今傳本或作諏猶依掫音案杜注云干掫行夜說文掫夜戒疏引作戒守今本說文同有所擊也此依釋文所引昭廿二年傳賓將掫主人辭賓曰若不獲扞外役是不有寡君也乃親執鐸終夕與於燎正義云燎卽掫之事扞外役卽是干之義也史記作爭趣說文趣疾也言爭疾得有淫者義亦通服云一曰干扞也諏謀也言受崔子命扞禦謀淫之人又爲一說正義以定本作干掫爲是掫趣字通惠氏士奇曰從言爲聚謀從手爲聚守皆取聚義俗誤爲趨得其聲失其義矣趣或讀爲促或作趨假借字洪氏曰挈壺氏凡軍事縣壺以序聚㰌聚

諏趣趨皆卽掫之假借字

所不與崔慶者釋文云本或此下有有如此盟四字者後人妄加齊世家作所不與崔慶者亦唐石經有有如上帝四字案杜注云盟書云所不與崔慶者有如上帝讀書未終晏子抄荅易其辭是杜本無下四字洪氏曰淮南精神訓注不唯崔慶是從者如此盟有如此盟四字非後人妄加唐石經是後人依杜注增之齊世家作乃與國人盟曰不與崔慶者亦晏子春秋內篇不與崔慶而與公室者受其不祥皆異文

四翣不蹕縫人職注引作四翣羣經音辨引同案縫人注故書翣柳作接櫝鄭司農云接讀爲翣櫝讀爲柳皆棺飾是古作翣與翣讀同錢氏曰說文翣卽四翣不蹕之翣

井堙木刊稻人職疏引作井闉家語作井陻書洪範疏引同昭元年傳愔堙心耳文選長笛賦注引作湮案陻堙字同掌蜃職注闉塞也稻人疏同是文異而音義同

忌備三恪說文心部引作三愙云愙敬也徐鉉曰今俗作恪案愙从客是作賓王家之意魏孔羨碑追存二代三愙之禮亦从心客聲衆經音義一恪古文作愙俗从省作恪失其義矣惠氏曰義雲章亦以愙爲恪

且昔天子之地一圻大司馬職注引作一畿案詩祈父箋云祈圻畿同說文畿天子千里地圻爲垠或字地

垠也則畿爲正字段氏曰假圻爲畿畿之言垠也故亦作圻

言以足志文以足言文選文賦注引作言足以志文足以言下言之無文行而不遠引作言而無文行之不遠案依文義李善所引較今本爲勝

楚蔿掩爲司馬古今人表作蔿奄案說文云奄覆也掩斂也古字通見易釋

賦車兵徒卒唐石經作徒兵淳化本南宋石經岳本同案劉炫云兵者戰器車上甲士與步卒所執兵各異也疏作徒兵毛本誤卒隱四年傳敗鄭徒兵僖廿八年傳徒兵千注云徒卒與此注同襄元年傳敗其徒兵昭

廿季傳興徒兵是當作徒兵顧氏以爲石刻之誤非
是錢氏曰傳文言徒兵者輿矣徒兵與車兵對今本
作徒卒非也
廿六季經宋公殺其世子痤穀梁作世子座傳公子痤美而很穀
梁作座大子知之後漢孔融傳注引作大子座案商君傳事魏相公叔座本或
作痤魏策作公叔痤呂覽長見作痤一作座古今人表任
座范座師古皆音才戈反魏策魏世家說苑善說竝
作范痤韓世家楚景座徐廣作痤是座痤音讀同古
通用
傳逆於門者頷之而已說文頁部頷引作鎮云低頭也
釋文云頷本又作頷案說文云頷面黃也玉篇頁部

引杜注作鎮云亦作頷是形聲相雜頷又頷之省徐
鍇曰鎮作頷假借字也
公子圍楚世家音義圍史記多作回廿九季傳王子圍論衡古驗作子圍
形近之譌案集韻回繞也襄十八季傳右回梅山二字音
義相同
隆殺已兩漢韋元成傳王舜劉歆毀廟議引作降殺孝
經諫爭注同案七經攷文云惟萬歷崇禎本作降殺
其餘皆作隆似非當以字形相似而譌
使女齊以先歸古今人表作汝齊廿九季傳女齊相禮漢五行志引作汝昭
元季傳女叔齊以告公文選謝朓和王著作注引作汝八公山注同廿六季傳申豐從女賈魯世家作汝
賈王使女寬守闕塞釋文女本亦作汝古今人表五行志同案女汝古今字水經

潁水注云汝女乃方俗之音故字隨讀改
子展賦將仲子兮釋文云本亦無兮字此依詩序案傳
所載列國諸矦大夫賦詩皆舉篇名此依詩序當無
兮字
共姬之妾取以入漢五行志作之御案獨斷云御進也
衣服加於身妃妾接於寢皆曰御內則妾御莫敢當
夕析言之義亦通
大子痤美而很說文女部引作大子痤婉案傳上文棄
生佐惡而婉此許所引當爲記憶之誤集韻類篇又
作大子佐婉佐乃後爲大子也
伍舉實送之楚語作遺之案下文云君大夫謂椒舉女

實遣之則此亦當作遣臧氏曰送乃遣字之譌楚之
君臣以子牟出奔爲伍舉遣之故伍舉亦懼禍出奔
若但送子牟之行則伍舉罪輕當不至出奔也
楚晨壓晉軍而陳釋文作厭云本又作壓卅一季傳僑將厭焉釋文
厭本又作壓後漢馮衍傳注引同案說文云厭笮也壓壞也荀子彊
國注厭讀爲壓二字古通
椒舉娶於申公子牟楚語作湫舉廿三季傳孟椒昭三季傳子服椒十三季
傳作子服湫釋文湫徐音椒又作椒哀元季傳敗越于夫椒釋文椒又作湫伍子胥傳說苑正諫作夫湫
周語古今人表同下椒鳴楚語亦作湫案越世家敗之夫椒索
隱曰椒本又作湫音子小反二字形聲相近古讀通
惠氏曰湫本與椒同音子服惠伯名椒作湫者聲之

誤晉以來唯徐仙民識古音諸儒不及也

庶幾赦余唐石經余作予（哀十六年傳俾屏余一人以在位漢五行志余作予下稱予一人作稱）案覲禮注云余予古今字經傳多通用

廿七年經陳孔奐公羊作陳孔瑗（昭八年經殺陳孔奐公羊作瑗）案奐瑗音相近故字隨音變

衞侯之弟鱄出奔晉釋文鱄音專穀梁作專（昭廿七年傳乃見鱄設諸焉公羊襄廿九年傳戰國魏策呂覽論威吳世家伍子胥傳刺客傳古今人表吳越春秋賈子新書皆作專諸）案鱄字子鮮當从魚旁作專从省

傳皆取其邑而歸諸侯諸侯是以睦於晉正義云古本有不重言諸侯今定本重有諸侯唐石經同案上文使諸畧邑者杜注謂齊魯宋也正義若重言諸侯則

天下諸侯以此事故皆睦於晉劉炫云晉宋古本皆不重言諸侯則唯謂齊魯宋三國睦耳不重是也

免餘復攻甯氏唐石經餘作余案委人職凡其余聚以待頒賜注余當爲餘聲之誤也是余與餘古字通武氏億曰隸釋故民吳仲山碑父有余財義作餘余亦古从省

納我者死釋文作內云本又作納（昭七年傳納亡人以實之楚世家作內）案書三百里納秸服漢地理志作內古出納字本作內史漢多以內爲納字

如稅服終身杜注稅卽繐也釋文云稅徐云讀繐案正義云禮無稅服之名服虔云衰麻已除日月已過乃

聞喪而服是爲稅服服之輕者稅與祱同杜以言義不通故爲繐二字音相近讀通

財用之蠹釋文云蠹本又作蠧案說文蠹或作螙字既从蚰不當又加虫旁此別體字

宋向戌如陳唐石經無宋字案石經先刻有宋字後磨去錢氏曰上文已書宋向戌此不當更舉宋名石經是也

㠯誣道蔽諸侯釋文云蔽服虔王肅董遇竝作弊云踣也（昭十四年傳蔽罪邢侯大司寇職注引作弊獄疏弊亦斷也家語正論作弊其邢獄此弊謂斷）案正義云服本作斃王肅董遇本皆作蔽謂以誣人之道掩諸侯也是與陸氏所引不同（錢氏曰恐陸氏誤）論語其

蔽也蕩荀悅漢紀（六）蔽引作獘道德經敝則新王弼本作蔽河上公作獘莊子逍遙游釋文弊司馬本作蔽此義當作弊以形聲相似而亂錢氏曰如王董說當以誣道二字連文如服說當以道弊連文襄十一年范宣子曰諸侯道敝而無成能無貳乎與此傳同義謂諸侯兼事晉楚則罷於奔命也當从服說爲是弊敝古通用

棠無咎釋文作无云本亦作無齊世家同唐石經作无案說文𣠮奇字作无云无通於元者虛無道也今作無隸變體易皆作无字（今本下傳竝作无）

廿八年經楚子昭卒十二諸侯年表楚世家論衡吉徵

昭作招昭十二年傳作祈招之詩祈招之愔愔家語正論竝作昭注昭亦作招後漢張衡傳注引作昭文選補亡詩注引作祈昭三國名臣贊注同案招昭亦同聲通用

傳元枵虛中也枵耗名也說文本部引無中字釋文耗作秏唐石經淳化本同案釋天曰元枵虛也許君卽本雅訓杜注元枵三宿虛星在其中則傳文當有中字耗是秏之俗體當从釋文石經爲正

子展迋勞於東門之外漢五行志引作往勞案杜注云迋往也音義同王氏引之曰說文往之也古文作迬乃其心也漢五行志乃引作迺案釋詁曰迺乃也郭注迺卽乃文異而義同漢書多作迺字

君小國事大國釋文云古本無小字漢五行志引有小字正義晉

宋古本及王肅注其文皆如此君國謂爲國君言其爲君之難也今定本作小國唐石經同案古本與定本義亦兩通臧氏曰君國猶言君人正義謂爲國君是也定本改君字爲小陸氏更參合古今本作君小國則愈失其眞猶幸有古本無小字一言攷之正義爲合

跋涉山川聘禮注引作軷涉又引詩傳軷道祭也賈疏引同案詩大夫跋涉毛傳草行曰跋水行曰涉賈疏引經及毛傳竝作軷大馭注行山曰軷軷爲同音通借

舍不爲壇正義云服虔本作墠解云除地爲墠王肅本作壇解云除地坦坦者則讀爲墠也案杜注云至敵國郊除地封土爲壇以受郊勞正義除地曰墠封土曰壇此幷言者作壇在除地之內杜言壇是也然壇墠字古通惠氏士奇曰壇墠二字俱从土而亶單爲聲似古通用

子雅子尾怒韓非子外儲說作子夏子尾案月令孟夏之月其祀竈子雅名竈則字當作夏雅與夏音相近

人必瘁釋文云瘁本或作萃同案詩盡瘁以仕釋文瘁本又作萃說文萃讀若瘁字通

善人富謂之賞後漢折像傳注引作謂之幸案折像傳不仁而富謂之不幸周禮祿以馭其幸古本或有作

幸者

武王有亂臣十人唐石經無臣字昭廿四年傳余有亂臣十人唐石經初刻刊去臣字後又妄增於旁淳化本岳本攷文足利本永懷堂本同案論語釋文云予有亂十人本或作亂臣十人非正義武王自言我有治理政事者十人是亦無臣字下云亂臣當以意增後人於唐石經妄添注臣字於旁今本遂沿其繆顧氏以石經脫臣字失之王氏應麟曰論語左傳云有亂十人劉原父謂子無臣母之理婦人蓋邑姜也然本無臣字舊說不必改書唐石經無臣字論語同錢氏曰邢昺始據誤本增入臣字唐以前無此說也王氏鳴盛曰左傳論語石經亂字旁添注臣字其字與太誓旁注者皆偏側夭斜不成

筆畫皆後世妄人添注非唐人之舊本無臣字故文
毋無嫌劉原父妄據俗本生疑改爲邑姜遂有妄人
取唐石經四處皆塡補臣字
伯有廷勞於黃崖釋文云崖本又作涯案說文厓山邊
也山部無崖字涯新坿字或以地近黃水故又作涯
釋邱釋文崖本作涯莊子秋水同菴生主釋文涯本
作崖字亦通
廿九秊經衞世叔儀鄭公孫段曹人莒人滕人公羊作
世叔齊公穀莒人下有邾人公羊疏云世叔齊左氏
經作大叔儀說文石部公孫段引作公孫碬字子石
案今本左氏經作世叔儀是與徐彥所見本異大與

世古字通（見文十二秊）儀公羊作齊亦經師相傳不同左
傳公孫段字伯石印段字子石說文所引當有誤九
經字樣碬字云見春秋卽本說文今皆作段爲傳寫
之失
傳則布幣也風俗通義引作布帛案正義云與行朝之
時布陳幣帛無異義竝通
楚郟敖卽位吳世家古今人表作夾敖案魯語十二諸
侯秊表陳世家皆作郟大戴諸侯釁廟注郟室門郟
之室是夾與郟亦从省通
祇見疏也釋文作祇云本又作多正義述經作多見云
服虔本作祇解云祇適也晉宋杜本皆作多古人多

祇同音案論語多見其不知量也集注多與祇同適
也正義亦引此以證多祇字同洪氏曰正義本作多
今本作祇是後人从服本改
昏姻孔云詩正月釋文云本又作員案毛傳云旋也下
文其誰云之杜注云猶旋旋歸之卽本毛義員與云
古通（見詩釋）戴氏震曰員旋也古字云員通姚氏鼐曰
古云作員與幅員同字此詩及僖廿二秊富辰引詩
皆當作孔員以旋繞翼衞爲義如幅員之員也
齊高子容與宋司徒見知伯唐石經無齊字案子太叔
稱鄭宋司徒稱宋故高子容俗本亦加以齊字然巳
見於經則傳可从省（漢五行志引有齊字以上不出經文）錢氏曰子謂

左氏義例至精一言不可增損此傳子太叔稱鄭以
經不書游吉華定書官不書族故稱宋以別之其餘
諸卿巳見於經知悼子不書晉大叔文子不書衞高
子容何獨書齊乎此後人妄加而失其義者也
爲之歌邶鄘衞吳世家漢地理志鄘作庸師古注邶或
作鄁庸或作鄘王莽傳師古注邶作鄁敍傳注同案
古作邶庸後或作鄁鄘漢碑有作鄁詩沫之庸矣卽
鄘也
其周之舊乎吳世家舊作東案杜注云及襄公佐周平
王東遷而受其地故曰周之舊以東爲東遷似於上
義不協或涉上文而誤

險而易行吳世家險作儉杜注險當爲儉字之誤也詩疏國風魏風譜引作儉文選魏都賦劉淵林注引同案易動乎險中漢劉脩碑作儉中君子以儉德辟難虞翻注儉或作險二字形聲相似故易致淆陸氏粲曰吳世家注引賈逵云中庸之德難成而實易行依此說當爲險難之意非字之誤惠氏士奇曰險史記作儉古文也險而易行即易之易以知險也杜讀爲儉直是不識字

其有陶唐氏之遺民乎吳世家作遺風詩蟋蟀小序疏引同案杜注作遺風漢地理志正義作遺民義並通

何憂之遠也正義述經作憂思唐石經作何其憂下旁注思字案石經並依正義本然其字當非經文

曲而不屈邇而不逼吳世家屈作詘邇作近案說文云屈無尾也詘詰詘也古但作詘字文選子虛賦注詘與屈同長楊賦注詘古屈字也釋詁邇近義同

見舞韶濩者釋文云韶本或作招下韶箾吳世家作招箾吳世家作韶護賈逵注韶護大護也荀子禮論作韶護後漢班固傳注文選典引注並引作大護案五帝本紀禹乃興九招之樂即舜樂簫韶九成故曰九招漢禮樂志舜作招師古注招讀曰韶孟子徵招角招並與韶通呂覽古樂湯命伊尹作爲大護公羊隱五年傳注殷時民樂大其護己也白虎通禮樂曰大護者言湯承衰能護民之急也廣雅濩護也文選漢高祖功臣頌注引漢書舜作韶湯作護大司樂職疏言護者即救護也救護天下使得其所也濩護音義同

而猶有慚德御覽四百九十一引作慙色案色與德音近之誤

非禹其誰能脩之吳世家作及之案脩作及義亦通

如天之無不幬也吳世家幬作燾詩周頌疏引同後漢朱穆傳注引作燾云幬與燾同案傳當本作燾中庸無不覆幬鄭注幬或作燾燾亦覆也說文幬禪帳也是通借字

將宿於戚吳世家作舍於宿衞世家作過宿孫林父爲

擊磬案史記以宿爲邑名大射儀注云古文縮皆作蹙戚與宿亦音相近吳世家作聞鐘聲與左氏同衞世家又雜采它說

而又何樂吳世家作而又可以畔乎案史公雜采它書故有與左氏異此語當以左氏爲長

猶燕之巢於幕上文選注西征賦華林園集詩燕引作鷰初學記卄六引同案玉篇鷰俗燕字廣韵同此六朝增加偏旁字

齊人立敬仲之曾孫酁正義云董遇注酁作偃案正義云據世本偃爲敬仲元孫今傳云曾孫必有一誤此酁即後所云高偃是也世族譜以高武子爲酁偃爲

一人蓋鄭偃聲相近而字爲二耳

禆諶曰古今人表作卑湛釋文云諶本亦作湛後漢皇后紀注引風俗通作卑路史後紀作諶案論語禆諶鄭本作卑諶羣經音辨引同古多以卑爲俾風俗通姓氏卑氏鄭大夫卑湛之後卑禆諶竝同聲通湛與諶亦形聲相似梁氏曰卑疑禆之省湛諶蓋古通

卅季經楚子使薳罷來聘公羊作薳頗釋文頗音皮一音普何反一本作跛者音同（昭六季經楚薳罷帥師伐吳公羊作頗）案易或鼓或罷釋文王肅音皮徐音扶彼反鄉飲酒禮飲酒罷劉音皮是罷與頗皆有皮音又皆讀婆跛與頗音義亦同唐韵正按罷音皮皮音婆凡經傳中罷

倦之罷罷休之罷皆讀婆今人因皮而誤又添一蒲蟹反至土音則又轉而爲蒲怕矣少儀師役曰罷注罷之言罷勞也春秋傳曰師還曰罷此可見罷倦之罷罷休之罷同爲一音矣

宋伯姬卒公穀作伯姬卒（下葬宋共姬穀梁作葬共姬）案左氏傳曰宋大災宋伯姬卒下經書叔弓如宋葬宋共姬皆當有宋字二傳或脫趙氏坦曰繫伯姬于宋著魯女之嫁于宋者也有宋字爲是

天王殺其弟佞夫公羊作季夫釋文季夫音佞又如字公羊隱元季傳注引作季夫案大戴公冠祝雍曰使王近於民遠於季說苑脩文作遠於佞蓋季一讀佞年佞亦音相近洪氏曰遠於季卽遠於佞同聲假借字

傳穆叔問王子之爲政釋文作王子圍云一本無圍字服虔王肅同唐石經初刻有圍字後刊去案正義云傳無圍字故杜云王子圍爲令尹服虔王肅注同是與陸本異皆無圍字

吏走問諸朝釋文云吏一本作使服虔王肅作吏云吏不知歷者案正義云俗本吏作使是不可從

單公子愆期唐石經作愆旗（昭十三季傳令尹子期唐石經作旗足利本永懷堂本同定四季傳子期楚世家伍子胥傳莊子讓王賈子期難說苑正諫作綦呂覽高義注作旗家語辯政作褀越絕書作其哀十六季傳子期陳世家作綦）案論語巫馬期呂覽具備

仲尼弟子傳作巫馬旗射義耄期釋文期本又作旗是旗期同音古通顧氏以作旗爲誤非（燕策樊於期武梁祠堂畫像作於其綦其亦聲同）

烏乎必有此夫釋文作嗚呼云本又作烏乎唐石經作烏呼案說文云孔子曰烏眄呼也故以爲烏呼古但作烏乎後人竝增从口旁

成愆奔平時釋文云時本又作疇案疇時當以形相涉而異

或叫于宋大廟曰譆譆出出說文言部叫引作訆譆譆作誒誒云訆大呼也誒可惡之辭一曰誒然釋文云一本無大字出出鄭注周禮作詘詘案說文引此作

大廟則當有大字杜注叫呼也譆譆熱也出出戒伯姬訆與叫音義同說文譆痛也當爲借字詘劉昌宗亦音出聲同此皆狀鬼神之聲本無定字譌誤出詘皆以聲近而異也

大夫敖釋文云敖服本作放云淫放也正義云今俗本多爲放字案說文敫从出从放故服本作放然字異而義亦不同

駟帶追之唐石經作四帶定十年傳公子地有白馬四漢五行志四作駟案詩駟驖孔阜說文引作四驖漢地理志同四牡騑騑旣夕疏引作駟五行志師古注云四馬曰駟古字多通顧氏以作四爲誤亦非

與子上盟釋文無盟字云一本作與子上盟案無盟字義亦通洪氏曰杜注子上駟帶也沈珪於河爲信也亦不當有盟字

取我衣冠而褚之呂覽樂成作貯之衆經音義五十引同引杜注亦作貯案說文云貯積也杜注褚畜也音近而義同廛人職注釋文褚本或作貯又作褚皆同王氏引之曰褚裝衣也集韵褚囊也說文繫傳褚衣之橐也通俗文裝衣曰衸說文䘸幡也所以盛米繫傳䘸囊也莊子至樂褚小不可以懷大賈子春秋囊滿貯中褚衸貯䘸竝字異而義同嚴氏元照曰古褚貯兩字聲近通用

取我田疇而伍之呂覽樂成作賦之案鄭在春秋時征賦或不均子產使田有封洫廬井有伍正經界均賦稅輿人不復知古法而怨之賦伍聲之轉義亦不異

子產而死呂覽樂成作若死文選注東都賦闕中詩褚淵碑文引同案詩奐而弁兮正義作若古通

卅一年經莒人弒其君密州傳作買朱鉏案杜注云買朱鉏密州之字此與吳子壽夢同例桂氏馥曰買即密如濆水即汨水朱鉏即州如郰婁即鄒亦是字異實同

傳人生幾何漢五行志作民生釋文同云本或作民生无幾何案越世家漢書釋文皆作民唐石經當避諱作人呂覽注辭居無幾何與此或本句法相同臧氏曰陸本與漢志正同當从之無衍文也

工僂灑消竈廣韵十九侯引作工婁釋文云消徐本作省案僂作婁當从省說文云消少減也徐作省亦从省音義同

大誓云釋文云大本亦作泰昭元年傳大誓曰漢五行志作泰案周本紀作大誓顧彪古文尚書義疏云泰者大之極也猶如天子諸侯之子曰大子天子之卿曰大宰此會中之大故稱泰誓是隋時已改爲泰矣王氏應麟曰泰誓古文作大誓孔氏注大會以誓衆大誓與大誥同

公子裯十二諸侯年表古今人表律歷志竝作稠五行志作

禂魯世家索隱引世本同徐廣又云一作祒案禂稠祒三字皆以形聲相近而淆梁氏曰當从左

秊均擇賢義均則卜魯世家均竝作鈞唐石經淳化本岳本足利本同昭三秊傳夏啟有鈞臺之享魏大饗碑作均臺廿六秊傳秊鈞以德德鈞以卜後漢盧植傳注引竝作均定十三秊傳刑巳不鈞矣趙世家作均案書其罪惟均周本紀作鈞漢律歷志云鈞者均也音義同

宮室卑庳文選魏都賦張載注引作卑埤案射雉賦注云周禮注埤短也埤與庳古字通

圬人以時釋文作污云本作圬同案釋宮曰鏝謂之杇字本从木又作污亦通叚字下塓館宮室魏都賦注引作幕云塓也亦借字

而天厲不戒唐石經淳化本岳本竝作天癘六經正誤云注疏及臨川本作天興國本及建本作夭案據毛居正說則宋本巳有不同傳中叀言疫癘夭札則作夭亦通說文癘惡疾也此正字厲省借陸氏粲曰天厲天之厲氣也錢氏曰杜云癘㾐灾也言水潦無時據此則當作天以唐石經證之與杜義相協可正向來刻本之誤

辭之繹矣釋文云繹本又作懌案詩庶幾說懌釋文懌本又作繹文選雪賦注引毛傳繹悅也懌說文新附字

其傷實多釋文云一本作其傷多案無實字亦通

不亦多乎續漢輿服志注多引作重案杜注云言官邑之重多於美錦作重竝通

令尹似君矣正義服虔云言令尹動作以君儀故云以君矣俗本作似君今定本作似君恐非案漢五行志引作似君唐石經同陸氏粲以作以君義迂宜从定本然古以似字恆相亂

令聞長世釋文云聞本亦作問文選注魏都賦蕪城賦景福殿賦引同案詩令聞不巳墨子非鬼引作令問令聞令望釋文聞本亦作問漢禮樂志令問不忘師古注問名也聞問古字通

威儀棣棣釋文云棣本又作逮案孔子閒居引詩作逮逮注云安和貌漢律歷志萬物棣通薛瓚注案陽氣上下相及逮而通之也棣逮聲相近義通

春秋三傳異文釋卷第七

春秋三傳異文釋卷弟八

嘉興李富孫學

春秋左氏傳 八

昭元年經會晉趙武楚公子圍齊國弱宋向戌衛齊惡陳公子招蔡公孫歸生鄭罕虎許人曹人于虢公羊作齊國酌十一年經齊國弱公羊作國酌衛石惡鄭軒虎四年傳渾罕韓子外儲說左作渾軒十一年經鄭罕虎定十五年經鄭罕達哀二年經鄭罕達公羊竝作軒于漷釋文軒依字許言反舊音罕漷音郭又音虢疏云國酌亦有作國弱者十一年疏齊國酌者賈氏作酌字與此同穀梁作郭羣經音辨引作會鄭軒虎于漷案弱酌音相近公羊作酌亦字隨聲異曲禮注生者不相辟名衛侯名惡大夫有石惡疏云會襄廿八年衛石惡出奔晉廿九年衛侯衎卒衛侯惡乃卽位與石惡不相干熊氏云石字誤當云大夫有名惡知者昭七年衛侯惡卒穀梁傳曰昭元年有衛齊惡今衛侯惡何謂君臣同名也君子不奪人親所名也是衛齊惡不得爲石惡也則公羊爲石惡當爲相傳之誤軒罕亦音相近古讀通梁氏曰軒有呼旱切與罕通用戰國秦策注郭古文言虢也是郭與虢古字通公羊作漷亦同音通假趙氏坦曰襄廿八年經衛石惡出奔晉左氏傳云衛人討甯氏之黨故石惡出奔晉衛人立其從子圃已守石氏之祀是衛不復有石惡矣且公羊音義不著其異當爲後人傳寫

之譌

晉荀吳師師敗狄於大鹵公穀作大原公羊傳曰此大鹵也曷爲謂之大原地物从中國邑人名从主人案左傳作大原杜注卽大鹵也是从狄人偁大鹵从中國偁爲大原也趙氏坦曰左氏經作大鹵从古史文左傳及公穀俱作大原从中國偁義既不同故字互異

莒展輿出奔吳釋文無輿字云一本作莒展輿公穀作莒展案左氏作莒展輿襄卅一年傳作展輿傳云莒展之不立棄人也夫公穀無輿字當亦省文後世於前人姓名或娋去一字三傳已有此例

楚子麇卒公穀作楚子卷公羊疏云左氏作麇二小傳本亦有作麋字者楚世家作員索隱引傳作麏下傳賦野有死麏之卒章釋文麏作麏五年傳求諸侯而麇至文選顏延之釋奠作注引作麏案玉藻龍卷以祭注字或作衮釋文卷音衮明堂位注自衮冕而下釋文作卷云本又作衮器大記君以卷釋文同是卷有衮音左哀二八年傳釋文麇竝邱隕反則與衮音亦相近廣韵員又音運麇員聲之轉說文麇籀文作麏玉篇麏同麇文選蕪城賦注麏與麇音義同此別體字錢氏曰卷麇聲相近

傳是穮是蔉文選勵志詩藨蔉致功注引作藨唐石經作藨說文禾部蔉引作衮類篇引同案說文云穮耕

禾閒也藨當爲俗字說文無蔍字五經文字同唐石
經初刻作穮衮是依說文本衮或从省
三大夫兆憂憂能無至乎漢五行志引作兆𢝊矣無下
憂字案依漢志則今本下憂字爲矣字之誤語意自
合
啇有姺邳古今人表外戚傳作㜪玉篇女部邳作妚案
說文引作姺云殷諸侯爲亂疑姓也玉篇㜪有㜪國
古今人表有㜪氏師古注㜪與莘同姺㜪亦同呂覽
本味有侁氏高注侁讀曰莘文選辨命論注引作有
莘氏姺卽侁也妚滋益字
趙孟賦常棣御覽七百六十一引作棠棣案詩常棣之華漢
杜鄭傳作棠棣文選求通親親表注引同以棠棣爲
常棣形聲之誤見詩釋
吾與子弁冕端委釋文無冕字云本亦作弁冕端委漢
五行志引無端委二字案杜注云弁冕冠也列國卿
大夫皆皮弁服從君視朔及聘元冕助君祭若但就
出使時之冠服言則無冕字亦通正義有冕字大司
徒職疏引同漢志無端委二字省文
子盍亦遠績禹功釋文無禹字云本或作遠績禹功文
選注三國名臣序贊五等論引作遠績禹功案釋文無禹字以
上文三言禹故此可不言禹杜注勸趙孟使纂禹功
是訓績爲纂與續義同正義云績亦功也重其言耳
解似迂回不如續義爲勝穀梁成五秊傳伯尊其無
績乎注績或作續字形相涉臧氏曰據釋文禹爲衍
文遠績功與大庇民相對釋詁績功也又績成也此
績字當訓成正義非是
老將知而耄及之者御覽三百八十三知引作至耄作耆大
司徒職疏引作將智案釋文知音智至或聲之誤杜
注八十曰耄詩車鄰傳八十曰耋形近義雜
既而囊甲吕見子南釋文云囊本或作衷案襄廿七秊
傳宋之盟楚人衷甲杜注甲在衣中欲因會擊晉今
子晳之意亦如此孜工爾人疏以衣衷著甲謂之囊
則衷與囊文異而事同
及衝擊之吕戈說文行部引作及衝吕戈擊之案復古
編云衝从行童聲俗作衝非許氏所引下句文特倒
耳義同
而蔡蔡叔釋文云上蔡字音素葛反說文作𥻘音同云
摋𥻘散之也正義云𥻘爲放散之義故注訓爲放隸
書改作已失本體𥻘字不可復識寫者全類蔡字至
有重爲一蔡字重點以讀之者定四秊傳而蔡蔡叔正義說文云𥻘散之也从米殺聲今定本作蔡非也後漢樊儵傳注說文繫傳竝引作𥻘
袁紹傳注引作放案書竄三苗於三危孟子大戴五
帝德作殺三苗此卽說文𥻘字之省亦爲放也張氏文梵曰古竄字與蔡同音故同義杜解蔡爲放放卽竄也五經文字云𥻘春秋多借

蔡字爲之今唯李賢注尚不誤段氏曰䊛本謂散米
引伸之凡放散皆曰䊛字譌作蔡耳（惠氏曰䊛本與蔡通故又作蔡）
（禹貢二百里蔡鄭注蔡之言殺減殺其賦減殺者末減也叔非首謀應从末減之科故不殺而囚之如此則不必改字而義亦得矣小爾雅曰蔡法也）
趙孟曰天乎唐石經作天乎淳化本岳本同案漢五行
志引作天正義云國無道而歲又饑則君或早夭俗
本作天形近之譌錢氏曰夭與亾相對故云鮮不五
稔也又曰謂國既不亾則君當夭折也今本譌爲天
而秊穀和熟漢五行志熟引作孰案說文云𩰫食飪也
古但作孰熟俗字
趙孟視蔭釋文云蔭本亦作陰案釋名曰陰蔭也氣在

內奧蔭也詩桑柔箋陰覆也漢五行志師古注蔭讀
與陰同
主民翫歲而愒日晉語作忨日而潵歲說文心部引作
忨歲而潵日云忨貪也潵欲歠也（習部引與今本同云翫習厭也）釋
文云翫字又作玩漢五行志引作玩案釋言曰懊忨
愒貪也杜注翫愒皆貪也是忨翫愒潵音義皆同說
文心部所引本外傳文而小異韋昭注忨偸也潵遲
也較貪義爲勝易所樂而玩者釋文鄭作翫文選陸
機荅賈長淵注玩與翫古字通欲歠與貪義略同段
氏曰翫與忨音同義近愒國語作潵爾雅愒卽潵之
假借

私盟於閨門之外初學記（廿一）引作闈門案杜注云閨門
鄭城門釋宮曰宮中之門謂之闈其小者謂之閨字
異而義通顧氏祖禹曰閨門鄭內宮北門
斬呂徇說文彳部引司馬法作斬以𢓊案說文云𢓊行
示也集韵𢓊或作徇𢔶是𢓊爲正字
方震大叔釋文云震本又作娠鄭世家作娠（哀元秊傳后緡方娠）
（詩生民疏引作震釋詁疏引同）案說文云娠女妊身動也震取動義
後人又从女旁孟康曰娠音身漢史身多作娠古今
字也師古以邑姜方震自爲震動之意不作娠然義
亦相通
有文在其手曰虞隱元秊傳正義云石經古文虞作众

案漢一字石經隸體此與爲曾夫人引石經作炏當
爲魏三體石經中古文字
臺駘論衡別通水經汾水注引作臺台案台駘同音亦
从省
山川之神則水旱癘疫之災大祝職注此三句在日月
星辰之神三句下疏云彼傳文癘疫之災此云不時
者鄭君讀傳有異也鬯人注引日月在山川之前災
作不時祭法注引同案據鄭注日月星辰之神三句
在山川之神上則今本有錯簡鬯人疏云鄭君所引
與賈服傳不同彼無不時此有之者鄭以義增之非
傳文大祝注之災二字是後人據左傳妄改也

夕呂修令御覽廿七百引作修念案杜注云念所施作念當爲注文相涉之誤

二季傳宣子譽之孟子梁惠王下注作豫焉案服虔注云譽游也宣子游其樹下夏諺曰一游一譽爲諸侯度今孟子作豫二字音同文選王融曲水詩序注譽猶豫古字通

三季經滕子原卒公羊作滕子泉案說文云泉水原也灥原水泉本篆文作原泉原音近公羊作泉或卽原之省

傳少姜有寵而夭唐石經作少齊淳化本同案二季傳曰少姜有寵於晉侯晉侯謂之少齊正義云以其齊女故以齊爲別號所以寵異之則子大叔如晉送葬當如晉侯所偁作齊爲是服虔少讀如字錢氏曰今本齊作姜亦石本得之

早世隕命釋文隕作殞案玉篇云殞歿也此別體字

已備嬪嬙釋文作廧云本又作嬙哀元季傳宿有妃嬙釋文嬙本又作廧或作牆唐石經初刻作牆案杜注云嬪嬙婦官玉篇同廧爲牆之隸體路史國名紀牆廧也廧牆同聲通錢氏曰說文無嬙字當依石經爲牆陸德明云嬙本又作廧或作牆漢隸爿旁字或變从广廧與牆實一字也

齊其爲陳氏矣齊世家作田氏哀六季經陳乞齊魯田完世家竝作田乞十四季經陳恆墨子非儒公羊作田常古今人表作田恆韓子外儲右作田陳恆傳陳成子陳闞等齊世家竝作田田完世家左傳陳字皆同案田完世家云敬仲如齊以陳氏爲田氏索隱曰以陳田二字聲相近遂爲田氏應劭注始食采地由是改姓田氏是據後代所偁而改

四升爲豆後漢郎顗傳注引作四斗下釜十則鍾作四釜爲鍾案斗升爲形近之譌四釜爲鍾亦記憶之誤劉氏攽嘗正之

其相胡公大姬正義云定本相作祖案杜注云言陳氏雖爲人臣然將有國其先祖鬼神已與胡公共在齊是杜本作祖故定本从之沈氏彤曰胡公爲始封陳之祖箕伯與胡公六八傳只平數之則相乃祖字之誤

讒鼎之銘正義服虔云讒鼎疾讒之鼎明堂位所云崇鼎案韓子說林曰宋人求饞鼎魯人曰眞也齊人曰贗也呂覽審己齊攻魯求岑鼎新序節士同讒饞崇岑皆音相近王氏應麟曰讒岑二字音相近讒鼎魯鼎也明堂位魯有崇鼎服注不爲無據

其利溥哉後漢第鍾宗寒傳論引作博哉注同文選王文憲集序注引同案說文云博大通也溥大也二字義略同溥博亦聲之轉

余髮如此種種釋文云種本亦作董董羣經音辨引同案杜注云種種短也董種聲之轉此形言其髮之短亦無定字

王以田江南之夢文選羽獵賦注引作雲夢元和郡縣
志引同案杜注云楚之雲夢跨江南北宣四季傳言
夢中昭四季傳言雲中則雲夢實兼二澤言之禹貢
爾雅雲夢竝舉故一本或有雲字
四季經春王正月大雨雹公穀作大雨雪公羊疏云正
本皆作雹字左氏經亦作雹故賈氏云穀梁作大雨
雪今若此有作雪字誤也范甯解雪或爲雹疏云左
氏爲雹故范疑之云或爲雹也案此當从左氏傳作
雹申豐所對甚詳雪與雹以字形相涉而譌莫氏
曰大雨雹記烖異也若十一月雨雪又何足異
遂滅賴公穀作滅厲公羊釋文厲如字又音賴疏云有

作賴字者案左桓十三季傳楚子使賴人追之注賴
國在義陽隨縣僖十五季齊師曹師伐厲注厲楚與
國義陽隨縣北有厲鄉是厲卽賴也漢地理志厲鄉
故厲國也師古注厲讀曰賴水經溳水注溳水北出
大義山南至厲鄉西亦云賴鄉故賴國也論語則以
爲厲己也釋文厲鄭讀爲賴特賴也厲賴音相近又
讀通顧氏棟高曰厲炎帝後姜姓國卽賴路史國名紀今
河南商城縣南有賴亭葢古厲賴同音故有此誤
傳三塗水經伊水注引作三崟三塗哀七年傳禹合諸侯於塗山水經淮水注引作崟山一仍作塗十七年傳與三塗水經伊水注引作案杜注云三塗在河南
陸渾縣南則以爲一山不从服注三道之說說文崟

引虞書崟山塗崟同音
中南新序善謀引作終南案水經渭水注云地理志太
一山古文以爲終南杜預以爲中南西京賦終南太
一則非一山潘岳關中記終南山一名中南言在天
之中居都之南也中終音近字通
以亨神人新序善謀引作以享文選魯靈光殿賦李善
注引同案杜注云亨通也如字讀說文亯篆作亭隸
變作亨古亨通享獻之字同易公用亨于天子釋文
衆家竝香兩反劉向引此作享義長王氏引之曰當
從新序讀爲享古字亨享通杜氏以人不可言享亦
得因神而幷偁之襄廿七季傳能歆神人義正同

又何能濟新序善謀引作有何案詩不日有曀箋云有
又也音義同
固陰沍寒文選西都賦作涸陰沍寒注引同釋文沍作
冱案漢郊祀志秋涸凍師古注涸讀與沍同沍塞也
是涸與固通玉篇沍閉塞也冱寒也杜注沍閉也則
當从水
周武有孟津之誓楚世家作盟津釋文云孟本又作盟
音孟穀梁隱八季傳注作盟津誓作會案書東至于
孟津夏本紀藩地理志溝洫志竝作盟津水經河水
注引論衡與八百諸侯咸同此盟故曰盟津亦曰孟
津地理志師古注盟讀曰孟孟津在洛陽北都道所

湊孟盟瞽相近讀同

康有酆宮之朝楚世家作豐宮續漢郡國志注引同案說文云酆周文王所都詩作邑于豐古从省服注同

播於諸侯釋文云播徐云字或作幡敷袁反案說文敘云鳥蟲書所以書幡信也當謂書慶封之事徇於諸侯幡播字形相似

以盟其大夫呂覽慎行引作以亾案亾其大夫高注謂雈杼彊而亾義亦通惠氏曰哀六年傳云不必亾一大夫左氏傳世既久或先秦以來所據本異

禮義不愆何恤於人言後漢班超傳注引作禮儀不愆何恤乎人之言注云逸詩也案荀子正名引詩有此二句注逸詩說文云義己之威儀也儀義於乎古字皆通漢東方朔傳注衞傳文選景福殿賦注引大戴竝文有小異

旦而皆召其徒文選思元賦注引作旦而瞻其侍案李善所引文雖異而義不甚殊下則置虛命徹所引還多增易

田於丘蕕文選運命論注引作蒲邱案杜注邱蕕地名未詳所在蒲邱當爲字誤并倒其文

使寘饋于个而退釋文云寘本或作奠文選注思元賦運命論引作介案說文云奠置祭也杜注寘置也義亦同介與个字形相亂

五年經敗莒師于蚡泉公羊作濆泉穀梁作賁泉案公羊傳曰濆泉者直泉也直泉者何涌泉也杜注范解皆云魯地釋文蚡濆賁竝扶粉反是字異而音同賁又从濆省

傳有子家羈公羊昭廿五年傳作子家駒魯世家漢五行志淮南人閒荀子大略注同案杜注云羈莊公玄孫懿伯也荀子注云名羈駒其字亦偁子家子公孫歸父之後別爲子家氏也五行志注子家駒一名羈非

吳子使其弟蹶由犒師古今人表作厥由韓子說林作蹶融案蹶作厥當从省由融音相雜而變

六年傳聳之以行漢刑法志聳引作愯晉灼注愯古竦字案杜注云聳懼也愯卽說文愯字義同師古注愯

謂獎也又一義

猶求聖哲之上文選晉紀總論注上引作主案杜注云上公王正義作王公也李善引作主與下官字相對義較勝正義謂更求聖哲王公之上制似稍迂曲

而徼幸以成之釋文云徼本又作邀案玉篇云邀要也求也古通作徼字

賄賂竝行漢刑法志引作貨賂十六年傳爾有利市寶賄釋文賄又作貨案說文貨賄竝訓財文異而義同

火未出而作火郊特牲疏引作用火案杜注云火未出而用火相感而致災義亦同

徐儀楚聘于楚說文邑部引作鄦楚云鄦臨淮徐地徐

錯曰杜但言儀楚徐大夫不言鄭是地名據許說則鄭爲所食之邑楚是其名今傳作儀亦同音通假

士匄相士鞅釋文云匄本或作丐古本士匄或作王正董遇王肅本同學者皆以士匄即士鞅之父不應取其父同姓名人以爲介今傳本誤也王元規云古人質口不言之耳何妨爲介案士文伯是士鞅之族亦名匄無妨今相范鞅即文伯也然文伯名古本或有作丐者案正義云世族譜以王正爲雜人諸本皆作王正俗本或誤爲士匄不當與士鞅父同姓名然襄卅一年傳釋文云伯瑕宣子不嫌同名則不妨爲介陸孔兩說互異杜注作士匄王與士正與丐皆字形

相似而誤梁氏曰匄丐義同宣子之名本亦作丐無所分別而王正必士丐之譌文未可據爲定本也

七年經叔孫婼如齊公羊作叔孫舍十年經叔孫婼如晉廿三年經叔孫婼如晉廿四年經婼至自晉公羊並作舍案釋文婼徐又音釋唐韵正婼上聲則音舍大胥職注舍即釋也釋文舍音釋舍又有釋音與婼聲亦相近錢氏馥曰舍乃婼聲之轉觀惹字自明

傳普天之下釋文作溥云本或作普案詩本作溥孟子戰國策呂覽荀子史記漢書皆引作普二字同音通用見詩釋

僕臣臺方言注玉篇八部臺並引作儓云輿儓也案此爲後人滋益之字古祇假用臺字

詩所謂彼日而食漢五行志引作此日案詩作此日說苑政理引亦作彼正義云詩作此此云彼者師讀不同

則自取謫於日月之災漢五行志引作取適昭卅一年傳日始有謫占夢注作有適後漢鄭興傳注引作讁案昏義曰陽事不得適見於天日爲之食注適之言責也說文謫罰也漢文帝紀師古注適讀曰讁古通作適讁俗體

使長鬣者相說文人部引作長儠者相之云長壯儠儠也案廣雅云儠長也儠儠長壯皃十七年傳楚語皆云長鬣即儠之同音假字桂氏馥曰韋昭杜預釋爲

美須髯誤

好以大屈釋文云大屈弓名服云大曲也案正義云魯連書曰楚子享魯侯於章華之臺與大曲之弓魯世家集解引服注大屈寶金可以爲劍一曰弓名大屈即大曲也屈曲音同

今夢黃熊晉語作黃能王制注引同釋文作能云亦作熊一音奴來反三足鼈也說文字林皆云能熊屬則能既熊屬又爲鼈類今本作能者勝也論衡無形篇亦仍作熊誤水經注禹貢山水澤地所在淮水注作黃龍訛唐石經作能御覽三百九十七引同三百九十九仍作熊案說文云能熊屬足似鹿是與熊同類諸本皆作熊疏引王劭云古人

讀雄與熊者皆於陵反能讀如字則與能熊音亦同廣韵能爾雅謂三足鼈又獸名禹父所化也宋庠補音無左傳作熊之語是舊本作能字臧氏曰正義既言諸本皆作熊又引賈注作熊釋文云亦作熊知左氏古文本作熊梁王劭肌說謂鯀化是能鼈若熊獸不能入羽淵遂改作能字孔氏駁正之是也

實爲夏郊說苑辨物水經淮水注實並引作是案書是能容之大學作實釋詁寔是也周策高注是實也古實寔字通故實亦可作是

鶺鴒在原釋文云鶺鴒本又作即令案詩作脊令釋鳥曰鶺鴒雝渠爾雅多俗字即與脊音同崔靈恩詩集注作鶺鴒皆後人增加鳥旁段氏曰爾雅少古字故往往與經典不合

叔父陟恪詩文王朱傳引云或疑恪者降字之誤案杜注云陟登也恪敬也正義引釋詁同與詩意自異詩伐本疏引作陟恪乃字之譌

孟僖子病不能相禮釋文無相字云本或作病不能相禮孔子世家索隱引作病不能禮案上云孟僖子爲介不能相儀及楚不能荅郊勞當涉上文相字而衍唐石經論語季氏疏有相字臧氏曰傳文本無相字下云苟能禮者從之不能禮正與能禮相對唐時本已衍陸氏不从是也王氏引之曰病不能禮以不能禮爲病非疾困之謂家語正論王肅注僖子病不知禮亦無相字

其祖弗父何濳夫論志氏姓何作河案詩景員維河釋文本或作何箋云河之言何也二字古通

必屬說與何忌於夫子檀弓哀三秊傳注說並作閱案詩我躬不閱襄廿五秊傳引作說周語王孫說古今人表作閱二字同聲通魯語注云南宮說懿子之弟梁氏曰仲孫說南宮敬叔是一人南宮适南宮縚南容是一人人表分列弟三弟四甚明確

或燕燕居息或憔悴事國漢五行志燕燕引作宴宴二十秊傳以文伯宴五行志引作燕下同廿五秊傳明日宴五行志作燕憔悴作盡顇案師古注燕與宴同古字通正義云詩盡瘁此作憔悴蓋師讀不同

史朝亦夢康叔古今人表作史鼂廿二秊傳王子朝古今人表五行志竝作子鼂廿四秊傳廿六秊經王子朝五行志引同風俗通姓氏同通志氏族略作晁案說文云鼂匽也讀若朝揚雄說蟲名杜林以爲朝旦非是徐鉉曰今俗作晁漢景帝紀師古注鼂古朝字文選長笛賦注同文選羽獵賦上林賦注晁古朝字非段氏曰屈賦甲之鼂吾以行王逸注鼂旦也風俗通史鼂之後爲鼂姓漢書鼂姓又作晁是古假鼂爲朝也

孟縶之足不良弱行文選張子房詩注引作能行唐石經淳化本攷文宋本竝同案杜注云跛也正義述經作弱是唐時有二本石經非誤陳氏樹華曰謂縶生而足不良比能行之時孔成子以周易筮之後人或

因下及弱足者居句遂改爲弱行邪
嗣吉何建釋文云本或作可建案杜注云今以位不定卜嗣得吉則當从吉而建之也則作可建義通陳氏樹華曰可乃古何字
八年經陳侯溺卒十二諸侯年表陳世家溺作弱古今人表同案書導弱水說文引作溺水文五年傳注釋文溺本作弱古溺與弱竝通
傳莫保其性漢五行志引作莫信師古注信猶保也一說信讀曰申淳化本作信說苑辨物引作安案信與保字形相雜安與保義亦竝通臧氏曰信當依師古訓爲保一讀爲申非是漢書所載左傳卽劉歆等所

據古文杜本作保是以詁訓代經也性生也亦當有所本杜以爲性命非也
若何弔也釋文云本或作可弔案依下文義應作何本或作可亦通臧氏曰疑作可字是史趙言可弔故子太叔言若可弔非特我弔若可賀則天下皆賀明已亦隨衆而已
逐子成子工子車十年傳作子城子公公孫捷案杜注云三子八年子旗所逐城與成公與工古字通公孫捷頃公之孫捷卽子車也
臣必致死禮以息楚唐石經作楚國淳化本足利本毛本同案岳本攷文宋本今俗本無國字非是

自幕至于瞽瞍古今人表作鼓叜漢律歷志作瞽叟案詩有瞽釋文本或作鼓矇瞍奏公釋文依字作叟呂覽達鬱注引同竝从省通
九年傳王使詹桓伯古今人表詹作儋案儋與詹形聲相涉梁氏曰路史以詹爲周族卿之采莊十九年詹父益桓伯之先也而簡王子曰儋季其子儋括後有儋翩詹儋恐不可爲一
魏駘芮岐畢釋文云駘依字應作邰案杜注云駘在始平武功縣所治釐城釋文釐本又作斄漢地理志云斄周后稷所封師古注斄讀與邰同傳作駘是同音假字

而暴滅宗周唐石經滅作蔑淳化本同案周語不蔑民功注蔑棄也襄廿年傳暴蔑其君而去其親與此文同岳本今俗本作滅非
火水妃也太元注引作水嬰也案集韵嬰同妃此古別體字曲禮注妃配也音同
卒于戲陽後漢光武紀注引傳云戲與蕭同案說文云魏郡有蕭陽鄉水經淇水注白溝自縣北逕戲陽城東世謂之蕭陽聚卽此戲陽也
饍宰屠蒯趨入唐石經作膳宰淳化本岳本同釋文云禮記作杜蕢定十年經衞世子蒯聵仲尼弟子傳作蕢聵大師敍官注引作杜蒯大射儀注同案玉篇饍同膳此俗體杜與屠

賁與蒯皆聲之轉古通見禮記釋粱氏曰學林謂左氏借屠爲杜蕢囑閒評謂杜是假用字蒯上世常主屠宰故其後爲屠二說皆非葢蒯其名杜其姓而屠者以其官膳宰偁之

十季經齊欒施來奔公羊作晉欒施定十二季經公會齊侯盟于黃公羊作晉侯案易晉孟喜作齊子西反是齊與晉古讀通故公羊作晉然當以左氏爲正趙氏坦曰齊欒施事具見左氏傳其不屬晉固不待言公羊作晉始由方音眞齊二韵通轉而譌

季孫意如魯語公羊作隱如十一季經季孫意如公羊作隱如後皆同十三季經執季孫意如公羊隱七季傳注作隱如案少儀隱情以虞注云隱意也

思也意隱聲相近

傳有星出于婺女周語注作須女案星經須女四星一名婺女故得通偁

先伐諸釋文云一本無伐字案二十季傳華亥與向甯謀曰亾愈於死先諸此文無伐字句法正同

視民不佻釋文云視詩作示定五季傳祀而示之背殘文宋本作視之案今詩作視箋云視古示字士昏禮注云視乃正字今文作示是陸據箋作示

莒人邾人薛人杞人小邾人如晉唐石經邾人下有滕人岳本殘文永懷堂本同案滕人二字今本當誤脫宐从石經

十一季經春王二月公羊作王正月案正二當以字形相近而誤趙氏坦曰宋平公以十季十二月甲子卒至十一季二月葬僅逮三月三月而葬已爲速況踰月乎公羊作正月或字之譌

盟于祲祥公羊作侵羊疏云服氏注引者直作詳無侵字皆是所見異也案韓詩外傳云五穀不升謂之大侵廣疋同徐鍇云祲之爲言侵也祲侵音義同故公羊通作侵古微書引春秋說題辭羊者祥也說文祥福也一云善羊祥也徐鍇曰祥之言詳也成十六季傳疏詳者祥也古字同天欲降㠯禍福先㠯吉凶之兆詳審告悟之也說禮者云羊吉祥也易視履考祥鄭荀皆作詳書

其終出于不祥漢石經作詳隸續沛相范皮闕旁輒曰利千萬會羊洪曰漢代器物銘多㠯羊爲祥元嘉刀銘宜矦王大吉羊洪云以羊爲祥古詳與祥多通用作羊又从省通惠氏曰古祥字皆作詳左傳祲祥服虔引公羊作詳今公羊作侵羊者春秋繁露云羊之爲言猶祥與鄭衆百官六禮辭亦云羊者祥也疑古祥字詳字皆省作羊詳善也鄭注車人亦云羊善也祥亦訓善見說文

會于厥慭釋文慭徐五巾反公羊作屈銀厥作屈見文十季案說文云猌犬張齗怒也讀又若銀慭問也謹敬也慭猌聲同故公羊轉作銀銀慭亦同音惠氏曰左傳厥慭徐仙民音五巾反說文猌讀若銀又云慭从心猌

聲公芊本口授故以厥爲屈愁爲銀字異而音同

傳不可討也
攷文宋本討作再案上云不信以幸下云楚王奉孫吳以討於陳今又誘蔡而殺其君數句當作再今本誤

傳子使助薳氏之簉
釋文云簉本又作造說文簉从艸案杜注云簉副倅也造从省通說文簉艸皃竹部無簉字文選長笛賦注引說文簉倅字江淹擬顏特進詩注又引簉雜字則與今本說文異錢氏曰說文簉即薳氏之簉之簉

美惡周必復王惡周矣
釋文云一本又作復在案漢五行志引作必復後漢仲長統傳注同在字當爲後人所增

楚子城陳蔡不羹
賈子大都作陳蔡葉與不羹釋文云羹舊音郎漢地理志作更字案十二年傳子革曰是四國者杜注四國陳蔡二不羹正義劉炫以楚語言城三國無四國四當爲三以規杜過然據賈子則當有葉爲四國也漢志作不更是讀羹如字音同臧氏曰攷賈生之言卽本外傳爲說則賈所見外傳本作靈王城陳蔡葉不羹與內傳四國之說合劉炫謂楚語再言三城並如賈書之四言陳蔡葉不羹一言四城爲可據乎錢氏曰賈子書云楚靈王問范無宇左傳作申無宇曰我欲大城陳蔡葉與不羹賦車各千乘亦足以當晉矣又加之以楚諸侯其來朝乎范無宇曰不可臣聞大都疑國大臣疑主今大城陳蔡葉與不羹或不充不足以威晉若充之以資財實之以重祿之臣是輕本而重末也終爲楚國大患者必此四城也靈王弗聽果城陳蔡葉與不羹居數年陳蔡葉與不羹奉公子棄疾內作難則傳云四國者兼葉言之十三年傳稱陳蔡不羹許葉之師葉本許都靈王遷許於城父而取其地故有許葉之稱十一年十三年傳但稱陳蔡不羹而不及葉者傳寫之脫文杜不審而分不羹爲二以當之誤矣

十二年經楚殺其大夫成熊公芊作成然釋文左氏作成熊穀梁作成虎案左氏傳曰楚子謂成虎若敖之餘也遂殺之或譖成虎于楚子成虎知之而不能行書曰楚殺其大夫成虎懷寵也正義云經書熊傳言虎者此人名熊字虎傳言其字經書其名名字相覆猶伯魚名鯉然左傳作成虎與穀梁正同當是舊本不誤陸德明所見已作成熊則傳異已久然熊以字形相涉而譌趙氏坦曰左氏傳明云楚殺其大夫成虎則經文作虎字可知故穀梁經直作虎字今左氏經文作成熊或篆文殘脫致誤正義謂名熊字虎則古人未有以一物爲名又以一物爲字卽以伯魚爲證伯魚名鯉固未嘗以別一魚爲字也其說不得通

矣

公子憖出奔齊釋文憖魚覲反一讀爲整公羊作公子整（哀十一年傳晉悼公子憖釋文憖一作整）釋文整之領反或作憖案憖整形聲相近據釋文憖與整讀亦同

傳則朝而塴說文土部塴引作堋云喪葬下土也釋文云塴禮家作窆之義同案堋塴字同古朋崩通（見易釋）正義云周禮作窆禮記作封此作塴皆葬時下棺於壙之事而其字不同是聲相近經篆隸而字轉易耳

有酒如淮釋文云學者皆以淮坻韻不切云淮當爲濰濰齊地水名下稱澠亦齊國水也按荀吳既非齊人不應遠舉濰水古韻綏作淮足得無勞改也正義云劉炫以淮當作濰以坻爲水中之地（杜注坻山名）古之爲韻不甚要切淮坻相韻何故不可御覽（七百五十三）引作濰案陸孔俱不从劉說以荀吳不應遠舉齊地水然淮亦非近在晉竟或即因齊侯而舉其竟內之水容有然也古淮濰字通顧氏曰濰水其字或省水作維或省糸作淮又或从心作惟總是一字古人之文或省或偕其旁竝从鳥隹之隹則一爾後人誤讀爲淮沂之淮而呼此水爲槐河失之矣臧氏曰淮濰同聲皆與坻韻劉氏以淮非韻而欲改濰誤也有肉如坻當从劉說釋文亦用之有肉如陵釋文大阜曰陵與此正相類（趙氏佑曰古韵支微齊佳灰常通爲一葛覃首章萋飛喈爲韻此淮坻切證也）

有酒如澠水經淄水注引作如繩案酈注云繩水出臨淄縣北逕樂安博昌南界西入時水自下通謂之爲繩澠繩音同字變耳

日旰君勤說文日部引作君勞案說文云勤勞也義同

司馬督釋文作裻云本亦作督古今人表作篤案督裻竝从叔聲故字得通用義亦同書篤不忘僖十二年傳作督李斯傳督責之術鹽鐵論詔聖作篤責古字通惠氏曰說文裻背縫莊子養生云緣督以爲經亦謂背縫也字通（王氏引之曰考工匠人注分其督旁之脩疏云名中央爲督督者所以督率兩旁晉語衣之偏裻之衣韋注裻在中左右異色故曰偏裻裻督古字通）

王皮冠釋文云一本作楚子皮冠案上稱楚子下竝稱王則此不應重稱楚子矣

僕析父從楚語作僕夫子晳案僕即僕夫同析父當爲字或又倂子晳析从省

與呂級書顧命齊楚世家古今人表竝作伋唐石經淳化本岳本攷文永懷堂本同釋文云級本亦作伋（一作汲）詩齊風譜疏作汲齊世家正義作及案級伋汲及皆形聲相類而字有變易耳

王孫牟杜氏世譜作王孫髦案衞世家索隱云牟髦聲相近

篳路藍縷楚世家作蓽（一作篳）露藍蔞（定八年經曹伯露卒十二諸侯年表作路古今人表同）說文繫傳巾部引作⿰巾監縷案說文有篳無

華玉篇云䈅亦作華古从竹字隸變或从艸詩胡爲
乎中露列女傳引作路路露字通見詩釋說文艦楚謂
無緣衣也作藍俗字服虔注云華露柴車素大輅也
藍蔓縷一作言衣敝壞其蔓藍藍然也是蔓亦縷之假
俗方言引宣十二秊傳作襤褸
今與王言如嚮釋文云本又作嚮案易其受命也如嚮
釋文嚮本又作響荀子勸學注嚮與響同富國注嚮
讀曰響漢天文志陳餘劉向等傳師古注同然嚮隸
變俗字
八索九丘釋文云索本又作素北魏鄭羲碑八素九丘
靡不昭達案中庸素隱漢蓺文志作索隱書序謂之
八索釋文本或作素釋名云八索索素也著素王之
法唯賈逵以爲八王之法索素一聲之轉
形民之力家語正論作刑民案正義云鑄冶之家將作
器而制其模謂之爲形說文型鑄器之法也型刑字
同漢王莽傳儀形虞周之盛形卽刑字荀子成相注
形當爲刑彊國注形與刑同古刑形字通見易釋段氏
曰形爲型之假字謂程量其力之所能爲而不過也
豈其辱於乾谿家語正論其作期案易亦期將至釋文
作其二字音同義通
十三秊傳越大夫戮焉楚世家戮作僇索隱云僇辱也
案正義云戮者陳其罪惡以徇諸軍言將殺之終亦
不殺過至今枉楚故怨而作亂是當作僇戮爲通俗
字
與史猈先入釋文云猈本或作犤音同案說文有猈字
不偁人名方言㳙謂之犤亦同音通
王聞羣公子之死也楚世家作王聞太子祿之死也案
上云殺大子祿及公子罷敵下云人之愛其子也亦
如余乎故史公單言大子祿
將欲入鄢釋文云入本又作至案至與入義竝通
遇諸棘闈以歸楚世家作遇王飢於釐澤奉之以歸案
吳語云楚靈王獨行屛營彷徨於山林中三日乃見
其涓人疇王呼之曰余不食三日矣故云王飢史公
雜采它書往往於左氏有不同下使周走而呼曰楚世家作船人從江上走呼曰豈周舟字通故以爲船人邪
觀從謂子干曰釋文作謂子干云本或作謂子干曰唐
石經初刻無曰字案陸本無曰字義通石經初刻从
陸本也
臣之先佐開卜唐石經作開卜案卜師職掌開龜之四
兆杜注云佐卜人開龜兆哀十八秊傳注觀瞻楚開
卜大夫觀從之後石經作開形似之譌
使枝如子躬聘于鄭廣韵五支引作子弓案論語吾黨
有直躬者釋文躬鄭本作弓鄭曰直人名弓後漢陳
寔傳字仲弓隸釋載陳太邱碑作仲躬二字古省通

投龜詬天而呼釋文云詬本又作訽二十年傳余不忍其詬釋文作訽云本或作詬哀八年傳曹人詬之釋文詬又作訽案說文訽卽詬之或體

使五人齊釋文云齊本又作齋廿五年傳昭子齊於其寢哀十四年傳三日齊釋文竝云齊本又作齋案齋本字齊古省借字

苛慝不作釋文云苛本或作荷案檀弓無苛政釋文苛本亦作荷藩鄙貪其傳師古注荷與苛同古多以荷爲苛字

私欲不違楚世家作不逞案服注云不以私欲違民心作逞義亦通

鄭伯男也周語作伯南家語正論同正義引賈逵云男當作南謂南面之君也案周語先鄭注云南謂子男家語注南左氏作男古字作南亦多有作此南當作男男與南古字通見書釋賈說亦非

以蒲伏焉釋文云蒲本又作匍又音扶本亦作扶伏本又作匐廿一年傳扶伏而擊之釋文扶伏本或作匍匐同正義云蒲伏卽匍匐也案詩匍匐救之檀弓引作扶服匍與蒲扶匐與伏服皆聲轉而字異見詩釋

十四年傳而求無厭釋文云厭本又作饜十六年傳何厭之有唐石經作饜廿六年傳侵欲無厭釋文厭本又作猒廿八年傳貪惏無饜釋文饜亦作厭案說文云猒飽也厭笮也二字義別孟子我學不厭論衡知實引皆作饜玉篇饜飽也卽猒之滋益字厭通假字

而賂以買直家語正論作置直案置與買字形相近作置亦通

貪以敗官爲墨家語正論墨作默下同卅一年傳古諸史墨呂覽召類作史默案史記商君傳紂墨墨以亡灌田蚡傳墨墨不得意默與墨古字通

乃施邢侯正義云晉語孔晁注廢也則讀爲弛家語亦爲弛王肅注弛宜爲施施行也服虔云施罪於邢侯施猶劾也案施弛古字本通惟文異而諸家所訓不同服虔謂施罪於邢侯近是孔晁注亦非惠氏曰晉語秦人殺冀芮而施之注陳尸曰施愚謂施陳也謂殺而陳其罪哀廿七年傳國人施公孫有山氏是羅泌曰施者殺而肆之也

不爲末減家語正論作不爲末咸一作或曰義正義云服虔讀減爲咸下屬爲句說文繫傳引作瀸減案咸減字本通見詩釋服說與家語正同以不爲末爲句杜注末薄也減輕也說文瀸拭滅皃與薄義不遠傳作末亦聲近字徐鍇曰瀸今作末叚借臧氏曰家語注云或左傳作咸句讀與服氏合作咸不作減亦與服本同杜改咸爲減屬之上句失之臆見也不爲末王杜皆如字服云不爲末粲是讀末爲抹集韵引字林云抹撥滅也知古但作末粲矣

十五年經吳子夷末卒公羊作夷昧傳同釋文昧音末本亦作末十二諸侯年表吳世家作餘眛刺客傳作夷昧古今人表說苑至公唐石經同案夷餘聲之轉

昧末聲相近唐韻正十三末末莫撥切去聲則莫佩反夷末公羊作夷昧字承讀變月趙氏坦曰說文有昧字無昧字玉篇昧昧並見廣韻十八隊有昧字十三末有昧字漢高帝紀李廣利傳師古注昧其字从本末之末音末此後人過於區別其實古祇作昧或讀去讀入隨其方也左氏作末公羊作昧聲之轉耳

蔡朝吳出奔鄭公羊作蔡昭吳無出字疏云左穀皆言朝吳出奔鄭今此作昭吳字又不言出者所見之文異案廣韻朝亦姓左傳有蔡大夫朝吳公羊作昭同音字變不言出或脫文何休以昭吳即蔡侯非

傳楚費無極十二諸侯年表楚世家子胥傳呂覽慎行淮南人閒吳越春秋並作無忌案索隱云極忌聲相近故字隨讀變耳顧氏曰極去聲音渠記反

以鼓子𢧵鞮歸晉語作以鼓子苑支來釋文云𢧵本又作鳶廿二年傳作鳶鞮水經濁漳水注引作鳶唐石經淳化本攻文同案𢧵苑鞮支皆聲相近說文無鳶字即鳶之俗釋鳥鳶鳥醜釋文鳶字亦作𢧵五經文字云鳶俗或作𢧵漢五行志有𢧵焚其巢師古注𢧵鴟也鳶𢧵並俗體錢氏曰古讀支如鞮苑支即鳶鞮也

諸侯皆有以鎮撫王室漢五行志引作填撫案漢高帝紀填國家師古注填與鎮同王莽傳謂以土填水師古注讀與鎮同漢書多作填字

闕鞏之甲說文石部引作闕䂬云䂬水邊石案杜注云闕鞏國所出鎧古本當作䂬今作鞏同音通九經字樣云䂬見春秋則唐時本尚有作此字

以爲大政漢五行志引作大正案杜注云孫伯黶晉正卿凌人職注故書正爲政政當爲正漢陸賈傳師古注正亦政也二字古通此作正本字

宴樂㠯早漢五行志以引作已案檀弓注云㠯已字㠯與已字本同古通用

春秋三傳異文釋卷第八

春秋三傳異文釋卷八　別下齋校本

春秋三傳異文釋卷第九

嘉興李富孫學

春秋左氏傳九

十六年經楚子誘戎蠻子公羊作戎曼子（哀四年經晉人執戎蠻子赤公羊亦作戎曼子）釋文戎曼音蠻又音萬續漢郡國志注引作鄤子案續漢郡國志河南新城有鄤聚古鄤氏今名蠻中水經伊水注新城縣南故蠻子國縣有鄤聚今名蠻中是也後漢郭后紀后父郭昌爲陽安侯子流緜蠻侯東觀漢紀作緜曼蠻曼聲之轉鄤俗通字錢氏曰古有重脣無輕脣故曼萬同音六朝人讀萬爲輕脣音邨夫子并讀曼爲輕脣失之遠矣

傳既戍賈矣釋文云賈本或作價案說文價新附俗字古但通用賈字

斬之蓬蒿藜藋御覽八百廿九引作蔾藿案仲尼弟子傳排藜藋入窮閻藋藿字形相似作藿亦通

子齹賦野有蔓草釋文云齹說文作䶩云齒差跌也（今本作皃）案說文云齹齒參差不引春秋傳則此當作齹然云齒差跌皆不齊之意徐鉉曰說文無佐字此字當从𢀩傳寫之誤二字義不甚異古或通借

十七年傳於是乎有伐鼓用幣禮也漢五行志引作於是乎天子不舉伐鼓於社諸侯用幣於社伐鼓於朝禮也案天子不舉四語是叔孫昭子之言班志牽合爲平子之言誤也

君不舉辟移時後漢盧植傳引作天子避位移時案注引傳仍與今本同子榦或約記之辭

鴡鳩氏釋文云鴡本又作雎案詩作雎鳩爾雅說文作鴡古从鳥从隹竝通

九扈爲九農正說文隹部作九雇案說文云九雇農桑候鳥故字从隹籀文从鳥今因下文扈民不婬竝作扈杜注扈止也字義俱別（徐鍇曰雇扈也扈止也）

學在四夷家語辨物注學上有官字唐石經同案正義述經不疊官字家語注當爲衍文

獻俘于文公攷文足利本作文宮案文宮爲晉文公廟作宮爲是今本涉上文夢文公而譌

申須曰漢五行志須作繻保章氏疏引同案隱二年經紀裂繻公羊釋文音須是音同字變

必火入而伏正義云服虔注本作必火火入而伏重火削句孫毓云賈氏舊文無重火字案服本重火字義尤明臧氏曰當从服本重火字爲是梓慎以火彗之隱顯占諸侯之有災下云其居火也久矣其與不然乎言彗星隨火行已二年矣諸侯之有火災必然無疑也若作必火入而伏爲火星入而彗伏則下文其與不然何所指乎賈不重火字當以必火句入而伏句杜氏一句讀恐非

𣏌宋衞陳鄭乎唐石經上有六物之占四字蜀石經同御覽（八百七十五）引同案唐石經此四字旁增非原刻惟蜀石經有之御覽當本此惠氏以晁校唐石經增入疑賈服本如此當非且晁以國子監本校蜀石經非唐石經漢五行志引無此四字杜亦無注則其本所無可知廿二季傳毀其西南下唐石經有子朝奔郊四字亦後人妄增顧氏九經誤字以爲當依石經非是

魴也以其屬炊之大卜注引作鮒釋文鮒音附左傳作魴案鮒與魴當以形近而淆

十八季傳壬午大甚釋文云大本或作火案漢五行志引作大火與大字形相似依義當作大梁氏履繩曰漢書引傳及注竝作大義與大得通或本作大傳寫加點惜無古本校之

登大廷氏之庫誦訓職注引作大庭疏同詩魯頌譜疏文選新刻漏銘注引同唐石經足利本同案古今人表大廷氏師古注廷讀曰庭莊子胠篋作庭廷庭聲同鄭詩譜序月令注及月令祭法此傳疏竝偁大庭是神農別號外紀謂大庭與包羲後大庭氏爲二路史前紀云大庭氏都曲阜治九十載以火爲紀號炎帝斥神農郎大庭爲繆則魯有大庭之庫是當然矣

小國忘守則危宮正鄭衆注引作必危案疏云彼爲則先鄭云必讀字不同也義亦兩通

遷許於析水經丹水注析引作淅（一仍作析哀四季傳豐析水經淯水注引作豐淅）案古作析後或加水旁

十九季傳以度而去之正義云去藏也字書去作弆謂掌物也今關西仍呼爲弆東人輕言爲云案漢五行志師古注去藏也蘇武傳注同魏志華佗傳注云古人謂藏爲去弆乃俗字

城上之人亦譟釋文無城字云一本作城上之人案依文當有城字唐石經諸本皆同

駟氏聳說文心部聳引作愯云懼也文選魏都賦劉淵林注引作駟氏⿰目雙懼云⿰目雙懼也廣韵二腫引作⿰忄雙案正義云釋詁竦懼也竦與聳音義同（長楊賦注竦與聳古字通）依許義聳竦竝通用李善云張以⿰忄雙先隴反今本竝爲⿰目雙⿰目雙大視呼縛反此當爲愯之誤

札瘥天昏釋文云札字林作⿰歹乚瘥作⿰歹差案字林云⿰歹乚夭死也篇海⿰歹乚音札厲也玉篇⿰歹差與瘥同皆別體字

勞罷死轉唐石經初刻作罷勞案義當作罷勞後人磨改石經作勞罷今本从之

廿季經曹公孫會自鄸出奔宋穀梁作自夢釋文夢本或作蔑案說文無鄸字玉篇鄸曹邑亦後加偏旁字穀梁當爲古本蔑夢又形聲相近

盜殺衞矦之兄縶公穀作兄輒案穀梁傳曰輒者何也

曰兩足不能相過齊謂之綦楚謂之踂衞謂之輒釋文輒或云音近縶左氏作縶綦劉兆云連併也踂聚合不解也輒本亦作縶劉兆云如見縶絆也攷說文馽絆馬也讀若輒或作縶是縶輒音相近讀亦同綦與縶形近玉篇踂兩足不能相過是與輒義同趙氏佑曰靈公之子既名輒孫又名輒必無此理亦可見兩家之不確臧氏曰說文馽讀若輒縶或字則輒當作馽蓋兩足不能相過如馬之縶絆其足不能馳丢左傳作縶者馽之或體公穀作輒者馽之同聲假借字楚謂之踂當从宋本作踂从足从取集韵踂遵須切類篇踂足不相過皆與劉氏合陸从耴玉篇廣韻五經文字俱作踂疑非是

傳棠君尚風俗通棠作堂定五年傳奔楚爲堂谿氏水經濯水注引作封于棠谿廣韵十一唐引作棠谿後漢延篤傳作唐谿續漢郡國志作棠谿吳越春秋劉晝新論愼言同釋文云君或作尹案史記弟子傳申棠索隱謂文翁圖有申堂堂棠與唐皆音同字變杜注云尚棠邑大夫則作尹亦通君尹形聲相近

乃見鱄設諸焉公羊襄廿九年傳戰國魏策呂覽論威十二諸侯年表廿九年吳世家古今人表說苑奉使吳越春秋並作專諸漢書賈誼傳司馬相如傳作剸杜注作鱄諸廿七年傳鱄設諸置劍於魚中文選吳都賦李善注引作鱄諸長笛賦注鄒陽上書吳王注引同通志氏族略作縛諸案鱄作專當从省漢蕭何傳師古注剸讀與專同縛形聲相淆設諸單言諸亦語音緩急之異梁氏履繩曰設語辭

取太子欒金石錄作緣博古圖有微緣鼎云緣者宋景公名十二諸侯年表宋世家作頭曼古今人表作兜欒案欒古作緣从省孫炎云緣爲頭曼之合聲山海經讙頭國注讙兜堯臣頭兜音之轉曼亦音近梁氏曰頭兜古通欒曼音相近呼之有單複耳段氏曰說文緣與𤔔亂音義皆同宋景公名左傳作欒宋祕閣有宋公緣餗鼎與竹書合

使華齊御公孟正義云諸本皆華上有使字計華定是公孟之臣自爲公孟御非齊氏所當使不得有使字案上文有使祝鼃使一乘下有使華寅故此亦加使字然從上文例下是爲華氏所使定本亦有使字皆非

終夕與於燎鼓人職注杜子春引無於字釋文同云一本作終夕與於燎案據杜子春所引是古本無於字故釋文从之

苑何忌辭曰羣經音辨苑引作菀廿二年傳苑羊牧之亦作菀廣韻二十阮引同案漢地理志師古注菀古苑字賈云菀姓也於阮切菀羊牧音於元切是一姓而分兩音釋文並音於元切

鄖申唐石經申作甲廿五年傳生申唐石經作甲淳化本小字宋本攷文同案春秋時人名多有取十干十二支甲與申亦字形相雜

或謂甲者失其名猶言某甲耳
使少司寇牼以歸說文牛部引作司馬牼案上文有司
馬彊不應再有司馬牼當是偶誤
齊侯疥釋文云疥梁元帝音該依字則當作痎說文痎
兩日一發之瘧也後學僉以疥爲痎按傳例因事曰
遂若痎已是瘧疾何爲復言遂痁乎顏氏家訓引作
痎正義云後魏李繪聘梁梁袁狎與繪言及此事云
疥當爲痎痎是小瘧痁是大瘧非疥也此卽梁主之
說按說文疥搔也痁有熱瘧痎二日一發瘧是齊侯
之瘧初二日一發後遂頻日熱發故曰疥遂痁以此
久不差故諸侯之賓問疾者多在齊也不然疥搔小

患與痁不類何云疥遂痁乎案陸孔各主一說說文
疒部引作疥徐仙民音作疥定本亦作疥是先儒舊
說皆爲疥瘧以二日一發久不差者爲重頻日發者
爲輕則不得謂痎小而痁大也趙氏佑曰疥瘡也痁瘧也臧氏曰
說文引作疥則左氏古文本作疥顏云世間傳本多
爲疥陸云舊音戒是漢晉以及唐初皆作疥顏氏誤
从梁主說私改爲痎誤矣
陳信不愧釋文云愧本又作媿案說文媿或作愧字同
斬刈民力釋文作艾云本又作刈案詩是刈是濩釋文
作艾說文乂芟艸也或作刈漢賈誼傳師古注艾讀
曰刈假借字

不思謗讟正義云俗本作畏定本作思案畏與思字形
相似義竝通
澤之萑蒲說文竹部引作澤之目籞云禁苑也風俗通
引作莞蒲案說文籞或作魰篇海魰池水編籬養魚
廣韵作籞注同漢宣帝紀注蘇林曰池籞折竹以繩
緜連禁籞使人不得往來則澤中編竹籬遮衞以養
魚籬當有孔眼故謂之目籞許見本當如此萑蒲之
利似無煩舟鮫守之也莞萑音轉字變耳
巳責釋文云責本又作債同案說文債新附字古但作
責漢淮陽憲王傳師古注責音側懈反唐韵正管子
苟從責者責讀爲債責債入聲轉去竝側賣反

齊侯至自田釋文云田本亦作佃音同案易以佃以魚
釋文佃本亦作田漢韓安國傳師古注佃治田也或
借爲田獵字
以烹魚肉釋文作亨唐石經同襄十六年傳不言將烹釋文唐石經作亨下竝同
案易公用亨于天子釋文音許庚許兩普庚三反
古烹亨字但作亨烹俗增字
以齊其味後漢劉梁傳齊引作劑案章懷注云左傳劑
作齊陸音才細反又如字竝通
出入周疏釋文云周疏傳本皆作流古本有作疏者注
訓周爲密則安爲疏耳正義云定本作流非案此五
句皆相對其義相反則俗本作流以形似而誤也

若琴瑟之專壹釋文云專董遇本作摶音同樂記注後
漢劉梁傳壹並作一案易其靜也專釋文專陸作摶
天官書注如淳曰摶專也義同士冠禮注古文壹皆
作一則作一从古
季萴因之詩齊風疏兩引作季蒯漢地理志作萴案萴
蒯並形近之譌
蒲姑氏因之漢書五行志地理志應劭注水經濟濰水注詩齊譜
疏並引作薄姑案書序將遷其君於蒲姑釋文馬作
薄姑周本紀同蒲薄一聲之轉
取人於萑苻之澤韓子外儲說水經渠水注一作萑杜氏
釋例文選安陸昭王碑注並引作萑蒲唐石經初刻

同廿六季傳王次于萑谷釋文萑本又作藿案說文藿小爵萑葦字當作
萑俗省作萑通作藿九誤見詩釋廣韵十虞注云晉有
苻洪本姓蒲氏因其孫堅背文有艸付之祥改姓苻
氏是蒲苻字同
盡殺之釋文作盡之云本或作盡殺之殺衍字案正義
述經有殺字依釋文本亦通臧氏曰正義盡謂盡萑
苻之內盜也少止謂鄭國餘處之盜由此少止知孔
本亦無殺字與陸本同上殺字及標起殺字皆後人
所增
毋縱詭隨釋文作無云本又作毋定十季傳茲無還廣韵七之引作毋通志
氏族略同案詩本作無士昬禮注云古文毋作無詩書皆

作無是从古字
廿一季經叔輒卒公羊作叔痤案痤與輒形聲不相似
當是所見本異也趙氏坦曰公羊作痤方音支歌二
部通轉之譌
蔡侯朱出奔楚穀梁作蔡侯東案左氏傳曰蔡侯朱出
奔楚費無極取貨于東國而謂蔡人曰朱不用命于
楚君王將立東國若不先從王欲楚必圍蔡蔡人懼
出朱而立東國朱愬于楚杜注東國隱大子之子平
侯廬之弟朱叔父也穀梁傳曰東者東國也據左傳
朱與東國之事敘述甚明穀梁作東朱東當以字形
相涉而譌傳即指東國非是趙氏佑曰此與後廿三

季傳蔡侯東國卒于楚者爲二人穀梁作東爲朱字
之譌
傳大者不欟漢五行志作摦下同案說文新附摦橫大
也當即本杜注玉篇摦寬也廣韻同今本从木旁誤
洪氏曰字書無欟字漢志引作摦易刳木爲舟注舟
必用大木刳鑿其中釋文作挎即摦字之省
窕則不咸漢五行志作不感釋文云咸本或作感唐石
經初刻作咸後改作減下心是以感感實生疾唐石經作咸案易曰咸
感也義同杜注不充滿人心與感義相近減與咸字
亦通武氏億曰咸古文感上云窕則不咸故下云心
是以感石經从咸非誤陳氏樹華曰心是以感諦視石經初刻作憾後改咸下心

字季久磨滅遂爲咸耳
王心弗堪漢五行志引作弗戡或字之譌孟康注戡古堪字
案釋詁曰堪勝也郭注引書西伯堪黎說文戈部引
作戡黎是戡爲古文
豐愆釋文云愆本或作衍案愆衍聲之轉或脫去下心
字
至相過也文選弔魏武帝文注引作相遇案正義云二
至長短極竝行則相過以爲理必相侵故言不爲災
則作相遇亦通
揚徽者公徒也說文巾部引作揚徽云幟釋文引作識也㠯
絳徽帛著于背案說文云徽衺幅也大傳注云徽號
旌旗之名大司馬職云家以號名注號名者徽識所
以相別也徽與徽同音通用正義云如鄭言則徽識
如旌旗書其所任之官與姓名於上被之於背以備
其死與許義亦同文選東京賦李善注引此云徽與揮古字通
莊堇爲右釋文云本或作莊菫父案襄十年傳有秦堇
父此其字或與之同
干犨御呂封人華豹正義云呂邑封人官名豹卽下文
華豹是也本或豹上有華字王肅董遇注同釋例譜
一人再見名字不同皆兩載之宋雜人內有呂封豹
華豹爲一人知此本無華也今定本有華案正義本
無華今作華豹者是从定本增也臧氏曰傳本云呂
封人豹故杜云呂封人豹華氏黨明豹卽華豹也今
本作華豹華衍文王董竝云華豹則本正文無華字
可知
豹則關矣釋文云關本或作彎下同案說文云彎持弓
關矢也孟子越人關弓而射之吳都賦注引作彎弓
詩小弁箋釋文關本作彎彎本字關通借字
廿二年經大蒐于昌閒公羊作昌姦釋文作大㢘云本
亦作蒐案書渠搜列子作巨蒐五帝紀作㢘廣雅㢘
求也蒐與㢘同音字通詩方秉蕑兮衆經音義二云
蕑字書與蕑同是姦閒亦同音通假
㠯王猛居于皇御覽五百六十作王子猛續漢郡國志皇引
作湟案埤雅云黽善怒故音猛是字從讀變猛孟通
孟與黽亦通釋詁孟勉卽黽勉音相近湟又後从水
旁
傳樊頃子釋文云頃本或作須字案荀子性惡注頃本
或爲須此以字形相類而異
次于皇水經洛水注皇引作黃案經居于皇杜注河南
鞏縣西南有黃亭是皇或作黃易黃帝風俗通聲音
作皇帝陶潛讀山海經詩文心雕龍史傳贊竝偁軒
黃路史後紀注作軒皇漢成陽靈臺碑欲造皇屋亦
作黃同音字通臧氏曰黃與皇亦古通
敗陸渾于社釋文云社本或作杜下皆同案杜注云社

周地杜與社亦字形相雜

廿三年經公如晉至河有疾公穀作公有疾案左氏傳曰公爲叔孫故如晉及河有疾而復上已書公則下不必再偁公公穀有公字疑衍何休注舉公者重疾也似亦曲爲之辭

傳吳大子諸樊入郢吳世家書此事作公子光案襄廿五年經吳子遏伐楚門于巢卒杜注遏諸樊也壽亦云諸樊卒則此傳當誤杜未能辨正陸氏粲曰孔陸皆云吳子諸樊是王僚伯父何容僚子乃與同名乎恐傳寫誤耳

廿四年經婼至自晉公羊作叔孫舍至自晉案杜注云貶婼族所以尊晉左穀無叔孫字則公羊所見或異趙氏坦曰左氏無叔孫二字舍族尊盟主之義也使若有罪得釋然公羊或衍文

杞伯郁釐卒釋文作郁犛云本又作釐公羊作鬱釐云本亦作釐案杞世家文公卒弟平公鬱立索隱曰一作郁釐譙周云名鬱（索隱引作郁）來盎鬱郁釐來皆音相近哉字隨聲轉司馬相如上林賦鬱與郁韻釐犛蘩轉讀竝同王氏引之曰釐僖古同聲史漢多作釐來與釐僖古亦同聲

傳今王室實蠢蠢焉說文心部引作日惷惷云亂也案說文云日實也義通杜注蠢蠢動擾貌與亂義不甚異三體石經作截古本作惷亦假字徐鍇曰惷今借蠢字

缾之罄矣釋文云缾本又作瓶（定三年傳以缾水沃廷釋文缾本又作瓶）案說文云缾罌也瓶或體字

用成周之寶珪于河釋文云本或作沈于河漢五行志引作以成周之寶圭湛于河周本紀正義引作沈于河唐石經初刻有沈字案釋天祭川曰浮沈漢志及張守節所引與釋文見本正合師古注湛讀曰沈古字通

王定而獻之釋文云本或作王定之案杜注云不傒獻王則當有獻字

廿五年經夏叔詣公穀作叔倪（廿九年經同）案釋文倪五計反又五兮反倪詣一聲之轉又讀同

有鸜鵒來巢釋文云鸜嵇康音權本又作鴝音劬公羊作鸛鵒何休注鸛鵒猶權欲宂穴釋文鸛音權穀梁釋文鸜本又作鸛淮南原道注引作雊案說文云鴝鵒也鵒鴝鵒也古者鴝鵒不踰泲攷工記釋文本作鸛云徐劉音權玉篇鸛同鴝鸜鵒亦鴝鵒也眾經音義（九十）鴝又作鸜同山海經公羊傳竝作鸛是鴝正字鸜別體字鸛本雚之或體此又僧从鸛省故皆讀權錢氏曰鸜說文作雊是瞿句通也

九月己亥公孫于齊穀梁作乙亥案釋例長歷九月戊

子朔己亥十二日則九月無乙亥已乙以字形相似
而誤
傳昭子賦車轄釋文云轄本亦作舝案詩本作舝說文
云舝車軸耑鍵也轄一曰鍵也二字音義同
昏媾姻亞釋文云亞本亦作婭案釋親曰兩壻相謂爲
婭此俗字釋文本作亞
以赴禮者釋文云赴或作從唐石經初刻作從案正義
劉炫作赴謂奔丞恐未當則作從爲長
吾聞文武之世魯世家作文成之世賈逵注文成魯文
公成公漢五行志論衡異虛文選幽通賦注引竝同
唐石經淳化本岳本同案此杜無注童謠之辭似後

世讖緯之言文武世必無此謠且距魯昭時六百餘
季安得已有禍父宋父乾侯之讖乎是當从史漢唐
石經作文成今監本閩本毛本秦本作武傳寫之譌
（後漢何敞傳注引作文武譌同）塾師不加攷證致沿其繆錢氏曰史
漢皆作文成今本作文武誤矣
鸜鵒跦跦文選魏都賦李善注御覽（九百廿三）竝引作株株
案杜注云跦跦跳行皃今作株當以形聲相似而亂
徵褰與襦方言注褰引作襪案說文衣部引與今本同
郭引作襪亦別體字
遠哉遙遙漢五行志作搖搖案釋訓愮愮釋文愮本又
作搖樊本作遙則搖與遙亦同聲通文選甘泉賦注

搖與遙同臧氏曰遙爲俗字說文新附逍遙字徐氏
曰詩只用消搖
季公鳥說文衣部引作空鵅案空與公鵅與鳥皆音近
字變
季氏介其雞魯世家作芥雞羽釋文云介又作芥淮南
人閒注蓺文類聚（九十一）初學記（三十）御覽（九百十八）引竝同
案正義引賈逵云擣芥子爲末播其雞翼可以坌郈
氏雞目（史記正義作服虔說）鄭衆云介甲也爲雞著甲呂覽察
微注云鎧著雞頭杜引或說以膠沙播之爲介雞諸
說不同賈服及杜正解皆从史記正義又以著甲爲
是似非嚴氏元照曰史記作芥雞羽服注與賈許合

乃鬬雞之常法正義申鄭而抑賈殊不然也介芥古
通
陷西北隅以入釋文隅本或作堣音同案書宅嵎夷說
文引作堣夷孟子虎負嵎後漢馬融傳注引作隅皆
聲同字變古从𨸏从土字亦通
尹文公涉于鞏水經洛水注引作尹文父案杜注云文
公子朝黨父與公亦形近之異
唯是楄柎所以藉幹者說文木部引作楄部薦榦云楄
部方木也案襄廿四季傳部婁無松柏說文引作附
婁則柎部亦音相近襄四季傳注藉薦也二字義同
廿六季經尹氏召伯毛伯注召伯當言召氏經誤也尹

召族奔非一人故言氏公羊疏左氏召伯作召氏案左氏傳曰晉師克鞏召伯盈逐王子朝王子朝及召氏之族毛伯得尹氏固南宮嚚奉周之典籍以奔楚是杜注左氏本作召伯弟云當言召氏徐彥以爲作召氏誤、

傳能貨子猶魯世家作子將案索隱云左傳子將作子猶子將卽梁邱據也將猶亦形近而淆

曰幣錦二兩御覽七百十八引作弊錦案漢孔宙碑故能興□彫幣成陽靈臺碑永未蔡分漢隸弊幣二字通用

君若待於曲棘正義云曲棘宋地今齊侯欲納魯君當從齊向魯必不遠涉宋地子猶令齊君待於曲棘必使止於竟內齊地無曲棘十季傳桓子召子山而反棘焉此卽彼棘也本無曲字涉上文卒於曲棘而誤耳案齊地有棘無曲棘實因上文宋元公卒於曲棘遂誤加曲字

齊子淵捷新序義勇作子淵棲案新序云陳恆弒君使勇士六人劫子淵棲當卽其人棲與捷形近之誤

繇胸汰輈釋文云胸本又作軥同案說文云軥軶下曲者襄十四季傳射兩軥而還此疏引作兩胸軥胸同音通

鬒鬚眉釋文作須云本又作鬚唐石經同案說文云須面毛也鬚俗字

鑋而乘於他車說文金部引作[illegible]而乘它車案玉篇云[illegible]一足行皃杜注同是字當从足疏引說文云鑋金聲也蓋擊金爲聲亦名鑋此甚誤許氏鑋讀若[illegible]非謂左氏傳作鑋注義甚明今本作鑋知孔氏已誤仞也

王使女寛守闕塞水經伊水注引作闕塞唐石經淳化本岳本攷文同案杜注云闕當作闕塞洛陽西南伊闕口也酈注伊水又北入伊闕春秋之闕塞也樂史云服虔謂南山伊闕是也今本作闕字譌

昔武王克殷正義云服虔王肅注云文王受命武王伐紂故云文武克殷下云吾無專享文武之功則合文武是也諸本悉作武王疑誤案定本及諸家本皆作武王以文王不合言克殷古人文字不拘於上下文之稍異義亦各通

咸黜不端正義云諸本咸或作減案攷工輈人㮚氏釋文云咸本又作減漢百官公卿表咸宣師古注咸音減省之減史記酷吏傳作減宣咸減聲之轉說文減損也亦通王氏引之曰文十七季傳克減侯宣多咸與減古字通趙世家帝令主君減二卿皆謂減絕也

規求無度正義云服王孫皆注云玩貪也則此言貪求無限度本或作規謬也案俗本作規杜無注玩字義亦通陸氏粲曰作玩義短宜作規規計度也猶圖也

貫瀆鬼神說文手部引作摜瀆云習也案杜注貫習也
摜本字貫同音省通
震盪播越釋文云盪本又作蕩案易八卦相盪釋文衆
家作蕩說文云盪滌器也亦同音通
無助狡猾釋文云猾又作滑哀元年傳逢滑足利本作猾案書蠻夷
猾夏大傳作滑周語注滑亂也淮南精神趨舍滑心
注同說文無猾字
大道不諂釋文云諂本又作慆哀十七年傳天命不諂釋文諂本又作慆文選
西京賦李善注引作慆論衡變虛引作不閻案釋詁曰諂疑也哀十年傳
注慆疑也詩慆慆不歸御覽三十引作滔滔西京賦
李善注云滔與諂音義同三字皆同音通用傅氏遜
曰諂慆雖通用而各有玄訓此言天道不濫惟德是
與觀下文可見
君無違德論衡變虛作回德案詩大明傳云回違也字
異而音義同
工賈不變釋文云本亦作商賈案工賈作商賈竝通
廿七年傳使公子掩餘吳世家刺客傳竝作葢餘吳越
春秋同案釋言曰弇葢也釋文弇古掩字周語注淮
南說林注竝云葢掩也是掩與葢義同武氏億曰韓
非說林將攻商葢書作商掩孟子作伐奄此奄掩葢
字異而義同
公子燭庸刺客傳作屬庸案既夕禮注云古文屬爲燭

屬燭同聲亦省通
帥師圍潛吳世家作六潛水經泚水注引作灊下帥師救潛水
經淮水注引亦作灊案杜注云潛楚邑在廬江六縣西南卅一
年傳吳侵楚潛六故史記幷言六潛沱潛既道漢地
理志作灊郊祀志師古注灊與潛同亦俗字見書釋
王尹麇正義云王定本作工唐石經淳化本岳本攷文
同案服虔云王尹主宮內之政然楚有工尹路工尹
壽作工尹爲是正義楚官多以尹爲名知二尹是官
名其莠王之義不可知也莠尹當與藍尹芋尹同
與吳師遇於窮水經淮水注引作窮谷案正義云土地
名窮闕也本或窮下有谷字者爲定七年傳敗尹氏
于窮谷涉彼而誤耳酈注窮水出六安國安豐縣窮
谷
光伏甲於堀室釋文云堀本又作窟吳世家作窟初學
記廿二引同御覽三百四十二引作掘室又三百四十六作窟案
詩蜉蝣掘閱說文引作堀云突也漢鄒陽傳師古注
堀與窟同杜注掘地爲室故字又作窟作掘聲義相
同
鈹交於胷吳世家胷作匈唐石經同御覽三百四十六引作
臂案說文云匈膺也或作胷御覽引作臂亦轉寫之
誤
或取一秉秆焉說文禾部引作或投一秉稈案說文作

投是涉下文國人投之而誤秆或體字五經文字稈秆云上見春秋傳是唐時本佗稈

陽虎論語佗陽貨案邢疏云名虎字貨此恐是肊說虎貨音相近

進肥者莫不謗令尹呂覽愼行佗動佗者謗佗非案上云國言未已下云輿大謗則何止進肥之人也是佗動佗爲勝梁氏曰肥卽古文佗字進肥猶動佗也杜注曰國中祭祀解之非

廿八年傳及楊倉我論衡命義佗芉舌似一佗倉仍我案杜注云楊叔向邑倉我叔向子下云遂滅芉舌氏故此佗芉舌似倉音近

昔有仍氏生女黰黑古今人表佗有扔釋文云黰說文佗㐱又佗鬒案詩仍執醜虜釋文仍本或佗扔說文仍因也扔亦因也古字通鬒髮如雲說文引佗㐱或佗鬒正義云黰卽鬒也音義同

生伯封古今人表佗柏封叔案伯封惟見此傳叔字疑衍梁氏曰金仁山謂傳載伯封事是誣也路史傳禹命伯封及昭明佗衍歷歲紀甲寅雖未可爲據亦不應有封豕之目

忿纇無期釋文云纇本又佗類服同案說文云纇絲節也凡人之忿尤曰纇十六年傳刑之頗類服虔注類讀爲纇老子釋文纇河上本佗類字亦通

孟丙爲孟大夫漢地理志佗孟丙廣韻十虞引同案古今人表佗孟丙水經汾水注引同近趙氏本佗孟唐石經淳化本竝同孟孟形近易淆梁氏曰丙初受縣不當卽僞孟丙餘九大夫各著名氏可見顧氏曰孟丙爲孟大夫今本佗孟丙者非

魏戊謂閻沒女寬晉語佗閻明叔寬又佗叔褎案明沒語音之轉說文褎衣博裾有寬大義或卽其字

比至釋文佗比置唐石經同案下云吾子置倉之間三歎則當佗置今俗本誤

廿九年傳乃以幃裹之唐石經幃佗帷攷文永懷堂本同案杜注引檀弓敝幃不棄今本佗帷文選悼亡詩注引聲類帷佗幃字亦通

有御龍氏正義云豢馬曰圉御與圉同案周禮圉師掌敎圉人養馬鄭注養馬爲圉墨子辭過云邊足以圉風寒此卽爲御字古同音通

昔有飂叔安古今人表飂佗廖師古注左氏傳佗飂同案杜注云飂古國也人表佗廖聲同師古引佗飂當卽僇之俗字梁氏曰漢地理志亦佗廖師古注廖左傳佗飂其音同齊氏攷證以此注飂字爲栞本之譌廣韻廖僇勠皆同溜音疑小顏佗勠因飂勠字通故譌百顧氏棟高曰飂古國路史國名紀一佗飂其地後爲州蓼之蓼

以叓豕韋之後夏本紀更佗受徐廣音義一佗叓案巾

車職注云故書𡘋續爲受讀𢿱禮注古文𡘋爲受皆以字形相似而亂

物乃坻伏論衡龍虛作低伏案杜注云坻止也低當爲字譌

金正曰蓐收釋文云蓐本又作辱路史國名紀作鄏案杜注云秋物摧蓐而可收也作辱从省如月令大蔟漢律歷志作大族羅苹以爲國名故又从邑

其坤曰釋文作巛云本又作坤案巛隸體漢韓勑後碑受象乾巛史晨奏銘乾巛所挺或又作川漢碑坤字多如此作家語王肅注巛古坤字干祿字書巛坤云上通下正

犂爲祝融北魏文帝弔比干墓碑祝作柷路史後紀融作庸案詩靺磬柷圉孟郁脩堯廟碑作祝圉柷祝庸融竝同音通假

曰句龍爲后土說文示部引作爲社神案下文后土爲社當涉此而誤

遂賦晉國一鼓鐵以鑄刑鼎家語正論引作一鼓鍾案王肅注云三十斤謂之鈞鈞四謂之石石四謂之鼓是鼓鍾皆權量之名杜注訓鼓爲鼓橐似非鍾與鐵以字形相近而淆宋歐陽士秀曰古人鑄鼎皆用銅未聞以鐵又凡鑄鍾鼎誰非鼓橐者何必贅此一字當从家語作鼓鍾蓋簡子興城而用不足故其賦斂於晉國之內自一鼓十鼓以至百鼓已上自一鍾十鍾至千鍾有畸以是爲率數也又以公私鼓鍾之量有不齊者索而齊壹之一卽壹也㷊其不齊者更鑄以給焉又取其銷㷊之餘以爲鑄刑鼎之用盧氏曰此說較杜注爲勝

卅季經徐子章羽奔楚公羋作章禹古今人表五行志韓愈徐偃王廟碑岳本永懷堂本同淳化本攷文足利諸本經作羽傳作禹案古本當作禹羽禹以同音而字變

傳且徵過也釋文云徵或本作懲案詩荆舒是懲史記引作徵是从省杜注徵明也則因文釋之

若好吾邊疆釋文作吾好云一本作好吾唐石經同案作吾好義亦通吾俗本作吴譌

卅一季經黑肱以濫來奔公羋作黑弓續漢郡國志濫作藍案大射儀矦五十弓注今文改弓爲肱唐韵正弓古音肱無讀居戎反者當改入蒸韵韵補弓姑宏切是弓肱音同漢儒林傳馯臂子弓此亦借弓爲肱藍濫聲近之誤段氏曰古假弓爲厷二字古音同鄭公孫黑肱字伯張則肱卽弓也

傳夢童子贏而轉以歌釋文云贏本又作贏一作裸哀七季傳贏以爲飾釋文贏本又作倮風俗通作裸占夢職注引作倮疏同案說文云贏袒也或作裸贏倮皆别體字

卅二季經莒人薛人公羋莒人下有邾婁人穀梁亦有

郳八二字案公穀竝有郳人是左氏爲脫文

傳仞溝洫釋文云仞本又作刃案論語夫子之牆數仞釋文仞一作刃魏李仲琁孔子廟碑汲縣太公碑竝作刃漢無極山碑淩谷千刃皆仞字从省

書餱糧釋文作糇云本又作餱初學記廿四引作糇案詩迺裹餱糧釋文亦作糇此俗體

賦丈大司馬職疏引作丈尺案賈疏所引多尺字或以意增成句

春秋三傳異文釋卷第九

春秋三傳異文釋卷第十

嘉興李富孫學

春秋左氏傳十

定元年經隕霜殺菽釋文作叔云本又作菽唐石經初刻作叔案說文云尗豆也叔拾也漢昭帝紀得以叔粟當賦師古注叔豆也玉篇叔同尗後人以叔爲伯叔字而又別製菽字以爲尗矣

傳山川鬼神覲禮注引作神祇案天神地祇與天神人鬼義竝通

榮駕鵞曰古今人表作鴐鵞唐石經同師古注駕音加案中山經曰是多鴐鳥郭注或曰駕宜爲鴐鴐鵞也是駕爲借字鴐與駕亦音之轉錢氏曰鴐字說文無之依正文當用鴚假借同音則駕亦通也梁氏曰鴐鵞二字疑古因同音通用襄廿八年注及釋文作鴐類篇集韻皆見駕字注史記司馬相如傳弋白鵠連駕鵞此通用之證

二年傳奪之杖以敲之釋文云敲又或作茅或作𣪠口交反案說文云敲擊頭也敲橫擿也釋文引作敲擊頭也誤或作茅當爲磬之誤說文𣪠擊也與敲義同

三年經二月辛卯公薨作三月唐石經公羊改刻二月公羊疏公穀皆作三月左氏作二月未知孰正案長歷定公三年甲午二月癸亥朔辛卯二十九日則左

氏作二月不誤
盟于拔公羊作盟于枝案漢地理志北海郡樂都侯國
莽曰拔壟一作杖一作枝也荀子彊國拔戟加乎首
注拔或作枝是拔與枝以形近而淆王氏應麟曰左
氏衞公叔發注謂公叔文子論語孔注作公孫拔集
注云公孫枝葢傳寫之誤
傳有兩肅爽馬正義云爽或作霜賈逵云色如霜紈水
經滇水注引作肅霜馬文選注吳都賦七命引作驌驦案
馬融云肅爽鴈吳都賦劉注引作鳥也其羽如練高首而修頸
馬似之天下稀有故子常欲之玉篇作驌驦廣韻作
驌驦皆後加偏旁字

四秊經蔡公孫姓帥師滅沈釋文作公孫生云本又作
姓音生公羊作公孫歸姓釋文二傳無歸字姓音生
又音性哀四秊經蔡殺其大夫公孫姓釋文姓本又作生案昭元秊曾子號
左穀作公孫歸生此經無歸字當爲省文說文姓人
所生也春秋傳曰天子因生以賜姓曲禮注姓之言
生也白虎通姓名姓者生也生姓音之轉字隨讀變
盟于皋鼬公羊作浩油鹽鐵論和親引作誥鼬案皋誥
浩皆聲之轉鼬油音同故字與讀移耳惠氏曰古讀
皋爲浩鼬爲由釋訓皋皋琄琄樊光本作浩浩琄琄
晉士鞅衞孔圉帥師伐鮮虞公羊作孔圄釋文虞本或
作吳音虞御覽百七十七引作王孫子圉作御案說文云

圉守之也圉囹圄所目拘罪人漢地理志天水郡冀
禹貢朱圄山在縣南師古注圄讀與圉同古御圉字
亦通詩不吳不敖釋文作不虞孝武本紀引作虞
戰于柏舉公羊作伯莒淮南詮言作柏莒案柏伯古字
通范睢傳唐舉索隱引荀卿書作莒舉莒亦同音通
用梁氏曰水經江水注江夏有舉洲舉日庾仲雍江
記作莒古以音同通借
吳入郢公穀作入楚案郢爲楚都左傳言入郢楚未盡
亾也故但書郢公穀作入楚所傳書灋或不同也王
氏應麟曰吳入郢楚昭出奔猶有君也申包胥求救
猶有臣也故不言楚書於越入吳國無人焉如升虛

邑故言吳
傳其使祝佗從論語作祝鮀書舜典疏詩下泉疏論語
疏竝引傳同案佗字子魚則當作鮀今作佗通假字
封父之繁弱文選上林賦彎蕃弱文穎注蕃弱夏后氏
良弓之名漢司馬相如傳伏儼注作煩弱案李善注
云蕃與繁古字通煩繁亦同音
分之土田陪敦說文土部云培敦土田山川也案杜注
云陪增也玉篇培益也二字音義同
備物典策釋文作筴云本又作冊亦作策或作簡案中
庸布在方策北堂書鈔引作方冊說文冊象其札一
長一短中有二編之形古文作簡策俗字筴隸體

綪茷雜記注引作倩旆詩六月疏引作蒨案正義云倩是染赤之艸茷即旆也則正義本亦作倩以其爲旆故从糸以其所染故从艸六月疏云茷與旆古今字也

施氏潛夫論志氏姓引作荼氏案荼古讀舒則舒與施音相通

及圃田之北竟釋文作甫云本亦作圃案詩東有甫草文選注引韓詩作圃草古讀甫如圃字通見詩釋

聃季授土管蔡世家作冄季載衛世家作冄季古今人表作聃季載白虎通姓名引詩傳作南季載案管蔡世家云封叔載于冄冄爲聃之省索隱曰冄國季字

載名白虎通作南聃南音相近傳不舉其名故但稱聃季梁氏曰載封國當作聃史作冄亦當作冄乃聃之省孔疏云聃地闕

曹文之昭也釋文云昭說文作佋案說文云佋廟佋穆今經傳皆作昭是同音通

藏在盟府唐石經作周府案正義云言周家府藏之內有此載書在也本或爲盟府涉僖五年傳而誤耳

冥阨釋文云本或作寘隘案漢楊孟文石門頌下則入寘是冥隸變似寘故或作寘字

夫槩王吳語槩作概項羽本紀正義作摡廣韻十一唐作溉八未作既案槩概字同詩溉之釜鬵說文作摡既字又从省史記范睢蔡澤傳音義概一作溉音同文選長笛賦注溉本或爲槩音義同七發注槩與溉同

鑪金初宦於子期氏釋文作鑢云本又作鑪古今人表作鑢唐石經同案釋文音慮與鑪形聲相近故因變焉梁氏曰古慮盧通用故史漢隆慮縣亦作隆盧

與申包胥友鶡冠子備知世賢作申麃類篇集韻作鮑案曲禮注苞藨也麃鮑皆與包音相近戰國楚策作棼文選求通親親表注作樊誤冒勃蘇鮑注棼冒即蚡冒勃蘇包胥聲近梁氏曰勃爲包之轉蘇胥古通

我必復楚國伍子胥傳作必覆淮南修務注引同案杜

注云復報也觀下申包胥曰子能復之我必能興之則作覆義允朙

吳爲封豕長蛇以荐食上國淮南修務引作封豨脩蛇蠶食上國新序節士引作蠶食天下從上國始於楚案淮南所引文異而義亦同新序則以意增易之

越在草莽釋文云莽舊作茅今本多作莽淮南修務作草茅案孟子在野曰草莽之臣載師職注作草茅茅莽一聲之轉義竝通

五年經春王三月辛亥朔日有食之公羊作王正月案釋例長歷三月辛亥朔日食則公羊作正月者譌梁氏履繩曰公羊作正月葢周三月當夏之正月公羊

偶誤書夏正耳
於越入吳漢貨殖傳作于越文選吳都賦包括于越注引同（引杜注同）案孟康注于越南方越名師古注于發語聲也于越猶句吳耳于於古字通言發語聲則作於爲正
傳將以璵璠斂釋文云璵本又作與音餘案璵作與當是从省
告公山不狃論語作公山弗擾古今人表師古注不狃卽不擾也孔子世家索隱狃作蹂案釋獸曰鬫泄多狃釋文㕜字林或作狃邪疏鬫泄獸名其腳多狃狃指也故不狃字子洩論語作弗擾或又爲其名所據各異說文㕜獸足蹂地也篆文作蹂則與狃亦同
報觀虎之役也唐石經作敗也淳化本宋石經攷文同案觀虎晉人非地名義當作敗
六年傳定之鞶鑑釋文作盤云又作鞶案杜注云鞶帶而以鏡爲飾也易或錫之鞶帶釋文王肅作槃籀文作盤同音字通
獲潘子臣小惟子呂覽察微引作藩子臣小帷子釋文云惟本又作帷案楚世家吳王使大子夫差伐楚取番索隱番音潘楚邑名子臣卽其邑之大夫也藩番潘字通帷與惟以形聲相似而淆
周儋翩周語注引作儋扁補音或作翩案易翩翩不富

以其鄰釋文作篇篇古文作偏偏扁又从省
七年經齊侯衞侯盟于沙公羊作沙澤案成十二年經左作瑣澤公羊作沙澤是當有澤字趙氏坦曰左穀作盟于沙當是省澤字僖二年盟于貫公羊經作貫澤是左穀亦省澤字公羊不省或衍文
九月大雩攷文宋本足利本下有冬十月案春秋具四時雖無事必書之十四年經杜注此年無冬史闕文正義無冬闕文自是常事今本皆無此三字或古本有之
八年經陳侯柳卒釋文云柳本或作抑案抑與柳亦以形近而字變
晉士鞅帥師侵鄭公羊作趙鞅案士鞅士匄子趙鞅趙成子二族不同左公所據各異也
葬曹靖公公羊靖作竫案說文云竫亭安也靖立竫也公羊文十二年傳惟諓諓善竫言楚辭九歎注引作靖言二字同音古通
傳主人焚衝釋文云衝說文作輴云陷陣車也案杜注云衝戰車說文衝通道也是同音借字
王孫賈說苑權謀作王孫商案說文商从貝商省聲或爲形近之誤
桓子咋謂林楚魯世家作詐而得脫唐石經初刻作乍後人乍旁增口字案公羊僖卅三年傳詐戰不日注

云詎卒也齊人語杜注𠯗暫也是義同石經初刻當是古本玉篇廣韻𠯗字並不引傳文方氏桊如曰詎戰即乍戰錢氏曰孟子乍見孺子趙岐訓乍為暫杜注𠯗同乍暫聲相近疑經注皆無口旁後人妄增之段氏說文注作乍曰乍止亾之詞故引伸為倉猝之偁俗改為𠯗

陽虎入于讙陽關以叛漢地理志應劭注引作鄟陽十年經齊人來歸鄆讙說文邑部引作鄟哀八年經取讙及闡地理志應劭注引同案說文云鄟魯下邑今作讙古字通徐鍇曰春秋左傳作讙字假借也

九年傳書曰得器用也唐石經重一得字案義當重得字石經不誤

所欲傾覆也釋文作頃云本又作傾案詩不盈頃筐淮南俶真引作傾古从省偕

鍥其軸釋詁釋文鍥引作契邢疏引同案說文云鍥鎌也栔刻也釋詁注今江東呼斷物為栔斷則鍥契皆通用字

載蔥靈御覽七百七十六引作葱霝案賈逵注蔥靈衣車也有蔥有靈正義云此車前後有蔽兩旁開蔥可以觀望蔥中豎木謂之靈是蔥與窗同葱俗字說文云軨車轄閒橫木或从霝左傳作靈古字通偕霝又靈之省段氏曰蔥蓋本作囪初江切靈即轜也

龜焦說文火部引作龜𪓐不兆案說文云𪓐灼龜不兆也讀若焦杜注龜焦兆不成哀二年傳注同許云不兆當即解𪓐字今作焦以讀若通段氏曰𪓐作焦淺人所改焦者火所傷也龜焦曰𪓐

皙幘而衣貍製釋文云幘說文作䶝音義同案說文云䶝齒相值也言齒長而白上下之齒相當也杜注幘齒上下相值是䶝本字幘假字傅氏遜曰言其人白皙幘而不冠身衣貍製則其人宛然在目犁彌據軍中所見何暇細及其口中齒乎

十年經公會齊侯于夾谷公穀作頰谷案釋名曰頰夾也面旁偁也亦取挾斂食物也則夾頰音義同

齊人來歸鄆讙龜陰田穀梁作龜陰之田漢五行志來作倈有之字案師古注倈古來字傳文亦有之字故漢志同

帥師圍郈公羊作圍費疏左穀此費字皆為郈但公羊正本作費字與二家異賈氏不云公羊作費者葢文不備或所見異也案左氏傳曰侯犯以郈叛武叔懿子圍郈弗克秋二子及齊師復圍郈是圍郈左氏有明證公羊作費傳聞異辭耳趙氏坦曰左氏明云秋復圍郈穀梁亦作郈自當以郈字為正且郈屬叔孫故圍郈叔孫為主費屬季氏若有事于費帥師者當為季氏不當獨任叔孫也是知公羊作費或傳受之

譌

宋公子地出奔陳公羊作公子池後同案莊子大宗師相造乎水者穿池而養給釋文池本亦作地崔同池與地形近而淆耳唐韻正池古音駝地古音沱韻補地唐過切說文地从土也聲也古通它故池馳蛇虵皆讀沱疑地亦有此音屈原橘頌以過韻地過讀平聲正叶沱字揚雄羽獵賦亦同此例吳才老收地入箇韻讀爲惰則過可如字讀沱惰亦平去閒耳

會于安甫公羊作于鞌集傳纂例引公羊作鞌父公羊疏會于鞌者左穀作安甫賈氏不云公羊曰鞌者亦是文不備穀梁經甫亦有作蒲字者唐石經公羊作鞍案左穀作安甫公羊作鞌纂例引作鞍父則舊本或有父字安鞌聲同甫父字同皆各據所傳之本蒲甫亦聲之轉

暨仲佗石彄出奔陳公穀作宋仲佗何休注復出宋者惡仲佗悉欲帥國人去故舉國言之公子池樂世心石彄從之皆是也案上偁宋公之弟辰則下不必復出宋字何休注亦曲爲之解

傳犂彌言於齊侯齊世家作犂鉏孔子世家作黎鉏韓子內儲作黎且意林引韓子作棃沮案犂黎棃三字古通索隱云犂鉏卽犂彌也論語長沮漢婁壽碑作且鉏彌沮且皆音轉而字異

城其西北而守之釋文云一本或作城其西北隅案正義云本或北下有隅以昭廿五秊傳陷西北隅以入又云登西北隅以望而誤耳今定本有隅誤

在揚水釋文云本或作揚之水詩關雎章句疏引同案詩篇名孔沖遠云皆作者所自名或云周太師所題則有刪一二字者皆俗師妄省也

犯謂駟赤曰唐石經作侯犯案此當从石經有侯字諸本皆脫

十三秊經齊侯衛侯次于垂葭穀梁無衛侯公羊作垂瑕（哀六秊經城邾瑕公羊作邾婁葭）案左公皆有衛侯則穀梁脫二字公羊釋文瑕如字又音加葭瑕聲相近讀亦同

晉趙鞅入于晉陽以叛叛文宋本永懷堂本上有秋字案傳秋七月范氏中行氏伐趙氏之宮趙鞅奔晉陽晉人圍之則經當有秋字

晉荀寅士吉射入于朝歌公羊作及士吉射案左穀無及字則公羊爲衍文

傳邴意茲曰齊世家作秉意茲（哀十七秊傳國子實執齊柄蔡澤傳索隱引作齊秉）案急就篇注邴一音柄蔡澤傳索隱引服虔云秉權柄也是邴柄秉三字皆音近字異也

歸我衛貢五百家趙世家作衛士案服注云往秊趙鞅圍衛衛人恐懼故貢五百家鞅置之邯鄲又欲要徙於晉陽以五百家言故云衛士

董安于聞之戰國趙策作董閼安于韓子內儲說淮南道應安作閼風俗通皇霸劉晝新論于作於案通雅云閼本音遏其平聲爲安閼安聲之轉故國策作閼安于於于字古通梁氏曰國策葢合聲呼之

范皐夷趙世家作臯繹案夷繹聲相近故字隨讀變

韓不信魏曼多趙世家作韓不佞魏哆晉魏世家作魏侈索隱云侈它本亦作哆誤系本襄子多左傳魏曼多是也案佞與信字形相似曼多系本作多如晉重衞武之類杜注魏襄子魏舒孫曼多系本舒生侈侈生曼多是史誤以侈爲曼多侈哆亦形近而字變耳

十四秊經衞趙陽出奔宋公穀作晉趙陽公羊釋文作晉趙鞅唐石經公穀竝作晉趙陽案左氏傳曰衞侯逐公叔戍與其黨故趙陽奔宋戍來奔杜注陽趙黶孫是有左傳明文可證爲衞趙陽二傳作晉或所見異公羊釋文又作鞅陽鞅以聲轉而訛趙氏坦曰衞趙陽當以左氏經文爲正公穀作晉似因十三秊經有晉趙鞅入于晉陽㠯叛之文遂誤㠯衞爲晉衞與晉方音亦通轉陽鞅音相近

二月辛巳唐石經公羊作三月毛本同案唐石經初刻作三月磨改二月是公羊作三月者譌

陳公孫佗人帥師滅頓㠯頓子牂歸公羊作公子佗人頓子牄案公孫公羊作公子所見本異公羊疏云左穀皆作頓子牂字賈氏不注文不備牂牄亦同部音近字

於越敗吳于檇李公羊作醉李釋文醉李本又作檇一作雋漢地理志作雋李師古注雋音醉字本作檇越絕書作就李案說文木部引作檇李杜注檇李吳郡嘉興縣南醉李城檇醉同音通假雋爲檇之省越絕作就李又方音之轉

公會齊侯衞侯于牽公羊作于堅釋文堅本又作掔音牽案衆經音義三十三引三蒼云掔亦牽字牽堅亦音相近

天王使石尚來歸脤說文示部引作歸祳云社肉盛以蜃故謂之祳天子所以親遺同姓案脤當作祳今通作脤漢五行志服虔注脤祭社之肉盛以蜃師古注脤讀爲蜃故大宗伯職注引作蜃

傳既定爾婁豬盍歸我艾豭釋文云婁字林作䝏艾字林作豛音艾二毛聚居者豭案玉篇云豭求子豬豛老豬也皆後加偏旁字傳作婁艾古字省通

從我而朝少君釋文云少本亦作小正義少君猶小君也君爲大君夫人爲小君案秦本紀出公曰少主呂覽當賞作小主論語稱諸異邦曰寡小君易力小而任重虞本作力少漢百官公卿表應劭注少者小也義同然蒯聵口中空偁少君

十五年經齊侯衛侯次于渠蒢傳作蘧挐公羊作蘧篨　案詩夏屋渠渠文選靈光殿賦注引作蘧蘧渠與蘧蘧蒢與挐篨皆同音通用梁氏履繩曰聲竝相似非有二名也如昭卅年經徐子章羽傳作章禹之屬

日下昃乃克葬穀梁作下稷釋文稷如字昃也白虎通謚引作側案易日中則昃釋文昃孟喜作稷書中候握河紀至于日稷運衡退矦至于下稷鄭注稷讀曰側下側日西之時漢靈臺碑日稷不夏費鳳別碑乾乾日稷昃稷音相近集韻稷音昃昃側古亦同音通見易書釋

傳子貢觀焉漢五行志引作子贛哀十五年傳子贛為介魯世家作子貢十六年傳子貢曰漢五行志引作子贛廿六年傳唐石經論語竝作子贛　案說文云贛賜也貢獻功也古人名字相應端木名賜字當作贛漢論語石經作子贛今經傳多作貢从省通左傳二字雜出亦後人轉寫之失

哀元年經鼷鼠食郊牛穀梁作郊牛角傳同案左公無角字或脫文

傳因吳大宰嚭以行成伍子胥傳作伯嚭呂覽重言作伯嚭論衡逢遇作帛喜吳越春秋作白喜文選廣絕交論注或作帛否又作伯喜字雖不同其人一也案大宰其官伯其字伯帛白古字通喜否皆嚭之省

去疾莫如盡釋文云疾本又作惡戰國秦策去疾引作除害案惡與疾義各通除害義小異與今偽泰誓文不同

使女艾諜澆使季杼誘豷潛夫論諜引作誘季杼作后杼案杜注云諜候也季杼少康子后杼也諜作誘當涉下文而譌

復禹之績釋文云績一本作迹案襄四年傳茫茫禹迹漢李翕西狹頌繼禹之迹績迹音同言光復禹之土宇不足言其功績也

日可俟也釋文作竢云本又作俟案說文云竢待也或作妃俟大也今多通假用之

陳人從田檀弓疏引陳人下多有田二字案依下文當有此二字

天有菑癘釋文云本或作天無正義云此與下句相連言有菑癘之時親自巡孤寡共其乏困本或作天無誤案此依下文義當作有字正義說是也

夫先自敗也已釋文云本或作大差先自敗非說苑權謀御覽九百十引作夫差案說苑御覽所引即釋文所云或本上文已偁夫差則此差字當衍

二年經及鄭罕達帥師戰于鐵正義服本無帥師二字公羊作戰于栗釋文栗一本作秩疏云于鐵者三家同有作栗字者誤也今定本作栗字案此帥師二字當涉上文而衍服本是也三家皆作鐵作栗者當為

聲爲詩積之栗栗說文引作秩秩亦同部聲轉
而滅其君釋文云滅或作烕音㦮㦮烕與滅字形相涉
義不甚異
下大夫受郡說文邑部引作上大夫淮南時則注玉篇
引竝同案杜注云周書作雒篇千里百縣縣有四郡說文引周制同水經河水注引說文云故春秋傳曰上大夫
縣下大夫郡是今本說文及淮南注玉篇疑誤大事
記云春秋時郡屬於縣戰國時縣屬於郡所謂上郡
十五縣魏惠後七年則據春秋後言之也
不設屬辟喪大記注引作屬椑士喪禮疏同案喪大記
曰君大棺八寸屬六寸椑四寸上大夫大棺八寸屬
六寸下大夫大棺六寸屬四寸注云椑堅著之意大
夫無椑一重也趙簡子云不設屬椑時僭也釋文椑
步歷反此作辟是同音通借
郵無恤御簡子晉語作郵無政正一作呂覽審分注作孫
無正淮南覽冥注作無政古今人表作郵亾卹注云
王良柏樂文選盧諶贈劉琨詩作尤良案晉語作無
政當是避襄子名而改正政字通呂覽注王良晉大
夫郵無正郵良也莊子馬蹄釋文云孫陽是伯樂姓
名則又別爲孫氏而非郵良也梁氏曰晉語郵良亦
曰伯樂蓋伯樂星名主典天馬孫陽知馬故以名焉
郵無恤之偁伯樂者緣其善御同于孫陽遂以爲號

梁氏履繩曰呂覽淮南注偁孫無政因即孫陽而誤
故亦偁孫郵魏志陳植傳王良星名天官書王良策馬故
以王良爲號至伯樂別是一人在秦穆公時列子說符淮南
道應非趙簡子時之伯樂此伯樂即孫明晉語呂覽似順秦伯
樂爲孫陽善相馬故以伯樂星爲名此王良爲號無
疑故傳亦謂之子良郵良亦謂之尤良人表以郵無
卹王良伯樂爲三人因謬諸家以爲一人尤謬
麋之廣韻十八吻引作縻之案杜注云縻束縛也八季
及潞縻之注同廣韻縻邱粉切束縛也今本作麋當
爲形近之誤
無折骨無面傷大祝注折引作破傷作夷案破與折義
亦相近易序卦傳曰夷者傷也義同惠氏曰外傳晉
惠公韓之誓曰將止無面夷欲此求勝之辭故云無
面夷
吾伏弢嘔血晉語作歐血釋文云嘔本又作咯案韋注
本賈說歐即咯字說文玉篇無咯字集韻咯同歐吐
也此俗字
我兩靷將絕晉語作兩鞁下同案說文云鞁車駕具也
靷引軸也韋注鞁靷也正義此皮約馬胸而引車軸
也則从皮从引義亦通梁氏履繩曰鞁即靷之異名
吳洩庸如蔡漢董仲舒傳作泄庸吳越春秋作曳文選
四子講德論作渫五臣本作泄案泄渫竝與泄同曳爲洩

之省董仲舒傳越王句踐與大夫種泄庸范蠡謀伐吳四子講德論句踐有種蠡泄庸吳越春秋越王問八大夫有曳庸皆以洩庸卽越之后庸然左氏偁吳洩庸越后庸自是兩人有明文可證杜氏世族譜以洩庸爲吳雜人不言卽后庸後人又以后庸卽外傳之舌庸謂洩舌音相近遂牵合爲一人其說非是俞氏葆寅曰洩庸是吳臣自吳越春秋漢董仲舒傳王褒四子講德論並以越之舌庸爲洩庸後人遂混爲一人按舌庸見哀廿六季當日越方臯事吳淡謀雪恥焉有任用吳臣居然在五大夫之列乎

三季經城啓陽公羊作開陽釋文左氏作啓陽開者爲

景帝諱也案旣夕禮士虞禮少牢饋食禮注竝云今文啓爲開左閔元季疏云魯世家閔公名開杜世族譜名啓方漢景帝諱啓啓開因是而亂公羊作開是漢經師避諱改也

傳巾車脂轄釋文云轄本又作鎋同案說文無鎋字玉篇鎋車鎋也廣韻鎋牽轄三字同

命藏象魏曰舊章不可亾也文選石闕銘注引作藏書亾作忘太宰職注引作忘文選注東京賦典引七啓引同風俗通引作無案杜注云周禮縣教令之灋于象魏故謂其書爲象魏蓋此立象魏之外命藏此書故李善注卽作藏書亾忘無音讀有異義竝通

四季經春王二月庚戌公穀作王三月案釋例長歷二月庚戌二十一日則三月無庚戌公穀竝以形近而譌

亳社災公羊作蒲社注蒲者古國之名天子滅之以封伯禽取其社以戒諸侯使事上疏引賈氏云公羊曰薄社也者蓋以所見異媒氏職疏災引作裁案昭九季傳蒲姑商奄釋文蒲又音薄郊特牲薄社北牖注薄社殷之社殷始都薄釋文薄本又作亳孟子湯居亳書傳多作薄蒲亳音相近荀子議兵注薄與亳同唐韻正亳平聲則音蒲是聲之轉也裁災字同臧氏曰薄蒲亳三字古通何氏墨守公羊未攷左穀之經

不知蒲爲亳字之聲僞

傳國夏伐晉取逆時水經濡水注引作取曲逆案杜注云逆時晉地張晏曰濡水於城北曲而西流是爲曲逆水故縣亦因水而名豈卽古之逆時邪

五季經城毗公羊作城比釋文七本又作芘亦作庇同音毗案易象傳曰比輔也節南山箋云毗輔也音義同玉篇以芘爲古文比庇比音亦同趙氏坦曰比密毗輔古祗作比故公羊作比後世假用毗字又譌作毗釋文比亦作庇蓋假音字

傳王生惡張柳朔墨子所染作王胜長柳朔案胜當爲胜之誤胜生音近長亦張之省

諸子鬻姒之子荼齊世家作芮姬生子荼田完世家作芮子生子荼音義作粥子釋文荼音舒又音徒又丈加反案姒子音相近索隱云左傳鬻姒此作芮姬不同也鄒誕生本作芮姁姬姁音近姒當爲姓芮其氏攷工記寬緩以荼注荼古文舒假借字鄭司農云荼讀爲舒音徒如字讀

賔羣公子於萊釋文云羣或作諸案諸與羣文異而義同玉篇諸非一也廣韻同

公子嘉齊世家嘉作壽案史記作壽所據之本或異也

公子鉏齊世家鉏作駔案駔與鉏形聲相近故字隨而變耳

何黨之乎齊世家何作胡唐石經初刻無乎字案詩日月箋云胡之言何也義同杜注黨所也之往也之與上埋謀韻合此乎字當涉上文而衍王氏引之曰齊世家作三軍事乎弗與謀此皆以七字爲句而韻在句末三軍下之字何黨之下乎字皆衍文服注言何適也不言何所適乎則本無乎字可知

六季經楚子軫卒釋文云軫史記作珍字案昭廿六季傳太子壬弱杜注壬昭王也豈卽位之後改名軫十二諸侯季表楚世家皆作珍珍軫形聲相近

齊陳乞弑其君荼公羊作君舍三傳釋文竝音舒案史記律書舍者日月所舍舍者舒氣也楚詞懷沙舒憂娛哀屈原賈生傳作舍憂是舍亦有舒音義同唐韻正舍古音暑詩何人斯爾之安行亦不遑舍元熊朋來曰舍非但與車盱協音作舒便合讀作舒春秋齊陳乞弑其君荼公羊作舍音舒此經中明證魏了翁曰六經舍皆音暑平讀則音舒粱氏曰舍有舒音假借用字

傳五辭而後許釋文云辭本又作辤說文辤不受也受辛宜辤也辭籀文案說文辤與辭文義皆異今經傳多溷而無別段氏曰經傳凡辤讓皆作辭說字固屬假借而學者乃罕知有辤讓本字或又用辤爲辭說而愈惑矣

有雲如衆赤鳥說苑君道引作如飛鳥御覽八三引作赤鳥廿六季傳已爲鳥而集於其上唐石經作鳥攷文永懷堂本同案楚世家云赤雲如鳥說苑作飛鳥則作鳥以形似而誤

楚子使問諸周大史說苑君道引作楚子乘駔東而問諸大史州黎案正義服虔云諸侯皆有大史主周所賜典籍故曰周大史一曰是時往問周大史說苑雜采它書所引當有所據

江漢雎漳家語[redacted]作沮漳水經江水注初學記七引同案文選注登樓賦江賦云雎與沮同水經沮水注引杜注水出新城郡之西南發阿山今定四季傳正義作發河山雎古通借字

楚昭王知大道矣說苑君道引作知天道釋文云大道本或作天道非案二字形相涉據下文引書帥彼天常則作天道亦通

今失其行釋文云尚書作厥道乃滅而亾尚書作乃底滅亾又上無帥彼天常一句案東晉古文大禹謨等篇多雜取經傳僞作故文字有不同正義云文經篆隸師讀不同此信僞古文者也

闞止知之戰國齊策齊世家田完世家竝作監止案闞監同部音近故字從讀變齊世家注賈逵曰監止子我也杜注同又田完世家子我者監止之宗人也呂覽以闞止爲宰予注宰予字子我史記言宰我與田常作亂皆誤也

反與壬也處吳語十二諸侯秊表壬作任案書而難任人五帝紀作佞人孔壬亦作佞是壬任字同

以安孺子如賴十二諸侯秊表齊世家田完世家古今人表竝作晏孺子師古注卽安孺子也案書欽明文思安安攷靈耀引作晏晏後漢書多用晏晏字釋名安晏也聲轉義同

七秊傳以治周禮後漢蔡邕傳注治作持案正義云大伯之時未有周禮言治周禮者謂治其本國岐周之禮非周公所制禮也治作持義竝通

魯擊柝聞於邾釋文云柝字又作欜同案易重門擊柝說文引作欜云行夜所擊木又引作榜云判也徐鍇曰謂判兩木夾于門爲機相擊以警夜也今荒城多破鼓以持更蓋其遺象柝卽榜之俗體

八秊經齊人取讙及闡公羊作及僤下歸讙及闡同釋文僤字林作闡案僤闡聲相近玉篇僤魯邑名廣韻同是滋益之字

杞伯過卒杞世家過作遂案遂與過字形相雜

傳執曹伯及司城彊唐石經作曹伯陽文選注幽通賦運命論引同案經作曹伯陽故唐時本或於傳中亦增陽字

吳爲邾故吳世家作爲騶魯世家作鄒案隱元秊經注邾今魯國鄒縣趙岐孟子題辭邾國至孟子時改曰

鄒索隱云邾騶聲相近自亂耳騶窔音邾騶鄒同音通戴氏侗曰邾鄒同聲實一地合邾婁之音爲鄒故邾改名鄒也史記孟子傳齊有三騶子鄒忌騶衍騶奭漢蓺文志竝作鄒亦同聲通

君子違不適讎國後漢袁譚傳作君子違難注引同案杜注云違奔亾也杜本無難字

拘鄫人之漚菅者攷工㡛氏注渥讀如鄫人渥菅之渥釋文渥烏豆反與漚同疏仍作漚案渥漚音相近讀亦同惠氏曰渥爲古文漚恐非

何故使吾水滋說文元部滋引作茲云黑也釋文云滋音元本又作茲字林云黑也案杜注云滋濁也茲滋

聲同陸所引字林卽本說文廣韻一先茲胡涓切本
亦音滋則古當作茲字
徵虎欲胥攻王舍通志氏族略引作徵虒案虒與虎形
近之誤
栫之以棘釋文作荐云本又作栫案說文云栫以柴木
雝也荐薦蓆也杜注栫擁也二字亦同音義通
十季經薛伯夷卒公羊作薛伯寅釋文寅音以尼反案
書寅賓出日釋文寅徐以眞反又音夷夙夜惟寅釋
文徐音夷是寅一讀夷故公羊作寅猗覺寮雜記十
二時寅音怡禮部韻訓時也若眞字韻寅則訓恭然
唐人亦作寅字叶趙氏坦曰古方音脂眞通轉故寅
有夷音廣韻既收寅入眞部復收入脂部亦因方音
而兩收公羊作寅始讀寅爲夷尒
十一季經衞世叔齊出奔宋傳作大叔疾古今人表同
案釋詁曰齊速疾也釋言疾齊壯也郭注齊亦疾疾
齊音相近義同粱氏履繩曰世叔齊必是其名疾其
字也
傳是謂我不成丈夫也檀弓注引作是謂我非夫釋文
云本或作大夫非是案非夫與不成丈夫義略同大
夫當爲丈夫之誤
公叔務人見保者而泣檀弓作公叔禺人遇負杖入保
者息家語作公叔務人遇人入保負杖而泣案務人
卽公爲魯昭公子檀弓疏云禺務聲相近故字隨讀
轉檀弓家語文異而義不甚殊
戰于郊檀弓作于郎案郊郎本形近鄭注郎魯近邑也
正義左傳戰于郊是郊頭郎邑故知近也此爲一事
者以其俱有童汪踦之事也隱元季城郎杜注魯地
高平方輿縣東南有郁郎亭
我不欲戰而能默釋文云默本亦作嘿案易或默或語
釋文默字或作嘿亦俗體
與其嬖僮汪錡乘檀弓作與其鄰重汪踦往家語曲禮子貢問
作鄰嬖童汪錡乘往檀弓注引作童汪踦釋文作
童云本亦作僮案檀弓家語皆作與其鄰當據所聞
而言鄭注鄰鄰里也重皆當爲童重童同聲通轉古
以童爲童僕字僮爲未冠汪錡炇爲殤則字當作僮
或作童俗通字踦錡亦形聲相近
粱糗服脯焉釋文云服字亦作鍛案昏義段修釋文段
本又作服或作鍛鍛脯加薑桂曰服修故字亦作鍛
鬄之以元纁釋文無之字云一本作鬄之纁本亦作勲
案杜注云鬄薦也之字可省勲或同音借字士冠禮
纁裳注云纁今文皆作熏熏薰字同周本紀薰育說
苑作勲古勳薰字亦通
皆有饋賂釋文云饋或作餽案說文饋餽二字義異孟
子王餽兼金已通作饋漢高帝紀師古注餽亦饋字

竝通用
使賜之屬鏤以死荀子成相屬鏤作獨鹿案釋文鏤音
力俱力侯二反楊倞注獨鹿與屬鏤同本或作屬鏤
獨屬鹿鏤皆音相近
十二年經公會衛侯宋皇瑗于鄖公羊作于運杜注鄖
發陽也廣陵海陵縣南有發繇亭案左氏傳曰衛侯
會吳于鄖公及衛侯宋皇瑗盟是鄖在吳境鄖運一
聲之轉趙氏坦曰此鄖字與文十二年釋文云員本
又作鄖之鄖不同彼在魯境此在吳境公羊經皆作
運假音字
傳若可尋也有司徹注尋引作燖案鄭注古文燅皆作

尋記或作燖玉篇本作燂內則釋文燂溫也正與下
寒義合正義云有司徹乃尋尸俎鄭云尋溫也引此
文則諸言尋盟者皆以前盟已寒更溫之使熱杜注
尋重也寒歇也與鄭義異正義乃强合之段氏曰燅
正字尋同音叚借字有司徹注尋字唐人譌作燖
乃請束錦以行御覽四百六十一引作束帛案帛字或脫金
旁之誤
玉暢釋文云一本作王士一作暢案六邑地名已無攷王
亦卽古玉字
十三年經晉魏曼多帥師侵鄭公羊作魏多傳曰此晉
魏曼多也曷爲謂之晉魏多譏二名二名非禮也案

何休注云據上七年言曼多左穀皆作魏曼多則公
羊無曼字爲省文定十三年傳魏曼多晉魏世家作
魏侈趙世家作魏哆據世本此爲魏多之父也梁氏
曰左穀作曼多卽公羊哀七年經亦作曼多則譏二
名之說甚妄侈哆皆通俗字梁氏履繩曰杜解襄子
魏舒孫曼多也亦因世本中有簡子一代乃史記曰
魏獻子生魏侈世系表亦曰舒生襄子曼多侈一作
哆謚簡子是襄子曼多之父曼多公羊偁多史記遂
以多爲侈哆古字通也
盜殺陳夏區夫釋文區烏侯反公羊作夏彄夫釋文一
本作廉彄夫一本作嫗音同案夏古作㚗與廉字或

形近致譌唐韻正區烏侯反古音驅彄恪侯反古音
恪俞反是區與彄古今音讀皆同嫗亦聲之轉故竝
通假
傳趙鞅呼司馬寅曰吳語注董褐晉大夫司馬演案寅
演聲轉字異如上區彄之類
十四年傳叔孫氏之車子鉏商獲麟古今人表作子鉏
商家語辨物作叔孫氏之車士曰子鉏商采薪於大
野獲麟孔子世家作獲獸案杜注云車子微者鉏商
名家語注子姓也服虔云車車士微者也子姓王肅
云車士將車者也子姓此皆以子爲姓與杜說異家
語言采薪於大野卽公羊薪采之說世家作獲獸據

當日未知其麟言之故以爲不祥至孔子名之曰麟然後知之左氏是依後日而言

陳恆執公于舒州齊世家作田常執簡公于徐州下弒其君壬于舒州亦作徐州魯世家同田完世家亦作徐州案元命苞曰徐州之爲言舒也釋名徐舒也楚策楚威王戰勝于徐州高注徐州或作舒州二字音近義同

逢澤有介麇焉釋文云麇本又作麋昭十四秊傳疏引同案說文云麇麞也麋鹿屬二字形相涉而溷埤雅麞如小鹿而美不當言介作麇爲是

十五秊傳迫孔悝於厠釋文云孔悝本又作叔悝案上下文皆倂孔悝則當亦不異

名獲駕乘車衛世家作名護案獲護形聲相近故字與讀移

若燔臺半衛世家無半字文選江淹詣建平王上書注引作未半案無半字亦通文選辨亾論注引無未字則此爲衍文

孟黶仲尼弟子傳作壺黶古今人表作狐黶師古注即孟一作孟誤黶通志氏族略同御覽孟又作于文選辨命論注黶作厭御覽作狐黯通志略作黯案壺孟同部音近呂覽下賢壺邱子古今人表作狐狐壺亦同音于厭竝从省黯與黶亦通

十六秊經夏四月己丑孔某卒杜注云四月十八日乙丑無己丑己丑五月十二日日月必有誤案孔子之卒史記依春秋作己丑孔叢子同然哀十四秊五月庚申朔日食以此遞推之則十六秊四月朔爲戊申是卒於壬戌四月十八日乙丑也杜氏說是

傳旻天不弔大祝職注引作閔一作昊天羣經音辨引同不淑嬛嬛予在疚家語終記後漢東平憲王傳注文選注陳大邱碑文齊安陸昭王碑文竟陵王行狀竝引作昊天說文心部引作昊天不憖女部引作嬛嬛在疚家語正論作焭焭東平憲王傳注引同案詩序云旻閔也集韻閔旻字同旻昊字形相類漢張表碑旻天不淑兮淑與弔義通張壽碑作顧天不弔此隸變字嬛焭古通用見詩釋洪氏曰說文春秋傳旻天不憖爾雅夏爲昊天孔子以夏四月己丑卒義當作昊天穀梁傳序旻天不弔疏哀十六秊傳文王氏引之曰費誓鄭注弔至也至猶善也弔有祥善義淑亦善也故淑弔古字通

載伯姬於平陽而行及西門水經河水注引作行于延津無而字案杜注云東郡燕縣東北有平陽亭西門平陽門酈注滑臺城即故鄭廩邑下有延津邑南故城即衞之平陽亭故謂行于延津也

許公爲反祏釋文云反本亦作返案書祖伊反說文引作返云春秋傳从彳作彶今皆省作反

市南有熊宐僚者釋文云本或作熊相宐僚後漢崔駰傳孔

融傳注引同淮南主術僚引作遼案宣十二年傳蕭人
四能相宜僚殺之此爲熊相氏世代隔遠或牽合爲
一人甚繆淮南主術注市南宜僚居市南因爲號也
仲尼弟子傳公伯僚索隱作遼漢武斑碑百遼惟□
漢隸多假遼爲僚字梁氏曰後漢傳注有相字誤
不爲利諂晉傳咸左傳詩諂作啗案啗字義亦通或形
近而淆
日日以幾釋文云幾本或作冀案昭七年傳日月以冀
楚世家索隱冀亦作幾讀曰冀杜注云冀君來漢郊
祀志師古注幾讀曰冀音義同
使與國人以攻白公釋文作興云一本作與興謂興廢

也案興與字形相亂作興與義亦通
十七年傳良夫乘衷甸兩牡釋文云甸說文作佃云中
也春秋乘中甸今說文本人部作佃玉篇廣韻引同一轅車也案杜注
云衷甸一轅卿車卽本許義正義衷中也四馬爲上
乘兩馬爲中乘甸卽乘也諸侯大夫士唯駕二無四
下文太子數之三罪衷甸不在其數傳言其奢僭多
也說文注中也疑當作中佃也衷中二字古通玉篇
佃作田也釋文甸時證反古乘甸陳田皆同音
卒賤釋文云卒本又作帥下同案說文云衛將衛也經
傳多省作卒古帥卒字又通見詩禮釋
言過於其志淳化本岳本言作吉攷文宋本永懷堂本

同案上文枚卜子良以爲令尹則當作吉爲句今本
作言誤
衡流而方羊詩汝墳疏引作衡流而彷徉後漢東平憲
王傳注引作橫流而仿佯案衡爲古橫字彷徉仿佯
皆後加偏旁字正義云劉炫以爲卜繇之辭文句相
韻裔焉二字宜向下讀之章懷此注亦从劉說錢氏
曰劉炫謂當以方羊爲句其說當矣而孔穎達曲護
杜義辨之甚力然詩汝墳疏引左傳正與劉氏讀合
且引鄭衆注爲證仍不取杜說
公登城以望呂覽愼小作登臺衛世家索隱同案下云
公自城上見已氏之妻則傳自作城

十八年傳遷固楚世家伍子胥傳作屈固古今人表同
案定四年哀十六年傳箴尹固卽遷固史記班表誤
作屈春秋分記高氏姓名攷皆以遷固箴尹固爲一
人也
衛石圃逐其君起十二諸侯年表作傳一作專誤下同衛世家
作石曼專案索隱云左傳作石圃此專音圃穀梁作
曼姑專或音姑諸本多無曼字傳與圃音相近專或
音圃音姑是讀亦同洪氏曰尃卽敷之省與圃姑音
相近此作石曼專本依穀梁諸本依左傳故刪曼字
二十年傳寡君之老無恤趙世家作毋卹淮南道應作
無卹案無毋古今字卹與恤同見詩釋

史䵝何以得爲君子說苑尊賢作史黶案晉語韋注史
䵝晉大夫史墨也䵝與墨義通黶與䵝形聲相近梁
氏履繩曰蔡其氏史其官墨名黶字黶與䵝通
廿一季傳魯人之皋呂覽　注皋引作高瞋怒貌案
杜注云皋緩也士喪禮皋某復注皋長聲也高與皋
古字通唯文異而訓亦略殊
廿三季傳其可以稱旌繁乎說文糸部引作旌緐案說
文云緐馬髦飾也繁俗字
晉荀瑤伐齊墨子所染瑤作搖淮南修務注作繇案搖
繇與瑤皆以同音相雜
知伯親禽顏庚後漢左原傳注引作顏庚引杜注同案

注云顏庚齊大夫顏涿聚庚字譌
廿四季傳是躗言也說文口部引作嚩言云高气多言
也釋文字林作衞云夢言意不慧也案杜注云躗過
也正義服虔云躗僞不信也玉篇衞夢言不譓也皆
是不實之義說文踶躗也躗衞也亦俗字陸氏粲曰
躗者踶踼之義此當作衞三蒼云謊言廣雅寱言也
此謂晉人妄語若夢中謊寱之言耳錢氏曰釋文躗
戶快反與嚩音河介切相近古文从口从言之字多
相通說文兼收嚩譪二字譪訓譀譀又訓誇誇譀義
較過僞九長然則嚩言卽躗言亦可作譪言也
廿五季傳臣有疾廣韻四覺引作臣有足疾案杜注云
足有創疾則杜本似有足字
君將嗀之說文口部引作嗀之玉篇引作嗀焉唐石經
作嗀案說文云嗀歐兒杜義同今作嗀譌
以鉤越釋文云鉤本或作拘同案巾車職注故書鉤爲
拘杜子春讀爲鉤莊子徐無鬼釋文鉤亦作拘曲禮
則自下拘之釋文拘古侯反二字音讀同
廿六季傳會越皋如后庸吳越春秋作句如新書耳痺
作渠如處吳語后庸作舌庸唐石經同廣韻十七薛
引同案句與皋兩部得通轉渠句亦聲近古今人表
后庸與大夫種諸稽郢皋如竝列吳語句踐命范蠡
舌庸帥師以絕吳路廣韻注舌姓以越大夫舌庸爲

祖舌與后形近而字變宋庠國語補音謂后姓非出
越內傳作后是後人妄改其說非是錢氏曰唐阿彌陁像其書后爲后左傳后庸卽舌庸之譌蓋二字易相混
衞師侵外州足利本無衞字案杜注云越納輒之師足
利本上文乃睦於子矣注有民睦二字今本誤作衞
字爲傳文甚繆阮宮保師曰足利本無衞字此義長
蓋越師非衞師也
掘褚師定子之墓釋文云掘本或作搰玉篇手部引同
案說文云搰掘也義同
取公孫周之子得與啓宋世家周作糾得作特案宋世
家宋公子特攻殺太子而自立見爲昭公索隱曰按

左傳與此全乖未知史公何據而爲此說葢史公雜采它書故與左氏不同周糾聲之轉得特音相近

四方其訓之唐石經作順之淳化本詩攷岳本攷文宋本並同案魯世家能道順諸侯音義順一作訓文選幽通賦實棐諶而相訓注訓或爲順古訓字多通作順正義述經亦作順云四方諸國皆順從之矣今本作訓乃後人依詩文改之錢氏曰古書訓與順多通用洪範于帝其訓是訓是行宋世家皆作順

廿七年傳名顏涿聚之子晉古今人表作顏燭雛此梁氏依毛本釋史本作濁鄒師古注卽顏涿聚子也說苑正諫主鳥作燭雛正諫游海又作燭趨晏子春秋作燭鄒淮南氾論作啄聚集韻類篇作濁雛雛音聚案呂覽尊師曰顏涿聚梁父之大盜也學於孔子燭濁與涿雛趨鄒與聚皆形聲相近故字隨變移啄又涿之異此與衛之顏讎由爲二人梁氏曰顏燭雛卽哀廿二年顏庚師古注中子字衍涿聚之子晉孔子世家顏濁鄒顏讎由索隱疑世家與孟子不合正義謂濁鄒音卓聚並誤爲齊之顏涿聚也

及畱舒詩車攻箋作舍於柳舒之上案詩疏云畱柳不同葢所據書異畱柳聲之轉

乃遂如越漢五行志越作粵案漢地理志粵地牽牛婺女之分野公羊桓元年經盟于越釋文越本亦作粵攷工記序疏粵今之越字也粵越古通見書釋

早下之釋文作皁云一本作早案上云知伯愎而好勝則作皁下與上義亦合皁與早字形易淆

鄭人俘酅魁壘古今人表作鄭酅魁壘師古注鄭人所俘也案杜注云酅魁壘晉士酅顏注音雋說文玉篇無此字當爲酅之譌說文絫增也壘軍壁也同音通用梁氏曰酅乃譌字釋文音戶圭反與師古異音古累字與壘通荀子大略不憂其係壘可證盧學士云鄭字誤

春秋三傳異文釋卷弟十

春秋三傳異文釋卷第十一

嘉興李富孫學

公羊經傳

隱元年傳會猶最也注云最之爲言聚若今聚民爲投最案說文云冣積也最犯而取也二字音義皆異樂記注會猶聚也聚或爲冣（今本作最誤）管子禁藏云冬收五穀冣萬物注冣聚也古冣聚通用音義同玉篇廣韵皆删去冣字後人多誤以最爲冣矣（見禮記釋惠氏古義亦誤）

四年傳晉者何漢石經晉作晉（見兩漢金石記）案易明出地上晉說文引作晉又晉卽奇字晉石經从篆體今作晉隸省

石碏立之漢石經碏作踖案說文無碏字或因上石字而亦作石旁玉篇云石碏衛大夫惠氏曰當从石經作踖段氏曰今从石誤

五年傳登來之也注云登讀言得來得來之者齊人語也齊人名求得爲得來作登來者其言大而急由口授也大學注引作登戾之案疏云得聲如登謂高語之時猶言得來之至著竹帛時乃作登字太卜注陟之言得登得陟皆聲相近來戾亦音近字鄭注云戾之言利也何休云美大多得利之辭也義通

君將不言率師釋文云率本又作帥案率爲達之省又與帥字通（見詩釋）

始祭仲子也漢石經無也字（六年傳吾與鄭人未有成也石經亦無也字）案公羊石經後有顏氏說洪适云蓋嚴顏異同之辨也則此兩傳無也字未知其所從誰本惠氏曰石經所定者嚴氏春秋也何邵公所注者顏氏春秋也

自陝而東者釋文云陝一云當作郟王城郟鄏曲禮注而引作以釋文陝一云當作郟文選永明十一年策秀才文注而引作以下句同案燕世家云其在成王時召公爲三公自陝以西召公主之自陝以東周公主之此一云當作郟是以分陝爲在成王時也（鄭氏詩譜文王作邑于豐乃分岐邦周召之地爲周公召公之采地施先公之教於已所職之國此在文王時說也樂記五成而分周公左召公右詩疏引誤作分陝此在武王時說也）洪氏曰隸釋唐扶頌分郟之治郟卽陝字史記游俠傳陝寒孺徐廣曰陝疑當作陝字南越傳郟壯士韓千秋陝郟古字通用

召公主之釋文云召又作邵文選永明十一年策秀才文注引作邵王融曲水詩序注引同案說文云邵晉邑則作邵亦俗字

始僭諸公昉於此乎漢石經昉作放案二年傳注云昉適也齊人語疏云若鄭譜云然則詩之道放於此乎之類是鄭所見本亦作放列子黃帝釋文昉或作放字通惠氏曰攷工記注云旊讀如放於此乎之放是漢時公羊皆作放又曰鄭注三禮引公羊登戾之放

於此乎桓十一年遷鄭焉而鄙留皆與何氏異與石
經同蓋鄭所據者嚴氏本也

十一年傳何隱爾弒也漢石經弒作試案白虎通誅伐
引春秋讖曰弒者試也欲言臣子殺其君父不敢卒
候間司事可稍稍弒之試弒音義同

不書葬以爲不繫乎臣子也漢石經無以爲二字案石
經無此二字當亦據嚴氏之本

桓元年經公及鄭伯盟于越釋文云越本亦作粵案左
傳注云越近垂地名書越天棐忱漢翟義傳作粵古
字通（見書釋）

二年傳隱賢而桓賊也唐石經賊作賤宋景德本同案
賊與賤以字形相似而譌錢氏曰據注云賤不爲諱
則當作賤也馮氏登府曰漢五行志桓公元年秋大
水董仲舒劉向以爲桓弒兄隱公民臣痛隱而賤桓
何休注賤不爲諱是古本作賤也

四年傳秋曰蒐釋文云蒐本又作搜亦作廋（昭八年經蒐于紅釋文蒐本亦作廋廿二年經大蒐于昌姦釋文同）案書渠搜五帝紀作廋列子
作蒐漢趙廣漢傳注廋讀與搜同皆同音通用

六年傳謂莊公也釋文作嚴云本亦作莊（定八年傳矢于莊門釋文莊本或作嚴）後漢諱莊改爲嚴案嚴字爲後漢經師所改
亦作莊又後人所改正也

淫乎蔡唐石經乎作于（僖卅年傳歸惡乎元咺也唐石經乎亦作于）案王制

類乎上帝三句白虎通引皆作于乎于形聲相近字
通

八年傳夏曰礿釋文云礿本又作禴案詩禴祠烝嘗王
制作礿郭注云新菜可汋繇露說文論衡皆作礿是
漢人多从此字禴別體

十一年經柔會宋公陳侯蔡侯盟于折釋文云折一本
作析案析與折形相近而字異

莊元年傳搚幹而殺之釋文云搚本又作拹亦作拉皆
同折聲也魯世家作摺其脅齊世家作拉殺詩南山
箋作搚殺疏引作拉幹玉篇手部引左傳拉公幹搚
同案說文云拹摺也拉摧也玉篇搚摺也拹同摺折
也（說文摺敗也）詩疏云摺與拉音義同此言搚殺者說文
搚捉也謂手捉其脇而拉折然爲聲文選解嘲注引
晉灼曰摺古拉字皆文異而義同

八年傳出曰祠兵詩采芑箋引作治兵大司馬職注左
隱五年傳疏引同案詩疏云治兵振旅之名周禮左
傳穀梁爾雅皆同唯公羊以治兵爲祠兵明彼爲誤
故徑改其文而引之則公羊作祠兵爲字之誤臧氏
曰周禮左穀爾雅皆爲治兵知公羊作祠聲近之誤

十二年傳與閔公博釋文云博字書作簙案說文云簙
局戲也古者烏曹作簙今經傳通用博字

萬臂摋仇牧釋文云臂本又作辟婢亦反案左襄八年

傳辟殺子孤子熙子侯子丁注云辟罪也加罪以殺
之此作辟擬義亦同詹辟聲之轉
十七秊傳瀸漬也衆殺戍者也釋文作積云本又作漬
案注云瀸漬衆多也曲禮四足曰漬注漬謂相瀸汙
而死也積字毛詩周禮禮記左傳皆音子賜反與漬
音亦同
二十秊傳大瘠也釋文云瘠本或作𤸷一本作漬曲禮
注引作漬案釋詁曰癠病也𤸷癠音相近曲禮疏云
若一箇死則餘者更相染漬而死傳曰大瘠者何痢
也漢五行志作疫也注痢者民疾疫也漬瘠字異而音同顏
氏曰呂氏春秋仲父之病矣漬甚又從車載食以視

孤寡老弱之病漬並當爲瘠漢食貨志國亡捐瘠蘇
林注瘠音漬又或作𤸷或作胔並通臧氏曰據釋文
知古本作大漬曲禮注引此同則鄭所據公羊亦作
大漬漬爲瀸汙相染連及衆盡之辭痢亦俗字集韻
或癘可證古音漬瘠癠並同錢氏曰說文無瘠字曲
禮注作漬此古本也說文癘惡疾也古文癘與列通
痢卽癘之異文
廿四秊傳腶脩云乎釋文作斷云本又作腶音同鍛脯
加薑桂曰脩案有司徹注云今文腶爲斷穀梁廿四
秊傳作鍛脩昏義作段脩是斷腶鍛段皆同音而義
通

廿五秊傳以朱絲營社釋文云營本亦作縈同案注云
以朱絲營之助陽抑陰也說苑辨物云至於大水及
日蝕皆陰氣太盛故鳴鼓而懾之朱絲縈而劫之縈
與營音義同疏云宜抑之而反營衞之失抑陰之義
似非
廿七秊傳越竟逆女卷服傳注竟引作境案漢元帝紀
師古注竟讀爲境說文境新坿字古但作竟
卅秊傳蓋以操之爲已蹙矣詩江漢疏引作躁之注同
案今本注云操迫也詩疏云公羊爲躁字操躁亦形
聲相雜洪氏曰詩兔爰箋有所躁蹙也義亦本於公
羊正義躁定本作操是後人所改

卅二秊傳飲之無傫氏釋文云無本又作巫案疏云或
是大夫家或是地名言飲酖毒之藥於無傫氏舊云
言飲此毒不累其子孫謂當立其氏族非也左傳命
僖叔待于鍼巫氏使鍼季酖之巫無音同或別偁爲
巫傫氏與
閔二秊傳使之將兵聘禮注引此文釋文作使之將云
一本作將兵兵則後加字案鄭禮注本引公羊傳無
兵字故陸氏目爲後加也
僖元秊傳桓公召而縊殺之釋文云縊一本作搤案說
文云搤捉也音近而字移
二秊傳與垂棘之白璧釋文云棘一本作蕀案釋草曰

萋繞棘蒐說文作棘蒐釋文作棘云字或作蕀同此亦俗字

虔公抱寶牽馬而至釋文云牽本又作掔音同案說文云掔固也徐鉉曰今別作慳非是左宣十二年傳鄭伯肉袒牽羊鄭世家作掔羊是通假字

四年傳卒帖荊釋文云帖一本作貼劉兆同一本作拈或音章貶反案說文云貼以物爲質也拈掫也何休云帖服也是貼爲同音俗字一作拈又俗改也

十六年傳聞其磌然釋文云磌聲響也本或作砰穀梁疏云磌字說文玉篇字林等無其字學士多讀爲砰據公羊古本並爲磌字張揖讀爲磌是石聲之類不

知出何書也案今玉篇有磌字云音響也則或爲孫強等所增砰大聲說文亦無此字臧氏曰五經文字磌又大年反聲響也見春秋傳穀梁釋文同疑公羊古本通俗用之廣韵砰砰磕如雷之聲則作砰然者義亦通洪氏曰疏引張揖是廣雅之文廣雅砰聲也是亦讀爲砰也又磌礩也非此義

廿六年傳乞師者卑辭也唐石經無師字案經言乞師則傳作乞者不必加師字而義自見錢氏曰據疏云乞者至若辭則不當有師字也

卅三年傳百里子唐石經作伯里案孟子百里奚韓子說林作伯里穀梁傳百里釋文作伯二字古通梁氏履繩曰呂覽不苟言百里氏與公穀百里子韓子伯里子同左僖十三年傳杜注百里秦大夫極有斟酌世族譜以百里爲姓卅二年傳百里孟明視則百里者是孟明而非百里奚也秦紀繆以百里傒實之孟明乃奚之族杜譜从史謂孟明奚子呂覽悔過謂蹇叔子皆傳譌妄記武氏億曰集古錄毛伯敦銘龔伯彝銘伯庶父敦銘伯俱作百是百亦通作伯

宰上之木拱矣穀梁傳作冢木已拱矣案注云宰冢也義同

必於殽之嶔巖（經敗秦于殽釋文殽本又作肴）釋文云嶔本或作欿同穀梁傳作巖唫之下釋文唫本作崟案說文欿讀若

歆非此義括地志二殽山一名嶔崟山後漢光武紀注崤山名一名嶔岑山集韵嶔欿山險也曡韵字同唫崟與嶔亦同聲漢李翕五瑞圖碑脩崤嶔之道卽用此文肴殽古通漢王莽傳肴黽之險亦从省

匹馬隻輪無返者釋文云隻輪一本又作易輪（注隻踦一本作易踦）董仲舒云車皆不還故不得易輪轍穀梁傳作倚輪注倚輪一隻之輪釋文倚居宜反漢五行志引作觭輪服虔注觭音奇偶之奇案隻易聲相近義亦通易參天兩地而倚數蜀才作奇媒氏注引作奇數是倚讀爲奇奇觭與隻義並同臧氏曰案作觭作踦作倚皆奇字之通俗疑傳本作匹馬踦輪與穀梁及漢

志同何注作踦隻也與范解及顏注同今注疏本與釋文皆誤倒若傳本作隻文義已明反訓爲踦意轉晦矣釋文謂隻輪本作易輪亦誤

文二秊經晉侯及秦師戰于彭衙釋文云衙本或作牙案衙讀爲牙故或作牙

四秊傳其謂之逆婦姜與齊何唐石經何作河案詩景員維河箋云河之言何也釋文本或作何是二字古同用

七秊傳眣晉大夫釋文云眣音舜本又作眣伊乙反又大結反本又作眹音同字書眣瞚也案注云以目通指曰眣說文瞚開闔目數搖也玉篇瞚目動也瞬眣同眣目不正也本說文是作眣字之譌陸氏以眣眣爲一字誤矣成二秊傳郤克眣魯衞之使釋文誤同玉篇引作眣唐石經同錢氏曰成二秊傳唐石經作眣今本作眣說文有眣無眣當以今本爲長富孫案說文瞚郎瞬字故不復出眣今本作眣當誤然陸氏釋文音舜又丑乙達結二反从下二音當爲眣从舜音當爲眣石經蓋據陸初音也洪氏曰說文眣目不從正也與經注義不合眣當是𥄎字之譌說文𥄎舉目使人也𥄎作眣與眣字相近而譌

八秊經盟于㬥釋文云㬥本步報反本又作曝一音甫沃反案說文云㬥晞也从日从出从廾从米又加日旁作曝此俗字

十二秊傳惟諓諓善竫言釋文云諓諓尙書截截淺薄

皃竫本或作諞本作誤楚辭九辯注作靖言案注云諓諓淺薄之皃竫猶撰也說文戈部引書作戔戔巧言卽諓之省諓截亦音近靖與竫同在書爲靖言竫或作諞又作誤皆音相近何休竫訓撰撰誤字同廣雅諓諓善言也後漢樊準傳注諓諓諂言也是諞言竫言靖言諓言巧言賈逵注同善言諂言皆是善爲巧辨之義也洪氏曰竫古通作靖字釋詁靖治也治與撰義相近尙書作諞言說文引作巧言皆非公羊義釋文竫本或作諞是後人依尙書改之

宣元秊經會晉師于棐林緐露滅國引作蜚林案漢宣帝紀師古注蜚古飛字棐蜚形聲相近而變

六秊傳此非弒君而何唐石經作如何案春秋莊七秊注如而也詩都人士箋云而亦如也古字通用錢氏曰古文如與而通當从古爲如也

有人荷畚釋文云荷本又作何案古以荷爲苛察字何爲擔何字此古今字之異

仡然從乎趙盾而入鄉飲酒禮注引作疑然云疑正立自定之皃士昏禮注同案何休注仡然壯勇皃士昏禮注釋文疑立魚乞反又魚力反仡疑音近而義異臧氏曰鄭所據公羊作疑然乃立定之皃不取勇壯義蓋嚴顏之異注疏本改同何本誤也

躇階而走釋文云躇與踱同一本作走說文走部引作

辵案注云躇猶超遽不暇以次說文辵乍行乍止也
躇爲辵之假字玉篇踱踸踱乍前乍卻與辵音義亦
同此俗字臧氏曰公食大夫禮注不拾級而下曰辵
何注與鄭義同較說文乍行乍止之訓更密也洪氏
曰說文無躇字廣疋躊躇猶豫也猶豫卽說文所謂
乍行乍止釋文所謂踱也辵躇音同

十五年傳然後歸爾廛石經爾作耳案論語女得人焉
爾乎漢石經作耳乎是耳與爾音近字通段氏曰介
之言如此也後世多以爾字爲之耳之言而已也與
爾絕殊近人爾耳不分凡語云而已者急言曰耳凡
云如此者急言之曰爾

成十二年經曹公子手釋文云手一本作午左氏作首
案首手字通（見左傳釋）一作午又以形近致異

傳佚獲也釋文云佚一本作失案漢五行志曾夫人淫
失於齊師古注失讀曰佚是失與佚同

踊于棓而闚客釋文云闚本又作窺案易闚觀釋文闚
本亦作窺二字同音通

於是使跛者逆跛者使眇者逆眇者穀梁傳逆作御釋
文云逆本又作訝周禮敘官掌訝注引作訝疏引作
御輪人注引作訝案詩百兩御之釋文御本亦作訝
又作迓同古讀御爲訝是俗字訝正字迓俗字（見詩書釋）

相與踦閭而語穀梁傳作立胥閭案注云閭當道門閉

一扇開一扇一人在外一人在內曰踦閭范解胥閭
門名踦胥音相近穀梁有立字故范以爲門名

是則土齊也疏云一本云是卽土齊曰不可也者案此
因下文有不可二字又注云是不可行故亦增此二
字杜注則晉悉以齊爲土地惠氏讀土曰杜爲杜塞
義亦通穀梁傳齊君之母也數句在使耕者盡東其
畝句上

五年傳壅河三日不流漢五行志引穀梁傳作壅遏河三日不流漢
五行志引穀梁作雝河水經河水注引穀梁作遏河
水案雝壅古今字壅遏義同疑遏字衍漢志引無遏
字惟釋文有之玉篇云沠古文流桓八年傳注釋文

沠古流字說文無此字漢竹邑矦相張壽碑沠後昆
漢碑多作沠隸體字

襄十六年傳君若贅旒然釋文云贅本又作綴旒本又
作流漢五行志作綴斿案書綴衣後漢班固傳孟子
盡心注皆作贅文選冊魏公九錫文作綴衣詩桑柔
疏云贅綴同釋天釋文旒經典亦作流說文無旒字
云游旌旗之旒（流當作）斿从省應劭注斿旌旗之流隨
風搖動也斿流字通

十九年傳爲其驕蹇釋文云驕本又作憍案玉篇云憍
逸也義近音同

廿一年傳十有一月庚子孔子生釋文云庚子孔子生

傳文上有十月庚辰此亦十月也一本作十月庚子又本無此句穀梁傳二十年十月庚子孔子生案左傳襄廿一年賈逵注經云此年孔子生昭廿四年服虔載賈逵語定以孔子爲襄廿一年生孔子世家云襄公廿二年生則以年公穀史記有一年之差以月公穀有一月之差明宋濂孔子生卒歲月辨生主公穀歲己酉卒主左氏歲壬戌相距七十四年亦不合近黃氏宗羲以歷上推斷生於襄公廿二年建酉之月二十七日庚子與羅泌路史脗合錢氏曰漢儒皆以孔子生在襄廿一年予以三統術推襄公廿一年十月己卯朔其月廿二日庚子是爲宣尼生之日年

從公羊月從穀梁與賈服注左傳亦合自襄廿一年至哀十六年實七十四算而賈云年七十三者古人以周歲始增年也史記謂生於襄廿二年年七十三則以相距歲計之

廿四年經仲孫羯帥師侵齊釋文云羯本又作碣亦作偈同案三字皆形聲相似故字隨讀轉

陳鍼宜咎出奔楚釋文作咸云本又作鍼案昭四年傳作箴尹宜咎鍼箴咸皆聲相近咸或从省

廿七年傳夫負羈縶釋文云縶本又作馽案說文云馽絆馬也或作縶是馽爲正字

挈其妻子而與之盟唐石經挈作攜案注云挈猶提也提與攜義通錢氏曰按上文已有挈其妻子何氏無注注於此句之下知當爲攜字注中挈字亦攜之譌提攜爲疊韵故轉相訓也

廿九年傳儳焉得爲君乎釋文云焉本又作惡案玉篇云焉安也廣韵惡安也二字義同

爾殺吾君唐石經殺作弒案殺弒古字讀通錢氏曰下文言爾殺吾兄兄言殺君言弒詞有輕重之別石刻爲長

卅年傳不見傅母釋文云母本又作姆同案說文云姆女師也讀若母古字省通

昭廿五年傳昭公於是噭然而哭說文嘂部引作嘂然

云嘂高聲也一曰大呼也案說文云噭吼也一曰噭呼也古本當作嘂今作噭音同義亦通段氏曰嘂與叫噭聲同義異一曰大嘑義略同

以人爲菑注云菑周埒垣也所以分別內外衞威儀也今太學辟雍作側字案大學辟雍字卽蔡邕石經疏云謂何氏所注者是菑字今漢時大學辟雍所讀者作側字云既哭以人爲側菑側亦音相近當爲嚴氏之本厲氏鶚石經考異序曰熹平四年立石經時休詁公羊未卒業則辟雍所作側字其爲石經隷字無疑洪氏曰攷工輪人注鄭司農云菑讀如雜廁之廁漢張耳傳貫高等迺壁人迫人要之置廁側卽廁字

廿六年經盟于剸陵釋文云剸本亦作專案左氏襄九年傳門于鄟門釋文鄟本亦作專是皆从省

廿七年經邾婁快來奔釋文云快本亦作噲案詩噲噲其正箋云噲噲猶快快也說文噲讀若快蒼頡篇噲此亦快字是噲與快同

卅一年傳於是負孝公之周愬天子釋文云愬本亦作訴案說文訴或作𧦝愬字同

謂之盱夏父者釋文云盱本或作盻案說文云盱張目也玉篇盱盻字同

定元年經晉人執宋仲幾于京師釋文云幾本或作機案易幾事不密漢王莽傳作機古幾機字通

傳不蓑城也釋文云蓑亦或作衰一或音初危反漢五行志引作衰唐石經同案注云若今以草衣城是也說文衰艸雨衣俗作蓑故何休从此解師古注衰城謂以差次受功賦也是讀初危反與釋文後一音同王氏應麟曰案左傳遲速衰序於是焉在又云宋仲幾不受功蓑當从漢志作衰音初為反差也與左氏合臧氏曰衰城之義當从師古說顏氏必本漢魏人舊注故勝於何邵公陸氏亦一音初危反

四年傳用事乎河穀梁河作漢案河非楚之境內作漢是

八年傳眡而鋟其板釋文云鋟本又作鑯七廉反案注云以爪刻其鑽斂板說文云鑯一曰鑴也音義同

將殺我於蒲圃釋文云圃本又作甫同案詩東有甫草韓詩作圃草左定四年傳及甫田之北境釋文甫本亦作圃二字古通用

臨南驟馬而由乎孟氏釋文云驟本又作揪字書無此字相承用之素動反案注云揪馬銜走廣韵引作馬搖銜走也今廣韵載驟字集韵揪字訓與驟同趙氏佑曰驟蓋即聳字縱送之意此時策已墜地不得揪馬故以轡聳動馬銜使疾騁也注非由從也謂入乎孟氏時孟氏已有師接應矣注闕

十四年傳熟曰燔釋文云燔本亦作膰穀梁傳作膰釋文膰本又作燔案說文云𤎅宗廟火孰肉燔省通字膰俗字

哀六年傳陳乞使人迎陽生于諸其家唐石經初刻迎作逆注于諸寘也齊人語案左哀六年經齊陽生入于齊杜注爲陳乞所逆故書入古多以逆爲迎也公羊由口授多齊人言故以于諸爲寘

於是使力士舉巨囊唐石經初刻舉作舁案舁與舉形近義通

皆色然而駭釋文云色本又作垝驚駭貌又或作危衆經音義九引作歘然案說文云垝毀垣也俗爲驚駭之貌危與色字形相似與垝字義亦近說文歘悲意

色歔音同洪氏曰埤蒼歔恐懼也通俗文小怖曰歔色歔同聲假借本作垝危者又因色字而譌

開之則闖然說文見部引作覢然云暫見也案注云闖出頭貌釋文云見貌字林馬出門貌許所據本作覢文雖異而義不甚殊

十四年經西狩獲麟論衡指瑞引作獲死麟案下云孔子見麟之獲獲而又死則自比於麟自謂道絕不復行將爲小人所徯獲也其死人殺之也此當爲公羊家說穀梁傳序釋文麟本又作驎玉篇驎馬黑脣亦通俗字

傳有麏而角者漢石經麏作麠釋文云麏本又作麇亦作麠案說文麞籀文作麠玉篇麏同麇此又滋益之字

反袂拭面沾袍疏作拭目云袍亦有作衿字者案論衡指瑞云反袂拭面泣涕沾襟杜氏春秋序正義引公羊亦作拭面徐作拭目義略同注云袍衣前襟也詩青青子衿漢石經作子衿釋文衿本亦作襟二字同何氏注亦以爲衣前之襟也臧氏曰說文袍襺也衿交衽是當作涕沾衿衿襟皆俗字作袍非也

祖之所逮聞也漢石經逮作遝案說文云遝迨也中庸所以逮賤也釋文作遝云本又作逮是遝與逮字通見禮記釋

春秋三傳異文釋卷弟十一

春秋三傳異文釋卷第十二

嘉興李富孫學

穀梁經傳

隱元秊傳隱將讓而桓弑之釋文云弑又作殺如字後皆同莊元秊傳躬君弑於齊釋文弑又作殺文十四秊經齊公子商臣弑其君舍釋文作殺云本又作弑案公羊隱四秊經釋文云弑字從式殺字從殳不同也君父言弑積漸之名也臣子云殺卑賤之意也字多亂故時復音之然此二字古竝通用

信道而不信邪注云信申字古今所共用案士相見禮注云古文伸爲信漢書韋音義信古伸字

貝玉曰含釋文云含又作唅文五秊經王使榮叔歸含釋文含舊作唅案說文作琀經傳作含省通唅俗字

不出竟場釋文云竟本或作境案說文境新坿字經典通用竟字

三秊經日有食之釋文云食本亦作蝕後皆倣此案釋名云日月虧曰蝕食蝕古今字史漢諸書二字多錯見段氏曰日食或作蝕毀壞之傷有蟲食之故又从虫

四秊傳祝吁之挈失嫌也釋文云挈本又作絜案詩爰契我龜釋文契本又作挈古挈契二字通見詩釋

十一秊傳犆言同時也釋文云犆獨也本或作特案少儀喪俟事不犆弔定本作特汗簡引義雲韵特作犆二字同

桓九秊經曹伯使其世子射姑來朝釋文云射音亦麋氏本即作亦莊廿三秊經曹伯射姑卒釋文射本或作亦案莊廿三秊經曹伯射姑古今人表作亦姑師古注即射姑也射讀入聲音亦故即作亦字也

傳使世子伉諸侯之禮釋文云伉本又作亢十八秊傳以夫人之伉釋文伉本又作亢案詩臯門有伉釋文伉本又作亢論語陳亢說文作伉二字音義同

則是故命也唐石經故作放御覽一百四十七引同麋信注放違也案義當作放言世子違命而止今作故字之譌

十三秊傳其不地於紀也注云鄭君曰紀當爲已謂在齊也字之誤耳案疏引鄭云紀當爲已在龍門城下故不地何休亦云戰齊龍門兵攻城池恥之故不地是皆以紀爲已其作紀傳寫之失耳

十四秊傳以其粢盛釋文云其一本作供下同案其給字當作供毛本釋文作恭譌

必有兼甸之事釋文云甸一本作旬十日爲旬注亦然唐石經作旬案注云夫人親春是兼甸之事甸與旬字形相涉而誤王氏引之曰兼甸者對下文壬申至乙亥不及旬而言故范注曰是兼甸之事今作旬乃涉上文旬字而誤楊疏已誤

莊元秊經夫人孫於齊釋文云孫本亦作遜閔二秊經夫人姜氏孫於邾釋文孫本或作遜昭廿五秊經公孫於齊釋文孫本亦作遜案傳曰孫之爲言猶孫也注孫孫遁而去說文云遜遁也古書多通作孫字

十八秊傳不使戎邇於我也釋文云邇一本作介亦近也十九秊傳不以難邇我國也釋文邇本又作介案文十五秊傳不以難介我國也注介猶近也說文邇古文作迩尒與介字形亦相雜

廿三秊傳禮天子諸侯黝堊御覽一百八十七引作天子丹諸侯黝堊案天子諸侯當有等差不應同黝堊今本疑脫丹字洪氏曰傳意譏僭用天子之禮故下云丹楹非禮也若天子諸侯同黝堊傳何用述此禮御覽所引本是

廿七秊傳未嘗有歃血之盟也士相見禮注釋文引作呫血云呫嘗也玉篇口部引同亦云呫嘗也案鄭注古文徧嘗膳今文徧呫膳故呫訓嘗呫與歃聲相近說文無此字當爲歃之別體

卅秊傳周之分子也釋文云分本或作介案注云分子謂周之別子孫也莊子漁父釋文分本作介介分字形相似介子謂貴介也亦通

卅二秊傳以齊終也釋文云齊本亦作齋案疏云齊者齋絜之名故記稱齋之爲言齊也是齊齋義同故范訓爲絜古齊齋字通

僖元秊傳是向之師也釋文云向本又作鄉八秊傳以向之逃歸釋文向本又作鄉昭七秊傳鄉曰衛齊惡釋文鄉本亦作曏八秊同案說文云向北出牖也曏不久也廣韵向對也漢人多假鄉字爲之

惡公子之給唐石經初刻作公子友案文當有友字後人磨改去友字今本从之非是

十秊傳覆酒於地而地賁釋文云賁濆同案左傳作地墳此當从省作賁列子湯問云壺領之山有水湧出名曰神瀵釋水郭注云今河東汾陰縣有水口如車輪許濆沸涌出其源無限名之爲瀵馮翊郃陽縣復有瀵亦如之陸云賁瀵同亦謂土沸涌也

二十秊傳以是爲閔宮也漢五行志作愍公宮案說文云愍痛也閔弔者在門也徐鉉曰別作憫非是漢書凡謚閔皆作愍傷痛爲閔二字音義同衆經音義三引字詁古文愍今作閔同

廿二秊傳司馬子反曰釋文云子反左傳作子魚案宋無司馬子反當从左氏

文十一秊傳佚宕中國釋文作害云本又作宕唐石經作害御覽三百七十七引作迭害注亦作迭案注云佚猶更也釋文佚大結反亦與迭同公羊傳曰兄弟三人一者至齊一者之魯一者之晉何休注三國各欲爲君象周衰禮義廢曾成就周道之國齊晉霸者之後

此三國爲後欲見中國皆𧤩翟之行則作迭害義合此傳下云射其目身橫九畝疏引考異郵云兄弟三人各長百尺別之國欲爲君范云五丈四尺是因其長而謂之佚宕也洪氏曰下文旣云瓦石不能害此不應復云佚害宕與蕩同猶翺翔也

宣十季經飢釋文饑本或作飢案說文云穀不孰爲饑飢餓也二字義別俗多亂之

十八傳捝殺也釋文云捝捶打也或作撲案注云捝謂捶打殘賊而殺地於縉撲與捝義同

成元季傳晉郤克眇衞孫良夫跛左宣十七季傳疏沈氏引穀梁作晉郤克跛衞孫良夫眇定本作郤克眇衞孫良夫跛蓺文類聚九十御覽七百卌八引作晉郤克跛衞孫良夫眇案左宣十七季傳郤克徵會於齊郤子登婦人笑於房杜注跛而登階故笑之此傳在成元季作魯晉衞曹同時聘於齊與左氏不同杜范據左氏作跛楊疏从定本非是晉世家作郤克僂而魯使蹇衞使眇故齊亦令人如之以導客此又所傳之異臧氏曰郤克之跛三傳同文自唐定本以穀梁傳跛眇互倒釋文及疏皆从定本故陸氏反據傳以非范注楊疏引或說亦以范注跛當作眇是使不誤者亦誤矣

二季經叔孫僑釋文云僑本又作喬案說文云僑高也从省作喬音義同

五季傳伯尊由忠問焉御覽六百四十九引作伯遵由悉問焉案少儀尊者以酌者之左爲上尊釋文作遵云本又作尊二字古通御覽引注悉至疑欲重問之也是與范本異悉忠字形相涸

伯尊其無績乎注云績或作續謂無繼嗣案注云績功也取輦者之言而行之非己之功也績續形近字變楊氏以續字爲非然伯尊至十五季三郤害而殺之

七季傳日展斛角而知傷釋文云斛或本作觔非案注云斛球球然角皃詩兕觵其觩有觩其角觩卽斛之別體說文引作斛或作觔誤哀元季傳與此同非人之所能也釋文云能亦作耐案禮運注云耐古能字樂記注同見禮記釋段氏曰今俗所謂能耐能耐本一字俗姝其音

十八季經晉侯使士匄來聘釋文云匄本又作丐案左成十六季傳范匄趨進釋文匄本又作丐後皆同此爲俗字

襄元季經晉侯使荀罃來聘唐石經作荀嬰下同案穆天子傳黃金之嬰卽罃魏世家惠王罃魏策作嬰古同音通用

七季經公會晉侯宋公陳侯衞侯曹伯莒子邾子於鄬釋文云鄬本又作隖案說文云鄬地名隖鄭地阪春

秋傳曰將會鄭伯於隱范注鄢鄭地則字當作隱

廿六季經衞侯衎復歸于衞釋文云衎一本作衍案二

傳皆作衎衎與衍以形聲相近而譌

廿九季傳寺人也釋文云寺本又作侍案左僖廿四季

傳寺人披請見釋文寺本又作侍詩瞻卬疏云寺郎

侍也義同

昭八季傳以葛覆質以爲槷注云葛或作褐釋文𧝎毛

布也案葛𧝎聲近字變作𧝎義長

御轚者不得入釋文云轚劉兆云絓也本或作擊案說

文轚引周禮舟輿轚互者擊轚義異而聲同

揜禽旅釋文云揜本亦作掩案說文云自關以東謂取

曰揜掩斂也是掩爲通用字

十一季經楚子虔誘蔡侯般釋文云虔或作乾案乾虔

聲同字從讀變

十九季傳羈貫成童釋文云羈又作𩊚案玉篇云𩊚亦

古文羈字絡頭也此从羈省亦別體字

廿一季經自陳入於宋南里以叛公羊疏云賈氏引穀

梁作南鄙益所見異也案左公穀經皆作南里穀梁

傳曰宋南里宋之南鄙也是賈據傳文言之

廿五季傳邡公也注云邡當爲訪訪謀也言宋公所以

卒於曲棘者欲謀納公案邡訪一聲之轉邡借字

定十季傳首足異門而出孔子世家作手足異處家語

相曾同案古今人表戰手說文攴部作戰首士器禮

注古文首爲手二字古通見左傳釋

哀元季傳此詠之變而道之也唐石經作郊之變案注

云春秋書郊終於此故備說郊之變變謂郊非其時

或牲被災害下文又云詠郊之變而道之今本脫去

郊字不成文義錢氏曰石刻止存郊之變而四字以

字數計之郊上當有詠字顧氏謂詠誤爲郊又不然

也洪氏曰詠下當有郊字

春秋三傳異文釋卷第十二

海昌蔣光煦校

嘉興李君薌沚爲秋錦徵士來孫少從從祖敬堂明府學故學有淵源長游四方得就正於盧抱經學士錢竹汀宮詹王述庵司寇孫淵如觀察質疑問難飫聞緒論今相國儀徵阮公撫浙時肄業詁經精舍深究漢唐諸儒之學勤於著述嘗有七經異文釋五十卷馬柳東郡授偁其詳該與博得未曾有爲詁異詮者集其大成可垂日月而不刊足補陸元朗之所未逮易書已栞行春秋三傳攷覈俱精審辨異同而定得失實可羽翼經傳而不繆余因索其稾授諸梓以竝傳於世云道光丁丣仲冬海昌蔣光煦跋

靖海紀略

馬稜謂虞詡曰君儒者當讃謀廟堂乃在朝歌吾甚危之斯言誠不識詡亦豈爲能知儒者乎苟爲儒者必明吏術明吏術則必辦賊尹鐸只自任不爲繭絲耳不知其能滅智氏以爲民愛不叛固然然自其二年之前而已知有沈城之事銅出其墻矢發於屋非卒忽適然爲之也天啟崇禎之間置一曹方城于閩同而閩同大治當是之時海寇飈作壓城城不摧方其處之有如宿將綸扇韎韋迭御堂皇轉箸五年剿撫俱効今讀其言畫地聚米應鏃投捩守距環脫驅鈐役符夫以韓白在壇留泌居幄即多秘計要其鑿然如斯而已自是遂以召入禁中計天下大事連奏効大將之否不律者天下之

人益貴其識皆曰使其秉樞坐籌殺天下賊當盡嗟乎今且以譴去聖人之治豪傑根本漢高顛倒之而後盡其用此豈可以一端見乎我固嘗懷二策未之敢獻其一曰今天下之賊皆庸才奈無殺賊之人其二曰今天下之才足殺賊奈無任才之法撲賊久不滅與其責將不如責吏用尹鐸一策也激才久不出與其求功不如求過赦魏尚又一策也友弟倪元璐題

子瞻氏有言奸萌之始以臺諫折之而有餘及其既成以干戈取之而不足韙哉斯言通治內于威外方寓戎敵盜賊之患以將帥摧掃之不足者以長吏式遏之有餘我國家鏡於治亂之原內之臺諫與外之長吏任寄

出入相埒並重名碩勳績往往繇此其選當茲中外脊
脊多故凡今日長吏皆將帥任也能爲將帥者乃可爲
長吏乃可以重臺諫而有餘我友方城曹公在諫垣是
能重諫垣者也起家邑令則在閩之同安海內知公重
諫垣不知其重于令同尤不知其重于能以令爲將帥
也閩海自中盜患數十年滋劇同實海之喉吭天啟崇
禎之交邑海患岌岌幾以邑殉則幾以閩殉自公治同
五年辦取一片眞膽畧眞經濟凡弄而蝸承之勦撫隨
機張弛盡變欒卒我閭井保甲悉成精卒鳩集彼漁舟
賈船盡爲戰艦用戰用守用間諜用招安用解散用誘
購賊械百出一一籌之以整暇卒使三四渠率順者摶

頸逆者獻馘功成而全閩晏如在事文武大吏咸以戡
定受異酬獨公意邑淵然若不與籌海事也者斯其爲
卓詭者乎爲頗牧者乎公既自以積望實入冠諫垣益
發抒規天下安攘大計謇諤不少骫徇屹然長孺禁闥
淮南寢兵之風直以嚴冷孤峭危身任怨未幾得意外
嚴譴噫臣子分誼譽懼功凶何容避就藉第令業躋清
顯宦海得失稍稍易志縱掩梧棲穩又何以爲公是當
其治邑日亦安能不愛官不愛名并不愛命以爲閩海
救甯此土也期生忝公交盟二十餘年素服膺公器識
襟量沉深而宏遠方其籍孝秀淹公車時已覘必辦天
下事惜也試之令邑能靖邑以重閩胥之諫垣不得久
諫垣以重朝廷風霜雨露天心世道未來大安可量公
于此際正益恬穆任之吾儕蒿目時事因得讀紀畧而
有慨于此請以是編質今之爲長吏者令盡如公尚釐
廟堂將帥之思哉同里友弟彭期生題

靖海紀畧總目

卷之一

卷之二

卷之三

卷之四

靖海紀畧卷之一

鹽官曹履泰大來著
年友　馮元飈爾弢
　　　宋玫文玉　閱
門人　孫枝灼調玉
　　　蔡國光士觀　輯

上周東元按臺（是時撫院朱如容名欽相）

同安濵海獨當其衝自春及夏海盜橫行地方之被毒者甚慘職所目擊而痛心者也頃以招撫聚千百猖虎於中左片地淫人殺人無所不至地方哀號震動告案盈箱職委曲調停未嘗敢以褊急用事但細思之新撫固可慮百姓亦可慮且更可憐矣七月念一日把總宋九龍有李念貞傳三官仔毆殺刼掠之報職已經通詳今解海防何同知研審然此亦據武弁偏辭耳至於旣撫之衆殺人無數掠人無數猶然海上劇盜情狀纖毫不以上聞也七月念三日商民陳芳者昔曾被刼於海洋感賊不殺之恩設席請柯愛等數人飲酒飲畢遂擁至㴩民吳廷尙家索取海洋票約舊銀有舊稱總管金目老喝柯愛拿人愛向前綑拿吳廷尙之父廷尙持棍格拯打傷一足餘皆奔散各船保甲見其鴟張恨不能卽食其肉因而解縣職恐不懲責無以平衆怒故撻之平民莫敢保領姑寄監候謂如是方可仰承上臺安撫

至意職豈以成心偏護夏民哉不意俞總兵隱此一段真情以激撫臺之怒也八月初三日已蒙撫臺憲牌著職究解今將吳廷尚柯愛各杖一并解奪法如是止矣若別有苛求非職之所敢聞也始末情節如此惟台臺鑒職苦衷轉聞撫臺將海上生靈悉歸衽席矣

上過承山司尊

職受篆方數月而海氛不靖兵將股慄以真觥惕而託之假張皇如岌岌有不能旦夕保者然密偵之殊不然楊祿楊策一無賴蠢賊夥不過以千計船不過以十計以我漳泉兩郡并力圖之何難滅此朝食所慮者賊在於外奸在於內耳俞總兵腹中止有一許心素而心素腹中止有一楊賊多方勾引多方恐嚇張賊之勢損我之威以愚弄上臺而轉勦爲撫異日者擄得之資俞與素各各滿腹便可了局矣第不思此端一開而海上劇盜獨一祿策也哉聞風而起謂作賊得財并可得官恐撫未有已時也中左片地將終爲虎狼之穴矣職患在剝膚不敢言而又未敢遽達之撫臺以觸俞鎮之怒伏望台臺婉曲轉聞嚴飭兵將壹意擒斬以防其蔓

上周際五道尊諱應期

蒙諭僱賃商船自是職切身之事然即此一事便同塵飯敢爲台臺陳之四月中俞總兵自行封船十一隻向不相聞也職親詣中左編造澳甲船戶嗷嗷控訴守待日久資糧乏絕殊有可憫者何同知於五月間有票委邵縣丞封船已封一十五隻俱可載五六百石者何同知以船小不便衝犁必須二千外石者曾令職僱賃徧訪諸澳無此大船即有之亦不可得賃也大都商船覓利但知有利衝犁何事而樂於赴難乎且撫臺嚴禁雙桅巨船縱嚴責澳中無不托故遣之說而引以自避者無米之炊巧媳實難職非敢弛於負擔以虛台命也倘必須僱賃亦止有五六百石者在職當親詣諸澳賃之然聞有旋賃旋放惟賄是聞者原無進兵勦賊之意而徒剝商人之膏血貪與狡并矣惟台臺詳察而斟酌行之日所稟許心素今已見用于俞總兵矣素目下有稟帖來投以招撫自任其子基在監職曾取出面諭之令其父作速勦賊立功聞賊首楊祿向與心素爲心腹交其功萬無可成也

答朱明景撫臺諱一馮初到任

職以微材當劇邑且值多故之秋天實阨之兩年之內惟去春僅有半收夏秋亢旱一望皆赤至今年三月間纔雨鄉村艸根樹皮食盡而揭竿爲盜者十室而五不勝詰也去年撫賊楊祿等原係鄭芝龍夥黨祿等領龍銀備器械爲賊具及招撫之時則撇出芝龍龍之所以懷忿而甘心于祿輩也今龍之爲賊又與祿異假仁假義所到地方但令報水而未嘗殺人有徹貧者且以錢

米與之其行事更爲可慮耳職以送考往府趙推官留閩府卷失事者曾不一報即報亦非眞至念五晚間蔡盧臺以手書見諭纔悉情形隨星夜馳歸備文申報自十九日至念六日事也職再理前事而詳言之陳副戎率船一百念隻抵銅山會剿盡行收入小港先自立于死地矣十九日因散糧各兵登岸失于哨探賊初以二小艇假作漁人泊近兵船遂舉火未幾而大艦齊至彼乘風而來此鬬風而不能出矣把總朱九龍被害焚燬之餘陳副戎止剩三十六船奔入中左念二日賊直抵內地約有二百餘船橫行無忌其最毒者徧搜各港民兵船而一并焚之以絕我追躡之具耳數日之內陳副戎與俞總鎮閉門不出蓋亦不能出也鄭賊對居民歷數俞負約之罪必得楊祿楊策許心素而後去其執說如此至念七日放回兵船三隻聞賊與一武弁有舊故以此市德實非奪之而歸也是日午間賊聞外洋有番船遂率諸船出外刼掠而內地仍有賊哨乘潮往來各港令人報水廿八日各港稍寧漁民敢于出捕鄉民攜入城者漸亦還家于是俞總鎮飛報在鋪者一切撤回其意未知何若耳夫當此一無所恃之時往來操縱徒聽命于賊而猶聞揜敗以爲功飾虛以爲實將來之事何以稅駕如職一官有何足惜而海上生靈眞足惜也伏望台臺威靈獨斷調兵固守早一日則早紓一日之憂耳黃與冲去年十二月間被擒詰之隨已脫逃頃四月初復密行緝究業挈家下海不可驟得矣餘黨容職設法尋緝另行申報

上朱撫臺

鄭賊初四五兩日大船陸續駕出大担意在刼洋船也然內地有小船數十隻往來哨探初六日賊船二隻突入亭泥港紛紛報水職帶領健丁百餘人逐之擒獲六賊初九日蒙巡海道竿其首矣其擒賊鄉兵職遵奉賞格當即賞給更加花紅盃酒勞之各地方人心呼之立應勃勃有方張之氣皆台臺威靈所鼓舞也中左城賊眈眈睨之其意全在俞總鎮以是總鎮急欲回泉郡發足四五次被賊窘逼不能脫身彼向不慊于中左且城中絕無餘糧久而內潰洵可慮耳賊勢猖狂援兵不至職只有奉行鈞令嚴保甲練鄉兵保守城池而已庫藏如洗巧婦難炊職勸諭鄉紳監生及富民好義者各捐貲募勇士百餘人以防守近澳衆皆樂從之楊祿與策俱在許心素家總鎮提之不出聞心素招兵自衛賊亦未能遽攻是亦可憂之事激之不得也此中鄉紳議論與去年大不同以昔當全盛今當潰敗昔賊以千計今賊以萬計台臺無事不處其難諸紳未有不攢眉而嘆無策者百凡事宜職敢不盡心以自爲計哉嗣後消息容職次第申報

答朱撫臺

自初九日以至十三日日日有擒賊來解者鄉間人操利器家有鬭志神氣大振矣十四日賊到五通地方要登岸鄉兵聚集數千搏之賊各負傷而去職召彼處鄉民徧爲獎勞令富者給貧丁以器械并助以飯食賊至則合力追擒人心無不樂從者其有二三勾引接濟者職已密訪捉獲容確審申報兩三日間近縣內地絕無告警惟劉五店尙未靖浯洲毒燄方熾蓋內地無可容身不得不轉而之彼也同安各澳職密搜之其船可載入九百擔者尙有堪用有可載千五百担者三隻係豪有力所管向避入泉城小港職已發封條取用但此船必須兵以守之而以器械火藥衛之乃可保全非是而賊謀叵測甚可慮耳

答惲道尊 諱厥初

流賊登岸職遵憲檄竭力舉行鼓舞鄉兵人有鬭志賊亦畏縮不敢前但近大海一二處尙被其毒盜賊倚海爲勢追躡無從不能如內地之易于捍禦耳真賊日已奉令正法臬示嗣是陸續擒獲者不及成招而斃以鄉兵恨不能啖其肉一成擒便無復生理況又加之以刑乎以是未得申解也近有勾引接濟數奸即當成招押解以膏斧鉞許心素通逃之罪必不容貸而目下招兵自衛窟穴甚固激之仍還本來面目耳賊勢不知所終前後左右皆爲賊傳遞線索者言之最難容職伏謁之日以陳其槩

答朱撫臺

自臬示六賊之後近地無賊登岸惟劉五店與浯洲賊隨意出沒拿人報水不絕也俞總鎮至同安但閉門高坐與之言則浮游支蔓而已及彼渡海之後賊數數至中左挑戰而相傳以爲必攻所城海道調兵往援但苦單弱耳許心素應誅不待今日今素與楊祿等俱在充龍地方同室而居招兵五百餘名扃戶自衛擒之亦不易聞彼云倘追之急則有轉而從紅夷是實話也昨心素有到城中買米者職緝之甚嚴已將包侈者現在枷示近日聞其窘手又求接濟于漳矣斬根除蔓必須寬之使不吾慮聲色不露而元兇授首乃是第一策不然而激之生變俞總戎愈藉以爲口實矣伏惟尊裁

答朱撫臺

紅夷船泊浯嶼賊俱退至銅山矣職細扣俞總鎮渠云夷之攻賊確然可信然聞賊與夷人往來如故又事之不可信不足恃者楊祿今復出用事矣黃贊卿係賊心腹買小漁舟數隻借哨探爲名而時刻爲傳遞之計數日內緝漁民廿四人以爲賊也竟解總鎮漁民控縣職即轉申海道職審而豁之廿四人幾死而得生焉夫通消息于劇賊戮良民以稱功議剿而可使此人在行伍

中哉其如有力庇之者奈何僱船一事郡中一二大老以爲失人心彼痛不切身言之甚寬耳使不僱而船能立辦乎賊至而束手待斃乎職奉憲令行之各船户歡欣趨事何曾費其毫毛盡船户至今日亦知偏海皆賊藏舟無用而人人有義憤矣人之爲是言必感觸于一二僱募之不妥者言之也惟台臺斷而行之若護船在兵職已對總鎮言之再三矣

招回告示

爲地方事照得海盜横行所在焚掠今爲劇賊昔皆良民也人非生而爲盜一念之差便爾失足從正有路要在挽回今與爾諸民約凡有子姪弟兄在海爲非者着父兄叔伯即去勸諭歸家改過便是良民本縣樂與自新既往之事決不推究且家園如故骨肉團圞幸天雨霑足儘便業農爾輩倦而知還回頭是岸尚爲未晚倘怙終不悛無論將來沉淪苦海即在今日爾輩從賊之人本縣業已燭照數計直待一一發覺拘禁家屬勒限招回則一人從賊全家落難矣言念及此各各猛省及早招回以保全身家不負本縣撫恤之意于計甚便也本縣一點愛民真心從無虛僞素見諒于爾輩決不誘以歸路設之法網其勿疑畏因循規望以貽後悔特示

上朱撫臺

近來賊以銅山爲穴而招回者甚多回本縣者即令編入家甲禁刁徒之挾詐以安其生理地方亦覺寧靜紅夷大船仍在洋日前有鳥船一隻來賊以爲貨船也而刼之被夷人擒獲賊夥幾四十人而其中賊首之精悍者已賣與鄭芝龍而所解廿餘人大約被擄者居多而俞總鎮且居之以爲功矣賊有攜家小者乃賊首而小賊不能攜近亦未之有也黄寅冲妻楊氏已獲監候訖令密信招夫回家有親兄珠萬已同去做賊其他則疎族或不便於株連耳

答朱撫臺

蒙台諭以夷攻賊即商之海道矣職意呂宋助勦之船來無可據果夷賊自相爲難亦聽其搏擊于外洋不欲引之入內恐驕狠進虎且非法也條陳之人未可輕信惟台臺裁奪近聞鄭賊已據東粵之墩頭爲穴惠潮之地殺掠最慘而風汛一便此地又不知何如俞總兵戰處堂之燕甫云出汛而旋已收入中左矣洪都閫畢竟見妒于主將海道調之不得事多牽制不可圖也王清與許心素結契已坐心素之船其船堅巨果用之打賊儘稱利器即結契何妨但恐一入其門無不柔之骨耳

答朱撫臺

寇在南澳有陸續招回者職着保長家甲隨到隨報拘同父兄與家甲保領甚多尚容冊報勦之甚難目前止有一解散法職盡心圖之但力單而勢孤終不能副台

臺之望以是蚤夜焦思而食不下咽耳鍾斌突然而來以求撫爲名然不料修船整器求無不得又出自俞總兵之號令也至今日而刦掠橫行賊船已至四十隻職恐海道急圖之稍緩益恐蔓也

上周際五海道

頃聞俞總兵遣奸徒李光楊尾等載送千觔大銃計有陸拾門與鍾斌則其餘器械之精鋭不問可知若令漁民五百徒手搏之能無糜爛之虞哉哨官趙英亦慣爲勾接乃陳基茂之侶也所舉洪項吾輩想是引類呼朋而所云三事臨身則係實話然此時之心亦不勝詠戒與洪項吾數人給示招回似無不可者伏惟台裁

上朱撫臺

洪都司之事一至於此非陳文嫌收入舊鎮內港自處於絕地亦不至於此然何以獨敗在洪陳也職向云大將貪懦兼之忌嫉必不容偏裨立功曾屢陳於台臺之前而不意其言之果驗也台臺焦心勞思竟爲匪人所僨殊爲可恨然而徒憂何益惟是從新料理調發將兵以捄倒懸地方仰賴匪輕也鄭賊向未至初五夜酉二從古浪抵潯美高崎今在高浦坂尾騷擾職督領鄉兵力禦之想無能爲大害所望援兵齊集以助鄉兵之聲勢不啻雲霓耳

上朱撫臺

賊至中左登岸迎敵者止有浙兵餘皆怯走無一救援者以是潰敗是夜二更俞總兵越城而逃潛抵同安城外職已設計留之矣兵船新舊被焚被牵無一存者民房燒毀流離載道目擊心酸職一官何足惜但思咽喉失守全閩震動耳目下團結各保百計捍禦所幸地方人心尚存信義呼之即應然力單勢孤望救眼穿惟台臺速調援兵指授方畧以解燃眉

安中左示

同安縣爲安輯地方事照得海氛橫熾流毒萬民俱繇本縣綢繆失策負慝傷心萬無可解但本縣素與爾士民相信自揣釁非我召所恨力有未逮不能出之湯火而一點血心枯而欲裂我百姓必共知之也聞此數萬豺狼亦素知本縣治行頗切歸向即此良心不泯自宜引衆退避且中左一城斗大百室磬懸豈云財賦之鄉必非垂涎之地爾百姓各自安堵目下援兵即至上司軫念甚切誰非胞與其忍寘一隅于度外乎本縣從爾耆老之請不難單騎而來第所城縣治各有職守勢難擅離姑發一示與衆共曉凡城內外居民同心協守毋得驚竄以貽伊戚

通詳寬限蠲免稿

看得同安縣僻處海濱山多田少素艱粒食兼之兩年亢旱頻仍一望焦土民困極矣且頃因海寇結夥流突

內地如沿海浯洲烈嶼大嶝澳頭劉五店中左等處焚掠殺傷十室九空流離載道加以今冬不雨二麥未種百姓益惶惶無措睹此淒慘景象眞令人涕零心裂欲身代而無從者也今據闔縣士紳一呈委係流民圖繪痛在切膚但查本縣庫藏若掃賑無可賑錢糧催徵如羽蠲無可蠲而所可徵濶以蘇涸轍者止有緩徵之一法如七年額派軍糧兵餉原奉憲檄分限按季徵解冬季應完五分者也今求暫寬二分候明歲春夏有收并限追補庶上有寬徵之惠而民紓剜肉之苦耳至於魚課額銀三百餘兩渡稅額銀四十餘兩徧海皆賊民無片帆可以往來商販生理斷絕錢糧何辦合應題請暫蠲一年以延海濱殘喘者也本縣獨當災傷之衝別縣自難引例惟望破格拯援以逭參罰合就請詳

與黃東崖同年

昨入郡劇欲晉晤以地方告警匆遽南還不及登龍爲歉弟以縣質而當衝險岌岌幾不自保所恃小信小惠以鼓舞鄉兵自深青以至近城以萬人計人人奮勇殺賊無數庶幾有臂指之勢然而枵腹空拳事總不可知也陳熙老招安之議造福固匪淺然鬬賊望甚奢何以結此局反覆思之眞食不下咽而寢不貼席終未敢贊一詞也

諭鄭芝龍

本縣生平心事以眞實待人並無一點浮游眞可以對天而質人者也矧有地方之託稱民父母其肯改素心而以虛誕從事蒞同以來已更四歲其爲百姓所知不待言也屢閱來揭爾爲俞總兵所激本縣亦已詳悉爾果實心効用芟除夷寇地方享一日之安豈不甚願但事有可爲有不可爲者如爾所稱水操遊擊此朝廷選授之官非撫按所得而主也譬如府州縣令撫按得而薦劾非請自撫按不得而陞降也今爾求之不得輒思自泉而興而福一路騷動何所不爲然有害於無辜之百姓無益于一己之功名且愈決裂事愈不可收拾益非所以自爲地矣爲爾之計只宜解散立功將來前程自不可量正不必一蹴而求顯榮也予爲地方父母故以忠言勸勉其淸夜思之毋忽

上朱撫臺

自俞總兵棄城而逃往漳之後外迫于賊鋒入中左不敢內迫于衆怒棲高浦不得乃住深青四五日旋至同安歸府城稱病杜門信如台臺所料并不能了撫事也兩道議撫而屢遷其說益賊之志驕而欲奢亦知必不可從而揆情度勢萬不得已而爲之此非職敢出諸口者也同地自深青以至苧溪五十保鄉民協力團練以萬計有賊至不呼而集聲震如雷殺賊無數不待賞亦不勝賞矣近城三十里內外賊亦相戒勿犯如此氣勢

一隅可恃以無恐然此皆鳩形鵠面家無一粒之民兼之荒旱為殃又可慮也捍禦之策伏候台示

上趙芝庭按臺諱允

昨蒙憲諭隨即細叩諸鄉紳曾否以遊擊許鄭芝龍諸紳力爭其無而原東則無可索也職聞撫議已定而所以撫之者未定昨俞總兵差人賫劄令其散黨而不言何以散復差官往撫而未知何以撫非台臺威斷並行毅然主持于上不幾于道旁築舍乎

安各地方示

為休息地方事照得海波不靜兼旱魃為殃百姓惶惶逃竄饑殍相望本縣恨不能身代今上司甫議招安毒螫已斂而甘雨下降正值農工告急之時切身之痛少紓萬一爾百姓各自趁雨力田不得紛紛搶攘凡縣間詞狀一切暫緩審理差人下鄉騷擾即稟究責草惟是上司批詞一二關係重情者勢不得久稽爾輩速自赴縣審結免致差擾困疲之餘合當安息爲此特示

與鄉官黃元眉

去冬曾脩尺一中候想已塵台覽嗣是時事日非自貪懦無恥之將養成癰疽一朝而潰有言之可痛可涕者十二月初間鄭寇復至中左將逃兵散船器俱為寇資所城若累卵而縣治亦皆震驚所恃平日區區小信團練鄉兵一呼而集奮勇格鬪者數萬人殺賊無數賊是以相戒三十里之內莫犯而內地俱得無恙然沿海一帶鞭長不及受害竟無了日且賊已舍此而挂帆北上其毒謀有不可言者兩臺從郡中公議不得不議撫今已斂螫而將來正未可知同地西南一角悉為犬羊狠虎之場不肖偏體芒刺眞食不下咽而寢不貼席者也台臺其有以教之不啻苦海之慈航矣泰迂拙廢人于地方無益特以百般勞苦頗見原於兩臺而風波難測所恃萬間鴻庇有天上貴人耳

上朱撫臺

職生不逢辰師旅饑饉頻年不解深慙補救無策幸藉台臺切如傷之睠百方捐賑加惠窮民此從來未有之德意也職所請倉穀已蒙批允隨即于十一日招集饑民在梵天東嶽兩處給散每日約有五六千人日每人給米四合蓋煮粥則强弱淩奪有不食者而散米則雖極老極幼極憊之民無不均足此職躬親區處有法以行之俾人人得以食台臺之惠者也西界有麥可食尚不待賑若東界則近而馬厝巷遠而浯洲職定于數日內親履其地查眞正貧戶而高下與之務期沾被必不使徒有賑濟之名耳鄭寇解散終不可問目下約有萬人未散昨有一稟致張輔吾云曾窺見文移中有借撫為勦等語衆皆疑貳職以為當此之時未應使之疑也職旬日之間只行賑濟一事而未撫時之戒備稍弛之

彼意全在偵職之動靜以爲疑信不如此不能堅其信也此時以此法聯絡之或可收之爲用或可徐起而圖著數皆未可定審局全憑在我庶幾于聲色不露之義有當乎不然而不密害成有不忍言者矣何同知十六日往中左調停其間至誠足以取信於彼或者不虛一往耳此就撫事而言也職又有憂焉十五日曾令人往中左密訪有陳衷紀李魁奇各懷異心船隻叛出者三之一糾結積盜李梅宇陳盛宇等勾引紅夷入內爲難其說不知眞否若果然則中左竟爲戰場同邑彈丸不危若累卵哉台臺何以教之

上朱撫臺

中左撫事俱何海防肩之職所以不越俎料理者正欲力持法紀使彼知憚而詳加商搉以萬全望海防則職蚤夜關心者也近何同知云船器分撥已有頭緒議留之兵俱經點過但又云猙獰之狀驕蹇之態目不堪睹則狠野噬人時時可虞非有重兵以彈壓之其變將不可測望台臺爲善後計庶於此局稱完耳

復張遊擊

途次相晤匆遽未盡欲言歉歉不佞昨往莆陽謁朱道尊諄諄以撥還船器爲第一義今未知其作何分撥也便間幸以見示聞黨衆未散且李魁奇之橫卽芝龍有未能約束者然乎否乎志大者不惜小芝龍今日益不

當與雞鶩爭食矣麾下其開諭之何如諸事以速爲貴遲則葛藤愈生亮高明之所洞悉也方之驥母及婿已召保縱還受此上臺鴻恩何以爲報不佞有數語諭之詞義俱嚴想已悚惕總之前爲法外之人今爲法中之人自須盪滌腸胃打起精神做事耳

上周際五道尊

中左撫局幾僨止因陳冲紀從中挑煽令被芝龍掌家手刃附冲紀者俱已鼠竄可見芝龍報効一斑差快人意耳但查船器堅好者竊之而逃所存僅十之五亦半屬不堪者常聞芝龍亦自流涕禀訴防館所恨冲紀之死不蚤也日來高浦所叛撫者駕船出海仍復勒人報水職密訪賊船所泊之處令十八保鄉兵擒之火其船四隻生擒擊殺者纍纍職星夜率鄉兵直搗其巢穴衆皆受縛矣各澳叛撫流刦者甚衆澳民合力擒殺者亦多卽日當備文通詳也

答何海防

聞銅山蟻聚不減於昨年而石湖焚刼又已見告將若之何此日正芝龍報効之會豈得泄泄聽之職早已禀撫臺請兵擇將兩日內當有消息各鄉兵之擒殺叛撫者不一而足最快者是劉五店背水一陣火焚水溺以百餘人計卽日備文申報也

答張永產遊擊

叛撫之巨魁已殄具見以賊攻賊之一斑亦麾下鼓舞之力也大教云危疑洶洶此又從誰生叛者自叛順者自順各占地步正不須黑白眩亂耳漁人水戰火攻萬目所共睹絕無可疑永寧告警戰守茫然請兵分駐麾下先得我心矣

上朱撫臺趙按臺

惡生林獻采造孽多端而挑夷勾賊其滔天之罪也向奉憲諭擒拿因賊勢未殺急擒之恐以激變以是優容至今今已縶之矣仰仗台臺即賜斧鑕以除此狠庶幾懲一警百耳

靖海紀畧卷一終

靖海紀畧卷之二

鹽官曹履泰大來著

年友馮元颺爾弢
宋　玫文玉　閱

門人孫枝灼調玉
蔡國光士觀　輯

答衆鄉紳

不肖泰迂拙成性受事以來獲戾於長者指不勝屈函冐之恩豈不知感若林獻采一事上臺久已屬意昨特借此以餌之來今果投網想人怒天譴斷斷有不容逃者也不然以靑衿而妄意縶釋之乎惟諸台臺垂鑒宥其愚戇拜生成之賜侈矣

答何海防

職仗台臺之靈多方料理少偷處堂之安感庇匪淺也但昨道尊所發審撫賊蔡明等七犯語語吐自肝鬲且覆口相同劫掠米船萬無可疑者此必出於鄭芝龍所不知而後可如果知之而有此舉動奈何言撫也三尺具在職不敢私豈偏與之爲仇乎此後鈐束倍當嚴密煩台臺申諭之

與李任明 諱燦然 係前令

泰材本駑腐地當衝疲百凡苦趣爲令者所甘受且合臺業已身嘗無煩泰蛇足其舌也獨至今日更有可駭

可愕者連年荒旱斗米二錢而大寇連䑸刦掠丙寅春夏之間朱如容撫臺議撫而俞總鎮助寇養亂與不肖意見相左幾爲其所擠幸按臺周袁老力持之而失意之中番成得意此夢想所不到者也丁卯四月鄭寇躪入烽火三月中左片地竟爲虎狼盤踞之場七月寇入粤中九月間俞將又勾紅夷擊之夷敗而逃鄭寇乘勝長驅十二月間入中左官兵船器俱化爲烏有全閩爲之震動而泉中鄉紳不得已而議撫數月之內斗大輪山曾無一兵之援斗糧之給秪有鼓舞鄉兵一呼而千萬人立應與賊格鬭庶幾有以奪其膽耳近雖云撫而數千劇盜蟻聚鷺門將來竟不知作何結局守土者但知有守聯絡衆心共圖捍禦職之事畢矣近有惡生林獻采勾賊刦夷撫臺嚴令緝獲不知其爲林亨萬中表弟也以是開罪垢辱已甘蒙面風波恐在轉眼亦聽之而已合臺更何以教之

定商人穀價告示

照得閩地穀少人稠專取資於粤商人揚帆而來倍獲而去則不惟閩資粤而粤亦資閩矣向因廣穀不通以致價值湧貴今鄭芝龍護送穀船專以救我同民乃奸牙拴商指勒高價數日曾無交易是乘我之急而要之也殊非商民兩利之意矣今本縣就中酌處每銀壹兩定穀鄉斗一石七斗商人利已數倍而我同民庶幾少有旦夕之需耳如牙行貪饕猶然未填故意與衆爲難訪知爲首之人定行重責枷號此時悔之甯有及哉潮人同人均屬一體惟爾輩量情通融毋致彼此參商本縣之心安矣

上朱未孩道尊諱大典

林獻采惡跡素著今春海上刦夷勾賊更關地方安危撫臺得之採訪嚴諭密拿勿令遠走乃二月間事職但知此惡之不易擒而竟不知其爲林亨萬之表弟也被獲之日亨萬差幹五六至縣門內拿差役到家毒打始之以板繼之以棍徧身幾無完膚職受此辱豈能一日苟留哉正將申文亟請罷黜而以各鄉紳與百姓痛哭流涕遂爾轉念且時方多事不敢借此抽身以負上臺噓培盛心此職一點血心絕無一毫粉飾者也職細思之海上寇至則束手無所措奉憲緝獲又南陽不可問左難右難卑官鷄肋有何足惜所可惜者封疆耳非仗憲臺力爲主持將來之事益不可爲矣

上朱未孩道尊

鄭芝龍驚惶不定一則憂新撫臺之到撫事不就一則憂陳盛宇與周三合黨夾攻勢孤力單性命不保也至於賊夥流刦到處生事非惟芝龍不能約束卽儼然一將官亦苟且阿附曾不敢發一令規正之其行事已爲賊輩所輕枉已直人萬無是理耳台臺必風聞其槩職

不能爲之諱也前月念一日有劉五店小漁船四隻至古寧大洋捕魚被賊擄去船一隻魚船歸報本澳次日約會漁民駕船三隻扮作客船到前日被刦洋中賊果駕小艇四隻將船鈎住行刦漁船中埋伏之人執械齊起兩賊艇逃去兩艇之賊赴水溺死艇即舉火焚之正在鬧嚷之時適有宋輔國乃鄭芝龍之家長老自石井回來望見焚船以爲賊也揚帆直衝魚船之人又以爲賊夥之再至也并力格鬭此衆彼寡力不能敵魚民將宋輔國等十五人盡殺之此時並不知其爲輔國也彼此對壘勢不兩立亦迫于不得不然萬無抵償之法張都司危言恐嚇職姑應之曰自當究處刻下且拘漁民一審意欲將三四爲首者暫羈之以塞撫賊之口亦一時權宜之計也芝龍揚言率衆賊報仇職語之曰如芝龍靜聽處分乃不失爲撫若果有報仇之說仍是劇賊舉動且我百姓豈能束手待斃即令澳民合力齊心以防不測而澳民知是騎虎之勢公然有鬬志矣查劉五店壯丁不及千連結十三保之衆則有萬人團練之法不讓十八保料鄭芝龍不能與之爲難也職對澳民諄諄開諭事體如此悔不得怕不得爾輩有何難免之罪縣官決不庇撫賊而仇良民速來赴審不可逃避澳民亦各點頭但職愚弄撫賊之意可由而不可使知耳職狂瞽之見其於時宜理法不知何如惟台臺開誠見示

示諭劉五店

爲地方事照得沿海居民以採捕爲生自海氛不靖我百姓生理日索計無復之一年于兹矣近大寇業已稍解而小寇竊發漁民受其刦擄爾劉五店駕船出海爲勦除之計不謂宋輔國之船相觸彼此認以爲賊而輔國寡不敵衆一船十餘命或溺死或搏死殊足稱冤然爾輩實不知爲輔國之船而故殺之也此段眞情官府所諒聞爾輩驚惶不定訛言鄭芝龍率衆報怨不知芝龍業已爲官報怨原非官法眞心歸順之人定不出此爾百姓靜聽上司處分不得日夜惶惶以誤生計但賊夥流刦不一其類即如初三夜黃宜仔王孫治一夥搶奪爾船隻殺傷爾父兄不軌之徒旦暮難測爾輩會同十三保團練守禦自是各保身家之事遇警擒獲固不得懲噎而廢食分别好歹亦不得恃衆以凌寡此後凡有被執者赴本縣審明以憑法處不可擅自搏殺至于臨陣對壘彼此勢不兩立又不可取必于生擒赴審也本縣念切民隱爲爾謀甚于爾自爲謀爾百姓其各遵守毋違

與顏同蘭

近來兩臺議撫有疏海氛少靖而中左片地向爲犬羊蹂躪之鄉未知當事者作何安頓此輩肆毒于地方其怨不可解調劑殊費苦心且有借撫以作賊此撫而彼

叛勢不得不用芟夷而芟之則無一兵無寸鐵不過仍用吾父老子弟芟之而已所幸上臺見信殲殺無數而鼓舞不倦即有一二不擔事者從中股慄而職擔之以爲無他變故也撫賊于是題而定且爲吾用而擒賊報效目前亦儘可觀矣其後來變態則不可知也幸有以教之

一守城議

自去年海寇焚掠中左各處流突本縣彈黑孤懸並無一兵之衛岌岌幾于不保該縣日夜登陴勸諭鄉紳士民稍稍温飽者各出家丁多寡有差每夜上城支更看守一切販鬻貧民糊口不給者免其上城于是貧民感

德即一二無賴不軌之徒亦俛首嘆服雖警報屢至而安堵無譁

上熊心開撫臺 諱文燦任戊辰之春初到

中左之去縣城也不過六十里自去歲十二月潰敗以來已踰半年矣無將無兵而西南一隅竟爲犬羊虎豹之場職捍此一身以與賊對壘而此賊之變詐未可以常情測也始而挾撫繼而要劄又繼而擇官眞如驕子之于慈母求之不得不休者職孤城逼處止恃陸地鄉兵與之抗殺僅延旦夕之命而海上毒燄如故也自泉紳議撫而旣撫之後就撫者猶然番服包紅露刃殺人叛撫者盜器盜船刦掠四出漁民撲殺之不啻數百賊

口口糾衆報怨地方惶懼無措職大言以恐賊曲諭以安民乃不至于激變而其禍正醞釀未已也近日之刦財殺人未有不出自鄭芝龍之散夥者迅執之則得矣少緩則逸而走鄭寇爲窟鄭寇非民非兵不隷于有司不轄于遊寨職旣不便于行移又難于勾攝將奈之何且此地受其荼毒者甚慘家怨戶恨面面相對今此一方百姓與之絕無芥蔕也最難而職之調攝其間也最苦即鄭寇果肯立功報效而此地必非久居之所矣且也人聚則易譁撫之必當有以散之或南路中路北路各處調發黨與旣分邪心自息効用自當倍奮耳細查兩月之內夷船屢進屢退不可方物鄭寇乘吾內地之

空虛而陽爲恐懼之報陰結腹心之歡欲問之而有不可問者萬一拴夷搆難空拳無應爲毒滋大同邑爲泉南門戶關係匪小職能禦之于山陸而不能禦之于風波非選將練兵急爲補救海上之事不知其所終矣迫切之極忘其縷瀆伏惟台鑒

上熊撫臺

近日海上流賊奪船出洋朝暮刦掠浯洲渡載之處又紛紛見告率皆中左未散之夥也今日中左並無一官即諸寨之中有官而同于無官鼓譟者不問逃出者不問法紀至此已蕩然無復少存何以致之總之將官苟且貪昧有以招之侮也爲今之計急欲得賢將而賢將

安在又無如急練兵而老弱者不可練將汰而招之沿海皆賊也招賊以爲兵誰別其非賊者此又難之難矣職蚤夜思之但見瘡孔百出而不知補捄何從惟台臺有以教之

上熊撫臺李魁奇與鄭芝龍同夥同撫因分贓不均魁奇叛去乃戊辰九月間事

李魁奇奪鵃大小船百隻住泊中左外較場招聚賊夥三千餘人矣職令各鄉總督率鄉兵數千人于要路堵殺賊不敢登岸初六日鄭芝龍自劉五店而往石井招募鄉兵數百借本縣船五十餘隻以爲剿叛之計初八日芝龍封銀二十兩與劉五店澳長高大籓要募鄉兵五百名職令大籓還伊銀答之曰汝輩眞能發憤勦賊鄉兵自當助一陣何須銀爲以是芝龍感激思奮膽氣甚壯初九日早芝虎先駕石井魚船至中左魁奇聞風而遁今已退出浯嶼外洋早晚聞芝龍聯結劉五店漁船即至中左矣叛賊黨內有與芝龍密者可爲內應且鄭芝龍大發懊悔此中機括甚可乘也職思之芝龍與魁奇萬無復合之理撫魁奇不如助芝龍若得成功便可入告不成乃若輩自相煎熬我可以享漁人之利矣

上趙按臺

撫寇自春徂夏叛服無常其力盛其志驕其謀詭秘而不可方物也惟是與吾民爲難者吾民能抗之幾經折挫而稍稍斂戢耳然中左彈黑悉爲虎狼犬豕之鄉其衆尚以四五千計求所以解散之而不可得益隣郡之人主于殺賊但不能殺對壘之賊而專殺受降之賊以是阻其歸路而止以撫賊爲窟穴戀戀于中左而不能去耳目下賊夥蜂起而泉南重地竟無一將一兵以爲自固之計若將以海上瘡子一肩推與鄭寇者而鄭寇鳥盡弓藏輔車相倚之說胸中未能即破非威惠久孚彼豈肯窮追直搗以爲立功地哉職勢在剝膚蚤夜思維未知補救惟台臺明以教之

答項元海

弟三年以來日與賊搆難去冬以及初春尤大費撑持四五萬之衆蜂擁泊疆大將逃矣偏裨擄矣自兵抱頭竄矣弟惟是率父老子弟數萬之衆以撲殺諸賊賊於是相戒勿犯同城而四郊稍得安堵即今春招撫之後驕賊之氣尚未肯降弟率鄉兵有犯輒撲之地方同事者爲弟股慄弟曰不然必如是而就吾撫者可爲吾用也而撫衆於是遂定今且知報効以自贖矣此皆弟一片血誠素信於下民并見信於上臺率意行之幸免於罪戾耳若官舍蕭然原是書生故我弟每作書寄親識云他人做官帶金銀回來我做官保全性命回來便是鐵漢今日諸上臺亦以弟爲正人庶幾無負于大君子之教足以慰萬里之相思者也來教情形危迫不異于弟以義揆之天之所以擁護有道仁人者定是不爽毋

容攢眉也

上蔡五岳道尊諱善繼

勾引紅夷者職素廉其人而雄長無過于許心素其族許心旭乃心素之堂弟心蘭之親弟也俱係勾引巨奸但目下奉撫臺憲牌追心素心蘭贓銀五千兩職方百計以誘之完若即行拿究則被拿者不肯協助完贓未拿者秪有抱頭奔竄而職無可措手矣或俟追贓將完之日擇其尤者而治之庶于事稱便耳又蒙台諭兩驛錢糧其苦未易以一言悉者大輪一驛受中左之累甚大始以紅夷繼以海寇上司往來絡繹而總兵參遊之答應更繁數年以來牘夫逃膳馬倒驛官終日泣訴要

逃不得求死未能二年差銀已透支五百兩矣刻下透無可透將來竟不知所終也至於深靑驛則不可以大輪驛比無中左之累而秖應漳潮之使客牘夫膳馬業戶具在一月之內應付幾何餘皆安枕食糧之日也安得照大輪必求按月領銀乎且今年站銀已發四分之三所未發者僅一秋季目下徵比即當給耳大都過往者需索無已而驛官以縣官抵塞一種苦情非奉明諭不敢縷縷瀆也勾夷姓名先以所知五名開具并祈電覽

上蔡道尊

撫賊李魁奇等蒙鈞示弔點鄭芝龍三次弔取聽點魁奇等抗不進城芝龍心疑有變遂往石湖一視而魁奇等將船盡行駕出矣意欲先至中左搶奪芝龍之資而芝龍從陸路馳歸初四黎明到中左將魁奇等家屬拘入城中其居魁奇等船初四午方知聞芝龍拘留家屬撫賊一半在船一半登岸燒毀較場諸鋪戶搶掠財物芝龍僅有兵六百脩整軍器防護其中情態總不可測也賊船泊在中左如此事變將何結局乎職差人偵探所聞如此

上熊撫臺

近探得李魁奇船泊銅山船上賊衆凡係鄭芝龍親兵槩殺之非賊無此辣手非賊無此慘報亦足明天道之

不爽矣鄭芝燮相傳已被魁奇手刃緣鄭芝蘭逃回中左疑其與芝龍爲內外應援也信然則賊種相殘頃刻立盡耳何足慮哉鄭芝龍募兵千餘不惜厚餉以養之又急急造船繕器彼急于自衛而我亦與焉刻下地方可無虞也職向謂芝龍大病在驕吝二字經此一番可以鋤驕可以破吝而今而後庶幾可驅駕之矣若其貪情原不可測識但芝龍好與豪門貴客酬酢往來沾沾自以爲榮已大費鐵炭今日腰項俱黃矣肯一旦輕割之而有他腸乎況寇仇在外耽耽視之至今日而門路已窮即欲不歸漢不得揣此情形職所以謂應助芝龍而恩威操縱隨時變化合臺自有妙用非可一格拘也

聞張都閫與芝龍最善魁奇叛後芝龍見王糧館氣象行行言皆脩飾體面及見張則失聲大哭此足以見其眞肺腑矣今日芝龍之事竟責之張都閫可也第各寨遊處處殘毀整頓不能一蹴而至今芝龍有以窺我之弱而肆其傲多方要挾終是可憂耳

荅蔡道尊

同安各澳漁舟不皆可用也精鋭直前者止一劉五店三十餘舟七百餘丁耳卽處處編成隊伍亦非可以隨意調遣者至于商船大者被賊燒毀數翻已無剩板僅存者每澳數隻耳澳冊上有有名而無船者葢船毀而餉存挂一空名以追之完餉職每一徵比方惻然動念

媿汗滿身又何從而編成隊伍耶且此所存之小船商民藉以糊口四方朝東暮西往來無定非若漁舟之採捕各有定處可以一呼而集者卽編之似亦無濟于緩急耳助魁奇叛者黃巽冲止有一親兄前被鄭芝龍戮于中左矣其他疏族不關痛癢無可監禁者密擒一著昨年屢試之不效正苦無得力人且此時賊之叛志甚堅必不肯爲我而下此毒手也相機觀變倘有一得自當仰佐高深耳

荅蔡道尊

漁船冊尚未編成同安澳多而路遠且此時出海採捕不在澳者居多一時難以取辦也昨蒙撫臺憲劄其意急於至海上謂須壯丁數千船數百皆不易承當之事職以精鋭千人應之船則止二三百擔漁船數十隻耳至于商船則寥寥矣以被火三翻十不存一與晉南惠之未經殘毀者不可同年而語也近日私販之船細訪之杳不可得葢寨遊不能拿賊而能拿私販卽有奸商亦股慄而不敢出矣鄉兵似不可另編冊其赴鬬全在地方官之鼓舞眞如臂指之使一毫勉強不得一編冊則人皆疑畏以姓名一入于官府而號之爲兵其身恐爲官府有也愚民意見固然職姑與相安已耳台臺以爲然否

上熊撫臺

叛賊李魁奇與陳盛宇周三鍾斌等聞已合䑸然其心參差不一合亦速離其間有可乘也昨聞魁奇投稟于南澳鄭參戎有投降之說又聞欲縛周三鍾六以獻功賊態變幻總不可信然總皆可圖職與本道及海道多方謀之必有以分台臺之憂也漁船冊已編成然不皆可用職另選壯丁慣海千餘人以聽調發此緩急可仗者其中精鋭絕倫止劉五店五百人爲最耳若鼓舞直前則恃有台臺威靈在也

上熊撫臺

叛賊李魁奇與各賊雖曰合䑸泊船尙自分䑸有三百五十餘隻大船內不過五十人小船止有六七八船雖

多而賊自少以設計招回者多也細偵陳盛宇與郭之
葵似與芝龍有暗通線索之意然非鑿鑿可信者前月
終李賊發小船四十隻近鎮海沂尾探聽消息芝龍于
廿八日駕大船十五隻追之聞風而遁初一日芝龍駕
大船十五隻出海與芝虎合䑸招募勇壯約有三千人
芝龍兄弟同心其氣甚鋭事必可圖劉五店漁船三十
隻壯丁五百名職初三日到澳親自督發已給發十日
糧每人日給銀三分俱捐職俸不動公帑半文也附近
中左鄉兵二千餘人職令社首領其事編十人為一甲
一人規避者著甲頭報名以軍法處之地方亦可無恙
耳

上徐魯人道尊

賊洗劉五店一說昨防館傳語職心非之洗之一字不
宜遽出之口不意其見之文移也職恐搖動地方但當
使之協力有備可耳職于初三日往劉五店督發漁舟
三十隻壯丁五百名給以十日糧協助芝龍出海壯彼
聲勢益俟其至不如禦其來也本澳有三社約有三千
人合力防賊萬一登岸自能擒殺無足慮者鎮定防備
是今日之事周張誕謾助彼賊威殊可恨也

上蔡道尊

賊漸近鎮海矣幸連日北風不能直上鄭芝龍得以次
第發舟皆好機括也中左單虛附近鄉兵約有二千餘
人分為三十二社職令其每社立一社首每十人編為
一甲已親往料理矣十八保離中左尚遠且各保只可
自守調發不得也劉五店漁舟職于初三日到澳集耆
老商議此澳壯丁亦不過千人對面中左東南則為舊
浯嶼此賊必繇之門戶也芝龍亦在此偵賊一有警息
漁舟于此應援七十餘舟齊心願助但遠離不得恐其
流突顧彼而失此耳職尚慮此澳當賊之衝須會近鄉
各保以援之庶幾壯其聲勢萬無失著也

報熊撫臺

初八日鄭芝龍同劉五店漁兵六百餘名于鎮海外洋
與李魁奇大戰擒獲賊船四十餘隻擊沉八十餘隻賊
衆溺死無數初九未時漁兵奪幟飛報魁奇脫逃南走
芝龍同漁船乘勝長驅想不日即就擒也

上蔡道尊

職細訊澳總許克俊云此日賊船約三百餘隻若站定
對打勝負竟不可知虧他望風警遁以是得有斬獲大
約疆場敗局全在逃之一字而今日鄭芝龍可謂徼天
之倖矣此番小勝正不足喜然亦可破賊膽賊傾供吐
叛夥暗通線索或有可據芝龍分付漁民賊船有下頭
逢者切勿擒殺意可知也許克俊等擒獲活賊三十餘
名另三船被黃贊卿奪去職戒漁民貧之不言恐以爭
功開釁耳許克俊超然漁民之上似乎可用者或即著

彼統領各澳壯丁遇警即在劉五店取齊連綜出去庶幾無參差前後之弊非借台臺威靈給劄冠帶各澳未必聽命也伏惟裁奪

答張遊擊

昨得捷報甚喜喜其落羣賊之膽以爲擒獲巨首地也但小勝而懈兵家所忌且怨毒愈深叛賊益甚眈眈之眎鄭芝龍倍當臥薪嘗膽不佞仍督令漁舟助其聲勢也麾下蚤夜勉勵之何如

上徐道尊

井尾之戰雖是小勝然亦足以破賊膽矣鄭芝龍所報俱實以漁民耳目難掩不敢文飾其說也十三日賊復

連綜泊入烈嶼芝龍整搠成列與賊相距半里彼此不交鋒停泊一日湊有東北風大發賊仍開駕外洋彼處居民登山頂細數賊船大船止三十隻餘皆小船其計二百餘隻賊心散亂不敢角鬬乘風追躡掃蕩似亦不難但芝龍船止二十餘隻漁船五十餘隻衆寡勢殊終無膽氣窮追望台臺吊南日寨船二十餘隻以助之或可計日收功耳蓋芝龍之銳氣在此日可用不然而持久則氣衰援寡則氣弱使其不進不退僅僅爲株守門戶之計恐非算也

上徐道尊

昨有鄭縣被擄吳鳳等三人在鎮海逃回供云初八日之戰殺死溺死者數百八目下有南風定是復來勝負在此一決芝龍船俱在浯嶼迎敵漁船仍佐之刻下必有消息也吳鳳等云鎮海過來並不見接濟銅山一帶日日有小船載酒載豬并綾紬絹段交與賊衆今賊船火藥將盡安知無載火藥而接之者職素知此接濟之奸半出于奸民半出于武弁奸民酷于射利武弁但求免禍海上之事日壞一日俱在于此若不多方禁緝掃蕩正未有日也

上蔡道尊

兩日內有從賊逃回者職細訊之各賊盡數南去想此時在揭陽矣其意在于刦米穀備火藥得烏尾大船春

風之便必圖再舉大可慮也及此而多方脩備乃克有濟幸台臺示之方畧職敢不蚤夜圖之

申熊撫臺捐助造船

看得同邑公務素無積貯兼之搜括以來並無餘銀堪動該縣即欲申請而無從也且頻年海寇焚刦戰艦一空該縣尤當被害之衝請繳禦侮較他縣更倍但同舟念切而螳力無幾願捐俸資親自料理造巨艘一隻撥充寨遊之用聊以抒其濟之一班耳

海上近事與黃東崖 丁哲初 顏同蘭 林讓菴

鄭芝龍自受撫以後其餘黨未散者尚多野性有犯者不肖督鄉兵殺之不可勝計嗣是稍稍知憚不意其同

夥李魁奇等爭分賊貲以不平激變也九月間魁奇奪船背去招納亡叛與芝龍爲難不肖以爲此正兩賊相持坐收漁利之時也決意鼓舞芝龍同伊弟芝虎蟞擲赴鬬至十二月初九日魁奇連結陳盛宇鍾六周三諸夥以四百餘艘入舊浯嶼約戰本縣助以漁舟五十餘隻慣海壯丁千餘人協同芝龍迎敵自初九以至十八日連捷三次殺死溺死生擒者千計而登山解散者不知其幾千是叛賊落魄而逃竟下惠潮正月十五日芝龍復同官漁兵窮追之直至墩下又至鹽州港剛值衆賊攻掠鄉堡半在船半登山不虞芝龍突至四面剿殺衆皆潰亂死散者又不知其幾擒回賊船八十餘隻賊

四百餘名此從來未有之快事也然窮兇未翦將來局陣正未可測不肖每稟上臺云目前無他著惟是用芝龍以攻賊借芝龍以脩備兩言便可包括海上之事不知其有當于時務否也不肖知台臺桑梓念切敢備述近事以慰懸注

上熊撫臺

鄭芝龍鹽州之捷職細偵彼中消息彼時鄭芝葵領諸賊正上岸攻打鄉堡賊半在山半在船芝龍猝到衆皆潰亂一時殺死溺死逃散者果不可計芝葵駕小艇而走此定是芝龍放脫所以報前日不助戰之恩耳然此意未可說破也聞已班師想不日到中左矣此番劉五店人船俱不去芝龍原不欲他去去則耳目難掩芝龍不便做事也總之若操若縱有意無意所以用芝龍者台臺自有微權耳

上熊撫臺

把總葉大經汛地舉動眞者未必聞聞者未必眞以是不敢開列惟廉其一二之確然者具揭以聞此亦足以殺其身矣陳晉璧先已收監昨者佯縱之以誘大經歸及歸仍縶之周濱遠遁差人多方緝獲亦已成擒更有大經養兒海仔自爲名色總時相隨至今其細微皆伊所熟知三犯卽押解漳州聽施知府拷訊其情狀自當畢獻也前院朱老師部覆破城一語從何生出地方士民悲感並切不日必有公呈望台臺賜一言昭雪之庶不爲逃將所累存公道于萬一耳

荅朱明景老師

某蒙師臺特達之知名屬吏而情骨肉也三載卵翼百身難報所恨事與心違終不能効尺寸以紓師臺之憤而遲東山之駕蚤夜思維通身媿汗而況千古奇寃有如今日之事某更何以宴然喘息于人間哉憶師臺將行之日曾云神奸筆載多方設阱事至此驗矣然地方賢達以至三尺孺子無不知師臺之寃者事久論定昭雪在指日間耳刻下正値直指按臨同邑士民卽當號控百姓之好義者往省城具呈撫臺亮後先同事必無

不白之情也

答熊撫臺

芝龍呶呶請餉大費商量蒙台臺發銀二千兩殊有懽欣鼓舞之意矣本道請告謂别有所聞甚是不快以職管見想此時萬無去理也陳盛宇郭芝葵已先令七船歸順其餘百船泊在浯嶼外聽令近有穀商三十餘船與賊船後先同行並無擾害則斂手馴服可知矣兩接張都司手書職復之云船器一一還官一毫苟且不得本道既給有免死票即當隨到隨給散各歸田里不得留一人子中左此今日第一義彼亦以職言爲然意必無潦草也

答葉慕同

爭渡一事王參老公祖言之甚切强某結案者至再至三某亦心知此事之久鬱求伸而未敢操刀而割也窘于力也玆蒙台命期于情法兩平想亦無難了之局矣貴族之賢者多好脩自愛如令叔拱北以微覺從事子鼠牙業已調停未嘗有偏枯也若林獻采一案則某奉院道之命其親筆單現在所重搶夷銀以媚賊而自利嚴催數次躊躇兩月而後執之乃出于萬不得已台臺固素稱知某者其非一陳相之所能使明矣或有告者之過望台臺矜其愚而始終噓植之此亦仁人長者之用心無俟某喞結也敢因明問潦畧及此

答熊撫臺

職讀憲諭止可言投降數語眞可與日星並耀職凜凜遵行期于無負德意爾已細查降衆初集之日尚未得盡散職徧諭歇家有容留一人者即以窩論以是居民相戒彼亦無所容其身悉行散去有附近百十人則皆有父兄妻子不敢放肆者也鄭芝龍近已入粤叛賊勢孤遠竄今未偵其蹤跡若窮追必須北風三月之内恐未能結局然能勇往承認便須多方鼓舞之耳昨接臺經臨職轉託鄉紳諭芝龍來見益以禮法消其野性以晉接破其疑城而職亦得出數語從中規正亦鼓舞之一端也自玆以往凡可以使之樂爲吾用者職竊窺台臺威惠並行之妙以師其意而竟其施必無不盡之心矣

靖海紀畧卷二終

靖海紀畧卷三

鹽官曹履泰大來著
年友 馮元飈爾弢
宋 玫文玉 閲
孫枝灼調玉
門人 蔡國光士觀 輯

荅蔡道尊

廿七日叛賊兩路分船追至劉五店事勢窘極芝龍即沉舟登岸帶兵三百餘名星夜回中左守禦廿八早可過渡也餘船爲出浯洲尙在活路劉五店近水民房昨已被燒數十間內地未敢入職督令十三保協力堵截矣西邊一路鄉勇如林賊必不能爲害者吳防館到縣出台臺諭帖讀之叛賊應自回頭目前止此著數耳芝龍弟兄一日尙存一日尙須駕馭即使叛賊不日就吾籠絡後著變通正自有無窮作用在也職管見如此望秘之弗使賊先窺吾意

上熊撫臺

廿七日芝龍舟泊高崎澳賊舟東西兩路堵截賊認定芝龍之船合衆攻圍勢必難免芝龍于是焚已之舟即登岸脫走正在劉五店賊向積恨此地之人貼水小屋一帶俱被焚矣壯丁執械力抵殺死數十人負傷亦多勢不能勝而尙能守以是內地不敢深入也芝龍廿七晩帶兵三百餘名往守中左廿八早過渡今與營兵協守城池諒必無恙矣芝虎鵞船九隻收入港內賊眈眈石井想亦未敢攻也賊所恃止鳥尾船細查之委是難攻其船有外護四層一破網一生牛皮一溼絮被一週迴懸挂水甕銃不能入火不能燒且比芝龍船高丈餘自上擊下更易爲力此皆粤中資以利器眞有無如之何者若內地職督領鄉兵各保力爲捍禦賊亦相戒不犯台臺不必懸念

荅王壯其郡守 諱猷

李魁奇似復有搖尾乞憐之意或可入吾籠絡舟師海戰勢不能敵數動則數敗即有援兵只須于陸地禦其登岸若郡城萬無足慮惟職地恐不測止有率領鄉兵竭力自守而已聞賊知本縣有備相戒弗犯然不可信不足恃也芝龍之守中左是爲得策戰勝未能固守饒爲之若不入中左而入他處與逃將何異哉粤師安可乞漳泉已不相爲而欲求援于外省此必無之事也趙鎭空拳而來職以爲不應哭而應笑者撫臺已有兩稟聞之矣俟得回諭再拓智計百凡職自盡心料理也

荅熊撫臺及各上臺

李魁奇一蠢人所恃只一黃巽沖今職已用計招回賊百餘名各給一免死票棄船散去矣澳口小賊船俱鍾斌之賊聞鍾斌亦與奇不和職更圖所以間之此賊必

不復往粵中然此時南風甚利北路防其流突不可不急爲之計耳中左之圍一日不解一日可慮城中糧食告竭不憂外攻而憂內潰陸兵救援竟不見到奈何職內地有備自信無虞無煩懸念

上熊撫臺

李賊之叛撫皆出于黃巽冲提援流毒閩廣萬劍不足以誅其罪但職誘之歸而旋寘之死恐塞招徠之路以是姑寬其詞以使不疑也此賊虎狠之狀見之可畏職已稟本道發府獄弗縱之回以同地賊藪恐一有轉念變不可測耳聞魁奇失一巽冲不覺垂首喪氣其驕不難戢矣且與鍾斌周三嫌隙日生必有自相攻殺之漸

夫以賊攻賊計莫善于此前芝龍戰敗而死者約千人皆賊也此亦足明天道不爽矣攻陷之事必無可慮流突之虞自應謹備同地各澳鄉兵如林有登岸者輒殺之庶足以紓台臺南顧之憂耳

上熊撫臺

芝龍之入中左也當事者咸欲使之他避職力持之謂舍芝龍無與守中左若舍此而他避卽日者逃將之故智矣兄芝龍之家在中左自護其家守必力也賊擁百人攻城芝龍發兩銃兩斃賊魁賊自是不敢攻城矣人謂賊能取芝龍而姑舍之非其實也畏賊者聞賊至面如土泥但知有招撫不知賊亦解事自信無再撫之理

萬一賊迷而不悟謂計必出此亦何必不出此果肯交器械還船隻得數鳥尾船而芝龍便有起色矣嗣是而以假腹心與賊使賊不疑以眞恩義與芝龍使龍思奮半年之內便可芟除立盡此職所蚤夜躊躇恐無當于採擇而未敢遽陳者也若曰招撫易而題覆難此又認爲眞局面職不敢妄措一詞矣伏惟台臺裁奪

上熊撫臺

十一日鍾斌領鳥尾船七隻大小鳥船四十餘隻竟往東北職已經稟報矣聞十二日合䑸在石湖寨十三日有三四小鳥船直入泉城南門乘其無備燒燬兵船猖獗之甚其半尙泊中左竟無兵船與角以爲可以少少

弱賊坐困芝龍雖目下城中糧食猶可暫支久則難繼矣賊之所畏止一芝龍兄弟困之于此便可橫行于彼此賊之狡計也以職管見必須粵中借用鳥尾船一入南澳賊必聞風出外可以解芝龍之困而使之登船對壘不知台臺曾有此舉否不然而南北肆志何以禦之

與趙副總（名廷廷善媚賊與本縣畧不相得追縣鑄銃驅賊故以此應之）

賊把截潯尾渡須以銃驅之所諭誠爲急著昨僱匠工料理必兩旬日始鑄得一銃然則一日無銃渡口一日不清不佞之罪狀將與日俱積矣旋而思之紅夷出沒之地每多覆舟其中必有大銃隨喚漁民善沒水者入覆舟內撈之許以厚犒數日間得二十四銃大者三千

餘舫小者亦不下一千舫乃知神物不容埋沒一時並集若或使之非人力也刻下製架演放力能及二三里外以之攻賊未有不糜爛者昨接台敎止以百名兵留之渡口不識此百名能守銃乎倘仍爲盜資又多一番罪案恐于門下亦未便也惟高明裁之

上蔡道尊

昨趙署鎮云兵已弔回止剩百名在此揣其意明謂雖有銃無與守也又一書云將銃擡至高浦西門令把總試放果能及遠方運到渡口打賊彼苦無伎倆則止以不及遠爲辭矣雖遠而曰近誰與之辯哉且此三千餘觔之物豈一手一足之能運越潯尾而至高浦此何意

見也職荅之曰銃刻下製架試過驗其力能到遠直當運至潯尾然須彼撥兵以運職何能强之近日賊有大小船十餘隻在渡把截非精兵三百名不能守銃倘運去而旋被刼又增一罪案耳賊意欲撫而懷疑不就又且索芝龍之銀是其本意林應龍亦多鬼語不可信任至于團結固守禦之于陸乃暫時之計若借粤東烏尾船令芝虎領兵從陸往迎聲息一到南澳賊便站脚不定矣如果去借制臺萬無不發之理如有靳焉彼賊之烏尾大船從何處得來哉若我地失事彼亦豈能宴然高坐者計不及此而束手坐困不知所終矣伏候裁示

上蔡道尊（巽冲爲李魁奇謀叛本縣百方誘縛解道道竟釋之復縛解軍院正法）

黃巽冲蒙台臺寬恩不謂其舉動之舛也渠有姪已官往拜李賊之妻爲母往來偵探不可隄防且也載金入郡請托營求種種叵測不啻伏莽之戎職已收之獄中刻下再當申請以求正法庶幾有以快通國之人心耳

上熊撫臺

職拘澳總許克俊與之決議再三止可得六百精兵其不堪用者不敢以人數應船可分駕三十餘隻最大者亦止三百擔無巨艦也惟不甚巨所以輕捷便利千石之烏船不能當也聞石井亦多漁船克俊云可以壯聲援但不慣戰見賊而恩耳又云福興之舟人不知泉漳之海勢礁石何在深淺何處非用此地之慣海不可是

一說也賊船在金門者盡數收回中左近澳零星散處所以避火船耳船有泊海澄之新安港口者多下蓬或是修補破碎接濟更當嚴也以職臆度之大師不宜輕出必須從容定計或使之俛首乞降或使之聞聲解散總之重以馭輕恃有台臺威靈在閩之龍亦云寧遲無速意在必得烏尾船以圖萬全或亦非退託之飾說其如粤中之不發何也黃巽冲已收獄中查其近日舉動再當申解以候裁奪

上熊撫臺

十七日賊船俱駕出泊大擔烈嶼烏沙等處十八日各起帆相傳欲北上迎敵兵船大可慮也劉五店船已立

刻整備矣鄭芝龍弟兄尚有船數隻或令漁舟跟蹤協勦庶聲勢不孤耳

荅徐道尊

撫臺所發大兵竟付之賊炬不意其遽爾至此日有慣海者與職言逆知竹舨之必敗職力稟於撫臺止其輕出孰料叛賊竟乘風迎敵也目前竟無策耶聞烏尾船有來近南澳者不知真否如真必當募慣海精兵二三千令芝龍弟兄登舟力圖之或克濟耳然非職所能爲也

上蔡道尊

粵東烏尾船竟不見到勦撫兩無所據將若之何職亦

不敢言力能自固惟山陸鄉兵切于自衛庶幾少有所恃倘萬分告急則召募健兒有劉五店與十八保東西立應千人一呼可集稍可緩則緩之不敢糜費錢糧益增罪狀也

上熊撫臺

職每擒一賊細問其情狀云魁奇迫欲招安恐是騙他所以芝龍一有省城之行賊益有不測之慮也今芝龍回賊疑或可稍釋總之賊心甚狡口言歸順而船泊海澄之島嶼海滄與同安烈嶼馬鑾地方日夜澆洗修整篷帆曾無息肩之意職詰之賊云招安之後便要往潮糴穀呂宋通販如芝龍故事以是急于修船及問被擄逃回者曰李賊整船俟南風北上其意似未肯忘館頭諸澳地也由此推之順逆之形旬日之内可定而省城近地之防禦不可不嚴矣

上蔡道尊

趙署鎮以招撫二字與賊講約久矣而賊亦以招撫應之總非賊真心也且賊至今日而驕極矣中左近地前後左右到處擄人到處搜掠曾無虛刻招撫而若是乎大將軍高坐城樓目擊賊輩縱橫差官撫慰被賊亂打犇竄無地猶戒勿放銃不許各兵出城擒殺必若是而後可招撫乎恐招撫之益難也賊恨鄉兵并恨職之甚志在報復所望台臺多方卵翼使免于隕越拜賜不獨

職也

上熊撫臺及各道尊

賊船分泊海滄日夜修整賊徒上山徧入小鄉村刧掠坂尾鄉兵憤之于十七夜統精銳千人星夜踰山四十里直入海滄意圖焚船擒賊不謂漳民漏報推船浮水矣天明賊衆接戰被鄉兵殺死小賊九名賊首薩吏馬許三老二名石虎打傷負之而去不可以數計鄉兵被傷二名並無所損此亦快舉也但恨奸人漏洩不得火其船耳李賊忿甚十八十九議分四路攻坂尾而四方鄉兵數千雲集各處埋伏救援賊不敢逞然將來未可知也賊志狡而且驕我以撫愚賊賊亦以撫愚我解紛

正未有日守禦倍當嚴矣

上蔡道尊

李賊欲撫而小賊以空腹未肯就撫徧鄉擄掠無所不至而報仇者日刃數人日捱一日趙副總竟不知作何結局也小民亦知上臺有招撫之議卽力足以抗之者而斂手未敢衆心益急于求安耳職正恐求安而愈不得安惶愳未知所措台臺何教之

上熊撫臺

李魁奇于初五日弔回各哨船只許入鯮不許出鯮有賊在路上截剝貨物者綑之去一賊不受綑卽梟之如此舉動似可入吾籠絡也數日內自賊舟回者陸續投

到職隨到隨發領卽與安插想賊輩聞之必無疑畏矣但聞魁奇祈請太奢未知台臺何以裁之耳

與趙署鎮

昨承諭不佞多方爲被擄者地歸逆無恙矣數日內屢接撫臺札云已將一點血誠以待撫衆萬無他疑者至于不佞之待李魁奇猶之待鄭芝龍也彼願爲門庭以內人而不佞偏欲拒之門外如此顚倒至愚者不爲矣但魁奇眞須毅然果決解散約束井井有條放出丈夫手段闢開前程大路方不負此舉耳

上徐道尊

鍾斌船四十隻另泊鼓浪嶼被擄者不肯放情形叵測大是可慮然兩賊正不欲其合此中最有機竅耳若李船上被擄者放回將盡前月望後職到劉五店驗放以防惡少之剝掠且些須給以盤費衆皆聞風脫走三日而散千餘人職多方奏合爲主撫者効一臂將來另有活局也

上司李吳磊齋諱麟徵初到任己巳之春

中左隸於同安去縣城僅五十餘里職之頻年受累止此一塊土耳寇之至也以此爲戰場寇之撫也以此爲窟穴寇至有刼掠之苦寇撫有調馭之苦而寇撫之苦不減于寇至丙寅年自楊六初撫職竟得罪于主撫者幾以此被參撫賊得志而愈驕職力單而益窘苦可知

也戊辰年鄭寇與李寇同撫聚衆三萬餘人議撫之後越半年而蟻聚不散者尙以萬計仍肆行刼掠與同民爲難護持鄭寇者奉之若驕子職曰不然不抑之則蠹不斂撫不就日督卒同之子弟以撲殺之約三百餘賊俱有申詳案證是時鄭李兩賊聲聲報怨而卒不敢動噫使李賊此時叛而職尙復有性命耶夫以空拳而搏飢虎走險履危徼倖于萬一苦可知也此皆正月以至七月間事至十月初旬而李賊叛去矣無一將一兵之可恃止有鼓舞鄭寇令彼自相熬煎兩月之內殺巨首眞賊以千計借賊以勦賊亦是天道之巧乃鄭寇足高氣揚藐眎李賊入廣窮追以召今日之禍至今日而云

撫與前番更難前者鄭寇目中無人明知無將兵之足畏而猶然譌言鼓煽反覆不定也今日李寇大讎在側如坐鍼氈職欲聯屬之使之信欲駕御之使之服即令武侯復出恐亦不能洵是千苦萬苦苦不了也台臺亦聞之而心惻乎所望指之教之出迷途而登覺岸拜賜匪淺鮮矣

上熊撫臺

寇夥逃出有十分之四今所存船隻大小不過一百六十餘隻耳王通判廿四日過中左料理交還船隻器具恐堪用者未必交還也有出而解兩寇之紛者廿二日至同安令王前驅齎軍令狀著魁奇發誓畫字此亦見戲事百方修備惟台臺主持

答徐道尊

李寇但有貪淫別無主張殊不懨鍾斌之意船綜分泊其中必有變故職細細打算動手不得出口不得須密密使斌先叛魁奇而又須使魁奇全不疑我方能動而有獲此非可以旦夕計也台臺別有著數惟望時時密示

上熊撫臺

許一龍絲心素子乃漳州府學生員巨奸惡種造謀叵測勾引李魁奇契子葉我珍聚集散歸夥衆置造器械非一日矣頃于十五日設酒在家欵待我珍等百餘人先將家屬搬下我珍之船一龍領賊數百從陸至沈宅地方攻打石兜土堡有八十餘賊隨龍踰堡直入矣衆賊環集在山聽一龍放銃爲號幸天敗其惡連放十餘銃不響山賊不下鄉兵環堡擒拏殺四賊而生擒二賊一龍帶親兵衝圍而出隨下船脫走職即發一票姑云一龍被賊擄去原無玷於身名速著族長帶領通族人追之招伊登岸又走一諭帖與李魁奇拘住勿令逸走廿日已拿到矣職即當申解本道也

上熊撫臺

李鍾兩賊自相疑忌其機可乘也但鍾黠而李蠢使李圖之不如鍾圖之使鍾獨圖之不如芝龍合圖之盍獨則勢單勝負尚半合則勢盛有勝而無敗李賊一鼓可擒也李光是鍾斌腹心光向應坐死職姑緩之正留其身以爲今日用已差諭鍾斌刻下必有消息芝龍弟兄船盡爲煨燼無用武之具職早已豫備漁船五十餘隻藏之他所賊所不能踪跡者臨期即調發漁兵千人駕之以助芝龍也

答熊撫臺

李賊入我籠絡而其疑定是難釋以糧之給否爲撫之眞假賊衆紛紛叫號若不給或即有變修備未完何以制之職想此賊到底不能羈縻不若先以少少糧爲餌容船器完備再作區處而聯屬芝龍是穩著也

上徐海道

鍾斌於十一月廿七日駕大鳥船十八隻叛李魁奇而去矣斌船泊本縣之金門地方徘徊觀望似有意投芝龍而未果者職已差諭芝龍急收之聞其有所需於芝龍乃米糧器械也職以爲姑與以聯其心圓轉以觀其變期于事之必濟方不虛從前著數耳職揆情度理鍾斌未必爲我用但叛李則李必圖之兩賊勢同騎虎我用芝龍以佐斌驅除大難所謂因勢利導不煩鞭箠可安坐而指揮之也職邊見如此幸有以教之

上熊撫臺

鍾斌已叛李魁奇矣職已密令鄭芝龍收之本縣漁船及壯丁一一豫整以待臘月望後便可舉事但斌最黠終必不爲吾用將來下手當局又別有一番作用台臺其豫籌之職自當竭蹶奉命也

上蔡道尊 此巳巳十二月廿八日事

本縣漁船密藏晉江諸澳者五十餘隻修整完備枕戈以待至廿八日早令鄭芝龍兄弟統領各船并糾合鍾斌船爲犄角幸遇順風不移時而至中左李魁奇率衆賊力鬭敗而脫逃出外遇銃擊復轉入海澄港追急下小艇欲上岸卽被生擒矣職先督鄉兵各處埋伏防其陸逃廿八晚果有大賊首僞後衛把總曾瓊者聞風逸走帶領五十餘賊各挾利器渡至石崎登岸被鄉兵綑獲業已收獄旬日之內魁奇請餉三四次甚急職多方騙誘延挨不發今省得千金亦可爲船器之資也

上熊撫臺

廿八日五更鄭芝龍統領漁兵糾合鍾斌揚帆直抑中左幸天助以風百餘里之程不移時而至亦快事也魁賊揮衆出戰船尙百餘隻賊不下三千而一時氣奪者正所謂出其不意手脚忙亂耳鍾斌實爲先鋒魁賊實擒于其手蓋用其所仇其手倍辣而用力更奮也魁夥僞把總率衆陸逃職先埋兵以待一鼓而獲無一得脫另當解報中左腥穢一彈指間盡行掃除此亦近年不經見之事非仗台臺方畧曷克臻此雖然未足恃也鍾

斌積賊多智使其轉一念曰今日之事我可以藉手于斌又何不可藉手于芝龍乎前事後事覆轍不遠鷙餌之逝殆不可測矣惟台臺再籌之

上熊撫臺

鍾斌復領船南下矣據稱追擒叛黨恐猶是假說之詞此賊狡詐百端終不肯爲我用也李賊哨頭時有擒獲職擇其惡之最者而處之不如是無以洩地方之恨耳芝龍在中左馭衆甚嚴人心暫與之相安乘此而修備爲長久之計所仗台臺神算匪淺也

上熊撫臺

鍾斌船盡出泊大登圖頭等處矣縠船漁船徧被擄掠

芝龍福河載下大桅以被奪去芝虎領兵取討勢必攻殺劉五店船俱往粵中捕魚已差人促之歸數日間亦必回澳職自當相機調度也狡賊意在乘風北上耽耽新造船隻宜百計防之

上熊撫臺

葉郁犯柘林甚惡彼曾無投順之狀職卽欲開諭之而無從也前月廿七日已聞鄭芝龍密差人偵之未知其作何舉動耳廿五廿七兩日間鍾斌船盡去託言征勦葉郁收功回澳方食糧散黨職細察其動靜到底只是疑思其罪業深重無可消受也本道所發銀八百兩職竟賫發吳遊擊尙未入斌手卽斌亦不願領其意之叵測可知謹備之而已案葉郁乃李魁奇契子

又上

鍾斌追擒葉郁已往銅山之下聞已擒其小哨一二郁則遠遁海洋鄭芝龍委陳盛宇往招未有實息總之斌卽不追郁亦自必出其狠腹未飽未可就撫洋船近日漸回耽耽逐之而特借郁以爲題耳所恃台臺威足以懾患足以聯目下不至于鴟張而終必不爲吾用也

上陸筠修司尊諱之祺

許心素爲鄭弁所殺向傳以爲眞也職蒙台臺委查卽訊之鄭弁語多兩岐則殺似未眞本府行票著伊家屬跟要而素之次男一龍斃于獄矣長男樂天遠竄久矣若著伊房族挨緝則踪跡杳然正犯未必獲而無辜受累者多秖爲差役生涯耳以是職躊躇未決刻下已取許姓通族與其里鄰公結申府或可據此結局而又恐奕有未死之心素出而爲難于海上眞有難之又難者其可否惟台臺裁之

上熊撫臺

鍾斌船䑸仍分泊金門烏沙白坑等處小哨十餘隻往來中左擄掠洋客屢屢見告今尙分布外洋以何商船乃賊心之貪得無厭而曰防夷防葉郁皆託詞也此賊疑與狡并尙斂手未動者全恃台臺孚威可格豚魚耳萬一終不受吾羈索則人日衆勢日强將何以圖之職低徊再四惟台臺裁示

荅徐道尊

近聞鍾斌刦掠洋船人言其洋船盡而後招安職正恐船盡而未必安也鍾鄭左右彼此俱有腹心埋伏一言一動無不具悉以是謀事甚難有心漢子昨朱明景撫院不惜千金招之至于舌敝筆禿必不可得大抵奇杰之士千古亦難其人耳且賊之所收者非積年熟識之老賊則挑販無賴之下流卽有奇士插入殆不易也惟台臺再訪之

上熊撫臺

鍾斌脚跟不穩意圖逃出胸中全是危疑必有以其出

爾反爾之語告之者若一聽其逸出將來招集亡命劫奪商船與海上爲難我永無安枕之日矣職已示諭之聊以驕功爲餌庶有以縶其手足耳然此乃羈縻之法而實實取之必以威武並取李魁奇之局可以一試而不可再陳也聞斌之疑芝龍甚欲與龍南北分界立功此非斌眞意祇因龍所處逼近近則謀之易遠則角取難耳職以爲台臺正當因其疑而用之弔取芝龍到省城備船繕器消彼疑衷修我實事數月之內相機而動安知斌不復爲魁奇哉惟台臺詳酌之

上熊撫臺 時以入覲行乃庚午之九月

職五年苦海備嘗惡趣所不卽殞越者恃有台臺逾格

鼎噓耳諸賊渠魁已殲脅從俱散惟是鍾斌一夥尚留遊釜餘魂迄今閱八月矣職百計羈縻以縶其叛足而戢其毒燄者峕爲船器未備耳頃入會城諸武弁來謁云船槓尚有一二未完者再假旬餘便可理帆南勦而台臺刻期太迫强之出兵或亦未便並策貴萬全速之旬日與遲之旬日所爭不遠而堅瑕乃勝負所關此一出也安得不再一審顧哉又聞一有力者爲斌作說以毋動爲大職謂此局終無苟安之法不毅然獨斷而滅此朝食則廟堂之議恐不可測台臺亦未能弛于負擔也職行矣似可弗復言而猶不敢以事外賓之所以報知遇之萬一且不欲舉職向來一片苦心付之一擲耳惟台臺留意焉 鍾斌後果被我兵窮追于十二月間沉海身死從前大寇至此掃蕩

靖海紀畧卷三終

靖海紀畧卷之四

鹽官曹履泰大來著

年友馮元飈爾弢
　　宋玫文玉　閲
門人孫枝灼調玉
　　蔡國光士觀　輯

團練鄉兵初示

同安縣爲團練鄉兵以資守禦事照得海寇猖狂人心惶惑皆緣承平日久爾民素不知兵故一見三五持刃即望風奔走至身家離散甚爲可憂但此等醜類勢雖猖狂不過以海爲强登山總無長技爾等驚逃則勒索勢無不至守禦則必然遯去爾民但能各自奮勇拒賊何難爲此示諭通縣鄉邨及沿海居民即便照依保甲每戶各備堅利器械一件仍各就保內推擇智勇武藝一人統率團練殷富之家量給鄉兵糧食以示鼓舞倘海賊登岸即便協力擊殺此皆爾民自衛身家至計果能擊殺眞賊及生擒賊夥本縣定照依院道明文申請給賞有功首人另詳請給冠帶決不沒爾等功勞也特示

團練鄉兵條約

泉州府同安縣爲保固地方事照得叛寇流突沿海地方最宜戒嚴本縣遵奉上司號令團會鄉兵捍禦業已一呼立應據各鄉都會保團練殺賊頗有成效但人心渙散非有紀律約束野戰未免參差本縣今將訓練鄉兵條約開示各鄉都任事人等遵照施行俱毋違錯不便須至示者

計開

一選壯丁合保選丁壯幾百名每日若干名輪流更番守禦每名每日給銀三分飯食其哨隊長另行加給倘遇賊登岸一齊擒捉其未登岸之時先鳴鑼聞保以便家甲接應立大旗一面寫某保選鋒於百名中作四隊每隊給一小旗鑼一面螺一個

一編家甲將所選壯丁外每十人爲一甲立一甲長每保分作若干甲統於保長副遇鳴鑼之時保長副催甲長甲長催家甲即齊集接應

一別旗幟每保設大旗一面每甲小旗一枝旗依五方色號大旗書某保團練鄉兵另一小旗書第幾甲臨時各依色號無襍

一精器械每壯丁各要利器一長一短諸甲中各要利器時樹門首每壯丁給竹甲笠一個十人給牌一面千人給銃一個

一貯糧食就保內上中下分派一人收銀一人給發

一謹瞭望每家甲於選壯丁外各保內日輪二人到某處瞭望倘有何事故即時到鄉約所擊鼓聞知仍赴本

係集衆凡保中有公事則到鄉約所鳴金鼓三通螺單
吹倘是警報則鳴金雙螺齊吹
一修柵隘各保各巷俱宜修整柵隘其柵隘去處則合
衆修整每日輪一人到總隘盤驗往來以杜奸細其入
隘之人各要石二塊
一造金鼓每保各設金一面鼓一面螺一個倘有事故
金螺齊鳴一保聞知則衆保俱鳴
一定賞罰遇賊登岸時奮勇擒捉者官賞外另一級賞
銀貳兩有退縮不前者依法行事其保內遇有事故到
約所鳴鼓三通每甲不到者即時公衆定罰仍解縣擬
罪

一嚴約束爾輩修隘設兵總以身家爲慮所選壯丁及
諸甲除賊登岸須奮勇擒捉餘不得乘機生事違者究
罪
左選鋒長某人　副某人　第一隊隊長某人
　鄉兵某人　餘各隊倣此　巡視某人
右選鋒長某人　副某人　第一隊隊長某人
　鄉兵某人　某保保長某人旗紅色
一甲甲長某人　二甲甲長某人餘倣此
選鋒民壯糧食依本保内家資稍裕者從公酌議上中
下派助上助一兩或八錢中助五錢或四錢下助三錢
或二錢設一簿擇謹實之人一人收貯一人給散每保

助銀俱係保長交入當衆登簿以便稽覈其給散之銀
亦即當衆登簿以便查帳如有未給當再商晝事平之
日將公簿結算如有餘貯看一兩用幾錢一錢用幾分
扣算分還其有仰體上司德意念切梓里破格助銀者
隨其自定凡諸同事之人宜相勉飭以共成勝事
　給鄉兵糧糗議
泉州府同安縣爲固守便民事照得海氛告警防備宜
周本縣躬親督率團練鄉兵正如父兄之於子弟腹心
之于手足一體痛癢相關者也思我百姓均隸兹土富
者固有身家貧者豈盡萍浮若以貧丁而專取給於富
家之糧糗人衆則難給日久則難支欲圖安而增擾於

古昔寓兵於農之意大謬不然今折而衷之凡遇本縣
操演之日聽各社殷丁量給貧丁口糧銀二分萬一有
警執械禦賊悉照前示每人日給銀三分亦須一社之
内通融協力至於平日或挑販或開鋪或附近耕農聽
其各自營生不得以團練束縛其手足使有以藉口而
爲殷丁之累庶幾永成勝事地方之福也爾各社長殷
戶毋得驚訝以致規避取究此示
　編造漁舟壯丁示
泉州府同安縣爲軍務事奉軍門熊鈞諭仰縣召募漁
民壯丁以備協勦隨票著各該澳甲同澳長副查造花
名人數候用去役間有積包澳甲不體上意憚於催督

藉口漁民辦納課餉爲辭庸知報壯丁所以防賊爾各自衛非是爲兵但有事本縣出銀僱募無事聽汝輩採捕與課米無妨合行示諭爲此示仰該澳澳長甲及漁民人等知悉速照原票報漁民壯丁人數照劉五店澳編造隊伍冊報名澳長甲各正身速赴縣投遞面諭方略俱毋違悮不便特示

申報漁丁文冊

泉州府同安縣爲軍務事奉欽差提督軍務兼巡撫福建地方都察院右僉都御史熊鈞諭仰縣召募漁民壯丁以備協勦等因依奉隨該卑縣召募過本縣劉五店石潯等澳慣海漁民壯丁計壹千玖拾柒名聽各澳民序編哨隊甲伍彙造花名文冊印鈐見在合就申報爲此卑縣備繇開列具申伏乞照驗施行須至申者

團練漁兵欵目

一糧餉遇有警報本縣飛檄到澳澳長即時點集出水以是日爲始每人日給銀三分如五日以內獲有賊船首級者除功賞另行外口糧每人日加二分錢糧俱本縣自處給發

一器械有自備者有官給者及火藥等項澳長各先料理毋至臨時方請致悮事機

一功次凡兇賊執械拒敵者俱聽澳民登時斬首赴縣報功寨遊將領敢邀搶及買求者稟明申究如眞正被擄不持兵仗逃水自匿或假伏船艙者不許妄殺此又是各人自存心地毋造冥業何俟余言

一鹵獲凡牵獲賊船惟神飛百子諸大火器報官存用其餘刀鎗及一切所有之物俱聽有功員役自行分取以爲勦賊之資

一船隻凡以擊賊致有損壞者即官爲估計給價賠修所獲賊船各存該澳一面整理給澳長收管以便急需

一應援凡澳口鄰近倘有賊船分艐突入者左右澳長俱須督率澳兵前後邀擊毋得坐睬

一重督率

泉州府同安縣爲條陳便宜事據劉五店澳澳總高大藩呈稱藩守分澳長近見狂賊縱橫不敢退縮據前本澳會艐以林芳船爲中軍許克俊船爲副軍高方岳船爲總督劉亦富高奇顯童志敬等船十五隻爲衝鋒一隻管船四隻人俱人出俱出遇賊協勦遇靜採捕恐爲定規今有警報三社首既授以權而衝鋒亦當委之以柄倘間有撓惑衆志不從命者許綑解究治則人人聽命而坐作進退有法何患攻賊不破等情到縣據此案照先爲軍務事行著澳總高大藩將本澳漁船編成哨隊并壯丁姓名已經造冊申報軍門及與泉巡海二道外隨奉軍令著該澳民出海協勦叛賊去後今據前情合就票仰衝鋒船長劉亦富即便管督該澳漁船四隻

入俱入出俱出遇賊協勦遇靜採捕永爲定規敢有抗違畏敵衆不聽督率者許綑解本縣定以軍法處治決不輕貸須至票者

一定哨總

泉州府同安縣爲軍務事蒙興泉道左布政使蔡憲牌奉軍門憲令聯絡各澳漁舟協力應援已經行縣編造到道今該縣各澳未有哨總統領各汎地未有酌分定派備牌仰縣即將所屬各澳漁船應何哨總統領後開要害汎地應以何澳漁船應援速確具繇報覆查督行寨遊遵照其劉五店一澳義勇爲最相應另議協援中左要地或往來併援各處併議具報等因蒙此行據澳

總高大藩等僉舉許克俊足當哨總之任等情到縣據此除一面呈報本道外合就帖仰劉五店漁民哨總許克俊即督該澳漁兵船隻合䑸出海協同官兵勦捕劇賊不論中左金門料羅澳頭等處汎地如遇寇警俱要首尾相救期于制敵有功之日另行破格獎賞決不負爾功勞敢有抗違不遵者自有軍法在勉之慎之須至帖者

一議應援

泉州府同安縣爲軍務事蒙欽差整飭分巡興泉道兼管兵備福建布政使司左布政使蔡憲牌奉軍門憲令聯絡各澳漁舟協力應援已經行據該縣編造到道查各澳未有哨總統領至於各汎地應援未有酌分定派備牌仰縣將所屬各澳漁船應以何哨總統領澳頭烏沙金門料羅烈嶼中左等要害汎地應以何澳漁船應援其劉五店一澳義勇爲最相應另議協援中左要地或往來併援各處一併議妥具報等因蒙此隨該本縣知縣曹看得賊情叵測所犯之處未可一定該縣原編各澳漁船議欲以本船自防本澳一有突犯人自爲守而救他人又況大小參差堅脆不一督令遠出征勦又未便也其所最稱壯勇人船可以調遣者則惟劉五店一澳已經卑縣設立總哨許克俊權宜給帖督令跟䑸

出勦如各處有警併令應援矣此外另編各澳壯丁原以備緩急征勦之用奉文之日亦即著令各澳哨總整備船器統領壯丁出與劉五店會䑸協援各汎地如憲議分派定援再查澳頭烈嶼烏沙金門料羅各澳汎地俱一帶相連首尾原得相顧有警督令各船兵遊移協援其於軍法似尤圓轉也緣蒙仰令議報事理合就申詳

一會䑸協勦

泉州府同安縣爲軍務事蒙興泉道巡海二道憲牌奉軍門令牌到道仰縣即督鄉漁民與官兵協勦叛賊有功破格行賞今照叛賊聯䑸內犯合就示仰該澳澳長

箸各哨長節督冊報漁民壯丁齊集赴劉五店澳聽與泉道劄授哨總許克俊約束同該澳漁船民兵合䑸於中左金門料羅烈嶼澳頭烏沙等處協同官兵勦捕有功破格行賞敢有抗違不遵者即將本人綑解送縣治以軍法不貸各毋違錯須至示者

　　査申漁兵功次

泉州府同安縣爲偏師深入巨寇重圍敗遁克捷事崇禎元年十二月二十五日蒙本府信牌蒙與泉道左布政使蔡憲牌奉軍門熊令牌據守備鄭芝龍報稱親督二十三船并同安縣曹親行調發劉五店義兵漁船擒獲賊犯三十名口小船七隻等因到縣看得鄭芝龍與劉五店漁民能以寡敵衆挫賊衝鋒以寒其膽功未足錄仰道將鄭芝龍及所統各總紀錄示勸劉五店漁民有功者査賞鼓舞仍行芝龍督兵乘勝長驅務要蕩平海氛以膺題敘其劉五店倡首漁民有功亦一體敘賞擢用仝得同安縣親督鼓舞就中恩威操縱苦心協助其勞尤不可泯一併査覈報院以憑特敘等因依奉備牌仰府轉行路將防館査實有功漁民員役分別敘功紀錄等因蒙此除鄭芝龍官兵另行路將防館査敘外備牌仰縣即將劉五店義兵漁船與鄭芝龍南征有功八民分別功次姓名備造文冊一樣三本繳府轉繳仍行該澳漁民用心協勦蕩平海氛以勵後效等因蒙此

案査本年十月初間劇賊李魁奇叛撫奪船流突各澳卑縣即先行督飭沿海鄉兵堵截擒殺去後旋奉本都院鈞諭仰縣召募慣海漁民壯丁以備協勦卑縣隨召募過劉五店一澳漁兵四百九十二名堪用漁船二十三隻石潯等澳漁兵共六百單五名計一千九十七名彙造姓名文冊通報外續爲軍務事蒙本府信牌及奉與泉巡海二道憲牌奉本院令牌到道行府帖縣聯絡漁船民兵與官兵互相應援併力攻勦等因又蒙巡海道憲票頃見澳民忠壯可嘉該縣相機發縱恩信素孚上下一心緩急足賴本道深爲色喜便宜與申明約束一切糧餉器械船隻鹵獲功次各條欵傳示各澳長曉諭明悉勉建功績以膺官賞等因又蒙與泉道蔡憲牌照得叛賊聯䑸北犯合備牌仰縣即調發劉五店澳總高大播招集各漁船民兵整肅隊伍遇賊賈勇勦捕有功照格行賞獲有賊贓盡數均分該縣親行督率務收獲醜奇功并奉行査漁船應以何哨總統領等因依蒙隨査有許克俊者誠實幹練足當哨總之任具繇呈請與泉道給劄授以冠帶名色俾得便宜調度卑縣仍親到劉五店澳督率各漁民聽許克俊調撥坐駕船隻與鄭守備跟䑸協勦去後本月十一日據哨總許克俊祉首黃汝默等僉呈爲南征捷報事稱蒙著督率漁兵協勦初六日午時開駕初七日午時到烈嶼城角與鄭守

備齊泊適報賊至井尾俊親督林芳等船九隻同往協
攻餘船四十三隻駐劄舊浯嶼接應初八日黎明果遇
賊船四百餘隻在井尾港口兵漁夾擊擊沉賊船四十
餘隻賊衆溺死無數當獲穩底船二隻內穀四十石百
子銃三門郎機銃三門撻刀長鎗共十六枝高岳船生
擒賊五名劉憲周船斬賊首一級許黙船獲賊妻帶幼
女共二人皮甲廿一領皮盔十頂另大鑕銃五門大銃
子五個解報到縣隔別研鞫眞賊一名葉富賊婦陳氏
等其四名何三紀宇耀蕭其進紀宇瑞俱係被擄各情
眞的隨該本縣知縣曹參看得撫賊李魁奇出叛駕言
分財不均與鄭芝龍爲難芝龍發憤驅除順逆之志分
而存亡之幾決矣頃十月初間魁奇糾集賊䑸連艅北
上芝龍整戈出勦氣雖銳而勢尚單卑縣督令劉五店
漁民六百餘名駕船五十二隻初六日開駕初七日跟
隨官兵船艅齊泊烈嶼城角適報賊至井尾澳總許克
俊奮勇先登帶林芳等九船爲衝鋒以四十三隻爲後
應初八日大戰兵漁夾攻擊沉溺死不可以數計現擒
船二隻及稻穀兵器等物高岳一船生擒賊五名劉憲
周一船斬賊首一顆其一名葉富向投周三老今轉投
李魁奇往還閩浙之間久肆焚殺之慘其爲眞賊無疑
也乃所供同獲四人曰何三紀宇耀蕭其進紀宇瑞或
擄於官塘山或擄於梅花所或擄於蚶江之漁船其記

憶地方年月供吐畢眞曾無一語指被擄者爲賊則賊
之良心故自不昧也及吊何三等隔別研訊覆口相同
則其爲被擄益無疑所當卽行放釋以雪其寃者也婦
人一口供稱陳氏二月再醮期享賊貲而嫁賊死賊旋
同露艸所當官賣以爲犒軍之資者也此一役也朝出
師而暮奏凱雖曰小勝不足爲喜而以順勦逆勢如破
竹亦足見漁民之用命可謂不負任使之兆也穀四十
石聽各船均分船二隻發澳備駕出勦皮甲皮盔大鑕
銃大銃子百子銃郎機銃撻刀長鎗諸器仗俱貯庫賊
首一顆發懸示五通渡口具繇於十二月十二日連人
解詳興泉道蔡査審轉詳蒙批出陣獲醜足挫賊鋒該
縣董率漁兵功可嘉尚被擄何三等已行晉江縣安插
遞解葉富審係眞賊仰縣確招報奪賊婦陳氏官賣與
贓穀俱充賞格器械分發各澳禦寇船修用賊級懸示
漁船四十三隻爲後應有無規避不前一并査明可也
又詳蒙巡海道徐批該縣指顧不勞坐收勝算何渠書
生不爲將耶許克俊宜優賞以作其氣賊犯及被擄人
等仰候興泉道詳示行繳泉州府批據詳漁民奮勇助
順朝出而暮奏功則該縣鼓舞以制勝也應行申飭併
獎賞漁民統候道詳示行繳各遵照外本月二十一日
又據劉五店哨總許克俊澳總高大藩等呈爲擒獲海
洋巨賊事稱本月十八日午時俊親督童志敬等船二

十一隻仝社首黃汝默等哨隊壯丁五百餘名協勦叛賊酉時至青崎澳停泊十九日寅時齊出烈嶼城角適鄭守備船開駕南下俊合衆船跟䠋午時至鎮海洋遇賊船二百餘隻兵漁夾攻銃石雨下兵船所獲不知其幾申時收入鎮海澳俊等船且戰且追攻圍大賊船自未至酉交戰百合本船被傷漁兵曾好仔高一龍舵工李仰懷等十餘人賊船被銃打壞犂倒賊衆溺死無數生擒真賊五十一名生斬賊級七顆羣賊望風逃竄莫知去向二十日午時兵船收入中左酉時俊等船收入本澳謹情回報內并將賊犯及首級解送赴縣隨該卑縣親驗得漁兵曾好仔高一龍舵工李仰懷三名頭額傷重餘俱各帶傷是的弔取各賊隔別研鞫黃進老等各供真情在案仍該卑縣看得叛賊李魁奇糾集各夥聚蛇蝎於一穴誇耀黨與之多傳播譸張之說幾令懦夫股慄乃鄭芝龍以二十餘舟當賊數百巨艘僅僅漁船佐之奮勇以出出必有獲雖人用其命亦天助其順也是月十三日李賊戰敗南下志在必報焚小舟而聚衆于大船以圖必勝十九日揚帆而來鄭芝龍發舟迎之劉五店哨總許克俊遣獨大漁船二十一隻勇壯五百餘名跟䠋協勦行到東碇遇賊船二百餘隻見我師仍復驚遁兵船追殺巨艦漁船圍住烏船二隻船被犂沉諸賊溺死而斬首七顆生擒黃進老等五十一名口細訊之或從叛出逃或別夥投入俱已列名更圖臨陣執械各各對敵負傷則爲真賊無疑也惟是稚年小厮二口擄爲阿孃情實堪憐卽當與開一面者夫衆寡之勢相懸數倍而望風逐北偏在烏合之衆乃知賊不敗于弱力而敗于多心天若假手于李賊而招之聚正所以速之亡也可爲奮志立功者勞矣賊首發懸渡口舵工老尤三徧身受傷隨于二十一日身故已經相驗發埋其漁兵曾好仔高一龍李仰懷被傷獨重應各給銀壹兩以爲調理之資童志敬等亦應計功頒賞具繇連人解詳與泉道蔡覆審轉詳及通申巡海分守二道各去後今蒙前因遵依行胥哨總許克俊査將統領該澳漁船民兵前後與鄭芝龍南征有功人民分別功次姓名冊報到縣覈勘無異彙造文冊一樣三本印鈐見在合就申報

行賞有功

泉州府同安縣爲軍務事本月初一日蒙興泉道左布政使蔡憲牌奉提督軍門熊令牌照得叛賊李魁奇等結夥三百餘艘屢肆侵犯而鄭芝龍與劉五店義兵以寡勝衆屢獲奇功誠可嘉尚合就行賞備牌仰道行縣卽將發去銀壹百兩內三兩賞哨總許克俊其船總哨長社首林芳高岳童志敬等二十七名暨陣亡被傷漁民俱聽該縣分別賞賚優卹完將賞過功次名數造冊

呈報轉繳等因蒙此隨行據哨總許克俊仝澳總高大藩公議應賞人數功次冊報到縣據此合就發賞爲此票仰該哨總許克俊將發去銀一百兩仝澳總高大藩照單須賞各船總哨長社首及被傷漁民人等收領完卽回報毋得違錯不便須至票者

請賑申文

同安縣爲急請發倉以濟時艱事照得同安濱海田少民稠米穀不給頃因海寇流突外運不通兼之荒旱頻仍去秋迄今七月不雨二麥失種民益惶惶計無復之方今穀價騰湧斗米百錢飢莩載道死亡橫野目擊傷心焦思無措查本縣預備倉內貯穀五千餘石原以司

賑民命合無請乞發穀五百石委本縣於東嶽梵天與各鄉公所親行煮粥賑濟庶幾少救殘喘之萬一涓滴總上臺之鴻造也緣係請穀賑飢事理云云

勸諭捐賑

泉州府同安縣爲賑救貧民事照得年荒民飢餓莩載道本縣已經申請倉穀賑濟指日詳允卽當煮粥以甦殘喘之萬一正在延佇幸蒙撫院軫念民瘼特蠲廩給銀一百五十兩發縣買米賑民如此德意從來所未有子叨司牧豈能恝然但勢值其窮欲蠲而竟無可蠲姑將本縣俸資百兩買米助賑涓滴之施知無益於涸鮒而一點相關至情聊以自表云爾凡我地方家温食厚故自不乏誰無不忍之心亮難爲路人之眎各隨所願多寡施賑本縣不能强亦不能已於言也爲此特示

設法賑濟

從來賑飢秖有設厰煮粥而已本縣始亦爲之集飢民於東嶽廟其地最寬可聚數千人衆飢民至晝地使坐數十人分粥以漸而及初猶帖然徐而枵腹難待也坐者起矣分者亂矣越次攘奪食器俱碎仍是强壯者得食老弱者啼飢乎賑之之法無當也于是次日改而分米定賑所四本縣與衙官及鄉紳蔡處臺各居其一凡男婦成丁者口給米六合未成丁者給米四合卽襁負者亦給米二合賑畢各所舉銃爲號放飢民齊出庶幾領無重疊而人得均沾况煮粥分賑僅救頃刻之飢而分米自煮可飽一日之腹此法似乎較善

靖海紀畧卷四終

同里曹方城先生諱履泰中天啟乙丑進士出宰同安時海寇鄭芝龍出沒海島思絕浙福二省爲坐臥處視同安猶几上肉耳先生曰吾能以無兵守之嚴保甲練鄉勇諭以自衛法曰若保國家卽保爾妻子又曰吾不籍爾民但以父兄令子弟耳未幾芝龍就撫同黨李魁奇挾鍾斌以叛蹂躪中左中左去城三十里許先生曰率父老子弟出軍容甚盛諸賊相戒弗犯先生曰鍾黠於李吾當使賊自屠之乃陰攜其黨不數日魁奇成擒斌投水死海患息擢吏科給事中先生以芝龍反覆爲患乃疏論曰長勝之算在於自强不拔之業存乎根本烏附可攻毒而續命必藉參苓鍼砭可偶試而養生必資五穀闇之用芝龍烏附也偶試之鍼砭也選將鍊兵舉賢治賊參苓五穀也不此務而任一芝龍辦之難哉會浙東西旱大吏不以聞又上書言浙輸輓之煩加派之重今民力已竭加以荒旱使民坐而待死不忍言也使民不肯坐而待死尤不忍言也復承間言戚畹不宜與政及論秦晉撫賊之非疏凡數上報聞而已後疏忝李希揆爲大璫羅織受誣當戍嶺南囚服騎驢出都觀者歎息至宏光僭號郦中丞世培疏訟先生冤至南都馬士英欲結先生爲緣先生不可投劾去復入閩見唐王白鬚戟張躍起而泣出見鄭芝龍流涕反覆勉以盡力授太常少卿洊至兵部右侍郎隨唐王起兵至黃臺兵潰先生擲身百丈巖下兩足血注氣絕復蘇遇兩僧攜至黃巖寺爲僧子元方求之强之歸疽發背卒元中崇正癸未進士知常熟八閱月不再出先生宰同安時與大府札論海寇及曉諭約束之文編爲靖海紀畧四卷煦素習聞先生德政因從其曾孫步垣索其稿授諸梓又著有浿吟集一卷已行世家世事實具詳邑先輩吳先生太冲所作墓誌銘不備錄邑後學蔣光煦謹跋

箕田攷

箕田攷

久菴韓百謙著 驪江李家煥輯
完山李義駿

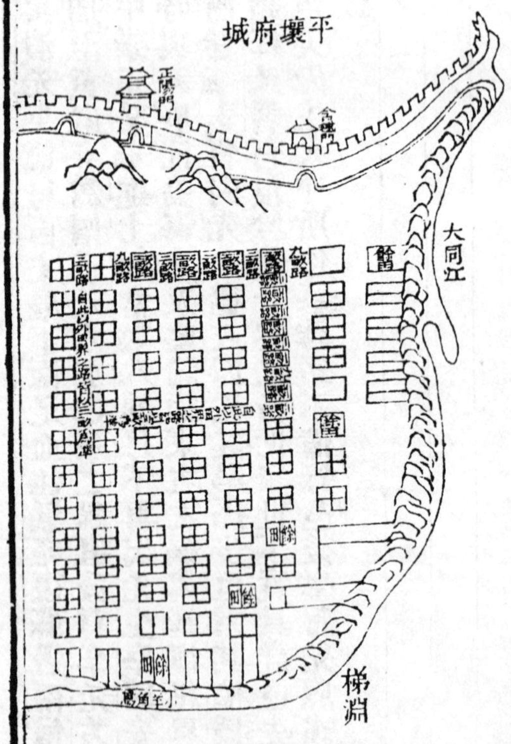

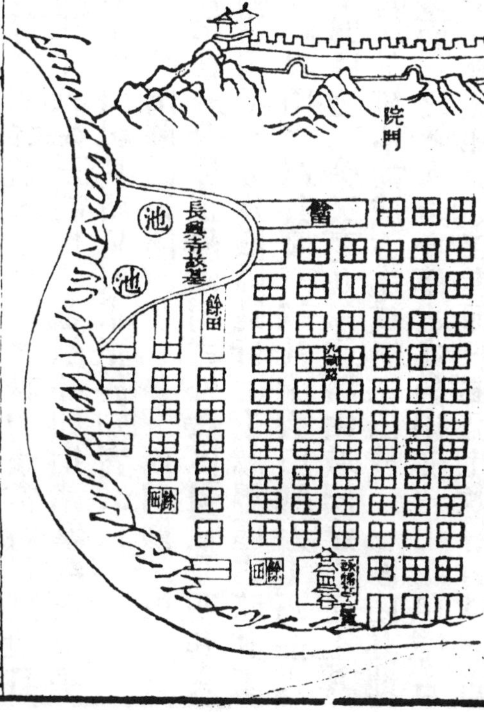

箕田說

久菴韓百謙

井田之制先儒論之詳矣然其說皆以孟子爲宗故特詳於周室之制而於夏殷則有未徵焉朱子之論助法亦出於推測臆料而未有參互考證之說則其果悉合於當時制作之意有不可得以知者好古之士蓋竊病焉丁未秋余到平壤始見箕田遺制阡陌皆存整然不亂古聖人經理區畫之意猶可想見於千載之下就其地諦審之其田形畝法與孟子所論井字之制有不同者焉其中含毬正陽兩門之間區畫最爲分明其制皆爲田字形田有四區區皆七十畝大路之內横計之有四田八區竪計之亦有四田八區八八六十四井井方方此蓋殷制也孟子曰殷人七十而助七十畝本殷人分田之制也箕子殷人其畫野分田宜倣宗國其與周制不同蓋無疑矣惟玆阡陌數千年來凡幾經變易雖難保其不差尺寸其大略界區以一畝之路界田以三畝之路也其三旁九畝大路由城門達之詠歸亭下似是往來通衢非專爲田開阡陌而設然其必以十六田六十四區畫爲一甸則亦不無界限之意自此以外田界之路或有侵耕失古處則後人未知制作本意必以三畝爲準而正之頗失經界之舊若其以七十畝爲一區四區爲一田兩兩相并則盡一野皆同矣按班史刑法志曰四井爲邑四邑爲邱四邱爲甸甸有六十四井

其井邑邱甸之名雖用周制而以四起數四四成方與此脗合是必有所沿襲而惜其典籍不完未能盡得其制也其尖斜敧側不能成方處或一二田或二三區隨其地勢而爲之此則鄕人傳爲餘田雖周家井田之制其地難得如繩直準平而其不成井處又不可棄而不用恐其制不得不如此也其公田廬舍之制雖不可考制田旣非井字之形則與孟子所謂中有公田八家皆私百畝之制已逕庭矣意者殷之時雖受田於野而其廬舍未必在田旁或皆聚居城邑之中其公田亦都在一隅未必介於私田之中糞壅耘耔之際遠近不同民有病者且人文漸備吉凶禮縟七十畝有不足於養生

送死之資故姬周之有天下也順天因人增爲百畝且制井田之法八家同井中置公田春則出在田廬冬則入聚邑宅其制始大備自質而文其因革損益勢有不容已也或以朱子改治溝洫多費人力之說有疑於孟子之言此則恐未然孟子曰佚道使民雖勞無怨朱子亦嘗論革命易代大而建正用數小而書文車軌并皆改作以新一代耳目云則况此制民常產實發政施仁之大者豈可計其少費不與俱變乎以此推之吾知朱子此說或出於一時門人問答而非平生之定論也嗚呼關閩諸賢俱以王佐之才生丁叔季之時慨然以挽回三代爲已任收拾殘經討論遺制殆無所不用其至

而猶有懸空之歎未得歸一之論倘使當時足此地目此制則其說先王制作之意想必如指諸掌矣而惜乎其未見也因記其所見以求正於知者云

箕田圖說後語　　　西坰柳　根

箕田在於含毬正陽兩門之外者區畫最分明其爲制皆田字形分爲四區區皆七十畝界區之路其廣一畝界田之路其廣三畝凡十六田總六十四區六十四區之三旁又有九畝之路由城門達之江上其尖斜攲側不能成方處或一二田或二三區隨其地勢而爲之鄉人至今傳之爲餘田亦皆七十畝噫古今人歷玆地見斯田者何限獨公生晚好古欲求古

聖人分田制產之意於千百載後作爲圖說使人人曉然知箕田一區爲七十畝卽與孟子所稱殷人七十之說若合符節豈非幸歟孟子曰方里而井井九百畝其中爲公田葢井字爲形便成九區八家皆私八區之百畝就公田百畝之區以二十畝爲廬舍八夫居之其所耕公田皆十畝此周制然也孟子曰殷人七十而助周人百畝而徹其實皆什一也徹者徹也助者藉也孟子論周人百畝之制固爲纖悉至於殷人但稱七十而助當時諸侯皆去周時之籍况殷制安保其猶有存者乎朱夫子之生去孟子之時又遠矣不得不因周制而推明之釋之曰商人始爲井

田之制以六百三十畝之地畫爲九區區七十畝中爲公田其外八家各受一區但借其力以助耕公田而不復稅其私田又曰竊料商制亦當似此而以十四畝爲廬舍一夫實耕公田七畝是亦不過什一也朱夫子旣未得考殷制則以此度彼其爲制自當如此昔韓退之賦石皷葢歎孔子不到秦不得見其文若使朱夫子見此圖當復以爲何如以今觀之公田廬舍之制未敢臆度卽此田形而見之四區四夫所受之田也或以爲箕城之田稱之以井葢久矣井卽九區也今不可輕言爲四區是則不然若論殷周田制之同則八區八家所受之田也推此以往雖千百

區皆然就七十畝之中以七畝爲公田如朱夫子之說則亦不失爲什一也至於廬舍則周時制度大備猶就公田二十畝爲八夫廬舍是一夫之居不過二畝半也若就一夫所受之區以七畝爲公田而出力助耕之不復稅其六十三畝則雖以一二畝爲廬舍而居之恐亦不害於什一之制也其一夫所居在於七十畝之內耶或宅於邑而受田於野來往耕治耶皆不可得而知也若論殷周田制之不同則七十畝百畝已不同矣何必置疑於四區九區之同異哉所貴乎同者什一之制耳孔子曰周因於殷禮所損益可知也其或繼周而王者雖百世可知也百世可知

者其不在於什一之制耶去年曾隨詔使朱學士梁給事中共觀箕田恨未及知一區爲七十畝未得求正遂書此以待後之覽者

書箕田圖說後　岳麓許　筬

西京之南有田相傳爲箕子井田丁未秋西原韓久菴周覽故國形勝遂及於所謂井田者仍其經界遂其阡陌以畝法槪之乃七十畝之田也夫七十而助殷人之遺法也是時周法未遽徧及於天下箕子以殷人行殷法乃其所以也然則七十畝之田豈非箕子之親傳法於我東者耶其田之制韓公作圖以記之但其所謂公私田者必有其制而未有文字可考就圖而推之葢九畝大路之內爲七十畝者六十有四區而方列焉如易之先天方圖八區爲一行者八就其一行八區之中出其一區爲公田其餘七區七家各受一區而私之其公田之中七家各受三畝爲廬舍計除三七二十一則所餘公田四十九畝七家分之則所助耕亦各七畝通私田七十畝爲什之一雖無明文其制豈不然乎且以周制言之公田百畝計除廬舍二十畝其餘八十畝八家分之則各得十畝通私田百畝亦爲什之一雖有多寡之不同其爲什一若合符節噫今之去箕子凡幾千年遺制之相傳不泯已幸矣而其發明爲殷之制則得吾友而始

焉亦一幸也

箕田續說　星湖李　瀷

井地之法朱子亦有未盡究者故嘗言田制旣定溝涂畛域一定而不可易今乃易代更制則其勞民擾衆廢壞成法煩擾甚矣孟子未親見只是傳聞恐難信此實朱子灼見王政之大體而推知溝洫之必不可改也若以孟子集註言之徹法不除廬舍二十畝而通計則爲九而取一除廬舍二十畝則爲什一而取一助法亦然若然則孟子何以謂其實皆什一也朱子什一之解僅合於未有井之時自有井以來皆不成此數今若不悖於皆什一之制而又無廢壞成

法之疑則斯足信矣卽平壤府箕子井田是也竊疑田字象形古田必似之今其田四區同溝皆如田字樣是必古制而惜乎朱子未之見也葢九百畝畫爲一井井有九田田方百步一田爲四區區方五十步夏時一夫受此一區以什一爲貢乃四夫同田而井爲三十六夫也殷時田寖多用寖廣則不可不加授故不易經界而以一田爲二夫之受一夫所受乃長百步廣五十步雖或長廣不齊古人皆折補爲方未嘗言長幾廣幾王制亦曰斷長補短滕之五十里湯之七十里文王之百里亦其例也今以長百步廣五十步開方則得七十步零若干尺大約不過七十畝

而以什一爲公田乃二夫同田爲十八夫也周時田又寖多用又寖廣則又不可不加授故又不易經界而以一田爲一夫之受是則所謂百畝而井爲九夫也然則何以謂三代皆什一葢一井九百畝而九十畝入於公家則三代未嘗不同夏時一夫五十畝畝長五十步乃周人之二十五畝以五畝爲貢乃周人之二畝半是合四夫之貢當周人之十畝也殷人一夫七十畝有奇畝長七十步乃周人之五十畝以七畝有奇爲公田乃周人之五畝是合二夫之公田當周人之十畝也周人一夫百畝畝長百步以十畝入於公家則未嘗易故曰其實皆什一也或謂六尺爲步步百爲畝三代同然而所不同者只在畝數耳不可以長百廣五十爲七十此大不然孟子於夏之五十殷之七十皆不下畝字至周始曰百畝者畝之長短不同故恐人以夏殷之田錯認以百步故但以五十七十言其方而已不加畝字以別之且五十七十云者未必夏殷時成文或者孟子推言其數而以周制比類爲說故只道其方爲幾何也上焉夏后氏五十而貢下焉周人方百而徹獨殷其將曰廣五十長百而助乎宜亦只下七十字而其義自明矣殷人欲以七十之數爲授則因夏之制合二夫爲一夫正合七十之數如是則經界無不定矣井地無不均矣而

箕田攷　別下齋校本

聖人乃反嫌其不方不計勞民傷財必欲改溝洫而方其田無或近於膠柱而不通耶余故曰平壤之田乃箕子因殷之舊而特略變其制焉耳

海昌蔣光煦校

後漢書昔武王封箕子于朝鮮箕子教以禮義田蠶水經注朝鮮箕子國也箕子教民以義田織信厚約以八法遂成禮俗案箕子陳範敘疇其一五行曰土爰稼穡三八政則首先以食宜其分藩東土亟亟以農事爲重則所謂教民田者其卽此井田之法與箕子殷人也殷人七十而助當時助法盡廢而是圖尙存其制殷先王之遺澤長矣攷古者覽是圖及後說可以得所參稽焉富陽董文恭家藏有朝鮮箕田攷槧本因假得影鈔而重栞之道光丁酉春三月海昌蔣光煦跋

峽石山水志

欽定四庫全書提要

峽石山水志一卷

國朝蔣宏任撰宏任字擔斯海寧人海寧縣有峽石鎮兩山竝峙東曰審山西曰紫微山爲土人遊眺之所宏任因爲之志末有雍正戊申自跋稱舊有志略爲前輩沈伯翰所集其家伏羌令丹厓所訂則仍舊稾增修也敘述頗爲雅潔然兩山舊蹟載於咸淳臨安志者甚詳皆略而不載審山之名沈山宋元時志書皆有辨證亦未徵引而紫微山有東峯磨劍池敘述更爲疎漏惟所載碧雲寺之建於唐大歷中天開圖畫樓之起於宋天聖閒爲足補志乘所未及爾

由吳門及海昌中閒數百里原野平敞而巍然隆起乃有峽川兩山獨高於橫及騷人墨客遂借以遊憩而山之勝又足發其詠歌葢自唐白太傅章評事以來迄于貝鮑及今查范諸公登臨覽觀之作不一而足邑乘僅列諸井里而不詳其名蹟不別有以紀之則兩山之負奇特異于數百里閒者亦覺黯淡而無色此志略之所爲作也志創于沈君伯翰蔣公丹厓訂定之今其族孫擔斯更爲刪潤嶺雲海月點染筆墨閒而數千年之風雅節烈尙與山川輝映雖裒然兩峯直可作匡廬鴈蕩觀矣余嘗於秋霽登智標浮圖望吾越中諸山淡烟一抹白鳥雙去不禁穆然神往卒成短歌蔣子近將纂輯

古今題咏續付剞劂是不特有功于桑梓名賢而羈棲過賓里謳巴曲皆得厠名其末抑何幸哉雍正庚戌立秋日於越陳梓書于靜愉齋

峽石山水志

海昌　蔣宏任　擔斯

杭州府海甯縣治東北四十五里爲峽石鎮志曰兩山夾水並峙故名鎮東曰審山鎮西曰紫微山

審山俗所稱東山也高三十五丈周七里半爲海鹽轄山多白雲其土赤埴石性多浮杭郡志及寗邑舊志廣輿記諸書謂漢辟陽侯審食其葬此因名海鹽志則謂上有宋臨海南陽二郡太守沈景墓故名俗誤沈爲審也禾郡志又謂鹽邑西六十里逾長湖曰沈山上有宋臨海太守墓又北曰硤石山則沈山與峽判然爲二矣按地勢沈墓應在贊山今東山上有大塚俗稱爲王墳

其爲辟陽墓未可知特無太守墓自前代著作家俱稱審山未有稱沈山峽東山之宜從審無疑矣

審山南岡嶺勢迴合林木深窅竹閒大石聳拔數丈蒼黑峭潤如巨靈倔立猙獰欲搏人數小石亦離立以助巔有古樹根隨石鑄躨跜草際狀如龍蛇下視居民棘樊桑戶雞犬聲時與鳥語松風相閒幽可避世昔人擬爲小桃源也山趾有橋俗呼景轉橋橋下碧水瀠洄流入青松塘東達海鹽縣其閒滙爲湖瀦者非一區雨時水氣挾烟而上霏微如沐遠望空濛峽川十二景此稱桃源着雨

從橋下循山麓而北當山之東溪有烏夜村晉何凖寓

居於此一夕羣烏環噪乃生女諱法倪後選入宮他日烏復夜啼則穆帝立后之時也因名其村至今其地環湖背山鬱然深秀貝瓊記云農圃四十家屋參差鱗比叢篠灌木交蔭其旁豈亦避世之人耶

由桃源拾級而上爲玉眞道院宋仁宗景祐間建舊名翠雲亭明初建玉宸閣眞武殿殿前二石相挽古木盤踞其上路隅宛如巖關可一丸封也名曰石關院西南嶺外近水處水漱山根土盡石出勢若東海之揚波起伏奔壘爲石濶灘

度嶺而北爲御史吳遵墓吳遵字初泉嘉靖丁未進士授長樂縣後拜監察御史巡按西江其政績光于史冊焉西下山麓有許公祠康熙己亥年建許諱汝霖康熙壬戌成進士由翰苑歷官至禮部尚書　予告歸里性不立崖岸里人樂其坦易塑像祀焉古者鄉先生歿而祭于社茲乃創於生時殆所謂殊時異世不相襲禮歟

祠右百餘步有靈龜池邑志云大龜出曝即雨唐肅宗乾元中於池上建靈龜寺宋眞宗祥符元年有過海頭陀榮法師改建崇福寺久廢惟池尚存循池而北舊有延聖妙智院建于宋徽宗政和二年至高宗紹興元年改妙智閣明萬歷四十年又改大悲閣供大慈像每歲二三月遠近士女獻香禮像即藉以踏春遺鈿墜舄時亦不免年少嬉逐若狂有識者不能無蘭芍之嫌

閣前西北隅爲北亞山審山之西阜也齊海鹽令周顒至此謂其林阜清疎亞鍾山之北境故名俗誤稱北野山其山庳不數仞無尺櫱寸菁豈今昔殊勝與東望崇岡深麓閒花宮玉局磴道浮屠高低層壘之勢橫列如屏惟晴空展步寓目纖悉風雨則失之矣故北亞晴嵐取景以此山麓細流若帶曰石魚涇通長水

涇上明嘉靖孝廉閩嘉言任亳州知州歸田後築別業居焉臨流負山與大悲閣相映時號小輞川又稱北山雲莊今廢煦案海昌勝覽作閩人嘉言

由大悲閣南度小橋東上爲東山亭南上即東嶽廟剏於元至正間　大清順治四年丁亥道士崔如玠復新之上增高閣飛甍際天康熙初年左建文昌閣右建張仙祠惜廢無存坡上爲三元殿久圮康熙六十一年壬寅宗伯陳清恪公重建殿後有峻嶺嶺上爲蓬萊閣今圮殿右爲廣靈周侯祠嘉靖間顯神于此建廟祀之康熙九年于後坡建夫人殿殿後地甚平衍因名平山相傳吳越錢王曾習兵于此空曠爽塏足散人懷稍東南舊有宋眞定郡忠憲王後裔趙忭墓朱太僕禋云忠憲王建隆初翼戴藝祖由宿衞爲親軍南渡後其子孫賜第于峽今趙家滙其故址也王之女字宮梅善屬文未笄而卒祔王墓所芳魂不泯往時降乩自序其幽恨有斷殺夜來霜芙蓉已早傷又香消玉碎薛蘿村

若箇臨風奠一尊之什今其後夷爲齊民且彫零乖盡
墓亦遭發傷哉南爲磨劒石旁石潭一泓寒光清澈邑
志云錢王曾淬劒於此至今鏽痕齒齒昔人因有劒石
寒潭之咏北則洗眼泉眼牛石下有古墓橫亘山腰窿
穹如數間屋相傳辟陽侯墓正在於此雖無墓表碑碣
邱龍尚存聞昔有犯之者中出毒蟲螫之乃止夫宣聖
衣冠猶遭顚倒茂陵玉盌尚出人間古來封樹遇發邱
郎將摸金校尉墮突者何限獨此墓相戒蟲螫果神物
護之耶
東爲三笑菴僧澹哉所啓也疏泉剔石結茆其上俯覩
阡陌縱橫浮沙出沒正同荷錢貼水而海面九十有九

峯環之特標一勝惜澹哉物化而此菴亦浸廢矣菴嶺
爲鬬雞石貝瓊曰兩石對峙宛然老距當場奈近爲童
豎擊壞不復爭季郈之雄矣
自石畔北行三百餘步有碧雲寺唐代宗大歷三年禪
師法欽賜號國一者刱舊名崇惠菴元末燬於兵明洪
武二年僧懷宗復建萬歷間始拓爲叢林崇禎八年更
營閣於後置貝葉若干卷寺遠市廛幽絕他處於鐘殘
漏靜時蔭竹栢影聽梵唄聲驚葉發機無不入妙若夫
碧雲夕照蓋東山踞峽川之東而碧雲又東山之東北
隅日逼下舂遥望西山已在千重虛翠間而落照一規
更掛西山之西反射明湖金波漭泱倏合倏開正如佛

氏所云海若獻琛但見珊瑚貝齒璣鏡夜光雜寶錯陳
碧雲之景必以夕照爲最云寺左上旁涌中陷者爲鉢
盂頂泓然石罅者爲天眼泉隅削顚夷者爲唐海鹽攝
令劉長卿讀書臺盤旋幽曲者爲國一欽禪師展身洞
師苦山無水喝石石裂泉溢穴不深丈旱不竭汲名喝
石泉後人嫌淺隘鑿令深廣而泉或時涸靈泉非凡夫
得增益也聽雲軒臨泉上境亦清冷寺後最高處烟蘿
四合巖草豐茸其怪石嶔崎有玲瓏眠雲諸石及佛手
巖冷雲窩之勝遊屐鮮至憶武陵桃源自漁翁黃道眞
後能問津者何人更有俱胝洞唐俱胝禪師悟道處可
容二三人靜坐足以消夏寺南一峯特秀似菡萏晝舒

亭亭翠微中俗稱兜鍪峯又稱將軍帽不若字以蓮花
峯爲雅也峯左有逸士唐丹泉墓諱俞廉潔高隱詩書
兼優表具于墓又明之鄭虔林逋也
峯下舊有宋時韓墓肅衣亭今廢屼然冠碧雲上者曰
觀海峯山之絕頂極目東海潮氣遥蒸白光蓬勃有無
間髣髴張楷裴優各作大霧較里數多少時
上有智標墖宋僧智標所建按僧朱氏子參賢首宗教
嘗住常州華嚴院太守命祈雨杲日中祭龍龍現甘雨
隨注後以寒食日集衆說偈而化墖于審山明嘉靖三
十四年遭倭變雲楣綵桷強半付之祝融至萬歷四十
三年蜀僧瑞林重葺之僧于墖下得何首烏大如斗食

之齒髮重新壽百有六歲順治間墖傾頹甚住持募修功已垂成爲雷震明年又震又明年墖院復火十年鳩工殿于一旦山靈豈有待也康熙三十四年黃灣南僧宏通感潮音而至矢志復修沈文若等力爲領袖六年功始告成近日就傾圮年不順成欲修而未果也墖踞高勝登其巔萬像眇小平疇莽蕩汗漫無極近望橫殳諸山如靑螺頂浮湛野烟遊氣中遠者淡雲一抹而已直下東北偏雄崖斗絕其色赤寒泉渟滀惜無迅瀑下瀉作眞珠簾若汲以瀹茗味絕勝名赤壁從色也亦名半月象形也近者石泐壁傾倘有好事復舊蹟幸甚

從泉所攀蘿篠而下有醉眠石昔有一人醉臥數日見

者蹴起之曰予劉伯倫也偶此醉眠何攪爲須臾失所在石在鄔氏墓旁

又北折西上爲走馬塘周穆王時諸侯徐偃王叛遁會稽潛匿于此追兵夜及有神馬數百環山馳驟護之得遁去塘因名下望長水舟行如鷗泛幾欲俯身伸之

塘之下蒼松翠栢臨水皆邱墓墳堂而節婦祠尤特表焉婦李氏適里人吳仲嘉少寡苦志育孤六十餘載子天聲敦孝行力行善事雍正五年奉　旨旌表

塘之上有孫公洞康熙初年里人孫宇標所鑿因溪成潭深丈餘穿石爲門廣四五尺逶迤深邃入其中恍然別一洞天結屋當山之坳自山外周圍視之幾不知從入之徑近爲審山名蹟

出洞口而南正當山之半名半山有東廣福禪院宋神宗熙甯元年建院塑白衣大士像大士慈悲現婦女身說法愚民妄謂宜男亦未見大士五十三相耳

院後古梅數十樹老幹橫斜花時如雪周珽搆精舍其下額曰飛雪軒按珽字靑羊雅工畫吟咏以蒲萄擅名蜿蜒生動尺寸有尋丈之勢晚年著作甚富如廣孝錄疑夢編唐詩選脈至今膾炙人口爲後俗子扳折院僧甘尋斧柯惜哉

院以東宋仁宗天聖年間建天開圖畫樓所見風帆沙鳥烟雲竹樹當不殊王元之記竹樓也恨廢于明宣德

時出院門梯而下梯盡南尋得葛翁丹井窈然而深瀰然而冽中有五穴通峽石湖貝瓊記云汲者往往得丹砂如霞片或投石井中輒有聲如雷井上舊有葛仙祠宋崇甯三年建今廢元延祐間有無名氏題祠壁云勾令仙蹤曾此棲石潭凝碧草痕齊荒山遺廟無烟火獨倚長松聽子規出淸江詩話或曰此卽葛洪顯跡也井旁修竹萬竿盡點湘斑靜憩其中疑擘九疑之雲而帝子姍姍下也竹西土墳起廉隅方幅者人稱顧況讀書臺山勢環擁如窩谿徑窈窕林樾蒙密葛蔓藤梢復絡繹若帷幄所謂書臺積翠之景也逋翁更有別墅歲久無存止長松一本離奇詰曲老骨支天豈逋翁所咏門

前有箇長松樹夜半子規來上啼者是耶近年亦厭棄入間惟西委蛻當是化作蒼龍隨道翁去矣臺外西偏有石屋北有箬帽洞俱可棲隱

紫微山高十八丈周一里其土黃壤其石多火唐長慶三年中書舍人白居易刺杭州秋八月登此山望峽石湖中書爲紫微省山以人傳故名舊有居易碑記嘉靖中關西孫太初微山詩有白傅斷碑樵斧礪之句以知礪斧碑石猶在而今不見矣夫昔人得呂梁古碑文泐可認者止三十六字猶護如拱璧視此不大可慨歟

山南大刹東晉武帝甯康間尚書張延光捨宅所建初名志願至唐肅宗乾元元年四月敕支本縣稅錢修飭唐末遭燬宋太祖乾德二年甲子營田將吳仁受捐資復建成于太宗雍熙二年乙酉距經始時已二十有二年工亦艱矣大中祥符二年已酉賜額惠力寺宋季又燬重建于元順帝至正二年壬午迨明洪武二十四年始拓爲叢林嘉靖三十七年戊午僧惠銘仍庀材鳩葺隆慶庚午工始竣相去亦十有三年　本朝順治十八年慧幢法師更新之成于康熙八年已酉不十載而輪奐巍然視前此仁受惠銘爲獨速也寺背山面水門當一橋即邑志所載紫微橋在縣東北六十里下跨峽石市河者是也元大德七年建俗傳山後泉上小石橋者誤門外法幢二東西掖門二東曰歡喜地西曰正法門東掖之東爲韋馱堂西掖之西爲總管堂舊有迴觀樓今廢無攷中門三楹內塑靑葉髻樓至德二如來化身金剛東西向遊方者至皆云法象偉壯甲于天下門有兩雲鼓石各鐫龍盤石色潤如靑玉百餘年前龍口忽出水幾淹峽鎮里人斷其口始絕彌勒佛座下大石一方云是張尚書家搗衣石石無奇因尚書傳倘猶陸魯望表鬱林石于門乎由夾道而入爲大雄寶殿殿內古壁二傳是公輸幻形所築文理迴旋莫得起止異哉以鬼爲之亦勞神矣貝清江記云壁有畫龍二一驤首洪濤中一既飛而返顧乃元順帝元統二年甲戌夏葉茂章所作漫滅不及見殿後有大士殿殿前左有鐘樓鐘初艱于鑄大士爲現村嫗投金釵冶中始成至今釵痕閃爍可辨聲聞二十餘里舊有鼓樓相向今廢鐘樓之東昔爲飯僧堂貝記云有宋張卽之書勝功德海額又三賢祠宋紹興末所建祠祀晉捨宅尚書張延光宋御史崔昇迪功郎倪滂皆有功茲刹亦躋祀焉三人並爲伽藍堂祠廢後其地竟爲寺僧荼毘之所明天啓五年寺僧梅溪卽其地擬爲禪堂前爲伏魔殿東有張尚書井今在深省山房

禪堂稍東北爲唐仙人馬湘宅宋僧贊甯惠力寺記云左及馬湘之宅是矣宋大中祥符間改宅祠湘今已廢作民居按湘字自然隨魏伯陽學道雲遊後歸省兄兄

適出湘謂嫂曰特歸與兄分此宅我惟愛東園俟兄三日不歸卒兄歸感慟曰弟學道有得此歸示寂以絶我望乃具棺殮葬之東園是夕棺中砉然發聲人咸驚異時唐大中十年也未幾東川梓潼縣以馬道士上昇奏敕發浙塚驗之止竹杖而已至今小邱壅積丹井依然東園之名終未泯也時或風月清朗自然羽衣玉杖飄然而至奇矣邱北放生池產異螺無尾陰雨能變五色昔聖僧自西域來取人家螺殼投池中得復生故又名祖師池池上舊有祖師殿殿廢池亦不盈咫矣

由東掖門上爲關帝閣嗣改魁星閣架磴道上今廢閣後爲紫微泉泉出石罅澄泓莫測宋孝宗淳熙時邑令

鍾必萬甃爲大井覆以亭曰漱玉亭今亭廢而泉亦竭矣

循井迤北入小門奇石特立者曰盤陀高二三丈周百圍藉令植美箭疏清泉羅而置之堂廡間何嘗不作米家供乃半入土牆餘亦沉沒于蕭莽矣蛛絲豕突號爲穢區茲石之遇固然耶

泉之西卽西廣福院唐憲宗元和中里人朱坦捨宅爲之宋眞宗天禧間僧辨親于仁宗朝召見賜紫號慧悟禪師神宗熙甯間始賜額大聖寶殿孝宗隆興中更名泗洲殿宋末燬重建于元成宗大德口年有宋李肩白碑記趙子昂殿額數年前爲鄉人踏裂尚可聚摹其內供桌雕鏤工巧非常傳是賈萬戶妝臺賈黃岡里人乃元末與明太祖共逐鹿者殿鼓匡獨木刳成石礎皆作覆蓮花形有一礎鐫玉貫人識之院東覽遠樓貝瓊記曰登樓望海弱水三萬里宛在其下而蓬萊雲氣隱隱接于闌楯今廢無存徒與天開圖畫樓同一慨爾殿外東南隅有鐘委地青翠斑駁古色照人唐時物也順治丙申當事者檄縣取銅鑄大礮胥吏請以上輸今復作亭懸之蒲牢如故清響鳴霜則邑令秦嘉系也

再西爲周氏宗祠康熙壬辰建祀明季周宗彝按宗彝字五重崇正己卯舉于鄉及國變戶科給事中熊汝霖以兵入海甯宗彝亦起兵峽石王師破峽石宗彝死之

其弟庠生啓琦格鬬于里巷刃中腹腸出納腸而戰截其頸而仆彝之妻卜氏聞變遂攜幼子及二妾朱衣紫衣投青蘿池而死次日族人舉其屍三人相抱幼子而出其面如生一時全家侍婢及親族婦女來避從死者四十八人

由磴道達山巓乃五顯靈官殿建于唐僖宗光啓中至宋治平甲辰重建葺于明宏治嘉靖間廟中祈夢最靈鶴湖孝廉陳增新將謁選往求兆夢神示詩一聯云悲將刺股懸梁志散作河陽滿縣花覽畢憮然而覺莫解所謂未幾授江西一令蒞任才三日神氣騷擾匆匆作家報闔戶自縊家人急救得免越數日竟投繯死豈此

地有宿冤數已前定不可得避耶其靈應如此康熙二十五年敕天下除五顯神改爲崇正書院內祀文武二神其殿前石刻紫微山三大字宋樊世卿書又石刻唐章孝標詩俱遒勁可傳

由磴道下東過漱玉亭翠微間林木延賞人行萬綠中不知有夏東麓之勝于此爲最舊有翠微深隱亭正面東山林壑秀列如披圖畫今亭無存又東下數武即萬竹山山側石磴一百八級名百步石石盡處得山浜舊爲張尚書養拙園池館廣百餘畝故外水稱花園浜遊人泛舟由長水入浜直艤山趾登岸歲久塡淤其猶存者如溝澮而已

溪東橫隔一溪東岸爲崇惠寺即北寺大理卿朱逢吉碑記云元武宗至大元年西巖教公結茅于此漸廣林舍崇慧菴旣浸弛明洪武十五年壬戌復建法堂越十年辛未搆大雄寶殿敕將四果圓覺勝果三院幷入遂成叢林其地逼山故邑志載崇慧寺在于紫微山東麓也

寺後爲墖影湖凡墖影着水皆倒此處獨直正値沈氏祖墓前墓旁古木一株爲龍攫剝存膚片槁至天啓甲子枝葉復生越四年丁卯裔孫沈端舉孝廉俗以爲瑞從墓所望山頭雲根亂插者鶴亭仙洞在焉山赭無林木石勢縱橫若臥若立若擠若負若掛若倚若突怒而欲觸若款頰而欲墮若奔猊若蹲虎種種異狀正如柳柳州云疏密偃仰類智者所設施也東北一石陡立上復斜倚巨石谺然洞深丈餘酷似有人琢磨砥礪者曰紫微洞亦稱仙人洞馬自然煉丹于此羽化後白鶴飛還洞口徘徊旬日方去好奇者擬爲緱山遼陽故事立白鶴亭以表之址尚存洞旁大石矗起頂復平曠容數十人爲禮斗巖一名仙臺相傳馬自然丹成登眺處北下法華菴僧悟禪持法華甚精進寓于菴後劚土忽見如鰌鰼者數頭異之劚益力得泉一窪底皆石石有七竅泉從竅仰出輕清而甘昔唐高僧晏公于嵩山會善持誦法華龍爲出泉于寺左供汲今兹泉也悟禪何異

晏公牧雲和尙來遊取法餘二非眞之義名曰不二泉菴廢泉無恙也

東爲沈節婦潘氏墓氏早寡乏嗣苦節四十餘年卒天啓孝廉沈端捐資地以封樹邑令虞山時敏立石表墓翰林吳大冲作誌銘傳之與審山吳節婦墓東西對耀有光山靈合附紀焉

由西掖門入有高閣東向爲唐宋收藏三車之所其建置歲月未詳紹興六年丙辰寺僧迎佛牙供其上因名舍利閣載宋聞人符碑記理宗端平中廢元仁宗皇慶初興復改圓通閣俗以閣在大殿西偏稱西方殿閣前功德池池中甃骨墖數十年間池漸小非復舊觀稍北

行西折爲丹井樓井在樓陰汲注瓦缾以松火發之水味自别明胡虚白詩仙人葛稚川煉石紫微山孫子真詩借宿還登丹井樓若謝遷宋徵各有丹井樓詩則知葛洪丹井不獨在審山矣

井西爲放菴國初有墨浪師能詩善畫瀟灑不羈于此洗石誅茅作焦先蝸牛之廬地偏據勝老樹百餘章繞籬壓徑倚徙靜便墨公社外得查伊璜范文白家丹崖諸名宿品水談詩無曠日菴後遠眺南盡天際浮翠隱隱非雲非氣墨師謂是會稽諸山也

北有西爽菴僧無量建西爽之南有白水菴菴中泉色白而甘沈孝廉舉泉以名菴有老梅二樹蒼瘦扶疎蔭

滿廣庭花時玉綴珠縈清芬絕俗宛然一幅楊補之得意筆墨也石浪師作精舍人與梅晤對幾三十年卒時命葬此當是林逋後身更從白水西望有亭翼然臨路隅者爲西茶亭白水僧每于暑月續趙州家風以濟行人

微山南麓按宋志舊有勝果寺建於唐穆宗長慶間俗稱南寺是也明初并入崇慧寺其址廢爲民田橋之名今猶未更順治丙申冬住持超祖復建三元院康熙口年復火僧明月重新之每遇神誕士女雲集近爲峽鎮名刹也

院東昔有淳朴園正嘉間隱士沈天用築有涵虛閣藕花灣白鷗沙柳塘渡鶴矼通樵徑芙蓉溪諸勝按古杭雜志載沈紫峽山人搆園時非騷人墨客不與之遊庸人罕得窺其園者一日有小兒求見自云横山顧氏子隨父出鎮聞先生高誼故來謁耳公問客何能曰能詩因指池中浮萍爲題限場香梁等韻即口占云雨打風飄無定場幾回沾惹芰荷香有朝團聚沙灘上燕子啣來遶畫梁占畢辭去沈公愕然明日遍訪無有知其人者人以爲顧遁翁之靈云鄭尚書曉謝詹事丕文待詔徵明倪翰林宗正皆有詩載淳朴園集惜遺蹟莫留當是一園焚于萬燹也

審山南下爲東南湖紫微山南下爲西南湖總滙爲南湖即白居易所登望者或稱鷗湖湖中一洲東南繞曰金腰帶名無攷湖乃天目支流北通長水秦時夾谷永也按柳琰嘉禾志夏浚海鹽舊志俱云峽石吳越分境時名夾谷谷水出焉再攷魏酈道元水經注唐陸微吳地記曰谷水出吳小湖經長水故縣即峽石所出上谷水也湖闊百餘丈每烟空人靜月上風微波縠晶瑩作一片琉璃光繞湖人家或逗疎燈幾點若晨星明滅林外欵乃漁歌時復斷續于汀蘆渚蓼間爾時或弄桓笛或藉蘇枕庶不負南湖夜月也

穿市河而北過環秀橋回望兩山東西並列如旗鼓中流羅星係嘉靖間侍御朱有孚所築懷宗時周青蘿復

培廊之號隆興墩以其當隆興港口也康熙五十年辛卯里人共搆一亭于上供文武二神延僧掌之東岸一墩號小隆興作掎角之勢此兩山之口長水之首自此則北入檇李界矣

峽石山水志終

族孫光煦校

宇宙間不乏佳山水然或地處奧僻高人逸士遊屐之所未經耳目之所未及則其地不傳即或傳其地矣更無人焉如史遷柳州其人者爲之蹈揚發越於以贊天地之所逮則山水之眞面目不出故吾謂物情蓄變理貫三才倘人工未洽則山水雖佳終埋沒於荒烟蔓草中者所在多有吾峽當蘇杭孔道爲名人筇屐之所必至自晉迄今古蹟班班可考或散見文集或載諸邑乘不一而足要未有彙而爲志者有之自峽石山水志略始志略一書係前輩沈伯翰所集家伏羌令丹崖所訂定者也向鐫於留素堂外集迄今棗梨殘缺世人罕覯今春杜門家居搜簡陳篋

偶得是編竊喜兩山有靈藉以不泯即欲付之梓人奈陵谷雖未變遷而寺觀不無改易因據原槀聊爲增删是亦樂操土風之意且令後之作者得以考其興廢之由耳敢云續志乎哉雍正戊申夏五東湖蔣宏任跋

西洋朝貢典錄

欽定四庫全書提要

西洋朝貢典錄三卷

明黄省曾撰省曾字勉之吳縣人嘉靖辛卯舉人明史文苑傳附見文徵明傳中是編紀西洋諸國朝貢之事自占城以迄天方爲國二十有三國各一篇篇各有論凡道里遠近風俗美惡物產器用之殊言語衣服之異靡不詳載考明史外國傳其時通職貢者尚不盡於此錄省曾止就內侍鄭和所歷之國編次成書餘固未暇及也末有二跋一爲東川居士孫允伽一爲清常道人趙開美允伽稱此書初未付梓得其手

藁錄之開美謂其章法句法頗學山海經信爲奇書錢曾讀書敏求記亦載之然其精華已採入正史餘亦無他異聞也

西洋朝貢典録序

吳郡黄省曾撰

西洋之跡著自鄭和鄭和初為内侍是時太宗皇帝入纘丕緒將長馭遠駕通道于乖蠻革夷乃大賚西洋貿採琛異命和爲使貳以侯顯妙擇譯人馬歡輩從之行總率巨艅百艘發自福州五虎門維綃掛席際天而行自是雷波嶽濤奔檣踔楫掣掣洩洩浮歷數萬里往復幾三十年而身所至者僅二十餘國云自占城西南通國以十數蘇門最遠自蘇門而往通國以六七數柯枝最遠自柯枝而往通國以六七數天方最遠蓋去中國數萬餘里矣故惟天方至宣德始通焉由是明月之珠

鴉鶻之石沉南龍速之香麟獅孔翠之奇梅腦薇露之珍珊瑚瑤琨之美皆充舶而歸凡窮島絶域紛如來賓而天堂印度之國亦得附于職方雖曰天子威靈致然而二三中臣捧數行之詔蹈邈絶之境百尺所至靡不柔懾東向而稽首其殆不辱君命而善于懷誘者亦賢矣哉愚嘗讀秦漢以來册記諸國見者頗鮮至元號爲廣拓而占城爪哇亦稱密邇迺堅不一屈内欵至勤兵越闕者數年竟不得其要領至今遺笑于海上入我聖代聯數十國翕然而歸拱可謂盛矣不有紀述恐其事湮墜後來無聞焉余乃摭拾譯人之言若星槎瀛涯鍼位諸編一約之典要文之法言徵之父老稽之寶訓始

自占城而終于天方得朝貢之國甚著者凡二十有三別爲三卷命曰西洋朝貢典録云正德庚辰夏六月二十九日

西洋朝貢典錄卷上

吳郡黃省曾撰

占城國第一

其國在廣州之南可二千里南際眞臘西接交阯東北臨大海（福州長樂五虎門發十二帆大船西南善風十晝夜程）由福州而往鍼位取官塘之山又五更取東沙之山過東甲之嶼又五更

平南澳又四十更平獨豬之山又十更見通草之嶼取外羅之山又七更收羊嶼（海行之法以六十里爲一更以托避礁淺以鍼位取海道）國東北百里巨口曰新州港港之滸標以石塔其寨曰設比奈二夷長牧之戶五六十餘港西南陸行百里爲王之都城其名曰占城壘石爲之四方有門門有防衛其王修浮圖教王之冠三山金鈒花冠服五色花布長衣下圍色絲帨其出入乘象或小車服以二牛其臣茭葦之冠制如王飾以金綵辨品級服目膝色布帨上下跣足其服色元黃紫無禁白用辟其遇天詔至也王則花冠錦衣束八寶方帶腕金鐲服玳瑁履乘象出郊介而從者五百人或舞皮牌或擊鼓或吹椰筒或執兵皆夾王而趨至則王膝行以迎其王之宮峻而廣蓋以修瓦繚以垣以堅壁之宮之門以堅木雕百獸以飾其臣之居高下有制民檐過三尺用罰蓋以茅其定歲以月生晦爲一月十二月爲一歲無閏其俗午而興子而寢晝夜十更記以鼓以粉畫革爲書記性愛其首（羊皮搥薄或樹皮熏黑或摺削細竹爲管蘸白粉書字如蚯蚓委曲之狀或誤觸其首即有陰殺之恨）其婚禮先會于女家旬之後男之父母宗戚鼓樂以迎男婦歸則飲酒以慶其制刑五一曰杖脊杖以藤二曰劓三曰貫削木以堅木削銳樹之舟以貫罪人之後末出于口泛水而爲誓四曰烙面用之奸五曰斷手用之盜

其國之恠異一曰鱷魚可以辨訟二曰屍頭蠻是食嬰孺者（國有大潭名曰鱷魚凡訟不決令兩造騎牛渡潭曲者鱷魚食之直者屢過不食屍頭蠻一曰屍致魚即民家女子生而無瞳子者夜寢飛頭往食嬰兒糞尖兒被妖氣即不育頭仍飛回若候飛去移其軀別處則不得合而死民生此女不白之官除殺者罪其家）其常食曰檳榔果以蔞葉包以蠡灰食不絕口飲曰甕酒甕酒者造以飯和以藥封之甕中以生蛆爲熟凡飲則截纖竹三尺竅其中插于甕人則圍坐視多寡而入水輪次以咂飲至味薄乃不入水見月則飲酒而歌其交易以淡金以銀其利魚鹽其俗耕田其穀宜三種其畜宜六擾國之馬如驢（三種黍稷稻也六擾馬牛羊豕犬雞也）其王元日沐浴用人膽以和部領獻以爲禮謂云通身

是膽也其家亦以酒飲其王在位三十載則齋戒于深山一載而復位國人稱爲昔嚟馬哈剌扎入山子弟攝國日齋戒而誓曰日我爲王不道願狼虎食我或病以我替年不死仍反位昔嚟馬哈剌扎乃至尊至聖之號其山有迦闌香一曰奇南其色紅紫是產也乃海外之特品有視守以禁私採價以銀□多降香烏木國以爲薪烏木黑潤皆冠絕于他產有竹焉其狀如䕩藤色如鐵寸有三節高幾二丈名曰觀音竹有獸焉其狀如牛黑質無毫鱗紋而三趾鼻戴一角其□□□□□□□□□□象有野水□必羣而出人之青衣者則觸而死有鵝鴨其雞足二寸紅冠白耳曲腰高尾人置掌中亦啼多梅橘甘蔗椰子芭蕉子多茄瓜葫蘆有果焉其狀如

瓜皮如荔支黃肉如雞卵味如蜜子如鵝腎味如栗其名曰波羅蜜其國之隸有賓童龍國山地與占城相接其國有雙溪之澗水極澄澈有目連遺趾其居喪之事有三一曰縞服二曰設佛事薦死三曰擇地而葬婚姻偶合是多屍致魚之妖民咸廟祀之以禳其酋長出入從以百人讚唱曰亞曰僕其衣服民俗與占城同有山焉峻嶺而方曰靈山其俗耕田田稻山多黑紋藤杖以斗錫條易之紋疎者可一錫而三條海船常樵汲於此或然水燈以求利涉其與占城鼎峙而望者有崑崙之山盤礴千里其北有弖鞋之嶼山之下曰崑崙洋其水不見山二十五托溝內可五十托過溝可三十五托船

之往西洋者善風七晝夜始盡此山其民漁採而食巢穴而處其狀恠而黑諺曰上怕七洲下怕崑崙針迷舵失人船莫存又有巢西竺之山東竺一案而兩嶼西竺亦一案而門內之水可三十托門之外可三十五托龍從對峙人有蓬萊方丈之稱焉土不宜穀資于淡洋男女斷髮繫占城之布其物有木棉椰簟臥之夏涼而冬煖淡洋者四周皆山有大溪焉經帶二千餘里而注于海其流清而甘過船汲焉其田膏腴宜稻民俗亦淳厚也其朝貢以三載其傳位受帝之封洪武二年其王阿搭阿者首遣其臣虎都蠻來朝貢詔遣中書省管勾甘桓等封爲占城國王四年遣使奉金葉表來朝貢十六年復遣子來賀聖節乃遣使賚與勘合文册二十四年復來朝貢以其臣弒立命絕之永樂後其國與諸國皆來朝貢始定每三年一來正統後其國襲封遣使行禮其貢

物象牙犀牛犀牛角孔雀孔雀尾橘皮抹身香龍腦薰衣香金銀香奇南香土降香檀香柏木燒辟香花黎木烏木蘇木花藤香蓽蕟番紗紅印花布油紅綿布白綿布烏綿布圓壁花布花紅邊縵雜色縵番花手巾番花手帕兜羅綿被洗白布泥

論曰周公云德不加焉則君子不饗其質政不施焉則君子不臣其人信其言也迺觀占城洪武中數與安南鬬爭高皇帝降賜璽書諭令修睦卒憬悟相調保傳境土及正統後凡嗣王必請命而册封焉則德政之被于諸國者深矣宜乎世世獻琛於天庭也

眞臘國第二按宋史西接蒲甘南抵加羅希國所部有六十餘聚落

其國在占城之南東臨于海乃海南都會之所王居之城方七十餘里有石河焉廣二十丈宮殿凡三十餘座咸壯麗其男女皆椎髻服以衫其利魚鹽齒羽其穀宜五種其俗富侈飲饌之器皆以金銀爲之其土氣恒燠歲時列玉猿孔雀白象犀牛于前名曰百塔之會會之日則然香而禮佛其刑有劓刖刺配斷支之等有番人唐人之等番人殺唐人則誅唐人殺番人罰金而已其土物多黃蠟孔雀翠羽多速棧香沉香其沉香之品有三綠洋爲上三濼次之勃羅又次之有木焉其狀如松老而脂溢其名曰篤耨香其氣淸遠土人以瓢取之有木焉其花如林檎榆葉而李實其名曰歌畢陀其花如木瓜杏葉而楮實其

名曰毗野有木焉其狀一如菴羅榆葉而長條黃花而靑子其名曰蘇方可用以染有魚焉其鼻如象能吸水上噴四足而無鱗其名曰建同其狀如鯽口如鸚鵡八足其名曰浮胡其朝貢不當洪武六年其王忽兒那遣其臣奈亦吉郎等表獻方物厥後朝貢不常其貢物象象牙蘇木胡椒黃蠟犀角烏木黃花木土降香寶石孔雀銅

論曰眞臘肇自剎利氏章矣至宋慶元閒大舉于占城墟其國更王眞臘氏是時戰象幾二十萬地方七千餘里蓋南海盛强國也洪武初迺自重譯而來賓不謂聖世威靈之遠也哉

爪哇國第三按國朝志本古闍婆國元史爪哇國傳自泉南登舟行者先至占城而後至其國

其國在占城南可一千里由占城而往針位取靈山靈山之水可六十托又五十更曰蜈蜞之嶼由嶼尾礁而西五更平冒山又十更望東蛇龍之山貫圓嶼雙嶼之中經羅幃之山山之水十有八托又五更取竹嶼又四更取雞籠之嶼又十更至勾欄之山可以治薪水又三十更平吉里門之山又五更平胡椒之山又三更平那參之山由是而至杜板又五更而至爪哇之新村其都曰滿者伯夷國無城郭滿者伯夷地名番舶來會先至杜板而新村次蘇魯馬益然後至王治所按元史爪哇國傳入節澗上杜馬班王府其譯人訛爲杜板耶其王之宮室甃牆而重門其制如樓蓋以板坐以簟席牆高三丈餘以甎爲之周二百餘步

以堅木板代瓦宮室甚整潔每三四人布板展藤簟或花草席踟趺其上其民之居蓋以茅其藏百物咸以庫庫以磚爲之其高三四尺居常坐臥于其上其王被髮或冠金葉花冠躧其跣下圍絲嵌帨腰纏以錦綺佩以刃其名曰不刺頭其出入乘象或牛車其輔八人其國人男子被髮佩刃三歲以上無貴賤俱佩不刺頭皆兔毫雪花最上鑌鐵爲之以金爲柄或以犀角象牙雕鏤人物之狀女子椎髻上衣下圍帨男女咸愛其首觸之則出刃以刺國無鞭笞其刑惟戮其戮也以藤反縛擁行數步而刺焉殺人者避之三日則原即獲者死其番人居杜板者戶千餘杜板之水曰聖水杜板番名賭班元史曰杜馬班吏長主之其閒多廣東漳州流戶海濱一池國人傳云元將史弼高興征闍婆經月不得登岸絕飲高史祝天甘泉湧出故名聖水居新村者戶千餘一

曰革兒昔原杜板東行半日至革兒昔原初亦古灘以國人剏居遂名新村村主廣東人番成聚貨寶俱備村之人甚富編茭葦葉覆屋鋪肆聯次爲市居蘇魯馬益者戶千餘一曰蘇兒把牙新村南行一日抵淺港小舟行二十餘里始至其地多猴欲孕者禱之港有洲焉林木森鬱中棲長尾猴萬餘老黑雄猴爲之長一老番婦隨之凡無子之婦持酒肴花果飯餌禱于老猴老猴喜則食衆猴食其餘有雌雄二猴來前交感歸即孕矣不食不交則無孕土傳唐之時有民丁五百口餘戶皆無賴有神僧至其家噀化爲猴止有酷一嫗不化舊宅尙存按未史山多猴不畏人呼以胥胥之音則出或投以果實則其大猴二先至土人謂之猴王猴夫人食畢羣猴食其餘無求孕事居滿者伯夷者戶三百餘蘇兒把牙小舟行七八十里至一埠番名漳沽登岸西南行日半至國其國寢無榻食無匕筯其食也嗽盥也而闔坐盛以酥飯撮而食飲水以檳榔蔞灰其饗賓也亦然其國人惟三等回回人唐人土人回回人皆諸番商之流寓者唐人皆廣漳泉人竄居者服

食俱美潔土人形貌醜黑猱頭跣足崇信鬼教飲食穢惡蛇蟻蚯蚓火炙而食食寢皆與犬同其國有罔象之妖其上下移文稱一千三百七十六年考之肇于西漢其建歲首以十月是月也王乘塔車出作竹鎗會凡往會所妃前王後俱來塔車高丈餘四口兩輪服以馬民各攜其妻伍列而執刻竹之鎗妻執三尺木梃嚴鼓而鬪綏而止凡三交妻各以木梃一格之曰那剌那剌則退凡剌死敵人者勝勝者以金錢一文與死者之家人而有其妻其婚禮會于女家三日歸歸則迎以樂送以綵舟男之父母迎歸擊銅鼓鑼吹椰殼筒環以火銃短刀團牌婦被髮裸跣圍絲嵌帨項被金珠四腕有寶鐲親朋鄰黨以檳榔葉絲紉草花妝插彩船送之爲禮至其家開宴數日其送死有三一曰火化二曰棄水三曰犬食其妻妾多殉死父母將死子先請所欲以遺言終事欲犬食者委屍于野食盡則喜不盡則悲號而棄于海凡頭目妻妾之誓殉死者架木塔積薪焚棺之際曾飾草花披五色花帨哭踊赴火同焚其民富其交易用中國歷代錢其穀

宜稻菽歲二穫其畜宜六擾其書記以刀刻茭葦葉文字如鎖里凡爲權衡二分一釐爲一姑邦姑邦四之而爲錢錢十六之爲兩兩二十之而爲斤凡爲量截竹爲之升之名爲姑剌其容一升八合斗之名爲捺黎其容倍于升者八其婦女以月盈之夕歌于路其音美軟凡歌番婦二三十人攢集一婦爲首臂挽徐步唱番歌一句衆婦齊聲和之過親故之門皆贈錢物其國人以圖畫相解說紙圖人物鳥獸蟲魚如手卷以三尺木爲軸坐地展圖朗說番人環聽笑啼其土氣恆燠其土物多蘇木金剛子白檀香肉豆蔻鑌鐵龜筒多紅綠鸚鵡珍珠雞倒掛鳥孔雀檳榔雀珍珠綠斑鳩多白鹿白猿多蕉子椰子甘蔗石榴蓮房茄瓜有果焉其狀如石榴厚皮而白肉其名曰莽吉柿其狀

如枇杷內有白肉甚美其名曰郎板有草焉其葉如蒟醬其莖如筯三月而花其子如椹而緊細其名曰蓽撥食之已痃癖其根已核腫有龜焉其首觜如鸚鵡大口盤背中有紅點斑文其名曰瑇瑁佩之可以辟蠱毒有山峻而廣內多熊豹其名曰交欄之山人以射獵爲業相傳高史征爪哇時登此造船留病卒百餘而蕃育者也其與瓜哇相接者曰重迦羅高山秀石下有石洞前後三門是容萬人其海爲鹽釀秫爲酒是多羖羊鸚鵡木綿椰子其山下水程有五一曰孫陀羅二曰琵琶施三曰丹重四曰圓嶠五曰彭里其人以寇鈔爲業與吉陀崎諸國相通商船少能至也其朝貢無常洪武三年其王昔里八達剌遣其臣八的古古必等貢方物并納元所授宣諭二道十四年上金葉表來貢及黑奴三百人後絕其

貢永樂二年其國東王遣使朝貢且請印章命鑄鍍金印遣使賜之正統八年定每三年一貢自後朝貢無常
其貢物胡椒蓽茇蘇木黃蠟烏爹泥金剛子烏木番紅
花土薔薇露奇南香檀香麻滕香速香降香木香乳香
龍腦血竭肉豆蔻白豆蔻藤竭阿魏蘆薈沒藥大楓子
丁皮番木鱉子悶蟲藥碗石蓽澄茄烏香寶石珍珠錫
西洋鐵鐵鎗摺鐵刀苾布油紅布孔雀火雞鸚鵡玳瑁
孔雀尾翠毛鶴頂犀角象牙龜筒黃熟香安息香
論曰淳化閒國王陀湛言中國有眞主迺修朝貢禮云
故元世祖命史弼高興發舟千艘持一歲糧虎符十金
符四十銀符高鈔錠四萬費矣且勞矣而卒敗沒以歸
至高皇帝以來不煩一旅朝貢且百五十餘年曾不厭

怠不遇眞主則彼高枕海外可矣亦安肯低心遠汎以
臣下于方內哉

三佛齊國第四 番名浡淋邦

其國在占城南可一千里東屬爪哇西抵滿剌加南倚
大山北臨大海是爲舊港由爪哇新村而往鍼位五更
杜板又五更平那參之山又四更平胡椒之山又四更
至吉里門之山又三十五更至三麥之嶼又五里至夾
門大山又五更至舊港其淡港潮汐咸二港之兩涯是
多磚塔自港而入爲彭家門由是至其國俗與爪哇大
同其土沃而民富水多地少民皆屋筏維岸而居水長
而浮也則遷于他多習水戰其博戲有三一曰奕棊二
曰鬬雞三曰把龜其交易用中國歷代錢以布帛其穀
宜稻其畜宜六擾其土物多黃速香黃蠟降香沉香有
鳥焉其狀如梟黑翼鶴頸鷺喙腦骨厚寸餘外紅內黃
其名曰鶴頂可以爲帶靶擠機有鳥焉其名曰火鷄其
狀如鶴長喙羊毫而圓身紅冠而青翼黑足利爪喜食
㸂炭擊之不死有獸焉其狀如巨豕其高三尺其毫前
黑而後白豕喙而三跲其食草木其名曰神鹿其朝貢
無期洪武四年其國王哈剌相八剌卜遣其臣王的力馬罕亦里麻思奉金字表文來朝貢六年復遣使賀正旦并貢方物八年復遣使從招諭拂菻國朝使來貢十年遣使奉表請印綬命齎鮀紐鍍金銀印賜之
其貢物羆熊火雞孔雀五色鸚鵡諸香兜羅綿被苾布
白獺龜烏椒肉豆蔻番油子米腦

論曰廣人陳祖義國初竄舊港爲酋長以寇鈔爲業船
人苦之鄭和至有施進卿者白和乃執祖義歸之京師
誅焉而章紱進卿于其上云然則和豈貿易珍寶之使
哉除異域之患爲天子光和亦賢矣又聞之和貌身長
九尺腰大十圍洪音虎步文皇帝初遣時咨諸相者袁
生忠澈袁生曰鄭三保姿貌材智內侍中無與儔比故
令統督以往果所至畏服也

滿剌加國第五

其地在占城南可二千里大海在其東南老岸連山在
其西北由舊港而往鍼位十更過官嶼之左又五更至
長腰之嶼見三佛之嶼鰲魚之嶼又五更至甘巴門之

水其湍迅急右曰仁義之礁左曰牛尾之礁前曰鬼嶼又五更平披宗之嶼又五里取射箭之山又五更至五嶼循山而至其國或曰入由龍牙山門門之狀如龍角是多寇鈔以國有五嶼也舊名五嶼嘗羈事暹羅而歲輸黃金焉（永樂初詔賜頭目雙臺銀印冠帶袍服名滿剌加國暹羅遂不復擾云）其土氣朝燠而暮寒有溪焉經帶王國而入于海王則作梁溪上而齊戒纓首以白布服花青布長衣而革履出入肩輿其民男纏首以方帕女撮髻短衫下圍色布帨其俗淳朴其語音書記婚喪與瓜哇同其居如樓高可四尺許片劈椰木藤以緝焉跏趺其上寵榻弗殊其刳舟以獨木其交易以花錫鑄如斗形其重一斤而八兩十斗

小把四之而爲大把以藤束之其利魚其穀宜一種其畜宜牛羊雞鴨多甘蔗蕉子波羅蜜野荔枝多黃速香烏木多薑葱芥蒜諸瓜有樹焉其皮如葛根擣之澄以爲粉丸如菉豆日乾以鬻其名曰沙菰米可以作飯有草焉其狀如茅其厚如筍皮子如荔枝其名曰茭蔁葉子可釀酒葉可織簟有魚焉足高四尺龍首而鱗身修牙其名曰龍是嚙人有獸焉其狀如虎而小黑質花紋而善幻其名曰星虎有香焉其脂如松香可以然照爲燈鎔而拭舟可以辟水其名曰打麻兒其明瑩如金珀可爲帽珠者其名曰損都盧斯其與滿剌加接境有九洲之山其中多沉香黃熟香永樂之歲鄭和採香于此

獲六株焉其徑八九尺其長八九丈是皆黑細花紋人所未覩焉其屍頭蠻之妖與占城同其朝貢不絕（永樂三年其頭目西利八兒速剌遣使奉金葉表來朝貢詔封爲滿剌加國王給印及誥其王慕義願同中國屬郡歲效職貢又請封其國西山詔封爲鎭國之山御製碑文賜之九年嗣王拜里迷蘇剌率其妻子及陪臣五百四十人朝貢命官往勞上御奉天門宴之十年遣使來貢十二年國王母來二十二年宣德九年國王復來正統十年以後屢遣使來貢）其貢物番小廝犀角象牙玳瑁鶴頂鸚鵡黑熊黑猿白麂瑣袱金母鶴頂金廂戒指撒哈剌白苾布撒都細布西洋布花縵片腦梔子薔薇花露沉香乳香黃速香金銀香降眞香紫檀香丁香烏木蘇木大楓子番錫番鹽

論曰傳云海島邈絕不可踐量信然矣況夷心淵險不

測握重貲以深往自非多區畧之臣鮮不敗事也予觀馬歡所記載滿剌加云鄭和至此乃爲城柵鼓角立府藏倉廩停貯百物然後分使通于列夷歸綜則仍會萃焉智哉其區畧也滿剌加昔無名號素苦暹羅永樂初始建碑封城詔爲王焉其內慕柔服至率妻子來朝實若藩宗之親矣則和之貯百物於此也曷有他慮哉智哉其區畧也

浡泥國第六

其國在占城西南可六千里其所統十有四州其俗修浮圖教像而禮之善持齋戒其王之宮室覆以貝多之葉民居以草其男女椎髻以五綵帛繫腰以花布爲衫

其俗好奢其遂還中國人也有醉者則翼之歸寢其家其土氣夏寒而冬燠其利魚鹽其穀宜稻秫有秫酒多降眞香黃蠟有片腦玳瑁其鎮曰長寧鎮國之山永樂六年國王麻那惹加那上言王爵境土皆屬職方國後有山乞封表爲一方之鎮王卒其子遐旺復以爲請遂封令名御製碑文刻石其上其朝貢不絕洪武四年國王馬謨沙遣其臣亦思麻逆進金表銀箋及方物永樂三年遣使封其國王麻那惹加那乃爲王給印符誥命六年王率其妃及家屬陪臣來朝至福建遣內臣往宴勞之令所過諸郡設宴至京王奉金字表文及諸珍物妃進中宮東宮箋及方物上御奉天門宴王是年王卒于南京會同館輟朝三日祭賻甚厚詔謚恭順賜葬南京石子岡以西南夷人隸籍中國者守之樹碑立祠命有司春秋致祭復令其子遐旺襲封遣內官及行人護送還國十二年及洪熙元年俱來朝貢其貢物珍珠寶石金戒指金絲環龍腦牛腦梅花腦降香沉速香檀香丁香肉豆蔻黃蠟犀角玳瑁龜筒螺殼鶴頂熊皮孔雀倒掛鳥五色鸚鵡黑小厮金銀八寶器

論曰余嘗遊金陵至石子岡過浡泥恭順王墓未嘗不歎天子待島夷之至而慶恭順之遭也高皇帝時命都事沈秩御史張敬之往諭其國至于撤王座令列邦拜于庭且曰皇帝爲天下主卽吾之君父其致詞若此而吾二臣者又郤其金刀貝布之贈則其慕中國而樂服賓服者非一日矣乎

蘇祿國第七

其國在東海之洋其鎮曰石崎之山其男女皆髡纏首以皂縵腰圍水印花布其俗尚鄙惡其田瘠不宜于穀以漁鹽爲業是食魚蝦螺蛤有蔗酒其利竹布珠璣珠徑寸者價以千金其朝貢無常永樂十五年其國東王巴都葛叭答剌西王巴都葛叭蘇里峒王巴都葛叭剌卜各率妻子頭目來朝貢十九年遣使來貢其貢物梅花腦竹布綿布玳瑁降香蘇木胡椒蓽茇黃蠟番錫

論曰余於廣志漢書觀二寸珠事及讀列仙傳云高后時下書募三寸珠有朱仲者獻焉賜五百金魯元公主復私以七百金從仲求得四寸珠以爲誣矣今星槎編載蘇祿王所獻巨珠重幾八兩迺始信之宜乎金印之報錫也雖然不寶遠物則遠人格天朝之致此亦有由矣

彭亨國第八

其國在廣大海之南石崖環之如城其王好恠雕香木爲神以人爲牲而禱其土氣溫和其王妃以金爲圈四五飾于頂髮其民下以五色燒珠圈飾之其男女椎髻服以長衫繫以單衣其利魚鹽其土沃其穀宜稻有椰子酒多花錫降香沉香有樹焉其狀如杉其子如荳蔻皮有甲錯其脂名曰片腦一曰龍腦食之已痔其朝貢無常洪武十一年遣使奉金葉表貢番奴及方物永樂十二年復遣其臣蘇麻固門的里等來朝貢其貢物金水鑵檀香乳香速香片腦胡椒象牙

論曰祖訓有之諸夷限山隔海得其地不足以供給得其民不足以使令眞聖王之謨言也迺復列不征諸夷國名示諸將來而恥爾彭亨亦得載諸金匱何其華榮也其稱同居海中者有浡泥國有三佛齊國有百花國

琉球國第九

其國在泉州之東其地三分而多爭一曰中山王二曰南山王三曰北山王高皇帝常有北山王怕泥芝之諭戒其略曰上帝好生恐寰宇生民自相殘害特生聰明者主之以育黔黎邇使者自海中歸云琉球三王互爭於農業少廢人命頗傷朕聞之不勝憐憫令因使者往復琉球特諭王體上帝好生息征戰而育下民可乎其山多抱合而崎一曰翠麓之山二曰大崎之山三曰斧頭之山四曰重曼之山皆峻極不可以上有黿鼊島高華嶼彭湖島其土氣恒燠耕田田稻膏腴宜穀其利魚鹽國無賦斂其男女服大袖連袴之衫造以花印布有

甘蔗酒其土人善詩書好中國圖書古器洪武中中山王遣子姪就業太學其土物多沙金黃蠟有石液焉出于山谷其色如鸞子瑩淨而無夾茭之有紫焰其名曰硫黃一曰崑崙黃能化五金傅之已疥多善馬高皇帝常遣使齎馬于國王察度諭曰王居滄溟之中崇山環海爲國朕即位十有六年王歲遣貢朕甚嘉焉特命尚佩監奉御路謙報王誠禮王復使來致謝朕今更專內使監丞梁民同前奉御路謙賫符賜王鍍金銀印一顆送使者就于王處齎馬不限多少從王發遣故茲勅諭其鼎峙大崎之山之東曰三島之國覊事琉球其民壘石依崖而居以籦漁為業多木綿琉球之貢以二載洪武中三王皆遣使奉表箋貢馬及方物永樂以來國王嗣立皆請命冊封後惟中山來朝每二年許貢一次由福建以達于京師其貢物馬硫黃蘇木胡椒螺殼海巴刀生紅錫銅牛皮摺子扇磨刀石瑪

瑙烏木降香木香

論曰魏徵隋書言琉球無馬及洪武閒屢貢良馬高皇帝遣使賜之符印就令購馬迺知前史多不足信也蓋琉球漢魏以來不通中華至煬帝令朱寬入海求訪異俗自是頻往掠取人物而還耳未嘗安然揖讓于其地又何以得其詳也

西洋朝貢典錄卷上

西洋朝貢典錄卷中

吳郡黃省曾撰

暹羅國第十

其國在占城西可一千五百里由漳州而往鍼位見南澳取東董之山山之狀如唐冠又取銅鼓之山又經獨豬之山又取外羅之山又過玹杯之嶼嶼之水十有八托又過洋嶼又過靈山過伽喃模之嶼位在乙卯其出水之礁有三尺過羅灣見赤坎之山又取崑崙之山又七更過眞上之嶼嶼之水十有七托又過大橫之山小橫之山又過筆架之山又過竹嶼過大峰之山而入港由占城而往入由新門臺其地方千里是地多山山形如城其土氣寒燠無定其王之宮潔而麗民居如樓藉以檳榔之木簟以藤竹寢與食處於其上其王纏首以白布上無衣下圍絲嵌帨壓腰以錦綺出入乘象或肩輿用茭蕈之葉疊而爲蓋柄飾以金其王鎖俚之人修浮圖教是多僧尼有寺剎而持齋戒好習水戰焉常用師於鄰國其俗事皆決正於婦其婦椎髻長衫繫腰以青花色布男亦如之其纏首以白布其語如廣東之鄉

音以椰子爲酒貴者年二十則用嵌汚其送死富者葬浸以水銀貧者棄諸海濵有金色之鳥羣集而食之謂之鳥葬不盡則家人號哭沉骨於海而歸亦命僧齋誦而禮佛國之西北可二百里有市曰上善居者五百餘戶百貨咸集可通雲南之後其交易以金銀以錢以海𧴩其利珍寶羽毛齒革其穀宜稻其畜宜六擾有石焉明淨如榴子其品如紅雅姑其名曰紅馬厮肯的石善香四等一曰降眞二曰沉香三曰黃速四曰羅斛多花錫象牙翠羽犀角多花梨木黃蠟多白象白鼠獅子貓有木焉其葉如櫻桃其脂液流滴如飴久而堅凝紫色如膠其名曰騏驎竭食之已折損其朝貢以三年（洪武四年其國王參烈昭毗牙遣使臣祭思俚濟剌識悉替朝來朝貢進金葉表并方物賀正旦八年遣使賚詔及印綬往賜之十六年給勘合文冊凡中國使至必照驗相同永樂九年其王昭祿羣膺哆囉諦剌遣使柰必表貢方物乞量衡爲國中式自後定例每三年一朝貢）其貢物象象牙犀角孔雀尾翠毛龜筒六足龜寶石珊瑚金戒指片腦米腦糠腦腦油紫膠檀香速香安息香黃熟香降眞香羅斛香乳香樹香木香烏香丁香阿魏薔薇水丁皮碗石紫梗藤竭藤黃硫黃沒藥烏爹泥肉荳蔻胡椒白荳蔻蓽撥蘇木烏木大楓子苾布油紅布白纏頭首紅撒哈剌布紅地絞節智布紅杜花頭布紅邊白暗花布乍連花布烏邊葱白暗花布細棋子花布織人象花紋打布西洋布織花紅綠打布翦絨絲雜色紅花被面織雜絲打布紅花絲

手巾織人象雜色紅花文絲縵

論曰暹羅國世稱赤眉遺種尙矣而莫究其詳繼覽梁史云頓遜之國其俗多鳥葬親賓歌舞於郭外有鳥食盡乃去其骨沉海中云云與馬歡所見者符合且頓遜史云東可通交州而暹羅歡亦云西北可通雲南其跡又足徵然則暹羅國在梁殆爲頓遜也

阿魯國第十一

其國在滿剌加西南可八百里（善風四晝夜程由淡水港入國）其地西接蘇門荅剌南環大山北臨大海其婚喪諸俗與爪哇同其利布帛鹽魚其穀宜稻其畜牛羊雞鴨有獸焉其狀如猫灰毫而肉翅其名曰飛虎獲之即死有樹焉其

脂類薰陸其色赤紫焚之烟如凝漆而清婉其名曰金顏香有伐樹而取堅皮而黑理其名曰黃速香其朝貢無常（永樂五年其王速魯唐忽先遣其臣滿剌哈三等附古里等國來朝并貢物）其貢物象牙熟腦

論曰西洋諸國永樂間初來朝貢者四十有二（下闕）

蘇門荅剌國第十二

其國在滿剌加西南可一千里由滿剌加而往五更至假王之嶼嶼之水三十托又九更過吉貝之嶼之淺又四更平雞骨之嶼又八更至雙嶼又四更過單嶼之左又五更至阿魯國之港又十更至淡洋又五更至大魚之港又五更至巴剌之嶼又五更至急水之灣有泥礁

而鼓浪焉又五更至國（國人稱爲古須文達那國西洋諸路滿剌加西南行五晝夜至濱海一村番名荅魯蠻繫船又東南行十餘里至國）其地大南環大山北臨大海東抵阿魯國西連那孤兒黎代國有溪入于海達潮汐其土氣朝燠如夏暮寒如秋其夏秋之閒是多瘴其山童而土石俱黃國無城郭其俗淳其語音婚喪服飾與滿剌加同其民居如樓藉以椰子檳榔之木其蠶繅而不綿其漁于海朝出而暮歸其交易以金錢錫錢金曰底那兒（淡金鑄圓徑官寸五寸面底有紋重官秤三分五厘一曰每四十八個重金一兩四分恆）（用錫錢）其利硫椒其穀宜稻歲二穫其畜宜牛羊雞鴨羊皆驪毫（硫黃出于巖穴椒則山園種之蔓生如廣東甜菜花黃白結椒成穗生青老紅摘取日乾粒虛大官秤百觔易本處金錢百個值銀一兩一曰官秤三百二十觔價以銀二十個重六兩）其土物多

甘蔗芭蕉子葧吉柿波羅蜜柑橘其柑橘四時不絕獅橘綠橘不酸壞而可藏有果焉其狀如消梨綠皮而圓核香烈而備五味其名曰俺拔其狀如芡實臭葉而刺皮熟則瓣開其肉白而味如栗其名曰賭兒烏多葱芥蒜薑諸瓜（西瓜紅仁綠皮有長至二三尺者）其國之西曰那孤兒戶千餘其穀宜稻其畜宜牛羊其俗猱而文面上上下並耕而食又西曰黎代戶二千餘其都倚山臨海多野犀牛二國皆羈事于蘇門朝貢無常（永樂三年其王鎖丹罕難阿必鎮遣其臣阿里來朝貢詔封爲國王及誥五年至宣德六年屢遣使來貢表用金葉十年復請其子封爲王）其貢物馬犀牛龍涎撒哈剌梭服寶石木香丁香降眞香沉速香胡椒蘇木錫水晶瑪瑙番刀弓石青回回青硫黃

論曰鄭和在舊港執陳祖義至蘇門又執蘇幹剌雖古之義人烈士何以加焉昔蘇門王中他王毒鏃死王妻號于衆曰能報者身願爲偶有漁人舉兵滅之王妻卒踐盟配漁人嗚呼以賤臣而蒸國母履王位破賊倫化甚矣蘇門王之子長而殺漁人豈不偉哉蘇幹剌者漁人子也因畜聚而圖蘇門王之子和發兵執之且不敢專殺檻車京師兩除島夷之害和其賢臣也哉和其賢臣也哉

南浡里國第十三

其國在蘇門西可六百里一曰南巫里國由沙里八丹而入鍼位十晝夜見觀延之嶼又平中央之嶼又巡牛

嶺之山以至蘇門西行善風三晝夜到國其地東接黎代西北臨大海南繞大山其王與民咸回回人王之宮室如樓藉以木是用巨處其高可四丈樓之下圍養六擾居民與蘇門同其俗朴其交易以銅錢其利魚其畜宜牛羊雞鴨多犀角蓮花降香其西北海內有山焉巃嵷平頂名曰帽山山之西有大海是曰西洋一曰那沒嚟洋西來海船向山爲準山民戶二三十餘皆稱爲王問其姓答曰阿孤喇楂有海樹焉生于海底其狀如枝柯明潤如紅玉其高二三尺其名曰珊瑚可以已目翳生山邊二丈上下淺水内番人撈取爲寶鬻賣亦常碾其根以爲數珠其朝貢無常永樂七年王率臣下數十人自隨寶船至京進貢

論曰南巫里戶不過千餘而王牛羊雞處其亦不足爲國也矣而往錫蘭山諸國者必經焉且其王常親浡海稽首于紫庭斯可取也

溜山國第十四

其國在小帽西南可二千里由彭加剌而往取北辰四指有半又取北辰三指有半又取北辰二指一腳之半又取北辰二指半腳又取北辰一指三腳之半又取北辰一指三腳又過鸚鵡嘴之山又五更見鐵砧之嶼又七更見佛舍座之山又五更見牙里之大山由是至溜宮之嶼而及其國其地四面濱海倚山爲都其都曰牒幹其上下皆回回人婚喪一如其教風俗淳美男纏首以白布以金帕下帷帨女帨蓋首上短衣下亦圍帨其

膚體咸黑其土氣恒燠其交易以銀錢重官秤二分三釐其利魚𧵢其穀宜稻麥其畜宜牛羊雞鴨凡爲牀以椰子爲腹花梨爲跗凡爲舟不以鍛鐵以椰纕縺之而貫之而楔之以龍涎鎔之而塗之凡取龍涎多于溜嶼其嶼石多蟠龍春而吐涎羣鳥集之羣魚嗜之其黃者如膠黑者如五靈脂白者如百藥煎其氣腥或得之魚腹其大如斗圓如珠其價以兩而易凡兩易金錢一十有二凡斤易金錢一百九十有二凡取海𧵢山積之而罨之腐之凡取馬鮫魚斮之而暴之貯之其來易者爲暹羅之商爲榜葛剌之商國之西海有石門狀如城闕者三有溜山焉凡八一曰沙溜二曰官嶼溜三曰八不知溜四

曰起來溜五曰麻里奇溜六曰加半年溜七曰加加溜八曰安都里溜皆可通海船皆有聚落其通也有主焉又西有小窄溜是有三千是皆弱水即所謂弱水三千者焉一曰有三萬八千餘溜舟風而傾舵也則墜于溜水漸無力以沒其小窄溜之民巢穴而處魚而食草木而衣其朝貢無常（永樂五年遣其臣來朝貢）

論曰山海經諸古書及酈道元所引論弱水多矣雖通人辨士莫之能明也茲復知有溜山弱水矣見覽雖益廣遠而天地之大終不能窮焉

錫蘭山國第十五

其國在南帽山西可三千里由蘇門荅剌而往鍼位十二更見南帽之山又四更半歷龍涎之嶼又十更過翠藍之嶼嶼之水三十托一曰梭篤蠻山山有七門四疊而一峻山人之出也則乘獨木舟夏為巢居冬為穴處其體裸不可以布帛被之則浥爛紉綴樹葉而為蔽山芋波羅蜜芭蕉子魚蝦以為食又九十更見鸚鵡嘴之山又至佛堂之山又五更平牙里其下有沉牛之礁鼓浪焉外過之水三十托又十更至別羅里是謂錫蘭國之港又北行五十里而至國其臨海之山有釋迦登岸之足跡其長可二尺許其陷之水四時不涸名曰佛水至者蘸拭其面目左有寺塑釋迦之臥像其身不朽其寢座以沉香木為之飾以衆寶佛牙舍利俱藏焉其王鎖俚之人修浮圖敎重象暨牛私解者辟或贖以牛頭金國人咸灰牛糞塗其體食惟其乳死則埋之自王而下晨用牛糞塗其居而後禮佛其拜兩手舒之前兩股舒之後胷腹着地以禮佛謂之五體投地其山之巔有神人阿聃之足跡陷于石者二尺許一曰人祖一曰盤古其海中勝望曰白浮之沙日而照也則光彩潋灩為國人之游望是生螺蚌其王宮之前曰珠池凡三年則採鍊其採也取沙中之螺蚌納之池俟其腐爛水盈而珠出則取而納焉其地廣其民富饒其男躶下圍絲帨謂之厭腰纏首以白布女椎髻下圍布其恒食以牛乳以醍醐以檳榔蔞葉食皆暗室其國人不鬚喪則蓄焉其葬也以火取骨而埋之喪之婦摽乳號哭而為禮其交易以金錢其利玉石珠璣其穀宜稻菽其畜宜牛羊雞鴨（金錢重官秤一分六厘中國麝香紵絲色絹青磁銅錢樟腦等物彼則以寶石珍珠易換）其寶石六物一曰紅雅姑二曰青雅姑三曰黃雅姑四曰青米藍石五曰昔藍泥六曰屈沒藍是寶石也皆產于參天之山巔洪雨之衝則流于山麓之沙中國人于是而拾採多芭蕉子波羅蜜甘蔗多椰子多龍涎乳香其朝貢不絕（永樂九年以拒絕朝使歸路破其城生擒國王亞烈苦奈兒及家屬命釋之擇其屬之賢者立為王十年詔諭其國王不剌葛麻巴思剌查正統十年其王遣其耶把剌謨的里啞等來朝貢天順三年其王葛力生夏昔利把交剌惹復遣使來貢）其貢物寶石珊瑚水晶金戒指撒哈剌象乳香木香樹香土檀香沒藥西洋細布藤竭蘆

沓硫黃烏木胡椒碗石
論曰梵書載釋迦生于迦毗羅國淨飯王其父也至湼槃時度須跋陀羅右脇而臥今馬歡載錫蘭別羅里云即湼槃之地且云臥身尚存不朽以為誣焉又何其言之分明如此也

榜葛剌國第十六

其國在翠藍嶼西北可七千里一曰東印度之國地方千里由蘇門荅剌而往也取帽山翠藍西北而行善風二十日至浙地之港一曰泊察地小舟以入五百里至鎖納兒之港港有城池街市又行二十站及坂獨哇而至國其國城郭壯麗其王有大殿四方而堊飾為閒凡三門而入殿之柱裹以黃銅鏤以花獸其王之衣冠王之臣之衣冠俱回回製上下皆回回人婚喪一如其禮其民善富庶而淳好為商賈其男子髡纏首白布服圓領長衫下圍色帨革履女子椎髻短衫圍色布絲綿珥寶鈿項佩瓔珞手足約以金鐲戒指其土氣恒燠其定歲以十二月國無閏刑止于流百職有印移行移掌軍者謂之巴斯剌兒有醫師卜人星官暨百工市肆咸備其語謂之榜葛俚亦善吧兒語樂工謂之根肖速魯柰凡夙興舉樂于富貴者之家擊小鼓一人擊鼙鼓一人吹篳篥一人其音節先徐而後促舉畢則予之酒物倘伽凡欵賓以檳榔凡宴用享樂婦歌舞以娛賓樂婦

之飾也服淺紅線布之花衫下圍色絲帨肩項佩五色硝子珊瑚琥珀珠之纓絡腕約青紅硝子之釧鐲其俗有虎戲鐵索拽虎而行其戲也解索虎蹲而據人躶以擊虎虎乃咆哮作勢與人對躍人時掉臂于虎口戲而畢則虎伏于地閱戲之家飼虎以肉與人以倘伽其交易以銀錢名曰倘伽以海𧴩名曰考嚟其利布帛其穀宜五種歲二穫其畜宜六擾（銀錢重官秤三分徑官寸一寸二分底面有紋海𧴩計斤）其酒之品有四一曰椰子酒二曰米酒三曰桐子酒四曰茭蔁酒其布帛之品有六苾布謂之卑泊其廣二尺長五丈六尺勻細而白黃布謂之滿者提廣四尺長五丈緊而密布羅謂之沙納巴付廣五尺長三丈狀如生平羅布紗謂之忻白勒搭嚟廣三尺長六丈纏首用之如三梭者謂之沙塌兒廣二尺五寸長四丈兜羅綿謂之驀哩驀勤廣四尺長二丈背面有絨起可四五寸其土物有珊瑚珍珠水晶馬瑙翠羽多芭蕉子波羅蜜石榴酸子甘蔗多酥蜜多瓜葱薑芥茄蒜有駱駝有桑皮紙有木焉弱條而青葉朝花而暮斂如夜合其子如李名曰庵摩勒一曰餘甘食之已丹石毒其接天詔之日明光甲馬隊千餘設于左右長廊明光甲巨漢秉劍持弓矢以侍孔雀翎之葢百具設于丹墀象隊百設于殿上其王陞八寶座橫劍于膝逎有持銀杖者二人引道五步一呼至中則止復有持金杖者二人引道如前

其王恭肅拜迎詔敕叩首而加額其開讀賞賜之訖也是陳絨毯於殿以宴天使以牛羊爲燔炙以薔薇之露諸香之蜜水而爲飲其朝貢無常（永樂六年其國王靄牙思丁遣使來朝貢九頁至太倉命行人往宴勞之十二年又遣其把一濟等來朝貢麒麟等物正統三年同表用金葉）其貢物馬馬鞍金銀事件戧金琉璃器皿青花白磁撒哈刺者扶黑苔立布洗白苾布兜羅綿糖霜鶴頂犀角翠毛鸚哥乳香龘黃熟香烏香麻藤香烏爹泥紫膠藤竭烏木蘇木胡椒

論曰榜葛剌其饒富多儀之國也夫觀其于天朝正使有金盔繫腰盆瓶之獻于副使有銀盔繫腰盆瓶之獻于行人有金鈴紵長衣之獻于兵士有銀錢之獻非饒富多儀曷克若此云

西洋朝貢典錄卷中

西洋朝貢典錄卷下

吳郡黃省曾撰

小葛蘭國第十七

其國在別羅里西北可一千二百里由是而歸南巫里也鍼位第一之日丁未丁午第二之日丙午第三之日丙第四之日丙巳第五之日巽巳第六之日辰巽第七之日乙辰乙卯以求南巫里焉其地東連大山西南北濱海其王修浮圖教其俗重象暨牛其風俗與錫蘭山大同其和飯以酥日二食其交易以金錢（重官秤一分）其利蘇椒其穀宜稻其畜宜牛羊牛黃毫羊青毫其朝貢無常（永樂三年附蘇門答剌國來朝貢）其貢物珍珠傘白綿布胡椒

論曰小葛蘭星槎編又云小唄喃云其國山連赤土日中爲市而赤土者扶南之別種也西則婆羅娑國東則波羅剌國南則訶羅旦國不知何者爲小葛蘭也

柯枝國第十八

其國在小葛蘭西可二百里柯枝之港水可四托其地東倚大山西南北濱海其王纏首以黃白布上無衣下圍紵絲帨壓腰以色紵絲其男女椎髻服以短衫圍以

單布其民之居用椰子木以椰葉緝而葢其藏百物以庫以磚爲之其爲人五種一曰南昆是爲王族二曰回回是爲仕族三曰哲地是爲富族四曰革令專是爲庸保五曰木瓜是爲賤類居限三尺衣限臍膝途遇哲地以上則伏任負是事其狀如儺人其王修浮圖敎敬象暨牛國有梵宇其佛像鑄以銅座以青石爲之座之周咸砌水溝溝旁鑿井夙興必鳴鐘鼓汲水以灌佛頂羅拜而退其出家者名曰濁肥而畜妻其髮出胎不理不剃澤以酥揑而爲縷被于後灰牛糞以塗體以黃藤束腰幅布掩形時常吹海螺妻隨以行其土氣恒燠無霜雪其雨以半載晴以半載二月雨起卽乘屋修葢備米物五月六月日夜下滂沱大雨街市成河至七月盡止八月始晴次年又復如是其交易以金銀錢金曰法南銀曰荅兒金重官秤一分一釐銀重四釐大如螺靨金錢一換銀錢十五其利胡椒珍珠珊瑚胡椒園種之富者居以待商以觔而易爲斤一十有六而爲封封二十有五而爲播荷凡播荷以金錢一百易之視銀之爲兩者五珍珠以分而易凡分至三以上以金錢一千八百易之視銀之爲兩者百珊瑚以兩而易倩工剪旋以成珠磨淨而售其穀宜黍稻稷菽其畜宜六擾是多象其朝貢無常永樂三年其國王可亦里遣其臣完者荅兒來朝貢十年復遣使來請封其國之山詔封爲鎭國山御製碑文賜之

論曰柯枝凡雨半載而霽霽半載而雨不知大化胡爲其然也昔魏徵敘赤土言其國冬夏常溫雨多霽少理庶幾矣必曰半載其果親見之乎然赤土今與小葛蘭爲鄰其卽爲柯枝章章矣

古里國第十九

其國在柯枝西北可六百里東通坎巴夷替國西臨大海南連柯枝國北接狠奴兒國地方千里其王修浮圖敎殿而事之佛像謂之乃納兒以銅爲之殿覆以瓦以銅爲之鑿井于旁凡晨也王汲以浴佛是敬象牛王每晨浴佛禮拜訖取黃牛淨糞盛以銀盆水調以塗壁地頭目富家亦如之又煅成白灰盛以布袋水調以塗額股是爲敬佛傳云昔有神人其名某紫遊他國時合弟撒没喍以攝撒没喍鑄金牛矯誣國人曰此天神也國人遂皆敬禮某紫還銷金牛撒没喍乘象遁去國人思之而冀其歸每月言月中必至及月中又言月盡必至逮今未絶也南昆人之敬象牛由此其爲人五種南昆回回哲地革令專木瓜南昆不食牛回回不食豕互以爲禁婚喪各如其類其頭目二人是掌國事其男長衫纏首以白布女短衫椎髻圍以色布珥金牌珠索項佩珠寶珊瑚瓔珞手足俱約以金銀鐲以金寶戒指其容白而黝國人修回回教者十之六有禮拜寺凡有三十餘凡七日一禮拜已而往未而歸權謂之法剌法量謂之黨謂梨以銅爲之其制俱倍中國十分之六權椒爲斤二百五十謂之一播荷其價金錢二百權香貨爲斤二百謂之一播荷布謂之撦梨其廣四尺五寸其長二丈五尺其價金錢十色絲帨謂之西洋手巾其廣五尺其長一丈二尺其價金錢百算人謂之米納凡算之法計以四支十指謂之

易而成也攜手而誓無悔其交易以金銀錢金曰吧南銀曰搭兒(其錢面底有紋用六成金鑄造徑官寸三分八釐重官秤一分銀錢重三釐)其利椒椰椰子之種也富家千樹以為恒業其資用也漿為酒肉為糖飯穰為索瓢為碗為酒食器皮可廂金木以架屋葉以葢其穀宜稻其畜宜牛羊雞鴨國有樂婦以葫蘆絃銅絲而歌其位以女腹為嫡傳之姊妹之子無姊妹之子則傳之弟無弟則遜于有德其刑有罰金斷手足斬族之等不服者探之沸膏而驗之(以右手二指置油鍋黑而取出封裹下獄三日開視如爛壞即加刑否則鼓樂送回)其國有鹿兔能畜良馬凡定價以金錢千其土有薔薇露有金縷寶帶其造也赤金三觔抽絲如髮綴結而成間以珠寶有珍珠珊瑚珠

哲地居之公簿而取稅多萊菔胡荽薑蒜四時冬瓜其狀如小指其長二寸味如冬青瓜紫皮而大葉曰紫皮瓜多芭蕉子波羅蜜有樹焉其高丈餘結如綠柿內子數十熟而自落者其名曰木鼈子有蝙蝠如鷹者在樹而懸宿有鸚鵡燕鷺多孔雀家蓄之其朝貢無常(永樂二年遣使朝貢詔封為古里國王給印及誥五年之後復遣使來貢)其貢物寶石金繫腰珊瑚珠琉璃屏瓶琉璃碗佛郎雙刃刀寶鐵刀蘇合油阿思模達塗兒氣龍涎梔子花花氈單伯蘭布苾布紅絲花手巾番花人馬象物手巾線結花靠枕木香乳香檀香錫胡椒

論曰昔扶南俗事天神以銅為象而有訟者以金環雞子投沸湯中令探取之若無情者必焦爛焉而今之古里亦有天神之談探手之法又云扶南去林邑七千餘里今校之亦合余疑古里即扶南之地云

(永樂三年鄭和統大䑸寶船賫詔勑封為古里王及頒誥命銀印陞賞頭目品級冠帶建亭刻石其略曰爾王去中國十萬餘里民物咸若皞熙同風刻玉石于茲永垂萬世寶船至彼王遣頭目哲地米納几見正使擇日論價將中國錦綺百貨議定乃書合同價數各存之頭目哲地與正使衆手相挐其牙人言曰某月日衆手拍一掌無悔哲地始鑴珊瑚珍珠寶石來議價二三月方定原經手頭目米納几筭番物若干該紵絲等物若干照原打手之貨交易)

祖法兒國第二十

其國在古里西北可二千里西北倚山東南臨海以石為城為屋層起如浮圖其民容體偉長而性朴其王纏

首以白布服錦袍間服青花絲嵌圓領足有花靴其出入以輿馬前列象駝後吹叭嗩鎖捺擁行其民男纏首以色布服長衣足不跣女蒙首面以布圍其上下崇回回教有禮拜寺禮拜之日咸罷市塗體以薔薇露以沉香油薰衣以沉檀俺八兒香其將禮拜也浴而塗體乃服淨衣爇香于胯下薰而往街市為之芬芳不歇其婚喪悉行回回禮其土氣溫和其交易以金錢紅銅錢金曰倘伽(金重官秤二分徑一寸五分一面有紋一面人形銅徑四分)其穀宜五穀其畜宜六擾多皿蝎蘆薈沒藥乳香木鼈子多芥瓜有雙峰駱駝有金錢豹有禽焉長身而鶴頸足四尺而二爪其狀如駱駝其名曰駝雞是食五穀有香焉其樹高可

三丈葉有四角黃花而碧心其膠如飴其名曰安息食之已鬼疰其味篤耨其色如紫檀其汁濃淨而無滓其名曰蘇合油塗之已風其朝貢無常永樂中遣其臣朝貢方物

論曰自柯枝而西去天方益遠而流風沾被修回回教者益謹至薰沐其身而始禮拜其眞信習之篤也哉

忽魯謨斯國第二十一

其國在古里西北可二千里其地倚山臨海其國富以石爲城是多番商其王修回回教有禮拜寺日五度而禮拜恒齊沐其俗淳厚其人白身而魁偉其男卷髮長衫善騎射女編髮四垂黃漆其頂服長衫出則色布蓋首紅紗蔽面珥絡索金錢以黛飾面花紋飾唇頂佩珠寶珊瑚瓔珞四腕皆約金銀鐲其婚喪用加的禮掌禮之官謂之加的凡婚禮男家先宴加的親族媒氏然後二姓遂三代譜系爲之書而後成禮否則以姦論喪禮以細白布爲大小殮衣瓶盛淨水三灌屍以麝腦塡口鼻服衣入棺壙以石砌壙藉淨沙五六寸棺至出屍入壙石板蓋土築成隆阜其書記用回回字其市肆咸備國有酒禁飲者棄市其國勝兵良馬醫卜技藝皆冠于西洋其民有羊猿之戲羊戲用木一尺許頂正平可容羊四蹄者樹地一人拍手而歌羊依拍鼓舞近木前足搭木頂後足跳上似舞狀人將木段五六次接上高丈許於中推斷接羊置地羊卧地作死狀令舒前足卽前舒後足卽後一舒之令舒後足卽後一舒之猿戲以三尺黑猴演弄畢令一人帕縛猴眼別令一人潛擊猴首雜于衆中解縛猴于千人中徑取出擊首者其交易以銀錢名曰那底兒銀錢徑官寸六分面底有紋重官秤四分其利其土石其穀宜稻麥其畜宜六擾其氣有寒暑有霜雪少雨多露春而花開秋而葉零有山焉其陽多紅藍鹽其陰多白堊其東多丹臒其西多黃堊其珍寶之類有八一曰五色雅姑刺石二曰柤杷碧三曰祖母喇四曰貓睛石五曰金剛鑽六曰珊瑚七曰五色玉器皿八曰大珠狀如龍眼者有之諸珀謂之撒白植其類有五一曰金珀二曰并珀三曰珠神珀四曰蠟珀五曰黑珀織之類有四一曰十樣錦剪絨絨起一分長二丈濶一丈二曰五色梭幅三曰撒哈喇氊紗四曰青紅絲嵌手巾羊之類有四一曰九尾羊二曰大尾羊一等尾濶尺餘拖地重二十餘斤一等狗尾狗如羊山羊尾長二尺餘一等䍽羊高二尺七八寸前半截毛後剪淨頭似綿羊角彎向前上帶鐵牌行動有聲此羊快鬭好事者畜之以博錢物三曰狗尾羊四曰䍽羊有獸焉其狀如貓貿如玳瑁黑耳而性仁出則百獸伏地其名曰草上飛番名曰昔雅鍋失其蔬蘿狀如藕而紅色其胡桃質薄而白其松子長寸許其葡萄四等有如蓮子色白而無核者有如白豆圓而白者有紅者有紫者有果焉狀如胡桃尖長色白內仁甘美者名曰把聃果其石榴花如拳果如鍾有林檎桃有蔗西瓜其萬年棗一曰垜沙布凡三等有狀如拇指小核而結霜味如石蜜者有接爛而成軟塊味如柿者有狀如南棗而味澀是用養性者其朝貢無常永樂五年遣其臣將騏驎等物并備金葉表文跟隨回洋寶船進貢

論曰西洋葬埋之禮徵擧者鮮矣此獨能行焉且往往符情合制可尙也已然居中國彝倫地之地有火其親

者不有愧於斯邪不有愧於斯邪

阿丹國第二十二

其國在古里西可六千里其國濱海以石爲城其民庶而勇騎步兵可二萬威振鄰國其上下修回回教其語以阿剌壁其王尙禮永樂辛丑正使太監李□等賫詔賜其王冠服蘇門荅剌國分䑸周□等領寶船往彼王率頭目迎入王府甚肅開讀賞賜畢王諭國人有珍寶者許易王冠金冠服黃袍帶以金寶有禮拜寺其王日一禮拜金冠易以白布纏首項有金錦飾黃袍易以白車而往其臣服有等其國人纏首以色布服撒哈喇梭幅錦繡足有靴鞋其女長衣項佩珍寶瓔珞珥寶環四腕約寶鐲手足指約以金環蒙首以絲嵌帨僅露其面其金銀之工精巧爲西方之冠其食造以酥蜜其民以石爲屋石之名曰羅股以磚覆之高五丈而三層有浴室有酒罏有綵帛典籍之肆其交易以金錢以紅銅錢金曰哺喇銅曰甫嚕斯其利玉石其穀宜五種其畜宜牛羊雞犬金重官秤一錢底面有紋其土氣溫和其定歲以十二月爲一歲以哉生明爲一月其筭歷如神某日而春暨期枯者敷華某日而秋暨期榮者凋落蝕而蝕潮而潮風而風雨而雨靡有違忒其貿易之物異者十有二品一曰貓睛之石二曰五色亞姑三曰大珠四曰珊瑚支五曰金珀六曰薔薇露七曰麒麟八曰獅子九曰花福鹿十曰金錢豹十一曰駝雞十二曰白鳩土物多紫檀木薔薇花多萬年棗把擔乾白葡萄松子榴杏有象有千里駝駝九尾羖羊其白毫無角角處有兩圓黑毛項如牛狗毫而盤尾者名曰綿羊有獸焉其狀如騾白身白面而青紋其名曰花福鹿其足前高九尺後高六尺蹄三跲匾口而長頸奮首高一丈六尺首昂後低二肉角牛尾而鹿身其名曰麒麟是食五穀其狀如虎元質而無紋巨首而濶唇其尾黑大如纓其吼如雷百獸見之伏不敢起者其名曰獅子其朝貢無常永樂間遣使修金葉表來朝貢

論曰國初司天監外設回回司天監取回回人世官之用本國土板歷並兼推算乃知聖主御世一善弗遺者矣常聞之長老云月蝕非回回歷算安得不謬如此今阿丹人所算春秋候是尤奇也

天方國第二十三

其國在古里西南可二萬里古里西南申位行善風三月至鎮番名秧滑宇以頭目秧滑西行一日至王城本名默伽國而又謂之天方其王修回回教其俗和美而富見月之初生也上下皆稽首而禮天其容貌偉正紫色男纏首長衣足有皮鞋女蓋首面不露其語用阿刺畢國有酒禁其婚喪悉行回回禮其禮拜之寺曰天堂其堂四方而高廣謂之愷阿白以黃金爲佛像以玉爲座堂之周如城以五色石壘砌城之門四百六十有六其堂以沉香爲梁梁有玉以黃金爲閣以泔黃玉布地以薔薇露龍涎香日塗堂之四壁馨香不絕以白玉

為柱柱凡四百七十有七前之柱九十有九後之柱一百有一左之柱一百三十有二右之柱一百三十有五其堂之幔以紵絲色用皂其守堂獅子二色咸黑他國至堂而焚香也歲一至不遠萬里而來以十二月十日為期（每年此日諸國回回人雖海行一二年遠道者亦至此堂禮拜皆割取堂內皂幔一方為記去至盡則王又以幔代之）其堂之左有古佛墓是謂綠撒卜泥寶石之所築其長一丈二尺高三尺廣五尺其墓之垣砌以泔黃玉高五尺其城四隅咸有寶塔禮拜者登焉有授法之堂皆五色石為之其土氣恒燠無雨電霜雪四時王燭草木常不零落其甘露日降國人承露以食其交易以金錢名曰倘伽其利玉石其穀宜五種其畜宜六擾錢（徑官寸七分重官秤一錢）其國西行百里曰驀底納城城之東曰謨罕驀德神人之墓墓頂有五色光旦夕輝煌不絕墓後有泉其名曰阿必滲其味甘美其泉能息波濤泛海者必汲藏于舟遇颶風而灑之也波濤隨息其土物有薔薇露俺八兒香有豹麂草上飛麒麟獅子羚羊多龍馬有駝雞駱駝騾驢梟鴒其花有纏枝花樹如大桑高二丈歲二收有葡萄萬年棗石榴林檎梨西瓜巨桃一桃而用二人以舉其朝貢無常（宣德中使鄭和至西洋遣通事七人賫麝香磁器綵疋同本國船至國一年往回易得各色奇異寶石并麒麟獅子駝雞等物并畫天堂圖一冊回京其天方國王亦遣其臣沙瓛等將方物隨七人來朝貢）

論曰天堂之諺久矣蓋慕其樂土也今觀其國所有迺知諺語為不虛焉但國史以默德伽別于天方而歟云即其地余詳考之謨罕驀德默德伽王也而天方之西有墓焉則一國二國名者矣

西洋朝貢典錄卷下

漢魏六朝墓銘纂例

古之葬者有豐碑㠯窆鄭康成謂斵大木如石碑劉熙言碑本葬時所設臣子追述君父之功㠯書其上春秋時孔子題延陵季子墓碑一十字歷秦迄漢有墓闕有神道弟猶尙簡質不過題數字記姓名而已其有文而傳於後者放於東都謁者景君墓表厥后伐石采銘盛於一時是皆係縣綍下窆之石葬後刻文於其上至晉代始有墓誌㠯薶諸幽室然筲衞靈公葬沙邱掘得石椁銘開元時人耕地得比干墓誌刻其文曰銅槃漢滕公夏矦嬰得定葬石銘呂覽安死篇云爲石銘置之壟上則其來亦遠矣魏武帝時禁立墓碑晉令諸葬者不得作祠堂碑石獸下逮六朝文字漸畢及唐宋而復盛

韓柳諸公易整爲散體格亦大變明初王止仲㠯唐宋十五家碑誌譔墓銘舉例四卷撮例之要十有三事已足㠯揭其大凡顧十五家之文譬諸黃河之水已過積石龍門但見其流之亂輪奔注而未知昆侖㠯上之原之所在也然則欲溯墓銘之原者必於東漢之世文辭體例參錯不一其諱字姓氏鄉邑族出與壽秊卒葬有書有不書至妻若子或合葬及樹碑則書之而書葬地廑見於蔡中郎諸碑非若後世之必欲詳著之南北朝多駢偶猶是漢製體修詞之意鄱陽洪氏謂漢人銘墓皆一律始祗論其文而未究其例也予惟鄉前輩朱竹垞檢討之言因取洪氏隸釋隸續所載益㠯六朝人碑

製及有墓石之出於近世者略仿止仲之濾臚而例之曰墓銘纂例其敘其銘雖各異體舉皆可見則合止仲之例觀之庶不至沿其流而忘其原也與

嘉慶七年歲在元默閹茂涂月朔李富孫自序

漢魏六朝墓銘纂例卷一

嘉興李富孫學

謁者景君墓表 漢元初元年

首書某年月日卒次敘刻碑之由次作辭次佗銘此正例也碑陰有諸生服義者十五人義士一人餘俱弟子皆立碑之人也洪氏适曰東都自路都尉始見墓闕蓋表阡銘壙之濫觴也有文而傳於今則自景君始朱氏彝尊曰墓有表古也始於漢謁者景君其崇四尺其制圭首方趺其文由左而右誌石納諸壙中而表立於旣葬之後所以表封陌限樵牧述功美禮不可以廢也

郯令景君闕銘 元初四年

首書某年月日卒與謁者景君同例下即述景君事又一例也墓闕語多從略此爲較詳

李昭碑 元初五年

首書諱字族望不著姓以有額篆漢故李君之碑也此碑篆書共額七十三字各家俱不載

北海相景君銘 漢安二年

首書惟某年月日卒而不載其名字與前兩景君碑同例下述故吏諸生之論佗誄辭四言用韻後又有亂曰亦四言句末用兮字爲語助若楚辭此變例也碑陰三列弟三列姓名下云行三年服者凡八十七

人末有四言韻語十八句以志立石著辭之意又一例也全氏祖望曰有誄又有亂亦唐以後碑所希錢氏大昕曰碑末云諒闇沈思又云陵成宇立諒闇即亮陰似非臣下可用而稱墓爲陵亦後世所宜回避也梁氏玉繩曰北海相景君樊敏柳敏諸碑銘後皆有亂曰一段綏民校尉熊君碑銘詞之後又有追敘君兮一段楊炯成知禮神道碑銘倣此製也

敦煌長史武班碑 建和元年

首書立碑年月日著官爵著姓不言某郡人此又一例也洪氏曰漢碑多門生故吏所立至於同舍爲之者惟武班及柳敏兩碑梁氏曰碑末一行云紀伯允書此碑費鳳碑其妻弟卜君作費鳳別碑石勛作東漢石刻列撰書及鐫字姓名不可枚舉此例實始於漢特款式與今多異耳

縣三老楊信碑 和平元年

首書故縣三老楊信字伯和與費汎苑鎮諸碑同年書年壽無歲月略也後無銘辭

嚴訢碑 和平元年

先書其所終歲月及壽考有嗟悼之辭踰百言韻語始繼以辭云伊歎嚴君遂敘其諱字行事洪氏曰與費鳳兩碑略相似銘詩亦五言列種諸奇樹一句又同登此碑亦卜君所作乎

從事武梁碑 元嘉元年

首著官爵姓氏與武斑碑同例後敘卒年及子孫以立此碑也碑辭間用韻此漢碑常例也

郎中王政碑 元嘉三年

碑辭整絜所書祖父及官秩卒年皆正例也

平都相蔣君碑 永興元年

首著諱字并歷敘世胄碑辭亦多用韻此竝常例也姚氏鼐曰班孟堅燕然山銘序亦用韻即秦瑯邪刻體

孔謙碣 永興二年 兩漢金石記作孔德讓碑

直書姓名字非門生故吏所立也孔君爲都尉宙次子敘其祖述家業弱冠仕歷郡曹史書卒年月而止無銘辭通計七十二字甚簡美此表碣之例也沈氏彤曰唐之葬令凡五品以上爲碑龜趺螭首降五品爲碣方趺圓首是碑與碣異制也明制三品以上神道碑四品以下黃黎洲謂自有墓表更無墓碣知墓表亦方趺而圓首是碣與表同制也隋唐人之命碑碣表多稱其實後世或有碑其碣而碣其表者然攷本朝律處士不禁其用表碑與碣惟品官得立與唐令不殊則栞石固有定制而名號亦不得僭號今之所栞但用碣制而定名墓表焉其可也

益州太守無名碑 永壽元年

首書某季月日卒與謁者景君碑同例卒葬皆不書略也碑辭後稱亂曰與北海相景君銘同亂辭七言第一句九言皆用兮字閒語碑左書功曹掾故吏題名四十八人又一例也碑陰書故吏三八則在趺之右也

吉成矦州輔碑 永壽二季

碑載建和二季詔冊與袁良碑同例洪氏曰此碑敍其歷事六帝四后詳贍有史法與漢代它碑體格絕不同碑陰四十九人其八人稱邑者皆南陽也延篤不稱邑則犨之人也

元文先生李子材碑 永壽二季

首稱元文先生尊之也文辭體例與瑯琊王傅碑同後述及娶配無嗣而考謚元文敍入銘詞又一例也

瑯琊王傅蔡公碑 永興六季

詳敍族出不著郡邑鄉貫畧也文閒用韻銘辭四言不用銘曰又一例也

郎中鄭固碑 延熹元季

大男孟子夭卒竝葬故碑辭及銘皆述之金石藏跋云父子合葬古禮所希而鄭君大男共墳配食獨詳此碑序云七歲卒歐公不見全碑全氏曰碑文譾劣之甚崔蔡之波靡也其云大男孟子有揚烏風七歲而天配食斯坛荅祔葬者亦金石文字中一例也梁氏曰陸放翁詹朝奉埥之墓表兼述其子長民事末云朝奉公之子阜民以父兄遺事屬予爲墓表且曰願共爲一碑而疑古未有比予謂石元懿公熙載及其子文定公中立實同一碑故相蘇魏公所爲也是爲比案鄭固碑子祔父葬共一碑漢已有其例矣

議郎元賓碑 延熹二季

碑無額每歷一官下佗讚美數語此漢碑體例也

汝南周巨勝碑 延熹二季

文辭銘言頗爲整贍先書卒年加以讚美後書季壽又一例也

中常侍樊安碑 延熹二年

首書漢故中常侍騎都尉樊君之碑無額此變例也末又載延熹元季八月丁酉贈騎都尉制詔又一例也王氏止仲曰墓碑銘始於漢洪适隸釋所載俱有額無題惟樊安碑首行有題無額額字有多至二十餘字者題額之簡非例也既題額又題文亦非例也

江原長進德碣 延熹三季

書其諱字而不著其姓又僅載官秩及某季造佗洪氏云似闕非闕似碑非碑又一例也

費亭侯曹騰碑陰 延熹三季

一建和元季七月巳巳梁太后臨朝時遣就國策書

一桓帝褎贈制書不書立石之人以已見正碑而埘

刊二詔策此又一例也後世如顔魯公作宋廣平神道碑有碑側記以補碑文之所未備卽此古碑陰之體

冀州刺史王純碑 延熹四年

諸碑葬不書此獨書某年月日葬特加詳也後不曰辭曰銘而曰頌又一例也碑陰百九十三人首行諸門生人名後又云各發聖心共出義錢捭碑直紀姓名下有山陽顔遂成二十一人聖心二字亦非後世所宜通用洪氏曰皆義士故不名其上門生亦書字者蒙下文而一律也朱氏曰漢人書名必具名字此碑自馮定伯而下悉字而不名與太尉楊震高陽令楊著元儒先生婁壽三碑相同亦門生之變例也

封邱令王元賓碑 延熹四年

碑辭銘言皆正例也碑陰有立碑錢各五百之文又有右奔器右斬衰三年之文亦可見東漢風俗之厚洪氏曰碑言門徒雨集盛於洙泗故衰杖過禮等於事父也

平輿令薛君碑 延熹六年

首書某年月某君卒吏民咨其德建碑墓側凡三十六字繼以銘辭四言三十八韻其先世及薛君官秩皆詳敍之此變例也昌黎臨川多祖之洪氏曰此銘以君功承堅南清誼攀數聲爲一章詞句鏗鏘若合音律漢人作銘頌用韻多如此韓文公此日足可惜詩出入數韻中正用此體

朱公叔墳前石碑 延熹六年

首書維漢某年月日卒某月日葬於某地次述其孤受命不崇墳及作祠設石其郡邑族出歷官賜謚俱不書銘詞四言畧述事跡此又一例也

泰山都尉孔宙碑 延熹七年

首題曰有漢泰山都尉孔君之銘此有額而復題於前末又書某年月日造此一例也洪氏曰凡漢刊其首行卽入詞无額者或題其前如張納樊安之比亦甚少已篆其上復標其端惟此碑爾宙卽融之父有七子曰褒曰謙皆見於碑誌此皆不書畧也牛氏運震曰此碑有額而首行復有標題隋唐以來碑式之禮也

孔宙碑陰

門生四十二人門童一人弟子十人故吏八人故民一人洪氏曰漢碑多有陰然稀少有額獨此刻以門生故吏名五大篆表其上此又一例也錢氏曰碑陰額云門生故吏名題名三列凡六十有二人每人具書郡縣名字漢碑之最謹嚴者惟弟子魯國戴璋不書某縣未審其故翁氏方綱曰碑陰題額惟是碑與鄭季宣碑陰有之而季宣陰額横書此直書其式又

異也

太尉楊公碑 延熹八年 蔡邕撰

書諱字郡邑里貫後詳叙世胄以其爲顯族也歷叙官爵不事揚厲卒書年壽月日復爲贊論銘詞三言以於戲代詞曰又一例也

山陽太守祝睦後碑 延熹九年

首書故吏某等作頌所自頌言每多用韻後又有辭曰三言此一例也

山陽太守祝睦碑 延熹十年

此前碑刊於立後碑之次年碑辭銘言皆正例也姚氏曰漢人作碑文又加以序序之體蓋秦刻琅邪具之

荆州刺史度尙碑 永康元年

碑辭卒不書歲月末題一行永康元年丁未是記立碑之歲也

車騎將軍馮緄碑

桓帝時延熹五年緄爲車騎將軍終於廷尉後云一要金紫十二銀艾七璽綬明其尊榮也不作銘詞特書遺令謚法亦所宜詳也洪氏云緄終於廷尉而以將軍題碑者尊金紫也威宗以命將武功定謚緄亦虎臣之一云亾適當其時故作文者以帝謚書左方此又一例也

執金吾丞武榮碑

武君以孝廉起家不書某郡邑人畧也不書卒壽歲月與楊震諸碑例同云仁如不壽則年不永也後書吳郡府卿之中子敦煌長史之次弟又一例也王氏宏撰曰碑額漢故執金吾丞武君之碑十字作陰文凸起它碑所無

沛相楊統碑 建寧元年

碑辭銘言俱極整妙此正例也碑陰十五人不稱郡洪氏曰皆沛人也

竹邑侯相張壽碑 建寧元年

碑銘與祝睦碑同例

衞尉衡方碑 建寧元年

碑辭亦多用韻漢碑中最爲整瞻書某年月日葬與王純碑同例洪氏曰銘文甚溫潤如云鷄火光物隕霜剿姦等李廣之在邉恢魏絳之和戎唐人誌墓多用此體山左金石志云此碑末行下有小字二行云口門生平原樂陵石朱登字仲口口泐三字洪氏謂即文內采石鐫碑之人不書於陰而坿文後且不書故吏之名皆漢碑中變例也

冀州從事張表碑 建寧元年

碑辭俱作四言韻語末四句又作五言韻語與費鳳碑文體相類卒後書葬亦與王純碑同例昌黎作施

州房使君鄭夫人殯表通體用七言韻語族出夫姓殯日竝爲敘述亦倣漢碑體製朱氏曰嘗怪六朝文士爲人作碑表志狀每於官閥之下輒爲對偶聲律引它人事比擬令讀者莫曉其生平而斯碑敘述全用韻語不意自漢已有作俑者

陳留太守胡公碑 建寧元年

不書郡邑略也歷敘官階及詔使送葬具祠賜贈皆正例也

太守胡公碑 建寧元年

書諱字族出及所歷官閥卒年月日詔祠賜贈而不詳其事跡至官屬赴送獨詳述其忉怛之慕此又一

例也

堵陽長劉子山斷碑 建寧元年

碑辭銘言皆正例也云亾有高謚碑中竝未之載

金鄉長侯成碑 建寧二年

首敘世次碑末另書夫人以延熹七年歲在甲辰十一月三日庚午遭疾終葢祔葬者此變例也顧氏炎武曰漢碑未有志其夫人者此碑末云夫人以某年月日遭疾終又郎中馬江碑云夫人冤句曹氏終溫淑慎咸曰女師年五十五建寧三年十二月卒此後人作碑并志夫人之始朱氏曰疑東京之俗夫婦同穴者寡故廣漢屬國侯李翊洎夫人臧其墓竝在渠州各自井槨樹碑終漢之世侯君而外夫婦合葬僅有郎中馬江并書夫人冤句曹氏祔焉

孝廉柳敏碑 建寧二年

首書故孝廉柳君重其行也後書縣長立碑歲月作兩辭曰一四言韻語一四言次句用兮字助語又一例也褚氏峻曰碑陰無字刻一鳳一麟中有牛首啣環兩旁玉器二人右珥一圭一璧一左琮璋一璜一葢以圖器表其美德也

郭有道碑 建寧二年

首敘諱字郡邑族望次述行誼及年壽卒年月日銘辭四言皆正例也

處士圂叔則碑 建寧二年

首書伊漢二十有一世處士某者尊之也不敘世胄非顯族也文亦多韻語漢碑常例也

童幼胡根碑 建寧二年

首書故陳留太守胡君子某因其父而重之也殤不書月日畧也銘詞四言九韻六七言騷體五韻俱用庚耕清青韻亦變例也顧氏曰攷蔡中郎集胡廣陳寔各三碑橋元楊賜胡碩各二碑又袁滿來年十五胡根年七歲各有碑夫一人而至二碑三碑亢矣殤子而爲之立碑濫矣 案楊賜三碑

漢交阯都尉胡夫人黃氏神誥 建寧二年

首書氏字族出次敘繼室撫育二孤得歷公卿宰牧暨孫仕進夫人享有寵光次書年壽卒年及其孫卒月日孤奉遺意某月日同孫葬於雒陽某阿詔使送葬賻祠具書故又變稱神誥創例也頌辭四言敘次詳明已肇韓柳墓碑之變體矣

郎中馬江碑 建寧三季

文又述其中弟位主簿督郵早世短折是兄弟共一碑也洪氏云其間載建寧三年夫人曹氏卒葢相去十七季矣又載其弟文緒年三十二早世當是因夫人卜兆以馬君共塋又同時改厝其季故佀碑幷言之此又一變例也梁氏曰碑稱先君之庚地此葬地

書向堪輿家羅經之術見於文中漢以來有之矣

淳于長夏承碑 建寧三季

碑銘與祝睦諸碑同例全氏曰漢人於碑碣中世系多不愼諱先儒已有非之者是碑於東萊府君不名獨太尉據得列名而右中郎將又不名不知其何說也梁氏曰東漢碑多不書先世名諱趙德夫云爲子孫作銘不欲名其父祖此最得體案集古集金石錄隸釋隸續所載漢碑皆書官而不書名亦當時一例隋以前猶如此至唐則罕見矣

太傅胡公夫人靈表 建寧三季

首書族姓及字㛈某年來嫁而不言胡公夫人以有

題額也詳敘五男名字及官階早世以其先夫人而歿也卒不書月日畧也後書附於太夫人窀穸則非夫婦合葬也末稱元女鑴珉無子嗣也題稱靈表頌辭皆六言又一例也

愼令劉修碑 建寧四季

卒後書弟孤某某立此碑著其實也銘辭四言末二韻用兮字助語亦通例也洪氏曰漢碑多門生故吏爲之此則其二弟三子所立

博陵太守孔彪碑 建寧四季

孔君不終於博陵而碑題博陵太守與馮緄碑同例書卒後又佀數行若歌詞又一例也趙氏明誠曰孔

君自博陵再遷河東而碑額題博陵莫曉其何謂洪氏云漢人題碑固有用前官如馮緄魯峻者葢其函甘棠之惠痛夏屋之傾相與刊立碑表故以本郡題其首此一例也張氏塤曰此碑爲博陵故吏所建故題其前官也

北軍中候郭仲奇碑 建寧五季

歷敘惠兄三人順弟四人俱膺茂選以見棣華之盛又一例也

太溥文恭侯胡公碑 建寧五季

首書諱字及某之子次敘歷官略述事跡次及季壽卒年詔贈賜謚此正例也後書四月丁酉葬於洛陽

瑩此後人書葬地之權輿也

太傅胡公碑

首書維漢某年月日薨而不著其諱字與三景君碑同例次書某月日葬竝述掾某等之辭又一例也先舉其德及誘人爲政次敍官爵亦總約其數與陳太邱碑同後述致治竝間用韻語此漢碑常例也

胡公碑

首書諱字郡邑族出歷敍官爵竝佀讚美數語閒亦用韻與議郎元賓諸碑同例後敍壽年卒年贈謚與前碑同三碑互有詳略其言故吏某等所立皆紀實也梁氏曰蔡中郎集胡廣陳寔各三碑橋元楊賜胡碩各二碑水經注金石錄隸釋張平子陳球各三碑祝睦郭禧劉寛秦頡趙越樊重各二碑魏黃權四碑則是東漢以來固有一人而至三碑四碑者

故民吳仲山碑 熹平元季

首書某年月上旬此立碑之歲也稱公不書名尊之也碑辭俱韻語不佀銘又一例也洪氏曰漢之仕者歿有遺愛其州縣之民爲之刻石鑱銘則自稱曰故民吳公匿迹韜光不荅聘名佀碑者體其謙晦之操故以民稱之所謂故民者物故之民也梁氏曰吳仲山碑字而不名容齋三筆云碑誌之作本孝子慈孫欲稱揚其父祖之功德播之當時垂之後世當直存其名字無所避隱然自唐及本朝名人文集所志往往只君諱某字某殆與求文揚名之旨不相契故民而稱之曰公亦例之異者

司隸校尉魯峻碑 熹平二季

魯君以屯騎校尉遜位而碑題司隸校尉與馮緄碑同例卒葬俱書門生汝南于沕等三百廿人私謚其子立石敍哀隸續載斷碑陰九十一人皆書姓字而不名與王純婁壽碑同一例也二人書貫餘不書者皆山陽人也近崑山葉氏奕苞親至碑下所存止尺有七寸其下四横横二十有口人計其上當有十横也金薤琳瑯所載更脫平原王口子行以下入人則

故吏門生竝書之洪氏云漢人所書碑誌或以所重之官揭之司隸權尊而秩清非列校可比亦猶馮緄舍廷尉而用車騎也故碑辭中特書某年月日拜又一例也梁氏曰魯峻碑是子爲文刊石以述其父而稱之曰君魯公爲父顏君廟碑稱父曰君裴道安墓志乃其族叔裴朏撰稱道安爲君蓋古人通乎上下而稱之

廣漢屬國侯李翊碑 熹平二年

碑辭銘言與祝睦諸碑同例察舉孝廉遭憂去官俱書年較詳也洪氏曰中有語停意對倒用趁韻者此句法也

彭城姜伯淮碑 熹平二年

體例與范史雲碑相同其辟舉徵拜俱約敘其事以其人所重不在此也

司隸校尉楊淮碑 熹平二年

首書故司隸校尉楊君與苑鎮諸碑同例淮終河南尹而題司隸校尉與魯峻諸碑同例不書邑貫世冑但敘其官秩不及行事并敘其弟未云俱某之元孫又一例也後稱某以某年月日過其墓爲勒此銘然並無韻語與韓仁銘同蓋古人製銘或韻或不韻也

漢魏六朝墓銘纂例卷一

漢魏六朝墓銘纂例卷二

嘉興李富孫學

元儒先生婁壽碑 熹平三年

首書先生尊之也國人相與論德處諡曰元儒先生碑辭不載以有題額也故與魯峻碑不同魯峻不題私諡而婁壽書私諡以無官職可題又一例也碑陰共五十八人稱南郡汝南者二人婁姓十二人餘不書郡皆南陽人也諸人所書者皆其字與王純碑同例葉氏奕苞曰諸人皆書字似非所以尊婁先生者豈以其鄉里而字之邪

繁陽令楊君碑 熹平三年

碑辭銘言與祝睦諸碑同例碑陰百三十四人不書郡邑皆繁陽人也洪氏曰嘗仕於異邦惟一朗陵長亦稱故民者桑梓之敬也

堂邑令費鳳碑 熹平六年

首書某年歲格某月卒妻弟卜君追誄伀碑誄辭四言閒有五六言誄後載故吏施業義民戚忠二人送終事辭皆五言後有門下功曹題名九人此又一變例也費君不書諱字畧也題名俱稱字曰某與謁者景君孔宙孔彪諸碑同例梁氏曰黎洲云誄亦納于壙中案費鳳碑追而誄之景君銘乃作誄曰嚴䜣碑故著名誄是以誄爲銘也

費鳳別碑

首敘舅家中孫石勛以其敘詩也其詩先諱字世系歷官繼以韻語六十句其三句六言餘皆五言非誄非銘又一變例也趙氏以爲碑陰者非

斥彰長田君斷碑 熹平六秊

歷敘高曾祖考官爵卒書歲月并及其子名字以其改階刊石也

豫州從事尹宙碑 熹平六秊

首書諱字敘其先所出之氏次敘其家鄢陵克纘祖業治公羊春秋及所歷官閥年壽卒秊此正例也錢氏曰碑稱君東平相之元會稽太守之曾富波矦相

之孫守長社令之元子稱曾稱元而去孫字亦變例也梁氏曰劉熊碑光武皇帝之元尹宙碑東平相之元會稽太守之曾皆省去孫字顏魯公錢唐縣丞殷君夫人碑倣之

太尉陳球碑 光和二秊

碑辭銘言皆正例也洪氏謂球爲廷尉永樂時一辭不諂殆有所畏而然則非畧也碑陰故吏故民四十人各書出錢之數前二行特書兩人之事與它碑不同洪氏曰其中皆有息字次行息之上又有早終字蓋謂二人已卒所出緡錢則其子也碑以二人居右必其府之元僚也

陳球後碑

體例與前碑相同無碑陰

丹楊太守郭旻碑 光和二秊

銘辭後載碑石狹小加有瑕瘢其從子五原太守鴻因葬太尉公遂與其孫范不改前文重立此碑又重刊石之例也

冀州從事郭君碑 光和三秊

歷敘先世具書年壽卒葬碑辭多四言韻語亦常例也文末不加銘曰二字與李翊碑同後敘考妣兄弟配嗣傷悼并及建石之意

童子逢盛碑 光和四秊

漢人題名必書名字此碑陰崔孟祖以下七人曰縣中士大夫衹稱字與婁壽諸碑同例後又有徐承數人曰家門生刁眞逢信在家門生之左洪氏曰碑陰七人其父黨也故不名曰家門生又其微者

安平相孫根碑 光和四秊

敘父叔兄而兼曰某令之考以其子卜葬也碑陰二百四十四人異姓纔十之一趙氏曰嘗觀漢時碑碣載其家世皆止書官爵蓋爲子孫作銘不欲名其父祖此最爲得體然非當代顯人則遂莫知其爲何人也洪氏曰似是孫根后裔衆多譜其名於上世之下碑陰異姓有王劉數人豈其姻戚乎

涼州刺史魏元丕碑 光和四年
體例與祝睦諸碑同
太尉橋公碑 光和七年
首敘諱字郡邑與廟碑異族望亦稍略歷敘官爵不詳其事跡已見於廟碑也書卒後復總美數語又一例也廟碑書九月乙酉葬於某所此不書者可以互見梁氏曰盧學士云橋公廟碑舊本銘在前次述諱字及橋氏之先其後係以四銘本相連屬明張溥大移易之與蔡文中所云不合案銘在文前古人碑誌未見
司徒袁公夫人馬氏靈表 光和七年
先書某年薨某月葬哀子某銜恤哀痛禾石南山次敘夫人郡邑族出及德性化導并書卒壽申辭四言皆正例也其稱靈表與胡公夫人同
司隸從事郭究碑 中平元年
歷敘諸父與郭仲奇碑同例卒不日葬書年月又一例也歐陽氏修曰前世碑碣但書子孫而不及兄弟惟郭氏碑載其兄弟甚詳
幽州刺史朱龜碑 中平二年
後稱頌曰與王純碑同例水經云故吏別駕從事史右北平無終年化中平二年造碑
外黃令高彪碑 中平二年

首行闕十四字姓氏族里皆磨滅惟銘詞有光光高君洪氏據范書以為高彪碑卒書龍在月次末書某年龍旂月次立碑又一例也
太尉劉寬碑 中平二年
詳書世冑著漢宗室也辭稱公卒稱薨太尉本三公也贈爵賜謚特加詳者重典禮也葬書月日以其賜琀襚也
劉寬後碑
文辭體例與前碑相同末書門生某等共所興立洪氏云劉公兩碑俱有陰隸續載一書門生名每人不書門生字出錢之數或書或不書凡十一郡三百餘人後俱書右某郡一故吏名每人皆書故吏無出錢數又各書郡邑與門生碑陰又一例也
貞節先生范史雲碑 中平二年
文辭銘言不簡不支皆正例也
尉氏令鄭季宣碑 中平三年
文半磨滅洪氏所著者二百七十許字僅存卒葬年月碑陰篆刻其上曰尉氏故吏處士人名與孔宙碑陰同例
陳太邱碑 中平三年
首書諱字郡邑不著族望略也所歷功曹應辟召但總約其數此簡法也後述大將軍錫謚搢紳儒林論

謚之辭并太守曹府君誄辭又一例也

文範先生陳仲弓碑 中平三年

敍諱字郡邑竝著族望常例也三府辟召視前碑及廟碑敍次加詳僅載文範先生之謚以題碑額也後述孤嗣定兆域亦後人書葬地之例也

小黃門譙敏碑 中平四年

碑中敍其父及弟昆竝不著其職秩以有題額已書小黃門又一例也末書某年月日造

趙相劉衡碑 中平四年

不敍先世而云厥先尚矣以漢同姓也年壽卒葬俱書亦正例也

議郎胡公夫人哀讚 中平四年

書氏字而不著族出非貴顯也次敍夫早世誨孤勸遣到官著其賢也後書考君同穴則亦合葬也神誥哀讚俱書於碑又似靈表墓銘之體後辭四言十四韻五六七八言十一韻與胡根碑例同梁氏曰蔡中郎胡公夫人哀讚云仰瞻二親或有神誥靈表之文作哀讚書之於碑此以哀讚爲銘也

圉令趙君碑 初平元年

不敍世胄殆非顯族也碑辭簡質銘三言頗爾雅可誦碑末書某年月日立全氏曰金石之文予取愛是碑之簡淨獨其銘詞則夸大不當耳

巴郡太守樊敏碑 建安十年

碑辭間佀韻語此常例也卒書歲在不書月日畧也銘辭四言後又有亂曰與北海相景君銘同例末書某年月造幷書石工某息某書

益州太守高頤碑 建安十四年

卒不書年壽略也後稱頌曰與王純碑同例洪氏曰又有兩闕偏舉其官故此不加詳也

處士國文甫碑 建安十七年

首稱先生而不著其諱字郡邑族出語多整偶已有六朝文字之體卒不書年壽弟書年月而已

綏民校尉熊君碑 建安二十一年

它碑敍先世但云某君之孫某君之子此碑詳敍其高曾祖父之名與其官爵德美與它刻獨異以其顯族也後人多祖此體銘詞四言後復有七言至十二三言俱用兮字間語一篇碑後又載茶陵長文春重安矦相杜暉二人官壽行事各數十言末書某年月朔及太歲干支碑師某造洪氏云漢人書墓闕及神道則有盡列其平生所歷官者及銘誌則舉其所終或所歷之清高者題之此碑徧舉其官又一例也敍高曾之閒又有祖父是其上闕文蓋伯叔祖也祖之下云君喬字漢舉喬上亦闕一字必父也碑後所載二人似是同郡盛德之士佀文者惜其無所記錄故

附之左方此又一變例也梁氏曰柳州亾友獨孤君碣詳記其友之知名者於後先府君神道表陰先友記悉書天下善士六十七人權德輿歙州刺史陸參誌銘書其友李公受等七人皆倣此碑例

司徒掾梁休碑 建安二十四年

梁君終於新都令而以公府掾書額者重內也與魯峻碑同例諱字官閥卒葬竝書後載太守趙君請謚貞文子銘詩三言亦通例也

國三老袁良碑

首書諱字不著姓氏以有篆額也前兩景君碑俱不敍世冑此獨敍者著其舊姓也某年月日卒書於後

中載拜梁相冊辭榮君命也此一例也

梁相費汎碑

首書梁相下云此邦之人可不著郡邑也卒書年壽不書年月日略也書二子名及官爵視它刻亦稀少適孫某則其所立石也

高陽令楊著碑

著後爲思善侯相碑首題高陽令者與馮緄魯峻碑同例碑陰書某某千右幾人五百右人五百右後公楊秉門生右沛君楊統門生右沛君生與它碑又不同洪氏曰皆非著之門生故不稱名

光祿勳劉曜碑

首題漢故光祿勳東平無鹽劉府君碑詳書顯考官階惜其早終也洪氏云漢人銘墓以郡邑題其首者所見惟此一碑又一例也

張平子碑 崔瑗撰

首不稱君稱官秩及其邑後不載其卒葬僅自敍表墓刊碑之意又一例也

漢太尉楊公碑

首書諱字郡邑族出敍所歷官閥語稍簡後不書卒年月日略也

太尉楊震碑

卒不書年壽歲月略也詳書諸子及孫官秩以著其

後嗣之盛也碑陰九十餘人俱不稱名與王純婁壽碑同洪氏曰孫定博諸人不名者非其門生也又曰皆其孫沛相統之門生歲月相距又遠故不名

荆州從事苑鎮碑

首書漢故荆州從事與費汎首書梁相同例卒不書年壽歲月與楊震碑同例

豫州從事孔褒碑

碑有篆額首著諱字世冑次述其繼德前業治家業春秋博學多識學徒雲集□爵固辭其云濟渡窮厄後會事覺臨難各爭授命郎救匿張儉兄弟爭死之事以下多闕泐不可屬讀牛氏曰碑出於雍正三年

曲阜縣鄉民犁田得之字泐冣甚惟第一行諱字家世皆具知其爲泰山都尉宙長子前敍後銘立石歲月不可知矣

督郵斑碑

碑無額僅書督郵不著姓不書郡邑先敍司吾君少子尙書小弟與武榮碑例又異石既碎落亦不知其書卒壽歲月否也

逡儀令衡立碑

不書郡邑人敍其先世與度尙諸碑同例不知其卒壽歲月石多鈌也

戚伯著碑

額題口本周末嗣傶氏襲以興勃海君元孫伯著之碑首敍戚氏得姓之始及其先世後另述伯著不書其字畧也言太歲丁亥聘妻朱氏旬期著橫遇邪度奄遂殞歿似未娶而卒不載其卒壽月日不佀銘辭又一例也洪氏曰此時墓刻始萌芽未嘗律令也

先生郭輔碑

首稱先生與妻壽碑同詳敍先世而郭輔僅數語以其未嘗歷仕無它事可述也卒不書歲月畧也詳書男女并銘辭亦及之書季女及壻以其立石也水經沔水注關林山有郭先生碑先生名輔字甫成有孝友悅學之美其女爲立碑於此

相府小史夏堪碑

首稱某曹小史與書荊州從事同例卒不書年壽歲月與楊震諸碑同後云娉會謝氏并靈合柩亦似合葬者銘辭三言洪氏曰文崛奇銘造語殊不苟

李翊夫人碑

首書廣漢屬國侯夫人畧述數語繼以辭曰四言韻語其夫人之姓與承舅養繼姑及其男女皆爲敍述後又有歎曰七言用兮字間語又一例也卒僅書歲在大淵獻餘皆略也李翊另有碑此各營兆域也洪氏曰漢婦人墓銘見於文士集中固不一其石刻存於今者獨此一碑爾葉氏曰漢人碑文先敍其年壽

及卒之歲月或互見於銘誄之間

富春丞張君碑

碑載其父兄而官稱已磨滅卒僅書三季癸亥畧也

郎中郭君碑

首書漢郎中與費汎苑鎮碑同例卒不日葬不書皆略也銘辭末三韻用矣字助語與兮字同

仲秋下旬碑

姓名俱磨滅不可識其云紀涒仲秋下旬粵日辛者卒之歲月也銘辭四言重用歍歔悢哉痛之深也隸釋以無姓氏可據故稱仲秋下旬也婁氏機曰碑額上二字不可辨下有楊元字又下似秀字則此碑爲

楊君無疑復齋碑目亦作楊元君仲秋下旬碑

防東尉司馬季德碑

首書卒年月日及官爵諱字與景君碑同而又稍異後不作銘亦碑之體也

司農劉夫人碑

首行有標題漢故之文與樊安諸碑同例次述夫人祖之姓氏亦常例也

舉吏張元殘題名

洪氏曰漢碑稱舉將者有二外黃令高彪稱潁川太守文君爲舉將三公山碑元氏尉樊子義稱常山相馮君爲舉將其自稱舉吏者獨於此碑見之

司空文烈侯楊公碑

首書漢有國師司空文烈侯楊公而不著其諱字歷敘官閥竝加讚美蟬聯而下語亦整飭此六朝文字之祖也不書卒葬年月述其孤昭銘景烈又一例也

文烈侯楊公碑

不書郡邑族出不歷敘官閥可以互見前碑二碑俱不書卒年月日畧也

司空房楨碑

諱字郡邑族出及所歷官階卒年月日刊石立碑俱不書但作偶語讚美此亦變例也

司空袁逢碑

體例與房楨碑同序詞僅六十餘言竟令讀者莫曉其生平也

荊州刺史庾侯碑

體例亦與房楨碑同略敘刺史事跡後亦無銘辭

翟先生碑

不書諱字郡邑族出卒年月日但作駢語讚美與房楨諸碑同文俱用韻繹其詞未嘗仕進後述鄉黨伐石勒銘視房楨諸碑稍加詳焉

袁滿來墓碑

首稱茂德休行亦剏例也卒不著年亦不作銘辭略也

眞定直父碑

文僅二十四言二韻似銘詞又祗稱其接友而已

衛尉張儉碑

首著族出其諱字郡邑以及年壽卒年月日樹石立碑俱略而不敘又一例也

司空宗俱碑陰

全氏曰其上有宗氏故吏處士名七大字其下故吏十六處士四蓋亦祗上一層漢碑陰俱無額獨孔宙碑有門生故吏名五大字而是碑更署以姓今碑不傳而碑陰孤行則幸以署姓之故趙氏存其目而無其說洪氏亦存其目而不錄其文疑皆未之見

循吏聞喜長韓仁碑

首著循吏重之也早卒惜不載漢吏此碑出於元至元間滎陽令李輔之行縣發地得之額稱韓仁銘而碑無銘辭錢氏曰漢世重吏治而仁在聞憙刑政得中碑額稱循吏賢之也仁自聞憙遷槐里令除書未到而卒故額不云槐里令也仁既歿司隸校尉愍其短命下河南尹遣吏祠以少牢豎石以旌其美於此見善政之效而校尉風勸良吏之意亦可尚已梁氏曰墓石之文分言之則前序爲誌韻語爲銘通言之則誌卽是銘銘卽是誌韓仁銘乃令牒無韻語而謂之銘韓文公法曹張君誌銘別無銘辭而曰是爲銘虞部張季友考功盧東美襄陽盧丞司法李楚金博士李于諸篇皆然是誌卽銘也柳河東集中諸誌皆有銘辭而題止稱誌白香山范陽張公墓誌亦然文選任彥升劉先生夫人墓誌無誌但銘而題獨稱誌是銘卽誌也

張賓公妻穿中二柱文 建初二年

禮記檀弓注云豐碑斲大木爲之形如石碑於椁前後四角樹之穿中於閒爲鹿盧穿中二柱有文僅見於此洪氏曰首云維兮猶烏呼之類它碑所罕用也一云本造此穿者張賓公妻其子偉伯及偉伯妻與其孫陵皆附葬右方曲內中其一則偉伯之孫元益葬其父長仲并弟叔元二人卒以同年月日故特書之

謝君墓甎文 元和三年

書某年月朔謝君闕造此墓此東漢初題於墓甎未有碑文也

漢魏六朝墓銘纂例卷二

漢魏六朝墓銘纂例卷三

嘉興李富孫學

豫州刺史路君二闕 永平八年

一書其所歷刺史至徵試博士凡八官一書會稽東部都尉某君闕次書造闕年月日此墓闕例也漢人墓闕皆刻有人物車馬禽獸龜龍草木畫像

雒陽令王稚子二闕 元興元年

闕者墓道外左右所立石闕古人卽題氏諱官爵於上以表識之兩闕分書其所歷之官此兩邑吏民所各樹也洪氏曰惟先靈之稱它碑所無葉氏曰漢人爲二闕如王稚子之類分書官秩此與路君闕異路闕前後立此則左右竝峙也

益州太守高頤二闕 建安十四年

書其所歷之官與王稚子闕同一稱名字一稱府君不書名而字闕其一又一例也

趙相雍勸闕碑

首敘三代及諸父諱字官秩與其子名字爵秩造壠樹碑趙府事敘三四語又墓闕變例也卒書年壽無歲月末言刊石稱頌而無頌辭趙氏又以此爲碑也洪氏曰漢代銘墓所敘人之上世未嘗書其名諱此碑載雍君父祖諱兄名又有書其官秩甚詳而雍君事跡則甚略趙氏以此爲碑而謂前十字爲闕予攷其文水闕舊墓者謂九江君也右校既易地造壠諸冢皆同兆域趙相故吏併志其事蓋題闕之文非墓道之碑與邱中之銘也九江太守乃趙相曾祖謂之高祖者似指其子言之又一例也梁氏曰雍勸碑刊石稱頌祝睦後碑前稱頌曰後稱辭曰朱龜碑文末云立碑作頌高頤碑因作頌曰益州太守無名碑前稱辭曰後稱亂曰樊敏碑文後有辭曰又有亂曰李翊夫人碑前有辭曰後有歎曰嚴舉碑文後有頌曰又有亂曰 樊敏以下皆韻語 韓文公施先生墓銘前稱辭曰後稱系曰元微之杜子美誌銘前稱敘曰言其詩中稱系曰言其世次官位未爲銘曰此皆古人隨意爲之其它漢唐墓石之文多以銘曰爲辭曰則不勝舉矣

鉅鹿太守金君闕

不書名字略也以其有官爵可稱也

不其令董恢闕

書法與金君闕例同洪氏曰恢嘗守丹陽而闕不書者或如王稚子之類有兩闕而互見之歟

高直闕

僅書漢故高君諱字殆無官爵可稱此尋常題闕例也洪氏曰漢人題墓有云神道者有云墓道者有云闕者惟高頤及高直但書姓名字而已 案高頤闕與此同 葉

氏曰高君闕僅九字漢人題墓所以禁樵採不皆鋪
揚德業以欺後世

處士金恭闕

書法與高直闕例同又有碑首題金君口口碑碑辭稱生敍諱字下即書卒之年壽歲月後述行事無銘言此常例也葉氏曰按恭墓誌年廿二而卒弱冠不祿在六極之列既銘於碑復樹之闕漢人喜事夸張乃爾

沛相范君闕

碑錄云梓潼縣東有沛相劒門范皮墓闕字不多記姓名而已

孝子董蒲闕 永寧二年

闕中刻一禽頰大兩旁各一獸銜環佩之屬與金恭闕同禽之下横書孝子澄鄉安利里董蒲亦與金恭闕同禽之右書年月日及掾史姓名翁氏曰此與墓門之闕不同必董君孝行著聞官爲甄表而立此闕

貞女羅鳳墓闕

此表題貞節之例也

幽州刺史馮煥神道 永寧二年

書其所歷之官但稱使君而不著其名字與金君闕例同後世神道碑之名昉於此也又有殘碑僅存三十九字其書卒之年月尚可見爾

交阯都尉沈君二神道

二神道皆分書其一稱漢謁者北屯司馬左都矦其一稱漢新豐令交阯都尉其書所歷官與王稚子闕例同但稱府君而不著其字與馮煥神道同

緜竹令王君神道 建寧元年

書法與金君董恢闕例同

太尉劉寬神道二

一書漢太尉劉公及諱字一書漢太尉車騎將軍特進昭烈矦劉公神道書官爵有詳略又一例也葉氏曰神道爲表墓而設一書名字一書官謚詳簡得體漢人書法類如此

上庸長司馬孟臺神道

書字不書名與王稚子闕例同

征南將軍劉君神道

書法與緜竹令神道同

涪陵太守龐厷神道

書其名又一例也

汝南上蔡令神道

書法與司馬孟臺神道相同

侍中楊文父神道

書法與上同

章氏神道

僅書韋氏餘俱畧也或其別無可稱此似婦人而亦非同穴者

益州太守楊宗墓道

書漢故益州太守楊府君諱字某墓道此通例也中宮令楊暢墓道與此同

清河相張君墓道

所書與沈君神道例同

司馬季主墓碑 蜀漢諸葛亮撰

碑僅三十二言四韻似銘詞與眞定直父碑同例

魏横海將軍呂君碑 魏黃初二年

碑辭銘言皆正例也敍事猶是漢人筆法

廬江太守范式碑 青龍三年

碑辭開用韻語亦漢遺法卒不書年壽歲月以有舊傳略也洪氏曰此碑辭勝而事寡雖曰略依舊傳昭撰景行但云篤友足以輔仁超管鮑之遐蹤爾未足以光颺盛德也翁氏曰此碑陰卽洪氏誤以爲魯峻斷碑陰者今在范巨卿殘石之背可以斷然不惑者矣今見此拓本乃知洪氏所錄人名前後次弟皆就本碑之横書者爲敍也錢氏曰碑陰題名四列凡三十餘人皆字而不名巨卿爲山陽人此題名諸人雖不著郡縣然如郗如魯如范皆山陽望族則其餘亦必山陽人可知

太尉汝南李公碑 嘉平四年

敍諱字郡邑族出及歷一官稱述數語此漢碑通例也卒不書月日略也顧氏曰終魏之世立碑之見於史者惟田豫顏斐二人晉世則扶風王駿魏舒羊祜杜預閻德唐彬嵇紹丁紹范平立碑之事百有餘年亦僅六七見齊建武中范雲上表求爲太宰竟陵王子良立碑事竟不行其文載昭明文選中所引亦止太宰褚淵豫章王嶷二例若劉勔之生爲立碑安成王秀之四碑竝建史家書之以爲異事而自魏至陳文字之罕傳於後者有由然矣

東武侯王基碑 景元二年

此碑近時出土不著姓名金石藏跋以年月攷之斷爲王基碑攷之本傳事皆符合碑今存者凡三百七十字僅見敍其族出諱字已不可見著其孝友通經才畧次敍官位功績進爵增邑其卒壽卒年以及追贈并奉敕鐫石表墓詞四言已半皴逸矣錢氏曰右碑中斷存下半近洛陽民墾土得之以歷官及薨之年月攷之其爲基碑無疑

吳秦朗碑

首書府君諱字族出次敍其弱冠歷官略述治績并及年壽卒年此正例也

任城太守孫夫人碑 晉泰始八年

首著郡氏族出次敍父爵及夫人在室勸父辭伏氏繼室事卒葬年月皆剝落難辨惟弟十五行有十二月甲申字又上有八年口月庚寅字黃氏易曰晉碑本少婦人墓銘則尤少況文古書莊不減漢魏夫人父孫夫羊均失其名八年之上殘闕莫辨惟知二子宏明宏哲及嗣子羊迅其父疑與羊君同寮因與昏姻夫人會事舅姑其舅尚在碑中或敍及在前所以後文止云夫人在羊氏不復云何秊于歸也

晉右軍將軍鄭烈碑 太康四秊

歷敍世冑具書卒年贈謚皆正例也碑辭多對偶韻語已爲六朝碑誌之始末書某年月日造與孔宙譙敏諸碑同例

故太傅羊祜碑 晉孫楚撰

首侈讚美數語次僅敍其遷黃門侍郎受祕書監滅吳之略畧述數語餘俱不書使後人爲之不知其幾萬言矣

雁門太守牽府君碑 孫楚撰

首亦侈讚美語次僅敍其少長河朔并遷雁門太守事跡餘俱不書亦與羊祜碑同

江夏太守任君墓誌銘 傅元撰

碑辭僅六十餘言語亦多整偶其諱字郡邑族出及年壽卒年俱不書第書拜江夏太守此甚簡略也王氏止仲曰墓誌銘宜簡而要神道碑銘宜雅而詳

晉平西將軍孝侯周處碑 元康九秊 陸機撰

首敍諱字郡邑族出竝祖考爵秩次敍其生平官閥多侈駢偶讚美其卒年春秋及追贈封謚賜葬詔書皆詳著之後書某年月日葬某地娶某氏子某竝書碑銘共一千四百言整散參錯文辭雅贍敍次詳明當爲魏晉六朝第一文字此例之正也

司空鄭袤碑 潘岳撰

碑辭俱用整偶僅六十餘言竝無諱字郡邑族出及所歷官階年壽卒年與司空房楨諸碑同

荆州刺史東武戴侯楊使君碑 潘岳撰

首書肇字季初滎陽人而不著其姓以有碑題也次敍封東武伯賚謚曰戴而不著年月畧也次稱其德行及爲參軍有西陵薄寇之功惜其爲法受黜亦紀實也末四語用韻無銘詞

中郎將曹府君碑銘 傅咸撰

銘辭四言二韻與司馬季主碑例同

益州刺史楊恭侯碑 潘尼撰

不書諱字郡邑族出及卒壽秊月僅侈整語讚美畧敍歷官事跡其官閥但云再臨司官三撫名郡而已

給事黃門侍郎潘君碑 潘尼撰

文僅四語云君遇孫秀之難闔門受禍故門生感覆

醢以增慟乃樹碑以紀事當是潘安仁碑與真定直父碑一例

太尉庾亮碑 孫綽撰

諱字郡邑族出及卒葬年月俱不書所歷官階僅敘其轉左衞軍詞多駢偶此魏晉相沿之體也

太傅褚裒碑 孫綽撰

文詞體例與庾亮碑同而敘次稍詳

丞相王導碑 孫綽撰

文辭體例亦與庾亮碑同並不敘其官閥但述作相數語無銘言

太宰郗鑒碑 孫綽撰

畧敘世冑而文詞體例亦與庾亮諸碑同

司空庾冰碑 孫綽撰

體例與王導碑同惟後有四言銘詞

潁州府君碑 孫綽撰

敘次更簡碑題并不著其姓後作四言似銘詞又不用韻亦變例也

征東將軍軍司劉韜墓石

碑題晉故使持節都督青徐諸軍事征東將軍軍司關中矦劉府君之墓僅書諱字某君之子及夫人某氏四十七字不事鋪敘功績可爲後人瘞銘之式錢氏曰其石廣僅二尺餘與漢碑式異予題爲墓版文

保母志 興寧三年 王獻之撰

先書瑯琊王獻之保母其姓名籍貫及歸某氏年壽卒年月日葬地並書後敘殉以硯壺樹松立石無銘詞此志體也保母善屬文能草書解釋老旨趣宜大令爲之作志文辭雅雋亦非六朝所能及韓昌黎乳母墓銘仿此例舊注謂葬乳母且爲之銘自公始非也東漢墓碑皆非納於壙中惟此甎真藏諸墓者爲後世志墓之濫觴也姜氏夔曰或謂降自南朝始有銘志瘞之墓中大令時未應有之此又不然漢有謝君墓甎又武陽城東彭亾山巔石窟中有漢初二年張氏題壙三所洪氏隷釋云此亦瘞銘之椎輪也其不始於南朝明矣王氏昶曰東漢碑皆係懸綍下窆之石後乃刻文於上非藏在墓中故謂之碑碣今可攷見者惟王獻之保母磚則是真藏於壙者

豫章長公主墓誌銘 宋謝莊撰

碑辭僅駢偶二十八言銘詞四言六韻亦一例也

司空何尙之墓銘 謝莊撰

碑僅銘詞四言六韻與司馬季主碑同例

宋文帝神道碑

碑止題太祖文皇帝之神道八大字歐陽集古錄云古人刻碑正當如此葉氏曰或更有碑此其神道如漢人墓闕題識也

宋故散騎常侍謝公墓誌

首述祖父母及母之所自出次誌其爵里名字卒葬年月并其夫人與夫人之父祖及嗣孫而已無序文銘辭亦無建碑年月書撰姓名葉氏曰謝公祖父皆顯官身爲常侍豈得無銘序以紀其生平或如宋劉襲有二碑或如郭子儀官爵錄於家廟碑陰也又曰誌墓者應如此式

宋臨澧侯劉使君墓誌銘

首書諱字邑居及其兄父歷叙官爵年壽卒葬贈謚碑首有題無書撰人姓名葉氏曰按史所歷之職視碑甚略

宋臨澧侯劉使君碑陰

碑題與前同但誌其祖父昆弟姊妹與夫人子女其祖父昆弟夫人竝書合葬某所姊妹皆書所嫡及其祖若父此例亦它碑所無也葉氏曰前碑云武皇帝弟景王之穆而此上承曾祖以下得互見體自兒顗以下及其配配之父祖及葬處自姊以下及其夫夫之父祖茂徽姊妹所適大族而夫亾再適子見碑誌甚多凡序列族黨未有如是之詳者

太宰文簡褚彥回碑 齊建元四年 王儉撰

通體駢偶其諱字郡邑族出以及官閥卒年贈謚俱書碑銘其二千言朗俊雅潤與陸機周孝侯碑伯仲

豫章王墓銘　永嘉長公主墓銘 王融撰

俱無碑辭僅銘詞四言　新安長公主墓銘　海陵王昭文墓

臨海公主墓銘

銘　鬱林王墓銘 謝朓撰

體例與上諸墓銘同海陵王銘詞差詳

齊故安陸昭王碑 齊永明九年 沈約撰

首著諱字郡邑世冑從書卒年月日春秋贈謚文多駢偶碑銘共二千二百餘言與王儉褚彥回諸碑例同

宋尚書左丞孫緬墓銘 梁江淹撰

無碑辭銘四言末一韻五言一韻六言又一例也

宋安成王右常侍劉喬墓銘　齊御史中丞孫詵墓銘

齊司徒右長史檀超墓銘 江淹撰

與王融豫章王墓銘例同

宋光祿大夫孫夐墓銘 江淹撰

銘詞四言末二韻六言與孫緬墓銘例同

豫章文憲王碑　太尉王儉碑 沈約撰

體例與司空房楨諸碑同

比邱尼僧敬法師碑　齊太尉文憲王公墓銘　丞相長沙宣武王墓銘　司徒謝朏墓銘　尚書右僕射范雲墓銘　太常卿任昉墓銘 沈約撰

俱無碑辭亦墓銘體也

齊太尉徐公墓誌沈約撰

首二句三言餘俱四言似銘詞不用韻又一例也

丞相長沙宣武碑任昉撰

文多駢偶其事跡俱不書亦無銘詞此碑體也

桓宣城碑任昉撰

與司空房楨諸碑例同

撫軍桂陽王墓銘 劉先生夫人墓誌任昉撰

俱無碑辭此誌銘一例也張氏鳳翼曰或謂文皆韻語而無家世生卒歲月以爲去誌而選銘不知散文曰誌韻語曰銘此俗說也江淹之於孫緬單舉韻言亦云墓誌王融之於豫章王謝脁之於海陵王都無散序竝曰誌銘且范雲墓誌不載爵里日月又何疑也

吳太極左仙公葛公之碑陶宏景撰

先敘仙公之才次著其諱字郡邑族出後竝書升仙年月日文散偶參錯又一例也

誌法師墓誌銘梁天監十三年 陸倕撰

首書其姓名後敘其化年并詔刋辭文多散語銘四言

司空安成王碑天監十七年 劉孝綽撰

文多駢偶其世冑封爵卒年竝書之

梁永陽大妃王氏墓誌銘普通元年

碑題故永陽敬太妃王氏墓誌銘并某官某奉勅撰碑誌妃氏郡邑次述某年策命國太妃薨年月日祔葬某郡縣里山并賜謚具著之葉氏曰凡碑題先書國號而此不書豈緣帝族不問而知爲梁也邪卽奉勅撰文者亦不書姓徐勉先爲太子詹事尋遷尙書右僕射亦猶今日書現居之職於前也邪

始興忠武王碑普通三年

碑約三千餘字前半多皷泐惟額題尙存諱字俱不可見案梁書王名憺字僧達其所敘行事官位功績頗詳與史符合後復總述性行勳美刋石立碑而不著葬年月日銘詞四言碑陰二十列每列六十四人皆是從事功掾吏梁氏曰碑末云東海徐勉造吳興貝義淵書口刻字此撰人書人署名於銘之後也

故侍中吳平忠侯神道碑普通年 金石萃編以此額注始興忠武王碑下誤

首書官爵而不著其名字字皆反刻此亦罕見也錢氏曰額云梁故侍中中撫將軍開府儀同三司吳平忠侯蕭公之神道正書而反刻它碑所未有也

栖元寺雲法師碑王僧孺撰

與簡文帝智藏法師諸墓銘例同

豫州墓志銘王僧孺撰

與司空房楨諸碑同并不著其姓氏歷官但云治邊御衆入佐爪牙出司襟帶而已

國師草堂寺智者約法師碑 王筠撰

文俱駢偶銘詞四言名字卒秊俱不書

華陽陶先生墓誌銘 大同二季 簡文帝撰

首書某年月朔某日時陶先生蟬蛻於茅山某館文書諱字年壽贈謚某日時窆於某山詳其實也文佀駢語讚美此六朝常例也梁氏曰此卒書年月日時則六朝以來已有書時矣

徵君何子晳先生墓誌銘 簡文帝撰

不書諱字郡邑族出文多駢語畧敘事跡曰始居若邪來從秦望則會稽人也曰徵某官固辭不受卒窆乎其山亦書葬地之例也

庶子王規墓誌銘 簡文帝撰

碑辭整偶竝加讚美所歷官階祇云稍遷侍中而已

戎昭將軍劉顯墓銘

銘詞四言畧述歷官亦無碑辭

長沙宣武王碑銘　安成蕃王墓銘　中書令臨汝靈侯墓銘　儀同徐勉墓銘　太子舍人蕭特墓銘 簡文帝撰

體例皆與劉顯墓銘同

湘宮寺智蒨法師墓銘　同泰寺故功德正智寂師墓銘　宋姬寺慧念法師墓銘　甘露鼓寺敬脫法師墓銘　淨居寺法昂墓銘 簡文帝撰

銘詞四言俱無碑辭佛寺盛於梁比邱尼僧皆有墓碑銘後世塔銘之所祖也

隱居先生陶宏景碑 梁元帝撰

體例與司空房楨諸碑同

光宅寺大僧正法師碑

有碑辭有銘詞文多整偶此通例也

庾先生承先墓誌　特進蕭琛墓誌銘

俱無碑詞銘四言此誌銘一例也

中書令庾肩吾墓誌銘

文多駢偶敍其族出及其父易以高尚著也其爲度支尚書贈散騎常侍俱書無銘辭沈氏可培曰漢聞憙長韓仁碑無韻語而題曰銘它如任彥升於劉夫人韓退之於盧渾竝單用韻語而稱墓志梁簡文於何徵君韓退之於孟貞曜柳子厚於襄陽趙丞散文與韻語竝施而亦稱墓志又韓退之於張法曹李楚金及乳母皆只用散文無韻語而亦題爲墓銘

侍中新渝侯墓誌銘　黃門侍郎劉孝綽墓誌銘　散騎常侍裴子野墓志銘　太常卿陸倕墓志銘

竝僅佀銘詞四言與墓銘諸碑例同梁氏曰陸倕墓誌從子襄序湘東王蕭繹銘梁開善寺智藏法師碑新安太守蕭幾敍湘東王繹銘尚書殿郎中蕭挹書世號三蕭碑隋上儀同楊縉墓誌許善心序虞世基銘竝兩人作一文也

侍中吳平光侯墓志銘
文俱駢偶但敍其官閥及遘疾薨逝後無銘言
東陽雙林寺傅大士碑 陳太建元年 徐陵撰
碑文幾三千言語多駢偶敍次甚詳此唐初四家之
先導也
天台山徐則法師碑 徐陵撰
碑以駢辭讚美道術末述法師則寥寥數語也
司空章昭遠墓誌 太建三年 河東康簡王墓誌 裴
使君墓誌 徐陵撰
三碑俱駢偶無銘詞章昭遠薨書年康簡王薨書年
壽并贈謚餘皆略而不著其例同也

太尉始興昭烈王碑 沈炯撰
與劉孝綽司空安成王碑例同後載贈詔亦宜詳也
護軍孫瑒誌銘 陳江總撰
陳書孫瑒卒尚書令江總爲之誌銘後主又題銘後
四言五韻嘗遣蔡徵宣敕就宅鐫之誌銘題後亦希
有也
建初寺瓊法師碑 江總撰
與王筠約法師諸碑例同其云東山北山之部貫花
散花之句竝編柳成簡題蒲就業則法師亦解文義
嗜吟詠也
明慶寺尙禪師碑銘 江總撰
僅銘詞四言與諸墓銘同例
廣州刺史歐陽頠墓誌 江總撰
文多駢語不書諱字卒年但敍其歷官後無銘言
特進光祿大夫徐孝穆墓銘 司農陳暄墓銘 中領
軍魯廣達墓銘 江總撰
三碑俱僅銘詞徐孝穆銘末二韻六言與江淹孫緬
墓銘同
侍中沈欽墓誌 江總撰
文僅六十餘言駢偶無韻不佀銘辭

漢魏六朝墓銘纂例卷三

漢魏六朝墓銘纂例卷四

嘉興李富孫學

周大將軍聞喜公柳霞墓誌銘 北魏太和　年

駢散兼行敍其孝行特詳不僅以聲律比擬也卒不書年月日與賀婁公諸碑同

中書令鄭羲碑 永平四年

此碑有額曰滎陽鄭文公之碑首行復題魏故中書令祕書監使持節督兗州諸軍事安東將軍兗州刺史南陽文公鄭君之碑與泰山都尉孔宙碑例同諱字郡邑族出及高曾祖父並詳著之又載其所作經論賦詠幷語林數卷爲後人敍著述之權輿其子之才德官爵亦爲詳載葬書年月日而卒僅書年壽贈謚葬地並書後稱頌曰與王純諸碑同例末另書永平四年歲在辛卯刊上碑在直南卌里天柱山之陽此下碑也以石好故於此䓁之亦創例也錢氏曰羲謚文靈碑祇稱文公者猶諸葛孔明謚忠武而後人止稱武侯舉其美者言之也

寧朔將軍司馬紹墓誌 永平四年

首題魏故寧朔將軍固州鎮將鎮東將軍漁陽太守宜陽子司馬元興墓誌銘首書諱字郡邑次敍高曾祖父歷官贈謚及諱而司馬君僅述二語當是襲父爵而早卒卒年月日及遷葬之所具書而無年壽銘詞四言七韻而無銘曰詞曰等字皆變例也金石藏跋云元興當是司馬景和之父以景和妻孟氏碑亦稱景和爵宜陽子也錢氏曰誌中不及其官位者以題已著之也古人文字之簡如此後代罕知此法矣梁氏曰姓氏官位已見於題則文中略而不書此碑是也韓文公劉統軍獨孤少監鄭郎中董刺史崔評事諸誌銘柳河東張中散誌銘歐陽公孫待制誌銘皆不書姓以題已著之不再出也王氏昶曰案炙轂子曰齊王儉云石誌不出禮典起宋元嘉中顏延之爲王琳作石誌以其銘誄故以紀行自爾遂相祖習葢南朝禁墓誌故僅載其官爵不敍功勛昶自得保母甎又得此碑耳西京雜記稱前漢杜子春臨終作文刻石薶於墓前博物志載西京時南宮寢殿有醇儒王史威長葬銘此實誌銘之始今皆不傳王史威長之銘止八句三十二字則亦如趙岐刻石僅識時代姓名之類東漢碑額皆書某君之碑惟曲阜孔君碑出於墓中額止孔君之墓四字其即如後世之墓志與然敍事文頗簡質與它漢碑無異葢壙中爲地甚隘故其爲文刻石不過略敍生平梗概使有陵谷變遷後人可以識其墓處若神道碑墓表墓碣舉事直書暢所欲言者其例各殊魏晉之文尚存古法六朝純尚駢體雖文采華贍而史家據以作傳轉多失

實唐之初盛尚沿舊制韓柳諸公所撰志文亦皆敘事簡括以之勒石納壙猶恢乎有餘地唐末間多千字外之文宋蘇氏兄弟出遂有至四五千字者斵難刻置墓中故碑志爲二蘇所撰無出土者或竟撰文而實未鐫刻皆不可知嘗攷前代諸碑志詳略互異蓋漢魏時墓志墓碣等文原無程式晉宋齊梁各代又匙刻石之事獨北魏人頗多志墓者然要經喪亂地盡邊圉所志者大抵武臣悍卒或出自諸蕃而田夫牧隸約略記之其書法不參經典無足怪者卽隋唐諸志其撰文率書不必定爲通儒煩蕪鄙陋之作不能盡足爲例也

洛州刺史刁遵墓誌 熙平二年

首題魏故使持節都督洛兗州諸闕下而無額與中常侍樊安碑同先另行書高曾祖父名字官階及夫人某氏父某此創例也次著其諱字郡邑族望幷敘高允以女妻焉卒葬書年月日壽年贈謚葬地竝書銘辭四言後有五六七言末又書夫人同郡高氏父允官爵前後似複出又一例也錢氏曰誌載遵歷官始末遵有子十三人誌惟云小子懃等不及諸昆弟之名蓋遵歿時整兄楷尙俱已先卒古人文字之質而簡如此而諸弟姪不以不列名爲嫌又徵古風之淳厚也誌列三世官爵于首似行狀之式而銘之後別云夫人同郡高氏云云皆墓誌之變例也黃氏曰此誌有陰刻長兄纂奉宗早亡妻河內司馬氏等名亦僅見也

高植墓誌 神龜元年

碑題故濟青相涼朔恒六州刺史而無額與刁遵墓誌同字多殘蝕漫漶僅辨百二十餘字其諱字郡邑及某之子尙可見爾山左金石志云左有直線一行外刻銘辭末行紀年存大魏神龜四字而已

賈思伯碑 神龜二年

碑題魏兗州賈使君之碑名字鄉邑及遠高曾祖父俱詳書官爵思伯亦備著其起家歷仕與魏書所載不同惟字多剝蝕碑陰有宋元人記得碑始末葉氏曰趙氏錄賈思同碑云思同與其兄思伯後魏書皆有傳今其墓在壽光縣而思伯之碑亡矣而尙存于數百年後又一奇也此碑隸楷直似褚河南三龕記筆意乃正書之始歟

司馬景和墓志銘 正光元年

前題魏故持節左將軍平州刺史宜陽子司馬使君墓誌銘首書諱字郡邑族出曾祖及父官爵與諱而不敘其祖次述其所歷官位卒年月日以及詔贈葬時年月葬地而不書其年壽辭四言四韻頗高簡有法碑稱諱昞字景和宜陽子卽司馬元興也本傳但

書景和謚以字行者此碑書其追贈之官世襲之爵王氏昶曰傳不書景和襲爵此碑及前景和妻碑竝題安陽子可以補史之疏至景和有五男三女見前妻碑但不詳其名此竝男女之數亦略之文簡如此所謂合兩碑而得其全也攷景和妻薨時春秋卌有一先景和八季薨則景和季約五十矣前碑稱葬溫城西此碑亦稱溫城西想同在一墓地而不必如後世之分葬合葬詳析言之耳

故懷令李超墓誌 正光六季

首書名字次書妻楊氏無子有九女俱詳敘其名竝適人及未字者而不及生平行事亦變例也梁氏曰司馬元興誌銘李超誌銘俱無銘曰二字文中不及妻與子女銘後提行別敘妻恒農楊氏及息女九人兼有書其年亦皆異也又曰此子女以年爲次者

後魏周惠達碑

碑額題大魏某官某公之碑銘篆書碑辭與史傳多合葉氏曰碑具贈謚而史逸之

北魏陸希道誌銘

後側面單列一行云前涼州刺史吏部郎中陳郡袁翻字景翔制銘兼著其字亦用漢碑例也

揚州長史司馬景和妻墓誌

首書孟夫人字父書其爵而不著其名畧也景和稱安陽子襲父元興之爵也末云式述清高而爲頌與朱龜碑高頤碑末稱作頌同例梁氏曰司馬昞夫人誌銘云夫人姓孟字敬訓清河人而題不著其姓此見于文而畧于題也

常山公碑 溫子昇撰

碑詞駢偶銘四言此六朝通例也

司徒元樹墓誌銘 溫子昇撰

與司空房楨諸碑例同

司徒祖瑩墓誌 溫子昇撰

文俱駢偶諱字郡邑卒年皆不書略敘其祖父無銘辭末四十言用韻此又一例也

魏故南秦州刺史司馬昇墓誌銘 東魏天平二季

前有標題首書諱字郡邑里族出曾祖祖父書其官位而不詳其名次述其志性孝敬睦族次敘歷仕縣令政績以及卒季月日季壽贈官葬時月日葬地具書之銘詞四言二十韻文尙簡淨不蔓王氏昶曰碑稱曾祖祖但書爵官而不書名與高湛碑同是當時誌銘之一例縣令卒而書薨是不拘於公矦之卒稱薨者矣

贈齊州刺史高湛墓誌銘 元象二季

首題贈爵無額與刁遵墓誌同諱字郡邑族望竝書祖考但著其官爵無名字略也詳敘歷官始末及卒

葬年月日語多駢偶後附載贈假節督齊州諸軍事與輔國將軍齊州刺史詔書榮之也山左金石志云湛字子澄孝靜詔字而不名尊之之意亦制詔異例也（案金石跋尾云高君之名不見於魏史有臨難捐軀之節不幸與齊文襄武成同名殆作史者避齊諱故并其事毀之乎）

譙郡太守曹敊樂碑（大統十年）

碑多殘鈌前有題行首書諱字郡邑其諱已泐敍述先世及父官位甚詳次述其孝行信奉佛經造浮圖而於政績反略焉卒年月日年壽子嗣官職以及卜葬年月葬地具書之銘詞四言已漫滅僅存數語矣

魏開府參軍事崔頠墓誌銘（北齊天保四年）

首書君諱郡邑某之孫某之子以祖亮父士和皆貴顯次用駢語略述文行官止參軍卒未及壯其卒年月日卒某處及歸窆某地具書之銘詞四言十韻魏無傳此碑近始出土下殘鈌七字

孝子郭巨墓碑（武平元年）

齊隴東王胡長仁感孝頌碑云出牧東秦經過訪詢郭巨之墓馬鬣交阡孝子之堂鳥翅銜自慨賢勝之多獎嗟至德而無紀以某年月權輿雕瑩表建庭宇後云分財雙季獨養一親客舍凶弭埋兒福臻此正表其孝行也顧氏曰其文曰開府中兵參軍梁恭之盛工篆隸騎兵參軍申嗣邕微學摛藻則此碑文嗣邕撰恭之書乃後人列名之權輿也又上清眞人許長史舊館壇碑首云弟子華陽隱居丹楊陶宏景造隱居手自書前此未有列書人之名者此其始也山左金石志云右碑申嗣邕撰文梁恭之書隸於文中見之亦變例也述郭巨軼事千百載後賴此一闡明之尢金石之有關風敎者梁氏曰唐于志寧碑令狐德棻撰其子立政書俱於文中敍之蘇許公碑張說撰銘盧藏用撰序并書序中藏用不自署銜名而於說詳載之

朱岱林墓誌（武平二年）

碑無額與標題首書諱字郡邑族望及曾祖祖父具書其名次敍兄弟并著歷官始末卒書年壽而無歲月葬書年月日并地誌爲弟四子敬修所撰銘詞則出於從父兄子敬範文皆雅贍可誦銘詞四言八章末行又作四言敍追思鐫石之事此亦變例也北史樊遜傳魏收爲庫狄干碑敍令樊孝謙作銘唐立周太師尉遲迥廟碑前華州鄭縣尉閻伯璵撰序祕書省校書郎顔眞卿撰銘宋河南府司錄張君墓誌銘天水尹洙撰序渤海歐陽修爲之銘又張君改葬墓碣亦尹師魯誌其墓廬陵歐陽修爲之銘兩人共爲一碑其例昉於此孫氏志祖曰古人碑文前敍後銘不盡出一人之筆唐工部尚書來曜碑張鎬撰敍蕭

昕撰銘南唐徐鉉徐鍇爲人誌墓亦撰敘一撰銘獨孤及至之毘陵集有正議大夫右散騎常侍贈禮部尙書墓誌銘至之佀誌尙書右丞賈至幼鄰佀銘蘇許公瓌墓碑盧藏用佀敍呂向佀頌皆一文而兩人共爲之葉水心佀陳同甫王道甫志兩人共一銘眞希元跋永嘉葉公著佀正字二劉公志二劉亦同一銘者此文章之變例王止仲所未及舉也

廣平王碑 邢邵撰

文皆駢偶并不及族出末四言二十二句用韻似銘詞與溫子昇祖瑩墓誌例同

冀州刺史封隆之碑 邢邵撰

文多駢語不書諱字郡邑而詳述其祖父歷官事跡後書除侍中驃騎大將軍並不及刺冀州無銘詞

太尉韓公墓誌 邢邵撰

文皆駢偶竝不書其諱字郡邑族出官閥卒秊後無銘詞竟莫由知其爲何人矣

李禮之墓誌 邢邵撰

文僅四句十六言不用韻此亦變例也

周柱國楚國公岐州刺史慕容寧神道碑 北周保定五秊

首論勳銘次著諱字郡邑族出亦一例也書卒葬贈諡後復總述其生平與司馬裔碑例同

周冠軍公夫人烏石蘭氏墓誌銘 保定五秊

體例與譙國夫人墓誌同

周太傅鄭國公夫人鄭氏墓誌銘 天和三秊

體例與趙國夫人墓誌同惟卒不書年壽葬不書年月日後敍世子詳畧異也

周開府高邑矦裴史君鴻碑 天和三秊

碑有額上截已漫滅首書諱郡邑敍其先世自祖以上皆敍其所歷官位事蹟敍述頗詳書卒秊月日秊壽而不及葬銘辭四言已開唐初之體矣

後魏驃騎將軍荆州刺史賀拔夫人元氏墓誌銘 天和四秊

首佀駢語發端次敍諱字郡邑祖父及封公主歸於某氏此正例也餘與譙國夫人墓誌同

周大都督陽休伯長孫夫人羅氏墓誌銘 天和四秊

體例與趙國夫人墓誌同而文辭尤略

周柱國大將軍大都督同州刺史段永神道碑 天和五秊

體例與齊王憲碑相同後又書月日靈柩至京皇帝臨喪詔遣護喪冊贈重君命也夫人并敘其氏及某之女其適年冊拜以至卒壽歸塋年月具書又加詳也

周大將軍義興公蕭太墓誌銘 天和五秊

蕭大以梁之後裔故首以堯讓秦亾及微子延陵比擬也卒不書年月日贈謚葬地具書銘詞四言末二句六言與江淹孫緬墓銘同

周驃騎大將軍開府侯莫陳道生墓誌銘 天和五秊

首書諱字郡邑族系次敘其父而不及其祖殆非顯著也後書夫人某氏并卒年月其贈謚同葬秊月竝書而將軍之殁於轅門無年月日略也

周柱國大將軍長孫儉神道碑 天和六秊 庾信撰

體例與王儉褚彥回碑同其敘官閥尤詳

周大將軍襄城公鄭偉墓誌銘 天和六秊

體例與步陸孤逞碑同後敘夫人氏姓以某年月日合葬於某原復云合葬非古既異三王之前則凡不書夫人者皆非合葬也末云乃薦銘曰亦一例也

周大將軍趙國公趙廣墓誌銘 天和六秊

書諱字而不著郡邑以敘其祖父可見也卒無年月日其居喪過禮敘次尤詳

周大將軍隴東郡公侯莫陳君夫人竇氏墓誌銘 天和六秊

體例亦與趙國夫人墓誌同

周趙國公夫人紇豆陵氏墓誌銘 天和七秊

體例與譙國夫人墓誌同惟不書嫁年略也

周安昌公夫人鄭氏墓誌銘 天和十八秊

體例與趙國夫人墓誌正同

周大將軍司馬裔神道碑 建德元秊 庾信撰

首書諱字郡邑世系所敘祖曾事跡更詳官閥卒葬具書後敘夫人以合葬也書詔謚後復總述其生平碑銘共二千言極爲詳整

周大將軍琅琊定公司馬裔墓誌銘 建德元秊

諱字郡邑族出及所歷官閥卒葬贈謚葬地竝書之亦實例也

周譙國公夫人步陸孤氏墓誌銘 建德元秊

首書諱字姓郡族出三代及娉年冊拜卒葬年月日葬地具書此非合葬也

周車騎大將軍贈小司空宇文顯和墓誌銘 建德二秊

體例與司馬裔碑相同惟敘次兼以散行

周太子太保步陸孤逞神道碑 建德二秊 庾信撰

首書諱字姓郡次敘世胄及所歷官爵後詳贈謚并敘夫人亦以合葬也竝及嫡子又加詳也

周儀同松滋公夫人尉遲氏墓誌銘 建德二秊

首書諱及郡邑祖父與長孫夫人墓誌例同其嫁年卒葬年壽葬地竝書并敘其母以魏公主也

周柱國大將軍紇干宏神道碑 建德四秊 庾信撰

首書諱字郡邑族出而不敘其祖父殆非顯爵也次云公以胎教之月歲德在寅載誕之辰星精出昴此

後人書生年之始卒不書月日年卽見於書葬并及葬地又一例也

周大將軍崔訦神道碑 建德四年

體例與步陸孤逞碑同惟不書夫人殆非合葬也

周車騎將軍賀婁公神道碑 建德四年

與上崔訦神道碑相同惟卒不書年月日略也

周驃騎大將軍開府儀同三司冠軍伯柴夫人李氏墓誌銘 建德四年

體例與安昌夫人墓誌同其敍嫁年適某與松滋夫人墓誌例同

周上柱國齊王憲神道碑 宣政元年　庾信撰

首論氏族次著諱字郡邑世胄及所歷封爵次書卒葬年月日并書葬地文一千七百言語多駢偶敍次詳明銘詞四言此駢體碑文之正例也

周兖州刺史廣饒公鄭常神道碑 大象二年

體例與賀婁公碑同惟不書姓以其無本姓也卒并不書年壽爲更略也

周大將軍懷德公吳明徹墓誌銘 大象二年

體例與司馬裔墓誌同

周大將軍上開府廣饒公鄭常墓誌銘 大象　年

體例與司馬裔墓誌同惟卒葬不書月日略也

周太傅燕文公于謹墓碑 王褒撰

文多駢偶不書諱字略述世胄及所歷官爵卒年不書銘詞四言例有詳略也

周太保尉遲綱墓碑 王褒撰

體例與于謹碑略同而不著其世胄官爵祇云任隆台衮而已

太子太保中都公陸逞碑銘 王褒撰

首書族望及其曾祖祖官閥事跡至陸逞生平歷官略而不書又一例也

故陝州刺史馮章碑 王褒撰

先敍世胄次述使君四言用韻無銘詞

周上柱國宿國公河州都督辛威神道碑 隋開皇元年

漢魏六朝墓銘纂例卷四

體例與步陸孤逞碑同卒不書年月日略也不敍夫人亦非合葬也

車騎大將軍張景略銘 開皇十一年

首書諱與郡邑族出其祖考皆另行祇敍其官爵而不著其諱又另行述其文行以被徵起家歷官兩職卒年月日年壽窆地具書之銘詞四言八句文甚簡略不事鋪張亦可法也

曹子建碑 開皇十四年

碑有額無題字首著諱字郡邑語多駢偶略敍世胄述祖父及爵而不詳祖之所自出爲陳思諱也其才華翰藻以至封爵薨逝年歲營墓後敍十一世孫齊

皇建二年請復廟蒸嘗鏤容鐫金銘詞五章章皆八句分注其一其二此後人追述以勒石也

隋開府梁州使君陳公碑 開皇十四年

碑多駢語首加讚美次敘諱字今泐弱冠爲隋國公寮佐以及隋高祖時官位事蹟每陟一官加以讚語卒無年壽賜謚營葬具書之末附夫人氏貫有方諧鼓瑟等句或亦祔葬銘詞四言已殘泐不全矣

周驃騎將軍鞏賓墓誌銘 開皇十五年

前有標題首書諱字郡邑及曾祖祖父名與入仕次述其歷官戰勳卒年月日年壽至開皇時其子始厝於某鄉銘詞四言有孝于惟孝句此卽本熹平石經

比邱尼修梵石室銘 開皇十五年

前有標題下書并序二字首著比邱諱姓郡邑及某之女次敘歸某而君子先逝出家入道卒葬竝書年月日并及年壽末言兄弟悲慟馮翊吉子掞詞又一例也姚氏曰金石之文與史家異體誌者識也或立石墓上或埋之壙中古人皆曰誌爲之銘者所以識之之辭也然恐人觀之不詳故又爲序世或以石立墓上曰碑曰表埋乃曰誌及分誌銘二之獨呼前序曰誌者皆失其義蓋自歐陽公不能辨矣山左金石志云此文頗雅絜銘爲吉子所撰其序又出一手與朱岱林墓誌正同

安喜公李使君碑 開皇十七年

碑文多磨滅名字已無可攷其所歷官爵至卒年月日年壽敘次甚明尚可見爾

隋曇詢禪師碑 開皇十九年

首著禪師姓諱郡邑及逢某法師證悟至敕官迎入大內與卒年年壽弟子某等勒此碑碑題隋某寺某禪師碑銘無撰書人姓名葉氏曰文體整麗字格工好開唐人畦逕

隋伏波將軍陳府君墓誌敘 開皇二十年

首稱君諱字郡邑及祖父諱爵次述其才有集起家梁岳陽王記室周授都督衞州陳授招遠伏波將軍

隋總管秦王卒于開皇年月年壽葬月日并葬某鄉遺命不許立銘故無銘辭碑陰載叔三人及其叔母弟二人息五人女五人并及女夫而息之婦不載後世墓誌之略仿此例也惟妻某氏在末行葉氏曰詡由梁而周而陳而隋身歷四朝在隋立碑題曰前陳可見古時之寬矣

隋羅處士墓誌 仁壽四年

首著君諱字郡邑及高曾諱爵祖父諱無爵所謂學優不仕惟父名靖父子同名古所罕見也

海陵郡公賀若誼碑

碑有額首作駢語三行已泐僅存三語次著諱字郡

邑族出祖父次述學行及歷官功績語多駢偶具書年壽卒年月日後又總敘其武略銘詞四言鈒泐已多

淮安趙定公碑

碑已殘鈒首以駢語發端次書諱字十一世祖諱字具書三代並書其諱而總述其職階次敘其性行歷官乞骸墾書賜賚以及其卒年月日後復總敘生平及府佐樹碑銘詞四言亦多鈒泐碑首無題額考隋書趙芬傳不載其謚定以子爵為男爵亦與碑異

滎澤令常醜奴墓誌 大業三年

歷敘官階自周保定元年起家建德至隋開皇十九年復選授都督轉滎澤令以及卒年月日春秋皆具書之顧氏曰墓之有誌始自南朝 宋孫案晉傳元已有江夏太守任君墓誌銘 南齊書宋元嘉中顏延之作王球石誌素族無碑策故以紀德自爾以來王公以下咸共遵用今之傳於世者惟此及梁羅二志為隋代之文爾 案南北朝墓誌傳於今者尚多 又曰梁任昉撰文章緣起謂誌墓始晉殷仲文隸釋謂東漢已有墓碑昉未之見也周必大得光武時梓潼扈君墓甎無脫隸書而非鐫也以此知東漢誌墓初猶用甎久方刻石今謂起於江左者疑亦禁碑之後至晉末復弛為之而名曰誌耳

鷹揚郎將義成子梁羅墓誌 大業四年

體例與前誌畧同顧氏曰志云大漸之期春秋六十有一按大漸出書顧命疑非人臣所宜稱然列子書言季梁 良一作 得疾七日大漸則固已通用之矣漢蔡邕作太傅胡公夫人靈表議郎胡君夫人哀讚並云疾大漸梁王僉作褚淵碑文任昉竟陵文宣王子良行狀亦云大漸彌留沈約安陸昭王緬碑文同此非後世所宜通用也葉氏曰此碑正書猶帶八分其字率多假借似非達於文義而書頗不俗

隨故左屯衞大將軍左光祿大夫姚恭公墓誌銘 大業七年 虞世基撰

首書姓諱字貫次敘祖曾父而不及高祖祖歷敘官爵每授一官下即備其勳績猶是漢製之體其卒年月日年壽并葬詔賜贈謚具書之銘詞四言韻語皆正例也碑為後人重摹故字多脫誤詞意閒有不屬處

壬戌冬余自都門歸抱痾屏絶塵事捘讀漢魏六朝碑碣文因仿王止仲例鈔纂屬稾越歲至武林請正於今制府院中丞師頗稱善謂碑碣當以漢魏為法六朝猶不失遺意宜將原文及碑式趺寸並為載入俾古制有所攷後于役溧陽返經吳門謁少詹錢竹汀先生於紫陽講院持此就質繆許佽序從與先杍是年先生即捐館不得元晏一言為憾臧弆敝篋

已廿餘載恐鼠齧蝱蝕擬錄付彫至備載碑文𨥁資

不易姑竢諸異日焉道光乙酉三月望後富孫并識

漢魏六朝墓銘纂例卷四

海昌蔣光煦校

拜經樓藏書題跋記

道光二十七年丁未正月海昌蔣氏宜年堂開雕

客有問於余曰昔錢遵王成讀書敏求記祕不示人蓋慮異本著聞則巧偷豪奪日無已時不遂所求或且召釁也今蔣生沐刻拜經樓題跋記廣傳於世是豈樓主人累世保守遺書之意乎余曰不然叢殘之帙雖古香馣薆非若金玉玩好之足以娛俗也同此嗜好者大都博物君子豈忍攘人累世之藏以自私饒衍哉況兔牀先生生平得一異本必傳示知交共相鈔校非私爲己有者其所題記正訛糾謬既詳備矣世之君子得讀其文已如目覩舊本獲益神智何必私有其書而後怏然自足耶客既去生沐屬爲序文乃錄問答之語以告世之讀此書者且冀吳氏後人皆如蘇閣父子之善承先志保護舊籍勿損於蟲蟻勿奪於豪勢擇人通假責歸如期則拜經樓當與四明范氏天一閣並峙而爲浙東西宛委之藏也道光丁未九秋既望甘泉鄉人錢泰吉識於可讀書齋

光煦少孤先人手澤半爲蠹魚所蝕顧自幼卽好購藏三吳間販書者皆茗人來則持書入白太安人請市焉輒歎曰昔人有言積金未必能守積書未必能讀若能讀卽爲若市以故架上書日益積稍長欲得舊刻舊鈔本而茗賈射利之術往往索時下諸刻與易而益之金則輾轉貿易所獲倍蓰未幾凡余家舊藏世所恆有之書易且盡矣今計先後裒集者葢得四五萬卷露鈔雪購其值已不貲而舊刻舊鈔本之中茗賈弊更百出割首尾易序目剔晝以就諱刓字以易名染色以僞舊卷有缺剗他版以雜之本既亡錄别種以代之反覆變幻殆不可枚舉故必假舊家藏本悉心讐勘然後可安而

吾邑藏書家近數陳簡莊徵君士鄉堂吳兎床明經拜經樓顧余生也晚均不獲接其緒論徵君沒書籍亦亡失惟吳氏猶世守之洎與其孫鱸鄉茂才交乃得假拜經樓善本以校所藏之缺失焉歲丙午鱸鄉下世吳氏所藏亦不若曩時之易於借觀矣而是書爲鱸鄉尊人蘇閣先生所記述鱸鄉曾手錄其槀以見遺因授之梓而附其父子詩文若干首於後以廣其傳并著平日所閱歷以見購藏之不易苟非若兎床先生之精於鑒别雖擁書數萬卷未足傲南面百城也道光丁未九月朔蔣光煦識

國初吾邑東南藏書家首推道古樓馬氏得樹樓查氏葢兩家插架多宋刻元鈔而於甲乙兩部積有異本其珍守已逾數世不僅爲充棟計也兎床先生祖籍休甯流寓尖山之陽百有餘年矣世以文章經術著稱先生博綜好古篹述宏富值馬氏查氏遺書散布人間先生偶得其殘帙流連景慕每繫跋語以寄其慨追後搜討益勤兼於吳門武林諸藏書家互相鈔校并與同邑周松靄大令陳簡莊徵君賞奇析疑獲一秘冊則共爲題識歌詩以紀其事故拜經樓之藏弆足與道古得樹二家後先鼎峙嘉慶癸酉先生年八十一下世次君蘇閣明經槖錄藏書跋語析爲五卷秘之篋衍不以示人歲己亥余客硤川蔣氏之别下齋時明經沒已數年哲嗣

鱸鄉茂才出示遺墨其中辨誤析疑兼及藏書之印記書版之行款鈔書之歲月莫不詳識海昌遺老之載籍世鮮傳本並爲著錄其留心桑梓不僅汲古之深心矣生沐廣文讀而稱善鈔藏其副乙巳之秋鱸鄉謝世遺書塵封問奇無自生沐廣文謂拜經題跋實勝讀書敏求記欲廣其傳乃屬庭芬偕許君光淸校寫付梓并輯蘇閣明經父子詩文一卷附之余嘗見寒中初白二先生收藏之本皆有跋尾惜無人搜輯以傳兎床先生鉛槧之餘得存此五帙視道古得樹二家爲無憾矣而蘇閣父子保守遺籍累世不怠亦自來藏書家所難能也此書傳蘇閣父子之苦心亦可告慰矣道光丁未重九

前一日鄉後學管庭芬謹跋

拜經樓藏書題跋記總目

拜經樓藏書題跋記卷一

海昌吳壽暘虞臣纂

周易兼義

宋本周易兼義十卷末一卷爲略例並附陸氏釋文每半葉十行每行大字十八小字二十四版心有校正重校等銜名葢明時修版古字率多改竄閒有未經改盡者如明辨晳也兼三材而兩之故六傷於外者必反於家之類猶可見古本之彷彿首卷鈔補五經正義表後署永徽四年二月二十四日太尉揚州都督上柱國趙國公臣无忌等上爲錢孫保求赤影鈔宋本周易注疏中所有梓本皆無之乾隆庚子姚江盧抱經學士錄以

寄先君子因補入卷首學士跋云元本半頁九行每行十七字其勅字唐人皆作勑今并提行皆仍之以不失其舊至於闕筆避諱之處今無取於相沿耳先君子跋見愚谷文存中

紫巖易傳

紫巖易傳舊鈔本三冊前有秀水朱氏彝尊錫鬯圖記葢曝書亭藏書其經文尚存一二古本如繫辭力少而任重不作小解云亙兒兒毁力少也傷於外者必反於家不作其解云明德之傷不反諸家其能治乎古義之不泯於今猶賴此以得其梗概

周易傳義附錄

元刻本周易傳義附錄十四卷每葉二十四行行二十二字前列圖說綱領後附五贊筮儀卷末有至正壬午桃溪居敬堂刊行方印葢元刻之佳者又一部紙墨更舊後印爲書估截去翁覃溪學士通志堂經解目錄謂割裂本義以附程傳自楷此書始然其中經文尚存古字如大有象傳明辨晳也繫辭何以守位曰人其受命也如嚮又釋文嚮許兩反古嚮字今本直作嚮并釋文亦刪力少而任重兼三材而兩之故六序卦傷於外者必反於家雜卦豐多故親寡旅也故下無也字並與唐石經宋咸淳本合又咸速也恆久也下本義感速常久與九江吳革大字本同不失文公原書之舊惟遘遇也

已改作姤今通志堂本豐多故下亦添也字與通行本無異矣

周易原旨

舊鈔本三冊八卷按千頃堂書目云保八周易原旨六卷又繫辭二卷前有進皇太子牋稱大中大夫前黃州路總管兼管內勸農事臣保八其書有方回牟巘序稱之曰普庵者其號曰公孟者其字也居洛陽諸書亦名易體用簡明目錄云原本作保八今改寶巴

周易議卦

此舊鈔本題周易輯聞宋趙汝楳撰先君子書云按周易議卦一卷明王崇慶撰見千頃堂書目此誤題趙汝

楳周易輯聞殊不可解攷周易輯聞十六卷通志堂刊入經解中與此迥別也前有蘇祐黃洪毗端溪經義二序嘉靖丙申崇慶自序

易學全書

明卓爾康著五十卷見千頃堂書目爾康字去病仁和人以工部郎中左遷常州檢校陞大同推官明史有傳

尚書全解多方一卷

元林之奇拙齋尚書全解元闕第三十四卷歸安丁小疋學博從京師書肆借鈔末有附錄十三條　學博跋云乾隆丁酉予在京師從琉璃廠五柳居書肆借鈔此卷乃永樂大典本也快哉歸安丁錦鴻升衢甫識餘姚

鄭君察峰鉉海甯陳君竹厂以綱先後爲予校正譌謬又一快也冬至後四日重記戊戌春寶應劉君端臨台拱借鈔再校一過朋儕先後傳寫者可數十本矣其年八月始見官本遂手自校訂有新鈔誤者有舊鈔誤者亦有林氏自誤者悉皆改正不暇分別標識也編修鄒公玉藻纂修大總裁劉文正公尚在列葢癸巳秋從永樂大典中出者已亥七月六日覆校一過與化顧君文子九苞改正一字錦鴻改名杰記　乾隆辛丑先君子從知不足齋假錄並手書諸校語于上

讀書管見

舊刻王耕野讀書管見四冊前有千頃堂圖書印章知爲黃氏舊藏裝訂甚精整按千頃堂書目王充耘字與耕吉水人登元統甲戌進士授永州同知以母老棄官歸尚著有四書經疑貫通及兩漢詔誥皆失傳又書義矜式不著卷數此書多摘取經語爲之前序不著姓氏後梅鶚跋云序內謂其於四書別有管見若干卷多所發明而不獲與是編俱存未知卽黃氏所稱四書貫通否梅跋後又云讀書管見多前賢未發之意而訓釋明暢一洗世儒牽強補輳之謬爲功於九峰也鉅矣鄭政之暇予過下闕此數行爲通志堂所未刻經義考亦未錄惜以下皆遭割截無從得其全文耳千頃堂書目作字與耕與他處皆作字耕埜異

晚書訂疑

鈔本晚書訂疑三卷程廷祚撰先君子校正並多訂補

毛詩指說

毛詩指說一卷唐成伯瑜述分興述解說傳受文體四類後跋云唐成伯瑜有毛詩指說一卷斷章二卷載於本志崇文總目謂指說略敘作詩大旨及師承次第斷章大抵取春秋賦詩斷章之義擷詩語彙而出之克先世藏書偶存指說會分敎京口一日同官毘陵沈必豫子順見之欲更訪斷章合爲一帙葢久而未獲乃先刊指說於泮林庶與四方好古之士共焉乾道壬辰三月十九日建下闕此舊鈔與前周易議卦合一冊先君子

以通志堂刊本校鈔本較勝覃溪先生通志堂經解目
録云其傳受一篇足資攷核唐世說詩正義而外傳者
惟此書耳其中尚有闕字瑜新唐志作瑰

詩集傳

右不全宋本止八卷陳簡莊徵君從中吳爲先君子購
得經文悉與唐石經同注文悉存文公原本與徵君所
藏宋刻相伯仲係明晉府圖書每冊皆有印記楮墨古
雅字畫精楷蓋宋刻之佳者　先君子書云按明史諸
王傳晉恭王封於太原府傳至裔孫表藥孝友好文分
封慶成王此豈其故物耶簡莊徵君跋其所藏詩集傳
云攷文公孫鑑詩傳遺說序云詩集傳豫章長沙後山

皆有本而後山校讐最精是本或亦係後山本耶自小
雅以後闕徵君所藏亦闕小雅蓼莪至大雅板之什吉
光片羽彌足珍已

詩童子問

汲古閣刊本前有錢求赤圖記印蓋懷古堂舊藏也

詩傳通釋

舊鈔本詩傳通釋二十卷前有曹溶之印槜李曹氏藏
書印二圖記蓋秋岳侍郎藏本經文及注並與宋本同
竹竿遠兄弟父母亦未改惟羊牛下括作牛羊彼徂矣
岐句下引沈氏說與吳門袁氏所藏宋本詩集傳爲錢
竹汀宮詹所拈出者同且中多缺筆蓋從宋本影鈔者

詩經疏義

右凡二十卷爲元番陽朱公遷所撰而門下士補訂者
卷首列後學番陽朱公遷克升疏義野谷門人王逢原
夫輯録松塢門人何英積中增釋有至正丁亥公遷自
序復有明正統甲子何英後序前有嘉靖二年孟夏月
安正堂重刊長印後有癸未年仲夏安正書堂刊長方
印蓋初刻於正統閒重刻於嘉靖二年卷首列詩序辨
說及綱領二十五圖前有讀書凡例例內本經文誤寫
一條謂十月之交朔日辛卯古本是朔月今集傳本皆
爲朔日明是誤字如論語最後不知命古本是孔子曰
集注無孔字孟子行者有裹糧古本是裹囊集注本以

囊爲糧字皆誤也循用既久不知其然矣此朔日字宜
改從古本蓋元時所見本已如此然宋本詩集傳朔日
故作朔月咸淳本四書裹糧仍作裹囊耳其經文之異
於今本者如定之方中終然允臧皇矣以篤于周祜周
頌既右享之商頌來假祁祁並與唐石經合惟竹竿遠
兄弟父母已作父母兄弟家伯維宰作爲宰其注之異
於今本者如周南不可休息下吳氏曰韓詩作思小雅
爰其適歸爰下注家語作奚周頌假以溢我假下注春
秋傳作何溢下注春秋傳作恤按錢宮詹養新録載寶
山朱寄圃家藏元儒雙湖胡氏詩傳附錄纂疏二十卷
一遵朱文公元本卷分及字句此並與之同蓋皆未經

改竄刪併者也爰其適歸注養新錄謂今本刪去家語作奚句直改爲奚大非文公說經謹慎之意假以謚我句刪去春秋傳云云則注中假之爲何謚之爲恤云云令人不解何謂矣讀是書知元儒尚守家法不似明人之鹵莽妄作又祇自疷兮下引劉氏曰當作疷與瘖同眉貧反婁豐年下注力注反與潛研堂文集所拈出者並同彼徂矣岐句下引沈括說與宮詹所記合蓋是書雖刻於明之中葉而猶爲元儒手筆悉仍文公之舊未經妄刪者洵可貴也

詩經澤書

詩經澤書明宜興堵牧游先生著不分卷亦無序目先

君子從陽羨得鈔本因錄副藏於家並補入朱氏經義考有序一篇刻愚谷文存續編中

毛詩闡秘

魏沖叔子著不分卷國風爲一冊小雅大雅各爲一冊三頌爲一冊蓋叔子承汲古主人之屬輯以授奏叔黼季兄弟者有天啟四年七月沖自序謂詩固毛氏之家學不可以無傳爲之發藏攄臆舉父兄師長之心傳百家衆說之精義采錄全編名曰毛詩闡秘云云後有毛氏兄弟跋奏叔跋稱其窮原極委正訛核實芟蔓振綱成書歷幾歲月翻閱點定反覆再三具見當日傳授之苦心黼季跋謂此書大爲商邱宋公所擊賞欲捐貲購梓毛氏以師書不忍廢去戒後人什襲而藏更足徵其善承師學矣卷末復有知休甯縣事虞山丁斌跋其首頁爲人掣去是書先君子得於吳門書肆中鈔寫甚精硃筆圈點及題識皆親筆裝褫雅潔印記纍纍嘗取以補入經義考並書云宋牧仲嘗欲購此書刻之黼季靳而弗與後歸休甯程某休甯令虞山丁斌又爲之跋丁未夏日予於吳門書肆得之猶是汲古精鈔裝潢題識皆無損眞可寶也又云按毛詩闡秘依集注分卷乃叔子在琴川毛氏授學表扆兄弟時纂輯以裨舉業之用然據黼季跋以爲歷數載苦功取材富而攷覈精卽魏氏子孫亦不知有是書蓋先生所授枕秘也

春秋左傳注疏

右六十卷前題附釋音春秋左傳注疏每葉二十行每行大字十五小字二十三傳與經皆平格經文一年下皆接書但冠以圈不提行注與釋文不混如桓三年傳齊侯送姜氏下云齊侯送姜氏本或作送姜氏于驩公子則下卿送公子公女但作小字以圈隔之與宋本同蓋作釋文不作注也汲古閣本則作注矣先君子嘗以宋本校汲古本云按此正陸氏釋文毛氏誤刻作注及其專刻左傳杜注則又并釋文而脫之皆誤襄十一年傳無所不諧注九合諸侯下云云亦釋文加圈以別之毛氏本則直作註矣其宅釋文及註爲汲古閣本所脫

誤者尚多若經文伲諸傳文賁彖父曰吉遇公用享于天子之卦也趙孟曰天乎之類皆與宋本同前有蒙叟圖記益曾入絳雲樓者

古文春秋左傳

右十二卷王應麟撰集先君子從小疋學博鈔校識後云乾隆癸卯秋日從歸安丁君小疋借錄九月晦日校于皋亭道中烏桕醉霜青山如畫

春秋五禮例宗

舊鈔本闕三卷前有紹聖四年大亨自序先君書簡端云偶得舊鈔本春秋五禮例宗中闕第四五六三卷頃周芚兮大令得宋槧本闕卷與此同大令言昔通志堂

刊經解時此書及龍仁夫易傳以求全本不獲遂從舍旃理或然與甲辰三月十五日識

春秋尊王發微

是編影鈔本每葉二十八行行二十二字前有虞山錢曾遵王藏書圖記又有修遠氏顧宸之印季振宜印滄葦四圖記　先君子跋云予收得舊鈔本春秋尊王發微書體頗端楷玩其圖記葢虞山錢遵王先生藏本嘗載諸讀書敏求記者殆即此也述古堂之書後盡歸於季滄葦侍御滄葦既沒又復散去此雖崑山片玉猶足以想見當時之盛也因取通志堂刊本手校而藏之　暘案二本互有得失如莊七年恒星不見解云常星星之常見者也宣十一年楚人殺陳夏疋舒下同葢皆避諱存宋本面目今刻本常星仍作常疋舒直改作徵矣

春秋諸侯廢興春秋總例春秋始終

右三種先君子從春秋經傳集解中錄出書後云偶借得宋槧春秋經傳集解乃淳熙丙申閩山阮仲猷種德堂刊本後附春秋諸國地理圖及列代世次春秋名號歸一圖諸侯廢興春秋總例春秋始終左氏公羊穀梁三家傳授次序余爲摘錄三種餘皆通志堂經解中所有者不具錄甲辰三月廿二日燈下記

春秋屬辭

舊刻本每葉二十六行行二十七字後列校刻氏名爲

曝書亭道古樓二家藏書有其圖記俱極精雅按千頃堂書目謂其離析部居分別義例立爲八體以布列之汸以春秋有史氏之舊文有聖人之特筆必先明于二者而後可以讀春秋殫精畢慮凡二十年而成葢其精審若是義門太史亦謂東山春秋諸書名重子常又有春秋左氏傳補註十卷春秋集傳十五卷今通志堂所刻乃春秋師說三卷春秋補註十卷耳

春秋金鎖匙

右鈔本一卷亦子常著讀書敏求記云是書曾於牧翁架上見之後不知散佚何處此則焦氏家藏舊鈔本也惜多訛舛先君子曾從沈曆雲先生借紅櫚書屋新刊

本校勘頗多是正

春秋諸傳會通

諸傳會通二十四卷後有至正辛卯仲冬虞氏明復齋刊長墨印南谿精舍小墨印每葉二十四行行二十二字元刻之最精者前有何焯之印後有藝書堂印二圖記葢爲鮑翁義門二先生所藏弆者書側題識精整猶義門先生手筆翁覃溪鴻臚通志堂經解目錄云至正九年七月自序所編諸傳據左公穀及胡陳張而以張氏爲主然所引張洽即今所見張氏集註而非張氏之傳則知張洽集傳其書之佚久矣

春秋左傳

右春秋左傳杜林合注家塾讀本先子題首頁云右春秋左氏傳爲義興儲在陸先生批本往見于長橋書肆中因急購以歸先生評選左國兩漢及唐宋八家古文菽林奉爲圭臬惜坊刻流傳節略滋甚盡失先生本意即以左氏而論刻本視此僅什之二三他可知矣又嘗見其子芝跋文集云先君子沈潛嗜書老而彌篤于左氏司馬氏昌黎氏之書反覆含咀不下數十百過葢其生平用力之勤若是而坊刻乃爾簡略微是書幾無以見先生之苦心眞可恨也漫志於此以告世之讀儲氏書者乾隆戊戌春日兔牀吳某

春秋傳注

鈔本前有朱竹垞檢討手跋云春秋傳注三十六卷烏程縣學生嚴啟隆爾泰撰爾泰名注復社甲申後避跡自稱巔軨子始爲是書示生徒以胡氏爲非不敢盡糾其謬錢尚書受之勸其改作乃復點竄舊稿成之繹其辭庶幾鍼膏肓而起廢疾矣康熙戊子二月竹垞老人書時年八十此跋見曝書亭集後有康熙戊辰姪明範著書年譜述

周禮纂圖互注重言重意

宋刻本十二卷前周禮經圖三十有九各系以說次篇自正文全錄鄭注及唐陸德明音義復加重言重意互注三例共十二卷　先君子云按經義考載周禮附音

重言重意互注十二卷引繆泳謂元人所輯並無指實且與纂圖互註毛詩出唐宋人之說自相矛盾此本的係宋槧非明尹洪兩廣重刻本也諸卷前後原有印記不知何時剗去迹尚可辨吳門黃蕘圃主事跋云宋刻周禮所見有三本一爲余仁仲本藏於小讀書堆係中版獨闕秋官倚樹吟軒有蜀本止秋官二卷則大板也見爲余有陶鈞椒有纂圖互注本卻無闕卷有闕葉板子適中惟此又係巾箱中本余所見有左傳題曰發本此周禮題曰京本葢同一例矣惜少春夏官安得彙而敘之如百衲史記乎爲古書發一嘆云抱沖作古書籍不輕假人筠椒以待賈而沽未能借校致令槎翁之

書留余百宋一廛中僅得與蜀殘本一校未盡其善又可惜也還書之日書數語于尾以質諸槎翁槎翁想亦同慨已時嘉慶丙寅穀雨後二日黃丕烈識　同里陳簡莊徵君跋云槎客先生得此書時適在次君虞臣故其小字曰周官今虞臣年已三十餘矣展讀之下偶思前事宛如昨日附記于後嘉慶十一年歲在丙寅暮春之初陳鱣題　先君子得書之日爲不肖暘墮地之辰今先妣見背已十餘寒暑而先君子奄捐館舍已九閱月矣傷二人之長逝愧一經之徒貽昏瞀之餘整理故帙悲感可勝言哉

周禮集說

周禮集說十二卷原缺地官末卷爲俞庭椿復古編後爲集說綱領千頃堂書目謂不知何人所輯元吳興陳君仁君復得之于沈則正因傳之內地官末卷亡明關中劉儲秀補注今觀其書天官卷第三後卽次春官卷第四是地官當時已缺其自序稱余友雲山沈君則正謂余曰近得集說于霅手澤尙新編節條理與東萊詩記東齋書傳相類其博雅君子之爲與又云攜其書以歸就而筆之訓詁未詳者則益以賈氏王氏之疏說辨析未明者則附以前輩諸老之議論越明年是書成蓋陳氏甚用力于此焉劉儲秀注本未識與此有異同否是本紙墨甚古字畫端楷爲元刻之佳者每葉二十四行行二十五字

儀禮圖

儀禮圖十七卷後附旁通圖元刻本卷首列朱文公乞修三禮奏劄次紹定戊子復自序及陳普序每葉二十行行二十字又一部無旁通圖行款無異而字畫更精楷圖畫益明析爲知不足齋主人所貽先君子嘗以校通志堂本經尙無甚異而圖則遠勝之翁覃溪鴻臚通志堂經解目錄云宋楊復信齋朱子門人嘗爲朱子續編儀禮經傳通解此圖凡二百有五又旁通圖一卷分宮廟弁冕牲鼎禮器諸類爲圖二十有五陳鱣曰吳槎客嘗以鮑以文所贈元刻校通志堂刊本則通志刻本

之圖甚謬也

九經白文

宋刻每葉四十行行二十七字蓋卽漁洋先生居易錄所載倪雁園尚書家小本九經者也　先君子跋云右九經白文乃宋麻沙本之佳者益明錫山秦氏刊本之所祖也楮墨古雅經盧抱經鮑綠飲黃蕘圃諸公所賞鑒其經文字句較時本間多不同如曾子問殷人既葬而致事下有周人卒哭而致事句殆宋人因皇氏之說而增之與日本七經孟子攷文所引古本相符其餘字句不及備載又左氏春秋前不列惠公元妃傳文一段蓋古經與傳本不相聯屬後人取便合傳以附經此本

首闕傳文豈先儒不敢以傳先經之意與至傳文末又有春秋左傳一百九十八卷一行殊不可解姑誌於此以俟博古者詳焉

論語注疏

汲古閣刊本先君子以七經孟子考文補遺手校均細書於行間又錄論語集解序于卷首記云此敘從皇侃論語義疏本

孟子注疏

汲古閣刊本先君子鈔補孟子篇敘于後跋云昔虞山錢曾有孟子音義二卷載于讀書敏求記後附孟子篇敘篇敘者乃趙氏述孟子七篇所以相次序之意也錢曾云篇敘世罕見之藏書家宜廣其傳勿易視之予求篇敘久而未獲偶以新得孟子外書四篇攜示鮑君以文亦出孟子音義鈔本見示葢卽錢氏之本而爲武原友人吾君以方所手錄也音義二卷已刊於通志堂經解中特補鈔篇敘於此

四書經疑問對

元刻八卷每葉二十二行行二十一字後有建安同文堂刊書跋云右四書疑八卷其中多所發明相傳以爲進士董彝宗文所編第恐石氏所錄程子之說未免有殊已專書達本人冀有以補其未備訂其訛舛而求眞是之歸幸甚至正辛卯仲夏建安同文堂謹咨 先君云按宗文樂平人至正間領鄉薦授慶元學正洪武初爲國子學錄經義存亡考以此書爲成化進士常熟董彝撰葢以姓氏偶同而誤耳周松靄大令云觀此猶可想見有元一代取士之規模也又經義考于元之董彝別著經疑問對十卷葢以未見此書而誤別有跋一篇刻愚谷文存續編中

六經雅言圖辨

舊鈔本八卷先君子有跋二篇見愚谷文存中

邵氏經學二書

明邵弁著詩序解頤春秋通議略舊鈔合爲一本先君子有跋見愚谷文存中議經義考作義先君子云攷宋家安國有春秋通義朱氏或偶誤記耳邵氏書明諸家著錄俱作議

四書外傳

舊鈔本大學外傳論語外傳明易曦侯氏著先君子得於粥瓷者擔頭有跋見愚谷文存中

七經孟子考文補遺

鈔本十三冊先君子跋云七經孟子攷文補遺三十有二卷爲日本西條侯掌書記山井鼎所輯往武林汪君鵬既獲彼國古文孝經及皇侃論語義疏以歸余友鮑君廷博次第刻入叢書復得此本惜卷帙稍繁未有踵鮑君而梓之者予從鮑君借觀就其所攷經注而鈔之

疏則未暇也故命曰七經孟子考文補遺錄夫經籍去聖日遠闕文訛字謬本實繁賴古書流傳海外使學者猶得藉以攷證其謬誤而補訂其闕失豈不誠斯文一大幸哉序稱享保十一年丙午爲　國朝康熙五年凡例中又有永和紀號則不可考矣鼎字君彝其署名上冠以山井而物茂卿序又稱爲神生殆神其姓而山井乃氏如東里南郭之比與乾隆五十三年戊申日長至書於拜經樓

大學辨

大學辨一篇陳乾初先生著此本爲先師巢飲夫子手寫後跋云大學辨乾初先生本蕺山緒論斷以己意著之于篇實足以解宋儒之惑羽翼先聖之道以曉示來學厥功甚偉竹垞經義考所載第撮舉其大旨寥寥數言而已其全書終未得見聞其嗣孫東宇珍秘是書不肯出以示人愚谷主人因屬陳子河莊婉轉懇請始許借錄且訂以越一昔繳還河莊賫書至亟命諸弟子分鈔畢踐約歸之噫嘻先世遺文寶守若此可不謂賢乎哉雖然知秘藏之爲守而未知廣傳於世之爲善其守也矧是書之存不絕若髮今得留心鄉邦文獻若愚谷者以表章之則是書始不沒于天壤閒矣爰書以志幸庚子二月廿六日巢飲朱型謹識又云是書分鈔後余命吳生又錄一通以備隨時展閱寒食前二夕又記又

跋云讀大學辨後因憶曩時閱封嶁先生始讀軒遺集有闕疑一則及近閱家拙齋集中有與先生令嗣敬之書附錄於後以備折衷非敢藉以折先生之角也先生云程朱表章大學後人駁之非畔程朱然則此二條者雖又駁先生之說豈爲畔先生哉巢飲又識

十三經名文鈔

鈔本五十四卷先君子從沈層雲先生借錄並手書凡例目錄一冊跋其後云古來說經之書浩如煙海苟不究其統緒一其指歸雖矻矻窮年皓首而莫知所津逮是何異於適燕而南其轅遡越而北其轍不幾愈騖而愈遠乎先輩沈昭子先生生平雅以崇道統闢正學爲己任所輯十三經名文鈔一書尤爲學者所推許未經壽梓以故流傳絕少余每從耿巖文集中讀文鈔諸引未嘗不嘆其去取之謹嚴而議論之醇正恨其書不得一見辛丑冬日有書舟泊孫家埭予與陳君仲魚偶過之舟中適有文鈔目錄一帙時日已曛黑未及購深以爲悔昨歲沈呂璜孝廉歸自日下予亟懇其于家集中傳錄一目孝廉許諾而是書夙爲其弟婦所掌知予負書癖輒啓篋笥以畀孝廉殊欣然炳燭細書幾至達旦亦可作一段佳話也稿既見授并許異日以全書借鈔孝廉名開勲昭子先生從元孫也乾隆癸卯上元前二日書於荆南山館昔陳謝浮嘗請爲剞劂之任而先生

拜經樓藏書題跋記　卷一　別下齋校本

未之許其後意欲屬其門人溧陽史胄司學士卒亦不果甚矣好事者之難也是歲夏四月又記未幾呂璜竟以全書借予遂錄一部藏於家塾乃同邑張明經爲儒評點本丹黃甲乙議論極精當實耿巖身後一知已也嘉慶丁卯佛誕日又記時呂璜之沒已幾十載矣不禁憮然

孟子趙注

趙氏章指十四卷周耕厓先生從宋本校錄末附音義二卷有戴震孔繼涵二跋先君子書後云盧學士抱經堂集中亦有跋可案

樂記逸篇

國朝秀水陳氏熷補亡凡十三篇丁小疋學博校訂並書所引各書于逐條上小疋題前云庚子秋梅軒出都赴豫章文幕此本留余所聞梅軒得心疾反里門余歸南數載不及見之去歲攜此至新安今春略爲校正元本徵引經籍不盡出書名余所不知者尙四五條擬緘寄吳君兔牀付之梓人以廣其傳焉丙午二月廿一日記於巖寺鎮之鷗光草閣又云天下無無書不讀之人然梅軒所引者非僻書也予之學荒記疎亦良可愧矣四月廿日杰又記又云凡徵引古書者必標書名并詳卷數傳寫有誤易於查改其原書已亡而散見載籍者則云見某書某篇此編纂法也凡一事而各書所載互異者甯作夾註記其異同勿便删併湊合　耕厓先生亦曾借閱先君子書後曰勤補云樂記補亡用意甚善但必云某書是某逸篇則不可或類集其近似者而云此可補奏樂此可補樂器以存其彷彿庶乎可也幸與小疋商之所見亦是惜效會病廢無從以斯言告之耳己酉穀雨日吳某記

周易經義

周易經義三卷前題進士臨川涂溍生易庵擬先君子從枚庵先生借鈔　枚庵跋云按朱竹垞經義考載涂溍生易主意一卷已佚而無此書又引楊士奇之言謂易主意專爲科舉設近年獨廬陵謝子才有之以教學者於是吾郡學易者皆資於此不知卽此書耶抑別有其書也溍生字自昭宜黃人江西通志稱其邃于易三上春官不第爲贑州濂溪書院山長著有四書斷疑易義矜式行世乙亥十月望日得此于鬻古書者嘗質諸朱文游文亦未之見也吳翌鳳伊仲記　先君子跋云右易義三卷往從宗人伊仲借鈔諦觀所釋經旨大抵不離於所謂科舉之學者近是然儲藏家都無其書是亦可寶者惟書中閒有闕文無從補錄爲可惜爾伊仲本休甯商山人僑居吳郡補博士弟子員博學工詩家貧而好書與朱文游爲莫逆交手鈔秘冊極多予至金閶必爲留連日夕得佳本輒互相傳錄後應姜度香中

丞之辟挈家入楚郵筒不接者幾十載聞其書亦皆散失矣嘉慶丙辰冬日識

鄭志

鄭志三卷武英殿刻本盧學士從孔氏本惠氏本山西本互校多所增補學士記卷上後云乾隆四十五年九月七日盧文弨閱于京師李倩邸舍先君子借錄于此並手書言至于漕至稍鄙縣都十二條及禘祫義三條于末書云甲辰春二月二十又二日吳某從檠齋學士案頭借臨丁君小疋同觀　簡莊徵君亦嘗借校題後云乾隆四十九年閏三月陳鱣借閱于武原客館並從雅雨堂刻鄭司農集中魯禮禘祫義參校一過

北海經學七錄

右八篇孔葓谷農部所錄古雋樓刻本抱經學士贈先君子卽從學士校本借臨于此題後云甲辰春仲訪盧檠齋學士於杭之抱經堂學士時自晉陽歸以是錄見遺葢曲阜孔葓谷農部新刻本也并借得學士手校本臨之是日適葓谷訪到爲之憮然吳某記又書云按此爲古雋樓主人名繼涑者所刊非葓谷也跋當改正簡莊徵君書云是歲閏三月鱣又從槎客先生借得校錄于武原倪氏六十四硯齋並臨跋語于後其本則丁小疋廣文所贈者也新城陳鱣識

廣韻

右五卷潁川陳氏刻本錢綠窗處士所收藏手校者先君子購得記前云路仲里人錢馥校吳某藏書後云某按潘稼堂宋本廣韻序云先師顧亭林深明音學憫學者泥今而昧古實始表章此書刻之淮上然其所見乃明內府刊本已經刪削者久而覺其書之不完作後序以志遺憾葢卽謂此本今此本不見亭林後序殆失之矣予友錢廣伯處士究心韻學沒後其家鬻書予購得此本宛然故人之手澤存焉可勝悽絕

大廣益會玉篇

右三十卷元刻本每葉二十四行行二十一字前有朱氏與耕書堂長墨印又有永樂丙申至嘉靖改元一百七年重裝墨筆一條及錫山施金貢先諸圖記五音聲論內東方喉聲下注可我剛謌謌可康各先君子依松靄先生小學餘論改何硬亙鄂行聿亭額中央牙聲下注更硬牙格行幸亨客改更我剛格謌可康客八字

佩觿

佩觿三卷張氏澤存堂重刻本先君子從小疋學博借校本命兄壽照錄出並錄文淵閣校理翁覃溪先生後序及小疋學博跋　學博跋云丁酉秋羅臺山孝廉入都爲其鄉楊□□明府校官書分得佩觿是正譌謬可數千百條余索觀之不可得及知書留翁覃溪學士齋頭數日學士摘鈔十之一二未暇全錄也庚子桂未谷

廣文借學士摘鈔本校勘說文余從未谷處借歸復乞得程魚門編修藏本僑居停金檢亭上舍及門人莊生僑甲臨之并學士後序亦附錄焉今年正月未谷從曲阜致書學士求此書學士以手鈔本畀余以余重臨本寄未谷因破半日之功悉心校對并識顛末臺山精于小學而疎于地學中閒所舉龕山㷀澤數條多與鄙見不合安得起臺山地下而商榷之壬寅三月朔日丁杰記又云去年春五柳居書肆得張刻緜紙初印本苦爭以爲宋板并指卷上第一葉第八行渴字注其列翻其字未損爲證余同金檢亭逐葉互勘惟第一第二（卷上）第二十三第二十四（卷中）第三十四第四十二（卷下）六葉確有不同餘葉字形肥瘠邊闌粗細皆相脗合即剜蝕處亦無絲豪之異安得指爲二本其六葉不同當是張氏原板有漫漶重刻以補之翁程兩公藏本皆經補刻者也杰又記又云以有前跋不敢易（此句上空十九字）㷀澤以錢辛楣宫詹金石文跋尾爲的羅君校此書有極精者有過拘者（字母之類）有未允者（地理之條）久欲作一跋恐忌余者以爲詆諆死友也後人見之信爲羅君定論而附刻郭書之內則非所以愛羅君矣區區苦心地下故人諒之而已同日跋翁學士本　先君子識後云甲辰春二月小疋廣文在武林葵巷寓以是書借余爰令兒壽照校録一過昔之入小學者先教以六書今雖學士大夫多忽不之省宜此書之日譌也小子可不勉哉

增修復古編

增修復古編二卷汲古閣鈔本有雲鶴錫山龍亭華氏珍藏世濟美堂項氏圖籍汲古閣諸圖記原本無陳瓘張美和二序先君子從刊本補鈔識其後云吳均增補復古編二卷予得汲古閣舊鈔本卷首無序兹從安邑葛氏新刊復古編補錄此序不知世尚有全篇否乾隆丙午秋仲志　此本經錢綠窗處士校粘簽于上並書張序後云張美和名九韶臨江人

字鑑

字鑑二冊錢綠窗處士校本先君子購藏識後云此亡友錢廣伯處士遺書也廣伯生平尤精究小學所校正字鑑及郭氏汗簡予昔嘗從之借校今廣伯既沒遺書盡散予偶見苕賈攜示數種皆手澤宛然亟以善值購而藏之每一披對不禁泫然要奉㝅各賦詩以悼焉並識於此嘉慶癸亥三月吳某時年七十有一　又一本張刻先君子手錄錢處士校語于上並書簡端云李氏字鑑深有功於小學惜刊本率多譌舛余友錢君廣伯精究六書尤明說文之學閒爲之攷覈偏旁校正亥豕并以匡李之失如薌字下當補薌穀乞也別五字潸㪇椒林等字當詳注其字義冂不音覓當與內之冂同乃門也引詩曰灑埽廷內說文有颲而無颲諸說使作者

復生亦當心折此小學菴中第一善本爰照錄於此本并識其大凡云兔牀吳某

从古正文

右六卷舊刻本無序目先君子書云按千頃堂書目從古正文六卷黄諫輯天順己卯序今此本失其序然亦舊印較明隆萬閒書夐然不同矣乙卯八日識　讀書敏求記从古正文一卷篆文正楷點畫不容少差此書存其遺跡且依韵易檢焦弱侯藏茹眞生手錄本徐元懋印史極稱之先君子書此條上云拜經樓藏舊刻本从古正文六卷與千頃堂書目所載卷數同此云一卷疑誤茹眞生李士龍先生之號也

歗堂集古錄

此書爲先君子手校歸安丁小疋先生假觀久之以是本寄還非原書也跋語及校勘處並方密庵先生傳錄又有千待制跋　先君子書云歗堂集古錄世傳刊本首敘卽闕文二百四十餘言而筆畫之訛舛尤不勝計昨歲陳君仲魚得舊本迺新安陳書崖昴所鈔藏者首序既全而字畫精好與刊本有豪釐千里之殊卷末又有元統改元吳郡千待制文傳跋亦刊本所無者因亟借歸補錄于此本復從歐陽公集古錄吕氏考古宣和和博古二圖薛氏鐘鼎欵識等書參伍校訂其顯然謬誤者卽爲改正稍有異同各注於其上疑則闕之蓋恐所據各有不同未敢臆斷也聞大興翁學士方綱有影宋鈔本未審何如俟更訪之己亥秋日吳某記　密菴先生跋云丁君升衢得葵里吳君本予因影鈔如右每歎書之傳流日久遂有闕失惟好古者勤勤葺之如飢渴之於飲食斯可矣乙巳十一月望前二日方輔記　先君子又跋云予昔從仲魚借舊鈔本校補歗堂集古錄藏於家歸安丁升衢進士見而甚喜復從予借校他日先以千跋貽予蓋歙方君手筆也并錄予舊跋而方君自跋其後予受而藏焉然原本卒未見歸也踰年詢諸丁君乃從盧弓父學士求此本以還予開卷視之所補序跋及校字皆依予筆而書則非予原本且又不載予之跋是以學士且誤疑爲汪稚川所校補予告之始恍然蓋升衢交道最廣嗜古尤癖予之原本則展轉傳錄竟不知今落誰氏之手矣所異者昔年先以兩跋見歸而今所還本後恰無跋事若有前定者然因并前跋附釘書後而識其顚末如此它日以示丁君當爲一解頤也時乾隆戊申浴佛後一日吳某再記　內有汪君圖記云朝出耕夜歸讀古人書丁學博記云此書余得之京師文粹堂書肆而有汪稚川印稚川歙人熟於三禮說文蓋此書爲汪氏物也李千二序爲閔南窗道隆之子手臨其吳跋則南窗親筆也南窗亡已一年以八分擅名於歙與方密庵行楷相匹　盧弓父學士與先

子書云獻堂集古錄二本已揀出今奉繳內丁小兄語不明內卻有汪稚川印章弟以上所校改皆汪筆也今始知是大筆耳

隸釋

明時仿宋刻本桐鄉汪氏藏書有屐硯齋圖書印休甯汪季青家藏書籍二印記極精美

隸續

隸續十九卷竹垞先生舊藏有從子甫田隸書先生跋於卷首先君子手校

鐘鼎欵識

宋復齋王氏所集儀徵阮公積古齋摹刻此冊為錢唐

何夢華上舍借閱有題識及圖記內周叔姬鼎首一字舊疑作唯上舍審定作孟　何夢華記云元錫審翫首一字當是孟字似較唯字差近萬字下應有年字為青綠所蝕故拓本釋文皆未及並記後云嘉慶庚午□□十三日胡近何元錫同觀于護經堂之蝀景園增釋一字於前周叔姬鼎文下又書漢元嘉刀銘後云宜侯王侯字反文予得漢甎文亦類是此甎已歸阮氏瑯嬛館中漫識於此又晉尺云予嘗欲作歷朝尺攷會屬四弟手錄一書不知置處它日尋得合之搨本詳論短長以驗周尺漢尺之舊惜爰二壽階客歲化去無人共質為之悵然

漢隸分韻

宋本漢隸分韻七卷紙墨古雅敦字缺筆餘不避有吾研齋吳郡趙頤光家經籍圖記先君子跋云右隸韻七七卷葢宋刻而元時翻雕者頃周松靄大令以見遺楮墨既精古香可愛閱其圖記知為明趙寒山故物書側題識尚其手筆想見陸卿子翠袖摩挲時覺鹿門之高風去人未遠松靄嘗有跋刻小學餘論予別作古風一章見拜經續稿嘉慶戊辰中夏識

又

元刻漢隸分韻三冊亦松靄先生所贈紙色稍不及宋本而墨氣頗佳字畫較肥敦字亦缺筆前有國子監印

官印惜缺首卷及末後二葉先君子書云歲乙巳冬日周松靄大令偶得此不全漢隸分韻特以見遺余舊有寫本甚精似從此本傳錄雖不及松靄所藏宋槧本之佳然視近來萬氏刻本則有上下牀之分矣

又

右七卷寫本字畫瘦勁頗具筆法先君子嘗以元刻及萬氏刻本互勘卷五後記云庚子上元日雨窗校

字通

字通一卷宋李從周撰以點畫偏旁粹類為目而質以古文前有嘉定十三年魏了翁序及從周自序後有寶祐甲寅虞兟跋此為當塗黃氏戉從　四庫館毛氏影

宋本錄出有其手跋每葉十行每行大字十八小字夾行二十　先君子書張世南游宦紀聞一條于別紙記聞謂李名肩吾先君子云按名肩吾當作名從周字肩吾彭山人從周著字通一卷見書錄解題又書黃跋謂所引說文有與今本小異者如丝从艸玆省聲今說文乃作絲省聲未必不有功于小學也按今說文解字作艸絲省聲此云从艸兹省聲與五音韻譜同豈字通所云說文乃韻譜耶然艸絲省聲之說似當若艸玆省聲夫已作玆矣尚何省之有書此以俟明於小學者證之

白虎通

白虎通北宋槧本分上下二卷篇目內作圓圍者十每葉二十四行行二十三字紙墨精雅古香馣馤抱經學士刊此書時先君子曾以此本借校　學士跋云書所以貴舊本者非謂其概無一訛也近世本有經校讐者頗賢于舊本然專輒妄改者亦復不少即如九經小字本吾見南宋本已不如北宋本明之錫山秦氏本又不如南宋本今之翻秦本者更不及焉以斯知舊本之爲可貴也余頃校白虎通付梓垂竣而吳子槎客示余以此本實北宋時坊閒所行未校本也目錄前小序數行其云白虎建德論者開卷即已錯訛然余取其書字字比對始知此本尚多古字而近世本率多改易至情性篇中有與近本迥異而實勝者即一二誤書尚可循形與聲而得其本字若近世本則不加思索而徑改矣又此本雖分上下兩卷然篇目上作圓圍者十仍不失十卷之舊近世本最後三篇此本在爵號謚之次實第二卷也三篇之序亦復不同後得元大德年本與明傅氏程氏吳氏何氏本不甚異要皆不及此本洵乎舊本之爲可貴也吳門朱文游亦有此本上卷係影鈔亦更無他人之序然則非脫去可知已余取此書之善者具著于校勘補遺中而仍以其本歸吳子吳子其寶之哉乾隆甲辰長至月杭東里盧文弨書

方言

方言十三卷抱經堂刻本先君子校細書密札頗多補正

逸周書

明章檗刻本先君子手錄吳中顧澗蘋茂才所校于上復取明鍾氏　國朝汪氏二本重勘記首簡云長洲顧廣圻校用硃筆海甯吳某校用墨筆書後云仲魚孝廉以逸周書見眎乃吳中顧千里茂才手校本較世行本多所是正予復取明鍾人傑校本及　國朝汪士漢刻入秘書本重加參校亦尚有裨益處惜抱經學士新刊本案頭適乏更俟異日取而重勘之嘉慶丙寅淸明日吳某識　澗蘋茂才跋云周書刻本類脫王會解中卜人至鍾牛廿行元至正甲午本之一葉也此尚是全璧

其餘佳處亦每與元本合洵足稱善然如撰序人黃玠元本行書故爲尒而此乃楷寫作玢遂致後來盡沿斯誤書以本愈舊爲愈佳豈不信乎乾隆甲寅九月借讀於黃君蕘圃附記此而歸之潤蕡顧廣圻書　簡莊徵君跋云宋嘉定十五年東徐丁黼所刻周書已不可得見元至正十四年海岱劉貞重刊有四明黃玠序按劉貞曾梓大戴禮有鄭元祐序云海岱劉貞庭幹父以中朝貴官出爲嘉興路總管此黃玠序又稱郡太守劉公是貞嘗爲四明太守矣又攷宏治湖州府志云黃玠字伯成慈谿人宋黃震之曾孫清苦力學無所不通周遊西湖樂吳興山水因卜居弁山云云是本爲明四明章檗校刻序中黃玠誤作黃玢然猶未脫王會解中一葉斯可貴也嘉慶十年冬十月除夕陳鱣記

又得一本爲抱經堂所鈔乃盧學士刊此書時手校蠅頭細楷精整異常　學士記首卷後云已亥六月十八日弓父校周生辰所見亦殊有可採矣卷後云七月二日校寫此之周生今日辭歸江甯四卷後云七月四日校將仍往湖上五卷後云三月四日慶春門外接駕回閱六卷後云庚子三月十三日子刻冒雨出武林門至謝村候送聖駕歸來閱七卷後云三月十六日閱種花數種所著無隙地耳八卷後云三月十八日閱九卷後云三月十八日閱十卷後云乾隆庚子三月十四日校鮑以兒貽子叢書五集　學士身後遺書多散佚簡莊徵君爲先君子購得此本書後云去歲除夕吳中度歲住縣橋巷黃蕘翁家作祭書之會因得明嘉靖廿二年四明章檗刻本逸周書係顧君千里依元刻手校本余既跋而藏之新歲攜示同里吳槎翁嘖嘖稱善遂取其舊藏章刻本錄顧校文于上且以明鍾人傑校本及汪士漢刻入秘書本重加參閱跋云惜抱經學士刻本案頭適乏異日當取而重勘之余曾以槎翁所校補入章本比復至吳忽從水關書肆獲一鈔本乃抱經學士未刻此書時繕寫手校底本上作細楷書朱墨雜陳極其精致不勝狂喜學士校此書時在乾隆庚子春日越七年丙午始付諸梓故校語與定本多有增損所謂積數年校勘之功益其慎也猶憶庚子三月鱣偕槎翁造訪學士欣然出見曰頃自慶春門外歸今日家屬亦往縱觀前輩風流可挹惜其遺書多不能保新橋第宅半屬它人逸周書之版已鬻諸坊間矣展閱手筆又不勝浩歎時嘉慶十一年丙寅三月陳鱣記

拜經樓藏書題跋記卷二

海昌吳壽暘虞臣纂

史記

史記索隱帝紀十二年表十書八世家三十列傳七十每篇首題第幾不稱卷俱小名在上大名在下每葉二十八行行二十五字蒙古中統二年刊　錢辛楣宮詹養新錄云予所見史記宋槧本吳門顧抱沖所藏澄江耿秉刊於廣德郡齋者紙墨最精善此淳熙辛丑官本也黃蕘圃所藏三山蔡夢弼刊本亦在淳熙閒海甯吳槎客所藏元中統刊本計其時在南宋之季此三本皆有索隱而無正義明嘉靖四年莆田柯維熊校本[金臺汪諒]刻始合索隱正義爲一書前有費懋中序稱陝西翻宋本無正義江西白鹿本有正義是柯本出于白鹿本矣同時震澤王氏亦有翻宋本大約與柯本不異史記索隱正義皆各自爲書不與本書比附宋南渡後始有合索隱於史記者剏自蜀本繼有桐川三山兩本皆在淳熙以前其時正義猶單行也白鹿本未審刻于何年以意揆之必在淳熙以後益以索隱爲主而正義輔之凡正義之文與索隱同者悉從刪汰自是正義無單行本而守節之元文不可攷矣又曰記鈔云海甯吳槎客以元中統二年刻史記索隱本見示首有校理董浦序云平陽道參幕段君子成募工刊行者也[黃蕘圃有南宋蔡夢弼本亦與中統本同有集解索隱而無正義]又記蕘圃主事所藏史記南宋大字板不全本云相如乃與馳歸成都家居徒四壁立今本無成都二字子虛賦赤玉玫瑰注郭璞曰赤玉赤瑾也今本注無赤玉二字此本馳歸成都與大字板同賦注無赤玉二字按始皇本紀金人十二重各千石柯板取正義不刻索隱北監及馮本此段注在置廷宮中下先君子記云元中統刻史記索隱有中統二年校理董浦序按元世祖中統二年爲宋理宗景定二年辛酉然則此書雖署元號年其實宋刻也汲古閣專刻史記索隱世稱善本餘刻皆芟節不全此本校毛刻注尤備卷首有史類正史史記三朱印益山陰祁氏淡生堂藏書

前漢書

宋本前漢書列傳十四卷每葉十六行行十六字首行大名在下小名在上次行題漢護軍班固撰三行署唐正議大夫行秘書少監琅琊縣開國子顏師古集注並與監本不同詳先君子跋語中卷末書右將監本杭本越本及三劉宋祁諸本參校其有異同並附于古注之下後記正文注文字數筆畫工整紙墨古雅洵宋刻之最佳者　仁和朱朗齋明經跋云余館武林汪氏者垂三十年汪氏有振綺堂爲藏書之所與同郡諸藏書家若小山堂趙氏飛鴻堂汪氏知不足齋鮑氏瓶花齋吳氏壽松堂孫氏欣託山房汪氏皆相往來彼此互易借

鈔借校因得見宋槧元鈔不下數百十種然其中關係經史之大者無多惟欣託山房有魏鶴山儀禮要義一部爲經學失傳之本壽松堂有温公通鑑一部較外閒明刻本多增所未備洵有補於史學今儀禮要義已爲吳興嚴氏所得僅錄副本藏家而通鑑一本屢屬孫氏刊板流傳以卷帙繁富窘于資力而止僅以卷首一序刻入抱經堂盧氏羣書拾補中甚矣古書留遺大爲考據家裨益而傳播之不易若此此本前漢書祗十四卷中尚有闕翻然開卷標題卽與今本迥異況其中字句之不同與註釋之詳略乎兔牀吳氏以重價購得乾隆癸丑新正二十一日余停舟造訪獲觀于拜經樓下流連竟日不忍釋手因勸兔牀翻刻以惠後學并以余生平所見者覼縷書之以志予幸　吳趨黃蕘圃主事跋

海甯吳槎客先生藏書甚富考核尤精每過吾郡必承枉訪并出一二古書相質然檥舟匆匆未及暢談余亦不獲舉所藏以邀鑒賞也頃同陳仲魚過訪茶話片時歷歷述古書源流俾得聞所未聞實爲忻幸其行囊攜得漢書殘宋本數冊字大悅目在宋槧中信爲佳刻余所藏景祐本外卻無別本可對惟范史亦有此十六行十六字本與此本當是同出一時卷第下撰書注書亦分兩行蓋款式同也其中字句之不同與註釋之詳略余固未及取景祐本相勘而紙墨精好有過之無不及矣且余所深服乎槎客者如此種殘編斷簡幾何不爲敝屣之棄而裝潢什襲直視爲千金之比可謂愛書如性命又得同志之人勸其翻雕以惠後學始幸天壤之大不乏好古之士特恐卷帙繁富窘于資力盡與孫氏等耳槎客當亦以余言爲然　東里盧抱經學士跋

汲古所梓漢書當是據北宋本此疑是南宋本誤字亦少汪文盛本殆亦從此本出今世所通行者顏注尚有脫落何論蕭該子京三劉而此獨全可寶也然余則謂設使當世有重雕者其款式自當依此其文字有斷然知其誤者不必因有宋人校語而反改不誤者以使之誤在擇而取之可也如是將使後人寶我　朝之本轉勝於寶宋本多多矣余老矣槎客彊力有餘當亟圖之余亦當蠹沒少佐其成焉

吳越春秋

右漢魏叢書中吳越春秋六卷先子從元刻補鈔目錄十卷并徐天祐序及天祐補注九條後有大德十年校刊姓氏題後云吳越春秋十卷本元徐天祐音註刻漢魏叢書者削去天祐之名又併其卷爲六盡失本來面目明人刻書往往如此可歎也茲從元刻吳越春秋補鈔序目附釘於前而大德年中校刊諸人姓名官閥亦附錄于後庶使覽者知舊本之可貴云乾隆丙午夏吳某記

戰國策

右三十卷鮑彪注元吳師道本刻於至正十五年每葉二十行行二十一字即吳門黄氏新刻剡川姚氏高注本所稱至正乙巳吳氏本者是也首列劉序乃自孔子曰以上誤冠鮑彪序四百餘字於前而鮑序故興亡亦有補於世句及作序年月誤綴於劉序後姚氏本不誤卷二秦假道於周以伐韓下别爲一章姚氏本合前爲一餘並詳蕘圃先生札記中

資治通鑑

明陳氏刻本朱墨黄三色評點最爲精密先君子題卷首云資治通鑑爲慈谿裘庶常閲本庶常名璉康熙乙

未進士除翰林院庶吉士深于史學評點通鑑凡五次

通鑑紀事本末

宋袁樞通鑑紀事本末四十二卷每葉二十二行行十九字前有淳熙元年楊萬里寶祐五年趙與簒元延祐六年陳良弼三序趙序嚴陵舊本字小且訛乃易爲大書精加讐校以私錢重刊之云云陳序謂節齋患嚴陵本字小且訛於是精加讐校易爲大字刊版而家藏之凡四千五百面可謂天下之善本也頃年士舉陋藝苑蕪此版東之高閣者四十餘年又懼其爲勢家所奪也秘不示人一日節齋孫趙明安者過嘉禾謁學宮目擊余所爲若不懈者乃歎曰吾有所託矣始出所藏書版示余會御史宋公一齋僉憲鄧公善之按臨是邦乃出中統鈔七十五定償之趙亦不計也因書得版顛末于節齋敘次後之官于學者庶幾知所寶焉云云蓋是書刻于宋寶祐中印于元延祐間此本爲明嘉靖間印行者中有補刊缺葉原本缺筆避諱之處悉仍其舊未改宋刻面目是可貴也

宋史全文

此書三十六卷目錄題續資治通鑑長編前冠以乾道四年李燾進書表每卷首則題宋史全文續資治通鑑三十卷後每卷題增入名儒講義續資治通鑑長編三十六卷末又編度宗少帝事稱宋季朝事實不著撰人名氏惟列豐城游明大昇校正一行蓋薈萃諸家紀傳而成者紙墨精好每葉二十二行行二十五字前有長墨印云宋史通鑑一書見刊行者節略太甚讀者不無遺恨焉本堂今得善本乃名公所編者前宋已盛行於世今再繡諸梓與天下士大夫共之誠爲有用之書回視宅本大有徑庭具眼者必蒙賞音幸鑑觀此印可見元時坊刻之精審惜缺二十二十一兩卷

宋中興通鑑

宋中興通鑑十五卷前有竹垞老人題云宋中興通鑑一十五卷通直郎國史院編修官劉時舉編史嵩之丧父以右相起復時舉爲京學生與王元野黄道等九十

四人（鈔本重四字今校正）太學生黃愷伯金九萬孫翼鳳等百四十四人武學生翁日善等六十七人宗學生趙子寰等三十四人上言爭之是亦慷慨之士也觀者嫌其太略然以視王宗沐薛應旂所撰斯條理過之矣小長蘆七十九老人朱彝尊題此跋見曝書亭集

通志

通志二百卷元刻本每葉十八行行二十一字字大悅目前有吳繹序云是集繡梓於三山郡庠亦既獻之天府藏之秘閣然北方學者猶未之見余叨守福唐洪惟文軌會同斯文豈宜專美一方迺募僚屬仍捐己俸稟之省府摹稍五十部散之江北諸郡至治二禩壬戌夏五郡守可堂吳繹書于三山郡齋又有至治元年五月福州路總管吳繹題疏後刻至治二年九月印造並列諸府路等銜名紙墨精好首頁有談氏延恩樓收藏印圖記

綱目贅言

鈔本綱目贅言十卷　國朝張如錦撰前有彭甯求序

十六國春秋

右十卷明屠喬孫項琳之重訂本　先君子條記云浦起龍注史通云十六國春秋賀燦然序有晉紀流行鴻書汩沒之語今此本無賀序又書義新錄一條上云按喬孫等十六國春秋序自謂輯錄陳編原未嘗作僞欺人如於陵子及天祿閣外史之比也又書云嘗見毛斧季寶書與潘稼堂目錄有十六國春秋云此是崔鴻眞本然則鴻眞本猶未作廣陵散邪

讀史紀要

梅村先生手鈔本嘉慶乙丑先君子以示吳門黃蕘圃主事云的係先生親筆因出所藏先生手寫綏寇紀略共觀與此筆跡無異洵可寶也前有秀水朱氏潛采堂圖書記方印

遼史拾遺

鈔本遼史拾遺四冊吳江楊慧樓進士跋云樊榭先生著述等身而援引精博則推遼史拾遺爲冠四十年前廣陵馬氏曾擬剞劂而未果海內鈔藏者寥寥數家而已客秋海甯吳丈槎客慨舉知不足齋贈本假鈔以數年願見不可得之書一旦得繕錄全帙登諸篋衍快何如之庚戌夏六月校畢因識數語于後以誌幸至葦浦先生金史補闕卷帙更鉅身後散佚罕存欲謀璧合而竟無自矣惜夫松陵楊復吉識　先君子跋云吳江楊慧樓進士既從予借鈔遼史拾遺又作遼史拾遺補凡數百條惜予卒卒未及傳錄又云鮑綠飮云此書向爲樊榭姪繡洲所藏人有借鈔者繡洲撤出一卷以借之故外間傳本多不全惟此爲足本也

明史稿列傳

右六十一冊先君子跋云萬季野先生所撰史稾方望溪侍郎以爲四百六十卷諸志未成全謝山庶常以爲五百卷今此僅列傳二百六十七卷雖似未全葢華亭開雕時亦尙有刪併也周松靄大令云此書卽查東山之罪惟錄故有朱康流張待軒傳及海甯俞子久事然予未見罪惟錄不敢懸斷識之以竢知者又云此書予藏之數十年姚江邵子桐編修見而極愛之以爲此舊唐書也在西湖書局中借閱累年後竟攜以入都屢索不還屬武林友人往取之酬以二十金始得昔人以借書還書等爲一癡殆是之謂歟然予費一片苦心終不以是爲悔後人能體此意亦可云文章紹編塹矣

季漢書

季漢書六十卷先君子手錄周耕厓先生跋于末並先生手札云季漢書後明知偕安陳君漉坳見之謂少連亦苦志之儒攻擊未免太甚後遂不敢以示人旣思少連信苦志矣庶子苦心枉被後人醜詆獨可聽之亦恐失平久仰吾兄卓識高才特以就正意在奉求斧削乃卽過蒙採錄又恐獎借太過矣先君子跋云右亡友周勤補孝廉季漢書跋見于蓬廬文鈔勤補自少好學工文讀書具有卓識此跋灑灑千餘言反覆辨論援據賅洽眞能直揭作者之心事而息千載後聚訟之喙予故錄之于季漢書之後以告讀史之君子

江表志南唐拾遺記新舊唐書雜論

三種合爲一冊江表志三卷耕厓先生依閩汀文選校頗多補正並云按閩汀文選中所刻江表志及南唐近事每種作一卷不分三卷南唐拾遺記先師朱巢飮夫子暨先君子校耕厓慧樓二先生亦均借閱新舊唐書雜論慧樓先生校正並跋云李西涯新舊唐書雜論懷麓堂集所不載客冬假海甯吳丈槎客藏本讀之樹義明快洵堪與范淳南唐鑑並峙第其中訛脫孔多而侯君集許敬宗晉王治三則舛錯淆雜幾于不復可句讀因爲校正錄副用誌賞析辛亥寒食日覆校畢並記

南唐書注

右南唐書注十八卷周在浚著後附戚光唐年世總釋馬令南唐書建國譜吳非三唐傳國編年圖楊維楨正統辨李清南唐書年世總釋前論邱鍾仁南唐承唐統論前列趙世延南唐書序沈士龍胡震亨題辭此書武原張文漁徵君得於易州山中先君子假得與先師朱巢飮夫子取家藏各書逐條校勘凡異同悉筆之簡端復經周耕厓先生校訂粘簽數百條後有二札一云雪客南唐書注大費苦心老年長兄政暇能卽付之梨棗誠不朽盛事矣一云雪客南唐書注偶攜過竹西曹荔老轉託伊弟燕客郡丞勸其開雕弟念年世兄已刻馬陸二書今又復鋟此注未免近複故不復辭已鈔副本

寄之原本続俟錄成彙繳可耳二札俱不書名氏先君子謂是朱竹垞先生與蔣蘿村先生札　陳無軒學博跋云乾隆戊戌十月十二日芑堂來保定遂訪友于易州山中得是書冒雨衝寒而至喜不自勝洵一段奇緣也芑堂急欲南行余未暇細讀惟屬卽付開雕公諸同好云十七日置酒觀古書畫畢月出記之　先君子跋云大梁周雪客先生南唐書注當時最有名以未有刊本故流傳絕少昔襄平蔣蘿村梅中兄弟合刻馬陸二書時曾得此校閱既以示朱竹垞檢討竹垞極賞之謂蘿村已刊馬陸二書是以不復從臾攜過廣陵曹荔帷先生見之勸其弟燕客郡丞開雕卒亦未果迄今又七十餘載矣吾友張君文魚從易州山中得此書數千里懷之以歸喜不自勝亟謀付之棃棗予聞從借讀觀其徵引之富眞竹垞所謂具費苦心者第其間亥豕脫謬尚所不免因與朱君允達據予家所有之書逐條校勘凡諸異同悉筆之簡端還以質於文魚至於注中有繁者宜芟複者宜去互異者應別其是非附傳者當標其出處若斯之類皆私心所未安而深有望於二三同志之共訂者也文魚博雅嗜古汲汲以表章爲事試更以芻蕘之言斟酌盡當而刊焉非特爲山陰陸氏之功臣抑亦雪客先生之益友矣庚子端陽後二日跋　耕厓先生跋云歲壬寅從兔牀借觀是書於王氏蘩照書屋隨頁粘簽十年以來奔馳南北忽忽幾忘之矣壬子春因纂修廣德州志意其注中事有涉廣德者復借閱一過重檢舊簽竟無新得以益之二壬之閒白髮頻添依然故我可歎也歲暮攜歸輒附數言于末十二月一日海昌周廣業識

南部新書

南部新書十卷舊鈔本　先君子從綠飲先生借手鈔本照錄諸家校勘於上並補錄首序並王聞遠叔子及貞復堂二跋又附錄厲本延祐丙辰子貞子洪武五年清隱老人正德十年約齋辛丑淸常各校雍正庚戌蟫花居士乾隆乙酉貞復堂諸跋乙未歲先君子復從著書齋借稽古堂刊本重校識後云乾隆乙未閏十月又從周芚兮先生借得高寓公稽古堂刊本重校凡鈔本中有原字與刻本同者不復注刻作某有不同字而刻本顯然紕繆者亦不復註　甲辰歲簡莊徵君又以陳宋齋先生藏本互勘跋云此吳槎客先生手校本也乾隆四十九年三月海鹽館中有苕人持鈔本見示乃家宋齋先生書巢舊藏會予以寒食解館歸語槎客先生先生出此本屬爲覆勘因復攜至館中自三月二十五日至二十七日夜半勘畢凡紫筆者皆是合諸先生所校是書可稱善本矣新坡陳鱣記于六十四硯齋　嘉慶乙丑先君子又補錄陳本逢年一跋其壬集內智永千

文律召調陽一條先君子辨云按六朝人最精音韻之學周散騎千文妙處尤在雙聲疊韻一起一結四句中便有五雙聲中間更難悉舉此律呂與上句成歲並雙聲斷不容改呂爲召况律呂對閏餘彌覺工穩而律召殊屬牽强智永一人之書豈可遂據爲典要總由唐以後學者置此道於不講故希白亦有此論耳自時厥後凡書千文者率以召易呂使散騎抱怨于地下殆將千載余特爲辨之如此以俟知者正之

錢塘遺事

右鈔本十卷吳門家校菴先生手校先君子跋云錢塘遺事十卷昨歲從漱水吳子應和借得倩族姪禹敷傳錄今年春偶攜姑胥以示宗人伊仲伊仲適有藏本因爲余校正凡硃筆皆是也此書展轉不出吳氏亦奇伊仲名翌鳳博學彊記遇異書輒手自鈔校葢今日之方山也乾隆丁未重陽後四日誌　簡莊徵君又從文淵閣本校補數處跋云有宋遺民臨安劉一清譔錢唐遺事十卷世無刻本陶南邨說郛載之僅得數條今夏寓吳門購得是書葢從文淵閣鈔出猶是足本但書經三寫誤脫甚多既歸訪兔牀明經于小桐溪明經出舊鈔本見示曾經吳中吳伊仲手校者頗爲精詳遂借至津逮舫中互相勘正并錄明經跋語時方秋半爽氣迎人適偕明經遊杭連舫共泊對酌論文連日登山臨水閲市訪舊殊多樂事一夕徐步玩月坐橫河橋共談錢唐遺事娓娓忘倦明經復誦岳倦翁玉楮集詩數首不禁感慨係之歸途校畢備載于此嘉慶十年秋八月既望陳鱣記

高麗圖經

讀書敏求記高麗圖經四十卷宣和六年徐兢奉使高麗撰圖經四十卷凡三百條物圖其形事爲之說上之御府乾道三年徐蔵鏤板澂江惜乎圖亡而經存兢字叔明張孝伯與作行狀附刊於卷末先君子書敏求記云今世所傳鈔本僅說數十番又不如此本矣覩震川先生集中跋此書之語則叔明之志亦可取也辛亥冬日有書賈持來舊鈔高麗圖經四十卷凡二百餘番前列兢自序後有其兄子蔵記得書顛末及刊梓歲月卷末有海鹽姚士粦及鄭宏跋又有乾道元作張孝伯作徐兢行狀　簡莊徵君跋云宣和奉使高麗圖經四十卷宋徐兢撰靖康之變圖亡經存乾道三年從子蔵刻於澂江郡齋明末海鹽鄭休仲重刊近吾友鮑君以文復以家藏繕本刻入知不足齋叢書校補鄭本脫字凡數千又正二十七卷錯簡數條允推善本嘉慶九年冬十月同里吳槎客先生以所購鈔本見示葢即鄭刊本錄出者因攜至吳門從黃君紹甫借得舊鈔本并取鮑刻本互爲校訂補其闕字惟錯簡尚須舊錄聞吾郡趙

氏小山堂藏有高麗本不知刻於何時前在京師遇高麗使臣朴君修其詢及是書云彼國刻本尚多惜行笈中未曾攜帶耳嘉慶十年春二月望日書於江陰縣署地即澂江也

又

知不足齋叢書中刻本綠飲先生從宋本校格式行欵及字句同異俱親手塗改添補蝇頭細楷丹黃粲然彌足見先生讀書之精審

武林舊事

武林舊事舊鈔本甚精綠飲先生題云癸卯十一月三十日得此于集英堂　前有鶴谿主人笠澤曹炎之印彬侯四圖記前六卷用朱絲細格中心有山暉艸堂字楷法端整似即繕寫付梓者後有至元後戊寅忻厚德用和父跋明宏治乙卯從靖跋二跋之前有　國朝康熙丁巳陸貽典跋云遵王鈔本前六卷舊鈔缺後四卷命工寫足黼季假得既屬竇伯校此又浼余校一過頗多是正處朱筆出竇伯手墨筆盖余所校也此本係余姻友孫岷自舊藏岷自不祿屈指已十有三年矣撫此不禁人琴之痛康熙丁巳小春下浣覿菴陸貽典識於山涇老屋　已卯仲秋管君芷湘以是書見眎屬校因取家藏鈔本校勘一過頗見其善是本乃綠飲丈手校彌足寶貴且卷九祈請使行程記多十一十二十三日事余家本亦缺惜無題識未詳從何本校出耳余本係吳中家枚菴丈校正又經陳簡莊徵君從閣本補校與此互有得失茲得合勘庶益美備矣十月十八日壽暘記（之淳謹案先君子附跋係跋錢塘遺事之文爲鈔胥所紊當移綴遺事之末）

金陀粹編

金陀粹編二十八卷舊刻本按辛楣宮詹潛研堂文集跋云初編刻於檇李續編刻於南徐端平甲午又合刻藏於庴塾皆有倦翁自序元季重刻於杭州西湖書院則有臨海陳基會稽戴洙二序明嘉靖壬寅晉江洪富刊於兩浙運司後十七年莆田黃日敬復修補其漫漶者然中多斷簡脫葉惜無善本是正也陳敬初序謂孝宗受禪珂始以籲天辨誣錄詣闕訴上由是詔賜墳廟復爵位頒封諡錄遺孤今攷孝宗受禪在紹興三十二年壬午忠武得昭雪復官由於太學生程宏圖之上書而倦翁之進籲天辨誣乃在嘉泰四年丙寅相去四十五載又二十八年至端平甲午倦翁尚里居無恙然則孝宗受禪時倦翁恐猶未生安得有詣闕上疏之事本書所述年月前後分明易於尋檢陳何不攷至此此本有陳序當即宮詹所稱元季刻本前有虎林樵者清時埜吏高孚玉昜居士諸圖記中多朱筆點定序內飛父子沒餘二十年至以謝天下云云改作沒餘七十載尚書史浩首言岳飛久冤詔賜云云是也其孫珂實始以

籲天辨誣錄詣闕訴上吾意宋君其北望舊京必恨不誅秦檜以謝天下並書其上云口口之辨於甯宗口口四年盖與孝口口禪相距四十餘口口此云云豈非誤口撰文時失於檢點口口今改正之其說適與宮詹同

宧夢錄

鈔本宧夢錄四卷附紛紜行釋八首夜問九章屏居十二課有高兆跋云湘隱先生著撰嘗從其長公元虛教授所借觀請鈔教授許刻成寄貽遂載之豫章越二載教授客死書散佚吾友郭君殿見于延平語余訪之僅得此四卷命用溪衲環峯鈔歸爲之三歎已巳六月七日高兆識又徐釚跋云辛未夏余客三山曾從侯官高固齋所鈔得黃相國東崖國史唯疑口卷今又借鈔此本已三年矣時康熙甲戌六月再游閩中記菊莊徐釚

國壽錄

國壽錄四卷後有便記十二篇前列編輯例言不著名氏先君子書云以上例言未審何人所作其云扶風氏藏爲插花山舊本嘉慶壬戌予七十初度陳奉兹茂才手錄此本見貽其原本則又從周勤補孝廉借鈔也辛未七月記　其攀髯疑案江陰疑案二篇原本亦列錄中標題曰襄城伯李國楨傳中書戚藩傳例言辨其非入之便記以爲此二事者當時要别有其人特湮沒不傳遂以訛傳誤耳今既知其非李與戚也雖其人不可攷而使人聞其事想見其爲人而爲之低徊感歎亦足不朽矣且傳其事庶或終知其人乎謹標之爲疑案世有博識將質成焉先君書甲申傳信錄襄城伯一條於攀髯疑案後並識云此傳與綏寇紀畧第十二卷下虞淵沈中所記李國楨殉節事並當是傳聞之訛　又書傳信錄一篇後云右錢士馨甲申傳信錄跖鋪遺繡一條偶讀查傳例言及跋故鈔附于此愚按此編盖伊璜先生當日隨其見聞劄記未經詮覈之書故如襄城傳既書其節槩如此之烈而逆闖始末則又云賊奸細滿都城閣臣魏藻德勛臣李國楨俱願爲內應豈不自相矛盾乎由是以觀盖不獨戚藩戚勳之訛矣　書江陰疑案後云按晞明江上孤忠錄作中書舍人戚勳以紅筆大書於壁闔門焚死而無戚藩其人盖藩乃勳之訛也　又書逆闖始末中副將周遇吉獨閉關相距大摧李兵百姓縛遇吉出李礫之數語上云綏寇紀略遇吉運矛策馬入賊中堅手刃巨賊百餘人矢攢甲如蝟毛身被數十創而死豈有百姓縛出之事乎　暘按甲申傳信錄謂國楨既不能死欲求苟活而卒被刑戮好事者妄飾美談被之忠節以快聽聞何其誣也並舉陳濟生再生記無名氏燕都日記所云以爲夢中語而謂余四月入都亦聞此言逮五月遷城都民去襄城第甚近者言之最詳與前所聞大異而襄城誤國之論盈於人

口駙馬都尉冉興讓子五君者國楨之中戚也予詢之亦云是當時傳聞異詞諸家傳記類多失實非訪諸其鄉人至戚無從定其眞僞宜東山先生此錄亦未覈實耳

華陽國志

刻本向闕卷十中二子卷乾隆癸丑先君子借盧抱經學士本補鈔並校又卷八永康八年詔徵刺史歐爲大長秋一篇下補永甯元年春正月廞遣萬餘人斷北道次綿竹以下四葉其餘字句脫誤同異補正處甚多按程大昌演繁露云後漢傳贊注梁州北距華山之陽南距黑水故常璩敘蜀事謂之華陽國志也

五國故事

五國故事二卷宋無名氏撰前有余寅序此本經綠飲先生校定余序云吾鄞少司馬范公建天一閣多藏書此蓋瑣品之一又云范司馬喜刻古書此編已入丹格未及梓而沒蓋此從范氏鈔出今已刻入知不足齋叢書中

南燼紀聞竊憤正續錄

二種並鈔本合爲一冊不著撰人名氏先君子云南燼紀聞准海周煇著竊憤錄辛棄疾著皆相傳如此然晁陳諸家均未著于錄（賜按家藏又一鈔本亦二種前多南渡錄大畧一篇並題辛去疾著）

錦里耆舊傳

錦里耆舊傳四卷卷一起中和五年正月至蜀武成元年卷二起武成三年盡同光四年春卷三起天成二年春二月訖僞蜀廣政二十五年卷四起廣政二十八年冬訖乾德四年春陳振孫書錄解題云八卷續傳十卷前應靈縣令平陽句延慶昌裔撰開寶三年秘書丞劉蔚知榮州得此傳其詞蕪穢請延慶修之改曰成都理亂記天成之後別加編次起咸通九載迄乾德四年百餘年蜀事大略具矣續傳蜀人張緒所撰起乾德乙丑迄祥符己酉自平蜀之後朝廷命令官僚姓名及政事因革以至李順王均劉旴作亂之迹皆略載之知新繁縣太常博士張約爲之序　四庫目錄云四卷宋句延

慶著一名成都理亂志志王氏孟氏據蜀時事陳振孫書錄解題作八卷述成書始末甚詳然謂此書起唐懿宗咸通九年此書實起僖宗中和五年又謂所記下迄祥符己酉此書實開寶中作不應預見祥符或所見別一續補之本歟先君子記書錄解題上云按文獻通考經籍類引陳氏曰誤脫去自乾德至撰起凡二十二字張緒續記通志作張彭見崇文總目

宋紀受終考

右三卷程敏政著前有成化十三年自序後有宏治四年婺源戴銑跋其辨太祖太宗傳禪之誤以歐陽諸公正史爲據而疑湘山野錄之未實讀書敏求記野錄條

下謂成化間尹直等奉勅編纂宋元通鑑辨宋太祖太宗傳禪之誤葢自李燾刪潤湘山野錄啓之并載野錄謂太祖太宗對飲燭影下時見太宗有不可勝之狀而燾改不可勝爲遜避太祖戳雪顧太宗曰好做好做而燾改戳雪爲戳地好做爲好爲之又加大聲二字遂不免有畫蛇添足之病此書辨之曰太宗留宿禁內此亦繆誤太祖既不豫甯復自登閣且至殿廷戳雪乎其說更爲明快

六陵遺事

六陵遺事一卷後附庚申君遺事一卷並萬季埜先生所輯先君子手鈔校正並有按語

奉使西域行程記

右三卷題行在吏部驗封清吏司員外郎臣陳誠北京苑馬寺清河監副臣李暹謹進前有正統十二年國史總裁王直序後附胡廣周孟簡鄒緝送行詩序

李侍郎北使錄

鈔本北使錄一冊不著撰人名氏首行題李侍郎北使錄先君子記云此錢遵王藏書

名相贊

名相贊五卷明尹直著起漢蕭相國迄宋文丞相前有宏治甲子直自序後有宏治十八年歐陽雲序首頁有曹溶潔躬二圖記葢秋岳先生舊藏也

備遺錄

備遺錄一冊不分卷題後學新淦張芹編輯後學清江敖英校正張序云錄中四十六人其爵里名氏皆闕中宋君端儀嘗采輯爲錄而未成者予因旁加考摭得其間二十餘人事略類而萃之以爲斯錄所載記皆靖難死節諸臣事蹟無考者二十六人第書爵里於後卷末敖英跋此冊亦倦圃藏書圖記與面頁題字並與名相贊同

泰昌朝記事

舊鈔本一冊前署江上遺民李遜之輯有吳翌鳳家藏文苑圖記葢家枚菴先生藏本　先君子書後云嘉慶甲子收得友人枚菴藏書葢自君之別已三十餘載矣不禁撫卷黯然

蜀難紀略

蜀難敘略婁東沈荀蔚著前列范文光沈華陽傳後附李明睿金之俊吳偉業王時敏王發祥張王治吳國杰孫以敬吳克孝毛天麒錢廣居郭奎先周亮工諸先生跋所記爲獻逆破蜀荀蔚父雲祚死節事起崇禎十五年至　國朝康熙三年與難始末凡二十餘載其記雲祚之遇害也曰被幽於大慈寺逆遣其黨饋食以厚祿相誘更以天命爲詞先君子擊案罵曰吾豈食賊粟哉自兵敗時已不食求死不死何不速殺吾將助國滅汝

等也賊黨知不可屈往報逆逆大怒遂與御史理刑兩劉公同遇害初御史及崇慶州知州王勵精皆與逆同里人初疑之至是勵精聞省城陷即朝服望北闕拜坐樓上舉火自焚勵精嘗于壁上書文文山孔曰成仁等語後二十餘年壁字猶如故及州民建祠奉公像祭甫畢而壁適積其精誠所積如此而記獻逆之死也曰及昇賊至猶張目瞪視於是斬首剖心心色純黑時十二月十一日也獻逆稔惡滔天古今寡儔大兵誕將天威為天下復讐神人共快及傳首成都遺民競取其首提擲刺割踐踏污穢無所不至雖大快心實恨其死之太易聞埋尸處叢艸如棘觸之者皮肉縻爛又時有黑虎噬人人皆遠之戾氣所鍾死而不磨如此

保越錄

保越錄一冊不著撰人名氏　四庫目錄云記元順帝正至十九年明胡大海攻紹興張士誠將呂珍守據事所記胡大海縱兵淫掠及發宋陵墓諸惡迹明史皆未書張正蒙妻韓氏女池奴及馮道二妻抗節事明史列女傳亦未載存之可補史闕也

歷代山陵攷

國朝山陵攷

右二卷明王在晉奉敕纂明山陵攷二卷亦王在晉纂

謚法考

右鈔本不分卷無纂述名氏其載明臣謚法至宏治十二年王越止

海甯倭寇始末

右一冊不著作者名氏先君子校並有按語

柳邊紀畧

柳邊紀略五卷楊賓著後一卷為詩鈔本尚有鈌字前有賓自序及費密潘耒林佩黃中堅王源諸公跋自序比於松漠紀聞南燼紀聞北狩革書之類

綏寇紀略

綏寇紀略三卷係未經刊刻者先君子云以上三卷俱未有刊本綏寇紀略原十五卷又名鹿樵紀聞子有舊鈔本十五卷俱全太倉唐孫華有讀梅邨先生鹿樵紀聞七律六首見東江集乙丑六月志

鹿樵紀聞

右十五卷舊鈔本始鶉首火迄虞淵沈下末一卷為附紀起漳泉海寇訖湖南各賊

明季甲乙兩年事蹟彙略

右三卷不著撰人名氏惟題東邨八十一老農隨筆前有順治改元沛澤老農自序其記李國楨事云朝廷發三大營營齊化門外李國楨坐城樓無所主張唯以大監王相堯統領又有賊執襄城伯李國楨至初時悍然

不跪賊再以危言恐之曰當屠一城人李乃跪曰吾爲闔城求全也未數日發同諸人追銀夾二次已聞成國公誅死即自縊賊執其夫人云云與甲申傳信錄同卷一起甲申正月初一至五月三十日卷二起六月初一至十二月三十日卷三起乙酉正月初一至五月三十日

紀事本末備遺

舊鈔本紀事本末備遺二冊不分卷亦無序目撰人名氏截去首冊爲遼左兵端熊王功罪插漢寇邊二冊爲毛帥東江綿甯戰守東兵入口凡六篇

列女傳

吳中顧氏仿宋刻本先君子以明黃刻本校巢飲先生亦曾勘閱夾簽數十條

列仙傳

右二卷汲古閣刊本校菴先生所藏有校菴藏本校菴流覽所及二印記首沈汾序校菴書云此首乃續仙傳敘誤冠於此翌鳳記時丙申九月

拜經樓藏書題跋記卷三

海昌吳壽暘虞臣纂

水經注

水經注四十卷明項氏刻本先君以柳氏鈔本手校每卷皆有題記卷末跋云山海經而後地理之書莫過於水經而水經之所以超陵羣籍者亦藉有酈亭之注存焉爾水經原水一百三十有七注中又得一千二百五十有二包舉華夏囊括古今俾學者足不必踰戶庭舉凡天下經流原委瞭然若指諸掌藉令郭宏農移山海之筆而爲之絜長較短吾未知孰得而孰失也世有修水道者執此以往非但神禹之遺跡可求即管子所稱

三億三萬三千五百五十有九之數旁引曲證庸詎知不復見於今日耶惜閱時既遠習者久乏專家自唐以後闕失頗多宋館閣所藏止三十五卷蜀本僅二十卷故歐陽公且未見足本今幸復四十卷之舊而其閒經注混淆訛文脫簡不勝悉數金源有蔡氏珪補正水經已不可復得自明以來校讐刊布者家數漸廣如楊氏慎黃氏省曾吾族人琯陳氏仁錫鍾氏惺譚氏元春及項氏絪此本而南昌王孫謀瑋之箋爲最傳其用舊本傳錄是正者又有若歸氏有光舊鈔本趙氏琦美三校本朱氏之臣補正本全氏元立天敘吾騏三世校本馮氏夢禎勘定本錢氏曾依宋刻校本黃氏宗羲斐本孫

氏潛再校本顧氏炎武校本黃氏儀校本并圖劉氏獻廷注疏本姜氏宸英校本何氏焯再校本沈氏炳巽集釋本全氏祖望七校本而柳氏僉影宋鈔本爲最精他如周氏嬰閻氏若璩胡氏渭顧氏祖禹董氏熜杭氏世駿齊氏召南皆嘗援據辨證以匡其失逮仁和趙氏一清復博采史傳斟酌諸家之說繩愆糾謬定爲水經注釋四十卷又別纂朱箋刊誤十二卷自謂集古今之大成于桑酈二家可稱功臣所遺憾者惟未覩柳氏本耳按僉字大中吳人別號味茶居士書鈔於正德中前有道元原序雖闕而不全顧別本皆無之吉光片羽洵希世之珍也舊藏洞庭葉石君家旋亦散去予既錄得趙

本又嘗慨慕柳本有得隴望蜀之想癸巳秋日吾友鮑綠飲忽從湖墅友人齋頭獲見此本馳以告予爲之狂喜彌日因亟從借歸出趙氏書中孫潛校補數處證之壹皆脗合篇端雖不著大中姓氏定爲從柳本傳鈔可無疑者欲影鈔一本卒卒未暇乃先取項本手爲讎勘其不同者悉表而出之以資參攷始於癸巳季冬訖於甲午仲秋凡九閱晦朔盖百里外借書往來動多作輟故也原本雖亦間有亥豕然披沙簡金往往得寶在擇之者何如耳嗟乎是一帙也趙君以畢生之力求之而不可得予遇之若取諸懷袖何造物者之嗇於彼而豐於此也抑書之遇不遇亦有時歟予既自慶其遭略取顛末而著于此後之得吾書者其寶之哉乾隆三十九年重九日海甯吳某書于拜經樓　柳本酈序鈌深屏營也至桯渚交奇凡半葉此從新刻本補全每葉廿二行行二十字記云乾隆丙申春從京師新刻本鈔全酈序并校訛字此序盖從永樂大典內錄出使人得覩全璧何其幸也兔牀記此序行間字數猶是宋板本來面目又記又書卷首云柳本卷下俱有第字人名上不署漢及後魏字後同凡硃筆注一作者俱柳鈔本柳本經注皆白文無小注故此本小注並用乙

元豐九域志

元豐九域志十卷吳中家校菴先生從青芝堂影宋本

錄出復以舊志校勘者每葉大字二十二行每行大字二十二小字夾行每行二十三及二十四二十五字先君子從校菴借鈔並書其跋云新定九域志十卷青芝山堂影宋鈔本復從元豐舊志校勘者首卷原闕四京以下六版又脫曹州濟陰郡半版亦從舊志鈔補并錄入進表一篇略成完書矣新定本較舊志增多古跡一門朱竹垞謂舊志多經進之書此則民間流行之本未知然否慨自祝穆方輿勝覽殘山剩水僅記偏安州郡惟此與樂史寰宇記猶見全宋規模而流傳甚罕識者所當什襲而寶貴之也乾隆戊戌秋九月校菴漫士吳翌鳳書　先君子跋云家校菴僑居吳下性喜藏書每

遇秘本輒手爲傳錄蓋今之方山也王正仲九域志流傳絕少而有古跡者尤爲難得癸卯夏從枚菴借得因亟鈔而藏諸拜經樓又云壬子仲春復以錢遵王影宋鈔本及嘉興馮氏新刊本重校一過

又

嘉興馮氏刊元豐九域志十卷先君子以青芝堂鈔本校跋云戊申秋日仲魚新購得錢遵王影宋鈔元豐九域志郎從京師寄予予受而讀之庚戌仲夏南還復以此本見遺蓋嘉禾馮氏新刊本也仲魚留心地學觀其跋語足徵其討究之深馮氏復借影鈔本重校而補刊各卷之後資仲魚之益亦不尟矣予習懶廢學處遵王

善本留諸插架徒飽蟫腹因取遵王本仍還仲魚而以予舊日所藏青芝堂鈔本九域志有古跡者重校一過漫記于此　壽暘按簡莊徵君得影宋鈔本馮氏借校補刊各條於每卷之後徵君有書後一篇論黎陽大伾山據本志復據宋史及文獻通考謂蔡氏書禹貢不當以黎陽縣繫今通利軍爲王厚齋所未及者先君錄其文於此本之後

乾道臨安志

乾道志鈔本止三卷每葉二十行行十九字先君子以錢氏萃古齋新鈔本校錢氏本每葉十八行行二十字前有厲樊榭先生序云乾道臨安志十五卷宋臨安府尹吳興周淙彥廣所修也此宋槧本僅一卷至三卷無序目可稽觀其稱孝宗爲今上紀職官至淙而訖其爲乾道志無疑吾郡志乘之有名者北宋圖經久已無考至南渡建爲行都則此志居首繼之以施愕淳祐志潛說友咸淳志皆爲宋人排纘予所見者祇有咸淳百卷向在花山馬氏吳君尺鳧鈔藏尚闕七卷趙君谷林復購得宋槧本之半固已珍如球璧今孫君晴厓從都下獲此志雖僅十之一二而當時宮闕官署城市橋梁坊巷具存職官始末更爲詳晰諸家儲藏著錄未有及此者淙尹京時撩湖濬渠綽有政績載在宋史其書更可寶也亟錄副本而歸之樊榭厲鶚識後　杭堇浦先

生跋云長興周淙彥廣撰臨安志十五卷直齋書錄識其首卷爲行在所於宮闕殿閣全不記載其他沿革亦多疏略此書世所罕傳萬歷中吾郡陳布政善修府志時已不得見孫君晴厓得宋槧本於京師故家祇一卷至三卷所載園亭坊巷及職官姓氏爲潛君高咸淳志藍本其它惜無從更覓然斷圭殘璧爲此邦文獻計已不啻寶如圖球志稱乾道三年五月二十六日以右朝請大夫直龍圖閣兩浙轉運使知臨安府先是紹興五年嘗通判府事宋史本傳但言宣和間以父任爲郎歷官至通判建康府志稱乾道四年十月十四日磨勘轉右朝議大夫五年七月初四日除右文殿修撰再任本

傳但言進右文殿修撰提舉江州太平興國宮以歸無再任臨安事此可以補史之闕咸淳志載淙濬湖撩草諸善政孝宗手勅獎諭本傳但言其開湖一事亦似過略　堇浦杭世駿跋

淳祐臨安志

淳祐志六卷每葉十四行每行大字十九小字雙行十九簡莊徵君從吳中爲先君子鈔得同時黃蕘圃主事亦錄一本蕘圃主事跋云今歲夏秋之交賈人從乍浦韓氏得書數百種盛稱中多舊本書大都皆余所有不復過問惟相傳有臨安志六卷本余甚疑之蓋乾道則太多咸淳則太少遂就賈人處索觀其書卷中所志淳

拜經樓藏書題跋記卷三　六　別下齋校本

祐而止余曰是必施諤臨安志也賈人初不知因余言遂信之擬與交易云已售出惜未歸之頃晤簡莊知是書在彼處外府之藏也當倩胥錄其副同人賦詩紀事簡莊倡而彛牀與余和之洵爲藝林佳話云己巳季冬十有一月復翁書于石泉古舍　簡莊徵君跋云吾杭在南宋建都爲臨安府其志凡三修一爲乾道時周淙撰一爲淳祐時施諤撰（四庫書目提要作施鍔杭堇浦厲樊榭咸淳志跋作施愕今黃蕘圃與余定作施諤）一爲咸淳時潛說友撰乾道志十五卷久佚同郡孫晴厓從都下得宋槧本止三卷余曾錄副本咸淳志百卷秀水朱竹垞從海鹽胡氏常熟毛氏先後購得宋刻八十卷又借鈔十三卷尚缺七卷後歸吾鄉馬

氏道古樓收藏錢唐吳繡谷購鈔其半繼而竹垞孫稼翁又以宋槧十七冊售于同郡趙氏小山堂趙氏復從吳本補錄其餘未及裝整卽歸王氏寶日軒又轉歸于吳氏存雅堂乾隆三十八年歙鮑淥飲從平湖高氏得宋槧本二十二冊中間節次缺失而盡于八十一卷每冊有季滄葦圖記據淥飲跋云內第四卷至九卷實季氏補鈔中稱理宗爲今上應是施愕淳祐志羼入餘二十冊紙墨精好較勝趙氏本而六十五六兩卷又竹垞所未見也因斥去季氏補鈔施志六卷就趙本補錄通得九十五卷未幾歸于吾鄉吳氏拜經樓餘姚盧氏抱經堂嘗從吳氏借鈔今爲余所得者也近客吳中有持

拜經樓藏書題跋記卷三　七　別下齋校本

書目來者云平湖韓氏出售中有臨安志四冊因與黃君蕘圃亟取觀之書凡六卷所列山川城府二門雖編爲卷一至六然前尚有缺卷其紀載至淳祐十一二年止避諱亦僅及理宗其爲淳祐志無疑殆卽從季氏本轉錄者乃以厚價購之攷直齋書錄文獻通攷及宋史藝文志皆不著錄而施之字里出處亦未詳明其時知臨安府事者爲趙與篡志中備載其建置倉敖設育嬰堂濬西湖開運河諸善政按宋史云與篡所至急於財利幾於聚斂之臣而盧熊蘇州府志稱其知平江適郡中饑分場設粥全活數萬人再守郡行鄉飲射禮于學宮復修飾殿堂齋廬廣弦誦以嚴教養弟子爲立生祠

熊之言當有所受則志亦未必虛譽兼可以證史傳異文書雖不全良足寶貴遂與乾道咸淳二志共藏目爲宋臨安三志并賦詩紀事嘉慶十有四年冬十有二月海甯陳鱣書　詩云偶從吳市購得宋淳祐臨安志六卷雖非全本然自來著錄家多未見喜而有作寄槎客先生輸錢吳市得書誇道是西施入館娃志爲施諤所修宋室江山存梗概鄉邦風物見繁華關心志乘亡全帙屈指收藏又一家同郡孫氏壽松堂舊藏宋本乾道臨安志三卷先生書庫有宋本咸淳臨安志九十五卷嘗刻一印曰臨安志百卷人家況有會稽嘉泰本賞奇差足慰生涯同時購得嘉泰會稽志　先君子和作云鳳舞龍飛詎足誇錢唐遺事失宮娃天教南渡支殘局入想東京續夢華朱鳥

歌成空有淚冬青種後已無家與君鼎足藏三志子舊有乾道臨安志三卷咸淳臨安志九十五卷皆宋刻及影鈔本合此爲臨安三志云天水猶懸碧海涯蕘圃主事和作云甄别奇書卻自誇秦娥未許混吳娃淳祐志舊缺咸淳志中故借用方言卷二中事詳見讀書敏求記闕疑向已無年號所見淳祐志鈔本皆無年號微顯今還識物華半壁河山留六卷累朝興廢得三家東南進取忘前鑑空使宗臣泣海涯東南進取輿地通鑑三十卷孝節先生趙善譽著郎陳氏解題馬氏通攷所云南北攻守類攷也宋刻藏無錫某氏近始獲見因價昂未之買　又庚午春日寄懷先君子次前韻詩云千元百宋競相誇引得吳人道是娃謂好曰娃見說文我爲嗜奇荒產業君因勤學耗年華良朋隔世亡雙璧謂顧抱沖袁壽皆異地同心有幾家眞箇蘇杭聞見廣藝林佳話徧天涯仲魚得淳祐志郎佳話之一

咸淳臨安志

宋大字本咸淳臨安志九十五卷每葉二十行每行自文二十註文雙行二十字綠飲先生得于平湖高氏以歸先君子凡宋刻二十卷影宋鈔七十五卷有季滄葦圖記卷帙與傳是樓宋板書目相符蓋東海舊藏原本盡于八十一卷內五卷至第十卷乃施諤淳祐志羼入綠飲先生撤出此六卷從王氏吳氏影宋補鈔較竹垞先生所見本多六十五六十六二卷鈔本經沈君烺校正書其前云乾隆丙申三月初十日武林沈烺校又云是書鮑綠飲借鈔於壽松堂孫氏檢書者不依卷數亂

發隨借隨鈔亦郎隨校覽者幸毋以參錯爲嫌烺又識每卷後皆記校對月日又九十七卷後書云乾隆四十一年歲次丙申二月望後假壽松堂孫氏本鈔補四月二日鈔畢七日校訖計補八百頁　又耕厓先生識云四月三日閟竟風日和美綠陰滿窗時將迎夏矣廣業　先君子嘗欲取乾道臨安志成化萬歷二杭州府志補其缺卷未有成書曾手定序錄一冊至百卷後有附錄七則並錄朱吳杭鮑四先生題跋　竹垞先生跋云南宋咸淳四年中奉大夫權戶部尚書知臨安軍府事縉雲縣開國男處州潛說友君高葺正府志增益舊聞凡一百卷予從海鹽胡氏常熟毛氏先後得宋槧本八

十卷又借鈔一十三卷其七卷終缺焉宋人地志幸存
者若宋次道之志長安梁叔子之志三山范致能之志
吳郡施武子之志會稽羅端良之志新安陳壽老之志
赤城每患其太簡惟潛氏此志獨詳合以吳越備史中
興館閣錄續錄都城紀勝武林舊事夢粱錄大滌洞天
志庶幾文獻足徵惜後之作通志者目未覩此以致舊
聞放失可歎也夫秀水朱彝尊　尺鳧先生跋云咸淳
臨安志原本舊藏朱氏曝書亭後歸花山馬氏道古樓
今入桐鄉汪氏書廬世人不可得見矣所闕者凡七卷
竹垞竭平生之搜括竟不能見合浦珠離平津劍失世
間神物自有護持不知吾生可能得遇否康熙辛卯從

馬氏乞鈔予錢二十千凡三年僅得半部更請於書主
付繡谷亭別令楷書生錄完并假前半部手自校定先
後歷十年餘至雍正元年癸卯始得裝訂成一書之難
如此錢塘吳焯　堇浦先生跋云咸淳臨安志緍雲潛
說友君高譔說友史家不爲立傳其序末列銜云云存
此可以見說友之官閱書凡百卷舊藏花山馬氏吾友
吳君尺鳧以二十千購鈔其半其半則得之王店朱氏
檢討家碑刻七卷仍闕如也好事者往往從吳氏借鈔
鈔胥憚煩每割去大文長記以是世鮮善本辛亥歲夏
同在志局尺鳧攜是書來予與趙誠夫共相參校乃得
睹悉眞贗輒歎求書之難適檢討孫稼翁以宋槧十七

冊求售亟從臾誠夫以三十金易之山川古跡祠廟寺
觀湖志全弋獲於此吾郡之文獻又無論也施愕淳祐
志久佚不傳說友間一稱引之序所謂漏且外者也後
陳布政再修爲能胚胎前光稱杭之善志其賢子夏大
理遠矣秦亭山人杭世駿　先君子云按吳繡谷跋所
藏咸淳臨安志謂予錢二十千僅鈔半部蓋謂以錢予
馬氏之掌書者也其後復從書主借其半鈔全無得之
王店朱檢討家之說又考所闕七卷爲第六十四六十
五六十六三卷並人物第九十九十八九十九三卷並
紀文第一百卷乃歷代碑刻目跋中所言碑刻七卷仍
闕如也似皆未得其實　綠飲先生跋云宋咸淳間潛

說友撰臨安志百卷歷世寖久傳本絕少我　朝朱檢
討彝尊先後從海鹽胡氏常熟毛氏得宋槧本去其重
複輯成八十卷又從他氏補鈔十三卷尚闕七卷無從
補錄其跋載曝書亭集中檢討既沒歸之花山馬氏道
古樓馬復售之桐鄉汪氏今則散佚莫可踪跡矣方在
道古樓時錢塘吳繡谷先生從之借錄予錢二十千僅
得其半又歷十餘寒暑始畢業焉雍正辛亥檢討孫稼
翁以重出宋槧本三十五卷售小山堂趙氏趙氏從吳
本補錄其餘未及裝整卽歸北墅王氏寶日軒頃復爲
吳氏存雅堂所有吳氏之居去予家衹數舍予每欲借
鈔輒因病止今年正月偶得平湖高氏本凡二十二冊

中間節次闕失而盡于八十一卷每冊有季滄葦圖記以傳是樓宋板書目證之其卷帙相符葢即東海舊物也內第四卷迄第九卷實季氏補鈔中稱理宗爲今上應是施愕淳祐志羼入（賜蘐按家藏本第四卷乃宋刻第五至第十並知不足齋補鈔先生殆偶誤記耳）餘二十冊紙墨精好較勝于趙氏本而六十五六十六兩卷又竹垞先生所未見也因拆去季氏補鈔施志六卷就吳氏借趙本補錄凡影宋刻鈔者一十六卷影鈔者二十八卷又影宋刻鈔序目三十八翻合刻本通得九十五卷仍鈌者第一卷卷首序錄二翻第六十四卷及九十卷九十八卷至一百卷留心稽訪異日或成全書未可知也吳本有繡谷先生手跋趙本有

堇浦先生手跋記述頗詳并錄于左俾後之好古者有所徵信且知吳趙二家購求遺籍不惜重貲有足法者嗟乎聚書藏書良非易事即如泰與季氏花山馬氏桐鄉汪氏武林趙氏王氏以及健菴江邨之富且貴焉而此書不數十年間屢易其主若傳舍然況以余之薄弱其能長守而弗失乎亦冀後我者知所愛護而已乾隆三十八年歲次癸巳三月歙人鮑廷博題于知不足齋

附錄癸辛雜識一條先君子書云按姑蘇志古今守令表說友以德祐元年四月二十五日罷二十六日發州陳謙亨以浙西提刑兼攝平江府八月二十四日除司農少卿至九月十八日文天祥以制置使知平江府按此是信國之前尚有陳謙亨攝平江數月也可補雜識之遺又升菴外集潛說友宋安撫使今傳奇中王十朋有此人訛爲錢先君子書云按傳奇雜劇往往假託人姓名而罕指實且王十朋紹興二十七年進士至咸淳時已百數十歲升菴之不檢每多如此

新安志

新安志十卷舊鈔本前題大宋孝宗乾道二年賜進士第中議大夫知鄂州軍府事新安羅願編有趙不悔序淳熙二年願自序按曝書亭集云古文至南宋日趨於冗長獨羅鄂州小集所存無多極其醇雅所撰新安志簡而有要篁墩程氏取其材作文獻志此志之最善者

予年八十始鈔得是書每勸新安富家開雕終鮮應者甚矣今人之不好古也潛研堂文集云汪廷俊世所指爲姦人也羅端良入之先達傳初無微詞後儒亦不以病羅氏葢郡縣之志與國史不同國史美惡兼書志則有褒無貶所以存忠厚也公論所在固不可變白爲黑而桑梓之敬自不能已袁伯長四明志於史同叔但敘其歷官而云事具國史與此同意汪尚有善可稱史則其惡益著故文稍異爾志成於淳熙二年朱晦翁名位未顯且見存不在立傳之例而於韋齋傳末稱其讀書求志有四方學者推尊之語亦見其傾倒於朱也今本進士題名篇於宋名下注太師徽國文公六字則後人

所加

三山志

淳熙三山志四十二卷舊鈔本按曝書亭集云志閩地者晉有陶夔唐有林諝宋有林世程諸書均佚是編亦罕流傳以三山士夫未著錄者一旦有之足以豪矣特其體例附山川于寺觀之末未免失倫然十國之事可徵信者多有出於王氏八閩通志王氏閩大紀何氏閩書之外學者所當博稽也潛研堂文集云梁克家三山志四十卷宋史藝文志謂之長樂志其實一書也今本作四十二卷其第卅一第卅二兩卷進士題名乃淳祐中福州教授朱貔孫續入攷目錄本附於第卅之後但

云第卅中第卅下未嘗輒更舊志卷第後人析爲四十二卷又非貔孫之舊矣志成於淳熙九年五月而知府題名增至嘉定十五年他卷間有闌入淳祐中事者皆後人隨時儳入也宋史本傳於乾道罷相以觀文殿大學士知建康府之後卽云淳熙八年起知福州據志克家於淳熙六年三月以資政殿大學士宣奉大夫知福州則傳稱八年者誤志又書八年五月復觀文殿學士此卽史所載趙雄奏欲令再任降旨仍知福州事是時克家涖任已滿二年故有再任之旨因復其職名史誤以再任之年爲初任之年則甫經到任不當云再任矣且克家於罷相時已除觀文殿大學士越數年起知福州止帶資政殿大學士又二年始復觀文殿學士仍無大字則知建康以後必有落職奉祠之事而傳皆闕之世人讀宋史者多病其繁蕪予獨病其缺略缺略之患甚於繁蕪卽有范蔚宗歐陽永叔其人繁者可省缺者不能補也因讀此志爲之喟然

吳郡圖經續記

宋朱長文著三卷舊鈔本前有元豐七年九月十五日州民前許州司戸參軍長文所上序後有元祐元年臨卭常安民書後元祐七年大雲編戸林虡後敘元符三年朝請郎通判蘇州權管軍州事祝安上刊書敘紹興四年漣水孫佑重勘跋末附元祐元年朝奉郎中書舍

人蘇軾同鄧伯温胡宗下缺數字劉子內硃筆評點稱義門先生爲先師有從宋本校勘處頗多補正　先君子書後云續吳郡圖經世間傳本絕少而此本爲秀水濮自崑先生手校尤爲可寶余三十年前嘗借鮑淥飲遊吳中購得之珍藏至今每一展卷覺古香襲人後世其善視之嘉慶辛酉記　簡莊徵君復以宋本校卷三修撰程公師孟一條上補元豐四年資政殿學士太子少保元魏公絳正議大夫集賢殿二十四字後記云嘉慶十一年秋郭海陳鱣借校一過時寓中吳別業卷末一行云淳熙改元琴川徐日新觀于中山書樓

續吳郡志

續吳郡志二卷舊鈔本前有戒庵老人自序云吳郡志以蘇松東南二府大志也紀載郡之封域山川戶口物產人才風俗以至城池廨宇井邑先賢之遺蹟下至佛老之廬皆次焉二府東南大都其風土亦已略見於禹貢周職方爾雅諸書如子貢之越絶趙曄之春秋張勃陸廣微之記錄羅處約朱文長之圖經龔明之輩紀聞紀事則備矣彙而成書則有范成大吳郡志由今而觀范志峻而整雖詳尚有未備者仙人隱士之居址名山勝境之出處庵觀寺院橋梁道路所興起之跡此皆前志所遺失也故續其志云

中吳紀聞

右六卷汲古閣刊本先君子假得校本命兄壽照錄於上卷首書毛斧季從崑山葉九來借得舊錄本乃其先文莊公菉竹堂所藏故物開卷有文莊名字三印卷末一行云洪武八年從盧公武假本錄傳此書始自公武訪求校定復出于世此同邑錄傳之本宜其可從是正也後書庚戌穀雨日借得語古小齋校對本粗臨一過晚合老人記於南九曲灣寓舍又有綠筆係抱經盧學士所勘

茅山志

元槧本茅山志每葉二十六行行二十三字闕三四五六七十四十五七卷又文漁先生藏本卷一至卷八合之得十三卷其十四十五二卷終闕焉先君子書云據六硯齋筆記此本的屬句曲外史手寫付梓者雖吉光片羽猶宜珍惜

元大一統志

元槧大一統志殘本六巨冊自六百十五至七百五十一中少九十七卷僅存三十九卷全卷二十八不全卷十一共四百三番每番二十行行二十字字大悅目其方域則四川彭州崇寧濛陽威州通化茂州簡州新津嘉定府路眉州沔州蓬州重慶路夔路永康達州彭水紹慶路等先君子跋見愚谷文存中此書有跋云竹汀集跋見南濠朱氏本凡四百四十三番每冊首有處州路儒

學教授印其方域則河南湖廣陝西浙江等省元修一統志凡二本一至元二十三年扎馬剌丁虞應龍等修成于二十八年七百五十五卷大德初復從趙忭請命卜蘭禧岳鉉重修按宮詹所見蓋即此本暘謹按宮詹文集跋又云史以孛蘭肹爲卜蘭禧譯音之轉也第六百十八卷劉易從作陳易從引彭州古今錄唐高宗儀鳳三年云云先君子書條云按新唐書吐蕃傳二百十六卷上元三年攻鄯廓河芳四州詔周王顯爲洮州道行軍元帥率工部尚書劉審禮等十二總管等討之李敬元率審禮擊吐蕃青海上審禮敗沒無儀鳳三年事疑工部尚書即易從之父一統志惜未詳其名目陳易從前古跡門九女冢作劉易從此蓋誤作

陳然明一統志名宦亦誤作陳侯更考之敬元此誤作敬立通鑑紀事本末載劉審禮父子事甚詳又後易從坐李敬業事云云下書曰按劉易從事舊唐書謂李敬貞誣搆而死新唐書謂爲酷吏周興誣搆而死初不言李敬業且敬業敗于嗣聖元年至永昌時已五六載元一統志疑有誤

元混一方輿勝覽

元混一方輿勝覽三卷不著撰人名氏元槧巾箱本每葉二十四行每行大小字俱二十字畫端楷紙墨古雅按潛研堂文集跋云元混一方輿勝覽三卷無撰人姓名蓋書肆所刊其文簡陋然今時流傳者已少矣元史

地理志大都路領州十此云州九者龍慶州本縉山縣屬上都路之奉聖州延祐三年始升爲州故也成宗紀至元三十一年復立平陽之芮城陵川等縣蓋元初二縣曾廢此書澤州無陵川縣解州無芮城縣可證其刊於世祖朝而書中又有冀甯晉甯之名係大德中所改則刊成之後別有竄易要皆書肆射利者爲之而不自知其抵牾也大甯路有霍州景州史志無之此書亦未詳其沿革姑記之以俟攷余今夏得一銅官印文曰景州之印當爲河間路之景州背文曰宣課行乙未年三月日造無年號蓋蒙古太宗七年印也

海甯縣志

縣志九卷明嘉靖間知海甯縣事古亭蔡完所修首有自序後有海甯學諭東吳張志跋此冊爲若上書林家艮輔翁所贈先君題云蔡古亭明府海甯縣志在談孺木先生輯海昌外志時云其板尚藏庫中迄今百數十年卽印本且不多見予訪購有年昨歲聞梅里李氏有是書屬若上吳艮輔物色之今夏始得卷帙完整洵足珍也方艮輔之得也中途有人欲邀之艮甫曰息壤在彼卒以遺予竟不持一錢而去是亦估而有士行者歟乾隆四十七年立秋前三日槎客吳某誌

海昌外志

談孺木先生所著不分卷凡輿地食貨職官建置選舉

人物叢談藝文八門首自敘及樓鞏沈升蔡完序又許令典及先生所作趙無聲先生甯志備攷引先君子有題記數條

皇祐新樂圖記

皇祐新樂圖記三卷先君子購自吳中書後云皇祐新樂圖記予購之於吳門錢聽黙書林雖近手鈔亦尚不惡至鍾字卽鐘字妄人逐字硃改可笑之甚自來古書遭庸妄子任意改竄不知凡幾矣乙丑冬日按潛研堂文集謂宋史樂志書以瑗爲大理寺丞儒林傳書樂成遷太常寺丞與樂志異太常殆大理之譌

直齋書錄解題

書錄解題二十二卷武英殿聚珍本盧學士借校多所補正凡字畫之不合六書者悉皆更定彌見前輩讀書之精審深可寶愛簡莊徵君復校補十數條內卷十二至卷十四卷十九至二十二先君子曾得舊鈔殘本手校于上後以贈嘉興陳梅軒進士嘉慶乙丑簡莊得陳鄉人從梅軒借錄本一冊以示先君子因復錄於是本並書十四卷後云予向有舊鈔書錄解題殘本後以贈檇里陳進士效曾效曾官楚中十餘年移疾而歸所患乃失心之疾此書予未有副求前書一校此本亦不可得頃簡莊從吳中購得一本則有效曾鄉人曾與效曾借予殘本而手校者惜不知姓氏攷其所校時迄今已

二十有五年矣因復從簡莊借錄於此本不禁閣筆爲之三歎嘉慶乙丑冕牀志又書廿二卷末云嘉慶丁卯仲秋秀水王稼洲茂才過訪予出此書示之其十二卷中所云從同郡陳效曾所借校人之姓名稼洲亦不辨稼洲名尙繩尊甫省齋大令元啟禾中篤學士也於效曾爲前輩　簡莊跋云近客吳中從書賈購得直齋書錄解題係聚珍本中有朱筆校語初不知爲何人及閱卷之十二上有標題云借同鄉陳進士熷所藏海甯吳葵里鈔本殘帙校始知吾鄉槎客明經曾有舊鈔以遺秀水家效曾進士而此君復從借校者也惜乎僅題年月不著姓名觀其書法秀麗亦甚可愛會予歸里攜示明經一見心喜如逢故人既爲重錄於盧抱經學士手校本上余復借盧校本傳寫對勘一過凡改正數百字并從文獻通攷補得十餘條其黃筆者皆是今而後庶幾可爲善本因念抱經學士已歸道山效曾進士久患心疾而明經之年亦七十有三矣予得挾書往來賞奇析義能無欣慼交至哉按陳振孫宋史無傳癸辛雜識別集載徐元杰一條知振孫于淳祐四年官國子司業又會稽續志浙東提舉題名有陳振孫端平三年二月初六日以朝散大夫知台州兼權八月正除十月二十六日到任嘉熙元年改知嘉興府是振孫由浙東提舉改知府厲太鴻徵君宋詩紀事作浙西提舉誤也　四

庫全書總目又引癸辛雜識莆田陽氏子婦一條稱陳伯玉振孫時以倅攝郡又陳周士一條稱周士直齋侍郎之長子謂振孫始仕州郡終官侍郎不止浙西提舉然檢毛氏汲古閣所刊癸辛雜識無此二條未知總目所據何本且云浙西提舉亦承厲氏之誤耳此書有隨齋批注不書姓名錢辛楣詹事養新錄云元時有楊益字友直洛陽人官至撫州路總管所著有隨齋詩集或卽其人因附書之嘉慶十年七月海甯陳鱣記

葉竹堂書目

葉文莊公葉竹堂書目鈔本二冊前有公自序係從涇東稾錄出間有鈌字後有五世孫恭煥七世孫國華二

跋每書不記卷數但書幾册自序謂葉氏書目六卷今此本不分卷序後附書廚銘云讀必謹鎖必牢收必審閣必高子孫子惟學斅借非其人亦不孝可爲世守藏書者之善則

絳雲樓書目

右鈔本不分卷凡上下二册首有曹倦圃先生題辭末有倦翁後跋

千頃堂書目

千頃堂書目三十二卷杭菫浦太史道古堂藏書末有太史手跋云右千頃堂書目金陵黄俞邰所輯俞邰徵修明史爲此書以備藝文志採用横雲山人刪去宋遼

金元四朝刺取其中十之六七爲史志史館重修仍而不改失俞邰初指矣元修三史獨闕藝文全在明史網羅如後漢晉不列此志隋書獨補其闕不必定在一朝也歲在辛亥從曝書亭朱氏購得此本亟錄出以箴史官之失說者得無笑其迂乎戊辰六月一日舊史杭世駿又書云其中宋人著作係宋史藝文志所遺非複出也綠飲先生爲先君子購得復從抱經學士借金陵新校勘補又從道古堂遺文內補鈔黄氏書錄序于卷首內地理一門太史序言增補先君子以爲還閲此書又不如所云疑此外別有一本復取諸家書目續補徧書於上詳愚谷文存跋語中　又別紙錄抱經學士與其弟書云黄俞邰有明史經籍志原稿體例較好今千頃堂書目乃從此出雖增添甚多而雜亂無序是賈客之帳簿而已我已先鈔得書目今難于改易只得將黄志細細校補所增添小注甚多并書目之所漏者亦間有之俱補全矣我晚年要搜尋桑梓人物并涉吾宗者俱要訪求

讀書敏求記

右刻本四卷先君子校閲記後云此書未刻之前最爲難得錢塘吳尺鳧先生嘗言竹垞檢討典試江南與遵王會飲私屬錢氏侍史竊出一鈔償以美裘一襲白金十兩甚前輩之好古如此亦可起敬也此刻視鈔本間

多舛譌惜未得一校姑俟異日求之壬辰四月某記　嗣從朱朗齋文學借汪氏振綺堂校錄瓶花齋藏本對勘朗齋書後云此爲友人朱秀才映漘手校本乃振綺堂主人（即所稱東軒主人）從家甌亭上舍借瓶花齋藏本屬映漘校勘者據諸君跋語其丹黄已不下四五過然予細閲之此本之譌舛脫略固多而振綺本亦未爲盡善故二本之互異者各書之簡端俾映漘更加覆校庶幾二本各歸精當耳　又傳錄諸跋于卷首　尺鳧先生跋云絳雲未燼之先藏書至三千九百餘部而錢遵王此記□□有一種皆紀宋板元鈔及書之次第完缺古今不同手披目覽類而載之牧翁畢生之菁華萃于斯矣

書既成扃寘枕中出入每自攜靈蹤微露竹垞諉之甚力終不可見竹垞既應召後二年典試江左遵王會於白下竹垞故令客置酒高讌約遵王與偕私以黃金翠裘予侍書小史啓鑰預置楷書生數十於密室半宵寫成而仍返之當時所錄并絕妙好詞在焉詞既刻函致遵王漸知竹垞詭得且恐其流傳于外也竹垞乃設誓以謝之竹垞既重違故人之命而又懼此書之將滅沒也暮年始一授族子寒中余聞之久矣然知其嚴秘勿肯與近者校讐諸書寒中閔予之勞竟許以贈余以白金一斤爲壽再拜受之亦設誓辭焉嗟乎書乃天地大公之物也然有可傳有必不可傳正如修丹者既成人

皆可餌而烹煉之方非堅精凝潔者弗能守然猶可傳者丹之法而必不可傳者丹之道大道在人非其人莫與則斯志也已書之卷末示我後人康熙五十六年三月十八日錢唐吳焯　□□先生跋云此書向惟曝書亭藏有抄本珍祕不出先君子以重價購得之稼翁晚年力不能守元鈔宋刻雨散雲飛而此書遂流落人間吾友趙君用亭爲刻之吳興卷端冠序一首借先友傳編修玉笥之名傳不知也偶於書肆中見之大怒且以舊史官三字爲犯時忌徧告當事欲毀其版幾允所請賴先子解紛得寢然用亭亦因此愧憤不復刷印示人矣信乎古今典籍傳與不傳蓋有一定之數不可強也

乾隆丁巳小除日錢唐吳城記於瓶花齋又跋云絳雲一炬秘本不可復見遵王著敏求記一書後人賴之以攷證天水鐫板行世有功典籍匪淺當時不乏文人必借玉笥太史之名以弁其首較之題碑祝嘏不猶愈乎玉笥翁何亟亟於求毀耶斯亦可謂不愛古名者矣小谷跋時甲申臘月既望燈下　右繡谷亭本跋語三則　郎亭先生記此後云此書東軒主人藏本二一爲吳石倉先生鈔本二冊一卽此本趙谷林先生藏鈔本四冊從丁龍泓先生手鈔繡谷亭初校本借鈔者也其後繡谷先生覆校三次改抹之處此本未經是正乾隆丁亥八月一日主人從甌亭先生借得繡谷亭本屬文藻重校讎所疑

誤者改正凡百餘字此本洵完善矣文藻後進末學何幸得竊先正□修之秘而私淑老成嗜學之勤撫卷流思愧喜交集仁和後學朱文藻記　先君子書此數跋後云右跋凡四則從武林汪氏振綺堂所藏小山堂舊鈔本傳錄予嘗病刊本多誤間以硃筆評校終未能釋然乾隆甲午從書局中見此本因亟假歸覆勘更有數跋附錄于後凡綠筆者皆是也旃蒙協洽六月一日兎牀某識　尺鳧先生跋云遵王撰成此書秘之篋中知交罕得見者竹垞檢討校士江南日龔方伯偏召諸名士大會秦淮河遵王與焉是夕私以黃金青鼠裘予其侍史啓篋得是編命藩署廊吏鈔錄并得絕妙好詞既

而詞先刻遵王疑之竹垞爲之設誓而謝之不輕授人
也晚年稍稍傳出江南舊家間有之予從馬寒中得授
此本惜其字多繆誤葢當時半肖寫成未經校對其間
書雖不多宋版元鈔要皆奇秘眞書林之寶也吾友敬
身丁君獲此本於石門吕氏此又從竹垞已亡後其家
竊錄而出錯誤更多偶以余所藏本校其大概尚未盡
也嗟乎牧翁以十萬金錢購置奇書而遵王耳聞目見
盡平生之致力僅載此六百餘種所謂選其精華觀者
不當以尋常書錄視之也雍正甲辰冬至月廿又六日
燈下焯谷林先生跋云是本向吾友丁敬身借抄有繡
谷手校記語誤繆處十正八九聞石門袁舒雲家藏善

本俟再取校之甲辰除夕小山堂錄考畢谷林又第一
冊後記語二則云雍正甲辰至月蟬花居士取禦兒吕
氏明農艸堂善本手校是月小盡燈下記丙午秋闈後
以趙用亭新刊本再校朗叅先生書此後云右二則見
繡谷亭本第一冊後乾隆丁亥八月二日文藻校錄
第二冊後記語三條云十二月十日校畢并吕氏本參
勘付城南丁敬身焯記明年乙巳再校一過小年朝石
門舟中記又明年丙午夾興趙用亭已將此書梓行惜
其譌字過多與之校正又對一徧此本又改正數字重
陽後二日朗叅先生書此後云右三則見繡谷亭本第
二冊卷終八月三日校畢錄於此以見先正校勘之勤

如是也文藻記

也是園藏書目錄

右鈔本一冊不分卷無序目

傳是樓宋元版書目

傳是樓宋元版書目一冊先君子手寫本後有黃棃洲
先生傳是樓藏書記汪鈍翁邵青門二先生傳是樓記

傳是樓書目

傳是樓書目三冊不分卷無序首冊總目分四部以周
興嗣千文編號內有黃筆墨筆補記處先君子書後云
傳是樓書目二冊雖龕簡塵編然上下旁行之注猶是
東海手筆也勿易視之兎牀記　又鈔本六冊亦不分

卷知不足齋主人所贈係綠飲先生手錄

道古樓書畫目錄

右鈔本五冊目錄一冊先君子記云此爲插花山馬寒
中上舍所輯上自三代下迄有明凡金石碑版以至法
書名畫眞蹟題跋靡不甄錄葢將勒成一書如珊瑚網
清河書畫舫之流此乃其艸創總目上下添注者猶是
寒中手筆予夙負書畫之癖恨生也晚不及與前輩周
旋縱觀道古樓收藏之富癸卯殘冬花山後人有持此
數帙屬沈吕璜孝廉求售人無應之者余遂購之雖知
其殘缺不全亦以見前輩好古之般云爾乙巳杪冬兎
牀書

延令書目曝書亭書目静惕堂書目

右三種合爲一冊知不足齋鈔本每種後題重錄歲月並鈐知不足齋鈔本圖記先君子書延令宋版書目後云嘉慶乙丑黃蕘圃刻此目于吳下

汲古閣書目

右鈔本一冊不分卷無序目間有說見各書下

汲古閣刊書細目珍藏秘本書目

汲古閣刊書細目子晉先生所記每部皆記頁數每類又記總頁數先君子有補遺一紙夾書中計王肅注家語王逸注楚詞羣芳清玩五音韻譜牧雲和尚七會餘錄宗本投機頌病遊二刃病遊初艸病遊後艸等簡莊

徵君又書羣芳清玩種數及頁數細目一紙先君子記其後云右吾友簡莊所記予未曾見此書庚戌暮春過松陵楊慧樓進士案頭適有此書恍焉如對故人時與簡莊別三年矣汲古閣珍藏秘本書目係季先生所記每部皆記價值蓋以書歸潘稼堂先生此其細目也凡與時本不同者略記數條足資證据末有從孫琛題語

元秘書監志

秘書監志十一卷元承務郎秘書監著作郎王士點承事郎秘書監著作佐郎商企翁同編首載至正二年聖旨竹垞檢討序稱秘書監志而書題秘書志先君子書云曝書亭集作秘書監志監字似不可少又書目錄前云此志既用國書語多鄙俚而每卷立題尤荒謬不通恐并非王商手筆或後人妄撰此目未可知惜竹垞竹汀諸公均未論及書卷末云丙寅五月仲魚孝廉爲予從吳中購得此志其卷數門類與十駕齋養新錄所載悉同惟葉數養新錄共二百六十五葉而此計二百六十八葉豈宮詹所見本尚有闕葉歟此本舛錯甚多予雖以意校終未能釋然復屬仲魚訪之三吳藏書家幸與此本無異仍攜以見還仲魚亦照錄一部弆於紫微講舍嗟乎宮詹往矣誰復與予輩再訂此書耶嘉慶己巳五月吳某記

拜經樓藏書題跋記卷四

海昌吳壽暘虞臣纂

纂圖互注老子

宋本纂圖互注老子二卷卷首序題太極左仙公葛元造每葉二十四行每行大字二十小字二十三有方鑾時鳴私印方而怡際明父圖記

眞經道德指歸注

眞經道德指歸十三卷題蜀郡嚴遵字君平撰谷神子注卷首爲總序並元德纂疏先君子跋見愚谷文存又別錄

四庫全書提要簡明目錄渭南文集郡齋讀書志衢本蜀本讀書敏求記各條爲一冊　四庫提要目錄云曹學佺作元羽外編序稱近刻嚴君平道德指歸論乃吳中所僞作今案通考晁氏之言案此條通考所引與今本讀書志不同

先君子書云通考所引讀書志乃衢本世行板本乃蜀本故互異也又谷神子注本晁氏尚著錄十三卷不云佚闕此本載谷神子序乃云陳隋之閒已逸其半今所存者止論德篇因獵其譌舛定爲六卷與晁氏所錄亦顯相背觸且既云佚其上經何以說目一篇獨存至於所引莊子今本無者十六七不應遵之云云

先君子又書云按六卷本指歸論前列谷神子序者安知非明末人從十三卷中鈔此序以冠卷首晁氏所云十三卷谷神注今道藏尚有之原未嘗佚闕所稱莊子曰即君平以既諱嚴即稱莊子誤認爲子甫殊費詞矣

晏子春秋

元刻本晏子春秋八卷篇目內如首章莊公矜勇力不顧行義晏子諫第一後同明時本作諫矜勇力不顧行義不書全題又篇內按語俱作大字加圓圍以別之明時本則作小字分注于下與此迥然不同矣惜首闕半頁有書帶艸堂欵冬書屋馬叔靜圖書記諸印紙墨俱古抱經堂羣書拾補云劉向敘錄云定著八篇二百一十五章予所見者明吳勉學本止七篇二百三章今陽湖孫氏星衍得沈啓南吳懷保本校梓者分八篇多十

二章與敘錄之數適合今此本篇章亦同學士曾借校並補刻全目於後書云余校晏子將竣吳槎客示余元人刻本其每卷首有總目又各標于當篇今本皆鈌目錄以此補之

又

明鈔本晏子春秋作四卷卷三後書萬厤十六年冬吳懷保梓卷一後書崇禎十三年庚辰閏四月初六日校錄於雪履齋仁和郭紹孔伯翼甫識蓋即從吳刻本傳錄者末附柳宗元辨晏子春秋一篇史記管晏列傳及孔叢子六條按文獻通考引崇文總目晏子春秋十二卷晏嬰撰原釋晏子八篇今亡此書後人采嬰行事爲

之以爲嬰撰則非也錢侗按玉海引崇文總目同隋志舊唐志七卷今本八卷書錄解題晏子春秋十二卷齊大夫平仲晏嬰撰漢志八篇但曰晏子隋唐七卷始號晏子春秋今卷數不同未知果本書否葢晏子八卷早佚後人采嬰行事爲之加以春秋之名其作八卷者猶仍漢志之舊此併爲四卷且篇目不載全文視前舊刻本漸失古意矣惟崇文總目書錄解題俱十二卷而 四庫書目及余家舊刻作八卷疑又經後人併合以符漢志八篇之數也

曾子

元本曾子二卷內外篇凡十四每卷題傳道四子書曾子卷第次有達左序每篇末引宋諸儒說及達左按語

自大戴禮中錄出者凡十篇有楊簡注他若汪晫趙汝騰劉淸之章樵宋鳴梧曾承業戴良所編分見於儲藏家著錄葢此書原本早佚諸家各據當時所傳之本互有編輯卷第分併亦各不同耳

荀子

元本纂圖互注荀子二十卷每葉二十二行每行大字二十一小字二十五序目不全盧學士校刻荀子曾借校其讐校學士舊刻敘此書云元刻纂圖互註本此乃當時坊閒所梓脫誤差舛不一而足然正以未經校改之故其本眞翻未盡失書中頗多采用

呂氏春秋

呂覽二十六卷元刻本卷首有遂昌鄭元祐序序後有嘉興路儒學教授陳泰至正十下缺吳興謝盛之刋一行每葉二十行每行大小字俱二十有南書房史官海甯査慎行字夏重又曰悔餘得樹樓藏書諸圖記葢曾爲初白先生收藏序首缺半頁先生手書補全先君子識簽云此元初刻本序文前半頁乃査初白先生手筆鈔補眞如白獺髓矣兎床志 前副頁附松靄先生手札云呂覽卷二十一愼行論中有緩氣之說不獨元板明板亦不刪已檢得矣龍口之說大約在淮南子注中弟處淮南子乃明刻本有批點者注極略鄴架所儲或係別本望便中查示再呂覽匆匆閱過但縱目力所至

恐尚脫漏並乞留神再檢爲感

太元經

宋本太元經十卷後附王涯說元五篇太元經釋文一卷萬玉堂刋本有右迪功郎充兩浙東路提舉茶鹽司幹辦公事張實校勘一行每葉十六行每行大小字俱十七中多缺筆避諱之處有子孫保之太師趙氏世德堂印長川吳氏諸圖記盧學士借校原缺三卷學士影鈔補全摘錄陸續述元數行于首頁並記云又有說元五篇唐宰相王涯字廣津纂又有太元經釋文一卷注云此本自侯芭虞翻宋衷陸績互相增損傳行於世非後人之所作也按是書紙色甚舊每卷署晉范望字叔

明解贊卷末有云楊氏本自元首已下至元告凡十一篇並是宋衷解詁陸續釋文共爲一注范望采二君之業折衷長短或加新意就成此注仍將元首一篇加經贊之上元衝一篇附逐贊之末餘自元衝以下至元告九篇列爲四卷三家義訓互有得失以待賢者詳而正焉　卷三後先君子書云嘗收得萬玉堂舊刻太元經紙墨頗佳前葉印記纍纍葢橫塘吳氏曾藏之惜前闕三卷無從物色錢塘盧紹弓學士續補方言時嘗借觀之亦惜其不全閱數年學士掌教晉陽偶借得全本因憶及予家缺卷亟令楷書手爲補錄三卷從數千里外寄余俾成完書其好古懷友之心均非近人中所有也

爰識于此俾後人知是書獲全之始末云乾隆癸卯夏仲兎床吳某

賈子新書

右新書十卷明正德九年陸良弼刊本有黃寶序先君子以欽遠猷校本過錄於上每卷首題新雕賈誼新書下題梁太傅賈誼譔目錄後有建甯府陳八郎書鋪印一行前有袁氏宋本校過一行並補審取舍篇於過秦目下係以何孟春跋語及己亥三月遠猷題記又卷末書云賈子世無善本互有訛缺今集彬陽何氏本長沙本武陵新本及此本參相去取得正其十之四五不可攷者仍闕以俟別本更訂己亥三月十有二日燈下書遠猶按遠猶卽欽遠猷抱經堂盧氏本所稱李空同本正德八年刻後有欽遠猷者不知何時人是也又謂何氏於文義不順者頗加竄改又於過秦論後補審取舍一篇乃錄大戴禮察篇全文今不用其宋本當卽盧氏所謂建本明毛斧季吳元恭皆據以改近世之本者是也以有建甯府陳八郎一行故稱建本云

又

右盧氏抱經堂本先君子以明刻大字本校至二卷止記前云乙巳夏五有書賈持明刻賈子一部欲售於予先爲汪氏映月軒所得因借閱之其字視今時本頗大前有黃寶序已不全似卽所謂陸良弼在長沙所刻本

是日手校二卷屬有事未竟他日當再借以卒業也槎客記又書卷末云抱經學士校刻此書具費苦心可謂有功於長沙者某嘗觀明何燕泉餘冬序錄中述賈誼新書數條語甚詳燕泉并有校定重刻本書此以俟他日更訪求之辛未八日兎牀又志

風俗通

風俗通義十卷前有邵自序元大德丁未大中大夫行都水監李果序後有宋嘉定十三年東徐丁黼跋卷首題大德新校正風俗通義每葉二十行行十六字卽抱經堂羣書拾補所稱大德本者是也拾補載李跋作李晦與此異尚有謝居仁跋此本無之而有嘉定十三年

丁𪗋跋知此本從宋本出也按謝序子觀風西浙至無錫有耆儒李顯翁晦來訪云云據此李字顯翁則當名晦此本作果疑誤王西莊光祿所藏大德本亦作李果

說苑

說苑二十卷宋刻本每葉十八行行十八字卷末題咸淳乙丑九月鄉貢進士直學胡達之眎役迪功郎改差充鎮江府府學教授徐沂迪功郎特差充鎮江府府學教授李士龍命工一條　仁和孫頤谷侍御跋云海昌吳兎牀先生以宋本說苑見示乃咸淳乙丑所刻予取以校叢書程氏榮刻本其立節篇云比干殺身以成其忠尾生殺身以成其信伯夷叔齊殺身以成其廉程本

脫尾生句則與下文舉忠舉信舉廉之語不應又復恩篇蘧伯玉得罪於衛君一則程本所無此舊刻之可寶然予尚有疑者晁氏郡齋讀書志敘說苑篇目避宋孝宗諱易敬慎為法誡而此本不易且李善文選注及太平御覽諸書所引說苑閒出今二十五篇之外王厚齋南宋人也撰困學紀聞引晉靈公造九層臺荀息上書求見云云此本亦無之則是書之闕佚者多矣校勘既竣因還其書而錄所疑於後甲辰二月仁和孫志祖跋

吳門黃蕘圃主事跋云此咸淳乙丑九月重刊本說苑拜經樓藏書也余友海甯陳君仲魚知余新得宋刻廿二行廿字本較諸本為勝因取是本相示余校讀一過與向所見顧抱冲本相同而字之正誤彼此互異當是版有原與修之別印有初與後之殊也其妙處卷四立節篇有尾生殺身以成其信一句卷六復恩篇多木門子高一條自明天順本以下皆無之則信稱善本矣惟是卷十六陽貨得罪條多非桃李也四字余本為然與紹弓盧學士羣書拾補引御覽合此猶失之其他與余本異者亦復彼善於此此眞宋本之乙邪內闕第十四卷向未標出惟抱冲本可補抱冲本亦闕八至十三卷此本可補惜抱冲已作古人拜經又居他邑彼此鈔補為難耳丁卯小春望日讀畢復翁黃丕烈　是本紙墨古雅每卷末有黃叅亭藏書圖記第十四卷從別本鈔

補先君子書孫跋後云甲辰春偕丁小疋學博過頤谷侍御齋予以宋版說苑眎侍御旋為予作跋屈指今十載矣癸丑夏展閱此書并錄其跋于卷後因識又云此書為吾鄉陳茂才以岡舊藏予用善價購得兒壽照甚愛之丁未春計偕入都攜之行饒舟車往返未嘗暫離不意旋染目眚廢書者四五年展閱此書慨焉瘖歎

帝範

右四卷知不足齋叢書校刻本綠飲先生記面頁云第三次校修先君子又為覆勘書後云戊戌冬夜橫河舟次用吳郡黃省曾嘉靖已丑刊本讐勘凡拈出八十餘處

近思錄續錄

近思正續錄二十三卷宋刻本每葉二十六行每行大字二十四小字二十五六字不等紙墨精雅有東谷武原鄭氏圖記益端簡舊藏彌足珍重

太平廣記

右明刻本口十口卷簡莊先生依宋本手校先子跋云此明刻本太平廣記爲譚愷開雕較世行坊刻猶有古意卷首有郁逢慶叔遇圖記按叔遇嘉興人性喜收藏書畫崇禎中嘗手輯古今名人法書名畫題跋記正續各十二卷可與汪氏珊瑚網孫氏庚子銷夏記相頡頏惜未有爲刊行者此書間有闕畨皆郁氏原補而陳仲

魚孝廉復依宋板爲予手校一過尤可爲插架之艮本矣嘉慶癸酉立春日八十一叟吳某志于西簃

纂圖互注文中子

宋本纂圖互注文中子十卷前有文中子纂事世系年表一篇題河汾肄子王壬無目錄有阮逸序末卷敘篇後爲杜淹文中子世家錄唐太宗與房魏論禮樂事關子明事書錄解題云唐志五卷今本第十卷舊傳以此爲前後序王福畤王氏家書雜錄等此本與前纂圖互注老子同紙墨俱佳有海昌馬思贊印中安一號漁邨圖記

鑑誡錄

鑑誡錄十卷影宋鈔本先君子書後云右鑒誡錄十卷後蜀東海何光遠輝夫所撰晁氏讀書後志謂其在唐證中纂輯唐證未詳其義觀所紀多唐末五季及西蜀時事昔朱竹垞檢討嘗得宋槧本乃項氏天籟閣舊藏首闕劉曦度序此本從金閶宗人伊仲借錄蓋影宋鈔也劉序亦無閒多闕文聞桐鄉金雲莊比部新購得宋刻本亦有闕文未知與此本同否當更借校之乾隆丙午閏七月十五日兎牀吳某識

文心雕龍

胡夏客曰隱秀篇舊脫四百餘字余家藏宋本獨完丁丑冬復得崑山張誕嘉氏雅芭緘寄家藏鈔本爲校定

數字以貽之朋好夏客字宣子海鹽人孝轅先生子也然據所錄補四百餘言尚不無魯魚爰復爲校訂錄於簡端槎客吳某記

澠水燕談錄

右十卷明商氏稗海刻本綠飲先生於乾隆甲辰嘉慶壬戌兩次從宋本校均識歲月于後丹黃排比幾徧并於卷首補錄紹聖二年自序先君子書云稗海中所刻書多芟節譌謬而澠水燕談錄其尤也往嘗見吾友鮑綠飲有宋本最善未及借校時往來於心頃綠飲特爲予取是本而手校數過遂成善本後人其珍之倘有好事者依此重刻則更藝林一快事矣癸亥三月兎床吳

某志時年七十又一　原本忠孝才識爲四卷依宋本卷五高逸一門仍是第四卷以下遂遞差一卷先君子記後云前原序自云十卷今據綠飲所校則止有九卷豈此下尚少一卷乎當更叩之參軍耳

雲麓漫鈔

雲麓漫鈔十五卷先君子從知不足齋借本傳錄手自校正用硃筆並屬朱巢飲先師校用綠筆　十卷後有綠飲先生跋云雲麓漫鈔刻於商氏稗海者秪四卷此本傳自趙氏小山堂較商氏所刻已多過半而宋詩紀事及南宋雜事詩所引李易安投翰林學士綦崇禮書不在焉然則此尚非全書耶更當覓善本訂正之乾隆

壬午端午後一日知不足齋識又云曹彬侯跋清波雜志云雲麓漫鈔二十卷則此亦僅有其半耳丙戌五月廿有九日蘆渚寓舍書又書十五卷末云乙未十二月十二日得十一卷至十五卷于小山堂李清照啓載十四卷中觀自序則此書秪十五卷曹所云二十卷者恐未足據耳　先君子書後云庚子夏日從綠飲借得雲麓漫鈔十五卷因爲傳錄并倩朱君允達校而藏之拜經樓按此書書錄解題亦作二十卷又續鈔二卷乃中庸說及漢定安公補記然藏書家率未聞有豈不傳耶俟續訪之吳某　簡莊徵君從予家借錄跋云嘉慶十一年夏日從拜經樓借得是本攜至吳中今年春始得倩人傳鈔甫竟遂手錄綠飲前後三跋并拜經樓主人所跋所評細校一過至吾師朱子則稱師云以別之適綠飲扁舟過吳見訪相與把玩爲之一快且謂余曰此書尚缺圖數頁故未刻入知不足齋叢書綠飲年八十矣尚健飯行不扶杖時攜書卷往來杭湖嘉蘇數郡閒其好古凊與正復不異昔日也嘉慶十二年四月望日郭海陳鱣記

容齋五筆

右影鈔舊本原有硃筆評校先君子復借知不足齋所藏義門先生評校本過錄書後云乾隆辛丑春月借鮑君以文遊武原有書估謁予舟次攜鈔本容齋五筆求

售有硃筆評校蓋陳宋齋先生筆也因酬以直得之復從鮑君借所藏何義門先生評校本用藍筆點次鮑本末復有筠溪煦跋不具錄壬寅冬日兎床吳某識　義門跋云前四筆皆十六卷而此止于十卷蓋未成而公已□□□□之已五年今始粗閱一過予之廢學亦可見矣去年□□□□書頗多咸以爲非計不知都下借書至不易得也冬閒□□□滯大定精舍鄉人以會試至者詢予曰所攜書亦曾看過□□否予愧謝之然能於半歲中閱三四千卷雖古人或難之鄉人殆不識甘苦之語以警予之惰則可耳又五月二十一日沂州奈園書塾書屺瞻康熙乙未十二月重閱□□中至正月

三日而畢去甲戌客臨沂時已二十餘年矣予精神日
已向衰讀書所向抵滯聰明非復當□□□之留示餘
兒少小當早自鞭策也

默記

默記一冊巢飲先師手寫本先君子校並錄朱朗齋鮑
綠飲二先生校文于上記簡端云朱鮑校俱用硃筆兎
牀校先用紫筆繼用綠筆　後有葉石君跋謂湖賈攜
舊鈔本至先爲林宗取去林宗本尚有五總志　鮑跋
云五總志南宋吳迥所撰世多未見予近始得之因自
歎躭書之癖不減昔人所恨林宗石君輩不見我耳乾
隆甲午秋日廷博　朱跋云甲午九月廿五日鮑綠飲

以此本屬爲校勘因合汪氏飛鴻堂汪氏振綺堂藏本
互勘三本皆善矣朱文藻　又鮑跋云朱君映滑校訖
見還予取飛鴻堂本重勘復是正數十處然飛鴻堂藏
本不佳尚有譌脫無從改定亦一恨也九月二十七日
燈下記　先君子跋云明日海昌吳某復從知不足齋
主人借觀據其所見筆之簡端又不下數十處而此外
譌舛者亦尚有數處終未能釋然此昔人所以有風庭
掃葉之歎歟又跋云癸巳歲予借得以文本吾友朱君
雲達爲予手鈔且以意改其亥豕藏之篋衍今予又得
朱鮑二君從汪氏二本校過者凡此一書合四家藏本
經四人手眼吾輩之好書可謂勤矣他日以示雲達當
更爲之忻然也甲午十月二十七日橫河舟次兎牀再
志　簡莊徵君從予家借鈔書後云丙申七月二十七
日余從拜經樓借閱因亟命胡生鳳苞鈔之至八月二
十七日鈔畢其諸家校本仍照各色書之更有一二改
正處則用黃筆合觀之恍似文通夢中五色筆矣鱣識
吾鄉有王性之廟不知即撰默記者否俟攷卷後有葉
石君跋按石君名萬吳之東洞庭山人晚家琴川聚書
數萬卷多手校過余每思其人近日修地志者不載其
姓氏殊恨事也所云五總志當更從綠飲處借鈔仲魚
載筆

吳禮部別集

右鈔本一冊先君子從知不足齋借錄書後云乾隆丁
未秋仲從鮑君以文借鈔按卷首題卷一而尾書卷下
終書則止一卷且書中有云詳下卷而未見者疑尚有
闕佚當面質鮑子某記

麈史

鈔本麈史三卷先君子手校本按抱經堂文集書後云
記其本朝君臣事跡頗可以資攷鏡彥輔初受學于鄭
介夫又嘗執經於胡翼之其師友多賢者故此書在宋
人說部中爲最醇又謂假得虞山毛黼季校本自言得
三本參校而以何元朗所藏爲最善此書舊有作四卷
者雖篇葉稍均然非其本來也故今所鈔仍依三卷之

舊云此本亦三卷未知視元朗本何如當更訪之

羅氏識遺

舊鈔本羅子蒼識遺十卷後有隆慶三年姑蘇吳岫跋簡莊徵君從先君子借校書後云嘉慶十五年十二月旣望從拜經樓借得是本攜至吳門以五硯樓袁氏鈔本校勘一過補正良多彼本亦誤者未敢擅改俟得善本再校也郭海陳鱣記於石泉古舍

離騷艸木疏

右舊鈔本四卷後有仁傑自跋及方粲跋末列張師尹杜醇吳世傑校正銜名

紺珠集

右鈔本十三卷龔氏玉𤫉瓏閣舊藏有田居校及江聲借閱題記　周耕厓先生曾從先君子借校跋云歲甲辰客都門分校續寫四庫書中有紺珠集十三卷原本字句錯誤不可讀爲校正二千餘字重寫送館另錄爲四冊藏之王疎雨時爲吉士見而借鈔其前三冊已歸會其改刑曹後一冊久未鈔竟丁未秋將南旋屢趣未得念是書流傳甚少不欲令棄前功而行篋所有非足本攜歸亦無用乃以前三冊併付之其郎慶嵩嘗從予遊屬鈔訖寄還閱今八載杳不通問每一念及未嘗不悵悵也去夏兒牀七兄出此見示欣然如遇故人前有橫河龔氏玉𤫉瓏閣珍藏圖記又有龔稼邨秘笈之印校者爲田居爲江聲兒牀云稼邨田居皆錢塘龔蘅圃先生翔麟自號玉𤫉瓏本宋花石綱故物今尚在橫河姚氏宅江聲則金觀察志章別字蘅圃友也其本亦不免訛字然視原本則善矣其異者彼前題朱勝非譔而此無明文又多天順閒賀榮二後序耳假歸踰年事冗今始竟讀一過其書汰繁摘要便於檢閱裒拙善忘正苦無記事珠回憶旅牕矻矻樂此不疲自度已不能復爾而手校之本遂乃無可追索惜哉乾隆六十年乙卯七月十八日耕厓周廣業書

墨志

宣城麻三衡著金壽門先生手寫本內載元時造墨宜

興潘材仲先君子書云某按元時宜興多造墨名手若吳國良吳善李文遠陶得和湯生不知其名並見倪高士集中贈詩甚多然則此書所遺漏者不少矣墨志一卷明季宜城麻氏孟璿撰凡分九類徵引賅詳論說古雋似兼李氏墨譜陸氏墨史之長考孟璿名著復社屯師姑山兵潰被執死甚烈盡節義之士其緒餘故自足傳所作韻語已署載竹垞明詩綜而墨志未見諸家著錄近惟知不足齋所刊墨史中偶一附注亦希世之書也此舊鈔本傳自冬心先生魚豕甚多先祖亦嘗校閱未及細勘今春因蔣茂才生沐欲刊入叢書復悉心參校一過尚虞疎謬俟明眼者再審之道光戊戌孟夏之淳謹識

疑獄集

疑獄集三卷前二卷和凝編後一卷子㠓續首有㠓序及杜震序此鈔本乃吳氏太初所錄有其圖記太初書後云此冊乃余友鮑以文得於石倉吳氏前頁有朱檢

法界標旨乾坤體義

二種合爲一冊釋智貴輯廣漆校梓明萬厤間余永甯重刻而序之書各三卷

勾股矩測解原

右二卷姚江黄百家原名百學主一所著卷首有沈廷芳印椒園二圖記

茶經

茶經三卷簡莊先生鈔本校正見遺先君子書籤云善本簡莊贈原本作卷上卷中卷下此作卷之一二三每卷前有總目

珩璜新論

珩璜新論一卷先君子從畢氏鈔本補錄七條書後云乾隆乙巳殘冬有書賈攜散浦畢氏舊鈔本珩璜新論來書分四卷末後多數條因命史補錄按晁氏讀書志載孔氏雜說一卷或云即此書果爾則一卷者乃舊本也　簡莊徵君復以所得本互勘書後云孔平仲所著談苑說部中多有刻者珩璜新論流傳絶少近從南匯吳稷堂座師處得一舊鈔本中有竹垞圖記凡遇宋朝故事俱空一格知出自宋刻其書亦作一卷不分爲四但前有缺葉後亦少數條又多誤字因從拜經樓借得是本補鈔所缺復互校一過是本舛錯亦多甚有脫落數行者可見傳寫之書非經校讐猶之蕪田不治也校討手書竹垞鈔本康熙戊子閏月奉寄池北書庫盍錄以寄漁洋山人者也按歸田錄載魯公與馮相道在中書省問韓直詬責小吏良久及馮相語明哄堂大笑其素性褊急可知而用刑一節能采古人精察得情者爲疑獄集以當韋弦之佩亦可謂好學深思者矣子顯仁中允繼父志裒成百條勒四軸今存六十六條分上中下三卷蓋佚去四分之一云辛巳小春月太初吳長元書於留耕艸堂

三器圖義

右錄說郛本先君子手校

岳陽風土記

右一卷明許獻重刻本有淳熙六年劉谷跋明嘉靖甲辰陸琊徐學謨二後序

誠齋詩話

右舊鈔本一卷曹氏古林書屋藏本有檇李曹氏藏書印曹溶二圖記

萬柳溪邊舊話

元尤玘君玉撰舊鈔本末有曾孫實七世孫晉二題跋

百寶總珍集

右舊鈔本十卷不著撰人名氏

宣德彝器譜

右三卷宣德三年呂棠奉勅編次舊鈔本

畢遂題其後而歸之嘉慶十八年二月既望陳鱣書

蘆浦筆記

蘆浦筆記□卷鈔本爲同邑林善長先生所藏有其手校及按語親筆又有漁洋山人借觀一行評語三條未有昌詩後跋及龔蘅圃侍御田居跋謂此帙借鈔于黃俞邰家者與郁氏東歗軒藏本當無大異惟少按語一條而多昌詩後跋及龔跋耳先君子審定復經簡莊徵君借鮑氏知不足齋本校今歲重陽徵君又於吳中黃蕘圃主事處見所藏舊鈔合校家枚庵先生手鈔本內第五卷趙清獻充御試官日記多三月三日四日五日事第八卷立起行伍爲趙立起行伍又卷四巴邛條下

多以鄉得名今撫州崇仁九字爲向來諸前輩所未及者並詳蕘圃主事跋語中其餘字句之同異更難枚舉徵君得之以校知不足齋新刊本歸而見示聆受之下獲益宏多因照錄于是本是本字句行欵多與黃本同者然脫誤尚所不免得此校補洵稱完善矣惟綠飲先生甫歸道山不獲補刊當屬嗣君清溪上舍附刻校勘各條于後以竟先生之志而先君子手澤所存未及以是相質證敬展遺編悲慟正無已爾

霏雪錄

右鈔本二冊無序目不分卷後有胡謐張文昭二跋先君子題辭見愚谷文存此復錄明史本傳于前記云余旣手校霏雪錄復從萬季野先生明史列傳稿見鎦績傳亟錄于卷首績字世熙別本皆作孟熙唐鎦毛蔡亦見浙江通志毛鉉傳壬申十月望槎客又志是本爲綠飲先生所貽有世守陳編之家老屋三間賜書萬卷歙西長塘鮑氏知不足齋藏書印三圖記

橐林外索

舊鈔本橐林外索三集不分卷每集有目錄談孺木先生著首有甲午秋七月自序

董令升遺事 附歸廬陵日記

右鈔本令升遺事首李心傳繫年要錄宋史禮志二篇後列書錄解題弁所著各種一條先君子記云弁所著

又有嚴陵集九卷天一閣藏本見全書總目第一百八十七卷又直齋書錄解題有侍兒小名錄一卷續一卷序題朋溪居士而不著名氏始洪炎王銍集爲此書王銍姓之溫豫彥幾續補今又因三家而增益之或云董彥遠家子弟爲之某按彥遠爲逌之字則此二卷亦弁所著無疑今此書未見有專行本惟明商濬刻稗海中有侍兒小名錄拾遺一卷題宋晉陽張邦幾撰但陳氏又曰且爲分類其中多用古字今稗海本不分類亦不見有古字似經後人竄削非復令升之舊矣　卷末附朱翌和令升詩跋云某按董令升集罕傳故原唱不可見右數首從灊山集錄附此殆令升守新定時唱和之

作益長孫紹興中嘗僑居桐江也令升又嘗有淵明先生集跋惜未見　此冊後又附鈔周益公歸廬陵日記起隆興癸未三月甲辰止是年六月壬申先君子記云全集第一百六十五卷摘錄宜興事

日知錄

亭林先生日知錄初本八卷後附譎觚十事符山堂刻先生書前云愚自少讀書有所得輒記之其有不合時復改定或古人先我而有者則遂削之積三十餘年乃成一編取子夏之言名曰日知錄以正後之君子又自序上章閹茂之歲刻此八卷歷今六七年老而益進始悔向日學之不博見之不卓其中疏漏往往而有而其

書已行於世不可掩漸次增改得二十餘卷欲更刻之而猶未敢自以爲定先以舊本質之同志云云　先君子書第八卷九州條下云某按此二則今刻全本日知錄中不載殆因閻百詩有駁正之語故亭林遂削去之耶詳見潛邱劄記

又

右潘稼堂先生刻三十二卷先君子以初本校並有按語又錄閻潛邱補正及同邑許仲韋先生評語于上

又舊鈔本

右鈔本三十二卷先君以校刻本頗多增益書後云丙午秋日得此書以志憙簡莊徵君借校記云戊辰夏自吳門至虞山較閱一過

菰中隨筆

右鈔本三卷先君子校閱有按語復經胡雒君陳簡莊二徵君借閱雒君先生有粘簽數十條後附詩律蒙告數葉先君書云自稱詩律蒙告一卷而此只寥寥數條恐非全本

潛邱劄記

鈔本潛邱劄記七卷後附日知錄補正一卷先君子評閱跋云林亭先生于上章閹茂歲先刻日知錄八卷板藏符山堂後附譎觚十事者也晚年更自序之以爲中往往多疏漏且書已行于世不可掩漸次增改得二十

餘卷欲更刻之而未敢自以爲定云云今世所行日知錄三十二卷乃潘稼堂太史手定而付梓者然視未刻時原本已不無異同矣潛邱所見者猶是初刻本所補正已如此使見全本其舉正又當何如耶吳某記又云潛邱之學大約欲與玉峰抗衡而經濟終不及淵博亦遜之錢塘馮山公嘗有潛邱劄記舉正若干條見解舂集壬子春又記

考正朱子晚年定論

右二卷孫退谷先生著有其自序此鈔本錢綠窗處士書後云退谷著書甚富以考正晚年定論爲第一顧當時雖曾鏤版而流傳頗少遠近積書家罕有藏弃者友

人吳君子安偶於舊書中檢得一日語次及之遂假以歸亟讀一過見其考訂精確陽明復生不能不服夫退谷本以該博稱而能留心正學息邪距詖若此殊不若遁來博綜家沾沾於無用之辨不急之察語及程朱輒笑爲腐且陋也手錄一本藏之笥篋謀重鋟梓以廣其傳卷末所載羅公書殘缺不全爲考整菴遺集補完焉

綠窗錢馥書

西崑發微

右舊鈔本三卷吳及著首有自序及朱鶴齡序後復自係跋語

榕城詩話

右三卷　國朝杭世駿著有汪沅及杭自序全祖望長歌先君子校並有案語

東城雜記

右二卷　國朝厲鶚著有杭世駿及厲自序先君子手校記簡端云東城雜記二卷從知不足齋借鈔綠飲言此尚非足本惟郁陛宣茂才東歗軒藏本最佳當更求勘之甲辰秋七月曝書日記吳某又云乙巳歲吳門宗人枚菴借錄又爲勘出數處　簡莊徵君書云嘉慶十四年冬日陳鱣借錄于吳門寓舍并校一過時方得樊榭徵君所著玉臺書史因與拜經樓主人交易而觀各鈔副本云次年春正月鱣識

又韓隨筆

右鈔本一冊題隨筆癸亥集前有叔紹貞序稱爲又韓姪而不著姓氏先子跋云癸亥集一冊近從君賈得之據序稱又韓所撰又韓未詳其姓名似是禹航人曾任麻城令觀其書亦一超覽之士周范兮大令讀之謂予曰明人著書大槩有二種一爲升菴派一爲眉公派癸亥集蓋眉公派也周之語雖如此然視世之但知以爛熟八比取功名者不大有間哉戊申長至後一日記

沈氏弋說

先子跋云已亥冬日收得舊鈔沈長卿弋說一冊益龍山查堯卿上舍藏本也長卿字幼宰杭州人萬厤閒舉

人按千頃堂書目沈氏弋說十卷月旦六卷今此編不列卷數又無序目疑非全書也

山陽錄

山陽錄一卷首有社衲米序　楊慧樓進士跋云定生先生爲復社領袖縞紵滿天下兵燹之後零落殆盡很別感時驚心濺淚此錄之作何能已已也繚繞哀音聲聲入破山陽暮笛感頑艷而淒心脾人言愁我亦欲愁矣癸卯孟夏松陵楊復吉識　先君子書云予友吳江楊慧樓進士喜　國朝名家小品嘗錄得數百種名曰續　昭代叢書予家秋園雜佩皆從之借鈔者也

秋園雜佩

此卽從楊氏借鈔者有侯方域序子宗石跋語　慧棲進士手書跋云是亦易安金石錄序遺山故物譜之類也俛仰今昔黯然傷懷佩績紛以繚轉兮遂萎絕離異物猶如此人何以堪未免有情誰能遣此癸卯孟夏松陵楊復吉識

善權古今文錄

右鈔本十卷寺僧方策纂有王濟之文衡山二序李瀛蔣允岳跋先君子書後已刻愚谷文存中

楊忠愍公手札

右錄忠愍與鄭端簡書題跋一卷先君子跋已刊愚谷文存此冊各有按語又書後云案忠愍公以嘉靖三十

一年壬子秋陞南戶部主事未之任是冬卽調兵部武選司十二月十八日到任明年癸丑元旦日有食之公欲因此上書直陳時政故曰一路日食奏稿成也日食次日乃癸丑正月初二日攷明史世宗紀癸丑正月朔獨不言日食殆是日適逢陰晦彼君臣方欲諱災反以內靈臺爲妄故有拏打之事公見題目不合遂趨出別艸疏稿卽於是月十八日奏上此皆與年譜符合無可置疑其所謂南都事當卽與學校開荒田緝武備繕城池等皆公平日之欲爲而未得者年譜言之悉矣二王事亦不過言父子不宜疎遠之意葢是時世宗尤多嫌忌稍涉建儲事便曰欲死時君立新君立置重辟矣公豈見不及此乎至末云湖翁欲老先生還朝湖翁當卽徐少湖按端簡本傳以南太常召爲吏部郎歷階刑部尚書皆如公所言也偶觀諸公所題多有異同者聊復識之嘉慶戊午中元日某再跋于竹下書堂

顧令君政績卷

右題跋歌詠一冊皆爲令君禱雨陳山龍君行祠而作張文漁徵士見此卷曌蹟錄出而先君子手書並有按語跋文已見愚谷文存此冊末附許雲邨給諫顧令君頌一篇頌爲先君子所收藏後以贈文漁徵君詳見文存跋語中

許淮陽食史

食史一卷許稚則先生著前自序題崇禎辛未賣餳天雨垞老饕書先君子校並有按語

小名補錄

舊鈔本小名補錄後附名花異木記同邑陳香泉先生著先君子書後云此編所收多有與南宋陳思小字錄及明沈宏正小字錄補相同者先君子又輯香泉論書偶記附後

敬修堂同學諸子出處記

右鈔本一冊原有硃筆點次先君照錄並校正

渡海輿記補海編

鈔本渡海輿記不著撰人名氏有雍正十年知將樂縣

事蜀周于仁序䌷海編汪鵬撰有乾隆甲申鵬自作序二種合爲一冊先君子手校並記後云乾隆辛丑十月廿七日校於秦溪舟次時與室人同送外氏葬還經烏夜郁小泊志

一隅錄

錢塘周澍著先君子手寫本盋澍客臨汀時所記也自序謂臨汀八閩一隅故以名編又云疇曩旅食金閶則有姑蘇記事詩二卷都下則有帝京篇四卷涿鹿與李中貴交則有溫樹錄一卷今皆未見予家所收者尚有臺陽百咏鈔本先君子曾采其茗壺詩入陽羨名陶錄

竹垞初白二先生尺牘

竹垞初白二先生尺牘手跡並爲武原涉園主人所藏盋皆與寒中上舍者乾隆甲寅春先子假歸彙錄一冊題竹垞尺牘後云予以甲寅暮春之初與諸名士修禊于海鹽城南張氏之涉園主人雅好事又與予有連是日余以所藏楊忠愍公獄中寄鄭端簡手書眞蹟歸端簡後人羲和茂才即席同人皆賦詩紀事留連竟日頗極文酒之樂鷗舫旋出此冊見眎盋皆竹垞檢討晚年手畢也因借歸細閱之書凡六十通其間與馬寒中上舍者什九寒中爲吾邑藏書家插架多人間未見本故書中大抵皆論典籍事或展轉傳鈔或多方購覓於此想見前輩好學之勤嗜書之篤誠可慕也至其中論耿炳文沒丁洪武二十七年而紀傳謂建文命炳文率師禦燕由實錄爲西楊改削文獻無徵此書足正史傳之失又豈尋常簡札酬應之比哉因亟錄副而以原本還鷗舫俾珍弄之鷗舫爲大白先生來孫累世清秘之藏彷彿插花山斯盋其一斑云是歲競渡日兎牀吳某識

又書初白菴尺牘後云右初白先生尺牘盋皆與寒中上舍者其眞迹並涉園主人所藏也某又記　惜鈔本尚有譌字須再校正爲善倘得好古者梓而行之俾前輩嘉言懿行時時在人耳目所裨豈淺鮮哉

元珠密語

元珠密語唐王砯著影宋寫本每葉十六行行十六字前有自序後滬城成孚氏跋云元密一書除宋版外更無二刻又其書微渺難測世醫亦不欲深究其理是以所傳不甚廣迄今日已成絕無而僅有矣余購之廿年即鈔本未獲一遇歲乙亥偶於茸城張氏得見宋刻本一時驚喜如覩至寶詢之云以重價購得余懇借再四始獲攜歸即命諸子弟力疾鈔之近聞張氏本已充進御物矣余獲借鈔不勝幸甚爰識其始末如此後人其世守之勿替滬城成孚氏識下有潤埏之印莘畊二圖記　先君子書云元珠密語十六卷不見于新舊唐書藝文志及文獻通考惟晁氏讀書志有天元玉冊三十卷云啓元子撰啓元子即唐王砯也書推五運六氣

之變今此只十六卷未知與天元玉冊相同否爽深通志元珠密語十卷不著撰人焦氏經籍志同讀書敏求記元珠密語十七卷七或六之譌盱江張三錫運氣格以爲託名元珠密語予按其序云余于百年閒不逢志求之士遂書五本藏之五嶽深洞中遇者可以珍重之寶愛之勿妄傳之見之天生可以延年見之天殺可以逃殺傳之非人殃墮九祖其言多詭誕不經盱江之言當非謬也嘉慶甲子四月兎床志　簡莊徵君得吳中袁氏鈔本復爲互勘一過書云唐啓元子元珠密語按啓元子卽王砅也砅註內經序云辭理秘密難粗論述者別譔元珠以陳其道宋高保衡等新校正云詳王氏

元珠世無傳者今有元珠十卷昭明隱旨三卷葢後人附託之文雖非王氏之書亦於素問第十九卷至二十二四卷頗有發明其隱旨三卷與今所謂天元玉冊者正相表裏而與王砅之義多不同是唐時實有元珠一書而宋時所傳者疑爲附託但自宋以來流傳甚少耳余得吳中袁氏鈔本十七卷與讀書敏求記合此本爲吳氏拜經樓舊藏後有成孚氏跋知從宋版傳鈔惟止十六卷今以余所得本校之則十一十二兩卷并而爲一又五行類應紀篇脫落數番彼此互勘庶得完善矣嘉慶十五年除夕涥海陳鱣記　暘按此書自序云今則直言編紀一十六卷目錄亦十六卷恐分併有所竄易耳

宣明論方

宣明論方七卷每葉二十八行行二十五字有大定十二年守眞自序大定己亥古唐馬□□序紙墨古雅當是明以前刻本首列分門科類總一十八門次列諸葉炮爁炙煿例先君子書河閒三書前云河閒宣明論方原刻七卷後人翻刻妄分爲十五卷而行欵亦多改換余家舊本有大定己亥古唐馬□□序　暘按　四庫目錄亦十五卷云大旨本素問及金匱要略而用藥多主寒凉蓋因北方地氣而施泥之者非廢之者亦非也自序稱三卷此本乃十五卷其方下小序有稱灌頂王子所傳者金時安有是名知傳刻有所竄入也其作十五

卷蓋亦據近時刻本且按守眞自序云僕今詳內經編集運氣要妙之說七萬餘言九篇分爲三卷謹成一部目之曰內經運氣要旨論備聖經之用也對病論證處方之法本草性味猶恐後學難爲驅用復宗長沙太守仲景之書迺爲一帙計十萬餘言目曰素問藥證精要宣明論方云云是三卷者乃內經運氣要旨論非此書也此本前題校正素問精要宣明論方蓋亦經後人點勘矣

本草衍義

本草衍義二十卷每葉二十四行行二十一字首行題本草衍義卷之一次題通直郎添差充收買藥材所辨

驗藥材寇宗奭編輯首張缺前半頁後半頁第一行聖旨寇宗奭特與轉壹官依條施行添差充收買藥材所辨驗藥材二行右劄付寇宗奭三行政和六年十二月二十八日五行宣和元年月本宅鏤版印造六行姪宣教郎知解州解縣丞寇約校勘紙墨古雅有汪文柏柯庭休甯汪季青家藏書籍圖記面頁題摛藻堂藏

經歷奇證

經歷奇證不分卷明錢唐錢君穎著先君子從道古堂借錄識後云錢君穎在勝國時以醫鳴是編病原治法多常人耳目所未及者惜流傳不廣昔年見舊刊於董浦先生案頭因從之借鈔以備活人之一種云乾隆丁

酉九秋晁牀記

心印紺珠經

右二卷明刻本前有江州陳守義序嘉靖己酉歸德府儒學教授浙東葉良玉書後　先君子書云按千頃堂書目心印紺珠經二卷元朱撝作字好謙傳醫學于李湯卿劉河閒弟子

治法彙

右七卷舊人批本先君子題云岐黃之書惟盱江之說最醇正無弊相傳評點者爲石門某氏昔二愚兄有之後遊廣陵歸失去常以爲憾嘉慶癸亥夏五月予復購得此本雖非石門親筆亦有心濟世者之所當留意歟竹醉後二日三歸亭長識又云二愚兄有舊時從養餘齋過錄治法彙一部因假而校對則二愚本評點多漏略不全大約僅什之二三而已其閒有此本所無者以墨筆補之其下有稱琦記者二愚謂即誠庵公未審是否當更攷之某又識

已任編

右八卷內墨筆朱筆藍筆三種評點卷首眉閒書云乙亥十月偶評與丁卯庚午批點微別四卷以後係幼時筆記有東皐艸堂圖記

痘疹仁端錄

右鈔本六卷明檇李徐謙仲光著先君補鈔首序二篇

並記首簡云按簡明書目仁端錄十六卷（十字疑衍）明徐謙著其門人陳葵刪定今此本六卷視近時坊刻五卷者不翅倍蓰究不知陳葵定本何如恐未必如此本之詳也兔床記

葬書

右葬書草廬先生所定分內外雜三篇首有目錄目後序云右葬書相傳以爲晉郭璞景純之作內外八篇凡一千二百四十六字世俗所行有二十篇皆後人增以謬妄之說建安蔡季通去其十二而存其八亦旣得之就其所存猶不無顚倒混淆之失此本爲最善篇分內外盍有微意雜篇二俗本散在正書篇中或術家秘遺

故亂之也此別爲篇倫類精矣覽者詳焉臨川山人吳澂識前題地理葬書集註草廬先生吳文正澂刪定後學金華元黙生鄭謐注釋後附葬書問對不著名氏有趙子常跋云吾友程君仲本最爲留意斯事故書以遺之仲本之師朱君允升其人也云云末題至正十三年十月既望趙汸子常書于東山精舍是本紙墨精雅古香可愛先君子嘗以示黄蕘圃主事並別錄宋濂序一紙于後書云吾舊藏元版葬書黄蕘圃云的屬元刻渠家亦有一部與此本同讀書敏求記所載卽此本此宋潛溪序乃明初刻有元本未有也則未有宋序者不更可寶歟

靈棋經

靈棋經一冊不分卷無撰人名氏有唐會昌九年尚書司門員外李遠敘書中題晉駕部郎中顏幼明註宋御史中丞何承天註元廬山叔才陳師凱解大明誠意伯劉伯温解每卦彖下皆繫以顏曰何曰陳曰劉曰等解先君子手書通志一條靈棋經一卷張良傳撰又一卷唐李遐撰齊江謐占得送貨卦見南史卅六御覽七百廿六又書南總紀談一則于別紙云傅崧卿以冰甌同舍其東詞云蓬萊道山羣仙所遊清異人境不風自涼火雲騰空莫之能口餉以冰雪是謂附益讀者莫解或曰此靈棋也又董含三岡識略云靈棋經不知造於何人前列唐人一序云漢留侯受之黄石公用梓木製棋十二刻上中下各四擲成卦每歲人日以酒果祭之考書披詞吉凶得失莫不奇應予虔奉二十餘年叩以事十驗八九勝于市廛卜肆多矣前列造靈棋法占儀祭儀祝文乾隆壬子十二月十一日先君子會以卜萬蒼山墓地得大通卦

景祐遁甲符應經

遁甲符應經讀書敏求記作三卷此寥寥數十番不分卷未知是全書否有永樂十三年御製後序末爲遁甲大全集有出行圖十二神圖鈔本有祝眉老印

圖繪寶鑑

右五卷元刻本每葉二十二行行二十字先君子跋刻愚谷文存　吳中黄蕘圃主事跋云夏文彥圖繪寶鑑五卷載於讀書敏求記者爲得其眞他如津逮所刻已合明欽天監玉泉韓昂續纂者而并爲六卷又何論近刻之八卷者乎余所收論畫諸書如畫評圖畫見聞志宣和畫譜廣川畫跋畫繼畫鑒等皆有舊刻名鈔惟此獨無善本今觀此刻歎爲希有蓋書必求其初刻如此刻雖漫漶不可卒讀然五卷原書具在後附補遺與他本附補遺於六卷後者面目已改豈不可寶且收藏爲廬江王猶是幾百年前故物拜經樓主人以爲裝潢極精非民間藏書吾嘗見成化時閣本大唐開元占經每

冊俱用黃綾作簿面復用黃絹作籤條此可見官書鄭重即裝潢可辨與此可互證也士良搜羅畫人姓氏可謂極詳然吾有疑焉嘉熙時有宋伯仁梅花喜神譜二卷潛溪先生詳畫梅之原五代有滕勝華宋有趙士雷邓慶餘徐熙仲仁師楊補之今寶鑑所列一一不爽獨遺伯仁一人則士良之書殆有未盡耶聊記於此以備考壬戌仲秋二十有七日海甯陳鱣莊攜此本示余云是吳君兎床所儲屬余題識越五日爲九月二日聽雨士禮居中繙閱一過古香襲人殊破岑寂爰跋數語而歸之吳縣蕘圃黃丕烈識　簡莊徵君跋云圖繪寶鑑五卷元吳興夏文彥撰是本雖墨色漫壞然猶是元版

而明印者遠勝今本之竄亂混淆矣卷首拘遺老人敘艸書極佳款係鐵厓手書付梓敘稱雲間義門夏氏則文彥又爲雲間人是書每冊有廬江王圖記王藏書甚富就余所見凡數種皆善本云陳鱣記

畫徵錄

增訂畫徵錄三卷後附圖畫精意識先君子親筆評點並補畫家數人

宋本百川學海

舊刻本五十八種內重中華古今注試筆二種有休甯汪季青家藏書籍圖記先君子書目錄於別紙並記云此書各種說部疑是百川學海計五十八種（內重二種）也是園書目百川學海一百三十四卷又以墨筆標識四十六種云上有點者蘭竹山房本所有與子所藏同一板口又書開天傳信記目下云萬回事惟此獨詳　其中翰林志一卷先君子手校並書六典中書一條上云行者下少則用之三字宋本亦少此三字鮑以文校翰苑羣書云然然則此宋本也

拜經樓藏書題跋記卷五

海昌吳壽暘虞臣纂

陰晉陵集

右陰子堅集一冊詩三十二首後附錄詩話先君子從抱經堂借舊鈔錄藏記首頁云陰晉陵集爲周芚兮大令手輯其後予從盧紹弓學士借得一舊鈔本不知何人所集視周本多詩數首因錄其副以補毛氏百三名家刻之所未備附錄詩話乃周所輯

集千家注杜詩

右二十五卷前題東萊徐居仁編次臨川黃鶴補注後記皇慶壬子余志安刋于勤有堂首列集注姓氏自昌

黎韓氏迄盧陵劉氏辰翁按　四庫書目二十卷元高楚芳編竝云本南宋書肆所刋楚芳略爲刋削而以劉辰翁評語散附句下已非其舊此本多五卷未知視楚芳本何如至楮墨精雅不減宋刻每葉二十四行每行大字二十小字二十六有雪莊張氏鑒藏圖記與向藏周禮重言重意所鈐用者同蓋精於賞鑒者也

杜律五言注解

杜五言律三卷元趙汸注吾族商山家塾刻本卷末一行云戊子春日之吉休邑商山吳氏七松居家藏板下有吳懷保印四皓居二圖記

韓文考異

右二十卷元刻本每葉二十六行每行大字二十小字夾行二十首序無撰人姓氏次爲寶慶三年王伯大序又次諸家姓氏又次李漢序汪季路書及凡例　先君子書夾籤云按書錄解題載韓文考異四十卷外集十卷今此本文集止二十卷外集不分卷數不知何故又籤云查氏得樹樓本外集別刻目錄潮州謝孔大夫狀後尚有疏一首（憲宗崩慰諸道）題名七首然查本刻法亦有誤題下注在後一行字畫校此本端整宋諱如廟諱愼字敦字皆不缺筆蓋亦元刻也又籤云按此當即留耕王氏原刻所謂南劍本也第余攷秀水王惺齋讀韓記疑云王伯大本每卷末附音釋若干條而此未見其音釋

惟散入注中譌舛亦甚多又豈後人翻王本歟

又

明刻韓文考異四十一卷朱崇沐本卷首無宋莒公一條墨筆補內有丹黃評點又卷中補注各條細書於上下眉頗徵用力之勤惜不著其名氏前後有秀水朱氏潛采堂圖書及查初白印二圖記蓋曾經竹垞他山二先生寓目者先君子書云秀水王元啟讀韓記疑云明新安朱崇沐刻是書脫誤甚多因其行世最廣故據此此詳校俾讀者考焉據王說是此本誠未爲善本暇日當更以王記覆校之

笠澤叢書

右鈔本七卷補遺一卷先君子校定爲蜀本題辭見愚谷文存中　仁和趙寬夫跋後云笠澤叢書舊刻本不傳久矣近時有吳門顧氏新雕本字畫精好然諦審之譌謬疊見海甯吳槎客先生初借吾鄉郁氏本以勘新雕本復校以拜經樓自藏本及林广山本海鹽吾以方本秀水蔣春雨本凡五校初用硃筆次綠次藍次墨末復用硃而以蔣本二字別之又以文苑英華唐文粹參校用黃色筆及硃筆合諸前五校爲七先生於是書可謂勤且密矣郁氏本拜經樓本林氏本蔣氏本皆舊鈔吾氏本則陸鍾輝所刊吾氏據宋本校正者也郁氏有元人王益祥跋卽郁元敬據以付刊者然無元敬跋則

或鈔自元刻無謬誤可依據其篇次不與顧氏新雕本合如紀錦裙在丙集首迎潮送潮辭在丁集首憶白菊及開吟二詩缺重憶白菊詩在丙集末求志賦下接問吳宮辭王益祥跋在陸憲原跋前拜經樓本分七卷補遺一卷直齋書錄解題蜀本十七卷蜀人樊開所刊文獻通考云七卷十當爲衍字則七卷爲蜀本無疑矣特補遺一卷未知何時編入或書錄解題及通攷不數補遺耳前列曾望自序無樊序殆佚去案曾望自序云不類不次混而載之得稱爲叢書則分甲乙丙丁者陸氏原書式也以詩文分類析爲七卷者樊開所編也特字句較各本殊勝林氏本者後有阮林跋云得龔蘅圃鈔本校然不知出自宋元人何本無勝處不可信吾氏本訂譌僅數處想

多與郁本合蔣本分上下二卷篇次與新雕本同惟少耒耜經一篇字句無謬足爲郁本之佐證若顧氏新雕本先生以爲似從黃俞郃本出卽王貽上初得本也其中紀錦裙蜀本作記錦裾先生證以吳融詩謂作裾者是送豆盧處士謁宋丞相序先生以丞相爲豆盧瑑有宋字者謬皆確不可易坦旣借得校本手自繕寫浹辰始畢爰述其校勘次第各本優劣以質諸先生且以志嘉惠云嘉慶十六年十月廿一日書

又

右蜀本卽從舊本錄出後復從宋本附錄補遺一卷每葉二十四行行二十一字視各本多送小雞山樵人序

漢三高士贊小雪後書事小名錄序諸篇先君子記云此卷行欵字數悉照宋本

又

右中吳顧氏刻本先君子從諸本校凡五次並補錄小名錄序王益祥跋陸鍾輝跋及明王艮棟康熙丁卯龔蘅圃阮善長諸題識其始末具詳愚谷文存跋中此本記云甲午秋日借錢唐郁陛宣東歗軒舊鈔本校用硃筆復用拜經樓藏本校用綠筆乙未二月以文又購得林广山先生鈔本用藍筆校丙申秋仲復從海鹽吾太學以方借其照宋本校正陸氏刊本用墨筆并補錄小名錄序及跋辛丑九月又借得秀水蔣君春雨舊鈔本

校勘仍用硃筆蔣本惟分上下二卷無目錄前列樊開序及自序卷末附陸龜蒙傳朱衮後序德原跋蔣本前後篇數與刻本同唯少耒耜經一篇　復經周松靄大令吾竹房太學校大令記云乙未正月初四日校起初九日畢其確無疑義者用圈顯然謬誤者用擲至字可兩通者用點於傍但心緒苦劣匆匆或有未盡處況風庭掃葉此事本難兔牀其再勘之松靄棘八周春記吾竹房太學書云戊戌首春兔牀先生以此書屬余校勘法一遵松靄先生之例其是正處朱黃二毫爲勝然蹲鴟雞尸自昔爲然兔牀其偱本卽校勿以再三爲限可也竹素後人吾進識　先君子又書紀錦裙篇後云

吳融集有古錦裾六韻自注云錦上有鸚鵡鶴陸處士有序此是錦裾而非錦裙明矣按鮑參道㬠堂集云甫里集亦作記錦裾又書云按詳記錦裾文前言氐官寺有天后羅裙佛旛皆組繡明是裙與旛爲二物復云李君乃出古錦裾一幅示余云云似李君所藏衣裾與氐官之天后羅裙無涉詳其制殆如今之霞帔故上狹而下廣前有鶴而背有鸚鵡的係子華所賦者無疑陸記又云縱非齊梁物亦不下三百年矣又曰曳其裾者誰歟其爲非天后羅裙益可見然其詩落句有武威應認得之語不知其何所指豈子華嘗日讀此記不審而亦認爲天后物耶書此俟攷古者更詳之嘉慶辛未除夕

又攷梁元帝詩云願織回文錦因君寄武威融詩用武威當出此非指則天也又記　張文漁徵君書云笠澤叢書余向有碧筠草堂刊本好友陸白齋又贈何義門先生校本自喜所藏稱善矣今假兔牀先生所校集諸家之大成較何本訂正更多按碧筠本爲吳人王岐所書筆訛尤多先生一一改正以說文爲宗且有益於小學不僅爲甫里功臣也又紀錦裙一首先生校正是裾字非裙字引吳融集古錦裾六韻自注云上有鸚鵡鶴陸處士有序爲證皆刊本所沿訛者先生精心校之後之求叢書者不得朱衮樊開本當以先生本爲甲觀矣乾隆乙巳七月十九日海鹽張燕昌識於冰玉堂　黃

蕘圃主事書云紀錦裙一首兔牀先生引吳融詩爲證可破羣疑矣余謂裾與裙雖各本不同而篇中曳其裾者裾字本不誤且曳裙未見所出斷非裾或爲裙之誤也承兔牀借讀附著於此嘉慶乙丑四月十有九日蕘翁黃丕烈識

又

右陸氏刻本先君子從慈谿畢氏所藏何義門先生校本烏程嚴氏所藏何仲子校本勘對並錄義門跋云此冊丙寅歲大人從江右雜書中攜歸以其脫誤難讀久置敝簏中己丑秋適從虞山錢氏借得馮已蒼所傳元板佳本因取而改竄以示後人使知鈔本之不足據如

此若能細寫一淨本便自可讀亦不負吾區區讐比之意也焯記又此書別有編爲八卷者以自序冠之則此四卷者乃舊次八卷分雜著與詩而二之便非不類不比矣或謂八卷乃宋刻殆耳學也焯又記仲子跋云借華山馬寒中所藏宏正中鈔本校鈔本雖未經校勘訛誤觸目詳其所自卻從宋本胥錄究爲善本觀者幸不以訛誤而忽諸康熙戊戌秋又八月之一日仲子記先君子書後云乾隆丁酉夏日鮑君以文爲借得慈谿畢氏所藏何義門先生校本因傳錄於此叢書舛譌至多予廣求善本讐比至此凡七本矣常欲別刊一本以正江都吳下二刻之失未知何時得遂斯願也甲寅夏

日烏程嚴久能茂才又以所藏何仲子小山手校本見借因復校一過　又記義門先生跋後云畢本後附宋刻叢書八卷目錄與予舊藏鈔本略同故不錄兎牀記　又書紀錦裙曳裾二句下云按吳融有古錦裾六韻自注云云而蜀本笠澤叢書亦作記錦裾似魯望所記者乃錦裾而非錦裙然文苑英華亦作記錦裙益仍訛已久矣觀此二句則斷非裙亦與瓦官無涉疑瓦官者乃武后之羅裙而魯望所記與吳融所詠者是李侍御所藏之古錦裾不得混而爲一也　又書卷首云陳直齋云叢書爲甲乙丙丁者詩文雜記政和中朱袞刊之吳江末有賦用蜀本增入蜀本七卷郫人樊開所序據陳氏之說是蜀本刊在朱袞前矣（自元符庚辰至政和辛卯凡十二年）予舊有鈔本七卷笠澤叢書以諸本會勘之定爲蜀本倘能刊之當遠勝此本矣

又

右亦陸氏刻本前有甫里先生像馮君補亭所贈先君子記云嘉慶乙丑秋日馮爾修茂才以此本見寄時爾修已瞽三載矣

張承吉集

右唐張祜承吉撰舊鈔本首題張處士詩集凡六卷無序目按晁志作一卷

黃御史集

右曹氏刻本八卷末爲附錄前有洪邁楊萬里謝塈三序及曹學佺重刻序　四庫書目作十卷附錄一卷云原集久佚此本乃宋淳熙中其後人所重編今此爲八卷未知視閣本何如首有敬亭山人家本濬溪二圖記

禪宗永嘉集

永嘉集唐僧元覺撰慶州刺史魏靖輯宋石壁僧行靖注凡二卷首有楊億所撰無相六師行狀

讒書

讒書五卷先君子從蕘圃先生借本校刊跋見愚谷文存又鈔本一卷至四卷蕘翁錄寄有題語

碧雲集

右李中撰卷分上下首有孟賓于序舊鈔本先君子以琴川毛氏東山席氏二家刊本校硃筆記歲月於後跋云李有中南唐時爲新淦令嘗與張洎韓熙載潘佑徐鉉諸人相友善故多投贈之什所著碧雲集水部郎中孟賓于爲之序尾題癸酉者蓋宋開寶之六年也序中摘錄秀句方之方干賈島良不爲過然余讀餘篇見其眷懷邦國如有隱憂者正復不少則又杜牧羅隱之儔矣惜當日舉國風靡淪胥罔顧屈指曹彬南下之歲距賓于序集之秋寒暑僅再周耳虞之不臘明者已早燭其必然孰謂握三寸不律而仰屋梁者遂不曉事耶是集按晁氏讀書志及文獻通攷所引並云二卷惟㬟書

亭藏書目作三卷予此本得之烏夜村張氏卷數適與之相符何古今本之不同也又序言五六七言二百篇而此實三百餘篇豈後人附益而重編之歟書此以俟它日考定云乾隆甲午立秋日兎牀吳某識

河東集

河東先生集十五卷舊鈔本有附錄　四庫書目作十卷附錄一卷按景序明言十五卷近慈谿柳氏有重刻本抱經先生竹汀先生並爲之序均未詳卷數未審視此本何如當更訪之　先君子書鐵圍山叢談江南徐鉉歸朝後一則於前云據此則仲塗文章雖擅一時而人品不無可議張景行狀謂不拘小謹蓋其微詞而陳直齋亦云開爲人史稱其傲很剛愎合觀數語則開先時自名曰肩愈者不亦妄乎戊戌春日偶從武林得舊鈔本漫題首簡

穆河南集

右舊鈔本穆修伯長著三卷附錄遺事有劉清之跋有呂氏藏書恥齋二圖記

古靈集

古靈先生集二十五卷宋刻本每卷前有子目末有使遼語錄一卷乃諸本所無者詳先君子愚谷文存跋語中每葉二十行每行十八字雖間有闕翻及文字漫漶處然紙墨精雅古香馣藹誠宋本之甲也已卯夏錢唐

何夢華少府過談云新得舊本古靈先生使遼語錄一種未知即集中之本否擬借校尚未果也

又

鈔本古靈集二冊乃曹氏古林書屋藏本有曹溶私印潔躬二圖記無闕葉有闕字較宋刻多本傳及年譜一篇先君子以宋本及小艸齋藏本校記後云乾隆甲寅長夏以所藏宋刻本校讐一過宋本乃鮑綠飲歸余二本互有存佚鈔本與謝在杭藏本相同刻本多使遼語錄一篇尤世所希覯也是歲秋七月記

宛陵集

宛陵集六十卷吳樵石先生評本書卷首云宛陵先生

謂作詩須寫難言之景如在目前含不盡之意見于言外今讀其集方知此語實先生自道所得也敬業師嘗語余宛陵正是寔過摩詰又云宛陵仍是唐音非宋調也阮亭詩話作詩曰典曰遠曰諧典諧易得遠字惟韋蘇州及宛陵到之　先君子記云右跋當爲吳樵石先生筆樵石名嗣廣字芑君邑諸生嘗以詩受知於初白先生故稱敬業師壬申秋日記　又書後云宛陵集爲吳樵石先生評點樵石名嗣廣字芑君樵石其號海甯硤石人工詩與錢坤一汪匡古諸君往還唱和身後遺書多散佚予嘗從其孫曉亭見樵石詩稿若干卷今曉亭没久矣不知此稿尚存其家否余藏弆宛陵集亦幾

五十年矣嘉慶壬申七月八十老人吳某記於小桐溪之拜經樓

嘉祐集

嘉祐集十四卷　四庫書目作十六卷云洵集在宋凡四本曾鞏作洵墓志稱二十卷晁氏陳氏著錄皆十五卷徐氏傳是樓紹興十七年婺州槧本作十五卷附錄二卷又有邵仁泓翻雕宋本與徐本小有異同亦十六卷今所傳者有兩本一爲凌濛初朱墨板本十三卷又有蔡士英刻本十五卷曾鞏所誌與晁陳所錄今不可見以所存四本相較當以徐氏宋本爲近古今用以著錄而以邵氏宋本互核焉是本卷數與諸家悉不合紙墨頗舊惟無序及刊刻歲月未能定爲何本耳

王梅溪集百家注東坡先生詩集

宋刻王梅溪集注分類東坡先生詩集每葉二十行每行大字十九小字夾註二十五前有建安萬卷堂刊梓於家塾長墨印卷首有慶元路提學副使驪理書籍關防鈐記及濮陽李廷相雙檜堂書畫私印圖記先君子跋見愚谷文存續編此本夾籤云續文獻通考元時儒學提舉副司管祭祀諸職兼送到典帙按李廷相錦衣衛籍濮州人洪治壬戌進士累官戶部尚書兼太子賓客贈太子太保謚文敏有南鈴稿二卷聯句一卷見千頃堂書目又書別紙云王梅溪分類蘇詩注二十五卷

不及和陶詩迨施元之編年注始合刊之按苕溪漁隱叢話云前集乃東坡手自編定後集乃後人所編惜乎不載和陶詩然則當時人刊東坡詩多不及和陶詩無足怪也（按馮星實刻文忠詩合注凡例所見元刊本王梅谿百家注或云末卷和陶余未之見此亦傳聞未確也）庚溪詩話崇甯大觀間蔡京當國禁蘇軾文詞墨跡而毀之政和間忽弛其禁光堯太上皇朝盡復軾官職今上尤愛其文章乾道初梁叔子任掖垣兼講席一日宿直召對上曰近有趙夔等注軾詩甚詳卿見之否命內侍取以示之乾道末上遂爲軾御製序贊冠其文集命有司與詩集同刊之　先君子長歌一首見拜經樓詩集此本後附錄並記云宋王梅溪集百家注東坡

詩近所行本皆後人妄行竄亂芟併全失本眞與宋商邱所刊施注蘇詩無異觀者每以不能一見宋刻爲恨今夏有苕賈持此書抵余家求售適余他出不值而去明日余歸操舟訪之始得諸硤石南湖中遂以善直購焉此書楮墨精雅古香襲人眞舊本之最佳者爰爲長歌以書其後當乾隆五十一年夏重午後二日兎牀吳某識男壽暘書　又夾簽云吾友鮑君以文嘗疑百家姓氏中胡銓字邦衡爲後人妄添謂胡銓姓名偶同而實非忠簡公子竊以爲不然按注中明有引邦衡曰者則其爲忠簡無疑鮑君又謂忠簡廬陵人不應冠以苕溪子按書中只以苕溪冠胡仔姓氏上而胡銓上偶失著廬陵耳如潘大臨大觀皆黃岡人而列豫章之後徐俯臨川人而列臨安之後此並注家之鹵莽也

又

石蘇詩王注三十二卷末二卷爲和陶詩何義門先生評本每卷皆題記歲月卷末記云蘇詩僅三十二卷閱之市月始畢讀書如此作輟雖慧者難望有成況愚鈍如予者乎放筆爲之惘然癸酉九月鈔摘坡公佳句五日而畢漫記書尾　此本先君子從知不足齋借臨書後云乾隆乙未以文購得王注蘇詩及唐音戊籤並何義門太史評本凡去價十千蘇詩是陳少章先生臨本因從之假歸倩朱君允達錄于此本戊籤則自臨之時丙申夏五吳某記　內三十一卷中問淵明一首宋本在第一卷非和陶詩也先君子特爲拈出

蘇詩補注

蘇詩補注五十卷查初白先生手稿桐鄉汪氏藏本面頁題初白翁原稿擁書樓收藏並有梧桐鄉汪氏擁書樓所藏圖記卷首自序云補注之役權輿於癸丑迨己未庚申後往還黔楚每以一編自隨己卯冬渡淮北上冰觸舟裂從沙泥中檢得殘本淹浥破爛重加綴葺辛巳夏自都南還夜泊吳門遇盜探囊胠篋之餘此書獨無恙也自念頭童齒豁半生著述不登作者之堂庶幾託公詩以傳後因閉門戢影畢力于斯追惟始事迄今

蓋三十年矣雖蠡測管窺何足仰佐萬一顧視世之開局於五月蕆事於臘月半年勒限艸促成書淺深得失必有能辨之者康熙壬午仲春初白菴主人查慎行識　先君子記後云右爲初白先生手定注稿視嘉善刻本多有異同嘉慶己巳試燈日老友鮑綠飲自梧桐鄉過訪謂有初白注蘇詩手藁予出此眎之相對恍然蓋先生注此書數易其藁始成具見良工之苦心也庚午夏日鄉後學吳某跋于西簃之小綴雲軒時年七十又八又云桐鄉馮星實補注蘇詩屬其戚項根堂從予借宋刻王狀元注蘇詩不意爲中閣故馮刻所引王注亦多不全未免遺憾翌日槎客又記

欒城集

鈔本前集五十卷插花山馬氏藏本首頁有　王音孝友著於家庭信誼隆於鄉黨朱文印卷內有古鹽官州馬思贊之印馬寒中印華山馬仲安家藏善本及秀水朱氏潛采堂圖書諸印記鈔寫及書側題識俱精整

後山集

後山集二十卷舊鈔本先君子以秀水濮氏校義門先生評本倩先師朱巢飲夫子過錄記卷首云何義門先生評本乾隆丁酉從濮自崑先生校本過錄　義門跋云老學菴筆記云陳無己子豐詩亦可喜晁以道集中有謝陳十二郎詩卷是也建炎中以無已故特命官李

鄴守會稽來從鄴作攝局鄴降虜豐亦被繫纍而去無已之後遂無在江左者豐亦不知存亡又康熙已丑秋日從吳興鬻書人購得舊鈔後山集殘本中闕三四五六凡四卷勘校一過改正脫訛處甚多庶幾粗為可讀而明人錯本誤人真有不如不刻之歎也焯記又后山集十年前始得見明宏治已未南陽王懋學所刊脫誤至不可讀訪求宋刻於藏書家而未獲也康熙已丑吳興鬻書人邵艮臣持舊鈔殘書五冊來售余取而與宏治本互勘則其所脫誤者皆在雖出於元版已非魏昌世所次詩六卷文十四卷之舊然猶之為善本也其中缺第三至第六凡四卷非仍得陳同甫編校者及向上宋本不敢妄為補寫益新刻有與無均耳不讀而充數者尚之弗如其無也是歲中秋日何焯記

雙峯集

雙峯先生集九卷初白太史校本前有八世孫泰亨及永樂丙申徐鍊正統元年劉球序後有李大異撰墓志七世孫佳及永樂二十二年舒仲誠洪武癸酉劉鉞跋及高才贊　初白翁手跋云是集初刻於宋甯宗嘉泰四年公季子邁所編先生自序題曰雙峯猥槀至理宗淳祐七年再刻於連山章杭山有序元初公之七世孫名世重刊有歐陽冀公序未幾板燬洪武中八世孫泰亨以家藏舊雕本重刻於南昌訓導劉鉞志其本末正

統中十世孫守中重刻劉忠愍為之序今所鈔者照正統本第八卷中缺七言律詩三首第九卷中缺訓後一條據別本補入康熙庚子重陽前四日慎行識　所補之條書于卷首云慎行於江西書局見是集鈔本第九卷中尚有訓後一條今補錄惟余之在職存心處事必欲上通天意下合人情買田築室勤儉得之後世子孫優必聞于詩禮勤必苦于耕讀教子擇媚慎終追遠毋螟蛉異姓以亂宗祧毋勇很非為自罹刑憲倘違是言則必為人指笑曰舒通直郎子孫所為如此可不慎哉此條補寫第九卷中此冊有慎行初白庵主南書房史官諸圖記

雪溪集

右舊鈔本止五卷　四庫書目云原本八卷今佚三卷蓋不復有足本矣此本卷心題觀稼樓鈔書有玉峯徐氏家藏及沈廷芳茉園晦藥軒諸圖記集中載國香詩二首一原作一次韻其元唱非銍作也銍詩乃次韻耳鈔本不標題名氏而以元作附錄者書前致相溷耳安得它本正之壬午立春日又記

夾漈遺藁

右舊鈔本三卷詩五十六首文七篇

鄂州小集

右六卷　國朝程哲輯錄此從程氏刻本傳錄者首有

哲序並鄭玉趙汸趙壎李宗頤宋濂王褘馬琙蘇伯衡林公慶祝允明諸原序裔孫文達從裔孫朝原跋及曹溶撰傳等篇後附鄂州遺文　四庫目錄作六卷附錄二卷此本附錄即在六卷中目錄謂其集本劉清之所編此本叢雜少緒似非原帙又云附錄二卷爲其兄頌姪似臣之文今是編但有頌文而無似臣文

絅山集

舊鈔本月魚先生絅山集八卷有劉克莊林希逸二序

誠齋集

舊鈔本誠齋集四十二卷無序目後題嘉定元年春三月男長孺編端平元年夏五月門人羅茂良校一條卷內有朱筆藍筆評點及校字每冊有以甯呂叔子印楨以甯之印諸圖記

後村集

右五十卷藍格鈔寫極精卷內朱筆評點前有秀水朱氏潛采堂圖書印卷首林希逸序目錄後題迪功郎新差昭州司法參軍林秀發編次後有武林盧文弨手校圖記　四庫書目作六十卷今此實止五十卷

玉楮集

右刻本八卷先君子錄抱經先生跋於前並書後云右玉楮詩稾八卷據岳倦翁跋自寫清本凡百零七版今正合其數每卷首題十六世孫元聲等藏墨殆明時即

依倦翁手錄傳寫付梓故版數適符而字句間猶不免晉豕何耶至跋中又云偶至海甯訪友云云海甯不知何地攷今海甯州宋時鹽官縣至元天歷二年始改海甯縣惟歙之海陽縣晉初嘗稱海甯縣隋改休甯縣是宋時亦未嘗有海甯之稱豈亦刊梓時人妄改或係後人僞造此跋然元聲爲時名臣刻其先集不應鹵莽若此也偶讀盧學士抱經堂集跋玉楮集云未見刊本因錄其跋語於卷首以見前輩好古之篤并憶先生昔過艸堂登拜經樓徧覽藏書而此編惜未寓目今先生之歸道山已十餘寒暑閒抱經堂遺書散佚殆盡而予之抱殘守缺所藏雖未能若先生讐校之精幸而未散然

歐公有言物聚於所好而散於所不好人生數十寒暑耳孜孜矻矻露鈔雪購欲子孫常爲世守而弗替豈不難哉豈不難哉嘉慶十三年歲次戊辰中秋日海甯吳某識　又書首頁云昔張杞園嘗以玉楮集貽王漁洋乃明衡府高唐王所鈔漁洋有跋以爲楮墨裝潢並極精妙未識視此何如庚午五月某又記　又別紙錄蠶尾文集跋語一條書下云按高唐王與吾家舊藏臨江王圖繪寶鑑裝潢精整蓋明宗潢之好古者也識之

孝詩

林同撰一卷劉克莊序查初白先生從崑山徐氏借千頃堂鈔本傳錄前有臨安府棚北大街睦親坊南陳解元宅書籍鋪刊行一條後有跋云林同字子眞寒齋林公遇子福唐人卽宋史忠義傳中林空齋也史逸其名子考證得之爲載入統志人物中戊辰元旦書不著書者名氏　初白先生記云此金陵黃氏千頃齋鈔本乙丑余客都下會於俞部案頭見之今歸玉峯李子甲午九月借鈔畢附識初白翁下有愼行初白菴主得樹樓藏書查愼行印南書房史官及查岐昌印諸圖記

肇論中吳集解

中吳集解三卷釋淨原集釋僧肇所作四論而解之者首有慧遠序末有淨原後序宋本傳是樓藏書有東海臣炯別號自彊徐章仲所讀書徐炯章仲徐炯收藏書

畫傳是樓二濵書屋徐炯收藏秘笈宋本諸圖記書側題識猶其手筆也葉竹堂書目載此書不記卷數但云三冊

中和集

元本中和集三冊前題都梁淸菴瑩蟾子李道純元素撰門弟子損菴寶蟾子蔡志頤編前集一卷後集二卷續集三卷別集四卷新集五卷外集六卷無序按葉竹堂書目載此書一冊不記卷數道藏目錄載是書六卷並謂爲通儒貫釋之至言

柳塘外集

右舊鈔本二卷釋道璨撰口師孔序　四庫書目作四卷與此不同按師孔序云錄其詩百有二首今集中之數相符似無缺佚閣本所據蓋別本耳是冊前有海甯楊氏嵩木藏弆翰墨圖書傳之有緒二印記

佩韋齋集佩韋齋輯聞

舊鈔本佩韋齋集十六卷熊禾序輯聞四卷德鄰自序前有海鹽夏曉峰書畫記印後有聞人詠甫秘笈之印木印

富山懶稾

舊鈔本富山懶稾十九卷前題從曾孫方宗大編集有周瑄商輅二序周序謂曾孫宗大旣嘗編次今五世孫文傑復能珍藏校正以壽諸梓云云蓋是本爲重編付

刊　四庫書目作十卷或猶是初本與

滄浪先生吟卷

舊鈔本嚴滄浪集二卷陳士元黃清老編校黃公紹序

宋高僧詩選

舊鈔本宋高僧詩選前集一卷後集二卷續集一卷陳起輯

剡源文鈔

右刻本四卷前有本傳自序先君子親筆評點記後云予心慕剡源文集數十年嘉慶甲子始購得是編而讀之漫識卷尾齊雲采藥翁時年七十又二　又書居易錄載以古文名淳祐大德間與柳貫齊名數語於卷首云按宋

淳祐時表元年方幼齡下至大德幾五六十載且道傳生更後亦不得云齊名　又附錄馬寒中先生跋語於卷首寒中跋云歲丙辰丁巳黃梨洲先生講學海昌先君子時與之往復議論惜思贊童稚未能備悉精奧也先生每極口宋戴剡源文府君購其集不可得後從叔氏日觀丞見先生所寄選本遂命思贊刻之家塾閱歲書成府君見背年來多故未暇整理昨冬與竹垞先生借得全集復發興修補欠葉校讎訛字其去取批抹悉依梨洲原本不敢妄有增損蓋遵先府君授刻之意也因憶幼侍府君與先生晤對已歷二十餘寒暑而府君卒於庚午先生與日觀叔亦相繼下世重展是集不勝憮然康熙庚辰七月既望海甯馬思贊識於紅藥山房

魯齋遺書

舊鈔本魯齋先生集六卷末卷為附錄首有嘉靖九年康海序嘉靖三十九年衡府新樂王序王序署分封青社衡藩新樂王誠軒道人載璽汝符父書於少和山房此本有不遠復堂難得幾世好書人趙北溟印無黨藴眞翼雲恥齋諸圖記攷明史稾列傳稱新樂王傅雅善文辭諸撰集多可傳者高唐王厚煐齊東王厚炳皆以博學篤行聞亦可見衡府之多賢王也

道園學古錄

道園學古錄五十卷元刻本每葉二十六行行二十三

字前有至正六年歐陽元序為陳書崖先生藏本有劉氏家藏陳氏家藏書崖珍秘天都陳氏承雅堂圖籍陳書崖讀書記陳氏藏書子孫永寶諸圖記　先君子八分書題前云予友鮑綠飲嘗云生平見學古錄數本獨未見此本驗其楮墨之精當屬元時初刻本又為覓舊鈔學古續錄見遺俾成合璧云嘉慶癸亥秋九月既望吳某志所云學古續錄即道園遺集乃公諸孫堪手輯至正庚子黃溍跋某又記

道園遺稾

右鈔本六卷綠飲先生所贈末卷為樂府附鳴鶴餘音乃公與全眞馮尊師合作蘇武慢無俗念詞也是編為

從孫堪克用所輯前有至正己亥楊椿序後有至正二十年黃溍序堪有題識樂府後有公自記及金天瑞跋四庫目錄作十六卷與此不同今觀楊序云凡七百餘篇皆板行二集所無者遂分類編次爲六卷附以樂府題曰道園遺稾是所收當止此十六卷者或併二集數之歟

陳衆仲集

右元刻不全本僅存詩賦三卷序一卷首有明沈氏麟手書元史本傳并記云衆仲集不多見嘉靖丙申偶得此元朝刻本因手錄其傳於前以識歲月七十二翁竹東沈麟書　先君子題云按千頃堂書目陳旅安雅堂集十三卷今世行本大約相同予舊藏此元刻本二冊題曰陳衆仲文集攷諸家簿錄皆未見有此目未審其同異若何卷首林泉子序作于至正辛卯距衆仲之卒已十年當是其子鬮最初刻本雖僅存四卷而詩則已全零編蠹簡何可不什襲珍之兒琳記又書別紙云按元史本傳文集十四卷不知即此集否簡明書目安雅堂集十三卷（遺書目云十四卷）元百家詩選小傳安雅堂集一百廿四首元刻陳衆仲集一二卷一百六十九首三卷一百五十九首通計三百廿八首較元詩選多二百四首　（賜）按蕘翁手札知其家有元刻七卷並多張翥序一篇曾許補入當更訪之

方叔淵稾

方先生遺稾五言詩四十二首後至元己卯樊士寬所鈔有跋及次先生自趙屯歸城中韻詩又有王東題語是冊面葉題寄樓鈔藏有寄樓東萊仲子手鈔二印記

江月松風集

江月松風集十二卷金氏憲邦從思復先生手書本鈔藏筆札甚精後有詩補二葉明陸嘉穎補四首曹潔躬先生從所藏元八眞蹟補再次廷璋長史留宿韻二首題云余家藏元八眞蹟有此二詩乃知江月松風集尚多遺佚思復以書名卷冊流傳人間者隨見當補入也又從玉山名勝集李氏畫卷崑山雜咏補詩三首金跋云錢思復爲有元詩家筆墨岌冊多有傳者獨全集渺不可見洞庭山齋得觀思復手書江月松風集爲錢叔寶曹潔躬所收藏紙墨完好殊可寶愛因手錄一通藏之篋笥并使同志者得共傳覽焉丙寅閏四月二十五日金憲邦記後又錄補遺二首書云戊辰嘉平月小除夕燈下錄於半園之翛然亭迂齋　四庫目錄云其集在明不甚顯此本乃曹溶得惟善手稾因傳於世蓋即是本所從出也

夷白齋集

右舊刻十二卷義門先生手校本多所補正卷末鄭國公王遠士二墓志先生從吳下冢墓遺文所錄石刻補

正版本漫漶處手書於後云夷白集末卷鄭國公王處士二志板本漫漶予從汲古閣借得錢叔寶手錄吳下家墓遺文續編二志在焉據叔寶云錄於文氏停雲館所藏石刻者余取□□□□則仚□□□□刻所避而刪□者乃非一處□□□□□復不免聞往時逃古堂收藏夷白□□□當年稿本不知今落何人手得之乃可是正耳康熙庚寅焯記　又讀王處士志可見淮張待士之厚卓竊破亡而遺老猶思之不置蓋有足以感人者耶淮張無大略遠謨此固其一長也又記　惜是冊間有剝落補字及跋語未能盡讀爲憾耳按讀書敏求記三十五卷外集一卷云宏治乙卯張習廣搜敬初詩文勒成十二卷刊之志其後云先生文集名夷白者三十四卷留吳下士大夫家秘不傳蓋當時原書難覯故所刻不全君子惜焉此從其槀本摹寫者　先君子書此條上云綠飲題云張習刻本每有出於三十五卷之外者當時所據者不知何本又玉山雅集錄敬初詩大半不在集中知夷白齋稿遺佚者多矣安得好事者廣爲搜輯以永其傳焉　按此本後無習題識而楮墨精雅當是宏治初印本耳

石門集

舊鈔本石門集十五卷嘉靖壬子李先芳序黎阜傳鶚後序　四庫書目作七卷未審視此本何如

斗南老人集

右鈔本四卷間有缺字首序題墨林後學

說學齋槀

危太樸集四卷鈔本吳石倉先生藏書有朱墨筆校補處卷首有石倉手校及吳□嘉印州來氏藏書記二印卷首載竹垞先生說曰太樸說學齋文傳鈔都非足本雲林詩集係葛邏祿易之所編前有虞伯生送行序郎後雲林集三卷是也

雲林集

雲林集鈔本南陽迺賢易之編虞集伯生序詩二卷文一卷查初白先生藏本有其手校及南書房史官印記卷二後初白先生手書云按黃文獻公溍所作太常博士危府君墓志府君諱永吉字德祥徙居雲林三十六峰之陽即太樸之父也詩名雲林集當以此愼行識又云虞伯生有清明山房詩爲危太樸作又次韻太樸讀書山中見懷之作二首皆載學古錄二十七卷歸田槀中今撿雲林集皆失原作又宋景濂有題危雲林訓子四言詩後云危公冢子字於幰自檢討奉常遷佐蘄州將之官賦四言詩一章勉之云云今亦失原作卷一後補梅仙峯七律一首從撫州舊志采出亦先生親筆

林公輔集

天台林公輔先生文集一冊不分卷初白菴藏本補書

目錄于前並跋云林公輔名右明洪武朝人被薦授職閣門下所著文計一百五篇不分卷帙余得鈔本於友人齋頭補綴破爛別錄如右原本舊用硃墨校閱每篇段落及字句之閒多有鉤畫甲乙處於作者命意眉目分明要是留意於先民矩矱者故并其圈點悉依原本以存其舊焉初白翁又按先生臨海人洪武中與葉見泰等並徵官中書舍人與方正學友善嘗奉璽書行邊有功進春坊大學士命輔導皇太孫以事謫中都教授棄官歸竫難初聞正學被禍爲位哭於家成祖召之不至械至京猶欲用之先生對曰罪人逃死已久藉令可仕當與方孝孺同朝矣成祖怒劓之死南渡後追贈禮

部尚書謚貞穆事載華亭明史列傳世但知先生爲文士罕有稱其忠義者特表出之康熙辛丑四月查慎行再識

滄螺集

孫大雅著六卷前有宋濂撰東家子傳後有薛章憲跋汲古閣刻都元敬校本

草閣集

草閣集六卷後附鎮谷集一卷宋濂序後跋不全未知撰者名氏

圭峰集

羅文肅圭峰集三十七卷錢湘靈先生評本朱墨紛綸印記重疊四庫書目三十卷此多七卷

姑蘇雜咏

右一卷明高啟著周傅編有洪武四年啟自序三十一年傅後序卷首有槜李項藥師藏龔峰山人諸圖記

六臣注文選

六臣注文選三十卷汲古閣刊何義門先生七校本先君子從盧學士抱經堂借本手錄並書首頁云按唐書曹憲傳云憲始以梁昭明太子文選授諸生而同郡魏模公孫羅江夏李善相繼傳授於是其學大興句容許淹者自浮屠還爲儒多識廣聞精故訓與羅等並名家羅官沛王府參軍事無錫丞模武后時爲左拾遺子景

倩亦世其學以拾遺召後歷度支員外郎善見子邕傳今世第傳文選六臣之注而餘人罕有著聞者

唐音戊籤

戊籤八百十七卷義門先生評本先君子從涤飲先生知不足齋借錄後六冊係巢飲師手書並補鈔缺頁記後云戊籤六冊竟始於閏七月之朔畢於九月九日日閒不無作輟過於燈下者居多是以作字麤細不勻中閒缺頁俱爲補寫但未釘入耳至字畫疑者闕之無疑者易之然尚有疎忽處鉅眼可復校正焉丙午九月燈下書於金閶之客館巢飲識先君子書云何義門學士評點唐音戊籤攻韻語者得之不翅枕中鴻寶恨其

流傳甚少此本予從知不足齋主人借錄有六冊未竟朱巢飲茂才時館於姑胥小漆園中適見予行篋有此六冊遂爲卒業焉嘉慶庚午春兎牀山人識時巢飲没已越歲矣　其中夾簽甚多爲從兄梅峰先生手筆先子記曰從子延清摘其可疑者簽出有爲予筆訛亦有原本誤者不無有益於此書也

戊籤餘

右戊籤餘稾本有硃筆有藍筆評點竝按語又別紙書云法雄寺東樓七絕釋圓至曰郭氏王孫富貴封爵至開成後猶不絕其宅不應在貞元元和中已爲寺然郭晞傳云盧杞秉政多論爭郭氏田宅德宗稍聞乃詔曰

子儀有大勳嘗誓河山勒金石自今有司毋得受按按此詔雖禁有司論奪未嘗以應有者還之也夫以子儀之肉未寒而不保其室德宗待功臣何薄耶　是書本八冊先君子以七冊贈文漁徵君而留其一書後云予收得戊籤餘八冊海鹽張芑堂明經愛玩不忍釋手因割七冊貽之而自留此冊以見前輩用力之勤非後生所能及也己酉夏日槎客記又云余所藏有何屺瞻學士評閱唐音戊籤全部極精誠學詩者之津筏也庚午暮春又記

唐分類歌詩

趙孟奎分類唐歌詩原本百卷此僅四冊蓋從宋本影鈔者首有咸淳改元孟奎自序序後爲總目分類凡七天地山川類三十二卷朝會宮闕類八卷經史詩集類三卷城郭園廬類二十卷仙釋觀寺類十二卷又十一卷此十一卷疑別爲一類鈔手偶脫去標題名目一行耳兵師邊帥類二卷草木蟲魚類十二卷每葉十八行行十八字總目及每卷首行題某類卷第幾下空二格題趙孟奎又空一格題分門纂類次行題唐歌詩下列總卷數目蓋亦所謂大名在下小名在上者每卷各有子目每首詩前低二格書題次行低五格書人名行款亦爲近古後有毛斧季二跋及附錄葉文莊書唐歌詩後一條先君子跋見愚谷文存此書云何義門評點唐音戊籤中一條云趙孟奎

分類唐歌詩殘本十餘卷汲古毛氏收得之今歸蔣生千道然則予在吳門所見者豈千道所藏本耶當更訪之己酉立夏日某又記又云嘗見劉一淸錢塘遺事載咸淳閒詔行官田之制趙孟奎自陳投賣蓋是時賈似道當國以軍與國用匱乏特下此令官民騷然莫有隨者自榮王倡之繼是惟文耀而已可謂賢而有識者矣使天水宗潢皆能如文耀之公忠體國又豈懼白雁飛來乎甲寅夏五又跋又云癸辛雜識又載春谷在衢州斬大蛇事亦可見膽識庚午夏又識時年七十有八又云趙春谷梅亭曰東風第一見癸辛雜識

會稽三賦

會稽三賦不分卷前題東嘉王十朋撰次剡谿周世則注郡人史鑄增注并撰釋音附入有嘉定丁丑鑄序每葉二十二行每行大小字二十均空一格　黃蕘圃主事跋云宋本會稽三賦往予所見有三本一得諸顧八愚家一見諸顧五癡處台歸濟研堂一見諸顧抱沖所八愚五癡爲昆仲其兩本悉屬舊藏若抱沖則得諸它處非郡中物也然皆大字不分卷每半葉九行每行大十八字小卅二三字不等注中有注此板板式與前所見者異矣茲本首載史序弟一葉與會稽三賦弟一葉誤倒故印記反鈐于賦之弟一葉應正之丙寅穀雨後二日蕘翁識

瀛奎律髓

馮已倉定遠二氏評本一用墨一用朱　已倉書後云已丑再讀一過亦閱月而畢生平所得詩法盡在是矣四月廿八日燈下已倉馮舒　定遠書云家兄讀此書畢謂余曰吾是非與弟正同耳余意未信今實伯姪以此見示取余所評較之眞符節之合矣今日求可與言詩者定何人哉八月廿七日書於小樓之西窗家兄没二年矣定遠班識　陸氏書云已倉定遠兄弟稱詩爲馮氏一家學定遠評駁此書凡有三四本岕季此本其一也復取他本評語一一載入前後心目庶可考見余又從友人處見已倉閱本用墨筆錄於卷內以徵兩馮手眼之同異云甲辰閏六月三日常熟陸貽典識　每冊副頁鈐以朱文木印云聚書藏書良匪易事善觀書者澄神端慮淨几焚香勿捲腦勿折角勿以爪侵字勿以唾揭幅勿把穢手勿展食案勿以作枕勿以夾刺隨損隨修隨開隨掩後有得吾書者並奉贈此法余嘗仿此刻一印惟易末二語云後人寶遺書者必當謹守此法

宋人小集

宋人小集十六種姊壻許梅隱所贈爲何潛齋集傅忠肅文集晁具茨集高彥先集謝幼槃集浮溪集白石道人詩佩韋齋集倚松老人詩瓜廬集雪巖西塍集雪磯叢稿踈寮集雪林集病榻小集秋江集等先君子題云

許甥懋堇舊藏此南北宋人集十餘家似從江湖羣賢等集鈔合中間敘跋間有明人手筆惜乎家數寥寥不及十之二三然終屬舊鈔可存披閱也嘉慶戊午兔牀識

二妙集

右舊鈔本八卷前有草廬先生序虞伯生先生所撰段氏世德碑後有泰定四年别嗣輔跋成化辛丑賈定跋

大雅集

右舊鈔本八卷前有錢肅楊維楨及良自序後有王逢序先君子命兄壽照書竹垞先生跋于末簡莊徵君借閱校補數處鈐圖記於卷首

樂志園集

舊鈔本樂志園集八卷後附補遺元崑山呂誠敬夫著先君子校閱復經黃蕘圃先生以家藏秀野堂鈔本互勘手書補正脫誤　蕘圃題云此冊爲兔牀山人藏本并手校者介髯翁示余余取舊藏顧秀野鈔本勘之大段略同而詞句互有得失至命名則有異此云樂志園詩集一至八卷余本則分題各爲一集一云來鶴草堂稿二云既白軒稿三云竹洲歸田稾鄭文康後記外又有鶴亭唱和一卷又有十葉亦敬夫詩無集名未知云何此皆脫之矣卷一內此多南海道中三首半各本皆空白因據補余本余本竹洲歸田稾內多杖屨云云至答之此本脫也亦據余本補入鄭記不全亦據余本足之初余校此冊未半即病病且幾死自謂校讐事絕矣幸天憐余之好古書而不致與書永訣新歲謝客竟畢校此冊良友之託幸遂宿諾子喜而良友當亦共喜也唯鶴亭倡和已下詩卷帙甚繁不能任此筆墨之勞矣當俟它日命鈔胥續之嘉慶歲在丁卯陬月哉生明復翁丕烈記　後附歲暮懷人之一云異地能同好一州得兩人僑居情久密（謂髯翁）過訪跡常親（君每過吳必至余舍）屢寄書相賞曾遺畫絕珍（蒙君作員嶠訪書圖以贈）髯翁倘歸去爲我賀新春（每歲底託髯翁帶拜年帖稱賀）其鄭文康記及歸田稾內杖屨云云至答之皆補於卷末前後有蕘翁更字復翁蕘圃手

校圖記

荆南倡和集

荆南倡和集一卷元馬治季常周砥履道二人遊荆南訓唱之作也前列鄭元祐序及季常履道自序後爲附錄亦履道留別季常及寄懷詩季常所作履道哀辭及追悼追和詩又有高季迪後序重讀荆南集有感詩徐幼文李□□張□□諸人題先君子從鮑氏知不足齋明初刻本傳錄手校並輯荆南集附錄於後此冊書後云荆南唱和集一卷元明之交極爲鄭明德高青邱徐幼文諸公所稱賞傳本絕少予從鮑君以文知不足齋借得蓋猶明初刻本因亟傳錄其副并采摭記傳爲坿錄係卷末予生平最愛荆南山水之勝往來數十年行篋未嘗一日無此書今老矣足不能出戶每一展覽慨想前輩之風流邈不可追并念與荆南朋好疇昔唱酬文酒之樂不禁爲之閣筆憮然也嘉慶壬申季冬海甯八十老人吳某跋　此後簡莊徵君題記云嘉慶癸酉孟春郭海陳鱣借錄并對勘一過

赤霞集

赤霞集一冊五古七古五律七律五言排律七言排律五言絕句七言絕句各體爲一卷首題赤霞公詩鈔梁溪浦羲升朗公著下題男伯熊渭飛手錄有陳鼎新閔自寅序傳略一篇無作者名氏面籤書赤霞集吳鍾駿

選又浦羲升崇禎辛未貢一條先君子書後云赤霞集一卷乾隆己亥秋日購之花溪故家頭公崇禎中嘗司鐸海昌與許金牛爲布衣交故花溪兩垞之間猶有傳其集者此編前署男伯熊手錄豈尚其子舊鈔耶按赤霞集千頃堂書目不列卷數恐尚不止於此是編簽題爲吳公繼穉所選則益足重矣竹垞明詩綜錄五律石城一首周松靄云面書崇禎辛未貢一行恐是甌舫選詩時手筆果爾則又可喜也長至後二日吳某識又題予藏此書二十餘年矣每觀封面題字的爲小長蘆叟筆而松靄大令之言洵不謬也嘉慶乙丑兔牀

南濠文跋

都元敬南濠文跋四卷鈔本無序目

王百穀集

百穀先生集六冊爲晉陵金昌燕市竹箭青雀明月荊溪疏延令纂諸集先君子記云嘉慶庚申搆得百穀先生集其評點者未審何人莒佑謂是前輩許仲韋明經筆未知然否兔牀志　青雀集有西河毛文㷔序先君子書云此亦毛西河

漸江文鈔

查韜荒先生文鈔其壻談禘初先生所輯先君子傳錄書後云浙翁負卓犖之才學爲竹垞諸公所推服此稾子從其後人借鈔尚有漸江詩鈔惜未及錄其生平境遇多轗軻晚客茶陵而没同邑朱茂才亦大與浙翁中表兄弟也有悼韜荒詩云路傍香艸霧中花采采其如秋望賖哀些欲招無處所不知雲雨散誰家觀此是浙翁楚遊時乃眷一煙花而死於其家亦可慨矣亦大名淳日覲先生子也有曉亭詩鈔乾隆甲午春日鈔重午後三日校于拜經樓

衎齋詩卷

右刻本衎齋詩四卷先子跋云寒中上舍生平與查初白先生交最莫逆故其詩律之風神流麗一往情深處頗極相似至擬古樂府詞質意古使人味之不盡雖初白尚有不及予家去插花山僅一舍每登樓東望惟見

寒烟衰艸亂雲滿目慨望昔日之風流非特琴書圖籍散亡略盡即道古樓之故址且不可蹤跡頗深生不同時之恨又云衎齋詩予家尚有大字刊本詩多有不同蓋刻在後也并附查惜吟香稿雕板甚工

天啟宮詞

右宮詞一百三十六首蔣之翹作前有自序先君子校有按語數條　簡莊徵君跋云明詩綜蔣之翹字楚穉秀水布衣甲申後隱于市詩話楚穉居射襄城詳對楚詞晉書韓柳文集鏤版以行又輯檇李詩乘四十卷搜錄鄉黨先正詩無遺兼能備舉軼事使聽者忘倦晚年無子書籍散佚無餘詩乘亦亡可歎也按明詩綜選秦

楚芳天啟宮詞八首而靜志居詩話嫌其述客魏居多而事關德陵者寡不無微憾此楚穉所作較之楚芳作爲詳備乃詩綜並不選入豈竹垞先生猶未見耶鱣記

擬故宮詞

右鈔本四十首唐宇昭作先君子題云唐宇昭字孔明家富藏書毛斧季嘗聞其有宋槧趙孟奎分類唐詩一百卷展轉倩友借之而未得詳拜經樓詩話

西村集

西郵老人詩集三卷後附補遺乾隆戊午重刻本先君子補錄遺詩五首於卷末跋云余偶得陳勾溪先生手書詩一篇風骨蒼秀如其爲人愛玩不忍釋手吾友陳仲魚復以西村老人詩數首見遺亦其遺墨也書視勾溪雖稍樸致而詩格高雅似又過之因補錄卷末併附勾溪作於後時丁酉十二月兔牀後學吳某識

九峩先生集

右舊鈔本雜文詩詞一卷首敘不著姓氏

棗林詩集

棗林詩集談孺木先生所著凡古近體詩三百三十七首後有錢朝瑋所作傳先君子序見文存續編中此冊用硃筆照原本圈點並附錄竹垞檢討靜志居詩話他山先生入海記二條於末有按語

遺老高風

右鈔本一冊首爲陳乾初先生山中約次爲祝眉老先生忠魂歸夢記次爲乾初先生東海山臞祝遁甬山養吾子蔡遵來雲先生蔡沛黃山大辛子許奝諸公詩又次爲山臞先生項子魂遊記及研譜研譜餘攷末爲耕煙老農祝子夏斯文快事諸先生詩前有當湖施洪烈三哀詩并序序內謂祝光侯許元五祝開美三君詩則止哭光侯先生者並附與其伸叔季三人詩　先君子書後云乾隆丙申重九日登高龍山偶得是書皆海昌遺老詩文雜著雖卷帙無多而流傳絕少予不敢自秘別錄一本以贈吾友陳君仲魚俾與大學辨諸書同藏于新坂家塾此本則猶是龍山舊鈔也嗟乎南村風景恍焉如昨而諸公高躅邈不可追是一編者將以爲鄉里先賢傳觀之可也以爲宋遺民錄觀之亦可也庚子秋七月兔牀後學吳某記

古民先生集

右詩一卷陳古民先生手稟集名來雨　先師巢飲夫子記云昔在吳中於許生案頭見古民所書論詩畫冊子遊雲鶩龍幾入神品蓋古民時寓硤之薇山書此以贈及門許公葵元也冊後但鈐古民二字圖記而不題姓氏竟不知爲何許人今覩是集書法一如昔年所見又得兔牀山人表而章之則十餘年之蓄疑一朝頓釋眞快事也巢飲誌　先君子書後云陳梓字俯恭一字

古銘家秀水之濮院學宗洛閩工詩書法得晉唐之遺晚右臂病攣常運左筆後居姚江以老此槀詩字俱佳陳子珍之槎客記時距作詩後一甲子冬十二月朔日又書觀末載藥酒方豈書此詩時已在攣臂之後乎又記

尊聞錄

右爲汪水蓮先生（維憲）所著先君子從魏君小洲處得之小洲記云吾杭前輩汪水蓮先生殖品清華學問淵雅所與交皆知名士偶從市攤拾得此冊雖非足本味其言論尚友眞今之古人聞全帙質存某處需索厚價兼靳借鈔誠恨事也庚午仲冬大雪節前一日小洲誌

先君子書云積山名維憲陳句山紫竹山房集有詩集序敘其出處頗詳謂可入獨行傳是編乃魏小洲鉽偶於舊攤購得見眎置之案頭未忍釋也壬申冬仲八十老人吳某志

嶺雲詩鈔

嶺雲詩鈔一卷錢唐魏柳洲先生著原有墨筆評點處先君子評閱用硃筆記前云乾隆乙未五月閏于拜經樓

紅柑齋詩草

海甯查堯卿先生（羲）著先君子傳錄竝手書沈歸愚宗伯評語于上

汪氏雜著

此爲同里汪立仁先生所著先君子收藏題後云此前輩汪茂才立仁遺稿也立仁本歙縣人僑居小桐溪少工詩善屬文以屢困場屋悒悒不得志而没無子遺槀多散逸每展斯編未嘗不爲之興歎也

韜光紀遊詩

右二卷朱人遠許時庵二先生序堇浦先生增注凡墨筆皆先生手蹟也

陸綸山先生集

綸山先生甯遠堂詩無序目後有闕頁

茶洋詩鈔

尚廷楓著內有墨筆圈點面頁題紅樹邨莊詩選

曉亭詩鈔

曉亭詩鈔一冊不分卷同邑朱亦大先生著前有東阿葛仙老題七絕二首並卷內朱墨筆評點

震西賸稿

右詩一冊不分卷吳漊上董掌衡先生（甯鉒）著中有與先王父賞梅詩先君子題前云嘉慶壬戌冬陳仲魚孝廉僕此稿見貽以其間有與先處士觴詠詩也每披對閒如讀柳州先友記一過　題中同東者爲方鳳逸王晴巖黃禹璋江寶臣陳種遹諸公方爲余姑丈江亦吳人先君子記云江寶臣蘇州孝廉時與先子同寓吳漊

治目與伯仲兩兄亦稱莫逆某記 又書首頁云掌衡茂才父維新先生與先君子同庚故交最契

蘭垞詩鈔

蘭垞詩鈔一冊海甯施自勖先生謙著先君子求得遺稾手爲繕錄並作序云施秀才蘭垞海昌人也少以能詩受知於鄉之先達頗自矜許及長累困於制科常鬱鬱不得志雍正乙卯 詔州郡舉博學鴻詞蘭垞名在薦中亦不登第老而厄窮益甚唯放情歌詠以攄其不平性復狷急善謾罵人以是卒不樂與友獨於仁和杭太史堇浦爲忘年交唱和尤密庚辰仲秋年七十餘病没聞伊子前天一孫尚幼意甚悼焉訪其遺稾未得心恒耿耿以爲憾事今年秋予甥孫焕始從蘭垞長女家借是編示余爲虛槎神聽非非想三集益其手自芟定者又已已詩殘帙通得古近體如千首輒欣然爲手錄之蘭垞生平詩稾如束筍此殆其什一餘多散軼不傳可惜也竊怪古今來流離不遇之士莫不託諸吟編冀垂不朽然而湮墜者多矣若唐之張祜王璘竝貧不羈之才蒙薦知已終以傲物自炫擯棄草野慕其文者皆爲之興歎今張集具在而王作無聞觀摭言稱璘日賦萬言口給十吏則其平日篇章之繁富何如也故知通塞之理洵有命存而流傳之責的屬來者予無暇論定蘭垞之詩直重傷蘭垞之不遇而欲麤傳其梗概于來者云爾元黓敦牂十二月立春日默齋吴某書於清暉閣

釣餘集

右朱吾也先生雜文一冊巢飲先師手寫本先君子記後云右朱可人先生名逵海甯人諸生英袖先生之子也

明詩綜

右初印本紙墨竝佳先子記首冊云張爲儒蟲獲軒筆記朱竹垞先生選明詩綜喜刪改前人之句然有大失作者之旨者即如亭林集中禹陵二十韻前半大禹南巡守相傳此地崩十韻敍禹陵後半往者二光降江干一障乘八韻敍乙酉魯王監國事而末四句總結之曰望古頻搔首嗟今更拊膺會稽山色好悽惻獨攀登詩綜芟去中閒往者十六句則所謂嗟今更拊膺者竟不知何所指竹垞選此書意欲備一代文獻宜其持擇矜慎況生平又與亭林交好没後錄其遺詩似不應鹵莽至此也爲儒字承之海甯人貢生生平湛深經學惜身後著述多散佚蟲獲軒筆記四冊予從其從孫讀借觀起乾隆戊午十二月二十六日立春迄庚申五月三十日排日而記之大約經解爲多因令猶子昂駒錄其經解筆記雖尚闕而不全已足見前輩爲學之勤幾寢饋于經籍中矣予家尚有明經所批十三經文鈔亦人間

不可多得之書也嘉慶丙辰八月四日吳某志于拜經樓

斷腸集

詩三卷宋閨秀朱淑眞撰先君子手寫本並附錄百川書志詩女史名媛詩歸宋詩紀事汲古閣校刊題語巖居幽事各條于前又記云某按名媛詩歸選淑眞古近體詩凡一百七十餘首

肅雝集

右詩一卷元閨秀鄭允端著舊鈔本首爲錢惟善序次序不書名氏先君子記云某按列朝詩集云允端集曲江老人錢惟善沭人杜寅爲敘傳云云然則此篇蓋寅

筆也次爲至正丙申允端自序末有至正甲辰杜寅後序先君子書列朝詩閨名媛詩歸二條于別楮並書卷首云提要以肅雝集爲僞託

玉窗遺稿

右詩一卷朱巢飲先師手寫本跋云玉窗遺稾予叔高祖妣葛太孺人之所著也向梓行於康熙辛亥閒孺人中子僑居邑城板曾藏其家坐中落竟散亡無復存惟長嗣出繼大宗居小桃源故里其元孫筠岑每以先澤淪亡自恨生晚輒泫然涕下故是集及日觀山人集特於殘編賸稾中撿搜而珍藏之然就兩書以觀日觀世尚存十之三而此集幾等碩果矣惜無力重刊以壽諸世不能闡揚先業傳播芳徽吾亦與有責焉兎床山人吳君葵里好古士也庚寅歲余館鳳埧去山人室邇甚嘗偕吾徒陳生誦隅造訪一見如舊相識因窺見案頭陳相國徐太夫人拙政園詩餘一集係山人所手校付梓者乃知山人存心風雅本圖探石室之藏大棃棗之任第以是書爲軔發也頃之山人叩余曰玉窗遺稾君家物也盍出而一讀乎余唯唯而退歸徧搜故篋中不可得厥後於從兄筠岑架上檢得是書爲之喜而不寐迫欲手鈔一本以應山人之請奈薄歲闌俗冗蝟集未克完寫今春復適鳳埧學舍差得坐定續寫成書并識數言悲予素不能收藏是書既乏力重刊敢以繕寫爲

勞乎哉然卒得應山人之請不負其好古之心也則又予之幸也夫時乾隆辛卯孟春下浣小桃源朱型家識於陳氏之晚香齋

詩因

大淸詩因閨門一集亦先師手錄先君子校正

秋思草堂集

右集爲錢唐女史陸莘行所作老父雲遊始末有其甥吳磊跋此本爲先君子手寫並附錄尊前話舊各詩予後跋云右錄陸氏莘行遺書一卷莘行爲麗京先生女適袁花祝氏今其後嗣無可考當從祝氏之老訪之或借其家譜查之不知此外尚有著述否吳某跋

海昌閨秀詩

右爲褚貞周僖齡落花詩王範蕉雨樓吟佟陳氏稿先君子書周詩後云右落花詩三十律錢唐魏叔子鉽得一便面有蠅頭細楷書此末署癸亥秋盡日錄海昌女史周僖齡落花詩三十律於林淸書舍冷紅姚宗灝書書法甚精楷冷紅未知何人而周亦不知誰氏之女也予讀之愛未能釋因借歸命子姪輩錄其副與褚紉蘭落花絕句三十首合藏諸笥俟世之好事者傳焉海昌故多才媛由明以來如朱靜庵葛南有陳倫光皆表表者而倫光素賞樓集中落花三十律尤爲時所傳誦其警句若沾泥絮果應同證入水萍蹤或再逢死謝春光

臣盡瘁生憎夜雨子成仁散爲巫峽雲無影流出天台水有情處仲遣姬開後閤季倫看妾墮危樓紫絲帳外疑無地青粉牆西想有家十六天魔春試舞八千子弟夜聞歌紅綃別院偷飛月紫玉深宮竟化煙吳郡臺荒歌舞散漢宮人老畫圖空舊雨新晴諳冷煖今朝昨日判悲懽雖使須眉操管何以加之僖齡諸作纏綿凄婉託意隱然蓋亦倫光之後勁歟癸卯冬日槎客吳某識

書蕉雨吟後云幼嫺爲海甯硤川人太學生涵齋次女適桐鄉李臨皋早寡無子女夫朱廣文超之輯其吟稿曰蕉雨樓吟凡三卷古今體詩二卷長短句一卷余從花溪倪硯翁借得全稟讀之惜其才之饒而志之苦也詩曰終其永懷又窘陰雨非幼嫺之謂乎會當事有重修郡乘之舉纂修爲姚江邵太史晉涵分掌藝文者仁和朱茂才文藻皆於余有故因即錄集名貽之以存海昌名媛之一種復摘錄其詩數首于此設有好事者取其集而梓之當與素賞老人後先輝映矣甲辰中秋後一日槎客跋　佟陳氏稿前有題云佟陳氏爲海昌次升封翁女大司空學山先生嫡妹未出閣時所作秀慧之致已見一斑老荆之母姨也予初婚時偶爾手鈔及今展閱忽忽五十餘年若俛仰事戊申八月南屏時年七十有一先君子書此後云次升名之遐崇禎丙子舉人學山其長子敳永之號也攷陳氏家譜次升凡五

女第四女適三韓佟世南廣東瓊山令第五女名晥永字倫光適同邑楊中默有詩名著素賞樓集爲時傳誦惜其姊能吟詠而人罕知者并名字亦無可攷豈爲若妹所掩耶素賞樓集中閒有與姊唱和詩今年秋武林魏小洲偶得此稟詒予因亟錄之首有戊申八月南屏題字南屏亦未詳何人也乙巳蜡月槎客誌

花月吟

花月聯珠吟十二首爲沈氏涵碧所作及其女雲濤祝氏竹如和作予姊景昭氏亦有和詩二首附集後先君子書卷首云沈氏號涵碧陳淸渠太學有爲族祖毋沈花月吟跋曾屬余點定

嘉定白印蘭幽谷氏撰繡餘草先君子親筆評點餘詳拜經樓詩話

拜經樓藏書題跋記附錄

攷三首見富春軒雜著

宋忠勇軍弟三都都虞候朱記攷　吳壽暘虞臣

右朱記同里陳簡莊徵君從山左東野明經得於揚州舊城無背文年號可稽並遭磨礲寸度銖兩不盡合制印文亦多刓損未能明晰安邑宋芝山助教釋作忠勇軍司延邊事二指揮弟二都都虞候記江都江鄭堂文學釋作司廷邊吏簡莊徵君作攷釋爲忠勇軍右進邊弟三指揮弟二都都虞候今細加審辨似當以徵君釋爲正惟弟二都則當作弟三都篆文殘闕處尚有迹也

攷宋志侍衞親軍步軍司有都指揮使副都指揮使都虞候各一人所領步軍自神衞而下左右四廂都指揮使都虞候左右廂各有都指揮使都虞候每指揮有指揮使副指揮使每都有都頭副都頭十將將虞候等忠勇軍在步軍神衞下隸侍衞司咸平五年以易州兵能禽賊者立指揮一成都此印徵君謂是忠勇軍右軍下弟三指揮攷五代史唐傳有左靜邊都指揮使晉紀有鎮海與武左右廂開道都指揮使是每軍下左右廂指揮使又各有其號宋沿唐五代之制當不甚異進邊云者猶靖邊開道之類歟徵君攷又云鄭堂謂此印是高宗南渡駐蹕維揚倉卒時所鑄按中興通鑑建炎元年

因李綱議募兵仍刱禁軍驍勝北捷忠勇義成龍武虎威折衝果毅定難靖邊凡十號每號四軍此云弟三指揮其四軍之一歟又按渡江後官印多亡失禮部更鑄給之加行在二字或冠年號以別新舊茲不冠以年號者明此軍初復無新舊之嫌也惟時方草刱三衙之制未備立御營司有御前諸軍都統制容齋五筆載所進劄子請正三衙之名時不果行然建康志御前諸軍都統制司題名記王權以龍神衛四廂都指揮使甯州觀察使殿前司忠勇馬軍統制除武康軍承宣使差充建康府駐劄御前諸軍都統制是仍帶指揮之職而忠勇吏屬殿前馬軍司矣又建炎後將兵屯駐復有忠勇遊

奕甯宗嘉定三年以江陵忠勇軍爲御前忠勇軍則似此軍廢而復置屢有增易忠勇之號不獨侍衛步軍成都指揮而其典禁衛職近事親固直隸御前者矣此記視予家端拱二年拱聖下十都虞候朱記稍不逮然古色黯然篆法深秀其銅質鑄造不及他印之精整正鄭君所謂倉卒時所鑄者耳嘉慶丁丑九月吳壽暘識

金勾當公事印攷

右金源印長宋尺二寸一分廣同重二十兩柱鈕高寸三分厚五分文曰勾當公事之印背文爲土花繡蝕字畫不能明晰向止釋出正隆四年四字頃復加洗剔定爲六年非四年下有八月二字左方尚有汴少府監造五字攷正隆六年爲宋紹興三十一年是年金主亮方悉師侵宋是以有勾當公事之稱金時本有勾當公此云勾當公事蓋發兵則給此印猶宋史曹彬歸自江南進牓子云奉敕差往江南勾當公事回是也其稱汴少府監者亮以六月至南京四月詔百官先赴南京治事尚書省樞密院大宗正府勸農司太府少府皆從行此印鑄于八月故少府上冠以汴字時蓋草創尚不若正大二年印之稱大名行部與定元年印之稱行宮禮部歟稽其鑄造歲月與本紀若合符節是可互證惟是背文塡掩須映日視之字迹始顯阮中丞山左金石志所載弟據印文摹入未悉其全也

蒙古景州印攷

甲戌四月於武林天水橋舊肆中得銅官印一朱文四字曰景州之印銅質精純土花斑駮度以宋三司布帛尺長二寸一分强廣二寸一分弱博五分重今權十又三兩七銖柱鈕高一寸二分縱徑九分橫徑四分中刻上字背右方正書宣課行三字左方乙未年三月日造七字左側景州印三字篆文屈曲盤迴正書亦古拙有致但有鑄造歲月無年號蓋蒙古太宗七年印也是時爲宋端平二年蒙古未有年號國號但以干支紀歲耳其曰景州之印者按隆平集所載宋制凡節鎮有節度使印隨本司關則州本吏用本州觀察使印又有州印

文曰某州之印金時節度州印三曰某州節度使之印曰某州觀察使印曰某州之印元初官制未備景雖刺史州而未有常員州印尚仍宋金之舊歟其曰宣課行者攷元史百官志太宗始立十路宣課司選儒術用之金人來歸者因其故官若行省若元帥則以行省元帥授之蓋時始有宣差徵收課稅之使大興翁宜泉比部藏一印曰旁差官印背文無年月但云宣差襄陽唐鄧軍稞稅所成造是課稅所亦掌鑄造之事地理志河間路景州唐觀州又改景州宋改永靜軍金仍改觀州元因之至元二年復爲景州據此則太宗時不應有景州之稱然太祖紀八年癸卯取雄霸莫安河間滄景獻深

祁蠡冀恩濮開滑博濟泰安濟南濱棣益都淄濰登萊沂等郡又十六年辛巳宋京東安撫使張琳以京東諸郡來降以琳爲滄景濱棣等州行都元帥鄭義傳初事太宗佩金符山東路都元帥兼景州軍民人匠長官從伐金子澤襲年老弟江代其職世祖北伐賜金符兼景州軍民人匠長官中統三年以江子珣爲千戶領景州新簽一軍千餘皆稱爲景且按世祖紀至元二年閏五月升蓨縣爲景州止言升縣爲州不言改觀爲景元混一方輿勝覽刊於世祖朝景州沿革亦不書至元改名之事又大甯路亦有景州潛揅堂跋云大甯路亦有霍州景州史志無之此書亦未詳其沿革姑記之以俟攷是或當時旋置旋廢偶存其名歟且大甯非財賦之區而景爲金鐵所產此云宣課其爲河間路審矣迺志與紀傳歧互頗滋疑義殆草刱之初輿地名號未能歸一逮中統五年省臣奏請分立省部四方正名而後爲定制歟其以此乙未爲太宗七年者攷太宗六年甲午滅金得中原州郡七年乙未置版籍頒發州郡牌印正其宜矣又攷食貨志元之諸稅皆定于太宗時商賈之稅甲午年之課稅所大都宣課提舉司迄諸路皆定歲入之額此正足與旁差官印相證其皆爲元初制矣若遼南京析津府景州置於興宗重熙中重熙二十四年歲在乙未金之景州先爲河北東路後屬河間改觀州在

後廢帝太安中當世宗大定十五年未改州時歲亦在乙未然皆宜有年號且與宣課之稱不合故定以爲蒙古印耳

詩十五首見蘇閣吟卷

雲林寺　　吳壽暘

靈鷲何岧岧淸勝擅幽獨古寺山麓間到門途屢曲洽然一泓泉澄流漱寒玉淸淺不可唾挹之未盈掬奇峯飛片雲穹然架佛屋複洞挂巖顚危石剖崖腹莊嚴五百尊山骨何時劚上有古經牀祇樹數春木幾處婆羅花紛紛糝輕綠寺僧解嚮導相與殊不俗西澗更追尋新篁夾修竹鮮翠滴人衣蒼煙俄滿目日暮整歸鞭綠

雲猶可束

秋日寓葛林園次奚丈鐵生韻

頹厭城市煩山居滌炎燠疎雨滴新梧輕煙挂修竹半榻借僧寮一燈近佛屋高人肯來過相與慰幽獨懷古登屛阿捫蘿徧深谷猶有白雲屯山樵閒共宿

文待詔爲王槐雨侍御寫拙政園圖圖爲陸魯望故宅圖今藏吾鄉胡上舍爾滎家

五湖煙水鷗鷺邊長虹渺渺浮遙天黃柑綠橘霜林媚一笠扁舟動秋思甫里舊蹟尊鱸鄉夢隱卜築開溪堂輞川清曠雲生戶但見槐黃落如雨寒泉一眼渟澄空花裔蘿磴泉皆紅湘波滿地瀉翠玉寫出千竿萬竿竹林巒如畫畫如詩筆妙惟有衡山知七十二峯羅几案割取煙霞纔一半王公本是非常人文安有力扶直臣閒居灌圃全淸節爲政焉能更辭拙君不見吳郡昔著豸冠坊范公諫聲天下彰又不見黃州南園斷一醉功成那復論榮悴攜得白雲歸去來待詔有歸去來辭圖故園夢醒對三槐緬想淸風臨頓里北禪夜靜鐘聲起

東坡先生鹽官四絕句殘碑

安國寺前雙檜樹矯若二蔬辭漢去延恩寺裏賢師琴目空退之無古今當時四海一蘇子擔笠瓊雷寄儋耳杭州出守到鹽官大悲作記儒通禪與酣淸詠動高閣腕底濤聲天際落揮灑墨妙驚老僧神采外映中藏棱僧刻好事留貞珉何年流落明湖濱有美堂前秋潑翠古石飛出吳山雲土鄉主人雅好古忍使零圭蝕苔土扁舟載過蘇閣中麁韜芸編日爲伍家君得宋槧百家注東坡先生集因名藏書處曰蘇閣憶昔先生遷黃州尋春亦復城南游先生有黃州安國寺尋春詩小房曲檻合修竹何如散髮披襟臨風浴獨有眼力窺天人俯行無物攖世塵埋雪蒼龍東不死幻作神犀騰扇底東南文士知所歸學儒學佛通其理鹽官不可無公詩望湖兼以拜公祠梅守賜墨出淳祐廟側同此尋堂基響搨氊椎日千紙殘字猶將補栗尾寺門淸暑搖白蓮齋豐香市記年年重將遺墨表靈瑞定有萬丈祥光騰妙智家君擬重摹一石置寺中

過陳簡莊徵君紫薇講舍

背倚蒼厓閣一間雲生北牖抹煙鬟放翁詩句堪移贈買宅錢多爲見山講舍築於硤石西山麓

新坡舊業本黃岡卷軸丹鉛說土鄉土鄉堂先生現上藏書處重繼白公吟眺地紫薇花下讀書堂

舊藏英石立峯高二尺許係插花山馬寒中先生故物賦此紀之即用先生集中曠野看雲歌韻

吾家有石瘦而奇嶙峋三尺芙蓉垂彷彿花山花底壓倒折花枝作雲腳英德靈產高丈尋美人袖舞雲鬢明小峯峭立衆峯亂也復煙霞成片段南樓道古箋魚蟲

仇池兼伴吟香工海山檻外勢奔走想得風篁同撫手占鴻漸兮甯高飛樂磐石兮其來歸寒中先生筮易得漸之二爻因以衍齋爲號並有坐磐石小影

丙子歲除前六日過吳門訪黃蕘圃主事于士禮居賦贈二律

雪滿楞伽又歲除乍從江夏識林居千秋盛業歸求古三世交遊重訪書閣建長恩嵐翠列主事嘗欲建長恩閣於虎阜圖傳員嶠墨光舒紙今故蹟摩挲處展對雲山愴有餘先君子曾爲蕘翁作員嶠訪書圖時適攜員嶠真逸印因以爲贈

數卷遺經獨抱殘延津敢望劍雙完甯知百衲成琴易未使千元集古難董氏全編供合校重言片帙輔精刊時方校刊周禮鄭注以明董氏本爲主而校以各宋本假余家舊藏小字京本重言重意合勘余家本闕春官及夏官上蕘翁出小字宋本夏官並秋官上許歸余補入更望並得春官成全璧焉新年好向梅花祝蕘歲曾刊梅花喜神譜更與春風補一官

贈家枚庵先生

槐市幽棲比鶴巢先生居吳之槐樹街高風幾竊俗情淆商山此日方山子萬卷藏書手自鈔先生祖籍作甯系商山派家藏書皆手鈔精本先君嘗以方山子相擬

寒公寂後邈煙霞望裏支硎水墨賒嘗舉詩社於支硎與釋寒石唱酬尤密珍重篋中詩畫篋深山雨過落松花先生嘗贈先君子畫扇並題句云次洪泉流漾淺沙深山雨過落松花閒來尚踐山會約留得先春斷渚茶

中秋前四日海鹽張楳谷以秋濤古琴見寄

無絃幾識爨桐聲忽枉金徽致逸情一曲清風來海上滿天涼月晚潮生

丁丑三月望日從臨江鄉魏小洲處接葉東卿去臘寄書並嘉平石經論語殘字

西湖草綠柳飛緜已過江南穀雨天孤雁暌違經隔歲書爲鮑牧堂攜致余與牧堂別三年矣同心想望路三千奇文會錄圜橋外東卿曾刻覃溪學士所摹太學石鼓弟八殘文殘石重蒐廣政前卻憶臨江蕉萃客何時商略共遺編小洲嘗得蜀石經毛詩殘字先子曾摹副本並著考異二卷未及付梓小洲擬刻先生遺書亦未果

朱西村先生墓次張石樓韻

高隱不可作遺邱千古尊青山白雲外梅鶴與招魂月冷瀛洲社風清處士村招來華表客猶憶嘯臺孫時石樓有追懷太白山人詩

黃岡古錢歌道光二年九月二十九日黃岡石佛寺橋農家於麥隴中得古錢一甕文多五銖間有常平五銖大貨六銖五行大布等錢皆南北朝物也按鄱陽泉志梁武帝鑄錢肉好周郭文曰五銖張台曰五銖一錢皆無好郭惟此一種有之此五銖徑漢尺一寸稍贏重今權九分稍弱肉緣較闊幕有好郭殆梁製歟常平五銖鑄於齊文宣天保四年大貨六銖在陳太建之六年攷南史顧越傳所居新坂黃岡世有鄉校家傳儒學仕梁陳卒於太建元年此豈其後人所遺耶閱今千三百有餘載翠采赤斑鮮妍欲滴摩挲賞玩足證新坂遺蹟爰賦此以諗諸論古者

黃岡水木秋明瑟古寺溪橋趨石佛稻雲破隴漸登場宿麥抽秧新啟壟腰鐮忽訝土痕移觸手俄驚破甕出

繡鋪碧草色斑斑彩炫青蚨風拂拂村童撲滿直相當購置書窗名品列製沿孝建或僅傳（聞尚有二銖四銖等錢）模改齊宣時可悉貨泉並得稽師利大布還稱彌羅突就中獨數五銖錢珠貫纍纍餘百十圜徑慮虒寸稍贏重不及今銖之一幕有好郭漫無郭肉篆分明輪緣闊紀年應與溯蕭梁女稚角錢堪共說緬懷江左幾滄桑紛紛南北輸軍實中都銀幣革東昏流轉三吳貨充溢一自江陵敵燄驕歌闌敕勒邊聲切銀甕難椎玉璧堅石頭幾下金陵缺空餘洲苑鎮錢龍安見柱文堪易轍於時耆舊老邛園新坂家學惟傳述兩朝講幄秩胥崇北使東歸彌守潔時經大建又歷年不數宇文更幣日穜藏

或又後賢遺篋金壹是編金埒孤燈落日寒煙碧遠水浮空嵐翠沽叢林廣福溯遺碑（大平廣福寺碑元至正三年沈景顏撰文俞伯和書）依稀鐘梵雲山徹（家藏太平鐘梵畫幅款署石谷）卻憶當年楊殿間夏畦過雨兼飛楔復有具區源百斛黝然太古并州鐵先人歌詠志遺聞遠寄紫芝偕考核（乾隆乙未楊殿村農於雷雨後土中得雷斧及古錢數十千皆趙宋時物先君賦瘞錢行紀事乙巳歲旱太湖水涸士人於湖底掘得獨木舟一中有梁五銖鐵錢三百餘千先君購得百餘特以數枚寄周耕厓先生都中爲賦長歌）祇今故物同陳迹慨想流風滋哽咽遺編三復瘞錢篇書塾試從追往哲（黄岡書塾額元周伯琦書）

附詩（五首見雲根室偶存稿）

朝登萬蒼山望永安湖　吳之淳（鱸鄉）

夕息溪灣舟晨尋溪上嶺躡屩緣坡陀停策披榛梗叢篠曖新雲喬林耀初景飛泉濺足清浮翠侵衣冷盤紆徑漸微步仰飛鳥引探奇景不延濟勝力偏逞絕頂一振衣曠區重引領遙青迎列峯秀綠挹修畛迴渚開煙光重湖出鏡影漁舟繞菰蒲野鶩掠萍荇目送山閒禽啼入柳陰靜疎花明倦眸遠鐘發深省心會多妙理情移無止境孫登隱蹟遙許掾遊蹤泯願追高士風重泛湖中艇

程孝子行（硤石程翁昌期字秋雨以孝行稱鄉里年八十同人擬稱觴爲翁祝翁辭焉而以生輓爲言竊思古人親没遇生辰不忍置酒張樂以避生也翁之意合乎古人益以見其孝思之永矣爰爲賦孝子行云）

程孝子生寒素負土山中築親墓夙懷風木悲還撫塚間樹年且躋耄耋心猶切孺慕慕親日日展親塋春露秋霜頻心驚時過若駒隙事死常如生子事縱盡禮親死長已矣蓼莪偶誦哀頓深鮮民生誠不如死於今大德臻大年客來擬賦稱觥爲孝子敬謝客致辭先泫然人無父母生日倍悲痛（此程伊川先生語）祖訓夙承溯宋賢身不及舞老萊綵詎忍醉吟香山筵帷慕泉明自輓意聊冀知交情見一死前我聞此語因追憶相與交已三世歷不須更作北邙歎更須南山什古之遺孝永名世無極特表程鄉百世式

擬唐人贈達

別時見楊柳歲暮未還家君看風前雪還如楊柳花

秋日登學宮尊經閣

林杪出書樓梯雲到上頭煙光萬井暮砧響一城秋檐瞰浮圖聳窗銜碧海流一登衆山小遐想聖門遊

題蔣生沐廣文雪艇傳牋圖次韻

消寒合尊坐相促不供醉吟徒醉伏吾人愧之梁園才白雪歌高難再續聞子呵毫獨鍊詩滌筆冰甌飫筍腹辭殫韻劇倡屢和新詠能砭俗耳俗郵篇傳誦如樂天香名勝飲防風粥想得溪船夜棹回手裂看詩還把燭畫師解傳詞客事帆滿寒囊見飄沐鵰湖渺渺接錢湖雲樹模糊共遙矚 君詩多疊錢唐汪丈劍秋見酬韻 我家陶舫曾載詩細雨東風一蓑綠 陽羨吳菊畦處士曾爲先大父作載詩圖 耆舊風流杳莫追畫中洴洌空馳目

石藥爾雅

石藥爾雅序

夫爾雅者古人以訓釋難尋之所作也每想此機捷妙無以加故朝廷用之兼經多歷年代余西蜀江源人也少好道藝性攻丹術自弱至于知命窮究經方曾覽數百家論功者如同指掌用藥皆是隱名就於隱名之中又有多本若不備見猶畫餅夢桃遇其經方與不遇無別每噫嗟此事悵恨無師由何意也因見參同契云未能悉究當施直義其理盡矣經曰吾欲結舌不言恐畏獲罪誅寫情於竹帛恐泄天之符故知聖賢至道元妙之法不欲流俗偶然之所間解也故委曲其事令上士勤而習之使下士秉而笑之理昭然也但恐後學同余

苦心今附六家之口訣衆石之異名象爾雅詞句凡六篇勒爲一卷令疑迷者尋之稍易習業者誦之不難兼諸丹所有別名奇方異術之號有法可營造者條列於前無法難作之流具名於後時唐元和丙戌梅彪序

石藥爾雅卷上

唐梅彪集

飛鍊要訣

釋諸藥隱名

元黃花一名輕飛一名鉛飛一名飛流一名火丹一名艮飛一名紫粉

鉛黃花一名黃丹一名軍門一名金柳一名鉛華一名華蓋一名龍汁一名九光丹

錫精一名黃精一名元黃一名飛精一名金公華一名黃牙一名伏丹一名制丹一名黃輕一名黃轝一名紫粉一名黃華一名黃龍一名黃池一名河車一名太陰一名金精一名金公河車一名素丹白豪一名假公黃

鉛精一名金公一名河車一名水錫一名太陰一名素金一名天元飛雄一名茂黃公一名立制太陰一名虎男一名黑虎一名元武一名黃男一名白虎一名黑金一名青金

水銀一名汞一名鉛精一名神膠一名姹女一名元水一名子明一名流珠一名元珠一名太陰流珠一名白虎腦一名長生子一名元明龍膏一名陽明子一名河上姹女一名天生一名元女一名青龍一名神水一名太陽一名赤汞一名沙汞

水銀霜一名金液一名吳沙汞金一名白虎腦一名金銀虎一名赤帝體雪越楚名水雲銀

丹砂一名日精一名眞珠一名仙砂一名汞砂一名赤帝一名太陽一名朱砂一名朱鳥一名降陵朱兒一名絳宮朱兒一名赤帝精一名赤帝髓一名朱雀

雄黃一名朱雀筋一名白陵一名黃奴一名男精一名石黃一名太旬首中石一名天陽石一名柔黃雄一名丹山月魄一名深黃期一名帝男精一名帝男血一名迄利迦

雌黃一名帝女血鍊者一名元臺月半鍊者一名黃龍血生一名黃安鍊者一名赤廚柔

赤雌煉者一名帝女迴一名帝女署生帝女血黃安赤廚柔雌已上煉者元臺丹半

石硫黃一名黃英一名煩硫一名硫黃一名石亭脂一名九靈黃童一名黃硇砂一名山不住

硇砂一名金賊一名赤砂一名猺砂一名礦砂一名白海精一名猺砂黃一名黃砂一名赤猺砂

曾青一名樸青一名赤龍翹一名青龍血一名黃雲英

空青一名青要中女一名青油羽一名青神羽

磁石一名元石拾鍼一名元水石一名處石不拾鍼者一名綠秋一名伏石母一名元武石一名帝流漿一名席流漿

陽起石一名白石一名五精全陽一名五色芙蕖一名五精金精

一名五精陰華

理石一名立制石與石膽同名一名肥石一名不灰木

胡桐律一名胡桐淚一名屈原蘇

金牙一名虎脫幽

石鍾乳一名公乳一名盧布一名殷孽一名薑石一名乳華一名通石一名乳牀一名夏乳根一名殷孽根一名孔公孽一名逆石一名石華

胡粉一名錫粉一名鉛粉一名丹地黃一名流丹一名解錫蠱者一名鵲粉一名流丹白豪一名白膏

白玉一名玉札一名純陽主一名元眞赤玉一名天婦一名延婦

白青一名魚目青

綠青一名碧青一名畢石一名扁青郎

石綠又名銅勒

石膽一名黑石一名碁石一名銅勒一名石液一名立制石一名擅搖持一名制石液

雲母一名元石一名雲華五色一名雲未赤一名雲英青一名雲液白一名雲沙青一名磷石白一名雲膽黑一名雲起一名泄涿一名雄黑一名雨華飛英一名鴻光一名石銀一名明石一名雲梁石一名浮雲津

消石一名北帝元珠一名昆詩梁一名河東野一名化金石一名化金石生一名水石

朴消一名東野一名單丹一名海末

白礬石一名羽澤一名黃石又名黃老

雞矢礬一名元武骨一名赤龍翹一名尋不見石赤者

滑石一名石液一名共石一名脆石一名蕃石一名畱河者子一名令石一名留石

紫石英一名紫陵文質

白石脂一名白素飛龍

白石英一名素玉女一名白素飛龍一名銀華一名水精一名宮中玉女五色

青石脂一名五色赤石味一名黑石脂一名黑石

太一禹餘糧一名石腦一名餘糧一名天師食一名山中盈脂一名石飴餘

雞矢礜石一名青烏一名齒礜一名五色山脂

握雪礜石一名化公石持生礜石一名鼠生母

太陰元精一名監精一名元明龍膏與汞同名

太陽元精一名無主

凝水石一名水石一名寒水石一名麥水石一名水石

礜石一名白虎一名白龍一名制石一名秋石一名日礜一名固羊一名太石一名鹽倉石膏一名細石

長石一名方石一名土石一名直石

青琅玕一名石味一名青珠一名白碧珠

方解石一名黃石

石黛一名碧城飛華一名青帝流石一名碧陵文侯一名青帝流池一名帝流池青

牡蠣一名四海分居一名石雲慈

金一名庚辛一名天眞一名黃金一名東南陽日一名男石上火

銀一名山凝一名白銀一名女石下水一名西北障月

鍮石一名黃石

熟銅一名丹陽一名赤銅

鉛白一名丹地黃一名金公一名青金

白鑞一名崑崙毗

水精珠

一名陰運一名眞珠一名夜光明一名蜂精一名明合景紫石英一名西龍膏一名浮餘一名上白丹
戎鹽一名仙人左水一名西戎上味一名西戎淳味一名石鹽一名寒鹽一名冰石一名光明鹽一名紫
女一名上味一名石一名倒行神骨代赭一名血師一名白善一名白玉鹵鹹一名青牛落一
名石俾大鹽一名石鹽一名印鹽一名海印末鹽一名帝味一名食鹽一名味鹽石鹽一名石味
黑鹽一名黑帝味一名元武味一名元武腦一名北帝鹽一名北帝根赤鹽一名赤帝味白
鹽一名白帝味青鹽一名青帝味
右四鹽並合藥造作諸物名聖無知
烏頭一名黃烏首附子一名烏煙一名香附子一名烏頭子鬱金一名五帝足一名黃鬱一
名烏頭五牙者穀粟豆黍大麥等牙是也又一本云粟黍
蕎豆麥也
桑汁一名帝女液一名鵲頭血葱涕一名空亭液覆盆子一名鉄盆一名龍膏一名雲水

一名白馬汁一名秋膠一名義物錫西龍膏一名黃龍膏一名黃澤一名五穀孳一名童兒禾桑
樹上露一名上清白露汁一名白雲滋蚯蚓屎一名龍通粉一名蚓場土一名地龍
粉一名寒獻玉一名土龍屎白茅一名白羽草桑木一名蠶命食蘇膏一名三綾柔一
名三變澤生一名谷釜生白項蚯蚓汁一名玄龍地強汁一名土龍膏一名土龍血白殭
蠶一名蠶強子一名白苟白狗膽一名狐汁一名陰龍狐汁一名陰色白狗糞一名龍膏狗
屎一名陰龍汁白狗耳上血一名白龍朵一名陰龍膏狐汁黑狗糞汁一名黑龍
一名陰龍膏黑狗血一名陰龍汁牛乳汁一名蠢蠕漿一名首男乳牛膽一名陰獸
當門黃牛糞汁一名陰歌精汁水牛脂一名烏衣脂一名黑帝烏脂一名烏帝肌羊脂
一名味物脂猪項上脂一名負革脂一名黑龍脂一名黑帝孫肌一名元生脂猪脂一名
陰龍脊大蟲睛一名山君目一名王母女爪母猪足猴猻頭一名封君一名二千
石腦鸛鵲血一名陰烏汁雨水汁一名雲光液野鵲腦一名飛駿馬鯉魚

眼睛一名水人目馬糞一名馬通一名靈薪蝟脂一名猛虎脂螢火蟲一名後宮
遊女一名夜遊好女兒蜂子一名飛軍一名飛粽蜂一名羅义蜜一名百卉花醴一名衆口華芝
葦麻火一名虛蒿薪鰾膠一名麒麟竭一名天筋雞鰾蝦蟆皮一名龍子單衣蛇
脫皮一名龍子衣一名脫皮一名蛇符弓皮墻上草一名土馬騣楸木耳一名金酒
芝之一名金商芝之章陸根一名芬華一名六甲父母桃膠一名鯛膠竹根一名恒生骨
松根一名千歲老翁腦柏根一名太陰玉足石苔衣一名長生石松脂一名丹光
之母一名木公脂一名丹光母一名波羅脂牡丹一名兒長生青牛苔者一名鹹西
獸衣者一名駝毛石灰一名五味一名白灰一名味灰一名堊灰一名希灰一名染灰一名散灰
甘土一名白單一名白墡一名丹道一名土精黃土一名黃牛母赤土一名赭堊黃鸎
頭一名黃烏首菫根一名地筋鼎一名天器一名登瓦一名陰華明盎一名赤色門鐵釜
一名金匱一名登日一名地下釜土釜一名天器一名神室一名赤門一名神釜一名非赤堅一名土

鼎陰華羽盎一名釜盎一名登瓦陽曹蔓一名釜底越竈一名風爐酢一名左味
一名元池一名華池一名元明一名元水一名弱水一名神水一名苦酒一名青龍味一名西海父母一名醋
一名醯銅青一名黃龍豹五茄皮一名牙石地榆一名瓝榆係蜂一名蜂精砌
黃一名黃龍華一名赤帝華精井華水一名五水一名露霜一名雪雨鉛丹一名黃龍肝
燭燼一名夜光骨桑寄生一名木精地黃一名土精黃精一名重樓一名兔竹一名
豹格一名救窮茯苓一名天精天門冬一名大當門根蜂子蜜一名白葩澤瀉一名
萬歲未嫁女子月水一名童女月小兒尿一名水精仙人水水泡沫一名
海藻沫五茄地榆匹一名紫灰肉蓯蓉一名地精死人血一名文龍血杏
人一名木落子白昌一名地心持子屎一名摩幾烏頭沒一名黃附琴人糞
汁一名玄精紫鉚一名尚田丹千壽子一名大調汁牡荊子一名夢子蝙蝠
一名伏翼青蚨生嶺南形如蟬也更有子東灰紫亭脂此是大丹之

事

至藥元君不許妄傳爲盟誓重此不敢載矣

石藥爾雅卷下

唐 梅彪 集

載諸有法可營造丹名

太一金丹太一玉粉丹太一金膏丹太一小還丹還魂駐魄丹召魂丹太一玉液丹華陽玉漿丹華漿太一龍胎丹太一三使丹光明麗日丹熱紫粉丹黃丹小神丹安期先生丹太一足火丹眞人蒸成丹硫黃液丹裴君辟祭丹無忌丹王君雞子丹東方朔銀丹石湯赤烏丹冷紫粉丹太一小玉粉丹太一小金英丹韓眾漆丹雄黃紫油丹劉君鳳駐年丹五嶽眞人小還丹紫遊丹太一赤車使者八神精起死人仙丹太一一味硇砂丹太一八景四藥紫漿五珠絳生丹四神丹艮雪丹八石丹八神丹流黃丹龍珠丹龍虎丹龍雀丹五靈丹紫蓋丹三奇丹朝霞丹肘後丹凌霄丹羨門丹日成丹穀汁丹七變丹太黃丹菟血丹日丹酒丹棗丹蜜丹乳丹椒丹太一琅玕丹杏金丹紫金小還丹石腦丹赤石脂丹紅槿丹紫霞丹石膽丹紫蓋丹

釋諸丹中有別名異號

召魂丹一名返魂丹一名更生丹一名飯命丹一名金生丹無忌丹一名豎骨丹一名無畏丹一名疑神丹紫遊丹一名步虛丹一名畢輕丹一名到景丹一名華景丹一名凌虛丹四神丹一名太一神丹一名神變丹一名神液丹艮雪丹一名水銀霜丹一名流珠白雪丹一名飛仙英丹一名流珠素霜丹一名元珠絳雪丹一名太陽紅粉丹一名朝霞散彩丹一名夕月流光丹一名傾相珠丹

一名凝階積雪丹五嶽眞人小還丹一名金精丹一名仙粤丹一名救世丹太一小還丹一名太淸丹一名朝景丹一名凝霞丹一名落耀丹一名絳雪丹太一硫黃丹一名太陽玉粉丹八石丹一名麗日丹一名度死丹一名濟世丹龍珠丹一名曳虹丹一名垂露丹一名金光丹一名吐耀丹還魂駐魄丹一名駐顏丹一名朱雀丹一名定神丹一名延齡丹八神丹一名昭日丹一名流霞丹一名入精丹一名神光丹華陽玉漿丹一名陽光丹一名玉髓丹一名靈壽丹太一赤車使者八神精起死人丹一名還神丹一名迴命丹一名通靈神一名再生丹太一小玉粉丹一名素絹丹一名元鶴丹一名飛雪丹太一小金英丹一名陽明丹一名元珠丹一名日精丹太一金液華丹一名金華丹一名天眞丹一名金仙丹一名躡雲丹太一一味雄黃丹一名赤流珠丹一名素耀丹一名赤耀丹一名紅紫相間丹太一八景四蘂紫遊玉珠生神丹一名黃老丹一名虛無丹一名含漿丹一名散華丹太一龍胎丹一名持節丹一名捧香丹一名獻壽丹太一三使丹一名捧香丹一名持節丹一名奔雲丹一名捴鶴丹一名本命丹五靈丹一名昇霞丹一名麥霄丹一名靈華丹一名太一使者丹五石丹一名五星丹一名五精丹一名五彩丹一名五帝丹一名五嶽丹一名五霞丹一名入仙丹五石者空靑東朱砂南白礜西磁石北雄黃中太一一味硇砂丹一名飛翼丹一名鹽粉丹一名素砂丹一名定神丹一名凝華丹

敘諸經傳歌訣名目

太淸經玉鳥經九霄君經廣成君經狐剛子粉圖經抱朴子金丹經眞人天元錄面上經狐剛子河車經陵陽子經黃仙子經稷邱子經靑林子訣泉石子論九元子訣靑霞子訣黃帝纂要經元女錄圖中經茅君金薇經茅君丹陽經桐柱經黃老金公經元君經雲宮玉華經四海神水記八公枕中記金碧潛通大記元女五符記金石靈臺記石壁記洪寶記天台石室記召河伯記謁上皇日月記紫房虎書記山嶽流傾記流金火鈴記落羽建靑記陰長生守爐記迴老返嬰記猛將朱兵記七返靈砂歌八仙歌中還歌三白歌參同契魏君訣參同指歸太淸訣衞靈訣九奇訣傳道訣龍雀隱訣登眞隱訣途山訣守眞全生訣付留訣金靈訣五鹽訣金樓先生訣角里先生訣鼓下錫黃訣東林集琳房集丹瓊集八紀集契道秘錄隋唐秘錄白子高元圖錄太淸丹論混成論胡王治葛論金石論婆落魔地神伏火論五明論太淸太鏡司馬鍊師精義論紀仙元鏡中還經杏金經靑龍地經龍虎丹經丹家病源六甲玉女訣行廚金

盤玉餌訣黃寀訣李少君訣西蜀樊德先生伏火訣太原胡列山人訣吉章經東都陳少府訣王倪伏火丹砂傳孫思邈經揚羅開伏火丹砂傳麻姑八石傳蘇遊經淸源經太山孫杓赤龍金虎歌中還丹論

釋諸經記中所造藥物名目

造紫河車爲轉寀王金荷子法黃礬伏火法五石蒲樞法安靜虛無法造藥歸色法令飛法令飛者伏法令飛者飛法元女如意解五尸法造通明金虎符法造通明九流符法造朱雀符法造通明靑龍符法造通明元武符法造黃龍表符法造金經符法造石精法造乘龍符法造五色鹽法造五石銅法造三精六液法造五色鉛

金法造三十六水法造行廚招遠法鍊雄黃法造水法鍊五礬法太一禹餘糧法鍊鍾乳法鍊紫石法服玉法鉛華法消玉法玉丸法玉漿法柔玉法伏米法伏金法造金液華池法造牡荊酒化藥法造朱砂酒法造理石酒法造金粉法造銀粉法造銅粉法造鐵粉法造金膏法造銀膏法水銀膏法造柔赤期法柔黃雌法造白河車法赤河車法單青河車法造黃華法䃉硝河車法石亭脂河車法東野河車法鐵河車法紫河車法造銅青法五鹽法雄雪法雌雪法元女五符法元女白雪飛符法造鉛白法元女神丹九轉法造飛霜赤雪法造元黃法作續食法造石灰煎法造元珠法涓子蒴華九變法元子神鐵法作水華法土龍灼法伏雄黃法伏雌黃法鍊礜石法伏空青法造銀元珠法造鉛拒火法造空亭液法柔爍法拒鐵法液蠟法造鉛華法作灰坯法作水坯法造鍊雌法造炮礬法造黃塼法造礜華池法九轉鉛精法造大黃牙法青丹牙法漏鼎牙法秋石牙法苞裏流帝漿牙法攪柳牙法浣鉛法縮賀法造烏鉛法造黑銅法液銀法造鉛粉法鍮石粉法小還丹牙法造黑牙法水鍊雲母粉法

右件經方世上並有文本或可以資經貨利或可以養性全生但遇一方並可營造若遍留意其途實繁然此衆之道雖道有優劣但隨根器之所入而各尋其所好也故本不可以乘駿驗陸不可以駕輕舟稻粱蔬肉終同於飽麻紵紈縞終同於煖飽煖雖一而精麤有殊還甘和者即重小丹如金好延生者被大丹似寶金寶之利各齊其分故具載於前矣

論諸大仙丹有名無法者

黃帝九鼎丹大仙昇霞丹紫書仙童丹太和龍胎丹張真人靈飛丹太一八景丹馬明生白日昇天丹金液華丹茅君白靈丹白雲赤雪丹絳陵垂壁丹七精辟惡丹三昧消災丹九光神鼓丹流霞鮮翠丹含暉吐耀丹太清五色丹北帝元珠丹神光散馥丹凝霜積雪丹奔星卻月丹隱月驚心丹感靈降真丹通神役使丹九變丹

大還丹九成丹紫精丹按楚澤經已上諸丹並是往古得道者出世仙丹服之白日昇天身生羽翼變化自在坐有立無藥味方法既非塵俗所知莫得測其至要也自非宿有仙骨積代累功夢中神授者不可得其方法也

唐元和中西蜀人梅彪撰石藥爾雅醫方以藥石並稱爾雅止釋草木石不及焉宜彪取其隱名而顯著之也自序言衆石異名象爾雅詞句凡六篇勒爲一卷而白雲霽道藏目錄作二卷疑後人附益之唐代遺書傳世者罕矣乃鈔而入諸經部秀水朱彝尊跋

近從吳中得袁氏貞節堂鈔本石藥爾雅二卷復假得道藏本對勘一過并錄竹垞跋于後其卷分上下者蓋由藏本析之非後人有所附益故六篇之目與序相符但此書自宜入道家類或入醫家類經義攷編入擬經而此跋云鈔而入諸經部似屬未安夫編書當視其全體不當視其面貌若跋所云則近時周松靄大令嘗作佛爾雅後人將以之入諸經部其可乎哉至道藏中儘有儒書爲彼所妄據又不可以一概論也同里吳槎客老人鑑别最精持論甚允頃聞購得此本遺書借觀因以商之未識以爲然否嘉慶十五年冬陳鱣記

梅氏石藥爾雅當屬脩眞服食之書非特無關經學亦非醫宗所急竹垞檢討殆因唐人書流傳難得又觀其序之總目遂入之擬經簡莊孝廉駁之甚當以余見只當列之若書錄解題神僊家龍虎金液還元論及羣僊珠玉集純陽金丹訣崔公入藥鏡之類庶乎近之然而昔人言服餌金石藥日久必發丹毒余年來畧究心攝生吐納之理循繹是編而觀其敘述之秘幾如聞東方先生譚十洲三島事而不禁有望洋之歎也辛未清明前二日兎牀吳騫志時年七十又九

德星堂家記

德星堂家訂

竊聞學貴治生誼先敦本維風厲行宜儉毋奢方今物力惟艱人情不古競紛華於日用動輒踰閑勉追報於所生事多違禮習而不返長此安窮不揣迂疎謬抒臆見黜浮崇雅敢云率俗于淳龐慎始慮終聊欲飭躬于軌物爰陳數則用質同心

一宴會

酒以合懽豈容亂德燕以洽禮寧事浮文乃風俗日漓而奢侈倍甚盤則大缶舊瓷務矜富麗菜則山珍海錯更極新奇一席之設產費中人竟日之需瓶罄半載不惟暴殄兼至傷殘嘗與諸同事公訂如宴嘗事賀新婚偶然之舉品仍十二除此以外俱遵五盤繼以八碟魚肉鷄鴨隨地而產者方列于筵燕窩魚翅之類概從禁絕桃李菱藕隨時而具者方陳于席閩廣川黔之味悉在屏除如此省約何等便安若客欲留寓盤桓數日午則二盞一湯夜則三菜斤酒跟隨服役者酒飯之外勿煩再犒

一衣服

衣服之章等威有別寒暄之節南北攸殊然而流風易溺積習難囘居官者章身不惜大重價服賈者耀富亦羨乎輕裘朱邸高朋冠裳濟濟青油幕客裘馬翩翩習以相沿歸而不改每見貴豪遊子返溫和之地雖暖如

寒致令富厚少年靚燦麗之陳趨新忘故金貂玉鼠南服偏多白狸青猞炎鄉不少偶焉寓目輒爲驚心亦思僕隸細人衣踰紳士優伶賤役服擬公侯適滋醜耳又何慕焉吾輩既已讀書自當毅然變俗舊衣楚楚素履可欽襆被蕭蕭高風足式傳前人之清白不墜家聲貽後嗣以廉隅永遵世德撫躬自較所得孰多

一嫁娶

倫莫重于婚姻禮尤嚴于嫁娶古人擇配惟卜家聲今則不問門楣祇求貴顯因之眞假難究亦且晤對不倫婦或反辱壻且抗色嫌滋妯娌釁啟弟昆種種不祥莫可殫述若既門戶相當原欲情文式協而女家未嫁之

先徒爭賄幣男家既娶之後又責粧奩彼此相尤眞可浩歎亦思古垂六禮文公家訓合而爲三可知事貴適宜何煩縟節但求允問名原無浮費而請期納聘每有繁文因與一二同志再三酌定如職居四民產僅百畝聘金不過十二紬緞亦止數端上之六十八十量增亦可下則十金八金遞減無妨度力隨分彼此俱安而親迎之頃舟車鼓樂儀從執事一切從簡總勿狥時乃近來婦家或于扶輪奠雁之外縱僕攔門拉壻拜轎此破落戶之陋規亦鄉小人之鄙習可駭可嗤亟宜痛戒若夫女家嫁贈貧富雖殊而荆布可風總宜儉約縱有厚資不妨助以田產資以生息使爲久遠之謀切勿多隨

臧獲厚飾金珠徒炫耀于目前致蕭條于日後至于宗親世胄豐儉自有尊裁贈遺豈敢定限但求有典有則可法可傳則所裨于風俗固厚所貽于兒女亦多矣不揣葑菲敢獻芻蕘

一凶喪

人生大事惟有送死終天之痛在頃刻罔極之恨在千秋纖悉不周貽悔何及故凡父母年踰五十察其精力稍不同前則壽器當密爲儲備脫或不諱哀慟固不待言而附于棺附于身者尤當凡事檢點衣衾之屬務求完整金珠之類勿帶纖毫周詳無憾然後蓋棺灰布宜密油漆須眞經久之計莫切于此棺既蓋矣循例成服

男女有別親疏有序哀痛哭泣寧戚無文成服之後始議開喪或三日或五日報知親友訪確周詳但須素有往來不可妄邀豪貴喪期既定亦勿多請陪客徒滋浮費止酌親族數人輪流分派孰主送迎孰司饋餼弔唁者祭無牲牢幛無綾緞款待者饗無腥酒送無犒程志在從先何妨違俗至于寢苫枕塊禫祥之後似可從寬歠粥除葷精力或衰亦宜稍酌表彰功德則述行狀以垂誌銘緬想音容或侍几筵而廬墳墓總須核實勿在狥文若世俗于殯殮之場誦經禮懺哀號之側鼓樂張筵不惟悖禮實爲逆親凡有人心所宜痛禁而或者借讀禮之時縱翺翔于山水假謝孝之跡輒干瀆于交遊

有醜面目可不戒哉

一安葬

古者士庶之家踰月而葬後世王公以下皆至三月期何寬也而惑于術家者妄求富貴借前人已朽之骨殖圖後人未卜之顯榮愚已甚矣又或造年月之利害判房分之吉凶長幼猜嫌牢不可解代復一代年又一年甚有越數世而不獲淺土者生者大廈高堂死者頹垣敗壁撫衷自問忍乎不忍若謂風水可憑寧遲無害何以堪輿諸公高談鑿鑿而詢厥身家槪都寒陋且有跋涉一生餓殍于道路者豈謀人工而謀己拙耶噫亦可悟已僕少時亦嘗取地理諸書考究多年若必如所云

龍穴砂水左右印托十全無礙方成吉壤則數千百年以來選擇殆盡豈復有留遺隙地以貽後人者乎嘗觀大江以北古塋纍纍附葬者多或百計少亦數十問其子孫雖有貧寒豈無富貴原非一墳一塚始稱有吉而無凶也故凡爲子者當知襄棺非孝入土爲安不必遠求但宜預訪或隣近山川猶有遺穴或祖宗墳墓尚可附棺隨分量力擇而取之審其消納定其向背磚宜堅而灰土宜厚築宜固而封樹宜周勒碑附壙題主歸祠宅兆既安慶莫大焉若欲遍覓佳城廣求大地則漢秦遺寢草蔓烟荒唐宋諸陵狐蹤兎伏六朝之故塚安存五季之新阡何在豈帝王之卜擇反遜能于士庶哉至于朱母分遷于兩地孔父合葬于一防取而較之孰得孰失雖先儒亦有不足從者矣

一祭祀

古人祭先士以三鼎大夫五鼎等威有辨非可僭也但牲牢物產南北異宜酌而用之祭菜則羊豕鷄魚之屬五品爲常菓物則棗栗桃圓之類八色爲準隨地隨時盡人可辦第所商者古不祭墓而近世春秋兩祭槪在先塋從之則失禮違之則不情斟酌其間或于春秋祭墓冬夏祭祠祭墓則遵時俗之通例尊卑遠近合九族以共將祭祠則倣考亭之成規高曾祖親分四代而同享于理于情庶兩無礙獨是墳多族衆値祭維艱輪流

則貧者難支糾分則吝者多却經久之法莫如祭田但始焉難以創行久之易以滋弊今欲創行務須尊顯之人率先倡置餘如入學而登科甲者因名位以酌捐務農而業工商者隨貲產以量助或數十畝或數畝縱不拘例務盡厥心至于五十舉子七旬祝壽多寡均輸惟力是視積而充焉便可以奉祀之所餘濟孤寡而助婚喪擴宗祠而立家塾不亦善乎至欲革弊則管理之人必須公舉富而有守素行不欺者責令主之經理三年聚衆一算如果無私不煩更換或有可疑再行公保遵而守之雖百世可無弊矣若夫誕辰忌日罔極情深壹事良辰追先念切祀我祖考誰曰不宜而邪說誣民者

造爲七月望日地獄放歸掃室宇以送迎附盂蘭而超度誣其祖父惑厥愚氓司風化者禁之可不嚴哉

康熙五十年辛卯五月海寧許汝霖謹訂

此先生歸途所手訂也先生未遇時讀書談道早以天下爲己任及通仕籍洊歷秩宗宏猷亮節所以勵廉隅挽風教者功難罄述卽至引年求退辭闕言旋病臥舟中猶存心于救俗倦依枕上輒援筆以維風字酌句斟俾賢愚之共曉理周誼篤合貧富而可行誠哉濟世良規允矣救時寶鑑直夫飢驅京邸歸附舟車煮茗挑燈談今論昔祗聆大訓莫贊一詞細讀宏篇聊綴數語附青雲以不朽借彤管而俱垂惟願共遵并祈永守同里後學鄒直夫謹識

文泉子集

題唐劉蛻集

余有嗜古癖嘗詑秦灰毒烈應有佳文字不傳所傳者燼餘耳疑當時避秦人定有秘笈靈文恨問津桃源者爲漁父漁父不文第錯愕其樽罍衣冠不同魏晉未嘗以此相質也張茂先號稱博古者嫏嬛之遇不可謂非夙因乃瞬不及停謝去夫桃花源中人賓賓具主客禮漁父可以彊記而不知小有洞天老人皇皇遽召謹主者茂先欲彊記而不得豈非靈文秘笈鬼神呵憐世間唯操柄自鬼神者一切莫能奪則欲求上窮碧落下徹黃泉遠沂鴻濛近探百代于贏灰異刼龍藏蛟宮外另闢記問山河非神仙不可而神仙有無又何渺茫也余

友衆香具孝友至性而酷耽奇書與余上下千古如指螺紋吾師涂伯聚先生曾目之爲神仙中標格夫嗜古則必深其理寂其氣以相求舉千百以上之蘊爽精英嘿爲所攝攝之而不能閟定有一種土中之光塵中之寶氣供其愛玩摩挲則此案頭劉蛻集是余于唐人文中早癖孟東野李長吉元次山最後讀蛻文冢銘反覆披尋唱歎不釋恨此外散佚不多見然意中實時時有如此人乃今得全于衆香而衆香實苦搜之于漫漶不可披之蠹簡似窺小有如入武陵豈蛻幽墟之冢發其靈以媚衆香抑衆香耽嗜之精下其施以感蛻也因思天荒之破不爲蛻譽人而此集之傳實爲蛻知己余悟

矣姑以韲芸自矢而以脈望期之泉香古宜豐半癡居士熊文舉記于白下寓軒時丙寅元夕

刻唐劉蛻集紀事

讀唐代文嘗癖劉蛻恨全書未獲覩壬戌歲業制舉于樵李偶向緇廬披繙朽簡忽一冊首尾蠹蝕文益滅漶不可句以意彊會僅辨山書文冢兩篇反覆檢認襞幅隱隱是桑悅印記奇士鑒藏喜愕生信是夕鐙下摩挲眼力十字九想若陟華巔愈艱愈快吾友人收之同好者也時往石耳手錄一軸遺報之二人書沉篋底所遺名賢輒謀原集讐正卒無傳本甲子同在婁鬐書巢慨然興懷懼是復遭淪沒迺萃凡唐編緝迄夫稗記補入脫遺致索同異次第後先成六卷留劉蛻所著精神換桑悅所傳面目以播藝林按蛻獻崔尚書集十卷舊拔刺書一卷襍歌詩二卷散軼貿多剏詩微存騷體什未三四可知余山澤小儒也耳目疎陋不願古人與死俱湮梓行孔亟寓內娜嬛之嗜者能存其稾請勿秘諸不然異代指茲爲定本余適蛻之皐人天啟甲子嘯書日香城吳鼒紀事舟庵

文泉子集目錄

文泉子集卷一

唐　劉蛻　撰

文泉子集序

于西華主之降也其三月辛卯夜未半野水入廬漬壞簡筴既明日燎其書有不可翫其辭者噫當初不敢自明其書十五年矣今水之來寇余命也已矣故自褐衣以來辛卯以前收其微詞屬意古今上下之間者爲外內篇焉復收其怨抑頌記嬰于仁義者雜爲諸篇焉物不可以終襍故離爲十卷離則名之不絕故授之以爲文泉泉之時義大矣哉益覃以九流之旨曰文配以不竭之義曰泉崖谷結珠璣昧則將救之雲雷元氣盛乾則將救之弖豈垂之空文哉自辛卯至甲午覆視于襄陽之野

憫禱辭并序

小子出都城見邑大夫爲民之禱者屬石燕不飛商羊不舞民有焦心請大夫祈龍波祠以厭民望役巫歌倚吹竹鼓槐呼空者訖唱屢夕俄然微灑輕霧若神之來意似憫巫之役是也作辭以弔民云

公邑之南兮禱龍之潭空波鄰天兮雲物中涵鱗颸縠碧兮淵怪相參風翼輕翔兮帶直煙嵐吏不政兮胥爲民蠹政不繩兮官爲胥酣彼民之不能口舌兮爲胥之緘進不得理兮若結若鉗陰戾陽返兮民之不堪爍日流焰兮赫奕如惔爚泉沸涌兮如湯而炎役巫女兮鼉鼓坎坎風笛搖空兮舞袂衫衫胥不虔祈兮官賓笑譚胡不戮狡胥兮徇此絜嚴胡不皋已之不正兮去此貪婪荷天子之優祿兮胡爲而不廉又何役女巫而禱此空潭

弔屈原辭三章并序

吁三閭大夫之事司馬相如班孟堅各有言蛻不載故也噫大夫之賢懷王之事蛻得之涕洒下衣濡毫灑辭噫大夫之爲臣千萬年其誰肖宋玉淮南王劉向東方朔王褒繼有悼語蛻一小儒也思賢人之作悲哿人之倿著弔屈原辭三章弔公之志也雨濛湘波浮檝搖歌既而悲伸紙波辭祈公兮求之

哀湘竹

悵二妃之淚竹圓紅滴滴兮臨乎煙沚竦枝與脩條兮吟哀風之不已搖勁節而錦舒兮垂高嶔而自美招翔鸞之與翠鳳兮緝晴霞之數里繁柯重乎舜祠兮瘦影蟲乎湘水諒高節之自任兮匪庭篠之云比鄙衆蔭之延接兮恥凡羽之棲止入清谿之淚聲兮無笙簧之相擬恨葉翻波兮騷屑之風露滴煙蒙兮濯纓之子悵靈均之節兮依然想眞姿兮千年若此

下清江

清江之上兮心夷猶清江之下兮煙波浮風軟雨絲兮

湘波高雲昏竹暗兮鬼神愁遶霞倒兮烏帆隨碧江平兮桂檝移帶隱虹兮衣凝雲披薜荔兮扈江蘺歲華高兮水東注秋色下兮紅蘭渡飖颻合兮荆和喪岐鳳翔兮龍媒去又曰心旣絜兮道雲端水之涙兮人之波瀾涙可平兮人心不可平波瀾一翻兮孰測其情水之深兮不曰深悵前恨兮涙沾襟

招帝子

招湘靈兮澄瀾之渚雲薇煙沈兮明月之浦唱霄歌兮撫雲璫擊鳴棖兮薦清醑鸞去鳳飛兮雲不歸九疑蠻翠兮横湘雨颸輕颸兮揚微波激楚怨兮下湘娥紉荷葢兮集雲壇絜桂席兮紉芳蘭霞爲裳兮瓊爲佩與雲

旗兮持風旛若有來兮褰翠㩚懸珂兮珊珊張孔葢兮臨瑤臺月凝袖兮雲裁冠目眇眇兮千里春悵無言兮蒼梧濱戢蕙帶兮握芳芬撫瑤琹兮涙班筠乘桂華兮下清湘拖無波兮涉滄浪九疑之翠兮不可尋懷沙之水兮恨之深

遇謗

有肪兮壘而謂之不絜有泉兮堙而謂之不決有莚兮轥而謂之不芳有軸兮鍥而謂之不轍聲唖啼以無音兮氣鬱悒而窒咽旣愁愁以慴懼兮又諓諓而不訣誣彭祖以爲孺兮謚殤子以爲耆黟衆人之難信兮擣夸者之不悅佞爲寵兮何去奸爲兆兮何尉讀爲讎兮莫銜謗爲玉兮何切䤨旣臕而必烹兮木方虆兮必折心轞轞以似車兮思緜緜而如䟤手欲動兮似拳足將行兮如𫄨旣不辨于顔跖兮遂一貫于堯桀吾哀生之不逢兮奚至死而傚傚念帝座之不燭兮故交光于卷舌旣何路以自辨兮遂沒齒而撈刺

文泉子集卷二

唐　劉　蛻　撰

山書一十八篇并序

予于山上著書一十八篇大不復物意茫洋乎無窮自號爲山書

天地之氣復則結者而爲山也融者而爲川也結于其所者安靜而不動融于其時者疏決以忘反故山之性爲近正川之性爲融是以處其結者爲君子處其融者爲利人

天地之先未嘗有形故字其形爲人民爲禽蟲萬物然後受其字據其形之動曰生形之靜曰死嗚呼我苟不

生乎天地先而未嘗用其形竅以出納斯非混沌之似乎故吾以混沌不嘗在天地先而在我之不爲萬物鑿者而已矣

壞人者天地也使其數出故觀數而象動則有爭殺亂患夫數始乎手足故離吾之指爲五視其指而心亦離則數入矣故知指生六而爲有餘生四而爲不足不足與有餘也爲體不備嗚呼心旣分身之有餘與不足也則爭殺亂患何嘗不自其數出

聖人重其生以榆出先濟其用故甘氈之臭出于榆末而後網罟不足于野以牢養于宮中故天下忘身以自給嗚呼上古食而棄其榆熱而棄其皮亦足矣是以聖人欲化而更亂其生聽鳳鳴而吹管果象也故有象竹之聲者必有象葭之器然則造其鳴而恥葭學者鳳也故不世而來造其象而恥人學者聖人也故末世而不出嗚呼

江河鑿而山木泣以爲川旣出而必伐舟也舟旣入水而鮫魚相市以其居泉而達于殺者也今則造泉之具成是大道存而異其質大道亡而運其甗利以勸天下利盡而天下畔道以歸天下道薄而天下去嗚呼爲利物所間爲道亦不僞故始愛其應者終亦將以應人然則利盡所畔者以滅其後道薄而所去者貴不殺其孤而已

城郭溝池以固民也有竊城郭溝池以盜民者則殺人甚于不固夫有竊固之具必有攻固之利苟有利之物寇必生其下是以太古安民以巢故于野則無爭巢固民則相殺

車服妾媵所以奉貴也然而奉天下來事貴者賤夫有車服必有褋佩有妾媵必有娛樂聖人旣爲之貴賤是欲鞭農父子以奉不暇雖有杵臼吾安得粟而舂之嗚呼教民以杵臼不若均民以貴賤

古之弓矢所以防惡也懷惡者在內所以能避弓矢也故射惡未及死而奪械可以殺人于天下天下從而禁畜私械者嗚呼古之弓矢所以防惡也今則不然反防

人之持弓矢也

萬物無常聲而主聲者定其悲歡則聽在心而耳職廢也謂雷爲可畏則以畏聲聽之不知有時雷可長養也謂瑟爲可狎則以狎聲聽之不知有時瑟可流涕也則有幽思之深砧聲之悲也去家日遠雨聲之愁也嗚呼悲愁果在心也雷與琴無常聲也

爲學豈有歲故勞于農夫以其有遇世也故佚于使人然而雖佚不忘學以其勞而未嘗運是故死而不得止其心古有志者猶悲日月之易于人也故謂飛鳥走兎

在其中付大藏之鑰未必有信之友也夫取人之鑰必爲信以入其中受人之託必有情以寄其內故大信者

不使人付有道者不使人求

棺衣之厚葬以王禮百姓不貪其死以其愛名不甚于愛身任時之重必多怨借君之權必易死是于名則君子愛身不甚于百姓焉

聖人有意哉故勸善以爵使利爵者樂修夫惡殺人與殺盜鈞爲仁人之心則亦召盜以爵嗚呼使聖人無意則勸善不以爵矣故君子爲善不猒樂欲爲聖人而出是不見仁人之術使爵以召盜乎

食秦人之炙則懷其妻子聞秦嬪之嫁則垂涕悲其身當是時亦疑天下之妻矣吾過富貴之門則懷其爵矣及聞秦人以爵死者則垂涕悲其身當是時不顧天下之貴矣有惡雀鹿之甚者揮帚以驅雀結罟以禁鹿夫帚罟旣可以駭物則帚罟必可以取物嗚呼執其具以逐雀鹿安知不有學其具以取之故善去惡者不必惡其名善逐者不示人以其具

猿鳴不過薜蘿以其有蔓蔓者必組物夫能過其組必自孩其心嗚呼髻之組吾髮也帶之組吾腰也線之組吾衣也亦是也今蔓在天下安得復孩其心哉

禹書上

以功不就而受誅則可謂勤民而死乎曰不然然則夏之郊也奚不尋其先安得以鯀配曰以功不就則可謂勤民而死也以誅其身則可謂勤其家也不怨君誅而

尋父功鯀當誅也傳曰不以家事辭王事旣勤其家爲天下故報其勤家于夏郊而已矣有鯀之誅而不廢其功禹爲其子也不得以天下而擇其功者禹爲之事鬼神也微禹之爲子先人之罪將不食矣故其子之功由勤父嗣也然則夏郊宜矣于是君誅其怠也而子不怨其家祭其勤也民神弗畔益禹以天下不逮事其父而致孝乎鬼神云

禹書下

治天下之野見之于夏功而未見先于夏功者久矣夫八年之間生聚非不壞也委積非不耗也帝憂則民愁樂則民喜故以憂樂隱顯而助之帝能治其心者故禹

後雖以身先天下而不以一身負天下之土石以其得治世之心而易使也嗚呼必不得和人之心而爲可以智治則豈羽山之下忍不以智獻其父者與天下見濡手足之禹則不見土階之上以治憂樂者也故曰心治乎人也功治乎水也其可獸禹云乎

古漁父四篇 有後序

叟行山逐禽而逢虞人虞人反以罟而獵叟叟欺虞人以事鬼神而得逸他日叟之子壯圍山而讐獵吾父者曰今日凡在山澤殺無赦虞人亡于大澤虞之父教之以漁漁利厚于罟末之年富于澤上反聞叟將殺其子于帝側帝教之以漁天下天下之利厚于陶稼末之年

富于九州漁者常以之自笑而聞于士師士師以法執之漁者對曰始臣學漁不學笑天下而天下入臣笑舜聞之亦曰始朕學事叟不學受天下禪而天下禪朕

晦冥之後漁者啼而奔帝辛曰始風微水上魚聚臣舟臣垂之十鉤魚方眂臣鉤未及吞而雷驚臣舟夫雷不發而震盍戮于燮理者辛應曰爾不得魚市不鬬魚亦殷人得魚耳夫多魚而垂之十鉤魚必爭而且威後其餌然而猶相與眂其鉤豈非君其餌薄乎何戮之有微子自旁聞之亦曰殷餌薄矣臣不受戮殷民驚矣抱祭器而入周

暮有二舟還而爭一舟于中流空舟中者恃其無傷舟中也則盛鬬以薄兩舟果于俱覆明日訟于王王以其罪均也平于二漁既而空舟者歸告其子曰吾勝矣覆彼所載載魚者歸亦告其隣曰吾勝矣其隣笑曰罪均而子獸覆所載孰謂勝乎

有置魚于葦間仰見鳴鳶集其上乃冠木于器旁以㩳之明日澤西漁者乃刻材澤畔前日置魚者目眂而去而三年不敢漁其妻笑曰始僞以紿一器之魚學僞得盜一澤之利

篇後序

會昌甲子歲余于西巖下見版洗而得漁父書七篇尚多古文然其三篇甚怪妄淺近類詞賦今皆捨之其四篇余特爲之箋正其文字然前二篇文有高致後二篇則託寓鄙狎以其頗有譏勸余亦存之然不知其年代故謂之古漁父

文泉子集卷三

唐 劉蛻 撰

太古無爲論

不得時者之言太古也無爲而人化其禁畏也以使待令而從之也夫既爲之君又爲之師以受令而教其供也畏生而自禁畏令而君從則是不待君令而爲太古時人也既君令之不立與人且猶不辨孰能得人心而化其無爲哉夫天下之服一人也必其有所相須果身服與自化也已果心服與而心無爲也已誰爲太古之人也而勤何居焉夫庖犧氏之用契書也始代結繩則太古之政安用契無爲之心太古之家安用契無爲之

信果使有其心則是賤教而尙不教者也夫人之祭也必待詔相教而後能敬若豺獺也則不教而祭君子苟受其不教而能則豺獺亦敬也何貴人爲故曰不得時者之言

嬴秦論

無有天下而不知秦之焚書也無世而不謂不用聖人之道所以亡也嗚呼秦亡自亡也安能焚書爲秦亡耳天下不用秦如聖人之道故秦不得其道而用也當其時天下一家而尊已外無非心之人故深法禁人之惡也則不當若法以禁人之善是則果胥天下之離心而背已也豈秦區區之心與蓋天必以秦之彊暴非大敗無以叛其四海之心故先絕其事君敬長之術而後從天下以亡其天下焉夫天與秦則書存不與秦則書焚而秦終無自焚之心也且聖人宮先自藏其書是秦未始有焚書之心聖人之家先有其心矣故曰秦亡其自亡矣且聖人之道與天地合其久與鬼神合其微則不得毀置之在秦也然矣陶唐氏之水前有聖人之化後有聖人之勤而後民知事君敬長之術自秦之火前聖已遠後聖不作而其術不數世亦已成矣豈非天之欲有絕而先絕其術欲有立而先立與今或怨秦之火不全其道也不知秦火息矣

較農

功以救于民賴其功者有違順德以化于民教其民者有疾徐夫以三月除穀地五月穀入土雖當時不拔其苗後世不毀其穀其飲食之道順于情也故生不疵癘其道死則俎豆其功聖人捄壞以禮垂世以法當世伐其樹後世毀其法所以禮違其情法違其欲者也是以生爲旅人瘐癘于天下肉腐于俎酒乾于器然後爲聖人是愚民賴聖人之功忘聖人之道嗚呼禮亡而爭器矣雖有粟弱者安得而食之法壞而奪其三時矣雖有山澤農者安得而種也

疏亡

盜惡名也取之有以合聖人若取其亂而理之取其死

而生之則民樂其取也後豈擇其故與故昏夜之盜爲小人衰亂之盜爲丈夫能知其取者而嘗蹈其背也故不以無人而棄其守者有大弃天下者仁義盜其名有小弃其國者小人盜其器故春秋不貶其器聖人以正其名嗚呼盜非惡名也左右前後亦可懼哉

刪方策

古之記惡將以鑑惡而後世爲昏謏淫逆從而將徵于古謂古不盡善若其涕泣以信其詐罪已以固其恩陰謀反覆從書以滋其智矣然而記惡者將以懼民也去善者不足懼昔紂讀夏書而嘗笑其亡國嗚呼惡既不足以鑑則刊可也古無其迹可也無其迹可也

朱氏夢龍解

吳郡朱氏言昔之夜夢龍入井客之好誕者作佳占以祥朱氏余曰余未嘗識周公孔子者也然而使余得夢一丈夫苟冠衣之古者因謂之周公孔子人必知其自欺也未嘗識越不知越之城郭宮室途巷苟或夢之未可自知其何城也然則朱氏之所夢入井者朱氏安知其龍乎豈非常見畫工者屈其脊拏其爪施甲鬣雲氣于身則似乎其所入井者邪是朱氏之夢畫者也殆非夢龍矣自夏后以來人不見龍然而言龍者信其畫而已漢魏之數見者見其畫者也薄姬之娠者亦畫者也時門之鬭者亦畫者也史皆謂之龍且明史之妄況朱氏之學妄哉夫龍不輕出又不可褻乎媢人有德不鬭故知皆非龍也嗚呼龍以變化爲德也故孔子曰唯龍也不可知是則德也而如螾如蠖如蛇如魚未可知不爲龍也或者謂如所畫亦可謂之龍也則朱氏所夢曾何龍乎

梓州兜率寺文冢銘　一

文冢者長沙劉蛻復愚爲文不忍棄其草聚而封之也蛻愚而不銳于用百工之技天不工蛻也而獸文蛻焉故飲食不忘于文晦冥不忘于文悲戚怨憤疾病嬉游羣居行役未嘗不以文爲懷也適當無事而天下將以文爲號文明代生殖明晦皆效文用故日月星辰文乎

旂常昆蟲鳥獸文乎彝器徐方之土文于侯社夏翟之羽文于旌旄登龍于章升玉于藻百工媢人雕翦染練以供宗廟祭祀之文豈獸蛻也生知效用不及時文哉然而意常獲助于天而不獲助于人故其窮雖窮無憾也常勤意之時不敢噓不敢咳不敢唾不敢跛倚嗜慾躁競忘之于心其秖秖畏畏如臨上帝故有粲如星光如貝氣如蛟宮之水又有黯如屯雲如久陰如枯腐熬燥之色則有如春陽如華川逶逶迤迤則有如海運如震怒動蟲怪異夫十爲文不滿十如意少如意則豈非天助乎常欲使天下聞之而必行覩之而必蹈散之茫洋以爲道瀆之侵淫以及物然後爲農文之使風雨以

時兵戈之使戎虜以順文于野文于市使得其所幽隱之士以出口者使之言材者使之用然而自振者無力終知者甚稀豈非不獲于人助乎嗚呼十五年矣實得二千一百八十紙有途者乙者有注楷者有腹背者有朱墨圍者于是以周易筮之遇復之同人筮者曰嗚于地中殷殷隆隆七日而復復來而天下昭融乎他日更召龜而合將聽襲吉卜于火如秦兆唯曰不吉卜于水不成乎河洛兆則亦惟曰不吉卜于木而悶悶土叶吉顯顯爲冢則汲之兆乎峭峭爲壁則魯之兆乎且其占曰土之文爲山河爲華英將不崩不竭爲滋味而傳乎結爲丘陵爲其設險乎融爲川瀆率其朝宗乎華爲百

穀以絜祭祀之粢盛乎不然使其速腐爲墟壤乎生芻葉以食牛羊乎化塗泥爲甄陶以作器乎將塊爲五色而茅社分封乎流于樂爲土鼓爲凷桴以洩其和聲乎夷爲都邑以興宮廟坎爲洿池以澤生植乎祀爲壇竈乎歟爲井墓乎吾皆不得而知也當既不爲吾用唯速化爲百工之用愼無朽爲芝菌以怪人自媚愼無堅爲金鐵以作貨起爭愼無濡爲醴泉以味乎諂口愼無礴爲城社以狐鼠憑妖愼無聳爲良材以雕斲傷性愼無萌爲蘭茝以佩服見褻嗚呼介而爲石使之能言訏而爲蠙使之飲泉既而他年游魂之未返者亦命巫師而用三招之號曰在几閣而來歸兮奄爲塵垢在耳目而來歸兮奄覩汝醜在口吻而來歸兮譽不汝久噫筆絕之年而麟見祟文其無祟乎唅非珠玉斂無帬襦後世詩禮之儒無驚吾之幽墟其冢也在莽蒼之野大塊之丘時有唐大中丁卯而戊辰之季秋銘曰

文乎文乎有鬼神乎風水唯貞將利其子孫乎

文泉子集卷四

唐　劉蛻　撰

上宰相書

天下固有良時既去而悲歌歎泣之不同故當時則歎已去而泣過時而歌然君子居其位則恥聞之不在其位則恥不能言之其爲士君子之心不忍聞之與聞之而不忍棄之則一也夫思慮可以精安危步驟可以負戈殳彊勁莊勇持久有守臨事不亂然而良時不與斯不得不歎既而信不見任智不見謀周游而晚歸風雨相半苦其精力良時不集而異事之不成斯不得不泣及其田園已暮始返鄉里白頭無事或有自疑斯不得

文泉子集卷四　一　別下齋校本

不歌是其爲人皆有憂天下而欲用其道者也不私其身之安佚而休者也既不私其身則公于悲歌者歎泣者也而是人豈以富貴而後天下之心哉蛻也歌之則已太早泣之則不得不豫計歎之則正當其時而君子未聞雖然閣下及其少壯而用之無使以後時泣歌恥累君子幸甚太玄曰當時則貴已用則賤其不可後也已矣當今巖無人矣谿無人矣佐王活人之術一皆以文學進苟文學進而君子不動心則蛻也不知其所以得罪

獻南海崔尚書書

所謂大丈夫豈天使爲之哉以其進爲天下利退有百世名顯爲諸侯師默成萬世法而已爲退默者爲避人得時而不退默者爲自進爲進顯者爲必行不得時而進顯者爲失志是以雄才盛德不可以不兼其時故無其時不可行也有其時而志未達又不可行也志達而未信于天下又不可行也上位之人有不可故下位之人有踰垣塞牖而自遁者又豈唯退默而已矣方今天下百姓不敢爭步畝四夷不敢犯守陲自元和已後國家不傷一夫不亡一矢雖有豎子弄兵曾無筋穿皮蠹之患尋已伏誅然而閣下不謂無其時乎昔雍邱不能以才達求討吳蜀以自試班超不能守其家儒然後得官校尉夫文不遇淸世不免操弓矢而擐甲冑也今則

文泉子集卷四　二　別下齋校本

仕由文學著官自淸顯尊閣下不謂志未達乎夫南海寶貨榷之地有金珠貝甲修牙文犀之貨非茂德廉名國家常重其人閣下不謂未信于天下乎當其時士亦故不以天下之廣居自隘其身不以天下之道自負以不知己故賂媒請介則不忍爲守媒待介或有所自弃故退默者不得不自進矣閣下以爲時乎未可也嗚呼蛻之生于今二十四年雖天有南無可闔其門天有東不得闢其戶伏臘不足于糗糧冬夏常苦于皸瘃然而因時著書滿十卷自謂不有得于今必有得于後不有得于人必有得于鬼神今則力疲于天下笑日暮而鄰舍閉今閣下進爲天下利而又顯爲諸侯師之時柰何

得爲踰垣塞牖之蛻乎故先自東南繝再拜不勝懇懇窮蹙有時未可知也謹貢舊役刺書一卷以其最近于情褻歌詩共二卷以其頗有逸事伏惟周賜觀覽無憚僇笑

復崔尚書書

男子生而射四方所以有四方之志故懷其道不可以退已非其人又不可以動心今蛻也伏念仁人在位野無君子不敢隱忍自置削簡授僕夫堂上猶遠況千里之悠悠哉亦將天未甚棄果遇閣下響不私岸谷與高下爲應不戮其使得復廬下而又重幣厚辭素未嘗遇知者嘗爲齊桓公之明活俘而相晏平仲之賢贖隸而

友夫俘未至而鮑子先言之桓雖智不遠安得勿相隸未言而晏子已見其色雖智不遠安得勿友豈如左右無先言之人閣下未見蛻之色而與之歎息乎與之教道乎則斯然後心因閣下而動已爲閣下而知不復遺恨幸甚幸甚雖然敢不再拜以謝知已而自道其所得罪蛻早不量已嘗欲與其道以死生樂之自以得其位卽欲立殊節于君友不得其位卽欲垂長幅于後世然而以爲身屈則道不勝語卑則道不明以其諠譁不敢安已矜道也不敢矜于口也伏惟閣下以忘道而圖已孰若道勝而已勞乎從俗而飽其親孰若道在有君子而後顯其親乎閣下不以行已失態天命拙蹇乃復書問曰恃才傲物與論議險直與儕伍擠毀與夫承貴仕之後身尊而食足然踞辱卒吏猶有陷人于急況蛻近世無九品之官可以藉聲勢而又當時無縣絡之舊無一簞之食設有乘人之氣而窮毀奪其氣矣何能爲也使蛻一旦爲病狂妄人而行之俄而自成怪笑不止八之怪笑也然則希權門以媚嬖倖隨衆口以贊曲私瞻視行坐傾身預起則信乎相南面如豪壁之相峙也如此豈曰恃才傲物乎險直之在已不得其人而盡言之則有殺身磔尸之亂得其人而盡言之則有忠義諒正之名使蛻前不得其人而言之則身死已久得其人而言之則安得困而至此故豈會論議險直乎蛻伏以冠

衣不完絜趨拜未識威儀又伏念春秋時四人受縣而後見魏子則古之人之見也其不在受恩之後乎謹重遣前使以謝殊遇以結後計蛻再拜

賀友人拜右拾遺書自外府協律召拜

今日街東見詔書以執事拜右拾遺朝廷之意將有在擇能言者而使之言哉雖執事材氣壯健他日無不乘之若縣以地遷邪未嘗有也故蛻謂朝廷之意將有在也魯欲使樂正子爲政孟子聞之喜而不寐僕不止爲執事且爲天下不寐也丞相致主上復貞觀之業自此敢伺察者必得伺察敏口舌者必得口舌所嫌忌出棄者稍稍引用蛻幸未老一二年得見朝廷治平著歌謠

為訓詁也然人世幾何時不可遭伏惟執事飲食起居無忘丞相意

文泉子集卷五

上禮部裴侍郎書

唐　劉蛻　撰

臨其事不能苟有待而先自請者閣下以爲難乎贊功論美近乎諂飾詞言已近乎私秖陋摧伏近乎鼠竊廣博張引近乎不敬鉤深餡倘則畏不能動乎人偕儷相比又畏取笑乎彼情志激切謂之躁詞語連緜謂之黷夫臨其事而自言者其難如此也然不有聽者之明言者無病則固當背惶踧踖俟乎知者而自知也用者而自用也安能持一言于已難之時者哉然或不得已而言之者亦將自言而已矣又豈敢因其時而遽言大體哉蛻少時不知小人道生有自可之事樹之爲梔茜種之爲穀粟賈于市釣于江亦以老也無何羅絡舊簡附會時律懷筆敂于縉紳家十二三年矣謂丱而習之亂而成基壯而歷級乘時無難梗寒苦之疲今者欲三十歲矣所望不過抱關輸力求粟養親而已何者家在九江之南去長安近四千里膝下無怡怡之助四海無強大之親日行六十里用半歲爲往來程歲須三月侍親左右又留二月爲乞假衣食于道路是一歲之中獄餘一月在長安王侯聽尊媒妁聲深況有疾病寒暑風雨之不可期者禳處一歲之中哉是風雨生白髮田園變荒蕪求抱關養親亦不可期也及今年冬見乙酉詔書

用閤下以古道正時文以平律校羣士懷才負藝者踴躍至公蛻也不度入春明門請與八百之列負階待試嗚呼蛻也材不良命甚奇時來而功不成事修而名不副將三十年矣今而後閤下進之蛻亦得以至公進閤下退之蛻亦得以至公退進退者由閤下也未可知也干瀆尊嚴敢忘僇辱情或須露豈曰圖私不然則蛻也豈敢蛻再拜

與韋員外書

蛻性甚冥頑識不及高嘗以當今由文學求用遲其顯遇在執事未知如何蛻輒自愛而庶幾不惑也故進不暇覩地食不及卒哺起居不忘于文窮泰不忘于文雖

分不出畛實愛且專也執事以爲愛乎未也蛻爲人子二十二年唯初七年持瓦石爲俎豆戲其餘卒不離前之志也執事以爲專乎未也伏念方今人人自謂力然沛若有餘今日以執事如重星輪月爭下堂而觀之畏已後耳宜乎人之心適在往越而使去有人正從越來執車而問于路執事以爲可教與否如曰吾幸知其逕途安得勿教則執事正可以其手呼而指畫也果遇他人以其有往而猶不逆則蛻云所愛而專者有謁執事之餘勇也深如此而已可則道合而服從不可則道異而更學

移史館書

蛻早懷忿懥常有所欲言而卒不得發今雖蟲惑病妄猶將自復其意況逢足下以中正許身以仁義自任者乎伏以釋氏之疾生民也比虞禹時曷嘗在洪水下比湯與武王時曷嘗在夏政商王下比孔子孟軻時曷嘗在禮崩樂壞楊墨邪道下然而聖主賢臣欲利民而務除民害如此其勤也今釋氏夷其體而外其身反天維而亂中正自晉以來相率詭怪而往之半天下而化其衣冠苟未往者不其欺亦不資其生矣聖人之教棄不相守幾數百年唐初有天下以爲刑政禁民乘閒作詐僞以欺刑政果所不能公禁之也故寢護其事以愚其民爲殃罪疾苦贖所作詐僞而及諸身也是欲教化罔

天下之心以助刑政教化之一道耳今天子聰明以爲中正衣冠之所棄則刑政教化亦無所取故絕其法不使汙中土未半年父母得隸子夫婦有家室是以復出一天下也僕故謂其功業出禹湯武王孔子孟軻之上萬萬不類然而洪水開則有禹貢商周平亂則有誥誓孔子孟軻則至今歌誦之足下以文用于時爲百家所詆善惡焉其不爲則已若爲之斯其時也勿疑夫立言者不惟能言亦欲言得其時得其時不朽若奚斯史克者也無其時雖多述前事猶有譏焉僕早傳古學身處草野知其時而無位敢言又竊見足下未有其意故以移云

與京西幕府書

漢武帝聞子虛賦初恨不與相如同時旣而復喜其人之在世也若然者居蓬蒿而名聞于天子富貴固不足疑其來爵土固不足畏其大今案其本傳云官則止于使者居家初則甚貧嗚呼有才如相如有好才如武帝然而不達者蛻知之矣于時武帝以四境爲心中國耗弱爵土酬于謀臣金帛竭于戰士雖念一篇之子虛固不能減十夫之口食宜矣蛻也生値當時天下無事以文爭勝得居第一獸蛻居家甚困白身三十過于相如者蓋無人先聞子虛于天子今又不然使有聞之于今藩翰大臣則其人自不廢棄老死者也嗚呼時異矣事

古矣相如之時雖遇天子不能致富貴于今之時遇藩翰大臣則足以敘材用伏惟執事以文學顯用士之得失無不經于心謂小子之言何如哉

文泉子集卷六

唐　劉蛻　撰

投知己書

復何事哉弓矢乎制敵之事今爲導衞羽儀金革乎勇衆之器今爲節奏和聲射宮蓬蒿幽燕少年恥蹈其下文之用莫過乎當時文之人莫過乎閣下復何事哉漢旣治世詩書禮樂皆已遂墜求亡書者故冬官攷工開千金之購議帝制者進退贊拜定茅蕝之中而今河洛塚壁圖簡編修登降俯仰不倒序步便藩之儀莫過乎當時優遊之學莫過乎閣下復何事哉材力旣以相譽忠正得以相扶及秦世爲之妖言東漢爲之鄙禁公道

畏忌相顧而埜死今布衣匹夫得歌王公大人之盛德先進達生得薦布衣匹夫之事業唯其公當舉之不以爲疑扶之不以爲鄙無私之道莫過乎當時譽能之心莫過乎閣下嗚呼苟有其時而無其人雖有舉能之心斯爲閣下惜有其人有其時而閣下苟不留意屬念斯爲來世弔蛻生二十餘年已過當時之盛棲遁困辱者適遇當時之人書成而嘗樂乎其時出車滿于道路而才高于蛻忌蛻侵已才下于蛻畏蛻擅名是以深知之者不得終其朝欲振之者又自無其力也謂其書空爲來世弔已矣乎不意得與閣下不爲異世同乎文字所謂當時之人斯非閣下者乎則其人未死口能言乎能

書門下見之復用何禮以接之既接之復用何詞以譽之譽之得盡其才接之得盡其禮斯人也讀書業文德有知己居窮守道死且不朽復何事哉

答知己書

蛻嘗感近世知己噂離交道沈廢不忍終日疢之于心思出其門閭上謁于公卿水行吳楚之城陸走商周之甸旁聽天下歲晚而歸卒無所遇是十六國之故墟四瀆之隅落未足爲大也卒不能副蛻也區區之望況有一言解相印一見爵上卿者乎斯不無人晚乃遇之不自紹介之口不因媒屬之勢纓綏車佩下入蓬蒿一言而膠附不離有憂其終始出處之事者況蛻之遇執事于南康也其來六月而餘無不得日奉論議欲變陰谷爲生植之地起死人爲奔走之夫返覆踰時將止復動雖人有昆弟親戚之愛哭其死憂其病榮其達則或過于執事之心至于誘掖殷勤不遑以違命見絶者則昆弟親戚相彊一不相從則終身不復意之蛻前日來求人爲知己交道之心一旦得遇昆弟親戚之愛又自思之而夫人之身宜如何以報謝將報謝復與執事何所補哉然而有意益厚違命固難者則不敢書且試托之韓繁秀才風雪滿硯不獲多書

論江陵耆老書

太原王生嘗移耆老書以江陵故楚也子胥親逐其君臣夷其墳墓且楚人之所宜怨也而江陵反爲之廟世饗其仇謂耆老而忘其君父也吾以爲不然楚人之性慓悍世能復其仇讐其後自懷王入武關楚人怨秦不忘干戈況其人之性能忘胥之能破其國家而事之乎且今江陵之人宰牛羊而祝其廟者將祈年穀而獲凶荒禱疾病而得死亡者乎如厚其饎而虛其報則江陵知胥之不可祠而不祀矣若果祈年穀而得豐穰禱疾病而獲康彊有其饎而尋其報則破人之國而居其土辱人之君而受其饗遇一食而自忘楚人之殺其父兄則胥自爲無勇也何獸江陵之人而忘胥讐乎吾以爲其廟申包胥之廟也包胥有復楚之功年代寖遠楚人以子胥嘗封諸申故不謂包胥耳不然則子胥何爲饗人之食而江陵何爲事讐人之神乎耆老得書速易其版曰申胥之廟無使神人皆媿耳

江南論鄉飲

昨日送貢士堂上得觀大禮之器見籩豆破折尊盂穿漏生徒勧怠不稱其服賓主向背不習其容嗚呼天下所以知尊君敬長小所以事大者抑非其道乎天下之用其道不過于一日尚猶偷惰如此況天下尊君敬長能終日者乎是以朝廷時誅不順鄰里日起紛爭固當然也夫布衣匹夫始則用其道自達故化耕稼爲王侯化陶漁爲公卿其變化不測若此然而一旦居上位既

不預興俯拜揖之事尙不能素嚴有司時閱其威儀乎嗚呼則蜺謂王公大人者老衰罷固當然也然而有擊跽稽首于髡褐之前畏敬戒愼有終日不敢嗜酒肴不敢近妾媍者其于誣惑之道尙能去其情自化之術則不能一日勤其容唯王公大人無慚髡褐乎髡褐尙能自大其法王公大人反以其道信之乎卽其奉髡褐能速化其耕稼陶漁者則髡褐者可以有土地而制王公大人矣是不知升乎科者不由夷狄言遷乎貲者不由髡褐授昭昭然柰何哉抑不知孔子之道如商君乎以其法自弊也伏惟閤下務速有司按諸禮圖修其器服戒將事而㝅者時訓習之毋使每歲臨事而㝅其容幸甚幸甚蜺再拜

文泉子集終

得全居士詞

得全居士詞

聞喜　趙鼎　元鎮

蝶戀花（長道縣和元彥修梅詞彥修錢塘人名時敏坐張天覺黨自戶部員外郎謫監長道之白石鎮）

一朶江梅春帶雪玉軟雲嬌姑射肌膚潔照影凌波微步怯暗香浮動黃昏月　謾道廣平心似鐵詞賦風流不盡愁千結望斷江南音信絕隴頭行客空情切

又（河中作）

盡日東風吹綠樹向晚輕寒數點催花雨年少淒涼天付與更堪春思縈離緒　臨水高樓攜酒處曾倚哀絃歌斷黃金縷樓下水流何處去凭欄目送蒼煙暮

虞美人令（寄翊送信道舅先歸桐宮）

魂消目斷關山路曾送雕鞍去而今留滯古陪京（一本作燕京）還是一樽芳酒送君行　吾廬好在條山曲三徑應蕪沒誅茅爲我補東籬會待新春殘臘也來歸

怨春風（閨怨）

寶鑑菱花瑩孤鸞慵照影魚書蝶夢兩浮沉（一本作消沉）恨恨結盡丁香瘦如楊柳雨疏雲冷　宿醉厭厭病羅巾空淚粉欲將遠意託湘絃悶悶悶香絮悠悠畫簾悄悄日長春困

點絳脣（春愁）

香冷金爐夢回鴛帳餘香嫩更無人問一枕江南恨

消瘦休文頓覺春衫褪清明近杏花吹盡薄暮東風緊

八月圓 中秋

連環寶瑟深深願結盡一生愁人間天上佳期勝賞今夜中秋　雅歌妍態嫦娥見了應羨風流芳樽美酒年年歲歲月滿高樓

河傳 以石曼卿詩爲之

年年桃李渺關河一夢飛花空委鴻去燕來錦字參差難寄斂雙眉山對起　嬌波淚落粧如洗獨倚高樓日日春風裏江水際天色無情似送離懷千里

燕歸梁 爲人生日作

綽約彤霞降紫霄是仙子風標緗裾明珮響瓊瑤散馥

郁暗香飄　小春十月寒猶淺粧一本無粧字粉弄梅梢春樓風月待吹簫舞雙鶴醉蟠桃

減字木蘭花 和倅車韻倅將還闕因以送之

筆端紅翠造化工夫春有意雲夢涵胸好去蓬山十二重　天街追騎催喚謫仙泥樣醉電掃雲空百斛明珠咳唾中

好事近 倅車還闕分得茶詞

蘭燭畫堂深歌吹已終瑤席碾破密雲金縷送蓬萊歸客　看看宣詔未央宮草詔待宸極拜賜一盃甘露泛天邊春色

賀聖朝 鎖試府學夜坐作

斷霞收盡黃昏雨滴一本脫滴字梧桐疎樹簾櫳不捲夜沈沈鎖一庭風露　天涯人遠心期夢悄苦長宵難度知他窗外促織兒有許多言語

烏夜啼

簷花點滴秋清寸心驚香斷一爐沈水一燈青　涼宵永孤衾冷夢難成葉葉高梧敲恨送殘更

浣溪紗 美人

艷艷春嬌入眼波勸人金盞緩聲歌不禁粉淚揾香羅　暮雨朝雲相見少落花流水別離多寸腸爭奈此情何

畫堂春 春日

空籠簾影隔垂楊夢回芳草池塘杏花枝上蝶雙雙春晝初長　强理雲鬟臨照暗彈粉淚沾裳自憐容艷惜流光無限思量

浪淘沙 次韻史東美洛中作

歸計信悠悠歸去誰留夢隨江水遶沙洲沙上孤鴻猶笑我萍梗飄流　與世且沈浮要便歸休一杯消盡一生愁儻有人來閒論事我會搖頭

水調歌頭 甲辰九月十五日夜飲獨樂見山臺坐中作

屋下疎流水屋上列青山先生跨鶴何處窈一本作杳窕白雲間採藥當年三徑只有長松綠竹霜吹晚蕭然舉酒高臺上彷彿揖羣仙　轉銀漢飛寶鑑溢清寒金波萬

頭不動人在玉壺覓我唱君須起舞要把嫦娥留住相
送一盃殘醉矣拂衣去一笑渺八寰

雙翠羽 三月十三日夜飲南園作舊名念奴嬌

小園曲徑度疎林深處幽蘭微馥竹鳴無人雙翠羽飛
觸珊珊寒玉更欲題詩晚來孤興却恐傷幽獨不如花
下一樽芳酒相屬 慨念故國風流楊花春夢短黃粱
初熟嵇白千觴須勸我洗此胸中榮辱醉揖南山一聲
清嘯休把離騷讀遲留歸去月明猶掛喬木

河傳 秋夜旅懷

秋光向晚歎羈遊坐見年華將換一紙素書擬記南來
征雁奈雪深天更遠 東窗皓月今宵滿淺酌芳樽暫

倩嫦娥伴應念夜長旅枕孤衾不暖便莫教清影轉

滿江紅 丁未九月南渡泊舟儀真江口作

慘結秋陰西風送霏霏一本作絲絲雨濕凄望眼征鴻幾字
莫投沙磧試問一本作向鄉關何處是水雲浩蕩迷南北但
一抹一本作但修眉一抹寒青有無中遙山色 天涯路江上客
腸欲斷頭應白空搔首興嘆暮年離拆一本作隔須信道消
憂一本作欲侍忘憂除是酒奈酒行有盡情無極便挽取長江一本作便晚將江水入樽罍澆胸臆

鷓鴣天 建康上元作

客路那知歲序移忽驚春到小桃枝天涯海角悲涼地
記得當年全盛時 花弄影月流輝水精宮殿五雲飛

分明一覺華胥夢回首東風淚滿衣

浣溪沙 建康次韻范元長送鄭子方一本作子友

惜別懷歸老不禁一年春事柳陰陰日下長安何處是
碧雲深 已恨梅花疎遠信休傳桃葉怨遺音一醉東
風分首去兩心驚

如夢令 建康作

烟雨滿江風細江上危樓獨倚歌罷楚雲空樓下依前
流水迢遞迢遞目送孤鴻千里

好事近 杭州作

楊柳曲江頭曾記綵舟良夕一枕楚臺殘夢似行雲無
迹 青山迢遞水悠悠何處問消息還是一年春莫倚

東風獨立

點絳脣 惜別

惜別傷離此生此念無重數故人何處還送春歸去
美酒一盃誰解歌金縷無情緒淡烟疎雨花落空庭暮

琴調相思令 思歸詞

歸去來歸去來昨夜東風吹夢回家山安在哉 酒一
杯復一杯准擬愁懷待酒開愁多腸九回

望海潮 八月十五日錢塘觀潮

雙峯還促回波奔注茫茫濺雨飛沙霜凛劍戈風生陣
馬如聞萬鼓齊撾兒戲笑夫差謾水犀強弩一戰魚蝦
依舊羣龍怒卷銀漢下天涯 雷驅電熾雄夸似雲垂

鵬背雪噴鯨牙須臾變滅天容水色瓊田萬頃無瑕俗眼但驚嗟試望中彷彿三島烟霞舊隱依然幾時歸去泛靈槎

花心動（偶居杭州七寶山國清寺冬夜作）

江月初升聽悲風蕭瑟滿山零葉夜久酒闌火冷燈青奈此愁懷千結絲琴三嘆朱絃絕與誰唱陽春白雪但遐想窮年坐對斷編遺冊　西北欃槍未滅千萬鄉關夢遙吳越慨念少年橫槊風流醉膽海涵天闊老來身世疎蹤底忍憔悴看人顏色更何事歸歟枕流漱石

洞仙歌

空山雨過月色浮新醸把盞無人共心賞漫悲吟獨自

撚斷霜鬚還就寢秋入孤衾漸爽　可憐窗外竹不怕西風一夜瀟瀟弄疎響奈此九回腸萬斛清愁人何處邈如天樣縱隴水秦雲阻歸音便不許時閒夢中尋訪

烏夜啼（中秋）

雨餘風露凄然月流天還是年時今夜照關山　收別淚持杯起問嬋娟問我扁舟流蕩幾時還

滿庭芳（九日用淵明工詩作）

靡靡流光凄凄風露小園草木初彫杳然塵影爽氣界天高愛此佳名重九隨宜對秋菊持醪登臨處哀蟬斷響燕鴈度雲霄　閒謠情緬邈相尋萬化人世徒勞念胸中百慮何物能消欲致頹齡不老和金埜一醉陶陶

君休問千年事往聊與永今朝

好事近（雪中攜酒過元長）

春色徧天涯寒谷未知消息且共一樽芳酒看東風飛雪　太平遺老洞霄翁相對兩華髮一任醉魂飛去訪瓊瑤宮闕

又（再和）

羈旅轉飛蓬投老未知休息卻念故園春事舞殘紅飛雪　危樓高處望天涯雲海奇窮髮（一本作抹山如髮）只有舊時涼月照清伊雙闕

又（再和）

一炷鼻端香方寸浪平風息汲取玉池春水點紅爐微

雪　年來都以酒相妨進退只毫髮（一本作尺退進毫髮）卻道醉鄉深處是三山神闕

又（再和）

烟霧鎖青冥直上九關一息姑射有人相挽瑩肌膚冰雪　騎鯨卻下大荒來天風亂吹髮慨念故人非是漫塵埃城闕

少年遊（山中送春）

三月正當三十日愁殺醉吟翁可奈青春太無情甚歸去苦匆匆　共君今夜不須睡樽酒且從容說與樓頭打鐘人道休打五更鐘

賀聖朝（丙辰歲生日作）

花光燭影春容媚香生和氣紛紛兒女拜翁前勸犀樽
金醴家釀名出真誥空淩烟圖畫王侯富貴非翁雅意願翁早
早乞身歸對青山沈醉

又道中聞子規

征鞍南去天涯路青山無數更堪月下子規啼向深山
深處 淒然推枕難尋新夢忍聽伊言語更闌人靜一
聲聲道不如歸去

醉蓬萊慶壽

破新正春到五葉堯蓂弄芳初秀翦綵然膏燦華筵如
晝家慶圖中老萊堂上競祝翁遐壽喜氣歡容光生玉
斝香霏金獸 誰會高情淡然聲利一笑塵寰萬緣何

有解組歸來訪漁樵朋友華髮蒼顏任從老去但此情
依舊歲歲年年花前月下一尊芳酒

小重山

漠漠晴霓和雨收長波千萬里拍天流雲帆烟棹去悠
悠西風裏歸興滿滄洲 謾道醉忘憂蕩高懷遠恨更
悲秋一眉山色爲誰愁黃昏也獨自倚危樓

惜雙雙梅

度隴信音誰與寄腸斷江南千里深雪前村裏一枝昨
夜傳芳意 冷蕊暗香空旖旎也應是春來憔悴風度
將誰比憶曾插向香羅

西江月過福唐留別故人

世態浮雲易變時光飛箭難留五年重見海東頭只有
交情似舊 未盡別來深意難堪老去離愁青山迢遞
水悠悠明日扁舟病酒

行香子

草色芊綿雨點闌斑縿飛花還是春殘天涯萬里海上
三年試倚危樓將遠恨捲簾看 舉頭見日不見長安
謾凝眸老淚淒然山禽飛去榕葉生寒到黃昏也獨自
箇尚凭欄

醉桃園送春

青春不與花爲主花正開時春暮花下醉眠休訴有取
春歸去 鶯愁蝶怨春知否欲問春歸何處只有一樽

芳醑留得青春住

浪淘沙九月會飲分得鴈字

霜露日淒涼北鴈南翔驚風吹起不成行弔影蒼波何
限恨日暮天長 爲爾惜流光還是重陽故人何處艤
危檣寄我相思千點淚直過瀟湘

又

玉宇洗秋晴涼月亭亭夢回孤枕鎖窗明何處飛來三
弄笛風露淒清 曾看玉纖橫苦愛新聲由來百慮爲
愁生此夜曲中聞折柳都是離情

得全居士詞

海昌蔣光煦校

澹菴長短句

澹菴長短句

廬陵　胡銓

浣谿沙

忽忽春歸沒計遮百年都似散餘霞持杯聊聽浣谿沙　但覺暗添雙鬢雪不知落盡一番花東風寒似夜來些

轉調定風波　和答海南統領陳康時

從古將軍自有眞引杯看劍坐生春擾擾介鱗何足掃談笑綸巾羽扇典刑新　試問天山何日定佇聽雅歌長嘯靜煙塵解道汾陽是人傑見說如今也有謫仙人

菩薩蠻　辛未七夕戲答張慶符

銀河牛女年年渡相逢未款還殘去珠斗欲闌干盈盈一水閒　玉人偷拜月苦恨匆匆別此意願天憐今宵長似年

減字木蘭花　慶符引敎自便已脫去至東界又遭郡中勾問遂有弄璋之喜慶符云嘗夢弱氏如夢鹵也予嘗占慶符當弄瓦賭主人慶符來督故詞中具之

滑陽佳夢瓦變成璋眞妙弄不是勾回湯餅兒家喫得來　不分利市要我開尊眞倒屣試問坡翁此事如何著得儂

醉落魄　辛未九月望和答慶符

百年強半高秋猶在天南畔幽懷已被黃花亂更恨銀蟾故向愁人滿　招呼詩酒顛狂伴羽觴到手判無算

浩歌箕踞巾聊岸酒欲醒時興在盧同盌

又 和答陳景衞望湖樓見憶

千巖競秀西湖好是春時候誰知梅雪飄零久藏白收香空袖和羹手 天涯萬里情難逗眉峰豈爲傷春皺片愁未信花能繡若說相思只恐天應瘦

鷓鴣天 癸酉吉陽用山谷韻

夢繞松江屬玉飛秋風蓴美更鱸肥不因入海求詩句萬里投荒亦豈宜 青箬笠綠荷衣斜風細雨也須歸崖州險似風波海海裏風波有定時

又 和陳景衞憶西湖

一憶西湖太瘦生十年不到夢曾行空濛山色煙鬟曉

淡泊湖光霧靄輕 芳草遠暮雲平雨餘空翠入簾明夢回一晌難存濟還錯都因自打成

朝中措 黃守座上用六一先生韻

崖州何有水連空人在浪花中月嶼一聲橫竹雲帆萬里雄風 多情太守三千珠履二肆歌鐘日下即歸黃霸海南長想文翁

采桑子 甲戌和陳景衞韻

山浮海上青螺遠決皆歸鴻閒倚東風疊疊曾雲欲蕩胸 弄琴細寫清江引一洗愁容木杪黃封賢聖都堪日日中

臨江仙 和陳景衞憶梅

我與梅花眞莫逆別來長恐因循幾年不見嶺頭春栩然蝴蝶夢魂夢竟非眞 浪蘂浮花空滿眼愁眉不展長顰此君還似不驕人月邊風畔千里淡相親

如夢令

誰念新州人老幾度斜陽芳草眼雨欲晴時梅雨故來相惱休惱休惱今歲荔支能好

玉樓春 贈李都監侍兒是夕歌六幺

十年目斷鯨波闊萬里相逢歌怨咽鬢鬟春霧翠微重眉黛秋山煙雨抹 小槽旋滴眞珠滑斷送一生花十八醉中扶上木腸兒酒醒夢回空對月

清平樂 和曾檢法海棠

深深花院雨虐風饕偏只欠畫屏并羽扇誰傾略春風面 愁須詩酒相禁少陵底事慵吟不是爲梅牽興怕渠惱亂春心 王介甫梅詩云少陵爲爾牽詩興可是無心賦海棠故云

青玉案 乙酉重九葛守坐上作

宜霜開盡秋光老感節物愁多少塵世難逢開口笑滿林風雨一江煙水颯爽驚吹帽 玉堂金馬何須道且鬭取尊前玉山倒燕寢香清官事了蒸萸黃菊皂羅紅袂花與人俱好

海昌蔣光煦校

燕喜詞

研經室外集續題要

燕喜詞一卷宋曹冠撰冠字宗臣號雙溪居士東陽人見縣志此本有淳熙丁未長樂陳襄及鈞臺詹效之二序文云檢正曹公臺省舊人來游宣幕太守人監詹公歎賞其文刊諸宣城學宮復以所著樂府析爲別集名曰燕喜今從毛氏汲古閣舊藏本錄出

燕喜詞

別下齋校本

燕喜詞序

春秋列國之大夫聘會燕饗必歌詩以見意詩之可歌尚矣後世陽春白雪之曲其歌詩之流乎沿襲至今作之者非一造意正平措詞典雅格清而不俗音樂而不淫斯爲上矣高人勝士寓意於風花酒月以寫夷曠之懷又其次也若夫宕蕩於檢繩之外巧爲淫褻之語以悅俚耳君子無取焉議者曰少游詩似曲東坡曲似詩蓋東坡平日耿介直諒故其爲文似其爲人歌赤壁之詞使人抵掌激昂而有擊楫中流之心歌哨遍之詞使人甘心澹泊而有種菊東籬之興俗士則酣寐而不聞少游情意嫵媚見於詞則穠豔纖麗類多脂粉氣味至

今膾炙人口寧不有愧於東坡耶同年檢正曹公文雄學奥節勁氣嚴三十年臺省舊人也不辭小試來遊宣幕使君大監狀元詹公既深知之一見其文集尤加歎賞敘而鋟版于郡庠名之曰雙溪因其居也又以其所著樂府可歌於閨門之內者别爲一集名之曰燕喜摭其實也方其花朝月夕少長團欒尊俎之餘出而歌之于以導嘻嘻怡怡之情佳作樂事萃于一門近世之所未有者纔淳熙丁未備倅於此公餘請問辱以見教熟讀三復玩其辭而繹其意豈非中有所本歟吁寥寥百餘年繼坡仙之作非公而誰中秋前二日長樂陳纔敘

宋廣平鐵心石腸猶爲梅花作賦議者疑之殊不知感物興懷歸於雅正乃聖門之所取而亦何疑於廣平乎語曰子與人歌而善必使反之而後和之以見其詳復致意如此無他焉善言欲其不妄也檢正曹公行兼九德渾然天成文章政事淵源經術廉介有守既和且正太守大監詹公歎賞其文摭其大略而刊諸宣城學官既有成集矣復以所著樂府析爲别集名曰燕喜竊嘗玩味之旨趣純深中含法度使人一唱而三歎蓋其得於六義之遺意純乎雅正者也昔王褒爲益州刺史作中和樂職宣布詩出於一時歆羨猶且選好事者依鹿鳴之聲習而歌之至於轉而上聞漢宣帝褒美之矧斯

作也和而不流足以感發人之善心將有採詩者播而颺之以補樂府之闕其有助於教化豈淺淺哉淳熙丁未仲夏望日宣城丞鈞臺詹效之書

燕喜詞目錄

燕喜詞

宋雙溪居士曹　冠字宗臣

漢宮春 梅

一品天香似蘂眞仙質宮額新粧先春爲傳信息歷盡羣芳化工着意賦陽和欺雪凌霜應自負孤標介潔歲寒獨友松篁　因念廣平曾賦愛浮香朧月疎影橫窗眞堪玉堂對賞瓊苑依光江城塞管任龍吟吹徹何妨君看取和羹事在收功不負東皇

鳳棲梧 牡丹

魏紫姚黃凝曉露國豔天然造物偏鍾賦獨占風光三月暮聲名都壓花無數　蜂蝶尋香隨杖屨睍睆鶯聲州勸遊人住把酒當春春莫去玉堂元是常春住

又 蘭溪

桂棹悠悠分浪穩煙幂層巒綠水連天遠贏得錦囊詩句滿興來豪飲揮金盌　飛絮撩人花照眼天闊風微燕外晴絲卷翠竹誰家門可款艤舟閒上斜陽岸

又 會于秋香閣適介丞有逢吉賦此詞勸之

昨夜西疇新足雨玉露金飇着意鏖殘暑畫閣登臨凝望處餘霞晚照明煙浦　閒是閒非知幾許物換星移風景都如故耳聽是非縈意緒爭如揮麈談千古

又 尋芳飲于小圃元名蝶戀花

桃杏爭妍韶景媚雨霽煙輕山色挼藍翠綠竹青松依

澗水了無一點塵埃氣　怕夷偷閒眞得計乘興攜壺
交飲欣同志對景揮毫聊寓意賞花醉月拚深醉

夏初臨

琴拂虞薰月裁班扇麥秋槐夏清和筍變琅玕絳榴細
蹙香羅綠雲初展圓荷見金鱗戲躍清波山丹舒豔葵
花映日萱草成窠　浮雲富貴出處無心好天風月如
意偏多用晏元獻公幕府王君玉事　功名事業壯懷豈肯蹉跎待揮
雕戈洗胡塵須挽天河醉揮毫知音爲我發興高歌

又　發州郡圃

水樹風臺竹軒梅徑雙溪新刱名園極目遐觀碧岑歛
散瑤煙柳塘風歛清漣瀾紅雲花鳥爭妍豔粧佳麗相

攜笑歌學弄秋千　遨頭多暇命友尋芳賞心行樂物
態熙然偎香拾翠雅宜飛盞聯翩滿勸金觥任玉山頹
醉花前且留連賞月畫欄擬鬥嬋娟

又　淳熙戊戌四月既望遊涌碧登生秋冲霄二亭觴詠竟日是日也初夏微台園林茂密瀑泉鏜然松韻笙簫繚翠波光上下相映佳山句在我思古人對景興懷視今猶昔何異乎蘭亭之感慨也賦夏初臨一闋以紀時日

翠入煙嵐綠鋪槐幄薰風初扇微和茂樾扶疎絳榴花
映庭柯瀑泉飛下層坡間漸篁夾徑青莎良辰佳景登
臨雋遊清興何多　流觴高會不減蘭亭感懷書事聊
寄吟哦升沈變化任他造物如何躡磴攀蘿上冲霄滿
飲高歌醉還醒重宴畫樓賞翫金波

風入松　雙溪閣觀水

瑤煙歛散媚晴空雲淡奇峯澄江金斗平波面扁舟載
蓑笠漁翁髩鬚輞川圖上依稀若霅溪中　春鋤鷺也掠
水浪花重飛傍蘆蘋綺霞斜映征鴻影任吟毫佳景無
窮頓起騎鯨遊興泠然欲御清風

霜天曉角　清高堂看山

小雨濛濛輕煙舞曳風林樾高低疎密依淺瀨媚遙峯
浴鷺水溶溶晴霞映晚紅擬向玉堂擧似摹寫入畫
圖中

又　荷花令用歐陽公故事歌霜天曉角詞擘荷花遍分席上各人一片最後者飲

浦溆凝煙誰家女採蓮手撚荷花微笑博雅令佇清歡

擘葉勸金觥香風襲綺筵最後慇懃一瓣分付與酒
中仙

又

水亭清絕擁翠環休樾湘管賓筵乘興玉壺酒潑氷雪
寶獸沈煙爇玉琴聲韻徹夜永風微煙淡梧桐影碎
明月

喜朝天　綺霞閣即踏莎行

繡水雕欄綺霞邃宇薰風颯至清無暑花間休唱遏雲
歌枝頭且聽嬌鶯語　景物撩人悠然得句深杯戲把
紋楸賭胸中邱壑自生涼何須泉石尋佳趣

又

翠老紅稀歌慵笑懶溟濛煙雨秋千院芹泥帶溼燕雙飛杜鵑啼訴芳心怨　座客分題傳觴送勸送春惜別情何限不須惆悵怨春歸明年春色重妍暖

浣溪沙　柳

翠帶千條蘸碧流多情不解繫行舟章臺惜別恨悠悠　溼雨傷春眉黛斂倚風無力舞腰柔絲絲煙縷織離愁

又

槐柳風微軒檻涼芙蕖綠葉映池光幾多飛蓋擁紅粧　泉試雲龍花乳泛袖籠寶鼎水沈香紋楸戲戰賭霞觴

又

雁字鱗差印碧空淡雲縈縷媚遙峯悠颺舒卷逐西風　煙鎖綠楊深院靜花前寓意勸金鍾鳳簫一曲月明中

朝中措　茶

春芽北苑小方珪碾畔玉塵飛金筯春葱擊拂花甆雪乳珍奇　主人情重留連佳客不醉無歸邀住清風兩腋重斟上馬金巵

又　湯

更闌月影轉瑤臺歌舞下香堦洞府歸雲縹緲主賓清興徘徊　湯斟崖蜜香浮瑞露風味方回投轄高情無厭抱琴明日重來

和陶淵明歸去來詞

歸去來兮雲林可樂胡不歸既明乎否泰倚仗夫何喜而何悲羨飛黃之逐電策駑蹇而欲追想傍觀而必哂予亦自知其非擬列鼎於捽茹等狐裘於鶉衣觀大道之微妙講羣經之精微設科授業來者如奔戶屨雲集車轍盈門軒冕儻來長貴中存南陽高臥北海開樽奉萱堂而戲綵溢喜色於慈顏家雖貧而歡足心無累而常安遊西園以容與聽鶯鳴之間關悅濠梁之魚泳邀惠子而同觀對明月以觴詠與清風而往還蘊平戎之膽略倘壯心之桓桓歸去來兮余嘗夢於仙遊悟藥笈

之舊班奚逐物而他求濯清泉以自潔樂簞瓢以無憂野眡告予以木秀盍往觀乎農疇籃輿有馭竹溪有舟攜子姪以同賞閒步屧於亭丘容萬象於度內覺吾心之休休已矣乎進德修業欲及時辰乎去速不可留流行坎止隨所之勳業存乎命窮通難預期壁寸陰以汲古耕藝苑而耘耔遠聲色以自壽翫光景而哦詩韞良玉以待價無心任運亦何疑

念奴嬌　宋玉高唐賦述楚懷王遇神女事後世信之後世愚獨以爲不然因賦念奴嬌洗千載之誣蠛以祛流俗之惑

蜀川三峽有高唐奇觀神仙幽處巨石巉巖臨積水波浪轟天聲怒十二靈峯雲堦月地中有巫山女須臾變

化陽臺朝暮雲雨　堪笑楚國懷襄分當嚴父子胡然
無度幻夢俱迷應感逢魑魅虛言冥遇女恥求媒況神
清直豈可輕誣汙逢君之惡鄙哉宋玉詞賦

又懸圖達觀賞巖桂

金飈晉暑覺庭梧湘簟涼生秋意玉露宵零仙掌潔雲
捲碧天如水銀漢波澄蟾光練靜依約山橫翠清商佳
景笑他宋玉憔悴　堪笑利鎖名韁向蝸牛角上所爭
何事四者難并人易老惟有修眞得計榮悴循環功名
由命達觀明深旨桂花同賞莫辭通夕歡醉

又述懷和趙宰通甫韻

天津仙客話平蔡曾把龍鍾調戲裴度未達嘗遊天津橋或言蔡州未平一老父指度曰必待此人度笑曰見我龍鍾故相調戲茅舍雲林方隱迹日月琴樽
適意鵬激天池扶搖未便尚歛摩雲翅經綸萬卷胸中
貞負豪氣　喜遇良友知心登臨酬唱堪作詞林瑞況
是韶華將近也待約連宵春醉對客揮毫如虹浩飲爭
溯如泉思同寅他日誓堅忠義相濟

又詠中秋月

碧天如水湛銀漢清淺金波澄澈疑是姮娥將寶鑑高
挂廣寒宮闕林葉吟秋簾櫳如畫丹桂香風發年年今
夕庾樓此興清絕　因念重折高枝壯心猶戀已覺生
華髮好向林泉招隱處時講清遊眞率乘興歌歡熙然
朝野何日非佳節百杯千首醉吟長對風月

西江月秋香閣

仙掌初零玉露清商乍肅金飈回環高閣桂香飄元自
廣寒移到　絳蠟銀蟾輝映綸巾鶴氅逍遥賞心樂事
醉良宵贏得開懷吟歎

又示忠彥

秋霽姮娥二八寒光逼散浮雲小山叢桂噬清芬猶帶
蟾宮風韻　因念兩登仙籍恩霑雨露方新汝今妙歲
已能文早折高枝榮奮

又泛舟

一派灣溪曲港兩山松榦檉蘿尋幽乘興泛煙波時見
白鷗飛過　炫日浪紋金影連雲岸草青莎陶然一醉
養天和解意歌鶯勸我

水調歌頭遊三洞

我本方壺客飄迹離凡塵胸中萬卷談笑揮翰筆通神
不慕巢由隱迹不羨皐夔功業出處兩無心坦蕩靈臺
淨塵隱勝雲林　念生平喜曠逸事幽尋登臨舒嘯惟
有風月是知音雅愛金華仙洞一派蒼崖飛瀑同序景
嘗新遐想赤松子來爲醒沖襟

又紅梅

造物巧鍾賦新蠟報花期江梅清瘦只是潔白逞芳姿
我欲超羣絕類故學仙家繁杏穠豔映橫枝朱粉膩香
臉酒暈着冰肌　玉堂裏山驛畔最希奇誰將絳蠟籠

玉香雪染臙脂好向歌臺舞榭門取紅粧嬌面偎依韻
偏宜羌管莫吹動風月正相知

又

遊燕賞潭洞舒嘯對雲峯瀑泉飛下銀漢一水淨涵空
前度劉郎詩句祇咏丹青摹寫佳境未親逢劉禹錫寄遷涵碧詩有遠寫丹青列雍州之句爭似我吟賞攜酒屨從容　濯塵纓揮羽
扇快薰風因思往古遊者清興與今同泉石因人輕重
峴首名傳千古登覽賴羊公陵谷有遷變勳烈耀無窮

鷓鴣天　夢仙

我昔蓬萊侍列仙夢遊方悟絆塵緣青春放浪迷詩酒
黃卷優游對聖賢　嘲水石詠雲煙乘風欲往思泠然
要知昨夜方壺景只在芸齋杖屨前

好事近　巖桂

蟾苑桂飄香雅稱姮娥珍惜吹下一莖仙種伴秋光岑
寂　金風玉露嫩涼天造化有消息醉賞綠雲金粟媚
枝頭月色

又　己丑重陽遊雷峯

商素肅金飈吹帽又逢佳節乘興登臨舒嘯歡雲林清
絶　高歌橫劍志平戎酒量與天闊更待醉歸開宴賞
東籬明月

又　燈花

良月戒微寒清夜[illegible]燈穎那來報天庭喜事現燈花金
粟　芝書奎畫下層霄宣召想來促能回玉堂揮翰賜
金蓮花燭

蘭陵王　涵碧

晚雲碧松巘飛泉翠滴雙煎畔疑是永和曲水流觴傳
風物波光映山色時見輕鷗出沒壺天邃脩竹翠陰虛
籟吟風更幽寂　登臨興何極上煙際危亭綵筆題石
山中猿鶴應相識對遠景舒嘯壯懷豪逸劉郎何在甑
石刻感往事陳迹　還憶少年日帥旗鼓文場軒冕京
國如今老大機心息有陶令秫酒謝公山屐問來潭洞
醉皓月弄橫笛

宴桃源　遊湖

西湖避暑棹扁舟忘機狎白鷗荷香十里供瀛洲山光
翠欲流　歌浩浩思悠悠詩成興未休清風明月解相
留琴聲萬籟幽

又

簾纖小雨養花天池光映遠山蕙蘭風暖正暄妍歸梁
燕翼偏　芳草碧綠波漣良辰近禁煙酒酣午枕興怡
然鶯聲驚夢仙

惜芳菲　述懷

寓意登臨詩與酒豪氣直衝牛斗揮翰風雷吼我生嗟
在東坡後　流水高山琴靜奏莫笑知音未偶天意君
知否窮通在道吾何有

江童子　南園

雨餘乾鵲報新晴曉風清聽鶯聲飛盍南園遊賞賦閒情麥隴黃雲堆萬頃收刈處有人耕　淙琤漱玉澗泉鳴翠峰橫碧雲凝㩼畫圖林縑素寫難成盧橘楊梅時正熟隨處賞飲班荊

驀山溪　九日

年年九日黃菊登高宴今歲旅新豐聽征雁吟蛩幽怨行行遊賞邂逅得詩人呼斗酒發清吟豪氣凌霄漢窮通默定志士那興歎寓意醉鄉遊且贏得開懷蕭散功名外物何必累沖襟鍊丹井叱羊山壽筒修真伴

又　鑑湖

鑑湖千頃四序風光好撥棹皺漣漪極目處青山縈繞微茫煙靄鷗鷺點菰蒲雲帆過釣舟橫俱被勞生擾知章請賜獨占心何小風月本無私同衆樂宜論多少浮家泛宅他日效陶朱烹鱸鱖酌松醪吟筆千篇掃

又　乾道戊子秋日遊滿碧

深秋澄霽煙淡霜天曉翠峴峻摩穹有碧澗清溪縈繞鳴絃多暇乘興約同臨聽水樂覬豐碑遐想東坡老當年叔子何事傷懷抱名與此山俱歎無聞真成可笑吾儕勳業要使列雲臺擒頡利斬樓蘭混一車書道

又　渡江詠潮

潮生潮落千古長如許吳越舊爭衡覽遺迹英雄何處胥神忠憤賈勇助鯨波湍砥柱駕鰲峯萬騎轟鼉鼓連天雪浪直上銀河去擊楫誓中流劍衝星醉酣起舞丈夫志業當使列雲臺擒頡利斬樓蘭雪恥殲狂虜

又　九日

佳辰游九吹帽霜風峭畫閣勢崔嵬遍危欄翠峯縈繞茂林修竹別是小壺天煙靄淡夕陽明隱映溪光渺匣琴流水休恨知音少長嘯對西風覺志氣凌雲縹緲傳杯興逸高會繼龍山簪嫩菊插紅萸相對年年好

東坡引　九日

涼飈生玉宇黃花曉凝露汀蘋岸蓼秋將暮登高開宴俎傳杯興逸分詠得句思戲馬長懷古東籬候酒人何處芳樽須送與

水龍吟　梅

自來百卉千葩算多有異芳清絕此花獨賦天然標致於中超越月臉粧勻碧瓊扶瘦真仙風骨向嚴寒雪裏千林凍損鍾和氣先春發　信是芳姿高潔肯趨陪遊蜂戲蝶玉堂靜處竹梢斜亞凝煙媚月一任嚴城上單于奏角聲淒切待芳心結實和羹鼎鼐收功須別

滿江紅　淳熙丁酉六月十三日浙憲芮國瑞邀歷東陽招飲滿碧是日也實予始生之日國瑞用舊詞韻作滿江紅爲壽因和述懷

味道韜光伴耕釣城南澗曲吾不羨煉丹金井訪仙王屋清節無瑕通隱顯滿堂豈肯貪金玉向北窗高臥水

風涼槐陰綠　閒自賞東籬菊偏喜種幽居竹信巍然良貴有榮無辱外物隨緣姑泛應無心仕止常知足喜聖時協氣屢豐年西疇熟

又

日暖煙輕竹梢映花陰凌亂微風皺池光弄碧絲楊垂岸豔杏墻頭紅粉媚幽藺砌下飄香暖稱邀賓排日去尋芳頻歡宴　光景速渾如箭醉夢裏春強半且花前莫厭玉杯頻勸一枕遊仙方警悟浮名自笑猶縈絆醉揮毫付與雪兒歌嬌鶯轉古詩麗詞付與雪兒歌

桂飄香元名花必動

律應清商嫩涼生金風乍飄林葉玉兔騰精光浸樓臺宛似廣寒宮闕遠山橫翠煙飛斂鵲枝繞蛩聲凄切氣蕭爽一年好處桂花時節　香壓羣芳妙絕記蟾窟高枝兩曾攀折思報君親何事壯懷猶戀傳巖莘野時方隱心先定經綸施設賞花醉持杯更邀皓月

喜遷鶯上巳遊湔碧

豔陽時序向祓禊芳辰登臨仙府碧水澄虛俯篁聳翠夾徑蕙蘭香噴春晚巧鶯聲碎風捲飛紅無數凝望處見桑村麥隴竹溪煙浦　歡聚須信道遊宦東西易得成離阻北海開樽東山乘興四樂偷閒贏取棋戰新來嘗勝詩瘦只因吟苦心湛靜笑白雲多事等閑為雨

八六子九日

晚秋時碧天澄爽云何宋玉興悲對美景良辰樂事採英簪菊登臨共上翠微　堪嗟烏兔如飛秉燭歡遊須屢傳杯到手休辭念戲馬臺存雋遊安在且開懷抱聽歌金縷從教下客疎狂落帽也勝齷齪東籬李太白詩齷齪東籬下淵明不足羣醉中歸花陰月影正移

木蘭花慢和舊詞韻

念行藏在道仕宦豈為謀身自謗起營蠅東山高臥北海開樽榮枯置之度外得饒人處謾也饒人須信吾躬道義巍然良貴中存　浮名蝸角是非蚊過耳總休論且嘯傲幽居清風皓月光景常新佩琴行吟勝景訪林泉避暑賞煙雲誰識懷忠耿耿此心嘗不忘君

柳梢青遊湖

湖岸千峯嵌巖隱映綠竹青松古寺東西樓臺上下煙霧溟濛　波光萬頃溶溶人面與荷花共紅撥棹歸歟一天明月十里香風

哨遍東坡採歸去來詞作哨遍音調高古雙溪居士櫽括赤壁賦被之聲歌聊寫達觀之懷寓超然之興云

壬戌孟秋蘇子夜遊赤壁舟輕漾觀水光瀰漫接遙天月出於東山之上與客同清歡扣舷歌詠開懷飲酒情酣暢如羽化登仙乘風獨立飄然遺世高尚客吹簫音韻遠悠颺怨慕舞潛蛟動凄涼自古英雄孟德周郎舊蹤可想　噫水與月兮逝者如斯曷嘗往變化如一瞬

盈虛分與消長自不變而觀物我無盡何須感物與悲
悵夫天地之間物各有主惟同風月清賞念江山美景
豈可量吾與子樂之興襄羊聽江渚樵歌漁唱借魚
蝦友麋鹿舉匏尊相勸人生堪笑蜉蝣一夢且縱扁舟
放浪戲將坡賦度新聲寫高懷自娛閒曠

小重山

風颭池荷雨蓋翻明珠千萬顆碎仍圓遍魚浮戲皺清
漣翠光映垂柳靄瑤煙 幽興寓薰絃俗塵飛不到小
壺天身閒無事自超然拚酩酊一枕夢遊仙

滿庭芳

榴豔噴紅槐陰凝綠薰風初扇微涼新荷舒蓋翠色映
波光時見金鱗戲躍聽鶯聲巧囀垂楊誰知我身閒無
累對景自襄陽羊 南堂清晝永瑤琴橫膝芸帙披香
負氣衝牛斗操凜冰霜吟筆通神掣電乘高興鯨吸飛
觴情何感君親未報功業志難忘

卜算子 夢仙

午枕夢遊仙身到蓬萊境何事鶯聲囀綠楊剛把人驚
醒 乘興對琴樽寄傲吟光景繞舍清陰映遠岑香篆
槐堂靜

粉蝶兒

繞舍清陰還是尋春天氣徧簷苔亂紅堆砌問留春不
住春怎知人意最關情雲杪杜鵑聲碎 休怨春歸四
時有花堪醉漸紅蓮豔粧依水次芙蓉巖桂與菊英梅
蘂稱開時日日攜香偎翠

臨江仙

三洞煙霞多勝致壺中別有登臨白鷗飛處晚雲深羣
峯羅戶牖空翠入衣襟 分得雙溪樓上景四時佳趣
供吟浩歌鯨飲酒頻斟鶯花休恨別風月是知音

浪淘沙 述懷

清介百無求民瘼懷憂席珍藏器效前修自負平戎經
國略壯氣橫秋 二紀歎淹留尋壑經邱醉吟適意且
遨遊致主丹心猶未老天意知不

定風波

萬個琅玕篩日影兩堤楊柳颭漣漪啼鳥一聲林愈靜
吟興未曾移步已成詩 旋汲清湘烹建茗時尋野果
勸金卮況有良朋談妙理適意此歡莫遣俗人知

青玉案

煙村茂樾灣溪畔似遠景摹輕練細草平沙騎款段漁
翁款乃却驚鷗鷺飛起澄波面 班荊對飲垂楊岸枝
上鶯歌如解勸山映夕陽霞綺散醉吟乘興錦囊詩滿
愛月歸來晚

使牛子

晚天雨霽橫蝃電簾捲一軒月色紋簟坐苔茵乘興高
歌飲瓊液 翠瓜沁浸冰壺碧茶罷風生兩腋四座沸

歡聲喜我投壺全中的

望海潮紹興府西園席上

會稽藩鎮舟車都會槐庭燕寢凝香禹穴舊蹤蘭亭勝致千巖萬壑生光　輿頌美龔黃慶慈闈戲綵眉壽而康寓興西園月臺風樹賞羣芳

茗齋詩餘

茗齋詩餘卷一

淮南彭孫貽羿仁著

十六字令

春睡

殘夢尾何人念小名鸚鵡喚紅雨落朱櫻

寓感

孤劍說知君意未平萬古恨方寸負平生

詠美人紅指甲

釵鳳小垂幺首微搔紅尖露綠裹美人蕉

南歌子

豔思

鬭葉輸千子採花罵八哥眼語巧騰那兜郎心上事暱
眉窩

懷信弦弟客五羊

踏月還珠浦觀潮祭鱷州獨客海南頭甯知深閨裏倚
西樓

荷葉杯

春雨

花溼黃鸝無語春雨雨絲絲絲絲遶夕客頭白愁織巧
催詩

玩月

庭院梨花非雪明月月何如月痕如水浸羅幌簾上獨

窺書

懷崔大蓮非同信弦客五羊

萬里尉陀城下旅館百花中蠻姬沽酒勸君醉可憶錦閨空

南歌子

閨情

戴勝蠶兒月荼蘼燕子家朱門晝掩郎天涯空鎖曉開夜合合歡花摘得新

聽蟋蟀作

蟋蟀鳴離人夢不成夢中八萬里月三更何魂夜色難禁架亂蟲聲

望江南

垂絲海棠

游絲裊睡色滿簾櫳刻畫無鹽比西子任他石醋罵東風燕尾掠驚紅

閨思

春眠起餘夢滿天涯柳絮飛殘夫壻粉棠梨落盡女兒花無奈不思家

南鄉子

春暮

蛾綠成綿馬頭孃賽浴蠶天蠶豆花開香一面驚雷霍閃流光紅一線

如夢令

春遊

楊柳短亭官綠紅杏小樓人王春思不成吟墨瀋淚乾鸜鵒鸜鵒鸜鵒起舞柘枝眉曲

上西樓

得日南書信

海天椰實初肥荔枝稀料得鷓鴣啼處客沾衣　作書就無來雁向南飛寄語隴頭春色帶人歸

昭君怨

首春三日作

兩扇版扉深掩八尺湘簾自捲並沒客兒來水仙開花下擁鑪清坐只有閒人一箇獨自據胡牀一鑪香

中秋

記得去年時候雙眼醉扶紅袖待月正當潮鮑家橋夜靜露濃如酒潮滿銀河斗口彈盡鬱輪袍月兒高

秋日蕩舟南山下

綠漲長川西壩蕩槳豐山腳下深水蓼花灘把船彎折葦烹茶煙起驚覺鷺鷥沙觜路斷問魚蠻出前山

酒泉子

睡起

花落鳥啼睡起春愁亡賴海棠梢紅雨外燕單棲　博

山鑪裊煙成葢濕黏雙翠帶蝶翻飛花影碎墜銀泥
又
睡損櫻桃鈿盒重勻金粉黛痕深愁隱軫上心苗　糚
成不喜上蘭翹悶倚鴨鑪香燼撥琵琶犯花滾月輪高
點絳脣
折榴花有感作
折得榴花繁英簇簇紅窗雨種花人去花尚留儂住
行徧雕闌舊恨無尋處傷心句銀鉤小字題傍庭前樹
客怨和伯旂
煙斂遙天雲山下有還家路夢中歸處暝色沾殘霧
一點江春釀作濃花暮少一句天低樹遠人在蕪城賦

春光好
花燭詞
朱戶啟繡簾開美人來徐上香車傍玉階顫金釵　春
夜不晴不雨香雲非霧非埃此夕飛瓊尋伴侶會瑤臺
浣谿沙
嘲子服病
病起因春不耐春春風不會不吹人細君疼惜故嬌嗔
竹珓筶斜防雀口琵琶盲算值梟神那須絮絮惱卿
卿
閨怨
雲母屏深睡鬢鴉被池春重玉交叉羈人何苦不思家

夢裏斷雲收雨足牀頭單枕印天涯薄情夫壻奈何
他
戀情深
本意
作惡東風輕薄絮送教春去斜紅遶臉思淹淹在眉尖
女郎花謝粉廉纖側帽闌疎簾雖明箇儂亡賴不憎
嫌
霜天曉角
賣花用蔣竹山折花韻
睡起煎茶聽低聲賣花留住賣花人問紅杏下是誰家
兒家花胄賒却憐花瘦些花瘦關卿何事且插朵下

搔斜
寒夜怨
霜濃月晏一枕愁如線暗想桃花人面炙手金猊香畔
鵝笙哨徧簧澀音難辨聽到玉鑪三調又被哨寒吹
斷
菩薩蠻
閨情
憨時瑣事兜郎做悶時百事猜郎錯何處不如他猝郎
手內花　撩人翻哎也小啐勾人打揑笑故裝嗔叨叨
絮絮人
春愁效東坡迴文

絮飛花盡春餘雨雨餘春盡花飛絮人惜可憐春春憐
可惜人　何成愁字字字愁成何愁更上高樓樓高
上更愁

小兒暫詣長女家寄女趣兒歸
燈前竹馬無消息哥鷄子燕離窠出暫覓小羊車言過
月姊家　春寒風側側莫出門前立冒雨寄當歸索孃

金縷衣

醜奴兒令

豔情
蕭孃病起無情緒慵損脣朱淡掃文殊雲薄春山黛有
餘　夢中歸信凝思久月上方諸上滴蟾蜍懶寫蕭郎

別後書范陽鳳池院尼穠麗明俊作眉輕纖時人謂淡文殊

卜算子

閨望
相約海棠開花謝何曾至郎處江流到妾邊那有相思
淚　慵起獨看山山遠江無際盡是前宵夢裏程江靜
翻如睡

巫山一段雲

豔情
鵨臆嬰兒燕紅屏姊妹花慵痕和夢閃窗紗梅香喚點
茶　堆枕雲三縧銜梳月一芽多情薄命薄情他風前
嚏準麼

謁金門

怨情
孤枕月上透一分羅帳直送花陰高幾丈捲簾鉤蕩颺
昨日鵲兒相誑添得今宵惆悵恰恰難勝金鎖項可
憐花一樣

好事近

落花
作意亂紅飛吹盡遊絲方落燕子蠻將春色轉花梢牆
角　牆腰柳暗綠昏黃積絮織簾箔半雨半晴半日哭
東風姑惡

誤佳期

本意
鎖瀲從前別恨說道那回定準起來三次刓銀瑟欲呪
回心忍　呪也不相干薄命前生領唧唧蟲聲悉悉窗
沒箇人兒影

洛陽春

用稼軒閨思韻
花底一春閒却雨梳風掠小姑情惡引人愁也誰慿真
姑惡　鴉鬢細彄金箔錦鞖綾托分鸞一隻寄情人認
嚙底郎輕薄

清平樂

春思

游絲自捲人困春光軟好夢剛成纔一半又被鶯聲捎斷　今春今日今年多愁多病多眠自是春歸容易豈宜苦怨啼鵑

自詠

竹鑪藥臼花月爲三友萬事不如杯在手努力花前飲酒　布衣蔬食鋤耕姓名不達公卿笑殺吾家錢老當今何用長生

宋浦春望

川原成繡熨帖春波皺穿過小橋紅雨右惹得松花盈袖　碧桃影底闌干粉牆半出秋千到處韶光相惱闕心忒殺今年

春遊

春山如笑笑殺鶯花鬧花亦無情人自惱多謝多情謝豹　板橋左側魚叉絲楊盡處人家藉地捕鮮船過順流帶出桃花

更漏子

齋中自遣

博山雲沈水月不及梅花清絕茶臼雪竹鑪風鈎簾香影中　無些事惟搜句思入鷓鴣啼處填曲尾補詩餘烏絲研粉書

憶少年

上巳

愁中春色綿綿飛絮青青芳草道不如歸去聽枝頭啼鳥　鶯立秋千門靜悄海棠上月高風小未清明寒食已梨花開早

阮郎歸

花影

無端花影上紗窗冥冥春思長一庭蜂蝶不聞香隔簾人淡粧　隨月色下西廂枝枝橫繡牀安排畫稿向迴廊片雲糊短牆

秋日放舟入南山作

絲楊樹下暫維梢白茅繩繫牢隔籬犬吠竹門敲喚人扛板橋　剛解纜又停橈樹頭垂酒標瓦盆連臼入椰

瓢樽橫無力搖

畫堂春

中秋樓望

西樓剛報月兒圓璅窗花影嬋娟清光都到倚闌前素面嫣然　露渲飛鴉初濕雲橫睡鴨無煙重明虛設小遊仙儂只孤眠飛鴉鬢也睡鴨爐也重明遊仙皆枕名

花燭詞

鳳翹壓鬢雀釵旁玉人小立凝粧洗車花雨過高唐流水車香　紅燭寸心雙照白頭百歲難忘燈花不暗夜偏長占盡風光

山花子

人日嘲閨人

今日新春始覺新佳人未信是佳辰誰把綵人金勝帖箇人人　勝比箇人人可勝箇人人日恰宜春鏡裏雙人俱小小山顰

眠兒媚　獨遊竟有堂牡丹花下

和晴和雨釀花天春醉玉欄前畫樓香暖繡簾風軟蝶坐蜂眠　斷腸春色阿誰邊何處不曾憐多情紅雨多愁紅淚多付紅箋

錦堂春　花燭詞

十二金釵引導三千珠履相邀仙郎何處尋仙侶此地郎藍橋　月扇微開半面霞裾不動纖腰吹簫飛上秦臺去跨鳳海山遙

海棠春　詠海棠

晴絲裊盡風柔淑簾影外軟扶紅玉嬌眼泥春寒睡殺何曾足　纖穠花雨催膏沐嬌不起豔情無骨燈下更消魂花魘頻燒燭（俗名鶯燕曰魘）

花燭詞

鸞軿飛下瑤池路猶一片綵雲遮住若願見清光只問嫦宮兔　月中丹桂三千樹須直上雲梯一步既到廣寒宮定得嫦娥顧

桃源憶故人　雪後憶齋中蘭卉

江天雨雪和愁凍凍斷還山幽夢遙憶蕭齋清供窗影梅花弄　鬢灰斗室椒泥重不放簾鉤風動紙帳嫩寒誰與共曾否蘭芽壅

別思

簷前風馬丁冬鐵好夢幾曾當貼天涯一片無情月那管人離別　別時盼斷歸時節枕上相思鋪疊魚臺城下魚書絕萬點江天雪

柳梢青　送春

春歸何處子規苦勸不如歸去惜別東風有情流水薄情飛絮　柳條折盡官樹教春住如何得住減損朱顏添除白髮幾番紅雨

憶餘杭　追憶朱廣文

記得餘杭山下路深入畫眉啼處去破山寺下亂紅堆到處杜鵑開　而今覓得餘杭酒好客主人今在否獨隨虎跡出西谿天目採茶歸

尋芳草　和稼軒嘲人憶內

這裡一雙淚却愁濕那廂兒被被窩中忘却今夜裏上
牀時不會睡　睡也沒心情攪惱殺雪貍攛戲怎月兒
不會人兒意單照見闌干字

醉花陰　秋愁和伯旃

月到梧陰秋一線細杵誰家練家在月明邊只隔銀河
半幅鵝谿絹　輕羅小扇流螢院獨夜情難遣絡緯掛
簷端萬緒心頭夜夜愁千轉

南歌子　吳山旅思

雨雪雲牀冷湖山木葉疎秋殘又過小春初回首高堂

歲晚斷音書　襪短須添線衣單不掩裾空閨小婦惜
離居抱慈南枝消息近何如

怨王孫　怨思

夜半月上海棠乍放偷喚小名鸚哥亡狀何處偏惹閒
愁最高樓　三更羅幙開燈火淒涼我小喜燈花可打
疊夢來停妥鐵馬丁冬罵東風

浪淘沙　閨况

烏語近紗窗商畧流光合歡八倦倚橫牀幾度低回重
昵枕將息檀郎　枕上印殘粧半臂收藏暗將春色貯
羅囊侍女已知佯不應自滅銀缸

初秋樓望

斜月上西樓簾捲銀鉤閒中少婦不知愁指點銀河鷄
尾外倚是牽牛　殘暑晚涼收大火西流露華秋冷濕
衣篝花底夜香燒也未低問鵝頭

杏花天　春盡

絲絲濃雨韶華嫩儘生受鶯窺燕罥恣情蝶害花勞頓
紅積地衣一寸　愁眠覺宮槐蟻聚香燼墜金鑪鴨糞
春衫寬褪知因甚人別月兒小盡

壽三元　閣羽士吳清孝

朱顏鶴鬢神仙客未肯洼長生丹箭吳山高枕飛來石
閒看人間鼎革　喜滄海烽煙消謐曾遊戲紅塵紫陌
小春只記梅消息忘却山中歷日

折桂令　怨情

多愁兒又經秋匯皺衣篝銷瘦金彄翠袖西樓凝眸別
酒滴透江流　颼颼渡頭衰柳難留江口孤舟邂逅綢
兜倦繡袒摟生受綢繆此後休休

秋懷

舊遊烏桕西洲紅藕風柔纖手箜篌惟酒忘憂今秋重
九依舊南樓　報仇純鉤匕首封侯晧首丹邱蟻鬭蠃

劉腐朽伊周曾否回頭芻狗浮漚

詞一名廣寒秋一名天香第一枝二字短柱促韻難于見工偶讀輟畊錄元人詞亦效爲之不能有加昔人也

戀繡衾

和放翁漫興

蠟屐樱蓑斗笠篷任村兒笑殺此翁菜甲豆丁瓠子素侯鯖何減萬鍾　一壺濁酒三升綠縱行歌山灣水重何用學於陵子濫姓名高士傳中

雨中花

別意次伯旃韻

香獸熏殘衣懶脫更作意羅裳帶絕螢火窗前蛩聲枕

上那管人生活　剔去燈花偏再結閒池館涼天蘋末馬首連錢魚腹方勝容易教人別

河傳

春夜

庭下花謝所歡不至可憐今夜杏花飛盡柳花飛不歸暗銷金縷衣　春江夜夜江潮長木蘭槳盼殺闌干上赤欄橋獨吹簫夜遥一聲紅月高

寒食

寒食今夕杏花天牆角秋千水邊幾家綵裙飛畫船人前低眉聞杜鵑　微雨煙波平綠軟雙燕剪魚網游絲捲踏花歸金獸屏更衣亂香蝴蝶飛

花間諸詞有一調幾韻者有隔句遥押者節短而音促有繁聲而少餘韻夫塡詞之家貴叶宮羽登韻宜纖之以永言曼聲則收之以急拍河傳酒泉諸調豈可施之檀板紅牙鬭哉聊一擬之亦邯鄲之步不足學也

虞美人

詠虞美人花

美人愁絕閒階立無語朱顏濕懊儂何事最情多疼殺虞兮可奈奈愁何　子規三月傷心過酸楚紅于醋遺釵墜鈿不關情一掐脂銷粉瘦可憐生

鵲橋仙

七夕

塡河有鵲洗車無雨河外綵雲如縷人間何夕不歡娛

笑天上相逢能幾　牛衣婦泣鴛機夫戍秋冷關山千里空牀薄倖苦相思羡一度一年牛女

梅花引

和閨思

人如月花如雪風定秋千猶未歇綠楊天聞杜鵑傷心無那忽忽是今年　春眠泥睡何曾著慵起屏山閒掠削鏡雲收罷梳頭侍兒私聽低語絮閒愁

一斛珠

燕京秋夕

衰荷病葉助人愁緒閒凄切桑乾夜色蘆溝月流火頻飛點點螢明滅　思歸小夢輕于蝶剪西風暗燈花炧

關河夜冷人蹤絕萬疊青山遮斷東南缺

惜分釵

春睡

燈花乳飛銀雨朱樓月向屏山吐鬢雲生枕紋橫小字低聲小要留情卿卿　侍兒睡燈兒背溫柔儘彀羅衾內撚殘更沒殘星好睡難醒好殺曾經惺惺

踏莎行

憶遠

月盡天涯花飛夢外春愁百結如衣帶只因春在惹多愁如何春去愁仍在　紅雨泥乾綠陰影淬東風不管情亡賴寄將離恨下江南逆風倘與歸帆會

紅窗迥

曉粧

屈指來春一半小窗內女伴懶聽縈山聲喚風略定停銀蒜梟花枝壓亂易惱心情生小嬌慣催掠鬢鬟不喜梅香偷眼使性重洗粧勻面又擲下金釧

和周美成韻

恁的愁濃似醉月兒到牆外洞簫按低一指尖滴溜心兒碎　擡春愁不起靠甚花枝銷得慘楚牀上獨眠晌午沈沈過未醒不成悶淹牽地到不如眞醉

小重山

春去

窗外餘寒剪綠紗東風吹不盡一枝花牆頭飛過別人家晴絲梟蛛網罥簷牙　春盡鬧池蛙林端喧鼓吹正平撾晚來新月直天街風林下三兩未棲鴉

三元閣偶遇

窄袖弓彎翡翠衣湘裙三尺水不沾泥倭鬢髻安插文犀誰家子兒住若耶谿　幽意阿誰知篆香私自禱巧音低萬千心事在雙眉登車去小住尚依依

和秋思

御溝流水過銅駝未央鴟尾角掛銀河藕衫小扇掩輕羅故園花影外月無多　凊露濕蠨蛸隔窗螢火入照停梭良宵未審夢如何攜燈看且喜睡鸚哥

茗齋詩餘卷一　　三　別下齋校本

夜遊宮

不寐

月上蘆花絮被正好句吟成思起挑得燈明惜無紙下空階拾飛梧塡句尾　疎漏如秋雨點滴上愁人心裏欲寫閒愁添研水玉壺冰峭寒生明月底

漁父引

阻雪趙村

白浪沒魚山風雪扁舟懶下灘青蓑不及煙波綠皓首漁翁把釣難守凍鷺鷥還　天涯千里客况轉闌珊環腳羊裘蘆花絮被且蒙頭高臥歸夢渡河關

東坡引

曉起

綺窗紅日小餘睡殘燈繳水沈宿火煙猶裊賣花聲恁早賣花聲恁早　小鬟呼未應熏爐閒抱暖玉手調歌鳥鸚哥念句休忘了春眠不覺曉春眠不覺曉

臨江仙

感舊

寒食清明都過了只留春色三分二分愁病一分春盡情花外雨不管奈何人　回首少年行樂地酒旗歌扇消停白頭倡女舊時箏殷勤絃上月曾照可憐聲

唐多令

夢

暝色帶殘霞簾鉤下綠蝦隔牆頭已定昏鴉趁早今宵尋好夢逐明月到天涯　譙鼓已頻撾天河獸角斜閃搖搖風動燈花夢到天涯人不見他夢裏自還家

西樓感舊

道是不銷愁憑闌閣淚流倚東風重到西樓三十年前心上事只今夕聚眉頭　紅燭話難休三更值女牛暖羅衾再爇香篝總是不眠思舊夢怕重夢少年遊

少年心

閨怨次山谷韻

不是沒點兒閼算愁來也無分寸是當初奴忒恁惹伊短倖悔一霎眞箇兒嗔　莫再薄情根問若再恁折伊福分欲便丟伊呵除非眞恨無頭腦煞著也虧人

蝶戀花

別思

抵死春風吹客去倚徧高樓春去關何事今夜纔知成獨自朦朧喚起分明是　怪殺殘燈明不住剔去殘燈夢又無尋處比較銷魂無第二孤眠情況今番試

河傳

戲兩和少游山谷

瞥時半面意中心上夢裏如經慣月閉雲低好殺人兒勾幹落花風不方便　夢回金鎖橫門限臂冷餘香花影疑鬟亂愁損也天巧又流鶯低勸我自愁誰耐管

賣花聲

本意次元人韻

無價春光買斷千紅萬紫認天街蜂尋隊惹鸚哥夢破叫小鬟提水催遠山鏡中雲起　佳人聽得問道花奴來未恰糕成寶髻做美兜鞋忙出閨隔簾揀取露一分瘦尖紅底

其二

順趁東風喚徧魏姚黃紫數不盡嬌英姿惹擔肩春色深巷門如水忽倉琅獸環雙起　流鶯同囀粉耳玉人開未倚梅香添孃貌美低聲叫住摘並頭奪取恁嬌癡撒殘花底

青玉案

秋雨

一庭殘暑將秋墮風聒碎誰能那無端添得愁無數黃昏幾陣空階點滴都向心頭過　幽懷欲寫難題破昏黑殘燈剔花坐雨重濕螢如隔霧虛堂似水爐香似夢銷受淒涼箇

天仙子

閨情

小院無人啼促織絡緯邅遲歸機急歡情薄似遶河多日未出先無迹鴛衾臂冷剛纔則　昨夜秋聲傳杵入荷裳零落紅衣泣因憐得藕惹人絲中未的虛相憶空

房易老風前立

連理枝

七夕立秋嘲信弦

一葉梧桐早報道新秋了曉糚時候曝衣庭院日沈花杪驗相思紅筋淚痕多看羅山多少　鵲噪歸期杳河關牛衣早龍梭能月鴛針繡露蛛絲織草笑年年何處巧倚來只郎歸湊巧

歸田樂

次山谷韻

步徧閒庭砌促織兒無端絮聒聒得心兒碎不是我恨你你須念我甚的情懷放教是　羞那只自己算左從前千千計雖伊奚落甘爲伊憔悴放下只睡裏那得放教人睡悔了還疼兩般淚

其二

不爲伊銷瘦兩月餘淹煎則甚空道和他有只我有你你可有我剗剗殺人也銷受　虧人已儘勾削減裙腰多般皺那回相見肯放伊將就早哩做夢裏夢又不知那裏只恐夢兒也非舊

傳言玉女

詠雙蝶和劉文成

病起春心自笑不如雙蝶草眠花宿賣風情俊捷羅幙繡戶百徧尋香未愜掃蛾豔質羞他低睫　傅粉何郎

蘇蘇空自汗浹舞衣零亂驚流風落葉生怕玉人相妬輕羅吹簸向花深處恣情交疊

憶帝京

次山谷韻

一點相思如梅豆酸滴滴心頭有霧地得相逢索不恁難拋手多謝落花風滾軟紮相鬬就　花鳴噥蜂身酥透恨殘更曉河明滅如洗露華濃於酒這腰肢一霎柳條兒瘦恐那回別後又不比今僝僽

弇州曰美成能爲景語不能爲情語是以價微劣于柳能造爲情語刻畫次骨藏穠纖於俚質無如山谷秀鐵而所謂當墮泥犁者也戲摘數首次其韻意欲直奪其席非特不嫌之而已然詩餘之義銷亡殆盡豈非闢馬之嚆矢乎

祝英臺近

七月初八日詠牛女

叠鍼廂藏錦幅愁望隔河路乾鵲催歸且自慢些箇索性決斷銀河不留橋塊誰要憑烏鵲重做　漫分訴回首昨夜佳期却似已虛過收拾歡娛冷抱支機坐不如嫠女三星匏瓜東畔翻近他牽牛幾度

御街行

和伯舫寓內庭韻

煎茶滴乳濃于酒吹簞簾嚴更後天街人靜月明中露滑絳河珠斗夾城鳳吹穿花隱隱風定還無有　御溝金水無聲久玉鱗躍閒魚狗周廬上直羽林郎風骨幾人將肘悔教夫壻閨中夢裏曾到漁陽否

一叢花

初秋

藕花天氣試輕綃紈扇倚風遥三銖衣重嫌無力飛絲摺印損裙腰犀月梳收鬟雲鬢斂安穩坐良宵　冰肌無暑暗香飄小喜頰紅潮黃昏螢照羅幃裏橫陳外河鵲成橋道是忘情幾人真箇誰耐不魂銷

金人捧露盤

詠茉莉

似梨花爭香色也輸他浸炎月涼透窗紗蠻煙瘴雨未曾經過美人家淡糚清雅粉肌膚薮發含葩　犀梳畔鬢雲側翠翹下玉簪斜映雪質積素無瑕冰心自冷不容香汗涴鉛華閩南萬里隨清夢吹落天涯

驀山谿

和山谷贈伎韻

人前可意眼語郎休醉斂笑又無言背迷豔春來穠李如鞾似喜總不慣春風般勤語倦遊人略與花爭氣歌容酒性點勘閒情味何處肯銷魂出紅塵一人頭地而今相約莫要更相思若相思不相見兩點春山是

爪茉莉

春夜戲用屯田秋夜韻

不是春宵那知枕上味羅幃小制情無地雲沈雨重不曉那雞聲璵碎侍兒把絳蠟高燒只增幾多燭淚　昏黃淡月有情天也如綠人靜悄博山煙細知更玉女枉丁冬壺傳遞笑情人不到高唐夢底肯放工夫睡裏

滿路花

和朱希真風情韻

花低月影那雨歇雲身破濃歡貪未足燒心火羞簷豔目一半憨裝裏吹黑燈兒安慾意相兜幾曾容霎時臥一從別後便性都成左重門金屆戌休教鎖尋歡夢裏好放情人過只孤單的我不奈他何害殺人那遭呵

簇水

問侍兒月上花梢幾許戲和程邨韻

候月司花知更須擇康成婢知儂心事休耽誤燈前戲心坎背燈私語所約牢牢記諒月子可知人意　漏下矣爲儂候棠梨木杪紅影過闌干未燈花可據會月色昏黄意花爲玉人弄影已到紗窗裏侍兒解事暫時迴避

蕙蘭芳引

爲陳大催粧

春色梅梢胭脂厚曉風香縟正紫馬尋春遙望入畫樓一簇雲英天上知此夕支機停軸有傳言靑鳥報道黛痕新沐　扇月斜窺鏡波低影翠扶紅足料今夜留心略飲合驩暖玉錦帶知情朱釭解意作燈花兩朵暗遮

雙宿

滿園花

次少游怨情韻

此事人知久掐斷伊衫袖問是誰先肯從伊就倒不如和伊說先是奴心有幾箇更兒守寡意的撇悶反粧幌相僝僽　我如今再和伊也醜並不肯窩皺索不共伊交口任嗑盡酸牙不信無梁斗伊今後他處厮哄謊殺我也多勾

江城梅花引

閨情用康伯可韻

黄昏無伴立閒階雪飛花惜梅花折得一枝何處寄天涯約過小春春又過百千徧踏花行涴繡鞵　繡鞵退些懊擎拏月一芽雲半髻可又瘦也瘦不上鴛釵交叉減褪羅衣多半不爭差判爲東風憔悴殺憔悴殺嫁春愁那一家

八六子

燕邸淸明次伯旃韻

禁煙時江春已徧江南蝶鬧鶯忙柰旅館春光不到柳絲短似鬢絲鬖髿許長　行雲偶到高唐夢裏那知是客送人空復沽裳拚取醉十三酒樓花下睡鄉寒食鳳城細雨幾番和愁和悶半逐東風吹落殘陽九迴腸春江可同淼茫

魚遊春水

和宋人韻

棠梨花飛盡柳絮成蛾吹陣陣紅芳銷瘦新粉著篁猶嫩習蝶簷牙絲半井沒轆轤苔文茵三寸花蕊低迷蜂身酥困　怪道亦紅衫褪早是暗中催容鬢雙雙乳燕飛回鉤簾風定未酸梅子懷仁苦小破幺荷胎珠暈春歸幾時悶來因甚

詠朱魚

朱魚覔游躍風動淪漪上簾幙盆山礐沼如在江湖寥廓千仞靑旻藻鑑空幾點流水桃花落人影忽驚萍翻撥剌　水面唅喁吐納一片斷霞生鱗鬣何須水畜鵝

夷泛宅苕霅如子終非池中物并我安知魚之樂尺水
十洲寸鱗三峽

意難忘

次伯旃爲冰修病起惱香史作韻

病起當歌把一春鶯燕花事蹉跎背人憔悴殺可是爲
儂多非中酒覺微酡黛子遠山磨拚爲伊文園生瘦銷
渴難瘥　爲卿小補雙蛾已鬢絲斷送一轉秋波多情
思自懺無奈箇儂何行不得也哥哥儘銷麼瘦麼索問
他神君交接素女方科

滿江紅

和鄂忠武韻

一掃燕塵拚直抵黃龍小歇看百戰中原震動背嵬猛
烈拐子山摧胡馬陣孟婆風轉盧龍月歎遺民飛送上
皇書誰闕切　繡旗字絨花雪鐵涅字雕青滅待燕雲
唾手金甌無缺雀弋黏竿首肉杯剜乞買顱開血奉
南還二聖謁園陵修宮闕

其二

衝地金風掃禁院繁華都歇傷往事朱仙北望浩歌激
烈老檜能搖南渡楫敗荷空戀西湖月聽天津橋上子
規聲聲淒切　冷山皓頭如雪渡河澤淚痕滅歎英雄
空老寶刀欲缺望裏黃龍虛痛飲車前太乙休啼血看
秦城王氣暗錢唐遮陵闕

次文山和王昭儀韻

昭儀姮娥相顧肯從容隨圓缺句須於相顧處
略讀斷原是抉絶語不是商量語文山惜之似
誤然文山所和二結句又高出昭儀上讀之悲
感敬步二闋

曾侍昭陽迴眸處六宮無色驚鼙鼓漁陽塵起瓊花離
闕行在猿啼鈴斷續深宮燕去風翻側只錢唐早晚兩
潮來無休歇　天子氣宮雲滅天寶事宮娥說恨當時
不飲月氐王血甯墜綠珠樓下井休看青冢原頭月願
思歸望帝早南還刀環缺

其二

有客黃冠請歸看江南山色謝家燕烏衣春老傍人宮
闕金縷堆鴉雲髻亂玉容上馬花翹側恨半開蟋蟀費
平章秋聲歇　紫氣散朱厓滅皋亭路和誰說縱鮫人
無淚桃花成血心逐銜蘆沙塞雁夢回胡蝶宮牆月歎
妾身難補女媧天東南缺

憶舊次子黃顯武韻

又早東風棠梨片亂紅堆雪河橋路柔絲宛轉爲人周
折畫角樓高河鼓直江關夜冷人聲絶歎離人不是未
曾經難爲別　別時語黃鸝歇別時候銀蟾缺縱千條
難繫木蘭雙楫尺素經年魚閒闊孤燈一點螢明滅耐
人愁無奈杜鵑何春三月

雪梅香

吳山風雪懷信弦弟客五羊

憶分手淸明三月禁煙中悔別時容易一帆飽送西風千里相思榕葉綠五羊殘照荔支紅楓亭路黎母山高不到征鴻　潮陽鱷魚外烽火連天何處行蹤縹緲煙波吟成好句誰同嶺上梅花已開徧閨中錦字恨難通吳山上連牀夜雨夢隔江楓

尾犯

詠絡緯

孤枕覓秋聲月掛牀頭離思蕭索斷續蟲吟任金飆吹却停夜織蛛絲當戶坐支機天河橫角無端無緒露緯風經闌殺閒綃幕　歎深閨久別鬆盡鎖項金絡悔不當初莫訂西窗約百忙裏泣盡迴文報相思終宵軋軋騷人一笑任他兒女雕籠索

玉漏遲

詠促織

向空階絮語不知何處愁人偏切金井銀牀一夜碎啼明月怪殺天涯蕩子禁得過涼天時節低鳴咽初燈四起曉鐘纔歇　可憐枕上關山祇片晌淒涼驚回胡蝶細雨孤衾此情更和誰說追憶金籠閒鬬伴輸與一雙條脫空悵別離闌桂華如雪

六幺令

和小晏春情

春心無鎖飛夢出樓閣東飛西飛難定輕薄絮相學悄被流鶯喚住半晌無人覺落花三匝滿地殘英細數花鬢幾纖招　小樣鸞箋寫恨鄭重邀郎答幾度臨發重開紙尾還添押憶別櫻桃花下春去無多雲流乾銀蠟相思緘寄認取啼綃舊衫角

水調歌頭

寄懷信弦弟客婁東

黃浦一片月照我最高樓去年明月相送記得是中秋二十四番花信三十六灣春色何處踏花遊勸汝一盃酒莫向莫愁愁　杏花天寒食後曲闌頭誰家紅袖吹笛素手押簾鉤寄語吳江雙鯉可憶閨中年少典盡鷫鸘裘歸去且歸去杜宇笑人留

春日飲朱氏大觀樓

今古此春色幾箇客登樓把杯還問春色畢竟爲誰留歲歲燕來燕去月月花開花謝白盡少年頭花下一壺酒且莫替春愁　憑南望山北向海東流樽前眼底吳楚千里落雙眸潮打越王臺下雲散始皇祠上豪傑已山邱我醉與君別相送木蘭舟

齋閣看玉蘭花

昨夜瑤臺雪千里舞東風喚取纖綃神女翦綵月明中排列霓裳全隊簇擁素娥十二盡下廣寒宮穠李使無

色飛絮撲簾櫳　畫樓前雕闌外粉牆東清曙一片不許胡蝶攪芳容記得玉峰舊侶相約瓊花開日羽袖訪山翁笑我已華髮尚復映花叢

吳山懷古

吳越幾爭鬭不改此江山錢塘昔日西渡風雪過江寒回首宋家宮闕試問萬松何處荒草有無間落日牛羊道虎跡自斑斑　興亡事蘆葉岸白鷗閒英雄多少衣錦大樹已摧殘三折雲峰盡處七里灘頭釣客自在一漁竿笑煞風波子日日弄潮還

鳳凰臺上憶吹簫

和漱玉詞

易惱鶻啼無憑蝶夢一時多上眉頭謾歸來書信啞謎藏鉤半紙相思幾牒循環簾檢斷無休勾銷了今春病害又也今秋　驚秋多情輕薄此處不留人怕有人留仗闌中明月照到江樓還恐山高月小照不見兩處凝眸凭闌外千山萬山觸發離愁

燭影搖紅

春閨次子黃韻二首

風歎游絲繡衾無力支春瘦多愁不爲落花多感殘紅偏且閉海棠深院把十二屏山半掩難銷翠黛易減鉛華桃花人面　悶攏蘿鉤一鉤新月弦初滿春深倘道悵餘寒雙頰垂紅斷淮宿紅襟小燕怕空梁月斜夢遠鏡潮鏡汐三眠三起香篝屢換

其二

香篆文迴博山雲瘦金猊燼晨糚不喜上蘭翹淡掃寒鴉鬟愛好修矑頻整筒中人可憎難盡倚闌心事倦繡創梢隔窗人影　玉懶脂慵春深不敢多臨鏡因春銷瘦惜花殘檢歷占花信坐到燈昏月隱不眠人熏籠猶凭戍樓橫角芳草天涯荼蘼時令

汶上感懷

南旺湖南太山一帶青無了須臾盡入碧霞中惟有雲縹緲南北遊人多少斷送他青山易老飽魚車返龍祖仙遊馬肝人妖　管葛山人家居原近蓬萊島誰教匹馬走天涯行盡汶陽道放眼乾坤都小只煙波一雙白鳥江天微雪野店殘雞關河將曉

天香

詠桂花

羅袂餘涼綺疏饞暖金風謖謖簷背白露橫空月華當戶忽憶美人千里山河影外橫一樹虬龍相倚問取蟾宮銷息廣寒夜深如水　龍涎暗飛金屑一沾人伐毛洗髓定有素娥下降芳魁竟體高臥小山老矣惜五嶺迢遙拔空超遠道無因共尋黃綺

茗齋詩餘卷一

茗齋詩餘卷二

淮南彭孫貽羿仁著

漢宮春

吳山雪霽用康伯可韻

何處湖天只茫茫雲海冷迷瀛鵲琳宮環珮風馬琮琤天樂春回萬木一枝枝瓊條瑰蕊此處斷塵凡不是飛仙也翔寥廓　湖山笑人輕薄恨瑤臺伴侶負他舊約藥珠托宿倚徧纖綃樓閣江妃贈我玉笑蕊曉寒零落因風寄相思尺素雙鯉銀鉤械却

和伯旃客感

秋氣悲哉漸西風落雁朔管吹蘆多少龍泉燕市筑馬魚燒南柯蟻鬭夢同時半枕胡盧淒涼幾暮雲宮樹斜陽冉冉寒蕪　顦悴天涯作客伴殘燈孤店餘雪長途腸斷天寒翠袖幽夢燕鑪故園何處江天外煙月吳鄉聽不到菱歌水調清商子夜棲烏

倦尋芳

本意用王大祝韻

花身影正睡眼紅銷徐起中庭雲亂屏山猶戀雙鴛衾繡閒殺東園秋千影垂楊風逆驚飛透指春殘怕尋芳徑冷杜鵑相候　幾多月來銷粉倦綵指生疎冷落箏手懶畫眉兒不喜畫眉兒鬭鬭則雕籠啼一轉遠山蹙過攢痕舊甚情悰把花枝轉添人瘦

詠燕次子黃韻

豈巢香乳藻井泥融梨花深院到處雙飛紅雨不教吹散掠鏡顛窺釵鈿小穿簾低入樓臺徧是誰家烏衣人物依稀曾見　聽玉樹庭花歌斷水榭磯寒平蕪煙暖金粉六朝東去伯勞非遠細雨斜飛金翦下輕風巧避晴絲捲乍歸來午眠時海棠春倦

醉蓬萊

和屯田老人星見應制韻

宋仁宗禁中秋宴太史奏老人星見命詞臣為樂章屯田應制詞漸亭皐葉下帝覽詞首漸字天顏不怡至宸遊鳳輦何處又暗合御製真宗輓詞御容慘然至太液波翻帝曰何不云波澄乎擲之地不復擢用按屯田詞於老人星見竝未一言形容明主具眼見斥不特觸諱已也為改定一章仍次其韻

正銀河夜永碧落秋高天街澄霽南極光輝拂參旗雲氣萬歲山開長生殿啟老人星照御喜動天顏歡騰黃屋玉繩映水　四海無塵一人有慶樂奏仙韶花陰徐遞試候江湖有與人瞻瑞鶴皆奇姿龍顏頫下美童顏韶脆聆璣不動山河影靜桂輪香細

秋閨次子黃韻

見明河清淺烏鵲驚枝嫩涼庭樹露濕雙星冷紅銷虬

炙梧葉頻飛半輪斜轉掛雙鴟銀瓦欲擘瑤笙生疏纖指沈吟花下　暗拭檀痕閒思往事共剔秋燈一宵情話恨殺荒雞催紫騮早跨三十六鱗十三行字雙鯉書空寫小院流螢照人獨自空牀遙夜

癸丑七夕題醉仙圖爲邱母壽

正仙蓂七展靈鵲雙飛婺星降夕清露新桐洗天河一碧金鳳花明玉船藕脆佐壽觴浮白香粉筵開舞綵衣前穿鍼樓側　何處丹青貌出羣仙鹿脯麐巴沈酣倒劇爲問茅容可多儲脯炙此日塡門幾何車馬軋軋牛軶鸜武樽中玉山頹處誰如此客

聲聲慢

和易庵秋閨

自眠自起自歎自嗟自憐自笑自戚已自難捱何况暗蛩聲息一絲兩絲氣力怎彀能髻鬟梳急不道已是秋深看到菊花纔識　單枕被池重積鎮日睡長把翠翹都摘鏡裏容顏能得幾時鬢黑臨風暗彈素袖又零星三滴二滴箇情緒問薄倖心上過得

七夕病中

一痕秋碧半彎湘文印臂花影纖穠燒藥紅兒夜分頭觸屏風曲闌干外私語獨眠人只有愁儂天如洗看匏媧左側烏鵲橋東　懊惱人間天上只多情難懺藕孔玲瓏幾度暗銷衣骨費盡鍼工願纔乞巧蛛絲喚玉清

共擘輕容醉擁著睡鮫綃槐郡夢中

暗香

和白石梅花

淒淒夜色且醉扶紅袖倚樓橫笛喚起玉龍斜月鱗鱗曉星摘回首故人天際欲書寄瑤華無筆誰共我枕石山中霜冷露盈席　南國音信寂縱千里相思方寸堆積悲吟當泣不是思君定誰憶猶記一枝送影香夢入羅浮空碧柰可翠禽叫轉不歸也得

帝臺春

春恨用南唐元宗韻

花影脈脈春愁黯無力成陣亂紅不管人愁無風飛急冷落秋千上已後較愁似去年今日問多情燕子剛來天涯消息　無消息歸未得守月直到燈黑儘夜夜朝朝淚痕多準不過一江潮汐人去今春已非舊春去那人可如昔便儂做東風肯花枝憐惜

長亭怨慢

別怨和白石韻

是何處流鶯低語不道高樓有人閒倚飛絮漫天馬蹄踩碎暗塵裏青山江尾堆積到愁多處山自不銷愁何苦兩峰窩雲斂碧槳　春江非有淚那只管流難住縱饒是淚也和離楚天風雨是不合獨自憑闌見無限江山如此取次若重來無杜鵑時方許

送別次子黃韻

行折柳灞橋西柱芳草萋萋雕鞍纔據燕子剛來怱怱共作河梁語馬蹄雖住先負離情東去無計爲君留不是不留人春盡已暮　聽檀槽銀背疊到渭城三句野館濃花空極望隴雲秦樹知今夕旅夢誰邊指一帶遠山多處此地卽天涯況又天涯前路

八聲甘州

夏夜聞蛙用青田韻

青田詠蛙小有思致未極才情結語灑灰似燒琴煮鶴因用其調賦以見意頗謂勝之

聽池塘青草鬧終宵亦何減塤篪笑巴童井底禿廝紫色駿帝園池只有憑車烏喙啄矢沼吳時偏愛他強聒餘怒鳴悲　合向幽人林下代筦絃絲竹軋札呀咿更詼諧調笑白出紫之詩道先生家無伎樂送歌兒一部盡青衣問誰到蝦蟇陵下讀曲從師

秋怨和柳五

憶當年匹馬向潯陽白雲渡河秋正天橫霜雁山明驛火風入江樓最是江聲送客日夜豈曾休不管歸期未先自東流　回首鄉關千里漸渚蘋汀鷺殘照將收任雲山留我難爲鷓鴣留想倚闌舊時人在幾夢中隨我上孤舟又誰道夢中人返反爲伊愁

孤鸞

本意

屏山舞隻聞寡鵠情悰離鴻消息日斷青霄何事不如比翼東風容易吹轉不肯送天涯歸客如此暗窗疏雨可梨花禁得　縱梨花禁得也誰惜祇對影纔雙除影只一恨比空江水能深幾多尺誰道春光解恨算只有斷腸春色分付流鶯漫囀夢回時剛則

瑣窗寒

旅中對雪次子黃韻

羈棲櫪馬凍咽荒雞淒淒朔氣千山路斷似臥窮荒沙際念空山白石孤煙悵霜枕紅情雙鬟早驚寒鴉陣戍旗殘角征人將起　不是淹歸計信一笠煙蓑羊裘篷背夢裏還家屈戌銅環忘閉悔別時容易天涯拚今宵兩騎同醉任西風舞盡梨花幷作離人淚

無悶

有憶

青瑣翠圍綺窗朱槅睡透花梢紅日耐半臂奇溫一身憐惜料得憑闌凝盼送木蘭槳破遙天碧回眸處幾度斷收紅雨遠山濃濕　悄立錦屏人聞歎息鎖受柳昏鶯軟花煩蝶困風纖燕側一幷情絲堆積怕不是東風無氣力吹不轉蕩子天涯子規時節禁得

催雪

本意

徑沒蒼苔庭無積葉盡作雲階月地似天上飛瓊下臨塵世偏愛竹籬茅舍有野鶴寒梅爲姬侍江天淒緊千山人絕漁舟獨去　休去且教住倘沽酒得魚同來索句先翦碎詩腸滕王蝶翅吟罷蝦鬚高捲笑輕薄楊花無才思謂新詞不減四愁伸紙瓊瑤盈字

換巢鸞鳳

七月初六日詠牛女

只隔今宵悵銀河未沒欲渡無橋細風吹鵲尾淡月上牛腰初秋那更夜迢迢則今已愁來宵那遭離情久怕說起好期將到　機絞愁未了天津畔收拾牛衣早河鼓頰催鉛梭方擲打點相逢話稿今夜今年恁多長雙星雙盼偏難曉天孫辛苦明朝莫乞新巧

東風第一枝

春雨

空館留寒深閨冷夢沈沈斷送春暖暗銷花事紅稀添濃柳條綠淺嬋入無力低不起草柔風軟幸海棠繡幕深遮不透紫衣輕燕　疎刺刺紙楞窗眼撲簌簌水紋簾面闘情何處偏多門掩黃昏小院羅巾濕盡細細織春愁如線再相逢百舌喉乾約到黃梅時見

念奴嬌

和東坡赤壁韻二首

周郎年少想當日眼底曹劉何物萬古長江流不住吞盡東南半壁鸚鵡洲寒洞庭葉脫正好鱸如雪得魚沽酒臨江共弔奇傑　空留無主江山多情沙草依舊東風發哭楚英雄流水去漁火半明半滅黃石磯頭白蘋波裏折戟生苔髮南飛烏鵲曾噪魏室明月

其二

江山千古渾不改一派煙波雲物白浪黏天天接水冷似畫圖粉壁幾徧旌旗數行鷗鷺眼破蘆花雪漁家守網閒話南國人傑　笑殺銅雀癡翁小喬嬌婿相顧雄心發野草紅霞連夜火儘付寒濤蕪滅金馬閒人醉攜翠袖戲摘山僧髮浩歌長嘯猶憶壬戌秋月

長歌四闋次信菘韻

長歌擊石看風翻花笑竹搖金碎飽食拋書眠跂腳脫韈不煩廷尉蠶豆花香燕來筍出遇此能無醉秫田初種平生願可能遂　逢場謔月嘲花拈毫信手滾滾閩而肆苦瓠爲羹菱作飯絕勝紅鮹虬鱠磨蝎塡宮貪狼照命運退逢輿鬼榮枯萬事大槐根蟲螣睡

二

何須髮指令酒徒髮指孱孤心碎眼底須眉少男子半是寺人中尉捫舌空存折腰可耐去去吾儕醉芰荷可製遂初賦今初遂　已知骨相無侯升沈久定莫詣君平肆蔬食清齋魚腊斷懶著書成斫鱠烏有身名諸阜身世姑妄空談鬼不如乳鴨向池塘綠陰睡

三

滑稽狎世笑殿中檻折正言衣碎提酒旗亭歌絕句壓倒龍標仙尉入覲釀王出藩歡伯帝有鈞天醉糟邱可老菟裘計豈難遂　焉能逐取乞兒侯門獻笑呈技如凶肆三洲四鰓魚恣噉莫管胸留生鱠忽憶故人瘴煙猺穴作吏如貓鬼滿樽且酌照海棠夜深睡

四

酒酣起舞驚山香亂落浮萍吹碎秉燭清遊長達曙那顧夜行亭尉北客休談西湖雖好萬事無過醉贏羊世網不能退焉能遂　身輕却喜無官歌呼蒱博貧賤眞堪肆濠上會心儵即我夢破魚頭人鱠音隻鸕鷀黃魚

時節頓頓飧烏鬼飽眠一寤不睡龍枉禁睡

解語花

無題

鴉頭婢散鳳髻釵橫紅蠟花低亞絳幃開也銀燈背羞澀羅衣未解輕顰可畫怕瘦損腰肢難把不分明花氣參差嬌輔清於麝　銷受錦衾夏夜憶梅花紙帳單枕巫峽相逢未嫁驕夫壻不是撥琴司馬春宵一霎約略記雨纔雲乍驚晝簷紅日花梢喚美人醒罷

美人捧茶和弇州韻

南洽月小北峒山高甲坼驚雷細翠鐺影入雙蛾綠皓腕碧旗初試乳珠雪蕊三沸盡笙簫如縷要玉人仙掌

奇擘色授嬌波意　小顰蛾莪鬟髻裹春尖籠袖疾護柔指碧甌青脆鸚哥喚銷渴文園曾起鴉頭美婢也不染粉脂穠麗帶松風吸傍花枝俊殺瓊漿味

玲瓏四犯

招夢寄調信弦

春夜招子玉飲花下訊及信弦茸城旅況歸思淒其恨稀春夢大元景文園銷渴方苦夢多信弦旅館單棲反悔夢少概括其意成玲瓏四犯二闋寄調信弦并嘲元景寄示罌樵渭臣以發一笑

客邸一笑

八尺單衾恨好夢多般減貯的少睡後淒涼生怕枕兒

知道空館也忒欺人死不放高唐人到恐陽臺雲雨勾管不容出巫山廟　月痕寒透孤眠印只嫦娥影來偎抱睡鄉冷遞情根熱塡殺春風簸麼悔別淚那宵輕發落櫻桃却要怕閒花反目偷央蝴蝶註銷一覺

却夢嘲元景仍用前韻

央及鶯花暫雨約雲期告假些少夢裏情人走熟睡鄉官道應是發配花神夜夜向藍橋投到閒業緣銷限何日賽偏妒津祇廟　離魂倩女雙勾引向虛空倒郎懷抱春光漏洩歡悰攔願三生無數賭呪紙帳獨眠朦朧裏此人偏要拚海枯石爛割恩蠲室不眠一覺

自和招夢韻

誰箇卿卿心坎裏纏綿姿豔偏少甚處相親夢亦無緣難道幾度冒雨巫峰獨宋玉唱名不到遮莫被巫陽奏貶提舉有鰥孤廟　朦朧想到和伊睡却是竹夫人橫抱孤眠眞箇何曾慣枉風情多竅空隨蝴蝶尋他也難把鏡中花要須索跟來夢人兒暫借迷樓睡覺

自和却夢韻

上覆紅鸞莫暗逗風情狐媚三少燕約鶯期鑽穴隙南柯道告免雲雨差除又掌孀牌符提到願長作不眠魚目覓鰥杞梁妻廟　溢情波驚精香散猶軟蘂轉身迴抱虛空吃吃歡持足恨情花開竅何處相尋素女參握固牝門元要任恩香媚寢蝶交蜂退春眠不覺

桂枝香

春望

年年風雨偏今日今年較愁容易屈指清明近也杏花遲未春光未老空銷瘦斷送人遠山橫翠倘中情事不敎愁殺除非沈醉　憶當日樓頭舊侶想人面依然桃花何處往事銷魂費盡斷腸詩句燈前細認人何似怕舊恨重新提起佳人相勸落花簌簌揾君清淚

金陵懷古用半山韻

春蕪滿目問何處三分公壘魯肅惟見長磯碧鎖落霞紅簇鷓鴣飛上南朝殿看三山白雲晴靄畫樓天角錦帆江尾雨花風足　柳陰外雕鞍共逐問吳宮晉寢碑斷難續未到景陽多少粉殘花辱幾番興廢荒臺院隨燒痕一夜都綠多情遊女庭花纔唱翻創先曲

木蘭花慢

新月

喚雙鬟低問是初月是簾鈎正犀梳斜吐菱花半掩銀甲微彄搔頭晚粧拜起恰下階私禱見人羞三點香燒心字一痕側近牽牛　登樓纖指照壁後陡的上眉兜憶相期小盡刀環破鏡天際孤舟還愁團圓不殼把分鈿剖玦筆兒勾弓樣蹙顰瘦減彎彎寄與風流

宴清都

和信弦詠螢火

暝色黃昏坐閒庭樹誰照寂寥的我花梢露滴暗窗燈燼空階流火深深小院無人隱約見門橫金鎖又誰家連夜催花隨風亂點紅雨　幾迴乍去還來半明不滅將飛仍墮暗窺綃幕未解羅衣有人獨臥輕紈小扇拋却數徧牽牛星幾箇呼侍兒半捲晶簾放他低度

信弦螢火蓮花二詞極爲阮亭使君所賞歎歸以示余亦賦二首終不能勝之

月當廳

燈期阻雨豔情

燈期燈市無燈夜淒淒花墜蘭燼銀莖月黑星橋不聞馬滑人聲故使良宵冷落想上元青鳥忒忘情渾休管鵶頭半浣魚目雙冥　紅橋斷盡揚州路廣寒人巫山

左側消停壬紅滃夕連宵惱殺卿卿霧鬢風鬟花有信
教雨工偏住山棚生怕恁貪燈謎月勸住春晴

燈前雨止晨起再疊前韻

攜燈將踏春燈夜舒荷幺紅燭冷雙莖月暈繩河夜烏
稍帶歡聲多謝水妃歸去半雲遮花擁弄春情輕籠單
麗譙隱隱參足冥冥　燈前盡是看花侶繡障泥流蘇
珂穗休停粉圍約伴花孃月姊芳卿腰鼓十番金絡索
問綺羅何處花棚低相譃昨留歡雨今爲儂晴

元夕大雨三疊前韻

蒸峰何處張燈擢龍池撲翻露掌金莖鎔鏘水樂喧填
鐵馬無聲欲倩行歌穠李恐淋鈴纔唱巳關情黃昏後
燈沈花重蠟睡煙冥　挑燈共作愁霖賦落簷花筆花
雨未曾停天街如洗金貂閒殺公卿金門朱門偏冒雨
儘碧油重幙朱棚珠簾外千條絳炬鬟市烘晴

上元既望雨稍止四疊前韻

燈辰可耐孤燈捧瓊枝瑤枝瑩奪荷莖鵝笙對炙輕篋
送媚邂逅柰可良宵二八比盈盈十五更牽情難禁架
沈香火底睡玉沈冥　行雨人來收舊雨只今宵燈前
好夢謁停鬪燈飽老不煩雙漸蘇卿十二樓臺寒不入
貯月輪花滾毬棚渾忘卻冰簾珠箔全未曾晴

花犯

立夏詠梅子用清眞梅花韻

亞枝低軃蘋掛絲秀才賣風味紺珠勻綴憶嚐徵含宮
齲齒妍麗佳人手摘簷牙倚吞酸私自喜記前月紅潮
初盡香篝曾共被　心中難拋撇仁兒春山皺蹙得和
愁憔悴還可惜雙頭打流鶯同墜攤甦醒日長人困剛
脆滴櫻桃濃睡裏巧一陣楝花風過吹芳魂似水

拜星月慢

立夏

燕子巢成楝花風過鶗鴂送春去罷何處春歸問新來
初夏小庭院到處陰陰嫩綠襯貼荼蘼低架摺叠春衫
展生綃裙衩　北源茶寄到山僧舍香篝火雲帶松濤
瀉鬧殺兒女嬌嬰笑爭分梅蔗只佳人笥試春尖乍含
桃小色溜朱櫻罅聽西園惜別殘鶯惱薔薇欲謝

瑤花

詠雪

先春冰散入暝花明沒檐牙高啄籬梢庭卉折幾枝都
似梳翎凍鶴玉人何處正暖炙鵝笙小閣倚獸鑪纖指
頻溫字澀紅牙新學　珠簾十二重遮想此處清寒不
上梅萼金樽翠袖生俊煞呵筆彩毫相角苦吟句就憶
驢背舊遊如昨較淺斟低唱今宵如此風情不惡

晝錦堂

爲信弦壽卜太夫人

幌掛弧南護妍堂北我愛夏日偏長敎子薄他卜式賜

曾爲郎絳紗帷中經自授青綾障外客誰方慈恩寺第十九人題名巳報高堂　尋紫芝冉里爲阿母三千桃實稱觴愧我東南留滯采藥吳閶道逢靈鳥麻姑使寄書瑤島白雲鄉神仙宅且再入閒遊戲碧海扶桑

安公子

題余氏女子繡洛神圖和信弦弟同程郇阮亭諸公

清㜸吳綾軟非煙非霧神光閃繡虎情絲重吐出凌波人面微步盈盈翠羽明如翦遥思想描影菱花展怕前身粉本儂比處妃近遠　可待丹青染生塵羅韈香沾腕千古才人悔不倩鍼神寫怨銅雀漳河遺枕同悲惋十三行萬縷柔腸轉付青衣紅線補入塡詞絃管冷朝陽送紅線詩有洛妃乘霧句

雨淋鈴

燕山七夕

燕山秋到御溝寒雨木葉微脫離情自勸孤影梧桐有滴簾鉤無月共道雙星此夕正乞巧時節却惹起撩亂閒愁記得凭肩愬離別　丙魚乙燕音塵絕倩牛郎欲借天津楫知道西樓小婦顛倒穿鍼嗚咽拚得孤眠夢裏人歸枕中胡蝶又點破禁裏疎鐘不放關河越

眉嫵

詠美人畫眉用白石韻

把湘簾高捲日上菱花紅入綺窗眼怕暗塵凝匣羅衣拂澄河匹練斜展遠山近遠在箇中酌量深淺要時裏題鴂能傳怨兩峰翠微斂　流眄可憎人面愛鏡晴山笑鏡潮雲變晝影分嗔喜宜人處黛痕無限纏綣春愁一點寫不成九曲湘轉還留取斷煙一抹待郎染

水龍吟

道中見楊花和東坡韻

東坡道是非花尋思好句從空墜幾家閭閻巧將比擬逞他才思撲蝶吹開粉牆飛出書樓還閉似春愁散漫無情無緒鬖髾三眠三起　縱使春風不管也難教萬條仍綴怪伊輕薄閃人拋躲採人心碎莫道風流有時飄泊浮萍隨水勸惜春公子夜遊秉燭多收紅淚

秦谿弔古

東南日夜波濤恨塡海祖龍不了英雄已矣虞兮可柰吳其爲沼無限興亡水犀星散鴟夷歸早試憑高千里越山數點時出沒隨鷗鳥　滿目山河如此止潮打空城古道江南江北舊時燕去故宮人老細數落花亂飄飛絮暗傷懷抱且歸來收拾漁竿扶醉去眠芳草

看正仲園中杏花用東坡楊花韻

小庭深掩重門正玉笛樓頭吹墜一枝嬌豔如啼欲笑非顰多思怪是春來玉容人倦繡帷深閉把珠簾乍捲欲尋新恨嬌困乍扶慵起　牆外酒旗斜矗望別路去

魂牽綴閒愁萬縷游絲惹著鶯聲聒碎朱粉香勻淡羅衫瘦柔情如水只殘春幾點非關風雨難銷紅淚

西湖春暮次子黃韻

花飛時節飛花飛來飛去春無隔斷腸天氣增人懊惋水光山色拾翠誰邊約略花開似曾相識奈催歸杜宇不容春住傷心煞傷春客　細犬秦樓繡陌更阿誰月明吹笛流鶯已老六橋吹絮粉痕山積嬌馬馱愁畫船繫恨西泠西壁有知情伴侶多情小小輕顰凝碧

小樓連苑

食新栗作

秋園白露初肥家家拾紫登山麓金飈小錞吳霜乍點嫩黃纔足未出瑤房暗驚纖手攀肩刺促喜合歡腰細中微束稱鴛鴦比肩佳目　作意春尖笑剝襯中衣軟溫溼縮漫投歡袖可堪君口情恬意熟度脆飴脣回甘犀齒秋魁冠玉恥雕盤薦飾紅箋私裹寄緘重複

氏州第一

和柳耆卿秋思

紅樹高樓黃葉古渡遙天一抹山小斷雁行低驚鴉陣破吹落秋聲縹緲只柳梢殘月猶把孤眠人照螢背銀缸蛩邊羅幌暗催人老　應是離多歡會少只無奈羈情縈繞枕上天涯關河千里屈曲屏山繞爭知今宵夢裏相看處挑燈欲笑是否巫山是巫山楚天已曉

瑞雪濃慢

人日調閨人

玉蛾翦勝金蟲滴翠鴉鬟柏枝增媚春衣驚怯瑤粟凝寒紅綿添箇半臂今年此日水仙將謝紅梅猶未問侍兒檢樓羅新懸花風已幾　上弦頭殘臈尾算佳辰爲箇人兒至花前雪豔雁後春愁惱亂掃眉才思額糕且住護春山遠條風避安排眉黛加翠貂鈿蟬仔細

霓裳中序第一

感夢

斷魂未銷得又見當時舊春色人靜後月移花直掩複帳流蘇重門屈戌珠光玉汁晶熒熒清淚凝臆偏惆悵人間往事今夕是何夕　頃刻雨蹤雲跡杳冥濛蓬山千尺追思古懽疇昔憶牛女臨河鴛湖共鷁餘香冷瑤席纏金膽蝶裙灰積挑燈起紙窗聽下幾點亂螢黑

齊天樂

壽卜太夫人

北堂高敞南薰入日高書簾風透綵簇宮花金泥報帖新整烏衣門舊機中手授喜三策成名萬言初奏微笑慈顏臨風爲舉一杯酒　陳情書上也未玉鞭銀勒幾日綵衣歸繡上客千金登堂百拜對薦故人來否君恩高厚莫爲我倚閭便圖錦晝留祝三宮太皇千萬壽

綺羅香

鴛湖舊遊題壁用史邦卿韻

憶昔尋春美人未起綺戶曉簾如暮花困香橫餘鬟水沉猶佳翠被斂雲出巫山犀梳吐月生湘浦好菱花出落風流蜂窺蝶引已盈路　十年萍梗飄泊只柴門深鎖小舟橫渡銷瘦嬋娟想似霜濃菊臞西風寒窗外疏桐恰墮題斷腸詩處庭閒悄鎮日無人畫眉鄰巷語

瀟湘逢故人慢

懷黃浦舊遊

舊遊黃浦憶霜蟹橫秋江豚吹霧一棹蘆花雨恰重九登高上洋官署丹鳳城樓隱隱見海濤吹鷺閃鷺沙一夜胡笳烽火斷雲開路　九峰青低可數見海市依然栽花人去濁浪黏天舞感故國飄零故人黃土墜淚祠前尚坑咽神燈巫鼓二十年無限興亡只有寒潮如故

題余氏女子繡高唐神女圖遙和程郇阮亭諸公

朝雲何處從鬟裏凡疑裙端湘水飛下岷峨路想十二峰頭煙絲霧縷繚繞君王略迴避細腰宮女暗追尋帝子行蹤三峽碧空中住　山藹蒼蒼欲暮杂花落黃陵如花人去腸斷高唐賦笑宋玉情多楚襄夢錯髣髴娉婷癡絕到繡牀燈漉倩才人雲雨清詞重向巫山題過

神女賦姚兮如花

春從天上來

詠欖盃

一捻生春便口角流涎惱亂閒情奇擎掌上軟玉偏溫莫愁量淺難勝恰弓弓窄窄掬不滿眼底盈盈囑才郎儘鳳尖噙咂休浣車茵　依稀青樓錦被幾含笑相鉤低語曾認未倒玉山且依金谷頻吸舌上蓮生任紅彈餘瀝端詳視可濕香塵漫留髡恐暗中墜舄微減三分

花心動

花燭詞為朱生洲士

畫扇徐開問多才佳耦麗詞曾畢頻整雀釵小顫花冠作意絲輿遲出羞蛾偷注微波綠難銷受暗中春色嬌人處纖彎半掐輕那無力　此夜相逢知客儘搏捻今宵雙身成一低鬟繡衾代解羅襦急性才郎寬試玉鉤

嚮定燈花動溫存煞翠紅嬌滴恨正好春眠養孃將息

永遇樂

和稼軒北固亭懷古

吳楚東南長江萬里人傑何處鐵甕周遭金焦相向浪打空城去雲飄沙鳥往來無定不為遊人吹任孫劉事蒼苔蕪沒獨留狠石如虎　山川猶昔中原板蕩腸斷蕭孃一顧幾度春風杜鵑零落塵鶴亭西路英雄已矣無情潮水日夜江聲鼉鼓憑兒戲蠻童鬬草寄奴勝否

折紅梅

本意用宋人韻

問羅浮千里夢中盤盡瘦節幾節黃昏後分明玉洞谿

頭碧桃先發朱衣素質自是神仙風格丹臺石室不到紅塵有天上飛瓊攜來絳雪　歲華空閱聽羌笛樓頭頻吹離別一夜飄霜零亂吹落燕支山月羈愁漫說橫參外翠禽啼咽醉來莫倚赤玉欄干恐狂歌一曲珊瑚敲折

西河　金陵懷古次美成韻

龍虎地繁華六代猶記紅衣落盡祇洲前一雙鷺起秦淮日夜向東流澄江如練無際　白門外枯杙倚樓船朽檝難繫石頭城壞有燕子銜泥故壘倡家猶唱後庭花清商子夜流水　賣花聲過春滿市鬧紅樓煙月千里春色豈關人世任野棠無主流鶯成對銜入臨春故宮裏

一萼紅　詠睡鞵和信弦

玉彎彎訝非花非月偏入綺羅叢莫道無香自然有迹勾人不露行蹤最疼惜盈盈掌上咂春尖小印齒痕鬆雲起雙飛雨餘並宿夜夜相逢　幫襯思香媚寢怕夜舒新展點涴鷺紅帶孔頻移被池緊扣夢迴踏徧巫峰追思憶腳蹤心事那回好煞不言中銷得九成帳底一捻春風

信弦詞已云絕工然其起雨餘二語恐溫李秦黃亦難更爲措手矣

望湘人　詠張遠寫生卉物窗

看輕籠薄霧濃脂重陰畫簾高下婀娜姹紫晴烘妖紅深染羞殺東君低躲亡賴游蜂輕狂粉蝶謂他眞箇怪今年兩度韶光風雨花朝重做　莫傍美人低坐怕花容人面難分你我照影問張郎多管畫眉筆錯封姨莫妬愛他百子新納石家阿醋更將取繡幙重遮怕損落花大風

金陵懷古次子黃韻

望秦淮渡口煙樹茫茫惆悵可知何故淚濕紅裳暗銷翠袖多少夢花貴主社鼓神鴉寄奴荒草昔人雄據儘長江日夜東流浪打汀蘆萍絮　哀怨啼烏相訴見金虎西來羊車南渡只湖上莫愁未作塡宮人數舊時月色淒涼曾照當日凭欄干處算多情只有烏衣尚復春來秋去

望海潮　和屯田錢唐懷古韻

川原衣錦樓臺錯繡英雄耗盡豪華潮打空城射潮人去興衰都付漁家吳越一谿沙恨越江吳地咫尺天涯半壁江山半閒亭榭小窮奢　佳人南國偏佳只西陵柏下千古名花隄雪流鉛路桃獻笑六橋閒殺羣娃漾水按紅牙幸荷葉風細吹過朝霞拾翠人多寄香剩粉

向誰誇

題余氏女子繡龍女傳書圖遥和程邨阮亭諸公

涇陽雲散洞庭波遠淒其霧鬢風鬟客似初平兒非雪窖雨工毛髮生寒鮫淚濕輕紈盼藥宮綃闕歸去應難尺素千行憑君作鯉寄書還　似聞嬌泣迴鸞矢報恩徑寸愁緒無端穪結指湘山柳色依然緑舟縹緲人間萬歲爲歡有深閨偷傳錦字刺上冰蠶誰護驪珠璇璣小樣句迴環

一寸金

詠蓮花和信弦

何處飛仙羅袂從無點塵涴似朱顏二八臨風雙笑良

宵三五銀河獨坐愁到江南路唱徧了菱歌千度休教見楚豔吳娃應是紅衣有人妬　恨若無情嬌來欲語啼珠寄綃府恐江干製芰荷還多刺水中結屋荷難爲柱費盡騷人詠多半似六郎貌取問阿誰出水天然秀奪池塘句

詠十姊妹花追和幼玉先從姑呈玉映女兄作

叔大父君山先生二女長季琬字玉映次季炎字幼玉皆能詩幼玉姑病革語其子朱昂曰古者梱言不出於外况詩詞流播乎吾死後取稿悉焚之朱昂不忍稍收遺佚十僅二三偶發故笥得此篇敬和而傳之令詞家編之彤管焉

附詞　季炎詠十姊妹花調一寸金呈玉映女兄　繡幄銀屏生小連枝開取次笑昭陽合德空傳雙絶二喬傾國輸他未字林下標風致論才貌誰作第二閨中費幾許評章連譜添枝上花史只數排行難分姊娣紅顏總相似便成都錦樣攤成一色回心詞豔香分何處擷亂探花史原只合花開序齒妹非是十八封姨花信知同孔

合蘂分葩不與羣芳爭品價縱彭門貴種非矜富麗朱門妙質自然幽雅三美誰高下算閶闔陽春和寡錦屏中花蕚相輝道韞才名冠諸謝　不藉花師難呼月姊深閨二難也似成行五五豔歌羅列當花葉葉嬌嬈妍冶黃絹成佳話流遺璺銅臺雀瓦把花箋重到花前不見看花者

詠影

和白石詠梅

月痕如月送黃昏暝色翠羽雙宿瞅瞅橫參清切鄰家飛霜暗上絲竹美人林下驚相遇想身在孤山亭北却夜深白鶴歸來雪滿山中黃獨　爲訪冰臺故侶依稀曾記得名字萼綠謫下瑤池暫住八閒流水疏籬茅屋儘教歷盡荒寒徑不肯到春風杜曲問幾枝臨水攲斜紙帳已橫前幅

沁園春

和文山題雙廟韻

自古誰無覩死如歸死亦何妨恨洗兒妃子暗馳駝足白頭太上驚走羊腸老將潼關詞臣凝碧不及睢陽雀

鼠香忠肝照似山河桂影不缺吳剛　淒涼宗社興亡又經歷金元幾戰場歎徘徊汴水空留雙廟從容柴市尚有餘芳燕子蘆花水萍風絮何處乾坤著首陽從張許無煩炎午委宛商量

初度自嘲

甚矣吾衰歸去來兮亦已焉哉笑山中甲子年忘歷日予惟乙卯謫豈仙才白髮生顛青衫脫手卿相何如兩芋魁難銷受藥鑪香盡書帳燈煤　乾坤都付猜枚願傾取滄溟作酒杯比米家顛老并無丈石孤山處士更少妻梅兩隻芒鞋萬年藤杖報道桃源花又開身名事付南柯駙馬東閣官槐

其二

去日苦多來日幾何亦何爲哉但陶潛漉外不愁無酒江淹筆下已恨無才且盡尊前休論身後醉倒橫參斗轉魁燈花好故人至也莫剪青煤　曹劉班馬鄒枚總不及先生此一杯縱封侯萬里天山青海逃禪半偈雪竇黃梅買个扁舟五湖歸去相約漁船開未開還相訪冬青烈士俠客鉗槐

鴛湖旅寓調朱大所歡

憶昔當壚二十年前十五盈盈自劉郎一去已非前度徐孃雖老尚復多情秋水波平遠山黛皺舊侶相看總目成提壺就見落英滿砌菊嫵霜橫　低聲萬福卿卿問何事腰支太瘦生想文園銷渴偏思露掌文君未寡早有山盟郵釀娛人野花送客櫝鼻臨風滌未曾羅裙濕正鴛鴦湖上舊雨新晴

送友北上

上馬一杯馬上相看欲去仍留問長安花信明春禁院長途旅夢殘月蘆溝五色雲邊萬言草就喜氣天顏動袞旒臚傳早看昭容紫袖玉捲簾鉤　泥金他日歸舟繫野老柴門水盡頭正山中高枕深埋人跡花前飛蓋曲礙行轎倒著荷衣斜支席帽磬折生疏索罷休如相訪莫松間呵殿爲減三騶

壽魏里姻家錢母袁太夫人六十

南國天人府甲烏衣族表袁羊佐伏波銅柱曾平徵側雲臺勳烈不藉椒房錦織西旋夜郎南返手抱雙麟下點蒼門庭舊喜忠留箕尾才育辛陽　幾年清淺扶桑早碧海紅塵取次揚羨荀里門高有龍下食茅容客貴爲黍登堂河女靈瓜華峰船藕阿母長持萬歲觴兒曹事繼西臺持鉞東閣下章

過黍樓

弔菁樓次子黃韻

行雨人歸綵雲飛去留得乘鸞畫扇塵生錦幔絃澀銀箏從此尋春路斷可堪人迹紅窗印砌香鉤綠苔新換憶仙舟繡被綠楊啼鴂避人私纜　儘生受玉釀花濃

翠銷紅滴勾盡相思啗偏衣韝流處倦枕醒時難數斷腸悲怨相逢未必他生祝願牽牛懺情迴雁縱重來再倚玉簫可認當年歌院

子黃顯武二子才情殆難伯仲子黃情深婉麗可稱詞家當行惟醉蓬萊一闋叶炙字未安偏考諸書惟膾炙字作此音其餘皆叶十一陌韻亦尺璧之一類也顯武和韻非不佳但情景往往雷同原唱惟水吟能一闋幾奪幟滿江紅已不免一輸獨影搖紅之衾寒長凭凭字勉强湊韻其不念人陽斷青山鷲換皆不離原唱潘合荀介尤爲合掌倦尋芳起二句不佳醉蓬萊彩鸞同跨亦遂句同過秦樓篠楊曾纔馬不可以言續只有春風只有月明句同長亭怨慢離愁無據與相思無據同殘照隱一聯終是湊句望湘人一闋情意大都相似如故非故無據難據飛絮春絮沾帶不能超脫重訴宮渡無數何處歸去五韻腳皆仍之不變何敢乎叶韻也可不揣效顰步武自謂庶幾奪胎水龍吟之起結滿江紅之兩結燭影搖紅之落句望湘人之故主據渡數處諸韻腳皆變化了無痕迹 作詞次韻須氣逸筆超不爲原韻束縛始佳如東坡和章質夫水龍吟反駕出其上始爲妙手貽于二子未知其何如也壬子人日彭孫貽羿仁自識

摸魚兒

寄信弦弟客茸城

記前秋鴛鴦湖上短篷搖曳明月西風連夜催人發不管情悰難別人去也早又是新秋落葉涼時節海天那缺那堆裏雲山茸城一點空水互明滅　不堪說兩字功名周折空勞枕上胡蝶還家蕩子空閨妾驚散丁冬檐鐵休悲咽儘眼底輸贏未了殘碁劫松江如雪知不爲鱸魚臨流把酒買棹弔黃歇

賀新郎

嘲少咸姪墜馬傷額鼻

風暖海天直正長隄平沙藉草軟塵鋪陌蹀躞玉驄驕不住倒墜踏花狂客驚墜寫遺簪狼籍可是惜春殘杜宇隨落英點破啼紅濕血濡纏額開尺　遠山驚蹙文君碧笑檀郎學人墜馬鬢偏雅額敲斷珊瑚鐵如意細詠洛生捉鼻非睡漢華山蹄失定是眼花眼賀監似乘船醉落天街側鷓鴣道行不得

感時用稼軒韻

孤憤韓非說恨茫茫乾坤無地避秦仇葛江左夷吾誰底是楊白花飛成雪笑久矣吾多星髮咫尺狒狸飲江水猶尋常乳燕巢梁月彈不盡雍門瑟　金樽到手休輕別望滹沱朔風不起河冰難合移得冬青三兩樹誰辨六陵餘骨且莫道先生癡絕燒取咸陽三月火也難銷方寸肝腸鐵髮上指眦雙裂

再和前韻

時事尊新說鄙孔尼春秋朝報虎牢長葛博帶寬衣參口論又向風痺搔雪弄宇宙倒懸如髮莫嘔是兒肝五色且聽他彼婦部三月秦王缶趙女瑟　送春不忍春將別有所思美人未至碧雲欲合屈指平生無限恨何止鰣魚多骨只贏得連癡三絕老筆縱錚金石響知乃公胸有豯賓鐵池一躍明鏡裂

三和前韻

說法本無說任逍遙此身喫著青精黃葛飽後芒鞵拖兩隻開看海潮如雪直望到天池窮髮歸把亂書隨意讀渾相忘某傳何年月拋書起風瑟瑟　老彭殤子誰差別且瞢騰邯鄲一枕眼皮長合睡足平西紅日墜煙燼博鑪山骨甚功課古詩唐絕跳出錦鱗千尺網聽他張海底珊瑚鐵六印佩五車裂

和稼軒詞用辛韻

吾老是鄉矣醉鄉睡鄉而外醒時無幾六一先生齋中物便作閒門七事柰見獄猶然心喜除却平原絲繡像又未知肝膽向誰是欲把贈誰堪似　撚髭長嘯西風裏想稼軒淩雲意氣揮毫情味落句鏗然金石響殊勝新桐初葉豈屑效劉卿錢起萬古詞人無敵手只使君之後惟孤耳甯鹿鹿數餘子

白苧

本意用元人韻

山鳥啼朵越葛山閒落落香篝貯火恐到黃梅雨惡輕風吹玉纖金斗熨羅幕銀翦入生綃疊半幅澄江魚躍相思鍼孔朱吐丁香略略不抵防唾痕點暈紅櫻蕚　記昨春衫一角欲剔燈花細看雙蒂疼惜春尖嫩削幾次裏停鍼青煤滴却正迷離倦眼烏鶯鈴索誤玉人半晌相逢殘夢深閣柰天涯人遠孤衾薄

題余氏女子繡西子浣紗圖邀和程邨阮亭諸公

卷畫中綠匹練谿流明靜色絲妙絕搨得苧羅小影浣谿沙青苔石髮照容鬢肩黛蹙興亡窮一半吳江波冷紅衣落盡越女含情多恨怕無端騷人繪士臨圖本聲後沼吳一瞬渲點清臚仙鍼九孔難刺捧心愁病訝淡糚濃抹淺深不定重劈縷分芒追思幽靚問當年女伴若耶箇人誰姓恐無鹽刻畫爭分寸

金明池

春遊和淮海

紫陌花橫青郊柳直寶馬紅塵一路馳道上和風淡蕩落紅過點點似雨粉牆頭掩映秋千露半幅裙角彩雲飛處聽墜釧如尋流蘇疑動語燕雙歌雙舞　傍水桃花嬌無主恰婀娜含情巧留人住花教住玉驄且住愁漫訴伯勞休訴一霎時攪亂春心煞怪是啼鴂惱人的苦把折得花枝可人分贈莫帶將愁歸去

春風裊娜

和伯旃春感

剛春眠雙笑夢裏人歸幽夢斷落紅飛隕紅兒亡賴情知夢好故挼花朵不打黃鸝道是無情幾回偷眼箇裏春情伊柰知著意梳頭學鬟繞無人背地辮紅衣懊惱東風薄倖無人憐惜闌干上花影頻移將紅豆寄相思賺人幾度門外猧兒臂側游仙糚凝半枕被頭繡領淚滴雙池去年花下記分明執手消停這歇雞未鳴時

蘭陵王

詠柳和美成

汴河直官柳兩行曳碧能禁得幾度別離落日津亭淡無色飄零況去國憔悴多情逐客風流散春晴鳳城草杜參差去天尺　浮萍轉行跡憶馬滑霜濃花媚當席月圓翻作如鉤食蹅一片飛絮幾程茅店折梅從此斷戍驛恨天限南北　愴惻寸心積莫別後經秋爲我愁寂攀條執手情何極且暫繫征棹慢吹離笛怕樽中酒袂上雨雜淚滴

瓶中桃杏爭妍賦賞

杏花早剛是春分過了畫樓上幾度玉人翠袖凝粧倚春曉掃眉新樣巧又見碧桃一笑紅肩並兒鶯子燕匹配東風豔陽鬧　相憐故相照縱減瘦三分也成二妙少一句　怕鏡中人妬畫中人錯箇中約略誰較好也難判多少　嬌小各波俏向畫影雙鉤百媚難討韶華透出風情稿恐粉褪黃落蜂殢蝶殀損花懷抱合二美無月老

西平樂

馬嘷城春望

烏夜郵南馬嘷城北樓頭卽是天涯一帶寒蕪數行平楚遠山淡抹濃遮問秦徑美人何處昔日舞衣可在綵灰胡蝶飛飛未知吹落誰家鏡裏澄波海月照人憔悴

玉枕寒沙　多情燕子雙來雙去賣餳天氣攪碎梨花多應是紙鳶黏恨故惹游絲閒把落紅牽曳亂打秋千不管堆螺兩鬢斜細數春來幾番花信花外朱扉花底雕闌花上流鶯流光送盡鉛華

阮亭云此調一百二十餘字止用七韻字面韻腳最難妥叶阮亭謂難於押韻愚謂不難叶韻難於一氣旋轉不可間斷始足云工

多麗

憶湖上

去年秋移家曾到湖頭正西風山山黃葉飄零偏打奈樓翠嫣然西施斂黛渾銷瘦蘇小含愁無限湖山那堪回首柳枝爭似舊風流問當日舞鬟歌靨衰草亂汀洲空腸斷酒醒花倦同睡蘭舟　任芙蓉紅衣冷落不關谿鷺沙鷗萬松前故宮何處兩高外殘照將收風雨多情煙波有恨江聲日夜幾時休暗想昔時心事八月兩悠悠休重把新愁鉤起初月如鉤

怨朱絃

送羨門弟遊黃山

趁春流一葉輕航君過桐江爲我寄聲釣磯亡恙雲山依舊蒼蒼西去藤谿三天子鄣江聲不到錢唐向梅鎖城上南望烏聊筍拔篔簹三十六峰屛障二十四谿環玦水調笙簧爲君掃黃山片石樹壁雲牀　追憶起竹馬時年曾隨紗帳虎跳鱣堂子墨塗鴉女牆掘鼠上屋

中郎庭虛過鯉木壞空梁惆悵舊時陳迹細數偏五十三秋雙鬢滄浪君到武谿深處攬取紫雲龍尾照耀歸裝生俊煞烏紗郁樣紅粉喬粧（舊嘲新安人止破鈔於烏紗帽紅纓鞾此外不名一錢）

三臺（阮亭謂此調染指甚少因戲爲之）

聞畫眉啼作

正春眠睡起無緒不喜窗禽催曙悔小時倩婢教鸚哥偏念誦傷心詩句花陰下顧影低鬟語原不爲惜花早起儘生受一捻腰支怕不㲄十分憔悴况雕闌畫眉聒絮銷盡遠山濃翠怨裏斷送幾殘春支值綠零紅碎

畫眉夫壻遠天涯去全不管鶯嬌燕乳早難道花外鶺鴒偏不到薄情人處寄驛使殘月梅梢尺書斷腸魚尾料情人不是不歸來恐春色不留儂住了荼蘼花事楊花雨更一絲兩絲牽曳拚今夕單枕夢回伴殘缸花尖燈背

哨徧

用丁奇遇花燭詞韻爲猗天姪

珠簾鬧繡交窗疏綺去盡形骸累從頭算日日數花期剛只箇今朝正是排一對鳳嘴絳紗燈引鴉鬟捧扇俱韶穉覷釵盡紅兜瓔垂粉耳打點銷魂從此沈沈綢戶暗朱扉漸蠒脂低亞燭花飛喜嫗催眠小姑先去已知人意　便神仙也甘謫墜生生共塵世人間美滿受清供雨滋雲味莫漏洩小春梅梢青帝屏山十二寒如水儘玉枕奇溫隨郎轉側紅日紗幮上矣却衆裏低頭佯整瓊珮有無限含情匿笑時欲將息才郎無計幾度暗呼小玉手語郎何處虧他準折紅鸞天喜驀地偷睃心醉問思可奈昨宵何顫金鉤流蘇未止

戚氏

贈盛八南樵

席爲門家徒四壁不知貧閒思往事倀倀惆悵莫重論笑顛毛種種頭顱欲擲向何人當日酒彩歌袖知幾度輕付銷魂豪傑灰飛風流雲散烏衣燕子斜曛悔愛姬換馬賣刀買藥乞食尋眞　此地戰血猶新魚腸繡鐲狗盜已黃塵多半作國殤大厲山鬼叢神只逃名軹里留得腰身削漿聊給晨昏壚頭犢鼻衲頭糞掃非傭非丐非髡　千篇詩句在飢來難煮兒女啼嗔自有撐腸白石懶躋鴟山下斷雲根猶然俠氣干雲博徒馬俠緩急曾無吝羞依傍名下諸廚俊避彈射猾鶴移文一些些逼窄乾坤好難容傲骨與吟魂糟邱坐隱爛柯功業麴部階勳

茗齋詩餘卷二　海昌蔣光煦校

武原彭羿仁先生爲明太常節愍公期生子公視贛州兵備事城破死難先生間關兵燹冒白刃求遺骨有江右義士負骸送歸乃杜門奉母不出先生少以選貢入成均與羨門少宰並有才名平生耿介自守孝行聞於時鄉人私謚孝介先生濟南王文簡稱其詩宏深奧衍窮變極奇尤工倚聲茗齋詩餘二卷俊爽婉媚兼而有之實擅南北宋之長間有閒情側豔之作亦屬詞家之常昔尤悔菴檢討題羨門延露詞云彭子與王子阮亭無題唱和嘆其淫思古意兩玉一時蓋卽美人香草之遺借以抒其幽鬱之情詞家固不以爲嫌則茗齋之詞當與延露並傳矣道光丙申秋孟海昌蔣光煦跋

甌香館集

道光二十六年丙午仲冬
海昌蔣氏宜年堂重雕

毘陵惲氏世家也會國難起而南田與父遁跡沙門養晦久之自號抱甕客若忘機者流無意於世者嘗語所親曰昔阮孝緒作高隱傳以姓名不欲人知者為第一倫及其學成望重而名人獻老稱之不置雖至雞林賈莫不知有南田者焉今蔣君生沐重刊其遺集入叢書以廣其傳此范史表抱微為逸民傳之遺意誠為吾黨盛事余耄矣慶幸無已贊曰

古之遺高煜於毘陵三辰降秀手揮五雲九淵皆映千蓰齊芬鶴峙霄遠抗首風塵朱絃漢曲茲遇賞音玉明文苑四照花春

道光戊戌夏五吳郡陸鼎書於梅葉閣時年八十有三

原序

世有獨至之人而後有獨至之詩夫得于天者爲性情出于身者爲行誼存之爲學識發之爲文章性情不眞行誼未篤而學識未正徒欲以詩文誇詡天下天下其許我乎哉吾友惲叔子少遭多難其所閱歷艱危奇變而卒完我天倫克返初服尊君遜庵先生以積學礪行爲世師表叔子終身隨侍覛聽嚴愼不知戶外已更漢魏也故以叔子之才華而卒無以自見周旋定省之暇以其所得發爲詩歌出入騷雅上下三唐大都匠心創別之作不傍籬落不拾餖飣吐納六合俯仰今昔渾雄雋拔而沉痛三閭之憂憤乎柴桑之感歎乎杜陵之悲

怨乎余嘗取而讀之撫卷歎曰此眞叔子獨至之詩而非隨聲附響自棄性情强爲嚬笑者矣夫鸚鵡之言獼猴之舞人無不欣然聽覛而求其改色動容欲泣欲歌不能也何也以其形似僅存神理不屬也詩之爲道亦然不本之性情卽規橅晉魏彷彿唐人欲以欺世眩俗而卒不可得乃讀叔子詩忽焉使人悽其流涕忽焉使人怒髮上指正如易水一歌商徵乍更喜怒頓異者聽者之性情不覺移于歌者之性情也叔子旣歷喪亂少壯時多與畸人俠士遊常奔走千里恍惚死生他人色沮神喪而叔子意氣如常故其詩中多豪宕感激之什至于剖析理命研極淵微篇中尤多精闢之語非深山學道人未易知其所際也蓋性情眞行誼篤學識醇不愧其家傳故其詩遂至于此也叔子少棄舉子業無所事又傷其家之貧無以致甘旨于其親也閒繪山水以給旦夕識者爭欲致之一幀可易數十緡旣而見虞山王子石谷所畫山水遂改爲卉草禽魚神巧幾奪造化蓋無不出于獨至之心胸也叔子言貌恂恂與人接恆簡靜不發一語卽習與遊者亦不盡知其工于詩乃若此也夫叔子且不欲以詩名豈欲以畫名哉不知叔子之詩而至欲求叔子于畫是叔子所遇之窮也夫丙寅秋日宛谿顧祖禹拜撰

甌香館集目錄

南田先生家傳　惲敬大雲山房集

先生諱格字壽平後以字行改字正叔少居城東號東園草衣生遷白雲渡號白雲外史既老號南田老人先生年十三隨父遜庵先生依王祈于建寧陳錦破建寧被擄錦無子其妻子之後從錦遊杭之靈隱寺遇遜庵于塗遜庵因與寺主諦暉謀紿錦妻入寺紿言此子宜出家不然且死錦妻留之寺中泣而去先生始得歸先生以父兄忠于明不應舉惟攻古文詞其于畫天性也山水學王棠既與常熟王翬交曰君獨步矣吾不爲第二手也遂兼用徐熙黃筌法作花鳥自爲題識書之世稱南田三絕宋尙書犖語人曰南田畫吾暗中摸索能

辨之世多贗作其至處必不可贗王太常時敏遣使招致先生方出遊不時至至則太常已病亟甚榻前一握手而逝先生家甚貧風雨常閉門餓以畫爲生然非其人不與也卒年五十四子忩祖不能具喪王翬葬之

論曰昔淮南王敘離騷以爲其志潔故稱物芳蓋深知屈子者先生泥塗軒冕鶉居蟬飲身世之際可謂皭然而世徒以畫知先生末矣然先生之志之潔于畫何嘗不可見哉

惲氏作畫自香山先生始遜庵先生以枯墨作山水殊古淡然非作家後南田先生負重名羣從子弟皆作畫遂成風尙今畫法多流蕩矣敬謹擇其有意者著之于

左

翊字相白畫學南田先生

源濬字哲長善吹鐵簫號鐵簫老人天津縣丞畫法一準徐熙下筆有茲角生氣坌涌如雲展潮行惜稍俗耳爲人爽邁任氣必踐言去官後卒于天津

源景字希述冬官正轉工部主事畫法黃筌官京師垂五十年無車馬塵屋敝幃不見厭苦之色

氷字清于父鍾鼇南田先生族曾孫也氷寫生芊綿蘊藉用粉精絕映日花朶俱有光適同縣毛生鴻調不應舉築小樓夫婦居之以吟詩作書老焉

宅仁字原長畫多贋南田先生然質重韻味無絕勝者

與三字德三歙縣教諭能山水花卉筆法清婉兄弟皆困之爲教諭不能贍其家棄去鬻畫京師雄縣遂卒

楨字溶堂流寓吳門渲染折枝爲佳樹皮石骨微有習氣性淳朴寡言終身爲鬻畫覓捉刀罕自署名者年五十餘卒於虎邱　吳江翁雒補附

南田先生家傳

從孫鶴生纂

翁名格字正叔一名壽平別號南田而南田筆墨之名特著翁生而敏慧眉目秀朗父遜庵授之書上口即能解義八歲咏蓮花成句驚其塾師遜庵任理學講經濟崇禎末吏部特薦將以諸生起用而遭變故翁方十餘齡隨父崎嶇閩嶺流落相失旗帥主某愛其聰穎欲子之遜庵既以緇衣得免偵子在某所其帥主媪酷奉釋氏將挈之過靈隱因屬寺僧善言誘接指此子慧根極深惜福薄壽促宜令出家即日剃染留寺中媪泣之而去既歸遜庵既褫其韡帽易寬袍大袖督課經傳儒先

之書不少貸翁之澹靜高逸葢本家學爲多翁至孝事遜庵先意順志數十年無怠容遜庵爲復社遺老學問節槩東南碩果四方聲氣溱集翁張筵脂轄賓餞成禮家無遺貲特筆墨以供而世之知翁者亦多以其畫畫筆得于天性少工山水咫幅千里烟雲萬態多仿黃鶴山樵既與虞山王石谷交石谷筆意極相似翁顧而嘻曰兩賢不相下公將以此擅天下名吾何爲事此乃作花卉寫生含苞怒放殘英半墮重跗疊瓣渲染皴裂多出意匠尤善會徐崇嗣没骨法間作一蟲一鳥傳神阿堵刻欲飛動而題語書法兼工故世稱南田三絕婁東王太常愛賞特甚屢遣客招致而翁方出遊所至傾慕

虛館爭迎不能卽往迨往而太常已病聞其至喜甚請至榻前一握手而後瞑故留館婁東最久商邱宋冢宰開藩于吳禮聘爲布衣交親玩其下筆設色疑思神妙常語人曰惲南田畫吾暗中摸索猶能辨之世多贋作其至處要有必不能贋者爲名人歎賞如此身没未十年一縑之貴購數十金又不猒以筆墨重重其品也翁性拓落不事生產不知握筭稱較銖兩有薄田數畝幹僕管之俟翁遊而歸知其贈貽盈笥輒持帳簿夥夥言某年逋賦若干某年貼役若干家食用若干故聒聒不已翁纔展帳攢眉推案起曰吾不耐此俗事任汝取所欲去遊裝每數百金家人散漫輒隨手盡贋翁筆墨者或以富而翁無以家爲翁之卒僅五十有八歲

贊曰翁于余爲從祖翁之曾大父余五世祖也以嘉靖丁未進士起家官至參議與王弇州李于鱗友善往來贈荅極多翁之文采風流所從來遠矣其筆墨世人無知與不知咸重之不論論其詩翁之爲詩也選意必幽擇辭必鮮俗塵凡語自然不侵其筆而涉于身世之感悲涼衰颯托寄遥渺意致深長有未易爲外人道者著若干卷藏于家

凡例

先生卒年惲鶴生傳五十有八續疑年錄同而惲子居傳云五十四畫徵錄言六十餘彼此互異按先生生崇禎癸酉五十八歲當卒於康熙庚午石谷己丑畫柳跋云南田前有題余畫柳詩今南田沒且二十年云云逆計之適得庚午則鶴生傳似可信且手署書上年月己巳後亦未概見

是編以南田詩鈔爲本康熙丙申武進令孫公傚圖所刊毘陵六逸集之一也五卷外所益石刻則寶惲室味古齋濤瀫閣愛石山房諸種從吳江翁君小海綬秀水計君二田光炘假得暨家藏吟香仙館甌香館帖謝氏望雲樓帖中詩外此畫幀字幅與夫友人寄惠者共爲十卷吳縣貝君墉潘君遵祁復錄示手書詩卷又增數紙而蒐羅攷訂則翁君之力爲多焉

先生畫理精微發爲議論超妙名雋因就計君假本益以石刻等處畫跋二卷附後其有詩者附注題下此不更見書跋數則不復另列尺牘概不闌入

古人詩集不外分體編年其詩卷墨蹟于戊申己酉署江上紀愁詩于甲寅署江上詩意當日或有手定編年分集之本然不可得矣詩鈔旣不分體又言見輙繕存故前後舛誤今詳考之自辛丑迄己

已三十年中尚多可見依以詮次無考者視人之前後詳其詩意分廁其間所愧未能博綜不免羼亂是所望於讀者

先生每有一詩先後題畫而字句更易者茲刻但從一處若卷七江山圖八卷題江山之類又以後半迴異故且並存至小幅折枝寥寥數語初非鴻篇鉅製可核體裁則或爲錄舊或由依託間恐誤收然題畫小詩本多信筆非大家名家存稿專論格律者比

是集十二卷編於戊戌迨甲辰秋日戴醇士閣學熙寄示所錄詩跋去其重複幷增以續所得者不復攙入別爲補遺各一卷云

甌香館集卷一

武進惲　格著
海昌蔣光煦輯

贈湯公牧

髯公遺世想五嶽挂一身每爲諸侯客常稱江海人爽氣森眉宇豁達披天眞名都振高價藝林播清塵掞藻走風雨應機如轉輪扶疎嶧陽桐貞直會稽筠胷無千古憂顏若桃花春酒酣欲狂叫笑脫頭上巾當其快意時浩歌動秋□山池夜吟處得句驚鬼神觀世同海鷗百喜無一嗔或垂語谿釣亦採南湖蓴戲爲鴝鵒舞醉吐車中茵借問賞音輩誰能知隱淪

贈烏目王山人

斷壑崩灘古洞門誰移石壁種雲根懸知灑墨如風雨亂染煙山紫翠痕

竹雨桐風盡入元阿誰參得巨公禪看君畫石如雲手落紙精華已百年

寥落南宗與北宗天荒今見畫中龍高雲都入王郎卷亂覆清谿八九峯

繪苑誰稱絕代工興來搖筆撼崆峒何知我輩千秋業萬國鶯花閉戶中

烟蓑

烟蓑無恙碧雲知千樹紅霞一釣絲轉笑非熊谿上叟

白頭猶作帝王師

王郎移家桃源澗

峯幽綴山楹解轍弄薜荔上交杉篁音下瞰欲無地激波澇花林翰墨散春氣半壑異昏明瑤琴枕獨寐窺庭如在山探山山暉閟有時風雨來襟帶亂空翠應聞天雞鳴或與猿鳥値出入徑寸間森然萬象植雲物敢祕精造化同得意元黃改槖籥陰陽無根蔕振冠千載上浩蕩驂靈轡

送王郎還琴川詩 猶記余從南村走東郭時已就暝不得復見宵分徙倚庭隅索句既成明日書扇舟次誦詩唱别同人見余與石谷交誼如此近世所無莫不歎息

海雲沈山雲不飛吳川落月霜滿衣折殘桂枝怨秋冷

葛屨山人歸未歸錦衾宵寒崇蘭濕菱蘆雪浦飛鴻入芙蓉渡口飲君酒鯉魚風起秋濤急吳娥坐鼓蘋花枻滿船都載丹楓葉

墨雨

墨雨横高嶺靈烟近欲無拔山應有力不用問天吳

歲寒圖

寒花還與歲寒期夜起移燈看雪時未許東風到桃柳山茶先發近窗枝

送姜子至淮南

離絃夜響琅玕圖曉捲珠簾別鷓鴣一囊花鳥裹春烟半束丹鉛捲秋雨走馬侯家看門雞朝筝夜管三時舞東園書客賦斷蓬劍氣忽散垂天虹蟲凄露重葛衣冷淮南桂樹生秋風我夢銀灣不得度羈魂夜夜天西路君正懸帆吹向西西游從我夢中去渴飲不辭千里井坐看江雲過吳嶺白蘋花裏送蘭舟碧雲天盡無帆影

長干訪友

桂樹落紛紛江干過雁羣烏邊銜落照馬首墜殘雲草色碧烟合江聲白鷺分今宵看劍氣名已動秋雯

得僧忍信作

倘作諸侯客栖栖湖海間藥囊支杵臼襆被老江關一鳥下吳苑無雲見越山賣文稱玩世奇字幾曾删

題紅林秋浦

只愛菱洲蟹舍邊千林紅葉一谿烟夕陽柳岸收漁網秋水蘆花放鴨船

中秋夜同不遠九日次谷台臣立雲諸子集右文園池即席有作和許郢州鶴林玩月詩韻

清宵輪影望中圓一碧全消萬井烟徹曉不知秋有夜澄空渾似水爲天霓裳忽度屏山下烏鵲驚飛玉鏡前醉語豪吟筵上客莫教丁卯勝今年

送筠士上人入閩次許九日韻

雲邊飛錫傍山行爲愛看山不計程閩樹秋連千嶺出江天風帶一帆輕曉吟鰲浦波神見夜嘯龍臺旅夢清知爾觀空無住著種桑塡海未須驚

寄石谷先生

方從天畔憶瓊枝何事春鶯出谷遲青鳥竟違前歲約碧雲深負故人期

叢桂虛堂生曉寒琴川書到問加餐明知怪我前期誤不忍開書樹下看

敝簦猶戀舊蘭叢忽見桃花千樹紅莫道蒲帆容易發石尤先作故園風

雙魚尺素語千行字字毋忘王太常無那相思東向立海雲天半望扶桑（余與奉常先生十載神交未酬一見之願）

相期雪後問梅花（梅仙錢君致書相招香梅郎泛婁東之棹）同泛婁江江上槎豈有重雲封谷口海棠開遍未離家

穹廬舊事恨飄零地老天荒夢未醒公子初翻新樂府他時筵上斷腸聽（王君惲民譜余六舊事作傳奇新詞膾炙一時佳話也）

年年芳草怨離羣有夢如何隔斷雲此夜若隨明月去劍門巖畔定逢君（三月望後一日在半園月下作）

雪衣零落過春溫殘夢還霑舊淚痕（予與石谷皆抱伊蒿之痛每於夢中相持慟哭）立斷東風人倚遠落花殘月共消魂

瑤臺月落不聞簫春去人傳玉樹凋東山終爲多情死絮酒從君哭海潮（予未識匡令王君而遥相愛重有如夙契正擬過從快聚忽聞已赴玉樓石谷言之不禁欷歔淚下）

墨華飛處起靈烟逸興縱橫醉玳筵自有雄談傾四座諸侯席上說南田（石谷逢人說南田生不置未免刻畫無鹽）

九日園池眺望有憶

身健長爲客登臨興不窮烟藏一岸碧霞散半池紅秋送寒花裏人留空翠中山靈應我笑無帽落西風

爲愛名園好游踪未擬還花坊三徑曲天放一身閒落雁沈秋影晴楓入醉顏欲憑高處望家在夕陽山

答次谷

月裏悲秋倚玉闌青天碧海夜漫漫只因未識姮娥恨猶向人間說廣寒

酌酒與次谷

君懷明月向誰投我抱胡琴都市頭話到英雄淪落恨當筵同唱灞亭秋

上巳日從家君過此庵賦此言別

闔閭城外水蒼蒼芳草王孫返故鄉風雨孤踪隨杖錫帆檣三月下瀟湘驚心楊柳離宮遠回首山河別路長此去若逢彭蠡雁好傳消息到吳閶

爲董十畫松谿圖

以君邱壑心發我林泉想曲折入毫端玲瓏落指上真宰無祕趣空靈動新賞烟灘翻層波風谷藏秋響滄洲如有求夢與高雲往

堯封和尚屬圖深林茅屋懸瀟湘客亭

石壁高松鶴夢閒吳烟楚雨護柴關隔窗恐礙雲來往屋裏長懸屋外山

夜半驟雨自起移盆蘭

種蘭移石近雕欄夜砌瀉翻散溼紅神女誤飛驚夢雨湘靈忽送入琴風含苞不帶崩沙下暗葉頻低泛沫中只恐香隨濃霧散起燒銀蠟護春叢

關山月

關山今夜月少婦隔年情氈帳吹羌笛梅花落鳳城心驚征雁影腸斷擣衣聲極目三千里黃雲滿北平

對酒

對酒不能飲將何慰此生偶然成小隱豈是薄浮名筆欲兼風雨詩眞悅性情燈前觀醉者一笑絕冠纓

聞吟桂花下

枝上霜氣清樹底青苔薄密葉漏金風空階細花落花向月中飄秋從花裏過愛月恐秋殘吟秋枕花臥香風夜不歇秋雲晝不開虛堂賦招隱人在小山隈君莫愛羅浮乾坤老此邱花開猶有我樹外更無秋

予與陳季公同行白門道中三日夜而別後六年再過西泠始識其家因作憶昔歌

憶昔秋花白門宴烏衣巷口曾相見東來並馬下長干嵐風谿雨吹人面君歸吳山月我踏蘭陵草明月懸青天芳草不常好蘆花照絲鬢海水亦云老舊日經過挾彈兒結交漸見幽并少狹邪輕薄徒紛紜國士傾心只有君黃金無力劍光冷意氣直欲排天雲闌南倘綠當年柳吳歌空憶旗亭酒半橐曾分劇孟裝片言遂白江郎首蕭蕭蘭浦漁潭客風波獨泛巢由宅千里書紳一片心十年風雨同今夕六橋春風油壁車相思江岸落桃花却怪夢魂無覓處今朝始識孟公家

同李非夏湖山眺望

春愁正滿落花天不見王孫又幾年添得湖山今日淚玉簫吹斷鷓鴣烟

舊夢湖南春雨空高歌無地望崆峒囊中自有江山在亂採鶯花入變風

白馬江潮自往還鴟夷舊恨滿吳關可憐都作啼鵑血紅遍西湖夢裏山

天地容吾未老身烟雲不改舊時貧西湖四月無游女獨採蘋花待故人

送范仁伯還天台

范生倜儻非常儔紛紛結客皆貴游黃金叵羅不辭飲酒酣自擊珊瑚鉤閉門一月不見客聞予將歸故山屐青翰之舟木蘭枻送君驪唱城東陌白蘋烟渚望無涯吳山一帶秋雲隔千里風帆不可留河梁一曲愁箜篌新涼前路吹征裘曹江東渡桂花秋天台四萬八千丈華頂峯高白雲上危崖層林虎豹啼異花瑤草盈清谿石梁蜿蜒橫丹壑瀑布如雷雙澗落昔時游履未可攀十年夢在桃源間聞君家住赤城側朝霞自染裳衣色

因聲爲我告山靈江南有客常相憶

十四夜無月

風雨聲中過雁羣秋蟲夜坐不堪聞誰將江上桓伊笛吹散關山萬里雲

春游憶邵僧忍

邵續西游日江帆此地迴獨攜鸚鵡賦還傍鳳凰臺芳草三年信梅花一夜開思君千里月倘向夢中來

元白新齋分韻

若得林泉意淸暉生座中水紋侵面綠砌葉待霜紅語歇前簷鳥寒生北牖風曲廊頻指點疎處未移桐

送家舍萬叔入洛陽

孟秋涼風發促織夜悲鳴素商卒以厲萬草凋前庭驅車河梁上駕言遠游行感此節物徂離別難爲情攬轡臨修途北風吹長纓睠念親骨肉涕淚浩縱橫諸父與昆弟落落如晨星良會不須臾奈何復長征顧瞻動愁思鬱鬱情難平

閉門謝人事臥病城東廂聞有宛洛行惻惻情内傷燕趙多佳人瑤箏激淸商曲終起徘徊撫劍徒慨慷仰視河漢間衆星列成行悲歌發廣坐把酒不盈觴有酒豈不歡沈吟在他鄉

故鄉常相依異鄉常相違鴻雁過前除淒淒向我悲今日故鄉別明旦異鄉客異鄉亦何遥相思鬢如雪徙倚谿路側丁寧語非一迢迢千里心引領歸飛翼

曉行深谷

樹暗不斷烟崖蜂時墮蜜藜牀荔垣薜交絡檜雨羃陰不見日松梢風過落藤花仰看飢鼯啄山栗

紅林圖

琴書都在翠微中吹斷泉聲半嶺風盡道此山秋不入無霜林葉爲誰紅

寫霜林圖

石壁無雲澗戶明密林風勁曉寒生秋堂山影琴中聽都作煙泉落葉聲

綠楊停鞭圖引贈高生

腰下寶玦光手中黃金鞭脫轡下晴甸披襟臨芳川柳枝纖翠玲瓏烟桃花日漾紅霓鮮初從五嶺來又向三湘渡燕市悲歌已倦游越江繁華不肯住錦帶曾分荔支雨囊鞬半蝕檳榔霧空留郢雪絃上聲常籠翔雲馬頭路橐中寶刀千金裝當場贈客何慨慷關西豪俠盡劇孟在錢塘灞陵醉尉豈敢問射生意氣誰能當陌上解紅韁問爾獨立何傍徨不羨武陵花還思彭澤柳將軍莫言爲客久聲名常滿曹生口

壬寅秋夜與石谷王子同飲半園唐雲客先生四并堂次日余之白門歸舟得句寄贈

秋堂叢桂醉花茵猶憶更闌風露身今夜長干還對月

月中不見隔宵人

天畔離思夢未醒登臺秋露下殘星落花吹徧江樓笛
偏在關山客裏聽

白練空江天倒流蘋花風菂畫登樓江山不入王維手
碧草紅林未是秋

千春雪曲許誰工唱拍曾無古調同我去白門還慟哭
迴車應不爲途窮

懷人天畔望江楓駝背金笳落照中多少秦淮河上柳
一時吹斷鷓鴣風

蒹葭霜落雁南飛九月游人未授衣卻向三山望江水
滿天黃葉一帆歸

冬筍

破寒抽嶰谷原不待春雷湘籜排山出瓊芽劃地開鋤雲分鳳尾帶雪選龍胎莫惜干霄節先教入饌來

松子

仙實來千里雲胎起百尋蜕皮鱗甲在香味雪霜侵塔有重樓勢（北人呼松子爲松塔）房連偃蓋陰玉盤初剖食粒粒歲寒心

贈徐蘭生

杜門歲月草元成青帶青青石檻平家在南州稱孺子
人從甬里問先生寒蓬雙徑烟霞没夜雪空巖鹿豕鳴
梁甫坐吟人未老山川寧負臥龍名

夢與石谷畫游魚既寤咏詩爲圖寄之

林葉索索冷秋圃碧紗夜火如沈霧夢剪吳娥機上霜拂拭清光三尺素若有王郎倚繡茵墨花暗染蘋花趣芙蓉雨蒲塘路荇帶青可憐鯈魚影相聚蓮葉田田不可數錦石雲漪渺難渡風濤亂芰蘆天河落白榆槎頭欠零落丙穴今有無漆園濠梁語將軍池上圖研塵寒花房曙水光風影魂驚處點成雙鯉擲滄波銜書直向婁江去

海昌東門望海

海老神蛟入夜哀觀濤曾見水雲開奔雷欲散連鼇雪
一線橫空白練來

海氣蒼茫冷厨袍幾看明月蜃樓高可憐精衛當年影
片石猶懸大海濤

尖山地盡是天根跋浪鼉吟白晝昏豈有颶風來大鳥
漫將鐘鼓過東門

短歌行

明星在天哀鴻叫野雲中之君紛何來下虎豹在側羽翼銷謝我獨憂勞將告誰者臨觴不御揮涙盈把逝將棄之沈吟未舍寫我心曲作爲短歌子之不聞云如之何

新筍

露籜穿苔瘦龍孫漸滿園抜山知雨力削玉破雲根舊

淚瀟湘染新雛嶰谷繁看他長毛羽碧漢起飛翻

游仙曲

天衣如雲初拂石碧眼仙人散紺髮上有瓊華照銀闕
綠波無風見蟾月瑶圃玲瓏翠相結赤城鱗鱗堆絳雪
採香仙妾紛成列東行海水飛塵積盧敖綠玉杖九節
齊侯棗花散餘白上元酒盎澄天碧蘆刀刻髓流金液
行厨炰鱗烟五色海上歌鸞聞樂闋山河卒舞靈妃悅
白鵠西飛一雙雪漢殿何年種桃核眞人宵光眼相射
欲耕下土無阡陌黿鼉驅風移水魄榆柳凋枯安可摘
昆侖破碎非我宅騎龍奔雲九關闢登降帝臺杳無迹
坐捲紅霞展瑶席手頓羲和不敢夕

送季子游薊

公孫閣在夜螢飛珠履平原客到稀但使姓名通狗監
肯教風雨戀牛衣
殷勤脫贈呂虔刀報我江聲八月濤燕市無人還買駿
金臺天半爲誰高

楓葉

袍草非舊色谿林無碧影別有青女機能製霜天錦

秋水征帆圖一作送董子游浙東

蟋蟀啼漸寒蕉梧響殘雨班馬聲驚送客魂蒲帆影上
秋風浦江路紅林霜葉下何處風煙堪秣馬千里雲濤
未可從三秋芳草誰同把葡萄樽芙蓉裝別館清絲淒

鳳凰一夜夢隨青雀舫月中搖蕩過錢唐
離鴻秋嗷嗷離夢夜悄悄未忍調朱絃離聲令人老黃
華滿三逕壁月不獨照栝蒼盤盤嵐陰道秋雲片片如
飛鳥紫騮且莫入梨關待我聯鑣踏春草

題畫白芙蓉便面

奇服吾猶在秋風寄所思美人應未遠悵望涉江時

題畫贈子純

鶴語驚寒曉夢還彈琴花落半庭閒指頭猶有分雲力
更向雲邊著米山
薜荔山阿若有人富春圖裏過殘春欲知迂老驅毫意
天海蒼茫一問津

閒將詩句答山靈奇想烟泉未肯扃不雨墨華常帶濕
窺人嵐氣欲浮青

題梅花庵主大幀

金池自洗芙蓉鍔華嶽何須巨靈鑿素練忽破青天痕
墨雨橫空萬山落

夜集羅子齋頭

月挂天心列宿稀金尊華燭照羅幃當筵頻按漁陽摻
江左詞人淚滿衣

西泠別趙公子

握手躊躇怨別離銀燈良夜倒金巵愁心欲託琴中曲
彈絕朱絃君未知

秋風曲江吟送又騑姪之金陵

井闌欲墜青桐葉蛾眉未吐初秋月芙渠金粉散蓮塘相送輕車秣陵客緑箋獨寫紅蕉牖玉壺不注葡萄酒長歌自擊雙蒯緱鳳絃聲激驪駒後白藤織笈在馬首垂鞭直指秦淮柳我獨蓬蒿長閉門折芳難寄三山友揚子尚元固有會鄒董那得居其右子雲翩翩白鱗對出關建節驚關吏仲華得志亦少年豈今千里輕龍驤桂花蘂蘂江雲翠莫後秋風曲江響

題天池石壁

深樹烟開磵路分瀑泉時向靜中聞翠微忽斷丹崖影吞吐層嵐是白雲

桃花紫藤

石泓纔解研池冰又對桃花憶武陵神女只愁春欲去護花千縷繫長藤

蒲柳小幀

曲江何處夢前游點筆春風此暫留只爲少陵詩句好至今蒲柳尚含愁

題草花扇

嫣然一笑散朱樓笑拾殘花過陌頭誰道芳華容易謝此中紈扇自無秋

靈巖春雪中贈香忍師遠遊

磐礫廊前三尺雪堯峯胥口連天白凌兢澗道冰龍鱗

長逕短港行舟絕故人將行復有待愁緒如絲不能歇嶺上寒梅未吐蕚陌頭已變垂楊色黃鶴乘風返顧時孤凰鎩羽將離日時兩郎君隨行繩牀毳衲擁霜風垂白生涯瓶錫中一寒范叔誰相問張儉飄零道轉窮西山之蕨豈能飽乾坤何地容吾老明日春雲滿洞庭消魂又別姑蘇道可憐五里一徘徊無盡山川一往來瘴澥烟沙那可渡瀟湘亦是風潮路冷棗栖栖無定蹤棲若輕塵散如雨還留十載舊青氊卷面春風且西去賣漿賣卜姑待時抱璞豈肯求人知握中團扇何梁詩欲置君懷君勿辭但能別後長相思

贈故將馬君

楚客無家與自豪十年風雨賦離騷金丸馬上彈飛鳥碧椀牀頭泛濁醪鴛水青鞋仍半錫龍泉寶匣自雙韜手搴芳草思公子惆悵春江二月濤

畫奇石與商文上人

五丁無力鬼斧拙誰遣山靈斲山骨玲瓏意匠驅化工不使僧繇弄丹碧嘉陵粉本並在心生綃十丈能相尋少文已去風流盡空揮玉軫無知音此時縱目谿山裏何處苔衣堪漱齒馬足風沙起翠微芝草摧殘白雲死披拂靈烟一片石千巖雲月曾相識飛塵不度猿鳥稀雕繢春風幻空色眞想橫經正瀟灑紅蘭窗外簷濤瀉崚嶒峭蒨能娛人手展藤箋爲君寫

同不遠九日淮雲寺看秋色（寺爲前人古墓有老樹參天千年物也）

出郭望秋色野無羣峯青相呼入化城秋花照金經其中有喬木結根護幽扃下枝凝雲島上枝穿青冥仰見細葉落點點如寒星荒臺聚鳥雀臥碣無留銘白鶴幾時來華表餘荒汀花龕散涼草清磬出虛櫺徘徊寒翠間秋雲爲予停人生若朝菌慨然念冥靈念此愴中懷浩歌還郊坰對菊酌君酒但醉不願醒

水雲亭雨夜留宿分韻

蓮華初滴漏人影聚梧軒暗雨喧簷竹寒雲壓寺門僧瓢分白墮佛火共黃昏願借維摩榻新詩好細論

獵犬詩題畫

立殘斜日禁園身馳道風微不動塵料得炎天休較獵未須回顧按鷹人

不用傳書去復回閒思狡兔立荒苔知他得志園場日肯避南山白額來

夜渡暘湖宿西山楊子別墅

路轉一峯迎風兼五兩輕月波寒不定烟岸夜難明鷗浦春邨火漁梁布網聲西山同宿處猿鶴待歸纓

雪後梁谿歸棹口占示同舟諸子（立春前一日）

棹轉西城路銜烟夕鳥來雪留殘臘在帆帶早春回爐火侵燈影谿光入酒杯歸從高閣裏詩興待觀梅

送楊生之無爲州

山郭春聲聽夜潮片帆天際白雲遙東風未綠秦淮柳殘雪江山是六朝

戰艦寒潮古陣雲亂鴉荒壘弔斜曛大江西岸濡須塢春水方生我送君

歲晚從家君諸禪侶登琴臺

登臨歲月晚烟火望寒城遠圃牛羊牧荒原草木平湖雲連晝晦嵐氣轉春晴攜手琴臺上山川萬古情

羣峯通震澤涇水入蘆汀雨雪殘吳苑烟雲出洞庭湖光生夜白島嶼落空青歲暮鄉關遠征鼙未可聽

寄家叔（時在山右）

倘慎春前札猶憐草木身（叔父書來以倘慎筆札相誡勉之）北山仍獨隱南阮自長貧詞賦難遊洛縱橫不說秦灌園殊未得深愧漢陰人

貧賤娛親老春秋物外期空餘哀鳳曲無那美人思東絹分來日南金寄到時多慚千里贈徒報四愁詩（叔父致幣爲大人觴大人報詩謝之）

廣武登臨處吳雲萬里看駒駼鳴海國苜蓿滿江干日月窺愁短家山到夢寒東南好風景花鳥竟凋殘

辛苦西遊日星霜望塞州幾回看鏡破長自問刀頭天闊雲隨鳥月明人倚樓寒衣莫寄遠歸馬不逢秋

曲巷偶見

暗路出苔茵驚鴻忽近身脂香能醉客步怯欲依人燈

轉斜窺鬟羅輕不動塵扶墻遮袖立飄颻洛川神

蘿洞舊隱圖 猿鶴不驚草堂猶在龍重游於箕潁閒乎鏡機既新枉駕非遠昔日雲蘿當復在念知元亭中人或不怪笑也甲辰新秋畫蘿洞舊隱圖得句

秋崖蒼蒞澗路深茅亭石瀨泉聲過風潭百頃青琅玕
碧雨泠然展書坐
叢桂還留古洞霜滄洲空老舊荷裳白雲只傷青山宿
不信人閒有帝鄉
薜蘿猶作舊時看耐得秋風一夜寒谷鳥何心思錦樹
谿山無夢到長安

墨茶 用巨然潑墨法以應晦山湯髯翁

灌園我在城南畹他日留君花下飯曉露新抽翠甲肥
春鋤更劚黃芽嫩何煩和鼎間三鬻鹽豉和羹爛似泥
最愛山家風趣好不將肉味勝金虀

清溪釣隱圖贈三蘿曹子

何用江潭問醉醒垂綸閒在藕花汀知君不著羊裘坐
猶恐人疑是客星
卻笑鴟夷在五湖漁竿天畔倚珊瑚世閒何必人知我
醉狎羣鷗一釣徒
回首塵寰思黯然風波無地可高眠于今到處爭香餌
誤盡游魚亦可憐

題雪圖

風前銀河路天半玉芙蓉瑤妃映珠樹白鳳舞巖松

甌香館集卷二

武進惲　格著
海昌蔣光煦輯

春夜作

瓶花香散一庭寒禿穎摩挲展素紈竹裏風聲當夜急
推窗北斗挂闌干
路鬼揶揄敢笑人朝榮木槿恥言貧金門漢時今安在
看爾何心對白麟
十年吾意在滄洲珠樹江妃想夢游但使山中松桂好
不將詞賦動諸侯
新蘿將換舊衣裳夜鶴無聲對草堂袖裏鶯花詩句滿
手中江海釣絲長
有誰放筆敢稱癡繪苑滄桑某在斯墨雨久令千載祕
青山還許少文知
羈鞬南國雄壇盟白首應論傾蓋情吹罷塤箎君莫笑
更聽雙劍作龍鳴

王丹麓過訪東園有贈

獨鶴鳴空江孤篁抱瑤水飛龍待新奏鳳絃未伸指徒
歌息園扉寤寐望彼美振策響霜鈎車音動蘭氾忽逢
柴桑輿遂倒東郭履窮棲傾賞心陳歎變新喜彪彩既
爍席冷風流貝齒瑤華余盈懷際藻亦云侈珪琳念當
合神聽協宮徵躊躇問所歡繾綣書一紙荆雪想西帆

（時程郵何在豫楚之間丹麓屬余致書相訊）吳霜滯東軌卷蓬掩征塗堅氷
截人趾將從荆上期終阻湖南市淵情爲爾竭欽矚何
能已

在東園東毛稚黄

海雲菀菀春霞斷柳絲綠遍寒江岸細網幽窗竹煙亂
山桃海棠落將半鳥聲過殘雨蘭風細吹案我思在空
谷我夢屬雲漢銜璧只獨照錦衾空宵爛飛花濛濛還
坐歎江郎藻筆不在腕石泉水芹泛谿館柳下無人待
誰鍛

贈徐徽之前輩

不見□黄日□忘四七期乾坤公尚在風雪夜何其九
野占鶉首千家哭繭絲美人春信遠花鳥正相思

暮春野外晴記

祭酒嘯吳鈎江花對楚囚獨醒覩蟻蛭含笑問蜉蝣歷
數成□□蟲沙聚此邱十年臺笠下□□夢西周

客夜作與李七

竹霧蔽山樓茶煙冷蒯緱孤蹤風雨夜同話古今愁有
歷無三月殘編託九州唾壺歌欲斷隱几夢鴻溝

吳山偶歎

盟府丹書在空懸皓首期一言虛刎頸千古泣燃萁白
璧君何有青蠅爾獨疑盜泉爭飲地迴轡敢濡遲

贈王丹麓（丹麓三過高雲閣索余詩文因作歌）

王子著書常滿屋晝吟自對庭前竹三過高雲詩未成
一彈再歎無絃曲投我青琅玕知我愛奇服終朝采香
不盈掬終年種石不得玉大荒陰陰秉燭百鳥喧喧
稀見鵠雕蟲壯夫亦殊苦對客何能賦鸚鵡囊中藻筆
皆蟠龍鏤冰文章棄如土但令英爽果絕塵片語何妨
亦千古有誰海岱推國工馳驅藝苑無追風棄擲瓦缶
鳴清鏞沐浴冰雪開鴻濛眼中乃有王君公

贈郡別駕

九霄忽起郎官色駟馬初分澤國春自舞漁蓑窺露冕
敢攀青佳傲朱輪瑶華夢冷崑邱雪珠樹天迷瘴海塵
篋裏寶刀猶可贈肯將麟閣誤鮫人

壁履初從幕下趨每從風雨問菰蘆我因結襪知廷尉
客爲彈冠識大夫半卷陰符酬麥飯三春醉雪卧江湖
遙知按部中吳日先有軒車過酒徒

寄里中同懷諸子

昔君過我別桂樹下微霜今我憶君時蠶妾行採桑陰
風吹酒罏九陌無紅韁我珮久塵土我馬悲元黄彪騫
企先路蘭草含其香靈臺多落英湘水皆斑篁□□起
中夜星宿閉晶光天語不可聞狐兎何荒唐七襄豈無
文安知非報章弦匏有時望晨鳥聲未揚折柬召園公
拊手南山陽

畫碧雲青嶂圖贈李子

拔穎泉山響濕翠上紈素忽然見天吳研北風雨度瑤水不生濤嵐暉如隔霧青葱石林氣浩蕩滄洲趣碧雲悠然來帝鄉不肯住虎嘯懷陰風鶴鳴想天路將從向禽鑾登習巢由步莫問山中年且卧蘭茗圃

寄王丹麓五月廿三日期又錢稚黄東琪虎男大來因思客歲丹麓從冰雪中訪我東園我輩今日盤桓不及王郎遠矣口吟自嘲并題畫扇寄北墅

密雨千門正未開無人同破北山苔雲過悵望迴車客會比王郎踏雪來

松風忽向藤箋落贈爾谿山分半橐清琴不動想停雲我在城南君北郭

贈非夏李七時將乘槎海外同人賦詩餞之非夏少時曾感異夢海上仙翁授以求鳳之曲仙姬召與對奕今日壯遊三天舊夢可考也

六傅狂呼天上筵玉簫吹散蜃樓煙春秋百里游秦日陰火元虛作賦年瑤海塵生尋舊夢石橋山斷拾遺鞭醉吟鰲背鮫妃舞縹渺琴心繞鳳絃

寄邵五堯民

第五才名大斑騅去不忘曾投雲母扇分我令公香海月三青鳥江花一錦囊山樓千里夢今夜度吳閶

風雨臨池興停毫意轉深神山多入袖流水不從琴草長江郎賦花殘莊舄吟儻因濠上語知我贈雲心

遙同胡生招諸子西湖雅集座客爲張覺庵毛稚黄李東琪諸虎男洪昉思西湖六月烟濤萬頃衆影一碧綠鬟紅霧靡靡去我咫尺無由挂我席我獨行乎山間豈知西湖隄上六月赤日猶有聞游客耶

游人屧六橋去馬蹀躞船無數打紅鵞起白鷺深翠中不知路香風來衣上佳菱謳發紫簫度調尊羨進花乳索鉛管裂紈素豎勁句鄒枚聚從朝乘舟直至暮我持蟹螯不相遇美人今夜散佳期碧雲誤西湖明日採芙蓉花間指我曾游處

題古松扇與邵子

五色青門事渺然石梁吾憶聽泉年霜毫剪取虬龍勢袖裏常生泰岱煙

同覺菴稚黄東琪雲卿虎男集北門周氏書齋

結友招北山煙郊振游屐泛柳駕已遠高衡偶窺幕珠榴向垂條斑篁無餘籜層甍何鱗次蘭橑相間錯輕塵度書亂蛸絲半窗絡苔草含翠烟翻堀鮮花藥急雨當晝昏驚風散簷雀游非華陰市坐企公孫閣雕俎忽陳軒洗觴復行酌紫蕊正盈把珍簟新涼薄冰井不可汲霜篪奏余曙傾濤馳高辯遺骸放清謔脫珮酬主歡觀濠契賓樂和鼎有尊羨毋忘翦場藿

冷泉亭聽泉

千古聲還冷無心出谷中不雲常聽雨入夜誤驚風珠浦塵生久河源路未通神州迷禹跡此水倘從東

同稚黄虎男集高雲閣分賦

方剪元卿逕同披宋玉襟畫雲開北苑製藻得南金久客总吳語論詩屏鄭音毛公擬自美袁虎醉還吟隔竹涼生笛停樽意在琴擊鮮非斫膾無果羡來禽蘆笋犀文滑新羅琥珀沈月高庭草暗雲亂井梧陰螢起仍依砌鵶棲欲繞林微風先動柳斜漢未橫參鷲嶺羣游散文園肺病深（稚黃從靈隱歸一夕三賦長篇明日病矣）流連今夕飲轉憶在山心

同覺庵雲卿虎男過北墅王丹麓書堂時稚黃未出戶東琪在南屏因柬二子

夏雲綴長林蘭風開高館惝怳慕前期有客未窺幔如何同晦朔一息異昏旦結軫川上人幽襟阻河漢昨游既成往今遇已就判花豔謝故枝桑燧改陳鑽風雨暗求心哀簧亦徒亂囊穎祕靈鋭猶龍累高歎彼美思何極玉齒爲誰粲對酒初未歡張弦不能彈

答黃帥先前輩溽暑客武林柬正叔索畫詩步原韻

舊恨棃關嘯古藤牽船九曲歎誰會醉游天姥原無路夢到瓊臺第幾層夜泣鬼神人不見曉圖雲漢我何能毫端自有山陰雪六月難開研匣氷

同覺庵稺黃雲卿東琪虎男過北墅訪丹麓遇雨夜集陸蓋思閣分賦（即席得七言古體）

夏雲變空霧涼氣送城闉聯袂無高車訪友當及晨極盼非川巖十里皆市塵榴火照墻東竹影閉門裏遂牽思光船更過周口里那知渡口鯉魚風千山雨洗芙蓉水襏襫相看色惆悵曳屐衝泥欲誰向東指城門不得上紅橋空繫游人榜雲間詞客晝披帷把臂還言相見遲葛衣潦倒脫接離高樓碧樹無黃鸝一笑解珮逢所思夜堂秉燭倒金巵張公纚鬚倡新詩稚黃險韻誇絕奇東琪琢句初燃藜阿虎後出還支頤野君蒼髯歌紫芝高雲東園都不羈客星那得聚良會恆差池白眼看蜉蝣青衫久塵緇名山油素約天地汗青期今日羣公推四子（北門有四子詩二王二陸也）他年北墅是南皮

貧婦詩

石榴何童童飢雀鳴啾啾清琴誰復張君子已遠游妾行不踰幃君志在九州空有龍鳳絃難爲去者留西家擊靈鼓東鄰宰肥牛大婦坐熏香小婦彈箜篌侍婢曳羅縠珠翠當裹頭覓我初嫁衣零落不復收木棉縫曲鍼開戶羞同儔角簪尚不完何敢望金鏐小姑嬌我側弱妹爲我憂婦人故細微慚歎無時休

戲贈高雲主人

一笑酒家胡鞶囊銀僕姑看君頭上髮如我鏡中鬚月霧迷三里雲衣重五銖何因呼玉女洗盞進醍醐

高雲生再屬東園自和

粱父載柴胡傴人堅貌姑波光上魚尾花氣動蜂鬚玉

爵呼三雅金刀辨四銖不須多釀菊北地有名醐

古意十六首 戊申六月十九夜記事

鶤鳩一以鳴芙蓉不可託天津瀉其波蟾蜍久寂寞黃鵠正號呼羽毛半凋落離離蛸蠨織唧唧野田雀八風不動籥元氣亦無槖白雲一朝枯僊人足安錯

金虎行肅殺山樹悉衣赭瑟風蕩瓊華崇城闃如野彀弩射高墉鷹隼不能下日月無瞶聾江河忽喑啞誰將乘龍淵空望游車馬

扶桑有紅蠶繅絲繭如甕采彼雲霓光言織麟與鳳瑤姬守明河絲梭不能控高飈亂絲結若華淚交迸虙妃爲撫膺湘君亦悽惻燃火索蕢茅從君卜天夢

十年愛鮑魚天下無臭蘭豈知崑崙墟惡草成琅玕紅雲摧帝珠有鳴非玉鸞蟬既麗其裳范亦華其冠靈夔宴旱魃玉斗酌金盤九鼎已沈河誰能辨神姦

列星如垂珠美人以爲服惜哉無良期丹泉不可浴投身下大荒空懸九幽燭西皇猶未寐懸圃方局促我欲乘飆風行空豈有足神靈駕雲車旋轉亦無轂

枯桐失牙徽元雲散重陰一從操南風千秋無此音舉世不見賞空有太古琴軒轅何時遇重華曠難尋田連抽其絃泰容忘其吟靈祇中夜泣蘭氣秋已沈絙絲不敢言何繇寫我心

閉戶圖僊靈出門販五嶽五嶽不得售僊靈何能樂芙蓉羽衣瘦氷鱗玉膚剝星明不見月無晦豈有朔螣蛇矯其尾奔龍皆喪角有鳳鳴荆山吾將採良璞

下土正麟鬬若木風蕩蕩一夕墜濛谷六龍不得上夸父亦何愚鄧林以爲杖崦嵫只一山神州亦無兩百靈皆高眠而我獨偃仰早不啻雄雞何時見天朗

綺里在南山彈琴見白帝騎虎行翠微剛風犁青蕙神泉竇已塞穹洞霾風閉瑤圃困春租芝田窮秋稅徵調及山鬼翦伐盡八桂何以薦獸藁女蘿東薜荔珠樹無餘枝珍果不留蔕致書問游雲雲將欲流涕

坎井在東道棘林出西陌後園樹以梅前簷復栽櫱坎下不可飲棘中非安宅苦雨零我衣酸風交相射灌蘭無餘臭種芝少光澤沈憂方及晨長歎坐至夕

九月披重裘凝寒墮人指北辰換樞紐鼇足正南徙積氣俄已傾星辰亂天紀溫風久不至鄒衍凍其齒鳳鳥忽無聲伶倫塞其耳

長星三十丈有孛如車蓋太白當晝明日輪不能大朝聞泰山吟暮見鬼神旆燐火化列星哀鴻作天籟神京正嵯峨河山自根蔕雕題貢名馬卉服獻珠貝災患亦不生妖祥復何害

巫陽呼九關空中鳴天鼓增城非故居上帝無寧處橫流奔重霄不周沒其柱南山虎無食牛哀夜相語斷尾浮渡江歎爾不如鼠

北地有藏碑懸讖出淵水云誰司蓋藏鬼斧不得毀其文旣傎錯其言復何指柳葉辨蟲書煌煌告人紀天神笑下土魯國無男子呂尙方鼓刀投綸未知止闗中何寂寞拔劍亦云已

燕趙非我鄉衡霍久見隔升高望四野但有狐貍迹巫彼粲龍溺秣馬將安適盛年亦須臾前路轉見逼還顧望靈臺蕪草已盈尺靈臺尙不存憔悴敢自惜

高冠不復暖久客無完裾悲風緣隙來陰氣慘不舒日夕望大江誰能脂我車富貴于我賤貧賤于我貴珪組何敢愛溝壑何敢諱椒蘭昔所佩纓綏今所畏無裳豈忘寒長飢豈忘味安得榑桑暉氷茗作春氣

題稚黄夢蝶圖

誰操錦瑟怨湘靈筆底烟絲恨草青滿地落花春不管花閒蝶夢幾時醒

怨詩

高樓多列風仰視雁南翔閨中擣紈素三寄寒衣裳朝朝縫緝繻夜夜擣流黄飛蓬何能理金鏡掩容光錦衾無時暖羅帶盡含霜前年期秋風今歲誓春陽巾車亦不遙道路亦不長何由見千里四望皆垣墻犬吠過西戶馬鳴來東廂深巷聞叩門鄰曲歸遠方屬耳每驚聽中宵起彷徨燈火明虛帷促織依我牀賤妾空自念知君久相忘

送殷大之淮上

馬銜金勒曉霜微河上楓青雁過稀踏遍臨淮秋草色白蘋花裏放船歸

寄范荆門

白馬雕弓玉轆轤荆門專閫握銅符虎牙吹角翻新壘魚腹披雲按舊圖月滿三巴歌出塞秋高千騎獵平蕪輕裘倘過衡陽路好遣雙鴻到五湖

呈靈巖座元師

兵戈搖落向江湖別後音書雁有無長路星霜還薊北扁舟風雨到姑蘇薜蘿自與青山老絳帳空懸明月孤回首又看烽火急夜闌相對重躑躅

秋閨怨

秋風吹碣石萬樹盡蕭疏鴻雁寒沙外芙蓉細雨餘流黄機上月尺素夢中書之子經年別高樓永夜虛

同卓靈上人過顯慶東園靜室

到門園樹合行徑石苔封偶伴支公鶴重聞初地鐘開階交細草幽鳥過高松藉地論心久西闌聽暮蛩

送王雲九之淮陰

翩翩浮雲翔裊裊和風吹春華日夜零夏樹漸成帷黄鳥鳴嚶嚶綠草被長隄上有遠遊人駕言與我還初從城東闗邂逅君容輝雖非平生懽繾綣新相知聞君別鵲唱惻爾重傷離願持盈觴酒申以河梁詩征車何迢

迢轅馬聲參差朝游大江濱夕宿淮水湄行驂無留軌離瑟繁哀絲手握尺素書問子歸來時

吳門文初瑞初子潔彥兼四先生過訪家君東園小集草堂有述

朝日出東園寒輝燭晨霜高士遠及門蕭辰恣游翔開軒理瑤琴繁音動宮商白雲停前除冷風襲櫺窗良晤追古懽惠言展衷腸山泉充酌斟郊蔬實圓方清言發四座浩歌激中堂薜荔既生色宴笑亦未央同心各異居會短別阻長佳期不屢至嬿婉莫暫忘含情欲有贈濡翰增慨慷

同石谷子修齡翁過朱子山池

捲簾山翠滿樓看勝地幽人問古歡涼雨未成風轉急秋容將老氣先寒

重陽前六日同修齡翁石谷子飲朱子草堂

山樓空翠入窗紗離逕秋深未見花把菊尚遲高士會持螯先醉孟公家驚風捲葉收殘雨斜照穿林點暮霞勝地流連共心賞柳塘歸路已棲鴉

題石谷雪圖

風竪暗泉清山庭曉更明夜來松雪重猿鶴凍無聲

雲海都未開鴻濛幾時破空谷閉門人知有袁安卧

瓊樓生光芒銀海無昏暮人從瑤島來手弄三珠樹

仙人掃琪華鳳團烹石鼎獨鶴立山亭飛上最高頂

暗雨離思

急風初變雨晚氣不開林今夜綠池上經秋紅蓼深雲來難到夢草長欲驚心莫以前期改空燒玳瑁簪

秋夜同稚黃子鴻虎男過陸藎思不遇因抵東籬草堂看月

燈火亂平川昏鴉市柳邊千門同霽月深巷閉寒煙素女將窺瓦洪崖未拍肩蟾光莫西下座客欲無眠

贈莫大雲卿 高雲閣下聚樂適逢主人降日索詩

舌在誰言老弧懸莫問年還將射虎箭聊爾伴鶤絃夜舞銅鞮曲朝歌寶劍篇牛衣暫相對先贈祖生鞭

新秋想毛稚黃夜吟處

江雲想奇服石華夢空島開堦苦吟處一夜生秋草碧雞鳴瓊崖天馬出東道朽壤蒸金芝鹽澤自美好山川久無言丹梯問誰造靈泉倘有窮雲霞亦枯槁默坐索鬼神鮮風洗吾藻絢彩非掩素曲輪不厭笥文心在天末麗景入奇抱銀漢爲君傾蟾兔爲君老

答稚黃與惲子說秋氣

勞歌開北牖彈劍問東游極目一千里長天不斷秋夜蟾知有夢野繭說無愁薜荔西風裏空山憶敝裘

越山

絕壁繫蒼藤殘碑弔六陵越山逢夜雪鶴語憶堯崩

觀潮

何處紅樓聽玉簫銀蟾不見桂花遥海神倘作秦時夢
枉恨移山舊石橋
雪光雲線下空雷點鷺翔鷗白練來二十三年無勁弩
天吳纔放海門開

和稚黃九日詩重九不置酒不泛菊紫茱絳囊徒喜其名嘯侶無山水之適秋堂偃仰把詩自勞而已乃有毛君與予同懷獨立暮雲一嘆秋色予悲其聲鏘而應之

客館單衣冷劍囊故園天畔路蒼茫插茱不愛無家紫
把菊難逢載酒黃五夜獨吟雙鬢雪三秋同病六橋霜
知君縱有登臨興未忍憑高弔鳳皇

題稚黃晚唱詩八章讀毛公晚唱有斗壇蟾蜍焉鶴蓮華峯老子蒙沙渾子說焉秋氣諸語徑靡隱毅窈窈焉黝黝焉鬱紆悵蕩而不可知殆將洗發靈氣鞭策造化抽其怨思智騁奔霄之響翔乎閬風之苑沐浴八海晞髮層城上采瓊華下挹瑤井珍怪極矣蓋以九州不足游五嶽不足涉寓內皆常游出入所串耳顧非遺九州廢五嶽而獨放乎殊域搜索隱僻以自快也夫拘墟者刷篤籬壁削迹鹿蹲且不及問天地升降有五嶽九州也而又焉知奔霄之響之安所之也然而毛公遠矣毋乃合人望海中三神山飄渺不可見而疑之也哉晚唱云者自量也彼飛卿長吉玉溪生皆遺蛻也何足以羅之詩凡百篇當其得意命藻連類遠引鑿奧險創無象即稚黃不得自解也因繫以詩八章解稚黃之所不能自解者云爾

神鋒如雪正崢嶸一洗新愁五嶽平海底潛蛟應起舞
江潮都作夜吟聲
步虛聲杳夜如年霧閣微聞碧玉絃夜叫九關騎北斗
壺中猶有未開天
桂葉茫茫刷絳河瑤姬無力度金波水晶盤裏初相識
曾問蟾蜍歲幾何
何處紅雲十二樓空教靈鵲怪來游醒時不記三天事
自剔殘燈畫女牛
翠濤香海不生塵游戲神霄劫外身夜卧綠房窺色界
蓮華能闢幾由旬
天柱風翻墜帝臺僊人無地散蘆灰煙沙遮斷函關路
不許猶龍紫氣來
殘月何心弔夜泉芙蓉偏愛楚江煙秋風杜宇還啼血
紅到千林亦可憐
掩卷秋生牝竅風屋梁雲氣忽成虹懸帷晝睡連天雨
還在銀河舊夢中

贈朱弁上北游

懷寶知垂棘奔霄起渥洼籌邊漢卜式任俠魯朱家趨
府人還少為郎鬢未華君行御溝上為問上林花

贈莫十三漢農莫君嗜古精于天文能驚外國使能考璇璣玉衡而終于不遇故作詩贈之

君家西湖濱厭看湖上山身依海鷗宿心與天雲閒口
吟五噫西出關脫帽自挂蒼梧間偶然登燕臺洗足御
溝水縕袍蒙茸一草履金貂紫驃君勿喜倒誦蟲書三
萬言侏儒笑擲番王璽重譯曾驚外國使諸侯盡倒蘭
臺屣既綴上林羽又轉桑乾路囊破惟留五嶽雲鶴飛
還想三珠樹滿腹皆象緯纏衣悉煙霧握尺量舜管執

杓考天步流霞未肯酌熊蹯亦不茹還將槲葉補秋雲
槲栗橫空萬山去 漢農自貌杖笠獨游圖

同毛稚黃在巢青閣逢余體嚴鍊師即席爲圖題扇

我逢余鍊師古杖方竹根雙眼鑄日月一身浮乾坤座中談參同毛子默不言借爾采藥劍叩我元關門俄頃遍帝庭半榻通桃源戲剪吳山雲松風鼓游橐墨華墮海嶽元氣與君酌手中齊紈裂明月森然盡雨生秋壑出門揮扇過前峰峯頭笑指蘇躭鶴

寄陸泰來嶺南

草殘鄉思後葉落授衣初八桂三秋夢故人今夜書飲江愁孔雀觀海祭神魚椰酒誰同把青袍涕淚餘

夢陸泰來

玉蘭枝老鳳無羣我夢隨風度海雲吹到羅浮猶未醒梅花嶺上忽逢君

送洪昉思北游

贈爾芙蓉劍匣霜一聲驪唱晝雲黃纔翻樂府調宮羽又戲金門和柏梁白馬沈秋歌瓠子黑貂殘雪度黎陽遙知鼓篋初觀禮綿蕞諸生欲拜郎

頌酒 趙子家有醇醪餘二十年矣暇日觴余及雲卿以穀玉壺承杯座客盡驚光晶熒味純腴即竹葉鬱金未足方其美也戲爲詩贊之

趙子飲我酒夜剪園中韭一鏡桃花凝金莖忽盈口吏部方拍浮祭軍將承槽瀛洲厭玉膏西域廢葡萄元珠與赤瑛晶光欲相盪流霞瀉明月絳雪灑仙掌鴟夷賦大腹帝女薦其靈沈藏二十年人間無酒星屢舞更揚卮扣劍歌莫停主人肯長醉客亦不願醒

題毛稚黃新詞

梨花穿月夜無痕柳絮蘆綿大地溫極綺豔時翻有恨最悲涼處亦銷魂

吳山高曲送友北征 錄一

吳山高江雲涼楓葉正綠綠草不得黃葛衣淒風布被晨偃六月積雪盈寸八月安能無雨霜鷹隼朝飛夜有鳴蟹北地先戒寒誰爲公子裳我垂翅於東隅念彼扶桑僕夫絕糧車無服箱劍無精鋩何況送我友朋何況送我友朋孤蓬上征邈乎遠方彈彼離琴琴不成聲作爲短歌歌不成章

飛龍曲題謝文侯扇贈潘子

蛟宮照夜有明珠笑展張公雲霧圖水底奔雷驚夢醒半天風雨見龍雛

雄雌雙舞攬雲衣朱火偏驚劉洞微吟罷海濤雲不散更翻新曲上金徽

種花偃子愛春烟寶扇朝窺玉鏡前騎鳳簫中遲夜月乘龍雲裏待佳年

冰鱗雪甲洗秋旻曉電常呼霄漢羣肯以泥蟠笑黃鯉

甌香館集卷三

武進惲格著
海昌蔣光煦輯

題雪山圖和陳其年韻（庚戌盛夏吳枚吉持其年所贈詩扇索予畫雪山圖因取其詩依韻和之時陳髯方挾雲郎北去念之且嘲之也）

笑擁如花人橫鞍大梁去諸侯倒屣繁臺下酣歌醉舞無晨暮我來問所歡碧雲空悠然吳生擎扇向我笑好游髯客忽歸鞭為君抽毫扇底掃風雪欲君懷袖六月生寒煙

谷口歌贈友

鮮南洸蘭叢谷口無纖塵翡翠戲北牖麋鹿結南鄰絳氣沉空霄白髮變昏晨松風過澗綠奔響趨龍鱗想見桂樹間猶有羲黃民山情愛初暉波影銜斜曛何必上五嶽沐髮瑤水濱泉卉契獨娛涉野常懷新攀鴻昔已緬采露今始頻長歌繼摩詰一笑桃花春

贈袁中江

燕子來時客未還又將騎馬上燕關客窗倘有分雲手因寫東吳雨後山

玉樹山堂（春雨中望見鄰園玉蘭將開戲為點墨）

凝寒未減怨春遲曉步山堂問柳絲忽見玉蘭齊破雪始知春到已多時

吳門王勤中過訪

坐看尺木起風雲

裂扇

鐘鼓東門亦誤驚可憐擲地已無聲谿山破碎雲烟散一夜東吳墮墨精

自嘲

放筆心通造化師何曾山水見鍾期誰知玉碎方流盡還比昆岡抵鵲時

綠蕉

坐久燈花暗風檣度雨聲綠蕉窗外淚今夜為誰傾

菊

碎剪紅雲照綠苔倦吟人醉夜光杯隔秋記得看花處豔色亭西最後開

中酒聊從石上眠葛巾零落補秋烟籬邊忽見南山色又是柴桑把菊年

題石谷畫看梅圖

竹外橫烟松上風攜琴溪岸板橋通不須更放孤山鶴身在寒香夕翠中

題畫

柳路溪風拂面寒幾枝晴雪傍簷端暗香瘦影分明處把酒山堂待月看

題畫

海客乘槎事渺茫蓬萊水淺已千霜此中尺幅藏東海那管揚塵與種桑

故人停畫舫款我水雲扉執手卽狂喜但云相見稀病添新白髮貧戀舊青薇明日置尊酒還來坐釣磯

秋暮同張程諸子蕪城水榭分韻得花字

秋氣銷殘暑烟郊看落霞龍垂江路雨蟬噪水庭花畫舫蓮陂出漁罾柳岸斜從君問隋苑芳草夕陽遮

題江帆圖送彥吉之長安

長劍何能戀故園手搴芳草賦銷魂誰言剪水吳刀澀卻袖江雲入薊門

眼底浮雲故國迷又從天外聽鶯啼曉來轉恨江風急絲柳蒲帆盡向西

秋雨未歇在高澹游書齋觀宋元名蹟

爽氣生秋衣層陰停秋館雨侵蕉絲重風捲竹林偃幽情發珍圖碧嵐凝不散窺圖如得路俄已涉千巘目入蒼翠交汗漫不知返忽繞羅浮烟微茫送楚晚朗如鮮霞開黑若松徑晚杳然九曲盡惆悵天地短今古列几案擬議出寸管但與靈匠期無嗟昔人遠

王山人山莊早春圖（昔惠崇郭熙皆有早春圖稱爲人間名迹烏目山人此卷雖宗輞川略兼惠崇遺法嵐容樹色雲影川光一點一拂皆帶早春風氣至於設色之巧極爲淺澹愈淺澹而愈見沉深見其沉深而不知以空靈淡蕩出之也若用色宜染一入渾厚則非早春景色惟澹極而沉深益能運其神氣於人所不見之地其經營苦心至此無餘憾矣）

陰厓寒未解幽磵尚留氷昨夜條風緊嵐烟幾層出谷寒泉明遠岫春雲接密樹不知霜猶剩殘冬葉板橋橫荒谿鸕鷀閒可數春波猶未到半露黃沙渚青開凍壑痕綠轉枯楊色腕底放春來不借東風力練界千灘雪晴開萬樹烟山陰無剩雪誰放剡谿船竹樹亂春禽人家蔽翠陰騎牛出谿口烟柳過橋深

雨夜酌酒與莫生兼懷邵馮二子

華燭照琪筵東雨響空牖脫帽把金卮高歌不拊缶我來正搖落佳期間良友鵾絃空操別鶴音龍頭自瀉蒱萄酒西林馮君慷慨人東陵公子雅絕倫大兒文舉與我交最親酒酣爲言二子意氣如高雲何爲惲生黑貂風雪同飛鷀江關十載覺多苦辛陶朱金盡劇孟老著書豈療虞卿貧去日江花正啼鴂今到吳山草如雪停雲咫尺未可攀散髮松陰三歎息翠微寂寞紅蘭凋淒斷旅魂招不得江城烏啼夜向闌釭花自落雙銅盤碧紗烟中人影寒漸聞風聲淅瀝敲井幹不眠吳客摧肺肝

湖上別朱朗詣

海風鳴枯桑白日下西匯征人策鶩馬躑躅城之隅我馬不遑留與子當睽違去路何迢迢攬轡立踟躕豈無夙昔好千秋非所期豈無平生親金石將見疑榮名人所慕明義衆所訾荀子衷昔言脈脈中心知未能致區區何以言乖離白雲悠然歸天風來御之邁途有徂轍馳景無停暉山川詎云遙齊願寧久暌黽勉嗣徽音慰

我長相思

阻風沈子齋中憶南屏

咫尺苕谿路操舟不可行相思今夜酒并入故鄉情宿鳥窺燈影幽篁散雨聲三秋江上札曾否寄南屏

雜感

狗盜皆稱客今誰數孟嘗朱門正歌舞白帽自風霜恥作伶官態徒嗔鼓吏狂從來事高潔豈忍更褰裳

奇服誰言好年年補女蘿傷心成酒頌玩世託琴歌器小求知急名高見忌多果能傾一顧何必妒雙蛾

輕薄看時輩誰能問古驩兎狐猶念類脣齒自知寒駿骨酬千里駑桑受一餐苟言天下士□□在彈冠

斷簡留秦劫無糧說禹餘琴寒桑扈雨金養范公魚對案慙妻子呼門畏吏胥朝生當暮死不待歲云除

後雜感

采藥終孤往丹梯未可求此方皆大澤吾地少靈邱蝦菜三春酒鶯花一草樓知無買山力爲我謝巢由

桑柘今安在雞豚願已違衰門親舊絶失路友朋譏黔竈終燒研雕雲不製衣早知慚歷齒何事厭輕肥

長夜誰同舞荒雞不肯鳴雕蟲心自悔折翼夢猶驚絶險觀奇士通都聚客卿豈因吾髮白早晚報河清

編花成麗句斂草就霜紈瘦骨難因熱孤懷只向寒奇書牛背讀妙繪虎頭看倘有千秋在風簷一整冠

守歲南村

漏向歌中盡家餘物外貧燭花銷蜡臘杯酒換冬春夜鳥孤村雪寒松隔世人辛盤照華髮兒女暫相親

壬子初夏戲學曹雲西

石壁無雲潤路空荒荒竹葉夜來風心遊古木枯藤上詩在寒烟野草中

陽羨贈江西宗赤霞

諸侯客館已蕭然游橐誰分月俸錢爲愛銅官朝翠合蛟橋長繫孝廉船

筆底烟霞未肯貧客山攜手醉花茵他年倘過章門路沽酒江潭是故人

九疊屏風最上層難將空翠染谿藤知君家在廬山麓天半香爐到未曾

一片蘆烟憶斷鴻還家三過白蘋風篷窗若展烟江看帆影翻疑在扇中時余以烟江圖贈別

九月南田草堂送石谷應樂園周司農之招

我在南田薇綠筠錯刀天畔寄愁頻三秋叢菊花邊夢半繞桃源磵裏人

天光如練賦心閒空翠長留縹渺間散作秋雲正西去墨花瀝滿秣陵山

荀家鳴鶴又南飛天下王郎見亦稀此日周公在江左更呼君認舊烏衣

席門蕭寂閉苑苔明月秦淮首重回爲爾空庭多種竹
雪中還望剡船來

壬子十月與江上笪先生烏目山人同聚西郊泊舟夜談與江上翁合成此圖相對笑樂但石谷子從壁上觀得毋不戰屈人邪

古松亭亭高出羣一雙鳴鶴夜深聞幻霞竹樹扶疎甚
挂向山堂生白雲

枯木竹石

老樹如奇士修篁似美人嶔嵌一片石相伴歲寒身

松風嵐翠 設色古淡不爲濃麗而氣韻自足此趙吳興神境也

硯北移雲不動塵花谿啼鳥碧嵐春於今何處尋黃綺

身在松濤嵐翠間笑看野馬幾時閒自從劫外留眞想
羨爾空山獨往人
何必寰中有此山

秋江雨泊 石腳平橋秋林紅葉離披有致一徑穿林而上古岸相接遠樹迷離鎖斷烟村略得遠勢荻蘆平灘泊一漁舟愈見閒冷

荻花兩岸橫孤篷翠壓洞庭秋色濃斜風吹烟雨腳亂
零落隔江三四峯

題畫 設色最沖淡而沈深浮氣盡斂不爲絢爛此成風妙手非時史所知

石壁垂蘿古洞春奔泉濺瀑下瑤濱尋幽別有雲深處
不種桃花誤世人

壬子十月江上笪御史同石谷王山人浮舟毘陵水次盤桓霜林紅葉間屬王山人爲圖各賦詩十二章以志勝事

吟秋詩興與誰同眞想長留霜樹中爲愛晚霞紅更好
船頭欹帽受涼風

對景都忘水國寒獨吟篷底破吳紈一秋閒殺千林色
盡日無人此地看

一曲平岡望轉深霽光偏射日西林誰能繫卻斜陽影
不放千紅到夜陰

坐看霞標想赤城曾無塵事更關情還疑碧落仙人宴
一片朱衣絳樹明

踏歌聲散一天秋隱隱瑤笙吹未休總是毘陵城畔路

望君游處是丹邱

蘋洲曉泛白雲涯又過烟灘傍柳絲人道仙舟無覓處
荻花風裏夜吟詩

青油步障未應開遮斷車塵少客來正是楓林搔首處
蒲葵題扇莫相催

謾使秋容易寂寥珊瑚撐日護寒飈應知眞宰非無意
千樹圖成一夜凋

十日晴和霜雨遲瑟風夜半起寒枝從今移入鵞谿絹
白帝青娥那得知

千人辟易讓王郎天地眞容我輩狂鎮日同吟殊未厭
短亭臨別又連牀

蔦屨天寒臥草萊先生攜鶴下蒼苔林間得句偏思我霜路頻呼踏月來

蠆尾銀鉤書自聖輞川洪谷畫通神莫將此際蕭寒景說與塵凡肉食人

題石谷先生毘陵秋興圖

王子之秋同年友邀余過毘陵館於家園時虞山王子石谷先至連床夜話討論今昔四十餘日興勃勃未盡閒主人欲之澄江遂俱告歸石谷還虞山余返棹京口是時維揚李給諫屬余招石谷於明春同聚焦巖期會正遠因維舟河干絕賓朋恣遊賞徘徊於禪房仙觀不與主人知也一夕放舟徜徉見堤上秋林石谷指謂余曰此真畫也先生賞之霜楓紅葉如織青松紫檉白榆烏柏五色相鮮高下俯仰參差雜沓不可名狀復有叢篠枯槎遠近互相掩暎位置踈若入巧者余屬石谷曰化工神妙當與爭奇先生亟爲我圖之右丞大年不足摹耳石谷欣然呼毫濡舟隔岸目擊手追者屢日一片丹楓竟移奪於縑素間矣圖成寒飈振林落葉飄瀝似造物者惜此秋華遽爲收攝披覽余圖色態如昨此固時序之所不能侵而霜雪之所不能剝尤可寶也南田惲子聞而異之就蓬窗對景展圖遍稱賞叫絕笑撫石谷背顧余曰兩公留滯河湄爲藝苑增不朽勝事何問主人哉可無篇章以紀斯遊即相爲唱和併依其任興如此

丹徒笪重光在辛

坐愛霜林眼倍明中流放舸絕逢迎拾來千尺天孫錦攜件詩囊著處行

從來迂叟戀山谿一片秋心未肯迷十日一山五日水孤舟不離板橋西

長林迤邐石梁橫雁影當空漁火青分付長年須早起明朝鼓棹入葭汀

紅林古岍影重重每到斜陽色更濃夜泊不知明月上誰家綺席動歌鐘

毫蹤一試一回新不數縱橫寫富春須得江南秋色好鷗波摩詰是前身

方平今作謫仙人筆底烟霞絕世塵寄語蔡經休錯愕麻姑一會是羣真

山樵作畫與貞居爲是移家載道書我亦華陽稱外史虛舟泛泛復何如

十年棲遁近漁磯霜葉紅時坐未歸說向王生覓丹訣還須料理薜蘿衣

拾遺清興自無雙來訪王郎看大江爲道焦公山更好遮留直許到秋窗

十月江南風未寒吳山楚水望漫漫恠來青眼蓬窗底只向毘陵兩岍看

拋卻扁舟好杖笻虞山茆嶺又千峯歸時霜葉紅於火肯許追尋方外蹤

愛爾南田學隱淪草衣不是避秦人他年子晉吹笙處呼我仙源一問津

和作　太倉王時敏烟客

蓬底秋光盡日憑更兼驄馬下毘陵霜高月落烏啼後翠嶂丹楓凝右丞

李郭同舟已合仙京江勝事忽喧傳耄昏疲曳西田

老也放襄陽詩畫船

又　　太倉王鑑元照

城中翠館沸歌鐘城外霜林葉正紅拋却豪華對幽寂先生高跡許誰同

輞川畫筆少陵詩泛泛輕舟信所之閒與沙鷗訂盟處莫教笑我不追隨

柳谿漁隱圖

亂柳垂谿陰山雲發幽賞釣罷未收綸高歌滄浪上

山樓曲 傍碧山臨清潭脩篁灌莽翳蔓相交覆中有小樓岑然窗櫺洞明俾子寢其上晨與延眺清寥淒烟瀏風目遠心邇隱几吟厭而自弔意忽忽若有所思而無其端惝怳蒼冥疑有所遇而不可究詰紛紛襲襲如亂絲相繆其來惕怵其去黯慘氣鬱色渙動人之魂搖人之精終不知其所從起而强名之曰感諡曰怨思皆是也而非也乃繫之以歌託纏綿之思於其音云爾

空樓蔽芳樹竹葉落翠羽瑟瑟琅玕滿樓霧青青樓上山無數湖風吹山山作雲濕雲含雨連山度我思飄緲雲中君乃在十二峰間漢臯路貽我瑤華雙珠珮流光灑灑空靈遇金銀臺冷芙蓉衣弱水如煙散霞圃星飛井底海水乾去天一角望蛇盤手綰羅襦非合歡雌龍怨澀冰絃彈綃文亂染紅闌珊嬌花泣露金井寒轆轤聲轉煙蘿塢夢送春雲過江浦天雞喚夢雲不知滿樓濕盡山樓雨

初冬過荆溪訪潘元白便移舟西氿從南山一帶看楓葉同游爲天台石杖吉月陵友雲元白髯浮屠

我從蘭陵來呼友荆谿市荆谿主人愛看山牽船脫帽西風裏千林十月不見霜平隄碧艸浮魚梁蘆花冥冥水淺淺楊葉索索烟蒼蒼潘子揮長牋篷底坐焚香四座分酡酥傾杯無酒漿江東步兵自行炙鄰下才子調銀簧舍棹入翠微扶石憩山館石林崩灘路不同高松無人鳥相喚前坂穿稻畦樵徑忽下斷古藤搖寒柯紅柏落將半榆風欆露變殷紫杉陰檜枝翠交亂幾時飯黃精直上銅山顛一爲鸞鳳音萬壑皆冷然日夕下蘭坡高歌齊扣舷手拂冠纓弄魚鳥葭汀空影相澄鮮漁網衝烟沙岸直水光盡作明霞色回看松路起昏鴉雲暗山門衆山黑

題立雪道人蓑笠牽牛圖

不作長沮非荷蓧牽犂只道南陽好阡陌既已平壺漿不能飽黃稗正豐茂良苗漸枯槁將耕吳山烟爲我種瑤草惡木肯息陰龍芻豈同皁不風不雨常帶笠無昏無曉安知老當時叩角是何人側身一望乾坤小

壬子冬夜同笪侍御在辛泊舟西郊觀烏目山人雪圖因題

北風忽起東雲低篷窗壓雪兩岸迷只道牽船過剡谿孤舟還泊西城西

和作　丹徒 笪重光 在辛

黑雲墮地天欲低雪光照夜歸鳥迷但愛月色印前谿山居笑殺唐子西

宛陵 梅 清 淵公

墨光盡白寒雲低千山萬山山路迷我欲相從問剡谿故人家住西山西

曉山欲雨　李營邱學右丞一格與他本迥別石谷此景於象外會其神趣真古人之再見也

暗谷層崖雲不開灘聲樹色滿庭隈墨池應有潛龍起忽見晴窗風雨來

擬宋人桃柳圖

花想鮮霞未散時葉遮黃鳥曾啼處裂開明月寄華春縱有東風不吹去

嘉禾道中

東辭滄海鹽官邑挂席嘉禾二日程一路青山三百里白雲都是故鄉情

梅柳

春風吹柳柳絲黃更有梅花滿路香客去主留湖月白來朝依舊醉春光

樹石

墨石若醉立老樹欲吟風秋堂雲外看清籟起寒空

仿子久畫於無意中得之并題

古人有子久今人無子久子久不在茲誰能知子久此不作子久而甚似子久腕中信有鬼神宰不得守寥寥千載下鍾期竟何有

松壑聽泉　松壑聽泉石谷學李晞古法晞古闢境靈險發筆得峭爽勁逸之氣時俗學仿大都畫肉遺骨使驊騮氣盡顧借斯圖一是正之

危崖奔泉風雨至藤花松影吹滿地攜琴聽泉松石根濕盡衣巾皆空翠

斷橋聞笛

烟水蒼茫蕩畫橈石欄堤畔望寒霄一聲玉笛千秋月零落梅花十二橋

春愁

南浦草連天春聲到杜鵑花含故宮雨柳帶六朝烟蜃氣方連粵江雲不到燕如何此時夢零落滿吳川

從家君及諸道侶訪河渚鄒孝直兄弟有贈

青楓白露正高秋法喜還從汗漫遊十里疏篁臨鶴樹一谿明月帶漁舟桃源采藥迷仙洞穎水牽牛飲上流環堵蕭然塵世隔招尋轉自愧羊求

上堆山先生

典型故國仰靈光衰鳳吟歌過楚狂青史新書陶處士蒼生舊頌漢循良閬天雁去音塵杳易水人還夢寐長風雨十年悲失路可容几杖侍茅堂

和宜休居詩

搖落秋風作楚吟梁谿高卧到如今淵明門徑思楊柳中散琴樽問竹林夜月悲涼湖海夢空山窈窕薜蘿心十年流水無同調莫向人間覓賞音

風蓮戲魚圖

萍風將散綠香氣欲成霧美人采紅蓮曾過南塘路菱絲翠相結荇帶青未開忽聞跳波聲儵魚泛空來

畫江山停棹圖和韻

夏寒江上放晴遲風月流連倚棹時灑墨忽隨天雨至移山不待曉雲知重窺烟路曾遊地笑誦摩厓記勝詩花下披圖把盃看暗潮汀外尚迷離

月出歌和龔琅霞作 西蜀李太史寓齋前有繡毬一本花開招琅霞龔孝廉飲

其下時當三五圓景交光千花並色花不可狀以月得之因作月出歌

千載此花月幾時相盤桓月不待花白花從天上看金波瀉樹枝未安眼邊瑤海生微瀾花枝朦朧淡如此更無月色在花底宛轉春風送素娥月華為爾牆東起惆悵李太史歎絕龔琅霞此時晶光霏微惟見月半壁坐看天無涯太史大笠不覆首倚石離披露兩肘摩娑高雲月在手笑弄蟾蜍呼北斗倒挹天漿注瓦缶仰問青天知我否須臾衆影風中見忽如翠袖開紈扇百結流蘇挂夜珠一隊霓裳舞春殿吁嗟眞宰賦物已太勞太史文心亦千變雕鏤神力爭天工移情于此生留戀烏鵲知未來桂枝安在哉華林瓊樹今已摧尋常花木還高臺有酒在深杯如何不飲空徘徊琅霞吟未絕太史方擊節遼城羽衣不能語關山玉笛聲初咽賦就應來巫峽雲座中還想峩眉雪

湖上草堂送友因寄家書

草淒淒風嫋嫋越客花間騎騕褭柳未青蘭滿牖贈客折蘭不折柳蘭風吹雨上征衣紅亭紫陌縱金羈百草怨方驕故園今□□鳳孤游鵠朝飢春來西嶺無青薇我有書一握燈前淚濕藤箋薄請置君行篋爲我寄東郭蘼蕪一夜滿江城游子車輪生四角山丹枝欲燃條風吹綃幕梁鴻適越非得已主父西游正寥落江水去悠悠吳山雲正愁脫此鷫鸘裘且醉吳姬春酒樓玉壺

青絲酌馬乳吹簫獨按漁陽鼓游子不返顧揮鞭直向長干路風嫋嫋草萋萋我望白門西江上桃花沒馬蹄

滿眼風塵一劍囊錦江難洗陣雲黃豈知岷嶺峨眉上也有田栽海上桑

送周翼微入蜀

邊烽天外未休兵牧馬秋屯白帝城客路金笳荒戍月斷腸不爲聽猿聲

翠削天梯劍閣寒淋鈴曲罷憶征鞍一夫已失當關險不必重歌蜀道難

小鳳桐花近有無何從開國問魚鳧吳儂只愛江南好因寫吳山送遠圖

還山口號

風送歸帆半夜潮客愁鄉思一時消轉因家近心偏急十里翻如百里遥

柳路人從北郭回燈前兒女笑顔開夜妝小婦添香粉暗展菱花喚不來

古木流泉圖

眞想來空襟忽與古人遇我不學雲林亦有雲林趣

寫生題句

吹罷瓊簫咽鳳塵粉痕暗减鏡中春低垂翠袖紅妝側舞倦龍綃一美人

哭呂穗九

枯桐塵滿繐帷深舉世何從問賞音獨拊靈牀魂在否聲殘流水哭人琴

拂拭鷥谿剪素紈書來相索待加餐尙餘一幅圖番馬留作他時挂劍看（册中無畫馬屬予呼范生補之而未及也）

難覓金莖露一杯使君游宴曠懷開笑看點墨淋漓處曾比枚生七發來（病中時索予筆墨遺與）

牀前相對一開顔瘦骨欲欲几案間半壁崚嶒邱壑在病深猶愛范寬山（病亟猶以兼金覓石谷山人畫溪山大幀懸壁）

落花戲魚曲（趙承旨畫落花游魚圖題云溶溶綠水濃如染風送落花春幾多頭白歸來舊池館閒看魚泳自漚波延祐七年三月六日春霽溪光可人乘興作落花游魚圖就賦詩其上殊有清思耳此幀已歸廣陵王氏不復可得癸丑予客西泠往來湖濱蘋灘荻港綠隄花岸可以操雪塵襟馳盪藻思每當風日暄和碧水澄明游魚可數輒憶文敏所圖悠然自樂因彷彿爲之并賦落花戲魚之曲以當樂府田田茄下之歌云）

澄波如鏡散紅如霞沙粼粼雲瀰瀰菰蒲相加槩春風兮于水之汀雲之涯藻動不見底荇帶清可憐儵魚游其間願得惠子兮從我乎濠上之觀兮

訊半園唐雲客先生病起

繞床芝朮空瑤琴獨枕縹緗伴古今夢隱烏皮桂花冷半簾秋雨畫堂深

曉登初陽臺遠眺

路徧蒼苔晝掩關一秋心與碧雲閒白頭今見相如渴不看芙蓉憶遠山

晨興涉林麓遵路上岑崿攬衣盤崚嶒遊目恣寥廓雲靄出層巘霜氣列萬壑賞遇新謠發境觸眞相作窈窕滄洲雲迷離入叢薄霧散岸葦出初辨漁艇泊遥鐘隱翠峭亂水浮丹閣烟暉近遠變霞彩往來數江濤嶺上明帆影樹中落離離見海日曖曖照山郭宛轉歸徑間娛心滿晴屩

雪草山茶

冰池原有草雪砌尙留花羅浮無夢到斟酒看山茶

鸎粟豆花

麥隴輕寒柔火遲豆畦香滿過春期花開豈爲吳蠶密錯認天公愛繭絲

甌香館集卷四

武進惲　格著

海昌蔣光煦輯

天修季君招飲張樂歌自製新詞演柴桑翁歸隱事激揚高風形容道妙填詞家淫豔餘習洗滌略盡因製曲十章

賦能歸來醉玉壺閒鷗身世任江湖紅塵十丈長安路柘館清歌似此無

醉後閒呼鸞鶴羣北山何用著移文知君高志輕軒冕游戲真如出岫雲

聽歌身已入谿山能使心餘物外閒洗盡詞家舊歌板不將豔曲落人間

移塵不是舞霓裳樂府新翻換羽商莫使春風怨梅柳笛中吹遍菊花黃

畫屏銀燭引清謳高士分明把菊游卻怪朔風催雪夜九華筵畔恰逢秋

曾是柴桑漉酒巾難將優孟寫閒身忘言真有南山想疑殺今宵度曲人

閒歌偏在亂離時我愛君家歸隱詞旗亭他後徵歌日不用當筵舞柘枝

莽莽乾坤醉未醒停杯岸幘數殘星笙歌轉眼繁華度都向遺華漏裏聽

鳳管獅絃欲遏雲紵歌梵曲自紛紜何如乾闥婆天樂醉客當場總不聞

嘿然何必問維摩琴韻能令大地和小玉聲中君得路新詞微妙總伽陀

晨風飄岐路

策足愛通津誦詩跂周行隨時履多艱枉轍非所望極目睇寒雲寒雲一何長飄風衝地起晨露沾帷裳黃埃蔽前陌飛蓬自飄揚南轅紆北軫豈念河無梁纓牽累千里志士多徬徨奔車古有戒折坂忌行痡鸞和不失音亢徑皆康莊楊朱定自悲阮生徒慨慷天路本無岐可以恣游翔

行邁將何之修塗浩漫漫飄雲卒已至迅風振林端前蹊既回惑跬步阻川巒有車不得馳有馬徒盤桓惟此涉世心太行豈爲難哲人鏡其機夷險寓貞觀枋榆笑斥鷃瞻彼鳳與鸞鳳鳥一覽德能使雲路寬何爲嗟岐路投足未遑安云誰頓八紘振翮起飛翻

柴墟懷古 岳武穆敗金人屯兵于此有祠臨江

金牌舊恨泣鮫綃江岸荒祠尙寂寥自昔河山征戰地至今風雨鬼神朝濤翻白馬東來急天接黃龍北望遙極目寒烟憑弔處長虹中夜出雲霄

孤山遠眺

振衣空翠裏悵望水天限百谷秋濤壯千帆夕照來竹

深山逕合雲盡海門開無限登臨意憂時賦七哀

一峯原砥柱今日見桑田（孤山原在江中屬泰興今成平陸為驥江所有）海嶠雲邊出江城樹杪懸葉飛孤岸雨雁度萬家煙吳楚蒼茫裏凭高思渺然

脩篁月季

風影過長竿花房玉露溥美人脩竹裏翠袖憶天寒

岳武穆祠

禾黍金飈問古邱孤臣戰迹至今留荒碑尚記南朝恨蔓草翻深異代愁赤岸日高滄海色碧天雲散大江流千秋壯氣銷難盡化作風濤遍十洲

題口岸桃花圖

江天風霧綠濤寬夾岸紅霞春未闌若使此中無戰伐桃花都作武陵看

題枯楊細柳圖與吳商志

關山玉笛夜相催那得春從筆路回莫笑長條久搖落拂天曾傍翠華來

無邊白草朔雲遮落盡殘烟雪榦斜多少玉門關上笛不吹春色度龍沙

紅白牡丹（二種牡丹用北宋徐崇嗣法）

十二銅盤照夜遙碧桃紗護洛城嬌最憐興慶池邊影一曲春風憶鳳簫

季孚公為甬東張氏演紫微新曲即張四逸園先公中丞遺事也

樂府新聲唱紫微中丞名節起人思從今風月旗亭宴爭唱清河絕妙詞

盛德流聲歌舞中抑揚今古羨詞鋒擅場爾自推能手袁李翻教在下風（謂鐸菴笠翁也）

觀劇

鴛瓦霜明烏夜啼玉簫高激鳳絃低舞罷只疑看絳樹絕纓還向醉中迷

宛轉餘音髮一絲遏雲筵畔倒金卮誰知暗墜長廊瓦紅豆銷魂度曲時

江城

秋風楊柳渡馬首散秋聲萬雉雲連水三江雨洗兵樓臺橫戰壘簫鼓動嚴城未見爰居下波濤夜不驚

聞砧

夜久砧偏急風高聽漸稀千聲霜欲下萬樹葉驚飛（一作萬里雁初飛）已（一作應）減別時帶難裁去後衣于今征戍近無夢到金微

題畫蓮

金池種碧蓮蓮子誰當採金粉不肯凋豔色年年在

渡江贈季希韓

結友浮大江江聲蕩蒼昊一嘯無潛鼉千峯入汀岬落葉隨孤帆因風渡烟島觀雲過吳洲輕車出晴篠脫鞅

就嚴城迴望驥江小戒霜猶表葛異地悅同好含意操鳳絃吾美信窈窕蕙帶時獻酬相歡發奇抱

仙人篇再贈季子

仙人騎鯨來乃在瑤水湄北溟既揚塵燭陰無光輝五城如雲霞我昔夢見之采彼若木華渺然見靈妃還顧問青鳥西母來何遲赤松相對笑桑海久塵移魚翼垂大雲天吳游相隨蜃樓接飛鳥擊鼓呼馮夷閶風俄已至萬象迴春姿披我丹霞裳瓊珮紛陸離乘風揖羣后千秋以為期

贈比部季子

還向家園看翠微東山小草待春遲寂憐侍女熏香夜猶憶青縑入直時

烟花九陌自朱輪邊檄交馳赤羽頻回首京華軒蓋裏從容粉署是何人

朝吟爽氣坐抽毫公事無關是馬曹尚有舊含雞舌在春風還待廣陵濤

握蘭當日羨仙郎金屋千花覆石牀鸂鶒聲中開別院齊飛七十二鴛鴦

八關齋閣岫雲連座客狂呼醉綺筵莫使山靈驚夜鶴且留風月臥平泉

柳外危橋山徑開江潮暗度曲池隈銅瓶曉向池邊汲分得峩眉雪水來（李子有池亭在郭內江潮直至池中）

愛客從知不為名座中結襪有王生紅蓮初進雕胡飯白玉還調薯蕷羹（寓齋晛我紅蓮米煮薯蕷乳酪為羹）

客舍歌魚思黯然相逢誰贈祖生鞭尊前意氣為君飲脫帽高吟寶劍篇

玲瓏丹彩散天葩刻畫爭傳没骨花欲使春風懷袖滿齊紈先贈日南華

擬游仙體贈吳商志

碧雲度蒼梧知是帝鄉來恍如雲中君升降金銀臺老聃御丹霞松子乘奔雷六龍導旌幢羽蓋隨風迴行上軒轅邱排霞戲九垓桃花將易世朔野既沈灰高冠宴黃綺笑滌舊尊罍闕逢指攝提陽氣方胚胎虎豹嘯天闕雷霧猶未開從君洗白榆閶闔無纖埃

仙人方六博玉女戲投壺一笑爍電光下土無靈區貙貐紛摩牙中道逢騶虞赤鳳鳴西崑青鳥翔東隅拏靈會瑤水菴靄雲娥趨驂螭上五城謁帝受三符滌嶂攀霞桑弱水網珊瑚蜉蝣玩其裳朝菌行將枯千春有朱草可以豢龍雛手揮羲和鞭何為久躊躇為君激長飈百谷駭天吳安期納玉舄王子吹笙竽招我上丹梯乘羽翔天衢

古意贈友

我家吳山曲君處大江湄百里異風潮脈脈動遙思輕舟渡江渚我馬欲何之願言從所慕繾綣新相知錦衾

既前陳佳人杳重閽咫尺間風雨寤寐阻蘭期念彼瓊樹枝十日猶渴飢何以致殷勤宛轡惠前綏結歡良不易輾轉愼自持一爲奏飛龍心賞詎能違

江城騁登望滄洲浮雲起青楓間紅柏翁豔若桃李勁風蕩千林落葉蔽江水金虎改迅商坐見元陰徙急景感歲闌零雨遲東軌手把芙蓉花將以貽彼美精誠無由達悵悵不能已四愁徒煩紆同舟虛繡被屠狗在夷門沈吟念公子貢公不彈冠千載無知己惜哉延陵劍三歎勞心理

大匠不運斤楩楠同薪樗王良不在御神驥賤爲駑和氏勿見剖棄擲成碔砆利器非蟠根胡從知湛盧所以處風埃賢智盡爲愚囚臣世所笑鮑叔爲脂車謀業須逮時蓬累徒區區呂梁何必險側足在通都曠觀鈞陶外黽勉崇令譽

高穹垂星芒雞鳴耿長宵窮陰尙流霰春氣在寒條黃鍾久希聲舉世失簫韶何由見鳳儀期與帝相要重輪轉羲馭吹萬旋斗杓陽林交丹翠陰澗發蘭苕騰蛇盤霾霧鷹隼樂風飇絕足未奔空凡馬同銜鑣絳螭一驤首重雲開紫霄

贈子長

赤岸仙槎想舊游玉盤無那美人愁從君一整滄洲轡莫使江華滯蒯緱

醉月難過廿四橋相憐客路把蘭苕一時意氣傾千古雙劍寒星動九霄

墨雨千山洗蟪蛄江妃珠樹坐相呼何心更擲開邱壑贈爾春風細柳圖時畫楷楊細柳圖相贈

題畫梅用唐解元梅花詩韻乙卯春觀惲翁先生所藏唐解元梅花眞有楊補之遺意其自題古風超逸清宕視彼雕繪爲工者不啻天淵與梅花寒姿瘦骨相映偶在北堂對臨元人墨梅因倣六如詩句依韻和之戲題呈敎聊供拊掌吟對梅花足消煩暑

素練誰剪三尺霜墨華零亂開寒芳蟠根古槎勢巀嵲繁鬚細蕊分毫芒瘦骨傾攲皮半裂慘澹窮崖飽冰雪滿手瑤華萬嶺風一聲玉笛千山月凌寒獨立憐孤韻美人不到羅浮信何處曾分荀令香幾時還插南威鬢積墨成烟撲酒缸吟詩自倒花間觴藏名只合老空谷高志直欲凌侯王年年與爾同淒冷醉聽鈞天天未醒東閣看花漸白頭梁園賦雪成俄頃

畫水仙梅花再和唐解元韻

元陰閉蟄交璇霜有花破寒先衆芳何人撞鐘擊土鼓烟凝蕙草無寒芒綠濤初見蛟冰裂藐姑綽約眞如雪長帶應擕洛浦雲南枝更照羅浮月移情細聽琴中韻攀條遠寄江南信甘后偏依琢玉人素娥不妒無雙鬢嵰州積雪貯玉缸歌雲又進瑤池觴華胥探簡呼聖子水精吐書垂素王惟有長卿四壁冷憔悴江潭賦獨醒月館三山望渺然仙靈化鶴原俄頃

贈笪在辛侍御

塵纓原與洞天違物外相思隔翠微肯以鹿車縈豸角不妨蘿帶補朝衣新詞黃絹題應滿舊隱華陽詔許歸自有江山千古在好留風月付漁磯

墨苑風流屬老成白雲舊祕待先生正平無地容疎放北海猶慚問姓名自辨銀鉤收蠆尾尚留瑤草付龍耕東來蠟屐窺松子（侍御有松子閣）如向青霞望五城

臨劉寀魚藻圖

一聞江南管再聽採菱謳當時見兩槳于此上蘭舟金波隨風瀉（一作綠濤窺荇帶）鷗鳥不能下為問觀濠人誰是忘機者

邗關守歲憶家君在江南

一水家山隔棲棲客路塵那知殘雪裏今夜向江濱詩動鬼神泣身同艸木鄰高堂兒女宴應念未歸人

金盡邗關路長愁減客餐星分孤館夜酒散異鄉寒簡黜萊衣在偏違杖履歡避人霜下立未忍對椒盤

忽見庭梅放詩成捲帙簪途窮驚歲改親老畏年增歷盡一行淚春連半夜燈彈冠坐明發高譽望艮朋

夢去依華髮春難到故園送迎人自老新舊歲無痕朔雪中原盡鶯花九陌存元陰莫留滯青帝待朝暾

丙辰春於揚州客舍贈稽田先生

極望雲霓天路分幾時靈雨洗蘭薰江虹海電都無準膚寸惟看岱岳雲（先生將赴齊魯）

天畔愁思金錯刀忽傳青鳥下蘭皐天吳尚有移山力好待春江二月濤（先生待友江上）

軍中贈曾國崔生

起舞擊黃羊邊歌繞帳房箏聲催急雨劍氣落寒霜兩自攀新柳誰能憶故鄉雄心覘江水雪盡又春陽

勳名千載事意氣片言傾只有臨岐約還深望遠情魚龍春漲闊蚌蛤夜潮驚待我催游騎江花早聽鶯

發春渡江于天寧洲軍中和天一詩韻兼懷張吳二子兼示曹子素人

乾坤兵氣合草木不為春卻望沈舟處何從問水濱戈舸明組練笳鼓動江蘋指顧鶯花裏乘風待遠人

酌酒與天一（時在江干戎幕）

油幕對斟杯風高畫角哀醉中投石起帳後鬬雞來戰氣秦關合春冰夢澤開拔刀時擊柱江岸一登臺

志學萬人敵思深八陣圖橫騎金勒馬雙挽繡螯弧草莽關星象英雄在釣屠于今稱水鏡曾識臥龍無

于竹西客館贈越江應俟何子

湖海身還健元龍氣未除山川能指掌兵法不關書志豈忘耕壠人猶待後車西游知有意非為食無魚

陶二心兌有維揚之役臨別索余筆墨因作渡江圖相贈圖成夜將半矣復作絕句三首書畫上

倘在江船坐倦磕睡時不妨索一二語和我也

別時書札在秋前到日西風落渚邊何事匆匆又分手
雨中還與渡江船

桂華初向半園開勝會難周對酒盃夜坐東軒爲秋雨
江聲都自墨池來（陶子招予同過半園應唐四士招飲予以事不果）

十載棲棲一敝簦長將秋水染谿藤高吟未減江山興
我欲觀濤過廣陵

秋江圖（烏目山人畫遠水蒼茫葭蘆釣艇出没煙柳晝亞如聞風聲）

木葉澹澹水層波葭汀落雁今始多白雲斑篁不可把
瀟湘洞庭今如何

菱塘魚藻

紅香春不隔碧藻望如積花潭千尺波魚戲在半壁

秋江垂釣

意不在魚安用綸鈎烟波無際渺然孤舟蘋花荻風與
之沈浮共我睡者其惟白鷗

落花游魚

絳雪枝上落明霞天際開春風狼藉甚捲過碧池來

柳

誰捲珠簾望陌頭三眠無復舊金溝青門路上千條綠
半是春風半是愁

雪後聞楊七虞玉陶二心兌渡江歸有贈

不肯寒山臥還乘破浪風藥囊貧未減詩句老逾工夜
壑傷離鳳霜天叫斷鴻（時楊子有西河之戚去年此日正哭難兄亭玉時也）生平
盛意氣感嘆欲書空

襆被長爲客風濤慎此身歸纓分朔雪別柳記初春壯
志青瓊老奇才白屋貧年年渡江處沙鳥識行人

爲雲間陳寓公贈雉皋石君

志士多苦心不輕一飯恩何況傾蓋間披襟如春溫鄙
夫重錢刀失德愛盤飧非無千金酬誰能辨王孫石子
鬱奇抱相感在片言相感在片言豈必乘華軒嗟予久
行役投分思古歡邂逅得楊子遂與同朝昏（予得楊子如寓公得石生寓公報之以言予愧之矣）密如平生親意氣今所敦緇衣有同好
此義今誰論公子去久矣千載無夷門三歎念斯人庶
幾風尚存

雙檜圖歌贈姚子

噫嗟闕里之檜無旁枝大塊靈氣繚繞之觀其萌芽占
歷數一葉先告開昌期我不能游曲阜撫靈柯玩此離
奇將問眞宰何爲使爾寂寂沉冥而無所知今也何時
冰雪摧傷上林柳舉首不見扶桑暉何處深崖雙古榦
上聳虬枝拂河漢堅貞自養冰雪姿傲兀不爲耳目玩
九僊羣鸞來游翔天雞鵾旦音相亂烟苗豈與四時異
標致遂與凡卉判曉雨百泉根底鳴暮雲千嶺枝邊斷
望舒弭節霜條上羲和迴轡翠微半誰營鳷鵲觀誰構
柏梁臺班倕那肯顧梓人空徘徊斗筲睨視不相賞大

器濩落成凡材對之慼慨有姚子愛吟但看西山紫醉呼李生畫雙檜生平寄託眞如此畫筆蒼茫吾與爾與酣五嶽驅一指直瀉銀河三百丈墨雨淋漓正相似牙角紛拏碧雲裏上攀猿猱下鬱壘倒挂懸厓兩赤龍青天雷雨圖中起

題燕人王筠侶畫小鳥立霜枝紅葉鮮潔可愛扇爲蛟門舍人所得

不將螺黛染烟嵐醉染霜枝興正酣燕市紅塵藏不得故留殘墨到江南

還想含毫供奉年消魂紈扇墨痕鮮枝頭莫是啼鵑血葉點殘紅絕可憐

梳翎小鳥愛霜苦山果無名扇底開立斷高枝不飛去風前銜恨爲誰來

畫手曾高北地聲誰從墨苑重狂生得錢但買倡樓醉不許王侯識姓名

水晶簾畔度羅裙（筠侶遺事詳汪舍人傳中）勝事重題藻筆新那知身後逢知已猶有風流汪舍人

江山圖

白雲迷漫江北雨波面金焦在深霧江南山影知何處風帆只一縷欲渡不得渡蹴天浪拍城頭檣鯉魚風起江豚舞爪步笛步吞復吐直待馮夷來擊鼓乘風再過江南浦

送孫無言歸黃山

大隱不在山山無碧雲住渺然乘虛舟飄緲望烟路將謝匡中轡未曠塵外屧翠微在襟帶眞想隔風霧肯令蕙帳空春徂復秋暮龍松千虬枝斷厓滴陰露四時作風濤杳冥神靈雨其下吼清川上有笙鶴度松陰冷舊閣青荔虛隱處誰採金澗芝寂寞巖潭趣雲海想沐髮猿鳥待一顧邀棹入桃林花源恐迷誤

馨聞招同鐵佛寺看梅諸子皆先往予不及偕游獨步至北郭梅林下悵望久之

觀樂度閒宵旌門罷歡宴（夜同吳子觀樂詰朝赴看梅之期）蘭友折柬來相呼及羣彥仲月梅始繁蕭辰共游衍予從城東闉嘯侶上芳甸何意爽虞期春岡誤登踐遵塗迷往轍幽尋乃余先遂阻風中轡不共花下饌迴策度北林蒼茫送遙盼羣鳥起寒蕪山鐘隱峭蒨懸知高歌處花覆青苔遍藉艸鳴清絲醉哦脫纓弁烟路折花歸餘香滿羅薦

春曉北林下望梅花

新烟變春社游子仍異國華春猶未半原草盡碧色寒香動千林始識東風力陵苕已堪把花氣翔蜂食新賞獨後期春思渺何極

秋客蕪城臥痾僧寮寄贈穆倩無言扶辰蛟門彥度師六二瞻舟次諸子

秋蟲日夜急秋草傷客心鏡窗見白雲靄然生畫陰涼
葉上虛枕離懷薇青林垂帷悵所思如隔邱與岑惟君
鼓銀簧蘭氣盈空襟流連風前酌遂啟囊中琴飛龍調
既合敢惜綻上音傾賞惟古歡對之復沈吟
綻匏無異音椒薰悅同馥古有錦繡段將貽美人服何
以致繾綣採芳日盈掬論交各有因囂塵世相逐軒蓋
徒喧豗車音杳空谷所以結賞心寤寐予杼軸
柳庭秋易寒薜荔自結束歌停竹西屐烟斷雷塘綠卧
痾凛風帷檢身如枯木須臾冰霜至炮烙又見毒渾沌
同畫處金莖想夜沐鍊藥鮮芝朮侘歎頻仰屋九食思
古人日晡一糜粥丹彩誰見珍嶽雲那堪齎憑虛吾氣
在長嘯動簷竹羈孤戀良朋何爲自局蹙好我豈徒然
清塵欣在矚披衣不及帶凝睇佇來告

贈顧若思顧子若思性磊落好古美遨遊喜方術能以爐鼎煉烹草木花果皆成天露以治療百病雖沈疴拔之立起久服可以扶衰引年益藥露之妙去滓垢而取精華則通靈而無滯此用之之所以神也余與顧子相遇于婁東一見契合他時入山煉藥將呼顧子爲采眞之游顧子其勿忘余言哉

海岳閒身物外期參靈會得至人師蒸花煉草成仙露
轉笑神農未得知
神人用藥不用藥藥有精華用不同誰知至妙傳金鼎
一滴能分造化功
藥鼎氤氳生紫烟抽添火候自天然金莖玉露尋常有
不許銅人憶漢年
大藥原從簡易求先天靈氣此中收直教老病從今減
爲爾新添海屋籌
卻病何須三秀草引年不借九還丹人間無地堪棲隱
只有壺中日月寬
詩囊長伴白雲閒天與神漿可鑄顏他日呼君同採藥
結茅終擬入名山

江路桃花

子江春色裏萬樹自無言子今江上路處處是仙源
瑤水應無路緱山那可游千林醉絲管花月古揚州

題在涓畫

紅雲天半護瑤臺並舞黃鵠紫鳳來始信毫端通造化
秋英春豔一時開
寶玦光華礙帝青美人微醉倚雲屏翠翹金縷葳蕤鎖
更剪瑤天白鳳翎

栢石忘憂

雲壁隱仙家琅玕起翠霞赤虬蟠栢葉金鳳舞萱花

梅

古梅如高士堅貞骨不媚一年一小劫春風醒其睡

江帆圖

雀舫驊騮別路分千林花落恨離羣渡江過盡春山路
迴望長洲變夏雲

甌香館集卷五

武進惲　格著

海昌蔣光煦輯

邗上遇子子伊聲有贈

邗關霽寒雨之子渡江來道旁忽相呼對我懷抱開新烟動隋柳殘雪散江梅爲君發枯桐春風淒鳳媒我車不能馳日暮向風埃悲歌復行歎碧雲空徘徊角巾爲予留厩齒鳴霜苔樂此賞心晤瑤席同深杯隔秋放烟艇落葉君始去遲君青楓林獨立竹西路美人抱孤篁渺然隔雲霧空遺瑤華音歲晚不得遇風雪滿寒江周流予未渡紲馬阻高邱轉爲靈脩誤黃鶴念舊巢去去復返顧夜月期湘靈春花下瑤圃相與採紅蘭芳洲送游屐

十四叔父自七閩還吳相見狂喜兼聞近事感歎有作

梨關兵合斷重圍海角音書鴈到稀短夢易從殘夜醒故園難自異鄉歸七盤鳥道收高壘百戰狼烟護衲衣白髮相歡諸父健家山重問舊青薇

生還如在玉門來客路傷心徧草萊血雨重城雞犬盡黃埃千帳馬駝迴猶傳塡海留精衛又見昆池走刼灰從此雄關休設險蠶叢終爲五丁開

初疑百谷飲長鯨俄頃桑田已變更馬角未生期尙遠雞人無力夜難明潛身木末看傳箭變服蘆中急避兵世事漫勞親故問且將尊酒話平生

庸蜀經營事已闌占星空向斗牛看蹋珠肯入平原館短髮徒衝壯士冠曾見梨關三度馬誰封函谷一泥丸傷心國破爲俘日賦就招魂淚未乾（戊子之際予與仲兄同嬰建寧之難）

零雨三年獨苦辛暫開天險送歸人身同黃石思求侶客有青囊不畏貧乍見籃輿回栗里肯教神劍阻延津最憐弱弟眞狂喜手解征裘洗戰塵

月夜從愚菴大師陳際叔徐世臣湖干閒步

披衣攬夜色遂適湖干趾喧籟息近聽林巒斂遙視千峯寒月中萬壑疎鐘裏遠火互明滅鮮霞間青紫三潭弄浮烟因風蕩爲水浮汀漁唱入過浦簫聲起屋河窺荇藻雲影亂屣履佳遊領支公雅調及高士霜月滿歸塗宵深情未已

獨淸圖

花從殘歲密香帶暮烟生不作繁華想增余氷雪心

送滕子還閩（滕子閩人自閩入燕流身絕域者九年後其妹致書薊門物色得之知老母尙在遂以計脫開關南還）

別淚春風染杜鵑驪歌聲斷綠楊烟身沈絕塞思千里心死穹廬客九年吳苑離觴寒食後梨關歸夢落花前閩南別去能相憶倘有雙魚海上傳

春城戰血冷悲笳廢壘傷心舊礮車雪窖生還猶有母

玉門歸去已無家同騎塞馬眠燕月獨向河源上漢槎
我有離魂招未得劫灰天畔哭黃華（予與仲兄相失於黃華山下）

曉起

連夜深山雨春光應未多曉看洲上艸綠到洞庭波

遠眺

暮雲千里亂吳峯落葉微聞遠寺鐘目盡長江秋草外
美人何處采芙蓉

西堂桂樹下

危幹帶雲青落英吹地白不忍見蒼苔樹下留行迹
寂寞行空臺攀條向花哭不見白髮人花間倚筇竹
麻衣秋更冷香氣曉侵膚無盡號天淚應教桂樹枯

題畫

十年我夢在滄洲眼底湘雲足臥遊碧雨聲中橫翠岫
墨痕斷處是江流

深林秋靄圖

落葉空林起翠烟此中日月欲無年清暉坐看霜豪滿
不待移情聽五絃

題畫櫻桃

白晝華星照綠苔千枝爭放火齊開于今合浦徵求盡
照乘翻從筆底來

玉山園池與石谷聚首三月九日暫歸虞山復來
相聚風雨愆期故有此作

插茱時節君偏去手挽詩囊不肯住與誰吟眺登玉山
紅柏青楓望歸路相期五日刺船來濕雲忽斷千邨樹
風狂雨昏舟不前前灘後港沈荒烟雨聲夜急浪潑舷
推篷茫茫不見天今宵泊舟何處眠

題山堂讀易圖

霜毫落處開丹嶂瑤風墨雨呼靈匠半壁長看五嶽雲
何須九節盧敖杖
薜荔清暉生研席懸帷坐對西山碧松風不斷夏長寒
竹雨聲中展周易
桃花何必秦時島此中風月應常好怪他還著古衣冠
松閒笑指商山皓

瀑泉清籟荅高吟掩卷深知靜者心衣上却疑嵐翠滴
滿堂山色坐彈琴
閒呼猨鶴伴山堂蟫蠹縹緗擁石牀自向杯中留日月
莫從人外問滄桑
採藥何曾問十洲八千誰復記春秋靜中得意探河洛
不許仙人賦五游

再題山堂讀易圖

一聲黃鳥過幾春何處紅綻落鳳塵夌霄花發青藤密
坐憶山窗讀易人

蓮

綠雲飄緲動僊裳紅豔輕勻鬭曉妝閒向花房摘蓮子

滿衣金粉露華香

題蒼虬石壁圖爲友人壽

樛枝勢天嬌忽欲蟠拏空又如驚螭走黙與奔雲逢端然君子身直立撑鴻濛終南與青都烟雨遥相通

靈風

靈風研席舞春煙刷黛含丹色倍妍借得天工長在手一枝開過送春年

題山水

天吳起研北雲嵐恣吞吐風雨若移山眞疑鬼神怒

桂

天香玉露清丹藥杵無聲高處應難翦枝猶蔽月明

題石谷陡壑密林圖

連峰逼天起花潭下澄碧蒼茫神靈雨泠風動松柏忽見鴻濛開居然造化設新賞入奇懷淸暉應未隔

虎林書至因寄李子

烟棹期春過冰霜已歲寒最憐今夜月仍在故鄉看漸短荆卿髮徒存子夏冠殷勤故人札千里問加餐

祝潔菴先生詩 潔菴圖爲潔菴高士唐先生畫并佐綠庭之賜潔菴先生以潔名菴名其所不能名而以發其隱約寓其深思諦覩斯境一草一樹一邱一壑皆潔菴靈想之所獨闢總非人間所有其意象在六合之表榮落在四時之外將以尻輪神馬御冷風以游無窮眞所謂藐姑射之山汾水之陽塵垢粃糠綽約冰雪時俗齷齪又何能知潔菴游心之所哉圖成賦詩九章索同人和之

潔菴離塵想高步青冥間龍馬身從健海鷗心與閒誰知此中意爲我問西山

昔時騰英聲忽見歲月改慨然遺華纓孤游本無待寤寐思古人晉運在東海

如聞蘇門嘯誰同柳下鍛舉首叫虞淵重雲蔽河漢無酒且高眠遥夜不可旦

桑扈羸行處放歌天地寬與來倒曳屣客至忘其冠續毛從吾好採藿從所安

美人停鳳紘遲暮悲芳草折彼瓊樹枝所思在遠道空有瑤華音不見三青鳥

好鳥啼青谿谿光上蘿屋中有遐思人鶴鳴杳空谷天籟奏鏞鼗其聲在松竹

仙人燮弈博列炬芙蓉城麟脯錯瑤盤煉藥飯黃精一笑鬢再綠滄海已塵生

驂螭望太華息足瑤芝圃雲將方雀躍鬪此林潭趣不許問津人知我桃花路

潔菴何所有珠樹千萬枝其上棲玉鸞其下挺華芝拊手招松喬千秋以爲期

春游雜詠

采香涇上雨如絲蕭寺春深人未知霧滿空山啼百舌春風已過杏花枝

翠削芙蓉石作城雨華金地與雲平我來不是春游客

手自磨崖記姓名

樹暗深烟鳥語頻谿山偏作亂離春好風吹綠吳宮艸
惱亂江南賦恨人

嬌風淫雨傍花多翡翠城空春又過我已無心看芳艸
不將閒淚灑銅駝

碧苑紅樓聽早鶯年年春向客愁生花邊得句無人問
直上琴臺發嘯聲

館娃宮柳冷侵魂風度蘆笙過洞門花裏一聲河滿子
紅梨煙月又黃昏

叢竹浮烟上海棠紫崖晒日斷雲黃吟詩樹下驚山鬼
狼藉鶯花一錦囊

二月平湖生綠波亂山吹雨暗青莎登樓不忍看楊柳
吟客春愁病後多

羅縠香風苑路新可憐無地起游塵鶯花醉殺癡兒女
曳翠拋紅又一春

草深騙馬正驕嘶橫過花林落燕泥欲縱金丸轉青陌
綠楊枝上打黃鸝

青帘白舫度笙簫油壁香車出畫橋笑殺春風監羅綺
不知紅紫為誰嬌

三春襆被不窺園車轍何曾到席門不遇侯嬴人漸老
鼓刀寧負信陵恩

杜若新愁蘂未開烟花春盡獨登臺賦成鸚鵡何妨死
千載無人解愛才

和枚吉大雪齋中觀劇

獨醒偏愛雪不共玳筵歡影帶歌塵落花憐舞袖寒幽
蘭方促柱黃竹故留竿自笑先生履孤吟立夜闌

贈愚菴三宜和尚

遠公精舍傍湖曲石廊交映梧桐綠迴樓每見朝雲宿
深池時有鵁鶄浴高臥湖山不計年袈裟常伴六橋烟
六橋花柳繁管絃月明夜放蘇隄船烟光泊得閒中賞
隨波弄月滄浪上簫鼓無聲星斗稀中流一嘯千山響
師每過月夜必泛舟出遊竟夕忘返壁立高風聳奇峭襟期磊落天下少
對弈松間喚狗屠忘情谿上馴鷗鳥逢場竿木全機露
正眼分明青草渡佯狂敝屣法王尊白髮婆娑烟水人
乘興且騎支遁馬論交更結東林社抗揚風雅寓獅絃
郢調諸方稱作者黃金如意玉連環風散天花寶座閒
談經夜蟄魚龍聽禪定空山虎豹看十年耿耿曾連節
伯牙流水無人識煨芋何妨折脚鐺縛身自有三條篾
我來十月西陵道繁霜凍斷蘇堤草同調淒涼風雨愁
三秋痁瘵重傾倒一曲陽關那忍別驪駒歸路衝冰雪
空吟紈扇碧雲詩虛對相思元度月儻問何時再過從
綠楊黃鳥啼春風

送許傅舟北上

許郎五月絳綃輕赤烏鍊石將北征門前錦韉斑馬鳴

南風吹滿毘陵城螻蟈聲殘讀書屋紅亭西去垂楊綠
六橋烟月看未足畫船又指黃河曲前度雲亭把臂時
錦囊自製驚人詩同遊楊子亦奇麗蓮珠合璧光陸離
往路雙鷗弄烟水載筆高吟碧波裏佳櫂吳謳五兩風
蘋花蓼葉三千里一別胡姬春酒樓重過燕市又逢秋
自將綠酒斟金椀手解紅韁上紫騮九陌二條芳艸歇
氊帳琵琶彈夜月醉倚氍毹脫罽袍却指觚棱望天闕
四姓侯家甲第雄豪華舊與金張同況有西臺御史驄
炎天白簡生霜風吾子翩翩擅文藻五陵裘馬非其好
一言深感俠士心輕薄紛紛何足道三疊歌成送別離
吳雲極目長天涯美人若有瑤華贈屈指秋風雁到時

春宴高雲樓聽阮郎歌雲卿索詩贈之

曲房搖波嫩如月龍腦香微熏畫壁挾彈相過游冶兒
調笑倡樓醉青陌花間起舞拂蘭纓笑倚西窗雲母屏
繡袋織成鸂鶒樣碧簫吹落鳳凰聲猗頓鴟夷如敝屣
三語辟掾亦偶爾一聲紅豆慣消魂檀槽自激梁塵起
時斟平樂酒看殺杜陵花蒹葭漫相倚誰共雒陽車子
都安陵豈足羨紗帷春暖湖山宴桃花洞口阮郎歸嫣
然笑認仙人面

雙鸂鶒

綠衣相對畫廊深那比雌雄共一林同夢可曾歸隴樹
呼名爭擬變吳音梳翎不妒簾櫳影並舞難忘霄漢心
只為無雙稱賦手芳洲留恨到如今

筆牀

脫穎何須問處囊倦吟收得兔毫芒雖非文苑輪囷木
郤帶驪人翰墨香盡日不離青玉案閒時長臥綠沈槍
即看灑翰驚風雨應有蛟龍起半牀

題髯公松下抱孫像

藹然褒衣人灑灑出塵表心如滄洲雲貌比商山皓置
君邱壑中雲氣更深杳虬松落空翠花石相繚繞自有
琅玕飯能使顏色好掀髯吟松風雙眼送歸鳥一孫著
膝前一孫手中抱皎皎兩鸞雛勢欲摩蒼昊養成凌雲
翮坐見飛騰早對此且行樂花閒置清醥酣歌兼六博

那惜玉山倒醉鄉無昏朝俯仰乾坤小自古有糟邱天
外無仙島

落葉無聲圖

落葉無聲秋影空碧雲吹墮半巖風吟詩夢入紅林路
展卷身疑在夢中

番王金璽歌 虎林友人曾從都門重譯辨西番金璽文不受官而歸著書論鐘鼎古文

番王使獻金璽懸千金莫能視君縱觀得其理重譯何
侏儷蟲書竟奚指玉環既解驚廷臣□□錯亂非觀美
身披紅雲上豹尾摩挲銅狄宮門裏一雙赤管仵隃麋
壯心聊展雕蟲技相如為郎亦不屑致身何用儀秦舌
簪筆曾哦上苑花罽裘還點燕山雪卣鼎久剝蝕盤盂

無鳥跡箕子想沈碑延陵亦崩坼洗簡參籀書披圖考金石龜文象其巧龍鱗想其畫嶧山與之罘顛倒正非昔六書既亂無前文應使秦斯按三尺天亦不雨粟鬼亦不夜哭芝英雲氣改松鉛鸞驚勢已非蒲竹鴻都觀碣空千尋縱翻科斗誰能讀古文零落辨秦餘神明書體惟君獨還如汲冢見周書因君一洗千秋目

題東崍畫扇

如在懸厓半嶺看密陰深翠覆闌干古藤上與浮雲結白日長令澗戶寒

畫荷葉

衡泥抽柄曲貼水鑄錢肥莫破秋風綠將裁處士衣

澹遠堂話舊

落盡閒庭樹高吟過一秋花中銷醉夢詩裏換征裘客與歸鴻散琴添別鶴愁重來風雨夜慷慨話藏舟

把酒共論詩虛堂笑語時雲昏秋夜雨鳥隱夜深枝風攧爭窗紙燈花落研池他時思此夕重與故人期

秋風驪駒吟

秋星高秋雲黃天露零草烟灘鳴螿瑟風驪駒夕照河梁手傾龍膏進子羽觴雲錦五花驄芙蓉千金裝吹參差兮風梟梟漲江淮之波兮中洲如島地盡矣楚天接雲鳥瀟瀟江汀落雁何多樓船簫鼓隨風揚波君之行兮鳴玉珂我獨立兮山之阿悄予望兮雲嵯峨雲嵯峨兮渺吳關抽余思兮在禹山

過鴛水遲持平師不至賦此留別

梅花落遍西谿白浪遊同作錢唐客梅花時與師邂逅西泠中泠橋邊分手時新烟未動垂楊枝我去當湖湖水曲蘼蕪已作瀟湘綠芳陌殷紅染杜鵑孤蓬鴛水再停船金錫無聲凝暮靄寥寥空與碧雲待客久江山賦倦遊回鞭路上百花洲余將歸里翻愁兩槳苕溪渡寒雨衝波不知處師去苕溪未返黃鶴西飛獨未歸故園雲樹空依依漫指江南舊阡陌青鞋自踏梨關月誰道春風不出關閩山吹夢到吳山折梅曾見花前別歲歲花時兩相憶師結茅芝城山中二十年矣訪舊由閩欲歸毘陵省墓已不果行復決策還閩

和西爽齋詩

散帙林堂上悠然生遠心縹緗蟫蠹跡蒼翠石庭陰水鳥窺朝幌風花拂夜琴友聲騷雅合高興寄西岑

送孫大遊天台因憶國清長老

問訊彌天客三年一字無山空芳杜冷人遠碧雲孤半偈分婆竭千花散鷓鴣非君厭蘿薜歸夢滿蘼蕪

和次谷贈九日韻

學詩十年用我法那肯隨人並肩胛滌腸曾用金莖嚼醫俗須將墨汁呷笑殺折楊衡口出直似比鄰惱鵝鴨但見陰陵頻失道何曾七札能穿甲兩公詩壘鋒莫當橐鞬旗鼓誰能押余方苦吟一字無忍以秋蛇汚君箑

清風泠然對許詢潑墨何能擬王洽與君論詩爽心目
猶如背癢麻姑搯絕調還留中散琴埋愁不借劉伶鍤
有時興酣同鬥勝雄談如倒瞿唐峽高歌石上臥紅毹
爛醉花間墜白帢對吟聲欲撼窗櫺燭光香氣噴簾押
奇句忽成天險闢驚人定把先賢壓盡力篙撐急水灘
抽思雨灑迴風雲東方詰曲幾窮哉蘇君再發陰符匣

秋宵曲 和次谷韻戲用香匳體

思歸縮地全無法夜聳吟肩寒透胛茂陵渴殺病相如
一杯空想芙蓉呷只憶寒宵畫閣眠沈香被冷熏金鴨
斑管長蛾染黛螺紅箏纖指調銀甲惱公原是令公喜
憐卿那許將卿狎新妝小婦盤龍髻撲螢笑展風前箑
如鉤月下捉迷藏合昏花底成歡洽怨別牽衣宛轉啼
纖痕臂上猶存搯誰知帶水阻銀河竟滯梁鴻廡下鍤
解珮何心繫漢皋爲雲枉自留巫峽去日流黃懶上機
歸時琥酒惟存帢身似蒼鷹新脫鏇與如吼虎初離柙
匳底欣開粉黛色釵梁笑把搔頭壓但教紉草是宜男
那用迴文成一霎此夜刀頭望藁砧明朝鸞鏡開鈿匣

題獵犬圖

只傍鷹師獵騎邊圍場淺草每爭先中山東郭搜羅盡
可許閒階自在眠
仰看婁宿在天隅枉說非熊載後車莫以功名輕狗監
也會稱賦薦相如

杪春寄逸園商志

美人卷瑤席遙渡若邪谿春風來自東海雲都向西子
同結遐想寤寐乘紫霓故遊尋花源靈境懼先迷羣僊
吸鵝管上下翔天雞晞髮待朝陽因之淩丹梯

畫小園半壁

峭蒨初疑嶺路通鵁鶄白鷺夜翔風過牆千尺松篁影
人臥蒼茫空翠中

新春十日小雨過馮生飮坐客爲莫大馮季諸君
子

春來十日雨濛濛春光初轉芳蘭叢昨宵月照春城畔
今到官街泥没骭吳客蹣跚著屐來開樽自卷青絲幔
大馮豪宕舊交歡當筵馳辨如風湍有時短髮怒衝冠
小馮滑稽不可止解紛慣射遼城矢眼中惟我與君爾
莫子瞋目脫接離袖中常把錯金椎感恩肝膽知向誰
太公慷慨不樂酒欲醉筵前雙玉斗主人奉觴起稱壽
胸中轆轤復何有惲生捫蝨罷貂裘酒酣長笑欲上城
南樓人生得志何必萬戶侯但令白日不墮天西頭常
與三子高歌爛醉沙棠舟稻粱黃鶴安足謀芝田欲盡
吾奚憂今日燈前君對舞明日驅車向何所鐵笛春風
滿戰場梅花散作山城雨馬蹄塵起黃雲暮杜宇聲哀
白門路白門楊柳正愁人莫挂春帆渡江去

送馮子

春雲片片著花枝江城柳暗黃金絲征車在門班馬嘶草青南浦生別離連宵酌君酒紅琴常在手一聲哀怨操離鸞月華忽墮庭前柳昨夜爲君歌燈前翦紈素宛轉歌不成徘徊念君故橋邊醉挽金絡頭留君青驪不肯住蹀躞上芳洲行帳春星曉却望吳雲隔亂山江籬吟風波渺渺衣染秦淮渡口霜馬銜白鷺洲邊草正月鶯聲少二月鶯聲好三月鶯亂啼春雲去如掃仲宣樓頭花欲飛歸來長鋏應須早

登吳山

路入前峯近青蘿望可攀豈知身到嶺忽失眼中山嵐翠入烟裏車塵雲霧間憑高見天盡無地辨吳關

吳越相依處蒼烟靉靆中半江晴變雨衆鳥夜呼風帆落青天小雲來碧樹空最憐樵牧地荒草是遺宮

贈徐巖之

青山曾與赤松期又見鵑啼故國時三月鶯花江上客十年風雨夢中思扶桑贖淡鮫人泣薜荔凋殘山鬼知老驥肯忘千里志唾壺歌斷鬢邊絲

贈莊太史澹菴納姬

不戀金華侍從班明珠何惜換紅顏自將五色雕龍管坐倚芙蓉畫遠山

茂陵車馬看花心鳳曲渾忘舊玉琴聞道閨中初製錦書來先寄白頭吟

絲酒同斟鸚鵡盃絳綃人在避風臺生憐客館非金屋亦放蓮花貼地來

黃鸝百囀上花枝霜管微風過曲池不捲重帷知夜短楚雲遮斷夢來遲

紫塞

紫塞吹笳人未還春花落盡穆陵關鷓鴣不管興亡恨只向簾前喚故山

畫雪山爲周聖濤起病

松火敲冰心暫閒擁裘行藥地爐間避風不捲青絲幔坐隱烏皮看雪山

曉發新豐將至京口和青巖韻

篷窗天欲曙急溜響鄰舟雨向啼沙鵠雲還閉斗牛潮聲到虛枕山勢入他州遙想空濛處鐃喧古渡頭

題流觴曲水圖

禊飲永和春風花曲水情激湍喧几席靈籟響軒楹忽見翠微落虛疑浦漵明琅玕搖竹色偃蓋動松聲盤石窺人冷深烟拂練輕繁華正三月文藻萃羣英宛爾吟初得欣然句自驚卷書隨臥起載筆澹經營草暖香承坐觴浮綠未傾花茵紛綺麗冠珮自崢嶸隔岸懸丹閣臨谿挂翠屏羣鵝還帶荇密樹不聞鶯想象蘭亭跡風流晉代名天機發靈賞妙繪送餘清逸興邱樊合幽襟草木幷細看蘿磴裏時有白雲生

甌香館集卷六

武進惲　格著
海昌蔣光煦輯

江上懷友

江城鴻雁過霜落芙蓉裏日暮憶遠人鳴琴對秋水

月夜步城北曹園

烟月鎖荒園空臺夜鳴鴂不見歌舞人梨花落如雪

初秋

素月疎櫺外明河深樹中秋聲何處起半夜落梧桐

李侯署中古柏行

素練霜柯高百尺李侯笑指庭前柏根蟠古雪苔蘚斑

氷鱗纏身鐵爲骨勢如潛蛟初起蟄培風將奮摩霄力拔地驚雷未敢飛翻身回顧猶欹立上枝承露還嵯峨霧角烟芒翠相織下枝垂垂含勁風纓絡照地光玲瓏徂徠岱岳借靈氣嶧陽豈羨孤生桐千年鴛水青銅幹奔空欲使撐河漢雉起聲從岐麥來鶴飛影與青霞亂鳴琴如坐丹青中攀條烟雨生几案李侯爲我傾玉漿吹笙夜月招鳳凰始知呼吸通帝座明星玉女紛來翔安得驂麟上閶闔把手羣眞游八荒排雲高議聲琅琅鏘金戛玉趨巖廊臺畔賡歌賦柏梁此圖披拂生輝光

題野雪軒

半簷窺野色積石傍山楹爲有移梅興因留愛雪名得雲生曉白借竹起寒聲筆落峨眉想詩餘剡上情如何乘玉珂只聽上林鶯

題扇

客帳流蘇麝氣薰鷓鴣還覆藕絲裙醒來却怪衣裳濕枕上猶留昨夜雲

一草堂歌贈董十六舜民

我爲草堂吟長爲草堂客草堂入我畫紈扇不盈尺主人浩歌脫雙舄天上星辰不可摘人間衡霍非吾宅谿山借半壁日月走一隙僊人彈碁在白石嬋娟紛如玉山立纖指調漿出翠釜銅盤然炬明瑶席不出環堵間如坐青城限閭巷自車馬蘚路無風埃懞懞垂蔓葉粲

粲過牆梅君有山根出籬下如聞石隙流泉來爲君歌擊唾壺胡爲艸堂時聞蟪蛄君何不著書名露續史稱孤可以懸國門可以傳通都笑彼徇名建鼓而趨折楊同聲大音凋枯坳堂覆杯不知天吳小技驕人見忌壯夫君不見赤驥在鹽車長鳴太行坂一揮赤汗束蘭筋絕景奔霄未云晚又不見神魚噴沫鬐蔽天未覩蓬萊山奚能升紫烟因君草堂歌爲君問千古美人看彈琴盬曲翻銅虎（一草堂有銅虎虎媒傳奇）高軒大蓋滿京華草堂中人獨愁苦草堂草堂且勿歌高軒大盍如君何

送友之秣陵

湖南草綠鳴角弓輕裘春向秣陵東吹笛江樓花滿路

柳絲不繫青驄江淹飄泊春風久空著新詩滿人口紫燕來時歸未歸臨江送客空回首

秋日湖上訪舊不遇

望湖亭畔聽吹簫畫舫烟波十二橋憶自孤篷飄瘴海至今雙劍各雲霄關山夜月離樽滿水國秋風別夢遥回首昔時分手地千林落木正蕭蕭

贈高彙旃先生

鳳曲高千載麟遊竟後時畫前常見易雅變欲刪詩日月三塗盡蟲沙一代期河汾家學在猶幸奉臯比

過故人墓

黯澹懸封墓草黃天風吹日照滄桑夜珠自與連城碎衰鳳能先百鳥藏作誄有妻稱柳下招魂無路向瀟湘不須更聽鄰人笛翹首松雲已斷腸

西泠送季子

君從南海來我過西泠下相問都成隔歲人歸心黯澹梨花夜月白湖烟空寒聲向東寫惱亂綠楊絲不繫殘春驚君乘青雀舫我控雙驪駒雀舫濛滄波驪駒在城隅越江流雲夜入吳茫茫碧草飛鷓鴣蒲塘日出挂烟樹棹歌聲轉蘋花去樹頭忽見帆影高立馬還看繫舟處

送芑侯

僕夫戒行李相送臨河陽仲冬十一月革屨履嚴霜征人不遑留踟躕周道旁仰面見飛鳥東西各成行奈何雙青鸞羽翼不並將昨日同衾裯恩情如弟兄一朝逐轉蓬飄飄竟南翔詎爲兒女態恨恨霑衣裳常恐成參辰天路永相望薄終豈足道明誓亮難忘願保千金軀努力崇令芳

亭亭山上松裊裊松上蘿託根一得所百年附崇柯結交各有因塤篪自相和古道世所棄衆趨難爲多披紛非金石久要竟何益明德喻中懷邂逅同宿昔所以僑札交君子三嘆息行矣善自持白首從今夕離別安足悲黽勉加飧食

花樓曲 爲毛稚黃悼宋姬

花樓斷古春天江沈新魄金彩芙蓉愁組紃紅燭宵光散刀尺厨袍離披賣漿客獨捲龍綃倚瑤席聲咽銀雲五十絃珊瑚挂鏡鸞塵隔蜀山鳳去桐花冷金瓶忽墜鴛鴦井瓊柱空移碧玉歌曲屏不照黃蛾影盧家蘭堂蘇合香陰陰碧瓦生璇霜綠苔蒙茸亂光髮無風欲動眞珠裳天迷迷雨唧唧壁衣烟晚蟲絲織菡萏怨紅秋落盡胭脂色靈牀釭火含微明隔帷如聞解珮聲舊時折殘櫻桃花雙棲翡翠徘徊鳴堦前履迹猶存否朱草明年不忍生

雪山

朔風捲樹無雲影半壁寒光天欲冥怪底晴窗見雪飛

江空忽露峨嵋頂

櫟米數文作霖圖

白雲御泠風知自帝鄉來俄頃已萬里橫過黃金臺麗哉螭龍衣搖曳上銀浦岱嶽未肯藏膚寸天下雨

題松嶠流泉圖壽黃翁

先生獨行世無西山寥寥天游不知人間靜對先生嗒然無言予亦相忘黃唐在抱呼吸天根時聞松風泠泠澗泉拂我懷袖觸我琴絃聽之希聲在彼毫端以贈先生媚此靈烟岑岑高巖雲簪其巔游乎此中安知歲年

層巒疊巘

從君游太古借爾寄牢騷靈襟消尺素原不在山高

寄桐山姚綏仲

千里江雲不到吳斗邊龍氣劍長孤花前得句誰相賞春草西堂夢有無

愛君詩句比芙蓉老我青蓑箬笠中春到不消雙鬢雪牡丹花下歎東風

西湖坐竹上小閣書懷

紅藥氣已薰朱草栽可卷蘋際掩湖風西雲自東轉山烟有時扃峭蒨忽在眼倚嘯臨空樽賞心邈逾緬遙夜想鶴鳴蕙花過春峴故歡未零散蘭期待今踐拊髀流秦聲炙轂失齊辨帶長綴愁重酒深度寒淺乘鯉莫與同握香不堪展持此空谷心沈憂為誰遣

東皐主人招曹劉諸子痛飲牡丹花下余不同遊悵然有作

東皐主人十日不看花東皐草深路斷金犢車豈知名花忽借東風力一夜綵光成霧紅成霞此時開軒置美酒笙簧在左琴在右步障雕闌正寂寥蛸絲欲網紅蕉屧醉客誰能舞柘枝當筵未忍揮雲母楊子既停觴曹生方斷腸庭前小草當春皆作香人間好景如何對此能相忘南田子遙招呼閉戶不顧高陽徒負郭今有無縣東常催租十指倒瀉五嶽圖抽毫空使神靈趨眼前失却紅氍毹不來花底傾玉壺乾坤久偪仄有人對花同歎息趙后都非漢殿風麗華曾是陳宮色漆燈晝暗

屏山下茱萸烟冷芙蓉榭當日歌梁轉玉喉於今金粉銷空夜春風歲歲來江濱那識高堂無美人明月不照容銅池非我春西江傲吏虛錦茵東皐醉客猶苦貧願君看花莫辭飲覩我頭上無完巾

題落花遊魚

尺波無處宿鴛鴦搖蕩春風荇帶長忽見輕鯈初出水落花如雪過迴塘

西泠馮子新搆伊園別業

文園相見日江館正花飛面減何郎粉腰寬沈約圍海雲低入袖山雨近沾衣莫遣春風過花開暫掩扉

地借迴塘闢軒因積水明戲魚常釣月種柳欲藏鶯簾

捲春山影歌翻子夜聲今宵金谷酒不待美人傾

露蔓平窺戶籬烟半浸池雨深蘭葉重風定岫雲遲春艸西堂夢桃花小院思聯吟山色裏相問未來時

德公乘興往元直偶然來竹路不相待柴門空自開馬蹄侵岸草花點過牆苔未覺山林遠如從剡曲迴

夜坐聞鶴鳴

忽從雲外起嘹唳半天聲不覺耳目爽使余林壑清風高聽更徹霜重夢還驚想未歸瑤島猶迷碧玉笙

見鶴

昨夜長鳴者霜霄一羽衣帝鄉何處在華表幾時歸海月懸珠樹松雲冷翠微此閒棲未穩且向故山飛

問鶴

虞機方滿目何意落風埃豈爲乘軒寵遥相渡海來五綻空怨别六翮漫相摧好共翔寥廓凌雲戲九垓

晨臥

敲冰將漑釜侍婢倒空罍偃臥晨難起衡門晝不開凍雲依斷柳飢鳥啄殘苔自笑非高隱何人泛雪來

嵐翠

嵐翠接雲雲不住可是花源最深處松陰瀑泉如濺珠看到斜陽不歸去

張子移家詩

方壺渺何許春洞久寂寞未能浮黃雲棲隱入衡霍初

闢竹西徑將支柳南閣庭草覆城烟簷花下山雀起舞擊珊瑚鮮飈動綃幕勝侶招黃綺（仙裳諸子）高酣放歌咢三山有故人遥訊西飛鶴緘書寄海月三駕過北郭忽逢天外蹤迹契新知樂（張子于闓南逢吾里陸生相友善陸生致書三度訪予城北不遇今秋邂逅得之）別君發秋江歸逢桂花落重來迷巷陌積雪斂行羃江館凜堅冰夜嘯征衣薄寒色慘乾坤春氣在橐籥子詠子絃絲子謠子行酌

桃花魚藻圖（庚申暮春偶過虞山訪石谷王山人因得晤天涯張先生傾蓋如平生驩甚快也暇日戲拈小詞索予畫桃花再作荇藻游魚以志莊惠之知云爾）

照水紅霞動鼓風翠帶長偶然逢惠子相與話濠梁

還里贈鄒歆伯先生

朔風寒雨重披襟嘆息天涯久滯淫明月共懸千里夢孤樽獨問十年心佩來蘭芷君堪贈别後蓬蒿徑已深會見少微占太史寄言梁甫漫長吟

藕結

藕結瑶絲翠袖長凌波豔露不霑裳曉來無力調朱粉瘦盡徐妃半面妝

倣徐熙寫生

研北花枝照眼明五雲常傍采毫生叢華忽破霜天色能使商秋白帝驚

題畫（筍杏酪鶯豆櫻桃）

清泉煮筍出行廚杏酪斟來味勝酥採摘同傾白定椀

碧玉粒伴紅珊瑚

畫萊

灌罷烟蔬抱甕回離披翠葉長春菩僊家上藥原如此
琅萊何須碧海來

雲樹秋嵐

怪底眼邊雲樹合却疑身在富春江秋來常置烏皮几
應有嵐烟撲酒缸

畫菊

只愛柴桑處士家霜叢載酒問寒花秋窗閒却凌雲筆
自寫東籬五色霞

題楊柳

何處香車紫陌塵枝枝斜墮落花津美人獨立東風裏
半爲春愁翠黛顰

烏啼江月正昏黃風裊殘烟翠帶長最是箇中聽不得
白門花落舊宮牆

弱縷風前未送寒和烟和雨上闌干當年歌舞消魂地
深院沈沈獨自看

莫爲春愁減帶圍風前弱縷向依依傷心最是紅橋路
寶馬鈿車亂後稀

翠壓紅潮冷釣磯杜鵑聲裏送春歸白花飛作江邨雪
一夜遊人減帶圍

綠池花片曉來增欲挽東風力不勝只爲送春無幾日
自將烟翠染谿藤

數點昏烟月一潭綠陰桑火過春蠶從今移入圖中看
不必攀條憶漢南時石谷王山人爲天涯諸同好畫柳畫宋元諸家變體窮工極妍稱一時勝事

灞岸千絲定有無隋河舊綠已全蕪抽毫細染眠烟勢
兵氣應難到畫圖戊午秋江南楊柳翦伐罄盡子別有歎柳詩

夢隔春雲海路長楊花飛盡莫思鄉閩南不是無青柳
海國遙聞已種桑題閩海張郎柳圖故有此句

掃却硯塵來翠色無吹玉笛亂春心更憐紫燕風前語
可憶西湖舊綠陰

花雨春殘海上城無心客路聽鶯聲詩成一笑蓬萊淺
左肘驚看臥柳生

秋日觀南田生楊柳詩因題丹徒笪重光在辛

水繞青山去復回有時浮送落花來東風吹亂垂楊
柳欲倩游人爲解開

愛是垂楊嫩綠齊放舟晴日弄春谿滄浪自唱無人
和飛過水禽能一啼

巳丑初冬偶過虞水秋涯王子出余倣王晉卿平橋柳色一幀見示上有惲南田五詩猶憶三十年前侯官張超然與南田同客虞山余爲之畫柳南公各賦絕句十二章以寵之南田繼亦爲鶴來主人畫柳書前詩此冊向藏鶴來秋涯心艷之而卒不可奪丙戌秋杪扁舟相訪欲余規橅其槩聊爲中耶虎賁時超然方以入閩解元僑寓吾虞圖成之日屬其雜題數頁追述舊遊而秋涯買王得羊或亦從此絕意俾冊矣無何北溪陳子購以餉秋涯拙筆簡率無足道而南田没且二十年覽其遺墨一題再題詞翰依依老

人低徊曩昔感喟良多而秋涯方自詫一幀之中其兩人舊蹟爲賢子鶴來所藏遂命余補書七詩而序其端委如此十月十有九日海虞七十八老人王翬識時寓水雲精舍

初秋同溫其之廣陵舟泊西郊柳下和天樞韻

弦月上烟艇微風到綠楊蟬移無定響星過尚遺光夜火喧漁市秋帆聚野塘畏途同作客清吹自悲涼

淮水大至郵舍漂没與張大天樞同客蕪城彌望無人烟愴然有作

野哭秋郵急青疇望渺然千隄齊没柳萬竈欲沈烟又慟迴車路同牽上岸船從看塞瓠子波浪自年年

柳圖爲張天涯賦

江南游倦落花天海客披圖思渺然春水綠隄烟霧裏此中應繫孝廉船

雪曲歌殘醉裏聽瑶絲銀縷暗江汀自憐白髮同枯柳縱有春風不再青

題石谷楚山欲雨圖

秋窗日日晴雲裏何事烟嵐暗不開看到墨花零亂處楚山天半雨聲來

題石谷寒林落月

亂草風汀澗路迷水烟林霧隱荒谿寒禽未醒巢間夢落月無聲烟樹西

題石谷水村圖昔唐解元贈石田翁小卷作水村平遠深柳漁梁菰蒲曲岸竹樹最深處柴門臨溪彷彿有詠歌絃琴之聲出於草堂烟翠間與時禽水鳥相爲應和益寫白石翁高逸處也其畫媲師趙大年坡石骨法宗李晞古筆墨之外有高逸神韻石谷子曾仿此意爲箑在辛御史作長卷余爲題咏甚暢此卷微有異同皆生平合作鑒者珍之

拂柳初歸曬網人抱琴閒渡落花津黃鸝紫燕東風裏正是江南三月春

石谷茂林仙館

白鶴瑶笙下杳冥丹臺千樹護山靈芙蓉翠削青天色雲氣還如九叠屏

石谷仿方壺畫

爛醉西窗破墨時移山轉石夜雲知何從得此淋漓筆應有神龍起研池

哭王奉常烟客先生

相韓家世舊青箱宰落先朝老奉常縱使雲霄參玉樹白頭遺恨在滄桑

江山非復舊時春浩劫難留一外臣若向人間論甲子龍蛇年歲是庚申

江上薰風五兩催偏從到日臥庭隈見時尚說前宵夢客自琴川泛棹來先生于到日疾作却後三日始與石谷見先生于牀第間猶云前夜夢兩君過我

帶水盈盈悵望情披帷一見慰平生依稀十載相思字欲語含糊聽未明壽平與先生聞聲相思十有餘年未償一見之願今夏始獲登先生之堂

臥疾毘邪欲見難褰帷如對故人懽迴身尚擬披衣起老眼朦朧拭淚看

釣渭非熊事已違山阿零落薜蘿衣怪他天海愁雲合
慘澹星芒隕少微
相國當年再召時先臣奉使十年遲交情兩世關生死
問病驚傳卜珓詩神廟時先伯爲大行奉使召文肅公入相歲首來勸駕適當易簀時後數十年壽平謁先生又遇大期與先生永訣先是得病日于關帝祠前占之詩曰若問終時云云郎先伯諱也
相逢偏恨泰山頹此日乘箕去不回若道人間原有夜
如何無路訪泉臺
典型南國表羣倫綺季商巖與結鄰隻眼乾坤遺老盡
從今東海竟無人壽平贈先生舊句有云天心尚欲留遺老不許塵揚碧海東詩成而先生往矣
續命難求藥一丸絕絃空有廣陵彈婁東即是西州路

畫扇眞同挂劍看先生以扇寄南田屬寫生
獨向花前賦大招猶聞閭巷哭殘宵可憐淚作漫天雨
沒盡桑田一夜潮先生辭世後大浸稽天百年來所無
芙蓉千樹未凋霜勝地曾過華子岡若使先生今日在
掃華菴內其聯牀
烏衣門巷綠楊遮風月平泉故相家絲竹東山人去矣
空令山鬼哭寒花右二首過東園有歎
愛客誰將古道論風流還憶信陵門傾家散盡黃金日
不解人間有報恩鄉人每稱先生爲癡如捐金賑人于難親串黨友緩急以告必應生平不知責報于人當宦游時奉使乘傳而輿馬行厨皆出私橐他人所難父老云太原王公能知人之所不知而或不能知人之所共知蓋實錄也

鐵畫銀鉤筆勢殊香林蓮社每停車年來題署名山遍
鳥翮爭傳次仲書先生榜書入分爲近代第一名山梵剎非先生書不足爲重也
花前醉酒有花知不道今年與世辭繡幕東風無限恨
牡丹枯盡向窗枝
可是頻伽梵鳥身白鷴花底記前因羽毛憔悴春風影
先向雕籠別主人先生所愛牡丹白鷴皆先先生化去先生嘗戲曰我一日在留以作我
名德巋然世所尊鳳毛金馬最承恩家風萬石傳恭謹
雲路鵷鸞啟後昆

三薇圖

玲瓏絳樹影飄緲芙蓉衣黃雲天半起紫鳳亦齊飛

題南田三薇圖便面　太倉許　旭九日

紫霞空中飛忽破黃雲裏淼淼蔚藍天散作花三朶

畫松石谷子畫古松乃金陵六朝遺影枝如虬龍翠微間拂拂疑有聲如風濤奔激瑟瑟盈耳可聽泠然靜深又若古桐鳴而萬壑寂也以詩贊之

摩詰庭前鱗未老淵明籬下影長孤恥從東岱觀秦禮
錯使人疑五大夫

貽范生

學畫非化工學書謝腕鬼兩者不得兼無因問眞宰離
山乃見山執水豈見水所貴玩天倪觀古尙吾美何由
鏡其機靈標趣來萃

竹石小筆

閒掃一片石更種兩竿竹何處吹鳳笙瀟湘綠雲綠

失題

夜舞歌金縷新妝翠袖寒美人微醉處閒倚玉闌干

題畫方方壺畫樹石全不似樹署得其景象耳畫石亦然然余猶拘于形似未能盡忘法度也見者以爲何如

方壺老樹雲西石竹似丹邱雪村筆莫笑離披點墨濃
天眞幽澹無人識

仙山圖

密葉樹參天丹臺樹杪懸白雲林外起遮斷釣魚船

臨宋人紈扇本

聯翩飛處影橫斜暝色如烟暗荻花遠水微茫秋萬頃
不妨隨意落平沙

層巒積翠圖

濕雲散靈雨一洗華陰碧神奇劈鬼斧彩翠閃空壁蛇
盤上嶺半鳥道去天尺其下有滄浪悠哉吟風客

九龍山人青鳳梳翎圖

風霜壓百草雷雨起雙竿美人秋未老相贈翠琅玕

天竹蠟梅

翠雲裘冷猶含雪紅豆歌成定繞梁凍蝶棲烟全褪粉
寒蜂抱日便爲房

題畫

青青楊葉碧谿灣闊處無雲不借山一片蘆烟飛鷺起
此中日月異人間

峯頭黛色晴猶濕筆底春雲暗不開墨花淋漓翠微斷
隱几忽聞山雨來

烟樹微茫浦漵明墨花應帶白雲生并刀誰剪吳江水
散入空濛作雨聲

仿思翁秋山紅樹

山居幽賞入秋多處處丹楓映黛螺欲寫江南好風景
霅川一派出維摩

秋暮即事

葭露灑蘭津高飈厲金節淅瀝零雨微嵯峨叠雲結煙
柏閃江電風蘆散秋雪纖羅已陳箱月幌知夜冽晨盥
初獻裘遵鴻正淒切桂枝倘留英紅萸已堪綴金虎凜
餘威白帝未改轍暮芝不盈把露華寒自折萬馬從西
來黃塵早悵別殺氣方憑陵韜隱無巖穴柏署釋懸鐘
雲翹佇歌闋楓郊迴鶴蓋驂聽停金勒九井誰陳詩龍
山阻游迹遲迴感蕭辰玉醴不逡設叢菊殊未開何以
獻時哲新圖麗九華賞心共怡悅

櫻桃

百果相嘲事有無嘉名曾借麗人呼賦成不惜黃金買
筆底能傾照乘珠

甌香館集卷七

武進惲　格著
海昌蔣光煦輯

題王奉常山水

共說癡翁是後身長綃零亂墨華新蟻觀一世操觚客虎視千秋繪苑人先生於宋元諸家無不精研兼擅尤於癡翁稱出藍妙手

飲顓菴太史拙修堂感舊

孤踪海國爲依劉對酒難消此夜愁最是西州重過客庭花猶是去年秋

石畔紅薇落酒卮女牆殘月上花遲欲知太史占星處正是西齋夜語時

客路悲秋白髮新虛堂燈火話窮塵醉中忽記傷心事不忍當筵問主人

未許當時一座傾秋來花外少啼鶯恐將北海樽前句都作山陽笛裏聲

歲寒三友圖

芳甤凝翠朱實金英煜如蒸霞爛若華星寒香不凋絳雪常盈

牡丹

五花驄馬七香車去看春風第一花十里紅塵三月暮朱欄翠幕是誰家

讀易向山圖

竹雨谿上來松風衣畔過中有讀易人橫琴向山坐

題畫祝君陽先生七十壽

玉珮連星出絳帷板輿張宴北堂時花前笑進流霞酌更捧紅雲五色芝

桃花

綵綵暖雨歇春朝雲壓紅流落磵橋欲覓桃花無路入郤聞風度玉人簫

題王奉常遺墨

蒲綠天中醉玉觴蜀葵花似美人妝墨花自得淋漓趣不數包山與白陽

畫竹

寒窗畫竹兩三枝筆勢參差手不知還憶去年今日事掃華菴内雨絲絲

臨文待詔仙桂新枝圖和原韻

薇垣簪筆待仙郎初聽雲璈醉錦堂無數綵霞騎鳳下月中先折一枝香

贈友

黃鵠辭海曲翱翔南山巔中路失其羣徘徊江漢間寥廓一以下羅罘將在前四顧動哀鳴聲激青雲端野田有雌雉毛羽一何鮮雄鳩斑斑鳴啁啾集平原微物尚有適雲翮誰爲憐延頸望四海遠道良苦艱啄飲豈不娛要非心所安肯將干霄姿凡鳥同飛翻願乘東南風

奮翼與俱還

畫江山

驅毫染嵐烟凝暉澹將夕高鐘出翠微江聲破晴碧穿嶺度金光嵌空無鳥迹一角萬景變靈氣紛絡驛哲匠企來今揮斤如在昔島影懸微芒崩灘綴林隙悠然來江風帆影度咫尺哭雲不可見悵望還山客

別久相見執雲卿手而問之君負伊蒿之痛我抱羸博之慘異地同時把袂驚呼至於離索契闊之感又無論已

袖裏三年信同懸千里思偏君哀母日正我哭兒時舊物青瓊在新愁白髮知神傷轉無淚相見一低肩

醉歌吟贈黃海程穆倩

客衣夜冷秋風發閒花滿地秋濤没廿四橋邊無美人玉簫聲與涼雲結我望青天不見月游子今宵生白髮吁嗟程夫子豪宕高陽徒得錢每沽酒鞁履來相呼紅蕉花底傾玉壺尊前感恩皆狗屠奏刀砉然天雨粟鍊石欲使神靈趨六書與府開榛蕪抽毫蒼史爲先驅吁嗟程夫子胸中感慨何時無一身藏命因鉤黨千古傷心聽蟪蛄銅駝金狄不能語江山淚盡延秋烏於今老作諸侯客還似歌薇一餓夫腰下猶存玉轆轤席間倘有紅氍毹醉後放歌小天地悲來浩氣傾江湖蒼茫四壁君何有徒以千金享敝帚禽蟲託諷聊自壽仙人玩

世還稱垢楊黃舊事關心久（程君爲機部石齋兩先生門下士）九辯哀師時在口我亦江城失職人聽雞夜舞頻呼友我飲不能盡一斗君呼烏烏我擊缶停歌顧我且勿憂明朝尚有盈樽酒

題錢子釣舫圖

厭殺還山聽蟪蛄自將蓑笠臥菰蘆客星天上無尋處笑把漁竿入畫圖

物外誰同汗漫遊荻風飛雪半天秋於今何處浮漁艇夜雨篷窗夢十洲

題石谷子畫水竹幽居圖贈江上翁

看泉身似未離山柳路斜通竹澗灣一片微茫寒翠合

此中風月異人間

柴門臨澗板橋西千尺琅玕翠欲迷我自草堂無怨鶴不須珠樹借鸞棲

輓使君羅公

白楊何處望狐邱早見乘箕天上游未得脫驂爲賻賵幾時懸劍上松楸一官落拓揚雄老九辯蕭條宋玉愁仙吏風流應未已鳳毛文采滿西州

送葉畫師游江左

陌上桑葉青樹頭春雲白游人三月臥江城郤向城西送江客百舌啼殘春又半青驄嘶入桃花岸莫上紅橋望遠人芳艸如烟柳絲亂書去家山旅夢寒馬頭天闊

吳雲斷紫綈裘白氎巾杜鵑風吹車輪將軍掩障精入
神鸞手校尉非其倫阿堵故奇物豈貌尋常人仲堪輕
雲自瀟灑幼輿邱壑何嶙峋鯉魚噴浪急浦口江潮滿
嬌鳥散華林駝背吹蘆管蒯緱歌莫緩懷刺休辭遠東
道主人稱好奇躡珠且入平原館

送彥吉之鄧州

亂柳送客路芙蓉照客纓孫楚賦秋草鳳絃語淒清車
塵遙遙雁隱隱棘陽秋影懸烟城荻花風起吹行鷁月
明初聽關山笛珠露瑲霜灑蘭野紅袖畫衣覆車壁我
在蘭臯方灌園誰從馬首歌三疊梧葉黃楓林紫夢隔
江天路千里楊絲難綰將別衣并刀不剪相思水魚龍

夜浦銀濤落黑貂犯曉西風薄天寒騮馬正驕嘶踏盡
秋雲入西洛

蒲塘眞趣 此幅在東臯池上醉後抹塗殘荷離披蘆草交橫略得寒汀寂寞之致

金粉散蒲塘露壓雲衣綠殘葉破秋風驚起鴛鴦宿

題石谷寫唐解元詩意

谿亭竹路曉烟平雲壁崚嶒翠削成知是深崖秋雨後
滿林殘葉亂泉聲

擬宋人沒骨桃花

碧落銖衣原縹渺夢中秦洞自崚嶒于今何處浮漁艇
空對千花憶武陵

陸天游小景

崚嶒鬼斧何年鑿忽有靈烟開半壑松頭月落過寒山
夜鳴驚起巢中鶴

客深柳谿堂觀石谷子倣癡翁小景致佳因題

逸趣飛翔意匠新一峯圖裏夢前身愛他滃翠橫高嶺
石壁浮嵐共結鄰

春游曲 同婁東諸子南溪看梅歸作

谿路聯鑣望翠微輕寒花氣上春衣過橋南岸尋春去
踏遍梅花帶月歸
霜皮雪榦玉玲瓏夜月花谿一笛風片片銀雲吹不散
美人知在有無中
何須珠樹訪丹邱莫問南枝舊隴頭爲語春游車馬客

花谿古渡是羅浮
海潮春浦白雲房千樹霜華帶夕陽滿路東風歸去晚
落花都染馬蹄香
正是浮家西去時瓊柯回首一相思他年春水青油舫
重訪孤山伴鶴枝
滿衣香霧冷瑤臺點筆傳摹立翠苔只恐春風催散去
袖中攜得素娥來

書山齋中對菊戲作

我對黃華默不語黃華對我如有情瘦莖葉葉帶霜氣
繁花片片含秋清黃鵝紫鳳嬌欲舞瑤姬素女紛來迎
南山悠然忽在眼滿手秋風餐落英

秋花折枝

霜滿籬邊色花開研北枝紅羅看豔舞把酒對瑶姬

游仙詩

何處騎鸞素女還綠雲飄渺望神山瑶琴一奏成連曲身在閬風淺水間

杏花扇子梅翁游山左從婁東來過余言別出扇索畫杏花一枝并占二詩

東下蒲帆帶落霞北林來訪舊山家停船話別匆匆去紈扇留教寫杏花

烟條露蕚染紅姿愛我臨風寫一枝今日贈君千里別杏花時節倍相思

戲學米虎兒雲山圖

雲過樹無痕忽見翠微濕初從滄洲來又向丹崖入

烟柳江邨

麥畦桑火過春蠶沙渚人家隱翠嵐紫燕乘潮三月雨綠楊烟裏是江南

到處春城響杜鵑隋堤非復舊風烟只今何地容漁艇尺幅雲烟望渺然

畫梅逃禪老人畫梅脫盡甜熟畦徑霜枝鐵幹王面鼠須寄情寂寞之濱高蹈風塵之表正非凡筆所能擬議

亭亭玉立歲寒身回首千花總後塵誰件白雲來樹下看花不是種花人

黄花秋菘

圃花開更好露甲曉逾青長教無菜色原不羨侯鯖

墨梅

琉璃研匣冷金池雪壓松窗獨坐時只有東風憐寂寞墨花疎影綴南枝

正月廿九夜作

板橋枯柳草堂開谿畔山僮報客來同坐寒烟松竹裏雪中煮酒看庭梅

題石谷畫

拂黛羅青山鬼知春風不動岫雲遲藤花細落松聲起洗耳清泉獨坐時

王山人山居圖

濕翠如烟出研池此中靜氣有誰知含毫得意應思我獨跋西窗夜語時

靈想雲邊磵路通問津何必待花紅細看墨雨淋漓處身在千巖空翠中

鄧尉探梅作

湖山香霧透寒空尚滯遊人花外驄寄語山靈須待我莫教開落任東風

晴烟春暗釆香涇飄渺湖光望洞庭吹徧好風千樹雪曉來失却萬山青

香破寒梢未解冰詩成嵐霧滿行簦銀雲香海看無際身在寒山第幾層

對酒還應看翠微送寒猶未換春衣孤遊遠作江南客
不看梅花定不歸

吳桃點粉入空濛更著雲嵐破墨濃明日蓬窗重展看
始知身在畫圖中

停舟催我看花圖吟過蘇臺興未孤踏徧落梅春欲盡
又隨明月到西湖

贈王雲客先生并呈令嗣石谷

春風驅萬木浩然神襟開清雪照山閣古香含珠胎芝
艸凝衆芳誰能掩蒿萊瓊樹綴高柯嵯峨倚蒼苔鈿鎞
故家珍珪組等風埃半壁覆雲衣五色亂相吹拂拭光
憑陵旖旎復裵裛嵐影墜元酒微風動金杯散髮弄海

雲況見金銀臺滄洲在君指紅泉泛庭隈吹簫招洪厓
宛宛赤螭來元氣紛盤迴華鬢方嬰孩

石谷米山　米襄陽墨戲一正千古畫家謬習觀其書法至宋乃暢米家父子又一變耳石谷子深得墨戲三昧故於米家雲山煥若神明洗盡時人畦徑

斷崖殘雨響潺湲濕翠瀰漫雲海間米家墨戲淋漓處
只有瀟湘雨後山

疏篁石瀨

竹外泉聲合秋空山影寒黃陵泊舟處愁下鷓鴣灘

茂林疊嶂

芙蓉天半冷春陰濕翠橫空千樹林過橋路向青谿轉

入此雲崖幾許深

林巒曉色　巨公神氣沈鬱蒼然有太古之風時史仿學未易涉其涯涘吾友石谷子殆藝游而至者乎觀此圖益無前後之殊矣

淋漓殘墨巨公圖硯北森寒山鬼趨獨向毫端窺祕趣
績林如草笑人無

仙山圖曲　設色淡冶氣韻沈深樓閣不爲界畫益饒古趣兼伯駒鷗波之勝極人間奇麗之觀余因製仙山圖曲贊嘆希有

碧樹不爲霜翠壁無纖埃穹洞杳深曲靈厓鬱崔嵬閬
風鼓瑤海層濤相喧豗五城麗崇標爛如丹霞開縹渺
見仙靈升降金銀臺玉女駕飛鶴封子御奔雷彷彿夫
容裳華蓋隨風迴入窗微瑤井烟路迴岩隈赤松發金

簡洪厓揮玉杯神山不可見漢武非仙才鍊氣養谷神
何地無蓬萊海圖在半壁三露含珠胎隱隱聞吹笙聯
翩青鳥來從茲採石華乘風戲九垓

石谷萬山烟靄　烏目山人仿北苑萬山烟靄巒壑鬱密林木深杳有雲迷霧合壞障一片化工靈氣無迹象可尋米南宮腕有義之鬼石谷能起董源於指下昔人云恨我不見古人又恨古人不見我睞天下畫家者流何啻相去萬里

聽泉在隱几游山不出戶莫卷入縹囊看醼生烟霧
浩劫觀人世丹梯未可攀何從賦招隱硯北有名山
嵐氣生曉寒猿鳥窺清晝悠然見白雲白雲在襟袖
耕鑿在鴻濛人猶太古風千谿迴合處茅屋亂山中
天機發靜趣靈境出無心停弦聽清籟聲不在瑤琴

觀耕烟王子贈王異公倣北苑萬山烟靄卷（末人有見名畫而不必愛者然求其愛而能知知焉而能辨則鮮矣古來精賞鑒者類皆好學深思諳於筆墨之人否則唯唯諾諾皆門外漢耳余觀耕烟此卷雖法董源而運腕潑墨盡屬化工非追蹤泥跡者所敢比數宜異公先生寶而藏之異公素精書畫家學淵源於此中知之最深辨之最妙故愛之最切也　宛陵梅清淵公）

滿眼烟嵐手自攜看山人與寫山期君家妙手原無敵何必前身盡畫師

曲磵平橋浦漵明亂山深翠曉雲生并刀誰剪吳江水散入空濛作雨聲（正為石谷題此圖山樓風雨驟至雲氣蒸蒸出几案間如神物欲飛去也）

題王烟翁墨迹

墨苑精靈未寂寥溪山粉本在輕綃白雲湧起車箱谷吹笛仙人上紫霄

題畫荷花

菡萏香生墨雨中半池花影若浮空花間記得鴛鴦睡可是田田荷葉東

題松壑鳴泉圖（澹園叟中韻上能賦詩善書尤精於繪事游履所至輒濡筆為圖清潤秀拔名流莫不推挹石谷子尤絕賞之因寫此為贈昔黃鶴山樵有修竹遠山余幼文有谿山琴趣皆稱逸品是卷兼撮兩家之勝天機飛舞一點一拂都是化工靈氣使人玩索不窮澹園得此所詣必進而益上行且為之詠鄭虔三絕矣）

松風吹雨過幽篁石瀨鳴泉磵路長盡日橫琴茅閣冷綠雲深處話羲皇

烏目山人撫李營邱平遠圖（東園生曰學晞古似晞古而晞古不必傳學晞古不必似晞古而真晞古乃傳也虎頭三毫益其所無神傳之謂乎石谷此圖神明于法度殆如光弼將子儀軍旌旗變色使六如先生而在正當發猶龍之慨今天下之為晞古者其知愧夫）

一片東吳精千載抱玆獨隻眼納天表縱心入萬谷雲岫有時白水流不敢綠山靈嘯風雨日月同沐浴非因夢瀟湘滄浪想餘曲靈籟無天工風弦偶然觸仙李去已久於今有烏目

倪高士平遠小景

誰剪吳嵐一片青閒呼猿鶴伴山靈愛他半壑荒寒趣不必浮家過洞庭

題石谷山水

濕雲凝不散風定雨初收密翠閉暗谷百道飛泉流拔地起千仞側身如可進都無筆墨痕但見山光潤猿鶴聽夜吟山靈齊起舞層峯欲斷處還借白雲補清暉滿空豪翠微澹高樹奇想如波濤墨花若雲霧曲折緬無際境闢理亦赴乃見靜者心橫琴清風度

惠崇小景

石壁無雲澗戶明驅毫增我向山情何時同作蘆汀夢翠竹叢中聽水聲

越江吟為馬生青箋貽張君

越江啼鴂夏草碧游子過我城西陌沈沈密雨暗千門

雨絲淋漓滿綫襪貽我一紙書如傳上林帛問君西來意將挂蘭谿席飛雲却望吳山履不向金華謁司李欸段誰憐馬少游琅玕欲贈張平子海棠落盡酴醾紅五花客館留春風彈鋏一何苦岐路豈終窮爲爾作短歌花風裊裊吹斷蓬書成九華扇名姓誰能識士雲多笑疾東游莫詣鑾鬊客

深林石壁圖

石壁青天翠嶠開坐中雲霧起層臺開時却對深林坐
長似山庭風雨來

畫柳 畫柳得勢然昔人猶憂憂難之宋元諸家尤多變體不相蹈襲而畫法屢變益奇可謂極妍盡態矣惠崇太年時出新意此圖彷之

莫是花城苑路東拖烟綰月自玲瓏風流只愛靈和殿
常在君王顧盼中

偶見心兒口吟得句圖此贈之

有酒我不飲好花時當窗輕風開綠蘋翠鳥飛一雙
草色亂簾隅雲衣落谿上安得此時懷從君一拊掌

秋樹圖

曲渚荒烟斷深林見月遲寒聲何處起風在最高枝

燕兒甫七齡失足墜溝中

正待庭蘭長翻教玉樹枯先秋零雪霰平地起江湖草碧埋駒齒桐華失鳳雛夜深窺斷壑汝母尙驚呼

臨王若水爲湯母蔡孺人壽

嵯峨古榦倚蘭皐落紙香風滿彩毫還似冰霜比幽潔
瓊華應似婺星高

白雲飄緲玉鸞翔仙圃曾依雪月光莫道枯槎春尙冷
南枝已見發寒香

菜

剪蔬曾與故人邀翠甲肥甘帶露燒我已久忘粱肉味
不須三月待聞韶

梅花

雪殘何處覓春光漸見南枝放草堂未許春風到桃李
先教鐵榦試寒香

題竹石 元人有雲西貞居皆工竹石與雲林爲冠見此景略似雲西不能爲迂翁也

奇石蒼苔點墨濃毫端溼翠灑秋空長竿細辨玲瓏影
半在靈邱烟霧中

擬曹雲西風篁翠竹

谿上烟光不斷青秋來無夢苔空靈雲邊吹徹伶倫管
疑在瀟湘雨後聽

桃林紫燕

何處青青楊葉開春風不入舊樓臺桃花九陌無車馬
紫燕還從社日來

紅梅松枝 前在武林得觀馬遠所圖紅梅松枝小幀乃宋楊太后題詩以賜戚畹詩爲五言極清婉有致其畫松葉合綠爲之葉疎長半折離披有雪後凝寒意冰鱗玉珂危榦凝碧眞歲寒之麗賓絕塵之畸客吾將從之與元化游蓋亦挺其高標無慚皎潔矣

鳳管會吹嶰谷風紅綃全改舊丰容最憐殘雪離披處斜挂枯枝折葉松

萬竹山亭

霧滿空山未放晴蒼茫一徑與雲平籬邊盡日無人迹萬竹林中聽鳥聲

題畫

墨池風雨失朝昏極望迷漫何處村欲借白雲封谷口不教車馬到閒門

江山靜氣圖

我筆如雲衣我心如亂絲橫襟度千江縱意升九疑落花歸風偶然値斷雲棲鳥誰相知春山無言出嵐霧花房何心飲天露木葉澹澹神靈雨碧草茸茸鷗鷺聚鬼工夜語索墨精蒸起靈霞滿紈素

烟江詞贈金子

江草抽綠萍江花初照人高臺嘯月鋪錦茵藥圃自拾蘭茗春玲瓏飛窗若烟霧百城吟對青桐樹寶刀腰下吼龍精空向金門三獻賦歸臥滄江烟水邊常呼小鳥耘芝田杜鵑迴風落花天麻鞋踏雲碎榆錢有時挾彈過平川青絲腰裹雲錦韉跐跋芳陌驕可憐銅盤剪炬照玳筵檀槽迭奏鴛鴦絃君不見連雲甲第稱金張珠簾十二鬱金堂牽雲曳雪橫洞房琉璃屏開挂月光舞衫如虹落象牀别有香車傍驄馬春風游戲烟江下草色年年青花枝正堪把黃鸝按節玉鳳嬌流沈琥珀杯中瀉

山水畫册

抽穎水聲落揮匠羣峰奔嵐風夾衆木板屋聚幽樊黃公不可見豪墨兩無言

自題山水

何處谿山有此春春風不度馬蹄塵洞門若遣飛雲入會向花谿一問津

翠微影裏曉雲平亂草如烟磵路明何時結架山腰上長聽松風猿鳥聲

紅林碧草泛平川卻憶深山采藥年放筆恐令眞宰泣不驅心匠鑿靈烟

同石谷下榻白雲谿樓作畫册題句

此老胸中萬卷書谿山曳杖意何如天涯莫怪無知己秋水接空千頃餘

顧庵太史人日初度戲作蠟梅天竹

綵燕曉帖迎蒼靈紅霞倒映金鵶屏仙人手把青鸞尾掃開飛雪弄春星太史階蓂纔七葉縷金華勝西王織先放條風扇底來喚客傾壺醉春色

桃花

遥想春風玉洞深一枝疑是美人簪紅塵笑我無仙骨縱遇桃花何處尋

甌香館集卷八

武進惲　格著

海昌蔣光煦輯

王顓庵太史拙修堂宴集分韻時移家還里將有遠游留別婁中諸君子

把酒芳筵話遠征萍踪猶繫故人情祇因半世從屠釣安用諸侯識姓名別路且攀吳苑柳何心重聽薊門鶯三年廡下棲遲客一夜離愁白髮生

花殘江館滯征纓綠浦紅潮柳岸平芳草有心抽夜雨東風無力轉春晴艱難抱子還鄉國落拓浮家仗友生只爲躊躇千里別歸期臨發又重更

甲子秋將遊虎林作此簡寄與石谷先生相別一載矣去虞山百餘里音問懸隔嗟我懷人有如飢渴秋窗夢寐惝怳晤言覓句奉寄

東望停雲結暮愁千林黃葉劍門秋最憐霜月懷人夜鴻雁聲中獨倚樓

秋風蕭瑟賦愁予久斷琴川別後書白首弟兄相見少莫因淪落棄前魚

客窗殘夢曉寒催花下逢君笑口開誰道夢中難得路故人還是夢中來梁谿客館夜夢石翁來索近詩

山水空留太古琴人生能得幾知音半園已去西廬杳剩得南田是素心

收得江山在錦囊峭帆乘月下滄浪東還尚有蘭陵酒絮被留君話草堂

林居高士圖詩贈蓉峯高士

移石苔草知贈雲山靈悅墨花開寒岑滿紙留冰雪竹外空翠來樹杪泉聲過渺然遺世人橫琴向山坐丹壑不留霜巖草尚碧色遲暮望美人含思渺何極

臨別示黃帥先

魂銷將別路淚盡涉江時知有前期在翻深此夜思蒿牀啼弱女麥飯索嬌兒嗚咽難終語相看鬢已絲

枯木竹石

枯槎如含霜翠竹欲墜雨石壁掃秋苔幽人在何許

臨吳炳折枝絹本

玉露凝京霄金粟滿烟翠花影侵秋衣日華恐香氣仙人入我夢樹底雲衣香玉杯承露冷招我三石梁

仿柯丹邱古樹圖

崚嶒秋水骨伴我白鷗汀上有含風樹秋聲硯北聽

擬柯敬仲畫

玉露華池洗翠莖含風雲外起秋聲何時得入伶倫手截取瑤篇作鳳鳴

烟波雲影歌

水澹澹兮山嵯峨林壑無聲兮微風過沙渚曠兮水層波大谷寥廓兮雲陰多目眇眇兮奈愁何

椿林水仙圖

鮮霞舞金鳳翠雲幡赤虬百仞見枝葉八千爲春秋玉節交翠旗金幢下瓊樓羣真會瑶海採芝臨丹邱

畫梅贈友

題壁應留處士詩草堂長護向南枝春風石上稱觴地正是寒花破雪時

天池石壁圖

重岡細草覆陂陀風引松花落澗阿茅屋雨餘雲氣濕開門不厭好山多

名利拋殘學棹歌閒將奇石且婆娑藤牋半幅留殘墨想像天池石壁圖

畫芋

還憶山堂夜臥遲寒燈呼友坐吟詩地爐松火同煨芋自起推窗看雪時

秋聲

一寒天地寂羣動與誰爭驟若兼風雨來如卷甲兵沸空宵轉怒掃影僥還驚愁客西窗裏能催白髮生

仿梅花庵主

竹雨蒲烟浸碧苔移雲剪水斷崖開石根忽見蒼虬起一片冷風研北來

初春偶憶湖山風物

白雲還憶去年春冷雨楊花踏作塵十二橋頭絃管散可憐猶有蕩舟人

仿董雲間

古木半落葉秋風初滿林無人領此意野趣自高森

壽友人

青葱琪樹映璇霜絳蠟新分五夜光報道瑶姬來進酒玉簫聲裏舞霓裳

函關紫氣下西湖獻壽新懸海嶽圖萊彩庭前進芝草更將金薤注氷壺

玉潤初高藝苑聲五雲還傍桂枝明人間亦有三青鳥何必銀河聽玉笙

仿巨然溪聲圖

石峭雲鳥孤山空日月獨隔溪招夜猿同向巖頭宿

山水立幅

穿嶺落空江鑿雲通別島結架在山腰卷簾正春曉

山色

山色入空濛江聲貫蒼翠悠然遊雲來與我若相待

荒林疊嶂

能與米顛相伯仲古來還只數倪迂應將爾雅魚蟲筆爲寫荒林疊嶂圖

題松蘭

閒尋黃石侶老愛赤松遊呼龍種瑶草跨鶴下丹邱

題畫菊

蕨薇無恙且加餐短髮難梳不著冠一卷離騷消夜雨
幾枝霜菊共秋寒

雪蕉山茶

未見嵇含志幽懷問右丞細看紅翠裏雪色上溪藤

畫蓮

曉吟身近水天隈忽見湖烟半壁開一片綠雲吹不散
藕花香氣過湖來

失題

經年蕩子未應歸香粉空銷蛺蝶衣只恐朱樓春易過
落花偏傍鷓鴣飛

霜天叢豔圖

芙蓉散烟渚桂枝零青邱毫端眞爛漫花滿一籬秋

雙鳳圖

奇草何須問十洲吹簫人憶舊珠樓雙飛月夜騎鸞女
曾染紅雲在指頭

春詞

溪路楊花點客衣落紅影裏送春歸惜春好鳥嬌啼久
立軟高枝未肯飛

瓜豆

不是黃臺三摘後應與青門五色同一枕羲皇高臥處
翠陰藤下豆花風

題畫

何須犯斗槎玲瓏璧瑤闕騎雲上紫薇秋空摘明月

題畫贈李先生

滄波遠嶼橫天影莫問羅浮與洞庭我望春風楊柳路
煙山不改舊時青

臨王澹軒菊

白衣不至酒樽閒掩卷高吟深閉關獨向籬邊把秋色
誰知我意在南山

玉峯池館

斷雲殘葉樹高低竹裏人家傍水西滿地蘆花秋色遠
好山青似若耶溪

秋夜池上同石谷賦

魚窺人影躍空池綠挂秋風柳萬絲石峽與君閒立久
碧梧陰下納凉時

江山圖

驅毫染嵐霧一片匡廬壁鐘磬出空翠江流瀉天碧島
影懸微茫迴灘互明滅吳雲不可見千帆望中沒

秋林

十年作畫對青山薜帶蘿衣意自閒不道詩情太牢落
秋林常與鶴同還

趙昌紈扇本

肯負春鶯空谷期瓊華珠樹寂相思如何留得姮娥影
莫遣銀蟾過別枝

山堂花枝如雪戲臨一枝

隋苑繁枝不作香細雕明月剪雲房仙人寶帳流蘇結
神女瑶臺蹴鞠場

臨唐解元小景

雪後輕橈入翠微花溪寒氣上春衣過橋南岸尋春去
踏遍梅花帶月歸

寄吳商志

雪飄成獨往零雨嘆無家後死將何補憂生未有涯眼
枯江北柳夢斷日南華願與同棲隱鸞湖理釣槎

南田草堂看芍藥對花臨寫

謝朓吟詩鳳池上美人溱洧又當春折來香豔應傾國
翻出紅雲欲贈人

大雨

大雨已三宿簷溜如波濤四壁生綠蘚雙徑長青蒿魚
子滿夏沼荷葉亂珠摇索我窗下書意煩心復勞

東籬秋影

獨坐對秋色醉吟霜華叢折來應帶露零亂不因風晴
分瑶圃雪曉漏青天虹贈爾發幽賞寒香生袖中

橅柯徵仲喬柯修竹

竹樹交參坡石暵帶我思古人悠然來下泠風相蕩苔
以天籟于此盤游岑寥之野

深翠

深翠煙泉磵路分此中鸞鶴自爲羣不須夜泛山陰雪
半壁能藏五嶽雲

墨華

墨華開洞泉山靈應起舞身居烟翠中夜聽千峰雨

和許九日

曉烟橫岸樹如浮疑有寒鐘出梵樓東合千巖雲不起
銀濤光湧萬山頭

花谿刺船歌

雲來山不遠雲盤山谿轉刺船花渚不逢人松風鳥啼
山放春

夜坐無月

暮雲天際暗秋河細雨寒樽雁影過萬里關山今夜望
不知何處月明多

俠客游燕詩

火雲挂江路新雨壓蘆烟露井珠榴紅荷花風起香上
天銀罌豹皿灑離筵手揮螺甲調三絃碎易虹霓氣無
前雁行龍子誰先鞭昨宵劍篋繡花紫今朝磨劍光如
水提劍不眠中夜起腰鞓雙鞬插盧矢虎頭醉月別江
干猿臂秋風走燕市汗皿來方臯喜苜蓿如烟嘶騄駬
桃花蘭葉雲滿身中駟上駟皆千里燕姬酒鑪進馬乳
甲第連雲正歌舞五侯畫擊靈鼉鼓腰間斑斕五色組
琉球貢刀飾翠羽隴西金籠獻鸚鵡少年新拜冠軍侯

夜獵西山射雕虎

客旅遣愁

對酒思千里高歌衣帶寬無山多怨鶴得樹亦棲鸞不爲英雄死誰能國士看十年塵尙在猶有未彈冠

多難馴龍性無人對虎賁沐猴稱上客屠狗散夷門恨去乾坤大愁來海嶽昏巫咸今在否筮與未歸魂

九月詩

羊續懸車日眞長織屩時姓名驚客問詩句畏人知九月芙蓉淚三秋故國思曉來霜信杳江草正離離

自歎示同好

桑扈投琴日風波失釣綸一裘藏九夏半壑夢千春薜荔愁中鬼桃花刦外身殷勤問草野文舉是何人

老至神鋒短孤行使世疑驚魚愁有網宿鳥痛無枝詞賦妻孥厭衣巾冰雪知賣文還作客肯負鹿門期

梅花香棹圖送友之宛谿

江雲晴散碧山頭南浦離情送蒯緱前路春風知漸暖梅花香滿敬亭舟

送茅子移家還西冷

白蘋風蕩五湖船送客誰調蜀國絃君去蘭津初放柳我來江上正啼鵑

臨邛歸去尙無家病客誰看韋曲花夜月南枝巢越鳥可憐猶有未棲鴉

同天石元白從南嶽看梅因至楓隱楓隱同卿吳氏名園今爲寺

看花遂循溪陟山復行圃初開南園枝巖畔久相覿猶有未窺林千花閉深塢賞心遲蘭期坐惜衣帶阻餘香蕩爲烟落英半成雨春風肯相待美人散前浦雪殘猶在眼萼綠低垂戶零亂千萬枝白雪不可補上憩仰叢篁緣亭俯藥嶼呼酒兼菜俎盤中錯以脯乘輿及半嶺金繩啓蘭墅烟際山鳥鳴枯藤挂蒼鼠幽磬停高春松風落談麈忽然靑崖開澗走怪石怒苔蘚誰所嵌駁裂翠欲吐解裘當浮嵐牽蘿共支許綠蒲龍鱗波游魚數可數當時名園樹往往墜樵斧笑問門前松還能憶歌舞吳生感深情坐嘯起擊柱濯龍與華林於今復誰主陳迹歎自今斯游便成古浮生本蓮蜷花下一延佇

月陵張道士書來說夜夢在南田見題門儷句有餘閒小史等字戲爲詩答之

一鳥下高樓推窗展書誦相見隔半夕遂已入君夢步虛來南田題門不言鳳大書餘閒字尙有小史共原非版築人難爲帝者用君知湖海性不以軒冕重生事在丹青回車可無慟欣然一吟詩持此報張仲

送吳子入閩因憶舊游

黃華城曲弔殘暉陰火猶聞照鐵衣靑草不生洲上路鵂鶹還傍戰場飛黃華大洲皆昔時屯兵處

鸞溪曲處斷雲封小艇高灘度百重料得蓬窗應點筆再三回看幔亭峰

蜃氣澥邊逢陸賈桄榔天畔問鄒陽（予友陸生予甥鄒問皆在閩南）外江憔悴人如此莫指吳雲念故鄉（閩人以吳下爲外江）

春盡都銷客舍寒更無別曲怨離鸞炎天橘柚原難得寄我珊瑚作釣竿

贈雲間遺叟陳君

先生養谷神顏色若芙蓉赭鞭乘靈氣觀世如鴻濛囊餘不死藥奔走諸王公曾不攖氛埃渺然御泠風洪厓笑相語度世何匆匆霞衣染藤牋秋水明方瞳或疑圯上叟或謂商山翁千齡始嬰孩其壽等喬松煜煜五靈芝皎皎雙玉童長令世人見未許還崆峒

林使君攜酒與福禪房夜飲池亭

弦月上烟際滿地皆松陰俄聞清磬發始覺禪房深隔池芙蓉花路暗不可尋夜蟲鳴露草棲鳥定風林高酣伐芳醑刻燭清夜吟悠然發天香語默皆通心何能久相接留想在瑤琴

偶在峯西關得米襄陽墨戲諦視良久烟雲萬態咫尺千里洵墨林勝賞也喜爲模此更系以詩用寫惓惓之意

灑墨作嵐氣太華蓮花濕谿路不逢人渺渺秋濤急石淙響淺瀨烟靄弄空明崖壁彩翠間如聞天雞鳴莫疑瀟湘雨亂數羅浮樹匠心攬化權黯淡太古趣破此琅玕紙墨華墜氤氳山前半沈溪山後密藏雲

良士泛舟鄧尉看梅半月而返興甚高逸歸時出此扇索畫乃作看花圖

二月春游興未孤輕舟結伴下姑蘇最憐花裏歸來客爲補溪山雪後圖

臨范仁安魚藻圖

可是垂綸處圖懸想象中還疑渭水上留夢待飛熊

仿癡翁筆

濃淡寫成山淋漓復點樹雲拖片雨來卻是催題句

客從九龍山中得紫芝二本以爲瑞物攜歸示余因製斯圖

雙芝根傍翠琅玕紫府氷霞注露盤不必圖中添玉樹青葱還似謝庭看

石谷畫竹

子猷愛竹不畫竹石谷畫竹兼愛竹千頃秋雲散綠陰一時同唱瀟湘曲

芝草圖

丹邱一片石粲粲五色芝服之生羽翰佩之好容姿

菊

墨池零辭染秋光三徑陶家舊已荒誰道寒花還易謝此中叢豔未知霜

松溪障子

不因風力怒濤生谷動盤渦浪欲傾曾記當年泊舟處秋雲南岸聽江聲

于西湖再見高子時高子從廣陵來

我問西湖堤上柳桃花去後曾開否鷓鴣鈎輈啼向春將軍不至無游人曉嵐青青白雲白湖山尚識重來客拾翠還嘶舊紫騮金丸又落垂楊陌憶君入閩我去吳范范烟月沈五湖劍客幾曾過栗里酒樓何處臥翟褕思光牽船日欲暮短衣再哭錢唐路蠻語爭輕佐治狂酒酣常使田蚡怒三奏雲門誰見知何如歸卧樊須圃前年臘月蘭津渡驅車難問垂竿處雲邊空指朔鴻來

雪後方知故人去緇塵舊恨滿綈袍陌上相逢脫佩刀歸路且裁枚乘賦解裘同聽廣陵濤

題笪侍御洞天圖

瑶圃銀雲起墨池天吳夜語海山移崑邱誰剪三珠樹應有雙棲白鶴知

掀天白浪轉江風研北仙鄉路可通見說神山居水底金銀宮闕有無中

初冬與麗公邂逅靈巖長歌志喜

素商吹盡朔雲起秋山半沒烟霜裏無邊楓葉下寒沙孤舟夜渡吳江水爲禮靈山調御師得遇文殊法王子百城烟水雙行腳大千沙界一彈指投君以紈扇佩我以椒蘭爲歌行路難中夜起長嘆瑶琴在壁不忍彈拊膺慷慨涕闌干所思尚隔青雲端何時高飛生羽翰悠悠黄河未可渡十年夢斷西山路驚心芳草又蹉跎白髮春秋等閒度君不見高鳥將飛翼先伏燕雀安能測鴻鵠一角寧爲轅下駒後凋豈是尋常木滹沱一派水朝宗刹塵威振象王蹤握中金劍風雷吼擲向青霄成赤龍

署中杏花樓上得句

東風吹滿綠楊烟一樹啼鴉驚曉眠無處踏春春欲盡高樓閒過杏花天

初夏森枝過芝田野雪軒取扇索畫戲寫翠叢新

豔有迎風咽露之姿賦色嫣然麗動吟魄抽其閒緒以悅賞音并屬同心相和爾

白石郎翻樂府詞犢車香草最相思春來轉怪東風急豔紫嫣紅去伴誰

蝶衣金粉不需塵會採殘香過翠茵笑裂齊紈寫春色欲教懷袖想伊人

同作　楊晉子鶴

柳花飛盡不多時淺翠深紅又待誰簾外春風還入夢黄鶯已過隔墻枝

亂草殘花總作塵空憐幽豔翠爲茵秋風紈扇尋常事莫擬當時懷袖人

送春

翠壓紅樓柳絮飛杜鵑聲裏送春歸江村一夜桃花雨
吹沒羣鷗舊釣磯

題畫

積雨開新霽汀洲生綠蘋臨深望遠岫歸思忽如雲
翠篠全欹石秋容欲醉人長吟好風月物外一閒身
豔雪徵歌處紅羅醉舞時流霞長在手含笑看瑶姬
漸見藻影動波沫自吞吐何處蕩春風落紅不可數

蠟梅天竹大葉松（歲寒圖三友予獨愛此三種每取綺圖賀得句云云詩諷歎後凋止不必升庾嶺躋嶰谷望徂徠然後稱其標致也當元陰窮律元氷坼地之時獨表貞素之華不爲雪霜所剝落易曰龍德在隱庶幾近之）

幽澹原眞性孤標不受憐溪山吾友在相對送殘年
總是烟霞伴深知天地寒青燈吾共汝同向雪中看

元人小景

烟叢亂草經秋綠風竹寒聲靜夜聞閒掃青谿一石磴
坐看霜樹拂高雲

失題

韻如温玉氣如蘭别後春風幾度看此際含情無一語
淡烟疎雨夜憑闌

黃薔薇

花房一夜冷金波粉豔低含香露多不向月宫閒處種
恐將顏色妒姮娥

洗盡鉛華色愈眞曾霑金谷舊香塵守宫不點旃檀體
玉珮長隨氷雪身
懶從紅紫鬥芳菲遮斷春風翠一圍道是無情春不管
故將紅刺惹人衣
碎玉風前落錦茵長條無力繫殘春錦機不是含愁織
空對流黃憶美人
天許名花醉錦瑜傍花如倩美人扶花邊細數新開萼
一朶應傾一玉壺
醉裏看花眼更明縱垂長蔓不藏鶯還如月下黃鸝舞
不是霓裳散序聲

題王石谷畫雨山

何處聽春雨蕭齋雲樹圖碧山天半起烟翠影模糊

漁浦桃花

何必春風花始開仙人知在碧山隈白雲爲我封溪口
不放漁人出洞來

甌香館集卷八

甌香館集卷九

武進惲　格著

海昌蔣光煦斠

丙寅中秋同張漢瞻及景范景天諸君玉峯北園看桂

北山幽處板橋通寂寂山靈護桂叢只恐金風吹散去夜陪猿鶴臥花中

蕭林風霧起空臺徧到花時少月來寄語廣寒休妒我人間天上不同開

飛塵不上桂花枝樹底孤吟動遠思遥想金門鏘珮客花時應憶舊山池

清晝銀輪看月華高低寒碧護晴霞一秋青女勞金剪剪盡流黃細作花

玉女投壺笑碧城滿林金電淡山楹花繁恐被姮娥妒故遣陰雲蔽月明

翠霞池館翠霏微一點天香傍客飛只爲花叢貪坐久不須歸去更熏衣

爲愛秋陰桂始開隔溪幽徑鎖青苔花光不是金銀氣何必游人逐隊來

池南八樹翠氤氳花氣能蒸出谷雲獨有三株藏岸北滿空香霧一池分

亂飄黃雪滿珠邱疑有金鷲守素秋開到無人花更密曲池真似小山幽

看花歸棹轉秋煙一路香風出柳邊驚起綠窗河畔女笑聲齊指載花船

題古木圖贈鄭子

枝高撑天葉大於掌含霜聚雨涼籟吹蕩空堂無風時作奇響幾回停筆不得下令人心在高雲上

月桂

一曲霓裳酒百壺廣寒宮闕傍雲衢雙成夜宴瑤池上譜得天香月桂圖

九月十四夜與石谷子對月玉峯園池今秋無月惟九月十四夜千里無纖雲最爲皎潔與石谷子對月吟賞甚相娛樂覺此時玉峯園池爲吾所獨有戈公買山而隱笑爲多事坡翁云江山風月閒者便是主人眞名語也

開盡秋雲夜景新青天碧海一閒身清宵半爲離家好快友能忘作客貧柳影漸疏侵北葉蟾光未滿向西輪詩成收盡林園趣風月知誰是主人

十四夜望月

獨倚樓頭看夜月誰從缺處補秋煙平開圖畫含千嶺盡埽星河占一天行到重雲光倍疾出當深樹影難前待看明夜嬋娟好萬里晴空一鏡圓

寄北郭曹三蘿時病起將有楚游

洞庭舟未發病起尚沈吟欲作鄉園別先傷去住心寒煙荒竈斷落葉閉門深霜月懷人夜題詩寄北林

與吳子論詩夜立白雲渡

出戸見新月昏鴉棲未安霜林雲外直風草渡頭寒偶爲論詩久相忘向夜闌飛揚眞自許對爾欲彈冠

中秋過梁溪與十峯節培燈巖諸子夜話

一條帶水三年隔八月浮槎到客遲把酒正逢蟾闕滿桂花香裏說相思

懸帷藜火夜從容曉露研硃點易濃別後龍鱗應更長庭前重問著書松

李營邱利涉圖

遠天樓閣隱松篁坐攬層峯煙翠光知是深山前夜雨一谿秋漲沒漁梁

樹杪晴雲磴道迷人家還在數峯西過谿直入千峯去不管盤渦沒馬蹄

贈東郭朱山人

綠水轉大隄白鷗弄春蘋青松久寂寞喟此巢居人蘭茗披庭笑楚畹桃花滿地無秦塵四壁圖書生翠靄脫帽一笑天地外惠曉門前有醴泉康成砌上多書帶赤銅煮雪霞斑斑花時愛客不閉關懸劒牀頭嘯風雨吟詩半榻走江山文季信慷慨公叔擅風雅陸機論文不敢訾灌夫使酒能相下任俠何妨混狗屠結交有時入裘馬夜闌蒼翠明曉樽葡萄清鮮花錯如錦奇卉未可名紅泉之國不死草千秋誰見靈妃老鸞鳳朱離入夢寒文玉玗琪亦徒好我今灑墨破生綃剪取煙濤一片島但能長弄滄洲雲茫茫海嶽無昏曉

彈劒歌

烏啼屋角天茫茫夜蟲涼葉凄洞房秋河自瀉碧玉牀鴛鴦漸老芙蓉塘衝冠髮短劒鞘長桃花痕染白帝霜黃金如山國士死寶劒墮地摧精光長饑不能傾醪漿天寒山鬼愁無裳馬足斷折車覆廂緇塵滿衣哀雒陽魂歸江南非我鄉北風大雪吹枯桑篸篠夜火宴柏梁西京父老空斷腸

送天目先生北上

白雲迢遞薊門游畫舫滄波不可留千里蒹葭雙棹遠一帆烟雨大江秋長安意氣還裘馬方外心期各斗牛翹首青楓動愁思月明靈鷲倚南樓

壽天目先生

花鳥柯巖正未闌流觴重集晉衣冠依然松菊陶元亮聊爾耕耘管幼安夜半三階□□□秋深九畹樹芝蘭由來高隱多□□不信磻溪老釣竿

贈嵋雪

扁舟湖上賦歸與白草黃花滿故廬我自青蓑稱釣叟君還滄海作鯤魚關山夜月殘鼙鼓江漢春風動羽書共道盤根須利器肯令詞賦老相如

湖上張李二子在閩南不至

十年吳客不聞簫珠樹三山入夢遥秋到閩南人未返
愁心都作海門潮

贈馮羽皋

玉匣蓮花拭劒鋒據鞍舞槊見雄風說齊不用縱橫術
鑿窟先生自姓馮
滄浪高志滿江湖花下披書輿未孤怪底空堂雲霧起
傳家曾有九龍圖

呈靈巖和尚

靈嶽抗飛巖層峭倚天壁龍從吐新霞迴縈領春陌陽
坂湖煙冠陰崖翠微積金繩迴法雁玉毫翻貝闕玲瓏
梵綱交曲折山楹闢靈泉湧丹沼旃檀兼翠柏至人緬
禪棲妙奇靈扃跡華雨溼蓮趺飛錫響空碧挈瓶驪珠
灑摛藻華星列來去青猿使遊從紫芝客琪花照圖書
異香滿瑤席芳烟裊爲蓋纖草多承舄蘭薄漸抽綠梅
萼已吐白寂照耿沖襟和光萬象悅駘宕陶熙風逍遥
憩億劫

爲諸匡鼎畫瀟湘夜雨圖并送其入楚

霜滿芙蓉此送君手搴秋草怨離羣輕帆九月湘江冷
一路青山入楚雲
渚宮黃葉雁聲低故國浮雲野戍迷我向毘陵城上望
月明人隔洞庭西
故郢城荒草色昏黑貂蕭瑟臥荆門秋來獨作湘南客
莫向巴山聽夜猿

送立雪道人入山

吳關孤棹冷殘雪亂山多爲問花谿上寒梅今若何吟
猿朝磬立獨鶴夜堂過倘採靈邱藥同呼玉女蓑

諷友詩

時非平綠畦春虹解繁沚香草不悅魂躊躇念公子鄭
僑惜留紵鄂君斂餘被瀉海豈西瀾奔義無東晷忽轍
未可臨盜羹敢濡指染絲將變素改杼非完綺檜下欲
何訊嬋媛歎方始積羽既傾輈披裘獨行市丹梯遲高
步金門虛躡履我自樵蘇人食萍不知美

吳山酒客歌兼示映然

丁都護飮如故酒酣自作鴝鵒舞脫衣直挂櫻桃樹庭
前呼馬不得鞍鶼鶼淒寒肘欲露吳山笑人斗筲泣零
落鼠埃、毛羽酒醒厭厭無高車天海茫茫悉歧路班
姬東書遍九春筆妝湘管今生塵十年江上吟紅客還
似牆東處士貧

贈綏山太史

游戲青霞作外臣朝衣不染舊紅塵湖山若問閒吟客
十載宮門諫獵人
北山猿鶴夜無聲從此羣鷗好結盟病渴不負金掌露
可知嚴助厭承明
烏衣甲第虎林開爲愛西山爽氣來試問金華詞賦客

只今誰在柏梁臺
城上連山入戸青三春花氣閉重扃掉頭不索長安米
調笑何人識歲星

題綏山扇

春游駘蕩罽袍寬時送山光到繡鞍匹馬淸谿踏花去
滿衣空翠欲生寒
琅玕翠色半窗深高臥都忘霄漢心花下紅魚來聽曲
松閒碧月照彈琴

秋卉圖

秋華明紫豔令草護丹麬幽思石壁下抱雲吟新詩

菊徐熙墨花略施丹粉而意態自足祇饒併綽裕可知也

送秋人尙爲花忙與客同傾花下觴四角燒燈中列炬
枝枝花上發光芒
紫雪丹霞紛一團高低移入畫圖看却教靑女無尋處
坐擁羣花度歲寒

陳待詔橅王叔明畫

天姥亦不近羅浮亦不遠連峯如奔濤蒼翠忽然斷谿
聲落葉人不聞秋山夜空待雲滿

題待詔畫

隋宮翦綵怨春遲莫作羅浮月夜思紅豔不銷天上雪
春風還繞向南枝
玉井殘煙未有枝綠雲空憶舊琳池誰知吟客消魂處
最是紅雲欲墜時
蕉花影裏綠雲蒸深翠如煙覆氍毹石上橫琴心更遠
空杯斟盡玉壺冰

游仙詩

八尺琉璃覆玉裾紅蘭香過百城餘自翻蟫蠹花閒帙
不是陰符雪夜書
沈水熏衣生紫煙琴心春滿鳳凰絃不將玉薤傾螺甲
却教皇娥操水仙
扇落梅風香淺淸繡鵊璫上海綃輕花前未進陽阿舞
先聽雲和第一聲

二子歌前年阿咸元介舉玉器余深喜玉樹之生於庭也今年歲在卯元介再得雄鴻雛鳳毛濟濟可愛因作

君不見五雲如鳳天上來又不見玉芝之香蘂生春苔我
家阿咸二子頗端好乃知龍文渥洼非常材大兒氣如
虎薛公請高戶小兒占夢又徵蘭月滿華春正三五初
垂寶襁佩犀錢更有蓬弧繫金縷吁嗟乎爾祖以上方
盛時朱輪玉節天路馳爾祖以降門祚薄烏衣舊巷都
蕭索千古長貧恨南阮一時風雪憐東郭只今後來雋
秀多鳳毛噓氣直與雲天高天荒地老我舌在對酒不
用心煩勞春晝花飛露井桃晝筵絲管聲嘈嘈花裏春
風落罽袍爲爾高歌緩帶傾葡萄鬱金堂初榴視試爾
啼山公喜玉盤明月迸雙珠錦毛赤汗皆千里番陽家

聲從此起

題王廉州畫

煙樹蒼茫瀅翠浮荻花靈雨徧滄洲墨池自有移山力
分得瀟湘一片秋

枸杞

紫華豔豔朱實離離含毫靜對可以忘飢

山茶

膩粉輕紅色未消先催春氣上寒條花枝耐得冰霜重
轉讓松筠說後凋

水邨

橋西曬網漁邨路霜高葉盡寒灘樹湖天山影荻蘆煙
我欲攜家此中住

雲谿釣艇

高吟天外水雲低得句看山翠欲迷因喚天吳齊起舞
扣舷聲在萬峯西

荷花

亂碧風初捲新紅露半含戲魚知葉北游女唱江南

滿堂春色圖

歌管紅樓窈窕春銅盤銀燭照華茵鉢衣碎剪機中錦
妙舞新來掌上人

贈趙公子 公子有神術將就婚湖上故并及之

翩翩郢中佳公子俠遊今住錢塘市雕鞍駿裊繡裲襠
出匣蓮花嘯秋水銀河玉面明星晖風流倜儻非常儔
解裘調笑名倡樓呼盧縱飲青翰舟文犀之爵酴醾酒
板拍紅牙不離手龍韜醉倚錦步障獸帶暗藏金匕首
雙鞬笑挽二石弓一發飲羽何其雄自言貫革非足異
一箭仰射南飛鴻關西健兒安足數遼陽老將色如土
美君慷慨善結交從游半是扶風豪一言肝膽成金石
賣漿屠狗皆膠漆囊裏黃金棄若遺握中白璧誰知惜
碧眼仙人授金冊再拜受之得神術手操百鍊金絲鉞
童使聾盲識天日童叟扶攜盈路隅觀者咋指呼奇絕
遨遊賣藥江海間青囊且遁匹八跡世間萬事如轉轂
肯使羈孤誤花月湖畔珠簾十二闌笙歌常滿東西陌
舞榭朝霞映曲房雕窗羅綺鬱相望別有高樓紅粉妝
行雲邂逅巫山陽贈之雜佩明月璫楚臺今作秦臺客
離鸞並作雙鸞集翠帳流蘇垂紫煙香奩坐擁冰花天
麟膠解續鴛鴦絃瓊簫對倚金鏡前玉芝瓜瓞皆萬年

罌粟

誰教碎剪明光錦却與平鋪金屋塵簇簇樓臺霞出岫
遮來裀幄綵為茵

丹臺珠樹綠雲遮仙苑新開四照花飄渺靈妃乘翠鳳
鉢衣都剪赤城霞

虞美人 此卉之極麗者其花有光有態有韻綽約便娟因風拂舞乍低乍揚若語若笑予見作者能工矣輒不能似似矣輒不能佳蓋色光態韻在形似之外故得之者鮮也此種妍色余

甚畏之攜至吳門山齋新涼快人始爲拈筆未識於色光態韻畧有得否

分明翠袖盈盈立如見紅羅步步來霸業已無堪戰地
香魂猶有未寒灰

紫藤

霞衣纓絡來何處蕊珠宮裏愁千縷誰把長藤挂紫霄
繫住東君莫教去

偶寫藤花戲題

紫茸垂組綬寶帳飄纓絡分豔與瑶妃傳書入丹閣

春山

紅塵百年不到十里春山日斜應是倪迂畫裏空亭脩
竹人家

寫秋花

紅樹歌殘倒玉壺低垂翠袖倩人扶只防少女風相妬
細剪秋光入畫圖

坐雨書帶草堂有客送牡丹二枝戲含丹粉爲花
王留照並吟二絕賞之

香壓檀黃露未收嫣紅狼籍一春愁新裁翠帶還雙結
不是夫容亦並頭

鄂君翠被未全遮天上瓊樓有落霞欲使東風吹不去
長留春色在貧家

牡丹

姚黃未可得嬌容最擅名東風無限力吹徧洛陽城

芙蓉

錦幛初卷處凝露半含時十月開瑶圃春風知未知

玉蘭牡丹

疑是霓裳月下看誰家紅袖倚闌干瓊簫碧落吹瑶海
露掌清輝散玉盤

芍藥

五銖衣薄不留塵羅舞還驚窈窕身肯與花王相近侍
笑他傾國是何人

瑶海神娥侍宴還舞衣初卷珮珊珊不勝酒力星冠倒
應倩人扶十八鬟

白芙蓉

錦城秋色映清波粉豔盈盈香霧多疑是霓裳渡神女
却將顔色妬姮娥

洛陽花馬蘭

雜佩新裁玉香羅不讓青煙絲誰覺結衣繫護花鈴

蜀葵

絳蠟裝成向日薰孤根傳自蜀城分階前漫比金錢落
獨有丹青錦作文

錦石瓊苗珠露溥捲簾閒倚畫闌看黃鵝掩映歌三曡
翠袖還延舞七盤

秋海棠

秋苔冷豔嬌無力紅姿還是殘春色若向花前問舊名

只恐東風不相識

水荭絡緯小景

蟏絲迎露織絡緯催夜寒幽尋何處好秋在蓼花灘

秋花

看花常帶雨香遠和烟低誰道秋雲淡憑闌費品題

寒花妒春色豔草如紅林竹風答蟲語相和成秋吟

菊

漉酒無葛巾高吟一窗靜日日對南山枝枝送秋影

菊花雞冠老少年合景

餌菊秋潭霜雨遲閒圖絳幘倚金池但教呼得紅輪起
老去還如年少時

松竹菊花圖

徙倚白雲外盤桓陶徑深相看同竹友惟有歲寒心

絳幘橫秋

金距秋苔帶露棲一聲疑在玉關西十年庭下誰同舞
聞却霜天夜半啼

水仙

玉府仙人冰雪姿生來卽遣侍瑤池碧雲隔斷塵凡路
問著塵寰總不知

金魚

玉女盤從華岳開斷山還帶舊時苔新移白石連烟種
聽曲紅魚出藻來

雞

花間得食自相呼喔喔驚看在綠蕪自散墨華成五色
一羣都是鳳凰雛

白芍藥

紅苞金粉露凝寒溱洧何年贈所歡別有淡妝稱國色
玉盤曾向月中看

對雪

到地聲偏寂無風花更飄山川□封裹日月□昏朝鳥
鼠窮簷盡炊烟萬井消流民猶遍野哀歎在今宵

商巖

商巖不是世間春丹竈金膏總絕塵喜得山中無綺皓
何留瑤草與游人

題雪山

煙光能向硯冰開卻展谿藤空翠來眞想不關天下事
好山長對手中杯

冰鱗斷壑想移根勁骨傾攲臥華門天地一山吾與爾
雪窗殘月伴黃昏

處伯入泮賦此志喜

夜光韞荊璞國香隱蘭叢亦驥伺伏櫪未能騁追風方
皋始一盼凡馬遂羣空黃鵠在藪澤羽毛初未豐勁翮
旣已成一舉摩蒼穹王子稱穎脫玉樹原青葱烏衣門
第在棲鳳待高桐爾翁我膠漆慷慨披心胸惜哉無□

口高樓隱寒蓬遺情放巖壑墨苑稱國工運心入無垠
慘澹開鴻濛方當學易年髮白已成翁嗟予亦草莽玩
世今所同利刃避鉛刀壯心恥雕蟲徒抱濟時念誰能
排雲虹鳴雷爭瓦缶待叩非洪鐘之子每下問言論驅
凡庸藹然敘世講執禮何温恭黽勉在文藝靈想啓深
衷獵華騰茂實理勝氣能充讀書貴神解左右源泉逢
氣質化偏駁古處相磨礱沈潛去其浮涵濡養其沖所
以美麗澤竊比他山攻里巷競聲利時俗皆聵聾齷齪
醯甕蛆何能知游龍爾翁望久矣惟子能充宗子當游
黌序奮起雲蘿中從此振英聲蔚然文中雄運錐工揣
摩飛藻傾王公閉戶賦凌雲丞獻明光宮

爲處伯大世兄題照

新涼梧竹地宜秋捲幔西窗星漢流藜火光寒明月夜
讀書聲在最高樓

老人會詩

蘋花未放吳門櫂山堂置酒秋光好白髮花前九老翁
問年差比商山皓高歌脫却頭上巾幾看碧海生黃塵
何須九鼎作狡獪顏如玉洞桃花春爛醉不知有身世
區區年歲安足論

松枝紅梅

雪圖未解寒春風一伸指初聞江濤來又見城霞起

題子晉荷花

蒲塘日日風不許紅衣改香霧灑荷珠留與佳人採

殘荷

露落還留粉荷殘尚滿池孤燈自了了墨雨正淋漓

王鐵庵移晚菊滿庭華燈綺筵游賞竟夕

霜籬晚豔冒寒開高興曾同訪菊回只爲好吟長醉客
滿堂人爲送花來
雲錦重重照酒樽不須歌舞亦銷魂今宵醉抱花光卧
不向篷前憶故園

並蒂秋葵

孤根新種長秋苔駢蒂三花一色栽只爲主人能愛惜
千花都欲並頭開

甌香館集卷九

甌香館集卷十

武進惲　格著
海昌蔣光煦輯

國香春霽

紅樓飄渺豔朝霞上苑曾傳第一花莫放春風容易過千枝齊護碧桃紗

北宋徐崇嗣創製沒骨花遠宗僧繇傳染之妙一變黃筌勾勒之工蓋不用筆墨全以彩色染成陰陽向背曲盡其態超乎法外合于自然寫生之極致也南田子擬議神明眞能得造化之意近世無與能者石谷王翬題

題石谷雨山圖

猿鶴聽夜吟山靈齊起舞層峯欲斷處還借白雲補清暉滿空毫翠微澹高樹奇想如波濤墨花若雲霧

秋意

梧葉已報秋薇花弄新豔花西弦月上漸覺星河斂窗閑綠雲合樹外香風占

錦石秋容

金井涼如水身疑踏月輪吳剛曾似我還伴桂花根

雪圖

有此山川無此筆墨鍾子不存牙琴歎息

桂雨

桂雨生曉寒繁枝綠雲結隱几如空山叢花點秋雪

春游詩

白髮南村老春游傍友生論心薦蘆筍滌口酌蘭英赴節初聞鼓看花不待鶯追從丈人後執御愧慈明

路轉松濤上雙林華雨開天空垂古塔地盡出吳閶烏過常穿嶺雲來不礙山琴臺眺湖水心與白鷗閒

花谿隨路曲到寺白雲開何處還吹笛前山正落梅霜鐘過西嶺雪雀聚空臺莫遣春風老年年一度來

浸柳春濤闊歸帆帶日遲醉呼光逸酒閒對謝安棋衆鳥分花散千山夾岸移再窺停棹處重憶放舟時

昨對花枝宿今憐繡被分還山初隔夢往路不同羣澤國催新柳吳宮過舊雲橫塘見帆影歸與入斜曛

山中梅花落

謝朓裁詩日南威插鬢初曲中吹不盡隴首散還餘夜雪封枝淺春風度嶺虛豈因幽淡久片片逐人裾

桃花

花月古谿濱天留劫外春雲中問雞犬笑殺武陵人

贈王郎弟子楊子鶴

千花成佩錦囊詩愁殺孤吟獨坐時豈有一邱能置我短箋還笑虎頭癡子鶴以寫照擅長

靈巖晚賦

經行雙樹下風露轉銀灣遠火浮空水春星落夜山月中雲霧塔天半雨花關病客層樓上淸宵聞雁還

秋日山中憶友

授衣歸雁後客思入秋驚葉落不見地山空如有聲白雲平野闊紅蓼一江淸手折南巖桂誰知寄遠情

湖上遇沈子因作長歌一章

千里霜林孟冬候我乘雀舫行西湖芙蓉落盡烟水寒朔風飛霰鳴菱蘆天光涵波碧雲漾丹楓黃葉飄靑嶂橋畔逢君不識君目成初在蘇隄上黑貂之裘白接䍦秀骨峭立蒼虬髭篋中新草招隱詞帶閒雜佩商巖芝夷門狗屠時未遇短褐飯牛歌日暮美人雲漢遙相望東限滄海西夜郎欲往從之天路長好音不到西山陽五陵裘馬何足道深巖鹿豕寧終老眼前春華肯相待又看冰結池邊草沈約風流今再見意氣縱橫誰不羡黃金會結六郡豪白首空懸三尺劒孤山岑祇樹林爲君歌拂鳴琴淸絲何泠泠一歌三歎愁君心君不見西湖霜草十月天笙歌岸曲多游船金椀笑酌葡萄酒紅毹坐撥琵琶絃朱樓倡女何便娟長袖自舞雕闌前我獨何爲心煩冤滄浪之天不可問紅日遠隔扶桑巓不如高歌湖水湄持螯載酒吳山岬我擊鼓君吹篪與君對把珊瑚卮君家昆季雅善賦雄談㮣舞黃皮袴悲歌慷慨俠者流紛紛輕薄空無數賤子南冠最辛苦十年牧馬邊關路長鋏淒涼一敝裘壯夫已爲雕蟲誤風雨西湖把袂時朱絃流水遇鍾期賞音此日憐同調翻恨從君傾蓋遲

梁園

春風入梁苑亂起楊花絮碧草滿平臺遺宮不知處

靈隱山中曉起從飛來峯步至韜光眺望久之

振策循高巖晨霜千樹白重裘凜冰澗絕磴盤叢樾下睇寒烟平緣知衆山沒搴藤失鳥道窺洞半雲隔霧散出層泉葉盡辨幽石嵐翠秀可掬江流細如髮縱心觸遙遇盪目驚奇跡靈境鹿豕遊香厨鳥雀食雲霓媚雕櫺薜荔交丹壁石潭明微波湖烟霽深碧泛谷激陰飈鳴空下寒翮始見靑松長因憐芳蕙歇披林嘯聲發度嶺天光闢

贈汪魏美

淒淒革履歲將闌避世誰知管幼安桂樹幽人招隱地鹿皮高士著書冠風簷解帶蘭香滿霜路班荆玉佩寒辛苦西山無伴侶握中薇蕨勸加餐

山夜歌

翠微露碧雲野水濛濛石壁下淸猿啼月澗戶寒落花無人春山夜薜荔停雲車陰風夢龍馬哀唱繞紅絃憂心不可寫無因摘瑶草空憶巢居者

走馬梨關曲送天池入關

臂韝雙控靑絲絡鸊鵜新淬蓮花鍔君提玉龍將入關余亦披裘反東郭琥珀削鞓寶粟鈿按絲重環練帶纚綵絮如塵點離席勞歌不動胡琴絃江門曉角催江船

挂帆忽上踏高烟天雞一聲紅輪起溼光蒸霞變空紫懸厓走馬度七盤身在重關綠雲裏海風吹沙滿銀浦炎霧灑衣若嵐雨谿花含色染鮫綃山鳥向人作蠻語珊瑚盤中荔支赤蜃樓隔夢滄洲夕開殘菡萏蘋花白西還應憶蘭陵客

送卓公上方住靜

西風楊柳片帆懸東渡苕谿吳水連碧草離心芳渚外青鞋歸夢白雲邊藤蘿半錫藏寒峭猿鳥空山伴夜禪寂寞獨留元度月相思霞嶺隔秋烟

春夜長安望月示滕子

明月長安道烟花萬里人同看故鄉月不見故鄉春

除夕

繁雲翳冬徂暖暖積羲戢夜火明宵空響竹喧晚邑北林元陰徙東戶新烟入代謝判昏朝冬原改春隰景光憂夙逝遲暮感今及候鳥變聲初時風待旦急攬物慿化遷臨觴索緒集何以謝歲月尙勉修名立

荔支曲

滄江鳴鵾大火中深翠如烟結紫叢千樹曈曨日當午枝頭翕翕火齊吐園客搖筐剪馬乳錯落金盤灑紺雨赤龍鱗裏絳粟房赬虬卵孕雲英瓤合浦珠牡剖夜光雪花嚼作水晶涼一掬玉屑調天漿齒冰麗結澄甘芳南方百果羅珍奇紅錦荔支稱第一曲殘天寶已無聲貢道今虛海南驛大宛葡萄那可得西國何年進石蜜華林園柿汵金衣龍洲木奴摧朱實獨留此品三十三綠袍金鐘入無匹曾作榕城樹下人魂消江客披圖日諦觀却坐薇花帳湘枝黛葉紛相向可是長安十八娘幾囘夢在楓亭上

山夜有懷張邵二子

江客滯春展巖靄棲層深散髮弄餘暉暮紫凝西岑繁花墜風影響澗赴禽音林烟欲盈袖嶺月多在襟春觴激吳趨寒吹淒越吟徒怨蕙帳空時勞遠人心流水不獨操虛此夜山琴

山窗夜坐遲王山人不至

靄色射林隙沈煙散半壑弦月摩重雲微光送涼幕岑然夜窗虛青燈伴孤鶴彼美期不來金尊與誰酌

柳池

翠壓秋雲碧玉岑夜聽風雨綠池深曉晴起坐芙蓉館已減垂楊一半陰

贈友

谷口披裘處移家愛子眞吟詩梅蕋瘦到日柳條新一榻千峯雨孤雲半壑春畫沙書自好嘯樹憶仙人

爲艮士畫千葉桃花并題

紅綃半捲夜香温可是傷春舊淚痕記得隔年曾一見粉墻深掩綠楊門

送江西羅飯牛

長天孤鶴又西飛八月新涼到客衣歌吹竹西留不住
滿江秋月一帆歸

題百花巷吳生小像

芒鞋曾踏九州塵壯志空留萬里身歸向專諸尋舊隱
百花深處一閒人
玉軸縹緗伴玉壺氍毹感慨在菰蘆朱門車馬無人識
醉臥吳山舊酒徒

西泠吟

秋風既以及袖秋月既以及懷渺兹當我前我心安在哉西泠氣何蕭森來尋我心我心尋若有所思所思不可得奈何奈何兮伊人
浩浩濯我魄泠泠縈我思我思從中來繁音亂青絲繁音亂青絲青絲一何悲彼昏不知歡樂極兮奚疑
魚戲平沙尖紅香渚中蓮蓴菜肥到根蘆花香上天星明燈殘妝亂如雨鐘沈風飛式歌且舞君但歌且舞西胡之水不能語

贈谷上人住西山

碧落舊仙臺天清法雁開紺樓雲自結丹果鳥銜來愛馬尋支遁談空得辨才看山還結伴頻向虎谿迴

桐陰雅奏圖

翠烟掩映雙鬟綠金徽頻按敲纖玉流波斜睨燕釵橫寶鴻驚落高山曲花飄石井爐烟微調轉求凰空自知琴心欲倩誰人聽愁殺梧桐月上時

題山水

蕭散歷落荒荒寂寂有此山川無此筆墨運斤非巧規矩獨拙非曰讓能聊得吾逸

畫竹詩和唐解元韻 唐解元畫竹題詩一林寒竹雜欲疑蠶上葉蕭疎更比蟹爬沙烏目王山人畫竹得六如遺意並書詩句六如詩語謔殊甚余和詩故作莊語因王山人畫竹意似嚴整不復相嘲耳

派衍湖洲有幾家倪迂自笑竹如麻誰能染得江湖影
風在烟梢月在沙
從來愛竹是王家墨雨如烟染白麻一片秋聲橫斷壑
半江殘雨是平沙

古松萱草圖壽某母

紫霄點黛色碧磵發奇柯參天上百尋霜枝何嵯峨春暉麗萱草翠莖耀金波知有雛鳳來羣鸞鳴相和靈妃按節洪崖歌後來歲月何其多

摹一峯老人天池石壁圖

丹崖矗烟霄花潭下澄碧蒼茫灑靈雨泠風動松柏忽見鴻濛開居然造化設弦琴振川林空翠滿四壁

詠色菊花

黃鶴紫鳳舞霓裳耐得秋寒鬬曉妝一片怒濤雲五色
更疑嚴電起扶桑

白燕

何處盧家舊畫梁口銜飛絮過迴塘將雛露下瓊裾溼試舞花叢二三剪香

失題

肯使虎頭稱畫聖不容摩詰老詩壇驅豪豈有愚公力萬壑千崖掌上看

亂石鳴泉

亂石鳴泉仿王孟端非黃鶴山樵也其皴擦渲點相似而又有間矣如海裂井斷不可淆俟明眼者辨取

無雲石逾峭得雨山更溼叢叢青翠中一片山濤白

山中待友人不至

三秋不共故人歡一日離羣握手難黃葉空山無客到白雲幽澗待君看松門石響風泉急蘿洞猿鳴夜雨寒無那足音今尚杳相思明月照闌干

臨梁楷空烟無際

籟靜獨鶴鳴花林送新趣借問是何世滄洲不可度毫端浩蕩起靈烟遮斷千峯萬峯路此中鴻濛猶未開仙人不見金銀臺泠風古樹心悠哉蒼茫羣鳥從空來

新篁圖

石谷子補溪亭遠山并爲潤色

琅玕雲外綠解籜遍苔茵王猷曾獨往吟嘯四無人

王叔明作修竹遠山嘗稱文湖州暮靄橫看卷筆力不在郭熙之下於樹石間寫叢竹乃自其胸中流出不可以筆墨畦徑觀也南田此圖直能與古人把臂同行但屬余點綴數筆欲如一峯黃鶴合作竹趣圖余筆不逮古何能使繪苑傳稱勝事耶丙寅臘月望後三日王翬識

題芍藥

凡畫花卉須極生動之致向背敧正烘日迎風挹露各盡其變但覺清芬拂拂從紙間寫出乃佳耳

自有霓裳翻夜景又垂紅袖度春烟於今溱洧原無此轉笑風人贈芍年

秋日在靜嘯軒寫高山圖

鮮雨洗蘭叢谷口無纖塵翡翠戲北牖麋鹿結南鄰絳氣流空霄白雲變昏晨松風過澗綠奔響趨龍鱗想見桂樹間猶有羲軒民

秋夜與若營兒閒話有懷東會因拈舊句屬余爲圖

草閣臨谿晚更清繞檐老樹集歸禽何時親煮雙團鳳相對明鐙細論心

題畫

幼文筆致秀偉有逸趣在雲西丹邱之間石谷疑議神明直是後來居上

山亭空翠碧谿深靈氣能生靜者心竹雨松風何處聽秋聲應不在瑤琴

仿荆谿清逸圖

□□居士向於商邱宋氏見荆溪清逸圖真得蕭疏遠淡之趣予曾見其臨本偶爾握管未必有稍分應處也

昔年曾泛荆谿棹追想荆谿清逸圖竹樹一番閒點綴未妨烟雨半模糊

題畫

清谿百轉荻花汀烟浦微茫似洞庭澗路雲收千樹出芙蓉天半落空青

柳絲新漲覆漁磯鎮日吟詩坐翠微谿上白鷗來伴我
露華吹滿舊荷衣
漫將車馬過荒谿開戶春深紫燕泥桂樹自招空谷隱
桃花應笑武陵迷

横塘漁艇

漁唱斜陽柳岸低此中仙陌隱花谿花時細認横塘曲
猶恐重尋舊路迷

題石谷畫 石谷畫出宋入元筆思渾古觀其畫山渲染墨法沈厚即此可見獅王搏象之全力也

曉閣吟風得句遲拙毫點石帶雲移藤花細落香風起
簾捲山窗讀易時

題畫

毫端開洞壑研北走方壺不著尋山屐身居雲海圖
靈烟空際落天籟靜中聞何必求瑤草朝餐有白雲
成風揮意匠神境合天工萬吹紛綸處潛歸慘澹中

病起空齋研思繪理似有所得適原潔以詩索和並爲之圖

落葉無聲響藥闌秋深山氣著衣寒如今學得雲林畫
不向巖阿賦考槃

與石谷同在玉峯銷夏因憶南岳山樓竹陰最深處不禁神往

小隱空山隔世塵綠陰黃鳥度谿濱荒齋無計銷炎暑
遥羡山樓看竹人

靈邱

靈邱嵐霧曉含清墨雨淋漓洗翠莖吹罷鳳笙雲外聽
滿堂蕭颯起秋聲

黃梅天竹松枝合作

寒香晚翠朱實金英太和不彫絳雪常盈仙人夜宴燭
樹宵明黃鶴醉舞獻千年觥

仿高倘書

青山白雲父白雲青山兒白雲終日倚青山不自知

仿李晞古

峯巒曲密松杉暗臺殿高低紫翠迷游騎到門清梵歇
杉雞飛上樹頭啼

題畫

雲氣生毫端樹色落研北心手忽相忘誰知有筆墨

仿倪高士

竹邊雲岫影模糊洞水殘山想舊圖千古墨林稱逸品
米顛以後又倪迂

仿石田墨梧戲題

梧桐復梧桐根寄七絃中年年抱明月葉葉怨秋風

村樂圖

百里西風禾黍香寒溝水落穀登場老牛粗了耕耘債
齧草坡頭臥夕陽

題畫

深山昨夜雨初歇曉烟未泮山猶溼一片空濛杳靄中
幽人獨向千峯入

遠山望去如橫黛紅葉吹來似落花最是圖中秋景好
霜毫能起赤城霞

天畔烟高霜樹開崩灘濺瀑走雲隈不知誰削蓮華翠
一片陰風入坐來

古木參雲山雨收閒將筆法問丹邱此中未覺天機遠
墨雨金池洗白鷗

題畫猫

偃草雄風勢壯哉怒猊騰擲下蒼苔於今社鼠應難捕
閒覰花陰蛺蝶來

聽泉小景

掩卷山堂恣夢游驪毫忽聽澗泉流不須更洗紅塵耳
只尺能藏物外幽

失題

忽望青山隱翠微曉寒千樹白雲飛杳風吹遍西谿路
十里幽人雪滿衣

臨白石翁雨中蕉

最是桐窗夜臥邊舞衣零落補寒烟撫毫忽憶秋前夢
曾剪青羅覆鹿眠

題絳幘橫秋圖

金風不動草痕青滅燭曾從枕畔聽爲爾雄聲殘夜起
秋空零落半天星

寫大痴山偶題

石迹雲峯意象新畫師吾自憶前身誰知放筆淋漓處
嵐影蒼茫是富春

寫竹

深根藏器時寸寸抱奇節荒翠無改移故可傲冰雪

蠟梅天竹合景

香氣透窗櫺吟詩醉未醒黃雲初散處隱隱漏春星
翠羽閃金英寒香透石屏醉吟殘夜看點點是疎星

題畫

人間何處覓丹邱卻笑盧敖汗漫遊一指殘烟開太華
不須九點拜齊州

梅月圖

天寒吹琪樹幻出冰雪姿虛庭落寒影夜半月明時

看梅圖

半山晴雪壓松筠一片寒香出水濱借問長安車馬客
何如雪閣看梅人

紅梅

春風上花枝紅紫各自賦勿言薄脂粉適足表貞素

桃花紫燕圖

紫燕來時春已半清明來放一枝看紅桃蕊小東風急

早向春烟破曉寒

失題

愛他冰雪榦伴我虬龍枝離披一點墨千春無改移

桃花

武陵谿畔舊春烟帶露含風曉更妍不信漁人偏得路
看花空憶避秦年

見南田畫桃花偶錄舊句　吳縣　王　武　勤中

去後重來訪碧山當時曾此狎雲鬟傷心流水依然
在况有飛花下急湍

薔薇

紅刺青莖巧樣妝連春接夏正芬芳新含麗色懸高架
密布清陰覆小堂

梅薔薇

冷風珠樹望瑤臺一片琪花映霧開何處霓裳度神女
朝雲都染墨香來

端陽景

榴火如珠艾葉長紅葵還似美人妝玉盤細切蒲根綠
浴罷蘭湯進羽觴

榴花

風亞珊瑚樹裏花白雲飄渺裏丹砂何年安石移來種
占斷江南春色奢

石榴萱草

神女爍電光一笑粲玉齒誰能解天醉自有金莖美

靈隱寺早起登嶺上眺望

空樓眺春霽遠島紅霞起山樹没城烟湖雲落江水
策杖深松裏期雲半嶺稀路盤千澗上空翠濕人衣

題畫

如此谿山未可游泉聲不斷雨初收何時著屐觀雲海
直到丹梯最上頭

山明水碧暮春光苔壁雲生澗草香想見楞伽禪室內
坐聆松籟詠斜陽

藝初庭蘭有雙莖同心連枝並蒂一時豔稱之予
爲補圖并題四截句

花房一葉一巫峰葉底如將峽雨封只爲同心方並蒂
直教香豔勝芙蓉

曾隨雪曲入瑤琴那得忘言有斷金只有玉峰香閣裏
一叢花萼是同心

仙掌雙擎玉露盤國香原作美人看剪裁只是天工巧
欲把秋蘭作合歡

不須青女妒嬋娟移入霜紈色更妍從此藍田通楚畹
玉苗瓊葉長靈烟

文待詔雲泉高士圖

翠嶠閒呼麋鹿羣風泉濺瀑靜中聞捲簾盡日焚香坐
開看千厓起白雲

甌香館集卷十一　畫跋

武進惲　格著
海昌蔣光煦輯

春夜與虞山好友石谷書齋斟茗快談戲拈柯九思樹石石谷補竹披共爲笑樂時丙申浴佛前二日記

畫有用苔者有無苔者苔爲艸痕石迹或亦非石非艸𨚫似有此一片便應有此一點譬之人有眼通體皆靈究竟通體皆靈不獨在眼然而離眼不可也

文徵仲述古云看吳仲圭畫當于密處求疏看倪雲林畫當于疏處求密家香山翁每愛此語嘗謂此古人眼光鑠破四天下處余則更進而反之曰須疏處用疏密處加密合兩公神趣而參取之則兩公參用合一之元微也

莫作迂癡筆法會壽道人紛亂無法法亦無失癡翁迂老盡此豪端正索解人不得

先塗抹後數幅乃作此小變黃一峯法神氣迥殊亦昔人噉蔗之意也

董元宰夜山圖如此著墨破深曲處玩之如積欲令雲氣生動也

小景八幀東園遊戲翰素時所得半出率爾直寫懷間新思不全學古法廷受留置案上時一展對或與南陽宗少文風流不遠也

雲林樹法分明如指上螺四面俱有苔法皴法多于人所不見處著意

今人用心在有筆墨處古人用心在無筆墨處倘能于筆墨不到處觀古人用心庶幾擬議神明進乎技矣

春山如笑夏山如怒秋山如妝冬山如睡四山之意山不能言人能言之秋令人悲又能令人思寫秋者必得可悲可思之意而後能爲之不然不若聽寒蟬與蟋蟀鳴也

右小景七幀爲東園娛閒遊戲之作或規模古製亦間出新意不循畦徑無煩繪采欲墨章水暈自備五色非得象外之賞者未足與觀此畫也

三日不搦管則鄙吝復萌正庾開府所謂昏昏索索時矣

逸品其意難言之矣殆如盧敖之游太清列子之御泠風也其景則三閭大夫之江潭也其筆墨如子龍之梨花鎗公孫大孃之劍器人見其梨花龍翔而不見其人與鎗劍也

畫以簡貴爲尚簡之入微則洗盡塵滓獨存孤迥烟鬟翠黛斂容而退矣

高逸一種不必以筆墨繁簡論如於越之六千君子田橫之五百人東漢之顧厨俊及登厭其多如披裘公人不知其姓名夷叔獨行西山維摩詰臥毘耶惟設一榻

豈厭其少雙鳧乘雁之集海濱不可以筆墨繁簡論也然其命意大諦如應曜隱淮上與四皓同徵而不出摯峻在汧山司馬遷以書招之不從魏邵入牛牢立志不與光武交正所謂沒蹤迹處潛身于此想其高逸庶幾得之

宋法刻畫而元變化然變化本由于刻畫妙在相參而無礙習之者視爲歧而二之此世人迷境如程李用兵寬嚴異路然李將軍何難於刁斗程不識不妨于野戰顧神明變化何如耳

方圓畫不俱成左右視不并見此論衡之說獨山水不然畫方不可離圓視左不可離右此造化之妙文人筆端不妨左無不宜右無不有

易林云幽思約帶古詩云衣帶日以緩易林云解我胷春古詩云憂心如擣用句用字俱相當而成妙用筆變化亦宜師之不可不思也筆墨本無情不可使運筆墨者無情作畫在攝情不可使鑒畫者不生情

古人論詩曰詩罷有餘地謂言簡而意無窮也如上官昭容稱沈詩不愁明月盡還有夜珠來是也畫之簡者亦然東坡云此竹數寸耳而有尋丈之勢畫之簡者不獨有其勢而實有其理

嘗謂天下爲人不可使人疑惟畫理當使人疑又當使人疑而得之

羣必求同同羣必相叫相叫必于荒天古木此畫中所謂意也

寂寞無可奈何之境最宜入想亟宜著筆所謂天際眞人非鹿鹿塵埃泥滓中人所可與言也十日一水五日一石造化之理至靜至深卽此靜深豈潦艸點墨可竟

宋人謂能到古人不用心處又曰寫意畫兩語最微而又最能誤人不知如何用心方到古人不用心處不知如何用意乃爲寫意

幽情秀骨思在天外使人不敢以凡筆相贈山林畏佳大木百圍可圖也萬竅怒號激謞叱吸叫譹宎咬調調刁刁則不可圖也于不可圖而圖之惟隱几而聞天籟

山從筆轉水向墨流得其一變直欲垂涎十日妙在平淡而奇不能過也妙在淺近而遠不能過也妙在一水一石而千崖萬壑不能過也妙在一筆而衆家服習不能過也

魏雲如鼠越雲如龍荆雲如犬秦雲如美人宋雲如車魯雲如馬畫雲者雖不必似之然當師其意

作畫須優入古人法度中縱橫恣肆方能脫落時徑洗發新趣也

余嘗有詩題魯得之竹云倪迂畫竹不似竹魯生下筆能破俗言畫竹當有逸氣也

董宗伯云畫石之法曰瘦透漏看石亦然卽以玩石法

畫石乃得之

筆墨可知也天機不可知也規矩可得也氣韻不可得也以可知可得者求夫不可知與不可得者豈易爲力哉昔人去我遠矣謀吾可知而得者則已矣

李成范華原始作寒林東坡所謂根莖牙角幻化無窮未始相襲而乃當其處合于天造宜于人事者也無墨池研臼之功便欲追蹤上古其不爲郢匠所笑而貽賤工皿指之譏者鮮矣

古人用筆極塞實處愈見虛靈今人布置一角已見繁縟虛處實則通體皆靈愈多而愈不厭玩此可想昔人慘澹經營之妙

川瀨氤氳之氣林嵐蒼翠之色正須澄懷觀道靜以求之若徒索于豪末間者離矣

凡觀名迹先論神氣以神氣辨時代審源流考先匠始能畫一而無失矣北宋首出惟推北苑北苑嫡派獨推巨然北苑骨法至巨公而該備故董巨并稱焉巨公又小變師法行筆取勢漸入闊遠以闊遠通其沈厚故巨公不爲師法所掩而定後世之宗巨公至今數百年遺墨流傳人間者少單行尺幅價重連城何況長卷等常樹石布置已不易覯何況萬里長江則此卷爲巨公生平傑作無疑也自汶峨濫觴以至金焦流宗東會所謂網絡羣流呼吸萬里非足迹所歷目領神會如巨公者豈易爲力哉宋代擅名江景有燕文貴江參然燕喜點綴失之細碎江法雄秀失之刻畫以視巨公燕則格卑江爲體弱論其神氣尙隔一塵夫寫江流一派水耳縱廣盈尺間水勢澎湃所激蕩者宜無餘地其間爲層峯叠嶺吞雲靡霧涉目多景變幻不窮斯爲驚絕至于城郭樓臺水村漁舍關梁估船約畧畢具猶有五代名賢之風葢研深于北苑而加密矣今世所存北苑橫卷有三一爲瀟湘圖一爲夏口待渡一爲夏山卷皆丈餘景塞實無空虛之趣若此長綃觀其布置足稱智過于師謂非天下之奇迹邪此卷昔爲衣白鄒先生所藏今歸楊氏江上御史王山人石谷輩商確時代源流因爲辨識考定如此偶一披玩怱如寄身荒崖邃谷寂寞無人之境樹色離披澗路盤折景不盈尺游目無窮自非凝神獨照上接古人得筆先之機研象外之趣者未易臻此

不落畦徑謂之士氣不入時趨謂之逸格其創制風流昉于二米盛于元季泛濫明初稱其筆墨則以逸宕爲上咀其風味則以幽澹爲工雖離方遯圓而極妍盡態故蕩以孤弦和以太羹翺于閬風之上泳于泬寥之野斯可想其神趣也

作畫須有解衣盤礴旁若無人意然後化機在手元氣狠藉不爲先匠所拘而游法度之外矣出入風雨卷舒

蒼翠模崖範壑曲折中機惟有成風之技乃致冥通之奇可以悅澤神風陶鑄性器

今人畫雪必以墨積其外粉刷其内惟見縑素間著粉墨耳豈復有雪哉

偶論畫雪須得寒凝凌兢之意長林深峭澗道人烟攝入渾茫游于沕穆其象凛列其光黯慘披拂層曲循境涉趣嚴氣浮于几席勁飈發于毫末得其神迹以式造化斯可喻于雪矣

高簡非淺也鬱密非深也以簡爲淺則迂老必見笑于王蒙以密爲深則仲圭遂闕清疏一格意貴乎遠不靜不遠也境貴乎深不曲不深也一勺水亦有曲處一片石亦有深處絶俗故遠天游故靜古人云咫尺之内便覺萬里爲遥其意安在無公天機幽妙倘能于所謂靜者深者得意焉便足駕黃王而上矣

作畫至于無筆墨痕者化矣而觀者往往勿能知也王嬙麗姬人所美也魚見之深入鳥見之高飛麋鹿見之決驟又孰知天下之正色哉

語云射較一鏃弈角一著勝人處正不在多

昔人云牡丹須著以翠樓金屋玉砌雕廊白鼻猧兒紫絲步障丹青團扇紺綠鼎彝詞客書素練而飛觴美人拭紅綃而度曲不然措大之窮賞耳余謂不然西子未入吳夜來不進魏邢夫人衣故衣飛燕近射鳥者當不以窮約減其丰姿麤服亂頭愈見妍雅羅紈不御何傷國色若必踏蓮華營金屋刻玉人此綺豔之餘波淫靡之積習非所擬議于藐姑之仙子宋玉之東家也

貫道師巨然筆力雄厚但過于刻畫未免傷韻余欲以秀潤之筆化其縱横然正未易言也

黃鶴山樵秋山蕭寺本生平所見此爲第一畫紅樹寂穠麗而古澹之色黯然在紙墨外真無言之師因用其法

高逸一種蓋欲脱盡縱横習氣澹然天真所謂無意爲文乃佳故以逸品置神品之上若用意撫仿去之愈遠倪高士云作畫不過寫胷中逸氣耳此語最微然可與知者道也

梅花庵主與一峯老人同學董巨然吳尚沈鬱黃貴蕭散兩家神趣不同而各盡其妙

余畫樹喜作高柯古榦愛其昂霄之姿含霜激風挺立不懼可以况君子惟營邱能得此意當以瓣香奉之

寒林者推營邱華原得古勁蒼寒之致曾見營邱雪山畫樹多作俯枝勢則劍拔弩張筆則印泥畫沙此圖師其意而少變其法似于古人畧有合處與知者鑒之

戊申春予渡錢唐游山陰泛舟鏡湖探禹穴其上有古柏盤曲天矯離奇霜皮雪榦閲數百千年因嘆陽羨善卷偃柏已不可見武侯廟前黛色參天未識與巫峽雪

山猶能同峙否戲圖此本以發奇狀庶幾黃鶴山樵之畫桐先香山翁之寫報國松也

北苑畫正峯能使山氣欲動青天中風雨變化氣韻藏于筆墨筆墨都成氣韻不使識者笑爲奴書

巨然行筆如龍若子尺幅中雷轟電激其勢從半空擲筆而下無迹可尋但覺神氣森然洞目不知其所以然也

黃鶴山樵一派有趙元孟端亦猶洪谷之後有關仝北苑之後有巨然癡翁之後有馬文璧也

子久以意爲權衡皴染相兼用意入微不可説不可學太白云落葉聚還散寒雅栖復驚差可擬其象

六如居士以超逸之筆作南宋人畫法李唐刻畫之迹爲之一變全用渲染洗其勾斫故煥然神明當使南宋諸公皆拜床下

婁東王奉常家有華原小幀墟壑精深筆力遒拔思致極渾古然别有逸宕之氣雖至精工居然大雅

董宗伯極稱高尚書大姚村圖石谷王子又稱夜山圖得烟雲變滅之狀高彦敬畫人間傳者不多見得從尺幅片紙想其規模澂其芳潤猶可以陶冶羣賢超乘而上

昔人論畫雪景多俗董雲間頗宗其説嘗見畫史稱營邱所作雪圖峯巒林屋皆以澹墨爲之而水天空處全用粉塡亦一奇也每以告畫人不愕然驚則啞然笑足以知後學之凡下也觀此語于當時畫手求一知營邱用意處已不可得況風氣代降至于數百年之後哉然營邱之創製遂爲獨絶以論雪景多俗蓋亦指衆工之迹耳豈足以限大方以是知雲間之説非至論也

子久天池浮巒春山聚秀諸圖其皴點多而墨不費設色重而筆不沒點綴曲折而神不碎片紙尺幅而氣不促游移變化隨管出沒而力不傷董文敏所謂烟雲供養以至于壽而仙者吾以爲黃一峯外無它人也

泰岱秦松王右丞嘗有此圖右丞曰秦換而松不換蓋自矜其畫耳迄今而不換之松安在右丞之畫亦安在邪

錫山舟次一望山水林屋舟輿橋梁豆艸黍稷爭相位置八月既望木之宜落時也而迷迷離離猶如此邪

某公詩吳生畫如五十婦人修察其容自以爲姣好當門而人視之已憔悴甚矣

天外之天水中之水筆中之筆墨外之墨非高人逸品不能得之不能知之

郭熙河陽人其畫法譎宕奇妙至以眞雲招入囊中放出以似其飄渺之象爲山形然後世學者多入魔道其自言曰凡畫積惰氣而强之者其迹軟懦而不快此不注精之病也積昏氣而汩之者其狀黯猥而不爽此神

不與俱成之病也以輕心佻之者其形脫略而不固此不嚴重之弊也以慢心忽之者其體踈率而不齊此不恪勤之弊也觀此則公之小心精密也亦至矣

筆墨攢簇然欲使人可以尋味而得之如通國皆知子都而淄澠之相別黑白之相懸不俟易牙離朱也

米氏父子與高尚書分路揚鑣亦猶王氏羲獻與鍾元常齊驅並駕然其門徑有異而同有同而異者

雍門琴引云須坐聽吾琴之所言吾意亦欲向知者求吾畫中之聲而知所言也

方方壺蟬蛻世外故其筆多詭岸而潔清殊有側目愁口科頭箕踞之態因念皇皇鹿鹿終日駸駸馬足中而欲證乎靜域者所謂下士聞道如蒼蠅聲耳

子久神情于散落處作生活其筆意于不經意處作朦理其用古也全以己意而化之甝虪覓叔之猛厲也而獵人能馴之以角抵之戲王孫之詭秘也而弋人能導之以桑林之舞此其故有非言說之所能盡矣

元人幽秀之筆如燕舞飛花揣摸不得又如美人橫波微盼光彩四射觀者神驚意喪不知其所以然也

雲西筆意靜淨眞逸品也山谷論文云蓋世聰明驚彩絕豔離卻靜淨二語便墮短長縱橫習氣涪翁論文吾以評畫

迂老幽澹之筆余研思之久而猶未得也香山翁云予少而習之至老尚不得其無心湊泊處世乃輕言迂老乎

元人幽亭秀木自在化工之外一種靈氣惟其品若天際冥鴻故出筆便如哀絃急管聲情並集非大地歡樂場中可得而擬議者也

近日寫生家多宗余沒骨花圖一變爲穠麗俗習以供時目然傳模既久將爲濫觴余故亟搆宋人澹雅一種欲使脂粉華靡之態復還本色

余凡見管夫人畫竹三四本皆清夐絕塵近從吳門見邵僧彌臨本亦略得意趣猶有仲姬之風焉半園唐孝廉所藏烏目山人臨管夫人竹窩圖卷㝡爲超逸駸駸乎駕仲姬而上僧彌小巫耳

元時名家無不宗北苑矣迂老崛强故作荆關欲立異以傲諸公耳

方壺潑墨全不求似自謂獨參造化之權使眞宰欲泣也宇宙之內豈可無此種境界

黃鶴山樵遠宗摩詰其能自立門戶頡頏黃倪蓋得力于北苑者深也

米家畫法至房山而始備觀其墨華游戲脫盡畦徑果非時人所能夢見

昔滕昌祐常于所居多種竹石杞菊以資畫趣所作折枝花果並擬諸生余亦將灌花南田玩樂苔草抽豪研

色以吟春風信造化之在我矣

趙大年江山積素圖秀潔妍雅得王維家法王晉卿鄭僖輩皆不能及此本爲王于一先人文裕公所藏傳之太僕以至于一可謂一代鴻寶

寫生家日研弄脂粉搴花探蕊致有綺靡習氣豈若董巨長皴大點墨雨淋漓吞吐造物之爲快乎劍門樵客以此傲南田宜也

雲林畫天眞澹簡一木一石自有千巖萬壑之趣今人遂以一木一石求雲林幾失雲林矣

宋時人物衣摺多宗李龍眠石谷子爲余言向在維揚貴戚王長安家觀宋徽廟六高士圖倜儻有出塵之度行筆巧密與龍眠豳風圖略同因知趙文敏所宗亦龍眠一派也此作松下老子圖玩其筆勢森然古法具在但以設色變其白描此種用色古淡明潔惟明代文徵仲庶幾得之時俗庸史不足與議矣澹庵宋元册中觀郭河陽寒山行旅絕奇江貫道江關暮雪亦妙本也劉松年畫人物團扇本三人回首看左角桃花人物如生竹夾葉大綠帶烟霧眞有神氣王晉卿畫楊柳樓閣極精工柳用大綠塗染後用汁綠開細葉極鮮麗郭河陽行旅圖石谷已橅入絹素極可觀大有出藍之美

此景橅營邱寒林曉烟極蒼茫有深曲意余謂畫霧與烟不同畫烟與雲不同霏微迷漫烟之態也疎密掩映烟之趣也空洞沈冥烟之色也或沈或浮若聚若散烟之意也覆水如纊橫山如練烟之狀也得其理者庶幾解之五峯創意新鮮可稱獨步

烏目山人爲余言生平所見王叔明眞迹不下廿餘本而眞迹中最奇者有三吾從秋山草堂一幀悟其法于毘陵唐氏觀夏山圖會其趣最後見關山蕭寺本一洗凡目煥然神明吾窮其變焉大諦秋山天然秀潤夏山鬱密沈古關山圖則離披零亂飄洒盡致殆不可以徑轍求之而王郎于是乎進矣因知向者之所爲山樵猶在雲霧中也石谷沈思既久暇日戲彙三圖筆意于一幀滌盪陳趨發揮新意徊翔恣肆而山樵始無餘蘊今夏石谷自吳門來余捜行笈得此幀驚歎欲絕石谷亦沾沾自喜有十五城不易之槩置余案頭摩挲十餘日題數語歸之蓋以西廬老人之矜賞而石谷尙不能割所愛矧余輩安能久假爲韞櫝玩邪庚戌夏五月題于靜嘯閣

香山翁云北苑禿鋒余甚畏之既而雄雞對舞雙瞳正照如有所入陳姚最有言躡方跡之足易標圓行之步難雖言游刃理解終迷以此語語作家茫然不知也香山翁蓋于北苑三折肱矣但用筆全爲雄勁未免昔人筆過傷韻之譏猶是仲由高冠長劍初見夫子氣象

庚戌夏六月同虞山王子石谷從城攜筇循山行三四

里憩吾谷乘興遂登劍門劍門虞山最奇勝處也亦如扶搖之翼下垂也石壁連袤中陡削勢下絶若劍截狀闢一罅如可通他徑者因號爲劍門云余因與石谷高嘯劍門絶壁下各爲圖記之寫游時所見大畧如此

梅花庵主學北苑猶爲昔人神氣所壓未能負然自拔此本所撫仲圭石谷得法外之意眞後來居上

余見石谷畫凡數變每變益奇此本爲今春所作觀其脱落荒率處與客秋較異似又一變也變而至于登峯翻引荆楊兩公以爲合古雖不妨土壤增高而此亦安平君置卒上座而謬爲恭敬也

曾從吳門觀盧鴻草堂圖十二幀其作樹渲染正與此本相類樸古之韻逼眞唐人五代以下無此風骨

法行于荒落艸率意行于欲赴未赴瓊華玉巒烟樓水樹不敢當古人之刻畫而風氣近之

泛舟北郭外觀平岡一帶高林紅葉彩翠百狀烟光霞氣相照映如錦屏與武林靈隱虞山劍門同一天孫機也

凝翁畫林壑位置雲烟渲暈皆可學而至筆墨之外別有一種荒率蒼莽之氣則非學而至也故學凝翁輒不得佳臻斯境界入此三昧者惟婁東王奉常先生與虞山石谷子耳觀其運思纏綿無間飄渺無痕寂焉浩焉寥焉渺焉塵滓盡矣靈變極矣一峯耶石谷耶對之將移我情

雪圖自摩詰以後惟稱營邱華原河陽道寧然古勁有餘而荒寒不逮王山人畫雪直上追唐人謂宋法登堂未爲入室元代諸賢猶在門庭邊游衍耳

王山人擬松陰論古圖斟酌于六如晞古之間又變而爲精純爲勁峭唐解元之法至此而大備矣

以王郎之勁筆乃與世俗時史并傳猶雙麋子都美惡較然培塿方壺鉅細迥異則凡有目者所共知也

石谷山人筆墨價重一時海内趨之如水赴壑凡好事家懸金幣購勿得王子乃從吳閶解后能使山人欣然呼毫畱此精墨可謂攖驪龍而探夜光眞快事也

向在王長安家見燕文貴長江圖其山嵐汀渚樹林籬落人烟樓閣水村漁舍帆檣舟楫曲盡其妙石谷取意作江岸圖致佳千里江山收之盈尺可謂能工遠勢者矣

北苑霧景橫幅勢極渾古石谷變其法爲風聲圖觀其一披一拂皆帶風色與時俗工人寫風惟作樹枝低亞震蕩之意者稍異其妙在畫雲以狀其怒號得其勢矣

石谷言見房山畫可五六幀惟昨在吳門見一幀作大墨葉樹中橫大坡疊石爲之全用渴筆潦草皴擦極蒼勁不用橫點亦無渲染其上作正峯始有雲氣積墨皴染極細潤極荒寒石谷畧用其意作大幅能曲盡其妙

展圖黯然若數百年物也、

東□老人家藏洪谷子峭壁飛泉長卷石谷言曩時曾借摹後爲祝融氏所收不可復見頃在楊氏園亭含毫搆思橅入册中眞所謂雲峯石迹迥出天機古趣晶然新意警拔思而得之倘亦鬼神通之者邪

石谷學郭恕先江天樓閣上下皆水爲島嶼樓閣帆檣樹木相錯波濤連綿境極曠蕩石谷必有所本然恕先畫見亦鮮矣

以方壺之飄灑兼幼文之荒率離披點畫涉趣不窮天下繪事家見之茫然錯愕不能解惟江上翁與南田生醉心于此願爲執鞭王生得余兩人相賞磬快可無絶

絃之慨若待後世有子雲未免鈍置王生因題此其發大噱

王山人極稱王叔明秋山蕭寺本最奇以輞川爲骨北苑爲神趙吳興爲風韻蒼渾沈古兼備諸長勝國時刻畫之工當稱獨步此圖即秋山蕭寺意其寫紅林點色得象外之趣覗山樵本不妨出藍因雪崖先生稱翰林氷鏡故一操高山博賞音傾耳之聽也

觀石谷寫空烟眞能脱去町畦妙奪化權變態要眇不可知已此從眞相中盤鬱而出非由于毫端不關于心手正杜詩所謂眞宰上訴天應泣者

烏目山人石谷子所製江山圖卷余從婁東寓齋耽玩累日觀其畫法全師山樵瀟湘圖遺意而石谷擬議神明通于造化凡巖嵐泉壑樹木雲烟橋梁村舍樓閣道路行旅舟楫大抵略備變態盡于是矣至于墨章水暈游賞無窮蓋嘗三折肱于山樵而得其靈祕要如昔人稱鍾元常書有十二種意外巧妙絶倫多奇何多讓焉昔人最重渲染此卷視他本尤工筆墨之外別有一種靈氣氤氳紙上黯澹沈深若數百年物也今之操觚者如林觀此殆無下筆處亦王山人與龔子有狗知之合流連賞音故不覺墨花飛舞與龔子詩篇相映發乃山川靈氣發越太盡他日渡江而西幸善護持勿使蛟龍知此奇寶

筆墨簡潔處用意最微運其神氣于人所不見之地尤爲慘澹此惟懸解能得之石谷臨柯敬仲竹石眞有出藍之美

石谷子云畫石欲靈活忌板刻用筆飛舞不滯則靈活矣此圖即雲林淸祕閣也香光居士題云倪迂畫若散緩而神趣油然見之不覺繞屋狂叫觀石谷所橅幻霞標致可想也觀石谷山人橅王叔明谿山長卷全法董巨觀其崇巖大嶺奔灘巨壑嵐霧杳冥深松間之叢篁烟莽掩映樓閣帶以橋梁石淙亂流近可捫酌山村籬落澗道迴紆或雲壁萬仞上不見頂或青泥百盤下迷山麓如身在萬山中聞猿啼豹嗥松風濺瀑之聲恍若

塵區之外別有一世界靈境奔會使人神襟湛然游賞無窮不出案乘閒而得淸暉澹忘之娛卻笑謝客當年鑿山開道爲多事也

石谷子在毘陵稱筆墨之契惟半園唐先生與南田生耳半園往矣忘言傾賞惟南田一人然又相見之日稀終歲離索于十年間相要同聚山中三日迄今不可得而兩人神交興趣零落耗斁每相顧歎息來日幾何蓋亦險矣

巨然師北苑貫道師巨然貫道縱橫輒生雄獷之氣蓋視巨然渾古則有斂焉師長捨短觀王山人所圖可爲學古者進一籌矣

師林圖爲迂翁最奇逸高渺之作予未得見也今見石谷此意不求甚似而師林緬然可思眞坐游于千載之上與迂翁列峯相見也石谷古人哉

深林積翠中置谿館爲千崖瀑泉奔雷迴旋其下常如風雨隱隱可聽墨華蒸鬱目作五色欲墜人衣便當呼黃竹黃子同游于此閒掇拾靑翠招手白雲正不必藐姑汾水之陽然後樂而忘天下也

黃鶴山樵得董源之鬱密皴法類張顛艸書沈著之至仍歸飄渺予從法外得其遺意當使古人恨不見我

陶徵士云飢來驅我去每笑此老皇皇何往乎春雨扃門大是無策聊于子久門庭乞一瓣香東坡謂飢時展看還能飽人恐未必然也

風雨江干蹟筆零亂飄渺天倪往往于此中出沒

竹樹交參巖岫盤紆每思古人展小作大處輒復擱筆

細雨梅花發春風在樹頭鑒者于豪墨零亂處思之

三山半落靑天外秋霽晨起得此覺滿紙驚秋

銅檠燃炬放筆爲此直欲喚醒古人

昔黃公望畫富春山卷深自矜貴攜行笈歷數年而後成頃來山中坐鏡淸樓洒墨立就曾無停思工乃貴遲拙何取速筆先之機深媿于古人矣

湖中半是芙蕖人從綠雲紅香中往來時天雨後無纖埃月光湛然金波與綠水相涵恍若一片碧玉琉璃世界身御泠風行天水閒卽拍洪崖游汗漫未足方其快也至于游船燈火笙管謳歌徒攪淸思亂耳目皆非吾友游神所在以喧籟付之而已

寒林昔稱營邱華原後惟六如居士能盡其趣余欲兼李范之法收六如之勝破河陽之藩籬殆非十年擬議不可也

董宗伯嘗稱子久秋山圖爲宇內奇觀巨觀予未得見也暇日偶在陽羨與石谷共商一峯法覺含毫渲染之閒似有蒼深渾古之色倘所謂離形得似絢爛之極仍歸自然邪

關仝蒼莽之氣惟烏目山人能得之暇日戲橅殊爲畦

徑所束未敢云撒手游行無礙也

沃丹虞美人二種昔人爲之多不能似似亦不能佳余畧仿趙松雪然趙亦以不似爲似予則以極似師其不似耳

余游長山處處皆荒寒之色絶似陸天游趙善長今思之不能重游寫此以志昔者

對客倦譚退而伏枕稍覺隨筆遣懷蝴蝶紛紛尚在豪末

毛詩北風圖其畫雪之濫觴邪六代以來無流傳之迹唐惟右丞有江干雪意及雪山至今尚留人間然亦似曹弗興龍頭未易窺見自右丞以後能工畫雪惟營邱華原而許道寧又神明李范之法者余從西谿觀銅山雪色以道寧筆意求之未能如劉褒畫北風使四座涼生也

白石翁藏關仝眞本神色飛動元氣淋漓覽乎尚哉洪谷之風也余拓以大幀倘所謂未陟其險先仰其高邪

竹亭銷夏師鷗波老人其碧嵐上浮翠壁下斷飄騰谷雲遮藏湍瀨得之松聲雲影圖也

西谿艸堂蓋周太史歸隱處也羣峰奔會帶以蒲谿菱蘆澂波檉柳夾岸散碧漣翠水烟忽生漁網相錯予曾從太史艤楫而美澄明縱觀魚鳥有濠梁之樂眞一幅惠崇江南春圖也

桃源仙靈之窟宅也飄渺變幻而不可知圖桃源者必精思入神獨契靈異鑿鴻濛破荒忽游于無何有之鄉然後谿洞桃花通于象外可從尺幅間一問津矣吾友王子石谷嘗語余自昔寫桃源都無眞想惟見趙伯駒長卷仇實父巨幀能得此意其關境運毫妙出匪夷賦色之工自然天造余聞斯語欣然若有會也因研索兩家法爲桃源圖

子久浮巒煖翠則太繁沙磧圖則太簡脫繁簡之迹出畦徑之外盡神明之運發造化之祕極淋漓飄渺而不可知之勢者其惟京口張氏所藏秋山圖陽羨吳光祿富春卷乎學者規摹一峯何可不一見也暇時得小卷經營布置略用秋山富春兩圖法似猶拘于繁簡畦徑之間未能與古人相遇于精神寂寞之表也

子久富春山卷全宗董源間以高米凡雲林叔明仲圭諸法略備凡十數峯一峯一狀數百樹一樹一態雄秀蒼莽變化極矣與今世傳疊石重臺枯槎叢雜短皴橫點規模逈異予香山翁有橅本畧得大意衣白鄒先生有拓本半園唐氏有油素本庶幾不失邱壑位置然終不若一見姑射仙人眞面目使凡塵頓盡也

石谷子凡三臨富春圖矣前十餘年曾爲半園唐氏摹長卷時猶爲古人法度所束未得游行自在最後爲笪江上借唐氏本再摹遂有彈丸脫手之勢婁東王奉常

聞而嘆之屬石谷再摹余皆得見之蓋其運筆時精神與古人相洽略借粉本而洗發自已胸中靈氣故信筆取之不滯于思不失于法適合自然直可與之並傳追蹤先匠何止下眞迹一等予友陽羨三梧閣潘氏將屬石谷再臨以此卷本陽羨名迹欲因王山人復還舊觀也從此富春副本共有五卷縱收藏家復有如雲起樓主人吳孝廉之癖者亦無憂劫火矣因識此以爲富春圖幸

陽羨周穎侯氏與雲起樓吳冏卿昵好曾以千金玩具抵吳借臨未竟還之火後乃從吳氏更索殘本足成恆自詫詡一峯富春眞迹已殘惟摹本獨完人人謂得見周氏本可想全圖之勝虞山王子石谷過毘陵將爲江上御史摹此欲從陽羨借周氏橅本觀其起手一段不可得卻後一載石谷適攜客歲所臨卷與余同游陽羨因得見周氏摹本其筆墨眞如小兒塗鴉足發一大笑急取對觀起手一段與殘本無異始知周氏誑妄眞自欺欺人者耳且大書卷尾自謂凝翁後身又自稱筆墨有不及凝翁處有凝翁不及處眞醯雞斥鷃蠡井窺天之見可怪可哀也

吳冏卿生平所愛玩者有二卷一爲智永千文眞迹一爲富春圖將以爲殉彌留爲文祭二卷先一日焚千文眞迹自臨以視其燼詰朝焚富春圖祭酒面付火火熾輒還臥內其從子吳靜安疾趨焚所起紅爐而出之焚其起手一段余因冏卿從子問其起手處寫城樓睥睨一角卻作平沙禿鋒爲之極蒼莽之致平沙蓋寫富春江口出錢唐景也自平沙五尺餘以後方起峯巒坡石今所焚者平沙五尺餘耳他日當與石谷渡錢唐抵富春江上嚴瀨一觀凝翁眞本更屬石谷補平沙一段使墨苑傳稱爲勝事也

畫秋海棠不難于綽約妖冶可憐之態而難于矯拔有挺立意惟能挺立而綽約妖冶以爲容斯可以況美人之貞而極麗者于是製圖竊比宋玉之賦東家子司馬相如之賦美人也

昔安期生以醉墨灑石上皆成桃花故寫生家多效之又磅礴之山其桃千圍其花青黑西王母以食穆王今之墨桃其遺意云

水墨與于唐人所以唐時最貴水墨以墨有五彩惟慧眼能辨之視塗紅抹綠絢爛爲快者不可同年語矣

趙吳興有花谿漁隱又有落花游魚皆神化之迹臨仿者毋慮數十百家大都刻畫舊觀未見新趣允裴屬予寫游魚因兼用吳興兩圖意作扇景倏它時石谷觀之當更開法外靈奇之想也

翠園兄將發維揚戲用倪高士法爲圖送之時春水初漸春氣尚遲谷口千林正有寒色南田圖此聊當吹律

取似賞音以象外解之也

洪谷作雲中山頂四面峻厚墨苑稱化工靈氣難迹象求之因與王子石谷斟酌作此洗盡時人畦徑真能知四面之意者方可與觀此圖

壬子秋余與石谷在楊氏水亭同觀米海嶽雲山大幀宋徽廟題幀首云天降時雨山川出雲董宗伯鑒定爲荆谿吳光祿所藏吳氏有雲起樓蓋以斯圖名也石谷作此如宗伯所云從岳陽樓觀聽仙人吹笛一時凡意頓盡故其下筆靈氣鬱蒸與前此所圖懸殊也

秋夜讀九辨諸篇橫坐天際目所見耳所聞都非我有身如枯枝迎風蕭聊隨意點墨豈所謂此中有真意者非邪

吾嘗欲執鞭米老俎豆黃倪橫琴坐思或得之精神寂寞之表徂春高館晝夢徘徊風雨一交墨華再亂將與古人同室而溯游不必上有千載也子純天機泊然會當忘言洞此新賞

惜園游心繪事且十年餘矣其宗尚亦凡三四變最後獨心賞南田惲子案乘間所置吟賞大都南田筆墨也間嘗與余論議上下古今往往拔俗奔放不肎屑屑與時追趨余因嘆惜園之意甚近于古也自右丞洪谷以來北苑南宮相承入元而倪黃輩出風流豪蕩傾動一時而畫法亦大明于天下後世士大夫追風效慕縱意點筆輒相矜高或放于甜邪或流爲狂肆神明既盡古趣亦忘南田厭此波靡亟欲洗之而惜園乃與余意合亦可異矣暇日以兩册見投因爲斟酌于雲林雲西房山海嶽之間別開徑路洗深墨采潤以烟雲根于宋以通其鬱導于元以致其幽獵于明以資其媚雖神詣未至而筆思轉新倘從之而仰鑽先匠洞貫祕塗庶幾洗刷積靡一變還雅恐雲間復起不易吾言願就賞心共游斯趣耳

元人有古樹慈鵶白石翁有摹本蒼勁清逸如蟲書鳥爪捨筏遺筌非時史所知也

壬子秋予在荆谿時山雨初霽谿漲湍急同諸子飲北城蔣氏書齋乘醉泛舟從紫霞橋還泊東關激波奔岸有聲暗柳斜谿蒼葭樓曲近水綠窗燈火明滅仰視河漢無雲晶然水烟將升萬影既寂衆籟俱作于此流連令人思致清宕正不必西谿南嶽之巔涯方稱幽絶耳因爲圖記之

秋冬之際殊難爲懷惟當以天台雲海盪我煩襟知先生同此高寄不復笑南田徒豪舉也

大癡陡壑密林爲張先三所得予寤寐羨牆十載於茲頃見石谷所橅殆如一晕再來也

昔白石翁每作雲林其師趙同魯見輒呼曰又過矣又過矣董宗伯稱子久畫未能斷縱橫習氣惟於迂也無

間然以石田翁之筆力為雲林猶不為同魯所許癡翁與雲林方駕尚不免于縱橫故知胷次習氣未盡其于幽澹兩言覿面千里江上翁抗情絕俗有雲林之風與王山人相對忘言靈襟瀟遠長宵秉燭興至抽毫輒與雲林神合其天趣飛翔洗脫畫習可以睨癡翁傲白石無論時史矣壬子十月楓林舟中江上先生屬題

江南種菊之盛無如練川婁東而吾郡澄江欲與相敵每於深秋游賞載丹粉以視造化之奇麗意甚樂之

夏山圖丹臺春曉皆叔明神化之迹此圖欲兼取之惜無勁毫分其靈氣

不為崇山峻嶺只作水村平遠亦足玩索無窮

余將發婁江林邱翁寄來詩卷索題客窗風雨剪燭細展讀其詩如哀絃激越又如霜天斷鴻蕭聊侘傺鬱結不平之氣淋漓滿紙使人不能卒讀林邱自傷生非其時無所遇合以布衣終老窮巷感慨無賴故發憤而為詩詩成自書之寄興狂草以發其鬱結不平之氣其書豪縱激宕有脫帽狂叫旁若無人之意所謂懸厓墜石驚電流光直將與醉素分道揚鑣不獨枝山望而卻走也

甌香館集卷十二　畫跋

武進惲　格著
海昌蔣光煦輯

九月在敬懷閣斟秋岕茶朗吟自適為叢菊寫照傳神難傳韻尤難橫琴坐思庶幾得之丰姿澹忘之表深秋池館晝夢徘徊風月一交心魂再蕩撫桐盤桓悠然把菊抽毫點色將與寒暑臥游一室如南華真人化蝶時也

墨菊畧用劉完庵法與白陽山人用筆有今古之殊唐解元墨花游戲如虢國夫人馬上淡妝以天趣勝耶

以雲西筆法寫雲林清閟閣意不為高巖大壑而風梧

烟篠如攬翠微如聞清籟橫琴坐忘殊有傲睨萬物之容

學癡翁須從董巨用思以蕭灑之筆發蒼渾之氣游趣天真復追茂古斯為得意此圖擬富春大嶺殊未愜予心手豈能便合古人

吾友有雲林喬柯修竹大幀余家藏高士小山竹樹小景兩圖皆雲林妙本冬夜在鳴老梅花樓戲用兩圖筆意為此似有一種天趣飛翔恨不令迂老見我也

巨然師北苑貫道師巨然此圖江天空闊林莽蕭森庶幾咫尺千里之勢初擬巨然乃近貫道然貫道且不易何敢輒望巨公

夜雨初霽曉烟欲出其象若此用米元暉語題方壺烟雨景

谿山行旅摹北苑半幅圖文待詔云人間無北苑畫止家藏半幅卽谿山行旅圖也此幀後歸董文敏乙卯十月在蕪城客舍背臨

乙卯余客湖濱綠隄花岸蒲灘荻港于此流連戲作斯圖略得宋人劉宋遺法

丁巳秋予游吳門過廣霞翁衣杏閣見案閒忘庵王子墨花卷淋漓飄灑天趣飛動眞得元人遺意當與白陽公並驅廣霞先生曰盍爲作設色花卷補忘庵花品之所未備乎余唯唯遂破藤紙研丹粉戲爲點色五日而

後成之但紙不宜于色神氣未能明發然余圖非古非今洗脫畦徑略研思于造化有天閑萬馬之意取示先生先生曰忘庵卷如虢國淡埽蛾眉子畫如玉環豐肥豔骨眞堪並美挾兩卷以游于花萬蕊中吾將老是鄉矣相與拊掌大笑并書于後

全是化工靈氣盤礴鬱積無筆墨痕足令古人歌笑出地

曾見陳章侯臨宋人九芝圖多作棘刺昔賢必有所本芝草不生于甘泉銅池與蓂莢同稱瑞物而於榛莽頑石之間製圖有深思焉其感慨可知已

嘗見王晉卿貽東坡書云吾日夕購子書不厭近又以三縑博兩紙子有近書當稍有以遺我毋多費我絹也東坡乃以澄心堂紙李承宴墨書黃州大醉中作黃泥坂詞并跋二百餘言以遺之夫王晉卿因東坡遭貶謫其交深矣然愛其書不可得猶以縑素易之因知筆墨贈貽不能獨厚知己在昔已然非自今也南田生與石谷子結契且廿年篋中未嘗蓄盈尺小幅而尋常面交長綃巨幀纍纍也前年曾取藏墨易石谷畫扇一面又石谷所慨然者未知澄心紙上書黃泥坂詞何時得效坡翁故事耳

淸泉白石與吾周旋可以樂而忘老

東坡云世多以墨畫山水竹石人物未有以畫花者也

汴人尹白能之爲賦詩云造物本無物忽然非所難花心起墨暈春色散毫端縹緲形纔具扶踈態自完蓮風盡顚倒杏雨半摧殘獨有狂居士求爲墨牡丹兼書平子賦歸向雪堂看可知墨華起于北宋然尹白之名不甚著何邪

淸夜獨倚曲木牀著短袖衫子看月色在梧桐篁篠閒薄雲掩過之微風到竹衣上影動此時令人情思淸宕紛慮暫忘人生魚魚鹿鹿好景娛閒一歲不過八九日耳偶然得之不應復以後來之日長而當面錯過也重九後三日燈下書并以勸石谷

寫生先斂浮氣待意思靜專然後落筆方能洗脫塵俗

發新趣也

石谷不喜予寫生肯對孫承公云正叔研精卉艸日求其趣其于烟雲山水之機疎矣予初不以爲然已而思寫生與畫山水用筆則一蹊徑不同久于花葉手腕必弱一花一葉豈能通千巖萬壑之趣乎石谷終歲未嘗于寫生著意然間一爲之必有過人處蓋其得力于山水者深筆精墨靈而其餘不可勝用也石谷進我殆幾于水仙之移人情哉

唐以前無寒林自李營邱范華原始盡其法烏目山人此幀畫樹師營邱沙汀石骨用李晞古筆趣清潤兼六如居士蕊所謂脫盡縱橫習氣非强事點染者所能彷彿也

此東園生游戲塗抹自取笑樂者也覽者多以爲似石谷又謂似予晉更指某筆似某某筆似某墨華眩惑不復可辨豈世無離婁邪抑宣尼有若遂竟不可分別邪因采語聚訟乃自題以證蘼鹿之誤并與石谷子晉同發一笑

烏目山人畫柳盡態極妍古所未有空對銷魂之圖正乏銷魂之句放筆滋愧

河清可俟人壽幾何對此垂絲能無慨歎然烈士壯心其能已乎昔人于此不禁唾壺之缺矣歌成呼酒自罰十白

烟柳蘆汀賦象荒落其得之濠上邪

三種菊爲半園良士所圖時與唐長公斟酌沒骨畫法祖述宋人規矩兼師造化逸趣飛翔庶幾洗脫時徑適婁東公衡王子一見亟賞之輒效米顛據舷故事良士有是快友割愛相贈雪夜秉燭屬壽平重題以志一時勝會云

北宋徐熙寫生多以潑墨爲之略施丹粉而意態自足蓋其靈氣在筆墨之外也

詩思亂隨青草發酒腸還似洞庭寬董雲間曾以此語作小景絕奇余復效之知吾陸君於此興亦不減也

蔬果最不易作甚似則近俗不似則離惟能通筆外之意隨筆點染生動有韻斯免二障矣

觀王山人爲子鶴寫山居圖用筆如閒雲在霄卷舒自在墨華零亂一點一拂皆有異趣自雲間董宗伯已來未有發其祕者

前人用色有極沉厚者有極瀟逸者其創製損益出奇無方不執定法大抵穠麗之過則風神不爽氣韻索矣惟能瀟逸而不入於輕浮沉厚而不流爲鬱滯傳染愈新光暉愈古乃爲極致石谷於設色法廿年靜悟始窺祕妙每爲余言如此因記之

衡山墨桂深得趙承旨風韻洗脫纖塵天趣恰然足稱墨林仙品

寒柯藂竹小山激湍宛有塵外風致
隨筆點刷荒率處似曹雲西整密處似李晞古然昔人
神趣非鑽仰可到
余最愛倪高士秋林竹石秋堂獨坐蕉雨梧風致有爽
氣偶得此幅研墨乘興立就得意呼毫如驚風驟雨勢
不可止觀者灑然即此以盡雲林而雲林盡此矣
學元人小景蕭散曠澹竹石亂泉不作叢莽冗雜清韻
自足
此種筆趣元時有趙善長陳秋水明初有王孟端徐幼
文皆黃鶴山樵一路元末最盛不下十餘家即陸天游
郭天錫亦相近蓋此種與郭河陽畫法似分道而馳然

此得人為多大底高曠宕逸之士都由此入
秋夜每與王先生立池上清話久之暗睹梧影輒大叫
曰好墨葉好墨葉酒酣戲為點筆如張顛濡髮時也
有誰能作房山畫坐使烟雲笑世人讀此語欲令人擱
筆
高尚書與方壺外史皆得法于南宮墨戲而變化各有
不同
梅花庵主云墨戲之作蓋士大夫詞翰之餘適一時之
興趣與夫繪畫之流大有寥廓嘗觀陳簡齋墨梅詩云
意足不求顏色似前身相馬九方皋此真知畫者也仲
圭醉心逃禪老人開千古未開之眼即古稱花光石室

亦未肯輕許至于時俗所宗可毋置論
庚申九月下榻紅鵞館主人出示王忘庵墨花長卷縱
橫排奡精悍逼人因為秉燭賦色似于忘庵筆墨之外
別有蹊逕猶如唱東坡赤壁詞不可無楊柳岸曉風殘
月之歌也惟主人鑒賞之
陳待詔撫王叔明亦有致畫雲用細勾太刻畫耳
待詔寫生雖極工整猶有士氣與世俗所尚大有徑庭
然視白石白陽隨筆點染得生動之趣又隔一塵矣
隨意涉趣不必古人有此然雲西丹邱直向毫端出入
觀王廉州大幀深得北苑瀟湘圖意水天空濶處一派
平沙尤見筆力也

今人動稱潤筆不知此語自隋時已有之隋鄭譯自隆
州刺史復爵李德林作詔高熲戲之曰筆頭乾譯曰出
為方伯杖策而歸不得一錢何以潤筆偶讀至此不覺
失笑曰天下鄭譯之慈孫何其多乎
承公孫子嘗與余論董文敏書云思翁筆力本弱資制
未高究以學勝孫與親近年多知之深好之深矣其論
與子合非過謬文敏秀絶故弱秀不掩弱限于資地故
上石輒不得佳孫子謂其不足在是其高超亦在是何
也昔人往往以已所不足求進服習既久研鍊益貫必
至偏重所謂矯枉者過其正也書家習氣皆于此生習
氣者即用力之過不能適補其本分之不足而轉增其

氣力之有餘而涵養未至陶鑄琢磨之功不足以勝之是以藝成習亦隨之或至純任習氣而無書者惟文敏用力之久如痟者飲藥令舉體充悅光澤而已不爲騰溢故寧恆見不足毋使有餘其自許漸老漸熟乃造平淡此眞千古名言亦一生甘苦之至言可與知者道也

隨筆點花葉須令意致極幽明窗淨几風日和潤不對俗客庭有時花秀草毫墨絹素悅人意興到抽毫含丹吮粉羅青積黛分條布葉之閒必有瀟灑可觀者

壬戌八月客吳門拙政園秋雨長林致有爽氣獨坐南軒望隔岸橫岡疊石峻嶒下臨清池磵路盤紆上多高槐檉柳檜柏虬枝挺然迥出林表繞隄皆芙蓉紅翠相閒俯視澄明游鱗可數使人悠然有濠濮閒趣

自南軒過豔雪亭渡紅橋而北傍橫岡循磵道山麓盡處有堤通小阜林木翳如池上爲湛華樓與隔水迴廊相望此一園最勝地也

壬戌之秋曾於虎林獲觀海門圖洞心駭目驚湍激風排山倒岳對峙石壁峭立上爲遠岸沙路微茫深曲可入奔濤觸石盤渦谷轉以至輕波細灑於一筆閒能分淺深眞神妙之迹觀其畫水法蓋見規模董仲翔當時無與敵者王山人縮本能盡其妙置之几案閒當如嘉陵江畫壁夜聞水聲也

筆筆有天際眞人想若纖毫塵垢之點便無下筆處

亂石鳴泉樵王孟端非黃鶴山樵也其皴擦渲點氣韻神逸非明眼不能辨秋宵秉燭薄醉抽毫與賞音相參證也

宋四家書皆出魯公而米海岳又兼以河南北海故丰采獨絕也

高逸一派如蟲書鳥迹無意爲佳所謂脫塵境而與天游不可以筆墨畦徑觀也

王山人此圖極似趙善長張伯雨絕無一筆是一峯梅沙彌也而王山人自題如此豈蘇長公所云論畫以形似見與兒童鄰邪俟石谷異日觀此當發大噱

春夜秉燭對酒觀烏目王山人製圖灑墨如風雨時予惠弄三弦清歌繞梁令人驚魂動魄如此勝會他時念此不易得也

夏木垂陰松雪臨本眞能不失董源神韻曾見雲閒董宗伯摹入冊中堪與吳興並驅予戲屬王山人作此復變兩文敏法獨宗古勁可謂出藍

青綠山水近代擅長惟十洲仇氏今稱石谷王子余觀其青綠設色亦數變眞從靜悟得之當在十洲之上

仲長統昌言云清如水碧潔如霜露輕賤世俗獨立高步畫品當作此想

俗人論畫皆以設色爲易豈知渲染極難畫至著色如入鑪鞴重加煆煉火候稍差前功盡棄三折肱知爲良

醫畫道亦如是矣

泛舟鄧尉看梅半月而返興甚高逸歸時乃作看花圖江山阻濶別久會稀寤寐心期千里無間春風楊柳青雀烟帆室邇人遐空懸夢想李先生披圖攬趣時當從一毫端與叔子別峰相見爾

癡翁陡壑密林昔在婁東王奉常家癡翁妙迹與夏山浮嵐聲價相埒吾友石谷子橅本最佳余此幀略有出入

方壺用米海嶽墨戲隨意破穎天趣飛翔洗盡縱橫習氣故昔人以逸品置神品之上也

碧山春谿略近趙大年江郎賦中所謂春草碧色春水

綠波也

曾見白陽包山寫生皆以不似爲妙余則不然惟能極似乃稱與花傳神

石谷畫松之次夕北郭諸友攜酒相樂石谷連浮數十觴玉山將頹余亦霑醉興酣狂吟諧謔閒作剪燭索長綃屬余點墨因掃一石以贈千秋馳毫如風墨花磊磊從空而墜圖成戲石谷曰此醉星石也鑿取媧皇一片光氣欲令眞宰妬我他時客館索寞用以貰酒何如

斷橋無復板臥柳自生枝用幼霞筆寫少陵句多見其不知量矣良士他時展紙今日秋夜篝燈賞心燕語一種情況忽忽在目此圖或爲索居之一助也

畫家塵俗蹊徑盡爲埽除獨有荒寒一境眞元人神髓所謂士氣逸品不入俗目惟識眞者方能賞之

寫生家以沒骨花爲最勝自僧繇創製山水灼如天孫雲錦非復人間機杼所能仿佛北宋徐氏斟酌古法定宗僧繇全用五彩傅染而成一時黃筌父子皆爲俯首

老樹荒谿茅齋宴坐似無懷氏之民

墨花至石田六如眞洗脫塵畦游於象外覺造化在指腕間非抹綠塗紅者所可槪論也

老松危厓淙淙瀑泉人間有此境否

宋人有豔雪圖元人有雙清圖皆稱神品筆墨奇逸氣韻清妍眞如乘雲御風以游于塵壒之外殆非時史所

甌香館集卷十二

能擬議也此幀合兩圖意趣成之正當澡刷靈襟洗發新賞

元人園亭小景只用樹石坡池隨意點置以亭臺離徑映帶曲折天趣蕭閒使人游賞無盡

幻霞有獅子林淸閟閣王叔明爲顧仲瑛畫玉山草堂曹知白有西林禪室皆稱墨林神品吾友石谷此圖當與古人後先標映並垂永久

石谷子小景十種雜仿宋元諸家得之篝燈夜坐興到隨意點墨天趣飛翔脫盡刻畫畦徑所謂以無累之神合有道之器一樹一石生氣自足正不必索古人于千載以上也此冊久置奚囊臨行出以贈臣辰先生不遇

賞音牙徽不發兩君相遇之歡眞墨苑風流勝事適余同客婁東展玩良久因題

陸天游曹雲西渲澹之色不復着第二筆其苔法用石竹三四點掩映使通幅神趣通幅墨光俱出眞化境也房山神氣鷗波一峯猶以爲不易及後來學者豈能涉其顛涯

徽廟題大年小幅用右丞夏木黃鸝水田白鷺兩句景不盈尺筆致淸遠今在維揚王氏所藏宋元册中

郭恕先遠山數峯勝小李將軍寸馬豆人千萬吳道子半日之力勝思訓百日之功皆以逸氣勝故也

關仝氣岸高視人表如綺里東園衣冠甚偉危坐賓筵下視五陵年少裘馬輕肥不覺氣索

趙令穰筆思秀潤點色風華掩映嫵媚有餘精妍畫平遠之宗工

規摹趙伯駒小變刻畫之迹歸于淸潤此吳興一生宗尙如是足稱大雅

婁東王奉常烟客自髫時便游娛繪事乃祖文肅公屬董文敏隨意作樹石以爲臨摹粉本凡輞川洪谷北苑南宮華原營邱樹法石骨皴擦勾染皆有一二語拈提根極理要觀其隨筆率略處別有一種貴秀逸宕之韻不可掩者且體備衆家服習所珍昔人最重粉本有以也夫

吾友唐子匹士與予皆研思山水寫生而匹士于蒲塘菡萏游魚萍影尤得神趣此圖成呼予游賞因借懸榻上若身在西湖香霧中濯魄氷壺遂忘炎暑之灼體也其經營花葉布置根莖直以造化爲師非時史碌碌抹綠塗紅者所能窺見

石谷撫雲西竹石枯槎靈趣靄然索玩無盡密林大石相爲賓主山外平原歸人一徑位置甚遠其運筆有唐人之風覺王晉卿猶傷刻畫

予少時見畫梅沙彌輒畏之此正時俗謬習王山人所怪嘆者今觀橅本如睹司隸威儀不覺爽然意消也

石谷臨大年谿牧圖下爲平岡樹單用墨筆作榦皴曲葉仰刷橫作綠絲甚密下有流水一童臥牛背在水草閒甚幽上無山巒蘆水惟作寒雅二三點而已石谷爲余言宋元千金册中曾見此本

觀其崖瀨奔會林麓隱伏寂焉澄懷悄焉動容蓋已近跨六如遠追洪谷孤行法外軼宕之致盡矣當鬱岡先生秋堂隱几游于雲谿而王山人已隔牖含毫分雲置壑兩公神契默成眞足鼓舞天倪資其霞舉尙哉斯圖

覿二瞻仿董源刻意秀潤而筆力小弱江上翁秉燭屬石谷潤色石谷以二瞻吾黨風流神契欣然勿讓也凡分擘渲澹點置村屋谿樹落想輒異眞所謂旌旗變色煥若神明使它日二瞻見之定爲叫絕也

仇實父因過竹院詩意大青綠設色風華姸雅又饒古趣伯駒以後無與爭能者矣王子兼採兩家遂足超仇含趙度越流輩

池塘竹院石谷仿劉松年邱壑極雋逸設色兼仇實父澹雅而氣厚此石谷青綠變體也設色得陰陽向背之理惟吾友石谷子可稱擅場蓋損益古法參之造化而洞鏡精微三百年來無是也

求桃源如蜃樓海市在飄渺有無之閒又如三神山反居水底舟至輒引去武彝山中時聞仙樂繚繞巖巔异香氤氳發于林皋白雲冉冉下墜卽之不可得見觀此洞壑深杳古翠照爛落花繽紛烟霧杳然王山人若已造其境故能得其眞宇宙美迹眞宰所祕乃不越襟而能問津于研席閒始知劉子驥輩眞凡夫耳

南田籬下月季較它本稍肥花極豐腴色丰態媚不欲使夫容獨霸霜國予愛其意能自華擅于零秋戲爲留照

東坡于月下畫竹文湖州見之大驚蓋得其意者全乎天矣不能復過矣秃管戲拈一兩枝生趣萬狀靈氣百變

朱闌白雪夜香浮卽趙集賢夜月梨花其氣韻在點綴中工力甚微不可學古人之妙在筆不到處然但于不到處求之古人之妙又未必在是也

雲林通乎南宮此眞寂寞之境再著一點便俗雪霽後寫得天寒木落石齒出轉以贈賞音聊志我輩浩蕩堅潔

秋夜烟光山腰如帶幽篁古槎相閒谿流激波又澹澹之所謂伊人于此盤游渺若雲漢雖欲不思烏得而不思

半壑松風一灘流水白雲度嶺而不散山勢接天而未止別有日月閒是何世倘欲置身其中可以逍遙自樂仿彼巢由庶幾周生無北山之嘲矣

三五月正滿馮生招我西湖輕舠出斷橋載荷花香氣隨風往來不散倚棹中流手弄澄明時月影天光與游船燈火上下千影同聚一水而歌弦鼓吹與梵唄風籟之聲翕然并作目勞于見色耳疲于接聲聽覽既异煩襟澡雪眞若御風淸泠之淵聞樂洞庭之野不知此身尙在人閒與否馮生曰子善吟顧子爲我歌今夕余曰是非詩所能盡也請爲圖圖成景物宛然無异同游時南田生曰斯圖也卽以爲西湖夜泛詩可也

千頃琅玕三閒草屋吾意中所有顧與賞心共之

春烟圖似得造化之妙初師大年既落筆覺大年胸次殊少此物欲駕而上之爲天地留此雲影

昔在虎林得觀馬遠所圖紅梅松枝小幀乃宋楊太后題詩以賜戚里其畫松葉多半折離披有雪後凝寒意

韻致生動作家習氣洗然暇日偶與半園先生泛舟于
邗溝淮水之閒因爲說此圖先生卽呼奩取扇屬余追
倣之意象相近而神趣或遠矣先生家有馬公眞本當
試正所不逮

亂竹荒崖深得雲西幽澹之致涉趣無盡

奇松參天滄洲在望令人泠然神遠

筍之干霄梅之破凍直塞兩閒孰能錮之

藏山于山藏川于川藏天下于天下有大力者負之而
趨

畫貴深遠天游雲西荒荒數筆近邪遠邪

月落萬山處處皆圓董巨點筆似之

趙大年每以近處見荒遠之色人不能知更兼之以雲
林雲西其荒也遠也人更不能知之

長安報國寺松十數本虬龍萬狀偶憶其一點以千丈
寒泉與松風並奏清音隱几聽之滿堂天籟

寫此雲山綿邈代致相思筆端絲絲皆清淚也

董巨神氣難摸索處當如支遁之馬不知者不能賞之

青青陵上柏磊磊澗中石讀之令人超然世外

五松圖神氣古澹筆力不露秀媚如婦人女子然而骨
峙于外神藏于内以其藏者如先生故以爲壽 壽徐前
輩

挂箭射筒通竿無節此圖近之

江樹雲帆忽于窗櫺隙影中見之戲爲點出平遠數筆
烟波萬狀所謂愈簡愈難

長河曉行得此景迷漫烟霧何必米山

如此荒寒之境不見有筆墨痕令人可思

北郭水亭蓮花滿池坐臥其上極游賞之樂殘墨頹筆
略爲伸紙遂多逸趣也

竹蕭澹而無華柳向秋而先零何取于是而樂之南田
生曰嗟乎孫子之風遠矣夫其處幽藏密寓其深思人
蓋不得而窺焉孫子峭于庸衆而和于同韻呼柳下以
自進也而偃仰塵壚往往口吟激歌徽之聲殆將以此
爲西嶺而游心乎孤竹哉庶幾其有鄰也

梅沙彌有此本筆力雄勁墨氣沈厚董巨風規居然猶
在此幀仿其大意過邯鄲而匍匐矣

橅癡翁陡壑密林不爲清潤工整之態意象荒荒古趣
洞目所乏高韻耳

高尚書夜山圖眞絕去筆墨畦徑得二米之精微殆不
易學昔元鎭嘗題子久畫云雖不能夢見房山特有筆
思以癡翁之奇逸猶不爲元鎭所許況時流哉

鷗波老人清江釣艇趙千里晴巒聳翠此幀兼用其法
與賞心者相參證也

思翁善寫寒林最得靈秀勁逸之致自言得之篆籀飛
白妙合神解非時史所知

余所見雲林十餘本冣愛唐氏高柯修竹圖爲有勁氣此作竹石略似之樹若再學雲林未免邯鄲之笑

瓊樓豔雪絳樹珠衣邢尹聯茵虢秦同輦眞人間蕩心銷魂殊麗要眇之觀也剪綵未工春風不借嫣然在目宜以永日取示賞音同此娛神耳

余在北堂閒居灌花蒔香涉趣幽豔玩樂秋容賁我吟嘯庶幾自比于滕華道隱之間有萬象在旁意對此忘飢可以無悶矣

黃鶴山樵遠宗摩詰近師文敏參以董源故足與倪黃方駕

雪圖自摩詰以後惟稱營邱道寧然古勁之氣有餘而荒寒之韻不逮矣余此意即樵右丞不落宋人規矩

伯敬先生畫宗逸品絕似令元人一派筆致淸逸有雲西天游之風眞能脫落町畦超於象外長蘅孟陽微有習氣皆不及也

伯敬自稱晚知居士言晚年方知筆墨而深自喜幸故云晚知筆墨精微造化所祕本未易知操觚之士終身從事於此而不知其要妙者皆是也伯敬蓄得之于詩從荒寒一境悟入所以落筆輒有會心今人侈口而談筆墨思伯敬晚知之旨能無愧邪

庾征西不服逸少有家雞野鶩之誚吳道子不服張僧繇攬其迹曰浪得名耳已而或歎以謂伯英再生或坐臥其下三日不忍去始知能不服人者乃能深服人者也

聚斂蔬品凡廿餘種大都江南村落畦圃間物將欲訪雞蘇龍鶴之苗裔討諸葛元修之姓氏固有所不暇何況碧澥琅菜崑邱之蘋焉從問之雖然茲當歲旱野無青草誦蕨萁海米之詩心傷歎矣淒其漣如彼江南村圃之間徒有此色安能飽此味邪圖成玩繹殆忘人間有芻豢之悅口矣題以自警并告同志

於陵仲子漢陰丈人抱甕灌園晦跡當代於是有灌畦翁抱甕子菜根居士之儔轉相慕尙託於老圃以自名高風逸韻未嘗不流傳人間嘗試吮硯沼以爲雨露和丹黃以爲風日滿紙喧妍如笑如舞覺指腕間化工非遠正未知含毫驟墨便可當操鉏負畚否

戲用巨然墨葉法作青芬圖深於山水者能通寫生之意斯言信夫

拳石翠篠略近元人風致賞音者鑑之

曾見宋人畫册中有此景秀逸可愛管仲姬輩所自出也

仿王孟端雙松小山略得山樵高逸之致與知者鑑之

作畫當師造化故稱天閑萬馬

龍山夜泊篷窗剪燭得此時同舟諸子方打馬喧呼無一盼者

二月春寒瓦爐烘硯小冊雜擬宋元諸名家紙新墨滯未盡其趣然筆先之意亦不落時人畦徑也與知者鑑之

惠崇江南春卷秀潤之筆臻爲神境此景能寫荒落畫柳卽宗其法援琴坐對當使江湖相忘

米敷文有瀟湘圖雲氣飄渺發人浩蕩奇逸之懷余正未能得其神趣

臨一峯老人小景筆致蕭散浮嵐之一變也

梅花庵主筆力有巨靈斧劈華嶽之勢非今人所能夢見也

王叔明山居圖在毘陵唐孝廉家蒼渾沈古眞有董巨

遺意

子純莊子偶得十洲清溪橫笛圖愛其景物清曠恨不置身其間乃屬鈕子碩儒爲之寫照其谿山樹石則命余補圖余亦謂莊子風神清澈非斯圖不足以置莊子遂欣然捉筆挹其風流殊勝宋石江邊乘月謫仙人也

石谷子以僧繇法寫大年平遠彩翠絢爛境晶靈畫家變體頗得奇狀

人莫不願子弟富貴矣梅花夜月篝火熒熒咿唔之聲殘更未忌以課其子其子必有成也余讀知還曷勉之章期以調羹許以淩雲庶幾不虛所願哉因爲作牡丹圖爲他時富貴之兆云

菊以黃爲尙而紫次之故月令獨稱黃華亦猶牡丹之有姚魏也九日不見菊圖此補之

昔右軍初學衛夫人書不能造微入妙其後見李斯曹喜篆蔡邕八分於是楷法爲千古之宗張長史觀古鐘鼎科斗篆而草聖不媿右軍父子黃涪翁云學書須熟觀魏晉人書會之於心自得古人筆法畫理亦然余自交石谷子畫凡數變初猶未能飛騫絕迹也後盤游江南北諸收藏家一時名迹觀覽無遺而其學大進自五代南北宋以至元明諸家筆法從古相爲枘鑿無能會合者至石谷乃悉羅而致之毫端如握大將兵符驅使材官羽騎佽飛之士奔走恐後從此縱橫肆恣左宜右

有又如蛟龍之乘風雲而上天而變化遂不可測矣

范華原小幀人間僅存妙跡昔在婁東今歸秦與縱廣不過數寸耳而囊藏巖壑有千里之勢曾見石田翁拓爲大幀盈丈蔚然可觀盡其勢幾不容於縑素但過雄勁似有縱橫餘習未若王郎撫本爲沖和自在也

曾見文湖州寒林竹石卷宋思陵題曰暮靄橫看黃山谷大書於後而王叔明作修竹遠山亦稱湖州此卷筆力不在郭熙之下石谷嘗言三十年前見之至今猶往來於懷因用其法畫寒林筆致軒軒健舉而水石布置兼用李唐蕃石谷能鼓舞天機游於象外前人蹊轍不足以限之故動與神會若有一物膺礙不能至矣嗟乎

豈獨繪事然哉黃癡翁爲勝國諸賢之冠後惟啓南得其雄渾劉完庵董文敏得其秀逸先香山鄒臣虎亦各得癡翁之一體餘子碌碌大都畫虎刻鵠而癡翁壘精汨於塵滓矣婁東王奉嘗闡發前規倡導來學虞山王子接迹而起洞貫祕途使一峰老人重開生面眞墨林之勝事也

惜竹不除當路筍愛松留得礙人枝余最愛此二語石谷此圖畫石壁倒拔松勢笑兀垂枝拂地似與二語合也

青綠設色至趙吳興而一變洗宋人刻畫之迹運以沉深出之妍雅穠麗得中靈氣洞目所謂絢爛之極仍歸

自然眞後學無言之師也石谷子廿年靜悟始於祕妙處爽然心開獨契神會觀其渲染直欲令古人歌笑出地三百年來所未有也此卷全宗趙法益超已兼衆美擬議神明不能舍趙而他之矣

黃山谷觀湖州晚靄橫看卷言瀟灑大似摩詰工夫不減關仝余曾與石谷見湖州小幀寫竹石數筆極超逸與山谷所云畧不相似

青綠重色爲穠厚易爲淺淡難爲淺淡矣而愈見穠厚爲尤難維趙吳興洗脫宋人刻畫之迹運以虛和出之妍雅穠纖得中靈氣惝怳愈淺淡愈見穠厚所謂絢爛之極仍歸自然畫法之一變也石谷子研求廿餘年每從風雨晦明萬象出沒之際爽然神解深入古人三昧此百年來所未有也

董文敏云畫欲暗不欲明石谷云畫有明暗如鳥二翼不可偏廢明暗兼到神氣乃生兩家宗旨不同能互相發明否敢質之奉常先生

元時惟房山鷗波居四家之右而趙吳興每遇房山輒題作勝語若讓服不置者近代賞鑒家或不爲然此緣未見房山眞跡耳董文敏得尚書大姚邨圖觀其筆力驚絕果非子久山樵所能夢見石谷王子亦稱夜山圖雲烟變滅神氣生動得從尺幅想其風規澈其芳潤猶可以陶鑄羣賢超乘而上

石谷嘗自言學子久畫得力於婁東二王先生先生數十年游娛繪墨其一點一拂皆從癡翁神韻中來如探泉源斟酌不窮石谷與兩先生講正最久擬議神明故有得意忘言之妙洗發靈趣洞貫祕塗與先生賞心娛樂不足爲外人道也

秋山岑然收潦水淸令人神氣欲斂覺慘澹經營都無是處

迂翁之妙會在不似處其不似正是潛移造化而與天游此神駿滅沒處也近人只在求似愈似所以愈離可與言此者鮮矣

草草游行頗得自在因念今時六法未必如人而意則

南田不讓也

竈突不煙時燒樹根向窗櫺微陽借筆遣興昔人云飢時展看還能飽人又不知寒時展看還能代綈袍否

殘葉亂泉境極荒遠純是天眞非擬議可到乃爲逸品當其馳毫點墨曲折生趣百變千古不能加即萬壑千崖窮工極妍有所不屑此正倪迂所謂寫胸中逸氣也徐子有曠覽人外之致王山人因以此幀聊供卧遊筆墨神契遺象忘言當自得之

王黃鶴爲顧阿瑛寫玉山草堂不爲崇山疊嶺沈厚鬱密惟作松杉篁篠淺沙迴瀨禽雀飛翔别有一種風趣

秋山草堂點景賦色精工而妍雅與丹臺夏山諸本筆墨小異其取境最近而思致極遠

曲終人不見化作彩雲飛非筆墨之所可求也

趙大年柳鴉蘆雁宋徽廟亦有此本在孫給諫家家香山曾擬之

茂林下坐蒼莖之間殊有所思也

雲霧中一峯折下直至江岸烟浦危橋隱隱眞所謂能工遠勢者

紫栗一等青芙萬朶二語作畫最勝

雲樹爲山之衣裳雲樹不秀潔則山光垢叢與童山同讀其詩悠然想見種豆南山氣象雖欲不代爲樂不可得但落筆處則吾意不能如筆何矣

吳都賦云苞筍抽節往往縈結綠葉翠莖冒霜停雪橚矗森萃蓊茸蕭瑟檀欒蟬娟玉潤碧鮮梢雲無以逾嶰谷弗能連鸑鷟食其實鵷雛擾其間玩此藻麗形容竹趣窮妍盡美即文湖州之圖偃竹吳仲圭之畫直幹不能過矣

幽澗寒松丹邱生與句曲外史合作筆趣不凡得荒寒之致

筆筆有天際眞人想一絲塵垢便無下筆處古人筆法淵源其最不同處最多相合李北海云似我者病正以不同處求同不似處求似同與似者皆病也

香山翁曰須知千樹萬樹無一筆是樹千山萬山無一筆是山千筆萬筆無一筆是筆有處恰是無無處恰是有所以爲逸

氣韻自然虛實相生此董巨神髓也知其解者旦暮遇之

皴染不到處雖古人至此束手矣

一峯老人爲勝國諸賢之冠後惟沈啓南得其蒼渾董雲間得其秀潤時俗搖筆輒引癡翁大諦刻鵠之類癡翁墨精汩于塵滓久矣願借秋山圖一是正之

董文敏云唐以前無寒林自李營邱郭河陽始盡其法雖虬枝鹿角槎枒紛拏而挈裘振領條理具在

有筆有墨謂之畫有韻有趣謂之筆墨瀟灑風流謂之
韻盡變窮奇謂之趣

蕙叢初齊芍藥將放悠憂度隙坐靜嘯東軒偶得此冊
洗滌硯塵抽毫解衣運思游娛成十二幀聊寫我胸中
蕭寥不平之氣覽者當於象外賞之勿使牙徽絕絃也

奉常公此幀取一峯秋山浮嵐二圖筆意成此邱壑深
杳天趣飛動真生平第一

山勢渾厚得雲煙變滅之狀村居曲隝磴道盤紆引人
入勝點秋林紅葉叢雜煙莽設色濃淡最有致

畫菊最易近俗元人王若水便有作家氣味至明代文
氏父子白陽山人皆未能洗脫畦徑可以知墨菊之難

破羌帖後有米南宮書右軍八十字贊贊凡八段皆南
宮楷書與米所書千字文體正同而尤爲精妙蓋在右
軍帖後必爲極得意書足稱平生第一歲在庚申余同
笪江上客吳門江上云廿年前曾見于長安道上已落
賈人之手奈價高不能得之今不知所在矣偶見董思
翁跋語并及之

古木昏鴉荒荒寂寂有李成遺法

柳最不易作宋以上無論風流古澹吾愛惠崇大年每
畫柳必以爲規矩此景能游法外之趣惠崇以後又得
一人矣

甌香館集補遺詩

武進惲　格著
海昌蔣光煦輯

甲子中秋再過梁溪宿燈巖長兄先生歲寒齋因
感東林近事對月吟歎口占

鶴和鶯鳴事已關于今吾道正艱難莫論顛倒雌黃事
只作蚍蜉大樹看

東南道脈有靈光俎豆春秋共一堂只道劫灰飛不到
豈知俄頃見滄桑

秋陰華月忽氤氳銀漢金波晴不分變幻原知爭瞬息
與君洗眼看浮雲

和吳門友人作

看花湖上思君久躍馬淮陰傾蓋初豈羨功名從衛霍
誰將車馬問蓬廬孤飛孔雀棲難穩一賦鷦鷯計尚疎
搔首斷雲空倚嘯自應長臥子雲居

畫雜草幽花得句

黃星窺曉靨紅豔冷春衣猶有嫣香在還防蛺蝶飛
露甲亂如煙蓬絲漸成束幽人閉戶心都長南園綠
春心殊未減長夏復何如曉夢吟煙草池塘細雨初
雀稅還留麥荷花亦有郎東風搖蕩久原不愛春陽
坐想驚蛇勢公孫劍未知從君問顛草爲我一臨池（昔人以驚蛇入草評書取生趣飛動也余于畫草輒悟此意以似半園先生發臨池之興耳）

游林屋洞

仙洞堪居不敢留自題蒼蘚記曾遊未知水底通何處
祇覺波濤在上頭（林屋洞最深處每聞水聲在人頂上過）

著屐支笻竟日遊登山先爲下山愁石厓斗絕無人處
更有高峰峰上頭

癸丑臘月假館梅華樓作

性癖深知與世疎藥畦春雨帶經鋤夜長霜冷無膏火
猶爇松明寫道書

亂山截截樹蒼蒼鶴引風聲淸唳長一縷炊煙林外見
土鍋蒸飯半松香

湖上作

無花春鳥散將雨夏蟲知蝦菜三江好蓴　四月遲緣
煙消柘火白雪照蠶絲一片西湖水今成飲馬池

闕題

蘭風吹過半窗寒几上梧烟落井幹殘月在庭如夜雪
獨吟人起捲簾看

春雪年年換柳絲江花空滿故園枝高吟不管人間恨
縱問銅駝那得知

題雙鳳扇

不裝苔草種梧桐五色雲生珠露叢莫道人間無鳳鳥
丹山今在百花中

子鶴道兄新居移古梅一本索同人賦詩口占三截句相贈子鶴天懷幽澹不因人熱觀其移梅詩可以知其雅尙矣余與鶴兄有深契故畧得其性情因梅以諷歎之云爾

羅浮天畔美人思茅屋從來春到遲萬紫千紅都不屑
只宜冰雪伴枯枝

薜衣寂寞臥溪濱惟有梅知隱士貧時抱寒條動眞想
花開不是世間春

橅劉寀落花戲魚圖

風微不動蘋紅雨灑花津跳波魚出藻攪碎一池春
花底唱滄浪菰蒲望渺茫眼中無壯士不必問魚腸

擬華光大士二友圖

葉比琅玕翠花猶雪後紅與梅相作伴不讓歲寒松

北宋徐崇嗣没骨圖法

誰剪龍綃作舞衣轆轤分水到青溪石城兩槳桃花雨
催送莫愁何處歸

天中麗景

蒲葉翠堪把沃丹含露開葵花看更好紅照手中杯

晝菊擬徐崇嗣法

高吟花底蕩淸絃打馬藏鉤夜不眠買得糟邱多釀酒
與君長醉菊花天

又

紅綃看拂舞紫艷捲璇霜酒邊誰按拍散序是霓裳

畫墨菊元人多作墨菊明代白石白陽尤稱擅長余不能兼綜衆家亦不入時人畦徑

清霜下東籬佳色滿花枝載咏南山篇幽懷不自持

擬玉臺體三章

昔從姑射見神仙綽約膚如冰雪妍忽放芙蓉金鏡底
隔帷香滿鳳匳煙

鬥草花房賭玉環水精簾捲珮珊珊張家自有雕龍管
斜對菱花畫遠山

紅桂開時換紫綃鈿車聲過赤闌橋月中更按霓裳曲
臺上齊吹碧玉簫

米虎兒雲山墨戲

水如羅帶山如玉白雲斷處橫溪屋山光迷離空翠來
於此移家老南麓

石谷畫元人逸趣

笑我癡顛成痼癖問君何事最銷魂自言只愛王郎筆
半幅靈烟墨一痕玉峯北圍戲友八日今之夢想王郎一筆兩筆而不可得者皆是也因拈此與賞音發笑

石谷臨九龍山人枯槎竹石枯槎竹石非倪非黃玩其牽意落筆脫盡畫家徑路始見天趣飛翔逸氣動人也

心忩方入妙意到不求工點拂橫斜處天機在此中

秋水軒竹下與聖上人說離世絕俗結茅佳山之
樂賦詩以訂同游之期

虛舟偶然住觀世洞機深竹下論終古蘭氣盈空襟知
君蛻塵境眞有住山心愛我結霞想相呼楓樹林身游
碧雲渺無際脚踏千峯不可尋我笑尙平婚嫁畢桃花
轉使游踪失雪谷無人獨坐時山魈夜嘯猿晝泣榛風
瀑雨滿琹牀古翠迷空不見日破屋長留拼脚鐺口吹
松火同煨栗秋夜秉燭在絡緯聲中書此自覺塵境纏縛迹與心違未識何日與君方果此緣徒悅紛華難期戰勝髮將種種放筆慨然

林使君攜酒聖公禪房招余夜談有作

使君停驂處禪房映花木吏散歸鴉閒解衣就深綠離
氛澹神機冷然若空谷靜笑洞八牕露光射晴麓水氣
延微涼桐風臨夜肅行廚分伊蒲瑤罇耿華燭清驩展
良宴聊叙心欵曲

丁巳九日同人集聖公山池登臺眺望分韻得來
字

白社招尋處黃花殊未開有橋通斷岸踏葉到空臺險
句愁中得奇懷天際來無衣兼旅病秋氣莫相催

況是悲秋客還同莊舄哀畏吟如病酒側帽對寒杯祗
樹霜初落衡陽鴈不來兵聲在天末勝地此遲回

秋夜移燈作

竹籬門徑對寒溪嵐影橫空碧樹齊路入此山深幾許
只因山近見山低

烏目山人與予論筆墨數十晝夜不倦醉舞歌呼
有解衣盤礴旁若無人之意

客館高吟處寒蟲靜不聞秋窗夜風雨灑墨欲成雲

贈馮子寶伯

何必迴車學步兵底須空谷更藏聲芝英摘盡南山紫
蔡火難分乙夜明尚有龍光占斗氣還留鶴髮待沙清
花源甲子相忘久長與仙人醉碧城

前年與藝初舍人同過桂樹下盤桓有憶幷寄仲璋

賞花期我醉園中涼雨偏遲花下蹤為語主人留美酒
待開晴日看芙蓉敬兄以日相期載酒重過游賞值雨不果而桂已闌珊因有芙蓉之約

老松柏圖

仙人解衣自盤礴造化慘澹秋毫端枝柯千仞入層漢
笙籟萬壑鳴驚湍堂中日月不可老壁上雷雨何時乾
我來醉臥北窗下夢跨黃鶴天風寒

雙松雲壁

飄渺紅霞翠壁開五城天畔見樓臺泠風石上松濤起
如聽緱山笙鶴來

罌粟花

未許穿花蛺蝶飛仙人新剪絳雲衣人間貯粟能長滿
那使金門曼倩飢
毫端碧海起扶桑碎剪紅霞裹綠房何用紅泉摘瑤草
滿囊金粟是仙糧

題自畫牡丹圖和趙文敏詩韻

百舌聲中欲送春碧闌綃幙散香塵東風著意塗紅紫
肯負花前對酒人

題畫竹

鱗甲遮藏翡翠竿不驚風雨尚泥蟠那知變化原俄頃
猶作尋常篠簜看

月下竹

帶露含煙瘦影垂王猷去後減風姿可憐勁節無人賞
只有秋空碧月知

華山采藥歌

使君愛秋爽林坐想巖花長鑱入谷中采采盈鮮葩千
條束綠玉一筐承紫霞天女散不盡靈風送瑤華移根
出煙路種此雲之涯閒尋神農書剗草護瓊芽

林居高士圖詩贈蓉峯

惝怳鬼神下盤礴元氣中抽毫見商嶺拈草識黃公
草石本無性巖泉亦沉冥借問此何年天醉殊未醒
何處發清嘯逍遙深松林荒溪碧雲上蕭寥鸞鳳音
人間無西山不向山中宿吟詩雲鳥邊閉戶日月獨
仙人青精飯滿注流霞杯圖成三珠樹呼雲待鶴來

與端木南星文襄立東皋柳汀月下作

草色過橋沒晚煙披秋叢深柳夾空渠月華貫其中笑
言清光下響答依吟蟲行穿暗樹陰立盡豆花風

楚楚閣望隔墻黃葉

金光閃天半木葉如黃雲旌幢紛來下恍見雲中君

鄭山公銀臺過訪

高軒相過時千林猶未綠光風掩徑草足音震空谷鳳輝下千仞萬象同沐浴白鷗不驚飛庭花散車軸詩留山陰雪清磬叩元玉新賞展琹絃同奏高山曲

牛郎花

何日乘槎同海客支機河畔問雙星綠衣不剪天孫錦寶玦還如礪帝青

水村圖意

魚罾絲網掛春煙無數鸕鷀下渚田紅杏花村沽酒路綠楊溪岸釣魚船

龍陣圖

黃沙漲天天欲昏排山黑風奔江門何人去塞土囊口天與河流一色渾短禾青青纔尺許只見風來不見雨雨師風伯不相能彼蒼高高奈何汝

玉蘭

花期恐落辛夷後不耐春風待葉稠何似漢宮明月夜玉盤擎露樹梢頭

梨花

一樹梨花素雪霏美人白紵試春衣水晶簾下新妝竟笑看釵梁玉燕飛

春雨春風能幾宵吹香落粉溼還飄朝來試看瓊枝上幾朶寒酥未肯消

金魚

一水空明尾鬣斜迴環島嶼即天涯比鱗紅白紛相映風過緗桃又落花

松蘭

蟠根古榦自離奇莫道春風雨露遲忽見蘭階青翠色參天新長萬年枝

荷花

綠影遷延舞袖遲恍如金粉散琳池最憐謝客詩偏好曾比芙蓉出水時

碧玉秋成影漸稀可憐紅艷冷相依蒲塘莫遣西風入

階補騷人舊日衣

玉蘭紅杏

陳宮一曲憶吳娥玉輦春殘幾度過仙掌夜寒沉璧月珠裙風細舞紅羅

杏花

東風吹滿綠楊煙一樹啼鴉驚起眠無處踏春春欲去高樓閒過杏花天

菊花

素娥青女催秋老金粉紅衣正少年最愛花叢游賞日已涼天氣未霜前

芙蓉楊柳

綠鬢紅顔冷淡妝美人江上費相思嬌妖合是神仙侶
十二城邊第幾枝

牡丹

爲寫春風第一枝錦帷日映弄晴絲沉香亭北瑤臺下
猶憶清平寂妙詞

題畫

借得銀蟾秋夜光珊瑚枝畔憶龍堂天公不許紅顔老
冷艷偏能鬥曉霜

菊花秋色

一片秋容媚彩霞鴈來紅葉間黄花若教添個東籬客
便是當年處士家

黄花紅葉御溝頭寫出當年一段愁最是題詩人不見
可憐孤負漢宮秋

墨花

蜂蝶紛飛傍石臺相傳人自洛陽來世間多少閒花草
不逐東風次第開
野草閒花石壁幽翩翩蜂蝶似綢繆非關筆底無顔色
解得君懷淡處求

臨唐解元梅花得句

琉璃硯匣凍金池雪壓松窗獨坐時珍重東風憐寂寞
急吹春色上南枝

紫藤

數向春煙舞絳羅枝枝長帶好風多玲瓏何必成珠珮
窈窕偏能學女蘿

山水

松壑危橋澗路分瀑花飛處下紛紛傍巖徑入[illegible]杉去
時有鍾聲出白雲
春陰脈脈碧山岑上有連雲深樹林逢人笑指清溪路
一帶疎籬傍水濱
點石移泉興不窮墨花能與碧雲通何須著屐尋山去
萬壑千崖在此中

又

曲渚荒煙斷深林見月遲寒聲何處起風在最高枝

百合

墨汁灑金壺香風動瑤圃玉簫明月中一隊霓裳舞

萱花

我非兒女腸焉用忘憂草欲藉黄鵠背可惜金英好

菊

冷香偏有韻眞意卻無言借問隱君子何時開故園

藤花

翠帳紫流蘇垂垂雙綬紆莫教風拂帽應有露凝珠

牽牛花

曉露逼新妝螺粉青如此睆彼阿儺姿還宜託君子

竹影

秋寒煙翠影相依夜閣無風聲漸稀剪却月華多破碎
滿庭曾不礙人衣

蘭竹

野竹自蕭散幽蘭亦錯雜清風在一枝清韻互相荅

玫瑰

異香原不散麗色艷江妃鄰家小兒女錯認是薔薇

竹

春霧沉沉翠不明穿雲曾見籜龍驚從今不種琅玕竹
最怕空堂夜雨聲

又

綠雲晴不散風動曉窗聲煙月闌干夜閒吹碧玉笙

秋花草竹石

秋色在草秋聲在竹宵風曉霜以媚幽獨

洛陽花蜂蝶

峭壁獨成秀閒花靜自妍幽人領眞趣蜂蝶更翩然

蘭花

蘭生空谷送幽香嫋嫋風來浙水長一曲瑤琹魂欲斷
誰憐明月落河梁
楚畹從來有異香騷人解佩憶沅湘元洲咫尺非千里
半幅瀟湘風滿床
誰寫春三雨後天枝枝香煖玉生煙瀟湘半幅靑拖水
團扇空懷月未圓

剪取春風入彩毫美人紉佩憶江皐於今九畹湘南隔
不敢高吟學楚騷

郊外歎柳時黄河決堤宮府徵柳條殆盡

劫火難留草木身長條短葉已成塵千村不見楊花起
減却江南三月春

牡丹

剪剪東風已送寒紅雲空向畫圖看早知富貴花中有
爭覓閒田種牡丹

蠟梅

芳年將暮恨蹉跎雪壓風欺奈爾何瘦影自憐春不管
豈能含艷待陽和

梨花

原非玉樹舊歌聲簾捲東風永夜情偏是月中容易見
石闌西畔最分明

清明園桃未開戲寫一枝得句

飄渺紅霞天半開仙姝還在舊丹臺不須更訪胡麻飯
滿手春風玉洞來

雙鹿小景

荒厓無樹石淙西曉霧沉沉竹影低偶與山靈同抵掌
不知白鹿過前溪

荔枝

瓊漿原道出仙家點點枝頭映日斜絳雪一斟無六月

安期漫說棗如瓜

芳樹層層綴嫩芽，碧叢翠朶盡丹砂。驅馳驛路難消夏，試薦瑚盤艷落霞。

香山翁畫（翁以文章詩酒氣盛海內閒潑墨爲溪山雲烟樹石墨華水暈出宋入元）

松子藤花墜石欄，竹堂雲氣晝漫漫。不須坐看峨眉雪，瀑布空山六月寒。

夜閑畫春草拈句

蓬鬢未能理，長紅空自嬌。只愁春欲盡，蝴蝶粉衣銷。

玉勒游何地，香車幾度過。可憐江上綠，春雨怨湘娥。

竹下狂客洗手圖

看竹情未移，長箋寫初竟。步兵當晝醒，罷舞不離鏡。銅盤罝水光照人，掬水欲洗巢由塵。蠨蛸滿耳冠絕纓，百城茫茫誰問津。上天洗明月，明月空在手。瀉地洗甲兵，天河斷已久。仙人夜語時，臥柳生左肘。三山又見黃塵走，指端一滴蛟龍守。

巢雲子于素壁洞中畫水仙數十本

宓妃不在水，素女忽行地。半壁挂海月，四時作香氣。煙裳雪佩暗生春，洞口千花中有人。

舟中畫歸舟圖

筆精成霧冷如秋，半卷齊紈烟雨收。人在扇中偏畫扇，細窺雲母認蘭舟。

未過姑蘇不見山，板橋楊葉水腰灣。鵁鶄欲下知魚網，一片青蘆紅蓼灘。

題扇寄麗門大師白門

長江沙岸草侵天，雲去千山別夢懸。遙憶石頭城下路，鷓鴣啼散六朝煙。

贈莊太史澹菴納姬（四首已見正集）

同心羅帶鎖文龍，峽雨三春豆蔻封。繡出彩雲遮不得，西湖亦有美人峯。

醉裏頻呼龍井茶，黃星靨亂鬢邊鴉。移燈笑換葡萄錦，倚枕斜簪茉莉花。

苜蓿朱闌騕褭嘶，吹簫壁月上紅梨。好花何必于闐舞，巧笑曾傳下蔡迷。

香草流連油壁車，天河六月未通槎。知君陌上情如此，肯放青驄過若耶。（時太史將游山陰）

題扇贈客

含毫春破研池痕，曉夢蓬窗碧雨翻。倘對繁花思上苑，坐看蝴蝶起南園。

畫米元暉瀟湘白雲圖贈楚人曹尚白

同向壺天數鴈羣，今宵劍氣又重分。相逢不采秋芳贈，但寫湘江一片雲。

五月江上和楊青巖韻

浮玉雲初散，江天倚櫂看。今朝同對酒，五月尚餘寒。採艾還逢雨，披裘不著紈。胡牀誰據坐，吹笛舊稱桓。

把酒篷窗下合亳鏡裏看蒲風吹面綠榴火照衣寒江練開湘管山雲破越紈歌筵能愛客應不羨曹桓

爲周太史畫湖山小景

西泛羣鷗伴寂寥銅棺嵐翠坐昏朝先生却愛湖山好自向圖中辨六橋

畫江山停棹處和楊青巖韻

夏寒江上放晴遲風月流連倚棹時灑墨忽隨天雨至移山不待曉雲知重窺覞路曾游地笑誦磨厓記勝詩花下披圖把酒看暗潮汀外尙迷離

已酉於鶴鳴軒中爲周太史畫雪景

先生不看長安雪朝天玉佩牀頭結夢醒都忘禁漏寒驍吟晴雪望銅棺我乘青雀放煙水山山盡沒寒雲裏呼我城西看雪歸披裘不帶東山妓青天瑤海在吾指高柯風勁冰鱗起先生分我蔔萄之漿與酥酪挹漿自挽鸕鷀杓與酣燃燭披長綃倒劃霜弧想靈鼇峨嵋仙人久寂寞夜鳴驚起瑤臺鶴素娥吹度吟風閣碎剪銀雲半天落琉璃研匣猶未冰詩成更洗蔔萄爵

甲子春日對花臨寫

千點楊花翻雪浦一枝仙杏傍紅牆藥圃春風吟嘯處更兼花壓美人牀

菊

秋光任半壁金飈新鑄顏貫心不在遠隱几即南山

臨宋人畫宋人紈扇有此圖深得水汀蘋藻菰蒲清淺沉浮風漣雲漪盪漾之趣略用其意爲此與賞音發笑

花依翠柳舞晴空欲鬥深紅與淺紅待得小桃都結子也將飛絮嫁東風

睡鳥圖余于吳門好事家觀元人睡鳥圖渲染迷離煙霧卷舒有致宛然夜色蓋得之筆墨之外也

員嶠方壺憶夢游冷風不動夜香浮莫矜錦帳紅羅舞姑射仙人在上頭

題畫

玉樹歌殘應罷舞春深翠袖尙餘寒美人獨望瑤臺月斜倚東風十二闌

秦臺遠憶鳳雙飛乍見仙姝解珮遲碧海珊瑚原有網扶桑誰剪舊燒枝

玉房朱實圖

墨雨秋開碧玉房凌波仙子捲羅裳犀盤一瀉芙蓉露又迸明珠出絳囊

春齋坐雨

煙雨迷漫遠樹稀長汀草色冷侵衣三春江上勞人思都作楊花撲面飛

牡丹

繁枝如護碧桃紗神女仙裳剪紫霞占斷春風誇第一肯將傾國讓姚家

臨宋人寫生

春郊已見餞青陽種豆南園甲坼蒼凝露只今看引蔓
卸花何日采盈筐吟來杜甫詩偏好傍去盧敖宅不妨
我亦乞尋茅屋賦涼陰爲客設繩牀

青菜

灌園我住甌香館佳客每同花下飯曉露新抽翠甲肥
春鋤更劚黃牙嫩

爲蘭雪題石谷冊（三年不見石谷筆墨遂臻極致觀其含毫傅色經營苦心自董宗伯以來未有能與其奇者）

鷗波昔石谷石谷今鷗波英雄惟使君天下如君何

臨元人睡鳥圖

密翠長條野岸邊花枝如雪半籠烟濃香殘月玲瓏影
照見花間夜鳥眠

畫蝶

煙圃吟秋興不孤花間殘夢繞庭蕪秋牕坐掩南華卷
閒寫滕王蛱蝶圖

寒柯翠筠（擬雲西老人法）

人有歲寒心乃有歲寒節何能貌不枯虛心聽霜雪

柜霜野鷺

芙蓉露冷汀烟近荷芰風殘月影沉獨有亭亭雙野鷺
秋深偏愛拒霜新

湘雨東軒避暑戲拈宋人沒骨法

夏月紅薇傍綠池秋風還與美人期誰知花艷驚心處
只有徐熙大折枝

菊（擬徐崇嗣設色）

抽毫把酒坐苔茵陶令羅含共結鄰我愛好花秋更麗
不須青女妬華春

歲寒三友（予獨愛此三種喜其積雪凝寒之候能表貞素之華矯然有以自異可方遯世之君子因爲圖）

以爾爲三友眞能傲衆芳自留蒼翠色努力飽風霜

凌霄

流黃溪女機雲錦天孫織銅盤金莖露仙人猶可郎深
知干雲心眞有搏風力上枝盤拏勢莫攀花房盡染朝
霞色

寫風雨竹（昔蘇長公守杭州遊于兩峯三竺間風雨暮歸令朝雲執燭寫風雨竹枝題云更將掀舞意秉燭畫風篠美人爲解顏恰似腰肢裊後九龍山人王孟端秋夜聞笛戲摹其意并步韻和之云前賢清韻在逸興寄筠篠何處踏飛聲彷彿琅玕裊二卷今在眞定相公處已入長安無從賞鑒雨牕閒寂亦復效顰并撫竹枝與賞音發笑）

憶古游清思墨華澹烟篠研北寫泠風碧影秋空裊

已酉九月南野望山得此意

移雲本無心援山不言力把菊一高吟醉臥南山石

仙圃叢花（癸亥八月摹北宋徐崇嗣法爲寶聲道翁作）

杜若冷秋苑桂枝搖青邱毫端眞爛漫花滿一庭秋
丹梯不在遠甘谷我移家曉來窺半壁總是赤城霞

題耕烟山人墨竹

拔得青鸞翅空中墜墨精寒窗夜風雨片片作秋聲

設色花

瑶臺珠樹影玲瓏香氣氤氲隔座通神女霞裳翻艷曲仙人同醉玉芙蓉

瑶草琪花石徑深琅玕影裏翠雲明羽衣縹緲聯翩起空外時聞吹玉笙

醉臥余不能飲而好作醉語天不耐不有秋秋蟲攪人俾予故欲醒耳

醉臥叢花錦石邊莎雞啼過海棠烟家貧更少鷸裘貰自寫秋光換酒錢

又題

石骨寒如我秋花能瘦人曉吟常對此老圃未全貧

寒山圖贈孫承公

石壁雲深澗戸明幽人未了向山情碧嵐秋響琹中聽都作孫登長嘯聲

紅白梅花

淺綠輕紅雅澹妝羣芳曾譜號鴛鴦東風有意成連理冷艷雙開一樣香

端木新構秋樹根軒旁架一楹顔曰半亭以收東隅之勝因爲圖而系之以詩

老樹倚欹石古根綴虛廊落葉到空井寒翠侵半牆松鼠下烟蔦竹雞穿荒岡半亭椶櫚陰其下俯滄浪過橋望春曉碧瓦浮煙霜高吟秋樹底坐攬青翠光

仙人謠佐老道翁隱於塵中毛褐傲世不屑軒冕雖操奇贏不屑錙銖載酒尋花擊鼓彈絲有以自樂吾知其人必豪快士也儻所謂挾陶朱之策而有劇孟之風者歟庚戌二月適當五十春秋其內兄吳君涵一屬余作歌以進一觴因賦仙人謠并題畫圖幀首聊當九如之頌云

仙人御泠風縹渺驂赤螭手持雙文篚煜煜五色芝云從若雲來容裔江水湄紫鳳方引雛和鸞鳴相隨重樓何嵯峨瓊樹高其枝下有豪士居素風澹光儀小隱羨東門揮金笑鴟夷錦茵互照耀軒蓋紛交馳拊節奏靈鼉高歌激清絲絳雪猶在山梅花蔽雲涯叢蘭生庭中當春發華滋霓裳舞玳筵令節更張帷麟脯錯玉盤天酒澄金卮何須拍洪厓何必翔華池鹿車正宛宛青鳥飛來遲長揖問松喬奇齡與等期

石榴萱草

前庭多種宜男草後園亦栽多子榴最愛杜陵詩句好積善滚滚生公侯

白華齋題畫梅

抽毫山閣曉吟詩得意還添帶雪枝白鶴橫江春夢醒暗香惟有月明知

上苑桃花

度索山頭駐絳霞蓬萊宮闕即仙家共傳西苑千秋實已著東風一樹花

桃花

紅霞初放正千春夢醒看飛碧海塵何必花溪尋洞隱
一枝如見避秦人

題水墨畫

古桐寒嵯峨夜聞湘靈語雲濤相激蕩天末獨延佇所
思隔雲霧張樂在何許風起斑篁送綠波墨華飛過芙
蓉浦爲剪湘南一片雲灑作吳天半天雨

題四君子圖 葉石林稱松杉槐柏爲四君子嘗見倪迂有此圖戲爲廣霞余君作

樹古眞同君子身石屏煙翠不生塵槐風柏雨松杉影
長伴茅亭讀易人

雪

亂竹壓簷枯樹低滿林飛雪萬山迷一從乘興王猷去
千古無人到剡溪
雪滿千林未見梅擁爐看雪草堂開懸帷不覺吟詩冷
恐有高人踏雪來

橫空墨雨

天吳欲動灑窗几何處移山竟不知長教袖裏生雲霧
自有神龍起研池

墨李花

穠華歌罷想葩詩仙苑瑤臺初見時却怪東風寒未減
春深殘雪尚封枝

寫生

紅霞天半美人思隔水微香過綠池我見炎風花正好
霜前猶有半開枝

菊

錦石如雲落翠翹曲殘金縷度纖腰黃鸝赤鳳還同舞
不數江東有二喬

送友

半壑鶯花天外思薜蘿還與碧山期憐君姓氏如香草
眞比江離未采時

題古松一角

硯底呼雲雲不開悶將禿筆掃風雷懸崖倒拔蒼虯影
分得枯梯一半來

失題

金烏廣寒宿玉兎春咸池烏有凍死骨兎有渴死皮龍
伯長不可縮僬僥短不可續截蛇之足益蛇之腹野田
淒雨蛇蛇哭楚山不識晉越山不識吳機梭斷絕禾稼
枯愚公豈借留侯箸漢陰寶其拙公輸之巧非吾徒於
菟雖大勇鹿子不願以爲父鵰鶚雖至悍鳩婦不願以
爲夫我飲非爾口我行非爾跗爾不我借我不爾呼爾
今非我將焉誣騏驥白澤日走萬里若以守戶貽笑韓
盧吁嗟乎

冬至早梅

鄒律初傳谷昭回萬卉知天心雪後見春色隴頭疑葭
動還依杉香寒未透枝巖阿千百樹次第待冰澌

見説南枝好登臨信已然元旗花拂首紫閣玉含煙瘦
不因霜勁芳從帶雪妍調和應有待生意已娟娟
把酒向高岡柔條出短墻松虬隨意古柳色漫拖黃倚
石香還冷臨流影未藏清芬殊足挹月出已東方

絕句

美酒愛從愁裏醉傾城偏向客中憐迴文遠寄機中錦
客舫應分第二泉

長别離

萬絲作線難成縫雪花作綿玉肌凍三尺枯桐澀不流
哀絲聽盡孤鵾弄公子年年長别離美人腸斷愁蛾重
棲鸞閣裏斷春風幾曾吹得羅襦動楚山歷歷空高寒
神娥不作行雲夢却笑妖姬粱玉淸隨人逃入少僊同

客澄懷館爲許賜谷題濯足圖

峭壁上瞰盡雲海雙足下拂千江流從今不踏紅塵去
直御泠風過十洲

山躑躅野雉

雲壑宜人坐不還微風入樹葉聲閒攤書正有巖花落
故故留紅句讀間
蒼玉高標何突兀紅蓮小朶亦依稀華蟲留得文章在
莫謂無時入舜衣

菊花秋色

黃鵞紫鳳嬌欲舞金幢玉節紛來迎南山悠然若在眼
滿手秋風餐落英

萱花

不料憂多未可忘一枝閒淡倚斜陽尋思何處曾看見
記得家園近北堂

甌香館集補遺畫跋

武進惲　格著
海昌蔣光煦輯

詩意須極飄渺有一唱三歎之音方能感人然則不能感人之音非詩也書法畫理皆然筆先之意卽唱歎之音感人之深者含此亦併無書畫可言

十四叔父以大耋之年攜行篋訪友數千里外所至登臨山水探攬名勝神氣軒舉不減少壯時使人望之若神仙中人也重九前三日爲攬揆之辰呼友臨晴川樓置酒高歌一望洞庭瀟湘半江帆影千山黛色盡在杯斝間收其勝槩與酣得句高吟相望以問江山有筆揺

五嶽嘯傲滄洲之意歸時以詩示壽平兼屬同人和之因製圖以志勝事

吳道子寫嘉陵山水于殿壁一日而盡論者謂邱壑成於胷中旣寤則發之于畫故物無留迹李廣射石初則没羽飲金旣則不勝石坡有石見者旣以爲礙神定者一發得之妙解至此可以語吳生之意矣

蒼厓峭壁古木叢篁尺幅之中有萬仞之勢含毫獨運逈發天倪象外風流靈襟未隔雖未能拔壁而飛庶幾北苑谿山别開生面耳

元人逸品其意難言矣殆如盧敖之遊太清列子之御泠風也美人之光可以養目於畫亦然

米家父子以雲山爲墨戲一正畫史謬習稱千古墨苑風流第一後惟董宗伯可與並驅餘子碌碌不足數矣

畫菊難墨菊尤難元人王澹軒之工秀周草牕之清妍不如唐解元之高逸此圖專師六如與元人小異

麻皮細皴破筆點刷如絲如髮無韻無趣今之所爲山樵非余之所爲山樵也然則爲山樵者當何如蓋亦不出麻皮細皴破筆點刷得其解者于毫忽間辨出性情便欲與山樵同旦暮耳

繪風易繪聲難昔人畫樹多作偃枝低亞以狀風勢此圖獨畫流雲奔湧與巖林石泉相激蕩萬竅怒號之態灑然洞目若聞吹萬之聲出指腕間可以補前人所未

備也

隨意點色不爲工整以兗率取勝於吳門好事家觀白石翁卷戲臨

巨公神氣沈欝非時史所能夢見王郎其藝游而至者乎

秋夜與石谷談高尚書碧山圖浩蕩縱逸無復徑轍可尋因戲摹之

吾友東崍莊子將北走燕臺南浮江漢探匡廬彭蠡之奇索予圖資行篋吟賞因拈東皐一樹一石與之雖江山攬勝無窮未若故園風物可懷也東老鑒之

承公表兄曾同石谷子戒余寫生恐久耽于此便與雲

烟林瀊墨雨淋漓之趣漸遠有頃頻索余畫牡丹又急屬唐匹士畫芙蓉大障豈花藥幽思逸致足移人情耶

甲寅九月同公訪友天湖泛舟白蘋紅蓼間西風五兩烟水蒼涼時籬菊未黃把酒長吟篷窗戲點色製圖九華清與南山眞想庶幾非遠願與賞心同此娛玩

作米山須善用五色墨能知五色墨法則米山不難工矣然予雖知之殊未盡其妙也

九日坐雨秉燭聽純兄吟新詩甚清越東園生與發得禿老扇縱筆作風雨圖意頗逸亦以無聲詩敵之耳

無石道翁高尚士也隱居游閑以傲世絕俗盤潛北郭十畝之間人無知之者翠竹千竿梅花百樹繩牀茶竈

蕭然放情有以自樂余愛慕其人因寫幽居圖贈之并志同心之賞

唐解元折枝紅杏饒有風韻余於金閶紅鵞館見之因臨

娛閒新趣愛此秋華坐想叢苔以資吟嘯

前人畫梅者多矣惟楊補之用筆簡潔有高人體氣洗脫塵境悠然神遠余所一見而銷魂千載之下願為執鞭者觀陳徵君此幀能得補之之簡雖神韻未超絕亦近時一佳品也鑒者珍之

陸叔平作石骨枯澹峭勁獨闢奇險之境其用筆從洪谷營邱高峭中來但轉折處多作意棱角太露便與古人藏鋒渾厚之旨相背耳此圖小變其法皴擦枯勁不為棱角世有賞音當不以吾言為河漢

先香山翁嘗稱人間無北苑畫惟文敏家藏半幅耳其神氣蒼莽橫絕古今筆奪化權莫得而議學者豈能步其後塵

迂老畫樹極簡貴獨蹤高軌澹然天眞在黃吳上今人率意當之徒足令大方掩口爾潑墨作橫點紛沓遝滿箋素便謂是梅花道人豈知吳生墨葉絕不爾也此弊自文沈以來然矣

子久浮嵐暖翠董雲間猶以細碎少之然層林疊巘凝暉鬱積蒼翠晶然奪人目精愈多愈細碎愈得佳爾小

幀學子久略得大意細碎之譏正未敢以解雲間者自解也

煙絲露叢結翠可玩白石包山先獲我心矣

雲林畫不從人間來其以神馬飈輪與造化游鴻濛之外者乎東園生曰得雲林一樹一山游盤其中可以逍遙樂而忘世正不必上同巢由買山而隱

南宋馬和之畫柳如亂絲天趣飛動極瀟灑之致覺靈和殿外風流去人未遠

黃鶴山樵全法董巨其氣韻得之文敏皴擦得之輞川今人甫學山樵便稱神合畫虎刻鵠貽笑大雅因為拈出以正時史之學山樵者

寒林倡於營邱衍于華原流于河陽而子華澤民又規模河陽者也沿其流者不振矣許道寧其登堂之彥乎唐子畏接響前徽足稱後勁覺乎駕子華河陽而上之此圖即子畏法也筆外生氣非吾所知與鑒妙者辨取此子久江山圖法也子久妙蹟尚留人間永為世則墨林鑒士不能舍此他之耳

睎古骨法儁爽發筆得峭勁之勢俗學倣效大都畫肉遺骨使驊騮氣盡吾不忍也因為圖正之

昔顧駿之嘗構層樓為畫所每登樓去梯家人罕見其面自古以筆墨稱者類有所寄寓而以毫素騁發其激宕鬱積不平之氣故勝國諸賢往往以墨林為桃花源沈湎其中乃不知世界安問治亂蓋所謂有託而逃焉者也今之號為畫者亦夥矣營營焉擾擾焉屑屑焉如蚩氓貿絲視以前古法物目眩五色舌橋而不能下矣矧可與知古人深心所在也耶

倪迂作畫如天駿騰空白雲出岫無半點塵俗氣

黃涪翁云書家字中有筆如禪家句中有眼陶隱居論書云要當以點畫論極諸家之致故書無點畫不可以言書畫無筆墨不可以言畫自文沈創興遺落筆墨而筆墨之法亾雲間崛起研精筆墨而筆墨之法亦亡何則衍其流者忘其故漸靡濫觴不可使知之矣墨工槧人研丹調青且不識絹素為何物塗堊狠籍輒侈口曰倣某家曰學某法其所矜剩唾也其所寶瀋瀝也其所尙垢滓也舉世貿貿莫鏡其非耳食之徒又建鼓而趨之遂使齷齪賤工亦往往參入室之譽蓋鄭聲作而大雅之音亾駿骨不來而鼠璞寶矣嗟乎又豈獨繪事然哉

聖濤周子娛情毫素妙鑒洞精與東園生遺象忘言神襟獨契登□□維倣古法得小景十二幀為宗少文增臥游之勝暇日高樓吟嘯橫琴對之當使空翠盈襟嵐烟滿握一室盤桓攬趣無窮正不必作千巖萬壑想也

董宗伯所藏巨僧松陰論古圖筆力沈寘晶光照映見之此圖松林飛瀑猶存神氣於百一耳

子久浮嵐暖翠眞平生第一墨寶也余獵其精潤芟其細碎覺韻致不相遠矣

山樵夏日山居全法董叔達神氣蒼莽有洪谷雲中山頂四面峻厚之勢覺癡翁猶遜其沉古耳

米家大翠黛得之于游戲者轉至耳

學雲林當如快馬斫陣乃得勢無此與會者不可與言雲林也

每學梅沙彌輒以董巨法求之自謂神合庸史紛紛橫點以沙彌為口實余豈能無辨哉

空靈澹蕩絕去筆墨畦徑吾于方壺無間然矣

山樵筆墨沉古眞北苑之後勁余嘗觀夏日山居圖始

知文沈以來未有能與其奇者

余度臘高雲閣殊喜暄霽冬日如春溫兩旬中連作畫册數本皆規摹宋元深入前人之法涵盛而不化也此册乃從篝燈醉夢中摩挲毫素偶拈一兩筆爲戲樂蓋亦頗散繩束欲脫去畦徑取自快耳昔范華原尙不能無用墨之議王叔明之傑筆而迂老或輕余之所尙正未可謂獨得而無蔽也與鑒者言之

斷如復斷亂如復亂點畫離披落花游絲能領斯趣日與神遇樹師營邱石壁學華原至象外之意則東園自得之心匠爾

符朗識半露之栖雞荀勗知勞薪之炊飯故有易牙之

口以較錙銖而乃不可得而遁也繪事亦然願以揆之知味者

洪谷爲雲中山頂四面峻厚我思此語十年猶未得也

學睎古不必似睎古師子畏何妨非子畏膠柱者之不可與言久矣高嶺絕紘神駿誰賞墨林荒蕪吾未聞有鍾生伯牙也

構想淵奇觸境有無窮之詣彼徒索於毫素者離矣

寫生之技卽以古人爲師猶未能臻至妙必進而師橅造化庶幾極姸盡態而爲大雅之宗

作畫須優入古人法度中縱橫恣肆方能脫落時徑洗發新趣也

此落葉無聲圖也瑟索蕭悉聲在樹中可以目聽如微風颻紘響不從指蔣生神契特高不妨從懷袖間聞空山淸籟之悅耳也

郭熙畫法譎宕奇逸每以山谷眞雲攝入囊中徐放之以似其飄渺之象爲山形故闢境奇妙下筆靈變無方盖得之於造化者深矣

米元暉自謂墨戲足正千古畫史繆習雖右丞亦在詆訶致有具眼

荒嵟淵路悄無行人此天游生畫意也

少時曾往天台山中隨道侶入天峯登華頂卽太白詩天台四萬八千丈是也宿華頂峯觀日出雲海浩蕩駭

目洞心詩句畫圖皆不能摹寫其神奇要妙也

高松磐石有柯丹邱遺意

放子江湖眇然忘機噫嘻此何世之民歟

石谷子爲宜江上作篠瀨圖極似文湖州因擬爲之

寫雲山當以氣勝有吞吐千峯之勢不獨仿米老爲然也

方壺逸致蒼莽有天驥騰空之勢

無意爲文乃留眞趣

昔人寫生多作折枝徐熙父子雖長綃大幀每用此法一枝一幹有全樹之勢

摹子久富春圖一角人間所存癡翁墨妙惟此卷在巨

公以後倘有典刑

徐熙畫牡丹止以筆墨隨意點定畧施丹粉而神趣自足亦猶寫山水取意到

出入風雨卷舒蒼翠走造化于毫端可以晒洪谷笑范寬醉闞馬遠諸人矣

用筆時須筆筆實却筆筆虛虛則意靈靈則無滯迹不滯則神氣渾然神氣渾然則天工在是矣夫筆盡而意無窮虛之謂也寫眞今稱廖謝謝法不用一實筆正相合詩文之理亦然句句實意則易盡矣今人詩文不佳總只是實

偶一披玩忽如置身荒厓邃谷寂寞無人之境樹色離披磵路盤折景不盈尺游目無窮自非凝神獨照上接古人得筆先之機研象外之趣未易臻此

銷暑爲破格寫意意者人人能見之人人不能見也

余嘗以癡翁爲勝國諸賢之冠後惟啓南翁得其蒼渾董雲間攻其秀潤餘子碌碌揺筆輙引癡翁大抵皆畫虎刻鵠之類而癡翁墨精汩於塵滓者久矣願借秋山圖一是正之

水亭棐韻用雲西老人意絕無高巖大嶺飛湍激瀑而風梧烟篠如攬翠微如聞淸籟横棐坐忘殊有傲睨萬物之容

雪中月季冰鱗玉柯危幹凝碧眞歲寒之麗賓絕塵之畸客吾將從之與元化遊益亦挺其高標無慙皎潔矣

雲翁□臺先生於馬上望眞洲江口見雲影水光帆檣估船在萬柳烟梢隱見出沒眞一幅惠崇江南春也歸時屬壽平製圖

平遠數筆煙波萬狀所謂愈簡愈難

思翁樹石奉常家藏此卷已數十年奉常與王子石谷爲筆墨之知忘年客契遂以藏卷贈之前輩風流眞可傳稱以爲勝事屬余記此以備畫苑蒐擇云

牛妳佛手皆柑也而皆不以甘媚人栗則宜乎巖苦而反作悅人風味名不足據如是如是

核桃殼堅不可卒破而多城府司馬仲達之流歟丹柿可欲而外衛不堅觸手糜爛豈曹子丹之徒耶得諫果而時置座庶幾其免夫

杏者幸也幸不妨于大故大之梅小則苦有大幸者必有小苦戲圖以自惕云

來禽枇杷皆綴皮以自護其甘惟楊家果則否所挾既勝彌見本色何煩包囊外護哉

桃著緋而核內脫菱著緋而角外銛乃知中膠而好用其鋒者大幸皆緣衣黃綬之流

菂簌實滿簌虛實者重襲固多虛者絲累不少要皆不失爲君子之徒

在北爲梨在南爲秋白是棃非棃而實勝于棃但涉冬

則敗矣在北東圓在南棗橢以東比棗似有殊于熟若使生食又何以異哉

葡萄酸中帶甘榴子酸中帶酢總不脫措大家風然言乎流漿掩露則河西之客差豪耳

黃金其外蠹蠹其中甚哉橙氏之子之飾貌也顏如渥丹腹若飴甘可與剖肝膈披情愫陸吉氏庶幾近之然而芬烈不逮矣

風萎外乾而中潤地栗貌䐑而神澤剛毅木訥近仁果然必二子也

臘月墐戶烘硯偶憶徐幼文溪山高逸戲仿其意夜飲歸殘燈了然積筆垢硯畧爲伸紙莫作畫觀

家咸北郭蓮花池游賞最快意戲爲點墨遂多逸趣也畫家塵俗蹊逕盡爲埽除獨有荒寒一境眞元人神髓所謂士氣逸品不入俗目惟識眞者能賞之

唐艮士像贊 像著緇披衣坐巖壑中

革韡屩袍黃皮袴褶與諸公子豪客狹邪爲貴游者非耶乃不流連林曲花枝酒樓風月曳雪攜雲戀五陵之裘馬而獨倚此霜苔丹崖樹林石淙風瀉盤桓於寂寞之濱嵐陰之下豈能從我於箕潁間哉白石可采瑤草可把攬此雲谿將稅吾駕

原老小像贊

解衣槃礴一邱一壑樂吾天眞墨花飄渺與古爲新心閒手敏以有道之器合無累之神雲泉胞與鶯花比鄰張目人間逍遙物外咄此軒冕若野馬之與埃塵覩見儀彩識君性情其西疇之傲賓墨苑之逸民

自臨隨清娛誌銘跋

人間流傳褚河南書有數十種筆法各不相似如聖教序二種法近古隸與他書懸殊又如哀册如枯樹賦皆稱褚書最上聲名赫然者予酷愛之嘗謂中令書當以此册爲第一亦如右軍之蘭亭他書卽佳不能敵矣惜無墨池硏臼之功十年摹倣絕不得其用筆意以爲缺陷事

宋搨黃庭經跋

董宗伯稱黃庭經以思古齋刻爲最然佳本絕少此刻較精矯有骨力虞歐法度從可想也半園唐氏亦有藏本致精藏鋒渾厚眞希世之寶堪與此本伯仲耐齋珍之

記秋山圖始末

董文敏嘗稱生平所見黃一峯墨妙在人間者惟潤州修羽張氏所藏秋山圖爲第一非浮嵐夏山諸圖堪爲伯仲間以語婁東王奉常烟客謂君硏精繪事以癡老爲宗然不可不見秋山圖也奉常懽然向宗伯乞書爲介并載幣以行抵潤州先以書幣往比至門閎然雖廣廈深閒而廳事惟塵土雞鶩糞草幾滿側足趑趄奉常

大詫心語是豈藏一峯名迹家邪已聞主人重門啓鑰僮僕掃除肅衣冠揖奉常張樂治具備賓主之禮乃出一峯秋山圖眎奉常一展視間駭心洞目其圖乃用青綠設色寫蕞林紅葉翕赧如火研硃點之甚奇麗上起正峯純是翠黛用房山橫點積成白雲籠其下雲以粉汁澹之彩翠爛然村墟籬落平沙蘐雜小橋相映帶邱壑靈奇筆墨渾厚賦色麗而神古視向所見諸名本皆在下風始信宗伯絕嘆非過奉常既見此圖觀樂忘聲當食忘味神色無主明日停舟使客說主人願以金幣相易惟所欲主人啞然笑曰吾所愛豈可得哉不獲已而眈眈若是其惟蹔假攜行李往都下歸時見還時奉常氣甚豪謂終當有之竟謝去於是奉常已抵京師亾何出使南還道京口重過其家閽人拒勿納矣問主人對以他往固請前圖一過目使三反不可重門扃鑰糞草積地如故奉常徘徊淹久而去奉常公事畢晝夜念此圖乃復詣董宗伯定畫宗伯云微獨斯圖之爲美也如石田雨夜止宿及自壽圖真績苑奇觀當再見之於是復作札與奉常乃走使持書裝槖金剋期而遣之誡之曰不得畫毋歸見我使往奉書爲款曲乞圖語峻勿就必欲得者持雨夜止宿自壽圖去使逡巡歸報奉常知終不可致歎悵而已

虞山石谷王郎者與王奉常稱筆墨交奉常諳論古今名跡王郎爲述沙磧富春諸圖云云奉常勿愛也呼石谷君知秋山圖邪因爲備述此圖蓋奉常當時寓目間如鑑洞形毛髮不隔聞所說恍如懸一圖于人目前其時董宗伯棄世久藏圖之家已更三世奉常亦閱滄桑且五十年未知此圖存否何如與王郎相對嘆息已石谷將之維揚奉常云能一訪秋山否以手札屬石谷石谷攜書往來吳閶間對客言之客索書觀奉常語奇之立袖書言于貴戚王長安氏王氏果欲得之並命客渡江物色之于是張之孫某悉取所藏彝鼎法書并持一峯秋山圖來王氏大悅延置上座出家姬合樂享之盡獲張氏彝鼎法書以千金爲壽一時羣稱秋山妙跡已歸王氏王氏挾圖趨金閶遣使招婁東二王公來會時石谷先至便詣貴戚揖未畢大笑樂曰秋山圖已在橐中立呼侍史于座取圖觀之展未半貴戚與諸食客皆覘視石谷辭色謂當狂叫驚絕比圖窮惝恍若有所未快貴戚心動指圖謂石谷曰得毋有疑石谷唯唯曰信神物何疑須臾傳王奉常來奉常舟中先呼石谷與語驚問王氏已得秋山乎石谷詫曰未也奉常曰贋邪曰是亦一峯也曰得矣何詫爲曰昔者先生所說歷歷不忘今否否焉覩所謂秋山哉雖然願先生勿遽語王氏以所疑也奉常既見貴戚展圖奉常辭色一如王郎氣索殭爲嘆羡貴戚愈益疑又頃王元照郡伯亦至大呼

秋山圖來披指靈妙纏纏不絕口戲謂王氏非厚福不能得奇寶于是王氏釋然安之噫夫奉常曩所觀者豈夢邪神物變化邪抑尚埋藏邪或有鬼玉之毀邪其家無他本人間無流傳天下事顛錯不可知以爲昔奉常捐千金而不得今貴戚一彈指而取之可怪已豈知既得之而復有淆訛舛誤而王氏諸人至今不寤不亦更可怪邪王郎爲予述此且訂異日同訪秋山眞本或當有如蕭翼之遇辨才者南田壽平燈下書與王山人發笑

甌香館集附錄

喜惲正叔到杭兼簡其同鄉諸君子　錢塘毛先舒稚黃

置書三歲渺愁予喜共張燈慰索居秋到飛鴻迎暖候人如洗馬渡江初笑持紫蟹談逾健高瀉青樽興不疎寄問毘陵舊游好大江烟月夜何如

送惲南田之錢塘并柬毛稚黃　宜興陳維崧其年

蹋屩上靈隱吹笛下吳淞送君恰值新爽纖月印船篷猶憶冷泉亭上百道跳珠噴雪飛瀑挂杉松一別十八載吾老漸成翁　故人去攜筆墨寫空濛不知老已將至揮灑醉偏工爲訊臨橋毛子果否別來無恙底事斷詩筒八世作達耳長邑鬱焉窮　水調歌頭

數月來聞汪鈍翁王勤中惲正叔劉山蔚相繼謝世灑淚賦此　商邱宋犖牧仲

遠道頻傳薤露歌人琴此日奈愁何宋中耆舊傷心盡吳下風流逝水多塵篋祇憐餘翰墨荒墳欲拜阻關河黃昏鈴閣題詩處忍見空梁夜月過

丹陽別惲正叔　武進邵長蘅子湘

北風索索雪磣磣野店離盃飲不酣惆悵明朝過江去數峯横翠是江南

一隊鈴聲趁曉驢帽簷低壓白侵鬚煩君小仿唐人筆畫出丹陽風雪圖

奉送王惲兩先生　無錫　顧祖禹 景范

秋色牽衣戶半扃君行應念此園亭桐枝濯濯侵簷綠竹葉垂垂帶雨青別意欲言思轉澀愁懷難遣酒無靈不須握手增惆悵他日還看兩鬢星

震山西上指毘陵二妙歸歟悵不勝乍雨乍晴誰是主忽寒忽暑竟安憑何年遊屐同時發此際離情一夕增相憶惟應獨寤語菊花開處夢層層

乞食贈惲子壽平　武進　楊宗發 起文

朔風翛翛山氣結黃河冰交天雨雪英雄失路歸田廬咳唾蕭條甘乞食朝行負薪夜飯牛相逢斗酒心遲留蒙頭覆面隨木偶一醉半死橫千秋君今懷木泣知已我亦東西苦行李執手大笑歌嗚嗚去揖吳江浣紗女

觀石谷南田兩先生畫册作歌求正　宣城　袁啟旭 士旦

宣和已往畫苑蕪殘烟漠漠搖枯株江山亂後景蕭瑟六朝金粉誰能圖百年才人具逸氣磅礴點染生靈異夢澤天寒程侍郎孝感程端伯長江平遠蕭高士蕪湖蕭尺木同時妙手數東吳東吳繪素天下無西園蒼潤烟客太倉王香山俊逸道生常州惲至今王惲多門徒石谷家住尚湖旁湖山照映生輝光毫端往往含元化一水一石精微范直駕荊關匹董巨愛者不惜千金裝南田磊落雄文筆毘陵烟水開魚莊閉門別譜徐熙格十指之下傳芬芳情移自歎真宰露花鳥幻出丹青良獨來相遇姑蘇市各呈練素誇能事穠華巧奪上林春巖巒興發雲門寺是時天氣豔青陽高樓百尺梧桐香疏檽茶熟人閒坐深院花飛笛滿床談諧漸密鶯歌促一縷爐烟生紫竹都將韻事補平生重展生綃三兩幅陵谷滄桑何足云等閒富貴徒紛紛安能長傍二子在圖畫世間萬事皆浮雲

觀惲南田王石谷作畫　商邱　宋至 山言

江南山水佳兼之富花鳥春事起郊坰處處堆潦倒維余困官縣據梧何悄悄卻喜二叟過妙繪恣探討茗盌共小樓點染爭奇矯王叟布林巒惲叟貌魚藻顧盼勞左右樂趣不為少我家綠波村結茅亦殊好思歸苦未遂時復縈懷抱願作六幅圖卧對送昏曉

甌香館集附錄

顧亭林曰惲正叔落筆如子山詞賦蕭瑟江關昔人所謂文字外別有一物主之非大地歡樂場中仿效俳倡郎當舞袖

錢飲光曰南田題畫云筆端點點俱通元氣又云十指以外化工俱爲長物是其意匠慘澹可謂良工心苦矣蓋耳目之欲接則敗其思蚊虻之聲聞則挫其精彼夫庭可以搏鼠者惡能與我歟哉故知南田畫者當與讀南田之詩

朱竹垞曰曩予和宋漫堂節使論畫絶句十二首其九章云巨幅鸞凰細草蟲長留風露濕花叢時人罕睹瀟漁筆止說王郎武惲老壽平工意謂兩高士擅長花卉翎雀不愛寫山水後見邵子湘談正叔小時流離瑣尾以畫餘得生遂創沒骨花一派賣畫養父無愧白華孝子予頗悔前詩之失又怪漫堂與正叔交最久其亾後哭之以詩所云吳下風流逝水多兼悼汪鈍翁王勤中也顧其論畫二十六首不及正叔而甚稱王翬殊不知詩與跋根據書史王自非惲敵也正叔名格字壽平近畫花木奉其尊人遜庵先生命以字行今流傳畫本無署原名者又字正叔別字南田子湘云

姚綏仲曰正叔出處絶似無本而詩故與月泉吟社相類其詠梅曰可憐雪霰相催急纔到春風已白頭可想見其憔悴枯槁已乃骨性殊傲昨過吳門見所畫松題曰松老不修容任百卉顛倒太虛亦不借韻於風煙雲月不獨詩畫傳世其位置亦不在王寵沈周下

徐大臨曰有監司某延南田畫偃蹇不卽赴後迫致蘇州拘係廳事明旦將辱之一急足疾走至婁水乞援時已瞑暮吹燈矣今相國顓庵先生聞之以指擊案曰馬最速舟爲次遽跨馬以竹竿挑燈縛僕背上去五鼓達郡城門下者尙未啓有頃入城直造監司署力爭以釋今東南大夫士侈爲美談昔倪高士瓚遇俗吏拳加顴頰聲色不動其友詰曰盍不一理說瓚曰開口便俗事與此相類然未聞篤於友朋如王相國爲之解縣者頃閱南田集見其別相國詩云落拓浮家仗友生因記此事於卷左

張曰容曰王麓臺少司農亟稱南田詩字不置匪直繪事遠紹北宋徐氏也燈下讀南田詩竊歎義心苦調淒淒然橘頌之遺音而鏘洋窅渺一二題畫幺篇足令古人歌哭出地

鄒訏士曰南田五言古體上裔離騷中參蘇李下括建安七子猶路鼗出於土鼓篆籀生於鳥跡七言古體追逐青蓮又復酷肖奉禮五律專師浣花絶句脫然畦封直與龍標諸賢白戰於變風境上而莫之雌雄者

邵長蘅青門簏稾曰吾鄉惲正叔工沒骨寫生不用筆

墨鈎勒而渲染生動濃淡淺深間妙極自然

諸匡鼎說詩堂集曰余訪惲子正叔登其堂門庭閴寂叢菊盈堦眞不愧名士風流也正叔爲予畫瀟湘夜雨圖復賦詩二首送余其一曰霜滿芙蓉此送君千峯秋艸怨離羣輕帆九月湘江冷一路青山入楚雲其二云渚宮黃葉雁聲低故國浮雲野戍迷我向毗陵城上望月明人隔洞庭西復爲余畫瀟湘白雲圖送家兄駿男

杭州府志曰惲正叔抗志養親工詩畫每至杭必寓東園高雲閣上又嘗自號東園客有在東園柬毛稚黃詩風致俊逸可奪昌谷玉谿之席

鄒小山畫譜曰　國初惲壽平全用沒骨法而運以生機曲盡造物之妙所題詩句極清豔書法得河南三昧洵空前絕後矣

國朝別裁集曰南田工畫山水花卉兼擅比之天仙化人詩亦超逸毗陵六逸以南田爲上

畫徵錄曰惲壽平以字行武進人名格一字正叔號南田又號白雲外史本世家子工詩文好畫山水力肩復古及見虞山王石谷自以材質不能出其右則謂石谷曰是道讓兄獨步矣格妟恥爲天下第二手於是舍山水而學花卉斟酌古今以北宋徐崇嗣爲歸一洗時習獨開生面爲寫生正派由是海内學者宗之正叔與石谷爲莫逆交討究必極其微石谷畫得正叔跋則運筆設色之源流構思匠心之微妙畢顯無遺正叔雖專寫生山水亦間爲之如丹邱小景趙承旨水村圖細柳枯楊圖皆超逸名貴深得元人冷澹幽儁之致然其虛懷終不敢多作也嘗與石谷書云格於山水終難打破一字關曰窘良由爲古人規矩法度所束縛耳正叔寫生簡潔精確賦色明麗天機物趣畢集毫端大家風度於是乎在石谷推重不置故正叔懷石谷詩有云墨花飛處起靈烟逸興縱横玳瑁筵自有雄談傾四座諸侯席上說南田正叔性落拓雅尚遇知己或帀月爲之點染非其人視百金猶土芥不市一花片葉也以故遨遊數十年而貧如故對家人未嘗形戚戚于面惟吟咏書畫自娛所居有甌香館倡酬皆一時名士年六十餘卒於家其子不能具喪石谷爲經理之

江南通志曰惲壽平生而敏慧八歲咏蓮花驚其長老尤工繪畫花卉禽魚意態飛動而題語書法兼工故世稱南田三絕爲人孝友敦篤不謁當事有古君子風

方蘭士山靜居畫論曰元明寫生多宗黃要叔趙昌之法純以落墨見意鈎勒頓挫筆力圓勁設色妍靜舜舉若水後之寃叔平沱江各極其妙時人惟陳老蓮能之南田惲氏畫名海内人皆宗之然專工徐熙祖孫一派黃趙之法幾欲亾矣

又曰惲氏點花粉筆帶脂點後復以染筆足之點染同

用前人未傳此法是其獨造如菊花鳳仙山茶諸花脂丹皆從瓣頭染入亦與世人畫法異其枝葉雖寫意亦多以淺色作地深色讓主筋分染之

奚鐵生曰寫生家以沒骨圖爲最勝自張僧繇創爲山水眞人間奇麗之觀北宋徐氏斟酌古法定宗沒骨去勾勒之迹成傳染之工發造化之靈抉先匠之祕研思吮毫極妍盡態考其規製妙絶古今黃筌趙昌皆爲俛首至明惟石田先生一花半萼自徐熙易元吉來其合作往往登神逸品每以淺色淡墨爲之而神采更自生動所謂妙而眞者也陸叔平獨得古法陳道復蕭散人神前人謂周少谷能兼二公之長余以爲書卷不逮甚矣我　朝惲先生出而爲寫生一派有所宗也然亦從徐氏研究而來洵稱近代之高手耳

瓊花集

吾揚瓊花世傳海內一本信矣今花久枯悴騷人墨士各以傳聞爲據或謂卽玉蘂或謂卽聚八仙或謂漢前已有兹花或謂隋煬帝以觀花來幸江都以余考之皆非也蓋瓊花形色微類八仙瓊花異香芬郁八仙無香也若唐人所謂玉蘂則與之大異矣矧長安之唐昌觀集賢院潤州之招隱山其時皆有玉蘂惡在其爲一本者乎宋至道中王元之守揚州作瓊花詩其敘云不詳何木俗謂瓊花若卽爲玉蘂元之何以云不詳何木耶自後韓魏公劉原父鮮于子駿相繼賦咏歐陽永叔又作亭花上扁曰無雙由是遐陬絕壤無不知吾揚有瓊花矣若五代以前花之有無靡可考見乃以大業荒游歸咎兹花目爲亡國之祥其誣不已甚乎且煬帝東巡諸所詭異之跡備載南部烟花記等書當時果有兹花其事尤爲殊絕師古輩顧肯畧之而弗錄耶蓋兵火虞吏郡志散軼閭巷之談遞爲口實遂令絕代之芳永蒙不根之誚惜哉惜哉成化中浙人有爲花集者止據黄冠舊簡潦畧成編雖知隋事之誣而猶踵延元封號之謬中間所載李衛公劉夢得詩俱咏玉蘂花者餘篇悉用兎園俚語冒稱唐宋名公之作予少讀而疑之然未敢以語人近里人有購得寶祐維揚志者兹花始末具在其詩篇斷自王黄州與隋事畧不相涉予乃釋然以喜遂手自抄錄復命仲兒守貞遍考羣籍增所未備舊

錄贋篇悉爲芟汰又删潤考證諸語冠于簡端於是花事粲然可睹間以質諸太僕蜀岡盛公公曰此瓊花實錄也是錄出花之誣不辯而自明矣嗟夫昔予遊兩都四方人士無不問予茲花者予與花均爲揚産不能悉其事以對心甚愧之茲新集告成揮麈之餘藉爲談助豈非考古之一快哉或曰集中詩賦諸篇得失互異今槩爲收錄靡所銓擇何耶曰考證詳矣讀考證而諸篇之得失可知矣作者俱古今名人烏得而去取之哉本朝訖于宏治近者不錄吾郡人作者甚多盡載之涉於冗非纂述之體擬別爲一集云嘉靖乙未季秋日江紫都玉齋曹璿序

瓊花集目錄

郡人玉齋曹璿編

瓊花集卷一

郡人玉齋曹璿編

考證

王元之（宋至道二年知揚州）瓊花詩敘曰揚州后土祠有花樹一株潔白可愛不知何木俗謂之瓊花瓊花見於名人題詠始此宋子京宋次道失於詳攷乃謂即唐之玉蘂（宋景文筆記曰維揚后土廟有花曰玉蘂王禹偁愛賞之更稱曰瓊花按許慎說文曰瓊赤玉也王不能其義非白花名也○宋敏求春明退朝錄曰揚州后土廟有瓊花一株或曰自唐所植即李衛公所謂玉蘂花也舊不可移徙今京師亦有之○蔡寬夫詩話曰李衛公玉蘂花詩爲潤州招隱山作也今招隱無復此花詩之土人皆莫知爲何物或云即今揚州后土祠瓊花是也自王元之始易其名晏元獻嘗以李善文選注質之云瓊乃赤玉與花不類也）而尤延之全唐詩話又謂揚州唐昌觀是以蕃

釐爲唐昌也謬亦甚矣

周益公必大曰唐人甚重玉蘂唐昌觀有之集賢院有之翰林院亦有之予往因親舊自鎮江招隱來遠致一本條蔓如荼蘼種之軒檻冬凋春茂柹葉紫莖再歲始著花久當成樹花苞甚微經日漸大暮春方開八出鬚如冰絲金粟花心復有碧筩狀類膽瓶其中別抽一英出衆鬚上散爲十餘蘂猶刻玉然花名玉蘂乃在於此羣芳所未有也宋子京劉原父宋次道博洽無比不知何故疑爲瓊花王元之知揚州但言未詳何木俗呼爲瓊花子京何故以誣元之蔡君謨（疑作寬夫）又引晏同叔之言以爲證甚無謂也劉夢得雪蘂瓊絲之句最爲中的何必拘李善赤玉爲瓊之注耶（劉詩詠玉蘂花益公謂詠瓊花謬矣）

寶祐維揚志曰唐朝唐昌觀有玉蘂花劉禹錫所謂玉女來看玉樹花異香先引七香車是也唐內院亦有玉蘂花李德裕與沈傳師草詔同賞故德裕詩曰玉蘂天中木金閨昔共窺傳師和曰曾對金鑾直同依玉樹陰是也招隱山亦有玉蘂花李德裕所謂吳人初不識因予嘗賞翫乃得此名是也由是論之豈一處有哉其非瓊花明矣東坡瑞香詞有后土祠中玉蘂之句者非謂即玉蘂花謂瓊花如玉蘂之白爾（宋學士敏求長安志曰長安安業坊唐昌觀有玉蘂花每發若瓊林瑤樹元和中春物方盛車馬尋玩相繼一日有女子年可十七八衣綠繡衣垂髻雙鬟無簪珥之飾容色婉娩迥出於衆從以二女冠三小僕僕皆丱髮黃衫端麗無比既下馬以白角扇障面直

造花所異香芬馥聞於十步之外觀者疑出宮掖莫敢逼視佇立良久令小僕取花數枝而出將乘馬過謂黃冠曰曩有玉峯之期自此可以行矣時觀者如堵或覺烟飛鶴唳景物輝煥舉轡百餘步有輕風擁塵隨之而去須臾塵滅望之已在半天方悟神仙之遊餘香不散者經月餘時嚴休復元稹劉禹錫白居易俱有詩嚴休復詩終日齋心禱玉宸魂消目斷未逢眞不如滿樹瓊瑤蘂笑對藏花洞裏人羽車潛下玉龜山塵世何由覩蕣顏唯有無情枝上雪好風吹綴綠雲鬟白居易和嬴女偷乘鳳去時洞中潛歌弄瓊枝不緣啼鳥春饒舌靑瑣仙郎可得知元稹和弄玉潛過玉樹時不教靑鳥出花枝的應未有諸人覺只是嚴郎卜得知劉禹錫和巨女來看玉蘂花異香先引七香車攀枝弄雪時回顧郤怪人間日易斜雪蘂瓊絲滿院春衣輕步步不生塵君平簾下徒相問長伴吹簫別有人楊巨源詩晴空素艷照霞新香灑天風不到塵持贈昔人將白雪蘂珠宮上玉花春張籍詩千枝花裏玉塵飛阿母宮中見亦稀應共諸仙鬬百草獨來偷折一枝歸九色雲中紫鳳車尋仙來到洞仙家飛輪迴處無蹤跡唯有斑斑滿地花武元衡詩琪樹年年玉蘂新洞宮長閉綵霞春日暮落英鋪地雪獻花無復九天人楊凝詩瑤華瓊蘂種何年蕭史秦嬴向紫烟時控綵鸞過舊邸摘花持獻玉皇前王

建詩一樹瓏璁玉刻成飄廊點地色輕輕女冠夜覓香來處唯見堦前碎月明。李衛公德裕潤州招隱山觀玉蘂花寄沈傳師詩玉蘂天中樹金閨昔共窺落英閑舞雪密葉乍低帷舊賞烟霄遠前歡歲月移今來想顏色還似憶瓊枝自注曰內署沈大夫所居門前有此樹每花落空中回旋久之方集庭際大夫草詔之月邀予同玩又云此樹吳人不識因予嘗玩乃得此名沈酬詩會對金鑾直同依玉樹陰雪英飛舞近烟葉動搖深素萼年年密衰容日日侵勞君想華髮欲不勝簪。白居易惜集賢院玉蘂花有懷王校書詩芳意將闌風又吹白雲離葉雪辭枝集賢讐校無閑日落盡瑤花君不知江少虞皇朝類苑曰孫冕在揚州使人訪求瓊花山中甚多但歲苦樵斧野燒故木不得大而花不能茂耳孫傷之以詩曰可憐遐僻地常化燎原灰紹熙廣陵志曰類苑此說蓋誤以八仙花爲瓊花也八仙花雖類瓊花而瓊花之香如蓮花可愛雖剪折之餘韻亦不減此八仙之所無也

鄭興裔淳熙十五年知揚州曰瓊花大而瓣厚其色淡黃聚八仙小而瓣薄其色微青不同者一也瓊花葉柔而瑩澤聚八仙葉粗而有芒不同者二也瓊花蘂與花平不結子而香聚八仙蘂低於花結子而不香不同者三也

廣陵遺事曰瓊花有三異凡花皆落瓊花則隨風而銷一異也以水煎葉服之可已瘧癘二異也一歲花葉東西稀密而境內穡事豐歉如之三異也

清江貝瓊洪武中人曰讀書所有白花一株狀類揚州瓊花而花損一葉俗稱爲八仙云爲賦一絕且悼瓊花之不復見而獨見此也詩曰一夜東風吹白雪化爲蝴蝶過西家七香車遠人何處空認唐昌觀裏花。按貝詩亦以蕃釐爲唐昌誤矣九葉之說宋諺已然寶祐志諸詩或云八蓓或云九蕚貝博洽名一時當必有所考據也

齊東野語曰后土瓊花天下僅一本仁宗慶歷中嘗分植禁苑明年輒枯遂復載還祠中敷榮如故韓魏公詩曰嘗聞好事家欲移京轂地既違孤潔情終誤栽培意淳熙中壽皇亦嘗移植南內逾年憔悴無花仍送還之其後宦者陳源命園丁取孫枝移接聚八仙根上遂活然其香色則大減矣杭之褚家堂瓊花園是也愚按曾南豐曰揚州后土瓊花天下一株近年可接遂散漫矣是前宋時已有接本不始於陳源也蓋劉原甫濯纓亭林轉運楚州官舍洛陽李氏仁豐園接本瓊花香色俱減猶八仙耳信夫瓊花之爲一本也林次中轉運淮南所居府有瓊花一株蓋揚花別本也次中以瓊赤玉不當名花改花名曰瑤眞名其館曰瑤眞館徐仲車時教授楚州作瑤眞詩二章有紅塵世上無雙物白雪宮中第一人之句副使趙某又名之曰玉女徐亦有詩詠之。劉原甫自淮南遷東平移后土廟瓊花植於濯纓亭。李氏仁豐園瓊花見洛陽名園記。瓊花因有接本故宜和花石綱不預

元人謂漢延元間后土祠因瓊花錫有封號好事者遂附會之而有煬帝觀花之說不知揚州在宋始有瓊花若唐之玉蘂則在長安潤州二處非江都花也煬帝奚從而觀之眞齊東之語也舊集花辯謂漢前已有此花唐爲最盛五代花朽至宋復盛元季復枯然載籍別無證據花辯托單安仁作單起刀筆以歸附至尚書不能文也

寶祐維揚志曰瓊花生色柯葉與他品絕異尤有大可異者方金亮拔本而去竟枯悴弗植亡何舊基旁暢根枝益以盛大詳見杜斿瓊花記陳止齋送揚渭夫詩云儻將書寄南來鴈試問瓊花果是非蓋金

人謂本之後世謂瓊花非眞止齋因有此句然杜斿所記甚爲詳的未可謂其誣也方金犯城之前一月柯葉俄悴避腥風如惡惡臭高標凛凛與孤竹二子一節

山房隨筆曰德祐乙亥北師至花遂不榮趙棠國炎以絶句弔之曰名擅無雙氣色雄忍將一死報東風他年我若修花史合傳瓊姬烈女中洪武郡志曰至元十三年花朽三十三年道士金丙瑞以聚八仙補植故地而瓊花遂絶凡元人稱瓊花者皆八仙也

呂純陽沁園春詞云琳館清標瓊臺麗質何年天上飛來揚州暫倚后土爲深栽獨立乾坤一樹春風占萬朵齊開天然巧蘂珠圓簇玉瓣輕裁見一花九朵類玲瓏玉斝錯落瓊盃得滿盛香露洗蕩塵埃是眞元孕育有仙風道骨豈是凡胎問眞宰難留下土擕爾上蓬萊按沁園春創製於宋王晉卿洞賓唐人安得預爲此調其爲後人假託無疑也

舊傳玉勾洞天其事甚怪蓋黃冠設之以誑愚俗不足信也茲黜之不著其事

遺事

慶歷中歐陽永叔知揚州作亭花上扁曰無雙永叔寄韓魏公書曰平山堂大明井瓊花亭三者皆公之遺以継盛美

崔菊坡在揚州嘗繪瓊花於屏與幕僚劉後村等飲酒賦詩其間吳桂發詩云瓊花屏乃愛棠碑蓋指此也

宋姚伯聲有三十客圖牡丹爲貴客梅爲清客梨花爲澹客酴醿爲才客芙蓉爲醉客瓊花爲仙客

宋揚州有酒名瓊花露見武林舊事洎陵川文集

國初張三丰在揚州與邱汝乘輩游蕃釐觀謂汝乘曰子欲觀瓊花乎時八仙盛開張取水噀之少頃盡變爲瓊花香聞十餘里一郡喧傳神仙來游三丰是夕遁去不知所之汝乘詩云不知今夕游何處引鶴同棲貫月槎蓋謂是也

瓊花集卷一

瓊花集卷二

郡人玉齋曹璿編

詩

揚州后土廟有花一株潔白可愛其樹大而花繁不知實何木也俗謂之瓊花因賦詩以狀其異云

王禹偁

春冰薄薄壓枝柯分與淸香是月娥忽似暑天深澗底老松擎雪白婆娑

誰移瑤樹下仙鄉二月輕氷八月霜若使壽陽公主在自應羞見落梅粧

韓琦

維揚一株花四海無同類年年后土祠獨比瓊瑤貴中含散水芳外團蝴蝶戲酴醾不見香芍藥慚多媚扶疎翠蓋圓散亂真珠綴不從衆格繁自守幽姿粹嘗聞好事家欲移京轂地既違孤潔情終誤栽培意洛陽紅牡丹適時名轉異新榮託舊枝萬狀呈妖麗天工借顏色深淡隨人智三春愛賞時車馬喧如市草木稟賦殊得失豈輕議我來首見花對花聊自醉

答許發運見寄　歐陽修

瓊花芍藥世無倫偶不題詩便怨人曾向無雙亭下醉自知不負廣陵春（許詩云芍藥瓊花應有恨維揚新什獨無名）

無雙亭觀瓊花贈張聖民　劉敞

東風萬木競紛華天下無雙獨此花那有雪霙凌暖日不爲琪樹隔流沙祠城寂寂春空老江雨冥冥日易斜仙品國香俱妙絕少傾高興盡流霞

自淮南遷東平移后土廟瓊花植於濯纓亭此花天下獨一株爾永叔爲揚州作無雙亭以賞之或云李衛公所賦玉蘂即此是也以小詩紀其所從來（彼土人別號八仙花）　劉敞

淮海無雙玉蘂花異時來自八仙家魯人未睹天中樹乞與春風賞物華

繁香簇簇三株樹冷豔飄飄六出霙移植天中來幾日欲看憔悴老江城

鮮于侁

百蘤天下多瓊花天下稀結根託靈祠地著不可移八蓓冠羣芳一株攢萬枝孤生淮海上晚秀淸和時攜賞偶佳辰暗香盈酒卮傾都走廟下愛翫如調飢皦月正交光薰風借離披惟應神仙人收拾繁英歸

陳　良

淮海春深照月長靈祠佳樹擅孤芳人迷三月天山雪風逗千門漢殿香上苑菁葱思舊賞金閨回旋入新章後庭遺韻歌聲好試折瓊枝薦一觴

瓊花歌　徐積

春皇自厭花多紅欲得花顏如玉容春皇靑女深相得

先教斂與秋霜色乃有雪月供光星榆獻白斗量銀漢
琉璃濕人間美玉搗作灰荆山崑山鬼神泣天上有人
名玉女投壺之外能爲素姑射神人解種花先須此物
爲根芽天罅地竅掬精粹蟾身驪頷輸光華其時正是
天地交二氣上下陰陽調此花孕育得其正其間邪氣
無纖毫所以其色爲正色出乎其類拔乎萃一如君子
有諸內睟然其色見于外三月將盡四月前百花開盡
春蕭然揚州日煖花開未春香不動花房閉仙掌秋高
玉露濃鮫人泣下珠璣碎黃鸝本是花中客啼盡好聲
求不得春皇費盡養花心春風使盡開花力春歸鶯去
花始開誰人放出深閨來唐家天子太平時太真浴罷
華清池紅裳繡袂厭君眼更作地仙披羽衣麻姑睡起
蓬萊島風吹玉面秋天曉洛川女子能長生水中肌骨
成瑤瓊褒姒不見諸侯兵盡日不笑如無情宋玉移家
安在哉東隣不畫胭脂腮卓文君去成都速錦衣金翠
慵裝束吹簫容貌果何如見說其人名弄玉若比此花
俱不是淫妖怪豔文之類一如婦人有賢德不爲邪色
亂正色嬪居之女能自持終身唯著大練衣又如正色
立朝者不以柔媚爲奸欺以此論之乃可重人之不正
將胡爲論德乃是花之傑論色乃是花之絕洛陽花名
古云好看花須向揚州道君不見去年花下吹黑風霹
靂閃電搜玉龍此時半夜花光中不覺屈曲蟠長虹又
不聞天上琳琅樹種在烟霞最深處白雲枝葉白玉英
此花莫是琳琅精此花愛圓不愛缺一樹花開似明月
襄王半夜指爲雲謝女黃昏吟作雪杏花俗豔梨花粗
柳花細碎梅花疎桃花不正其容冶牡丹不謹其體舒
如此之類無足奇此花之外更有誰世非紅紫不入眼
此花何用求人知詩人自與花相期長告年年乞一枝

次韻蔡子駿　　秦觀

無雙亭上傳觴處最惜人歸月上時相見異鄉心欲絕
可憐花與月應知

王令

無雙亭下枝密密復稀稀蚌碎珠駢出鬟牽蝶合圍會
須珍作寶常恐散成飛况是東風暮遊人莫易歸

俞清老

因此瓊花發維揚勝洛陽若無三月雨占斷一春香

陳天麟

髣髴猶稱是漢粧五花刻玉傳輕黃隔江坐想紅樓裏
插鬢應宜錦瑟傍疑似聚仙非我類近鄰芍藥許同芳
將軍且與花爲主免使叢祠作戰場

王信

愛奇造物前瓊瑰爲鎮靈祠特地栽事紀揚州千古勝
名傳天下萬花魁何人斫卻依然在是處移將不肯開
謾說八仙模樣似八仙那得有香來

樓　鑰

回憶靈根六十年秋深恨不見芳鮮卻從淮上來千里
非比人間聚八仙曾有畫圖稱小異諒應后土愛孤妍
或言天杖成虛語榮悴中分亦偶然

揚州官滿辭后土題玉立亭　崔與之

天上人間一樹花五年於此駐高牙不隨紅藥矜春色
爲愛霜筠耐歲華四塞風沉天籟寂半庭月冷市塵賒
臨行更致平安祝一炷清香十萬家

高似孫

且更淮南了歲華天香深窈竹西家忽然踏碎瓊樓月
相伴夫人暮倚花

鄭　損

瓊花今日多從辯玉蘂唐人早有詩天上神仙曾在駕
世間草木敢連枝無風亦識飄香處有眼誰看墮地時
三十年來成一夢摩挲石刻鬢添絲
春晚驅車到古祠看花復誦舊題詩少年嘗記六七月
大暑曾開三五枝酹酒輒來思往事凭闌欲去立多時
八仙彷彿休疑似相隔仙凡只一絲

瓊花行　樓　鎌

瓊花未信無雙無特與翔鶴游江都炷香展敬下古殿
相羊盤礴亭南隅我欲歌之詞我欲聲之詩龍蛇滿四
壁妍醜紛淋漓一笑訊花花不語斯須花以臆對之自
從天上來蓄薀舉卿楚客知心誰本來有是自三異惠
肅（謂鄭興裔）一辯公寵賁厥今太守（謂鄭損）有文風雨句寫出
無雙意直教彈壓千萬春香不隨風潛墮地我聞此語
驚且喜不孤迢遞來千里花兮報稱爲如何年年三月
花開多

翁孟寅

春雲一片辭天隙千年萬年不收拾化作靈花滄海頭
猶對春風怨紅日一從汙世塵幾度□□腥瓊瓊抱寸
心亂離常獨醒我疑太白散餘烈飛入花心白如雪西
北勁氣磨不盡孤根屢枯還再結地祇一笑萬藥香元
鶴不來空斷腸陰雲上天白日暗何時來看春風狂

呂本中

凝塵欲滿讀書窗忽有瓊花對小缸更喜風流好名字
百金一朶號無雙
臥聞更鼓濕不鳴曉窗但有摧簷聲雲横不放山入座
風怒欲倒江衝城東家酒熟花爛漫折簡喚客留娉婷
街頭泥潦一尺許意雖欲往無由行儒生活計亦不惡
蒲團堅坐到日落映窗香穗觸凝塵過眼文書開病膜
明朝新晴有佳處穩看小檻翻紅藥無雙亭下一枝春
玉潔霜清未寥廓閉門懶出君莫笑看汝多愁吾獨樂
故人無事儻能來爲君試舉舒州杓

王　簡叔

蕃釐觀裏瓊花樹天地中間第一花此種何從採原委東風無處著緐華千鬚簇蝶團清馥九蕚聯珠異衆葩幾見朱衣和露剪金瓶先進帝王家

寄賈平章　徐清叟

撲面京塵鬢影華杜鵑聲底客思家久陪宰相堂中食五拜夫人廟裏花和氣薰蒸由地主孤根容易發天葩雙壺走迸慳瓊報聊寄頭綱六餅茶

郝經

淮南江北春三月天上人間玉一株有地欲移移不得見花方落落還無冰兟膩碧開香雪金粟銜黃簇蘂珠聞說隋家自亡國莫將詩句重相誣

瓊花引　謝翱

后土祠前車馬道夫人種花與瑤草黃雲蘂珠欲上天夜半黃門催進表酒香浮春露泥泥二十四橋色如洗陰風吹雪月墮地幾人不得揚州死孤貞抱一不再適夜歸閬風曉無蹟蒼苔染根烟雨泣歲久游魂化爲碧

後瓊花引　謝翱

揚州城門夜塞雪揚州城中哭明月墮枝濕雲故鬼語西來陰風無健鶻神娥怨空衆芳歇一夕蒼苔變華髮宮花窣簾塵掩襪玉華無因進吳越灘灘淮水山央央誰其死者李與姜翺文丞相客宋亡借瓊花寓其哀憤非專咏花也

宋无

后土祠南裔坤維姬室家國封巖典禮宮祀薦褒嘉不是神靈異焉能眷遍遐應須有玉女到此賞瓊葩麗服從空降明粧倚日斜同揮五雲扇共駐七香車月姊羞調粉風姨罷散花青童迴絳節金母屏彤霞故事唐時盛佳名宋代誇塵根雖下界天意在中華雪讓瓏璁巧冰銷刻鏤瑕人間惟爾獨地上更何加萬蘤殊寥落羣芳避豔邪玫瑰誠執御芍藥等泥沙聖運俄經輟兵疆忽肆拏外訛難核實眞贋遂聱牙雷雨還驚蟄潛藏重發芽旁枝徵舊窟新葉謾榮誇九品終蕪沒珍獒遂水涯雨朝成草莽九廟雜龍蛇古殿蘭旗暗殘爐桂燎賒蕣顏愁想像珠樹絕驕奢寂寞無雙譽徘徊但自嗟八仙聊免俗消得寶欄遮

瓊花圖　劉因

淮海秀瓊枝獨立映千古遙知辦此初坤靈心亦苦平生勞夢想江烟隔南浦春風不相待回首已焦土畫圖今見之依稀春帶雨芳心紛已碎仙葩聚如語瑤臺舊高寒人間此何所翩翩風袂輕幽香暗相許

陳孚

荒棘萋萋后土宮芳根已逐綵雲空男兒別有揚州淚不爲瓊花滴曉風

瓊花上天　胡尊生

無雙亭前泠月蕪城暗鎖腥烟黑仙魂夜吟天欲泣

巫陽下招飛玉勅神風鬼雨鞭車急一株玉雪雪中立
金英歲歲朝袞龍異香蕩漾天水濃蓬萊峩峩高北斗
玉珮沉沉舞衰柳瑶京三月銀雪飛瓊仙瓊仙招不歸
鈞天夜奏紫皇醉二十四橋寒浸水

□□

梅釀宮黃雪釀鮮異香曾引翠雲軿誰移仙種在平地
還把落英收上天江北江南無二本花開花謝幾千年
芳春會向揚州過應笑詩翁不下船

馮子振

錦帆隱隱到天涯古道殘陽泣暮鴉莫爲龍舟更惆悵
廣陵依舊看瓊花

過揚州　　薩天錫

買舟南浦秋聞鴈呼酒西窗夜剪燈何處玉簫天似水
瓊花一夜白如冰

瓊花觀　　李孝光

畫閣珠簾映小星東風淡淡度重城揚州十月如三月
郤入瓊花觀裏行

懷薩天錫　　李孝光

月子纖纖青海頭使船昨夜過揚州城中高髻瓊花曲
去聽吹簫何處樓

王都中

六丈老人花滿頭一枝流落古揚州不知誰是栽花手
直至于今香未收

瓊花引寄方養心　　吳萊

揚州瓊花天下無揚州明月照江都青鸞縞鳳何翅翅
神仙司花不委地瑶宮玉色空彩侍十里珠簾搵春淚
東風夜半吹城郭梁宋山川亦盤礴冰懸雪積不改柯
二十四橋餘水波揚州瓊花人不睹揚州明月來無所
世上繁華我不知揚州芍藥猶傳譜

丁復

天風已銷白玉姿海日淡上青瑶枝昔人種樹幾千載
著意看花能幾時羽衣仙人夜月冷錦纜帝子秋雲悲
明年正及春香滿爛醉東軒何九逵(霏雪錄云九逵觀中道士)

周衡之

東風何處擅穠華只有揚州第一花天上羣仙膚似雪
綵雲深護七香車

成廷珪

此花超出萬花羣闌檻真如隔彩雲瓊館會蒙天一笑
玉簫空負月三分溶溶瑞露通宵下細細香風隔院聞
后土祠前春似夢至今紅袖客紛紛

揚州　　吳師道

后土祠前走鈿車無雙亭上看仙葩一年閒道開三度
不是春風玉蝶花

次袁伯長惠瓊花露酒詩韻　　貢奎

維揚城裏花名酒對酒卻思花盛時一笑東風八仙處
月輪空掛最高枝

張　昱

幾枝雪豔向風斜未許吹香上鬢鴉誰取根來廣陵郡
卻留春在后皇家懿公滅衛雖云鶴煬帝亡隋豈獨花
自是錦帆迷故國恨連芳草滿天涯

題揚州史左丞扇　張　昱

后土祠前路金鞍憶舊游春風雙燕子渾似在揚州

潘伯修

二十四橋寒水綠廣陵無復見人家解將明月金盤露
相勸春風玉蘂花城苑西頹餘斥堠衣冠南渡混泥沙
登臨俯仰千年跡流水孤村屬暮鴉

汪廣洋

天下無二花揚州惟此樹花比玉瓏璁蘂若珠聯綴勝
地表繁華后土鍾靈異元運迄衰殘天造除草昧和風
今已充植物復呈瑞萬朶長春風枝葉靡凋瘁物阜民
亦康聖人在天位

茅大方

泰山楚水路迢迢不道瓊花亂後凋鶴背仙遊清夢遠
月明誰度紫鸞簫

張三丰

瓊枝玉樹屬仙家未識人間有此花清致不沾凡雨露
高標猶帶古煙霞歷年既久何曾老舉世無雙莫謾誇
便欲載回天上去擬從博望借靈槎

和張三丰　邱克容

邋遢神仙到處家蕃釐觀裏看瓊花凭闌坐愛三更月
候曉行吞五色霞舞罷拂衣還自笑詩成信筆任人誇
不知今夜歸何處引鶴同棲貫月槎

瓊花圖　金　實

瑤姬夢斷梨花月繡帳溫溫撲香雪并刀試剪玉玲瓏
幻作靈葩對仙闕露華晶熒疏薄寒層臺深護碧闌干
花落還歸天上去獨有清影留人間

胡　儼

為訪瓊花特地來後人移得八仙栽只因不是人間種
還向蓬萊頂上開

于　謙

愛爾蕃釐玉一叢奇葩不與八仙同瓏璁色染溥溥露
爛熳香凝淡淡風舊本取歸蓬島苑靈根移自蘂珠宮
無雙亭上多銘記都在長吟感慨中

葉　盛

玉蘂何年事已賒紛紛徒為八仙誇瓊芝珠樹曾誰種
未必人間無此花

賦得瓊花觀送洪益中　高　穀

后土祠前舊日栽東風幾度看花開香隨舞袖雲生檻

夢逐瑤姬月滿臺玉蘂徒聞矜豔色瓊葩誰似冠羣才
仙郎到處題詩去還折餘芳遠寄來

楊守陳

后土瓊花世所傳無雙亭外擅芳妍靈根已自歸三島
佳卉空遺聚八仙玉砌春光非舊日綵臺題詠憶當年
古來尤物成瘡痏何用登臨重惘然

程敏政

仙姬謫墮偶成叢江北淮南淑氣通天上有容爭玉雪
人間無地著青紅野塘逼路魚吹絮古廟依林鳥啄風
不盡閒花傾國恨蕪城斜日舊離宮
貪看江都第一春龍舟元不爲東巡閒花亦自能傾國
何況當時解語人

與戴佀二侍御觀后土祠八仙花留綮院

李東陽

春風不見廣陵花忽到行臺御史家九曲闌干隨月轉
兩行環珮倚空斜品題自稱仙爲骨搖落空知歲有華
莫遣風霜浪催折高秋須待楚江槎

瓊花集卷二終

瓊花集卷三

郡人玉齋曹璿編

詩餘

望江南

韓琦

維揚好靈宇有瓊花千點真珠擎素蘂一環明玉破香
葩芳豔信難加　如雪貌綽約最堪誇疑是八仙乘皓
月羽衣搖曳上雲車來會列仙家

虞美人

晁無咎

江南載酒平生事遊宦如萍寄蓬山歸路傍銀臺還見
揚州一夢又驚回　年年后土春來早不負金樽倒明
年珠履賞春時應寄瓊花一朶慰相思

下水船

晁無咎

百紫千紅唯有瓊花特異便是當年唐昌觀中玉蘂尙
記得月裏仙人來賞明日喧傳都市　甚時又分與揚
州一朶冰姿難比曾向無雙亭邊半酣獨倚似夢覺曉
出瑤臺十里猶憶飛瓊標致

新念別

賀鑄

湖上蘭舟暮發揚州夢斷燈明滅想見瓊花開似雪帽
簷香玉纖纖曾爲折　漁管吹還咽問何意煎人愁絕
江北江南新念別掩芳樽與誰同今夜月

酹江月

岳珂

天然靈種遍塵寰不許一枝分植瀛海沉沉羣玉宴過

出八仙標格珠幄留雲翠綃籠雪淺露宮黃額無雙亭下未容凡卉連璧　猶是射虎歸來朱欄獨倚曾作東風客素態自羞時態改何必鉛華傾國舞影驚孤繞心蝶倦占斷春消息月明十里坐中還記曾識

滿庭芳　馬子嚴

共慶春時滿庭芳思一枝玉蘂非常少年游冶何但折垂楊曾向瑤臺月下逢解珮玉女翻香風光好眞珠簾捲都勝早梅芳　人間無比並玉胡蝶樹爭敢相方阮郎歸後此意難忘夜夢揚州萬玉飛魂共紫燕歸梁須行樂馬家園圃不用醉紅粧

蘇幕遮　馬子嚴

地偏靈天應瑞簇簇銀花團繞眞珠蘂金闕玉樓分十二要伴姮娥與月循環睡　月如花花表歲人道罔年添箇眞奇異不許揚州誇間氣昨夜春風吹送柴門裏

昭君怨　劉克莊

后土祠中標韻天上人間一本道號玉眞妃字瓊姬

我與花曾半面流落天涯重見莫把玉簫吹怕驚飛

金縷歌　王廣文

辜負東風約憶曾將淮南草木筆端籠絡后土祠中明月夜忽有瑤姬跨鶴迥不比水仙低弱天上人間惟一本倒千鍾瓊露花前酌追往事怎忘卻　移根應費仙家藥謾回頭關山信斷堡城笳作問訊如今平安否莫遣玉簫驚落但畫卷依稀描著白髮愧無渡江曲與吾家子敬相酬酢新舊恨兩交錯

賀新郎　王奕

試問司花女是何年培植瓊葩分來何譜禁苑豈無新雨露底事剛移不去偏戀定鶴城抔土卻怕杏花生眼覷先廿年和影無尋處遺草木悴風雨　看花老我成蹉暮遶欄杆想憶沉吟欲言難賦根本已非枝葉異誰把蜃苗裨補但認得唐人舊句明月樓前無水部扣之梅梅又全無語詢古栢過東嚮

瓊花集卷三終

瓊花集卷四

郡人玉齋曹璿編

賦

張昌

揚州后土祠瓊花經兵火後枯而復生今歲尤盛邦人喜之以爲和平之證乃賦之

偉赤社之會都滋黑壤之饒沃萃溫潤之秀氣發英華於地軸是爲瓊花異於凡木香凝媚服之蘭色瑩光明之玉託根后土之祠擢幹蜀岡之麓曾不知其歲年亦弗記於圖錄欲問司花之女但注詩人之目謂天下之一株冠羣葩之芳馥豈唐昌之餘芳載後庭之遺曲者乎當其風入琳宮春歸華屋萼拆青綃色疑寒綠枝珊瑚兮鏤冰雪蘂珠璣兮爛金粟眞庭靜兮朝曦麗其纖穠仙籞深兮宿霧滋其芳郁瑤林瑰豔之葱蒨閬苑琪英之耀煜若蓋而繡似璧而縠如黃琮瑚簋璀粲乎禋壇而文珮環琚玲瓏乎衣鞠桂娥競爽借月影於冰蟾阿母來觀下雲軿於皓鶴儼靜質於末利抗素馨於薝蔔笑玫瑰之塵凡鄙酴醾之淺俗唯水仙可並其幽閑而江梅似同其清淑其絕代之無雙久彌芳於幽谷若乃聚八仙之別種玉蝴蝶之殊族葉扶疎而韻不勝色近似而香不足猶瑾瑜美玉之粹溫豈碔砆堅珉之碌碌蓋妖冶爭妍者衆之所同而獨潔尚白者我之所獨是以兵火不能焚塵氛不能辱根嘗移而復還本已枯而再續疑神物之護持偏化工之茂育抑將薦瑞於中興而效祥於玉燭也

鄭茂

有美一人兮縞衣青裳密侍靈祠兮儲休發祥肌膚冰雪兮輕駕姑射魂清骨冷兮夜宿玉堂當盛飾乎上春若陵跨乎衆芳彼翻階紅藥固含羞頳頰況不言零落紛紛如桃李之場江梅避白畹蘭斂香故擅無雙之美稱稟異質于東皇奈何寂寞蕪城留滯邦鄉並秀草木之繁屬意蜂蝶之忙流塵坌兮染素暮雨凄兮洗粧時冉冉兮不我與念歲晚兮天雨霜孰能挽之寘上林之廣大鄰玉樹之葱蒼分潤兮金莖玉露敷榮兮帝籍朝陽護之司花紫雲之車歌之謫仙清平之章薰奇芬而擷豔侑玉座而銜觴承恩華於咫尺諒百倍於尋常子高子竊造化之鑪錘爭形似於毫芒假道翰墨心手兩忘一旦顧我挂之堵牆恍然昨夢溫風麗景香塵藹翠仕女叢觀于傍子胡爲抱璞不獻什襲自藏使靈枝瑞葉久淪于下土而子之技鬱乎其未彰

郝經

中統二年春三月制使李公致瓊花數枝是年冬十月而夢二客相邀于維揚之后土祠飲於花下嘯歌爲樂既醉而覺乃作賦焉辭曰

江風吹雲枕壓霜月神不棲目眣思超越栩栩曳曳境與世別天宇闢凡蹤絕塵蘭路開桂闕飄飄乎馮高御空不知身之幾何而造乎虛白已而扶搖頡頏恍惚莫量疑在鈞天亦如巫陽孤鶴飛來縞衣元裳翩然戛予背風翺翔下視淮海雉堞相望貝錯珠瑩接屋連牆繡簾雕櫳綺疏綠房十里一市金紗煌煌騰灝海之魚龍駭飛埃而陸梁忽丹霄之二仙叢青鳥以相將指仙花以為言可嚼月而飛觴是閬苑之仙根來瑞世而呈芳折臘雪以搖碧刻春冰而帶黃噴蘂蝶於花心引輕絲而不狂天風收其落英不委地而飄揚彼眾卉則俗死漫紅妖而綠娼玉陰婆娑徙倚徜徉清香忽來莫知其方乃誦明月之曲歌窈窕之章倚歌橫簫鏘鳳鳴凰把芳瀾之浩渺傾墜露之淋浪吞瓊瑤於盃盤吸霜露於肺腸欲折枝而不敢懼真宰之或傷且對花而舉酒澆邈世之茫茫倏焉玉女隔花而語髣髴花神是為花主責自瑤華以臨后土剪冰綃以為裳染麝塵於金縷拂白霓而下征曳秋霞而輕舉現仙姿於塵寰寓丰神於月府且曰有妹字曰飛瓊適來瑤池善為新聲與君佐酒以薦予誠遽作穿雲振搖瑤英說仙家之幽杳詠蓬壺與赤城閱花朝以逍遙駐芳姿以輕盈嗟胡為乎斯世而沉冥于此生也時予既醉二仙亦去花落尊空歌殘玉樹斗轉參橫脫兎驚寤餘香冉冉月滿窗戶乃為記夢之歌歌曰玉宇春兮花始開與二仙兮飄然而來花亦喜兮搖搖乎瓊瑰綴飛英兮泛酒盃飛仙為我兮歌以纍纍亦既醉兮胡不歸花滿袖兮香滿幃謂予是夢兮予不疑嗟時之人兮孰非夢之為

倪　謙

后土瓊花世傳天下惟一本金完顏亮揭之而去自是遂絕後人以八仙花代植故處金貢士伯玉求吳中書希純畫此花索題其上故為之賦

元造運兮無停羣彙勃兮生成曾物物以雕刻乃自色而自形何瓊花之毓秀擅穠華於廣陵緊幽魂兮久逝恍喚起兮如醒爾其煤麝揚芬毛錐脫穎意匠方元天機乍警剪瑤島之纖雲印碧紗之清影柔柯澹兮相依密葉蔚兮交映紛總總其繁英訝晚粧之閒靚益能駐春色以常存斡化工而自騁者也當其結根后土破萼蕃釐冰鬚綴粟素臉凝脂粲玉容兮照眼藹天香兮逼肌鮮飆動搖步宓妃於洛浦零露厭浥醉阿母於瑤池疑元圃之仙卉儵六丁之夜移羌地靈兮所鍾豈人力兮能為頓使羣英失豔千葩奪奇諒寰宇之獨步意東皇之見私遂令江都之名勝境因物而猶垂也乃若儒客追懽騷人繼訪雅韻爭裁高吟競爽唐昌觀裏浪誇仙女之遊無雙亭畔素愜醉翁之賞想神物兮禁訶壽千齡兮無恙奈有敵之冥頑揭本根而長往待息體於

遺蘖終虒魂於槁壤覽物理之興衰慨予情於俯仰彼靈宇兮猶昔望嫩人兮不還繼芳蹤者誰子惟見聚窈窕兮八仙匪託跡於剡素將孰識其孤姸噫吁兮麒麟之生異乎犬羊鸑鷟之翥爛乎文章是皆出則應瑞見而靡常顧玆瓊芳之拔萃抑亦和氣之醞釀雖器車兮莫儷殆三秀兮可方然而鳥獸草木信希世而呈祥者矣彼夫公卿將相豈有種而流芳也哉

瓊花集卷四

瓊花集卷五

郡人玉齋曹璿編

記

杜斿

余自京口至揚州尋訪舊事知世所傳后土瓊花在今城之蕃釐觀亟往謁之故瓊花猶在然余聞紹興辛巳之變敵人揚州已揭其本而去何從復得此花種也觀壁間諸公所載記直排世俗詭謂道士以聚八仙嗣其名聚八仙葉蘂色香皆不類余嘗不及見二花開時類不類不得知獨怪敵既揭其本復何從得此花種耶有道士出鬚鬢皓然自言生於崇寧間今年八十有六歲矣能敘今花本末余與對坐于花之西亭上改容而問道士指花之根幹而言曰此某手所培護而至此者也指觀之大門而言曰此向之殿廬處也指所坐之亭曰此向所建之無雙亭處也花舊在無雙亭下當殿之西北自紹興之十五年向龍圖子固以古殿廬面勢狹小徙置轉後則花當殿之東南矣更三十一年知郡事劉公澤復命移花於殿之前即今花處乃是歲八月十五日也初二十四年時值花之東南離三四尺許倏起一小根枝葉日茂其下大徑寸至是傚其向背疎密併移之不敢易也十一月金亮渡淮趨揚州直入觀揭花本去其小者薾而棄之於時某方避亂出奔亦初不知也

敵既退某始於十二月來舊地是時訓練官成平領兵馬依觀屯寨其軍人接某曰觀主至耶瓊花已壞敵手傍有一小根微見地面可識認非其種否某心知之謂難以口舌定惟告以瓊花若剔其根皮投之火則臭達於鼻試之果然軍人皆喜歎某卽黙禱后土移植花處日往護之越明年二月既望夜中天大雷雨某詰朝起視兩廡蚯蚓布地皆滿往所植根傍則勃然三蘖從根出矣自是遂條達不已至于今三十年之久見婆娑偃蓋常不忘斷根時也道士既言余爲之悚然曰盛衰感應之理豈可不知其故哉夫他日不生小根而倏起於二十四年者兆先見也去辛巳且八年以養穉也離之且三四尺許者不併揭也剪而復萌者終盛也天大雷雨蚯蚓布地而三蘖勃興者蚯蚓伏深壤陽氣驟趣之則動植俱奮也以人事言之不知趙孤漢曾孫之不亡何以異是自微而存存而有立扶植成就以至今日程嬰丙吉之功道士宜獲其報今日之亨上壽儻有相之者耶余恐道士老且死後來者無以知今花之本末而疑不解也故述其言以書之其間歲月事故之參錯煩委有可附見者悉不敢畧以知其不誣若其他靈異甚多則未暇及也道士姓唐名大甯余賓金華之杜斿時宋紹熙二年辛亥夏六月望日記

瓊花集卷五

海昌蔣光煦校

（清）蔣光煦 編撰

別下齋叢書 涉聞梓舊

（二）

東湖叢記 別下齋書畫録

廣陵書社
中國·揚州

七頌堂詞繹

七頌堂詞繹

穎川劉體仁公勇著

詞有與古詩同義者瀟瀟雨歇易水之歌也同是天涯麥蘄之詩也又是羊車過也團扇之辭也夜夜岳陽樓中日出當心之志也已失了春風一半鯢居之諷也瓊樓玉宇天問之遺也

詞有與古詩同妙者如問甚時同賦三十六陂秋色即灞岸之興也關河冷落殘照當樓即敕勒之歌也危樓雲雨上其下水扶天即明月積雪之句也燕子樓空佳人何在空鎖樓中燕即平生少年之篇也

詞欲婉轉而忌複不獨不恨古人吾不見與我見青山多嫵媚爲岳亦齋所誚即白石之工如露濕銅鋪與候館吟秋總是一法

詞字字有眼一字輕下不得如詠美人足前云微褪些跟下云不覺微尖點拍頻二微字殊草草

詞亦有初盛中晚不以代也牛嶠和凝張泌歐陽炯韓偓鹿虔扆輩不離唐絕句如唐之初未脫隋調也然皆小令耳至宋則極盛周張柳康蔚然大家至姜白石史邦卿則如唐之中而明初比唐晚蓋非不欲勝前人而中實枵然取給而已於神味處全未夢見

詞起結最難而結尤難于起蓋不欲轉入別調也呼翠袖爲君舞倩盈盈翠袖揾英雄淚正是一法然又須結

得有不愁明月盡自有夜珠來之妙乃得美成元宵云任舞休歌罷則何以稱焉

晏叔原熨帖悅人如爲少年溼了鮫綃帕上都是相思淚便一直說去了無風味此詞家最忌

詞中如玉佩丁東如一鉤殘月帶三星子瞻所謂恐它姬厮賴以取娛一時可也乃子瞻贈崔廿四全首如離合詩才人戲劇興復不淺

詞中境界有非詩之所能至者體限之也大約自古詩開我東閣門坐我西閒牀等句來

詩之不得不爲詞也非獨寒夜怨之類以句之長短擬也老杜風雨見舟前落花一首詞之神理備具蓋氣運所至杜老亦忍俊不禁耳觀其標題曰新句曰戲爲其不敢偭背大雅如是古人眞自喜

稼軒盃汝前來毛穎傳也誰共我醉明月恨賦也皆非詞家本色

夜闌更秉燭相對如夢叔原則云今宵賸把銀缸照猶恐相逢是夢中此詩與詞之分疆也

中調長調轉換處不欲全脫不欲明黏如畫家開闔之法須一氣而成則神味自足以有意求之不得也

重字良不易錯錯錯與忡忡之類是也然須另出不是上句意乃妙

美成春恨漁家傲以黃鸝久住如相識重露成涓滴作結有離鉤三寸之妙

千里偏和美成詞非不甚工總是堆鍊法不動宕唯鴻影又被戰塵迷一闋差有氣

文字總要生動鏤金錯彩所以爲笨伯也詞尤不可參一死句辛稼軒非不自立門戶但是散仙入聖非正法眼藏改之處處吹影乃博刀圭之譏宜矣

惟片言而居要乃一篇之警策詞有警句則全首俱動若賀方回非不楚楚總拾人牙後慧何足比數

詞須上脫香奩下不落元曲乃稱作手

古詞佳處全在聲律見之今止作文字觀正所謂徐六擔板

竹枝柳枝不可徑律作詞然亦須不似七言絕句又不似子夜歌又不可盡脫本意盤江門外是儂家及會與美人橋上別俱不可及

長調最難工蕪累與癡重同忌襯字不可少又忌淺熟

詞中對句正是難處莫認作襯句至五言對句七言對句使觀者不作對疑尤妙

詠物至詞更難於詩卽昭君不慣風沙遠但時憶江南江北亦費解放翁一个飄零身世十分冷淡心腸全首比興乃更遒逸酒壁釋褐韓偓之特遇也太液波翻浩然之歎奇也

霞散綺月沈鉤有勸而無諷其人去賦清平調者不知

幾里然是鈞天廣樂氣象較之文正公窮塞主不侔矣

紅杏枝頭春意鬧一鬧字卓絕千古濕紅嬌暮寒亦復移易不得

周美成不止不能作情語其體雅正無旁見側出之妙柳七最尖穎時有俳狎故子瞻以是阿少游若山谷亦不免如我不合太撋就類下此則蒜酪體也惟易安居士最難將息怎一个愁字了得深妙穩雅不落蒜酪亦不落絕句眞此道本色當行第一人也

文長論詩曰如冷水澆背陡然一驚便是興觀羣怨應是爲傭言借貌一流人說法温柔敦厚詩教也陡然一驚正是詞中妙境

山谷全首用聲字爲韻注云效福唐獨木橋體不知何體也然猶上句不用韻至元美道場山則句句皆用山字謂之戲作可也詞中如效醉翁也字效楚辭些字兮字皆不可無一不可有二

檃括體不作可也不獨醉翁如嚌蠟卽子瞻改琴詩琵琶字不現畢竟是全首說夢

古人多于過變乃言情然其意已全于上段若另作頭緒不成章矣

海昌蔣光煦校

金粟詞話

金粟詞話

海鹽彭孫遹駿孫著

詞以自然爲宗但自然不從追琢中來便率易無味如所云絢爛之極乃造平淡耳若使語意淡遠者稍加刻畫鏤金錯繡者漸近天然則駸駸乎絶唱矣

宋人張玉田論詞極推少游竹屋白石梅谿夢窗諸家而稍詘美成夢窗之詞雖雕繢滿眼然情致纏綿微爲不足余獨愛其除夕立春一闋兼有天人之巧美成詞如十三女子玉豔珠鮮政未可以其軟媚而少之也

李易安被冷香銷新夢覺不許愁人不起守著窗兒獨自怎生得黑皆用淺俗之語發清新之思詞意並工閨情絶調

詞人用語助入詞者甚多入豔詞者絶少惟秦少游悶則和衣擁新奇之甚用則字亦僅見此詞

柳耆卿却傍金籠教鸚鵡念粉郎言語花間之麗句也辛稼軒驀然回首那人却在燈火闌珊處秦周之佳境也少游怎得香香深處作箇蜂兒抱亦近似柳七語矣

山谷女邊著子門裏安心鄙俚不堪入誦如齊梁樂府霧露隱芙蓉明燈照空局何等蘊藉乃沿爲如此語乎

南宋詞人如白石梅谿竹屋夢窗竹山諸家之中當以史邦卿爲第一昔人稱其分鑣清眞平睨方回紛紛三變行輩不足比數非虚言也

詞家每以秦七黃九並稱其實黃不及秦甚遠猶高之視史劉之視辛雖齊名一時而優劣自不可掩

范希文蘇幙遮一調前段多入麗語後段純寫柔情遂成絕唱將軍白髮征夫淚亦復蒼涼悲壯慷慨生哀永叔欲以玉階遙獻南山壽敵之終覺讓一頭地窮塞主故是雅言非實錄也

詞以豔麗爲本色要是體製使然如韓魏公寇萊公趙忠簡非不冰心鐵骨勳德才望照映千古而所作小詞有人遠波空翠柔情不斷如春水夢回鴛帳餘香嫩等語皆極有情致盡態窮妍乃知廣平梅花政自無礙豎儒輒以爲怪事耳司馬溫公亦有寶髻鬆鬆一闋姜明叔力辨其非此豈足以誣溫公眞贋要可不論也

林處士梅妻鶴子可稱千古高風矣乃其惜別詞如吳山青越山青一闋何等風致閒情一賦詎必玉瑕珠纇耶

牛嶠須作一生拚盡君今日歡是盡頭語作豔語者無以復加柳七亦自有唐人妙境今人但從淺俚處求之遂使金荃蘭畹之音流入掛枝黃鶯之調此學柳之過也

稼軒之詞胸有萬卷筆無點塵激昂排宕不可一世今人未有稼軒一字輒紛紛有異同之論宋玉罪人可勝三歎

作詞必先選料大約用古人之事則取其新僻而去其陳因用古人之語則取其清雋而去其平實用古人之字則取其鮮麗而去其淺俗不可不知也

詞雖小道然非多讀書則不能工觀方虛谷之譏戴石屏楊用修之論曹元寵古人且然何況今日

近人詩餘雲閒獨盛然能作景語不能作情語嘗從素箑見宋宗丞長相思十六闋仿沈約六憶詩體刻畫無餘令人色飛魂斷言情之作斯爲優矣董蒼水錢寶汾善爲婉麗之詞亦往往風美動人（宗丞新著及董錢二家俱集中所未及載）

長調之難于小調者難于語氣貫串不冗不複徘徊宛轉自然成文今人作詞中小調獨多長調寥寥不概見當由興寄所成非專詣耳唯龔中丞芊綿溫麗無美不臻直奪宋人之席熊侍郎之清綺吳祭酒之高曠曹學士之恬雅皆卓然名家照耀一代長調之妙斯歎觀止矣（此偶然記酒闌之語餘容細爲揚榷耳）

詠物詞極不易工要須字字刻畫字字天然方爲上乘即間一使事亦必脫化無跡乃妙近在廣陵見程邨阮亭諸作便爲歎絕殆幾幾乎與白石梅谿頡頏今古矣

海昌蔣光煦校

古文緒論

初月樓古文緒論

桂林呂璜纂

道光戊子吳仲倫先生館於鄞十二月將返宜興過杭而璜遮留焉住叢桂山房凡二十餘日所親承口講指畫恐其久而忘也條記之如左

作文立志要高北宋大家雖不可以不學然志僅及此則成就必小矣史漢及唐人須常在意中也

古文之體忌小說忌語錄忌詩話忌時文忌尺牘此五者不去非古文也　國初如汪堯峰文非同時諸家所及然詩話尺牘氣尚未去淨至方望谿乃盡淨耳詩賦字雖不可有但當分別言之如漢賦字句何嘗不可用惟六朝綺靡乃不可也正史字句亦自可用如世說新語等太雋者則近乎小說矣公牘字句亦不可闌入者此等處辨之須細須審

文章自當從艱難入手却不可有艱澀之態

作文豈可廢雕琢但須是清雕琢耳功夫成就之後信筆寫出無一字一句喫力却無一字一句率易清氣澄澈中自然古雅有風神乃是一家數也

章有章法句有句法字有字法到純熟後縱筆所如無非法者

昌黎謂聲之長短高下皆宜須善會之有作一句不甚分明必三兩句乃明而古雅者亦有鍊數句為一句乃

覺簡古者總之不可不疎

古文詞類纂其啟發後人全在圈點有連圈多而題下只一圈兩圈者有全無連圈而題下乃三圈者正須從此領其妙處末學不解此旨好貪連圈而不知文品之高乃在通篇之古淡而不必有可圈之句知此則於文思過半矣

淡非淺薄之謂淺薄則人人能之正爲文所當戒者也

文章之道剛柔相濟史記及韓文其兩三句一頓似斷不斷之處極多要有灝氣潛行雖陡峻亦寓綿邈且自然恰好所以爲風神絕世也

唐人以五律爲四十賢人不可有一字帶屠沽氣古文亦然通篇容不得一字屠沽然而知此者鮮矣能辨其是否屠沽亦不易矣眞作家所以少也

不受八家牢籠安得有此才分但於八家範圍中有所以表異之處如姚惜抱所云尋求昌黎未竟之緒而引中之則途轍自正各就其才而可幾於成

戚鶴泉謂古文不可有古文氣其說非也前明多誤於此論故自震川而外鮮有成就者

姚子壽謂文忌爽亦非也孟子乃文章之最爽者史記戰國策亦然西漢初年文章之高猶有周秦氣亦正以其爽耳武帝以後則文有爲作矣

文章不可不放膽做

作文遇好題目自易動人然此乃偶然湊手非己所能主張惟有相題行文還他質而不俚是能自主者亦不必刻意求奇往往通篇只可單點却是好文章便可入集若無可寄慨而必要感慨無可援引而必要援引反支離矣只可單點却是好文章讀姚惜抱文能知之厚齋陳增注

不得已應酬之作則入集時必去之如震川集中壽文已有可以不存者公牘而入於書中亦少揀擇小簡則尤不必入集也應酬之作難得佳文厚齋

上等之資從韓入中資從柳王二家入庶幾文品可以峻文筆可以古人皆喜學歐蘇以其易肖且免艱澀耳然此兩家當於學成後隨筆寫出無不古雅乃參之以博其趣庶不流於率易

孟子文章無美不備

老列莊三子老雖道其所道而最精深莊子亦超妙列子較淺恐是周秦間人采一時小說而稗販老莊之旨以爲之其同于莊處亦似從莊剽剟者

莊子文章最靈脫而最妙於宕讀之最有音節姚惜抱評昌黎答李翊書以爲善學莊子此意須會能學莊子則出筆甚自在

荀子文少變化其精者已爲禮記所采矣

諸子中老子似經其旨與吾儒異無害也荀子說理較醇而文筆近於平淮南排句亦多却有精采莫超於莊

子莫峭刻於韓非子矣孫武子亦先秦之文非漢人所及列子義蘊稍淺亦先秦之文也

史記兩漢三國五代史皆事與文并美者其餘諸史備稽考而已文章不足觀也

史記如海無所不包亦無所不有古文大家未有不得力於此書者正須極意探討韓文擬之如江河耳

古來善用疎莫如史記後之善學者莫如昌黎看韓文濃郁處皆能疎柳州則有不能疎者

史記未嘗不龎世却無一字纖刻柳文如宋清傳蝜蝂傳等篇未免小説氣故姚惜抱於諸傳中只選郭橐駝一篇也所謂小説氣不專在字句有字句古雅而用意太纖太刻則亦近小説看昌黎毛穎傳直是大文章

史記諸表序筆筆有唱歎筆筆是竪的歐陽文有一唱三歎者多是横闊的

范蔚宗自謂體大思精而無事外遠致誠哉是言事外遠致史記處處有之能繼之者五代史也震川文也

史記於左傳長篇只用一二語敘過正是其妙處須知質而不俚只是敘此等如道家常所以高耳

漢文近於平如劉子政則較之董江都爲不平矣

班孟堅學劉子政而文不同後漢書之筆太鬆當下班書兩等

三國志得龍門之簡以史法論勝於後漢書裴松之補注有近於小説而亦收之者須知此等書亦陳承祚所見而不采取所以爲簡要也

李習之謂昌黎文如他人疾書之寫誦之此是何等音節昌黎品第當在班孟堅之上

柳州碑誌中其少作尚沿六朝餘習多東漢字句而風骨未超此不可學貶謫後之文則篇篇古雅而短篇尤妙蓋得力於檀弓左國最深平淮西雅與昌黎平淮西碑亦相埒

古人文章似不經意而未落筆之先必經營慘淡如永叔與尹師魯書直似道家常若不先有一番琢鍊何以能如此古雅

老泉嘉祐集存文不多却篇篇可傳

蘇長公晚年之作有隨筆寫出不待安排而自然超妙者非天資高絶不能學之其少年之作滔滔數千言才氣眞不可及然精義究不能多若賈長沙之長篇則事理本多所以不可刪節長公文只論一事而波瀾層出故間有可節處

古來博洽而不爲積書所累者莫如王介甫渠作文直不屑用前人一字此所以高其削盡膚庸一氣轉摺處最當玩

潁濱在八家中自覺稍弱然自渠以後至震川未出以前無此作也

歐之大碑版不善學之易于平易于散

八家之外李習之尙可參其氣息自好也孫可之則有纍氣亦未能自然究非正宗看王介甫便高過之遠甚

姚牧菴力掃南宋而學韓尙太喫力

虞道園筆太游衍較之宋潛谿稍淨而文品不甚相懸

王遵巖文少靈氣然自正派虞道園正與之相伯仲耳

明七子文句句欲古峭而不知運以灝氣往往至于不可讀乃荊棘叢也

歸震川直接八家姚惜抱謂其於不要緊之題說不要緊之語却自風韻疏淡是于太史公深有會處不可不知此旨如張鱸江所賞諸篇不過歐曾勝處而已有寥寥短章而逼眞史記者乃其最高淡之處也

汪堯峰文氣息好在　國初諸老中自屬第一但少嚴峻遒拔如游池沼湖江而不見壁岸未能與北宋名家抗行

朱竹垞頗能擺落浙派敘事文較議論爲優但少風韻耳姜湛園則更漫衍

黃梨洲氣岸自闊而文中乃多不揀擇之語法亦尙疏

邱邦士文有質味同時諸子罕有能似其質者

侯朝宗天資雅近大蘇惜其文不講法度且多唐人小說氣

魏叔子文之大病痛在好做段落狠其容亢其氣硬斷硬接議論文尤多此種邵青門亦有此病而又甚之

本朝時文如李榕村入理深而氣格亦高至古文便全不合法如儲同人及畫山諸公皆時文勝古文者王罕皆古文亦不唐不宋不六朝不似古人方朴山亦然前明人古文又是一種讀一篇了不知其命意所在如唐荊川茅鹿門時文之高幾足與古人同其品第作古文則語不揀擇而法亦不合

方望谿直接震川矣然謹嚴而少妙遠之趣如人家房屋門廳院落厢廚無一不備但不見書齋別業若園亭池沼尤不可得也

劉海峰文最講音節有絕好之篇其摹諸子而有痕迹者非上乘也

姚惜抱享年之高略如海峰而好學不倦遠出海峰之上故當代罕有倫比揀擇之功雖上繼望谿而迂迴蕩漾餘味曲包又望谿之所無也敘事文惲子居亦能簡然不如惜抱之韻矣（惜抱之文以韻勝自是公論厚齋）

張皐文惜不永年故摹古之痕尙不盡化然淳雅無有能及之者早年雖講漢學而仍不薄程朱所以入理深也

惲子居文多縱橫氣又多徑直說下處不善學之便易矜心作意而氣不和其續集氣息較好筆力又不逮前集矣惟作銘詞古質不可及文章說理不盡醇故易見

鋒鍔子居自命似欲獨開生面然老泉已有此種不可謂遂能出八家範圍也但不可謂其學老泉耳老泉文變化離合處非子居所能

朱梅厓文境文體與方望谿不相入學韓而專學其詰曲處此非善學也昌黎本文從字順妙極自然今人無其根柢乃只見怪怪奇奇耳然梅厓集中書一體最佳有可傳者

王惕甫文有不講法度者只不肯淡便是其病從選學入然於選亦不甚深也

秦小峴文未脫詩話氣條達之篇則有之

袁簡齋文不如其小說然小說亦不到古人佳處

張鱸江文雖少蒼古然取道甚正王惕甫不及也

魯賓之文淸而能瘦其氣亦疎可以卓然有成者惜不永年惕甫評其文云皮殼未去此言不確如惕甫之文乃正嫌其皮殼多而無骨耳賓之文亦遠出惕甫上

右若干條皆先生就璜所問而荅者璜退以片紙書之先生別去乃稍比次而書於冊他日以告先生先生曰此不可以示人也凡論人論事必本末具乃可筆於書而無遺議此等或舍大而專言其細或舉偏而不見其全不量子者將以爲口實焉璜不敢忘而並識於此

粤西呂月滄郡丞嗜古文辭嘗師事仲倫先生而得其旨以親炙緒論手纂成編增雅慕先生之文與先生之論文而不獲一見先生因錄而藏之行篋時尋繹焉丁酉春增客海昌晤先生於學博錢君警石之齋相見歡然因出所藏以質之先生曰月滄可謂好學也已遂加校正以貽警石會州人蔣茂才有叢書之刻願附梓以廣其傳俾後之覽者知先生師古之心與月滄師先生師古之心并警石愛先生及月滄所以師古人文者亟以示後之學爲古人文者之心一如先生愛月滄之心蔣君之意蓋可以忽乎哉山陰陳增跋

仲倫先生初月樓文稿於古人法度無不合而其深造

獨得實未嘗有所依傍也然先生論文必曰吾嘗得之張編修姚刑部云然其不忘師友之言蓋如此桂林呂月滄郡丞篤嗜古文辭迨見先生而體格一變今從山陰陳君厚齋得郡丞所錄先生緒論蓋師先生之文以爲文卽師先生不忘師友之心以爲心也蔣生沐茂才方刻叢書願以此卷傳示學者先生尚有文評三種他日當錄副墨以贈生沐俾學者知從入之途不可不愼且知先生論文宗旨與古人無不合而其言則深造獨得之言豈嘗襲古人之所巳言哉道光丁酉首夏嘉禾甘泉鄉人錢泰吉跋

初月樓論書隨筆

宜興吳德旋仲倫

十年前見楊少師書了不知其佳處何在近習步虛詞數十過乃知後來蘇黄米董諸公無不髣髴其意度者黄涪翁比之散僧入聖可稱妙喻然涪翁又云今人見楊少師書口是而腹非也在宋已然何况今日然余既已深知而篤好之即以此當出世法矣

山谷論書於晉人後推顔魯公楊少師謂可彷彿大令此言非也魯公書結字用河南法而加以縱逸固是大令筆少師筆意直接右軍而不留一迹董華亭謂其古淡非唐人所及可稱篤論

董華亭云今人眼目爲吳興所遮障蓋勝國時萬厤以前書家如祝希哲文徵仲之徒皆是吳興入室弟子徵仲晚年學山谷便一步不敢移動正若被吳興籠罩耳希哲狂草雖云出自伯高藏眞而畧無遠韻但可驚諸凡夫華亭出而明之書法一變矣

永興書渾厚北海則以頓挫見長雖本原同出大令而門戶迥別趙集賢欲以永興筆書北海體遂致兩失集賢臨智永千文乃是當行可十得六七矣

本朝書家姜湛園最爲娟秀近時劉諸城醇厚有六朝人遺意但未縱逸耳香泉天瓶當時並負盛名而凡骨未换較之明季孫文介倪文正諸公不逮遠矣

余友錢魯斯以書名海内四十餘年初學董香光繼學李北海後乃出入顔清臣蘇子瞻黄魯直能掃盡世俗繆種流傳見解可謂書之豪傑惜其未參褚河南楊少師筆意氣息稍粗而有時肌理細膩則又涉於凡艷書品不無小减耳然其沉著痛快固是一時無兩

魯斯嘗謂余云作書草率最難余初不解其說後學懷素小千文畧得草率之意學右軍十七帖則又不見所謂草率者於魯斯之說仍不能無疑近學楊景度步虛詞乃知草率者細淨之至也恨不能起魯師而一問之耳

十年前余在揚州與安吳包愼伯論書愼伯不喜平原坐位帖而余極好之然余學書在愼伯後未敢與之爭近愼伯來陽羨與余復相見論書亦推服顔行自悔前言之失示余以所著述書一篇妙論層出予所見能書之士未有若愼伯之通識也惟於魯斯多微詞且不無過當語倘所謂責賢者備之意耶

愼伯論書於唐人後推東坡思白二家其言以爲東坡雄逸思白簡淡非餘子所及此見極與余合愼伯又云學蘇須汰其爛漫學董須避其刁疎汰爛漫則雄逸始顯避刁疎則簡淡乃眞斯固然矣予謂爛漫刁疎在彼二家病處亦覺其妍但恐學者未得其妍先受其病不可不知耳

入於鄉先輩不能無私魯斯愛惲南田書謂其意趣勝香光自成過論南田所用只是河南一家法香光能集會稽平原少師諸家之長決非南田所及近見王石谷書淳古似楊忠愍而不以書名想亦爲畫所掩耶

愼伯謂自柳少師後遂無有能作小楷者論亦過高米海岳九歌趙松雪黃庭內景經皆能不失六朝人遺法但其他書不能稱是遂爲識者所輕文徵仲黃庭經亦與右軍原書酷似但恨用筆太工巧耳

惲南田云褚米一家書學米先須從褚入余謂學褚有得自可不須學米米小行楷書固出於登善亦只哀冊一種耳若枯樹賦公孫宏傳贊蕭淡之筆海岳終身不

解也東坡金山詩出入河南少師平原眞有淡不可收之妙非海岳嬋娟羅綺之比愼伯謂宋賢惟東坡具神解斯言得之矣

明人中學魯公者無過倪文正學少師者無過董文敏作者雖多兩雄爲最矣爲二公開先者其惟楊忠愍乎

董香光論書盛推米海岳海岳行草力追大令文皇以馳驟自喜而不能掩其怒張之習香光平淡似爲勝之近時諸城學香光而益加遒厚然畧不肯馳驟遂極詆海岳書家所見不同如此孰爲正其是非耶

米元章云草書不入晉人格轍徒成下品此論極是然唐人草書無不學大令者大令狂草盡變右軍之法而

獨闢門戶縱橫揮霍不主故常姚刑部姬傳謂如祖師禪入佛入魔無所不可稱妙論余謂大令草書雖極力奔放而仍不失淸遠之韻伯高藏眞筆力雖雄淸韻已失學之者愈似而愈離黃涪翁所云高閑以下但可張之酒肆也元章力追大令而就其合作僅堪與孫虔禮抗衡以爲入晉人之室則猶未耳

董香光云學柳誠懸小楷書方知古人用筆古淡之法孫退谷侍郎謂董公娟秀終囿于右軍未若柳之脫然能離子謂柳書佳處被退谷一語道盡但娟秀二字未足以槪香光孫虔禮書譜云不激不厲而風規自遠此香光之所以得宗於右軍也

韓退之石鼓歌云羲之俗書逞姿媚姿媚書家之病昔人論之詳矣退之性不喜書固未知右軍書法之妙且意欲推高古篆乃故作此抑揚之語耳後人誤看遂若右軍之書眞逞姿媚而欲以吳興直接右軍非惟不知右軍之書亦并未解昌黎詩意矣孫退谷以華亭娟秀謂囿於右軍已非篤論況欲以吳興姿媚當之耶

劉諸城云松雪自當爲一大宗即或未厭人意然究無以易之此就元人而論謂鮮于康里諸公皆非松雪之匹耳若以辭害意而欲遂以松雪嗣統二王豈以諸城之智而出此耶

李西臺肥而俗僅勝周越耳其時蔡蘇未出遂擅書名

東坡筆力雄放逸氣橫霄故肥而不俗要知坡公文章氣節事事皆爲第一流餘事作書便有俯視一切之槪動於天然而不自知吳匏菴亦步亦趨尙未足以語於離形得似之妙也

余所見坡公法書定以金山詩爲最蓋公書務顯筆力亦恨太盡耳然學書未到沈著痛快地位而遽求含蓄雖日習右軍之書亦只如優孟之似孫叔敖而已竟何益哉

昔人評歐陽率更書如金剛努目大士揮拳虞永興能中更能妙中加妙二家之書余實未敢定其優劣涿鹿馮銓謂虞則內含剛柔歐則外露筋骨君子藏器以虞

爲優此言非也歐亦剛柔內含學歐而不得其筆乃有露骨之病學虞而不得其筆又豈無肉重之失耶

愼伯謂平原祭姪稿更勝坐位帖論亦有理坐位帖尙帶矜怒之氣祭姪稿有柔思焉藏憤激於悲痛之中所謂言哀已歎者也

張司寇書名最烜赫其筆力沈鷙信足追步香光而氣韻遠不逮矣姜湛園何義門氣韻與香光爲近而筆力又不足以副之甚矣斯事之難也

東坡自云余書盡意作之似蔡君謨稍放似楊風子東坡於少師神似非形似觀其筆勢殆可伯仲君謨學平原而出以恬和和能入雅恬亦近俗較之東坡殊爲遜矣

學楊少師書如讀周秦諸子乍看若散漫無紀細玩却自有條理可尋其於詩則陶靖節也王右軍如史記之文變化皆行於自然其於詩則無名氏之十九首也

董思翁云作字須求熟中生此語度盡金針矣山谷生中熟東坡熟中生君謨元章亦尙有生趣趙松雪一味純熟遂成俗派惟黃庭內景經生意迴出絕不類松雪書而世亦無問津者

松雪行書以天冠山爲最北海肖子也世人艷稱民瞻十札已屬次乘梅花詩則自鄶無譏矣

吾鄉蔣盤初先生書兼用永興河南法品格最近蔡端

明草書學藏眞而少加收斂位置當在祝希哲上吳大來以平原爲宗書特蒼鬱曹湛思稍嫌單薄而意趣頗似楊少師如陽羨茶味雖不濃而色香殊勝

戲鴻堂所收玉潤帖當是元章贋作香光中歲於元章書有偏嗜故往往爲所蒙蔽而諸家石刻所收晉唐人名跡亦惟元章贋本爲多

明自嘉靖以後士夫書無不可觀以不習俗書故也張果亭王覺斯人品頹喪而作字居然有北宋大家之風豈得以其人而廢之

李懷琳絕交書草法出於大令而未得其筆鮮于太常小楷亦娟秀不俗行草學懷琳而彌不逮然太常在當

時已擅盛名學如牛毛成如麟角詎不信歟

唐人之書法嚴而力果然韻趣小減矣予謂二王以後趣莫深於少師韻莫勝於東坡可以補唐人所未足山谷小行書自佳蓋亦從平原少師兩家得力故足與坡公相輔大字學瘞鶴銘骨體峭快而過於豪放亦成一種習氣學者貴於慎取不可遂爲古人所欺

余年三十餘始留意書學卽好東坡思白二家然苦無入處學淳化閣帖愛大令文皇之馳驟自得而益迷其源自是汎濫於唐宋元明諸家十有餘年而私心所好仍在東坡思白世人賤近貴遠以時代判優劣輒卑視二家而卑無高論者則又以趙松雪爲羲皇上人而已

近聞愼伯之論予所信益堅愼伯又導余學楊少師步虛詞曰習一過覺於蘇董二家意趣時有所會直不知手之舞之足之蹈之也

近人之書劉諸城渾厚醇實自足名家而仁和蔣山堂古秀在骨殆欲突過諸城山堂作書如以墨汁潰紙上又時似枯藤之挂壁思翁暮年神境也世人於筆法墨法皆所不講而務求勻稱見此等妙蹟鮮不嗤怪有志之士所以窮老盡氣於荒江老屋中惟求有以自信而不肯輕爲人應酬筆墨也

十數年前見吾鄉吳味泉書輒愛玩不能釋手以其熟於二王草法也近覺其有不足處蓋行筆學平原而未能透露香色反不若湛斯

學趙松雪不得眞蹟斷無從下手卽有眞蹟臨摹亦須先植根柢昔之學趙者無過祝希哲文徵仲希哲根柢在河南北海二家徵仲根柢在歐陽渤海此如學六朝駢麗文須先讀得漢書也豈惟松雪不可驟學卽學元章思白亦易染輕綺之習魯斯嘗云不學唐人終無立脚處誠哉是言

書家貴下筆老重所以救輕靡之病也然一味蒼辣又是因藥發病要使秀處如鐵嫩處如金方爲用筆之妙臻斯境者董思翁尚須暮年而可易言之耶余學書幾二十年所歷者皆世人嗤笑唾棄之境而又不肯安於

小成故數數從業至今日乃覺有悟入處倘亦禪家所謂漸脩頓證之候乎然質旣駑弱功名尙淺能知之而不能至之而二三同志年齒後於余者以予爲識途之馬相從講論異時必有造其極者然後以余言證所得而信其不誣則余二十年來所費日力不爲虛枉矣

予昔家居作此初脫稿爲門人程子香取去裝成長卷其後薛書水太守見而欲得之子香不肯與別錄楷書一本贈焉今藏於書水之如孰燭齋者子香遺墨也子香卒後予手稿不知爲何人所得矣道光辛卯在四明館中理舊篋得門人康康侯爲予所錄本復自書一過追思往事忽忽十有餘年而予以臂痛

廢學亦且十年年愈增歲月愈促老大無成彌用自媿而已

初月樓論書隨筆終

山靜居詩話

山靜居詩話

石門方　薰

鄉先生周質隱於市廛讀書賣米敦交誼恤急于人而不暇自顧遂至徹貧然豪邁自若海內文士無不知周處士也嘗夜起作梅花詩行吟達曙不覺自梅里而入桐鄉郭外矣履穿不能途步借村店紙筆錄所作詩寄城中汪司馬柯庭遣舟邀至家懽聚旬日而去其詩有爲愛梅花欲斷魂酒懷難遣是黄昏逆風香裏隨節去知在月明何處村破除萬事巳衰年說與梅花也可憐樹底婆娑倚寥寂祇將詩句鬬清妍誰識閒中別有情酒醒時已夜三更鬚眉影落溪光裏人與疎梅一樣清迢迢長夜此江鄉獨往尋詩與覺狂欲向荒寒參妙諦滿身花影滿頭霜

朱竹垞李秋錦兩先生齊名于時同舉康熙間宏詞科朱官檢討李歸田里賦桃花云水岸亭皐各占春生來未涴馬蹏塵千株一笑誰傾國烟霧休遮著眼人行路逢崔也乞漿隔鄰非宋亦登牆齊名若箇先呼李料得東風愛豔妝後竹垞罷官著騰笑集刊成李題後云供奉吟箋絕可師換來風格又經時風人不信偏愁好纔脫朝衫便有詩皆于言外見意焉

錢唐嚴鐵橋夢亡女阿淸詩曰哀樂中年有萬端不堪夢裏見金鑾（自注樂天有哭金鑾子詩）久知賤女成吾錯祇覺生兒

似汝難惆悵今宵空會面沉吟往事欲摧肝剎那縱識浮漚幻孤枕殘燈自寡歡三四一氣轉落出之至情此種詩雖前人未易多得也鐵橋名誠性戇直朋友有過輒面責不諱人多難堪然年逾弱冠書無不讀惜早亡不得竟其所學耳又題高其佩畫狗歌云今年作客考豐縣忍死須臾爲貧賤歸來卻值三伏中千山萬山踏敎徧崎嶇窄磽仄徑穿百五十里無人烟是時同行祇一狗俄頃不忍相棄捐豈知向午氣轉熱山石如焚水泉竭我心憚暑況爾狗力盡長途足流血十步可憐九步蹲艱難到渡愁黃昏盤旋頗遭衆客惱哮吼更愧舟人言移篙十里天如墨渴赴波心勢難抑爾狗何知減

頂凶無力救時空歎息吁嗟我本非主人以死相累眞奇冤多情解戀窮居客遺恨偏慳敝蓋恩孫家草堂背山郭壁間兩狗形殊惡掉尾睢盱欲吠人詳看乃是高公作高公畫法妙寫生以指代筆天機精偶然貌此有深意似言此類未可輕天生此類曉忠義寄書負米猶餘事兄弟鮮仁臣不臣對此寧無自慚愧（高公跋中云爾）世人輕以狗詈人愚者逢之生怒嗔辜負背德狗所恥人邪狗邪豈其倫我觀此畫世應寡苦憶歸途所攜者形軀毛色俱儼然可惜呼之不能下詩亦奇偪

康熙間士人居家恆多友文墨讀古書挹揚風雅者吾浙如錢唐趙氏之春草園小山堂吳氏之瓶花齋嘉興曹氏之倦圃桐鄉汪氏之華及堂展硯齋時皆名儒老宿往來讌集無虛日畧如玉山草堂故事至今猶有道之者近則幷無其人矣龍泓丁先生敬谷林趙氏舊交也其過春草園詩八章序云園中雜蒔名花無非佳種每花時谷林輒作簡遺伻慇懃期請未嘗以不速視友朋如杜老草堂之燕也追涼池上布席花間若爲園中故事者至暑處邵侯之瓜寒說宋公之餅敦（去聲）羅槃列豆進籩加珍伻段煉巧歷郇庖斯又餘事焉爾矣偶或兼旬未面輒復申其手畢訊問無他重以綠蔬紫蕈不待吳移新脯精粗寧勞顏乞或期鑒古或訂探幽張愛賓有言經年共賞山泉永日惟論琴畫古今同致詎不

信然昔誦少陵誰家數去百徧未闌之句謂亦可見當日人情之鄙故沾沾感此不厭淸狂之主若以谷林視之則九萬里風斯在下也矣祇恨無少陵俊筆使吾谷林襟韻照耀行墨間耳予老矣頽廢侵尋行將就木追惟昔交情多禮篤久而不渝若谷林者眞平生畏友第一人也今春偶經其園感從中來振觸不已嗚呼過嵇呂之舊閭乏向生之藻賦（向秀有思舊賦見文選）低回俯仰我愧如何爰題絕句聊託盡悽云爾趙兄情抱水迢迢逢著花開卽見招卻似春風也追憶慇懃猶到最繁條曾共髯翁把酒來高低忍踏舊亭臺梅花了解相思苦抱住寒梢不肯開淡沱池光浣釣磯當年柳影見依稀池邊

多少閒鷗鷺早伴寥天一鶴飛（園有三十六鷗亭）縹緲層樓構意新秖容青靄作比鄰遙遙天目應惆悵不見掀髯倚眺人（岑樓四疊可眺天目山即以名焉秦蕙田八分書）垂楊傾倒草萋萋遮斷裳苔屐印泥野鳥不知人怨聽飛來猶是盡情嚦柳邱謝壑稱胸成散步眞教五欲淸他日何人知慘淡任隨（一作渠）輕薜發狂生（亭臺樹石悉出谷林胸中邱壑布置者）連蜷桂樹小山叢異種疑分白兔宮（南華堂背巖桂兩株叢幹合本婆娑可玩谷林日此所謂叢桂也種不易得）月斧雲斤消息斷一枝遺恨向秋風（憶鄉試報罷予往慰之谷林語我日我猶作此舉者老母命也語次淚數行下蓋谷林孝思純篤得乎天者全也惟我知狀附記於此以示賢諸孫）徑草蕭蕭蔚似麻文梁從燕檻升蝸無情最是高松樹曳翠牽蘿蔭別家鮑君以文云末章別有寄託不獨慨其園之易主也

詩固病在窠臼然須知推陳出新不至流入下劣此慈溪葉丈鳳占之論也丈爲宋石林先生之後先世徙居慈溪之石步山賣藥吾里與先人爲莫逆交又號二韓盋蘿韓伯休之爲人耳其客杭答友云西湖來便與無涯半住僧家半酒家山水與人緣未了牽情不獨爲鶯花其好句如雲移山勢轉風挾樹聲迴屋漏成書格山園入畫圖讀書無盡義治圃有常程門映先生柳屛遮姊妹花（山居雜興作）天寒聲欲吼雪下勢偏橫（鄉山雪霽）悵別非長道分離是暮年（送客）山光隨岸去花影壓逢來（游湖晚歸）詩不落格意自淸新信其言之不誣也

鳧亭詩話載松江黃唐堂楊花詩云不宜雨裏宜風裏未見開時見落時以爲雖工尙不離題境惟初白老人春如短夢初離影人在東風正倚闌乃得羚羊挂角無迹可尋之妙吾友鮑以文云黃詩特佳查句須出題面方見其妙余因記故人陳仁山芥舟氏句云莫亂春愁飄遠道錯看別淚上征衣有風不似飛花態無力還同病酒情周少穆之一年春事拋流水半醉心情付別筵未知誰得頷下珠也

作詩雖日學力然天資妙者所見不大亦別有風致非笨伯語使人可壓豆村老人一生以詩爲計日必有作作必存稿年逾耄耋不廢吟哦又極自珍秘所作等身懸之屋梁非至好不輕示可爲性癖耽詩者矣其詩自謂學徐靑藤未免過于謔浪惟天機自得耳其琢句雅馴者如有酒座中驚北海逢人馬上說西湖（送人北上）買花不計錢多少留客都忘米有無（自安）自拜詔直須封褋國看經眞顧下龍宮（畏暑）獨行巳少長沮耦覓句難齊短李才（自遣）厭絮且餐鮮蛤蜆憐文曾葬死鴛鴦（自安）只可眼前乾我酒莫教背後說人詩（代人送兄）若云明日歡來必反惹今宵寤未曾（燈花）瓶花無恙煩蜂探鄰竹多情走筍來（麥秋）五言詠物如小憐傾蓋立疎愛覆杯勻（山葦）布囊驢背月野艇泊頭砧（東）和沙攙雪繭趁火撚香珠（花生）要知大婦苦試以小眉看（醋）馮夷書自懶龍女病曾嫌（帶魚）

敢云專筆削亦必定君臣藥族豆村爲錢唐洪簡字玉山余不解移宮換徵大都塡詞之隨境緣情關脈轉折較作詩尤宜熨貼自然調無長短如珠貫一串造句須有追魂攝魄之妙爲工錢唐馮法唐庶老氏才思清麗風韻殊佳　國朝詞家後勁也畧舉所作如問歲今年十五纔眉山未畫秀生來向人也學道愁懷　雲綠初分蘭葉鬢花紅新試牡丹鞋小開簾慎看春街浣溪紗今年和燕情忙比蜂聲靜牢籠不住輕狂性闌干纔到又過牆相離不久還相並　扇避輕羅醉停花梗東風如夢飛難醒前身眞箇是何郎美人鬟上留香影踏莎行蝶造句如鶯天緊地如何少得離人淚閨怨亦不減宋人風致

許丈煥字振武號澹園嘉興人與弟燦皆有詩名先人嘗用唐人詩意寫姑蘇惜別圖時次唐韻題者甚夥丈覽之似無當意乃次元韻云金閶門外短長條分手淒涼接渡橋畫裏忽看楊柳色離魂猶逐曉風搖津樹旗亭睞眼新十年曾此話風塵鶯花老去無相識淪落天涯舊酒人再疊前韻冉冉春光上柳條畫船笑語出官橋賣花聲杳山塘外不見吳娘金步搖日暖花香放斬新半塘橋外襪生塵依稀記得春風面聽撥琵琶錯認人

初陽蔣君少讀書自昕至夕不能成誦年逾及冠忽一日頓悟凡平生讀過書無不了然于心其後開卷過目不忘人以爲夙業所至其詩若文一本性靈嘗曰人每以氣格論詩是以尊漢唐而薄宋元若以世風言詩則代有其詩平心讀之自知其乘除運會之變識者韙之今錄其所作數章可概見矣手指其四日無名指遂賦一章十指寄兩手右者最勞苦其左得少逸時亦效拍拊以此衆指間強半可椎鼓摩挲爬背具數十不得五一爪獨挺然透甲越寸許擊案鏗有聲注水一勺舉問渠何能[illegible]偃僂向我語生長皆主恩爪也敢自詡所賴託身僻動輒謂爲左素又無名稱百役不我與藉用得朝夕幸免屈折悔指使頃見頻漸已多齟齬聞言竊大息恍焉心獨撫人壽無百年大抵皆自取莊生喻樗木信哉不誑汝勞勞塵鞅中此身將安處讀離羲娥逐飛轍烏兔亦苦辛茫茫觀萬象變化無逡巡今日川上水昨日山頭雲東西復南北流浪誰區分昨日柳上花今日水中蘋東西復南北那得知本根稟命不可期幻哉此一身今日坐上客明日山中人題聽雪圖雪淡無味白無色色香臭味名言絕惟有傾耳卻有聲亂飄密灑俱可聽始聽悲風號寒木刁蕭急霰打茅屋忽而盈尺積庭樹剨然一聲傾折竹空堂薄暮音沈沈一聲一聽清一心不知此聲乃非雪厥聽不瑩非知音雪花飛來大于掌霏霏落地寂無響不聽以耳聽以心分明有聲絕名象此非和合非因緣心非太古言難傳杜陵兩耳久解脫杜詩耳從前日聾舟重

無聞吁可憐先生伐茅南山下寒溪彎環劇蕭灑有琴無絃笛無孔聽于非聽眞靜者前年寄我一尺圖雪片歷亂雲模糊衡門無聲木葉下云[redacted]聽雪廬去年亦放剡溪棹惜哉乘興未一到頑然耳桃拔未得聽之奚由領其要先生屬題我不辭受而未答心獨笑有眼不識雪色相況乃希聲更微妙不然先生繪事早入神久與詩筆爭淸新繪水曾聞繪聲手雪聲何不傳其眞此中消息吾知矣欲言不言君莫嘗我方掩淚讀楞嚴默默無聲聽終始同人游茅庵飯蓮上人房逶迤一徑入松林佛火齋鐘此其尋若爲破除煩惱障漸敎消歇利名心拂衣竹染秋來色覆石蕉移午後陰喚起逃禪蘇庶子一杯米汁且頻斟初陽名紹輝字繹文桐鄉人

錢唐金處士壽門詩極研鍊有雋味題畫諸作尤得超詣其自題畫馬云撲面風沙行路難昔年曾躡五雲端紅韉今敝雕鞍損不與人騎更好看花閒酒幔水邊樓嘶處隨郎郊外游一自玉人春信杳夕陽西下不回頭古戰場中數箭瘢悲涼老馬憶桑乾而今衰草斜陽裏人作牛羊一例看龍池三浴歲駸駸長抱驅馳報主心牽向朱門問高價何人一顧值千金皆攄寫其胸中俊發之氣耳

詠史詩今人皆雜議論前人多有案無斷之作其諷刺勸意在言外讀者自得之耳桐鄉沈愚夫梧堂氏讀漢書絕句作法似之其詩云雞鳴佩玉復登朝戰馬嘶聲入紫霄草昧英雄誅已盡獨留非種亂艮苗肅靜龍衣夜上臺虛堂風雨倩魂來誰知牛腹書中字不種神機種禍胎新須負扆畫圖中堯母魂歸下碧空欲問前朝諸呂事女陵哀雁唳秋風離宮冷落晚妝寒永別君王事可汗一曲琵琶數行淚幾曾寫入畫圖看不著黃貂新室中渭陵麥飯冷春風漢家老婦甘心死誰遣將軍作漢公竺國朝回天使車伊蒲盛饌滿庭除他年龜鶴消沈處好讀桑門萬卷書

詩發乎情故能感人之情懽娛疾苦之詞皆情之所不可假者非若嘲風弄月可以妝點而成也王曾祥麐徵甫病中有作云御病吾不能憂病病乃更不如隨所事聊以忘吾病開卷即前修當杯樂中聖手閒時作書興至自成詠小園偶經涉寓目得幽夐遠山出雲稜嬾日度池鏡林禽止復呼花竹鮮以盛即物見天機觀心極瑩淨夙昔無愫情邇者務適性眞宰期可憑運生會有竟誰能覓上藥一笑謝祀禜持以俟百年詎曰非正命患疥云一疾廢百事疾更不在大自昔言細微厥疾惟瘍疥余生嘗患此至今尙禁齘如何血氣衰仍不蒙寬貸初時止二三倏忽遠聯綴焦枯似少平爛熳旋復會當其勢欲張若有憑爲祟內火鬱以蒸百蟲暗相嘬長爪搔未足沸湯沃稍快剗且及肌膚寒遂侵肩背攤書

心爲煩執筆手有礙就寢鮮安恬兀坐何聊賴赤鱗渺難求黃蘿遶莫遠多恐日纏緜轉更增疴瘵涓涓寧無虞熒熒固可畏積小成大憂往古有明戒謦徵著有靜便齋詩五卷文五卷曾見賞學使雷　兩王生傳先生其一也及其没杭太史堇浦曰吾浙無王瞿讀書種子斷矣瞿蓋先生别字云先生有喻偷兒詩曰三月初八夜偷兒從東鄰入廚下綠衣酒具之屬爲之一空詩以喻之窮巷何曾有富人也勞穿宇過比鄰壺尊尚貯前村酒縕褚纔離稚子身可是飢寒無藉在須知爾我等艱辛他時相遇休相避得失從來不當眞又有憫偷兒曰不數日偷兒入鄰家被獲前竊之物業已質錢錢亦盡輸於追胥矣詩以憫之視盜何須似郤雍受贓正與盜相同黑縲一下纏身急赤仄渾憐轉眼空守劍爾能更舊習捐金吾尚想遺風年豐莫卜民生悴援手無方痛未窮堇浦賣所藏酒得金數斤相贈書以報之如君高誼古誰倫其少分多事更新好客漫思尊有酒故人應念甑生塵取懷白晝兩無愧入手朱提一笑春卻怪俗交爭利路偏憑杯酌說情親

歎爾拋鄉井經年作遠遊苦吟依佛火香草寄離愁議論初無忤心情久更投其憐雙鬢雪漸漸欲盈頭此父執陳翁自天投先人之作也翁字其源别字北舫嘉興之梅里人其作先人輓章有五陵結客投金盡塚木何人挂劍來三復脊令原上句平生不作絶交書之句非深交不能道者

姚懷光素庵嘉興諸生性嗜酒落魄貧無爲計廢儒業醫友人處有方書數百卷假觀年餘悉得其術敏慧可知矣詩其餘事然天資自足亦不落人後其賦武侯云舉目無吳魏當時孰與儔英雄天不祿管樂志難酬星落驚司馬風高冷木牛定軍山下路遺蹟獨長留雄略終高世皇天獨忌君可憐師六出無補國三分成敗眞難料經綸自出羣草堂桑梓在梁父忍重聞盡瘁酬三顧殫勞總百官漢家留正統王業不偏安凜凜忠言在蕭蕭渭水寒靈旗捲暮雨國賊竟龍盤于忠肅墓云幾看明社屋公獨任其難不藉經營苦誰令反側安奪門功一錄汗馬力空殫到得知松柏翻嗟歲已寒苦戰初迴蹕南宮有謦聲當時誰再造此舉竟何名黃霧漫天暗青燐入夜明岳王祠宇近相對各沾纓題宋宣和畫花鳥宮花零落刦塵生畫裏猶添故國情一自杜鵑嗁血後塞垣春老不聞聲嘲庭中鶴無復鳴皐唳亦哀離褷瘦影步莓苔如何不展凌霄翅甘向雞羣覓食來年垂九十恨誰知腸斷偏安悔復遲高孝光寧身備歷滎河溫洛見無期夢中拜手還都疏死後關心家祭詩個是詞壇老方叔壯猶彈壓幾偏裨此錫山俞玉局題劍南詩集作也放翁心事具見終篇可爲實錄矣

余嘗謂詩盛於唐至宋元以來格法始備論者概以溫柔敦厚語意含蓄爲法則不悟三百篇亦惟二南有之餘皆非一格矣

詩貴有不盡意然亦須達意意達與題清切而不模糊措語妙者則曲折如意頭頭是道溧陽彭光斗賁園詩最達意人所不能狀之情景極會出之筆下其所作如讀劒南書癖不可醫平生喜栽花二語分賦云貧家少藏書無奈性所癖偶耳急著錄隨目不忍擲巧偷迮朋儕軟購款賈客用此頗自豪得寸覷盈尺官歸貧更甚呼兒理殘冊差免亡篋三敢謝面城百坐擁手勤繙捧曝背從豕虔虎細讐字朽蝨卒補額好事或借觀口諾心不懌惟慚老眼昏未獲探至賾來生化脈望知不免書阨僑居屋數椽入門與抖擻喜其隙壤多可試栽花手運鉏轉瓦礫脊土壘培塿牆陰種竹新砌罅剔草朽奇葩暨時卉按譜索某某蒔滿皆階分栽映窗牖自口種花奴入呼灌園叟春風吹紅萼爛熳無不有爲花祝生辰再拜壽以酒舍之忽他適悵然負好友回首語春風閒花無恙否鼻煙次　閻學韻云上古食氣壽且神滋味漸開爭朵哆天生聖火見晉書淡巴菰見姚旅露書來從異域標稗史桐雷嘗藥惜未見遂令本草缺佐使辟寒驅瘴效最奇枳朮參苓哂徒爾以茲噓吸遍世人嗜煙直等昌歜美比來斯品更珍絕不產扶桑產濠汜煙來自西洋礙成琵琶金屑飛嗅處微微香霧起海客售來價百緡大官朝罷嘗一匕翠管銀瓶出吏閒灌腦薰心嚏不已始知鼻飲口無功請借禪和明妙理聞香神女無覺觸辯味鉢提非舌揣塵根互用隨處靈色身本是旃檀體旁徵軼事佐詼咍耳食眼飽都類此人能捉鼻效雒吟地名炊鼻書魯紀吸醋羣誇羊鼻公魏徵聽鶯堪代吳牛耳牛以鼻聽何況馨香一氣通寧慮焚身同象齒不見當年有鼻君千秋肸蠁方祀先生大笑信有諸姑免掩鼻對西子寄鮑淥飲云憶醉餘杭酒曾分鮑叔金江湖縈別夢風雨隔遙林繡嶺花飛滿閒門春草生後時相望意忽忽罷瑤琴汲古羲皇上論交湖海閒九重知姓氏二酉署家山月作觀書眼霞生處士顏何當問元草重欵舊松關

嘉興之梅里自王周朱李以詩名後作者不乏余所知者如徐琳字荊斐柘南之子人品既高詩亦有家法其喜雨一詩云插秧久無雨人心憂如惔崇朝煙漠漠亭午陰黯黯九垓日腳晦一抹雲氣含潛聽雷出地頗失天拖藍沛德雨師下爲虐旱魃殲滋彼原隰膏澤及瓜芋焉瘠壤沃萬億疲民蘇再三頻喜水流活那知火上炎軒窗滌煩溽庭沿成汪涵兼旬竭澤苦一夕降露甘小畜占既處大田歌有渰荷蕢相慰勞可以擕長鑱題姑蘇惜別圖用唐人韻云紺珠花發亂垂條夢繞吳閶

第幾橋暮雨蕭蕭何處曲畫船歸去櫓輕搖石城螺黛晚妝新字刻琅玕玉作塵唱遍君家腸斷句旗亭頭白舊歌人郭鳳字友桐種麥僮餘魯齋過訪云閒中識時序荷我鉏簣行初冬日差暝木落氣逾清值子溪橋來林外拖笻聲席地坐亦適何必詣柴荊相談稼穡事眼下無俗情妥蝶舞黃花令節轉元英觀彼畦中麥露晞朝日明我徒業耒耜勞力兼勞形久期結鄰約與子相耦耕又云讀書不成名心甘老牖戶田園倚爲生爰得此樂土秋穀既已登麥苗又鮮嫵磨礱候新晴家家築場圃胼胝及手足飽食慈腹腑一年復一年人老不辭苦又賦兒子未一週云兒子未一週學語未學走不識伯與父阿爺爺信口兒子未一週傍燈喜弄火火滅不見人撲向娘懷坐兒子未一週見硯便擎墨擎來入口含面塗烏雅黑兒子未一週撫鏡兩相笑不知是已形指點向人叫兒子未一週不識梨與栗卻知斯可食兩手各執一郘居云比戶連郘舍漁樵也結鄰歲豐家貯足里儉俗安貧笠戴一犁雨鋤來滿隴春相攜論農圃多是耦耕人人家門乍啟放鴨出灘沙曬穀祈晴日負薪帶雪花愚兒偏就傅少婦學持家布素機中出衣衫不尚華徐鉉字昭儒泰駐山云祖龍駐蹕處宮殿竟荒蕪西北長城起東南王氣孤焚阬成左計劉項不爲儒一撮埋金土空勞萬世圖短檠次韻云孤坐愁無寄長歌一短檠忍教牆角棄轉憶案頭明病榻常憂燼雞窗到曉清十年徒對爾憔悴竟何成柳絮云一自飢驅未息肩銷魂幾度柳飛綿昨宵夢入江南路又上秦淮渡口船

山靜居詩話終

曝書雜記

曝書雜記卷一目錄

曝書雜記卷一

嘉興錢泰吉輔宜著

葉氏過庭錄曰古書自唐以後以甲乙丙丁畧分爲經史子集四類承平時三館所藏不滿十萬卷崇文總目所載是也公卿名藏書家如宋宣獻李邯鄲四方士民如亳州祁氏饒州吳氏荆州田氏等吾皆見其目多止四萬許卷其間頗有不必觀者惟宋宣獻家擇之甚精止二萬卷而校讎詳密皆勝諸家吾舊所藏僅與宋氏等而宋氏所未見者吾不能盡得也自六經諸史與諸子之善者通有三千餘卷讀之固不可限以數以二十年計之日讀一卷亦可以再周其餘一讀足矣惟六經不可一日去手吾自登科後每以五月以後天氣漸暑不能泛及他書即日專誦六經一卷至中秋時畢謂之夏課守之甚堅宣和後始稍廢歲亦必一周也每讀不惟頗得新意前所未達者其先日差誤所獲亦不少故吾於六經似不甚滅裂南史記徐盛年過八十猶歲讀五經一徧吾殆不愧此前輩說劉原父初爲窮經之學寢食坐卧雖謁客未嘗不以六經自隨蠅頭細書爲一編置夾袋中人或效之後傭書者遂爲雕板世傳夾袋六經是也今人但隨好惡苟誦一家之說便自立門戶以爲通經內不求之己外不求之古可乎後生詭習聞見所以日趨於淺陋也（文獻通考卷一百七十四經籍考一）石林葉氏與

諸子講說之語其中子模編輯之爲過庭錄二十七卷直齋書錄解題雜家類錄其書此論藏書校書讀書之法有志讀書者所當玩味其言也泰吉承先世餘緒藏書號稱二萬卷以資博采則不足然非聖畔道之書先人所戒泰吉小時即屏棄不收也每以不能浹洽有負世業爲恨夏日曝書就所聞見隨筆寫錄以授學徒葉氏語素所服膺錄諸卷端俾子弟知向學之方爾

鄭耕老勸學所述九經字數周易二萬四千二百七字書二萬五千八百字詩三萬九千二百二十四字禮記九萬九千二十字左傳一十九萬六千八百四十五字周禮四萬五千八百六字論語一萬二千七百字孟子

三萬四千六百八十五字孝經一千九百三字從孫聚仁從武英殿記乾隆石經字數易二萬四千四百三十七字書二萬七千一百三十四字詩四萬八百四十八字禮記九萬八千九百九十四字周禮四萬九千一百五十六字儀禮五萬七千一百一十一字春秋左傳一十九萬八千九百四十五字公羊四萬四千七百四十八字穀梁四萬二千八十九字孝經二千一百十三字論語一萬六千五百九字爾雅一萬七百九十一字孟子三萬四千六百八十五字十三經共六十四萬七千五百六十[redacted]字石經九經字數與鄭耕老所記多寡懸殊者或但數正文或連篇目字或記錄有誤荒經者每日能溫熟一千字兩年可畢即有能務閒斷亦兩年半可畢乃因循歲月一經未治殊爲可惜

姜西溟謂東方朔三年誦二十二萬言每年正得七萬三千三百餘言以一年三百六十日成數算之則一日所誦纔得二百零三言耳蓋中人最下之課也余謂曼倩誦四十四萬言遂上書自誇然其所誦半屬孫吳兵法固不若六十四萬餘言之皆聖賢經訓也果能用兩年半功夫胸中貯六十四萬餘言足傲曼倩矣

宋岳倦翁刊九經三傳以家塾所藏諸刻併興國于氏建余仁仲本凡二十本又以越中舊本注疏建本有音釋注疏蜀注疏合二十三本專屬本經名士反覆參訂始命良工入梓其所撰相臺書塾刊正九經三傳沿革

例於書本字畫注文音釋句讀脫簡考異皆羅列條目可見其詳審矣乾隆四十八年 武英殿仿刻五經泰吉於嘉慶庚辰始得敬藏卷首

御撰五經萃室記每經前

御製詩一首每卷後附考證詳審精確勝岳氏原刻不啻倍蓰有志讀經者不可不家置一編也

孔平仲云齊宗室傳衡陽王鈞嘗手自細寫五經置巾箱中巾箱五經自此始也經義考卷二百九十三引泰吉於杭州書肆得乾隆七年和碩怡親王明善堂刻巾箱本易本義詩集傳書蔡傳禮記陳氏集說春秋胡傳字畫紙墨極精歲癸未潤齋叔父昇以所藏雍正十三年和碩果親

王校刻春秋左傳較怡府所刻五經板式闊大字畫紙墨亦極精前有序文云三傳之文皆後之作者所不可及也按以經義則公穀之合者爲多而左氏所載事物之變尤備蘊義閎深故自古以爲經世之文有專治此書而達於政事威懾鄰敵者余少讀而好之雖事之般少有餘暇未嘗不翻覆而流連也余於古書常專誦本文而別考其訓釋蓋以方誦其文旋考其釋則意有所間而一篇之神理會於吾心者不全杜氏之注尚矣然訓釋典故而辭未別白及失其事與言之本指者十猶一二近世學者苦孔疏之繁猥以宋林氏之說合焉不知林氏所見尤狹陋其當者蓋無幾不若孔疏猶能通

杜氏之意而貫一事之始終使學者有所開解也其疑義散見於羣書及並世人所考訂頗有能補註疏所不逮者余嘗欲會萃增損別爲集注而無暇也乃先刻經傳本文以便把玩而畧加點定以三色別之使學者辨其辭義之精深敘事之奇變及脈絡之相灌輸者要以資於文事而已至於究事物之變而深探其義以濟其實用則觀者各自得焉固無俟於余言也

嘉慶十一年陽城張古餘太守敦仁影鈔吳門顧之逵抱沖所藏宋本禮記鄭氏注二十卷付梓乃淳熙四年撫州公使庫刻本也每卷後記經若干字注若干字第二十卷後記凡二十萬一千九百九十二字（經九萬七千七百五十九字注一十萬四千二百三十三字）卷尾有撫州公使庫新刊注禮記二十卷并釋文四卷福州鄉貢進士陳寅校正及修職郎司戶叅軍權教授趙善璿等銜名張公謂此本經文與開成石本每合與相臺岳氏刻本互有不同自爲考異二卷後有顧廣圻千里跋千里爲抱沖從弟近時校書推千里黃蕘圃所刊仿宋本諸書及胡中丞刻文選通鑑皆其所校也此書張公官南昌太守時以贈澗薲叔父余得有之

近時揚州鮑氏所刻監本四書五經字大可便誦讀四書及四經視汲古閣及崇道堂所刻不甚相懸沿訛之字亦未能盡正春秋則錄三傳并恭錄

欽定春秋傳說彙纂較之十笏堂（亦揚州本也）所刻爲詳密不知出何人之手表弟吳公謹鐵琴所贈也

唐人義疏讀者每病其繁魏氏九經要義其僅存者世亦罕見然以刪識緯爲主恐於繁文亦未盡節也武進臧氏琳欲仿史通點煩之法裁剪義疏別爲九經小疏舉禮記樂記周禮大司樂二則以爲例見所撰經義雜記第十一卷嘉慶癸酉余與味根從孫聚仁有讀義疏之約相與節鈔詩疏僅取與集傳異義者以便應試耳歲甲戌聞味根佐蕪湖繆承香丈校義疏余謂禮疏闕文爲多乃錄校勘記及七經孟子考文於重刻汲古閣本禮記正義又從朱絳槎編修借　武英殿本以分句

讀時館樂壽堂課姪之暇日校數葉校至第十八卷以試事輟業忽忽二十餘年經學日荒每一展卷不勝憮然暇日欲用南昌新刻本校完此經精力日衰恐未易遂若仿臧氏小疏則更非一人旦夕之功味根一行作吏此事遂廢矣聊記斯語以俟學者（吳江沈氏彤有儀禮小疏乃取儀禮士冠禮士昏禮公食大夫禮喪服士喪禮五篇爲之疏箋各數十條與臧氏所言之體不同）

臧玉林先生爲諸生三十年未嘗一日不讀經偶有所得卽記錄閒附他說積久成三十卷名經義雜記大都深於漢唐訓詁之學太原閻氏一見歎爲學識出唐儒陸孔之上先生不求人知他人亦無知之者歿後九十餘年而元孫鏞堂以經學見知於時其書始刊行

第各條隨所得先後未嘗編次余於甲戌夏日爲纂一目曰易曰書曰詩曰春秋曰左傳曰公羊穀梁曰周禮曰儀禮曰禮記曰大戴禮曰論語曰孟子曰孝經曰爾雅曰音訓而以雜論終焉每條下各注原卷次第以便檢尋然二十餘年來亦未能細讀此書也

海昌陳簡莊孝廉鱣博學好古尤喜收書其所得諸經舊本周易注疏則宋刻大字本十三卷李氏集解則影宋嘉定本十卷朱子本義則宋咸淳吳革本十二卷尚書孔傳則宋婺刻巾箱本十二卷蔡氏集傳則宋刻本六卷毛詩傳箋則宋刻監本二十卷注疏則元刻元印大字本二十卷周禮注則宋刻小字本十二卷儀禮鄭注則明繙宋刻本十七卷禮記注則宋淳熙刻本二十卷（卽張氏重刊本）注疏則宋刻本七十卷陳氏集說則元文宗時建安鄭明德刻本十六卷春秋經傳集解則明繙宋相臺岳氏本三十卷（簡莊謂明繙刻有三本此爲最佳不言何人所繙）穀梁傳則照宋鈔單行疏十二卷（惜缺文公以前）論語音義則影寫北宋蜀大字本一卷孝經注則桐鄉金氏翔和書塾繙相臺岳氏本一卷爾雅則宋刻單疏本十卷孟子音義則影寫北宋蜀大字本二卷四書則宋淳祐丙午泳澤書院刻大學章句一卷中庸章句一卷論語集注十卷孟子集注十四卷（簡莊云似係闕初時繙刻之本）余來海昌簡莊已下世所藏盡散不知流傳何所矣戊子春管庭芬芷湘得簡莊手寫經籍跋文一卷於西吳書舫諸本與今通行本異者皆羅列精詳余鈔一通藏之今蔣生沐刻入別下齋叢書

江西南昌學所刻十三經注疏共四百十六卷并附校勘記經始於嘉慶二十年二月成於二十一年八月儀徵相公時官巡撫與僚屬紳士捐貲校刻董其事者鹽法道廬江胡稷武寗貢生盧旬宣也以十行本十一經及儀禮爾雅單疏本爲主不欲臆改古書卽明知宋版之誤但加圈於誤字之旁而附校勘記於每卷之末校勘記者儀徵舊有各經校本撫浙時屬詁經精舍諸君分撰成書也易穀梁孟子則屬之元和李銳書儀禮則

屬之德淸徐養原詩則屬之元和顧廣圻周禮公羊爾雅則屬之武進臧庸禮記則屬之臨海洪震煊春秋左傳孝經則屬之錢塘嚴杰論語則屬之仁和孫同元惜南昌刊板時原校諸君已散亾刊者意在速成不免小有舛誤當檢單刻十三經校勘記并覓舊本審核也嘉慶二十三年衎石兄之南昌許爲購注疏未至余夢兄攜注疏歸字旁有圈心異之及得而讀之果然蓋余聞南昌新刻注疏成欲得之久矣其卽所謂思夢歟然余先期未嘗知新刻注疏有旁圈也異哉

乾隆五十三年大興翁覃溪先生以詹事府詹事督學江西合前後所見錢塘黃氏如臯姜氏金匱錢氏摹熹

平石經一十二段殘字六百七十有五勒於南昌學宮凡四石乙未冬日衎石兄從南昌拓本以寄覃溪先生刻石始末及辨證文字詳見兩漢金石記所謂金匱錢氏乃梅溪居士泳也金石萃編謂金匱錢君泳貽昶重摹雙鉤本據云檢篋中得之而不知其所自來蓋萃編所錄梅溪居士自跋謂乾隆五十年七月偶得雙鉤本於舊篋中不詳何人所摹也戊戌五月余過梅溪居士於杭州得見其寫經樓金石目記重摹漢熹平石經殘字云乾隆五十年乙巳余館於吳門陸端夫上舍家七月初二日天氣新涼偶步至元妙觀前見書肆中有明刻管子十五卷批點甚精卷首有徐樹丕名印乃購以

歸次日披閱書中有零星片紙皆漢隸雙鉤再三尋繹知是熹平石經殘字喜不自勝取洪景伯隸釋考之皆與符合凡得尙書洪範篇七十八字君奭篇十一字魯詩魏風七十三字唐風三十一字儀禮大射儀三十七字聘禮二十八字公羊隱公四年傳十八字論語微子篇百七十字堯曰篇三十九字又盍毛包周有無不同之說及博士左立姓名十八字合五百餘字課徒之暇親自刻石三月始成遂搨三百餘本寄張芑堂陸貫夫諸君從此流傳海內後北平翁閣學方綱摹石於南昌學宮長白李太守亨特模石於紹興學宮而如臯姜氏吳門劉氏亦有模本皆從余家所刻本再模者也徐樹

丕字武子長洲人少補諸生姚公希孟器重之妻以女善楷書兼工八分國變後隱匿不出自號牆東老人康熙初尙存此本或其所藏耶此記所得石經摹本極詳錄之以釋金石萃編所疑乾隆五十八年居士又於管子中得石經殘字三十八字以意連屬之蓋論語學而篇也抑與之與作意予之與與洪氏所載同乃更刻石覃溪先生賦七言古詩貽之惜後所得三十八字南昌學中未及補鐫梅溪嘗仿熹平石經寫論語孝經大學中庸章句文字謹遵

聖祖仁皇帝

高宗純皇帝欽定本初欲勒石於闕里題曰闕里石刻

今在蘇州府學敬一亭凡一百二十四石

周禮讀本以德清袁氏槐校刊本爲善正文句讀音切頗清晰便於童蒙若欲觀鄭氏注陸氏音義則嘉善周氏福禮堂本爲善嘉慶十七年順德張公青選宰嘉善重校付梓是爲清芬閣重刊本也清芬閣尚有爾雅刊本

餘姚邵學士晉涵謂爾雅邢氏疏多掇拾毛詩正義掩爲已說閒采尚書禮記正義更多闕畧爰據唐石經宋槧本及諸書所徵引者審定經文增校郭注兼採諸家別爲正義二十卷附刊陸氏釋文二卷十載而成學者謂實出邢疏之上余所藏者世父戶部公遺書也邵學士尚有孟子述義穀梁正義韓詩內傳惜未見見潛研堂墓誌銘

近得南江札記四卷文鈔四卷其子秉華所栞

嘉慶辛酉南城曾公官兩淮鹽運使時刻元人影宋鈔繪圖爾雅三卷下卷分前後二卷實四卷正文有注有音大字極悅目圖爲姚處士之麟所摹繪亦極精似勝列女傳圖也列女傳八卷爲宋建安余靖庵刻本乾隆戊申顧抱沖得之抱沖從弟千里以宋本重雕而去其圖道光五年揚州阮君福重刻於嶺南圖爲其第九妹季蘭所摹原本雖未必定出晉人其爲南宋以前則確然無疑吾友錢塘汪小米遠孫之配梁端無非校注列女傳可與福山王安人照圓之注並傳

余欲求善本呂氏古周易音訓梅里李香子丈告予仁和宋小茗咸熙嘗校刊此書小茗下世後印本漸希丁酉春日晤朱少郭以泰爲小茗同里人因贈一册葢嘉慶戊午冬月從元董季眞周易會通中采出因依呂氏篇第鈔錄者也小茗嘗欲合栞呂氏古易音訓宋氏國語補音孫氏孟子音義殷氏列子釋文蕭氏漢書音義等書而易音訓獨成自爲序歸安嚴氏元照爲後序

唐釋元應一切經音義二十五卷終南太一山釋氏爲之序稱大唐衆經音義存釋藏中乾隆閒任禮部大椿著字林考逸孫觀察星衍集倉頡篇始采及其書五十一年武進莊君炘宰咸甯從大興善寺得善本乃刊行其引經則有三家詩鄭康成尚書論語賈逵服虔春秋傳李巡孫炎爾雅等注字書則有倉頡三倉衛宏古文葛洪字苑字林聲類服虔通俗文說文音隱及漢石經之屬皆非世所經見莊君謂其說字則以異文爲正俗書爲古泥後世之四聲昧漢人之通借頗引經典字書以袪其蔽助之校勘者則嘉定錢君坫歙縣程君敦同里洪君亮吉孫君星衍也糾正之語俱附各條下

郭氏汗簡凡七卷前六卷分上中下各二卷始一終亥鄭所南序謂集七十一家之字蹟也末一卷畧敘書傳言古文者自易至昌黎科斗書後記止凡若干條康熙間錢塘汪立名從朱竹垞先生得舊鈔本刻於一隅草堂竹垞翁喜勸人刻字書若吳門張氏及曹氏楝亭所刻書多發於竹垞翁唐宋人小學書今得傳布竹翁力

也稱謂字學當以說文爲宗參之郭氏所著佩觿及張參五經文字唐元度九經字樣等書以正字體若古文奇字聊廣聞見則可倘好奇成癖將如薛常州之書古文訓令人舌撟不下亦是一病竹汀先生嘗辨論郭氏之書讀者當以爲法

秀水胡菊圃丈重精於說文其所著書凡十種金君孝柏爲刻說文字原韻表菊圃嘗得惠半農松厓父子及惠氏同邑𠆯胡竹厂孝廉士震與其子仲澐所校汲古閣本說文其弟子沈茂才世枚以五色筆錄於簡端間附菊圃校語今在吾友金岱峯衍宗處余方借錄吾鄉近時講說文之學者梅會里李香子丈富孫尤精贈余所著說文正俗辨字八卷謂今段借通用說文自有本字有得通借者有不容通借而並爲俗誤者援據經典以相證契大旨多折衷於金壇段先生之注而亦有段注所未及者讀說文之津梁也

二十年前見茗估持書目有助字辨畧謂是鄉學究啟悟童蒙俾免杜溫夫之誚爾及得其書而讀之則先秦兩漢舊籍引據該洽實爲小學書之創例撰人爲確山劉淇武仲凡五卷自序謂其類三十曰重言曰省文曰助語曰斷辭曰疑辭曰詠歎辭曰急辭曰緩辭曰發語辭曰語已辭曰設辭曰別異之辭曰繼事之辭曰或然之辭曰原起之辭曰終竟之辭曰頓挫之辭曰承上曰轉下曰語聲曰通用曰專辭曰僅辭曰歎辭曰幾辭曰極辭曰總括之辭曰方言曰倒文曰實字虛用釋訓之例凡六曰正訓曰反訓曰通訓曰借訓曰互訓曰轉訓班諸四聲因以爲卷其書刊於康熙五十年海城盧承琰撰序謂所著尚有周易通說禹貢說若干卷謹檢四庫總目俱未著錄則劉君所著鮮傳本矣後讀陸朗夫先生切問齋文鈔第十五卷錄堂邑志賦役論乃知劉君一字龍田號南泉濟寧人有衛園集　皇朝經世文編爵里考同近時王伯申尚書著經傳釋詞十卷其撰著之意畧同此書詁訓益精密然創始之功不能不推劉君也

鄉先哲宋參政婁公班馬字類五卷樓大防洪容齋爲之序其例於二史假借之字第識首出已見於經子則疏於下然亦有漏畧覃懷李曾伯可齋爲補一千餘字景定甲子自序稱隨其先君入蜀時與老儒王揆共成之見張氏金吾愛日精廬藏書志可齋爲丞相邦彥之孫所著有可齋雜稿續稿續稿後南渡後流寓嘉興故於婁公亦稱鄉先哲竊謂婁公原書但著假借之字所補不當有一千餘字之多惜未得其書一爲校核也

覃溪翁氏補正經義考凡一千八十八條爲十二卷乾隆五十七年爲山東學使時與歸安丁杰小疋南城王聘珍實齋共成之謂爾雅類宜備列訓詁六書諸目今

以顏氏匡謬正俗張氏五經文字等入是書而小學未能自爲一類宜與宣講立學同補然翁氏亦未有成書南康謝公啟昆領藩吾浙時撰小學攷分詁訓文字聲韻音義四門凡五十卷余但見潛研堂序文未見其書也

陸魯望自撰甫里先生傳謂得一書詳熟然後寘於方册値本即校不以再三爲限朱黃二毫未嘗一日去手所藏雖少咸精實正定可傳借人書有編簡斷壞者緝之文字謬誤者刊之可見古人讀書之愼重海昌許珊林槤用十餘年之力校勘笠澤叢書七卷補遺二卷附攷一卷手寫付梓以印本見貽字體仿歐陽率更良可悅心珊林謂近日士夫過信宋本明知字句之誤不肯更易故此刻雖據宋樊開本而宋本之誤亦據他刻更正然尙有可商者偶讀樊榭山房西湖春雨絕句遙峯隱見黛眉攢怪底春來無此寒明比熏鑪風味淺有人樓上泥闌干正用魯望春寒賦中朋比熏鑪留連黼帳相逢置酒則少避酡顏獨自登樓則偏淩遠望語珊林從宋本改朋比爲明滅似不若朋比爲勝又余嘗假曹種水所藏碧筠草堂仿元刻本（此本今爲余所得）字體類趙文敏紙墨俱極精詩文雜編合乎原序不類不次混而載之之旨此用樊開本雜著詩歌分編非叢書舊次矣

道光戊戌春日修川朱筱漚鈞以舊刻事文類聚見贈前集後集續集別集皆祝穆和父撰和父爲朱子母黨子姪嘗讀書於攷亭書院得聞緒論故卷首即標太極之目而詳列陸子靜與朱子辨論之書爲他類書所未有和父嘗撰方輿勝覽故此書不及輿地新集外集爲富大用編皆詳官制補和父所未及也祝淵所編遺集惜無之他日當與方輿勝覽同訪求焉元人有刻混一方輿勝覽者竹汀翁謂轉不及和父之詳贍

自康熙四十九年
御定淵鑒類函頒行而俞氏安期之唐類函皆束置矣然　四庫提要亦稱其取材不濫於諸類書中爲近古余初至海昌有馬生者以是爲贄欣然藏之後讀吳兔床桃溪客話述周芚兮大令語云宜興故多盜俞安期輯唐類函初成嘗載百十部以出中道被掠安期乃更印數百部以紅字目錄印書側嚮之未幾盜書亦出以無紅字詰之遂首伏人多其智好事者爭買紅字唐類函因此乃大售今世猶貴紅字唐類函其實與黑字無異也附錄以博異聞俞氏更有詩雋類函一百五十卷删掇皇古以迄唐代之詩附以詩話小說又有類苑瓊英十卷皆未見

明宣城徐尙書元太喻林一百二十卷採摭古人設譬之辭彙爲一編爲自來類書所未有族子恬齋方伯語予嘉慶初年

欽命詩賦題往往取此書一日琉璃厰書肆搜索殆盡蓋翰苑諸公爭購讀也恬齋嘗摘鈔一册名喻林一枝余過葯房時取觀焉近日此書價稍減乃得有之每一披覽古藻滿目於稗典摘取尤繁富

唐荆川有左編以纂史右編以紀言文編以錄文稗編以類事左編梓於浙西右編梓於閩中茅鹿門撰稗編序謂胡公宗憲姜公寶所刻也今皆罕見四編中要以稗編爲最余所藏者茅一相康伯刻本世父戶部公賜書也羅列藝文無所論纂雖不及章氏山堂考索之精核亦考古者所必資以之肩隨庶無愧矣

山堂之學當與王伯厚抗衡考索四集共二百十二卷參處於通典通考之間足以鼎立鄭氏通志所不及也嘉慶丙子得於閩川陶氏閩陶氏得之洙涇程氏蓋曾爲愛廬侍御所藏當時以爲元刻實則明正德時慎獨齋刊本也有志於古者當訪求元刻校正之余嘗欲摘其中論漢事者合之玉海通典通考五禮通考所錄漢事以補徐氏會要之未備暇日當成之

玉海余所藏者爲嘉慶丙寅江寧藩庫刻本先是上元學宮明初刻板至 國朝屢修者燬於火合河康公基田官江寧布政使張公敦仁守江寧得浙東至元初刻本乃屬副貢陳勉甫上舍胡聖鑑參攷校讎序稱補塡缺誤二萬餘字五閱月而刻成附刻十三種亦完備道光乙酉曾假當湖吳氏愼餘堂所藏元刻校對十餘卷知此刻勝於修板多矣惜金陵刻工爲下附刻書從草草不若張太守重刻撫州本禮記影宋校勘精良也

書籍校勘固須精良紙墨亦宜選料鄱陽胡公克家所刊資治通鑑文選印於蘇州者極精江西印者稍遜矣近聞其家子弟分析書板合印殊難余從父撫江右時摹印十餘部余得藏焉

胡中丞所刻通鑑前有翰林學士王磐序云京師刱立興文署署置令丞并校理四員咸給祿廩召集良工剡刻諸經子史版布天下以資治通鑑爲起端之首亦元時刻書一掌故也胡身之新注通鑑序自署旃蒙作噩蓋元世祖至元乙酉也梅磵蠖居者身之時寓甬上袁氏之室有藏書窖已丑寇作藏書窖中得免鮚埼亭外集胡梅磵藏書窖記言其本末甚詳蓋本於袁清容先友淵源錄嘉慶二十一年胡公官江寧布政使獲元和官本開雕於孫伯淵觀察家祠延文學顧君廣圻彭君兆蓀及中丞族弟樞司校勘後附通鑑釋文辯誤十二卷身之辯史炤之說也史炤釋文嘗見舊刻本惜未購藏身之於通鑑竭畢生之力視劉安世音義當過之安世之書不傳可也然顧亭林陳少章猶糾舉其誤凡若干條注書之難如此身之固嘗曰人苦不自覺前注之失吾知之吾注之失吾不得而知也其與王伯厚同居

南湖而不相商確謝山嘗疑之胡公刻通鑑序謂別撰考異今所行本未見也嘉慶十四年刻文選有考異十卷元和顧君廣圻鎮洋彭君兆蓀所撰兩君皆精校勘辨晰頗詳所據爲淳熙辛丑尤延之刻於貴池之本而以吳郡袁氏翻雕六臣本茶陵陳氏刻增補六臣本校其異同并詳列何焯屺瞻陳景雲少章校語亦多辨正其非

文選余舊藏六臣注六十卷爲明神宗二年新都崔大夫刻本有汪氏道昆序序後有氷玉堂重校五字次錄田氏汝成刻文選序及昭明小傳而雲杜徐成位題其後云郡齋舊有六臣文選刻而殘失山東崔大夫領郡重爲剞劂但校讎者鹵莽中多舛誤甚以俗字竄古文觀者病之余暇日屬一二文學詳校凡正一萬五千餘字云云則神宗六年戊寅也目錄後有見龍精舍重校六字崔大夫不著其名徐君殆亦宦新都者刻本字大白綿紙印便於老眼世父戶部公所賜也

道光壬午得評本文選於杭州市肆乃重刻汲古閣本評者工於楷法朱墨粲然蓋臨義門本而卽似義門手蹟可寶也原跋云辛未十二月望日閱畢詩是丙寅冬在王駿聞家所閱六年始畢一至又無一卷成誦識余之廢學爲後來子弟之戒立歲無聞實游惰之咎於人何尤哉焯識又跋云乾隆乙酉夏寓啟香書屋得義門先生勘本依樣畫出完士侮食不免有憾校讎之力是所望於主人文漪克紹識啟香主人及文漪克紹不知爲何許人完士見王仲宣從軍詩侮食見王元長曲水詩序義門證之史記謂完士當作軍士侮食則引王厚齋語謂元長沿用周書王會解之誤本皆見卷中李介石徵君言嘗藏義門手評文選半部其半在從孫金瀾廣文所後同歸於阮氏文選樓矣未得一見以審異同偶取讀書記校核數條詳畧互異不可枚舉大較此本爲優蓋作讀書記者所見非義門最後之本也惜此是重刻汲古閣本正文及注中誤字尚須細校

新唐書藝文志所錄文選音註李善五臣而外蕭該音十卷僧道淹音義十卷公孫羅注文選六十卷又音義十卷曹憲音義卷亡許淹音十卷康國安注駁文選異義二十卷李善別有文選辨惑十卷今皆不傳吳縣余仲林撰集古經解鉤沉極精博所爲文選音義則體材殊不稱　四庫提要詳言之漢學師承記謂仲林亦悔其少作別撰文選雜題三十卷今未得見然音義多用直音便於省覽載義門校語頗詳亦初學所不廢也

近時專考紀元之書淸白士元號畧爲備卷一卷二專號共六百五十八卷三重號一百八十五卷四佚號一百三皆以韻爲次更有補遺一卷秀水葉兩垞維庚宰江陰時刻紀元通考十二卷嘉慶九年所撰次也首歷

代正統年號次分霸次僭竊次外國次擬議不用次史書異辭次無甲子可考次分霸時紀元年表次依韻類編次三字四字六字紀元次古今相同次本國前後相同次中朝同於僭竊次年號甲子皆同次上下兩字無一相同次一年兩號三號次改元最多次一君不二紀元次稱舊君年號而以總論二卷終焉葉君熟精通鑑吾友胡仁圃祥麟記誦亦該洽常自謂不及也聞葉君撰著尚多余僅見此刻

梁山舟先生頻羅庵遺稿詩三卷集杜二卷文四卷題跋四卷直語補證一卷日貫齋塗說一卷筆史一卷詩文皆工贍直語補證蓋仿通俗文而作雖止一卷亦有翟晴江氏通俗編所遺者塗說則讀書之筆記筆史自筆之始至筆之匠采摭極精博先生既苦爲書名所役不欲更以詩文名故所作多隨手散佚此遺集十六卷皆先生身後嗣子玉繩所搜輯者也玉繩自號清白士九踏省門不遇年未四十遂棄舉業文而專心撰著所著人表攷九卷呂子校補二卷元號畧四卷誌銘廣例二卷瞥記七卷蛻稾四卷合爲清白士集二十八卷別有史記志疑三十六卷刊行後續有增加則筆之刻本上子學昌輯爲庭立紀聞四卷清白士家有　賜書父子昆弟自爲知已一時老宿如杭堇浦陳句山盧紹弓錢辛楣孫頤谷諸先生皆得接談論故與弟處素俱彊識博聞一時有二難之目處素名履繩早卒遂於左氏學成書六種名曰左通古注輯存雖富惟合者錄補釋第一專家詮釋或疏有證者駮駮證第三攷異則旁蒐及石經羣籍之多攷異第二廣傳則取材在公穀國語而外廣傳第四以及風謠卦繇古音第五別解軼聞肌說第六皆考輯詳審今惟補釋三十二卷已刊行朱氏文翰作後案一篇於處素撰述大旨發明頗詳頻羅庵稿爲山翁從孫弓子所贈庚辰余客濟南弓子方候補鹽場大使也清白士集得於杭州書肆左通補釋則汪小米所贈

羅昭諫集八卷康熙年新城知縣武定張瓚容庵所輯一卷至六卷爲詩文第七卷雜著則讒書僅八條廣陵妖亂志四則第八卷爲兩同書道光甲申新城知縣平江吳墉整理印行金岱峯以贈余余屬潘梧君藹人從全唐文鈔補賦四篇表一篇序一篇書二篇碑一篇錢氏大宗列傳十九篇弔文一篇爲補遺一卷合諸吳兔床拜經樓所刊讒書五卷昭諫之遺著畧備矣

羅鄂州小集六卷附郢州遺文一卷歙程哲聖跋輯錄康熙癸巳七畧書堂刻本也道光丁酉夏日假金岱峯所藏天啟丙寅羅朗刻本校一過第六卷汪王廟考實新安志序爲天啟本所無亦假岱峯所藏康熙丁亥黃以祚承德堂刻本新安志校天啟本末附羅似臣徽州新城記程氏謂攙附不倫削去今補錄於郢州文後以

見羅氏一家之學焉

元遺山詩注十六卷（連卷首卷末）烏程施國祁北研輯於時事極詳蓋所注自四史外如中州集續夷堅志歸潛志拙軒集滏水集滹南集莊靖集鶴鳴集二妙集河汾諸老詩集敬齋古今黈及宋元明人雜書積年搜采皆有根據其注詩中故實則不逮時事遠甚自言舊稿燬於火友人慫恿更聚書注解七月而成故實之詳畧不得當職是故歟道光丁亥余將至海昌沈蓮溪雪門兄弟以此贈行丁酉春日宜興吳仲倫翁來可讀書齋寓旬餘將束裝矣偶及遺山詩仲倫翁爲選五言古詩若干首卷中墨筆圈點仲倫翁筆也

道光甲午學使陳石士侍郎已更替奉旨讞獄留杭州冬日往謁侍郎以新刻陳文節公止齋文集見贈侍郎自言治春秋於宋元諸儒取文節及高抑崇張元德趙子常之說爲多而於文節子常則服膺尤切按試温州得乾隆年刻文節文集乃與富海颿中丞謀重刻而屬長興錢士雲任校刊侍郎撰序并於卷十七新歸墓表後手識云余讀三魚堂文至大學說知本說性學說白鹿洞規說東林會約說疑其有闕文知本說涇陽語曰善者性之實也善存而性存矣其下當有辨論而無之白鹿洞規言陽明涇陽專言性之誤而無闡發白鹿洞規之辭東林會約說虛言善也前學如不及猶恐失之後皆倘應有文字而無之疑校刻時未盡攷原文而隨手寫入或清獻公本係讀涇陽集時隨手論列數語未及爲文後人重是手蹟全行采入而未及詳考之也余試温州時得乾隆年間校刻葉水心文集亦有文不全而空數十行以待後人之補者校書之難如此錢生士雲校止齋集以正德本乾隆本互校補正誤字數十條而新歸墓表及答薛子長尺牘皆能補足闕文是可嘉也爰記之於此侍郎欲於永樂大典中搜輯文節左氏章旨校正補刻又欲重刻趙子常文集入都未幾卽下世不果成丙申秋有以宋本止齋文集索售實正德本也價甚高不克收藏聞蔣生沐有舊鈔

本暇當借校惜侍郎遽作古人不獲以異同請益也侍郎視余甚厚每觀此書及爲余撰清芬世守錄序輒爲泣然侍郎受古文法於舅氏魯山木桐城姚惜抱治經則承其大父凝齋先生之餘緒凝齋先生嘗屬海昌祝人齋治禮記而自任春秋侍郎得人齋禮記注稿八十餘册南北行必以自隨欲爲寫錄續成而未果余訪得人齋遺集侍郎喜甚急編次授梓春秋則仿東萊讀詩記之例取諸儒先說之合於己例者鈔輯會萃名春秋屬辭會義斷手於襄公而未成又取近時人嘉言懿行及關於掌故國聞者爲衲被錄若干卷自爲詩文集若干卷

明神宗四十七年茂苑楊時偉去奢合刻諸葛忠武陶靖節二編忠武年譜楊氏所編次靖節年譜則取吳氏仁傑本　四庫收忠武書十卷於傳記類謂其考證詳審己丑夏日海昌故家有以書出售者余先得靖節集八卷盧君大年得忠武書乃贈余合爲一歲癸巳家夢盧丈從滬上李氏鈔得吳氏年譜亟錄其副以畀余則與楊氏所刻同夢盧丈少好舊籍博收數十年而未之見則此册爲不易得矣靖節集所引張縯辨證今不傳賴此得見大畧湯東澗注則拜經樓得宋本重刊行南宋鄱陽湯文清公漢注靖節詩四卷乾隆辛丑鮑以文得宋槧本於吳趨屬海昌吳氏重雕石門方嬾儒薰

爲摹宋何秘監畫靖節小像海鹽張芑堂燕昌又於吳江王氏勺山書屋見明人所摹歷代名賢像鉤得一幅同刻更有淵明墓山圖從宋刻別本摹刻皆極精拜經樓叢書當以此集與羅昭諫讒書爲壓卷也丁酉夏日金岱峯示余沈椒園先生屬王孝廉學濂錄查他山何義門兩家評本乃鈔錄一過於卷中以時諷誦

兩漢策要十二卷（前漢五卷續添一卷　後漢五卷續添一卷）汲古閣秘書目謂爲元人手鈔者即此也丙申夏日得此於杭州書肆乃乾隆五十三年顧郡守竹軒張君鉤摹之本第三卷原缺前有如皋子長甫張朝樂較閱字後有玩松山人穆大展時年七十有三刻篆字木記翁覃溪賓東皋梁山舟諸先生爲之跋皆以手跡摹刻恍如名人法帖不獨全文之爲元人精鈔可愛也前有金大定乙巳中元日承直郎岳陽縣令雲騎尉賜緋魚袋王大鈞序謂其鄉常同知彥修宅取舊本兩漢策要摹搭刊行恨其遺脫嘗欲增廣二孫承意繼志將向者遺脫一一校證添補附入命工鋟木今兩漢俱有續添之卷其即彥修二孫所補歟後有景祐二年六月丹陽從事阮逸序謂進士陶叔獻得漢聖之學稽合衆作去繁取要撮數萬言編成十卷王序所謂舊本兩漢策要者當即陶氏叔獻之書也然阮氏序前已標重雕補注兩漢策要序則彥脩所摹者非陶氏原本矣昭文張氏金吾愛日精廬藏

書志載紹興刊本陶氏西漢文類殘本五卷惜未得校其異同也（陶叔獻有唐文類二十卷漢唐策要十卷見郡齋讀書後志）

康熙十五年宗元豫子發選刻兩漢文删二十四卷每卷後附音釋卷中句讀極分明凡例謂司馬相如封禪文公孫宏對策王褒講德論崔瑗座右銘或浮誕無當或陳腐易厭然必反覆諦觀方從黜置可知其持擇之旨矣自序謂雖遜梅鼎祚張采兩家之博然差有條例去取詩賦不收者别有古詩賦删也余得此書於苕估有年矣丁酉秋日重裝時循覽焉子發揚州府興化縣人父潮州通判萬化卒於官萬里扶櫬歸貧不克葬乃疏食不除服餘十年始得買地以葬自是遂不應進士

舉吳仲倫初月樓聞見錄述寶應王巖巢夫之言謂子發高節自好有古人之風其他撰著惜未得見也

拜經樓吳氏藏宋刻漢書殘本十四卷余嘗之吳氏展觀記其行款葢卽何小山所謂建寧書鋪本刻畫紙墨極精小山校語謂爲惡本豈所見非原刻歟十四卷僅文三王傳楊胡朱梅云傳趙充國辛慶忌傳薛宣朱博傳翟方進傳谷永杜鄴傳何武王嘉師丹傳循吏傳爲全卷嚴朱吾丘傳自廿一葉起至王褒傳法五始之要注是爲五始止東方朔傳第五葉注寄生也起至十五葉先狗馬塡溝壑竊有所止霍光金日磾傳十六葉廟重於君起至卷末傳常鄭甘陳段傳卷首至段傳會宗病死烏孫止游俠傳第二葉注狗盜而取狐白裘也宋祁曰此注疑是孟康起至郭解傳陰賊感槩師古曰陰賊者陰懷止陳遵傳注所擊則破碎也正文自提黃泉起至卷末外戚傳六十七下卷首至二十八葉宮門銅鍰也師古曰鍰讀與止乾隆癸丑嘉平盧抱經跋云汲古閣所梓漢書當是據北宋本此疑是南宋本誤字亦少注文盛本殆亦從此出今世所通行者顏注尙有脫落何論蕭該子京三劉而此獨全可寶也然余則謂設使當世有重雕者其款式自當依此其文字有斷然知其誤者不必因有宋人校語而反改不誤者以使之誤在擇而取之可也如是將使後人實我　朝之本轉勝於寶宋本多多矣余老矣槎客强力有餘當急圖之余亦當贏役少佐其未成焉更有朱氏文藻黃氏丕烈二跋槎客自跋刻入愚谷文存余欲影鈔其副吳氏有難色余力亦未暇姑記此以俟

宋刻兩漢書板縮而行密字畫活脫注有遺落可以補入此眞所爲宋字也汪文盛猶得其遺意元大德板幅廣而行疏鍾人傑陳明卿輩稍縮小今人錯呼爲宋字拘板不靈而紙墨之神氣薄矣此杭堇浦欣託齋藏書記文也然宋字濫觴於明季　國初刻書多有倩名手楷寫者候官林佶吉人寫漁洋午亭堯峯三家詩文集當時印本極精余僅有堯峯文鈔陳文道所著書則其子黃中繕寫也秀水朱梓廬先生小木子詩三刻梓廬舊稿爲同邑章啟文書仿柳誠懸體壺山自吟稿嘉興陳寓新放書用文衡山體檢圖居偶詠爲先生兒子聲希吉甫書體兼顏趙亦吾鄉一佳刻也附識於此堯峯同郡人薛熙半園輯明文在百卷康熙三十一年其門人吳縣倪霱亦雲繕寫付梓錢大鏞爲凡例云古本俱係能書之士各隨其字體書之無有所謂宋字也明季始有書工專寫膚廓字樣謂之宋體庸劣不堪是編鏞輩特請同門生倪子亦雲用趙文敏公小楷法書之間有字畫不依洪武正體者從唐宋名人法書也余嘗以此言驗所見書成化以前刻本雖美惡不齊從未有今所謂宋字者知明文在凡例之言不謬然宋體寫刻之工亦大有高下若其佳者尙可觀必欲如宋

元刻書之活脫有姿態良工亦能爲之惟工料數倍卷帙繁重者勢有不能蓋今之板價工價倍增於前而刻工俱習爲宋體書若欲楷寫必倩名手刻工之拙者亦不能奏刀也

明文自程氏敏政始爲文衡九十八卷余嘗於書船見之未及購讀然其所選皆成化以前之文黃梨洲初輯文案繼選文海四百八十二卷搜羅至二千餘家眞一代文章之淵藪矣然僅有稿本族子恬齋方伯語余前在餘姚閱文時曾從故家借觀數月不過覽其大畧而已梨洲子百家以文海卷帙浩繁請選其尤者乃編明文授讀六十二卷嘗見刻本亦未能購讀也二十年來最愛薛氏明文在時置案頭其自序謂明初之文之盛潛溪開其始明季之文之亂亦潛溪成其終旨哉斯言蓋其書閱十五年而始成以明潔爲主於僞體區別甚嚴余所見極隘竊謂欲觀唐宋元明之文者以文在繼姚氏呂氏蘇氏之後庶幾塗轍不謬矣

宋文鑑世鮮善本昭文張氏愛日精廬有葉文莊校本今不知流傳何所家夢廬丈語余嘗見不全宋槧本梁周翰五鳳樓賦臺卑者崇戹卑者豐宋板此二句作小字雙行今通行本竟脫去戹卑者豐一句其他錯謬不可枚舉余所藏者得於海昌乃明宏治時嚴郡太守番易胡韶因舊板修補故卷首標題有作新雕宋朝文鑑有作皇宋文鑑有去皇宋字但作文鑑者每册前有河間府印乃明時官書也五鳳樓賦但有臺卑者豐一句屋作臺與夢翁所見本又異修川朱子藍水部贈余一部則卽從此本重刻者葉水心習學記言中有四卷專論文鑑水心雖持論喜爲新奇然亦爲讀文鑑之一助余未有其書當訪求

河間紀文達公文心雕龍評本涿州盧公坤與史通同刻於廣中皆嘉應吳君蘭修爲之校刻史通削去繁文注亦删改此則書仍黃注原文黃評用黑色文達評用朱色文達駁正注語亦皆備錄紙墨及朱色評爛然可觀勝姚氏平山所刻多矣丙申秋日衎石兄從大梁寄付銘恕兄客廣州盧公所贈也

劉氏史通體裁仿文心雕龍誠讀史者之津梁也注之者明有郭延年王惟儉二家　國初黃氏叔琳之訓故補與浦氏起龍之通釋同時並出而浦氏更爲該洽惟於原書多回護卽疑古惑經諸篇亦無所糾正紀文達用浦氏本細加評閱所取者記以朱筆其紕繆者以綠筆點之冗漫者以紫筆點之除二色筆所點外排比其文鈔爲一帙曰史通削繁道光癸巳涿州盧公坤持節兩廣從文達孫香林觀察得本付梓止用朱筆然其所刪紕繆冗漫之文皆有糾正語亦不可不傳示學者丁酉秋日雲和廣文諸暨葉去病語余藏有全本乃屬其

生徒爲謄寫於通釋從山中遠寄余假去病所藏西漢年紀亦爲校數百字吾兩人訂交當以二書爲縞紵矣去病學問極博小學尤精王伯申尚書校字書曾引以爲助卷中訂正紀文達評語及浦氏注文之誤者皆精當

嘉慶甲子冬先君養痾京師寓廬授讀蘇詩乃王氏分類注本其後從曹種水假所錄前人評本過錄簡端則宋氏所刻施注也後見坊刻紀文達評本未及購藏今得涿州盧公所刻本不禁狂喜乾隆辛卯八月紀公自跋云余點論是集始於丙戌之五月初以墨筆再閱改用朱筆三閱又改用紫筆交互縱橫遞相塗乙殆模糊不可辨識友朋傳錄各以意去取之續於門人葛編修正華處得初白先生手批本又補寫於罅隙之中益轇轕難別今歲六月自烏魯木齊歸長晝多暇因繕此淨本以便省覽蓋至是五閱矣盧公謂文達尚有手批全唐詩閒藏在陳望之中丞處惜未見文達評蘇詩視初白較嚴凡涉禪悅語及風議太峭激處咸乙之學詩者之圭臬也初白評余得海昌郭君夢元所錄本可以參觀

郭夢元字棐忱號半帆又號雪鴻乾隆丙子歲貢選德清訓導未任卒管芷湘茂才海昌經籍志謂其所著有四聲匡謬一卷讀書正譌十卷詩法正軌三十卷吟安

軒詩鈔八卷皆未見往年有以其手評唐宋人詩集出售昌黎義山兩集爲唐辛山茂才鶚立所得余得讀杜心解施注蘇詩皆蠅頭細字眉端行間俱滿蘇詩則全錄初白補注字更細密前輩用功精力如此令人慨慕不已

蘇詩評本余舊有跋語云此本評註從曹種水言純處借錄種水謂原本在梅里李先生穀處相傳爲朱竹垞先生評本也秦吉案卷端諸條乃查初白先生補註中三分之一初白與竹垞爲中表兄弟而視竹垞在師友之間使謂竹垞取初白補註而節錄之則必無是抑初白有取於竹垞乎然初白註蘇詩竭數十年之力後從宋氏得校補施注乃更會萃補其缺遺正其舛誤成補注五十卷自稱家少藏書每借書於朱竹垞馬衎齋則僅借書耳使初白註有取於竹垞亦必明言之豈竟掩爲已說乎天下豈有竭數十年之力成一書三分之一取於人而掩爲已說者秦吉疑此本評註皆出初白較之補註三分之一者蓋得施註後續增歟不然則評註當出兩手評爲竹垞註則後人卽竹垞評本而摘錄初白註於卷端卷一石鼓詩明標查註亦其驗也又案卷中評語第十六卷次韻曹九章見贈詩云曾作五十初度兩七律似與此詩陽貨似孔也四十一卷和陶貧士詩云四皓爲呂氏出大是失着余過商山曾作八絕句

惜之所謂初度詩及過商山詩曝書亭集及敬業堂稿中皆無之兩公固宜多集外詩他日搜兩公佚作或得此二者則可以爲證此時未由定其爲竹垞爲初白也錄旣竟因誌數語於卷尾時嘉慶壬申十二月十九日東坡生日也

余讀荀悅漢紀苦其太簡欲求王氏益之西漢年紀不可得丁酉夏日屠筱園爲傳鈔於　文瀾閣七月遇諸暨葉敬去病於筱園坐上言藏有掃葉山房刻本急遣力渡江借余校勘自九月至十一月校畢一過益之字行甫東陽人其弟象之撰輿地紀勝卷末弟觀之中甫跋謂弟儀甫考西蜀圖志云云者卽象之也西蜀圖志

觀之漕夔時所得見直齋書錄解題王象之輿地圖條下故年紀亦刻於嘉定辛巳蘷漕治所學文獻通考卷二百載皇朝劉蘷撰晉書指掌盧抱經羣書拾補謂蘷乃夔之俗體年紀鈔本刻本觀之跋語皆作蘷輿地紀勝　四庫僅載其碑目近時始有從宋本傳鈔者吾兄衎石嘗從何夢華鈔一部余嘗寓目行甫於漢書不去手者三十年始考置官置兵本末爲總錄晚歲乃成年紀然書錄解題但載其漢官總錄十卷職源五十卷而西漢年紀未著錄　四庫從永樂大典搜輯成書考異十卷幸散附年紀各條下叅稽互覈實有出於三劉刊誤吳氏補遺之外者於荀紀亦多所訂正讀漢書者有徐氏會要以考一代之掌故有王氏年紀以觀一代之事蹟則事半古人功必倍之自恨精力日減不能補其闕遺也行甫所著鑑論惜不存

荀氏漢紀康熙年襄平蔣鯍英與袁氏後漢紀同刊後附字句異同考一卷號稱精審然此書自宋時已鮮善本故王氏困學紀聞據顏注漢書謂壺關三老脫令狐茂姓名巽巖李氏跋語謂衍文助語亂布錯置蓋荀紀雖出於班書而時有改易況今所見班書與荀氏所見本當有不同校者但據所見班書以改荀紀彌失荀氏之舊矣應劭等注後魏崔浩所撰音義俱見新唐書藝文志今亦不傳更無從考其文字異同所以校荀紀倍難於班書也若其確然沿訛者余讀史漢注通鑑考異西漢年紀

考異凡有所得筆於簡端亦未敢遽改以俟考定

異時讀鄭康成戒子書吾家舊貧不爲父母羣弟所容謂康成大儒出語不應如是頃讀陳仲魚元本後漢書跋見所刻綴文云元本無不字與唐史承節所撰鄭公碑合因檢金石萃編卷七十六所載史氏碑文及阮儀徵山左金石志跋語云爲父母羣弟所容者言徒學不能爲吏以益生產爲父母兄弟所含容始得去廁役之吏遊學周秦故傳曰少爲鄉嗇夫得休歸常詣學官不樂爲吏父數怒之夫父怒之而已云爲所容儒者之言也范書因爲父怒而妄加不字與司農本意相反泰吉按鄭公心事爲淺人所誣久矣得此乃大白有元刻可證則

亦非范史妄加也校書之有功於先儒如此義門兄弟皆嘗見元本而於此無訂正語豈校勘時疎畧歟抑所見本不同耶

拜經樓宋本漢書今藏槎客先生文孫摯文上舍之壎所摯文爲小尹先生壽照嗣子小尹先生與先叔父觀察學士兩公同舉乾隆丙午鄉試兩家夙有文字緣戊戌秋日乃介槎翁從孫讓木茂才之柟借校一過其與汲古閣本異同者余撰攷異詳之王嘉傳中一日二日萬機注尾錄宋氏語槎翁有訂正寫於別紙今亦錄攷異中愼字多缺避敦字或避或不避當爲光宗時刻本而高宗以上之諱亦或避或否此葢寫刻者之過謝山全氏嘗引周平園文苑英華序謂於唐

人諱本朝諱或去或存以證成都石經避諱之不畫一不必以是爲疑外戚傳童謠云燕燕尾涎涎師古曰涎涎光澤之貌也音徒見反五行志中之上同按玉篇水部涎字注徒見切涎涎好皃廣韻三十二霰電紐下涎字注涎涎美好貌與口液之涎迥殊類篇水部涎又堂練切涎涎光澤貌集韻三十二霰電紐下涎字注涎涎光澤皃正用顏氏漢書注文也近刻漢書誤作涎涎經籍纂詁亦沿訛於一先涎字下引五行志及外戚傳賴此外戚傳下及汲古閣本五行志外戚傳可以訂正翟方進傳斥事感名注中此本亦誤涎涎汲古閣本不誤杜鄴傳昔文侯寤犬鴈之獻而父子益親按太平御覽卷一百四十六引說苑魏太子擊使趙倉唐緤北犬奉晨鳧以獻卷七百七十九引韓詩外傳事更詳此杜鄴語所本也說苑韓詩外傳余無善本故據仿宋本太平御覽他本漢書俱作大鴈獨此正文及注皆作犬鴈眞可謂一字千金矣循吏傳黃霸傳中霸以爲神雀議欲以聞下錄蕭該音義有予見徐鍇本之語乃誤以宋景文爲蕭氏當依　殿本勘正薛宣傳中焉可憮也下蕭該音義引學林翟方進傳多辜榷爲姦利者下宋祁引學林今皆見王氏觀國學林中王氏爲宋南渡以後人不獨蕭博士隋書儒林傳曠代遥遥不相及宋景文亦豈得引之然　武英殿校刻漢書據慶元舊本錄蕭氏宋氏語亦然葢宋氏校語爲南宋人附益不少景文卒於

嘉祐六年而校語中往往稱熙寧監本舊刻多不及辨正而錄之亦不得專咎此本也海鹽張芑堂徵君曾藏楊雄傳與此刻同槎客先生有跋惜未影鈔於後不知尚可得見否

曝書雜記卷二目錄

許梅屋書目序　左禹錫百川學海
四庫提要論百川學海　黃葉村莊藏書
西湖書院書目　墅溪堇浦論治經
困學紀聞　翁注困學紀聞
鮚埼亭集　黃梨洲父子文
武功志朝邑志　剡錄
至元嘉禾志　直齋書錄解題隨齋批注是元程棨
咸淳臨安志　乾道淳祐臨安志
臨安碑目　章益齋影鈔宋本樂書
樂書正誤格式　陸釴尊點勘書籍
三國志評校本　方子春讀易日識
時秋鶴治詩經　震川評點史記
吳子撰論史記　班馬異同史漢方駕
西漢總類　吳龢郘鈔金石三例
金石三例刻本　馮柳東金石綜例
張堯民禮記地理考　史竹南李次白所著書
胡仁圃讀周易虞氏義　元和惠氏所著書
四明萬氏所著書　桐城方氏所著書
讀書分年日程　劉蕺山家塾規
湯文正家書蔣石齋家書　子弟寶守先世藏書
小學近思錄　孝友堂家訓
文端公行解劄記　文端公論詩
姜白石詩說　文端公薦梁確庵沈東甫先生
顧震滄著述　吳尊彝陳亦韓著述
陳文道十書　沈果堂所著書
沈師閔韓文論述　章氏左傳事類始末馬氏左傳事緯
讀經當先正音　元人四書五經標點
拙老人寫十三經　記所見喜鈔舊籍人

曝書雜記卷二
嘉興錢泰吉輔宜著
余先世居海鹽之秦溪宋嘉熙中許梅屋先生種梅結
屋之所也余嘗有舊村讀書之志欲仿梅屋融春室故
事懸樂天東坡二先生像而以梅屋爲配讀先人遺書
於其中致足樂也梅屋獻醜集刻入百川學海有梅屋
書目序云予貧喜書舊積千餘卷今倍之未足也肆有
新刊知無不市人有奇編見無不錄故環室皆書也或
曰耆書好貨均爲一貪貪書而饑不若貪貨而飽貪書
而勞不若貪貨而逸人生不百年何自苦如此答曰今
人子不知之自古不義而富貴者書中畧可考也竟何

如哉予少安於貧壯樂於貧老忘於貧人不鄙夷予之
貧鬼不揶揄予之貧書之賜也如彼百年何樂之有哉
書目未有序童子志之别有王文書目序蓋贈鬻書者
梅屋雜文用意近睦晉望樵談三十則則似皮襲美鹿
門隱書有云讀孔孟之書而不嗜殺人者未爲仁人也
讀孫吳之書而不嗜殺人者仁人也至哉斯言
古鄮山人左圭禹錫敘文自署如是百川學海　四庫總目雜
家類雜纂之屬未收蓋其所輯百種多已分錄其目矣
附存目中但錄廣百川學海者辨其託名馮可賓所編
也彙刻書目中有續百川學海及再續三續者余皆未
見此爲世父戸部公所賜與翠巖精舍元文類同爲語
溪吳氏黄葉村莊藏書三十年來所見百川學海多從
陶氏說郛抽出者此雖未必定爲宋刻要是元明間幡
摹宋本無疑惜多缺葉無他本可校補彙刻書目所載
與此目次不同知其所見非原本矣潛研堂有百川學
海跋云薈粹古人書併爲一部而以己意名之始於左
禹錫百川學海其序題昭陽作噩歲而不著年號考錢
鶴灘序稱禹錫爲宋人余所藏本無鶴灘序益信其爲宋元舊刻而此書所
錄有陳仁玉菌譜成於淳祐乙巳史繩祖學齋佔畢成
於淳祐庚戌林希逸之文房四友除授集亦成於淳祐
間胡錡之耕祿稿成於寶祐丙辰法帖譜系雜說有景
定壬辰跋語李之彥東谷所見則成於咸淳戊辰以是

推之禹錫製序當是咸淳癸酉矣余讀文房除授集胡
謙厚序云淳祐庚戌客京師一日於市肆目文房四友
除授集制詔各一誥二乃青山鄭公代王命也表三啟
一乃竹溪林公代四友謝也倣其體而易其辭者各一
乃後村劉公鳩集隱微以彰其博也予中表李幾口先大
夫名同諱作一奏三狀代辭免今所藏本無李氏辭免奏狀小子狂簡輒
爲彈文一駁奏三以附編末云云則撰者非一人故卷
首目錄不著作者姓名竹汀翁云林希逸疑未見胡氏
序彙刻書目謂鄭淸之撰亦未見原本耳
百川學海　四庫雖未列其目然雜編之屬按語固詳
著之云左圭百川學海始兼裒諸家雜記又附存目中

王氏邱陵學山提要云彙刻諸書以擬左圭百川學海然考訂未精遠遜左圭則固深取左氏之書也

黃葉村莊石門吳孟舉先生之振藏書處因以名其集全謝山謂山陰祁氏曠園之書其精華歸於南雷其奇零歸於石門卽指孟舉也詳見鮚埼亭外集小山堂藏書記小山堂祁氏遺書記

元文類翠巖精舍本西湖書院本修德堂本余所校跋語已言其大畧偶檢金石萃編南宋石經條下引陳基夷白集西湖書院書目序云杭西湖書院宋太學故址也德祐內附學廢爲肅政廉訪司治所至元二十八年故翰林學士承旨東平徐公持浙西行部使者節卽治

所西偏爲書院後爲尊經閣閣之北爲書庫實始收拾宋學舊板設司書掌之宋御書石經孔門七十二子畫像石刻咸在焉錄附於此以備考

通志堂所刻宋元經解望溪嘗用二十餘年之力删取其精要者詳集中與呂宗華書不知果排纂成書否然讀望溪三禮春秋諸撰著可知其宗旨矣與呂書中言删徧一經然後知三數大儒而外學有條理者不過數家而就此數家之中實能脫去舊說而與聖人之心相接者葢亦無幾初讀時詫其持論過高及觀杭堇浦續禮記集說自序謂衛氏集說采輯雖廣大約章句訓詁之學爲多卓然敢與古人抗論者惟陸農師一人而已永樂大典中禮記外傳唐人成伯璵撰藏書家未有也然止標列名目開葉文康禮經會元之先他無不經見之書至元人之經疑迂緩庸腐無一語可以入經解而大典中至有數千篇益信經窟中可以樹一幟者之難也堇浦之治經與望溪家數不同論定古人則識力不相讓經生讀之可知所從事矣通志堂經解余但有零星數種衛氏禮記集說不能得也杭氏續集說聞武林藏書家有鈔本當訪求焉衛正叔禮記集說後序云他人著書惟恐不出於己予之此編惟恐不出於人後有達者毋襲此編所已言沒前人之善也　四庫提要云卽此一節非惟其書可貴其用心之厚亦非諸家所及

學者讀斯語可知著書當以正叔之用心爲法而經學之精深未及望溪堇浦者勿妄生高論蔑視古人也

梅會里李敬堂先生示學徒讀書法欲舉讀困學紀聞會課謂十人爲朋人出朱提十銖各置一部丹黃手糅墨守如心編爲卷二十日覽卷之半約十五葉四十日而畢功每五日一會持錢治餐具如文課人出五條問對似射覆似帖經疾書格紙侯甲乙既畢互勘詰難以徵得失一會得五十條十會得五百條不洋洋乎大觀也哉其書簡而愈精其功約而愈博不出數寸不踰百日而得學問之總龜古今之元鑑夫亦何憚而不爲也又爲學規論課窮經課經濟詳見顧學齋文鈔先生文

孫金瀾廣文遇孫從孫引樹廣文超孫香子明經富孫族人介石徵君敳次白孝廉貽德皆學有原本著述滿家先生敍也余六經粗畢即受困學紀聞於從兄衎石葢即李先生所謂桐川汪承齋別駕雕本也兄有所得筆記簡端余亦隨文點勘弱冠時說經各條畧能記憶二十年來荒棄久矣往歲閱馬氏雲石山房遺書有揚州馬氏叢書樓所刻閻氏注本嘉慶甲子桐鄉張君錫齡錄各家評注於簡端云甬上全謝山批凡硃筆皆是閻百詩說此本不載者用硃筆補何義門說見汪本用墨筆鈔汪本所不載者則用藍筆補之盛秦川說用藍筆又別紙記云嘉慶甲子客馮鷺庭太史家借全謝山批本太史有跋語畧云乾隆丁未夏四月京邸阮吾山侍郎有此本借閱一過較閻何兩家說爲長屬丁孝廉錄之即董東亭所鈔本也乙丑春又從陸彝亭秀才借盛柚堂明府爲陸朗夫中丞鈔全批校對互有錯落柚堂亦著二十餘條彝亭中丞之孫也八月又得海昌應氏所藏錢竹汀詹事注本錄之張君以能書名眉端三色小楷精絕余愛不釋手馬甥郎舉以贈近又得翁氏注本益詳備惜聰明日衰不暇細讀兒輩有能仿敬堂先生會課之例者則今所見注本其足爲學問之龜鑑更勝於李先生所見者矣願以三年爲期潛心此書苟有實得則讀經史百家識力必大異於前時

全氏困學紀聞三箋本兼載程易田方心醇屠繼序諸家之說又有黃岡萬氏集證插架中皆未有也然有餘姚翁方伯元圻注本則諸家之精蘊皆備矣方伯幼嗜此書中表邵二雲學士敎之詳注用心數十年凡三易稿而成道光五年始刻於家塾方伯年七十五矣卷仍王氏之舊注文數倍於前讀者欲精熟是書當以三年爲期然讀此書既畢而經史百家皆得其端緒亦何惜三年之力哉

吾友金岱峯喜讀結埼亭集所藏鈔本乃吾鄉顧樊桐先生校閱者余於杭州書肆得餘姚史夢蛟竹房所刻集三十八卷經史問答十卷硃筆點勘頗雅潔缺文訛字皆補正間有墨筆籤案云云乃蔣學鏞樗菴謝山中表弟而受業於謝山者也謝山爲蓼厓太史拭之之甥撰穿中柱文於蓼厓爲人代筆獲譴事不少隱故蔣君於謝山論撰里中先正之作謂隱有抑揚未可奉爲定論也文章下筆之難如此外集五十卷則謝山弟子董君秉純少鈍編定手鈔於那地州判官署少鈍既殁樗菴重加審定目錄後有跋語不著姓名亦不知何人所刻謂謝山讀易別錄刊入知不足齋叢書孔子弟子姓名表體例粗具似非定本七校水經注就簡端行際細書夾注叢殘錯雜理董爲難宋儒學案以補梨洲之遺梨洲後人華陔大令更爲纂輯僅有手稿續甬上耆舊

詩　國朝甬上耆舊詩皆未竟之緒譌脫亦多四明族望表篇褎寡寥寥不能單行公車徵士錄最先刻漢書地理志稽疑朱滄湄比部刻於鄞縣經史問答十卷杭州萬氏雕板今歸餘姚史氏所刻文集三十八卷原書中蠹蝕悉仍其舊第二十八卷脫去李元仲別傳亦未校補余所藏朱筆校閣本亦未補　此外詩集十卷句餘土音二卷未付梓謝山撰著畧具是跋董少鈍所撰年譜言謝山四十六歲春病甚姚君薏田謂謝山子不善持志理會古人事不了又理會今人事安得不病亦勖書者藥石之言也宋儒學案慈溪馮氏開雕諸味青廣文星杓爲校勘丁酉秋日許余刻成郎寄讀戊戌五月錢塘廣文慈谿魏君以鮚埼亭詩集見贈乃鄭喬齡鄉人所刻

謝山文多表彰明季死節諸君子大指與梨洲同而較梨洲選詞更潔梨洲集余僅有南雷文約四卷乃海昌張氏藏書目錄上及眉間標注或謂是退菴筆梨洲第三子百家初名百學有學箕初槀二稿三稿余舊於岱峯族人所得學箕三稿卷端曰黃竹農家耳逆草姚江耒史黃百家學箕三稿編次自甲至巳文六十餘篇其後海昌徐庚笙鼎得學箕初稿二卷於市肆卷首署姚江黃百學主一甫著則康熙戊申至丁巳十年之作凡二十六篇首爲續鈔堂藏書目序言梨洲保護藏書於兵火之中道雖窮而書則富余時喜誦其語後附李氏文允葉淑人誌鄭氏梁葉安人權厝誌皆爲梨洲夫人作徐氏秉義衙恤錄序則主一居母喪時輯經史中之善事其母者以志其哀而徐公序之也卷二唐烈婦傳乃海寧庠生曹穎洙之女十八適唐之坦閱六年而之坦亡烈婦前後絕食者三吞灰水吞錢吞鹽滷咽水服砒霜者屢皆遇救解凡歷九十八日而卒死梨洲講學海昌聞烈婦咽水死率同人二十餘人往拜之既而更生又絕食十五日乃自經死烈婦死時梨洲已歸矣主一聞其事而爲之傳敘述甚詳輯海昌志者當與南雷文約中唐烈婦墓誌銘並錄學箕二稿未見

明時關中地志共推康對山武功志韓五泉朝邑志五泉志對山爲之序蓋同時並作各竭所長非若取成衆手而又絕無觀法者也阮亭於兩志之外謂王渼陂志鄠吕涇野志高陵喬三石志耀胡可泉志秦趙浚谷志平涼孫立亭志富平汪來志北地劉九經志郿張光孝誌華皆有黃圖泱錄之遺前明郡縣之志無愈奈者諸志余皆未見武功志得道光八年党氏金衡重刊本於杭州書肆郎　四庫所謂孫景烈評點本也朝邑志會稽屠筱園教授贈余以道光四年南海葉氏夢龍所刊本紀文達校定者也紙墨頗精　四庫提要謂武功體例謹嚴源出漢書朝邑筆墨疎宕源出史記今觀韓氏於人物中敘程濟祭碑楊布政騎驢見知縣事文實鋪

張奇偉然當時已有病其簡畧而爲續朝邑志者矣王學漢撰見四庫全書附存目康氏之志稍詳故　四庫提要謂後來志乘多以康氏爲宗而朝邑志莫能繼軌也

宋高疎寮剡錄　四庫提要謂序次有法簡潔古雅出武功諸志上疎寮所著子畧騷畧刻入百川學海緯畧未得見剡錄則道光八年嵊縣知縣合肥李君式圃從山陰杜氏得鈔本屬山陰朱太史涤校正付梓友人秀水葛君星垣時爲其縣敎諭以新刊本寄贈子畧乃子部之者錄騷畧爲自撰擬騷之文合之剡錄則疎寮文筆大畧可見矣緯畧　四庫提要在雜家類雜說之屬謂勝楊氏丹鉛諸錄尚有經畧史畧集畧世鮮傳本

地志詳其所當詳者亦莫得而簡也要須出自一人之手而又有積久之學識則繁簡皆可貴爾至元嘉禾志所采碑碣題詠居全書之半舊章藉以考證而官師治蹟經籍目錄俱闕焉竹垞翁嘗惜之厲氏宋詩紀事謂陳直齋嘗知嘉興余考新修嘉興府志官師表不載直齋之名益前人所闕非博考他籍不能補也惜哉竹汀先生養新錄卷十四云厲鶚宋詩紀事稱端平中任爲浙西提舉改知嘉興府有嘉泰會稽續志浙東提舉題名有陳振孫端平三年二月初六日以朝散大夫知台州兼權入月正除十月二十六日到任嘉熙元年五月日改知嘉興府是振孫由浙東提舉改知嘉興非浙西也石門蔡君載樾欲刻嘉禾志余屬管芷湘茂才校一過缺文頗有訂補終以未見元刻不能付梓味根從孫鈔校者極精審味根之官四川其本存余齋

直齋書錄解題有隨齋批注姓氏不著養新錄疑爲元時洛陽楊益以其有隨齋詩集也鄉先哲沈雙湖吏部謂隨齋爲程棨見頤綵堂集書直齋書錄解題後云錄中附有隨齋批注一時纂修諸公未詳其人余按卷三鄭樵石鼓文考批注有先文簡字宋龍圖閣學士吏部尚書新安程泰之大昌諡文簡曾孫棨字儀甫號隨齋元時人周益公作文簡墓誌云公自宦遊去鄉里樂吳興溪山之勝而卜居焉晚得安吉梅溪鄉邸閣山規營塋域卒葬其地子四人準新本阜孫三人端口先大夫名同泰吉注端節端履文簡自歙遷湖子孫貫安吉與直齋同時同里而批注所云樵以秦斤秦權有孫殿兩字遂以石鼓爲先秦物先文簡論而非之其說具載演繁露則隨齋爲棨確然無疑矣證據鑿鑿錄於此以告讀書錄解題者

咸淳臨安志汪小米以家藏舊本合之吳門汪閬原士鐘所藏宋槧本校刊佐以吳氏拜經樓殘宋本盧氏抱經堂本黃氏琴趣軒本更發所藏舊籍三百餘種屬海昌吳子撰春照錢塘黃薌泉士珣助其讎校薌泉爲札記三卷附於後極精審余未購藏頃從秀水章益齋廣文全案頭見舊鈔本乃趙東潛借蟫花居士繡谷亭吳焯尺鳧藏校本過錄者益齋云以校汪氏新刊本有可補闕

者卷前有東潛小山堂趙氏藏本朱文印板心有兩香草堂四字卷尾有繡谷主人跋二則東潛跋一則當錄寄又村（小米之弟名适孫）屬其向章氏借校小米家藏舊本亦從吳趙兩家傳錄益齋所藏者乃小山堂原本也樊榭山房乾道臨安志跋謂咸淳志百卷向在花山馬氏吳君尺鳧鈔藏尚缺七卷趙君谷林購得宋槧本之半云云（道古堂咸淳志跋亦言之）當卽東潛跋中所謂雍正庚戌辛亥間脩浙江通志開局於南權關署以白金一斤從竹垞之孫稼翁購得者（陳簡莊跋淳祐志云咸淳志百卷秀水朱竹垞從海鹽胡氏常熟毛氏先後購得宋刻八十卷又借鈔十三卷尚缺七卷後歸吾鄉道古樓收藏錢塘吳繡谷購鈔其中缺卷竹垞孫稼翁又以宋槧十七冊售於趙氏小山堂趙氏又從吳氏本補錄其餘未及裝整卽歸王氏寶日軒又轉歸於吳氏存拜堂乾隆三十八年正月歙鮑淥飲從平湖高氏得宋槧本二十二冊中間篇次缺失而盡於八十一卷每冊有季滄葦圖記據淥飲跋云內第四卷至九卷實季氏鈔補中偁理宗爲今上應是放傳淳祐志羼入餘二十冊紙墨精好較勝趙氏本而六十五六兩卷又竹垞所未見也因坼去季氏補鈔施志六卷就趙本補錄通得九十五卷未幾歸吾鄉吳氏拜經樓餘姚盧氏抱經堂嘗從吳氏借鈔今爲余所得者也簡莊是跋述咸淳志流傳原委頗詳附錄於此）

戊戌五月學使桐城姚公語余頃試四明從范氏天一閣鄭氏二老閣鈔書若干種獨乾道臨安志欲鈔未得先是蔣生沐適以乾道志及淳祐臨安志鈔本見贈以告姚公因屬爲鈔校公旋拜總憲之令將入都余乃以蔣生沐所贈本奉公各繫跋語於後

乾道志云周淙彥廣乾道臨安志十五卷今僅存三卷四庫所錄卽杭州孫仰曾家藏本也（詳見杭氏道古堂集厲氏樊榭山房集中跋語）道光戊戌三月海昌蔣生光煦以舊鈔本見贈六月初旬假蔣生所藏陸香圃三間草堂鈔本及吳氏拜經樓鈔本謹校一過拜經樓與此本大略相同三間草堂本似稍勝疏其異同以俟裁定

淳祐志云海寧陳鱣仲魚嘉慶元年舉孝廉方正三年本省中式舉人著述甚富時同州人吳騫兔牀拜經樓多藏書仲魚亦喜聚書得善本互相鈔藏更有吳門黃丕烈蕘圃爲之助以故海昌藏書家推吳氏陳氏此志曾爲乍浦韓氏所藏仲魚得之吳市因錄贈兔牀蕘圃亦錄其副三人有唱和詩紀事仲魚有跋皆見册中亦一時佳話也今仲魚之書散失矣此志自一卷至六卷乃從拜經樓傳鈔者所載事蹟至淳祐止其爲施諤志無疑（四庫書目作施鍔杭氏厲氏集中作施諤仲魚蕘圃謂當作施諤見仲魚跋中）州學生員蔣光煦近又得陸香圃三間草堂鈔本取以校勘得補闕文數條（卷中校語謂別下齋藏本卽是）其分卷自卷五至卷十當是原目此本卷第或傳鈔者以意定之仲魚亦謂其前有闕文也陸香圃未知其人跋云錄自王庶常小穀家則浙東西尚有善本可互校也南宋臨安志乾道淳祐咸淳凡三修兔牀舊藏咸淳志九十五卷及得乾道淳祐二志則三志畧備刻一印曰臨安志百卷人家所藏書卷中多用之其風致如此仲魚又嘗得施氏宿嘉泰會稽志亦　四庫提

要所謂藏書家罕見著録者今不知爲何人所得蕘圃之書聞亦流散獨拜經樓遺籍猶完好云

潛氏臨安志碑目・門闕失已久益齋於市肆見天下碑目鈔本亟録臨安金石自周秦迄宋以補潛志之闕世有好事者可梓附潛志之後

益齋年逾古稀鈔書不輟二十年前嘗鈔樂書全部影宋精絶共計一千二百餘葉以舊藏宋本更假東津亭馬氏所藏宋本校正閲兩年而成圖譜多其長子婦所繪吾家几山文學善揚之女也嘉慶二十三年孟冬益齋自爲跋頃過其齋得觀焉自陸丈瓠尊下世後吾鄉劬書者章君爲魯靈光矣樂書後有樓大防正誤一卷

跋畧云建昌陳史君刊此書與禮書並傳取而校之頼以改定者甚衆又亦互有得失併爲質之經傳而是正之尚二數百條會表兄華文閣直學士陳公之子茀爲南豐宰因以寄之南豐欲別刊此編以補郡本之缺求書其後嘉泰二年季夏中澣四明樓鑰書又有陳茀不全跋語云右樂書正誤一編茀旣得之於尚書樓公卽轉白於郡太守閻公欣然欲鋟諸木屬將還迺以工費俾茀圖之所以昌文師幸惠後學之意緊閻公樂善好施之美也公名一德今守泰州 闕 議郎知南豐 闕下全

樂書正誤格式頗精鈔録一葉以餉校書者

卷	板	行	字	誤	改
第一	四	十六	第五	特	當作待　以此行爲式
	四	一	十七		簡而無虐剛而無傲當作剛而無虐簡而無傲
	五	一	六	十	鼓 聱
		二	八	十六	楊 揚
			二十	三	莞 莞
		五	十	十七	聲 升
	七	二	九	十三	楷 揩
			十	五	楷 揩
		三	四	五	圭 多此一字 多者當挑去之
			七	七	朄 應 其下田字音朄有朄詩應田縣鼓
	八	六	三十二	十六	劾 效 字書中無劾字流俗作劾如此等皆當改正後倣此
	十	四	十四		勇者苦怯之下添入疾病不養老幼孤獨不得其所十二字用寫本校

陸瓠尊丈名筠本貫吳江後寄居秀水其子孫遂爲秀水學官弟子吾友金岱峯之婦翁也好點勘書籍丹黃一日不去手年將八十猶假余所録義門評後漢書鈔謄一過余亦假其所録三國志各家評校本命兒子銘恕及查茂才鼎依式過録未幾陸丈下世書籍多散亾矣

趙東潛一清評注三國志地理爲詳方輿紀要一統志

細書簡端字數幾倍本書今在岱峯處岱峯欲繕寫清本未能也瓠尊翁所錄校正訛字及評點處可觀其大畧矣卷中藍筆墨筆皆是墨筆錄　殿本考證則瓠尊翁手校也硃筆評點出沈虹舟大令之手大令本姓李名祖惠亦由吳江占籍嘉興以進士任江西高安縣有循聲所著虹舟詩文集若干卷四書講義二十卷皆未見時藝尤有名

壬辰秋日至武林與平湖方子春廣文垌同寓艮山門姚氏子春與余同受知於山陽汪文端公丙子鄉舉之文文端語余以子春爲最至是始識面恨相見之晚是時子春已悔其少作潛心四子書及周易講求儒先心性之學其權武義學官時吾兒雲壽與同寮雲壽兒制行極嚴然每見子春必嘆自治之疏子春在武義聞繼母赴卽日奔馳數十里始就舟武義人皆稱爲方孝子也子春知余喜談古文乃出其舊所評震川集及錄吳江張鱸江先生士元評本畀余錄其副其明年余訪子春於當湖子春方居父憂病甚謝客聞余至扶杖出見贈余以鱸江先生嘉樹山房文集又明年服除選授錢塘縣訓導未及上官卒於武林其所著生齋讀易日識僅至无妄而止沈小湖侍郎爲編次梓行凡六卷多反躬實得之言子春長子名金彪弱歲卽有聲於庠早卒子春嘗欲輯其詩文屬余序之未果也子春同里人時秋鶴廣文樞以廪貢選授餘杭訓導潛心治詩於唐宋儒先之説搜采詳備大旨以毛傳爲宗間出新意嘗上書大府請祀大毛公格於吏議時論惜之今吾友金岱峯於臨安縣學創建尊經閣將祀漢唐經師於閣中惜時君前數年卒不及見也其所注詩經有清本當就其家借錄秋鶴得黃忠端公遺像勒石洞霄宫閣中新刊忠端集卽用石本摹勒卷前精琴律學中樂器皆次第修整教弟子肄習焉

鱸江評震川集卽用震川評史記之法震川評點史記自爲例意畧云硃圈點處總是意句與敘事好處黃圈點處總是氣脈硃圈點者人易曉黃圈點者人難曉黑擲是背理處青擲是不好要緊處硃擲是好要緊處黃擲是一篇要緊處又謂我喜怒哀樂一樣不好不敢讀史必讀得來吾與史一乃敢下筆遺筆令其子買蘇本一照高五本批點蓋其平生精力所注也壬辰秋日既從方子春得鱸江評震川集又假莊芝階舍人所錄震川評史記讀一過未及鈔謄丙申秋日乃用海昌徐孝廉開業藏本手錄於汲古閣本自樊酈滕灌列傳後因病輟業命銘恕錄畢并書震川評點例意於卷首欲從事古文者從此入手可用其意以讀歐陽五代史於此事思過半矣

汲古閣史記但有裴氏集解耳司馬氏索隱則有單刻

本張氏正義亦當訪求善本校核蓋三家所據本各有不同單刻爲善所謂離之雙美合之兩傷也吳君春照字子撰嘗語余史記王本明震澤王氏柯本嘉靖四年莆田柯維熊校本金臺汪諒刻雖善惟是索隱正義刪削過多難於綴補正義何夢華有精鈔本今未知在否索隱有至元刊本可據暇日當校錄一通是時吳君方佐汪小米校漢書未暇及史記吳君與小米相繼逝此事遂已惜哉吳君爲兒牀先生之姪擩染家學校讎極精審其兄醒園昂駒亦好古籍近校敬業堂集撰參正一卷授梓老年猶矻矻不倦也

班馬異同三十五卷嘉靖丁酉福建刊本蓋劉須溪評點倪文節公思之書也道光癸巳衎石兄贈余倪公嘗爲遷史刪改古書異辭十二卷見直齋書錄解題今失傳班馬異同書錄解題作馬班異辭謂因其異則可以知其筆力之優劣而又知作史述史之法可謂得倪公著書之大旨然以入類書類殊不協　四庫著錄正史類亦稱其有功史學海昌許黃門相卿著其緗書文相連屬但以字形廣狹爲分不便疾讀別爲史漢方駕史漢同者從中大書史漢異者分左右行書右史左漢四庫提要謂其條理井然較思書爲勝余得於郡城書肆蓋黃門既歿而仲君長孺侍御校刊者侍御爲先太常公女夫兩世皆以直諫著黃門與先太常爲道義交其遺集余亦得藏之

余初讀漢書執友錢塘吳穌村載和教以東坡分類讀法因點勘徐氏會要穌村旋卒每有疑義無由相質尋覽手札不勝悵惘其後吾兄衎翁語余可仿宋沈氏樞通鑑總類編次事迹以通鑑總類目錄示余至今未及爲然宋人已有爲之者郡齋讀書附志類書類有西漢總類二十卷沈長卿文伯所編隨事立門隨門類事他傳所載總而歸一雖注中所取者亦皆掇拾而裒集之今其書不傳

穌村吾畏友也舉動不苟篤於倫理朋友有過規諫必切常刻日課格以貽相知者每以無自欺爲戒余失恃後所業漸荒穌村云弟近日言動異於母在時非所以報慈母也余聞而泣下穌村亦泣因勸余日習小楷日此亦收放心之一端也且謂余雜學瑣屑無裨於身心不若專心經義及詩古文詞他日或有歸宿爾今余穎廢無成有負良友言之憮然穌村以廩貢充謄錄丁卯順天鄉試副榜議敘縣丞沒後數年始選河南淅川廳縣丞寓居嘉興數十年禾中績學砥行之士穌村必訂交各就所長勸之成學嘗手鈔王氏墓銘舉例潘氏金石例示余余以是亦喜觀兩家之書稍知文律穌村所爲詩古文未授梓亦朋友之責也

元潘蒼厓金石例十卷明王止仲墓銘舉例四卷黃梨

州以潘書未著爲例之義與壞例之始作金石要例一卷雅雨堂合刻爲金石三例余所藏者嘉慶辛未郝氏懿行重刻本墓銘舉例別有乾隆丙子金匱王氏穎銳刻本亦附金石要例乃無錫諸氏洛從程魚門得鈔本以付王氏者與雅雨堂同時開雕但無金石例

竹垞翁嘗欲輯隸釋隸續所載碑刻以補潘王兩家所未及近人多有用此意輯金石補例者吾友馮柳東登府金石綜例四卷爲詳柳東於石經文字疏證最密有石經補攷十二卷更爲三家詩異文疏證六卷補遺二卷皆刻於四明學舍以印本寄余近著十三經詁答問十卷三家詩異義遺說二十卷尙未授梓自謂詁經頗

有濟研謝山所未及三家遺說則當勝范氏家相所著書柳東著述不倦而詁訓之學尤爲專門

余總角知交以柳東及張昌衢堯民爲最先堯民欲專求諸經輿地先成禮記地理考蓋仿王伯厚之於詩也丙子鄉舉後即下世所著雜稿皆在其兄子煊處柳東與余嘗有志搜輯授梓而未能無以慰良友言之惘然堯民以朋友爲性命吾友之善規我過者穌村而外當以堯民及胡仁圃爲最深切堯民母兄蓮舟名郁周初名昌齡及同里史竹南大勲皆因堯民與余訂交亦皆能規余者今久作古人而余將屆知非之年索居無助恐終爲執友所棄每念規過之言未敢舍業以嬉也

竹南嘗著六經詳所未詳凡若干條竹南没後遺稿不可問矣與堯民竹南同里相善而視爲畏友者莫若李貽德次白次白於學無不綜貫嘗佐孫淵如先生成周禮賸義左傳集解若干卷其自著則有攬靑閣詩壑春廬詞及詩考異詩經名物考又有姓氏輿地諸書草略未竟吾兄衎翁謂十七史考異最完善辨覈諦審當與嘉定錢氏書並行次白戊寅鄉舉後久客京師與吾兄交最深余每讀衎石齋記事稿中次白墓誌銘及刻楮集送杏村適館東城五言古詩三首旅逸小稿廣州客舍不寐作輒思次白并思我堯民竹南也

秀水胡仁圃祥麟嘉慶癸酉舉人少聞陸朗夫中丞緒

論喜觀切問齋文鈔講求實學尤好爲深湛之思得張皋文周易虞氏義及虞氏消息讀之思索累月幾廢寢食衍其說爲數萬言以示余惜未及鈔錄仁圃故善病至是病益甚竟不起道光三年某月日也仁圃自名其齋曰省過於朋友之過亦必規而規余尤切仁圃没後遺稿在其妻弟趙實軒明經菲恩處余於虞氏易茫然不得其解不能證明仁圃之書其所爲古今體詩則於朋儕中爲最工先曾祖直廬問寢圖中七古一首可見其一斑擬約岱峯實軒相與訂定全稿以傳岱峯亦自謂所爲詩不如仁圃之綿麗也

漢儒易學賴李氏集解存其崖略至　國朝惠半農父

子始大闡發張臯文專求虞氏義以傳孟氏之易孤經
絕學也惠氏三世經學始於硯溪硯溪父樸庵先生名
有聲以九經教授鄉里與徐俟齋善硯溪因從俟齋遊
則導源有自矣初學治經當從詁訓入所謂小學也定
宇九經古義於漢法詁訓古字古言多疏通證明竊謂
讀惠氏書者當先觀九經古義次讀半農禮說春秋說
硯溪詩說而易漢學則俟之學成而後部論如此仁圃
亦謂其言爲然嘉興馬珊林應潮嘗注九經古義頗該
洽珊林没已有年不知尚有爲收拾遺書者否
國初世傳經學者四明萬氏可匹東吳萬氏自履安先
生泰以經史分授諸子使各名一家充宗之經學季野
之史學既家有其書矣而其兄公擇名斯選從梨洲遊
謂學者須驗之躬行方爲實學晚年涵養純粹及卒梨
洲哭之慟曰甬上從學能續蕺山之傳者惟此一人余
嘗欲訪其著述未得也履安先生長子斯年之子言字
貞一以古文名由副榜貢生預修明史獨成崇禎長編
充宗之子經字九沙與修康熙字典工隸書著分隸偶
存今其裔孫居嘉興不知能世其家學者尚有若而人
也
大抵爲學必有師承而家學之濡染爲尤易成就余前
所述惠氏萬氏皆然矣若邵二雲之學發於族祖念魯
姚惜抱之學開於世父南青亦人所共知者也而其最
著者莫如桐城方氏密之先生崛起崇禎中考據精核
迥出有明諸公之上長子中通字位伯精於數學撰數
度衍二十四卷余未有其書物理小識十二卷則通雅
之緒餘也海昌陳菉卿茂才斌以贈余位伯之弟中履
字合山著古今釋疑十八卷自序謂始著此書時甫弱
冠耳蓋親承指授於其父而又家富藏書更從儲藏家
借觀所見既博且有淵源也余每以不能稟承家學爲
愧族子弟有能黽勉仔肩者先人所謂增光門戶不在
科第仕宦也跋余塈之
元儒程敬叔用輔漢卿所粹朱子讀書法修之爲讀書
分年日程當時頒行郡邑校官爲學者式康熙二十八
年陸清獻公爲直隸靈壽縣既選先正制義數十篇名
一隅集以示時文路徑更校梓分年日程分給諸生使
以暇日肆力經史而跋之曰是編之法非程氏之法而
朱子之法也非朱子之法而孔孟以來教人讀書之法
也蕪湖繆承香丈元益得當湖刻本重刊與容城孫徵
君孝友堂家規家訓湯文正公家書劉蕺山人譜江都
方實村願瑛所輯人譜類記並行余置案頭幾二十年
苟能實力從事於此數種書修身修業不外乎此矣
十五志學之後仿讀書分年日程治經之法而稍變通
之當鈔讀
御纂

欽定諸經而輔以古注疏日課則以蕺山家塾規爲準則（附刻入譜後）葢子弟不能不以舉業爲正課蕺山家塾規以三六九爲會課之期午膳後摟講書所及之時藝數篇擇其佳者閱之蚤膳後温書申刻洽古書一册燈下看通鑑五葉朔望考一月課程之勤惰以行賞罰考畢學詩歌歌畢閒評古今道理互相質難乃假若能如此用功何患精力之不充日力之不足而過亦自此寡矣以此應舉庶幾無愧

湯文正家書言二十四日東宮出閣講四書一章二十五日卽赴　皇太子宮同郭快老進講
上定東宮同講之例講書事事從實非比前代具文
皇太子自六歲學書至今八載未嘗間斷一日字畫端楷在歐虞之間每張俱經
上硃筆圈點改正後判日每月一册每年一匣今出閣之後每早
上親背書背書罷
上御門聽政　皇太子卽出講書講書畢卽至
上前問所講大義其講書卽用
上日講原本不煩更作自古來帝王教太子之勤未有如今日者也族父少宗伯公充　上書房師傅時寄家書云諸位阿哥皆每日走三四里然後至書房讀書下午讀完書又走三四里然後回家若冬天有走六七里者　皇子　皇孫皆大半如是葢我
帝皇之家讀書皆如是一則習勞一則聚在一處書房心力易於定而他務及外務均不得而使之近此
天家之善教也學者讀此二條則必思所以教子弟與子弟之受教者皆不敢自棄其日力矣湯文正謂縉紳家能如此教子便當世世名卿　國家億萬年有道之長實基於此

文正家書云家下書籍用心收著一本不可遺失有人借當定限取來近來積書家如浙之天一閣崑山徐氏斷不借與人書欲觀者至其家觀之欲鈔者至其家鈔之亂後舊書無板卽有新刻字多差訛書册愈舊者愈當珍之不可忽也我回家賴此延年此要務也文正以書籍爲延年眞萬金良藥子弟收藏先世舊籍者當以文正之言爲法然亦不禁傳寫但須擇人耳（葉文莊菉竹堂書目序後附書廚銘云讀必謹鎖必牢收必審閣必高子孫子惟學斆借非其人亦不孝見吳氏壽暘拜經樓藏書題跋記）若新刻之書力所易得者則於朋友不當吝中州集卷八云路仲顯字伯達冀州人家世寒微其母有賢行教伯達讀書國初賦學家有類書名節事者新出價數十金大家見有得之者輒私藏之母爲伯達買此書攜節衣食累年而後致戒伯達言此書當置學舍中必使同業者皆得觀少有靳固吾卽焚之矣余每喜誦此事

余初至海昌意有所悟輒覺心悸蓋家居時父兄朋友相與無猜乃竹垞翁曹文學墓誌所謂田居往還者寥寥數子相見肝膽畢露妄謂天下無不可交之人無不可言之言也及病甚始自悔因讀近思錄於存養克己諸條再三涵泳宿疾頓瘳文端公每教人讀小學近思錄悔不早讀是書以求變化氣質也小學則吾家女子子皆誦習之不知能體會否耳

孫徵君孝友堂家訓語永興姪孫曰爾祖宰武城歸里之日仍以館穀償負債爾祖母爾父俱不免於飢寒聞者見者莫不憐之鹿忠節公獨愛而起敬謂非古廉吏不至此吾家沐陽公以廉吏起家爾祖能繩其武我輩俱爲清白吏子孫較以金帛田宅遺後人者榮多矣爾祖常語余曰沐陽公一任止受新生公宴綢二疋弟今日仍覺於先德有愧也惟自覺有愧始無愧耳留餘忌盡天之道也當常處其不足以爲可增可加之地若增無可增加無可加立刻索然矣爲爾計安分耐窮教子弟讀書不失禮於宗族鄉黨法祖在此立身亦在此泰吉本生祖考安慶府君亦嘗宰沐陽有惠政後宰河南之新鄉至今祠祀不絕先大夫清宦三十年一以安慶府君爲法讀徵君家訓所述與吾家事絕相類謹錄以示後人常處不足之語保身保家無過於此能如此則可以讀先世遺書不愧爲清白吏子孫矣

文端公視學畿輔時爲行篋劄記中有一條云大凡人家興旺每一二世必衰從此後或遲一二世又興者亦有之總未有赫奕不衰者譬諸花木果實連年燦爛稠繁間一二年必稀俗名歇枝蓋亦盛衰循環之道也易繫辭云剝窮上反下又云易窮則變變則通陰陽消長理所必然孟子云君子之澤五世而斬人家子弟常須自思身當斬澤之時何可無培養之功如臨深淵如履薄冰念念積累事事積累一世培養世世培養自然連綿不斷續箕裘而振家聲亦所謂君子存之者也嗚呼文端公視學畿輔之日正吾家燦爛稠繁時也而爲此言者蓋自有明以來數百年吾家盛衰迭見而培養之功世世不絕文端公處將盛之時已慮其衰時以培養爲心此先世遺澤所以至今未盡也今吾錢氏又當極盛將衰之時矣謹錄文端公語於此俾子弟讀先世遺書者咸知所戒懼云

文端公與蘀石少宗伯手札云僕嘗與人論詩不但怨天尤人爲非和平之音每見大學問大著作未有不由忠敬感激尊君親上即使朋友中有不相知者形之浩歎如谷風陰雨之詩詞氣短縮終不若卷阿伐木之醇雅也僕於詩文一道無見長處惟一生只尋自家之過失從不曾見得親戚朋友之過失只此一事平生少多少埋怨人家不是處久而久之心上更無一毫塊壘下

筆便覺安適吾於詩得養生焉泰吉時服習先訓以爲
作詩文之根本竊謂讀古人詩文亦當就其和平淳雅
處涵泳體察庶不失温柔敦厚之旨嘗舉昌黎語以示
學徒曰行峻而言厲不若心醇而氣和也
姜白石詩存者寥寥而蕘翁少宗伯謂爲南宋一大宗
以其皆和平中正之音也讀昔游詩可見其大概白石
放浪江湖與陸魯望同而無魯望憤時嫉俗之談友人
有喜效魯望以怒罵爲文章者余不謂然也亦思魯望
所處之時何時耶白石道人詩說謂三百篇美刺箴怨
皆無迹當以心會心又曰大凡詩自有氣象體面血脈
韻度氣象欲其渾厚其失也俗體面欲其宏大其失也
狂血脈欲其貫穿其失也露韻度欲其飄逸其失也輕
余謂論詩固然論文亦何獨不然又曰思有窒礙涵養
未至也當益以學讀此知詩有別材非關學之說不足
爲定論矣曹種水嘗屬陳新㸌楷書白石詩說一通余
過種水五千卷室必取觀焉今兩君皆作古人讀白石
詩集輒念之不置
乾隆十五年
特詔内外大臣薦舉經明行修之士明年於所舉中核
其名實允孚者得四人介休梁確庵孝廉錫璵先文端
公所薦也與無錫顧震滄棟高常熟陳亦韓祖范金匱
吳尊彝鼎同授司業梁先生官至少詹事其所著易經

揆一今不可得見先公遇人一善舉不去口而尤以得
士報
國爲念任畿輔學政時選拔八旗所得士多名
公卿阿文成亦在選中嘗見歸安沈東甫先生炳震所
纂新舊唐書合鈔二百六十餘卷及雜著數十卷驚嘆
曰此今之王贊善馬鄱陽也乾隆元年
詔舉博學鴻詞公方丁陳太夫人艱以語王公奕淸列
之薦牘其後公以沈先生所著書進
呈詳見詩集卷七文集卷五沈先生之書以是得採入
唐書考證今新舊唐書合鈔及廿一史世譜海昌查氏
已刊行尚有九經辨字瀆蒙十二卷　四庫著錄與增
默齋集八卷見丁見堂新舊唐書合鈔跋皆未見傳本家有其書者
惟唐詩金粉而已不足見東甫先生之學也
顧震滄先生春秋大事表自言泛濫者三十年覃思者
十年執筆爲之者又十五年華君希閔序謂自有春秋
以來所絕無僅有之書非虛譽也近見甘泉江氏漢學
師承記謂以宛斯之書爲藍本蓋指鄒平馬氏左傳事
緯也事緯誠精核然是宋章氏事類始末之類與大事
表實不相同不知江氏何以言之毛詩釋類尚書質疑
則未見
金匱吳先生深於易學其所著易例舉要九卷十家易
象說九十卷亦未見常熟陳先生文集四卷詩集四卷
經咫一卷掌錄二卷余皆有之乃金氏學圃藏書也文

集卷四有自序續自序二首生平大畧可見舉經學時年已七十五矣經咫皆釋經之文掌錄則雜及他書而亦釋經爲多皆刊於身後其高第弟子同縣顧主事鎮序行長洲陳文道及沈文慤公皆爲序顧氏有虞東學詩十二卷未見

文道先生長洲陳少章景雲之私謚也早歲從義門遊窮究經史著有讀書紀聞十二卷綱目訂誤四卷已刻兩漢舉正五卷國志舉正四卷韓集點勘四卷已刻柳集點勘四卷文選舉正六卷通鑑胡注舉正十卷今所刻者僅一卷紀元要畧二卷已刻其子黃中補輯一卷附文集四卷更有羣經刊誤未知卷數今所刻文道十書但四種餘皆虛列其目不知尚有傳本否余所藏三國志評校本有少章點勘處鄱陽胡氏文選考異時引少章校語可搜輯成卷

義門高第弟子吳江沈果堂與陳少章相伯仲果堂之沒也門人私謚曰文孝先生葢當時吳下風尚如此少章之遺著以文道名故其私謚尤彰著果堂嘗著羣經小疏若干卷其後至京師望溪絕重之晚節尤精三禮著周官祿田考以明周官分田制祿之法有果堂集十二卷多辨析禮經之文果堂嘗遊儀封張清恪江陰楊文定之門究心宋五子書故其所爲文義理多純粹其撰義門行狀言

聖祖嘗命書朱子四書章句集註鋟板貯 內府恭吉訪求有年不可得葢未奉

頒發也

果堂序沈師閔韓文論述云今天下之善論古文者吾得二人焉曰方公靈臯曰沈君師閔方公舉左氏司馬氏之文以爲文章之歸極而詳明其義法師閔則舉韓文公之所作以爲著作之軌範爲之詳其義明其法務盡乎文公營度之心而止果堂非妄譽人者與望溪相提並論則師閔所論述必可觀有志讀韓文者當訪求師閔之書

左傳事類始末五卷附錄一卷宋章沖茂深所撰茂深之學受之於葉石林此則其知台州軍時自序以行石林不及見附錄一卷類聚春秋災異力役時政陳名器物而以列國興廢附於末此書刻入通志堂經解實鄒平馬氏左傳事緯之權輿也馬氏書之精核非茂深所及而體例則大畧相同其所撰左傳辨例左傳圖說列國年表晉楚職官表覽左隨筆春秋名氏譜左傳字釋固不若章氏附錄之寥寥數葉而以視顧氏大事表則亦猶章氏之於馬氏矣或謂顧氏以此爲藍本此論未公我不憑也繹史一百六十卷纂錄開闢及秦末之事仿袁氏通鑑本末之體而成書袁氏惟錄通鑑此則采摭百家多搜輯於散亾較袁氏功力爲難其別錄則自天官律呂以至名物訓詁而以古今人表終焉史家之

志表也撰左氏紀事本末者尚有江村高氏未見其書不知視馬氏何如

讀經當先正音陸氏經典釋文誠讀經之準的然今用朱子易本義詩集傳蔡氏書集傳陳氏禮記集說而欲槩從古音其義必難通今通行本易書皆無音呂氏古周易音訓既有刊本矣元鄒氏季友嘗爲尚書蔡傳音釋六卷書傳會選多采之當覓其書詩集傳今附刻釋音多爲坊間竄改非朱子之舊余曾手鈔詩小序詩正文朱子說詩大旨以授銘恕音讀一以朱子爲主書直音於眉間則用嚴氏詩緝之音戚友有從余鈔錄以教子弟者然余當日因龢村收放心之言聊寫經文以自課且取便童蒙未爲定本也有志讀經者當用程氏分年日程所載館閣校勘法及勉齋批點四書例乃爲盡善其發音例云並考許叔重說文及鄭夾漈六書略每字有兩音者先依夾漈所正叔重之誤者餘方依叔重先正始音然後依本文音義隨四聲圈發其音義參陸氏經典釋文賈氏羣經音辨大抵以朱子爲主余於夾漈六書畧未嘗究心不知其正叔重之誤果何如學者試參用之

常熟毛黼季藏元人標點五經魏叔子爲之記見文集卷十六其大畧曰書集傳纂注有至順壬申二月吳壽民識云尚書標點王魯齋先生凡例朱抹者綱領大旨朱點者要語警語也墨抹者考訂制度墨點者事之始末及言外意也大畧與四書標點例同詩集傳亦墨朱標點易傳義黃朱有元人印記禮記集說亦元人標題三經標點皆類王魯齋義例春秋胡傳用五色筆點抹以左氏公羊穀梁傳標於上覩諸經尤工密黼季又云近見元人臨魯齋標點四書在泰興季御史振宜家欸例與五經同毛氏季氏所藏之經書不知尚在天壤間否亦未見臨摹之本學者用此意以讀經則讀書分年日程所載勉齋批點四書例可彷彿也

學者果能立志不移則一事爲之十年未有不成者金壇蔣湘帆先生書十三經始末詳見其自跋十三經殘字冊云余以康熙辛丑歲貢雍正元年改恩貢入國子監肄業二年八月入秦十月縱觀碑洞十三經雖頗殘缺巍然具存但衆手雜書文多舛錯參差心竊悼之四年春歸自西安與王虛舟吏部作書賭勝寫法華經七卷虛舟曰儒而寫佛經不足道庶幾十三經乎蓋戲之也余遂矢志力書計全經八十餘萬言於是先其難者以春秋左傳二十萬言始凡五年訖工繼以禮記十萬又二年其餘周易尚書毛詩周禮儀禮公羊穀梁爾雅孝經論語孟子又五年共歷一紀乃畢事以碑洞石經爲式搆善本校正用東洋紙界烏絲闌背之發筆之日主人張筵祀先聖邀衆賓酌酒稱慶明年去山東載之

行篋留曲阜二年歸左傳克成又館於山安寫禮記毛詩歸錫山成尚書餘則閑閑於廣陵瓊花道院四年而竟將成相國嵇公欲為題請并助裝潢皆寢揚州鹽運使德水盧公涖政之日卽相訪索所書法華及十三經暢觀力任其事馬君秋玉聞之出二千金延吳中名手裝潢於梅花書院共三百本五十函總河高公摺奏先呈周易二函奉
旨大學士等議奏既又奉
旨以字畫端好
命取全經交武英殿校對十月奉
命武英殿照淳化閣帖式用棗木板雙鉤鐫搨

頒發各省
特授國子監學正銜初至維揚寓眾香庵之借山樓寫周禮是歲夏部選廬州府英山縣教諭恐功虧乃上書高大中丞辭職既而制府趙公又以學識優長人品素著檄試鴻博又上書懇辭嗟乎暮年衰病絕意浮名區區始願特借楮墨收攝放心豈誠爭工拙於殘碑以求聞達而乃遭逢
聖代倖獲流傳且還我初服授以今銜荷此殊恩益增慙悚小春來淮欲謝高公主於盧惠疇家出此殘字册屬題因新
旨初下記其顛末江南拙老人蔣衡記余得藏拙存堂文集六卷詩一卷因節錄此記以為學者勸湘帆先生罔極之思老而彌篤集中祀先告哀文凡九首令人不能卒讀乃知有志力學者必獨具至性始成堅定之功也

余所見精鈔舊籍至老不輟者如吳江陸瓠尊丈秀水章君竝齋已誌其大畧矣同邑曹種水明經言純自弱冠後專心詞章之學家苦無書借人書籍節取其精華蠅頭細書三十餘年無慮千百册余嘗勸其仿庾仲容子鈔馬元會意林鈎元提要彙為一編種水頷之而未暇為今遺書滿簏恐無人收拾矣姑夫平湖楊乙雲大令名馥孫晚歲歸田手鈔宋元明儒書數十種余每至

高齋輒展閱惜未錄其目近時海昌喜鈔舊籍而端楷不苟者莫若郭溪葛淬南繼常余嘗從管芷湘庭芬處見其手寫談孺木海昌外志周松靄大令海昌勝覽因至郭溪訪之相與訂交淬南淳篤君子也芷湘與潘梧君蕙人皆喜鈔書梧君專錄名人文集寒暑不倦芷湘留心海昌掌故與淬南同而於目錄之學尤為專門近校讀書敏求記視邦上新刊者為勝余嘗謂芷湘梧君方從事場屋而作此冷淡生活其將吞紙以實腹耶陳節亭名欣時專鈔明季遺事不下數十種若排比成書亦談氏國榷之亞

曝書雜記卷二

虞山也是翁述趙清常之言曰有藏書者之藏書有讀書者之藏書杭堇浦謂讀書者之藏書必自經史始則視清常之言爲尤得要領嘉興錢警石先生秉鐸吾州盡攜所藏書置學舍中十餘年來遇善本即校所著甘泉鄉人邇言多藏書跋尾近更出曝書雜記以示生徒光煦得而讀之大都以經史爲宗信乎堇浦所謂讀書者之藏書也爰授梓人與同志者共讀焉道光己亥春日蔣光煦謹識

學師錢警石先生稟承舊德少喜聚書插架數萬卷丹黃粲然而於兩漢書元文類校勘尤詳審道光戊戌偶著曝書雜記二卷以史漢之類例爲晁陳之品評分之則百餘條合之則自首至尾脈絡灌輸爲自來說部之創格而著錄之變體也蓋先生於古文義法極嚴雖隨筆記纂亦體裁不苟如此其中敘述家訓感念故人皆至情至性之所係豈獨妙義微言啟迪來學哉庭芬從遊有年竊謂粗知先生者爰贅數語於後管庭芬謹跋於硤川蔣氏之愼習堂

小蓬海遺詩

小蓬海遺詩

吳江翁　雒

和二典兄讀吳漪蘭女士遺稿原韻己巳

颯颯風簾想峭寒繡函餘跡忍重看數行碎玉星星血十樣蠻牋葉葉肝小草不禁秋露重輕塵欲駐美人難腸迴九曲思無盡燭淚燒殘未忍彈

空有仙雲護碧苔雲中不復彩鸞回風花幻影三生夢香雪微痕七字才清淚滴殘蕉閣雨暗塵飛盡藥鑪灰芳魂一竟無消息魚素何由致夜臺

新正後風雪連朝茅堂枯坐即事有懷壬申

總覺相思海樣寬定然兩地月同看魚書久待溪冰泮

鴨火常烘研墨乾對雪懷人詩亦冷嚼梅笑我齒忘酸此情此味誰能識想見茅堂一例寒

冬日重過乍浦謁朱雅山先生辛未

頻年生計向誰謀但酌龍湫水一甌滄海望窮千里目空山唫老一筇秋藥花瑟瑟多蒼耳蒜髮盈盈已白頭莞笑幽棲太冷淡曾經五馬過林邱謂李子許尚太守貧士廬中幾故交謂伊蔭村徐雪廬兩先生摩挲卷軸慰蕭條西華冬日衣還葛杜老秋風屋卷茅湖海不貪傳姓字江鄉且喜溷漁樵今朝重訪先生宅依舊松雲護鶴巢

懷人十首

布衣動　天子書籍流四夷婆娑萬卷堆壽比榮啟期

秋墳夕陽落應唱鮑家詩 鮑涤飲先生廷博

有冠嬾不彈舉世如翁少貧遊山水奇尙覺九州小題
罷懷古詩蓑笠竟歸老 朱二垞先生棟

脫盡鬚與眉走入牀頭甕一个苦吟身妻子任飢凍偶
成草鞋詩衆口爭傳誦 丁半醫丈曙英

寧使出無車不可食無肉詩書付六丁秋風破茅屋誰
傳爨後音一洗箏琶俗 伊葭村先生枃

熱世作冷官先生乃僅有士皆公門趨我亦忘年友著
書精岐黃活人好身手 計壽喬丈俶

熟讀種樹書及門盛桃李五十揩成名甫言我老矣錯
認南宮賢妻以兄之子 沈木旙丈詡

八洗詩

湖上靑牛翁連臺金粟影彷彿兼修眞辯乃郝何等幾
時金丹光飛出靑松頂 嚴栃漁濬

腰無十萬貫竟作揚州夢秋風故國思再續朱弦弄傷
哉北堂人新婦麻衣送 姚古楂前樞

窮谷處長貧儒衣山鳥怪笑學郭景純活計靑烏賣悲
歌只自憐誰向西江拜 黃杲堂光曙

雄談山海經張華無此學謀生萬里歸不改貧而樂海
客久忘機終朝踞龜殼 徐許閣念典

三十初度 己卯

早拌絲鬢犯緇塵隨處能容落拓身芒角塡胸爭五嶽
鶯花豐眼易三春朋簽直等元纁重麗句難裁靑錦新
一笑書生尤計拙居然憂道不憂貧

深喜高堂六十强窮愁歲月著書忙粗營菽水時猶缺
擬補蘭陔意儘長二米聲華慚里巷一經家世話蒼茫
趨庭自笑風塵裼也逐斑斑戲綵行

回首慈親見背時六齡未解涕漣洏消殘衣綫彌增痛
望斷門閭孰繫思展卷羞臨丙舍帖對牀應寄卯君詩
渭伯子客作浦 莫辭將母歌重作一樣春暉報未遲

竭來風雨載華年我與羣芳共可憐懺悔何因皈佛子
江鐵君明經勸修禪學 愚懵敢望作神仙未除結習禁花雨別有
閒情話水天顧影那容呼負負韶光又到旅人前

喜仲子湘表弟入學 戊寅

繡虎雕龍孰主張如君底負少年場幾回苦海津難覓
此後蓬山路正長便有人稱花樣好可知身入藥籠香
於今眞作酸寒士況味從前乞再嘗

孺子長貧且莫論驚看老輩幾人存 君尊甫兄弟行四人存者維令伯春岩先生而已
尋常已溢家庭喜千萬難酬教養恩黃卷暗消
孤子淚靑衫薄慰九原魂明春倘遂移居願要看泥金
署華門 君將移家

題楓江漁火圖同徐丈雪廬作 圖爲徐虹亭檢討故物今歸其族孫山民待詔處

白髮蕭蕭篛笠寒半生春夢記叢殘知交常感遭逢易
兄弟相依出處難薇省頭銜簪筆冷松陵烟水釣船寬

如何一闋漁家傲贏得雞林貴素紈

作浦程騰齋參將屬繪理釣圖時騰齋還粵東副鎮爰題六絕即以送行

韜略公然不世才強弓曾使怒潮回當年遊釣情難忘還我英雄本色來

兩鬢新霜百戰身海天烽火記親巡揭來鬧卻屠鯨手改作船頭撒網人

想見潘輿侍奉深星髀抛卻便敲鍼肯教妄動臨淵羨中有姜詩一點心

等閒大羽表功勳愛捉鳧鷗狎水雲不是尋常貌行路丹青我愧故將軍

春風三月去珠江蠻女鮫人拜赤幢四海車書今混一秋波銅柱等漁樁

騷客登壇上將同相看車笠別匆匆倘逢顧況憑傳語念否蘆中一士窮謂耕石學使

客夜聞孤雁慨然有作

敧枕藤牀睡不成怨驚離思逐宵生鳴哀訴怨難排字犯雪欺霜易失更黑雲鄉關千里隔纔攜孤館一鐙迎幾回落葉傷懷抱碎籟西風又此聲

林塘回首記清遊怕對當時舊鷺鷗滿眼江湖難托足舉頭繒繳輒生愁欲投隻羽伊誰遣僅免飢腸亦自羞賸得衡陽殘夢在教人爭不要悲秋

上巳前二日寄素卿女弟

研奩鈿尺互橫斜別具樓頭小絳紗佛面莊嚴皈芍藥仙巾瀟灑折蓮華清琴鼓後寒銀甲妙墨圖來炫玉叉又是湔裳時節近春風珍重七香車

又題素卿翫月圖

隱隱仙雲捲綠羅銖衣來受晚涼多廣寒忽送霓裳曲聞叩晶簪答素娥

水中明月月中身慧業重教認夙因冰鑑一奩秋四面本來我是弄珠人

題蓮湖釣徒小影壬辰

西向不作長安笑東還獨理吳淞釣經綸才大世莫知回首滄洲從我好水風搖兀屋如艇鬧鷗對客日延頸圖史縱橫艇如屋家具還餘一竿竹蓮湖百頃磨青鏡蓮謌唱罷漁謌應蘆中鼓枻亦家人那有催租敗詩興擊唾壺拍銅斗好風吹人來勸酒一聲長嘯動滄溟十里蘆花鬢白首羨君此際眞得所日對青山隨仰俯哦詩不解婁奴愁搖筆能使魚龍舞苦吟十載成瘦腰尚餘意氣凌雲霄安得扶桑濯雙足還來踏浪尋盧敖

吳淞植木棉居農田之半今夏花開特盛入秋風雨實落殆盡爲寫成圖附詩紀異

海濱吉貝產年年多半人家當種田竟作優曇花一現可憐著手不成緜

空思衣被到蒼生聽斷柴門紡絮聲縱有香山裘萬丈
可能真蓋洛陽城
閨中工作且辭勞無復寒衣費翦刀此後蕭蕭風雪裏
聽來不但癸庚號

嘉禾道中喜晤姚大古然及令子杏士喬梓追陪
論交彌篤回憶洙涇訂盟十六年矣爰成律句
爲贈並送甬東之役

一笑侯門罷曳裾輕裝何處辦苞苴蕭疏枳棘迴孤鳳
浩蕩江湖轉困魚傳定文章名位欠澆殘壘塊酒盃虛
輸他桂子丹山早不廢當年種樹書
偷柳空教大十圍丈夫難守故園扉少陵稷契徒空許

翁子功名料不違八口穀難同鶴儉箇人儘有食熊肥
笑他飢死東方朔拔劍猶聞割肉歸
客中送客雨人憐話到將來各惆然舊雨漸疏吳苑柳
詩人重擺鏡湖船看山句好成何處寄我書來是幾年
穩訂前頭珠樹鶴明春卻向　帝城邊（閒明歲將由甬入都）

題姚古槎中年聽雨圖

到此澆愁酒不靈孤篷搖兀水風并黃蘆苦竹天涯感
不是芭蕉葉上聲

咏薺花

暖風過油菜春意動幽姿尺土星星遍村陰淡淡滋開
無遊客賞香謝肉人知碎米名尤稱珍珠樣罨差倦鑪
辭舊圃飛蝶逮疏籬偶爾成榮落伊誰督護持五溪經
眼賤三日上頭宜（吳俗婦女以三月三日頭戴薺花則經年無疾）指汝何羞態
留貧亦儉貧芳情殊屑屑野色也綏綏藜藿由來慣田
園小足怡珍留坡老話煮入彥之詩底事韭花帖偏傳
楊少師

題河東君手繪撲蝶士女圖爲常熟錢似山作

一團風絮卷春愁臘粉偏教畫本收疑是牙籤吹劫火
紙灰飛冷絳雲樓
舞衣歌扇自逶迤過眼南園長棘枝一樣淒涼家國恨
丹青今已屬蛾眉
故宮花草蔽塵沙紅豆依然[illegible]蒙叟原爲蝴蝶去

卻疑春色在鄰家

十二月十九東坡先生誕辰同人集焉二樵吟香
仙館設酒爲先生壽

其登仙館禮仙蹤幾箇晨星百里中問訊無煩來北客
瓣香奚止奉南豐花豬肉大先生笑藥玉船寬我輩同
醉裏便須擕鐵板替公高唱大江東
宰相生憎百姓歌此身去住總由他四朝變國遭逢遍
一第同官悵別多歸計何年投鵠觀巢痕回首失鑾坡
不知只尺杭州路應否孤魂蠟屐過

楊將軍三邊索句圖

不須投筆始封侯絕塞風雲一卷收健句壓驚磨盾鼻

生還先喜盼刀頭琵琶九帳聲前曲勑勒三軍馬上謳
滿幅吟髭看颯爽丹青褒鄂避風流

馬二槎集同人題具巢民樸巢幽賞圖圖爲姬人
金曉珠所補曉珠並肖己像附側得賞字

雉城烟景四無兩豐暇豫日延清賞翩翩濁世公子豪
酒地花天一俛仰侍兒不少女相如玉軸牙籤交執掌
就中最稱金曉珠日事丹青爲供養寵冠釵叢影自憐
蘭精絹素神俱往得意聊同貌入圖傳情寫態生妍想
遂令佳話遍東南團扇屏風各摹仿是時滄海驚揚塵
那信區區猶息壤歷境方張拔扈軍鋤奸其倚清流黨
自知抱負本瑰奇想見鬚眉增颯爽可憐故國今霓裳

竟使遺民終鶴髮絲竹千家散綺羅園林幾處圖榛莽
畫裏風流二百年如何回首棲晴鬟流轉今歸馬季良
買絲勝繡平原象或者芳魂戀此圖珊珊環佩來其儻

羅兩峯鍾進士飯鬼圖

老馗老馗食指動衆鬼啾啾各驚恐泥犂無禾歲不登
空有饅頭堆上冢可奈食單擅幽討妖狐嫌瘦鬼車小
陰天慘淡窮搜羅活剝生吞謀一飽朝食三千夜八百
鬼肉將完追鬼魄圓睛閃爍肚彭亨泉酒還能容一石
白楊嘯雨青燐火此時飯罷掀髯坐木精水怪不敢前
猶恐老馗腹未果其儔一甕如覆盂紛紛鬼卒爭來趨
骨膏髓半狼藉饞涎未免及汝徒寄語汝徒須努力
時時捉鬼休偷息一朝無鬼飢腸鳴還恐主人將汝食
兩峯山人道子儔雙眸白日燭九幽目之所到手即寫
若輩相顧爭如讐何怪長安日奔逐滿路揶揄身局縮
貴鬼頻年亦苦飢可惜終南捷逕不干祿

題宋畫院祇候馬麟梅花冊爲馬二槎作

冊係天籟閣項氏舊物高宮詹士奇得之後嗣
君編修輿爲其女祥奩贈女壻張司寇照題於
前祥題於後時其伉儷同在京邸題中一思湖
上別業一有病肺未能相隨宦成云云士君子
身居　廟堂不忘泌水衡門之樂昔東坡居士
贈畫師有林泉勸我早抽身句同此意也然不
戀榮祿丈夫既難況女子乎爰書五絕以誌墨
緣

一枝女字貌娉婷銅尺相隨墨瀋馨壓倒崔盧好奩贈
添箱奚止十三經
待曉窗前卻扇忙幾翻粉黛費商量畫眉縱有張京兆
不抵兒家點額粧
想見園屏射雀初一時冰玉有誰如不須更索祁公酒
細爇寒香讀漢書
故山偕隱願歸耕底事無心說宦成已見尚書署紅杏
何須此手佐調羹
院本當年數馬麟流傳幾作故家珍雲烟過眼珠還浦

名迹仍歸姓馬人

海昌查青華人漢明府得勝國名臣淮陽太守許公令典龍靈石一笏石高一丈有奇嵌空玲瓏無美不具屬余繪圖并係以詩時明府將官中州即以贈行

神龍飛來不肯去僧向黃山山下住太守於萬歷時不附中璫退居海鹽之黃山化爲靈石一丈高鱗甲斑斑五色具矯然獨立深山深風吹萬竅皆龍吟殊形怪狀詫奇絕米顛不作誰賞音淮陽太守人中傑身無媚骨有高節身無媚骨道有主盟神宗勅太守語懶向權奸璫下遨歸來抱石守吾拙草堂笑鬭黃山烟終歲閉門耕石田自從主人捨石去蒼龍一臥三百年青華明府好古士再拜荒烟喚龍起昆明刼火不敢燒滄海雲根忽移此此身將爲蒼生出一片堅貞拋不得安得扁舟載石行引手摩挲三嘆息寓書促我圖石丈墨汁淋漓筆蒼莽願爲霖雨遍中州莫向延津輒騰上

題疎香閣眉子研拓本爲計曦伯

一丸翠墨遠山春曾伴粧臺蘸筆親留得珍珠數行字不因傳堦重貞珉

丹青餘事也癡情豈止因風勝阿兄輸與綠窗親看見一雙鴝眼最分明

小謫紅塵十七剛生天成佛總茫茫果教片石能通語可許招魂翦硬黃

計然石癖讓風流妙格簪華一例搜付與縹緗添故事又煩彩筆記粧樓

張研溪曉風殘月圖

曉風殘月總堪憐轉忘傳家春水篇野鶩家雞渾一例玉田不畫畫屯田

卵色天光送舵樓數枝風柳不勝秋長亭不是湖鄉路輕易天涯著客舟

孫九靈索題余秋室學士贈別迷庵司寇畫蘭卷

露葉風枝墨瀋香也如折柳贈河梁那知廿載同臺省纔到離筵識彥方學士題詞有廿載同朝識恨遲句

迢遞芳風送別船還山官府即神仙一叢香草開三徑畫裏瀟湘似昔年梁山舟學士贈司寇聯句云盾鼻弓衣行世文章皆事業屏風團扇還山官府即神仙

插架圖書萬卷高丹黃辛苦廢昏朝雲烟過眼匆匆甚屈宋文章亦寂寥

湘蘭寫罷寫燕蘭文讌還須丙戌班學士風流今亦杳不堪酹酒慟湖山京師萃慶部伶人王桂官湘雲曾學畫蘭於學士謂其濃淡疏密頗有法度一時同人賡和以爲韻事學士復徵梁園子弟之佳者爲燕蘭小譜詩以湘雲畫蘭選詞冠爲譜卷之首又保和部得發兒周定珠曾爲學士小史主人乃丙戌甲科故同人讌會皆保和承應而諸伶亦戲稱爲丙戌班

黃霽青觀察歸田後訪友王店爲鄉人所窘戲柬二律代其解嘲己亥

元黄世事孰眞訛馬䑋原難辨駱駝羣盜偶能知李涉
醉人只合罵東坡溪山未必憎官舫冠佩終嫌異釣蓑
豈是金風亭長後久無軒蓋枉烟蘿
驚心風浪太無因苻拔麒麟不可分懷印且非眞太守
當關誰省故將軍拏船總敗山陰興憶舊空憐日莫雲
畢竟韋皐人不識儘他羣蝗鬥紛紛

晴窗點筆圖爲朱筱漚作

平生足迹半天下歸來烟景供陶寫終南少室在豪末
滿堂空翠如欲潑湘簾棐几小窗明倪黄董巨把臂行
五山十水日復日直與往哲爭輸嬴我來淸閟探墨妙
雪晴一㦸剡溪櫂不許香溫獨自看畫簷恰被梅花笑

同人遊定香寺作

塵勞漸覺旅懷寬一角紅墻夕照殘鐘磬聲沈香界肅
松杉影落石幢寒題詩敢望籠紗易入社應憐戒酒難
一處流連忘卻返王孫曾此舊安單（寺中一間軒爲趙一漁同人結社所）

留別修川諸子

半載栖栖薄病餘難謀菽水慰安居四愁平子閒聊遣
十志盧鴻願未如避債臺高歸計拙賃舂廡好託身虛
中年以往眞無賴未得關門補讀書
凍硯和冰埽麝煤東塗西抹爲誰來幾曾臥雪修封草（反用宋劉宋事劉工畫）
一笑衝寒不爲梅殘歲自傷猶托鉢窮途
得過且銜杯般兄長丈難分別尤愧王孫獨愛才（謂武林趙一漁）

趙一漁邀同人集飲餞行以事不果賦詩辭謝

多謝何曾判食經識君已足慰平生輕拋鱸膾常爲客
怕啖牛心爲近名蒜髮滿頭非自昨荆枝分手歲將更（伯氏子廉仲春物故）
一尊我愧先生饌遊子難爲獨飽情

俞少甫（岳）廣文五十初度自倡絶詩索擅畫者作
畫爲壽余寫小幀并戲書四絶句卽送其之官
溧陽（庚子）

五十功名一令官垂虹秋色謝漁竿藥鑪雞犬浮家去
似此丹青亦耐看
賣畫傭書計本疎欣聞江國奉官符來朝倘使逢丁祭
能否轟雷請客無（蘇州郡博蒲快亭先生以嘉慶丁卯莅任嘗揭柱聯云埽雪呼僮莫認今朝點卯轟雷請客須知昨日逢丁）
不要南飛介壽筵烟雲幅幅當籌添廚中妙畫通靈去
轉向庸工乞素縑（廣文有倪黄合作山水爲人久假不埽）
頭顱如許客何能卅載江湖賸鬅鬙我亦知非同此日
墨君何處博青藤（郁頌上五十生朝徐文長以畫竹爲壽）

呂賡六十八羅漢圖歌并序

邑城南門外無量寺（俗呼三天門）康熙己酉癸丑閒
邑人呂賡六律寫羅漢十八軸以充供養每當
歲首縣諸殿壁觀者神之呼爲活羅漢百數年
來沿爲故事余於道光庚子正月五日買舟往

觀一宿而返謹賦長歌用誌歲月

羅漢以德不以貌大哉　王言日月照張元世態貫休
怪麐六得之適中道三天門中十八軀垂眉努目各神
妙百七十年故紙牢舍利光騰金碧爛歲首年年張殿
陛傾城士女如雲趨花光暈旃檀噴筆端妙悟皆眞
如雪竇苔深澗谷紆緗桃花瘦絲柳疎或制毒魔或入
定動者諷經靜者聽進瓜野客自修容獻果山猿獨恭
敬一老補衲忘接應勾線手搓足指勁虬髯鬑鬑齒如
貝大腹皤皤張布袋手持如意憑枯槎落葉紛披眞自
在羽扇搖搖風滿握支頤茶夢午初覺低頭童子戲浮
漚仰首飃冒頭飛鶴鸞奴弁服自華絢天女紅衣舞釵

燕粲立左右皆皈依佛門那不從方便就中降龍伏虎
尤具大神力外雖猙獰內姑息腥風逆面稟香豸窺看
蒼黃還惝恍無憂林極樂國不知雪山苦行幾生脩蝦
傳法輪能到得生天成佛談何易丹青聊示西來意麐
六麐六妙畫自閱千眼明不如老生頂禮心獨誠扁舟
棲棲留一宿知交不詣催歸程吁嗟乎衆口爭呼活羅
漢可惜傳名止鄉縣

王石谷同族有王犖者善摹石谷山水石谷深恨
之余里程某數十年來託名爲拙畫花草充塞
四方鬻買者絡繹購求所潤特微其餘利半入
他人囊橐而程貧如故余頗傷之又何暇爲石
谷之恨耶戲書三絕

魚目爲珠信有無蛇牀未免亂麤無眼前色相何須辨
百事原來假畫圖

侏儒不飽況東方程某短小依様胡盧自在忙可惜蓬門勞
十指爲他人作嫁衣裳

塗紅抹綠總嫣然時眼看來孰後先縱遇商邱眞識在
箇儂還愧惲南田商邱尚書宋公謂惲南田畫暗中摸索猶能辨之

己亥冬客長安鎮同人過定香寺題詩于壁石門
崇福寺僧竺仙西印見余詩次韻和之實未相
識也因寄一律爲後日識面之導

客遊曾記出雙林風影蕭蕭歲月侵閒處偶然留鳥迹

空山何意答龍吟未過竹院逢僧話早切黃金鑄島心
亦是豐干善饒舌丹邱他日總相尋

題家悟卿女史慧寫生牽牛花

悟卿吳人家世素爲書吏父母歿家落與其弟
吟武煥徙居陋巷守貞不嫁賣畫自給

烟條雨蔓寫來工淸淺銀河曉色同才子埽眉今已懶
黛螺俱付畫圖中

蘿屋蕭條戶晝扃手裁花藥筆通靈年來侍婢無珠賣
自理炊烟硯北靑

蔡鹿賓荔香室圖用東坡四月十一日初食荔枝
韻

徐薛婚媾等催盧楓亭嘉樹常不枯圖中之景恍惚覩令我渴解病亦驅南方佳人紅錦襦窈窕十八雪色膚紅粉風流石醋醋海山羞見絕代姝端明守泉案牘無荔譜特著南海隅山蟬鳴時石背出（山蟬鳴荔枝熟閩諺語石背荔蠹也）龍目還遜牛心麤薛能未讀少陵句監州首唱誇驪珠不若鹿賓端明裔側生獨自採芳腴青泥不需元修菜秋風那憶張翰鱸從茲亦算君家果點染弗吝崇龜圖

明冢宰周恭肅詩畫冊卌幅爲其曾孫忠毅舊藏今歸嘉興張丈叔未（廷濟）丈賦詩索和

輞川二絕本無儔（恭肅十齡能畫長師石田翁得其指授集中詩云輞川稱二絕早晚慰平生）啟事餘閒託臥遊暫勿未忘漁獵志烟雲常夢草堂秋同袍放棄憐康海（公爲宏治壬戌對山先生康海榜進士）畫筆淵源重沈周卌幅清儀高閣上不維金石盡琳球

委鬼彌天虐燄生可憐仗馬最先鳴文人禍比清流慘臣節忠踰白日明故紙並珍秋試卷（忠毅鄉試中式硃卷三場在余里）沈冤肯博濫科名（崇禎元年忠毅子廷祚伏闕訟冤請卹時魏閹私人主使者託人云苟無言當擢一第以萬金相報廷祚詣刑部訴之主使者尋正法事詳邑志本傳）家聲不隳孫曾繼圖史同爭竹帛榮

周恭肅雨中渡水牛圖（有梁蕉林徐立齋兩相國及周青士布衣朱竹垞太史題詩）

晉公妙墨迹猶存諸老還留屋漏痕半幅江南烟外景數聲牧笛水邊村閒人合跨丁椒返（四面溪亭千箇竹好教收拾待閒人）

（公在朝時寄壽其弟明農詩也）宰相渾忘丑座尊（謂嚴分宜）白石南山謌不不得牛毛往事忍重論（圖舊爲徐虹亭太史物後歸王氏王出售時余族祖霞亭先生議購未與值適程丈懋齋益其價獲去于是兩造相爭不已程設酒謝過族祖答之彼此酬酢至十數次里中傳爲美談道光辛卯圖又歸嘉禾姚姓矣）

題陳老蓮洪綬寶綸堂集應蔡鹿賓（載福）賦

老蓮明諸生入太學試高等將授官輦下諸公重其書畫求者踵相接意不屑辭歸會魯監國據東浙隆武擁閩粵爭來徵召或授以翰林或授以御史笑曰此固爛羊侯尉也余爲之乎既不得志益自放廢未幾遭亂家破轉徙吳越閒丙戌薙髮爲雲門寺僧易號老遲又稱秃翁國朝康熙辛未歲次子字收輯所遺詩若干卷羅坤序而刊之其事據本集孟遠撰傳

賸水殘山老秃翁斯文吐氣尚如虹周妻何肉猶身累吳帶曹衣悔畫工一念不移君父外孤吟常出亂離中青鞋何日雲門寺憑弔秋墳落照紅

暮年事事託比邱詩是皎然畫貫休（老蓮詩中自喻）文采尚存賢騏子（次子字亦工畫）浮榮早謝爛羊頭宗雷舊侶眞堪數（謂集中黃石齋劉念臺倪鴻寶祁止祥諸先生）崔道齊名孰更儔（謂崔青蚓）聞道蔡倫傳副墨法輪常轉重雕鎪（蔡載福擬翻刻其集）

余寓石門俞道士（芳）幽篁齋臘月十九日隣寺詩僧（酉印）偕余友海昌徐（桐文）見過次日往拜之

又次日僧冒雨復至并貽長歌送行爰賦詩報之用吳梅村祭酒贈蒼雪師韻

阿師踉蹌來雨點帶無數白足印蒼苔泥滓亦淨土吟髭冰若雪詞源潮生浦論文當談禪智珠一傾吐道人扇茶爐山房啟藥圃歲晚百憂集片刻忘厭苦遺我懷中詩丈六下平楚如登多有城無由趨廊廡如入無雷國忽焉驚鐘鼓三車馳法輪一清豈行伍愧無面壁功何從窺墻堵參寥迎東坡齊已留工部賤子獨何人稽首洗靈府唐句我未叩蓮龕公先枉竹所自慚葉公龍毋試介象虎參禪指柏子學道從桂父浮生等飄蓬浪迹違故土此梅村複韻仙佛兩莫求休笑愚且魯未能拜七眞何況見六祖明春招舊雨再謁道場古謂桐文

蔣生沐光煦寄示虎阜餞春圖詩即步原韻辛丑

山依樓閣水停橈一半芳春被雨消我有十年離別感橫塘舊夢亦蕭條丁亥歲同王又樗嘉祥觀水嬉今又十五年矣

前詩意有未盡再書三絕

過盡韶華見綠蕪虎山橋近女墳湖不知歌舞消魂地只有吹簫客自孤時家弟大年客吳門

落魄江湖薄倖聞鬢絲憐我漸紛紛而今縱入鶯花隊懶發狂言問紫雲閭席上有妓

飛泉一壑颯巖阿卻喜觥籌就薜蘿畫裏春光常不去生公臺畔落花多

爲費曉樓丹旭題張子祥水仙圖

一翦霜前自在香更無人可遞明璫倚寒養素非矜態點水無塵只靚妝鐙影嬋娟歆鬢絲簾波窈窕見眉黃白描笑學王孫譜瀟碧湘藍又擅長

爲曉樓畫芍藥并題

霞衣多謝翦刀裁嘘露吹烟帶笑開對爾春風羞白髮似人晚達炫奇才靑梅只合同調鼎金帶何妨再舉杯畫本一枝權折贈韶華那得更相催

答蔣生沐見投并次原韻

風雪渾忘歲月侵同聲應不歎孤吟三蕉酒畔多狂態一篷梅邊見素心耿耿相思遲踐約寥寥湖海幾知音未能避面如邢尹只合三年學病瘖

附原作　蔣光煦生沐

十載重看白髮侵寒宵時復憶聯吟淸言大有違時論粉本應無變古心憐我迴風馴逸翮煩君爨尾覓知音搏沙聚散眞常事肯向樽前一語瘖

答馬二槎見贈同原韻

敗葉飛殘老樹僵風聲逆遞觱聲長故交幾輩鬬貧賤殘歲緣何冒雪霜三逕尙迎求仲客謂生沐樂郊猶數子旟鄉魏任旟字子旟黃巾賊起不犯其鄉多君十載相持意還得窮途首一昂

附原作　馬瀛二槎

耐凍緘書指欲僵逹勞雁足慰情長淡交祇覺心如
水久別俄看鬢有霜舊硏生涯煩地主謂生沐孤舟風
雪尙他鄉君才爭比荒年穀聲價猶聞到處昂
蔣生沐寄示辛丑十一月大雪中同人賦詩畫圖
紀事冊子索和同用費曉樓丹旭韻壬寅
飛花飛絮一天輕不夜光陰繞室生未必高賢定僵臥
最難心地是空明不平世路塡何易誰下江南策竟成
輸與詩人工白戰聚星堂上令先行
蔣生沐夢中得山寺雨深秋氣早江樓鐘動暮潮
還句乞費曉樓畫圖索題
曹騰忽到神來句中有詩仙自來去好詩如畫畫通禪

長房妙手開壺天壺天郎是詩境界讀詩讀畫兩心快
卷簾山失佛頭靑山寺欲雨秋冥冥詩耶畫耶烟雲吐
畫所不到詩能補鐘聲一杵莫潮響夢裏題詩我未能
幾時夜雨連牀共安穩隨君作詩夢
石瘦詩癸卯
蔣生沐有花尊一高四寸許係大小石卵糾結
而成人呼爲石瘦余愛而乞之以詩爲報
衆卵疊若尊百寶磊妝飾天生觚不觚巧匠謝雕刻山
人可代瓢壺公堪遯迹糾結類蛤筒疥癩等蟾滴蒺藜
刺亂攢荔枝殼徵坼女媧煉不成精衛啣豈得淪落委
泥沙樵牧拚棄擲阿誰雅好事搜求出山澤位置到文
房鼎彝共瑤席硏山海嶽換仇池畫馬易我感故人遺
石交不以直時親磊落姿還被支離德一日三摩挲好
奇苦成癖翫物果喪志寓意聊自適胸中磊塊多還戀
一拳碧
得潘蓮香華廣文書紙竟而語未竟若有別幅未
經附入者戲題一詩代柬
勝他首尾臉嬉飛借用三行事書似符分見亦稀蹇疾多情
懷鬱蘭新妝一笑想徐妃即論片羽尤難得卻比空函
未盡非應是古人詞費寡餘情豈至食言肥
白香山象
長慶風流舊擅名鬢眉想見玉堂淸詩傳諷刺君無罪

身乞江湖官轉成香火頭陀皆素侶琵琶商女亦蒼生
集賢殿與香山寺畫象重深仰止情
題陳老蓮丹鳳圖
宣和譜花鳥不見著靑鳳邊鸞孔雀辟稷鶴凡鳥何能
爲伯仲老蓮人物追龍眠禽魚一一尤超衆詩矜會稽
君王寵鷫鷞班中來供奉膠山絹海身無閒卿相徵求
常接踵老蓮崇禎初以諸生入太學肄業將入詞垣會朝貴索書畫者紛至託故辭歸人兩朝爲僧
丹靑能事轉自悔鳥倦飛還剛一載忽驚鵝鴨亂軍聲
朝陽桐萎阿閣傾山河只聽杜鵑啼寥落干戈東復西
遍體文章復何事披緇草草儒冠棄滿地蓬蒿無竹實
妻肉依然抛不得阿師原是畫師身色卽是空空卽色

丹山回首成邱壟九雛只此留遺種半幅鵝溪尙九苟陳丹暗粉猶飛動後生殿繩孫前輩郎餘慶二人俱工寫鳳綵豪別自出新奇欲市千金奈襲蘗神物流傳二百年風塵仙翰騰翩躚鳳皇城北崔青蚓洗象圖拋何處邊崔青蚓有洗象圖梅村祭酒會題長歌

唐六如畫鄭元和象圖中作敝衣炊飯狀

鶉衣風雪自炊鍋昨日勾闌尙醉歌多少才人工落魄不須更說鄭元和

乞食歌姬事豈然姓名虎榜亦空懸先生不落卑田院潦倒名場更可憐

家有倪高士紅絲石遺硯一方舊爲吳丈子音所貽癸卯歲久病杜門家人乏食會有貴官道經里中欲購文玩老妻强余出售余不忍焉因讀陸鐵簫先生病起詩有病魔亦是催租吏逼到山人賣石田句不覺失笑戲書四絕卽報子音補作

清閟流傳閱歲深雲腴一片等球琳山妻休勸先生賣未必高官定賞音

豈是良田繼子孫而今乞養況無門硯池一縷紅絲潑石不能言有淚痕

長物無多且耐貧書簽藥裹共隨身孤懷鬱鬱倪高士寧散黃金畀別人惟我懷之而鬱鬱嗟人君幽隱乎相得研銘中語

敢忘延陵此石田匹如寶劍重龍泉多情肯向生前贈更比當年季子賢

仲子涵涵表弟遺照應令弟子湘作甲辰

形容尙宛然呼之不能應相隨自少壯或離亦或并憶汝丱角時丰姿如玉映舅氏每鍾愛謂先子將爲宅相慶一斑測全豹千里驗神駿以余三歲長如心不自禁及汝甫弱冠家業已非盛拋書出依人聊博升斗進忽驚乾蔭摧孤兒肩父任有產尙咨嗟何況室如磬阿母寸心碎兄弟四目瞪收淚完室家重把門庭振如何未中壽遽得不起病嗚呼行樂圖直與鬼錄並孩寃有三竄拙鳩無一巢貧兒質屋居那免遷徙勞飢寒特細故顛沛恒疊遭哭母復哭婦餘淚傷垂髫距死僅二載蝸廬續絃膠空幃後妻守煢煢安能瓢辛有前室子寸草期秀翹可堪將就婚一病又喪焉斯人竟乏嗣敢信天理昭回思甲申秋還被鄰火燒弱弟零丁存青衫冷如故上策不見收蹭蹬到末路痛念連枝人池塘宿草暮三歎鵠鴒詞空成鵩鳥賦形影一身單孤寡增內顧累重漸催老貧極難守素有時斂詞鋒俯首問刀布空囊負乾螢涸轍感枯鮒功名旣無成手足亦無助人生到此難何以安所遇窮愁且著書庶免儒冠誤九原望弟心耿耿定前度

牡丹和吳石岑焕舊作

欲冠羣芳出一頭東君有意特遲留豐年玉自無雙價
傾國人原第一流始覺韶華今日貴不知豔福幾生脩
朱闌十二閒憑倚蝶舞蜂狂不自由
太眞飛燕漫疑猜下界凡姿詎敢陪百幅香箋圍玉鏡
九霞仙佩下瑤臺六郎只合蓮花似宰相偏矜芍藥開
鏤雪裁雲好辭賦孰傳綵筆夢中來
池館豪奢比屋新倩和天氣正深春若狂兒女爭先覩
漫說王侯爲爾貧卻借春陰籠畫檻乍過小雨豔珠塵
御袍紅與朝天紫多買燕支畫未眞
縱教香淡也氤氳纔識晴天錦繡文傖父亦知名種異
貧家偶豔折枝分繁華畢竟難歸樸富貴還須要策勳
我是花前窮措大批紅判白枉辛勤

七月七日生沐以書來訂武林之遊且辱朱提之寄勉作賣畫計即事言懷感愧交并得詩二絕

紙短情長話未全勸遊先寄辦裝錢卻教多買胭脂去
豈戀錢塘藥玉船
尙愁人不識王融說項推袁語復重更勝李唐高一著
底須中使爲先容南渡初李唐自汴京畫院流離至杭年已耄畫持稿以技自給人不爲重會有中使識之薦於朝始知名早知不入詩人眼多買胭脂畫牡丹李唐詩也

八月四日生沐招同張丈叔未廷濟趙丈次閑之琛汪劍秋鉞費曉樓丹旭張受之辛潘蘂香華管芷湘庭芬僧六舟達受宴集湖舫即事

羣山合沓鏡中開到此渾忘客鬢催勝地卅年縈夢想
名流一輩辱追陪樓臺儘廢仍如畫乾隆甲辰南巡迄今道光甲辰凡遊玩臺榭存者什不得一每歲例耗庫金修葺於嘉慶二十四年詔免兵甲纔停共舉杯庚子辛丑事
得意秋光行樂地放船原不負儂來

題葉麗春女史虞美人畫爲吳通判雲作

何必簪花數嶺椒偏於丹粉寫風標虞兮一瞥嬋娟影
簾捲分明見楚腰
弱質亭亭寫折枝前生慧業本無師吳剛明月團丸扇
老我難題幼婦詞

鶴洲訪舊圖爲朱生白由庚秀才題

朱君生白以其先七世祖太守子葵公嘗有鶴洲草堂乞陶君松石寫鶴洲訪舊圖徵詩按竹垞太史靜志居詩話云世父子葵拓地百畝自湖至田有堂有亭有檻有船又云陳少詹懿典爲作記董尙書其昌爲書扁李太僕日華爲作圖後先觴咏者題壁淋漓今則大樹飄零高臺蕪沒止存臥柳斷橋而已因憶吳梅邨祭酒於
國朝順治壬辰歲過朱子葵鶴洲草堂題詩爲贈時尙無恙太史去祭酒未遠已有山邱華屋之感嗟夫興廢無常風流易改自古皆然惟圖畫文章烟雲不替生白此舉尙稱賢裔矣爰用梅邨原韻勉題一律以誌嚮往云

重畫茅堂湖水邊舊圖還有李公年棠陰惠愛爲邦日
栗里琴樽故國天淸吳宜人還識字白衣幾輩得歸田
荒洲何處尋華表惟見沙禽逐釣船

潘稼堂太史平波臺贈志遠上人詩扇歲久漫漶邵稼甫嘉穀同人過僧房拂拭矜賞適海鹽張受之辛工鐵筆欣然勒石以貽志公法裔静參嘉興張叔未丈用太史原韻賦詩美其事邀同人和作

鶯水瀾溪才只尺輕橈想見去還來偶然方外留椽筆
正卸朝衫上釣臺佛地淸凉原可答湖光瀲灩恰當杯
和詩重疊宗雷繼更願東林酒戒開

再贈受之用原韻

寓公碌碌亦無數惟有張郎不苟來因爾遊踪添勝事
替傳石墨到香臺多慚東道稅車轄難忘西湖共酒杯八月四日生沐招飲湖舫
殘歲相逢還欲別人生幾得好懷開時余方遊虞山

臘月十四將發虞山道經吳門欲訊舍弟大年寓居不果卻寄

歲晚身猶出誰能念此情逆風爭弱艣老病强孤征飢
東憐妻子殷勤愧友生謂殷生丈雲中一行雁愁過闔閭城
自笑謀生拙寧辭西復東一枝誰是借五技總須窮臘
盡裘猶典年登食轉空勞薪成底事搔首感飛蓬

虞山六詠備二首

遯我堂

幾年解組得栖遲魏闕江湖共繫思投老自傷多事日李文安以忤劉瑾致政歸築遯我堂徵楚昆尚兩湖賦詩有部經四方多事日江亭閒煞老尚書之句時山東四川江西湖廣盜四起故反張乖崖詩而言也
命圖差喜五同時文安與禮部尚書吳原博都御史陳玉汝侍郎王濟之太僕吳禹疇集五同會圖蓋人丁餘爲圖紀事
平泉花木閒中理畫舫烟波自在移珍重石城詩稿富姓名轉幸綠雲遺錢尚書搜羅鄉先進詩獨不及文安

拂水山莊

池館蕭條冷故關依然拂水聽潺潺宫階恰並楊凝式
詞賦爭傳庾子山末路公猶參白足捐軀人轉惜紅顏
滄桑多少依違念何處孤魂尚往還

河東君墓

宿草芊芊土一壚靑山重問女尚書棠梨猶妒春風面
遊女還停油碧車一樣掌書依節度豈因識曲託相如
夫君咫尺棲神地石馬無蹤落照餘

雙忠祠

力竭南天一柱支生同報國死同祠山中秋菊寒泉日
海外蠻烟瘴雨時慷慨覆棋還論戰從容臨難各裁詩
傷心馬革千行淚配食楊羲酒一卮謂幕僚楊員外蓺負忠宣骸骨歸葬事

澄懷館

藥圃花闌半草萊衡門仍傍水雲隈千秋姓氏烟霞客
一代昇平藻繪才求仲常懷三逕過盧鴻依舊草堂開
屋頭山色原如畫曾領何人繼後來第五句謂澤南田

靑桐館

綸扉兩世仰淸風似水門庭故相宮獨樂尙餘園五畝
一裘忘卻位三公丹靑餘事元暉繼勳業傳家晦叔同
濟濟鳳毛看七貴同時一門進士凡七不禁秋色老梧桐

破山興福寺

高林知有梵王宮幽處依然曲逕通鬬罷蒼龍陰壑裂
香銷法象雨花空題詩只合來常建駐錫還應憶贊公
吳梅村祭酒嘗壽寺僧崔如六十詩欲問南朝舊遺迹殘碑何處拂蒙叢
一聲淸磬隱雲中

汲古閣

書籤誰如蜀槧精瑯嬛此地最知名三層不爲聽松起
萬卷時聞埽葉聲懶獻遺經求博士轉憐客作有匡衡
散財爲說知機早尙擬荒烟擁百城

題辭　嘉善　黃安濤霽靑

爲策淸遊翰墨勳知君心跡故超羣畫師前輩推烏
目王石谷又號烏目山人雜詠中澄懷館一律爲山人作也劫火崇朝感絳雲老
伴向禽誰復在微言衰鉞自然分雜詠有雙忠祠一律又有拂水山莊之作
劍門我亦曾題句可否摩挲碧蘚紋

爲素庵上人畫花卉扇

連番索畫漫低徊孤爾禪房米汁杯招飲未赴恐起老僧一
重障飛花又向定中來

臘月廿六歸自海虞途中寄殷小雲

行李無多物濛濛濕霧衝出門連日雨歸棹一年終聚
首仍爲別千人豈素衷不耕慚食粟生計可憐蟲時小雲惠米二石

雨夜書感　乙巳

長篁空牀倍黯然自家有病自家憐單門八口維存硏
禮服三年又斷絃彭年句夜雨牀牀逞避漏寒鐙耿耿不
成眠空囊賖藥恒難繼誰更分憂到爨烟

和作　同邑　仲湘子湘

苟郎老矣漫淒然冷煖誰還著入意憐無限歲華消
病榻可堪風雨奏哀絃飢來未免驅仍出醉後何妨
倦即眠安用維摩經一卷自家供養有雲烟

唐六如梅花鍾進士圖

百花頭上春光轉進士科名可操劵無端路鬼醜其容
狀頭不稱先生選以貌取人事可哀文章聲價從來賤
銷摻歸來百憤生學書不成還學劍水怪山精盡遁逃
世途從此開方便故山無事且從容梅花正滿終南磵
林下鬚眉又不同解元重替開生面解元亦爲才名誤
避人別啟桃源渡偃臥春風夢墨亭畫裏靑山人不顧
粉本於今莫定評傳聞黃鳥能聲老塡寂寞原無語

拇指須防鬼眼睛

正月二十日雨中讀張丈叔未臘月廿八日立春來字韻見懷之作余以少陵立春詩韻奉柬

新歲新詩寄我日傳箋還是隔年時陽春有腳行藜杖小雨如酥潤柳絲猶幸少微能照耀莫教老大重傷悲笑儂題罷解元畫（時題六如畫）又爲先生一和詩

次少陵曲江對雨韻再寄張丈

青山竹浦隔圍墻積雨閒居閉衆芳漫與詩篇傳屋漏新添溪水到門長韭苗恰稱春醅熟梅蕊還輸石墨香待我三春濃綠裏小舠來繫釣磯旁

原唱　　嘉興張廷濟叔未

乾鵲簷前晴送喜詩篇春信一齊來豐年有象傳村舍平鏡無波護水臺爆竹安排如意帖頌花料撿納新杯遙知朋好同行樂拄杖敲門趁凍開

乙未歲黃壽青先生枉札并見和戲贈詩二律久經失去近知拙作已附刊集中時先生悼亡家居余亦有安仁之戚走筆奉柬并索其稿

昔年黃雙井遺我尺素書脫手和長律聲價重璠璵銀杯忽羽化靈畫飛桓厨荏苒將十載彼此音問疏傳聞詩益富鏤版拙作俱洪爐鎔五金凡鉛不遺銖藥籠搜百草牛溲豈盡除歐稱常建作反厭劉叅䑃韓遇東野才願逐雲龍驅先生繼往哲愛士同此迂去年秋七月山公夫人徂聞訃未往弔走筆慰起居今年正月九賤子爲鰥夫連朝春雨寒偃蹇蓬蒿廬悲感情則一淒涼況懸殊紙灰飛滿前鬼富人添逋滔滔逝水感番番宿草枯（七年中先子亡兄先後見背）悼亡有同調先生應念吾斬新梨棗香紙價騰三都尚期一編寄媵以雙鯉魚

和作

作畫非凡史由何胸有書輝山豈無藉與瑟徵璠璵俗手縱工巧曷重顧愷厨平生愛畫心常愁鐵網疏畫佳詩更佳二者恒難俱翁君名父子觀書析鞶銖精心入奧窔俗物盡掃除藝也進乎道下筆濤而腴萬象赴腕底造化爲之驅妙繪中賤嗜自信非怪迂溯自締交來冉冉歲月徂吳江百里近未訪鶯湖居世皆棄老物君不遺潛夫揭來辱巖訊瑤華貢衡廬濤琴奏寡鵠哀音固無殊閒情更旁逮舊作追亡逋筆頭要長潤淚眼弗久枯既用慰君子亦復寬今吾區區覆瓿物焉敢敵兩都爾雅倘圖繪爲君注蟲魚

朱肖梅（銓）以七世祖栢廬先生代母陶氏致謝徐俟齋先生撰七十壽文尺牘墨迹索題

栢廬父名集璜殉甲申國難私謚節孝栢廬亦謝諸生業俟齋爲節孝弟子也陶碩人當兵戈之際崑山城破流離避亂瀕死者再事定卒無恙教養四子成立倍嘗艱苦庚子歲七十生辰

栢廬兄弟意欲稱觴陶不允事詳侯齋壽文
喜懼交深際欣來介壽章支吾欽敎養巾幗歷滄桑懿
德培諸子鴻文代一觴全家忠節備尺素墨猶香
吳下徐高士終身事坎軻卻金寧賣畫居易堂集有辭人遺金餉粟啟
采蕨自高歌長者車輪返師門風義多不堪還粟土忍
弔舊山阿俟齋先生居天平山麓沒後弟子潘稼堂太史耒以故廬立爲祠歲時脩祭太史復沒子姓承之年久將廢嘉慶初徐山民逵源爲潘氏門下士師友相承樂肩是任山民徒越知事筠復捐金相助祠宇一新迄今數十年又增榛莽之感兩山民貧老不得已遷先生木主歸祀於吳江黎里之衆善堂震澤殷編修兆鏞爲之記

臘月十三日食刀魚酬小雲
半尺寒鋩似研銀浪花猶帶水粼粼不須丙穴求偏美
更比辛盤早薦新廿載烟波懷故舊一生口腹累他人壬午春於吳門顧丈濶賓家食刀魚今已二十三年矣素餐卻愧先生饌還謝漁
郎苦問津是日漁人冒雪運來苦相求售故戲及

題張荔門詩稿丙午
學到成家日霜華來鬢邊宮商存古調烟墨送華年寡
合猶餘傲高文只自憐各緣飢渴累未忍研田捐

仲子湘表弟重摹品詞圖
嘉慶己卯楊辛甫秉桂乞改山人琦寫暗香疏
影詞意圖圖中二人一即子湘也彼此方討論
倚聲故紀其事至道光己亥辛甫家火圖亦燬
去嗣子湘偶過張香吏寶銘見其令子乃登有
副本是圖知昔年假改本所臨爰倩重摹一幀
以還舊觀而辛甫已下世不及見矣因之傷感
賦詩徵同人續題
妙畫曾聞付劫灰張郎重替補寒梅舊時月色原無恙
曾照詞人挈伴來
故人宿草遍荒墳畫裏遊蹤尚爪痕何處更尋雙白石
暗香疏影正招魂
忍聞鄰笛到花前風物依稀似昔年老鶴不來空悵望
只餘翠羽語霜天
懷舊重來石徑荒偷聲減字漫平章鄙夫亦有存亡感
輸爾衡寒踏凍忙

柳如是手鐫石印爲王硯農之佐年丈賦
靑田石高二寸許廣寸餘刻朱文林亭圖右小
篆一行倣白石翁筆背面白文二行崇禎辛巳
暢月柳蘼蕪製同人皆目爲書鎮而篆文反刻
當作印章爲是
弱腕偏攻山骨堅似宜銅虎共隨肩偶然印譜翻花樣
款籀當時卻反鐫
暢月親題辛巳年記曾溽暑定情天佳期應被牽牛妒
輸爾尚書卅日先柳如是與錢尚書定情在辛巳六月七日尚書賦前七夕詩索同人和之事見顧苓河東君傳
曾看撲蝶歎神工柳如是撲蝶圖小幀婁東錢似山家藏小景重披白石

翁萬卷牙籤銷烈炬一方爪印尙驚鴻

管夫人墨竹爲蔣生沐題

畫馬何如畫鳳毛天寒翠袖試銀豪記會蕭寺吳興道不見墻頭金錯刀（湖州天聖寺壁有管夫人畫竹歲久失去）故紙螺丸尙碧鮮不須雨洗總娟娟此君本是龍孫貴三品惟多石一拳

丁未上巳沈西邕（壽）太守招黃霽青（安濤）太守及同人集鴛脰湖平波臺修禊霽青首唱二詩卽用其韻（丁未）

取次流觴不少停團團列坐水窗櫺早知騷雅追韋白竟許鷗鳧狎紫青仲御高懷呼不出（訂計二田未至）次公狂態酒原醒大夫未共西施載錦纜終嫌負越舲（西邕所乘畫舫無妓霽青以爲少典）

篸裾三郡節三春元巳風光又一新放浪聊同典午客從遊喜得會稽人（謂巡檢壽君）先爭繭紙書團扇（霽青屢應客書扇）暫借漁磯洗俗塵指點畫中王內史一觴還合奠清眞（孫九琳以王右軍象懸座右）

又

梵音寂靜磬聲停臺榭空明敞畫櫺仙迹宜烹蝦尾赤山光閒睹佛頭青依然臨水欣咸集常得啣杯不願醒五兩風輕新漲軟盡教鐵面好揚舲（鴛湖卞呼鴛鐵面）

白髮誰言不事春嬉遊偏愛柳花新鴛湖漁長堪分席老爲鴛脰漁翁長（趙秋谷送朱竹垞詩也）鑾府參軍大有人（謂趙稼甫徐蘭未將入都謁選）此舉正如脩社飲今朝聊且祓征塵何妨名宦兼文苑不枉韶華事業眞

過子湘桑復堂留宿子湘以五律二首紀事依數答贈

十年疎履迹一夕訪茆堂落葉走窮巷寒花妥壞墻存亡驚歲促哀樂訴更長風雨蕭蕭夜重憐此對牀

青鐙仍照影惟爾歷悲辛老大憐兒稚饑寒守世貧價高徒敝帚名淡尙勞薪笑勸一杯酒霜毛我更新

松陵四子咏

計甫草

也曾簪筆侍楓宸依舊歸來四壁貧五論安危傳弱冠一流租稅謝頭巾不教雄略酬王猛總爲憐才哭謝榛肯與三家（謂魏叔子侯朝宗汪苕文）爭鼎立强弓滿自挽千鈞

顧茂倫

殘年身世苦滄桑天遣騷壇屬老蒼文選樓高湖海重玉山堂閉水雲涼一餐蓴菜名流附十載生芻弔客忙（先生歿後十年始無弔客）今日灘頭誰釣雪三衣歸去上慈航

潘次耕

青鞋布襪走瑤京傾國公侯側目驚完璧死生師友義破巢患難弟兄情白鷗入夢多歸思金馬虛期畢重名五岳倦遊雙戸鍵龍章遷眷老書生（康熙聖駕南巡賜五言）

律詩

吳漢槎

萬死投荒歷百艱笳聲吹老鬢毛斑不緣雜樹承丹詔誰贖蛾眉入玉關詞賦驚看馳屈子姓名恨未落孫山揮金屈膝皆非易（謂宋相國徐司寇顧孝廉諸公）灑淚平生舊往還

石獅歌（常熟城隍廟山門有雙石臥獅俱作拗頸狀昔鑿通天眼一傳某宗伯園中秋千柱礎也作歌紀之）

廟門石獅屹相向臥地俱作拗頸樣星睛瞅瞅風毛拳追琢何年出巧匠移自尚書舊苑邊當時背上樹秋千扶入得得承紅步結索珊珊送絳仙歲時行樂裊釵競獸王親見繁華盛絳雲萬卷未灰前金匱石室疇與並翩翩書記來佳偶定情不落牽牛後（事見前柳如是石印詩注）思深挽鹿喚賢妻（丁亥三月尚書在外有急徵柳如是挈一囊從刀頭劍鋩中饘橐解尚書次尚書賦詩有從行赴難有賢妻之句時封夫人陳尚無恙也）季常竟免河東吼猿烟一夕燒宗社北門鎖鑰無人把滄桑浩劫起紅羊君王欲走無泥馬尚書此際意徘徊齊女居然不用媒黃閣麒麟空望絕山高依舊多饒舌文章從此起吹毛安穩牛眠俄被發獅兒有幸未摧殘石不能言淚暗潸廣衢閱盡千人眼當作銅駝荊棘看

鞠泉和尚招留師吼庵六閱月余將移寓古柏觀有不忍相離之意即事感賦

方外交無幾吾徒半見疎殷勤開酒戒慚愧飯伊蒲客獨禪牀闊燈凉佛屋孤欲行還小住一再煖茶爐行李無多物依依一敝簦倚閭難慰母托缽轉投僧病久影俱瘦時艱愁易增宵來寒布被遶夢奈姜肱（時余弟叔鈞客袁江）

牛眠石詩（勝國吳縣李侍御模手書唐解元祝京兆聯句牛眠石詩裝潢冊子并附和詩將歸侍御尸祝之地人所稱老和尚堂以侍御申酉後爲浮屠故名）

依稀摸索雪山前斧鑿無痕妙自然窮士歌殘雙角挂牧童力絀一繩牽何妨穩坐吹風笛莫笑勞生種石田聽罷生公閒說法終朝堅臥望青天

郡城移寓作

身似殘僧慣打包白頭猶未世緣拋磨驢步步皆陳迹（用張船山太守句）梁燕喃喃又換巢八口饑寒艱橐筆半生羈旅負誅茅歲闌風雪蕭蕭裏能得安閒幾故交

芙蓉秋水圖

凉飈秋颯然鏡裏紅裳曳一水悵盈盈婥約空遙睇不見涉江人沙禽語烟際

花朝六十初度作（己酉）

春光二月正平分生日欣同百卉羣弧矢空懸消壯志簡編老守愧斯文立身未易承先澤低首常教溷俗氛六十年華成一瞥感懷稠疊湧如雲

失恃難忘丱角辰重輕持服近尤頻弟兄中外餘三子表弟仲子湘胞弟叔均及余耆舊追隨只二人嘉禾父執友文丈後山年八十五郡城忘年友郭丈眉峯年八十八婚嫁總難歡子女賓朋豈盡識艱辛草堂
便擬邛爲宅一笑靈芝未是眞唐邛爲年八十餘能事後毋堂下產芝余繼毋在堂去歲生菌衆誤爲芝

花花草草替傳神賣畫江湖卅載春寸管不堪支八口
臙脂無柰爲時人任俞粉本圖成幅但嫁虛名値幾緡
何必苦心與分辨兔毛褐假勝於眞唐宣州以兔毛爲褐亞於錦綺又有染絲織成者尤妙人謂之眞不如假近代劉公嚴吏部善畫佳者必假手於人漁洋尚書嘗索吏部畫每日不頫眞筆因舉兔毛褐戲之余寫生素無代筆二十年來託名而售者殊多殆所謂眞不如假耶

到處逢迎敢信緣推襟送抱感羣賢慣拋鱸膾離家出

怕啖牛心在客先今我無依重老大故交多半隔人天
此身落拓恩常負回首黃鑪臉黯然

茗碗丹爐偶示間鬢絲禪榻掩柴關身同藥獸嘗諸苦
日賴花豬辦獨艱空對韶華消病骨每聞善事展愁顏
鶯鶯燕燕東風裏漫笑狂奴五載鰥

近游已厭木蘭船商畧邛園暫息肩蝦菜重尋游釣約
烟霞還欠買山錢半生奔走塵盈面兩字因循雪滿顛
安得從今焚筆硯不求當路姓名傳癸卯有當事督畫甚急因避他縣

寄海虞普度庵祥賢上人

庵在北郭外丙午春曾假寓月餘庵多梅人呼梅園

清絕琳宮別有天梅花繞屋當籬編兩邀隣寺探春去

松泉寺及三峯寺相去皆數里各具林壑之勝一月同龕聽雨眠紅樹賣鑪孤
舊約別時曾訂吾谷看楓葉食鱸魚青山捫蝨又經年三月七日遊松泉寺天將暄解衣踞磐石捫蝨而談僧雛牧豎相顧而笑阿師愛畫空成癖轉爲多情失衆
緣上人好購佳畫又好轉送於人嘗以一物許及二人不得者怨之上人怡然不爲意

小蓬海遺詩終

余今春第五子殤作果園感舊圖紀其從游時事因感同游者之彫謝也圖中四人張丈叔未其姪受之皆以去年沒翁君小海沒又在余子後夫人生修短皆有定數張丈八十一余子纔十二相先後亡洵可齊彭殤矣而受之三十八翁君六十介其間受之窮日夜事篆刻漏四下少息天甫明已握筆坐窗下其精神溢出若可致耄期者而中道遽折君多病恆呻吟徹夜不可聞論年乃逾其半信乎修短有數也君既沒哲似柏岑輯其詩余爲梓之詩不止此此已足盡其凡矣君性兀奡未嘗問序於人今使人序之計亦未必當君意所集唐詩有自序因冠其端而余紀存沒知交之感於後未敢序

君詩也顧今年大水連數省江浙被災來羣情慼然余又落拓不得志天時人事感豈有窮乎君與受之皆未嘗違去鄉里受之在余齋夢冥官告以越三載來及一出遽沒於京邸如所夢期而君獨得老於家其不同若是然受之刻楊忠愍奏疏著聲公卿間可以傳君之詩自足與其畫並傳則又同足紓余之感者夫

道光二十九年己酉冬日海昌蔣光煦識

屑屑集

屑屑集序

余素不工韻語十餘年來衣食犇走見聞所及性靈觸焉率爾操觚綴成篇什自知質鈍功淺未足言詩旋作旋棄歲壬午寄蹟吳市行篋中偶攜唐人詩數冊繙閱之下輒摘其句聯屬成章自後每遇一題靡不取而集之浸淫既深寢饋幾廢積一年所計得詩如干首拾古人之餘芬文一已之固陋較曩之自為者庶幾少勝故彙錄是編將以質諸同好云

道光三年歲在癸未新秋小蓬海外史翁雒自書於秦淮寓館

屑屑集

遊仙三十首　吳江翁　雒穆仲集

臺榭參差煙霧中心期仙訣意無窮木蘭沾露香微似
濤路飛塵信莫通絕壁過雲開錦繡斜陽和樹入簾櫳
不須浪作緱山意天上銀河白晝風
崔湜　許渾　劉禹錫　盧弼
杜甫　韋莊　李商隱　王初

半壁天台已萬重曾如劉阮訪仙蹤自從紫桂巖前別
會向瑤臺月下逢定是風光牽宿醉偏承霄漢渥恩濃
不知此地歸何處王母來乘五色龍
許渾　顧夐　溫庭筠　李白
沈佺期　錢起　宋邕　曹唐

海棠當戶燕雙雙莫把瑤池並曲江細水浮花歸別澗
暗風吹雨入寒窗偶逢新語書紅葉暫寄華筵倒玉缸
爲問蓬萊近消息泉聲常漱玉琤瑽
裴廷裕　徐夤　韓偓　元稹
王建　許渾　鮑容　殷文珪

種藥空令道者知朱霞天半引相思吟披嘯卷終無已
雲臥山遊正未遲誰解乘舟尋范蠡更因築室候安期
三春紅雨飛仙杏借與間人試一窺
秦系　[redacted]　元稹　白居易
溫庭筠　[redacted]　崔興宗　韓偓

香風煙㸑樹依依曲島蒼茫接翠微金埒間添栽藥地
行雲莫自濕仙衣休將世路悲塵事會向長生說息機
欲識蓬萊今便是松篁臺殿蕙香幃
談用之　溫庭筠　王建　杜甫
張祜　李白　周郎　李商隱

已共紅塵迹漸疎玉輪依舊養蟾蜍飆林橘樹丹青合
松島蘭舟瀲灔居歌罷紫鸞猶縹渺來將黃鶴上清虛
雲中雞犬無消息不要蓮東雙鯉魚
李九齡　羅隱　杜荀鶴　談用之
曹唐　萬楚　胡宿　段成式

元圃尋何知有無梯山航海幾崎嶇桃華流水依然在
人世仙家本自殊長聽餘風送天樂無如太室覽眞圖
流蘇斗帳香烟起天碧輕紗只六銖
杜甫　平曾　卞[illegible]　呂彥謙
劉禹錫　沈佺期　閻朝隱　羅虬

花枝臨水復臨隄粉雉丹軒晝障西問世但思迴日馭
此中兼有上天梯濃香秀色深能淺晝燭燒蘭㸑復迷
人面不知何處去簫聲落處彩雲低
元稹　曹唐　羅隱　李商隱
錢起　薛能　崔護　楊巨源

養藥堂深薜荔牲往來人事不相乖仙郎舊有黃金約
神女初離碧玉階複道斜通鳷鵲館彩纓長冒鳳皇釵
巫山唱罷行雲過須爲當時一愴懷
張蠙　廣宣　羅隱　盧肇
駱賓王　段成式　崔珏　皮日休

迢迢列宿映僊臺欲賦慚非宋玉才紅燭影迴仙態近
白雲飛處洞門開千章隱篆標龍簡五粒青松護翠苔
阿母桃花方似錦暫留蹤跡到天台
包何　溫庭筠　李郢　劉商
王初　胡宿　薛宜僚　呂嵒

山花如繡草如茵野鶴高飛避俗人冰簟宜眠金縷枕

層臺不染玉梯塵藥爐有火丹應伏流水無情草自春
不會瑤姬朝與暮靈符卽此應時巡
許渾 王建 李商隱 王初
白居易 杜牧 唐彥謙 張九齡

温馨飄出麝臍熏氣味濃香幸見分白玉窗中聞落葉
紫煙衣上繡春雲空花豈要兼求果逸翮將成莫戀羣
爲報高唐神女道半緣修道半緣君
皮日休 杜甫 錢起 鮑溶
白居易 李商隱 宗知一 元稹

馨香惟解掩蘭蓀嫩色曾沾雨露恩歷歷素榆飄玉葉
殷勤洗手出金盆瑤京好夢憑雙羽簫閣通天有一門
斜漢沒時人不寐彩鸞簾額着霜痕
唐彥謙 王貞白 王初 王建
段成式 杜甫 高蟾 李賀

三仙一一駕紅鸞樓上人垂玉筯看白雪調高歌不得
黃金梯滑並行難香熏舞席雲鬟綠霧起烟爐瑞靄攢
此外俗塵俱不染神仙愁怕水晶寒
杜光庭 章碣 武元衡 王建
曹唐 張泌 李頎 陸暢

夢魂何處訪三山路在春風飄渺間縹圍空階雲冉冉
碧桃紅杏水潺潺閒招好客斟香蟻自起開籠放白鷴
不用新詩摹絕境卜居幽勝遠塵寰
曹唐 趙嘏 貫休 許渾
韋莊 雍陶 朱捻 張賁

壺中行坐可攜天舞閣金鋪借日懸紫鳳放嬌銜楚佩
玉虬煖暇出甘泉窗含西嶺千秋雪門鎖南山一朵烟
林下水聲喧笑語又開鈞樂致羣仙
陸龜蒙 沈佺期 李商隱 温庭筠
杜甫 王建 王維 于鵠

海風捲樹凍嵐消何事牽牛在碧霄江上魚龍吟舊月
岸邊烏鵲擬爲橋教攜蘭燭頻羞影爲有雲屏無限嬌
聞道神仙不可接中天積翠玉虛遙
曹唐 羅隱 張蠙 徐夤
韓偓 李商隱 張泌 杜甫

石逕人稀蘚色交女牀惟待鳳歸巢松膏背雨凝雲磴
竹蔭和烟滴露梢維有別時今不忘亦知蹇分巧難抛
殷勤護惜纖纖指似倩麻姑癢處抓
杜荀鶴 韓偓 皮日休 杜甫
杜牧 司空圖 鮑溶 牟融

獨夜相思空自勞乍疑因夢到仙曹靈妃不降三清駕
王母新開一樹桃尚有鳳毛騰異彩便攀龍眼醉香醪
流蘇帳曉春雞早紅日初生碧海濤
釋元孚 陸龜蒙 宋邕 薛能
清江 章碣 温庭筠 杜甫

採蓮時唱採蓮歌楊柳垂絲烟倒拖如此襟懷應不俗
莫嫌談笑與經過好將花下盛金粉只向波間見襪羅
應是水仙梳洗處翠鬟光動看人多
李珣 唐彥謙 温庭筠 韓偓
陸龜蒙 夏侯審 雍陶 李郢

滿袖香風白日斜試開金屋掃庭花龍盤藻井噴紅豔
鳳吐流蘇帶晚霞斑管發豪多逸意月眉雲髻自名家
縈紆似接迷人洞莫道眞遊烟景賒
貫休 劉禹錫 薛逢 盧照鄰
杜牧 羅虬 吳融 曹唐

畫屏深掩瑞雲光洞戶春深翦漏長門壓紫垣高綺樹

酒傾元露醉瑤觴於焉已是忘機地應許前逼不死鄉
但問此身消得否桂枝香惹蘂珠香
無名氏 胡宿 李紳 宋邕
朱慶餘 杜光庭 白居易 袁皓
琹心三疊道初成別樹羈雌昨夜驚秦女峯頭雪未盡
仙人掌上雨初晴山從翡翠簾前看花向琉璃地上生
全覺此身離俗境風吹環珮細聞聲
李白 李商隱 綦毋潛 崔顥
陳陶 元稹 皎然 皇甫曾
今日花前學誦經金蓮無復印中庭衣襟半染烟霞氣
雲水常和島嶼青自要乘風隨羽客盡望空碧禮文星
壺中日月將焉用寫向人間作畫屏
楊巨源 李商隱 司空圖 杜甫
高蟾 陸龜蒙 韋莊 羅虬
別起青樓作幾層何時攜手更同登煩襟昨觸冰壺冷
銀箭休催皓露凝不待蘂芳應有意飄然一葉若為乘
自慚不得中虛術欲附劉安雞犬升
段成式 郎士元 韓偓 章碣
溫庭筠 方干 李中 李旭
月華星采望中收高調鳴箏緩夜秋偏諳玉容歌白雪
約開蓮葉上蘭舟湘川洛浦三千里海色西風十二樓
蹙手水光寒不濕更疑神女弄珠遊
杜荀鶴 王昌齡 方干 曹松
楊憑 宋邕 李群玉 孟浩然
淡烟疎磬散空林豈有仙蹤更可尋絳簡尚參黃紙按
玉書應念素塵侵常疑好事皆虛事料得君心似我心
齧指暗思花下約鳳梭停織鵲無音

劉滄 劉禹錫 李商隱 李羣玉
李山甫 劉得仁 孫光憲 戴叔倫
仙棹初移酒半酣柳絲妨路翠毿毿頻拋俗物心還賞
不怕吹簫事未諳夜合帶烟籠曉日晴雲如絮滿遙潭
就中最愛霓裳舞擊折湘妃白玉簪
竇鞏 徐鉉 陸龜蒙 魚元機
元稹 韋莊 白居易 羅隱
金爐檀炷冷慵添十二層樓倣畫檐醉扣玉盤歌裊裊
漫揎羅袖指纖纖仙人有待乘黃鶴月姊曾聞下彩蟾
從此山中春不老豈知浮世有猜嫌
劉兼 杜牧 趙嘏 夫人
李白 李商隱 張泌 李洞
綠醑盈杯次第銜墊花香逕鳥喃喃便隨羽客歸三島
欲望仙都舉一帆醉袂幾侵魚子纈碧窗應繡鳳皇衫
烟霞不省生前事築室何妨傍翠巖
司空圖 貫休 翁承贊 皮日休
段成式 魚元機 宋邕 呂嵒

劉園郎事

蓬島烟霞閬苑鍾仙人掌上玉芙蓉奇形怪狀誰能識
浩態狂香昔未逢嵐氣濕衣雲葉晚春風拂檻露華濃
徘徊盡日難成別馬迹車輪一萬重
李商隱 王建 吳融 韓愈
王初 李白 吳融 羅鄴
一叢高髻綠雲光牽引春風斷客腸頓覺胸懷無俗事
未妨惆悵是清狂簾斜樹隔情無限霞重嵐深路渺茫
頻動橫波嬌不語迴簪轉黛喜猜防
王涯 韋莊 喬琳 李商隱
陸龜蒙 宋邕 元稹 周繇

莫道真遊烟景賒參差步障列朝霞明珠可貫須爲珮
雲髻盤時未破瓜銀燭忽拋楊柳曲紅裳妒煞石榴花
晴雲滿戶團傾蓋洞裏迷人有幾家
曹唐 駱賓王 李商隱 韋莊
白居易 萬楚 杜甫 李商隱

莫遣黃金謾作堆蓬門今始爲君開物情多與閒相稱
仙境那能卻再來冉冉脩篁依戶牖重重履迹在莓苔
咸通未合三生石不賜金莖露一杯
張祜 杜甫 劉威 宋邕
包何 李頻 貫休 李商隱

空山樓閣暮春光但得身閒日自長賓館盡懸徐孺榻
園爲前明徐太僕故趾
園林人比鄭公鄉桃花盡日隨流水丹粉
經年染石牀畢竟林塘誰是主此生無處問劉郎
杜甫 許渾 李羣玉 皇甫冉
張祜 皮日休 白居易 宋邕

題潘塙嵓壽朋姬人李圭明敝遺影并附姬人手
繪山水便面合冊

孤雲野鶴自悠悠潘岳閒居欲白頭秦鏡欲分愁墮鵲
畫屏無睡待牽牛微波有恨終歸海好月那堪獨上樓
惆悵近來消瘦盡落花隨水亦東流
皇甫冉 許渾 魚玄機 温庭筠
薛逢 譚用之 袁不約 李嘉祐

了然塵土不相關繡幌銀屏杳靄間芍藥比容花比貌
翠烟如鋤柳如環眼前色相皆成幻身外浮名好是閒
多病獨愁常閴寂藥窗誰伴醉開顏
吳融 徐鉉 錢起 崔魯
王翰 朱慶餘 杜甫 韓偓

畫出西南四五峯烟霞壁立水溶溶彩豪應染爐烟細
倦枕徐欹寶髻鬆妝匣尚留金翡翠綺霞遙映碧芙蓉
覺來獨坐長廊下硯匣流塵盡日封
郎士元 薛逢 楊巨源 韓偓
嵩嶽仙 張又新 盧弼 柳宗元

十斛明珠亦易拚別時容易見時難機中錦字論長恨
勝裏金花巧耐寒閬苑有書多附鶴碧桃何處更驂鸞
獨留芳翰悲前跡爲報時人洗眼看
司空圖 李後主 劉長卿 杜牧
李商隱 薛逢 李白 章孝標

寄蔡北禺別駕長庚楚中兼柬楊謙六秀才大昕

罷吟鸚武草芊芊清似湘靈鼓瑟絃吳國地遙江接海
洞庭春盡水如天此中明月尋知己醉後狂歌盡少年
無路從容陪笑語鷺絲飛破夕陽烟
譚用之 劉禹錫 韓偓 柳宗元
杜牧 張泌 杜甫 李咸用

客懷

向晚茫茫發旅愁可憐春色獨懷羞一生幽恨從誰訴
幾度高吟寄水流心想夜閒惟足夢道非身外更何求
咸通未合三生石醉倚東風不點頭
王昌齡 趙嘏 李頎 譚用之
元稹 杜牧 貫休 李山甫

子夜新歌何處傳阻風中酒過年年夕陽有恨空垂地
明月無情卻上天久客未知何計是多聞數得上方眠
今來未問心期事壯志仍輸祖逖鞭
顧況 杜牧 羅隱 薛逢
韓翃 賈島 劉滄 張泌

一夕橫塘是舊遊江間亭下悵淹留遥知楊柳是門處
莫遣桃花逐水流翠帳綠窗寒寂寂浴鳬飛鷺晚悠悠
孤帆懸影碧空盡送客魂消百尺樓
溫庭筠 李商隱 劉威 談用之
顧況 杜甫 李白 令朝陽

可憐鉛槧竟何功爲想年來憔悴容自向風塵取煩惱
悔將名利役疎慵春風掩映千門柳隔水悠揚五夜鐘
跨馬出郊時極目碧霄何路得相逢
杜牧 柳宗元 王建 薛逢
李郢 陳羽 杜甫 楊巨源

題友人溪山漁隱圖

惆悵當年意盡違翛然便覺世情非閒烹蘆筍炊菰米
自蒻青蓑織雨衣千里雲山何處好五湖烟水獨忘機
春來準擬開懷久日日持竿去不歸
羅鄴 羅德輿 鄭谷 許渾
杜牧 溫庭筠 杜甫 趙嘏

與楊丈子堅鑄別後卻寄

淩雲健筆意縱橫塞北江南舊有名未出塵埃眞落魄
酷憐風月爲多情扁舟不獨如張翰買賦何須問馬卿
生事龍鍾應是分風波終日看人爭
杜甫 韋蟾 高駢 張泌
杜甫 戴叔倫 賈島 陸龜蒙

百歲中來不自由十年爲客在他州人生豈得常無謂
到處明知是暗投歲月方驚離別盡江山空結古今愁
獨憐一雁飛南渡可是漂漂愛浪遊
杜牧 無名氏 李商隱 鄭谷
李郢 燕敬 李白 無名氏

似共東風別有因與君相見卽相親尊中美酒常須滿
分外詩篇看卻新客舍喜逢連日雨風光欲醉長年人
舊來好事今能否流水無情草自春
羅隱 王維 朱慶餘 王建
司空圖 楊巨源 杜甫 杜牧

寄江鐵君沅丈粤東阮制軍幕

昔年意氣結羣英誰料翻爲嶺外行卻重江山輕孺子
欲將心事問元成數莖白髮生浮世萬里歸心對月明
刻意傷春復傷別遠山如畫翠眉橫丈新納姬人
劉禹錫 柳宗元 羅隱 李端
談用之 盧綸 李適 韋莊

稱意南行莫恨賒蘭橈漫轉望汀沙何人爲設伊蒲饌
遠信開封荳蔻花翻把壯心輕尺組莫貪文譽作生涯

亦知官舍非吾宅豈旁靑門學種瓜
方干 劉長卿 李涉 皮日休
蘇廣文 皮日休 鄭谷 杜甫

四月六日顧秋濤昌熾封翁邀同潘二梧奕裳蔣三島步瀛放舟山塘補餞春之約追憶戊寅舊遊五年矣封翁令嗣耕石學使客秋已歸道山酒邊悵觸感逝傷春卽事成咏情見乎詞

春潮遥上木蘭舟綠水橋邊多酒樓雲雨暗更歌舞伴
烟波仍駐古今愁但將竹葉消春恨莫遣楊花笑白頭
休怪兒童延俗客幾人偏得謝公留
溫庭筠 杜牧 趙嘏 李郢
韋莊 戴叔倫 杜甫 李羣玉

應待榮尊與解圍舊遊因話事多違數叢沙草羣鷗散

萬里雲羅一雁飛時鐵君客粵已是大仙憐後進莫將彎弁
勝荷衣五湖烟水朗山月留與人間作是非
崔道融 劉滄 溫庭筠 李商隱
胡曾 司空圖 皮日休 羅隱
擬心久住白雲鄉醉踏殘花屐齒香海燕解憐頻睥睨
暖絲無力自悠揚貧爲勝事垂千古不歎流年惜衆芳
思子臺邊風自急天和樹色靄蒼蒼
羊士諤 來鵬 白居易 韋莊
黃滔 劉禹錫 李商隱 宋邕
兼泛滄浪學釣翁春光不盡柳何窮碧蓑裳下攜詩草
古木陰中繫短篷流水不將山色去此心期與故人同
深坊靜岸遊應遍日暮樓臺更起風
杜甫 杜牧 陸龜蒙 志南
張喬 郎士元 白居易 蘇頲

追輓粵東學使顧耕石元熙先生
望斷黃茅是海邊空教狂淚滴黃泉生涯共寄滄江上
哀樂猶驚逝水前一代交遊非不貴萬人師長豈無權
家家只是栽桃李泣把山花奠几筵
柳宗元 無名氏 白居易 許渾
陸龜蒙 杜牧 高蟾 皮日休
綠暗紅稀出鳳城柳條藤蔓繫離情不知明月爲誰好
無那春風欲送行直以慵疎招物議可憐才調最縱橫
青萍委匣休哮吼今日消魂事可明
韓琮 戎昱 杜甫 高適
柳宗元 李商隱 李中 吳商皓
盡興南遊卒未迴憶歸休上越王臺千年城郭名空在
萬里銘旌死後來芳草伴人還易老菊花從此不須開

憑高目斷無消息肯信愁腸日九迴
曹唐 曹松 謝觀 張祜
李嘉祐 杜甫 姚鵠 崔魯
覽景無時不憶君獨憐孤鶴在人羣江淹彩筆空題恨
兩聘江丈鐵君未赴荀令香爐可待薰弔影分爲千里雁淸辭堪
歎九秋文不堪腸斷思鄉處回首姑蘇是白雲謂封翁秋濤丈
杜牧 皇甫曾 張泌 李商隱
白居易 郎吉老 李德裕 皇甫冉
水帶離聲入夢流吳門烟月昔同遊吟拋芍藥裁詩圃
醉折花枝當酒籌半夜燈前十年事幾人襟韻一生休
莫言身世他時異地下傷春亦白頭
羅隱 許渾 談用之 白居易
杜荀鶴 杜牧 韋莊 李商隱
風流空計往年歡金玉松筠舊歲寒楓葉辭柯紅雨泣
碧霄無畔劫泥蟠世如閱水應堪歎道若離心豈易寬
季重舊遊多喪逝不如眠去夢中看時子仙丈亦下世
嚴維 談用之 邵昇 薛逢
白居易 鄭谷 韓偓 徐安貞

重過城南書屋悼李子仙福丈幷貽嗣君一鳳
郡城南下接通津荒逕今爲舊宅隣剖竹已知垂鳳實
種松皆作老龍鱗紛紜白晝驚千古辜負穠華過一身
獨倚闌干意難寫每回回首即長嚬
柳宗元 陸龜蒙 黃滔 王維
杜牧 羅隱 崔魯 李羣玉
傍巖依樹結檐楹小隱堪忘世上情林下水邊無厭日
投壺散帖有餘淸學書弟子人何在上界詩仙獨自行
四十年來車馬散可憐當路盡公卿

吳融 高駢 白居易 杜甫
綦毋潛 王建 張籍 顏萱

綠楊如水草如烟風景依稀似去年賓館盡懸徐孺榻
人間空歎茂陵阡已悲節物同寒雁忍向黃壚聽暮蟬
從哭李來傷道氣海槎東去鶴歸天

李益 趙嘏 李羣玉 劉禹錫
李商隱 李咸用 白居易 溫庭筠

何處風光不眼前曾將文字種因緣碧蓑裳下攜詩草
紅藕花中泊妓船多謝故交憐朴野不隨流俗問媸妍
細看便是華嚴劫一局殘棊一憮然

王表 崔膺 皮日休 白居易
伍喬 邱丹 白居易 韋莊

瀟灑江湖十過秋不隨鷄鶩狎輕鷗謾言鮑子稱知己
請贈劉靈作醉侯莫對月明思往事每因風景卻生愁

西州門外花千樹獨有羊曇最淚流

杜牧 薛逢 鄭谷 皮日休
白居易 雍陶 溫庭筠 楊巨源

吾知小廩最風流今日重來異昔遊跟底滄桑等閒事
座中風物自成秋白雲片片依親舍玉樹森森已紹裘
同學少年多不賤莫嫌名位未相酬

韓翃 唐伍瑾 鷹元 于環
王駕 戎昱 杜甫 楊汝士

聞孫補雲（音藹）孝廉丈由楚赴滇卒於玉方伯（幣）
幕府追念舊遊感賦憮然有作

百年人事水歸東得喪悲歡盡是空寶劍藏鋒埋夜雪
文章何處哭秋風暫辭清句魂猶斷長恨臨霞語未終
今日山翁舊賓主（謂徐山民侍詔）時無韓柳道難窮

羅鄴 溫庭筠 羅鄴 李賀
許渾 曹唐 劉禹錫 鄭谷

長懷舊卷映藍衫綠醑盈杯次第銜十載時光歎華髮
五千文字祕瑤緘聽猿寔下三聲淚飛鳥空隨萬里帆
應作雲南望鄉鬼眼波嬌利瘦巖巖

韋應物 魚元機 裴耀卿 溫庭筠
杜甫 劉長卿 白居易 薛能

夕陽樓上篴聲時獨步懸厓撒手遲碧草迷人歸不得
白雲何處更相期南宮未提空留恨東閣無因再得窺
卻鄙雕蟲如敝屣成名空羨里中兒

胡曾 來鵠 溫庭筠 李益
李郢 李商隱 劉滄 陳羽

長亭一望一徘徊獨瀉椒漿奠一盃彷彿聲靈如晤語
不關名利也塵埃可憐湘水留遺恨始信昆明有劫灰

（滇池一名昆明）只此旅魂招未得江邊樹裏共誰來

吳融 許渾 牛嶠 張祜
李冶 韓偓 張泌 杜甫

余秋室先生重赴鹿鳴　恩加學士銜奉賀

臨風誰和鹿呦呦物換星移幾度秋再歲生徒陳賀宴
一門清貴動神州自知白髮非春事天許文星寄上頭
學士斗山尊岱岳羣仙相望在瀛洲

談用之 王勃 楊汝士 趙嘏
杜甫 章孝標 唐球 胡宿

晚節聞君取道深陳情應許脫朝簪雲烟尚有穿楊志
霄漢常懸捧日心可念此翁懷直道幾看時輩或浮沈
啣杯俯仰年來事月桂餘香尚滿襟

令狐楚 羅虬 韋志 錢起
杜甫 李中 韓愈 司馬都

不托長門賦彩箋十年春夢夜鐙前蓬萊清淺看三變
講席高懸接二天時主正誼書院彩筆昔曾干氣象玉鞾頻此
駐神仙郎今耆舊無新語詩草猶存甲子篇
包何 王佐 曹唐 章孝標
杜甫 薛逢 杜甫 韓翃
山中雲鶴喜相忘策杖閒披薜荔裳金綠漸加新品秩
紫泥重降舊書堂石渠冊府神仙署閬苑瑤臺歲月長
綵誥已榮雙壽考衆仙同日咏霓裳吾鄉潘榕皋先生同邀是典
盧肇 王駕 秦韜玉 王維
方干 趙嘏 王滌 張宿

子湘書來知其貧不能赴省試賦此慰之

不將桂子種諸天少別穠華又一年念我能書數字至
只今同得兩人憐身隨幻境勞多事詩責明時不值錢
慧劍有鋒難斷想秋風疎柳白門前
談用之 韋莊 杜甫 張泌
潘江 崔魯 白居易 韓翃
何須相倚門輕盈何必滄浪始濯纓世薄不慚雲路晚
氣狂漸與斗牛平江淹彩筆空題恨庾信文章老更成
不爲困窮寧有此青袍今已誤儒生
韓愈 崔塗 張蠙 談用之
張泌 杜甫 杜甫 李嘉祐

喜晤吳興沈評花史并見示感遇集爰贈三律即
送其旋里

吳興宗子擅文辭贏得相從一問師誰愛風流高格調
許多清致付襟期卻慚身外牽纓冕好向尊前勸玉卮
感遇幾憐鸚武賦海鷗何事更相疑
秦系 盧綸 秦韜玉 周永言
錢起 李端 張蠙 王維
幾篇詩興入秋成品韻由來莫與爭珠玉爲因成咳唾
雲山經用始鮮明平生且盡杯中醁醉後焉知世上情
壯志未酬三尺劍遣人懷抱薄浮生
杜甫 吳融 牛僧孺 王建
崔國輔 蔡希寂 徐夤 韓偓
境非吾土倦登樓草木從春又到秋醉臥欲拋羈客思
清言遠待玉人酬惟慚鮑叔深知我只有田橫可共籌
忽謾相逢還話別愁心一倍長離憂
杜甫 薛逢 盧綸 權德輿
羅隱 張仲素 田章 李端

前詩意有未盡再贈評花

爨桐焦尾問知音與子清談不厭深秋草不堪頻送目
青山何用隔同心蟾投夜魄當湖落鴻入青冥費弋尋
非是白蘋洲畔客誰知此地有賡吟
李澄 劉兼 李益 錢起
韋莊 李涉 柳宗元 鄭谷
每逢佳節倍思親轉覺才名帶累身游子自傷新歲月
柴門空閉好松筠鷄鴻得路爭先翥鸚鵡嫌籠解罵人
臨水誤求書畫舫五湖風月合教貧
王維 姚合 李益 杜甫
武元衡 李山甫 王綱 陸龜蒙
重嗟筋力故山違爲怯新寒欲早歸溪口石巔堪自逸
松聲草色共忘機久欽江總文才妙且喜陶潛酒債稀
無那客中頻送客隔波相羨盡依依
杜甫 馬戴 元結 皎然
韓愈 周惠之 周泌 皮日休

九月二十日至雲間作

百感中來不自由片颿孤客晚夷猶黃蘆岸退海潮上
紅蓼花疏水國秋直道莫抛君子業殘英不帶旅人愁
閒雲不繫從舒卷可是漂漂愛浪遊

杜牧 李郢 錢昭度 杜牧
杜牧 徐鉉 靈一 無名氏

蓬轉鹵風卻問津思量名利孰如身而今王粲同爲客
見說陳平不久貧豈有蛟龍常失水不教鵝鴨惱比隣
從他烟棹更南去解釣鱸魚有幾人當湖陸大秋山移居於此

高駢 李山甫 張仲素 崔峒
李商隱 杜甫 司空圖 許渾

北風吹雁數聲悲家似浮萍任所之塵世難逢開口笑
醉鄉潛去與誰期偶因麋鹿隨豐草暫託鷦鷯寄遠枝

[illegible]

可惜淵明無限興負他黃鞠滿東籬

李益 戎昱 杜牧 白居易
皇甫冉 魏扶 崔峒 司空圖

賀丹徒楊雉齋文鼎秋領鄉薦并送公車北上

眼前常似接靈蹤鳳有高梧鶴有松會待良工時一盼
誰知苦志已三冬煩襟乍觸冰壺冷秘語看鐫玉檢封
今日桂枝平折得八花磚接自從容

薛能 元稹 史俊 李賀
韓偓 吳融 貫休 黃滔

更試明年春草長春風白馬紫絲韁莫愁前路無知己
裁取新詩入帝鄉文奪錦標題上苑酒傾元露醉瑤觴
仙郎舊有黃金約記得初傳九轉方

杜甫 無名氏 高適 杜荀鶴
李遠 盧肇 羅隱 李昭象

長安雪後似春歸九澤雲開獨鶴飛藤岸竹洲相掩映
野梅山杏暗芳菲風生碧澗魚龍躍月隱高城鐘磬稀
共賀春司能識鑒益看愚谷有光輝

岑參 王初 杜牧 韋莊
曹松 李頎 張籍 秦系

竹林文酒此攀嵇家學漁樵迹更奇幸接元亭堪問字
也知光祿最能詩休將世路悲塵事必恐長才過盛時
無限後期知有在因來相賀語相思謂令叔子堅丈

胡宿 韓偓 章碣 嚴武
張泌 方干 薛能 陳羽

過墨佛龕贈陸丈鐵簫 鼎

清如冰玉重如山忘卻愁來鬢髮斑高寄一身雲水外
臥遊五嶽草堂間猿啼鶴怨終年事詩思禪心共竹閒
向此隱來經幾載可容攜杖日躋攀

[illegible]

薛能 唐彥謙 羅鄴 翁昉
李商隱 李嘉祐 秦系 喬琳

自爇芭蕉寫佛經儼然天竺古先生有時自發鐘磬響
終歲不聞絲竹聲丈兩耳重聽且共林泉結緣境不將蘿薜
易簪纓觀空趺坐安心易爾輩何勞尚世情

戴叔倫 王維 杜甫 白居易
白居易 張說 吳融 元稹

題洪稺存先生自書出塞詩幅後

祇將詩思入涼州一遂閒吹出塞愁曾犯龍鱗容不死
屢看雞樹第名流長安萬里傳雙淚畫角三聲起百憂
共仰聖明來諫諍丈夫不合等閒休

李益 杜牧 白居易 黃滔
劉長卿 皇甫冉 張喬 楊牢

劍橫天外八風清人着戎衣馬帶纓才大始知寰宇窄
氣狂直與斗牛平胸襟曾貯匡時策[redacted]
遷客此時徒極目連天紫閣獨關情
談用之 張 祜 鄭 谷 談用之
白居易 [redacted] 李 白 崔 塗

八月悲風九月霜蓬根吹斷雁南翔楓林橘樹丹青合
白草黃沙筆墨僵高調猶憐湖海氣天成欲擅古今塲
時人莫笑非經濟遊戲羣才此破荒
鄭 谷 盧 綸 杜 甫 彭 年
蕭 楚 顧 雲 談用之 伊 蟠

年來白髮欲星星天半羣山孤草亭浮世本來多聚散
此生何處拜儀形秖攜美酒爲行伴直欲裁詩問杳冥
莫謂獨愁君國計幾人雄猛得寧馨

嚴 維 杜 甫 李商隱 羅 隱
白居易 魏 朴 林 滋 劉禹錫

謹題詒晉齋墨竹便面附錢湘舲汪雲壑諸翰林

題辭

碧雲仙曲舞霓裳蓊鬱新裁四五行便有好風來枕簟
最多吟興是瀟湘郎君下筆驚鶤武 帝子吹簫逐鳳
皇自笑鄙夫多埜性慚無佳句畣新篁
張 祜 薛 壽 李 中 杜荀鶴
李商隱 白居易 錢 起 秦韜玉

懷人詩

蔡爾眉 壽昌德清人明經時客京都

浮世茫茫蟻子羣何人别是古龍孫已知世事眞徒爾
無限詩情要細論不解驅馳忙日月敢將歌咏慶晨昏

鱸魚正美不歸去莫學袁生老竹軒
高 駢 曹 唐 羅 隱 杜 甫
吳 筠 盧 綸 趙 嘏 談用之

熊露猋 昂碧華亭人諸生時客京師

陰蟲切切不堪聞閒夜分明結夢魂野水亂流臨古驛
斷雲含雨入孤邨風塵荏苒音書絕星斗縱橫車馬喧
獻賦十年猶未遇旅遊誰肯重王孫
皇甫冉 權得輿 劉 滄 韓 偓
杜 甫 呂 溫 錢 起 談用之

陸鐵簫丈 鼎吳縣人

本來吟鳥愛林泉空室焚香獨自眠高樹夕陽連古巷
濁醪粗飯任吾年身前古態醺應出老去新詩誰爲傳
三秀紫芝勞夢寐頓令院落似秋天

談用之 王 建 盧 綸 杜 甫
陸龜蒙 杜 甫 羅 隱 曹 唐

葉改唫師 樹枚同邑

萬古交馳一片塵只將惆悵付詞人身兼妻子爲三口
家託烟波作四隣窮辱未甘英氣阻詩書空被市兒嗔
已拚到老爲狂客日與時疎其道親
李山甫 吳 融 白居易 韋應物
司空圖 劉 威 白居易 白居易

唐子珊 壽夢同邑

懶慢遲脩鵷鷺書得人憐處且生疎幽雲高鳥俱無事
嘯志懷歌亦自如幾樹好花閒白晝一行衰柳護貧居
年光到處皆堪賞不必門多長者車
劉 兼 孫光憲 趙 嘏 杜 牧
劉長卿 劉 兼 張仲素 司空圖

顧耕石元熙長洲廣東督學辛巳秋卒於官解年四十二

劍逐驚波玉委塵榮枯安敢問乾坤人間易得芳時恨
身賤難酬知己恩只見絲綸終日降不知簪履更誰存
那堪回首長洲苑江上陰雲鎖夢魂

溫庭筠　王維　韓偓　郭元振
高駢　羅隱　李嘉祐　談用之

張蒔塘丈吉安吳縣會令餘姚麗水諸邑有政聲

暫息勞身樹色間著書盈帙鬢毛斑陶潛縣裏逢花發
杜叟橋邊載酒還已變畏途成雅俗好將能事濟濤閒
城南碧草猶堪藉何用將金別買山

趙嘏　白居易　崔峒　許渾
楊巨源　薛逢　于武陵　朱慶餘

石琢堂丈韞玉吳縣山東廉訪使罷官時主紫陽山長

頭戴儒冠脫皁貂逢花逢月必相招自探典籍忘名利
大抵園林勝市朝陶令有田多種黍買臣歸邸忽乘軺
亦知官罷貧還甚惟抱眞如慰寂寥

武元衡　陸龜蒙　李商隱　白居易
白居易　李紳　姚合　皮日休

卞雅堂斌時攝篆江西右江觀察歸安

謾向江頭把釣竿人龍別後見何難朝驅旌旆行時令
夜列尊罍伴客歡醉袂幾侵魚子纈紫泥三錫鵕鸃冠
西來江樹雲中盡誰共仙舟泛碧瀾

嚴武　談用之　劉禹錫　張蠙
段成式　李節　王初　張熙載

姚古槎前樞金山秀才嘗佐李芝齡視學浙江江西諸處

燕燕辭巢蟬脫枝舊居還有故人知書生寧肯依劉表

國士相看只子期對酒共驚千里別論交卻憶十年時
多才自有雲霄望上得金梯亦未遲

竇牟　許渾　武元衡　朱絳
盧肇　高適　錢起　王建

朱二垞丈棟金山候補州同足迹半天下著有湖山到處吟晚年隱居峯泖教讀諸生卒年六十六

俯仰悠悠歎未窮尋章摘句老雕蟲高蹤盡共烟霞在
健思潛搜海嶽空福慧難兼文士命形神自得逸人風
晨光不借泉門曉尚有英靈想象中

雍陶　李賀　周朴　王建
劉滄　李端　楊衡　李京

江鐵君沅吳縣人明經時客廣東阮制使幕

還濕霞水詠蒼蒼猶自音書滯一鄉蠻府參軍趨傳舍

嫏嬛仙史駐名場制使一號嫏嬛仙史雲連海氣琴書潤雨洗山
原橘柚香自是文章交有道遲迴且住亦何妨

李于堅　柳宗元　韓翃　孫魴
許渾　袁不約　宋邕　白居易

李柯溪信山陰人官雲南縣巡檢僑寓吳門爲賈長于箋註考據之學

歷盡紅塵道力堅便堪終老惜殘年窗前時節羞虛擲
樓上花枝笑獨眠時有亡姬之悼只此其棲塵外竟未能全忘
世間緣著書不向時流說惟有山陰九萬牋

秦系　白居易　女袁　劉長卿
司空圖　白居易　秦系　陸龜蒙

朱柳堂逢泰同邑人上舍工書善賞鑒家貲散盡流寓吳門

酒後常稱老畫師醉斜烏帽鬢如絲嬋娟似恨襄王夢
搖落深知宋玉悲無質易迷三里霧辯材須待七年期

蝸牛殼陋寧同舍別有芳心寄所知
杜甫 許渾 劉滄 杜甫
李商隱 白居易 [redacted] 李郢

陸沉香 鬫淵平湖人入旗教習

故人別後阻仙舟皁俗文章惜暗投可但步兵兼愛酒
焉知李廣未封侯百年地僻柴門逈千里書回碧樹秋
戊寅歲會任手頌莫怪獨親幽圃坐向來詩句若爲酬
談用之 薛逢 嚴武 杜甫
杜甫 許渾 陸龜蒙 戴叔倫

錢秋堂 義榜平湖人長蘆鹽運判引疾歸家

微軀此外更何求謝卻勞官亦自由正喜琴尊常作伴
孰尋雲水恣閒遊陳雷交道今時絕房杜勛名夢裏酬
乘興杳然迷出處莫因鱸膾涉窮秋
杜甫 丁鶴年 韋莊 曹唐
楊揮 白居易 杜甫 許渾

別下齋校本

李子仙 福吳縣孝廉屢試春官不售旋歸於郡城之南築書室三楹甫竣疾作年五十三歲謂青鳥之快

算應身未老樵漁白社幽閒君暫居未以彩豪還郭璞
豈知詞賦誤相如銀杯乍滅心中火鴻寶誰收篋裏書
丹旐飄飄埋玉樹古來名利盡邱墟
杜荀鶴 李商隱 李群玉 盧綸
歐陽詹 胡宿 朱慶餘 薛逢

楊子堅丈 鏡上舍丹徒

素琴孤劍尚閒遊千首詩輕萬戶侯莫訝韓憑爲蛺蝶
每多莊叟喻犧牛四時花落數聲歎一別心知兩地秋
舊里若爲歸去好至今珪組對人仇
姚揆 杜牧 李商隱 薛逢
秦韜玉 嚴維 韋莊 陸龜蒙

嚴問樵 保庸丹徒己卯解元

一樽曾不惜金囊午夜銅槃賦燭黃席上弟兄皆杞梓
人間聲價是文章江妃玉珮留爲念荀令薰爐更換香
莫道籠紗無姓氏驚看虹藻日中光
盧綸 李賀 韓偓 劉禹錫
王翰 李商隱 劉太沖 顧雲

仲子湘 湘同邑秀才

遙憐澤國水爲鄉況近秋天調是商第一莫嫌才地弱
無雙今已譽文強不須物外求勾漏莫遣英名負洛陽
霄漢何年徵賦客延英引對碧衣郎
張蠙 白居易 元稹 黃滔
夌敬 盧綸 李咸用 王建

薙髮匠陳愚泉 文藻平湖乍浦鎮人工詩近體善飲酒日以吟咏廢本業詩能窮人此之謂歟

別下齋校本

事業無成恥藝成直應天授與詩情耽吟乍可妨時務
薙髮多緣是代耕常共酒杯爲伴侶休將文字占時名
莫嫌貧賤無人重獨把風騷破鄭聲
柳宗元 陸龜蒙 薛能 元稹
方干 柳宗元 駱賓王 薛能

從兄孚生 敦書

暮去朝來無歇期爭名豈在更搜奇坐看明月應垂淚
已恨東風不展眉顧我自傷爲弟拙勸君須惜少年時
欲知此後相思夢第一功名只賞詩
白居易 司空圖 白居易 溫庭筠
元稹 杜秋孃 柳宗元 司空圖

題子湘金陵游草

前朝神廟鎖烟煤處處斜陽草似苦[redacted]
山川不盡別離杯共知人事何常定惟見江流去不回
古往今來只如此子山詞賦莫興哀

李商隱 韓偓 [redacted] 趙嘏
張說 竇鞏 杜牧 吳融

送友人公車北上

禁城春色曉蒼蒼兩度槐花馬上黃 聖代郎今多雨
露丹霄誰肯借梯航越人自貢珊瑚樹詞客新開白璧
堂聞道進賢蒙上賞衆仙同日咏霓裳

賈至 羅隱 高適 徐鉉
張謂 胡宿 李頻 李商隱

吳門述感并引

予家去郡城不百里年時往來託迹凡儒林文人
藝苑名彥莫不送抱推襟歡然相得詎意數載之
間相繼下世者半既各爲輓歌以哭之矣茲當豪
筆他道感踪跡之漂流念死生之寥廓思幽傷逝
不能無言繕錄一過於邑而已

一身泥途逐晚收感時傷別思悠悠陶公沒後無知已
王粲春來更遠遊無限世機吟處息兩行清淚語前流
旁人未必知心事年少因何有旅愁

杜甫 皇甫冉 李山甫 李商隱
皮日休 鄭谷 劉卓 李商隱

無才多病分龍鍾來是空言去絕踪蠟炬燒殘猶有淚
鉛刀磨盡不成鋒宋公放逐曾題壁曼倩詼諧取自容

鵩鳥賦成人已沒上林顦顇泣相逢

李益 李商隱 皇甫冉 白居易
杜甫 李賀 許渾 柳宗元

綺筵金碧照芳菲晴日東馳雁北飛花若有情應悵望
詩因寫恨自悲淒典琹賒酒吟蕭寺急管繁絃對落暉
風景宛然人自改更於何處學忘機

劉兼 高適 溫庭筠 司空圖
張喬 張祜 王建 周村

闔閭城外草連天零落殘魂倍黯然心爲感恩常慘戚
水因無事莫潺湲相思相見知何日多病多愁損少年
傳語風光共流轉西樓望月幾回圓

許渾 柳宗元 韓偓 溫庭筠
李白 張泌 杜甫 韋應物

各牽千役是遊遨塵事何年解客嘲曲藝豈能俾益損

苦吟殊未補風騷常嫌竹葉猶凡濁自負焦桐不說勞
搖落只今還似昔未曾開口怨平交

獨孤及 熊皎 柳宗元 鄭谷
白居易 譚用之 陳羽 杜荀鶴

落魄江湖載酒行烟花零落過清明時難何處披懷抱
身賤多慚問姓名明月自來還自去流年堪惜又堪驚
樹間春鳥知人意欲別頻啼四五聲

杜牧 崔魯 劉象 盧綸
崔魯 趙嘏 司空圖 戎昱

此地相看未忍分傷懷不獨爲離羣夕陽有恨空垂地
芳草無情已化雲暮雨自歸山悄悄江花亂點雪紛紛
數聲風篴離亭晚獨撥傷心不忍聞

李白 袁皓 羅隱 盧綸
李商隱 韓翃 鄭谷 韓偓

把酒看花只自知孤舟欲上更遲遲身如倦鳥迷無定家似浮萍任所之歧路未閑今日事功名負卻少年時舊交欲盡新知少別後音書寄與誰

白居易　司空圖　羅隱　戎昱
司空圖　張賁　許渾　施肩吾

題俞小秋[redacted]風木圖

服禮求毫髮家聲奕梓桑族知朱草貴人許白眉長翰苑飛鸞武崑山生鳳皇正聲消鄭衛肥遯近朱張名世開東國趨庭赴北堂圖書常在手松菊莫教荒逸韻諧金石清襟抱雪霜一經傳舊德四坐醉清光向日心須在逢時學可強珠沈猶是寶烟滅有餘香古樹連雲密喬松發舊長劬勞成令子堂構有賢郎碩果留家實瓊枝照座芳空華消頃刻懷舊數存忘遂有英雄嗣應迴涕淚腸哀猿勞坐起棲鳥去迴翔破夢春將老殘宵雨送涼悠悠風木恨欲罷不能忘

三前下齋校本

杜甫　崔鉉　劉友　劉長卿
陶翰　杜甫　司空曙　杜甫
馬戴　杜甫　鄭谷　白居易
沈佺期　李商隱　吳融　嚴維
白居易　[redacted]　陳子昂　王祝
盧仝　耿湋　雍陶　楊巨源
張說　杜甫　王泠然　蘇頲
杜甫　李商隱　劉滄　韓愈
柳勳　杜甫

江行卽事 并引

癸未之夏霪雨如注積水成渠農民失所時余適有金陵之遊風行水宿觸目驚心卽事言懷集成長句以誌一時旅況云

平沙浩浩四無邊雞犬圖書共一船積水長天隨遠客埜莊喬木帶新烟陰移古戍迷芳草風駕潮頭入渚田自夏入秋晴日少陸沈何處不淒然

白居易　杜牧　皇甫冉　施肩吾
翁綬　劉禹錫　白居易　鄭谷

慘淡雲遮日半明含光混世貴無名興來吟咏空成癖運落風波夢亦驚鴉噪暮雲歸故堞蟬移高柳迸殘聲嗟余索米無人問守朴甘遭俗者輕

張泌　李白　白居易　薛逢
許渾　韋莊　胡宿　左偃

江濤千疊閣千層一望淒然感廢興往事悠悠增浩歎生涯擾擾竟何能芙蓉葉上三更雨蘆荻花中一點鐙天外夢魂今夕少利門名路兩何憑

己前下齋校本

韓偓　劉滄　薛能　鄭谷
李昌符　白居易　于業　杜荀鶴

驚魚潑刺燕翩翩波上虛迎范蠡船風急嶺雲飄迴楚江分島樹入遙天應教筆硯隨詩主且放形神學散仙前路加餐須努力百壺那送酒如泉

李商隱　王鐸　來鵬　韋莊
白居易　吳融　白居易　杜甫

萬浪千巖首未回紅顏白髮遞相催須知流輩年年失不盡長江滾滾來世事盡同漚影散暮天何處篷聲哀神仙若見應惆悵尚有多生逐水隈

羅鄴　韓偓　白居易　杜甫
錢起　趙嘏　韋莊　陳羽

人自傷心水自流細推今古事堪愁不能救療生民病

何處盱衡君國憂寸祿應知霑有分丈夫不合等閒休
曾聞賈誼陳奇策若個書生萬戶侯
劉長卿 薛逢 白居易 李紳
薛逢 楊牢 牟融 李賀
應爲蒼生領六條軍民歲儉癸庚號農夫田婦無消息
漁釣牛蓑且遁逃水國魚龍傳貝梵謂僧道等祈晴事郊原鴻
雁慰劬勞時有請賑之舉故園禾黍難憑弔雙鬢從他有二
毛
張藉 王訓 杜甫 羅隱
萬楚 崔日用 李璒 汪遵
傳聞闕下降絲綸只養生靈似養身想念土風今若此
不教鵝鴨惱比鄰京畿盡放今年稅閭井全移上國春
近水之人感 君惠一時傾望重陶甄
劉長卿 李頻 白居易 杜甫
白居易 陳陶 白居易 趙嘏

登報恩寺浮圖同徐二一峯作

金塔嵬峩雲漢中十層突兀在虛空諸天合在藤蘿外
一柱平支江海東野綠全經朝雨洗上淸那與俗塵同
偏依佛界通仙境日上罘罳疊影紅
王翰 章八元 杜甫 李昭象
白居易元和內人 皇甫冉 陸龜蒙
雕楹累棟架崔嵬此日登臨曙色開建業自是龍虎氣
交衢直指鳳皇臺閒看秋水心無事斜憑闌干首重回
試向題詩最高頂不知身世是蓬萊
秦系 王崔曙 荀況 駱賓王
皇甫冉 李山甫 劉滄 張昕
白門寥落意多違隨處留連是耶非違目靜隨孤鶴去

離魂潛逐杜鵑飛置身霄漢眞無策回首風塵且息機
大水淼茫炎海接家鄉猶恐不堪歸
李商隱 陳羽 韓琮 韋莊
戴叔倫 杜甫 杜甫 杜甫
試望扶桑病眼開披風如在九層臺高窗四面淸風入
破浪千帆陣馬來黃鶴靑雲當一舉絳霄輕翮三台
仙家未必能勝此欲賦慚非宋玉才
韓偓 趙嘏 武元衡 杜牧
王昌齡 李郢 王維 温庭筠

金陵雜咏

離人六月已驚秋只有登臨可自由文字豈勞諸子重
江山不見昔人游濤聲猶壯風雲色水闊應知世界浮
蜀舵吳檣千萬里對君疑是泛虛舟
許渾 胡宿 許渾 譚用之
孫頎 羅隱 杜荀鶴 杜甫
南國山川舊帝畿風光無處不堪依蜃噓雲栱飛江島
龍向天門入紫微萬井樓臺疑繡畫千家山郭淨朝暉
舊時王謝堂前燕更傍誰家門戶飛
劉禹錫 唐彥謙 李紳 沈佺期
李山甫 杜甫 劉禹錫 章孝標
綠楊烟暗雨濛濛馬足車輪在處通草樹總非前度色
旌旗猶繞昔時宮磯分牛渚神皐異日落中山野燒空
回首可憐歌舞地欲將遺迹問衰翁
韋莊 薛逢 宋邕 許渾
許棠 韓琮 杜甫 張泌
烟郊四望夕陽曛猶照當年帝主墳感事無言還弔古
傷懷不獨爲離羣波搖珠樹千尋拔江至潯陽九派分

六代精靈人不見仲謀獨是漢將軍
陳上美 周宏亮 劉滄 袁皓
戴叔倫 皇甫冉 羅隱 蔣防

燕子磯晚泊

七月十四日隨家大人自金陵返棹薄暮泊舟燕子磯夕陽在山江水如鏡瞻眺徘徊不能自已信筆書此以誌感興

酒市無人問布衣蓼花綠岸扣舷歸陶潛舊隱依稀在
劉向傳經心事違巢鳥戀雛驚不起野鷗何處更忘機
一名所繫無窮事晴日東馳雁北飛
沈彬 劉禹錫 杜荀鶴 杜甫
李頻 陸龜蒙 韓偓 羅隱

楊柳風橫弄鐩船壺中行坐可攜天跡疎冠蓋兼無夢
樂在風波不用仙好鳥共鳴臨水樹埜禽無語避茶烟
香啼蓼穗娟娟露濤似湘靈促柱絃
趙嘏 陸龜蒙 吳融 張志和
顧況 殷堯藩 吳融 劉禹錫

暫抽身入蕙荷中一枕新涼一扇風薜荔雨餘山自黛
葭兼霜在葉初紅江寒楊子西風急星出吳天列舍空
更待夜來明月上卻疑身在廣寒宮
白居易 劉武子 胡宿 羅隱
高退之 章碣 白居易 胡宿

數聲鐘磬自微茫且放歡情入醉鄉天畔晚峯青簇簇
渚邊宮樹碧蒼蒼溪風送雨過秋寺水鳥帶波飛夕陽
今日偶攀塵外契一盃全勝五雲漿
張泌 李咸用 韋莊 韋莊
張祕 溫庭筠 姚合 楊巨源

杜若舟邊人未歸清秋燕子故飛飛長卿牢落悲空舍
范蠡逋逃又拂衣返照入江翻石壁遠風吹雨過巖扉
此身直在清涼界欲買嚴光舊釣磯
趙嘏 杜甫 李賀 蘇廣文
杜甫 胡宿 曹唐 許渾

乘興來看萬里流星河無夢夜悠悠地消王氣波聲急
月出滄溟世界秋鄉思正多羈思苦遠帆將落近帆收
新詩不覺千回咏遍寫江南物象酬
皇甫冉 宋邕 羅隱 李中
羅鄴 李咸用 賈島 陸龜蒙

傾蓋相逢勝昔遊酒盃無日不淹留絲飄弱柳平橋晚
醉臥涼風拂簟秋歧路羞彈楊子淚客帆空戀李膺舟
交情淡泊聽長在各自風流一種愁謂同舟洞庭宋丈實千
牟融 杜牧 溫庭筠 雍陶
李羣玉 李羣玉 羅隱 韓偓

山雨溪風捲釣絲白雲流水憶佳期心關桂玉天難曉
家學漁樵迹更奇窮達盡爲身外事炎涼聞向雨中移
新愁舊恨憑誰說說與紅塵總不知
杜荀鶴 劉長卿 薛逢 韓偓
劉滄 白居易 雍陶 張蠙

歧路空來野水流滄江歸去老漁舟均荒補敗豈無術
去燕來鴻各自愁幾怪鄧通難免餓可憐宋玉只悲秋
村原門巷多相似每見秋瓜憶故邱
司空曙 許渾 陸龜蒙 李咸用
徐寅 趙嘏 羅隱 杜甫

客程依舊水潺湲尚有雲心在鶴前直道莫拋男子業
德音兼與後人傳身留遠地同懷士詩賣明時不直錢

鐘鼎山林各天性誰家父子勒燕然
温庭筠 元稹 杜牧 翁承贊
于逖 崔魯 杜甫 楊巨源

題孫玖林縹緗繼業圖

代推仙祚遠侔比百城王寒日薄南陸晝書擁北堂素
琹將暇日白賁久含章尚擬身能報鴻冥羽莫藏
楊巨源 高正五 伊璠 王諠
杜甫 白居易 劉長卿 羅虬
知白承先訓千秋意不忘讀書三逕草靜室一爐香雅
集羣言貢鴻名奕葉昌腹笥留令子藹若有餘芳
劉滄 李山甫 許渾 白居易
王逖 李洞 柳道倫 杜甫

題楊竹書勲梅鶴圖遺照并引

楊君竹書吳城之丁家巷人工詩善書隱於賈籌握之暇輒手一編以自得里井咸竊笑之弗顧也壬午夏偕其友莫君梧亭過訪余金閶寓館彼此酬唱殊爲歡洽是年冬竹書以咯血疾作忽焉委化年纔二十二也所得遺稿詩詞二卷同人編次之付諸剞劂舊所繪梅鶴圖小照遍徵題咏莫君囑余加墨即事傷懷不能無言爰書集句二章以誌長歌當哭之意云

直緣多藝用心勞會借黃庭雪夜鈔愛客時來香餌贈
知君不負歲寒交何郎獨在無恩澤丁令歸來有舊巢
四尺孤墳何處是不能騎馬向烟郊
方干 熊皎 呂筠 牟融
劉禹錫 薛能 許渾 温庭筠
能文似汝少年稀惆悵朱顏不復歸雅樂未與人已逝
青雲有意力猶微昔封石錦棲霞室月慘淇花葬羽衣
維有東風最相惜兩心和影共依依
劉長卿 宋邕 張繼 項斯
譚用之 皮日休 楊巨源 崔珏

題唐節母王太君貞松慈竹圖

柴門空鎖好松筠黃髮依依聖善身枯貌自同霜裏木
慈顏先裕後來人綺筵金縷無消息織素縫衣獨苦辛
懿德好書添女誡姬姜仁厚啓麟振
杜甫 李山甫 陸龜蒙 司空圖
孫光憲 張籍 徐寅 吳融
花落梧桐鳳別皇我憐貞白重寒芳座中古物多仙意
樓上殘燈伴曉霜花界已無悲喜念蓬門未識綺羅香
歲寒高節誰能識列宿來添婺女光
薛濤 陸龜蒙 張蠙 張仲素
羅鄴 秦韜玉 牟融 劉禹錫

題殷升香其銓循陔采蘭圖

瀰跡烟塵客循陔更握蘭但今逢采摘加意祝眠餐旅
夢憑誰學幽期此際難餘芳若可佩時展畫圖看
張蠙 劉禹錫 陳叔達 李遠
趙嘏 李昂 李白 薛媛
正是擷芳時光涵雨露滋白雲回望合愛日敢云遲暮
景數枝葉青燈雨鬢絲劬勞成令子應廢蓼莪詩
杜牧 李義府 王維 孔紹安
杜甫 李商隱 盧綸 朱子奢

題姜白石道人象

羽衣縹緲拂塵囂自古雲林遠市朝詞客有靈應識我

玉人何處教吹簫平生踪跡慕眞隱壯歲風情已暗消
題桂盛名兼絕唱西風好借木蘭橈
牟融 杜牧 温庭筠 杜牧之
韓偓 白居易 錢起 韓翃

賀徐北海瀚重丞

不勝情緒兩風流錦袖紅妝擁上樓縱酒莫辭今日醉
放歌重作昔年遊解拈玉葉排新句拋擲金梭說舊愁
領取和鳴好風景珮聲歸到鳳池頭
韓偓 于鵠 唐彥謙 杜牧
元稹 宋邕 李羣玉 王維

輓王井叔嘉猷

珂里遙遙溯本支家聲第一右丞詩姓名未上登科記
頭角由來出世姿懷舊空吟聞遂賦出山漸減看花期
靑田白鶴丹山鳳陳寔人傳有好兒
韓翃 王蘊秀 張籍 貫休
劉禹錫 司空圖 張東之 楊巨源

一生襟抱向誰開往事飄然去不回虎觀未讐諸子籍
鶴書曾降九天來空留華表千年約虛負凌雲萬丈才
大道茫茫盡朝露寸心爭忍不成灰
杜甫 趙嘏 王駕 羅隱
鄭璧 崔珏 崔庸 何曾

詞場幾度讓長鞭絲翰搖風絳錦鮮物外搜羅歸大雅
卷中文字掩前賢耽吟乍可妨時務得疾還因倚少年
今日空回無一字誰教冥路作詩仙
鄧洵美 劉禹錫 方干 許渾
薛能 劉禹錫 雍裕之 宣宗

編簡難言竟委塵便便書腹德無隣竊攀屈宋宜方駕
不道劉盧是世親偶發狂言驚四座曾將彩筆冠羣倫
平生風義兼師友歎逝翻悲有此身
羅隱 張籍 杜甫 李商隱
杜牧 楮載 李商隱 劉長卿

壽石丈琢堂

健筆高科早絕倫鳳銜五色顯絲綸蓬萊頂上尋仙客
供奉班中作老臣年長每勞推甲子道純不用守庚申
林居向晚饒淸景夾路旌旗拂後塵
劉禹錫 翁承贊 顧雲 白居易
許渾 牛嶠 朱慶餘 秦系

自愛篇章古不如閉門猶見帶經鋤壺觴既卜仙人夜
松菊眞成吏隱居組綬任隨三品石雲山老對一牀書
舊時桃李歲培久洗竹澆花興有餘
鄭谷 劉得仁 韋元旦 周倫
陸龜蒙 李頎 項斯 顧況

萬里江山半舊游腰懸錦帶佩吳鈎陳琳草奏才還在
魏絳和戎戍自休尚有鳳毛騰異彩屢看雞樹第名流
雲臺事業家聲在傲吏身閒笑五侯謂嗣君敦夫大令
許渾 李益 太易 薛能
清江 黃滔 劉禹錫 李嘉祐

有花開日即飛觥每見同人眼暫明一枕羲皇容我傲
五湖烟景有誰爭詩書已作靑雲料風月猶含白社情
試看懸弧開晝錦欲持金簡問長生
羊昭業 韓偓 白居易 崔塗
高適 温庭筠 趙牧 曹鄴

程烈女詩

烈女姓程氏邑之盛澤鎮人許字同里沈氏子嫁

有日矣沈以羸疾卒女聞訃言色如常夜即雉經死年甫十八道光五年六月三日事也

杜鵑飛入巖下叢啼號略與嬰兒同倚樹聽之心斷續姿顏不久如花紅玉郎會此逼仙籍班姬自痛何倉卒恨到終天忍戴天不及此時親紼含淚向人羞不語兩股金釵已相許芳沼徒游比目魚愁機懶織同心苣掩淚向浮雲昏曉濃陰色未分舉頭望明月三五二八盈復缺雲陰月黑風沙惡愁見玉琴彈別鶴夫子紅顏我少年綠慳未踐三生約恨重重思悠悠抽刀斷水水更流三更雨五更點揮刀割情情不斷人生不再好人生意氣須及早意氣兼將身命酬圓蟾挂出妝臺表濕損釵頭翡翠翹胭脂淚迸紅線條百年肝膽堪將此心輕萬事如鴻毛三百六十日晨昏在母旁不忍便永訣徘徊雙明璫百感中來不自由他生緣會此生休倏忽須臾難久恃眉睫之間判生死博山爐中香自滅一坐吞聲看不及嗚嗚阿母啼向天真宰上訴天應泣草木有本心鸞鶯愛同處貞節貴殉夫嗟汝未嫁女春心濔破花邊漏幾樹好花開白晝錦瑟孤鸞相背飛左魂右魄啼肌瘦漆炬迎新人前期許幽報立身卓爾青松操萬古貞魂倚暮霞倡明絕業扶名教

溫庭筠 杜甫 劉長卿 李賀 李商隱
元稹 來鵬 周朴 崔涯 溫庭筠
駱賓王 段成式 劉雲 方壺居士 李白
盧仝 白居易 織綃女 李白 鄭谷

韋莊 白居易 李白 溫庭筠 韓愈
戴叔倫 杜牧 張弦 王維 張碧
李九齡 劉氏瑤 偷若虛 李頎 李白
王建 杜甫 劉眘虛 杜牧 元稹
盧照鄰 杜荀鶴 劉禹錫 戴叔倫 李紳
杜甫 張九齡 常建 孟郊 杜甫
花蕊夫人 劉長卿 盧栄 李賀 李賀
陳子昂 黃崇嘏 李商隱 李京

寄方子春坰巖問樵傑庸兩君屢試春官不售因有是作

馬蹄空踏幾年塵欲搬飛騰未有因時命不將明主合詩書空被市兒嗔漫言虎觀讐兒籍猶恐蛾眉不勝人雨露施恩無厚薄天涯去住淚沾巾

胡宿 崔鉉 薛據 劉威
孫逖 李商隱 白居易 司空曙

題松陵四子象畫冊

計改亭

青海黃河卷塞雲欲將書劍學從軍空懷濟世安人略曾有驚天動地文孤棹夷猶成獨往白衣憔悴又離羣且從康樂尋山水不問人間爵與勳

杜甫 溫庭筠 劉禹錫 白居易
唐彥謙 許渾 李白 皮日休

顧茂倫

優鉢羅花萬劫春猶將談笑出風塵關心珠玉曾無價滿眼公卿總不親物外搜羅歸大雅篋中文字絕無倫魯連自愛投東海已證金剛不壞身

貫休 鮑防 韋渠牟 王建
方干 白居易 羅虬 廣宣

潘稼堂

三十無家作路人世間榮落重逡巡漫攏彩筆修秦史
脫卻山衣事漢臣一臥滄江驚歲晚十年京洛隔風塵
平生風義兼師友守道還如未達貧
薛據 李商隱 王表 王建
杜甫 武元衡 李商隱 方干

吳漢槎

黃金何日贖蛾眉老向南邦衆所悲去轍已平秋草遍
鄉音無改鬢毛衰不知謝客離腸醒莫許相如獻賦遲
每愧尚書情眷眷白頭吟望苦低垂
白居易 劉長卿 許渾 賀知章
陸龜蒙 彭伉 白居易 杜甫

陳覺生若彝宅觀殷雲樓樹柏丈仿米萬鐘畫石
障子

寒姿數片奇突兀神清骨竦意眞率詭怪何得參人謀
但覺豪端鳴颯颯此中靈秀衆所知轉腕摧鋒增崛崎
孤標可翫不可取南宮先生欣得之新晴天肰濕融融
作繢造物何同攻凝神執筆守恒度後來繼之有殷公
山頭日日風復雨斷積殘烟山似米連城之璧不可量
主人屏風寫奇肰金鐵騰精火翻焰蛟龍盤挐肉屈強
丈夫無特達但見書畫傳寰中得秘要象外瀉元泉與
酣落筆搖五岳大江翻瀾神曳烟隨風滿地石亂走起
來向壁不停手滿手璃瑤更有光倒影搖蕩晴翠長兀
如斷犀無稜角矯如羣帝驂龍翔舉頭忽看不是畫正
見高崖巨壁爭開張愛此衆容秀靜得八公侶一軸烟
霞象外搜腳踏華封飲海水山上羣仙司下土草堂去
來我亦不知其靈怪如此若非宗炳圖山後黃霸終思
隱岩竇忘名何必入深山遁迹豈勞登遠岫吳山楚岫
空崔巍獨話君家最孤秀丹青不知老將至千秋萬歲
南山壽
張碧 戴叔倫 岑參 皎然 王邕
朱逵 朱灣 韓愈 薛能 獨孤及
任華 李白 王建 [redacted] 竇鞏
李頎 白居易 岑文本 劉禹錫 杜甫
元宗 孟郊 李白 李賀 岑參
李白 韋渠牟 溫庭筠 劉禹錫 杜甫
白居易 韓愈 劉長卿 李咸用 羅鄴
張蠙 盧仝 白居易 宋之問 陸龜蒙
李頎 白居易 張渾 [redacted] 陸龜蒙
杜甫 李嶠

眉眉集終

江山風月譜

羮梅弟六歲學爲詩有句云年年春日好人在百花中及讀湯西厓少宰懷清堂集下句在焉因笑曰稚子竟默符昔人耶年十一不復從師予授之讀亦間爲之既攻舉業雜治制義試帖經解律賦及駢散各體文詩益少弱冠以後授徒爲生又旁涉各藝事學爲書長於篆隸學爲畫長於寫生學爲篆刻長於工整而不喜奇古辨訂金石碑刻文字下及壬易星平醫藥無不涉獵卽奇門皇極音樂亦嘗討論之愈以鮮暇而吟咏固未嘗廢也且有徵題者徵和者洎中年爲人題圖多綴以詞至將没數年則又易爲散曲顧余兄弟落筆不甚推敲是以稿中複字瘢句往往而有其所好尤在樂府於玉

臺新詠張小山小令皆手自鈔錄故今所存亦曲勝於詞詞勝於詩然令亭大年所造或不止此乃不謂未五十而遽没也平生於所作不自收拾惟題畫詩詞曲倘有手書之本今得依以入梓而詩則集亂帙成之無復先後没之明年蔣君生沐爲刊之而顧余述其端夫弟不爲余序而余顧爲弟序遺稿耶噫

咸豐六年丙辰初夏同懷兄光淸書

江山風月譜

海昌許光治龍華

菩薩蠻

瀟瀟一雨空庭急落花紅墮茶煙濕何處好風淸晩蟬三四聲　曲欄新月皎金鴨沈煙裊不解上簾鈎湘筠綠界秋

點絳脣

一霎輕寒捲簾幾陣催花雨團茶初煮微瀲浮新乳絡緯聲聲省識啼蟲語情何許繁商急羽閒煞殘燈熒

浣谿紗

鎭日輕寒滯小樓安排簾扇下瓊鈎鯉魚風信正颼颼　蟲爲禁涼啼宛轉燕因傷別話鈎輈惱人天氣可憐秋

孤鸞 題友人悼亡卷子

新辭悽惋有十載孤鸞畫眉京兆無上情天貯得深愁多少人生可憐長別更那禁有情人老懊惱神傷奉倩更不堪重道　恨碧雲易沓音塵渺數廿四年來流光草草直恁滄桑感觸當時懷抱莫須斷腸遺挂可奈他月殘鐘曉爲問華年錦瑟一絃絃誰膠

菩薩蠻 翠色鴉蒜

夜寒風靜雲初咽娟娟瀉破鑪銀色寂寞吐幽芳山阿微有香　翠翹珠露顫月下新妝倩底事態輕盈無人知小名

蝶戀花

細雨空濛輕似霧剪剪餘寒又向花梢駐滿徑飛花兼落絮分明認得春歸路　猶有韶華千萬樹芍藥酴醾不放東風去祗有芭蕉無意緒一痕深綠窗紗妒

卜算子

明月上窗櫺又是三更也整頓寒衾獨未眠煞恐薰爐灺　象管與牙籤打疊殘燈下偷得餘閒屬小詞明日怱怱者

蝶戀花 壬辰閏重九

茱萸插了重陽後一月光陰佳節仍陽九籬下㨐花無恙否再教菱角傳杯酒　便補登高須照舊前度靑山有約成孤負倩得楓林紅漸透淸霜已著三分瘦

南歌子 十二月望日立春

霽雪消芹葉輕煙頤蕙芽未抛殘臘舊年華斬地東風吹已遍天涯　樹底蛾兒鬧釵梁燕子斜添將好景碧窗紗恰正團欒明月照梅花

菩薩蠻 題是色是空冊子

雨行翠袖凝香黛色身現出優羅界春思昵屛紗眼中人似花　舞衫遮笑靨歷歷損金泥摺空處見因緣爭尋曇誓天

沁園春 送春

三月東風九十韶光無心逗遛便柳絲綰去將縈未住榆錢埽得欲買難留飛絮旗亭落花山路唱盡驪歌未肯休黃昏也有無邊別緒多少離憂　幾番花下夷猶教花亦如人一分愁更多情芳草萋萋南浦無言春水渺渺東流怪底啼鵑不教少駐歸去聲聲花上頭殷勤送過誰家酒驛何處花郵

浣溪紗 社日

桑柘郎郎綠未濃連番社雨潤芳叢一樽聊與話治聾鍼線且教停畫閣雞豚爭欲醉山翁棠棃新燕又東風

水龍吟 苦雨

亂雲何處飛來重陰積雨渾難歇梅黃已過愁霪不斷瀟瀟彌月飛落黃河掀翻銀浦瀉回溟渤早小谿陡漲平池都滿盡變做蛟龍窟　獨坐書窗兀兀負閒階幾回花發陰潮暈石溼光浮砌綠苔生髮暑盡成秋日長似歲有何炎暍怪鵂鶹啼罷鵓鳩喚起新晴難核

水調歌頭 題乘風破浪圖

君意慕宗慤寄興託滄溟世間有底風浪壯志豈能平大叫寒潮東上直挂雲帆西去呼叱走風霆坐笑井蛙子坎窞足平生　思今古天下事極縱橫丈夫生世如此萬里等閒輕我欲題名鼇柱徧覽四維八極游戲駕長鯨濯足扶桑外振袂上蓬瀛

浣溪紗 立秋

怪道閒庭暑半收西風今日數從頭瀟瀟新雨洗新秋綠草天涯涼冉冉碧梧金井晚颼颼一聲鶗鴂若為愁

月華清 中秋

碧宇澄清金風蕭爽半空雲氣都歇萬里無塵飛上一丸明月問仙人可試霓裳擬一叩廣寒宮闕恍惚有羽衣多少低徊蟾窟　雲外天香馝馞正斧罷吳剛桂花齊發冷露無聲溼透玉人羅襪快清輝此夕分明早望裏星河半沒咄咄怪夜涼如水逼人毛髮

賀新郎 八月十六夜

明月團欒否縱一宵孤光微缺可堪孤負望到中天雲彩散但覺清輝依舊更二八盈虧何有怪底清寒能入骨早桂花露溼沾衣袖驚院落明如晝　下階延竚裵回入漸隔花催起丁丁長漏莫道良宵清興淺對影已堪為偶便何必笙歌樽酒銀漢無聲人寂寂又闌干星影斜南斗思好景誰消受

生查子 雪

迴風挾雪飛偷入紗窗縫知道小階前已把梅花凍整頓下羅幃防著寒威重紙帳夜三更準作瑤臺夢

同雲一色垂遮得天無縫本是雨絲絲忽地層霄凍狼藉碎瓊瑤壓損南枝重路也不分明錯道棃雲夢

漁家傲 感舊

水自分流萍自聚人生離合渾無據屈指韶華難少駐芳園暮更無桃柳傷心樹 安得返魂香一炷盡遨眷屬成仙去目斷三山誰乞與天不許滿腔血淚當風注

滿庭芳 題茅屋秋聲圖

瑟瑟騷騷蕭蕭槭槭枝枝葉葉秋聲一聞茅屋三尺短燈檠蓍莪此間孤坐平添得多少幽情還更有豆花籬落露下亂蟲鳴 淸淸還切切斷和殘雨疏入寒更正歐陽賦罷宋玉愁生不省西風何意多只在梧宇蕉坪遮莫是晨雞喔喔催起又天明

憶少年 題十年磨劍圖

恩仇身世縱橫眼界豪狂心跡何當倚天外互雄虹千尺 風雨長年時吼壁是人間不平誰識十年曾未試早摩挲頭白

蝶戀花 久雨

過盡春光知幾許怪底芳時只聽鳴鳩語莫是巫山山上女朝朝暮暮爲行雨 梅子已青蠶豆乳有限殘春須要天晴煦乞取東皇相作主明朝好約嬉春侶

漁家傲 題柳陰垂釣圖

淺淺谿流迴碧玉暖煙深處鴒鵠浴雨後淸陰濃一曲看不足釣絲斜漾春波綠 枝上柳緜吹斷續閒情不受東風束笑殺乾忙人世局無榮辱靑袍不抵蓑衣綠

應天長 戊戌除夜聞雷

銀臺絳蠟堆盤鳳爐烟柏子香痕重傾綠蟻開春醽一年忙盡今宵空 雨聲長雲意凍何事輕雷先動年華要人相送故教驚好夢

西平樂慢 題金陀懷古卷子

舊日林泉舊家池館倦圃猶賸荒莊南渡風流竭今難問山川空說存亡問何處故宮禾黍何處諸陵松柏祇應一角名園歸然便似靈光追念金陀舊事增感慨殘劫冷紅羊 古池喬木平臺蔓草楊柳灣頭徑未全荒禁不得開坊暮色古寺昏鐘昔日山河已改遊客來時柳葉槐花自夕陽風景可憐一彎流水一角孤亭一陣昏鴉一抹寒煙畫圖爲寫滄桑

蝶戀花 題畫

七字新詞翻曲譜永夜幽窗挑盡寒燈炷只與卷中人共語癡情拚作傷心侶 安得離魂同倩女瘦影亭亭飛向郎邊去紅淚偷彈無覓處幾聲葉上梧桐雨

踏莎行 春晴

百六纔過重三未屆郊原早有人挑菜一春不放海棠顛踏青心事都成債 燕麥多情鶯花無賴今年索被東風害天公須要作春陰如何賤把韶光賣

眉峯碧 題觀弈圖

山淺蛾眉綠松老龍鱗蹙抖擻塵忙獨自閒時倚樹看

飛瀑　得失成蕉鹿勝負憐蠻觸世事今從局外看任教兒輩閒翻局

漁家傲 題水邨圖

天水風流餘梗概水邨煙景分明在垂柳蕭疏黃一帶閒意態墨痕認是吳興派　波影天光低似黛幾家茅屋斜陽外可有鱸魚隨處賣渾自怪此生未了鷗波債

望江南

芳事晚爲是峭寒纔玉茗花輕紅似醉江梅蘂小緣成堆都向北風開

山花子 寫秋葵芙蓉

浦口朝來曉露濃新黃相間出輕紅都是秋江江上景一叢叢　野老醉餘金盞側美人行困粉光融裁破剡谿牋一幅寫西風

水調歌頭 紫峽山莊探梅

結伴討春去春色在梅花正逢天日新霽午影卓金鴉便喚扁舟徑渡渡到東山山麓門徑竹籬遮何必羅浮夜沽酒野人家　君看取香暗淡影橫斜花神知我來此先與放韶華更上高樓四眺更下高樓一望煙水渺無涯待到中秋月我欲喚浮槎

眉峯碧 題沈竹賓梅花美人

香霧昏黃後初月明如晝揀得江梅不忍攀祇低把花枝齅　釵股濃雲溜裙摺微風皺莫與東風比較春幾分輸與東風瘦

滿庭芳 題紫峽山莊依雲堂

麂眼籬疎虎皮墻矮邨前遙指山莊負山臨水占取好風光花竹居然和氣添機杼草木文章春風暖新巢乍定紅雨燕泥香　徜徉三徑畔煙華不少風月難量喜板輿奉母愛日方長高下亭池樓閣曲欄更小榭迴廊烏啼夜情深反哺介壽上高堂

好事近 咏鬢邊花同張子祥韻

膩雪擁銀翹恰愛曉來香透玉鏡臺邊初整壓雙鬢雲鬟　醉來山枕小橫陳釵重半邊溜可惜夜闌開盡又卸妝時候

惜黃花 竹籬茅舍圖

竹籬茅舍清閒無價久相忘是當年烏衣王謝幽躅綠蕪尋高節黃花借使陶令歸來休詫　前村桑柘後村禾稼更中間與安排豆棚瓜架詩好儘須吟酒賤何妨貰肯孤負花晨月夜

千秋歲 題蔣生沐澄月圖

柳眠花嚲春色黃昏作香影碎東風過池臺初漏永院落重門鎖蟾彩噴清輝爭愛今宵可　盟則纖阿妥證則吳剛佐三五影三生果梅花修到後慧業爭些箇還知麼前生明月來生我

河傳 顧升山蔬果卷

小雨山後纔過凍雷鏵龍驚驟渭川何處千畝萬畝飽
他饞太守　錦綳乍脫駢頭皺櫻盤侑風味初夏又一
竿生恐長透累儂終日哾　筍
曾見高家小傳淸淡先生等閒游戲寓佳評芳名是伯
英　土酥滑稱牙盤薦淨如練杜老金城饌年年玉乳
種來腴紛敷霜叢試翦無　蘆菔
早夏黃乍滿林金彈壓枝無鎒記山家蠟兒誇低亞摘
來樽酒夜　蓓蕾淩寒耐冬蘂裁雲絮結子還迎暑薛
濤居閉門初不如埽眉人校書　枇杷
玉柈金粲蠟勻檀拌淸涼供玩擘時曾記皓腕夜半芬
芳通鼻觀　偏宜淨几明窗畔垂銀蒜不放淸香散剖
成杯勝金斝新醅呼童教酌來　柑子
菱角菱角秋水平碧綠靜紅恬一繩斜界竹新籤纖纖
見雙尖　前回背日開還斂波淰淰亂逐萍干點尖孅
盌小朶盈𥢑輕拈不嫌傷手銛　菱
酸醶憐汝客心同苦別擅豪奢黏餘素紙雕鏤日色雲
華繡成花　還誇並蒂宣州種香痕重枕畔回淸夢美
人貽我他日永好相於報瓊琚　木瓜
長蒂誰栽老農家門外籬笆半遮阿𡟴取他名字佳爭
誇崑崙深紫瓜　新樣新羅新種異勝壖裏長頸如銀
膩早秋時和晚炊最宜酪酥難敵伊　茄
沃野收罷蹲鴟寄餉故人休詫瓦爐煨火擁高寒夜闌

有人參嬾殘　新羹香滑龍涎潔渾奇絕玉糝細如雪
憶江鄉近重陽開觴配他新酒香　芋
采蓮南浦畫船雙槳尖娃十五休言少小不知愁心苦
有情長觸迕　露花半墜殘妝粉飄零盡夜冷西風緊
賸空房秋氣涼無郎藕絲牽恨長　蓮房
露含紅潤暑回香噴星郎吳郡火連雲誰信紫囊風韻
楊家微嫼暈　新醅絕勝山家酒偏醲厚林邑梅香酎
壓枝團紅粟攢嫌酸甜鹽點玉盤　楊梅
醋醋風度甘凝酸沍初嫁蕭孃偷嘗犀瓠重疊露縠分
房珠含冰齒漿　堆盤䩦鞨殷紅沁遷誰識多子傳宮
禁記晚花秋後尙餘蔭扶疎映丹膚　石榴
秋早香飽星筵乞巧誰家窈窕是他碧玉郎爲情多顚
倒問年纔破了　故侯家世東陵派曾經賣不盡興亡
話蒲鴿香伴蜜房冰涼頓教炎暑忘　瓜
忠諫堪羨嶺鄉秋薦觴後茶邊一淸煩倦南果韻勝天
然苦中眞味全　前宵樹底紅鹽著靑子落耐久宜咀
嚼可人回味都沾齒齶淸芳越思量　橄欖
紅熟初足綏山山曲欲得無緣試尋方朔浪誇誇說神
仙六千年　甘酸到口還離核沾芳液染指猩紅迹貪
看結子錯教怨殺殘紅五更風　桃實
籬豆低覆一棚涼瘦白晝庭陰引藤交蔓翠沈沈堪禁
絡緯啼夜深　黛痕偸學蛾眉嫵君看取新樣翻妝譜

憶田家風味賖天斜幾叢隨處花籬豆

一斛珠 題美人團扇

沈煙笑撥芭蕉影裏清無喝竹爐小試龍團末薪桂蘇蘭蟹眼翻新沫 羅袖褪紅涼未脫晚來茶竈閒生活乳泉自勺添瓶鉢多恐蕭郎又抱文園渴

偷聲木蘭花 辛丑春分日雪

曉風淅淅寒吹面催將小雨都成霰跳瓦翻階顆顆珍珠落鳳釵 今朝春色平分也花光不放晴妖婭何事天家梅已飛殘雪未花

瀟湘逢故人慢

娟娟翠袖沚天寒日暮山月來時聽怨入柜妃傳一寸柔腸三尺冰絲幽篁深處嫋琅玕聲動高枝祇疑有江娥環佩姍姍雲外來遲 移鸞柱調鳳軫悄無言琴心三疊誰知渺幽恨迷離縱凝訴愁情空負心期啼痕不少算浮鈎同我相思悵千里懷人此夕殷勤相望天涯

倦尋芳 題蔣生沐虎阜餞春卷子

東風紅雨南浦綠波春似行客十里山塘為喚舞茵歌席草草鶯花成祖餞悤悤煙樹催行色算今年展韶華百二又教輕別 拚一醉酬春歸去共羨風流名士裙屐買斷清愁滿地榆錢狼藉短簿祠前花濺淚真孃墓上鵑啼血待歸來認青衫酒痕猶溼

一斛珠 書嚴問樵玉蘭夢傳奇後

深深埋玉河干芳草傷心綠夜臺難寄書盈幅一現曇花再世緣應續 生怪東君慳豔福玉蘭夢斷空翻曲紅牙那更燈前讀拚淚成珠一淚珠千斛

漁家傲 二月廿四日雪時庭梅初著數花

瑟縮重衾寒似水曉光白上窗櫺紙簷溜琤瑽聽未已貪早起不知雪壓庭梅蘂 冷沁瓊肌香泚泚春心并入朝寒裏一笑昨宵山枕底清夢美夢游剛到孤山觜

菩薩蠻 湖上春游

紅紋金縷琵琶面珠喉響遏行雲片曾與逗吟魂鴻泥舊日痕 狂奴猶故態心與東風醉花壓鬢雲積香生鸚鵡杯

青山遮住湖三面雨絲未了兼風片真箇未銷魂春風過水痕 蛾眉娟與態日暮拚同醉歸去枕函積難忘濁酒杯

洞仙歌 落梅

暗香疎影且從容收起半入春風半流水祇餘圖畫裏姑射仙人留小影傳與江南野史 試看芳徑何處棲香朧有苔花著殘蘂莫道不銷魂檢點韶光早滿地落紅如此但暗祝東風趲陽和替安排綠陰青子

瑤花 木香酥

採雲作粉滴露為酥膩一盤香雪墻頭籬上比較似芍藥薔薇清絕記曾相賞有春釀酴醾芳潔學牡丹一樣

煎酥配入蔗霜甘冽　未教簪上釵梁恐粉浥脂膠花瓣沾臚春來滋味似者樣祇恐未曾相識齒牙香沁好細把瓊漿咀咽儻任教枝上相看後來東風狠藉

漁家傲

倚枕朝寒如潑水曉光門外鴉啼起檐雪未消風齒齒紗窗底晚梅香入橫琴几　猶帶餘醒呼綠蟻科頭嬾散忘梳洗貪賞花枝芳徑裏情何已花間已著青青子

沁園春　題王硯農思陸龜郎用放翁韻

團扇風流畫圖誰是我思古人但流傳遺詠鬚眉鏡現鈎摹舊刻面目山眞漁父酒徒當日事問垂釣封侯誰屈伸人間世占鑑湖一曲風月閒身　江東拂衣歸去便一似張翰鱸蓴膾梅花古堰勝游陳迹覓巢新詠佳句前塵此日瓣香應好在聊歲歲迎神與送神詩人意槳一龕供養此是宗鄰

聲聲慢　琵琶行畫幅

潯陽江上瑟瑟西風荻花楓葉秋聲無賴團欒照人明月空明此時可憐長夜倩琵琶重訴飄零聽不得絃絃掩抑說盡平生　嘆息年華老去恨天涯淪落似葉身輕紅淚闌干十三年事關情相逢幾曾相識感謫居司馬江城絃急處溼青衫惟有淚傾

漁父

江水盈盈綠瀉春櫳頭船子獨垂綸風似剪雨如塵儘教人喚作漁人

菩薩蠻　題畫

芭蕉影展秋痕澹桂花香重低侵檻乍換薄羅裳芳園正晚涼　玉琴停一闋悄凭欄干側已是鴈來初天涯好寄書

甘州子

閒步行繞黎雲正放春全樹日日淚蛾乾索被花枝妒石畔徘徊無意緒空自把落花細數菲盡殘紅風又雨早一年春去

眉峯碧

機杼初抛罷砧杵重排比金井梧桐月自明坐冷冷清清地　連夕新寒意幾度懷人思塞鴈歸來不寄書天涯望斷相思字

醉花陰

寒芳艷暗香靜籬落煙初暝夜半著霜華作就梅花冷月明幽夢醒紙帳春宵永不知窗外風但看花枝影

月宮春

重簾垂地碧雲遮湘筠一字斜沈沈午影卓金鴉房櫳未掩紗　鬲碟注泉描石黛纖毫舐露試鉛華寫折枝生色雙頭金鳳花

好事近　題生沐夢中詩境圖

積雨滿空山秋氣逼人毛髮早是晚潮催起聽寺鐘聲

歇　畫圖會是夢中身高詠意飛越怪是紗幮涼醒但半牀斜月

水調歌頭　生沐屬與嚴問樵分題費子苕仕女冊各得十六圖

三尺匣中劍秋水淬霜鋒爲君今夕起舞脫手走長虹夜夜夜深昏黑日日日沈陰晦風雨吼蛟龍人世不平事都付笑談中　聞昔日論越女擊袁公漫將兒女平視妙手亦空空千古公私任俠一意恩讐報復把酒看青銅舉代闋靡曼誰更識英雄

陌上花

苔痕點礙花陰展席纖塵如埽香暖梅魂天氣醉人懷抱倦來行困嬌無力稱得眠花藉草認羅浮山下建章宮裏一般春好　散滿身香雪半襟疏影日午園林人悄春睡初酣未識燕愁鶯惱悠悠夢逐東風去幾許粉闈香繞任無情一覺瞢騰喚起枝頭啼鳥

臨江仙

社日踏青南陌去閨中鍼線停纔尋巢新燕又歸來烏衣雙宛轉紅袖獨裵回　小徑泥融春漸透雙鴛點損弓鞵謝孃池館舊亭臺斜陽芳草地多少野花開

瑤花

翠眉卻月寶髻纈雲縱麗人難賦湔裙曲水三月又早鈿車盈路東風搖漾指楊柳垂垂官渡趁踏青祓禊良辰莫使流光虛度　有人暗憶當年記歸妹言歸澣衣家去又砧聲秋夜明月下擣盡冰紈霜素春游此日問舊俗采蘭包杜但越溪溪女愁深獨怨韶華遲暮

春風裊娜

綠絲絲楊柳畫出清明花霧溼草煙晴爲多時春困妝成無力鴛鍼象尺了沒心情女伴邀來絲繩花版送人雲中聞笑聲裙褶留仙擘波皺髻鬟墮馬疊雲橫　要鬭腰肢一搦春風裊娜但嬌怯欲上還停釵玉重帶羅輕瑤天萬里吹落飛瓊簫霧緣雲驚鴻縹緲蹴波點水飛燕輕盈隔墻花影任枝枝搖動不愁惱殺墻外人行

洞仙歌

桃花人面似舊曾相識紅粉風流更無別斜陽門半掩一笑相逢早已是洩漏香消豔息　五更風雨惡最怕墻頭落盡深紅好顏色綠葉未成陰一樹輕盈好記取春遊寒食但寄語人生莫多情待崔護重來與伊分說

滿庭芳

麥穎吹香豆花褪粉陰陰桑柘邨前輕寒輕暖做就養蠶天早是貍奴數子年時記兒女偏憐問誰與買魚穿柳來日聘銜蟬　乳兒剛得了穿花徑曲戲水池邊要累人尋覓籬落沿緣草地藤梢棘刺撩人慣衣袂鉤牽多爲怕黃昏飢鼠聾箔已三眠

沁園春

采葉提籠陌上城南吳娃越娃正莫愁十四羅敷十五

翩翩風致小小年華金剪初齊璇梯未卸蠶禁年時靜不諱忙慣也是村莊兒女桑柘人家　爭差蓬鬢斂斜記農婦尋常插野花恁青絲系短桂枝鈎小輕盈蹴鳳倭髻盤鴉倚樹攀條朝朝暮暮三起三眠時正睬渾忘卻漁陽夢斷昨夜天涯

感皇恩

樓閣五雲深朝霞四擁睡起無心理殘夢束妝初罷又是景陽鐘動昨宵誰獨被君王寵　轉步天街微涼輕送露溼宮槐曉猶重日華宮扇一朵紅雲高捧早朝知已集鵷鸞從

祝英臺近

曲闌幽深院靜金籠挂鸚鵡替解閒愁學人巧言語多時不喚煎茶相陪孤寂但容與竹風涼處　雪衣女教爾般若心經記誦且勸苦懺悔來生休更儂與汝夢來近事如何金鞲玉絨可憶否隴山歸去

賀新郎

梧葉陰陰地攬生衣暮天初浴晚涼新霽　趁小風池邊坐送到綠荷香氣早又是重門深閉閒殺薄羅新團扇祗多情未忍輕拋棄怕觸起班姬淚　花梢月上昏煙翠有蕭疎幾分清影寫來衣袂為覘封姨休多事作出秋聲聲碎教一夜攪愁無寐葉葉西風飄金井駛流光不管人顛頓題紅怨憑誰寄

南浦

生小慣乘潮怪江頭愁人日夕風浪南浦刺船迴菰蒲外添得三篙秋漲橫塘何處采蓮歌斷菱歌唱懊儂情緒有斷藕零絲一天惆悵　長年泛宅浮家只領取孤蓬寂寥情況渺渺訴相思妾獨自不異銀河天上臨流顧影芙容有意羞相向紅衰綠怨願水珮風裳烟波無恙

秋宵吟

晚風清涼月滿獨坐秋宵無伴聽窗外又絡緯聲聲幾回淒斷俯纖腰攘皓腕心急紡車偏緩孤燈下便寫出柔腸百回千轉　軋軋終宵偏怪是夜長紗短綺羅叢裏不信嬌憨安坐理絃管辛苦知何限茅屋秋聲篝火意嬾待安排織上寒機知道成匹為誰暖

夜行船

深夜蕭蕭殘雨醒盪寒空滿湖雲影一笛西風清商淒轉吹徹水天涼迥　如雪蘆花秋萬頃悄低蓬蒼烟都暝何似揚州紅簫明月二十四橋人靜

念奴嬌

褰裙逐馬是廣平當日李波小妹洗盡尋常脂粉氣絕妙佳人燕代掉手長鞭橫腰短韃具有鬚眉槩風馳電驟早輕來往邊塞　試與放眼千秋英雄兒女知有何人在最苦紅閨思婦淚終日顰蛾愁黛豪俠心情神仙

體態絕世知無對三河年少定應輸首齊拜

虞美人

十三嬌小金陵女學得琵琶語曲中紅豆記模糊早已秋孃老去善才無　檀槽金屑龍香撥攜出新妝閣癡情未解按伊州不許四條絃上一聲愁

疎影　同作　丹徒　嚴保庸　伯常

芳心靜悄向小溪開覓一枝春早翦綵誰家兩兩三三輪與天然佳妙霜寒鶴唾誰為伴算孤負東風不少但陪儂一味淒清比襯馬蹄香好　等是天斜竹外便酒旗低舞雪深誰到角譜私脩犯入江城羞訴那人知道拈來說个諧聲字應不被羅浮蝶笑更愁他淺凍瓶漪鎮夜繡衾孤靠

洞仙歌

紅絲影裏把畫鬟低顙解甚春心恁啼切悵消凝許久看不分明有一對宿慣深枝胡蝶　正春分過了風信初番比似紅妝便無別銀燭不須燒花夢醒時應憐我繡衾孤擲更枝上聲聲不如歸問旅館燈殘可聽伊說

邁陂塘

綠雲中煙颸慢颺蔆絲荇帶無數桃笙夢醒冰肌潤鸞覺夜涼如許風又雨向卅六陂塘一帶瀟瀟去傳花前度記揀取香多郎邊盪槳裳珮亂無主　蕉衫薄鴛鴦對浴誰賦冷香飛上詩句魚鱗乍展金波縐望斷蕙儂蓮汝歌白紵算一點紅心無分將伊護流黃罷御笑羅帳多時六郎消受香沁汗花吐

菩薩鬘

吳家心字燒難透吳歌心事描難就颺入落花風香多同不同　一抹春雲翦一片春旗展苦惜馬卿嬌渴多消未消

金縷曲

碎步緗裙蹴最關心紅幫淺襯落花幾簇縷綰絲縈成底事贏得閒愁萬斛更苦向東皇私祝醉樣情懷秋樣影怪蜻蜓何事偏相逐渾不信謝膏沐　行來已過屏山曲輭難禁么鳳搖珠小魚溜玉惱煞燈花紅一蘂長是賺人幽獨又占到繡鞋飄覆冉冉斜陽芳草地莽天涯一片無情綠遮斷了望鄉目、

賣花聲

翠鳳顫瑤簪滿目春酣芳心屈曲有誰諳行近紅泥亭子畔不用人攙　獨自放嬌憨轉步猶貪斷絲零絮滿江南盪得相思春影到搭上紅衫

高陽臺

鴨煖煙沈裊輕火細重幃深下房櫳力倦難支秦篝喚取香烘養孃催睡堪憎甚合歡床一半常空憶初逢熨體嫌溫卸了輕容　而今苦恨漫漫夜漸眉低

峯翠臉上波紅客裏衾寒知他冷煖誰同纏緜難制相思淚有多情蠟炬陪儂便朦朧好夢都無有也惺鬆

清平樂

埽眉人倦古墨臨窗展解事雙鬟來侍硯乍換新裝白練 瓣香初拜夫人猜摹幾股釵分寫到鴛鴦字樣私憐腕下生春

水龍吟

阿誰效蹋搖娘清商高切湘雲轉冷香叢裡知他夢影鷗長鴛短楊柳風前菰蒲雨外綠雲零亂約纖鱗幾隊鬧紅游戲直須把羅裙浣 一路嬌呼悄喚便

拆盡露臺誰管蘋洲笛譜綺羅香犯幾人淒斷玉腕輕搖儂家住近蓼汀紅畔恁不多芳澤裳風珮水惹來都滿

沁園春

萬喚千呼上罷絃絲驚鴻影翔把瓊田穩拓瑤琴較短香肩微倚錦瑟同長側愈增嬌羞還欲卻仿佛徐妃一樣妝盈盈立倘天斜未定慢道勝常 全身似隔紅牆有淪落江州早斷腸悵檀槽護影微偕鳳尾冰絃待撥定品龍香碧玉閨中浮梁未去曾否回身暱就將輕輕卸憶十三初學舊事堪傷

瑤華

青銅寫恨紅豆言情儘擁鬟凝想畫眉人遠愁欲絕瘦影香籢孤傍卿須憐我看不辨分明人兩待來朝重與端詳記取銷魂模樣 墜歡如夢難尋恁蒼雁頳鱗前約都爽停辛竚苦訴不盡四角中央情況知渠省否但默默無言相向儘拚教骨作去香桃惟願那人無恙

西江月

草細微微印韈落深欵欵兜鞵赤闌干畔重徘徊招手廣寒人在 燈火誰家庭院管絃何處樓臺光明只照妾情懷不管風吹羅帶

滿庭芳

燕蹴還低鸎銜欲溜謝娘池閣黃昏橫斜影好留住鬢邊春多少零香賸粉深閨裏苦費溫存須揀取入時新樣低語畫眉人 一枝商略就紅情怕怨綠夢愁溫便蜻蜓飛上也自消魂深夜小樓初卸瀟瀟雨飛度前村消凝甚來朝試覓幾許又飄茵

青玉案

湘雲弄影淸如此有翠袖含愁思徙倚空階人獨自春纖一捻輕輕攬碎个个人人字 從前不省銷魂事擘節當筵十三四遲莫到今紅淚漬香絲綰就天寒日暮何處尋佳士

喝火令

曲曲巡簷偏弓弓點屐輕青田素影去冥冥借問小溪前路可有詠花聲　帘角殷勤意牆腰宛轉情冷香深處最淒清幾日芳銷幾日斷清明幾日高燒銀燭花夢照難醒

三株媚

巫峽飛雲乍正蘭膏將殘繡幃低挂逗得香魂儘輕撩重壓千絲飄灑溼透銖衣怕倩影和煙都化著意溫存猛胡蝶驚回那邊飄瓦　總是閒愁牽惹想有淚無言玉容如畫爾許淒迷定輸伊紅杏小樓前夜深掩重門誰記取溶溶月下還待瞢騰半枕墜歡重貰

瑞鷓鴣 題生沐藪笠圖

辦得閒身且息機卅年塵事與心違儘容短髮輸長帽幸少緇塵點素衣　著屐要防村犬吠披蓑須待鱖魚肥殷勤留取他年說椶帽荷衫是也非

醉桃源 同作　許光清

筍鞵椶帽稱山居偏宜野服疎千秋金石百家書前身應蠹魚　開竹徑嘯蓬廬牢騷習未除長安相識自乘車相逢一任渠

春夏兩相期 留春小集

一樽開花前茅屋驚心又是春暮主客多情未肯餞春歸去贈行柳自數行期將離花又縈離緒一醉留春留春何意留春小駐　多情未曾多慮縱放春歸也春歸何處偏要留春把酒截春歸路蓴絲欲挽難爲力榆錢可買憑誰鑄祇暢梧盤漫鬬新詞句

蝶戀花 弔倒挂爲籠所隔頓死

倒挂收香幺鳳小翠翼紅襟毛羽偏妖姣千里相隨來粵嶠時時雙宿雙棲好　束竹無端施釘鎢隔著銀牆只合緣枝槁如此情天應不老來生化作相思草

念奴嬌 題汪劒秋蓺花雙隱圖

鹿門歸去有蓉裳蕙帶鹿車偕隱紅露蒼煙收拾盡都是六朝金粉苔徑三弓筠廊一箭隨處編芳槿闌香簇豔馬塍家正相近　曾是冷淡生涯與量晴課雨別畦分畛躦紫催紅三月事作底春風有準梔子同心蘭蕤共臭萱草還蠲忿相將鴛鴦此間遠離塵坌

倦尋芳 題子茗背立美人雙燕扇

野花繡纈芳草低裙十里平碧燕子歸來可似舊曾相識陌上香泥融社雨踏青愁損雙鸞鞾悵消凝只平蕪滿目澹煙斜日　問何處故巢好在舊恨依稀千萬休說背立無言多爲傷心春色刬地東風吹綠滿天涯鎮是愁時節又一年憶歸人更無消息

踏莎行 同作　許光清

芳草初齊斜陽欲莫妝成一段尋香路銜花雙燕正來時踏青未怕羅裙涴　嚲柳纖腰迴蓮細步佳人

太惜傾城顧祇應回首易春歸等閒不受東風誤

浪淘沙 同作　錢塘汪鉽劍秋

雲鬟鬢鬟垂若箇妍媸無端狡獪費人思驀憶佯嗔曾背立悄地顰眉　春又到華枝舊夢誰知闌前彷彿瘦腰支賸有呢喃雙燕子聽喚伊時

惜餘春慢

似水天低早鴻聲度淒切似聞瑤瑟柳已微黃草還更綠妝點輕寒惻惻當著斜陽晚來雲淨長天高寒何極正秋懷爽朗生衣初換新涼禁得　延佇久露早垂珠煙輕暈碧已有桂花消息小立花陰曲欄遍拍月上粉牆無色別院西風乍來古砌陰苔昏蟲聲急更何當竟夕流連延賞一樽香國

采桑子 豌豆

江鄉風味豌巢勝蠶豆香邊燕麥黃前剝出珍珠顆顆圓　梅花堰外詩人過籠餅因緣團扇神仙剛是人家煮繭天

憶舊遊 拂蘚認碑圖

向西風古道蔓草荒原駐馬斜陽鎮日摩挲處有殘碑斷碣波磔鋒鋩幾多綠文丹篆珍重抵琳琅縱林葉埋深土花蝕缺猶帶餘香　三唐與兩漢問幾載干戈幾代滄桑是何年留此但碑陰石闕空記存亡淒涼古今遺事憑弔感蒼茫好細拓松煤歸來壓重行客裝

木蘭花慢 題汪鉽秋雪艇傳牋圖

殘年風雪裏有兩地尺書傳儘爪沒泥鴻鱗沈河鯉了沒因緣欲與山陰訪戴怕來時興盡剡谿船商略鏤冰琢句殷勤呵凍題牋　木蘭艇子隔修川百里重洄沿倩寄與相思虎林東郭鵑水南天不要嶺梅驛使贈一枝春信遞吟韉猶有多情水墨留他過眼雲煙

浪淘沙

掠絮與飛紅芳信怱怱護花鈴索聽丁東一夜攪人渾不寐又是晨鐘　曉起理歸蓬愁轉烏銅殷勤為祝石尤風連日思家行未得休錯留儂

湘春夜月 賦曉樓寫棲鴉流水詩意

記秦淮板橋舊日人家相望曲曲清谿十里暮雲遮幾樹淡黃衰柳祇半籠斜日朦鎖殘霞渺秋光何處西風點出流水棲鴉　十分蕭瑟斷腸司李詩贊空華寡女絲寒爭奈是哀音一縷淒絕琵琶機中織錦更有人愁憶天涯何況是又白門暝色烏啼欲墮已少楊花

柳梢青

柳已梢青纔過上巳未近清明江杏殘紅海棠新綻多少閒情　重來仍是春晴但屋角斜陽瘦生萍水因緣鴻泥蹤跡又換新盟

桃源憶故人

曾經西子湖邊路畫舫春人無數未是綠陰紅雨處處

香塵度　折枝爭逐歸人去眼底春光留住寫上鷺溪新素不怕東風妒

漁家傲

處處春流新漲膩明湖十頃平如砥家在六橋圖畫裏蘭橈艤門前一片桃花水　綠笠青蓑從此始何須大隱論朝市一舸往來風景美三十里青青新柳鶯聲起蓮蘂紅深蓮葉碧菰隄路遍鷺鷥跡稱得丹頭還岸幘伊朝夕水雲鄉裏煙波客　一任浮家和泛宅綠陰深處清涼劇拋卻頭銜成隱癖情自適一聲欸乃烟波白紅蓼青萍隨地有湖頭風景眞無偶試問秋光無恙否休孤負魚莊蟹斷明湖口　三尺釣竿閒在手功名害貴須回首網得鱸魚謀老婦歸來後淡黃斜日濃于酒水落平隄仍蕩漾澄波凍淺消寒浪半幅墨雲開畫障天莽莽何人共泛相宜舫　祇合投綸兼撒網宰官休現當年相此是吾家眞榜樣西湖上雪莊好續前人唱

復齋叔曾祖著有雪莊漁唱

買陂塘　五湖漁莊圖

結漁莊五湖烟雨翛然遠離塵壒水雲鄉裏煙波窟四面柳陰如黛家好在家不遠莫釐峯下東山外幾人宦海問菰米魚糧荷錢蟹稅風月竟誰買　漁舟近指點斜陽網曬投竿還指平瀨浮家泛宅知何似不少蓼灣菱界聽禊靄算未了長年逋負鷗波債鏡匳半握有福地嫏嬛瑤華十乘應許一帆載

念奴嬌　題六舟上人磚文搨本

昔人何處交付與百八殘磚零甓認取一痕波礫在煞費苦心搜剔破殿叢祠荒臺亂塚多少悲涼跡古今來往曉鐘聲裏尋覓　卻想世代滄桑幾朝兵燹幾處埋荊棘拂拭土花平拓上早被墨花濃蝕石闕題陰瓦當冪面同是依稀識老僧多事前朝一紙收拾

東風第一枝　題雷約軒孤山探梅卷子

爆竹催寒芳椒薦歲客中人起偏早孤山山下梅花除夕遊人偏少橫斜疎影祇合自臨流寫照買總宜船子尋春冷落勝遊剛好　梅影外吟鞭低亸吟屐底梅香濃繞此時多少塵忙不抵先生一笑何緣相見快三徑苔階初埽駛流又是殘年案上瓶梅斜簪

應天長

百尺高樓天外倚何處笛聲聽漸起高秋迥涼飆駛吹徹雲羅天似水　洗來箏琶耳剗盡柔情思綺一霎偷聲減字闌干憑十二

秋蘂香

一角南山籬下昨夜西風來乍黃金滿地秋無價摘得晚香盈把　地偏心遠情多暇淵明亞霜鬢如染楓如赭新酒菊花時也

夜行船　題翁柏岑美人

垂柳陰陰臨古渡涼意在水雲深處一櫂輕烟半篙新漲洲上蘋風雨　過盡春風飛盡絮依舊是盈盈南浦舉袂推篷迴身理檝一晌移船去

明月斜 題子茗畫扇

雙燕來芳草碧遊子天涯歸不歸裊回背面啼春色

玉團兒 題張受之寫金堂論印圖

漢章秦鉩流傳幾數摹印規模伊始土鏽膏紅銅華汗綠多少完美　于今繆篆知何似漫贏得蠶頭燕尾刻畫臣能古人可作如是如是

於中好 張受之空齋晝靜圖

丁丁晝響空齋靜看移過幾重花影摩挲古壘憑參領

渾不覺春朝永　心期汲古尋脩綆慨零落片楮殘穎漏痕釵股何人省但擅蠟長年打

極相思 題劉子和紅豆

可人犀粉調脂寫出好花枝素蟬展翅紅蛇引舌一幢相思　不少炎洲丰趣在問傳神誰似徐熙試看筆底鸞風一囊癢雨千絲

浪淘沙

何許最關情粉重脂輕一枝枝彈可憐生壓擔春光擔不起南陌東城　聽斷賣花聲又過清明幾家池館曾飛英筒是東風行看子替證香盟

桃源憶故人 爲生沐題翁小海寫生冊子

桃源曾記春前樹粉膩脂香齊吐聽斷五更風雨未識春歸路　一枝點筆留紈素畫裏烟華如故莫道東風塵土春已三年駐

一落索

底事春心百結倩誰分說好風著意爲吹開看吐盡丁香舌　幾日繁華如雪枝枝堪折濟雲殘日易糢糊怕冷落清明節

春光好

珠的皪玉檀欒破春寒幾陣東風無力墮欄干　夢裏雲情漠漠香中月魄團團隔著小姚黃一朶更堪看

散餘霞

野花開遍春如繡學紫羅裳皺疑是蛺蝶花間正眠香白晝　曾經廢園雨後更不禁春瘦看遍滿地斜陽覆殘磚斷甃

留春令

雲英鏤玉露華泫粉藥欄花放繭栗梢頭弄春風縱焚尾春無恙　暖雨香晴工醞釀簇錦屏華障不待黃金帶圍腰已知是花王相

喜遷鶯

香滿徑豔重臺葉葉背風開好春鶯觜替銜來枝上綰成堆　道仙糧誇御粟裝得韶光萬斛誰傾脂水斫砂牀銀甕露浮香

點絳脣

杏子黃深櫻桃紅熟青梅小啄殘幽鳥又是山窗曉幾日嘗新初夏園林早東風悄露濃煙飽就裏春多少

南鄉子

風味憶炎鄉果盌花罇破晝長酒後茶餘同領畧珠孃細擘瓊肌勸客嘗　簪顆上釵梁小白輕紅各自芳縱有囂塵吹不到淸涼棐几湘簾自在香

憶秦娥

雙荷葉銀塘露冷秋蕭颯秋蕭颯紅衣半落殘香一捻采蓮歌斷移蘭楫飄零墜粉新愁裊新愁裊闌風小雨冷煙殘月

卜算子

韎韐紫纍垂瑪瑙紅排比瓜果星筵乞巧來有幾許秋滋味　南海載歸船西域逢來使頓遜伊涼酒力濃且消得曹騰醉

歸田樂

露華瀲灧花光溢籬外一枝斜出璀璨錦屏風頗費徐熙寫生筆　田家好景眞無匹莫道野閒閒逸東海穗榑桑千里枝葉迎朝日

浣谿紗

菱葉微黃荇帶青冷紅依約見遙汀一枝斜裊水風醒野艇迴時秋半漢釣絲垂處雨零星斷煙殘霧幾回醒

秋蘂香

幾處斷畦荒圃幾日冷煙疏雨孤芳寂寞無儔侶偷入范家新譜　重陽時節秋如許誰爲主陌頭椎髻尋常女華鬟鬟鬆憐汝

雨中花

欲識秋光何處試誦蕭郎詩句露下芙蓉月中楊柳飽看西風去　臨水帶煙知幾樹葉葉淸寒留住灞岸衰條錦城霜豔盡是蕭疏趣

沙塞子

瓦盆新供田家記酒後寒生齒牙還憐取甘回靑子罈蹙金花　蘆簾草閣映周遮過四九春光尙賒椒盤外松枝斜插也送年華

迎春樂

除冬盡處嚴寒劇道幽圃憐芳潔看海茶一樹輕紅坼梅更點鵝黃頷　縱雪虐風饕情自適休更羨歲寒松柏天與濃香豔仍是淸標格

好事近　題陳受笙先生山水畫冊

絕壁俯淸溪直下溪流千尺隔岸人家晚樹泊小舟沙磧　人閒無此好溪山煙影動寒碧歸去試尋天上賸畫圖陳迹

浣溪沙　以元人散曲體戲塡此

桃萼當風雀舌殷梅英點地鹿胎斑茶花臨水鶴頭丹詩裏賞春金鑿落曲中聽水碧迴環幾峯滃綠對屏山

滿江紅 黄忠端公名印

舊日曹街驚絶筆華鎮黄海拚此後芝泥抛擲烽烟塵壒海石易枯文未滅滄田歷劫名難改想百年神物護持勞餘精采 西庫地經猶楷北寺獄圖還待溯平生筆墨提攜危殆獨力難支天一柱孤忠自許人千載但招征二印付中書今焉在

賀新涼 秋花蛺蝶

蝴蝶雙飛小正秋來餘花滿徑連番涼早淺紫輕紅都入畫一樣露濃烟飽裝點出西風淸曉芳譜漫誇春八月更馬蘭一巓香初老看玉立亭亭好謫仙曾賦西園草說送行行跡苔深難埽冷豔怕看枝似錦任鳳子尋芳時到便付與滕王畫稿可有夢魂留一宿待玉腰金眼伶俜抱憑領取香多少

滿江紅 題湯果亭明府轅雨生將軍辭後

儒將風流曾展讀零牋殘帖投老地烽煙條起捐軀激烈前日老謀如見用此時天塹知難越慨庸庸肉食總無能何從說 賊未至防虛設賊已至防先撤更何能決戰破巢焚穴用衆本非持久利頓兵孰指長圍拙令男兒投筆欲從戎思磨厲

漢魏樂府降而六朝歌辭情也再降而三唐之詩兩宋之詞律也至元曲幾謂里言誹語矣然張小山喬夢符散曲猶有前人規矩在儷辭追樂府之工散句擷宋唐之秀惟套曲則似涪翁俳詞不足鼓吹風雅也予心好之情之所宜每爲邯鄲之步然音律未嫺其聲之高下不入格者當復不少然第寄意云耳於聲律固不計也得數十首遂彙而錄之并題其端云

咸豐二年壬子十一月二日識

江山風月譜

海昌許光治龍華

散曲

雙調水仙子

綠羅雲捲芰荷煙紅錦霞舒菡萏天怪西風不到閒庭院畫簾開清簟展北窗誰買高眠拚不棄班姬扇怕重張河朔筵問新涼知在誰邊

越調小桃紅 題畫

輕紅一樹小桃花早把東風借膩粉凝脂總無價燕飛斜呢喃共說春朝話烏衣舊家紅襟新社相賞好韶華

越調柳營曲

宵漏闌宿香殘曉來有人憑畫欄花霧紅乾竹露蒼溥陡地做春寒廿四回芳信更番九十天花事留難絮邅隄柳卸綿約海棠攤拚一醉酒杯寬

水仙子 生沐屬於十三行帖後寫水仙題此

淺波步襪玉生塵剪水銖裳翠展春臨風舞帶香留暈好丰姿偏瘦損是誰傳洛浦精神石墨寫宮奴韻丹青摹子固眞對花枝強似仙人

正宮醉太平

十二分煙月百六日韶華東風催趲一年花問春光能幾家紫綿深海棠梨暈纈綠羅輕露芭蕉破摺翠絲長水楊柳垂了索從頭看些

中呂紅繡鞋 雨後

石燕飛還綠野黛螺洗出青山暮靄鐘聲有無間雄雷天鼓歇雌霓帝弓彎喜新晴剛到眼

中呂滿庭芳

薔薇檻亞荼蘼徑仄芍藥欄斜春紅都被東風嫁細數韶華梅雨波添釣槎麥風晴送田家郊莊話聽來不差小滿動三車

雙調清江引

松濤不住閒庭午颯颯風如雨銅瓶泛淺花玉盌浮輕乳小窗一甌人避暑

雙調折桂令

芭蕉綠上窗紗日日梅風落盡餘花且門鎖薔薇欄開条曲簾捲了又深碧垂楊乳鴉叢青芳草鳴蛙又換韶華煮繭香中處處繅車

滿庭芳

綠陰野港黃雲隴畝紅雨郊莊東風歸去春無恙未了蠶忙連日提籠采桑幾時荷鍤栽秧連枷響田塍夕陽打豆好時光

雙調慶東原

雲低宇風滿廬陰晴天氣商量雨林鴉新乳桑鳩剩語梁燕剛雛人困也日初長花謝了春歸去

商調梧葉兒 聞鄰家吹塤

閒庭悄夜氣淸何處發新聲鳳軫移瓊瑟鸞簧度玉笙雁柱按瑤箏渾不是風前細聽

雙調碧玉簫

高樹亭臺深碧好風來淺草庭階平綠斷煙開小簾櫳一字排曲闌干卍字迴晴弄色蕉影紗窗外纔春去也人無賴

紅繡鞋

嫋嫋新篁乍展陰陰高樹初齊庭院深沉乳鴉啼花光當檻動香篆出簾低午窗風又起

雙調殿前歡 湖上

橛頭船劃開雙槳鏡中煙船脣弄水瓊珠濺櫂轉渦旋

望天光四岸懸看地勢孤城轉指人影中流見湖山圖畫雲水因緣

正宮塞鴻秋 題人采菊圖

蜉蝣祇作昏朝計蟪蛄豈識春秋意蟭螟局促人間世蟲魚瑣屑書生事龍頭翰墨場燕頷功名志矢東籬未必淵明是

南呂閱金經 燭花

絳蠟銀荷擁翠盤金粟叢一穗和煙暗綺櫳紅繭心雙玉蟲垂花重繡幃佳氣濃

水仙子 海棠

紅綿繡鳳撲華鉛紅錦回鸞散舞錢紅絲顫雀翹妝鈿過淸明百六天畫墻低何處鞦韆宿粉暈流霞炫明姿洗垂露鮮是花中第一神仙

折桂令

趲東風已是淸明聽陌上吹簫又賣春餳早淺碧藏鴉輕紅蹴燕深綠啼鶯人面寫桃花小影客愁傳楊柳新聲遊冶心情寶馬銀鞍翠幰珠軿

中呂普天樂

雨聲中韶光晚餘香戀蝶碎錦飛鴛芳情計日疎好景隨春遠落盡殘紅成秋苑耿東風滿地無言深深閉門茶煙白晝花霧黃昏

水仙子

江山風月譜　三　別下齋校本

隄邊樹色辨陰晴花外蟬聲管送迎人來團扇風前影相將偶出城背夕陽湖上閒行水翠涵明鏡山螺列畫屏問柳洲何處啼鶯

中呂山坡羊

薔薇早卸玫瑰又謝春歸纔信春無價紅雨歇綠陰遮東風冷落銀屏夜燒燭有人憐歲華蝶猶戀花蝸空篆葉

雙調落梅風

新涼早庭院虛聽瀟瀟豆花疎雨晚來絡絲蟲獨語問西風又來何處

柳營曲 送費曉樓歸苕溪

鵲水涯又分歧此番未妨輕別離桂子香吹西子湖湄相見訂秋期已成陰送行楊柳煙絲乍含胎繫情芍藥風枝鳥聲催杜宇芳事數當歸到家遲猶及牡丹時

閱金經 題一清僧照

入定忙功課出塵閒過活不動如如學古佛哦無生參透塵團瓢破此時誰是我

落梅風

蕉窗外苔砌坳錦斕斒粉穠香鬧朝來嫩寒人未曉廿一番柳花風到

越調凭闌人

榆莢賒春驕貸泉柳帶禁寒貪乞棉沈郎私鑄錢阮生

新折緜

折桂令 題桐陰小隱圖

只桐陰消受清華煙雨簾旌風露窗紗在爨心情孤生韻致據槁生涯但招手邀明月清秋坐花更科頭趁涼風瀉暑評茶小隱堪誇富貴營蠅名利爭蝸

滿庭芳 下花種

珠泉瀉琲銀泥碾粉翠竹書牌三秋花事今朝在一種種親栽祝小白長紅盡開待輕黃淺碧齊胎闌干外香安豔排端整好秋懷

越調天淨沙

絲絲柳未藏鴉枝枝桃已蒸霞一笠東風影下老漁歸也春來懶散生涯

正宮小梁州

碧羅團扇戀新秋庭院清幽空階時見一螢流青如豆風閃墮簾鈎月光淡醉鷺兒酒轉花陰移上高樓黑暗中黃昏後玉簪香透誰與當搔頭

黃鐘人月圓 題胡心農列翠樓印譜

梅花香裏冬心瘦金鴨漏初中一編把似新題列翠舊意飛鴻雕鏤刻畫番新竹素泥燦芝紅長年笑我未忘結習辛苦雕蟲

普天樂 題張墨林照

雨意闌春情悄詩吟白苧字寫紅蕉花叢見舞蝶葉底聞歌鳥更賞尚書新詞料又東風紅杏花朝還須畫著珠排荆樹翠茁蘭苕

折桂令 並蒂蘭

問芳華誰似同心有比目文魚比翼文禽看貼對娟娟聯苞扣扣儷葉深深插花朵稱雙頭玉簪繡花枝要連理金針幽夢重尋豔匹紅蕤香侶黃沈

水仙子 木香煎酥

不教簪朶捧銀翹不許瓶枝罩玉窰香油菜子初浸稻記墻頭萬萬條喜登盤遠勝題餻咂粉學蜂兒鬧啗香賽蝶子嬌好風情齒頰難消

南呂四塊玉

龍綃霧帳單鸞綾繡被寒燕語鶯啼夢初闌蜨痴蜂懶
春過半向曉看芍藥欄紅未殘

折桂令 湖上

看湖頭急雨瀟瀟早煙冪林扃雲布山椒浪未銀翻泉
漲玉瀉波已珠跳游女去香車翠軺貨郎歸畫鼓餳簫
最是魂銷無恙東風楝子花梢

天淨沙

綠陰門巷停車碧雲庭院棲鴉柳絮剛剛飛罷時光初
夏新篩又裹桐花

雙調沈醉東風

小閣深深芙蓉幔遮網戶沈沈翡翠簾斜鐘鳴曉色催

江山風月譜

鼓歇寒燈灺早千門日出啼鴉頻夢到西湖處士家小
梅花昨宵開乍

中呂朝天子

夜闌夢殘又早是三更半一枝花影轉欄干明月臨窗
畔蠟淚紅乾麝臍碧散燭花攢香燼寒大難但看來點
鼠翻書案

水仙子

岸邊細草碧瑤簪溪上長松綠玉鍼巖前瘦石青珊枕
畫船移波淰淰釣絲長風力難禁淡暮靄蒼茫鎖宿溪
煙白濛陰似明湖湖墅園林

南呂玉交枝 霧淞

雪車氷柱問舊日吟情何處寒梅本自無多樹竟裝成
千萬株粱塵白閃銀溜鬢簾旋粉點瓊瓢絮多做成瑤
臺玉宇更誰知茅檐蓬戶層石敷碾粉塗曉色頓然殊
憶飯舊古諺辭拈霧松新詩句碧釀暖斟曉寒紅爐熾
添宵灶報豐年隔歲儲

仙呂賞花時

蛾綠山光橫黛橫鴨綠湖波明鏡明喜天色放新晴奈
碧雲紅樹猶有鷓鴣聲

水仙子 壽雲騎尉安吉守備王雨樵母節孝謝太恭人

過雲鞠部紫瑱璈泛雪椰樽碧玉醪明霞芝蕊紅珠葆
奉安輿開畫閣聽臚歡騎將弓刀進棗尉安期棗熟桃

江山風月譜

城方剏桃溪春暉王謝門高

雙調撥不斷

朔風賒亂雲遮平林落雁書重疊古樹棲烏壘整斜野
田飢雀聲高下釀來微雪

中呂賣花聲

鷯哥嘴露輕紅啅鳳子腰爭膩白嬌雀兒羽展嫩黃描
高樓畫閣曉眠初覺一聲聲喚將春到

落梅風

寒威重朔氣加莽長空墨雲重疊曉來早驚風四野繞
柴門亂堆黃葉

賣花聲 胡心農戲作影燈賦此

黃梅葉老金堪嵌萊菔根肥玉試劖欒麻梗直璧爭銜一燈鏡檻南油光滅絕勝他碧紗籠淡

水仙子 壬子十二月初七夜聽雪

空江殘月蟹行沙淺埡迴潮蟻散衙平篷靜夜蠶食葉小窗中人聽雪折迴風滿地飄灑暎銀葉斑消鵪節熱銅荷紅疑蠟華早陡驚一分寒眛

中呂上小樓 霽雪

寒光滿隖晴暉載路霽雪晶瑩朝陽四注不數蓬壺岸旁榆水邊椐瓊瑤相屬便裝成玉梅萬樹

賞花時

脫絮迷漫垂柳梢脫錦斕斑叢竹苞叉庭院綠陰交怪呢喃燕子猶是定新巢

小桃紅

金猊小爇水沈檀繡戶香風散睡起清涼自無汗捲簾看星河絡角天將旦圓花畫欄流蘇香幔珍重早秋寒

讀許兒龍華遺稿感賦　蔣光煦

叢殘紙墨整還斜展讀爭禁起嘆嗟不信蒼穹慳福業可憐鄉曲悼才華學成未算儒冠誤命蹇何勞俗口譁今日知交零落盡年來汪君劍秋沈丈馨堂翁君小海曹君子嵓皆卒招魂泣盡果園花集中有別果園梅竹海棠諸作

有聲畫

有聲畫

海昌許光治龍華

地丁短短黃更肥石畔綠遍蠹蠙衣東風十日晴不雨金綫作花蝴蜨飛 金絲荷葉

淺叢密葉蔭周遮粉豔晴拖一桁斜蝴蝶飛來渾不見東風吹上刺紅花 粉團薔薇

寒花亦多媚草深長自開怪他花開蝶不復雙飛來積陰生空寒小雨涼乍歇數日西風來參差長苔鬆 秋草野花

煙縣絲柳不禁愁荇甲魚丁波上浮開盡碧桃人不見落花無限水東流

荇葉菰芽沒釣磯綠波春水白魚肥柳絲無力東風軟時有碧桃零亂飛

綠波春水可憐生荇帶菰根亦有情三四白魚花數點柳絲深處似聞鶯 落花游魚

苔痕重疊縠文斜別院秋光未有涯多謝風前雙蛺蜨和煙飛上海棠花 秋海棠

燕子低飛掠曉煙芳春楊柳綠芊縣社公雨歇東風過正是江南二月天 柳燕

老葉含將煙綠新葩染上霜紅濯錦江邊秋色辛夷隖口西風 芙蓉

金線不作窠石畔生苔衣似憐野花好蝴蜨相將飛

舊是仙人萼綠華蒼煙高隱亂山斜滿身明月不歸去

夜半天風吹碧車綠萼梅
綠苔滿地東風靜風前戲蝶嬌相竝翠袖紅妝冷暮寒
猶是眞孃鏡中影花草
秋蟲欲高舉振翅當西風相看霜後葉爲他作嬌紅
陰潮逼寒石西風生綠苔下階見秋草莫是雁初來
愛他石畔草新葉炫霜華嬰娜當風前羞落三春花雁
來紅
紅藍露溼開新豔丹桂秋高發古香一樣西風好顏色
斷蟲聲裏寫新涼藍菊桂
香霧空濛曉未收鳥聲花影綠窗幽十分春在紅廊下
安穩雙棲到白頭海棠白頭

梅梢初月明窗外光如水疏影一橫斜知他風又起墨
梅
委墮雲偏十二鬟幾年游戲到人間行廚好擘麒麟脯
醉問蓬萊海上山麻姑
無限繁香撲酒尊一枝濃豔最銷魂美人家在羅浮畔
碧月疏煙又一邨著色梅花
籬豆花開時絡緯涼自語昨夜秋聲多籬邊有微雨籬
豆絡緯
荷花楚楚金棱邊荷葉濛濛捲宿煙如何小雨闌風裏
沒箇鴛鴦貼水眠白荷
東風生怪柳絲長搓取紅綿乞海棠蠟燭燒殘看未足

滿身花影立昏黃水墨海棠
梨花如雪可憐生隔著辛夷更有情絕似冷煙寒食夜
幾枝和雨送清明梨花
女夷司花籍縛筆當春前郎君拜龍鬚正整曲江鞭木
筆杏花
寒食雨餘春意晴輕衫短帽稱山行一路紅芳看不斷
山山都是子規聲杜鵑
野蒲萄已離離紫木堇花初豔豔紅絕妙田家煙景別
畫圖猶是古豳風　槿花低礙玉成叢襯著離離早豆
紅不信野人籬落底抵他生色畫屏風木堇
徐熙畫本已殘叢筆妙誰傳蠹粉紅記取田家眞畫稿

秋花秋葉寫豳風
楊花風蹙已成毬滾雪飄煙舞未休別有春風愛莊重
一團團月在枝頭繡毬
萬樹東風蒸錦霞皁亭山下夕陽斜紅塵拂面春如海
多少游人來看花桃花
輕綃薄縐暈朝霞簇蘂低枝一桁斜明月似鉤天似水
玉堂風物最清華紫薇
祇緣人力費栽培邀得東風一夜回爲是寒多穠奪目
不因春盡豔初胎繁華自有吹噓助富貴全憑醞釀來
寄語宮袍唐學士清平先試謫仙才唐花
曙光混白波瀲綺涼月空濛香在水翠蓋紅衣淡曉妝

銀塘一夕秋風起摧花裂葉寒意多媄人不來將如何明日采蓮蘭櫂艤不采空房采青子 殘荷

莫嫌歲晚韶華少歲晚韶華更不同梅藥殷紅松葉翠肯教低首讓春風 紅梅羅漢松

舊日南唐帝子家紅羅亭畔好韶華豔歌聲裏詞臣醉纔稱人間第一花 紅梅

幾時明月墮雲端樂府歌殘憶古歡記得雨餘風力猛一枝斜壓玉欄干 繡毬

仙人紫瓔珞施作百寶叢花神再拜謝俯仰生香風 紫藤

一叢秋色鳳頭尖倒影分香上畫奩曾記明河星月下輕紅初染玉纖纖 白鳳仙

纈綵花燦十分妍豆子香清粒粒圓爲寫鷺鷥新絹匹憶他辛苦養蠶天 刺茶蘼鷺鷥豆

羅囊深淺貯金絲酒後茶邊事事宜試問煙雲噓吸處幾人曾識此花枝 煙花

是桃是竹認糢糊紅雨蒼煙定有無桔梗有花宜點綴與君添作樂苗圖 夾竹桃

西風生庭除寒花日以新鉛華寫五色四時能長春何當乞靈睍再拜司花神

院落溶溶月色新梨雲夢覺最分明東風一種闌干意多恐和煙畫不成 梨花

又是春紅破曉煙臙脂暈纈十分妍不知第幾番風到卻稱微雲澹雨天 海棠

驚起春眠意尚慵關心爲聽夜來風殷勤試向花梢覓多分枝頭有落紅 桃花

露葉煙條意態柔紛紛紅紫媚清秋調鉛寫出西風影爲要新涼到扇頭

夢到天台路碧桃花自春胡麻飯初熟誰是捉杯人 桃花

碎蹙輕綃翦絳紗一枝剛映月鈎斜玉堂視草歸來後獨對黃昏是此花 紫薇

寒梅攙臘作韶華杏子遲春始放芽檢點一年芳事早打頭須讓木蘭花 玉蘭

五雲樓閣曉霞融拂檻春枝露粉紅稱與早朝人插帽天香濃染夜來風 牡丹

帳下誰爲楚舞身鏡中誰是豔歌人東風解事還多事替染生紅當寫眞 虞美人花草

芳意曉猶倩休嫌朝露侵看花人早起多少惜花心 牽牛

東風裁出葦綃勻倚日紅雲著樹新豔說曲江風景好馬頭斜指一鞭春 杏花

荒荊莽四野芳草不改色芝蘭自馨香榛蕪自叢雜

葡萄菱角各駢羅紅坼安榴子更多記得果筵張乞巧

有人低首拜星河

金經曾閱梵王家詹蔔芳名記不差縱使苾芻香自好
總輸形似妙蓮花 梔子

重陽時節又題糕濃挹霜華點露毫滄罷落英無一事
開尊重與讀離騷 菊

未甘蕭艾託同流也稱尋常插滿頭歌罷武皇辭一曲
不應忘卻漢宮秋 艾菊剪秋紗

玉女下冰雪飄然翔雲衢下視瓊瑤林粉蕚相披敷一
笑遺佩璫迸落珊瑚珠 闌天竹梅

陶令籬邊秋色賒金英碧蘂鬬鉛華不知更有羅囊紫
開遍山山桔梗花

曾記西湖湖上遊春人如海午風柔畫船日暮怱怱去
斜插一枝蓬上頭 桃花

胭脂太紅粉太白故使緗梅淺淡粧記得田家籬落外
一枝迎暝破斜陽 緗梅

九天風露入秋新姹紫嫣黃態更眞多恐尋常貌難得
粉奩脂盝禱花神

廿番花信太怱怱狼藉飛香又走紅三月春晴一旬雨
藥欄容易又東風 芍藥

露葉風條不自持曲欄深處見垂枝鬬心又一花風換
正是黃梅雨過時

絲絲力弱不禁風彈蘂含葩鬖毿紅曾記果園寒食後
半竿斜日粉牆東 垂絲海棠

踏青芳草已萋萋煙柳絲輕亦未齊正是春陰好時節
東風開到海棠棃 海棠

幾曲闌干庭院深澹雲斜日晝沉沉盡教解散丁香結
頗費東風一種心 丁香

曾記東峯破曉行野薔薇上露華清谿邊石畔無人過
時有春禽喚一聲 野薔薇

九十風光過眼賒蜨香蛾粉總韶華薔薇芍藥都看遍
春在庭牆野草花

寶珠初放晚茶紅絳雪丹霞豔一叢百五未過春已半
花間吹到海棠風 山茶海棠

一叢初放米囊花淺紫輕朱豔思賒映著深紅小花草
粉光香影更天斜 罌粟

玉樓春暝繁華地錦幔香融富貴家開盡千紅幷萬紫
總應輸爾入時花 牡丹

紫絲一幅剪春雲銀燭高燒記夜分芳譜豔稱花命婦
有人爲聘寄春君 海棠梅

胡麻飯熟水流香玉洞春深日月長一自仙家聯眷屬
人間從此說劉郎 桃花

珠珮細垂銀絡索荷囊巧製絳羅絲花神新受東皇寵
粧點春風得意枝 白珠藤荷包牡丹

寶相莊嚴四面勻輕紅散出露華新任他寒燠隨時改

準作人間四季春月季
花是繅絲應共繭米如脫殼即長腰要識田家耕織意
便如豳雅譜風謠刺茶蘪罌粟
宜男草長同心碧多子花開並蒂紅堂北薰風簾額火
都將吉語識天中萱榴
水濱花韡秋垂蘂露重鴛鴦飛不起前谿已約采蓮人
明日新房采蓮子蓮
繁花何必羨交柯託體應教並蔦蘿借得雙星巧名字
槿花籬落是銀河牽牛女蘿
擣出守宮紅指甲寫成螺子翠蛾眉施朱施黛尋常事
祇要妝成盡入時鳳仙鴨跖草
栝徑瓜疇一字斜芸黃鶯眼好韶華即看衣被蒼生遍
纔是人間有用花吉貝花
玉堂風物豔星垣寶炬金蓮剗漏痕天外月鉤清似水
一枝花影伴黃昏紫薇
芙蓉江上舒新豔丹桂雲中發古香從此西風看不厭
肯輸桃杏占春芳蓉桂
澹澹秋容最耐寒冷香高捧玉檀欒餐英服食神仙事
莫作尋常晚節看白菊
也從葉底飛紅雨也向花前翦綠雲莫似此君太轇轕
便勞封事與彈文夾竹桃媄人蕉
三友曾聞共歲寒清癯風骨寫來難而今樣樣翻新樣

綠嫩黃嬌卻耐看羅漢松闌天竹蠟梅
迎春曾記誇山茶舊臘無端已綻葩紅海棠梨木蘭樹
打先開壓一年花貼梗海棠玉蘭
隔簾花影淡籠籠紅雨蒼煙態不同畢竟是桃還是竹
試參消息向西風夾竹桃
山桃紅燦海棠妍妝點東風百五天富麗春工豔陽景
江南畫史只黃筌山茶桃
寶珠初放海南茶紅杏齊開曲水花不省番風當第幾
二分春裏好韶華山茶杏
浹日辰晴隔夜風吹花掠絮太悤悤春光九十看將遍
又見梢頭罌粟紅芍藥
果園深處更無人曾記垂絲一樹勻斜日粉牆西角墜
東風搖盪不勝春　近來消盡海棠顛冷落清明百五
天一樹春風無恙在花開猶似十年前垂絲海棠
樹上殘紅紅已稀枝頭新綠綠初肥春光又過八十日
蝴蝶花開蝴蝶飛蝴蝶花
欲寫鉛華染翰難商量粉黛幾回看從來富貴年年好
試筆春風畫牡丹
富貴應教出墨池何須多事買胭脂看來總入時人眼
爲是春風第一枝水墨牡丹
銀河清淺火西流誰設星筵拜女牛應是天孫夜深過
擕來花影十分秋

漫憶西湖處士家一枝香影自橫斜爲緣青子調羹好
不寫重臺綠萼花梅
富貴人將國色誇鞓紅歐碧競韶華寫成更寫疎梅伴
都是花中第一花牡丹梅
染衣新柳綠初勻勝絕風光曲水濱一日長安花看過
杏花多占二分春柳杏
纖絲花燦豆花香欲寫鉛華意倍長一尺鵞谿新絹素
有人辛苦事蠶桑
銀絲絡索巧裝成寫出春風半面情爲惜粉殘香褪後
鏡匳拋擲可憐生插鬢花
紛紛桃杏笑春紅攙早秋心賴化工江水分明好顏色
看來渾不是西風五月早芙蓉
幾枝斜影照星蹉西月如弓未上絃欲問天孫乞新巧
試翻花樣寫秋煙
玉樓春色好鉛華細簇羅雲疊綺霞更愛芳叢金盞蒻
一年能作四時花牡丹長春
謝家庭院曉雲輕十二回廊夢未成一樹闌干春雨重
冷煙寒食又清明梨花
麥黃椹熟好韶華隴畔豌巢亂作花不信酴醾送春去
東風猶在野人家豌豆花
纔過東風百六天嬉春景物便暄妍年時賸有看花約
西子湖頭問畫船碧桃

廿番風信又翻新繭栗梢頭替寫眞手把一杯嫈尾酒
櫻桃如豆餞殘春
香澤浥蘭膏釵鬢綠雲鬟試問枝上花何如鬢邊好
清露被芳叢流光豔初曉試問鬢邊花何如枝上好插
鬢花
活色生香映碧紗東風乞與好韶華也知小院春光麗
都是重臺竝蔕花梅蘭
春光已過九十日蝴蝶不來鶯嬾飛早是東風離落底
一年芳信到薔薇
薔薇芍藥殿芳華香信更番轉眼賒屈指東風過來久
滿園猶賸麗春花虞美人
冷淡冬心最耐寒尋常竹柏未堪看須知雪虐風饕地
不少穠華共歲闌山茶紅梅
一叢深色曉含煙嫈尾東風綽約妍正好十分春事裏
櫻桃新筍又開筵芍藥櫻筍
尚有香塵拂面來胡麻飯熟訪天台歸春曲罷不歸去
山下碧桃無數開
野菊黃金新鑄後海棠紅錦乍披纔宮羅花樣團錢府
誰似秋風富貴來秋花
芙蓉曾記采江頭翠蓋紅衣豔欲流別樣西風借名字
一分分作錦城秋木芙蓉
湘簾窣地水紋斜篆裊爐煙點午茶不信驕陽當頂熱

更饒清興寫涼花 秋花

深紅初坼海棠棃此是先春第一枝屈指東風重遞到花前聽唱木蘭辭 貼梗海棠玉蘭

蚪榦森森蔭北堂金萱穠麗比春陽忘憂蠲忿都常事誰似南棠愛日長 萱柏

紫緜猶未放韶華香竄餘寒若樣賒不用金錢買春色試燈風裏一枝斜 貼梗海棠

一宵風雨打迴汀湖水湖烟冷未醒曉起蘇堤看秋色敗荷殘蓼半零星 白蓮蓼花

蟠桃花實三千歲自是蓬壺日月長試問墨華誰折贈昨朝仙使過嶗崝 水墨桃花

託根明月中扶疎異凡木𡊲際聞天香霓裳聽新曲 丹桂

金桃盈尺絲此花毋乃是不知衆香國誰織居士履 金絲桃

垂垂紫藤花當軒如有情美人低雙鬟一笑春風生 紫藤

幾枝暖日暈紅綿裝點東風二月天記得澹煙寒食夜茜絨鈴索動鞦韆 貼梗海棠

金柑烏芋舊登筵多子榴房粒粒鮮萊菔新紅好顏色也教盤餽上春前

牡丹開盡賸餘容食睡狸奴午更慵夔尾春光拚一餞蘼花無賴又丰茸

一甌烹午茗自寫錦城霞憶到前山路初開白玉花 茶花

摘粉搓酥細膩雕瓊琢玉玲瓏枝上初圓璧月花間乍轉光風 繡毬

密刺柔枝覆院牆花開微雜綠陰香也知著處多鉤刺故洗鉛華入道妝 黃月季

香散朝曛暖光含宿露新此中春富貴應讓玉樓人 玉樓春

詩辨說

詩辨說

豫章 趙悳編

孔子正樂止言雅頌而不及風

孔子世家云三百五篇之詩孔子皆絃歌之以求合韶武蓋雅頌者所以合韶武之音故曰自衛反魯然後樂正雅頌各得其所者專言雅頌而不及風也

夫子每舉二南而不及十三國

二南之詩皆文武盛時德化深入於人心而見之歌詠者無非禮義之正孔子刪詩冠之篇首所以正始基王化故嘗喟然歎曰周南召南其周道之所以盛也是豈十三國之所可例論哉故先儒云詩之首二南猶易之首乾坤書之首典謨觀此則可見矣蓋二南者脩齊之本而脩齊又治平之本夫子舉其要以敎人本末先後固自有序然所謂詩三百一言以蔽之曰思無邪則十三國風不外是矣

詩之盛何獨見於周

自有天地有萬物而詩之理已具非特始於康衢虞廷之作也文至周而大備故詩之詠歌於斯爲盛而採詩之官所以首見於周也夏商之去周已遠固不可得而考然觀五子之歌猗那之頌則二代亦未始無詩也特杞宋爲之後而文獻不足耳若正考父得商頌十二篇於周太師絕無而僅有者又亡其七篇

槩可知矣

國風無楚詩

或謂春秋外楚且詩云蠢爾蠻荆大邦爲讐魯頌曰荆舒是懲殷頌曰奮伐荆楚之類皆見於詩則楚雖有詩聖人必刪之矣然吳季札觀樂於魯定公二十九年則固未經夫子之刪而當時所觀國風已無楚詩矣孰知楚之封域正在江漢汝沱之間以漢廣汝墳江有汜數詩觀之其民被文王之化得於耳濡目染者有素而流風善政猶有存者則其詩亦楚之詩也然聖人以歸之周公召公其意深矣迹楚懷王之時離騷作而楚之爲楚可知古詩之體變矣

二南之中有曰武王時詩者

二十五篇之中惟甘棠與何彼穠矣二篇乃是武王時作何以知之武王伐紂之後乃封太公爲齊侯命周召爲二伯而何彼穠矣云齊侯之子是太公已封於齊甘棠云召伯者召公爲伯之後故知二詩皆武王時作非徒作在武王之時其所美之事亦武王時也　山堂考索

吳楚皆南方諸侯何以無詩

陳諸侯之詩者將以知其鈌失省方設教爲陟降也時徐及吳楚僭號稱王丕承天子威令則不可黜陟今棄其詩夷狄之也吳楚僭王春秋多有其事徐亦僭者檀弓云邾婁考公之喪徐君使容居來弔其辭云昔我先君駒王是其亦僭稱王也

周南無周公之詩

周公在內而近於文王雖有德而不見則其詩不作召公在外遠於文王功業明著則詩作於下此理之甚著明者也　東萊

魯頌商頌何以皆列於周

魯僭天子之樂久矣於是乎有頌以爲廟樂其後又自作詩以美其君亦謂之頌王肅又云季孫行父請命于周而史克作是頌然其體固列國之風而所歌者乃當時之事又皆有先王禮樂教化之遺意且夫

子魯人也安得不錄之乎若商頌則正考父得之於周太師者蓋周用六代之樂故周太師有之孔子商人也乃正考父之後亦安得而不存之哉王者存二王之後然夏之篇章既以杞之文獻不足則唯有商頌而已孔子既錄魯頌同之二王之後著爲後王之義使後人監視三代成法其法莫文乎是此聖人之深意也　山堂考索

雅不言周頌獨言周

周蓋孔子所加也既有商魯二頌預題周以別之故知其爲孔子所加也

魯僖獨有頌

頌之爲體非徒天子用之諸侯之臣子凡所以祝頌其國者亦得而用之僖公旣沒魯人述陳其功德以告于王王命魯臣之能文者頌之其君比之諸侯則勤儉其時比之諸侯則小康其事明臣子之願心而非有諂畏此孔子所以取而錄之 山堂考索

魯與宋無風

先儒以爲時王褒周公之後比於先代宋王者之後時王所客巡守述職不陳其詩理或然也或又謂夫子有所諱而删之則左氏所記當時列國大夫賦詩及吳季札觀周樂皆無曰魯風者其說不得通矣又濮氏曰魯無變風不知如敝笱載馳猗嗟諸詩夫

子竄之而繫於齊矣 山堂考索

詩篇名重者九篇

柏舟 邶言仁人之不遇　柏舟 鄘共姜自誓也

谷風 邶刺夫婦失道也　谷風 小雅刺友道絕也

叔于田 鄭刺莊公　大叔于田 鄭刺莊公

揚之水 王風刺平王　揚之水 鄭閔无臣也　揚之水 唐刺晉昭公也

羔裘 鄭刺朝也　羔裘 唐刺時也　羔裘 檜大夫以道行其君也

甫田 齊刺襄公　甫田 小雅刺幽王也

杕杜 唐刺時也　有杕之杜 唐刺晉武　杕杜 小雅勞還率也

無衣 唐刺晉武公　無衣 秦刺用兵也

白華 小雅孝子潔白也　白華 小雅刺幽王也

右詩篇重名之中邶柏舟朱子以爲婦人不得於其夫者之作鄘柏舟則婦人喪夫而守義者王風揚之水鄭風揚之水皆曰不流束楚不流束薪如二谷風則一刺夫婦失道一刺朋友道絕羔裘三篇皆言君大夫之辭其篇名之同者其詩之義類皆相似何耶

項氏詩說云作詩者多用舊題而自述已意如樂府家飲馬長城窟日出東南隅之類非其有取於馬與日也特取其音節而爲詩耳 愚按晦翁所謂變風變雅者變用其腔調即此意也 楊柳枝曲每句皆足以楊柳枝竹枝詞每句皆和以竹枝初不於柳與竹取興也王國風以揚之水不流束薪賦戍申之勞鄭國風以揚之水不流束薪賦兄弟之鮮作者本此二句以爲逐章之引而說詩者乃欲即二句以釋戍役之情見兄弟之義不亦陋乎審是則篇題之重複者間有謂而然也 如邶谷風之棄妻小弁之放子皆有无逝我梁以下四語此亦古之遺言

風雅之題猶可即題以取義至如頌題酌詩無酌字賚詩無賚字般詩無般字何也

此皆大武樂章之本名而詩人爲之辭爾必欲求義於名決無可通之理今古之樂雅鄭雖不同然題自記其聲而辭自述其意題與辭不相干至今然也漢魏郊祀樂歌如章和二年春之類每代異辭而題皆

仍舊自晉以後始併歌其題以就辭義然樂錄猶曰此即章和二年所造之曲盍不如是則聲失其譜將爲何聲哉

序詩者以二南爲正風十三國爲變風以文武成王之詩爲正雅幽厲爲變雅有是理乎

風雅古詩之體或美或刺辭有美惡而體則一而已矣謂二南多美而列國多刺則可矣謂風有正變則不可夫既謂之變風而又以淇奧美衛武緇衣美鄭武小戎美秦襄之類皆稱其功德何也且謂變風變雅之作由禮義廢政教失作者傷人倫之廢哀刑政之苛若鄭衛二公之德豈亦有此乎既以政之小爲

小雅政之大爲大雅而雅又有變何其說之多歟今其序以小雅爲刺幽王大雅爲刺厲王犬戎之禍西周以亡則幽王之失獨爲小乎宣王中興而征北戎而六月車攻之作猶爲政之小則大者其誰當之成王聖主周公聖臣而豳詩猶曰風之變則其正者又誰當之文中子亦以豳爲變風鄭以六月至何草不黃爲小雅之變民勞至召旻爲大雅之變鄭氏不足責也以王通之才而惑於詩序詩義豈復存哉

邶風次二南邶鄘先衛

二南乃正家之本而邶詩首柏舟綠衣皆以適妾易位而終之以新臺二子乘舟則倫類之變極矣鄘詩柏舟之次則墻有茨之言誠有不可道者邶鄘凡二十七篇而淫亂之詩大半項安世曰詩首二南次以邶鄘衛亂生於衽席二南之反也然衛詩十篇首之以衛武公淇奧之美則異於邶鄘矣其間僅有氓之蚩蚩有狐綏綏爲刺淫之詩此其所以居邶鄘之末乎或謂衛兼邶鄘而滅人之國聖人筆其罪以刑萬世次之二南著善以明惡也晦翁謂邶鄘之入衛不知始於何時地理志云武王崩三監叛周公盡以其地封康叔遷邶鄘之民於洛邑如志之言則康叔之初已兼二國矣此說恐是而遷邶鄘之民又與遷頑民之說合如果以衛有兼國之罪胡不首衛而反首

邶鄘乎況其說於二南無所繫乎獨項氏之言爲得其旨矣

豳詩次國風先二雅

孔氏曰豳者周公之事欲尊周公使尊一國故次於衆國之後小雅之前欲兼其上下之美非諸國之例也林曰凡詩之體上風下之謂風朝廷之詩謂之雅宗廟祝頌之詩謂之頌諸詩各具一體故皆以先後爲次惟豳兼有風雅之志以爲風則其辭作於朝係於政事以爲雅則又記土風焉故列於風雅之間明其不純於風而又不可以爲雅也項平庵曰亂極而思治則必有救亂者出焉故次之以豳豳周公救亂

之詩也救亂則反之正矣故以幽爲變之終雅之始云

周頌章句

周頌章句與風雅之體不同其音不必協其句不必齊其章亦不可分也葢嘗攷之樂記曰清廟之歌一倡而三嘆有遺音者矣此正謂周頌也按古樂錄有辭有聲倡者舉辭和者舉聲一倡而三歎則和聲之最多者也今其三和之譜不存而一倡之辭獨載此其所以寂寥簡短聱牙齟齬而不可易知歟

商頌章句

那與烈祖二詩皆五章章四句以韻考之可見獨第

五章各加顧予烝嘗湯孫之將二句以爲亂辭据他詩例當稱五章四章章四句一章章六句何不可者而必欲準之周頌以爲一章則失之牽合矣國語稱那之末章爲其輯之亂則元非一章明甚又長發殷武皆明著章數不應一頌自爲二體也元鳥一章亦當分四章章皆五句獨第三一章七句此詩下章之首皆承上章末字發辭正與文王下武等詩相類此皆其分章處也要之商魯二頌自與周頌不同其辭義深淺較然可見烏得以一律槩言哉

辟雍之樂何以見於靈臺

靈臺乃望氛祲察災祥之所與學校自不相關而王在靈囿靈沼乃云作樂於辟雍之學是以辟雍勦入之前賢固嘗疑之矣鄭元注云文王作靈臺而知人之歸附作靈沼靈囿而知鳥獸之得其所以爲聲音之道與政通故合樂而詳之東萊呂氏云前二章樂文王有臺池鳥獸之樂後二章樂文王有鐘鼓之樂皆述民樂之詞此說與孟子之言合則爲得之矣況靈臺與辟雍皆在長安西北四十里故合而言之然靈臺與辟雍自異辟雍之樂無預乎靈臺但總言其民樂之耳

執競一章兼及三廟

或謂一詩而用之三廟爲可疑者以之合祭則四廟

又闕用之三廟則曷爲而可用愚謂以諸頌例之后稷太王文武成王皆各有頌獨賚之一詩以爲頌文武之功然春秋傳以此爲大武之三章則爲武王之頌明矣疑不得爲兼頌成康也然如天作之詩本祭太王而下及文王又及其子孫昊天有成命本祀成王而其辭又上及文武二后賚亦武王之頌而其辭又上及文王往往上則推本其先下則期美於後今執競之詩朱子斷以爲昭王以後豈非祀康王之詩乎葢所謂執競武王者亦推本而言若祀成王而上及文武若曰不顯成康則亦父子連及之辭夫如是則文武成康之各有詩而執競之兼用於三廟者決

不然也

豳七月詩何以始於七月

七月流火爲一篇之始者此詩大抵終始惟言衣與食兩事而已故一歲之內獨於三陰之月暑退將寒之時而言衣褐於建寅之正月農事將興而言修田器凡衣食之謀各因其時而言且皆預爲之備也或曰然則當先言農事而後及乎女工殊不知豳土多寒若三之日納冰於凌陰則正月猶未解冰宜其衣褐爲急故篇首三章皆以七月流火言之至於又言七月鳴鵙八月載績則鳴鵙而陰盛故思爲績緝之工皆舉夲乎七月也

我將之詩大享五帝而用羊

詩云我將我享維羊維牛疏祀文王於明堂大享五帝文武也然禮稱郊用特牲祭統云燔柴於泰壇祭天用騂犢則明堂祭天止當用特牛矣而得有羊者何哉夫祭天以物莫稱爲貴誠用犢若其配之人則無莫稱之義自當用太牢也牛羊豕蓋配者與天異撰明其當用太牢此祀用文武爲配於禮得用羊也愚按疏文言得用太牢爲是言文武俱配則非所引祭法祖文王而宗武王三禮辨云周人之禮郊以祖配而宗文武二王記謂祖文王而宗武王者誤也謂文武並配五帝則又未考我將之篇止言文王也鄭實甚誤矣后稷配天文王配帝禮無二王豈有武王兼配哉疏列夏官羊人云釁積共羊牲者乃祀司命司中之等不可例以祭天言之

漢儒謂清廟與明堂同制安知清廟非明堂而獨以我將爲明堂之祀乎且明堂有九室五室二說之異主於祀五帝則何以有九室若以爲復祀昊天上帝則九室亦尚有餘且祀文王於明堂則文王與帝位當何如也夫謂明堂清廟路寢同制者周書之說而鄭氏注禮用之蔡邕和之王肅諸儒已嘗議其非矣明堂九室五室之異則考工記月令皆五室大戴盛德篇九室以圖考之則若井田之制總之爲一室謂之太廟中

爲太室分爲五室五室之外并虛處四闥數之則爲九室也合考工記與月令大戴篇其實一也五室本以祀五帝月令季秋大享帝止遍祭五帝而已唐乾封二年詔曰晉代鴻儒或同昊天於五帝則自晉以來始失其義成均助教孔元成曰孝經云嚴父莫大於配天明配尊大之昊天上帝也夫昊天上帝天之總名后稷既已配天則文王無復配天之理矣若宋儒唐仲友云謂明堂獨祀五帝而不及天不知我將之詩者也謂明堂祀五帝而不及昊天不知孝經者也詩言天孝經言上帝則祀昊天明矣謂五帝各設於堂不知昊天上帝者也五帝各居其方則昊天祀

於何室其寔祀昊天於太室而黃位配焉愚切詳仲友之言葢亦狃於晉儒之說者孔穎達云五方之帝即上帝也今豈可謂五帝非上帝而必以昊天上帝當之唐仲友謂昊天祀於太室而以黃位配則五帝豈得爲專祀乎文王與帝之位考於詩之註疏則無其說考經宗祀文王於明堂註疏但云侑坐而食惟通典大享明堂禮載漢永平二年祀五帝於明堂光武配位在青帝之南少退西而隋開皇十三年祀五方上帝人帝各在天帝之左太祖在太昊之南愚按五天帝則木火土金水之精也五人帝則爲少昊配木神農配火黃帝配土少昊配金顓頊配水五人帝

各在天帝之左而隋唐之祖皆在青帝太昊之南而四面則少郤於人帝故謂侑坐而食以此言之周人於明堂之位雖不可得而詳大意當亦若此也

不曰周黍離而曰王黍離

王國風次衛衛有狄人之難未幾復振周有犬戎之禍遂致陵夷王之次衛其以此歟藏氏曰其風及其竟內而不能及天下與諸侯比然其王號未替故不曰周黍離而曰王黍離云

魯頌與商周之頌不同

魯頌三頌之中周頌商頌皆用以告神明而魯頌乃以爲善頌善禱後世文人獻頌特效魯耳非商周之舊也

殷武奮伐荆楚舊註荆楚荆州之楚國也疏曰周有天下始封熊繹爲楚子若武丁之世不知楚君何人也愚按史楚世家楚之先祖出自帝顓頊高陽故離騷云朕高陽之苗裔兮至重黎爲高辛火正謂之祝融其後有陸終生六子其長曰昆吾三曰彭祖昆吾氏夏之時嘗爲侯伯桀之時湯滅之彭祖氏（即彭籛鏗）顓頊之元孫七百六十七歲而不衰往流沙之西非壽終也殷之時彭祖殷之末世滅其國以後中微或在中國或在蠻夷弗能紀其世周文王之時有鬻熊子事文王其曾孫熊繹當成王之時封於是今考殷

之所伐荆楚即昆吾是也前詩言韋顧既伐昆吾夏桀葢可證矣其殷武之詩葢謂高宗也易云高宗伐鬼方三年克之者按史索隱云陸終娶鬼方之妹則鬼方者乃荆楚之助惡也以是証之尤爲可信據左昭公十二年傳楚子曰昔我皇祖伯父昆吾舊許是宅此時屬鄭故云鄭人貪賴其田而不我與又哀十七年傳衛侯夢見人登昆吾之觀北面而譟曰登此昆吾之虛在濮陽城中則昆吾居此二處未知孰爲先後殷之所伐亦此二處也

詩辨說終

涉聞梓舊

咸豐元年正月海昌蔣氏宜年堂刊行

序　一

自古藏書之難。由於聚書之不專。聚之不專。由權其心之不好。歐陽子云。物必聚於所好。然好之不篤。亦不能聚。而其不好。要由於人之不知讀。甚矣。聚而能藏之之爲難。藏而能讀之之爲難也。宋元以前無論已。明代所稱藏書者。有鄞范氏天一閣。西亭宗正聚樂堂。晉江黃氏千頃堂。崑山葉氏菉竹堂。山陰祁氏澹生書○秀水項氏天籟閣○常熟毛氏汲古閣○國朝有秀水曹氏靜惕堂○朱氏曝書亭○崑山徐氏傳是樓○濟南王氏池北書庫○其最著者○雖存佚之多寡不同○要皆以人重其所藏○而天一閣歸然尚存○其詔後人保守之法至善也○今海昌蔣君生沐○少失怙恃○嗜古好讀書○自十齡即

專購書○迄今十餘年○積有數萬卷○其中宋元舊槧○舊精鈔本○並世所希覯者○將於讎校之餘○擇其尤精者陸續梓以向世○則不獨能藏且能讀○而且能與人共讀也○昔朱竹垞太史有書八萬卷○自云亦足以豪矣○君今好之既篤○則歲增月益○其儲藏正未可量○而出其所讀以與人共者○亦未可量○使非

好之篤其能讀。亦安得聚且藏之富如是耶。齋曰別下者。孔子言困學爲學知之次。君能讀其書之無晚於學知。而獨以別下爲名。其亦自抑而自屬之者歟。

道光二十一年。歲在辛丑。立冬後一日。嘉興李富孫拜譔。時年七十有八。

涉聞梓舊小引

古書兼金玉而不湮沒焉又歷兵火而卷帙日以亂殘傳寫而文字日以訛乃今之涉獵舊聞者爲二焉曰士大夫之爲功於家而家不亡爲功于古籍諸博雅張雄譚援引使予以佐其說此可謂張其舊書而日亂日訛者如有工文章擅詞其鋪陳義藉以飾其辭此可謂張目舊書而日亂日訛者如有然焉無爲乎古人之

右朱芸若補寫書籍正書兩樣
為慶寫書傳已若今人之化日起為
方新妝寫書張自傳男美目補
為正之者要自香在足衣之轉
葛影言之如砥或以石可存深
竊寄美光彩也新看亦補為
自號寫書何不知存之字書兆
今亦古也彩之傳文兆今亦化也
以寫為樣篇也何疑
戊辰元季正月許西湖沫

雀染爾書瑤華十葉鴻都寫字
石墨五車尚乙至於無河閒之
筆識杜林之編緗以銀繩雕之
鉛槧異可窺鄉嬛之儲問謨觴
之秘耶然而子海易溼丞河多
幷爛蠹光之冊七略半蕩於兵
火讀麻沙之本四部已珍為球
琬倉靈之藏何代髮嬀之使絕
人則欲推揚文波津染冥逮汲
深古丹靡綆詒施所以圖范既
模轉倉可闢珠船和涉瑤牒志
聞大足以燀文史之吉光吐翰墨

之異彩書有色則皆古致能選而文新本續薪傳鋟空梓述於是搜安是之乘鍥開府之棃彙為一編以搜三蔵或者繙鴻然之遺只經尚拄撥龍威之藏紫文可求則祖演泰以冕石費亢將西游穆滿蹕肯聞於玉山庠禪蕭涤驚旁涉於金海已是為引

咸豐元年正月海昌許光治

涉聞梓舊總目 丙辰年重編

雲麓漫鈔十五卷　宋趙彥衛

榮祭酒遺文一卷　元榮肇

寶晉英光集八卷補遺一卷　宋米芾

斠補隅錄十四種

尚書全解二十一葉　爾雅十八葉　續通鑑七葉　東漢會要三十九葉　吳越春秋十二葉　錢塘遺事十二葉　宣和奉使高麗圖經六葉　管子三十四葉　荀子九葉　意林十葉　酉陽雜俎十二葉　唐摭言十四葉　蘆浦筆記四葉　陳后山集十三葉

易學濫觴

易學濫觴原序

楚望夫子之注經其志可謂善矣易欲明象春秋欲明書法葢將前無古後無今時出其所得之大槩示人而全注未易成也每以家貧年邁弗果鋟成其注爲嗟世亦有仁義之人一旦能俾畢遂其志者乎予所不能必也道之行與命也愛莫助之永歎而已延祐第七立秋之後四日臨川吳澄書於易學濫觴春秋指要之卷端

自序

周子曰古之教人者未嘗有訓詁也故曰不憤不啓不
悱不發不以三隅反則不復也自聖人沒而異端起先
儒急於警天下之方悟者故即六經之詩而訓詁之雖
其教與古異而意則一也自漢以來六經之綱維具矣
學者世相傳守之雖聖人起未易廢也而鄭子乃欲盡
廢之此予之所以不得已而有言也故撮其害理之甚
者見於詩書而其為詩之義則有先儒之傳在嗚呼聚
訟之學古人惡之安知不有以是規余者哉然余之所
不暇恤也於是總而次之凡四十二事為一卷

易學

易學濫觴

元　黃澤　撰

說周易者自漢諸儒主象數翻是欲明象去聖已遠學者不
易明遂流於煩瑣或涉支離誕漫學者亦已厭之故王
輔嗣出而創為忘象之論盡弃諸儒之說其文高潔足
以動人自是以來學者宗其說與象相忘矣至伊川先
生又據易以明理理明而象數稍遠其後說周易者皆
務明經多不專守師說晦庵之於程張蔡節齋之於晦
庵徐幾劉彌劭之於節齋皆時有異同各出新意比之
漢魏諸儒各主一師黨同伐異者大不侔矣
象學之廢自周末至今千有七百年伊川雖主於理晦

庵雖主於占然世之學易者亦皆知易當明象故雖精
粹如程朱學者終未免各恐其心志自茲以往象學焉
知其不可復興澤年十七始熟復繫辭既又讀左傳疑
於艮之八及諸古法蓋探索之勞積四十餘年至今猶
有未釋然者然無所不盡其思矣大德三年於易象始
有所悟又積十數年大槩得其五六乃始具稿又積十
年乃稍得其節目然所悟深者大抵不入稾而存諸心
方其勞心苦志也若神明晝夜役使之者及其悟也則
如天開其愚神啟其祕凡西漢以來至近代諸儒鑽研
而不可得者始有芽蘖之漸若更益以十年之功則十
可得其七八雖未必盡能全復舊物然比之王輔嗣創

爲忘象之高談以絕後人之用心者其得失相去遠矣夫小有所得而言則失之淺未有所得而言則失之妄有所得而畧不言則失之隱急於言之則失之躁易而言之則失之玩決意而以身任之則失之不讓能若恩而不能爲聖經發揚則亦失之不忠可與言而不言則又失之闇著書二十年而殊無知者則亦失之沈晦凡此類者當斟酌而處之此澤之所以難乎其爲人也且素無聲譽而自負獨重則人亦不復相即若混俗無別則人有褒而目之斯末俗之弊所以使人日就衰老而此心未得暴白於世者此非獨澤孱懦無力量之過亦世之好古者希故爾夫汲汲焉求知於世者非也窮居

陋巷而愛惜所學深懼人知者亦非也蓋古之君子盡其在己而聽其在天故復爲此卷以爲二注先容焉

學易者當明象此確然不易之論但象不可明故忘象之說與忘象之說與而象學遂廢亦可歎也夫忘象非王氏得已之言也王氏不得已而言之諸儒亦不得已而從之使象學若可明則諸儒何苦不從而乃從此不得已之論乎然自王氏以來凡學者皆疑於乾馬坤牛之象雷風山澤日月之象大而易見而馬牛之象小而難知故學者皆深契於王氏之言而不知易之爲象其爲說不一凡易之寓象未有序卦之大而要切者世人於此皆不深究何乃獨病於乾馬坤牛之傳會怏心而

弃擲之哉夫所謂序卦之象最大者謂乾坤定位而物始生物生必蒙則當教則必養不得其養則爭此易必首乾坤之後次以屯蒙需訟者爲此也自此以往皆以夫子序卦之辭觀之則可見上經是開闢以來經制之象下經是人道之首正家以及天下之象上經是因天地以寓人事下經是因人事以明天地之道所以必分上下經者上經以象先天下經以象後天上經始乾坤而終坎離者祖先天之意也下經始咸恒而終於旣未濟者周易序六子之意也自屯蒙而同人大有凡十二卦而後六子備所以然者天地定而日月照聖人興而大化著至此而後裁成輔相之功稍著故也同人大有

是開闢以來最盛所以離體居後者蓋以其能成天地最盛之功使光輝昭著品類繁盛有目者共以覩故離體居後也乾德四而亨居夏長養萬物亦此義云以其當最盛之世故大有繼以謙聖人於此寓意深矣然此亦姑舉其要以見大意其詳亦莫能盡覩者於此引而伸之則於學易豈小補乎

夫乾馬坤牛學者以爲難知而不知此於象學所繫尚小又乾馬坤牛尚可知唯離爲牛則最難知左傳曰純離爲牛此已不可曉而離卦辭曰畜牝牛吉尤不可曉矣若益以說卦坤爲子母牛又可强通乎哉澤於此用心雖頗極其精微然猶不能無惑故述於後學易者先

其大而後其小且知其難之蘊有所在而不專在彼焉
上經首乾坤次以屯蒙等卦是從不易處說起及終於
離離亦是不易下經首咸恒是從變易處說起至既未
濟亦是變易變易之中有不易者在不易之中有變易
者在

天道主於變人道主於常天道變中有常人道常中有
變天道變而不可違乎常人道常而不可不知變所謂
天道主於變者如今雷乃發聲御亦或先或後又有非
時之雷如治日少而亂日多盛衰興廢常出於意料之
外又如孔子不得位顏子不幸短命泰伯之賢不能得
國而有文王武王之事仲子非嫡也而子孫有魯國三

桓由之而盛此皆所謂變也人道則君臣父子兄弟夫
婦朋友有定之倫上下貴賤有定之分居處飲食耕田
鑿井有一定之法其應事接物隨時制宜雖是變然大
抵終不可踰常理此所謂人道主於常也

周易卦下辭六十四孔子釋卦辭六十四又大象六十
四爲一百九十二爻辭三百八十四孔子釋之是爲小
象亦三百八十四總此五者爲九百六十益以用九用
六及乾坤文言及繫辭所陳十一卦九卦與其解夬頤
之義又說卦序卦雜卦及春秋內外傳所記筮占之法
凡千有餘事自漢魏諸儒以至近代邵康節程先生張
横渠朱晦庵各以所見發明亦已得其大畧義理之說

最爲詳備惟象學則猶未復古焉其間固有易知者亦
有難難知而先儒所說已暗合但其大體既未能明則
雖總謂之未能復古亦非過也惟大象示人以用易之
道最爲易曉然歷觀舊注猶有數處未合況其他乎即
如需卦之君子以飲食宴樂可謂易知矣所說終未盡
蓋水在天上卻與飲食宴樂又何相關若不從乾坤屯
蒙解來實解不去大抵天地開闢以來水生物之功爲
大洪範水數一者亦以其物之始故也水本在地今在
天爲雲少需然後爲雨及既爲雨滋潤百穀草木而後
動物得所養凡飲食未有不出於水泉及百穀草木者
以其生物有漸雖非朝夕之故然亦朝夕可待所以謂

之需乾坤賴此以養人故聖人取其象以飲食宴樂如
此解而後胸次釋然此序卦之說所以不可易也六十
四卦大象本顯然需之象又自明白說者尚不能透徹
況其他乎其大象如君子以治歷明時君子以永終知
敝則又非造次可議

屯物始生蒙是養所以需是飲食之道雨自上降然後
生萬物草木之味實能養人醴醪酒漿籩豆俎實皆出
於此此需所以爲飲食易象學迷失一千有七百餘年
漢儒及近代諸儒所說頗細碎雖不可廢然於大體未
明終無益也但易之未易明者非直象學蓋理之說至
伊川晦庵可謂精切粹美而易之大義未能復古者亦

多有之如漢儒說易有三義今人多只說變易是易之名義未能復古一也太極兩儀四象八卦得康節始爲之發明而重卦之義未有說以相通是重卦之義未能復古二也孔子稱易逆數而今之圖乃是半順半逆是逆順之義未能復古三也卦名義無相犯者如咸是取女漸是嫁女恒是夫婦居室歸妹是兄嫁其妹而說者以歸妹是嫁女是與咸取女之義初無分別甚者則以爲少女嫁長男是卦之名義不能復古四也伏羲之時占法簡易故孔子曰八卦定吉凶蓋比之於今之折草擲荆亦足以定吉凶得失及爲六十四卦變爲三百八十四爻亦已多矣而或以爲一卦可變爲六十四卦則失之於繁非簡易之道雖漢儒有此例然文王周公之法本不如是卦變之法不能復古五也燧人氏始修火利未必遽有鼎也火食既興邑居既成而後有井以養而今之說者爲井鼎名卦古今有之非始於文王是卦名不能復古六也易卦有自然之數皆與河圖洛書相通而說者以易起於河圖範起於洛書執泥特甚是易數之原不能復古七也周公之辭簡奧深密孔子懼久而學者不能明乃作十翼以推衍其義蓋與前聖互相補足其或說理甚詳是亦推致前聖所未盡非與文王周公異旨而世之說者未能體會爲一遂以夫子所說與文王周公不同是易之辭義不能復古八也占中有象象中有占象有未盡者因占辭以補其缺近世學者雖知分別象占而不知占中實有未盡之象是易之占辭不能復古九也卦用七八爻用九六自杜預注春秋有雜用連山歸藏周易三易皆以七八爲占之說而晦庵啟蒙頗因之是蓍法不能復古十也春秋占法至爲精妙去古既遠易道雖晦然猶有此以見古法之精而世之學者例以左傳爲妄誕不之信是占法不能復古十一也六十四卦上下經序次條理秩然夫子本文之外又得先儒推究十有八象三十六宮既以抉其隱秘而序次之妙推尋猶有未盡者而先儒或謂非易之蘊晦庵以爲是易之蘊而非其精是序卦之義未能復古十二也文王周公本文脫誤者少縱有脫誤當闕其疑自胡安定改鴻漸于逵以來晦庵於鼎卦用鄭玄說訓渥爲剭於升卦改順爲慎於无妄改爲无望此類不一是脫誤疑字未能復古十三也凡此十有三者特義理文字之間而其未能復古者已如此況象學之微妙曠失既久非刳心滌慮天開其愚神啟其秘孰能與於此乎其十三事雖與象學无與但關涉甚大非可言盡今卷中亦畧見其說焉

伏羲始畫八卦時上已用之決吉凶故大傳曰八卦定吉凶其時事簡故不容尚煩及稍欲求詳始用重卦故謂之貞悔言三畫可矣又以爲未足故更用三畫謂之

貞者言是正法謂之悔者言其過也貞悔之後又有變卦則以本卦爲貞之卦爲悔占筮至此極矣貞屯悔豫又是一例

晦庵云一朋友說有八卦之金木水火土有五行之金木水火土如乾爲金八卦之金也兌之金五行之金也巽爲木卦中取象也震爲木乃東方屬木五行之木也澤謂乾爲金是以氣類推之則金之屬乾以其剛耳若易中只是以乾爲天不曾說金其陽爻陽位取義於金者亦是取其剛初非以有乾故兌雖當爲金但易卦中只說澤而未有以爲金者震當爲木然易中說木乃是借意非以震故此不可不知或人之說雖非背理但說

易雖要精淨不可混雜澤嘗有詩云井困乾枯乾有水有一朋友云以乾爲金以能生水理非不通但淺陋耳

春秋傳占法御只於易無此之失一卦用七八又有九六故周易每爻必繫以九六者爲此也若如杜氏說雜用連山歸藏之易皆以七八爲占此恐非是若如此則是占者無定法既已得卦御臨時兼用七八爲占是占無定據矣晦庵本義遇艮之八只當占艮六二亦是不據六二而以七八爲占夫爻謂之六二而乃以八爲占恐非筮法愚不能明終未敢從也

周易占變爻之法繫辭中不見獨春秋內外傳有十數處然大抵古法難以盡曉如艮之八泰之八貞悔屯豫皆八最爲可疑啟蒙雖頗兵其說誠恐非古法也獨啟蒙三爻變則占本卦及之卦之彖辭而以本卦爲貞之卦爲悔前十卦主貞後十卦主悔又引沙隨程氏曰晉公子重耳筮得國遇貞屯悔豫皆八蓋初與四五凡三爻變也初與五用九變四用六變其不變者二三上下兩卦皆爲八故爲皆八而司空季子占之曰皆利建侯據澤嘗見恐程說實可疑蓋三爻遇九六三爻遇八即是一卦之中三爻變了若依啟蒙法當云遇屯之豫其不變者在所不必道固已不當稱八又安得稱貞悔皆八乎且七八皆不用之爻獨不聞說七何也豈有之而偶不載邪是亦可疑矣啟蒙又云四爻變則以本卦二

不變爻占仍以下爻爲主曰經傳無文今以例推之當如此又曰五爻變則以本卦不變爻占引穆姜往東宮筮遇艮之八史曰是謂艮之隨蓋五爻皆變唯二得八故不變也法宜以繫小子失丈夫爲占大畧如此澤以爲周易每爻皆稱九稱六者所以占遇九遇六而後可用其爻之辭占今若用占不變爻則是兼用七八矣非經九六之意也但蓍法雖頗存而變爻之法亦已闕失民間決疑又不可廢故世俗相傳因仍訛謬以求變卦若如啟蒙則有條理可用但若便以此爲定法不復加考索之功則不可爾澤嘗自謂澤之志如立的以射立的既高且遠故難爲功然至於卦變之法求之四十餘

年無所不用其思而猶未敢確然獨有所主倘欲於此決擇當待理熟必更加數年而後可言朱子繫辭本義云第九章言天地大衍之數揲蓍求卦之法然亦畧耳意其詳具出於太卜筮人之官而今不可考爾其可推者啟蒙備言之由此而言則晦庵亦已知揲蓍求卦之法不完其作啟蒙亦隨所見以備一法讀者於此當知立言之意云象與數不可相離象爲主而數爲用如天是象三百六十五度四分度之一是數日月是象一日一度一月十三度十九分度之七是數天與日月運而爲春夏秋冬又積爲元會運世天與日月是象春夏秋冬元會運世是數易之有象數所以法天卦主象而蓍

主數二者相須但象有定而數無窮故成變化行鬼神必歸之數也又澤舊說云卦以象告而蓍以數行二者不可相離象具吉凶悔吝而數以行其吉凶悔吝蓋繫辭言天一地二天三地四天五地六天七地八天九地十下文即繼之曰夫易何爲者也如斯而已者也易道雖大然亦不能外此十數夫天與日月星辰之運非數无以紀之四時迭運萬物始終莫有逃乎數者此成變化行鬼神所以必歸之數也孔子曰易之興也其於中古乎作易者其有憂患乎鄭仲復問作易者其有憂患乎如何只取九卦朱晦庵云聖人論處憂患之道偶然說此九卦意思自足若更添一卦也不妨更不說一卦

也不妨只就此九卦之中亦自儘有道理且易中儘有處憂患的卦非必除九卦之外皆非所以處憂患也若以困爲處憂患的卦則屯蹇非所以處憂患而何朱晦庵之說如此澤謂聖人取此九卦是眞有處憂患之理決非偶然今若於屯蒙需訟師比小畜泰否同人大有內再說一卦亦恐不可如屯本以象開闢之時洪荒之事其在中世則是經營創造之象比於九卦非其類也蹇是險在前教人以見險則止不是在險中處險難之道於九卦皆不類蓋此九卦是於卦名卦義卦象取之如上天下地豈不可以辨上下定民志卻取履卦者以澤處於地尤卑此尊卑之極蓋有感於君臣之際故又

極於卑順也謙以九三一陽處於五陰之間又在下體君子勞謙之象復是有過則改不遠之復亦是自剝而坤自坤而復涉歷艱難而誠不已之象雷風動盪卦之名恒所以見其於勞擾之中而有恒者在損以懲忿窒慾益以見善則遷有過則改困者人臣以致命遂志井取其不變不窮而常潔新巽者酌事而處始終不失於卑順所以巽卦辭稱小亨者是主陰爻言之初陰所處甚卑至六四柔而得位不失其正夫柔而得位所以能行權也四乃人臣之位而柔巽不失其正文王所以率殷之叛國以事紂則亦取諸此但以此之事亦非得已故稱小亨凡此九卦在連山歸藏取義取象必不如是

文王衍易實寓此意但其用意雖深而其言簡畧微夫子孰能極其旨發其微哉澤又疑九卦之中巽是八純卦恐卦名古亦如此履謙等卦當是文王所名如此解尤爲明白葢象義與名皆文王意也其餘卦名出文王者亦不止於此焉禮以卑下爲基故履是德之基居下而有所守不失其正故謙是德之柄復是不妄故復是德之本雷風動盪比於事變叢雜而處之不失其常故恒是德之固損其過所以爲德之修遇事變之多而自處益厚所以爲德之裕處困窮之極則識理愈精操心危慮患深諳悉情偽而後處事各有所當所以爲德之辨不變不窮所以爲德之地巽順則不違理乃能制事

所以爲德之制又據剝明夷亦當是憂患之卦而不在此數者剝自是陰陽消長之機君子小人進退之理於文王事不切明夷義大顯衆人所知九卦是發其漸迺衆人之所未能識者也困卦雖亦甚顯然所謂德之辨窮而通困以寡怨亦是發其微所謂寡怨者葢責己而不責人亦文王之事也退之琴操曰臣辠當誅兮天王聖明可謂得文王之心者凡人遇險陷能責己而不責人則心亨矣何怨之有悔庵云取象亦有來歷不是假設譬喻但今以說卦求之多所不通故不得已而闕之或且從先儒之說耳又曰易象也須有此理但恁地零碎去牽合傳會得來不濟事須是見他一个大原許多

名物件數皆通貫在裏面方是又曰象如此而理在其中卻不是因欲說道理而後說象也又曰看易當靠定象看便滋味長若只懸空看也没甚意思又說象云易之有象其取之有所從其推之有所用非苟爲寓言也然兩漢諸儒必欲究其所從則旣滯泥而不通王弼以來直欲推其所用則又疏畧而無據二者皆失之一偏而不能闕其所疑之過也且以一端論之乾之爲馬坤之爲牛說卦有明文矣馬之爲健牛之爲順在物有常理矣至於案文索卦若屯之有馬而無乾離之有牛而無坤乾之六龍則或疑於震坤之牝馬則當反爲乾是皆有不可曉者是以漢儒求之說卦而不得則遂創爲

互體變體五行納甲飛伏之法參互以求幸其偶合其說雖詳然俱不可通其可通者又皆傳會穿鑿而非有自然之勢唯其一二之適然而無待於巧說者爲若可信然上無所關於義理之本原下無所資於人事之訓戒則又何必苦心勞力以求於此而欲必得之哉故王弼曰義苟應健何必乾乃爲馬爻苟合順何必坤乃爲牛程子亦曰理無形也故假象以顯義其所以破先儒膠固支離之失而開後學玩辭玩占之方則至矣然觀其意又似直以易之取象無復有所自來但如詩之比興孟子之譬喻而已如此則說卦之作爲無所與於易而近取諸身遠取諸物者亦剩語矣故疑其說亦若有

未盡者因竊論之以爲易之取象固必有所自來而其說已具太卜之官顧今不可復考則姑闕之而直據辭中之象以求象中之意使足以爲訓戒而決吉凶如王氏程子與吾本義之云者其亦足矣固不必深求其象之所自來然亦不可直謂之假設而遽欲忘之也澤謂漢儒必欲求象之所自來則泥而不通王輔嗣只欲明其用而忘象則疎畧而象學遂廢晦庵亦已深知其非而猶有取於義苟應健何必乾乃爲馬爻苟合順何必坤乃爲牛之語斯亦不得已之辭後之欲求文王周公孔子之旨者則不可以此而遂怠其稽古探索之志蓋此心本無限量豈可據王氏之說以自界畫而忘乾乾

不息之誠乎夫潛心玩索求而不得者有之未有不求而得者也孔子曰後生可畏焉知來者之不如今學者當以聖人勉人者而自勉所貴於象學者可以辯諸家之得失凡紛紜錯雜之論至明象而後定象之不明則如制器無尺度作樂無律吕舟車無指南自然差錯如晦庵解損上九得臣無家若以象求則惠而不費之說太遠也又按邵氏聞見錄云王弼注鼎其形渥凶以爲沾濡之形蓋弼不知古易形作刑渥作剭故新唐史元載贊用刑剭亦用剭誅云按元載以罪誅贊云易稱鼎折足其刑剭周禮秋官司烜氏軍旅火禁邦若屋誅鄭司農云屋誅謂夷三族屋讀如其刑剭之剭謂所殺不

於市而以適甸師者也澤謂以剭誅解鼎折足乃學秦法酷烈者之所爲非經意也三公不稱其職當以禮退自非秦法安可以屋誅爲義晦庵於此亦誤從之此由象學不明故訛錯如此王弼雖不明象然解作渥義卻與象合所以知王義爲得者餗既覆則有鼎汁淋漓沾濡此正是象屋誅之說謬矣一字之誤所失如此可不謹哉

易固非一象亦非一用聖人之意但揀緊要處說如姤勿用取女是也離畜牝牛吉想亦當然但卻不可曉豐卦辭多不可曉蓋本雷電卻又稱王照天下似卽難解剝有床蓐之象故六五稱宮人无妄是戒其妄動謂

天下有雷懼其過也此是一義又一義則是天下雷行物知儆懼不敢有妄又一義是天下雷行萬物之生各正性命亦是无妄程子以无妄是誠然无妄是儆戒之意多若以誠言乃是思誠者人之道屯隨无妄等卦聖人立教之意甚深或謂孔子之易說道理始多不知文王之易已寓意焉但未有其辭至孔子始推明之耳凡卦辭爻象取象取義皆不一亦多說未盡所以孔子於乾坤二卦皆推致其義使人知立象盡意則未盡之意皆可推也但六十四卦若皆如此推則亦不可故止推乾坤爲例或謂孔子易與文王周公不同此未然也象學多端不可一例取澤於六經補注已言其畧其乾

九三是用象解或躍在淵龍戰于野亦然但所說未詳象學當舉豐明夷蠱巽爲比例豐與明夷相似蠱與巽相似故卦辭爻辭有相似者然此只是一例

大凡易象皆聖人用意深遠當虛心以求不可淺躁仍熟其體會不可牽合苟精神之至必有默相之者

澤嘗作讀易吟十二章今錄四章以見大意萬事多於近處迷貪前說後更參差不從言外窺三聖虛說淮南有九師井困乾枯乾有水豐睽暗昧觀生輝如何天地都顛倒卻道賢人正得時不是浮花爛漫開有枝有幹有根荄一聲也自喉嚨出六脈元從腑臟來莫向壁間看舊畫也依火後撥寒灰要餐一斛黃蓮後恐怕餘甘

稍自迴天機地軸誰曾見脈絡相關也要知雙眼不開千眼閉一波才動萬波隨便成傀儡終非活已出蠶蛾不是絲直要渾然方見易斷章取義且尋詩卦情物理兩堪疑此處誰能析隱微鳴鶴胡然逢子和高鴻何事不雲飛干將有氣須衝斗龍馬雖神必受羈役使陰陽全是易躊躇未易泄天機易象兩端不可一說取不可一例求如漸是山上有木若推未盡之象則亦是山上有風又漸是漸進之義卻取象於鴻飛高舉而取象於鴻則不使之高舉蓋鴻雖有高舉之資然凡物之中繫於氣運受役於陰陽者唯鴻爲最甚又其一南一北亦必以其漸始終不自由而卒莫知其所以然此漸之謂也大抵陰陽役使萬物而萬物不自知聖人作易又所以役使陰陽而人亦未易知太極既判盈乎兩間者有象有數有形有聲而易已用其三唯聲音不可知然康節邵先生明於先天之學聲音之署具於經世書又易大象曰先王以作樂崇德殷薦之上帝以配祖考然則易於天地間无所不該矣方世无康節則聲音之道實亦未知姑寘勿論其形有分隸於卦者自古通謂之象有象則有數故說易者只專從事於象數爲二者之中數爲最難若總而言之則聲音難於數數又難於象是象爲較易然古之所傳通於音律者率能知政治得失世或有其人而精於數者如揚子雲關朗陳希夷之流

往往得數之用是世蓋有得其學者而於所謂象學自虞周漢晉迄今寥寥千七百年諸儒非不精思力索而竟未有得其彷彿者故象學遂廢而說易者率皆蹇淺支離牽合而凡聖經之文理密察易之變通神妙皆不可復知是何難者或易而易者更愈難而無復可通之機與蓋諸儒明象僻而迂王氏忘象決而野唐李鼎祚著書自謂刊輔嗣之文補康成之易象義主漢諸儒之說賴鼎祚以存然以愚觀之則亦各自以所見求象而非文王周公之本意以澤自早歲讀而病焉摩勵積思凡數十年年五十始默有所悟若神明陰有以啟之者又積思十年大抵十通五六然搆思既深立例亦異自

其三聖精微曠代絕學思道其虧失而不敢易言稍欲發揚又懼褻瀆區區微衷之意乎子之心無以自明此思故吟炙背吟所由作也延祐五年東平王之翼始爲刊六經辨釋補註既成重惟易春秋二注未能脫藁而駸老竟事不可緩若必待完備亦貧者所難俯默而不言又孰知所到凡象皆可以心悟而不可以言傳今指其大義含蓄頗深比類與象學相邇且補注所未有者爲一卷名曰易學濫觴雖曰涓流而本原在焉未可忽也世傳黃河自崑崙來伏流中原數千里然後有渾灝之勢今將發明曠絕之學而更隱其義蓋事大體重難以直遂不得不致慎焉延祐七年夏五資中後學黃澤敬書

易學濫觴終

非詩辨妄

非詩辨妄

宋周　孚　信道著

鄭子曰漢之言詩者三家耳毛公趙人最後出不爲當時所取信乃詭誕其說稱其書傳之子夏蓋本論語所謂起予者商也始可與言詩已矣

非曰斯言也仲尼亦嘗以稱子貢矣然先儒不以詩爲子貢敘者蓋賜不傳詩也彼商其自傳詩耳不係乎仲尼之稱也

鄭子曰設若有子夏所傳之序因何齊魯間先出學者卻不傳返出於趙也序既晚出於趙於何處而傳此學

非曰仲尼沒子夏設教於西河之上西河魏境也趙

魏鄰也餘波能及自魏而趙理或有之若以毛公非魯人而疑之則韓嬰韓人也豈躬受教於洙泗者乎若之何右韓而左毛也

鄭子曰鄭康成生東漢之末又爲詩箋本毛氏以毛公先爲北海相康成北海人故傳所書

非曰康成自箋詩耳何預北海相事耶

鄭子曰據六亡詩明言有其義而亡其辭何得是秦火前人語裳裳者華古之仕者世祿則知非三代之語

非曰鄭子之所疑者似矣而說非也吾以爲不若蘇子之言曰是詩也言是事也昔孔氏之遺說也其反覆煩重類非一人之辭者毛氏之學而衛宏之所集

錄也夫學經而不辨乎眞僞是徒學也鄭子疑毛氏之所序衛宏之所集錄而併廢子夏之序是猶怒於室而色於市也其可乎

鄭子曰釋詩者於一篇之義不得無總敘故樵詩傳亦皆有敘焉

非曰仲尼之作春秋也始於其祖之所逮聞蓋以千歲之後言千歲之前雖仲尼猶以爲難而鄭子乃能之則是其智過于仲尼也就使能之亦不過隨文附會之學吾不欲觀之久矣

鄭子曰易有彖象皆出仲尼之後往往戰國時人作彖自一家象自一家耳故左氏書無彖象之文

非曰孔子之述彖象也蓋自爲一篇題其首曰彖曰象也其初無彖曰象曰之文而後之學者散之卦爻之下故以彖曰象曰別之然孔子所謂彖者蓋卦辭如乾元亨利貞之類是也其所謂象者有小大其大象指八卦震爲雷巽爲風之類是也其小象指一爻如潛龍勿用之類是也初不謂已所述者爲彖象也而近世學者失之乃指孔子之言爲彖象不可不辨也蘇子之說云爾然則謂孔子贊易之言爲彖象者漢魏以來學者之過也鄭子不歸其失於學者而致於聖人是敬路人而悖父兄也知理者固如是乎

鄭子曰詩書可信然不必字字可信

非曰斯言也非六經之福也鄭子之爲此言忍乎

鄭子曰惜乎三家之詩不並傳於世矣齊魯二家斷亡矣不知韓氏世有傳者乎

非曰蘇子於十月之交以爲韓詩之次與毛詩合於緜自土沮漆以爲齊詩土作杜則齊韓之詩蘇子聞見之矣然卒不敢廢詩序者愼之至也鄭子未見齊韓而遽棄毛氏不幾於邯鄲之學步者乎宜其誕以惑人也

鄭子曰漢人尙三家而不取毛氏者往往非不取其義也但以妄誕之故故爲時人所鄙

非曰取其義而棄其書先儒之於人恐不如是之澆

薄也

鄭子曰關雎言后妃便無義三代之後天子之耦曰皇后太子之耦曰妃奈何合後世二人之號而以爲古一人也

非曰后妃云者猶古語所謂君王云爾不必以君爲諸侯王爲天子也

鄭子曰以芣苢爲婦人樂有子者據芣苢詩中全無樂有子意彼之言此者何哉蓋書生之說例是求義以爲所此語不徒然也故以爲樂有子爾且芣苢之作興采之也如後人之采菱則爲采菱之詩采藕則爲采藕詩以述一時所采之興爾何它義哉

非曰芣苢車前也釋爾雅者言其子主婦人之難産者婦人以樂有子故欲預蓄此以禦疾爾且芣苢非常用之物人何事而采之奈何以爲述一時之興哉大抵鄭子之學其於物理所以異於毛鄭者以其信本草而非爾雅也吾之於書則求其是而已矣豈以異於先儒爲功乎

鄭子曰衛本紂都周得天下以爲衛國而黎乃商之侯國今潞州黎城是周時且無黎也何得於此有寓衛之黎侯

非曰按左氏傳晉數赤狄潞氏之罪曰棄仲章而奪黎氏地安得周無黎侯

鄭子曰大東言東有啟明西有長庚毛鄭以爲一星爾夫太白不見西方何得爲一星以此見其不識天文

非曰蘇子以爲譚人之疲辭也其意若曰東則太白西則太白以喻王百役之皆取於譚也而鄭子乃於中求正義宜乎其惑也

鄭子曰夫學詩者正欲識鳥獸草木之名耳

非曰吾嘗聞仲尼之言詩矣其義恐不止於是也

鄭子曰有鶴在林鶴非食魚鳥隰有荷華荷華木芙蓉也

非曰吾嘗詢於野人鶴食魚荷華今之旱蓮也江南所在有之爾雅下溼曰隰

鄭子曰按獨斷下篇宗廟所歌詩名於維清曰奏氏樂象者之所歌則如今敘中所言奏象武者奏實秦字衛宏錯認之爾

非曰是說也吾所不喻設曰維清奏象武也何義乎

鄭子曰凡制文字必依形依象而立風雅頌皆聲無形與象故無其文皆取他文而借用如風本風雨之風雅本烏鴉之鴉頌本頌容之容奈何敘詩者於借字之中求義也

非曰風雅頌之名其來久矣非仲尼之所自立也故曰吾自衛反魯然後樂正雅頌各得其所使止借字而無義則胡不以風爲雅雅爲頌乎惟其不可不分則風雅頌之名必有義焉其義謂何曰言一國之事謂之風形四方之風謂之雅以成功告於神明謂之頌

鄭子曰亂先王之典籍而紛惑其說使後學至今不知大道之本自漢儒始

非曰此古人目睫之喻也

鄭子曰周有四伯周公治洛實伯江漢之東國召伯治岐實伯江漢之西國韓爲北伯主北以西國齊爲東伯主東以北國

非曰康王之誥曰太保率西方諸侯入應門左畢公率東方諸侯入應門右周之所以統諸侯者止聞有二公爾不聞其有四伯也

鄭子曰螽斯者取二字以命篇爾實無義也言螽斯斯者謂螽之此羽耳何得謂螽斯爲一物名

非曰詩有以斯爲辭者如菀彼柳斯弁彼鸒斯是也而以訓螽斯則不可蓋螽斯或謂之斯螽豳詩曰五月斯螽動股

鄭子曰何彼襛矣言雖則王姬亦下嫁於諸侯不知王姬不嫁諸侯嫁何人

非曰鄭忽之辭婚也曰齊大非我耦也古者婚姻之禮必國偶而後敢娶天子非諸侯之所可偶也故曰下嫁

鄭子曰幸哉凱風詩也其詩若不言有子七人莫慰母

心定爲莊姜之詩無疑也

非曰使不言有子七人莫慰母心亦不可以爲莊姜詩蓋母氏聖善我無令人非州吁之所爲詩也

鄭子曰簡兮實美君子能射御歌舞何得爲刺詩

非曰信如鄭子之說則吾將奪之曰簡兮思賢也蓋不用傳註以私意而度詩則何所不可

鄭子曰牆有茨言淫亂故以爲公子頑也

非曰衛詩之言淫亂者多矣何獨以此爲公子頑

鄭子曰河廣衛風而言誰謂宋遠跂予望之故以爲宋襄公之出母作也

非曰不謂宋人寓於衛而思宋之詩而獨以爲襄公之母蓋古之傳詩者此說爾而毛公承之耳讀書而不考其義雖多亦奚以爲

鄭子曰言王黍離者亦猶言衛淇澳豳七月也王城即東周也豳國七篇關中人風土之歌也王國十篇洛人風土之歌也豈其諸國皆有風土而洛獨無之乎以爲黍離爲降國風何理哉

非曰衛陳齊鄭國名也故可以冠詩王豈國名哉周謂東都爲洛邑果如鄭子之說則曰洛黍離不宜曰王黍離夫王至尊之稱也以至尊之稱而下雜於諸國之間非降而何若曰豈其諸國皆有風土而洛獨無之則宋也魯也蔡也皆諸侯之豪傑也而詩不著

其風鄭子於此亦將強通之耶

鄭子曰諸風皆有指言當代之某君者唯魏檜二風無一篇指言某君者以此二國史記世家年表書傳不見有所說故二風無指言也若敘是春秋前人作豈得無所一言

非曰檜爲鄭桓公所滅其事在春秋前自季子聽樂而檜已無譏矣況於子夏之時相去數百年之久其理雖可推而其世不可知其理可推則序其所以作詩之故其世不可知則不指名其人慎之至也楊雄氏有言曰書之不備過半矣雖孔子亦末如之何矣此檜詩序之說也何必漢儒然後不知其世哉魏即

晉也當從蘇子說

鄭子曰宛丘東門之枌刺幽公衡門請刺僖公幽僖之迹無所據見作敘者但本謚法而言之

非曰安知立謚者不本其行事而後謚之耶且十二公之間獨以是二君則其說必有所授之矣

鄭子曰靈公淫夏姬此其顯顯者故以爲言此據迹而言

非曰謚法亂而不損曰靈靈公之行應謚矣使其迹不著則鄭子又將以幽僖之說難之矣靈公之行應謚則幽僖之謚安知其不本迹也幽僖之與行合則詩序不爲妄言也

鄭子曰彼以候人爲刺共公共公之前則昭公也故以蜉蝣爲刺昭公昭公之寔無其迹但不幸代次迫於共公故爲衛宏所寘

非曰向曰作序者有可經據則指言其人無可經據則言其意從鄭子之說則凡指言其人者必其有可迹據也今無經據而又指言其人矣鄭子患其不通也故又爲是世次之說是其意必欲盡廢詩敘而不顧其自相抵牾也夫兩學之相攻猶訟也理直者一言而是理曲者委曲蓋庇而迹愈彰鄭子之說訟而理曲者也

鄭子曰詩人之言燕饗無別其言燕猶飲也說者當有分別而作敘者不識燕饗異儀但徇詩爾

非曰此以禮訓詩也向曰鄭所以不如毛者以其書生家太泥於三禮刑名度數今鄭子復以禮訓詩則康成得無辭乎說詩言燕饗無別而鄭子則分之是於詩之外求義也訓詩而不本詩吾未見其能詩也

鄭子曰六亡詩不曰六亡詩而曰六笙詩蓋歌主人必有辭笙主竹故不必辭也但有其譜耳

非曰太史公曰古者詩三千篇至孔子去其重取可施於禮義三百五篇皆弦歌歌之以求合韶武雅頌之音則今之詩皆可弦可歌也絲竹之音不宜有異豈笙皆無辭而弦詩皆有辭乎然則如之何當曰六亡詩不當曰六笙詩

鄭子曰作敘者以陟岵之人傚南陔故曰南陔孝子相戒以養也

非曰使鄭子之言然則華黍胡不擬楚茨崇丘胡不擬節南山白華與小雅之白華同而獨以南陔傚陟岵也是說也吾欲問之

鄭子曰召明詩首章言明天疾威卒章言有如召公是取始卒章之一字合爲題更無他義敘者曰是閔也閔天下無如召公之臣也蕩是蕩蕩上帝者謂天之蕩蕩然無涯也故取蕩名篇彼亦不知所出則曰天下蕩蕩無綱紀文章其乖脫有如此者

非曰此蘇子之說也申言之何益

鄭子曰節南山言家父作家父乃桓王時人當隱桓之時家父使魯自幽及桓蓋七十年何得家父復仕幽朝

非曰此歐陽子之棄說也何足以曉學者且豈有兩單伯安知周無兩家父乎

鄭子曰正月亦刺桓王詩故引古以諭曰赫赫宗周褒姒烕之且平王東遷於王城故以鎬京爲宗周

非曰烕則滅爾非寔滅也且其首章曰周之正夏之四月也桓王之事迹見於春秋四月而霜異之大者而春秋不紀之何耶以鎬京爲宗周蓋當時諸侯朝覲之辭爾非自平王而始也

鄭子曰繼桓王者莊王也按長歷莊王二年十月辛卯日食又春秋魯桓公十七年書冬十月朔日有食之莊王二年歲在丙戌即桓之十七年也此甚明白亦足以見平王之後其詩皆列雅亦足以見作敘者之謬

非曰春秋所書止曰冬十月朔日有食之耳其不書日左氏以謂官失之也則十月之食自仲尼耶明已不知其日矣鄭子以長歷之故而信爲辛卯則是以杜預爲過於仲尼也其可乎且此詩所載爗爗震電不寧不令百川沸騰山冢崒崩其異衆矣春秋畧不一紀而獨書此日食何哉

鄭子曰十月之交言皇父孔聖作都于向向東都畿內地也凡卿士采邑必於天子畿內則知此詩不爲西周詩矣

非曰今之輿地書謂向屬同州同州漢之左馮翊亦西周之畿內地也鄭子之不從彼者欲以成其爲莊王詩也且桓之八年以東都之向賜鄭後十六年而莊王即位鄭子謂莊王二年有皇父城向之事則向屬於鄭十有七年矣非皇父之所得都也其所傳如此殆難以廢先儒之說也

鄭子曰凡詩皆取篇中之字以命題雨無正取篇之中義故作敘者曰雨無正雨自上下者也衆多如雨而非所以爲政也此何等語哉

非曰此蘇子之說也申言之何益

鄭子曰何人斯言維暴之云者謂暴虐之人也且二周畿內皆無暴邑周何嘗有暴公

非曰蘇公暴公蓋外諸侯入而爲王卿士者如虢鄭武公之流非畿內諸侯也何以知之曰蘇今之懷州暴自春秋以來屬鄭矣

鄭子曰或曰桑柔芮伯所作而子不信何也曰如蕩召明見於詩明明如此尚不可信況此詩誰以爲然

非曰左氏傳載秦繆公之言曰周芮良夫之詩曰大風有隧貪人敗類

鄭子曰劉歆三統歷妄謂文王受命九年而崩致誤衛

宏言文王受命作周也

非曰文王受命作周云者猶曰天命文王以興周云爾非以受命為稱王也舜之受天命孟軻氏言之詳矣亦猶是也謂其受命九年者劉歆誤讀詩序故爾非衛宏之過也

鄭子曰敦彼行葦牛羊勿踐履言道中之葦無踐之而後能成以興兄弟不遠棄而後能親

非曰葦之為物微矣以況兄弟何義乎且以為比耶興耶以為比則不類以為興則鄭子又以為比也為詩而不知比興適足以自惑也

鄭子曰毛鄭輩亦識理

非曰向曰村里陋儒今曰識理理非村里陋儒所能識也

鄭子曰關關雎鳩在河之洲每思淑女之時或與見關雎在河之洲或興感雎鳩在河之洲雎在河中洲上不可得也以喻淑女不可致之義何必以雎鳩而說淑女也毛謂以喻后妃悅樂君子之德無不和諧何理

非曰使止以雎鳩為興則曰翩彼雎鳩足矣何必曰關關雎鳩有取於和而摯也且其言曰設若與見鶖鶴則言鶖鶴與見鷺鳧則言鷺鳧蓋其所學止於此爾若如是則吾何誅焉

鄭子曰葛之覃兮施於中谷此婦人急於成婦功之詩也鄭以謂喻女在母家形體浸浸日長大也此何等語

非曰此歐陽子之說也申言之何益

鄭子曰孔子教人學詩者欲多識鳥獸草木之名也

非曰向者吾既言之矣

鄭子曰鳥獸草木之名惟陶隱居識其眞如爾雅錯失尤多

非曰鄭子以苹婁蔞蒿即爾雅所謂苹藾蕭也鄭子以荷華為芙蓉可以為木芙蓉不可取其義而棄其書鄭子誠忍人哉

鄭子曰周頌之敘多非依倣篇中之義為言乃知所傳為眞

非曰周頌以其不依倣篇中之義故鄭子以為所傳者眞且六亡詩已失奈漢儒何所依倣而能序是也無所依倣而有序則諸序不出於漢儒明矣此吾就鄭子所言而言者也

鄭子曰泮宮即廟也若是學則獻囚獻馘於此何為哉

非曰鄭子以泮宮為廟者不過本詩所謂昭假烈祖靡有不孝之辭也此魯人頌僖公之語爾猶書曰用會紹乃辟追孝于前文人也且其詩曰在泮飲酒然則廟中而飲酒可乎

鄭子曰商家顯君惟湯中宗高宗爾故商頌以為祀此三君焉

非曰孟軻氏言商之賢聖之君六七作不可言唯此

三君

非詩辨妄　　　西湖下齋夾本

非詩辨妄終

禮記集說辨疑

欽定四庫全書提要

禮記集說辯疑一卷

明戴冠撰冠字章甫長洲人以選貢授紹興府訓導是書所論凡曲禮六條檀弓九條王制三條曾子問二條文王世子一條禮器一條郊特牲一條內則五條玉藻二條大傳一條少儀一條喪大記二條祭義一條表記一條緇衣一條蓋未竟之書也嘉靖丁未陸粲刊冠所作濯纓亭筆記附載於末然筆記爲雜說而此書究爲經解今仍析爲二各著錄焉

禮記集說辯疑

明　長洲戴　冠章甫　撰

曲禮

安安而能遷

朱子曰雖安安而能徙義愚謂安安者平居無事隨所安而安也一遇事變卽當隨時處中遷改其素若仍安於所安則有所溺何以能合義乎如孔子爲魯司寇攝行相事可謂安安一爲女樂所沮則託膰俎不至而去是能遷也

雖負販者必有尊也

負販以力行貨於道路者不必如集說分爲兩事

名子者不以國不以日月不以隱疾不以山川

陳氏曰常語易及則避諱爲難愚意不以隱疾亦爲其非美稱耳不爲常語易及也觀士冠禮三加祝辭如壽考維祺介爾景福等語則古人待子之意可見矣

有憂者側席而坐有喪者專席而坐

側偏側也心有所憂不敢當席危坐而爲容也專獨也有喪之席服有輕重或苫或素與平時之重席不同故獨坐一席而不敢與人共也

國君撫式大夫下之大夫撫式士下之

陳氏謂君過宗廟而式則大夫下車云云愚謂君大夫過宗廟皆當下不當式故曰國君下宗廟式齊牛豈直撫式而已乎此葢言上下相遇於途尊者欲下未下而撫式以爲容故卑者下之以加敬也

招搖在上急繕其怒

招搖者招颭搖動之貌與史記招搖市過之義同葢行師必以旗幟爲先左右前後之旗各隨其方色招搖於行陳之上作士氣以敵愾也謂招搖爲北斗七星者非是

檀弓

孔子惡野哭者

野謂鄙野而無節文非在野之謂也墓多在野外送

葬省墓安得無野哭況孔子亦有所知吾哭諸野之言乎

妻之昆弟爲父後者死哭之適室子爲主袒免哭踊夫入門右使人立于門外告來者狎則入哭父在哭於妻之室非爲父後者哭諸異室

妻之兄弟非爲其父之後者則已雖無父亦當哭諸異室不當哭諸適室而疑於無別又不當哭於妻室而疑於父在也

有殯聞遠兄弟之喪哭于側室無側室哭于門內之右同國則往哭之

有殯時哭有常位若卽於常位而哭所聞之喪則嫌

於無別而不專矣故哭於側室哭於門內之右以示其哀之有在也

既封主人贈而祝宿虞尸

陳氏曰禮祭以前男女異尸異几祭於廟則無女尸而几亦同矣少牢禮云某妃配是男女共尸愚謂禮祭以前人或俱在父母服中故有異尸異几之禮若入於廟則女無用尸之禮矣是何也男女各異而稱爲夫婦醜然同坐而受飲食此何等禮也其曰某妃配者亦祝辭云以某妣配某考合饗云爾非男女共尸也觀祖考命工祝承致多福之詞亦止是祖考之尸所傳未嘗及妣則妣不用尸明矣

顏丁善居喪始死皇皇焉如有求而弗得及殯望望焉如有從而弗及

望望引說瞻眺之貌若作往而不顧則與下文自意不貫矣

仲遂卒于垂壬午猶繹萬入去籥

萬入去籥言文武二舞皆入而去其有聲之籥此說爲是

般爾以人之母嘗巧則豈不得以其母嘗巧者乎則病者乎

疏非集說是

滕成公之喪使子叔敬叔弔進書子服惠伯爲介及郊爲懿伯之忌不入惠伯曰政也不可以叔父之私不將公事遂入

疏與左傳注皆非集說是況稱弓多言喪禮則忌是忌日無疑也

孺子𩐜之喪哀公欲設撥問於有若有若曰其可也君之三臣猶設之

撥必非是紼若紼則常人之柩皆有哀公何爲問之此必天子諸侯所用之禮非所宜施於孺子𩐜者故哀公疑不敢用而問之也方氏謂以手撥榆沈而灑於道爲設撥者近之然恐榆汁或有器盛之或有器播灑之葬而陳此二器爲設撥未可知也

王制

民無菜色

菜色言民饑則色病如菜耳非謂食菜則色病也

凡聽五刑之訟必原父子之親立君臣之義以權之

此言君臣凡有上下尊卑之分者皆是蓋獄訟之間有父子相隱之情有君臣相諱之義聽訟者當原之而不窮其情立之而不乖其義權其輕重以卽天倫也原父子之情如今世親族得相容隱律之類立君臣之義如奴婢告家長比同自首律之類集說謂刑亂國用重典爲立君臣之義則與父爲子隱子爲父隱之解不倫於經文以權之三字亦無意味

三公以獄之成告於王王三又然後制刑

又再也黃東發曰三又者審之又三也愚謂今之死刑三覆奏亦古之遺法鄭氏謂又當作宥者非是周禮一宥再宥三宥之說漢儒傅會也經文止字又字其義甚明若曲宥有罪之人而啟其倖脫之詞則舞文弄法之姦與而優柔不斷之禍成矣何以謂之王制哉

曾子問

昏禮既納幣有吉日女之父母死云云

壻免喪父母使人請壻弗取而后嫁之壻不許猶之可也下云女之父母死壻亦如之若謂女家不許壻然後別娶則尤乖繆不通矣此禮殆不可曉

君子不奪人之親亦不可奪親也

君子乃知禮之君子通上下而言蓋謂爲君知禮必許人臣致事終喪而不忍奪人親親之心爲臣知禮必欲致事終喪而人不可奪其親親之孝此與雜記君子不奪人之喪亦不可奪喪也同意集說謂君子指人君則於亦字有礙矣

文王世子

凡釋奠者必有合也有國故則否凡大合樂必遂養老

經文既曰必有合也又曰凡大合樂則合是合樂無疑矣謂合祭隣國之先聖先師者非是

禮器

燔柴於奧爨夫奧者老婦之祭也

陳氏引周禮實柴祀日月星辰辰有大火之次故祭火神則燔柴信如此說則實柴之祭宜專於大火之神矣安得兼日月而言也況此經文但云燔柴不云實柴又何必牽合爲說乎要之弗綦不過見古人有燔柴之禮故不知而誤用之於奧耳非謂祭火神而燔柴也

郊特牲

故天子牲孕弗食也祭帝弗用也

凡祭必用牡牲況祭上帝乎牲之牝者雖童弗用況孕者乎記禮者之言若此陋矣

內則

雞初鳴咸盥漱櫛縰拂髦總角衿纓皆佩容臭

容臭即今婦人之香囊容納香物於中者庾氏云臭物可以修飾形容者非是

舅姑使冢婦毋怠不友無禮於介婦

古注云善兄弟爲友娣姒猶兄弟也故亦曰友石梁王氏謂友當作敢然直作友亦通

舅姑若使介婦毋敢敵耦於冢婦

敵耦者相抗齊等之謂即下文並行並命並坐之類劉氏分任均勞之說非也

不敢並行不敢並命不敢並坐

此申說上文不敢敵耦之意若介婦平日事冢婦之禮自應如此何待言哉蓋舅姑不命冢婦而命介婦非私愛必以其能也婦人挾才能而恃寵愛者多陵慢踰節故教之以禮如此上言冢婦承舅姑之命不可以尊而陵卑此言介婦承舅姑之命不可以下而抗上

衣不帛襦袴

襦袴下體之服帛貴物也童子未至成人故襦袴不可以帛製玉藻曰童子不裘不帛況下體之賤服乎古注謂太溫恐傷陰氣者非是

玉藻

君賜車馬乘以拜賜衣服服以拜賜君未有命弗敢卽乘服也

君未有命言雖賜之而未有使之乘服之命也上下文義相屬舊注自作一義說者甚無謂

疾趨則欲發而手足毋移圈豚行不舉足齊如流席上亦然端行頤霤如矢弁行剡剡起屨執龜玉舉前曳踵蹜蹜如也

端行弁行端謂元端弁謂爵弁皮弁容各稱其服此說爲是若以弁行爲急行則與疾趨則欲發之意同而與下文執龜玉之說不類矣

大傳

自仁率親等而上之至于祖名曰輕自義率祖順而下之至于禰名曰重一輕一重其義然也

此言子孫用恩愛自父母等而上之以至於高祖則恩愛漸輕而服亦爲之輕故名之曰輕以禮制恩曰義服盡於高祖自高祖以上則無服是以義斷制之也以此斷制之義從高祖有服之親順推而下至於父母則恩愛漸重而服亦爲之重故名之曰重是則親親之恩漸遠則漸輕漸近則漸重一輕一重乃人道自然之理也疏說其義漸輕以下謬甚

少儀

其未有燭而有後至者則以在者告道瞽亦然凡飲酒爲獻主者執燭抱燋客作而辭然後以授人執燭不讓不辭不歌

其未有燭是宜有燭而未設之時蓋將昏之頃也此時而有後至之客則主人歷舉在席之人以詔之恐其昏而不能偏識也若瞽與席而道相之亦然凡爲主人必親執燭抱燋以敬客客起而辭謝不敢當禮然後主人以燭燋授人方主人執燭之時辭讓歌詩之事皆不暇爲必俟以燭授人之後而可爲也若曰以暮夜而畧此三事則賓主辭讓之禮行於晝而不行於暮矣豈古人燭不見跋厭厭夜飲之意乎授人

句絶執燭二字當屬下文

喪大記

夫人弔於大夫士主人出迎于門外見馬首先入門右夫人入升堂即位主婦降自西階拜稽顙于下夫人視世子而踊奠如君至之禮夫人退主婦送于門內拜稽顙主人送于大門之外不拜

大夫士蓋諸侯公族之仕於朝與夫人有朞功之服者或大夫士之母妻與夫人有私親者故夫人得往弔之然主人出迎見馬首而先入夫人既出主人送於門外而不拜盡事上之敬而不敢與夫人交禮所以嚴男女之辨也夫人自以世子道引而又視世子而踊其以禮自防亦至矣聖人制禮之合人情而曲中其節也若是哉疏謂不拜者喪無二主主婦已拜故主人不拜其說未盡

熬君四種八筐大夫三種六筐士二種四筐加魚腊焉

王氏謂此禮不可從朱子亦云禮壙中用生體之屬久之必潰爛引蟲蟻非所以爲亡者慮久遠也愚謂古禮之不宜於今者不特此而已若楔齒飯含等禮亦不可從蓋齒既楔開則頷骨冷强不可復合又以溼米實于口中徒益尸之腐潰耳此雖人子不忍死其親之意然能於沐襲殮葬之類而盡心焉則此雖不用可也

祭義

霜露既降君子履之必有悽愴之心非其寒之謂也春雨露既濡君子履之必有怵惕之心如將見之樂以迎來哀以送往故禘禴有樂而嘗無樂

春雨露既濡天地有發生氣象孝子履之因念其親而如將見之亦若萬物乘天地之氣而復生也霜露既降天地有肅殺閉藏氣象孝子履之因悲其親之隨物澌盡而生意不復也蓋樂由陽來故春夏之祭用樂者是迎父母與生氣俱來而如將見之秋冬之祭則無樂者是送父母與生氣俱往而哀其不復此君子所以合諸天道也春夏爲伸爲來秋冬爲屈爲往陰陽之理鬼神之德也鄭氏謂送去而哀哀其享否不可知非是吳澄曰春夏陰陽之出故樂以迎其來秋冬陰陽之入故哀以送其往是以禴有樂而嘗無樂

表記

君子不以口譽人則民作忠

口譽者以甘言說人而無實心即下文所謂口惠而實不至者也若問人之寒則衣之問人之飢則食之稱人之善則爵之則言出於心而非以口譽人者矣民安得不興起於誠信乎集說謂譽者揚人之善而過其實於本意不切

緇衣

爲上易事也爲下易知也則刑不煩矣

易事者好惡章志而下易近民也易知者民自作愿而心無反側也若如呂氏說則偏狹矣

禮記集說辯疑終

涉聞梓舊

中庸傳

中庸傳

天命之謂性　晁說之以道

性者中之所寓也莫知其所自而推言也

率性之謂道

性得所率則爲君子不得其所率則爲小人曰誠曰明曰孝曰忠曰恕曰和皆率性之具也是六者皆中之所以爲忠者也

修道之謂教

聖人以經綸天下之大經也君子所以擇乎中庸也小人所以反乎中庸也

道也者不可須臾離也可離非道也

出乎性而教之所本也君子以是誠之務也

是故君子戒慎乎其所不睹恐懼乎其所不聞

中也誠也

莫見乎隱莫顯乎微故君子慎其獨也

中也明也

喜怒哀樂之未發謂之中

情之未□性之全純中之所以名中者也肫肫如也淵淵如也浩浩如也

發而皆中節謂之和

中之一物於是乎有二名也顛沛之際毫髮之差或

不中節焉亦不足爲和也有子言和必有待乎節之
非和之正也
中也者天下之大本也和也者天下之達道也
是一物而不得二名也槪謂豫章之大本而不達道
則亦惡也
致中和天地位焉萬物育焉
教之行也明道先生常善乎致之言也常善乎位之
言也
仲尼曰君子中庸小人反中庸君子之中庸也君子而
時中小人之中庸也小人而無忌憚也
中之所以爲常道也君子而時中則無時而不中也

小人而無忌憚須臾變改莫之能中也以是知先儒
說用中爲常道是也近世說中說庸非所知也王肅
本作小人之反中庸也胡先生温公明道先生皆云
然也問者曰庸得非變耶所以濟中者也曰是不識
中者也君子之中隨所器而麗焉不動而變侚何所
假焉子莫執中無權者是子莫之中非君子之中也
劉侍講曰中庸者中用也葢亦誤也言中斯用之也
先儒曰用中爲常道是也劉說前見于王氏熊氏也
子曰中庸其至矣乎民鮮能久矣
教之不行也有中庸之君斯有中庸之民也
子曰道之不行也我知之矣知者過之愚者不及也道

之不明也我知之矣賢者過之不肖者不及也人莫不
飲食也鮮能知味也子曰道其不行矣夫
不誠不明則不中也
子曰舜其大知也與舜好問而好察邇言隱惡而揚善
執其兩端用其中於民其斯以爲舜乎
舜之所以爲舜者中庸也誠明兩盡而道教行也
子曰人皆曰予知驅而納諸罟擭陷穽之中而莫之知
辟也人皆曰予知擇乎中庸而不能期月守也
不誠不明則不中也擇也者依也斯人自謂之知者
非知之明也君子不以爲知也昔夫子言仁知詳矣
曾子子思慮後世或汎然失其旨乃以仁爲誠知爲

明其實一也
子曰回之爲人也擇乎中庸得一善則拳拳服膺而弗
失之矣
回之所以爲回者中庸也誠明兩盡而道教行也
子曰天下國家可均也爵祿可辭也白刃可蹈也中庸
不可能也
惟誠明以之也誠自誠而道自道也非功名利害外
以怵之也
子路問强子曰南方之强與北方之强與抑而强與寬
柔以教不報無道南方之强也君子居之衽金革死而
不厭北方之强也而强者居之故君子和而不流强哉

矯中立而不倚强哉矯國有道不變塞焉强哉矯國無
道至死不變强哉矯
强疑其非中也蓋惟中爲能强也强也者誠也曾子
論孝曰仁者仁此者也義者宜此者也强者强此者
也强既有南北之異則責子路之所安以勉乎中也
夫所謂君子者既和既中而誠明之守安於治亂之
世勤而勉之也國有道君子或易仕而改其度不變
塞也强也
子曰素隱行怪後世有述焉吾弗爲之矣君子遵道而
行半塗而廢吾弗能已矣君子依乎中庸遯世不見知
而不悔唯聖者能之君子之道費而隱

不誠不明君子之所不爲也君子之遯世亦中庸之
依而安焉又復依乎聖人之中庸則其隱者吾道之
佹也非故以意嚮之也鄭氏曰道不費則仕費者佹
也違也緇衣有曰口費而煩費或爲哱或爲悖
夫婦之愚可以與知焉及其至也雖聖人亦有所不知
焉夫婦之不肖可以能行焉及其至也雖聖人亦有所
不能焉
惟明之知惟誠之行也
天地之大也人猶有所憾故君子語大天下莫能載焉
語小天下莫能破焉
中也誠也語夫天下莫能事之大則其大者誠也語
夫天下莫能分之小則其小者誠也蓋雖大而中也
其小亦中也人誰有憾於于哉
詩云鳶飛戾天魚躍于淵言其上下察也君子之道造
端乎夫婦及其至也察乎天地
中也明也
子曰道不遠人人之爲道而遠人不可以爲道詩云伐
柯伐柯其則不遠執柯以伐柯睨而視之猶以爲遠故
君子以人治人改而止忠恕違道不遠施諸己而不願
亦勿施於人
忠恕之爲中也均率是性而爲道莫之或違也違於
人則可須臾離也以其不遠人而忠恕之名立也爲

人父而忠恕則已與一家去道不遠也爲人君而忠
恕則已與天下國家去道不遠也忠恕以人治人猶
己施施其中也
君子之道四丘未能一焉所求乎子以事父未能也所
求乎臣以事君未能也所求乎弟以事兄未能也所求
乎朋友先施之未能也
中也誠也教之所以爲教也
庸德之行庸言之謹有所不足不敢不勉有餘不敢盡
言顧行行顧言君子胡不慥慥爾
中也誠也道之所以爲道也
君子素其位而行不願乎其外素富貴行乎富貴素貧

賤行乎貧賤素夷狄行乎夷狄素患難行乎患難君子無入而不自得焉

　中也誠明之徵也

在上位不陵下在下位不援上正己而不求於人則無怨上不怨天下不尤人故君子居易以俟命小人行險以徼幸

　中也誠明之自治也於是祭乎上下達乎天地無不安也曾子曰己雖不能亦不以援人蓋援之爲援者如此也曾子又曰孝子之事親也居易以俟命不興險以徼幸

子曰射有似乎君子失諸正鵠反求諸其身君子之道辟如行遠必自邇辟如登高必自卑

　中也誠也

詩曰妻子好合如鼓瑟琴兄弟既翕和樂且耽宜爾室家樂爾妻帑子曰父母其順矣乎

　中爲天下之大本於是乎在也夫既得於父母則室家宜之也

子曰鬼神之爲德其盛矣乎視之而弗見聽之而弗聞體物而不可遺使天下之人齊明盛服以承祭祀洋洋乎如在其上如在其左右詩曰神之格思不可度思矧可射思夫微之顯誠之不可揜如此夫

　中也明誠無不達也

子曰舜其大孝也與德爲聖人尊爲天子富有四海之內宗廟饗之子孫保之故大德必得其位必得其祿必得其名必得其壽故天之生物必因其材而篤焉故栽者培之傾者覆之

　天之用中因物而誠至焉

詩曰嘉樂君子憲憲令德宜民宜人受祿于天保佑命之自天申之故大德者必受命

　疑當次必得其壽之下簡編之謬也無聞焉爾也

子曰無憂者其惟文王乎以王季爲父以武王爲子父作之子述之

　無聞焉爾也疑簡編謬於此也

武王纘太王王季文王之緒壹戎衣而有天下身不失天下之顯名尊爲天子富有四海之內宗廟饗之子孫保之

　無聞焉爾也疑簡編謬於此也

武王末受命周公成文武之德追王太王王季上祀先公以天子之禮斯禮也達乎諸侯大夫及士庶人父爲大夫子爲士葬以大夫祭以士父爲士子爲大夫葬以士祭以大夫期之喪達乎大夫三年之喪達乎天子父母之喪無貴賤一也

　周公之所以爲周公者中庸也誠明兩盡而道教行也

子曰武王周公其達孝矣乎夫孝者善繼人之志善述人之事者也春秋脩其祖廟陳其宗器設其裳衣薦其時食宗廟之禮所以序昭穆也序爵所以辨貴賤也序事所以辨賢也旅酬下爲上所以逮賤也燕毛所以序齒也踐其位行其禮奏其樂敬其所尊愛其所親事死如事生事亡如事存孝之至也

武王周公之所以爲武王周公者中庸也誠明兩盡而道教行也

郊社之禮所以事上帝也宗廟之禮所以祀乎其先也明乎郊社之禮禘嘗之義治國其如示諸掌乎

無閒焉爾也疑簡編謬於此也嘗有見於仲尼燕居也文字又有誤者社無與於上帝也陸淳嘗辨此詳也

哀公問政子曰文武之政布在方策其人存則其政舉其人亡則其政息人道敏政地道敏樹夫政也者蒲盧也故爲政在人取人以身脩身以道脩道以仁仁者人也親親爲大義者宜也尊賢爲大親親之殺尊賢之等禮所生也

中庸之政也人道之勉乎政猶地道之勉乎樹藝稼穡也中庸之政感人心而迹自化蒲盧之比也仁義者誠明之異名也仁義合而禮生焉禮也者廣鶩馳騁於仁義之中者也

在下位不獲乎上民不可得而治矣

脫誤重在此也胡先生亦云然也

故君子不可以不脩身思脩身不可以不事親思事親不可以不知人思知人不可以不知天

誠明始於身本於親者□於人極於天也

天下之達道五所以行之者三曰君臣也父子也夫婦也昆弟也朋友之交也五者天下之達道也知仁勇三者天下之達德也所以行之者一也

一於中也達道之五行於達德之三達德之三行於中之一也達道者脩道之教也

或生而知之或學而知之或困而知之及其知之一也

一於中也

或安而行之或利而行之或勉强而行之及其成功一也

一於中也

子曰好學近乎知力行近乎仁知恥近乎勇知斯三者則知所以脩身知所以脩身則知所以治人知所以治人則知所以治天下國家矣

達德之漸也誠之者也

凡爲天下國家有九經曰脩身也尊賢也親親也敬大臣也體羣臣也子庶民也來百工也柔遠人也懷諸侯也脩身則道立尊賢則不惑親親則諸父昆弟不怨敬

大臣則不眩體羣臣則士之報禮重子庶民則百姓勸來百工則財用足柔遠人則四方歸之懷諸侯則天下畏之齋明盛服非禮不動所以脩身也去讒遠色賤貨而貴德所以勸賢也尊其位重其祿同其好惡所以勸親親也官盛任使所以勸大臣也忠信重祿所以勸士也時使薄斂所以勸百姓也日省月試旣稟稱事所以勸百工也送往迎來嘉善而矜不能所以柔遠人也繼絕世舉廢國治亂持危朝聘以時厚往而薄來所以懷諸侯也

中庸之教也問者曰如之何尊賢則不惑敬大臣則不眩曰讒色貨能惑我而不惑則尊賢之功也有百

官之富任使各盡其材大臣稟然在上天下名實不眩則敬大臣之功也不眩猶不惑也

凡爲天下國家有九經所以行之者一也凡事豫則立不豫則廢言前定則不跲事前定則不困行前定則不疚道前定則不窮

誠也誠則事前而豫不誠則事至而無所圖也

在下位不獲乎上民不可得而治矣獲乎上有道不信乎朋友不獲乎上矣信乎朋友有道不順乎親不信乎朋友矣順乎親有道反諸身不誠不順乎親矣誠身有道不明乎善不誠乎身矣

道必資乎誠誠必資乎明也

誠者天之道也誠之者人之道也

兼天人之道而中庸著也舜誠矣好問而好察邇言隱惡而揚善則誠之也顏回誠矣得一善則拳拳服膺而弗失之者誠之也

誠者不勉而中不思而得從容中道聖人也

天之道也中道而未從容則賢人也

誠之者擇善而固執之者也博學之審問之愼思之明辨之篤行之有弗學學之弗能弗措也有弗問問之弗知弗措也有弗思思之弗得弗措也有弗辨辨之弗明弗措也有弗行行之弗篤弗措也人一能之己百之人十能之己千之果能此道矣雖愚必明雖柔必强

人之道也

自誠明謂之性自明誠謂之教誠則明矣明則誠矣

誠明各有所致而相爲用也四時誠矣較然著見則自誠而明之性也猶天命之性也日月明矣其出入有信則自明而誠之教也猶脩道之教也未有誠而不明者也未有明而不誠者也彼偏焉者非誠明之正也武王周公以孝稱則舉其自誠明者也舜以知稱則舉其自明誠者也非有聖賢之差也

唯天下至誠爲能盡其性能盡其性則能盡人之性能盡人之性則能盡物之性能盡物之性則可以贊天地之化育可以贊天地之化育則可以與天地參矣

率性以誠也人物之性與天地之化育皆吾性之誠也天地之性不可見而見之於化育也然此非次第而言之也猶曰能盡其性則能盡人之性則能盡物之性則能贊天地之化育而與天地參也其所言之若口者何視其相因者殷勤之也非心知其意者莫之能喻也物性之粗非後於人之性而得之者也

其次致曲曲能有誠誠則形形則著著則明明則動動則變變則化唯天下至誠爲能化

無聞焉爾也胡先生亦所不講也是自誠而明者謂之次焉何也鄭氏乃謂自明誠者何也

至誠之道可以前知國家將興必有禎祥國家將亡必有妖孽見乎蓍龜動乎四體禍福將至善必先知之不善必先知之故至誠如神

無聞焉爾也胡先生温公姚子張皆疑之也明道先生曰誠者神也葢從明道先生之說則何必如之云也

誠者自誠也而道自道也

誠與道一體而二名也其所以率性則一也皆無待於外者也

誠者物之終始不誠無物是故君子誠之爲貴

温公曰凡物自始至終誠實有之乃能爲物若其不誠則皆無之也

誠者非自成己而已也所以成物也成己仁也成物知也性之德也合外內之道也故時措之宜也

物者己之物也己與物非有二也皆其誠之物也成己斯成物也惟所措而宜也聖人之道所以異乎楊墨者也成己知也乃謂之曰仁也成物仁也乃謂之曰知也

故至誠無息不息則久久則徵徵則悠遠悠遠則博厚博厚則高明博厚所以載物也高明所以覆物也悠久所以成物也博厚配地高明配天悠久無疆如此者不見而章不動而變無爲而成天地之道可一言而盡也其爲物不貳則其生物不測

誠明之極配天地而一之也誠斯一也一斯誠也此葢當云徵則博厚博厚則高明高明則悠遠者下文而不誣也夫言天地之體則高明博厚而足矣人之體乎天地之高明博厚則必待悠久以爲之中也葢非悠久之中則其高明將隳博厚將瘵也博厚高明譬諸精神也曾子曰君子尊其所聞則高明矣行其所聞則廣大矣高明廣大不在于他在加之至而已矣夫曾子所謂至者子思所謂悠久是也曰悠曰遠曰悠久其實同也夫不見不動無爲者中也既章既變既成則亦中也此不貳之道也

天地之道博也厚也高也明也悠也久也今夫天斯昭

昭之多及其無窮也日月星辰繫焉萬物覆焉今夫地一撮土之多及其廣厚載華嶽而不重振河海而不洩萬物載焉今夫山一卷石之多及其廣大草木生之禽獸居之寶藏興焉今夫水一勺之多及其不測黿鼉蛟龍魚鼈生焉貨財殖焉詩云維天之命於穆不已蓋曰天之所以爲天也於乎不顯文王之德之純蓋曰文王之所以爲文也純亦不已

天地聖人之悠久一也博厚高明之所資以爲中者也

大哉聖人之道洋洋乎發育萬物峻極于天優優大哉禮儀三百威儀三千待其人而後行故曰苟不至德至

道不凝焉

聖人之高明博厚悠久一之於中也中者至德是也發育萬物峻極于天高明也禮儀三百威儀三千博厚也待其人然後行悠久也至道高明博厚也至德悠久也至道至德猶達道達德也明道先生謂此一以貫之也

故君子尊德性而道問學致廣大而盡精微極高明而道中庸溫故而知新敦厚以崇禮

率性修道於是乎極也思尊德性而必道問學斯德性也思致廣大而必盡精微精微斯廣大也思極高明而必道中庸中庸斯高明也思溫故而必知新知新斯溫故也思敦厚而必崇禮崇禮斯敦厚也

德性猶悠久也廣大猶博厚也胡先生二程先生及橫渠先生說皆同近世習學謂既極高明而反道中庸未乎中庸也分而爲二事莫知誠之一致也

是故居上不驕爲下不倍國有道其言足以興國無道其默足以容詩曰既明且哲以保其身其此之謂與

中也明之所安也

子曰愚而好自用賤而好自專生乎今之世反古之道如此者烖及其身者也

不明之患也

非天子不議禮不制度不考文今天下車同軌書同文

行同倫雖有其位苟無其德不敢作禮樂焉雖有其德苟無其位亦不敢作禮樂焉

思教之行也今天下車同軌貴賤無等也書同文是非雜出也行同倫君子小人並列也禮樂之中庸莫之有作也胡先生說云爾也

子曰吾說夏禮杞不足徵也吾學殷禮有宋存焉吾學周禮今用之吾從周王天下有三重焉其寡過矣乎

思教之行也或說或學或不足徵或有存或用之遠近之勢然也中也天下萬變有是三重而寡過爲要也寡過爲中也

上焉者雖善無徵無徵不信不信民弗從下焉者雖善

不尊不尊不信不信民弗從

惟中則有徵而且尊也上焉者過之也蕩而無徵下焉者不及也屑而不尊雖善而民不從也

故君子之道本諸身徵諸庶民考諸三王而不繆建諸天地而不悖質諸鬼神而無疑百世以俟聖人而不惑質諸鬼神而無疑知天也百世以俟聖人而不惑知人也

中而有徵也

是故君子動而世爲天下道行而世爲天下法言而世爲天下則遠之則有望近之則不厭詩曰在彼無惡在此無射庶幾夙夜以永終譽君子未有不如此而蚤有譽於天下者也

中而尊也

仲尼祖述堯舜憲章文武上律天時下襲水土辟如天地之無不持載無不覆幬辟如四時之錯行如日月之代明萬物並育而不相害道並行而不相悖小德川流大德敦化此天地之所以爲大也

仲尼之所以爲仲尼者中庸也誠明兩盡而道教行也觀天地於仲尼則足矣

唯天下至聖爲能聰明睿知足以有臨也寬裕溫柔足以有容也發强剛毅足以有執也齊莊中正足以有敬也文理密察足以有別也溥博淵泉而時出之溥博如天淵泉如淵見而民莫不敬言而民莫不信行而民莫不說是以聲名洋溢乎中國施及蠻貊舟車所至人力所通天之所覆地之所載日月所照霜露所隊凡有血氣者莫不尊親故曰配天

聖人明誠之中而道教行也時出之則或溥博如天而中也或淵泉如淵而亦中也

唯天下至誠爲能經綸天下之大經立天下之大本知天地之化育

脩道之教於是乎在也

夫焉有所倚肫肫其仁淵淵其淵浩浩其天苟不固聰明聖知達天德者其孰能知之

中之所以爲中如此也非明誠則莫能致也其初則歎息之也

詩曰衣錦尚絅惡其文之著也故君子之道闇然而日章小人之道的然而日亡

中也明莫知其所以明也

君子之道淡而不厭簡而文溫而理知遠之近知風之自知微之顯可與入德矣

中也誠明莫知其所以誠明也

詩云潛雖伏矣亦孔之昭故君子內省不疚無惡於志

中也明也惡胡先生曰過惡溫公曰憎惡苟內省不疚雖謗議沸騰刑禍交至亦非其所惡也

君子之所不可及者其唯人之所不見乎詩云相在爾室尚不愧於屋漏

中也誠也

故君子不動而敬不言而信詩曰奏假無言時靡有爭

中也誠也

是故君子不賞而民勸不怒而民威於鈇鉞詩曰不顯惟德百辟其刑之

中也誠也

是故君子篤恭而天下平

中也明誠也

詩曰予懷明德不大聲以色子曰聲色之於以化民末也

中也誠明也

詩曰德輶如毛毛猶有倫上天之載無聲無臭至矣

嵩山晁說之曰近世學者以中庸爲二事其說是書皆穿鑿而貳之於是本諸先生長者之論作傳是書本四十七篇小戴取以記之猶大戴取諸夏小正曾子之類也顧惟收拾煨燼之末簡編不倫文字混淆回舛惜哉漢藝文志禮家有中庸說二篇今莫知其爲何書也

政和五年乙未七月二十二日巳丑直羅縣驛中自校畢其成在此月五日鄜州官舍山堂

孝經鄭注

集孝經鄭注序

鄭康成注孝經見於范書本傳鄭志目錄無之中經簿但稱鄭氏解而不書其名或曰是其孫小同所作謹案鄭六藝論序孝經云元又爲之注序春秋亦云元又爲之注益鄭注春秋未成後盡與服子愼遂爲服氏注詳見世說新語乃從來劉鄭注要無及春秋者竊以其注孝經亦未寫定而其孫小同追錄成之據隋書稱鄭志亦小同所譔此或以先人未竟之書故不敢載入目錄中經簿所題蓋要其終范書所紀則原其始也自江左中興久立博士穆帝集講孝經云以鄭元爲主荀茂祖集解因之至陸彥淵始疑其不與注書相類請不藏於祕省王仲寶違其議遂得見傳夫鄭注三禮與箋詩互有異同安在此注之必類於羣經乎唐開元敕議時劉知幾以爲宜行孔廢鄭司馬貞等非之卒行鄭說然自元宗取諸說以爲已注而後之學鄭氏者日少五季之衰中原久佚宋雍熙初日本僧奝然以是書來獻議藏秘府尋復失傳近吾友鮑君以文屬汪君翼滄從估舶至彼國購訪其書亦不可得矣幸陸氏釋文尚存其略羣籍中閒有引之因仿王伯厚鄭氏周易例集成一編凡元宗注邢疏以爲依鄭氏者悉爲收合庶以存一家之學而見聞淺陋還望汲古君子匡其所未逮焉乾隆四十有七年冬十二月癸亥朔鹽官陳鱣書於武原客

耕舍

孝經序

鄭氏

孝經者三才之經緯五行之綱紀孝爲百行之首經者至易之稱（玉海四十一）春秋有呂國而無甫矦（禮記緇衣正義）僕避難於南城山棲遲巖石之下念昔先人餘暇述夫子之志而注孝經焉（大唐新語九　太平御覽四十二）

孝經

鄭氏注　　鹽官陳鱣譔集

開宗明義章

仲尼居（鱣案釋文引鄭注居作凥與說文合經文仍作居今從之）

凥凥講堂也（釋文 正義）

曾子侍

卑在尊者之側曰侍（同上）

子曰先王有至德要道以順天下民用和睦上下無怨

女知之乎

禹三王最先者至德孝弟也要道禮樂也（釋文）

曾子辟席曰參不敏何足以知之子曰夫孝德之本也

教之所由生也

人之行莫大於孝故為德本（釋文 正義）

復坐吾語女身體髮膚受之父母不敢毀傷孝之始也

父母全而生之已全而歸之故不敢毀傷（正義）

立身行道揚名於後世以顯父母孝之終也

父母得其顯譽也（釋文）

夫孝始於事親中於事君終於立身

父母生之是事親為始卌彊而仕是事君為中七十行步不逮縣車致仕是立身為終也（釋文 正義）

大雅云無念爾祖聿修厥德

雅者正也（正義）無念無忘也（釋文）

天子章

子曰愛親者不敢惡於人敬親者不敢慢於人愛敬盡於事親而德教加於百姓刑於四海

刑見也（同上）

蓋天子之孝也

蓋者謙辭（正義）

甫刑云一人有慶兆民賴之

引譬連類（釋文 與孫晧書注 文選）以書錄王事故證天子之章以為引類得象（正義）億萬曰兆天子曰兆民諸侯曰萬民（五經算術）

諸侯章

在上不驕高而不危

危殆也（釋文）

制節謹度滿而不溢

費用儉約謂之制節慎行禮法謂之謹度無禮為驕奢泰為溢（釋文 正義）

高而不危所以長守貴也滿而不溢所以長守富也富貴不離其身然後能保其社稷而和其民人

薄賦斂省傜役列土封疆（釋文 不全引）

蓋諸侯之孝也詩云戰戰兢兢如臨深淵如履薄冰

戰戰恐懼兢兢戒慎臨深淵恐墜履薄冰恐陷義取為君恒須戒慎（釋文 正義）

卿大夫章
非先王之法服不敢服
法服謂日月星辰山龍華蟲藻火粉米黼黻絺繡 北堂書鈔八十八
先王制五服天子服日月星辰諸侯服山龍
華蟲卿大夫服藻火士服粉米 北堂書鈔百二十八 周禮小宗伯疏 文選大將軍讌會詩注
皆謂文繡也田獵卜筮冠皮弁衣緇積
百王同之不改易 釋文 儀禮少牢饋食禮疏
非先王之法言不敢道非先王之德行不敢行是故非
法不言非道不行口無擇言身無擇行
禮以檢奢 釋文不全引
言滿天下無口過行滿天下無怨惡三者備矣然後能
守其宗廟
為作宮室 同上
蓋卿大夫之孝也
張官設府謂之卿大夫 禮記曲禮正義
詩云夙夜匪懈以事一人
夜莫也懈惰也 釋文
士章
資於事父以事母而愛同資於事父以事君而敬同
資者人之行也 釋文 公羊傳定四年疏
故母取其愛而君取其敬兼之者父也故以孝事君則
忠
移事父孝以事於君則忠矣 正義
以敬事長則順
移事兄敬以事於長則為順矣 同上
忠順不失以事其上然後能保其祿位而守其祭祀
食稟為祿始為曰祭別是非 釋文不全引
蓋士之孝也詩云夙興夜寐無忝爾所生
庶人章
用天之道
春生夏長秋收冬藏 釋文 正義
分地之利
分別五土視其高下高田宜黍稷下田宜稻麥丘陵

別下齋校本

阪險宜種棗棘 釋文 初學記五 太平御覽三十六 正義
謹身節用以養父母此庶人之孝也
行不為非度財為費什一而出無所復謙 釋文
故自天子至於庶人孝無終始而患不及者未之有也
患禍也 正義 故患難不及其身也善未之有也 釋文 正義
三才章
曾子曰甚哉孝之大也
語喟然 釋文不全引
子曰夫孝天之經也地之義也民之行也天地之經而
民是則之
孝弟恭敬民皆樂之 同上

則天之明因地之利以順天下是以其教不肅而成其政不嚴而治

政不煩苛也同上

先王見教之可以化民也

見因天地教化民之易也釋文正義

是故先之以博愛而民莫遺其親陳之以德義而民興行

上好義釋文不全引

先之以敬讓而民不爭

上好禮若文王敬讓於朝虞芮推畔於田則下效之同上

導之以禮樂而民和睦示之以好惡而民知禁詩云赫赫師尹民具爾瞻

師尹若冢宰之屬也女當視民釋文詩節南山正義

孝治章

子曰昔者明王之以孝治天下也

昔古也公羊傳序疏

不敢遺小國之臣而況於公侯伯子男乎

聘問天子無恙古者諸侯五年一朝天子使世子郊迎周禮大行人疏引此四字芻禾百車以客禮待之晝坐正殿夜設庭燎思與相見問其勞苦也太平御覽百四十七當爲王者侯者候伺伯者長男者任也釋文不全引

故得萬國之歡心以事其先王

諸侯五年一朝天子天子亦五年一巡守勞來釋文禮記王制正義

治國者不敢侮於鰥寡而況於士民乎

丈夫六十無妻曰鰥婦人五十無夫曰寡詩桃夭正義文選關中詩注廣韻二十八山

故得百姓之歡心以事其君治家者不敢失於臣妾而況於妻子乎

治家謂卿大夫正義臣男子賤稱妾女子賤稱釋文

故得人之歡心以事其親

小大盡節養同上不全引

夫然故生則親安之祭則鬼享之

則致其樂同上

是以天下和平災害不生禍亂不作故明王之以孝治天下也如此詩云有覺德行四國順之

覺大也正義

聖治章

曾子曰敢問聖人之德無以加於孝乎子曰天地之性人爲貴

貴其異於萬物也同上

人之行莫大於孝孝莫大於嚴父嚴父莫大於配天則周公其人也昔者周公郊祀后稷以配天

祀感生之帝同上以帝嚳配祭圜丘同上

宗祀文王於明堂以配上帝

明堂居國之南南是明陽之地故曰明堂明堂上圓下方八牖四闥同上上帝者天之別名也南齊書禮志 困學紀聞七

神無二主故異其處辟后稷也釋文 史記封禪書集解 補後漢書祭祀志注

是以四海之內各以其職來助祭

於輸越裳重譯釋文

夫聖人之德又何以加於孝乎故親生之膝下以養父母日嚴聖人因嚴以教敬

致其樂同上

因親以教愛

親近於母同上

聖人之教不肅而成其政不嚴而治

不令而行同上

其所因者本也

本謂孝也正義

父子之道天性也君臣之義也父母生之續莫大焉君親臨之厚莫重焉

復何加焉釋文 不全引

故不愛其親而愛他人者謂之悖德不敬其親而敬他人者謂之悖禮

悖若桀紂是也釋文 正義

以順則逆民無則焉不在於善而皆在於凶德雖得之君子不貴也君子則不然言思可道

言中詩書釋文

行思可樂德義可尊作事可法容止可觀進退可度

雖進而盡忠易退而補過同上

以臨其民是以其民畏而愛之則而傚之

傚漸也同上

故能成其德教而行其政令

不令而伐謂之暴同上

詩云淑人君子其儀不忒

淑善也忒差也文選永明十一年策秀才文注 正義

紀孝行章

子曰孝子之事親也居則致其敬

盡其敬禮也釋文

養則致其樂病則致其憂

色不滿容行不正履正義

喪則致其哀

擗踊哭泣盡其哀情釋文 北堂書鈔九十三 正義

祭則致其嚴

齊戒沐浴明發不寐北堂書鈔八十八 正義齊必變食敬忌踧釋文

五者備矣然後能事親事親者居上不驕爲下不亂在醜不爭

不忿爭也 同上

居上而驕則亡爲下而亂則刑在醜而爭則兵

好亂則刑罰及其身也 同上

三者不除雖日用三牲之養猶爲不孝也

不敢惡於人親 同上

五刑章

子曰五刑之屬三千而罪莫大於不孝

科條三千謂劓墨宮割 鶚案此下疑有荆字 大辟穿窬盜竊者劓劫賊傷人者墨男女不與禮交者宮割□人垣牆

開人關闔者□手殺人者大辟 同上

要君者無上非聖人者無法

非侮聖人者 同上

非孝者無親此大亂之道也

非人行者 同上

廣要道章

子曰教民親愛莫善於孝教民禮順莫善於弟

人行之次也 同上

移風易俗莫善於樂

樂感人情者也惡鄭聲之亂樂也 同上

安上治民莫善於禮

上好禮則民易使也 同上

禮者敬而已矣

敬者禮之本也 正義

故敬其父則子說敬其兄則弟說敬其君則臣說敬一人而千萬人說

盡禮以事 釋文

所敬者寡而所說者衆此之謂要道也

廣至德章

子曰君子之教以孝也非家至而日見之也

言教不必門到戶至日見而日語之但行孝於內其化自流於外 釋文 文選讓中書令表注 文 竟陵王行狀注 正義

教以孝所以敬天下之爲人父者也教以弟所以敬天下之爲人兄者也

天子父事三老兄事五叟 釋文 正義

教以臣所以敬天下之爲人君者也詩云豈弟君子民之父母非至德其孰能順民如此其大者乎

廣揚名章

子曰君子之事親孝故忠可移於君

以孝事君則忠 正義

事兄弟故順可移於長

以敬事長則順 同上

居家理故治可移於官

君子所居則化故可移於官也 同上

是以行成於內而名立於後世矣

修上三德於內名自傳於後代 同上

諫諍章

曾子曰若夫慈愛恭敬安親揚名則聞命矣敢問子從父之令可謂孝乎子曰是何言歟是何言歟

孔子欲見諫諍之端 釋文

昔者天子有諍臣七人雖無道不失天下

七人謂三公及左輔右弼前疑後丞 釋文 後漢書劉瑜傳注 正義

諸侯有諍臣五人雖無道不失其國大夫有諍臣三人雖無道不失其家

使不危殆 釋文

士有諍友則身不離於令名父有諍子則身不陷於不義

父失則諫故免陷於不義 正義

故當不義則子不可以不爭於父臣不可以不爭於君

故當不義則諍之從父之令又焉得爲孝乎

感應章

子曰昔者明王事父孝故事天明事母孝故事地察

盡孝於父視其分理也 釋文

長幼順故上下治天地明察神明章矣故雖天子必有尊也言有父也必有先也言有兄也宗廟致敬不忘親也修身愼行恐辱先也宗廟致敬鬼神著矣

事生者易事死者難聖人愼之故重其文也 釋文 正義

孝弟之至通於神明光於四海無所不通

孝弟之至則重譯來貢 釋文

詩云自西自東自南自北無思不服

義取德教流行莫不被義從化也 釋文 正義

事君章

子曰君子之事上也

上陳諫諍之義畢欲見事君 釋文

進思盡忠

死君之難爲盡忠 釋文 文選三良詩注

退思補過將順其美匡救其惡故上下能相親也詩云心乎愛矣遐不謂矣中心藏之何日忘之

喪親章

子曰孝子之喪親也

生事已畢死事未見故發此事 釋文 正義

哭不偯

氣竭而息聲不委曲 正義

禮無容言不文

禮無容觸地無容言不文不爲文飾 北堂書鈔九十三 不爲趨翔唯而不對也 釋文

服美不安

去文繡衣衰服也釋文正義

聞樂不樂

悲哀在心故不樂也釋文正義

食旨不甘此哀慼之情也

不嘗鹹酸而食粥釋文

三日而食教民無以死傷生毀不滅性此聖人之政也

毀瘠羸瘦孝子有之釋文文選宋孝武貴妃誄注

喪不過三年示民有終也

三年之喪天下達禮不肖者企而及之賢者俯而就之釋文正義

爲之棺槨衣衾而舉之

周尸爲棺周棺爲槨正義衾謂單可以亢尸而起也釋文

陳其簠簋而哀慼之

簠簋祭器受一斗二升方曰簠儀禮少牢饋食疏引外方曰簠四字圓曰簋陳黍稷稻粱器陳奠素器而不見親故哀慼也北堂書鈔八十二正義

擗踊哭泣哀以送之

嗁號竭情也釋文

卜其宅兆而安厝之

宅墓穴也兆塋域也葬事大故卜之北堂書鈔九十二正義

爲之宗廟以鬼享之

宗尊也廟貌也親雖以沒事之若生爲立宮室四時祭之若見鬼神之容貌詩清廟正義

春秋祭祀以時思之

四時變易物有成孰將欲食之先薦先祖念之若生不忘親也太平御覽五百二十五

生事愛敬死事哀慼生民之本盡矣

無遺纖也釋文

死生之義備矣孝子之事親終矣

尋繹天經地義究竟人情也行畢孝成同上

簡莊徵君集釋文正義諸書所載爲孝經鄭注一編與鏞堂臧氏孝經鄭氏解輯少有出入而大略相同日本岡田膺於其國羣書治要中補輯成書流入中國錢氏鮑氏並爲刊行與羣籍所引遠異且亦簡略不知纂刺有資司農書固未盡亡也唯徵君所舉北堂書鈔爲陳禹謨本余於舊鈔復得數條祭則致其嚴鄭云齋必變食居必遷坐敬忌踧踖若親存也視釋文爲詳莫善於樂鄭云夫樂感人之情樂正則心正樂淫則心淫又與日本書合陳其簠簋二句鄭云簠簋祭器受一斗二升內圓外方祭不見親故哀之也卜其宅兆二句鄭云宅葬地兆吉兆葬事大故卜之慎之至也春秋祭祀二句鄭云寒暑變移益用增感以時祭祀展其孝思也均與陳本互異又六藝論一條云絃歌諷誦諭之今世禮者序尊卑之敬崇讓合敬也皆采摭所未及第臧氏海東之書俱託知不足齋盛行是書徵君兩鋟板本而流傳甚尠因復爲梓之而識其尾咸豐六年七月六日邑後學蔣光煦

六藝論

六藝論序

鄭氏六藝論一卷隋唐志載其目五季以來鄭學自毛詩三禮外盡已散佚宋王伯厚集周易注後人踵而行之鄭氏之書漸次收合惟六藝論未見輯本因廣爲蒐討錄成一編案徐彥公羊傳疏曰鄭君先作六藝論訖然後注書予謂不然觀其詩論云注詩宗毛爲主又春秋孝經論竝云元又爲之注則作于注書之後可知也孔穎達稱六藝論有方叔機注叔機未詳何時人其注僅見禮記正義所引一條今亦附錄因念古書之留于今者日少區區采摭之苦心未識能存什一否耳

乾隆四十有九年春王正月癸卯鹽官陳鱣書于震澤舟次

六藝論

漢鄭氏著　　　鹽官陳鱣輯

六藝者圖所生也公羊傳疏

易者陰陽之象天地之所變化政教之所生自人皇初起禮記正義　玉海藝文　路史前紀注五後紀注一

遂皇之後歷六紀九十一代至伏羲始作十言之教禮記正義方叔機注曰六紀九頭紀五龍紀攝提紀合洛紀連通紀序命紀凡六紀也九十一代者九頭一五龍五攝提七十二合洛三連通六序命四凡九十一代也

燧人在伏羲之前凡六紀九十一代禮記禮運正義

燧人至伏羲一百八十七代禮記曲禮正義

虙羲作十言之教曰乾坤震巽坎離艮兌消息無文字謂之易漢上易傳八

作十言之教以厚君民之別路史後紀注一

太昊帝庖犧氏姓風蛇身人首有聖德燧人歿伏羲皇生其世有五十九姓羲皇始序制作法度皆以木德王也制嫁娶之禮受龍圖以龍紀官故曰龍師在位合一萬一千一十二年炎帝神農氏姓姜人身牛首有火瑞即以火德王有七世合五百年也辨正論三教治道篇注

軒轅皇姓公孫二十五月而生有珠衡日角之相以土德王天下建寅月爲歲首生子二十五人有十二姓凡十三世合治一千七十二年夢受帝籙遂與天老巡河而受之得河圖書師于牧馬小童拜廣成丈人于崆峒山同上

軒皇有景雲之瑞用雲紀官少昊帝有鳳鳥之瑞故以鳥名官焉同上

宓羲氏爲網罟以畋以漁取犧牲以充庖廚故曰庖犧氏神農斲木爲耒耜揉木爲耨揉始教天下種五穀故號爲神農氏也同上

黃帝佐官有七人蒼頡造書字大撓造甲子隸首造算數容成造歷日岐伯造醫方鬼臾區造占候奚仲造車作律管與壇墠禮也同上

易一名而含三義易簡一也變易二也不易三也故繫辭云乾坤其易之蘊邪又云易之門戶邪又云夫乾確然示人易矣夫坤隤然示人簡矣易則易知簡則易從此言其簡易之法則也又云爲道也屢遷變動不居周流六虛上下无常剛柔相易不可爲典要唯變所適此言順時變易出入移動者也又云天尊地卑乾坤定矣卑高以陳貴賤位矣動靜有常剛柔斷矣此言其張設布列不易者也周易正義八論

神農重卦同上

夏曰連山殷曰歸藏周曰周易同上

連山者象山之出雲連連不絕歸藏者萬物莫不歸藏于其中周易者言易道周普无所不備同上

河圖洛書皆天地神言語所以教告王者也詩文王正義

太平嘉瑞圖書之出必龜龍銜負焉黃帝堯舜周公是其證也若禹觀河見長人臯陶于洛見黑公湯登堯臺見黑鳥至武王渡河白魚躍文王赤雀止于戶秦穆公白雀集于車（詩文王正義　玉海）

孔子求書得黃帝元孫帝魁之書迄秦穆公凡三千二百四十篇斷遠取近定可以爲世法者百二十篇以百二篇爲尚書十八篇爲中候（書序正義　玉海三十七）

民間得泰誓（書序正義）

若堯知命在舜舜知命在禹猶求于羣臣舉于側陋上上交讓務在服人孔子曰民可使由之不可使知之此之謂也（書堯典正義）

詩者弦歌諷諭之聲也（北堂書鈔九十五　太平御覽）

自書契之興樸略尚質面稱不爲諂目諫不爲謗君臣之接如朋友然在于懇誠而已斯道稍衰姦僞以生上下相犯及其制禮尊君卑臣君道剛嚴臣道柔順于是箴諫者希情志不通故作詩者以誦其美而譏其過（詩譜序疏）

唐虞始造其初至周分爲六詩（詩序正義）

春秋演孔圖云詩含五際六情（同上）

況樞歷云午亥之際爲革命卯酉爲改正辰在天門出入候聽卯天保也酉祈父也午采芑也亥大明也亥爲革命一際也辰則爲天門出入聽候二際也卯爲陰陽交際三際也午爲陽謝陰興四際也酉爲陰盛陽微五際也其詩含此五際（詩序正義　詩攷）

詩初出未有若今傳訓章句（詩關雎正義）

河間獻王好學其博士毛公善說詩獻王號之曰毛詩（詩序正義）

注詩宗毛爲主毛義若隱略則更表明如有不同卽下己意使可識別也（詩釋文　詩序正義）

文王創基至魯僖商頌不在數矣孔子刪詩時錄此五章豈無意哉商邑翼翼四方之極我有嘉客亦不夷懌豈能忘哉景山商墳墓之所在也商邑之大豈無賢才哉松柏丸丸在于斲而遷之方斲而敬承之以用之也爾松柏小林有挺而整布衆楹大材有閑而靜別旣各得施則寢成而孔安矣拱成羣材而任以成國則人君高拱仰成矣是綢繆牖戶之義也（路史後記注十）

禮者序尊卑之制崇敬讓之節也（北堂書鈔九十五　太平御覽一百）

唐虞有三禮至周分爲五禮（周禮春官序官疏）

漢興高堂生得禮十七篇後孔子壁中得古文禮五十七篇其十七篇與前同而字多異（禮記奔喪正義　山堂考索續集八）

後得孔氏壁中河間獻王古文禮凡五十六篇記百三十一篇周禮六篇其十七篇與高堂生所傳同而字多異（釋文序錄　禮記正義）

周官壁中所得六篇（禮記正義）

案漢書蓺文志儒林傳云傳禮者十三家唯高堂生及五傳弟子戴德戴聖名在也同上

五傳弟子謂高堂生之學蕭奮孟卿后倉戴德戴聖也困學紀聞五

今禮行于世者戴德戴聖之學也禮記正義

戴德傳記八十五篇則大戴禮是也戴聖傳禮四十九篇則此禮記是也同上

春秋者國史所記人君動作之事左史所記爲春秋右史所記爲尙書公羊傳疏

孔子既西狩獲麟自號素王爲後世受命之君制明王之法左傳序正義　困學紀聞八

元又爲之注孝經正義

治公羊者胡母生董仲舒董仲舒弟子嬴公嬴公弟子眭孟眭孟弟子莊彭祖及顔安樂安樂弟子陰豐劉向王彥公羊傳序疏

左氏善于禮公羊善于讖穀梁善于經穀梁傳序疏

孔子以六蓺題目不同指意殊別恐道離散後世莫知根源故作孝經以總會之孝經正義

元又爲之注宋均[illegible]唐會要[illegible]正義

方舟經説

方舟經説總目

宋　李石　撰

方舟經說卷一

宋 李石 撰

周易十例畧

春秋有例首起於杜預易有例首起於王弼二例之作以吾夫子立一定之論如乾坤二卦則諸卦之倡首始之例也後之學者因而例之故作十例畧

无咎者有咎而卒于无咎也乾之九三曰君子終日乾乾夕惕若厲无咎者剛失中道爲亢之漸坤之六四括囊无咎者陰進薄陽臣强侵主下卦之上括囊以幸免孔子繫之曰无咎者善補過過而補之可免于咎矣易

爻言无咎者九十九爻而何咎者三何咎者本自无咎而猶異之无大咎者未能无過何咎者徒自憂於咎一以乾坤爲例作无咎例

利有攸往者可以往而往不冒險而往也始于乾之利見大人猶曰可往見矣坤之繇曰君子有攸往者先昧所向後有所歸猶曰可以往矣乾坤爲例利有攸往之卦十一繇言其八爻言其三繇言有攸往者 爻言有攸往者三繇言小利有攸往者一繇言勿用有攸往者一爻言勿用有攸往者一繇言无攸利者二爻言无攸利者八无不利者十二卦十三爻繫之以不冒險爲利也乾之彖曰乾始能以美利利天下不言所利大矣哉

此胎禽浮邱著經迺徵前事出於上眞余欲無言紀爾歲辰轅門去鼓華表留聲我唯髣髴事亦微冥後湯洪流前固重扃右劃荆門末下華亭爰集眞侶瘞爾作銘華陽眞逸撰上皇山樵人逸少書岑山徵君丹陽外仙尉江陰眞宰立石

按迺徵前事四語不特語意淺鄙文氣不貫且用十一眞韻其爲妄補可知又原刻本惟甯上有厥土二字華亭上有爽塏勢掩四字又蕩字今作湯峰口作岑山則其妄爲增益改竄不待掊擊而見矣 按臨海記云郡西北有白鶴山古老相傳此山有晨飛鶴入會稽雷門鼓中於是雷門鼓鳴洛陽聞之孫恩時

斫此鼓見白鶴飛出翺翔入雲此後鼓不復遠聲去鼓句本此今不曰雷門而曰轅門（又本作仙門）是不知所出也是去鼓句疑是原本第失卻雷字因臆足之耳

隱居與梁武論書表凡五通娓娓數百言於書蓋深嗜之表有云昔患無書可看乃願作主書史晚愛隸法又羨典掌之人嘗言人生數紀之內識解不能周流天壤區區惟充恣五慾實可愧恥每以爲得作才鬼亦當勝於頑仙至今猶然始欲翻之又云世論江東無復鍾迹常以歎息今論旨眞蹟雖少可得而推是猶有存者不審可復幾字顧工人摹塡數行脫蒙見賜實爲過幸又逸少學鍾勢巧形密勝於自運不審此例復有幾紙自

此悔吝之別君子所以自念于憂患如此而有大小者以乾與屯蒙爲謹始作悔吝例

厲者君子以人心自危而日進乎道心之微惴惴自畏未嘗一日不以憂患自警也乾以惕爲厲訟以貞爲厲皆厲也孔子于乾以危爲詞獨於艮之九三曰艮其限列其夤厲薰心夤心之上下憂患有所限止文王之詞也孔子釋之曰危薰心者人心道心危微之兩間正如夤之上下也且言厲自乾以下二十三卦二十六爻貞厲者八卦八爻厲无咎者八卦八爻厲无咎者以乾爲例貞厲者以訟爲例作厲例

心情者人之有心有情也以人之有心有情見天地萬物之无心无情情顯而易見心隱而難測君子以易洗濯其心雖天地之大萬物之繁如對鑑妍醜无遁形矣繫辭曰聖人以此洗心與民同患是也然此專出孔子彖詞也言天地之心者一言天地之情者一言天地萬物之情者三復則取其靜以自復故能以復之心見天地之心不待觀而見之大壯則以剛大而能正不但用壯爲天地之情況其在人者至於咸之虛恆之常萃之聚皆天地萬物共由斯路此甚易見者以吾之情度而測之也用易君子宜以復之心爲心曰咸曰恆曰萃思慮所孚可不勞矣作心情例

八象者始天地大象以求其類也類乎天者天象雲雷風雨日月是也類乎地者地象山水涂澤木火是也并天地爲八卦十四象剛柔奇偶各以卦爻所象爲類也陰卦取天象陽卦取地象錯綜爲爻變化爲用文王重易而立辭孔子立大象而釋之自其八者衍之爲十四也以說卦考之取象凡一百一十三而大象所象特一卦一象爲主而乃衍爲十四坎衍其三離衍其二巽衍其一其寓諸爻者爲九十九所用未如說卦之數而名物有不及象者用易之君子以意逆志斯得矣作明八象例

貞悔者鄭氏云内卦爲貞外卦爲悔卜筮所用也然伏羲三畫有内无外有貞无悔雖三墳八索以步氣迎日亦未見其爲占筮之用抑亦文王所重以蓍龜所定符變而爲卜筮乎周官三易鄭氏所言蓋稽諸此也且以伏羲爲貞以文王爲悔内外奇偶剛柔以初爲四以二爲五以三爲六始中終之義變化酬酢而卦之上下二體具矣其爲貞悔互相應用不亦可乎占筮所用有以内爲主有以外爲主内變者爲内主外變者爲外主明取其變以明吉凶則易之神化也作貞悔例

象卦名者卦一名名一字盡矣非聖人孰能說之如曰乾健坤順非聖人象之則世有不能名之者八卦八名伏羲名之益以五十六名文王名之孔子又因彖之益以六十四名其意以釋幾微幽深之義以廣二聖立言

之法然皆強名也曰天地止矣又強名曰乾坤乾坤止矣而又強名以八卦乾坤之變者從順其一氣之元晝夜四時代謝摩盪命之曰易而槪之曰道故曰皆強名也揚子雲作太元準易曰一元之統方州部家三擯九据因氣盈縮晝夜分之九九爲八十一贊以御氣之變有一卦而三名之者出三聖人所作意表易道或幾乎息矣作彖卦名例

繫辭者易之辭也易之有辭自文王始繫辭爻辭均曰辭也孔子既爲彖大小象以釋文王之詞謂之繫辭者以繫其辭所自不徒作也故曰繫辭焉以盡其言然則辭者言之盡而有未可盡者易之意深矣嘗試分繫辭

上下未盡之意以韓康伯所注十五章上繫之章七下繫之章八益隨意求盡饜飫思慮而有得焉可以合而一之詞之統者如中孚同人至大有七釋自咸至損十一釋此可以合之爲十八釋而乃分之于上下繫何也大衍之數五十又合之以天地之數五十有五二篇之策而爲揲法矣其下又再言天地之數何也至於十二卦制器三陳九卦隔章分釋已无可疑而學者以孔子十翼之分有可疑者彖一也大象二也小象三也上繫四也下繫五也說卦六也序卦七也雜卦八也十翼幾爲八翼矣得无取文王繇詞爻詞二翼併足爲十翼乎竊疑文王以西伯作易王爲追書之王而繇詞爻詞有稱王者曰王假之曰王假有廟曰王用享于西山曰王用享于帝吉將遂爲文王乎以大象所稱之王況之似出孔子或曰文言之釋爲一翼而爻詞出周公作繫辭例

右十例皆據王弼例畧而續之既具之論其有可立一定之說于无定之中曰體曰用二說體卽易詞所謂无體之體用則勿用之用此常說也惟易主變移易不可常者於例具之如弼之例可互見矣

周易互體例

易者以天地五行而生數出數而生卦因三而成六貞悔內外以數通於天地五行而八卦相

大易經說卷一

資爲用以三而五而五行互體以六而八而八卦互體若非互體則易之變化內外上下不相應數有所窮數窮則生成之理或幾乎息矣易之有互體出漢人二鄭學易者以互體出劉牧非也因取說卦占象與卦爻相通者爲互體以應天地五行之數作互卦例

䷀ 乾下乾上 乾　九五風　九二雲

右乾上下體以乾合坤奇偶既立五行致用於天地風出於巽之木九三也雲出于坎之水初九也從龍從虎之象成矣

䷁ 坤下坤上 坤　上六龍戰　六三含章

右坤上下體以坤合乾爲天地之雜陰盛勝陽龍戰見血五以陰包陽故坎象爲血三以陰居陽故含章

䷂ 震下坎上屯　艮　坤

右屯上下體互體爲艮坤九五屯膏止而不得施六二六四坤體爲馬亦止于艮而不行故邅如班如爲有所待

䷃ 坎下艮上蒙　坤　震

右蒙上下體互體爲坤震震爲長子故九二克家以二陽包坤故納婦以坤止艮故六三之女勿取

䷄ 乾下坎上需　離　兑

右需上下體互體爲離兑兑爲口舌故九二小有言

爲澤故需泥離中虛爲穴進遇坎爲血也

䷅ 坎下乾上訟　巽　離

右訟上下體互體巽離初以柔承九四之剛順上不争故明辯晳九二以坎剛遇乾剛臣忤君子競父㩪患之道然巽順離明皆可无訟四陽之健而一人帶三褫之矣

䷆ 坎下坤上師　坤　震

右師上下體互體坤震律聽軍聲初六伏下重坤之上不常失律九二上應六五重坤之順以陽應陰六五得震故長子帥師得坤故弟子輿尸衆主則非丈人矣

䷇ 坤下坎上比　艮　坤

右比上下體艮坤互體初六上應重坤順之又順坎水在前艮止不流盈缶之吉六二比于九五以内爲限不自失也重坤之順不待誡令

䷈ 乾下巽上小畜　離　兑

右小畜上下體離兑互體初九上應六四以剛畜柔而乃反已自畜于離无所附麗九三見說於六四之兑說輻不行若夫婦而反目不能正室巽正室離側室

䷉ 兑下乾上履　巽　離

右履上下體巽離互體離爲目三寄明于兑眇而能

視二以陽居陰有震之足巽爲股弱於足跛而能履成卦之體專在六三兑居五陽之間兑爲口不咥人

䷊ 乾下坤上泰　震　兑

右泰上下體震兑互體九二應六五長男少女爲帝乙歸妹兑爲口舌之象四說以求鄰雖富不富雖交通之世反失其實

䷋ 坤下乾上否　巽　艮

右否上下體巽艮互體二爲艮以止爲得故大人否巽承乾故小人吉以巽順處高位苞桑之危

䷌ 離下乾上同人　乾　巽

右同人上下體巽重乾互體九二巽順病夏畦以求

于同禍隘於族非野之同重乾之剛伏戎致敵九四應上九重乾三歲不興

䷍ 乾下離上 大有　兌　乾

右大有上下體兌乾互體九二重乾應五以車能載以臣載君六五以離體主卦以兌說致信威行於下與同人相內外他倣此

䷎ 艮下坤上 謙　震　坎

右謙上下體震坎互體初六以謙柔越坎險之剛故可涉水六五以震懼處坤得象故侵伐九三主卦曰勞

䷏ 坤下震上 豫　坎　艮

右豫上下體坎艮互體謙鳴于二豫鳴于初以坎險高下而鳴以求應和艮為山為小石止靜不動故先見九四主一卦以不疑得朋簪之衆

䷐ 震下兌上 隨　巽　艮

右隨上下體巽艮互體初九說以應四動以隨靜艮得所止之官不至失節六二不能上應于五而止於巽辭求悅係陰失陽大小不得兼得九四之巽體長女長男得其隨矣其守在貞

䷑ 巽下艮上 蠱　兌　乾

右蠱上下體兌乾互體以九二之乾幹以長子之震父子巽順蠱敝之家不足憂主之以乾說之以兌順之以巽其幹濟矣巽兌二女母之象六四之裕六五之譽漸以无事

䷒ 兌下坤上 臨　坤　震

右臨上下體坤震互體臨陽長之卦而以兌坤為體震動不靜故二陽以大臨之然蔡小亦可畏矣甘者苦之對兌為口故知味長而不已則泰道也

䷓ 坤下巽上 觀　艮　坤

右觀上下體艮坤互體初六應四以陰應陰稚陰應巽巽為寡髮童之象艮為少男坤為重坤故利女貞若不知正則醜矣巽以求艮二以應五巽為白眼窺女求四不可不正

䷔ 震下離上 噬嗑　坎　艮

右噬嗑上下體坎艮互體初九以震動而艮止之震足滅屨不行以坎險在前以乾三陽錯坤之三陰未能除閉滅鼻滅耳耳坎象金乾象黃坤土中象獄之有械猶頤中有物

䷕ 離下艮上 賁　震　坎

右賁上下體震坎互體震足初動而艮止之為趾坎為輿而止險故舍車六五艮山為邱坤土為園束帛質素五數曰束

䷖ 坤下艮上 剝　重坤

右剝上下體重坤互體剝之一卦以上九為主剝者

陰極復陽渊以置身曰足曰辨曰膚抑陰進陽三得其應重坤爲順貫魚小人之象以上九爲宮以庇寵可免於九

䷗ 震下坤上 復　重坤

右復上下體重坤互體復之一卦以初九爲主復陰極陽復仁者重坤柔之仁四應於初爲中行

䷘ 震下乾上 无妄　巽　艮

右无妄上下體巽艮互體震動而艮止之以不可妄動天命亦可畏震爲稼艮山不畊不可以富以陽繫陰巽爲艮止陰牛之繫

䷙ 乾下艮上 大畜　震　兌

右大畜上下體震兌互體以陽畜一陰爲小以陽畜二陰爲大小畜則九三應上九爲輿大畜則九二爲輿皆脱其輻畜而有養也兌說震動以艮而止六四爲童牛六五爲豶豕皆止健有待

䷚ 震下艮上 頤　重坤

右頤上下體重坤互體震動艮靜虛中如頤以求口實二陽初終之智以食飲食非養也艮爲山爲小石附坤土爲丘頤

䷛ 巽下兌上 大過　重乾

右大過上下體重乾互體九二上應九五之兌爲少女老夫女妻九五下應初六之巽爲長女老婦士夫過惟謹其小不至于大藉茅於初乾乾自危也

䷜ 坎下坎上 習坎　艮　震

右習坎上下體艮震互體九二震動而艮止之與五險陷未出所得亦小二簋納約其中有誠坎水明水之薦

䷝ 離下離上 離　兌　巽

右離上下體兌巽互體兌澤巽厲顙目爲泣涕離以柔順附麗兌巽錯然之敬于始可也九四下卦之應風鼓其火而澤之猶死灰然

䷞ 艮下兌上 咸　乾　巽

右咸上下體乾巽互體艮少男兌少女乾陽巽陰男下于女无心之感初六咸其拇拇施於足可止而靜六二則上應五爲腓行則凶居則吉九三巽體應乾躁其股爲艮所執矣

䷟ 巽下震上 恆　兌　乾

右恆上下體兌乾互體長男長女以匹相應二五之應君臣之道五以兌體之陰委質于九二之陽則相及矣九四下應上比離禽不獲

䷠ 艮下乾上 遯　乾　巽

右遯上下體乾巽互體以艮騣駐爲巽自厲其尾否則致災乾變爲坤二應乎五黃中坤牛剛革君子固志以遠小人

䷡（乾下震上）大壯　兌　乾

右大壯上下體兌乾互體重乾附兌入震初應于震說以爲進壯足爲趾必窮可信九三入兌觸藩必決六五之喪羊九三之羊上六之羊以兌體也坤爲大輿爲腹以陽包陰

䷢（坤下離上）晉　坎　艮

右晉上下體坎艮互體晉進而有所摧見險而止六二之愁以險遁罟王母六五之陰三陰附之九四鼫鼠艮體穴離

䷣（離下坤上）明夷　震　坎

右明夷上下體震坎互體明夷傷也附麗越險以求

出地其傷宜矣離爲雉初附于震則飛矣左股以震足越險以坤震坎皆拯馬故爲壯九三越險得陽震長子故大首挾南離故南狩上六上升之上如登天回附於四故反入地

䷤（離下巽上）家人　離　坎

右家人上下體離坎互體巽長女離中女附麗柔媚宜家以女貞故以險爲一家之閑初之應四離之文離以四陽主二陰甚嚴且節二婦一男婦子也

䷥（兌下離上）睽　坎　離

右睽上下體坎離互體悅以附麗而以坎乘其交二女同男其睽乃比合也初應於四坎體爲馬乘而喪

之于惡人勿逐自復六三應九牛㕧于輿坎爲輿六五坤牛也上九應四遇坎坎豕兌澤泥塗之水坎北方鬼方車載鬼也弧矢取睽先張後脫坎爲雨故遇雨反吉

䷦（艮下坎上）蹇　離　坎

右蹇上下體離坎互體西南離方東北艮坎二方以艮自止于難則西南可无慮也往者重險在前來者止而有譽有喜有待六二王臣蒙難以冒重險自出於文明之方大人者來蹇以應離體

䷧（坎下震上）解　坎　離

右解上下體坎離互體東北之勢離明而震動難之

散也坎穴三陰爲七田爲狐故九二獲之以狐羣自散也重坎爲輿陰乘陽爲負乘高墉上六應四離體爲雉出險而擊爲隼故射獲之

䷨（兌下艮上）損　坤　震

右損上下體坤震互體震以動入坤靜而艮止之損剛益柔一人則艮上九應六三爲友三人則三陽兌說震動坤順以求益損一陽之友

䷩（震下巽上）益　艮　坤

右益上下體艮坤互體重坤以坤襲坤震動得國而遷依止爲艮巽不自止爲失常震驚主祭其孚以誠

䷪（乾下兌上）夬　重乾

右夬上下體重乾互體陽極反陰必至之理初九決乾可不用壯則趾之不立也九二應五勇于必進乾乾之惕莫夜之行有戎者兌陰在前三則色厲內荏雨也羊也言也以兌陰而決陰莽之在田者爲莧陸

䷫ 巽下乾上 姤　重乾

右姤上下體重乾互體以柔附剛牝豕敵豭羸而用躁乾金巽木柅于金柅以陽抑陰也魚陰類也九二以剛乘柔曰有魚四雖下比於初困于重剛失中故无魚以五陽受一陰包含如天

䷬ 兌上坤下 萃　巽　艮

右萃上下體巽艮互體萃以聚集初應於四以止以

說止則號說則笑巽坤柔順三陰三陽亂次求聚爲艮所限乎不克終勿恤可也萃得萬物大牲之餘二以中應五薄祭亦可

䷭ 巽下坤上 升　震　兌

右升上下體震兌互體巽震合誠皆通神明用禴可也虛邑陰幽無人之境以巽順而說得艮震以主祭岐山之亨文王以此歟

䷮ 兌上坎下 困　巽　離

右困上下體巽離互體冒險懦柔困而附麗巽兌遇四求脫坎谷初應于四之巽木也故株木九二應五之兌爲口故飲食六三據剛應柔二女在前夫妻反目三陰三陽相反不順

䷯ 巽下坎上 井　離　兌

右井上下體離兌互體水坎出也蒙養源於下井則泉於上木可汲矣初之應四水附離兌燥濕相違則泥禽且不飲九二應于五坎陷爲谷鮒離網中物六四兌澤受水之谷宜修之

䷰ 離下兌上 革　乾　巽

右革上下體乾巽互體初與四二剛相應柔體中堅革之難也三就乾剛也虎豹之鞹以離之文炳蔚不同也六二巽風從虎之象

䷱ 巽下離上 鼎　兌　乾

右鼎上下體兌乾互體乾爲金鑄鼎也初爲鼎足中窒則否巽兌長少二女附乾子妾兌爲妾也九四近君而下比於折足渥形六五居中黃耳離象蓋離爲雉

䷲ 震下震上 震　坎　艮

右震上下體坎艮互體震長子主祭以恐懼致福初應四艮山也爲九陵七日六爻周而復也四遂泥坎爲水水在山爲泥或曰坎豕淫泥

䷳ 艮下艮上 艮　震　坎

右艮上下體震坎互體初應四之震爲足止弱不隨震躁艮靜坎心病也故二不快震屬薰心三出險自

反敦之反敦靜重如山

䷴ 艮下巽上 漸　離　坎

右漸上下體離坎互體漸離鳥之附坎水者巽風而干木冒險自麗危之也九三應巽上六艮夫巽婦附離爲大腹夫征子不育婦失其道巽木之槁高而兌谷陵艮山也婦雖不孕止靜得吉離者羽之文章

䷵ 兌下震上 歸妹　坎　離

右歸妹上下體坎離互體震艮兌少爲歸妹離其一娣也震爲足目險而上故跛六三上應上六幾成坤母爲須嬃也離爲目故眇震長子得位爲帝乙坎爲月得中故幾望上六下應六三爲兌之羊坎附離水赤血也

䷶ 離下震上 豐　兌　巽

右豐上下體兌巽互體初九上應九四以陽應陽二體皆陰卦實離巽兌三女不无其配豐日中之照旬則十日過旬非中則災中之已昃也震蒲葦巽木蔀屋蔽日兌爲毀折右肱巽股之上

䷷ 艮下離上 旅　兌　巽

右旅上下體兌巽互體艮止離麗兌巽欲自媚說物順人而不得行旅寓之甚六二應五過信爲次兌爲妾故得童僕三則離火焚次童僕无留行雉者離也牛者三陰之坤也

䷸ 巽下巽上 巽　離　兌

右巽上下體離兌互體巽爲進退爲不果初附麗求說勇于甚武其躁于兵故重以巽命申申爲戒巽爲木牀下致恭兌爲巫故用史巫兌爲金故先庚後庚凡六如爻之數資斧離爲戈兵

䷹ 兌下兌上 兌　巽　離

右兌上下體巽離互體初曰和二曰孚三曰來九四獨曰商者以言議之寧小介爲非病也其說物之多通不如介也澤及朋友離文明之益也兌講習語言之益也

䷺ 坎下巽上 渙　艮　震

右渙上下體艮震互體震內動而艮外止之以靜止躁震巽皆爲躁卦也初六用拯馬以震坎皆爲馬也机者巽之木二應五机以靜止躁也艮爲山冒險挺質不顧躬以渙君之難大號巽命血者坎爲血爲水

䷻ 兌下坎上 節　艮　震

右節上下體艮震互體初說以應四之止艮以險止之兌以言議震以足動艮木之多節坎木之多心兌通艮塞艮爲門闕閽寺初不出戶庭是也九二既已知節安於所止不求脫險以苦失中也安者不求甚說下比於初以承上甘者口悅之味苦則衆口不悅矣

䷼兌下巽上中孚　艮　震

右中孚上下體艮震互體初九之虞先見之信上應於四之艮以靜止動爲机先之卜鳴鶴二五以陽聲同唱艮山兌澤九臯之禽信之中也六三應上九爲非敵二陰二陽以巽進退不果也六四以震爲馬巽應上六巽雞登山以兌而鳴登天之音失中也

䷽艮下震上小過　兌　巽

右小過上下體兌巽互體小過中孚之變可以復不可以小過宜下不宜上逆順之勢巽爲雞猶中孚之遺音初六之飛鳥也六二過艮遇巽兌爲妣過君遇臣西伯事紂君臣之道嚴矣九三防之以艮執法可

順不可逆戕之漸可防矣

䷾離下坎上既濟　離　坎

右既濟上下體離坎互體三陽三陰之變上下體坎離其互體離坎亂以求濟其濟猶亂初之曳輪以脫險水濡其尾可戒六二離婦喪茀以坎盜也高宗伐鬼方離爲甲冑戈兵於北方之坎也九三下比於初二陰爲牛西鄰文王也

䷿坎下離上未濟　坎　離

右未濟上下體坎離互體未濟既濟之變而互體亦坎離者數窮而亂所當辯也小狐坎隱伏之物出險而疑水濡其尾水曳坎輪震伐坎鬼濡尾濡首陰陽之極既濟猶未濟者乾坤用九用六之數君子知其數之不可涯者既有未乎

象統

傳曰物生而後有象象而後有滋滋而後有數數者猶曰一二三四者此易之始肇於畫矣欲求易者自其畫欲求畫者自其滋滋者猶曰蕃滋以一成二成三者是矣而蕃其象各以其類爲象天下萬物莫不皆有象類物而通其象之次敘可迎刃解矣物之生者自然之天其象其滋其數因是而畫之爲三衍而六之八之則人也人者人爲之以其使之然以合乎天之然天人相符毫釐錙銖之不爽而易成矣此象之次敘不可忽也蓋

嘗以物之繫於易者原之以類而推其象其變化者乃其象之通而以易爲神此兔蹄魚筌如王弼之論得意忘言得言忘象端有次敘可驟而語乎乾坤者天地之二象剛柔奇偶其象通於八卦自八卦通于六十四此象可以類起矣以乾爲龍坤爲龍震亦爲龍必欲求龍所在則曰天曰田曰潛曰野象雖可類而有不盡言似未可遽悉也至曰乾爲馬坤爲牝馬震巽坎皆爲馬坤爲牛而他卦言牛巽爲雞離爲雉而他卦之言鳥者可以類求之无適情矣譬夫味之適口者必名其物然後知味之酸鹹衣之蔽身者必名其物然後知衣之長短數之未知象之未明而欲明之不已僭乎繫辭曰神无

方易无體又曰剛柔有體以體天地之撰故因其互體者爲无體之體伸劉牧之說而與王弼辯且天地生成五行五十五之數與大衍五十之數相通此皆通之用易之祖也易不有四象乎言動制器卜筮皆象之變化體有不同則可以互體推也弼乃以五行汗漫取四象者合而一之未盡而忘易之所祖是欺人父祖愚而忘之以聖賢其子孫是又其僭者故因繫辭說卦立象以互體例類而求易因孔子以知文王因文王以知伏羲其所謂象者儻不至牽合遷就十可得七八其他天人之與性命之理如弼之作明象得意忘象者以俟後世用易之君子作象統

明閏

正月　小過　蒙　益　漸

二月　泰三　需　隨　晉　解

三月　大壯　豫　訟　蠱　革

四月　史五　旅　師　比　小畜

五月　乾六　大有內外　家人　井　咸

六月　姤一　鼎　豐　渙　履

閏月　遯二　恒內外　節　同人

七月　損　否三　巽內外　萃　大畜

八月　賁　觀四　歸妹　无妄　明夷

九月　困　剝五　艮　既濟　噬嗑

十月　大過　坤六　未濟內外　蹇　頤

六井雜記卷一　三　別下齋校本

十一月　中孚　復一　屯內外　謙　睽

十二月　升　臨二　小過　蒙　益

傳曰履端於始舉正于中歸餘於終此置閏之法也一歲三百六十有六日以六十四卦三百八十四爻爲之主以伏羲之三畫者分十二月二十四氣朔望日月弦晦之候天然之正舉圖吾易卦爻之數爲一定法以歲始爲端歲中爲中歲終爲終乎或以始子午終巳亥合六陰六陽爲歲乎三代異正其所履之

國子祭酒上護軍曲阜縣開國子臣孔穎達等奉勅撰勑字提行次列正義夾行次曲禮上第一自首至夫禮者所以定親疏節正義之後題禮記正義卷第一終每半葉八行經每行十六字注及正義小字雙行行二十二字注後不附釋文前有禮記正義序按序云凡成七十卷舊新唐志崇文總目文獻通攷皆同盖北宋初刻正義單行本七十卷玉海卷三十九禮記疏一條云咸平二年三月己巳祭酒邢昺上新印禮記疏七十卷是爲正義原書南宋初與經注合并尙從正義原分之卷厥後附釋音本又改爲六十三卷而原定卷次遂亂此必南宋初刻與山井鼎攷文所據宋本多合而彼有缺

耳按魯襄公二十七年十一月乙亥朔日有食之傳以爲辰在申司歷過爲再失閏以星度知之則魯歷之失自周歷之失也劉歆乃以漢歷正之以明傳誤班固則以春秋魯歷不正故置歷之失班固劉歆皆漢儒豈能以漢歷折衷於千餘歲之後于是七歷眞僞之論更起矣魏黃初專取法乾象酌斗分粗細之中以合春秋日蝕以正朔晦朔既朔爲定而杜預乃以七歷皆非王者之術何也七歷多歸咎斗分二十六日幾一月之度湯歷乃以四分一爲度之一且天度經星可以意增減之乎此杜預之所以疑也經星二十八宿以緯之五星變度如春秋所謂辰在申者以水星之在申也按晉武帝因魏之景初歷更以泰始名歷如泰始之三年閏六月二十五日丁亥水星晨見乾象則閏月九日辛未見先十六日黃初則以閏月八日先十七日如春秋之辰在申者相先後三日其差氣三候有奇不知順數春秋置閏至是凡幾失乎如是則杜預之疑審矣夏正之四月周人之六月正陽建巳之月雖無中氣而大小餘之積似未可閏而閏之可乎惟我宋以六月置閏凡三淳熙歲著雍閹茂月則且置閏與晉泰始合歲月而用易之姤以兆六陰之氣則亦六月而不在五月來則幸其速去則幸其遲至於任法各天之日月如劉歆春秋五

行之說多矣因以易一氣之運合之以俟後世明歷之君子

方舟經說卷一

方舟經說卷二

宋　李石　撰

左氏卦例

春秋易以立例爲通宜矣蓋韓宣子所見二經者魯人所用周人之禮不刊之典也左氏所載於易雖周人卜筮之用無幾其所資於學者非特杜預王弼之說也然杜預所得汲冢科斗云師春作春秋所載易卦一卷今不傳石爲補之作左氏卦例

䷓坤下巽上觀　䷋坤下乾上否

陳敬仲方少周史所筮之卦也至桓子五世而始大八

世而成子得政殺君其始也利用賓于王其終也山嶽配天則亦太逼矣卜筮可知目睫之近不能保八世之往乎不然南蒯卜亂臧會卜亂同矣

右觀六四爻變而之否曰坤土曰巽風曰乾天風爲天于土上則曰山自否之六二至九四爲艮之互體則艮爲山也故曰山岳配天坤爲異國艮爲太嶽爲姜齊艮爲門庭乾爲金玉坤爲布帛故有庭實玉帛諸侯朝王之象觀則其後之子孫期在八世之遠此說卦雜占八者之例他皆倣此

䷂震下坎上屯　䷇坤下坎上比

畢萬以晉滅魏以地賞萬爲大夫晉大夫辛廖所筮之卦也萬之先爲畢公高晉獻公滅魏至六國魏猶列諸侯爲大國此公侯子孫必復其先畢公高之始也其後六卿分而爲魏則終春秋之世矣其年世遠矣哉

右屯初九變而之比曰震以坤以坤故爲土震爲車坤爲馬震變爲坤故車從馬足居之以震故兄長之以震故母覆之以坤故衆歸之以坤故是爲六體不易以下體之下也若曰比合屯固坤安震殺則以意取象无象之象說卦雖有例未必能盡卦變之意他皆倣此

䷍乾下離上大有　䷀乾下乾上乾

魯桓公將生成季楚丘之父既卜又筮此卦也傳之重

輕由季氏之存亡其曰季氏亡則魯不昌又執政爲周社亳社之輔皆如卜之言而筮特言同復于父敬如君所而已其占卜筮蓍龜爲一用乎將有詳略乎自桓公下順數終春秋之世三家子孫既微而魯弱如卜楚丘之父蓍龜之告

右大有六五離變爲乾乾爲君爲父曰同復于父敬如君所以臣爲君之象以離麗爲同者亦以意取義

䷑巽下艮上蠱

秦穆公伐晉秦掌龜卜徒父所筮之卦也秦人不通三易而以龜爲筮龜卜爲官而以蓍筮乎晉閉秦糴負秦曲多矣韓原之戰晉侯之馬還濘取敗執晉侯以歸故

卜徒父先以千乘雄狐爲吉

右蠱巽艮二體不變而貞悔内外之象已具杜預乃以秦人不通三易之占而以龜卜爲筮乎不然卦亦易之一也巽春夏之交艮冬春之交秋落山木之實而取材以爲克晉之期山木逢秋而落杜預乃以周九月夏七月爲言按春秋書秦韓之戰在十一月亦歲晚之秋非九月七月之秋明矣又曰獲其雄狐以狐蠱爲君蠱蠱也皿皿也病也若以說卦象取之則未有以狐爲君象解未濟二卦之爻雖稱狐解言三狐未濟繇言小狐初六言濡尾解以坎離互體取象未濟亦坎離互體取象蠱之艮巽不變其互體者九

二至六四爲兌九三至六五爲震不爲狐象將以巽之爲進退不果爲臭如狐與艮爲狗鼠之屬乎其必有知者以龜卜爲筮與卦之不變者他皆倣此

䷵兌下震上歸妹䷥兌下離上睽

晉獻公嫁伯姬于秦史蘇所占之卦也晉侯敗于韓秦執之以歸于秦晉侯曰先君若從史蘇之占吾不及此夫易天數也一定于天數不可逃雖人謀无及如晉侯之悔吝于先君之取秦女疑有可免之理是以人勝天也可乎卜筮者天假之以權禍福使人知所避就愈於恬不知畏而欲以人勝天也穆姬晉女之適秦者晉侯得歸國賴穆姬之力大子罃宏與女簡璧晉甥履薪登

臺免服衰絰以示必死

右歸妹之睽歸妹上六外卦陰變爲陽故爲睽繇謂刲羊无皿士无其功承筐无貺女失其職以震爲離以妹得睽有責无償无助者秦晉姊妹甥舅相失之象以震爲離故以雷爲火雷車也震雷說其輻離火焚其旗睽爲弧矢必戰之象姪其從姑惠公敗從穆公於秦之象高梁之死明年謂惠公死之明年謂重耳歸晉殺懷公子圉而入也史蘇之占歷獻公惠公文公凡三世協若符券杜預曰臨時占者或取于象或取於氣或取于時日互相符會備虛不經非易之所當用他皆倣此以爲占筮淺近於易者之戒

䷶離下震上豐䷝離下離上離

鄭伯廖告人以公子曼滿求爲卿伯廖告以豐之離之卦也晉楚方爭鄭公子曼滿不能内固其國乃幸亂而貪无德而祿伯廖以意測卦而告以其祥伯廖鄭大夫之知易者智如蓍龜雖不筮而神矣曼滿卒如其言

右豐之離上六變而爲離以陽庇陰屋之大也以陰受庇戶之蔀也說卦震離无屋戶象互體巽兌亦无屋戶象剝之卦曰小人剝廬以陽庇陰也剝以艮爲門闕故取陽以爲陰之庇或曰離以附麗爲安故爲屋豐以明盛在上位而謀隱幽蔀閉塞不通如大屋翔天而暗戶无人豐爻言三歲不覿凶而伯廖之言

一歲而曼滿久者以豐數之極日昃之離一年之象不待三歲以二卦九六對變也

䷆坎下坤上師䷒兌下坤上臨

知莊子告人以邲之戰先縠中軍以三師敗績之卦也晉楚爭鄭爲日已久晉不能勝楚以庇鄭同姓之親句有七日之圍守陴之哭楚師退而復圍之肉袒牽羊以九縣自比楚又退三十里而與之平楚之於鄭其亦優游不迫鄭亦驕慢矣爲晉者可以少愧而又有救鄭之師師出荀林父士會欲中道班師不爲失策先縠請以中軍佐濟知莊子策其必敗以其負曲于楚抱愧於鄭雖不待卜筮而吉凶判于未戰然則知莊子者春秋深

於易之君子也其先見與鄭伯廖同

右師之臨師之初六變而之臨以二陽而薄四陰坎險坤衆遇險失衆臨有甚此者乎否臧者不順而无律律師律也律法也或曰以聽軍聲詔吉凶也坎爲川流兌爲澤壅三師之令不行律竭法亡之象其互體爲震爲重坤以師臨對變師九二曰承順命臨九二无功則凶中吉則免于咎臨九二則八月有凶期在于此此知莊子又知先縠雖幸免於楚有大咎於晉者以此夫

䷳艮下艮上艮䷐震下兌上隨

穆姜將薨所筮之卦不言其所筮之史也穆姜成公之母淫於僑如介晉國以禍其子又禍季孟幾無魯矣賴范文子卻犨以免東宮之四垂久之筮乃始悔悟是歲襄公之九年也襄公穆姜之適子繼成即位始四歲季孟在朝主少國疑以筮自亡疑史乃請姜速出亡而姜亦知其久之審矣僑如佞人也其弁齊又淫齊君之母所止之國以佞濟淫何獨穆姜之辱

右艮之隨上下卦六爻皆變所存者互體艮巽皆不以彖爲占而獨以變卦繇詞爲隨之四德而以乾文王之言釋之也其曰元亨利貞姜之自知以答史之筮也不可謂元者以人在下位而有不仁禍其子成公虎狼之不若也不可謂亨者俾僑如外結晉援以

執成公止季孫魯不靖者久之誰適爲之也不可謂利者通于僑如東宮之居幾于囚辱失母子之愛非所以庇其身不可謂貞者國君之母棄位而姣以淫蕩聞于國人婁豬艾豭之比者四德皆失何以爲隨以卦自臨其久宜矣史謂艮之八者杜預有二疑雜用三易以七八爲占一疑也史以古易不利再以周易折之二疑也余亦有二疑焉七八者或在三多之數益三揲之所當計二四而爲八也一疑也八如臨八月之八隨互體即艮體隨之六二二疑也必有能辯之者

䷮坎下兌上困䷛大過

崔武子所筮筮史阿告以吉之卦也齊棠公死武子弔之窺棠公妻美而欲介其弟東郭偃以取之弔人之喪幸人之禍挾急以攘死鬼之妻豈唯偃以齊美同姓拒之雖死鬼亦怒矣瀆筮以求吉筮之所不告也武子欺死而得美莊公欺生而淫美美以色名禍傾人家國崔子逆弑棠千古不令之名豈獨攘鬼妻之惡哉筮史之阿告以吉者齊禍出于天數爲不可逃

右困之大過困六三變爲巽以坎中男娶巽長女固已非匹陳文子所謂風隕妻風弁也隕墜也弁墜之妻冒險取之且困之繇曰入于其宮不見其妻者謂莊公入崔武子之室崔氏稱疾不見之象且以卦變

言之大過九二至九五爲乾互體二女一夫巽長兌少本末皆弱二女者武子莊公皆嘗有是二女也一夫一婦一婦再適亦二女也武子莊公兩淫之象嗚呼武子莊公於姜皆爲同姓禽獸夷狄不若哉妾不知姓則卜之況妻乎

䷗ 震下坤上 復 ䷚ 震下艮上 頤

鄭子太叔還自楚告子展測楚康王將死之卦也晉楚以鄭故不和楚矜然於晉豈復知鄭鄭小國唯大是聽命而乃以宋之盟載之言是賴夫子太叔既知之而猶以易測之以明楚康王之不賴盟而以大虐小死不免矣楚子竟死于魯襄公之二十八年雖然子太叔不因筮史得之亦知易之君子

右復之頤復上六外卦變而爲頤楚迷不知復鄭既從晉楚迷而失道以求復如其願楚王必死之象也復之初也顔子得之曰不遠復无祇悔是矣其既極矣以陰反陽而猶迷而不返楚康王得之曰迷復凶反君道是矣子太叔曰楚不幾十年未能恤諸侯吾乃休吾民者以復之上六曰以其國君凶至於十年不克征而測之也是年裨竈占星亦知楚子之死與易同占者杜預曰歲星所在有福歲星當在星紀而寄於元枵失次在北對冲在南鳥謂南方朱鳥周楚分野楚康王死之歲周靈王亦死此卜筮相爲用他

皆倣此

䷑ 巽下艮上 蠱

秦醫和視晉侯疾以此卦答趙孟之問也晉侯求醫於秦秦使醫和視之曰疾不可爲是謂近女室疾如蠱六氣陰陽風雨晦明蠱爲晦六疾之一和謂惑疾惑則沈溺女色而蠱實生之猶器皿之蠹而生蟲爲蠱猶穀之朽而飛蟲亦爲蠱既曰女淫爲蠱非鬼非食是不可爲也和之言曰女陽物而晦時晦謂昏也陽物謂巽離兌三女皆二陽一陰陽中之陰內熱之疾所自淫則內熱而蠱生矣杜預釋之曰婦人從陽非也和又曰良臣將死天命不祐謂趙孟爲良臣以大夫僭諸侯力可以諫

晉侯之淫于女而莫之救故和及之其曰良臣者反言之也宜趙孟以蠱爲問而以良醫答和也晉平公彪卽位於魯襄十六年卒於魯昭之十年噫亦沈疾矣內有同姓之四姬醫所不治欲使之受諫乎

右蠱一卦醫和言之非筮所及巽長女艮少男老婦士夫蔑非其匹老陰少陽其類爲偏象則蠱矣然四姬一男豈特老陰而已邪醫和之神機以苦口爲藥惜乎晉君臣不悟也是歲昭公之元年風落山木與秦卜徒父同占

䷣離下坤上明夷䷎艮下坤上謙

叔孫莊叔生穆子自筮得之卜楚邱告之以其卦之詞

也初穆子辟僑如之難奔齊私客婦而生子曰牛又取齊之國氏生孟丙仲壬穆子夢天壓已弗勝夢旣告之矣此先筮而得之也夢與筮皆天之定告之以永然而皆不寤魯之禍媒於穆姜而成于牛僑如出奔穆子得歸國氏之二甥以母改適遲遲其歸遲其歸也牛又間其父子殺孟而逐仲孟仲二子一殺一逐叔孫思仲子不得見不食三日以仲雖歸牛又以邑賂南遺使不得入卒之昭子得立不以南遺爲德而以牛爲禍牛出奔而孟仲之子殺之投其首於寧風之棘上如楚邱之告

右明夷之謙明夷之初九內卦變而爲謙明夷者明之傷也謙者滅也兩卦貞悔道筮矣明夷之象爲日日出地中則明傷于地陽傷于陰君父傷于臣子其象之意也天以十日十時爲度在人則十等杜預謂王公卿士阜輿隸臺僕圉牧也一曰王二曰公三曰卿中天爲王食時爲公旦日爲卿以離爲日夷則日傷矣以豹爲卿在三之位則知穆子當爲莊叔祀也其傷則謙謙則傷滅以離日爲鳥方故曰明夷于飛君子于行三日不食則餒矣離初九之陽變艮初六之陰以火焚山也明夷之初曰主人有言牛以讒逐孟仲叔孫不食也牛之名證曰豭喙兆於夢又見於筮坤離皆牛象自莊叔穆子至牛三世以淫賈禍吁可畏哉箕子文王得明夷蒙難爲聖賢叔孫得之殺

身敗族

䷂震下坎上屯䷇坤下坎上比

衛襄公嬖人婤姶生子元孔成子筮之得屯又筮之遇屯之比之卦也孟縶與元皆嬖人子縶長而元次縶跛而元幼皆屯也屯者難也孔成子初以立長未決史朝贊以立元是爲靈也初元之將生也已得于孔成子之夢康叔名之曰元使孔圉與史苟相之史朝所夢皆協以再筮襄二夢廢長立次廢病立幼似非偶然者

右屯之比屯初九內卦變而爲比也且史朝之言曰繇云利建侯者嗣卽非建建卽非嗣使縶當嗣卽不待建所建者猶二屯之難元以次當建遲疑不決故

以筮決之筮不當再猶之不決之故也比之繇詞曰原筮元永貞原筮者以再筮決意于元之意雖然靈公之立失德爲多以國多君子賴之以立比輔之象也然筮以襲夢與再筮之決此其例也

䷁坤下坤上坤䷇坤下坎上比

南蒯謀以費叛枚筮以示子服惠伯之卦子服告之以其事也蒯遺之子也遺逐叔孫之子仲以立昭子蒯亦立季平子幾于再世禍魯也昭子爲魯卿以功加三命爲季子媢忌昭子欲與季氏訟本出南蒯間諜南蒯懼以費叛費者季氏之邑以蒯宰其地也以地叛主神所不許筮所不告子服惠伯猶告之者幸其悛止而有

與于筮也其曰吾嘗學此者以明學易有素必欲塞其不逞之謀而救之以忠信之正也春秋不書南蒯之叛杜預曰不以告廟非也費爲季氏分地不土于魯久矣昭公十三年書叔弓帥師圍費者不罪費叛而罪帥師以明季氏叛魯而家臣南蒯叛季氏無怪也越明年費人逐南蒯于齊司徒老祁慮癸以地歸魯亦不書者地從季氏春秋私相予奪去來非法也至公山弗擾則費再叛故孔子隳三都

右坤之比坤六五外卦變而之比也坤以六順爲義六五變而爲坎順變爲逆筮則卻之曰不可占險坎之水爲險其互體爲艮之山山水之險非一險也坤以順爲吉而比亦以相輔爲吉蒯乃枚筮誤指其吉而逆圖之乎黃裳元吉者黃者中色地有主也裳者下飾上有衣也元者善長長有君也皆非逆圖也供養三德爲善供養黃裳元之三德杜預釋以洪範三德曰剛柔正直非也曰參成可筮者子服惠伯欲南蒯參其三說之備而用之惜乎蒯不悟卒爲齊之叛夫也

䷀乾下乾上乾

蔡墨以答韓宣子龍見于絳之問非占筮所及而援卦以告之也龍者人君之象乾五五乃其位乃今見于晉郊猶之東遷以來狩於河陽與夫南征水濱此春秋之

所當書不書者晉不以告也蔡墨以易之乾以釋乾坤之言龍又及其爻之變以豢龍御龍二氏明虞夏之德劉范之世服厥官以譏世衰道喪何足以致龍

右乾六爻言龍者四爻而以一陽爲龍之變者四卦併坤爲六何也以明五行所實而明五官之職備見於乾所變之龍也初九曰潛龍勿用其變爲姤䷫巽下乾上姤天風之爻木澤之氣也九二曰見龍在田其變同人䷌離下乾上同人火之氣也九五曰飛龍在天其變大有䷍乾下離上大有金火之氣也上九亢龍有悔其變爲夬䷪乾下兌上夬亦金水之氣也坤之上六曰龍戰于野者坤上六之變其變爲剝䷖坤下艮上剝

土之氣也五行以御四時而重該修熙分職四時而無曠官此真龍之出入得以豢御而馴擾之豈特陽氣而已哉杜預釋之乃曰乾龍以象陽氣蔡墨以謂真龍似未審也說卦八卦皆有象馬牛龍豕雉雞狗羊皆象也何獨於龍而疑之蔡墨曰重該修熙少皡四叔職金木及水修熙相代爲水官顓帝之子犁爲祝融共工氏之子爲后土火土之職舉而社稷五祀無曠此致龍之德也

䷡乾下震上大壯

史墨以此答趙簡子之卦也昭公出奔死於乾侯季氏實逐之三家之于魯猶六卿之于晉其亦太過矣趙孟

乃以季氏出其君而民服諸侯予之已似失言史墨知其指意曰王有公諸侯有卿各有二也天生季氏以貳魯侯誰能恤之又曰三后之姓於今爲庶至援卦以寓其神曰天之道者定數之不可逃

右大壯不以筮得之而以意測之以震主祭如副君乾王位也反屈其下故曰雷車乘乾震爲諸侯乾爲天子無周之象魯昭公何足道哉墨又以季文子之卜爲襲至曰東門遂殺嫡立庶魯君於是乎失國

䷊乾下坤上泰䷄乾下坎上需

宋伐鄭晉趙鞅卜救鄭伐宋陽虎所筮之卦也鄭武子之嬖許瑕求邑無已子之請自圍宋雍邱因是取鄭師于雍邱又報雍邱之役故伐鄭則師之曲直可見救鄭之吉凶不難辨矣何卜筮之紛紜乎趙鞅欲勸諸侯之師以占諸史趙史墨史龜三史者各答以不可伐宋而可以伐齊齊火也宋子姓水位也晉姬姓亦水名也伐齊則以水勝火謂專伐齊傳魯新與齊平又有吳入江淮之憂故陽虎筮之者蓋徒倚觀釁於吳楚齊晉之間志不在宋幸筮意之出此疑而筮之也

右泰之需泰六五之坤變而爲需九五之坎也需者疑而不進也坎者險在前也持疑冒險用兵非所以爲魯之利需則有不安于泰者此陽虎之意似未可以襲晉三史之占魯自敗齊人之交日負齊曲爲吳

歲受兵于齊者由此也且帝乙歸妹者微子啓爲帝乙之元子以互體之兌爲少女以乾娶兌元子娶妹之象方得吉配天福祉於元子者未可以兵伐之也趙鞅竟用三史之卜伐齊取犁轅二城毀高唐及賴而還吳楚方爭衡鞅有所不能敵也

右左氏卦例凡十七例各援其所本以明吉凶禍福所自有筮而得之者有不筮而得之者筮而得之出于筮史不筮而得出於用易君子引經據義而以義測之也春秋易聖人之經左氏親受於聖人其聞見隨家國所占所用不同其爲例則一此王弼杜預得以例言也傳曰卜筮不相襲以明龜

策異用而亦有相襲者世亂道喪寡誠敬薄信義
吉凶禍福往往相反淫巫瞽史因以汗漫爲說雖
例亦復無用易者君子所深懼也

方舟經說卷二

方舟經說卷三

宋　李石　撰

左氏詩如例上

詩之有例杜預之說也吾夫子删之子夏序之又與子貢親聞其言於夫子例之說如預者舊矣預之立例曰詩人之作各以情言君子論之不以文害意春秋引詩不皆與今說詩者同他皆倣此此如例也嗚呼此說備矣凡所援據緣情爲類左氏所載一件一事摭拾之得一百六十八篇作詩如例

孝子不匱永錫爾類大雅

鄭莊公以弟太叔讐其母姜氏然孝心不忘不然一羹之頃亦自難以激其終身之讐太叔不絶于其兄如春秋則頴谷封人誠有力于莊公爲不盡之孝也

風有采蘩采蘋雅有行葦泂酌

蓋始之傳母子用讐君臣用質人道悖甚矣其曰交質子不及二伯是且周君也鄭臣也此君臣用質也人道不順而以忠信責之可乎四詩出君子之意忠信之實也蘩蘋薄物之可羞葦者牛羊之不踐泂酌之潦可供祭祀也

商頌曰殷受命咸宜百祿是荷

頌者詩之盛德況商頌之難得者乎穆公以姑息小

仁以禍其國殤公之立十年十一戰杜預以兄終弟及飾其說君子亦以頌美宣公非所蒙也公子馮不帥父義何所逃罪然以商湯武丁美宣公君子之言亦過矣

碩人 衛風

國之儲貳天所建也天下之望在是矣莊公娶齊賢淑無子以桓公爲子早定其位以明天所建而係人望可也不然嫡庶之分繼及無序國本亂矣州吁之弑君是也莊姜以桓公爲子莊公又寵州吁母賤而嬖子寵而好兵賢母不能制嬖妾賢兄不能制寵弟碩人之賦衛人逆知其然知桓公之必不免託碩人以憫莊姜爲賢不見答故無子於州吁書爲弑君又以殺臣下爲詞此春秋微意杜預乃以州吁未列於會故不稱君妄矣

自求多福 大雅

詩敘狂狡之刺鄭忽皆不足以當之何也狂者進取不已之謂也狡者如狡兔三窟之謂也鄭忽以救齊敗戎成功乃矜伐自居戍齊之餼又以班後鄭爲有郎之師固辭齊婚是禦福也乃援文王大雅之賦曾狂狡之不若也卒之三公子爭立受權臣之欺失大國之助君子以爲善自爲謀則可謀國則不可也

君子屢盟亂是用長 小雅

鄭莊公後忽突爭立鄭以宋女之故突入忽出宋執祭仲爲奇貨連年于此矣十一年惡曹之盟宋與盟而不書杜預以爲缺文意者忽猶在位也忽出突入然後宋人得以横役鄭人故爲折之盟至穀邱之盟凡再盟矣其爲會者四曰夫鍾曰闞曰虛曰龜至伐宋而戰宋則宋絕而鄭得以小瘳君子以小[illegible]屢盟譏之

本支百世 大雅

本根也支葉也文王子孫百世相傳以長久享國者本根盛支葉從而茂也衛惠公播越七年于此矣魯莊公會齊宋陳蔡之兵伐衛而納之非天子意六年書王人子突救衛則惠公朔失國以國逆爲文當納與不當納情可見矣朔既得入放新君黔牟放大夫甯跪殺公子洩公子職然後即位君子譏二公子之立黔牟爲不度者以本之不强而支之不足自庇非文王所以傳世之意然惠公之惡亦不悛矣

翹翹車乘招我以弓豈不欲往畏我友朋 逸詩

帝舜明德百世之祀也其後之人賢不肖何足以廢絕其後之祀哉陳殺其太子春秋以國討爲文曰陳人者不與其殺也公子完奔齊齊侯使之爲卿此則八世之後敬仲開國於齊之符也至桓子而陳始大至成子而陳得政皆天也方子完之奔齊也有賢覇

主爲之依歸子完亦能維容遜順降其詞色於俎豆之閒其賦詩可觀矣弓招之禮士之聘禮其不欲往者天意於明德子孫尙有待乎

豈不懷歸畏此簡書（小雅）

文王以辛受之命遣兵以守中國以西北外敵爲慮其職猶諸侯霸主之職也東遷以來外敵爲患日熾齊桓公圖霸之始管仲相之首置西北之慮于度外者乎小雅之賦文王爲西伯時勞來諸侯西有昆夷北有玁狁所謂簡書之畏不敢一日卽安以辛受之命爲畏也邢者武王之子孫爲狄所伐霸主之所當憂管仲一言之贊齊桓得以九合諸侯實發軔于此

矣閔公元年正月書齊人救邢僖公元年書齊師宋師曹伯次于聶北救邢前人後師人者微而不及事師則將尊師衆所以大邢於中國以夸耀霸主之威於諸侯也曰次者免而進之于懷歸簡書之畏也至於遷邢城邢以明狄人之勢方盛齊之於邢不可緩也

載馳（衛風）

婦人女子知有國家患難亦其義慨之激于中此載馳之所爲作也許穆公夫人衛女也父母之國爲狄所滅曹邑之遷幾不祀其曰歸唁于禮有不得者父母旣終無歸寧其兄之禮也許小不足以救衛抗狄

徒憂之而作況諸侯爲伯主而不一動心乎此則齊桓公攘戎楚邱之封文公他日再造之業歸夫人魚軒之張本彤管靜女之章亦出衛志有不及此

清人（鄭風）

鄭受楚敵而輕于授鉞推轂之任其兵亦難乎爲兵矣春秋書鄭棄其師鄭自棄也非將之罪也故吾夫子于論語微發其端曰不教民戰是謂棄之不以罪高克也夫以高克之罪正典刑誅戮之可也詎有憎惡于其將而猶假以兵柄哉子夏序詩乃曰久而弗召自莊公二十八年楚入鄭以來今閔公之二年凡七年矣高克奔陳不書者非春秋與吾夫子之意

懷德維寧宗子維城（雅）

申生死于女戎之讒力其蒲屈之築也申生已游魂新城矣吾尙以資薪爲訴重耳以不校父命幾不免斬袪僅能奔狄然重耳霸業有異于夷吾者其用心大小有閒矣士蔿之諫非獨爲蒲屈之城亦知申生出伐皋落公子皆不免維城之詩先見之明乎

白圭之玷尙可磨也斯言之玷不可爲也（抑）

獻公得罪國人雖其諸子親出肺腑如異類也苟息不量力欲保奚齊以一死抗三怨以一嬖敵輔者之諸侯何狂則愚矣晏子曰君爲社稷死則死之奚齊之死里克殺之耳平生許君貲矣已非社稷之計而

又從里克逆謀也卓子里克又殺卓子荀息死之死已非向者許君之志明矣其與溝瀆之經何異大雅白圭之玷非所以責荀息

不識不知順帝之則大雅又曰不僭不賊鮮不爲則秦伯之問公孫枝之對惠公求入之情僞盡矣惟重賂以求助則忌克之情見矣秦伯預防惠公之反噬是以他日重耳覇業而肇夷吾非所宜也不識不知者文王所以順天之法不忌克者可以爲法矣惠公忌克適足以資呂甥郤芮背秦之謀啓不鄭賫國於秦以納重耳者天所以開覇圖于晉似有冥數

愷悌君子神所勞矣大雅

齊桓公以鮑叔一言忘其平生之讎釋管仲而用之一則仲父二則仲父君臣相信不復有疑雖三代直道不過如是也乃曰仲尼之門三尺童子羞稱管晏至有廢其所長而求其所短不知所以絕管晏者果何罪後世以是洗垢吹毛以瑕疵士人者不知夫子自管晏以下如子產子西皆有定論管仲以下戎之功辭高就下君子有大雅之賦如吾夫子之意世祀者以其平戎之功可以格神也

下民之孽匪降是天噂沓背憎職競由人小雅

韓之戰秦獲惠公以獲書如俘囚無異甚易之詞也晉以女女秦其資秦德非一也三施不報以負秦也

蘇之占何尤乎史蘇能以象數占天之吉凶而不能變吉凶者以人事召之也噂沓面語而背相憎疾韓簡所以告惠公惠公不之悟以死此豈非人爲哉

刑于寡妻至于兄弟以御于家邦大雅

宋襄公不度德欲以仁義之師圖伯于春秋子魚又以文王降崇侯于因壘之閒刑于寡妻及兄弟以大姒爲飾推此及邦家以無禮責曹而執鄫子殺之如犬豕然果仁義之師乎孔子商人宋商之後也其書曰執宋公以伐宋其亦隱忍爲恕詞矣公爵執之而人楚告捷不許外敵執中國之君也又書諸侯而不書楚猶曰諸侯自釋之此吾夫子恕於鄉人之詞也

豈不夙夜謂行多露召南

諸姬盡于楚人吞噬有日矣非特漢東諸姬憤之中國人亦共憤之矣楚人日熾隨日削者有由矣楚自武王以來隨絞州蓼欲伐其師有不能得今又判之如蒙露夜行不免濡衣污辱之病此君子之重爲隨惜召南行露之賦有旨哉

協比其鄰婚姻孔云小雅

王子帶惠王之子也時襄王在位帶召揚拒泉臯伊雒之戎伐京師欲行篡襲賴秦晉伐戎以免子帶因是奔齊齊使仲孫湫欲復之諸侯戍周王室之不靖者至是十年矣富辰力諫襄王以子帶爲言協比其

鄭以齊爲婚姻也兄弟卽襄王及帶也王信富辰之言可矣然王子帶介恃諸戎與齊之援勢不兩立王子帶入則天王出居于鄭矣春秋意罪襄王顧匹夫小節以天下之大避其母弟天子無外而以出爲言譏之也王子帶居溫富辰亦不免

戰戰兢兢如臨深淵如履薄氷(小雅)又曰敬之敬之天維顯思命不易哉(周頌)

邾者魯附庸小國也恃宋以抗魯故魯伐之且其執鄫子以畀宋宋殺之于社僖公伐之又伐而取其須句邾背惢之遂有升陘之戰內不可言戰言戰則敗此春秋內諱也臧文仲預以雅頌諷公不悟大抵魯

奔馳大國之郊無歲不兵無歲不役重外輕內其藐邾久矣兜鍪之辱何怪乎

河水(小雅逸詩)六月(小雅)

重耳復國楚秦及翟之功也自楚之秦納之晉二詩之賦可以見其志矣晉子犯趙衰之力也古者享禮賓主賦詩見意其賦全章則以首章爲重此杜預之說也然預以河水爲逸詩而又以朝宗于海爲義則沔彼流水朝宗于海見于詩非逸也六月則以佐宣王北伐爲義以贊重耳復國尊周也此又賦全章之例

常棣之華鄂不韡韡凡今之人莫如兄弟其四章曰兄弟鬩于牆外禦其侮(小雅)

周鄭交惡自入春秋不君不臣胥失之矣周寡恩無御臣之方鄭忘德失事君之畧今又以一滑之小而執二王人欲以戎伐鄭者以忿兵加鄭亦胥失之矣小雅唐棣名穆公燕族人于東都閔管蔡而念周公此富辰舉之以戒襄王也

彼其之子不稱其服(曹風)自詒伊戚(小雅)

甚矣子臧之爲惡不悛也其兄子華以變寵殺身而子臧奔亾宋受其奔反以鷸冠自侈所以殺之者鄭伯鄭伯不自殺使盜誘而殺之何也自詒者自取也國人惡以寵嬖出奔長惡不悛兄死而弟繼之宋鄭

不相平又恐其介恃宋人反禍其國不然一冠非法小人之服何足深誅

惠此中國以綏四方(小雅)

春秋賞罰之權詩者著春秋襃貶所自出其于聖人之經則一也是以君子貴之晉文公圖霸之始必有大號令以尊天子令諸侯者此三罪民服雖舜受堯禪誅放四凶以取天下之心不過如是也然帝霸之業所以不同者去取之異也文公始入伐曹衛以地主失禮而以兵伐人不過假公義以復私怨而已旌僖負羈之忠可矣顛頡魏犨同罪異罰可服人乎祁瞞風之澤亡左旃不登時戮之于軍旣敗楚而又殺

人可服人乎帥之僑奔亡之餘而俾爲戎右濟河先歸輕用之而輕殺之可服人乎君子大雅之賦曰賞曰刑權春秋之法者之于詩者欲以厲霸主之德於天下文子而實不予也

采葑采菲無以下體國風

父子罪不相及堯舜之仁用此道也郤芮畏偪謀殺晉侯以至焚宮以求晉侯不獲豈自知重耳之霸哉胥臣但知其子之賢而舉之文公信而用之以縣賞胥臣之舉雖而復命以父之舊邑此霸者盛德事也葑菲下體雖惡無以惡而棄美此胥臣之說詩者小異

大風有隧貪人敗類聽言則對誦言如醉匪用其良覆俾吾悖大雅

晉負秦曲秦亦德不忿殽之役穆公違蹇叔而用孟明三年之間三敗之辱晉則由矣秦亦未免以責于晉爲貪也故舉芮良夫刺厲王之詩以自警卒得孟明之用雪殽師之恥者以信任孟明爲始終而不以兵家成敗爲作輟也若夫汪之役以晉宋陳鄭四卿之貴書曰人者將尊師衆不能舉一秦外敵之勝中國之恥也而左氏反以人四卿以尊秦不知人四國之卿亦以人秦也風之有隧者君貪則可乘故無形之風得以入之聽言者悅耳諛詞也誦言者雅正逆耳之言也良而悖之謂蹇叔也此詩乃人主聽言之法

君子如怒亂庶遄沮小雅王赫斯怒爰整其旅大雅

萊駒以斬秦囚失職狼瞫代之遂以爲右箕之役先軫黜之以續簡伯代之狼瞫怒其友誘之爲亂不從以未獲死所也竟死于彭衙之師晉襄公得以幸勝秦師君子不多晉襄公之用狼瞫不罪先軫之失上而有取于狼瞫者以其不尤其君不信其友不妄用其勇踐夙昔之言以求死所也君子以狼瞫爲君子舉二詩以證之至比之以文王之怒嗚呼匹夫之勇而有六師止亂之氣其亦勇于義乎

毋念爾祖聿修厥德大雅

嗟夫秦穆公悔過以不用蹇叔之言孟明自以屢敗不死必復雪其國之深恥以答穆公之知此念爾祖之說晉趙成子所以取之也毋念者念之深也念祖考之德以自修其德晉未可以輕敵也

春秋匪懈享祀不忒皇皇后帝皇祖后稷魯頌問吾諸姑遂及伯姊邶風

臣繼君位爲先後義猶父子也僖兄閔弟以兩臣言之則可以兩君言之則義有先後一君一臣不以兄弟也臧文仲之不仁夏父弗忌成之也其曰新鬼大故鬼小此巫祝之見其何以爲廟社典禮之官乎仲

凡春秋以大事書之何也明其躋僖抑閔失後先之義以時以月以日爲謹不及爲内諱也又舉二詩以明其非義曰鯀曰契曰不窋雖無君位猶當以祖禮推配躋僖公以郊禮祖稷豈有禮之可法乎諸姑伯姊亦以先後父子先後之義也杜預謂微子父帝乙鄭桓公父厲王二國不以爲不肖肖之與不肖以子肖父乃倒置其意乎

子以采蘩于沼于沚于以用之公侯之事（國風）夙夜匪懈以事一人（大雅）詒厥孫謀以燕翼子（大雅）

聖人立言足以爲世重也秦穆公悔過吾夫子取之今之秦誓是也不遠復無祇悔于顏子謂庶幾近之

以其不貳過也子路聞有過則喜亦與此也至于穆公悔遵蹇叔之言則錄之爲誓幾與三王之誓無異因以成霸功左氏取之蓋吾夫子好之邱明亦好之三詩者皆君子之意也一人悔過一人舉善一人效力雖天下受其利可也況一秦之霸乎

菁菁者莪（小雅）嘉樂（大雅）

及者上及下之詞又爲汲汲之詞其一直歷以及爲文其一危出以汲爲文卒之晉侯自悔二年之無禮又踰年公如晉懼其無禮而改盟公其屢盟之非前之及猶後之及無以異也晉侯賦菁莪取既見君子樂且有儀之義公賦嘉樂取顯顯令德受祿于天之義然文公降拜賦答亦兢兢然矣文公二年之冬如晉四年之春飲至告廟不已遲遲其歸乎

畏天之威于時保之

女子在塗稱婦卿以國逆之以吾君故尊之也今不書卿而以逆婦爲文是無祔姑之禮以其始爲不令終之卜曰出姜可也畏天之威以配夫爲天也君子謂之曰不允者以不信也不信則不保卒之文公死而歸此其兆也

維彼二國其政不獲維此四國爰究爰度（大雅）

齊桓公之霸力足以尊周室而服荊楚也貫之會江黃人以蕞爾小國能自通于中國二國者楚之與國

服江黃者斷楚右臂也桓公死楚滅黃以報宿憾江人所恃以立者以晉爲伯公之可依勢亦岌岌矣楚伐江晉力欲庇江有不得者至秦穆公既敵晉伯西戎江人既同盟而楚滅之此伯者之深恥恥齊晉之不若也降服出次徹膳過禮君子援大雅之詩者美秦穆公不唯自反已之不能庇江思其政事以自警也

湛露（小雅）彤弓（小雅）

衛侯鄭楚之姻親也甯俞衛之忠臣也衛棄同姓之懿婚于南蠻之楚此重耳所以討而分其地賴甯俞以得復國者凡三衛侯被執京師俞納橐饘一也晉

欲殺衛侯俞貨醫以薄其酖二也不敢祀相以全成王周公之命祀三也負三大節孔子以爲有道則智無道則愚何也來聘于魯魯衛兄弟非無道之邦杜預遷以不答二詩之賦爲愚似未盡其愚其節當在晉楚爭衛之間耳湛露天子燕諸侯之禮也諸侯敵愾則賜弓矢然後征伐魯人失賦以欺衛非所以爲愚知也

黃鳥秦風人之云亡邦國殄瘁大雅

秦穆公以三良殉究非穆公之過三良自取之也桑與棘黃鳥猶知所止而止之今不擇死所而止于桑棘曾鳥不若也此其與嬖幸何異君子舉大雅之詩

以哀其死罪穆公之用殉似未盡也晉小臣夢負晉侯登天晉人亦以爲殉亦自取也孟子罪象人而用曰俑象俑猶不可不知三良之殉豈特象俑而已乎

葛藟周南

宋成公卒穆襄之族以昭公之立因攻之以殺公孫固公孫鄭昭公不平于二族而欲圖之故樂豫以爲言而有及于葛藟之詩也昭公不聽自作弗靖以及二族書曰宋人以衆殺爲文者惡其首禍于公以誘成衆人之亂也曰右師曰左師曰司馬曰司徒曰司城曰司寇六卿之去皆公族也樂豫雖有言疑若自爲容身故以司馬讓與昭公弟公子卬也卒之六卿和穆襄之族然後公室乃安葛藟之庇本根效矣此詩本平王東遷棄其族人故詩以葛藟尋斧枝葉爲刺

板之三章大雅

晉人以姑息一婦人之故立靈公靈公不君晉鬼不祀秦師以晉使而來秦晉相讎不靖累歲而先蔑士會之奔皆趙宣子失于聽言昧于託孤禍可勝諱哉板之三章以詢于芻蕘以負薪者之語尚有可採此荀林父以曉先蔑之使秦也士會在秦不見先蔑非特誤其身以其誤國也嗚呼伊尹相太甲立之放之復之不動聲色措天下于泰山之安古今一人而已

剛亦不吐柔亦不茹大雅　毋縱詭隨以謹罔極大雅

楚大宋小其不敵久矣宋聽宋華御事之言示弱以納侮勢之必至也夙夜之載何足以辱國君宋公承命于始而還命于終可乎子舟自以當官而行是以牽牛蹊田之說而乃援仲山甫之詩以自文又曰詭隨罔極者將軍之令一至此乎其特大國欺小國聖人所不予也宋人卒殺子舟以雪國恥曰楚子曰蔡侯以子敵侯狄楚國系春秋之微意宋孔子所生長之國也孟諸宋之大藪澤厥貉之次楚距宋亦不遠矣

鴻雁小雅　四月小雅　載馳四章鄘風　采薇四章小雅

鄭衛得罪于晉者以侍楚而蔑同姓也魯文公于晉欲因公爲根柢以請平于晉公皆成之故明年爲新城盟其敘晉趙盾于七國諸侯之下亦以抑趙盾之專晉而喜公能成兩公之託也沓與棐衛鄭二君異地爲會然獨鄭伯禮公賦之也以公子歸生之文故以賦詩答盛意也鴻雁求哀季文子以同憂答之又以公久在行賦四月爲詞子家又以載馳爲賦以明急欲求助于同姓之國文子賦采薇以許其情宛然賓主之禮形于俎豆酬酢可觀也哉

胡不相畏不畏于天（小雅）畏天之威于時保之（周頌）

齊魯之不睦以邾之爭也趙盾陰制晉侯俾受齊賂扈之盟自附于無能之地其何以表率諸侯哉謀伐齊者八國諸侯各以爵書魯文公初不與比書諸侯之盟于扈不唯爲內諱其不能終事于齊者亦魯之深恥也齊人又有西鄙之侵以曹之來朝于吾又伐之季文子援二詩以明其不畏天道何有于人事哉欺魯之小是欺天也以行賂求免于晉而遂志于魯魯不得已有畏於齊公子遂明年卒盟之始齊侯不及盟卒爲郪丘之盟郪丘齊地入其國而盟之不幾要盟乎

人之無良（小雅）

飲食之人人賤之矣子公之染指嘗黿羊斟不與食羊怍然顏而以敗國事事固有大此者乎小雅以不遜之詞以爲犯上之漸本於飲食以及爵祿也不然何至憾一食不與以宿怨殺人乎羊斟宋華元之御者耳君子援小雅之賦譏之又曰敗國殄民又曰殘民以逞者以言其怨也其微其告也甚矣嗚呼百乘之車百駟之馬與一食之羊孰多有以見宋華元無統衆之才杜預釋之以華元寬而容衆非也

靡不有初鮮克有終（大雅）袞職有闕惟仲山甫補之（大雅）

晉國之禍以靈公其得立者皆天也趙盾初無曲突徙薪之謀于先乃欲圖之于焦頭爛額之後果何及哉二詩皆諫詞也既失于初又安知其終又曰補袞之闕如仲山甫能補過也盾君不悛雖鉏麑之賊有不忍者以盾之不正其始而欲效忠于終區區全身于狂猘之口而卒不免惡名者人謀不臧天報之也弑君趙穿而史氏書之以爲趙盾茲非天乎君子惜其不能越境免禍非其說也此可以爲人臣欺天之戒二詩與今說詩大異

我之懷矣自詒伊戚（逸詩）

春秋書許世子弒父不嘗藥也書趙盾弒君不討賊也皆出史氏直筆孔子採其意以作春秋爲天下後世亂臣賊子之戒防微杜漸非一朝一夕易之所謂履霜堅冰者早辨之術也然則趙盾逆詩之賦心則

知之益趙穿自出其族已爲晉卿内不能制之子家又縱之于朝吾夫子曰趙宣子爲法受惡古之良大夫此一詩可以贖宣子之罪也於春秋之書者不少恕者子以公天下大法

民之多辟無自立辟大雅

春秋者聖人直筆詩者聖人雅言皆聖人之經也殷冶書大夫以殺又援詩之大雅以謚其死其亦惜其人之忠而慨憐于淫亂之門也歟紂殺王子比干武王封其墓孔子仁之與微子箕子比其爲仁則一也杜預乃以洩冶不爲春秋所貴反以孔寧儀行父道楚入陳討賊爲能補過失聖人懲勸之義因并正之

文王既勤止周頌

獫爲周患自太王以來有之不獨文王也周公方且膺之東遷之後春秋赤狄最强吞噬衆狄欑函之盟衆狄始服者潞子嬰晉之後爲陽舅之國幾于和親也赤狄侵伐齊晉非一日如先穀之不忠以邲戰之敗往往賣國于狄赤狄日熾欑函之盟狄之支黨既以翦去赤狄有必滅之勢故欑函之盟以文王之勤自比者文王事狄不絶欑函成周室之業也子孫忍忘諸乎晉師滅赤狄潞氏以潞子嬰兒歸近在五年之後以晉女歸以狄臣千室賞荀林父者欑函之盟始之也

汋曰於鑠王師遵養時晦周頌武曰無競維烈周頌

晉楚爭鄭久矣鄭伯肉袒牽羊以請命于楚人晉人之恥也猶欲救之楚人乘勝爲邲之戰以至敗績者晉之自取也荀林父士會本以中上二軍之將初無必戰之意固欲其還先穀以中軍佐不從三師之謀此主令不一必敗之勢也尚何以追鄭于既勝之楚哉然楚人初甚懼之亦屈而求成二詩爲諫有取于武王汋武二頌欲回先穀之意而卒不從遵養以須晦昧者惡習而後取之兼弱攻昧以成周家無疆之業杜預所釋經意也

元戎十乘以先啓行小雅

晉楚戰陳之形元戎者楚趙旃魏錡二子皆晉之不得意者怒楚師楚王以左廣親逐趙旃適與荀林父遇林父親鼓已不知所爲氣先敗矣舟中之指中軍下軍益趙括趙嬰齊士季先穀之軍行也一鼓則狠愎而甚怒再鼓則怯懾而先奔晉軍罪人三人者同三師果何恃哉十乘元戎以明楚子之以身率人善陳也是役也晉倉皇易師而行是以甚敗

載戢干戈載櫜弓矢我求懿德肆于時夏允王保之周頌武之卒章曰耆定爾功周頌敷時繹思我徂維求定周頌綏萬邦屢豐年周頌

楚子縣陳定鄭席累勝之氣與晉爲邲之戰又幸勝

焉楚子自反而知之曰咎非無所而羣臣侈心初未知之也如潘黨欲收晉尸以爲京觀夫楚狄也如莊王不幾王者之仁乎詩頌以武王自許豈潘黨所能以諛說取媚者七德之賦詩頌武王之德也其三其六三六之數楚樂歌次序與今詩篇次不同杜預云

亂離瘼矣奚其適歸 小雅

鄭以小國介乎晉楚必爭之地已不幸矣又有重不幸者内有怙亂賣國之臣以利自封而求市如子服者死有餘戮矣子服先入楚師欲分鄭以立魚臣楚莊王前後滅九縣曰息曰鄧曰弦曰黄曰夔曰江曰六曰蓼曰庸又曰武王克權使鬬緡尹之文王縣申

息故子服以是生心鄭人殺之君子以史佚怙亂之語又以詩小雅之言禍亂至此不晉則鄭果何所歸

陳錫哉周 大雅

周人所以禦狄者歷世出一法無有二也彼之性所欲子吾者太王以來子女玉帛文王不殄厥問竭力事之是豈有二哉計狄者衆敵之長雄者也潞氏甲氏一姓而異族晉人初以女女之繼即滅潞氏又滅甲氏服二赤狄于二年之閒此天運關狄盛衰乎不然何其威懷之得術也庸庸祗祗用可用而敬文王也晉人賞荀林父因及士貞子益士貞子進荀林父故貞子受進賢之賞陳錫哉周之詩言文王以惠利錫天下無閒於狄造周家無窮之業其子孫遵用之晉始事狄卒終滅之其家法如是也此詩與儀禮之盟載以文王爲言以明春秋雖亂其御之之法未之有改

戰戰兢兢如臨深淵如履薄冰 小雅

傳曰荀子之不欲雖賞之不竊此孔子荅季康子禦盜之法也穿攻靈公而行桃園之弑賊也靈公使鉏麑殺趙盾不克亦賊也先穀召狄敗以禍其國亦賊也士會受繞朝之策逃秦而歸其心益知盜矣一卿以獻狄俘于天子請命于周晉以爲中軍將以代荀林父林父方受狄臣千家之賞苟不縫師士會禦狄

俘之寵中權之選得以攘其政柄豈不欲之賞哉晉盜之奔秦不知士會止盜之術何以感之也戰兢淵冰之戒不善人者果何如人哉

君子如怒亂庶遄沮君子如祉亂庶遄已 小雅

齊晉與國二伯之流風餘澤未遠也一郤克何足以煩諸侯哉爲晉求齊出于輕與雖無婦人其笑宜矣跛眇之疾豈蕭同叔子之爲哉郤克必欲離齊以傷人子之心其悖禮害義甚矣原郤子之意不過欲速取政柄幸士會之老而求代之耳士會則知之故以詩喜怒爲言昔人以喜怒已亂也

孝子不匱永錫爾類 大雅

質子可也質母可乎卻克幸于一勝矜其豕突之氣于齊以婦人之笑還以辱人子之母可乎徒言何益其何以令於諸侯哉齊人援孝子不匱之詩非所施于無類之小人也漢高祖曰吾翁即汝翁必欲烹太公幸分吾一杯羹蜀姜維之母曰千頃之地豈計一畝王陵之母伏劍以送使者三人者以私恩害公義今則非其說矣晉人徒言之左邱明徒載其事果說詩者之旨多矣此與穎谷封人一詩二義

我疆我里南東其畝（小雅）布政優優百祿是遒（商頌）

先王之命諸侯各有分地物土之宜以修厥貢或南或北經界正穀祿平也齊南而晉東也春秋以來大

呑小强并弱壤地不明職貢不修晉以鞍戰幸于一勝欲使齊之耕者盡東其畝不惟意在無齊其亦無周天子矣夫以紀甗玉磬者器之從名紀國之寶也地從主人則汶陽之田者魯田也齊以悖取晉亦悖得復以歸魯故衞魯之諫晉侯足爲盛德之舉也欲質人之母幷人之國徒以空言喝齊然亦涼薄矣小雅商頌二章皆齊人求哀之詞也故爲爰婁之盟三帥既各受命服既歸郤克自以得意皆以不伐爲功豈亦有所愧邪

濟濟多士文王以寧（大雅）

蜀之盟以公會楚人以下十一國于蜀楚之卿至是始列于中國故以公會歷之人其卿而不名以微者告也不欲以楚之卿而公爲會也是歲楚共王年十二三强冠之子重與爲陽橋之役以救齊者以晉楚爭齊也共王之弱不如莊王子重之賢不如子玉故以用衆爲安文王以寧者以濟濟之衆也是役也蔡許二君皆弱强冠而行不書者乘楚車失位嗚呼君弱臣强楚盛而中國衰一至此乎

不懈于位民之攸塈（大雅）

蔡許之君二孺子也强冠之與爲蜀之會乘楚人之車如兒弄耳責在師傅之臣不在君也伊尹之于太甲周公之于成王可以任此責二孺子何足道哉朝

廷表著之位如山不動君思其尊臣思其卑如是則大雅之詩謂之不懈民賴之以息肩無失其所可也何有于蔡許之君哉君子必援此爲賦者以爲有位之戒攸所也塈息也

敬之敬之天惟顯思命不易哉（周頌）

成公即位之年臧孫許及晉侯爲赤棘之盟以魯卿而晉侯也乞師以備齊楚鞍之戰因以歸汶陽之田三年如晉拜田之賜又受荀庚之聘而盟之矣成公至是欲貳心于楚者恐晉不能終庇之晉侯亦疑之故不加敬于公季文子因援周頌爲賦者何也盟會者神天之質信也可不敬乎今晉侯輕易之非所以

敬天命也敬人則敬天命矣

不弔昊天亂靡有定小雅

春秋有進夷裔之法聖人嘗以有君許之有戎有荆楚有秦今又有吳其睥睨陵跨相屬也自周公膺之征之孔子有取于管仲者取其可以繼周公之志也吳之始入中國也郯因以成其惡何也郯内受魯晉齊鄭之師郯已疾矣何敢與吳爲抗不得不請吏于吳以申公巫臣之教使楚近地諸國吳始大矣季文子有賦于小雅之篇哀郯受吳之兵以禮義之國蒙彼之侵莫適爲主欲號天告亂有莫獲者不相弔恤也

女也不爽士貳其行士也罔極二三其德衛風猶之未遠是用大簡大雅

汶陽田魯之分地爲齊所侵奪以忿惡不義而取之齊魯以無功而復故疆于晉人之手何也以吳楚爲急也楚取鄭吳取郯魯與齊晉同爲馬陵之盟其欲歸汶陽田于齊者齊事晉且爲吳楚之備也凡田曰取言易也今又曰言許其言而不許其取其言又易于取也七年之中一予一奪魯不能自有而屬之齊齊又不能有而失之晉晉齊爭以市道魯人因以俛仰就避于一田之閒益女晉而士齊二三之行可恥也謀之未遠人臣當諫之此大雅之君臣也韓穿之徒何足以責此

愷悌君子遐不作人大雅

君子之于言也必有已信之效故上之人得以信之此平生之言也繞角之役欒書從知莊子范文子韓獻子不與楚戰之言此已信之效也且欒子執政嘗用三子之言以爲可信而終身信之不復有疑侵蔡侵楚侵沈未嘗無獲者以三子之言也君子因取文王之詩以爲上之人愷悌樂易以來天下之言而作成之于必信以收其必信之效其言之可從者豈唯三子之言而已哉又非特三國之獲也

韓奕之五章大雅綠衣之卒章邶風

宋共公之立使華元來聘欲娶魯女以厚爲援也納幣來迎宋公無主婚皆華元爲之故稱使也衛晉皆來媵同姓姬也魯遣季文子如宋致女復命公賦大雅韓奕之五章取莫如韓樂穆姜出拜樂詩賦綠衣之卒章取其實獲吾心宋魯二姓之好宛然成文婚禮之隆也

雖有絲麻無棄菅蒯雖有姬姜無棄蕉萃凡百君子莫不代匱逸詩

莒之不量力凡三也以小敵大一也殺貴公子二也恃陋無備三也渠邱城莒城二城皆惡鄆又無備振螳螂之臂以當楚之車轍十二日而楚克其三都君

子賦詩以爲譏絲麻菅蒯絲麻爲貴而自棄于菅蒯之賤也以姬姜之妍而忽其蕉萃之醜也渠邱而至莒莒而至鄆次序進兵三日克渠邱三日克莒三日克鄆十二日而莒國去矣尚敢以不量力之莒抗大國之楚哉吾夫子刪詩止有三百五篇尚有逸詩如新宫之篇此篇不知其孰風孰雅要在三百五篇之外夫子之所刪去在邱明傳春秋與聖人同時豈在未刪之前乎

方舟經說卷三

方舟經說卷四

宋　李石　撰

左氏詩如例中

赳赳武夫公侯干城赳赳武夫公侯腹心 國風

晉郤至如楚涖盟以宋華元合晉楚之成盍前此一年矣楚子享以金奏如兩君之禮郤至辭之是矣而子反之意怖晉以一矢之遺幾于蔑晉不可保其終故郤至賦周南之詩以曉之治則武夫與公侯扞難亂則公侯奪武夫以爲己腹心股肱爪牙此一詩而始終二章相反治亂之分也是年冬公子罷來報郤至之聘晉侯又與楚子爲赤棘之盟是歲魯成公之十二年也至十五年楚果敗盟北師侵鄭衛以憂晉子囊譏子反之語是矣

兕觥其觩旨酒思柔彼交匪傲萬福來求 小雅

苦成叔之敖傲衛君者恃大國之晉也晉受衛奔亡之臣兩見之于衛君廢衛君臣之義衛定公雖强受之晉厲公獨不自爲後日之謀哉郤錡郤犨郤至死而厲公弑天道好還不君不臣之報也小雅兕觥之罰衛甯子益知之其以此詩爲先見之兆乎

立我烝民莫匪爾極 周頌

鄢陵之戰晉勝楚敗楚殺子反此申叔時賦詩已知楚之必敗子反之取死于未然也烝衆也極中也楚

人怙衆失其中道子重子反之相惡齊秦狄三强之已服晉人以勝氣策勛之時也晉用其極楚失其極此兵家勝負之機周人皇極所由以立建也

其惟哲人告之話言順德之行大雅為酒為醴烝畀祖妣以洽百禮降福孔偕周頌

婦姑尊卑不可紊也穆姜成公之母齊姜則成公之婦也穆姜為襄公之祖母齊姜則襄公之嫡母其母則姒氏也襄公即位甫四歲襁褓之託何異此季文子之憂責主小國疑而成公與其夫人相繼而亡一年間既葬成公又葬其夫人成公五月而葬謂之書順夫人三月而葬恐其不得葬也此大臣憂責未可俱以為非既出速葬則用穆姜喪具以葬齊姜虧姑成婦君子有感于大雅周頌之言也是年仲孫蔑會諸侯之大夫謀鄭又會諸侯之大夫城虎牢以逼鄭其遠葬新君之母似可藉口然亦非禮之正也

惟其有之是以似之小雅

祁奚舉善君子有小雅之賦端以父子之故有之則似之無者何似焉祁奚之子則午也羊舌職之子則赤也父有此則子宜有此也詩人之意祁奚似此答晉侯之問可也杜預乃以有德之人能舉似已者得無有未盡乎若夫雠之得舉有國之公道大臣事君以人者要當不以私害公如是而已故君子引書之無偏無黨杜預釋以平正無私是矣中軍尉以其子其偏佐以其黨至公无私者能之

文王大雅鹿鳴之小雅首四牡小雅皇皇者華小雅

文王之三文王大明緜也鹿鳴之三鹿鳴四牡皇皇者華也三者十篇之三舉首篇言之則槪見矣魯叔孫豹聘晉以襄公初立通嗣君之禮晉侯偃然自高輕藐魯使僭歌文王樂詩宜穆叔之不敢當也至于鹿鳴之三一則拜二則重拜三則又重拜者以五咨之獲為五善皇皇者華之一詩亦不細矣不意韓獻子之未曉此也詩人以三百之誦使四方為專對其以此乎

周道挺挺我心扃扃講事不令集人來定逸詩

陳受楚抗非一日諸侯力欲庇之夫以中國之衆諸侯而不能庇一小國之陳于楚甚陳自反覆而楚其王内自弗靖陳不知所擇楚亦不能保陳之去就其殺公子壬夫以貪陳之故也殺壬夫而陳去楚愈速此聖人之意也君子引詩交譏楚君臣之失援此詩為證以楚八年而殺三卿子反子申壬夫皆賢也集賢之多以定國而又殺之以逞非周道之正直也扃扃明察也雖然此逸詩也不名其風雅所自止以左氏之文而杜預之釋為據曰逸詩云他倣此例

豈不夙夜謂行多露國風弗躬弗親庶民弗信小雅靖共爾

位好是正直神之聽之介爾景福小雅
三詩者韓穆子之賦也韓厥以老謝事欲立穆子穆子以廢疾爲辭疾則不可行多露疾則不可親民事以示不欲立也小雅之賦專以韓起爲才非己不才廢疾者之比也曰德曰正曰直曰仁以此契神表韓起之三德也厥遂告老晉侯以穆子爲仁使之爲公族之師曰公族大夫者既長且賢雖疾無害也

退食自公委蛇委蛇召南
傳曰懼而思降乃得其階君子有不盡一級者況君臣之際乎魯衛兄弟國也衛之臣猶魯之臣也今乃以臣抗衡于登階之禮不復思降孫文子敢傲僻則無衛君也故叔孫穆子責之于召南之詩有感焉委蛇者出公入私敬順之容也衛而委蛇何以能免卒之十四年林父逐衛君斯其張本云

俟河之清人壽幾何逸詩謀夫孔多是用不集發言盈庭誰敢執其咎如匪行邁謀是用不得於道小雅
晉楚爭鄭爲日久矣晉之于鄭近在肘腋而力不足以庇之楚之于鄭長鞭馬腹而夌轢至此者以鄭人內自潰亂羣公子謀殺子駟子駟先之因弒僖公殺羣公子出是有背晉從楚之心子孔子蟜子展欲待晉子駟賦逸詩子駟爭之子駟又有小雅之賦明年鄭果受諸侯之兵鄭人改圖未卒歲楚兵已至虎牢之境矣虎牢鄭地也

摽有梅國風角弓小雅彤弓小雅
晉爲鄭謀不爲不善鄭人終無寧歲者晉縶雖纖楚競已甚也范宣子來聘告魯欲伐鄭蓋由在鄭也僖公被弒不討賊一也冒喪使楚二也新與晉爲邢丘之會三也不惟不能免于襄之師范匄之來晉兵且至矣然魯襄公甫冠十二歲何知焉季孫宿強挾之以如晉范匄行聘意在兵不在聘摽有梅者欲魯兵之及時季武子之賦角弓答以兄弟之義遲速唯命武子又賦彤弓以送客宣子答以晉文公受彤弓之賜于襄王其專征世職也是時晉悼公修文公霸業彤弓之賦君子以爲知禮

有力如虎邶風
春秋成人之美者法也叔梁紇聖人之父也因紇而著秦堇父以秦丕茲游聖人之門二父以勇力相尚二子以德相尚君子因著其美者以聖人故也孔子生于魯襄公之二十一年乃在十年之後或云考鄹大夫七十三歲父徵在先仲尼三歲而父死計其年則紇已七十二歲猶尚筋力如此其勇何也豈聖賢天資所稟自有異于人乎邶詩如虎之賦不獨秦堇父杜預釋以二父以力相尚二子以德相高是矣此偪陽之滅也以遂書者春秋書其因柤之會以滅人

之國傳以夷俘書者惡其會吳猶曰吳之俘也

樂只君子殿天子之邦小雅樂只君子福祿攸同便蕃左右亦是帥從小雅

晉悼公自以八年九合諸侯者五年戚又城棣救陳七年鄬八年邢邱九年戲十年柤伐鄭戊虎牢十一年亳城北以年計之則十一以會計之則七有一年三合者戚之會與柤之會是也孔子曰桓公九合諸侯不以兵車管仲之力悼公所願效于齊侯者意欲自比于桓公而以魏絳比管仲也然管仲不以兵車晉則以兵抗楚伐鄭桓公不受賂晉乃受鄭人兵車樂師歌鐘女樂自以爲樂故魏絳以小雅之賦規之欲其樂不忘憂也殿天子之邦尊周也如是則同福祿來遠人可以受便蕃之賜而君臣同樂可也惜夫晉人不悟是年果敗績于櫟以秦人之戰也

儀刑文王萬邦作孚大雅大夫不均我從事獨賢小雅

春秋治兵擇將未有如晉悼公之得禮且法所當然而公議所自出也上者蒐簡而求其才下者謙遜而居其位至于無其人則缺之晉悼公之覇業修矣且荀罃士魴之卒繼者難其人士匄辭以伯游韓起辭以趙武欒黶之佐至于新軍無帥則併卒乘官屬以從下軍俾欒黶魏絳兼其任上下君臣雍容進退粲然可觀雖帝王之舉不過如是況春秋之際乎大小雅二詩之賦甚取文王幽王爲治亂之别治則文王之儀刑亂則幽王之矜伐此君子之言足以爲有國馭將之戒

不弔昊天亂靡有定小雅

喪者人之大戚天亦知哀之況于人乎楚共王可謂賢君矣其死也懲鄢之敗自反其過雖天命有不能掩其平生之善矣吳乃乘其喪而行暮夜穿竊之舉此蓋由其逆料未萌三覆設奇吳卒墮其計中庸浦之敗公子黨爲獲夫吳自取至此然兵之曲直不可不論君子以不恤天道譏其伐喪宜矣

青蠅小雅

堲讒殄行雖堯舜不能不震驚于此也且朝以忌媢致讒如蘇公暴公可也巷伯之倫何有焉以寺人汚腐之質可也諸戎之人何有焉言語不通嗜欲不同異氣所稟荒裔絶徼不治之治可也晉人乃剖田食之其納侮有自非戎之罪也范宣子乃因向之會而欲執之駒支青蠅之賦取君子以愷悌信讒也旣曰愷悌父母之心猶是也伯奇之父曾參之母均此心也于讒不能不惑況他人之心乎

匏有苦葉邶風

晉侯報秦櫟之役非其本意何也欒黶之意也晉侯固守境上不進晉六卿帥諸侯之大夫以進者以欒

黶之倡也叔向豈不之知幾與叔孫穆子目語故爲
匏風之賦于涇水之上也匏有苦葉者深厲淺揭于
浮況緩急無必濟之意鄭人則知之子蟜謂北宮懿
子曰與人而不固取惡莫甚焉魯莒先濟鄭衛次之
叔向不敢違者迫于欒黶强令無如之何涇上之毒
魯莒鄭衛之人實死之旣而荀偃欒黶中軍下軍二
帥不和一進一退魏絳首鼠從欒黶以抗荀偃此何
說也哉晉人自謂遷延之役誠是也欒鍼約士鞅同
死鍼先死而鞅獨生欒黶譖以殺其弟此士鞅之所
以奔秦也嗚呼師惰而將貪惰則觀望貪則擇利兵
家之忌也戒之哉

甘棠（召南）

欒氏之惡三世矣晉厲之弑書則階之晉政歸之晉
民畏之以其久且專也黶則已虐盈則不足道仍世
下軍之職士鞅乃對秦伯以召南甘棠之子孫豈所
擬乎召伯之甘棠遺愛也欒氏三世稔惡也至盈卒
爲范鞅所讎出奔于楚此豈甘棠之比與周匹休于
八百年之久乎

巧言（小雅）

衛之君臣相失非特一食之間也獻公猜貳于孫文
子有素太師歌巧言之卒章失之不察故文子得以
先事爲謀亦疑忌之積也不然臣朝服而君皮冠君
臣相從園囿田獵未害其爲禮者雖相忘可也孫文
子乃悻悻于君懷怒如戚嘻亦甚矣至使其子蒯入
使太師歌巧言之卒章居河之麋欲以戚地兆亂亦
其不密之失乎文子果以戚地要其君先殺羣公子
獻公請盟求和無所不至而卒爲所逐獻公奔齊文
子猶用兵以敗公徒于阿澤然衛侯所以得歸者子
展子鮮蘧伯玉皆衛之君子也蘧伯玉之言曰君制
其國臣敢奸之斯言也文子所宜愧也是歲襄公之
十五年孔子未生

行歸于周萬民所望（小雅）

楚人殺三大夫子反子申壬夫以其欲侵小國伐吳

之舉所獲不如所亡故子囊于是得征懲前日之舉
救陳伐蔡日惟寧稟也月所以敵楚者吳也晉也陳
鄭魯衛實羽翼之共王之喪吳人爲庸浦之戰大敗
而去吳又報之有皐舟之勝子囊之所以城郢者以
遷都避吳也君子于是賦小雅之章以子囊爲忠于
君而信于民忠信之臣事君始終子囊兼之矣然楚
人篳路藍縷以啟山林漢陽諸姬楚實吞噬而有之
乃今爲吳所乘附之以晉城郢之遷得之矣子庚之
代即公子午也故子囊以城爲垂死之囑

嗟我懷人寘彼周行（周南）

子庚代子囊之政其可觀者擇才而任類能而使各

當其職也且自王圻以下其在五服則曰侯甸男采衛五百里一服楚以蠻夷進之中國僭稱王矣其官人次序君子比之周南而有周行之賦益勉而進之左氏之書亦聖人春秋之法雖文王能官人不過如是也且令尹執政柄也右尹其貳也大司馬總戎也左右司馬楚軍之左右廣也若敖以降箴尹連尹宮廄尹粲然有敘君子於是嘉子庚之政以周南之詩比之以明春秋進荊蠻之法不一而足

古詩

詩言志者前乎爲帝者之詩也三百五篇者後乎爲王者之詩也晉侯與諸侯爲溫之宴使大夫舞歌詩

杜預釋以歌古詩不知其孰後孰先曰古詩何也無乃三百五篇之類乎且宴者以飲酒爲禮有禮則樂隨之詩亦樂也長言之則爲歌聲音與人之情爲相通此晉平公新立欲以是通齊楚之使以魯故執邾莒之君意甚善矣高厚之詩有所不類而苟偃知之不知其詩如何其不類也嗚呼禮樂之中雅道存焉昔人肄業及之何昔人爲之而今人不爲也楊雄曰中正則雅多哇則鄭學者其識之

祈父小雅鴻雁之卒章小雅

諸侯各有分地以敵王所愾魯以晉故受齊兵爲日既久亦晉之所深憂也況天子所以封諸侯之分地

晉平公新卽位欲修悼公霸業率諸侯以尊周亦必討其撫封之職所當爲者前年爲溫之宴高厚逃歸魯人懼而以穆叔聘晉以晉新得諸侯足以厚庇之也未一年而受齊師者二圍桃圍防皆魯北鄙之地天子所以封魯而齊之君臣一歲以兵再至齊侯先之高厚繼之魯之臧堅實死之其何以爲尊王之舉哉祈父鴻雁之賦雖魯人性命之急又間一歲齊師再至然後晉人爲魯會十國之師圍齊苟偃士匄皆有獲焉亦可以塞前日二詩之賦也是歲襄公之十八年

黍苗小雅六月小雅

甚矣晉日驕而魯日屈也十八年報齊役晉以遲夙憾幸而勝焉季武子如晉拜師平公之享魯使亦禮之當然者賓主酬酢二詩之賦皆周天子盛時之禮胡爲乎諸侯之庭哉大國益以驕小國益以屈二詩之意可見矣黍苗者言召伯自比晉侯六月者季武子以尹吉甫佐天子征伐六月車徒以康王國至齊靈公卒齊晉復平魯之有求于晉者未已前日季武子欲以林鍾銘魯功者獨不愧于臧武仲之言

載馳四章

齊人喪君新君方立內難未已也齊改轍事晉晉受之爲大隧之盟晉知有齊不知有魯氣矜矜然矣穆

叔乃見范宣子爲柯之會見叔向而有載馳之賦雖控告之急叔向許以爲齊之救者亦料齊人之盟必敗許以承命救助也魯人旣城武城明年又預澶淵之盟是盟也齊魯二君同歃是年冬叔老如齊者盟會旣絕之久至是復通君子以爲得禮

常棣六章魚麗小雅南山有臺小雅

襄公二年叔孫豹如宋十五年宋向戌報之二十年季武子又如宋報向戌之聘是將約爲明年商任之盟也宋之所畏者楚與鄭合也宋華元嘗合晉楚之盟矣其于魯也無會不來無盟不與者凡以此也其使人受宋享閒閒然雍容如無事時其禮有足觀吾

夫子以爲殷禮吾能徵之者玆非其一乎三詩之賦蓋享禮之酬酢也常棣季武子之賦宜家之好如兄弟也宋人悅以重賄宋公享又以魚麗四章備物及時此二詩者季武子酬也南山有臺宋公之賦以厚使人也以季武子之賢不辱君命以請專對能爲國光輝也其他晉楚爭宋以爲成敗自魚石以來謂之宋志者非魯之所敢知

優哉游哉聊以卒歲小雅

范與欒讎也欒與羊舌黨也欒氏之禍成于欒祁之淫于外羊舌虎之禍及其兄叔向叔向得囚方以幸免不死自適或勸以奔亡叔向因有小雅之賦此雖

叔向之知而亦宣子之仁所以得政于晉也或曰父子兄弟罪不相及欒黶逐范鞅而以欒祁之淫逐懷子奔楚懷子范氏甥也羊舌虎之死囚及叔向叔虎之兄也無乃罪相及乎此可爲宣子惜也不如是何以爲春秋之亂

有覺德行四國順之大雅惠我無疆子孫保之周頌

直哉叔向之爲臣也方其在難不肯求救于樂王鮒而伸于祁奚何也以樂王鮒之貪而祁奚賢也樂王鮒面伸倩于叔向欲請救之不應遂反陷以不忘欒氏之親祁奚不待叔向之求救乘急馹而往救之叔向不死祁奚不求德于叔向叔向亦不往謝而朝大

雅之賦者叔向之賦言祁之正直非樂王鮒之比也周頌之賦者祁奚之賦有謂于宣子言文武以惠訓不倦訓子孫向之德不可忘十世宥之可也嗚呼三代直道庶幾見于二詩之賦乎

謹爾侯度用戒不虞大雅

春秋之名節掃地矣自天子以至庶人莫不有求求賻求車求金求玉求鼎盎貪淫之俗也甚至裂帶示褊納璧免死者其名節可稱如季文子相魯無衣帛之妾晏子相齊肉不掩豆鄭公孫黑肱告老歸邑足以興廉激懦立名節于貪淫之俗也黑肱之言曰貴而能貧民無求焉又曰生在敬戒不在富也以此爲

其二三子之囑此君子舉大雅之詩以爲善戒也度者法度也不虞者未然也是時晉楚爭鄭鄭人奔命不暇如黑肱之教子者足以爲世戒

樂只君子邦家之基（小雅）上帝臨女無貳爾心（大雅）

子產之善爲辭令也鄭以小國介乎大國之間所賴以立者有日矣春秋之諸侯會數則兵煩兵煩則賦重如晉國之強范宣子爲政有所不免者此子產之書所爲作也小雅大雅二詩之賦皆欲人以此爲國以此事天以此爲基而立其德以此爲心而得其名不聞其大國是恃而取重幣于諸侯也宣子說其言而輕其幣詞令之不可已也如是哉

我躬不閱皇恤我後（小雅）夙夜匪懈以事一人（大雅）

伊尹放太甲于桐三年必俟其改過而後復之衛獻公以虐得罪國人出奔于齊至是十年今之衛侯猶昔之衛侯無復悛心也孫文子以一飯之惡逐之甯子又以一言之許而復之然公孫剽之立者甯喜也既立剽晉因而定之今又許衎之入廢置不定弒君立君天下其謂之何嗚呼太甲之復歸于亳苟非伊尹則甯喜之弒也甯喜以弒剽書衛侯以國納爲文罪在甯氏也太叔儀二詩之賦其先見之明乎不恤其後不令終也以事一人臣節不固二君出入由之衛侯衎既復甯喜死孫文子以戚召亂動諸侯之兵然書衛侯會夷儀之歲齊人爲之城郟當在二十四年乃在二十五年者起弒剽之張本先經始事之一與魯隱公傳同杜預之釋以爲誤妄說也并表出之

嘉樂（大雅）蓼蕭（小雅）緇衣（鄭風）轡之柔矣（逸詩）將仲子兮（鄭風）

孫文子之不臣非特甯喜也文子有怨于晉晉趙武宋向戌因爲澶淵之會以疆戚田且以三百人戍守衛侯甘心殺之以召齊晉鄭三國之君甯喜執而衛侯囚故齊衛之請欲免之晉侯享之嘉樂之賦以周天子令德宜人民福祿足以及諸侯主盟者之意國景子子展齊鄭之臣相其君以答賦也一則天子之澤蓼蕭也一則緇衣之賦善善之功也叔向命晉侯拜二君之既是矣其意晉以孫林父故執其君晉肯轡轡蒙此名乎故以殺戍之虐藉口以明不爲林父也國子逸詩之賦以寬衛望晉子展將仲子之賦以衆言可畏晉侯許歸衛侯者以子展之賦曰儉而壹者以其詩之有諷體也杜預之釋以歸美晉不及天子過矣

人之云亡邦國殄瘁（大雅）不僭不濫不敢怠皇命于下國封建厥福（商頌）

以人反間此兵家利害也聲子雖用此以勸子木還伍舉其實利害之急者析公雍子子靈苗賁皇皆楚亡命楚之所棄晉之所收也楚以大士懷殄瘁之憂

湯以賞罰忠厚天命錫之福祿二詩之賦晉楚用兵利害之決人才去就之分不難見也于是楚人聽之請伍舉而復之仍使其子逆之伍舉世爲楚臣二詩之諷宜矣

相鼠鄘風

齊慶封以景公即位來聘于魯逞嗣君之好也飾其車以自矜耀意在以使命夸魯故孟孫叔孫皆知惡之叔孫謂其服美不稱必以惡終叔孫又與之食不敬夫衣服飲食君子以此觀威儀省禍福也而皆惑之獨不爲後日奔亡之地哉今日相鼠之刺他日茅鴟之刺其前後不悛如此大鄭子臧奔宋而以鷸冠爲夸不免維鵜之刺慶封聘魯不免相鼠之刺二詩足以謹君子威儀之戒

草蟲召南鶉之賁賁鄘風黍苗小雅隰桑小雅野有蔓草鄭風蟋蟀唐風桑扈小雅

五音異聲而求同同則合矣天下之樂猶是也鄭衛之聲樂之淫也欲求其正而不淫者文武之相應君臣之相和孔子語魯太師者用此道也趙孟于七子之賦者豈知此乎其爲鄭風一也七子異賦不專子鄭志志異則聲不同也而鄭之爲鄭介乎晉楚二强國之間此晉趙孟以盟主强合異爲同此五音之樂淫正相雜矣艸蟲以晉爲君子子展也鶉之奔奔自言國君之淫伯有也黍苗比趙孟爲召伯子西也隰桑以見君子爲樂子產也野有蔓艸以喜于相遇子太叔也蟋蟀以儉禮自居印段也桑扈以禮文自保公孫段也趙孟皆因以答其詩之意且鄭伯享趙孟七子以詩相禮是以樂侑食也而伯有獨異其國之淫樂以娛客此趙孟知良霄之不免

彼其之子邦之司直鄭風何以恤我我其收之逸詩

晉楚以兵敵也晉爲盟主趙文子得政宋向戌欲弭諸侯之兵晉既許之因以强令迫諸侯而從之齊秦之大亦從之其餘小國靡然從風無疑矣于是有宋之會凡諸侯之大夫與邾滕曹之君無不至者大抵春秋有厭兵之意雖弭兵虛文且可息吾民于年歲亦一幸也楚人衷甲入宋彼其君臣肯置晉于度外乎既曰成言又曰齊言亦既信矣乃又有宋之盟乎楚人衷甲不肯屈齊秦他國之地則有疑于諸侯間矣諸侯亦有不與盟者弭兵虛名果可恃爲久利乎宋左師乃欲以此幸賞命之曰免死之邑以書爲請子罕削而投之君子于是有二詩之賦鄭風可直謂子罕也逸詩之邈謂向戌也此弭兵之舉起于宋向戌趙文子主其事

既醉大雅

諸侯弭兵息民盛德之舉也宋人之請晉人主盟者

之賜也雖楚人倔强亦將屈而受盟者周家忠厚之懿行征無戰矣爰自文王以文德傳子孫武王繼伐耀德以廣文王之聲初無戰也楚薳罷如晉涖盟報荀盈之聘以弭兵而來晉侯享之賦既醉以晉侯爲太平君子如成王之持盈守成偃武修文不失周家忠厚之懿意不薄矣故叔向知詩旨以能養民許之夫能養民則知政矣楚政將焉歸哉

賦詩

盧蒲氏慶氏皆姜姓也盧蒲癸娶慶舍之女爲同姓或人以爲譏故有詩斷章之賦說詩章者或二或四或卒皆有其數而所謂斷章者特取其一不盡其全

矣春秋各以詩見意于享燕之樂者用此道也說詩者之例可以互用昭然于此雖然此盧蒲癸之厚自文飾其實非周道也傳春秋云質家娶同姓唐杜劉范何韓不容辭也文家娶異姓周人娶于氏姜氏牟氏爲異姓也昭公之廢禮娶吳女起于盧蒲癸爲張本云

茅鴟 詩逸

君子無終食之間違仁說者曰此先飯之祭也設食先飯黍所以辨祭示不敢頃刻違仁也慶封何知焉酣淫貪亂召盧蒲癸而使其子慶舍臣之速死自取其無上之心與崔氏等且其嗜酒迷惑以飾其不仁之實其受叔孫穆子之食汎祭不其固其宜也雖以茅鴟之賦徒强聒之其志不在是客不足責而主人所以曉客者當如是乎茅鴟爲逸章其亦相鼠無禮之比乎二詩前後如一意皆出慶封故并列之以爲後日殺慶封張本

行潦 大雅 采蘋采藻 召南

行潦召穆公之詩采蘋采藻國風之賦采蘋藻酌行潦之水有齊季女尸之以供祭祀此皆詩人語也魯襄公過鄭鄭伯適出故伯有廷勞辭若不敬夫魯鄭同姓諸侯也所過地主之禮可忽乎嗚呼伯有方嗜酒荒淫其死亡無日矣後二年鄭殺良霄此其張本

式微 邶風

三家之無君復何所顧忌說者謂襄公出葬楚康王乘國之無人季武子因以取卞乃使公冶問公反誣卞人之叛襄公不難于失卞而難於復入也公賜冶冕服之賞不幾于賞僭乎式微之賦榮成伯之意亦微矣公冶辭邑絕口於季氏亦足以愧季氏無君之心其曰無以冕服斂者意何益哉

王事靡盬不遑啟處 小雅

周靈王崩于魯襄公之二十八年之十二月至二十九年之五月公猶在楚會楚康王之葬天王之葬魯曾不知葬之月日故其缺焉鄭亦以城杞之役上卿

不在子展使印段歸行伯有以爲不可子展由是有小雅之賦其曰臣事晉楚以蕃王室其實知有晉楚而不知有王室天子弱而無威諸侯强以怙衆也傳書魯陳鄭許四國之君與十一國之大夫皆會楚葬四君至西門外十一國大夫皆至墓何暇問天子哉杜預言周衰卑於晉楚是矣

協比其隣婚姻孔云小雅

周平王之戍許母家也晉平公之城杞母家也豈有內虛其國而外治他人之國哉平王以此失王族諸侯晉宜少懲不可效尤也晉乃以盟主自恃偃然坐役諸侯豈復知有周天子者不知其政騤騤乎六卿

之分矣子太叔見衛太叔文子援小雅之賦譏其輕近族而重遠姻鄰之不協是不鄰也婚姻可知矣是歲晉侯又治杞田其母以司馬女叔侯取貨爲怨嗚呼雖王者之後文獻有所不足終以夷禮自陷其取地亦夷禮之一也

周南召南國風邶鄘衛國風王國風鄭國風齊國風秦國風豳國風魏國風唐國風陳國風鄶國風小雅大雅頌

嗚呼三百五篇之詩孔子刪之子夏定之言則其志也經也歌則其聲也樂也無以逃于一瞬目一歷耳此季札所以傳聖賢之心也是時孔子在孩提之童子夏未生其曰聖賢者堯舜文武周召之心孔子子夏刪序之意取諸此也美哉者七思深哉者一廣哉者一至矣哉者一舞樂之美哉者三至矣哉者一周公之東者一周之舊者一陳淫不君鄶小不譏後之學詩者蔑以加之矣非特以意逆志之得也至于二南始基衛之憂王之懼鄭之細齊之大豳之樂秦之舊魏之可爲明主儉而易行唐則猶有遺民遠有令德陳也鄶也曹也爲甚微小雅爲周衰大雅爲文王嗚呼孔子子夏子所刪序聖賢之心學其備矣乎

文王陟降在帝左右大雅　淑順爾止無載爾僞逆詩

春秋書人者微詞也衆詞也爵則微之國則衆之此法也以其人之大小緩急麗之以法者而書之宋人

以天災人從有訴于晉晉爲主澶淵之會會者十一國齊魯衛鄭附以曹滕邾莒薛杞小邾人等大夫也而皆人之概之于法人且衆矣果何益于事哉君子責之以信又有二詩之賦以明信之不可已也且人之所難辨者莫難于義財也晉趙武主會其力可以辨此而卒無財歸宋主會者之罪罪當在趙武然魯亦不爲無責不人而名之曰叔孫豹者是也其他小國自謀不暇役役大國之間何益于恤鄰之義乎大雅者言文以信上通于天以啟周家忠厚之業逆詩之賦則不順所止輗軏載僞不信而行此二詩之别然淑順爾止不愆于儀見于詩而曰逆者豈其疑乎

又曰恭儉惟德無載爾爲卽見于書非詩也

辭之輯矣民之協矣辭之繹矣民之莫矣大雅

葬魯襄公之十二月卽夏之十月也是月子產相鄭伯以如晉趙文子老政多偷惰重以襄公之喪不出見鄭之君臣可乎哉子產舉晉文公之伯以責之且銅鞮役民一也盜賊公行二也天癘不戒三也其國內不自憂何暇憂魯喪乎士文伯自以盟主之尊責鄭之君臣者以其壞垣納幣也以士匄爲失詞則子產爲善于詞矣趙文子悔悟厚禮鄭之君臣叔向于是有大雅之賦是亦直道公議民事所在非時語言得失也且晉大以欺鄭小慢其君臣外責幣入而內怯壞垣雖曰盟主不能終庇之于齊楚此又出三失之外者

誰能執熱逝不以濯大雅

衛北宮文子因如楚過鄭其衛命經從意在楚不責鄭以使人之禮也鄭待之其禮有加如聘客一也用郊勞之詞二也北宮文子因覘國而知鄭子產之政所以免于晉楚之爭衛于鄭者如執熱之得濯因有大雅之賦也竊謂此詩之賦以鄭之人才比熱之得濯也子產知政引類得人印段子羽馮簡子子太叔此北宮文子所知以歸復于衛侯也是時孔子生甫十歲論語所載則夫子既童而冠得見子產故有嘉其人曰裨諶草創世叔討論行人子羽修飾東里子產潤色凡四君子也左氏又廣孔子之意傳之春秋良以聞見之及也然論語所書本得之于魯史所書也并表而出之杜預曰仲尼以襄公二十年生至是年十歲子產已代子皮知政矣

靡不有初鮮克有終大雅敬慎威儀惟民之則大雅威儀棣棣不可選也邶風朋友攸攝攝以威儀大雅不識不知順帝之則大雅

荆楚春秋進之于中國爵曰子者班之于五等諸侯魯晉鄭曹之下而許莒邾之上其亦幸于超躐矣今乃自王之僭也君子以其漸被中國詩書禮義責之北宮文子五詩之賦如責賢者之備不已過乎令尹子圍无君之心見于顏色者可望而知北宮文子得其人于未然能審其吉凶禍福雖神巫之察人肝膽不過如是其曰威儀之賦者此中國詩書禮義之訓既久猶幸進之以此也圍自言其王長子圍此其無君之芽蘖也卒之縊死其君而以疾赴于諸侯北宮文子之言驗于是矣卒章文王順帝之則文王事商紂順天意以事惡人庶幾小國之意哉

不僭不賊鮮不爲則大雅

犯上之謂僭害良之謂賊僭賊則幽隱而無信反是則信矣澶淵之會以宋故也以子木之知政猶不免

衷甲兕令尹圍之果于犯上虐于害良有甚于子木僭賊之尤者文子自以其仁可法則者信不信之別也其曰不爲人下者晉猶欲爭衡于楚也然圍既以不信怙强文子老矣雖曰信可法則自此其小弱哉坎牲加書于牲上恐晉先歃加書牲上其蔑晉甚矣

小旻小雅

七國之大夫既盟楚公子圍又相與議其後以其爲臣而君圖簒逆之不終已兆于容止威儀之僭非特蒲宮二執戈也伯州犂爲隱其惡以爲假之寡君鄭之公子羽以爲假而不反州犂又譏子羽以子皙背誕卒之圍既逆弑犂亦爲圍所殺也何也大抵小人情僞可敬亦可畏敬者事之以禮也畏者避之以色也終不可言語譏評此樂王鮒小旻卒章之賦取義喻于暴虎馮河公子羽知其爲宇而敬宇者慈㥽不犯凶人而敬畏之也其餘國大夫或代憂或樂憂或招憂或無憂而憂皆知不免者此其善料士與北宮文子同

大明大雅 小宛小雅 赫赫宗周褒姒滅之小雅

嗚呼犯上之逆臣未有如芊圍之烈者也爲楚孽子官則令尹乃果于犯上如此夫其享趙孟賦大明之首章不惟蔑趙孟亦以夸晉也其以文王自比者懷無君無父之心駸駸乎逆天意也趙孟賦小宛之二章其以天之所命深抑其驕大之氣然亦不敢正言其非者圍虎狼也不得不畏而奉之自此圍得志而楚强趙孟老而晉少儒矣賓主二詩之意可見褒姒之賦似爲巴姬設其王無子而寵巴姬五孽之立適以兆芊圍之禍

瓠葉小雅 鵲巢召南 采蘩召南 野有死麕召南 常棣小雅

襄公元年十一國大夫爲會者以楚公子圍娶鄭之公孫段氏女也趙孟叔孫豹曹大夫以會畢過鄭鄭伯兼享之戒者猶曰箴日箴賓先日爲戒禮畢然後致享也瓠葉者義取薄物也一獻也子皮不敢乃且五獻者重客也趙孟力辭私請于子産止受一獻則已畢享禮然後受宴穆叔賦鵲巢以晉君有國而趙孟以鳩居也采蘩以趙孟不受五獻之享而受小國之蘩以爲信也子皮賦野有死麕者以喻芊圍新婚印段恐其禍鄭欲托庇于趙孟也趙孟以常棣答子皮之賦以晉鄭兄弟可以相安以圍異姓婚姻猶厖之可使無吠故穆叔子皮與曹大夫興拜曰小國知免者以晉之足以抗楚也三詩粲然有章曰享曰宴並用賓主禮學詩學禮者可以義起矣

無競維人周頌

莒魯附庸小國也所得分地不多魯以其亂叔弓因取鄆之田務婁瞀胡滅明二子又以大厖常儀靡奔

則莒幾空國也春秋書展輿奔吳不書國爵者國非其國爵非其爵至于去疾雖自齊入莒亦以國逆爲文者猶曰失地諸侯故名之也展輿以小國不量力而奪羣公子秩羣公子召去疾立之展輿奔吳君子有周頌之賦以明有國而亡乎人之義

不侮鰥寡不畏彊禦大雅

右尹子干之奔晉以圍之篡弑也秦伯之子鍼先奔晉以車千乘子干五乘貧富多寡以車數觀之相絕矣叔向使二公子同餼者祿食之秩不害其爲同后子意欲以富先子干故以臣與羈齒爲愧臣者自比晉之臣羈則寓客也趙文子以爲疑叔向答之以德

不以祿德鈞年同則以尊者之國以平日晉待秦楚之敘其實皆狄人因以中國禮法分别之也大雅之賦以鰥寡處子干以彊禦處后子此一詩二意不可不辨

方舟經說卷四

方舟經說卷五

宋　李石　撰

左氏詩如例下

緜之卒章大雅角弓小雅節之卒章小雅甘棠召南

魯以周公之故以諸侯之邦而用天子禮樂魯之所有而諸侯所無者韓宣子之聘觀太史所藏之書則周天子禮樂盡在魯矣魯之所有晉之所無則他諸侯之國亦無之矣此韓宣子之說見也或曰楚之左史倚相能讀三墳八索者今之易也五典九邱者今之書也古者入國知六經之教何獨二經哉猶今以堯舜三代之典孔子所祖述憲章者大鳴于天下何

啻左史倚相楚人之讀哉蓋孔子之所取三絶編于易象始隱終麟于春秋者本韓之所見太史所藏周天子禮樂盡在是矣是歲孔子甫十歲童而讀之幼學之年也韓子以二經知周公之德者述文王重易之心行天之四時以繫日繫月爲春秋天子禮樂備于魯晉無此書則諸侯之邦亦無此書也昭公享韓子季武子賦緜之卒章以晉比文王以韓子比四輔也韓子以角弓答賦兄弟同姓親親也季武子又賦節之卒章以晉德可以惠養萬邦非特魯之私也季武子又賦甘棠召伯所憩之木以比韓子所玩其國之木以答角弓之意大哉周天子周公之德備于此

詩則禮樂之聲音也韓子初知晉政爲平公如齊娶婦納幣因修聘于魯汲汲于太史氏之觀此晏子知其爲君子者行以夫

淇澳衛風　木瓜衛風

子夏之敘淇澳曰有文章又能聽其規諫入相于周韓宣子聘魯以觀其書太史一事足以觀其文矣其與季孫宿酬答之賦輕重適宜今之深于詩者有不能窺其趣也淇澳之詩美衛武公之德也是行如齊以其子須逆少姜之子皆行淇澳之賦義取諸此北宮文子益善言詩者豈苟而已哉其子須亦晉之上大夫也木瓜衛人報齊桓公之賦其取意遠矣

敬慎威儀以近有德大雅

晉之使美使也魯之報聘亦難乎其才矣晉來而魯往之國大小之不敵也韓宣子以知政而來叔弓以叔老之子而往無乃強弱之果不敵乎晉以宣子之舊于禮有加叔弓惴惴遜避不暇今之循墻降階之容可觀也每每先君後臣先國後己其曰無敢爲賓又曰下臣來繼舊好自審其小強弱不敵叔向大雅之賦許之以知禮近德豈誣乎人哉嗚呼春秋之亂襄昭之世晉楚齊魯鄭衛之間何以君子之多天運至此以生聖人任斯文之責其亦層衆山以爲太華積衆流以爲溟渤吾未嘗不嘆息于此

君子如祉亂庶遄已小雅

威福者喜怒之謂也威則其怒也福則其喜也威則刀鋸甲兵刑之屬也福則錫賜爵祿賞之屬也齊景公濫刑而晏子能感之以一言福齊國君子小雅之賦以晏子爲君子也爲仁人也祉者福也其喜也以其所以福喜者止齊景公之刑所謂以祉已亂者乎晏嬰如晉請再以齊女繼室張趯知之幾于逢君之惡矣嘗與叔向語而稱之杜預以傳護晏子不與張趯同譏者以其請繼室以成晉平公之過也鄭子太叔曰張趯有知猶在君子之後謂此平公在位二十六年至是三娶晉將分于六卿而不悟也悲夫是歲

魯昭公之三年晉平公之十八年齊景公之八年

人而無禮胡不遄死相鼠

有禮者無禮之別禮之所始以義起也然則義者其禮之本歟州田欒豹之邑也欒氏以此邑亡范氏韓氏趙氏皆欲之有義不當得者晉侯以賜印段以印段之相鄭伯可以得州之田故以策賜之三卿則各有縣田義所不當得也印段鄭之臣楚靈王之妻黨子豐則印段之父也鄭雖小國以印段之怵以楚圍新立晉侯錄豐舊勞賜印段以田以其禮足以得田也以怵附于鄭而以禮如晉晉方畏其怵乃能自屈于禮不以圖之勢驕晉貪父舊德此受州田之曲折

也相鼠之詩君子意譏三卿義不當得州田而印段之不以其怵而失禮一章之刺其嚴矣乎

吉日小雅

芊陷之惡子產既知之于數年前矣始娶鄭之豐氏欲以兵逆婦子產使子羽折之一也游吉聘靈王新立既歸謂子產具行器子產期以數年二也至是鄭伯如楚以子產相靈王賦吉日以宮王自比子產探其意具田器待事與田江南三也夫以靈王侈心始末子產皆知之以鄭小國立于楚大國之間以子產而與惡人處鄭亦多君子哉不然印段之怵逢圍之惡鄭且不免矣

七月之卒章豳風

春秋書昭公之三年冬雹又正月大雨雹者冬雹則周十月正月周十一月也宜雪而雹陰盛陽微以災書雹也季武子欲求禦災之道申豐爲言以藏冰之道何也冰者至陰之積以救陽疾陰陽相和則雪而不雹矣唯聖人可以感此禦災之道也七月豳詩周公作之鑿冰窖之凌室祭祀百官之用取給焉夫有冰則陰氣致用于陽不爲災矣陰盛陽衰則楚盛而中國衰之象是歲昭公四年楚靈王主申之會率十一國之師而徐戎淮夷並在就會而執徐子又帥八國之師因淮夷以伐吳夫楚之盛中國之衰也陰氣之盛陽氣之微也禦雹救災如周公之詩其可乎

禮義不愆何恤於人言逸詩

子產以惠愛見稱于聖人著于後世蠆尾之謗足以累其親雖子寬之賢不能不疑者何也周公之典什一之賦井田之法也鄭以小國介乎晉楚無歲不兵無日不役加邱賦之數一牛三馬以備車乘雖魯之田賦履畝而稅者何知于周公哉春秋亂世也無一國不病無一國不貪何獨子產之尤民各有心而議其上非豪傑之士也周公之心召公不知子寬不知子產之心亦宜矣逸詩之賦禮義所存萬世公議以聖人爲重足矣

有覺德行四國順之大雅

大哉吾夫子之言也公賞公罰不徇其私君子以此爲德行修身之具豈特爲政以順一國人情哉雖天下之大四國之衆亦將順之而不敢有違也仲尼以下七語者吾夫子援其所聞于先達者本之周任之言又本之大雅之賦高明博厚與天地同大叔孫昭子一何幸哉豎牛既殺兄又因父餓之三日而死不孝不悌之人梟首寧風之棘上有餘戮矣叔孫昭子之立牛之功牛又相之半之死以昭子之請于國人不以其私以公天下賞罰此吾夫子所以大之也是歲昭公四年孔子甫十三歲蓋春秋追述之也

儀式刑文王之典日靖四方大雅儀刑文王萬邦作孚大雅

子產于襄公末年得政褚衣冠伍田疇教子弟已獲民譽仲尼曰人謂子產不仁吾不信是國人旣謂其慈惠循良不特他人如叔向之詒書也自伯有公孫黑之死二族奔亡多謗幾欲以刑止亂也其警叔向書曰吾以救世是矣其曰不及子孫而乃鑄其言于鼎名之曰書以爲鄭不刊之常法此豈三代亂政作刑之意乎叔向援二詩以文王望之夫文王之刑則周公三千之屬成康措而不用無一人之獄者四十餘年三辟之作果此意乎不然則子產當任此謗矣

宗子維城毋俾城壞毋獨斯畏大雅

坎用牲埋書此漢人造蠱類也寺人柳欲以是殺華合比以撼太子佐太子佐幸免而合比以此奔衛傳坎牲埋書以盟者如漢人之蠱書皆詛祝也宋太子幸免衛太子不免者宋平公漢武帝明不明之別也平公僅逐華合比武帝用此殺衛太子寺人柳江充皆起于畏他日太子之立故爲此以疏間人父子也嗚呼華氏之族左師向戌之言是矣逐兄而弟代之兄奔亡而弟代右師之位其不義於其族一至是邪向戌大雅維城之賦知右師之必不免矣

爾之教矣民胥效矣小雅

諸侯賓客以禮相酬酢爲重輕豈止語言笑貌之閒爲哉贈遺幣帛如紵衣縞帶報復可也晉楚之敵以仇爲交其使命通聘自宋之盟以來未久也楚公子棄疾如晉者報韓宣子之聘也宣子之使不逆于楚晉欲以不逆復棄疾此輕重人情之常也叔向乃以是矯之者葢芊圍以來楚強晉弱欲不逆客不可得也況棄疾有欲王之理乎叔向小雅之賦不欲效楚人之辟而以大國使命待棄疾曰國君者其畏之之詞歟

普天之下莫非王土率土之濱莫非王臣小雅

楚之君臣不君不臣兩失之矣築章華之臺爲離宮竭民力而實罪人靈王不君之失也闞入王宮自執

其閽不爲有司所與乃自請諸王此芋尹無宇不臣之失也王飲酒以慢無宇庇一閽而慢令尹其失之尢者芋尹以王匿盜器與盜同坐而以紂比其君其失之尢者夫以楚獲敘進于中國僭稱王號不君不臣何足深責而無宇乃以小雅之賦以周家全盛大一統之勢自況何不度德量力哉

彼日而食于何不臧小雅

吳楚之僭進之于人而謫之于天人不勝天久矣春秋末年吳楚之盛人不能抗之晉侯之問葢有感于此也何魯衛分地之拘哉衛君諸侯也叔孫豹上卿也日者人君天子之象也如魯衛何足以盡天變

晉侯有問于小雅十月之交之詩三務之答臧不臧之政此詩人本意何有于魯衛哉癰疽膏肓心腹洞潰一方病一方痛士文伯非所答也周之四月夏之二月周之十月夏之八月前以分地而後以政之不善乎春秋日食例二十六宜廣以此意可乎哉

鶺鴒在原兄弟急難（小雅）死喪之威兄弟孔懷（小雅）

晉衛兄弟同姓之國也晉受孫林父之奔又受其戚田之入晉以大國欺衛小國晉負衛曲者二向何以為同姓兄弟哉其親者疏其疏者可知也已是時吳楚偃然抗衡上國晉力不能支反更疏所當親以自取削弱者職此之由也夫以衛襄公之卒人知其喪

兄同姓兄弟乎范獻子懼是以告韓宣子有小雅鶺鴒之賦其曰遠人誰敢歸之意謂吳楚桀驁晉非其敵亦人情之易感也弔死歸疆范韓二氏所以分有晉國者兹其漸云

君子是則是效（小雅）

左邱明之于吾夫子豈唯好惡同之其助吾夫子多矣且張本之說先經始事是歲魯昭公之七年距孟僖子卒之年孔子三十五歲則昭公之二十四年矣以孟僖在鄭相昭公不知儀在楚不能答郊勞既歸乃始講學吾夫子是年止十五歲志學之年而先經所始乃二十年前事此左氏之助吾夫子也曰孔邱聖人之後必有達人一也鼎銘二也援臧武仲之言以重之三也明孟懿子南宮敬叔之得師為同門生四也記吾夫子之言以明孟僖子之補過為君子五也小雅之賦乃二十年後事左氏助吾夫子之意其以此夫

或燕燕居息或盡瘁事國（小雅）

左氏論日食前後二詩相戾也衛侯叔孫豹果卒魯衛君臣同譴既得之矣燕燕居息盡瘁事國則人臣勞逸不均意指叔孫豹之為人臣始終不常自速天譴也又言十月一歲十二月為合朔日辰陰盛陽微則日食十二次分野當之此詩意也夫前後二詩折

衷十月之交前後相戾如此學者所未曉

哀哉不能言匪舌是出唯躬是瘁哿矣能言巧言如流俾躬處休（小雅）

君子小人之分能言不能言之別也君子能言言之嘉也以安其身小人不能言言之僭也以災其身叔向援言以稱師曠為君子而有小雅之賦也石言于晉有無未辨也而乃因此以託諷于晉虒祁之築以召非言之物師曠能言之叔向能知之其曰子野者字之以為君子者以別他人之有言紛紛于世强聒而無補于事叔向非唯知言又知詩杜預以為與今說詩者小異昔之說詩專以為讒言亂聽也哿嘉也

巧言者非正言也

經始勿亟庶民子來大雅

文王創周之業于商之天下三分有二民去商卽周去苛俗而卽樂土其于靈臺靈沼也芻蕘之采雉兎之獲文王未嘗不與民人共此囿之樂詩人大雅之賦以歌文王靈德之及不以地爲廣不以囿爲夸也魯政歸三家三分公室而各有其一郎囿之築公乎私乎叔乎季乎魯史之公豈季之囿叔孫昭子之譏勸民且援文王之詩罪在昭公不在季氏也傳釋之以爲書土功之時豈春秋之意乎南蒯欲以費逐季氏歸其室于公必季氏囿也

陳錫載周大雅

欒高陳鮑齊之四族强弱之不侔矣欒高怙强欲攻陳鮑謀之不密爲陳鮑所先能以弱爲强者何也欒高逐六子陳桓子皆反之分三邑益其祿也且以欒高凡四敗來奔于魯陳鮑分有其室殺之而受其利仁者不爲也桓子乃能聽晏子之言致諸公而請老于莒景公予以莒之旁邑又辭之穆姬君母也以高唐予之然後受傳敘其事而以大雅之賦比之且大雅文王創周之業也小白用之猶足以霸陳氏卒有立于齊者能施之心也昭公八年楚滅陳慭自陳哀公之死陳亂楚滅陳而縣之九年復書楚會于陳又書陳災者以明虞舜之後不予楚滅也

德音孔昭視民不佻小雅

莒者魯附庸邑也三家分有[illegible]公室而取其地莒有不服者季平子倡兵柄而二子從之春秋以三人者書之不欲季氏專之以明莒爲公室之附庸也左氏乃專之季氏時有亳社之祭執莒俘用之以明示得意是甘心爲忍人者臧武仲小雅之賦以周公之不饗爲言知魯祀周公以天子禮樂而用人之祭自三家始也然宋用鄫子祭社楚用蔡侯世子祭山犬豕之牲無異也魯祀周公不應有此甚可殺不可用也悲夫

不自我先不自我後小雅

齊之欒高二氏同出惠公爲二公子也春秋書欒施來奔而不及高彊彊卽子尾之子也慶封之亡子尾多受邑而稍致諸君以示不貪及其將死也疾于公宮輦而歸君親推其車而送之其子高彊勿克負荷以奔于魯嗚呼高氏自慶封以來累世之惡至高彊尤甚非獨一身之積昭子小雅之賦傷高彊自以一身集累世之惡不自我後先者其一身負此惡名也悲夫

蓼蕭小雅

天子之詩魯非所予而宋非所受也以周天子之恩

澤惠及四海猶零露之被草木也華定以宋元公新立銜命使魯豈懵然于詩之專對者哉既不知所取其不答賦者亦宜也是時魯昭公以莒人取鄆之釁畏晉之罪三家亦將不免華定之意輕魯國君臣也蓼蕭之四章出于杜預之釋果當時享禮之所當賦乎宋魯異姓非宜兄宜弟如同姓之親者華定固非而魯昭公君臣可免乎昭子所謂工于料人拙於謀已者

祈招逸詩

小人固有終身爲惡自悔于一日之善有不得者以天道好還也芊圍之惡極力終身僅乃得國凡十三年豈不知子干之逼助之以晉如抱火積薪求所以追死者此子革之言所以易感也方其乾谿之次愛周鼎貪鄭田大城陳蔡不義其勃勃凶焰豈易震撼一聞祈招之音廢寢與食者知一死之不免天理之不容也不然雖百子革摩厲一夕何益哉是歲昭公十三年吾夫子年甫冠顏子少孔子二十歲方生之年也其曰克己復禮爲仁者當後追感靈王自克其不仁以成其仁因以教顏子也不然靈王之死距顏子之問仁歲年亦遠祈招者祭公謀父作祈父爲周之司馬以止穆王滿之蕩祇宮則免死之地或曰靈王羽衣執鞭欲以車轍馬迹周四海如穆王滿之長

年非畏死也

樂只君子邦家之基小雅

子皮以鄭國之政授子產交手相付如父子繼述也子皮死子產哭之哀國人徒善其哀知已之死此無與爲善者誠然之說也且以子產德業之美學術之奧改作不失爲惠愛剸裁不流爲苛刻其曰有德能以寬服民其次莫如猛者此子產心術也吾夫子重之又稱其爲惠人又稱其仁以止其不仁之謗子產之所以取重聖門者誰適之自哉知有子皮則知有子產也且以小雅之賦特以平邱之會爭承自日中至昏以折晉人之貪雖子太叔亦凜然奪氣于其側子產特以憂國爲樂茲所以爲邦家之基也其曰合諸侯者齊服于晉爲盟也藝貢事爭承也

宗周既滅靡所止戾正大夫離居莫知我肆小雅

狄人之患周家八百之業于以啟聖也太王避之文武成之周公膺之至于春秋始終見于書者一一可懲也曰戎曰荆楚曰赤白狄曰秦曰徐戎曰淮夷曰吳曰蠻戎曰茅戎二伯所以成霸功諸侯所以敵王愾者用此藉口成熟也昭公十六年中國無霸士吳楚自相仇敵齊伐徐楚殺戎蠻蒲隧之盟齊人取甲父鼎之賂以夸示儁威茲叔孫昭子所以興無伯之嘆而有小雅之賦也幽王時驪戎滅周鎬京舊地爲

秦奄有東遷以來伊洛被髮而祭皆戎也何周文武之業誠其所責執政大夫以訴其勞如昭子之賦者非所恤也

野有蔓草鄭風羔裘鄭風褰裳鄭風風雨鄭風有女同車鄭風蘀兮鄭風我將周頌

鄭聲者歌聲長言之益詩之淫風也吾夫子與顏淵言四代禮樂有及于放鄭聲者惡其聲之淫也若乃以詩言之所謂六鄉之賦雖曰鄭詩其曰不以辭害意者斯其別也一別之正烏者其所謂多淫者乎竊嘗以其國風二十一篇觀之大率夫婦男女如溱洧之類邌雜其間至于關乎美刺者不害其體之正也六卿之賦鄭志者皆有擇也野有蔓草者子皮之子子齹之賦也羔裘者子產之賦也褰裳者子太叔之賦也風雨者駟偃之賦也有女同車者子旗之賦也蘀兮者子厚之賦也韓宣子以六卿賦不出鄭志以爲君子數世之主者一一隨其所賦審訂其語而答之唯子齹子產子太叔三人耳是歲韓宣子聘鄭鄭伯享之既畢因六卿之餞以觀其志之向背果何如也是歲四月宣子聘鄭晉侯以八月卒六子之心所以望晉殊岌岌矣宣子賦頌之我將以爲將意且以天威爲畏子產率五卿拜貺賓主之禮粲然可觀矣

采菽小雅菁菁者莪小雅

竊謂周官三百六十詩三百五篇昔人所爲禮經三百無乃通稱之數乎孔子家庭之訓退而學詩退而學禮與周南召南之學非特以授伯魚亦孔子雅言諷誦之常也所謂三百者豈二經之槩乎不然孔子生晚周未有六經以前韓宣子所見于舊典禮經如易象春秋者皆周公制作如之何以辨之其或同或異也小邾穆公朝魯昭公燕之因詩以觀禮者賓主小雅二詩相爲獻酬自今視之皆有體要主人求所以重客客思所以報主人者何昔人能之今人不能也嗚呼六經既作吾夫子以來學者有白首不能窮一經者舊典之學今廢矣悲夫

亦有和羹既戒既平鬷假無言時靡有爭商頌德音不瑕豳風

嬖幸給使與奴隸等耳豈可使之與聞政事必不得已如左右僕臣亦必辨其和同之義正人端士之所以事君者梁邱據嬖幸之人耳晏子則齊之執政也景公遊臺之田徒樂其諂言軟美而悅之其同者亦未必是也而況和乎二詩之賦可也非所以責梁邱據如曰鬷假大政也曰德音不瑕王言無瑕玷若乃嬖幸奴隸之人語以大政有密則非其職其人則必奄腐寺人與聞德音此豈人君任用美事晏子乃以是望據過矣後世分南衙北衙廢立征伐進退人物

至有國老門生天子者其始禍於此乎韓愈贊梁邸
據戎猶之可也
民亦勞止汔可小康惠此中國以綏四方大雅無縱詭隨
以謹無良式遏寇虐憯不畏明柔遠能邇以定我王大雅
不競不絿不剛不柔布政優優百祿是遒商頌
書之九德士德之全也三德而有家六德而有邦然
亦難乎其全矣所謂九者曰寬曰柔曰愿曰擾曰亂
曰直曰簡曰剛曰彊皆士之吉德必有以調節宣暢
然後用之槩之以寬猛二者寬則濟之以猛猛則濟
之以寬不固執以自陋爲不該不偏之士此子產所
以授子太叔之政也子產以刑書封洫致蠆尾之謗

上累其親人不曰子皮教之何也子皮之舉子產傳
之以心知其爲吉德君子子產之政則子皮之政其
所以取馮簡子裨諶子太叔者合衆德以爲全豈特
三德而有家者哉逮其告傳政於子太叔則所賦之
詩寬濟猛猛濟寬其曰和曰平者心傳之術卽子皮
所授之術初得之於不言能言子皮則可與言子產
不然子太叔以寬德致盜豈心傳之學庸有未盡乎
子皮卽公孫舍之子也
不解于位民之攸塈大雅
位者車也道者載也君子以位載道而行如車遵路
不可失也一失其位如覆車朽載無以行道也然君

子有不得其位者如蔡世子朱豈知所守之位可以
君其蔡之民哉自周公封蔡仲蔡之爲蔡可知矣楚
靈王滅蔡平王之立復立蔡蔡人以失國之久虩虩
於此蠢蠢矣自保不暇敢計其位位不自安敢言息
民乎如世子朱有不足責矣春秋之責君子叔孫昭
子之言大雅之賦足以爲有位君子之戒也世子國
之儲君平公死朱當嗣位不以適子之位自居何以
靖蔡國之民他日出奔不終兆於此矣
無念爾祖聿修厥德大雅
楚人篳路藍縷以啟山林一同之地方百里也歷四
賢君不以拓土役民爲事謹守其國以德爲險不以

城也羋閭陵上國滅陳滅蔡城不羹之地則乾谿之
辱誰適兆之囊瓦之政有懲於此可也欲以城郢效
尤此沈尹戌大雅之賦止述四賢君爲爾祖之念者
可以想見四君以來欲大而反小欲強而反弱城郢
非守險持久之術也嗚呼楚人中國中國不足以敵
之則必有與國者更出迭入以勝之吳滅巢沈尹戌
又言之郢雖地強且大何能自保乎
缾之罄矣惟罍之恥小雅
缾小而罍大也缾以爲汲罍以爲洗此祭祀禮器也
王室子朝之亂敬王出居諸侯當任其責主盟者之
憂也春秋晚周諸侯自憂不暇何暇憂王室哉鄭子

太叔見范獻子言之獻子又與韓宣子言之欲會諸侯謀之嗟夫白大人然後救火何益於焦頭爛額哉嫠之於緯也當恤不恤當憂不憂也憂固有大此者乎子太叔小雅之賦缾罍之喻其言懇切足以聳動獻子之心者茲所謂美秀而文者乎是時子產既死子太叔新知鄭政蓋昭公之二十四年也

誰生厲階至今爲梗（大雅）

吳楚雖習水軍之利皆不知兵也楚貪吳人之疆以舟師略地者恃越與巢首尾腹背緩急可如左右之嘗彼其兵之出也行輕吳之心吳人襲其後者楚人之所不知越大夫越公子以舟應之而二師從王則

公子倉與壽夢也竟不能出楚地而還者吳人襲其後反喪其所得春秋書曰吳滅巢者如受六兵之滅入國也鍾離楚之附邑皆其所恃以應援者所謂二姓之帥此也杜預以巢及鍾離爲二姓之帥誤矣吳人舐糠及米而日城郢適所以致吳也沈尹戌不能救徒懷厲階之憂不爲無罪卒之十年後吳入郢者此其張本

新宮（逸詩）車舝（小雅）

禮樂征伐文武二者天子之權也權出天子猶不免十世之失自諸侯大夫陪臣其世數或五或三可知者非其出而出之孔子之所親見春秋之書所謂禮樂征伐者權出于天消息盈虛之理也詩者禮樂之音生於人心者晚周之世士大夫心術日急一日有不足錄者魯叔孫婼之聘宋也爲季孫逆婦以卿出境已爲非禮安能怪桐門右師之賤其族人爲非禮乎宋公享昭子以新宮之詩猶曰新室許以女適季孫叔孫賦車舝以媚宋婦也賓主對泣俎豆閒樂祁者桐門右師之諸父行也因佐賓主禮而知其喪心必死卒如其言

人之云亡心之憂矣（小雅）

卿爲君逆婦而乃用於大夫之家尚何有於君臣之際哉春秋書叔孫婼如宋而不曰聘者以逆婦示貶

也且其於人倫有甚悖理者季孫公若季平子之諸父行也乃從昭子行以聘于宋是爲猶子娶婦也公若之姊爲小邾夫人生宋元夫人公若從行者以其甥之爲宋妻其意在敗其猶子之婚曰勿與之說者幾以國事謀之婦人也政在季氏四世昭公朝夕自保不暇公若之敗婚何益於昭公中外之計適所以速釁禍也樂祁大雅之賦蓋傷昭公搖搖將出以臣逐君猶爲國有人乎是年公孫于齊以明公之出不復入若遂位然也

惟此文王小心翼翼昭事上帝聿懷多福厥德不回以受方國（大雅）我無所監夏后及商用亂之故民卒流亡（逸詩）

五星緯天而行其變者彗也其所變之度分野之國
當之不必專主一緯之變見不見昏明爲候也曰彗
曰孛曰欃槍曰蚩尤旗曰天狗皆緯星之變也譴謫
示人大者亡國小者覆軍殺將故人君畏之然春秋
書彗亦少矣天子弱諸侯強彗不爲周出而爲諸侯
出諸侯以凶德相濟分野十二國所次一緯之變雖
犬相間齊變而魯不書者亦理之常然也齊則彗矣
齊侯禳之何預於魯杜預乃以見不見爲釋妄矣晏
子答齊侯二詩之賦益明文王基周以德格天而蒙
其福夏商末年不能脩德格天而失其民亦周之所
監乃天下之大也天子畏天之戒豈一齊一魯所能

拘之哉晏子言齊當以彗爲畏不以彗爲患二詩所
以勉之也

雖無德與女式歌且舞小雅

春秋二百四十二年天子諸侯大夫世凡三變矣天
子東遷一變也諸侯更霸二變也大夫分國三變也
豈唯世數之不免要亦天道消息盈虛之數也春秋
末年盟會皆大夫專之齊晉楚衛皆有變所變之國
無國不爲大夫也齊景公路寢之嘆景公得之目睫
而爲後日心腹之慮豈暇計其子孫齊爲陳氏景公
之憂然以齊大夫視他國大夫一律也景公德不足
以庇一國之民而陳氏豆區釜鍾公私異用取予異

數恃其勸分小數以是爲德未足多也陳氏用之以
移齊民晏子小雅之賦無德與女者義有取此乎至
於四民不易業以禮嚴君臣之分景公自以爲不能
者雖然晏子不能容吾夫子於國何區區禮之足云
嗚呼其君千駟之馬無得而稱也其臣孔門五尺之
童羞道之其曰禮者君臣徒相蒙也

民之多辟無自立辟大雅

晉三卿之家橫矣祁奚之善叔向之直乃不能庇其
子孫乎祁盈殺祁勝以其淫也家政何預國事羊舌
我叔向之子盈之黨也荀躒受勝賂反譖之於晉頃
公頃公憒然受其訴者以三卿利十縣之地而欲吞

噬之如此雖公室有不免矣司馬叔游大雅之賦以
世亂爲憂卒殺勝以快其心者度知不免於一死三
卿之爭其利在十縣之地非以尊殺也是歲晉昭公
二十八年公在乾侯

唯此文王帝度其心貊其德音其德克明克明克類克
長克君王此大邦克順克比比於文王其德靡悔既受
帝祉施于孫子大雅

文王開始基之王也三分天下有二猶事商受以福
其役之子孫至於平王東遷賴諸侯之伯功以扶持
衰緒日已遠矣晉政之在大夫計所得分地比之文
王孰多其所積累比之文王孰得拔兩族十縣以自

利此魏獻子代韓宣子之政也挾公室之勢封殖親黨以厚其藩垣者凡七大夫乃以舉親賢藉口成鱄以文王之德比之大雅之賦得無以是託諷乎

永言配命自求多福 大雅

春秋立法權賞罰也唯其公而已魏獻子分祁氏羊舌氏十縣以自利私也其舉七大夫公也賈辛司馬烏又以納敬王之功魏獻子舉之仲尼聞賈辛得舉援大雅之賦以爲一忠足以與國匹休垂名無窮是歲魯昭公二十八年孔子已四十九歲矣其賦大雅以明賈辛之忠者豈徒然哉

敬天之怒無敢戲豫敬天之渝無敢馳驅 大雅

魏獻子不臣之心幸禍於周以挾晉室行南面之禮馴致有國其子宣子其孫文侯其漸於此也敬王出居以子朝之亂至徙洛陽避之東遷至是凡三徙都鎬京以來周不爲周矣其曰戍周城成周不過合諸侯大夫爲盟會以行天子威令如是而已而乃據非所據不唯上欺公室彼知有王室乎南面之位不臣之心以爲幸此禍會可擠而取也衛彪傒則知之大雅之賦以天威爲言知其一而未知其二也其一者猶若假之其二者不臣之心必然之理也戲豫馳驅豈特慢君令瀆天威而已哉是歲昭公之三十二年孔子已五十三歲韓趙魏并范氏中行氏知氏乃在孔子既卒敬王之後元王之立魏已立國遂并晉爲文侯孔子弟子子夏猶及爲文侯師南面之僭履霜之漸可不懲乎

高岸爲谷深谷爲陵 小雅

春秋嚴一王之法以大一統也是可二乎一王以下曰公曰諸侯曰卿皆曰王臣諸侯各以官爲二可也謂之曰王則春秋大一統之法曰王正月者以天統三辰以一氣統四時無有二也晚周法壞王之有二與楚之僭春秋抑之曰人曰子不以王書者法在故也趙簡子問史墨意以三家逐君自況其無君之心史墨淫巫也以魯況晉援小雅之賦以媚趙簡子後世亂臣賊子接迹無國無之誰適啟之陵谷遷變天地災異非以王之有二數之當然也史墨之誣三卿分晉之兆也悲夫

柔亦不茹剛亦不吐不侮鰥寡不畏彊禦 大雅

吳入郢之禍烈矣然楚王之奔幸以身免者得士之力也吾得五人焉司馬戌敗吳師三戰皆傷竟死之忠也季芈楚王之妹鍾建負之以從王于鄖盜攻王于寢王孫由于以背代王受戈義也鄖公辛之弟懷以楚平王殺其父蔓成然而欲弒之其兄辛止之反欲殺其弟仁也鬭辛兄弟以王奔隨吳人追之間之以隨與吳欲復楚累世之怨勢將不免王之兄子期貌

似昭王請伐於隨人辛庇楚王而以好詞答吳吳人義之乃退孝悌也嗚呼楚幾亡國而不絕者孰謂楚而無士乎大雅仲山甫之賦鬬辛以教誨其弟於此詩可無愧矣

無衣 秦風

楚之伍員申包胥二臣相反善也於君親之義惟忠惟孝春秋之法所當褒之也伍員自楚奔吳教吳兵法因吳兵以復父兄之讐鞭平王之墓此其孝也申包胥初與子胥期曰爾覆之吾必能興之致秦兵以全楚於草莽播越之餘此其忠也或問二人忠孝孰先曰子胥先吳用子胥之法與楚抗衡上國如創業之臣也吳入郢楚王僅免死賴秦兵以興楚國楚之忠臣羽翼者衆或推或挽非特包胥一人如中興之臣也無衣之賦秦人以答包胥之忠或曰爲包胥出師而作則與序詩者意小異秦康公在魯文公十年立無衣之賦則秦哀公也卒葬在魯定公九年

静女之三章 邶風 竿旄 鄘風 蔽芾甘棠勿翦勿伐召伯所茇 召南

寬猛相濟二者爲政之德也寬則濟之以猛猛則濟之以寬二者未有偏任而爲政者鄭政自子皮授子產子產授子太叔子太叔授駟歂凡四傳政柄矣子皮於子產得之於忠言子產躬行之始鑄刑書不免當尼之謗上累其親若夫子命之曰仁命之曰惠所以救其猛政之謗而約之以寬也其終也子產明言之以授子太叔曰有德則一之於寬次則以猛子太叔不能用其寬又失其所謂猛以致多盜逮於駟歂之嗣政也幾欲以猛懲太叔之政故有取於鄧析竹刑者刻之竹簡昔不知鄭所鑄之刑有不足歟世輕世重之制又當何如竊意駟歂之政亦殺人之政也殺人而攘其善盜其法君子援三詩之賦凡以明其猛政之偏也靜女之彤管三章不以女淫壞史書之法也竿旄取其忠之可以告人也甘棠取召伯之決訟也嗚呼駟歂之忍心如此濫於用刑何益於鄭側弱之政乎杜預釋之以不受君命而私造刑書不知果何所據

人而無禮胡不遄死 鄘風

晉齊爭衛衛之不幸也趙鞅圍衛晉以齊故也兵之曲直可知矣衛人自作弗靖而猶求之其伐邯鄲午是也下晉大夫也助晉爲宜衛一朝而受二敵涉佗成何猶挾前日捘衛侯之勇門焉師乃退既而執涉佗以求成於衛者以捘衛侯手衛得藉口以叛晉遂殺涉佗成何奔燕君子有衛風之賦不過譏涉佗以無禮自速其死也嗚呼晉不能抗齊又不能庇衛又歸罪其國之二大夫晉之無政甚矣猶謂國有人乎

揚水卒章之四言（唐風）

縱橫之言所謂鬼谷術者盛於戰國芽蘖於此騶赤之取郈地是也始侯犯以郈地叛叔孫也徒以不從叔孫之謀殺公若公若死侯犯以郈地致齊師者騶赤之謀也且叔孫之言曰郈地社稷之患乃援揚水卒章四言爲賦四言者吾聞有命不敢以告人心知侯犯之謀而密以圖之可也其反覆捭闔非唯侯犯墮其計中齊人亦爲之出兵以逆侯犯卒之郈地入魯侯犯奔齊此不幾於戰國縱橫之言乎其所賦唐詩憂深思遠眞唐之遺風歟

爰始爰謀爰契我龜（大雅）

衞之父子吾夫子有所不爲者父子不正則君臣之分不明其他可知吾夫子言之曰正名者茲其是也靈公有子而逐之欲立郢也郢不應夫人欲立亡人之子輒已不知有蒯聵趙簡子乃欲以兵納之戚之戰曰世之云者以子未忍絕之於父也趙簡子以一衞世子之入戚也一朝而受三敵鄭也范也知也外則立衞君內則并二卿又與鄭爲戰兵名之不立尚何卜之問樂丁援大雅之賦且曰謀協以故兆詢者取人謀之同也乃受三敵并二卿背腹爲患其取勝者幸也且其誓師之辭簡子則以范氏中行氏藉口蒯聵則生名晉鄭二君以三祖爲禱此豈三王誥誓之語乎車下之役與車下之踣不以一死苟免爲幸乃振振然以勝爲矜其鄙也夫

不懈于位民之攸塈（大雅）不僭不濫不敢怠皇命以多福（商頌）

嬖大夫者君側之佞幸人也一以將順柔媚逢君之惡所謂以水濟水誰能食之如梁邱據者於吾夫子有助焉齊人夾谷之會孔子誅齊優其爲禮甚嚴齊要魯車三百乘孔子欲歸其所侵田以待命齊人之辭既屈猶欲以禮享孔子孔子因梁邱據以達意齊侯乃不果享據之爲嬖庸有益於君不專於佞幸也今騶奏之在鄭爲嬖大夫以佞幸而得車服前日戚

之戰鄭以敗績書而嬖大夫以富侈聞以致殺身必有以稔成國惡而不知恥者鄭人惡之子思二詩之賦豈無意哉是時鄭方懲敗衂之餘又有晉宋之憂而嬖人乃以侈富自媚二詩所以懲之也

方舟經說卷五

方舟經說卷六

宋　李　石　撰

左氏君子例

君子者當世君子之論左邱明取之或孔子也然有孔子又有君子君子者似出左氏品藻似例非例凡七十三作君子例

穎考叔君子曰穎考叔純孝也

周鄭交惡君子曰信不由中質無益也

宋殤公即位君子曰宋宣公可謂知人矣

衛殺石厚君子曰石碏純臣也惡州吁而厚與焉

鄭二公子敗燕師君子曰不備不虞不可以師

陳桓公失鄭君子曰善不可失惡不可長其陳桓公之謂乎長惡不悛

鄭取郜防以歸魯君子曰鄭莊公於是乎可謂正矣不貪其土

鄭莊公舍許君子謂鄭莊公於是乎有禮許服而舍之無累後人

鄭莊公詛射穎考叔者君子謂莊公失政刑矣邪而詛之何益

鄭息有違言息伐鄭君子是以知息之將亡犯五不韙

右隱公十一年凡十例

祝聃射王鄭伯曰君子不欲多上人況敢陵天子乎社稷無隕多矣

鄭公子忽辭齊婚君子曰善自為謀

魯平宋鄭宋辭平而盟君子曰苟信不繼盟無益也屢盟無信

鄭以高渠彌為卿弑昭公君子曰鄭昭公知所惡矣公子達曰高伯從惡已甚

右桓公十八年凡四例

衛侯朔入放公子黔牟甯跪乃即位君子以二公子之立黔牟為不度矣

魯伐郕降齊師還君子是以善魯莊公

楚以息嬀故伐蔡君子曰商書所謂惡之易也如火之燎于原其如蔡哀侯乎

鄭伯自櫟入刖強鉏君子謂強鉏不能衛其足

鬻拳以兵諫楚子自刖為閽君子曰鬻拳可謂愛君矣自納於刑

齊桓公就家飲陳敬仲酒曰臣卜晝不卜夜君子曰酒以成禮不繼以淫弗納於淫義與仁也

右莊公三十二年凡六例

右閔公二年闕

里克殺公子卓荀息死之君子曰詩所謂斯言之玷荀息有焉

隨叛楚楚伐隨取成而還君子曰隨之見伐不量力也

楚子過鄭文夫人芊氏姜氏勞之楚示之俘馘君子曰
非禮也戎車不邇女器
鄭子臧鷸冠奔宋鄭使盜殺之君子曰服之不衷身之
災也不稱也夫
王子虎盟諸侯於王庭君子謂是盟也信謂晉於是役
也能以德攻攻楚也
晉殺顛頡祁瞞舟之僑君子謂文公能用刑三罪而民
服

右僖公三十三年凡六例

彭衙之戰狼瞫馳秦師死焉君子謂狼瞫於是乎君子
怒不作亂可謂君子
魯大事太廟躋僖公君子以爲失禮逆祀也皇后稷
君子曰禮謂其后稷親而先帝也問我諸姑君子曰禮
謂其姊親而先姑也
秦伯伐晉濟河焚舟封殽尸君子是以知秦穆公之爲
君也舉人之周也
魯逆婦姜卿不行君子是以知出姜不允於魯貴聘賤
逆
楚滅江秦伯降服出次君子曰惟彼二國其政不獲惟
此四國爰究爰度秦穆之謂矣
秦伯任好卒以三良殉君子曰秦穆之不爲盟主宜哉
邾文公卜遷於繹利民不利主以卒君子曰知命

右文公十八年凡七例

宋華元殺羊食士不及羊斟以敗君子謂羊斟非人也
以私怨敗國
邲之戰鄭石制入楚師欲分鄭而立魚臣鄭殺之君子
曰史佚謂毋怙亂謂是類也
晉宋衛曹四大夫盟清邱宋非其君之意君子曰清邱
之盟唯宋可免焉

右宣公十八年凡三例

宋文公卒厚葬用殉君子謂華元樂舉於是乎不臣生
則縱其惑死又益其侈
蜀之盟蔡侯許男乘楚車爲失位君子曰位其不可不
愼也乎蔡許失位不列於諸侯
蜀之盟晉辟楚畏其衆君子曰衆之不可以已也大夫
爲政猶以衆克况明君善用其衆乎
晉侵沈獲沈子揖從知范韓也君子曰從善如流
吳伐郯以句吳入伐季文子曰吾亡無日矣君子曰知
懼
僑如叔孫也不書姓婦姜書姓舍族尊夫人也君子曰
春秋之稱微而顯志而晦婉而成章盡而不汚懲惡而
勸善非聖人誰能修之

右成公十八年凡六例

穆姜爲櫬與頌琴季文子取以葬君子曰非禮也虧姑

成婦爲逆

楚子重伐吳吳人要擊取駕獲鄧廖君子謂子重所獲不如所亡組甲三百免者八十被練三千免者三百

祁奚請老晉侯問嗣君子謂祁奚能舉善建一官而三物成

定姒襄公母也賤而無櫬匠慶署季孫蒲圃之檟季孫不能禁君子曰志所謂多行無禮必自及

楚共王以陳叛而自殺其大夫公子壬夫君子謂楚共王於是爲不刑不明於法教也

季文子卒無衣帛之妾君子是以知其忠於公室

范宣子來聘告用師於鄭季武子賦彤弓宣子曰敢不承命君子以爲知禮

新軍無帥晉侯以卒乘官屬從下軍君子曰范宣子讓欒黶爲汰弗敢違也

吳乘楚喪伐之養由基設三伏誘之敗吳師君子以吳爲不弔

吳立太子札顧附曹子臧以無失節君子曰能守節君義嗣也

楚公子午爲令尹用公子橐師等八人以靖國人君子謂楚於是能官人官人國之急也

鄭公孫黑肱將卒歸邑於公曰二三子生於亂世貴而貧不在富也君子曰善哉

鄭伯歸自晉使子西聘晉辭曰寡君懼不免於戾使夏謝不敏君子曰善事大國

晉執衛侯衛以女女晉乃釋之君子是以知平公之失政也

宋左師以弭兵請賞子罕削而投之君子曰邦之司直樂喜之謂乎

澶淵之會謀歸宋財失信君子曰信其可不愼乎卿不書不信也

襄公薨子野毁而卒立公子裯生十九年矣猶有童心君子是以知其不能終也

右襄公三十一年凡十七例

莒展輿立奪羣公子秩去疾入而展輿奔吳君子曰莒展不立棄人也夫

齊景公問市貨貴賤景公繁於刑有鬻踊者故對曰踊貴屨賤君子曰晏子一言齊侯省刑

鄭伯如晉公孫段相禮敬而不違受賜命之策君子曰禮人之急也伯石汰不失禮猶荷其祿

印段以父子豐受州田之賜初欒氏亡三卿皆欲之及文子爲政其子欲取勿許君子曰弗知實難

楚子合諸侯於申用召陵之禮問禮於宋鄭左師獻公合諸侯之禮六子産獻伯子男會公之禮六君子謂左師善守先代子産善相小國

昭公如晉晉以爲知禮女叔齊曰是儀也不可謂禮君子謂叔侯於是乎知禮
鄭葬簡公將毁游氏廟日中而塴君子謂子產知禮
許悼公飮世子止之藥以卒君子曰盡力以事君舍藥物可也
邾黑肱以濫來奔毛地故名君子曰名之不可不愼也
右昭公三十二年凡九例
鄭駟歂殺鄧析而用其竹刑君子謂子然於是不忠苟可以加於國家棄其邪可也
晉人討衛之叛由涉佗殺之君子曰此之謂棄禮必不鈞爲遄死
右定公十五年凡二例
巴伐楚子國卜之曰如志卜帥王曰如志何卜遂敗巴師封子國於析君子曰惠王知志志曰聖人不須卜筮
右哀公十八年凡一例

左氏聖語例

左邱明於傳春秋也以吾夫子一言遂以好惡同於聖人凡傳所謂君子者或謂其尊所聞於吾夫子也而又有仲尼孔子並稱或追述所聞親見其事然後爲好惡乎其曰吾夫子與君子如二例以杜預所釋三事起於踐土皆曰違凡變例以起大義危疑之理示後學以褒貶大法聖人作經之意凡三十二條附之君子如例
晉文公重耳召王以諸侯見且使王狩仲尼曰以臣召君不可以訓書曰天王狩于河陽言非其地且明德也
趙穿攻晉靈公于桃園宣子未出山而復杜預曰穿趙盾之從父昆弟子也太史書曰趙盾弑其君以示於朝孔子曰董狐古之良史也書法不隱趙宣子古之良大夫也爲法受惡惜也越境乃免宣子使趙穿逆公子黑臀而立之
新築人仲叔于奚救孫桓子得免衛人賞之邑辭請曲縣繁纓以朝仲尼曰惜也不如多與之邑唯器與名不可以假人君之所司也名以出信信以守器器以藏禮禮以行義義以生利利以平民政之大節也若以假人與人政也政亡則國家從之弗可止也已
晉伐偪陽秦堇父輦重如役偪人紇抉門以出門者杜預曰堇父孟獻子家臣紇郰邑大夫仲尼父二父以力相尙堇父生秦丕茲事仲尼
齊侯閧臧紇欲伐晉而與之田臧孫激怒不受仲尼曰知之難也有臧武仲之智而不容於魯國抑有由也作不順而施不恕也夏書曰念茲在茲順事恕施也
宋向戌謀弭諸侯之兵享趙文子叔向爲介司馬置折俎爲禮仲尼聞舉是禮也以爲多文辭
鄭然明以學校謗國政欲毀之子產曰是吾師也若之何毀之仲尼聞是語也曰以是觀之人謂子產不仁吾

不信也杜預曰仲尼以二十二年生於是始十歲長而後聞之

叔孫牛因父以死殺仲昭子卽位不以爲勞牛奔齊孟仲之子殺之仲尼曰叔孫昭子之不勞不可能也周任有言曰爲政者不賞私勞不罰私怨

周穆王欲周行天下祭公謀父作祈招之詩子革爲楚靈王誦之王不能自克以有乾谿之辱仲尼曰古也有志克己復禮仁也信善哉楚靈王若能如是豈其辱於乾谿

晉雍子與邢侯爭鄐田叔魚攝理雍子納其女邢侯殺叔魚與雍子於朝宣子問其罪於叔向叔向曰昏墨賊殺皐陶之刑也乃施邢侯而尸雍子與叔魚于市仲尼曰叔向古之遺直也治國制刑不隱於親三數叔魚之惡不爲末減曰義也夫可謂直矣平丘之會數其賄也以寬衛國晉不爲暴歸魯季孫稱其詐也以寬魯國晉不爲虐邢侯之獄言其貪也以正刑書晉不爲頗三言而除三惡加三利殺親益榮猶義也夫

郯子來朝昭子問曰少皞以鳥名官何故郯子曰吾祖也黃帝以雲炎帝以火共工以水太皞以龍少皞以鳳鳥顓頊爲民師而命以民事則不能故也仲尼聞之見於郯子而學之旣而告人曰吾聞之天子失官學在四夷猶信

衛公孟縶狎齊豹作亂齊氏用戈擊公孟宗魯以背蔽之皆殺之琴張名開字子牢將往弔之仲尼曰齊豹之盜而孟縶之賊女何弔焉君子不食姦不受亂不爲利疚於回不以回待人不蓋不義不犯非禮

齊侯田于沛招虞人以弓不進曰虞人不見皮冠故不敢進仲尼曰守道不如守官君子韙之

鄭子產謂子太叔曰我死子必爲政惟有德能以寬服民其次莫如猛太叔不忍猛而寬故多盜仲尼曰善哉政寬則民慢慢則糾之以猛猛則民殘殘則施之以寬寬以濟猛猛以濟寬政是以和詩曰民亦勞止汔可小康惠此中國以綏四方施之以寬也毋縱詭隨以謹無良式遏寇虐慘不畏明糾之以猛也柔遠能邇以定我王平之以和也又曰不競不絿不剛不柔布政優優百祿是遒和之至也

子產卒仲尼聞之出涕曰古之遺愛也

韓宣子卒魏獻子爲政分祁氏田爲七縣羊舌氏爲三縣凡十大夫仲尼聞魏子之舉也以爲義曰近不失親遠不失舉可謂義矣又聞其命賈辛也以爲忠詩曰永言配命自求多福忠也魏子之舉也義其命也忠其長有後於晉國乎

晉趙鞅荀寅取陸渾地賦晉國一鼓鐵以鑄刑鼎著范宣子所爲刑書仲尼曰晉其亡乎失其度矣夫晉國將守唐叔之所受法度以經緯其民卿大夫以序守之民

是以能尊其貴貴是以能守其業貴賤不愆所謂度也文公是以作執秩之官爲被廬之法以爲盟主今棄是度也而爲刑鼎民在鼎矣何以尊貴貴何業之守貴賤無序何以爲國且夫宣子之刑夷之蒐也晉國之亂制也若之何以爲法

魯陽虎自齊載蔥靈寢於其中而逃自宋適晉趙氏仲尼曰趙氏其世有亂乎

夾谷之會犂彌言於齊侯曰孔丘知禮而無勇若使萊人以兵劫魯侯必得志焉齊侯從之孔丘以公退曰士兵之兩君合好而裔夷之俘以兵亂之非齊君之所以命諸侯也裔不謀夏夷不亂華俘不干盟兵不偪好於神爲不祥於德爲愆義於人爲失禮君必不然齊侯聞之遽辟之

齊人加載書曰齊師出境而不以甲車三百乘從我者有如此盟孔丘使玆無還揖對曰而不反我汶陽之田吾以共命者亦如之齊人來歸鄆讙龜陰之田

齊侯將享公孔丘謂梁丘據曰齊魯之故吾子何不聞焉事既成矣而又享之是勤執事也且犧象不出門嘉樂不野合享而既具是棄禮也若其不具用秕稗也用秕稗君辱棄禮名惡子盍圖之夫享所以昭德也不昭不如其已也乃不果享

仲由爲季氏宰將墮三都叔孫氏墮郈季氏將墮費公山不狃叔孫輒帥費人以襲魯公與三子入于季氏費人弗克入及公側仲尼命申句須樂頎下伐二子奔齊遂墮費杜預云仲尼時爲司寇定公十二年叔孫州仇帥師墮郈季孫斯仲孫何忌帥師墮費者用衆也不言伐而言墮者毀其險固也

定公十五年春邾隱公來朝邾子執玉高其容仰公受玉卑其容俯子貢曰以禮觀之二君者皆將有死亡焉君爲主其先亡乎公薨仲尼曰賜不幸言而中是使賜多言者也

魯司鐸宮火踰公宮桓僖災孔子在陳聞火曰其桓僖乎杜預曰親盡而廟不毀也

楚子將救陳卜戰不吉卜退不吉王曰然則死也不移疾於令尹司馬卜河爲祟又不祭孔子曰楚昭王知大道矣其不失國也宜哉夏書曰惟彼陶唐帥彼天常有此冀方今失其行亂其紀綱乃滅而亡又曰允出玆在玆由己率常可矣

郊之戰孟武伯帥右師冉求帥左師管周父御樊遲爲右左師入齊師右師奔孟之側殿公爲昭公子也與其嬖童汪錡乘皆死皆殯孔子曰能執干戈以衛社稷可無殤也冉有用矛於齊師故能入其軍孔子曰義也

孔文子之將攻大叔也訪諸仲尼曰胡簋之事則嘗學之矣甲兵之事未之聞也退命駕而行曰鳥則擇木木

豈能擇鳥文子遽止之曰圉豈敢度其私訪衛國之難也將止魯人以幣召之乃歸初衛太叔疾出奔宋其妻宋子朝之女孔文子使疾出其妻而妻之後疾嬖其初妻之娣文子怒欲攻之仲尼止之疾出臣向魋欲宮孔子者季孫欲以田賦改法重賦也使冉有訪諸仲尼仲尼曰丘不識也三發卒曰子爲國老待子而行若之何子之不言也仲尼不對而私於冉有曰君子之行也度於禮施取其厚事舉其中斂從其薄如是則以丘亦足矣若不度於禮而貪冒無厭則雖以田賦將又不足且子季孫若欲行而法則周公之典在若欲苟而行又何訪焉弗聽十二年春用田賦

冬十二月螽季孫問諸仲尼仲尼曰丘聞之火伏而後蟄者畢今火猶西流司歷過也九月歷官失一閏

哀公十四年春西狩於大野叔孫氏之車子鉏商車子微者鉏商名獲麟以爲不祥以賜虞人仲尼觀之曰麟也然後取之

蒯聵入衛侯輒來奔石乞盂黶以戈擊子路結纓而死

孔子聞衛亂渾良夫通孔文子妻伯姬所致也曰柴矣其來由也死矣

孔悝立莊公

十六年夏四月己丑孔丘卒公誄之曰旻天不弔不憖遺一老俾屏余一人以在位煢煢余在疚嗚呼哀哉尼父無自律子貢曰君其不沒於魯乎夫子之言曰禮失則昏名失則愆失志爲昏失所爲愆生不能用死誄之非禮也稱一人非名也君兩失之杜預曰仲尼既告老去位猶書卒者魯之君臣宗其聖德殊而異之魯襄公二十二年生至今七十三也四月十八日乙丑無己丑己丑五月十二日日月必有誤也公羊穀梁終獲麟之一句弟子欲記聖人之卒以續夫子之經故經終於此二十二年庚戌則七十三二十三年辛亥則七十二兩說小異也

詩補遺

繇詞

專之渝攘公之羭一薰一蕕十年尚猶有臭驪姬爲夫人事在僖五年

賦

狐裘尨茸一國三公吾誰適從士蒍作詩也築蒲屈事僖五年

童謠

丙之晨龍尾伏辰均服振振取虢之旗鶉之賁賁天策焞焞火中成軍虢公其奔晉伐虢事僖五年

筮詞

千乘三去三去之餘獲其雄狐秦伐晉僖十五年

繇詞歸妹

士刲羊亦無衁也女承筐亦無貺也西鄰責言不可償也歸妹之言猶無相也震之離亦離之震爲雷爲火爲

嬴敗姬車說其輻火焚其旗不利行師敗于宗邱歸妹睽孤寇張之弧姪其從姑六年其逋逃歸其國而棄其家明年其死於高梁之墟惠公死之明年重耳入僖十五年

器銘禮至滅邢之器

余掖殺國子莫余敢止殺國子僖二十五年

輿人誦古民

原田每每舍其舊而新是謀晉侯城濮之戰僖二十八年

古人有言鄭執訊謝

畏首畏尾身其餘幾又曰鹿死不擇音文十七年

城者謳

睅其目皤其腹棄甲而復于思于思多鬚棄甲復來宣二年

驂乘答

牛則有皮犀兕尚多棄甲則那宣二年

役人再謳

從其有皮丹漆若何宣二年

謬語楚伐蕭軍中不敢正言

有麥麴乎曰無有山鞠窮乎曰無河魚腹疾奈何叔展言曰目於眢井而拯之若不爲茅絰哭井則已宣十二年

筮詞晉欲伐楚筮遇復卜者辭也

南國蹙射其元王中厥目成十六年

夢歌聲伯夢涉洹淚下化爲珠玉盈懷三年言夢而卒

濟洹之水贈我以瓊瑰歸乎歸乎瓊瑰盈吾懷乎

虞人之箴周太史辛甲命百官爲箴辛甲武王太史也

芒芒禹跡畫爲九州經啟九道民有寢廟獸有茂草各有攸處德用不擾在帝夷羿冒于原獸忘其國恤而思其麀牡武不可重用不恢于夏家獸臣司原敢告僕夫襄四年

國人誦臧紇救鄫敗于狐駘此逆喪者之誦也

臧之狐裘敗我於狐駘我君小子侏儒是使侏儒侏儒使我敗于邾襄四年

繇辭孫文子卜辭

兆如山陵有失出征而喪其雄襄十年

築者謳宋皇國父爲平公築臺子罕請俟農功畢弗許

澤門之晳實興我役邑中之黔實慰我心襄十七年

輿人誦子產從政一年

取我衣冠而褚之畜也取我田疇而伍之孰殺子產我其與之襄三十年

又誦子產從政三年

我有子弟子產誨之我有田疇子產殖之子產而死誰其嗣之襄三十年

讒鼎銘叔向對晏子

昧旦丕顯後世猶怠況日不悛其能久乎昭三年

鼎銘正考父廟之鼎

一命而僂再命而傴三命而俯循牆而走亦莫余敢侮饘於是鬻於是以餬余口（昭七年孔子生已十八年）

投壺辭（晉穆子辭穆子荀吳也）

有酒如淮有肉如坻寡君中此爲諸侯師（昭十二年）

齊侯舉矢答辭

有酒如澠有肉如陵寡人中此與君代興（齊君有弱晉君之意昭十二年）

鄉人歎（南蒯以費叛）

恤恤乎湫乎攸乎深思而淺謀邇身而遠志家臣而君圖有人矣哉

鄉人歌（南蒯飲鄉人酒）

我有圃生之杞乎從我者子乎去我者鄙乎倍其鄰者恥乎已乎已乎非吾黨之士乎（昭十二年）

童謠（鸜鵒魯大夫師己聞之文成之世）

鸜之鵒之公出辱之鸜鵒之羽公在外野往饋之馬鸜鵒跦跦公在乾侯徵褰與襦鸜鵒之巢遠哉遙遙裯父喪勞宋父以驕鸜鵒鸜鵒往歌來哭（昭二十五年）

野人歌（宋人歌衛夫人南子也）

既定爾婁豬盍歸吾艾豭（定十四年）

萊人歌（齊景公老而無子欲立嬖人子荼寘羣公子於萊）

景公死乎不與埋三軍之士乎不與謀師乎師乎何黨之乎（景公既葬稱謚而歌哀五年）

三占辭（趙鞅卜救鄭遇水適火）

史龜曰是謂沈陽可以興兵利以伐姜不利子商伐齊則可敵宋不吉

史墨曰盈水名也子水位也名位敵不可干也炎帝爲火師姜姓也其後也水勝火伐姜則可

史趙曰是謂如川之滿不可游也鄭方有罪不可救也救鄭則不吉不知其他（哀九年）

筮辭（陽虎筮之泰之需）

宋方吉不可與也微子啟帝乙之元子也宋鄭甥舅也祉祿也若帝乙之元子歸妹而有吉祿我安得吉焉乃止（哀九年）

乞糧隱語（吳申叔儀乞糧於魯大夫公孫有山氏二人舊相識）

佩玉蘂兮余無所繫之旨酒一盛兮余與褐之父睨之（哀十三年）

對語（有山氏）

粱則無兮麤則有之若登首山以呼曰庚癸乎則諾（哀十三年）

尼父誄辭

旻天不弔不憖遺一老屏余一人以在位煢煢余在疚嗚呼哀哉尼父無自律（子貢以生不能用死而誄之非禮哀十六年）

繇辭（衛侯夢渾良夫叫天無辜貞卜之辭）

如魚竀尾橫流而方羊裔焉大國滅之將亡闔門塞竇

乃自後踰哀十七年

魯人之皐數年不覺使我高蹈唯其儒書以爲二國憂齊歌魯人不答齊人稽首齊人責之因歌此辭哀二十一年

右詩類共三十六事以繼詩之刪序所不及者附爲詩類補六義之遺云古箴辭八賦一童謠二銘三誦四謳三答一虞箴一古人言一投壺辭二歎一歌五謎隱語三誄辭一凡三十六事

丂井經說卷十六[illegible]

海昌蔣光煦校

班馬字類補遺

班馬字類序

今之爲文者必祖班馬史無善注學殆至于不能讀故班書顯行好事者爲彼著述之如入巨川隨意所適欲富者剖珠[illegible]作室者睨楩梓獵師搏熊豹漁人獵魚鱉隨其淺深有求必致蓋未聞有索手而空歸者史記但有索隱意林之學其昧昧自如西漢自唐柳宗直作文類陶叔獻繼之於是程氏誨蒙陳氏六帖與夫摘奇博聞諸書錯出並見而予亦綴法語數萬言家爲苟袁各得一體今構李婁君機獨采摭二史彙之以韻旁通假借字字取之毋遺如鳴球在縣洋洋有太古氣超然新工盡掩衆作不必親見楊子雲然后能作奇字不必訪李監陽冰然后能爲文詞學班馬氏固未有如此者去年予在鄉里得其書以冊帙博大不能以自隨姑删摭其旨以爲序婁君清尚修潔一時儁士也

淳熙甲辰上巳日鄱陽洪邁書於金華松齋

淳熙壬寅余丞宗正同年李聖俞爲簿暇日以一書相示葢婁君機所編史漢字類也余讀之因相與言曰古字不多率假借以爲用後世寖廣隨俗更改多失造字之意此好古者所嘆也以史籀之大篆或云書瀆已壞其書俗惡已不可言叔重之說文而云野陋淺薄謬妄欺世後之字書又可知矣西漢去古未遠文章固非後人所及而字亦多古雖已變秦文科斗書廢要之假借簡朴髣髴古意其興亡之大端忠邪之異趣千載自不可誣而綴文之士又摘取奇字以資華藻片言隻字施之鉛槧自有一種風味故誨蒙漢雋等書作者不一此書更取史記之字合爲一編從韻類分粲然可睹其志勤矣葢孟堅生於東都源流叔皮以成信史子長親事武帝紬金鐀石室之藏網羅天下放失舊聞孟堅實祖之多用其文不敢改定婁君尤爲知所本矣然亦有難解者班之於馬時有遺失文意泯沒如彘肩之不言生有以起自布衣而去也夫之類殆不曉其意又其甚者垓下之圍以項羽之用兵未嘗接戰止以楚謌而潰去疑無此理至誤儒者謂惜乎項羽韓信不曾一戰引孔明仲達以爲比史載甚詳而孟堅畧不及此是可遺耶嘗有意一一證之性懶未暇婁君此書將傳於世觀其趣向進進未已或更考究以補孟堅之闕以發揮子長之餘不亦善乎聖俞啞然笑曰婁君屬我以序久未落筆當盡以子之言寄之四明樓鑰書

世率以班固漢史多假借古字文時用偏旁音釋各異
然得善註易曉遂爲據依機謂固作西漢書多述司馬
遷之舊論古字當自遷史始以史記正義索隱西漢音
義集韻諸書訂正作班馬字類互見各出不没其舊而
音義較然遂弁尙多更俟增易
淳熙辛丑夏至日禾興婁機書
唐張守節云史漢文字相承已久若悦字作説閑字作
閒智字作知汝字作女早字作蚤後字作后既字作溉
勑字作飭制字作剬如此之流緣古字少通共用之史
漢本有此字者乃爲好本程邈變篆爲隸楷則有常後
代作文隨時改易衞宏官書數體呂忱或字多奇鍾王

等家以能爲法致令楷文改變非復一端咸著秘書傳
之歷代文字體乖誤日久其黼黻之字法從黹丁履反今
之史有從㡀音黹秦本紀云賜孝公黼黻鄒誕生音甫弗
而鄒氏之前史本已從㡀矣如此之類並卽依行不可
更改若其黿鼉從龜辭亂從舌覺學從與泰恭從小匱
匠從走巢藥從果耕籍從禾席下爲帶美下爲火哀下
爲衣極下爲點析旁著片惡上安西餐側出頭離邊作
禹此等類例直是訛字寵勑勇反字爲錫音陽以支章移反代
文問分反將死混無若茲之流便成兩失又曰先儒音字
比方爲音至魏秘書孫炎始作反音又未甚備鄭康成
云其始書之也倉卒無字或以音類比方假借爲之趣

於近之而已受之者非一邦之人其鄉同言異字同音
異於茲遂生輕重訛謬矣其論皆當倂錄于此二史之
字第識首出餘不復載或已見於經子者則疏于下庶
幾觀者知用字之意也機又書

余幼年從事句讀嘗見　鄉先生婁公參與班馬字類
喜其究心字學採摘二史旁證曲盡得之者可無魯魚
亥豕之惑自謂該載已備不必問奇於揚子雲矣後隨
侍　先君入蜀與諸朋友遊有老儒王揆者嘗論及此
作而曰此書所載善則善矣猶未盡也因與之考論二
史果爾咿分類析間多遺闕在蜀數年相與朝夕考訂
日積月累凡有所得書於四聲之下共一千二百三十
九字補註五百六十三因念先賢力學稽古貫穿二史
可謂詳備猶有闕焉今從而廣之名以補遺附於韻後
併勒諸梓以便學者之觀覽亦　鄉先生婁公之志也
補或未盡尚俟來者

景定甲子長至日覃懷李曾伯書

班馬字類第一

上平聲補遺附

一東

桐　漢書禮樂志桐生茂豫讀爲通達也　武五子傳毋桐好逸音通輕脫之貌

空桐　史記五帝本紀西至於空桐黃帝過空桐從廣成子郎此山也　補遺漢書郊祀志登空桐

空同　史記趙世家其後娶空同氏正義云郎崆峒　補遺漢書武帝紀登空同

童　漢書項籍傳贊舜重童子目之眸子與瞳同

僮　史記樂書上使僮男僮女七十人俱歌通作童　補遺着孝武紀賜列侯甲第僮千人　漢書禮樂志沐中僮兒

蘢　漢書晁錯傳屮木蒙蘢來東反師古曰覆蔽之貌

谾　史記司馬相如傳巖巖深山之谾谾兮音籠古谾字　漢書同

怱　漢書陳湯傳踰怱領徑大宛與葱同

怱　漢書郊祀志怱明上通與聰同

鴻　史記河渠書禹抑鴻水宋世家鴻範　漢書成帝紀鴻業夏侯勝傳鴻範楊雄傳鴻生鉅儒　補遺首五帝本紀緜治鴻

鴻　漢書藝文志鴻範八政與洪同　王商傳身體鴻大

鳿　漢書司馬相如傳子虛賦鳿鷫鷞鳿古鴻字史記作鴻

虹　漢書天文志抱珥虹蜺或作虹螮蝀謂之虹

蒙　漢書息夫躬傳蒙棘棧棧與叢同

菆　漢書東方朔傳菆珍怪亦叢字

紅　史記文帝紀大紅十五日　漢書文帝紀同又景帝紀錦繡纂組害女紅讀作功　哀帝紀織綺纖難成害女紅之物皆止如淳曰紅亦工也　酈食其傳紅女下機

釭 漢書趙后傳黃金釭師古曰音工流俗讀作江非也
功 漢書律歷志天功人其代之尚書作天工
功 漢書董賢傳第新成功堅音盡功力而作之或作攻攻治也
訟 史記呂后紀未敢訟言誅之徐廣一作公昭曰猶公也韋補遺漢紀作誦言鄧展曰公言也
訟 史記吳王濞傳訟共禁弗予徐廣音公正義音容言相容禁止不與漢書作頌讀曰容
瞢 漢書敘傳棄于瞢中與夢同莫風反又莫鳳反
夢 史記十二諸侯年表壽夢莫東反漢書陳平傳雲夢師古曰楚澤莫風反又讀如字相如傳字或作瞢詩視天夢夢春秋左氏傳弃諸夢中音蒙補遺史記首夏本紀雲夢土爲治漢書首高帝紀僞遊雲夢
崈 漢書郊祀志封崈高古崇字地理志崈高負昌
匔 史記魯世家還政成王北面就臣位匔匔如畏然音窮匔匔謹敬貌
穹窮 史記司馬相如傳穹窮昌蒲即芎藭也漢書同

班馬字類卷一　二　別下齋校本

汎 漢書司馬相如傳汎淫氾濫音馮注爲任風波自縱漂貌　補遺史記同
補遺
空侯 史記封禪書作二十五絃及空侯瑟武帝紀作箜篌漢書郊祀志空侯瑟
同 史記西南夷傳同師漢傳作桐
桐 史記武帝紀作柏梁桐柱承露仙人掌之屬封禪書及漢書郊祀志皆作銅
恖 漢書楊雄傳聖人恖明雖無音即與聰同
蔥 漢書西域傳蔥嶺即與葱同
嵏 史記殷本紀遂伐三嵏尚書作朡
洪 漢書高帝紀割洪溝餘作鴻史記並作鴻
豐 史記周紀作豐邑匈奴傳周平王去酆鄗漢書郊祀志郊梁豐鄗文酆鎬
弓 史記霍去病傳濟弓閭音穹亦如字

二冬三鍾

衝 史記酈生傳陳留天下之衝與衝同
從 史記項羽紀與諸侯爲從約孫吳傳破馳說之言從橫者東西爲橫南北爲從秦地形橫長故張儀爲秦連橫漢書酈食其傳因言六國從衡時子容反衡音橫詩蓺麻如之何衡從其畝　補遺史記首周紀倍秦與諸侯約從漢書首高后紀具以灌嬰與齊楚合從狀告產
從 漢書淮南王安傳從迹連王讀若蹤史記作蹤　補遺史記聶政傳故重自刑以絕從與蹤同
龔 漢書南粵傳子廣德爲龔侯古龍字一本作龔　補遺一本龔侯
柗 漢書地理志代郡蒼柗古松字
鏠 漢書東方朔傳詐鏠出讀曰鋒首郊祀志爲泰一鏠旗　補遺史記封禪書鋒旗
蠭 史記項羽紀楚蠭起之將漢傳同蠭古蜂字
蠭 漢書中山靖王傳蠭言之徒蠭生　補遺首劉向傳蠭午並起猶雜沓也息夫躬傳武蠭精兵

班馬字類卷一　三　別下齋校本

逢 漢書司馬相如傳逢涌原泉讀曰逢言熢火原泉也史記作熢
熢 史記周紀幽王爲熢燧漢書五行志熢火通長安
夫容 漢書司馬相如傳外發夫容與芙蓉同
共 史記屈原傳共承嘉惠顏云恭敬嘉惠謂詔命漢書宣紀共哀后高惠高后文功臣表饗共己之治讀曰恭詩共姜　補遺史記首夏紀願而共又共工共王共伯之類甚多漢書亦同
共 漢書嚴助傳以奉千言之共讀曰供春秋左氏傳王祭不共　補遺史記夏本紀共命齊世家敢不共乎
頌 史記樂書物之頌也音容漢書惠帝紀有罪當盜械者皆頌繫之言見寬容刑法志當鞠繫者頌繫之儒林傳王式頌禮甚嚴讀曰容楊雄傳脩六經之德頌
從頌 史記魯仲連傳世以鮑焦爲無從頌而死者皆非也音從容言人見焦死爲不能自寬容而死此言非
鋊 史記平準書或盜摩錢裏取鋊音容　補遺漢書食貨志盜摩錢質而取鋊

傛 漢書外戚傳娙娥傛華補遺史記外戚世家娙何容華

匈 史記高祖紀漢王傷匈乃捫足吳世家餓交于匈漢書藝文志無恍惕手匈中並與胷同

㐫 漢書藝文志星事㐫悍與凶同

廱 漢書禮樂志丞相請立辟廱與雍同

癰 漢書百官公卿表諸廟寢園食官令長丞有癰太宰太祝令丞文穎曰主熟食之官如淳曰五畤在癰故置師古曰不當復置饔人也補遺別本都水鐵官癰廚長丞作癰

癕 漢書鄭崇傳崇發頸癕與癰同

甕 漢書西域傳有大鳥卵如甕汲水餅也于龍反補遺史記大宛傳同無音

籠 漢書衛青傳至籠城師古曰與龍同 補遺史記同

補遺

終黎 史記秦紀贊秦之先爲嬴姓其後分封有終黎氏世本作鍾離氏

羕 漢書楊雄傳舉羕烈火

封 漢書西域傳大月氏國出一封橐駝

蠭 漢書天文志天蠭藝文志九家之說蠭起與鋒同韓王信傳因其蠭而東嚮趙充國傳專厲彊壯蠭氣讀曰鋒

鋒 史記五帝紀娶陳鋒氏女系本作酆漢書古今人表陳豐生堯

隆 史記晉世家齊伐魯取隆索隱曰即龍也此當魯成二年春秋經書齊侯伐我北鄙傳曰圍龍

蘢 史記韓安國傳破蘢城音龍漢書同嚴安傳燔其蘢城

龐 漢書地理志九真郡都龐音龍又音籠師古曰郡縣之名土俗各有別稱不必皆本事

庸 史記陳涉世家庸耕漢書高惠功臣表庸保之中與傭同

鷛 漢書司馬相如傳鷛渠史記作鷛鶚其音同

庸 漢書司馬相如傳庸旋史傳作鏞旋

共 漢書高帝紀共敖爲臨江王音龔

龔 漢書王尊傳象龔滔天尚書作恭

雝 漢書楊雄傳過清廟之雝雝與雍同

雍 史記夏紀雍沮會同尚書作灉漢書地理志同

雍 史記封禪書明堂辟雍漢書禮樂志與辟雍與廱同

癕 史記倉公傳齊踊又色將發癕

邛 史記司馬相如傳轢邛邛漢傳蛩蛩

曲遇 史記高祖紀戰曲遇東上音齲下音顒漢書高帝紀同

四江

瓨 史記貨殖傳醯醬千瓨胡江反徐云長頸甖也漢傳同

降 漢書楊雄傳澤滲離而下降師古曰下也胡江反詩我心則降

補遺

鉆 史記酷吏王溫舒傳投鉆音項又胡江反

蠭 史記龜策傳羿善射不如雄渠蠭門淮南子曰射者重以逢蒙子之巧劉歆七略有蠭門射法漢書藝文志逢門射法郎逢蒙

鏦 史記吳王濞傳使人鏦殺吳王九江反又音舂漢傳楚江反

五支六脂七之

氏 史記建元年表月氏音支 補遺漢書地理志月氏同

閼氏 史記建元年表閼氏上於連反下音支若今皇后 補遺漢書宣帝紀單于閼氏音焉支

氏 史記酈商傳破雍將軍烏氏烏於然反氏音支縣名漢書貨殖傳烏氏嬴

卮 史記貨殖傳巴蜀亦沃野地饒卮音卮鮮支也紫赤色又千畝卮茜音支

離支 史記貨殖傳番禺果布之湊韋昭曰果爲龍眼離支之屬布謂葛布 補遺漢書司馬相如傳荅遝離

離支

差　史記陸賈傳夫差智伯極武而亡漢書同夫音扶差
楚宜反　補遺史記首始皇紀智伯夫差漢書首古
今人表差
弗楚宜反

衰　漢書五行志衰城謂
差次受功賦初爲反

提　史記司馬相如傳中外提
福音支安也漢書作禔

厮　史記蘇秦傳厮徒十萬音斯厮養之卒養馬
之賤者漢書張耳陳餘傳厮養卒取薪者也

析　漢書司馬相如傳蔵析包荔張揖
曰析似燕麥蘇林音斯史記作斯

磃　漢書郊祀志上林中磃氏館鄭音斯
補遺史記武紀磃氏觀音蹏又音斯

虒　漢書地理志廣平國
水東入虒師古音斯

徙　漢書張騫傳徙邛師古曰夷種音斯　補遺史
記西南夷傳徙筰都漢書首地理志蜀郡徙

齎　漢書霍去病傳大官齎數十乘與賫同　補遺
史記封禪書齎金萬斤陳丞相世家齎用益饒

訾　史記張釋之傳以訾爲郎漢書景帝紀訾算
十以上乃得官與貲同地理志高訾富人

呰　漢書翟義傳王莽自作大誥
云故知我國有呰災讀作疵

呰　漢書敘傳闔尹
之呰讀作疵

離　史記孔子世
家雒離音離

流離　漢書地理志市明珠璧流離西
域傳虎魄璧流離與琉璃同

蠡　史記匈奴傳左右谷蠡王谷音鹿蠡音離
又音黎　補遺漢書宣紀谷蠡王音同

被　漢書古今人表被衣揚雄傳亡春風之被離讀
作披　補遺史記絳侯世家甲楯五千被音披

狓　漢書揚雄傳狓桂
椒鬱移楊古披字

靡　史記主父偃傳靡敝中國音縻酷吏傳盡靡爛獄中
漢書文帝紀爲酒醪以靡穀者多音縻貢禹傳因與
俱靡而已
武皮反

離　史記張良傳高祖離困者數矣漢書師古曰離
遭也與罹同　補遺史記首文紀離寒暑之數

縻　漢書王莽傳赤縻聞之不敢入界縻
眉也以朱塗眉故曰赤眉古字通用

眯　史記秦紀鄭高渠眯
音彌晉世家示眯明

施　史記衛綰傳劍人之所施易獨至今乎音移
補遺漢書衛綰傳讀曰移師古讀曰貤弋豉反

虵　史記孝武紀虵丘地名音移
補遺漢書禮樂志旗逶虵

郊　漢書地理志文王徙郊匈奴傳襄公伐戎至郊
古岐字　補遺首郊祀志大王建國于郊梁

跂　漢書禮樂志跂行畢逮有足而行者禮跂行音
岐　補遺史記匈奴傳跂行喙息音岐又音企

羈　漢書刑法志以羈而御駻突
音奇門古羈字馬絡頭曰羈

隓　漢書異姓諸侯王表隓城銷刃火規反　補遺史記
夏紀萬事隓哉始皇紀隓壞城郭孔子世家吳伐越
隓會稽漢書首
宣帝紀宗廟隓

墮　漢書刑法志法度
墮與隳同火規反

奇　史記平準書浮食奇民音
羈　補遺漢書食貨志同

奇　史記李廣傳數奇漢書同隻不耦也食貨志奇
羨居宜反　補遺漢書首律曆志歸奇象閏

戲　史記趙世家宓戲神農教而不誅漢書太
史公傳宓戲至純厚作易八卦讀作羲

戲　史記陳涉世家至戲音羲郎京東戲亭　補遺
首始皇紀西至戲漢書高帝紀西入關至戲

獻　漢書王莽傳立斗獻音犧謂斗魁
杓如勺形　補遺又見七歌韻

儀　漢書地理志伯益
能儀百物與宜同

義　漢書鄒陽傳袞義父
之後師古曰讀儀

譆　史記趙世家簡子
召之曰譆音僖

秭鳺　史記律書秭鳺先滜音子規索隱曰謂
子規春氣發動則先出野澤而鳴也

戲　史記項羽紀諸侯罷戲下高祖紀兵罷戲下音麾漢
書高帝紀諸侯罷戲下謂軍之旌麾下許宜反亦讀
曰麾漢書通以戲
爲旌麾指麾字

雖　漢書高帝紀雖水音睢春秋左氏傳
次睢之社　補遺史記項羽紀睢水

禔 史記韓長孺傳禔取辱耳音祇

尼 史記高祖紀司馬尼將兵北定楚地古夷字漢紀同

黟 漢書地理志黟屬丹陽郡音伊 補遺字本作黟

妥 漢書五武子傳燕剌王曰賜策薰鬻徙域北州以妥古綏字 補遺師古亦他果反

觭 漢書五行志觭輪無反音奇觭之奇

肙 漢書楊雄傳何必㽞累之蟄肙古肙字

㫺 漢書敘傳皆及㫺君之門闈又㫺閒而久章音時 補遺郎古時字

臑 史記趙世家食熊蹯臑不熟音胹

孳 史記蕭相國世家孳孳得民和正義曰息也益也漢傳同師古曰與孜孜同言不怠也孟子孳孳為善 補遺史記首夏紀子思曰孳孳

孳 漢書律歷志孳萌萬物讀與滋同

茲 漢書樊酈等贊雖有茲基不如逢時讀曰鎡

茲 漢書五行志賦斂茲重儒林孟喜傳萬物方茲茲也匈奴傳前世重之茲甚茲益也與滋同

台 史記夏本紀祗台德先音怡尚書同

台 史記高祖紀從盱台盱眙縣也漢書音怡 補遺史記首項羽紀都盱台

飴 漢書劉向傳飴我釐麰讀與貽同

釐 史記文帝紀祝釐漢書本紀同音僖字本作禧又齊世家魯人更立釐公高帝紀魏安釐王讀曰僖二史僖字僖諡及禧禧字多作釐

熙 漢書禮樂志熙事備成與禧同

熙 漢書翟義傳王莽自作大誥云熙我念孺子歎辭與噫同

其 史記宋世家如之何其其音姬語助也齊魯之間聲如姬漢書武帝紀幸不其其音基山名詩夜如何其問早晚之辭

丌 史記周紀亓登名民三百六十夫不顯亓當作丌古其字

僇 史記趙世家見其長子章僇然也力追反羸病貌

絫 漢書人表絫祖俠絫司馬相如傳係絫皆力追反律歷志權輕重者不失黍絫來戈反亦音纍

纍 漢書地理志與定國肥纍力追反司馬遷傳纍紲[illegible]纍纍乎端如貫珠 補遺史記孔子世家起纍紲之中又纍纍若喪家之狗司馬相如傳係纍

累 漢書宣紀匈奴呼遬累單于力追反五行志諸侯累累從楚圍蔡讀曰纍 補遺史記樂書累累乎殷若貫珠刺客傳韓相俠累

累 漢書太史公傳何至自沉溺累紲之辱與縲同 補遺史記孔子弟子傳累紲之中

魋 史記陸賈傳尉佗魋結箕踞音椎結音計漢書結音髻一撮之髻也

思 漢書五行志東闕罘思災罘思在其外諸侯之象與罳同

氂 史記蘇秦傳豪氂不伐將用斧柯漢書律歷志度長短者不失豪氂十豪為氂今字作釐

毉 漢書周仁傳以毉見今字作醫

娸 漢書枚乘傳其賦有詆娸東方朔音欺

甾 漢書食貨志臨甾宛城都市今字作淄地理志惟甾其道師古曰惟今作維甾或作淄又甾川 補遺史記河渠書菑濟之間齊世家臨菑漢書高帝紀臨菑案二史三字通用

罷 史記高祖紀老弱罷轉饟漢紀同讀曰疲 補遺史記首秦紀罷極

卑湛 漢書古今人表鄭卑湛師古音脾諶

蠭蠹 漢書五行志蠭蠹蠹之有翼者孟康音蚍蜉

比 漢書五行志比蒲師古音毗魯地

波 漢書諸侯王表波漢之陽音陂澤之陂灌夫傳波池田還讀曰陂貨殖傳千石魚波

娭 漢書禮樂志神來宴娭許其反司馬相如傳吾欲往乎南娭又氾濫水娭史傳皆作嬉

誒 漢書韋賢傳勤誒厥生歎聲許其反

茲 漢書地理志龜茲龜音丘茲音慈

期 漢書武紀麼期有月音基自往年二月至今十四月朞有餘月補遺史記周紀居期而生子

陒 漢書杜鄴傳抵陒師古曰毀也音詭一讀與戲同服虔音羲

麗 漢書禮樂志長麗攢日靈鳥也師古音離

曬 漢書景十三王傳白日曬光師古山豉反又力支反

齊 漢書賈誼傳步中采齊師古曰樂詩名也字或作薺作茨並才私反

補遺

支 史記始皇紀率其支屬漢書鼂錯傳支葉茂接楊雄傳支葉扶疏

枝 史記始皇紀封功臣子弟自爲枝輔漢書張敞傳枝屬

枝 史記司馬相如傳鮮枝黃櫟漢傳作支今支子樹也

巵 史記貨殖傳千畝巵茜鮮支也漢書貨殖傳同茜草巵子可用染也即今之梔子

觝 漢書高帝紀奉玉巵爲太上皇壽注古巵字作觝

𨾊 史記司馬相如傳過𨾊鵲即與鳷同

枝 漢書楊雄傳石闕封巒枝鵲露寒亦與鳷同

釃 漢書溝洫志迺釃二渠以引其河山支反分也史記河渠書作廝注舊本亦作灑疏蹝反

灑 漢書司馬相如傳決江疏河灑沈澹災灑所宜反分也

垂 史記秦紀在西戎保西垂漢書武帝紀親省邊垂即與陲同

埀 史記司馬相如傳埀霧縠亦垂字

訾 漢書蓋寬饒傳用不訾之軀與貲同音無貲量可以比之貨殖傳家亦不訾

疵 史記日者傳卑疵而前音貲

柴 漢書司馬相如傳柴池茈虒音差柴池參差也茈音此虒音豸

彨 史記齊世家非龍非彨物知反本亦作螭

離 史記周本紀如豺如離此訓與螭同

螭 史記五帝紀以御螭魅與魑同

酈 史記周紀酈山氏之女又殺幽王酈山中始皇紀通道酈山作甘泉前殿與驪同

麗 史記始皇紀分作阿房宮或作麗山通作驪舊音黎余廣力知反黥布傳論輸麗山漢書匈奴傳攻殺幽王于麗山之下讀曰驪

孋 漢書路溫舒傳晉有孋姬之難

瞝 史記賈誼傳瞝九州而相君兮丑知反漢書作歷

蕃 漢書地理志魯國蕃時宏傳蕃人也並音皮

鄱 史記太史公自序厄困鄱薛彭城音皮

披 史記建元王子侯年表披陽音皮又皮彼反屬千乘漢表同

虆 史記司馬相如傳糅以虆蕪漢書作蘪

麊泠 漢書地理志交趾郡麊泠音螟蛉師古音糜咨

縻 史記封禪書施縻之屬鄒氏謂施縻粥之神

靡 漢書匈奴傳贊羈靡不絕

陁 史記司馬相如傳僉降陁靡靡音移靡漢傳同上字弋豉反

俾 漢書地理志安定郡安俾音卑

示 史記唐世家示眯明音祁即左氏傳提彌明字同音周禮地祇皆作示漢書地理志蘇示音祁

沶 漢書諸侯王表沶設張侯魏駟古柢字直夷反

闕 史記河渠書東闕洛汭漢書項籍傳數以闕周室

犧 漢書律曆志炮犧神農楊雄傳宓犧氏王莽傳犧仲和仲

踦 漢書段會宗傳亦足以復雁門之踦居宜反隻不偶也

琦 漢書西域傳雜繒琦珍音奇

譙 史記衞綰傳景帝五歲餘不譙呵綰音譙呵音何一曰譙呵責讓也

訾 漢書禮樂志訾黃其何不徠下音咨嗟歎之辭

訾 史記平準書訾台毋乏漢書枚乘傳舉吳兵以訾于漢子私反量也

次 漢書地理志揖次音咨諸本作㳄揖子如反屬武威

齎 漢書禮樂志猶古采齎肆皃也才私反禮經或作齎茨並同音

迡 漢書揚雄傳能何招搖靈屖迡兮又夷反

陁 史記司馬相如傳巖陁甗錡音遲又音豸漢書作陁音豸

祁 史記文帝紀祁侯音遲曹相國世家祁善置反音坻漢書文紀祁侯曹參傳祁音坻又鉅夷反

梸 史記司馬相如傳樝梸梬栗

棃 史記王溫舒傳旁郡國棃來音犁比也

怠 史記始皇紀視聽不怠索隱曰協韻音銅綦反

夷 漢書婁敬傳傷夷者未起卽與痍同

羨 漢書地理志江夏郡沙羨音夷

尼 漢書地理志越巂郡蘇示注尼江古夷字

虒 漢書地理志太原郡慮虒音廬夷

飢 史記殷紀西伯伐飢國一作阢作耆周紀敗耆國宋世家西伯之修德滅阢音耆郎黎本作耆

邳 史記夏紀至于大邳尚書作伾

麋 史記趙世家後世且有伉王亦黑龍面而鳥噣鬢麋髭頿

純 史記五帝紀黃收純衣索隱讀曰緇

提 漢書食貨志朱提銀朱音殊提音時地理志犍爲郡朱提

嶷 漢書武帝紀望祀虞舜于九嶷音疑

茲 史記陳杞世家贊苗裔茲茲有土者不乏焉

芓 漢書食貨志或芸或芓耔附根也廣韻音茲又音子

治 史記韓長孺傳公等足與治乎音持漢傳如字

狸 史記封禪書殺一狸牛以爲俎豆牢漢書郊祀志作貍牛

姬 史記六國表韓姬索隱曰一作巸

巸 史記李斯傳韓巸一作起並音怡

頤 史記陳涉世家客曰夥頤楚人謂多爲夥音頤者助聲之辭

棋 史記律書箕者言萬物根棋故曰箕

食其 史記高祖紀酈食其音異基漢書同

綦 史記楚世家石乞等襲殺令尹子西子綦于朝伍子胥傳司馬子綦案春秋左氏傳作子期

旗 史記孔子弟子傳巫馬旗論語作期

其 漢書蒯通傳善齊人安其生史記樂毅傳田儋傳皆作安期生

圯 史記留侯世家嘗間從容步游下邳圯上圯橋也楚人謂之圯音怡索隱引會稽大橋靈圯亦音夷漢書

同音頤案從校定郎舊本作圯據說文定作圯然此書假借字多矣安用獨改此字

八微

霏 漢書揚雄傳雲霏霏古霏字

誹 史記平準書廢格沮誹窮治之獄音非

蜚 史記殷紀有蜚雉秦紀蜚廉漢書宣紀蜚覽翺翔成紀有蜚雉集于庭古飛字五行志趙蜚燕

賁 史記黥布傳賁赫傳靳傳趙將賁郝音肥漢書功臣侯表賁赫地理志東海襄賁音肥

蘄 史記項羽紀請蘄縣屬沛國漢書高帝紀陳涉起蘄蘄音機

唏 史記十二諸侯年表紂爲象箸而箕子唏卽歔欷之欷也漢書史丹傳噓唏于旣反

圻 漢書文帝紀封圻之內亦畿字

猗 漢書孔光傳猗違者連歲不決事之言也讀作依違補遺師古音于奇反

韋 漢書成帝紀大風拔木十韋以上與圍同

煒 漢書王莽傳音煒服虔音暉

隑 碕埼 漢書司馬相如傳臨曲江之隑州曲岸也郎碕字又激堆埼埼亦曲岸也楊雄傳探巖排碕地理志結埼亭皆鉅依反 補遺史記司馬相如傳同

幾 漢書文紀幾致刑錯近也鉅依反 補遺史記周紀無乃廢先王之訓而王幾頓乎漢書首高帝紀幾敗乃公事音幾近也

禨 漢書景十三王傳禨祥師古曰字或作鐖 補遺史記歷書禨祥廢而不統呂氏春秋荊人鬼而越人禨音幾漢書首天文志禨祥

補遺

魏 史記魯世家魏公索隱曰系本作微古書多用魏字作微

裴 漢書王子侯表擲裴戴侯地理志郎裴音非魏郡縣名

蘄 史記秦始皇紀蘄年宮

淒 漢書食貨志詩曰有渰淒淒案今詩作萋萋

徽 漢書王莽傳殊徽織師古曰通謂旌旗之屬也

煇 史記秦紀蜀侯煇音暉甘茂傳蜀侯煇又胡昆反禮書德煇動乎內漢書郊祀志光煇

闈 史記曹相國世家下修武渡闈津與韋同古今字變耳漢書同

斐 漢書楊雄傳昔仲尼之去魯兮斐斐遲遲而周邁芳非反

幾 史記孔子世家黯然而黑幾然而長音祈詩頎而長兮字通

幾 漢書高帝紀不因其幾而遂取之所謂養虎自遺患也鄭氏曰微也師古曰危也

希 史記秦紀徑千里而襲人希有得利者始皇紀其後公卿希得朝見漢書禮樂志希闊不講

九魚

虛 史記周紀放牛于桃林之虛音墟漢書地理志河南殷虛 補遺史記首殷紀敗桀于有娀之虛呂后紀朱虛侯章漢書首武帝紀遂虛其地地理志琅邪虛水皆讀曰墟

居 史記大宛傳康居國名音渠 補遺首司馬相如傳康居漢書首董仲舒傳夜郎康居無音

胥 史記藺相如傳趙奢曰胥後令胥猶須也古通用

疏 漢書王吉傳布衣疏食與蔬同 補遺首地理志疏果實之饑疏菜也

疏 史記孫吳傳廢公族疏遠者漢書律歷志罷廢尤疏遠者十七家與踈同 補遺史記首五帝紀悉舉貴戚及疏遠隱匿又封禪書綱疏漢書首高帝紀聞疏楚君臣又劉向傳支葉扶疏

踈 漢書匈奴傳文帝與匈奴書送物六比踈一辮髮之餙比頫疏反比疏史記作比余別無音既六辮髮之飾則可讀作梳或作梳字

鉏 史記晉世家使鉏麑刺趙盾亦作鋤春秋左氏傳強鉏

屠 史記衛霍傳收休屠祭天金人音除漢書音儲武紀休屠王郊祀志徑路神祠祭休屠王音除

閭 史記天官書北夷之氣如羣畜穹閭正義以氈爲閭穹崇然漢書天文志作廬案今志皆作閭

邪 史記歷書歸邪于終音餘

伃 漢書霍光傳鉤弋趙倢伃讀與婕好同 補遺首昭帝紀趙倢伃

與 史記殷紀帝之政其有闕與曹相國世家豈少朕與漢書文帝紀政有所失而行有過與讀歟

茹 漢書王莽傳不茹園葵食菜曰茹人諸反

絮 漢書張敞傳絮舜女居反又人餘反

拏 漢書霍去病傳匈奴相紛拏女居反 補遺史記同無音

慮 漢書地理志遼西郡且慮河內郡隆慮東海郡呂慮臨淮郡取慮師古皆音廬

譽 漢書人表相譽藝文志如有所譽弋於反語誰毀誰譽

袪 漢書楊雄傳袪靈蠵音袪又音去墟取也

著 漢書五行志朝有著定直呂反又音除

且 漢書高帝紀龍且子余反詩既亟只且 補遺史記項羽紀龍且刺客傳夏無且

補遺

疏 漢書揚雄傳頭蓬不暇疏

胥 史記趙世家大后盛氣以胥之入胥須也

愉 史記田敬仲世家騶忌子曰夫大弦濁以春溫者君也小弦廉折以清者相也攫之深醳之愉者政令也

[illegible] 愉音舒

荼 史記建元以來侯者年表荊荼是徵音舒

徐 史記齊世家田常執簡公于徐州音舒春秋左氏傳作舒說文作䣄

樗 史記秦紀樗里疾餘傳作樗

豬 漢書地理志大楙郎豬王莽傳豬崇宮室尚書大野既豬

都 史記夏紀道荷澤被明都明音孟都音豬又大野既都彭蠡既都尚書皆作豬

盧 史記秦紀吳王闔閭吳世家闔盧漢書古今人表闔盧劉向傳闔閭

舉 漢書灌夫傳戰而扶舉死者盡得家財史傳作輿

班馬字類卷一 十六 別下齋校本

慮 史記文帝紀隆慮音林閭漢書高后紀隆慮侯音廬地理志遼東無慮即醫無慮

閭 漢書司馬相如傳奄閭軒于史傳奄蔄軒芋

婁 漢書地理志廬江郡雩婁力于反

且 史記龜策傳騰蛇之神而殆于即且蝍蛆似蝗大腹食蛇腦

十虞十一模

虞 漢書禮樂志合好効歡虞太一與娛同又王褒傳虞說耳目詩以禮自虞樂也

迂 史記孝武紀海上燕齊怪迂之方士多相效音于漢書王吉傳其言迂闊音于

盂 漢書東方朔傳置守宮盂下今所謂盋盂也今字作鉢盂

于 史記賈生傳于嗟嚜嚜漢書于嗟同傷雄傳于音吁補遺史記呂后紀于嗟不可悔

吁 漢書揚雄傳長楊賦吁音于尚書帝曰吁注皆云疑怪之辭補遺史記五帝紀堯曰吁

嘔 史記淮陰侯傳言語嘔嘔音吁漢書作姁姁許于反

傴 漢書諸侯王表至虖阸傴河洛之間音區

歐 史記趙世家取東胡歐代地漢書食貨志今敺民而歸之農梅福傳以爲漢敺除並讀作驅

敺 漢書張敺傳讀作驅補遺首百官表廷尉敺與驅同韓信傳所謂敺市人而戰之也

毆 漢書郊祀志杜鄴說王商前上甘泉先毆失道禮樂志毆以刑罰並讀作驅

專 漢書禮樂志專與萬物古數字易震爲專

敷 漢書百官公卿表禹作司徒敷五教讀作敷

傅 史記宋世家用傅錫其庶民音敷漢書文帝紀傅納以言宣帝紀傅奏其言讀曰敷補遺史記首夏紀與人徒以傅土漢書地理志歷陵注傅易山音敷古敷淺源

紨 漢書昌邑哀王傳女羅紨音敷

朱 漢書刑法志師朱儒如淳曰朱儒短人也或作侏儒補遺史記滑稽傳秦倡朱儒也

屬鏤 史記伍子胥傳賜屬鏤之劍上音燭下錄于反補遺首吳世家屬鏤之劍

班馬字類第一 十七 別下齋校本

枹 史記司馬穰苴傳援枹鼓之急則忘其身音孚左氏傳援枹鼓補遺漢書張敞傳枹鼓

摹 漢書高帝紀規摹宏遠

橅 漢書韋元成傳其規橅可見讀作摹作模補遺首劉向傳仍陵之橅與模同

武夫 史記司馬相如傳礝石武夫石似玉無音漢書武夫石之次玉者讀作碔砆補遺漢書首董仲舒傳猶武夫之與美玉也

夫 漢書賈誼傳夫將爲我危夫人猶彼人耳音扶補遺史記始皇紀夫差音扶吳世家夫椒音符

夫 漢書司馬相如傳外發夫容讀作芙蓉

亡 史記宋世家一極亡凶漢書高帝紀義帝死亡後魏公子亡忌粤王亡諸律歷志亡射讀曰無

無 漢書王子侯表無湖今蕪湖也

憮 漢書薛宣傳君子之道焉可憮也讀作誣

需 史記魏世家魏相田需音須

顉 漢書翟方進傳顉過乃就車讀曰須

須 史記高祖紀美須髯漢書蘇武傳須髮盡自與鬚同 補遺漢書首高帝紀同

趣 漢書賈誼傳趣中肆夏讀曰趨 補遺史記匈奴傳人人自爲趣利

隃 漢書地理志共風郡隃麋音踰賈誼傳不隃矣與踰同 補遺史記周紀毀隃音踰世本作揄司馬相如傳隃絕梁漢書首天文志熒或隃歲星

媮 漢書地理志它人是媮音踰又音偷韋賢傳我王以媮與愉同

蒲 史記蘇秦傳嫂委蛇蒲服猶匍匐

余 史記衛將軍傳檮余山上音籌索隱音姚余音徒 補遺漢書余字無音

兹 史記晉世家兹弓矢千音盧匈奴傳拜呂侯盧綰爲上郡將軍盧作兹古今字異耳 補遺漢書作弦古弦弓字王莽傳盧弓矢

盧 漢書武五子傳贊頭盧相屬于道

帑 漢書文紀盡除收帑相坐律令景帝紀罪人不帑與孥同律歷志以害鳥帑詩樂爾妻帑 補遺史記夏本記帑僇

㧗 漢書中山靖王傳塵埃㧗覆音鋪王莽傳㧗偏九州

虖 漢書揚雄傳超既離虖皇波古乎字 補遺首元紀庶幾虖無憂矣

虖 漢書武帝紀嗚虖何施而臻此與讀曰呼食貨志吏急而壹之虖

於虖 漢書孔光傳於虖讀曰烏呼

烏嘑 漢書五行志音義同前

惡虖 漢書王貢兩龔鮑傳惡虖成其名讀曰嗚呼

於戲 史記三王世家漢書司馬遷傳並音烏呼 補遺師古曰俗之讀者隨字而別之又曲爲解釋云有吉凶善惡之殊是不通大旨也義例具在詩及尚書

謼 漢書賈誼傳正以謼之古呼字 補遺首景武功臣表下摩侯謼毒尼天文志鬼哭若謼並同

嘑 史記蘇秦傳南有嘑沱易水音呼

於 史記五帝紀夔曰於音烏漢書景十三王傳於邑音烏尚書僉曰於又夔曰於

惡 史記外戚世家惡能識其性命哉音烏漢書郊祀志惡敢言 補遺史記首禮書無天地惡生

洿 漢書食貨志川原洿黃洿與汙同

酺 史記始皇紀天下大酺歡樂大飲酒也文帝紀酺五日漢紀同音蒲漢律三人已上無故羣飲罰金四兩今詔橫賜得令會聚飲食或作脯音義同周禮族師掌春秋祭酺爲人物災害之神

於檡 漢書敘傳楚人謂虎爲於檡上音烏下音塗或作於菟

粗 史記天官書察其精粗七胡反禮其器高以粗 補遺首樂書疑是精粗之體又粗厲

怚 史記王翦傳秦王怚而不信人通作粗

麤 漢書禮樂志麤厲猛奮之音古麤字 補遺史記樂書其聲麤以厲聶政傳麤糲之費

穌 史記樂書蟄蟲昭穌與蘇同

臾 漢書郊祀志鬼臾區藝文志鬼容區師古曰臾容聲相近蓋一也 補遺史記武紀封禪書同

悔 漢書人表悔母黃帝妃音謨即嫫母也 補遺別本悔字從巾

苴 漢書郊祀志席用苴稭如淳讀如租師古曰茅藉也字本作蒩 補遺史記封禪書作蒩音同

補遺

虞 史記武紀不虞不驁詩作不吳音洪霸反此作虞與吳聲相近或借爲讙娛字封禪書作不吳

汙 史記項羽紀擊秦軍汙水上音于漢傳同

盱 漢書地理志引鄭詩洵盱且樂今詩作洵訏況于反

句 史記文帝紀軍句注音俱又音鉤漢記師古音章句之句

句 漢書地理志濟陰郡冤句牂柯郡句町並音劬

句 漢書王莽傳句履巨俱反其形歧頭

鉤 漢書昭帝紀鉤町侯毋波音劬

懽 史記孟子傳懽然顧化音勧
傴 史記司馬相如傳移徙倚傴漢傳作崎嶇
符 史記律書甲乙者言萬物剖符甲而出也音孚
柎 漢書朱買臣傳子山柎夫儒林傳張山柎音膚
荴 漢書外戚李夫人傳函薆荴以俟風兮音敷薆音綏華甲齊也
毋 史記五帝紀四門辟言毋凶人也又毋相奪倫漢書高帝紀毋侵暴又毋得鹵掠與無同
須 史記吕后紀吕須漢書高后紀過其姑吕須音須樊噲傳作須
需 史記齊世家需事之眆也言須而害事
取 史記灌嬰傳取慮漢書地理志取慮取音趨又音秋慮音廬
娶 史記杞世家題公生謀娶公子吏反
郇 漢書地理志清河郡郇音輸

俞 史記吕后紀吕它為俞侯王表俞侯音輸又音舒又音歈漢書諸侯
朱提 漢書食貨志朱提銀音殊
樸 漢書地理志犍為郡朱提
劚 史記孔子世家劚上音蒲下音瓓
塗 漢書地理志武威郡樸劚
塗 史記孔子世家男女行者別于塗漢書武帝紀禁兼並之塗司馬相如傳仁義之塗注道也
觚盧 漢書司馬相如傳蓮藕觚盧史傳作菰盧
盧 漢書食貨志令官作酒以二千五百石為一均率開一盧以賣又司馬相如傳令文君當盧史傳文君當鑪
怒 史記天官書旬始出北斗旁狀如雄雞其怒青黑象伏鱉當音帑雌也漢書天文志同
𤫊 史記功臣表𤫊讘侯息郎狐字又音孤又𤫊讘郎狐字漢書王子侯表𤫊節侯地理志狐讘
𩠐 史記吳世家會于𩠐
皋 皋𩠐音梏皋音姑
雩 史記匈奴傳條雩淺火胡反漢書作虖

吾 漢書楊雄傳蒼吾郎蒼梧也

十二齊

𢀖 史記秦紀𢀖恆公漢書禮樂志細𢀖人情天文志三能色𢀖君臣和古齊字董仲舒𢀖之以刑
犀 漢書馬奉世傳器不犀利堅也甘泉賦靈犀遲兮音栖
謕 漢書嚴助傳孤子謕號古啼字
嗁 漢書五行志兒嗁腹中亦啼字又豕人立而嗁
蹏 漢書貨殖傳陸地牧馬二百蹏古蹄字補遺首武帝紀為麟趾褭蹏
磃 史記武帝紀舍之上林中磃氏觀音啼
厗 漢書地理志漁陽郡厗奚音題或作蹄
鶗 漢書楊雄傳徒恐鶗鴂之將鳴兮音題鴂音決一名子規補遺案集韻鴂音桂亦音鴂
伭 史記孔子世家余伭回丁奚反

氐 漢書食貨志封君皆氐首仰給讀作低又萬物卬貴過平其價氐賤減平
犂 漢書匈奴傳單于以留犂橈酒飯匕也
菞 漢書匈奴傳贊菞庶亡干戈之役古黎字
棃 漢書楊雄傳分棃單于與勢旁同
黎 史記秦紀贊其後分封有終黎氏世本作鍾離氏
蠡 史記匈奴傳左右谷蠡王音犂又音離漢書宣紀同
兒 史記萬石君傳兒寬音倪漢傳同紀贊兒良漢書武帝紀兒寬人表王兒並音倪補遺首始皇
徯 漢書貨殖傳𢭃弋不施徯徑音奚
齋 漢書食貨志行者齋居者送
補遺
驪 史記夏本紀厥土青驪尚書作青黎

磃 漢書郊祀志上林中磃氏館史記封禪書磃氏觀

羝 史記封禪書黃牛羝羊漢書郊祀志羝羊

蟬 漢書地理志樂浪郡黏蟬音提

奚 漢書匈奴傳驒奚史傳驒騱上音顛

犂 史記高后紀犂明齊世家犂明西南夷傳沈犂郡漢書高帝紀遲明注字亦作邌並與黎同

黎 漢書楊雄傳露寒棠黎郎與黎同

傒 史記秦紀百里傒晉祁傒郎與奚同

騱 漢書司馬相如傳拂騱鳥無音史傳作鷖

十三佳十四皆

垓 史記孝武紀壇三垓音皆重也

褢 漢書地理志褢山褢陵古懷字又左馮翊褢德

褱 漢書外戚許皇后傳褱誠秉忠古懷字

櫰 漢書西域傳罽賓國有櫰櫰梓竹音懷

厓 漢書武帝紀珠厓儋耳與崖同

齋 漢書高紀漢王齊戒設壇場田延年傳獨居齊舍讀曰齋詩有齊季女補遺史記周紀齊栗

薶 漢書賈山傳爲葬薶之侈與埋同

補遺

補遺首郊祀志瘞薶于太折祭地也

顔 史記河渠書引洛水至商顔下音崖又如字

十五灰十六咍

裵回 史記司馬相如傳弭節裵回漢書楊雄傳徒回回以徨徨

俳佪 漢書呂后紀俳佪往來音裵回

裵回 漢書禮樂志歌神裵回若留放

確 史記河渠書蜀守氷鑿離碓晉灼曰古堆字

崔 漢書溝洫志李氷鑿離崔古堆字

靁 史記景帝紀後三年十二月晦靁正義音雷字傳寫誤

靁 史記樂書鼓之以靁霆漢書惠帝紀五年冬十月靁與雷同地理志舜漁靁澤詩殷其靁

䨻 漢書梁平王襄傳孝王有䨻尊古雷字史傳作罍樽

桮 史記項羽紀幸分我一桮羹孟子義猶桮棬也補遺史記首本紀沛公不勝桮杓漢書律歷志安陵桮育布回反

駘 史記天官書兵相駘藉音臺

跆 漢書天文志兵相跆藉音臺登躡也

隤 漢書太史公傳李陵生降隤其家聲音頹補遺首人表隤顓項藉傳引騎因四隤山爲圜陳

磓 漢書禮樂志美芳磓崇積也五回反

雈巍 史記司馬相如傳龍從雈巍漢書同又楊雄傳前殿崔巍上材回反下五回反

倍 漢書地理志至倍尾讀曰陪

財 漢書文帝紀其罷衛將軍軍太僕見馬遺財足與纔同補遺史記文帝紀同

財 漢書五行志選期門郎有財力者與才同

財 史記魏其傳輒令財取爲用蘇林曰令裁度取爲用也酷吏傳上財察讀如裁漢書成帝紀財振貸賈誼傳惟陛下財幸與裁同

財 史記呂后紀于嗟不可悔兮寧蚤自財古裁字漢書太史公傳不能引決自財

材 漢書賈誼傳吳公聞其秀材與才同補遺史記秦本紀供以材力自殷

裁 漢書高惠高后文功臣表裁什二三與纔同

纔 漢書鼂錯傳遠縣纔至則胡又已去讀曰裁淺也猶言僅至也

倈 漢書武帝紀氐羌倈服古往來字

俙 漢書董仲舒傳綫之斯俙古來字補遺首功臣表徐方既俙地理志西頃因桓是俙

郲 漢書王尊傳卭郲九折坂音來

釐 漢書劉向傳飴我釐麰力之反又讀與來同

斄 史記酷吏傳趙禹者斄人漢書郊祀志后稷封斄讀曰邰補遺史記首曹相國世家雍斄

能 史記孝武紀有星茀于三能漢書郊祀志孛于三能天文志三能色齊君臣和音台

菭 漢書外戚班倢伃傳華殿塵兮玉階菭讀曰苔水氣所生

烖 史記五帝紀眚烖過赦詩遇烖而懼

甾 史記秦紀甾害絕息補遺別本亦作菑

菑 史記文帝紀菑孰大焉漢書嚴助傳比年凶菑害衆古災字詩無菑無害

葘 漢書楊雄傳灑沉菑於谿瀆古災字

闓 漢書兒寬傳發祉闓祥與開同

班馬字類卷一 三四 刋下齋校本

核 漢書五行志孕毓根核亦荄也草根曰核

槐 漢書地理志千乘郡瑣槐西域傳桃槐國音回

補遺

嵬磈 史記司馬相如傳崴磥嵬磈無音漢傳作崴魁崴一回反

敦 漢書敘傳欲從旄敦而度高虖泰山下回反爾雅前高曰旄丘如覆敦者敦丘

頹 漢書韓王信傳頹當城與隤同

轠 漢書楊雄傳轠轠不絕音雷

掊 史記袁盎傳掊生音陪漢書掊生音掊又音陪

蒯 史記周緤傳蒯成侯音裴太史公自序鄒又音浮漢書作蒯音陪又普背反楚漢春秋作憑成

負 史記夏紀至于負尾音陪

咳 史記倉公傳五色診奇咳術奇音羇咳音該

咳 史記扁鵲傳曾不可以告咳嬰之兒

唉 史記項羽紀以玉斗獻亞父拔劍撞而破之曰唉烏來反索隱虛其反

材 史記五帝紀養材以任地大戴禮作養財

裁 漢書王貢兩龔鮑傳嚴君平日裁閒數人與才同

十七眞十八諄十九臻

慎 漢書地理志汝南慎陽師古曰字本作滇音眞後誤作慎今有眞丘眞陽縣闞駰云永平五年失印更刻遂誤以水爲心補遺史記高祖功臣年表慎陽音眞

鈞 史記魯世家午鈞擇賢義鈞則卜之春秋左氏傳善鈞從衆補遺首周紀惟鈞其過漢書于定國傳皆與鈞禮

淳 史記曹相國世家日飲淳酒即醇字謂厚酒也

信 史記樂書詘信俯仰漢書宣帝紀贊信威北夷讀曰伸春秋左氏傳勿使能殖則善者信矣

班馬字類卷一 三五 刋下齋校本

娠 漢書高帝紀已而有娠音身史記作身補遺史記吳世家后緡方娠

晨 漢書律歷志晨星始見古晨字其上從曰

嶓 漢書揚雄傳嶓山之陽曰郫與峨同補遺地理志嶓嶓既蓺

閿 漢書戾太子傳以湖閿鄉邪里聚爲戾園古閿字武巾反補遺王莽傳閿鄉讀曰聞

厶 漢書敘傳東厶虐而殲仁兮古鄰字

震 漢書敘傳闇之者嚮震之人反嚮音響補遺趙充國傳是討是震合韻音眞

輪 漢書司馬相如傳紛輪威蕤亂貌史傳輪作綸威作葳

綸 漢書律歷志黄帝使泠綸音倫或作伶倫

後 漢書王莽傳後儉降約後退也字從彳千句反

遁 漢書項藉傳贊遁巡而不敢進千旬反

循 漢書萬章傳逡循甚懼讀曰巡

遁 漢書雋疏于薛平彭傳贊平當逡遁有恥讀曰巡
訢 漢書萬石君傳僮僕訢訢如也讀與誾同下誾通
溱 史記三王世家西溱月氏音臻漢書王子侯表溱嗣王奭傳萬祥畢溱並讀曰臻
轃 漢書禮樂志四極爰轃與臻同王吉傳福祿其轃
絪 漢書霍光傳焉絪亦茵字
矜 漢書賈誼傳鉏櫌棘矜與穫同史記始皇紀贊漢書首項籍傳贊並同
振 漢書律歷志袀服振振之人反詩振振公子
姺 漢書古今人表有姺氏與莘同
圁 漢書地理志西河郡圁陰圁陽師古曰音銀字本作圁今有銀州銀水即是舊名猶存但字變耳

補遺

專 史記賈生傳大專槃物讀曰鈞漢傳大鈞播物義同

信 史記五帝紀信飭漢書杜欽傳信臣子之願讀曰申
申 漢書陳湯傳中寒病兩臂不詘申即與伸同
信 漢書王莽傳信鄉侯佟師古曰王子侯表作新鄉古者新信同音敘傳孰苟無實其孰信又包漢舉信謂韓信也並合韻音新
薪 史記匈奴傳薪犂之國漢傳作新犂
瀕 漢書地理志海瀕廣潟泗瀕浮磬尚書皆作濱
斌 史記儒林傳斌斌多文學之士矣
豳 史記周紀國于豳邠也古今字異耳漢書郊祀志公劉發跡于豳詩豳七月
汶 史記夏紀汶嶓即蓺一作嶓又作岐西南夷傳汶山郡
文 漢書武帝紀沈黎文山郡雖無音而注今蜀之崏山
涽 史記十二諸侯表涽侯涽音旻

醇 漢書食貨志不能具醇駟師古曰不雜也
醇 史記萬石傳醇謹漢書景帝紀贊黎民醇厚賈山傳醇儒張敞傳表賢顯善不醇用誅罰
屯 漢書五行志屯留音純下黨地名
旬 史記酈商傳攻旬關音詢漢中旬陽縣漢傳同地理志旬陽無音
栒 漢書地理志扶風栒邑讀與荀同
悛 史記李將軍傳贊悛悛如鄙人七旬反漢傳贊作恂恂音詢
眴 漢書地理志眴卷音旬日之旬卷音箘簬之箘

二十文二十一欣

煇粥 史記五帝本紀北逐煇粥音薰育
葷 漢書霍去病傳葷允服虔曰薰鬻也師古與薰同補遺史記五帝本紀葷粥
紛云 漢書郊祀志紛云六幕浮大海與作貌司馬相如傳威武紛云盛貌與紜同

汾沄 漢書揚雄傳汾沄沸渭奮蠁兒音紛雲
員 史記伍員音云漢書禮樂志六合紛員詩聊樂我員
芸 漢書王莽傳終年耕芸與耘同補遺史記孔子世家植其杖而芸漢書首食貨志或芸或芓
鶡 漢書黃霸傳鶡雀音芬字本作鳻
棻 漢書揚雄傳歆子棻亦枌字補遺王莽傳棻字或作棌
蘊 漢書召信臣傳熏蘊火于云反
蟁 漢書中山靖王傳聚蟁成靁古蚊字
瘽 漢書文帝紀瘽身從事揚雄傳字作廑皆古勤字補遺史記夏紀其廑至矣
矜 史記主父偃傳起窮巷奮棘矜音勤
訢 史記周紀訢載武王又無不訢喜古欣字漢書昭帝紀丞相訢王古傳訢訢焉發憤忘食
訢 漢書石奮傳訢訢古欣字師古曰此讀與誾誾同

忻 史記管晏傳所忻慕焉與欣同漢書高惠功臣表四方忻忻補遺首周紀心忻然喜欲從之

听 史記司馬相如傳听然而笑牛隱反漢書音斷魚斤反又牛懸反補遺舊在十七眞今移

殷勤 史記司馬相如傳重賜文君侍者通殷勤漢傳同補遺史記首樂書合殷勤漢書首禮樂志殷勤此路聽所求舊在十七眞今移

補遺

紛 史記豊書紛華盛麗商君傳無所芬華漢書貨殖傳奇麗紛華

員 漢書古今人表員公辛讀曰鄖

勛 史記五帝紀放勛又放勳

焄 史記王昷舒傳以焄大豪音熏

煇 史記高后紀去眼煇耳與熏同

沂 漢書敘傳漢良受書于邳沂作斤反水之崖也

班馬字類第一 三 別下齋校本

斷 史記魯世家洙泗之間斷斷如也讀如誾誾漢書地理志同

二十二元二十三魂二十四痕

大宛 史記大宛傳索隱音苑又于袁反漢書高帝紀滅守大宛于元反補遺史記首秦紀百里傒亡秦走大宛武帝紀西伐大宛

怨 漢書黥布傳恐仇怨妄誣之于元反補遺史記始皇紀母家有仇怨皆阬之

幡 漢書張歐傳上具獄事有可卻卻之庀退令吏平幡之別本或作番

反 史記平準書杜周治之獄少反者正義音翻漢書雋不疑傳有所平反言奏使從輕也高五王傳太后恐自起反卮讀曰翻張安世傳何以知其不反水漿邪王莽傳舉兵反欲音轄

番 漢書卜式傳隨畜牧番與蕃同扶元反

蕃 史記晉世家其後必蕃昌者音煩漢書外戚傳惜蕃華之未央扶元反補遺史記首秦紀馬大蕃息漢書首文紀以害農者蕃禮樂志媼神蕃釐司馬相如傳攣蕃弱並扶元反

蕃 史記太史公自序七國叛逆蕃屏京師補遺首漢興諸侯表蕃輔楚世家如蕃臣不與六禮

爰 史記袁盎傳漢書作爰

援 史記趙世家史援音袁漢書劉向傳援近宗室杜欽傳攀援音爰春秋左氏傳右援枹而鼓

轅 漢書地理志商君制轅田孟康曰轅爰同

緐 漢書律歷志物盛而緐祉與繁同

讙 史記陳丞相世家諸將盡讙音喧又音歡叔孫通傳無敢讙譁音喧花漢書霍光傳民間讙言許爰反補遺史記首樂書鼓鼙之聲讙漢書首陳平傳盡讙師古曰讙謼而議也

昆 史記李將軍傳公孫昆邪音魂漢書鼂錯傳同補遺漢書首地理志昆邪王

瑻 漢書地理志瑤瑻篠簜讀與琨同

昆侖 漢書張騫傳贊河出昆侖與崑崙同補遺史記夏紀織皮昆侖漢書律歷志昆侖之陰

惛 漢書王温舒傳惛惛不辯音昏補遺史記酷吏楊僕傳居廷惛惛不辯音昏

班馬字類第一 三 別下齋校本

踆 漢書貨殖傳下有踆鴟至死不飢大芋也音蹲補遺史傳同古蹲字

敦 漢書禮樂志車千乘敦昆侖讀曰屯也徒門反楊雄傳敦萬騎於中營兮

犇 史記秦紀重耳夷吾出犇漢書昭紀犇命擊益州古奔字補遺史記首殷紀桀犇于鳴條

純 史記蘇秦傳錦繡千純音屯凡絲錦布帛一段爲一純集韻引詩白茅純束

賁 史記周紀虎賁趙世家王賁之楚音奔漢書百官表虎賁周禮虎賁氏春秋左氏傳鷸之賁賁

渾 漢書揚雄傳渾天師古曰天象也胡昆反補遺史記平準書渾邪王漢功臣表渾邪

補遺

棱 漢書閩粵傳棱終古史記東越傳作輘

原 漢書張騫傳贊窮河原即源字

蝯 漢書景十三王傳蝯熊奇獸楊雄傳蝯狖擬而不敢下古猨字

爰 史記李將軍傳爰臂漢書李廣傳爲人長爰臂如淳曰如猿臂通肩也或曰似當爲緩也師古曰王國風

兔爰之詩爰爰緩意也其義兩通

媛 漢書古今人表麗媛許元反又許遠反

宛 漢書司馬相如傳宛雛孔雀

鵷 史記司馬相如傳鵷雛孔鸞又鵷鶵鵷雛

宛 漢書楊雄傳颺翠氣之宛延

軒 史記張騫傳黎軒大宛傳黎軒漢書地理志驪軒張掖縣名張騫傳犛軒讀與軒同李奇音虔

幡 史記司馬相如傳翻幡元綖漢傳同

煇 史記司馬相如傳熿炳煇煌音魂熿音晃

昆吾 漢書司馬相如傳琳珉昆吾史傳琳瑉琨珸

緍 漢書周勃傳東緍音昏魏地

昏 史記禮書大昏之本廢齊也與婚同漢書王吉傳與崇為昏注婚姻之家

巛 漢書律歷志巛策王莽傳乘乾車駕巛馬即古坤字

嗢 史記封禪書燕嗢有黄雲蓋焉武帝紀作晏温

汶 史記屈原傳受物之汶汶音門猶昏暗不明也

尊 史記禮書尊俎又元尊樂書陳樽俎漢書禮樂志尊桂酒

敦 史記大宛傳敦煌匈奴傳燉煌漢書地理志敦煌郡音屯字又作燉張騫傳焞煌

根 史記灌夫傳引繩批根生平慕之後棄者音痕漢書作排根孟康音根師古下恩反共排退之

二十五寒二十六歡

壇 史記孝文紀其廣增諸祀壇場珪幣與壇同

栞 史記夏紀九山栞旅漢書地理志隨山栞木古刊字

蘭 漢書王莽傳奴婢之市與牛馬同蘭謂牛馬闌圈

餐 漢書高后紀賜餐錢奉邑師古曰餐飧一字耳千安反

飧 漢書王莽傳改飧粥師古曰古飧字

餐 漢書韓信傳傳餐古飡字史記作飧

奸 史記殷本紀阿衡欲奸湯而無由漢書燕王澤傳以畫奸澤劉向傳奸死亡之誅音干春秋左氏傳所瞞奸命

奸 史記匈奴傳聶翁一奸闌音干謂犯禁私出物也

禰 史記宋世家公子禰秦音端

耑 漢書天文志隨北斗而銳藝文志咸物造耑古端字周禮已下則摩其耑

槃散 史記平原君傳民家有躄者槃散行汲與蹣跚同行不進貌

玩 史記酈生傳項王為人刻印刓而不能授正義作玩五官反與刓同漢書作玩讀云項羽恡于爵賞玩惜侯印不能以封人

玩巧 史記太史公自序其極則玩巧上五官反玩謂替也巧濫惡也

番 史記朝鮮傳嘗略屬真番音潘逆東有番汗縣又番禺漢書地理志番汗音槃番禺音潘

驩 史記魯世家言乃驩喜悅也春秋左氏傳願結驩於二三君　補遺首殷紀天下咸驩漢書高后紀上有驩心臣使百姓又驩欣交通

單 史記春申君傳王之威亦單矣亦作殫　補遺漢書韓信傳糧食單竭王嘉傳單貨財以富之

禪 漢書江充傳紗縠禪衣師古音單蓋寬饒傳斷其禪衣令短離地

揣 漢書賈誼傳何足控揣揣與摶同史記作摶

般 漢書翼奉傳般庚遷殷谷永傳般樂游田皆讀曰盤孟子般樂怠敖　補遺史記燕世家甘般漢書首地理志濟南般陽音盤

謾 史記孝文紀相約而後相謾韋昭曰謾相抵讕說文云欺也漢書文帝紀莫連反又音慢　補遺史記秦始皇紀謾欺以取容叅漢宣紀及諸傳並莫連反惟蔡宣傳莫于反

卞 漢書杜欽傳小卞之作師古曰音盤

翰 漢書揚雄傳龍翰合韻音韓

邯 漢書地理志邯鄲又邯會皆音寒

汗 漢書地理志遼東番汗音盤寒

汗 漢書地理志豫章餘汗音干

虷 漢書鮑宣傳白虹虷日音干

扶 漢書天文志晷奢爲扶鄭氏曰當爲蟠字齊魯之間聲如酺扶酺聲近蟠止不行也

姍 漢書司馬相如傳槃姍先安反補遺史傳同

補遺

幹 史記孝武紀井幹樓度五十餘丈一本作榦音韓漢書郊祀志井幹樓字或作韓義並同音韓

闗 史記魏世家有河山以闗之

讙 史記五帝紀驩兜又作讙漢書刑法志放讙兜尚書作驩兜

番 史記吳世家伐楚取番音潘漢書武帝紀負番食貨志番係欲省底柱之漕普安反

番 史記趙世家番吾君音盤常山縣名漢書地理志張掖郡番和音同

藩 史記太史公自序以集貝藩莫寒反

鄱 史記六國表秦拔我狼孟鄱音婆又音盤

貫 漢書谷永傳以次貫行師古曰聯續也謂上所陳衆條事宜次第相續行之工端反

刓 漢書韓信傳刻印刓忍不能予與挬同又音專

鍴 史記司馬相如傳麟麟角鍴漢傳作端

鑾 史記封禪書鑾車一騶郎與鸞同

二十七刪二十八山

還 漢書食貨志還廬樹桑穎也讀作環

般 史記司馬相如傳般般之獸古班字漢傳同五行志叅公子般補遺漢書古今人表公輸般東方朔傳

魯般皆與班同

般 史記賈生傳般紛紛其離此尤兮音班漢書師古曰字從丹青之丹漢書禮樂志般裔裔趙充國傳明主般師罷兵楊雄傳般倕棄其剞劂並讀與班同

辨 漢書王莽傳辨社諸侯讀作班布也

鍰 漢書五行志宮門銅鍰讀作環

囏 史記周紀懿王囏楚世家子熊囏立古艱字漢書異姓諸侯王表用力如此其囏難也

間 史記魏其傳屏間處音閑漢書劉向傳顯賜清燕之間讀曰閑

矜 史記五帝紀有矜在民間曰虞舜古頑反詩至于矜寡

嫺 史記屈原傳明于治亂嫺于辭令音閑

蕑 史記淮南王傳中尉蕑忌音姦嚴助傳閒忌音同詩方秉蕑兮古顔反蘭草也補遺漢傳同

𠬜 漢書司馬相如傳仰𠬜橑而捫天古攀字橑椽也音老

𠬜 漢書揚雄傳纍既𠬜夫傳說兮晉灼曰𠬜慕也古攀字

補遺

貫 史記陳涉世家贊士不敢貫弓而報怨烏還反又如字伍子胥傳貫弓執矢嚮使者音彎又古患反楚世家彎弓屬矢

辨 史記五帝本紀辨於羣臣音班

卑 漢書地理志卑水音班越巂縣名

劉 漢書地理志武威郡樸劉音環

郇 史記晉世家盟於郇音荀又音環

菅 漢書地理志引鄭詩士與女方秉菅兮今詩作蕑

患 漢書揚雄傳亦無所患合韻胡間反

綸 漢書古今人表鄭成公綸工頑反左氏傳作睔工頑反

豻 史記司馬相如傳蟃蜒貙豻音顏音岸協韻芳姦反

豳 史記司馬相如傳被豳文漢傳玢豳文磷郎班字

斒 史記司馬相如傳璸斒又鱗斒亦班字玢璸並音彬

班馬字類第一

班馬字類第二

下平聲 補遺附

一先二僊

仟 史記陳涉世家仟伯音千伯音陌漢書食貨志仟伯之間成羣

掔 史記鄭世家肉袒掔羊與牽同

掔 漢書楊雄傳掔象犀古牽字

縣 史記殷紀縣肉爲林高祖紀縣隔千里漢書高紀同師古曰此本古之懸字後人轉用爲州縣字乃更加心以別之非當借音元帝紀縣蠻夷邸門古懸字禮樂志高張四縣西域傳縣繩而度詩有縣貆兮春秋左氏傳室如縣罄

泉 史記天官書下有積錢徐廣曰古作泉字補遺漢書天文志下有積泉金寶

璇 史記天官書璇璣玉衡與璿同或作琁

還 史記天官書殃還至漢書律歷志周還五行之道量錯傳死不還踵音旋詩勞還率也

銷 史記楚世家遇其故銷人古元反集昭曰今之中涓漢書項籍傳梅銷火元反

摶 史記秦始皇紀摶心揖志音專補遺田世家馮因摶三國之兵音專索隱音團謂握領也別本或書作摶

顓 史記陳涉世家客愚無知顓妄言漢書高后紀祿產顓兵秉政與專同

剸 史記樊酈傳用事剸權音專漢書蕭何傳剸屬任叔孫通傳剸言故羣盜壯士進之與專同又音之兗反

閼 史記建元年表閼氏於連反氏音支單于嫡妻號補遺漢書宣紀單于閼氏

焉 史記匈奴傳焉支山音煙

徧 史記張耳傳問之徧與前漢書同音鞭補遺又音編編竹木如今畚可以糞除

滇 史記西南夷傳君長滇最大音顛司馬相如傳文成滇歌索隱曰益州顛縣人能作西南夷歌顛即滇字音同漢書相如傳作顛歌

僊 漢書郊祀志求僊人羨門之術師古曰以僊字爲仙
姍 漢書司馬相如傳便姍嫳屑音先史記作媥姺徶循李夫人傳偏何姍姍其來遲音仙
䙴 漢書郊祀志欲䙴夏社古遷字
䙴 漢書律歷志周人䙴其行序古遷字
䙴 漢書地理志䙴亦古遷字
寘 史記河渠書負薪寘決河大于反與塡同漢書溝洫志同
塡 漢書貢禹傳好女數千人以塡後宮與寘同
闐 漢書西域傳于闐與寘同匈奴傳闐顏山漢書首武紀闐顏音塡 補遺史記
零 漢書趙充國傳先零音憐
弦 漢書禮樂志鍾石筦弦與絃同 補遺史記始皇紀樂人弦歌之樂書舜作五弦琴
撣 漢書宣帝紀匈奴日逐王先賢撣音纏束之纏

纏 漢書人表安陵纏郎纏字 補遺 史記扁鵲傳動胃纏緣直延反
壥 漢書揚雄傳有田一壥與廛同
鳶 漢書五行志成帝河平元年有鳶焚其巢音緣梅福傳鳶鵲
𤏩 漢書五行志見巢𤏩盡墮地古然字
卷 漢書賈捐之傳昧死竭卷卷音拳詩碩人美且卷
惓 漢書劉向傳惓惓之義與拳同
拳 漢書貢禹傳臣禹不勝拳拳與惓卷同 補遺首太史公傳拳拳之忠
攣 漢書外戚李夫人傳上所以攣攣顧念我者立全反又音戀
弮 漢書李陵傳張空弮與桊同去權反又音眷 補遺 史記孫臏傳解雜亂紛糾者不控捲索隱曰當善以手解之不可控捲而擊之捲即拳也裴資善通鑑不控弮與桊同或爲拳手之拳非
荃 漢書景十三王傳遺建荃葛注細布也千全反

旃 漢書王吉傳細旃之上與氈同 補遺史記天官書旃裘引弓之民蘇秦傳旃裘狗馬之地漢書首蘇武傳齧雪與旃毛
亶 漢書敘傳屯亶與蹇連兮竹連反
諐 漢書劉輔傳元首無失道之諐與愆同 補遺首五行志辟諐公行茲謂不伸
鶱 漢書楊僕傳斬將鶱旗與搴同王莽傳鶱衣
堧 漢書申屠嘉傳上皇廟堧垣如椽反晁錯傳人緣反 補遺史傳同漢書首地理志河堧棄地
謾 漢書文帝紀民或相謾季布傳面謾音慢又莫連反集韻曰欺也或作謾
嬗 漢書賈誼傳變化而嬗服虔音如蟬謂變蛻也蘇林曰相傳與也師古曰此即禪代字合韻故音蟬蘇說是 補遺史記同

補遺

仟 漢書食貨志有仟伯之得謂千錢也

西 漢書禮樂志象載瑜白集西合韻音先
蹎 漢書貢禹傳蹎仆與顛同
滇 漢書禮樂志泛泛滇滇從高斿徒千反如振旅闐闐
窴 史記大宛傳于窴與闐同又音殿
闐 史記汲鄭傳翟公爲廷尉賓客闐門
令 史記平準書築令居音零又音連
嬴𨻻 漢書地理志交趾郡嬴𨻻音連𨻻來田反
單 史記建元以來年表服單于漢書文帝紀單于楊雄傳登降峛崺單埢垣兮音蟬
羨 史記始皇紀畢以藏閉中羨下外門盡閉衞世家共伯入釐侯羨自殺音延又以戰反墓道也
閼 史記秦紀攻趙閼與音焉與音預在上黨
烏 史記酈商傳破雍將軍烏氏于然反氏音支

便 史記惠景文侯者年表便侯音鞭

邊 漢書古今人表輪邊即輪扁音翩

便 史記五帝紀便章百姓索隱曰古文尚書作平古平亦作便同音婢緣反

緣 史記司馬相如傳被山緣谷匈奴傳緣邊亦各堅守漢書食貨志緣邊四夷今作沿

旋 史記律書旋璣玉衡漢書律歷志佐依旋璣斟酌建指以齊七政

專 史記吳世家專諸刺客傳注亦作剸春秋左氏傳剸設諸漢書賈誼傳剸諸三字通

湍 漢書地理志折洼湍水音專

燃 漢書賈誼傳火未及燃

允 漢書地理志金城郡允吾音鉛牙又允街音鉛

均 史記夏紀均江海讀曰沿

身毒 史記西南夷傳身毒國一本作乾毒即天竺浮圖胡也索隱音捐篤又音乾漢張騫傳身毒音同西域傳捐毒

嬛 漢書司馬相如傳柔橈嬛嬛于圓反史記作嬛嬛音娟

圜 史記大官書句圜十五星漢書律歷志制器規圜矩方食貨志九府圜法梅福傳從諫如轉圜

員 史記禮書規矩者方員之至也

劵 漢書楊雄傳嵯連劵音拳

卷 史記蘇秦傳取淇卷丘權反漢書周勃傳其先卷人古今人表劉文公卷其專反

狋 漢書地理志代郡狋氏音權氏音精

三蕭四宵

琱 漢書郊祀志張敞美陽鼎刻書曰黼黻琱戈與琱同王吉傳琱琢酷吏傳斵琱爲樸與彫同

跳 史記荆王世家跳驅音條

⿸疒兆 漢書律歷志有⿸疒兆焉不滿之處吐彫反

脩 漢書外戚恩澤侯表脩侯犯色音條補遺首高惠高后文功臣表脩侯亞夫地理志脩市脩音條周勃傳脩侯師古曰地理志脩其音同

瞭 史記建元年表瞭陽音遼

轑 漢書田廣明傳轑陽音遼左氏傳圍伯轑于轑陽補遺首昭帝紀轑陽侯音料郊祀志音遼

漻 漢書禮樂志寂漻上天知厥時來招反補遺史記司馬相如傳寂漻無聲

嵺 漢書司馬相如傳上嵺廓而無天音遼史記作寥

料 漢書賈誼傳臣竊料匈奴司馬遷傳竊不自料其卑賤音聊馮奉世傳不料敵量也補遺史記項羽紀料大王士卒足以當項王乎魏世家竊料之

俚 漢書季布贊其畫無俚之至耳晉灼曰揚雄方言俚聊也說文曰賴也此為其計畫無所聊賴

徼 史記仲尼弟子傳以徼其志結堯反謂徼射其志

徼 漢書伍被傳可以徼幸邪與僥同補遺史記趙世家必有謀陰賊起一出身徼幸

徼 漢書匈奴傳韓安國將三十萬衆徼于便墜工堯反補遺首游俠傳建遺兵道徼取涉車上

獟 史記衛將軍傳誅獟驛去喬反補遺漢書衛青傳同字或作趬又邱召反

要 漢書高帝紀諸侯至而定要束耳

𡚾 漢書地理志北地郡大𡚾即古要字一遙反

要 史記建元年表要斬音腰孔子世家要經漢書陳平傳要下當有寶器金玉賈誼傳一脛之大幾如要讀作腰

要 史記孝文紀皇太后固要帝晉世家子犯以爲已功而要市于君讀作邀詩作靳臺于河上而要之補遺首秦紀數使人間要由余項羽紀張良出要項伯漢書文帝紀固要上

訞 漢書文帝紀有訞言之罪與妖言同補遺史記始皇紀或爲訞言

祅 漢書律歷志作祅言欲亂制度讀作妖補遺史記樂書作疢疢不作而無敢辭

陶 史記夏紀皐陶作士音遙尚書同詩君子陶陶和樂貌補遺漢書禮樂志非皐陶之法也

遥 漢書郊祀志谷永疏遥與輕舉古遙字

隃 漢書鼂布傳帝隃謂布何苦而反讀曰遙趙充國傳百聞不如一見兵難隃度

踰 漢書陳湯傳踰集都賴讀曰遙

搯 漢書天文志星搯者民勞也與搖同 補遺首本志內爲矛招搯附耳搯動

䚻 漢書天文志䚻俗車服與謠同五行志童䚻

繇 史記夏紀草繇木條音遙茂也

繇 漢書李尋傳人民繇俗與謠同

繇 史記項羽紀每吳中有大繇役音遙始皇紀黎庶無繇漢書高帝紀常繇咸陽霍去病傳繇役以寬天下讀曰傜字通用

搯 漢書司馬相如傳消搯乎襄羊讀曰逍遙史傳作招搖無音

告繇 漢書武帝紀告繇對禹晁錯傳大禹得告繇而爲三王祖與皋陶同

標 史記司馬相如傳靁動標至必遙反漢書作猋 補遺首禮書卒如標風

票 漢書禮樂志票然逝旗逶蛇匹遙反

飄 漢書蒯通傳飄至風起讀曰猋必遙反

縹 漢書賈誼傳縹縹匹遙反揚雄傳縹縹有陵雲之志匹昭反司馬相如傳縹縹

翲 史記太史公自序間不容翲忽匹遙反

招 漢書禮樂志陳舜之後招樂存焉讀曰韶孟子蓋徵招角招是也 補遺史記五帝紀禹乃興九招之樂音韶

昭 史記大史公自序忘其昭穆 補遺漢書王莽傳昭穆

招 漢書禮樂志雲招項籍傳贊招八州而朝同列音翹

轎 漢書嚴助傳輿轎而隃領音橋

獢 漢書蕭望之傳張子蟜待詔巨遙反字或作僑 補遺史記孔子弟子傳江東人蟜子庸疵音橋

銷 史記太史公自序其勢銷弱

肖 史記太史公自序中呂肖矣音消衰微

捎 漢書天文志見捎雲精白音霄又音髾

鼂 史記秦紀庶長鼂音朝景帝紀天子爲誅鼂錯 補遺漢書景帝紀語在鼂錯傳

晁 漢書景帝紀斬御史大夫晁錯古朝字

朝 史記儒林傳使掌故朝錯往受之漢書爰盎傳師古曰鼂古朝字其下作朝蓋通用 補遺漢書首吳王濞傳朝錯爲太子家令

鼂 漢書嚴助傳鼂不及夕古朝夕之朝 補遺首司馬相如傳鼂采琬琰

焦 漢書敘傳夕而焦瘁在消反

嶠 漢書揚雄傳嶠高舉而大輿去昭反

銚 漢書禮樂志銚四會員十二人帝昭曰國名銚音姚

樵 漢書趙充國傳爲塹壘木樵師古曰樵與譙同謂爲高樓以望敵

補遺

箾 史記吳世家舞象箾又招箾索隱曰韶簫二字體變

箾 漢書司馬相如傳紛溶箾參音蕭史傳紛容蕭參

雕 史記李將軍傳必是射雕者也漢傳射鵰字通

鼦 史記貨殖傳狐鼦裘千皮

廖 漢書古今人表辛廖音聊司馬相如傳廖廓

獠 史記司馬相如傳獠乎蕙圃音遼爾雅云宵獵曰獠漢傳同師古曰力笑反

潦 史記功臣表潦陽音遼

鄡 漢書地理志鉅鹿郡鄡苦么反又苦梟反

梟 史記留侯世家黥布楚梟將漢書高帝紀北貉燕人來致梟騎梟勇也如六博之梟

逃 史記項羽紀進兵圍成皐漢王逃徒㨶反漢書作跳

焦 漢書司馬相如傳焦明史傳同後字作鷦

湫 史記伍子胥傳敗越于夫湫音椒 漢書古今人表楚湫舉卽椒舉

焱 漢書古今人表衞焱公焱春秋作剽

杓 史記天官書杓攜龍角斗柄也匹遙反 漢書律歷志玉衡杓建天之綱也

漂 史記賈生傳鳳漂漂其高遰兮韓安國傳衝風之末力不能漂鴻毛 漢書景十三王傳衆煦漂山楊惲傳漂然皆有節槩

晁 史記楚元王世家坐晁錯以過

繇 史記蘇秦傳二日而莫不盡繇音搖動也 漢書楊雄傳招繇泰壹閩越傳繇君丑

繇 史記孔子弟子傳顏無繇音遙

繇 漢書古今人表咎繇與陶同

姚 漢書外戚李夫人傳𦽔飄姚虖愈莊言顏色的然美盛踸在風中飄姚愈益端嚴𦽔匹妙反

劭 漢書成帝紀劭農音翹又時召反

鄗 史記建元王子侯表鄗漢表作歊許昭反

橋 史記魯世家長狄橋如卽春秋左氏傳僑如

僑 漢書王褒傳呴噓呼吸如僑松

五交

鄛 史記項羽紀居鄛人范增讀作巢漢書同

胞 漢書趙后傳善臧我兒胞師古音苞謂胎之衣

胞 漢書百官表胞人長丞與庖同東方朔傳館陶公主胞人臣偃

包 漢書郊祀志贊包義氏讀曰庖

炮 漢書律歷志炮犧神農與庖同

磽 漢書景帝紀磽陿師古曰謂磽确與墝同孟子地有肥墝

窅 漢書禮樂志窅窊桂華一交反言桂華之形窅窊然

謿 漢書楊雄傳解謿解謿與嘲同

啁 漢書東方朔傳談啁而已與謿同竹交反

梢 漢書楊雄傳被雲梢師古曰與旓同謂旌旗之流以雲爲旓也

補遺

殽 史記秦紀汝軍卽敗必于殽阨矣 漢書張良傳西有殽黽卽與崤同

交 漢書高帝紀見交龍于上鄒陽傳交龍襄首奮翼則浮雲出流史記高祖紀見蛟龍于上

交 漢書司馬相如傳交精旋目史傳鵁鶄鶻目

脬 史記倉公傳風癉客脬普包反字或作胞

抱 史記三代世表抱之山中普交反又如字

謼服 漢書田蚡傳謼服謝罪晉灼曰下音昫小兒嗁爲呼昫師古曰若謂嗁爲謼服則音火交反平卓反 史記武安傳專呼服謝罪音義曰號呼謝服罪也

呼謈 漢書東方朔傳郭舍人不勝痛呼謈音號昫師古曰與田蚡傳呼服音義同一曰謈甚則稱阿謈音步高反

六豪

豪 史記項羽紀沛公入關秋豪不敢有所犯近越世家如目見豪毛而不見其睫漢書高帝紀吾入關秋豪無所取律歷志度長短者不失豪氂並與毫同

橈 漢書息夫躬傳橈亂國家匈奴傳易橈亂呼高反晁錯傳橈亂師古曰攪也火高反其字從手一橈曲也弱也女教反其字從木

咎 史記晉世家狄伐咎如漢書百官公卿表咎繇作士音皐繇弋昭反

敖 史記律書游敖嬉戲讀如遨詩以敖以遊 補遺漢書食貨志邑無敖民謂逸游也

敖 史記晉世家先縱齧狗名敖犬四尺曰敖

敷 史記樊酈傳至敖倉匈奴傳因杅將軍敖

敖 漢書霍光傳常與居禁闥內敖戲讀曰遨

嚻 漢書宣紀立皇子嚻爲定陶王音敖　補遺史記五帝紀元嚻又元嚻漢書五行志莫嚻小敗王莽傳贊四海之內嚻然

囂 漢書董仲舒傳囂囂苦不足讀與嗸同囂囂衆怨愁聲

謷 漢書食貨志天下謷謷師古曰衆口愁聲音敖

嗸 漢書劉向傳讒口嗸嗸衆聲音敖詩哀鳴嗸嗸　補遺史記始皇紀贊天下之嗸嗸

耗 漢書高惠高后文功臣表靡有孑遺耗矣俗謂無爲耗音毛

弢 漢書藝文志六弢六篇與韜同　補遺史記樂書車甲弢而藏之府庫音韜

⿰木叟 漢書溝洫志漕船五百⿰木叟一船爲一⿰木叟⿰木叟字從木先勞反

蒲陶 史記司馬相如傳櫻桃蒲陶蒲陶可作酒漢傳同漢書西域傳大宛以蒲陶爲酒與桃同

鞀 漢書揚雄傳鳴鞀磬之和古鼗字

跳 史記高祖紀項羽圍成皋漢王跳音逃漢紀如淳音同師古音徒彫反

蝚 漢書司馬相如傳玃蝚師古曰猱乃高反

轑 漢書楚元王傳轑釜音勞橈也

補遺

豪 史記太史公自序穆公思義悼豪之旅索隱曰豪即崤之異音

髦 史記西南夷傳髦牛漢傳旄牛

隞 史記殷紀仲丁遷于隞字亦作囂並音敖尚書作囂

嘷 史記司馬相如傳左烏嘷之鳴弓即與號同

醩 漢書食貨志醩截灰炭即糟字截酨字才代反

潦 史記司馬相如傳酆鄗潦潏即澇也漢傳音勞

旄 史記夏本紀羽旄齒革漢書地理志同尚書羽毛

嶩 漢書地理志引詩遭我虖嶩之間兮或作峱嶩皆乃高反

七歌八戈

何 漢書賈誼傳在大譴大何之域讀曰呵　補遺史記秦紀贊陳利兵而誰何與呵同

呵 漢書食貨志縱而弗呵責怒也薛宣傳讀呵及細微與訶同

荷 漢書酈食其傳好荷禮與苛同

茄 漢書揚雄傳衿芰茄之綠衣亦荷字見張揖古今字詁

他 史記呂后紀呂他徒何反晉世家賈他音陀

佗 史記河渠書佗小渠與他同

佗 漢書趙充國傳以一馬自佗負畜產載負者皆爲佗徒何反

它 史記曹相國世家作項他徒何反漢書高帝紀項它又尉它古佗字或作他

它 漢書匈奴傳康居亦遣貴人橐它驢馬數千匹　補遺首揚雄傳歐橐它

池 史記仲尼弟子傳俾涉池矣漢書地理志虖池並徒何反　補遺漢書首平紀罷安定呼池苑

陂陁 史記司馬相如傳罷池陂陁罷音支陂音波漢書陂陁上普河反下音駞

⿱沙心 漢書地理志清河郡⿱沙心題古莎字

蛾 漢書外戚班倢伃傳蛾而大幸無幾之頃也與俄同

䖸 漢書揚雄傳何必颺纍之䖸眉

絫 漢書律歷志權輕重者不失黍絫孟康來戈反

繁 史記張蒼傳繁君音婆漢書陳湯傳繁延壽蒲何反

緐 漢書蕭望之傳緐延壽音婆集韻云姓也　補遺舊在前注今表出

番 史記項羽紀番君音婆漢書高帝紀同陳勝傳與番盜英布相遇番後改作鄱

穌 漢書敘傳畋中穌爲庶幾今古和字畋古畢字

俄 漢書揚雄傳鴻生鉅儒俄俄軒冕雜衣裳注俄俄陳舉之貌

譌 史記封禪書皆譌曰始皇上泰山爲暴風所擊漢書江充傳苛爲姦譌古訛字　補遺史記首五帝紀便程南譌音訛

僞 漢書王莽傳每縣則薦以勸南僞讀曰訛

劘 漢書賈山傳賢自下劘上僞也摩同

磨 漢書敘傳么磨尚不及數子與麼同

鄼 漢書地理志沛郡鄼應劭音嵯師古曰此縣本爲鄼應音是中古以來借鄼爲之讀皆爲鄼而王莽呼爲贊治則此縣亦有贊音耳　補遺史記蕭相國世家鄼矦無音漢書首高帝紀鄼矦

獻 漢書王莽傳立斗獻師古音犧謂斗魁及杓末如勺之形　補遺案廣集韻桑何反

補遺

荷 史記夏本紀道荷澤音歌字亦作菏

呵 史記衛綰傳景帝五歲餘不譙呵綰音誰何

苛 漢書王莽傳按門僕射苛問不遜戊大司空士夜過奉常亭亭長苛之雖無音郎與呵同

差 史記屈原傳唐勒景差漢書人表景瑳子何反索隱讀如字

衰 漢書五行志不衰城師古初爲反一讀曰蓑謂以草覆城也先和反

酇 漢書高惠功臣表酇音多沛郡縣名

拕 漢書嚴助傳拕舟以入水音它

阤 史記司馬相如傳登陂阤之長坂徒何反

佗 漢書常惠傳驢羸橐佗

他 史記匈奴傳橐他一匹

鼉 史記太史公自序黿鼉與處音鼉

娥 漢書外戚李夫人傳連流視而娥揚師古曰揚其娥眉

郍 史記匈奴傳朝郍亦郍字

渦 漢書地理志陳留注渦渠音戈

痤 史記商君傳事魏相公叔痤在戈反漢書人表任痤范痤並才戈反

陂 漢書馮奉世傳降同陂注平陂也普何反

摩 史記平準書盜摩錢裏取鋊後作磨趙世家摩笄自殺漢書食貨志盜摩錢質董仲舒傳漸民以仁摩民以誼嚴安傳鍛甲摩劒

驘 漢書司馬相如傳驢驘與騾同

贏 史記霍去病傳單于遂乘六贏壯騎可數百直冒漢圍西北馳去漢書同並無音字本作蠃

蠃 史記貨殖傳果隋蠃蛤與螺同

番 史記秦紀謀黃髮番番則無所過音波尚書番番良士

硰 史記絳矦世家擊韓王信軍于硰石音沙　補遺漢傳同又赤坐反

苴 史記張儀傳苴蜀相攻擊徐廣曰益州天苴讀爲苞蔡之苞　補遺索隱曰音巴謂巴蜀按巴苴草名或巴人巴郡因苞苴得名所以遂以苴爲巴譙周蜀人也知無苴之音讀爲芭犂之芭

九麻

假 漢書禮樂志汎汎四塞假狄合遝即遐字

赮 漢書天文志雷電赮虹廣韻音霞日朝赤色

瑕 漢書揚雄傳噏清雲之流瑕日旁赤色

余 史記匈奴傳余吾水以奢反衛將軍傳音徐正義音餘　補遺漢書武紀馬生余吾水中無音

荼 漢書江都易王傳使男子荼恬上書食邪反今人姓作荼

婼 漢書趙充國傳將婼月氏兵音兒遮反

芭 漢書揚雄傳侯芭音葩

烏秅 漢書西域傳烏秅國上一加反下直加反
把 漢書貢禹傳捽屮把土蒲巴反捽才兀反手掊之也
茬 漢書貨殖傳山不茬蘗古槎字
窊 漢書禮樂志窅窊桂華一爪反
鼃 漢書東方朔傳水多黽魚鼃蛙字
邪 史記天官書如星非星如雲非雲日歸邪音蛇漢書天文志同
邪 史記司馬相如傳邪與肅愼爲鄰邪謂東北接之漢書讀作斜
邪 漢書楊雄傳鏌邪補遺史記賈誼傳莫邪爲頓兮

補遺

靡 漢書地理志牧靡音麻益州縣名即升麻所出
吾 漢書地理志允吾音鈆牙金城縣名

斜 史記河渠書褒斜音邪漢書溝洫志同
塗 漢書東方朔傳令壺齟老柏塗直加反齟音櫨又側加狀加反
涂 史記匈奴傳涿涂山音邪漢書作邪
蝦 史記天官書雷電蝦虹
亞 漢書東方朔傳伊優亞烏加反
荼 漢書地理志楚國荼陵弋奢反又丈加反
邪 史記驃騎傳渾邪匈奴傳渾邪漢書地理志昆邪王
祖厲 漢書武帝紀西臨祖厲河而還上音嗟下音賴
夸 史記始皇紀夸主以爲名劉敬傳矜夸漢書刑法志用相夸視
華 漢書地理志華騮綠耳之乘即與騄同

十陽十一唐

易 漢書地理志曲易又歷陵注傳易山並古陽字
颺 漢書楊雄傳何必颺纍之蛾眉古揚字敘傳颺聲又風颺電激
詳 史記秦紀乃使魏讐餘詳反項羽紀見使者詳驚愕呂后紀詳醉去並音羊詳也補遺首殷紀箕子懼乃詳狂爲奴
洋 漢書禮樂志福滂洋音羊又音詳滂普郎反地理志河水洋洋音羊
洸洋 史記莊子傳其言洸洋自恣正義音汪翔上又音晃
詳 漢書禮樂志抑不詳注違道不詳者黜之
舫 史記張儀傳舫船載卒者音方謂並船鄭生傳方船而下
鴹 漢書禮樂志鴹吉時郊祀志聲氣遠條鳳鳥鴹古翔字
翔 漢書西域傳土地山川王侯戶數道理遠近翔實矣讀作詳
襄 史記高祖紀襄侯王陵襄當作穰而無禾字省耳今郃公或作呂此類多矣

襄 漢書鄒陽傳交龍襄首奮翼讀作驤
鬺 史記武帝紀禹鑄九鼎皆嘗鬺亨音觴補遺漢書郊祀志同
防 史記武帝紀有芝生殿防內中補遺漢書溝洫志宣防與房同
畺 漢書王子侯表畺土過制與壃同郊祀志諸侯祭其畺內
彊 漢書司馬相如傳封彊畫界讀作疆史傳作彊
壃 史記晉世家惜也出壃乃免與疆同
劉 史記樂書而氏劉殺
亢 史記項羽紀引兵攻亢父音剛補遺漢書高帝紀還軍亢父鄭氏音抗地理志沛郡龍亢
阬 漢書楊雄傳陳衆車于東阬讀作岡又躡巒阬
喪 史記吳世家吳欲因楚喪而伐之與喪同
廧 史記趙世家翟伐廧咎如春秋左氏傳同漢書鄒陽傳牽帷廧之制讀作牆

創 史記齊世家示之創乃信之漢書灌夫傳創少瘳讀作瘡 補遺 史記首項羽紀身亦被十數創 漢書首高帝紀漢王病創卧

芒 史記魏世家丈人芒然 司馬相如傳芒然而思讀作芒 漢傳同 孟子芒芒然歸讀作忙 補遺 漢書禮樂志芒芒極 莫郎反

薌 史記滑稽傳微聞薌澤

逿 史記倉公傳重陽者逿心主音唐猶盪也

昌 漢書揚雄傳趙充國贊先零昌狂讀作猖

闛 漢書司馬相如傳鏗鎗闛鞈託郎反鼓聲也 補遺 史記作鐺鞳

慶 漢書揚雄傳慶夭顇而喪榮讀與羌同 敘傳慶未得其云已

臧 史記賈生傳達獨世以自臧音藏 漢書高后紀臧于高廟 禮樂志臧于理官 師古曰懷藏字本皆作臧 漢書例以爲臧 補遺 史記首始皇紀奇器珍怪徙臧滿之

班馬字類卷二　十六

臧 漢書景帝紀若買故賤賣故貴坐臧爲盜讀作贜 補遺 史記酷吏傳家盡没入償臧

皇 漢書律歷志秦兼天下未皇暇也讀同遑

仿偟 史記楚世家靈王于是獨仿偟山中音旁皇 漢書司馬相如傳仿偟乎海外

房皇 史記漢書房皇周浹曲直得其次序上音旁房皇猶迴轉也

杭 史記司馬相如傳杭絕浮渚而涉流沙杭船也 漢傳同讀作航

亢 漢書張耳傳貫高絕亢而死頭也下郎反又工郎反 婁敬傳搤其亢拊其背

䀪 漢書揚雄傳魚頡而鳥䀪胡剛反

羹 史記楚世家陳蔡不羹音郎 春秋左氏傳傳不羹 漢書地理志定陵注不羹音郎

郎 漢書東方朔傳陛下累郎臺恐其不高 郎堂下周屋今作廊 董仲舒傳嚴郎

浪 漢書地理志樂浪師古音洛狼 又滄浪孟子滄浪之水淸兮 補遺 史記夏紀蒼浪之水

粮 史記司馬穰苴傳取將軍之資糧享士卒又身與士卒平分粮食

印 漢書李尋傳作態低印音昂 補遺 首食貨志氐印

浧 漢書禮樂志浧然歸烏黃反

橫 漢書戾太子傳焚蘇文于橫橋上音光卽橫門渭橋也 補遺 史記外戚世家出橫城門音光 漢書首成紀走入橫城門

壯 漢書古今人表衛禰壯讀曰莊

補遺

陽 漢書古今人表樂陽師樂官

陽 史記韓非傳陽收其聲而實疏之 漢書高帝紀陽尊懷王爲義帝 田儋傳陽爲縛其奴 韓信傳陽應曰諾 又陽不勝

揚 史記樂書樂者非謂黃鍾大呂干揚也與鍚同

鍚 漢書地理志漢中郡鍚音陽卽春秋所謂鍚穴

班馬字類卷二

房 史記殷紀女鳩女房 尚書作女方

防 漢書高惠功臣表汁防侯音什方 史記高祖功臣表汁邡

方 史記高祖紀攻胡陵方與音房預 漢紀同

防 漢書武帝紀濟川王明廢遷防陵今之房州

詳 漢書百官公卿表部刺史掌奉詔條察州 師古曰漢官典職儀云刺史以六條問事云云[illegible]訖音

祥 史記太史公自序陰陽之術大祥 漢傳作詳 索隱曰案史記多假借

嬙 漢書元帝紀賜單于待詔掖庭王牆爲閼氏 匈奴傳王牆

觴 漢書外戚班倢伃傳酌羽觴兮銷憂

創 漢書敘傳禮義是創合韻初良反

閶 漢書揚雄傳西馳閶闔讀與閶闔同

章 史記衞世家以章有德漢書武帝紀何施而可以章先帝之洪業

鄣 漢書地理志丹陽郡故鄣音章

恒 史記夏紀常衞既從又常山尚書皆作恒田敬仲世家以爲非恒人漢書高后紀恒山王今常山避文帝諱改爲常

湯 史記五帝紀湯湯洪水滔天吐郎反尚書湯湯

暘 史記始皇紀蒙驁攻魏暘有詭音場索隱音暢

梁 漢書天文志天駟旁一星曰王梁孝王傳梁山史記天官書曰王良孝王傳良山二字通

剛 漢書高惠功臣表復陽剛侯陳胥

匡 史記天官書匡衞十二星又斗魁戴匡漢書天文志並作筐

匡 史記淮南王安傳王氣怨結而不揚涕滿匡而橫流郎與眶同

軮 漢書揚雄傳忽軮軋而亡垠烏郎反遠相映也

唐 史記始皇紀至錢唐臨浙江漢書地理志錢唐揚雄傳蹂蕙圃踐蘭唐謂陂唐之上多生蘭也

踼 漢書揚雄傳河靈矍踼試郎反又石鳧反師古曰飛動兒二音皆通

碭 史記項羽紀沛公軍碭音唐漢書高帝紀芒碭山又音宕

蕩 史記秦紀遺兵伐蕩社漢書地理志河內郡蕩陰並音湯

望 漢書禮樂志體招搖若永望合韻音忘

琅 史記始皇紀南登琅邪漢書高帝紀琅邪郎與瑯同

房 史記始皇紀作前殿阿房故天下謂之阿房宮始皇紀音旁漢書賈山傳阿房之殿

方洋 漢書吳王濞傳方洋天下音房羊又上音旁史傳作彷徉

方皇 漢書揚雄傳容方皇于西清卽彷徨

蒼 史記夏紀爲蒼浪之水與滄同

倉 史記陳涉世家爲倉頭軍起新陽注皆著青帽漢書蕭望之傳倉頭廬兒他傳作蒼

穅 漢書吳王濞傳狧穅及米貢禹傳穅豆不贍

亢 漢書趙充國傳威謀靡亢合韻音康

饗 漢書禮樂志山河饗合韻音鄉

享 漢書禮樂志庶幾安享合韻音鄉

十二庚十三耕十四清

亢 史記莊子傳亢桑子音庚

黽 史記春申君傳鄳黽隘之塞音盲地在秦

衡 史記陳涉世家連衡漢書鄒食其傳因言六國從衡時鼂錯傳衡加之以衆音橫師古曰衡即橫字無別音詩衡從其畝補遺史記首始皇紀外連衡而鬪諸侯漢書首刑法志合從連衡

亨 史記平準書亨弘羊普彭反漢書高帝紀項羽亨周苛興烹同詩誰能亨魚補遺史記首樂書亨孰否祀封禪書亨炊

榜 史記張耳傳貫高榜笞數千音彭捶擊之也補遺首李斯傳榜掠千餘漢書食貨志榜笞

鱷 漢書翟義傳取其鱷鯢古鯨字

撐 漢書匈奴傳撐犂孤塗單于音牚丈庚反

搶攘 漢書賈誼傳制搶攘上音傖仕庚反下女庚反亂貌

悾 漢書外戚傳陛下得武書何加口悾也丑庚反字本作瞠

萌 漢書劉向傳民萌何以勸勉與吡同補遺史記周本紀以振貧弱萌隸

吡 漢書揚雄傳吡隸之人古萌字民也補遺史記秦紀贊吡隸之人古氓字

紭 漢書揚雄傳遙噱虖紭中古紘字

嶸 漢書揚雄傳似紫宏之崢嶸音宏

暒 漢書天文志天暒而見景星無音玉篇與晴同

頃 史記魯世家頃公無野漢書文帝紀頃王后諸謚篇頃者漢書例作頃讀皆曰傾王褒傳不單頃耳而聽

已聽詩不盈頃筐補遺

史記首呂后紀頃王后補遺

正 漢書律歷志予爲天正王莽傳人民正營不安之意音征敘傳奕世宗正台韻音征

絣 漢書楊雄傳絣之以象類并也音并

嫈 史記東越傳爲繚嫈侯音縈漢書南粵傳嫈于耕反

盛 史記齊世家田乞盛陽生橐中伍員傳盛以鴟夷革補遺漢書吳王濞傳盛其頭馳傳以聞

谹 漢書司馬相如傳谹議音宏史傳作閎

補遺

滂 史記司馬相如傳洶湧滂濞滂浦橫反濞浦拜反

京 漢書揚雄傳騎京魚京大也或讀作鯨

英 漢書禮樂志帝嚳作五英即與韺同

莖 漢書禮樂志顓項作六莖即與誙同

明 漢書地理志廣漢郡葭明音萌

醬 漢書敘傳中山淊醬合韻音紫

請 史記禮書禮至備請文俱盡古情字注諸字中多有此比

氏 漢書地理志代郡狋氏音精

甯 漢書禮樂志穰穰復正其往甯合韻音寧

政 史記范睢傳剖符于天下適政適伐國上音征下音敵

延 漢書文景功臣表延和二年雖無注即征字案洪內翰邁作前漢法語亦表此字出

呈 史記始皇紀以衡石量書日夜有呈不中呈不得休息

逞 史記晉世家欒逞音盈索隱曰史記盈字多作逞

慶 漢書敘傳承文之慶合韻音卿

成 史記封禪書成山斗入海漢書郊祀志盛山音成

十五青

庭 漢書公孫賀傳朝庭多事朝廷字通用補遺首伍被傳方令漢庭治乎又循吏傳黃霸數決疑獄庭中稱平謂廷尉之中

令 史記晉世家秦兵圍令狐音零詩盧令令補遺首秦紀秦以兵送至令狐漢書武帝紀令居

泠 漢書律歷志黃帝使泠綸音零補遺首人表泠淪氏

軨 漢書楊雄傳據軨軒而周流與櫺同

苓 漢書敘傳失時者苓落讀曰零

刑 史記太史公自序食土軌啜土刑刑羹器也補遺首始皇紀啜土刑漢書司馬遷傳歠土刑

補遺

清 史記五帝紀是爲青陽注郎少昊也漢書律歷志少昊曰清陽者黃帝之子清陽也

荓 漢書古今人表青荓子步丁反

亭 史記張湯傳補廷尉史亭疑注亭平也漢傳平亭疑法

渟 史記始皇紀南鑿龍門通大夏決河亭水放之海李斯傳決亭水漢書西域傳其水亭居冬夏不增減郎與渟同

亭 漢書司馬相如傳亭柰史傳作楟榡

靈 史記匈奴傳丁靈漢書李廣傳丁靈陳湯傳丁令與零同司馬相如傳通靈關道漢傳作零山

靈 史記龜策傳下有伏靈上有兔絲

離 史記齊世家離支孤竹音零又音令祇又如字

研 漢書地理志上黨注石研關音形

十六蒸十七登

烝 漢書酷吏傳史治烝烝說文與蒸同經典亦作蒸

耳孫 漢書惠紀內外公孫耳孫應劭曰元孫之子也言去曾高益遠但耳聞之晉灼曰元孫之曾孫師古

據平紀及諸侯王表音耳音仍爾雅仍孫爲八葉仍耳聲近孟一號耳

馮 史記鄭世家馮音憑伯夷傳衆庶馮生憑恃也漢書酈食其傳馮軾春秋左氏傳神所馮依

馮 史記魏世家馮琴而對恃也音凭漢書甯成傳同車未嘗敢均茵馮嚴助傳馮玉几去聲亦通

厷 漢書王莽傳日德元厷右肱字

雁 漢書霍去病傳封渾邪王雁疵爲煇渠侯文穎音鷹　補遺疵音庇史傳作鷹庇

耐 漢書高帝紀罪耐以上古耏字音若能　補遺應劭曰古字從彡師古曰應氏之說耏當音而如字之解乃代反其義亦兩通而功臣表宜曲侯通耏爲鬼薪則應說斷爲長矣

補遺

凌 史記惠帝紀凌轢邊吏天官書相凌爲鬥灌夫傳凌轢漢書灌夫傳作輘

蔆 史記司馬相如傳芙蓉蔆華漢傳蔆華又蔆藕

扔 漢書古今人表有扔君音仍

曾 史記司馬相如傳登入曾宮之嵯峨漢書同重也揚雄傳增宮嵾差亦重也

應 史記建元年表戎狄是應與膺同

承 漢書地理志長沙國承陽音烝

徵 史記建元年表荊荼是徵音澄漢書地理志左馮翊徵音懲

佷 漢書地理志武陵郡佷山音恒出藥草恒山

十八尤十九侯二十幽

郵 漢書成帝紀以顯朕郵谷永傳咎證著郵與尤同過也

䌛 史記文帝紀福䌛惠與讀作由漢書文紀亦無䌛教訓其民爰盎傳䌛此名重朝廷與由同　補遺古今人表許䌛卽由䌛余卽由余

繇 漢書武帝紀厥路亡繇與由同又所繇殊路

䌛 漢書敘傳謨先聖之大䌛師古曰䌛道也

繇 漢書敘傳陸子優䌛新語以興優游不仕也讀作游

繇 漢書韋賢傳犬馬䌛䌛讀作悠悠

斿 漢書敘傳述游俠傳讀作游　補遺禮樂志神之斿過天門

逌 漢書地理志酆水逌同古攸字　補遺史記趙世家牛畜侍烈侯以仁義約以王道烈侯逌然漢書首五行志彝倫逌敘

逌 漢書韋賢傳萬國逌平古攸字所也

迺 漢書地理志迺古遒字涿郡縣名　補遺首功臣表迺侯陸彊字由反

蝤 漢書王褒傳蝤蠐出以陰亦作蝣音由

紬 史記太史公自序紬史記石室金匱之書音抽漢谷永傳紬繹讀曰抽　補遺史記首歷書紬績日分當音抽

讎 漢書律歷志廣延宣問以考星度未能讎也讎相當也

讎 漢書郊祀志五利妄言其師方盡多不讎注不驗也　補遺史記孝武紀同

疇 漢書律歷志疇人子弟分散與儔同韓信傳其疇十三人

醻 史記樂書獻醻酳酢與酬同詩一朝醻之

擣 史記龜策傳上有擣蓍正義曰卽禂字

揫 漢書律歷志物揫斂乃成孰子由反

萩 史記建元年表萩苴音秋漢書貨殖傳山居千章之萩東方朔傳莊卽楸也　補遺漢書首功臣表萩苴戻朝鮮傳作秋苴

廋 漢書趙廣漢傳廋索私居酤與搜同　補遺史記五帝紀析枝渠廋夏紀析支渠搜

摉 漢書王莽傳摉索城中與搜同

騪 漢書百官表騪粟都尉服虔音搜狩之搜索也

叟 漢書地理志析支渠叟讀曰搜詩釋之叟叟音蒐淅聲也

區 漢書蘇武傳區脫土室讀同甌王莽傳中郎區博諫莽云區一侯反

區 史記樂書草木茂區萌達音勾屈生曰區

抔 史記張釋之傳取長陵一抔土步侯反禮運云抔飲手掬之其字從手

括 漢書張釋之傳取長陵一括土步侯反

桴 史記田叔傳桴鼓立軍門音浮鼓椎漢書酈賈等贊叔孫通舍枹鼓而立一王之儀其字從木

留 漢書霍去病傳留落不耦補遺史記驃騎傳留落不遇

游 史記秦紀其賜爾皁游音旒皁色旗旒旒也春秋左氏傳鞶厲游纓

騶 史記吳世家爲騶伐魯漢書王吉傳能爲騶氏春秋孟荀傳孟軻騶人又其後有騶子之屬魯仲連鄒陽傳亦作騶補遺史記首封禪書祠騶嶧山漢書首地理志魯國騶

郰 史記孔子世家郰人也音鄒

罘 史記司馬相如傳罘罔彌山音浮與罦同漢書作罘

罘 漢書文帝紀東闕罘罳災音浮

蠹 漢書五行志蝝蠹之有翼者音蚍蜉

婾 漢書韓信傳婾食與偷同苟且也賈山傳婾合苟容讀作偷補遺首元帝紀婾合苟從

嘔 漢書朱買臣傳歌嘔道中讀作謳

髤 史記建元年表盜斷婦人初產子臂髤以爲媚道音休俗本作漆貨殖傳木器髤者千漢書趙后傳髤漆許求反

句 史記天官書三星鼎足句之音鉤漢書地理志句陽卽左氏句瀆之丘郊祀志句龍賈誼傳句踐讀作鉤補遺史記首始皇紀贊句戟長鎩

鞪 漢書韓延壽傳鞪卽兜鍪莫侯反

蝚 漢書司馬相如傳蝚蠼猱乃高反又音柔今戎皮爲鞪褥者戎柔聲之轉耳

龜茲 漢書地理志龜茲音邱慈傅介子傳龜茲樓蘭

補遺

九 史記殷本紀以西伯昌九侯鄂侯爲三公音仇

仇 漢書匡衡傳引詩窈窕淑女君子好仇今詩作逑

繇 漢書宣帝紀上亦無繇知讀作由

游 漢書敘傳養游睇而猿號養由基也

繇 漢書張釋之傳文帝繇是奇釋之與由同

檮 漢書古今人表檮敖音疇漢霍去病傳檮余山音疇

駵 漢書郊祀志牲用駵駒又秋冬用駵地理志華駵綠耳

騮 史記秦紀驊騮騄耳

斿 史記禮書龍旂九斿樂書龍旂九斿漢書五行志君若綴斿不得舉手

斿 漢書敘傳張陳之交斿如父子攜手遁秦拊翼俱起

游 史記天官書三曰九游音流漢書天文志作斿

流 史記司馬相如傳流夷漢傳作留夷卽新夷也

廖 漢書古今人表廖叔安左氏作飂並力周力授二反

州 漢書古今人表華州卽華周

擾 史記夏紀學擾龍于豢龍氏音柔漢書高帝紀贊劉累學擾龍音饒又音饒

瘦 漢書西域傳烏孫其子細沈瘦音搜

騶 漢書鼂錯傳材官騶發矢道同的師古曰矢之善也左氏傳作叢音同

陬 史記孔子世家生魯昌平鄉陬邑音鄒

叢 史記建元王子侯年表叢音陬漢書王子侯表前侯信字或作菆則留反

嘔 漢書地理志川曰嘔夷于侯反

鉤 漢書揚雄傳麗鉤芒與驂蓐收

搯 史記孝武紀搯視得鼎步搯反抱也漢書郊祀志同
伞 漢書司馬相如傳德伞往初與侔同
伞 漢書景帝紀侵伞萬民食苗根蟲也侵伞民食苗之蟊賊
聚 史記曆書月名畢聚音娵十一月也
油 史記樂書致樂以治心則易直子諒之心油然而生矣鄭玄曰油新生好貌
諏 漢書律歷志諏訾又娵訾
陬 漢書西域傳烏孫有子曰岑陬子陬反史傳作岑娶無音
掫 漢書古今人表掫子內史詩作聚
窶 史記滑稽傳甌窶滿篝音婁古字假借
虬 漢書司馬相如傳青虬史傳青虯
繆 漢書趙后傳自繆死居虬反絞也

二十一侵

浸潯 史記齊悼惠王世家浸潯音侵尋又音淫猶漸潤深也
潯 史記司馬相如傳侵潯衍溢音淫
鄩 漢書伍被傳鄩陽之船與潯同補遺史記淮南厲王傳同漢書首地理志廬江郡潯陽
唫 漢書息夫躬傳秋風爲我唫古吟字補遺史記屈原傳會唫恒悲兮
湛 史記魏世家不湛者三版鄒陽傳荆軻之湛七族音沈漢書元帝紀正義湛掩與沈同溝洫志湛白馬壁項籍傳已渡皆湛船劉歆傳湛靖有謀揚雄傳默而有深湛之思
湛 漢書霍光傳湛沔于酒讀曰沈亦曰耽補遺首禮樂志湛沔自若
湛 漢書古今人表鄭卑湛音脾諶
闇 史記魯世家乃有亮闇三年不言義與陰同補遺漢書王吉傳高宗諒闇
禽 史記五帝紀黃帝遂禽殺蚩尤與擒同漢書高帝紀爲我禽也

衿 漢書蘇武傳泣下霑衿
攙 漢書天文志攙雲如牛音參差之參補遺史記天官書天攙音參
滲 漢書楊雄傳澤滲離而下降音淋
任 史記白起傳武安君病不任行音壬漢書霍光傳光任大重音壬堪也
嵾 漢書楊雄傳增宮嵾差初林反不齊也
禁 漢書咸宣傳禁能禁居禽反
冘 漢書楊雄傳竆冘闞與音淫

補遺

潭 史記司馬相如傳浸潭促節漢書作浸淫楊雄傳因江潭而淮記兮又或獵江潭而漁音尋
灊 漢書高五王傳灊淫閭于上
箴 漢書藝文志箴石湯火所施卽與鍼同

箴 漢書司馬相如傳箴疵鵁盧史傳鵁鶄鸕
衿 漢書楊雄傳衿芰茄之綠衣音襟系之衿帶也師古其禁反
頷 漢書楊雄傳頷頤折頷音欽曲頤也
禽 漢書古今人表齊禽敖郎黔敖
隆 史記文帝紀隆慮侯音林閭
蔭 漢書五行志趙孟視蔭讀與陰同
唫 史記淮陰侯傳雖有舜禹之智唫而不言不如瘖聾之指麾也巨蔭反又音琴
斟 史記吳世家昔有過氏殺斟灌以伐斟尋古作斟與斟同漢書地理志北海郡平壽注斟尋

二十二覃二十三談

探 史記魏公子傳有能探得趙王陰事音貪
湛 漢書成帝紀贊湛于酒色讀作耽詩和樂且湛

參 史記佞幸傳爲文帝參乘
戜 漢書五行志王心弗戜古堪字
摵 史記天官書太白間可摵劍蘇林音函漢書天文志辰星過太白間可摵劍音函可容一劍也
函 漢書宣帝紀金芝九莖產于函德殿律歷志太極元氣函三爲一讀與含同　補遺史記禮書函及士夫
音含
唅 漢書王褒傳唅楔音含貨殖傳唅菽飲水
沈 史記陳涉世家彩顚涉之爲王沈沈者長含反漢書陳勝傳同
甔 史記貨殖傳漿千甔都甘反又丁濫反瓦罌受一石
儋 漢書西域傳負水儋檯古擔字　補遺首揚雄傳儋人之爵師古曰荷負也
補遺
鐔 漢書地理志武陵鐔成音潭

沈 漢書五行志荒沈于酒
蠶 漢書異姓諸侯王表蠶食六國
冉 史記管蔡世家冉季載又封季載于冉字或作郱與聃同又奴甘反
澹 史記馬唐傳破東胡滅澹林丁甘反漢書都甘反又音談
參 史記張耳陳餘傳未敢參分而王滑稽傳飲可八斗而醉二參漢書蒯通傳參分天下

二十四鹽二十五添二十六嚴

孅 漢書食貨志古之治天下至孅至悉與纖同王吉傳孅介　補遺史記日者傳孅趨而言音纖
韱 漢書司馬相如傳韱韱垂髾音纖
涔 史記夏紀沱涔已道音潛又涔于漢
灊 漢書郊祀志灊之天柱山號南嶽音潛　補遺首武帝紀灊天柱山
朁 漢書地理志于朁縣讀曰朁穀城荏朁亭音潛

漸 史記宋世家沈漸剛克漢書谷永傳忘湛漸之義讀曰沈潛
漸 漢書郊祀志漸臺在池中爲水所浸故曰漸又子廉反三輔黃圖或爲瀐亦浸耳　補遺史記五帝紀治
大池漸臺高二十丈
漸 史記宋世家麥秀漸漸兮子廉反麥芒之狀
箝 漢書異姓王表箝語燒書與鉗同其占反爰盎傳自箝天下之口
拑 漢書五行志臣畏刑而拑口箝也其廉反　補遺史記秦本紀贊拑口而不言
奄 漢書禮樂志神奄留與淹同詩奄觀銍艾
顉 漢書郊祀志黃帝鼎成龍垂胡顉人占反霍光傳美須顉
嗛 史記樂書君子以嗛退爲禮音謙漢書藝文志易之嗛嗛與謙同司馬相如傳嗛讓尹翁歸傳溫良嗛退
慊 漢書趙充國傳雖亡尺寸之功媮得避慊之便亦嫌字
補遺

猒 漢書景帝紀其忠無猒
饜 史記太史公自序天下患衡秦無饜
厭 史記刺客傳非盡天下之地臣海內之王者其意不厭淮陰侯傳不知厭足漢書食貨志富人臧錢滿室
猶無厭足王莽傳不知厭足
漸 漢書鼂錯傳漸車之水讀曰漸子廉反
漸 史記五帝紀贊東漸于海夏紀同子廉反
漸 漢書司馬相如傳鰅鰫漸離史傳作螹
鬵 漢書地理志漢中郡安陽注鬵谷水音潛
詹 史記周本紀顧詹有河又粵詹雒伊
䫇 史記趙世家鬢鬑髯䫇漢書西域傳深目而多䫇
䫇 史記孝武紀鼎既成有龍垂胡䫇下迎黃帝封禪書作髯

廉 漢書高帝紀廉問師古曰廉察也本作覝音同

鹹 漢書古今人表鹹虎其炎反詩鹹虎

鈐 史記天官書有兩星曰鈎鈐其炎反漢書天文志同

閹 漢書酷吏義縱傳吏之治以斬殺縛束爲務閹奉以惡用矣師古曰以嚴惡見任用當讀爲嚴

二十七咸二十八銜二十九凡

嵚 史記司馬相如傳嵚巖倚傾古銜反漢書曰銜反楊雄傳深溝嵚巖而爲谷

嗛 史記酷吏傳縱以我爲不復行此道乎嗛之音銜大宛傳烏嗛肉蜚其上佞幸傳太后由此嗛韓嫣並讀爲銜補遺首外戚世家景帝恚心嗛之

巉 漢書禮樂志巉處頃聽與巖同

斬 漢書賈誼傳斬去不義諸侯讀與芟同

嶄 漢書司馬相如傳嶄巖士銜反尖鋭兒

補遺

氾 史記周紀鄭居王于氾匈奴傳鄭之氾邑音凡漢書藝文志氾勝之十八篇音凡又敷劒反

班馬字類第二

班馬字類第三

上聲 補遺附

一董

挏 漢書百官公卿表武帝官有挏馬徒孔反主乳馬以韋革爲夾兜受數斗盛馬乳取其上肥晉灼音挺挏之挏禮樂志音動馬酪味如酒

愡 史記大宛傳其大愡

總 漢書地理志總率諸侯

空 漢書張騫傳當空道鮑宣傳衣又窄空讀作孔補遺史記五帝紀舜穿井爲匿空旁出音孔

鴻濛 漢書楊雄傳鴻濛沆茫上胡孔反下莫孔反

蘢蓯 漢書司馬相如傳蘢蓯崔巍音蘢總補遺史記同無音

蘢茸 漢書司馬相如傳叢以蘢茸上來孔反下而孔反補遺史傳同無音

補遺

塕 史記司馬相如傳觀衆樹之塕薆兮

蓊 漢書司馬相如傳蓊薆烏孔反薆音愛

鴻溶 漢書司馬相如傳傑𢶏䞦而高縱兮紛鴻溶而上厲上胡孔反下弋孔反史傳作鴻涌無音當從上聲讀

蒙 史記司馬相如傳蔑蒙踊躍騰而狂趡飛揚也漢傳蔑蒙與蠓同揚雄傳浮蔑蠓而蔽天

二腫

宂 漢書成帝紀流宂者衆食貨志宂作縣官衣食之人勇反

茸 史記賈生傳闒茸尊顯兮而勇反下材不肖之人也漢書人勇反

愯 漢書刑法志愯之以刑古竦字又所項反

奉 史記藺相如傳身所奉飯音捧補遺首項羽紀沛公奉卮酒高祖紀奉玉卮爲太上皇壽漢書高帝紀

同

匈 史記項羽紀天下匈匈數歲漢書高帝紀同師古曰喧擾之意雖無音當作上聲讀

兇 漢書翟方進傳羣下兇兇亦當作上聲讀

軵 漢書馮奉世傳再三發軵推也淮南子內郡輓車而餉而隴反

從容 史記衡山王傳日夜從容王謀反事上子勇反下讀曰勇謂勸獎也

縱臾 漢書衡山王傳日夜縱臾王謀反音與史傳同勉強也

桶 史記商君傳平斗桶權衡丈尺音勇今之斛也索隱音統

泛 漢書武帝紀泛駕之馬食貨志大命將泛方勇反覆也字作覂後通用　補遺史記高后紀太后迺恐自起泛孝惠卮音捧

灉 漢書五行志灉河三日不流又岷山崩灉江水水逆流讀作壅

雍 漢書武帝紀雍於上聞讀曰壅元紀雍蔽沙石雍霸水　補遺史記始皇紀先王知雍蔽之傷國

雍 漢書揚雄傳雍神休讀作擁　補遺史記夏侯嬰傳面雍樹乃馳漢傳面雍樹馳讀曰擁

邕 漢書王莽傳長樂館西岸崩邕河水不流讀作壅

補遺

容 漢書禮樂志旌容容音勇一讀如字

龍 漢書敘傳隗囂擾龍

衝蓯 史記司馬相如傳騷擾衝蓯上昌勇反下息冗反漢傳同

嵱嵷 漢書揚雄傳陵高衍之嵱嵷音踊竦

涌趯 漢書李尋傳涌趯音踊躍

踊 漢書天文志水泉踊又川水標踊李尋傳踊溢

三講

顜 史記曹相國世家顜若畫一

棓 漢書天文志右四星曰天棓白講反　補遺史記天官書音剖

蜯 漢書敘傳蜯蛤即蚌字

補遺

銗 史記酷吏傳投銗音項又胡江反漢書趙廣漢傳銗筩音項筩音同

四紙五旨六止

抵 漢書朱博傳奮髯抵几揚雄傳抵穰侯而代之並音紙

氏 漢書地理志至元孫氏爲莊公師古曰與是同古通用

厎 漢書律歷志其道如厎厎音指晁錯傳厎厲其節與砥同梅福傳爵祿者天下之厎石孟子周道如厎　補遺史記夏紀東原厎平又平準書省厎柱之漕

伎 史記孟嘗君傳無他伎能通作技　補遺漢書鼂錯傳伎藝過人絕遠

躧 史記魏世家若脫躧漢書地理志彈弦跕躧與屣同　補遺史記首武帝紀吾視去妻子如脫躧耳漢書雋不疑傳躧履起迎別本書作蹝

否 漢書薛宣傳陰陽否鬲閉也皮鄙反

骩 史記司馬相如傳崔錯發骩漢書同又淮南厲王傳皇帝骩天下正法古委字

彌 漢書李廣傳彌節白檀王莽傳彌躬執平又發姦彌亂讀作弭　補遺史記禮書彌龍所以養威也司馬相如傳彌節

絫 漢書郊祀志爵位重絫與累同鄒陽傳鷙鳥絫百又絫卵

跂 史記韓王信傳士卒皆山東人跂而望歸企同　補遺首高祖紀日夜跂而望歸集韻上去聲通

姐 漢書馮奉世傳羌乡姐音紫

茈 史記司馬相如傳茈薑尚言息生紫色漢傳同

埤 漢書五行志塞埤擁下卑也司馬相如傳其埤溼則生藏莨蒹葭音埤史記作卑

軌 漢書元帝紀姦軌服與宄同　補遺史記五帝紀寇賊姦軌漢書首景紀姦軌不勝

竊 漢書伍被傳未有能竊左足而先應者音竊又口娌反

披 史記項羽紀漢軍皆披靡皮彼反漢書普彼反 補遺史記范睢傳木實繁者披其枝魏其傳不折必披 漢書竇嬰傳同

髓 漢書楊雄傳髓餘吾古髓字

臛 漢書郊祀志先鬻鶴臛古臛字

螘 史記賈生傳夫豈從螘與蛭螾音蟻 補遺漢書司馬相如傳與螻螘何異

轙 漢書禮樂志象輿轙僕人嚴駕待發之意音蟻 補遺轙亦音儀案下韻云與逶蛇及歸衰字協宜作平聲讀廣韻轙平上聲通

艤 史記項羽紀烏江亭長艤船待附船著岸也音蟻漢傳同

蛾 史記五帝紀鳥獸蟲蛾漢書楊雄傳扶服蛾伏與蟻同春秋左氏傳蛾析音蟻

儗 漢書推南王傳爲黃屋蓋儗於天子儗比也史記作擬 補遺漢書首高帝紀位號比儗亡上下之分與擬同

儗 漢書食貨志黍稷儗儗盛貌音擬

疑 漢書食貨志遠方之能疑者讀曰擬僭也又谷永傳資疑驪山讀作儗 補遺史記蘇秦傳疑於王者讀作擬

狧 漢書吳王濞傳狧糠及米古弛字史記作䑛

阯 漢書疏廣傳處立產業基阯 補遺史記五帝紀南撫交阯武帝紀禪泰山下阯漢書紀同

憙 史記周紀無不欣憙高祖紀秦人憙 漢書郊祀志天子心獨憙讀曰喜

竢 漢書賈誼傳共承嘉惠兮竢罪長沙師古曰古俟字待也 補遺人表夷竢郊祀志以竢天神

㠯 史記五帝紀軒轅乃習用干戈㠯征不享漢書高帝紀㠯竹皮爲冠古以字

訾 漢書楊雄傳詆訾毀也音紫 補遺首地理志好訾毀師古曰以言相毀曰訾子爾反

罷 漢書高五王傳封王諸子罷軍等皮彼反

補遺

枳 漢書高帝紀秦王子嬰降枳道旁與軹同

砥 史記五帝紀日月所照莫不砥屬音止小也

砥 史記夏紀砥柱河渠書砥柱之限尚書作厎柱

攱 史記梁孝王傳義格如淳曰攱閣不得下字林音紀又音記

枳 漢書地理志巴郡枳音徙又音柢師古之爾反

緇 漢書敘傳涅而不緇合韻側仕反

旖旎 史記司馬相如傳旖旎上於氏反下諾氏反

猗柅 漢書司馬相如傳猗柅猗阿也音與史傳同

卑 史記夏紀稻可種卑濕司馬相如傳卑垩音婢下也漢書地理志江南卑濕無音

汜 史記項羽紀兵渡汜水音祀漢書高帝紀音凡

靡 漢書楊雄傳回戈邪指南越相夷靡節西征羌僰東馳又曰未靡旃郎與弭同

柴虒 漢書楊雄傳柴虒參差上初蟻反下音豸

儀 漢書外戚傳皆心儀霍將軍女音螘謂附向之

鰓 漢書刑法志鰓鰓常恐天下之一合而共軋已也音葸師古先祀反

茝 史記呂不韋傳會葬茝陽餘傳茝陽

敏 漢書敘傳淮陽聰敏合韻音美

以 史記越世家以服爲臣漢書張良傳殷事以畢吳王濞傳漢兵還臣觀之以罷卽與已通

䐗 史記滑稽傳帣韝鞠䐗帣䐗音卷䐗其紀反又與跽同

匭 史記李斯傳飯土匭太史公自序作土簋始皇紀飯土塯

止 漢書刑法志右止卽與趾同

李 史記天官書左角李卽理法官元命包作理漢書天文志左角理胡建傳黃帝李法注法官號

七尾

䜌 漢書王莽傳䜌䜌翼翼日新其德武匪反

非 漢書鼂錯傳非誹不治讀作誹

棐 漢書食貨志賦入貢棐竹器也讀與篚同地理志厥棐織文

棐 漢書燕剌王傳毋作棐德古匪字敘傳棐諶

依 漢書嚴助傳負黼依隱豈反讀曰扆補遺史記魯世家南面倍依以朝諸侯

偉 漢書敘傳偉世葉之可褱古韙字

嚚 史記殷紀中嚚作誥孔安國曰仲虺湯左相補遺索隱曰嚚作壘音如字

芔 史記司馬相如傳蒞芔歙古卉字漢書同

補遺

尾 漢書古今人表尾生晦即微生畝無音今從本字附

尾 漢書古今人表尾生高即微生高尾亦尾字

俷 史記三王世家毋俷德無音漢傳作棐古匪字

畏累 史記莊子傳畏累虛亢桑子之屬上於鬼反下音壘

八語

渠 史記張儀傳蘇君在儀寧渠能乎音距漢書孫寶傳掾部渠有其人乎讀曰詎豈也

巨 漢書高帝紀沛公不先破關中兵巨能入乎讀曰距

岠 漢書五行志鄭岠王師楊雄傳岠連卷讀曰距

予 史記夏紀稷予衆庶難得之食通作與詩齎予也補遺首五帝紀予牛羊漢書食貨志縣官嘗自漁魚不出後復予民魚迺出

補遺

圄 漢書地理志天水郡冀注𡈼圄與圉同

鉅 史記禮書宜鉅者鉅宜小者小漢書刑法志事鉅敵堅即巨同

鉅 史記司馬相如傳撞千石之鐘立萬石之鉅漢傳正作虡

圉 漢書東方朔傳罔圉空虛

距 史記殷紀知足以距諫又距之牧野漢書高紀距破之又距險郎與拒通

沮 史記絳侯世家沮陽音阻衞青傳將軍李沮漢書百官表李沮地理志沮陽並音組

壻 漢書郊祀志壻山之屬音胥史記封禪書作壻先許反

著 史記貨殖傳積著之理張呂反又廢著鬻財讀曰貯漢傳作貯

佀 史記楚世家莊王佀立案春秋左氏傳楚莊王名旅此佀字假借或書作佀誤

遽 漢書楊雄傳虎豹之淩遽音距

九麌　十姥

姁 史記酷吏傳義縱姊姁音詡　補遺首外戚世家漢興呂娥姁況羽反漢書義縱傳姁許于反

拒 史記樊酈傳攻其前拒謂方陳音矩春秋左氏傳曼伯為右拒

拊 史記趙世家笑拊手且歌音撫詩寤辟有摽注辟拊心也　補遺首五帝紀拊石漢書高帝紀因拊其背韓信傳拊循

命 漢書藝文志大命三千七篇古禹字

黼 史記秦紀天子賀以黼黻音甫弗正義曰雖非字體歷代史記本同

黼 漢書五行志衙其黼古斧字

憮 史記樂書以四時歌憮宗廟與舞同

侮 漢書五行志慢侮之心生古侮字陳平傳資侮人

娒 漢書張良傳上嫚娒士古侮字

撫 漢書張敞傳京兆眉撫音嫵

父 史記始皇紀寀父音甫高祖紀單父人呂公音斧漢書武帝紀至于梁父詩家父　補遺史記首周紀祭

公謀父秦紀衡父造父又屈原傳漁父並音甫

𤏡 漢書韓信傳𤏡然陽應文府反

俛 史記陳涉世家俛首音俯淮陰侯傳俛出跨下漢書同亦俯字補遺史記首秦紀贊俛首係頸又鼂錯傳俛仰之間漢書蔡義傳行步俛僂

捬 史記司馬穰苴傳身自捬循之音撫漢書趙充國傳捬循和輯古撫字

頫 漢書項籍傳贊頫首係頸古俯字貨殖傳頫有拾印有取

冣 史記殷紀大冣樂戲於沙丘本或作最並古聚字補遺與去聲通

藪 漢書東方朔傳窶藪數器也音數錢之數暢惲傳鼠不容穴銜窶藪

斗 史記張儀傳令工人爲金斗長其尾音主凡方者爲斗若安長柄則爲料音斗周禮梓人設斗

柱 漢書地理志漢中淫失枝柱言意相節卻不順從朱雲傳連柱五鹿君剌也距也竹庾反

拄 漢書西域傳以道當爲拄置竹羽反支拄也

睹 史記封禪書未有睹符瑞見而不臻乎泰山者漢書武帝紀此子大夫之所睹聞也古覩字補遺史記首歷書未能睹其眞也

俞 漢書禮樂志俞甚而無益讀曰愈又音踰食貨志民俞勤農與愈同

瘉 漢書高帝紀漢王疾瘉藝文志不猶瘉於野乎郊祀志上疾瘉汲黯傳亡以瘉人並與愈同

瘐 漢書宣帝紀繫者苦飢寒瘐死獄中字或作瘉

鹵 史記高祖紀所過無得掠鹵汲黯傳鹵獲因與之與虜同漢書高帝紀同

故 漢書儒林傳訓故舉大誼讀作詁補遺首藝文志魯申公爲訓故讀曰詁[illegible]集韻上去聲通

賈 史記老子傳良賈深藏若虛音古漢書高帝紀賈人毋得衣錦繡春秋左氏傳鄭賈人補遺史記首秦紀販賣賈人弦高

觕 漢書藝文志得麤觕叙傳觕舉僚職才戶反與粗同謂大略也

敷 漢書王陵傳杜門不朝請字本作敀

䛒 漢書律歷志以閏餘一之歲爲蔀首音部又音剖補遺史記五帝紀器皆不苦窳音古讀曰盬

苦 漢書禮樂志夫婦之道苦而淮南之罪多

苦 史記老子傳楚苦縣音怙補遺漢書地理志苦屬淮陽國有賴鄉老子所生

秺 漢書貢禹傳秺褐不完音豎謂童豎所著布長襦也補遺史記始皇紀贊夫寒者利秺褐謂褐布豎裁爲

勞役之衣

補遺

距 漢書敘傳靡法制也即與矩同

距 漢書東方朔傳遺蛇其迹行步偊旅十音禹曲躬貌

偊 漢書古今人表帥氏萬與禹同

萬 漢書游俠傳萬章音拒

斧 漢書王莽傳負斧依南面而立

府 漢書藝文志五藏六府

曲 史記高祖紀枝曲過東音麴漢紀同丘羽反

娬 史記司馬相如傳娬媚漢傳嫵媚

蘢 史記楚世家辟在荆山蓽露藍蔞言衣敝壞其蘢藍然春秋左氏傳作篳路藍縷

廡 史記武帝紀仰爲百姓育穀令歲豐廡未世家庶草繁廡滋豐也尚書庶草蕃廡美也

釜 史記魏世家絶漳釜水趙世家漳釜

夏 史記始皇紀北過大夏協韻音戶

馬 史記始皇紀澤及牛馬協韻音姥

庾 史記匈奴傳北服渾庾漢傳作渾窳

踰 史記汲黯傳居官無以踰人音庾

鹵 史記游俠傳鹵公猜漢傳魯公孺

專 史記衛世家石曼專音團即春秋左氏傳石圃

溥　漢書董仲舒傳溥愛而亡私魏相傳溥被災害與溥同詩溥天之下

杜　漢書古今人表楚杜敖郎堵敖

虎魄　漢書西域傳虎魄即琥珀

鹵　史記始皇紀血流漂鹵

櫓　史記陳涉世家血流漂櫓大楯也

鼓姿　漢書古今人表鼓姿生舜象

鄠　漢書地理志右扶風鄠注有扈國

拘　漢書地理志魏郡武始注拘澗水音矩

十一薺

洒　漢書司馬相如傳滌器市中注洒也先禮反史記貨殖傳洒削薄技也漢書宣平帝紀洒心自新注曰王傳瀟洒先禮反

泲　漢書地理志泲河惟兗州師古曰泲本濟水字

氐　史記秦紀大氐盡畔讀曰抵漢書禮樂志大氐皆因秦舊丁禮反

邸　史記張耳傳外黃富人女甚美嫁庸奴亡其夫去邸父客正義曰邸歸也漢傳同丁禮反

邸　漢書匈奴傳北邸郅居水至也讀作抵補遺史記河渠書鑿涇水自中山西邸瓠口為渠漢書首溝洫志西邸瓠口已上氐邸邸共三字舊誤在四紙韻今移

底　史記佞幸傳大底外戚之家然不足數也

提　史記吳王濞傳引博局提吳太子殺之索隱音啼又音底正義音弟漢書師古曰徒計反擲也姚其傳相提而論音弟猶相抵也補遺史記首絳侯世家太后以冒絮提文帝漢傳同

緹　史記倉公傳少女緹縈正義音體索隱音啼漢書刑法志緹縈它弟反補遺史記首文帝紀緹縈郎上書云云帝爲之除肉刑也

鮨　漢書諸侯王表厥角鮨首與蘄同

補遺

泲　漢書郊祀志曰泲曰淮

氐　漢書張騫傳大角氐丁禮反

杦　史記鄒陽傳蟠木根杦郎抵字廣韻上去聲通

詆　史記酷吏減宣傳上下吏詆罪杜周傳盡詆以不道郎與抵同

醴　史記孝文紀東至于醴泉書地理志同尚書字作澧

十二蟹十三駭

解廌　漢書司馬相如傳弄解廌上音蟹下丈介反史傳作解豸

洒埽　漢書東方朔傳不勝洒埽之職先禮反古文為灑埽字灑汛也所蟹反詩弗洒弗埽

補遺

解　漢書楊雄傳勃解之鳥與勃澥同

解　漢書律歷志取竹解谷即與嶰同

十四賄十五海

辠　史記武帝紀常山王有辠與罪同漢書賈誼傳赦死辠補遺史記首五帝紀四辠而天下咸服漢書首高后紀欲除三族辠

魁壘　漢書鮑宣傳耆艾魁壘之士上口賄反下音磊壯貌

閡　漢書律歷志雜陽閡種胡待反臧塞也陰雜陽氣臧塞為萬物作種也補遺禮樂志專精厲志逝九閡亦核也合韻音改又音亥

闓　漢書司馬相如傳昆蟲闓懌讀曰凱史傳作凱澤澤音懌

紿　史記高祖紀紿爲謁者欺也音殆通作詒漢書徒在反

倄　漢書王尊傳南山羣盜倄宗等音倍

縡　漢書楊雄傳上天之縡讀與載同去聲通

補遺

畏纍　史記莊子傳畏纍虛　上烏罪反下路罪反

魁桑　漢書古今人表鄭魁桑　鄭音擕上口賄反下音磊

礨　史記司馬相如傳丘墟堀礨音磊漢書丘墟崫礨

餧　漢書魏相傳發倉廩振乏餧乃賄反按經典多以餧爲飢餧字此餧字作餧飼字今假借用

賁　漢書宣帝紀賁陽宮音倍東方朔傳五柞倍陽

愷　史記五帝紀八愷漢書主父偃傳天子大愷郎與凱同

采　史記項羽紀望其氣皆成龍虎五采矣世家衣不重采漢書宣帝紀神爵五采

采　史記殷紀聲采於詩書武帝紀采芝藥虞書景帝紀采黃金珠玉

采　史記始皇紀采椽不刮令之櫟木也漢書司馬遷傳採椽不斵柞木也音采又音菜其字從木

茝　史記漢興功臣表以茝陽鄉爲霸陵音止又昌改反

十六軫十七準

螾　史記封禪書黃龍地螾見與蚓同　補遺律書寅言萬物始生螾然也漢書郊祀志地螾音引

霣　史記宋世家霣星如雨音隕太史公自序早霣漢書司馬相如傳霣隊春秋左氏傳有死無霣

閔　漢書高惠功臣表聖朝憐閔與憫同成紀朕甚閔焉史記周紀穆王閔文武之道缺

惽　漢書劉向傳臣甚惽焉音昏又古閔字

緡　漢書律歷志距緡公七十六歲讀與愍同

愍　史記太史公自序愍學者之不達　補遺首屈原傳離愍之長鞠漢書高帝紀齊愍王昭帝紀朕甚愍焉

盾　漢書王莽傳敷遺中盾讀曰允

允　漢書匈奴傳唐虞以上有山戎獫允　補遺首衛青傳薄伐獫允

診　漢書韋賢傳發栝診覗驗也音畛

僒　漢書賈誼傳僒若囚拘說文渠隕反　補遺蘇林欺參反師古曰蘇音是

補遺

耘　史記閩越傳不載而耘漢書作嫗義當取耘除或言于紛反楚人聲重耳耘隕同音但字假借

湣　史記高祖紀齊湣王齊世家曾湣公屈原傳離湣而不遷兮

閔免　漢書谷永傳閔免遁樂師古曰黽勉也

髕　史記鄒陽傳司馬喜髕腳於宋漢書刑法志髕罰之屬司馬遷傳孫子髕腳與臏同

卷　漢書地理志眴卷音菌

純　漢書刑法志赭衣而不純之允反

十八吻十九隱

歾　史記循吏傳自歾亡紛反字或作刎

攈　漢書刑法志攈摭秦法舉蘊反

殷　史記封禪書其聲殷云野雞夜雊音隱漢書郊祀志殷殷鍾石鳴音隱蓋盛也詩殷其靁

蚡　漢書武帝紀田蚡音忿鼠之蚡亦鼢字扶粉反　補遺史記楚世家蚡冒古本作蚡音憤田蚡同

補遺

隱　史記司馬相如傳隱天動地漢書作殷天

坌　漢書古今人表楚坌冒扶粉反

二十阮二十一混二十二很

菀　漢書王嘉傳詔書罷菀而以賜賢與苑同　補遺首百官表牧師菀令五行志起菀方三百里

煖　漢書昭紀後宮遺腹子煖討遠反　補遺史記燕世家厖煖況遠反

匽　史記啓世家子匽立漢書禮樂志與文匽武古假字王吉傳風寒之所匽薄

輓　史記貨殖傳輓近世塗民耳目音晚古字通用

梱　漢書匡衡傳褏莫不始乎梱內與閫同門橛也苦本反

忖　漢書律歷志忖該之積千本反

佷 史記項羽紀佷如羊貪如狼漢書同又王莽傳貌佷自將音很
狠 漢書劉向傳狠狠數奸死亡之誅音懇
耎 漢書司馬遷傳怯耎人阮反柔弱也王吉傳耎脆
補遺
蛻 史記司馬相如傳蛻蟬漢傳作宛潬並音蛻善
傿 漢書地理志陳留傿音偃即春秋鄭伯克段於鄢
鄢 漢書五行志鄢陵之戰
喧 漢書外戚傳悲愁於邑喧不可止許遠反師古曰朝鮮之間謂小兒啼不止爲喧
反 史記魏世家蒲反秦紀蒲坂甘茂傳蒲阪漢書地理志蒲反溝洫志蒲坂
煇 漢書司馬相如傳煇煌下本反史傳音寃
鮌 漢書古今人表鮌即與鯀字同

班馬字類第三　　重刊　盧校本

棍 漢書揚雄傳棍申椒與菌桂又紛蒙籠而棍成自然也又不可棍於世俗之目胡本反同也
緄 史記高祖功臣表要以成功爲統豈可緄乎
渾 漢書劉向傳賢不肖渾殽又渾亂胡本反

二十三旱二十四緩

駻 史記衛將軍傳誅獟駻音悍漢書刑法志以鞿而御駻突音悍補遺
罕 漢書呂后紀贊刑罰罕用史記太史公自序封禪之符罕用
竿 漢書匈奴傳生奇材木箭竿就羽工旱反
亶 漢書賈誼傳非亶倒垂而已讀曰但補遺首五行志亶日食又諸傳多音但
檀 史記呂后紀爲劉氏左檀亦作袒
幹 漢書百官表斡官鐵市兩丞斡音筦補遺史記賈生傳斡棄周鼎兮寶康瓠音筦又烏活反
筦 漢書禮樂志鏟石筦絃晁錯傳齊桓得筦子與管同補遺史記平準書桑宏羊爲大農丞筦諸會計事

斡 漢書劉向傳顯斡尚書與管同補遺漢書食貨志浮食奇民欲擅斡山海之貨
懣 漢書戾太子傳王發懣音滿又音悶
煖 漢書王褒傳襲狐貉之煖乃短反
並 漢書西南夷傳牂柯同並等邑音伴補遺首昭紀廉頭姑繒柯談指並一十四邑並先反音伴
補遺
盱 史記河渠書皓皓盱盱兮閭殫爲河司馬相如傳游盱
旱 史記賈誼傳水激則旱兮矢激則遠讀與悍同
憂懣 漢書揚雄傳憂懣不可細音滿師古音莫幹反
䵣 史記楚世家熊䵣與亶同字亦作亶
壇 史記司馬相如傳壇以陸離音坦漢傳作埮
煗 史記樂書煗之以日月漢書文帝紀老者非帛不煗

班馬字類第三　　重刊　盧校本

竝 漢書地理志同竝音伴牂柯縣名

二十五潸二十六産

篡 漢書刑法志篡二百章司馬遷傳父子相繼篡其職音撰
簒 漢書藝文志孔子簒音撰
篹 漢書元后傳文冊篹食堂篹具也音撰
冠 史記始皇紀冠玉冠佩華紱正義音綰與去聲通
柬 漢書高惠高后文功臣表遴柬布章古簡字
補遺
攌 史記賈誼傳攌如囚拘華板反又音晥
僩 漢書刑法志簡車簡徒
譔 漢書揚雄傳譔篇十三卷與撰同

二十七銑二十八獮

踐 史記文帝紀喪事服臨者皆無踐晉灼曰[illegible]跣作跣徒跣也補遺漢書五行志被髮徒跣

洗 漢書高帝紀使兩女子洗先典反律歷志二同[illegible]補遺史記高祖紀及佗書並同又汲黯傳大子洗馬先典反

先 漢書百官表太子先馬或作洗

洒 史記范睢傳羣臣莫不洒然變色易容先典反猶肅敬皃

繭 漢書[illegible]傳中重繭以存制足下傷起如繭也補遺前禮樂志繭栗史記武帝紀牲角繭栗

甽 漢書劉向傳雖在甽畝工犬反或作畎補遺前食貨志上晦三甽

畎 史記匈奴傳畎夷音畎補遺漢傳同

揃 史記魯世家乃自揃其蚤洗之河音翦西南夷傳贊後揃剽分二方

煎 漢書趙充國傳先零豪封煎讀曰翦

劗 漢書嚴助傳劗髮文身與翦同

鬋 漢書韋元成傳勿鬋勿伐與翦同

選 史記律書選蠕觀望蠕上思兗反下而兗反

耎 漢書司馬遷傳僕雖怯耎人兗反而兗反又人阮反天文志注曰退也王吉傳以耎脆之玉體

餞 史記張儀傳[illegible]民餞兵與賤同具貧也

譔 漢書禮樂志咸樂時譔寫存古[illegible]者以爲[illegible]辭補遺前本志譔著於禮

單 史記[illegible]紀[illegible]單[illegible]明[illegible]高剛紀單父人呂公音善後[illegible]同

嬗 史記秦楚之際月表五年之間號令三嬗音善

俛 史記太史公傳不可俛仰音免

免 漢書項籍傳贊免起阡陌之中免者言免脫徭役也字或作俛與俯同

連 漢書揚雄傳孟軻雖連蹇猶爲萬乘師來連補遺史記司馬相如傳[illegible]連卷音[illegible]

脟 史記司馬相如傳脟割輪焠讀曰臠漢書同

剸 漢書叔孫通傳剸諸故羣盜壯士進之與專同又之兗反

傳 漢書陳湯傳傳戰大內乃轉戰也

羨 漢書溝洫志河災之羨溢中國也尤甚讀與衍同周禮以其餘爲羨

吮 漢書鄧通傳文帝病癰通爲上吮嗽之上自兗反嗽下山角反補遺史記吳起傳卒有病疽者起爲吮之

建 史記高祖紀猶居高屋之上建瓴水也車輦反漢書同音謇翻也

蹇 漢書司馬相如傳掉指橋以偃蹇兮居偃反史記作蹇

癬 史記越世家齊與吳癬疥也音[illegible]

鱻 漢書敘傳鱻生民之晦在古鮮字少也先踐反

蜎 蜎漢書揚雄傳蜎蜎蠖蠖之中上一兗反下下兗反

補遺

編 史記西南夷傳編髮步典反漢書終軍傳解編髮削左衽讀曰辮

鬋 漢書韋賢傳鬋茅作堂與剪同

蓮 漢書宣帝紀嘗困於蓮勺鹵中音輦灼

雋 漢書昭帝紀雋不疑材兗反辭兗反地理志長沙下雋

瑑 漢書董仲舒傳良玉不瑑東方朔傳琱瑑與篆同

沇 史記夏紀濟河維沇州漢書禮樂志沇沇四塞天文志沇州與兗同

燀 史記始皇紀威燀旁達充善反

鱄 漢書古今人表成鱄上兗反

堧 史記申屠嘉傳太上皇廟堧垣乃喚反而緣反又音軟鼂錯傳鑿廟堧垣

僤 漢書司馬相如傳象與婉僤於西清音善史傳作婉蟬無音

彈 漢書司馬相如傳宛彈膠盭音蜿善

蟺 史記司馬相如傳蜿蟺膠戾音善

繞 史記封禪書若人冠繞馬

孱 漢書地理志武陵郡孱陵音踐又仕連反

摮 史記河渠書摮長茭兮沉美玉已免反漢書溝洫志音騫

沔 史記樂書流沔沉佚

扁 史記高祖紀命乃在天雖扁鵲何益漢紀同步典反

絹 漢書揚雄傳絹鳴陽工犬反卽費費也

免 漢書薛宣傳移書勞免之卽與勉同

二十九篠三十小

眑 漢書禮樂志清思眑眑經緯冥冥幽靜也音窈

班馬字類卷三

幼 漢書外戚傳幼眇一小反

腰褭 史記司馬相如傳腎腰褭注神馬日行萬里音窈嫋漢書作要褭　補遺舊表下字今增

嬈 漢書鼂錯傳除苛解嬈如紹反

蹻 漢書高帝紀可蹻足待音蹻舉足小高也

撟 漢書武帝紀撟虔吏因乘埶吕侵蒸庶與撟同元帝紀撟發戊己校尉屯田吏士高五王傳撟制楊雄傳撟首

洮 漢書高帝紀擊布軍洮水上南北蘇林音兆史記音道

佻 漢書禮樂志佻正嘉吉宏以昌讀曰肇

秒 漢書叙傳造計秒忽音眇

劋 漢書西域傳封欽爲劋胡子子小反

剿 漢書王莽傳封剿胡子子小反

樔 漢書外戚李夫人傳樔絕子小反命樔絕而不長

莩 漢書食貨志贊野有餓莩類小反或作殍

補遺

皃 漢書司馬相如傳緢寛褭音窈

繆 漢書司馬相如傳繆繞玉綏音參

漂 史記淮陰侯傳漂毋漢書韓信傳同

橋 史記主父偃傳嚴安書撟箭累弦漢書嚴安傳撟箭控弦

挑 史記項羽紀願與漢王挑戰荼了反司馬相如傳以琴心挑之漢書高帝紀欲挑戰注撓嬈反求戰也古謂之致師

祒 史記趙世家周祒音紹戰國策作紹

湫 史記封禪書湫淵祠朝那子小反子由反漢書郊祀志同人表中孫湫子小反

班馬字類卷三

蟜 史記司馬相如傳天蟜音矯漢書同

三十一巧

蚤 史記魯世家乃自揃其蚤沈之河讀曰爪

瑵 漢書王莽傳金瑵羽葆讀曰爪

三十二皓

澔 漢書司馬相如傳澔汗音皓　補遺史傳澔旰

暤 漢書鄭崇傳暤天罔極與昊同

顥 漢書司馬相如傳肈自顥穹生民與昊同

藁 漢書禮樂志枯藁復產口老反讀曰槁

稾 漢書董仲舒傳少稾未上貢禹傳又出稾稅禾稈也　補遺史記蕭相國世家願令民入田無收稾漢書蕭何傳同

騷 史記李斯傳由竈上騷除音埽黥布傳大王宜騷淮南之兵言盡舉之如埽地之爲

屮 漢書禮樂志屮木零落晁錯傳屮木所生古草字董仲舒傳小人之德屮

蚤 史記夏紀蚤夜翊翊有家文帝紀請蚤建太子漢書文帝紀同師古曰古以爲早晚字天文志伏見蚤晚詩共伯蚤死

葆 史記魯世家毋墜天之降葆命讀如寶留侯世家見穀城下黃石取而葆祠之徐廣云史記珍寶字皆作葆補遺首樂書天子之葆瘕

褓 史記魯世家成王少在襁葆之中索隱曰即繈緥古字少假借用

保 漢書司馬相如傳業隆於繈保讀作緥

嶋 史記田儋傳田橫與其徒屬入海居嶋中集韻島書作嶋

隝 漢書田儋傳田橫入海居隝中丁老反

藻 漢書敘傳摛藻如春華藻文詞也

茆 漢書律歷志冒茆於卯叢生也莫保反禮部韻音卯

逃 史記高祖紀擊布軍逃水上南北徐廣音道正義同又吐勞反蘇林音兆

補遺

皞 史記五帝紀少皞氏樂書秋歌西皞漢書郊祀志少皞

晧 史記天官書天晧漢書天文志天昊

滈 史記封禪書灃滈有昭明

鄗 史記司馬相如傳酆鄗潦滈漢書郊祀志周文武郊於豐鄗與滈同

槀 史記樂書止如槀木索隱比苦老反天官書枯槀漢書天文志潤息枯槀郎與槁同

葆 史記春申君傳葆持而詳事下吏匈奴傳質益上郡葆塞蠻夷又見冠葆此亭郎與保同

保 史記周紀命南宮括史佚展九鼎保玉當讀作寶

轑 漢書張敞傳殿屋重轑中音老

三十三哿三十四果

敤 漢書五行志數其敤禍古禍字

果隋 史記貨殖傳果隋嬴蛤不待賈而足正義隋徒火反漢書地理志作蓏郎果反說文木上曰果地上曰隋或書作隋

補遺

裸 漢書五行志裸蟲之孽亦嬴字

麽 漢書敘傳么麽尙不及數子音麽

補遺

何 漢書古今人表何蕢丈人語荷蕢

葰 漢書地理志太原郡葰音瑣又山寡反

佗 史記龜策傳醮酒佗髮徒我反

隨 史記天官書前列直斗口三星隨北端兌他果反漢書天文志同

隋 史記天官書廷藩西有隋星五日少微他果反

過 史記荀卿傳炙轂過髡別錄曰過字作輠車之盛膏器也

倮 史記貨殖傳烏氏倮魯可反漢書作嬴

三十五馬

堵 史記張釋之傳堵陽人音赭漢傳同音者地理志堵陽春秋左氏傳堵氏

壄 漢書五行志遠四佞而放諸壄古野字補遺首律歷志至牧壄夜陳又乞食壄人

埜 漢書司馬相如傳膏液埜少音野史記作野草

袴 史記淮陰侯傳不能死出我袴下苦化反一作胯漢書作跨補遺廣集韻上去聲通

補遺

裸 史記南越尉佗傳西甌駱裸國和寡反

夏 史記項羽紀追項王至陽夏音賈漢書高帝紀發兵距陽夏音假

夏 漢書王吉傳廣夏之下

舍 史記殷紀舍我嗇事吳世家乃舍之漢書禮樂志是舍所重而急所輕也

三十六養三十七蕩

將 漢書衡山王賜傳皆將養勸之讀曰獎史記作從容見二腫韻

刅 漢書楊雄傳刅華蹈襄古掌字

鞅 史記伍子胥傳常鞅鞅補遺首秦紀宗室多鞅鞅漢書韓信傳呰常鞅鞅於兩反

卬 史記殷紀卬而射之漢書刑法志爲下所卬張耳傳卬視泄公讀作仰仰頭爲健詩瞻卬昊天

嚮 漢書宣帝紀上帝嘉嚮讀作饗補遺史記游俠傳何以仁義已嚮其利者爲有德者嚮音享

嚮 史記異姓諸侯王表嚮應瘖於謗議項籍傳贊天下雲合嚮應音響

饗 漢書禮樂志五音六律依饗常昭讀曰響

鄉 漢書天文志鄉之應聲讀作響

薌 漢書楊雄傳薌昳肸以棍根讀與響同

強 史記魯世家成王少在強葆之中索隱曰即襁緥衛將軍傳作繈

杖 漢書李尋傳近臣已不足杖倚任也

穰 漢書張敞傳共長安中浩穰人掌反

攘 漢書敘傳攘攘人養反

放 漢書禮樂志相放悉音昉沸猶髣髴也補遺史記始皇紀秦每破諸侯寫放其宮室作之咸陽北阪上樂書民神雜擾不可放物音昉

仿佛 史記司馬相如傳若神仙之仿佛正義索隱無音漢書李尋傳仿佛一端讀作髣髴

罔 史記老子傳走者可以爲罔太史公自序罔羅天下漢書景紀贊罔密文峻武紀罔羅讀作網

罔 史記高祖功臣表罔亦少密

㒺 漢書息夫躬傳發忠忘身自繞㒺兮讀作網

罔閬 史記孔子世家土石之怪夔罔閬音罔兩

罔蛧 漢書敘傳恐罔蛧之責景

汪 漢書楊雄傳橫江湘以南汪兮往也于放反

迋 漢書楊雄傳迋迋離宮般以相燭兮古往字

荒 史記賈生傳寥廓忽荒呼廣反漢書同又外戚傳遂荒忽而辭去音同

怳 漢書司馬相如傳芒芒怳忽史記作恍

兊 漢書外戚傳寢淫敝兊古況字

蕩 漢書介子傳贊陳湯儻蕩不自收斂音蕩

盪 漢書丙吉傳不得令晨夜去皇孫放盪放也讀與蕩同補遺首諸侯王表盪滅古法食貨志盪滌煩苛郊祀志盪盪如係風捕景

讜 漢書王莽傳今日復聞讜言讜音黨

黨 漢書韓信傳恐其黨不就他郎反伍被傳黨可徼幸讀曰儻補遺史記淮陰侯傳同

蕩 漢書楊雄傳爲人佚蕩音鐵讜

爣 漢書楊雄傳北爣幽都古晃字

儻 史記司馬相如傳俶儻瓌瑋漢書同

惝 漢書楊雄傳宏惝音敞補遺史記司馬相如傳聽惝怳而無聞

帑 漢書匈奴傳府帑宅莽反又音奴

補遺

鄉 漢書文帝紀專鄉獨美其福百姓不與焉是重吾不德也

罔 史記司馬相如傳敞罔靡徙卹與惘同

卬 漢書鼂錯傳在俛卬之間王章傳不自激卬讀曰仰

狠 史記建元王子侯表郁狠盧黨反又音郎屬晉漢表作根音狠

象　史記夏紀觀古人之象秦紀樹草木以象山滑稽傳優孟歲餘像孫叔敖漢書武帝紀畫象而民不犯案禮部韻形像經典通作象

忼　史記項羽紀忼慨高祖紀慷漢書高帝紀忼慨敘傳作慷

潢　漢書司馬相如傳瀕潢漭漭胡廣反

爣　史記司馬相如傳爣炳音晃

三十八梗三十九耿四十靜

骾　漢書杜欽傳朝無骨骾之臣亦鯁字

綆　漢書枚乘傳單極之綆斷幹古綆字

邴　漢書宣帝紀邴吉爲廷尉監與丙同　補遺史記張蒼傳邴吉

秉　漢書云敞傳王莽秉政

清　史記文紀騶鈞爲清郭侯自省反　補遺漢書文紀作靖郭音靜注六國時齊有清郭君音淨

景　史記禮書下應之如景響漢書佞倖傳下之應上猶景嚮讀曰影響　補遺史記首始皇紀贊贏糧而景從漢書首郊祀志景之象形

竟　漢書元帝紀邊竟不安讀曰境　補遺史記六國表東竟至河

翳　史記周紀乃命伯翳孔安國曰伯翳也

靖　漢書劉向傳廉靖樂道與靜同王尊傳靖言庸違

領　漢書張耳傳南有五領與嶺同　補遺史記衛青傳絕梓領梁北河漢書溝洫志開大河上領

靚　史記司馬相如傳靚莊刻飾靚莊粉白黛黑也漢書賈誼傳深淵之靚王莽傳清靚無塵楊雄傳靚深即靜字　補遺漢書首百官表典客靚與靜同

檠　漢書蘇武傳檠弓弩謂輔正弓弩也音警又巨京反

補遺

邢　史記殷本紀祖乙遷于邢邢音耿

㬎　漢書古今人表伯㬎穆王太僕居永反

秉　史記齊世家秉意茲左氏傳作邴

丙　史記齊世家丙戎僕即左氏傳邴歜

竫　史記秦紀文公太子卒賜謚竫公與靜同

清　史記袁盎傳徵繫清室漢書作請請罪之室又獄也

四十一迥

竝　史記鄭世家與周衰竝漢書高帝紀天下方擾諸侯竝起

併　漢書平帝紀立軺併馬田儋傳田橫曰併肩而事主洮鼎反　補遺史記田儋傳同

四十二拯四十三等

四十四有四十五厚四十六黝

偩　史記太史公自序栗姬偩貴音負恃也又偩愛矜功

牖　史記周紀紂囚西伯牖里音酉別本亦作羑漢書司馬遷傳拘牖里　補遺

缻　史記藺相如傳相如請奏盆缻秦王以相娛樂音缶瓦器盛酒漿秦鼓之以節歌正義作缻音缶李斯傳擊甕叩缻淮陰侯傳以木罌缻渡軍

不　史記項羽紀范增曰不者若屬皆且爲所虜漢書高帝紀同　補遺史記首殷紀視水見形視民知治不

讎　史記循吏傳安所讎其貨乎正義音受

糅　漢書劉向傳邪正雜糅汝救反據師古音合在上聲而糅採字皆上聲故附此

扣　史記趙世家扣馬奉也音叩

詬　漢書路溫舒傳國君含詬音垢

歐　漢書梁平王襄傳荒王之子立後數歐傷郎一口反

歐　史記張叔傳名歐於有反漢書申屠嘉傳歐血而死讀曰嘔又周亞夫傳歐血丙吉傳醉歐丞相車上　補遺史記首高祖紀遣將軍薛歐漢紀同

部 漢書律歷志以閏餘一之歲爲部首音剖又音部

母 史記魯世家唐叔得禾異母同穎尚書作畝索隱曰此爲母義並通

晦 漢書食貨志建步立晦古畝字　補遺首人表尾生晦

料 史記趙世家使人厨人操銅料以食代王及從者行斟宰人以料擊殺代王音斗

鯫 史記留侯世家鯫生在垢反雜小魚此小人漢傳同　補遺史記首項羽紀士垢反服虔音淺

后 史記五帝紀然后禹踐天子位又而后其后漢書項籍傳贊然后以六合爲家與後同古通用禮而后越人來弔　補遺漢書肖景紀然后祖宗之功德施於萬世

補遺

息 史記司馬相如傳息陵別息

耦 史記孝武紀以木耦馬代駒焉一音偶孟康云寓寄龍形於木姚氏云寓假也以言假木龍馬一駟非寄寓龍馬形於木也

禺 史記封禪書木禺龍索隱曰音偶謂偶其形於木漢書郊祀志作木寓龍

遇 史記天官書氣相遇音偶漢書天文志同無音

偶 史記高祖紀偶語者弃市漢傳作耦

鯛 漢書地理志汝南郡鯛陽音紂

皆 漢書成帝紀以食爲皆古首字

狩 漢書敘傳孔終篇於西狩合韻音守

煣 漢書食貨志煣木爲耒

趣 漢書古今人表趣馬蹶子後反卽詩人蹶爲趣馬

叜 漢書古今人表叜卽瞽叟

瞍 史記陳世家自幕至于瞽瞍

棓 史記天官書天棓蘇林音掊打之掊索隱音剖

件 史記匈奴傳漢亦棄上谷之件辟縣造陽地音斗

四十七寑

侵 史記魏其傳武安者貌侵音寑短小也醜惡也　補遺漢書田蚡傳同

寑 漢書蘇武傳霍光寑其奏

寑 漢書趙廣漢傳夜不寑至旦

稟 史記禮書不稟京師

廩 史記文帝紀廩廩鄉改正服封禪矣漢書食貨志直爲此廩廩危也

廩 漢書楊雄傳下陰潛以慘廩兮寒凉意來感反一讀如本字

廩 漢書循吏傳此廩廩庶幾德讓君子之遺風言有風采也

稟 漢書西域傳須諸國稟食稟給也讀曰廩　補遺首文帝紀今聞吏稟當受鬻者食貨志流民入關者置養官以稟給之

補遺

吟 漢書楊雄傳蔡澤雖噤吟而笑唐舉噤鉅錦反吟魚錦反

寑 漢書平帝紀義陵寑神衣在柙中公卿表諸廟寑園

四十八感四十九敢

瘄 漢書異姓王表繆應瘄於謗議音慘

瘄 漢書谷永傳榜箠瘄於炮烙干感反

稟 漢書楊雄傳下陰潛以慘稟兮來感反

憯 漢書武帝紀支體傷則心憯怛千感反

檻 漢書五行志檻仲舒與擥同袁盎傳擥轡

擥 史記袁盎傳並車擥轡　補遺漢書刑法志總擥英雄卽攬字

顑 漢書王莽傳侈口歷顑頤也胡感反

啖 史記叔孫通傳攻苦食啖正義啗作啖 漢書師古曰讀作啖大敢反上去聲通
闇 漢書楊雄傳登降闇藹烏感反禮君子之道闇然而日章
補遺
泔 漢書楊雄傳秬鬯泔淡 朗感反淡大敢反滿也
嗿 漢書禮樂志羣生嗿噉音湛湛露斯之湛徒感反
湛 史記司馬相如傳紛湛湛其差錯兮徒感反
闞 漢書敘傳七雄虓闞呼感反詩闞如虓虎

五十琰五十一忝五十二广

譋 史記萬石張叔傳贊塞侯微巧而周文處譋 漢書五行志不加誅主爲佞譋之計古諂字
㝵 漢書司馬相如傳適足以㝵君自損古貶字史記作貶
籢 史記仲尼弟子傳曾籢音點

嗛 史記孝文紀天下人民未有嗛志吉簟反恨也未有恩惠之志於民也又謙牒反言未有愜洽之志於民 漢書郊祀志今穀嗛未報音同
儼 漢書儒林伏生傳谷永疏嚴然總五經之眇論讀作儼
補遺 首匡衡傳正躬嚴恪讀曰儼
補遺
壍 史記李斯傳隋壍之勢異音漸言隋峻則難登平壍則易陟
㑫 史記夏紀其篚㑫絲索隱曰檿山桑
拚 史記蘇秦傳豈拚於衆人之言李斯傳寒聰拚明 漢書司馬相如傳拚中蔽地又拚以綠蕙
奄 史記封禪書方士皆奄口恐敢言方哉 漢書王表奄有龜蒙 司馬相如傳奄薄水陼
闇 史記天官書闇茂 漢書天文志掩茂
蓋 史記吳世家公子蓋餘索隱曰春秋作掩餘音同而字異耳
厭 漢書李尋傳州郡失色厭厭如滅鄭音厭桑之厭師古烏點反

范 漢書楊雄傳經諸范范與範同法也

五十三豏五十四檻五十五范

咸 漢書石奮傳九卿咸宣服虔音減損之減史傳減宣
補遺
檻 史記陳丞相世家樊噲檻車傳詣長安 漢書張耳傳乃檻車與王詣長安餘傳作轞

班馬字類第四

去聲 補遺附

一送

迵 史記太倉公傳診其脉曰迵風
音洞言洞徹入四肢之過也

贛 史記貨殖傳子贛漢書革作貢贊子贛與貢同
補遺史記首孔子世家漢書首五行志子贛同

罋 漢書張騫傳大宛國獻大鳥
卵注言大如一二石罋音甕

瞢 漢書敘傳瞢中寅夢
同莫鳳反又莫登反

風 史記劉敬傳使辯士風諭以禮節漢書同師古讀曰
諷詩下以風刺上 補遺史記首呂后紀太后風大
臣漢書首食貨
志以風百姓

中 漢書律歷志六曰中呂讀曰仲 補遺史
記五帝紀中春中夏案二史伯仲多作中

衷 漢書揚雄傳折衷亭毒華竹
仲反春秋左氏傳衷戎師

中 漢書刑法志中試貢禹傳擢中竹仲反 補遺史記
周紀百發而百中孔子世家贊言六藝者折中于
夫子漢書首高帝
紀伏弩射中漢王

補遺

蝀 漢書地理志
沛郡虹音貢

虹 漢書孔光傳左
遷虹長音貢

鸗 史記楚世家小臣之好射鶀鴈羅
鸗徐廣音龍索隱盧動反

二宋三用

奉 史記蕭相國世家奉錢二何獨五奉用反漢書高后
紀賫錢奉邑 補遺史記首平準書吏卒奉食越世
家表會稽山以爲范蠡奉
邑孔子世家奉粟六萬

從 漢書鼂錯傳從暴杜欽傳以從目讀曰縱王
吉傳放從自若何並傳從橫鄧中亞子用反

共 史記田叔傳共張不辦恭用反漢書昭帝紀
共養省中成帝紀無共張繇役之勞居用反

供 漢書張延壽傳上
爲放供張居用反

補遺

雝 史記項羽紀西略地
至雝丘高帝紀雍丘

癰 漢書百官表有癰太宰師古曰扶風之縣
也五行志淮南王遷于蜀死癰即與雍同

重 漢書匈奴傳重酪之便美竹
用反乳汁也本作湩音同

四絳

降 史記河渠書過降水至于大陸讀曰絳
書禹貢降水 補遺首夏紀北過降水

戇 史記高祖紀王陵可然少戇漢紀同師古下
紺反竹巷反鄒陽傳愚戇切不自料陟降反

五寘六至七志

𤬟 史記楚世家三
國布𤬟音翅

施 漢書項籍傳贊施及孝文莊襄王弋豉反延也衛綰
傳劍人之所施易如淳讀曰移師古讀曰貤詩施于

中谷 補遺史記衛綰傳同又
董仲舒傳德澤洋溢施于方外

眦 漢書司馬相如傳
中必決眦即皆字

絫 漢書吳王濞傳脅肩絫足爰
盎傳吾不足絫公古累字

諉 漢書賈誼傳尚有可
諉者女瑞反託也

耆 史記建元年表耆酒時至反漢書景帝紀
減耆欲讀曰嗜孟子嗜秦人之炙上聲通

視 漢書高帝紀視項羽無東意後多以視爲示
補遺史記燕世家先生視可者得身事之

眎 漢書趙充國傳以眎羌虜亦示字王
莽傳固當聽其辭令眎事耶古視字

質 史記周紀周公乃祓齋自爲質音至漢書孝宣王后
傳深念奉質共修之義讀曰贄春秋左氏傳周鄭交
質

率 史記建元年表殺其渠率樂書將率之士通作帥
漢書武紀不勤不教將率之罪申屠嘉傳隊率

摯 漢書敘傳驥顏
閔之極摯至也

磙　漢書天文志枉矢磙至地則石也讀作隧
燧　史記周紀幽王爲烽燧漢書子虛賦作烽燧
燧　漢書韓安國傳置烽燧補遺別本或作燧
磙　漢書敘傳薄姬磙魏古隆字
隊　漢書枚乘傳隊入深淵直類反詩爲國之基隊矣補遺史記樂書上如抗下如隊
崪　漢書賈誼傳異物來崪讀作萃
顇　漢書王莽傳邦國殄顇與萃同
顇　漢書五行志引詩或盡顇事國古悴字
瘁　漢書敘傳夕而焦瘁與悴同補遺首律歷志燋瘁
墜　漢書郊祀志周官天墜之祀又祭墜祇古地字
稺　漢書鄭宏子稺卿古稚字補遺史記五帝紀敘稺子

班馬字類卷四　三　別下齋校本

幾　史記晉世家毋幾爲君漢書劉向傳幾得復進音冀春秋左氏傳庸可幾乎讀如冀
幾　漢書郊祀志幾至殊庭讀作覬
泉　史記夏紀淮夷蠙珠泉魚漢書地理志蠙珠洎魚與暨同王莽傳注洎亦泉字
隧　漢書王莽傳危亡之禍不隧如髮直類反
懟　漢書王商傳怨懟直類反補遺史記周紀王其以我爲讐而懟怒乎
媿　史記文帝紀朕甚自媿漢紀同古愧字食貨志先行誼而黜媿辱焉
餽　史記高帝紀餽饟不絕糧道漢紀同亦饋字補遺律歷志中饋之象
糒　漢書匈奴傳又致邊穀米糒音備補遺史記李將軍傳糒醪
比　史記匈奴傳漢遺單于比余一音鼻漢書匈奴傳文帝與匈奴書送物比疏一辮髮飾頻寐反
閟　漢書盧綰傳愈恐閟匿音秘
幟　史記高祖紀旗幟皆赤漢書同式志反字或作識作志音義同

織　漢書食貨志旗織加其上陳湯傳幡織讀曰幟
志　史記張蒼傳周昌爲職志職主也謂掌旗幟之官叔孫通傳張旗志漢書同師古曰志與幟同
識　漢書郊祀志文鏤無款識黃霸傳識事聰明式志反記也禮小子識之補遺史記封禪書老人爲兒時從其大父識其處
遺　史記孟嘗君傳欲以遺所不知何人唯季反漢書婁敬傳問遺陳湯傳歲遺詩遺之車馬器服焉補遺史記首秦紀試遺其女樂以奪其志
辟　漢書禮樂志辟之琴瑟讀曰譬
辟　史記五帝紀堯辟位凡二十八年漢書高帝紀辟仇五行志齋戒辟寢讀日避孟子伯夷辟紂
遲　史記春申君傳遲令韓魏歸帝重于齊音值乃也待也漢書高帝紀遲明圍宛三匝史記作黎明索隱犂旦一作比義並同史漢亦作遲明音稚補遺史記首秦紀臣老遲還恐不相見
事　漢書司馬相如傳相如事宦未嘗肯與公卿國家事史記作仕宦上聲

班馬字類卷四　四　別下齋校本

事　漢書蒯通傳所以不敢事刃于公之腹者側吏反亦作倳禮記信事人也
倳　史記張耳傳莫敢倳刃公之腹中音胾正義云東方人以物重地中爲倳稽吏反
鐨　漢書太史公傳紬金鐨石室之書與匱同補遺舊本作饋蓋轉寫誤
食　漢書景紀禁內郡食馬粟成紀在所究食之讀曰飲補遺史記夏紀孔甲不能食未得豢龍氏
食　史記審食其漢書師古曰此及武帝時趙食其讀與鄜食其同音異基荀悅漢紀並爲異基字
司　漢書高五王傳舍人怪之以爲物而司之得勃惟南厲王傳王使人侯司之與伺同史記作伺
植　漢書賈誼傳方正倒植音值史記正義如字春秋左氏傳華元爲植
直　史記始皇紀秦直其位音值匈奴傳直上谷姚氏云古字例以直爲值當也漢書霍去病傳適直青軍朱買臣傳直上計時會稽吏方羣飲
殺　漢書高帝紀項羽無道放殺其主讀曰弒補遺史記周紀周公黑肩欲殺莊王
缶䍃　漢書高紀破布軍于會缶師古丈瑞反此字本作䍃轉寫誤爲缶黥布傳作䍃地理志沛郡䍃鄉直

恚反補遺史記索隱曰缶音保非
雋 漢書地理志雋李音醉字本作檇其旁從木
卑 漢書鄒陽傳封之有卑音卑
補遺
狓 漢書禮樂志幡比狓回集貳雙飛常羊赤翅字
刺 史記封禪書使博士諸生刺六經中作王制七賜反
積 史記項羽紀燒其積聚漢書高帝紀同子賜反
离 漢書楊王孫傳精神离形
知 史記五帝紀其知如神晉世家知伯漢書藝文志閭巷小知之所及又材知
甀 史記高祖紀擊布軍會甀直僞反
誼 漢書高后紀亡以遵大誼律歷志禮誼食貨志仁誼

班馬字類卷四　五　剥下齋校本

波 漢書諸侯王表波漢之陽師古彼皮反又彼義反西域傳北波河彼義反循也
義 史記梁孝王世家竇太后義格漢傳太后義格
執 史記五帝紀三帛二生一死執尚書字作贄
賜 史記李斯傳吾願賜志廣欲長享天下而無害
司 漢書敘傳因于二司合韻先寺反
眂 漢書王莽傳眂事古視字
萃 漢書司馬相如傳翕呷萃蔡音翠
隊 史記申屠嘉傳遂爲隊率所類反漢書地理志遂隊王莽傳爲六隊郡並音遂
睢 史記禮書暴慢恣睢伯夷傳暴戾恣睢音資直睢又休季反漢書五行志恣睢者衆呼季反
字 史記平準書乘字牝者儐而不得聚會又亭有畜牸馬歲課息郎與牸通
棄 史記五帝紀棄周紀后稷名弃

匱 漢書禮樂志辟如爲山未成一匱止論語字作簣
匱 史記魯世家藏其策金縢匱中尚書同漢書高帝紀金匱石室
疵 漢書霍去病傳渾邪王雁疵音庇蔭之庇
鄭 史記魯世家以汶陽鄭封季友今作費並音秘
潰 史記鄭世家悼公潰音秘左氏傳作費扶味反
靡 漢書禮樂志顔如荼兆逐靡合韻武義反楊雄傳聖風雲靡武義反
鄘 漢書地理志右扶風鄘師古鄘音媚
職 史記叔孫通傳皇帝輦出房百官執職傳警音幟亦音試索隱案輿服志殷周以輦載軍器職載務象至秦始皇去其輪而輿爲尊也
時 史記五帝紀播時百穀讀曰蒔
娸 漢書敘傳朱雲作娸合韻上吏反

班馬字類卷四　六　剥下齋校本

喜 史記項羽紀楊喜爲赤泉侯漢表作憙火志反封禪書天子心獨喜其事扁鵲傳喜方者許既反好也漢書禮樂志靈其有喜合韻許吏反淮南王安傳不喜弋獵狗馬馳騁

八味

濆 漢書律歷志及微公弟立濆古沸字補遺史記魯世家弟濆殺幽公音沸
悲 漢書禮樂志相放悲音昉沸
乞 漢書朱買臣傳買臣檀用之上計吏卒更乞匄之音氣
漑 史記五帝紀嚳漑執中而徧天下古旣字
唏 漢書史丹傳噓唏而起于旣反
芔 史記司馬相如傳劉莅芔吸索隱云古卉字正義作劉莅萷吸音畱栗諱翕漢書作劉莅芔歙
尉 漢書韓安國傳尉士大夫心尉安之字本無心此古體
補遺

菲 漢書刑法志菲屨赭衣而不純扶味反即與屝同廣韻菲草屬禮部韻屨也

蓜 漢書敘傳安陷悎而不蓜扶味反字本作腓音同

毅 漢書外戚恩澤表封樂毅之後人表樂毅

㷂 漢書司馬相如傳㷂然與道而遷義許貴反史傳作喟然

貴 漢書食貨志穀有貴賤

九御

閼 史記河渠書塡閼之水音於漢書溝洫志同

据 史記司馬相如傳据以驕驚音據漢書据直項也又揚雄傳三摹九据今據字

居 漢書酷吏郅都傳丞相條侯至貴居也讀作倨詩職思其居

裾 漢書司馬相如傳裾以驕驚兮黠吏趙禹傳爲人廉裾傲也讀作倨

狙 史記留侯世家良與客狙擊秦始皇帝狙伺候也七預反漢傳師古曰字本作覰 補遺漢書諸侯王表

駟狙詐之兵因間伺隙出兵也音若蛆師古千絮反敘傳孫吳狙詐

禮 漢書五行志劉屈氂復坐祝禮要斬側據反古詛字 補遺首王子侯表坐祝禮上

謯 漢書上官后傳祝謯後宮古詛字

箸 史記十二諸侯年表紂爲象箸 補遺漢書張良傳請借前箸以籌之

櫡 史記絳侯世家無切肉又不置櫡音箸

錄 漢書雋不疑傳每行縣錄囚徒慮四本錄聲之去耳力具反

與 史記孔子世家季氏饗士孔子與往音預 補遺秦紀不與殷亂漢書高帝紀萬民與苦甚

與 史記高祖紀世世無有所與漢紀同讀曰豫

與 史記文帝紀猶與未定漢書淮南王安傳猶與十餘日音豫

補遺

倨 史記酈生傳沛公方倨牀使兩女子洗足索隱曰按樂彥之邊牀曰倨

踞 史記留侯世家漢王下馬踞鞍而問漢書高帝紀踞牀音據

居 漢書韋賢傳畏此不居合韻基庶反

躇 漢書外戚李夫人傳哀裵回以躊躇合韻丈預反

謯 漢書王子侯表許皇后傳祝謯古詛字

預 史記東越傳預章梅嶺漢書閩粵傳豫章

豫 史記五帝紀舜乃豫薦禹于天平準書郡國皆豫治橋道漢書文紀豫建太子

豫 史記呂后紀猶豫未決魯仲連傳猶預未有所決解在四十九宥韻猶字下

櫲 史記滑稽傳梗楓櫲章木名玉篇作櫲音預

舉 漢書楊雄傳蔡澤雖噤吟而咲唐舉合韻居御反

漁 漢書楊雄傳或橫江潭而漁合韻牛助反

輿 漢書地理志汝南郡平輿音豫

圉 漢書敘傳以强守圉合韻音御

十遇十一暮

瞿 史記吳王濞傳王瞿然駭音句無措手之貌漢書居具反

懼 漢書惠帝紀贊聞叔孫通之諫則懼然師古讀曰瞿居具反失守兒

捂 史記呂后紀執戟者捂兵罷去音仵

傳 史記高祖紀蕭何發關中老弱未傳者悉詣滎陽漢書同又傳海以與齊王音附左氏毛將安傳

腑 史記惠景間年表諸侯子弟若師腑音附

趣 史記孟嘗君傳君獨不見夫朝趣市者乎音娶向也說文疾也

趨 漢書禮樂志趨末食貨志趨澤讀曰趣鬻也及也 補遺史記燕世家士爭超燕

取 漢書五行志昭公取于吳讀曰娶詩取妻如之何 補遺史記文帝紀無禁取婦嫁女漢紀同

冣 最 史記殷紀大冣樂戲于沙丘或作最周紀周最並古聚字 補遺漢書陳項傳贊周最

輸 漢書鮑宣傳三輔委輸官式輸反

逗 漢書匈奴傳逗遛不進讀與住同又音豆　補遺史記韓安國傳逗橈漢傳音並同

莫 漢書南粤傳莫不知其兵多少讀作暮　詩歲聿其莫　補遺首衞霍傳薄莫

尃 史記司馬相如傳尃結謏又雲尃露散古布字

遡 漢書揚雄傳遡江上處巴江州音泝

婁 漢書宣帝紀婁蒙嘉瑞古屢字詩婁豐年

錯 史記秦紀魏錯七故反舉錯必當上父傳成康刑錯　漢書藝文志禮義有所措作被傳上之舉錯並千故反　補遺史記首周紀刑錯漢書首文帝紀鼂錯元帝紀靡所錯躬

厝 漢書賈誼傳抱火厝之積薪之下千故反置也

妒 史記項羽紀嫉如吾功高祖紀項羽妒賢嫉能　漢書劉歆傳嫉妒衡山王傳兩人相妒並音妬

路 漢書禮樂志乘大路郊祀志大路所止與輅同　禮大路繁纓　補遺史記殷紀殷路車爲善

謼 漢書息夫躬傳使狂夫嘷謼于東崖火故反嘷音叫　梁平王襄傳太后啼謼

涸 漢書郊祀志秋涸凍五行志金鐵冰滯涸堅不成與沍同　補遺史記封禪書秋涸凍

絝 史記趙世家夫人置兒絝中　漢書景十三王傳大絝　貢禹傳衣服履絝刀劍亂于主上古袴字

嫭 漢書禮樂志衆嫭並綽奇麗音互好也

故 史記馮唐傳尺籍五符注漢軍法故行不行奪勞二歲故與雇同

顧 漢書平帝紀顧山錢雖無音而注言顧人與雇同　補遺食貨志天下公得顧租鑄錫爲錢　鼂錯傳然民則以顧其功　丙吉傳以私錢顧租令留

固 漢書王商傳商有固疾讀作痼

酤 漢書武帝紀天漢三年初榷酒酤工護反

洿 漢書貢禹傳素餐尸祿洿朝之臣一故反與汙同　補遺史記張耳傳何乃洿王爲乎

迕 漢書食貨志好惡乖迕違也五故反

悟 史記韓非傳大忠無所拂悟言無所擊排拂悟當爲怫忤古字假借

梧 史記項羽紀諸侯莫敢枝梧音悟漢書同又司馬遷傳贊或有抵梧　張良傳贊魁梧奇偉音悟言其驚悟今人讀爲吾非

呼 史記楚世家從江上走呼曰靈王至矣　漢書文紀入北軍一呼火故反　春秋左氏傳周麀而呼

酗 漢書趙充國傳數醉酗羌人況務反即酗字

覦 漢書游俠傳覬覦音踰又音諭

補遺

偶 史記殷紀爲偶人謂之天神音寓亦如字　孟嘗君傳見木偶人與土偶人相與語無音

踣 漢書刑法志踣諸市妨付反

嘔 漢書王褒傳以嘔喻受之於付反

虞 漢書揚雄傳反五帝之虞合韻牛具反

甫 史記鄭世家大夫甫暇左氏傳作傅此本假借亦如字讀

傅 史記爰盎鼂錯傳贊爰盎亦善傅會音附漢贊同

趨 史記天官書其趨舍而前日贏音聚

聚 漢書古今人表聚子亦聚字

取 漢書五行志取于不專又取不違讀曰聚

取 史記始皇紀夸主以爲名異取以爲高　李斯傳作異趣　漢書酷吏傳取爲小治姦益不勝音趣

欲 漢書揚雄傳騁者奔欲合韻弋樹反

輸 史記扁鵲傳因五藏之輸束注反

漥 漢書地理志鴈門郡漥陶音注

素 史記天官書張素爲厨主觸客　漢書天文志作嗉

作 史記文帝紀皇帝即作　漢書王莽傳居攝踐作

嗣 漢書敘傳昭齊亡嗣合韻音祠
苑 漢書賈誼傳搏畜苑鄒陽傳不見伏苑
度 史記周紀自漆沮度渭漢書高紀度河攻聊城
謨 漢書敘傳叔孫是謨合韻音慕
護 史記禮書騶中韶護
濩 漢書禮樂志湯作濩司馬相如傳韶濩
固 史記魯世家必問遺訓而咨丁固實韋昭曰故事之是者
華露 史記楚世家辟作荆山華露藍蔞華露柴車素大輅也春秋左氏傳華露
俉 史記天官書其人逢俉化言亦作迕五故反
選 漢書天文志其人逢選
牾 漢書王莽傳亡所俉意

牾 史記屈原傳且並不可以牾兮楚詞作遻並五故反漢書酷吏傳顏延年莫敢與牾
午 漢書劉向傳朝臣舛午膠戾乖剌五故反

十二霽十三祭

霽 漢書魏相傳爲霽威嚴音限齊之齊又雨霽也才詣子詣二反
齊 漢書藝文志百藥齊和與劑同郊祀志化丹砂諸藥齊爲黃金 補遺史記封禪書名藥齊扁鵲傳八減之齊
俾倪 史記魏公子傳侯生下見其客朱亥俾倪故久立說文睥睨衺視也或作俾倪音與下同
椑睨 史記魏其傳辟倪兩宮間上浦計反下五計反漢書灌夫傳辟睨 補遺注字本作睥
棣 漢書律歷志萬物棣通孟康曰通意也音替
鬄 漢書太史公傳其次鬄毛髮吐計反與鬄同
弟 史記酈生傳弟言之漢書同陳勝傳弟令毋斬但也 補遺史記首五帝紀贊顧弟弗深考

弟 漢書高惠高后文功臣表錄弟下音次第之第
弟 漢書劉向傳罷令就弟讀作第宅之第
地 漢書邴吉傳西曹地忍之猶但也亦第也
泄 漢書禮樂志泄萬里晉灼曰古迾字孟康音逝師古曰孟音非也讀曰厲
離 史記賈生傳嗟若先生獨離此咎兮遇也漢書師古曰遭也音麗楊雄傳附離 補遺史記首劉敬傳附離漢書首五行志星辰附離于天司馬相如傳離靡廣衍
盭 史記司馬相如傳盭夷之垂涕古戾字漢書百官表諸侯王金印盭綬盭草名也音戾張陳傳贊相背之盭膠西王端傳爲人賊盭董仲舒傳陰陽繆盭
盭 漢書景十三王傳賦盭古戾字
沴 漢書五行志金沴木音拂戾之戾孔光傳六沴之作音戾
淚 漢書外戚傳淒淚音戾

結 史記陸賈傳尉佗魋結箕踞音計漢書音髻
結 史記張釋之傳王生老人謂張廷尉爲我結襪讀如字又音計漢書韈而結之音係
毄 漢書景帝紀無所農桑毄蓄古繫字
係 漢書郊祀志係風捕景
惠 漢書楊雄傳發蘭惠與穹窮惠蕙也
毳 漢書邴吉傳甘毳食物讀作脆 補遺史記刺客傳可以旦夕得甘毳以養親此芮反又音脆
埶 史記六國表形埶利也漢書蕭何傳不賢毋爲埶家所奪與勢同 補遺漢書高紀地埶便利
誓 史記六國表誓盟不信
遰 史記賈生傳鳳漂漂兮高遰音逝
跇 史記樂書跇萬里孟康音逝
稅 史記朱建傳辟陽侯乃奉百金往稅式芮反韋昭曰衣服曰稅當作襚

裞 漢書朱建傳乃奉百金 裞贈終者之衣式芮反

內 漢書溝洫志盟 津雒內讀曰汭

蹛 史記平準書留蹛無所食音滯 謂積久也古今字詁蹛今滯字

墆 漢書食貨志墆財 役貧者音滯停也

腏 漢書郊祀志腏食與綴 同謂聯綴而祭竹芮反

裔 史記高祖功臣侯表爰及苗裔 鄭世家昔金天氏者裔子曰昧

容 漢書五行志思心 之不容讀作睿

蓺 史記樂書蓺成而下漢書景帝紀 楚元王子埶音蓺詩不能蓺稷黍

埶 漢書楚元王傳埶 爲宛朐侯古埶字

萆 史記淮陰侯傳萆山而望趙軍陰蔽也 漢書同師古曰蔽隱於山間使敵不見

猘 漢書五行志國人 逐猘狗征例反

偈 漢書楊雄傳度三巒 兮偈棠黎讀曰憩

挈 漢書溝洫志今內史稻田租挈重 收田租之約令也苦計反口計反

擠 漢書杜欽傳排擠英俊隊也子詣反 補遺 史記項羽紀漢軍卻爲楚所擠音躋排也

瘱 漢書丁姬傳平帝后王莽女爲 人婉瘱有節操瘱靜也烏計反

紲 漢書楊雄傳票禽 之紲隃與跇同

揭 漢書司馬相如傳揭 輕舉而遠遊丘例反

泄 漢書嚴助傳歐泄 霍亂之病弋制反

殺 漢書韋元成傳親疎之殺漸降也楊雄傳事罔隆 而不殺所例反 補遺史記禮書以隆殺爲要

補遺

齊 史記宋世家曰雨 曰濟曰涕曰霧

濟 漢書董仲舒傳黎 民未濟古濟字

弟 漢書武帝紀朕 嘉孝弟力田

離 史記莊子傳善屬書離辭 指事類情無音當讀曰儷

灑 史記周紀其罰倍灑孔安國曰倍百爲二百鍰 也索隱曰灑音屣徐廣曰五倍曰蓰音所解反

泥 史記屈原傳自疏濯汙泥之中 奴計反漢書蓺文志泥于小數

繫 史記五帝紀贊五帝德及繫姓漢書董 仲舒傳孔子作春秋先正王而繫萬事

繄 史記鄭世家秦嬴姓 伯繄之後秦紀栢翳

挈 史記司馬相如傳挈三神之歡漢傳同張 湯傳受而著讞法廷尉挈令詩爰挈我龜

懘 史記樂書無怗懘之音索隱曰本又作怗懘省 也案禮記怗懘怗昌廉反懘昌制反又昌紙反

說 史記殷紀阿衡負鼎俎以滋味 說湯漢書高帝紀或說沛公

厲 史記高祖功臣侯表泰山如厲梁孝王世家削 厲工漢書功臣表同砥礪石也鄒陽傳底厲

厲 漢書嚴安傳民 不夭厲注病也

厲 史記孟嘗君傳非所以厲士民而彰君之善聲 也漢書武帝紀勉元元厲蒸庶宣紀厲精更始

餟 史記武帝紀其下四方爲餟食竹芮反 封禪書作醊漢書郊祀志作腏古字通

抴 史記司馬相如傳抴獨繭 之褕袘音曳漢書作曳

兌 史記天官書三星隨北 端兌漢書天文志尚銳

蓺 史記武帝紀蓺五種一 本作蓺夏紀汶嶓既蓺

蓺 史記封禪書論六蓺六蓺漢書 宣帝紀朕不明六蓺又材蓺

弊 史記周紀是以弊高都而得完周 也漢書元帝紀重以周秦之弊

敝 史記始皇紀安土息民以待其敝高祖紀贊 忠之敝小人以野漢書景紀贊周秦之敝

瘞 史記封禪書瘞埋漢 書武帝紀瘞元玉

十四泰

泰 漢書爰盎傳盎以泰常使吳 補遺史記始皇紀初 一泰平孝武紀泰一律書泰蔟漢書百食貨志收泰

半之祖郊祀志泰掖楊雄傳泰陰

遮 漢書王莽傳依諸將之遮據相扶之勢遮圍繞也音帶

厲 史記老子傳厲鄉音賴苦縣城東有厲鄉祠老子所生也

癘 史記曹相國世家子襄病癘歸國音賴

匄 漢書文帝紀以啟告朕匄乞也

愒 漢書五行志玩歲愒日蓋反

駔會 史記貨殖傳子貸金錢千貫節駔會徐廣曰上駔朗反下馬儈也漢書音義曰會亦儈也五宗世家賈人榷駔會音儈

補遺

大 史記五帝紀文祖者堯大祖也漢書禮樂志大伯王季相如傳大山揚雄傳王衡正而大階平

泰 漢書地理志褒曰泰野卽大野

厲 史記南越傳戈船下厲將軍讀曰瀨

糲 漢書司馬遷傳糲梁之食音瀨

厲 史記范雎傳漆身爲厲豫讓傳同音瀨今字作癩

沛 史記齊世家遂獵沛丘郎左氏傳貝丘

沸 漢書司馬相如傳水蟲駭波鴻沸曰蓋反史傳同無音

會 史記楚世家會人索隱曰鄶國也

十五卦十六怪十七夬

詿 漢書文帝紀詿誤吏民音卦

絓 史記律書絓於越漢書敘傳不絓聖人之網與挂同

解 漢書武帝紀祗而不解讀曰懈詩夙夜匪解補遺史記高祖紀秦軍解因大破之

陒 史記律書擁兵阻陒尼貴反漢書諸侯王表至虖陒陒河洛之間于詭反狹也

睚眦 漢書杜鄴傳報睚眦怨上音厓下卽皆字補遺史記聶政傳以感睚眦之意

厓眥 漢書孔光傳厓眥莫不誅傷上五懈反下仕懈反厓舉眼也眥目匡也

誡 史記越世家有如病不宿誡教也與戒同

介 史記建元年表傳介音介

介 漢書陳湯傳以纖介之過與芥同

裓 史記律書兵裓尤所重本從木今從衣

䪥 漢書循吏龔遂傳令穜一樹榆百本䪥與薤同

蔕 史記司馬相如傳其于胸中曾不蔕芥丑界反漢書同

責 漢書淮南王欽傳負責側懈反謂假貸人財物未償者春秋左氏傳西鄰責言

補遺

介 漢書諸侯王表介人維藩詩作价人

艐 史記司馬相如傳糾蓼叫奡蹋以艐路兮至也古屆字漢傳作艐音同

蔕葪 史記賈生傳細故蔕葪上壯介反下音介漢傳蔕芥

蹛 史記匈奴傳大會蹛林音帶又多藍反索李牧傳大破匈奴襜襤音相近

讚 史記司馬相如傳搒讚諾拜反

喝 史記司馬相如傳榜人歌聲流喝烏邁反漢傳同言悲嘶也一介反

蕢 史記孔子弟子傳荷蕢與蒯同漢書高帝紀踰蕢山

祭 史記吳世家餘祭漢書古今人表祭公側介反

十八隊十九代二十廢

遻 史記樂書君子以嗛遻爲禮與退同

妃 史記外戚世家妃匹之愛音配詩妃耦補遺漢書匡衡傳妃匹之際

負 史記晉世家負父之命正義音佩補遺首高祖紀負約索隱音佩

偝 漢書南粤傳注負山險阻負偝也

倍 漢書賈誼傳下無倍畔之心讀曰倍 補遺史記周紀倍韓攻梁始皇紀倍約倍盟魯仲連傳智者不倍時而弃利音同

誖 漢書濟北王傳誖人倫布內反 補遺史記三王世家或誖其心漢書首律歷志事則不誖

瑁 漢書西域傳贊睢犀象瑇瑁剘建昧匡七郡音妹

毒冒 漢書郊祀志毒冒犀玉郎瑇瑁 補遺舊表下字今增

誶 漢書賈誼傳立而誶語音碎

沫 漢書律歷志王乃洮沫水郎顔字時內反從本末之末者亦同音淮南厲王傳蒙霜霧沫風雨濟洗面也 補遺史記司馬相如傳沫若水音妹又音末漢傳同

茀 史記武帝紀有星茀于東井齊世家茀星將出 漢書息夫躬傳角星茀于河鼓與孛同布內反

甶 漢書律歷志壄人舉甶而與之集韻苦會反說文或作塊

班馬字類第四　二

裁 史記張儀傳雖大男子裁如嬰兒言音在謂形體也

概 史記季布傳感概字或作槩音同

薆 漢書律歷志昧薆于未蔭也音愛

能 漢書食貨志能風與旱晁錯傳其性能寒讀曰耐嚴助傳中國之人不能其土水也

倈 漢書平當傳舉當刺史二千石勞倈有意者勞倈皆去聲讀

來 漢書司馬相如傳馳騖往來盡代反請勞來還定勞集之 補遺史記周紀日夜勞來定我西土漢書音宣帝紀勞來不怠

祓 漢書外戚傳帝祓霸上還音廢 補遺音地理志祓縣音廢

魁 漢書東方朔傳魁然無從讀曰塊

艾 史記殷紀巫咸治王家有成作咸艾并譯書天下艾安漢書郊祀志同讀曰乂五行志從作艾

艾 史記樂書推已懲艾音刈漢書傅介子傳不誅亡以懲艾讀曰乂

艾 漢書五行志國未艾也讀曰刈絕也

艾 漢書項羽傳斬將艾旗賈誼傳若艾草菅然讀曰刈 補遺史記天官書爲斬艾事

艾 漢書王褒傳俊艾將自至讀作乂

壘 漢書李陵傳下壘石盧對反

薉 漢書武帝紀東夷薉君南閭等古穢字

濊 漢書蕭望之傳穢行汙濊不進與穢同

迥 漢書趙充國傳千里迥遠迥也胡頂反 補遺史記河渠書故道多阪迥遠李廣傳東道迥遠漢書首食貨志消謂同遠遁也酷吏傳即有避回並胡內反

塞 漢書郊祀志冬塞禱祈先代反謂報其所祈 補遺史記武帝紀冬塞南越禱祠泰一后土

佁儗 漢書司馬相如傳佁以佁儗上丑吏反下魚吏反又音態儗

沕 漢書賈誼傳沕淵潛以自珍音味

班馬字類第四　剞下齋校本

補遺

曶 漢書司馬相如傳曶爽音忽史記索隱引漢傳曶爽未明也埤倉云早朝也音妹

鄁 漢書地理志邶封紂子武庚與鄁同

昧 漢書地理志昧益州縣名音昧

雷 漢書晁錯傳具藺石布渠荅注藺石城上雷石也來內反渠荅鐵蒺藜也

北 史記五帝紀分北三苗尚書同如字又音佩

佛 史記太史公自序五家之文佛異音悖一音扶味反

沫 史記管晏傳桓公背曹沫之約音妹刺客傳曹沫亡葛反左氏傳作劌二字聲相近而字異耳

槩 史記楚世家夫槩吳世家夫槩伯夷傳其文辭不少槩見

概 史記范雎傳意者臣愚不概于王心邪一作漑音同

二十一震二十二稕

振 漢書文紀其義所以振貸之者諸振救振贍皆同從貝者非　補遺史記周紀以振貧弱萌隸

肅昚 漢書武帝紀海外肅昚莫不來賀與慎同　補遺史記虞卿傳王昚勿予

仞 漢書儒林傳喜因不肯仞注仞亦名也音刃

儐 漢書主父偃傳相與排儐不容于齊讀作擯　補遺史記平準書乘字牝者儐不得聚會

薦紳 史記五帝紀薦紳先生難言之即搢紳也古字假借耳

進賮 漢書高帝紀蕭何主進注會禮之財字本作賮作贐古字假借轉而爲進賮又才忍反　補遺史記高祖紀同呂不韋傳進用不饒讀爲賮

陳 漢書刑法志善師者不陳本因陳列爲名末代改從車非經史本文春秋左氏傳爲魚麗之陳穀梁傳善陳者不戰　補遺史記律書顓項有共工之陳吳世家夾水陳

閵轔 漢書司馬相如傳閵蹸來各反史記轔鹿音厺王商傳蹸躝　補遺藺元鶴二史四字通

遴 漢書高惠功臣表遴柬布章與客同魯恭王傳晚節遴音吝貪嗇也任欽傳不可以遴

塡 史記周紀是陽失其所而塡陰也孝文紀塡撫諸侯天官書塡星漢書高帝紀塡國家與鎮同

堇 漢書地理志豫章出黃金然堇堇注少也與僅同　補遺史記貨殖傳長沙出連錫然堇堇

廑 漢書賈誼傳其次廑得舍人廑如黑子之著面與僅同　補遺史記夏紀帝廑立音覲又音勤

殣 漢書禮樂志殣冀親以肆章音覲言我乃得覲見冀以親附之

瞚 史記扁鵲傳目眩然而不瞚音舜

眴 漢書項籍傳梁眴籍曰可矣動目使之也音舜　補遺史記項羽紀同屈原傳眴兮窈窕音瞬

鬊 漢書天文志黑雲狀如猋風亂鬊音舜

駿 史記商君傳殘傷民以駿刑音峻詩駿極于天

陖 史記禮書豈令不嚴刑不陖哉司馬相如傳徑陖赴險

葰 漢書司馬相如傳實葉葰梀音峻　補遺史傳葰茂

雋 漢書太史公傳薦天下豪雋讀曰雋翟方進傳外有雋材

佝 漢書五行志始皇大臣二十人皆車裂以佝郎佝字

諄 漢書五行志諄諄然如八九十者之闇反重頓之貌

胂 漢書司馬相如傳倏胂式刃反疾兒

補遺

振 史記五帝紀振驚朕衆始皇紀振威天下又振恐趙奢傳武安屋瓦盡振案史漢振震多互用

振 史記荊軻傳禍必不振矣救也蒙恬傳過可振而諫可覺也

振 史記淮南王傳以令名男子若振女

蜄 史記律書辰者言萬物之蜄也音振本作娠漢書律歷志振美于辰

震 史記晉世家辰嬴賤班在九人之下其子何震之有

縉 史記儒林傳縉紳先生漢書郊祀志縉紳即與搢同

賓 史記周紀不顯亦不賓滅楚世家賓之南海蘇秦傳必長賓之音擯

蜄蠡 史記天官書海旁蜄氣象樓臺漢書天文志同字作蠡

眞 史記魯世家眞公濞音愼

洒 漢書東方朔傳洒埽之職師古音信又山豉反

狗 史記五帝紀幼而狗齊索隱曰舊本亦有作濬古字假借狗爲濬或讀狗爲迅巽字而同音

畯 史記宋世家畯民用章尚書作俊民

駿 史記屈原傳誹駿疑桀與俊同

雋 漢書禮樂志進用英雋伍被傳招致英雋

二十三問　二十四焮

聞 漢書律歷志聞學褊隘韋賢傳顯德遐聞詩聲聞令聞

馴 史記五帝紀堯能明馴德古訓字又五品不馴又教馴皆同音

醞 漢書匡張孔馬傳贊傳先王語其醞藉可也于問反　補遺首薛廣漢傳溫雅有醞藉

溫 漢書酷吏義縱傳少溫籍于問反籍才夜反醖籍也

二十五願二十六慁二十七恨

怨 史記封禪書百姓怨其法

圂 史記陸賈傳無久圂公爲也與慁同

溢 漢書溝洫志河水溢溢普頓反

滿 漢書廣陵王胥傳王受滿音懣又音悶石顯傳憂滿不食音悶

懣 漢書霍光傳光憂懣音滿音悶

孫 史記晉世家公曰鄭不孫漢書禮樂志奢泰則下不孫而國貧讀曰遜語奢則不孫

敦 漢書律歷志歲名困敦音頓補遺史記歷書同漢書匈奴傳闕敦地音頓又音對

頓 史記賈生傳莫邪爲頓漢書陳平傳頑頓嗜利讀曰鈍又遲頓嚴助傳不頓一戟

遯 漢書匈奴傳遯逃竄伏古遁字敘傳攜手遯秦古遯字

曼 漢書王莽傳延曼與蔓同

曼 漢書高帝紀曼丘臣姓曼丘名臣與毋丘本一姓語有緩急耳音萬 補遺史記宋世家頭曼立音萬漢書禮樂志世曼壽

補遺

鼻 史記樊噲傳擊陳豨與鼻丘臣軍

慁 史記范睢傳是天以寡人慁先生亂也音溷

二十八翰二十九換

頞 史記西南夷傳常頞略通五尺道音案

濺 史記藺相如傳以頸血濺大王音贊

抏 史記扁鵲傳案抏音玩

𢠽 史記周紀遷西周公于𢠽狐音憚 補遺漢書地理志梁注𢠽狐聚

掔 漢書郊祀志海上燕齊之間莫不搤掔游俠傳搤掔而游談古手腕字 補遺別本或作擊

半 漢書李陵傳一半冰讀曰判大片也

畔 漢書高紀畔逆魏豹傳絕河津畔賈誼傳下無倍畔之心與叛同 補遺史記夏紀諸侯畔之

讕 漢書藝文志讕言十篇音爛

笇 史記吳王濞傳上方與晁錯調兵笇軍食

段 史記鄭世家少子叔段即段字

耎 史記天官書是謂耎晉灼曰退之不進故亂反漢書劉輔傳精悅耎弱也乃亂反

愞 漢書武帝紀坐畏愞棄市如掾反又乃館反息夫躬傳小大愞臣之徒

壇曼 漢書司馬相如傳案衍壇曼揚雄傳平原壇其壇曼徒旦反莫幹反 補遺史相如傳同

酇 漢書高祖紀相國酇侯音贊或云何封沛郡酇縣才何反 補遺史記同

補遺

扞 漢書賈誼傳所以爲蕃扞及皇太子所恃者師古曰蕃翰宜得則皇帝安固

案 史記周紀案兵毋出始皇紀各案署不移徙高祖紀案堵鄭生傳案劍漢書禮樂志案撫戎國又投閒案諜灌夫傳案灌夫項令謝

散 漢書翟方進傳王道離散

灌 漢書地理志引詩溱與洧方灌灌兮胡貫反詩作渙渙

讚 漢書百官表謁者掌賓讚受事

毌 史記田世家代衛取毋丘音貫古國名今作毌字殘缺耳

捥 史記封禪書莫不搤捥荊軻傳捥索隱曰字亦書作掔

潘 漢書地理志上谷郡潘普半反

拌 史記龜策傳鑄石拌蚌音判

泮 史記陸賈傳天地剖泮

半 漢書楊雄傳羨漫半散蕭條數千里外

三十諫三十一襇

貫 漢書賈誼傳胥貫如自然工官反孟子我不貫與小人乘

環 漢書高帝紀章邯守漢陽環水音官史記無音陳湯傳四面環城音患

嫚 漢書高帝紀陛下嫚而侮人武帝紀單于待命加嫚與慢同補遺史記高祖紀嫚罵之

謾 史記魏其傳乃謾自好謝丞相乃爲優易之辭而好謝丞相漢書文帝紀相約而後相謾音慢董仲舒傳桀暴謾 補遺史記者孝武紀後世謾怠

姗 漢書諸侯王表姗笑三代王尊傳倨嫚姗上古訕字

閒 史記武帝紀閒者河溢歲數不登 補遺首五帝紀書缺有閒矣漢書高帝紀步從閒道走軍

眩 漢書張騫傳犛靬眩人讀與幻同 補遺史記西域傳國善眩漢書首元紀眩于名實胡盼反

辨 史記秦紀倫辨于上又項梁常爲主辨

辯 漢書食貨志天子始出巡郡國東度河河東守不意行至不辯自殺讀作辨

幕 漢書西域傳罽賓國錢文幕爲人面音漫

補遺

還 史記楚世家還射圉之東音患漢書司馬相如傳柴池茈虒還乎後宮音宦

三十二霰三十三線

薦 漢書張湯傳薦數終軍傳北胡隨畜薦居讀作荐詩天方薦瘥

練 漢書路溫舒傳鍜練而周內之讀作鍊

燕 史記張蒼傳昌嘗燕時入奏事謂上宴時漢書五行志除喪而燕燕與宴同詩逍遙遊燕

綫 漢書高惠高后文功臣表不絕如綫今線字

羨 史記平準書以致富羨音衍貨殖傳時有奇羨漢志弋戰反詩四方有羨 補遺漢書溝洫志河災之羨溢與衍同藝文志漫羨而無所歸弋戰反

嬗 漢書文帝紀縱不能博求天下賢聖而嬗天下 補遺史記秦楚之際月表號令三嬗古禪字

禮 漢書武帝紀修天文禮易姓諸侯王表舜禹受禮古禪字 補遺史記孝武紀升禮肅然

傳 史記外戚世家與我決于傳舍中索隱音轉謂郵亭傳置之舍

傳 史記文帝紀張武等六人乘傳漢書乘六乘傳張戀反

孿 漢書外戚李夫人傳上所以孿孿顧念我音戀又力全反

婘 史記樊噲傳呂須婘屬音眷

勸 漢書嚴助傳歷歲經年士卒罷勸亦倦字 補遺首韓信傳勸敝之兵

咽 漢書蘇武傳咽之音晏

徧 漢書宣元六王贊徧有天下古遍字詩徧爲爾德 補遺史記禮書三者徧亡音遍

補遺

先 史記武帝紀見神于先後宛若音去聲郎今妯娌也漢書郊祀志同

淒 史記司馬相如傳儵眒淒浰七見反漢書作倩

燕 史記樂書宋音燕女溺志注徽也

禪 史記武帝紀萬國和而鬼神山川封禪與爲多焉始皇紀議封禪注闢廣土地也除地爲墠後改爲禪漢書武帝紀修封禪

鱓 史記晉世家子鱓代括叔是爲曲沃莊伯時戰反音善又音驙

泯 漢書司馬相如傳視眩泯而亡見音晦目不安也史傳作眠

元濳 漢書司馬相如傳紅杳眇以元濳音炫麵

冥眴 漢書揚雄傳目冥眴而亡見上莫見反下音縣

叀 漢書游俠陳遵傳一旦叀磑爲党所轠上絹反党上泯反

傳 史記始皇紀推終始五德之傳張戀反三代世表終始五德之傳音囀

睠 史記屈原傳睠顧楚國

弁 漢書東方朔傳弁嚴子卽卞莊子

弁 漢書酷吏傳吏皆股弁注撫手也卽與抃同

卞 漢書哀紀贊時覽卞射武戲注手搏爲卞角力爲武

三十四嘯三十五笑

調 史記爰盎傳調爲隴西都尉徒釣反漢書同　補遺首夏紀調有餘補不足

噭 漢書韓延壽傳噭咷楚歌上**咷**音叫下音滌師古下下釣反

嘄 史記樂書嘄噭之聲漢書息夫躬傳如使狂夫嘄誇于東厓音叫

关 漢書薛宣傳壹关相樂古笑字

咲 漢書諸侯王表姍咲三代史丹傳上嘿然而咲古笑字

宵 漢書刑法志夫人宵天地之貌讀作肖

陗 史記晁錯傳陗直刻深漢書師古曰陗峭同　補遺首李斯傳陗塹之勢異也音峭

嚼 史記游俠傳與人飲使之嚼子妙反盡酒也與漢傳釂同

譙 史記萬石傳子孫有過失不譙讓漢書高帝紀噲因譙讓羽才咲反　黥布傳譙讓在咲反

噍 史記司馬相如傳噍咀芝英才笑反咀才與反

剽**姚** 史記霍去病傳爲剽姚校尉漢書作票姚服虔音飄搖師古曰票頻妙反姚羊召反勁疾之貌荀悅漢紀作票鷂去病後爲票騎將軍取票姚之字今讀音飄搖則不當其義也正義引師古注爲證史記作驃騎眺召匹妙二切集韻云勁疾貌漢以名兵官有票鷂校尉　補遺漢書武帝紀張騫傳亦作驃騎

幼**眇** 漢書元紀贊窮極幼眇音要妙儒林傳谷永疏嚴然總五經之眇讀曰妙　補遺史記貨殖傳雖戶說以眇論音妙

眇 漢書律歷志究其微眇細也莫小反又音妙

約 漢書禮樂志治本約約讀曰要周禮萬民之有約劑者藏焉

癄 漢書禮樂志纖微癄悴之音子笑反

溺 史記范雎傳醉更溺雎年弔反酈生傳溲溺漢書酈食其傳輒解其冠溺其中讀曰尿

削 漢書貨殖傳洒削刀劍室也先召反　補遺史記梁孝王世家削厲工

尞 漢書禮樂志靈電尞古燎字郊祀志尞堂下

轑 漢書杜欽傳欲以熏轑天下讀曰燎假借用字

補遺

踔 史記司馬相如傳踔稀間託釣反漢書掉希間徒釣反

擢 史記司馬相如傳捷鰭擢尾漢傳作掉徒釣反

邵 史記李斯傳贊不然斯之功且周邵列漢書諸侯王表周邵相其治卽召字此從邑

曜 漢書刑法志以類天之震曜殺戮

橋 漢書揚雄傳萬騎屈橋其召反

驕 史記司馬相如傳驕驁居召反漢傳同

蜩**蟉** 漢書司馬相如傳蜩蟉偃蹇上徒釣反下盧釣反

稠**敽** 漢書揚雄傳天地稠敽動搖皃上徒弔反下五到反

躈 史記貨殖傳馬蹄躈千古弔反漢傳蹏躈

票 漢書高惠功臣表連敖票客頻妙反五行志崇聚輕票無誼之人匹妙頻妙反

矯 漢書敘傳賈生矯矯合韻音驕

漂 漢書地理志沛郡漂陽音票

繚 漢書地理志淸河郡繚自笑反

三十六效

傚 史記趙世家宜爲上傚而令乃抵辠音劾功勞也

覺 史記高祖紀後人至高祖覺音教漢紀功劾反楚世家王枕其股而臥覺而弗見詩尙寐無覺

䫉 漢書刑法志凡人宵天地之䫉古貌字

兒 漢書王莽傳兒假古貌字
濯 史記司馬相如傳濯鷁牛首直教反持檝櫂船也牛首池名漢傳同漢書百官表輯濯音同
橈 史記留侯世家謀橈楚權女教反漢書高帝紀師古曰弱也其字從木春秋左氏傳師徒橈敗
訬 漢書敘傳江都訬輕初教反

補遺

斅 史記張釋之傳豈斅此嗇夫諜諜利口捷給哉漢傳作效
學 漢書敘傳古之文學合韻下教反
訛 史記周紀惟訛有稽索隱曰依尙書音貌
奅 史記建元年表南奅侯衛青傳南窌侯漢書功臣表南奅並普教反

三十七號

秏 漢書宣帝紀匈奴畜產大秏呼到反
秏 漢書景帝紀不事官職秏亂者丞相以聞莫報反與眊同
眊 漢書武帝紀哀夫老眊古耄字
旄 史記春申君傳後制于李圜旄矣音耄
冒 漢書雋不疑傳著黃冒所以覆冒其首讀作帽補遺史記絳侯世家大后以冒絮提文帝音同
驁 史記樂書齊音驁辟驕志禮記作敖漢書田蚡傳諸侯稍自引而怠驁音傲
敖 史記天官書箕爲敖客音傲調弄也漢書禮樂志簡而無敖補遺史記首孝文紀入盜甚敖
鑿 漢書劉向傳羊入其鑿在到反謂所穿冢藏周禮冬官量其鑿深
趮 漢書天文志靜吉趮凶與躁同禮羽殺則趮補遺首王子侯表東昌趮侯古躁字
道 漢書文帝紀各率其意以道民讀曰導地理志亦皆作道補遺史記夏紀沱涔已道又道荷澤又汶山道江皆讀曰導
纛 史記南越傳黃屋左纛音導又音獨補遺首項羽紀漢書高帝紀並同

埽 漢書外戚傳共灑埽于帷幄先到反
勞 史記楚世家使王孫滿勞楚王郎到反詩郇伯勞之春秋左氏傳自郊勞至于贈賄補遺首周紀日夜勞來漢書高后紀令謁者持節勞章文紀勞賜三老

補遺

浩 漢書地理志浩亹音合又音誥趙充國傳浩亹音誥
温 史記周紀繆王得驥溫驪索隱音盜竊也竊淺青色趙世家盜驪驊騮

三十八箇三十九過

左 漢書律歷志以左右民讀曰佐易以左右民補遺史記五帝紀置左右大監監于萬國
和 漢書藝文志百藥齊和鄭當時傳趨和胡臥反
莝 漢書尹翁歸傳使斫莝斬芻也千臥反補遺史記范雎傳置莝豆其前
挫 漢書王莽傳使虎賁以斬馬劍挫忠讀作剉
銼 史記楚世家兵銼藍田祖臥反
嫷 漢書兩龔傳嫷設亡狀古惰字
憜 漢書韋賢傳供事靡憜古惰字
坷 漢書揚雄傳坎坷口賀反不平貌

補遺

个 漢書刑法志負矢五十个貨殖傳竹竿萬个讀曰箇
砦 史記灌嬰傳砦石音沙又千臥反漢書周勃傳砦石亦坐反地名
碆 史記楚世家出寶弓碆新繳音播徐廣音波
墮 史記司馬相如傳不敢怠墮卽與惰同
拕 漢書兩龔傳加朝服拕紳土賀反揚雄傳紆青拕紫

四十禡

伯 史記秦紀叁桓公伯于鄄漢書異姓王表適戍彊于五伯讀曰霸國語若入必伯諸侯　補遺史記首周紀賜齊桓公爲伯漢書首高帝紀伯者莫高于齊桓

藉 史記留侯世家臣請藉前箸爲大王籌之音借漢書高帝紀陳餘田横藉助兵借也春秋左氏傳藉除于臧氏　補遺史記首陳涉世家藉第令毋斬李斯傳藉兵寇而齎盜糧

耤 漢書郭解傳以軀耤助報仇古藉字漢書王尊傳贊張敞

赦 縱赦有度讀曰舍

槖 史記伍子胥傳會之槖皐音柘在盧州漢書地理志音柘姑九江縣名

⿸广泉 漢書地理志琅瑯靈門注高⿸广泉山卽柘字

䠶 漢書韓安國傳弘矢䠶獵讀曰射　補遺首郊祀志少君乃言與其大父游䠶處

咤 漢書王吉傳口倦乎叱咤亦吒字　補遺史記淮陰侯傳喑噁叱咤

侘 史記韓安國傳以侘鄙縣折亞反夸也

姹 漢書司馬相如傳子產過姹烏有先生讀作詫史傳作詫

賈 史記循吏傳市不豫賈漢書成紀賈級千錢毋將隆傳賈賤請更平直讀曰價語求善賈而沽諸禮展成奠賈　補遺首平準書鐵器若惡賈貴蘇秦傳齊紫敗素也而賈十倍

輅 史記晉世家虢射爲右輅秦五嫁反迎也春秋左氏傳輅秦伯

夸 漢書諸侯王表夸州兼郡音跨

吴 漢書郊祀志引絲衣詩不吴不敖無音案詩胡化反讀作吴非

華 漢書司馬相如傳華楓胡化反卽今之皮貼弓者也

補遺

霸 史記封禪書霸產長水灃涝漢書郊祀志霸產豐涝

柘 漢書禮樂志泰尊柘漿司馬相如傳諸柘史傳作諸蔗

貰 漢書功臣表貰陽侯劉纆史記項羽紀封項伯爲射陽侯

舍 漢書高帝紀去稀黄來歸者皆舍之又與綰居去來歸者赦之朱博傳姦以事君常刑不舍師古曰舍置也

射 漢書武帝紀僕射古今人表孤射姑又夷射姑並音夜

誇 漢書外戚傳誇布服糲食音夸

御 漢書敘傳昔衞叔之御昆兮五駕反詩曰百兩御之

呼 漢書高帝紀釁鼓注釁呼火亞反史記注作嫭

四十一漾四十二宕

養 漢書百官表給共養弋亮反詩不得養其父母　補遺首昭帝紀共養省中史記周紀養由基又因以應爲太后養地

饟 史記高祖紀老弱罷轉饟漢書食貨志不足糧饟古餉字詩其饟伊黍

倡 史記禮書一倡而三嘆禮記同漢書禮樂志肅倡和聲陳勝傳誠以吾衆爲天下倡讀曰唱

鬯 漢書律歷志靡不條鬯該成讀作暢禮樂志清明鬯矣古暢字

掠 史記高祖紀毋得掠鹵正義音諒天官書胡狢數侵掠李斯傳榜掠千餘漢書高帝紀掠鹵力向反宣帝紀掠笞春秋左氏傳禁侵掠

亮 史記魯世家亮闇三年不言與諒同尚書無逸篇同

涼 漢書五行志盡涼陰之哀讀曰諒信也一說謂居喪之廬力羊反

嚮 史記晉世家晏嬰如晉與叔嚮語世本作叔向　補遺漢書刑法志晉叔嚮非之

張 史記高祖紀復留張飲三日張亮反田叔傳其張不辦音帳漢書高帝紀同成紀無共張絲役

鄉 史記秦紀非及鄉時之士高祖紀鄉者夫人嬰兒皆似君漢書同文帝紀西鄉南鄉讀作嚮詩夜鄉晨　補遺史記首周紀見鄉者見後宮童妾所弃妖子

嚮 漢書楊雄傳嚮召如神與嚮同

卬 漢書食貨志卬以給澹原涉傳費用皆卬富人長者牛向反

兄史記呂后紀呂祿以爲酈兄不欺音況漢書尹翁歸傳字子兄讀曰況詩倉兄塡兮
況漢書武帝紀拜況于郊禮樂志天地並況賜也補遺史記司馬相如傳不遠千里來況齊國
誆史記鄭世家解揚誆楚令宋毋降音誆
臧漢書王吉傳吸新吐故以練五臧補遺別本或書作藏翼奉傳猶人之五臧六體
亢漢書楊雄傳鄒衍以頡亢取世資胡浪反
亢史記魏其傳諸侯莫敢與亢禮漢書項藉傳贊不亢于九國之師與抗同春秋左氏傳亢大國之討補遺史記首始皇紀見尉繚亢禮漢書首高帝紀合丞與亢禮音同
炕漢書五行志君炕陽口浪反王莽傳贊炕龍
炕漢書楊雄傳炕浮柱之飛榱與抗同補遺漢書前注下今表出又搕其咽炕其氣
竝漢書趙充國傳竝出讀如字又步浪反補遺首郊祀志北竝渤海
竝史記始皇紀竝河以東音傍漢書武帝紀竝海讀曰傍補遺史記首秦紀竝陰山

旁漢書溝洫志旁南山步浪反補遺首食貨志旁北邊以歸
㦡漢書元帝紀衆僚久㦡古曠字
壙漢書韋元成傳五世壙僚注五世無官壙空也外戚傳壙久與曠同
攘漢書禮樂志盛揖攘之容藝文志堯之克攘太史公傳小子何敢攘古讓字
榜漢書司馬相如傳榜人船人也音謗又方孟反補遺史傳同

補遺

瀁史記夏紀嶓冢道瀁東流爲漢尚書作漾
養漢書地理志隴西氐道注養水字本作漾或作養
亢史記孫臏傳批亢擣虛苦浪反言敵人相亢拒也
伉漢書宣帝紀選伉健習騎射者師古曰伉彊也
傷漢書李夫人傳方時隆盛年夭傷今合韻式向反

卬漢書東方朔傳萬民所卬足牛向反
鞅漢書高帝紀心常鞅鞅于亮反不滿足也
上漢書刑法志孫吳者上埶利而貴變詐趙辛傳贊高上勇力
尙漢書古今人表尙毋讀曰嚮晉叔向毋也
猑史記始皇紀至武陽博猑沙中無音留侯世家作博猑漢書張良傳博猑音浪地理志滎陽注猑湯渠音猑湯音宕
藏漢書藝文志五藏六府

四十三映四十四諍四十五勁

卿史記天官書是謂卿雲音慶
橫漢書淮南王傳橫甚何並傳從橫胡孟反補遺史記灌夫傳橫甚漢書諸侯王表處士橫議
盟史記夏紀東至于盟津古孟字漢書地理志盟津讀曰孟

秉漢書五行志殺生之秉彼命反補遺史記天官書二十八舍主十二州斗秉之絳侯世家持國秉音柄漢傳同
咏漢書禮樂志歌咏言古詠字
詗漢書淮南王傳爲中詗長安詗有所候伺也丑政反西方人以反間爲偵

補遺

請史記吳王濞傳使人爲秋請音淨陳丞相世家杜門不朝請漢書成紀賜宗室朝請者才性反
靜漢書楊雄傳爰清爰靜游神之廷合韻才性反
爭史記殷紀爲人臣者不得不以死爭漢書王陵傳面折廷爭謂當朝廷而諫爭
境漢書敘傳寇侵邊境合韻音竟
明都史記夏紀道荷澤被明都音孟豬
并史記五帝紀贊合并輪亥秦紀初并天下漢書高帝紀項羽殺宋義并其兵又三秦易并之計

四十六徑

廷 漢書高紀廷中吏無所不狎侮郡府之中音定田儋傳從少年之廷欲謁殺奴史記正義無音

補遺

徑 史記司馬相如傳徑陖赴險漢傳徑陖

寗 史記始皇紀贊寗越賈生傳甯越皓史傳寗成漢書甯成寗嵩讀作甯

四十七證 四十八嶝

椉 漢書地理志椉丘魯莊公敗宋師于乘丘即此地也

補遺

承 漢書諸侯王表承鄉侯音證地理志東海縣名

恒 漢書敘傳潛神默記恒以歲年音兗亘之亘又工贈反

胎 史記滑稽淳于髡傳目胎不禁與瞪同丑證反

甸 漢書地理志甸氏道音媵又食證反白水出徼外至葭萌

四十九宥 五十候 五十一幼

右 漢書律歷志以左右民與佑同補遺史記五帝紀置左右大監

右 漢書韋元成傳右饗讀曰祐

齅 漢書敘傳不齅驕君之餌古嗅字

畜 史記天官書北夷之氣如羣畜穹閭許救反漢書尹翁歸傳掌畜官

捄 史記春申君傳魏之兵雲集而不敢捄漢書董仲舒傳何以捄溢扶衰古救字

鍑 漢書匈奴傳鬴鍑薪炭鍑音富

褎 漢書淮南厲王傳自褎金椎椎之古袖字補遺史記滑稽淳于髡傳注袪收衣褎也

褎 漢書楊惲傳拂衣而喜奮褎低卬古袖字詩羔裘豹褎

讎 史記高祖紀高祖每酤留飲酒讎數倍漢書高帝紀同地理志嫁取無所讎讀曰售

啄 史記天官書柳為鳥啄丁救反漢書東方朔傳鶴俛啄竹救反

噣 史記趙世家人面鳥噣竹胄反補遺首楚世家射噣鳥于東海音晝

繇 漢書文帝紀注古籀其繇丈救反本作籀

宿留 史記武帝紀宿留海上漢書郊祀志同五行志其宿留告曉人以備具深切上先就反下力救反

補遺舊袤下字今增

竢 史記賈生傳竢罪長沙正義云古候字待也補遺漢書賈誼傳無音

袤 史記楚世家袤六里音茂

楙 漢書律歷志長大楙盛讀作茂又豐楙補遺食貨志楙遷有無與茂同尚書作懋

霿 漢書五行志厥咎霿莫豆反

湊 漢書賈誼傳輻湊並進而歸命天子補遺史記張儀傳四通輻湊貨殖傳繈至而輻湊

奏 漢書王莽傳四海輻奏靡不得所

走 史記蕭相國世家諸將皆爭走金帛財物之府分之音奏趨向之也漢書高帝紀從間道走軍音奏補遺史記首項羽紀漢軍皆南走山

族 漢書律歷志二日大族千豆反

族 漢書嚴安傳使有節族音奏

赱 漢書司馬相如傳荷兵而赱史傳作走上去聲通

逗 漢書匈奴傳逗留不進音豆又與住同補遺史記韓安國傳逗橈

漏 漢書匈奴傳仲舒之言漏於是矣讀作陋

紬 漢書司馬遷傳紬石室金匱之書音胄謂綴集之補遺史記歷書紬績日分音宙又如字

補遺

猶豫 史記高后紀猶豫未決以獸反漢紀同索隱曰崔浩云猶猿類卬鼻長尾性多疑說文猶獸名多疑故比之也按狐性多疑度冰而聽水聲解者又引老子猶兮若冬涉川則是狐類無疑

就 漢書匈奴傳生奇材木箭竿就羽就大鵰也
復 史記衞世家越山踰河絕韓上黨而攻彊趙是復閼與之事扶富反
殞 漢書楊敞傳得漢美食好物謂之殞惡
守 史記秦紀晉人皆城守不敢出漢書高帝紀乃閉門城守音狩
祝 史記文帝紀祝詛漢書同
福 史記龜策傳邦福重寶音副藏也
注 史記歷書西至于注天官書柳爲鳥注丁救反與咮同漢書天文志作喙
糅 史記屈原傳同糅玉石漢書劉向傳邪正雜糅汝救反
訽 史記趙世家置無卹爲能忍訽伍子胥傳剛戾忍訽鄒氏作詬太史公自序能忍訽火候反
講 史記甘茂傳樗里子與魏講罷兵讀曰媾和也亦如字
呴 史記殷紀飛雉登鼎耳而呴

茂 漢書董仲舒傳書云茂哉茂哉尙書作懋
區 漢書五行志區霿無識者口豆反
屚 漢書地理志苟屚與漏同交趾縣名
瀆 史記齊世家遂殺子糾于笙瀆音豆語溝瀆笙本作莘聲相近又執太子牙于句瀆之丘

五十二沁

清 史記王子侯者年表扶清音浸
寖 漢書劉向傳灾異寖甚
浸 漢書嚴延年傳浸浸日多漸也
浸 史記河渠書此渠皆可行舟有餘則用溉浸
寑 史記佞幸傳久之寑與中人亂
寖 漢書武帝紀黨與寖廣漸也溝洫志西南出寖數百里古浸字

寖 漢書禮樂志載王吉疏恩愛寖薄古寖字
寖 漢書哀帝紀末年寖劇地理志寖孫叔敖子所邑世祠改名固始子衽反又寖日五湖廣陵王胥傳寖信須等古浸字
暗 史記淮陰侯傳項王暗噁叱咤千人皆廢于禁反漢書作意烏猝嗟

補遺

寖 漢書外戚恩澤侯表寖廣傳矣劉向傳又患衆口之寖潤
寖 史記酷吏傳替官事寖以耗廢
寖 漢書郊祀志寖尋于泰山矣猶漸也與浸同
任 漢書趙倢伃傳生昭帝號鉤弋子任身十四月迺生
吟 史記淮陰侯傳雖有舜禹之智吟而不言不如喑啞之指麾也巨蔭反又音琴
陰 漢書霍光傳贊闇于大理陰妻邪謀敓傳陰妻之逆師古曰謂覆蔽之雖無音當讀爲蔭庇字

五十三勘五十四闞

感 漢書張安世傳何感而上書歸衞將軍富平侯印胡闇反春秋左氏傳于蔡爲感音憾
晻 漢書元帝紀三光晻昧與暗同
闇 史記律書闇于大較越世家愚者闇成事與暗同補遺漢書終軍傳明闇之徵
儋 史記淮陰侯傳守儋石之祿正義作檐都濫反漢書蒯通傳儋石貨殖傳漿千儋丁濫反一儋兩罌人儋之也
啖 漢書王吉傳婦取棗以啖吉補遺史記穰侯傳秦割齊以啖晉楚昭同
嚪 史記樂毅傳約趙惠文王別使連楚魏令趙嚪秦與昭同
惔 史記秦紀未能恬惔
監 史記封禪書東平陸監音闞補遺舊設在五十八陷今移漢書郊祀志同

補遺

淦漢書地理志豫章郡新淦音紺又古含反案廣韻與灨通

監史記田世家田常成子與監止俱爲左右相即闞止

塹漢書匈奴傳不塹費者不永寧

餤史記趙世家故以齊餤天下

五十五豔五十六㮇五十七釅

掞漢書禮樂志長麗前掞光耀明即光炎字音豔

炎史記天官書天狗止地類狗所墮及炎火望之如火光炎炎衝天漢書天文志濫炎妄起藝文志其氣炎以取之並與燄同丁姬傳開丁姬槨戶炎出四五丈

饜漢書叔孫通傳通知上益饜若之與厭同

猒史記孟嘗君傳士不猒糟糠與饜同范睢傳猒天下辯士與厭同

阽漢書文帝紀阽於死亡服虔音反坫之坫孟康音屋檐之檐師古曰二音並通

朁漢書王子侯表或朁差失軌讀曰僭

澹漢書食貨志猶未澹其欲古贍字

補遺

厭史記平準書貧者或不厭糟糠伯夷傳糟糠不厭飫也漢書鮑宣傳貧民菜色不厭

嗛漢書郊祀志今穀嗛未報鼎焉爲出哉苦簟反少意也

壍史記秦紀壍河旁漢書高帝紀深壍而守

塹史記司馬相如傳隋塹漢書陳湯傳穿塹

五十八陷五十九鑑六十梵

汜漢書武帝紀河水決濮陽汜郡十六賈誼傳汜若不繫之舟敷劍反補遺史記賈生傳同

汜史記司馬相如傳汜濫衍溢敷劍反漢書伍被傳汜愛烝庶與泛同

補遺

渢史記吳世家渢渢乎音馮又音泛

汜史記高祖紀即帝位于汜水之陽三代世表以爲汜從布衣匹夫起耳漢書高帝紀同敷劍反今案集韻禮部韻劍字皆在五十七釅而廣韻劍字在六十梵今從舊表

班馬字類第四

班馬字類第五

入聲　補遺附

一屋

僕遬　漢書息夫躬傳僕遬不足數上步木反下古速字

暴　史記蕭相國世家暴衣露蓋蕭毒反淮陰侯傳暴其所長音僕露也春秋左氏傳暴骨以逞孟子秋陽以暴之　補遺漢傳同

欶　史記杞世家子欶立是爲出公音速

遬　史記禮書輕利剽遬漢書宣紀匈奴呼遬累單于古速字

匵　漢書楊王孫傳竅木爲匵郎檟字　補遺首五行志乃匵去之梁平王傳龜玉毀于匵中

谷　史記匈奴傳左右谷蠡王音鹿犂漢書宣帝紀同

復　漢書郊祀志復道讀曰複　補遺史記始皇紀爲復道自阿房渡渭漢書首高帝紀從復道上

錄　史記蕭相國世家錄錄未有奇節平原君傳毛遂曰公等錄錄音祿說文錄錄隨從之貌漢書蕭曹贊師古曰猶鹿鹿言在凡庶之中也灌夫傳帝在郎錄錄注猶碌碌也

復　漢書郊祀志匡衡罷祠不應禮或復重扶目反與複重同

復　漢書高帝紀復而勿租稅又皆復終身方目反除其賦役也集韻作𠅇通作復　補遺史記始皇紀皆復不事十歲

虙　史記封禪書虙羲封泰山漢書司馬相如傳青琴虙妃讀作伏史記作宓　補遺漢書首五行志虙羲氏繼天而王

宓　史記趙世家宓戲神農教而不誅漢書百官表易敘宓羲神農音伏字本作虙轉寫訛謬耳

服　史記賈生傳有鴞飛入賈生舍止於坐隅楚人命鴞曰服漢傳服飛入誼舍讀作鵩

繆　史記魯世家太公召公乃繆卜徐廣曰古書穆字多作繆孟子魯繆公　補遺首秦紀造父以善御幸于周繆王漢書異姓王表章文繆獻

宿　漢書哀帝紀宿夜憂勞讀作夙

目宿　漢書西域傳罽賓國有目宿大宛傳有善馬耆目宿讀作苜蓿　補遺舊表下字今增

蹵　漢書賈誼傳蹵其芻者有罰于六反董仲舒傳以迫蹵民子育反　補遺史記燕世家王蹵之以足音同

叔　漢書昭帝紀三輔太常得以叔粟當賦讀作菽天文志戎叔爲孟康曰胡豆成也

鬻　漢書文帝紀吏稟當受鬻者或以陳粟之六反與粥同

孰　史記六國表西方物之成孰樂書亭孰蘇秦傳孰計之漢書律歷志物成孰可章度也讀作熟高五王傳灌將軍孰視笑曰云云

畜　漢書景帝紀畜積賈誼傳畜亂宿戲讀曰蓄　補遺史記周紀居者有畜積樂書思畜聚之臣貨殖傳民好畜藏師古讀曰蓄

穡　史記蔡澤傳力用穡積漢書貨殖傳穡足功用音蓄

毓　漢書五行志孕毓根核與育同

僇　史記文帝紀異章服以爲僇漢書五行志執而僇之與戮同季布傳贊云古戮字　補遺史記首夏紀不用命僇于社

粥　史記五帝紀北逐葷粥音育漢書谷永傳薰粥

粥　史記孔子世家粥羔豚者弗飾賈與鬻同周禮巫馬馬死則使其賈粥之

鞻　漢書藝文志鼙鞻巨六反枚乘東方朔傳作鼙鞠霍去病傳蹴鞠

奥　漢書五行志厥罰恒奥王莽傳南岳太傳典致時奥於六反　補遺史記宋世家曰奥曰寒

補遺

鹿　漢書翟義傳沙鹿之右元后傳元城東有五鹿之虛即沙鹿也餘作沙麓

角　史記留侯世家角里先生秘記作祿里漢書王貢傳角里先生無音案廣韻音祿漢四皓名

偪　漢書古今人表福陽子即偪陽子

睦　史記司馬相如傳旼旼睦睦漢書作穆穆

垘 史記天官書川塞谿垘音服 漢書天文志同注垘流也

犕 史記鄭世家周襄王使伯犕請滑音服即伯服也

敦 漢書王子侯表臨樂敦侯師古曰敦字或音弋灼反又作敦古穆字

宵 史記三王世家毋邇宵人索隱音謏亦小人也漢書廣陵王胥傳同無音

戚 史記高祖紀走至戚將毒反又如字又千竺反

朒 漢書五行志縮朒不任事音忸怩之忸

僇 漢書季布傳賓奴僇苟活而不變古戮字

鬻 漢書禮樂志熏鬻殛

粥 漢書古今人表楚粥拳音鬻

鬻 史記樂書毛者孕鬻注生也

玉 史記武紀公玉帶上黃帝明堂圖索隱曰或音肅姚氏語錄反說文音畜漢書郊祀志讀如字

穀 漢書王莽傳其夕穀風迅疾從東來師古曰即谷風也

阬 漢書地理志汧注芮阬與鞠同詩芮鞠之即韓詩作芮阬

鞠 史記荊軻傳鞠武音麴又如字

奧 史記夏紀四奧既居尚書作隩皆墺字

二沃三燭

毒 史記西南夷傳身毒國音篤索隱曰身音捐音乾毒音篤即天竺也所謂浮圖胡也

屬 史記天官書雲氣下屬地者三千里漢書高帝紀乃以屬吏注之欲反

趨 漢書高帝紀令趨銷印讀作促補遺史記天官書趨兵音促

趣 漢書高帝紀因趣丞相急定功行封讀曰促史記項羽紀使趣齊兵樂書衛音趣數頌志田蚡傳局趣効轅下駒

皸瘃 漢書趙充國傳手足皸瘃上音軍下竹足反

谷 史記樊噲傳破稀胡騎橫谷音欲貨殖傳用谷量馬牛爾雅水注谿曰谷 補遺漢傳同無音

補遺

告 史記三代世表帝告郎嚳字

綠 史記周紀騄耳趙世家綠耳漢書郊祀志綠耳

屬玉 漢書宣帝紀屬玉觀晉灼曰水鳥鵁鶄以名觀也司馬相如傳駕鵞屬玉史傳鴐鵝鸀鳿

檋 史記夏紀山行乘檋己足反又紀錄反漢書溝洫志山行則檋居足反謂以鐵如錐頭長半寸施之履下

攫 史記田敬仲世家騶忌子曰攫之深醒之愉者政全也己足反以爪持也詳見九魚韻愉字下

四覺

觳 史記李斯傳方作觳抵優俳之觀翮素觳抵即角抵音角

較 史記律書閭於大較刺客傳其立意較然音角貨殖傳此其大較也將言大略漢書孔光傳較然甚明詩倚重較兮古岳反

搉 漢書李廣傳數與虜搉音角補遺別本或書作确其義同

搉 漢書五行志搉戚夫人眼口角反謂敲擊去其眼也

榷 漢書武帝紀初榷酒酤如淳音較

藐 漢書韋賢傳既藐下臣與邈同

齪 史記酈生傳握齪初角反漢書同急促皃

齷 史記司馬相如傳豈特委瑣握齷委瑣細碎也握齷局促也補遺漢書申屠嘉傳齷齪廉謹

踔 漢書孔光傳非有踔絕之能竹角反補遺史記貨殖傳上谷至遼東地踔遠音卓又勑教反

嗽吮 漢書鄧通傳文帝病癰通為上嗽吮之上山角反下自兗反

補遺

觳 史記始皇紀雖監門之養不觳於此音學又古學反

逴 史記霍去病傳逴行殊遠與卓同

娖 史記張蒼等傳皆以列侯繼嗣娖娖七角反漢書作齱齱

濯 史記始皇紀咸化廉清大治濯俗

嶽 史記武帝紀四嶽夏紀嶽陽尙書皆作岳漢書武帝紀至于中嶽地理志嶽陽

搦 史記扁鵲傳搦髓腦漢書敘傳搦朽摩鈍女角反

駁 史記司馬相如傳馴駁之駁漢傳馴駁又赤瑕駁犖

樸 漢書文帝紀示敦朴爲天下先元帝紀質樸

五質六術七櫛

郄 史記商君傳不自知郄之前於席也漢書吳王濞傳郄行王褒傳傒騺郄讀作隙

桼 漢書賈山傳桼涂其外讀作漆貨殖傳陳夏千畝桼

趩 漢書梁孝王傳出稱警入稱趩蹕同 補遺史記世家出言趩

拂 史記夏紀予即辟女匡拂予始皇紀輸拂漢書東方朔傳拂士之邪孟子入則無法家拂士古音弼

抶 漢書五行志使其徒抶離而奪之丑失反今韻作敕栗反

栗 漢書昭帝紀戰戰栗栗 補遺史記周紀齊栗

㮚 漢書敘傳郁中震㮚讀作慄

失 漢書地理志漢中淫失讀曰泆杜欽傳言失欲之生害也讀曰佚與逸同 補遺首五行志魯夫人淫失於齊

佚 漢書刑法志男女淫佚李廣傳士佚樂梅福傳佚民不舉與逸同 補遺史記周紀作多士無佚樂書佚能思初

軼 史記五帝紀其軼乃時時見於他說燕世家樂軼漢書王褒傳有軼材與逸同

軼 漢書地理志軼爲滎與溢同出也 補遺舊在前字注今別表出

溢 漢書禮樂志千童羅舞成八溢與佾同

溢 史記陳丞相世家賜金三十溢漢書食貨志黃金以溢爲名與鎰同 補遺史記首平準書同

術 史記樂書識禮樂之文能術文術者之謂明術作之謂也禮作述漢書賈山傳術追厥功讀作述今史記別本有作述者後人改也

絀 史記平準書先行義而後絀此辱焉斷字也 補遺首五帝紀三考絀陟殷紀既絀夏命

率 史記孝武紀後率二十歲得朔旦冬至平準書率十餘鍾致一石率約數也又大率莊子傳大抵率寓言並音律 補遺漢書陸賈傳率不過三四過李廣傳諸將多中首虜率爲侯者

昳 漢書敘傳昳中爲庶幾兮古聿字

疋 漢書諸侯王表子弟爲疋夫

補遺

帥 漢書高帝紀父老乃帥子弟共殺沛令景武功臣表蠻夷帥服五行志帥由舊章

泆 史記夏紀泆爲滎尙書作溢

佚 史記樂書沈佚淫佚替世家誕淫厥佚尙書作泆

密 史記孔子弟子傳密不齊字子賤漢書藝文志宓子十六篇注名不齊師古曰讀與伏同案宓韻虙房六切引說文虙子賤是也而此密字無音今附本字韻

㮚 漢書敘傳㮚取弔下迫古古栗字

茀 漢書古今人表茀肸即佛肸並音弼

拂汨 漢書司馬相如傳蹷其拂汨汨上普密反下于筆反

嵂 漢書司馬相如傳隱轔鬱嵂音律史傳作㟗

軋 史記賈生傳坱軋無垠坱若央反軋若乙反漢傳坱圠

矞 漢書禮樂志矞皇史記司馬相如傳矞邉神名也

秫 史記趙世家黑齒雕題卻冠秫絀徐廣曰戰國策作秫縫秫紩亦縫紩之別名鉥者綦鍼也古字假借故作秫紩言女工鉥鏤鍼縷也

秫 史記晉世家西乞秫即秦紀西乞術

沭 漢書地理志瀙曰沂沭 師古曰出東莞音術

壹 史記高祖紀壹敗塗地 封禪書三年壹用太牢 又壹統天地 漢書武帝紀不貢士壹則黜爵 藝文志太壹兵法

八勿九迄

韍 漢書諸侯王表奉上璽韍 音弗 翟義傳赤韍韍

韍 史記秦紀韍音 韍見九變韶

拂 史記韓非傳大忠無所拂辭悟言無所擊排 音佛 漢書杜欽傳拂心逆旨音佛

詘 史記高祖紀坐上坐無所詘 音屈 嚴助傳大臣數詘 劉敬傳大直若詘 索隱右樂書詘信俯仰 漢書首天文志 補遺史記首周紀支左詘詘抑委曲 又詘如環 陳湯傳詘措

屈 漢書揚雄傳游觀屈奇瑰瑋

屈 史記陸賈傳屈彊於此 郡邸勿反 漢書其勿反 韓信傳力屈音同 補遺漢書古今人表會屈檐 楊雄傳

班馬字類卷三　一　丁齋校本

萬騎屈橋音同

絀 史記老子傳世之學老子者則絀儒學 正義音詘 索隱音黜

宛 史記倉公傳宛篤不發 又宛氣愈深 憂勿反 心所鬱積也

佛 漢書李尋贊仿佛一端 與髴同 補遺史記司馬相如傳若神仙之仿佛

補遺

亞 漢書韋賢傳黼衣朱紱 注爲朱裳畫爲亞文 亞古弗字 故謂之紱 字又作黻 其音同

紼 漢書鄭吉傳上將使人加紼而封之 音弗 繫印之組也

沸 漢書司馬相如傳沸乎暴怒 音拂

滑 史記十二諸侯表鄭武滑突 滑一作掘 並胡切反

茀 漢書楊雄傳香芬茀以窮隆

茀 漢書景十三王傳內茀鬱憂哀積 音拂

拂 漢書王莽傳必躬載拂 音拂 所以擊禾者 今謂之連枷

弗 漢書溝洫志魚弗鬱兮柏冬日 音佛 史記河渠書作沸鬱 無音

掘 漢書楊雄傳洪臺掘其獨出兮 其勿反 特兒也

仡 史記周紀仡如巨人之志

十月十一沒

粵 漢書異姓諸侯王表外攘胡粵 與越同 補遺史記周紀粵詹雒伊 楚世家伐庸楊粵 音越 漢書首高帝紀百粵之兵

缺 漢書淮南王傳法二千石缺 古闕字 補遺史記高祖紀後有缺補之 漢首律歷志書缺樂弛

缺 漢書楊雄傳辟歷列缺 電也

伐 史記高祖功臣侯年表明其等曰伐 積日曰閱 漢書車千秋傳無伐閱功勞 讀作閥

韈 漢書趙后傳帝向晨褲綺韈 武伐反 補遺史記張釋之傳吾韈解 顧張廷尉爲我結韈

班馬字類卷三　二

岉 史記王翦傳贊以至岉身 音沒

物 史記張蒼傳其心冀幸丞相物故 正義音沒

渤 史記封禪書在渤海中 渤字或從文

敎 史記河渠書入于敎海 漢書武紀東臨敎海

卒 史記高祖紀項羽卒聞漢軍楚歌 漢書平帝紀倉卒時橫賦斂者償其直 儒林伏生傳卒然早終 讀作猝 孟子卒然問

覈 漢書陳平傳亦食糠覈 覈耳音紇 史記音核

忽 史記司馬相如傳芒芒怳忽 漢書作怳忽

昒 漢書郊祀志冬至昒爽 音忽

曶 漢書古今人表中曶 司馬相如傳曶爽 楊雄傳神心曶怳 又蠻曶如神 時人皆曶之 並與忽同

吶 漢書鮑宣傳臣宣吶鈍於辭 音訥 補遺首李廣傳口吶少言 亦訥字

堀　漢書鄒陽傳伏死堀穴巖藪之中與窟同

蝑　漢書楊雄傳西厭月蝑音窟補遺別本或作[illegible]

補遺

戉　漢書天文志東井西曲星曰戉郎鉞字又斧戉用深王櫛

厥　漢書古今人表厥黨童子即闕黨

厥　漢書古今人表厥由即蹶由

撥　史記孔子世家矜旄羽袚矛戟劍撥鼓噪而至音伐大楯也

吠　史記蘇秦傳茀扶吠犬與吠同音伐佾也

廢　漢書禮樂志續佾不廢合韻音發

茀　漢書司馬相如傳晻薆咇茀音勃史傳晻曖苾勃

怫　史記太史公自序五家之文怫異音悖又扶物反亦悖也

勃　漢書楊雄傳勃解之鳥即渤澥同

勃　史記天官書熒惑為勃亂

浡　史記司馬相如傳鴻水浡出

滑　史記孔子世家滑稽漢書五行志滑天三川之袖音骨

對　漢書敘傳依遺議以聽對合韻丁忽反

詘　史記曹相國世家擇郡國吏木詘於文辭厚重長者李斯傳詘於心而詘於口古訥字多作此

十二曷十三末

害　漢書翟義傳王莽效尚書作大誥害敢不於祖宗云云讀作曷詩害澣害否

愒　史記蘇秦傳務以秦權恐愒諸侯呼曷反

猲　漢書王子侯表葛魁侯坐縛家吏恐猲受賕平城尔禮坐恐猲取雞集韻云相恐怯也王莽傳恐猲良民訶曷反

閼　史記淮陰侯傳破代兵夏說閼與音遏余上黨沾縣有閼與聚漢書同音遏預

閼　漢書朝鮮傳欲上書見天子又擁閼不通中山靖王傳令臣雍閼不得聞烏葛反補遺史記首天官書擁閼甘茂傳公仲且躬率其私徒以閼於秦烏葛反

制　漢書王吉傳中心制兮古怛字

殺　漢書谷永傳末殺災異先曷反埽滅也補遺史記倉公傳望之殺然黃蘇曷反

昧　史記楚世家韓公子昧先曷反與末同漢書高帝紀鍾離昧從末末之末補遺史記首高祖紀鍾離昧吳世家餘昧注郎左氏穀梁夷末

巇　漢書文三王傳汙巇宗室音林集韻云血也汙也

盋　漢書東方朔傳置守宮盂下注今之盋盂也讀作鉢音撥

拔　漢書禮樂志拔蘭堂拔舍止也步曷反

掇　漢書王嘉傳掇去宋弘讀曰剟竹劣反削也詩薄言掇之都奪反

兊　史記趙世家龍兊地名在易州音奪樊酈傳作龍脫正義亦音奪漢書酈商傳戰龍脫無音

大　漢書地理志會稽郡大末讀如闥

補遺

葛　漢書司馬相如傳張樂乎膠葛之宇史記作轇轕

輵轄　史記司馬相如傳距跋輵轄音遏漢傳作蛣亦音曷

昧蔡　史記大宛傳昧蔡漢書李廣利傳昧蔡為宛王上音末下千曷反

齃　史記蔡澤傳魋顏蹙齃無音案集韻與頞同阿葛反

按　史記白起傳趙軍長平以按據上黨民音遏

喝　史記蘇秦傳恫疑虛喝呼葛反本亦作猲

末　漢書外戚傳末如命何末無也

刮　史記始皇紀采椽不刮音括自序同李斯傳及漢書太史公傳並作不斲

拔 史記黥布傳贊何其拔興之暴也白曷反疾也

十四黠十五轄

稭 史記封禪書席用葅稭讀如戛漢書郊祀志其席藁稭音戛

介 史記張耳傳獨介居河北音戛特也補遺漢書同音

扴 史記魏世家秦扴我襄城讀作拔

舝 史記天官書軫北一星曰舝古鎋字與轄同漢書天文志同詩載脂載舝

補遺

歇 史記始皇紀北擊趙王歇漢書高帝紀同烏轄反

頡 漢書王子侯表羹頡侯信音戛擊之戛史記無音

選 漢書蕭望之傳有金選之品音刷字本作鋝即鍰也

率 史記周紀其罰百率即鍰也音刷舊本亦作選

詧 史記秦紀問其地形與其兵勢盡詧

揳 史記貨殖傳趙女鄭姬設形容揳鳴琴揄長袂躡利屣無音案玉篇揳古八切亦作戛集韻揳擊持也

十六屑十七薛

巀 史記蘇秦傳陸斷牛馬水截鵠雁即截字漢書宣帝紀海外有巀司馬相如傳巀嶭音截

臷 漢書孔光傳犬馬齒臷讀作耋

臷 漢書地理志四臷補遺志引秦詩車驖四臷小戎之篇案今詩作車轔駟驖此臷字當音鐵舊在前注今別表出

佚 漢書揚雄傳爲人簡易佚蕩音鐵蕩

軼 史記封禪書軼興軼衰田結反春秋左氏傳懼其侵軼我也補遺首始皇紀世不軼毀

詄 漢書禮樂志詄蕩蕩讀如迭

絜 漢書項籍傳贊度長絜大謂圍束之下結反補遺史記始皇紀贊同

䭇 漢書賈山傳祝䭇在前古饐字今作噎補遺別本或書作䭇

觖 史記盧綰傳羣臣觖望音決別之決漢書同孫寶傳故撾觖以揚我惡撾它歷反觖音決

蔽 史記刺客荊軻傳跪而蔽席疋結反拂也

卨 漢書異姓王表乃繇卨稷補遺史記三代世表卨爲殷祖別本書作契

契 漢書五行志商祖契讀曰偰補遺史記五帝紀稷契

㓞 漢書東方朔傳㓞爲鴻臚與卨同字本作偰後省耳

媟 漢書枚乘傳媟黷貴幸狎也詩媟近小人補遺首五行志不嚴之謂媟

蕞 史記叔孫通傳爲綿蕞野外在會反漢傳同師古曰蕞與蕝同子悅反史記正義蕝又子芮反

𢇍 漢書路溫舒傳𢇍者不可復屬古絕字

擛 漢書揚雄傳擛之以三策食列反

掘 史記貨殖傳田農掘業徐廣曰古拙字亦作掘

孽 史記龜策傳妖孽數見漢書劉向傳孽火燒宮災也

焫 漢書禮樂志焫膋蕭人悅反今作爇儒劣反

悊 漢書刑法志聖人既躬明悊之性讀作哲

喆 漢書敘傳聖喆之治音哲

軼 史記文帝紀冠蓋相望結軼於道音轍補遺田世家伏式結軼音姪車轍也徒結反一本作徹

徹 漢書文帝紀結徹於道陳平傳門外多長者車徹讀作轍

迣 漢書鮑宣傳男女遮迣古列字

列 史記賈生傳列士徇名漢書同王莽傳列風雷雨弗迷與烈同

說 漢書高帝紀大說王褒傳虞說耳目虞娛通說音悅詩我心則說補遺史記殷紀大說周紀怡說傳說韓說並同

⿰垂夬 史記孟子荀傳師尚修列士大夫之⿰垂夬與缺同補遺漢書敘傳戍實淫⿰垂夬

歠 漢書楊雄傳溷漁父之餔歠兮昌悅反

桀 史記高祖紀沛中豪桀吏漢書同又陳勝傳號召三老豪桀會計事與傑同

批 史記孫吳傳批亢擣虛白結反荊軻傳欲批其逆鱗哉漢書司馬相如傳批巖王莽傳批難步結反莊子批大郤

巽 漢書賈誼傳巽訴無節胡結反訴音后

劙 漢書賈誼傳劙寢戶之簾音轄謂割取之王嘉傳掇去讀曰劙削也 補遺史記張耳傳吏治榜笞數千刺劙丁劣反漢傳作爇

補遺

佚 史記十二諸侯年表四國佚興更為伯主

蒙 史記司馬相如傳蒙蒙漏躍漢傳蒙蒙楊雄傳汸蒙蠓以撼天

絜皋 史記封禪書通權火注狀如井絜皋漢書郊祀志井桔槔

泄 史記屈原傳井泄不食易作井渫

渫 漢書食貨志渫有所渫先列反散也

緤 漢書賈誼傳係緤之先列反

哲 漢書于定國傳贊哀鰥哲獄鄭氏曰當作折獄師古曰知獄情也

挈 史記五帝紀挈誠以祭漢書高帝紀擇寬惠修挈者即與潔同

徹循 史記司馬相如傳媥姺徹循漢書作便嬛嫳屑嫳先結反

泥 史記屈原傳泥而不滓隱音涅滓音淄又並如字

蛪 史記天官書其蛪者類闕旗五結反亦作蜺字同

蜺 漢書天文志抱珥䖟蜺音齧

決 史記李斯傳譬猶騁六驥過決隙也

稅 史記禮書終乎稅音悅

烈 漢書楊雄傳舉烽烈火郎與列同

襒 史記孟子傳側行襒席

椵 漢書地理志益州郡毋椵毋音無椵之悅反

橇 史記夏紀泥行乘橇音茅蕝之蕝他書或作蕝河渠書泥行蹈毳索隱毳亦作橇同昌芮反尸子曰行險以撮子芮反又同蕝子絕反漢書溝洫志泥行乘毳形如箕行泥上師古讀如本字

十八藥十九鐸

櫟 史記項羽紀嘗有櫟陽逮漢書高帝紀都櫟陽音藥 補遺史記首秦紀櫟陽令萬年是也

趯 漢書李尋傳涌趯邪陰讀曰踊躍

爵 史記趙世家探爵鷇而食之漢書鄭當時傳設爵羅 補遺漢書首宣帝紀神爵集泰山公孫弘贊燕爵西域傳孔爵

噍 史記司馬相如傳咀噍芝英正義才笑反漢書才弱反

燿 漢書藝文志燿金爲及與鑠同謂銷也

焯 漢書楊雄傳焯爍其陂古灼字爍式藥反

繳 史記留侯世家雖有繒繳音灼漢書之若反蘇武傳能紡繳檠弓弩音斫

淖 漢書楊雄傳閭中容競淖約兮音綽

婥 史記司馬相如傳便嬛婥約音綽

勺 史記司馬相如傳勺藥之和具而後御之讀曰芍漢書師古曰藥草名根主和五藏合蘭桂五味以助諸食因呼五味之和爲勺藥 詩贈之以勺藥注香草

勺 漢書禮樂志勺言能勺先祖之道讀曰酌又勺椒漿又武王作武周公作勺

著 史記天官書長庚如一疋布著天漢書賈誼傳塵如黑子之著面直略反

郤 史記三代世表時有嬰兒主郤行車去虐反漢書高帝紀迎門郤行邸略反 補遺史記首孝武紀郤老方

郄 史記天官書雲氣兒郄而卑者郄本或作卻

屩 史記孟嘗君傳聞孟嘗君好客躡屩而見之音腳字或作蹻作僑草履也

蹻 漢書卜式傳布衣中蹻而牧羊居略反本作屩王褒傳離疏釋蹻

蒦 漢書律歷志尺者蒦也音約

靳 漢書劉向傳靳陳其問靳也側略反

度 漢書元帝紀贊善度曲大各反　補遺史記五帝本紀度四方

魄 史記酈生傳家貧落魄音託　漢書音薄　補遺索隱亦音薄

柘 漢書揚雄傳何為官之柘落也音託不耦也　補遺別本字或從才

㯉 漢書貨殖傳抱關擊㯉土各反與柝同

雒 史記秦紀東徙雒邑漢書五行志雒出書與洛同　補遺史記夏紀踰于雒漢書高帝紀戰雒陳東

落 漢書李尋傳王道公正則百川理落脈通讀作絡　補遺藝文志血脈經落

落 漢書李廣傳從落中與絡同謂緇絡而下也西域傳贊落以隋珠和璧　補遺溝洫志以竹落長四丈大九圍盛以小石

格 史記酷吏傳置伯格長古村落伯音陌街陌屯落皆設督長

格 史記平準書見知之法生而廢格沮誹窮治之獄用矣梁孝王世家竇太后義格音閣　漢書吾五壽王傳善格五　淮南厲王傳格明詔音閣　補遺漢書食貨志廢格

搏 史記魏其傳夫醉搏甫音傳謂擊之春秋左氏傳晉侯夢與楚子搏

莫 史記李牧傳皆輸入莫府崔浩云古者出征將師無常處以幕帟為府署故曰莫府莫當作幕古字少耳　漢書李廣傳莫府省文書

厝 漢書地理志五方雜厝古錯字　補遺五行志茲謂下厝用千各反

莋 漢書張延壽傳長楊五莋與柞同

咢 漢書律歷志咢布於午音愕

鄂 漢書霍光傳羣臣驚鄂失色鄂者阻礙不依順也後字作愕其義同惟天文志作選廣韻云心不欲見而見日選　補遺史記五帝紀舜往見之象鄂不懌田蚡傳武安鄂謝

詻 漢書天文志太歲在酉曰作詻爾雅作噩

補遺

籥 史記蕭相國世家贊何以信謹守管籥漢書同

敫 史記田世家法章變姓名為莒太史敫家庸音躍又音皎田單傳莒人求湣王子法章得之太史嬓之家

芍 漢書地理志灊芍陂音酌又音鵲

杓 史記項羽紀沛公不禁杯杓漢書息夫躬傳將行於杯杓與勺同

韓 漢書司馬相如傳便嬛韓約音綽

嫋 史記司馬相如傳娬媚姌嫋音弱姌乃冉反

若 漢書地理志若郎春秋鄀也

落 史記歷書巴落下閎運算轉歷漢書公孫宏贊落下閎

跅 漢書武帝紀泛駕之馬跅弛之士音拓跅落無檢局

格澤 史記天官書格澤星音鶴鐸司馬相如傳建格澤之脩竿漢書天文志及相如傳並同上胡各反下大各反

駱驛 漢書王莽傳駱驛道路

路 漢書揚雄傳虛路三嵏音落

駱 史記天官書大荒駱歲爾雅作落

櫟 漢書司馬相如傳櫟蜚遽音洛史傳櫟虞無音

頟 史記建元侯者年表龍頟侯韓說韓王信傳拜為龍雒侯漢書昭帝紀龍頟侯宣帝紀龍頟侯頟崔浩音洛師古謂依字讀今案史傳及宣紀即洛音是

旁魄 漢書司馬相如傳旁魄四塞步各反

薄 史記夏本紀外薄四海尚書同蘇秦傳心搖搖然如縣旌而無所終薄薄漢書異姓諸侯王表東帶江湖薄會稽

薄 史記封禪書亳人謬忌亦薄也下爲薄忌漢書郊祀志同又亳忌地理志山陽郡薄注湯所都

鄚 漢書地理志涿郡鄚音莫

鄗 史記封禪書鄗上之黍音霍漢書王子侯表鄗呼各反郊祀志鄗音睢

鶮 史記始皇紀屯留蒲鶮古鶴字

畔 史記吳世家夫子獲罪于君以在此懼猶不足而又可畔乎索隱曰左氏傳曰而又何樂乎此畔字宜讀曰樂

措 史記燕世家贊北近蠻貉內措齊晉措交雜也

越 史記禮書大路越席戶括反禮記同

莫 漢書賈誼傳莫邪爲頓郎與鏌同

幕 史記匈奴傳益北絕幕漢書武帝紀絕幕王莽傳沙漠

笮 史記貨殖傳邛笮西南夷傳自筰以東漢書作莋

咢 漢書韋賢傳咢咢黃髮注直言也

咢 漢書王褒傳越砥斂其咢郎與鍔同蕭望之傳厲鍔

咢 史記楚世家熊咢亦作噩

鄂 史記趙世家徒聞唯唯不聞周舍之鄂鄂商君傳千人之諾諾不如一士之諤諤

鄂 史記天官書作鄂歲

鄂 漢書揚雄傳攢并閭與茇苦兮紛被麗之亡鄂注垠也

膈 史記樂書縣一鍾尚拊膈音格或音膊蓋依大戴禮鄭注搏拊

髆 漢書武帝紀皇太子髆音博說文爲肩髆字

二十陌二十一麥二十二昔

伯 史記酷吏傳置伯格長音陌落漢書食貨志阡伯之間成羣讀曰陌地理志開阡伯莫白反

佰 漢書匡衡傳以閩佰爲界莫客反

霸 漢書律歷志旁死霸古魄字

柏 史記河渠書魚沸鬱兮柏冬日讀作迫漢書溝洫志同

矺 史記李斯傳十公主矺死於杜與磔同謂裂其支體而殺之

滜 史記天官書其色大圜黃滜音澤補遺首歷書秭鳺先滜與澤同

萊 史記黥布傳賁萊上肥下赫姓名也

奭 史記竇嬰傳有如兩宮奭將軍音赫怒也補遺漢傳同

假 史記殷紀假人元龜古額反燕世家假于皇天集韻云通作格補遺漢書孔光傳書曰惟先假王正厥事尚書作格並作格

頟 漢書衛青傳韓說封爲龍頟侯字或作額霍光傳燋頭爛頟爲上客書冏晝夜頟頟

措 史記梁孝王世家李太后與爭門措指爭格反索隱音迮說文迮也梁平王襄傳同壯格反王莽傳迫措青徐盜賊集韻措迫捕也

齰 漢書灌夫傳齰舌自殺鄧通傳上使太子齰癰齰也仕客反補遺史記鄧通傳唶吮之

郄 史記田敬仲世家與齊悼公有郄補遺首高祖功臣侯表留侯解上與項羽之郄

郤 漢書孫寶傳與紅陽侯有郤與隙同補遺史記項羽紀居外久多內郤又令將軍與臣有郤

據 史記呂后紀見物如蒼犬據高后掖音戟

撠 漢書五行志物如蒼狗撠高后掖音戟補遺史記孫臏傳救鬬者不搏撠

筴 史記五帝紀迎日推筴與策同周紀尹佚筴祝留侯世家善畫計筴

莿 史記龜策傳諸靈數莿莫如汝信音策字或作莿

册 漢書趙充國傳此虜在境外之册與策同補遺史記秦紀贊因遺册漢書首諸侯王表武帝施主父之册董仲舒傳乃復册之

脈 史記樂書動盪血脈與脈同

適 史記秦紀適治獄吏不直者築長城漢書文帝紀適見于天張革反鄭食其傳令適卒守成皋並同適 補遺漢書項羽傳賈誼論適戍之衆不亢于大國之師讀同謫

覈 史記陳丞相世家亦食穅覈耳音核漢書音紇

礉 史記韓非傳慘礉少恩胡革反

鬲 漢書五行志鬲閉門戶地理志鬲絶南羌又千乘郡鬲縣太子傳鬲塞不通與隔同

阸 史記宋世家君子不困人于阸漢書張良傳贊數離困阸與阨同 補遺漢書元帝紀凶阸無以相振

戹 史記范睢傳散家財物盡以報所嘗困戹者音厄漢書季布傳兩賢豈相戹哉 補遺漢書首武帝紀免其戹者歷律志易九戹

𩚬 漢書翟義傳以成三𩚬古厄字

潟 史記貨殖傳地潟鹵徐廣音昔鹵鹹地 補遺首夏紀海濵廣潟

澤 史記河渠書溉澤鹵之地音昔

扼 漢書郊祀志方士嗔目扼掔音扼

搤 史記劉敬傳不搤其肮即扼字漢書郊祀志海上燕齊之士莫不搤掔與扼同 補遺史記首周紀釋弓搤劍

刺 史記陳丞相世家乃解衣裸而佐刺船七亦反 補遺漢傳同

借 史記周紀秦借道兩周之間精夕反春秋左氏傳願借助焉音迹

籍 史記陸賈傳名聲籍甚漢書同又江都易王傳國中口語籍籍字或作藉

輅 史記劉敬傳脫輓輅行格反漢書音凍洛之洛又胡格反師古曰二音同

蹟 史記三代世表姜嫄見太人蹟而履踐之亦跡字

鶺 漢書東方朔傳客難譬若鶺鴒飛且鳴讀作鶺詩脊令春秋左氏傳引詩鶺鴒

澤 史記武帝紀振兵澤旅徐廣曰古釋字周禮冬官有時以澤

郝 史記虞卿傳使趙郝子約事于秦[illegible]傳[illegible]賁郝音釋 補遺漢書功臣表衆利侯郝賢呼各反又式亦反

醳 史記管蔡世家楚圍鄭鄭降楚楚復醳之音釋魏世家與其以秦醳衞不如以魏醳衞

跖 史記伯夷傳盜跖日殺不辜與蹠同 補遺漢書賈誼傳謂跖蹻廉

跺 漢書賈誼傳又苦跺盭古蹠字

石 漢書匈奴傳石畫之臣石大也又堅也或作碩

射 史記李將軍傳還射音石 補遺首楚世家還射圍之東漢書元紀上幸長楊射熊館食亦反

擿 史記刺客傳荊軻引其匕首以擿秦王古擲字 補遺漢書史丹傳天子自臨軒檻上隤銅丸以擿鼓中嚴鼓之節持益反

蒜 漢書百官公卿表蒜作朕虞古益字

嗌 漢書昌邑哀王傳我嗌痛不能哭喉咽也音益

澤 史記孝武紀祭黃帝冢橋山澤兵須如音亦謂飲畢上酒也須如地名

釋 漢書王尊傳姦邪銷釋音懌

辟 史記項羽紀人馬俱驚辟易數里漢傳頻亦反

辟 漢書文帝紀野不加辟讀曰闢詩曰辟國百里 補遺史記五帝紀四門辟又益主虞山澤辟

辟 漢書霍光傳五辟之屬即五刑也詩無自立辟 補遺史記殷紀紂乃重辟刑有炮烙法頻亦反

辟 史記齊世家秦穆公辟遠不與中國會盟漢書高帝紀辟陋之地禮樂志隅辟曰遠淮南王安傳安行邪辟皆讀曰僻孟子放辟邪侈詩民之多辟 補遺史記首五帝紀共工果淫辟

辟 漢書賈誼傳又類辟服虔曰病躄不能行師古曰足病音壁

辥 漢書揚雄傳陋三神之阸薛亦辥字 補遺別本或書作辥

液 漢書王莽傳液庭媵未充讀作掖

補遺

栢 史記秦紀栢翳漢書人表栢舊栢虎栢譽栢益栢樂皆讀作伯

柏 漢書地理志柏益亦與伯字同

獏 漢書司馬相如傳獏降史傳獏犛

適 史記蘇秦傳適燕者曰以膠東適趙者曰以膠西適魏者曰以華蔡音宅責也

魄 漢書西域傳珊瑚虎魄

齚 史記灌夫傳心內愧杜門齚舌自殺士白反

躆 漢書敘傳超忽荒而躆顥蒼音戟

搏 史記張儀傳此所謂兩虎相搏徐廣曰或音戟

戹 史記太史公自序亞夫駐於昌邑以戹齊趙即與扼同

素 史記項羽紀京素間音柵漢書高帝紀同

阸 史記漢興以來年表秉其阸塞地利即與阸同

核 漢書刑法志其審核之務準古法

檗 漢書司馬相如傳檗離朱楊史傳檗離

濩 漢書地理志河東郡濩澤烏號反

藉 史記司馬相如傳故空藉此三人爲辭音積假借也漢書高帝紀從田橫藉助兵師古曰借也

躪 史記司馬相如傳人民之所蹈躪

舄 漢書地理志舄鹵溝洫志舄鹵兮生稻粱

掖 史記呂后紀據高后掖商君傳千羊之皮不如一狐之掖漢書五行志撤高后掖皆與腋同

赤 史記唐世家虞秦將赤索隱曰赤即斥也謂斥候之人也按春秋左氏傳晉伐秦獲秦將諜彼諜即此赤也

昔 史記田世家弓膠昔幹所以爲合也索隱曰考工記作枏幹枏音相近

易 漢書食貨志殖於疆易即與場同

易 漢書楊雄傳由僅弟行簡易合前弋亦反

澤 史記太史公自序曰生無澤漢傳作無釋並音亦

夕 史記曹世家夕姑音亦即射姑

亦 漢書古今人表曹嚴公亦姑即射姑

繹 史記大宛傳爲發道繹抵康居漢書張騫傳爲發譯道

涕 史記宋世家曰雨曰濟曰涕曰霧索隱音亦

斁 漢書五行志鐸無斁鍾

射 史記律書無射漢書律歷志六日亡射

厝 漢書地理志清河郡厝趞亦反

胔 漢書婁敬傳羸胔老弱讀曰瘠

躩 史記司馬相如傳躩以連卷起碧反漢傳鉅縛反

酈 漢書高帝紀攻析酈音躑躅之躑持益反

辟 史記夏紀即辟女匡拂予樂書封君世辟漢書王莽傳安爲新嘉辟師古曰辟君也

辟 漢書古今人表辟方音壁

辟 漢書何武傳槃辟雅拜音闢猶盤旋也

二十三錫

慽 漢書王商傳居襄哀慽與戚同

戚 史記曹相國世家攻爰戚音寂縣名補遺漢傳攻轅戚

辟歷 漢書天文志辟歷夜明讀作霹靂補遺史記天官書同

脈 漢書楊雄傳脈隆周之大寧即覔字

鍉 漢書項藉傳贊銷鋒鍉與鏑同補遺史記陳涉世家贊同

愁 漢書王商傳卒無怵愁憂古惕字

翟 史記趙世家翟伐廧咎如讀作狄 補遺首周紀戎翟荒服漢書貨殖傳戎翟匈奴傳夷翟

適 漢書宣帝紀賜功臣適後讀曰嫡詩誰適爲容 補遺史記殷紀太甲成湯適長孫也

適 史記晉世家楚成王以適諸侯禮待之音敵田單傳貰適人開戶亦音敵

擿 漢書趙廣漢傳發姦擿伏如神它狄反 孫寶傳故欲擿觖以揚我惡 補遺首宣帝紀擿巢探卵 劉向傳疾讒擿佞谷永傳窔擿永令發去佗歷反

俶 史記魯仲連傳好奇偉俶儻之畫策 司馬相如傳俶儻瑰瑋吐歷反 補遺漢書禮樂志俶儻

咷 漢書韓延壽傳噭咷楚歌音滌

鶂 史記宋世家六鶂退飛音鷁 補遺漢書五行志同

赫 漢書外戚傳赫蹏書鄧展曰音兄弟鬩牆之鬩應劭曰薄小紙孟康曰染紙素令赤師古曰今書本字或作擊

噭 史記樂書噭噭之聲正義音擊與激同

補遺

宿 史記吳世家將舍於宿宜讀爲戚衛世家二子怒如宿音戚左氏傳作戚

戚 史記萬石君傳其執喪哀戚甚漢書同

歷 史記歷書漢書武帝紀正歷以正月爲歲首後亦作歷

歷 史記滑稽優孟傳銅歷卽與釜鬲同

歷 漢書梅福傳伏歷千駟卽與櫪同

逷 漢書古今人表簡逷吐歷反卽簡狄

玓瓅 史記司馬相如傳玓瓅江靡漢傳作的皪

櫟 史記周紀惠王犇溫已居鄭之櫟晉世家秦取我櫟音歷

櫟 史記楚元王世家嫂佯爲羹盡櫟釜音歷謂以杓歷釜旁使有聲

轑 漢書楚元王傳轑釜服虔音勞師古音歷又音洛

適 史記周紀有五庶子無適立漢書項籍傳欲立長無適用與的同主也李廣利傳欲殺莫適先擊丁歷反主也

二十四職二十五德

仄 漢書五行志旁仄賈誼傳仄聞屈原兒錯傷陰道傾仄息夫躬傳見之仄目古側字

昃 漢書董仲舒傳日昃不暇食與昊同

嗇 史記殷紀舍我嗇事讀如穡 補遺漢書成帝紀服田力嗇

穡 漢書律歷志稼穡嗇息讀作穡

澤 史記匈奴傳澤鹵非可居正義音息

飭 史記五帝紀信飭百官古敕字漢書高后紀高帝紀飭天下文帝紀飭兵厚衛與敕同

極 漢書溝洫志以相難極居力反

谻 史記司馬相如傳徼谻受詘音劇或作徼漢書作谻音同 補遺別本或書作谻作谻

革 史記始皇紀不用兵革音棘義猶兵革

意 漢書賈誼傳請對以意師古曰合韻音億貨殖傳意則屢中讀曰億 補遺史記始皇紀承順聖意協韻音億

湢 史記司馬相如傳湢測泌瀄四音逼側筆櫛漢書作偪側泌瀄湢與逼同

偪 漢書賈誼傳以偪天子古逼字 補遺史記齊世家畏其偪也漢書首異姓王表偪於戎狄

悳 史記文帝紀禝錄悳與漢書賈誼傳悳至渥古德字 補遺漢書首五行志今周悳如二代之季地理志平原郡安悳

螣 漢書五行志螟螣徒得反

貸 史記王翦傳將軍之乞貸亦已甚矣天得反從人求物也 補遺首孔子世家游說乞貸

服 史記蘇秦傳嫂委蛇蒲服猶匍匐漢書霍光傳中孺扶服叩頭蒲北反谷永傳引詩扶服救之

伏 史記范睢傳膝行蒲伏曰北北反漢書匈奴傳扶伏稱臣蒲北反

墨 史記商君傳殷紂墨墨以亡賈生傳干嗟墨墨或作嘿嘿應劭曰不自得意也漢書作默默田蚡傳竇嬰墨墨不得意李陵傳墨不應並讀作默

冒 史記韓王信傳匈奴冒頓大圍信音墨又莫報反漢書趙充國傳冒渡湟水王吉傳朝則冒霧露李陵傳冒白刃皆莫北反春秋左氏傳貪冒之民將致力焉 補遺史記首五帝紀貪於飲食冒於貨賄楚世家蚡冒音同

蜮 漢書東方朔傳人主之大蜮音或

或 漢書郊祀志明於天地之性不可或以神怪 補遺首昭帝紀燕王迷或失道

補遺

服臆 史記扁鵲傳噓唏服臆上皮力反下音億

蝕 史記高祖紀從杜南入蝕中音力按說文作蝕器名也地形似器故名之漢紀同

朸 史記建元王子侯表朸索隱音勒 漢書地理志朸音力平原縣名

勒 史記悼惠王劉肥世家勒侯漢書作扐皆音力

食 史記秦紀日食天官書日蝕漢書高帝紀日有食之又日有蝕之

仄 漢書蕭望之傳令將軍規撫云若管晏而休遂行日仄至周召乃留乎注日仄不食

式 史記田世家伏式結軼漢書周亞夫傳天子爲改容式車李廣傳登車不下式字或作軾

減 史記夏紀致費於溝減

冒頓 史記韓王信傳匈奴冒頓漢書天文志冒頓單于考二史諸家音注正義索隱頓字皆無音今按司馬文正公資治通鑑冒頓音墨特

貣 史記宋世家凡七卜五占用二衍貣尚書作忒

貣 漢書韓王信傳旦暮乞貣蠻夷主父偃傳假貣並土得反

嚜 史記商君傳王嚜然漢書成帝紀贊臨朝淵嘿匡衡傳嚜嚜不自安

二十六緝

揖 史記始皇紀摶心揖志音集漢書郊祀志揖五瑞與輯同詩螽斯羽揖揖兮 補遺史記首五帝紀揖五瑞

輯 史記高祖紀韓信等輯河北與集同漢紀師古曰謂和合也禮樂志稍增輯晁錯傳和輯士卒並與集同春秋左氏傳羣臣輯睦

楫 漢書郊祀志風波舟楫之危百官表楫濯賈誼傳猶度江亡維楫音集又音接王莽傳度水不用舟楫 補遺史記周紀與爾舟楫

溼 史記賈生傳長沙卑溼漢書律歷志銅爲物之至精不爲燥溼變節與濕同

瓡 漢書地理志北海郡瓡即執字

什 漢書谷永傳天所不饗什倍于前十同

歙 漢書韓延壽傳郡中歙然音翕 補遺史記武信侯靳歙音翕

翖 漢書張騫傳布就翖侯與翕同

急 史記周紀襄王告急于晉

邑 史記商君傳安能邑邑待數十百年漢書杜鄴傳忿邑非之邑於邑也師丹傳哀帝尙內邑邑

補遺

輯 漢書朱雲傳勿易因輯之以旌直臣音集

颯 史記司馬相如傳莅颯芔翕音立漢書同又游俠陳遵傳劉颯音同

闟 史記商君傳持矛而操闟戟者從所及反索隱曰闟亦作鈒音同

𩦓 漢書楊雄傳𩦓清雲之流瑕兮飲若木之露英

熻 漢書敘傳猋飛景附熻雲其閒于及反又音育

汁 史記高祖功臣表汁邡侯漢書功臣表汁防侯地理志廣漢郡汁方音十

二十七合二十八盍

帀 漢書高帝紀遶明圍宛城三帀

摺 漢書楊雄傳范睢折摺古拉字補遺史記給世家摺其脅春申君傳折頸摺頤

槷 史記晁錯傳上令公卿列侯宗室槷議音雜集也

內 史記陳丞相世家予酒肉之資以內婦漢書地理志賦內總音納孟子若已推而內之溝中補遺史記首始皇紀百姓內粟千石拜爵一級漢書首高后紀持節矯內勃北軍

補遺

合 漢書王子侯表合陽侯喜諸侯王表郃陽侯喜

盍 漢書蕭望之傳致白屋之意謂白盍之屋以茅覆之音合

浩 漢書地理志金城郡浩亹音合門師古音誥

躢 史記衛霍傳穿域躢鞠卽與蹋同

榻 史記貨殖傳榻皮布革吐合反漢書作荅布皆云白疊也

荅遝 漢書司馬相如傳荅遝離支史傳搭樑荔支音同

於邑 史記聶政傳乃於邑曰其是吾弟與無音漢書武帝紀贊言之可為於邑上音烏下烏合反

濕 漢書王子侯表濕成侯忠它合反

闒 史記匈奴傳休養辛馬世世昌樂闒然更始音榻

蓋 史記曹相國世家蓋公古盍反荊軻傳與蓋聶論劍古臘反漢書曹參傳同

二十九葉三十帖三十一業

猒 史記高祖紀以猒當之一涉反當丁浪反漢書猒塞也補遺史記別本或書作厭音同

厭 漢書辛慶忌傳折衝厭難一葉反馮奉世傳抑厭而不揚一涉反春秋左氏傳以厭之也

䀹 史記扁鵲傳流涕長潸忽忽承䀹音接補遺郎睫也

輯 漢書元后傳輯濯越歌與楫同濯與櫂同皆所以行船吳楚人呼橈音饒

虒 史記衛世家子虒伯立音捷

攝 漢書嚴助傳天下攝然奴協反安也

埶 漢書陳咸傳豪強埶服讀曰慹之涉反

慹 漢書朱博傳豪傑慹服之涉反

籥 漢書禮樂志籥浮雲音躍言天馬上躍浮雲也

沾 史記魏其傳沾沾自喜耳正義音帖自整頓也補遺或音擔尺古反漢書音他兼反

諜 史記張釋之傳豈斅此嗇夫諜諜音喋漢傳喋喋多言也

喋 漢書文帝紀新喋血京師大頰反史記作啑正義音歃廣雅云蹀履也師古曰本字當作蹀謂履踐之

補遺史記魏豹彭越傳贊喋血乘勝

叶 漢書五行志叶用五紀古叶字

俠 漢書禮樂志俠嘉夜與挾同嘉夜芳草也言懷挾芳草叔孫通傳俠陛數百人補遺史記刺客傳韓相俠累古挾字叔孫通傳同

唊 史記朝鮮傳將軍王唊音頰補遺漢傳同

歷 漢書文帝紀天下人民未有歷志音陸蔺也快也

倢 漢書外戚傳倢伃音接補遺首昭帝紀趙倢伃

補遺

慴 史記項羽紀一府中皆慴伏之涉反

楪 史記西南夷傳北至楪榆音葉漢傳作葉

嶕嶫 漢書司馬相如傳嵯峨嶕嶫音捷業史傳作礫磼上音雜下五合反埤倉上士劫反下魚棲反字林上才匝反下五帀反

諜 史記三代世表余讀諜紀又譜諜音牒漢書揚雄傳靈宗初諜伯僑兮

墊 漢書地里志巴郡墊江音重疊之疊

摺 漢書古今人表夷王摺音燮

慊 史記樂毅傳自五伯已來功未有及先王者也先王以為慊於其志故裂地以封之雖無音當讀作愜

三十二洽三十三狎三十四乏

陿 漢書景帝紀郡國或磽陿磽瘠薄也 陿偏陿也音狹 補遺別本書作陿

陜 漢書地理志注南山松陜水所出下夾反 補遺史記南越傳將精卒陷尋陜破石門

陿 漢書司馬相如傳赴隘陿之口史記作陜 趙充國傳注山嶋而夾水曰陿音挾詩魏地陿隘 補遺首刑法志其人民也陿阸食貨志陿小漢家制度

袷 史記匈奴傳服繡袷綺衣音裌言天子自所服以繡為表綺為裏

唼 漢書王陵傳始與高帝唼血而盟所甲反

啑 史記孝文紀今已誅諸呂新啑血京師古歃字 補遺首呂后紀始與高帝啑血盟使接反或作喢叉丁牒反

臿 漢書溝洫志舉臿為雲臿鍫也 補遺史記始皇紀自持築臿

押 漢書息夫躬傳羽檄重足而押至音押言相因而至也

厭 漢書五行志地震隴西厭四百餘家一甲反

頰 漢書五行志頰谷之會音夾

補遺

柙 漢書平帝紀義陵寢衣在柙中匱也語虎兕出於柙

臿 漢書司馬相如傳雜臿 史傳雜臿

插 史記田單傳身操版插與士卒分功

陜 史記李斯傳遂秦地之陜陿 漢書郊祀志谿谷中阨陜

匣 漢書文三王傳虎兕出於匣語作押

灋 漢書董仲舒傳其對皆有明灋

班馬字類第五

班馬字類近本行世者有大字不分行本小字分行本諸種暨翁覃谿學士班馬字類附記一卷刊於所著兩漢金石記之末尤徵辨核而覃懷李氏嘗爲之補遺其書梓於景定間每韻先載婁書後附補字並有移正原文之次者今舊刻不可得見流傳者惟鈔本亦不多有此張氏藏書志言傳本絕稀藏書家幾無有知其名者故亟著於錄也是本有玉蘭堂及滄葦諸印知爲前明長洲文氏所藏後嘗入泰興季侍御家者其間㑹不作㑹刃不作刃足免翁氏之抨擊洵善本矣爰梓之以廣其傳而所載婁書字數注文與行世本互有增損或各據所見或出李氏更定均未可知因悉仍其舊未敢輒易亦足資讀者之攷訂爾

道光二十九年己酉冬日海昌蔣光煦識

經籍跋文

予與簡莊孝廉少日皆酷嗜書籍購置不遺餘力凡經史子集得善本輒互相傳觀或手自校勘相質蓋數十年如一日云予性懶質鈍爲學多雜而不專投老無成簡莊精敏果鋭强于記誦而能專意于經學又克廣攬窮蒐今觀所撰諸經跋文鉤深索隱凡古本之爲後之妄人竄亂芟併者莫不審攷其原委次第而字之更改淆混者一一較正令人復得見本來面目不其偉而傳曰博學之審問之慎思之明辨之又曰友直友亮友多聞簡莊生平善于音注在中吳尤與錢辛楣宮詹周猗唐明經黃蕘圃主事往復研究故閱善本而悉品論其是非靡不精核有如此也癸酉十月二十日吳騫志時年八十有一

經籍跋文目錄

經籍跋文

海昌陳鱣仲魚氏著

宋版周易注疏跋

孔穎達等周易正義據序云十有四卷新唐書藝文志及郡齋讀書志同惟直齋書錄解題作十三卷引館閣書目亦云今本止十三卷按序所云十有四卷者蓋兼略例一卷而言若正義原本止十三卷舊唐書經籍志誤作十六卷後皆作十卷又爲妄人所幷也原本單疏並無經注正經注語惟標起止而疏列其下注疏合刻起于南北宋之間至于音義舊皆不列本書附刻音義又在慶元以後即九經三傳沿革例所謂建本有音釋注疏是也以其修版至明正德間止亦侮正德本以其每半葉十行又謂之十行本然它經音義附于每節注後疏前獨周易總附于末卷之後故題爲周易兼義而不偁附音若夫注疏初合刻本則幷不附今世通行者曰閩本曰監本曰毛本每半葉皆九行鱣向藏十行本已爲罕有今秋從吳門得宋刻大字本十三卷每半葉八行行十九字皆頂格經下夾行注有注云二字注下作大字陰文疏字仍夾行先整釋經文然後釋注再接大字經文其款式與日本山井鼎七經孟子攷文所據宋本一一脗合書中避敬恆貞恆等字而不避愼字閒有避愼字者審係修版疑即沿革例所謂紹興初監本

其刷印則在乾道淳熙間也楮墨精良古香可愛每葉楮背有習說書院四字長印未知所在每卷首有孫修景芳印似係明人其經文如今本坤彖傳應地無疆此作无疆大有象傳明辨晳也此作辯晳頤彖傳自求口食此作口實解彖傳而百果草木皆甲坼此作甲㘨繫辭傳其受命也如嚮此作如響其孰能與於此哉此無於字力小而任重此作力少辨是與非此作辯是兼三才而兩之此作三材下三才同序卦傳傷於外者必反其家此作於家雜卦傳蠱則飭也此作則飾俱與唐石經合顧亭林石經攷以力少爲誤錢辛楣辨之甚當攷集解本作力少荀子儒效篇是猶力之少而任重景祐

本漢書王莽傳自知德薄位尊力少任大後漢書朱馮虞鄭周傳贊注引易亦作力少三國志王修傳注引魏略力少任重今得宋本作力少尤可證俗間傳刻之失其注疏中可以勘今本之脫誤更復不少即如咸彖傳疏一段凡一百一字今本全脫宋本之足寶貴如此惜缺其首卷復從吳中周猗唐明經借影宋鈔十三卷本前有五經正義表係錢求赤手校覓善書者補全自謂生平幸事錢校本題識并附錄焉

宋本周易集解跋

周易集解十卷影宋寫本首題易傳卷第幾下題李氏集解今所行十七卷本作周易集解下云 唐資州李鼎祚輯非其舊也前列易傳序傳祕書省著作郎臣李鼎祚序次載晁公武書又次李燾書又次鮮于侁書又次侃子中之書末附易傳略例後載計用章序每葉十六行行十八字自乾坤二卦以外卦爻下俱列某宮某月二世等字作三行凡遇貞恆等字俱缺筆以今汲古閣刻本校之經文如文言傳可與言幾也今無言字噬嗑象傳先王以明罰敕法今作勑法大壯象傳不詳也今作不祥晉六五失得勿恤今作矢得象傳同夬九四其行次且今作趑趄象傳及姤九三同萃彖傳王假有廟今作王假豐彖傳月盈則食今作則蝕象傳天際祥也今作天降繫辭傳其孰能與此哉今與下衍於字易之

以棺椁今作棺槨一致而百慮盡也今無盡也二字皆以宋本爲長至于集解開卷第一條故曰乾元亨利貞矣今脫乾字第二條故曰勿用矣今脫矣字其餘甚多凡引于寶曰今通作干寶余別有攷鼎祚自序本云凡成一十卷中興書目亦作十卷新唐書藝文志作十七卷晁公武云唐錄稱鼎祚書十七卷今所有止十卷而始末皆全無所亡失豈後人并之邪李燾亦云據鼎祚自序止云十卷又首尾俱全初無亡失不知唐史何所據而云十七卷也崇文總目及邯鄲圖書遂稱七篇迺益承唐史之誤按明嘉靖三十六年朱睦㮮刻此書尚作十卷崇禎閒毛晉汲古閣所刻乃作十七卷又改序

中一十卷爲一十八卷以合附錄略例一卷之數而略例仍未之附尤可笑者第十五卷止于知之未嘗復行也而第六卷始于易曰不遠復以經文之一節岐置二卷抑何目眯至此蓋李氏自序中本有別譔索隱之語宋志五行類有李鼎祚易髓三卷目一卷瓶子記三卷當即其所別譔者或附于集解後合之正十七卷故唐志綜其所譔述而言晁李諸家俱未深究原委耳集解自北宋慶歷四年臨邛計用章屬所親眉陽孫景初募工刊刻南宋乾道二年資中郡守鮮于侃刻之學官嘉定五年侃子申之以版復荒老且字小不便于覽者乃將大字刻之漕司此即從嘉定本影寫者用明時戶口

冊籍紙上有嘉靖伍年等字既薄且堅反面印格摹寫工整絕倫籤豪無誤前有毛扆字斧伯號質庵印扆即毛晉之長子知爲汲古閣藏書裝潢極精以璺箋爲面背藏經紙作籤殆所謂宣綾包角藏經箋也凡十冊每冊黏籤猶是舊題攷毛扆斧季汲古閣祕書目以此居首注云宋版影鈔定價銀五兩以呈潘稼堂又不知幾易主後爲潢川吳氏所有嘉慶十一年十月吳閶陶氏五柳居書肆持以相視索直十兩余正擬購得黃君蕘圃已先知之急遣人來攜首冊而去未幾蕘圃臥病然猶持書不釋余欲其速愈也因讓之乃竟如其直買之病果起遂以香相製櫝而藏是冬除夕祭書此其首列

次年余借校未畢將赴試禮部聞蕘圃不赴請以二十金易書于余而彼有難色且恐余身歷宦途它日歸取或難竟促歸蕘圃爲跋于後及余罷舉言旋復借校竣直至殘臘方還愛書之念猶然耿耿越二年余將自吳返里蕘圃適有所需乃以三十金購之較汲古原價已加五倍然斧季固云精鈔之書每本有費四兩之外者今不敢多開所謂裁衣不值緞子價也則此三十金似不爲過余故終感良友之能遂厥初心獲此至寶誓欲重爲摹刻以廣流傳而力少未能姑俟異日獨怪毛氏既有是書而所刊之本絕不相照豈付梓時猶未獲此書邪又有盧氏雅雨堂刻本爲惠定宇臆改百六十餘

處與宋本校對時多乖違且如豫卦集解豫皆作逸乃避代宗諱以故晁公武云集解皆避唐諱今雅雨堂本盡改逸字作豫是亦弗思之甚更不可爲典要矣

宋咸淳本周易本義跋

向從吳中顧氏得宋版周易本義十二卷精美無比有跋刻于綴文又從吳中袁氏得幡宋刊周易本義其卷帙次序悉同宋版惟字樣較大每葉十二行行十五字其經文如比初六終來有它吉不作有他否九五繫于苞桑不作包桑井九五井洌寒泉食不作井冽坤彖傳應地无疆不作無疆頤彖傳自求口實不作口食繫辭傳失得之象也不作得失其受命也如響不作如嚮何

以守位曰人不作曰仁男女構精不作搆精兼三材而兩之故六不作三才下句同序卦傳傷於外者必反於家不作其家決必有遇有下無所字雜卦傳豐多故下無也字俱與宋版相合而可以證俗閒通行本之誤至于雜卦傳遘遇也不作姤遇則此本尤勝攷說文無姤字徐鉉新附乃有之爾雅釋詁遘遇也易姤釋文古豆反薛云古文作遘鄭同馮椅易輯云古文姤作遘遇也亦婚媾也王注易改為今文為姤雜卦猶是古文鄭本同蓋雜卦以無王注故未及改唐石經及宋相臺岳氏本皆作遘流俗相承盡改為姤遂不復知本義原本矣若夫注之勝今本處已見前跋錢詹事潛研堂集宋咸淳本周易本義跋亦詳言之是本為九江吳革刊數原劉容校前有革序稱咸淳乙丑立秋日按乙丑為度宗咸淳元年也宋有三吳革一字義夫華州華陽人宋初勳臣廷祚七世孫官至武功大夫閤門宣贊舍人死宣和之難詳見宋史忠義傳一紹興初江西運制見繫年錄一江州人景定四年四月以權發遣戶部判官兼知臨安府事六月轉朝奉大夫九月除司農少卿仍兼十一月兼勅令所刪修官五年七月罷見咸淳臨安志第會于淳祐中為錢唐令尋通判臨安府見嘉靖浙江通志咸淳元年與景定五年僅越一年耳序云昨刻程傳于章貢郡齋今敬刊本義于朱子故里蓋亦窮經好古之士或謂即宣和殉難之吳革大非是本雖係幡刻而字畫工緻紙墨精良洵堪悅目又曹寅刻于揚州者即此本而改其行款縮為小字密格與之相較不已縣殊乎

宋本尚書孔傳跋

尚書孔傳十二卷宋刻巾箱本題曰纂本點校重言重意互注尚書卷第一次行頂格題堯典第一越五格題虞書又越三格題孔氏傳每葉二十行行二十字以今本校之如大禹謨降水儆予不作洚水奉辭罰罪不作伐罪夔夔齋慄不作齊慄益稷敖虐是作不作傲虐禹貢北過降水不作洚水東迤北會于匯不作為匯五子之歌懍乎若朽索之馭六馬不作凜乎峻宇雕牆不作彫牆伊訓檢身若不及不作撿身太甲中視乃厥祖不作烈祖咸有一德厥德匪常不作靡常盤庚上則惟汝衆自作弗靖不作爾衆盤庚中乃祖先父丕乃告我高后曰不作乃父說命上台恐德弗類不作惟恐武成師逾孟津不作師渡洪範明作哲不作作哲旅獒太保乃作旅獒不作大保酒誥厥心疾很不作疾狠多士序周公以王命誥作多士不作命告今爾又曰不作其曰天休滋至不作茲至君牙亦惟先王之臣不作先正呂刑度作刑以詰四方不作以詰其罪惟鈞不作惟均文侯之命即我御事不作既我汝克昭乃顯祖不作克紹費

誓勿敢越逐不作無敢皆與唐石經及宋相臺岳氏本合其孔傳之勝于今本處不可殫述所附釋文亦可校正近刻凡遇恆桓慎敦等字皆缺筆似是紹熙以前所刊按王德甫司寇春融堂集有宋刻周禮跋云宋版小本有重言重意者又宋本春秋左傳跋云長四寸餘寛不及三寸題云婺本附音重言重意春秋經傳俱與是本體格相同蓋宋時婺本羣經竝刻九經三傳沿革例云婺州舊本即婺所從出也每冊前後有彭城楚殷氏讀書長方印又有傳家一卷帝王書圓印知為錢氏傳藏余得之吳闓書肆首尾完善彫鏤精良小可納懷殊便展玩惜乎司寇已歸道山不及共賞耳

宋本書集傳跋

書集傳六卷宋刻本每葉十六行行十七字首題書卷第一晦庵先生訂定門人蔡沈集傳四字與前序云二典禹謨先生蓋嘗是正之言合此其原式今本第一卷刪去晦庵先生訂定六字及門人二字殊失本來面目集傳本無音前序亦無注今本有之蓋明初坊間附以鄱陽鄒氏音釋而今本更書仍不附音惟成化本尚有宋本序後有真西山題跋又載孔安國序一篇漢書藝文志一條孔穎達疏說一條皆有注後載書序亦有注蓋集傳于書序亦如朱文公之攻詩序遂條辨駁後來書肆重刊率爾削去并前序所附

者俱削之良可浩歎攷淳祐中蔡氏子杭進表稱集傳六卷小序一卷朱熹問答一卷繕寫成十二冊云云其問答一卷久佚僅散見于董鼎書傳纂注中自宋以來張葆舒有蔡傳訂誤黃景昌有蔡氏傳正誤程直方有蔡傳辨疑余芑舒有讀蔡傳疑遞相詰難及元延祐二年議復貢舉書用蔡氏與古注疏並行陳櫟初作書傳折衷頗論蔡氏之失迨法制既定乃改作纂疏以發明之至明洪武十年太祖與羣臣論蔡傳之失二十七年詔劉三吾等撰書傳會選其所糾正凡六十六條永樂中胡廣等奉敕撰書傳大全復崇主蔡傳定為功令以迄于今益屢晦屢顯究之淵原有自以視陳澔禮記集

說胡安國春秋傳可取實多但累經坊刻又失其真是本為吳中顧安道所藏惜缺夏商二卷嘗借讀而校之經文如禹謨降水儆予不作洚水夔夔齋栗不作齊栗益稷州十有二師不作有十泰誓無辜籲天不作龥天武成師逾孟津不作師渡金縢惟朕小子其新逆不作親迎酒誥又惟殷之迪諸臣惟工不作百工弗蠲乃事不作汝事君奭越我民罔九違不作曰我費誓勿敢越逐不作無敢皆足以證今本之誤集傳若堯典母屬傳引呂氏春秋增多十九字今考定武成一篇低一格無傳惟垂拱而天下治後夾注十餘行異同居多又增多百餘字其它字句之異者更復不少知今本皆為後人

刪改是書與家藏宋刻易本義詩集傳正堪竝行安得有力而好事者盡付諸梓以還先儒舊觀且以廣益天下後世之誦習也哉

宋本毛詩跋

毛詩二十卷宋刻本首題監本纂圖重言重意互注點校毛詩卷第一次低二格題唐國子博士兼太子中允贈齊州刺史吳縣開國男陸德明釋文附又次頂格周南關雎詁訓傳第一又次低一格夾注釋文後接毛詩國風夾注釋文接鄭氏箋夾注釋文次提行關雎后妃之德也起每葉十二行行十八字凡重言重意互注俱用規識凡釋文與傳箋相連不加識別與家藏宋本尚書體例略同尚書乃婺本小字此則監本中等字所謂監本者當即岳氏沿革例云監中現行本也經義攷載有宋刻纂圖互注毛詩當即此本惟彼前有毛詩舉要二十五圖此但存毛詩圖譜並不知何人所刻宋時各經諸子皆有重言重意蓋經生帖括之書此本刻畫工整紙墨精良且原于監本斯爲可貴審其避諱愼字缺筆敦字則否殆是孝宗時刻者因校對素所肄業之本經文鄘風終然允臧不作終焉衛風如切如瑳不作如磋遠兄弟父母不作父母兄弟魏風不我知者不作知我唐風弗洒弗埽不作弗掃白石鄰鄰不作粼粼碩大且篤不作實大秦風[illegible]彼晨風不作鴥彼小雅宜爾家室不作室家它山之石不作他山朔月辛卯不作朔日維曰于仕不作予仕鞫爲茂草不作鞠爲亂如此憮不作此幠維暴之云不作誰暴有洌沈泉不作有冽我蓺黍稷不作我蓺受天之祜不作之祜止于丘阿不作止於大雅迺疆迺里不作迺彊渒彼涇舟不作淠彼如珪如璋不作如圭鳳皇于飛不作鳳凰於乎小子不作於呼匪用爲教不作爲用周頌豐年不作豐豐商頌來假來饗不作來享幅隕既長不作幅幀皆與唐石經及宋相臺本合惟瑳字石經作磋攷說文有瑳無磋此與相臺本並作瑳爲是其傳箋之足證今本之誤處尤多附釋文亦多勝于今本又書中用朱筆點句而于諱字則以朱筆規識蓋猶是宋人書塾中課讀之本耳

元本毛詩注疏跋

毛詩注疏二十卷元刻大字本向爲吳中黃蕘圃所收云以白金十兩買諸五柳居書籍鋪者偶爲友人乾沒余從其友人處出錢十千購得之每葉十六行行十八字傳箋釋文及正義夾行行二十五字其款式與向藏周易注疏符合匡格亦約略相同惟此附釋文而夾注字密耳按毛詩詁訓傳本二十卷孔穎達等作正義序云四十卷蓋每卷析爲二唐書經籍志宋史埶文志崇文總目文獻通攷俱作四十卷正義原書與經注別行後來合并始于北宋之末而毛詩又在南宋紹興初元

據山井鼎左傳攷文引黃唐禮記跋云本司舊刻易書周禮正經注疏萃見一書便於披繹它經獨闕紹興辛亥遂取毛詩禮記疏義如前三經彙編精加讎正云云其初合時尙無釋文或又以詁訓傳有釋文之本彙刻卽依其卷帙爲次故作二十卷不依單刻正義本作四十卷元人刻此遂承宋刻二十卷之舊第余所有十行本注疏卽沿革例所謂建本有釋音注疏則作七十卷是又從四十卷妄分相傳至今猶夫宋本周易正義十三卷今并爲十卷禮記正義七十卷今并爲六十三卷春秋正義三十六卷今分爲六十卷五經正義自尙書二十卷外盡失其原遂與端拱元年孔維等奉敕校勘

孔穎達五經正義百八十卷之數不符是本首題毛詩註疏卷第一不注一之一二等字次低二格夾行唐國子祭酒上護軍曲阜縣開國子孔穎達奉勑撰次頂格周南詁訓傳第一夾注釋文畢接正義二字外加規識次頂格毛詩國風夾注釋文正義下接大書鄭氏箋仍夾注釋文正義此當是宋本舊式明嘉靖以下刻本無唐國子祭酒一條卽題毛詩國風漢鄭氏箋唐孔穎達疏非也凡傳箋雙行夾注嘉靖以下本改爲單行上加注字以黑闓之又于傳下箋字亦以黑圜按攷文云箋云二字鄭氏之舊所以別毛氏傳也而後世諸本加黑圍者亦失古意矣又見明刻單注別本并箋下云字去之者更繆凡傳箋下載釋文俱加圓隔其經文與向藏宋本毛詩合處居多惟如切如瑳作如磋鴥彼晨風作鴥彼維曰于仕作予仕維暴之云作誰暴止于巨阿作止於如珪如璋作如圭於乎小子作於呼重刻致誤其所由來者漸矣注疏異同約舉數端召南甘棠注箋云茇草舍也明本箋云二字誤在茇草舍也下衞風定之方中序傳戰於滎澤而敗明本誤作滎澤齊風載驅箋以入魯竟明本誤作魯境魏風末魏國七篇八章百二十句十行本脫此一行陳風東門之池序以配君子也下雙行小字孔安國曰渟水曰池本是釋文明本也下有注字遂以釋文誤入注語小雅十月之交正義而王

基獨云以厤校之十行本校上誤衍十四字大東正義河鼓謂之牽牛明本誤作何鼓大雅泂酌正義郭璞曰今呼餐音脩飯爲饙明本誤作餐者按此卽郭注爾雅中之音山井鼎云宋版音脩二字白書可證周頌思文正義又舜典云帝曰契黎民俎飢汝后稷播時百穀注云俎讀曰阻阻厄也明本誤作阻飢又誤作阻讀曰俎此與十行本合可證古文尙書段懋堂大令譔異中詳之噫嘻箋竟三十里者一部一吏主之於是民大事耕其私田明本脫此二十字蓋因上文使民疾耕發其私田致誤今人校經每以十行本爲祖然其修補之葉居多直至明正德止故亦稱正德本孰若此書元刻元印

並無修版大字悅目尤足寶貴也

宋本周禮注跋

周禮注十二卷宋刻小字本附載音義首題纂圖互注周禮卷第㕥天官冢宰第一㚒注音義下題周禮越格題鄭氏注又次經文起前列周禮篇目次列圖說凡三十五每葉二十四行行二十一字注行二十五字缺秋官冬官四卷以余仁仲本補之亦附音義首題周禮卷第次與纂圖本同每葉二十行行十七字注行二十二字余所見吾鄉吳氏拜經樓收藏宋刻巾箱本周禮纂圖互注王蘭泉司寇有跋大致與此刻同而缺春夏二官又見錢孫保舊藏宋本周禮注春官夏官冬官余仁

仲本天地二官別一宋本秋官以俗本鈔補俱未若斯本之佳前有玉蘭堂印又古吳王氏及辛夷館印又季振宜藏書印蓋始為文衡山繼為王雅宜藏後歸季滄葦者皆鑒賞名家延令宋版書目纂圖互注周禮十卷疑即此又經義攷載周禮附音重言重意互注十二卷引繆泳云元人所輯並無證據且與宋刻纂圖互注毛詩之目自相矛盾此係宋刻無卿以通行汲古閣本校之經文天官大宰一曰邦甸之賦不作郊甸乃縣治象之灋于象魏不作之法小宰斂弛之聯事不作斂強贊玉幣爵之事不作贊王膳夫盛用百有二十品不作百二醫師有疕瘍者不脫有字地官序官林衡胥十有二人不作有一大司徒則民不偷不作不愉小司徒以辨其貴賤老幼癈疾不作廢疾黨正壹命齒于鄉里不作一命牛人共其槁牛不作犒牛充人展人則告牷不作告牲肆長掌其戒禁不作戒令草人彊㯺用蕡不作疆㯺稻人夏以水殄草而芟夷之不作芟荑春官序官天府徒二十人不作三十小宗伯賓客以時將瓚果不作贊祼典瑞以恤凶荒不作以卹世婦凡王后有擽事不作摻事大司樂尸出入不作屍出王大食三宥不作三侑小師簫管弦歌不作絃歌瞽矇同磬師凡祭祀不作及祭鍾師祴夏不作裓夏典庸器而設筍虡不作筍簴大祝一曰稽首不作䭫首都宗人掌都祭祀之禮不作

宗祀夏官大司馬及表乃正帥執事不作師執事司弓矢恆矢庳矢不作痺矢授兵甲之儀不作兵至職方氏東南曰楊州不作揚州其川熒雒不作滎雒其浸盧維不作廬維余仁仲本秋官序官犬人徒十有六人不作十六赤犮氏不作赤友銜枚氏不作銜枚遂士而糾其戒令不作戒命庭氏與救月之矢夜射之不作矢射冬官矢人參分其長而殺其一不作而網前弱則俛不作則俛皆與唐石經合其注之勝于今本尚多茲不具述余家藏宋刻纂圖互注詩書二經今得此而三矣

宋本儀禮注跋

儀禮鄭注十七卷明翻宋刻本首列儀禮卷第一次行

士冠禮第一越三格儀禮越二格鄭氏注又次行經文起注雙行不附音釋每葉十六行行十七字卷末夾注經幾字注幾字凡敬字缺筆而不避徵讓等字疑出于宋天聖以前本相傳爲明嘉靖間徐氏繙刻宋本三禮此其一也日知錄云十三經中儀禮脫誤尤多士昏禮脫壻授綏云云一節十四字賴有長安石經據補而其注疏遂亡又言鄉射脫士鹿中云云七字士虞脫哭止云云七字特牲脫舉觶者祭云云十一字少牢脫以綏尸云云七字以爲此秦火之未亡而亡于監刻近惟吳中黃氏士禮居收藏宋嚴州刻本十七卷最佳每葉二十行每行大二十五字小三十字不等宋乾道八年俞

張淳校刊儀禮有監巾箱杭嚴四本今所存識誤傳嚴本者十餘條皆與之合是本雖係繙刻其原尙在嚴本之前較之俗閒通行本實遠過之經文士冠禮啐醴捷柶興作建柶遂以摯見於鄉大夫鄉先生作卿大夫士昏禮婦説服于室御授作御受巾于北牖下作北墉命之辭曰無辭字視諸衿鞶下有壻授綏姆辭曰未敎不足與爲禮也十四字幷注姆教人者四字弟則稱其兄無則字某以得爲婚姻之故作某得以爲士相見禮若常爲臣者作嘗爲鄉飲酒禮送受爵乃降作遂受司正升立序端作席端遵者降席東南面席下有席字介俎脊脅胳肺脅下有肫字鄉射禮正告于賓上有樂字致

作一个挾之作改取告于大夫曰告上有以耦二字與適左个中亦如之作皆如樂正命東面大師曰作東面命賓與大夫反奠于其所夫下有坐字記送西取弓矢作遂西楅梟橫而奉之作拳之各以其物獲下有士鹿中翿旌以獲七字幷注謂小國之州長也周翿爲旌以獲無物也古文無以獲二十一字燕禮主人盥洗象觚升賓之作賓之大夫皆就席就上有升字大師告樂正曰告下有于字主人拜受爵作拜送記燕朝服于寢下有其牲狗也四字幷注狗取擇人也明非其人不與爲禮也十四字大射儀大夫在干侯之北作大史賓揖乃升無乃字主人洗酬作洗觚上射與左作於左司馬師

坐乘之之下有卒字司射東面于大夫之西北作西北旣拾取矢捆之作捆之相揖還退無還字司射袒執弓射下有遂字退次于序端作退俟僕人師洗升賓觶作實觶司馬師受虛爵司上有卒字司射釋階西作適階衆射者旣拾取矢作繼拾公答拜反位答下有賓字如初受成之禮作受酬聘禮夫人使下大夫勞以二竹簋方作竹簋客辟不答拜作賓辟尙擸坐啐酒作啐醴無儐作無擯下同對曰非禮也敢敢下有辭字復見訝以其摯作見之醴尊于東廂作東箱又拜送君貺寡君延及二三老拜又拜送三字在二三老拜下左擯簋梁作左擁簠梁覲禮歸寧乃拜作乃邦喪服右本在下作左

本亥謂君作爲君特重於大宗者作持重適人不得後大宗作適子婦人不能二尊也作貳尊歸其宗廟作埽其爲無服之殤爲上有皆字卽葛五月月下有者字何以緦也報之也緦下無也字士喪禮受用篚作用篋卽位如西階下作于西楄用簟作於簟三分庭一在南作參分祭服不倒作不到巾待於西階下作待于二東畢乘作貳車執枕作卒枕左還北面作右還來日卜葬其父某甫日下有某字送卽席作還卽卜宅如初儀作卜擇既夕十三夕下有禮字擯者請入告擯上有出字從柩車當前束作柩東記內外皆埽作外內皆坐持體男女改服屬纊以俟絕氣無男女改服何及注裏親膚作

裏親升自西階升下有降字亦可張也作張可上虞禮簟布在其中作簟巾祝佐食降位降下有復字尸卽席坐帷主人不哭作唯主尸授振祭作尸受拾踊三死三日而殯上三字下有哭上告事畢賓出七字特牲饋食禮主人再拜賓再答拜作答再立于門外東房南面作東方立于房中東面作南面卒載加匕去鼎作于鼎立于西南面于下有戶字洗獻兄弟兄上有衆字舉尊答拜祭酒祭上有尸字賓立于觶作卒觶衆賓長左受旅左上有自字奠觶拜長皆答拜下有舉觶者祭卒觶拜長皆答拜十一字各酌于其奠作其尊立于戶內西面作戶外少牢饋食禮筮尸如筮日之儀作之禮臂肩臑

膞骼作膊骼振之三下有以授尸坐取簟興七字尸同受祭于豆祭作受同贊者于房中作房戶賓尸西北面拜送爵作賓戶祝入尸還主人出作入降主人答一拜作壹拜有司徹二手執挑匕枋作執桃賓亦覆手以授作以受賓縮執俎以爵作以降主婦洗爵於房中作洗于房中主人席北面西作西面主人共祭作其祭主人降洗爵作洗觶下同宰夫執爵以從作執觶先生之脊折先上有其字受三獻酌以酢之獻下有爵字祝易爵洗酌受尸作授尸賓尸西北面答拜作賓戶衆賓及主人拜送于廟門外作賓出凡此皆與唐石經合日知錄所云監本脫落者一一皆在且其注亦無不在焉豈非

幸事又注之可以訂正今本者甚多別有校記合之蕘圃所藏宋景德官本儀禮單疏五十卷而賈疏亦全矣因思亭林身際亂離出遊關塞未及購覓善本是以說文眞本及廣韻足本等書皆不可以不備而竟未之見爲可惜耳

宋本禮記注跋

宋淳熙刻本禮記注二十卷吾友吳門顧安道明經所得前有二小印曰乾學曰徐健菴知爲昆山徐氏傳是樓舊藏首題禮記卷第一次行頂格曲禮上第一越二格題禮記又越二格題鄭氏注次頂格經文起每半葉十行行十六字夾注行二十四五字不等每卷後夾注

經幾字注幾字最後卷總書凡幾字又夾注經幾字注幾字末葉題撫州公使庫次題新刊注禮記二十卷幷釋文四卷次列校正銜名七字末題淳熙四年二月日後附釋文中字大版宋刻宋印首尾完善洵經籍善本余嘗過安道所居南城小讀書𠂤出視而欣賞焉安道將刊行未及而歿陽城張君古餘來守蘇州借讀而愛之亟覓好手影摹重彫覆校者即安道之弟千里茂才刻既成以初印本見贈字畫矜莊彫鐫古雅與宋刻鐵豪無異竊念鄭氏經學易書論語孝經注並佚春秋注付服子愼而服注亦亡今惟詩箋及三禮注在耳漢唐石刻有經無注蜀石經晉銅版有注而不存九經三傳

沿革例所謂京師大字舊本紹興初監本監中見行本蜀大字舊本蜀學重刻大字本中字本又中字有句讀附音本潭州舊本撫州舊本建大字本俞紹卿家本又中字凡四本婺州舊本幷興國于氏建余仁仲本俱不少概見是本即所謂撫州舊本葢廑有存者甯非至寶余家藏禮記注有明嘉靖時仿宋刻本有近時仿宋岳氏刻本參互攷訂是本爲長阮侍郎十三經校勘記亦詳言之此攷異二卷尤爲精審祭義天子設四學注四學謂周四郊之虞庠也顧千里云四郊之四當作西正義云天子設四學以有虞庠爲小學設置於西郊是天子設四學據周言之正義本此注是西字非四字後來本誤改作四幷正義中設置於西郊亦改之非是又云其所以致誤者因正義釋此注曰皇氏云四郊虞庠以爲四郊皆有虞庠故遂改之耳不知此正義但廣異說即文王世子凡語於郊者正義所謂或徧在四郊者耳皆不取爲義彼說從西郊不從四郊此可互見皇侃之義以北史劉芳傳證之實出於王肅或肅義作四郊正義序已言皇氏時乖鄭義無足怪者乃或又據芳傳所引幷欲改王制虞庠在國之西郊亦作四郊致爲巨謬云云按所謂或據芳傳者葢指孫頤谷侍御讀書脞錄有云王制虞庠在國之西郊據北史劉芳傳引作四郊葢西字誤也侍御此論嘗親告諸余是書初出段懋堂

大令作禮記四郊疏證申孫糾顧其略云王制四郊孔本作西而祭義四學注謂周四郊之虞庠也系用王制語彼以四釋四則此必是四字確然無疑經必特著周之虞庠在四郊者以其不在國中王宮之東亦不專在西郊與前三代迥異故特書之云云凡數千言顧復作學制備忘記以辨之亦數千言兩家遂成水火余欲爲調人而終莫能解嘗彙其書爲一冊題曰段顧校讎編洪稚存編修見之曰正可對朱陸異同辨相與一笑頃讀撫本禮記故幷及之

宋本禮記注疏跋

禮記正義七十卷宋刻本首題禮記正義卷第一次列

國子祭酒上護軍曲阜縣開國子臣孔穎達等奉勅撰
勑字提行次列正義夾行次曲禮上第一自首至大禮
者所以定親疏節正義之後題禮記正義卷第一終每
半葉八行經每行十六字注及正義小字雙行行二十
二字注後不附釋文前有禮記正義序按序云凡成七
十卷舊新唐志崇文總目文獻通攷皆同蓋北宋初刻
正義單行本七十卷玉海卷三十九禮記疏一條云咸
平二年三月己巳祭酒邢昺上新印禮記疏七十卷是
爲正義原書南宋初與經注合并尚從正義原分之卷
厥後附釋音本又改爲六十三卷而原定卷次遂亂此
必南宋初刻與山井鼎攷文所據宋本多合而彼有缺

卷此則純全誠希世之寶也向爲吳門吳拙菴行人所
藏傳于其子企晉博士乾隆十四年惠定宇徵君取校
毛氏刻本計脫誤萬餘字爲跋而識之有云四百年來
闕誤之書犂然備具爲之稱快其後七十卷之本歸于
曲阜孔氏而定宇本間或傳校毛刻有書賈錢聽默竊
以所儲十行本重臨惠校綴以原跋十行本者亦南宋
時刻以其每半葉十行故偁十行本首題附釋音禮記
注疏亦偁附音本前序後有建安劉叔剛宅鋟梓又偁
劉叔剛本實即沿革例所謂建本有音釋注疏其版漸
損遞修至明正德故山井鼎攷文目爲正德本厥後閩
本監本毛本皆從此出聽默所臨每與惠校不符蓋十

行本與七十卷本合者無庸點勘惟毛本脫誤最甚故
惠跋計改字數如許之多聽默詭言惠校宋本且僞用
故家收藏印記鬻諸長安貴客以獻伯相和珅遂屬其
黨復將毛本略校影寫摹雕後有珅跋下用致齋和珅
小印又大學士章又壓角印曰子子孫孫其永寶之時
乾隆六十年事嘉慶三年其家籍沒版已散亡印本流
傳甚少余家舊有十行本惜多修版近得和刻因借友
人所臨惠本而重校之其所分七十卷俱鉤識之至于
第十九卷曾子問第二十一葉十行本久經全脫閩監
毛本因而空白者和刻已補其連脫數行者縮寫補全
惟妄改處頗多茲照惠校更正仍目之曰宋本以和刻

亦原于宋也世有好事能將孔氏所藏之宋刻七十卷
精摹重梓嘉惠士林豈不偉歟豈不快歟

元本禮記集說跋

禮記集說十六卷元刻本首題禮記卷第次題後學東
匯澤陳澔集說按經義攷陸元輔曰澔字可大都昌人
宋亡不樂仕進教授鄉里學者稱雲莊先生今觀其自
序云先君子師事雙峰先生益其父大猷爲饒雙峰弟
子雙峰師黃中立爲朱文公再傳弟子故得籍其餘蔭
又云書成甚欲就正于四方有道之士而衰年多疾遊
歷艮艱姑藏巾笥以俟來哲後題至治壬戌攷壬戌爲
元英宗二年入元已四十三年是時猶未刻也此本首

卷後識云天歷戊辰建安鄭明德宅刊行天歷戊辰爲文宗元年上距壬戌相距五年殆至是始爲刊行耳自序後有凡例五條首校讎經文列蜀大字本宋舊監本興國于氏本盱郡重刊廖氏本建本注疏南康經傳通解凡六種次援引書籍次注說去取次音文反切次覺句分段皆今本所無明內府刻本尚有書凡十六卷明刻本猶然今本十卷不知何時坊刻所并經義攷作三十卷則又誤同永樂大全之卷當改題爲十六卷也每葉二十二行行二十字余得諸中吳袁氏五硯樓者末有白隄錢聽默經眼小印蓋書賈錢景開所收而袁氏購之元人說經之書而猶是初刻之本斯爲難得耳其

經文之勝于今本及不合古本又其說之背于古者具詳余所著禮記參訂茲不贅錄攷宋時劉愻有禮記集說衞湜有禮記集說百六十卷元時又有彭絲禮記集說四十九卷咼爲仍襲其名且其父名大猷而子字曰可大其學宗程朱而名曰澔與程純公名相犯止加水旁皆有可議者其生平無它著作株守窮鄉妄欲說經垂世而固陋空疏弊端百出經義攷目爲兎園冊子殆不爲過攷延祐科舉之制易詩書春秋皆以宋儒新說與古注疏相參惟禮記專用古注是書之作本已違制故不爲儒者所傳明初定制禮記亦尚崇鄭注孔疏自永樂中胡廣等修五經大全禮記始用陳澔集說爲主

四百年來以之取士因循未改不過因其簡便易明然觀其自序但云欲以坦明之說使初學讀之卽了其義而已後之頒行學官所謂始願不及此耳余少時所誦習者坊間刻本誤字孔多今得以校正遂跋而藏之

宋本春秋經傳集解跋

春秋經傳集解三十卷明繙宋相臺岳氏刻本首題春秋經傳集解隱公第一次低四格杜氏注越三格盡十一年次傳文起每葉十六行行十七字注雙行附釋音每葉之末上刻篇識經傳俱加句讀與乾隆四十八年仿宋刻本纖豪無異惟每卷後無亞形相臺岳氏刻梓荆谿家塾印耳前後序俱全尚有年表一卷名號歸一

圖二卷此本則亡攷明時繙刻有二此其最精者少時所讀者杜林合注今以經傳校之然後知合注本之誤謬隱元年傳非君命也作公命二年傳費庈父作庈父三年傳百祿是荷作是何四年經庚戌衞州吁弒其君完作戊申公及宋人遇于淸作宋公七年傳告終嗣也終下有稱字九年經天子使南季來聘作天王十一年傳遂與鄭氏歸而立其主作尹氏桓二年傳以照臨百官作臨照五年傳況敢陵天子乎作敢陵六年齊使乞師于鄭齊下有侯字十年傳乃獻又求其寶劍獻下有之字十一年經公會宋公于夫鐘作夫鍾十七年傳疆場之事作疆場後仿此莊六年傳必度於本末作度其

八年經殺其君諸兒作弒其傳刼而束之作劫而十八年傳遷權於那處作那處二十一年傳王巡守虢作虢守二十二年傳使爲工政作工正鳳凰于飛作鳳皇二十三年傳王有巡狩作巡守閔二年傳及狄人戰于滎澤作熒澤僖元年經獲莒拏作莒挐傳君子以齊人殺哀姜也人下有之字九年經晉侯詭諸卒作佹諸十八年傳而從師于訾婁作而後二十三年傳懷其安實敗名作與安二十四年傳屏括摟嬰作樓嬰二十五年傳晉于是始起南陽作始啟乃降秦師囚申公子儀重秦師二字二十八年傳命晉侯侑作侯宥及其元孫作及而三十年傳焉用亡鄭以倍鄰作陪鄰文五年傳楚子

變滅蓼楚下有公字六年傳辟刑獄作辟獄刑謂之得禮作德禮十一年經會郤缺于承筐作承匡十四年傳廬戢黎作戢梨下同十五年經齊人侵我西鄙齊上有秋字傳蔡侯鄭伯許男曹伯盟于扈蔡侯下有陳侯二字十六年傳楚子乘驛作乘馹鱗鱹作鱗矔賜左右以使行作而使十七年傳而從於彊令作彊令宜四年傳汰輈作汏輈楚人爲乳穀作謂乳下爲虎同九年傳厚賂之作厚賄之十一年傳反之可乎曰可哉曰上有對字十二年傳屈蕩戶之作戶之又何以爲京觀乎作可以成二年傳士燮將上軍作佐上衆之不可已也可下有以字九年傳謂修好結成作請修十三年傳虔劉我邊

陲作邊垂而我之昏姻也無之字十五年傳會吳鍾離吳下有于字襄七年傳公族穆子有廢疾作癈疾十年傳伐我西鄙作侵我十三年傳獲保首領以殁於地作以沒十四年傳吾今實過作吾令夫君神之主也民之望也上也字作而十年傳郰叔紇作鄹叔妨于農功作農收十九年傳穆叔曰叔下有歸字二十一年傳欒盈出奔楚欒上有秋字二十二年傳鄭游販作游販二十三年傳非鼠何如作如何二十四年傳樂只君子作樂旨後只同二十五年傳賦兵車徒卒作徒兵二十七年經冬十有二月乙卯朔作乙亥傳晉荀寅遂如楚涖盟作荀盈二十八年傳武王有亂臣十八無臣字二十九

年傳展玉父作王父三十一年傳年均擇賢作年鈞下句同昭元年傳趙孟曰天乎作天平三年傳豆區釜鍾作釜鐘四年傳咸尹宜咎作箴尹五年傳自王以下作已下明之未融作明而九年傳膳宰屠蒯趨入作膳宰十年傳郳八薛八郳八下有滕八二字十三年傳饑者食之作飢者十九年傳郹陽封人之女作郥陽二十五年傳吾聞文武之世作文成戮力壹心作勠力二十八年傳僚安楊氏大夫作陳氏三十年經徐子章羽奔楚作章禹定元年傳凡從公出作君出四年傳子涉漢而與之上下作沿漢五年傳民之攸暨作攸墍八年傳獲叔子與析朱組作朱鉏十五年傳事死如事生無下事

字十六年傳日月以幾作日日十七年傳言過於其志作吉過二十三年傳非敢燿武也作耀武二十六年傳獻公孫於衛齊無衛字大都與唐石經合其注之勝于今本者尚多茲不具述因思相臺岳氏當日命良工刻梓家塾且與明經老儒分卷校勘不使有豪釐訛錯視廖氏世綵堂本加詳焉明時繙刻已次原版殆如虎賁之于中郎雖無老成人尚有典型後之讀者當奉爲典型也可

宋本穀梁傳單行疏跋

春秋穀梁傳疏十二卷照宋鈔本是疏本單行而卷第仍范甯集解之舊文獻通攷玉海並引崇文總目作三

十卷云唐國子四門助教楊勛譔皇朝邢昺等奉詔是正令大學傳授然唐宋二志書錄解題俱作十二卷疑崇文總目三十卷乃十二卷之誤趙希弁讀書附志載春秋穀梁傳注疏二十卷云昭德先生讀書志中有諸經注疏獨無穀梁注疏云攷晁志有單疏無注疏趙未悉其例趙所見注疏合幷已作二十卷至今相沿不改遂失其原是本出章邱李中麓家惜缺文公以前五卷字多駁落繕寫雖不工然行款悉依舊式其駁落處俱空白長州何北山焯嘗據以校汲古閣注疏改正甚多今爲周猗唐明經所藏余又從猗唐借鈔首題春秋穀梁疏卷第幾越三格某公次行低八格唐國子四門助教楊士勛撰又次頂格疏文起每半葉十二行行二十字二十一字不等凡疏傳處有傳字疏集解處有注字其九勝于明刻本者如文二年疏左右八寸作七寸與儀禮經傳通解合桑猶喪也今本公羊傳注脫此四字四年娶於大夫者作娶乎與公羊傳合十四年世家及世本是齊昭公也上有齊侯潘有二五字宣二年法峻整法上有嚴字三年無災而已災下有害字與公羊傳注合八年日下昃乃克葬昃作稷與注云稷昃也合十五年平者成也作夏五月宋人及楚人平十六年成周宣榭作宣謝與釋文或作謝合說文無榭字古皆作謝成元年則兼作也則上有言新二字十二年臣下誰敢

於效爲之作孰敢放效爲之十三年稱人以執是伯作稱侯以執爲惡十七年故決其不以伐鄭致作故決其以伐鄭至襄十年彼向來陵遲作尚未陵遲三十年月卒日葬者也作月卒者葬非葬者也昭三年夏叔至成公作五月葬滕成公八年滅國作傳閔之也四字釋曰下有傳解二字哀二年二顧速不進作三顧與左傳合七年有臨一家至焉作有臨一家之言焉凡此之類皆足以資攷證雖斷圭殘璧要自可寶耳

宋本論語音義跋

論語音義一卷影寫北宋蜀大字本首列論語音義一次陸氏銜名次論語序每半葉十行每行大十八字小

二十五字與孝經音義孟子音義同一格式合裝一冊前有宋本長圓印及甲字方印又毛晉毛扆父子名字印蓋係毛氏汲古閣所藏墨妙筆精與宋刻眞本無異今藏吳中周氏香嚴書屋吾友黃蕘圃既刻其所有錢氏述古堂影寫宋本孟子音義因將孝經論語音義精摹重刊目曰三經音義按經典釋文今亦惟香嚴書屋所藏葉林宗影宋鈔本爲取善徐氏通志堂雖據以刻入經解而舛誤甚多盧氏抱經堂又借校重刊尚未盡善良由改其行款別經繕寫且以意改竄遂至失眞今以徐本論語音義校之學而篇號曰司馬法作号曰八佾篇援祭山曰旅作按祭木鐸直略反作直洛反盡津忍反下有注同二字里仁篇造次鄭云蒼卒也作倉卒公冶篇賦爾論作傳作作傅棁本又作掇草悅反作本又作棳章悅反便辟作便僻述而篇亡而爲有比舊爲別章作此舊有之誄曰或云作讄作孔云作讄則葸鄭云殼質貌作㲉質子罕篇韞鄭云裹也作褁也鄉黨篇居不容作不客山梁作山粱見雉食粱粟作粱粟先進篇鈍也徒頓反作徒遜反會箴字皙作會箴子路篇之迂鄭本作于于枉也作往也憲問篇公綽本又作綽作本又作焯大夫僎本又作僎作本又作撰荷蕢本又作河作本又作何衞靈篇絕糧鄭本作粻音張下糧也作云糧也陽貨篇彊賢作強賢涅而謂黑土在木中者也作涅而謂黑土在水中者也據樂又音樂作又音洛凡皆勝于徐刻而與影宋鈔釋文本合書以宋本爲貴況乎論語九八人童而習之白首不廢者鱣向著論語古訓惜未得是本一校褱年見此照然若發蒙矣

宋本孝經注跋

孝經一卷唐明皇注繙宋相臺岳氏刻本首題孝經一卷次頂格開宗明義章第一又次頂格經文起注雙行附釋音每加句讀前有唐元宗皇帝御製序每半葉八行行十七字卷末有亞形篆書相臺岳氏刻梓荊谿家塾印與所刻各經同以明本校之開宗明義章汝知之乎作女知下吾語汝同刑於四海作刑于孝治章而況於公侯伯子男乎作而況下同廣要道章敬一人則千萬人悅作而千喪親章此哀戚之情也作哀慼注開宗明義章光顯其親作光榮諸侯章則常爲社稷之主作長爲恆須戒懼作戒愼庶人章公賦既充作既足三才章人之恆德作常德孝治章萬國舉其多也作舉其大數也上好理皆得懽心作然上孝理皆得懽心聖治章參問明王孝理作曾子問更有大於孝不作孝否懸衾篋枕作縣衾聖人順羣心以行愛敬作民心君子之不貴也之下有所字臨撫其人作臨於五刑章聖人制作禮樂作禮法諫諍章作諫爭故疑而問之之下有也字感應作應感章光于四海作光於喪親章故發此事作

此章大都與唐石臺本合此宋刻本向藏昆山徐氏前有傳是樓及徐炯珍藏祕笈二印後有徐中子及彭城中子審定二印今本爲桐鄉金氏翔和書塾精摹繙刻覩原本幾欲亂眞安得更有周儀二禮公穀二傳及論孟出焉盡繙刻之俾世人共見九經三傳相臺本之全邪

宋本爾雅疏跋

羣經之疏本白單行今尚存宋本有三而皆萃于吳中三者何儀禮也穀梁傳也爾雅也儀禮疏爲黃蕘圃所藏宋景德官刻本五十卷每半葉十五行行二十七字惟第三十一至三十七凡缺六卷穀梁傳疏爲周猗唐

所藏李中麓家照宋鈔本十二卷每半葉十二行行二十一字自第一至五凡缺五卷爾雅疏二部一爲蕘圃所藏一爲袁壽階所藏並宋刻本十卷每半葉十五行行三十字首尾俱全余嘗賦五硯樓詩贈壽階云好留漬墨更磨丹爾雅蟲魚手自刊爲言江夏無雙士東郭西郊并二難蓋指兩家各藏爾雅疏蕘圃居東城壽階居楓橋也壽階既歿藏書多散爾雅疏亦爲蕘圃所得蕘圃因其重複也遂將已所有者歸諸余余乃以白金四十兩購之凡六冊中有文淵閣印審係明內府舊儲宋錦作韜外用香柟製匣鐫題名目一一精良印本雖稍遜壽階所藏而裝潢之美則過之可傳書庫中神品

矣攷邢叔明自敘云爲之疏釋凡一十卷宋史藝文志玉海皆作十卷今細按之卷一釋詁卷二釋詁下卷三釋言卷四釋訓釋親卷五釋宮釋器釋樂卷六釋天卷七釋地釋丘釋山釋水卷八釋草卷九釋木釋蟲釋魚卷十釋鳥釋獸釋畜俗本注疏分十一卷極爲無理就所見元時刊本已然至今相沿不改猶賴單行疏尚存耳首列爾雅疏敘次列邢氏名銜奉勑校定勑字提行敘中今既奉勑校定同下文睿旨又提行後接爾雅疏卷第一次爾雅序次釋曰起後接釋詁第一經注或載全文或標起止皆空一格下偁釋曰後來所刻妄加刪改誤處甚多余別有校記大約經文與唐石經合者居

多注文亦遠勝今本而疏文完善頓使耳目一新昔錢辛楣詹事跋壽階藏本謂此書引陸氏艸木疏其名皆從木旁與今本異攷古書機與璣通云云余所得元版詩疏引陸氏疏尚多有作機者俗閒詩疏盡改王旁皆爲李濟翁資暇集所惑詎知此疏本俱作機書以宋版爲貴卽此一字已屬信而有徵又況全經之足資攷證也乎

宋本孟子音義跋

孟子音義二卷影寫北宋蜀大字本首列孟子音義序次孫氏銜名二行又次序文起後接孟子音義上每半葉十行每行大十八字小二十五字每後半葉格外上

有虞山錢遵王述古堂藏書細楷十字精美無比吳中黃蕘圃得而重刻其同鄉周猗唐亦有藏本係汲古閣影宋鈔曾而校勘與此同出一原卽有一二誤字兩本皆同自是宋刻原文亦弗改易益其慎也汲古閣本有毛斧季跋其條目有孟子篇敘云云錢鈔已削因據毛鈔附刻詳見蕘圃跋尾今以昆山徐氏餘姚盧氏曲阜孔氏安邱韓氏諸刻互證惟此本爲善如梁惠王上天降下民音義今尚書太誓此本作大誓與尚書僞孔傳及王肅注合益大誓卽大誥之大也萬章下將比音義丁眦志切此本作眦失切與廣韻五質之眦必切合作眦志者涉下文而誤或作眦先者先與失形近致誤也

約舉二端以見梗概至于滕文公下範我音義或作范氏范氏古之善御者按後漢書班固傳云范氏施御李賢注范氏趙之御人孟子曰趙簡子使王良御終日不獲一禽反曰天下賤工也王良曰吾爲范氏馳驅終日不獲一爲之詭遇一朝而獲十據此知古本作范氏又文選東都賦李善注引括地圖云夏德盛二龍降之禹使范氏御之以行經南方下引孟子曰趙簡子云又引劉熙曰横而射之曰詭遇是引括地圖以注范氏施御何復引孟子以注下辔不詭遇句不當牽合選注引孟子仍作範我馳驅音義不過廣異聞耳至于經注舊刻則有若李中麓所藏北宋蜀大字本鄭師山所藏宋劉氏丹桂堂巾箱本何義門所校宋岳氏相臺本何小山所校宋廖氏世綵堂本疏則有十行本皆讀者所當深攷耳

宋本四書跋

宋淳祐本四書大學章句一卷中庸章句一卷論語集注十卷孟子集注十四卷大學序後有跋云四書家藏人誦而版行者類多細字不無訛舛今得燕山嘉氏所刻宣城舊本于京師經註字等實使觀讀於是補其殘闕置諸泳澤書院嘉與學者共之淳祐丙午秋八月識凡五行攷嘉氏宋有嘉正太平興國進士湘鄉人又有嘉承汞州司法此燕山嘉氏不知何人京師原本空格

蓋指臨安而泳澤書院亦未詳何地四書㝡先刻者爲臨漳本此宣城舊本不知視臨漳所刻何如而繕寫精良字大悅目誠爲至善近得是本于吳中似係國初繙刻者與向所藏易本義詩集傳諸宋本規模具體而微每葉十六行行十五字注作大字低一格嘗以今本校之大學其命維新作惟新中庸必有妖孼作妖蠥黿鼉蛟龍作鮫龍考諸三王而不謬作不繆論語序後有讀論語孟子法一篇惟仁者作唯仁女得人焉耳乎作爾乎惟我與爾有是夫作唯我忽然在後作忽焉沒階趨進翼如也作沒堦趨無進字按注引陸氏曰趨下本無進字俗本有之誤也蓋經文無之故引是說惟堦字偶

从俗下文阼階仍作階也厩焚作廄焚斯爲之仁矣乎作巳乎毋自辱焉作無自期月而巳可也作朞月冉子退朝作冉有唯上知與下愚作惟上鐘鼓云乎哉作鍾鼓孟子將以釁鍾作釁鍾下鍾鼓並同其如是孰能禦之作若是王曰吾惛作吾惽行者有裹糧也作裹囊與鹽鐵論取下篇云行者有囊合古公亶父作亶甫凶年饑歲作飢歲思以一毫作一豪則塞乎天地之閒作塞于泰山之於丘垤作太山矢人惟恐不傷人作唯恐下同吾聞之也君子不以天下儉其親無也字又從而爲之辭無而字古之爲市者作市也予三宿而出晝作而後出晝其命維新作惟新井地不均作不鈞有小人之

事作小民有攸不爲臣作惟臣注同按趙注無不惟念臣子之節本作惟也泰誓曰作太誓後同此率獸而食人也獸上有禽字事在易而求諸難作求之則天下平作而天下平瞽瞍厎豫作厎豫注有厎之而反四字好勇鬬狠作鬬很王使人瞷夫子作瞯夫子下瞯良人同則其小者不能奪也作弗能必至于穀作必志孝悌而巳矣作孝弟彊恕而行作強恕見且猶不得亟作由不無不知愛其親也作親者獨孤臣孽子作孼子可以無饑矣作足以無飢矣亦不隕厥問作不殞來者不拒作不距人能充無穿窬之心作穿踰俱與唐宋石經及七經孟子考文補遺合孟子集注十四卷尙仍趙注古本

之舊明初刻本猶然不知坊本何以并爲七卷也其注之與今本異者大學古之欲明明德注欲其必自慊作欲其一於善先愼乎德注作先謹避諱中庸天命之謂性注蓋人知己之謂性云云作蓋人之所以爲人道之所以爲道聖人之所以爲教原其所自無一不本於天而備於我學者知之則其於學知所用力而自不能巳矣故子思於此首發明之讀者所宜深體而默識也道也者注則豈率性之謂哉作則爲外物而非道矣天下國家可均也注至難也下作然不必其合乎中庸則質之近是者皆能以力爲之若中庸則雖不必皆如三者之難然非義精云云此三條皆依未改原本前二條與

四朝聞見錄合德輶如毛注作德輕上天之載注作之事論語道千乘之國注道治也下有馬氏云八百家出車一乘十字爲政以德注行道而有得於心也作得於心而不失之謂也愼終追遠注愼終者作謹終者殷禮吾能言之注宋殷之後作商之後揖讓而升注揖讓而升者作揖遜能以禮讓爲國乎注讓者作遜者皆避諱據於德注德則行道而有得於心也作德者得也得其道於心而不失之謂也得見有恆者注有恆者作有常君子篤於親注愼終作謹終皆避諱莫春者注莫春和煦之時無此六字禮云禮云注且如置兩椅作兩倚夫子之得邦家者注聖而進於無進於二字雖有周親不

如仁人注不如周家之多仁人作少仁人與書泰誓傳合孟子無恆產而有恆心者注作常產常心夫子當路於齊章注一匡天下作一正避諱二老者注其意皆與此合無其意二字帝使其子注又言作史記言主司城貞子注作正子避諱富歲子弟多賴注故其所賴藉作顧藉山徑之蹊間注山路也作小路動容周旋中禮者注細微曲折無曲折二字凡皆勝于今本其注之尤爲切要者大學此以沒世不忘也注詠歎淫泆作淫液論語子問公叔文子注衞大夫公孫枝也作公孫拔按困學紀聞云大學章句詠歎淫液刊本誤爲淫泆又云論語孔注作公孫拔集注云公孫枝蓋傳寫之誤此在宋季已然毛大可四書改錯妄加指斥豈知本不誤也孟子紂之去武丁未久也注凡七世作九世閩本詩四書釋地嘗言其誤宋本並未嘗誤抱關擊柝注柝夜行所擊木也作行夜四書釋地引何屺瞻曰集注柝行夜所擊木也本用趙氏注今皆訛爲夜行雖監本亦然百詩謂行夜夜行何啻霄壤假使兩家得見斯本當亦爽然其它一二字異同及助語音切之增損者猶不可悉數向藏明內府所刻四書大字本已與時刻不同然經注字不相等且不免舛謬注語間有刪削自後坊版漸失其初矣以家藏人誦童而習之之書何可任其謬種流傳不意衰年獲見善本如撥霧開天詎非幸事家中又有國初繙刻宋咸淳本周易本義與所藏宋本次序悉合紙墨並佳較之是書大略相等然咸淳本周易世尚有之錢辛楣詹事曾有題識獨此淳祐本四書從未有語及者一旦得之不尤足珍重耶

經籍跋文

海昌蔣光煦校

蔣君生沐得陳簡莊徵君經籍跋文爲刻入別下齋叢書梓旣竣武原張石匏先生復以舊錄宋本四書跋一道寄蔣君覩所刊微有異同至大學條云如琢如磨作如琢从豖不从豕下同中庸條云尙不愧於屋漏作愧于皆刊本所無也文後附錄宋刻小本九經校條若吾惛不能進於是矣惛下有而字行止非人所能也能下有爲字且以文王之德無以字夫子旣聖矣矣下有乎字自生民以來自下有有字未有盛於孔子也子下有者字由己入而恥爲己由作猶齊疏之服作齋若已推而內之溝中若作如斯無邪慝矣斯上有則字又爲跋所未及豈小本自別抑與石經等殊異故文中不暇縷

稱歟徵君著作等身皆有實際不爲空綺之辭往者儀徵相國爲刻其續唐書今是編又得蔣君梓之於撰述之心其亦可以無憾矣乎然徵君嘗註說文未成而歿歿而其稾散佚不知所歸則懷鉛握槧之士矻矻窮年筆墨有不得傳於世者又何可勝道哉邑後學許洪喬謹識

吾鄉陳簡莊徵君生平專心訓詁之學閉戶勘經著述不倦中年需次公車嘗與錢竹汀宮詹翁覃谿閣學段懋堂大令抽甲庫之祕質疑問難以爲樂如綴文所載校勘宋刻周易本義跋之類攷證異同有竹垞經義攷所未及者晚客吳門聞黃蕘圃主政百宋一廛九經三傳各藏異本于是欣然定交互攜宋鈔元刻往復易校校畢輒繫跋語以疏其異同兼誌刊版之歲月冊籍之款式收藏之印記莫不精審確鑿俾經生家如見原書不至爲俗刻所誤其功與攷定石經無以異暮年歸隱紫微講舍手自鈔撮成書已見綴文者不錄凡十有九篇署曰經籍跋文吳兔牀明經讀而善之其詳已見題

辭未幾徵君下世手校手著盡爲書估所得跋文一書幷無副本學者惜之戊子春季庭芬於西吳書舫適見是冊爲徵君手稿不覺狂喜急以善價購歸學師錢深廬夫子亦讀而稱善手錄一通藏諸學舍今夏命芬校定數字將屬同門蔣君光煦刻入別下齋叢書竊幸是書旣佚而復存後儒之專訓詁者得見古經面目不更勝讀九經三傳沿革例乎于是誌其緣起如此道光十有七年歲在丁酉清和月後學管庭芬芷湘氏謹跋于滓江寓館之太古軒

中興備覽目録

第一

第二

第三

議聽言之難

中興備覽第一

左宣奉大夫守尚書右僕射同中書門下平章事兼知樞密院事都督諸路軍馬臣張浚上進臣恭被聖訓令臣以所見聞置冊來上用備乙夜觀覽顧惟遭逢之盛無媿古人謹齋戒沐浴條列大綱百拜以進目之曰中興備覽第一臣之繼此又將有所獻也易曰君不密則失臣臣不密則失身機事不密則害成願陛下尚戒之焉臣頓首謹序

議征伐

孟子曰征之爲言正也各欲正已也焉用戰蓋在已者不正則無以得天下之心作天下之氣臣願陛下強勉

修德先正其身夫左右前後之人犯顏拂意惟善是言則陛下聞見益廣聖德日新左右前後之人遜志順旨求悅聖心則陛下過失益著聖德日衰天下從違自此分矣況兩宮遠狩四方困窮所責望于陛下者如何耶惟陛下戒之謹之無謂其細故而忽也斥去邪佞登崇俊良以福天下以隆社稷

議用兵

用兵之道貴在專一心有所主不憂中制則雖敗而能勝弱而能彊自古見於行事此類非一也若夫號令改易進退猶豫則未戰而先敗矣臣竊爲富平之舉不能擇將而任之紛紛然徒事約束是以終至於敗今日之

事朝廷當以為戒也

議姑息

世之儒者拘於古義惟知薄賦省刑可以得天下之心而不知排大難除大患權一時之宜救四海之急其用心非不本於仁取之於民有不得已者且愛民而姑息之一旦有急不能保護使之父子流離生事委棄安在其為仁也況兩宮未歸中原從望天下之心所以責望於我者至重乎雖然兵興之久生民憔悴益甚矣願陛下勉之寸陰是惜至誠有為以慰天下臣請以死効力焉

議間諜

自古用兵莫先於料敵而間諜之發本以為之輔耳故能察見虛實分別情偽莫有失者若夫今日聞某處聚兵即發兵以應之明日又聞某處聚糧即又發兵以應之是惑於聞聽而常制命於敵矣臣願異時邊警有急當先料之於心無或輕出號令則失誤鮮矣

議指揮諸軍

號令出於一則令嚴而事有所濟使臣行事於外而朝廷異論於內則上下觀望鮮能成事也

議固結人心

臣嘗謂方天下無事之時君臣上下之分其勢足以相維雖人君不能修治其身及繩正其左右以失天下之心為禍也尚遲乃若艱難多故敵情不測人心易怨君人者儻有差失禍亂不旋踵而作矣大勢一去不可復合無以微而忽之幸也

議駕馭將帥

論者謂人主之御將當結之以恩待之以禮此固是也然臣竊以為服將帥之心莫若一循理道而加以至誠則何事不濟若一有不歸於正彼雖遜順伏從而其心已窺測覬望矣唐自肅宗之後藩鎮跋扈終制於外焉若必曰某為君子某為小人一一別之又未知其真能辨之否也加人以不善之名則人必報之以至惡之實朋黨交傾端自此始然則人主宜如何哉知之于心待

之以權使上下內外各當其分真為小人者方且化而遷矣使其言者之誤而吾未嘗以此名加之人心豈不悅服乎

議名器

論者曰方今名器猥濫宜有以更張而貴重之此意誠是也然臣嘗觀漢高祖有天下起於匹夫分土列爵以收天下之豪俊而卒成帝業其後光武中興布衣之交並列三公大小功臣以千百計豈有他哉定天下之大難救百姓之塗炭非有以振動鼓作之未易得其死力也夫賞幸予私徇情納賄此可為名器之濫至於激厲將士至於忘身豈非有以啟其心者乎

議親近之人

臣竊惟人主之尊譬如北辰不動於上而衆星拱之是以聖人治天下必謹選左右親近賢良以輔成其德嗚呼見君者非齋戒沐浴恭獻善言則不敢輕進焉若使小人或得以肆其市井之說是爲褻尊矣至於詢之芻蕘以問利害茲固無不可者

議君子小人

朋黨之論起而君子小人之名紛然交作莫知其孰是孰非自古患之矣夫志在天下國家此君子也志在一身此小人也然而託君子之言行小人之志其事甚微其情難辨人主當留意焉雖然自昔帝王之用心惡聞

人之有過而喜人之改過其小人也使之退聽自省而已幸而改過猶用總攬英豪宥失之過方今逆豫盜有中原神人共憤彼方且假吾爵祿以欺詐其下在我者當如何耶

議分別邪正

方今士大夫之賢者莫不欲主張清議發明正道以爲萬世人臣之戒誠以有天下國家要在夫得人以維持之故忠義大節不可不明苟使持祿保身隨時俯仰者得行其志則馮道之徒復見於後日矣豈人主之利耶然臣嘗謂天下自有要道隨時舉措則盡得天下之心而致治不難也且闔城之役明受之變當時從邦昌而爲侍從御苗傅而有所施爲其罪固大厥後乃繼踵作相持握化權果何以勸忠義示風俗耶若夫論者必欲正其罪而暴白之則又失中矣何者士大夫之不能死節義則無所不爲而死者人之所甚難未可人人而責之也今正名其罪則有過者無以自新非其本心者無以自見附僞之人知其無所逃於天地之間將與我爲死敵矣非國家之善計也臣願陛下戒忠義之不可不勸思有以發揚而榮顯其身至於不幸而得罪於名教者則亦哀矜技拭特遠而去之不委以心腹之任則取天下定國家明教化之術盡於此矣

議彈擊

自昔爲臺諫之臣通曉古今深明治道者其弛張獻替莫不以天下國家爲念嘗考其所言輕重緩急皆有條理於姦人之有才者則必力排而極詆之惟恐其言之不切論之不詳非有心於甚惡之也謂不如是則彼之姦計得以行彼之姦術得以施將爲天下國家之害矣至於人材平下政事差失姑擊之使退未嘗以險昧之事切切然深指之使其人幸而悔悟尚可以爲朝廷之用不爲無補也乃若宗工巨儒功在社稷則初不以末節細故而輕議其失蓋欲使四夷八蠻知有是人斯足以增朝廷之氣近世進用非人皆失此意臣獨願陛下掩人之過成人之美則孰不歸心而樂爲吾用也

議任人

臣竊惟自昔人君於內外侍從之臣開有深知其所爲者往往自謂我之聰明才智足以制御而役使之而不知事有緩急理有不虞藏伏竊發爲國家大患由辨之不早去之不速也可不戒哉

議撫恤侍衛之人

臣嘗謂人君高拱于一堂之上其於天下百姓內外士卒安能徧撫而盡恤之哉則亦推至誠之心自近以及遠而已今有人于此無故而陵侮毀辱其類則天下識與不識莫不深惡之者此無他人情本於一故也是故推至誠之道以待遇左右爪牙之士則孰不悅服而歸

心一人傳之十十人傳之百以千以萬莫不皆然臣願陛下稽祖宗之法撫恤衛士問其疾苦知其婚嫁時其衣食教其事藝使適其中不必拘以常制則天下之凡爲將士者莫不知所自勉而樂爲陛下用矣

議堂吏

或者謂堂吏員冗而俸給優厚宜有以裁制之臣竊以爲養之不厚無以責其廉但當督責戒約使不爲過可矣彼其間固有棄父母生事而從陛下者汰之澄之其在異日乎

議軍器

臣嘗謂軍器之積數不厭多或者乃以大軍器用足備不爲之計而不知虛養兵卒所費更廣緩急闕乏非旬月可辦也

議民兵

臣竊謂往歲巡社之舉無益於禦寇祇以召亂而況東南之人其不可爲兵也明矣一發其端爲害甚大不可不審

議諸州兵官

臣竊惟方今人材之豪傑者悉皆從軍郡邑兵官未易得人當徐徐改易庶不至駭人耳目也

議宣政人才

臣嘗謂宣政之間內外用事之臣固有得罪于天下者

中興備覽卷一　別下齋校本

或專事應奉或興造土木或留意花石或搜求玩好此類甚多天下之人憤怨久矣今若復用之於內彼雖循理自戒天下猶疑之疑之則謗生謗生則禍起曷若祿之於外以養其身乎惟陛下圖之其在當時而能奉法守公者此固宜褒崇而激勸之也

議刑罰

臣竊見前此爲帥者皆謂嚴刑重罰可以整治軍旅不察其情不原其心故罰不當罪下多怨怒而深恨之者方平居無事時雖上下相制不敢犯分然而人心已離矣一旦有警誰與效命不測之變殆將由是而生今之庸將鮮知此理嗚呼人心之不可輕失豈特爲將者然

哉爲人上者儻不思所以正心修身事每謹微一失其心不可追悔也

中興備覽第一

中興備覽第二

議大勢

當今大患不在逆豫而在醜虜此天下之所共知也虜既衰敗豫何能爲而今日之獻說者莫不以得地莫能守遇虜莫能敵爲朝廷之所甚憂不思金人譬之虎也擒虎者必使其力困氣弱心亂技窮而後虎可得焉夫使金人安然蠶食數十州之地未嘗有東顧西備之憂而曰坐待其斃其說蓋已疏矣況豫之乘瑕因間以整治軍旅而又生一敵乎故夫量力度勢北嚮而爭天下不可一日而忘之此天下之大勢也臣故備論之

議將帥之情

臣嘗謂握重兵被隆委者其過失常聞於天下而事不任責言可惑衆者未有不獲美名此何故耶人情惡人之在己上而患已之不能有所成立凡有血氣者皆然也是以紛紛之論莫可究正豈獨將帥哉然則人主何從而辨之要當學古之道酌今之情苟於吾心未見有可用之實勿輕以畀付也知之而後用用之而勿疑天下之事有不勞而定矣

議假竊威權

堂上遠於百里堂下遠於千里門廷遠於萬里人君端拱九重之內而欲徧知天下之事盡察天下之情不亦甚難乎臣嘗謂爲君有要道在夫善任人而已不然則

一己之聰明何以勝千萬人之思慮是故自古聖賢之君必選端正忠實之士以充左右侍從之列廣間博詢而姦邪壅蔽之計不行昔人之喻謂虎有以狐自隨者以狐終不能竊弄其威也然狐隨虎而行則百獸為之辟易而其威信焉曷若遠而去之之為愈乎在昔人君之於臣下固有知其操術之不正施為之犯義者謂我之聰明足以制而御之曾不知其耳目所不及者所損多矣可不戒哉

議道理

甚矣明皇之於祿山愛寵而親信之也雖妃子之貴為之執觴以飲之豈非欲得其誠心而託其捍禦疆埸耶

然其終也不能免其不叛至使六飛蒙塵四海鼎亂其故何哉御之不以心也嗚呼人主以一身而臨億兆衆庶之上所恃以承祖宗之業建百世之基者惟道理所在耳得之則治失之則亂儻惟此之行如圭玉之純略無瑕汙如日月之明曾無掩蔽王道不難成也夫今日之為將帥者忠義之質出於所性蓋天實生之以佐陛下中興且久與書生從處於古是非得失之計亦耳聞而心熟之臣願陛下待之以正禮遇之以直道不復少有間隙俾之或得而窺伺則君臣享福垂美無窮豈不為千載之盛事乎

議讒間

自古陷害忠良者莫不先譽其美稱其善使人主初不實疑然後乘間伺隙其說得以行焉或託之星象或假之圖讖或借助於獻言之人浸淫日久而人主之心移矣昔陳平捐萬金而間楚之君臣范增卒以不用而死讒間之為人害如此臣願陛下每於斯事謹聽而熟察之

議進取

臣每聞論者謂今借使復中原擒劉豫得其地而不能守金人之來而不能破一豫復起矣是動不若靜之為安也曾不知虜肆不道豫為叛逆天下疾憤甚矣王師一振勢當百倍虜復聚兵又安能為我敵乎況其釁隙

既開怨讎交起衰亡可翹足而待也不然為吾之計者是終無適而可矣且將束手而待盡乎

議太原

昔虜人犯順之初以五萬之衆環太原而攻之久而不下乃築長圍而去留數千銳卒於此休兵息馬於沙漠之地天下始困弊矣嗚呼竭天下事力不能解太原之難而終至於京城覆亡宗廟播越我之失計亦何多耶夫毒獸之害人未至死亡者在手當斷其手在足當斷其足所損固大而生尚存也向使朝廷屯重兵于澤潞大饗士卒厚給廩餼據險而守之不急急於太原之救虜未易度太行也故夫天下之患莫大乎一有變故而

不能定議審處自取顛覆且國家創業之初江淮兩蜀率皆未下秦晉之地尚多賊有祖宗以次征討志意未嘗少屈胸中有所定故耳今天下蒙祖宗積累休德功無難成者獨恐夫譊譊之議惑聽疑心一有警急之報上下自紛亂耳臣願陛下以此爲鑑焉

議朋友

臣嘗謂人之大倫朋友居一於朋友而薄之則父子君臣之閒從可知矣後世乃有賣友欺友而得寵於君上者風俗何爲而純厚耶

議大軍屯駐

臣嘗觀楚漢交兵之際漢駐兵於敖滎之閒則楚不敢越境而西盜大軍在前雖有他歧捷徑不能踰越也故太原未平則黏罕之兵不復濟河亦以此耳今之論者多以前後空闕虜出他道爲憂曾不識其糧食所自來師徒所自歸彼其上下之心安得無恐而不至離散也不然環數千里之地盡以兵守之然後人心可安議兵至此不已疏繆乎

議出使

近者曰親遠者曰疏人之情也況於君臣之閒乎古語謂一日不朝其閒容戈其所由來遠矣故息壤之盟終不能定其君之志自古立事者爲難也臣遭遇陛下特達之知每去行闕動以歲月計亦仰恃陛下神聖聰明必能洞察而力主之耳至於浸潤之言捭闔之論疑似之閒機數之起願陛下加察焉

中興備覽第二

中興備覽第三

議均節

天生民而立之君俾司牧之非特使之奉養其私而已也自古賢聖之君莫不恭儉節用損己益人凡以順天意享天心耳且農夫終歲勤動計其十畝之耕輸公上而有餘者所得不得不過一金耳我乃捐市不急之用棄之以徇無名之費豈不重蹙物理乎乃若排去大難勸賞有功宗廟之供官吏之俸將士之養此則宜從優厚而不容但已者也臣仰惟陛下至誠恭儉追古聖賢而臣竊聞文書刀劍之求尚容有賜予過制者焉夫多難之時人情易怨力戰効命者所得如此而伺閒投好者顧亦如彼卽解體矣衛懿公好鶴鶴有乘軒者將戰而國人皆曰使鶴臣謂非獨名器爲然也錫賚之閒亦所當然

議練兵

士有好爲大言者以兵家勝負在將不在兵苟將得其人驅市人而戰可也將非其人兵精器利曾何補於用乎嗚呼爲此說者蓋亦不思之甚矣夫趙歇裒初斂之兵號稱二十萬能戰者無幾也韓信率新勝之人以破之借使金人舉河北山東之衆無驍騎利甲無堅弓長矢雖董之以黏罕輔之以僞太子臣知其易爲敵矣故有精練之卒然後可以議嚴訓之方有訓練之兵然後可以議兵器之利有堅利之器然後可以議破敵之計知此數者庶乎可以論兵矣彼空空然謂可驅市人而戰者豈不誤國歟聽乎

議任事

昔漢高祖得陳平於亡虜其信任不疑至捐萬金而輕以予之苟迂闊之儒與聞其計得不痛惜而力止之乎臣謂非特漢祖爲難能也陳平受之而不辭爲尤難焉使今之爲臣者蒙陛下以萬金付與殆將自失而走矣夫拯天下之難救生民之急非君臣同德一心慨然有高天下之氣事未易立也平本無王佐之才特其英姿雄略差出一時耳尚能輔漢成四百年之業況以陛下

之明聖仰承祖宗積世休德苟爲臣下者不惜其身不顧其私不慮其禍任天下之責而爲之庶乎或有濟矣如臣愚陋終恐不足以副使令之萬一

議祿廩之制

先王制祿以代其耕用意深矣蓋倉廩實而知禮節衣食足而知榮辱非特百姓爲然今使委質而事人者仰無以事父母俯無以育妻子且不有多寡之數厚薄之差以激勸勤勞獎厲才智何以風動在位使之自立于無過之地耶夫合天下之衆而君之欲舉得其歡心亦在夫本人情而爲之制耳過制則紀綱亂不及則人心離是二者其失均也嗚呼仕宦不爲利祿計者鮮矣儻

夷齊之操八人爲之則天下之士盡爲山林之遊人主安得而器使之乎至於左右近習又宜深察而孰究者彼其生長富貴奉養有素日用不給何以責廉將自營其私耶則有侵漁細民之嫌而怨謗日益以生將受遺於人耶則有請求納賄之罪而國體日益以損臣謂不若省其員優其俸然後責之以善則其從之也輕兹有天下國家之計人主不可忽也

議行師

臣嘗讀易至謙之上六曰鳴謙利用行師征邑國至復之上六曰迷復凶有災眚用行師終有大敗以其國君凶至于十年不克征夫鳴謙而虛己則善日益以進過

日益以聞四海歸仁上天眷佑故用師爲得之若乃迷復而不反則遂非恣欲寖失天下之心矣故終有大敗臣讀易至此始知兵家大要特在夫人君之一身今陛下修己進德孜孜不倦上可以通於天下可以格於人臣知夫大功可立中興可期矣更願陛下勉之謹之悔咎自省無使驕怠之意少生於中帝王之治豈難成哉

議親民之官

設官分職本以爲民故聖人視勤勞之大小命品秩之高下非有功於民不在選也監司守令於民最親者也今皆號爲冗官及瓜而去則乞憐於人莫有顧者彼文辭巧麗親舊推薦期歲之閒可致清要兹豈不倒置已甚乎嗚呼求天下之士於言語文采之閒臣知其無以得眞賢矣況夫推薦者之未必盡公耶後世坐廟堂秉樞要而於安危之機治亂之理民庶之情財用之源甲兵之事瞶然不曉者無他用之無其道也繼自今以往可不知所戒哉

議堅忍立事

臣嘗觀漢祖困思歸之兵與項籍力戰滎陽成皐閒大小七十餘戰身困兵潰者數矣然則良平之計謀曾不預其敗乎是不然也夫高祖東嚮以爭天下良實啟之平多奇畫高祖數賴之以免至於不幸而用兵未利則亦上下同心姑爲善後之圖耳何至紛然自爲離閒乎此其所以能終有天下也燕退樂毅秦用孟明可以爲鑑而況不爲樂毅孟明者也

議忠臣良臣

臣竊聞眞宗皇帝嘗著忠臣良臣及權臣姦臣論臣以爲忠類權良類姦何以言之忠則任事任事則多怨豈不類於擅權乎良則委曲委曲則不暴豈不類於爲姦乎然則人主於此如之何而辨之哉則亦視其志之所存而已矣彼其志在天下國家切切然以身任內外之責是之謂忠志在納君於善將順其美是之謂良乃若營私立黨蔽欺君上苟利於身以死力行則爲權矣逢君之惡事每阿徇反覆變詐陰肆讒閒則爲姦矣臣故

別白而具論之

議皇極之道

甚矣古之人君喜人爲善而樂人之改過也臣於洪範見之其言曰凡厥庶民有猷有爲汝則念之不協於極不罹于咎皇則受之而康而色曰予攸好德汝則錫之福時人斯其惟皇之極夫不協于極而受之自言好而信之聖人所以待下者豈不至忠且恕乎或謂好德者許之自言容有欺詐聖人信而弗疑得無害於治乎是不然聖人修身以化人推誠以待人積之歲月雖欺詐者且將遷而爲善况於不忍爲此以負其教誨者耶蘇軾之論以謂唐武后之無道也非獨進人無所留難士之自薦皆得盡其才其後開元之間幾致刑措皆武后所收也德宗好察而多忌士無賢愚例不得進國空無人以致奉天之禍故陸贄有言武后以易得人陛下以精失士至哉斯言也臣故併陳之

議進退人才

人主之於人材試之州縣參之輿論見其可用則用之不必以未盡深知爲嫌見其可去則去之見其可罷則罷之不必謂既用之於前而遽廢之於後也吾心如天地之於萬物一切待以無心吾之進退人才爲民而已非有一毫私意於其間而况於人才之遇合又有大患焉或因一言稍合意雖無長才奇略寖以柄用或因一語少拂意雖有賢德美行寖以疏遠方寸間任其喜怒好惡之氣未能平之以故小人之投隙乘間者得以行其姦也天下人才日復一日賢者益退不肖者益進馴至於國家喪亡天下大亂初以爲得計而失計蓋莫大於此矣初以爲我之威福得以大行而其後威福不行莫大於此矣故古之賢君莫不正身平氣以求合於聖人之道其用意終在天下百姓不敢私其一己是以於進退人材之際無不當理焉臣願陛下力行之

議聽言之難

古語有之築舍道旁三年不成蓋言之者多則聽之者惑自然之理也帝王之道聽雖欲廣斷惟務獨故成湯之伐桀百姓以爲我后不恤我衆舍我穡事而割正夏王其議者伊尹而已武王之伐紂雖夷齊之賢亦叩馬而諫風雷暴作皆有疑心主其議者太公而已今日之事以中國而攘夷狄以君而討臣以有道而誅無道雖遲速小大所舉不同終在夫力爲之而已矣往歲江湖皆旱獨二浙豐稔故可以給軍須靖百姓向使浙亦被災則大事已去柰何議者之不思及此也機不可失賊不可縱時不再來昔人論之詳矣臣去國踰年憂慮倍積惟恃陛下主之於內故不避譊譊之言冒瀆天聽所冀曲賜照臨也

中興備覽第三

海昌蔣光煦校

先大父忠獻紹興初嘗進中興備覽三帙凡修德立政之本聽言用人之道選將用兵之策與夫古今成敗之鑒槪見於此高廟乙覽之餘玉音嘉歎雖已鋟木宛陵郡齋以廣其傳亦恐有志於國者所欲見也嘉定甲戌七月既望嗣孫忠恕敬題

三吳水利録

欽定四庫全書提要

三吳水利録四卷

明歸有光撰有光有易經淵旨已著録是書大旨以治吳中之水宜專力於松江松江既治則太湖之水東下而他水不勞餘力當時隄防廢壞漲沙幾與崖平水旱俱受其病因採集前人水議之尤善者七篇而自作水利論二篇以發明之又以三江圖附於其後蓋松江爲震澤尾閭全湖之水皆從此赴海所謂塞則六府均其害通則六府同其利者前人已備言之尋其湮塞之流則張弼水議所謂自夏原吉濬范家浜直接黃浦浦勢湍急洩水益徑而江潮平緩易致停淤故黃浦之闊漸倍於舊吳淞狹處僅若溝渠其言最爲有理有光乃概以爲湖田圍占之故未免失於詳究然有光居安亭正在松江之上故所論形勢脈絡最爲明晰其所云宜從其湮塞而治之不可別求其他道者亦確中要害言蘇松水利者是書固未嘗不可備考核也

三吳水利錄目錄

吳郡歸有光纂
孫男輔世重輯

三吳水利錄卷第一

吳郡　歸有光纂　　孫男輔世重輯

夏書曰淮海惟揚州彭蠡既豬陽鳥攸居三江既入震澤厎定周禮東南曰揚州其山鎮曰會稽其澤藪曰具區其川三江其浸五湖世言震澤具區今太湖也五湖在太湖之間而吳淞江爲三江之一其說如此然不可攷也漢司馬遷作河渠書班固志溝洫於東南之水略矣自唐而後漕輓仰給天下經費所出宜有經營疏鑿利害之論前史軼之宋元以來始有言水事者然多命官遣吏苟且集事奏復之文濫引塗說非較然之見今取其頗學二三家著於篇

郟亶書二篇

天下之利莫大於水田水田之美無過於蘇州然自唐末以來經營至今未見其利者其先有六一曰蘇州東枕海北接江東開崑山之張浦茜涇七鴉三塘而導諸海北開常熟之許浦白茅二浦而導諸江不知此五處去水皆百餘里近三四十里地形頗高高者七八尺水盛時決之或入江海水稍退則向之欲東導於海者反西流欲北導於江者反南下故自景祐以來屢開之而卒無效也二曰蘇之厥水以其無隄防也故崑山常熟吳江皆峻其隄設官置兵以巡治之是不知塘雖設而水行於隄之兩旁何益乎治田故徒有通往來禦風濤之小功而無衞民田去水害之大效三曰書云三江既入震澤厎定今松江在其南可決水而同歸於海崑山之下駕新洋小虞大虞朱塘新瀆平樂戴墟等十餘浦是也夫諸浦雖有決水之道未能使水之必泄於江也何則水方汗漫與江俱平雖大決之隄防不立適足以通潮勢之衝急增風波之洶怒耳四曰蘇州之水自常州來古者設望亭堰所以禦常之水使入太湖不爲蘇害謂望亭堰不當廢也蘇聚數郡之水而常居其一常之數路望亭居其一豈一望亭之水能爲蘇之患耶望亭堰廢則常被其利蘇未必有害存之則蘇未必利常先被害矣故治蘇州之水不在望亭堰之廢否也五曰

蘇水所以不泄者以松江盤曲而決水遲也古之曲其江所以激之使深也激之既久其曲愈甚故漕使葉內翰開盤龍匯沈諫議開顧浦謂松江之曲若今槎浦及金竈諸浦皆可決也是說僅爲得之但蘇之水與江齊平決江之曲足以使江之水疾趨於海未能使田之水必趨於江也六曰蘇本江海陂湖之地謂之澤國自當漫然容納數州之水不當盡爲田也國初之稅纔十七八萬石今乃至三十四五萬石此障陂湖爲田之過也是說最爲疏闊國初逃民未復今盡爲編戶稅所以昔少而今多也借使變湖爲田增十七八萬爲三十四五萬乃國之利何過之有且今蘇州除太湖外有常熟崑

承二湖昆山陽城湖長洲沙湖是四湖自有定名而其闊各不過十餘里其餘若昆山之邪塘大泗黄瀆夷亭高墟巴城雉城武城夔家江家柏家鰻鱺諸瀼及常熟之市宅碧宅五衢練塘諸村長洲之長蕩黄天蕩之類皆積水不耕之田也水深不過五尺淺者可二三尺其間尚有古岸隱見水中俗謂之老岸或有古之民家階甃之遺址在焉其地或以城或以家或以宅爲名嘗求其契券以驗皆全稅之田也是古之良田而今廢之耳已上六說皆執一偏之論而未能通其理也必欲治之當去六失行六得曰辨地形高下之殊求古人蓄泄之跡治田有先後之宜興役順貧富之便取浩博之大利

舍姑息之小恩一何謂地形高下之殊曰蘇州五縣號爲水田其實昆山之東接於海之岡隴東西僅百里南北僅二百里其地東高而西下向所謂東導於海而水反西流者是也常熟之北接於江之漲沙南北七八十里東西僅二百里其地皆北高而南下向所謂欲北導於江而水反南下者是也是二處皆謂之高田而昆山岡身之西抵於常州之境僅一百五十里常熟之南抵於湖秀之境僅二百里其地低下皆謂之水田高田常欲水今水乃流而不蓄故常患旱也唯若景祐嘉祐中則一大熟爾水田常患水今西南既有太湖數州之水而東北又有昆山常熟二縣堽身之流故常患水也唯

若康定至和中則一大熟爾但水田多而高田少水田近於城郭人所見而稅復重高田遠於城郭人所不見而稅復輕故議者唯知治水而不知治旱也二何謂古人蓄泄之跡曰今昆山之東地名太倉俗號堽身堽身之東有塘西徹松江北通常熟謂之橫瀝又有小塘或二里三里貫橫瀝而東西流者多謂之門若所謂錢門張堽門沙堰門吳堽顧廟堽下堽李堽門及斗門之類是也夫南北其塘則謂之橫瀝東西其塘則謂之堽門堰門斗門是古者堰水於堽身之東灌溉高田而又爲堽門者恐水之或壅則決之入橫瀝所以分其流也故堽身之東其田尚有邱畝經界溝洫之跡焉是皆古之

良田因堽門壞不能蓄水而爲旱田耳堽門之壞豈非五代之季民各從其行舟之便而廢之耶此治高田之遺跡也若夫水田之遺跡卽今昆山之南向所謂下駕小虞等浦者皆決水於松江之道也其浦之舊跡闊者二十餘丈狹者十餘丈又有橫塘以貫其中而棊布之是古者既爲縱浦以通於江又爲橫塘以分其勢使水行於外田成於內有圩田之象焉故水雖大而不能爲田之害必歸於江海而後已以是推之則一州之田可知矣故蘇州五門舊皆有堰今俗呼城下爲堰下而齊門猶有舊堰之稱是則隄防既完則水無所瀦容設堰者恐其暴而流入於城也至和二年前知蘇州呂侍郎

開崑山塘得古閘於夷亭之側是古者水不亂行之明驗也及夫隄防既壞水亂行於田間而有所潴容故蘇州得以廢其堰而夷亭亦無所用其閘也爲民者因利其浦之闊攘其旁以爲田又利其行舟安舟之便決其隄以爲涇今崑山諸浦之間有半里或一里二里而爲小涇命之爲某家涇某家浜者皆破古隄爲之也浦日以壞故水道陻而流遲涇日以多故田隄壞而不固日隳月壞遂蕩然而爲陂湖矣此古人之跡也今秀州濱海之地皆有堰以蓄水而海鹽一縣有堰近百餘所湖州皆築隄於水中以固田而西塘之岸至高一丈有餘此其遺法也獨蘇州壞之耳三何謂治田有先後之宜曰地勢之高下既如彼古人之遺跡又如此今欲先取崑山之東常熟之北凡所謂高田者一切設堰潴水以灌溉之又浚其所謂經界溝洫使水周流於其間以浸潤之立堽門以防其壅則高田常無枯旱之患而水田亦減數百里流注之勢然後取今之凡謂水田者除四湖外一切罷去其某家涇某家浜之類循古今遺跡或五里七里而爲一縱浦又七里或十里而爲一橫塘因塘浦之土以爲隄岸使塘浦闊深而隄岸高厚塘浦闊深則水通流而不能爲田之害也隄岸高厚則田自固而水可擁而必趨於江也然後擇江之曲者若所謂槎浦金竈子浦而決之使水必趨於海又究五堰之遺址

而復之使水不入於城是雖有大水不能爲蘇州之患也如此則高低田皆利而無水旱之憂然後倣錢氏遺法收圍田之利養撩淸之卒更休迭役以浚其高田之溝洫與水田之塘浦則百世之利也四何謂與役順貧富之便曰蘇州五縣之民自五等已上至一等不下十五萬戶可約古制而戶借七日則歲約百萬夫矣又自三等已上至一等不下五千戶可量其財而取之則足以供萬夫之食與其費矣夫借七日之力故不勞量取財於富者故不害以不勞不害之役五年而治之何田之不可興也五何謂取浩博之大利蘇州之地四至三百餘里若以開方之法約之尙可方二百餘里爲田六同有畸三分去一以爲溝池城郭陂湖山林其餘不下四同之地爲三十六萬夫之田又以上中下不易再易而去其半當有十八萬夫之田常出租稅也國朝之法一夫之田爲四十畝出米四石則十八萬夫之田可出米七十二萬石矣今蘇州止有三十四五萬石借使全熟常失三四十萬石之租又況水旱蠲除者歲常不下十餘萬石甚者或蠲除三十餘萬石是遺利不少矣今或得高低皆利而水旱無憂則三四十萬之稅可增也六何謂舍姑息之小惠曰是議之興或者必曰向者蘇州或治一浦或調一縣而役一月則民勞且怨矣今欲盡一州之境役五縣之民五年而治之其工力益百倍

於向時是役未興而數千百萬之民已嗷嗷矣非養民之道也曰向者之興役也多興於大水方盛之際是時公私匱乏疾癘間作故民勞且怨也今於平歲無事之時借力以成利何勞怨之有傳曰使民以時又曰以佚道使民雖勞不怨又曰說以使民民忘其勞雖至治之世未嘗不役民以使之也唯近世不求所以養之之道使躋於富庶但務其姑息之末使至於飢餓而不能相生然後從而賙之故上乏而下益困有可以除數百年未去之患興數百里無窮之利使公私皆獲其利豈可區區計國家五歲之勞惜百姓七日之力耶

一論古人治低田高田之法昔禹之時震澤爲患東有

堽阜以隔截其流禹乃鑿斷堽阜流爲三江東入於海而震澤始定震澤雖定於環湖之地尚有二百餘里可以爲田而地皆卑下猶在江水之下與江湖相連民既不能耕殖而水面又復平闊足以容受震澤下流使水勢散漫而三江不能疾趨於海其沿海之地亦有數百里可以爲田而地皆高仰反在江水之上與江湖相遠民既不能取水以灌溉而地勢又多西流不得蓄聚春夏之雨澤以浸潤其地是環湖之地常有水患而沿海之地常有旱災如之何而可以種藝耶古人遂因其地勢之高下井之而爲田環湖卑下之地則於江之南北爲縱浦以通於江又於浦之東西爲橫塘以分其勢而棊布之有圩田之象焉其塘浦闊者三十餘丈狹者不下二十餘丈深者二三丈淺者不下一丈且蘇州除太湖之外江之南北別無水源而古人使塘浦深闊若此者蓋欲取土以爲隄岸高厚足以禦其湍悍之流故塘浦因而闊深水亦因之而流耳非專爲闊其塘浦以決積水也故古者隄岸高者須及二丈低者亦不下一丈借令大水之年江湖之水高於民田五七尺而隄岸尚出於塘浦之外三五尺至一丈故雖大水不能入於民田也民田既不容水則塘浦之水自高於江而江之水亦高於海不須決泄而水自湍流矣故三江常浚而水田常熟其堽阜之地亦因江水稍高得以畎引以灌溉

三吳水利錄卷第一

此古人浚三江治低田之法也至於沿海高仰之地近江者既因江流稍高可以畎引近海者又有早晚兩潮可以灌溉故亦於沿海之地及江之南北或五里七里而爲一縱浦又五里七里而爲一橫塘港之闊狹與低田同而其深往往過之且堽阜之地高於積水之處四五尺至七八尺遠於積水之處四五十里至百餘里固非決水之道也然古人爲塘浦闊深若此蓋欲畎引江海之水周流於堽阜之地雖大旱之歲亦可車畎以溉田而大水之歲積水或從此而流泄耳非專爲闊深其塘浦以決低田之積水也至於地勢西流之處又設堽門斗門以瀦蓄之是雖大旱之歲堽阜之地皆可耕以

爲田此古人治高田蓄雨澤之法也故低田常無水患高田常無旱災而數百里之內常獲豐熟此古人治低田高田之法也　二論後世廢低田高田之法者古人治田高下既皆有法方是時也田各成圩圩必有長每一年或二年率逐圩之人修築隄防浚治浦港故低田之隄防常固旱田之浦港常通也古之田雖各成圩然所名不同或謂之段或謂之圍今崑山低田皆流在水中而俗呼之名猶有野鴨段大泗段湛段及和尚園盡熟園之類至錢氏有國而尚有撩清指揮之名此其遺法也洎乎年祀綿遠古法隳壞其水田之隄防或因田戶行舟及安舟之便而破其圩古者人戶各有田舍在田圩之中後爲人家欲其行舟之便乃鑿其圩岸以爲小涇小浜即臣昨來所陳某家涇某家浜之類是也說者謂浜者安船溝也涇浜既小隄岸不高遂至壞田圩

都爲白水也今崑山柏家瀼水底之下尚有民家階甃之遺址此古者民居圩中之舊蹟也今崑山富戶如陳顧辛晏陶沈等田舍皆在田圍之中每至大水之年亦是外水高於田舍數尺此今人在田圩中作田舍之驗也或因人戶侵射下腳而廢其隄或因官中開淘而減少丈尺臣少時見小虞浦及至和塘並闊三二十丈累經開淘之後今小虞浦闊十餘丈至和塘闊六七丈此目所觀也或因田主但收租課而不修隄岸或因租戶利於易田而故致渰沒吳人以一易再易之田謂之白塗田所收倍於常稔之田而所納租米亦依舊數故租戶樂於閒年渰沒也或因決破古隄張捕魚蝦而漸致破損或因邊圩之人不肯出田與衆築岸或因一圩雖完傍圩無力而連延隳壞或因貧富同圩而出力不齊或因公私相吝而因循不治故隄防盡壞而低田漫然復在江水之下也每春夏之交天雨未盈尺湖水未

漲二三尺而蘇州低田一抹盡爲白水其間雖有隄岸亦皆狹小沈在水底不能固田唯大旱之歲常潤杭秀之田及蘇州堽阜之地並皆枯旱其隄岸方始露見而蘇州水田幸得一熟耳蓋由無隄防爲禦水之先具也低田既容水故水與江平江與海平而海潮直至蘇州之東一二十里之地反與江湖民田之水相接故水不能湍流而三江不浚臣伏覩昨來議狹汴河者詔汴河闊處水面散漫不至深快故汴河淤澱今蘇州水面動連二三百里而太湖之水又不及黃河之湍迅而欲三江不淤不可得也今二江已塞而一江又淺倘不復完隄岸驅低田之水盡入於松江而使江流湍急但恐數十年之後松江愈塞震澤之患不止於蘇州而已也此低田不治之由也高田之

廢始由田法隳壞民不相率以治港浦港浦既淺地勢既高沿於海者則海潮不應沿於江者又因水田隄防隳壞水得瀦聚於民田之間而江水漸低故高田復在江水之上至於西流之處又因人戶利於行舟之便壞其堽門而不能蓄水故高田一望盡爲旱地每至四五月間春水未退低田尚未能施工而堽阜之田已乾枯矣唯大水之歲湖秀二州與蘇州之低田渰沒淨盡則堽阜之田幸得一大熟耳此蓋不浚浦港以畎引江海之水不復堽門以蓄聚春夏之雨澤也此高田廢之之由也　三論自來議者但知決水不知治田蓋治田者本也本當在先決水者末也末當在後今乃不治其本

而但決其末故自景祐以來上至朝廷之縉紳下至農田之匹夫謀議擘畫三四十年而蘇州之田百未治一二此治水之失也惟嘉祐中兩浙轉運使王純臣建議謂蘇州民間一概白水至深處不過三尺以上當復修作田位使位位相接以禦風濤則自無水患若不修作塍岸縱使決盡河水亦無所濟此說最為切當又緣當時建議之時正值兩浙連年治水無效不知大段擘畫令官中逐年調發夫力更互修治及不曾立定逐縣治田年額以辦不辦為賞罰之格而止令逐縣令佐概例勸導逐位植利人戶一二十家自作塍岸各高五尺緣民間所鳩工力不多蓋不能齊整借令多出工力則各

家所收之利不償其所費之本兼當時都水監所立官員賞典不重故上下因循未曾併聚公私之力大段修治臣今欲乞檢會王安石所陳利害將臣下項擘畫修築隄岸以固民田則蘇州水災可計日而取效也議者或謂曩年吳及知華亭縣常率逐段人戶各自治田亦不曾煩費官司而人獲其利今可舉用其法以治蘇州水田不須重煩官司也曰蘇州水田與華亭不同華亭之田地連堽阜無暴怒之流浚河不過一二尺修岸不過三五尺而田已大稔矣然不踰三五年間尚又堙塞今蘇州遠接江湖水常暴怒故崑山常熟吳江三縣隄岸高者七八尺低者不下五六尺或用石甃或用樁篠或二年一治或年年修葺而風濤洗蕩動有隳壞今若以華亭之法治之或水退之後一二年間暫獲豐稔蓋不可知求其久遠之效則不可得也夫以華亭之法治蘇州之高田則可矣若治蘇州水田譬之以一家之法治一國也其規摹法度則近之至於措置施設之方則小大不可同也貼黃自來人所議欲開通諸大浦盧瀝浦松江諸匯并決水入江陰軍等亦皆治水之一說但隄防未立行之無功候隄防既成之後前項諸說又不可不行蓋水勢湍急却要諸處分減水勢故也臣今得窮究古人治田之本委可施行若令臣先往兩浙相度不過訂之於諸縣官吏考之於諸鄉父老而已諸縣官

吏乍來倏去固不若臣之生長鄉里世為農人而備知利害也父老之智未必過於范仲淹葉清臣范仲淹葉清臣尚不能窺見古人治田之跡父老安得而知望令臣略到司農寺陳白委不至有誤朝廷候敕旨　四論今來乞以治田為先決水為後田既先成水亦從而可決不過五年而蘇州之水患息矣然治田之法總而論之則瀚漫而難行析而論之則簡約而易治何也今蘇州水田之最合行修治處如前項所陳南北不過一百二十餘里東西不過一百里今若於上項水田之內循古人之跡五里為一縱浦七里為一橫塘不過為縱浦二十餘條每條長一百二十餘里橫塘十七條每條長

一百餘里共計四千餘里用夫五千人約用二千餘萬
夫（至和中開崑山塘每里用夫二千五百人塘面闊六丈底闊四丈深四尺每里積七計二十萬尺分爲兩岸底闊一丈四五尺面闊四五尺高不及六七尺故不踰一年又至隳壞）故曰總而言之則
瀚漫而難行也今且以二千萬夫開河四千里而言之
分爲五年每年用夫四百萬開河八百里蘇常秀湖四
州之民不下四十萬三分去一以爲高田之民自治高
田外尚有二十七萬夫每夫一年借雇半月計得四百
餘萬夫可開河八百里却以上項四百餘萬夫分爲十
縣逐縣每年役夫四十萬開河八十里以四十萬夫分
爲六箇月逐縣每月計役六萬六千餘夫開河十三里
有零以六萬六千夫分爲三十日則逐縣每日止役夫

二千二百人開河一百三十二步將二千二百人又爲
兩頭項止役一千一百人開河六十六步雖縣有大小
田有廣狹民有衆寡及逐日所開河溝所役夫數多少
不同大率治田多者頭項多治田少者頭項少雖千百
項可以一頭項盡也臣故曰析而論之則簡約而易治
也如此而治之五年之内蘇州與鄰州之水田殆亦盡
矣塘浦既浚隄防既成則田之水必高於江江之水亦
高於海然後擇江之曲者而決之及開盧瀝浦皆有功
也何則江水湍流故也江流既高然後又究五堰之遺
址而復之使水不入於城是雖有大水不能爲蘇州之
患也此治水田之大略也（昔有七堰今復五堰者今止有五門故也蘇州設堰固亦

舊矣劉著作嘗引唐白居易九日蘇州登高詩云酒酣憑檻起四顧七堰八門六十坊是唐之世已有堰矣至端拱二年轉運使喬惟岳方始廢之蓋隄防既壞水得豬容於民田之間水勢稍低故可廢其堰也）其旱
田則乞用上項一分之夫浚治港浦以畎引江海之水
及設堽門以豬春夏之雨澤則高低皆治而水旱無虞
矣　五論乞循古人之遺跡治田者臣昨來所乞蘇州
水田一節罷去某家涇某家浜之類五里七里而爲
一縱浦七里十里而爲一横塘因塘浦之土以爲隄岸
使塘浦深闊而隄岸高厚塘浦深闊則水流通而不能
爲田之害隄岸高厚則水田自固而水可必趨於江今
具蘇州秀州及松江沿海水田旱田見存塘浦港瀝堽
門之數凡臣所能記者總七項共二百六十五條并臣

擘畫將來治田大約各附逐項之下謹具下項一具水
田塘浦之跡凡四項共一百三十四條一吳淞江南岸
自北平浦北岸自徐公浦西至吳江口皆是水田約一
百二十餘里南岸有大浦二十七條北岸有大浦二十
八條是古者五里而爲一縱浦之跡也其横浦在松江
之南者臣不能記其名在松江之北六七里間曰浪市
横塘又下北六七里而爲至和塘是七里而爲一横塘
之跡也松江南大浦二十七條北平浦破江浦艾祁浦
愧浦顧匯浦養蠶浦大盈浦南澥浦梁乾浦石臼浦直
浦分桑浦内勛浦趙屯浦石浦道褐浦千墩浦錐浦張
潭浦陸直浦甫里浦浮高浦塗頭浦順德浦大姚浦破

敦浦盞頭浦松江北大浦二十八條徐公浦北瀣浦瓦浦沈浦蔣浦三林浦周浦顧冀浦金城浦木瓜浦蔡浦下駕浦浜浦洛舍浦楊梨浦新洋浦淘仁浦小虞浦大虞浦馬仁浦浪市浦九涇浦。下里浦戴墟浦上顧浦青邱浦奉里浦任浦松江北橫塘二條浪市橫塘至和塘已上松江塘浦五十七條並當松江之上流皆是闊其塘浦高其隄岸以固田也久不修治遂至隳壞每遇大水上項塘浦之岸並沈在水底不能固田議者不知此塘浦原有大岸以固田乃謂古人浚此大浦只欲泄水此不知治田之本也臣今擘畫並當浚治塘浦修成隄岸以禦水災不須遠治他處塘浦求決積水而田自成

矣一至和塘自崑山西至蘇州計六十餘里今其南北兩岸各有大浦十二條是五里而爲一縱浦之跡也其橫塘南六七里而有浪市塘是也其北皆爲風濤洗刷不見其跡臣前所謂至和塘徒有通往來禦風濤之小功而無衞民田去水患之大利者謂至和塘南北縱浦橫塘皆廢故也謹具下項至和塘南大浦十二條小虞浦大虞浦九涇浦新瀆浦平樂浦戴墟浦眞義浦朱塘浦界浦鳳皇涇任浦蠡塘至和塘北大浦十二條小虞浦大虞浦九涇浦高墟浦雍里浦諸昌涇界浦任浦上雉瀆下雉瀆蠡塘官瀆橫塘在南者曰浪市塘已具松江項內更不再出在北者皆廢已上至和塘兩岸塘浦

二十四條在塘北者今猶有其名而或無其跡在塘南者雖存其跡而並皆狹小斷續不能固田其間南岸又有朱涇王村涇北岸又有司馬涇季涇周涇小蕭涇大蕭涇歸涇吳涇清涇譚涇褚涇楊涇之類皆是民間自開私浜卽臣向所謂某家涇某家浜之類是也今並乞廢罷止擇其浦之大者闊開其塘高築其岸南修起浪市橫塘北則或五里十里爲一橫塘以固田自近以及遠則良田漸多白水漸狹風濤漸小矣一常熟塘自蘇州齊門北至常熟縣一百餘里東岸有涇二十一條西岸有涇十二條是亦七里十里而爲一橫塘之跡也但自今並皆狹小非大段塘浦蓋古人之橫塘隳壞而百

姓侵占及擅開私浜相雜於其間卽臣所謂某家涇某家浜之類是也謹具下項目今兩岸涇浜之名常熟塘東橫涇二十一條闞墓涇楊涇米涇樊涇蠡涇南湖涇北湖涇朱涇永昌涇茅涇薛涇界涇吳塔涇尙涇川涇黃土涇圖涇廟涇卞莊涇新橋涇黃母涇常熟塘西橫涇十二條石師涇楊涇王婁涇高姚涇蘇宅涇蠡涇皮涇廟涇永昌涇野長涇潭涇墓門涇已上常熟塘兩岸橫涇三十三條蓋記其略耳今但乞廢其小者擇其大者深開其塘高修其岸除西岸自擘畫爲圩外其東岸合與至和塘北及常熟縣南新修縱浦交加棊布以爲圩自近以及遠則良田漸多白水漸狹風濤漸小矣一崑

山之東至太倉堽身凡三十五里兩岸各有塘浦七八條是五里而爲一縱浦之跡也其橫塘在塘之南六七里而爲朱瀝塘張湖塘郭石塘黃姑塘在塘之北爲風濤洗刷與諸湖相連不見其跡謹具下項崑山塘南有塘浦七條夾里浦新洋江任里浦下駕浦下吳浦上吳浦太倉橫瀝崑山塘北有塘浦七條婁縣上塘婁縣下塘新洋江低里浦黃翦涇上吳塘下吳塘橫塘四條朱瀝塘張湖塘郭石塘黃姑塘已上塘瀝十八條除新洋江下駕浦曾經開浚餘並未嘗開浚今河底之土反高於田中每遇天雨稍稀則更不通舟楫天雨未盈尺而田盡渰没今並乞開浚以固田已具下項一具旱田塘

浦之跡凡三項一百三十三條一松江南岸自小來浦北岸自北陳浦東至海口並是旱田約長一百餘里南有大浦一十八條北有大浦二十條是五里而爲一縱浦之跡也其橫浦之在江南者臣不能記其名在江北者七八里而爲雞鳴塘練祁塘是七里而爲一橫塘之跡也謹具下項松江南岸有大浦一十八條小來浦盤龍浦朱市浦松子浦野奴浦張整浦許浦魚浦上燠浦丁彎浦蘆子浦滬瀆浦釘鉤浦上海浦下海浦南及浦江苧浦爛泥浦松江北岸有大浦二十條北陳浦顧浦桑浦大黃肚浦小黃肚浦章浦樊浦楊林浦上河浦下河浦仙天浦鎮浦新華浦槎浦秦公浦雙浦大場浦唐

章浦貴州浦商量灣橫塘二條雞鳴塘練祁塘已上塘浦四十條各是畎引江水以灌漑高田因久不浚治浦底既高而江水又低故逐年常患旱也議者乃謂於此諸浦決泄蘇州崑山長洲及秀州之積水是未知古人設浦之意也今當令高田之民治之以備旱災則高田獲其利也一太倉堽身之東至茜涇約四五十里凡有南北大塘八條其橫塘南自練祁塘北至許浦共一百二十餘里有堽門及塘浜約五十餘條臣能記其二十五條旱田而橫塘多欲水之周流於其間灌漑之也今皆淺淤不能引水以灌於田謹具下項南北之塘八條太倉東橫瀝半涇塘青堽橫瀝五家堽橫瀝鴨頭塘支

涇楊墓子涇茜涇東西之塘及堽門等二十五條方泰塘錢門塘劉塘張堽門薛市門黃姑塘吉涇塘沙堰門太倉塘包涇古塘吳堽門顧堽門廟堽門岳瀝李堽門丁堽門湖川門黃涇杜漕塘雙鳳塘斗門直塘支塘李墓塘已上堽身以東塘浜門瀝共三十三條南北者各長一百餘里接連大浦並當浚治以灌漑高田東西者橫貫三重堽身之田而西通諸湖若深浚之大者則置閘斗門或置堰而下爲水函遇大旱則可以車畎諸湖之水以灌田大水則可以通放湖水以灌田而分減低田之水勢於平時則潴聚春夏之雨澤使堽身之水常高於低田不須車畎而民田足用一沿海之地自松江

下口南連秀州界約一百餘里有大浦二十條臣今能記其七條自松江下口北繞崑山常熟之境接江陰界約三百餘里有港浦六十餘條臣能記其四十九條是五里而爲一縱浦之跡也其橫塘在崑山則爲八尺涇花莆涇在常熟則爲福山東橫塘福山西橫塘謹具下項松江口下南連秀州界有大浦七條三林浦杜浦周浦大臼浦鄗瀝浦戚崇浦羅公浦松江口下北繞蘇州崑山常熟縣界至江陰軍界有港浦四十九條北及浦下田浦崛浦上夾浦下練祁浦桃源浦練祁浦顧涇浦六岳浦採桃浦穿沙浦下張浦新漕浦茜涇浦楊林浦七丫浦郞港浦北浦尹公浦甘草浦唐相浦陳涇浦錢

涇浦滋湖浦吳泗浦鐺腳浦下六河浦黃浜浦沙營浦白茅浦金涇浦高浦許浦鄔溝浦千步涇耿涇浦新涇浦崔浦水門浦鰻鱉浦吳涇高涇西陽浦新涇陳浦張涇湖涇奚浦黃泗浦橫塘四條八尺涇花浦涇福山東橫塘福山西橫塘以上沿海港浦共六十條各是古人東取海潮北取楊子江水灌田各開入堽阜之地七里十里或十五里間作橫塘一條通灌諸浦使水周流於高阜之地以浸潤高田非專欲決積水也其間雖有大浦五七條自積水之處直可通海然各遠三五十里至一百餘里地高三四五尺至七八尺積水既被低田隄岸隳壞一時漫流瀦聚於低下平闊之地雖開得上項

大浦其積水終不肯遠從高處而流入於海唯大水之年決之則暫或東流爾今不拘大浦小浦並皆淺淤自當開浚東引海潮北引江水以灌田臣所譬畫治蘇州田至易曉也水田則做岸防水以固田高田則浚塘引水以灌田此衆人所共知也但自來治水者舍常而求異忽近而求遠而反謂做岸固田浚塘引水之說爲淺近而不肯留意遂因循至此今欲知蘇州水田旱田不治之由觀此篇可見其大略以上水田旱田塘浦之跡共七項總二百六十四條皆是古人因地之高下而治田之法也其低田則闊其塘浦高其隄岸以固田其高田則深浚港浦畎引江海以灌田後之人不知古人固

田灌田之意乃謂低田高田之所以闊深其塘浦者皆欲決泄積水也更不計量其遠近相視其高下一例擺其塘浦之尤大者十數條以決水其餘差小者更不浚治及興工役動費國家三五十萬貫石而大塘大浦終不能泄水其塘浦之差小者更不曾開浚也而議者猶謂此小塘小浦亦可泄水以致朝廷愈不見信而大小塘浦一例堙不浚治積歲累年而水田之隄防盡壞使二三百里肥腴之地概爲白水高田之港浦皆塞而使數百里沃衍潮田盡爲荒蕪不毛之地深可痛惜臣竊思之上項塘浦既非天生亦非地出又非神化是皆人力所爲也然自國朝統御以來百餘年間除十數條大

者間或浚治外其餘塘浦官中則不曾浚治今當不問
高低不拘小大亦不問可以決水與不可以決水但係
古人遺跡而非私浜者一切併合公私之力更休迭役
旋次修治低田則高作隄岸以防水高田則深浚溝浦
以灌田其堤身西流之處又設斗門或堤門或堰閘以
瀦水如此則高低皆治而水旱無憂矣

郟僑書一篇

浙西昔有營田司自唐至錢氏時其來源去委悉有隄
防堰閘之制旁分其支脈之流不使溢聚以爲腹內畎
畝之患是以錢氏百年間歲多豐稔唯長興中一遭水
耳暨納土之後至於今日其患始劇蓋由端拱中轉運

使喬維岳不究隄岸堰閘之制與夫溝洫畎澮之利姑
務便於轉漕舟楫一切毀之初則故道猶存尚可尋繹
今則去古既久莫知其利營田之局又謂閑司冗職既
已罷廢則隄防之法疏決之理無以考據水害無已至
天禧乾興之間朝廷專遣使者興修水利遠來之人不
識三吳地勢高下與夫水源來歷及前人營田之利皆
失舊聞受命而來恥於空還不過遽採愚農道路之言
以目前之見爲長久之策指常熟崑山枕江之地爲可
導諸港而決之江開福山茜涇等十餘浦殊不知古人
建立隄堰所以防太湖泛溢渰沒腹內良田今若就東
北諸瀦決水入江是導湖水經由腹內之田瀰漫盈溢

然後入海所以浩渺之勢常逆行而瀦於蘇之長洲常
熟崑山常之宜興武進湖之烏程歸安秀之華亭嘉禾
民田悉已被害然後方及北江東海之港浦又以水勢
之方出於港浦復爲潮勢抑回所以皆聚於太湖四郡
之境當潦歲積水而上源不絶瀰漫不可治也此足以
驗開東北諸瀦爲謬論矣又況太湖蓋積十縣之水一
自江南諸郡而下嶺阪重復間當其霖潦積貯溪澗奔
湍迤邐而至長塘湖又潤州之金壇延陵丹徒諸邑皆
有山源併會於宜興以入太湖一自杭睦宣歙山源與
天目等山衆流而下杭之臨安餘杭及湖之安吉武康
長興以入太湖即古所謂震澤也昔禹治水凡以三江

三吳水利録卷第一　三別下齋校本

決此一湖之水今則二江已絶唯吳淞一江存焉疏洩
之道既隘於昔又爲權豪侵占植以菰蒲蘆葦又於吳
江之南築爲石塘以障太湖東流之勢又於江之中流
多置罾斷以遏水勢致吳江不能吞來源之瀚漫日淤
月澱下流淺狹迨元符初遽漲潮沙半爲平地積雨滋
久十縣山源併溢太湖常蘇湖常秀之間陂堰浦港悉
皆瀰漫四郡之民惴惴然有爲魚之患凝望曠野千里
一白少有風勢駕浪動輒數尺雖有中高不易之地種
已成實頃刻蕩盡此吳民畏風甚於畏雨也吳淞古江
故道深廣可敵千浦向之積潦或尚壅滯議者但以開
數十浦爲策而不知臨江濱海地勢高仰徒勞無益臣

令者所究治水之利必先於江寧治九陽江與銀林江等五堰體勢故迹決於西江潤州治丹陽練湖相視大堈尋究函管水道決於北海常州治宜興滆湖沙子淹及江陰港浦入北海以望亭堰分屬蘇州以絕常州輕廢之患如此則西北之水不入太湖為害矣又於蘇州治諸邑限水之制闢吳江之南石塘多置橋梁以決太湖會於青龍華亭而入海仍開浚吳淞江官司以鄰郡上戶熟田例敷錢糧於農事之隙和雇工役以漸闢之其諸江湖風濤為害之處並築為石塘及於彭匯與諸湖瀼等處尋究昔有江港自南經北以漸築為岸隄所在陂淹築為水堰秀州治華亭海鹽港浦仍體究枯湖

澱山湖等處向因民戶有田高壤障過水勢而疏決不行者並與開通達諸港浦杭州遷長河堰以宣歙杭睦等山源決於浙江如此則東南之水不入太湖為害矣此前所謂旁分其支脈之流不為腹內畎畝之患者此也水為東南患其來久矣治之者大抵二說一則以導青龍江開三十浦為說一則以使植利人戶浚涇浜作圩埠為說是二者各得其一偏未必俱是何以言之若止於導江開浦則必無近效若止於浚涇作埠則難以禦暴流要當合二者之說相為首尾乃盡其善但施行先後自有次第耳必不得已欲兩者兼行以規近效亦有其說若欲決蘇州湖州之水莫若先開崑山之茜涇浦使水東入於大海開崑山之新安浦顧浦使水南入於松江開常熟之許浦梅里浦使水北入於揚子江復浚常州無錫界之望亭堰俾蘇州管轄謹其開閉以遏常潤之水則蘇州等水患可漸息而民田可治矣若欲決常州潤州之水則莫若決無錫之五卸堰使水趨於揚子江則常州等水患可漸息而民田可治矣世之言水利者非不知此然開浦未久而淤泥尋塞決堰未多而良田被患何也蓋雖知置堰閘以防江湖而不知浚流以泄沙漲故有堰塞之患雖知決五卸堰水而不知築隄以障民田故有飄溺之虞且復一於開浦決堰而不知勸民作圩埠浚涇浜以治田是以不問有水無水

之年蘇湖常秀之田不治十常五六臣故曰要當合二者之說相為首尾則可盡其善臣所乞開崑山常熟縣之茜涇等浦必置堰閘者以茜涇浦在蘇州東南去海止二十里泄水甚徑然其地浸高比之蘇州及崑山地形不啻丈餘而往年開此浦者但為文具所開不過三四尺一二尺而已又止於以地而為丈尺而不知以水面為丈尺不問高下而勻其淺深欲水之東注不可得也水既不東注兼又浦口不置堰閘賺入潮沙無上流水勢可衝遂致浦塞臣故乞開茜涇等浦須置堰閘所以外防潮之漲沙也聞范參政仲淹葉內翰清臣昔年開茜涇等浦亦皆有閘但無官司管轄而豪強者保利

於所得不時啟閉遂致廢壞鄉人往往能道其事若推究而行之則所開之浦可久而無弊臣所乞復常州無錫縣界望亭堰閘俾蘇州管轄者蓋以常潤之地比蘇州爲差高而蘇州之東勢接海岸其地亦高蘇州介於兩高之間故每遇大水西則爲常潤之水所注東則爲大海岸道所障其水瀦蓄無緣通泄若不令蘇州管轄望亭堰閘則無復有防遏之理故臣先乞開茜涇等浦以決水有東流之便次乞謹守望亭閘俾水無西衝之憂既望亭之西自有五卸堰可以決水徑入於北江若使常潤之水決下此堰則不唯少紓蘇州之水勢而常潤之水亦自可以就近順流而入於江矣臣所乞決常

州無錫縣界之五卸堰使水北入於揚子江者此堰決水其勢甚徑往者官吏非不施行然決堰未多而民田已沒何也蓋止知決堰而不知預築堰下民田之隄岸以防水勢故也五卸地形與民田相去幾及丈餘平時微雨水卽溢堰而過已有侵溺之憂今直欲決去其堰使諸路之水舉自此而出又不增高其民田圩岸以爲隄防則決堰未多而民田已沒臣嘗論天下之水以十分率之自淮而北五分由九河入海書所謂同爲逆河入於海是也自淮而南五分由三江入海書所謂三江既入震澤厎定是也而三江所決之水其源甚大由宣歙而來至於浙界合常潤諸州之水鍾於震澤震澤之

大幾四萬頃導其水而入海止三江爾二江已不得見今止松江又復淺淤不能通泄且百姓便於已私於松江古河之傍多開溝港故上流日出之水不能徑入於海支分派別自三十餘浦北入吳郡界內卽先臣比部水利奏中所謂向欲導諸江者復南而北矣雖於崑山常熟兩縣開導河浦修築圩埠然上流不息諸水輻輳或風濤間作或洪雨繼至所開浦河必皆壅滯所築圩埠必有衝蕩蓋沿江北岸三十餘浦唯鹽鐵一塘可直瀉水北入揚子江其餘皆連接乎江湖河瀼合而爲一非徒無益爲害大矣今乞措置一面開導河浦卽便相度松江諸浦除鹽鐵塘及大浦開導置閘外其餘小河一

切並爲大堰或設水竇以防江水卽吳淞江水徑入東海而吳之河浦不爲賊水所壅諸縣圩埠亦免風濤所破臣聞錢氏循漢唐法自吳江沿江而東至於海又沿海而北至於揚子江又沿江而西至於常州江陰界一河一浦皆有堰閘所以賊水不入久無患害嘗考漢晉隋唐以來地理志今之平江乃古吳郡至隋平陳始置蘇州漢時封境甚闊隋開皇中始移於橫山下唐正觀中復徙於闔閭舊城而又湖州乃隋時仁壽中於蘇之烏程縣分置秀州乃五代晉時吳越王以蘇之嘉興縣分置所謂錢塘毗陵在古皆吳之屬縣以地勢卑下沿江邊海有爲隄岸以防遏水勢如唐志所載秀州海鹽

令李謂開古涇三百有一而又稱去縣西北六十里有漢塘大和中再開疑卽臣今所謂開鹽鐵塘以泄吳淞江水者也又載杭州之餘杭令歸珧築甬道高廣徑直百餘里以禦水患又載杭州鹽官縣亦有捍海塘隄二百十四里卽知古人治平江之水不專於河而築隄以遏水亦兼行之矣故爲今之策莫若先究上源水勢而築吳淞兩岸塘隄不唯水不北入於蘇而南亦不入於秀兩州之田乃可墾治今之言治水者不知根源始謂欲去水患須開吳淞江殊不知開吳淞江而不築兩岸隄塘則所導上源之水輻輳而來適爲兩州之患蓋江水溢入南北溝浦而不能徑趨於海故也倘倣漢唐以

來隄塘之法修築吳淞江岸則去水之患已十九矣雖澤之大纔三萬六千餘頃而平江五縣積水幾四萬頃然非若太湖之深廣瀰漫一區也分在五縣遠接民田亦有高下之異淺深之殊非皆積水不可治也但與田相通極目無際所以風濤一作回環四合無非水者既非全積之水亦有可治之田瀦瀉之餘其淺淤者皆可修治永爲良田況五縣積水中所謂湖瀼陂淹若湖則有澱山湖練湖陽城湖昆湖承湖尙湖石湖沙湖瀼則有大泗瀼斜塘瀼江家瀼柏家瀼鰻鱺瀼蕩則有龍墩蕩任周蕩傀儡蕩白坊蕩黃天蕩雁長蕩淹則有光福淹尹山淹施墟淹赭墩淹金涇淹明杜淹三十餘所雖水勢相接略無限隔然其間深者不過三四尺淺者一二尺而已今乞措置深者如練湖大作隄防以匱其水復於隄防四傍設爲斗門水瀨卽大水之年足以瀦蓄湖瀼之水使不與外水相通而水田之圩岸無衝激之患大旱之年可以決斗門水瀨以浸灌民田而旱田之溝洫有車畎之利其餘若斜塘瀼大泗瀼柏家瀼之類深不過三四尺淺止一二尺而已本是民田皆可相視分勸人戶借貸錢糧修築圩岸開導涇浜卽前所謂湖瀼三十餘處往往可治者過半矣臣聞江南有萬春圩吳有陳滿塘皆積水之地今悉治爲良田坐收苗賦以助國用此治湖爲田之驗也

三吳水利錄卷第一

三吳水利錄卷第二

蘇軾奏疏　單鍔書

元祐六年七月二日翰林學士承旨左朝奉郎知制誥兼侍讀蘇軾狀奏右臣竊聞議者多謂吳中本江海太湖故地魚龍之宅而居民與水爭尺寸以故常被水患蓋理之當然不可復以人力疏治是殆不然臣到吳中二年雖爲多雨亦未至過甚而蘇湖常三州皆大水害稼至十七八今年雖爲淫雨過常三州之水遂合爲一太湖松江與海渺然無辨者蓋因二年不退之水非今年積雨所能獨致也父老皆言此患所從來未遠不過四五十年耳而近歲特甚蓋人事不修之積非特天時

之罪也三吳之水瀦爲太湖太湖之水溢爲松江以入海海水日兩潮潮濁而江清潮水常欲淤塞江路而江水清駛隨輒滌去海口常通故吳中少水患昔蘇州以東官私船舫皆以篙行無陸挽者古人非不知爲挽路以松江入海太湖之咽喉不敢鯁塞故也自慶歷以來松江始大築挽路建長橋植千柱水中宜不甚礙而夏秋漲水之時橋上水常高尺餘況數十里積石壅土築爲挽路乎自長橋挽路之成公私漕運便之日葺不已而松江始艱噎不快江水不快輭緩而無力則海之泥沙隨潮而上日積不已故海口堙滅而吳中多水患近日議者但欲發民浚治海口而不知江水艱噎雖暫通快不過歲餘泥沙復積水患如故今欲治其本長橋挽路固不可去惟有鑿挽路於舊橋外別爲千橋橋硔各二丈千橋之積爲二千丈水道松江宜加迅駛然後官私出力以浚海口海口既浚而江水有力則泥沙不復積水患可以少衰臣之所聞大略如此而未得其詳舊聞常州宜興縣進士單鍔有水學故召問之出著吳中水利書一卷且口陳其曲折則臣言止得十二三耳臣與知水者考論其書疑可施用謹繕寫一本繳連進上伏望聖慈深念兩浙之富國用所恃歲漕都下米百五十萬石其他財賦供饋不可悉數而十年九澇公私凋弊深可愍惜乞下臣言與鍔書委本路監司躬親按行

或差强幹知水官吏考實其言圖上利害臣不勝區區謹錄奏聞伏候敕旨

竊觀三州之水爲患滋久較舊賦之入十常減其五六以日月指之則水爲害於三州逾五十年矣所謂三州者蘇常湖也朝廷屢責監司監司每督州縣又聞出使者尋按舊迹使講明利害之原然而西州之官求東州之利目未嘗歷覽地形之高下耳未嘗講聞湍流之所從來州縣憚其經營百姓厭其出力鈞曰水之患天數也按行者駕輕舟於汪洋之波視之茫然猶擿埴索途以爲不可治也間有忠於國志於民深求而力究之然有知其一而不知其二知其末而不知其本詳於此而

略於彼故有曰三州之水咸注之震澤震澤之水東入於松江由松江以入於海自慶曆以來吳江築長隄橫截江流由是震澤之水常溢而不泄以至壅灌三州之田此知其一偏者也或又曰由宜興而西溧陽縣之上有五堰者古所以節宣歙金陵九陽江之衆水由分水銀林二堰直趨太平州蕪湖後之商人由宣歙販賣簰木東入二浙以五堰爲艱阻因相爲之謀賂官中以廢去五堰五堰既廢則宣歙金陵九陽江之水或遇五六月山水暴漲則皆入於宜興之荆谿由荆谿而入震澤盖上三州之水東灌蘇常湖也此又知其一偏者耳或又曰宜興之有百瀆古之所以泄荆谿之水東入於

震澤也今已堙塞而所存者四十九條疏此百瀆則宜興之水自然無患此亦知其一偏者也三者之論未嘗參究得之既不詳攻之則易破以鍔視其迹自西五堰東至吳江岸猶人之一身也五堰則首也荆谿則咽喉也百瀆則心也震澤則腹也旁通太湖衆瀆則絡脈衆竅也吳江則足也今上廢五堰之固而宣歙池九陽江之水不入蕪湖反東注震澤下又有吳江岸之阻而震澤之水積而不泄是猶有人焉桎其手縛其足塞其衆竅以水沃其口沃而不已腹滿而氣絶視者恬然猶不謂之已死今不治吳江岸不疏諸瀆以泄震澤之水是猶沃水於人不去其手桎不解其足縛不除其竅塞恬

然安視而已誠何心哉然而百瀆非不可治五堰非不可復吳江岸非不可去盖治之有先後且未築吳江岸已前五堰之廢已久然而三州之田尚十年之間熟有五六五堰猶未爲大患自吳江築岸已後十年之間熟無一二欲具驗之閱三州歲賦所入之數則可見矣且以宜興百瀆言之古者所以泄西來衆水入震澤而終歸於海盖震澤吐納衆水今納而不吐鍔竊視熙寧八年時雖大旱然連百瀆之田皆魚遊鼈處之地低汚之甚也其田去百瀆無多遠而田之苗是時亦皆旱死何哉盖百瀆及旁穿小港瀆歷年不遇旱皆爲泥沙堙塞與平地無異矣雖去震澤甚邇民力難以私舉時官又

無留意疏導者苗卒歸乎槁死自熙寧八年迄今十四載其田卽未有可耕之日歲歲淫潦民益憔悴昔嘉祐中邑尉阮洪深明宜興水利方是時吳中水洪屢上書監司乞開通百瀆監司允其請遂鳩工於食利之民疏導四十九條是年大熟此百瀆之驗歲水旱皆不可不開也宜興所利非止百瀆而已東則有蠡河橫亘荆谿東北透湛瀆東南接罨畫溪昔范蠡所鑿與宜興之西蠡運河皆以昔賢名呼爲蠡河遇大旱則淺澱中旱則通流又有孟涇泄滆湖之水入震澤其他溝瀆澱塞其名不可縷舉夫吳江岸界於吳淞江震澤之間岸東則江岸西則震澤江之東則大海也百川莫不趨海自西

五堰之上衆川由荆谿入震澤注於江由江歸於海地傾東南其勢然也自慶歷二年欲便糧運遂築北隄橫截江流五六十里遂致震澤之水常溢而不泄浸灌三州之田每至五六月之間湍流峻急之時視之則吳江岸之東水常低岸西之水不下一二尺此隄岸阻水之迹自可覽也又覩岸東江尾與海相接之處汚澱茭蘆叢生沙泥漲塞而又江岸之東自築岸以來沙漲成一村昔爲湍流奔湧之地今爲民居民田桑棗場圃吳江縣由是歲增舊賦不少雖然增一邑之賦反損三州之賦不知幾百倍耶夫江尾昔無茭蘆壅障流水今何致此蓋未築岸之前源流東下峻急築岸之後水勢遲緩

無以滌蕩泥沙以至增積而茭蘆生茭蘆生則水道狹水道狹則流洩不快雖欲震澤之水不積其可得耶今欲泄震澤之水莫若先開江尾茭蘆之地遷沙村之民運其所漲之泥然後以吳江岸鑿其土爲木橋千所以通糧運每橋用耐水土木棒二條各長二丈五尺橫梁三條各長六尺柱六條各長二丈除首尾占閣外可得二丈餘洪道每一里計三百六十步一里爲橋十所計除占閣外可開水面二十三丈每三十步一橋也一千條橋共開水面二千丈計一十一里四十步也隨橋洪開茭蘆爲港走水仍於下流開白蜆安亭二江使太湖水由華亭青龍入海則三州水患必大衰減常州運河之北偏乃江陰縣也其地勢自河而漸低上自丹陽下至無錫運河之北偏古有泄水入江瀆一十四條曰孟瀆曰黃汀堰瀆曰東函港曰北戚氏港曰五卸堰港曰黎溶港曰蔣瀆曰歐瀆曰魏瀆涇曰支子港曰蠡瀆曰牌（一作碑）涇皆以古人名或以姓稱之昔皆以泄衆水入運河立斗門又北泄下江陰之江今名存而實亡今存者無幾二浙之糧船不過五百石運河止可常存五六尺之水足可以勝五百石之舟以其一十四處立爲石碶斗門每瀆於岸北先築隄岸則制水入江若無隄防則水泛溢而不制將見灌浸江陰之民田民居矣昔熙寧中有提舉沈披者輒去五卸堰走運河之水北下江

中遂害江陰之民田爲百姓所訟即罷提舉亦嘗被罪始欲以爲利而適足以害之此未達古人之智以至敗事也竊見近日錢塘進士余默兩進三州水利徒能備陳功力瑣細之事殊不知本末惟有言得常州運河晉陵至無錫一十四處置斗門泄水北下江陰大江雖三尺童子亦知如此可以爲利然余默雖能言斗門一事合鍔鄙策奈何無法度以制入江之水行之則又豈止爲一沈披耶又覩主簿張實進狀言吳江岸爲阻水之患涇函不通其言然則然矣雖言吳江岸而不言措置水之術蓋古之所創涇函在運河之下用長梓木爲之中用銅輪刀水衝之則草可刈也置在運河底下暗走

水入江今常州有東西二函地名者乃此也昔治平中提刑元積中開運河嘗開見函管但見函管之中皆泥沙以謂功力甚大非可易復遂已今先開鑿江湖海故道堙塞之處泄得積水他日治函管則可若未能開故道而先治函管是知末而不知本也竊見常州運河之北偏皆江陰低下之田常患積水難以耕殖今河上爲斛門河下築隄防以管水入江百姓由是緣此河隄可以作田圍此泄水利田之兩端也宜興縣西有夾苧干瀆在金壇宜興武進三縣之界東至滆湖及武進縣界西南至宜興北至金壇通接長塘湖西接五堰茅山薛步山水直入宜興之荆溪其夾苧干瀆蓋古之人亦所

以泄長塘湖東入滆湖泄滆湖之水入大吳瀆塘口瀆白魚灣高梅瀆四瀆及白鶴溪而北入常州之運河由運河而入一十四條之港北入大江今一十四條之港皆名存而實亡累有知利便者獻議朝廷欲依古開通北入運河以注大江自滆湖長塘湖兩首各開三分之二爲彼田戶皆豪民不知利便唯恐開鑿已田陰構胥吏皆柅而不行元豐之間金壇令曾長官奏請乞開朝廷又降指揮委江東及兩浙兩路監司相度及近縣官員相視又爲彼豪民計構不行倘開夾苧干瀆通流則西來他州及震澤之水可以殺其勢深利於三州之田也鍔熙寧八年歲遇大旱竊觀震澤水退數里清泉鄉

湖乾數里而其地皆有昔日邱墓街井枯木之根在數里之間信知昔爲民田今爲太湖也太湖卽震澤也以是推之太湖寬廣逾於昔時昔云有三萬六千頃自築吳江岸及諸港瀆堙塞積水不泄又不知其愈廣幾多頃也鍔又嘗見低下之田昔人爭售之今人爭棄之蓋積年之水十無一熟積空頭之稅或遇頻年不收則飢餓丐殍鬻妻子以償主租或置其田捨其廬而逋至於酒坊處在水鄉沽賣不行以致敗闕者比年尤甚皆緣水傷下田不收故也鍔又嘗遊下鄉竊見陂瀁之間亦多邱墓皆爲魚鼈之宅且古之葬者不卽高山則於平原陸野之間豈卽水穴以危亡魂耶嘗得唐埋銘於水

穴之中今猶存焉信夫昔爲高原今爲汚澤今之水不泄如古也昨熙寧間檢正張諤命屬吏殿丞劉懋相視蘇秀二州海口諸浦瀆爲沙泥壅塞將欲疏鑿以決流水懋相視回申以謂若開海口諸浦則東風駕海水倒注反灌民田鍔謂懋曰地傾東南百川歸海古人開海口諸浦所以通百川也若反灌民田古人何爲置諸浦耶百川東流則有常西流則有時因東風雖致西流風息則其流亦復歸於海其勢然也凡江湖諸浦港勢亦一同懋雖信其如此然猶有說蓋以昔視諸浦無倒注之患而今乃有之蓋昔無吳江岸之阻諸浦雖暫有泥沙之壅然百川湍流浩急泥沙自然滌蕩隨流以下今

吳江岸阻絕百川湍流緩慢緩慢則其勢難以蕩滌沙泥設使今日開之明日復合又聞秀州青龍鎮入海諸浦古有七十二會蓋古之人以爲七十二會曲折宛轉者蓋有深意以謂水隨地勢東傾入海雖曲折宛轉無害東流也若遇東風駕起海潮洶湧倒注則於曲折之間有所回激而泥沙不深入也後人不明古人之意而一皆直之故或遇東風海潮倒注則泥沙隨流直上不復有阻凡臨江湖海諸港浦勢皆如此所謂今日開之明日復合者此也今海浦昔日曲折宛轉之勢不可不復也夫利害掛於眉睫之間而人有所不知今欲泄三州之水先開江尾去其泥沙茭蘆遷沙上之民次疏吳

江岸爲千橋次置常州運河一十四處之㪷門石碶隄防管水入江次開導臨江湖海諸縣一切港瀆及開通茜涇水既泄矣方誘民以築田圍昔郟亶嘗欲使民就深水之中壘成圍岸夫水行於地中未能泄積水而先成田圍以狹水道當春夏湍流浩急之時則水常湧行於田圍之上非止壞田圍且淹浸廬舍矣此不智之甚也欲乞朝廷指揮下兩浙轉運司擇智力了幹官員分布諸縣則不越數月其工可畢所有創橋疏通河港置㪷門利便制度不在規規而言也今所畫三州江湖谿海圖一本但可觀其大略港瀆之名亦布其一二且欲見其詳莫若下蘇常湖諸縣各畫谿河溝港圖一本各

言某河某瀆通某縣某處俟其悉上合而爲一圖則纖悉若視於指掌之間也鍔又覩秀州青龍鎮有安亭江一條自吳江東至青龍由青龍泄水入海昔因監司相視恐走透商稅遂塞此一江其江通華亭及青龍夫籠截商稅利國能有幾耶堰塞湍流其害實大又況措置商稅不爲難事竊聞近日華亭青龍人戶相率陳狀情願出錢乞開安亭江見有狀在本縣官吏未與施行近又訪得宜興西滆湖有二瀆一名白魚灣一名大吳瀆泄滆湖之水入運河由運河入一十四處㪷門下江其二瀆在塘口瀆之南又有一瀆名高梅瀆亦泄滆湖之水入運河由運河入㪷門在吳瀆之南近聞知蘇州王

覿奏請開海口諸浦鍔竊謂海口諸浦不可開今開之不逾日或遇東風則泥沙又合矣嘗觀考工記曰善溝者水齧之善防者水淫之蓋謂上水湍流峻急則自然下水泥沙齧去矣今若俟開江尾及疏吳江岸爲橋與海口諸浦同時興工則自然上流東下齧去諸浦沙泥矣凡欲疏導必自下而上先治下則上之水無不流若先治上則水皆趨下漫滅下道而不可施功力其理勢然也故今治三州之水必先自江尾海口諸浦疏鑿吳江岸及置常州一十四處之㪷門築隄制水入江比與吳江兩處分泄積水最爲先務也然鍔覩合開三州諸溝瀆不必全藉官錢蓋三州之民憔悴之久人人樂開

故半可以資食利戶之力也今略舉其一二若開江尾疏吳江岸爲橋遷吳江岸東一鄉之民開地復爲昔日之江置一十四處之斗門并築一十四條隄制水入江開夾苧干瀆白鶴谿白魚灣大吳瀆塘口瀆宜興東蠡河巳上非官錢不可開也若宜興之橫塘百瀆蘇州之海口諸浦安亭江江陰之季子港春申港下港黃田港利港宜興之塘頭瀆及諸縣凡有自古泄水諸溝港浜瀆盡可資食利戶之力也莫若先下三州及諸縣鈔錄諸道江湖海一切諸港瀆溝浜自古有名者及供上丈尺之料功力之費或係官錢或係食利私力期之以施工日月同日開鑿同日疏放若或放水有先後則上水

奔湧東下衝損在下開浚未畢溝港以故須同日決放也或者有謂昔人創望亭呂城奔牛三堰葢爲丹陽下至無錫蘇州地形東傾古人創三堰所以慮運河之水東下不制是以創堰以節之以通漕運自熙寧治平間廢去望亭呂城二堰然亦不妨綱運何耶鍔曰昔之太湖及西來衆水無吳江岸之阻又一切通江湖海故道未嘗堙塞故運河之水嘗慮走泄入於江湖之間是以置堰以節之今自慶歷以來築置吳江岸及諸港浦一切堙塞是以三州之水常溢而不泄二堰雖廢水亦常溢去堰若無害今若泄江湖之水則二堰尤宜先復不復則運河將見涸而糧運不可行此灼然之利害也又

若宜興創市橋去西津堰葢嘉祐中邑尉阮洪上言監司就長橋東市邑中創一橋使運河南通荊谿初開鑿市街乃見昔日橋柱尚存泥中咸謂古爲橋於此也又運河之西口有古西津堰今巳廢去久矣且古之廢橋置堰以防走透運河之水今也置橋廢堰以通荊谿則谿水常倒注入運河之內今之與古何利害之相反耶鍔以謂古無吳江岸衆水不積運河高於荊谿是以塞橋置堰以防泄運河之水也今因吳江岸之阻衆水積而常溢倒注運河之內是以創橋廢堰見利而不見害也今若治吳江岸泄衆水則運河之水再防走泄當於北門之外創一堰可也其利害葢如此也或又曰竊觀

諸縣高原陸野之鄉皆有塘圩或三百畝或五百畝爲一圩葢古之人停蓄水以灌溉民田以今視之其塘之外皆水塘之中未嘗蓄水又未嘗植苗徒牧養牛羊畜放鳧雁而巳塘之所創有何益耶鍔曰塘之爲塘是猶堰之爲堰也昔日置塘蓄水以防旱歲今自三州之水久溢而不泄則置而爲無用之地若決吳江岸泄三州之水則塘亦不可不開以蓄諸水猶堰之不可不復也此亦灼然之利害矣苟堰與塘爲無益則古人奚爲之耶葢古之賢人君子大智經營莫不除害興利出於人之未到後人之淺謀管見不達古人之大智顛倒穿鑿徒見其害而莫見其利也若吳江岸止知欲便糧運而

不知過三州之水反以爲害又沽廢青龍安亭江徒知不漏商旅之稅又不如反狹水道以過百川今之人所以戾古者凡如此也鍔竊觀無錫縣城内運河之南偏有小橋由橋而南下則有小瀆瀆南透梁谿瀆有小堰名曰單將軍堰自橋至梁谿其瀆不越百步堰雖有亦不渡船筏梁谿即接太湖昔所以爲此堰者恐泄運河之水昔熙寧八年是歲大旱運河皆旱涸不通舟楫是時鍔自武林過無錫因見將軍堰既不渡船筏而開是瀆者古人豈無意乎因語與邑宰焦千之曰今運河不通舟楫竊覩將軍堰接運河去梁谿無百步之遠古人置此堰瀆意欲取梁谿之水以灌運河千之始則以鍔

言爲狂終則然之遂率民車四十二管車梁谿之水以灌運河五日河水通流舟楫往來信夫古人經營利害凡一溝瀆皆有微意而今人昧之也嘗見蘇州之茜涇昔范仲淹命工開導泄積水以入於海當時諫官不知蘇州患在積水不泄咸上疏言仲淹走泄姑蘇之水葢不知其利而反以爲害今茜涇自仲淹之後未復開鑿亦久堙塞鍔存心三州水利凡三十年矣每覩一溝一瀆未嘗不明古人之微意其間曲折究轉皆非徒然也鍔今日之議未始增廣一溝一瀆其言與圖符合若非觀地之勢明水之性則無以見古人之意今并圖以獻惟執事者上之朝廷則庶幾三州憔悴之民有望於今日也

貼黃其圖畫得草略未敢進上乞下有司計會單鍔別畫

一先開吳江縣江尾茭蘆地

一先遷吳江沙上居民及開白蜆江通青龍鎮又開青龍鎮安亭江通海

一先去吳江土爲千橋

一先置常州運河斗門一十四所用石䃮并築隄管水入江

一次開夾苧干白鶴谿白魚灣塘口瀆大吳瀆令長塘湖滆湖相連走泄西水入運河下斗門入江

一次開宜興百瀆見今只有四十九條東入太湖

一次開蘇州茜涇白茅七鴉福山梅里諸浦及茜涇

一次開江陰下港黃田春申季子竈子諸港

一次開宜興東西蠡河

一次根究諸臨江湖海諸縣凡泄水諸港瀆並皆疏鑿

伍堰水利昔錢舍人公輔爲守金陵嘗究伍堰之利雖知伍堰之利而不知伍堰以東三州之利害鍔知三州之水利而未究伍堰以西之利害一日錢公輔以世之所爲伍堰之利害與鍔參究方知始末利害之議完也公輔以爲伍堰者自春秋時吳王闔閭用伍子胥之謀

伐楚始創此河以爲漕運春冬載二百石舟而東則通太湖西則入長江自後相傳未始有廢至李氏時亦嘗通運而制牛於堰上挽拽船筏於固城湖之側又嘗設監官置廨宇以收往來之稅自是河道澱塞堰埭低狹虛務添置者十有一堰往來舟筏莫能通行而水勢遂不復西及遇春夏大水江湖泛漲則圍頭王母龍潭三澗合爲一道而奔衝東來河之不治愈可見也今若開深故道而存留銀林分水二堰則諸堰盡可去矣所欲存二堰者蓋本處地勢自銀林堰以西地形從東迤邐西下自分水堰以東地形從西迤邐東下而其河自西壩至東壩十六里有餘開淘之際須隨逐處地形之高

下以濬之然後江東兩浙可以無大水之患然銀林堰南則通建平廣德北則通溧水江寧又當增修高廣以俟商旅舟船往還之多可以置官收稅如前之利此伍堰所以不可不復也今莫若治伍堰使上之水不入於荆谿而由分水銀林二堰直歸太平之蕪湖下治吳江之岸爲千橋使太湖之水東入於海中治百瀆之故道與夫蘇常湖三州之有故道旁穿於太湖者雖不可縷舉而概可以迹究也難者曰雖復伍堰奈何伍堰之側山水東下乎復堰無益也鍔答曰由伍堰而東注太湖則有宣歙池廣德溧水之水苟復堰使上之水不入於荆谿自餘山澗之水甯有幾耶比之未復十須殺其六七耳難者乃服

三吳水利錄卷第二

三吳水利錄卷第三

周文英書一篇　附金藻論

江浙錢糧數倍各省取辦之本多出農田蘇湖常秀四路田土高下不等田之得糧十分爲率低田七分高田三分故謂天下之利莫大於水田水田之美無過於浙右五代之末吳越錢王獨居東南專饗此利經營修治國家之資實基於此宋范文正公嘗論於朝曰江南圩田每一圩方數十里中有河渠外有門牐旱則開牐引江水之利潦則閉牐拒江水之害旱澇不及爲農美利浙西地卑常苦水沴雖有河渠可以通海惟時開導則潮泥不得而湮之雖有隄塘可以禦患惟時修固則無

摧壞嘗訪高年云曩時兩浙未納土時蘇州有營田軍四都共七八千人又有撩清夫之名專爲田事導河築隄以減水患於時歲熟民間錢五十文糴米一石自歸宋之後江南不稔則取之浙右浙右不稔則取之淮南故慢於農政不復修舉江南圩田浙西河塘大半隳壞失東南之大利今江浙之米石不下一貫文比之當時其貴十倍而民不得不困國不得不虛矣此范公夙昔之論也謹按三州太湖三萬六千頃西北有荆谿宣歙蕪湖宜興溧陽溧水江東數郡之水西南有天目富陽分水湖州杭州諸山諸谿分注之水宗會瀦聚於湖由震澤吳江長橋東入松江青龍江而入海古制通泄水

勢自有源委故溧陽之上有五堰以節宣歙金陵九陽江之水宜興之下有百瀆以疏荆谿所受諸水皆源也而久不治江陰而東置運河一十四瀆泄水以入江宜興而西置夾苧干與塘口大吳等瀆泄西水以入運河皆委也亦久不治震澤固吐納衆水者也源之不治既無以殺其來之勢委之不治又無以導其去之方是納而不吐也水如之何不爲患也吳江長橋舊址斷續通長四十里南北相亘並以木橋立柱通徹湖水入江每有西風西北風湍決太湖水過橋下源源混混不舍晝夜由江入海以此三江水源勢大日夜衝洗渾潮沙泥隨水東流不能停積曩時非不能運石築隄若今之固

葢自古沿革因地之險故作此數十里之橋以泄太湖都會之水衝激三江之潮淤也今則以長橋舊址累石成隄比之昔日雖爲堅固便於徒行而橋門窄狹不能通徹湖水前都水監又於石隄下作小洞門一百五處出水然水勢既分又且淺澀不能通泄太湖奔衝之水塘岸之東又有占種菱荷陂塘障礙以致上流細緩難以衝激每日隨潮沙泥日積月累淤塞三江致令水勢支分派析轉於東北迤邐流入崑山塘等處由太倉劉家港一二處港浦入海竊思以太湖蓄聚數郡山谿晝夜奔注都會之水求泄於一二浦漵而入海則浙西數郡之田每遇澇歲惡得而不爲水廢也考之禹貢三江

既入震澤底定故知泄具區之水亦由江而入海然而猶慮潮沙淤塞江之南北爲縱浦五十餘條以通於江浦之東西爲橫浦以分其勢棊布於江之左右每日潮之入江得兩旁縱浦以分其來勢潮退入海得兩旁橫浦衝其淤泥不致停積水勢順流未嘗泛濫歸附之初田無巨浸歲有豐穰至正二十四年之後因太湖水源有阻江水勢緩潮泥積漸淤淺又以江口河沙匯漬至趙屯浦相連七十餘里地勢塗漲日漸高平此所謂海變桑田也即非人力可勝前都水監開挑所漲江面置牐節水此欲以人力勝天終非經久利益良法何者古今之地勢不同天人之氣運莫勝豈可以今之地勢而

執行古之法豈可以區區人力而勝天也且如見置牐三處本意潮來則拒入江之水潮退則放江水決潮殊不知江水之源築塞水勢細緩內水外水高低無幾牐之相去地勢不遠決放之水不長既澀且緩又烏能衝激潮沙而不積於江也施之常年初無損益設遇澇歲覬其傾泄江湖巨浸則見其不能此所謂徐行拯溺緩步救焚也而欲振復古制逮暨沿海堤身堤門斗門旱歲瀦水澇則放水再行開挑吳淞江青龍江以泄水則非惟事大體重動衆勞民抑且地勢不齊人力不能勝天恐不集事文英嘗究思至元十四年間海舟巨艦每自吳淞江青龍江取道直抵平江城東葑門灣泊商販

海運船戶黃千戶等於葑門墅里涇置立修造海船場塢往來無阻此時江水通流滔滔入海故太湖數郡之水有所通泄雖遇天雨霖霪不致積潦害田海者百川之宗水有所歸則不泛濫善觀水者必識其源流可也又嘗經行太倉劉家港吳淞江之左右登高眺遠隨流尋源爲今之計莫若因水勢之所趨順其性而疏導之則易於成效劉家港南有一大港名田甪石橋港近年天然闊深直通劉家港見有船戶楊千戶范千戶等三五千料海船於此灣泊正係太倉嘉定南北之間於中正過堤身西南通橫塘郭澤張涇以至夏駕浦奣子港入吳淞江水深處相去約三五十里中間通連小港即

遇水淺間有迂迴窄狹若使疏浚深闊可行數百料海船直抵葑門則太湖泄水一大路也又有鹽鐵塘一帶南北相貫跨涉崑山嘉定常熟三州從東北通連杜瀆橫塘白茅浦塘茜涇入海西接芝塘直塘昆城湖華蕩練塘所瀦常州界運河諸處之水及婁門官瀆楊城湖所接太湖之水爲芝塘橋門窄狹多有權豪僧寺田莊强霸富戶將自己田圩得便河港塡塞鄣遏通流水路及吳淞江通橫塘諸處涇港淺淤盤折若能開闊浚深亦太湖泄水之一大路也自松江下口北繞崑山常熟抵江陰界約三百餘里有港浦六十餘條在崑山則爲八尺涇花浦涇在常熟則爲福山東橫塘有港四十九

條北及浦下田浦崛浦上夾浦練祁桃源顧涯六岳採桃穿沙下張新漕黃涇楊林七了郎港北浦尹公甘草塘相陳涇淺涇澁涇吳泗鍇腳下六河浦黃浜沙營白茅金涇高浦許浦鄔溝千步耿涇新涇崔浦水門鰻鯬吳涇高涇西陽新涇陳浦張涇胡涇奚浦黃泗諸港浦皆係西南泄水入海之一大路也文英今棄吳淞江東南塗漲之地姑置勿論而專意於江之東北劉家港即古婁江三江旣入此其一也謂之入者入於海也近年潮汛東朝水深港闊每歲數百萬糧艘宗會於此三吳東北泄水之尾閭斯所謂順天之時隨地之宜因民之所利而利之者也更有東南松江不漲可通諸浦及東

北沿海一帶如所謂耿涇福山東西橫塘吳泗許浦等處可以通海港浦正古制泄水之要津農田之大本今則淤淺亦須從宜開浚疏通以泄水勢入海有歸則浙間數郡可無積水遺患縱遇澇水亦不致巨浸惟開浚之法付之有司例將有田之家差夫動擾猶爲未便葢浙間富戶年來消耗實不稱名乞從省府差委諳通地里水利官員詣沿海各處追究相視舊通浦港江海合該挑浚港浦具數計工深闊定式圖畫貼說擬議申聞或都水監分官前來或選省府能官於浙間富戶內不以是何戶計勸率百十家斟酌遠近功績巨細照捨糧賑濟飢民例優以官祿擬定功績品級令其開浚迄其

成功考其等第如工役輕省者酌量優敘工力浩繁功績重大者優以一官激勸勉勵庶幾勞而無怨擾不及衆假如凶年勸令富戶捐糧賑濟不過捄一處一歲之災尙優以官推此恩例成此東南之利則可弭浙西數郡久遠之災儻不偉與外有吳江石隄亦須相視遠近將見有橋門添闊浚深及將一切富强塡塞水路照依舊址開挑疏通決放水源由吳淞江深處入夏駕浦及新浚港浦入海似此經治之後更須都水監差官按行嚴督各州縣每歲疏浚隄防則使水利經久不廢或委行省官一員提調水政庶得專司守職敦篤事嚴免得有司樂歲則玩視以爲常程設遇澇歲則手足無措敗

事傷農詩所謂徹桑土於未雨者此也水利有成則樂歲相仍國家之海運無虧生民免罹昏墊國富民安誠非小補

成化間上海金藻論治水六事曰探本源順形勢正綱領循次序均財力勤省視其形勢綱領之說可謂深識東南之水勢今之有司徒知開一浦一港規規尺寸之間而反爲水之害者多矣因附著其略所謂正綱領者臣愚以爲七郡之水有三江猶網之有綱裘之有領也昔者東江旣塞而澱湖之水無所泄故人以爲千墩浦等處可泄澱湖之水殊不知此處雖通但能利此一方之水道耳而澱湖之水乃屬東江終不可逆入於松江松江旣湮而太湖之水無所泄故人以爲劉

家河可泄太湖之水蓋不知此河淤通但能復此婁江之半節耳其南來之半節與夫新洋江及千墩等浦反被其橫衝松江之腰腹而爲害莫除此則舉其一而遺其二者也或又以爲浦者導諸處之水自江以入海殊不知山水下於太湖湖水分於三江江水入於大海初無與於浦也然而浦不可無者如古井田之有澮也水漫則泄溝水以入江水涸則引江水以入溝此乃古人之水利非若後人反藉導湖水以趨江也此皆綱領之不正者也若其溝洫既深浦瀆既通然後尋東江之舊跡以正東南之綱領而瀦湖所受急水港以來之水與夫陳湖所接白蜆江之水皆得以達於東南以入海則

黃浦之勢可分而千墩浦等水不橫衝於松江而松江可通矣又開松江之首尾以正東西之綱領則黃浦之勢又可分而蹌口既通吳江石竇增多而松江可以不塞矣又開婁江之崑山塘以至吳縣胥塘另接太湖之口添置石竇則新洋江之潮勢可分而不使橫衝松江而東北之綱領又正矣所謂順形勢者臣見今人之論有以爲黃浦即是東江而黃浦通松江通矣爲此說者蓋不知江浦之子母縱橫水勢之大小順逆也臣愚以爲松江乃東西之水其勢大而橫譬則母也黃浦乃南北之水其勢小而縱譬則子也太湖之定位在西大海之定位在東必藉東西之江以泄之則爲順而駛若藉

南北之浦以泄之則爲逆而緩蓋松江之塞西由吳江石門之少中由千墩浦等與新洋江之橫衝東由黃浦竊權之盛而蹌口所以不通也又譬則松江正嫡也黃浦衆妾也今衆妾尊顯而正嫡幽微謂之家道順可乎况黃浦不獨北爲松江之害而南又爲東江之害蓋其中段南北勢者乃是黃浦其至北而反引松江迴邏東北達於范家港以入海者又名上海浦也臣愚以爲江有入海之名浦無上海之理而今皆反之者此即江變爲浦之明驗也其至南而折於西以接橫潦涇者又名華涇塘也華涇塘東去有閘港此皆東江之東段也但欠西與華涇塘接續而東入於海耳大泖西北有爛路

港陳湖西去有白蜆江此即東江之西段也但東南與朱涇斜塘橋等處欠通順耳三江既通則太湖東之形勢順矣然後尋曹涇入海之閘河金山衛入海之閘河海鹽縣入海之閘河以泄嘉興秀水塘等處以來湖杭之水而謂之南條者則太湖南之形勢順矣修溧陽之五堰以節九陽江之水浚宜興之百瀆以疏荆谿所受之水則太湖西之形勢順矣疏江陰下港等河常熟白茆等港復常州運河斗門一十四處走泄夾苧千等瀆築隄管水入江而謂之北條者則太湖北之形勢順矣

三吳水利錄卷第三

三吳水利録卷第四

有光旣録諸家之書其説多可行然以爲未盡其理乃作水利論

水利論

吳地庳下水之所都爲民利害尤劇治之者皆莫得其源委禹之故迹其廢久矣吳東北邊境環以江海中瀦太湖自湖州諸谿從天目山西北宣州諸山谿水所奔注而從吳江過甫里經華亭靑龍江以入海葢太湖之廣三萬六千頃入海之道獨有一路所謂吳淞江者顧江自湖口距海不遠有潮泥塡淤反土之患湖田膏腴往往爲民所圍占而與水爭尺寸之利所以松江日隘

議者不循其本沿流逐末取目前之小快別浚浦港以求一時之利而松江之勢日失所以沿至今日僅與支流無辨或至指大於股海口遂至湮塞此豈非治水之過與葢自宋揚州刺史王濬以松江滬瀆壅噎不利從武康紵谿爲渠浛直達於海穿鑿之端自此始夫以江之湮塞宜從其湮塞而治之不此之務而別求他道所以治之愈力而失之愈遠也太倉公爲人治疾所診期決死生而或有不驗者以爲不當飲藥針灸而飲藥針灸則先期而死後之治水者與其飲藥針灸何以異孟子曰天下之言性也則故而已矣故者以利爲本禹之治水所以行其所無事也欲圖天下之大功而不知執其利勢以行其所無事其害有不可勝言者嗟夫後世之論徒區區於三十六浦間或有及於松江亦不過浚蟠龍白鶴滙未見能曠然修禹之跡者宜興單鍔著書爲蘇子瞻所稱然欲修五堰開夾苧干瀆絶西來之水不入太湖殊不知揚州藪澤天所以瀦東南之水也今以人力遏之夫水爲民之害亦爲民之利就使太湖乾枯於民豈爲利哉太史公稱禹治水河菑衍溢害中國也尤甚惟是爲務禹治四海之水而獨以河爲務此所謂執其利勢者故余以爲治吳之水宜專力於松江松江旣治則太湖之水東下而餘水不勞餘力矣或曰禹貢三江旣入震澤厎定吳地尙有婁江東江與松江爲

三震澤所以入海明非一江也曰此顧夷張守節註地理之誤其説云太湖一江西南上爲松江一江東南上至白蜆湖爲東江一江東北下曰婁江不知二水皆松江之所分流水經所謂長瀆歷河口東則松江出焉江水奇分謂之三江口者也而非禹貢之三江惟班固地理志南江自震澤東南入海中江自蕪湖東至陽羨入海北江自毗陵北入海郭景純以爲岷江松江浙江此與禹貢之説爲近葢經言三江旣入震澤厎定特紀揚州之水今之揚子江松江錢塘江並在揚州之境故以告成功而松江由震澤入海經葢未之及也由此觀之則松江獨承太湖之水故古書江湖通謂之笠澤要其

源近不可比儗揚子江而深闊當與相雄長范蠡云吳之與越三江環之則古三江並稱無疑故獨治松江則吳中必無白水之患而從其旁鉤引以溉田無不治之田矣然治松江必令闊深水勢洪壯與揚子江埒而後可以言復禹之跡也

水利論後

單鍔以吳江隄橫截江流而岸東江尾茭蘆叢生泥沙漲塞欲開茭蘆之地遷沙𨛦之民運去漲土鑿隄岸千橋走水而於下流開白蜆安亭江使湖水由華亭青龍入海雖知松江之要而不識禹貢之三江其所建白猶未卓然所以欲截西水壅太湖之上流也蘇軾有言欲

松江不塞必盡徙吳江一縣之民此論殆非鍔之所及今不鑴去隄岸而直爲千橋亦守常之論耳崇寧二年宗正丞徐確提舉常平考禹貢三江之說以爲太湖東注松江正在下流請自封家渡古江開淘至大通浦直徹海口當時唯確欲復古道然確爲三江之說今亦不可得而考元泰定二年都水監任仁發開江自黃浦口至新洋江江面財闊十五丈仁發稱古者江狹處猶廣二里然二里即江之湮已久矣自宋元嘉中滬瀆已壅噎至此何啻千年郟氏云吳淞古道可敵千浦又江旁縱浦郟氏自言少時猶見其闊二十五丈則江之廣可知古故江蟠屈如龍形蓋江自太湖來源不遠面勢旣

廣若徑直則又易泄而湖水不能蓄聚所以迂迴其途使如今江之淺狹何能蟠屈如此余家安亭在松江上求所謂安亭江者了不可見而江南有大盈浦北有顧浦土人亦有三江口之稱江口有渡問之百歲老人云往時南北渡一日往來僅一二迴可知古江之廣也本朝都御史崔恭鑿新道自大盈浦東至吳淞江巡檢司又自新涇西南蒲匯塘入江自曹家河直鑿平地至新場江面廣十四丈夫以郟氏所見之浦尚有二十五丈而都水所開江面財及當時之浦至本朝之開江迺十四丈則興工造事以今方古日就卑微安能復見禹當時之江哉漢賈讓論治河欲北徙冀州之民當水衝者

決黎陽遮害亭放河北入海當敗壞城郭田廬冢墓以萬數以爲大禹治水山陵當路者毀之墮斷天地之性此迺人功所造何足言也若惜區區漲沙茭蘆之地雖歲歲開浦而支本不正水終橫行今自嘉靖以來歲多旱而少水愚民以爲不復見白水之患余嘗聞正德五年秋雨七日夜吳中遂成巨浸設使如漢建始閒霖雨三十日將如之何天災流行國家代有一遇水潦吾民必有魚鱉之憂矣或曰今獨開一江則其餘谿港當盡廢耶曰禹決九川距四海濬畎澮距川江流旣正則隨其所在可鉤引以溉田畝且江流浩大其勢不能不漫溢如今之小江尚有勸娘江分四五里而合者則夫奇

分而旁出古婁江東江之跡或當自見且如劉家港元時海運千艘所聚至今爲入海大道而上海之黄浦勢猶洶湧豈能廢之但本支尊大則支庶莫不得所矣

三江圖

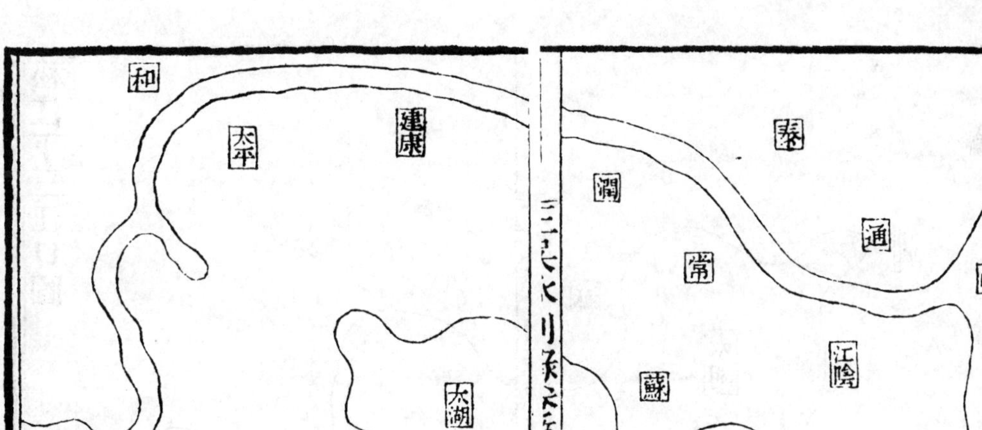

三吳水利録卷四　別下齋校本

序說

古今論三江者班固韋昭桑欽之說近之但固以蕪湖東至陽羨入海昭分錢塘江浦陽江爲二桑欽謂南江自牛渚上桐水過安吉歷長瀆爲不習地勢程大昌辨之詳矣然孔安國蘇軾所論亦未必然也今從郭璞以岷江松江浙江爲三江蓋自揚州斜轉東南揚子江吳淞江錢塘江三處入海而皆以江名其爲三江無疑但松江湮塞細弱無復江之形勢世遂忽之而不論耳宋淳熙中直學邊實修崑山志言大海自西𣶏分南北由轉斜而西朱陳沙謂之揚子江口由徘徊頭而北黃魚垜謂之吳淞江口浮子門而上謂之錢塘江口三江旣入禹跡無改此今日之所自見諸儒胸臆之說不足道也

松江下三江口圖

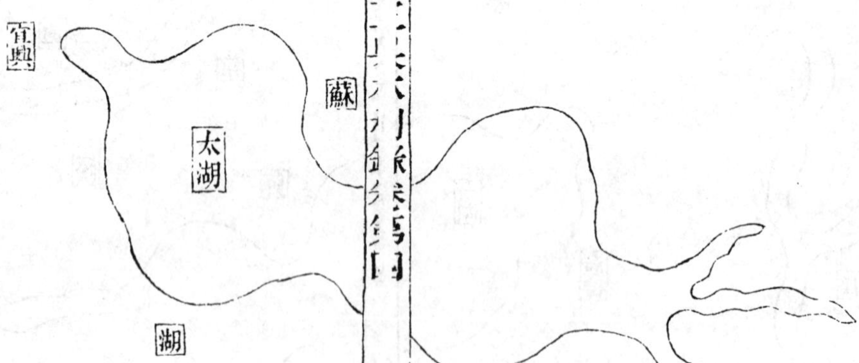

序説

史記正義曰在蘇州東南三十里名三江口一江西南上七十里至太湖名曰松江古笠澤江一江東南上七十里白蜆湖名曰上江亦曰東江一江東北下二百餘里入海名曰下江亦曰婁江其分處號三江口顧夷吴地記松江東北行七十里得三江口庾仲初註揚都賦太湖東注爲松江七十里有水口流東北入海爲婁江東南入海爲東江葢松江之有婁江東江如岷江之中江北江九江其實一江耳昔賢以此解松江下之三江口非以爲禹貢之三江也吴郡續志云松江受太湖一自長橋流入同里犂湖瀼由白蜆江入薛澱湖一自甘

泉橋由松江尾東華澤湖自急水港至白蜆江入澱湖而注之海以正義吴地記求其所在則松江北行七十里分流者當在今崑山之境說者徒欲尋求二江而不知由松江細弱所以奇分之水遂不可見續郡志云崑山塘自婁門歷崑山以達於海以劉家港爲婁江意亦附會也

吴淞江南岸

張家浜　戴家浜　青浦　古江　南蹌浦　上海浦　大盧浦　西盧浦　新涇　魚浦　小許浦　華盤龍江　儼儻浦　周涇　西舊涇　赤眼浦　華潮浦　淮浦　朱墅浦　艾祁浦　青龍江　浦家江　大盈浦　梁乾浦　南澥浦　直浦　趙屯浦　內勛浦　石浦　道禍浦　金竈浦　蕭市浦　諸陸虔浦　千墩浦　任浦　漳潭浦　同邱浦　天浦　張浦　帆歸浦　大直浦　少里浦　東齊浦　刹力浦　吴浦　界浦　甪直浦

吴淞江北岸

江灣浦　坊浜　唐莊浦　東彭越浦　西彭越浦　趙浦　大場浦　桃樹浦　下槎浦　中槎浦　上槎浦　石橋浜　新華浦　封家浜　李墅浦　上棧浦　何浦　陸皎浦　東黃渡浦　裘浦　西黃渡浦　桑浦　顧浦　安亭港　徐公浦　北澥浦　大瓦浦　小瓦浦　蔣浦　三林浦　金城浦　顧幕浦　木瓜浦　下駕浦　天明浦　新洋浦　馬仁浦　小虞浦　大虞浦　艮里浦　新瀆浦　下里浦　黃瀆浦　及墅浦　界浦　曹涇　六市浦　管廉浦　張浦　戴墟浦　陸涇　箭涇　青邱浦　索路港　廟涇

右宋嘉祐所開之新江其諸浦名互見郟氏書中松江自湖口來入海兩岸皆浦形如百足今行見在通流者或塡淤僅如溝澮或沒不復見而地名猶存皆可尋究酈道元注水經云東南地卑萬流所湊濤湖泛決觸地成川故川舊瀆難以悉取酈氏生長北方未嘗親見蓋以意度之如此耳

觀吳淞江兩岸港浦具見治水綱領永樂二年夏忠靖公掣崑山嘉定諸塘引吳淞江入劉家河於上海濬范家浜接黃浦而於江之東段初不施工蓋已失水之勢矣

元大德八年都水監開江丈尺

吳淞江東南黃浦口起至大盈浦口止一萬五千一百丈

大盈浦口起至永懷寺東止一千六百丈

永懷寺東起至趙屯浦口止一千五百丈

趙屯浦口起至陸家浜止三千三百五十丈

陸家浜起至千墩浦口新洋江止一千六百丈

通計長二萬三千一百五十丈

廣二十五丈

深一丈五尺

天順四年崔都御史開江丈尺

大盈浦東至吳淞江巡檢司二萬二千丈

新涇西南蒲匯塘入江四千丈

曹家河平地至新場三萬丈

廣十四丈

深二丈

按夏忠靖公治水不全用力吳淞江者蓋時江水猶通流也正統六年周文襄公始修吳淞江立表江心盡去壅塞天順四年崔都御史恭宏治七年徐侍郎貫嘉靖元年李尚書充嗣凡三浚迄今四十餘年不治矣經國者所當留意也

三吳水利錄卷第四

奉熊分司水利集并論今年水災事宜書

某生長東南祖父皆以讀書力田爲業然未嘗窺究水利之學聞永樂初夏忠靖公治水於吳朝廷賜以水利書夏公之書出於中祕求之不可得見獨於故家野老搜訪得書數種因盡閱之間採其議尤高者彚爲一集嘗見漢世國家有一事必令公卿大臣與博士議郎雜議始元中諸儒相論難鹽鐵及宣帝時桓寬推衍之至數萬言而盛稱中山劉子九江祝生之徒欲以究成治亂定一家之法其所取水利論僅止一二然以爲世所傳書皆無逾於此者郟大夫考古治田之跡葢濬畎澮距川瀦防溝遂列澮之制數千百年其遺法猶可尋見如此昔吳中嘗苦水獨近年少雨多旱故人不復知其爲害而隄防一切廢壞不修今年雨水吳中之田淹沒幾盡不限城郭鄉村之民皆有爲魚之患若如郟氏所謂塘浦闊深而隄岸高厚水猶有大於此者亦何足慮哉當元豐變法擾亂天下而郟氏父子荆舒所用之人世因以廢其書至其規畫之精自謂范文正公所不能逮非虛言也單君鍔本毗陵人故多論荆谿運河古跡地勢蓄泄之法其一溝一港皆躬自相視非苟然者獨不明禹貢三江未識松江之體勢欲截西水入揚子江上流工緒支離未得要領揚州藪澤曰具區其川三江葢澤患其不瀦而川患其不流也今不專力於松江而

欲涸其源是猶惡腹之脹不求其通利徒閉其口而奪之食豈理也哉近世華亭金生綱領之論實爲卓越然尋東江古道於嫡庶之辨終猶未明誠以一江泄太湖之水力全則勢壯故水駛而常流力分則勢弱故水緩而易淤此禹時之江所以能使震澤厎定而後世之江所以屢開而屢塞也松江源本洪大故別出而爲婁江東江今江既細微則東江之跡滅沒不見無足怪者故當復松江之形勢而不必求東江之古道也周生勝國時以書干行省及都水營田使司皆不能行其後僞吳得其書開浚諸水境內豐熟迄張氏之世略見功效至論松江不必開其乖謬之甚有不足辨者尋周生之論要亦可謂之詭時達變得其下策者矣某迂末之議獨謂大開松江復禹之跡以爲少異於前說然方今時勢財力誠未可以及於此伏惟執事秉節海上非特保鄣疆圉且以生養吾東南之赤子生民依怙之者切矣邇者風汛稍息開疏瓦浦五十餘年湮沒之河一旦通流連月水勢泛濫凡瓦浦之南相近二十餘里水皆向北而流百姓皆臨流歎誦明公之功德葢下流多壅水欲尋道而出其勢如此不得其道則瀰漫橫暴而不制以此見松江不可不開也松江開則自嘉定上海三百里內之水皆東南向而流矣頃二十年以來松江日就枯涸惟獨崑山之東常熟之北江海高仰之田歲苦旱災

腹內之民晏然不知遂謂江之通塞無關利害今則既見之矣吳中久乏雨水今雨水初至若以運數言之恐二三年不止則仍歲不退之水何以處之當此之時朝廷亦不得不開江也天下之事因循則無一事可爲奮然爲之亦未必難明公於瓦滴實親試之矣且以倭寇未作之前當時建議水利動以工費無所於出爲解然今十數年遣將募兵築城列戍屯百萬之師於上海事窮勢迫有不得不然者若使倭寇不作當時有肯捐此數百萬以興水利者乎若使三吳之民盡爲魚鱉三吳之田盡化爲湖則事窮勢迫朝廷亦不得不開江矣宏治四年五年大水至六年百姓饑疫死者不可勝數正

德五年亦如此今年之水不減於正德五年尚不及秋民已嗷嗷矣救荒之策決不可緩欲望蚤爲措置米穀設法賑濟或用前人之法召募飢民浚導松江姑且略尋近世之跡開去兩岸茭蘆自崑山慢水江迤東至嘉定上海使江水復由䠞口入海放今年停瀦之流備來年洊至之水亦捄時之策也某蹇拙非有計慮足以裨當世獨荷執事知愛盡其區區之見或有可備末議者伏惟裁擇之幸甚

寄王太守書

某昨承明府論及水利匆遽辭別不及盡言某非能知水學者然少嘗有意考求見盧公武郡志止鈔錄事跡略無綱要今新志因之而近來言水利者不過祖述此耳嘗訪求故家野老得書數種獨取郟氏二三家斷以爲專門之學遂彙錄成書非能特有所見也唯以三吳之水瀦於太湖太湖之水泄於松江古今之論無易此者故著論以暢前人之旨嘗又讀禹貢注三江者說無定論惟郭景純及後來邊實之論爲是故定以爲三江之圖明府見諭謂吳淞江與常熟縣無預某所論三吳之水非爲常熟一縣之水也江水自吳江經由長洲崑山華亭嘉定上海之境旁近之田固藉其灌溉要之吳淞江之所以爲利者蓋不止此獨以其直承太湖之水以出之海耳今常熟東北江海之邊固皆高仰中間與

無錫長洲崑山接壤之田皆低窪多積水此皆太湖東流不快之故若吳淞江開濬則常熟自無積水然則吳淞江豈當與許浦白茅並論耶明府又謂揚子江錢塘江何與於吳中水利某之意特欲推明三江之說蓋自來論吳中之水必本禹貢三江既入之文自孔安國以下以中江北江爲據既失之泥班固韋昭桑欽近似而不詳故當從郭景純唯三江之說明然後吳中之水可得而治也經曰三江既入震澤底定先儒亦言三江自入震澤自定文本不相蒙然吳淞一江之入震澤底定實係於此經文簡略不詳耳某誠恐論者不知此江之大漫與諸浦無別不辨原委或泥張守節顧夷之論止

求太湖下之三江用力雖勞反有支離湮汨之患也但欲復禹之跡誠駭物聽即如宋郟亶時之丈尺時力亦恐未及而水勢積壅爲害欲求明府先令所在略據今日河形開挑茭蘆使自崑山夏駕口至嘉定柵橋尋入海之口則江水有通流之漸矣今春量撥賑饑之穀召募飢民或可即工代賑又旁江之民積占茭蘆指以告佃爲名所納斗升之税所占即百頃之田兼之漲灘之税亦多吏胥隱没官司少獲其利昔宋時圍田皆有禁約今姦民豪右占江以遏水道更經二三年無吴淞江矣若責所占之人免追花利止令隨在開挑以復舊跡則官不費而姦有所懲矣某二十年屏居江上未嘗敢獻書當事者異日吕公有意水利然以平日非相知不敢有所陳前以分司舊識因開瓦浦問及之而明府親屈二千石之重敦行古誼虚懷下接且惓惓以吾民之魚鼈爲憂故特有言耳然區區所望於明府有大於此者昔魏王召史起問漳水可以灌鄴田子何不爲寡人爲之史起曰臣恐王之不能爲也王曰子誠能爲寡人爲之寡人盡聽子矣史起敬諾言之於王曰臣爲之民必大怨臣大者死其次乃籍臣臣雖死籍願王之使他人遂之也王曰諾使之爲鄴令史起因往爲之鄴民大怨欲籍史起史起不敢出而避之王乃使他人遂爲之水已行民大得其利由此言之興一世之功不當恤流俗之議也區區之見要以吴淞江必不可不開即日渡江違離節下豈勝瞻戀因還船附此不宣

三吴水利録續録

附錄

慎水利（上撫臺志齋周公時議七條此其一也公不久離任未及施行）　男歸子甯述

夫揚州之區其浸曰三江五湖其藪曰具區具區者太湖也水固爲民利亦足爲民害治之者貴得其要而已故或汨陳五行或時敘九疇善用之者以佚道使民不善用之者以生道殺人可不慎與先君著水利論多取蘇氏單氏郟氏之說可謂詳矣然大要以開吳淞江爲本次則塘浦闊深而隄岸高厚此其綱領也太湖之水惟吳淞一江承之以入於海使其受納之處稍有障礙則水勢微緩而下流所以日湮湖水必至於泛溢爲民害不小矣故爲今之計必先開浚其下流更去其上流之壅閼使水勢湍急直達於海則雖大潦之歲湖水不能爲害矣今之開江不可不亟爲之處而其先後緩急之序又不可不講也在高鄉則當先開枝河之閼塞者在低鄉則先築其隄岸之崩坍者責令各鄉畫圖并書其原額深闊幾許今見存幾許長短幾許及其旁業田某人或荒或熟務得其實隨區別界各分信守責令旁河得利之人自行疏築因其廣袤柱石爲額以防淤塞次則塘浦之淺隘者則官爲之開浚以及於江江之長幾二百里亦度其丈尺計其工力令沿江居民棊布其上每工給銀若干米貴則量加之無使稍有乾沒其間則不惟公事易舉而飢民亦獲所濟往時海忠介公大略倣先君遺意而飢民大得所濟茲則已然之明驗也至若千橋之易未可輕議疏鑿其兩旁大開水門必不可已也長橋亦當決去更建浮橋其沙洲亦皆開鑿無使上流稍閼則下流自然通流駛迅不致沙水壅遏矣夫興百世之利必當有獨斷之明若因循苟簡惑於尋常之論徒竭帑藏未見其可也考之古人一溝一港皆所致意所謂禹盡力於溝洫濬畎澮距川是也若大旱之時塘浦既乾則吳淞江雖深無益也枝河既乾則塘浦雖深無益也故開吳淞江必先之開塘浦開塘浦必先之開枝河枝河與塘浦之深稍埒而塘浦之深與吳淞江之深稍埒則雖大旱不至枯涸而可以車救矣往歲吳淞江未嘗不通而田多不能播種此則枝河不開不深之驗也夫枝河既開可以承受塘浦之水塘浦既闊可以容納大江之流則枯旱之時既可以積瀦而水潦亦可宣泄矣隄岸既高則雖大水之歲塘浦之流徑趨於江江水亦速達於海水雖高於田而亦不爲害矣此實平常之論無足爲奇若飢之於食寒之於衣舍此更無他術也此其大略苟可便於施行更有一二詳言之大抵吳中言水利者甚多然緩急先後恐不可易此者謹著之於篇以備採擇

論東南水利復沈廣文

昔禹平水土而則壤成賦六府孔修九州攸同萬邦作乂周公以六典致太平而尤以田賦爲首務故孟子言王道必自經界始春秋以後井田之法漸壞而溝洫不廢朝會攻伐各自取足未聞借資於他境也夫今之天下猶古之天下今之民力猶古之民力也乃今西北之水田既廢已久而惟仰給於東南之一隅假使一旦有梗其弊有不可言者而東南治田之法復置不講而專望乎天時又豈足恃哉古之治天下如人之一身榮衛貫通運臂使指不勞餘力今之天下若痿痺不仁者賈生所謂病辟且疿不待扁鵲而知之者也永樂間夏忠靖公以奉命得賜水利集治水吳中於是疏壅滯修隄防水患乃息兼以振賚災青召募耕佃國用既益而民被其利正統中周文襄公奉敕修舉江南預備之務乃治吳淞江及湖池陂塘隄岸橋梁皆已疏築又以均耗卹民民用賴之二公之遺澤至今長老猶思慕焉然忠靖尤爲朝廷之所倚重雖加意於東南而未及乎西北文襄遺愛甚深而疏河治田亦未能盡如古法夫豈當時猶有所扞隔而不得自遂耶抑亦有慮不及此耶先君嘗有志於經國之務因居吳淞江上訪求故家遺書得郟氏單氏與任氏諸書擇其最要者編爲水利錄四卷隆慶間海忠介公得是書倣而行之飢民全活者甚衆而海口至柵橋皆已堙塞爲平地不期月而開鑿通流潮水復如昔時之洶湧大爲民便惜乎其功之未竟也繼而開江者以江三分之二起稅而濬其一爲江身是與水爭尺寸之利而不知所害者多矣名爲開江而實以塞江也萬歷丁亥之歲子甯偶過京師謁大司空石公言及東南水利略陳其一二公慨然即欲開吳淞江然奉行者亦未能稍副其望不徒無益而害之甚矣夫欲爲國家建一時之功與百世之利者自古已難即今東南爲朝廷之所仰給根本重地而於水利建議而行之者非無其人然未能克底厥績又若徐公子徵以諫垣復授御史之任開西北之水田誠百世之利亦中止而不行豈天時尚未欲生民享樂利之休國家建久安之業乎今東南民困已極不盡人力惟坐待天時即恒雨而卑田沒恒暘而高田枯若之何而可常稔耶夫使治西北而能不賴於東南治東南而不必倍加輸挽之費於西北則猶一人之身而榮衛貫通矣非國家無疆之休而爲萬世之永賴哉子甯瓠落無成然每懷杞人之憂偶閱先君遺稿及頗究昔人水利之説稍撮其要者緝之以備當道明公採擇焉

書三吳水利錄後

天下之利有故而害有由不明其故而妄以私智規小利失大利而遺大害至於累世不息者斯其首禍何如東南澤國水非大利乎今時被其災反爲大害學思神禹舊跡莫知所以措悲夫亦思水何以泛濫知其泛濫則可底定矣何以底定審其底定宜無失其故矣三代後漢與唐獨略於東南之水者時江水猶循其道莫爲患也至宋而言水事者紛紛矣由慶歷時築長隄於江水之上流截其入海之勢故也至於腹內之堰閘不可廢者反一切廢之皆爲一時轉運之便不顧失大利而貽大害壅遏上流之水而瀰漫腹內之田於是四郡之民居卑者盡爲魚鱉之宅治之者又往往不得其領不惟無益而反滋其害以迄於今也先太僕務經濟之學於今古遺書無不研究明禹跡之舊爲禹貢註至於東南之水復具論於三吳水利中詳其入海之道定三江之圖錄水學之最者彙爲一集能自得其領而後其法可備用蓋東南之水既匯而爲具區具區實由吳淞一江東入於海其流迅駛左右南北之水五六里而爲一浦者皆旁支也更橫之每十里而爲一塘塘浦棊布治水治田之道在是矣是以原委分而支庶明先後緩急皆有其序始知宋元以來之治水皆不得其分明而失其次序也隆慶間海忠介公喜得是書倣而行之時歲大飢公多方處費聽有罪者入贖助工勤力者加其稟餼飢民大濟而江大開海口至柵橋盡堙爲平地矣不期月而遂通江濤如昔民誦便利惜功未竟而公去任繼之者不復行公之事公爲人廉敏勤毅親巡視事無虛日謂大禹神聖勞身焦思胼胝於山水泥陸我輩何人食朝廷之祿而勞民自逸矧又有因而掊克耶時或有給餉不即應者公嚴刑以儆無不奮勵功故垂成而不意有娼嫉者亟奪公去今幸蒙聖明深維國計洞晰民隱謂天下財賦仰給東南治東南之水爲今經國利民首務而吳淞一江則水之綱領也今多湮塞而僅存遺跡不若旁水之流此湖之所以時時泛溢而吳民水旱蒙災也敕行疏濬採酌事宜聖謨如此何愁無忠介公以成之乎玆猶懷杞人之念者謂古草茅亦切當世之慮今廟廊之上憂及江湖處江湖者安敢隱其見聞不罄芻蕘狂瞽之愚以所聞吳淞之入海禹鑿堙阜後無宋之吳江岸亦猶岷浙之至今長流也曩時故跡深廣可敵千浦今堙者已爲平地而通者反從南北支流紆迴入海昔之塘浦廣猶三十丈今嫡屈於庶日失其勢而震澤焉有安流必廣復其故而與岷江相埒卽狹處猶當數里斯言也如以爲迂狂則昔日之三江何加耶古聖王經營天下九州九道九澤九山爲之開通陂障況東南一水乎思天下之泛濫可底於平成則治一

澤之水不得視爲迂闊艱難矣爲之者功期必成上答
天子下澤蒼生當仁可讓與凡江故跡載自前人歷有其証今其爲茭蘆阡陌者何得不悉返東流俾澤有安瀾而後江之旁浦與塘可漸次疏治復置腹內之堰閘四郡水田蘇爲最仍設吳越錢王時之營田司督營田軍專爲田事導河築防上流之壅截既盡疏徹而腹內之堰閘又時其啟閉則不惟水水無患而旱亦無災歲歲豐稔建一時之功垂萬世之利拭目以望

崇禎元年戊辰季秋孫男輔世書

三吳水利錄附錄

海昌蔣光煦校

東南言水利者莫大於三江震澤而松江之壅滯自晉宋間始梁時以滬瀆不通欲於太湖之上流分殺其勢宋郟亶單鍔並有著書以濬松江爲第一義單鍔書爲蘇文忠所偁明歸震川先生采郟單諸人之論爲三吳水利錄言治吳之水宜專力於松江松江既治則太湖之水東下而他水不勞遺力矣夫水爲民之害亦爲民之利下流雝塞或遇暴漲水因泛濫横溢兼有圍田爲阻民田皆受其患若疏濬下流江尾不至淤漲蓄洩以時旱潦有備可無凶荒之慮邱文莊云浙東西之賦居江南十九而蘇松常嘉湖五府又居兩浙十九當今之時三吳之水利不可不亟爲講求是書實有繫於國計民生之大者已道光丙申春孟海昌蔣光煦跋

金石錄補

道光二十四年甲辰海昌蔣氏宜年堂雕

金石錄補序

婁江錢　椒撰

古人事蹟以金石傳者不可勝數而後世不可概見大都爲風雨之所剝蝕兵燹之所摧殘而又無博雅好古之士蒐討而記存之故愈久而愈亡也今歲暮春葉子九來偕王子宛仲過湖南毛斧季汲古閣觀列代名人碑碣斧季盡出其藏弆相與摩挲展玩者久之九來因以其所著金石錄補見示屬予爲序予觀趙德甫金石錄上自三代下訖隋唐五季去取褒貶極一時之盛但丁靖康流離播遷其間援据論正有疑誤遺脱讀者不能無憾焉斧季嘗欲博採舊聞網羅散佚斷以德甫以

上爲一書曰補金石錄宋元以下爲一書曰續金石錄今九來所著不謀而同宜其相見之樂相得之深也然則德甫之後又有德甫其有功于學者豈曰小補之哉雖然九來著述甚富名滿詞壇顧不屑屑于當世之文章而獨上下千古之陳迹因其人論其世有不勝感慨于治亂興衰之故豈直是正得失討論譌謬于殘章斷畫之間而已邪書此以復九來其必以予爲知言也

金石錄補自序

崑山葉奕苞九來

天下之物不朽者莫如金石而氷霜凌之風雨蝕之山積川決以滅之下至樵夫牧豎摩挲淪毀大兵大役侵刼之餘幸而存者益少矣而趙德甫氏錄至二千卷何其富也趙氏以爲訪求藏蓄凡二十年豐碑巨刻殘章斷畫殆無遺矣而天下有不盡然者人之耳目易窮物之顯晦有數也先文莊麾旌所至輒下令收金石刻文積千餘軸悉已散去家君宦游兩都時效德甫之所爲又廢于乙丙間余少喜臨池得墨碑百本審其拓偃之勢而知師承所自妄欲搜訪隱僻以補趙氏之遺王子宛仲出其所藏二十種予舊蓄廿餘種皆漢唐舊碣爲趙氏所未錄者仿其例作辨正跋語以誌一時之見嗣是有得卽續書之自媿好而無力不克廣羅博覽以資異聞竊意遠近之士有愛我者當不異王子出其所藏以相示使幸存之物不至于終亡也例八則附後

古人首重碑額必擇名手書之近時搨本輒遺其額予跋首及焉無額則書題以冠之

書撰人不錄官秩則于建碑年月處有戾葢歲月後先轉除亦異全載以備參考

鐫字人尤重如元省已伏靈芝黃仙鶴之類皆李北海手刻而託之也顏魯公書碑必使家僮模刻而米元章猶謂顏碑多失眞故予并錄鐫字人姓名

漢碑自隸釋後遺者絕少予所錄不止補趙且以補洪三國六朝亦無幾姑俟博訪

唐碑佛家最多而雜且非正史所載考訂殊難

宋刻張旭懷素等帖雖非唐搨猶爲舊勒存之

古人墨蹟流傳最著者漸多刻本兵火之餘急宜收錄予先拔其尤以附後

漢碑絕少如孔子四十七代孫中散公傳于宋紹興甲寅著東家雜記時則司空孔扶太守孔宏御史孔翊從事孔君德諸碑尙存而洪文惠公隸釋云俱未之見至予謁孔林訪孔彪碑尙埋土中三尺況前碑乎恐諸碑名將不存故錄入目中餘仿此

金石錄補題辭

嘗覽李易安所作金石錄後序爲之掩卷太息夫以趙明誠好古之篤採輯之勤所得金石文如此而當其身散逸已甚明誠卽世遽遭亂離十不存一然則古人手跡其流傳後世不消滅者不亦難哉古人有言一法弊則立一法以救之孔子曰其人存則其政舉昔賢之美未有久而不湮者湮而未盡之時天又必生賢人焉爲之補救而接續之以使不墜此豈獨於帝王之大經大法世治世亂之所係卽好學稽古之事亦莫不然余生僻縣淺見狹聞又性鈍不能博涉古人書籍所睹趙氏金石錄後僅得見檇李曹侍郎金石表曾屬予爲之敘

今再見崑山葉子九來之金石錄補遺九來先祖父文莊公性嗜古廣搜至千餘軸遭亂廢失其先君水部公宦遊所至又輒輯之乙酉丙戌又廢九來少喜臨池慨然思繼祖父之學求得墨碑百本漸欲搜訪以補趙氏之遺所謂湮而未盡必有人焉爲之補救而接續者非歟九來勤學好古有名當時前年舉博學宏詞以當路敦迫就道既報罷益自喜歸而搜訪古人名跡益勤夫以九來之才又其親從兄弟方貴顯淸華爲文章宗主而九來卒報罷屈首窗几孜孜然思補古人之缺則九來之爲人可知彼其意固有在此而不在彼者耶予與九來交九年庚申秋就醫于吳門九來棹舟訪予者數反出示此書起夏禹衡山碑終宋周處廟像記凡若干種皆漢唐舊碣爲趙氏所未錄者仍仿其例作辯正跋之語皆簡古有風味足與古金石稱遂援筆題其首寧都同學弟魏禧撰

金石録補卷第一 跋尾

崑山葉奕苞九來著

古器物銘第一

夏商鐘銘

右夏鐘一商鐘二大禹以九牧之金鑄鼎及他器物皆鈿紫金爲文庚肩吾所謂鵠首仰立蛟腳旁舒者是也鐘之上六字下兩旁各二字商鐘祇一鹿字象形松雪云舒州太湖縣取土得之歸王崧壽茂家又一鐘曰父作旅旅衆也非一鐘可知說文云鐘樂器也吕氏春秋黄帝命伶倫作十二器考工記鳧氏爲鐘故六律以鐘名之予謁曲阜至聖廟適遇秋丁見奠獻時所陳樂器其中古鐘高尺餘與三鐘相類而夏鐘口銜雙龍商鐘迴文周偏刻鏤精巧殆非後世可及

古器物銘第二

商父乙鼎銘

右鼎藏吾邑李氏相傳爲文王鼎子手摹其文共二行九字云口山口作父乙寶尊彝第一第三字不可識墨子曰夏禹制鼎四足而方此彝兩耳四足其制同鼎而曰彝蓋如考古録父癸方彝之類祖丁父已薛尚功皆名爲商器則此非周鼎可知吳[illegible]上二字未詳

商爵銘

右六爵父丁三已辛癸各一皆趙子昂氏松雪齋拓本薛尚功釋祖已父乙爵謂商之成湯雍已廟中祭器以見其孫與子之作竊意商雖尚質無子孫直呼祖父之名刻于禮器而相傳已久終失其解則以爲商之器而

已

古器物銘第三

周南仲鼎銘

右銘鼎在鎮江府焦山寺中高一尺三寸腹徑一尺五寸八分口徑一尺四寸五分耳高三寸闊四寸二分足六寸一分深八寸二分銘九十三字其文曰惟九月既望甲戌王如于周丙子烝于圖室司徒南仲佑世惠僉立中庭又曰世惠敢對揚天子丕顯敬休云云按薛尚功釋毛伯敦銘位爲立而楊氏謂古立位同用周禮小宗伯掌神位註位作立鄭司農云立讀爲位又古文尚書公卽位爲卽立則是銘亦當作位揚州程穆倩從薛

氏讀爲立吾邑顧寧人金石文字記引嘉興朱錫鬯跋曰鼎銘其人莫考戊午秋予適京師登焦山摩挲鼎側拓其銘詞後遇錫鬯于阮亭王先生邸中謂之曰銘中有司徒南仲即其人也曷云莫考況銘之末云用作尊鼎用享于烈考萬年子孫永寶用此必司徒家廟之器無疑葢禮部之兄吏部子底從焦山拓歸俾穆倩讀之可識者七十有八字存疑者八字不可識者七字吏部賦長歌禮部和焉以是傳聞于世錫鬯又云古之勳在王室者既受之册歸必銘其器論撰其祖父之德善功烈以示後世與予意合直可名爲南仲鼎也又云詩書所載僅千百之一而銘諸器者無窮自秦銷金咸陽爲

歐冶改煎不可勝數世徒知秦燔書之禍不知銷金之禍最烈也錫鬯善讀書尤好金石文字足跡所至于荒山窮谷中訪得一碑必發土出而搨之知予有同好多所資益云

周師旦鼎銘

右周師旦鼎旦周公也營洛遷殷之後召公爲太保見于尚書而史記則云召公爲保周公爲師鼎銘云惟王元年八月丁亥師旦受命作周王太姒寶尊彝葢文王廟中祭器也文王于公爲考他鼎有文考文母之稱而此云周王太姒者公受命造鼎不敢自致其子道之所宜稱也武王追王太王以後文考得稱王冠之曰周不

特于家人有嚴君之義亦以別于魯之廟也夫

古器物銘第四

秦平陽尺銘

右銘詞所與薛尚功所録秦權銘不同者七字後題云平陽尺長谷山人徐獻忠金石文以爲權而予直定之爲尺按周制寸尺咫尋常仞諸度量說苑云度量衡以粟生之十粟爲一分十分爲一寸十寸爲一尺此平陽較量法度所用之尺也平陽在河東杜預曰衛地也平陽東南地名馬陵左傳曰成七年諸侯盟馬陵又云在魏郡元城堯始都晉陽後遷河東平陽即其地漢有平陽侯國葢此尺在平陽如趙録金銅鉦藏于平周之說

是也

漢器銘

右銘云五年三月廿日造七字而其器不詳自漢武帝建元紀元以後凡器物無不用當時年號者此必建元以前之物故止稱五年也字甚精妙用以冠漢諸器云

漢元嘉刀銘

右刀銘云元嘉三年五月丙午日造此（闕一字）官刀長一（闕一字）尺二（闕三字）宜侯王大吉羊范史輿服志佩刀諸侯王黃金錯環挾牛鮫黑室意即古之容刀也公劉詩鞞琫容刀朱註容飾之刀毛傳云言有武事也范書注引鄭箋既爵命賞賜而加賜容刀有飾顯其能制斷也春秋

繁露云佩劒在左青龍之象刀之在右白虎之象劉昭補注以爲自天子至庶人皆佩劒故蕭何履劒上殿而此志止言刀爲未備觀是銘曰造此官刀復有宜矦王大吉祥之祝似漢世重賜刀故范氏獨著于篇歟按列傳虞延馮石應奉馬嚴鄧遵皆有佩刀之賜至唐貞觀中猶沿其制賜房元齡魏徵是也虞喜志林云古人鑄刀以五月丙午取純火精以協其數其本諸此歟春秋繁露云羊之爲言祥也此羊字作祥解

漢延光壺銘

右壺銘云延光四年銅二百觔直錢萬二千隸書朱文字左行按昆吾紂臣作瓦器爲壺說文云壺昆吾圜器

也禮記禮器門內壺君尊瓦甒註壺大石瓦甒五斗周禮涿壺氏掌除水蟲註壺爲瓦鼓涿擊之而疏又云是盛酒之器故周禮司尊彝有壺尊左傳昭十年尊以魯壺又投壺註頸脩七寸腹脩五寸徑脩一寸半容斗五升喪大記狄人出壺乃漏水之器則壺者其用非一初爲瓦器未知何時始範以銅也此壺用銅二百斤所容必大疑非祭祀盛酒之具薛氏商弓壺註壺酒之下尊也尊而居下則其所容或越于鼎彝之外視古瓦甒五斗未可知

漢啟封鐙銘

右鐙銘云啟封一斤十二兩十二銖容一斗小篆之上品歐陽公得蓮勺宮鑪林華觀鐙爲漢書所不載而此鐙曰啟封亦無可考未知趙文敏何據乃題爲漢鐙也銘傳字佳不忍棄錄之

古器物銘第五

漢犧尊象尊銘

右犧尊象尊在曲阜夫子廟大成殿案上全作犧象形而背上負尊旁各有字云孔子廟祭器漢元和二年造韓敕造廟禮器碑有雷洗觴觚爵鹿柤梪籩柉禁壺之物無不載而不及尊豈非兩尊完好不待更造邪說文云尊酒器也周禮小宗伯六尊註犧尊象尊著尊壺尊太尊山尊以待祭祀賓客之禮周官司尊彝春祠夏禴

其再獻用兩象尊是也魯頌閟宮詩犧尊將將毛傳云犧尊有沙飾也正義阮諶禮圖云犧尊飾以牛象尊飾以象于尊腹之上畫爲牛象之形卽毛傳所謂飾也朱子註云尊爲牛形鑿其背以受酒而王肅劉杳云魏太和中魯郡發地得齊大夫子尾送女器有犧尊直以犧牛爲尊然則象尊爲象形可知已禮器云廟堂之上罍尊在阼犧尊在西君西酌犧象夫人東酌罍尊皆器之貴重者也故孔子曰犧象不出門葢古人制器必尚象此全仿犧象之形之謂也明堂位曰犧象周尊也而薛氏商器款識有象尊頭目尾足皆具銘一字曰象則周以前固有之矣子同雲南雷公子玉衡謁廟下雷語予

云大成殿象尊兩牙具八音予疑其謬試之左淸右濁果然命搨碑人張太和摹此數字如右

漢雷尊銘

右尊在曲阜大成殿案上犧象兩尊之中銘文十一字同其文陽其篆古餘作雲雷回互之形梁孝王傳有罍尊注鄭司農云上葢刻爲山雲雷之象按漢祭器有山罍馬融廣成頌山罍常滿宋沈括云銅罍之飾皆古雲雷字相間轉古圖罍間錯雲雷舊圖無雷止畫雲氣爲近是

古器物銘第六

漢銅虎符銘

右朔方太守右第三銅虎符銀錯小篆極類秦碑藏關中郭允伯家

新莽權銘

右權銘曰律權石重四鈞同律度量衡有新氏造按漢志三十斤爲鈞四鈞爲石爲斤一百二十故謂之權石莽號新室權銘晉末校尉王和掘得圜石其銘如是葢同時所造也

古器物銘第七

晉尺銘

右尺背銘云周尺漢志鐂歆銅尺後漢建字闕一銅尺晉前尺竝同其十八字作小篆其面分寸如畫按古人治律一曰審度度長短者不失豪釐度有五分寸尺丈引而尺居中減之爲分申之爲丈故黃鍾而下率以尺起數焉班志曰其法用銅高一寸廣二寸長一丈而五度具雖孝武時樂官考正至元始中條奏冣詳卽此銘所謂劉歆銅尺也鐂作劉後漢建字下所闕必初字蕭宗元和元年待詔殷彤上言官無曉六十律者待詔嚴崇之子宣補學官生治律不能能又九十四年爲熹平六年太子舍人張先等閱舊藏乃得其器必尺在其中卽所謂建初銅尺葢建初九年八月改元元和尺爲未改元時所造故稱建初也晉志云起度之法漢志言之詳矣故此銘以漢志爲準又云武帝太始九年中書監荀

勗較大樂不和始知後漢至魏尺長于古四分有餘勗乃合著作郎劉恭依周禮制尺所校五法有七品其七曰建武銅尺則予前疑建字下闕者乃武字非初也勗之時用魏杜夔尺而人稱勗精密惟散騎侍郎阮咸譏其聲高非德正至和之音必古今尺有長短所致會咸病卒武帝以勗律與周漢器合用之卽此銘所謂晉前尺竝同也後始平掘地得古銅尺歲久欲腐不知所出何代果長勗尺四分人皆服咸之妙又按章帝時零陵文學史奚景于冷道舜祠下得玉律度以爲尺謂之漢官尺校勗尺短四分弒始平尺度同如杜夔所用調律尺比勗尺得一尺四分七釐又魏景元年劉徽注九章

云王莽時劉歆斛尺弱于今尺四分五釐比魏尺其斛深九寸四分五釐卽朂所謂今尺長四分半也葢朂尺爲調律之用未甚流布于人間元帝後江東所用之尺校朂尺得一尺六分二釐而後知此尺之短止于調律也

晉銅滲槃銘

右槃銘云泰始九年□月七日右尚方治將作府故二斗五升銅滲槃重九斤八兩第云說文槃爲承槃而篆作盤俗用之此銘作槃隸書也晉將作有事則置而此云右尚方治將作府則宮中所用之槃也滲下漉也封禪書滋液滲漉則此槃爲漉水之用無疑尺與槃皆藏趙氏

古器物銘第八

趙氏模本

右松雪摹本三十三器皆從器上拓下非石本也去其爲博古圖鐘鼎法帖歐陽永叔劉原父趙明誠所釋者存三之二而獨爲跋者又去其半松雪見聞廣搜討精所有止此信乎古器之存于世者少也夫有形之物雖金石而必弊昔人紀績鼎鐘亦一時自炫之事其所以不朽者惟三立是尚使徒恃堅金巨石卽秦碑斯篆又何庸哉

秦氏拓本

右秦氏摹本題云華亭史少董得古器于盱眙榷場摹十五種寄秦熺熺乃檜之子伯陽也錄其六皆非薛尚功款識所有者舊藏于嘉興項墨林今歸曹侍郎秋嶽侍郎好古等于飲食出其所藏助予錄補爲多

金石錄補卷一

金石録補卷第二 跋尾

崑山葉奕苞九來著

夏大禹衡山碑

右衡山碑共七十七字其文云承帝曰嗟翼輔佐卿洲渚與登鳥獸之門參身洪流明發爾興久旅忘家宿嶽麓庭智營形析心罔弗辰往求平安華嶽泰衡宗疏事裒勞餘神禋鬱塞昏徙南瀆衍亨衣制食備萬國其寧竄舞永奔王象之輿地紀云禹碑相傳在岣嶁峰或云在衡山縣雲密峰宋嘉定中蜀士因樵人引至其處搨之得七十二字何致子一模刻于嶽麓書院者多五字其字非科斗蟲書玉筋文似世傳五嶽眞形圖較淳化

帖中禹篆十二字不相類輿地圖志江西廬山紫霄峰下有石室室中有禹篆文好事者縋入摹得七十餘字惟鴻荒漾余乃檮六字可識極似此碑唐之劉禹錫則云傳聞祝融峰上有神禹銘古石琅玕姿祕文龍虎形韓愈則云岣嶁山尖神禹碑字青石赤形模奇崔融則云於爍大禹顯允天德龍畫旁分螺書匾刻似古來有之非嘉定中始出也徐靈期衡山記云夏禹導水通瀆刻石名山之高則此碑爲神靈之蹟無疑矣

殷比干墓石

右比干墓碑在汲縣漢隸釋文漢隸字源辨其謬然比干爲千古殺身成仁之第一人而尼父是其族孫爲之

標識宜也以疑傳疑存之亦無不可水經云朝歌縣比干冢前有石銘隸云殷大夫比干之墓今已中折不知誰人所誌洪氏云大觀中會稽石國佐有此四字比水經又闕其三字書清勁乃東漢威靈時人所書者如歐趙皆未之見予按今存四字乃隸書決非宣聖之筆洪說當不謬也

秦羽陽宮瓦銘

右銘羽陽千歲四字若雲篆元駱天驤曰得于鳳翔寶雞縣狀若今之筩瓦蓋秦羽陽宮瓦也按長安圖志云羽陽宮秦武王起在東倉司馬氏記武王事甚略但有力好戲則治宮室或有之去始皇立石頌德之歲前八

十八年此瓦獨屬周末所造而繫之秦者羽陽爲秦之宮殿也瓦與碑不類以其奇古録之天驤又云好事者刻諸石中統二年在鳳翔天慶觀見游轉運模本按轉運名師雄字景叔宋紹聖間人則此銘流傳已久不止天驤一人識賞也未有斯籀以前大約近鐘鼎文字銘若雲篆無足怪焉元陸友仁硯北雜志云宋元祐六年正月寶雞縣門東百步權氏浚地得古筩瓦五此獨完好面徑四寸四分隱起四字隨勢爲之不取方正予得模本于雒陽朱希真家

秦會稽山刻石

右會稽刻石元申屠駉跋云攷諸記載始皇及二世抵越取浙江岑石刻頌于山李斯筆也予以家藏舊本摹勒于會稽郡舍與嶧泰等文並傳于後都少卿云世人稱秦望山碑在會稽縣東南四十里宋書載竟陵王子良尅日登秦望山主簿范雲以山上有始皇石人多不識乃夜取史記讀之明日上山雲讀如流子良大悅以爲上賓則晉宋以來石固無恙歐陽公趙明誠皆集古文此獨見遺今之所傳即申屠模本其家藏舊刻當爲范雲所讀原本也史記與碑互異數十字云

秦泰山無字碑

右碑在泰山絶頂相傳爲秦始皇立顧寧人以爲立于漢武帝辨駁精確實無可疑而余猶書秦者以此碑爲

世所習聞姑徇俗之稱而全録寧人之辨以證之曰嶽頂無字碑世傳秦始皇立按秦碑在玉女池上李斯篆書高不過四五尺而銘文并二世詔書咸具不當又立此大碑也考之宋以前亦無此說因取史記反覆讀之知爲漢武帝所立也史記孝武帝本紀云上泰山高石封祀祠其封禪書云東上泰山泰山之草木葉未生乃令人上石之泰山巔上遂東巡海上四月還至奉高上泰山封而不言刻石是漢石無文字之證今碑是也後漢書祭祀志亦云上東上泰山乃上石立之泰山巔然則此無字碑明爲漢武帝所立而後之不讀史者誤以爲秦耳

漢長樂甎字

右長樂甎字云長樂大漢五年十月長安都鄉訖工長尺有二廣三之二高半之共三行十四字長樂二字差大爲一行餘爲兩行其字在篆隸之間乃成甎後所刻以是上諸官爲式也順治初長安縣民治墓地獲甎數十枚而有字者二東孝廉收此穴其後爲硯色潤質堅攜至京師吾邑宋閔叔見之擊椄嘆曰有是哉孝廉問何謂宋曰此西漢刻也簡高帝紀五年五月車駕西都長安後九月徙諸侯于關中治長樂宮正義云宮在長安縣西北十五里長安之民陶以供用此甎爲長樂宮物無疑古之爲工者有規矩即有度量布指知尺舒肱

知尋積而計之雖王制疆域道里可以頃刻定焉何況宮室高下廣狹總在此一甎之積而已以今尺較之減二寸古尺短也辛氏三秦記云長安地皆黑壤此甎而微黃土氣盡矣而光澤可鑑不異于端石之佳者東君于是襲以紋錦與所藏顏魯公眞蹟同爲珍玩云閔叔拓本寄予曰子爲錄補其以是壓卷蓋在趙錄陽朔甎前更遠也

漢魯孝王刻石

右石金高德裔修孔廟掘太子池得之太子者景帝子名餘封于魯俗呼爲太子也池在靈光殿基西南三十步曰五鳳二年宣帝號也又曰魯三十四年德裔以爲餘孫孝王時也又曰六月四日成者當時建廟鑿池記其成功之日也歐陽公得林華宮行鐙銘以爲始有前漢字補余之闕曾未有石本也趙氏止鄭三益闕銘陽朔磚字居攝墳壇二刻石耳此碑既湮沒而復出豈非神物不終晦歟顧炎武曰上書天子大一統之年而下書諸侯王自有其國之年此漢人之例也三代之時侯國之爲史者但書本國之年而不書天子之年漢時諸侯王得自稱元年前書諸侯王表楚王戊二十一年爲孝景三年楚王延壽三十二年爲地節元年之類是也又考漢時不獨王也即列侯于其國亦得自稱元年史記高祖功臣侯年表高祖十八年平陽懿侯曹參元年

孝惠六年靖侯窋元年孝文後四年簡侯奇元年是也

漢牛跡山茅君碑

右碑在江寧府牛跡山西漢永光五年立友人鄭簠谷口報予云順治初年嘗有搨本殘缺存數字黃冠拒人搜索遂之敗垣下先賢陳芹洪崖詩有絕巘金牛跡元宮玉版書謂此碑也谷口工漢隸爲海內名家好金石文字東岱西華孔廟諸碑皆策蹇身至其下手自摹拓許覓此碑見惠姑俟之

漢郫縣碑

右碑云建平五年六月郫五官掾功平史石工敷徒要本長廿五丈價二萬五千按郫蜀郡之邑必爲治道訖

記石工工價之數前漢哀帝建平五年已改元壽此碑猶書建平者遠在蜀中豈詔猶未至邪如孝獻初平止四年而文翁柱記亦書五年之類是也紀元建平者自漢哀之後凡八皆不在蜀而五官掾又爲西漢官名如西京末郭唐爲信都五官掾見于後書則此爲漢刻無疑趙駿烈紀元類編于建平下遺脫爽宜補入

漢邯君墓甎文

右甎文篆書云建武二十八年北宮衞令邯君千秋之宅其一甎有富貴昌字洪氏隸續云得之蜀中范平闕旁按邯君墓甎署官秩而遺名字似失標識貽遠之意然漢人碑碣往往稱某君之子之孫而亦不詳著祖父

之諱或當時簡樸習俗然也法書要錄載章武二年作一鼎賜魯王銘曰富貴昌宜侯王蓋蜀人采用成語故與此甎同

漢蜀郡太守何君閣道碑

右何君閣道碑蜀中棧路謂之閣道華陽國志云道至險有長嶺楊母閣之峻昔楊氏倡造作閣故名焉蜀人名此碑曰尊楗閣碑建武中元二年立范書建武三十二年四月改元中元而祭祀志云以建武三十二年爲建武中元元年宋莒公紀年通譜云紀志俱出范氏而所載不同必傳寫脫誤學者失于精審耳愚按帝紀卽位建元大書建武至三十二年四月始改中元其義甚

明若祭祀志總敘祀事三十二年之二月封禪太山四月特告太廟在改元以後故蔚宗行文連而及之諒無深意此碑立于中元二年似不應復書建武洪氏据先石林公避暑錄云韓汝玉家有銅枓其銘曰新始建國天黃上戊六年以爲當時習俗以卽位初元冠于新歷之上不知漢書已有建武中元二年倭奴國奉貢之語與此碑同則洪氏非無徵矣予初意凡歐洪二氏所集之碑皆不入錄以其已見于集古隸釋也友人歸莊元恭曰君補趙氏所遺之碑得于目覩者固快卽前賢近哲載記可信者亦須博採況集古隸釋與趙氏先後成書碑或尚在人閒與其分著于兩家何若彙收于一錄

予承其敎始參用跋語而辨論之猶隸釋錄歐趙兩公跋也

漢豫州刺史路君闕

右闕永平八年立漢明晉惠北魏主恪隋李密蜀主王建皆號永平而無八年者故斷之爲漢也

漢張賓公妻穿中二柱文

右張氏穿中記本賓公之妻之穴其子偉伯伯妻與孫陵葬右方曲內中而偉伯子長仲與少子叔元卒其孫元益又葬其父與叔也宋紹興丁丑年武陽城東彭亡山之巓耕夫斸地有聲鑿鐏入焉石竇如屋中立兩崕柱左右各分二室左右有破瓦棺入泥中右方三崕

摧泥籢充牣以燭視之得題識三所一在門旁爲士所鏟鑿存其上十餘許字沙石不堅數日間觀者捫摩悉皆漫滅其二在兩柱稍高拓之上距漢建初丁丑今八十有一年云范志武陽縣有彭亾聚而非山注云李彭死處南中志縣南三十里彭望山而非亾在縣南而非東益州記山下有彭祖冢上有彭祖祠而非李彭死處世遠地僻莫可深考姑列此以俟知者

漢汝伯寧甎文

右甎文六行十八字云建初三年八月廿日汝伯寧闕萬歲舍大利善與曹叔文建初七年甎文萬歲舍同古人塋墓卜築之甎大約有字輒用萬歲千歲千秋等

語當時風俗淳樸略無忌諱若此

漢鼇崖石刻

右刻在蜀郫縣范功平摩崖之西五十餘步其文云故此省三處閤直錢萬二千永元六年口口石共十有六字字縱橫二三寸許大小不等而筆意精妙按洪氏跋郫縣碑云蜀中名之鼇崖碑當是其地名也此刻去前碑甚近故余以鼇崖名之乾道中太守晉原李公作屋護焉崇禎末友人徐蓮生同陸丈子敏入蜀搨歸寶愛不以贈人蓮生無子所藏皆不可復問惜哉

漢南安長王君平鄉道碑

右磨崖刻四百餘字云惟平鄉明高大道北與武陽西與青衣越巂通界回曲危險永元七年扶風王君爲民興利除害遣掾何章史道興修治故書崖以頌之中有掾史橋義任政楊莫楊宏丞汁郎什邡王卿尉綿竹楊卿按掾史稱名而丞尉不名蓋書崖者尊之也應劭云小縣命卿二人爲一丞一尉此碑稱卿與其說合

漢永初甎文

右甎云永初元年景師造大吉陽宜矦王古文字少每多假借至漢已備假用尤甚如以羊爲祥猶假其字體之半漢綏民校尉熊君碑治歐羊尚書乃以羊爲陽假其音矣此磚又以陽爲祥直從羊字轉借爲可異也

漢賜豫州刺史馮煥詔

右詔云告豫州刺史馮煥漢詔之式也漢制有四一曰策書締簡也其制長二尺短者半之篆書起年月日稱皇帝以命諸侯王罪免三公亦賜策而以隸書用尺一木兩行書之二曰制書其文曰制詔三公皆璽封尚書令重封露布州郡三曰詔書其文曰告某官云云如此詔也四曰誡敕其文曰有詔敕某官皆自上行下之文也

漢討羌檄

右檄文云永初二年丁未朔廿日丙寅得車騎將軍莫府文書上郡屬國都尉二千石守丞廷義縣令三水十月丁未到府受印綬發夫討畔羌急急如律令馬卌疋

驢二百頭日給共六十五字陽羨張騊跋云宣和中陝右人發地得木簡一瓮字皆章艸朽敗不可詮次惟此檄完中貴人梁思成得之乃以入石云予按此檄討羌歲月與范史不合黃長睿辯之已詳不復述以東漢章艸絶少故補入焉急急如律令今道家符籙科猶用之

漢延年益壽榑題字

右題字云永初七年四月廿日造焉向是萬歲延年益壽榑當是壽冢中所刻如梁相孔耽碑之類

漢武陽官墼文

右墼文云永初七年作官墼七字蜀之眉州掘武陽故城得之洪景伯范至能各藏其一特七官二字反背不

同各重十有八斤按說文墼未燒瓴也儀禮注累墼爲之不塗塈所謂堊室也廣韻謂之土墼若未燒之瓴豈能築城久而不敝此必造墼時刻記年月成磚後以之築城耳

漢馮煥碑陰

右碑陰殘缺有諸曹史及帳下司馬武剛司馬十餘人兩漢太守皆得自置僚佐掾事增止而邊郡所置尤濫即官名亦不必出于官制之所有也如武剛司馬武猛吏之類是也

金石錄補卷二

金石錄補卷第三　跋尾

崑山葉奕苞九來著

漢溧陽長潘乾校官碑

漢逍遥山石窟題字

右碑前正書東漢仙集四字另一行隸書漢安元年四月十八日會仙友集十三字後正書皕題洞三字按漢安爲順帝年號是時尚無正書此必勒在山崖礀壁後人增書之也元吾子行云八分與隸有辨八分漢隸之未有挑法者也比秦隸則易識比漢隸則微似篆此則挑法全備似孔宙孔彪諸碑所謂漢隸也字畫縱橫二寸許精采煥發爲毛季公藏帖弟一碑在徧州逍遥山石室丹竈尚有存者

漢縣三老楊信碑

右碑首云故縣三老楊信字伯和刓剝不可句中有惟兮和平大漢元年洪氏以惟兮爲嘆息之詞和平乃威宗紀年似無可疑者第敘紀元在大漢之上爲行文之一變耳祭義食三老五更于太學乃優賢之典而非職漢高入關舉民年五十以上有修行能帥衆爲善置以爲三老鄉一人此鄉三老之始也百官志鄉置有秩三老游徼本註曰掌一鄉人而縣與侯國無之豈前書有是秩而後不復置邪然趙錄有國三老袁良碑與此碑縣三老可以補漢志之缺後書王景傳父閎爲郡三老則郡亦與國邑同有此秩也

漢益州太守無名碑

右碑以朱雀爲額龜蛇爲趺龍虎蹲璧在兩旁一崇碑也首云永壽二年三月十九日益州太守某君卒而闕其姓或云是馮君碑碑之左有功曹故吏四十八人姓之可見者五人而已要皆屬邑建伶牧靡梇棟滇池穀昌俞元之人也梇兩漢書皆作弄碑陰又有牧靡故吏三人在趺之右上刻五玉三獸下一九首漢碑如是者甚多

漢韓敕修孔廟碑兩側人名

右題名在漢韓明府修孔廟禮器碑之側共三十五人不書名者十一人不稱字者三人不書地者二人稱故者三人已見于碑陰者孔建壽一人陰則千而此則二

百似續出錢者碑陰不及載而書之兩旁也張建平下則云其人處士又有蕃王狠子二百在冣下無論趙氏遺此卽洪氏隸釋亦不載予于康熙戊午秋丁日親至碑下拓歸錄入

漢江源長進德碣

右碣云君諱就字進德而亾其姓似碑非碑似闕非闕在蜀中

漢孝子嚴舉碑陰

右嚴舉碑陰主吏督郵八人先書其姓于官秩之上而繼之以諱某字某此他碑所未有也

漢司徒孔峽碑

右碑見于東家雜記洪氏跋司空孔扶碑引碑録云司農孔峽碑在仙源縣墓前建寧元年立農峽二字乃傳寫之誤洪直以峽爲扶也按闕里祖庭記自有司空孔扶碑祖庭東家二記同出孔氏自應不謬況空農扶峽誤亦不易且峽爲司徒非司農也扶碑建于四月峽碑在八月月日又不同惜雜記止載其目耳

漢劉讓閣道題字

右題云建寧元年十月上旬工楗爲武陽劉讓造其十六字相傳在蜀中閣道上三代以前四民各卒其業事必有成而名亦垂久兩漢去古未遠雖工作之徵卒欲傳聞于世以示其所治之精此碑是也漢碑犍爲之犍

皆作楗

漢孔君碑

右孔君碑集古録云其名字磨滅不可見而世次官閥粗可考云孔子十九代孫潁川君之元子也舉孝廉除郎中博昌長遭太君憂竟拜尚書侍郎治書御史博陵太守遷下邳相河東太守建寧四年十月卒按東家雜記漢孔宏碑所署之官適合則此孔君之名乃宏也雜記成于紹興甲寅後于歐公治平甲辰跋碑之歲盖已七十一年而名字尚可識豈集古所收之碑偶殘泐邪抑此孔君非宏也邪姑記之以俟再考

漢李翕天井碑

右碑武都太守治路紀德磨崖碑也翕治武都橋道前後三處各刻一碑架閣則郙閣鑿崖治路則西狹天井西狹碑刻于建寧四年郙閣天井兩碑刻于次年六月趙氏所收三碑有碑陰而非天井洪氏云趙以黽池五瑞碑爲陰乃西狹碑之前數行也曾子固跋西狹碑云翕與功曹史李旻定策敕衡官掾仇審治東坂有秩李瑾治西坂鑱燒火石人得夷塗其文有二所識一也按析里橋郙閣頌後刻仇審字孔信而無李旻李瑾知天井爲西坂矣洪氏云天井吏屬卻有李旻姓名信曾跋非謬歐趙集碑時天井碑未出武都樵人于近歲斬刈藤蔓始見石上有天井字倚崖縛架椎拓甚難而寺僧

反以惡木蔽之云云碑文載隸續中碑後有武都丞呂國已下題名仇靖字漢德書文郎郙閣頌亦靖之作

漢東海廟碑陰

右云闕者秦始皇所立名之秦東門闕事在史記凡十七字在東海廟碑之陰洪氏據碑録朐山有秦始皇碑云漢東海相任恭修祠刻于碑陰是此也前碑爲東海相滿君追頌前相桓君而立任恭當又在滿君之後第所題非修祠事按始皇三十五年作阿房宮後立石東海上朐界中以爲秦東門任君記此不特追溯古蹟亦見滿君之碑在朐也碑録竟以爲秦始皇碑者誤趙氏敘碑在永壽元年不知永壽爲桓君爲相之時若滿君

立碑則在熹平元年相去已十八年矣

漢司隸校尉楊淮碑

右楊淮碑同郡卞玉字子珪以熹平二年二月廿二日謁墓而立直敘其諱淮字伯邳與從弟諱弼字穎伯各舉孝廉所歷之官秩而贊之云元弟功德牟盛當究三事不幸早隕國喪名臣州里去覆二君清頌約身自守俱大司隸孟文之元孫也末則自署姓名而已此古碑中之矯矯者蔡中郎爲郭有道碑自云無媿庶幾近是洪氏云凡稱元妃元子元兄元舅之類皆以長言之二楊俱曰元孫猶元士然以爲美稱也按淮稱弼爲從弟弼又字穎伯以其祖視之俱爲諸子之長孫非美稱也

至獨悼穎伯未登三公之位而卒故稱元弟以美之若國喪二語則總歎二楊之亾也淮爲司隸時劾治梁冀婦家子汝南太守孫訓見華陽國志

漢米巫祭酒張普題字

右題字凡七行六十三字其文云熹平二年三月天卒鬼兵胡九字闕二仙歷道成元施延正一元布于伯氣定召祭酒張普萌生趙廣王盛黃長楊奉等詣受微經十二弓祭酒約施天師道法无極才按范史劉焉傳云順帝時張陵客于蜀造作符書受其道者出米五斗陵傳子衡衡傳子魯其來學者初名鬼卒後號祭酒注云熹平中妖賊大起漢中張修爲太平道張角爲五斗米道使病人處淨室思過祭酒以老子五千言都習爲請禱之法此碑題于熹平與傳註合且有天師道法祭酒鬼兵等受微經云云應是妖黨相傳授受而胡九者初入黨之人也語云國將亾聽于神桓靈之際漢祚已衰妖賊橫行覡巫九劇然有立國之初學士大夫或爲讖緯之説所蠱使託名仙釋者貲緣而進所不解也巴郡太守樊敏碑亦有米巫殄虐之語

漢司隸校尉魯峻碑陰

右魯峻碑陰載故吏四人門生三十七人義士一人按峻碑熹平元年卒明年四月葬于是門生汝南干沘沛國丁直魏郡馬萌勃海呂圖任城吳盛陳留誠屯東郡

夏侯宏等三百廿八刊石敘哀而此載四十餘人其脫略者多矣洪氏隸續載魯峻斷碑陰九十有一人書姓氏而不名有郡者二人與此迥異洪跋云據藏碑者以爲魯君碑陰度其石之廣與魯碑合所存止尺有七寸乃其下之四橫橫二十有四人計其上當有十橫也蓋洪在南宋與東齊阻絶不見此碑故仍傳文之誤余則身至碑下乃爲可信即都少卿穆金薤琳瑯所載闕字以予家藏本較之可識者數十字更遺脫平原王口子行以下八人少卿素稱博洽謬誤乃爾豈當時所收殘失或鏤板脫落否則碑在濟寧並非僻遠曷不稍加考較乎

漢婁壽碑陰

右碑陰共五十八人漫滅者四人南郡汝南止二人婁姓者十二人餘皆南陽人而有葉令蓋當時仕者不避本籍如朱翁子之爲會稽太守也諸人皆書字似非所以尊婁先生者豈以其爲鄉里而字之邪宋嘉祐中歐陽公自夸陵貶所再遷乾德令按圖經求此碑在壽墓側文忠率縣學拜其墓遷碑還縣立于敕書樓下未知今在否

漢武都太守耿勲碑

右碑云漢武都太守右扶風茂陵耿君諱勲字伯瑋其先本自鉅鹿則是耿純耿弇之後又云熹平二年二月到官又云歲在癸丑淫雨傷稼開倉賑贍身冒炎赫至屬縣巡行給餐千有餘人出奉錢賑衣賜給寡獨王佳小男楊孝等三百餘戶減省貪吏二百八十人百姓樂業云云熹平三年四月廿日壬戌西部道橋掾下辨李翌造按靈帝熹平二年癸丑即勲涖任之年也給餐即今設粥賑飢之類使勲止于撫循而不減省貪吏則民樂歲終身苦矣語曰去莠去其害苗者也錄是碑不無有感于末造已

漢鄭子眞宅舍殘碑

右碑首闕一字下云所居宅舍一區直百萬又云故鄭子眞地中起舍一區作錢闕下又云故鄭子眞舍中起舍一區直七萬又云故潘蓋樓舍并二區又有故呂子近樓一區故像樓舍一區口扶母舍一區口鳳樓一區口口車舍一區口口奉樓一區口口子信舍一區共十有二區其後有妻無適嗣口桃爲後之語且列弟郎中及賊曹掾史胡恩胡陽陳景姓名似是敕斷財事官爲檢校之文所謂起舍者蓋在故鄭子眞地中起舍建宅非即鄭子眞之宅舍也竟以鄭子眞宅舍爲名似未可信

漢豫州從事尹宙碑

右尹宙碑云君諱宙字周南其先出自有殷乃迄于周世作師尹因以爲氏又云家于鄢陵克纘祖業治公羊春秋歷主簿督郵五官掾曹守昆陽令辟從事年六十有二熹平六年四月已卯卒顧炎武曰碑在鄢陵縣篆字磨滅以其潁川人而言本州知其爲豫州也按姓譜尹與伊衡皆本伊尹故云出自有殷也崧高詩註云尹官氏也風俗通云師尹三公官也以官爲姓夫碑者悲也悲其人銘者名也名其德宙處卑位勒名金石當必有足稱者銘云位不福德壽不隨仁福解作副按福音富與從示者不同壽字隸法亦少異于婁壽張壽諸碑夫漢碑莫備于隸釋而失載豈物之顯晦固有時也歟此碑爲山右閻百詩所贈百詩博洽多聞于經史有辨論遇于京師今家淮安

漢金廣延母紀產碑

右碑云光和元年五月中回金廣延母自傷紀考徐氏元初產永壽元年出門托軀金掾季本又云子男恭字子肅年十八口收從孫即廣延立以爲後年十八娶婦徐氏弱冠口後歿又云季本平生素以奴婢田地分與季子雍直蓄積消滅責負奔亾其下估計地畝價直又云悉以歸雍直云云蓋爲恭與廣延連𤼵而以財產歸幼子雍直直少不類曾廢其家故大書深刻以示宗黨其母亦云苦矣第此碑云從孫而金恭碑跋直以廣延爲弟豈爲人後者爲之子即從孫可以禰其祖邪且雍直季本之子何不云金雍直母而反書亡者廣延使不以亡者爲諱亦宜首及長子書金恭之母而竟書廣延何也

漢舜子巷義井碑陰

右碑陰稱五大夫者三十一人稱分子者六十人殘泐者數人碑係漢靈帝光和中立而猶稱五大夫者蓋漢承秦制爵二十級其第九級爲五大夫安帝永初三年三公以國用不足奏令吏人納錢穀得爲關內矦虎賁羽林郎五大夫緹騎營士至靈帝光和元年開西邸賣官自關內矦而下入錢有差故此碑五大夫若是之多知是時比屋皆入錢受官也惟分子則洪文惠公引穀梁傳燕周之分子注燕爲周之別子孫也而以此碑分子爲土豪出分之子恐其義未安蓋以治井公事安得土豪之子獨令出分者助財予按左傳振廩勸分此輩皆無官級因勸分而與者猶之他碑義士義民也且止治一井而五大夫各出本二萬分子各出本三千似其費過多攷水經云義井出隨城東南常湧溢而津注下流與溠水合南注于損非穿鑿之井可比故其工費不貲也

漢溧陽長潘乾校官碑

右碑靈帝光和四年造溧陽頌其長潘君諱乾字元卓興學官講賓射碑也首云蓋漢三百八十有七載或謂高祖巳亥即位盡更始庚申光武建武乙酉至光和辛酉共三百八十三年按高祖入關滅秦在乙未即代統

更朔之年碑未嘗誤也後列丞尉曹掾等姓名而無故字知爲潘君在位時立夫生曰頌死曰誄而碑有其誄曰何邪溧陽誌潘君字元貞當以碑爲正碑在溧水張子令則搨以見貽字皆完好間有闕文云

金石錄補卷三

金石錄補卷第四 跋尾

崑山葉奕苞九來著

漢司隸從事之碑

右碑立于光和四年文字缺滅亾其姓氏鄉里歐氏謂之無名碑

漢白石神君碑陰

右白石神君碑陰在無極縣立石者南陽馮巡元氏令京兆王翊漢政既衰巫風日熾所載務城神君李女神君鮌石神君璧神君名號殆因白石連類而及之者碑建于光和六年是歲妖人張角起矣

漢張景題字

右題字四行在高朕石室梁上磨滅殆盡首句云光和六年四月太守張景中有追念先祖孤煢自悲之語葢造象追遠之作

漢种氏石馬刻字

右刻字云元和七年四月五日己丑孝子种覽元博所造在种氏墓石馬膊上如宗資州輔二墓獸膊刻字之類但此記年月與孝子姓名其意鄭重不同耳

漢蕩陰令張君碑

右蕩陰令張君碑云君諱遷字公方陳留己吾人有周張仲之後治京氏易少爲縣吏徵拜郎中除穀城長遷蕩陰令中平二年二月故吏韋萌等刊石立表葢去思

碑也都少卿云予生去宋數百年一見是碑于景太史伯時再見于文翰林徵仲而歐趙洪鄭諸錄皆弗載苞于顧氏購得之碑以殯爲賓禽爲擒中爲忠固矣又有旣且于若則析聲字爲旣且何也

漢蕩陰令張君碑陰

右張遷碑陰韋氏二十六人范氏十人氾氏二人孫氏原氏騶氏各一人前碑云故吏韋萌等刋石立表而此自故安國長韋叔珍以下皆從事守令及吏而不名何也不署郡邑豈皆蕩陰之人仕于外如安國者非必張君之所屬邪然故吏范巨范成韋宣忽書名又何也止載助錢之數別無文字故不可深考爾

漢外黃令高君碑

右碑首行闕十四字其姓氏族里皆磨滅銘有光光高君之句知其姓高元祐中吳郡取土于郭外獲此碑知其爲吳人也洪氏引范書文苑傳高彪無錫人去吳郡甚近遂以爲彪之碑無疑又云傳以外黃作內黃一字之訛耳予按碑云遷外黃令形不妄濫恩如皓春獄犴生草邦無怨聲中和之化莫與比縱後以舉將潁川太守南陽文君徵詣廷尉捐官赴之受知于太尉汝南許公表薦于光祿勳宏農楊公彪傳止載祖餞第五永于長安觀蔡邕等作詩彪獨作箴遷內黃令帝敕同寮臨送祖于上東門詔畫彪像于東觀不言其政事之美也使彪而受知于楊許又以文君故去官傳豈能遺之使此爲彪之碑則作箴祖送畫像之事諛墓者自當詳書何脫略至此且內黃屬陳留外黃在魏郡豈宜以毫釐之差信其千里之謬乎大約文人好奇穿鑿附會以傳證碑不同乃爾予特改正爲高君碑姑俟博考碑以形作刑皓作浩縱作蹤通用也

漢曹全碑

右曹全碑漢靈帝中平二年造碑云君諱全字景完敦煌效穀人隃麋侯相鳳之孫鳳嘗上書言燒當事拜金城西部都尉也全以建寧二年舉孝廉光和七年三月除郎中拜西域戊部司馬時疏勒王和德殺父自立君

興師征討攻城野戰謀若涌泉和德面縛歸死諸國禮遺且二百萬悉以簿官拜郃陽令芟夷殘逆絕其本根云云按史疏勒王臣磐爲季父和得射殺而碑云和德殺父篡位與史異史又云涼州刺史孟佗遣從事任涉戊已司馬曹寬長史張晏合兵三萬攻之不能下夫寬與全字不相類豈相傳之誤以全之字完爲寬也邪靈帝光和止六年碑云七年者于七年之冬改元中平也全爲永昌太守曹鸞之兄鸞以上書棄市禁錮黨人五屬全遭同產弟憂棄官後遇禁網潛隱家巷七年弛禁全得復官其年月與碑悉合顧炎武曰碑云大女桃婓楊雄反離騷昔仲尼之去魯兮婓婓遲遲而周邁師古

曰斐斐往來皃也列仙傳江斐二女則竟以爲妃之異文按魏書刑法志有河陰縣民張智壽妹容妃則固有以民閒女而稱妃者又漢郭先生碑銘有娥娥三妃行追太姒碑爲季女所立直以爲妃而比之太姒何也

漢鍾繇賀尅捷表

右鍾繇賀克捷表後云建安二十四年閏月九日南蕃東武亭侯鍾繇上歐公問集賢校理孫思恭此表閏在何月思恭以漢家四分乾象歷推之應閏十月合之陳壽魏志相符又證孫權獲羽在十二月不應于十月先上賀表而疑此書爲僞黃伯思云此賀徐晃于閏月之破羽非賀孫權之殺羽也按米元章書史劉次莊釋文

皆不及此表惟宣和御府藏眞蹟録入書譜中如繇尙書宣示白騎諸帖梁武帝評云雲鶴游天羣鴻戲海不能盡録特以此表爲歐公辨證故存之與識者審定焉魏志是年九月相國鍾繇免故此表于十月但稱東武亭侯黃伯思曰東武南蕃之屬蕃音皮讀爲藩鎮之藩者誤又漢地理志魯國蕃縣音皮顏師古曰白裒云陳蕃爲魯相國故諱之曰皮此非南皮也意郡縣之名土俗各有別稱故相同邪杜佑又音逋袁切

漢黃龍甘露碑

右碑大小各一皆有額曰黃龍甘露之碑婁彥發云在眉州彭山縣大碑之首有十九字其小者云惟建安二十六年餘皆磨滅不可辨碑陰亦皆漫漶存者兩横每横三十八隸釋云崇寧中爲王時彥所磨以刻其說矣按史建安二十四年黃龍見武陽赤水九日次年曹丕滅漢太傅許靖安漢將軍麋竺等上言武陽龍見君之象也與博士許慈議郎孟光立禮儀上尊號此碑有安漢將軍等官號碑陰有許慈孟光姓名卻與史合彭山卽漢武陽地建安二十六年爲昭烈章武元年蜀人不稱章武而稱建安應在未改章武之月故追奉舊正朔邪

漢司徒掾梁休碑

右碑云休字元堅察孝廉除郎中光祿主下闕禁防旣釋

辟司徒府卒後太守安平趙君請謚休爲貞文子而有守節曰貞博聞曰文之語銘三言中有退罻罔復潛伏似皆謂黨事也碑錄云襄州穀城有司徒掾梁君碑建安廿七年立按建安終二十四年已亥豈吳人于孫權未稱黃武之前不用章武黃初而仍書建安歟洪氏曰中平初黨禁始解梁君應聘更二十餘年卒郡將至于論謚當不在夏恭范丹之下史策旣沒而無傳歐趙亦遺而不錄則士之澡身厲操能垂名于後者豈不難哉

漢啓母石闕題名

右石闕在嵩山崇福宮之左其半已積右方有字皆大篆風雨剝蝕且盡年號上隱隱一光字而戶曹史及辛

癸之閒數字尚可識按紀元靈帝光和少帝光熹餘無號光者家兄慕廬以此闕與少室神道闕皆斷爲安帝時立或有誤焉

漢少室神道石闕銘

右題名篆書共十八行行四字可識者首行曰林芝次行曰日天第三行全泐四行曰三月三日五行曰郡陽城縣六行曰典治神道七行全泐八行曰君丞零陵九行曰泉陵薛政十行曰五官掾陰十一行曰林戶曹史十二行曰夏臨廟十三行曰掾辛路長十四行曰西河陽十五行曰馮寶丞十六行曰陽祕俊十七行曰廷掾十八行曰曹史張此爲族兄登封令封字慕廬所貽且

云在少室東邢家鋪西可摹者二十一行郡陽城縣推之郡字上似應尚有潁川二字丞零陵以下與啓母闕題名參考之雖大同小異竟無闕文皆在漢安帝時但有題名而亾其銘詞其林芝至三月三日似屬所題之尾而郡陽城一行則起手處也予將搨本校按跋語不可解者有三蓋可摹者二十一行今缺三行一也闕之勒字處恐不止四字之高郡陽城上應尚有字月日上定有紀元或即在前所泐一行二也銘詞有無雖不可考而與治神道即建闕之詞似以三月三日爲治道之日未必爲所題之尾三也且末幅張字下全闕則此闕之泐者多矣惜乎出都悤遽不及與慕廬訂之

漢郎中王君碑

右碑歐陽公云名字官閥卒葬年月皆莫可考惟碑首題云漢故郎中王君之銘又曰久而無弊者道隱而終顯者誠此君子之所貴若王君託有形之物欲垂無窮之名其弊金石何異乎瓦礫也而公之爲瀧岡阡表也何以列其世譜具刻于碑非即王君欲託無窮之意哉至于今歐陽崇公久而愈著然非文忠之人之文自足不朽豈金石果眞不弊乎惟德與言不可以不立若立功則時爲之矣

漢南陽太守秦君碑

右碑篆額十六字曰漢故南陽太守秦君之碑其名字

除拜不可考按天下碑錄秦君碑有二一在宜城一在南陽水經云秦頡以江夏都尉出爲南陽太守卒于南陽反葬宜城故有二碑也集古後錄云余昔從事總幕奉饑荊楚道出古郡于荒烟落日弔所謂秦君冢者有碑巋然剝蝕殆盡徘徊其下親視臨搨僅得數十百字歐趙二錄止得碑首皆南陽本也余今歷走邊徼探幽索隱無所不到訪南陽之石亾矣惜哉據此則宜城秦君之碑爲趙錄所遺補之

漢李翊夫人碑

右廣漢屬國侯李翊夫人臧氏碑隸釋云九九十二之數殊未易曉愚按漢人碑文先敘其年壽及卒之歲月

或互見于銘誄之閒碑云敬恙誨子節義踰古又云歲在大淵獻飛神天庭蓋殁于翊之後翊以熹平二年卒其歲癸丑則大淵獻應是光和六年癸亥也歎詞云壽十二兮九九期五三未兮衰在姬其意以爲願夫人之壽九九爲期而止得五十有二殆隱五字于下句曰五十三猶未及而姬已衰謝也又按邵子云自有天地至于窮盡謂之一元一元有十二會一會有一萬八百年太古之壽皆登十二會九九數之終五帝三王之世猶未夭折也至于姬周而始衰前說似鑿後說似誕然文義皆通洪氏未之思耳

漢北屯司馬沈君二神道

右神道八分書其一云漢謁者北屯司馬左都侯沈府君神道其一云漢新豐令交阯都尉沈府君神道其上各刻朱雀形相向知是一人如王稚子闕書其所歷之官也東漢志宮掖每門一司馬有蒼龍朱爵東明北屯之名

漢高直闕

右闕云漢故高君諱直字文王九字漢人題墓所以禁樵採不皆鋪揚德業以欺後世有云神道有云墓道有云闕者惟金恭與此君但書姓名而已

漢麒麟鳳凰碑

右碑凡二石其像高二尺餘刻麒麟鳳凰較他刻二瑞甚奇偉各以二字題其上字頗大而古非永建元年山陽太守所刻之碑也洪氏云胡承公見山陽碑兩旁有隸書六十九字而趙氏止得篆書與余同

漢郘陽功臣家五字

右字在成都監實云郭氏犁地得之又有小石一刻永平五年四字予意郎前字所立之年未可知也

漢中部碑

右碑題額中部碑三字題名五十餘人皆主簿門下功曹門下游徼主記史功曹史門下賊曹右賊曹右金曹右戶曹右法曹及諸曹史嗇夫校官校官祭酒之類而缺失者多矣洪氏云謂之中部殊不可曉按漢官都尉

屬自三輔而外各分部治如會稽有西部回浦有東部陰平有北部臨洮有南部而北輿成宜且如渠搜武皋侯成則皆爲中部都尉治闕駰十三州志原亭城南中部都尉治司馬僚屬皆不治民此碑則中部所治之地嗇夫游徼與椽曹等吏頌德之碑陰也晉護羌校尉碑陰有中部都督中部督郵中部勸農之名洪氏云不曉何耶今陝西延安府有中部縣漢翟道地姚秦爲中部後魏爲內部而元明仍中部非此碑之中部也

漢平原東郡門生蘇衡等題名

右碑爲平原東郡北海陳留汝南潁川梁國下邳南陽東平十郡之士題名殘闕後可數者三十餘人而東郡

樂平蘇衡在第五其字亦闕名字全者二人平原濕陰馬炎字世輔下邳徐祖叔字常貢名存者衡之外二人東郡樂平高扶平原般祝脩字存者十二人濕陰本漯陰應劭曰漯水出東武陽東北入海碑作濕前漢書作漯而後漢書作濕般本般前漢書註韋昭曰音逋垣反顏師古曰爾雅說九河云鉤般如淳曰音如面般之般碑作股按樂平故清章帝所改則碑爲建初以後所立或題云孔府君碑陰又云在孔林駐蹕亭前駐蹕者宋眞宗謁孔墓後建也

漢是邦雄傑碑

右碑洪氏以碑首云是邦峻生雄傑峻之上下各闕一字蓋言其山川孕秀也因無名氏故以是邦雄傑名碑然其中有晉楊侯苗由彼適梁徙爲武陽則其姓疑是楊而家犍爲也班書貨殖傳云蠶絲取國者爲王公圉奪成家者爲雄傑又云王孫卿以財養士與雄傑交雄傑之人似非仁義道德之美名而漢人用之讚頌何與

金石錄補卷四

金石錄補卷第五跋尾

崑山葉奕苞九來著

漢學師宋恩等題名
漢仲秋下旬碑
漢故吏應酺等題名
漢處士嚴發碑
漢五君桮柈文
漢司農劉夫人碑
漢繁長張禪等題名
漢杜宜等題名
漢博士題名

漢太尉劉寬神道
漢宏農太守張君題字
漢龍門禹廟宗季方題名
漢楊氏墓道
漢平楊府君神道殘字
漢殘碑十三字
漢蒙陰故縣莊碑

漢學師宋恩等題名

右題名石二一列經師經掾一列文學師諸曹掾史在成都府學禮殿高公石室東外壁自學師宋恩而下稱師者二十人史二入孝義掾業掾各一人易掾二人易

師三人尚書掾尚書師各三人詩掾四人春秋掾議掾文學孝掾文學掾各一人文學師四人從掾位集曹法曹賊曹辭曹穀曹金曹比曹兵曹水曹功曹諸史諸曹掾及督郵賊捕三十二人不可辨者十三人古者設爲庠序學校自世子以至凡民之子教以人倫及周旋灑掃進退應對之節又爲升造之法與郊遂之移示其黜陟故州里之善者多不善者勸六經既立遂有經明行修之士亦必舉專門名家號爲師儒以啟迪之自經學不明乃有申韓雜霸之術流爲異端而二氏之説與六經並行于天壤矣後世以制義取士士借經書爲進身之階幸而獲售即度之高閣不復省覽所謂經明行修

者果如是乎蜀自梓潼文翁增設吏舍廣集師徒之後郡太守多以興崇學校爲己任此題名必頌德之碑陰前列諸師後及諸曹掾史也槩稱師者不以專經教授也經師之次有掾殆其佐也孝子順孫貞女義婦讓財救患及學士爲民之式者皆扁表其門以興善行故孝義文學皆有掾也外自集曹以下其名不一官備則事舉也諸人不序郡邑當是本郡人士集桑梓之賢良任官師之教養將益檢束其行履而未仕者知愧勵也後世仕除本籍往往貪汙苟免去其地而不之耻士行不端官方滋壞録是碑可勝感嘆

漢仲秋下旬碑

右碑有仲秋下旬四字隸釋無額以此爲其人卒之月日据以名碑按婁彥發字源云碑額上二字不可辨第三楊字第四元字第五似秀字則此碑爲楊君無疑王氏復齋碑目亦作楊元君仲秋下旬碑墨寶云俗以爲文處茂碑未知何據銘辭云背爾嬪儷洪氏引禮記生曰父母妻死曰考妣嬪疑此以妃匹之故不爲之避按爾雅父爲考母爲妣嬪婦也非必死後諱之之稱尚書嬪于虞詩聿嬪于京周禮九嬪之官同此義

漢故吏應酬等題名

右碑題名者自應鼏而下共三十八而兩人之後則曰右郫口曰右江原二邑隸蜀郡必蜀郡太守碑陰也他

碑題名必書郡縣官宰或出錢之數此止姓名亦題名之別式也

漢處士嚴發碑

右碑月日之上闕紀年而有彭城（闕）下恒譚陳留高處士嚴發有曾閔之行今聽表門閭云云知發爲彭城人旌門之典見范書百官志孝子順孫烈女義婦皆扁表其門許慎云扁者題門戶之文也後世踵事增華乃有烏頭綽楔之制然古人里有里魁民有什伍善惡以告應表之家朝聞夕報而移郊移遂者亦不之赦故舉錯公而民爭勉于爲善今之郡縣豈無節義非行賂請託則壅于上聞風厲之道不講久矣可勝歎哉碑云戊申朔

五日癸丑洪氏云此碑與武成同義如召誥戊午社于
新邑越七日甲子是從戊至甲爲七日畢命六月庚午
朏越三日壬申亦是從朏至壬爲三日也武成丁未祀
于周廟越三日庚戌是祀廟之後三日去丁數與召畢
二篇行文不同予按越逾也發語辭也葢召畢二篇連
數則用發語武成去丁日不數則用逾解如召誥若翼
日乙卯以若字換越字同用發語也此碑果與武成同
而少一越字耳

漢五君梧枏文

右大老君西海君東海君眞人君仙人君十五字洛陽
上清宮中祠五君于其旁有棬各三徑三寸餘黃伯思

長睿洛陽九詠其瞻上清篇云窪枏五兮石梧九註宮
中有方石上列圓穴五橢穴九俗謂之九卯石側各有
題卽上十五字其穴殊無刊刻之跡乃漢代所作以祠
眞仙之物圓者代枏橢者代梧就石爲之若窪尊之類
洪氏云其文惟大老君三字最大葢尊老子也六經無
眞字獨于諸子見之按延熹中蔡邕作王子喬碑及仙
人唐公房碑已有眞人之稱矣

漢司農劉夫人碑

右司農夫人碑太尉許馘之室也首行有標題存漢故
二字次行云司農夫人祖自會稽山陰姓劉云云今許
氏兩墓皆在宜興而此碑猶在夫人冢傍以處厚青箱

雜記云義興許馘廟有碑許郃作唐開元中諸孫重刻
題八字于碑陰云談馬礪畢王田數七徐延休讀之曰
談馬爲言午言午許字礪畢爲石卑石卑碑字王田乃
千里千里重字數七是六一六一立字洪氏云馘碑殘
缺尙存數十字載馘自司農遷衞尉此碑稱劉氏司農
夫人則銘墓時馘猶未爲衞尉也碑當在光和前立

漢繁長張禪等題名

右蜀郡繁長等姓名一石三横首行云長蜀郡繁張君
諱禪字仲聞其次掾曹五人文學師一人五大夫二人
校官掾一人惟五大夫屈暢校官謝就餘皆楊姓有與
子雲同名者又稱民者三人縣肸（卽船字）例掾一人次横

之首行云夸淺口例掾趙悽字進德次夸侯九人邑長
三人第三横邑君三人夸民六人後云凡卌（卽卌字）八戶
造末四行高出兩字題白虎夸王謝節賨偉二人又丞
蜀郡司馬一人左尉一人此葢蜀郡太守有惠政繁縣
夸漢人等頌德之碑陰洪氏婁氏皆謂之題名者非也
兩漢益州蜀郡之閒夸漢雜處自廩君死世爲白虎巴
氏秦惠王以巴氏爲蠻夸君長又巴夸廖仲射殺白虎
除民害秦昭王刻石要盟之後如漢孝昭時有鉤町侯
奉其邑君邑長人民擊反者范志四夸國王率衆王歸
義侯邑君邑長皆比郡縣其來已久洪氏云自安帝時
青衣道夸邑長內屬始加號邑君者特西南夸傳中一

事耳前有民三人故後以夸民別之所謂例掾想以漢人任夸人事如今日之流官也白馬白狼白虎乃夸人自立名號取其威武彊悍而已非必其始皆本于獸類如槃弧之爲狗種廩君死而爲虎出代本不經之書可盡信哉代本卽世本葢避諱也

漢杜宜等題名

右題名六在成都高眹石室中刻在梁楹石壁之上其一云闕上土城都杜宜字管偉闕上州太守郫審長賓闕上廣都公乘伯喬闕上昌守長郫寗叔推其一武陵太守杜伯持其一武陵令楊林仲和其一中郎將闕下太尉三公闕下并州刺史河闕下其一淸白士闕下娉士張闕下張闕下其一楊子雲司馬相如太守趙闕下共十五人上郎士娉郎聘子雲相如葢後人追書者洪氏云字淸逸可愛邑子何鴻近自蜀歸云周公禮殿尚存未及搨諸碑也

漢博士題名

右題字七行亦在高眹石室中可識者五十六字不可識者五十餘字末有博士二字上下皆闕文以仲舒胡毋生爲比葢治公羊春秋者

漢太尉劉寬神道

右神道二其一曰漢太尉劉公諱寬字文饒其一曰漢太尉車騎將軍特進昭烈侯劉公神道夫神道爲表墓而設一書名字一書官謚詳簡得體漢人書法類如此他碑太字無下一點而此碑有之劉寬有二碑皆中平二年立葬洛陽上東門外復有門生故吏兩碑不知更有此刻爲趙録所遺信乎舊聞放失卽篤好者不能盡收也

漢宏農太守張君題字

右題字五行亦在高眹石室中末行云宏農太守張闕子陽張叔之子也其首行有故孝廉字闕五陵相闕君伯高又有著德義方襲父經業云云則張叔疑卽伯高而父子皆以經學名家者

漢龍門禹廟宗季方題名

右題名在龍門禹廟自宗季方而下共四十一人洪氏云尹阿緜郭阿胡王酉子桃他郡左池云數人俱非士君子名字按東漢無二字名者此或其字也覆姓四陵仲武一人可以補姓氏書之闕

漢楊氏墓道

右墓道隸書其一曰漢故益州太守楊府君諱宗字德仲墓道其一曰漢故中宮令楊府君諱暘字仲普墓道在四川嘉定州夾江縣

漢平陽府君神道殘字

右平陽府君叔神道七字平字上必曰某平其郡縣也叔之上下必尚有字其字也石缺不全不知爲何人洪氏云漢隸存于今鮮矣麒麟一毛虬龍片甲皆可貴

漢殘碑十三字

右殘碑四行第二行多一字字爲和弟故修德義休牧伯納康事以也辛酉之冬白下鄭谷口寄予札云故人王山史從華陰來篋中有東漢殘碑十三字高妙醇樸書體酷似酸棗令它碑不及也吉光片羽幸入補錄特摹寄上適山史游吾郡攜此札訪之出搨本相校不失毫髮谷口殆得漢隸之神者耶

漢蒙陰故縣庄碑

右碑在今山東蒙陰縣故縣庄九行二十一字漢隸之僅存者失其上下截矣戊午秋朱竹垞示所記世間秦漢以來碑目有此碑云從邑志錄得又五年蕃久弟北

游語之適留蒙陰修志以之屬令劉侯德芳拓本見寄且諭庄人龕置公廨訪補殘缺使千餘年淪棄之物傳示天下不特見東蒙主人政事之暇樂善好古亦竹垞發于前蕃久求于後使予坐獲異寶庸非厚幸第蒙陰雖小置自西漢廢于建武至晉改入新泰復于至正所謂故縣庄者在縣東北必西漢初置之地惜碑文不成句無以考其事蹟却爲趙氏所遺不敢以渺之甚而不錄也蕃久又云蒙陰書堂社有摩崖古篆傳爲先秦時刻居民苦拓本酬應鑿以塡橋然字有存者以水漲不能搨劉侯許續寄然則予錄之成其得同志佽助敢或怠之耶

金石錄補卷五

金石錄補卷第六跋尾

崑山葉奕苞九來著

漢李剛墓祠畫像

漢金恭墓闕畫像

漢伏尉公墓中石畫像

漢功曹史畫像

漢雍邱令畫像

漢成王周公畫像

漢孔子見老子畫像

漢董君闕畫像

漢路君闕畫像

漢王稚子闕畫像

漢范君闕畫像

漢鄧君闕畫像

漢魯峻墓祠畫像

漢李翕黽池五瑞畫像

漢柳孝廉敏碑陰畫像

漢雙排六玉碑畫像

漢單排六玉碑畫像

漢六物碑畫像

漢是邦雄傑碑陰畫像

漢左右生碑額畫像

漢廣漢屬國造橋碑額畫像

漢李剛墓祠畫像

右畫像所圖車馬之上横列七字云君爲荆州刺史時前後有騶騎步卒爲導從其閒標榜皆湮沒在後一車失其半榜存東郡二字向前一車榜存郡太守三字前後亦有騶騎步卒及榜而字不存矣又一車僅存馬足前六騎形狀結束胡人也上有榜存烏桓二字其一圖列女傳三事其一三人車一馬一凡三榜無鹽醜女齊宣王侍郎諸字其一四人三榜梁高行梁使者一榜無字其一四人樊姬楚莊王孫叔敖梁鄭女凡四榜後有一榜闕其人洪氏婁氏皆云像之殘闕多矣按水經云

鉅野有荆州刺史李剛墓塋旁祠堂石室三閒隱起雕刻君臣官屬龜龍麟鳳之文即此畫像洪氏得之于閩人李丙仲南以爲絶無而僅有恐數十年後紙弊墨渝耽古之士撫卷太息亦猶今日之閱水經予感其意凡闕室畫象彙爲一卷皆從隸續碑圖中録出蓋隸續二十一卷宋乾道戊子刻十卷于越淳熙丁酉姑蘇范至能刻四卷于蜀後二年雪川李秀叔刻五卷于越明年錫山尤延之刻二卷于江東其板始備景伯自跋尚云欲合數書爲一未能也況今日乎先世藏書甚富僅得七卷聞長洲趙凡夫藏自八卷至末轉借十年不可得趙氏父子沒後此本歸吾家林宗又入錢氏述古堂予從毛氏汲古閣抄成全書然喪亂之餘趙氏本失第九第十兩卷而第十二十五廿一三卷尚多闕葉苟無好事者捜補鋟板不獨原碑久沒即洪氏所葺名目圖像亦將湮廢豈不痛哉覽者勿謂予襲舊聞而誇爲新得也

漢處士金恭闕畫像

右闕圭首而鋭刻一禽三足次題云處士金恭字子一闕字存一筆以恭墓碑及金廣延母紀産碑參之知其字子肅也次刻一人執扇乘馬兩旁龍虎啣環下則餼矣按闕門觀也劉熙釋名曰闕者門旁中央闕然爲道也又曰門闕天子號令賞罰之所出也長安志北闕顔師

古注未央殿雖南嚮上書奏事謁見之徒皆詣北闕未央東門又有東闕建章宮有鳳闕似非墓門神道之所宜名而漢人墓前率造雙闕刻銘畫像于其上按恭墓誌年廿二而卒弱冠不禄在六極之列既銘于碑復樹之闕漢人喜事夸張乃爾

漢伏尉公墓中石畫像

右畫像凡八石一石横四尺高二尺有半兩巨人偶右有伏尉公三字左有右將軍韓侯子本七字坐後各一奴下有兩禽又一石七人分坐三席題其左曰高陵侯右曰曲闕侯兩螭横其上三席之下舞劍者戲錢者胹鼎者使令之人凡二十八物字畫較前輩甚小又二立

石高五尺上有朱爵相向右禽之下一人長且三尺衣冠甚偉左右一牛首御大環又一石有祭樓人坐其下一人前跪後有一器器上有物兩旁一禽四獸又二尤石各二尺兩終僮奴四輩其旁橫畫數路又一石長丈餘車四馬三人六洪氏云出資州内江縣土人謂之燕王墓未知何據凡漢碑書太字皆無下一點字書有伏字與大同音此伏尉即大尉也按說文伏司也從人從犬徐鉉曰司今作伺風姓伏羲之後爲伏勝毛氏曰從人從犬與伏字不同伏從犬音大海中地名洪說本此漢碑隸書減筆者爲省文以太爲泰轉以大爲太是也形聲同者爲假借以大爲太轉以伏爲大是也漢人好

奇故用之非洪氏該博不幾以伏尉公之伏爲姓乎漢志太尉公一人在太師太傅之次官名無尉公者知洪說爲可信

漢功曹史殘畫像

右畫像榜十八有字者五曰功曹史曰門下督曰下賊曹曰曹史曰督郵爲旁行者四第一行凡五車車中坐者一御者一次車後一人左執杖右執似扇之狀最後更有一人闕第二行導者二人左吹管右闕共三車最後又一車纔見其馬之半第三行凡兩車導者四人右持鐃左執管最後又一車則見其人之半面第四行一騎前行次二車前車一介在後最後又一車亦見其馬之半車各一馬有蓋左方通下三行可見者二大車車後馬二奴隸六婁氏引朱希眞云此像與雍邱令成王二像皆齊魯閒漢公卿墓中物

漢雍邱令殘畫像

右畫像一榜五字泰山爲雍邱令所存者車八馬十有三最後一車石損車上之人十有六馬上之人四奔走于車馬之前者亦四人

漢成王周公畫像

右畫像二榜曰成王周公凡君臣侍御九一馬在後洪氏云政和中歷陽徐兢自濟陽代還所得漢世人物畫頗多則知兗豫閒冢中畫像不一自功曹史而下凡三

碑前一碑得之張安國叅考米氏畫史疑是朱浮墓壁者後二碑得之朱希眞雖有車馬人物不可得而强名之也

漢孔子見老子畫像

右畫像榜四曰孔子車曰孔子也曰老子後一榜漫滅凡人物七車二馬三孔子面右贄雁老子面左曳曲竹杖中間又一雁一人俛首在雁下一物拄地狀若扇侍孔子者一人其後雙馬駕車一人坐車上馬首外向老子之後一馬駕車上亦一人回首向外太史公曰魯南宮敬叔言於魯君曰請與孔子適周魯君與之一乘車兩馬一豎子俱適周蓋見老子云畫必据此一人俛首

在雁下者必敬叔惜其榜湮矣禮記下大夫相見贄以雁孔子爲季氏史又爲司職吏爲司空蓋從大夫之後故其摯用雁也歟

漢蕫君闕畫像

右闕文云漢故不其令蕫君闕其畫像有一冢冢上三物植立若木葉然香爐一二男子拜于前其後一婦人二稚子又有六婦人魚貫于後冢旁大樹一其下繫一馬馬後立一人樹左一婦人前有龜一若雞鶩者三洪氏婁氏引碑錄云濟州任城有童恢墓雙石闕字一云童恢琅邪人一云漢故不其令童君又引恢傳注云謝承書童作僮兩姓異同史氏所疑蓋未常見此闕遂以

蕫爲童與宗均相類當以碑爲正此洪氏直以恢之姓爲蕫非童猶均之姓爲宋非宗也婁氏字原載入上聲董字下又以蕫爲董予按說文無蕫董二字省僮爲童省蕫爲董漢交趾刺史僮尹鄭夾漈氏族略云卽童姓或從人以別其族而漢內史童仲又從童籒文作童故此闕上從艹下從童艹形似草而豎筆不下垂與蕫字異杜林曰藕根也爾雅曰蘱薡蕫至董姓出隴西濟陰二望恐與僮童迥別其義亦非洪氏又引前漢地理志不其屬琅邪注其音基後漢郡國志東萊郡有不期國故屬琅邪者誤予按其之音基爲語辭詩夜如何其是也又作期詩云實維何期箋云猶伊何也期音基則不

期卽不其三齊記有不期山鄭元教授山下故以山爲邑名洪氏遽以爲誤何耶趙氏于此闕有目無跋予因畫像故與路君王稚子闕並補入焉

漢路君闕畫像

右路君二闕前闕七行二十一字書其所歷豫州刺史至徵試博士凡八官後闕亦七行二十一字書會稽東部官名及造闕年月日在趙錄中第趙以豫州爲後闕耳字畫兼用篆體前闕人物之後小字一行存馬皆食三字爲趙錄所遺也豫州闕前後各一人執杖負劍向字立後闕之前一人執杖負劍一人正面立腰下垂佩兩手各有所執末一人執杖負劍其前一人側面向字

立手中亦有所執蓋漢人爲二闕如王稚子之類分書官秩每屬國置都尉一人比二千石較州刺史六百石爲優然自建武六年省後不常置會稽邊海復置東西部路君必自刺史爲都尉故以後所歷者書于後闕且以秩之優者另書一闕歟會稽東部又見于衡方碑

漢王稚子闕畫像

右王稚子二闕與路君闕異路闕前後立此則左右並峙也各書官秩已見于趙錄而遺掾首額上洛陽先置稚子六字洛陽二字在左闕西面先置二字在右闕南面稚字在北面子字在南面先靈侍御等十六字則在西面也其石四周方數尺上琢樓屋爲蓋如寺觀中經

幢闕之兩角有斗斗上鐫耐童兒又作重屋四壁刻坐蓮之像四左右一小兒其像若今祠刹中所謂天王者獅象之閒僧四乘馬者四人引車者二乘車者以繩曳獸者一中獸而立者亦一耐童兒二十七神體不具者三龍一象一師子八其六在五角獸面四半體者五予見嘉興曹侍郎所藏此二闕銘字今歸白下鄭谷口矣闕至今猶在成都惜無有椎拓之者

漢范君闕畫像

右闕存府君神道四字下人物五飛鳥一次横一馬最下三方有白紋貫其中似嘗刻字上四人皆向右行又一石其人向左行疑卽范君之右闕碑錄云劍州梓潼

縣東有沛相劍門范皮墓闕字不多記姓名而已圖經縣東六里有范伯皮闕洪氏据蜀人云范君有二闕周回十六字多磨滅止存前四字又于闕旁獲甎堅厚如石其重十斤田夫時或得之上有小篆韻語每甎十行行一句其一甎云嗟痛明時仲治無年結僤孳孳履踐聖門知辨賜張闕嘆孔言覽博闕約性能淵泉帶徒千人行無遺愆又一甎云德積未報曷九乾巛茂而不實顏氏暴顚非獨范子古今皆然想貌睹刑列畫諸先設往有知豈復恨焉闕上姓名雖漫漶而甎文有范子二字乃知范君名皮字仲治圖經伯字衍文也

漢鄧君闕畫像

右畫像三段一則兩褒衣講相見禮一奴傴而侍一則一馬駕車人坐蓋下有御有驂乘一騎先馳皆左向一則三馬駕車人坐蓋下有御者四人前導各有所執一騎殿皆右向蜀人相傳謂之鄧君墓

漢魯峻墓祠壁畫像

右畫像二石並廣三尺崇二尺其一上下三横首行一榜云祠南郊從六駕出時次有六車帳下騎鮮明騎凡十六榜六車之上一榜三字上兩字略存左旁似是校尉騎字車前兩旁鮮明八騎步于中者四人一榜鈴下二字三十餘騎如魚鱗然列兩行横車之後後有駙馬二疋榜曰持駙馬又帳下一騎小史持幢四騎次横一

人榜曰薦士生又奏曹主佐主簿車各一榜有車馬又騎吏僕射二騎鈴下二騎各一榜第三横冠劍接武十有五人一榜蓋闕里之先賢也字而不名其一上横兩榜云君爲九江太守時車前導者八人後騎損其半少前一榜云功曹史導有車馬車前二騎其榜湮沒但刻雲氣下横十有六人形象標榜與前石同疑亦先賢也又二石長過于前其一之上横畫圖人物如武梁祠堂畫像主坐客拜侍前後者六人又主客三人列坐侍者四人中横三車如雍邱令畫一車導騎二一車兩人在前一車一人在後屋下之人三又五賓主三車榜皆湮滅下横十有七人如前聖門高弟人亦一榜而不可識

其一上横七騎皆右馳中横二車一有一導騎一則倍之末有五人在屋下二稚子在屋上下横兩輜車皆駕以一馬一車有導騎二末有五人在屋下立車皆有榜惟四導騎上下各一字可認上曰君下曰郎水經注金鄉山司隸校尉魯君冢前石祠石廟四壁皆青石隱起自書契以來忠臣孝子烈婦孔子七十二弟子形象邊皆刻石記之按此四石存校尉九江及君郎等字葢與魯峻碑中所署之官合惜闕失甚多所存孔門高弟姓名有與史記異同者洪氏詳加辨正如梁子魚之爲梁鱣叔魚縣子期之爲縣成子祺叔子其之爲叔仲會子期左子行之爲左人郢行又据地皇侯鉦七作来韓

敕碑漆作洓而以求子歛之求字近来爲漆雕哆子巽至云子匽爲言游駟子（闕其言右）爲壤駟赤恐未必獨呼言子之名遺駟上之字且史記七十七子無子服景伯而此有子景伯唐劉懷玉作孔聖眞宗錄以子服景伯在七十子之列與史記不符懷玉當必有據漢人去古未遠其傳述各有所自孔子之徒豈盡于史記之七十餘人也耶象中之庄（疑字）子盧至子苟子（二子闕下一字）顔子思襄子魚襄子孺夾子高公子庇（闕）不得謂非史記外之人若一一執史記以較其異同迂矣鮮明二字見米氏畫史朱浮墓石壁有鮮明隊若因二字而疑此象爲朱墓中物者誤趙氏云曾有是畫象而失載故補之

漢李翕黽池五瑞畫像

右畫像龍鹿禾各一木二榜曰黄龍白鹿木連理嘉禾一人捧盤于喬木之下榜曰甘露降承露人左方題字二行君昔在黽池修崤嶔之道德治精通致黄龍白鹿之瑞故圖畫其像云云此李翕治西狹磨崖頌德之前所刻也

漢柳敏碑陰畫像

右畫像上一禽若鳳下則麟也其中牛首銜環兩旁凡六玉左則琮璋璜右爲瑁圭璧在柳孝廉碑之陰趙氏止錄其碑云

漢雙排六玉碑畫像

右碑額之左狐九尾右烏三足六玉分三行下有二驢一人跨其右㝡下承一大牛首蜀人謂之雙排六玉碑

漢單排六玉碑畫像

右碑上一朱鳥下元武四玉爲二行琮璧在下爲一行蜀人謂之單排六玉碑洪氏云馮緄墓道中有六物碑上二碑恐亦是馮墓中物

漢六物碑畫像

右碑與六玉同在今渠縣馮緄墓道中土人謂之六物碑上下朱爵元武其中未嘗鐫字非漫滅也

漢是邦雄桀碑陰畫像

右沒字碑是邦雄桀之陰也與六物碑同朱爵在其上

龜蛇在其下

漢左右生碑額畫像

右碑額無字穿上方格中立一朱鳥旁夾龍虎上有雙鳳作翔舞之狀刻畫精新爲左右生題名之碑在成都蓋左學右學諸生也歐陽公以爲漢洪氏以爲晉宋開所刻因江夏寧蜀晉原遂寧四郡爲地里郡國兩志所無也考四郡乃蜀晉所置去東漢不遠董學校廣生徒字畫亦嚴整可愛而趙氏遺之故錄焉

漢廣漢屬國造橋碑額畫像

右碑額二人坐于上儼若賓主益辛李二君也中列一器如鼎各有使令一人在後辛字通達李字仲曾有碑在目中

金石錄補卷六

金石錄補卷第七　跋尾

崑山葉奕苞九來著

蜀漢關氏祖宅墻下磚刻

蜀漢張飛八濛山題名

蜀漢張飛刀斗銘

魏太祖湧月臺三大字

魏下豫州刺史修老子廟詔

魏大饗記殘碑

魏三體石經遺字

魏甄皇后識坐板函

吳周瑜散花巖刻石

吳谷朗碑

晉黃庭經

晉王羲之十七帖

晉王羲之快雪帖

晉索靖急就章

晉楊羲和黃庭經

晉顧愷之女史箴

宋文帝神道碑

宋散騎常侍謝公墓銘

宋臨澧侯劉使君墓銘

宋臨澧侯劉使君碑陰

梁永陽太妃王氏墓誌銘

梁孝敬寺刹下銘

梁上清眞人壇碑

蜀漢關氏祖宅墖下磚刻

右磚刻在解州錢唐林璐記曰康熙戊午昌平于昌讀書解州墖廟墖廟者里人傳爲侯之故居也濬井得巨磚有文紀兩世生卒年月字諱昌白于州守王君朱旦乃自爲碑其文云祖諱審字問之漢和帝永元二年庚寅生居解州常平鄉寶池里桓帝永壽三年丁酉卒父諱毅字道遠桓帝延熹三年庚子六月二十四日産侯于故里娶胡氏靈帝光和元年戊午五月十三日生子

平璐又曰其大略如此獨怪王君既爲碑而輒刻全文不録璐字鹿庵吾友陸繁弨之戚也知予集古碑以此記見寄竊嘆侯忠義貫日月脟鑾偏爨夏而本傳不載祖父名俗又誤以五月十三爲侯生日雖未見磚刻然發于井碑于王記于林而録于予千古幸事亦快事也錢虞山尚書重編義勇武安王集年譜考不載侯之生平但引吳泳鶴林集云張飛卒年五十謂侯傳云長于益德數歲數歲云者不及十年不過六七年五六年耳按飛于章武二年被害爲壬寅上溯五十年當生于孝靈之熹平二年癸丑去侯生孝桓之延熹庚子蓋長十有三年其云數年乃史官約略之詞耳明嘉靖中解州

知州徐作所撰修廟記云州東二十里常平下馮村爲王故里父老云王舊居有墖墖下有井王避難出亡父母沈墖于内後人立墖表之則前所云濬井得磚刻必墖時之物第荆楚又相傳侯以六月二十二日生子平生于五月十三日似向來有是說而于昌輩傅會之未可知也

蜀漢張飛八濛山題名

右題名在四川渠縣東七里八濛山崖石上題云漢將軍飛率精卒萬人大破賊首張郃于八濛立馬勒銘凡二十二字是時飛領巴西太守曹操破張魯留夏侯淵張郃守漢川郃別督諸軍下巴西進軍宕渠蒙頭盪石

與飛相拒五十餘日飛從閒道要郃破之郃以數騎奔南鄭巴西始安先主入蜀得鼎峙數十年皆于此戰破魏人之膽其功爲第一飛善畫工八分此雖片羽一鱗百世而下猶得想見其擐甲倚馬虎氣騰上時也

蜀漢張飛刁斗銘

右張飛刁斗銘八分書在涪陵之石壁張士環詩云天下英雄只豫州阿瞞不共戴天仇山河割據三分國宇宙威名丈八矛江上祠堂儼珮劍人間刁斗見銀鉤空餘諸葛秦州表左袒何人復爲劉楊用修云張飛刁斗其銘文字甚工飛所書也

魏太祖湧月臺碑

右淚月臺碑正書在武昌黃鶴樓側三字傍題操字陳確庵游楚中搨以見惠初展卷凜凜有生氣可想其運腕時無限鋒鋩也相傳朱考亭學操書所謂不以人廢言者耶

魏下豫州刺史修老子廟詔

右詔云告豫州刺史云云黃初三年十月十五日ロ子下與漢詔式同此碑凡十三行行八字磨滅大半前有魯爲孔子立廟援先聖以爲比也稱桓帝者再葢東漢惟威宗尊祀老子故此詔申言之洪氏云紀年月日之下闕子上一字按四分歷是年十月壬戌朔則十五日當爲丙子也

魏大饗記殘碑

右碑額云大饗記乃古文非篆隸也黃初三年ロ月下闕番半闕文爲書按魏文帝大饗六軍立碑于譙在是年之前二載此碑饗作鄉假借也受禪諸碑爲鍾繇書而紀年下一字左從番而闕其右疑是繇書而當時亦謂之鍾繇殘碑

魏三體石經左傳遺字

右魏三體石經左傳遺字古文三百七篆文二百十七隸書二百九十五有一字而三體不具者洪氏曰洛陽蘇望有言曰後漢熹平四年靈帝以經籍文字穿鑿疑誤後學詔諸儒讐定五經命蔡邕書古文篆隸三體鐫石立于太學今石不存本亦罕見近于故相王文康家得左氏傳搨本數紙其石斷裂字多亡缺取其完者摹刻之凡八百一十九題曰石經遺字卽小歐陽集古目中所有者夏文莊公集古文四聲韻所載石經數十字葢有此碑所無而碑中古文亦有韻所未收者淪落之餘兩家所得自不同耳

魏甄皇后坐板函

右函文云文昭皇后識坐板函洪氏云紹聖丙子鄴民耕地得一綠石匣廣八寸有半長倍之厚三分之一鹿頂匆頭其上有此八字神坐前之物也按魏書黃初二年甄夫人于鄴明帝卽位追上尊謚别立寢廟此云

文昭皇后則刻于太和元年也

吳周瑜散華巖刻石

右周瑜題字八分書楚人顧景星語余云散華巖大于虎邱之石塲其平如砥字五尺餘勒于平巖相傳爲周公瑾赤壁之戰散花犒軍士于此手書以識之也夫古人大書深刻其意將垂不朽而漠然徒見山高水清又未嘗不笑古人之愚也東坡云曹瞞之困于周郎而今安在哉集古錄有唐虬怡亭銘在武昌江中小島上武昌人謂其地爲吳王散花灘未知卽此巖否

吳谷朗碑

右谷朗碑云府君諱朗字義先其先出自顓頊益虞舜

賜姓嬴氏後封秦谷因氏焉弱冠守揚安長升王府郎中尙書令史郡中正遷劉陽令徵拜立忠都尉尙書郎正身率下不畏彊禦交州叛帝思俾乂僉以君往遷九眞太守春秋五十四于鳳凰元年卒按吳志建衡三年陶濬破交阯禽殺晉所置守將九眞日南皆還屬朗必以是年守九眞明年改元鳳凰而卒碑云凡百君子莫不嗟痛又云濟濟搢紳靡瞻靡宗則朗必爲朝野所推重而史不立傳其三世皆仕吳爲牧守而志亦無考矣

晉黃庭經

右小楷黃庭經相傳爲逸少書而黃伯思證其誤然陶隱居啓梁武帝云逸少有名之迹不過數首黃庭告誓等不審猶有存否唐張懷瓘云樂毅黃庭但得幾篇卽爲國寶至李太白詩山陰道士如相見應寫黃庭換白鵞梁虞和論書表云山陰道士語逸少若能自屈書道德經兩章便合羣鵞以奉卽羲之本傳亦云爲道士寫道德經而非黃庭按羲之卒于晉穆帝升平五年後二年爲哀帝興寧二年黃庭始降于世則非王書可知

晉王羲之十七帖

右王逸少草書以卷首有十七日云云故名凡百七行九百四十三字王草書烜赫著名帖也唐文皇購二王書逸少草有三千紙率以一丈二尺爲卷以貞觀兩字印印之開元皇帝又以開元兩字印印之跋尾列當時大臣姓名黃長睿云世間有一本其一卷尾有勅字及褚遂良校定者爲先唐刻本其一爲本朝侍書王著模勒上石勢殊疎拙按張彥遠法書要錄論此帖本末更詳云

晉王羲之快雪帖

右快雪時晴帖王右軍眞蹟藏涿州馮銓閣老家勒石在近時亦王書之神品

晉索靖急就章

右急就章章草也篆隸之作古矣至漢章帝時乃變而爲草或曰秦苦篆隸之難不能投速故作草書書譜云杜度倡之于漢謂之章草黃伯思云凡草書分波磔者名章草此帖藏宣和御府元宋仲溫摹勒尤爲精妙與月儀帖並著于世

晉楊羲和黃庭經

右黃素黃庭經行楷數千字神采煥發結搆精警董文敏据趙承旨以爲飄飄有仙氣乃楊許舊蹟述書賦云方圓自我結構遺名如虛舟之不繫混寵辱以若驚謂羲和爲書家所重元時眞蹟在鮮于伯機家文敏從韓宗伯摹數行刻戲鴻堂帖中陳氏玉烟堂則全刻之義和名羲卽眞誥所謂上淸眞人也神仙之蹟不可多得唐時有帶書六行此經多至數千字非異物耶

晉顧愷之女史箴

右女史箴後題顧愷之畫下作押字雲間董宗伯跋云鳳神俊朗欲與感甄賦抗衡自余始爲拈出快事也寶鼎齋自跋所書又云昔年見晉人畫女史箴云是虎頭筆分類題箴附于畫左方則大令書也此箴後有愷之畫字似與後跋相合但大令書女史箴自唐宋以來不聞所據而是箴亦不類大令則仍宗伯原題而已

宋文帝神道碑

右碑云太祖文皇帝之神道凡八大字集古錄云古人刻碑正當如此又云自漢以來碑文務載世德宋氏子孫未必能超然獨見復古簡質疑非宋世所立按文帝爲元兇劭所弑初謚曰景廟號中宗孝武立改謚曰文號太祖或更有碑此其神道如漢人墓闕題識也

宋故散騎常侍謝公墓誌

右碑無序文銘辭亦無建碑年月書撰姓名共八行前四行誌祖父母及母之所自出中則誌其爵里名字卒葬年後兩行誌其夫人與夫人之父祖末則誌其嗣孫而已謝公祖父皆顯官身爲常侍雖宋書無考豈得無銘序以紀其生平或如宋劉襲有二碑或如唐郭子儀官爵錄于家廟碑陰也祖瑶字球度夫人琅玡王氏父頤之考闕字景山給事侍郎常侍光祿勳夫人太原王氏父坦之字文度持節都督平北將軍下闕刺史藍田獻侯按坦之爲桓温長史温欲爲子求婚于坦之還家省父述述愛坦之雖長大猶抱置膝上坦之因言温意述大怒遽排下曰汝竟癡耶坦之辭温以他故今適謝者豈即此女耶坦之薨贈安北將軍與碑平字異中行云宋故散騎常侍揚州丹陽郡秣陵縣西鄉顯安里領豫州陳闕陽夏縣都鄉吉遷里謝濤字明遠春秋卌有九元嘉十八年歲次居維月依林鐘十七日卒其年九月卅日窆㚇于揚州丹陽郡建康縣東鄉土山里按申伯封于謝後以國爲氏即今汝南謝城也過江門第謝次于王世相婚姻予此碑見之古人入籍則書如秣陵西鄉爲濤所居之里而陽夏縣都鄉則祖父之原籍也陳字下缺者必郡字如謝尙謝安輩皆陳郡陽夏人濤必其族也又汝南郡汝南縣有郡鄉吉遷里見陶宏景眞通記夫人琅玡王氏七十有二大明七年歲次單閼月下闕三字十五日卒十一月十四日合祔父靜之字下闕義興太守祖獻之字子敬中書令蓋獻之無子以兄之子靜之爲嗣也碑末云嗣曾孫緯愚意誌墓者應如此式其人果有卓行宏勳國史邑乘當自立傳何必假諛墓之文以欺後世今則子孫富貴輒千達官名人爲祖父作誌率多譽詞跖柳混淆蔡中郎于郭有道碑自信爲無媿良有以矣予前跋唐景昭法師碑辨宋板晉書丹陽郡陽字從阜丹楊縣楊字從木按山多赤柳故名丹楊則郡與縣楊字皆宜從木閱此碑信然

宋臨澧侯劉使君墓誌銘

右碑題云宋故散騎常侍護軍將軍臨澧侯劉使君墓誌銘并序無書撰人姓名序云君諱襲字茂德南彭城人宋高祖武皇帝弟景王之穆秘書郎太子舍人出爲鎮蠻護軍廬江太守遷明威將軍安成太守皇朝策除輔國將軍郢州刺史封建陵縣侯俄徵太子右衛率加給事中未拜遷侍中冠軍將軍改封臨澧縣侯遷右衛將軍未拜仍除中護軍春秋卅有八以泰始六年三月十日薨于位詔贈護軍將軍加散騎常侍侍中如故謚忠侯五月二十七日塟于瑯邪乘武岡按史所歷之職視碑甚略封建陵侯時食邑五百戶以建陵屬蒼梧郡道遠改封乃碑之所遺碑云中流搆釁四表迷逆君能以一成之旅剋濟忠節不若史臣直序晉安王子勛爲逆襲據城拒之子勛攻圍不下之爲明暢也史云襲亦庸鄙在郢州暑月露褌上聽事綱紀正伏閤怪之訪問乃知而碑則云神姿韶雅英議獨發兼録詔文有志行貞純才用理濟之褒夫諛墓者或多飾詞豈王言亦可失實耶抑或史臣毛舉細故而加以庸鄙也歟

宋臨澧侯劉使君碑陰

劉襲有二誌碑題與前同但無銘序二字所誌者其祖父昆弟姊妹與夫人子女也如云曾祖宋孝皇帝卽劉裕父孝穆皇考也祖諱道鄰字道鄰侍中太傅長沙景王史遺其字妃高平平陽檀氏字憲子謚景定妃父暢道淵祖獬稚熊合塟瑯邪臨圻莫府山父諱義融字義融領軍車騎桂陽恭侯夫人瑯琊臨圻王氏字韶風父簡長仁祖穆伯遠合塟丹徒練壁雩山所生母湯氏宣城人塟雩山兄顗茂道桂陽孝侯夫人廬江灊何氏憲英父愉之彥和祖口叔度合塟練壁雩山第三弟彪茂蔚祕書郎塟江字闕三夫人河南陽翟褚氏成班父方回祖叔度第四弟字闕三軌史云名實太子舍人夫人瑯琊臨沂王氏淑婉父津景源祖廣休仲字闕二江乘白山第五弟季茂通史名爽海陵太守塟練壁雩山夫人陳郡陽夏闕氏妙闕闕父淑陽源太尉忠憲公祖豹士蔚按史袁淑謚忠憲夫人乃淑之女也第一姊茂徽適陳郡長平殷臧憲郎父元素祖曠思泰重嫡瑯琊臨沂王閔之希損父昇之休道祖敬宏第二姊茂華嫡廬江灊何求子有父鎭長宏祖口之彥德第三姊茂姬嫡平昌安邱孟詡元亮父離靈口祖昶彥遠第四姊茂姜嫡蘭陵蕭惠徽父思話祖源之君流第五妹茂容嫡蘭陵蕭瞻叔文父斌伯蒨祖譽之仲緒重嫡濟陽圉蔡康之景仁父熙元明祖廓子度第六妹茂嫄嫡濟陽考城江遜孝言父湛徽淵祖夷茂遠重嫡瑯玡臨沂王法興父翼之季弼祖楨之公幹夫人濟陽考城汪氏景媱父淳徽源祖夷茂遠此襲之夫人也第一男口長暉出後兄桂陽侯

口史云晃第二男昃淵高臨澧世子第三男暠淵華第四男曅淵遂出後弟實爲史所遺第五男口淵頻第六男晏淵平第一女麗昭第二女麗明第三女小字僧歸前碑云武皇帝弟景王之穆而此上承曾祖以下得互見體自兄顗以下及其配配之父祖與甆處自姊以下及其夫夫之父祖茂徽姊妹所適皆大族而夫亡再適何也豈晉宋之際兵戈擾攘名節在所略也耶予見碑誌甚多凡序列族黨未有如是之詳者與史或有證發故盡錄之以傳于世然碑中他姓祖父皆具爵位已不及錄矣

梁永陽太妃王氏墓誌銘

右碑題故永陽敬太妃墓誌銘尚書右僕射太子詹事臣勉奉敕撰碑云永陽國太妃王氏琅琊臨沂人以天監二年六月十日遣宗室蕭敬寶策命永陽王母王氏爲國太妃以普通元年十一月九日薨詔給東園秘器其月二十八日祔瘞于琅琊臨沂縣長干里黃鵠山又詔賜嘉謚云口按史天監元年追封兄齊後軍諮議敷爲永陽王謚曰昭王氏爲敷之妃敷子伯游于二年四月襲封爲永陽郡王年二十三薨謚曰恭太妃薨時年五十有九早爲孤孀老爲孼母梁武加恩宗戚視諸朝爲獨厚矣凡碑題先書國號而此不書豈緣帝族不問而知爲梁也耶即奉敕撰文者亦不書姓徐勉傳先爲太子詹事尋遷尚書右僕射亦猶今日書現居之職于前也耶

梁孝敬寺刹下銘

右銘題云孝敬寺刹下銘并序宗士標述序云孝敬寺者公上璡爲亾母楊叔女之所立又云寺初欲竪刹曇誕每有雙舍利降之并諸處所送其數有八大同六年五月十五日建序銘皆能手又有誌敘公上璡捨宅建寺竪刹祝禱之辭說文云刹柱也音與察同王少頭陀寺碑列刹相望李周翰注列刹佛墖也處愿傳以孝武莊嚴刹七層帝欲起十層不可立分爲兩刹各五層梁簡文同泰寺立刹啓寶墖天飛魏書釋老志崇建宮宇

謂爲墖墖亦胡言猶宗廟也故世稱墖廟或稱寺曰上刹則刹不止如柱然北齊陸法和攻侯景將任約約逃不知所之法和曰吾前于此洲水乾時建一刹實是賊標今何不向標下求賊果于水中見約抱刹仰頭而禽之亦猶今之旛竿也此碑題刹下二字殊新

梁上清眞人壇碑

右碑云上清眞人許長史壇貞白先生創立篆書十四字按陶隱居眞靈位業圖第二位内左卿仙侯眞君許君注諱穆南嶽夫人弟子事晉爲護軍長史退居句曲山此碑應爲後人所立而追署貞白先生也

金石錄補卷第七

金石錄補卷第八 跋尾

崑山葉奕苞九來著

後魏賈思伯碑
後魏周惠達碑
後魏神龜造像碑記
東魏比邱尼法妃等造像記
東魏永樂十六角題名
北齊風峪石刻佛經
北齊造銀佛像記

後魏賈思伯碑

右賈思伯碑云諱思伯字士休武威姑臧人也太和中召拜滎陽太守辭不獲又云青龍中出爲幽州刺史齊郡太守其前後已磨滅不可盡識按趙氏錄賈思同碑跋云思同與其兄思伯後魏書皆有傳爲青州益都人今其基乃在壽光縣而思伯之碑亡矣此碑官秩與傳合青龍年號則三國之魏非拓拔氏也前魏有賈詡爲姑臧人豈即思伯之高曾列在此碑以殘泐而無考耶德父云碑已亡而尚存于數百年後又一奇也但勸進受禪大饗諸碑皆作漢隸此碑忽開隸楷之漸直似褚河南三龕記筆意乃正書之始歟

後魏周惠達碑

右周惠達碑額云大魏故司空匡穆周公之碑銘篆書十二字宛然如新按碑多與史傳合碑具贈謚而史逸之史但云開皇初追贈蕭國公耳此碑與豆盧恩碑皆在咸陽縣爲縣令王公家瑞求得之王公有金石遺文載此碑止缺三十三字

後魏神龜造像碑記

右碑魏神龜三年立集古錄云魏孝明神龜三年七月辛卯改元正光而此碑立于是月之十五日未知辛卯是其月何日也予考北史正光元年春正月己亥朔日有蝕之推至七月去小建或二日三日則辛卯當在十九二十之間立碑前于改元三四日故猶稱神龜也

東魏比邱尼法妃等造佛像記

右記大魏武定造像碑篆額中云大魏武帝五年十一月廿三日比邱尼法妃法奝法姜等敬造釋迦石像一菩薩二天龍寶塲八部上爲皇帝中宮云云當時造像碑記率因是語猶今叢林主僧上堂說法開口即云上祝皇帝萬歲其詞俚鄙其意浮僞古今習俗然也書極楷而小得黃庭樂毅遺意殊可愛玩郡人葛君常所藏

後魏永樂十六角題名

右題名爲東魏北齊人所書其後云造十六角鎮國大浮圖蓋塔也集古云十六角與常三義七級碑當時俚俗語類皆如此

北齊風峪石刻佛經

右石刻在太原縣之西五里其山曰風峪朱彝尊曰風峪之口風穴存焉相傳神至則穴中肅然有聲風之所從出也愚者捧土塞穴建石佛于内環列所刻佛經凡石柱一百二十有六積歲既久虺蝎居之雖好游者勿敢入焉丙午三月予至其地率土人燎薪以入審視書法非近代所及徘徊久之惜皆掩其三面未獲縱觀其全也又曰通鑑載後唐劉后與李存渥奔晉陽李彦超不納存渥走至風谷爲其下所殺注云風谷恐當作嵐谷唐長安三年分宜芳縣置嵐谷縣屬嵐州非也風谷即風峪北人讀谷爲裕谷加山作峪按北齊書段韶傳突厥從北結陣而前東拒汾河西被風谷大唐創業起

居注煬帝于樓煩置宮因過太原取龍山風谷道行幸則風谷之名已著于前代矣

北齊造銀佛像碑

右碑云天保四年六月二十五日佛弟子李買造銀象一區上爲皇帝陛下下爲亡父母姻緣眷屬普願從心所求如意象即像區即軀文旣簡略書復醜惡以一佛像而上爲天子下接父母眷屬殆諂佞之至而忘尊卑之分者耶

金石錄補卷第八

金石錄補卷第九 跋尾

崑山葉奕苞九來著

北齊摩巖報德碑

右碑燕州仙釋書序云鄉郡鄉縣李青爲儀同文靜公

趙郡李憲闕下司空文簡公李希宗二公父子以禮待青于天保六年七月一日百州路側造報德像碑摩巖刻石又云皇后趙國栢仁縣永寧鄉陰灌里人也祖文靜父文簡按北史文宣皇后李氏諱祖娥趙郡李希宗女而遺其鄉縣王父之名碑在今平定州

北齊龍華寺造浮圖碑

右碑不著書撰姓名序云維邮劉顯等于雙井邨造龍華浮圖一區爵離一區爵離者寺之别名北朝習俗語也

北齊常山義七級碑

右碑不著書撰人名氏題云慕容儼同麴常山石氏諸邑義七級之碑其文云常山太守六州大都督儀同三司綦連公以天保九年爲國敬造七級浮圖一區天統二年使持節都督瓜州諸軍事驃騎大將軍儀同三司瓜州刺史常山太守六州大都督頻陽縣開國子樂平縣開國男慕容樂散騎常侍驃騎大將軍前給事黃門侍郎繕州大中正食新市縣幹麴顯貴功曹石子和等增成之集古錄云北齊書有綦連猛不爲常山太守不知此公爲何人而慕容樂官兼刺史兼封兩縣不可詳也食縣幹入官銜當時之制亦不可詳也按高齊大臣率爲六州都督綦連猛傳云天保九年轉武衛大將軍造塔時或在未轉之先旣自外轉內史館畧太守而不書耶官氏志其連氏改爲綦氏此綦連而非其魏書亦未有姓其連與綦者慕容儼傳後附樂官次甚畧當以碑爲正北齊官制一品至九品皆以帛爲秩其祿一分以帛一分以粟一分以錢而又各給事力一品至三十人下流外勳品遞降詔州刺史守令以下幹及力皆聽勅乃給其幹出于所部之人一幹輸絹十八疋本州大中正率以京官爲之凡食郡幹縣幹或兩郡三郡至五六縣者積幹力而計多少也赫連子悅爲林慮長世宗問所不便子悅對云臨水武安二縣去郡巖遠若東屬魏郡則地平路近世宗笑曰卿徒知便民不覺損幹子悅云不敢以私潤負公心即此幹也自宋以後有僮幹之制齊永明五年詔二品清官答幹不得過十張融坐鞭幹錢敬道免官梁王葦坐鞭幹曹申免官豈以徵幹過酷而嚴其罰耶或力役之幹而非輸絹之幹未之詳矣

後周豆盧恩碑

右碑八分書在咸陽縣碑云恩字永思按北史豆盧寧傳弟永恩而闕其名歷官與碑畧同但碑後截漫滅不可考矣

北齊造石像記

右碑齊武平元年正月二十六日造佛象作記而不言其地以頌都邑主董洪達率邑徒□人等祈福云云其

署名則有都維那忠正勸化主北面像主都開光明主婁主邑子之稱姓氏則有馬黃頭張黃頭張虎子石伏奴之名都維那似係僧官而著姓總之淪于北方種族不類名號俚俗如傳豎眼姚黃眉皆列正史黎庶效尤不足怪也書遷怪誕幾不成字增損任意在篆隸正書之外无作天𡈁作奇之類世即丗字碑在嵩山登封令長洲張憧孏如所惠也

北齊曇始禪師行狀記

右碑武平元年追述曇始禪師行狀云太原之西約一舍地有山曰虎痕谷乃始棲息之所即于其處立碑按神僧傳曇始關中人晉孝武太元間賫經律數十部往遼東宣化義熙初還關中後燕拓跋燾克長安有博陵崔浩少習左道破釋教與天師寇氏說燾廢之以太平七年毀滅佛法統內僧尼追捕梟斬師以元會之日杖錫見燾燾令依軍法屢斬不傷餧飼北園所養之虎虎輒潛伏試以天師虎即鳴吼燾乃延始上殿始為說法皆與碑合而傳又云始足白于面雖跣涉泥水未嘗沾濕天下稱白足和尚長安人王胡有叔死數年忽還將胡遍遊地獄叔謂胡曰既知因果但當奉事白足阿練胡遍訪衆僧見始白足事之赫連勃勃破關中斬戮無數始亦遇害而刃不能傷勃勃嗟嘆悉赦沙門不殺為碑所遺此殆佛圖澄之流以神通示濟度者耶

北齊婁公造無量壽佛像碑陰

右碑陰有唐李北海邕書龍興之寺四大字在青州府北門外龍興寺俗名大佛寺

北齊造石像記

右碑齊武平七年十一月二十三日嵩岳之南邑師僧智都邑主宋始興合比邱邑子共一百人等造石佛像一區而姓名之異者有訾蘭擯儭子鳳魏阿奴王阿米范山虎陳狗子之類概稱邑子則里巷閒人耳洛陽伽藍記榮真寺比邱惠凝死一七日還活經閻羅王撿閱以錯名放免具說過去之時見一比邱云是禪林寺道宏自云教化四輩檀越造一切經文中像一區閻羅王曰沙門之體必須攝心守道志在禪誦不干世事不作有為雖造作經像正欲得它人財物既得他物貪心即起既懷貪心便是三毒不除具諸煩惱付司入黑門獄然則世之借造經像以求財者可猛省矣

隋曇詢禪師碑

右碑題隋栢尖山寺曇詢禪師碑銘隸書無書撰人姓名按碑云禪師姓楊諱曇詢宏農華陰人年二十二逢曇准法師于霖落泉寺證悟至文皇御宇敕儀同三司元壽齋信香迎入大內云云開皇十九年年八十無疾而逝弟子𢍰休道願慧方等共勒此碑文體整麗字格工好開唐人畦逕亡友王季寫以此碑見示已二十餘

年矣急爲錄人恨吾友不及見之也

隋伏波將軍陳府君墓誌序

右碑題云前陳伏波將軍驃騎府諮議叅軍陳府君墓誌序儀同三司周彪撰無書人姓名序云君諱詡字孟和潁川許昌人祖僧亮齊輔國府行佐父歆前梁儀同若天才傳拔有集廿卷起家爲岳陽王記室梁國蕃周將佐送款武成元年授則都督衛州東征失律同旅督將七十二人浮艦相屬陳王曇頊于望國門並害諸士君于刑所自陳貰死俄而授招遠將軍加伏波將軍遷驃騎府諮議　國云亡總管秦王招賢慕士迎還并州辭老還鄉開皇廿年九月卒于檀溪里年七十六以十二月十八日歸葬高陽鄉遺命不許立銘云云而碑陰則載君叔三人爽子暢孝遺遺爲梁驃騎大將軍君弟二人某譯息五人孝柴孝騫君卿曜、五敏女五人禮閨藏閨敏閨四閨善才因叔及叔母因女及女夫而息之婦則失載焉君妻瑯琊諸葛氏孝騫所生李夫人文在末行按詡祖父仕于齊梁詡則由梁而周而陳而隋身歷四朝在隋立碑題曰前陳可見古人待蕃國之厚故宦之寛元世祖時中書省檄諭中外江南既平宋宜曰亡宋何也碑云詡有集二十卷爲時所重而唐藝文志不錄其姓名古今抱才之士湮没無聞者可勝歎哉

隋勝福寺舍利塔銘

右碑題云勝福寺舍利塔下銘孟弼書其畧云惟大隋仁壽元年歲次辛酉十月辛亥朔十五日乙丑皇帝普爲一切法界幽顯生靈謹于青州逢山縣勝福寺奉安舍利敬造靈塔願太祖武皇帝元明皇后帝后太子王子孫等內外臣庶六道三塗人非人等生生世世值佛聞法同升妙果云云易曰王假有廟書曰鳥獸魚鱉咸若其道有本其效有漸卽孟子所謂親親而仁民仁民而愛物也隋高祖不能累仁積德以貽後人徒托于安舍利建靈塔末矣卒至二世而亡與暴秦無異足爲後世事佛之鑒碑特完好可愛都少卿積數十年訪求僅得隋碑四種而予于汲古毛氏又錄此碑在都氏所錄之外信乎古碑之湮没者多也

隋羅處士墓誌

右隋處士羅君墓誌云君諱靖字禮襄陽廣昌人高祖長卿齊饒州刺史曾祖宏智梁殿中將軍祖養父靖學優不仕有名當代碑字絕類褚河南然父子皆名靖爲不可曉字禮下闕一字洪氏云拓跋魏安同父名屈同之長子亦名屈祖孫同名此胡人無足言者羅君不應爾也余按林邑王楊邁死子咄立思慕其父改名楊邁此胡人習俗而羅君爲可駭已集古後錄云羅君以仁壽四年卒夫人以龍朔二年葬蓋守志五十有九年而以壽終亦可尚也

隋李淵爲子祈疾疏

右疏云鄭州刺史李淵爲男世民目患先于此寺求仏蒙仏恩力其患得損云云大業二年正月八日建按新唐書高祖于大業中口歷岐州刺史滎陽樓煩二郡太守召爲殿內少監衛尉少卿舊唐書大業初爲滎陽樓煩二郡太守徵爲殿內監而于大業之前累轉譙隴岐三州刺史並未嘗云爲鄭州也据疏可以補二書之漏仏字古今字書所無鎭江甘露寺梁鐵鑊銘佛字皆作仏

隋滎澤令常醜奴誌

右常醜奴誌在興平縣崇寧寺壁間摩讀其文竊嘆勝

國之臣不能自持出而應新朝之命不得志而死者至于今如一轍也醜奴本鄯善右族祖黑獺父歡爲魏大臣醜奴于周保定元年起家建德初遷天官府入隋引退至開皇十九年詔以周代文武普加復選蒙授都督轉爲滎澤令以大業元年年八十有六而卒追溯奉詔之時年已八十矣豈難守止足之戒高不仕之節而不然者或門戶計深子孫勸切有所不得已耳碑云扶風始平人始平卽今興平也

隋鉗耳君淸德頌

右碑題云大隋恒山郡九門縣令鉗耳君淸德之頌大業六年建序云君名文徽華陰朝邑人本周王子晉之後避地西戎世爲君長因以地爲姓按王氏又有後周溫州刺史烏丸僧修乃梁太尉王僧辯之弟因父神念爲護烏丸校尉卽以爲姓江東士族首稱王氏淪陷之後姓遂改易如鉗耳烏丸兩君身貴名立不思追改良可怪也

隋緣果道場碑

右碑題隋江夏縣緣果道塲七層磚㙮下舍利記無書撰人姓名碑云道場者梁天監十二年長史劉端捨宅爲寺也以大業九年昭陽之歲江夏緣果鄉長劉大懿等遵依勅旨共三鄉仕民奉七層磚㙮安鎭此地次有淸信弟子黃慧龔慧後慧達等兄弟四次感得舍利六

枚以是年六月八日永窆基下也按漢晉以後僧尼爲寺道士女冠爲觀隋改法雲慧日爲二道場金洞玉淸爲二元壇至貞觀十二年復寺觀舊名則隋時立寺皆名道場也葉子奇草木子云僧之有舍利由其心源澄寂祕耀含靈眞積力久結而成之及其火化炳然獨存此碑云或于食內或行至途中或于所住宅感而得之斯亦奇矣予何敢盡信

隋李靖上西嶽書

右書無年月自稱布衣李靖則未仕隋殿內直時也藥師嘗謂所親曰丈夫遭遇當以功名取富貴何至作章句儒卽書中建義橫行仗劍竭節之意乎劉餗記衛公

以箋訴神請告以官位詞色抗厲即書中三問不對將焚其廟之說乎諫又云後有聲曰僕射好去顧不見其事近怪朱彝尊曰衛公以高祖起兵上書告變則其心無妄覬神器可知嘗疑此書之僞予謂英雄舉動或有出人意表者姑錄之行書宕逸絕羣自是俊物人間有三本潞州者刻于崇寧爲最佳滕縣者刻于紹聖而嶽廟則近年所刻爲最下予所收則潞州本也

隋梁羅墓誌

右碑題隋鷹揚郎將義成子梁君墓誌大業四年八月建今在西安府城外杜曲正書猶帶八分其字率多假借如鷹揚前作陽後作楊宣政元年作正萬頃作傾羽儀作議不瘳作抽乾坤齊同作侗禁旅之禁作襟樊川之樊亦作襟似非達于文義者而其書頗不俗何也至有大漸之期春秋六十有一大漸出尙書顧命恐非人臣所宜稱然列子云季良得疾七日大漸固已先于此志矣而後人通用之者不一如蔡邕作胡公夫人靈表云遂大漸兮速流王儉褚淵碑云大漸彌留任昉作竟陵王子良行狀亦云大漸彌留沈約作安陸王緬碑云頻焉大漸盧藏用作蘇許公碑云大漸之始遺令遵行固未足爲此誌病也

金石錄補卷第九終

金石錄補卷第十　跋尾

崑山葉奕苞九來著

唐少林栢谷塢碑
唐褚遂良枯樹賦
唐從幸九成宮長孫無忌等題名
唐褚遂良陰符經
唐汝南公主志
唐砥柱銘
唐文皇屏風帖
唐温陵侯龍君碑
唐太宗幸慈德寺御製詩
唐晉祠碑陰
唐淤泥寺心經
唐老子西昇經
唐皃寬贊
唐破邪論序
唐褚遂良摹蘭亭序
唐薛稷蘭亭序
唐岱嶽觀造像記
唐冠軍將軍許洛仁碑
唐騎都尉李君墓誌
唐少林寺栢谷塢碑

右栢谷塢碑題云唐太宗文皇帝賜少林寺栢谷塢莊御書碑記開元神武皇帝御書額所謂碑紀者卽少林寺碑上所載太宗爲秦王時討王世充宣諭寺僧之文也此碑前錄告文附賜地水碾還寺敎書武德八年二月十五日兼記室參軍臨淄侯房元齡宣又主簿元道白奉行謹諮則答以依諮二字又陜東道大行臺尚書省牒付少林寺并牒秦府留後則武德八年二月二十二日也又司戸牒少林寺則是月廿七日也皆列錄事參軍令史主事判屯田史尉丞姓名後附開元十一年十二月四日內品官陳忠牒少林寺一行　則立碑之年月也或云告文非太宗書中間行草世民二字則御書耳按諸牒後凡錄事令史等姓下皆另一筆書名似與告文相類但告文書法迥出諸牒文上而開元皇帝又御書額以紀之爲文皇書無疑諸牒文必胥史所作而字畫精拔如此宜學士大夫以書知名者之多也

唐褚遂良枯樹賦

右枯樹賦後云貞觀四年十月八日爲燕國公書旁注云肆伯陸拾柒字庚子山此賦有名江左得河南書可稱兩絕兆補之云眞蹟藏壽春魏氏開封丁禹錫毘陵胡承之刻之王元美從華補庵處眞蹟模勒于石按丹陽蘇頌子容引徐浩書品云中宗以二王墨帖三十卷賜中書令宗楚客楚客裝作屏風十二扇以褚遂良所書枯樹賦爲脚王元美則云武延秀集右軍大令墨跡于屏風以此書裝脚未知孰是

唐從幸九成宮長孫無忌等題名

右題名在九成宮醴泉銘之碑陰太宗命從幸中書門下及三品文武官并學士自書其官名于碑凡四十六人而太尉長孫無忌等七人亦附列焉

唐褚遂良陰符經

右陰符經河南有草正二書草書題云貞觀六年九月廿八日臣遂良奉勑書五十本正書題云大唐永徽五年正月初五日奉旨造尚書左僕射監修國史上柱國河南郡臣褚遂良奉旨寫一百廿卷蘇黃米蔡虞薛諸公題名而不著姓河南書夷猶婉暢姿態橫生此經正書小于顏平原仙壇記嚴整中不乏風致草書步伍秩如減繁點怪神品也但苻與符異解陰符作陰苻豈二字有通用之說耶

唐汝南公主誌

右汝南公主誌無書撰姓名宣和書譜海岳書史皆云虞世南書藁本也碑題云大唐故汝南公主墓誌銘又云公主皇帝之第三女也按列傳太宗二十一女汝南公主居第二此云第三豈傳誤耶後云貞觀十年十一月丁亥朔十六日米元章云此葢卒日猶未言葬也眞

蹟在故相張公孫直清處又有小字赫赫高門云云在裴相家是其銘此碑闕焉有幾元題云崔十八丈綽每送予兄弟下第東歸必云此去獲見汝南帖何減于及第耶所惜者闕其銘文耳咸通二年春于存神室輒獻子凝良足齎愛也幾元不知何許人此誌在唐已爲時所重况今日乎近于嘗熟錢遵王處見宋搨銘文皆全即碑題之次有諮議叅軍柳顏言釋智果秘書監虞世南書三行又改添三字古本之妙如此

唐砥柱銘

右砥柱銘貞觀十二年特進魏徵撰秘書正字薛純書董斧云其字因山鑱鑿就其窪平隨多少置字故不成行又云唐以書學相高刻石之文此其最大者也按薛純書辨法師碑又名純陀歐陽公評其書似我家蘭臺當時伯施登善皆讓之至于柳誠懸酷愛其書恐失銘次别書于石後人得此者即以爲柳書而純之名不甚著于後何也

唐文皇屏風帖

右屏風帖南宋祝寛夫云從兄季平于紹興初爲江西漕屬以重價得于北人南渡者凡十一幅皆素絹也後嘉泰中王允初摹勒于餘杭縣鄱陽姜堯章云屏風帖刻于石稍出鋒鋩故至今猶不乏丰致按貞觀十四年四月二十三日上自爲眞草書于屏風以示羣臣多指述前代理亂得失之蹟去寛夫題跋之歲爲淳熙九年共五百四十三年而眞書已不復見草書僅存此數則自淳熙至今又五百有餘歲即此草書未知散亡何處而是帖傳流人間猶足爲治朝龜鑑洵模勒之功難泯也至于筆法遒縱神采煥發觀者當自得之石刻在餘杭縣永安寺地中發出置縣廳之左

唐温陵侯龍君碑

右碑題云唐温陵侯龍君碑記太常博士歐陽詢撰并書貞觀十五年九月初四日立碑云國家所賴以康黔首與太平者良二千石也二千石之良在盡物理洞人情持廉秉公宅虚懸照又云將惠安之安用武健而恣睢之又云俗何爲而醇以務實而醇俗何爲而澆以務虚而澆俗之澆虚也士不砥躬行而飾檠帨吏不脩民事而工婾阿議論切至皆中時弊其稱龍君也爲政廉平風裁頗峻而存大體號爲長者莫之敢私俗信鬼公嚴戢之郡城靈門外空地爲豪右築室古有浮梁渡者苦廹迮壅滯輒壞公盡毀豪室民始無患又云公在實不知有公公去而後知公也此碑從徐學士立齋補入惜系裝成者中有脫簡故失龍君之諱字族里今天下弊極矣安得龍君者數百人散于州縣俾民稍蘇也故節録其文以見直道在斯民斷無有良吏去而不思者千載之下尚思慕之况當時受其撫綏者乎書爲率更

少年之作娟秀拔俗固自不羣也

唐太宗幸慈德寺御製詩

右太宗詩額云大唐太宗文武大聖大廣孝皇帝御製詩題云貞觀六年幸慈德寺舊宅四韻又云貞觀十六年重幸慈德寺故宮十韻按慈德寺在慶善宮側太宗登極後夢太后若平日既寤潸然不自樂詔有司創寺焉竇太后傳云后于諸子中篤愛太宗後太宗過慶善宮覽觀欷歔顧侍臣曰朕生于此今母后永違育我之德不能報衆皆流涕詔有司大發倉賑貧瘠爲太后報焉本紀兩至慶善宮與詩合前詩流連故宮後詩鋪揚大業有漢高還沛之思

唐晉祠碑陰

右晉祠之銘碑陰題名云司徒太子太師上柱國趙國公臣無忌太子太保上柱國宋國公臣瑀特進太子詹事兼左衛率上柱國英國公臣勣光祿大夫刑部尙書上柱國鄖國公臣張亮禮部尙書上柱國江夏郡王臣宗道太常卿駙馬都尉上柱國安德郡公臣楊師道正議大夫守中書令太子左庶子兼攝吏部尙書護軍臣馬周凡七行皆當日侍從祠中書者字體不一必無忌等手書也漢鮑昱怪司隷下著姓魏勸進表自華歆而下幾百人皆不著姓唐李緯云左右僕射師長庶僚宰相表狀之中不著姓意王公與僕射同而此碑之鄖國著姓又何也晉祠在今太原府西南四十里距太原縣八里蓋唐叔虞之祠也顧亭林云其廟負山東面者晉水之神南面者唐叔之神後晉天福六年封唐叔爲興安王臺駘爲昌寧公而宋時又封晉水爲顯靈昭濟聖母飾爲婦人之像今之人但言聖母而不復知唐叔爲古先有土之君矣

唐淤泥寺心經

右心經後題云大唐貞觀二十二年三月吉日立勅淤泥禪寺三藏比邱號錦峯禪師又云宮官張功謹敬德監造無書人姓名按貞觀止二十三年碑誤作三十二以三字改成弍字顧炎武曰予見兖州龍興寺修三門

記太平興國七年刻亦以八字改成七字古人碑碣之文有草草若此者碑在今京師城內西北隅秀峯寺

唐老子西昇經

右老子西昇經褚遂良書後有裴度柳公權跋米芾云與閻立本畫圖同在馮當世家是唐初書畫與柳跋皆眞蹟宋熙陵云河南喜作正書西昇經與孟法師碑聖教序爲最著其家傳有緒熙陵應不妄也裴所題云元和十四年閏正月三日持平記或云持平其初字也蓋與中立相似云

唐褚遂良書兒寬贊

右兒寬贊褚遂良書眞蹟藏楊文貞士奇家刻于吳門

者其鋒鍔盡露贊闕五字乃宋時廟諱于眞蹟中刮去莫能補也河南時以八分爲正書如三龕記孟法師碑皆極嚴重何異大臣冠劒儼立廟廊有不可犯之色此則神道筆緩風致奕然海岳云如熟馭陣馬舉動隨人時有一種驕色庶幾得之

唐破邪論序

右破邪論序太子中書舍人吴郡虞世南撰并書永興小楷世不多見此序尤爲永興得意書按序有太史令傅奕學業膚淺識慮非長乃穿鑿短篇憑陵正覺法師愍彼後昆撰破邪論一卷夫胡僧呪人奕破其妖妄識者韙之今反以爲邪世南從而和焉何也論載釋氏藏經中

唐褚遂良摹蘭亭

右蘭亭序米元章書史云蘇耆家蘭亭三本一本在舜元房題爲褚遂良摹子跋云樂毅正書第一此乃行書第一也此書下眞蹟一等非眞知書者未易道也以其本刻板見而求者即與一本世謂三米蘭亭云

唐薛稷蘭亭敘

右蘭亭敘唐之搨本最多而薛本不甚著晉江曾宣靖公收藏李後主御庫墨帖有薛稷搨定武本爲墨池水鑑諸家俗筆鉤勒失其神理此本乃曾氏從眞蹟上石猶可想其行筆遺意葢稷爲褚河南甥絕類同州聖教序而精警勝之所謂何無忌酷似其舅者耶述書賦云少保師褚菁華却倍非虛語也

唐岱嶽觀造像記

右記聖歷元年冬大宏道觀主桓道彥奉勅修齋造像兖州團練使高晃等所記也顧寗人曰此記有云設金籙寶齋河圖大醮桼桼古七字後人不知妄于左旁添鑿三點口非一筆予按張參五經文字七作桼而唐碑書七字作漆者甚多後人省筆作柒矣此記桼字三點不甚偏似非添鑿葢用武后所改數目一二三四等字也寗人又云睿宗先天二年詔凡數目作一十二十三十四十字是知前此皆用一二等字矣予按碑中景龍

三年造記有大德卌九人七日七夜神龍元年記有卌九人九日九夜轉經行道之語當時二十三十必皆作廿卅故先天之詔及之不止爲一二等字可知也

唐冠軍將軍許洛仁碑

右碑題云唐故左監門將軍冠軍將軍闕下公諱洛仁字濟博陵安喜人歷敘其從征討逆取汾州平栢壁破宋老生軍擊蒲州大陳及平京城擒竇德降王充平薛仁杲皆勳高諸將太宗引于內營授之禁旅貞觀二十年中朝夕趍侍驅馳密勿曾于武軍城下進騧馬一匹聖旨號曰洛仁騧爲之刻石圖像及薨賵贈加于常典謚曰勇公陪塋昭陵故此碑猶在今醴泉縣文皇陵內則

洛仁者亦折衝陷陣之勞臣而唐史不爲立傳卽高文紀中亦無其名博按洛仁附見許世緒傳葉偶失考耳微此碑幾不知有洛仁名字然則一代之興攀鱗附翼依日月之末光當時甚烜赫而其後湮沒無聞者可勝計哉明末苟好善脩醴泉志云昭陵諸碑其字尚有存者僅二十一片許洛仁姜遐各存九百餘字顧亭林日苟氏脩志在崇禎十一年又二十六年而余至陵下時值雪後空山無人未及徧訪僅見李衛公一碑其下截俱劉去土人云他碑俱不存存者劉其字矣陝右馮孝廉文錫知予好之篤求之勤遠寄數碑皆二十一片中物爲亭林身至陵下而不得見者予何其幸乎此碑止存上截除題共十

九行行四十五字字之在下隱隱可識而劉蝕者每行約十一二字不等其存者與苟氏之志相符亭林所謂皆不存存亦劉盡特土人紿之耳予雖老而貧猶願一至陵下摩挲諸碑作一詩弔之又按隋唐之際名字混淆而一字字者絕少予初讀唐宰相世系表房玄齡字喬竊疑玄齡以字行其名乃喬耳證之舊書果名喬輒自快以爲此疑可釋及考玄齡碑又與新唐書合洛仁之字濟或者亦以字行行之久且著遂相沿以字爲名耳王充去世字固避太宗諱竇德亦去建字何也祖虎虎字缺一筆而杖號參墟號字復不缺當時似無一定之例可知已梁師都從父弟亦名洛仁

唐騎都尉李君墓誌

右誌云君諱文字緯隴西成紀人卒于永徽二年葬于麟德元年無書撰人姓名字彷褚河南而結構微弱漢以後一字字者絕少而李君字緯斯亦奇矣

金石錄補卷十

金石錄補卷十一　跋尾

崑山葉奕苞九來著

唐郭君之碑

右碑額云郭府君之碑書撰姓名殘闕後云乾封二年□月□□建朱彝尊曰首二行斷裂君之名字世系皆闕知爲郭君者碑額在也碑有揮霜戈而斬老生之語葢從太宗攻霍邑者按舊唐書宋老生棄馬投塹甲士斬之新唐書則稱爲劉宏基所殺温大雅創業起居注云老生攀繩上城軍頭盧君謂所部人跳躍及而斬之不知揮刃者之爲郭君而君之名以石裂終不傳爲可惜也

唐吳廣碑

右碑不著書撰人姓名集古錄云廣字黑闥與程知節秦叔寶等從太宗征伐與殺建成有功高宗時爲洪州

都督以卒然唐書不見其名字惟會要陪葬昭陵人有洪州刺史吳黑闥亦不知其名廣也予錄許洛仁碑謂古來勞臣志士苟非碑碣幸存則名字事蹟無以見于後世此碑當已滅没得歐公而不朽豈非幸耶

唐徐王元禮碑

右徐王元禮碑崔行功撰趙仙客書元禮高祖子也以碑證傳悉同集古錄云傳既簡畧又都無法如碑云持節徐譙泗三州諸軍事而傳獨爲徐州此其失也碑云贈太尉使持節大都督冀相貝滄德棣魏博等八州諸軍事冀州刺史傳云贈冀州大都督葢爲一州刺史而兼督八州軍事都者兼總之名也如碑之書贈官是矣

此特小故而予區區辨之者前史失之久矣益歐公與
宋公祁同館託云前史其實指新書之失也又云李靖
傳爲慰撫使碑云安撫靖時未嘗有慰撫使之官不可
不正其封衛國公也授濮州刺史爲世襲後雖不行皆
史宜書予考舊史濮州之授未嘗遺漏則專指新書可
知以歐宋道合志同猶不能面加詳訂而存其說于集
古錄者不一然後嘆文章得失知之者既少校正者爲
更難也

唐鄭惠王石塔記

右石塔題云唐故贈司徒荊州大都督兗安二州都督
鄭潞絳三州刺史上柱國鄭惠王石記後云咸亨四年

十月八日檢校功德僧洪滿建按敘王諱下闕二字爲
高祖第十三子往任潞州日于此山奉爲先聖敬造石
舍利塔并安敕賜舍利三七粒造藏經三千卷云云考
本傳王諱元懿子璥嗣而碑列十子名曰璥璪珪玹琨
璿琳璲珩弟五子樂陵公闕其名唐書宗室世系表樂
陵公名球比傳爲詳若兗安二州大都督則又傳之所
遺也碑在潞安府

唐亳州錄事叅軍殘碑

右碑八分書錄事姓名殘闕咸亨四年立顧亭林曰中
有夫人恒農楊氏恒農本宏農避太子宏名改之予按
魏書有恒農郡又有東西恒農隋復改宏農註因魏西
恒農置故李仲琁孔子廟碑曰恒農太守萬鈕于瑾華
嶽頌曰恒農楊子斯恒農之名自古有之雖唐神龍初
避敬皇帝諱開元十六年已復故名矣此碑立于咸亨
又何拘忌耶或作文者偶用古郡非爲國諱也

唐九門縣西浮圖碑

右碑題云大唐九門縣合鄉城人等爲國建浮圖之碑
應詔四科舉董行思撰清河傅得節書上元三年建集
古云唐有兩上元碑云歲在丙子乃高宗之上元也浮
圖在智矩寺中寺已廢

唐兗州修孔子廟詔表

右兗州孔廟碑詔表文四道皆隸書後云儀鳳一年訖

功其武德九年二月詔則高祖以孔德倫爲褒聖侯也
乾封元年正月詔則高宗封宣尼爲太師增修廟貌免
孔氏賦役也其表則太子宏請勒碑而勑依請也其文
則乾封元年二月高宗遣司稼正卿扶餘隆以少牢告
祭也按孔氏侯封漢曰褒成又曰褒亭魏曰宗聖隋曰
紹聖名氏之見于碑者褒成曰損宗聖曰羡紹聖曰嗣
悊德倫嗣悊子也推古人立碑之意以金石壽當不朽
然山有時而童巔水有時而回川峴山之碑今安在耶
雖宣尼大聖無俟旌揚而堯陵禹廟碑已散亡惟孔林
巋然如故金明昌中大風拔屋碑仆而字無害若有陰
相焉趙氏錄有孔宣尼碑崔行功撰孫師範書予亦有

之

唐長子縣白鶴觀碑

右碑額隷書大唐潞州長子縣白鶴觀之碑碑文正書無書撰人姓名并無建碑年月惟文中有垂拱二年長子縣營創崇基造立尊容等語葢爲則天武后祝釐設也按趙録有白鶴觀碑註八分書非此碑明矣然是碑爲友人朱悟庵所惠係裝成者恐割去碑之前後無可考也

唐王君墓誌

右碑額王君墓誌四字正書然文君諱師字可法并州太原人晉王濬之後顯慶四年卒與夫人李氏以垂拱三年合葬子四人英舉英素三朗四朗皆柱國將軍其文云三韓背誕八部挺災君橫戈載路挺劍先鳴以功授上柱國闕一字愼校尉葢從征高麗將士也夫以唐文皇之雄武親征不得志高宗命將出師一鼓而滅之當時高麗秘記曰不及九百年當有八十大將滅之高麗自漢至唐有國九百年李勣年八十果符斯讖然則帝王舉動其勝負固有數不可徼倖者耶王君之從征在貞觀與永徽未之詳矣

唐主簿梁府君墓誌銘

右碑題云大唐故朝議郎行潭王府主簿上柱國梁府君并夫人唐氏墓誌銘四品孫義陽朱賓撰文五品孫滎陽鄭莊書誌云君諱寺字師暕雍州藍田人咸亨四年授文林郎日者東風爽候西旅不庭二軍之坐甲之資七萃興懸磬之嘆君指囷推誠躬親餽餉云云按史是年大風落太廟鴟尾而西南姚州蠻寇邊以梁積壽爲行軍總管以代之豈梁君于是時服勞王事乎以垂拱四年十月終年四十有一唐氏名惠兒先一月卒即合葬于終南山信行禪師林側梁君壯年徂謝當未有子朱賓鄭莊異姓稱孫必其母爲梁君之女而襄此愼終大事也唐制辨貴賤叙勞能則有品有爵有勳有階官定九品品分正從自正四品以下有上下爲三十等如同中書門下三品外更無以品字入銜者此之稱爲四品五品而不言其所守何職殊不可解選舉志國子學生以京官四品帶三品勳封之子爲之大學生以五品以上子孫爲之或賓與莊皆四品五品官之孫而未入國子監者耶

周姜遐碑

右姜遐碑姪郕國公晞撰書碑已斷裂失其上半截矣而祖父子姓之名尚備碑云公諱遐字柔遠祖謩父行本子晈晦春秋五十有二以天授二年十月十日葬于昭陵神蹟鄉之舊塋按史行本名確以字顯而碑正書其字遐附行本傳云子柔遠武后時至左鷹揚衛將軍攝地官尚書通事舍人内供奉而已未嘗云柔遠名

遐也且舊傳止云子確而碑云故伯父太子僕嘗指公謂人云云似舊尚有子而史遺之東宮僕寺有僕一人從四品卽所謂太子僕也晞爲簡之子嗣行本爵史亦不載碑雖殘泐猶足以證史之闕如此

周梁府君墓誌

右誌題云大周故珍州榮德縣丞梁府君墓誌銘無撰文書人姓氏亦無建碑年月按碑云君諱師亮字永徽安定烏氏人萬歲通天元年九月卒二年三月葬序文駢麗初唐佳作也顧炎武曰以本朝年號爲字猶漢袁紹之字本初古人之無避忌如此碑在百塔寺

周王方慶萬歲通天帖

右王方慶進晉王右軍已下十帖承傳之詳具岳倦翁跋中文待詔衡山以爲法書第一米之評書家無論及者自建隆以來世藏天府至建中靖國始流傳人間也原本在元岳仲遠處後歸無錫華氏米元章所謂唐之雙鈎下眞蹟一等者

周敕使麻先生祭嶽詩

右詩五言十四韻守博城縣令馬闕作麻先生者久視二年記中所稱神都青元觀主麻慈力也武后遣之至觀修醮神都卽東都故有伊水嵩巖之句詩在岱觀碑朝東側面其文剝蝕不全矣

周高延貴造佛像疏

右碑無書撰人姓名書極醜惡文用排偶疏云渤海高延貴知滅滅之常樂識空空之妙理眷茲朽宅思樹法橋敬造石龕阿彌陁像一鋪具相端嚴云云長安三年七月十五日敬造自梁隋以來佞佛造像倡于宮闈而臣下效之旣知滅滅之樂空空之妙乃執像以爲佛在是何耶多見其不知佛也

周姚元景光宅寺造佛像銘

右碑無書撰人姓名銘詞甚古雅書亦勁秀序駢麗中多警拔語乃朝散大夫行司農寺丞姚元景于光宅寺法堂石柱造像一鋪後云長安四年九月十八日書未知卽姚丞手筆否

周百門陂碑

右百門陂碑題云衛州共城縣百門陂碑銘前咸均進士隴西辛怡諫文張元琮記又一行泐二字元長安四秊九匝九又泐二字銘後云孫去煩書此碑款式與他碑異古來兩人共爲一碑文者如敘頌之類必分屬之旣云張元琮記不明書其所記者何事長安爲武后年號用其所改年月等字而九字下必日建二字似不應列在銘序之前但碑文洋洋千五百言才子之文也水經注云汲郡共山下泉流百道故謂百門有古碑滅沒信哉

周上騎都尉相里瑞碑

右碑額云上騎都尉相里府君之碑碑文漫漶特甚可

識者諱瑞字鳳威夫人任氏而已卒葬年月書撰姓名俱無考而中有而埊字知爲武后時人也碑在今汾陽縣小相里之北太師墓太師者卽錄中五代建雄節度使相里金也

周馬元貞淮瀆投龍記

右記云天闕二年辛卯四月一日口臺觀主馬元貞奉勅大周革命爲聖神皇帝五嶽四瀆投龍作功德于此淮瀆云云聖神者武氏也庚寅九月改元天授始定國號爲周此碑天字下所闕乃授字也元貞于是年二月謁曲阜夫子廟有題意卽奉敕而來爲一時題識亦羽流之好事者書埶不俗存之

金石錄補卷十一

金石錄補卷十二 跋尾

崑山葉奕苞九來著

唐沂州太清觀造像碑

唐大通禪師碑

唐比邱圓滿碑

唐口部將軍功德記

唐尊勝陁羅尼幢

唐比邱尼法琬碑

唐蕭府君墓誌

唐遣道士楊太希燒香疏勅

唐睿宗賜司馬承禎詩

唐契苾明碑

唐安祿山造彌勒像疏

唐軒轅彌明詩

唐少林寺戒壇銘

唐醴泉寺寶誌公碑

唐法藏禪師碑

唐贈潤州刺史馬公碑

唐華嶽精亭之碑

唐岱嶽觀投龍合錬記

唐大將軍吳文碑

唐陳昭題名

唐沂州太淸觀造像碑

右碑在蒙陰縣南樓社太淸觀中唐神龍元年九月淸信仕顏文達等造老子三尊像而立然碑題則云沂州判新泰縣按蒙陰即魯之顓臾漢爲縣唐省入新泰故地理志無之後析新泰復爲蒙陰或南樓社故唐新泰地也予從錫鬯朱氏知此碑屬蕃人弟搨之來向者錫鬯但云聞蒙陰有唐碑實未之見故其雜記亦未明注爲何碑非予好之之篤蕃人不以予之所好爲迂而必致之其不湮没者鮮矣錫鬯供奉內廷當日見所未見顧不得與予摩挲是碑以慰其向時欲見之心或反羨予未可知也癸亥臘月朔日

唐大通禪師碑

右碑額云大通禪師之碑行書碑文張說撰盧藏用八分書凡三十行行五十二字銘後紀元及題名皆殘泐矣中有神龍二年二月廿八日趺坐化滅之語故編于此禪師諱神秀按禪家所謂五祖宏忍傳于能爲六祖又傳于秀爲北宗即大通也

唐比邱圓滿碑

銘石殘缺不能一半在華嚴寺敗垣中失書撰姓名內有神龍二年及鎮國太平公主等語當是中宗時碑也

唐口部將軍功德記

右碑題云大唐口部將軍功德記郭口口文及書後云大唐景龍元年十月十八日建序云大唐　兵中軍副使右金吾衛將軍上柱國遵化郡開國公　部珣于神龍二年三月與內子樂浪郡夫人黑齒氏敬造三世佛像又云夫人郡大將軍燕公之中女按諸夷蕃將黑齒常之于垂拱中爲武衛大將軍封燕國公百濟西部人

唐尊勝陁羅尼幢

右幢在常熟縣之興福寺景龍八年二月廿日女弟子徐十四娘爲亡夫許二郎造陸展行書予于順治丁亥過幢下逾三十年而景龍等字已殘泐矣金石必弊信然

唐比邱尼法琬碑

右碑題云大唐故比邱尼法琬法師碑文靈安寺沙門承遠撰後云左衛翊壹府翊衛彭城劉欽旦書景龍二年五月十日比邱尼仙晤迦界等建按碑法師諱法琬神龍皇帝之三從姑鄭王亮之曾孫史稱鄭王元懿爲小鄭王又曰惠鄭王以別于亮亮之子孫皆有謚而無傳法琬奉敕爲尼創建祠宇又剃度女僧三七爲弟子歿則銘碑垂後唐之佞佛此爲尤異錄之以示一慨碑有天分斤極斤應是斗字漢隸升升二字易訛故正書改升爲斗至唐承襲已久不應如此之謬也

唐蕭府君墓誌

右誌題云唐故朝議郎行雍州長安縣丞蕭府君墓誌

銘中大夫行薛王友顏惟貞撰而無書人姓名又云君諱思亮字孔明祖父皆仕于隋唐爲顯官以景雲二年二月葬按顏氏家廟碑魯公之父名惟貞字叔堅受筆法于舅殷仲容氏以草隸擅名此碑字畫工緻當爲惟貞書也惟貞書武承規墓誌與此碑相似碑近出西安府城南神和原土中

唐遺道士楊太希燒香疏

右疏在泰山岱嶽觀碑南面第三層其文有景雲二年六月二十三日皇帝敬憑太清觀道士楊太希于名山燒香且曰惟靈蘊秘凝眞含幽綜妙云云蓋祈禳疏詞也按帝紀是年三月作金仙玉眞觀四月作元元皇帝廟睿宗之好神仙不啻飲食蓋惑于婦寺而然刊碑勒碣至今未毀後之覽者足以爲戒

唐睿宗賜司馬承禎詩

右睿宗賜子微書及送還天台山詩一首都少卿云子游王屋山陽臺宮爲司馬承禎修煉之所宮中有睿宗與子微書及詩碑刻搨之而歸遂傳于世按睿宗嘗召子微問其學術賜寶琴霞帔還山不云有書與詩此傳之疎脱也

唐契苾明碑

右契苾明碑題云大周故鎭南大將軍兼賀蘭州都督上柱國京國公契苾府君之碑銘蕭政御史大夫上柱國婁師德製文左蕭政御史殷元祚書先天元年十二月立按史明祖葛爲莫賀咄特勒碑作物勤父何力碑作河力十二遷爲本輦大夫碑作奉輦大夫史云子聳碑作揔皆當以碑爲正但碑云公三子長曰揔次曰嵩次曰崇史云聳襲爵碑稱京國公揔固矣碑末又云京國公嵩立父碑何也且從古碑文無父碑二字考開元改元在先天二年之十一月立碑在前猶稱二年題云大周者明葢葬于萬歲通天之元年必葬時製文及書故云大周革命并用武后所製之字也顧炎武曰北史突厥傳大官有葉護次特勒唐書突厥傳可汗者猶古之單于其子弟謂之特勒廻紇傳依託高車臣屬突厥近謂之特勒無君長契苾何力傳父葛隋大業中繼爲莫賀咄特勒隋書高祖紀突厥雍虞閭可汗遣其特勒來朝李崇傳突厥遣使謂崇曰若來降者封爲特勒史傳中稱特勒者甚多而此碑乃作特勤又柳公權神策軍碑亦云大特勤嗢没斯皆書者之誤

唐安祿山造彌勒像疏

右疏以大唐先天二年七月十五日安祿山造彌勒像而記之也後有清遠居士題詩云妖胡作逆罪滔天翠輦倉皇幸蜀川千載業緣磨不盡却來邀福向金仙居士不知何許人顏魯公于虎邱題詠同游者亦曰清遠未知卽其人否新書祿山傳少孤隨母嫁安延偃開元

初延偃攜以歸國與將軍安道買子偕來乃冒安姓更名祿山觀此疏則祿山來歸蓋在開元之前舊書云與安道買男俱逃出突厥中道買次男貞節爲嵐州別駕收獲之年十餘歲以與其兄及延偃相攜而出按造像祈福必非十餘歲時所能爲故新書特去此語而此疏有云弟子安祿山則已在改名之後逆臣覆國千古詬厲其初邀福金仙豈殊於肅衆清遠居士追論于後不覺其言之沉痛也恐祿山造像之時亦未必遠計及此搨本雖數言其年月足以証史之誤毛斧季出以見贈漫書復之

唐軒轅彌明詩

右石刻衡山道士軒轅彌明謁桂林堯君廟詩開元二年十月彌明自書或言石鼎聯句韓昌黎以彌明自寓其姓名今觀此詩是實有其人矣但距聯句時蓋百年昌黎且未生昌黎云彌明年九十餘張南軒攷其歲以爲失實又謂此詩比聯句格力未老以爲少作豈亦以年歲推之乎或好事者托彌明以神異其人未可知也

唐少林寺戒壇銘

右碑題云唐少林寺戒壇銘有序三藏法師義淨製括州刺史李邕書開元三年正月十五日建沙門知通立石伏靈芝刻字按趙錄此碑有目無跋注云張傑八分書而予所藏搨本則北海行書豈是銘有二碑耶抑趙錄刊本之誤耶

唐醴泉寺寶誌公碑

右碑額云大唐齊州章邱縣常白山醴泉寺寶誌公之碑八分書開元三年十二月建而文撰于睿宗時序有今唐太極元年歲次壬子皇帝御天下之三載凡一百九十九年蓋溯誌公寂滅日屈指示衆云某月日去乃梁天監十三年甲午至壬子爲一百九十九年也文人喜作隱語乃爾

唐法藏禪師碑

右碑題云大唐淨域寺故大德法藏禪師塔銘八分書京兆府前鄉貢進士田休光撰文正書無姓名或即休

光書也開元四年五月廿七日建按序俗氏諸葛蘇州吳縣人爲瑾之後曾祖誉吳郡太守蘇州刺史大父穎隨閬州刺史父禮皇唐少府監丞以名賢後裔不應含族披緇但云年甫十六奉敕爲濮王度則當時爲后王太子諸王剃染者皆搢紳子弟可知也濮王即太宗子魏王泰泰以貞觀二十一年改封碑云師于開元二年捨生報齡七十有八則剃度在永徽三年正泰開府置僚屬時也泰于貞觀中恃寵搆嫡幾奪位皆太宗有以啟之度僧乃其餘事耳

唐贈潤州刺史馬公墓誌銘

右碑篆額云大唐贈潤州刺史馬公墓誌銘題云故銀

青光祿大夫秘書監昭文館學士侍讀上柱國常山縣開國公贈潤州刺史馬公墓誌銘後云維大唐開元六年歲次戊午十月辛酉朔十三日癸酉葬于洛陽縣古城北五里雙樂村之原按碑與兩唐書異者舊書不及公字新書云字惟白碑云諱懷素字貞規又云年甫弱冠以文學優贍對策乙科爲郡尉丁太夫人憂服闋授麟臺正字少監京兆韋方直好學愛士善飛白書以公旣及冠禮未嘗立字遂大書飛白云懷素字貞規扶風之學士也封以相貽其爲時賢所推重如此則公決不改字未知宋公何據遽曰惟白至于官秩前後爲史遺者甚多碑云以忠鯁除右鷹揚衛兵曹參軍轉咸陽尉則天時授左拾遺歷殿中轉授考功員外郎在中書與李乂同掌黄畫檢校吏部侍郎改授大理卿關畿行材除虢州刺史入爲太子詹事判刑部侍郎加銀青光祿大夫兼判禮部尋正除刑部拜光祿卿遷左散騎常侍秘書監夫官非要職史傳不載若殿中侍御及吏刑二部侍郎大理光祿爲政刑所繫苟非其人決不遷改懷素長于吏職不止校勘四部而新書詳列分校秘書各官反累本傳事跡何也馬公爲儒學重臣元宗眷注以開元六年七月卒十月葬卽以葬日立碑易名之典或尚未論定故謚公爲文碑不及載耶如此巨碑八分書不在韓蔡之下而缺書撰姓名葢家羽遐所藏搨本係俗工裒背語句多訛重加是正前幅必爲翦裁所失惜哉

唐華嶽精亭碑

右碑題云華嶽精亭昭應之碑宣義郎行華州華陰縣主簿平陽咸廙撰殿中侍御史彭城劉升書升素以書名如造觀音像徐州刺史蘇詵碑行于世此碑隸法古勁無唐人習氣可愛也碑以開元八年春舊相尙書許國公蘇頲禱雨于西嶽已事而雨故作頌焉其文刻于後周天和二年頌碑之陰碑之右傍有顏魯公大字題名又太和六年四月姪男宣義郎行華州參軍琡重修在碑之下方題名同時則朝議郎行華陰令裴貴丞柳升主簿霍晃也另題則銀青光祿大夫檢校華州刺史上柱國李休光也明季地震後古碑大爲俗人所損此碑與韓擇木二通僅存而余所藏又五十年前拓本字字精好更可觀耳

唐岱嶽觀投龍合鍊記

右記無書撰人姓名中有吾皇有意于神仙内給事梁思陁與道士任無名于泰山投龍合鍊鑿碧巖壘丹竈列星柱亘虹梁棟宇已來莫籌其速開元八年七月廿日畢工葢煉丹製藥媚上之所爲在宦官羽士亦何足責都督袁君仰祇帝命鄙矣而不著其名予錄開元七年李邕孔子廟碑有兖州牧袁君功曹葢寡疑與此記

同則袁君名元珪也袁君不能以道事君同于婦寺勒名金石恬不知耻何耶

唐大將軍吳文碑

右碑開元中爲大將軍吳文立宏福寺僧大雅集晉右軍王羲之行書今已斷裂失上截矣後存羽林郎直將作監徐思忠等刻字菩提像一鋪居士張愛造云云字之波礫不及聖敎序而結體遒緊勝俗書遠甚傍有碑在京興福寺之語故俗稱興福寺碑又名半截碑趙崡云萬歷末浚西安城濠得之王生堯惠輩舁寘頖宮傳搨者衆日就磨泐矣顧炎武曰其文有夫人李氏圓姿替月潤臉呈花唐人寫狀婦人猶有碩人詩意今人以爲嫌豈肯作此語耶

唐陳昭題名

右開元九年進士陳昭等慈恩寺題名昭所書也封氏記神龍已來杏園宴後慈恩塔下題名同年中推善書者紀之柳氏序訓謂韋肇初及第偶于慈恩寺塔下題名後進效之段氏雜俎云慈恩寺題名自張莒于寺中題其同年姓名因爲故事按莒登科在天寶十三載今觀此碑則題名非莒始也此碑在河南石氏載題名制度大備明制禮部刻進士姓名于國子監中今以進士姓名天下所共知停其刻石矣

金石錄補卷十二

金石錄補卷十三　跋尾　　崑山葉奕苞九來著

唐大盧舍那像龕記

唐長山縣石九級墖頌

唐池州刺史馮公碑

唐淨業禪師墖銘

唐楊將軍新莊像銘

唐高守信造像碑

唐伯夷叔齊碑

唐鄎國長公主碑

唐思恒律師碑

唐東封朝覲頌

唐李邕端州石室記

唐道安禪師碑

唐少林寺碑

唐李府君墓誌

唐敬節法師墖銘

唐[illegible]尊眞容像記

唐[illegible]截碑

唐嵩公墓誌銘

唐鄭虔題名

唐北嶽神廟碑

唐北嶽神廟碑陰

唐大盧舍那像龕記

右記進士都仲容撰無書人姓名字從左行咸亨三年高宗造像武后助脂粉錢二萬貫上元二年春置奉先寺中記後有河南縣牒開元十年奉勅龍花寺宜合作奉先寺且有河洛上都龍門山之陽等語按杜工部詩黃鶴注馮翊縣龍門縣俱有龍門山而河南縣有龍門鎭薛仁貴傳云絳州龍門人絳州亦有龍門以爲舊注龍門在東都闕塞山俗名龍門爲疑閱此碑始知奉先寺正在河南縣工部詩題不謬也

唐長山縣石九級墖頌

右頌序前有佛頂呪語次題云長山縣張超村石九級墖頌至大唐開元十年歲次闕下而止其二十九行行書每行存二十餘字上下前後皆缺似勒在墖間非別有碑碣墖主比邱尼王姓失其名祖父皆官族也

唐池州刺史馮公碑

右馮公碑崔尚撰郭謙光書開元十一年十一月十日建碑云名仁闕字太元又云意得元珠謀參黃石同心戴舜以爲天子益指其子道力與劉承祖占元宗當受命潛布欵誠也開元初封道力爲冀國公贈其父朝散大夫池州刺史開元十一年卒即以是年葬按開元十年劉承祖坐姜皎事配雷州詔百官不得與卜祝之人來往而馮氏尚爾建碑直書前事何也此碑分隸圓潤有骨在戴伋胡証之上

唐淨業法師墖銘

右碑題云大唐龍興大德香積寺主淨業法師靈墖銘正字畢彦雄文開元十二年六月十五日建法師闡揚大雄氏之教序之甚詳書亦遒整有歐褚法惜缺書人姓名碑云師以延和元年六月見微疾而告滅按睿宗景雲三年正月改元太極五月改元延和八月元宗即位改元先天一年之中三次改元故司馬公通鑑冠以先天而太極延和則附見于其後乃紀事法也若此碑直序法師寂滅之時適當延和初改則以爲延和元年而已碑在香積寺中

唐楊將軍新莊像銘

右碑有銘無序題云楊將軍新莊像銘不具名與字開元十二年十月八日造銘詞溫雅有初唐風致

唐高守信造像碑

右碑八分書廿行前云朝議郎行内謁者監上柱國借緋高守信第二行起則贊頌造佛像之詞共百二十字開元十二年十二月一日則正書也無書撰姓名而八分大類韓擇木

唐伯夷叔齊碑

右碑題云古義士伯夷叔齊二公碑安定梁昇卿篡文

及書開元十有三年惟一月既望立衞鶴趙禮范謙刊序云二公諱伯夷叔齊遼東孤竹君之子也按史記索隱引韓詩外傳呂氏春秋伯夷名允字公信叔齊名致字公達夷齊謚也伯叔爲少長之字此碑以夷齊爲諱當必有据又按孤竹城在遼西令支縣應劭云伯夷之國其君姓墨胎氏也遼東西以遼水爲界孤竹在西不得云遼東唐去古未遠邦伯縣令猶能以政事之暇搜訪古蹟表揚義烈如狄梁公治吳毀廢淫祠特留泰伯季札諸廟可以觀其意矣修此廟者縣令太原王公而佚其名惜哉朱彝尊曰碑在今平陽府浮山縣顧炎武曰在蒲州首陽山二賢廟中其文書于碑之兩面云

唐鄎國長公主碑

右碑題云大唐鄎國長公主神道碑銘明皇隸書撰文姓名殘泐而存中書令修國史等字宰相表開元十三年張說以右丞相兼中書令則撰文者必說也碑云公主睿宗之第七女而新唐書傳云第八女與碑異又云母崔貴妃薨公主方三歲不食三日哀如成人下嫁薛儆又嫁鄭孝義皆與碑同碑云求之令族嬪于薛氏有男子四女子五又云改嫁鄭氏均養七子休蔭二宗云云夫公主改適名節所繫而當時大臣勒諸碑板恬不知恥至于乃爾可深嘆也

唐思恒律師碑

右碑額篆書鄠縣尉常字闕一文無書者姓名及建碑年月以褒成之本必多脫遺也碑云俗姓顧吳郡人祖元隋門下上儀同三司蓨蕪郡開國公自漢以後開封郡邑皆實有其地惟崇德褒聖則製二字以別之隋郡國志無蓨蕪郡而此碑點畫未剜二字無可疑者則何也碑有葬于開元十四年十二月之語故列于此

唐東封朝覲頌

右在元宗紀泰山銘右石崖上蘇頲所撰之文也明季山東巡撫閩人林焞以忠孝廉節四大字鑱于其上毀頌文十之三四觀者無不笑而罵之子同徐季重家數文坐崖石下俯仰太息謂古人刊碑勒碣蓋欲垂之不

朽而自秦以來邕分斯篆鑴磨倒壓廢爲他用者何可勝數惟此崖壁庶幾永存豈意千餘年有如焞者乎或曰焞欲題名岱巔何石不可乃加于燕許手筆之上橫招訕笑子曰不然使焞題名他石孰有過而視者今若此將與大許公並遠矣所謂不能流芳百世亦當遺臭萬年傳曰其愚不可及信然

唐李邕端州石室記

右記在今肇慶府城北七星巖下唐李邕撰張廷珪八分書開元十五年正月十五日建後有宋乾道已丑秋九月等字先文莊撫廣時搨歸原本也

唐道安禪師碑

右碑在嵩山廣平宋儋撰兼書開元十五年建道安爲安忍大師之弟子忍受法于達摩所謂一花五葉之一也安以隋開皇四年生唐景龍二年卒百三十有四歲碑云是生如電隨風電盡即風如我隨電亦空直瞿曇氏牙後慧耳書法遒緊豐贍爲唐名家按儋字藏諸廣平人高尚不仕呂揔云儋書如暮春花發夏柳枝低葢倣鍾繇而側戾放縱者開元末舉場中多師之

唐少林寺碑

右碑題云皇唐嵩岳少林寺碑銀青光祿大夫守吏部尚書上柱國正平縣開國子裴漼文并書開元十六年建文極排偶之致洋洋纚纚二千餘言書亦整練不俗亦唐碣之可觀者

唐忠武將軍李府君墓誌銘

右碑題云唐故忠武將軍行薛王府典軍上柱國平棘縣開國男李府君碑工部員外郎賈彥璿撰君諱無慮字思睿隴西人曾祖貴隋大中大夫咸州刺史涼國公皇降封隴西公祖斌父日道皆以州刺史襲封隴西公則宗室也按宗室四十一房隴西渤海二房附見其譜定著二十九房所謂二房仍未見于世系表中惟渤海房始祖名恬而隴西房不著始祖名氏豈即河東將軍仲翔葬隴西狄道因家而爲隴西之始祖如李府君者乃其系耶碑又云賢王端憂故人啜泣葢宗支之未遠者府君卒葬在開元中

唐敬節法師墖銘

右碑無書撰人姓名開元十七年七月建法師盧氏葺古剎造長廊于象教中能作有爲功德者窆于神和原亦陝碑之僅存而僻者也

唐三尊眞容像記

右碑題云三尊眞容像支提龕記又述義紭乾壽二師記陳留蔡景撰開元十九年九月建義紭至乾陀羅國迎得三藏鄔帝弟婆將眞容畫像廿鋪舍利千餘粒三藏梵本二部往來四載途經一萬八千云唐時取經西域迎置大寺翻譯意即元奘諸僧所撰不必盡出于西域也

唐平蠻碑

右唐平南蠻碑開元十九年劍南節度副大使張敬忠立書撰人姓名殘泐碑云南蠻大酋長樂浪州刺史楊盛典顛爲邊患明皇遣內常侍高守信爲南道招慰處置使以討之拔其九城按此事新舊唐書及野史皆不載大肅宗以魚朝恩爲觀軍容處使憲宗用突厥承璀爲招討使議者譏其以中人主兵柄不知明皇先用守信葢有以啟之也

唐馮處士墓誌銘

右碑題云唐故處士馮公墓誌銘并序無書撰人姓名

序云公諱懿字承美高祖子琮齊吏部尙書侍中尙書右僕射昌黎公曾祖慈明齊内史以忠烈贈戶部尙書謚忠武祖怦父蹇皆唐刺史以景龍三年卒開元二十年六月葬按傳子琮妻胡后妹也以戚屬輔道太子後出拜鄭州刺史復還鄴授吏部尙書而無侍中俄遷左僕射而非右未嘗封昌黎公似當以碑爲正子慈正而非慈明豈子琮有別子耶碑云慈明忠烈贈謚交至而不爲之立傳史之闕失多矣

唐鄭虔題名

右題名云開元二十三年四月二十三日滎澤鄭虔彪鄉道人智覺同登華山回步而謝于神云云其詞四六排偶共百五十餘字史子華刻分書仿史惟則骨氣卑下非唐隸之佳者

唐北嶽神廟碑

右碑題云大唐北嶽神廟之碑陳州長史鄭子春纂傳陵崔鐶書凡神字作𥘉下從旦郊特牲曰所以交于旦明之義也鄭康成曰旦當爲神篆字之誤也莊子有旦宅而無情死亦讀爲神顧炎武曰昔之傳書者遺其上半因訛爲旦耳又曰單卯乃是昴字省日作單卯已異又加一點則爲胎卯之卵豈古人卯卯通用耶金史糾卯字本並作卯而潞州五龍祠明昌癸丑祈晴碑有上黨尉糾郊温玉竟作夕傍從卩與此碑同

唐北嶽神廟碑陰

右碑陰紀段公德政崔鐶八分書段公者前碑字而不名此云諱愔字從簡也顧炎武金石文字記無年月可考者以此碑爲首予按碑陰後云我唐二年歲次乙亥閏十一月壬午朔廿二日癸卯建高宗上元二年乙亥無閏月志云開元二十三年閏十一月朔壬午食斗南十一度合朔與此碑同是年明皇欲相張守珪而張九齡曰宰相非賞功之官前碑極言守珪平定之功立碑應在此時決非上元可知所謂二年者爲唐歷第二次之乙亥也文人好作隱語故上無紀元或前碑已有開元年月而殘泐也顧氏考据㝡詳何未及此

金石錄補卷十三

金石錄補卷十四 跋尾

崑山葉奕苞九來著

唐裴耀卿李林甫等奏

右奏後云開元廿三年二月十二日禮部尚書同中書門下三品上柱國臣李林甫中書令集賢院學士修國史上柱國曲江縣開國男臣張九齡侍中宏文館學士臣裴耀卿爲征契丹凱旋請宣付史館勒頌紀功未有臣耀卿等不勝區區之語按李傳帝欲廢太子九齡切諫林甫曰天子家事外人何與二十四年帝在東都欲還長安耀卿建言農人場圃未畢須冬盡可還林甫曰二都本東西宮車駕往幸何所待時則張裴與林甫如氷炭之不入獻媚頌功林甫所爲豈張裴與之並奏耶裴傳二十三年閒已拜黃門侍郎同中書門下平章事並無侍中宏文館之銜且古來署名以前貫後安有林甫居首而奏章末語反以耀卿爲辭竊疑此屬贋本但行楷精妙得大令神理自宋以後名流賞鑒授受有緒勒之貞珉已非一日存之以俟深考者

唐進法師墖銘

右進法師碑題云大唐大溫國寺故大德進法師墖銘并序太子司議郎陳光撰開漢寺沙門智詳敬寫開元廿五年七月八日建按法師姓高氏餘皆磨滅僅存形似銘七言四語殊矯拔唐時名寺住持僧無不立碑文與書不必皆出名手故可愛者絕少也

唐檀法師墖銘

右檀法師碑題云大唐京崇聖寺故翻譯大德檀法師

墖銘并序殿中侍御史姜立祐撰開元廿五年八月八日建後刋弟子十數人作八分書按法師字檀子姓朱氏聖歷元年召入洛陽宮補崇福寺大德改名塵外翻大寶積經一百廿卷著大無量壽經金剛般若經等疏維摩湼槃元章各一部撰經論總章三十餘道金剛經章門兩卷行於世行書筆圓而骨勁當亦其時之知名者

唐無畏禪師墖記

右墖記在咸陽原不空禪師墓前作于開元二十五年書法似顏平原敘述無畏過龍河一駝負經入龍宮講法留三宿又師子國象奔逸見無畏跪伏多與嚴郢所

撰碑合又辨西域僧奏咒傳奕事曰此好事者爲之詞若果爾則邪說不足以疵吾敎也佛制戒律不踐生艸況咒斷人命乎其文可觀錄之

唐本願寺造準提像記

右記鹿泉縣丞北平田垂棘造準提像一軀于銅鐘銘之碑額又造二侍菩薩于像側而爲之記八分書係開元廿六年建碑時造

唐本願寺銅鐘銘碑陰

右碑陰乃鹿泉縣本願寺都維那慧仙于開元十七年同邑里淸信士曾義纂等造鐘十九年二月八日鑄成十月鐘樓亦就至廿六年建碑八分書凡諸信施皆正書而曾義纂以俗士稱五戒何也鹿泉卽令之獲鹿縣

唐大房山碑

右大房山碑原無題額張湛詞序云開元廿七年巳卯三月府城西南有大房山孔水自廿三年內供奉呂愼盈奉敕投龍璧廿四年又投璧至是而三矣按道家有金龍玉簡學士院撰文具一歲齋醮投于名山洞府則龍璧爲二物金石錄所載雲門山投龍詩北海太守于天寶元默歲下元日投金龍環璧于此山是也元宗崇信道家之說祭祀無秩碑云法師平步風張若水高味虛童子延忠等三日三夜登壇投告僕恐陵谷推移封山刋焉不僅糜資祈福爲無謂使封山出于臣下尤可

嗤也山在順天府良鄉縣唐志云大防山似當以碑爲正

唐龍興觀石臺道德經

右道德經唐元宗注開元二十三年用道門威儀司馬秀令天下應修官齋等州皆于大觀中立石臺刋勒邢州龍興觀開元廿七年三月刺史李質立石摹勒如制宋端拱初觀已廢没知軍州何繼始修復之明嘉靖中觀復廢僅存半畝之宮有尼居之太守徐衍祚改爲社學而石臺隱于屋內人少知之者吾邑歸震川先生爲邢州別駕見此經出之跋云千年之物莫知愛惜計亦不能久矣

唐周府君墓誌銘

右碑云君諱貞字處廉汝南郡人也祖度父玩君廣談八解之門高蹈四禪之域以開元廿八年正月廿日卒二月九日窆于郊西北九里武邱東山則處廉當爲吳郡人而云汝南者從周氏郡名之望也避諱故以虎爲武祝京兆允明雜記云都元敬得此石于虎邱殿中之佛後石可二尺許四周斲平如面題云唐故周府君墓誌銘始知其姓石在南濠都氏

唐山頂石浮屠記

右記王守泰撰并行書開元二十八年四月建記云金仙公主奏譯經四千餘卷并范陽縣東南五十里上墢村趙襄子淀中麥田莊并果園一所及環山林麓碑在房山縣

唐曹娥碑

右曹娥碑題後漢孝女曹娥之碑漢邯鄲淳譔唐刺史李邕書開元壬子秊冬鐫勒附蔡邕題碑云黃絹幼婦外孫虀臼三百秊後碑當墮不墮遇王叵另作隸書形方而樸如魏初諸碑體又一碑字絕大而結搆麤疎與此碑絕不類然倔强之致仍似北海本色或北海愛尚之文屢爲書之也故兩存之

唐開元寺尊勝陀羅尼經碑

右尊勝陀羅尼經碑在邢州開元寺西廡下吾邑歸震川先生云其西面剝落書人姓名與立石之秊月皆不可攷予按其序唐高宗永淳二年始自葱嶺而來此經能滅衆惡業廣利羣生云云蓋寺建于開元當是開元時人書也

唐張旭肚痛帖

右張旭肚痛帖共二十九字極縱處却極緊嚴知草書之狂怪者非至也駱天驤長安志云碑在張金紫宅

唐張旭千字文殘碑

右張旭草書千字文復古碑錄云自學優登仕至卒章凡六百九十五字存者六百七十三複者五亡者二十二又從大觀别本得薄遛靑而下四十六字乃併刻之今已殘缺過半縱橫奇詭不可名狀東觀餘論評之詳矣

唐張旭書庾子山詩

右詩石刻在西安府學相傳爲謝靈運書心竊疑之以靈運不應見庾詩也嘉興曹侍郎溶云見眞蹟于項氏是張旭書宜其奔放如駿馬下坂虬龍入雲固是書家神品

唐褒封四子勅

右碑褒封四子者莊子文子列子庚桑子也天寶元秊二月日建按舊唐書禮儀志天寶元秊正月癸丑陳王府叅軍田同秀稱于京永昌街空中見元元皇帝以天

下太平聖壽無疆之言傳于元宗仍云桃林縣故關令尹喜宅旁有靈寶符發使求之十七日獻于含元殿二月丁亥御含元殿加尊號爲開元天寶聖文神武皇帝辛卯親祔元元廟丙申詔史記古今人表元元皇帝升入上聖莊子號南華眞人文子號通元眞人列子號冲虛眞人庚桑子號洞虛眞人改莊子爲南華眞經文子爲通元眞經列子爲冲虛眞經庚桑子爲洞虛眞經今人稱莊子書爲南華經本此新唐書禮樂志止載文宣王武成王釋奠之儀而不及元元升祔之詔見于元宗紀天寶二季正月作昇仙宮加元元皇帝曰大聖祖與舊書異不及封四子通鑑元季二月辛卯上享元元皇帝于新廟與舊書同或以褒封四子非祀典之正故削而不錄微此碑幾以舊書爲可疑矣李肇國史補曰天寶中天下屢言聖祖見因以四子列學宮遂有僞爲庚桑子者其辭俚俗非古人書

唐元元靈應頌

右靈應頌碑倉部郎中戴璇撰序戸部郎中劉同昇撰頌開府儀同三司右僕射曾孫戴伋書天寶元季七月十五日建河南史榮刻分書絕類史惟則而去漢遠甚漢人無意而皆意不法而皆法也按宗聖觀郎尹喜宅元宗夢老子眞容得于此玉眞公主居之碑序頌皆鋪揚其事以欺後人也元宗侈談隱怪志業荒淫卒召安史之禍如戴伋者位居僕射不能格其非心又從而附和之宜正史之逸其名也與

唐薛良佐塔銘

右碑題云唐故翊麾副（下闕十餘字）騎都尉薛君塔銘右監門衛長上上柱國良史書再從兄鈞撰序云龍集協洽月（缺）于皐朔巳亥日辛酉君奄然卒于太平里之第春秋廿八惜也人到于今悲之草木衰日月逝覩天地之蕭瑟感幽冥之慘慼欲見之不可得將捨之不可得爰起茲塔因誌于行是百二之論也君諱良佐字堯臣河東聞喜人文殊娟秀情亦婉轉塔建于終南山施陀林善知識之次實天寶二季閏二月也夫薛君身入仕林死依僧葬其鼻季從之何也書有虞褚風味洵非俗筆

唐隆闡法師碑

右隆闡法師碑題云大唐實際寺故寺主懷惲奉敕贈隆闡大法師碑并序開元二年癸未十二月景寅朔景子建無書撰人姓名按碑云法師諱懷惲族姓張氏南陽人大足元季十月二十二日神還春秋六十有二神龍元年敕贈隆闡大法師弟子大溫國寺主思莊等敬想清徽勒茲元石云云則爲惲之徒所撰無疑王弇州竟以爲懷惲撰及書者謬也葢以碑題下有懷惲及書四字耳郭允伯金石史云唐又有懷惲禪師姓謝謚大覺元和初憲宗召居上寺元和十二季十二月示滅建

墖灞水此云及書豈後懷惲追及書前懷惲碑而以爲幸耶此亦臆度之見也唐時寺主碑題必曰大德無直書其名者或此係奉敕故名之也行書秀潤圓潔得聖教遺意在半截碑之上

金石錄補卷十四

金石錄補卷十五跋尾

崑山葉奕苞九來著

唐石敢當碑

唐崇仁寺尊勝陀羅尼幢

右碑小而方額作八佛稼題云佛頂尊勝陁羅尼神呪天寶七載五月建集賢院待制張少悌行書後列登臺主中散大夫守內侍上柱國賜紫金魚袋太原縣開國男王尙客及姚承慶李孝忠楊敬順張如意四人皆兼議郎朝散將軍其後則直官果毅驁士扶車王待慶等六十人李唐晚季制于家奴天寶開元已兆之矣

唐封恒山碑

右碑題云大唐博陵郡北嶽恒山封安天王之銘左羽林軍兵曹參軍直翰林院學士供奉上柱國李荃撰吳郡戴千齡八分書天寶七載五月廿五日建序云開元天寶聖文神武應道皇帝登太山蹝祉首于上元庚寅先封東西二嶽其三岳典禮猶闕北嶽封爲安天王後列范陽節度安祿山博陵太守賈循及從吏馮承相張元瓚鄭敀郗懷玉等職銜皆有頌揚之語而于安賈則云常樂安公曰祿山國之英也八柱承天三門出將武威賈公曰循時之傑也夫以國英時傑岀于自稱李荃阿諛必小人之尤況傳稱祿山陽爲愚不敏其姦工于媚上以天寶七載正月羣臣上尊號而祿山即樹碑恒岳僭封爵爲辭而致其上號之意且令揚已烈有風順遼海霜明憲秋等語不臣之漸於此可見後附杜南金韓休烈刻字與碑陰同按天寶五載正月封北岳安天王寶應二年五月改封寧天王

唐章仇府君碑

右碑題云大唐贈東平郡太守章仇府君下闕學士知史官事韋口撰翰林院學士內供奉左衛率闕蔡有隣書天寶七載十月二十日立府君諱元素字立素兼瓊之父也兼瓊著績西蜀兩書無傳其祖父名字非此碑幾不聞于後蔡八分書在韓擇木張庭珪之上而此碑巋然標樹于大道之旁西去濟寧州三十里車塵馬矢堆積其下更無有拂拭之者予命工人搨之從游者無不笑其癡而不知世之不癡者視予所得爲多焉否也

唐靈運禪師塔碑

右碑題云唐少林寺靈運禪師塔碑宣德郎試大理評事崔琪譔聖善寺沙門勤泐行書天寶九載四月十五日門人堅順建按碑禪師俗蕭氏蘭陵人武帝之後也碑在少林寺中

唐永泰寺碑

右永泰寺碑題云大唐中嶽永泰寺碑靈昌郡龍興寺沙門靖彰撰潁川處士荀望書天寶十一年壬辰閏三月五日建按魏正光二載孝明帝妹入道爲尼勑置明練之寺度尼廿一人唐貞觀二載議以尼寺居山恐非人侵擾移置于偃師縣神龍二載嵩嶽寺僧道㽦奏請

爲故永泰公主寘寺一所即以此寺名爲永泰許之按公主爲中宗第六女不嫁武延基忤張易之爲武后所殺帝追贈改葬極其哀憫故道瑩奏中有二后深玉碎之悲凡屬含情莫不悽惻云云且唐制僧尼一七二七三七而止今𡖋下叢林累百及千去古制遠矣

唐施燈功德碑

右碑題首欵二字下云施燈功德經空五字又云齋世耶舍譯後云天寶十三載正月十五日左驍衛漁陽府折衝闕下姜如珍等同建按經文義勸人施燈于墖院者有全照一階道二階三階四階或及墖身一級二級以至多級一面二面乃至四面等語且有不空羂索經云云字畫近褚河南碑在香積寺中

唐心經

右心經後云天寶十五年二月一日朝議大夫行尚書武部郎中上柱國徐浩書浩父嶠之善書至浩而益工此經莊嚴中不乏風致所謂怒猊抉石渴驥奔泉者消融始盡華亭董尚書云太宗柏谷塢告文開李北海徐會稽之漸信然也

唐張萬頃恒嶽題名

右題名八分書殘泐已甚存博陵郡諸軍事守闕軍使張萬頃奉闕四載十月十六日按唐天寶于四季始稱載十五載止至至德復稱載僅二季此非四載即十四載也故附于天寶諸碑中

唐旌儒廟碑

右碑賈至撰廟在臨潼縣西南二十里驪山半原橫阬村舊名阬儒鄉引漢書注顔師古曰新豐縣溫湯之處號愍儒鄉西南三里有馬谷谷之西岸有阬相傳爲秦阬儒處衛宏詔定古文官書序云秦既焚書患苦天下不從所改更之法將諸生到者拜爲郎七百人乃密令冬種瓜于驪山阬谷中溫處瓜實成詔博士諸生說之人人不同乃命就視之爲伏機諸生方相難決發機從上塡之此則愍儒之地也唐天寶中改爲旌儒鄉立旌儒廟按史記始皇三十五季因盧生侯生亡去遂疑諸生在咸陽者爲訞言以亂黔首于是使御史悉案問諸生諸生轉相告引乃自除犯禁者四百六十餘人皆阬之自除云者猶自首免罪也則所阬者在四百六十餘人之外並無數目未知衛宏所云種瓜冬實七百餘人決難等有何据也碑在廟前

唐授杜甫左拾遺誥

右勅襄陽杜甫爾之才德朕深知之今特命爲宣義郎行在左拾遺授職之後宜勤是職毋怠命中書侍郎張鎬齎符告諭至德二載五月十六日行盖用黃麻紙高廣皆可四尺字大二寸許年月有御寶寶方五寸許今藏湖廣岳州府平江縣裔孫杜富家見錢謙益杜詩注

而予所見石刻則宋紹興中也按少陵年譜至德二載在賊中五月竄歸鳳翔拜左拾遺上疏救房琯上怒詔三司推問張鎬救之仍放就列與此勅年月同

唐憫忠寺寶塔頌

右憫忠寺碑題云范陽郡憫忠寺御史大夫史思明奉爲大唐光天大聖文武孝感皇帝敬无垢淨光寶塔頌范陽府功曹叅軍蘇靈芝書至德二載十一月十五日建憫忠寺者在今京師昔唐太宗征高麗回念忠臣義士歿于王事建此寺以薦之按史至德元載十一月思明寇太原二載十二月乙丑思明降此碑建于十一月則思明將降悔過之舉也但上皇天帝御宣政殿授肅宗傳國受命符冊號曰光天文武大聖孝感皇帝在乾元元年之正月建碑時尚隔三月不應預書尊號且本紀大聖二字在光天文武之下二年正月復上尊號曰乾元大聖又在光天文武上碑以光天文武四字分開何也又按思明既爲歸義郡王復殺烏承恩父子而反使耿仁智張不矜上疏請斬李光弼疏入函仁智獨易去思明捶殺之則不矜者固甘爲逆者也以其文詞斐然靈芝之書名籍甚存之

唐通微道訣碑

右通微道訣七十五句前云御製後云大唐乾元元年六月十五日于大同殿奉詔賜無書人姓名按訣爲明皇製碑爲肅宗敕道士達觀大師楊重彎于渭北大化觀立石歲久字泐知觀楊思聰補上此石訣云善本破惡不合邀名施本濟人不合求報又云以心爲舟以信爲車車用在于運舟用在于虛常取不足勿求有餘又云爾當慎汝身洗汝心內養五神外合一氣去萬惡增萬善眞經之旨不死之方盡于是爾其勗哉此皆五千言之糟粕演而成訣耳王者寡欲清心納身軌物自然淸明在躬志氣如神安用孜孜于眞經之旨不死之方也哉

唐祈雨疏

右碑隸書前金州刺史李權書也碑云大唐中興尅復兩京後乾元元年自十月不雨至明年春朝散大夫使持節華州諸軍事檢校華州刺史平原郡開國公賜紫金魚袋張惟一與華陰令劉暠丞 泐 峋丞員外置同正員李綏主簿鄭鎮尉王崇尉高珮尉崔季陽于西嶽金天王祠祈請云云按華陰一縣于令之外設二丞一簿三尉有唐官制之濫史所備載語云一羊九牧民生日蹙天寶之亂所由來也在述聖碑之左旁

唐王宥等華嶽題名

右華嶽題名上元元年三月華陰令王宥前令王紓丞王沐尉李齊權頌鄭縣簿張彬尉竇彧下邽丞李演尉邢步處士王季友張彪著作郎孟昌原法曹叅軍李樞

同謌年月上方用小篆姓名下方用八分皆李樞書不作俗筆今與顔魯公題名並存云

唐心經石幢

右石幢廣德二年少府裴監施造朝請郎趙假書般若心經一部在今順天府吉祥庵中萬歷丙午西吳僧真程葺庵發古甃下得此幢式如鐙臺改名石幢庵云

唐郭敬之廟碑陰

右郭敬之廟碑陰記汾陽兄曰琇弟曰子雲子瑛子珪幼賢幼儒幼明幼冲皆列顯位而本傳獨載幼明一人且汾陽初授左衛長上改官封拜至尚書令兼中書令凡二十四考序次歷歷本傳初授左衛長史而非長上或云累遷或云又兼多畧而不錄碑記實封二次止四百戸本傳則七百戸碑云拜尚書令在廣德二年十一月而傳云辭尚書令在十二月宜以碑為信是年汾陽年六十八尚未攝冢宰尊尚父故碑缺焉碑銘為顔平原撰碑陰行書趙氏失錄故收之并記其與本傳異者如左

唐李寶臣碑

右碑題云成德軍節度使開府儀同三司檢校尚書右僕射兼御史大夫恒州刺史充管內支度營田使清河郡王李公紀功載政碑頌李公者寶臣也予讀其傳每嘆屬奚附逆反覆不常朝廷輒以僞署爲真賜姓名授鐵券唐之不振至于如此然竊計當時强藩互結不如此不足以慰來投之心招未歸之賊按碑建于永泰二年七月追頌其功則曰壬寅歲寶應皇帝嗣位冬十一月我亞相張公忠志率東諸侯復命兩唐書無月日而代宗紀與碑合九節度之圍相州也寶臣懼而來歸封密雲郡公爲舊書所遺新書云擢寶臣爲禮部尚書封趙國公又與碑異碑云授禮部尚書兼御史大夫成德軍節度使封清河郡王賜姓改名此恒州耆老賈審詳等頌之之碑立于當時必無疑誤何兩書俱不之及而末載隴西郡王豈寶臣王封有二次耶抑兩書誤以清河爲隴西耶如寶臣以五州來獻開東門納王師而止封趙公則加于密雲無幾豈足以酬其志似當以碑爲正碑在今真定府公署中巋然巨碣也豈劉宋二公未之見耶

唐承天軍城記

右碑題云承天軍記道士胡伯成撰大歷元年闕月建名山記平定州鵲山上有扁鵲廟其峯高峻唐置承天軍城碑云開府張公至鸛鵲洪中頂四顧在目遂冠小城于峯巔云云朱錫鬯云城踞險隘有一夫當關千夫莫過之勢巉崖峭壁多唐宋人題名

唐鐵元始讚

右碑題云鐵元始讚并序潛邱道士胡伯成譔河東節

度旣築承天軍城復鑄鐵元都聖容天尊仙衛故伯成爲讚在大歷元季記城成時作也

唐孔子廟殘碑

右碑程浩撰顔眞卿書大歷二年立顧寧人曰此文駕部郎中程浩爲扶風縣文宣王廟記載于唐文粹而今西安府學有僧夢英書與此記文正同但去扶風古縣也以下半篇其跋云此記刻石原在湖州臨安縣夢英愛而書之豈駕部作此于扶風魯公又書之于湖州而去其以下之文耶考唐地里志臨安屬杭州不屬湖州得非夢英之誤耶今華州有殘碑數十字其文同

唐石敢當碑

右碑云石敢當鎭百鬼壓災殃官吏福百姓康風敎盛禮樂張唐大歷五年闕縣令鄭押記王象之云碑在莆田按今人家用石刻此石敢當三字鎭于門首不謂當時已有之矣信乎物必有所自也然此在南方爲多

金石錄補卷十五

金石錄補卷十六跋尾

崑山葉奕苞九來著

唐臧希晏碑

右碑銀青光祿大夫行兵部侍郎上柱國淸河郡開國公張孚撰孚字殘泐嘉興曹侍郎溶所藏本隱隱可識乃搨工之優也朝議郎守衛尉少卿淮陽縣開國男賜緋魚袋韓秀弼書希晏爲懷恪子字恭靖以太僕卿兼寧州刺史拜金吾衛將軍廣德二年卒大歷五季葬碑中止列弟希讓而佚其兄希崇希旭希忱希愔希景蓋懷恪七子皆貴顯趙氏云臧氏世墓在三原有數碑盡得之此碑應在得中而遺之何也豈以其隸書與文庸下爲不足存也邪

唐上元縣福興寺碑

右碑題云大唐上元縣福興寺碑尙書金部郎中兼侍御史許泐撰大理評事張從申書并題額後云大唐二泐

字歲次庚戌六月二日建拨寺爲梁大同二年造有禪師道融于上元辛丑移舊額肇新居云云自辛丑推至庚戌爲大歷五年也從申行書酷似北海麓山寺碑但北海善變化耳此碑雖漫漶其神理風格奕然動人歐公云初得從申書王師乾碑不以爲佳及問秦玢知李西臺亦學從申又云從申書絕不行于世止得吳季子崔圓并師乾三碑耳而予復得此碑不亦快乎

唐永仙觀碑

右碑丹州別駕蕭森字從政撰集王右軍行書觀在唐京兆府美原縣卽今之富平縣觀主田名德同令柳升奉天寶二季詔書葺治永寧鄉古廟至大歷六季三月落成建碑也自明皇夢見老子眞容之後承奉風旨者獻符瑞興土木干戈肆起幾至亡國恬不知悔田名德爲中宗時景龍觀所度道士季八十餘刻清淨智慧觀身經亦集右軍書襲五千言之糟粕殊不足觀與此碑並傳于世

唐公孫杲贈道士詩

右五言律詩一首題云贈諸法師乃行博城縣丞公孫杲所作在大歷七季正月廿三日修齋醮記之後詩平平書特秀勁有法其上層有徂徠山人高季良岱嶽山人王寓等題名書更超逸得北海會稽神髓尤爲可愛

唐泰山造碑樓記

右記大歷八季九月內府丞劉元信等奉勅于東嶽脩金籙行道七日夜告高宗元宗紀號并造碑樓六所而附刻于岱嶽觀碑中也唐之封禪於岱宗爲最穹碑巨碣森峙琳宮故造碑樓至于六所今摩崖紀銘而外惟此碑尚存然歐趙兩錄俱未之及卽予奕正金石志亦在所遺非予搜訪之勤將與寒烟衰艸共滅沒而已天下之如是碑者可勝計哉

唐勅祭使孟皐等恒岳題名

右題名五人而泐其一孟皐以散騎常侍平昌縣開國子奉勅主祭王士則以知州事亞獻王巨源以太僕少卿爲勾管祠祭官盧基以監察御史奉勅爲監察使後題云大歷九季二月六日王士則書于諸題名中行書矯健不羣翩翩獨秀爲可觀也

唐華山禪院洪鐘記

右記將仕郎試秘書省校書郎李翱撰沙門懷用集晉王羲之書大歷十一季乙卯歲之六月望日記予竊疑之翺集有泗州開元寺鐘銘甚古雅此記拖沓絕不類一也翺傳貞元十四季進士授校書郎未聞于二十年前已爲此官二也通鑑及紀年諸書大歷十年歲在乙卯此碑爲十一年三也趙氏凡夫藏此碑後歸家石君云

金石錄補卷十六

金石録補卷十七 跋尾

崑山葉奕苞九來著

唐高力士碑

右碑止半截題云唐故開府儀同三司内寺監缺駕部員外郎知制誥韓缺大歷十二年五月奉敕建姓名雖殘闕然碑中有馮之先自北而南者宋懷化侯以至于盎知爲高力士碑傳云力士潘州人馮盎之曾孫也碑云智戣爲高州刺史智戴爲恩州刺史　智玄爲潘州刺史卽家潘州則力士爲潘州之子後贈潘州廣西大都督傳云李千里以二閹兒上進曰金剛曰力士武后以其彊悟給事左右碑云公以名賢之後遭亂來歸則天矜其覆巢知必成器選内官而母之卽傳所謂高延福收爲假子也力士幼與母麥氏相失嶺南節度使得之迎還碑亦載及以内侍監歷官至冠軍鎭軍輔國驃騎大將軍比傳爲詳嗣子正議大夫前將作少監渤海郡開國侯承悅禮謂猶子等語傳之所遺力士在官者之中處決大事悉當上意配流黔中會赦歸聞上皇厭代北望號慟嘔血而卒代宗以其耆宿保獲先朝特贈揚州大都督陪葬泰陵豐碑屹然至今猶在長安不知趙氏何以遺之也

唐平蠻頌

右碑韓重卿譔韓秀實八分書李陽冰篆額大歷十二年　月建按西原諸蠻自肅宗正德以後百餘年互相結約乍服乍叛攻桂管十八州所至殘破元道州所謂城池井邑但生荒草登高極望不見人烟者此也碑云大歷十一年賊帥潘長安自稱南安王誘脅諸蠻連跨州邑流毒彌甚隴西縣男昌巙持節招討手擒賊帥并將卒八十四人生獻闕下俘獲二十餘萬盡給牛種令

還故籍云云勳烈可謂雄矣而史無傳歐趙集古亦未之及鄉非此碑其名湮沒久矣惜哉

唐妒神頌

右碑題云妒神頌并序判官游擊將軍守左淸道率府率賜紫金魚袋上柱國李諲撰行書姓名殘缺大歴十三年五月十六日建按序神爲介之推妹以其兄死焚火乃于冬至之後日積一薪烈火焚之其言曰兄則焚火以示誠吾則焚柴以見志歿而爲患于一方鄉人立祠祈賽輒應天寶中遭祿山之亂遺廟歸肰故山南東道節度經畧副使黨公昇修廟祈秋乃爲此頌云云夫古之以死勤事以勞定國有功德于民者則祀之貞女義婦載在祀典未聞女以妒名而廟食者當在淫祠之列黨公不爲之去而頌之何也祠在河干相傳武后幸此懼欲別開道避之狄仁傑曰一人行幸雨師灑道風伯淸塵何妒女之避哉遂止其役則唐之習俗蓋已久矣册府元龜龍星木之精也春見東方心爲火火盛故爲之禁火俗傳介之推以此日被焚而禁也今之所謂寒食一百五日者熟食斷烟謂之龍忌本此予觀左傳史記竝無子推被焚之事以琴操所記子推之死乃五月五非三月三日也況淸明寒食初無定日必指爲上巳妄矣碑陰自同經略副使王晏而下二十一人其官將太常卿及節度隨身官之名其姓有僻間珣之異

唐叚行琛碑

右叚行琛碑張增書李同系篆額無撰文姓名大歴十四年閏五月建按碑行琛爲忠烈公秀實父行琛四子長祥穎次秀實次秀成次同穎史多逸之琛爲汧陽人碑在汧陽按趙氏錄行琛碑爲楊炎撰蕭正書當是叚公有二碑也增無書名而道逸豐滿如此

唐景教流行中國碑

右碑題云景教流行中國碑頌并序大秦寺僧景淨述後云大唐建中二年歲在作噩太簇月七日大耀森文日建立朝議郎前行台州司士參軍呂秀巖書碑下及東西三面皆列彼國字式下有助檢校試太常卿賜紫袈裟寺主僧業利檢校建立碑石僧行通雜于字中字皆左轉弗能譯也按碑三一妙身元眞主阿羅訶者敎之主也大秦國上德阿羅本者于貞觀九年至長安也京兆府義寧坊建大秦寺度僧廿一人貞觀十有二年也此卽天主教始入中國自唐至今其敎徧天下矣予讀西域傳拂菻古大秦國居西海上去京師四萬里與扶南交阯五天竺相貿易開元盛時西戎冒萬里而至者百餘國輒貢經典迎入內飜經殿遂使異方之敎行于中國然惟建寺可以度僧計當時寺五千三百五十八僧七萬五千二十四尼五萬五百七十六凡兩京度僧尼御史一人涖之僧尼出諭牒者立案止民家不

過三宿九年不還者編諸籍甚嚴也今天下寺不常建而僧尼遂至無筭何耶

唐吉逾題雲居寺詩

右五言律詩五首七言絕句一首范陽縣丞吉逾序云辛酉歲秋八月僕與節度都巡使王潛墨客軒轅偉僕猶子駒駼播潛息益同躋攀于此勒四韻于後刻在山頂石浮圖碑記之下人各為書書左行行書字勢多斜蓋因其空而刻之也碑立于開元二十八年庚辰詩後有元和四年四月八日范惟清呂臣十三字則此詩序所謂辛酉歲者乃建中二年後于庚辰四十有二年而前于元和四年己丑二十有八年也

唐顏眞卿送劉太沖序

右敘載魯公集行書筆筆作折釵股法為顏書之冠按宣城戴綬跋云得劉太眞墓碑于縣廨下同郡李兼經因出顏公送太沖眞蹟遂刻石同置縣齋此碑蓋刻于慶元間趙氏已不及見肰眞蹟猶藏于陝西東氏吾邑宋閔叔遇東孝廉于京師獲見之紙碧如玉墨黝尸漆歷數百年如初落筆者亦闕劉太沖彭四字與刻本合沖弟太眞史有傳登天寶上第文集三十卷神道碑文裴度撰蔣滻書史既不為太沖立傳而太眞傳又不及其兄微此碑沖幾湮沒無聞矣米元章書史云此序碧牋書王欽臣故物也華陰王宏撰云此序眞蹟為渭上大宗伯南子興先生故物一孝廉借觀未還而逸其姓豈即東孝廉也耶

唐顏魯公遺子帖

政可守不可不守吾去歲中書言事得罪又不能逆道徇時為千古罪人也雖貶居遠方終身不耻汝曹當須謂吾之志不可不守也洪容齋云魯公忠義氣節史筴畧盡此帖是獨赴謫地而與其子孫者無由攷其歲月千載之下讀之尚可畏而仰也按魯公于代宗時為檢校刑部尚書為元載所惡坐論祭器不修為誹謗貶硤州而湖州放生池碑陰又云貶硤州旬餘再貶吉州靖居寺題名云永泰二年眞卿以罪佐吉州則此帖在大歷二季蓋永泰二年之十一月即改為大歷元年也

唐顏眞卿奉使題字

右魯公行書云眞卿奉命來此事期未竟止緣忠勤無有旋意肰中心悢悢始終不改游于波濤宜得斯報千百年間察眞卿心者見此一事知我是行亦足達于時命耳又云人心無路見時事只天知按唐重跋云觀此筆蹟不顯歲月以事實考之蓋使李希烈時也公奉使陷賊庭者逾二年度無還期書此以自表云重既摹公之像于祠又訪得石本刻而寘之祠室靖康元季七月書今同州有此碑上勒公小像未知原刻在何處

唐誌公畫像贊

右像吴道子畫李白贊詞顔眞卿書誌公卽寶誌此碑燬于宣德中後靈谷寺僧本初以舊搨勒石去原本遠矣石在揚州

唐吴嶽祠堂記

右記于公異譔令朝陽書爲李西平于興元元年十月有事吴山而作也按晟傳德宗遣張少宏□詔進晟尙書左僕射同中書門下平章事此記云鳳翔隴右涇原四鎭北庭兼管内副元帥司徒中書令西平郡王而不以僕射平章入銜豈敘後之官爵略前所加而不書耶抑進至三公則解僕射平章耶唐制率以僕射平章遥授藩鎭殆爲虛名晟拜鳳翔則爲節度以中書令出鎭與僕射平章迥别矣舊書兼鳳翔尹新書遺四鎭北庭皆當以碑爲正記又追述李抱玉鎭鳳翔日以中軍委晟禱嶽雨降今晟亦鎭鳳翔復擧祠事文筆之工只三四語蓋西平偉績通鑑載公異草露布至梁州上覽之感涕卽其人也朝陽書遒媚可愛非俗手可及

唐咸宜公主碑

右碑鄜州節度使武元亨撰蘇州常熟縣令袁中孚書集賢院學士李陽氷篆額公主元宗第十八女降秘書監崔嵩而新史列在第二十二當以碑爲正史云貞順皇后所生下嫁楊洄又嫁崔嵩碑爲之諱耶

唐顔眞卿移蔡帖

右帖爲宋人忠義堂所刻云貞元元年正月五日眞卿自汝移蔡天也天之昭明其可誣乎有唐之德則不朽耳十九日書按德宗紀眞卿被害在貞元元年八月三日舊書傳同而不言自汝移蔡新書有所以移蔡之故而無月日觀此帖知眞卿至蔡又逾半年忠貞之志至死不改或謂顔公大臣當早自引決不宜被賊臣刃亦之污不知公奉命宣慰與守土異冀希烈悔禍一也或事機可乘二也拘縶之所賊黨守伺三也想公下筆時精光直沖霄漢故至今猶奕奕射人也

唐景昭大法師碑

右碑題云華陽三洞景昭大法師碑并序朝議大夫檢校國子司業兼御史中丞吴縣開國男陸長源撰朝議大夫檢校尙書兵部郎中兼侍御史上柱國竇泉書并篆額貞元三年四月□日建碑云紫陽眞人字懷宣丹楊延陵人按西漢丹陽郡則治宛陵丹陽縣則今之建康也東漢史皆作丹陽如費鳳嚴訢碑亦然惟丹楊太守郭旻碑作楊西晉移都建業元帝改太守爲丹陽尹而宋板晉書則丹陽郡爲陽丹楊縣爲楊註云山多赤柳故名丹楊如顔平原乞恩表祭姪文皆云丹陽縣侯也唐天寶中以京口爲丹陽郡改曲阿爲丹陽縣皆非漢舊壤他書所載此郡字無從木者而此碑郡名亦作楊似郡縣俱宜作楊後人傳寫之誤卽縣亦作陽矣法

師姓韋氏茲茅山三洞之間道者書極壯偉不在元靜碑之下

唐幽州新置文宣王廟碑

右碑題云幽州盧龍節度觀察等使工部尚書御史大夫幽州大都督府闕入使劉公新置文宣王廟碑新置云者天下郡縣皆有文宣王廟范陽獨無而劉公創建之也碑不著其名字按史劉濟父子爲盧龍節度怦卒于貞元三年又二年而碑始建碑云建中初公宰是邑特與斯廟又云時公年始弱冠與濟傳合濟以貞元五年充幽州節度卽以是年立碑追頌其牧宰時事也夫子之教能使蠻貊盜賊感而爲善故唐之藩鎮擅自繼襲

者皆髡髮不奉法濟特恭順朝獻相繼殆本崇奉先師之一念而後能遵王度守臣節歟

唐賀蘭夫人墓誌

右賀蘭夫人墓誌題曰秘書監陸公夫人墓誌銘姪曾孫贄撰或曰贄書也秘書名齊望贄之曾從祖也按爾雅女子謂晜弟之子曰姪喪服傳曰謂吾姑者吾謂之姪賈公彥疏曰姪者對姑之稱故春秋傳曰姪其從姑以兄弟之丈夫子曰姪者非也顏之推家訓曰兄弟之子北土多呼爲姪自晉以後始呼叔姪古人稱兄弟之子皆曰子朱子語類自曾祖而下三代當稱從子此云姪曾孫者亦俗稱也

金石錄補卷十七

金石錄補卷十八　跋尾

崑山葉奕苞九來著

唐僧懷素聖母帖
唐張氏墓誌
唐李說進甘露表
唐李公墓誌
唐懷素千字文
唐普光明殿碑
唐蘄府君墓誌銘
唐鑄鼎原銘碑陰
唐劍州長史李公神道碑

唐許夫人蘄氏墓誌
唐時俟墓誌銘
唐懷素藏眞帖

唐懷素聖母帖

右聖母帖素書于貞元九年五月而左拾遺裴休試大理評事柳乘鄉貢進士柳槃大和四年十月十二日同登則觀此帖署名也董尚書謂孫過庭草書難讀如食多骨魚得不償失因爲注釋予于此帖亦云

唐張氏墓誌

右碑序云氏年二八適于范氏春秋五十九卒以貞元十一年葬于州北皐陶村据長洲徐淳孝云蘇之葑門

外臯陶邨耕者得古銅甑二古鏡一古甆器數十皆應
手碎忽得此志其文字古簡因揭以貽好事

唐李說進甘露表

右表在石壁寺甘露義壇碑陰表云臣說言臣所部太原府交城縣石壁山寺今月二十二日夜甘露降於寺内戒壇西及寺外栢林上大枝小葉無不周徧凝泣垂滴甘甜如密當寺臨壇大德僧愼微與僧惠廣等一十五人咸共觀嘗覆問如狀云云貞元十二年九月二十五日按臣說者河東節度使北都留守太原尹李說也甘露碑立于元和中而此表勒于碑後葢追溯其事而存之也歟

唐李公墓誌

右碑題云唐故寧遠將軍守左金吾衛大將軍隴西李公墓誌銘并序從姪鄉貢進士藝通撰貞元十三年夏五月十一日建序云公諱宗卿字同系錄中有叚行琛碑乃李同系篆額豈宗卿常以字行耶抑偶同也耶

唐懷素千字文

右素書千字文名千金帖以一字直一金也後題云貞元十五年六月十七日于零陵書時年六十有三正其晚年之作脫去狂怪漸趨平淡趙子函以爲促而無韻者謬也

唐普光明殿碑

右碑題云尚書李公造華嚴三會普光明殿功德碑太常寺協律郎支喬字好古撰書貞元十六年四月十日建尚書者李說也說在鎭六年遇疾不能錄軍府之政故爲此增造佛宇以邀福祐卽以是年十月卒碑中頌天人任氏極其揚厲有如月之亘森茵桂以馨香如山之容寘大椿之壽筭顧寧人云葢用詩如月之恒恒音古鄧反作亘按詩傳恒弦也陸德明釋文恒本亦作緪同古鄧反沈音古桓反考工記弓人恒角而短鄭司農云恒讀爲裻緪之緪是緪恒亘同爲一字陸氏讀爲去聲而此碑用之耳碑在交城縣西北萬卦山天寧寺唐時以太原爲北都交城去府八十里說傳以北都副留

守代李自良而爲河東節度使檢校禮部尚書碑則云河東　節度觀察支度營田等處置使北都留守銀青光祿大夫檢校禮部尚書兼御史大夫太原尹隴西郡開國（下闕八字）可以補傳之漏行書追踪二王亦藝苑之傑出者

唐靳府君墓誌銘

右碑題云大唐故靳府君墓誌銘朝議郎試少府監丞張遇撰并書府君諱英希字英希族靳氏西河人也楚有大夫靳尙卽其後矣以貞元十六年七月十八日卒卽以十七季二月四日與夫人魯氏合塟今少宰孫退谷先生名承澤號北海跋云此誌近出漷縣錠子邨字

仿蘭亭法其石在予硯山齋中聞近日秦豫之間新出賈閬僊志尤佳惜未之見也

唐鑄鼎原銘碑陰

右鑄鼎原銘金石錄載王顏撰袁滋篆書而此則韋諷于貞元十七年識其碑陰也有云得玉珮于原上地深四尺黄帝去今六千四百三十年此上升時小臣遺墜物者其說怪甚司馬遷曰余讀諜記黄帝以來皆有秊數然稽其歷譜五德之傳古文或乖異靡同夫子之弗論次豈虛哉予觀邵堯夫經世一書秊代世數斷自堯始而此云黄帝至唐貞元中爲六千四百三十秊者漢季緯書也緯書出于臆說可盡信乎

唐劍州長史李公神道碑

右碑題云唐故劍州長史贈太僕少卿汝州刺史隴西李公神道碑銘并序書撰人姓名殘缺貞元廿年甲申十一月壬申十三日建按公諱廣業字大泐我景皇帝爲公之五代祖曾祖淮安王神道祖淄川王孝同烈考雲麾將軍璲子國貞爲王振所害以國貞子錡貴始樹此碑又五年而錡叛據孝同碑云子璵此云璲豈孝同有二子耶抑璲有二名耶國貞原名若幽與弟若水新唐書附見李復傳然不云若水爲國貞嫡弟且遺國貞原名其闕略處不及舊史遠甚王弇州謂書撰人竟不可攷而碑中有雲逵常學舊史之語撰文應是鄭雲逵逵與錡同時以禮部侍郎爲李晟軍司馬而碑之署撰處隱隱有侍郎字信爲雲逵也陝西趙子函石墨鐫華及馮孝廉文錫皆云相傳爲徐浩書觀其筆致頗似會稽而無渴驥怒猊態已而發先世廢麓得此碑搨墨工好波磔未泐署撰處確然爲雲逵撰并書等字後一行則袁滋篆額也近搨殘闕過半不可句讀較之此碑殆如晉壤先文莊碑甚富此爲其一王侗書去先公時未百年而碑已難辨況今日乎

唐許夫人祈氏墓誌

右碑題云唐故許氏夫人祈氏墓誌銘并序鄉貢明經李師聖述序云夫人字芳太原人也先伊耆氏之胄遠祖居毗陵今爲毗陵人祖覩父昇子仲宣仲康而不及其夫子之名何也以貞元二十二年安厝于震澤里說文厝厲石也引毛詩佗山之石可以爲厝今詩作錯而孝經借七互韻爲措江左用沈韻乃不從藥而從遇何也祈姓太原徵音堯伊耆氏之後歐陽公祈衞尉墓碑云黄帝之裔豈溯堯之所自出也耶

唐時傒墓誌銘

右碑題云唐故鉅鹿時公墓誌銘并序鄉賦進士劉適明述序云公諱傒字鑑其先鉅鹿人家于武清壽不永年以貞元二十一年卒一子未勝喪禮妻鄭氏弟艮鍔甃公云云此碑在薊縣海王邨岸圮而出唐制取上之

科由州縣者曰鄉貢升于有司此曰鄉賦豈即貢之之意耶唐書裴休從鄉賦登第能爲謌詩鄉賦之年諷誦多在人口當時固有是語也

唐懷素藏眞帖

右藏眞帖云恨不與張長史相識逢顔尚書自云頗傳長史筆法然後知平原亦宗顚旭如爭座位祭伯祭姪文行草皆極自然也此帖似張伯英以一筆書行斷則再連續眞有霆不暇擊電不及飛之妙

金石録補卷十八

金石録補卷十九跋尾

崑山葉奕苞九來著

唐懷素律公帖

唐酆都宮陰眞人詩

唐胡證題少室詩

唐爛柯山石橋記

唐修諸葛武侯祠碑

唐太原王公墓誌銘

唐范希朝恒嶽題名

唐麟臺碑

唐建周孝侯府君碑

唐馬氏墓誌銘

唐內侍李輔光墓誌

唐中天王廟碑

唐羅池石刻

唐李氏都夫人墓誌

唐承天軍裴度題名

唐邠國公功德銘

唐李紳端州石室題名

唐左僕射李光進碑

唐峽石寺遠法師碑

唐卜府君墓碑

唐李諒跋胡證少室詩

唐春城院建華嚴道場碑

唐懷素律公帖

右素貽律公者卽今之尺牘也歐公以懷素之徒棄百事而學書爲可笑米海嶽云智永硯成臼乃到右軍若穿透始到鍾索則歐公之言似非篤論此帖作游絲筆法若懸崖墜石驚電遺光觀止矣

唐鄠都宮陰眞人詩

右陰眞人詩唐貞元中刺史李貽孫書按眞人名長生新野陰氏其學類左元放嘗授太淸神丹世傳丹經贊文甚古雅葛洪曰長生服金液半齊止世閒幾千年然後仙去宋元豐四年轉運判官許安世于祠下盡閱石刻謂此三詩乃陰氏作餘皆後人托之屬知夔州吳師孟書送觀中于是盡毀諸石惟此本爲貽孫原刻也

唐胡證題少室詩

右唐檢校祠部員外郎胡證汝州北樓晚望少室詩詩云峭拔烟雲外雄居造化工三山慙海上五嶽讓天中積翠當華甸騰標占太空周臨萬里暮猶掛夕陽紅永貞元年仲夏記按新舊書證傳皆云貞元中登第辟渾瑊舉爲從事自殿中侍御史爲韶州刺史而已據此碑先爲祠部員外郎可以補史之闕漏

唐爛柯山石橋記

右記衢州刺史陸度撰言簡氣舒多物外之致王象之輿地碑記最爲廣備此獨見遺

唐脩諸葛武侯祠碑

右碑題云蜀丞相諸葛武侯祠堂碑節度掌書記侍御史內供奉賜緋魚袋裴度譔營田副使檢校尙書吏部郎中兼成都少尹侍御史賜紫金魚袋柳公綽書元和四年巳丑二月廿九日建碑云或秉事君之節無開國之才得立身之道無治人之術兼而行之則諸葛公其人也陳壽崔浩之徒皆以變詐論節制之師以進取語化成之治謬甚余思考亭朱子猶目武侯爲笨況其它乎唐史武元衡帥西川表度掌書記碑中所稱相國臨淮公者元衡也公綽亦爲節度判官故與晉公相得尤甚唐人去晉未遠書法皆本二王但離去臨仿之蹟便自成家米海嶽云柳與歐爲醜怪惡札祖公綽乃不俗于兄觀此碑固是書中俊鶻名不虛得洵肰

唐太原王公墓誌銘

右碑題云唐故江南西道觀察判官監察御史裏行太原王公墓誌銘并序表姪前諸道轉推官將仕郎試大理評事許志雍譔猶子鄉貢進士楚卿書序云公諱雅字元宏太原祁人也少季爲秘書郎嚴維所知又爲禮部侍郎劉太眞舉登甲科爲山南東道嗣曹王皋從事調補左衞率府兵曹叅軍爲嶺南運帥韋公丹表遷左

金吾兵曹叅軍韋公節制東川奏遷廷尉評兼監察御史府韋公再遷慈晉俄領江西復隨鎭拜監察御史裏行以南康缺牧假行刺史事盡閭里之情袪疲苶之疾元和四季正月終于洪州南昌之官舍以其年十月歸窆京兆且有以公之德可以反澆漓以公之仁可以厚風俗等語蓋韋丹治行當時所稱丹之所舉必屬循吏碑文非諛詞矣丹傳河南少尹未至徙義成軍司馬以諫議大夫召授劍南東川節度使代李康召還拜晉慈隰州觀察徙江南西道觀察使碑云丹爲嶺南連帥可以補史之闕

唐范希朝恒嶽題名

右題名云河東節度支度營田觀察處置等使開府儀同三司檢校司空太原尹御史大夫北都留守上柱國成紀郡王范希朝奉詔領馬步五萬人與義武合軍赴恒州討叛得薦誠于安天王（闕）領叅佐三人大將一百一十五人故拜壇下用祈靈贊遂于縣城南屯軍（闕二字）而還元和五年二月六日鐫乃行書之逸品按希朝爲當時名將比之趙充國封成紀郡王而新舊唐書皆不載新書謚忠武改宣武而舊書遺之非此題名則希朝之封爵幾湮没矣中宗封兄千里亦爲成紀郡王

唐麟臺碑

右碑文韋表微撰元和五年十一月表微以滑之從事使于鄖陽停驂訪古得獲麟之舊壤後人築臺于此云云其文感先聖之不遇悼麟出之非時大約附會先儒以麟爲仲尼而至善乎正義之言曰防風之骨肅慎之矢季氏之羵羊楚王之萍實皆問仲尼而後知豈爲仲尼而至乎按左傳西狩于大埜注在鉅野縣大澤此碑云鄖陽訪古得之唐之鉅野爲麟州廢隸鄆州後復置鉅埜今因之

唐建周孝侯府君碑

右碑首曰晉故散騎常侍新平廣漢二郡太守尋除楚內史御史中丞使持節大都督塗中京下諸軍事平西將軍孝侯周府君之碑晉平原內史陸機撰文右軍將軍王羲之書唐元和六年歲次辛卯十一月廿六日承奉郎義興縣令陳從諫重樹前試太常寺協律郎黄應書平原華明素篆額琅琊丞仕縈鐫勾當造廟廿一代孫故湖州司士息瑰副元恒宗錄同晁宗典士琳惟艮與諸宗子同構造云云予于庚子之春過宜興謁孝侯廟下訪是碑于徐太守暎薇以此本相贈乃舊搨本剝落無幾中有元康九年周疾加增奄捐館舍春秋六十有二天子臨塋至建武元年冬十一月追贈平西將軍雖詳述弦絕矢盡力戰不退並無致危授命之言所弗解也平原在建武初已及成都王穎之難卽右軍與平原亦不同時其僞可知也顧炎武曰此碑本唐人之書

故業字晉諱而直書之其于唐諱則世虎基豫等字皆缺畫或改用它字至塗中之名亦有可疑晉書王夌詐言吳人塞涂水琅玡王伷出涂中桓温自山陽及會稽王昱會于涂中謝石率舟師屯涂中譙王尚之衆潰逃于涂中並作涂唐人加阝爲滁卽今之滁州也而碑作塗非是按文選任昉彈曹景宗東關無一戰之勞涂中罕千金之費李善本作塗中通鑑嘉平二秊吳王遣軍作堂邑塗塘辯誤云塗塘卽涂水今滁州之滁河也涂之作塗蓋已久矣顧氏非之何耶

唐馬氏墓誌銘

右碑題云大唐扶風馬氏墓誌銘并序無書撰姓名序云廿三娘郎郎姹姹扶風人也故侍中太原尹子曾王父故太子諭德兼兵部郎中子大王父故鄂州州從事子之先父也子生于珥貂之家育在紈綺之室笄年廿歲灼如舜英何華而不實祉福不臨以元和八年七月三日洪水蜀來浸溢夏汭合郭爲患假官航以虞墊溺豈巨舟云覆相次淪沒以八月四日窆于先父塋側云云初疑郎郎姹姹非廿三娘字諱又稱之爲子及讀銘文云伏波有女青娥豔陽馬氏有男白眉最長豈春華之煜景同淪沒于舟航始知大水驟至歿者非一故概呼之爲子歟郎郎爲男姹姹爲女姹訓少女也又美也唐人多以姹名其女者適閱唐陳直誌女孫二人姹娘春娘是也憲宗紀八年六月辛卯渭水溢温公通鑑亦云夏六月大水上以爲陰盈之象出宮人二百車碑云七月未知孰誤

唐內侍李輔光墓誌

右誌題云唐故興元元從正議大夫行內侍省內侍知省事上柱國賜紫金魚袋贈特進左武衛大將軍李公墓誌銘并序朝議郎行尙書刑部員外郎崔元略撰宣德郎前晉州司法叅軍巨雅書按序諱輔光字君肅其祖父皆仕族而爲內侍何也碑內官掖作官踐阼作祚士君子作仕皆誤顧寧人曰碑文云門吏晉州司法參軍巨雅此輔光爲河中監軍所除唐時士人出于內侍之門者蓋不少矣輔光少選入內而有夫人輔氏子四人唐之宦官有權位者則得娶婦史載高力士娶呂元晤女李輔國娶元擢女皆奉敕爲之而楊復光至假子數十人後漢劉瑜傳言常侍黃門亦廣妻妾周舉傳言豎宦之人亦復虛以形勢威侮良家取女閉之至于白首歿無配偶單超傳言四侯轉橫多取良人美女以爲姬妾則固不始于唐時也

唐中天王廟碑

右碑題云新修嵩嶽中天王廟碑河南縣尉韋行儉撰河南縣尉攝登封縣令揚儼書元和十二年二月八日建按唐祀事之盛莫如中西二嶽蓋華近長安而嵩在

東都境内也中天王之秩封自天寶碑中所序天王洎夫人纓綬冕服首飾步搖皆閒以金翠章用五色而施于啟毋少姨之倫又有操大屈注僕姑執殳秉鉞環列廡下者首如鎖目如瞋臂如戟吻如相稽之類其文怪險歷落一洗排偶之習傪雖無書名而波磔督策之間殊有逸氣

唐羅池石刻

右石刻云龍城柳神所守驅厲鬼出匕首福四民制九醜元和十二季　月　日柳宗元書按韓昌黎柳州羅池廟碑序宗元與其部將魏忠謝寧歐陽翼飲酒驛亭謂之曰明年吾將死死而爲神後三季爲廟祀我及期而死三季夢翼而告曰館我於羅池云云子厚於羅池流連不忍去也如此觀此石刻行書放縱詞氣壯厲其生前固有沒而爲神之意宋陳思書小史引臨池訣云宗元與劉禹錫得筆法于皇甫閲以柳爲入室劉爲及門宗元頗自矜其書肰亦不甚工此刻漸入狂怪似非工于書者

唐季氏都夫人墓誌銘

右碑今在常熟縣梅里鎮王古樵家按序以都氏之女而歸于季長慶元年十一月葬于常熟之珍門邨在縣東五里蓋墓中石也未知何時始見于世石君兒得搨本載楊五川跋乃嘉靖乙巳歲云

唐承天軍裴度題名

右碑云有唐長慶元年秋七月趙人亂其帥宏正爲下所弑我公奉詔率諸侯之師問罪冬十月師次于承天軍十有二月入貴泉缺下天子下哀痛之詔缺下庭湊爲師以息人也是月班師晉陽公命掌書記元輿録其名爵洎叅佐將校凡五十九人刻于承天軍城西石壁公有舅有弟自他府來有二子從行咸附列于後廿一日癸未舒元輿題鎭州四面行營都招討河東節度觀察處置押北山諸蕃等使太原尹北都留守司空兼門下侍郎平章事晉國公裴度其五十九人皆平列而元輿在屬吏第六弟名庾子名諴譔按傳記此事在穆宗即位之下有王庭湊名而未嘗顯言田宏正被殺因其加度鎭州招討兼押北山諸蕃使與題合故悞及之傳殊不詳也子識諗各有傳附後而非諴譔度蓋五子云唐室相勳名赫著令終如度者絕少覩此題名能不起敬

唐郃國公功德銘

右郃國公碑護軍中尉宏農郡開國侯楊承和撰并書朝議郎權撫州長史陸郅篆額長慶二年十二月一日建郃國公者內侍梁守謙也此碑以守謙造經於興唐寺而立且謂淮蔡之功十居其七當時諂諛遂至于此碑在西安府學今已剗去承和姓氏豈以惡其佞而剗之者耶

唐李紳端州石室題名

右題名云李紳長慶四年二月自戶部侍郎貶官至此寶歷元年二月十四日將家累遊按先公跋云此刻至今成化壬午六百三十八年兩廣有唐人名蹟亦僅見云

唐左僕射李光進碑

左碑題云大唐故朔方靈鹽等軍州節度副大使知節度事管內支度營田觀察處置押蕃落等使銀青光祿大夫檢校刑部尚書兼靈州下缺都督府長下缺史大夫安定郡下缺尙書左僕射李公神道碑并序門下侍郎中書門下平章事令狐楚撰嗣子季元書按碑云安定郡王諱光進字耀卿年五十七其先阿跌氏出於南單于十二姓貞觀初祖賀內屬父良臣爲雞田州刺史光進以隴西公說滎陽公儋大司空嚴公綬大司徒范公希朝薦云云新唐書有名無字年六十五加封安定郡王及其祖父皆在所遺表薦者王承宗與范希朝而已檢校工部尚書與碑題刑部尚書異皆當以碑爲正至兼御史爲代州刺史及光顏先娶母死光顏婦籍貲財貯納管鑰光進泣而反之碑亦遺焉子季元燧元穀元綬元吉元夫人史氏以乙未六月薨越十一年塟而無紀元傳云元和四年表薦爲都將俄振武節度遷靈武當薨在元和十年塟在寶歷元年也唐有兩李光進一爲光

弼之弟此則光顏之兄也

唐峽石寺遠法師碑

右碑題云大隨峽石寺遠公遺蹟後云寶歷元季四月沙門紫羽請刻石臺上河東薛重元刊錄故志薛唐夫書按遠公亦名慧遠爲燉煌李氏之族歿于開皇十二季在京淨影寺是日輟朝高祖曰喪我國寶矣遠公修涅槃義疏絕筆後人名爲絕筆臺臺在峽石寺中

唐卜將軍墓碑

右碑在吾邑馬鞍山南北山下掘地得碑方知爲墓其略曰府君姓卜名珍字文超西河人敬宗時藩鎮騷然將軍奮孤忠爲世所重寶歷元年塟于崑山西鹿城鄉曰森森孤栢宛轉龍岡孤雲垂蓋日月懸光千秋萬古嗚呼夜長云云前後磨泐無書撰人姓名嘉靖末年倭寇攻城若有神兵出于卜山助戰寇平表而祠之

唐李諒跋胡證詩

右汝州刺史李諒跋胡證少室詩云寶歷二年冬公自戶部尚書判度支推轂受脤出鎭交廣麾旌過汝言訪舊題諒易公所濡翰之板琢于石而志之按證傳寶歷初以戶部尚書判度支證固辭讓拜嶺南節度使觀此跋自戶部尚書判度支則未嘗辭也史家之言可盡信乎

唐春城院建華嚴道場碑

右華嚴道場碑書撰姓名俱已殘闕後云太和元秊丁未九月庚申朔癸亥建碑題春城春字上闕三字其中敘迹南陽張公分鄒魯之鉞及寺在山陽邑東可三四里云云按漢山陽郡在昌邑縣在河內脩山陽府今淮安唐之山陽在楚州今之山陽縣也唐人佞佛每借佛事以頌揚守牧之德政其書撰人必極工故所傳寖久後之人無所托而止工諂諛書誤有所不擇宜去思亭內諸碑皆立而今亾也

金石錄補卷十九

金石錄補卷二十 跋尾

崑山葉奕苞九來著

唐嵩嶽靈勝詩

唐模集金剛經序

唐僧靈澈詩

唐陁羅尼經序碑

唐武元衡楊嗣復題名

唐贈吏部尙書馮公碑

唐楊嗣復題武元衡舊碑詩

唐國子監石經

唐中書門下下國子監牒

唐天水姜夫人墓誌

唐太尉李光顏碑

唐寂照和上碑

唐尊勝呪石幢

唐曹汾題東林寺詩 跋見後第廿二卷

唐重藏舍利記

唐韋瓘浯溪題名

唐周公祠靈泉頌

唐衡州記

唐顏魯公事蹟敘

唐嵩嶽靈勝詩

右詩題云府尹王侍郎准制拜嶽因狀嵩高靈勝寄呈
三十韻朝散大夫守衛尉少卿尉遲汾後云大和三季
六月十日刻字人薛元詩中多自註註引白虎通虎作
武廟諱也無書人姓名必汾筆也大梁王紳衮被詔禱
雨嶽祠獲此碑于圮牆下移寘壁間則湮沒已久歐趙
二公弗及錄耳

唐模集金剛經序

右金剛經前云新集金剛經序宏農楊翺述太和四季
正月十五日建翰林待詔朝議郎行楚州司兵叅軍上
柱國賜緋魚袋唐元度篆額朝請郎前行右衛倉曹叅
軍唐元序模集將仕郎試太常寺奉禮郎上騎都尉邵
建刻附讚八人則鄭覃王源中許康佐路羣宋申錫崔
鄲李讓夷柳公權進呈一人則楊承和也詞翰皆一時
神品按石經在上都興唐寺中初刻八分體讀者多誤
故翻集晉王右軍書經文與今本小有同異趙氏錄六
譯金剛經係唐元度集義之書乃太和六年立石則此
經翻譯甚多卽集王書亦不一也

唐僧靈澈詩

右詩云相逢盡道休官去林下何曾見一人此靈澈于
東林寺寄陳侍郎絕句也古今稱爲絕唱後云太和四
年正月（下闕）宋慶歷中江淮發運使許元修江岸得此碑
于池陽江水中

唐陁羅尼經序碑

右碑題云佛頂尊勝陁羅尼經序內供奉僧㲉川文白
閣僧無可書大唐太和六年四月十日建序述婆羅門
僧佛陁波利于儀鳳元年自西國至五臺山思見文殊
大士向山頂禮忽有一老人謂僧曰曾將陁羅尼經來
否僧曰未老人曰空來何益僧還取經至永淳二季迴
具以上聞請日照三藏法師及典客令杜行顗共譯留
在內廷僧復請梵本流行天下遂有二本小小不同後
云行律比邱願證以先大師荼毗哀慟樹是幢而㲉川
復爲之銘按唐人樹幢多勒是經序托老人尤爲怪誕
爾時佞佛卽達官大人賢人正士有不免者習俗之汚
爲可笑至無可善詩文書寂照禪師碑體極堅秀而此
碑庸下殆疑有異或他人托其名未可知也

唐武元衡楊嗣復題名

右題名在諸葛武侯祠中乃劍南西川節度使臨淮郡
公武元衡也附列者王良會裴堪柳公綽張正宣崔備
裴度盧士玫李虛中楊嗣復宇文籍韋同訓裴儆李文
悅渾鉅羅士明史洞王暱李僭劉武韋良金陳孝陽李
廣誠韋端李鍠王日華湯立志趙東義共二十七人是
時嗣復爲節度推官試太常寺協律郎碑陰云予以元
和初爲臨淮公從事因陪刻石時序荏苒二十有七年
今謬膺戎寄仰繼前烈謁拜祠宇顧瞻遺刻省躬懷舊

不勝感幸太和九年八月八日劍南西川節度觀察處置雲南安撫等使檢校戶部尚書兼成都尹御史大夫宏農縣開國伯楊嗣復記附列者郭勤張洙崔渺李宏休常鋋也

唐贈吏部尚書馮公碑

右碑題云大唐故銀青光祿大夫檢校禮部尚書使持節梓州諸軍事兼梓州刺史御史大夫充劍南東川節度副大使知節度事管內觀察處置靜戎軍等使上柱國長樂縣開國公食邑一千五百戶贈吏部尚書馮公神道碑銘王起撰柳公權書并篆額書法爲公權諸碑中第一自授華州刺史以父諱不拜徙左散騎常侍兼集賢殿學士而後皆殘泐其幸存者證之新舊二史多異如碑云冀州長樂人史云婺州東陽人豈宿之始祖漢光祿勛奉世立功于燕奉世之後文儉爲婺州糾曹掾遂家東陽耶文儉者宿之高祖也五代祖惠大父道儀皆史所遺碑云年廿六舉進士爲兵部侍郎陸贄門入拜北部郎中時爲持權者忌以韓愈切諫迎佛骨表誣宿實爲之出爲歙州刺史舊書與碑同至碑題所謂梓州刺史及劍南川東副大使知節度事即舊書亦未之詳也宿拜河南尹時洛苑使姚文壽縱部下侵欺百姓吏不敢捕宿于大會日遇而杖之死新史尚不之載其闕略亦云多矣子三人圖陶韜皆登進士揚歷清顯新史止錄圖何也序之首云開成元年十二月三日宿薨于東川以明年五月歸塟于京兆萬年崇道鄉白鹿原之先塋則馮氏雖家婺州以宿之貴祖父俱塟咸陽其子孫或有存者豐碑巨碣磨滅殆盡矣

唐光福寺尊勝陁羅經幢二

右幢在吾郡吳縣光福山光福寺前之東唐大中五年五月五日里人王眞善邵昇張揖朱口建并書按寺爲梁天監中建屢廢于火寺前東西二幢皆刊尊勝陁羅尼經在西者惟建碑之歲月可識其餘名字皆磨滅蓋大中六年十二月二十七日也予往來山中三十餘年未識此寺有古碣壬戌十月之望同姪九齡掃墓過此拂拭苔蘚搔剔塵膩見大中二字爲之色喜喜補錄中又得一二親見之幢也

唐楊嗣復題武元衡舊碑詩

右碑云丁巳歲八月祠祭畢因題臨淮公舊碑嗣復詩五言六韻和之者乃劍南東川節度使檢校禮部尚書兼御史大夫楊汝士也按嗣復爲於陵子與裴度柳公綽皆爲武元衡所知汝士爲嗣復族昆弟汝士傳云汝士嗣復分鎮東西川對擁節旄世榮其門考太和八年爲乙卯又二年丁巳則開成二年也

唐國子監石經

右石經今在西安府儒學九經并孝經論語爾雅字樣

等都計六十五萬二百五十二字後云開成二年丁巳歲月次于元日維丁亥書石學生前四門館明經臣艾居晦書石學生前四門館明經臣陳玠書石學生前文學館明經臣字闕四書石官將仕郎守潤州句容縣尉臣段絳校勘兼看書上石官將仕郎守秘書省正字臣栢暠校勘兼看書上石官將仕郎守四門助教臣陳莊士覆定字體官翰林待詔朝議郎權知沔王友上柱國賜緋魚袋臣唐元度校勘官兼知都勘定經書檢校刊勘上石朝議郎守國子毛詩博士上柱國臣章師道朝散大夫守國子司業騎都尉賜緋魚袋臣楊敬之都檢校官銀青光祿大夫字闕十國子祭酒同中書門下平章事

大清宮使監修國史上柱國滎陽郡開國公食邑二千戶臣覃舊唐書開成二年正月中書門下奏起居舍人集賢殿學士周墀監察御史張次宗禮部員外郎孔溫業兵部員外郎集賢殿學士崔球同勘校經典釋文又云宰更令韓泉充詳定石經官新唐書亦列墀等四人而碑不載顧寧人曰文宗紀宰臣判國子祭酒鄭覃進石壁九經一百六十卷時上好文覃以經義啓導折文學之士遂奏置五經博士依漢蔡邕刊碑列于太學創立石壁九經諸儒校正訛謬上又令翰林勒字官唐元度復校字體又乖師法故石經立後數十年名儒皆不窺之以爲蕪累之甚舊史之評如此愚初讀而疑之又見新書無貶詞以爲石壁九經雖不逮古人何遽不賢于寺碑冢碣及得其本而詳校之乃知經中之繆戾非一而劉昫之言不誣也略識于左茲不能盡錄寧人博學多聞考據不苟即石經辨析處一點畫末或輕易放過眞古善讀書人也惜相去數千里不能縮地就正之

唐中書門下國子監牒

右牒係國子監奏覆定石經字體官翰林待詔唐元度狀准太和七年十二月五日勘定九經字體者今所詳覆多依司業張參五經文字爲准云云蓋因古今篆隸體異鶩俗而近代文字傳寫乖訛故此狀又云與校勘官商較是非取其適中纂錄爲新加九經字樣一卷請

附于五經文字之末奉敕宜依後云開成二年八月十二日中書門下牒按九經字樣一卷凡七十六部四百二十一字此唐元度所定也劉禹錫國學新脩五經壁記云大歷中名儒張參爲國子司業始詳定五經書于論堂又云積六十載崩剝汚蔑泯然不鮮今天子尚文章而祭酒皡博士公肅再新壁書懲前土塗不克以壽乃析堅木負墉而比之又云申命國子能通書法者分章揆日懸其業而繕寫焉則唐之刻五經也自土塗而木板自木版而石壁凡三易矣禹錫稱參爲名儒而唐書無傳此記當作于太和中而祭酒皡博士公肅皆缺其姓古人之湮沒者可勝道哉

唐故天水姜夫人墓誌

右碑額云大唐故新平公主女姜夫人墓誌序云大唐故駙馬都尉天水姜慶初女適故殿中侍御史劉元質按新平公主爲元宗之女下嫁裴玪又嫁姜慶初其女適劉應云劉氏姜夫人而額冠以新平豈女以母貴可不必從夫也耶

唐太尉李光顔碑

右碑題云唐故河東節度觀察處置等使開府儀同三司守司徒兼侍中太原尹北都留守贈太尉李公神道碑河東節度觀察處置等使金紫光祿大夫檢校吏部尚書同中書門下平章事兼太原尹北都留守上柱國彭原郡開國公食邑三千戶李程譔夏綏銀宥等州觀察判官登仕郎監察御史裏行雲騎尉郭虔書序云相國晉公之文書公盛績永誌元堂今之甄述得以略焉光顔之傳視其兄加詳功烈偉矣碑之所述其大凡耳雖有裴晉公文不應若是之略但傳云年六十六而碑則六十五子昌元扶元繼元誠元建元興元榮元奉元播元安元卒于寶歷二年葬于三年碑立于開成五年刻字者翟文制也書倣顔柳而無其跡洵爲上品

唐寂照和上碑

右碑題云大唐安國寺故内外臨壇大德寂照和上碑銘宣德郎守秘書省著作郎充集賢殿脩撰上柱國段成式撰少華山樹谷僧無可書處士顧元篆額開成六年正月六日建刻玉册官李郢刻字碑文險怪用内典字極夥樊宗師之流亞也有云西方聖人設戒二百五十魏書釋老志爲沙門者初修十誡而終于二百五十則具足成大僧婦人道者曰比邱尼其誡至于五百隨事增數在于防心攝身正口古之僧尼未有不從律戒入者今則以禪悟爲上乘置戒律于不復道矣書特峭拔秀勁學柳誠懸而姿態過之碑在咸陽西馬跑泉地中武功康子秀遇而識之樹于道傍子秀康對山海之子也

唐尊勝呪石幢

右石幢在西洞庭山包山寺前之左唐會昌元年建沙門契元書書侶張從申徐浩頗不俗吳下古碑絶少此幢在荒山斷澗中惜未有知而搨之者摩挲久之不能去云

唐重藏舍利記

右碑題云重藏舍利記采師倫書會昌六年九月立記云隨仁壽四年幽州刺史竇抗于智泉寺創木浮圖五級安舍利于其下寺爲後魏元象中幽州刺史尉萇命所造號尉使君寺後改爲智果寺唐則天時改爲大雲寺開元中又改爲龍興寺太和甲戌歲八月廿日火延寺浮圖颯爲烟燼會昌乙丑佛寺盡廢毀節制司空清

源張公推赦于管內留寺一所明年有制度凡三十人秋八月廿一日于浮圖下得石函寶瓶舍利六粒九月廿八日藏之樓記有今丙寅八月之語以長歷考之丙寅爲會昌六年此記在憫忠寺所謂憫忠高閣去天一握是也

唐韋讙浯溪題名

右永州浯溪題云太僕卿分司東都韋讙大中二年過此余太和中以中書舍人謫康州逮今十六年去冬楚州刺史今年二月有桂林之命纔經數月又蒙除替行次靈川聞改此官分司優閑誠爲忝幸按史讙仕累中書舍人與李德裕善李宗閔惡之德裕罷相貶爲明州

長史終桂觀察使以題名證之乃自中書謫康又不終于桂新唐書之誤也由大中二年逆數十六年前爲太和七年是時德裕當國八年十一月罷相不知讙之被謫坐何事也

唐周公祠靈泉頌

右碑題低二字云鳳翔府岐山縣鳳棲鄉周公祠靈泉頌碑係鳳翔節度崔珙所上附宣宗批答手詔及珙謝表後云大中二年十一月廿日鳳翔隴州節度觀察處置等使銀青光祿大夫檢校尚書右僕射兼鳳翔里御史大夫安平郡開國公食邑二千戶崔珙狀新唐書珙傳宣宗立以太子賓客分司東都起爲鳳翔節度使正在大中初年珙具奏靈泉之日何爲削其封郡食邑舊書所載與碑同夫靈泉係涸而復通者乃過爲褒頌勒石紀銘唐末大臣諂諛成風朝廷反加獎勵論世者能無慨嘆耶

唐衡州記

右衡州記刺史李侗于大中四年立無書撰人姓名必侗所作也記言侗爲刺史治郡署立通門刻石記其封域所由來至云衡陽當五領門領卽嶺字其說互有同異裴潛以大庾始安揭陽桂陽爲五嶺陸機請伐鼓五嶺表道九真則以南康始安臨賀爲北嶺臨漳寧浦爲南嶺五都界內各有一嶺以隔南北之水俱通南越俱

與潛說相近至于徐廣雜記以剡松陽建安康樂爲五嶺而鄧明德又云五嶺皆在南康者謬甚卽韓康伯以晉興所統南移大營九岡爲五嶺之數者亦謬此云衡州當五嶺之門戶也

唐顏魯公事蹟敘

右敘在宋州八關齋會記石幢後幢爲顏魯公書立于大歷七年會昌中有詔大毀佛寺此幢尋廢宋州刺史崔倬訪求前賢事蹟郡從事涂君因言此幢石久湮沕文義乖絕得原模本于前刺史唐氏之家爲之補書云云則今之屹然垂後者乃崔君補書之幢而殘缺處猶多八關齋于顏書後詳著之茲不具錄

唐宣州重建小廳記

右碑題云大唐宣州重建小廳記沈顏撰乾寧二年九月八日記有云宏農王方作肥水又云宏農允惆是誠按宏農王者楊行密也行密之進爵爲王不見于紀傳但光啓二年三月朱全忠爲沛郡王大順二年二月李克用爲隴西郡王景福元年董昌爲隴西郡王皆在乾寧以前安有行密之爵反下于全忠克用諸人者其後楊渥亦授宏農郡王本于父爵可知已況顏爲吳臣殆可信勿疑也則此碑可補史傳之缺

唐包山寺陁羅尼幢

石幢經後序云吳郡信士陸珣身爲居士心慕覺王加

減高低重修樹立咸通四年歲次癸未四月二十二日建列妻子助緣人姓名中有畫人甘貞想以幢蓋有佛像而及之也予過包山寺見五幢二在山門外之左右爲最大二在天王殿前此其一也其一最小在僧寮內

金石錄補卷二十

金石錄補卷二十一 跋尾

崑山葉奕苞九來著

唐張曙擊甌賦

唐孫府君神道碑

唐李白酒樓記

唐勑買莊宅牒并記

右牒題云敕內莊宅使牒牒云萬年縣滻川鄉陳郵安國寺金經臺一所及地畝准敕出賣價錢納訖其莊交割分付仍貼買人知任判牒爲憑又署判官內僕局承彭泐副使內府局令賜緋泐劉行宣使兼鴻臚禮賓等使知泐田紹宗又云其價錢入門恐是僧正言衣鉢所出云云大中五年正月十三日承泐記按萬年爲京兆府畿縣長安志萬年有洪固龍首少陵白鹿薄陵東陵苑東七鄉而無滻州鄉安國寺在皇城外朱雀街東第一坊爲睿宗藩邸舊宅景雲元年立爲寺以所封安國爲名原屬萬年治內此牒係安國寺僧正言出價承買後列俗弟子姓名若今之市劵也當時十六宅各有莊地以內官主之所謂莊宅使也

唐杜順和上行記

右碑題云大唐華嚴寺杜順和上行記鄉貢進士杜殷讓朝議郎試左武衛長史上柱國董景仁書大中六年泐月二十四日記鐫玉册官邵建初刻碑文不足觀景仁行書淸勁絕俗存之按神僧傳法順姓杜氏雍州萬年人碑云京兆人與傳合僧冠以姓與裴大智碑相似而朱長文碑帖考又有華嚴寺法順大師碑許康佐書此碑今在長安縣開佛寺中

唐閻遷新社記

右新社記濮陽宁撰其文云大中十年夏六月關西公命遷社于州城凡築四壇社稷廣倍丈有五尺高倍尺有五寸主以石風師廣丈有五尺高尺有五寸雨師廣丈而高尺云云唐時州縣社稷皆有主惟此碑見之唐書楊發自蘇州刺史爲福建觀察使至大中十二年遷嶺南節度以歲月推之關西公者楊發也愚按今之郡縣即古之矦封皆得制社傳曰國無大故不遷社關西公不請于天子而自命遷社何耶況遷社爲何等事而記中止稱關西公不書名當時賓從謟佞爲可笑矣

唐陁羅尼經碑

右碑題云佛頂尊勝陁羅尼經大中十一年三月建後云男內莊宅使判官王公稚次男內養登仕郎王齊㮚爲先代婆父亾妣敬立按長安志驪山圖皆有婆父聖磴在天華宮下石婆父墓在露臺祠東建陵中有石婆父廟而無註不得二字之解

唐魯府君墓誌銘

右誌銘題云唐故某州刺史銀青光祿大夫上柱國衛尉卿兼監察御史扶風魯府君墓誌銘銀青光祿大夫檢校太子賓客劉可度撰并書序云君諱某字宗源扶

風人徙家于燕今爲燕人唐左領軍大將軍兼御史大夫南陽郡公曰炅至德初驟獻忠略敺挫羣兇克復宗社尋加戶部尚書兼鄭潁節度使府君之四代祖也按新舊唐書炅傳互有同異新傳云安祿山反拜上洛太守將行于帝前畫攻守勢卽碑所謂驟獻忠略也而舊傳略之新傳遷南陽太守兼防禦使封金鄉縣公舊傳不載炅策勛行賞詔中詔曰特進太僕卿南陽郡公兼御史大夫權知襄陽節度事上柱國金鄉縣公魯炅可開府儀同三司兼御史大夫封岐國公兼京兆尹新傳止云封岐國公舊傳乾元元年兼鄭州刺史充鄭陳潁亳等州節度使上元二年爲淮西襄陽節度使鄧州刺史新傳云乾元元年又加淮西節度使鄧州刺史其脫落多矣且淮西節度在上元中而即註于乾元元年之下視舊傳紕繆殊甚然兩傳俱無加工部尚書其右領軍碑爲左領軍當以碑爲信碑云魯君有三子皆貴一女適清河張公貞爲名族以大中十一年卒某州諱某二某字以紙斷爛故

唐崑山石井欄遺字

右石井欄在予舍西鄰爲顧相公廢圃後屬葛今屬陳從池中旱後得之八角皆有字已鑱去矣止存唐大中十二年二月初七日及次角內鄭貞二字制極壯偉與景德寺前井欄相類未知此圖有井耶抑從他處移至而湮沒耶唐宣宗大中十二年歲在戊寅至今康熙庚申爲八百一十九年石理如新字畫未蝕惜爲庸夫劚削致此舊物失其出處而鄭貞何幸獨存姓名于天壤間予特以一金贖之將歸薦嚴寺常住云

唐吏部題名石柱

右石柱題名自唐初迄宣宗諸名臣多在焉　大中十二年十一月書鐫上石柱柱八面每面爲三段或四段曰左司郎中曰左司員外郎曰吏部郎中曰吏部員外郎曰司封郎中曰司封員外郎曰司勳郎中曰司勛員外郎曰考功郎中曰考功員外郎曰戶部郎中曰戶部員外郎曰度支郎中曰度支員外郎曰金部郎中曰金部員外郎曰倉部郎中曰倉部員外郎曰禮部郎中曰禮部員外郎曰祠部郎中曰祠部員外郎曰膳部郎中曰膳部員外郎曰主客郎中曰主客員外郎按唐制六部二十四司以左右丞分領之左右司爲之副此皆左丞之屬題名不及左丞者自五品以下也郎中改隋諸司員外郎改隋承務郎在武德元年而貞觀龍朔永昌神龍中或改或省或復寘此皆從舊制也愚意右丞所屬必別有石柱今不可得矣此柱在西安府文廟門內

唐鄭府君夫人崔氏合葬誌

右誌題云唐故滎陽鄭府君夫人博陵崔氏合祔墓誌

銘給事郎試太常寺奉禮郎攝衞州司法參軍秦貫纂無書人姓名叙云恒字伯常試太常寺協律郎高祖世斌新鄭縣開國男曾祖元嘉祖有年皆襲封考操賢魏州昌樂朝城縣令君之夫人博陵崔氏令門淸族內則可師子六人頊珮瑾玘瑠琬咸繼遺芳克修至行以大中十二年合祔府君夫人于先塋之側云云孫北海侍郎云萬歷初年此誌石出于石門土中其文其書非唐人佳者以伯常令族崔氏淑德當日著會眞記者何乃造此犁舌業耶按鄭恒姓氏偶見于西廂傳奇世遂以此碑爲鶯鶯崔氏夫婦之誌宋王銍辨張子野詩云詩人老去鶯鶯在註言張生卽張籍爲謬乃元微之託而

云朕引微之所作姨母鄭氏誌云其旣喪夫遭亂軍微之爲保護其家備至與傳奇之言合而元氏古豔詩中春詞二首皆隱鶯字或隱作雙文以二鶯字爲雙文也予考微之陸氏姊誌云外祖父授睦州刺史鄭濟白樂天作微之母鄭夫人誌亦言鄭濟女則鶯鶯者乃崔鵬之女于微之爲中表會眞記果爲微之所託何疑此碑未詳崔氏家系豈必卽爲鶯鶯況會眞記雖謂鶯鶯委身于人未嘗言某氏王實甫關漢卿所作乃烏有之辭也今以碑中名姓適與烏有之辭同而恒配又適與鶯鶯之氏同遂欲舉而實之恐失古人闕疑之義予故詳錄而辨焉王山史曰崔鶯鶯鄭恒夫人也恒字行甫碑爲衞州參軍陳貫纂述成化間出于舊魏縣廢冢恒之字貫之姓與此碑不同未知山史何據卽以此崔氏爲鶯鶯也予在都門與山史游最久未嘗及此碑爲質次耒了事後過吳門遇山史示金石史跋此碑甚詳山史名宏撰華陰人

唐法雲禪院碑

右碑題云唐蘇州華亭縣顧亭林市新創法雲禪院記大中十四年十月廿五日吳興沈珹述并書今在松江亭林鎭法雲精舍石蓮房其地近顧野王冢又于寺基見斷碑曰寺南高基顧野王曾于此脩輿地志凡十四字故市名有顧字碑陰載慶歷七年重修伽藍神梁賢

顧君祠堂僧靈鑑爲脩神詩序云寄顧亭林法雲精舍云云則今之市鎭去顧字者爲俗人忘其所自也

唐王亘鏞碑

右碑翰林學士中散大夫守中書舍人劉瑑撰先石林公燕語云唐翰林學士結銜或在官上或在官下無定制如太和中李藏用碑云中散大夫守尚書戶部侍郎知制誥翰林學士王源中撰則在官下與此碑異而瑑不稱知制誥殊不可曉不應當時官名升降厖雜乃爾也

唐主簿范隋告

右告告身也首一行云將仕郞知幽州良鄉主簿范隋

次行云右可柱國三行云敕朝散大夫尚書水部郎中穆栖梧云云行慶策勳于是乎在可依前件四行云咸通二年六月十一日後三行低六字平列檢校司徒兼中書令使爲一行中書侍郎兼工部尚書平章事臣杜審權宣奉爲一行駕部郎中知制誥臣王鐸行爲一行奉字爲一行又敕如右牒到奉行爲一行又咸通二年六月十一日爲一行後三行與咸字平列檢校司徒兼侍中使爲一行左僕射兼門下侍郎平章事悰爲一行給事中三字爲一行無姓名又云告將仕郎前權知幽州良鄉縣主簿柱國范隋奉爲一行又敕如右符到奉行爲一行後列員外郎其下三行平列主事吳亮令史楊

鴻書令史姓名缺後云咸通二年六月　日下此碑嘗刻在朱性甫鐵綱珊瑚集中唐司封掌官吏勳級十二轉爲一柱國据此先書官秩可加何勳繼以敕命敘其才能功績合諸人于一敕王言不能單及也牒至中書門下加以告諸本人謂之曰符使信驗也唐制如此詳錄之以備參考悰者杜悰也宰相例不著姓而審權著姓殊不可解肰宰相表審權爲中書侍郎兼工部尚書在元年九月不帶平章事二年無審權名字與此告異者表之漏也

唐尊勝陁羅尼經

右尊勝幢前有序宣義郎前建州司戶參軍劉鏞書無撰序姓名後有朝議郎使持節漳州諸軍事崔袞立則此碑在閩中今秦陝石幢皆書此經出自唐人名手此碑建于咸通四年八月鐫字人湯惟晟又作八分書唐自太宗命三藏求取心經後異方之人必貢經典迎入内殿内外臣子以營創古寺剃度僧人爲例譬之漢興以秦焚書下令訪求則諸儒僞作以應書已盡而書愈多六經之旨晦矣唐時翻經何以異此韓吏部所以有火其書之說乎

唐修文宣王廟碑

右碑題云新修曲阜縣文宣王廟記攝鄆曹濮等州館驛巡官鄉貢進士賈防撰無書人姓名後附鄆濮等州

觀察使孔温裕請修廟奏及中書門下牒鄆濮觀察使奉敕牒咸通十一年三月十日建記云温裕夫子三十九代孫魯國公也蓋兖州非温裕本境雖出俸貲必由奏請唐之制也按百官志下之達上其制有六曰表狀牋奏辭牒諸司相質其制有三曰關刺移中書門下似應以相質者報温裕而亦云牒者據温裕所奏牒于上得敕而後下之也歐公讀漢孔廟卒史碑知三公奏事與諸司異以爲集古未嘗無益余于此碑亦云左傳王子朝之亂晉命諸侯輸周粟宋樂大心不可晉士伯折之乃受牒而歸此行牒之始也

唐碧落碑釋文

右碧落碑釋文鄭承規書咸通十一年七月六日立按碧落碑在絳州其書雜出頡籀鐘鼎款識非釋文莫之辨也碑名有數說叚成式謂碑中有碧落二字故名而李肇則以爲碧落乃觀名也李漢謂終于碧落字故名而歐陽公則以爲其宮有碧落尊像文刻像背而名之也董逌攷其地原名碧落觀改龍興宮則李肇之說爲有據其文唐宗室李譔撰或以爲陳惟玉書或以爲李譔書或以爲譔自書洛中紀異錄又云刺史李諶爲母房太妃追薦造像成有二道士來請書之閉戶三日化二白鶴飛去其說似誕董弅云原刻石像背州將以不便摹搨別刻置廟中與歐說及紀異錄相符碑云有唐五十三禩歲集敦牂歐陽公謂爲高宗總章三年而趙德甫云咸亨元年考之史總章三年三月改元咸亨也趙氏遺此釋文遂以爲大篆當時罕見矣有稱說者誤矣

唐臥龍寺大悲陁羅尼經

右碑題云千手千眼觀世音菩薩廣大圓滿無礙大悲陁羅尼咸通十二季孟春弟子王元諗建吾邑張孝廉鴻一曰觀世音以佛出世時應跡西乾現菩薩身助揚佛化實則過去古佛號正法明蓋影響化儀法爾如是互爲主伴大轉法輪凡普賢文殊諸菩薩皆然又不獨觀音也亦名觀自在華嚴經偈云勇猛丈夫觀自在世稱爲女人者齊東之論如經所稱三十二應若凡若聖若男若女隨類現身同時攝化又何獨女人也楞嚴圓通章云八萬四千清淨寶目八萬四千母陁羅臂實則盡大地皆是菩薩手眼碑云千手千眼據成數而言猶約畧之詞也

唐孫自牧校勘石經題名

右題名在五經文字三卷之末云乾符三年孫毛詩博士自牧以家本重校勘定七月十八日書刻字人魚宗會顧寧人曰其字別體與朱梁所刻相類而本文不同當是開成中所刻其中有磨改者意自牧所爲也

唐李義先孔林石臺題名

右題名在夫子墓前石臺下殘泐過半可見者乾符丁酉歲正月十七日奉詔祭東岳迴祇謁先聖節度判官兼殿中侍御史李義先其餘尚存十餘字不成文矣昔孔子歿弟子于冢前以瓴甓爲壇方六尺至漢永壽元年魯相韓勑易之以石方三尺凡四十有九四面向外者俱有題名而剝落已盡此爲東南角第一石苞叩謁俯首見隱隱有字跡呼張太和搨之張曰某搨碑四十年未嘗及此石今日開生面矣乾符二字幾不可識以唐歷考之凡丁酉五細審字形則乾符四年也

唐黃府君墓誌銘

右碑題云唐故處士江夏黃府君墓誌銘并序鄉貢進

士張珪撰府君諱公佽字子彥以乾符五年十月歿于義興縣善拳鄉按宜興有善卷洞在國山西南拳與卷說文异解雖卷有先韻　未嘗與拳字通也此云善拳鄉非卽善卷洞之鄉耶俟與宜興友人陳其年問之

唐張府君墓誌銘

右碑題云唐故宣義郎侍御史內供奉知鹽鐵嘉興監事張府君墓誌銘并序前荆南觀察支使將仕郎試詹事府司直泐蒙撰無書人姓名府君諱中立其先范陽人司空華十五世孫而翰林侍書懷瓌之曾孫懷瓌與兄懷瓘皆以能書著名中立于乾符六年卒于常州義興之私第卽以其年四月葬于許墅村之南娶汝南周

氏歷官武進尉麗水令永康宰以左丞韋公薦爲臺主簿有韋公卽君之親外丈人之語讀者似不可解按史記刺客傳註小司馬引劉氏云丈人謂主人翁也又韋昭云古者名男子爲丈夫尊婦嫗爲丈人故漢書宣元六王傳所云丈人謂淮陽憲王外王母卽張博母也此云親外丈人必張爲韋氏之所自出然亦長者之通稱如杜少陵詩題寄韋尹丈人之類自俗子呼婦翁爲丈人故今日詩文中不常用此二字至以泰山有丈人峰轉呼婦翁爲泰山者尤可笑也

唐張曙擊甌賦

右張曙擊甌賦序云宋玉九辯曰悼余生之不時今余不時也甲辰竄身巴南避許潰師郡刺史甚懽接春一日登郡東樓下臨巴江饌酒簇樂以相爲娛言間有馬處士末至善擊甌者運動節奏出鬼入神太守請余賦之按賦共六百餘言皆警句也曙于樽俎頃刻閒作此等大篇文字而姚鉉所編唐文粹及文苑英華唐人花木音樂賦俱失載甌小盆也俗呼盌之深者爲甌擊甌爲戲豈卽鼓缶之遺意耶碑在巴州郡樓下予于甲午歲見碑刻于江寧承恩寺前吾邑陸進士鑑近爲巴州守歸問之云樓已倒塌碑亦殘泐不可拓矣惜哉賦載學齋佔畢中

唐孫府君神道碑

右碑潁川參軍孫照撰敘孫氏得姓自衛武公之子惠孫而詳列康叔以下較史記世家考伯卒子嗣伯立碑遺嗣伯一人府君諱士林字茂卿幽州內衙副將試殿中監去官佞佛之流也碑立于光啓四年五月自夫人而下新婦孫新婦姪男新婦姪孫新婦孫女無不載凡唐碑偶列刻字人而不及造碑者此有造碑人陳闕亦僅見也書法甚朴勁眞行草閒出爲可異焉

唐李白酒樓記

右記沈光撰篆書在今濟寧州南城上予于戊午八月奉薦赴京師便道訪仲兄次日登南城樓憺倚雉堞俯視南池遥想李杜雖往遺跡猶在令人慨慕不絕不止

地勝固以入重也此碑在破壁閒積穢不可近請家兄出之磨洗竟日始得句讀其文起語云有唐咸通辛巳正月壬午吳興沈光過任城題李白酒樓極言酒之能弱強夷險甘毒柔猛而歎白雖不遇獨斯樓也廣不過數席瓦缺椽蠹雖樵兒牧豎過亦指之曰李白常醉于此文頗詭而健家兄見予摩挲不已呼曲阜拓碑人至搨數本而歸兼有修葺斯樓之意蓋自予發之云

右太白酒樓記唐沈光撰書則元人楊桓所篆也碑後題云至元癸巳揚桓書監州朝城冀泰知州眞定董珪同知泗原劉庭玉州判陽穀和洽同立石九來先生收入唐碑錄内豈未之見耶抑以唐人文桓之書而錄之耶桓精于篆學著六書統二十卷是碑之驗入少溫庚公碑之室矣漢蜀楊氏有兩族子雲之揚從手是碑篆从出其子雲後人乎戊戌夏五晉齋識

元史本傳桓字武子兗州人由濟寧路教授名爲太史院校書郎至元三十一年拜監察御史成宗即位陞祕書少監博覽羣籍尤精篆隸之學著六書統六書泝源書學正韻行於世是日又書

金石錄補卷二十一

金石錄補卷二十二跋尾　崑山葉奕苞九來著

唐池州銅陵縣孚貺侯廟碑

唐戴府君墓誌

唐李克用題名

唐孫府君神道碑 跋見前卷

唐中書門下江西觀察使牒

唐重藏舍利記

唐宣州重建小廳記 跋見前廿卷

唐濟安侯廟記

唐王審知德政碑

唐棲霞寺碑

唐乾陵石人姓名一

唐乾陵石人姓名二

唐宗聖觀主尹文操碑

唐鄭萬鈞草書心經

唐淸淨經

唐虎邱劍池二碑

唐杜牧之贈張好好詩

唐景昭大法師碑 與十七卷複出

唐陳居士殘碑

唐褚遂良潭州斷碑

唐心經序

唐玉枕蘭亭敘

唐虢國公揚花臺銘

唐楊師謀題名

唐池州銅陵縣孚貺侯廟碑

右碑云勑宣歙池等州都團練觀察使牒當道先准詔旨許行墨勑授管內諸州有功刺史大將等憲官具件如後晉朝故晉陽太守兼揚州長史張寬牒奉處分當道先准詔旨許行墨勑獎勸功勳雖幽顯不同而褒昇一致又云軍都頭請是行權制謹議褒贈游擊將軍宣州都督後云中和二年闕又云使檢校工部尚書兼御

史大夫裴押案此則唐時藩鎮得行墨勑申言晉張寬事例以示墨敕非始于唐也斜封墨勑出于臣下不止錄人而以褒神尤爲僭竊之漸孚貺侯無姓名不知爲何人而裴字下無名有押相傳以爲裴休非也

唐戴府君墓誌

右碑序云府君諱芳魯國郡人溫良儉讓志惟清雅琴酒不仕春秋六十三中和三年八月廿五日終其年季冬之月初五日窆于吳郡東南華亭縣北廿二里去張管墩五里先治鄉城山里進賢護洞涇西一百卌十步新宅之東南凡碑誌葬地未有如此之詳者銘詩有是誰書雙鯉魚是誰讀雙白鵠之語尤爲奇創

唐李克用題名

右李克用題云河東節度使檢校太保同中書門下平章事隴西郡王李克用以幽鎮侵擾中山領蕃漢步騎五十萬衆親來救援與易定司空同伸祈禱翌日過常山問罪時中和五年二月廿一日克用記又一行云易定節度使檢校司空王處存看題後云至三月十七日已幽州請就和斷遂却班師再謁晬容兼申賽謝便取飛狐路却歸河東廿一日克用重記按中和五年即光啟元年僖宗以二月至鳳翔三月還京改元之詔未下也五代史不及克用援處存事而見于唐書李茂勳傳並克用與處存厚相結李可舉惡其將窺山東遣李全

忠圍易州以王鎔攻無極揚言易定本燕趙屬得其地且參有之處存求援太原克用自將赴之鎮人懼退保新城克用急攻之鎔引去追破之九門並未言及幽州請和也然傳中止云鎮人懼而不及幽州則請和可知矣又按通鑑載克用遣將康君立救之而題名則云領蕃漢步騎五十萬衆親來救援與通鑑異是時唐綱不振藩鎮橫行自相攻擊不奉朝命克用大書深刻略無顧忌如此豈知千百年後有指而詬詈之者乎

唐中書門下下江西觀察使牒

右碑云光啟三年十一月中書門下牒江西觀察使其後列銜者二十四人曰中書侍郎兼兵部尚書平章事

杜遜能門下侍郎兼吏部尚書平章事孔緯又檢校僕射一人檢校司空二人檢校司徒八人檢校太保三人檢校太傅一人檢校太尉二人檢校太師一人皆帶平章事書姓太保中書令昭度不書姓檢校太師兼侍中一人太師兼中書令一人亦不書姓除杜孔韋三正相之外餘皆小書使字葢使相也又有節度鍾傳兩牒字畫端勁有法非臺省吏所書二十一人者乃張濬朱玫李福李可舉李罕之陳敬瑄王處存王徽曹誠李康威李茂正王重榮楊守亮王鎔樂彥禎朱全忠張全義拓跋思恭時溥王鐸高駢也按僖宗紀及實錄自三相與思恭彥禎溥濬全忠茂正諸人外如李克用朱瑄王行

瑜皆是時使相不應遺其名而朱玫王鐸王重榮李福皆已死所謂太師中書令者史策不載惟陳敬瑄檢校此官最後者其是歟他皆不可究質矣

唐重藏舍利記

右碑題云唐重藏舍利記題下空處有葬舍利僧復嚴六字景福元年十二月十八日記僧守因鐫街內殿講論兼應制大德沙門南叙述僧知常書按此即前會昌六年重藏之舍利而遷于閣內也聞舍利爲高僧荼毘後所遺光彩熒耀其質如石崇禎末先大夫觀阿育王舍利其色微黃大如小豆客皆稱賀葢舍利神異各隨其人之福量而爲之大小紅白無一定之形色先兄亦至阿育王寺觀舍利色微量而卒于亂中先大夫年八十有六無病預知時至坐而遷化亦足見其神異已

唐宣州重建小廳記跋見前卷

唐濟安侯廟記

右碑諫議大夫李巨川撰拾遺柳懷素書大唐光化二年四月立碑在華州按碑唐昭宗自華還京改華州爲興德府封少華山神爲佑順侯華州城隍爲濟安侯此文述韓建之功稱太傅許國公而不名褒建而及于城隍神也朱彝尊曰巨川爲建掌書記撰許國公勤王錄以媚建方昭宗幸華建請誅李筠圍十六王宅皆巨川教之後爲朱全忠所殺新唐書附叛臣之列

唐王審知德政碑

右碑額篆書云敕賜琅琊郡王德政碑題云大唐威武軍節度福建管內觀察使處置三司發運等使特進檢校太保同中書門下平章事使持節福州都督諸軍事兼福州刺史上柱國琅琊郡王食邑泐戶食實封一百戶王審知德政碑并序銀青光祿大夫行尚書禮部侍郎上柱國臣于兢奉敕撰將仕郎守京兆府鄠縣尉直宏文館臣王倜書天祐三年丙寅閏十二月一日准敕建立鐫字節度討擊使兼御史中丞臧允接天祐三年錢鏐楊渥朱全忠李克用攻陷州郡節度刺史皆叛附之審知立碑奉勅猶書正朔雖曰具文然有不可掩者

歐公以審知列世家爲其不終爲唐臣而又非鏐渥全忠克用之叛盩與之也予就碑書題則直以審知爲唐臣而已又按乾寧四年潮卒審知代立碑云三年潮遘疾付臣軍旅史或誤也碑載曾祖友名王父玉（玉字下缺一畫）仲兄審邽（圭字下缺一畫）皆史所遺史云固始人碑云瑯琊人觀其郡封碑可信矣碑高二丈餘極穹偉間有一二殘泐尚精好唐共十六帝金石録闕哀宗天祐予得是碑補入以志快焉

唐棲霞寺碑

右碑記云陳侍中尚書令宣惠將軍參掌選事菩薩戒弟子湝陽江總持撰陳翊前會稽王行叅軍京兆韋霈

書賜紫沙門有朋篆額碑後有宋康定元年跋云此碑經唐會昌中毀廢重立至今石斷文缺寺僧契元捨貲購石依本再建刻字袁文雅按碑題之次列書撰人官秩姓名無更書國號者此曰陳侍中必爲唐人所加㪚唐明崇儼爲梁山賓三世孫碑中齊居士明僧紹卽山賓之父崇儼碑鋪揚祖父于攝山高隱至會昌重建斷碑而加之也王象之輿地碑記載此碑曰唐棲霞寺記陳江總撰高宗御書額故予姑置于唐碑中然此碑云沙門有朋篆額而非高宗何也總持爲江總之字豈以字行耶宣惠將軍加于後主至德四年去陳之亡不遠豈此碑立于開皇之初總持不忘故國而書之耶然予

有陳伏波將軍誌立于開皇中者其碑題書曰前陳此無前字非隋時立明矣

唐曹汾題東林寺詩

右絶句一首刻在曇珽碑陰題曰去東林寺詩曰峯頭不住起孤烟池上相留有白蓮塵網分明知束縛要須騎馬別雲泉會昌三年秘書省正字曹汾題按汾開成四年崔蠡下進士後爲中書舍人戸部侍郎忠武軍節度使乃丞相確之弟也

唐乾陵石人姓名

右姓名在唐高宗乾陵石人背上順治已丑之春予偶檢從兄畹若書簏中閱先文莊所遺碑刻得兩紙各長

二尺許字濶二寸一曰吐蕃大酋贊婆一曰十姓可汗阿史那元慶適休寧族人石農翁至示之石農曰此唐太宗陵上石人蕃酋姓名也華亭陳徵君藏宋搨碑刻甚多歿後散亡畧盡而予于徵君之孫齋中見大兩幅一則蔡京所書元祐黨人碑一則蕃酋姓名幾四五十人當以酒兩甕爲君易之别去三年石農再至貽我一卷乃抄録黨人及蕃酋姓名也問其原碑果爲他人攫去而徵君之孫祇博一夕醉耳録此卷者已許石農換酒姑以是示不負云又十年予爲録補而從兄前卒贊婆兩紙亦失之矣及考唐陵園記宋游師雄唐陵圖趙楷記而知石農所謂蕃酋姓名者乃高宗乾陵而非太

宗之昭陵也太宗貞觀中以諸蕃君長琢石肖形止十四人惟乾陵之葬諸蕃來助者衆武后錄其酋長六十一人勒之琬琰皆以姓名刻在石人之背立乾陵獻殿之前左蕃酋二十九人右蕃酋三十二人元祐中游師雄以石人姓名漫滅訪奉天縣舊家所藏搨本完好者摹刻四碑每碑十六人各寫其衣冠像貌元至正中進士張敏編長安圖志已亡其一而三碑殘缺之餘存三十八人陳氏所藏卽游公重勒之碑從兄所藏乃石人背上原刻也趙氏昭陵六馬圖贊跋云諸降將名字乃殷仲容書附于卷末故于補錄乾陵蕃酋姓名無使其不聞于世卽游公勒碑之意也口都少卿穆使西記云

乾陵石人爲回紇狀者六十有四與游碑合

唐乾陵石人姓名

游公四碑左第一碑亡左第二碑十八人故左威衛大將軍兼金微都督僕固乞突左威衛將軍字缺二都督鼠尼施處毒勤德右領軍將軍兼于泉都督泥步設小阿悉吉度悉波故左威衛大將軍兼燕然大都督葛塞匐故右威衛將軍兼潔山都督突騎施傍靳故右衛將軍兼頡字闕一都督拔密幹藍羡故左武衛將軍兼雙河字闕四舍提欲護斯故左威衛大將軍兼匐延都督處木昆律啜阿史那盎路故右金吾將軍兼俱蘭都督闞傍汗阿悉首那靳大首領可汗頡利發闕右第一碑十二人故大可汗驃騎大將軍行左威衛大將軍昆陵都護阿史那彌射故右驍衛大將軍兼龜茲都督龜茲王白素稽故右武衛將軍兼字闕一龜茲字闕一白回地羅徽疎勒王裴夷揵密施康居王泥涅師十姓可汗阿史那斛瑟羅吐谷渾青海王駙馬都尉慕容諾曷鉢右驍衛大將軍兼波斯都督波斯王卑路斯十姓可汗阿史那元慶吐谷渾樂字闕一徒耶鉢于闐王尉遲琡吐谷字闕三子石忽那右第二碑十四人故左武衛大將軍字闕二十姓衛官大首領吐屯社利波斯大首領南昧木俱罕字闕二斯陁勒左威衛大將軍兼堅昆都督結贊蠶匐盾莫賀咄吐蕃使夫論悉曩然吐谷羅葉護咄伽十姓大首領監泊

都督阿史那忠節右金吾衛大將軍兼本洵都督五姓囚麴葉護昆職默啜使移力貪开達干播仙城字闕一河伏帝延吐蕃大酋長贊婆默啜使葛邏嗔達于龜茲大首領那力自阿力碎葉川刺史安車鼻施按諸酋姓名見于唐史者數人皆助祭之臣故史官不能詳記也唐之治不及兩漢而土地之廣雖三代無以過焉太宗嘗謂房元齡等曰曩之一天下克勝四方者惟秦皇漢武耳朕提三尺劒定四海遠夷率服不減二君然彼末路不自保公等宜相輔弼毋進諛言置朕于危亡也審如是太宗可謂明主矣而自營昭陵琢降將以夸示來世又何也武后效尤亦刋像乾陵元宗繼之淫亂頻承唐

祚始弱然碑中所見皆東西與北諸國之人南詔在海外無廣土堅城王師不能時至無積威未必有深怨而唐之亡也反以南詔所謂禍叢于所忽信已要之窮兵及遠本人主好勝一念啟之漢文賜南越王几杖豈力不足哉亦有所不爲耳

唐宗聖觀主尹文操碑

右碑員半千撰八分書無書人姓名趙崡曰叙文操游太白覩異像以爲奇益太白名山至今多見靈異不足奇也至謂老子降于壇間萬衆共睹則近誕矣

唐鄭萬鈞草書心經

右心經石刻世謂右軍書王尙書元美云書雖遒逸而

疎縱不入格不中懷素作奴況右軍乎此爲駙馬都尉鄭萬鈞書按張說序云萬鈞學有傳僻書成草聖萬鈞之能書固矣必以心經爲萬鈞書恐幷州無所據也

唐清淨經

右清淨經柳公權書字字藏鋒書家其賞米海嶽所謂小字要如大字有尋丈之勢者此也誠懸之論曰尖如錐捺如鑿不得出只得却是非極工于筆者不能但骨力有餘却無變換同一柳書而李西臺愛柳尊師誌歐陽公愛高重碑蔡忠惠公愛陰符經序人之好尙不同固若此乎

唐虎邱劍池二碑

右二碑在虎邱劍池上顏眞卿書縱橫三四尺極其壯偉信非魯公不能虎字末筆少缺避高祖諱也歲久殘泐萬歷甲申于土中復得劍池二字樹崖壁間有馬之驥者將虎邱二字重摹而虎字末筆竟不復缺失其義矣

唐杜牧之贈張好好詩

右詩載樊川集中書載宣和書譜末有灑盡滿襟淚短歌聊一書二句漫滅不可摹此董宗伯手摹也牧之書瀟灑流逸深得六朝人風韻宗伯云顏柳以後若溫飛卿杜牧之亦名家也予觀小杜流連旖旎放浪低徊讀其詩歌使千載下有情人驚魂動魄何況雲烟滿紙筆致絕塵乃爾耶

唐景照大法師碑 跋已見十七卷

唐陳居士殘碑

右殘碑額篆書云大唐穎州陳居士塔銘下止數十字有云居士諱生字善慶其姓名尙可識餘磨泐殆盡此碑武功縣人耕而獲之居士必武功人也

唐褚遂良潭州斷碑

右褚遂良湘潭偶題詩云遠山酋萃翠凝烟爛漫桐花二月天游徧九衢燈火夜歸來月挂海棠前後尙有字皆莫辨遂良貶潭州都督行部至道洗筆池上後人立祠榜曰唐大都督褚公洗筆池咸淳間邑人趙必穆子

池中得斷碑上刻褚公此詩也酉萃卽嶰崒漢碑多用之省文也

唐心經序

右心經序題云唐南陽忠國師述九華山僧省言書書全出虞伯施幾于亂眞矣碑在報恩寺壁間

唐玉枕蘭亭序

右蘭亭敘相傳褚河南歐陽率更縮而入石者柳文肅云賈秋壑家有蘭亭數本如玉枕者其客廖瑩中叅校命工王用和以靈壁石刻于悅生堂又謂悅生蘭亭也楊文貞云玉枕蘭亭有二一在南京火藥劉家一在紹興府文衡山云沈石田家藏玉枕本有秋壑印右軍像

極精按桑世昌蘭亭考備著傳刻本末所疏不下百本而畢少董所藏至三百本並不言玉枕何也

唐虢國公揚花臺銘

右銘題云虢國公揚花臺銘并序判官亳州臨渙縣尉申屠液撰而無書人姓氏及建碑年月日碑係裝成銘詞脫落殊爲可恨按序云輔國將軍虢國公楊等皆天子貴臣忠義盡節爰抽淨俸申莊嚴之事也又云華簷覆像盡垂交露之珠玉砌連龕更飾雄黃之寶似非一人獨鐫佛像而不具姓名卽虢國公有姓不名而題額中揚花二字連及殆所弗解然臺名揚花亦風韻可喜不必深求之也

予友趙君晉齋有此碑題云虢國公楊花臺銘并序而銘曰之後卽署判官亳州臨渙縣尉申屠液撰原無銘詞非脫落也揚花揚字不從木盖卽散花之義碑云花雨依微灑輕香于世界是已前又有一碑卽此錄第十三卷中楊將軍新莊像銘也後云開元十二年十月八日無書撰人姓名書仿褚河南與臺銘如出一手而碑之大小亦相等予疑像銘之楊將軍卽臺銘之虢國公楊因檢舊唐書宦官楊思勗傳開元初安南首領梅元成叛詔思勗討之卒斬元成十二年五谿首領覃行璋作亂思勗復授詔討之生擒行璋以軍功累加輔國大將軍後從東封加驃騎大

將軍封虢國公則此二碑均屬思勗明矣像銘刻于開元十二年在討行璋之後故云受聖寄任聞難經綸英謀貫古韜畧通神一蒙金鉞屢建華勛善代不伐功成不居功歸天子善託眞如盖紀其事也考元宗本紀討行璋時思勗官書鎮國將軍故此碑題曰楊將軍其臺銘稱輔國大將軍虢國公及云牛車鹿裘驃騎減中人之產當刻于十三年東封以後也按顧氏金石文字記云虢國公主花臺銘在西安府南門內華塔寺以揚作主亭林親至其碑所不應舛謬至此當由亭林文集刻于身後校讐疎畧偶然筆誤耳近時秀水李氏光映刻金石考畧引用古林金石

表遂引唐書順宗女虢國公主以實之竟以申屠液爲順宗時人訛以滋訛幾成信讞此孟子所以有不如無書之歎也碑中布衣脫粟有丞相之風相字失寫旁添想字又銘曰之後戛然而止殊不可解思勗本姓蘇羅州石城人爲內官楊氏所養因姓楊氏史稱其殘忍好殺奉命殺牛仙童至探取其心截去手足剖而啖之其慘酷至此乃建塔造像以邀冥祐亦愚矣哉乾隆三十五年十一月初二日歙鮑廷博識于知不足齋

唐楊師謀題名

右題名云昔漢丞相蕭何邀淮陰公韓信至此山大唐

刺史楊師謀記按世家列傳信同諸將于南鄭遁亡何追信還豈南鄭固有山爲昔時追及處耶玉堂閒話興元之南有竹路通于巴州其路則深谿峭巖攀措大嶺稍似平處行人徐步而進若儒之布步其頂謂之孤雲兩角彼中諺云孤雲兩角去天一握淮陰侯廟在焉昔漢高祖不用韓信信遁歸西楚蕭相國追之及于兹山故立廟貌耶

金石録補卷二十二

金石録補卷二十三跋尾

崑山葉奕苞九來著

唐李賀登北嶽詩

唐楊君墓誌銘

唐汾州刺史朱邪公墓誌

唐太保李公碑

唐代州刺史李公碑

唐劉光俊墓誌

唐兜率天經石幢

唐夔州都督府記

唐石鼓經呪

唐生公講臺碑

唐元結窪尊題名

唐樂安郡府君孫公墓誌銘

後梁鎮東軍牆隍廟記

吳越崇化寺尊勝石幢 誤入後卷

後梁開化寺陁羅尼經幢

後梁僧彥修草書擣衣篇

後梁吳郡陸夫人墓誌

後晉重修法門寺塔廟記

後梁吳越王題名

後梁尊勝陁羅尼經幢

後唐李存進碑

南唐祈澤寺碑

唐李夐登北嶽詩

右詩題云秋祭恒嶽晨坐有懷定州司馬李夐詩云二儀均四序五嶽分九州靈造良難測神功匪易酬恒山北臨代秀䨇東跨幽顓洞鎮河朔嵯峨冠嵩邱禋祠彰舊典壇廟列平疇古樹侵雲密飛泉界道流從官叨佐理銜命奉珍饈薦玉申誠效鏘金諒有由郊原照初日林薄委徂秋寒近風聲厲川長霧氣收他鄉饒感激歸望切祈求景福如宏願私門當復侯

唐楊君墓誌銘

右碑題曰楊君之志序云君諱悊字仁悊漢太尉公十七代孫以大唐已巳歲八月葬按唐總章二年開元十七年貞元五年大中三年皆次已巳楊君生不逢時無所表見祖父皆仕王府亦無可考不能定其爲何時人也銘序古雅書法遒勁而逸其名惜哉

唐汾州刺史朱邪公墓誌

右碑額云汾州刺史朱邪公墓誌篆書在晉王墓中此存此額按朱邪赤心賜姓李氏後其子孫俱諱稱朱邪而見于史者惟執宜歸唐從大將軍康承訓討龐勛而爲太原行營招討沙陀三部落軍使不言其刺汾州也餘則無可考矣

唐太保李公碑

右碑額云唐故左龍武軍統軍檢校司徒贈太保隴西李公神道之碑篆書題與額同書撰姓名建碑年月殘闕序云公諱國昌字德興世爲隴西沙陀人偉姿容善騎射蓋克用之父朱邪赤心所謂赤馬將軍火生頭上者也按唐紀其先本號朱邪出西突厥後號沙陀而以朱邪爲姓拔野古爲始祖自序曰沙陀者北庭之磧也唐太宗時置沙陀府歐陽公曰非也朱邪部族之號耳拔野古與朱邪同時入非其始祖太宗時亦無沙陀府高宗永徽中朱邪孤注爲契苾何力所敗後百五六十年當憲宗時朱邪盡忠見于中國赤心者盡忠之孫執

宜之子也

唐代州刺史李公碑

右碑額云唐故代州刺史李公神道之碑書撰姓名年月殘缺序曰公即太保之次子也其名僅存克字又有公前躍馬彎弓及徐方等數字可識按史克用弟四人次曰克讓爲振武軍校從討王仙芝以功拜金吾衛將軍宿衛京師賜親仁里第自克用稱兵雲中殺守將段文楚詔捕克讓讓與僕數十騎彎弓躍馬突圍出犇雁門與碑合則爲克讓無疑但史不言其爲代州刺史又云與黄巢兵戰敗匿南山佛寺中爲寺僧所殺有不可曉者朱彝尊曰太保代州二碑在代州柏林寺東晉王

克用墓上土人相傳舊有碑十三今十一已亡其二存者又散埋土中盎金石之文自歐陽永叔趙明誠後世無篤好之者宜其斷裂漫漶不可復識如是也永叔去五代甚近沙陀世次已不得詳唐家人傳謂太祖四弟皆不知其父祖名號至國昌字德興紀亦遺之是十三碑者永叔亦未之見也更六百年而予得睹其二非幸與同里曹先生秋岳有歐趙之好出二碑于土而摹之遂書其後

唐劉光俊墓誌

右志高肅撰無書人姓名趙崡曰光俊無殊績可稱肅文亦卑冗書行草習聖教如不能縛雞人學扛鼎者

唐兜率天經石幢

右石幢在明藩邸中趙崡曰此經大有歐率更書法志川宗尉掘地得之一字不損可玩也

唐夔州都督府記

右碑集古錄云唐世人人工書故其名湮沒者不可勝數如貝靈該繆師愈今人尚不知其姓名況其書乎此記究未知貝繆二君誰書之也

唐石鼓經呪

右尊勝經呪以石爲鼓而環刻之書遒健有法存者不能强半鼓下作石山山上作天王鬼神以戴之斧鑿工甚奇在醴泉縣趙村廣濟寺後是初建寺時物

以上四碑及儼尊者塔額劉慎微書尊勝經石幢見于盩厔縣趙子函石墨鐫華爲趙錄所遺者予雖未見諸碑以子函身歷碑下其言可信存之

唐生公講臺碑

右生公講臺四大字篆書相傳爲李陽冰筆在虎邱千人石上乃生公說法石爲點頭處也

唐元結窪尊題名

右窪尊在今永州　石上穴以受酒可三甕許約五斗尊旁題云方外子爲元子作次山之友必高人逸士惜不得其姓名而方外子七字大書深刻與窪尊長留天壤間觀者爲之裴徊不忍去云

唐樂安郡府君孫公墓誌銘

右碑額云孫公墓銘篆書題云唐幽州衙前討擊使樂安郡府君孫公墓誌銘并序公諱緒字宗緒五世祖伏伽大理卿大父世元雲麾將軍左驍衛幽州衙前兵馬使檢校太子賓客父諱殘闕有鄉貢進士高哲一行在後書之次不言書撰人意即哲也先文莊公日記云襄陽武侯家鑿地得石二方一尺二寸四分其蓋四角削稜刻螭文中方七寸篆額四字石在今通判黃諫家按陽武侯薛祿築獨石隆慶諸城洪永間人也

後梁鎭東軍牆隍廟記

右碑題云重脩牆隍神廟兼奏進封崇福侯記大梁開

平二年歲在武辰　日　啟聖匡運同德功臣淮南鎮海鎮東等節度使檢校太師守侍中兼中書令吳越王鏐記記中有敕云敕鎮東軍牆隍神麗玉前朝名將劇郡良材豈獨遺愛在人抑亦垂名終古況錢鏐任隆三鎮功顯十臣云云按唐亡于天祐四年丁卯梁太祖朱溫稱開平元年後梁紀開平二年八月吳越王鏐遣甯國節度使王景仁奉表詣大梁景仁即茂章也溫曾祖名茂琳父名誠故此碑以城爲牆以戊爲武而茂章亦改名焉薛史梁記元年六月司天監上言請改月辰內戊爲武戊本音茂爲茂之嫌名至今相傳以戊爲武而作茂音者絕少舊唐書哀帝紀天祐二年七月辛巳敕

全忠請鑄河中晉絳諸縣印內有城字並落下如密鄭絳蒲例單名爲文九月己巳勅武成王廟改爲武明王十月癸丑敕改成德軍曰武順臺城縣曰槀平阜城曰漢阜臨城曰房子十一月甲申敕改潞州潞城曰潞子黎城曰黎亭河南告城曰陽邑蔡州襄城曰苞孚同州韓城曰韓元絳州翼城曰澮川鄆州鄆城曰萬安慈州文城曰屈邑澤州晉城曰高都陽城曰護澤安州應城曰應陽洪州豐城曰吳高皆避全忠父名也哀帝以天子而諱臣下之名況吳越終其世奉中原之正朔者乎顧炎武曰曾子固跋韓公井記襄州南楚之故城有昭王井故城今謂之故牆即鄢也予按城爲成同音在所必改而以城爲牆又見于此炎武又曰茂字有讀爲武者漢執金吾武榮碑云天降雄彥資才卓茂仰高鑽堅允文允武然則戊之改武非無自矣

後梁開元寺陁羅尼經幢

右陁羅尼經幢在邢州開元寺後院題曰大佛頂隨求尊勝陁羅尼經之幢寺中別有尊勝碑云罽賓沙門佛陁波利奉詔譯此曰特進試鴻臚卿開府儀同三司蕭國公食邑二千戶贈司空諡大辨正廣智大興善寺三藏沙門不空奉詔譯後云梁乾化五年正月日建無書人姓名按翻譯此經俱在永淳間其文微有不同梁大祖乾化元年六月被弒再歲均王誅友珪自立復稱乾

化三年四年此云五年即貞明元年也是年唐莊宗入魏梁晉夾河之戰方始邢州未嘗一日安而閻寶等尚能及此此以見晉宋以來至于五季崇奉佛教即兵戈擾攘猶不廢也

後梁僧彥修草書擣衣篇

右僧彥脩書宋嘉祐中刻石司農少卿李丕緒跋云乾化中僧彥脩善草書得張旭法惜其名字不振模刻以貽好事石在西安府學

後梁吳郡陸夫人墓誌

右碑云時大梁貞明五年正月廿九日上蒼降禍終于此晨夫人娶蘭陵郡蕭府君諱章子七人女二二娘娶

李氏五娘娶吳氏于二月廿八葬于先府君同丙首壙元買妙清院西地哀子珂等立誌云云按妙清院在常熟縣尚湖之南蕭梁時建汲古閣主人毛鳳苞別號子晉于崇禎末重脩大殿發腐柱得此誌石字殊醜惡志云夫人娶蕭府君二女娶某氏古來男曰娶女曰嫁未聞以婦人而曰娶者文字俱不足存特以毛先生好義布金寺院此誌久作柱礎忽著于世不能無感云

後梁吳越王題名

嘉靖庚申春吾邑張石川先生寰登吳山徙倚上方懸崖見數字類顏魯公命從者搨之乃錢王題名也題曰梁龍德元年歲辛巳二月戊午一日朔天下都元帥吳

越國王錢璆題無錫趙駿烈紀元彙考云梁五月改元龍德與通鑑同而此于二月已稱龍德何也吳任臣十國春秋是年爲錢氏天寶十二年于三月梁王詔王大舉兵伐吳豈璆于梁改元詔到之時即題名奉新號以示恭順耶或石崖殘泐字畫訛異耶

後晉重脩法門寺塔廟記

右碑薛昌序撰王仁恭書在扶風縣按天祐止四年此碑稱十九年史臣以李茂貞能奉唐正朔而此記後雖一稱天祐其中歷序前事並以天復紀年至二十年止與史不合次年莊宗取梁茂貞稱臣又一年茂貞死戰爭之時得舉佛事以梁晉搆兵茂貞偷安也茂貞傳先爲岐王莊宗改封秦王據碑則已先爲秦王矣

後梁尊勝陁羅尼經幢

右幢在虎邱半塘壽聖寺中江夏郡黃氏十五娘造梁龍德二年九月二十二日建龍德朱友瑱紀年也

後唐李存進碑

右碑題闕上武節度麟勝朔等州觀察處置營田押蕃落等使單于安北都護行營蕃漢馬步使天雄軍馬步軍都指揮使北面行營闕前幽州節度判官朝散大夫檢校尚書吏部郎中兼御史中丞柱國賜紫金魚袋呂夢奇撰闕上叅軍試太子校書梁邕書并篆額序云公諱存進字光嗣本姓孫樂安人也按史存進在義兒傳振武

人名重進失其字而非樂安碑云曾祖嚴振武節度都押衙右散騎常侍祖名泐父佺振武節度都押衙左教練使銀青光祿大夫左散騎常侍爲史所遺史云大祖攻破朔州得之賜以姓名養爲子而碑云太祖以公早立戰功補節度押衙左廂衙隊威雄第一闕副兵馬使奏授銀青光祿大夫檢校太子賓客兼監察御史奏授者朝廷之銜也歷大順至景福二年五月始榮運戚屬補充右廂義兒第一院軍使戚屬者即史所謂賜姓名而碑文其詞也義兒第一者即史所謂養爲子而碑据其名也然已歷試之而後充義兒非初得之而即養爲子也史云從太祖入關破黃巢從莊宗戰柏鄉爲碑所

遺其在太祖時碑云乾寧二年十月除授散騎常侍光化二年除授左廂馬步都虞候三年正月除授鴈門已北都知兵馬使五月權知汾州軍州事權者代署之謂四年轉右廂押隊都知兵馬使天復元年除授金紫光祿大夫檢校刑部尚書二年三月除授檢校兵部尚書十月加授檢校尚書左僕射八月轉左廂衙隊都知兵馬使三年知石州軍州事昭文睿武光孝皇帝于天祐五年正月制授檢校司空使持節石州諸軍事石州刺史九年二月奉命再知汾州軍州事十年六月奉命權知沁州軍州事與史歷慈沁二州刺史異其間有制加光祿大夫檢校司徒又正授諸道行營蕃漢馬步使碑云主上駐蹕在鄴補天雄軍都部署巡檢使與史莊宗初得魏博以為天雄軍都部署同碑云劉鄩在莘縣與主上對壘公于南門多排弓矢待之鄩夜攻都城弓弩盡發鄩逃免為史所遺碑云十五年冬大破汴寇十六年三月制授單于安北都護御史充振武節度麟勝朔等州觀察處置營田押蕃落等使史止云節度其餘皆遺上以大兵渡河公埋大木于兩岸作浮橋盡渡七年十月就加檢校太保賜御衣鞍馬與史同而史云以葦笮維大艦又與埋木異十九年正月契丹犯境從征二月加檢校太傅封隴西郡開國男食邑三百戶四月授北面行營招討使為史所遺乘勝深入為流矢所中没于陣與史同史則詳言李嗣昭戰歿存進代之軍于東垣與張文禮子處球戰殺處球兵殆盡碑所失載年六十七子漢韶漢威漢殷漢鬭漢筠祿兒歡兒而史止及韶一人同光二年贈太尉以十一月葬益太祖置義兒軍如李嗣昭等甚衆與存進異故史于李嗣源僅書其所賜之姓名不以子書也若存進為太祖所親愛莊宗所信用其除授左右廂等職皆出于已至云制授制加則承制而命之也史于義兒傳最略故予全錄碑文以記其同異云

南唐祈澤寺碑

右碑在祈澤寺殿角久埋荒蘚中磨滅殆盡明萬歷中金陵盛時泰鋤地得之今陷殿後壁間其首云晉水齊雲山釋無名後云泰正之月元年與德謙及保大諸字可辨時泰云茲寺經會昌之厄昇元初重建故有是作惜今殘缺徒令慨嘆而已寺在祈澤山東出通濟門三十餘里

金石錄補卷二十三

金石録補卷二十四 跋尾

崑山葉奕苞九來著

吳越崇化寺尊勝石幢
後唐千峯禪院敕
後唐千峯禪院敕二 敕三補後
吳越舜井石記
後晉冥福院牒
蜀邛州天慶觀陳希夷詩石刻補後
後唐朱齊邱詩
後晉溪州銅柱記
後晉建雄節度使相里金碑

後晉駙馬都尉司匡翰碑
吳越福州宣威感應王廟碑銘
吳越大慈山甘露院牒
後周龍泉禪院記
後周中書侍郎景範碑
後周尊勝陁羅尼經幢
南唐茅山紫陽觀碑
南唐王文秉小篆千字文
吳越洞庭山彌勒寺重脩石井記
南唐周處廟像碑
南漢千佛寶塔記
北漢天龍寺千佛樓碑
五代楊凝式步虛詞
阿啊題書

吳越崇化寺尊勝石幢

右幢云天寶四年歲次辛未三月五日建按梁以丁卯篡唐錢氏猶稱天祐次年戊辰建號天寶葢以中原喪亂自行紀年于境中外則仍奉梁之正朔此云辛未爲梁乾化元年以崇化寺在臨安城内故幢書天寶是年捨安國縣宅基爲寺則請額于梁曰光孝明因者未嘗不用乾化也又如臨安立武肅生祠碑記則曰乾化三年錢氏家乘載追贈太夫人并敕建三世祖廟于衣錦

軍則曰乾化四年然後知武肅一生智術得以小事大之效故能歷世久遠與諸鎮迥異無錫趙駿烈編紀元彙攷最稱詳備獨于武肅天寶寶大二號乃云世次不可考予故因此幢而考正焉凡不用中原國號之碑郎以吳越冠之

後唐千峯禪院敕一

右碑額云明宗詔書之碑鐘鼎篆文敕澤州千峯禪院僧洪密後十日敕字大於掌而敕字作乃朱彝尊曰明宗踐位日洪密具表稱賀以此畣之有曰遜避無所愧恧良多嗚呼五代之季安得此長者之言哉歐陽子謂明宗武君不通文字觀署尾數大字出自親判更有璽

曰書詔新鑄之印可異也

後唐千峯禪院敕二

右敕云據洪密所奏諸山門寺院乞免租稅事作納秋了分析奏來當別有宣秋熱得安和否遣去不多及一日敕而加新鑄之印三處夫以武人佞佛遂及其徒制詔如書札等于僚友惟唐文皇手敕房魏諸臣往往若此而明宗施于浮屠何也

吳越舜井石記

右記云吳越國王寶正三年八月十九日重開舜井取得重華石一片竊恐年移代遠莫測端由特令鐫刻用記年月已丑歲林鐘之月二十九日天下都元帥吳越王記吳任臣十國春秋云旌教寺僧義恩奏云按圖經西北去三十五里有舜井二口深三丈舜子生時井爲湧泉即淘金之處也鄉人或遇耕鋤多得古塼甃石寶正三年閏八月初九日奏上十四日王差西都上直官五十人東都上直官五十人賫大糧畚鍤至井所開掘得讖記寶物一百二十餘件都抽領西都上值廂虞侯盛瑗東都上值廂虞侯孫宏西都隨身虞侯閭邱稔勾當拜祭內值殿十將于軒十六日鑿西井十九日得銀環六赤珠一金合一古文錢二千三百四十琥珀珠一當十大錢三當五十大錢二十四太平百錢直百三銖二十四大錢二百五十四五銖錢九百六十貨泉錢二百八十半兩錢三十石獅子一鐫其背曰重華井天明可開腹內水晶珠一東井得銀塔一高一尺五層內有金瓶舍利二顆散金瓶二金鈴六銅鈴一銀環六銀鈴一水精珠十四琥珀珠九襍珠大小三十五小琥珀獅子三十瑪瑙珠七玉八一玉環一銅鏡三銅鑪一小瑪瑙珠六玉瓶一以上共三十四件並有石匣盛之題云唐元嶶四年于此造塔鎮井西有重華石一片闊三尺厚九寸左右有索痕深二寸按順存錄言天慶觀有錢氏時公移稱兩都都軍糧帖蓋錢氏稱杭爲西都越爲東都因號兩都即此記之東都西都也已丑爲寶正四年乃唐天成四年也錢氏雖奉中原正朔而輒自稱年號寶正之外復有天寶寶大見諸史冊至于台州壁記有錢鎰天祐十九年之紀而瑪瑙水月寺幢又稱寶貞者閻氏唐末泛聞錄復作保正想以宋人廟諱改貞爲正總之傳習易訛固不可得而明也元嶶爲宋蒼梧王昱紀元此云唐者疑誤

後唐冥福院牒

右碑在泰安州冥福寺顧寧人于牒中准字考之甚詳然周禮司裘註準亦作准顏氏干祿字書准通準正則未之及也唐時敕牒率皆用之何足異哉

後唐宋齊邱詩

右詩五言三十韻碑題云題鳳臺亭子陳獻司空鄉貢

進士宋齊邱上後題云前朝天祐八年二月二十一日題後唐昇元三年二月八日奉敕勒石崇英殿副使知院事檢校工部尚書兼御史大夫上柱國王紹顔奉敕書銀青光祿大夫兼監察御史王仁壽鐫湘山野錄云宋齊邱相江南李璟二世皆爲左僕射嘗獻鳳凰臺詩有我欲烹長鯨四海爲鼎鑊我欲羅鳳皇天地爲繒繳之句皆諷璟跋扈也先主不聽上表乞歸九華山按先主舊名知誥爲徐温養子以天祐九年遷昇州刺史饒洞天薦宋齊邱于先主當齊邱困于逆旅鄰娼魏氏女竊賂遺數緡遂克投贄見先主賓之以國士合觀此詩陳獻司空乃鄉貢進士時豈卽投贄之詩乎碑云天祐八年恐記事之誤也又按齊邱歸唐後以陳覺周帝之命斬嚴續事言于唐主主命殷崇義草詔暴齊邱等事聽歸九華山後命鎖其第穴牆給食齊邱縊死諡曰繆醜野錄所載齊邱諷李主跋扈不從而乞歸九華非矣

後晉溪州銅柱記

右銅柱高一丈二尺重五千斤晉天冊上將軍楚王希範立學士李宏皐撰記希範馬殷子也殷由梁而唐而晉奄有南夏希範以次襲爵楚王唐廢帝淸泰三年賜弓矢冠劍晉高祖天福四年加天策上將軍開府如殷故事溪州卽今湖廣永順軍民府西接牂牁兩林南通桂林象郡五溪諸蠻彭氏最大史稱希範遣劉勍劉全明以步卒五千攻彭士然士然遣子師暠降于勍乃立銅柱爲表命學士李皐記之按碑曰士愁而非士然曰宏皐而非皐曰師杲而非師暠有勍而無全明史云南甯莫彥殊都雲尹懷昌牂牁張萬濬率其本部共三十七州附于希範合彭氏爲四而碑云五姓歸明碑中具彭氏誓詞及希範龕語後列彭氏子姓從臣之名字殊醜惡以其與史互異錄之吳任臣十國春秋云通鑑作彭仕愁五代史作彭仕然而以此銅柱作士然爲可信予所得拓本爲士愁字畫顯著並無可疑未知志伊所見又與予異何也

晉建雄節度使相里金碑

右晉相里金碑按傳云字奉金而碑云國寶傳云贈太師而碑云贈太子太師封西河郡開國侯當以碑爲正顧炎武云碑稱顓頊生大業大業生庭堅庭堅仕堯爲大理官殷末有理王爲殷伯其孫仲明逃紂之禍去王字而稱里氏至周晉有里克其妻同成氏攜小子季連避地居于相城時人遂呼爲相里氏相里武爲漢御史相里覽爲前趙將軍而莊子書言相里勤之弟子作碑者不能引也予尋此碑同行者爲相里完極蓋卽太師之後考北齊寺碑多相里氏之名至今千有餘年而裔孫猶居于此不獨晉中淳樸而山谷之險猶足以自保故能累代不遷若山東河南兵火之餘人民亡散欲求

元時遺俗已寥寥不可問矣按貞觀中有相里元獎爲司農丞趙録有相里友諒墓誌長慶四年立

後晉駙馬都尉史匡翰碑

右碑題闕上功臣義成軍節度滑衛等州觀察處置營田闕內河解等使冠軍大將軍右金吾衛大將軍員外置同正員檢校司徒兼御史大夫駙馬都尉太保史公神道碑銘并序朝議郎尙書虞部員外知制誥臣陶穀奉敕撰待詔朝散大夫大府卿賜紫金魚袋臣閻光遠書天福八年六月十四日建楊稠鐫字匡翰石敬瑭之壻也尙晉國大長公主而不見于史大王父懷清王父敬思父建闕皆任九府都督翰以駙馬歷官通顯並無功績可紀寫碑巨碣止署官階而已

吳越福州宣威感應王廟碑銘

右碑陳　撰會同十年七月十日建宋王象之云通鑑晉天福三年戊戌契丹主耶律德光改元會同至後漢天福十二年丁未整整十年是歲福州陷于吳越錢氏自契丹入浙既用會同故福州亦用之按遼史會同無十年以是年二月已改大同也吳任臣曰契丹降赦則稱會同而改元則曰大同改元之後不三月而德光卒大同之號不行于南土故吳越猶稱會同也

吳越大慈山甘露院牒

右牒稱會同十年七月後有吳越國王押字及鎭東軍節度印文按吳越奉契丹正朔屢見于寺院碑記于是年八月始奉漢制授宏倧鎭海鎭東節度使故此牒文止稱鎭東也吳任臣十國春秋云吳越備史稱忠獻王遺令以宏倧爲鎭海鎭東節度使者誤予按十國紀年馬殷傳云開運四年契丹犯闕中國兵亂貢賦不通而不書會同年號則是湖南諸國不奉契丹惟吳越獨行此號耳

後周龍泉禪院記

右碑額云敕賜龍泉禪院篆書題云大周澤州陽城縣龍泉禪院記文林郎前守澤州司法參軍徐綸□撰鄉貢進士王獻可後序并書沙門師誠篆額顯德三年丙辰九月七日建記中有大周開基之二載壬子按周太祖郭威稱帝于辛亥改元廣順與碑合內述天祐十九年按此地本屬梁乃追削梁號而改稱天祐者

後周中書侍郎景範碑

右碑翰林學士朝議郎尙書水部員外郎知制誥扈載撰顯德三年十二月十日建通鑑顯德二年八月丁未中書侍郎同平章事景範罷判三司以父喪罷政事碑云以列卿歸第懸車故鄉嗟風樹之忽驚訴昊天兮何極則是罷官歸里而後遭父喪與史異顧炎武曰鄒平縣南五里有景相公墓通鑑後周顯德元年七月癸巳以樞密院直學士工部侍郎常山景範爲中書侍郎同

平章事此地唐時屬常山也景氏之裔自洪武間有兩舉人今亦尚有諸生不能記其祖矣不知何年謬傳爲晉之景延廣而邑誌載之山東通志等書襲舛承訛無不以爲延廣墓遂有令于此者謂延廣在晉爲誤國之臣笞其後人毁其祠宇予至鄒平有諸生兩人稱景氏之孫請問其祖爲誰予取通鑑及周世宗紀示之又示以延廣傳延廣字航川陜州人其官爲馬步軍都指揮使非此明矣又一日視此墓碑云故中書侍郎平章事景公諱範又曰我大周聖神恭肅文武孝皇帝建大功于漢室爲北藩于魏郡又曰今皇帝嗣位登用舊臣又曰封上柱國晉陽縣開國伯贈侍中又曰冬十一月薨于淄川郡之私第字甚明白因嘆近代士人不學以本邑之人書本邑之事而猶不可信以明白其見之碑而不之視以子孫而不識其先人推之天下郡邑之志如此者多矣

後周尊勝陁羅尼經幢

右幢在吾郡之虎邱一小石柱立于劍池之東千人石水灘上鏤佛像兩層爲蓋題云尊勝陁羅尼經後云下元甲子顯德五載龍集戊午日躔南斗高陽許氏建按吳越于丁卯開鎮雖有寶正天寶寶大等號而奉周正朔故此幢稱顯德也然不直書大周而云下元甲子豈非有碍于國主而隱之耶吾郡古碑甚少雖虎邱爲日涉之地而失于摹拓庚申閏八月征閩藩旗官兵北上舳艫横江予自東洞庭山歸開道登千人座適大水跣足至幢下病後目眊不能仰視兒子汝濟從游拂苔蘚錄建幢年月姓氏見者莫不自笑之而予之迂癖爲難療矣

南唐茅山紫陽觀碑

右碑南唐爲烈祖及元敬皇后重脩紫陽觀而作徐鉉撰楊元鼎書并篆額己未歲十二月一日建王文秉刊字按是年爲周顯德六年南唐初奉周之正朔而此不書顯德者碑在國中也然亦不敢冠以本國國號故直書干支也耶鉉騁其詞辨極爲鋪揚若忘國步之蹙時政之非者何也

南唐王文秉小篆千字文

右小篆千字文南唐王文秉書後題云大唐庚申歲按李煜稱臣于周削去中興年號奉周正朔而世宗許其稱帝故文秉猶得稱唐云庚申歲者惓惓故國之思不忍遽書顯德也然是歲宋太祖已受周禪改元建隆文秉下筆之際當憬然有動于中也歟

吳越洞庭山彌勒寺重脩石井記

右碑在吳縣東洞庭山彌勒寺殿後石牆下題云重脩常住石井記并序序云今下元壬戌大吳越國洞庭東山彌勒禪院二月己丑朔十一日己亥建立按吳越自

梁太祖開平元年開國歲次丁卯至此壬戌則爲建隆三年歸宋在前庚申而不稱趙宋紀元何也葢錢氏于箋表文移必書所奉正朔至國中碑版誥諭往往自稱寶正等號或書下元由梁而周皆然虎邱石幢猶云下元甲子顯德五年而此碑并不稱建隆偏安自大習俗固然宋方有事南北聲教未能廣被而吳越之民漸摩于錢氏固深且久也後列會首隨使軍將知洞庭酒坊陸彥昌隨使軍將知社下酒坊吳津上軍正將知省回圖石橋酒務將口思按十國紀年云錢氏末造官吏濫設多有品例東山一隅酒坊冗職加以軍將之銜信不謬矣

南唐周處廟像碑

右碑題云晉平西周君廟像贊朝議郎守尚書郎中知制誥充集賢殿學士知院事賜紫金魚袋徐鍇譔後云唐乾德四年丙寅九月十三日建行義興縣令劉勳篆額守義興縣尉李思義書按鍇字楚金廣陵人與兄鉉在江南以小篆八分著碑作八分必鍇之亞也趙氏石磬銘跋云王師南征鍇卒于圍城中鉉隨後主歸朝貴顯以壽終集古錄又云宋興遣命侯來朝二徐皆得爲王臣中朝人士傾慕其風采與趙跋迥異此碑立于丙寅則已越建隆而乾德其爲宋臣無疑歐公必有所據趙氏以爲誤何耶抑亦未見此碑也耶南唐李景自庚申歲奉宋正朔至此已七年碑中旣稱乾德復冠以唐字何耶豈猶襲上秉文篆字千文之例耶但秉文止云大唐庚申而不書周之顯德尙屬兩存國體今于唐字之下明書乾德而是時不以爲非至乙亥南唐亡後此碑猶存足見宋人寬大也

南漢千佛寶塔記

右記云大漢皇帝以大寶十年丁卯歲敕有司用烏金鑄造千佛寶塔一所七層并相輪蓮花座高二丈二尺以四月乾德節設齋慶讚謹記記皆四六駢麗語按南漢劉鋹于造塔後三年國亡塔猶在廣州光孝寺中

北漢天龍寺千佛樓碑

右碑題云大漢武皇帝新建天龍寺千佛樓之碑銘推誠佐命保祚功臣特進守尚書左僕射兼中書侍郎平章事上柱國隴西郡開國公食邑三千戶臣李惲奉敕譔翰林書令史劉守清書翰林書令史王廷譽篆額廣運二年歲次乙亥八月廿一日建按史北漢劉繼元殘忍好殺輕役其民當裹劍吮血之餘嬖臣范超冶金爲佛治不急之務惲爲相臣惟事圍棊飲酒不能匡正讀此碑知其諂佞而爲夸大之詞如劉旻之語張元徽曰顧我是何天子爾亦是何節度使則惲之夸大爲可鄙已碑稱承鈞爲睿宗皇帝繼元爲英武皇帝皆史所遺而史又云繼元之立在宋開寶元年戊辰卽改元廣運

故碑云上御宇之八年然碑建于乙亥乃稱二年却有可疑朱彝尊曰偶閲楊夢申撰劉繼顒神道碑亦稱廣運元年歲次甲戌與是碑合則卽位改元之說史亦未詳當以碑爲正但北漢不足當一大郡王朴以爲必死之寇而其亡㝡後周之世宗宋之太祖百戰不能克諸國鎭率皆面縛歸土卽范超者亦降惟惲至國亡乃降夫以蕞爾之地抗百萬之師民爭爲之効死其君臣當有過人之才宜惲之夸大乃爾也文格卑書法陋無足譏焉已

五代楊凝式步虛詞

右步虛詞十九章章五言律八句相傳爲楊凝式書予從家藏舊簏中得之失其跋未知承傳何自模勒何處其天眞縱逸黄山谷所云散禪人聖非謬也停雲館有神仙起居注八行與此詞極相類但起居注多燥筆耳凝式字景度每不自檢束號楊風子歷後唐周漢保其身名詩歌明哲書記佯狂其風子之謂與

阿嗬蹕書

南蠻中冇兩爨自曲州靖州西南昆川西軛晉甯喻獻安甯距龍和城謂之西爨白蠻自彌鹿升麻二川南至步頭謂之東爨烏蠻南詔閤羅鳳以兵脅西爨徙戸二十萬于永昌東爨以言語不通多散依林谷得不徙然兩爨之部落實繁有徒天寶貞元閒皆受封爵其屬亦行文字故爨人阿毗撰字母凡一千八百四十號曰韙書如科斗文爨人習之碑今在馬龍州

後唐千峯禪院敕三

右首書敕洪密三大字餘皆依奏免稅語也天成元年十一月卄日宣而下有樞密使孔闕其名未知勒碑在何時而有蒙城居士被召赴闕投宿靈泉僧惠珣出敕索題乃書數語于後亦不書名無攷矣按明宗紀天成元年四月壬寅左驍衞大將軍孔循爲樞密使則此宣敕者循也

蜀邛州天慶觀陳希夷詩石刻

右詩題云攀奉縣尹尚書水南小酌回轡特扣松扃謁高公茶話移時偶書二十八字道門弟子圖南上詩云我謂浮榮眞是幻醉來捨轡謁高公因聆玄論冥冥理轉覺塵寰一夢中太歲丁酉三月按天慶本唐天師觀希夷從本觀都威儀何昌一學鎖鼻術詩中所謂高公者何昌一也以其道高謂之高公丁酉爲孟昶明德四年在石晉則天福二年也

金石錄補卷二十五

集異　崑山葉奕苞九來著

漢石經

尚書

人惟舊器惟新今本有二求字女毋翕侮成人今作女無侮老成人度
爾口爾今作乃保后胥高高今作慼女永勸憂永今作誕女有近則
在乃心近今作張巫永於戚今作崇降弗祥女比猶念以相從比猶
今作分猷各翕翕今作設女罔台民今作無戲念今爾惠朕祗動今無
今字惠作謂祗作震天既付命付今作孚白陳其工行白今作旧艾用三
德艾今作乂諗及庶民民今作人乃劫乃憲劫今作逸憲今作諺天命自
亮以民祗懼亮今作度以今作治肆高宗之饗國百年今作享國五十
有九年惠于矜寡于矜今作鮮鰥毋兄曰毋兄今作無皇則兄曰敬德
兄曰今作皇自亂正刑亂下今有先王之常伯常任辟辟今作準王惟厥
度心厥上今有克字度今作宅旦以前人之徽言以前今作已受微今作徽文
王之鮮光鮮今作耿

毛詩

誰知之蓋亦勿思知上今有其字欲欲伐輪子欲欲今作坎坎三歲
宦女宦今作貫山有蘆蘆今作樞

論語

意予之與意今作抑不以禮節之亦不行今有可字可謂好學
口已矣已矣今作也已人焉廋哉人焉廋今下有哉字書云孝于
惟孝于今作乎未見好仁惡不仁今有二者字有三年之愛於
父母今有乎字君子有惡乎子曰有今多亦字有惡字惡居下而
訕上者今多流字年卌見惡焉今多而字往者不可諫也來者
猶可追也今無二也字執車者爲誰子車今作輿無子字是魯孔
丘與曰是是知津矣今多也曰二字從避世之士哉避今作辟櫌
不輟子路以告子憮然今多而行夫三子其斯以乎今作而已矣
賢者志其大志今作識辟諸宮牆諸今作之萬方有罪在朕躬
有罪下今多一罪字賈諸賈之哉賈今作沽在於蕭牆之內在於今作而在

唐石經

周易

悔吝者存乎其小疵也存今作言力少而任重少今作小傷於

外者必反於家下於今作其貞亨小利貞今無貞字

尚書

乃祖先父丕乃告我高后曰作丕刑于朕子孫先父今作
乃父子字今無臣下罔攸稟命命今作令王乃循師而誓循今作徇乃
汝誓讐誓今作世公位于洛汭公今作攻用端命予上帝予今作于
釋箕子四封比干墓式商容廬三句今各有之字

詩

昔育恐育鞠鞠今作鞫不我知者謂我士也驕今作不知我小
戎序國人則矜其車田田今作甲舒憂受兮憂今作懮諒曰不
可諒今作凉無此疆而介介今作界其正不獲正今作政女維湛樂
克從今無克字自今以始歲其有年今無年字

周禮
女使八人使今作史太宰三日邦甸之賦邦今作郊典枲掌布
緌縷緌今作綏司市市司帥胥師而從胥今作賈肆長掌其戒
禁禁今作令圈人禜門明瓢齎明今作用司几席設莞席紛純
席今作筵司常家各相其號相今作象凡以神士者士今作仕大司
馬旗車卒間車今作居醫師有疕瘍者今無有字野廬氏有相
翔者則誅之今無則字有邦之大師今無有字以救日之弓與
救月之矢夜射之今無夜字
儀禮
燕禮右祭醢醢今作脯小臣又請媵爵者二大夫大夫
媵爵如初今無下大夫二字大射儀賓升成敗敗今作拜士喪禮

如筮日之禮禮今作儀主婦被錫衣移袂移今作侈祝筵尸筵今
作延主婦洗于房中今有爵字主人降洗觶觶今作爵主人拜受
尸拜送今受下有爵字
禮記
御刪定月令在曲禮之前月令其器閎以掩掩今作奄檀
弓周公蓋附附今作祔禮器饗帝于郊而風雨寒暑時今風
雨下有節字喪大記男子出寢門今門下有外字子大夫公子食
粥今公子下有衆士坊記民猶有薄于孝而厚于慈今無有字中
庸待其人而後然然今作行儒行慎靜尚寬今多一而字大學
若有一介臣介今作个
春秋左傳

閔二年從曰撫國國今作軍姬寘諸公六日公今作宮文元年
王使毛伯衛來賜命賜今作錫宣二年以示諸朝示今作視十
八年凡自內虐其君曰弒今無內字成十八年所不嗣是
于齊者是今作事二十一年欒盈奔楚過于周今無奔楚二字哀
二十六年四方其順之順今作訓
春秋公羊傳
隱四年隱曰吾否今無吾字六年吾與鄭人未有成也未今
作末桓六年簡車馬也馬今作徒僖四年南夸與北夸交下夸
字今作狄文六年何以謂之天無是月是月非常月也今無
下是月二字宣六年此非弒君如何如今作而哀十四年有麏
而角者麏今作麕

金石録補卷二十五　別下齋校本

春秋穀梁傳
僖二十二年春秋三十四戰今四上有有字二十八年晉師
齊侯宋師秦師今作齊師文二年內大夫可以會諸侯今作
會外諸侯
論語
再思可矣思今作斯我三人行今無我字必得我師焉得今作有告
夫二三子今無二字何德之衰也今無也字人絜已以進絜今作潔
爾雅
赫兮煊兮煊今作喧河鼓謂之牽牛河今作何魚之尾謂之丙今無上
之字
碑用經語

覞覞虎視(張壽碑)禕隋在公聞斯行諸蹇蹇匪躬(衡方碑)皓天不弔(夏承碑)其于鄉黨逐逐如也動乎儉中鬼神富謙(劉修碑)鄉黨逡逡(祝睦碑)仁必有勇可以托六無偏無黨遵王之素發號施憲惟嶽降精(孔彪碑)穆若清風(魯峻碑)有朋自遠(婁壽碑)述而好古惟嶽降靈(楊君碑)有恥且格(費鳳碑)仰之以彌高鑽之而彌堅乾乾日穆色斯高舉(費鳳別碑)日夜在公(孫根碑)鑽前忽後(魏元丕碑)其存也榮其亡也哀(劉寬碑)帥由舊章(譙敏碑)韶磬柷圉高如不危無爲如治(孟郁修堯廟碑)日月星辰所昭卬也地理山川所生殖也功加于民祀報之歲其有年(華山碑)祀典孔明敬恭明祀(華山亭碑)廣被四表(樊毅復華下民租田碑)周禮識方氏

有益于人則祀之祭則獲福順民之則辨于羣神稽民用章(樊毅修華嶽碑)肅恭明神(鄒阮神碑)含閎光大人道惡盈而好謙見機而作(老子銘)乾爲物父坤爲物母出從幽谷遷于喬木叔粟如火(三公山碑)五穀熟成(白石山神碑)如集于木如臨於谷繼禹之跡(王君治石路碑)蕩蕩乎治無能名焉惟直如矢不侮矜寡(唐扶碑)夙宵在公廸謨䖍諸(張納碑)約之以禮博之以文曾無君子斯焉取旃(劉熊碑)蓼蓼者儀(蔣君碑)

石鼓文

宋薛尚功鄭樵爲音釋王厚之施宿董弅各加考正集錄之按孫巨原于僧寺佛書龕中得古文一卷傳爲唐人所編其甲乙次第悉與施合故元潘廸從施本註之名曰石鼓文音訓世行墨本茲不復載而錄其先後之次云

我車既攻

薛氏次八鄭氏次三董氏次六施氏潘氏次一

汧也沔沔

薛氏次五鄭氏次一董氏次七施氏潘氏次二

田車既安

鄭氏次四董氏次一薛氏施氏潘氏次三

鑾車

鄭氏次五董氏次十薛氏施氏潘氏次四

靈雨

薛氏次九鄭氏次八董氏次三施氏潘氏次五

猷作原

薛氏次七鄭氏次八董氏次九施氏潘氏次六

而師

薛氏次一鄭氏董氏次八施氏潘氏次七

微

薛氏次六鄭氏次七董氏次五施氏潘氏次八

我水

薛氏董氏次二鄭氏次十施氏潘氏次九

虡人憐亟

鄭氏次六董氏次四薛氏施氏潘氏次十

碑題一 金石錄　秦漢

詛楚文三

集古作秦誓巫咸朝那文廣川作湫淵巫咸亞駝金石畧作祀巫咸大湫文

泰山刻石

廣川作泰山篆金石畧作封泰山碑

之罘山刻石

集古作之罘山秦篆遺文金石畧一作之罘大篆

嶧山刻石

集古一作秦二世詔廣川跋作嶧山銘金石畧作嶧山頌德碑

巴官鐵量銘

字原作巴官鐵盆銘

南武陽功曹闕銘

金石畧作南武陽墓銘

王稚子闕銘

集古作後漢人闕銘隸釋字原作洛陽令王稚子闕天下錄作稚子墓闕文

謁者景君表

集古金石畧天下錄作景君碑字原隸釋皆作謁者景君墓表

郯令景君闕銘

集古作景君石椁銘

窆室銘

廣川跋作窆石銘

麟鳳贊并記

隸釋字原作麒麟鳳凰碑天下錄作麟鳳碑

國三老袁良碑

字原作三老袁良碑水經注作袁梁碑金石畧天下錄作袁頁碑

張平子碑

集古作張平子墓碑

北海相景君碑陰

字原作景北海碑陰

燉煌長史武班碑

集古作漢班碑字原作長史武班碑

武氏石闕銘

字原作武君闕銘金石畧作武氏石闕記

費亭侯曹騰碑

集古作中常侍費亭侯曹騰碑金石畧作中常侍曹騰碑隸釋字原作費亭侯曹騰碑陰

司隸楊厥開石路頌

集古作司隸楊君碑隸釋作司隸校尉犍爲楊君頌

字原作司隸校尉楊君碑華陽云名涣字原云名淮

孔子廟置卒史碑

集古作魯相置孔子廟卒史碑隸釋作孔廟置百石卒史孔龢碑金石畧天下錄皆作司徒吳雄等奏孔子廟置卒史碑

孔德讓碣

隸釋字原天下錄作孔謙碣

東海相桓君廟碑

隸釋字原作東海廟碑金石畧一作東海祠碑

韓明府孔子廟碑

集古作修孔子廟器表隸釋字原作魯相韓敕造孔

廟禮器碑金石畧天下錄作韓敕復顏氏繇發碑

碑題二 金石錄 漢

吉成侯州輔碑

水經注作州苞碑

韓府君孔子廟碑

隸釋字原作韓敕修孔廟後碑

孫叔敖碑

天下錄作楚相孫叔敖碑碑內固始令段君字原作陂君

封丘令王元賓碑

集古作修王元賓廟碑隸釋字原作王元賓碑

冀州刺史王純碑

水經注作王紛碑

桐柏廟碑

隸釋字原作淮源桐柏廟碑

泰山都尉孔宙碑

金石畧作太山太守孔宙碑

堯廟碑

集古天下錄作堯祠祈雨碑隸釋作濟陰太守孟郁修堯祠碑字原作孟郁修堯廟碑

堵陽長謁者劉君碑

字原作堵陽長劉子山斷碑

史晨孔子廟碑

隸釋作魯相史晨祠孔子廟奏銘金石畧天下錄作魯相史晨等奏出王家穀祠孔子碑

魯相謁孔子冢文

字原作司空孔扶碑隸續作漢故司空孔公之碑闕里祖庭記作司空孔公碑

廣漢縣令王君神道

隸釋字原皆作綿竹令王君神道

慎令劉君碑

字原作眞令劉君碑

武都太守李翕碑

隸釋字原作李翕西狹頌
李翕碑陰
字原作李翕澠池五瑞碑
李翕造郙閣頌
隸釋字原皆作李翕析里橋郙閣頌集古録目作李
會金石畧作銘
成陽靈臺碑
集古天下録皆作堯母祠碑
故民吳公碑
字原作故民吳仲山碑
元儒先生碑
集古録字原皆作元儒婁先生碑隸釋金石畧天下
録皆作元儒先生婁壽碑
桂陽太守周君頌
集古作桂陽太守紀功碑隸釋作桂陽太守周憬功
勲銘金石畧作桂陽太守周府君碑樂史寰宇記又
作周昕廟碑
堯廟碑
水經作堯祠石屋碑隸釋天下録皆作帝堯碑
梁相費汎碑
集古作費府君碑
堂邑令費君碑陰
隸釋字原皆作費鳳別碑
斥彰長斷碑
字原作斥彰長田君斷碑漢書作斥章
郎中王君碑
字原作郎中王政碑又云字季輔集古云季醻
碑題三 金石録 漢
華嶽碑
集古作樊毅修華嶽碑隸釋作西嶽華山亭碑金石
畧作西嶽和山亭碑
樊毅西嶽碑
集古作西嶽廟復民賦頌隸釋字原皆作宏農太守
樊毅復華下民租碑金石畧作乞復華下民田租碑
又作改西嶽廟民賦天下録作乞改華下民租田算
狀
西嶽碑
隸釋作樊毅修華嶽碑
逢童子碑
隸釋作童子逢盛碑字原云俗作董孝碑
三公山碑
集古録作北嶽碑
揚州刺史敬使君碑
集古作敬仲碑

虆長蔡君頌
金石畧作虆城長蔡湛碑
安平相孫根碑
金石畧作安平王相孫根墓碑
成陽令唐君碑
隸釋字原皆作唐扶碑
都鄉正街彈碑
隸釋字原皆作都鄉正衛彈碑金石畧作都鄉正街
彈頌
尉氏令鄭君碑
字原作尉氏令鄭季宣碑

陳君碑
金石畧作大司農陳君碑
周公禮殿記
集古作文翁石柱記隸釋作益州太守高眹修禮殿
記金石畧天下錄作周公禮殿石楹記字原作高眹
修禮殿記集古跋眹作朕
浚儀令衡立碑
集古作元節碑
趙相雝府君碑
金石畧作趙國相雝勸石闕碑字原作趙相雍勸闕
文

酸棗令劉熊碑
集古作俞鄉侯季子碑
富春丞張君碑
隸釋字原皆云名湏又云或作湛
益州太守薛君巴郡太守劉君碑
宣和作益州太守中山相薛君巴郡太守宗正卿成
平侯劉君碑字原作中山相薛君成平侯劉君斷碑
巴郡太守張府君功德敘
隸釋字原作張納功德敘
南陽太守秦君碑額
隸釋字原作南陽太守秦頡碑

戚伯著碑
集古錄目作周伯著碑天下錄作元孫伯著碑
武氏石室畫象
隸釋字原作武梁石室畫像金石畧作武氏石闕記
膠水縣令王君廟門碑
字原作膠東縣令王君碑
仙人唐君碑
集古書跋作公昉碑隸釋字原作仙人唐公房碑天
下錄作仙人唐公昉碑
四皓神位刻石
宣和作四老神祚機刻石隸釋字原作四老神位神

祚機

碑題四 隸釋 漢

蜀郡太守何君閣碑

字原墨寶作何君閣道碑

青衣尉趙君羊竇道碑

字原墨寶作趙君羊竇道碑

江原長進德碣

復齋作進德闕

上庸長司馬孟臺神道

墨寶作司馬君神道復齋作上庸長闕

縣三老楊信碑

墨寶作金溪楊信碑

仲秋下旬碑

墨寶作文處茂碑復齋作楊元君仲秋下旬碑

五君栙文

宣和作眞人君石樽刻石

辛李二君造橋碑

字原云蜀人作神水閣碑

碑題五 字原 漢

掾杜峻等題字

字原云總目作先生任君等題名

建平郫縣碑

復齋作建平范功平治道碑

米巫祭酒張普題字

復齋作張普施天師道法記墨寶作洪雅磨崖

南安長王君平鄉道碑

復齋作平鄉明亭開道碑

汝南上蔡令神道

一云蜀人作汝南令闕

沛相范皮闕文

天下錄作沛相劍門范皮墓闕文

張休崖涘銘

一云磨崖險路銘

江州夷邑長盧豐碑

一云漢夜郎碑

不其令董恢闕

或云雙闕漢書作童恢

益州太守高頤字貫光闕

隸釋云舊無光字

魯峻石壁殘畫像

水經作魯恭隸釋云魯恭即魯峻

碑題六 金石錄 三國 六朝 唐

大饗碑

金石略作魏武帝大饗碑陰隸釋又有大饗記

魏百官公卿奏
隸釋字原作公卿上尊號奏金石畧作羣公上尊號
表
孔子廟碑
隸釋字原作修孔子廟碑金石畧作封議郎孔羨爲
宗聖侯碑
南郡太守卞統碑
金石畧作南陽太守卞君碑
魏殘碑
字原作漢舜子巷義井碑
魏殘碑陰

字原作舜子巷義井碑陰
陸喈碑
金石畧作宣城內史陸喈碑集古云宣威內史
許長史舊館壇記
金石畧作上清眞人許長史舊館壇碑
叱閭神寶修關城銘
金石畧作叱閭神寶造像記
北巡碑
集古作魏孝文北巡碑
兖州賈使君碑
金石畧作兖州刺史賈思伯碑

汝南王碑
金石畧作汝南文宣王碑
啟法寺碑
集古作丁道護啟法寺碑
欒州使君江夏公碑
金石畧作欒州使君江夏徐公碑
西林道場碑
集古金石畧皆作廬山西林道場碑
索法師清德碑
金石畧作索靖法師精行清德碑
崇聖寺佛牙碑

金石錄補卷二十五　之別下齋校本

金石畧作佛牙寶塔碑
等慈寺碑
集古作顏師古等慈寺碑天下錄作鄭州等慈寺碑
大聖眞身塔銘
金石畧作無憂王寺大聖眞身塔銘
崇嶽公主手痕詩
金石畧作崇嶽公主手痕靈石并李山甫詩
郭忠武公將佐畧
金石畧作汾陽王將佐畧
歷城令劉文恪碑
金石畧作劉彥恪碑

太子典膳郎鄭君碑
金石畧作太子典善鄭君碑
金城寺放生池碑
金石畧作放生石柱文
司命眞君碑
金石畧天下錄作天柱山司命眞君碑
景陽井銘
金石畧作景陽石井欄銘
辨石鐘山記
金石畧作辨石鐘山鐘記
瘞寉銘
東觀一作朱方寉銘
碑立處
桐柏淮源廟碑
集古錄目云在鄧州天下錄云在唐州或云在隨州
棗陽桐柏鎭
張公神碑
字原云在簡州黎陽天下錄云在通利軍
何君閣道碑
墨寶云在滎經縣字原云在雅州
趙君羊竇碑
墨寶云在嚴道縣東三十里字原云在眉州

司隷校尉楊君開石門頌
字原云在興元府墨寶云在褒城縣北五里
李翕西狹頌
墨寶云在同谷縣天下錄字原云在成州
周憬功勲銘
圖經云在韶州字原或云在郴州
馮緄碑
字原云在渠州墨寶云在達州
張表碑
集古金石錄隷釋皆云在冀州諸道錄在澶州
愼令劉修碑
集古金石錄隷釋皆云在下邑縣天下錄云在穀熟
縣字原金石畧云在南京
陳球碑
金石畧云在下邳字原云在淮陽軍
逄童子碑
天下錄云在濰州字原云在昌邑
孫根碑
金石畧字原皆云在密州天下錄云在高密縣
郭究碑
字原云在河陽縣天下錄云在濟源縣
譙敏碑

金石略字原皆云在冀州東觀云在棗強縣

樊敏碑

字原云在雅州隸釋云在黎州墨寶云在盧山縣

綿竹江堰碑

字原云在漢州墨寶云在綿竹縣

街彈碑

金石錄云在汝州舊錄云在葉縣

劉讓閣道題字

字原云在涪州隸釋云在蜀中閣道

米巫題字

字原云在嘉州墨寶云洪雅磨崖

進德碣

隸釋云在蜀州字原云在忠州

補唐石經詩

曰商王是常（今無王字）蹲沓背憎（蹲今作噂）

金石錄補卷二十五終

金石錄補卷二十六　　崑山葉奕苞九來著

傳疑

弡仲寶匜

劉原父先秦古器記作張仲寶簠歐陽公集古錄云張仲器四其銘文皆同薛尙功款識云原父藏其器子錄其文張仲周宣王時人即詩所謂張仲孝友是也呂大臨考古錄圖以隸書偏旁釋之從巨不從長當爲弡趙明誠金石錄云弡字雖見玉篇然古文與隸多不合黃順伯東觀餘論云弡其勿反董斧廣川書跋云弡之忍翻皆以張仲爲誤董氏又云方中医字不與古文合原父釋曰寶医医子禮爲櫝所以藏弓弩矢也董又云古文匧不從竹後人從竹者誤此器爲方銅匣類桶蓋爲匾古匧之制也予按医又作医弡伯医以医爲医而款識弡伯医又作匜考古文医字方中作從近匧廣川云以古較之與簠同

伯庶父尊敦

銘曰伯庶父作王姑婤尊敦考古云稱姑婦辭也王姑夫之母也款識云或謂王姑者王父之姊妹廣川曰謂吾姪者吾謂之姑禮有王父母無王姑伯庶父必齊之子也齊與姬姓世爲婚媾凡以國聘者在名爲太姜少姜在序爲孟姜叔姜在謚爲文姜宣姜穆

姜在國爲秦姜晉姜衛姜此以國繫姓故曰周姜使
疑爲王之姑則以周爲謚矣而周之世未有以天子
之國號爲謚者原文周字作𠕁或釋井或釋丹詩云
舟人之子顧野王所謂卽周字也

毛伯敦

集古作毛伯古敦款識曰郱廣川曰龔伯宗器其子
作也葢敦銘有毛伯內門立及內史冊命𨙵又郱作
朕皇考龔伯尊敦集古引史記武王克商尙父牽牲
毛叔鄭奉明水此名鄭者毛叔伯者爵史稱叔者字
也薛云此字從弁從邑弁史籀作𡭴敦曰𨙵其郱字
無疑原父則同集古爲鄭考古云郱周大夫也廣川

曰傳云毛伯原伯文王之子原毛之後春秋毛伯錫
魯文公命說者謂文王之子而當時無毛國使毛伯
仍爲文王之子其受封在滅商後今曰皇考龔伯則
于鄭爲可疑

文伯碩父鼎

鼎二黃氏曰形制欵識悉同參讀之可識者四十有
三字銘曰惟六年八月初吉已子史伯碩父追孝于
朕皇考釐仲王母舟母史伯周宣王臣伯碩父其字
鄭桓公問王室于史伯者是也漢表于厲王宣王時
皆書史伯疑其一爲𢑴文耳古文舟與周同史伯周
臣故稱其王母曰周母先釐仲而後周母則釐仲實

門外瓦屋覆之而黃長睿東觀餘論又云在洛宮前
御史臺中堂前門外既已無定所謂御史臺者未知
卽漢之太學所改抑後代遷立于其中也況洛陽記
之四十六枚不言爲漢爲魏伽藍記之堂前所列不
分在東在西得無洛陽記但指漢碑而伽藍記則并
水經之魏碑以爲漢未可知已靈帝時博士試甲乙
科爭第高下至有行賂改蘭臺漆書經字以合其私
文蔡邕與堂谿典等奏求正定則所謂三體者以古
文篆存頡斯之遺法而以隸書爲俗儒之通用至于
魏之三體則承漢而爲之也然漢仍有鴻都一字石
經疑卽伽藍記所云表裏隸書者是而隋志亦云一

字石經七種七種之外又有一字石經典論一種典
論爲魏文所立並稱石經竟列于七經之後又何也
或者熹平所立爲一字光和所立爲三體耶且隋志
既以漢鐫爲邕書而又云魏立一字石經相承以爲
七經正字遂使後學紛于聚訟如方勺泊宅編云公
羊傳後馬日磾等名姓乃魏世用其所定之本而存
之幾不自知承隋志之誤也況隋志所云七種三種
至唐末必盡亡而唐志止云三字石經古篆兩種曰
尙書曰左傳反不及宋洪容齋所收尙書之外更有
毛詩公羊論語三種趙德甫于洪氏諸經之外更有
儀禮何也且隋志注云梁有今字尙書石經唐志亦

六世爲獲麟之歲董氏曰叔䜌作鼎考其文曰惟王二十有三年王在宗周王命叔䜌尙書營成周以居商民王歸西周十一世犬戎作難平王始遷曰王在宗周知其在幽王以前也周之歷年久者惟穆王五十五年昭王雖不見其在位歲月以穆王五十受命知昭王在位亦久也此鼎作于穆昭二王之間黃氏曰史記年表宋景公名頭曼漢書古今人表名兜䜌孫炎云䜌爲頭曼之合聲汲冢師春書宋之世次曰景公䜌昭公子也與此鼎合至于欵識作微廣川作叔未知孰是然黃氏以爲微字妙也

秦昭和鐘

鐘銘秦公曰丕顯朕皇考受天命奄有下國十有二公按史本紀自非子邑秦而秦仲始爲大夫卒莊公立襄公文公寧公出公武公德公成公穆公康公其公桓公景公相次立于本紀襄公始列諸侯至桓爲十二世銘鐘者景公也若據年表以秦仲爲始則十二世爲康公此鐘乃其公時作薛氏曰犬戎之難襄公夾輔王室平王賜岐以西之地爲諸侯蓋秦仲初未稱公莊雖稱公猶然西垂大夫未立國也所謂十二公者自襄至桓作此鐘者惟景也黃氏曰奄有下國蓋謂始有土之君當始非子雖曰附庸亦國也況有周錫命分土之文耶至成公爲十二世是鐘爲成

公作且十二公者由始祖而下至今爲公之數歐陽以爲先公則作鐘者十三世矣銘之首自稱曰秦公春秋時列國皆然不必以先公爲公也楊南仲謂襄公十二世爲桓公非子十二世後爲宣公董氏曰秦嬴受地襄公名在諸侯其世數可考也秦至成公號爲强大諸侯有國推大前世卒以公自列周自后稷十五王不窋非王而亦稱之則秦嬴稱公無疑和鐘之作其在成公之世與（煦按文公下當有靜公出公當作出子德公下當有宣公）

叔高公簋

銘曰叔高父作煮簋原父曰簋容四升其形外方內圓而小墮之似龜有首尾足甲腹今禮家作簋亦外方內圓而其形如桶蔡君謨曰禮家傳其說不知其形制故名存實亡此簋可以證其謬廣川云古文高當作郭煮當作旅郭象城郭相通旅猶爲也爲衆蓋人三衆也欵識云叔高父如伯碩父叔邦父之類旅簋不一器也王楚云簋作𥞤象嘉穀之實亖黍稷馨香之氣也

周姜敦

古器記曰此敦得于藍田其銘曰伯冏作周姜寶敦蓋穆王太僕正周畿內食采于周者皆周之裔孫耳集古云此敦周穆王時器也史記年表自厲王以上有世次而無年數共和至春秋年數乃詳自穆傳其

金石録補卷二十六　別下齋校本

孝懿厲五王而至于共和共和至今蓋千有九百餘年斯敦之作在共和前五世而近也古人欲存久遠必托金石然岐陽十鼓皆在而文字剝落惟古器物銘皆全古人用銅不爲爍濕寒暑所受爲可貴也原父又云敦者有虞氏之器周禮有金敦玉敦玉敦盛血天子以盟諸侯金敦盛黍稷大夫士婦以事宗廟此敦是也董氏云按銘文伯百父作周姜敦其器無文飾自命士以上皆得用之夫周之世齊姓重于天下故當時語曰姬姜惟伯禽之弟守采地在王畿內世以周自別如宰周公之類是也其謂姜則王畿之公也平王有子封于汝川亦以周爲氏此之周姜安

知非汝川之周乎伯下一字款識作囧集古讀爲囧考古訓作百與廣川同

宋誙鐘

鐘六其銘曰宋公成之誙鐘黃氏曰崇寧三年甲申得于南都之崇福院貢之內府考其文則宋鐘原其出則宋地聖詔有曰得英誙之器于受命之邦是也樂緯叶圖證曰帝顓頊之樂曰六莖宋均註能爲五行之道立根莖也博古謂誙卽莖周備六代之樂惟五英六莖無之宋爲商後猶得其傳成者宋平公名也自微子二十六世而至平公其名始見于魯昭公之十年春秋曰宋公成與此合其立也以周簡王之

十年至今崇寧甲申凡一千六百八十年而誙之器復出本朝受命之地大晟正樂之時豈特爲五行之道立根莖哉薛氏曰誙鐘五其銘畧無少異特宋自微子有國二十世而有共公成又一世而有平公成又七世而有□公成所謂宋公成者不知其爲誰也廣川曰宋本商後而商出自顓頊周樂用六代猶缺莖英疑宋存其禮樂此鐘得而作也襄公作商頌以祀成湯閔馬父曰正考父校商之名頌十二篇于周之太師太史公曰襄公修行仁義欲爲盟主其大夫正考父美之以作商頌韓詩章句曰商頌美襄公也馬昭曰宋爲殷後郊祭天以契配宋無圜丘之禮惟

以郊爲大祭且欲別之于夏禘故曰大禘然則頌成湯作誙樂其宋之制乎

乙毛鼎

博古曰鼎爲芼羹之用于是乙毛目之薛氏云毛言其姓乙乃號耳

舉鼎

款識曰晉杜蕢洗而揚觶以飲平公謂之杜舉見于獻酬之際其名一字曰舉義或在此黃氏云此鼎非可獻酬之器銘之曰舉乃人名也宋之僖公名舉楚之大夫姓伍名舉蔡有史舉燕有唐舉然史與唐不甚貴又皆周末人驗其銘款非宋則伍也董彥直以

爲杜舉所作且謂古之制器類有所本晉設觶于庭以待直言其後改曰白獸尊豈止供耳目之玩而已按爵有已舉卣有丁舉舉之爲類不一自諸家紛紜而鼎舉竟誰屬耶

秦權

顔氏家訓曰隋開皇二年之推與李德林見長安官庫中所藏秦鐵稱權有銘二因言史記丞相隗林當依此銘作隗狀集古曰秘閣文同自言游長安得二物其上刻銘一乃銅鍰循環刻之不知爲何器一乃銅方版可三四寸許亦有銘詞其文與家訓正同欵識載前銘曰廿六年皇帝盡幷兼天下諸侯號爲皇

帝詔丞相狀綰後銘曰元年制詔丞相斯去疾考古云丞相綰者王綰也徐廣曰去疾姓馮古器物銘云世傳秦權至多歐公所謂銅鍰循環刻字者亦權也廣川云田氏有銅方版纔三寸以漢度較之得五寸刻二世詔其銅鍰刻始皇詔予考之卽古規矩之器所以爲方圓者也一權也顔氏爲鐵文氏田氏爲銅而趙氏得秦權四其一出濟州又以石爲之何耶

石鼓文

石鼓凡十相傳爲周宣王獵碣唐貞觀以後蘇勗李嗣真張懷瓘竇臮竇蒙徐浩皆以爲史籀書韋蘇州韓昌黎載之歌稱述尤詳集古獨設三疑而以韓韋之說爲無据自後辨者日異如鄭樵則以丞殹二字見于秦之斤權斷爲秦篆董逌則以宣王之蒐狩在敖詩云選徒于敖爲是惟成王有岐陽之蒐杜預謂還歸自奄乃大蒐于岐陽則此鼓作于成王篆爲番吾之跡程氏亦主此說而黃長睿力排衆論釋歐三疑指爲籀作金史馬定國以字畫考之云是宇文周所造作辯萬餘言亦爲黃氏所黜究之金石錄與集古皆云非史籀不能作也唐之虞歐褚三家有墨妙之稱杜工部八分小篆歌序歷代書亦廁之蒼頡李斯之列然而韋蘇州又以爲文王之鼓宣王刻之則其說終未定已

詛楚文

秦人祀巫咸祀大沈久（音故）湫祀湮馳其文有三皆名詛楚宋張芸叟黃魯直各爲音釋集古以楚王之名有熊艮夫熊商熊槐熊元而無熊相廣川又謂姓書熊相爲芊姓如熊相禖熊相宜僚熊相祈似熊相非一人之名集古又云自秦穆公與楚成王盟好十八世至惠文王與懷王屢相攻伐此文所詛非懷王卽襄王也史記懷王名槐槐相字形相近或轉寫之訛耳廣川云其文有新郢及鄔鄔卽商於也張儀以地詐楚王齊與楚合在秦惠文時懷王死頃襄王立復與諸侯盟約上溯成王亦十八世則所詛者爲襄王

而王順伯乃云此文作于惠文王之後十二年楚懷王之十六年未知何据

嶧山刻石

史記秦始皇二十六年兼并天下自號曰皇帝二十八年東行郡縣上鄒嶧山立石遂上泰山封祀並渤海以東登之罘又作琅玡臺二十九年又登之罘三十二年之碣石三十七年上會稽並刻石頌秦功德凡六處史載其詞五者惟嶧山刻辭不載未知此石刻于何時唐封演見聞記云魏武登山使人排倒此碑又云後魏太武亦排之豈阿瞞既排之後有人樹立而復爲太武所排耶太武之後樹立無人遂至淹

没也杜甫云嶧山之碑野火焚棗木傳刻肥失真似與封氏所云歷代模拓邑人厭苦積薪焚之之説合而集古則云以李斯所篆泰山數十字相較眞僞立見則所傳刻屬贋本不止在肥瘦間矣廣川云唐人嘗取舊文勒石故謂後世所摹皆新刻夫唐人既刻棗木不應更有他刻趙氏則云鄭文寶得徐鉉模本刻之長安予所收者是也雖傳摹之餘亦自可貴而集古又得别本于青州字畫差小雖不類太山存者以爲古物難得聊資博覽似遠勝于前刻矣爾雅云嶧山純石相積連屬成山予于戊午秋登之果如所云求始皇立石處渺不可得若云野火焚碑倘有疑焉

石經

石經之立也一見于范書靈帝紀爲漢之熹平一見于晉書衛恒傳爲魏之正始其刊定有數漢紀云詔諸儒正定五經其立處有地水經注云立于太學講堂前漢碑在東側魏碑在堂西其書法有體儒林傳云爲古文篆隸三體以相叅檢水經又云正始中立古篆隸三字石經與衛恒傳合其書丹有人楊衒之雒陽伽藍記云漢國子學堂前三種字石經右中郎將蔡邕之遺跡也隋志亦云漢鐫皆邕書魏江式傳謂魏立三字石經爲邯鄲淳書其存毀亦有紀載陸

機洛陽記曰講堂長十丈廣二丈堂前石經四部本碑凡四十六枚西行尙書周易公羊傳十六碑存十二碑毁南行禮記十五碑悉崩壞論語三碑二碑毁上有諫議大夫馬日磾議郎蔡邕名試詳諸説似乎無復可疑然而水經則曰光和六年立石與熹平四年異矣晉書裴頠傳轉國子祭酒奏刻石經似又不止魏之正始若靈紀儒林宦者諸傳皆曰五經蔡邕張馴傳乃云六經隋書經籍志又以爲七經何也楊龍驪洛陽記載朱超石與兄書曰石經碑高一丈廣四尺駢羅相接竊意漢魏諸碑如伽藍記所云約七十餘石似未必盡列于堂前謝承漢書曰碑立太學

門外瓦屋覆之而黃長睿東觀餘論又云在洛宮前
御史臺中堂前門外既已無定所謂御史臺者未知
即漢之太學所改抑後代遷立于其中也況洛陽記
之四十六枚不言爲漢爲魏伽藍記之堂前所列不
分在東在西得無洛陽記但指漢碑而伽藍記則并
水經之魏碑以爲漢未可知已靈帝時博士試甲乙
科爭第高下至有行賂改蘭臺漆書經字以合其私
文蔡邕與堂谿典等奏求正定則所謂三體者以古
文篆存頡斯之遺法而以隸書爲俗儒之通用至于
魏之三體則承漢而爲之也然漢仍有鴻都一字石
經疑即伽藍記所云表裏隸書者是而隋志亦云一

字石經七種七種之外又有一字石經典論一種典
論爲魏文所立並稱石經竟列于七經之後又何也
或者熹平所立爲一字光和所立爲三體耶且隋志
既以漢鐫爲邕書而又云魏立一字石經相承以爲
七經正字遂使後學紛于聚訟如方勺泊宅編云公
羊傳後馬日磾等名姓乃魏世用其所定之本而存
之幾不自知承隋志之誤也況隋志所云七種三種
至唐末必盡亡而唐志止云三字石經古篆兩種曰
尚書曰左傳反不及宋洪容齋所收尚書之外更有
毛詩公羊論語三種趙德甫于洪氏諸經之外更有
儀禮何也且隋志注云梁有今字尚書石經唐志亦

有今字石經豈即以三體中之隸爲今字抑別有所
謂今字之體耶隸釋云所存諸經字體不一雖中郎
能分善隸但文字之多恐非一人所辨今公羊傳後
堂谿典馬日磾二人姓名固存別有趙䖍劉宏張文
蘇陵傅楨左立孫表數人竊意其間必有同時揮毫
者則隋志皆屬邕書之說似非篤論衛恒云魏初傳
古文者出于邯鄲淳至正始中立三字石經轉失淳
法因科斗之名更效其形漢書云元嘉元年度尚命
淳作曹娥碑時已弱冠自元嘉至正始越九十餘年
洪氏謂淳書石經者非則江式傳所云更屬難信已
伽藍記云三種字石經二十五碑表裏刻之寫春秋

尚書二部復有石碑四十八枚亦表裏隸書寫周易
尚書公羊禮記四部又讚學碑一所並在堂前魏文
帝作典論六碑太和十七年猶有四碑高祖題爲讚
學里碑之數視洛陽記餘三分之一而洛陽記反多
一論語何也後魏所存較前必少而北齊文宣帝紀
尚有五十二枚則僅毀伽藍記之二十有一隋志乃
云齊宣徙碑至鄴不盈大半又何也去古既遥遺經
淪落殆不可問予幸及見于都門孫侍郎硯山齋中
爲熹平舊刻止存尚書盤庚篇三十餘字論語爲政
篇七十餘字堯曰篇二十餘字其他斷石或尚在人
間惜無摹勒之者如宋蔡望氏刻于洛陽洪适氏刻

于會稽胡宗愈氏刻于錦官樓使鴻都古墨流行字內姑存數語以俟博聞多識者云爾

黃陵廟碑

山海經云洞庭之山帝之二女居之自古謂二女者舜之妃娥皇女英也郭璞以帝舜之后不當降小水爲夫人因以二女爲天帝之女韓昌黎黃陵廟碑非其說黃長睿云凡山海經言帝者皆天帝如列仙傳江斐二女與湘君湘夫人稱帝子者是似以璞之說爲可信然以二女爲湘君者秦博士對始皇之言也劉向鄭元因之則二女無尊卑之義得並稱君離騷九歌于湘君之外復有湘夫人王逸解之乃以湘君

爲湘水之神而以湘夫人爲舜妃則二女俱降爲夫人矣而九歌又稱娥皇爲君女英爲帝子似前所謂湘君湘夫人者另有其說而非二妃也昌黎集本皆云不當降小君爲夫人歐陽公云家藏本最善而碑云降小水之類當以碑爲正然韓碑有小君君毋明其正自得稱君之語似石本小水或誤蓋承王逸湘君爲水神之解而異之耳邯鄲淳曹娥碑云若堯二女爲湘夫人又承逸解而異于劉鄭也或以爲君或以爲夫人或以爲水神或以爲天帝之女文人好辯吾烏乎定之

金石錄補卷二十六

金石錄補卷二十七

崑山葉奕苞九來著

禊記

宛平孫北海先生名承澤官吏部侍郎家在京師前門之東藏金石文數十函題曰墨緣重輪手自標題印硯山齋圖書記客至焚香展玩言不及塵世事子標·字茂叔有乃父風

北海藏王右軍眞跡畏鮮味佳一一致君所須可示勿難當以語虞令凡一十九字元兵從南宋內府挈以入燕者前有亡宋南廊庫經手人郭墨印記而隱其名蓋元中書省檄諭中外江南既平宋宜曰亡宋斯

人直書此二字而名不存豈其有深意耶

唐靳英希誌銘石碑于崇禎末年出潞縣錠子村碑下有瓦杯三其色如秋山著雨作純碧色光浮灩瀲杯中各有紅點如桃花藏于孫氏之壻而石歸硯山齋中

唐李輔光墓在咸陽縣東北近涇水萬歷中涇岸崩摧水不流三日乃得誌石其銘曰水竭原遷斯文乃傳適符其語奇矣

吾邑寺觀多齊梁間建慧聚寺尤著有天王堂記碑唐王洮撰宋淳熙中燬于雷火寺柱四皆張僧繇畫龍火後二柱忽有天書其一若大篆曰勣溪火三字其

一幡結若符篆不可識今已蕩盡矣洪武三年改寺爲邑神廟今歲秋大雨西廡地忽陷發之得尊勝石幢立于北宋咸平五年壬寅去今庚申蓋六百七十九年没于地者亦三百年矣書仿虞褚多風姿予攜植薦嚴寺中

唐郭君墓在汾陽縣北七十里郭社村秀水朱彝尊字錫鬯過之行溝中仰見土岡之上碑額微露筞蹇而登迴環數里始至碑下命從者拓之又在村中掘出任君墓碑劉府君碑錫鬯同曹侍郎歷燕晉之間訪得古碑不憚發地數尺而出之從者皆善摹搨及裝潢諸事文人好古近罕儔匹侍郎名溶時稱秋嶽先生

漢魯孝王五鳳二年石刻在曲阜縣夫子廟奎文閣壁間櫟園先生惠予拓本云某所藏較俗本迥異予至廟下攜以相較果然或曰櫟園官山左時有人翻刻此石易原石去未知果否櫟園姓周名亮工河南人

山東平度州北五十里天柱山有後魏鄭道昭銘此朱錫鬯所記也考趙錄有道昭登雲峯山詩未知即天柱山否

石鼓凡十相傳爲周宣王獵碣關中郭宗昌允伯則以爲與鼓形了不相似視少華山前石之堅潤者相類然韓昌黎作歌至云陋儒編詩不收入二雅褊迫無委蛇吾邑顧炎武疑其文淺近不足儕于二雅以韓詩爲已甚且据金史馬定國言是宇文周所造又引楊用修云宣王之世去古未遠宜用蝌斗籀文今石鼓文類小篆此皆文人好異多置辯詞要之其文與書總非晉魏以後所及今在國子監文廟戟門左右守廟人索錢頗横予典衣應之同嘉定孫愷似侯大年吳江周惟彥摩挲甚久嘆息而出

孔顗達碑螭首嵌空處有至正四年二月顧游特看此碑墨書十四字趙嶠子函云在泥土中拂拭之如新子函見時爲萬歷戊午溯至正甲申已二百七十五年而墨書無恙斯足奇也子函又云成道宮龍虎殿

爲元搆左壁上有字兩行云粧鑾功德主本宮提舉孫道和曹漢臣塑胡君貴粧至順三年十二月三日較前甲申又加十二年而字未磨滅不得趙先生其能顯于後耶

太原縣風峪洞中有北齊石刻佛經一百二十柱曹侍郎皆搨之字殊醜劣而無書人姓名故不錄

杭州淨慈寺西鼜菴後石壁上刻家人卦乃唐人篆書相傳爲司馬溫公手筆無定評亦不錄

秋嶽先生倦圃收藏古今碑刻名金石表約數百種仿趙氏例自周秦至五代錄入表中侍郎語予云宋以後當另爲一錄而未暇也

孫茂叔爲曹侍郎𪔂故硯山齋所藏有歸倦圖者如丁道護書啟法寺碑王元宗書華陽觀王先生碑皆人間少有去年春于京師見之今復見于檇李云

後晉史匡翰碑在太原縣王陵庄曹侍郎遣人掘地丈餘始出又在裴晉公墓旁掘得一碑

泰山無字碑在絶頂高三丈餘闊四之一色微黄光潤如蠟或云下有金泥玉檢以此石冒之相傳爲始皇立顧寧人力辯其非定爲漢武立余與徐季重家敫文徘徊其下忽蒸雲如絮頃刻間人不相見在雲氣中猿臂蟬聯而下甫下山頂雨飄飄然至矣

唐岱嶽觀在泰山之東南麓王母池上今存小殿三楹

俗稱老君堂前有二碑皆唐時建醮造像之記予回環讀之兩目酸楚足徵精力之耗碑下發土二尺許詢之廟丁則吾邑顧亭林所發也苟非亭林好事必就湮没矣

泰山御帳坪之南有石經峪石如平臺舊刻金剛經後人刻大學益其上字皆徑尺黄花洞内有唐人題名與白蝙蝠詩

唐李存進碑在太原縣鄭村僅露碑頂秋嶽發之樹大道上

山東益都縣南陽寺有北齊無量壽佛碑大雲寺有李邕碑蒙陰縣書堂社有磨崖石刻古文南樓社太清觀有唐碑莒州孝源泉有唐碑青州府堯山有朱誕撰堯廟碑臨邑縣孫耿鎮慧日院金剛香座有歐陽詢遺字彌陀寺有初唐石幢鄒平縣西南五里有後周景範碑長白山有唐建寳誌公碑壽光縣南十里張孫社有魏侍中司徒賈公碑濟寧州東三十里有唐章仇府君碑以上諸碑皆得于顧寧人朱錫鬯兩君紀述予兩至山左未能一一訪而搨之記此以俟異日

冀州磐山上方寺有唐碑二涿州文廟前有唐碑一陳藹公許拓以見貽久而未至

太倉吳氏以褚河南書文皇哀册文眞蹟索售在順治

初年價不甚昂留予齋三日紙墨如新後有宋思陵題字及米友仁審定諸跋惜囊中無阿堵舍之病至累日

先大夫購得米元章捕蝗帖上通判書眞蹟共三幅爲白下陳于一强求贖去歸王長安予留其一復從宋閔叔處以十千錢得蘇長公眞蹟四十字知爲顧氏物仍歸予豐

曲阜縣舊城東爲少昊陵陵下臥崇碑四五處高大異于常碑十八云皆金天會皇統間欲追宗金天氏爲始祖而製因循至後不果立也

唐張長史旭書郎官石柱記王弇州先生云人間止有

兩本其一藏都少卿穆家子從亂後得弇州藏本始知長史正書在草書之上

秦晉間古碑皆爲營繕廨宇塔廟所用或土人厭苦官長誅求磨滅毀損如漢華嶽廟碑有郭香察書四字者嘉靖中猶存一縣令脩廟門少砌石視殿上碑題皆當時顯者不敢動以此碑剗落斷而用之見石墨鐫華

南唐周彥崇記孫權時金陵牛頭山自裂有僧出其中謂文殊辟支佛保大中緣崖而西建佛窟寺碑爲王秉文書又幽棲巖上有延壽寺斷碑爲唐大歷中僧靈橚書洪武間危太僕尚見二寺舊碑今無有問之

者

泰安州岱廟中古柏相傳漢元狩間植蘢蔥如蓋皮裂綻皆左紐柏下一碑根盤覆不可拓土人云係唐人建東西碑亭漸毀宋徽宗明太祖兩碑最大庭中大檜下一碑爲今巡撫劉公芳喆代祀立長逾中人徐季重訝其陋家兄學亭云前明立碑有公費近奉裁革劉不欲擾民因其便故也立碑時家兄適署州篆而知其詳

明人錄金石文者惟都少卿穆金薤琳瑯見碑錄文雖少而妙又錄宋元人題跋如潘乾校官碑是也楊升庵金石文徐獻忠金石古文竟錄蔡中郎輩集內文字不必親見此碑故不足貴

崇禎末流賊寇山左入曲阜縣盜大成殿犧象二尊行五十里負尊者暈眩倒仆又一人代負亦倒于是送還廟中倒者立愈

吳季子廟在丹陽延陵鎮越絕書由毘陵上湖中湖中冢者季子冢也又名延陵墟廟記碑唐刺史蕭定撰後人摹刻于縣內驛前

泰山絕頂碧霞元君宮之東廡秦始皇二世刻石存二十九字州城內岱廟中別刻一石其文同按宋劉跂序秦篆譜時尚存二百二十二字今止十之一宋本不傳久矣惜哉

或謂碑起于漢不知周時已有之檀弓公室視豐碑註云斲大木爲之形如石碑于槨前四角樹之穿其中間爲鹿轤下棺以繂繞之劉熙釋名碑被也王莽時設豈未見檀弓也耶

漢碑上有一孔在墓則引棺在宗廟則麗牲祭義君牽牲旣入廟門麗于碑註云麗繫也至聘禮賓自碑內聽命又曰東西北上上當碑南此爲賓揖之碑也

古者臣子追述君父之美輒書碑上後人因之建于大路之旁共見之處然予所見曲阜夫子廟濟寧州學溧水校官諸漢碑高不逾丈空其中間必爲引棺麗牲之用今旣失其制而碑之高大至于無度與古碑

異矣
漢西嶽華山碑在華陰縣嶽廟中嘉靖三十四年地震碑毁惟郭允伯藏宋拓本文字完好今歸華陰王山史家郭名宗昌有金石史考据辨論多所發明王名宏撰以薦至京師與予定交昊天寺中
太原傅山字青主嘗行平定山中誤墮崖谷見洞口石經甚多皆北齊天保間刻字然無名筆亦未有搨之者
宋周益公得漢光武時梓潼扈君墓磚隷書始知東漢誌墓用磚後乃刻石也
泰山絶頂有石高四尺許純碧色硃砂文兩行白上貫下最爲奇燦不識何人鐫聰明正直四大字遂滅此石生氣
趙州衙署南門卽古之望漢臺蓋耿純築此以望光武之至有石刻望漢臺三字
長洲范氏藏唐咸通二年柱國范隨誥文正公云祖宗積德百餘年始發于吾今觀此誥蓋二百年本原深厚如此自文正至今又數百年而此誥無恙文獻足徵豈特有國者然哉
蘇州萬壽寺藏古銅鼎其識有周康穆宫錫褭用鄭伯姬等語元大德中任陽謝氏欲以玉杯易之住持默公不從謝氏後建佛殿予之至正丙申謝遭兵失鼎甲辰愚隱智公復得于軍人之手耆舊皆曰山中物也歷百年至天順間猶存
宋虔州天竺寺有白樂天手書詩云一山門作兩山門兩寺原從一寺分東澗水流西澗水南山雲起北山雲前臺花發後臺見上界鐘清下界聞遥想吾師行道處天香桂子落紛紛蘇長公云予年十二先君謂予言此詩墨蹟如新筆勢奇逸今四十七年矣予來訪之則有石刻在耳文忠去今六百餘年未知此石在否
通州學宫古佑聖教寺有塔塔前存石一方唐貞觀中尉遲敬德脩過沙河二十里有新井庵祠狄梁公道上有二石幢字類李北海亦貞觀中立

房山縣西南四十里曰白帶山又曰焚題山藏石經唐金仙公主脩之有隨碑二仁壽元年王臣暕宣郎智泉寺舍利塔銘也又王邵撰舍利感應記碑亦仁壽元年立唐碑五開元中王大悦碑梁高望碑元和中劉濟碑景雲中籍思道碑太極中王利貞碑
吾郡城内平江路一帶傳聞有承橋柱石盤上係漢人題識朱卧庵約予水涸時訪之
閭人余天茂爲陝西某府别駕好蒐古碑同屬下士某減騎從至終南山下古寺中僧初秘惜天茂出白鏹餉之乃引至寺後越壞廁廁側小坡上臥十餘石皆

唐人墓誌世不及知者搨之歸僧云從近處古墓中
出恐當事擾累故秘之臥庵云
湖中雙塔二石幢皆尊勝陀羅尼經咒爲錢鏐時建有
歲月而無紀年
徽州汪宗孝收藏金石古文法書名畫彝器古玉甚富
歿後散落人間獨手書目錄猶在其子權奇裝潢成
帙求虞山錢宗伯題識宗伯以長歌答之宗孝字景
純富而任俠萬歷間嘗臥病受命于文廟遣治水江
淮間七日而寤楚人王同軌作耳譚載其事
唐有兩懷惲一張姓示滅于大足建碑于天寶今在錄
中一謝姓示滅于元和二年十二月廿二日謚曰大
覺建碑灞水曰大寶相塔碑而趙錄失載郭允伯金
石史有此碑名而其文無考惜哉
松江靜安寺在華亭縣西北十里有赤烏碑見陸儼山
外集
楊升庵云四皓有羽翼太子之功其沒也惠帝爲之製
文立碑文獻通考通典皆不之載歐陽集古錄趙氏
金石錄鄭樵金石畧皆遺之而見于任昉文章緣起
宜興徐氏藏唐虞世南奏草眞蹟中云伏蒙聖慈以臣
進呈孔子廟堂記石本特賜臣晉右將軍王羲之黃
銀印一顆臣已祇受蓋在貞觀七年十月後有宋人
題名及賈丞相悅生印予于順治庚子三月至宜興
寓徐太守燃曙齋問此帖云在族人家適以採茶入
山予不能待而歸聞徐文貞公已勒石將訪而錄之
郜少卿云張長史眞蹟書春草詩云春草青青千里餘
邊城落日見離居情知海上三年別不寄雲間一紙
書此帖用白麻紙宋秘府物元季藏吾鄉陳彥廉家
陳搆春草堂人多作詩咏之今歸嘉興王廷槐長史
爲唐人法書第一予于順治己丑聞嘉興徐次桓云
神廟中年王氏將此帖轉售勢家屬善雙鉤者鉤一
通欲上石而不果云
宜興善卷洞有咸通八年昭義軍節度使李蠙贖寺碑
載先石林公避暑錄石林公藏古碑千餘帙爲金石
類考五十卷則吾家世世好金石文字也
縉雲縣東四十里有仙都觀相傳黃帝煉丹其上後爲
道院唐李陽冰爲縣時書黃帝祠宇四大字宋末猶
存
陶宗儀古刻叢抄有豔陽仙洞四篆長一尺許字極古
秀又有康王神道之碑六字似漢以後人篆書長五
寸許皆不詳其所在不錄錄自漢至唐五十餘碑在
江南者十之一去陶已三百餘年諸碑必皆湮沒卽
毘陵雲間相去甚近屢屬友人博訪迄不可得況世
無好古者陶氏所抄亦將付之羽蠹可勿惜哉
元元貞中長安人駱天驤分類編長安志第十卷載碑

目跋自周至唐其百碑爲趙所遺者三十碑予皆補入録中蓋駱去趙未遠且身歷碑下摩挲把翫其跋藏崇云臧氏七碑于至元十五年親披荆棘手自拓録更有數碑叢刺難造未及抄寫爲恨然則物之顯晦固自有數遇好事者名聞于世偶一厭倦如臧氏七碑之外湮沒者不少天驥字飛卿爲京兆路儒學提舉

陳先生家太倉之雙鳳里知予作録補特見報云里中法輪寺前後石橋凡四處橋柱下皆有題字乃永和九年王羲之之蹟于順治中爲寺僧穆文拆毀石尚有存者寺内石井欄題字與橋同先生名涞字就列

予蒙師也誠實不妄俟秋涼往拓之第右軍遊歷未必至此或後人摹勒托其名耳顧伊人又云咸和年間物非永和也未知孰是

宛平劉某知鎭江日購得閣帖夾雪本蠹食其墨以素紙裝之如六花之散于几席也朱錫鬯云棗林既裂櫝以銀錠是本裂處以木補之殆在未櫝之先此賜本之僅存者舊藏顧大理家後歸蔣氏未知劉得之于蔣否也

去邑南二十餘里有土山曰趙陵亦曰趙靈上有寺大中十年建聞有唐碑沒在吳氏菜地中挐舟訪之發吳氏壁得斷碑三段洗剔視其文乃洪武　年撰記大中碑甚悉寺僧孚尹許爲搜討姑俟之

北史江式長于篆體撰集古今文字凡四十卷大約依許氏說文上篆下隷惜其書不傳如式所著甚多在歷朝經籍志中今皆不存

漢碑書撰人姓名多不著而造碑之人時附碑末如石經論語工陳興三公山碑石師劉元存無極山碑石師闕白石神君碑石師王明孔耽碑治石師同縣朱適朱祖武氏石闕石工孟季季弟卯緱氏校尉熊君碑碑師春陵程福巴郡太守樊敏碑石工劉盛息懆書李翕郙閣頌石師南闕字成民蓋漢人立碑刻鏤精工有費至十五萬者梁碑後云孝子孝孫躬修子

道竭家所有選擇名石南山之陽擢取妙好色無斑黃良匠衛改名人雕文刻畫羅列成行攄騁伎巧委蛇有章可見當時鄭重故石師必欲自炫其技而貽名于後也

漢碑多刻門生故吏非是二者爲處士故民之類然有義士義民賤民議民復民義工義徒等名至劉熊碑有好學四十餘人德行一人更有稱順人者在百蟲將軍顯靈碑

雲間陳徵君眉公藏唐顏魯公所書朱巨川告身顯光祿有唐時兄妹共寫法華經七卷後題云燕子女丁先大夫從陳氏頑仙廬見法華經楷法甚工細如蠅

鬚若出一手比巨川告爲尤異洵乎唐人善書而不得其姓名爲可惜至燕子女丁無有知其義者

錢鏐嘗于林屋洞投金簡宋淳祐丁未七年大旱山間人于水濱得之長一尺五寸濶六寸上刻字曰天下兵馬大元帥吳越錢王十一字

陳眉公云安東縣金剛嘴不知築于何時殘磚上有尉遲公等數字

吳縣盤門外孫堅同妻吳夫人及孫策三墓宋政和六年村民發之墓甎皆作篆隸書萬歲永藏四字碑石斷缺僅餘中平年三字按英雄記堅以初平四年正月七日死非中平也或是吳夫人前卒耳又紹熙二年秋雨隤圮牧童入其隧道得銅器數種鄉人往觀之有石刻隸書云大吳長沙桓王之墓赤烏二年凡十二字按吳志孫權卽皇帝位追尊父破虜將軍堅爲武烈皇帝母吳氏爲武烈皇后兄討逆將軍策爲長沙桓王在黃龍元年此云赤烏當是又十年而立碑也又宋嘉興年間于墓旁土中得唐孫德琳誌云開元十年窆于十四代祖吳武烈皇帝陵東南平地聞此誌尚在吳門巨族屢訪不得姑記之

漢人碑文云某君之孫之子不著祖父諱隋唐以後率直書之如陳子昂顏魯公白樂天序先世名并不加諱字竊笑今之人事事不及古而狀祖父行畧必屬戚友塡諱偶得宋人黃裳墓誌乃其孫中美所撰末云壻進士吳容塡諱在光宗嘉定之三年此風固已久矣

唐宦官楊思勗父楊歷碑鍾紹京撰文自稱爲義男按紹京出于胥吏致位宰相乃以諂諛之私父事宦豎勒名金石全不知恥信乎士君子之所以不朽者在德不在藝也紹京雖擅能書之名詎能掩此辱身賤行耶

邑先達顧文康公諱鼎臣藏虞伯施所書夫子廟堂碑其額有大周二字文康所印私記一鼎中間以數臣字作回文式又有味齋印此唐搨也碑立于武德九年無額武后命相王旦補書之相王者睿宗也至文宗時從國子祭酒馮審請琢去周字故以後止有夫子廟堂之碑六字爲題未知文康得之誰氏又有聖教序未斷碑與今碑逈異

甲申燕京陷後有監子插稻草爲標持宋搨蘭亭求售胡井研以三十錢易之乃游丞相家經進本也嘗熟□宗伯購得四紙予曾見之

徐州有關壯繆竹石刻宣德四年僧正廣善創建鐵佛寺劚地得之司徒趙欽湯曰侯所寫竹虬枝鐵幹其葉錯綜成文爲五言一絕句不謝東君意丹青獨立名莫嫌孤葉淡終久不凋零或曰此侯降乩筆也今

石刻在肥城閔壯繆廟中
朱錫鬯云涿州樓桑村有唐碑無書撰人及建碑年月
偶閱金章宗承安四年涿州蜀先主廟碑云涿先主
之故家也廟距州西南十里而遠有唐乾寧四年重
修碑記因屬眞定陳信搨之
溧陽縣東南一里報恩寺後有石井欄刻云唐元和六
年零陵寺比丘澄觀數十字又冶山寺雲版得自山
田中有唐貞元二年等字以不成文不入錄
茅山華陽宮有陶隱居井宋政和初道士莊愼修浚之
得瓦井欄已破合之尚全環刻大字云先生丹陽陶
仕齊奉朝請壬申歲來山棲身高靜自號隱居同來
弟子吳郡陸敬游其次楊王吳戴陳許諸生供奉皆
宇湖熟潘邏及遠近宗稟不可具記悠悠歷代詎勿
識焉梁天監三年八月十五日錢唐陳宣懋書又得
銅爐有柄今藏宮中
周櫟園亮工云恭順侯吳某藏古碑千餘種予過其墨
響齋屋壁皆滿吳有金石文一編錄全文備考孫北
海硯山齋曹秋嶽倦圃郭孝廉傚山樓收藏皆不及
吳十之一
江寧府麒麟門外墳頭山中有大石長五丈餘濶半之
土人云是明初孝陵碑料旁一石如小山云是碑座
此石側立可以晒麥百担

鄭谷口簠云山東城武縣有漢張壽碑已斷爲俗合去
思碑趺于過碑下見之白諸縣起而樹之署壁
吳漢槎兆騫云寧固塔即金之會寧府也去黃龍府尚
遠一千五百里金曰上京有紫金城城西南角一百
二十步有碑已斷磨滅不可辨剔垢讀之識三句儒
風盛于東觀俯矚闕廷深契朕懷後云天會某年月
遐荒漢字惟見此碑而已
顧伊人湄從廬山歸云　見一碑泉涓涓在碑下出
碑篆神功泉三大字非唐以後人筆許竹隱虬罷永
州太守云柳子厚鈷鉧潭上有巨石鑿鈷鉧潭三大
字亦非俗筆二碑惜無年月姓氏錄入竹隱有潭記
一篇
黃編修忍庵與堅黔中典試歸云遊桃花源洞止見杜
牧之一碑亦趙錄所遺惜未搨之
吳郡城西二十里有大塚土人稱爲歸王墓宋嘉祐中
居民懇土得石如柱礎方一尺五寸厚二寸許中隆
起二寸有八分書三行云唐故陳留郡夫人言氏墓
誌九字按圖經唐山西南道節度使歸融葬地融未
嘗封王土人之稱誤耳聞此石尚在土人鍾氏家中
萬歷初元會稽倪簡冢地內掘得晉太康間冢中杯及
瓦券券文云大男楊紹從土人公買冢一邱東極闞
澤西極黃藤南極山背北極于湖直錢四百萬即日

交畢日月爲證四時爲佐太康五年九月廿六日對共剪破民有私約如律令柳元穀以是二物易徐文長畫雲間范武功詳玩右文郎今祀后土之劵版耳後世未嘗以文鐫刻而此刻于瓦歷千有餘年不毀爲可異也

張東海先生汝弼卜葬九峯之鳳凰山發穴得一碑云費將軍之墓碑後益棺有大石石上有並受其福四字張氏郎于字石上叠石加磚舉東海柩安葬至今至范武功云

康熙甲寅之夏常熟縣開城河得一研如今之方磚兩旁有足其右已損銘文八分云松操凝烟楮英鋪雪豪飲如飛人間四絕順義元年處士汪少微識按順義爲吳睿皇楊溥紀年也元年歲次辛巳去今凡幾百年(至明戊申四百四十七年)而温潤如初出坑者家林宗以二百青蚨售之研質雖石從未有入金石譜者附記焉

海昌蔣光煦校

金石錄補卷二十七

金石錄補跋

崑山葉九來先生金石錄補二十七卷視續金石錄金石續錄其博洽不啻倍蓰誠趙氏後第一功臣惜世鮮傳本是冊爲海鹽張君(開福)寄贈云自九來先生手稾傳錄竊窺其中譌亂頗多未敢擅易故卷帙之多寡標目之羼雜悉仍其舊又鮑綠飲趙晉齋二跋未知從何本闌入亦姑存之然張君亦非親見手蹟意世間當自有善本如同志者得示以所未見俾無疑義是則此書之幸豈特(煦)拜其賜哉戊戌秋日海昌蔣光煦跋

別下齋校本

金石錄補續跋

道光二十六年丙午[illegible]
海昌蔣氏宜年堂雕

近今金石文著錄佳者如林求其目覩碑刻款識精確可信未有如潛研堂金石文跋尾兩漢金石記也葉九來先生著金石錄補在錢翁二書前以補趙德父之所未備其書採摭甚廣攷據頗精末列集異碑題立碑處傳疑襍記五門爲著錄者另啟一例後附續跋若干卷樹議迥出前賢亦可補德甫之所未及乃其家子孫不振未能鏤版書幾淹沒無傳惜哉錢遵王讀書敏求記云葉九來著金石錄補學識遠在明誠上留葉余處將爲整齊其書垂之久遠然亦未能刻也此書乃九來壻丹臣許君從原本抄出者其子甚珍之有題語在卷首（九來子札中有勿更假他人語故云）檢齋先生研究經史好古若渴其能寶藏此書也宜哉余因借錄一過漫跋於後以俟世之能刻是書者可與錢翁兩家後先輝映云

嘉慶十七年歲在壬申三月香嚴周錫瓚識

金石錄補續跋卷第一

崑山葉奕苞九來著

古器物銘

楚鐘銘

楚之僭在王而不在乎自紀其元春秋書隱公元年豈亦不用周之正朔乎三代之時侯國之爲史者但書本國之年而不書天子之年春秋隱公元年者何自魯人書之也泰誓十有三年春者何自周人書之也以上皆顧亭林金石文字記中語謹摘錄之

甗銘

眞宗咸平間乾州獻古銅鼎狀方而四足上有古文二十一字詔儒臣考正而句中正杜鎬以爲史信父甗考古圖云好時令黃鄆獲是器以獻句中正杜鎬驗其文楊南仲以史字不必讀爲史當作中音仲予按墨子夏后鑄鼎四足而方則此甗爲夏商之器當時人多以伯仲甲乙爲號未常有史姓者楊說近之說文云甗甑也

秦權銘

宋秘閣校理文同家有二器其一銅鐶上有銘循環刻之歐陽公云不知爲何器趙氏以爲秦權據班固律歷志五權之制圜而環之令之肉倍好者周旋無端孟康註錘之形如環也予按爾雅肉倍好爲璧好倍肉爲瑗肉好若一謂之環李氏云邊曰肉中空曰好邊大而空小璧也此之肉倍好者如璧趙氏引康註如環者誤

商雒鼎銘

宋劉原父得鼎于商雒其銘有云惟十有四月蔡君謨嘗問原父十有四月者何原父不能對呂大臨云古器多有是語或云十三月或云十九月疑人君卽位居喪踰年未改元故以月數趙氏云古人君卽位明年稱元並無踰年不改元之事呂說非也但古語誠有不可曉者予按史記代王歇二十七月齊王十九月小司馬註云因舊月而數也如前鼎銘或因卽位之月數起故不稱某年其義亦易曉耳

銅釜銘

三輔黃圖長信宮漢太后居之太后宮在西秋之象也秋主信故宮殿皆以長信長秋爲名漢書天子之女下嫁不自主婚以公主之故曰公主亦曰翁主王曰王主侯曰侯主天子之姊妹爲長公主外戚傳文帝立數月封竇皇后女嫖爲長公主顏師古曰年最長故爲長公主然則顏之說自父封之也姊妹皆得稱長者兄弟封之以別于已之女也歟魏徵云皇帝之姑姊爲長公主皇帝之女爲公主是也

周陽家鐘銘

漢表趙兼以淮南王舅封周陽侯田蚡傳弟勝爲周陽

侯按太子稱家故公主亦曰家如館陶家平陽公主家是也侯亦曰家如衞青父鄭季以縣吏給事侯家是也此曰周陽家未知爲誰氏之鐘呂氏考古圖有周陽侯甗可知周陽家卽周陽侯也

新莽候鉦

洪氏隸續止釋候鉦重五十桼斤桼字爲七字借用而不言候鉦所出按考工記鳧氏爲鐘鼓上謂之鉦註云鼓者所擊處也鉦在鐘腰之上鐘體之正處采芑之詩有鉦人伐鼓註云鉦音征鐃也鐲也鼓以動之鉦以靜之鉦與鼓各有人焉則鉦另爲一器之名而周禮鼓人以金鐲節鼓以金鐃止鼓又若鼓人所執之物與采芑之詩互異此云候鉦足以証鉦人有專司矣說文云候伺望也鉦鐃也似鈴柄中上下通博古圖有周雲雷鉦其形似鈴鐸有柄可以持而擊之

金石録補續跋卷第二

崑山葉奕苞九來著

漢王稚子闕銘

右考漢書本傳云舉茂才除溫令遷兖州刺史後徵拜侍御史永元二年從駕南巡還爲洛陽令註從溫補洛陽令與傳異漢人樹闕歴叙官閥不能盡載則更立一闕如太尉劉寬是也洪氏載此闕爲河南縣令而辨其

郿溫令以河內乃郡非縣溫爲河內之屬邑也

漢國三老袁君碑

右袁君碑云諱良字厚卿陳國扶樂人也子光博平令騰尚書郎璋謁者孫衛尉滂司徒椽宏趙氏洪氏歷辨袁安與滂非從兄弟甚詳予謂安傳與此碑官閥年代較然不必辨也碑云良歷郎中謁者將作大匠丞相令廣陵太守議郎符節令三老梁相以順帝永建六年卒安傳祖父良平帝時爲太子舍人建武初爲成武令郿史或有遺漏何不同至此況安薨于明帝永平四年豈有其祖之卒反在後七十一年趙氏云在後三十九年者亦誤蓋永平四年辛酉而永建六年辛未已兩易甲子也安子京京子彭彭次子逢在光和二年三月以司空免而滂之免司徒亦在此月中豈有與從曾孫同時在三公之位又彭之孫閎二弟忠宏豈有與從高祖父司徒椽同名之理始知安滂之祖名姓適相同耳至于水經之袁奨以此碑之梁相而訛袁幹之爲貴鄉侯郎此碑之遺鄉而訛也姓纂姓苑諸書率多附會何足深論耶

漢西嶽石闕銘

北涼王沮渠牧犍閎至王璘皆稱永和不止漢晉後秦而已

漢北海相景君碑

右景君碑誄後亂曰宜參鼎轔洪氏云字書無轔字當作拂解按漢隸多通用如紱亦作紼此轔字應作軷鄭氏曰山行曰軷取封土爲山之象以祭道神也蓋喻景君之德望重如鼎高如山宜參云者應在台鼎之位樊敏碑模楷後生宜參鼎鉉者是也

漢北海相景君碑陰

漢書循行此碑作脩行都少卿穆曰後漢書皆出傳錄以修爲循者特傳錄之誤耳趙氏不信碑本而信漢書且引晉書爲證不知晉書修于唐乃仍漢書之誤而云循行也予按孝景將侯王氏脩侯犯色師古曰修音條地里志勃海郡修市應邵曰修音條修條字書相類亦致訛謬則循脩二字其因字書傳寫之誤無疑兩漢官制郡國屬吏無名午者河南尹員吏有百石卒史二百五十人碑稱故吏列于書佐後者郎此卒史或謂午字乃卒字之訛予曾至景君碑下詳審午字並無剝文都少卿金薤琳瑯釋此碑陰姓名遺行義劇張敏字公輔故書佐劇（下二字疑）宇伯度而台丘遷則誤爲呂立遷何也韓敕碑有行義掾不知爲何官不稱故者惟敏耳古人命官多因前代表志或緣其名或用其義因憶前書註漢官典儀職云刺史周行郡國以六條問事安知不以條行爲官名其職主于察治耶條侯條市皆誤爲修則此或從條字而訛未可知也趙氏以台丘爲複姓之奇

碑文有永巳郎字君石其姓亦僅見爾下文云行三年服者凡八十七人漢自文帝短喪之後苟能斬杖執禮者碑中必特書之此以親喪之戚施于景君似乎矯情踰禮失先王緣情之制或師資之間心喪三年服不忍宷而已非必寢苫啜粥爲也

漢敦煌長史武斑碑

碑中有金鄉長河間高陽史恢銘詞後有尚書丞曹芝之成武令曹种豐令徐崇陳留府丞闕名防東長闕名書此碑嚴祺字伯曾小歐陽云字伯魯集古録謂氏族州里官閥皆不可見趙氏一一證以爲皆備洪氏謂立碑者六人而不及書碑之人蓋嚴祺在六人之外又明言書此

碑在上文予特拈出使之有聞于世祺視六人不書秩里而獨字之必處士之同里閈者也秦置郡守景帝中二年更名太守凡郡有丞至唐始以大州爲府後遂以府易郡兩漢領縣者非國則郡如陳留之丞宜曰郡丞而此碑曰陳留府丞武斑之父開明碑除吳郡府丞高頤碑蜀郡北部府丞

漢司隸楊厥開石門頌

予讀鄧騭傳時遭元二之災人士荒饑死者相望章懷註元二應作元元竊疑文人好奇比之陽九百六宜作元二本文直指永初元年二年災害爲是卽此碑云中遭元二西夷虐殘亦見於騭傳而洪氏先得我心疏辨詳悉又引王充論衡元二之間嘉德播流與此碑皆卽位之元年二年義尤確切善讀書者不以辭害志顧以平白曉暢之語轉爲傅會之解所不取也碑中有厥字孟文故歐公與趙氏俱曰楊厥水經註云司隸楊渙與字孟文合

漢平都相蔣君碑

蔣君歷郡五官掾功曹再爲計掾出宰豫章平闕下平都侯國屬豫章平字下必都也趙氏所收豈盡殘缺而云不可考耶洪氏辨蓼儀卽蓼莪音義甚詳而此碑銘中有皇矣上帝賦命不均淑人君子胡不萬年作你鈞切與詩正是國人胡不萬年同漢書敘傳封禪郊祀登秩

百神協律改正亨茲萬年韓詩外傳往而不可返者親也至而不可用者年也其所本如此

漢置孔子廟卒史碑

右碑漢永興元年造司徒臣雄司空臣戒請置孔子廟掌禮器百石卒史一人書名不書姓者以位列三公皆知爲吳雄趙戒也唐宋告身章奏署名凡丞相不著姓者類此按范書百官志東西掾四百石以下秩比命士爲百石屬其後辟除通爲百石但司徒公下凡祭祀掌省牲視濯則有令史屬三十六人司空公下凡祭祀掌掃除樂器則有令史屬四十二人而無卒史之名卒史見此碑隸法與韓敕碑畧同而嚴謹過之敘事簡要尤

為近古云

漢孔德讓碣

右碣集古錄云其名已磨滅但云字德讓者宣尼公二十世孫都尉君之子也趙氏亦作孔德讓碣按德讓名謙載孔氏家乘都尉君者宙也宙七子知名者謙裒融三人而已融自有傳裒之名見史晨碑謙卒于永興二年年二十四又十二年延熹甲辰都尉始卒記此碣者必都尉也其文字簡妙可觀東家雜記云碣在孔子墓林中

漢孔君墓碣

右孔君碣在孔子墓林中其額題孔君之墓文已殘缺

前有云元年乙未而元年上闕二字趙氏以為東漢惟桓帝永壽元年歲次乙未其他有三乙未皆非元年此碑當為永壽時立也按史漢高帝元年與昭帝始元元年皆為乙未安知孔君非西漢時人而趙氏竟以為永壽鑿矣

漢韓明府孔子廟碑

右韓明府修孔廟禮器碑云明府名敕字叔節歐陽公云春秋傳載古人命名之說不以為名者頗多故前世見於史傳未有名敕者予觀繁陽令楊君碑陰有故民程敕字伯嚴則漢時不獨韓明府名敕也敕字本音徠去聲今按二君之字皆作飭字解此碑簡古逸宕為漢隸第一都元敬楊用修錄碑文缺七字而趙子函石墨鐫華本缺五字此多戲與二字蓋先文莊公舊物也隸釋載碑陰六十一人右韓明府以下涿郡太守曾應至相史魯周乾八人則正碑非碑陰也

漢州輔碑陰

右州輔碑陰自漢陽太守而下四十九人故京兆尹延篤叔堅居其次趙氏云輔二宦者碑陰列數十人延叔堅當代顯人挂名于此為可恥洪氏据碑云鄉人姻族相與刊石稱邑者八人延篤為南陽讐人不稱邑則知輔亦讐之人也況身退窮約同塵所以遠害引陳仲弓弔張讓母喪為叔堅解嘲予謂趙說乃理之正洪說亦

情之通皆是也內有小侯新野鄧辰伯臺明帝永平九年為四姓小侯開立學校袁宏漢紀曰外戚樊氏郭氏陰氏馬氏諸子弟號四姓小侯以非列侯故曰小侯註引禮記曰庶方小侯亦其義也桓帝建和二年賜四姓及梁鄧小侯帛則四姓之外外戚子弟皆得稱小侯可知已第和熹鄧后謙退兒隱終帝世不過虎賁中郎將至安帝永初中始封上蔡侯弟悝葉侯宏西平侯閭西華侯不知辰為誰之後也至於州姓必皆輔族內則令丞郎中外則守上黨相細陽與州從事縣令長共十有三人范書所謂子弟支附過半于州國奄寺之禍惟漢獨烈有由來已

漢郎中鄭君碑

白虎通巡者循也通作遁晏子有云晏子逡遁而對管子桓公蹵然逡遁周禮司士註逡遁既復位儀禮士昏禮註辟逡遁音旬漢平當贊逡遁有恥則逡遁即逡巡明矣項籍傳亦有遁巡而不敢進之語註作蹲莊子蹲循勿爭不可泥過秦論之註而以爲一音也玉篇徒頓徒昆二切釋退還卽退讓之意用本韻亦可

漢丹陽太守郭旻碑

古人治經術各自名家小杜者杜延年也杜周明法律延年爲周少子亦明法律周酷暴延年行寬厚最知名此云治律小杜者必延年無疑

金石録補續跋卷第三

昆山葉奕苞九來著

漢繁陽令楊君碑

漢梁相費汎碑

漢孫叔敖碑

予嘗箋此碑以知叔敖之名爲㤼按春秋蔿敖蔿艾獵杜預皆以爲叔敖則未必名饒也汎碑文可議者三如云叔敖爲相庶人有曾閔貞孝之行又云繼伍舉子文之統又云仕于靈王卒後數年莊王封之夫叔敖相楚當魯宣公時曾閔在定哀之際援後賛前猶屬作文者比擬之病至伍舉後于敖四五十年直云繼其統何耶況靈王爲莊之曾孫反序在前舛謬極矣彼所云名饒恐未必有所据也

漢孫叔敖碑陰

右孫叔敖碑陰云期思長光視事一紀趙氏以爲失其姓氏按期思縣宰段君諱光字世賢魏郡鄴人已見于叔敖碑中故碑陰不復及其姓豈未之考耶碑云渤海太守字武伯有二子長子字伯尉少子字仲尉伯尉一子字世伯仲尉二子長字孝伯弟世信世伯子字子仲治產於繚虛六男一女大子字長都次子蘭卿次弟字仲陽次弟字叔通次弟字衞公次弟字劉卿此繚宗六父也孝伯子字文字闕一治產于材虛亦六男一女大子字惠明次弟字次卿次弟字聖公次弟字稚卿次弟字彥卿次弟字少卿此材宗六父也世信一子相承季陵文卿孝公卿字闕一虛一父其高祖與材高祖父親兄弟孫氏宗族譜紀歷歷如此而云不可次第何耶

漢冀州刺史王純碑

右王純碑云君諱純字伯敦年五十九延熹四年八月廿八日甲寅隕徂五年十一月十八日丙申葬而立此碑也趙氏以水經須句西有冀州刺史王紛碑爲此碑純字之訛愚按水經王紛碑立於中平四年去延熹已二十餘年或別有王紛非王純也且隸書純紛二字絕不類而此碑純字完好更無殘泐若趙氏所云乃好奇之過君子于其所不知蓋闕如也

漢桐柏淮源廟碑

右碑延熹六年正月八日南陽守躬祀淮廟事吾友朱錫鬯所藏之本與隸釋同時歐陽公謂中山盧奴君君上闕其姓而此碑曰張君視隸釋爲尤全惟靈祇下闕報佑二字耳水經注桐柏山南有淮源廟廟前有碑是南陽郭苞立又二碑並是延熹中守令所立此其一也碑云從郭君以來廿年不復身至豈郭即郭苞也耶銘後列春侍祠官屬劉訢劉瑗樂茂任興秋梁懿周謙鄧嶷趙旻謝綜九人足見漢時致敬居瀆祀事嚴慎春秋官屬分設如此頌辭彬彬可觀中有陟彼高岡臻兹廟側肅肅其敬靈祇降福按福音復備也辭也此叶筆力反其義則同于觀尙書惟辟作福易曰受其福由禮祭則

受福皆叶偪韻漢去古未遠字亦通用後世以偪字叶者不多見已

漢祝睦後碑

右碑額云漢故山陽太守祝君碑篆書前碑云君諱睦字元德濟陰己氏人以延熹七年卒故吏王堂等於三年禮闋復立此碑故曰後碑碑云故吏王堂等竊聞下有述上之功臣有敘君之德又引孔子曰民人登祝上天歆焉僚屬欽熙孰不咨賢代作頌曰伊予祝君兆自蔡辛祝融苗胄又曰鄭有祝聃者君其允也按睦以孝察舉歷北海長史鄗令北軍中候尚書尚書僕射常山相山陽太守恭儉仁恕爲門生故吏所思慕故立兩碑

碑中屢用論語而鄉黨遂遂則與今文不同藝文志論語十二家二百二十九篇釋文傳不習乎鄭元注云魯讀傳爲專按當時有古讀齊讀魯讀之不同皇覽引魯讀諸事如未常無誨爲悔五十以學易爲亦正惟弟子不能學也正爲誠坦蕩爲坦湯晃衣裳者晃爲絻瓜祭瓜爲必賜生爲牲詠而歸鄭本作饋魯爲歸仍舊貫仍爲仁片言折獄折爲制小慧爲惠古之矜也廉廉爲貶歸孔子豚鄭作饋魯爲歸天何言哉天爲夫又崔子爲高子躁爲傲窒爲室車中不內顧無不字不知命無以爲君子無全章則此遂遂安知非齊魯之所讀爲恂恂之同音而異解乎若前碑有恥且恪則又格字之借用

非讀音也漢察舉孝廉而安獻皆嘗詔公卿郡國舉至孝之士故有獨以孝薦者蔡卽黎史記重黎居火正索隱重氏黎氏二官重爲木正黎爲火正左傳少昊氏之子曰重顓頊氏之子曰黎此以重黎爲一人仍是顓頊之子孫劉氏云對彼重則單稱黎若自言則稱重黎此碑單言黎者乃火正非木正也史記註祝大融明也祝爲國名殆以國爲氏者祝聃見隱公九年碑首二語用釋名以見其刊銘之意也

漢泰山都尉孔宙碑

孔子四十七代孫傳官右朝議大夫于宋紹興中著東家襍記云十九代宙郎中令碑云郎中按郎中令秩千

石郎中二百石皆屬中尉宙初舉孝廉未能卽除郎中令而傳爲孔氏裔孫援据譜系不應舛誤然碑爲當時所立吏屬可信集古又云宙舉孝廉除郎遷元城令百官志郎與郎中秩自不同蔡質漢儀曰三署郎見光祿勳執板拜見謂主左右署及五官中郎也他如尚書郎羽林郎黃門郎小黃門郎議郎治禮郎通謂之郎而郎中之所屬者如五官謁者及中尉而三耳似不得去中字以混于諸郎或文中省文抑別有所据也顧寍人曰孔融傳父伷太山都尉非也名伷者別自一人按魏武紀豫州刺史孔伷英雄記伷字公緒九州春秋作胄乃獻帝時人子從常熟錢氏毛氏泰興季氏同里徐氏見

宋刻善本皆作宙未知顧之所据何本也．

漢老子銘

右老子銘洪氏云碑在亳州苦縣苦屬陳國故其文陳相邊韶所作碑云老子姓李字伯陽楚相縣人也史記則曰楚苦縣索隱云苦本屬楚高帝十一年立淮陽國陳縣苦縣皆屬焉裴氏因以苦屬陳然則洪氏仍其誤而所謂相縣地里志未之載也碑云孔子以周靈王廿年生趙氏云以年表及世家考之孔子以魯襄公二十二年生乃靈王二十一年未知孰是按公羊傳襄公二十一年十一月庚子孔子生此以爲二十二年葢因周正十一月屬明年故誤其說與碑合碑又云孔子年十

七學禮於老聃計其年紀聃時已二百餘歲聃然老耄之貌按許慎云聃耳曼也故老子名耳字聃此云聃然老貌未知解從何來且史記孔子年十七孟釐子病誡其嗣必師孔子故孟懿子同南宮敬叔往學焉又云敬叔與孔子適周見老子非必在一年中且昭公二十四年釐子卒孔子年三十有五則學禮亦當在十七歲以後事葢此文用史記語未加詳審耳第部文雖用史記而又轉譌班書以老子與子西同科不言韓非同傳何也漢表註張晏云老子元默仲尼所師雖不在聖要爲大賢而在第四按第四等爲中上伯陽父在寺人孟子後而鄭子之後老子再見又何也斗星作升星同科作

同秝漢隸分韻升升上音陞下音蚪後人以二字易混改升作斗俗書作斗

漢車騎將軍馮緄碑

右馮緄碑趙氏證之本傳謂范書顚倒錯謬如碑云字皇卿而史曰鴻卿史舉孝廉七遷至屬國都尉而碑共十一遷之類固矣然趙氏割裂傳文不察立碑隱諱之義有可辨者如傳云張儆承宦官旨奏緄將傳婢二人戎服自隨又輒于江陵刻石紀功請下吏按理尚書令黃儁奏議以罪無正法不合致糾趙氏削此一段止將碑云以誣言奏河內太守中常侍弟左悺坐遜位爲史之誤又以傳云山陽太守單遷以罪繫獄緄考致其死

中官相黨共誹章誣緄坐輸左校而碑云表荆州刺史李隗南陽太守成瑨太原太守劉瓆不宜以重法論坐法作左校爲史之謬亦思桓帝時宦豎弄權黨錮煽虐作文者不敢直書或借他事以寶策免得罪之由且傳婢戎服刻石紀功矜誇猥褻有累盛德立碑者非門生故吏卽其子孫爲親者諱情理宜然史修于宋無所忌諱自當直書而趙氏遽以爲史失其實則何也夫緄父被收獨發其詐至詔策云出郊之事不復內制有司祖于國門且緄推功于應奉後輸左校奉疏理得免爲緄名節所係碑皆遺之則碑之脫畧者多矣古人常立兩碑互見其行事豈緄尚有別碑也歟碑末云孝桓皇帝

命將軍討此彊夷有桓桓烈烈之姿因謚爲桓趙氏以爲組謚桓而傳不載洪氏則云組歿于永康適當桓帝升遐之日作文者以帝謚書左方非卽組謚也愚按因謚爲桓之下並無他語味因字之義正以孝桓之謚初定而組之謚相因君臣同謚斯亦異數故著於碑若曰帝謚書左方則與組有何關合而書之乎洪氏駁論者誤也

漢竹邑矦相張壽碑

右漢故竹邑矦相張君之碑隸額諱壽字仲吾晉大夫張老之裔而不言其籍里建寧元年五月卒壽治功曹周憐放濫反爲督郵周綋承會表問卽棄官歸所謂以義合不合則去者耶今人貪戀名位卽屢遭彈劾不之引退世風日下見此碑能勿抱愧耶碑以習爲襲婁爲屢蜂爲蠡覞覞爲眈眈顥爲旻棃爲黎殿爲奠此音之假借者也以盞爲蓋忝爲忝龏爲恭孔爲孔𨛜爲邑墅爲野老爲老擽爲攀慽爲慼弘爲宏晧爲皓怫爲弔朕爲疾戓爲哉虢爲號皆爲胥則字體之加變也說文眈視近而志遠也引易虎視眈眈又耳下垂爲耽俗書引易誤作耽轉作躭不若此碑之覞覞其音相同使人皆知其爲借也夫

漢冀州從事張表碑

右額故冀州從事張君之碑篆書碑云君諱表字元異

系帝高辛爰暨后稷張仲孝友雅藝攸載天挺雷侯應期佐治君其允也又云初仕郡爲督郵鷹撮盧擊又云入爲主簿歷五官掾功曹后臧其勳傳守琫陽又云度時否泰舍之則藏春秋六十四以建寧元年三月卒十有一月葬皆作四言韻語而以五言四句終之銘用騷體所謂雅藝者詩也琫陽卽黎陽后美其功而使官于冀也歐陽公謂鷹撮盧擊殆以狗喻人洪氏則云失于深考擊字上微損似霆字予按鷹鸇之逐見左氏盧令令見齊風漢人近古用此有本正不必借霆字而曲爲之說也

漢金鄉長侯君碑

右侯君名成碑之謬訛與史異者趙錄論之詳矣第碑云醻封明統侯趙云漢書功臣表亦不載按西漢表平帝封侯輔爲明統侯疑漢人借醻作輔趙未之考也碑云夫人以延熹七年十一月三日終此夫人合誌之始而不著其氏族何也

漢衞尉卿衡方碑

右碑趙錄云蓼莪爲蓼儀蓋漢人各以其學名家所傳時有同異余按是碑以委蛇爲禕隋出韓詩內傳而知其所傳乃韓氏學也漢碑字多假借大約其音相同未有如是碑之變者將授緄職以緄作袞庵離寢疾以庵作奄耀此聲香以聲作馨蹈規履渠以渠作矩讀者須

以意逆而得之銘云樂旨君子以旨作只顏氏干祿字書旨旨上俗下正旨字漢人用之而云俗何也

漢郎中馬君碑

右馬君碑趙氏曰文字殘滅可見者字元海而已按碑云諱江濟陰乘氏人又云中弟字文緒位至䓁督郵年卌二早世豈趙氏所收皆殘滅不可考究耶

漢愼令劉君碑

右碑額隷書劉君諱修字伯麟舉孝廉除郎中去官辟從事司徒掾掌典邊事遷愼令到官期月勑兒子欲生見故土終歸于家以建寧四年五月卒說文敕誡也左傳註敕鞭以出教令也爾雅勞也註相約束亦爲勞苦

光武建武元年九月詔註漢制度曰帝之下書有四其四曰誡勑謂勑刺史太守之類則敕者爲朝廷制詔之名而兩漢傳如韋賢勅子宏自免太常丙吉數勑乳母韓延壽勑功曹議罰王尊教敕功曹召敕廐長朱博敕告吏民趙廣漢敕獄吏趙子暁敕吏殺李固二子李膺敕門下簡通賓客法雄敕子眞助求人材周榮敕妻子勿得殯殮趙典敕縣出飽升度尙敕軍中秣馬蓐食范式敕縣代孔嵩與此碑敕兒子同猶屬告誡之意古人行文用字不相避也至陳咸之公移敕書龔遂之移書敕屬縣趙岐爲遺令敕兒子張酺病篤敕其子則有其文矣不敢竟以爲敕也惟孫寳之告督郵何並之遺武吏曹操之問黃蓋行人孫堅之告吏冠以敕曰二字無異於詔書何也然此猶爲自上行下之文若陶謙上書獻帝有臣前調穀百萬斛已在水次輙敕兵護送始知此字爲上下通用不止用于朝廷也㳂至魏晉用者漸少而孟康之預勑督郵國淵之勑功曹何曾敕記室之勿報問訪敕將士不得妄動猶或見之自南北朝而後臣下不敢用此字矣亦作勅或作敇司馬氏曰勑本音賚世以爲勅字行之前書敕勑並用東漢專行勑字矣按尙書勑天之命詩旣匡旣勑皆作勑解亦非賚協毛傳勑通作飭張晏傳明飭長吏師古曰讀與勑同碑又云其于鄕黨逐逐如也亦與今之論語異孔氏正義曰

論語以口相授受故經焚書而獨存夫口授則音易訛況論語十二家其傳習不能無別解也凡漢碑多立于故吏門生而此碑立于子弟碑云二弟龍純攣哀孔懷孤生儁協郤長號思慕爲碑中僅見錄其名以傳之

漢博陵太守孔彪碑

右孔彪碑在曲阜孔林中趙氏云彪自博陵再遷河東太守而碑額題博陵不知何謂洪氏以碑陰故吏十三人皆博陵之人追稱博陵固矣第洪氏云可以託六爲歇後之甚按其文仁必有勇可以託六授命如毛諾則不宿美之至也莫不歸服盍用韻也至云拼馬蠲害易明夷六二渙初六皆曰用拯馬壯拯字子夏傳說文字

林並作拼音升一音承上舉也唐開成以後石經作拯耳若無偏無黨遵王之素與古今文之尚書不同或叶遵王之路當時傳習者自有其說未可知也

漢李翕析里橋郙閣頌碑

右碑歐陽公謂遭遇隤納及醳散關之嶃漯從朝陽之平惨刻畫完而莫詳其義洪氏據碑言閣道危殆車乘往還人物俱隨則隤納謂墜淵醳與釋同惨即燥字固矣而不解嶃漯何也按說文漯字他合反音沓水出東郡東武陽入海從水從㬎省文或作漯後人以濕爲乾溼之溼而漯又訛爲漯矣如孟子瀹濟漯而注之海亦後人妄改也此碑嶃漯嶃峻峭也漯即溼字故下有平

燥之對洪氏未及察耳

漢成陽靈臺碑陰

右成陽靈臺堯母冢也漢人修祠墓出錢百者皆書之此碑陰記仲氏門宗治黄屋碑須三十一人異姓四人而吕長仲球出錢三萬七千鉅鹿太守仲訢出錢萬其餘皆二千較他碑出錢之數無有多于此者遂稱美仲氏夸而誌之然後知當時錢重若此後世視錢既輕則行錢滋弊物價愈貴錢數愈多究之錢日益少非上有術以權之恐公私將日益凋也

漢司隸校尉魯峻碑

歐陽公云峻爲屯騎而碑首題以司隸二字莫曉洪氏云漢人所書碑志以所重之官揭之司隸權尊而秩清非列校可比也予至濟寧碑下詳繹其文遭母憂自乞拜議郎服竟還拜屯騎校尉以病遜位守疏廣止足之計樂於陵灌園之潔似峻持服三年起拜屯騎而即歸未常在位故碑首敘其實歷之官也百官志七校尉皆二千石如洪之說以司隸爲權尊而特書之則朝廷官秩可任人去留者耶

漢元儒先生碑

右額云元儒婁先生碑篆書諱壽字元考南陽隆人蓋山林栖遁之士鄉黨愛之論德處謚而誌銘寥寂反有不修廉隅不飭小行之語竊意當時附勢趨炎習以成

俗有人焉翛然高尚則相與追慕而標榜之亦風厲末世之一端也洪氏曰元儒之謚與陳寔之文範法眞之元德魯峻之忠惠父皆非謚于朝者羣下標榜僭用私謚至于三君八顧之目起而黨禍作矣按郭正以友謚法眞爲元德先生朱穆以子謚父暉爲貞宣先生蔡邕等以門人謚穆爲文忠先生廣漢鄉人謚楊厚爲文父蓋當時習俗然也碑用經傳率多歇後語此曰有朋自遠與孔彪碑可以託六同

漢桂陽太守周君頌碑陰

右周憬碑陰邑長二人守長一人行事一人從事三人督郵一人故吏二十三人工師一人其中宰曲紅者一

人貫曲紅者十六人洪氏據水經以曲紅即曲江辯之詳矣第不解行事爲何秩予按後漢西域傳車師後王殺後部司馬刃燉煌行事註行事即行長史索班也又蜀志馬超父騰爲軍行事領部衆又南朝以郡太守行州事者稱行事其秩應長于從事明矣

漢繁陽令楊君碑

右額漢故繁陽令楊君之碑銘篆書楊君爲太尉震之孫富波相牧之少子太尉衷之猶子沛相統之弟高陽令著之從昆弟碑首闕其諱字州郡辟爲功曹帝召見拜郎中除右都侯遷繁陽令以叔父太尉喪去官吏民二千餘人守闕上書歷年運穀萬斛助官以乞還君集

古隸釋皆謂此事未之前聞蓋以上書歷年輸穀爲僅事也豈知漢人近古直道在人即前書魏相爲河南太守去官河南卒戍中都者二三千人遮大將軍自言願留作一年以贖太守而河南之老弱守闕上書者萬餘人古之善教得民者爭欲得賢守令以父母之乞留之誠固自不約而同也前後書如乞還楊君者屢見彼經年留戍尚所不辭況輸穀乎今之猴冠虎翼者多人陳乞輒引漢公卿二千石父母之喪不得奔赴爲例而千萬吏中得一二循良反視爲當門之蘭鋤而去之無一人敢攀號者世道江河至於陷溺讀此碑能不太息乎

漢梁相費汎碑

閔二年傳成季之將生桓公使卜楚丘之父卜之曰男也其名曰友及生有文在其手曰友遂以命之昭三十有二年傳季友桓之季也文姜之愛子也以其有文在手而呼之爲友也季氏無單名文者友之子行父謚文子非名也碑云季文爲魯大夫者直用姜之愛子之語爾否則古碑殘泐友與文字畫相近而訛也耶

金石録補續跋卷第四

崑山葉奕苞九來著

漢太尉陳球碑

右陳球二碑詳畧不同與史傳多合第范書球爲繁陽令拒魏郡太守求賂事二碑皆不載一碑云換東城門侯一碑云換中東城門侯愚按洛陽城有上東門中東門前碑無中字省文也左傳虞閼父爲周陶正碑作遏父與史記同敬仲至齊爲工正碑作公正漢書太尉橋公碑作喬公借用也球與司徒劉郃衞尉陽球謀誅宦官事碑皆遺之忌諱也

漢太尉郭禧碑陰

右郭禧碑陰前有故吏八名四大字猶之孔宙碑陰前列門生故吏名五字也自張立度成以下凡百餘人又有右河南郡右河內郡右宏農郡右扶風郡按范書郡國志河南以光武都洛陽建武十五年改曰河南尹漢官曰尹正也不名曰國况曰郡乎漢書自左馮翊右扶風而外更無名左右者故馮翊扶風下裁去郡字此碑河南河內宏農皆曰右而右扶風又加郡字所不解也

漢華嶽碑

右樊毅西嶽碑云惟光和元年歲在戊午名曰咸池又曰時雨不興甘澍弗布念存黔首愳闞曠素洪氏引淮

南子天官書許愼注咸池之爲星名爲太歲爲水魚之囿固矣第此碑之用咸池則未究其故也漢書西宮咸池曰天五潢五帝車舍文耀鉤云西宮白帝其精白虎元命包云咸池主五穀其星五者各有所職咸池言穀生於水含秀含實主秋垂一名五帝車舍以載穀而販也天官書曰火入旱金兵水水謂火金水入咸池則各致此災宋均云不言木土者德星至此不爲害也淮南子云敦牂之歲歲大旱太陰在午名曰敦牂歲星舍胃昴畢劉績云咸池星在畢北五車星中淮南子又云大時者咸池也小時者月建也註子午卯酉皆爲咸池二月建卯從右行四仲終而復始也予按華嶽在西實應

西宮太陰在午又應咸池樊毅因旱祀嶽葺治山亭漢人文字皆有來歷非泛用天官書也

漢樊毅修西岳廟碑

右樊毅碑云有漢元舅五侯之冑謝陽之孫曰樊府君諱毅字仲德洪氏据水經泚水西南流謝水注之詩所謂申伯番番既入于謝者樊丹封謝陽侯即其國又云淮水自廣陵出白馬湖逕山陽城西即射陽縣之故城高祖六年封項纏爲射陽侯乃其地遂以范書封樊丹爲射陽侯者誤按樊宏傳世祖建武十三年封宏弟丹爲射陽侯章懷太子註亦引水經竟曰在射水之陽而非謝陽且云別有射陽縣疑遠恐非此地予考前後書臨淮有射陽河南無射陽當時侯封或邑或城或亭或鄉而申伯之謝去漢已遠故不入地理志水經所據或以此碑有謝字耳夫隸書借用如形邢橋喬五伍邵召之類不一而足左傳楚師伐陳取焦夷註焦即今譙縣焦譙借用安知謝非射之借用乎功臣表又作貰陽侯劉纏小司馬曰貰亦射也顏師古曰作貰者非是

漢逢童子碑

右逢盛碑云諱盛字伯彌年十二而夭門人孫理等立此碑漢人立碑之濫施于童稚蔡中郎集袁滿來年十五歲胡根年七歲如盛亦年十有二而褒美之詞比擬非倫鄭道元云封者表有德碑者頌有功自非此徒何

用許爲逢童子在內短折之列而其父黨門人伐石銘哀至于如此何也按逢自逢公伯陵封於齊因以爲姓左傳有逢丑父古今人表有逢於何數人陽朔中有太僕逢信東漢末有逢萌編古命氏有逢絲爲趙王傅至若司馬相如云烏獲逢蒙之技王褒云逢門子彎烏號之弓皆作逢字顏之推刊誤正俗云逢姓之逢與逢迎之逢各爲一字此碑逢盛作逢而逢信又作逢抑書碑人誤耶或當時假借通用耶魏元丕碑有逢牧孔宙碑有逢祈高頤碑有逢伯陵皆作逢與此碑同訛也逢音龐逢音馮又音蓬今人讀鄒孟逢蒙學射于羿作鼉鼓逢逢之蓬音者誤

漢三公山碑

洪氏録此碑不甚殘缺文字簡質聲諧理順所載姓名可見者六人立碑者元氏左尉上郡白土樊瑋而末有石師劉元存至於舉將南陽冠軍君姓馮諱巡字季祖頌之之詞幾二百餘言漢時舉將猶後代舉主聞喪制服有至棄官者如竇恢弟翊聞舉將喪棄官是也瑋感巡德借神祠頌之已開後世生祠頌德之漸亦見漢人誠樸不敢另立祠碣也說文諱誋也東方朔七諫恐犯忌而干諱故命名者不以國不以山川等使之易于爲諱禮有卒哭乃諱之文以見生者之不必諱也故生曰名死曰諱顏氏云名終則諱之馮巡爲常山相見無極白石兩碑與此碑同爲光和四年立而稱巡曰諱何耶今人狀述先世事跡至不敢塡諱而用達官顯者塡之其文愈密其情愈僞要自此碑開其端耳然漢碑中之生稱諱者不一或當時習俗然也

漢殽阬君神祠碑

碑云前世通利吏民興貴有御史大夫將軍牧伯故爲立祠以報其功自亡新以來其祀墮廢阬稍堙塞隄防沮潰神怒民怨縣遂以衰仕宦失官踣斃不震又云乃復浚治殽阬通利其水絡修舊祀其有徵拜州郡辟召皆當來辭殽阬神偁饗予詳味此文蓋以前世阬治民得貴顯乃有御史將軍等人共報神休阬潰則仕宦不振今以治阬修祠而祀神饗其義甚明若謂御史將軍大夫牧伯即殽阬神位號未達此碑立祠之意矣且五樓東臺王翁之名碑中未及或五部神自有廟恐非即此祠也小歐陽云中條山有石隄樹谷常湧溢爲患則非神人之名可知

漢無極山碑

右無極山神廟碑云光和四年某月辛卯朔廿二日壬子太常臣耽丞敏頓首上尚書謹按文書男子常山蓋高上黨范遷爲無極山神索法食比三公山故事臣耽愚戇頓首頓首上尚書制曰可尚書令忠奏洛陽宮光和四年八月十七日丁酉尚書令忠下太常臣耽丞敏下常山相云云其章奏如此集古錄云漢時章奏首尾皆言臣某頓首頓首死罪死罪上尚書而此碑所載太常章首尾不稱死罪丞敏又不稱臣莫詳其制愚按孔和碑云司徒臣雄司空臣戒愚戇誠惶誠恐頓首頓首死罪死罪臣稽首以聞制曰可後魯相平行長史事卞守長擅叩頭死罪敢言之司徒司空府云云漢時章奏原無定式且司徒司空稱臣而魯相亦不稱臣此碑太常率丞故丞不復稱臣也靈帝紀熹平三年十月太常陳耽爲太尉五年五月罷不言復爲太常而光和四年十月又書太常陳耽爲司徒則此臣耽者陳耽也尚書令忠不載于紀中列傳上有陳寵子名忠曾爲尚書令

然在安帝時此外更無名忠者俟續考之碑又有終南之敦物與岱宗之松楊越之篠簜云云洪氏以敦物爲終南所產與松篠同科按前漢地理志註云太乙山古文以爲終南垂山古文以爲敦物禹貢終南惇物雍州之山也

漢涼州刺史魏君碑

右魏君碑云君諱闕字元丕京兆闕牙都尉之闕有畢萬者仕晉封魏此族系名字也趙氏云皆不可考何哉牙字上所闕必虎字也洪氏云漢人書碑廟號如太宗官名如太尉太常太守太中地名如太原太陽山名如泰山皆作太此碑魏君之母卻作泰夫人其用字故相

反如此按孔宙碑泰山都尉仍作泰劉寬碑太尉仍作太亦未必皆相反者惟唐孔泰師碑泰字與此碑同在漢人字多借用太作泰尙或議之至唐字備體分而猶借用所弗解矣今夸字每作彝或疑其無本而此碑夸戎作彝戎亦借用耶抑他有所謂耶

漢成陽令唐君碑

右唐君名扶字正南潁川郾人歷官至成陽令換昌陽吏民士女攀車作頌若今之去思碑也其文有如山如岱高如不傾如闕疑江字如海瀳如不盈下句如字作而字解漢人用字若此者甚多又云司空公在朝逶隨正色竭忠爲國討暴六侯俱封洪氏謂司空名珍中常侍衡

之弟也按唐珍于熹平二年自太常爲司空而衡與單超等誅梁冀五人俱封爲縣侯此云六侯者疑誤集古錄云文字雖班班可見而不能得其次第予觀此碑八百餘言洋洋灑灑文從字順豈歐公所收模本或斷缺不完者耶未有處士閻葵斑閻葵之姓不見于他書惟靈臺碑陰有閻葵溢一人

漢白石神君碑

右碑趙氏云其文有居九山之數參三條之一莫曉爲何語按水經有九山廟碑云九顯靈府君者太華之元子陽九列名號曰九山府君也南據嵩岳北帶洛瀍云云尙書正義曰從導岍至敷淺原舊說以爲三條地里

志云禹貢北條之荊山在馮翊南條之荊山在南郡馬融王肅則以導岍爲北條西傾爲中條嶓冢爲南條自岷山之南至敷淺原不與大別相接則岷非三條也惟殽阬神碑云中條之山者蓋華岳之體南通商雒以屬熊耳洪氏謂與正義合予意無極三公封龍諸山在嵩華之間二碑皆從太華立說而有據嵩嶽通商雒之語是即此九山三條注腳也

漢都鄉正街彈碑

周禮里宰合耦于耡鄭元謂耡者里宰治處也若今街彈之室疏云漢時在街置室撿彈一里之民於此水經注建寍三年改新豐爲都鄉而百官志凡州所監爲都

都鄉者都邑之鄉若今之關廂也故鄉曰某鄉而都鄉則無地名封爵有都鄉侯在關內侯之上正者漢官舊儀云民年二十三爲正一歲以爲衛士一歲爲材官騎士前漢食貨志月爲更卒已復爲正師古曰更卒給郡縣一月而更正卒謂給中都官者此都鄉之正也周禮于耡合耦以勸農漢人于街彈之室糾彈不法昆陽當喪亂之餘徭役煩苦郡守縣令班董科例收其舊值臨時顧募不煩居民立碑於街彈公所以頌其德也洪氏云趙氏誤認街字爲衛改名衛彈碑亦引衛宏漢官舊儀爲證無論街彈見於註疏若衛士乃正卒一歲以後所遷之名又一歲爲材官騎士百官志註云凡八月都

尉令長相丞尉課試殿最非若正卒亭長之所得糾彈也況去士字似不成語予意仍題街彈爲得洪氏碑目云水經作衛爲趙作衛彈按水經魯陽縣有南陽都鄉正衛爲碑衛爲似人姓名在魯陽非昆陽也如以衛字屬之上文則爲碑二字題額又何說乎又引劉熊碑悠念烝民勞苦不均爲作正彈按三國志吳張儼爲司直表正彈曲二十八專司不法與劉碑之正彈同非此碑之正係卒夫之名也況洪之所辨乃衛字若引劉碑則正彈連合又何關涉乎

漢尉氏令鄭君碑

應劭曰古獄官曰尉氏鄭之刑獄也臣瓚云鄭大夫尉氏之邑顏師古曰鄭大夫尉氏掌獄之官故爲族耳按古之治獄官曰理月令命理瞻傷註治獄官夏曰大理或曰李皋陶爲大理又獄官曰士尚書汝作士周禮士師註士察也主審察獄訟之事未聞春秋時以獄官爲尉氏也瓚說得之

漢周公禮殿記

右記在成都刻于殿之石柱其云漢初平五年倉龍甲戌旻天季月爾雅秋爲旻天季則九月也又云梓潼文君增造吏寺二百餘間又云烈火飛炎官民寺室合爲灰炭說文寺廷也釋名嗣也治事者相嗣續于其內左傳註疏寺司也官所止曰寺漢書注凡府廷所在謂之

寺然則寺者公府之名也自西域白馬馱經初止鴻臚寺遂創名白馬寺後世浮屠所居皆名曰寺而官舍不概用之矣漢制官之所立職有九寺如今大理寺光祿寺之類然皆官制職銜而非居舍之謂吏寺官寺僅見於此碑

漢巴郡太守樊君碑

西壘下濱近聖禹飲汝茹汸句宕渠令下布化三載遭離毋憂五五斷仁句從事下舉直措枉殫思舊制彈饕糾貪務鉏民穢患苦政俗喜怒作律案罪殺人不顧猖獗告子屬孫敢若此者不入墓門州里僉然號曰吏師十三句劉公下二世欽重句巴郡下後表漢中引老乞身

二句校尉下君仕不爲人祿不爲已桓桓大度體蹈箕首當窮台緄借衮字松喬協軌六句藏形下凡百咸痛士女涕零臣子褒述刊石勒銘四句以上序也銘二十六句又亂曰十二句上句造下石工劉盛息懆書按額云漢故領校巴郡太守樊府君碑篆書文字完好予惜趙氏不爲跋註而米巫凶虐不得專指張角故爲補錄刪去之句而論之樊爲仲山甫之後樊宏等五矦封邑在梁楚之境飲汝茹汸隱其籍里也遭離毋憂五五斷仁居喪二十五月也在官則鉏强祛穢居家則誥誡子孫故曰吏師也牧伯劉公二世欽重謂焉與璋也表授巴郡後表漢中未奉朝命故額曰領也巴郡妖巫張脩亦療病取

米五斗又張陵作符書惑衆傳子魯魯傳子修修與魯掩殺漢中守皆謂之米賊惟角未常犯蜀故以碑之所指必修魯也助義褒義漢志所無皆二劉自置之官是時奄豎弄權强藩擅命敏乃見幾高蹈時論褒之一則曰箕山首陽再則曰赤松王喬銘詞有捐陪臣之語者不止不污於米巫亦不附於二劉也若据趙跋似以牧伯爲劉表疑誤多矣歲在汁洽爲未乃獻帝建安八年卒又二年立碑刻者劉盛書則盛之子懆也

漢縠民校尉熊君碑

凡漢碑皆云某君之孫之子不著名字此碑云高祖父壽又口祖父旻曾祖父範祖父師又口喬後有同產弟望長子冉洪氏謂旻者必高伯叔祖祖之下喬者其父也高曾子弟歷歷可稽而熊君之名字獨闕以興平元年除桂陽曲紅長歷仕至七十有一歲以廿一年三月廿七日卒而無紀年乃建安也銘後列故長沙茶陵長文春故桂陽重安矦相杜暉二人讚頌各數十言洪氏謂爲同郡盛德之士作文者惜其無所記錄故附之左方也古人立碑皆門生屬吏今之顯爵大業非子孫不立表誌安能頌及異姓如此碑也乎洪氏曰灌陽縣以觀水得名譌觀爲灌吾友顧景范閉戶三十年著成方輿紀要一書考訂精審引据該博及查此縣註云建安中孫氏析零陵置予告以此碑荆州牧劉表拜熊君爲

騎都尉受命立灌陽督長非孫氏也吳志建安二十五年魏封權爲吳王以大將軍領荆州牧則孫氏之全有荆州在表死十年之後碑爲當時所立其云受命立灌陽乃表所置無疑宋書零陵內史屬觀陽男相曰吳立前漢膠東國有觀陽縣應劭曰在觀水之陽恐非此灌陽也瑯琊代醉編据米翌云紅字隸作江字如周憬碑曲江皆作曲紅古文字簡故以紅爲江也此云曲紅當與憬碑同

漢太尉楊震碑

右碑震之孫統之門人汝南陳熾等立在建寧以後去震歿已四十餘年矣傳云舉茂才四遷荆州刺史不詳

所遷者何官碑止除襄城令遷荆州其餘自太守至太尉皆同但震性剛言直違時羅禍如劾王聖救趙騰糾劉瓌黜耿寶地震封事尤爲愷摯碑無一字及之卽闕西孔子之號王密暮夜之金無可忌諱而皆不之及何也傳五子碑云長子富波矦牧次讓趙常山相次秉復登上司陪陵京師次奉黃門侍郎凡四人當以碑爲正後復詳序牧子統金城太守沛相讓子著高陽令而不及牧孫奇奇子亮秉子賜奉子敷敷子衆又何也楊氏碑甚多皆在閿鄉縣墓中有繁陽令碑亦牧之少子惜遺其名

漢執金吾丞武榮碑

右碑在濟甯州學中予至碑下手搨之殘缺過半而姓氏官秩猶存其額隸書黑文曰漢執金吾丞武君之碑君諱榮字含和治魯詩經韋君章句洪氏云漢興魯申公爲詩訓故齊轅固燕韓嬰皆爲傳又有毛氏之學故曰詩分爲四申公授瑕丘江公韋賢治詩事江公傳子元成皆至丞相孫賞以詩授哀帝至大司馬碑云治魯詩經韋君章句者此也予考之傳志而知洪說之誤藝文志詩經二十八卷魯齊韓三家立博士河閒大毛公傳自子夏不得立儒林傳言詩于魯則申培公事浮丘伯爲訓故弟子瑕丘江公盡傳之韋賢治詩事博士大江公（卽瑕丘江公）有韋氏學毛詩正義序曰漢氏之初詩分爲四申公騰芳于鄢郢毛氏光價于河閒貫長卿傳之於前鄭康成箋之于後洪氏用此語以申公轅固韓嬰毛萇爲四與正義乖矣後漢伏湛弟黯定齊詩章句杜撫定韓詩章句張匡作韓詩章句傳魯詩者如楚元王許生徐公王式張長安唐長賓褚少孫薛廣德龔勝龔舍高嘉嘉孫詡李昺魯恭李業魯丕包咸魏應陳重雷義皆無章句韋氏世學魯詩使有章句爲榮誦習豈遂遺於載記不與齊韓並存也耶然榮去韋氏未遠似亦不妄或魯詩亡于西晉并此章句失傳未可知也其曰痛乎我君仁如不壽春秋星隕如雨釋者曰如而也歐公于郭輔碑寬舒如好謂施于文章以如爲而者始見

之而不知又有此碑也

漢富春丞張君碑

右碑額漢故富春丞張君碑篆書名字殘缺父兄官稱亦不可考但有州從事除吳郡及一丞字知其所歷之官立碑者嚴平李德上下皆闕不知其爲故吏爲門人也洪氏曰其文多不成章而銘詩可讀如三年癸亥景命不祿東都歷年凡三癸亥永平與光和之六年延光之二年是也建光有三年則歲在癸亥但次年壬戌已改延光亳社去雒陽不遠不應踰兩載而不知改元此碑先已裝翦不無顚倒棄去者三年之下蓋有闕文也按兩漢富春俱屬會稽郡高帝六年以東陽郡鄣郡吳

郡五十三縣立劉賈爲荆王註吳郡卽會稽似郡縣之名新舊可以互稱而孝成元始三年歲在癸亥則疑此碑爲前漢立然在初置郡邑之時或引故證新不宜歷世已久猶稱故郡也況此二語在銘詞之前銘內又有垂歌吳域吳字兩見其爲東漢人無疑蓋順帝永建四年始分會稽置吳郡而富春屬焉不得于建光中卽稱吳郡所謂碑係裴翦或有闕文者信矣

漢巴郡太守張府君功德敘

納碑陰題名七十四人後云中平五年三月上旬書君升合祚承天百福子孫千億細審其詞爲張君在位時立故李元等皆掾屬不書故吏可知已趙氏未見碑陰

故疑無卒葬年月也

漢臧伯著碑

已未春予在京師于孫氏研山齋見拓本其額周字上有本字異乎他碑之額

漢仙人唐君碑

右唐君碑云字公房成固人居攝二年君爲郡吏啖瓜旁有眞人左右莫察而君獨進美瓜又從而敬禮之眞人者遂與期聟谷口山上乃與神藥曰服之當移意萬里知鳥獸言是時府在西成去家七百餘里休謁往來轉景卽至闔郡驚焉白之府君從爲御史鼠齧車被具君乃畫地爲獄召鼠誅之視其腹中果有被具府君欲從學道公房頃無所進府君怒收公房妻子公房先歸谷口呼其師告以厄急其師以藥飲公房妻子曰可去矣妻子戀家不忍去師曰豈欲得家俱去乎妻子曰固所願也于是以藥塗屋柱飲牛馬六畜須臾有大風雲來迎公房妻子屋宅六畜翛然與之俱去又曰賢者所存澤流百世使聟鄉春夏毋蚊蚋秋冬鮮繁霜癘蠱云云按水經云樂城智水川側有唐公房碑公房升仙之日婿行未還不獲同行以此川爲居號曰婿鄉而此碑並無婿居川中之語神仙錄云仙人李八百爲公房家傭作惡瘡使公房夫婦及三婢舐之又索美酒三十斛浣瘡因以餘酒浴公房夫婦顏色更少其說近怪豈李

八百者卽碑所云眞人也耶博物志云公房得道雞犬皆仙升惟以鼠有惡不得去鼠自悔每月一吐其腸胃更生謂之唐鼠此借畫地誅鼠事而神其說也華陽國志云蜀以城固爲樂城碑與水經合第云期婿字作聟字而漢隸智字亦近聟字如碑云眞人期聟谷口山上及後聟鄉皆當作智字使公房有婿與眞人相期碑必詳言之矣夫水曰智水谷曰智谷則鄉爲智鄉無疑所謂婿鄉者乃妖妄之說予故全錄碑文以證之

漢相府小史夏堪碑

右夏堪碑云初涉府朝典職首曹洪氏引東都辟公府掾皆上言首曹者東西曹也按後書百官志太尉公下

自東西曹至黃閤主簿皆爲公府掾屬比古命士若相府則在司徒公下本注有世祖即位以武帝故事置司直居丞相府晉百官表注云漢丞相府門無闌不設鈴不警鼓言其深大闊遠無節限也古今注永平十五年更作太尉司徒司空府然太尉司空皆稱公府惟司徒稱相府漢舊儀曰元壽二年以丞相爲大司徒是也蓋相府掾屬三十一人大約與公府同漢碑及妻某氏者絕少此云娉會謝氏并靈合柩合葬誌墓之自也又云古命有之仲泥何侘洪氏責以狎侮夫子之罪按字書𡰥仲尼之𡰥下從二與僧尼之尼從工不同𡰥音夸古文字也尚書隅𡰥島𡰥萊𡰥今文皆作夸則夸𡰥音義同矣左傳哀公誄孔子曰嗚呼哀哉𡰥父直用古文今讀與僧𡰥同音者已謬而此之作泥尤怪然漢人書碑率多假借亦不足怪也

金石錄補續跋卷第五

崑山葉奕苞九來著

唐三龕記

唐益州學館廟堂記

魏受禪表

右魏受禪表云惟黄初元年冬十月辛未皇帝受禪於漢氏蓋記受終踐阼月日也魏志庚午王升壇卽阼歐陽公據裴松之註及此碑證庚午之誤固矣漢獻帝紀曰辛未魏王登壇受禪公卿列侯諸將匈奴單于四夷朝者數萬人陪位燎祭天地五嶽四瀆遂制詔以延康元年爲黄初元年夫改元在卽位以後事不應初受禪時竟書黄初意者與嗣君卽位踰年改元不忍沒其親之殘年不同耶其文有云堯舜之事復存於今是言漢

獻下禪于魏也魏氏春秋曰帝升壇禮畢顧謂羣臣曰舜禹之事吾知之矣是言已之受禪于漢也不直以已無媿于舜禹故爲此言而是時公卿大臣又以天下後世爲可欺復勒此表說文云表識也所以揭其事而記之也成湯放桀曰予有慚德恐來世以爲口實魏之君臣良心陷溺至于乃爾遂借堯舜爲口實唐虞受禪果若是乎歐陽公曰嗚呼漢魏之事讀其書者可爲流涕信然也又云受禪碑世傳爲梁鵠書而顔眞卿又以爲鍾繇書莫知孰是宣和書譜據劉禹錫云王朗文梁鵠作字鍾繇刻石世稱三絶云

魏百官公卿奏

按紀延康元年十月乙卯册詔魏王禪代不上章辭讓再四尚書令桓階等奏亦再四此表則相國安樂侯歆等敢後之奏也魏志注載其文甚長碑已殘闕祇拓前一段矣蓋在延康未革命之時趙目列於受禪表後似誤或因黄初中刻石故後之耶

魏孔子廟碑

右碑額篆書魯孔子廟之碑黄初元年命孔子廿一世孫議郎孔羨爲宗聖侯奉孔子祀之詔及紀事之文也有云咨可謂命世大聖億載之師表者已咨歎聲一字爲句東魏孔廟李仲琁碑亦有咨可謂開闢之儒聖無窮之文宗者矣意當時文體如此虞書二典用咨發端

者甚多古人重其事重其詞則爲嗟歎之聲以聳人聽非若後世之用噫嘻吁等字止于悲涼感慨也

吳天璽元年紀功碑

此吳巖山紀功德石在江寧府天禧門外俗名三段石宋元祐六年轉運副使胡宗師葺置漕臺後圃自有跋按吳天册元年吳郡臨平湖開于湖邊得石函函中有小石青白色長四寸廣二寸刻上作皇帝字于是改元天璽立石刻于巖山紀吳功德乃東觀令華覈文皇象書碑中有東觀令而闕其名必覈也黄長睿曰皇象書人間殊少惟建康有吳時天發神讖碑若篆若隸字勢雄偉相傳爲象書葛洪曰吳之善書則有皇象劉纂岑

伯然朱季平如中州有鍾元常胡孔明張芝索靖各一邦之妙也巖山卽絳巖山舊名赤山唐改今名在句容縣臨平湖上所謂鄱陽言歷陽山石成字者在天璽改元之八月非此也

晉太公碑

小司馬索隱註譙周曰姓姜名牙炎帝之裔伯夷之後掌四岳有功封之于呂子孫從其封姓尚其後也則牙與尚爲兩人明矣下又云文王得之渭濱云吾先君太公望子久矣故號太公望蓋牙是字尚是其名後武王號爲師尚父又以牙卽爲尚何也尚書顧命有齊侯呂伋使太公望在安得不敘于召公之前而稱伋乎紀年

所謂康王六年卒者謬又有紫微斗數謂太公望一百六十歲者尤誕妄汲縣令盧無忌者太公之裔孫也

僞漢司徒劉雄碑

通鑑晉愍帝建興三年三月漢大赦改元建元是碑立於二月故稱嘉平五年也考異曰十六國春秋建元二年在晉建興二年同編修劉恕言今晉州臨汾縣嘉泉村有漢太宰劉雄碑云嘉平五年乙亥二月六日立則改元在二月以後從之道譜所謂四年改元者特未註明耳

趙橫山李君神碑

陳鴻大統歷石虎卽位改建平五年爲延興明年改建武按三十國晉春秋不記石宏改元延熙虎之立實延熙元年誤云永熙也考異曰鴻所云改建平五年爲延興卽是宏踰年不改年耳按成帝紀石勒死于咸和八年之七月而載紀則曰咸和七年宏讓位於季龍季龍怒遂以咸和七年逼立之改年曰延熙似不踰年卽改元矣帝紀宏之改元在咸和九年之正月石虎之弑宏自立爲天王在十一月通鑑虎之改元建武在明年咸康元年之正月特載記於居攝下連書改元實與帝紀無異證之此碑益信矣

後魏孔宣尼廟記

右記不知何人所撰其文詞古質可喜記云孔子欲北

從趙鞅聞殺鳴犢遂䄈車而返按䄈廣韻云祭祀疑逗字之借說文逗止也逗遛不進之意或作𢭃𢭃掬也曲禮受珠玉者以掬註云兩手承之恐失墜也聖人憑軾敬愼若恐失墜有似兩手捧持之意則𢭃字爲得且手傍與示相近也

後魏御射碑

右後魏宣武御射碑趙氏以碑云維魏定鼎遷中之十載據孝文弔比干文云太和十八年遷都洛陽至宣武景明三年止九載碑作十載者誤予考北史及魏書皆云十七年十月戊寅經始洛京乙巳詔安定王休迎家口于代十一月癸亥宮成作碑者直以孝文宮成臨御

迎家口之年爲遷都之始未嘗誤也至云宣武生于太和七年癸亥至景明三年壬午當年二十而碑云十七當以碑爲據抑知宣武即位在太和二十三年已卯適當十七作碑者是數其即位之年也若據碑削去三年可乎趙又以宣武終于延昌四年乙未爲壽三十五歲而以史云壽三十三誤者殆未取甲子紀元詳審之耳

梁開善寺大法師碑

右碑又名智藏法師碑梁湘東王蕭繹撰銘新安太守蕭幾作敘尚書殿中郎蕭挹書世號三蕭碑法師姓顧氏幾挹皆稱弟子歐陽公云衰世之弊遂至于斯余不忍遽棄者以其字畫佳也黄長睿云楷法自鍾元常後惟江左諸賢頗得之故蕭殿中書此碑古雅可嘉是則古碑因書而存者也書碑必屬名手有以哉

後魏兗州太守張猛龍碑

右魏魯郡太守張府君清頌之碑其額正書諱猛龍字神冏南陽白水人延昌中奉朝請熙平中除魯郡太守益郡人頌德碑也以其興學校尚絃歌碑猶在曲阜先師廟中按猛龍八世祖西平武公軌當晉崇尚莊老之時在涼州徵胄子五百人立學校春秋行鄉禮禮元魏佞佛比清譚尤甚而猛龍獨能講德肄業重道隆師繩祖武違俗尚可謂介然特立之君子矣朱彝尊以予過大同問拓跋氏故都觀所鑿佛宮窣碑巨碣已無存者

而斯碑在孔氏之庭歷千年不壞雖更歷千年知莫有徙而去之者此予之所深感也嗚呼爲政之君子可以知所務矣又按道武天興四年釋菜于先聖先師孝文延興三年封孔子二十八代孫乘爲崇聖大夫孝明正光二年幸國子學祀孔子以顏回配此碑立于正光三年之正月不獨猛龍之政崇禮讓亦其君有以倡之也碑文儁永開齊梁風致所用論語有勝殘不待賖年政成期月而已說文賖貰買也一曰遠也徐鉉曰遲緩爲賖以賖代百豈所傳有異詞抑文人好奇之故耶東家雜記孔乘爲二十七世孫與魏紀異頌辭後列義主十人皆郡屬吏所謂本郡二政主簿不知何官郎義主亦不見於他碑豈義士義民之類耶

後魏張猛龍碑陰

右碑陰之額丞一人中正二人功曹史一人督魯弁新陽主簿一人督汶陽弁二縣令下缺魯汶陽鄒陽平弁新陽縣令六人下書魯郡士望等一行後列八十餘人次郡屬吏次六縣族望各百人而漫滅者多矣弁即卞漢舊縣豈弁與卞可通用耶自晉以後中原士族淪陷已久此碑明書士望與族望標榜之意寓焉曲禮司士註士是官之總名或係魯郡之士大夫也如租曹集曹二掾爲官之異星係若雋四姓公乘常邸二姓爲姓之異白法相李神虎苗桃符張苟生管幽州鮑黄頭爲名之

異羌氏亂華屢更官制改竄士籍若輩仰附華風勒名碑碣所謂附驥之蠅不止千里且千秋矣顧氏金石文字記曰其陰書陽原縣義士州主簿王金生造頌予在廟中閱此行在碑之正面非陰也另一行有造頌四年諸字在正光三年正月之上似記造頌四年之後始立此碑非王金生之文也況同列者十八而王金生下並無他字矣

東魏魯孔子廟碑

右碑興和三年十二月兗州丞令士民頌太守李仲琁也魏書本傳以改修孔子廟爲仲琁一生政績始知當時尊崇聖道者鮮矣碑云君姓李字仲琁趙國柏仁人

也自晉以後名字不辨或以字行故字與名皆諱之仲琁以字爲名非別有名也乃李順之族子而順傳爲趙郡平棘人按柏人屬南趙郡豈以順父系爲平棘令因家平棘故順傳據之而其初居柏人耶碑係仲琁治兗時立不應有誤第柏人爲漢縣卽魏地形志皆作人此曰仁又何也傳云奉朝請定雍二州長史碑則云奉朝請假除定州中北府法曹參軍仍（字缺三）功曹參軍事定相雝三州長史傳云營搆將作碑則云營搆都將其衞將軍車騎將軍衞大將軍金紫光禄大夫左光禄大夫爲碑所遺至將作大匠驃騎大將軍青州刺史爲兗州以後除贈之官也顧亭林曰一行之中有篆有分有隸有草雜亂無倫而以爲奇然則作詩者亦當一句騷一句漢魏一句選一句律而後爲奇也乎

後周華嶽頌碑

右碑在今華陰縣西嶽廟中周天和二年十月十日立使持節驃騎大將軍開府儀同三司大都督司宗治內史臨淄縣開國公万紐于瑾造此文車騎大將軍儀同三司縣伯大夫趙興郡守白石縣開國男南陽趙文淵字德本奉勑書自隋以前書撰人用官階者始於此碑然猶書在年月之後万紐于山名也在陰山之北見于烈碑烈之遠祖居于山下遂以爲姓魏孝文賜改于氏至周而復也按史萬紐于瑾本姓唐以慕于謹賜改爲

万紐于氏本傳不言臨淄郡公而見于李昶傳又文深傳少學楷隸雅有鍾王之則當時碑牓惟文深及冀儁而已太祖命同黎景熙沈遐等刊定六體行于世及王褒入關貴遊等翕然並學褒書文深慚恨後知時尚難返亦習褒書竟無所成轉被譏議觀此碑文深雖自矜貴旣著其名復標其字而筆致庸下雜以俗體所謂鍾王之則特史臣諛詞耳太師大冡宰晉國公者宇文護也護爲武帝之兄故曰任屬阿衡親惟旦奭也瑾爲司宗中大夫兼內史文深爲縣伯下大夫與此碑小異

北齊隴東王感孝頌

右碑云開府儀同三司尚書右僕射尚書左僕射尚書

令攝選新除特進賜持節齊州刺史隴東王胡長仁出
牧東秦訪郭巨之墓云云按長仁無傳齊紀天統四年五
月以尚書左僕射胡長仁爲左僕射十月以左僕射爲
尚書令其除齊州刺史封隴東王皆不載可以補史之
闕當時陸令萱和士開韓長鸞等各引親黨官由賄進
超居非次庶姓封王者百數則長仁之封隴東亦當由
令萱等所引觀其挾妃息以游覽定非納身軌物者故
史臣不爲之立傳歟書撰人不直書姓名而于文中見
之有中兵參軍梁恭之盛工篆隸騎兵參軍申嗣邕徵
學摛藻似爲碑文變式也

隋齊國大夫人楊氏墓誌

右楊氏墓誌跋云夫人字季姜僕射高潁母也蓋趙氏
誤以潁作穎予家藏金石錄乃先文莊公手訂抄本爲
潁字疑其有誤及借王宛仲氏徐原一氏兩家抄刻本
皆同始知從趙氏初本遺誤特爲跋正無使後學承訛
也後有唐贈潁禮部尚書詔跋亦然恐傳寫人之失爾

隋龍藏寺碑

右龍藏寺碑隋開皇六年恆州刺史鄂國公金城王孝
僊立齊開府長史兼行參軍九門張公禮撰顧炎武曰
齊亡入周周亡入隋而公禮猶書齊官蓋君子之能不
降其志而其時之人亦不以爲非也余考顏之推仕歷
周隋而家訓中猶謂梁爲本朝蓋同此意其時南北分
疆興亡迭代爲之臣者雖不獲一節以終而心之所主
見于稱名之際者固較然不易如此然則今人之不及
古者又豈獨書法之陋文字之訛而已哉

隋啟法寺碑

右啟法寺碑儀同三司樂平縣開國子汝南周彪撰闕
州前從事譙國丁道護書碑云開皇四年四月一日創
立此寺開皇八年開府吏部尚書上庸公京兆韋世康
魏司空文惠公之長孫周高士逍遙公之元子爲行臺
僕射又云公乃出晉烈宗之世前金像寺道安法師所
造丈六金銅無量尊像像身既毀石趺猶存又云舍父
衣資服翫廿四件并見錢付寺成此尊儀後云大隋仁

壽二年歲次壬戌十二月甲戌朔十五闕建隴西李寶
鐫施地主胡粲熊璿等歐公謂開皇仁壽時碑往往不
著名氏惟道護能自著之然存者尤少余家集錄千卷
止有此耳古人云百不爲多一不爲少者正謂此也予
于京師孫氏見之精采奪目在率更河南以上後至嘉
興訪曹侍郎一見即語予曰新得丁道護啟法寺碑天
下惟此一本開卷見研山齋圖記知爲孫氏物予惜此
碑既爲希世之珍歐陽公雖愛其書不著立碑始末趙
氏有目無跋特畧其文而存之

隋孔子廟碑

右碑額篆書末云大隋大業七年辛未七月甲申朔二

日乙酉濟州秀才前汝南郡主簿仲孝俊文孔子卅十一世孫孔長名卅十四世孫孔子歡監修廟陳明府名叔穀字子巖陳高宗四十二子八子未及封叔穀其一也是時孔子卅十二世孫嗣悊封紹聖侯長名其叔父行也長名之兄長孫襲封鄒國公自後周改恭聖爲鄒國至隋而復名紹聖適叔穀令曲阜時重葺廟廷故立此頌以美之其文有堯之禪舜實釐女于有虞周室封陳亦配姬于嬀滿書傳釐理也舜以義理降下帝女之心居于嬀水之汭此曰釐女于有虞成何解乎滿者陳胡公滿也嬀字應屬上句而曰嬀滿錯謬甚矣自漢以後秀才爲異等文如仲俊豈應察舉及之宜今日自負

爲秀才者總總林林將數見之不鮮也

唐等慈寺碑

右碑係裒成者無額題亦無建碑年月末云通議大夫行秘書省兼輕車都尉琅琊縣開國子臣顏師古奉敕撰新唐書貞觀三年閏月爲兵死者立浮圖相讐唐書三年十二月癸丑詔建義已來交兵之處爲義士勇夫殞身戎陣者各立一寺命虞世南李百藥褚亮顏師古岑文本許敬宗朱子奢等爲之碑銘以紀功業此其一也碑云念彼王充偷安假息憑陵齊岱薦食徐兖又云爰立此寺賜號等慈境實鄭州縣稱汜水蓋碑立于汜水追薦討王世充陣亡之士也按武德九年六月太宗

居春宮總萬機下令曰依禮二名不偏諱今官號人名公私文籍有世及民兩字不連讀者並不須諱此云王充去其世字何也豈上雖弛禁而臣子不敢斥言之也耶許洛仁碑云王充跨據伊瀍竇德并吞趙魏意當時行文習尚乃爾然貞觀中建成豈在諱名之列而云竇德則又何也或千聲病對偶致工文體別無義例耳

唐三龕記

右記無題額後魏及唐鑿佛像于河南龍門山壁間大小數百惟三龕最大唐魏王泰爲長孫皇后造兼中書侍郎岑文本撰記起居郎褚遂良書以楷兼隸絕不類文皇哀冊聖教序諸碑歐公所謂尤奇偉也按史長孫

皇后疾亟太子請汎度道人后曰佛老異方教耳上所不爲豈宜以我亂天下法古今稱之中庸以繼志述事爲孝而泰爲其親之所不欲爲文德在天將無恫耶泰秉太子承乾病蹇起奪嫡之謀既而承乾敗岑文本劉洎請遂立泰爲太子後太宗廢承乾并幽泰史稱家法之正記云魏王體明德以居宗膺茂親而作屏朝讀百篇日摛三賦發揮才藝兼包禮樂通神曰孝長人稱善等語皆泰廣引賓客要結朝臣揄揚才德以窺宗器之證文本曲筆不能如褚遂良疏諫料物踰嫡魏徵諫止居武德殿爲可媿然遂良亦書此記豈泰狡謀未盡發露耶年月處殘泐存歲在辛丑四字按長歷爲貞觀十

五年正泰乘小輿入朝寵冠諸王之日使太宗裁抑有素泰之驕險不至乃爾後雖秉正廢黜而恩義乖矣文王世子之篇所以爲千秋龜鑑也

唐益州學館廟堂記

右記顏有意書趙氏云集古錄直以爲有意撰非也考歐陽公集古此目下亦云有意書未知趙氏何以遽謂集古之誤第歐陽公云高朕之名于義不安疑有意得於古碑之訛缺爾蓋朕者天子自稱之名故曰不安然爾雅註云古者貴賤皆自稱朕又云賚朕畀予也註賚畀皆賜與猶予也則朕似亦可以命名按洪氏隸釋婁氏漢隸字源作高眹其釋爲幾微萌兆又未知何據也

金石錄補續跋卷第六

崑山葉奕苞九來著

唐散騎常侍張後允碑

唐道因法師碑

唐于志寧碑

唐明徵君碑

唐李勣碑

唐天后少林寺碑

唐高士廉塋兆記

周明堂令于大猷碑

周孝明皇后碑

唐有道先生葉公碑

唐贈歙州刺史葉慧明碑

唐于知微碑

唐易州刺史田仁琬德政碑

唐雲麾將軍李秀碑

唐兗公頌

唐貞一先生廟碑

唐東方朔畫贊記

唐宴濟瀆記

唐梁思楚碑

唐王粲石井欄記

唐太尉李光弼碑

唐小字麻姑仙壇記

唐散騎常侍張後允碑

右碑無書撰人姓名及建碑年月前後磨滅已極中有金紫光祿大夫張允知爲允碑又有顯慶三年正月遘疾等字知爲唐人也趙録張後允碑有目無跋亦註顯慶三年三月無書撰姓名予意卽此碑但後允係二名而此單名張字下更無殘泐何也唐書後允傳字嗣宗蘇州崑山人碑云祿賜防閤陪窆昭陵又與傳合豈嗣宗有二名耶抑後字爲衍文耶傳止載後允之子齊丘與鎰而碑中未泐處有第三子謙第四子巽第五子律

師泗州司馬第六子小師第七子統師太常丞第八子下闕不獨補史傳之遺亦以證吾邑之誌爲未備也邑誌有張承休爲後允之孫恆州刺史多惠政而唐書不載孔子曰于其所不知蓋闕如也疑以傳疑直以爲張允碑亦可

唐道因法師碑

右多寶寺道因法師碑云中臺司藩大夫隴西李儼字仲思製文奉義郎行蘭臺郎渤海縣開國男騎都尉歐陽通書龍朔三年十月十日建唐百官志有品有階有爵有勳以大夫入銜者惟左諫議大夫諫議大夫御史臺大夫而已若文官散階自光祿大夫至朝散大夫凡十一階而無司藩大夫自朝議郎至將仕郎凡十六階有奉議宣義而無奉義龍朔二年改尚書省曰中臺自尚書令而下以六尚書爲屬未嘗有司藩也或者在宗正寺之屬然改曰司宗而非司藩也改秘書省曰蘭臺秘書郎曰蘭臺郎其曰行者以奉義之下連用郎字恐階與職不辨也歐陽公云唐之盛時職有常守位有常員其爲法則精而密其施于事則簡而易行至于交侵紛亂者由其時君徇一切之苟且故其官益冗名類繁多莫能徧舉卽此碑司藩奉義在當時爲顯著之名至于今不可考究則官制之弊槩可見已縣開國男從五品爵也而勳級騎都尉亦從五品奉義或卽奉議與秘

書郎皆從六品勳爵在階品上二等者或以賢能或以功績轉而上之也當時雖從五品皆有勳爵鼓勵之意寓焉今則貴賤懸殊五等之列無幾人矣

唐于志寍碑

右碑趙氏据志寍自冠氏縣長歷官同中書門下三品證新舊史之脫漏顚倒詳矣尚有未盡者如碑云曾祖謹祖義父宣道義仕隋爲名臣自有傳史乃遺之以冠氏爲淸河者新史也卒于麟德二年舊史與碑同則劉氏之書未敢盡以爲可議已

唐明徵君碑

右碑題云攝山棲霞寺明徵君之碑御製高正臣行書

王知敬篆額上元二年歲次景子四月廿五日建唐有兩上元此景子者高宗之紀年也趙氏曰徵君者梁明山賓也高宗朝其裔孫崇儼以方伎進故立此碑唐史言高宗自製文而書之非也顧亭林亦曰崇儼傳潤州棲霞寺是其五代祖山賓故宅帝特製碑文親書于石論者榮之今按此碑乃高正臣書史家以御製并譌為御書耳曾不據碑駁正予特申其說按碑云南齊徵君明僧紹者太原人也初序其隱遁之高繼言棲霞之勝而以度人賜經錢絹等物終之則立碑者以僧紹非山賓審矣梁書山賓傳父僧紹隱居不仕宋末以國子博士徵不就而山賓官侍中舊書竟以侍中為處士德甫復以此碑之僧紹為山賓何耶齊書僧紹傳永明元年以國子博士徵不就卒故此碑云南齊徵君梁書所云宋末徵者亦誤然傳云子元琳字德璋而無山賓齊書修于梁山賓為梁大臣而反遺之何也碑又云法師僧辨爰來至止別起梵居棲霞之寺由此創名蓋辨依紹建寺並非明氏故宅使高宗寵加崇儼宜于碑末及其名字即山賓亦未之及未知劉氏何据舛謬至此新書削去製碑一語有以哉

唐李勣碑

右碑題云大唐故司空太子太師上柱國贈太尉揚州大都督英貞武公李公之碑高宗御製御書英者國封貞武其謚行文簡淨王言宜爾也趙氏云新舊史皆云年八十六而碑云七十六按舊書無此語其語諸子曰我山東田父耳位三公年將八十非命乎固與碑合也新書改將字為踰誤矣勣本徐氏名世勣傳云至高宗時避太宗偏諱故但名勣而此碑王世充世字特缺中一筆未之避也虎嘯龍騰改虎為贙以避高祖諱廣韻作贙胡畎切倒一虎者俗體也亦缺一筆與周孝明皇后碑虓字號字末筆皆不全同爾雅贙有力註出西海大秦國有養之者似狗多力獷惡沈佺期杜甫詩中皆用贙字惟蘇文舉開業寺碑用此體耳竊謂勣起降虜得與顧命高宗廢后立昭儀依回容祿與許李同譏所謂大臣以道事君者固若是耶雖保首領于生前卒以其孫敬業舉兵討武氏至于掘冢暴骨亦可哀已若敬業者事雖不成不謂之蓋愆不可又按勣常暴疾醫待鬚灰太宗乃自翦鬚和藥賜之勣姊病自為粥而燎其鬚一傳之中鬚事兩見君臣誼篤姊弟情真求之今日蓋亦鮮矣而碑不之及豈傳聞有未實乎碑云先朝東征大破駐蹕授靈州道安撫大使雖于勣之遷除無甚關係亦足以補史之缺

唐天后少林寺碑

右碑武后幸少林寺之詩按唐紀永淳二年十二月丁巳改元宏道碑建于九月猶稱永淳也裴漼少林寺碑

云永淳中御札飛白書一飛字于寺壁后必以此時從駕也后擅朝政預廢立永隆元年立英王哲爲太子永淳元年孫重照生立爲皇太孫百官志太孫不置官屬惟王府傅而下有諮議參軍一人正五品秩至天授二年始置皇孫府官而碑云太孫諮議者是年皇太子朝于東都太孫留守或暫置諮議以他官攝之也司門郎中屬刑部掌門關出入之籍闌遺之物尚有詰姦除暴之意後世關差分屬戶工二部而詰姦除暴爲具文矣此則古今官制之異附記焉

唐高士廉塋兆記

右高士廉塋兆記止存上二尺許可拓者額篆書云尚書右僕射司徒申文獻公塋兆記蓋陪葬昭陵稱碑者甚多此獨異也新書封許國公此云申文獻者加封之國與謚也舊書前云封許國後云太子令曰攝太傅申國公與碑合士廉名儉以字行畫像凌煙閣撰文思博要一千二百卷上之皆爲新史所遺

周明堂令于大猷碑

右首二行殘缺書撰姓名皆無考序云其惟明堂縣令東海于公乎公諱大猷字徽本會祖宣道祖志寧父載政（載字有疑）歷官自左千牛衞率蘇州司兵參軍并州士曹參軍汾州長史隨州刺史以聖歷三年七月卒十一月葬三原縣萬壽鄉如云二十弱冠回鸞拂羽及安仁七

旬不遇箱中之術殆歿而無子其兄兖州刺史辯機葬之故有鶺鴒懷斷鴻鴈悲鳴之語細閱官階無所謂明堂令者而趙氏目則云明堂令于大猷碑豈以其序首之文錄之或當時碑未殘闕其額與題尚有據耶按志寧傳舊書子立政元孫敖休烈休烈子益新書休烈敖益肅球珪瓌琮如大猷父子兄弟皆不載可以補于氏之軼也正書酷似褚登善于聖歷中不用武后所置諸字尤爲僅見云

周孝明皇后碑

右碑題曰大周無上孝明高皇后碑銘并序特進太子賓客監修國史上柱國梁王悳三思奉勅撰太子左奉裕率兼檢校安北大都護相王悳旦奉勅書此武后追尊其母楊氏之碑相王者睿宗也圀郎國悳郎臣武后所制之字也唐君臣正論武后改易新字内以山水土爲地十千万万爲年永主久王爲證長正立爲聖一生爲人一人大吉爲君而此碑君字又作𠁈顧亭林云疑古文君字亦類此劉三吾傳謂太甲上篇自周有終相亦惟終周當爲君字之誤按武后紀天授二年立武氏七廟追尊太皇曰太祖孝明高皇帝楊氏曰孝明高皇后又十一年而立此碑號順陵先天中詔削士彠僞號仍爲太原王七廟遂廢不聞有議及陵者虞世南所書孔子廟堂碑亦相王旦書額云大周孔子廟堂之碑文

宗時馮審爲祭酒請琢去周字而士襲兩碑至今猶存何也

唐有道先生葉公碑

右碑題云唐故有道先生葉公神道碑括州刺史江夏李邕文并書先生諱國重字惟鎮慧明之父法善之祖也其文云是歟封章願拜墳墓有軫帝念載形王言此必越國請于朝而贈以有道之謚文又云文王之允乃食子沈尹戌之子載封于葉而歙州碑則云聃季食沈子高封葉兩碑世系互相發明始信歙州碑亦邕文也毛氏曰姓氏之葉從葉俗作棄歐陽氏曰作棄非而春秋魯論史記諸書皆從棄相承已久惟篆書今或作棄

耳按李傳卒于天寶中世傳越國攝北海兗撰文及書者妄

唐贈歙州刺史葉慧明碑

右碑趙録云韓擇木撰并八分書按碑題之次行有江夏李闕國子□太學生闕則撰文者非擇木也碑云公諱慧明字德昭南陽郡人以子越國公法善貴贈歙州刺史碑立于開元五年之七月是年三月立有道先生碑爲李邕文則此文亦邕撰無疑故有道碑序其祖乾昱考道興子慧明而是碑不及有道名字似出于一人之手故畧之也擇木初爲太學生後爲諸王侍書滎州司馬此碑書法在史惟則梁昇卿上固非韓不能但碑詳越公道法之高遭遇之遲所謂時更四紀代且五王者高中睿元四宗與天后爲五也新舊書皆云開元八年卒又云生于大業丙子死于開元庚子凡一百七歲若卒于八年庚申止一百五歲況開元無庚子必史家傳聞之誤也越公傳云括州括蒼縣人而有道碑又曰南陽葉縣人豈兩碑溯其始封傳則据其譜籍耶吾宗得姓固本子高而南陽舊譜自子高而下二十八世諱遺者渡江居徽州其家處州者諱儉晉折衝將軍括蒼太守十四世至乾昱又四世至法善又五世至刑部侍郎逵居吳中又五世至石林公諱夢得又十三世而至余七世祖文莊公諱盛則越國傳云括蒼人無誤也葉

氏雖微姓纂姓林皆與崔盧裴李齊列唐文皇之序大姓也謂之京南葉氏然石林公譜序稱七世祖彪是生侍郎逵而石林之子模祠堂記又曰越國五世生信州守雄石雄石孫元爲烏程令生侍郎逵父子序記舛異乃兩傳信傳疑付之闕如而已顧亭林云葉字當音式涉反今人讀爲枝葉之葉者誤

唐于知微碑

右碑殘缺郎姓名亦不可見有五代祖謹知爲于氏及考趙録目註建碑年月始定爲知微也父立政見志寧傳知微自釋褐歷官至兗州都督皆有惠政撰文者姚崇也末云平生言行實僕所知揄揚事功則吾豈敢竊

謂不知其人視其友武氏之臣苟爲姚宋所與建碑庶幾不媿惜三原之鄉人鑱泐其文爲無識也公侯子孫非奇才異績不得附見國史向録大猷碑喜于氏復得三人此碑云子克勤克構克懋皆顯官合知微而四于氏之傳于今者非碑版之故耶于氏諸碑皆在今三原縣墓上

唐易州刺史田仁琬德政碑

右碑趙氏録目云田仁琬而予所收之碑則名琬字勤禮未知何以去此仁字也豈田琬别有其人而撰文者徐安貞行書爲蘇靈芝又與趙録無異所弗解也宣和書譜云蘇靈芝儒生也嘗爲易州刺史郭明肅書侯臺

記有二王法在當時必書名藉甚考究字體宜詳而此碑有恬淡者道之苻按顔氏干祿字書苻符上人姓下符契晉蒲洪之孫堅背有草付字改姓苻爾雅苻鬼目草名本草云一名篇苻此云道之苻宜從竹如禮記仲尼燕居篇萬物服體註萬物之符是也然漢碑隷字率以竹爲艹鮮從竹者如符節字皆然以是正書亦時用艹如前漢書符瑞之符與此碑同而苻融之姓又從竹或古者二字蓋通用也

唐雲麾將軍李秀碑

右李秀碑在順天府廨中春明夢餘録曰李秀字元秀范陽人以功拜雲麾將軍左豹韜衛翊府中郎將封遼西郡開國公開元四年卒葬范陽之福祿鄉靈昌郡太守李邕文并書逸人太原郭卓然模勒并題額趙録則云明皇以天寶三年改年爲載此碑元年正月立而稱元載何哉按蘇頲撰涼國長公主碑云開元十二載前此二十年亦稱載者文字中偶一用之與此同也又按李邕撰靈巖寺碑頌在天寶元年亦曰靈昌郡太守而新舊史止云天寶中邕爲汲郡北海二太守可以補兩書之闕劉侗帝京景物畧曰萬歷初宛平令李蔭署中掘地得六礎洗視乃此碑存者百八十餘字額存唐故雲三字築室砌之壁間名曰古墨齋後移少京兆署中止二礎其四礎相傳萬歷末年王京兆惟儉攜之大梁

予從嘉興項氏得拓本有額唐故雲三字比今碑字多三之二爲項墨林珍玩云

唐兖公頌

右碑隷額兖公之頌四字横書朝議郎行曲阜縣令張之宏撰包文該書碑云公姓顔字子泉唐人以高祖諱故陶淵明亦作泉明開元二十七年八月制謚孔子爲文宣王贈顔子淵兖公閔子騫費侯冉伯牛鄆侯冉仲弓薛侯冉子有徐侯仲子路衛侯宰子我齊侯端木子貢黎侯言子游吳侯卜子夏魏侯又贈曾參顓孫師等六十七人爲伯見舊唐書儀禮志此頌乃兖州都督渤海李公誨立其文有曠志鵬海服膺蟻術按學記蛾子

時術左傳蛾析蛾皆讀蟻此直用蟻益正書非篆隸也又云猥飛聲于宓賤家語史記皆作宓不齊字子賤顏氏家訓云子虙子賤卽虙羲之後俗字爲宓或復加山今兖州永昌郡爲古單父地東門有漢立子賤碑乃云濟南伏生卽子賤之後知虙之與伏古來通字今誤以爲宓耳夫虙之爲宓尙以爲誤轉而加山益又誤矣然唐孫强增減顧野王玉篇亦云宓今作密故句容令岑君碑云驅密賤于後塵當時相襲詎知誤乎未有邠王文學文宣公孔璲之乃孔子三十五代孫字藏暉襲封褒聖侯改夫子謚時亦改爲公也予謁顏子廟奕然輪奐後多名人科甲而此碑反在孔廟大成殿中未知何

故

唐貞一先生廟碑

右貞一先生者司馬承禎也按李元靜碑云陶隱居以三洞眞法傳昇元先生昇元付體元先生體元付正一先生正一卽貞一貞正二字當時通用如貞觀亦稱正觀也

唐東方朔畫贊記

右記晉夏侯湛撰顏眞卿書唐諱御名取重行文至無可避處往往缺一筆以存其意曾公于此記民字一見則缺末筆世字三見宏字一見皆不缺且此記載昭明文選中集古錄云較選本二字不同而義無異按選本曰神交造化此云神友選本云棄俗登仙此云棄世登仙夫因避諱而改古人之文或有之矣此則改前文以犯諱何也

唐宴濟瀆記

右碑額篆書有唐濟瀆之記題云游濟瀆記吏部侍郎達奚珣文右監門衛兵曹參軍薛希昌八分書其文拖沓義非元遠如所謂四瀆資我而成彼三水者又云似若非深舟檝既加乃知無底等語固不足窺韓柳之藩籬卽元白亦當吐棄之八分肉勝于骨波磔雖橫而古法漸亡矣

唐梁思楚碑

右碑衛秀集王右軍書集古錄云秀筆工之善模者也其自謂集書信矣無足多取也趙云思楚集者誤

唐王粲石井欄記

右石井欄記共三首其一甄濟則彭朝議書其一于頔則胡証書其一盧鈞趙錄于鈞記之下不著書人姓名予考此記乃京兆府武功縣尉李掖書也胡証八分書後有河南公元和二年八月廿六日進封燕國公隨軍屈賁書一行河南公者卽証也

唐太尉李光弼碑

右李光弼碑顏眞卿撰張少悌書按史光弼營州柳城人父楷洛爲契丹酋長武后時入朝而碑云京兆萬年

人父楷洛薊郡開國公未嘗言契丹酋長也地理志柳城郡于萬歲通天元年爲契丹所陷開元五年還治大都督府楷洛于武后時入朝柳城陷未久不應卽爲酋長既陷後又安得入朝也或以入朝後附籍京兆而酋長之說曾公爲臨淮諱故并其舊籍而逸之耶史云楷洛贈營州都督謚忠烈碑云贈幽州都督而無謚又云兄遵直遵沂弟光琰光彥光進子義忠彙而史但稱光進與彙詳貴也夫臨淮雖與汾陽齊名戰功尤爲中興第一如斬侍御史崔衆賞郝廷玉之裨將援矛者壁野水度還軍以避李日越之劫其膽識出諸將上碑皆畧之顔公筆弱不能如司馬子長韓彭諸將傳使千載下

鬚眉如見也

唐小字麻姑仙壇記

右碑高六寸廣尺許相傳爲玉版可入懷袖唐顔魯公眞卿撰書共九百餘字字甚小有尋丈之勢爲魯公正書第一碑在麻姑山觀中宋末觀圯吳道士攜置雲崖山遂流落青綏東平間明永樂中爲薊州衞知事雷豫所得其子泰示撫州守謝士元以巨石函置之外刻詠碑諸公如宋曾文定鞏李說書覯劉郎中涇李丞相綱潘邠老大臨明謝戸部磐左吏部贊詩與書皆足附魯公之後而士元則戸部子也集古録云顔公忠義之節皎如日月而不免惑于神仙釋老之說予觀魯公使李希烈時見危授命非深于二氏之說者不能夫富貴不淫貧賤不移威武不屈二氏之教與吾儒同也以魯公而猶謂之惑乎卽此碑石既失復歸諒不止魯公忠義之所感召抑有神人如麻姑者狡獪于其間乎

金石錄補續跋卷第七　　崑山葉奕苞九來著

唐宋璟碑

右廣平郡公宋璟碑顏眞卿撰并書大歷七年建十三年曾公復爲碑側記在沙河墓上予讀唐史至文貞傳每歎武后淫亂之朝中宗庸下之主有姚宋毗輔知無不言遂登上理然姚善於應變遠遜文貞守正不阿强哉矯也以碑證傳互有脫漏如史云張易之誣魏元忠引證張說公語說以名義時人呼易之爲五郎而稱之曰卿韋月將告武三思亂宮掖不奉詔以救之王仁皎卒諫止用竇孝諶故事皆公志節所繫而碑遺之至還殿中侍御史同列有博于臺中者天后將黜之公獨引

過神龍復辟讓封不受改貝州刺史與數人同辭三思獨揖公往公竟出太平長公主有異謀遂奏婦人干政恐生禍階男女縱橫公執奏之及碑側所記必歷歷在人耳目間修史者有何避忌而不之載也當請窮治易之兄弟時武后蒼皇欲起遽令之出者新史曰姚璹舊書曰楊再思碑止書內史而逸其名若李邕曰陛下坐則天下安起則天下危詳述其詞蓋揚善隱惡之意寓焉以公之忠直諸子皆不肖歿後三十五年孫儼始爲樹碑雖公名在天壤不以碑爲久遠然過公之里拜公之墓讀斯碑而興起者未嘗不以曾公之文而欲噓長太息也

唐八關齋會記

右碑題云有唐宋州官吏八關齋會報德記行撫州刺史魯郡開國公顏真卿撰并書後題篆書云唐宋州刺史徐向及官吏奉爲汴宋觀察使右僕射信都王八關齋會報德記信都王者田神功也神功傳事毋至孝攻滄德攻相州拒杏園守陳留襲南德信討劉展攻敬釭及所歷官爵皆與碑合又謂神功寢疾宋之將吏爲禳祈報恩者卽此記也記云八關齋會者公疾㒵已之所建也宋州刺史李岑爲賊所圍破其黨而有造于州人不貲齋明何以報德五月八日首以俸錢三萬設大會飯千僧於開元寺州縣官吏長史苗藏實等設一千五

百人爲一會鎮遏團練官健副使孫琳等設五百人爲一會百姓等設五千人爲一會按代宗大歷中王縉元載杜鴻漸等喜飯僧徒以福業報應熒惑上聽嘗令僧百餘人于宮中陳設佛像經行念誦謂之內道場州郡將吏尤而效之故雖魯公之賢猶其習俗之陋而爲此記良足慨已齊武帝永明元年五月于華林園設八關齋註云釋氏之戒一不殺生二不偷盗三不邪淫四不妄語五不飲酒食肉六不著花鬘瓔珞香油塗身歌舞倡伎故往觀聽七不得坐高廣大床八不得過齋後喫食已上八戒故爲八關雜録名義云八戒者俗衆所受一日一夜戒也謂八戒一齋通謂八關明以禁防爲義也今日叢林以臘月八日四月八日名冬夏結制而設戒期自六戒以下不聞于世然有過午不食之說非卽第八戒之意乎

唐乞題放生池額表

右表云上元元年七月十七日銀青光祿大夫行尚書刑部侍郎柱國丹陽縣開國侯臣顏真卿上按史真卿自馮翊太守轉蒲州刺史封丹陽縣開國子而此表與祭姪季明文皆云開國侯爲史之誤趙氏目云大歷九年因真卿爲放生池碑文在大歷中也

唐徐浩先塋題名

右徐浩題云至德二年上在鳳翔制應扈從（字闕一）中書

門下（字闕二）上各贈父祖一人官（字闕四）任中書舍人兼尚書右丞集賢殿學士正月廿八日制贈公吏部侍郎蓋浩在肅宗初以襄陽太守（新史云刺史）召拜中書兼右丞所云贈公者必其祖也而惜闕其名又云及上還京廣德元年八月廿一日制復贈公嗣子故銀青光祿大夫洛州刺史上柱國嶠之左散騎常侍由祖而下故稱父爲嗣子也又云洛州府君歷典趙衢豫吉湖洛六州開元廿四年薨葬于洛陽石橋東北十里舊書止云嶠至洛州刺史新史并闕嶠之官閥又云浩自吏部侍郎貶明州別駕歸鄉拜掃換山口碣題此額篆仍録贈官其勅詞並存于別記云大歷九年十月丁卯朔六日壬申刻

曾孫琯模勒姪孫璟撿校隴西李坦然鐫按肅宗紀至德二載十二月靈武元從蜀郡扈從官三品以上予一子官四品以下一子出身又賜文武官階勳爵不及祖父非勸也觀此碑正月中已行之特史軼書耳代宗紀廣德元年賜内外官階勳爵而不及贈與前紀同据此可以補史之闕

唐兵部尚書王忠嗣碑

右王忠嗣碑中書侍郎元載撰門下侍郎王縉書按忠嗣初名訓賜今名李林甫惡之陰使人誣告欲奉太子帝怒付三法司鞫治應死哥舒翰請以官爵代贖罪貶漢陽太守久之遷漢東郡年四十五而卒碑多不詳忠嗣功在社稷知祿山有亂萌不免以讒死史官惜之載爲忠嗣女夫碑文妥麗其敘述處多與史合至云借公爲資動搖國本成公謫居人無不恨以四語易史傳數行徵而顯矣縉書優入晉室惜模拓既久其波磔盡亡耳

唐元靖李先生碑

右碑在茅山玉晨觀中顏真卿撰并書碑云先生諱含光廣陵江都人從司馬鍊師盡得其道元宗詔居王屋後請居茅山元靖其賜號也按傳法世系自元靖上溯陶隱居凡五葉其升元先生爲王遠知體元先生爲潘師正正一先生爲司馬子微史家皆爲立傳惟元靖無傳耳予嘗游茅山過雷平池登伏龍岡弔先生墓慨然有遺世之想碑中所謂靈芝甘露固不可復得卽紫陽之東巒岡山上齋壇仙院亦改舊觀惟穹碑屹峙聲施至今使非魯公之書恐亦不能久遠如是故古之銘碑樹碣者必托諸大手筆也歟碑云先生孩提則有殊異晬日獨取孝經如捧讀焉此俗吾吳尤甚凡子女晬日卒召親戚筵宴設書冊刀帨果餌之類以試之窮鄉委巷皆然讀此碑而思先王緣情制禮所謂三千三百者朝廟猶存其畧至於家人之禮蕩然無遺而桑弧蓬矢以射四方之意歷千年不變然後歎父母愛子之情寔爲眞摯也夫

唐重模延陵季子墓刻

右季札墓碑流傳已久歐陽公疑孔子未嘗至吳以此碑爲妄而陶淵明季札贊云夫子戾止爰詔作銘似夫子曾至吳銘此墓也唐蕭定撰季子廟記云哲人其萎表墓著嗚呼之義蓋指此碑或云延陵之墓四字後世妄增者皆文人好辯云爾予謂西漢以後墓碑始有文字皆屬夸詞此十字言簡意盡非聖人不能宋太宗勒入法帖必有以也

唐重修延陵季子廟記

右季子廟記唐潤州刺史蕭定字梅臣撰試大理司直張從申書記云舊以泰伯之廟在于蘇臺季子之祠像

設東面非由典禮云云似有改作而不詳其處今橫山越溪之間臺與祠廟皆不可問閶門內僅有泰伯廟不聞有季子祠碑亦無考記曰泰伯之讓讓以賢季子之讓賢以讓論議甚精用字未醒如曰讓于賢賢而讓不待申其說而豁然矣從申正書大類李北海當時藉甚而集古錄云得其所書之碑輒棄之何也

唐臧懷恪碑

右碑題云唐故右武衛將軍贈工部尙書上柱國上蔡縣開國侯臧公神道碑撫州刺史顏眞卿撰并書李秀巖篆額懷恪字貞節東莞人以右武衛將軍封上蔡縣侯其贈尙書則以第七子希讓貴蓋薨于開元十二年而碑立于廣德元年之十月全錄詔書示優異也都少卿穆云臧氏糾宗碑所敘七子與此不同駱天驤糾宗碑跋云自靈州君寵而下悉載于碑据此云祖君寵皇通議大夫靈州長史曾祖滿隋驃騎將軍旣曰糾宗曷爲遺曾而錄祖豈止敘本朝不及隋以上也耶糾宗碑亦魯公撰書不應互異惜不得模本證之碑敘臧氏僖哀二伯文武兩仲其下列丈人子原義和榮緒諸人按莊子文王觀于臧見一丈人釣李軌云臧地名也則其人者乃臧之釣叟非卽其姓況下距僖隱公殆四百年不得信以爲公子彄之後世民二字至高宗時卽非連及並諱之而虎字則諱于貞觀中或全去此字或缺一筆凡碑皆然此曰世祀宜哉又曰猛奪虓虎竟弗之避何也

唐顏氏家廟碑

此碑大書深刻歷年雖遠字畫完好足貴也眞卿爲惟貞第七子碑中直書祖父名所謂臨文不諱者然乎今之人文與書遠不及魯公偶述其祖父行畧而輙令他人塡諱者又何也

唐李公懋功昭德頌

右額云大唐鎭國軍隴西節度使右僕射李公懋功昭德頌題云大唐潼關鎭國軍隴右節度使撿校尙書右僕射兼御史大夫華州刺史武康郡王李公懋功昭德頌并序張濛撰韓秀弼八分書李彝篆額貞元五年十月十一日建行軍司馬董叔經請于朝而立此頌也序元諒狥國之功十皆隱約其詞與舊書合彬彬郁郁有初唐風新書云贈司空謚莊威碑不之及豈立于元諒未卒時耶元諒安息人少爲宦官駱奉先養息姓駱名元光德宗念其勳勞賜姓改名碑亦弗諱舊書初加撿校工部尙書新書實封五百戶皆碑所遺

唐姜嫄公劉廟碑

右姜嫄廟碑唐高郢撰張誼書碑云姜嫄嘗出游見跡而履之按毛公註生民詩履帝武敏歆之句曰帝高辛氏之帝也敏疾也從于帝而見于天將事齊敏也以爲

從高辛氏郊禖求子而生后稷其說本自明白至鄭氏箋云帝上帝也敏拇也祀郊禖時有大人之跡姜嫄履之足不能滿其拇指之處心體歆歆然如有人道感已遂有身而生子說殊怪誕蓋出于司馬子長本紀歐陽公謂稷契非高辛之子毛公于史記既不取其履足之怪而取其訛謬之世次第毛公趙人爲河閒獻王博士在司馬子長之前數十年未必見史記世次而世次之說出于世本其書在宋時已亡矣朱紫陽幽風集註云后稷生不窋不窋生鞠陶鞠陶生公劉而史記止云不窋卒子鞠立鞠卒子公劉立無下陶字集註云自公劉居豳後十世而太王徙居岐山之陽十二世而文王始

受命與史記合而此碑云公劉者周文王之十代祖也未知何據

唐鹽池靈應公神祠碑

右碑題云大唐河東鹽池靈慶公神祠頌并序將仕郎太常博士崔敖撰將仕郎前試大理評事韋縱書并篆額貞元十三年八月廿日建序云鹽池之數有九七在幽朔二陂河東又云雪野霜地歸于塗潦泉貨之廣沒于齊人皇家不賦百三十載元宗御國五十年姦生蓟上嗣聖受命以兵靜之雖田征益加而軍實不足遂收鹽鐵之算食貨志唐有鹽池十八井六百四十皆隸度支則不止九池亦不至肅宗始收其利第有乾元元年第五琦初變鹽法之語碑之所云似乎指此碑又云戶部尚書裴公延齡權九州之賦林鹽之饒以河中爲會府按裴傳極言其橫斂罔上如負庫抽貫苗錢市草陜芻本分錢救索和雇等而未嘗一言鹽權卽食貨志列陳少游劉晏包佶李錡李巽皇甫鎛張平叔盧宏司空輿周墀裴休等而不及延齡豈非言利之臣庸主信任有司側目此碑不得不倚以爲重而特舉其名也耶傳曰君子惡居下流有以夫趙錄靈慶作靈應者誤

唐澄城令鄭君德政碑

右碑題云大唐同州澄城縣令鄭公德政碑銘并序司封郎中集賢殿學士陳京撰衛尉卿鄭雲逵書姜濬模

勒并刻字後云左司郎中宇文邈修功善狀守令白潛成立鄉貢進士姜元素篆額貞元十四年正月廿四日建鄭公字叔敖字上當碑裂處缺二字卽撰字上亦裂據趙目而知其爲陳京也碑云百姓孫上言等報德誠明請命朝省斯頌作焉殆奉詔立碑會下考功而非後世士民擅立去思也文旣簡快書復遒逸石雖斷裂丰骨具在亦陜碑之僅存者矣

唐少林寺廚庫記

右碑顧少連撰崔溉書史鐈篆額其文云少林寺者權輿于太和中廢于承光更名于大象錫田于開皇拔夏赫連昌北齊幼主高恒皆號承光夏在太和之前則此

承光爲恒也第後主緯武平七年十二月改元隆化卽議禪位次年正月乙亥恒卽位改元承光乙丑周師至紫陌橋癸巳燒城西門太上皇東走其日幼主禪位于任城王湝令侍中斛律孝卿送禪文於瀛州孝卿以之歸周不應于承光改元數日間廢寺末云時貞元戊寅歲皇帝纘服之廿載也說文廿二十并也古文省後人直以爲二十用按德宗乙丑改元貞元至戊寅止十四年從庚申卽位至戊寅乃十九年此云廿載亦舉成數以爲言耳

唐送李愿歸盤谷序

右碑今在濟源縣廨其末云貞元辛口歲建丑月渤海高從口口顧亭林曰乃書者之名而石缺之也趙録云正書無姓名者豈未見此末行耶

唐顔杲卿碑

右碑杲卿弟眞卿撰碑言公被害懸首于右金吾街樹有張湊收其髮謁元宗歸之夫人夫人疑之憑牀而哭忽聞聲如鞭牀者髮籍跳而前其事不載于舊史而新史亦簡畧魯公爲杲卿弟其說當不誣也偶閱魯公祭姪季明文有元吳興陳繹曾跋云購杲卿尸于洛陽河北僅得一足與張湊所歸髮葬長安鳳棲里按泉明購屍時問之行刑者云杲卿死時先斷一足故泉明啟履謙之瘞以無足者爲驗此云僅得一足似誤顔氏一門忠孝爲有唐之冠魯公之文永垂不朽矣

唐西平王李晟碑

右李晟碑裴度撰柳公權書并篆額按晟卒于貞元九年碑立于太和之三年相去已三十七年矣以晟之功葢天地名震華夷子孫衆多門吏貴盛而卒之日不爲建碑墓上何也新舊史晟子十五人碑則十二非聽之請將勞臣茂績不及二氏之碑充滿于紺宮紫觀乎史云上思晟勳力製紀功碑俾皇太子書之刊石立于東渭橋久已滅沒而此碑尚存非晟之幸乎所歷官階碑傳率多不合傳所畧者事王忠嗣李抱玉初署三府右職葢史皆其大不録宜也至贈太師謚忠武爲主恩巨典而碑遺之何耶晉公之文不能風發電掣凜凜有生氣特以誠懸書法爲古今所重故此碑保護至今猶得不仆然歷歲滋久不無剝蝕其波磔漸失矣惜哉

唐李祐墓誌

右誌趙氏云據李愬傳愬候祐穫于野遣吏用誠伏壯騎三百擒之而誌云祐潛布欵誠于愬以某日歸命其就執也願得傷一支以爲解不然妻子之在賊城無遺類矣愬許之追至唐州同執者十二人命斬于牙門外次至祐大叫謂愬曰公背初約耶釋之與語終日卽署爲都知兵馬使二說不同未知孰是也予以爲誌近是是時吳元濟殺蘇兆囚侯惟清悉兵四出淮蔡魚爛三

輔驛騷德宗雖命烏重允李光顏諸將以重兵壓其境仍使中人監軍王師屢潰不得吳秀琳等之降卽裴度李愬無以成功按吳少誠傳愬畧與橋得守將李祐不殺引至帳下計議始謀襲蔡與此誌合始謀云者未得祐之前不知賊之虛實不敢襲也然則祐之降可信矣李愬恃功橫訴至斵韓昌黎平淮蔡頌其家傳墓碑必張大勳伐以降爲擒耳如童重質袞朝江等各貶司戶史特爲祐立傳固與賊黨異矣況誌行于當日豈容虛謬不比史家得之傳聞于異代也

唐義陽郡王符璘碑

右符璘碑唐中書侍郎李宗閔撰翰林學士柳公權書

誠懸書大達法師碑不免有怒張之氣米南宮呼爲惡札此碑結構正密神理駿發模刻又極精艮可寶也碑云公諱璘字元亮沂州臨沂人傳云瑯琊人葢傳舉其郡而碑舉其州與縣也碑云璘在田悅軍中并州帥馬燧以犀帶遺公爲約而傳畧之傳云璘與父令奇嚙臂別而碑不載豈作史者欲形其父子之忠義而粉飾之也耶

唐蔚州刺史馬紓墓誌銘

右碑題云唐故銀青光祿大夫使持節蔚州諸軍事行蔚州刺史兼御史中丞馬公墓誌銘朝請大夫使持節汾州諸軍事守汾州刺史楊倞撰會昌四年七月十日建序云公諱紓字無畏扶風平陵人曾祖行珱嬀州刺史祖千龍平州刺史父寔右驍騎將軍御史中丞公卽中丞廿五子葢爲魏博田氏大將以滄帥李全畧死子同捷襲位魏師應援紓串欵裴度勸帥歸誠而爲中朝官者惜未附見於田裴傳中寔亦有志歐陽詹撰

葉九來先生金石錄補余既刊入别下齋叢書其續跋則未之見也去年春管君芷湘來言肆中有書二冊題金石録續跋者未知誰氏所作余意或劉青藜葉石君書耳亟購歸乃先生著也前書收藏家尚多錄本此則并未有稱及之者惟金石萃編載作金石後錄亦不著作者且時羼列金石錄補前意蘭泉司寇亦未深悉也而余一旦獲全書於里閈豈與是書夙有緣耶抑先生之著述將顯而以棗梨相感召耶後有周氏仲槤跋言讀書敏求記載金石錄補云云然今所見僅有趙錄而無葉補余嘗徧假敏求記之諸善本薈萃錄之增補跋漏較刊行者多十之四五亦無此條知也是翁當日所記猶不止此益歎勘書之難窮而又何怪此書之未見稱述乎於其刊成聊志數語焉

道光甲辰春暮海昌蔣光煦跋

鐵函齋題跋

道光二十七年丁未十一月
海昌蔣氏宜年堂開雕

余好跋金石之刻歲月既久合家藏與他所跋者彙爲一得若干卷夫前人書跋多矣自董逌廣川書跋後不下數十家雖知書者必其審或未盡合然攷證多出焉余又安能別出新奇以附益之哉惟是一代有一代之收藏一物有一物之原委無前人之題跋不能知其原無後人之題跋不能悉其委是二者相須爲用而不能偏廢者也況百年以來碑刻之出地者如漢之曹全六朝之崔敬邕唐之吳文李輔光顧良輝周眞靳府君田仁琬梁府君蕭思亮王居士張希超陳司徒者不可勝數皆前數十家之所未載者也而余又遺焉是金石遇余而厄矣烏乎可若跋之合與否則前人且有訾議而余又何責焉亦存其說而已矣

康熙四十七年八月大瓢山人自序

序 一

鐵函齋書跋卷一

山陰　楊賓　著

吳將軍半截碑

古今碑刻集右軍書見諸載記者凡十八家皆從聖教序出此碑其最著者也趙子函云萬歷末王堯惠輩得之西安城壕內告郡守昇置頖宮雖止半截而不甚剝蝕字畫圓勁與聖教等余舊有數本皆未及裝爲人取去此本得之常少司寇紫雪齋念已裝背特書數語于後當不復與人矣

查查浦宋搨黃庭經

唐以前善臨黃庭者無過智永禪師褚河南吳學士徐會稽四人褚本在潁上玉版毀未久人往往得見之餘皆不易見黃魯直謂吳本字大於永師徐則瘦而長今此本鋒棱瘦勁又字形稍長而折處過重頗有怒猊渴驥之勢其爲會稽臨本無疑況紙墨俱係南渡以前物迥與近搨不同查浦寶之在潁本上宜矣

家藏舊搨聖教序

此上海蔡猷仲藏本也戊申冬歸予丙子客皖口屬工裝潢失元門以下十六字壬午春從查宮諭聲山邸舍割他本補之癸未冬重裝於家益朝夕不離者三十有七年矣右軍眞跡不可得石刻流傳者唯此一序而世又多贋本幾令觀者莫辨予謂未斷眞本世不多見見亦價等連城非貧士所敢覬覦莫若多蓄斷本擇其鋒棱猶在者而寶之不愈於未斷贋本乎若此則所謂鋒棱猶在者也寢斯食斯了此一生吾願畢矣

戲魚堂東方朔畫贊

廣川書跋云右軍寫畫贊與王敬仁敬仁亾其母見平生所愛納棺中又曰開元搜訪校定大王書二卷畫贊第二帋挺斷以爲僞則此書不傳久矣何以褚登善書目又列周公東征之上豈登善鑒定反出帋挺下耶此帖不知取何本摹石觀其字畫險勁類擣素賦道因碑迥非寶晉齋停雲館可比弇州論戲魚堂帖尙在潭絳之下而神采已如是若得右軍眞本不知更作何觀吾不能不恨敬仁之母矣康熙四十一年九月二十六日跋

東陽何氏蘭亭帖

此東陽何氏所得維揚石塔寺禊本也雖前十八行與後十行係兩石湊合然筆跡相同俱從聖教脫胎實得率更神髓就予目中所見當世所貴重如開皇本神龍本柯九思定武本穎上本皆出其下若他所摹刻更不必論矣余以玉版十三行屬甯觀齋從沈芷岸編修易得之寶愛與聖教等雖有好事如崔　者欲以銅硯一枚易一字弗與也

穎上黃庭蘭亭帖

潁上井底玉版一面刻蘭亭一面刻黃庭相傳出褚登善手蘭亭余家舊有一本黃庭則購而未得也壬午秋潁上甯編修觀齋見贈此帖則兼黃庭蘭亭而有之蘭亭雖盛行於世猶出何氏定武下若黃庭不但非思古齋可及即會稽石氏本亦不及也烏得以其剔墨微傷而忽之也

陳秉之東陽蘭亭帖

往孔比部東塘與予言東陽何氏蘭亭十八行已前石理細爲眞定武後十行石理麤係贋本予以神骨前後一轍駁之近見珊瑚網載宣德四年揚州石塔寺僧發地得一石運使何士英截齊合之爲一乃知東塘所云

本非無見特以前十八行爲眞定武則尚未確耳按蔡條定武跋云熙寧中孫次公帥定納其石禁中又刻一石還之壁則薛師正所取之石業已非眞而況士英所得又非一石耶第就今日而言無論後世摹本即隋唐以前如開皇本神龍本柯九思潁上本皆在此本之下則雖謂之眞定武也可謂之眞昭陵本也亦無不可秉兄其寶之勿失

隨清娛帖

褚令碑刻最著者如聖教序孟法師碑西昇經陰符經蘭亭敘俱曾見過獨未見此本而事亦甚幻偶從水村借觀雖較諸本稍遜然意思周密姿致橫生所謂專取右軍媚趣者耳目爲之一新又不止千秋而下爲子長添一佳話已也

魏水村玉版十三行

吳興云洛神賦思陵獲九行百七十六字米友仁跋賈似道復得四行七十四字作兩截裝有悅生及長字印此玉版十三行之所由刻也癸未新春因陳鴻臚欲購此玉余獲見於京師其爲悅生堂故物與否余不能辨然洪清遠去今未遠玉版墨搨不應糢糊若是况字畫踈蕩精采煥發雖不敢定爲大令眞本要在吳興臨本之上豈清遠輩所能辦耶水村寶之勿爲浮言所惑可也

又跋東陽蘭亭帖

王竹齋定武蘭亭跋云宣德四年兩淮運使金華何士英得之民間一面瘦本一面肥本是兩本刻一石也珊瑚網云揚州某寺僧發地得二石何士英命工截齊合之爲一前所存者十八行止猶不二字後存者十行起能不二字則又顯然二石矣余從前所見前後石理雖有粗細之分而字畫不甚相遠又接縫處裝潢無迹而何氏所刻蘭亭攷內是一是二總無確語是以千古疑團無從解釋壬午冬魏子水邨携何氏搨本見贈確係前後二幅前紙十八行止猶不二字與珊瑚網同後紙十一行始欣俛二字則稍有異考其故蓋因從前裝潢

家以欣倪一行重出去之以泯其跡始知珊瑚網之說本有原委特未見重出一行耳余今不去重出一行使觀者有所攷證亦孶更之功臣也雖然余目中所見無論宋元以後摹本卽古今所號爲貴重若開皇本神龍本柯九思本潁上本三雅齋本骨力神理皆出此本下豈卽薛紹彭所刻公寢本與公庫本耶姑紀所聞以俟再攷云

唐李都尉墓志銘

書學盛于唐是以唐人書自泰和而外往往可觀就予所見如張嘉貞王士則張遇皆無書名而嘉貞之北嶽碑士則之清河王碑遇之靳府君墓志銘皆絕佳此本

不知有唐何人書然秀媚刻削與褚公等張王皆不及也省吾祕而藏之宜矣

代友人跋宋搨黃庭經

黃庭眞跡在宋時已不可得見見諸廣川書跋者惟淇水呂先本而董逌則已辨其非眞若宣和書譜所載者大抵皆景審吳通微徐浩林藻等所臨摹而容臺集則又以褚臨思古齋本爲第一余皆未之見也此本莊重而不拘謹與陸侍講澹成所藏曹氏本相似雖不能辨其確係何人所臨而紙墨皆北宋物譬之定武潁上禊帖雖非右軍眞跡然出唐人臨摹而又加以宋搨豈止房郵二字直芋千頭而已耶因識數言歸之查浦

自臨定武蘭亭

蘭亭叙右軍眞跡而外唐人臨搨雖有趙模韓道政馮承素諸葛貞歐陽詢褚遂良諸本然無有出定武之右者壬午秋對初陳子以定武本相借且屬臨摹余雖寢食於歐者有年以爲欲學者必當以歐爲梯航然蘭亭豈易言摹哉聊以博大方一笑而已

文待詔小楷千文

余往見待詔手鈔永嘉詩稿雖規模不爽絲髮而微失之拘此則舒徐中節態有餘姸奮誕云方寸千言而有徑文之勢不愧斯語矣

沈芷岸定武蘭亭

右軍蘭亭叙貞觀間自湯趙馮諸葛搨本而外臨摹最善者莫如歐褚二本所謂定州潁上本是也千一百年以來雖定州潁上並覊齊驅然考書法要錄東觀餘論廣川書跋及宣和譜所定皆尊歐而卑褚趙逌蔡京輩誠無足重輕李嗣眞徐浩張懷瓘皆唐時書家去貞觀未遠鑒定必無差謬蓋褚聚指筆端雖得右軍媚趣未免骨力單弱所以有澆漓後學自鄶無譏之誚歐則堅守右軍一定之法全以骨力爲主不求媚而媚在其中矣不然者永禪師虞永興何等力量而肯避其鋒鍔爲之氣奪哉余家舊有褚本臨摹幾百遍獨定州未之見今觀此本筆畫工巧意態精密實有如宣和所稱者

不但非後人手幷非湯普徹輩所能辨其爲定州何疑而葦間乃以潁上相易以爲書估適相當者豈別有所見耶書此以問世之精于是者

靜學齋聖教序

余三十年來所見聖教序無慮數百本然帶筆無損者多係贗鼎而眞正陝搨則又鋒稜漫滅不可辨識二者吾均無取焉壬午三月十八日過聲山編修靜學齋觀聖教十餘本大抵如前之所稱者最後出此則陝搨眞本而又鋒稜四射因拍案叫絶借觀數日而後歸之編脩曰子猶未見華亭司空家藏本也不特帶筆毫髮無損而且紙墨迥異一展卷而古香撲鼻矣余益惘然若

有所失草野賤子又安得所謂司空本者而縱觀之耶

開皇禊帖

禊帖流傳最多然皆唐以後橅本若唐以前本目中所見者惟神龍與此耳神龍相傳爲右軍別本此則不署姓名尾後但列開皇年月按開皇爲隋文帝年號斯時能書者無出永禪師之右右軍眞跡又其素所收掌而年月小字又與千文眞書相類則此本定出永師之手獨是師書左規右矩不能痛快淋漓而此則沈欝頓挫盡態極姸如再化其筆墨之跡則歐褚皆當避席矣豈以臨摹乃祖眞跡而然壬午二月十九日在京師獲觀借歸客舍臨摹三遍敬識數語以問世之知者

新得玉版十三行

玉版十三行相傳賈師憲得子敬眞跡鐫於于闐碧玉萬歷間或從葛嶺斫地得之歸泰和令陸楚鶴令此版轉入京師余曾見之水蒼色似玉實則石也糢糊書令等十八字後有宣和印宣字亦糢糊按容臺集云趙與興得十三行於陳集賢灝自題此晉時麻紙思陵獲九行米友仁跋賈似道復得四行作兩截裝以悅生印及長字印欵之夫似道既以于闐玉刻十三行豈有不刻子敬眞跡反刻他本之理今版末有宣和印而無悅生等印及小米跋則非悅生堂所刻明矣朱文盎云從祖四桂老人見其外祖錢唐洪清遠翻刻十三行於玉則

似乎別有一本然清遠堂至今不百年不應糢糊若是況字畫跌蕩精采要在吳興臨本之上豈清遠所能辦耶癸未秋王子耳溪贈予一本既易東陽禊帖矣耳溪又復贈此故特記所聞見以竢世之知者

家藏麻姑壇記

余生平所見麻姑壇有四種其一在從弟石公所其二在陸其清齋一肥一瘦較石公本稍大宋拓其一則此本也大小在石公其淸閒金陵瑣事云萬歷間華亭李騰守建昌麻姑碑久爲庫吏所壞召工章田重刻田病目有神人來治之乃愈是建昌已有前後二本矣今此帖之爲原本爲章田本皆未可知然奇古遒逸寬綽有

餘實有如四友齋所云者癸未十月屬石公裝而藏之

家藏智永千文

永師書眞草千文八百本余鄉董氏藏其一爲其女盜歸車水張氏其子陛官延平千文藏于家邑令景融搜而奪之融死質東海徐氏陛遂取鉤出副本勒之石余曾見之不若此本遠甚此本骨肉停勻正蔡君謨所稱唐太宗橅寫律名調陽者也藏於家二十年癸未秋始屬從弟石公裝而寶之

余氏翻刻宣示帖

往見陸其淸家宋拓宣示絕非遵訓閣寶賢堂停雲館可比寢食不忘者經月癸未冬十月乙亥偶過專諸故里市得此紙墨雖新拓而神骨似陸本究其所自蓋萬歷間余少愚翻刻本也少愚鐫刻不在章田馬士龍下手鐫聖教序黃庭經醴泉銘及此石藏于家而吳人不知也故特表而出之

潁上黃庭蘭亭帖

潁上黃庭蘭亭自昔相傳爲褚臨本薛紹彭則謂出湯趙諸君子元明間人又皆指爲米南宮余謂湯趙諸君雖工橅搨不長於臨況黃庭經又諸君橅拓之所未及者乎若南宮臨摹雖多焉能瘦勁若是今黃庭精采絕倫在會稽石氏上蘭亭則開皇定州而下無出其右者詎非登善誰能辦此此本乃潁州甯觀齋所贈黃庭字畫本細碎工以鐵絲刷之字遂肥所謂刷墨本也今潁州劉氏又有翻刻本蘭亭似更精黃庭字畫雖細而神氣索然矣觀齋云

余氏黃庭經

此萬歷間蘇州余少愚翻本刻也時代流遷贋鼎日衆無論右軍眞跡不可得卽唐八臨本亦不可得米氏書史云宋駙馬王詵使蘇州褾匠之子呂彥眞摹一本與唐臨本並行今此本蛀痕類停雲而骨力過之再傳而後紙墨稍舊有不與呂彥眞並行耶書此以爲後日之驗

十七帖

舊傳十七帖爲賀監臨本李後主刻之石王著又翻刻又聞館本有敕字者第一明尹子求摹本亦有敕字往于姜西濱編脩寓齋見有敕字本其爲王著爲後主俱未可知然紙墨甚舊非南渡以後物也此本雖無敕字而神骨與姜本近故特存之

曹娥碑

曹娥碑右軍北海皆甞一書予見查查浦陸其淸家有宋拓本查瘦陸肥不知其果出王李手否也而世共寶之幾與隋珠和璧等此本近查而拓不甚舊或曰眞賞齋物也故附於眞賞黃庭之末云

澹遠堂聖教序

宋拓聖教序二十年前曾在杭州昭慶寺西廊見一本風神奕奕毫髮不傷紙墨又舊留寓齋十七日乃取去至今思之此本知疑廣神教慈之正感異緣露揚讚異空容尙書十九字雖皆陝搨聖教然非此本原文食多二字則贋本聖教而非陝搨若合骨何以添五字恐幷非唐人書不特非右軍也而諸公以宋拓許之得毋爲其所惑耶壬午二月二十一日

石公斷本麻姑壇記

金陵瑣事云麻姑碑爲建昌府庫吏所跌萬歷間太守華亭李鷹名工章田重刻則今日行世大抵皆章本也此本古逸寬綽與陸氏宋拓同而斷痕猶在其爲跌後

本無疑無怪乎省吾之寶之也臨摹一過跋數語歸之

鐵函齋書跋卷二

山陰　楊賓　著

爭坐位帖

爭坐帖米海岳定爲魯公書第一袁文淸稱其運筆淸活圓潤能兼古人之長余謂魯公指實腕懸實得右軍筆法故其不經意之書皆能蒼勁若此眞所謂綿裹鐵也李後主以魯公書爲失於粗魯豈未見此本與祭姪文耶

又

此本圓活堅勁雖魯公得意書然不宜臨摹譬之陶靖節李靑蓮詩非不妙絕千古而取而學之不粗則淺矣

然則如之何而可曰講求筆法寢食於聖教序數十年則不求其似而無不似矣

歐陽心經

率更最著者如醴泉銘擣素賦皇甫君虞恭公碑皆大楷也小楷唯九歌心經而皆未之見此本乃文氏停雲館翻刻于偶得而裝之譬之孫叔敖不可見見優孟如見叔敖焉又奚楚國之不可相耶

姜氏蘭亭帖

此慈谿姜編脩西溟家藏本也石廣二尺長尺二寸厚一寸許兩面刻蘭亭敘二種其一低一字吳門黃氏物嘉靖末其子景星攜石遷慈谿遂歸姜氏編脩原序指

為唐物低一字本以武塘錢相國跋為證高一字本以高麗搨文庫本為證編脩書用第四指得豐考工筆法當世多重之其言必有端委往在京師出搨文本較對與予言之娓娓癸未冬其嗣君道詠過吳門拓此見贈故特命工裝潢并識其本末云

樂毅論

善摹樂毅論見諸襍記者在唐則有馮承素在宋則有王著在元則有趙承旨而修內司會稽石氏寶晉齋星鳳樓停雲館諸帖又各有翻刻遂至紛紜雜亂莫可攷證求所謂祕閣本高學士家藏本且如景星慶雲而況于右軍手蹟乎此本圓潤堅厚不在祕閣下故裝而藏之

再跋智永千文

瀟谿隱夫云永師千文殘闕數百字王知微補之又云翻刻者不一而足則永師眞本在宋時已難得矣而況於今日乎今日行世者有杭州拓嘉興拓蘇州拓皆莫知其所自此則陝拓也相傳即知微本按知微書雜永師中正如蕕之於薰珷玞之於玉當不待蔡君謨歐陽永叔而後知之此本純一不雜絕無補綴之蹟而又筆穩秀與薛亢宗跋同一蹊徑疑即亢宗臨摹當俟博雅者辨之

陳彥興東陽蘭亭

東陽何氏定武蘭亭敘王竹齋云一面肥本一面瘦本是兩本刻一石也汪珂玉又云揚州某寺僧發地得二石何士英命工截齊合之為一前所存者十八行止猶不二字後存者十行起能不二字則又似乎兩石刻一本矣壬午冬魏子水邨贈予一本前後二紙後紙十一行始欣俛二字始知珂玉之說不為無因特未識後石重出欣俛一行耳此本與魏本同出何氏而紙墨如舊彥興留心金石之學其言是竹齋而非珂玉云得之何氏所親之目擊者余雖因魏本信前後兩石之不妄而終不能親至東陽一考背面之有無而水邨既畧而不言何氏又言而不備則余與彥興之疑又將何自而釋耶請以質諸世之知者

不全額上黃庭

黃庭臨本莫有善于額上者費紫衡云初拓用硃砂為硃砂本次用墨拓為墨本墨積久模糊則以鐵絲剔之為剔墨本今則原石碎裂又有劉公戩家翻刻本矣余舊有剔墨本不甚佳甲申三月北行得此於維揚市肆雖殘缺七八行然未經鐵絲本也四月立夏日書於秦郵舟次

涵萬樓舊拓爭坐位

此西安府學拓本也孫氏書畫鈔云眞蹟在京兆安氏刻以傳世吳中復守永興謂其未盡筆法因再刻一本

然則此本之爲京兆爲永興皆未可知而淸活圓潤從容中道則誠有如袁文淸王弇州所稱者余向有西安拓本不甚舊癸未冬見姜學士宋拓忽忽如有所失甲申正月過禾中觀譚書兩涵萬樓藏帖書兩有柯敬仲之風以十餘種相驗而此與焉精采雖不及姜然比余本則稍舊昔蕭翼紿辨才蘭亭敘詐稱賣蠶種入榮貪道買永興廟堂碑與錢五十萬余乃不費一文而以無意得之勝于蕭榮遠矣五月初四日書時挂席北行未至淮陰三十里

舊搨祕閣續帖黃庭經

余生平見宋拓黃庭凡五查編脩德尹家藏一本紙墨甚舊字大有骨陸其淸家二本一肥一瘦皆停雲館祖本宋藥洲學士家藏一本字紙墨與查等而字微小亦不甚佳汪公有家藏一本字大小類宋本而微有致然瘦勁神韻異總不及思古齋褚臨本此帖得之維揚葉氏首題祕閣續法帖卷第五八字楷書按祕閣續帖有二種其一爲建中靖國初曾丞相布命劉燾別刻以篆文題籤者其一則淳熙閒修內司模勒禁中者卷尾易以楷書今此本題籤既符修內司卷尾似爲淳熙續刻無疑然字極莊重與陸氏肥本毫髮無異何以容臺集書品又云淳熙續刻黃庭即思古齋褚臨本耶思翁不可復作記此以問世之知者

再跋玉版十三行

玉版在京師一友人處余告於陳鴻臚實齋翁比部康飴曰此吾浙舊物也詎可落他人手鴻臚欲得之而不果康熙癸未春康飴督學嶺南遂以白金三百易之而去然余尙因文益之說疑爲洪氏新玉甲申三月過燕城見新安吳禹聲宋拓與此較對毫髮無差惟我字戈法更瘦勁而宣和印宣字則比余本完好始知康飴所得確係原物不然何與宋拓本符合如是耶四月初八日宿遷舟次再記入都後當示鴻臚并以報康飴云

宋搨聖序教

余嘗謂右軍筆法猶可想見者惟西安府學聖教一碑是以雖斷後拓本漫漶不堪者猶且寶而藏之況尙書不斷兩與俱全若此者乎昔大令受神人五百七十九字而入木七分唐彥猷得歐書數行遂以名世余雖不敢以彥猷自比然右軍筆法實具此千九百一字中其敢不懸帳釘壁寢宿其下耶甲申四月十八日舟中書時守閘開河城下

改集聖教序

聖教序唐宋舊拓旣卒難得蹟本又無佳者學書家往往臨池而歎查宮諭聲山曾購斷後善本去其漫漶磨泐者取本碑重字補之餘如滄多二字則取諸贋本聖教會合何以四字則取諸吳文半截碑紛紜添三字右

軍諸集本所無者則自以磐水事之宮諭帝蜡與董宗伯齊名然離之右軍書中終不免婢學夫人之誚余乃小變其法若紛紜凌沓合何添等字本碑斷後所無者竟竄原文集本碑斷後所有者易之凡用三斷本而紹興後聖教遂與唐搨等或以竄易原文爲嫌予應之曰所重者右軍書耳若文皇高宗序記固不足重輕也況碑本集書懷仁集之於前唐宋金十餘家集之於後何獨於余而疑之乎客笑而退甲申四月二十日袁老閒舟次識

別本小字麻姑壇記

小字麻姑碑歐陽公黄魯直趙明誠都元敬顧亭林諸皆云後人補刻而通志金石畧及陸放翁田衍又確指爲魯公書聚訟紛紛迄無定論而所見拓本亦復肥瘦不一未知何者是城南原本此本得之慈仁寺下所謂奇古遒逸寛綽有餘者庶幾近之昔人云大字難于結密小字難于寛綽今此本字細于陰符而有中興頌虎耶劍池之勢謂非魯公不能辦此亦何庸此紛紛者爲甲申四月廿二日守靳家口閘上已二日矣支頤枯坐聊識數語于後

京師龍安寺麻姑壇記

此北京龍安寺本也不知何年何人刻較停雲館玉煙堂差小而奇古則過之

景龍觀鐘銘

唐睿宗書不多見見者惟孔子廟堂碑額順陵碑文及此銘耳順陵碑與廟堂係僞周朝爲相王時篆此則即位後書微襍隸體古奧有致當與比干銅盤焦山鼎銘共寶矣

定武別本

禊帖入宋理宗內府者百十有七入桑澤卿博議者百五十有二游克齋家藏者百大半皆定武也而眞定武亡矣此帖以姜白石偏旁攷之無不合縱非眞定武亦薛道祖肥瘦本之類矣可不寶諸

快雪堂十三跋蘭亭

此涿州馮氏快雪堂本也風度有餘骨力未足者昔人云承旨日書萬字嗚呼此其所以爲承旨歟

婺女褚摹蘭亭

蘭亭眞蹟既入昭陵傳於世者以歐褚臨本爲貴然舉世摹刻以千百計皆本歐陽所謂定武本也若褚臨不過蘇氏額上天歷及此三數種而已此本與蘇額不同沈著處微近開皇驗其首無永字及前後裝池印記葢即宋理宗所藏丁集中之婺州府治本蘭亭博議所載之婺女第二本而式古堂書畫攷所收之王文惠公本也歷文惠公游景仁晉王府收藏不知何時復散民間乃歸我少司寇常公公風流儒雅擁書萬卷近更留意

金石之文錦褾王軸不可數記若聖教及定武善本必留几案朝夕諦觀則是帖也當與定武善本同一珍玩不必因澤卿一言而忽之矣

東岳廟聖教序

此刻乃崇禎辛巳歲中書黃六治出家藏唐拓本屬劉雨若刻于北京東岳廟有王鐸跋癸未冬始見拓本求之不可得益碑燬已四年矣甲申秋忽于慈仁寺東廊得是本帶筆毫髮不爽而又骨肉停勻與眞本無別余故跋而藏之

國學諸碑

國學有名碑刻見諸日下舊聞者八曰石鼓文曰樂毅

論曰黃庭經曰蘭亭敘曰孝經曰爭坐曰千文曰金丹四百字而丁香詩不與焉甲申秋余第五次入都索諸國學獨黃庭金丹不得或云明末移朝天宮燬于火因思盡拓而藏之屬平州中丞索之黨少司成未得也忽於慈仁寺見此四種遂易之而歸樂毅論相傳爲趙松雪臨無異議若蘭亭一敘春明夢餘錄定爲趙臨而金石文字記則又指爲周伯琦余取快雪堂所刻趙臨十三跋蘭亭較對雖皆得定武形似而國學本似更弱其爲周臨無疑千文乃唐僧亞栖書亦可觀惜不全丁香詩則明人書可有可無者也

建昌小字麻姑壇記

小字麻姑壇記余舊所見者四一在從弟石公所二藏吳門陸氏皆不知所從出一在于家爲北京龍安寺本然皆非建昌也此本得之張平州中丞家相傳爲其尊甫澹明方伯官豫章時所拓而斷痕猶在則眞建昌元本矣何以秀潤有餘奇古未足翻出陸氏本下耶尚有待於世之知之者

吳將軍半截碑

自懷仁集右軍書後唐宋間人遂以此爲事見諸宣和譜者凡十有八家然無能出聖教之右者此碑唐開元九年十月建至萬厤末浚西安城濠始得半截王堯惠輩語郡守昇至學宮世所稱半截碑者是也余少時得

一本寶之幾與聖教等未幾失去今復得此而諦觀之疑有李北海書闌入趙子函曰從聖教諸刻摹集非右軍眞蹟可謂具眼矣

虞永興廟堂碑

廟堂碑原石貞觀中即燬于火流傳者僅賜本數十耳所以黃太史有千兩黃金那購得之語也近代翻刻余見者四種以西安府學宋王彥超重刻者爲最余行笈中向有一本爲夢虎道者所留此本得之閩中紙墨頗舊雖非賈躭靑箱至寶然層臺緩步高謝風塵之致則猶在也縱有好事如榮資道者與錢五十萬不與易矣

歐陽皇甫誕碑

信本書以化度醴泉虞恭公墓志銘皇甫誕碑爲最余於王黃門東發寓見醴泉銘陳孝廉對初家見虞恭公碑汪編修安公家見化度寺碑皆舊拓也獨未見皇甫善本此雖萬厤以後拓然風神猶在正王元美所云比之信本他書尤爲險勁者若趙子函晉法一變之説則吾未敢以爲然也

再跋建昌小字麻姑記

壬午春見孔東塘家小字麻姑記碑陰有趙松雪臨衞夫人褚遂良虞世南歐陽詢薛稷李邕六人書東塘曰此益王所刻建昌府碑也今此帖得自建昌又帖尾有褚書其爲益王本無疑然比之孔本則又缺衞虞歐薛李五種書而多一柳豈別有故耶抑裝拓之不全也

宣示帖

宣示帖眞蹟旣入王敬仁棺中傳世者惟右軍臨本刻入淳化帖而淳化眞本余尚未之見也見者吳門陸氏宋拓本而已此本不知所自出疑卽萬厤間余少愚翻刻本雖不及吳門陸氏然古雅純樸之致已非遵訓閣停雲館所及若宿寶之宜矣

李鳳陽何氏蘭亭第一本

蘭亭拓本平生所見幾百餘無出東陽何氏之右者然尚非眞定武也葢定武眞石厤經李學究韓忠獻宋景文孟水清孫次公薛紹彭之手又出入內府內庫中間不知幾經翻刻然後歸於留守縱使留守所進者萬萬無疑亦係前後一石今則兩石湊合前石十八行止猶不二字後十一行始欣俛二字又前後筆畫不甚相違則兩石俱非眞本也明甚而何氏每空後石重出欣俛一行以泯其蹟此汪珂玉輩所以爲之惑所可寶者筆力遒勁實與聖教同軌一轍余特愛之每與長山中丞言中丞購得數本以其二與猶子鳳陽此其一也昔唐彥猷得歐書數行遂以名世趙承旨得獨孤長老吳靜心五字損本書學大進今鳳陽果能心摹手追楮堆墨臼卽此一拓足矣奚必眞定武之是求耶

李鳳陽何氏蘭亭第二本

桑澤卿蘭亭博議載婺女本有三一在倅廳一在郡齋一在韓南澗家而何氏本不與焉今存者獨何氏耳石本二萬厤間邑令黃文炳强取之去何氏子孫擁車爭之令怒擲諸地裂爲五所謂梅花本者是也今拓者日多字漸剝蝕其不爲倅廳諸本之續者幾希鳳陽其寶之可也

林同人甘泉宮瓦

往歲家弟楚萍客海州親見李斯秦東門三字在馬耳山石壁間次日同客再往遍尋不得余謂世間神物往往待其人而傳家弟素不留心金石是以交臂失之今子野先生一入淳化山中卽得甘泉宮瓦長生未央四

字懷之而歸徧索名卿題咏遂與殷盤孔鼎並傳不朽而所謂秦東門者竟以遇非其人終于淹沒抑何宫瓦之幸而東門之不幸耶乙酉冬杪得借觀于三山使院摩挲者兩日夜因書數語于册以志予感云

林同人來齋集古帖

法帖自澄清淳化大觀而後余所耳聞而目見者九十餘種無不以集而成也然皆鉤摹剞劂以自表見未有專集古人拓本者余謂一經摹刻卽失本來面目嘗取淳化大觀校對斷續肥瘦之間便已各自成家而况從此屢易至於九十餘種之多譬若聖賢之裔傳至數千百年氏族源流且不可考而欲於數千百年之後得其

始祖之精神欬吐難矣同人先生早見及此旣厭秦魏齊魯之墟徧拓殷周秦漢晉唐碑碣以次裝潢又取平生所得殘帖彙而裝之名曰來齋集古帖每條之下仍以硃書原帖名目使人知所從來所謂鉤摹剞劂之事則無有焉嗚呼賢於前人遠矣海内金石拓本兵戈水火之餘往往不知所在間有一二存者又多棄而不取卽取矣又或以爲無所附麗貯之廢簏畧不省觀蠹蝕塵埋亦復終歸於盡自有先生此集使天下後世之斷簡殘編皆可成帖庶幾傳者日多而古人面目得存萬分之一先生之功不大矣哉若夫始於少師終於和靖中間所取無非忠孝節義之人則又先生以之自命而

教于其家者也先生豈僅好古之士乎哉余又於是集見之矣

林同人瘞鶴銘

瘞鶴銘攷莫詳於張力臣一圖然偃臥一石華表留形三行與江陰眞宰三行乃東西平對中間只隔一石非若圖之斜出也余於甲申三月十一日至焦山拓得歲得於華未遂吾翔山之下仙家相此胎禽浮邱華表留形義惟髣髴事亦微厥土惟甯後蕩洪流前固重掩華亭爰集眞侶瘞爾江陰眞丹楊外五十六字尚有宰仙尉爽塏勢六字在石隙不可拓若宋人補刻三十二字則又日暮未之及也此碑悔沒水中最難拓相傳袁尚

之得十六字周吉甫得十七字弇州得數十字朱樂圃得四十最多者莫如歐公然亦僅六十餘耳今此拓多至八十餘字豈非造物者于長林獨厚耶寶而藏之宜矣

林同人天發神讖碑

閣帖皇象書謹嚴深厚天發神讖碑生澀峭厲似出兩人之手然而奇古則一也余夢想二十餘年今始一見而同人竟藏數本於家恨予所攜碑拓無多又無同人之所欲得如稼堂校官碑可以彼此相易對此惟有浩歎而已

趙子昂細楷書樂毅與燕惠王書

承旨書大都飄逸而多姿獨京口萬壽宮鍊師敕及此書則瘦勁沈著全以骨勝承旨亦烏可忽哉

翁蘿軒玉版十三行

陸冰修先生云賈秋壑得子敬十三行鐫於于闐碧玉萬厤間或從葛嶺斫地獲之歸太和令陸夢鶴朱文益云此非宋刻也及錢塘洪清遠所刻余從祖四桂老人親見玉工鐫字是二說者向未知其孰是甲申三月於維揚吳禹聲家見宋拓本與此纖毫無異但我字戈法尚細宣和印宣字全耳始信宋時已有此刻若洪氏本亦于維揚杜氏見之妍媸不啻逕庭文益徒聞四桂老人之言遂爾誤認爲一不知其又從此本翻刻也至陸

說予亦未敢深信蓋此刻獨有宣和印而無悅生長字印又無小米跋與容臺集所載秋壑家晉時麻牋不同豈秋壑所刻非麻牋耶抑此玉不刻於秋壑而刻于宣和耶自泰和後又經觀橋葉氏王氏數年前轉入京師其主意欲問售余謂此吾浙舊物也不宜使之淪落於此蘿軒遂以重價購之乙酉丙戌間余客閩中蘿軒則督學嶺南遺予墨拓數本且屬余攷其源流因爲述所聞見如此若夫字之秀勁圓潤行世小楷無出其右者趙文敏題曹娥卷云親見吕仙聞吹玉笛余於此刻亦云

鐵函齋書跋卷三

山陰　楊賓　著

題定武潁上蘭亭合帖

法帖種類最多者莫如蘭亭就昔所傳宋理宗得百十有七桑澤卿得百五十有二游克齋得賈師憲藏者百夫在宋已如此之多況今日乎余二十年來所見亦不減百餘種然蒼老無有過定武秀逸無有過潁上者以出歐褚兩公故也此本取定武潁上合而爲一譬之聚太眞飛燕於一時六宮粉黛無顏色矣雖多亦奚以爲

高申公塋兆記

趙模書世不多見予於來齋藏帖中見此碑骨肉在歐

虞閒絕愛之聞同人尙有副遂索得此紙碑本不全而又多磨泐可識者纔七十餘字耳然實可寶也昔文皇得辨才蘭亭命模等摹拓宋金華曰蘭亭摹本趙模得其意夫摹蘭亭而能得其意不在定武下矣惜乎其不可得也今觀此碑金華之言洵不虛矣

李衞公碑

顧甯人金石文字記林同人金石考畧載王知敬所書碑三曰天后御製詩曰金剛經二碑俱在少林寺其一則此碑也予俱未之見乙酉秋借鈔金石考畧同人以此相贈雖筆力未充然亦歐褚之流亞也故特裝而藏之

姜熙文定武蘭亭

此東陽何氏定武蘭亭也蒼秀堅勁當世蘭亭無出其右者余始見于甯編脩觀齋所甚欲得之而京師絕少惟沈芷岸太史尚有餘者乃以玉版十三行易得一本有模糊者數字既而魏水村攜一本相似則絕佳余甚愛之而求之不已乙酉春入閩道經婺女衢通守王君賡之攝府事索之得八紙而以其一與熙文唐太宗曰學古人書惟在其骨力骨力既得而形勢自生耳徐季海曰初學宜先筋骨筋骨不立肉何所附此正所謂得右軍之骨者也從此入手而加之以墨池筆塚幾乎晉唐無難矣熙文勉之哉

姜熙文吳將軍碑

吳將軍碑唐開元九年立而於明萬厤末始出半截以其類聖教序也人爭購之予舊有一本與絳州孔廟碑合裝未幾失去甲申春常紫侯司寇贈余一紙余裝而藏之然不及熙文此本也熙文從余學書求聖教序未得善本乃先之以此贈之封岱宗者先禪梁父浮滄海者先涉大江可謂知所趨向矣因書數語于後

甘泉宮瓦

榕城林同人於三原淳化山中得甘泉宮瓦一片上有長生未央四字字畫飄逸有致因懷之以歸當世名公卿多作詩文以紀其事余借觀於三山使院業已磨礲如鏡僅存字與界道色黝黑若龍尾石因屬姜子熙文椎搨數紙按三輔黃圖甘泉宮一曰雲陽宮秦始皇二十七年作漢武帝建元中增廣之則此瓦之爲秦爲漢皆未可知獨是秦漢字蹟流傳絕少雖不同於嶧山之罘諸碑亦可與五鳳二年磚並垂不朽矣

天發神讖碑

此吳後主紀功石也按實錄天冊元年後主皓于臨平湖邊得石函中有小石刻上作皇帝字於是改元天璽立石刻于巖山紀吳功德東觀令華覈文青州刺史皇象書顧甯人云石舊在金陵城內天禧寺斷石岡宋元祐六年轉運副使胡宗師輦置漕臺後圃今在江甯府

學林同人云石斷爲三文殘缺不可讀祥符周雪客聯而貫之作天發神讖碑文考一卷余神往二十年始於乙酉冬從同人借觀于七閩使院聞其有副本因丐得之休明書在劉纂岑伯然朱季平之上王僧虔稱其沉著痛快袁昂稱其如歌聲繞梁琴人捨徽今觀其筆法生澀險勁乃如此至其不用批法挑撥平硬非篆非隸弇州指爲八分余初未以爲然及見吾子行學古編乃知此碑正所謂用篆筆寫漢隸者也其爲八分無疑矣

連江石鼓文

連江吳襄衛公文華得舊搨石鼓文于楊用修用修得之李西涯實蘇子瞻藏本也康熙初其後人吳子鈞屬

冶城李登陳延之歐陽惟李篆而刻之木連江令楊繼生爲之作序壬午冬余既得國子監本每以磨泐不全爲恨一日過報國寺集市得小本完好可讀喜而夸示於人遽爲張敬止中丞奪去復悵悵不已乙酉歲客閩中有以此獻李賓君中丞者攷之知在連江因搨得之是日爲之一快

姜熙文玉版十三行

玉版十三行相傳出賈師憲家余以其與容臺集所載兩截者不同又無悅生印與小米跋嘗與友人辨之然宋刻斷斷無疑也近歸武林翁康飴康飴自嶺南寓書索余跋將以端溪石刻之而先搨數紙寄余因以其一

似熙文當世小楷苦無善本大概骨勝者生強肉勝者軟弱此則骨肉停勻風神奕奕絕無二者之病熙文心摹手追進而不已於書一道其庶幾矣乎

五箴碑

宋人篆刻向推郭忠恕與宣義大師余得其三體陰符經及千字文幾與嶧山般若臺碑並寶丙戌春復得此帖乃知兩公而外更有所謂李寂者何碑刻之不多見耶因跋數語藏之

李鳳陽定武第三本

鳳陽有志八法而尚飄逸跌宕初不好定武禊帖繼乃見予所攜聖教舊本及皇甫君舊搨始知書重在骨復取定武觀之遂不忍釋手既取中丞所得之一裝而藏之矣又取其一焉屬余跋之昔右軍學衛夫人不能造微入妙後見李斯曹喜篆蔡邕隸八分書分遂高四海鳳陽今日其以率更爲李蔡可也

李鳳陽玉版十三行

十三行舊推七璽柳跋唐臨本與秘閣續帖本爲佳然唐臨本似鍾士季秘閣續帖本似歐陽蘭臺沈著險勁則有之風致則未也此本相傳悅生堂刻于闐玉爲之而莫知其所自出沈著風致殆兼之矣近歸武林翁康飴康飴寄數本索予跋余以其一贈鳳陽而識其原委如此

琅華館王覺斯細楷

書之最小而流傳者唐則有褚登善陰符經顏清臣麻姑壇記宋則有黃長睿所跋華嚴經釋法輝經塔元則有趙孟頫書樂毅報燕王書明則陳綱牡丹玉簪花瓣文徵仲千字文余所見者僅褚顏趙文書耳皆不若此本之小也此本藏靜海高鏡庭方伯家方伯屬朱士標鐫之石李子鳳陽則搨而藏之兩君好事又加太史沂手背一等矣

高鏡庭西湖碑

余生平最好聖教序學之幾四十年而臨池握管即不類高方伯鏡庭亦好聖教而此碑則無一字不酷肖豈

歐陽公所謂得其形者耶鳳陽出此索跋余見之滋愧矣

靜海高氏蘭亭

高氏新鐫蘭亭甚有風致不知其何所本細觀之與北京報國寺三雅齋本相近往查學士刻米氏鉤塡蘭亭余曰世間蘭亭已多今又多一種矣今於此刻亦云

方靈皋家藏蘭亭

蘭亭種類最多余所見者不下百數十種大都從歐褚翻出此則與歐褚絕異而翻缺一㾜字孜桑澤卿博議徵與陳簡齋綿紙本及高宗臨本相似靈皋留心金石不知以爲何如也

方靈皋家藏十七帖

十七帖世以館本有敕字者爲貴然宋元以後翻刻者皆有敕字頗難辨識如葦間家藏宋搨本有梅郎倦圃諸公跋者海內多稱之而刻手甚劣反不若明刻馬莊甫魏道輔本此則哲宗時曾丞相布命劉燾刻入秘閣續帖者刻手精工又係當時初搨實勝葦間本遠甚而世無知者至於余乃得觀而跋之豈帖亦有遇不遇耶書此不禁三歎

家藏五鳳磚搨本

往于鄉人謝蒼湄家見舊拓五鳳二年磚古奧絕倫因求之數年不可得忽忽若有所失丁亥六月過白下門閶周自幽書肆多古法帖遂於酷日中尋而得之是日爲之一快

泰山銘

明皇泰山銘鑱靑帝祠後石壁方三丈余每過其下輒摩挲不忍去商之官斯土者皆以搨須架木而架木則不可卒致遂不復强之丁亥夏五過蕪城見葉芳杜所藏本有顧云美飛白書泰山紀銘四字大方尺古勁在銘上思以錢叔寶潯江夜泛圖易之不可益以白鏹又不可怏怏至白下門忽見此本與以所益之數輒得之爲之不寐者竟夕然終以不得云美題字爲恨也

中興頌

弇州山人曰中興頌方正平穩不露筋骨爲魯公法書第一余向列宋廣平碑側記第一而以弇州之言爲未然丁亥六月得此本於金陵承恩寺前古勁深穩視宋碑最難雖欲不以第一推之其可得乎弇州不以書名而評書十得六七豈四部稿法書苑等書成於衆手與呂覽等耶不然何以能中其肯綮也因跋帖尾并附及之

陳氏黃庭經

臨黃庭者相傳有智永歐陽詢褚遂良吳通微徐浩林藻景審黃長睿米芾光堯張九成趙子昂錢逵文徵明十餘家而其文則無有或異也此本第一行點去一有

字第十四行易搖俗爲淫欲與諸本皆不同書在吳米間而不知其所自出余以其有至正洪武二跋斷爲明以前搨本不知具眼者以爲何如也

家藏七佛頭未斷聖教序

未斷聖教序余得有二本雖紙墨俱舊而一則可疑一則缺字一百有三是以居常怏怏丁亥夏六月過留都古冶城得此於吳英流家紙墨雖不甚舊實未斷本也至七佛頭世每疑爲贋本不知西安原石本有七佛世多不搨故翻以搨者爲贋耳往何庶常屺瞻爲余言留都汪安侯有唐搨七佛聖教致佳今此本雖非唐搨而七佛宛然行當質之庶常不知與汪本何如也

家藏舊搨蘭亭

此肥本蘭亭也紙墨亦舊余得之於吳門筆賈蘭亭種類最多而佳者絕少昔趙松雪得獨孤靜心本題跋多至十三十六今此本不知於靜心獨孤本優劣何如而余跋則從兹始矣

家藏十七帖

十七帖以館本有敕字者爲最此宋時語也至於今則無有無敕字者矣而多不足觀姜西溟本雖有名翻不如方靈皐之無名翻者然靈皐秀弱此則蒼勁矣雖不知其所自出然實可寶也

天璽碑

天璽三段石向傳在南京應天府學尊經閣下余於丁亥六月過石城門求之江甯府學不得遇江甯縣學張廣文安谷則曰今之江甯府學故國學也今之江甯縣學乃應天府學耳石固在我搨後因從安谷往觀之三石乃皆圓約圍七尺餘中一石高三尺五寸東西高各二尺五寸謀於安谷思搨之而安谷適捧檄他出忽有人持此來市遂以微直得之往聞周子雪客取三段石聯而貫之作天璽碑考三卷今雪客已下世書籍散亡友人王伏草云雪客稿在其家其兄安節爲之賦伏草有續攷而皆未得一觀而此本猶不可讀又此行一恨事也

停雲館黃庭經

停雲館黃庭經二一爲吳學士水痕本一爲徐季海不全本摹刻最精臨池家甚貴之自石歸常熟錢氏後張子美翻刻行世而原刻黃庭遂如景星矣此本得之金陵市肆實原本初搨也特識數語以貽諸子若孫云

舊搨汝州藏帖

汝帖不免割裂之病然古意尚在而又多載秦漢以前籀篆分隸尤非他帖可及余既得舊搨全本又得此卷雖行草殘缺而篆隸更覺分明閱之兩日夜頗悟篆隸行草一貫之道漢晉間人得之者多所以衆體皆妙唐以後人失之者多往往一體無成然此特可與知者道

否則惟有供人掊擊而已矣

唐太宗屏風碑

尚書故實載唐文皇貞觀十四年自作眞草屏風以示羣臣筆力遒勁爲一時之絶嘗謂朝臣曰吾學古人之書殊不能學其形勢惟在其骨力及得其骨力而形勢自然生耳間嘗閱晉祠碑及閣帖所刻疑其骨力未充不盡如其所云而所謂屏風碑者近在餘杭究不獲見乙酉冬客閩中購得此搨而細觀之雖比晉祠等帖較瘦而骨力則相等弇州跋曰輕俊流便有右軍永興風度可謂得之若筆力遒勁則當日臣下溢美之詞非此碑定評也碑首缺一角故又名截角碑云

舊搨汝帖

王輔道汝州帖用十二紫石刻於大觀三年寘坐嘯堂壁後以有司苦于求索因樓毀瘞之馬廄成化中廄有光怪掘置州禮房吏舍未幾散民間順治八年巡撫范承祖復搜殘石砌道署壁間而字畫磨泐僅存影響此本則成化後搨本也得之閩中裝潢家尚可讀按弇州山人四部稿及李九嶷紫桃軒又綴皆因黃長睿掊擊不直一錢遂目爲淳化子孫之最下者今大觀潭絳戲魚修內司眞本皆不可得而行世翻刻則又往往軟弱無骨睹此渾金璞玉猶可想見古人筆意則昔之最下者今且號爲最良矣烏可以前人之貶而忽之耶改裝既成因書數語于後

晉江馬蹄閣帖

淳化子孫見諸曹士冕譜系者二十有二種而晉江不與焉閩人云晉江帖本宋時內府石帝昺攜至泉州將浮海埋之地下後其地爲馬廄火光見或掘得之受馬蹄者多如氷裂故又云馬蹄帖或曰非帝昺也賈師憲攜至木綿耳二說未知孰是今歸晉江張氏第八卷籤王羲之書四字獨草書相傳王著集淳化帖至此熙陵適至親爲題籤故比他卷爲大閩人以此指爲淳化原本然聞之淳化刻棗木有銀錠扣而此則石也又與余所見宋搨淳化本不類當別是一本余取肅府較對雖

互有得失而瘦勁風神肅府不及也乙酉冬屬李中丞購得而兩面裝之因識其所聞者如此

李棐公何氏蘭亭

卞少司寇如圜家藏蘭亭數十種載入式古堂書畫考而獨不收何氏蘭亭此本殆平原君之好士徒豪舉耳非眞能得士也棐公李子爲靜庵中丞之冢孫余初見於長山聞余論書輒喜而不去今來省其大父一到卽求何氏蘭亭而索余跋其與司寇之好相去何如唐文皇語羣臣云學書惟在骨力骨力得而形勢自生徐季海曰初學之際宜先筋骨筋骨不立肉何所附今此本全以骨力爲主不在式古堂諸本下棐公守而弗失心

摹而手追焉幾於右軍無難矣又何率更之足云

若宿玉版十三行

若宿素不學書丙戌春從余閩中適翁康飴學憲寄余玉版十三行因以一紙與之夫書之品有二曰老健曰飄逸二者每不能兼今此則兼而有之余定爲北宋以前刻而書則疑出陸柬之手若宿果能寢食于斯楮堆墨臼幾於古人無難矣若宿勉之哉

新得爭坐帖

爭坐帖余幼時有一本得之表伯駱叔夜家及長移家吳門遂失所在因别購一本不甚精甲申正月得涵萬樓譚氏本差舊今此本得之福州故家雖多蛀眼然又

勝譚氏本林同人親至碑洞與印公對搨二本自謂與董宗伯宋搨本不相上下余往者借得此校對猶之林搨之於董本也第未審與駱氏本又何如耳

郭忠恕三體陰符經

郭忠恕書不多見惟汝帖刻數十字於後圓活蒼勁不在徐鉉下此則似少遜豈以三體並書故耶然當在李寂夢英上

顔魯公家廟碑

顔氏家廟碑宣和書譜則稱之曰莊重弇州則曰鋒稜秀出精彩注射趙子函則曰結法與東方贊同勁節直氣隱隱筆畫間余則以爲魯公楷書自當以宋文貞公碑側記爲第一其次則文貞碑又其次東方贊其次中興頌其次郭敬之家廟碑又其次乃此碑耳余在京師得一本在閩又得一本皆非今時搨也林同人云額陰尚有公書高宗記室君云云八十五字字差小人不知搨余實未之見也當令入秦者搨之

隆闡法師碑

此碑在西安府學墨搨頗易又因趙子函貶之以爲乏蕭疎之趣世遂忽之余則以其出自聖教而下筆清勁不在吳將軍碑下故特裝而藏之若書碑人爲懷惲則斷斷無疑益及之爲言并也以上有并字故易文耳非别有一懷惲及也

同州聖教序

褚登善卒於顯慶三年而此碑書於龍朔三年其爲後人集書如懷仁聖教序無疑不必如集古錄金石文字記所云也登善專務媚趣而此更刻畫遒逸想見大指之實獨是努趯微弱豈名指拒處猶未得力耶然校之慈恩寺塔木則逕庭矣

李棐公玉版十三行

唐自咸亨以後館閣中無不習懷仁聖教序一時相傳遂有院體之目吳學士其最著者也今時亦有所謂南書房體者大都以趙承旨董宗伯爲歸雖其習而名於時者亦不知于吳學士爲何如然時論所推則與唐之院

體同不合是體者雖鍾王無取焉於陵棐公李子年少多才而甚好書省其大父中丞公於閩中問所宜習於余余曰子方進取不能不摹南書房體然而鍾王則楷書之祖也焉可背之兼之者其惟玉版十三行乎棐公遂購而裝之棐公勉之心摹手追從此凌趙駕董易易耳如猶以爲未足也則更有聖教一序在

棐公快雪堂樂毅論

樂毅論善本絕少余見王孝廉用儀家宋搨本後有永和年月者亦平平似與停雲館不全本墨池堂海字本不相上下此則快雪堂趙臨本也又與國子監趙臨本不同承旨雖未得右軍筆法然娟好流便亦王元美所

謂出宋人之上者也棐公裝而藏之要其性之所近歟

鐵函齋書跋卷四

山陰　楊賓　著

棐公琅華館王覺斯帖

明末書家舊稱南董北王董長于行王長于楷楷之小者幾欲追蹤麻姑壇記此則更小于麻姑雖比他書少拘然亦可以傲宗伯矣

棐公高氏蘭亭

靜海高氏蘭亭不知其所自出亦復纏綿流便但軟弱耳昔人以千金市駿骨而千里馬至者三余棐公好法帖而實高氏蘭亭其亦千金市骨之意乎

郭敬之家廟碑

郭太保敬之乃汾陽王之父碑在今陝西布政司下庫相傳布政司即汾陽王府第下庫即家廟舊基也碑雖漫漶然猶當在顏氏家廟上若碑陰則斷非魯公書趙子函之言不足信也

元祕塔

柳誠懸書如度人經消災護命經馮宿碑陰符經序皆極藏鋒此碑雖有脫巾露肘之病去晉人堂奧尚遠然指實氣充沉著痛快不在顏徐之下米南宮趙子函諸君之言豈足爲定論耶

石鼓文

石鼓本在陳倉野中唐鄭餘慶遷鳳翔府宋大觀間移

東都宣和殿金塡其文金人入汴輦歸于燕剔取其金而棄之元皇慶中始置京師國子監先師廟戟門左右十鼓其存二百四十八字第八鼓則一字俱無元人潘迪別刻音訓於旁甲申秋屬友人墨拓不甚佳未幾得一本於慈仁寺南廊差勝前本丙戌夏裝於閩中鼓之原委前人聚訟韓退之王弇州林同人則曰周宣王董逌則曰成王馬定國楊用脩顧亭林則曰宇文周宋竹垞太史因纂石鼓考三卷而不爲之辨余則以爲雖類小篆而渾元之氣不在銅盤銘壇山石刻下實希世之重寶也又何紛紛聚訟爲

棐公東陽蘭亭第二本

何氏蘭亭敘棐公旣得一本索余跋而寶之矣又於中丞公所得此本而裝之憶癸未甲申間都門忽行何氏蘭亭惟沈芷岸甯觀齋兩編脩孔東塘比部與余各有一本其餘求而不得者望之若景星慶雲然今棐公得之甚且不一而足他日看花上苑挾是而往可以傲都下諸公矣

西安嶧山碑

嶧山碑李斯刻本久亡金薤琳瑯曰翻刻者長安本第一紹興本第二浦江第三應天府學第四靑社第五蜀中第六鄒學第七此則宋淳化四年太常博士鄭文寶刻徐鉉摹本於石今在陝西西安府學中所云長安本者是也得於榕城市肆敗帖中雖有闕字以其非今時拓本故特裝而藏之

李陽冰先塋記

李少温篆書自謂直接李斯然觀般若臺與縉雲城隍廟諸碑則殘雪滴溜之肰尚不能彷彿一二也此又大中祥符間翻刻雖不全以其非今時拓本故存之

余氏黃庭

黃庭臨本見諸載記者有智永褚遂良吳通微徐浩景審林藻諸人而余所見宋拓則褚吳徐三種而已此本刻於吳門余氏雖遜褚臨頗上本然骨力堅勁似勝於吳學士豈從季海翻出耶棐公具眼必能辨之矣

余氏宣示

鍾成侯尚書宣示帖相傳王導藏衣帶中過江後與右軍乞王敬仁敬仁亡其母入其棺淳化所收者右軍臨本也今之閣帖又從淳化子孫翻刻是以行世者多無足觀此獨樸茂古雅與他刻不同疑從宋拓淳化翻出余最愛之以棐公知書故取而相似昔開元間蕭令奏滑州人家藏右軍宣示敕令賫書赴京賜絹百匹今余此帖雖非滑州藏本要亦甚與淳化並珍不知棐公以爲何如也

顏平原東方贊

往在京師陳孝廉對初晏齋見舊拓像贊及碑陰不忍

釋手嗣後每過對初輒求觀之甲申秋晏張中丞日涉園忽於敗篋中得此雖不及對初本然亦順治間拓也魯公書廣平碑側記而外便當以此爲最而趙子函以其無物外姿態謂不如汾陽家廟豈以弇州之言而云然耶

顏魯公東方贊碑陰記

三山林同人得畫贊四紙歸舟觸建溪石爲水所壞後於故家購得一本而無碑陰每以爲恨余茲並得於日涉園雖不及陳對初宋拓要亦可以傲同人已

新得頴上黃庭蘭亭帖

頴上黃庭蘭亭合帖舊有一本得之甯觀齋者不甚佳

甲申春得不全黃庭於維揚勝于甯本余頗愛之與玉版十三行合爲一冊乙酉冬又得此於三山黃庭與不全本同蘭亭亦在甯本上可謂合璧矣

又跋頴上蘭亭帖

頴上蘭亭序前人聚訟或謂出褚登善手或謂出湯趙諸君又有指爲米海岳者余謂海岳筆法不同湯趙豈能蕩逸如是間取同州聖教序隨淸娛陰符經諸帖較之覺無毫髮之異謂非登善而何若乃婺州府治本則以沉著見長全無媚趣余反不能無疑矣

再跋熙文十三行

十三行見諸紀載及目擊者凡十有一大都皆臨本也一唐人硬黃本字類鍾太傅宣和七璽完前有匹宋南廊庫經手郭溥九字下有押後有公權跋一字類唐臨本而無璽押後有公權及柳璨周越跋一字款與上同無周越跋一秘閣續帖本類小歐一趙吳興收藏本容臺集曰吳興得之於陳灝自題此晉時麻箋思陵獲九行凡百七十六字米友仁跋賈似道復得四行七十四字作前後兩截裝以悅生印及長字款之一吳中章氏翻刻本一會稽石氏本一停雲帖本一戲鴻堂本乃董思白摹項子京家藏宣和本其一則此本也武陵洪中丞有翻刻本

夢虎道者廟堂碑

廟堂碑見諸紀載者有四一在西安一在曲阜一在城武一在饒州之錦江書院然皆非原本也原本燬于貞觀間不可復得此乃西安王彥超翻刻拓本亦頗舊得之禾中譚書兩家夢虎道者見而愛之手剪爲條粘之書本臨摹且三年矣丙戌冬余又得一本於閩中向道者索取較對因裝而歸之并書其原委云

懷素聖母藏眞諸帖

素師書師鄔兵曹彤兵曹有惡溪騷勞二帖以一本付師是師當日實見王氏眞跡但用意未純不覺頓挫太過則又未始非兵曹蓬振沙驚雨痕釵脚之說誤之也今西安諸帖藏眞律公而外尙有可疑然要之在顏徐

之上弇州評師自叙云如并州勁鐵北山迅鷹吾於藏眞律公也亦云

北監連江石鼓文合帖

北監石鼓文古今來議論不一其指爲文王時鼓而刻詩于成王時者韋應物也指爲成王時者程大昌董逌孫和斗也指爲宣王者蘇最李嗣眞韓愈張彥遠竇臮竇蒙徐浩蘇軾黃庭堅黃長睿都穆朱存理趙彥林王世貞林侗也指爲秦時者鄭樵也指爲宇文周者馬定國溫彥威劉仁本焦竑顧炎武也而余則以爲嚴正自然混淪元氣寔爲希世之寶前後時代可勿論也往予慈仁寺得監本既取潘迪音訓而裝之矣又屬王茲來搨得斯本而鈌音訓遂取連江吳氏木本裝於其後然吳氏釋文得之楊用修頗與潘氏音訓不同朱太史辨之詳矣

再跋連江石鼓文

連江石鼓文七百二字相傳楊用修得之李賓之賓之得之蘇長公既入陝西通志又刻木本以傳朱竹垞以爲石鼓在唐時便已殘鈌焉得至明尚有完本况第三鼓以六師二字更遊衆二字第四鼓以六轡沃若更六轡口鶩句第五鼓增我來自東四字第六鼓每行增一字第七鼓增徒御嘽嘽五句且以郭注惡獸白澤入正文中娓娓數百言皆有根據而又以長公詩中模糊半已似瘢胝爲證則是本爲升庵僞作無疑矣而余取而裝於國學本後者亦存其說以助後人之鑒別云爾

靜海高氏聖教序

乙酉秋余於李中丞三山使院見高方伯鏡庭書西湖碑絕似懷仁所集聖教序詫爲奇事丁亥春中丞捐館舍余將去閩方伯出新刻聖教序相贈余取行笥舊本校對毫髪無遺憾而又精采奕奕可以亂眞始知西湖一碑特此刻之嚆矢耳聖教原碑磨泐殆盡前代翻刻惟壽光李氏秦府朱敬鋐及北京東岳廟碑差可觀然壽光則失之肥秦府東岳雖瘦而骨力未充以視方伯此刻瞠乎後巳昔貞觀中歐褚湯趙諸君皆摹蘭亭而世之最貴者莫如定武一石然則方伯此刻其亦蘭亭之定武歟

再跋玉版十三行

蘿軒既得玉版十三行乙酉冬自嶺南寓書索余跋丙戌冬以端溪石鐫跋於後搨一紙寄余書本惡刻工鐫前後戈趯又如時下書皆作捲筆殊可恨也

家藏高氏聖教序

聖教翻刻甚多而余之所知者有六一壽光李氏本一朱敬鋐本一費鑄甲本一閩本一北京東岳廟木一細瓦厰本壽光本宋時卽有之前輩云失之於肥余實未之見也所見者以秦府爲最岳廟次之費閩又次之細

瓦爲下靜海高鏡庭方伯手鉤唐搨本入石屬工朱士標刻之凡三年而後成以余好金石故第一本即以見贈雖神骨未充而游絲帶筆凡朱岳所無者莫不具亦聖教子孫之良者矣往時老友梁質人貽余秦府本二其一與三山鄭孝廉莘士一留京邸爲人竊去至今恨之今得此本兒曹好藏之勿爲秦府之續也

王經千高氏聖教序

膠州王經千進士初不好金石文丙戌丁亥間遇余於三山使院見余日購新舊法帖遂亦好之而首裝高方伯聖教序屬余跋往者都門常紫侯司寇不好金石一日同過慈仁寺見余市石鼓文遂亦市之自此日事搜

羅三四年間幾至充棟今經千果能好之不已則方伯一帖庸詎知非司寇之石鼓文耶若夫此帖之得失余論之詳矣茲不具述

朱完璞聖教序

余子弟莫不好聖教序然而知其筆意者則絕少內弟完璞與余同居遂亦有聖教一冊余固未之省也丁亥春完璞就余三山使幕余每得新舊搨本引而同觀有纖毫不合者輒能抉而出之異哉完璞何以遂能至是所謂家有名士而不知者也凡淨窗明完璞以此索跋且請學書之訣夫書亦何訣肘懸指實意在筆先加以楮堆墨臼而不求其形似斯得之矣完璞識之歸以語子弟可也

跋玉版十三行贈林同人

翁蘿軒家藏十三行玉版舊傳賈秋壑刻子敬眞蹟余嘗辨之甲申春于維揚吳氏見紹興搨本我字戈法雖極瘦勁宣和宣字殘而不缺然漫漶已十有餘處不但非南渡物且不出北宋人手此余所以有唐人刻唐陸司議臨本之說也丁亥春余將去閩以玉版搨本留贈同人因書鄙見如此

家藏舊搨醴泉銘

往在京師王黄門東發見宋搨原本醴泉銘秀勁絕倫余求之再三不可得後歸清苑令拱文王君至今以爲

恨丁亥春得此本於故家雖不及清苑堅勁然婉秀有餘紙墨亦舊勝麟遊舊搨遠矣趙子函云麟遊石近被縣令使工鑿三十餘字余取而校對淺者深之瘦者肥之自首至尾殆無一筆不鑿子函所稱三十餘字蓋指脫空自鑿者而言也子函又曰皇甫君道勁此碑婉潤豈子函所見亦止未鑿本耶不然何以不言其秀且勁也吾因茲益思清苑不置矣

又一本

醴泉銘搨本見諸記載及余所見者凡八一汴本一金士權本一米臨本一董臨本一余少愚本一神廟宮中本一麟遊未鑿本一麟遊已鑿本而率更原刻不與焉

此則所謂麟遊未鑿也余在三山既得一本于陳氏矣同日又得此本於徐興公家雖與原刻微有不同然在當世號爲難得昔唐彥猷得歐書數行便爾名世余今於一日之間得歐帖二本其于彥猷爲何如而書久不進能無愧死耶

姜西溟家殘十七帖

此帖有名海內余與葦間先生同客京師數年不得見先生沒後八年始得觀于吳門之鄉思樓豈見之遲早亦有定數耶

葉芳杜宋揭寶晉齋帖

寶晉齋帖元刻在無爲州學宣德間便已散亡存者纔

六七石耳明時有翻刻本不甚佳若原刻止見一二卷或黃庭一本實未見其全也此本不但十卷無缺而且附以岳倦翁七帖首尾宋揭前有唐六如題籤後有王敬美董文敏徐朗白跋云天下無第三本其一在文敏家一即此本是則此帖較淳化更難矣具眼者愼毋以淳化相比也

張素行閣帖

禾中素行張君得宋搨閣帖數本四卷有雅宜王遜雨山人跋雨山人皆指爲泉州搨本按王竹齋續格古要論洪武四年泉州知府常性以劉次莊釋文敘淳化帖翻刻泉州郡庠則泉帖刻本明初而有釋文也明甚今是帖紙墨甚舊斷非礪崖以後物而又無釋文烏得以泉州指之張君又以他帖二卷補入且以不全爲恨夫王輔道刻汝州帖一人但刻數字或三四行多不可讀又晉江馬蹄帖第五卷止於智果大令諸舍敬祖等帖皆缺尾行而世不以爲嫌則張君此帖何不可以四卷六卷傳耶因識數語以廣其意云

葉芳杜景龍觀鐘銘

此唐睿宗御書也觀久燬鍾移西安府臬署西鐘樓上恐搨印者下窺官舍往往禁不令搨近搨工以席蔽樓東一面而以草塞其內氊裹於外方能得之其難如此而其書又沈鬱古奧爲東坡之祖洵可寶也

李棐公高氏聖教序

靜海高鏡庭方伯屬宛陵朱士標錫米臨蘭亭聖教序及其學書院碑西湖碑瑣華館杜詩于閩中而聖教爲最佳葢方伯手摹宋搨本也聖教翻刻甚多近代翻本無有過秦府與東岳廟者近此本一出幾欲駕而上之棐公弗以新刻忽之也

方靈皋舊搨廟堂碑

王彥超廟堂碑相傳五代時翻刻往時何庶常屺瞻爲余言留都米解元師晦家廟堂碑致于丁亥六月過白門而師晦客山左就其家索觀之則彥超本也搨殊平平言於方進士靈皋靈皋出此搨相示雖同出彥超然

較米本瘦勁而紙墨亦過之寓樓展閱幾於忘暑恨不得與庶常共之耳

家藏蘭亭

此本瘦勁十七十八行內有大裂文與桑澤卿博議所載湖州徐兹本同而紙墨亦舊據此攷究并後跋並出曾宏父手王竹齋新增格古要論曰淳祐初宏父刻置吉州鳳山別墅今在浙江山陰縣正統中碑石損壞又繼刻之前有李公麟脩禊圖天台孫綽後序及陸柬之蘭亭詩宋高宗御札米芾題識與前序跋不同是裝潢者之誤也

蒼頡頌

蒼公頌宋碑也而字古奧故特裝而存之

慈恩寺塔聖教序

慈恩寺塔聖教序廣川書跋稱其跡瘦勁練不減銅甬等書而王元美趙子函則皆謂其不及同州余舊有同州本今又得此本取而校對則誠有如王趙所云者豈董逌精識尚出王趙下耶抑此碑又經翻刻董逌所見尚其元刻也記此以問世之知者

繆文子醴泉銘

往在京師陳對初孝廉示我王司空醴泉銘所謂一室俱香者余見而疑之及見清苑令王世文宋搨本宋蘂州閣學硃補本始歎子陽眞井底蛙耳此本雖不及王宋二家然勝對初本遠甚昔人以千金買駿馬骨而千里馬至者三今文子不惜重價購此烏虖元刻宋搨之不得耶余謂文子拭目俟之矣

舊搨建昌麻姑壇記

此建昌原石非萬歷間章田重刻本也而紙亦舊丁亥夏六月得之金陵吳氏小字麻姑記余家有四本然無出此本之右者子孫其寶之

唐太宗晉祠銘

唐文皇酷好右軍書得其筆法是以持論甚正而其書亦遂與歐陽虞褚爭長若此碑則尤其得意書也余每與人言分間布白最害筆法世人往往疑之今觀此碑

絕以筆力為主不知分間布白為何事而雄厚渾成自無一筆失度噫可以信余言之不謬也碑首貞觀二十一年七月八字乃文皇飛白書飛白不傳傳者此八字耳而此本無之亦恨事也

崔敬邕墓誌銘

往見居易錄載安平令陳君掘地得北魏崔敬邕墓誌銘求之不可得丁亥秋七月陳香泉太守忽以此碑搨本見贈不禁狂喜唐以前碑出土最遲者在明萬歷間則有漢曹景完碑唐吳將軍牛蕆碑在今則有唐蕭思亮墓誌銘陳嚴墓誌銘此雖不及曹吳然沉著蕩逸自在蕭碑之上若陳司徒瞠乎後已

楚金感應碑

魯公書前輩多推宋廣平碑與爭坐位帖而楚金感應碑則在所痛貶余謂廣平爭坐未常不佳然求其始終一貫無一懈筆則莫有過楚金者以魯公全力所在故也當世善本惟金子見素家所藏宋搨宋裝號爲第一此雖不及金本然魯公全力所在絲髮不失而紙墨亦舊是亦余家顏碑第一矣子孫其寶之毋失

鐵函齋書跋卷五

山陰　楊賓　著

李英公碑

唐高宗書李英公碑遒媚纏綿雖雄渾不及文皇而戈法則過之正不得以怕婦忍之耳余素無此帖丁亥夏見於維揚逆旅既愛其書又有亡友茶村題語遂購之而歸茶村下世葢二十餘年矣對此不禁泫然

家藏山南杜氏黃庭經

余所見黃庭經善本惟虞伯施褚登善徐季海吳通微臨本而虞褚爲尤善此本水痕絶類通微而肉中有骨似非通微所能措手右麓道人跋云出於山南杜氏杜

氏舊刻三米蘭亭爲世所貴重而此刻則更見精識殆與虞褚鼎足而傳矣

天冠山碑

魏公書多肉勝而此獨稜角峭厲人多疑其不類余獨信之以其與張留孫敎相似故也學佛宗人以牧見余此本而愛之因卽舉以相贈昔素師得鄔金吾大令騷勞帖遂以草聖名世以公究心書學不減素師其卽以是爲騷勞帖可也

益王麻姑壇記

往在京師見孔比部東塘麻姑記碑陰有趙魏公臨衛褚歐虞薛李六君書東塘曰此建昌益王翻刻本碑也

余心識之今於閩中得此本後有前所云六君書其益王翻刻本耶比之建昌原刻雖有絲髮之殊然勝他本遠矣

茶錄

君謨茶錄石聞在三山陳湖州家余求之不可得適有市於書肆者遂以微直得之昔劉後村極推茶錄以爲君謨小楷第一余生平未見其他小楷第就此帖而論則得力於顏魯公而加之以腴潤者故裝於麻姑記之後云

曹全碑并陰

近時學隸者皆有風氣如顧云美學夏承碑則夏碑行

鄭谷口學郭有道碑則郭碑行今朱編脩竹垞學曹景完而曹碑又行矣豈果以入轉移耶抑亦碑有以自取也夏郭皆古奧而曹則如插花舞女姿致橫生又萬歷間方出郃陽地中字畫完好見而愛之者在夏郭上此本得之漢原朱子而香泉陳使君又贈以碑陰遂成全璧余雖不學隸然竊以爲篆籀隸楷行草體不同而筆法同分而異之者雖工不傳雖傳不能久且遠也烏可不坐臥其下耶

家藏宋搨缺字聖教序

余酷好聖教序遂廣爲求索而此本來自秦中校對紙墨實舊搨也遂典衣購之客有以墨汚一百三字爲嫌者余曰高學士樂毅論止於海字會稽石氏之黃庭經才二十三行他如陳倉石鼓大半磨滅焦山瘞鶴銘日搨日減今存五十餘字甚而子雲一字可以名齋永與二字可以易研烏必其文之多且全耶客既退因書於其後以示來者

張嘉貞北岳碑

張丞相書不甚著而此碑則以金剛現佛菩薩相用一身精力作一點一畫而無劍拔弩張之態是眞瘞鶴銘血脈也當令分行布白者爽然自失矣

化度寺邕禪師塔銘

邕師塔銘原石不知毀於何時趙子函已不得見況今

日乎其搨本則曾見于都門而不可得此石不知翻于何時何人之手雖不及原刻精采亦復沈著方嚴一掃皇甫碑蹊徑以爲孔子之有若則可以爲中郎之虎賁則過矣

壇山石刻

周穆王壇山石刻元跋稱宋嘉祐間縣令劉莊鑿取歸權都事李中祐龕廳事右壁而宋人施宿則以爲州廳舊石政和元年取入內府趙子函遂疑金華與已所見皆爲翻本今此本乃陳香泉使君親搨之贊皇廳壁者石質粗頑確是三代時物豈靖康後還之州壁耶抑施宿之言得之傳聞耶姑記此以俟再攷金華又摹刻於

蒲陽山房余亦見搨本於林同人家

顏氏家廟舊搨

魯公書米海岳僅取郭英又書其餘皆極醜詆蘇黃兩公則又推崇不遺餘力或云與杜詩並傳或云與王中令鴈行非歐虞褚薛所及余則以爲醜詆非而推崇亦未免過當觀其下筆如此肥重無論歐虞懸絕卽登善亦未易言葢筆之肥瘦由乎指之虛寔指實卽下筆自然瘦勁觀登善聖教等碑可知今魯公碑版無不肥重則指不盡實而借力於紙豈可與登善較優劣耶此碑余列郭敬之下而搨頗舊故畧書鄙見如此若蘇米之論則未嘗左右袒也

舊搨館本十七帖

館本欵字十七帖余所見頗多無有勝餘清齋硬黃本者而此本則又過之余得於白下門紙墨亦舊雖不知其所自出就余所見則第一矣

又

朱長文墨池編云帖尾有大欵字及僧權二字不全者乃唐本最佳今此本僧權二字不全確有如長文所云者其爲唐本無疑

白石神君碑

漢白石神君碑始見於金石文字記云在直隸之無極寔未之見也丁亥秋陳香泉使君以此本易我瘞鶴銘余遂裝而藏之碑額陽文惟此與武金吾碑醴泉銘而此更古樸後題名有元璽者前燕慕容儁年號也

蕭府君李都尉合帖

蕭思亮墓誌銘近出西安城外李文墓誌銘則在同州皆無書碑人姓名而蕭則近褚李在歐褚間余求之數年不能得丁亥秋以潁上黃庭蘭亭與繆文子孝廉易此帖而有之往時姜西溟以潁上蘭亭易沈芷岸編修定武帖以爲帖直相當余笑謂西溟曰此君欺人語耳褚豈歐敵耶今余以褚令黃庭易文子不知名帖既無姜沈之嫌又一朝而得數年求而不得之帖其喜可知已

硬黃本十七帖

古今碑帖何者最舊則何者翻刻最多館本十七帖其一也因前人有館本致佳一語沿至今日遂不知尹子求一本矣此乃館本中之別出者與尹本不同流傳原委確有可據吳用卿刻入餘清齋法帖明季以來價比圭璧今帖石已散如此初搨者尤當寶愛殘缺無害也

黃庭經

容臺集云黃庭以思古齋爲第一此本思翁題識宛然面籤皆出其手所謂第一者此本是也

又

余生平所見思古齋黃庭皆潁上本此本雖與潁上舉

止相似而縱逸則過之疑即穎上所自出秘閣續帖會稽石氏山南杜氏諸本皆出其下而紙墨又舊眞希世之寶也

東方先生像贊

東方贊善本最難得往年得宋搨冰裂文本亦不當已爲友人取去此本似寶晉齋而脫漏多於寶晉雖不知其所自出然挺拔精能諸本皆不及也

樂毅論

樂毅論世無善本此不全本團結精能有拔山扛鼎之力樂毅論中第一本也雖續狗尾庸何傷

曹娥碑

此本不知所出且多訛字然刻手甚佳而紙墨亦舊生平所見無出其右者

藏眞律公碑

余向從藏眞律公諸帖悟頓挫之法然家藏搨本不甚舊乙丑春忽得此本凡諸游絲細筆纖毫不失即後李白贋歌及游景叔後序皆極清楚洵可寶也

李斯泰山碑

李斯泰山篆廣川書跋稱劉跂登泰山抉剔翳蝕得九十八字金石錄稱大中祥符中眞宗東封兗州太守摹獻四十餘字金石文字記稱泰山碑存二十九字在嶽頂碧霞元君廟之東廡此言李斯之原刻也又廣川跋載宋莒公摹四十七字於東平郡江鄰幾刻石于縣廨金薤琳瑯載至元間李處巽刻劉本于建業郡庠金石文字記載泰安州城內東嶽廟中別刻一石止二十九字此皆宋元翻刻本也今此本字止二十有九而古奥深厚遠勝嶧山諸碑其爲李斯原刻無疑已

定武蘭亭攷

定武蘭亭本歐陽率更所臨唐文皇刻石禁中石晉之亂契丹自中原輦至眞定德光死遂棄此石殺胡林慶歷中李學究得之以墨本獻定武守韓忠獻公琦公索之李瘞地中而別刻一本以獻李死其子負官緡宋景文公初爲定武帥乃以公帑金代輸而取石匣藏庫中

名玉石本珊瑚網云宋祁帥定武有士子攜此石至郡死於營妓家樂營將孟水清取以獻祁爲龕石郡齋王竹齋則云宋景文得之韓忠獻甥家蔡絛又云熙甯中孫次公侍郎帥定有旨納其石于禁中則又刻石而還之壁大觀初詔求諸尚方無有或謂此石亦殉裕陵一說石置公庫會火不存焉京知雍州以所藏搨本入石薛師正帥定武其子紹彭別刻留公廨以其瘦又刻肥本遂剔損本湍流帶映天五字一說剔損湍流帶左右五字一說鐫損湍流帶右天五字易之以歸大觀間紹彭之弟嗣昌以進徽宗龕置宣和殿或云置艮嶽瑪瑙亭靖康亂後留守宗澤見之馳進高宗時駐維揚金騎

至倉卒失之劄揚帥向子固密搜不得明宣德四年東陽何士英爲兩淮鹽運使得之石塔寺僧井中缺一角一云僧發地得二石士英命工截齊合爲一攜以歸前所存者十八行止猶不二字後存者十一行起欣俛二字其前行益重出萬厤閒邑令黃文炳强取之將去何氏子孫攤車爭之令怒擲諸地石裂爲五所謂梅花斷本也余觀搨本前石理細後石粗確是兩本然肥瘦相似又余平生所見蘭亭搨本不下數十種無論後世摹本卽開皇本與柯九思家藏皆不及也

鐵函齋書跋卷六

山陰　楊賓　著

自跋日課贈李棐公

余小楷皆懸肘撮管書以故生澀不流便而棐公則謬愛之每以不能多得爲恨丁亥三月將執手言別因裝自課十幀相贈非以當折柳也亦啖南康以瘡痂耳

自書蔣芳似冊頁

余觀唐以前碑帖頗有所得因聚指管端無論大小字皆懸肘書之世人旣畏其難又於古人大字運肘小字運腕之說不合往往疑而非之獨芳似蔣子深信而篤好之且以佳紙索書細楷余自春徂夏跋涉道途近又遭仲弟之變筆墨荒變臂指生强勉强塞責雖芳似有南康之癖不以爲醜然亦何以解世人之惑耶

跋自書梅花賦

昔人以廣平質直方嚴而有梅花一賦似爲生平之玷余則以爲序中託非其所貞心不改與賦末歲寒君子諸語正是見其方嚴非高唐洛神比也甲午四月十二日因書是賦故特表而出之

跋自書玉枕蘭亭

玉枕蘭亭帖按太淸樓法帖序文皇命率更令以小楷摹蘭亭嘗藏枕中名玉枕蘭亭而志雅堂雜抄則云賈師憲命王用和翻刻定武帖又令廖錡洲轉爲小字刻

之靈壁石格古要論又云師憲得王枕蘭亭於山陰王氏文待詔遂謂賈氏刻有二石當世相傳一在南京火藥劉家一在福州郡學又有翻刻本而趙文敏亦有臨本所謂筍中帖者是也近又有翻文敏者然余閒取諸刻對之往往不甚相同此則臨金壇蕭氏福州本以其稍弱又參用東陽定武意知不堪與文敏作衙官況賈氏本乎識此以志余愧云

魯峻碑并陰

漢司隸校尉魯峻碑今在濟寧州學鄭樵謂出蔡中郎而趙明誠則以爲不然往余入都舟過濟寧與武金吾碑各搨一紙幾無一字今此紙雖漫漶然有數十字可識不在夏承孔宙之下而其陰尚有八九漢碑可貴故裝而藏之

尹宙碑

尹宙碑在鄢陵縣字類孔宙碑而多磨滅往在林同人家見搨本後一孔頗怪而求之以鄢陵在僻境搨碑人所不到久之不可得丁亥冬書賈持此帖來字尚完好余色喜婦曰床頭金盡矣余曰衣可典也婦笑而市之

郭林宗碑

郭有道碑相傳中郎舊石爲一秀才盜去介休令重刻以應求者趙子函石墨鐫華曰今盩屋王正已再刻王阮亭秦蜀後記又云萬歷中郭青螺重刻子函何以不言青螺而言正已豈刻者正已而青螺爲之主耶抑子函阮亭所傳有一謬耶余往於林同人家見一本乃同人手搨者然其跋亦止言非原石絕不言重刻者之爲郭與王也此本正與同人本同故識數語以存疑焉若其書眞可爲極千古之跌宕矣

勸進碑

右魏公卿上尊號碑隸釋云勸進之詞不一此蓋其最後一章也與受禪碑皆出鍾太傅手弇州以太傅手腕不書前後出師表爲恨此非通論也古今來書以人重者諸葛武侯顏魯公范文正公岳武穆文信國是也書以人廢者曹操章惇蔡京秦檜之屬是也人廢而書不廢者惟李丞相蔡中郎鍾太傅而已而猶不免於後人之譏人亦烏可不自立哉因書以自警并告夫後之學者

受禪碑

曹魏受禪碑劉禹錫指爲梁鵠書而歐陽文忠公則主顏清臣之說定爲鍾繇書石在許州今已燬此猶是明時搨本也方嚴遒勁誠爲古今名刻然較之郭有道夏

承曹全則又有徑庭之別矣是以師之者不及三碑之多今郭夏俱再三翻刻而此猶原本欲不與景完碑並重可乎遂裝而藏之

魏孔羨碑

此魏文帝黃初二年封孔子二十一世孫羨爲宗聖侯碑也在今曲阜孔廟中不知何人書其後刻陳思王曹植詞梁鵠書乃宋人張稚圭之說前輩多言其謬然書寔與勸進受禪碑仝一結體字畫業已漫漶此則尚多可讀得于書賈之手亦可喜也

薦季直表

鍾太傅書在唐時已不可得況後世乎此季直表之所以貶于寓意編書畫舫諸書也唯是字畫古樸而媚筆盡而意有餘誠有如陸行直王弇州所云者余十三四時有一本與黃庭合裝一冊長而失去今閱四十四年復得此本雖非幼時故物然與陸氏之失而復得于五十六年之後者又何異焉遂裝而藏之

舊館壇記碑

陶隱居書見諸紀載者有黃庭外景經大洞眞經隱訣畫版帖入山帖舊館壇記五種而皆未之見緣前人多稱瘞鶴銘是隱居筆遂以隱居書皆銘一例今觀此帖中規合矩沉著方嚴仝從勸進受禪等碑脫胎似與瘞鶴銘別一結法隱居上梁武帝啟云逸少學鍾勢巧形密武帝荅云棱棱凜凜常有生氣余于此帖亦云

潁上玉版黃庭經

潁上玉版黃庭張登雲原跋云出登善手余是其言輒取潁上以爲黃庭之冠然所得者皆剔墨本往歲于維揚市一未剔本又首缺五六行每有會稽石氏之歎獨此墨既未剔字復完整瘦而不枯秀而不弱登善精神筆筆活現臨池搦管足了一生矣又奚唐宋搨之是求耶

萬歲通天蘭亭

此本石既刻武后時而字畫絕類昇仙太子碑豈卽武后書耶

曾氏蘭亭

薛稷搨定武蘭亭諸公多不載豈卽悅生堂八千匣中物耶曾紳跋有手澤語其爲曾宣靖公臨薛無疑定武神骨雖未得然結字疏通甚似稷書況紙墨有古色曾入內府秘藏乎洵可寶也

石公東陽蘭亭

定武蘭亭余所見最多無出東陽何氏右者故雖石理尚有可疑而不得不以定武眞本目之也余所得何氏本最多然皆新搨漫漶幾無筆畫石公此本爲宣德後初搨筆畫尚多淸楚惜後十一行失去未爲全璧然前後本係兩石而後石差弱今既得前石則後石之有無

固可勿論毋怪乎石公之以十三行半截碑爲况也石公索余跋爲道其大槪如此

曾宣靖公臨薛蘭亭

曾宣靖公臨薛稷蘭亭萬歷間章藻刻入墨池堂帖內曾紳跋語印章悉同而字畫肥濁不堪轉折長短俱異豈又從此本翻刻耶記之以俟再攷

皇甫君碑

信本碑版方嚴莫過於邕禪師秀勁莫過於醴泉銘險峭莫過於皇甫君而險峭爲尤難此皇甫碑之所以貴也余舊有一本粘于書帙便入篋笥茲本得自閩中紙墨甚舊遂裝而藏之以儆醴泉若其險峭之筆余尚未能學也亦取以救吾庸而已

友人半截碑

此唐開元九年僧大雅爲鎭國大將軍吳文集右軍書所刻碑也明萬歷末浚西安城濠得此半截有王堯惠者語郡守帛置學宮世遂與聖教序同寶然寶從聖教諸刻摹集而此本則出濠時初搨也故愛而跋之

邕禪師塔銘

邕禪師塔銘予生平所見惟汪安公太史所藏爲南山佛寺眞本餘多會稽高氏海寧陳氏諸翻此雖不全逼眞南山佛寺本也按春雨集載范諤知碑毀于慶歷間則未毀以前本無非宋搨覺菴先生得之於檇李曹氏收藏多頃墨林家物又鑒別精當宜其得所未有也至其筆力皆信本生平第一在醴泉銘之上余論之詳矣故不復及云

大瓢山人鐵函齋書跋六卷得本於吳江楊龍石澥山人以書名其題跋多所攷核不泛論字體雖分嶺上黃庭與思古齋爲二及半截碑稱將軍吳文受禪碑謂已燬不無沿誤然其精當處要確不可易爲翁蘿軒學士跋玉版十三行刻之端石今流傳紙貴而再跋一條內自言刻工鐫弋躍如時下書皆作捲筆以之爲恨則其八法尤可想見也海昌蔣光煦識

祇齋題跋

祇齋題跋一卷華陰王山史先生跋碑帖諸書之作也從錢唐徐氏鈔本傳錄先生勝國遺老[illegible]多見舊日故家收藏名蹟其論書者有十七帖述一種不及他刻已爲王丹麓先生刊入檀几叢書中又周易筮述八卷錄入 四庫全書其餘著作不少概見則此吉光片羽彌足寶已海昌蔣光煦識

砥齋題跋

華陰王宏撰山史著

書郭允伯藏華嶽碑後

漢隸之失也久矣衡山尚不辨自餘可知葢辨之自允伯先生始先生藏古帖甚富華嶽碑海內寥寥不數本此本風骨秀偉鋒芒如新尤爲罕覯先生寶之有以也先生於書法四體各臻妙其倡明漢隸當與昌黎文起八代之衰同功或云先生豈能作哉能述耳嗚呼秦漢而後詎惟作者難正善述者不易也

唐搨金剛經跋

金剛經世傳絕少此渭上大宗伯南子與先生故物也云得自壽州朱汝脩大亂之後南氏所藏書畫蕩然惟此與顏魯公送劉太沖序眞蹟得存宗伯之孫鼎甫博雅能文而慷慨好義素與余善嘗以示余後鼎甫司理柳州二物爲一孝廉借觀久之未復及遷河間郡丞中丞王公夙聞其名固求之鼎甫遣人取之孝廉家孝廉已沒其子以孝廉生時所得別本與魯公眞蹟付之鼎甫不疑倉卒致之中丞故眞本乃得留按與唐寺見於集古錄而不言金剛經所謂石經乃八分書今此經後云以八分易誤故集王書始合獨所紀爲讖者姓名不同墨池編止載其目而格古要論乃以爲懷仁集石在雁塔下則謬矣余細觀筆勢神采煥發其媲美聖教遠勝吳將軍爲希世之珍無疑然似一手所書非集也卷末題識小楷復精絕固當是唐參軍所爲耳興唐寺即罔極寺余嘗特往其地旁皇四求穨垣衰草惟石佛一龕長丈餘臥於故址而已一二老僧不知文義詢之寺門故老亦絕無有能言之者葢石之毀久矣自宋以來諸君子皆聞之而未覩故語率不確近閱董思白容臺集中言新都吳周生曾以連城購之重摹上石而燕京黃氏亦有刻本然去斯千里矣

宋搨聖教序跋

咸林有孝廉爲逆閹勸仕作中書者隨之犯闕於內閣几上得此本攜之歸無幾孝廉沒歸之吾友東雲雛復歸之孝廉之族又歸之吳氏或購之貽余完責江東趙子一見識之曰此范質公先生故物也嗚呼三月十九日之變先生以身殉難大節凜凜今對此本先生靈爽尙或憑之撫摩之手痕宛然余初欲重付裝潢聞斯言遂止觀董文敏跋知舊爲陸文裕所藏前此不具論自甲申以來不三十年間易其主者數矣宰相不能保而余以山林之人有之爲之悚然太息俯仰今昔又不覺下新亭之淚耳（與原稿稍異）

九成宮醴泉銘跋

此大宗伯南元象先生所藏之朱汝修物也後有黎惟敬跋當時以爲天下第一本汝修旣沒遺書散亡宗伯

以三十千得之舍人子語載郭允伯金石史東雲雛得之南氏余近得之雲雛令嗣名蹟流轉取玩目前莫知其後也

泉帖跋

世以泉潭絳汝爲淳化之子而泉實爲之冠或右絳者殆過汝無足言潭則朱子目爲極可笑者絳亦失之太瘦淳化固以豐穠爲貴耳泉之版在前代闖取入大內不知所終故舊搨難得此本西蜀楊用修故物流傳有據司馬貫公得之以示坐客客或謂卽淳化余按淳化中宋太宗命侍書王著臨搨御府所藏以棗木鏤刻釐爲十卷卷首有臣王著模四字人但知卷末之有篆題

而不知此故辨眞僞者亦恃爲一證又當時拓用澄心堂紙李廷珪墨其黑如漆今本不然余不能妄爲附會也

潁上黃庭蘭亭跋

此潁上黃庭蘭亭也董文敏謂各帖所刻皆在其下當是米南宮所摹入石者以其筆法頗似耳今觀此本信然咸甯尹黃升耳潁上人余嘗問之云其石類玉爲好事者竊割殆盡舊搨今不可復得此本則吾得之晉中故家

王阮亭藏王雅宜字卷跋

三百年書家世咸推枝山衡山爲最其次無如雅宜余數見遺蹟結體運意類取態者今觀此卷殊不爾古人蘊藝固不可測邪阮亭於書得老宗家外拓特勝以視此卷不啻過之而珍賞不置葢善於取益爲學之道當如是耳

十七帖跋

唐摹右軍眞蹟以十七帖爲佳宋時魏泰家有硬黃本淳熙秘閣續帖亦有刻此本正唐刻也筆鋒迥異非後人可及

聖教序初斷本

余嘗得王季安清華閣聖教序初斷本郭宛委定爲百年前物有跋語載金石史中浙江朱子葆亟賞之謂與

所見未斷本無異後子葆將歸遂以贈別今復得此本視彼不啻奕奕過之所稱煥若神明頓還舊觀書以示輔兒使珍藏焉庚戌秋七月朔山翁識

季安本前有方以智楊鶴范文光題語後有郭宗昌王振奇張民表來復王鐸溫自知梁爾升來恒朱懷[redacted]朱誼汧徐如翰朱懷墩孫國敉陸啟浤張學曾劉庭標韓霖伍堣南居益釋惟熙如應題語鋒芒畢具亦曾與一未斷本較優劣不分葢搨手有工拙耳附識於此姓名以題語前後序

趙元朔藏董文敏手札跋

文敏嘗云詩文書畫少而工老而淡淡勝工不工亦何

能淡其素所經營可知矣元朔藏此札腕力微弱而清淑之氣迎人眉宇

吳北魚藏蘭亭跋

蘭亭昔尊定武今宗潁上此似從豫章本摹刻者與今東陽本同出而小異潁上特以骨勝顧其石已毀今著名者更有上黨本然遠出其下

吳北魚藏聖教序跋

懷仁集右軍帖骨氣洞達爲百代模楷今其未斷本價重連城不可而得此本乃初斷者鋒芒如新未改舊觀

龔雅生藏戒壇帖跋

吾鄉有北海雲麾碑今剝蝕不可復覩此戒壇帖尤覺

遒健雅生珍之有以也

東陽蘭亭跋

蘭亭舊石自薛紹彭竊去以他石刋之今所傳定武本遂爲極致得之者不啻球璧矣劉後村云婺州倅廳本前輩有評之具定武典型石初裂爲三號三段石本亦名梅花本後裂爲五此東陽本亦碎石見存無恙而字之肥瘦合度風骨秀逸當在諸本之上東陽隸婺州宜有緣飾其說者而其里人相傳爲宣德間何士英作兩淮鹽運使得之淮南井中一石刻肥瘦兩本今止存其一亦未詳其何故也

又

蘭亭今共推潁上爲最而余獨取國子監本茲東陽本雖晚出似有積薪之美若上黨本未免失之媚不堪伯仲余家藏有定武舊本是五字未損者故於此稍能辨之

孔季將碑跋

郭徵君以韓叔節碑爲漢八分第一余諦觀之樸雅有餘良以其時古耳書者似未經意出之此碑結體用筆自是當時名手所爲不異楷行之有鍾王也然挺拔瓌偉遂開唐人一派漸致肉勝之弊要非宋元人所能夢見也

孔季將碑陰跋

漢碑陰無額獨此有篆門生故吏名五大字其人卽前碑所云陟山采石勒銘示後者也書法視前碑微異當別是一手與史伯時碑正堪伯仲按洪丞相隸釋謂漢儒開門授徒親受業曰弟子次相傳授曰門生未冠曰門童總稱亦曰門生舊所治官府掾屬曰故吏占籍曰故民非吏非民曰處士素非所莅曰義士義民此所載名共六十二人郭徵君作金石史以楊用修金石古文謂四十二人爲疑余考其書云門生四十二人門童一人弟子十人故吏八人故民一人正與六十二人合徵君特觀其上句而未之省乃反疑用修之誤葢臨文不可易如此

寓字季將碑文明甚無可疑者歐陽公於季將下注一作秀特門生故吏六十二人此外無餘地公云碑殘缺其姓名邑里僅可見者纔六十二人又碑載門生四十二人門童一人公於故吏故民弟子既皆析言乃獨畧其門童而云門生四十三人凡此當繇公得之傳聞未目睹此碑故耳山史識

聖教碑跋

聖教碑文皇製序高宗述記後附心經懷仁集王右軍書摹搨入神故傳爲百代模楷論者因碑後有潤色字疑經于志甯諸人手不無失眞不知此爲元奘譯經言耳王弇州辨之已詳黄長睿謂碑中字與所見右軍遺

蹟纖微克肖然則偏旁湊合小小展縮之說亦安足云也咸林郭徵君稱此碑爲右軍石刻中第一諸帖皆相繇千里余觀唐諸家書其原盡出於此後乃有院體之目豈可以里婦之顰而罪西子乎或謂今之學書者南人多宗蘭亭北人多宗此碑蘭亭雖右軍得意之筆顧眞蹟久泯世所傳刻其視此碑秀婈畧同骨氣蒼勁洞達則正不逮耳此本楮墨俱古神采煥然的屬宋搨裝褫乃內府式舊錦如新非尋常士大夫家流傳者比眞可寶也

吴六翮藏聖教碑跋

余見聖教碑未斷本多矣嘗以余所藏陸文裕本爲第一而次則南司空本也司空本後歸東孝廉壽爲一縣尹以善價購去遂不復睹此本出東陽趙氏精采如新視彼不啻過之乃石城公壬午歲主試吾鄉時所得今歸之吾姻友吴君六翮六翮卽石城公是歲所取士也博雅能文行誼最高此本可謂得所主矣夫以秦越相去幾四千里兵戈喪亂之後經三十餘年而流傳因緣宛如師弟授受者然豈所謂神物知歸也耶書以志喜

武舍和碑跋

漢武舍和碑當是靈帝時物自宋歐陽公已謂其文字殘缺不見卒葬年月及氏族所出都太僕云家有藏本殘缺與歐公同而以隸釋所載謂君卽吴郡府卿之中

子燉煌長史之次弟乃其氏族所出歐公特未之知耳余按此碑文極簡不書卒葬年月古碑多有之而集古錄所記其文至遭疾隕靈止下文悉無故謂不見氏族所出卽太僕所云又據之隸釋亦似未覩全碑也今觀此本雖殘缺如故而首尾具存其文之可見者反多於二公時是可異也至其書法亦自古逸大約與史伯時乙少卿碑同體獨碑額漢故執金吾丞武君之碑十字作陰文凸起則他碑所無耳

書晦菴題跋後

朱子嘗留心書畫此題跋二卷持論極正不作道學門面語其跋陳光澤家藏東坡竹石云東坡老人英秀後

能淡其素所經營可知矣元朔藏此札腕力微弱而清淑之氣迎人眉宇

吳北魚藏蘭亭跋

蘭亭昔尊定武今崇潁上此似從豫章本摹刻者與今東陽本同出而小異潁上特以骨勝顧其石已毀今著名者更有上黨本然遠出其下

吳北魚藏聖教序跋

懷仁集右軍帖骨氣洞達爲百代模楷今其未斷本價重連城不可而得此本乃初斷者鋒芒如新未改舊觀

龔雅生藏戒壇帖跋

吾鄉有北海雲麾碑今剝蝕不可復覩此戒壇帖尤覺

遒健雅生珍之有以也

東陽蘭亭跋

蘭亭舊石自薛紹彭竊去以他石刋之今所傳定武本遂爲極致得之者不啻球璧矣劉後村云婺州倅廳本前輩有評之具定武典型石初裂爲三號三段石本亦名梅花本後裂爲五此東陽本亦碎石見存無恙而字之肥瘦合度風骨秀逸當在諸本之上東陽隷婺州宜有緣飾其說者而其里人相傳爲宣德間何士英作兩淮鹽運使得之淮南井中一石刻肥瘦兩本今止存其一亦未詳其何故也

又

蘭亭今共推潁上爲最而余獨取國子監本茲東陽本雖晚出似有積薪之美若上黨本未免失之媚不堪伯仲余家藏有定武舊本是五字未損者故於此稍能辨之

孔季將碑跋

郭徵君以韓叔節碑爲漢八分第一余諦觀之樸雅有餘艮以其時古耳書者似未經意出之此碑結體用筆自是當時名手所爲不異楷行之有鍾王也然挺拔瓌偉遂開唐人一派漸致肉勝之弊要非宋元人所能夢見也

孔季將碑陰跋

漢碑陰無額獨此有篆門生故吏名五大字其人卽前碑所云陟山采石勒銘示後者也書法視前碑微異當別是一手與史伯時碑正堪伯仲按洪丞相隷釋謂漢儒開門授徒親受業曰弟子次相傳授曰門生未冠曰門童總稱亦曰門生舊所治官府掾屬曰故吏占籍曰故民非吏非民曰處士素非所莅曰義士義民此所載名共六十二人郭徵君作金石史以楊用修金石古文謂四十二人爲疑余考其書云門生四十二人門童一人弟子十人故吏八人故民一人正與六十二人合徵君特觀其上句而未之省乃反疑用修之誤葢臨文不可易如此

寓字季將碑文明甚無可疑者歐陽公於季將下注一作秀特門生故吏六十二人此外無餘地公云碑殘缺其姓名邑里僅可見者纔六十二人又碑載門生四十二人門童一人公於故吏故民弟子旣皆析言乃獨畧其門童而云門生四十三人凡此當繇公得之傳聞未目睹此碑故耳山史識

聖教碑跋

聖教碑文皇製序高宗述記後附心經懷仁集王右軍書摹搨入神故傳爲百代模楷論者因碑後有潤色字疑經于志甯諸人手不無失眞不知此爲元奘譯經言耳王弇州辨之已詳黄長睿謂碑中字與所見右軍遺

蹟纖微克肖然則偏旁湊合小小展縮之說亦安足云也咸林郭徵君稱此碑爲右軍石刻中第一諸帖皆相絕千里余觀唐諸家書其原葢出於此後乃有院體之目豈可以里婦之顰而罪西子乎或謂今之學書者南人多宗蘭亭北人多宗此碑蘭亭雖右軍得意之筆顧眞蹟久泯世所傳刻其視此碑秀姿畧同骨氣蒼勁洞達則正不逮耳此本楮墨俱古神采煥然的屬宋搨裝褾乃內府式舊錦如新非尋常士大夫家流傳者比眞可寶也

吳六翮藏聖教碑跋

余見聖教碑未斷本多矣當以余所藏陸文裕本爲第一而次則南司空本也司空本後歸東孝廉壽爲一縣尹以善價購去遂不復睹此本出東陽趙氏精采如新視彼不啻過之乃石城公壬午歲主試吾鄉時所得今歸之吾姻友吳君六翮六翮卽石城公是歲所取士也博雅能文行誼最高此本可謂得所主矣夫以秦越相去幾四千里兵戈喪亂之後經三十餘年而流傳因緣宛如師弟授受者然豈所謂神物知歸也耶書以志喜

武舍和碑跋

漢武舍和碑當是靈帝時物自宋歐陽公已謂其文字殘缺不見卒葬年月及氏族所出都太僕云家有藏本殘缺與歐公同而以隸釋所載謂君卽吳郡府卿之中

子燉煌長史之次弟乃其氏族所出歐公特未之知耳余按此碑文極簡不書卒葬年月古碑多有之而集古錄所記其文至遭疾隕靈止下文悉無故謂不見氏族所出卽太僕所云又據之隸釋亦似未覩全碑也今觀此本雖殘缺如故而首尾具存其文之可見者反多於二公時是可異也至其書法亦自古逸大約與史伯時乙少卿碑同體獨碑額漢故執金吾丞武君之碑十字作陰文凸起則他碑所無耳

書晦庵題跋後

朱子嘗留心書畫此題跋二卷持論極正不作道學門面語其跋陳光澤家藏東坡竹石云東坡老人英秀後

渭之操堅確不移之資竹君石友庶幾似之跋張以道家藏東坡枯木竹石云出於一時滑稽談笑之餘初不經意而其傲風霆閱古今之氣猶足以想見其人跋與林子中帖云仁人之言不可以不廣乃爲刻石青平司西齋𥁞於東坡三致意焉世獨知朱子論學排擊東坡而不知其贊美景仰固如此余特著之古道漸衰流風日下後之講學者獨傳得排擊法耳豈不可歎

書鄉飲酒碑後

漢隸古雅雄逸有自然韻度魏稍變以方整之其蘊藉唐人規橅之而結體運筆失之矜滯去漢人不衫不履之致已遠降至宋元古法益亡乃有妄立細肚蠶頭燕尾鰲鉤長椽蟲雁棗核四楞關遊鶖鐵鐮釘尖諸名色者粗俗不入格大可笑獨怪衡山鴻博之學精邃之識而亦不辨此何也此碑爲洪武六年蘇州太守魏公行鄉飲酒禮王彝撰文至嘉靖二十二年王廷立石其老人周壽誼生於宋景定中厯元百年至是𥁞百有十歲矣盛世養老尊齒之風與太守之賢老人之壽後輩彰顯前人之美皆有足感者故存之

吳將軍碑跋

此碑萬厤間始傳於世石已破碎文不可句讀而年代姓名字獨存吳文大雅籍以有聞幸矣然余於此益嘆懷仁爲文憲功臣也

魏勸進後跋

勸進碑或謂梁鵠書或謂鍾繇書俱無的據書法視漢小變風格皆所不逮王弇州以方整寡情爲漢法余謂正魏法耳此碑爲鵠書與否不可知以繇楷書推之似非其手也

又

此碑傳魏君臣奸僞之蹟益彰王弇州云以太傅手腕使書前後出師表刻之七尺珉不遂與日月相照映哉言之雅馴勝於怒罵學者爲文不當如是邪

顏魯公奉使題字跋

歐陽文忠公跋公殘碑有云如忠臣烈士道德君子端嚴尊重使人畏而愛之雖其殘缺不忍弃也此公使李希烈時書靖康初唐重爲勒石於蒲者其云人心無路見時事只天知對之令人慨想當年幾欲泣下裝潢什襲又甯獨玩其書法而已哉

郭徵君藏歐陽率更醴泉銘跋

率更書出大令體方筆圓故徵君亟稱之此本其所最珍者與所云宗伯本先後皆歸余而余有疑於徵君之言然非爲宗伯左袒也至所自書分法直追漢人不知有魏無論唐宋王孟津嘗稱爲三百年第一手今觀之益信也

褚河南書聖教序記慈恩碑跋

褚公書聖教序記勒碑慈恩寺浮圖結體用筆婉麗秀穎令人有餘思所謂瑤臺青瑣窅映春林嬋娟美女不勝羅綺者也而王弇州以爲輕弱不足言蓋其胸中先爲同州本所據故耳余按慈恩公所自書刻石者同州乃摹刻郭徵君謂同州饒骨慈恩饒韻而同州尤有墜石驚雷之勢其言自不可易如弇州軒輊則過矣

褚河南書聖教序記同州碑跋

此褚公書聖教序記刻之同州倅廳者與慈恩本大小畧同而肥瘦少異郭徵君援昔人論蘭亭故事疑二碑皆非公手書謂必習褚者摹慈恩習歐者摹同州故各有一氣骨風韻然摹與臨有分公卒於顯慶三年生不及龍朔今觀所署年月諸字與序記如出一手何所從摹耶後又有大唐褚遂良書在同州倅廳十一字應屬他人補書余細察此碑體勢大約與慈恩不殊而稍濟以嚴重故後之論者有出藍之歎正使摹刻皆如此亦復何恨

顏魯公爭坐位帖跋

爭坐位帖魯公稿書耳王弇州稱其無一筆不作晉法所謂無意爲文從容中道者都元敬似以草草易之何也董文敏言其家有宋搨精好因摹入戲鴻堂帖而不足於陝刻余嘗取而較之董刻雖點畫分明神采都亡其不及陝刻遠甚人苦不自知文敏慧人乃亦爾爾耶

書李北海雲麾將軍碑後

雲麾碑在蒲城字半剝蝕而存者法猶可尋余往於燕市見艮鄉刻本僅得其形似耳乃朱秉器反以蒲城者爲趙文敏所臨不特考據失實亦豈知書者哉

米元章書方圓庵記跋

天竺辨才建方圓庵守一爲記米海嶽愛而書之陸文裕曾有題云前數行磨滅不知何人補之今觀此刻乃全文而前後自是一手無蹟可尋較海嶽它書有藏鋒斂鍔之美幾入晉人之室矣然海嶽晚年自言其書無一點右軍俗氣顧易王畧作據舵入水態所居齋又以寶晉名之則何也

爭坐位帖跋

米元章重顏魯公行書而不重眞書董文敏云歐虞褚薛之書各自門庭學之不深亦得彷彿惟顏魯公行書了無定法此其故殊可參尋今之學公書者獨效其觚稜斬截乃鈍漢也爭坐位帖與祭姪文同法天眞爛然於二王神契故當出唐諸家之上

聖教碑跋

余見聖教碑凡數十本初以南大司空本爲第一後得陸文裕本直奕奕過之司空本歸東孝廉雲雛攜遊入浙爲錢唐尹以白金六十星購去文裕本尚在余齋月樓中此本鋒芒具存神采煥然正堪媲美而有補綴數

渭之操堅確不移之資竹君石友庶幾似之跋張以道家藏東坡枯木竹石云出於一時滑稽談笑之餘初不經意而其傲風霆閱古今之氣猶足以想見其人跋與林子中帖云仁人之言不可以不廣乃爲刻石青平司西齋益於東坡三致意焉世獨知朱子論學排擊東坡而不知其贊美景仰固如此余特著之古道漸衰流風日下後之講學者獨傳得排擊法耳豈不可歎

書鄉飲酒碑後

漢隸古雅雄逸有自然韻度魏稍變以方整之其蘊藉唐人規橅之而結體運筆失之矜滯去漢人不彣不屐之致已遠降至宋元古法益亡乃有妄立細肚蠭蠶頭燕尾鰲鉤長椽蟲雁棗核四楞闘遊鶩鐵鐮釘尖諸名色者粗俗不入格大可笑獨怪衡山鴻博之學精邃之識而亦不辨此何也此碑爲洪武六年蘇州太守魏公行鄉飲酒禮王彝撰文至嘉靖二十二年王廷立石其老人周壽誼生於宋景定中厤元百年至是葢百有十歲矣盛世養老尊齒之風與太守之賢老人之壽後輩彰顯前人之美皆有足感者故存之

吳將軍碑跋

此碑萬厤間始傳於世石已破碎文不可句讀而年代姓名字獨存吳文大雅籍以有聞幸矣然余於此益嘆懷仁爲文憲功臣也

魏勸進後跋

勸進碑或謂梁鵠書或謂鍾繇書俱無的據書法視漢小變風格皆所不逮王弇州以方整寡情爲漢法余謂正魏法耳此碑爲鵠書與否不可知以繇楷書推之似非其手也

又

此碑傳魏君臣奸僞之蹟益彰王弇州云以太傅手腕使書前後出師表刻之七尺珉不遂與日月相照映哉言之雅馴勝於怒駡學者爲文不當如是邪

顏魯公奉使題字跋

歐陽文忠公跋公殘碑有云如忠臣烈士道德君子端嚴尊重使人畏而愛之雖其殘缺不忍弃也此公使李希烈時書靖康初唐重爲勒石於蒲者其云人心無路見時事只天知對之令人慨想當年幾欲泣下裝潢什襲又甯獨玩其書法而已哉

郭徵君藏歐陽率更醴泉銘跋

率更書出大令體方筆圓故徵君亟稱之此本其所最珍者與所云宗伯本先後皆歸余而余有疑於徵君之言然非爲宗伯左袒也至所自書分法直追漢人不知有魏無論唐宋王孟津嘗稱爲三百年第一手今觀之益信也

褚河南書聖教序記慈恩碑跋

褚公書聖教序記勒碑慈恩寺浮圖結體用筆婉麗秀潁令人有餘思所謂瑤臺青瑣窅映春林嬋娟美女不勝羅綺者也而王弇州以爲輕弱不足言蓋其胸中先爲同州本所據故耳余按慈恩公所自書刻石者同州乃摹刻郭徵君謂同州饒骨慈恩饒韻而同州尤有墜石驚電之勢其言自不可易如弇州軒輊則過矣

褚河南書聖教序記同州碑跋

此褚公書聖教序記刻之同州倅廳者與慈恩本大小畧同而肥瘦少異郭徵君援昔人論蘭亭故事疑二碑皆非公手書謂必習褚者摹慈恩習歐者摹同州故各有一氣骨風韻然摹與臨有分公卒於顯慶三年生不

及龍朔今觀所署年月諸字與序記如出一手何所從摹耶後又有大唐褚遂良書在同州倅廳十一字應屬他人補書余細察此碑體勢大約與慈恩不殊而稍濟以嚴重故後之論者有出藍之歎正使摹刻皆如此亦復何恨

顏魯公爭坐位帖跋

爭坐位帖魯公稿書耳王弇州稱其無一筆不作晉法所謂無意爲文從容中道者都元敬似以草草易之何也董文敏言其家有宋搨精好因摹入戲鴻堂帖而不足於陝刻余嘗取而較之董刻雖點畫分明神采都亡其不及陝刻遠甚人苦不自知文敏慧人乃亦爾爾耶

書李北海雲麾將軍碑後

雲麾碑在蒲城字半剝蝕而存者法猶可尋余往於燕市見良鄉刻本僅得其形似耳乃朱秉器反以蒲城者爲趙文敏所臨不特考據失實亦豈知書者哉

米元章書方圓庵記跋

天竺辨才建方圓庵守一爲記米海嶽愛而書之陸文裕曾有題云前數行磨滅不知何人補之今觀此刻乃全文而前後自是一手無蹟可尋較海嶽它書有藏鋒斂鍔之美幾入晉人之室矣然海嶽晚年自言其書無一點右軍俗氣顧易王畧作據舷入水態所居齋又以寶晉名之則何也

爭坐位帖跋

米元章重顏魯公行書而不重眞書董文敏云歐虞褚薛之書各自門庭學之不深亦得彷彿惟顏魯公行書了無定法此其故殊可參尋今之學公書者獨效其觚稜斬截乃鈍漢也爭坐位帖與祭姪文同法天眞爛然於二王神契故當出唐諸家之上

聖教碑跋

余見聖教碑凡數十本初以南大司空本爲第一後得陸文裕本直奕奕過之司空本歸東孝廉雲雛攜遊入浙爲錢唐尹以白金六十星購去文裕本尚在余齋月樓中此本鋒芒具存神采煥然正堪媲美而有補綴數

字至其斷文則卻無一闕者尤物難得未可爲不知者道也

砥齋題跋

湛園題跋

國朝書家以姜西溟先生爲第一其所著述錄入四庫全書者有湛園集十卷湛園札記二卷其湛園未定稾六卷眞意堂文稾一卷錄入附存此湛園題跋一册舊得鈔本有石鼓亭印記葢武原張文魚徵士所藏也後又得吳氏拜經樓本大畧相同因覆校一過而授之梓海昌蔣光煦識

湛園題跋

題樂毅論

慈谿姜宸英西溟撰

梁武帝荅陶貞白書逸少蹟無甚極細書樂毅論乃微麄健恐非眞蹟陶上書云樂毅論愚心甚疑非眞而不敢輕言令旨以爲非眞竊自信頗涉有悟余觀逸少黄庭曹娥像賛諸帖知樂毅論洵爲麄健不同然自唐人相傳爲法書第一葢唐時去梁已遠王之眞跡益微而唐人書法氣象多而神明少宜此帖之見重于世也此本與余所藏宋搨寶晉齋刻相爭在豪釐之間亦世所罕覯者張子漢瞻別去兩年其臨池增妙今相見吳門

出此令題余謂張子實愛此書正恐其作書便落唐以後氣格耳

跋祝枝山書

今日觀陸子其清家藏書法最多宋搨黄庭經十七帖及宋仲温眞書孫過庭書譜其尤佳者又枝山自寫所作詩長幅文徵仲評其規模襄陽而其書法原出于王氏父子可謂曲盡枝山之藴然祝書尤深入大令閫域惜僞書紛出非具眼不能辨也張鳳翼後跋謂徵仲以東方朔學叔敖衣冠爲一時下筆之誤然張云枝山爲徐武功宅相故其書似之猶張敞之類馬遷張嘗是楊字之誤卽楊敞亦未是司馬外孫乃敞子惲耳一事兩誤可謂彼此更相笑也

題祝京兆千文

章草書前朝惟宋仲温得張素遺意而過于放軼枝山繼之體兼衆家故爲明書家第一昨研谿庶常過余寓齋出觀予所藏離騷經墨蹟研谿嘆絶因以千文此本見假予手臨一過頗識其用筆之妙但此帖不用章草位置停匀規矩謹飭殆是此公杜德機時也枝山又有一千文純用藏眞法大小錯綜行間天機亦自益溢只是摹本摹本又不工不及此眞蹟遠甚乙亥春三月記

臨宋儋書題後

此宋儋唐開元時人與李璆齊聲李師王宋師鍾李書

今不傳而宋眞蹟惟閣帖存此二十一行閣帖置古法帖中列于衞夫人之前則尚未知其爲唐人也然其書自有六朝閒風味

臨王帖題後

晉魏多用章草入行後來率意作書古法遂不可復見

臨樂毅論題後

近始悟運筆之妙全在心空學中鋒三十年都無一筆是處早間臨此似有轉機然塵務關心往往墮落舊塹東晉諸賢書法超絶古今者皆由其神明獨妙

董臨澄清堂帖跋

華亭書派輕薄模彷頓失古意惟此卷筆筆藏鋒妙于

用拙始見文敏眞本領然不得澄淸祖帖亦不能酣適如此昔人論學書者必得古人眞蹟一二段臨摹方能入妙端有此理今人眼界淺狹書格所以日下也聞張子漢瞻爲人乞文以潤筆得之余傭書至老墨刓穎禿無從購此一字以此知文章聲價去君遠矣

跋遺教經

陶貞白與梁武帝論逸少書備矣獨不及遺教經何耶黃山谷詩云小字莫作癡凍蠅樂毅論勝遺教經癡凍蠅言其拘窘無逸韻也余攷唐僧徒最善集書于逸少尢多遺教經是集樂毅像讚黃庭洛神孝女曹墓諸帖而成者逐字玩之自見字體雖少拘窘然自是右軍家

法勝道德經多矣

跋蕭子雲書列子

述書賦景高則潤色鍾門生情屬已景高正書果出於鍾此則黃伯思米元章俱疑其僞然極爲古秀微少生動耳

謝莊諸人書

謝希逸庾肩吾書張懷瓘諸家品書亦不及然其書實超軼可入能品

謝萬石亦在能書之列朗字長度萬兄據之長子小字胡兒與姪疏自稱父晉人猶有此風晉朝議欲以謝元爲荆州謝安自以父子名位太重云云亦猶漢疏廣受之相稱也對子姪自稱其名則古所未有閣帖王厥與三女稱厥疏晉人通脫固所不嫌耶

題鄭谷口摹古碑

眞出于隸鍾太傅眞書妙絕古今以其全體分隸右軍父子模仿元常所以楷法尢妙欲學鍾王之楷而不解分隸是謂失其原本漢建平光和間碑版乃鍾王所出學者顧求之開元以還是并不知鍾王發源處俱未得爲書家正宗余晚好此書恨年高無及又未見谷口問之其門人曰先生自悔從曹碑入手暮年規橅夏承始盡其奇妙今觀此題曹碑云甲於漢刻知或言未信谷口晚書奇變殆是游刃之餘未有舍規矩而能成巧者

也

題戲魚堂像贊

寶晉齋初刻像贊最爲神妙中缺九十餘字停雲館摹本雖少生趣風格尙可想見余家藏寶晉乃是曹之格重刻者結體豐勻亦無缺字然頓乏風致不足重也前年北上時收拾得舊藏戲魚堂殘本四冊吳門遇故人司寇徐公云當爲予命善手重裝今不知竟落何處內亦無此帖今日友人查浦以此本見示快所未覩殆是寶晉初本之亞也雖石刻多剜意正似微雲之點月愈覺妍好

題蘭亭宋搨

壬申歲獲見于朱竹垞之六峯閣因題年月其後此帖乃是定武之最有風神者紙隔麻首尾無損竹垞云多方購之始得今遂落查浦手其計更過于蕭翼也丙子三月京師再題

臨王書洛神賦題後

有以羣玉堂帖見示者中有此賦較寶晉帖差完且神采更生動逐字摹之覺神似形拘然形似亦在運筆間消息今書家誰當解此能知吾合處方能指點吾病處

書宋搨宣示帖褚臨樂毅論後

乙丑年在都以褚河南枯樹賦易得樂毅破邪二帖後爲吳徵君天章取去不得已捐此帖購還之出門時以

樂毅破邪付長孫嘉樹閏又入偷兒手矣是余併三帖失之也此本宋搨褚書人間絶少各帖無所之施褚作無施之所足備收藏攷証一時換去余計固失而徵君復以貽聲伯年兒亦未爲得也聲伯欲守此帖當以余二人爲戒

題徐武功書後

武功倜儻畸人故其書亦多奇氣然余浙人也于忠肅事不能學吳人以私怨之於此帖亦不欲多觀亦如李衛公之惡白香山詩以爲見則必好也

臨像贊書後 未云永和十二年五月十二日書與王敬仁

敬仁王修字濛之子官著作郎此太原人與瑯琊異派故書姓王導雅愛鍾書亂後猶衣帶中盛宣示帖過江後以與右軍敬仁從右軍借看深好之沒時年二十四其母卽取宣示帖殉葬修書隸行入妙

跋樂毅論黄庭經臨本因記始末

陶貞白啟梁武帝逸少有名之蹟不過數首黄庭勸進樂毅像贊洛神不審此種猶有存否時武帝與陶皆疑樂毅微麁健非眞不重也至唐褚登善錄右軍正書以樂毅第一黄庭第二武平一徐氏法書記云平一少育宮中所見眞蹟楷書二十餘卷別有小函可十餘卷所記憶者是扇書樂毅告誓黄庭唐人珍重樂毅爲第一代令能書者臨摹黄庭不能並也及神龍時歸之太平

公主太平敗爲老嫗竊取縣令追急付之竈火而樂毅亡矣樂毅論旣亡開元五年收大王正書三卷遂題黄庭爲第一畫贊第二告誓第三及潼關失守之後訪黄庭眞蹟不得或云張通儒將出幽州莫知其處而黄庭又亡矣眞蹟永絶得見此妙手臨摹令人悲喜不置

記淳化帖

世綵堂翻本淳化絳帖俱可亂眞其客廖瑩中精于摹搨王用和工於刻石故也先是韓侂胄有羣玉堂帖亦其客向若水所手摹二奸亡國先後合轍其博古好事乃亦有不謀而同者使能移此以爲國用人豈不家國俱榮乎

跋羣玉堂帖

帖有十卷舊名閱古堂帖後名羣玉蓋侂胄誅後籍入秘省嘉定末年所改也以首卷皆南渡後帝書故得存耳二三四晉隋唐帖五卷後盡是宋人書全刻失傳久矣此本零星收拾僅得兩冊雖逸少書有過肥之病然刻手極精紙墨亦好又所錄李邕詩今不多見或云是中唐人詩似有理然不知北海何故得書之

跋曹全碑

余酷愛漢隷而不能學近覓此帖連得兩本時時展對如見典型正不必手摹爲快也帖以晚出幸完好昨有惠予漢榮陽令韓仁碑者亦是元至大間始出令李天驥再立石而翰林趙閑閑記之慶韓君循吏至是始顯然其字已多磨滅矣吾安知四百年之後此碑不更磨滅如韓碑耶宜廉讓曹子寶愛此本直欲使四百年後賞鑒家有所考據耳

題宋搨十七帖

唐張懷瓘論草勢云草之體勢一筆而成惟王子敬明其深詣故行首之字往往繼前行之末逸少草書雖圓豐妍美乃乏神氣無戈戟又云逸少草書有女郎才無丈夫氣子敬草逸氣葢世千古獨立家尊纔可爲其弟子耳懷瓘以一筆成書牽連不斷爲草書之精非知書者也所謂草書者草其眞也草書在字點畫拖曳之間若斷若續而鋒稜宛然其意不失此爲至精至妙唐文皇集右軍書取其九者爲十七帖其晉書御製羲之傳贊曰煙霏霧結狀若斷而還連鳳翥龍盤勢如斜而反直知此者可以得其集此帖之意矣

柳公權榮示帖 中云有赤箭多寄三五兩以扶衰病

赤箭即天麻苗陶宏景曰其苗爲粉久服益氣力長陰肥健輕身增年唐太平公主與宮人元氏謀於赤箭粉中寘毒進元宗白香山齋居詩黃耆數匙粥赤箭一甌湯公權所須亦此類葢是唐時風尚猶晉宋間朝賢之服石散也

臨右軍法帖書後

右軍爲會稽內史與藍田相失誓墓不出竟行其志可謂振古豪傑書法皆與所臨宣示戎路諸帖相表裏其細書黃庭曹娥别是一種樂毅像贊有絕相類處此可以意會不可以言傳也大令求展墓表自是父子不愧家風二王之外能爲鍾書者王仲將僧虔蕭子雲而已唐以下此種幾絕歲在乙丑爲毘陵楊晁令兄寫此帖長安筆價奇貴以折鋒毫書此不覺意盡

題玉版十三行

右軍父子眞書雖同出于鍾太傅右軍斂鋒大令拓筆觀樂毅東方諸帖與此可見賈氏刻玉版余二十年前曾見之武林乃觀橋葉氏質之王氏者是時從友人乞

得一紙今此刻不知又落何家余所藏亦失去久矣再過數十年恐搨本使不易購水部之喜得而寶藏之亦見及此歟

題官奴小女玉潤帖後

官奴子敬小字劉夢得酬柳子厚詩還思寫論付官奴謂子敬也註柳詩者謂是逸少女名誤矣彼不知玉潤是官奴女名也逸少尚有官奴婦產復委篤憂之深一帖可證逸少七男一女極子孫之盛而一女疾病至于憂之燋心引罪自責其慈祥樂易可見他日又云得一味之甘割而分之以娛目前宜其誓墓于未衰之年不能以此而易彼也

梁武帝書評跋

此從漢末至梁三十四人乃以兩本彙而錄之一云二十八人今得三十有二袁昂古今評普通四年所上大率相類蓋武帝用其語斟酌成此耳然中有張融書如辨事對揚獨語不困行必會理蕭子雲孤松一枝下有壯士彎弓雄人猶虎心胸猛浪鋒刃難當顏倩書如貧家蕢果無效可受少乏之珍羞王彬之書放縱快利筆道流便蕭持書雖有家風風流勢薄猶如大小王安得相似也郗惲書縱橫廓落大意不凡而得體未備郗愔書得意甚熟而最妙時難疎散風氣不無雅舊庾肩吾書畏懼收斂少得自充其八人評論而此書不見豈以其辭未雅馴而削之耶抑是後來附會原書固未嘗有耶中于孔琳蕭子雲諸人書俱不下貶語獨深文于大令此擬不倫豈爲公論袁昂書評有云張芝驚奇鍾繇特絕逸少鼎能獻之冠世此語爲得其實云

又

此隋僧智果書字非一體當是積日所成玩其行楷亦精研于鍾傳者而李嗣眞書評比之委巷之質豈其然乎

題絳帖

絳帖在南宋諸本雜出已不可辨單炳文曹士冕所論至爲詳密然較之此本其卷數皆非舊識字畫波磔更無論矣舊有二十卷而此只十二卷終卷是孫過庭諸人恐唐人書亦未必更有八卷則此爲全本無疑當亦如寶晉齋之有米曹二本多少並行也司農孔君新得此出以見示其紙墨黝古今時亦不易遇洵足珍也

題洛神賦後

或傳子建得甄后玉鏤金帶枕感嘆不已還濟洛水忽若有見遂爲此賦初名感甄後因明帝見之改名洛神愚意不然子桓兄弟猜忌必無與枕之事卽與而子建敢斥名賦之乎果爾則無以異於桑濮之淫辭王逸少父子晉代名流決不輕書也葢子建師法屈宋此直摹宋玉神女賦耳逸少今所傳有二本子敬喜書洛神多

至數十本亦愛其辭之工麗而有體也余因戒爲綺語者因某之請遂書此與之聊亦自附于昔賢之風致云

題黃庭經

黃庭經或云是右軍換鵝書或云換鵝者是道德經非黃庭也自陶宏景始以此書與樂毅論並稱爲右軍有名筆蹟後入唐宮中武平一所見是扇書恐別是後來臨本矣至神龍中太平公主取歸太平之敗以賂岐王其書亦旋散失開元五年購得右軍正書三卷第一是黃庭後因關失守內庫法書復散落人間事平遣使搜訪獨未得黃庭眞蹟相傳爲張通儒將向幽州莫知去處據此則黃庭自唐中葉散失已久後人摹刻者不知竟是何本余所見宋搨非一此白下蔡岡南兄所寶藏者其彩色鮮好余展卷嘆賞留置案頭臨橅再過不識與眞跡相去幾許若櫄刻則近來收藏家殆未有過之者也岡南屬余以數言題後并記其始末如此

題十三行

此武林綵石本世推爲十三行第一然筆法太整頗類趙松雪豈即其摹刻耶昨楊子楚萍出余所鉤唐臨墨蹟共觀之不覺咨嗟嘆絕惜楚萍猶未見其眞本古人手蹟日就零落雖刻本之善者將不多得則楚萍之寶愛此本未爲過也戊寅八月六日記

題孔琳之書後

孔琳之字彥林草行師于小王時稱羊眞孔草王僧虔曰琳之書天然絕逸極有筆力規矩閤帖僅得此數行人少習者以其語非吉祥然梁制彼此弔答中言感思乖錯者州望須刺大中正處入清議終身不得仕其重如此故武帝嘗與儒臣講喪禮而子弟亦家習之有以善講喪禮得舉者大抵六朝風氣似此後世忌諱繁多而人情益通脫反以晉宋人爲放誕何也戊寅九月廿三淸晨臨帖隨筆記之

又題聖教序

唐世右軍遺蹟猶多空門碑版尤喜集其字如盧藏用建福寺三門碑胡霈然大智禪師碑越王貞大興國寺舍利塔碑僧行敘懷素律師碑皆集右軍書而爲之者非獨懷仁一人也世傳懷仁居宏福寺模集右軍稱精熟其徒胡英效之亦時集王書勒石蓋僧徒欲借此以久其師傳耳董文敏據舍利塔碑謂集爲習乃好奇之過不知舍利亦集王書殆是以習通集耳不然今聖教碑與逸少諸帖並行豈懷仁之書遂足以方駕右軍耶

十七帖令往絲布單衣示致意

宇文周武帝詔庶人以上惟聽衣紬綿紬絲布圓綾紗絹綃葛布九種注絲布以絲裨布縷織之今謂之兼絲布也觀右軍帖則知絲布之稱晉時已然矣晉樂府有云絲布澁難縫唐制凡賜雜綵十段則中用絲布二疋

跋書蘭亭敘

定武本爲歐書比之褚登善所臨特爲端楷近惟東陽何氏所藏石刻爲得其眞然搨久漫漶余時以意模之大抵去古愈遠則失眞益甚古人作書俱有口訣面授今既不可得矣但審知用筆之法臨書時自于手腕間消息庶乎古人不遠耳

跋張卽之書楞嚴經

張卽之號樗寮書法歐陽率更加之險峭遂自成家今停雲館收刻只數行余家有其所寫楞嚴經全本遭亂播遷僅存此廿二頁停雲所刻有云慈谿有王昇者出入吾家二十餘年吾邑多張書其皆王君所得乎世傳其爲水精書能禳火故藏書家多寶之

題困學書李潮八分歌

予家藏伯機草書蘭亭及李潮八分歌蘭亭帖戊午攜至京師客久困之爲有力者購去獨此帖留家復黴爛去半截偶于行笥檢得輒割裂其行數命工裝之雖斷文訛缺若遇中郎猶足爲柯亭之賞也

跋告誓文

嘉話錄云王右軍告誓文今之所傳卽其稿本不具年月日朔其眞本云永和十年三月癸卯朔九日辛亥而書亦是眞小文開元初年閏月江甯縣瓦官寺修講堂匠人于鴟瓦內竹筒中得之與一沙門至八年縣丞李延業求得之上岐王岐王以獻帝便留不出或云後借之岐王十年王家失火此書亦見焚按今法帖所刻皆具年月豈後人因夢得言而增入耶然其摹法頗古

題禊帖

右軍禊帖乘醉用退筆隨其勢書之故天然秀逸妙絕古今褚登善書每分隸體用其法臨摹益饒古色近所傳刻多是褚書余所見五字缺本吳興十三跋絕工往在延令今不可蹤迹矣穎上學官所得石較川王氏猶藏之而搨本粗劣不足觀此本紙墨黝古余家藏十七帖絕類此皆五六百年物也辛酉冬將入都得王子勤此帖燈下漫記

樂毅論始末

陳僧智永云樂毅論者眞書第一梁世摹出自蕭阮之流莫不臨學陳天嘉中人得以獻文帝帝以賜始興王王昨收禁中卽以見示吾嘗聞其妙今覩其眞始與蕘後仍屬廢帝廢帝沒又屬餘杭公主陳世諸王皆求不得及天下既定永處處追尋累載方得陶貞白云大雅吟樂毅論太師箴等筆力妍媚紙墨精新言得之矣智永記如此按梁武帝云樂毅論微麄健恐非眞蹟陶宏景答啟愚心甚疑是摹不敢輕言令旨以爲非眞竊自信頗涉有悟則妍媚之評恐未然也此帖入唐太宗與蘭亭同所賞玩高宗勅馮懷素諸葛貞搨賜長孫無忌等

六八外間方有則天時武平一少育宮中見眞字楷書每函可有二十餘卷別有小函十餘卷所記憶者是扇書樂毅論告誓黃庭經至神龍中太平公主取小函以歸平一任郴州日與太平子薛崇允堂兄子崇允連官說太平之敗崇允懷樂毅等七軸請崇允託其叔駙馬檄賂岐王以求免罪此書遂歸邸第徐浩古蹟記又云太平公主愛樂毅論以織成錦袋盛置於箱及籍没後有咸陽老嫗竊弃袖中縣令嵩追驚懼奔趨投之竈下香聞數里蘭亭自昭陵發掘後眞本流落人間至宋南渡前猶有得之以獻者而樂毅亡矣然徐浩云潼關失守後有趙城倉督自云有好書欲請贖罪史惟則索看遂取扇書告誓并二王眞蹟四卷上之帝述開元記又云蕭令嵩奏上渦州八家藏右軍扇上眞書宣示及小王行書白騎遂等二卷則扇書者一云告誓一云宣示其說已不同而平一云扇書樂毅告誓黃庭則豈數言流傳者皆扇乎備存之以俟臨池者

義門題跋

義門題跋

長洲何　焯屺瞻撰

越州黃庭

歐陽公集古錄目中有言黃庭二本出於越州然非石氏所刻也石氏乃黃庭殘字爾其目見陳思寶刻叢編中今猶有傳者南禺好妄漫不加攷自萬厤以後書家并爲一譚斯可笑也聊書此以祛其惑康熙壬辰

內府本小歐道因碑

蘭臺書此碑肩吻太露横畫往往當收處反飛盎唐碑而參北朝字體者亦用其父分書徐州都督房彥謙碑法也然無一筆不鋒在畫中此秘閣舊本比今所拓神

骨尤完率更佳帖不易致由蘭臺以入門亦庶乎其不遠矣康熙甲午

張旭肚痛帖

肚痛帖筆勢固豪頗亦失之流宕去晉人便自邈然疑蘇才翁兄弟所爲未必其伯高也然書學不到黃長睿縣有異同尠不貽誚于蚍蜉撼大樹矣姑獻疑焉待明者決定可乎

舊本顏魯公多寶塔

魯公用筆最與晉近結字別耳此碑能專精學之得其神便足爲二王繼別得見眞官帖乃徵吾言也當嘉靖初陸文裕公已有日就刓弊之懼壇長所藏尙有風神

是百年舊搨宜珍視之余所覩記自吾鄉金文通公家宋搨本而外未有過此也康熙己卯冬日

內府顏魯公多寶塔

書至陳隋如智永丁道護漸趨匀整入唐而歐虞加之嚴肅非天下由分裂而之太平魄兆于人文者乎褚公趁姿媚而小跌宕然永徽之後又可觀矣顏出於褚而仍還匀整不可謂之不善變也況豐碑與小字不同上下左右必如造淩雲臺之稱平衆木使輕重無錙銖偏負乃成章法耳米顛横議至云公眞書便入俗品自歐虞以下悉謂其安排費工由是恣爲傾欹楷法蕩盡復後作頌見於唐而不聞於宋殆或由此又云開元以來始合時君所好字體肥俗亦不然虞書今已不見唐刻歐書體方固未嘗瘠也丁道護書多肉而顏公頗與之近長短肥瘠如質文相循環豈容舉此一碑爲顏公早年書世人猶有以米顛餘論獻疑亦未折其衷矣近歲摸搨日刓且惜工價木强無神明壇長二兒所收乃秘閣散出宋本結字之血脈用筆之收放纖毫不失本眞平日窺尋所得必有愈出不可窮倘勿靳爲我告之康熙甲午首夏

宋徽宗大觀帖

其驚鴻游龍之勢固是天人止使筆尖着紙不肯用盡腕力卻鋒中意到於古法無差池也中有別字乃遽入

石豈左右無正人如書所謂僕臣諛厥后自聖者耶此又丙丁龜鑑之一事也康熙五十三年上距政和四年凡爲甲午者十何焯偶從東海二兒借觀而記之

蘇東坡宸奎閣碑

古人碑刻多爲大小二本予嘗于白下見東坡表忠觀司馬溫公神道碑小字本然剥蝕漫漶筆意不復可尋此碑殆寺僧特加護惜又地稍僻獨得完好耶以校集本留之不可下多賜詔許自便五字四明之人相與下多出力二字取其副本藏焉下多且命歲度僧一人七字無之爲得體皆當以碑爲正

松濤庵蘇米三帖

蘇黃書宋代入石者遭黨禁多磨毀南渡後重刻即非復如初本之遒媚至近時雜帖中所見或并非眞蹟刻工又不解八法凡劣失步此帖殆宋代佳本骨法風神具在不特出東坡續集中與季常帖九首之外可以網羅散逸也

購研帖語狡獪近玉局翁書則非是翁晚年書兼有括州平原雄健遒折之勝此殊癡鈍望而可定其僞作也

米書紹興內府所刻十卷之外唯羣玉堂帖中一卷最精曹氏寶晉帖不逮也此帖亦迥勝近刻與前蘇氏新歲購硯二石皆在嘉興松濤庵壁間爲高樓所障曹竹澗白晝秉燭以入手搨數紙分遺同嗜新歲帖予亦幸

獲焉是金石文字中一佳話并記之康熙戊戌四月

馮補之書彌陀經

此馮丈三十一歲時所書用筆圓潤穩秀蓋不減唐經生微恨失之太拘乏映帶飛動之勢此由見元以前人眞蹟少耳明代書家自宏正以後皆無筋望之索索然此最於斯藝有繫升降輒敢因此帖一論康熙甲午中秋

舊本聖教序

此碑未斷之本已不多得特搨手非良工且偶不得佳墨遂稍減其風神不能如董宗伯所云字畫如刀截者爾然吾儕窮士學書有此亦已足矣仲經先生尙珍重之

夏承碑

鄭杓衍極云漢碑三百年銷蝕無幾何君閣道夏淳于碑可以全見古人面貌蓋一出于宋元祐間一出於紹興間故獨能完好夏承碑近代翻刻再三字形皆非其譌積德勤約爲勤紹尤著者也都太僕生明盛時亦不見古刻僅得江陰徐充子擴雙鉤本耳相傳無錫華中甫眞賞齋有藏本不知卽子擴所鉤集古否康熙戊子予從吳興賈書人購得此本旁有丹楊孫楨仲牆印記仲牆嘗著法帖釋文考異亦以鑒別自負者觀其用筆淳古使人追想東京文物之美實與三代同風太僕記子擴所貽字之闕者四十有五而此止闕十餘字其摹拓當去初出未遠也前人或疑爲奇譎是不然分之沿篆猶眞之帶分何奇之有唯雜以他碑書體斯爲不類乃學者所當戒爾臨汝帖中始指爲蔡中郎書洪景伯隷續已斥爲不足信而王惲猶言之元人自喜多聞而疎于攷證往往如此閣道碑隷釋具載其文在蜀邛僰道中最不易致異時倘并遇之則不唯翰札之古且足爲吾家故實增重也

杜貽穀宋搨黃庭經

名帖佳刻求之者衆小楷尤搥拓易損如容華銷歇還想傾國之豔未由髣髴矣若此未刓者故自難遇諦觀乃近徐季海輩流所摹時而趁快或帶傾欹唐初人不爾然作小字能窮盡腕力筆勢玉局翁殆從以出趙魏公晩歲專師黃庭亦似屬此本賞會固當在廉鍔風神內府奉華二印間有假託書家不視爲輕重也康熙丁酉壯月吾友貽穀借觀卒爾書此識者定復垂哂其言之易耳武英同直義門老民何焯〔翁大年案貽穀曾見眞蹟作頤谷〕

潁上黃庭經

黃庭近代傳摹失眞一例平順無復向背往來之勢獨潁上本橫畫處仰勒平收有如大字唐臨宋鐫故自別也予曩見從父端文所藏自三關之間至絳宮紫華凡三十六行比前後獨加腴澤此當稍後出而筆意尙存

亦殊耐尋翫爾康熙乙亥冬日義門何焯題

天璽紀功碑

吳天璽紀功碑其結字俱作篆體用筆時似鐘鼎古文殆漢人八分去古未遠往往相入今乃湮沕不可得見爾如淳于長夏承碑亦其一也姜白石謂是符書恐未必盡然但學爲八分者與他碑之字錯出行間則取誚於不類矣梅宛陵丁頭蠆詩誤有年算赤烏近書疑皇象多或緣未見搨本方虛谷遂於題下注有吳大帝字且皇恐作黃其寡陋使人笑來唯前輩竹垞先生據吳志考正其文非華覈所作并文中七月七日爲黍斯實好古之一助云康熙庚子爲仲經先生書何焯

曹恆齋蘭亭帖

渡江諸賢勘辨定本於完損肥瘦之間殆同聚訟朱子至以爲笑若此本則其後已有天水雙龍宣和二印固不俟咨問九延之王順伯沈虞卿也然摸拓但出當時便自筆意不失有可喜者亦無庸指此獻疑恒齋耽翫無斁故不獨以愛弟所貽爾康熙丙申秋日同直舊史何焯書

衞景武公碑

王家令正書體源出於蕭阮亦探掇同時虞歐褚三家勝處故李大夫書品謂之碎玉殘金張懷瓘書斷獨推其工草及行九善章草今乃無行可尋竇泉述書賦所稱洛州長史德政二賈碑極峻利豐秀二賈爲敦頤敦實史所謂棠棣碑者石今亦亡趙明誠金石錄有洛州刺史賈公清德頌則云無書撰人姓名大抵當時已殘闕矣予所見石刻正書僅少林寺中天后御製詩并書一通及此衞景武公碑二種此碑字最多下截已沕而尚存大半雖不得宋搨舊本然已足供臨池之助矣康熙後壬寅夏首仲經先生屬何焯題

題陳彥瑜蘭亭帖

蘭亭舊刻今尚存者僅有潁上東陽二本若國學本即趙文敏公所臨也潁上與定武絕遠又拓者益多轉失之瘦東陽本初出即多剝落況今來復三百年則風神

彌減矣然較之近日所模規矩猶在故貧士力不能致宋拓本者皆貴尚之予常見楊文貞公東里集題此帖後云近年揚州僧舍發地得二石皆蘭亭舊刻一缺其前一缺其後鹽運使何士英裁齊合之爲一前所存者十八行止猶不二字後存者十行起能不二字兩本肥瘠相近清韻可愛當在福州鄭本之次此帖當年既合二石爲一自非建炎所失之本後人因其斷裂別附會爲說尤可笑也文貞所稱福州本乃鄭清之家摸刻已不知所在矣陳生彥瑜屬余題識予於書法無所入者但書文貞語并拓國學本寄之顧亭林金石文字記中漫以此本爲宣文閣中所移與吾家運使以得石適在

揚州指爲建炎所失殆無以異乃知昔人非詳攷覈論不輕下筆爲得之也康熙甲申四月何焯書於暢春園直廬

婁壽碑跋

豐道生爲華中甫作眞賞齋賦言其有夏承婁壽漢碑與壇山大篆鴻都石經並論此本後有道生題識郎中甫故物無疑其中鄉郿州鄰下一字以文義推之殆睦之省也隸釋注云闕當爲無他碑可證疑而未定邪憩閑舅氏憐吾好古康熙戊子冬舉以相授是秋適收得丹陽孫仲牆舊藏夏承碑度華氏本不復能加顧未知鴻都石經乃落何處漢世祖謂人苦不知足吾力亦安得致此然私心猶庶幾獲一寓目辨其爲開元御府所收或越州石氏及洪景伯刻於蓬萊閣者也義門何焯漫書於語古小齋

戊戌閏八月客有持夏承碑相質者紙薄而墨澀遠不如余所藏至亦有道生同日題識益中甫物流轉至代州者也適宋嘉綏表兄自任城寄書以清俸分郵其船遂舉其半購之華本亦非足本闕化行風俗至年五十有三十字相去十年而二碑復合亦是佳話漫記之

唐人雙鉤右軍帖殘本

李師安溪先生所藏唐人雙鉤右軍二帖得之眞定梁氏明季自天府散出者以語非純吉不敢以進康熙甲申保定公署火毀焉流落人間甲子恰一周矣餘燼中拾得十餘字并東澗老人舊題三行重裝治之雖零落僅存而風規斯在如甚字下一筆左角重按橫畫輕提右角復按轉處微缺而斜趯褚登善楷法皆出于此後字首筆殺住收回其鋒反從左出則右半勢增百培迴趨意表至于節節頓挫一經上石便不可復尋政如圭璋斷缺未害爲寶也戊戌八月文孫立侯昆季屬門人何焯續題謹記於後

毘陵唐氏宋搨十三行

宋邵博據陶隱居與武帝論書啟謂黃庭勸進像贊洛神逸少有名之蹟而褚公逸少正書目共十四帖洛神不錄蓋誤以爲子敬書故柳跋亦云余竊謂晉梁相去差近洛神亦自有右軍所書殆未可知今所存十三行則姿狀翩躚興會豪舉與大王不類未容便議褚柳鑒裁之失也此本雖無筆不收亦已發露無餘多帶顏法遂開蘇黃風氣趙承旨謂宣和書譜中所收是唐人硬黃紙臨本筆畫沈著大乏韻勝不敢以爲眞蹟卻有柳跋兩行者豈卽此是邪抑别爲一本直周膳部輩所模邪然其雙鉤入石纖細畢備可謂至工且屬初拓去書在紙者不遠此董宗伯所爲往來于懷每見諸他跋也余從前過目者惟愛越州石氏所開會闋三四本大抵拓時石已稍刓比之美人遲暮一段神采煥發奕奕照

人故當讓此三五少年時爾康熙甲午秋日同年益功
尊兄相示家寳承命漫記義門何焯

皇甫府君碑

朝音殊子立憲安定朝之朝字　華妙在一偏二字亦有長者

衢字中間作主加意于白中闊故也　上斜取勢
說文父字在又部
瑞字下兩白配玉旁　何字并避同字
輕字放長配右白　旋字故穿避直
絕字下一畫妙於疏　獄字化三爲二
季字上側下平　闈字下一筆均適　術字化三爲二
曉字妙在上側占左均　自字三角相亦爲下有目字
尋字化出一直理　澆字看此知曉字特變
訖乙字畫長自乃勻　衡雖以亍作勢仍存化二之意
襟字上放長配下白　精民出淮南子善人也
脩字左角促之使密　横一筆使左角占用字勻
夫二字似光庿
自備說安危以下字體漸小於前似非一日所書然尤
爲明秀可愛歐虞至貞觀初皆已臻大耋而精力猶能

若此葢天之所予以潤色唐代之文明豈偶然哉曹明
仲格古要論云此碑多損壞存者僅數十字今石本乃
重摹者耳按宋搨剝蝕之字與未斷不遠疑曹說爲不
然義門何焯跋

楊大瓢藏瘞鶴銘

焦山瘞鶴銘宋人所得不過六十餘字至明人則止二
十餘字而已耕夫先生所藏獨若是其多又皆西麓斷
崖上舊刻非好事識眞安能致此此銘萬厤以來重摹
者并失其字形如爰集爰字拓而大之弛懈不復可觀
丹字下加一點則轉爲舟矣蕩字草頭亦去其左一半
使人駭歎也周公謹嘗記鮮于太常以太平州模本遺
人其精神度不逮舊刻然出自元以前又經名士甄收
或猶存大都耕夫試留意一訪之康熙丙戌夏日何焯
漫書於語古小齋

褚河南聖教序

山谷老人夷齋廟碑全倣褚公此碑書體前人惟無所
不學乃成家也
褚公書今僅存者獨三龕碑房梁公碑并此而三耳三
龕碑方整與此殊不同房梁公碑未得見而徐季海論
書又云虞得其筋褚得其肉歐得其骨則肉豐而力沈
乃虞褚當日所以擅名亦不盡以瘦勁推能也
康熙己丑始得見梁公房碑乃學褚公書者爲之多效

此碑之體近代無精鑒謂是出於公耳　又考趙德父金石錄亦云是公書雖立碑歲月及撰人姓名皆已殘泐而著書爲公意當時必尚存也校德父後跋亦以僅存脩史河南公字定爲褚書然結銜當云監脩國史河南郡公此六字惡知非後人以書體近公妄加之乎褚公此碑參和南北兼有篆隷然頗傷於雜欲趁姿媚反乖自然於鍾王之外横騖别驅要之書家正派必在永興渤海乃其亞匹永興如孔門之有顏子渤海廉鍔太勝近於孟子河南源遠末分莊周氏之倫歟康熙丁酉秋夕漫題後之人見之必笑我爲不知量也

記中阿耨達水通神甸之八川褚公所書二本皆然相如上林云八川分流相背異態注家引潘岳關中記涇渭灞滻酆鎬潦潏凡八川葢指此爾懷仁集王書乃作甸何以與嵩華屬對乎然彼法本外文字不足異也穀梁春秋桓十有四年傳嘗必有兼甸之事或見上文云甸粟又轉寫誤而爲甸楊士勛疏遂以爲夫人兼甸八之事經師有此則其失甚矣記之以示餘兒重九前一夕也

石淙詩

汪若谷前輩歸自中州云曾游石淙摩娑再三而欲搨此碑梯危架壑其費幾半中人之産非冷官旅瑣可議乃止詩在南崖序九剝損故搨者不復及之張易之三字今崖石已難辨考於嵩山志而後得之見余此本謂是百餘年物也己丑中秋焯又書

書此之明日若谷以所作嵩山碑碣記示余則序在南崖詩在北崖也記云由告成鎮行將至石淙一望皆平田莫覩其處乃下土岡始見奇峯峭壁歴落溪磵中立者臥者平者銳者嵌空瓌瓏者水流其間聲淙淙然至夏月則驚濤奔注故唐時爲避暑之所其北崖上則侍游諸臣詩在焉削壁刻之上鑿十一孔下二孔上有安椽檐狀意當時必有飛梁懸閣架其上南崖亦削壁有文一篇字已不可讀余因盡録其語於此并石淙之勝亦如在目非獨改正一時語誤也南崖下無竅穴故搨工欲架木而上視北崖尤難云

祝京兆書述跋

用筆渾厚圓足中廉鍔森然非枝山先生決無此書功腕力惜所值紙澀而豪又弱如策駑駘上峻坂意所欲至蹇蹶弗前稍減色耳文中宋昌裔名廣余嘗見其行草眞得晉韻葢以字行也閩盧則崑山盧熊公武嘗知兗州指斯人不疑或云周郎周砥履道爲興通守則前輩如文太史但記其避地會稽死於兵虞山列朝詩集中仍之未敢輒信也太史當是崑山夏昶仲昭初爲翰林庶吉士成祖命書宮殿榜授中書舍人轉吏部考功主事而其兄昺孟暘但有大小中書之目旋得謝歸

老枝山或誤記仲昭所歷之官爲孟陽乎旅次若無他書可檢也華亭朱孔易名寅以字行廷暉其別字官至少京兆成祖嘗召書大善殿榜稱旨行在禁扁多其所書上下互舉兩字欲句法變換耳養正爲永嘉黃蒙亦以字行二陳登字思孝長樂人與黃皆官中書舍人吳餘慶者字彥積別字斯白官至右通政衞靖者字以嘉爲禮部主事程氏殆謂南雲字清軒思孝弟子南城人官至太常卿其尋從未詳李牧楊師亦不知孰謂黃翰者字汝申小錢名博字原博與翰並按察使天駿則張宗伯駿字也自號南山以配東海雲閒亦稱二張任道遜克誠瑞安人官至太常卿國學有宏治癸丑進士題名碑周文通所書結銜爲大理寺左寺副兼司經局正字其人莫可攷劉西臺名珏字廷美別字完庵長洲人馬刑部名愈字抑之吾郡嘉定人蕭黃門名顯字文明永平山海衞人前代書家但舉其字或舉其官書蹟不甚流傳者聊疏其畧彌愧見聞之寡陋云康熙丁酉冬日義門老民何焯呵凍書

祝京兆書跋

自明初至景泰間書體皆沿元人遺風而用筆實乃勁拔筋骨足備成宏以後推排吳興稍欲上追魏晉六朝自立一家之則其筋骨則非前人比矣然樸雅安重甚得古貌如此數紙豈亦近時佻薄所能窺仰邪

子宿堂法書跋

歐陽子論凡學書者得其一可以通其餘殆非狹陋者所知蓋古之人研討者博斯擅名一體矣然自晉永嘉而後派別遂分南北洎唐開元以降風尚乃殊肥瘦競保偏詣互致非訐會萃眾妙亦復罕値其人　國朝書學遠邁前軌香泉先生尤足雄長一時蒐集金石文字視金薤琳瑯石墨鐫華諸編不啻倍蓰當其下筆上下古今舉篆籀分隸章草行押之奧無所不有昔米元章悉收六朝妙處醞釀筆端幸得先生爲主盟豈恨今無古人也余于古碑刻每見所未見彌服先生之廣大今先生書方勒之石承學者獲之而坐臥耽翫卽古今諸體不可由之以通乎康熙甲申長洲何焯題於語古小齋

淳化帖跋

余二十餘歲時見萬厤中上海顧舍人重模官法帖有馮定遠先生手注釋文郎大以爲佳後又得肅府初搨私計晉唐諸賢去人亦邇及稍得宋時傳本詳審筆蹤乃知明代刻工甚陋不惟盡失其精神點畫癡鈍非復中鋒并一字之脈絡亦都不相貫注也文待詔題華氏所藏祖帖云當時傳模卽有三十二本此冊不能定其出自何所而用筆與其意思所在尚可窺尋卽楮墨亦後來決不能及也曾從愚閒舅氏借閱經年過時後學

竟無所得每一展翫徒有喟息會以祇役治裝乃題其後敬還主守聊識其遇晚工疎可爲後來作鑒者哲嗣立人表弟方留意斯藝其以余言爲何如也康熙癸巳臘月燈下被酒漫書義門何焯

書董思翁摹爭坐位帖後

原跋　爭坐位帖宋蘇黄米蔡四家書皆倣之唐時歐虞褚薛諸家雖刻畫二王不無拘於法度惟魯公天真爛漫姿態横出深得右軍靈和之致故爲宋一代書學淵源余以陝本漫漶乃摹宋搨精好者勒之戲鴻堂帖中　董其昌

思翁行押九得力爭坐帖故用筆圓勁視元人幾欲超乘而上此跋其加意所書精采溢發直與魯公相質於千載之上不惟來學可資爲津逮也康熙庚寅後生何焯獲觀漫志

魏營州刺史崔敬邕誌

入目初似醜拙然不衫不履意象開闊唐人終莫能及未可概以北體少之也六朝長處在落落自得不爲法度拘局歐虞既出始有一定之繩尺而古韻微矣宋人欲矯之然所師承者皆不越唐代恣睢自便亦豈復能近古乎山谷稍黠跳而學瘞鶴銘故能倔强一時康熙丙戌夏雨焯漫記

唐摹十三行跋

此本不能定横手爲誰氣韻瀟灑大都出於唐人紙墨則南渡後物也近刻索然無復生意此尚初搨神采故爾溢發耳吉人題後何焯續記

隱綠軒題識

吾邑　國初諸老以書名著者數陳香泉太守所輯金石遺文錄十卷錄入　四庫全書附存中而隱綠軒題識尚未刊行稽之渤海著錄殆所稱葑叟題跋者也此亦從問蘧手鈔本錄出今邑中故家頗鮮藏弆知外間尤不易得矣昔公雖以問撥鐙詩不悅於長吏而反爲書家美談顧跋語一編尚湮鬱不彰故樂出與臨池家共之海昌蔣光煦識

隱綠軒題識

海昌陳奕禧六謙撰

臨晉中書令王獻之十三行

石刻精緻真蹟蒼茫筆鋒與刀痕異也學石刻即宋搨亦不能有蒼茫之致貴乎心領名製留神古翰再覽舊鐫及其至也乃能蒼茫幾於妙矣

論南齊侍中王僧虔書

予家舊有太清樓帖乃亮字不全本昨從華亭總憲處觀退谷所藏宋搨止存八卷亮字未磨墨色純黑與世所謂宋搨起霜者迥乎不同望之神采飛動即之筆墨逼真故當勝於俶笥人間墨刻之優曇花也

論梁陶隱居書

華陽隱居陶宏景所自稱也瘞鶴銘所以定爲貞白書用意矯拔飄然有神仙之致與此各極其妙修道之餘乃復潛心藝事當日蕭公往還究論發明書理頗足沽溉來學也

論唐人雙鉤蘭亭序

此元郭佑之所藏唐人雙鉤本明項墨林購之勒石以傳者郭自題云與米元章購於蘇才翁家褚河南檢校搨賜本張氏石刻對之更無少異所謂褚河南檢校搨賜墨本元章有題跋向爲司寇從祖收弆余十七八歲時每得展玩然未知其妙後爲它人獲之不知所往忽忽思想卅餘年不能復見己卯四月湯西厓編修忽折簡招余觀唐人眞蹟雨中急赴之姜西溟編修亦在視案間所展予即狂叫即認爲吾家蘭亭本何緣到此反覆諦觀如對故人覺於聲音笑貌神情瞻顧之間較卅年前爲更親也於是西厓即趣余兩人各臨一本西溟咄咄逼眞予媿形似彷彿未能得神由此知唐人雙鉤墨色濃淡深淺起止映帶之妙幾幾原蹟而歐褚分途遂令禊帖亦有南北宋之異矣然今日重逢惡札輕點予於是乎深慰積懷後數月聞爲有力者以千金購之進御他獻者亦同此本但無米跋內間以爲安所得二於是皆還之嗟乎神物復散落人寰矣余又念它獻者安知非郭祐之藏本己卯七月望爲盧新安臨并著褚本始末以留後來考驗遺之不易知之亦誠難也

臨米襄陽臨右軍辭世帖

海嶽此書極盡篆隸遺意不知右軍原本神妙何如惜無從見讀其文羨其霞舉淸蛻之蹤不特翰牘可師千古也

論張芝帖

張索之書初觀之似無趣及其習久便如太羹眞得上古至味書不從此出終覺單弱無本然而世尚鮮采嗜之益寡矣波磔分明蟠屈餘伯英只許幼安如紛紛此後能書者更有何人返古初

論歐帖

率更用筆似拙而實巧拙者近古而巧者取法多也唐人備得其傳者推歐陽氏今欲習其法但於冷處參彼用意疎處觀其結體自有進境若止規方版眞成優孟衣冠矣

論王帖

王氏一門無不善書者出於所習深也江東風氣移人至今搢紳者不乏但筆墨閒少北朝古法在烏衣子弟本自蘊高後學效法未經博采而兼綜耳

論郗帖

郗高平書饒有風味觀其用意避俗自然超出尋常今人惟恐去之不遠安能入晉賢之室也

又

晉人書全在疎冷取勝唐宋諸名家未嘗不盡心研習然而失之緊嚴矣晉人未嘗不緊嚴求其緊嚴處不可得此其所以爲晉人耳

又

郗侍中書余絕愛之其出人頭地處非時輩所得窺也倘觀其結撰有省乃可與論書學矣

題玉版十三行

余乙亥到京師於乾齋侍讀弟處見十三行玉版大不盈尺其玉色微青黑不甚厚韞以紫檀匣人所質者再求之已不在矣古物幸而得遇不能時親手采覽此搨本更復思想不能忘也

題宣示帖

宣示較原本字大右軍所臨也用筆轉處稍有角節此王之鍾也

又

元常眞蹟在王丞相導家導過江時藏衣帶間以遺逸少贈王修修死其母以修平日所愛置之棺中遂不復在人間矣

題蘭亭序

蘭亭刻本不下數百大約有二源定武與神龍是也定武歐摹神龍褚摹各以己意攙入其派分矣此歐本不能知其出於何處審其筆法或是寶晉齋所搨紙墨深黯可玩學者必當參觀神龍不然失之板矣

題樂毅論

觀此與前蘭亭本如出一搨能定其爲寶晉也紙墨甚佳可以道德經同看兩相發明而自有合

論鍾元常千文

千文始於梁周興嗣不知鍾元常先有此作也通篇不同惟結處用語助二字豈散騎集成時襲此舊語邪傳是羲之書實莫能辨其眞僞味玩結字大是李北海全體唐人氣象了無晉韻世不多見故論此以廣所傳

臨曹全帖

曹全碑萬厤間出自土中故得完好如新碑陰有門生故吏名出錢以刻石者蓋全爲郃陽令此邦人士頌德之文故碑尚在縣不知何時埋沒今始掘得較當時顯著更流美千載也書意故是名蹟從中郎法度變出别成一家今人耳目好新乃競宗之白下鄭簠早年學之頗似晚復頹唐不復力氣後未見其繼東莞陳恭尹元孝法蔡中郎腕力甚勁可與谷口頡頏也

論孔彪碑

孔彪碑隸法與曹全極相似蓋其時相去不甚遠學者所習則有同焉樂松梁鵠輩應洪都之選至於以三十二人圖畫其像榮崇已極故楊賜蔡邕諸君子輒彈議之不爲時賢所重然上之人好之如此下必有應焉者遂造詣變化極一代盛美流傳後世爲操觚者宗匠奈何黨部之禁不弛正人氣塞反昧於治國之道漢祚庸可得乎

論崔浩書

崔浩之爲國書也皆自書刻石當時被毁即拓者不可得見惟弔殷比干文傳爲浩書今猶存衞輝府城外比干墓上字體奇怪他碑所無似楷似隸因以見當時筆法之遞變點畫多少如棘之爲蕀稟之爲稾綱之爲網焉之爲爲魂之爲䰟不可枚舉多是古法賴廣見聞乃顧亭林翻謂紕繆莫有甚於此者書生不深究以識難字爲厭亦可發嗢噱也此則臨汝帖所刻撮拾四句前句是第四句二句是第三句便見王輔道之乖舛伯思之議有由來矣

論褚河南枯樹賦

褚河南枯樹賦今人惟新城總憲學之極得其神先生海内文儒不肯以一藝名有求書者必命門弟子代作從不輕書門弟子欲得先生書輒假問字奏記先生隨意落札便藏弆以爲至寶或稿紙傳寫即塗抹點勘者得之皆裝潢成冊重若顔平原之爭坐位先生見之亦殊喜因臨此偶志其概知大人品大文章君子如韓昌黎顔魯公司馬溫公歐陽文忠未嘗不善書若歐陽司馬則不以書顯也

臨秦少游書

少游結契蘇黄馳情翰櫝玩其流韻自具機杼不悖其所以同而較然實有其不同比諸洙泗亦當在七十子中實一席也

論參寥書

參寥筆力亦瀟灑出羣當時爲書多用意思不屑凡近此爲蘇黄張旗鼓者未能出乎風氣之外

論懷仁聖教序

鐫刻之家各以本家筆攙入前人妙蹟遂移步換形風

致爲之變矣此戲鴻堂帖中所刻其意近於華亭然神理蘊藉雖不及原本之精緊高秀亦足爲操觚者典型

書論一則

姜白石論書精矣眞可補孫過庭之未盡今之學者曾未究心前人論說率意自行面牆獨處固亦無害乃反嗤議古人字體爲怪米元章云吾壯時未立家徧尋古人好樣子學之元章豈亦好怪耶一概抹倒以勻平爲之吾未見其可傳矣

論楊少師韭花帖

少師書承晉唐餘氣蘊蓄秀雅飄飄然有神仙之度董文敏筆法發源於此其有宗顏魯公李北海米襄陽趙文敏諸家者轉接收縮處未嘗不歸宿少師也學書必博采而兼收主一家以爲根本乃能臻妙古賢未有不如此者

論顏魯公爭坐位帖

顏魯公爭坐位稿書古今書家莫不以爲準的最得聖教筆法而自爲變化使後來不可端倪宋四家無不出於此唐人去古未遠筆下猶傳篆籀餘蘊然加之剛勁結體漸就方整當時以書判取士遵守功令遂使然也

論索征南

章草以索靖皇象爲宗此書家之星宿海也備極精微甚多變奧明乎此而後其法得矣

論蘇文忠赤壁賦

東坡此書全用顏魯公鹿脯帖筆意加之以藏鋒斂鍔高簡多姿正氣凜然不可犯其傳世不朽洵非易也

論蔡忠惠

論顏遂及宋四家尋源而得其流也四家皆學顏而各成其一家此得其性之所近耳論其源流聊舉所知愚者之一得也書理甚深輒用管窺慙惶悚恐可勝言耶

書論

大篆籀文降爲小篆又降而爲漢隸八分又降而爲正隸又降而爲行草書道至此變窮化極矣學之支分則有章書顛素之異果能追源溯流明其理悉其情會其通合其法不必求精自然矩度雍容神明頓蕩推倒一世矣不然如盲者行路雖復千里終何益哉

論褚書

褚遂良有樂志論正書用筆起止迴伏於二王法外收入無際令後覽者莫從窺測竊揣其意蓋欲超出乎二王上也觀同州雁塔兩聖教自信此言爲有徵竟不知張黄諸君子固已先論之矣王謝過江淘汰古體存諸意象精蘊不露學者希見眞蹟從鐫版展摹鉤者未必知書鐫者又未必精而精蘊泯矣據以爲楷則盡此或未得當也至幷斥王法爲好怪吾不知六朝諸體如登善所收又宜何等置之耶王右軍過江見華山受禪等

碑始悔學衛夫人徒費歲月夫學衛夫人會稽尚有悔況其後焉者乎

又論書

半年來心境枯無意於書而徵求日衆適遇雨窗賓朋不至筆墨閒靜漫書舊文一二首應知己之命殊有合處非酬世作然不學則轉疎未能神明乎規矩繩墨之外年齒日加記性日消所習輒遺可以自怡不可以問世也紹兄有嶺南之行切切於素牋所好何與世不同感其意而爲之書過庭所謂徇知也僕與紹兄皆五十過頭矣今又南北分歧持此到潮惠之間雨色篷窗寒齋燈火展而視之如與良友相對或可稍解離別之歎耳

又

趙吳興宗李北海雖無所不學然終不脫括州氣味此亦性相近也董華亭宗楊少師亦無所不學乃純乎韭花風度此又功所到也但能專宗博覽苦志勿懈不患無成

論孫過庭書

孫過庭善書但見草體傳世者書譜景福殿賦千字文數種而已三者書譜純乎右軍其二則兼有章書遺意

論神讖碑

江甯府學有天發神讖碑三段屢託人去搨而未到思此累年因皇象書傳世絕少此又是孫吳時留傳至今日者乃天地間一寶也碑尚完好太守署識之

論風動碑

鎮州察院前庭有風動古碑乃李寶臣功德頌永泰間立察院即寶節度理所也碑文王士則書筆法遒逸有漢人遺意絕似孟頫趙公所作因知吳興源遠流長所本不獨二王也北方銘石之體奇怪不窮渡江諸公洗滌殆盡右軍見梁鵠受禪張昶華嶽等製始悔學衛夫人書徒費歲月則書古法本妙不可刪廢江南僻處特未傳其典型今但取晉人書學之而不識轉變中含蓄許古意謂之不學可也況乎鄙二王爲怪又棄而學後來者耶

論李仲璇脩孔子廟碑

李仲璇脩孔子廟碑不知何人書又別見意趣因以知當時家數不同二王既爲唐人所宗吾知其亦有不盡然者歐虞褚薛筆意豈皆出於二王哉觀此道因碑發蹟所自了然無間再推至柳誠懸顏平原悉能別作參悟然亦未嘗有悖於會稽議者唐人以書判取士所作類皆端重無晉賢韻致不識其從來甚遠含蓄甚廣乃輒效管窺千秋具眼安可模糊一概使古來苦心抱屈在昏翳中也

論張猛龍碑

張猛龍碑亦不知書撰人名其搆造聳拔具是奇才承古振今非此無以開示來學用筆必知源流所出如安平新之崔敬邕碑與此相似吾觀趙吳興能偏學羣籍而不厭者董華亭雖心知而力不副且專以求媚誰爲號呼悲歎使斯道嗣續不絶古人一條眞血路及是不開他日榛蕪盡歸湮滅典型淪墜精靈杳然後生聾瞽[redacted]能不再爲想[redacted]耶

顧亭林以崔浩及此二碑多奇字不純粹有議論僕故爲發明也

論孫師範書

此乾封時孫師範書去魏未遠儼然北朝銘石遺風唐人八分各家異派而祖述蔡邕憲章梁鵠則未嘗不極其源故體勢雖漸近其崢嶸郁烈之氣象猶勿失焉蔡邕體貌寬梁鵠局勢緊兩者分歧八分家出乎外者蓋未見其八任芝郗儉又不知作何求體也

唐碑之最奇者北嶽戴千齡安天王碑深澤縣大忍寺門樓碑皆別有師承非梁蔡家法也并識於此

臨飛白書

江南之人分五字拓傳德夫人飛白書今臨章氏墨池堂本

别下齋叢書　涉聞梓舊

（三）

（清）蔣光煦 編撰

東湖叢記　别下齋書畫録

廣陵書社
中國・揚州

蘇齋題跋

蘇齋題跋卷上

宋王復齋鐘鼎款識冊

周叔姬鼎

方綱按首三字是人名當讀作侯敦前跋以爲篆體唯字恐未然耳

款識一冊卌葉凡六十二種其第廿三葉夏壺以下有宋人青牋紙書鐘鼎款識之題目故其冊前亦以此四字篆首也薛尙功鐘鼎款識法帖廿卷名與此同而薛所集是摹本此則皆就原器搨得者何啻親對齊桓柏寢之陳矣此冊昔嘗與宋搨武梁祠冊同在馬衎齋處前人屢有題記今武梁祠冊歸黃秋盦而此冊歸之吳門陸氏松下清齋予前歲於沛上訪武梁祠闕得借觀其冊今復得借此冊摩挲二旬之久古器精靈森然來會信乎有墨緣邪嘉慶六年歲在辛酉春二月廿有四日北平翁方綱書於石墨書樓之後軒

黃秋盦屢爲予言此冊之妙今始得借觀於蘇齋之後軒每晨起展玩數四與日在吾齋何異辛酉春二月翁方綱記

書舊本張遷碑後即題硯冊

東平蕩陰碑東里四字泐吾嘗捫石膚髣髴潤與色（色字數十年前拓本尚微可辨潤字舊拓本亦罕存者）是年使金陵驛館秦淮側汪生古之狂爲我挼石墨古蠟光瑩然四字千鈞力秋燈水檻陰素油手搨勒歸來初冬初霜曉拜堦城碑亭庠門畔州牧共攄臆召南懿于棠纘戎斯其職（二句檃括碑內語）末行偕書名十載亟追憶今又三十秋幸未苔蘚蝕爾日手植材宦達圭璋特得膺茲牧良籍沛功繁殖（臺生季良予己亥典江南鄉試所得士也命以課最擢東平牧適來都門共論此碑蔽芾此碑作蔽沛）蘇齋鉛槧餘奇觚重拂拭嘉禾寶硯匣古香同慨息鄭祠片石銘天寶七載刻借此隸爲題適與碑相値張家故實垂頌自名鄉得何論吉與揮討論更脩飾一寸書田腴千秋同報國暮雲昔江東春雨今硯北若農稽既勤相滋耆而黑表頌即硯牋更益根本植糸諸亭下圖知我言不食

乾隆己亥秋典試江甯榜發後汪子容甫以張遷碑古本見示手摹東里潤色四字於行篋十月朔道出東平親到碑下題字石間是冬恰得此舊拓本繪觀碑圖以記之今三十年矣而是榜第三人臺生來牧此州擢覲入都相與感述墨緣而適値叔未孝廉以所得新鄭大夫廟碑殘石琢硯屬題因臨此四字以弁冊端并附小詩於後嘉慶己巳春三月望後二日北平翁方綱

跋羣玉堂米帖

南宋末韓侂胄自鐫其所藏墨跡向若水所摹勒凡十卷名閱古堂帖至開禧末韓以罪誅嘉定改元此石取入祕省改名羣玉堂帖其第八卷是米元章書此大行書米老自敘書法是其第八卷之下也

董文敏云羣玉堂帖世所罕見至有對面不識者觀此語可見百餘年前已難覯矣

員旁右下借挑之法後來文衡山本於此

明長洲杜大綬錄羣玉堂帖釋文與此小有不合雖不能盡疑之然恐有闕文

米公寫卄頭左邊橫挑先帶右直而後再作右邊橫點以此卄頭定眞僞最易見其寫芾字即是如此市是一直穿橫而下其作點者僞也

柳書金剛經在慶元府官廨進思堂今浙江甯波也此石刻不存久矣

柳出於歐此米老心得之語又米老最賞柳公綽書此其所以能追晉法也

米公自言學褚最久此其一生精詣所及到處不如此不足以仰窺晉法也

此帖云段季者蓋墨卿之族（段文昌也）然唐史表傳皆莫由詳其系次矣　唐元和間人　景雲寺塔及李詠墓志皆其書并篆

周平園集云米書從唐人羅讓入手而此篇自敘不言及者何也羅讓書貞元五年襄州學記益米老家藏舊拓本師宜官不聞有所書碑也趙明誠金石錄云劉寬碑据藝文類聚乃桓麟撰而不言何人所書以趙明誠不能考知其誰書而米以爲師宜官未知何所据也

末幅援竹簡鼎銘益不欲以今體書自居也岳倦翁亦竟以六書之統緒歸之矣

米意不取小字誠恐啟後學淩躐高談棄小楷不學而專趨大行草之漸耳

嘉慶乙丑冬十一月望後二日爲載園老友題此冊北平翁方綱

歐陽率更小楷千文

率更小楷如九歌姚恭公碑皆久無眞本此千文乃垂老所書而筆筆晉法斂入神骨當爲歐帖中無上神品予今僅見此雙鉤本已不啻所謂親見仙人聽吹玉笛者矣

率更千文僅見於宋人寶刻類編不著時地而諸家著錄金石者皆不言及按虛舟題跋刻本較此墨迹多引新唐書詢年八十有五之語然獨不引張懷瓘書斷云詢以貞觀十五年卒年八十五尤爲明白也史稱歐陽通早孤母徐教以父書嘗遺錢使市父遺迹然宋人所刻類帖有率更所書授筆訣亦云付善奴正與此帖末語相合而此云附隱之明奴通之善奴更加詳耳又岳倦翁法書贊所載率更書陰符經末云貞觀十一年丁酉歲九月日書與善奴倦翁跋云率更子通字通師官至內史號小歐陽即善奴也其贊曰內史書如率令善奴秀比官奴千古會稽楷則于今重見陰符則又在此帖之前四年也通之益一字通師此可備官奴帖後一則故實也

虛舟跋云附與付古通用非也此帖內以姤爲垢以研爲妍以祐爲祜以瞿爲翟恭皆老年涉筆之誤正足以見其眞意觀者勿以此致疑可矣豈其通用之謂哉

此帖當與化度寺碑同論乃虛舟跋內品及溫公碑而

不言化度何也虛舟嘗自跋續書千文云唐本率更小楷千文古雅精妙出化度寺碑上今予但見鉤本已謂當與化度並論此帖之神妙固不必言顧必欲推爲在化度上則吾今固尚未見眞拓本未敢遽以臆定之然虛舟旣見眞拓而此跋止於如此則豈醴泉溫公二碑可躋化度上乎吾每憾虛舟先生學歐而不識化度之妙故於晉法邈乎未逮今觀斯跋則此千文之所以妙正未知虛舟胸中剞量分刌究竟何如矣

乾隆己酉七月予於南昌使院扃門試士而夢華居士於其友人所見此墨寶惓惓以不得多借留數日俟予徹扃一見爲恨其後十日試事旣竣夢華亦將之山左灝做裝矣過予院齋話別以此鉤本見眎爰命小史雙鉤一通并系小跋於後以志居士懃懃同篤古歡之意

八月十日北平翁方綱書

跋自臨天際烏雲帖

宋蘇文忠公書嵩陽居士帖元季名公題詠嘉靖卅八年購松陵史氏墨林項元汴珍藏此帖史氏已刻石行於世後陳汝同吳原博二跋皆不刻石何也

蘇文忠書天際烏雲帖舊藏檇李項氏跋稱尚有吳文定跋今已失去又柯丹邱跋末失去十八字經長安莫浩至正三年夏五月丹邱柯九思書張貞居詩失去前五首原是卷子不知何時改爲冊方綱於乾隆戊子十月八日購得之今壬辰五月廿九日爲宮詹錢七兄籜石先生臨此又倩古歙羅兩峯繪君謨夢中詩首二句爲圖而詩之庶以彷彿前賢往復嗟賞之意是日識於孫公園寓舍之青棠書屋

成趣園記

右祝枝山書成趣園記自署鄉貢進士枝山以宏治壬子舉於鄉直至其出知興甯之前此廿餘年間手迹皆稱鄉貢進士此卷在正德二年枝山年四十八矣然正德二年是丁卯非丁丑不知何由誤也予昔見貞觀鄜州鐘銘年月干支差誤又米老蜀素卷後有董文敏手跋年之干支亦誤古人竟往往有如此者觀者幸勿以爲疑耳乾隆壬子秋九月北平翁方綱識

祝枝山書成趣園記爲秋盦九兄題五首

韻勝元從骨勝來外間狂草信輿臺馮班何焯津梁在肯許良常問瀾洄王虛舟每譏枝山骨韻未淸益未見此種行楷耳

褚家冊子繡金鍼可但朱繇得法深百鍊剛來柔遶指中間數筆似雲林此卷極似褚河南書文皇哀冊以褚書此冊二摹本對看旬月始備見陰陽離合之所以然

眞賞齋中結勝緣華陽樓樹好山川夏承婁壽論籤笈迴遡流風四十年卷中有華陽樓印補庵居士印眞賞齋印豐道生嘗爲華氏作眞賞齋賦云夏承婁壽漢碑天球河圖比重此賦作於嘉靖二十八年己酉在枝山書此卷後四十餘年矣

虎搏胡髯語未奇蒼官石丈氣淋漓當時落筆如風雨此老多應造化師

半載馳書訊濟甯江東羊薄眼俱靑旁人莫笑干支誤神似鄜州瑤室銘此卷以丁卯誤爲丁丑故用貞觀寶室寺鐘銘爲比

今年春三月三日方綱按試道出沛上秋盦具舟相迓支篷啜麵同賞此卷輒題二字於前明日雨後宿鄒縣燈下作二詩以寄題之卽此第一首及末章也其秋還濟南夢寐之間時在此卷因復寓書至沛上借卷重觀秋盦不吝珍祕馳以見付自秋至冬百有餘日無時不陳几上復得三詩合前凡五首書於其後益予所見祝書未有過於此者矣今將緘還并爲識此十月朔日方綱

題集古器銘冊

昔漁洋竹垞諸前輩金石詩跋予惟見甘泉未央瓦留今在侯官林氏耳近日如吾受笙暨阮芸臺秦敦夫張叔未葉東卿每持所集古器物銘屬題而受笙選擇尤審如漁洋所詠焦山鼎予辨其非眞此則無之予又嘗以王述庵所藏建昭燈款證厲樊榭之誤張叔未所藏黃山鐙款證薛氏款識之誤此二拓本乃具有之信乎可與道古矣癸酉夏六月十二日方綱時年八十有一

建昭雁足鐙在王述庵齋造於建昭三年賜於陽朔元年一器而有西漢字二段可寶也厲樊榭所睹竟甯元年雁足鐙誤以省爲首遂致傳會薛尚功款識予嘗据此以訂正之 建昭雁足鐙

据漢志黃山宮在槐里梁山宮在好時足以訂正薛尚功梁王頁銅之誤 黃山鐙

此尺孔東塘所得今藏闕里嘉慶壬申漢陽葉東卿以洋銅精摹毫髮不差予齋亦僅藏其一雖曲阜有摹本亦不能及然此則眞本也 建初尺

題集古石墨冊

西狹頌前刻此二行亦下辨仇靖書也今所拓者又不及此遠矣寶之寶之嘉慶庚午春二月望北平翁方綱識

手書不是信傳聞下辨仇君記李君更在熹平石經上世間景慶此星雲

右題黽池五瑞石刻漢隸皆無書人姓名惟樂陵朱登書衡方碑及仇靖書此皆在蔡邕之前

孝謙隸楷啟初唐尙勝龍門古驗方我正遠追光伯筆杜江陽溯杜當陽

阮雲臺中丞跋因北朝諸石刻而及北朝經學也予於

北朝碑最愛北齊樊孝謙所書孔廟碑又嘗攷徐遵明諸家撰述世已罕有惟於宋江陽杜進士獻可所輯春秋諸家義尙見劉氏規過之書耳嘉慶十五年庚午春二月廿日方綱

跋董文敏書

此卷吳跋甲子冬月不知是某甲子若是　國朝康熙廿三年則不應在史公之前若是前明天啟四年則董文敏尚在不當云從先生遊見其晚年書也且如果此人及見董文敏則其跋云此卷乃先生在詞林時所書計其年是萬歷丙午丁未間此語未可信也董文敏自萬歷己丑選詞館後至萬歷末三十餘年皆官翰林何獨舉丙午丁未二歲耶且丙午歲文敏使楚丁未歲還里又不得云在詞林時也況此卷署名下有宗伯學士印文敏天啟三年癸亥秋擢禮部右侍郎兼協理詹事又在此後廿餘年矣此人於文敏平生出處中外經歷之蹟皆不深知而何以得云從先生遊乎史公即溧陽閣老之祖康熙六年丁未入翰林距文敏之卒財廿餘年此吳跋又在史跋之前而何以致有攷誤是皆不可解也

此書固是真蹟無疑然其中亦實有疏率處昨見墨卿所藏董書冊有趙味辛跋云董書生拙爲上精能次之此誠知書者之言也然愚謂董書不甚留意結構往往隨筆揮灑以爲化境亦未必生拙者概居精能之上致使好高者反略其本家筆法而專賞其隨意之作是又未嘗非賢智者之過矣書家究竟當以神骨與結構並重豈得竟拋荒結構而高談神骨試問神骨奚從出乎然墨卿所藏董書一冊實臻化境是以此論不發於彼而於此卷發之

嘉慶乙丑仲春四日爲荷屋老友題

辨化度寺書

敬候夢華三兄近禧前夊承惠寄吳門所鈎摹孟法師碑廿五字此方見眞矣至感至感彼時匆匆未及回荅也久聞此二帖自繆氏售出但不知尊札所云巨家者姓氏能見示否再能便中更爲多鈎出數行否無厭之請曷勝感荷眞不啻一字百朋之惠耳屬題二詩草草奉上其化度則据札內所開行款闕泐之狀弟竟見過如此一樣二本一是元末明初王孟揚所藏（王偁字孟揚亦稱王虛舟）一則元代名賢趙松雪以下凡十三跋載於檇李郁氏書畫記者弟亦得借觀之此二本行款闕泐與今尊札所見者竟是一模一樣此本雖經元代名公鑒賞然是宋翻宋拓者今就弟所記出可憑据之處開出數條粘作小冊寄覽以資印證務乞便中再將此本借來一對是否卽此所開出數條之本再求示知以慰懸念至要至要若便中見宋芝山祈代致欲借觀其所藏定武蘭亭務求覓妥便見寄此刻不及寫專札也諸惟珍攝不具臨穎馳切二月十二日方綱頓首

印證吳門繆氏所藏化度寺碑略舉數條粘爲一冊

第一行寺字末筆一趯其尖過俯向下全失原本之法

第一葉前半第六行碑正文第二行和字中間一撇在上橫下直二筆之正中此蘭亭正局也此本禾內中撇太過俯垂向下大失之矣

第一葉後半第五行控鶴乘鸞句鶴字右鳥中橫之外出處長過下肩半分許而末彎迴鈎之勢緩弱向下全失原本深厚沖和內抱之神理鸞下之鳥亦然

第三葉後半葉之第四行始自趍庭句趍字走末捺腳中間方折頓勢纔及下夕內點之半實傷過短

第四葉第五行身心俱淨句淨字氵之末筆低於爭腳一釐許

第七葉第二行被勑二字間可有紙斷接之痕否至要至要

此本共九百二十許字銘文之末樂永謝重昏至此五字止請再細對鮮于伯幾所題之本卽是此本否如是

此本則此是宋刻宋搨非唐石也

陸謹庭所藏陸儼山手跋之本字少而最精蔣春皐所收繆文子本用墨雖有失處然此二本皆實是唐石眞本

謹庭說吳門繆氏家藏化度凡七百餘字（實不止七百餘）前有鮮于困學題籤困學跋云信本書始方而長與隸體近在諸碑中爲第一後有十數跋內有一長跋

題畫梅冊

天瓶齋寫梅十幅又自書前人句令人不敢更賦梅花矣故用書家筆髓拈出之附系二小詩於後

天瓶書法我無詩特寫空山雪後枝恨未添鬚圈瓣處料量擪押鐵鉤時

永和寫論付官奴夢到粱唐舊本無别有横斜疎放處劍南老眼澈氷壺予有宋拓樂毅論得天品題如此

嘉慶辛未春二月九日北平翁方綱時年七十有九

得天居士臨晉人書蕭散簡遠其神韻卻在張長史授顏魯公用筆處

楊補之書深於率更法其寫生亦然

臨褚河南書乃借徑於米老此可悟米老運腕題壁法

昔人踏雪觀瘞鶴銘雖與米老題字同勒厓側乃正是米書追仿不到處

六朝人書吾獨愛陶貞白所謂松風之夢故在

徐壇長品穎井蘭亭曰此琴聲也予則拈出米老旁掛一小快字足以當之

得天居士題黄庭尙存晉人蕭散意

得天題趙子固所藏落水蘭亭卷後云古今人相照正在此圓鏡中

得天題宋拓祕閣本樂毅論得味外味本於劍南集正在横斜疏放處

得天作褚中令書極有韻勝處卻是郎官石記本色

趙文敏蘭亭十三跋攷

世傳所謂蘭亭趙十三跋者大率皆据涿鹿馮氏快雪堂刻本言之丙河聲如吼一跋快雪本屏息上脫去不得二字何以下脫去解日二字而馮氏此刻又未明言其墨迹在何處是以攷訂家不得所證据也以上海潘氏所刻本驗之則增多二跋又延祐三年在京師爲吳靜心子昰艮所作一跋而删節昔人得古刻一跋凡爲跋十六是以孫月峯松江碑目云趙子昂蘭亭十六跋而上海縣志誤作十八跋耳又湖州有石本亦十三跋少北行丙舍二跋而分頃聞吳中以下五行別爲一跋又於前增出一跋云蘭亭墨本最多惟定武刻獨全右軍筆意此舊所刻者不待聚訟知爲正本也至元己丑三衢舟中書按趙之十三跋皆在至大三年（此在至元己丑後之二十年）是年庚戌子昂年五十七除翰林侍讀學士知制誥同修國史其年九月五日登舟北上至十月七日正得三十二日北行丙舍二跋是十月七日所書其前右軍人品甚高一跋是十月三日書故其臨蘭亭帖尾云同日臨此同日者同前跋之日卽十月三日所臨也今快雪堂帖裝冊者誤以所臨蘭亭在前而置諸跋於後則同日臨此四字不可解矣試驗鐫字人劉雨若名一行正在丙舍跋之末則知此爲第十三跋明矣而湖州本乃於其前增三衢舟中一跋不知三衢舟中一跋在至元己丑乃鮮于伯機之跋非子昂也其跋云蘭亭墨本最多惟定武刻獨全右軍筆意此薛紹彭家所拓者不待聚訟知爲正本也至元己丑三衢舟中書時過安仁鎮正月望日此是伯機題於長安薛氏所拓五字損本者卷內有樞字印也而今湖州刻本改云此舊所刻者又以時過安仁鎮句移入子昂跋內不知己丑是至元二十六年（在至大庚戌之前二十年）是時子昂官兵部郎中在京師故其明年寄鮮于伯機詩云我生少寡諧一見夙昔親誤落塵網中四度京華春則至元己丑伯機在三衢而子昂不在三衢明矣此是吳傅朋所藏定武五字損本卷內有傅朋自跋并鮮于伯機跋後有趙十一跋并臨蘭亭後又二跋此所謂十三跋眞本也此卷載於安氏書畫記其後又有柯敬仲跋又董文敏跋云蘭亭十三跋趙文敏題定武本兼自臨禊帖也當無第二本卽使趙文敏重書跋語當不若臨本巨細肥瘦了無異者余所見乃有三本其一上海潘方伯所藏新都汪太學以三百千購之相傳爲眞物及觀此卷乃知其爲葉公之龍也諸跋出入鍾元常出筆圓勁用墨沈著雖學禊帖不規規摹仿形似一洗習氣證無上果口門恨窄宣說不盡者無待後人駢拇枝指矣此卷經涿鹿馮氏收藏是乃董香光定爲十三跋之眞本而王弇州法書苑所錄趙跋亦卽是此本不得因馮氏快雪堂帖鉤勒上

石時偶脫失不得一二字及解日二字而遂致疑也至於上海潘氏所刻一石在當時孫月峯已不信之而近日李氏觀妙齋金石攷所載凡十五跋與快雪本上海本湖州本互有不同仍誤以鮮于跋爲趙跋可見世所傳趙跋之本支派又繁矣豈但蘭亭成聚訟哉所憾涿鹿馮氏上石時未嘗詳系其原委也且何以不刻薛拓五字損本於前而僅刻趙臨本致啟後人紛紛疑辨是則馮氏疎於攷訂之過耳實則趙十三跋以快雪堂本爲正也嘉慶七年歲在壬戌暮春之初爲裴山老友書方綱

裴岑碑

漢永和二年敦煌太守裴岑紀功碑隸書六行行十字牛氏金石圖云碑在西塞巴爾庫爾城西五十里地名石人子今移置漢壽亭侯廟碑高五尺云

牛眞谷云此碑以篆爲隸予按此碑乃是由篆變隸之漸不可直目爲篆也內凡口字皆於方寓圓是爲原刻眞本也其摹本則直作圓筆耳

東漢石墨以永平六年郭君石門之記爲最古次則漢畫石刻內有永建四年邵善君所題字再次則此碑最古矣此皆足與五鳳二年石刻相證者也

往在館下與吾友錢坤一緒左峩題此拓本賦詩今四十年矣後與黃小松桂未谷往復辨訂今又廿年餘矣因爲叔未題此并識於後壬戌五月望日

王稚子闕

王稚子闕拓本有二此其東闕也故字末脚史字右半皆視今拓多出寸半以較明末所拓惟史字末脚少寸許耳蓋百餘年前拓本也芝山得此於揚州攜入都以見示爲識其概乾隆五十九年秋九月朔北平翁方綱

石蜀石墨未有古於此者昔王漁洋使蜀尚能詳記之今日知者罕矣乙卯七月四日識

畫石題字

漢畫石刻凡二紙其一下有隸書廿六字云平原濕陰邵善君以永建四年四月廿四日來過此堂叩頭謝賢明永建是漢順帝（西涼李恂永建無四年）則此畫更在其前其云來過此堂叩頭謝賢明者蓋平原之循吏沒而邑人故吏爲造堂闕者也中間又有安吉二字亦過此者所題祝其安神之義也濕陰前志作漯陰應劭曰漯水出東武陽東北入海師古曰漯它合反說文濕水出東郡東武陽入海从水㬎聲桑欽云出平原高唐徐鍇曰濕水東北至千乘入海㬎午合反故濕从㬎聲濕卽漯字而濕爲正漯則隸體之變爾與燥溼之字不同也是刻尙在武梁祠堂畫象之前而中間無題記人物之字從來著錄金石家皆罕有見之者洪氏隸續云於朱希眞家見二碑雖有車馬人物之狀然不可得而强名者其此之類歟

乾隆壬寅夏六月朔日北平翁方綱書于石墨書樓

禮器碑題名殘字

禮器碑山陽金鄉及項伯脩字知者最罕丁巳秋七月十四日北平翁方綱

漢西嶽華山廟碑

長垣商邱詒晉齋所藏無闕字褾冊舊本

乾隆五十八年歲在癸丑冬十二月十日北平翁方綱於商邱陳伯恭學士寓齋獲觀題記

漢碑惟郙閣頌有書者姓名耳是碑察字猶鐘鼎篆文某官某省之省也是日又書

摹山史所藏華山碑後之二十年始得見商邱藏本既喜拙詩為訂墨緣且以洪氏原本審核一字不差雖漫堂自題云缺十字然壽門鉤摹時尚未精審其實竟謂是完足無闕之本可矣山史本多闕固不必言即天一閣本宋元豐題首一字已泐去足徵此拓本最在前也既為臨唐題數行并系小詩於後因復記此方綱

西嶽華山碑唐宋題字小歐陽猶及見之今則無知者矣因商邱藏本有宋題字故為臨唐題於此

嘗與吾友錢辛楣詹事共論唐文宗年號大和是大非太今見四明范氏所藏延熹華嶽碑額旁唐題三段皆作大益信范氏此碑即豐南禺所藏本見於鮚埼亭題跋者雖亦有宋元豐題字而元字已泐矣足徵商邱此本更拓在前耳因為伯恭臨唐人題字並附識此方綱

蘇齋摹長垣商邱詒晉齋本

述聖頌碑石內亦有元豐乙丑知華州王子文題記與此題同時也王子文題名

王文孫舊藏本宋漫堂詩所謂河北金吾老愛此者是也王文孫名鵬沖是王覺斯親家覺斯題闕仝寒山行旅圖云已丑十二月爲文老親翁又題燕文貴匡廬清曉圖云文孫先生世寶順治六年上巳後二日又題云己丑八月席上再觀據此則老親翁上大字蓋原蹟紙墨有損當是文字耳王鐸跋

徐季海以是碑爲蔡中郎書中郎隸體尙肥故當與史晨劉熊夏承諸帖共論之竹垞所品尙非其實耳若但逺引鍾王而不援率更一家出自三公亦未爲得路也試以房彥謙碑參合范式碑則此間原委曉然矣癸丑冬十二月十日雪後炙硯書覃溪翁方綱

宋漫堂得此碑在康熙三十八年已卯西陂類稿延熹華嶽廟碑歌邵青門焉山公吳荊公王孟穀皆和作癸丑冬始獲見宋商邱所藏王長垣宋拓本十二月二日從恭伯陳學士借觀於寶蘇室晴窗下撫拓五日而還之視廿年前雙鉤王山史本形較細瘦而神逾厚矣昔桂未谷自曲阜借得金冬心所鉤摹一本卽從此出者春秋傳傳字訛作傅子竟誤據以付伯恭鋟木若非今親見之悔曷由追邪宋漫堂雖自言闕十字然此本實與洪氏所釋無異卽謂一字不闕可耳四明本雖具有唐宋題字然元豐元字已泐信知此爲海內第一本矣除夕前二日識

飮石來都門之知四明本元字紙破非石泐耳然則四明本畢竟還他第一也四明本予已摹爲大軸附識於此

四明本聞錢氏又售於邛氏甲寅三月朔記

延熹華嶽碑世所流傳烜赫之三本予皆摹藏之四明本僅得雙鉤本耳長垣本最完而用墨過重不無稍掩畫痕之憾惟山史本紙墨調勻古色盎然雖損失較多而神理最厚前人題識亦最富洵名蹟也安得以此三本合校而勒之石耶丙辰七月方綱記

四明嘉定揚州裱軸整本

嘉慶十四年秋九月北平翁方綱題記

昔顧南原撰隸辨謂宋漫堂藏華嶽碑卽華陰王山史本予親見王山史本與宋漫堂所藏實是二本乃知南原說之誤也今芸臺中丞得於嘉定錢氏則卽是全榭山結埼亭集所云四明豐氏之本非有二本也乾隆已酉予有寄題辛楣少詹得華山碑詩其明年秋辛楣擕至京借留予齋鉤摹成軸者亦卽此本也觀者勿以辛楣無跋而疑別一本也用山史本王孟津韻作

經師兼及蒐金石跋尾曾聞秘甬東未翦石間唐宋蹟誰追窗影廓塡中補摹河北金吾印想像南禺雪瓜鴻廿載紫雲堂下夢憑闌小語記錢翁乾隆庚戌仲秋辛楣持此本與予共賞是日晚飯曹受之紫雲書屋也此內無辛楣跋亦猶在四明時無豐跋而宋牧仲本得自河北王長垣亦無

長垣跋尾嘉慶十五年春三月十九日北平翁方綱時年七十有八

乾隆庚戌秋八月望後，嘉定錢竹汀持此未裝大幅來都，借留几間旬日，周山茨、陸咨士、羅兩峯同看。至今二十年矣。嘉慶庚午春三月十八日北平翁方綱記

是秋七月望，因校揚州新刻隸韻，復借至蘇齋諦審明白，並前雙鉤數行皆無差舛矣。圭字是作上下二層，其中間直畫正中不相連，而亦不多空。今日重刻本或有中直相連，又婁氏字原於中太過空者，皆未得其眞耳。方綱又書

蘇齋摹四明嘉定揚州本

案全榭山自言所藏華山廟碑額旁有唐宋諸題，今以華嶽廟中趙文淵、劉升八分諸碑上下左右皆有題識，知榭山之言不妄也。劉升碑有明河濱李楷升則題字云云，謹摹於此，以見是碑毀於地震之說蓋爲可信。第未知榭山所藏豐學士萬卷樓中物今在何所耳（地震後古碑大爲俗人所損，所存於榭者寥寥數碑耳）。名嶽之靈倘爲聚合，以快一觀。稽首稽首，敬志敬志。乾隆四十四年夏四月望日方綱書於小蓬萊閣

此本歸四明范氏，今爲嘉定錢辛楣少詹所得，未入辛楣齋之前一夕，張芑堂爲予鉤摹見寄。今予已廓塡裝成巨軸矣。十年舊夢，竟得踐言也。

華陰東郭王朱禠冊鵝本

乾隆甲午冬，吾友朱竹君學使自江南歸，以所得王無異藏本見示，卽所謂闕一百五字本也。予借來齋中彌十日，思力并諸跋鉤摹裝爲冊。此本明萬歷中藏華陰東肇商雲駒、蔭商雲雛兄弟之墨莊樓。雲駒以贈華州郭宗昌允伯。允伯號泚園，又號宛委山人，所居有松談閣。其家僮惠靈偃，史明二人者善裝潢，於天啓四年重裝，今此摹冊尺寸悉依之也。入國朝，歸華陰王宏撰。嘯月樓宏撰字無異，號山史。康熙八年攜此本至京師，明年庚戌自跋於後，云孫少宰有跋，而庚子銷夏記無之。後轉歸歙之何氏（程易疇說何氏號素峯）。乾隆丙戌歸徽州學官上海黃文蓮星槎。後七年癸巳，星槎以歸徵君吳江陸蘆墟。自識其臨本云：予得華山碑雙鉤本於顧南原家，謂從商邱宋尚書摹得原碑，卽華陰王無異家藏本。南原隸辨亦云：予從商邱宋尚書摹得之，卽無異藏本也。方綱既借竹君鉤摹此本爲冊，亦遂信爲卽商邱藏本矣。今年戊戌五月，曲阜桂未谷從顏氏家得金壽門雙鉤商邱家藏本，則凡王無異所闕之字，此皆有，因更爲鉤摹一本。又借竹君本來細校，別摹其副，以寄陝西俾中丞畢公勒諸祠下。既而以商邱詩核之，則所謂宋拓僅闕十字者，蓋卽此本也。而顧、陸所謂文字完好者，亦卽此本。蓋原石第三行首歲字、八行末門字、十行持

節祀焉節字未行杜遷石三字遺書佐書字又鄭字又蘇張下二字君下一字此十一字皆極殘損而亦皆稍可以意補者也陸臨弟三十二本自跋云近得補損之法是商邱之本闕十字王無異本闕百五字判然二本同在人間實無可疑者南原之說姜白蒲亦云爾此則傳聞之誤亦不必以爲疑矣春秋傳傳字陸臨正同而顧不錄者偶失之耳予旣喜二本積疑一旦豁然而又以未得闕十字之本快一對臨爲憾故姑就壽門雙鉤本補入王無異本以成全璧延不鍬合終當有曰爾姜名任脩如皐人雍正元年以王無異本摹勒上石三原王焯跋在康熙四年乙巳此在商邱得是碑之前三十餘年而已稱存海內者二本則是本並著於世久矣而陳子文金石遺文錄云華山廟碑趙子函舊物授諸王山史者趙子函三字當是郭允伯三字之譌已轉畀淮浦張力臣予訊之不獲循環於胸次者垂三十年甲申臘月出守黔州道經邗上從舊友周儀一處得見此碑繼晝臨摹兼錄諸題跋乙酉二月十三日皖江舟中書按劉潤生再觀此碑在康熙十四年乙卯下至四十四年乙酉正三十年而此碑後有山史庚戌六月自跋則其歸張力臣當即在此數年之後而宋漫堂得華山碑在康熙三十八年己卯陳子文則於康熙四十三年甲申見之邗上其非宋漫堂本可知此亦世有二本之確證矣乾隆戊戌秋七月九日北平翁方綱識

華山廟碑歌爲竹君學使賦

漢安元嘉與永壽東京碑字皆未磨今人獨於此碑惜謂出中郎重摹挲或云會稽攷古誤太史郎邪中郎過元常元嘉卒史字稱圭信否圖經說節筈門開殿基砌嘉靖年以範沙剷趙函所以慨作跋跋與洪趙非一科誰知此跋宛在此葉葉蠅楷如擘窠椒花舫深塵不到未展額篆先吟哦上溯周禮職方氏下薦巡狩豐年歌霸陵新豐地特紀袁君孫君績騈羅昭卬瞻仰女汝合鑒亭字更加切磋碑以鑒爲監亭爲亭洪未釋者惟初分隸亦仲作王蕭之志交相訶建初熹平源測委韓詩鄭易諺則那篆與隸分遞所減初但俯仰無撇波華山華亭記樊毅三碑皆系於光和建寧之前建初後篆隸斟酌無偏頗鎔金屈鐵七百字金精白帝高嵯峨三峯萬古一元氣想見於此旋羲娥精神融結到此本一二百年前已無多雲駒雲雛二東子墨莊樓中同手摩郭髯題曰郭香察小史遞以凍筆呵裝潢一藝成故實方于魯亦矜丸螺松談閣又翠微閣山史筆力追隸蝌孫顧二跋不可見諸老白髮來婆娑百年又隨江南客星虹萬丈藏烟蘿君今輕裝南返北一木匣抵千金馱君精六書勝於郭尉律不止言虞戈宜討本原證文字昌黎所謂如懸河沓人每用古金擬但稽職司不及它一碑可以談漢隸貫機字原較若何甲午正月

蘇齋摹華陰東郭王朱本

劉潤生再觀康熙十四年乙卯於是上距宛委之歿廿四年矣潤生爲宛委作金石史序云先生與父同齡忘年友余又云壬辰初夏聞先生歿以乙卯潤生母百齡計之則宛委歿於順治九年年將八十矣乾隆戊戌秋七月三日於原心亭校金石史歸而篝燈書此

瘦同將之陝西因畢秋帆中丞修嶽廟俾予重摹延熹碑勒之石系以詩

二東王郭皆秦人不聞手摹重勒秦吳中近來好事者前姜後陸爭鐫珉皆云商邱宋氏自闕百闕十誰比倫滄浪亭子漫堂詠翠微閣後二十春既從河北王氏購王文蓀那羨華下王家珍或云陸臨宋藏本完善宛出蘿椎新又在十字損者上幾若三本堂皆陳諸公所記必一誤萬事目覩方爲眞陸云欲臨三百遍前後巧拙奚斷斷山川精靈葢不偶金天貯鬱崇明禋中丞好古重市石舍人倘亦杜郭隣兼旬催我始落筆霱景正值澄秋□窗光墨縷引一髮倏忽倒薤垂千鈞初如攀鎖上龍背步步追躡疑有神又若通天箭筈口嶽蓮雲斷橫闗津孰云方整郎奇古要信安帖方嶙峋向來中郎認髣髴徒與洪婁追後塵我臨此本甫一再但覺元氣來渾淪他時足躡五千仞肅拜祠下重逡巡歸來巾箱磨片石兒孫雖遠氣脉親世間眞復有二本與雲觸石孰主賓未知山靈許我否因君致問王井濱

曲阜桂未谷以顏氏所藏華嶽碑雙鉤本見示卽顧南原所謂商邱宋氏完好本也爰爲補摹賦此

華陰商邱各藏一一闕百五一闕十曩疑此語今信之不敢專矜舊所習惜兩石本不並几此出鉤摹太拙澀按圖旣喜字無假寄陜況値碑重立往時姜陸一再刻爭託商邱所仆龔豈無中間補綴筆正爲追還元氣急方員奇正文質兼果若斯言焉得及舊云中郎非貌取我昨石經粗綆汲史晨夏承約畧間次仲籀斯相出入可憐今代顧文學撐拒洪婁頗岌岌買璞周人腊豈知無權子莫中焉執端從全拓論氣體何止二京量等級洪家急就已變古訓纂凡將要收拾商邱雖說字抵珠深意誰續前賢集我得見與顧陸同石本又先膏馥裛窗光響搨動積旬河北關西盡吾篋日明如水墨如珠欲是蓮峯雲氣溼雙鉤更不費神描篆縷空烟自呼吸

商邱陳伯恭編修刻予所摹漢延熹華嶽碑賦此代跋

陳子刻此葢有由前後嗜古皆商邱商邱三本不可見手追目想二十秋華陰所藏或疑是異哉我忽瞻雙鉤冬心先生大滌住金壽門所摹何以得見梁園收安知非出鼠腊假奇在二本鍼石投一百五處玉璺合儼八萬戶凹九修華陰本闕月微朒前脇後尾纖纖留尚煩前人屢驚怪欲於漢隸矜最優商邱本拓想更早波法必極

豐而適漢隸於斯特小變適其剛勁豐其柔中郎蹟自石經外劉熊最著不可求夏承州輔幾摹勒吾於夏石窮冥搜頗信中郎法不遠無若此刻神相謀書評豈必黨徐浩圖經要異題鍾繇故從兩本證一是瘦肥增減得巧偷叅以七經倘書法雁行苗裔風悠悠碑後作圖寸縮尺近刻欲傲褚與牛昨者中丞嶽祠葺紙本摹寄煩置郵私心終擬自市石喬嶽精靈非易酬陳子浩蕩生感激手磨萬墨工未鳩（萬墨伯泰齋名）盡刻前賢跋贊詠十日據案精校讐未知西陂鑒賞日賓明之樂有此不西陂一本倘在世深夜光氣騰蛟虯必驚隣家聒村巷陳子力購寧肯休爾時再借華陰本對案寶鼎歊雲浮然

後踐我市石願陜本陳本鼎足儔金精元氣射東海運池下視沫一漚更窮石泥銀牒紀鉤梯字勒神所遊莫輕界文續隸續神之式之同咨疇松風吹沸墨花舞寒具不怕桓元油已亥正月三日方綱書於小蓬萊閣

漢西嶽華山廟碑延熹八年立此拓本校洪氏隸釋少九十七字則宋末所拓抑明初所拓皆未可知今人獨貴之者石久亡而拓本無二也昔都南濠援徐浩古迹記以爲蔡中郎書趙子函云郭香乃莅中郎書邪今雖不能定爲果中郎書然顧亭林朱竹垞皆謂律歷志郭香卽此人攷郭香之名見於五官郎中馮光沛相上計掾陳晃奏中事下三府集議其時坐侍中西北與光晃相難問者卽蔡邕爾在熹平四年三月九日也邕可以理香之說則香何不可以察邕之書哉邕集中所謂楊秉碑正在延熹八年而秉又華陰人也若碑中字體奇正互出古今迭用非邕隸勢所謂脩短相副異體同勢奇姿譎誕靡有常制者乎卽以二三字略言之如克字陵字皆加點與說文不合而與古籀奇字轉近夏承碑克字亦有點世或以夏碑亦出中郎雖不可盡信然必非無因也佩觽云李少監陽冰說蔡中郎以豊同豐又與此碑合矣惟以王爲玉玊欣救思六二切玉工也今以通玉則未知何出然載攷高直闕楊著碑楊統碑陰皆然是王玉通用漢人類如此矣至於碑額廟字句作

庿則諸體所無不敢妄爲之說也竹垞云兼諸碑之長爲漢隸弟一愚謂兼諸碑之長則然矣至若禮器百石卒史二碑之渾古蒼朴更無復楷隸之蹤此碑上通篆下通楷借以觀前後變遷之所以然則於書道源流最易見也夫使人易見者非其最至者也婁彥發字源摹勢頗有誤顧南原隸辨多正之南原摹自宋漫堂家雙鉤本漫堂雙鉤則出自此本吾友朱竹君學使得自江南歸而示予遂借於齋中殫十日思力雙鉤此本未知去漫堂本若何顧以前人往復鑒賞之物方綱後生末學得十日與俱足矣并臨其跋語數條裝冊而書於後

乾隆三十有九年歲在甲午十月十九日

碑石有紋如碁局後有唐人題名今皆不可攷矣趙子函跋謂嘉靖中縣令修嶽廟碎爲砌石顧亭林謂嘉靖三十四年地震毀二說不同然使果毀於地震亦必尚有片石存者恐趙說是也此拓本明萬歷中藏華陰東肇商雲駒蔭商雲雛兄弟之墨莊樓雲駒以贈華州郭宗昌允伯允伯號泟園又號宛委山人所居有松談閣其家僮惠靈偃史明二人善裝潢於天啟四年重裝入

國朝歸華陰王宏撰嘯月樓宏撰字無異號山史於

康熙八年攜此帖至京師明年庚戌自跋於後戒子孫不得輕乞人題跋又云孫顧王三跋別爲冊顧跋見金石文字記而孫跋庚子銷夏記無之此後轉入江南朱漫堂中丞曾就此雙鉤而此本歸歙之何氏乾隆三十一年丙戌歸徽州學官上海黃文蓮星槎後七年癸巳星槎以贈朱竹君學使學使按史記封禪書漢書郊祀志後漢袁安傳以證其事又據六書以考是碑其可以見篆隸楷之遞變者有六一曰本字虗祠華嵩是也二曰古通字壼脩假趾亭摩大共女是也三曰與小篆合侯殷興秦並豋風瘞起精銘曰奄州惟恭尉陰臨會是也四曰變篆而意則存滈其年農制巖荒梁雍展斂香是也五曰變篆作俗書之偏周禮之通氣歲夏承召時豐前亡西深垂于棠舞漢兼章馨吉無明京陵得掾德勅額是也六曰篆變而楷不從施是寔原峻翔致是也竹君自跋云尒而闕字從夕則㑊寓三五盈闕之義不特門觀而已顧南原之是正諸字也獨於岐字引玉篇攴爲古攴字然玉篇初無此文而婁彥發原本此字尚與碑合不知南原何以正之若陵字加點則諸家皆未之及蓋字勢之變非一端而已也竹君得此本之明年借留予寶蘇室旬日來晝夜航玩若亦與予有深契者他日倘力能市石更遇好手庶得重勒片石傳之翰墨精靈名嶽神祇共聞斯言已是日又書

借華山廟碑鉤臨畢見其前有王孟津書所作詩凡六首愛而并臨之遂和韻

增減何論篆大小款銘底問漢西東併將行楷橫斜勢都入方員平直中仰止高山驚一翮後來大海等羣鴻張遷碑肯僅流麗欲問小長蘆釣翁朱竹垞跋謂此碑兼漢諸碑之長而獨以流麗推張遷碑　古文豈本不從山東亥平量漫等閒古變今仍今合古古今文字一機關　三峯石門遐俱迷二月江南草又萋誰續一編洪相國抵他六紙庾安西諸老何須華下歸案頭欻有嶽雲飛小窗明月梅花夢一夜松聲來拂衣　椒花舫子香氤氳古鼎照人非墨痕我謀欽識徧鉛槧薛尚功溯揚子雲　玉烟一片劃嶔崟安得良工肯苦心比似禹碑青赤字不愁綠樹嘯猿深十九日書於寶蘇室方綱

漢石經尚書論語殘碑

隸釋云石經尚書殘碑較孔安國尚書多十字少二十一字不同者五十五字借用者八字方綱案此所謂多少幾字者僅指洪氏所得見者言之今若以孔本度其全碑之字合存與闕計之尚書盤庚篇之五行第一行七十一字第二行七十四字第三行七十九字第四行七十六字論語爲政篇之八行第一行連空格凡七十六字第二行七十四字第三行七十三字第四行七十五字第五行七十四字第六行七十二字第七行七十一字堯曰篇之四行第一行七十四字第二行七十九字第三行七十四字其各末一行則難計也蓋隸釋

廣川書跋皆言碑高一丈廣四尺以漢尺度之每字高廣一寸以諸書所記碑石之數核之諸經字數則所謂表裏隸書者當得其實其每行之數不同者則或經文有增損較今板本不同者不可以臆知矣

宋乾道中洪适以所得尚書儀禮公羊論語千九百餘字鐫之會稽蓬萊閣凡八石吾邱衍云石經遺字碑會稽蓬萊閣翻本破缺磨滅不異眞古碑竊以蓬萊閣石刻不見于諸家著錄隸釋所載則尚書五百四十七字魯詩百七十三字儀禮四十五字公羊三百七十五字論語九百七十一字其爲八石或牽連接續鐫之或每段別自起訖皆未可知今堯曰篇文自起一行前無鄰接之字而尚書盤庚篇庚字論語堯曰篇冠字然字尚皆微露一二筆爲政篇女字尚有全字而洪皆云闕則或疑其未必是蓬萊閣重刻本也然洪所云闕者如禮器碑更字國字之類今拓本尚有可辨則或當日偶未細檢者尚不止此碑而重摹漢石經者復有成都胡元質刻本越州石氏重刻本靖江王府重刻本顧炎武謂見於鄒平張氏京師孫氏家者尚書盤庚篇三十餘字論語爲政篇七十餘字堯曰篇三十餘字似乎所見卽是此本特字數未之核爾孫承澤庚子銷夏記則直以爲蔡邕原本謂宋初開地唐御史府得石經十餘石又嘉祐中居民治地得碎石洗視乃石經此本蓋彼時所

搨也然黃伯思見尚書二百三十六字董逌見論語第一至第十四一石二百七十八字十八至二十一石三百五十七字二書所舉與今本異者蓋卽洪所見之本而孫氏藏本裝入硯山齋秘笈者後爲華亭王鴻緒所得長洲何焯猶及見之何云是越州石氏模本然亦不言所以定爲石氏本之據要之孫氏所得卽此拓本之字則灼然無疑者也乾隆四十二年秋八月廿六日北平翁方綱跋

洪氏又云諸經字體各不同公羊詩書儀禮又在論語上劉寬碑陰王曜題名則公羊詩書之鴈行黃初孔廟碑則論語之苗裔若然則洪氏之論固謂瘦勝於肥矣

今以此拓本證之良然廿七日晨起書

蔡邕諸人書石經在鴻都未立學之前三年後人以熹平石經目曰鴻都石經者非也光和元年二月始置鴻都門學

近日吳中顧藹吉著隸辨謂嘗摹北海孫氏藏本然所錄字近百名頗與此不合葢顧氏但據洪婁二書爲之耳非眞見石本也

今年四月陳吉士崇本以所得漢石經殘字來眎凡六十七字尚書魯詩儀禮公羊論語皆具字逕漢尺二寸外波勢亦遒既手摹之矣然心疑中郎石經字不應如此之大今見此本迺爲釋然毋論孝子之子及瘦下無哉字與洪董合也今日客或有以小字疑者不知趙明誠已言蔡中郎小字八分矣且若使字至二寸外則六經文字將至數百碑十丈之堂所不能容矣此又不待辨而自明者也九月一日方綱

吾鄉孫退谷研山齋所藏漢石經殘字今在松江王周謨侍御處門人吳雄堂進士以楷書寫寄比予所摹黃秋盦藏本多凶德綏績四字又見白蒲姜退畊摹刻北海孫氏本止多德字右半而已何義門云孫退谷所藏漢石經是越州石氏模本愚案隸續云稽山石邦哲熙明聚碑頗富今亡矣假之其子祖禮故能成書於越又案越州石氏刻帖之目見於寶刻叢編漢石經在焉其摹刻歲月雖不可考大約與洪氏蓬萊之刻其時當不相遠又適皆在越州則恐即是洪氏之本耳北平翁方綱

漢武梁祠畫象

伏戲倉精初造王業畫卦結繩以理海內

案王業字是工非王不待攷辨而後知也即石鼓遴車既王之王字亦是如此北平翁方綱

方綱案易正義曰垂衣裳者以前衣皮其制短小今衣絲麻布帛其制長大故云垂衣裳也今觀武梁祠畫自黃帝以前伏戲祝誦神農衣皆短小可徵經義矣

又案此畫卦伏羲氏手持曲尺葢以矩象畫卦也故於初造工業首以畫卦言之昔得吳門陸氏摹本與張石公舍人塤同觀石公云曲尺矩也所謂圓出於方方出於矩矩出於九九八十一也曲尺中間小尺弦也方圓皆有弦邪逕相通之率也圓爲句方爲股矩廣長也小尺邪逕爲弦其象爲◺因而圓之逕一而周三所謂句廣三也又所謂環矩以爲圓也參天兩地而倚數參天句也兩地股也句股正歷舍矩不能從事也

祝誦氏無所造爲未有耆欲口罰未施

方綱案耆即嗜字此何待辨且洪氏所錄乃作耆字並不作者字諸君葢未見隸釋善本耳又案沮誦乃黃帝史當在人臣之列不應與羲農並也通鑑前編云祝融氏又曰祝誦氏是時天下治和萬物咸若祝融聽弇州之鳴鳥以爲樂歌是也顧氏隸辨誦字收入一東韻融字下正與此合矣

神農氏因宜教田辟土種穀以振萬民

方綱案易神農氏作斲木爲耜揉木爲耒考工記匠人爲溝洫耜廣五寸二耜爲耦注古者耜一金疏謂耒頭金金廣五寸鄭云耜一金對後代耜岐頭二金者至後漢用牛耕種故有岐頭兩腳耜今猶然也據此則此圖中田器端分兩股者似非古制矣然說文苿兩刃臿也從木丫象形宋魏曰苿也互瓜切梠臿也詳里切或作梩臣鉉等曰今俗作耜據此苿梠梩皆一物也合以證之初未嘗必以一金爲古制而說文所解小篆非興於漢以其苿從木丫象形苿者丫乃分別之勢則耒端之兩分葢亦非必起於後世矣正可援說文此條以詁周易斲木之義者也

黃帝多所改作造兵井田制衣裳立宮宅

方綱案通鑑黃帝用甲兵制陳法以師兵爲營衛於是畫野分州得百里之國萬區遂經土設井立步制畝使八家爲井井開四道而分八宅井一爲鄰鄰三爲朋朋三爲里里五爲邑邑十爲都都十爲師師十爲州分之於井而計於州則地著而數詳此段所言造兵井田云云者即其事也

帝堯放勳其仁如天其知如神就之如日望之如雲

方綱案顧南原云勳諸碑从員省爲重此復變重爲童

今所行重刊字原摹本失之

帝舜名重華耕於歷山外養三年

洪氏隸釋止有帝舜名重華五字蓋拓本偶闕非原泐也翁方綱

夏禹長於地理脉泉知陰隨時設防退爲肉刑

方綱案此退字實非遏字洪氏初不誤也以今所見拓本驗之退字無疑

方綱案禮曰委貌周道也章甫殷道也毋追夏后氏之道也鄭注毋發聲也追猶堆也夏后氏質以其形名之也漢書輿服志曰委貌冠皮弁冠同制長七寸高四寸制如覆杯前高廣後卑銳所謂夏之毋追殷之章甫者

也此條並可與鄭司農釋周官禮之義相參證也

曾子質孝以通神明貫感神祇著早來方後世

凱式□□無綱

曾子質孝以通神明貫感神祇著靈來方後世凱式□□無綱此條方綱審定改正釋文如此來方者即將來之義猶言方來又言方將也

讒言三至慈母投杼　此一榜在象之下方橫書洪氏所遺方綱補錄

閔子騫與假母居愛有偏移子騫衣寒御車失

棰　子騫後母弟　子騫父

張石公曰輈應在車下二馬駕之輈在二馬間也今畫輈在一馬旁非也方綱案陳祥道禮書曰先儒謂天子駕六諸侯與卿駕四大夫駕三士駕二庶人駕一庾蔚曰漢世駕一馬而坐乘此圖漢時所畫恐未必盡合於周制也若蓋桯達常之式則已略具矣

方綱按徧即偏字

方綱按第一跋小印糢糊下有鑒字未攷其爲何人然以椣作禾旁誤也往者高郵王石臞念孫說此字凡數條今日在沇州使院予門人南城王實齋聘珍亦爲此字覼縷援引甚爲博洽然予以爲此漢世胥史之書偶有通變不足異爾

方綱於丁酉秋聞秋盦說揚州汪君雪礓家藏是冊至

己亥冬謀諸羅兩峯江秋史欲借觀而不得至癸卯春秋盦借吳門陸氏摹本寄予予因手摹一本并詳記其畫像甲辰春又得江君所寄油素影摹本而秋盦復摹其隸書來屬予題識因合三本參互考證著於予所譔兩漢金石記卷內至丙午秋秋盦於嘉祥縣紫雲山覓全訪得武氏祠闕畫像題字甚多則洪氏所載於隸續者一旦具得其石且補出洪氏所未見者前後凡數十字於是秋盦與予二人十年以來心營目想之狀皆豁然得識其眞矣今汪氏竟以此冊歸於秋盦是天所以報其剔石之勤實古今著錄家鑒賞家所未有之大快也今秋盦寄此冊來屬題而方綱之與此冊亦倍有

神交氣合之夙緣既系以小詩復書此以識之區區石墨名樓寘與秋盦共結小蓬萊之約矣

朱竹垞跋引史繩祖說按繩祖字慶長眉山人嘗受業於魏了翁官至直煥章閣主管成都玉局觀其大父武陽君精篆隸嘗撰隸格一編以補鄱陽洪氏之書其所藏武梁祠石像本自完好如新隸法可為楷式有其乾道丁亥自跋又南宋衛博號定菴官樞密院編修跋武氏石室畫象云此本文字奇古少譌缺尤可珍愛乾道丁亥夏客有持示建康尹云郎張如瑩尚書家所藏本也定菴又云聞之喻子才郎中南渡後四十年纔得見之蓋在宋時此柘本之難得已如此今見此冊紙墨之

古豈即衛氏所云張尚書本者耶乾隆五十六年歲在辛亥冬十月二日北平翁方綱

漢王稚子二闕

王稚子闕洪氏隸續所錄凡三見其第五卷第十三卷皆各為之圖一圖其闕式一圖其畫象也又其第二卷別出雒陽稚子一題云右先置雒陽稚子六字其大小與王稚闕相若而波磔不越乎規矩之外亦刻於稚子闕上但殘闕不具無先後之序愚按此六字即其額也不應別出一題其置字蓋即靈字之譌耳又新城王文簡秦蜀驛程後記詳錄闕上題記之文按文簡此記作於康熙卅五年丙子在黃子羽為新都令倩工拓碑後之五十三年而其時不但雙闕具存且闕上所刻人物象虎海馬師子之形及逐層後人題記之字皆無恙則

黃子羽作令時其完好更可知也然此拓本漫漶太甚蓋出於工人之鹵莽若州字中直之岐出河字下點令字上半皆屬描失且其上數層之文皆置之不拓誠可憾也然洪氏所得拓本又在黃子羽之前五百年而已譌靈為置則其石泐已久又可知也前人門人陳和軒觀察入蜀以拓本見寄則僅存雒陽令一闕及闕後陰之二半行耳然其拓法轉勝於此本以是歎善本之難得而此冊雙闕具存尤可貴也予既重感秋盦所獲之不偶因為遍考前人著錄之文臨寫于後

西漢循吏稱文翁葬于成都其石室在學宮東漢循吏稱王稚子葬于鄭縣即今之新都其石闕在道旁然石

室依古禮殿得不磨滅而石闕獨暴露骨立可憐歷兩漢千三百餘年間二人爲古今吏師而遺跡亭亭勢參戟肩氣凛雪山蓋官學者所當臣于下風以幸教髣髴而至有未及知者其不顯如此予訪古石類得秦石犀石笋漢石室石柱石闕凡物五若犀笋與柱無甚損益事而石闕苟不朽則實二人之甘棠也于是新都令王君天常趣古甚力得予說因請大尹莆陽蔡公爲稚子作屋書榜以昭昬昬按闕面有隸字三十一法度勁古過于鍾梁闕上下有衣冠鳥獸等象僅可辨氣韻精簡過于顧陸并以告來者

右王稚子闕之陰予所見殘拓本僅存前二行廿三字今據蜀都碎事補臨全文於此此文宋劉涇字巨濟所作凡楷書十一行行廿三字

宛邱李昇符季士宏鄒膺權眉張剛壬午歲季冬廿四日龍舒陳口公觀此建中靖國元年洛陽張戩岷山張剛汴西馬中行同迓大尹清源口口

此在闕上之第三層周遭行楷橫書今石已不存

唐安張察先至　紹興八年秋八口伯疆口漢同來

此二段在闕上之第四層今石已不存一段直書一段八分橫書

建安吴栻口赴鎮明年二月口皆謁漢循吏王口城東兼同之激口

右一段在闕上第五層之西面直下行書今石已不存

若犀筍與柱口也於是新都口大尹莆陽口口

右一段在第五層之北面直下行楷書今石已不存

以上凡五段皆後人題字今竝未見拓本據新城王文簡秦蜀驛程後記補錄于此乾隆五十年歲在乙巳冬冬十月有五日北平翁方綱

漢魏君碑

右漢故涼州刺史魏君之碑凡存四百九十五字以校洪氏隸釋所錄者少其二十五字多其七字秦下逝字輶奚之下謚類二字百典下祭字三方失下來字二書下之字沓壽下軌字凡七字皆洪氏所無也碑內僊卽遷字穌字卽穆字其作鉥者隸釋板本誤以㚇爲皇也劵勢也鄭康成曰劵今倦字漢碑皆以劵爲倦既是倦之本字何煩訓解婁氏字原乃云劵蓋倦字他碑所未用者又以置於契劵劵字之下蓋誤以从力者爲从刀也

洪氏碑式云碑十六行石已斷剝所存者行三十一字

題名四行行四人然則洪不言陰是題名卽在正面非碑陰也今拓本略可見者十三人又其微露一二筆如糸旁之類洪所未及耳周龍幼與下一齊字當亦別是一人

是碑樸質蒼勁微似張遷碑而加之流逸又閒出以參差錯落之致漢隸能品也後題四行竟類韓勑禮器碑而又有下開唐隸處覃溪方綱

此泰安趙氏所舊藏世無二本也方綱又記

張石公舍人跋又補釋三處春秋六十確是六字予已據此補入釋文內矣至於究是台輔確是字舍人誤看作分耳若周嘉彥英下其紙直連樂浪太守樂浪太守劇鷟元才下其紙直連[redacted]薄令劇皇脩正以此襟本未翦斷而益知洪氏之是也蓋洪氏固云題名四行行四人也今自周嘉彥英下至樂浪太守恰於中隔三人再自元才下至薄令亦恰隔三人而其紙適皆接連於是知洪氏隸釋所書題名皆是案原石橫列書之先其上列而後及其次列也近日著錄金石諸家往往忽而依橫書爲序迄未有以訂正而畫一之者今得此條始知洪氏所錄皆依橫列爲序自今可據以爲著錄之定式而非舍人之言亦莫吾發也因併附識于後方綱

漢靈臺碑

右成陽靈臺碑重刻本字逕寸許與倉頡廟碑字形大小相近彼參差無格而此皆畫一但重刻本或未具界紋耳此標冊雖逐行翦截然其中如乾以之象二行紙仍相連雨時降以下三行紙亦相連咸歌頌聲以下三行紙亦相連則標工雖巧終莫能泯其重刻之迹也其與洪本異者連白表奏白洪作自當是洪刻之譌立闕通天立洪作上則二字皆可通存以俟考可也下應下洪闕五字今諦審其弟二字是刑字卽形也服之延壽下洪闕二字今諦審似是哀平二字而此平字之下半微譌耳崇如下洪闕二字今諦審似是不積二字此三處並足以補訂隸釋者也崇如之如與前感赤龍交如生堯句之如字皆卽而字古而如通用也又洪氏所未釋者柜卽矩字婁氏字源於語韻别出柜字非也莫不被德洪本作被然是碑被字皆書爲彼則此未必是被字今審此拓本左與木旁相近右與包字相近恐是枹字此亦當存攷者也至於案經攷典案字此拓本下半作某上受苻命上字此拓本作其則皆翻本之誤也其最誤者則銘內云歷紀盈千盈卽盈字洪婁二書所同盈千云者統以千計之詞今見此拓本乃作四千案通鑑帝堯一百載癸未歲至後漢靈帝建寧五年壬子歲凡二千四百三十年何以云四千也葢因拓本剝泐盈字上半已失遂止據其下半皿字形近四字而致譌耳然就此一字驗之則此刻字形大小已有改動吾不能信其他字之亦有改作否矣末一行年月之年字垂筆下逾二格漢隸惟見五鳳二年石刻暨宛令益州刺史李君碑與此而三矣益漢隸中每有此體婁氏字原已言之也裔字則此拓本獨與洪婁所錄不同此本雖是重刻自有的據況筆法渾勁必非譌作也然其中亦恐原石旣泐泐痕與筆勢界在銖黍未可以膠柱鼓瑟者愚是以第就其與洪婁所錄暨洪氏滂喜一章足相證者摹存於篋以資攷核而其餘諸字如圖之爲圖神之加點雖出洪婁所錄而亦未敢處處援以傅會恐涉於近日顧南原之所爲也乾隆乙巳秋七月廿四日北平翁方綱識

崇如不頹頹與涯爲韻此頹字亦秋史所釋也堯廟碑又曰高如不危滿如不溢與此句可以互證也可舞八口以奏大章八下當是詠字葢亦葛天氏八闋之類歟

方綱

漢譙君碑

右小黃門譙敏碑并額重刻本雖字畫失眞紙墨尚舊洪氏所闕二字今諦審之優遊下似是氏字恐借爲邸也喪七上似是乃字末云中平四年七月十八日癸卯造隸釋作廿八日今驗此拓本是十字是年七月丙戌朔則癸卯是十八日無疑當據此以正隸釋之誤也覃谿方綱

漢朱伯靈殘碑

右漢故幽州刺史朱龜殘碑并額計中間空闕處與洪氏隸釋正同而尚軼去大半是重刻本之僅存者字畫之古勁非宋以後人所能摹勒當卽作中平原刻觀矣秋盦以所得成陽靈臺碑小黃門譙敏碑暨是碑三種屬爲跋尾三碑之中是碑最爲精妙以洪所云闕者攷之遒種下似是書字解黨上一字左系旁右似疋以愚意度之原本是疏字蓋左疋上了微近系首拓本糢糊致譌耳爾乃之乃上半是　蓋原拓不甚分明鑒賞家幸勿作平頂觀也

隸圖云朱龜碑篆額二行有穿文十七行行卅三字有碁局紋今惟見界文餘不可攷矣然歐陽公云于時幽州州下滅一字以君爲御史中丞其後磨滅小歐陽又云龜廣陵人蓋歐陽所得是極殘損之本故致于時益州益譌爲幽而廣陵太守之孫譌爲廣陵人也今見此殘拓抑又何減昔人所得耶

是碑書勢多變方爲圓在漢隸中爲最近篆者宜六朝變楷之後以永興嗣山陰也觀漢隸當合前後原流觀之乙巳秋七月廿三日跋此四條方綱

緑過邊皆不確觀者勿信也此祖石在歐趙洪之前也方綱又書

遒種下是書惠二字惠字江秋史所釋的確不易卽此

二字尙於重刻之本辨出則其祖石本在洪氏所得一本之前何待言哉方綱

漢子游殘碑

嘉慶三年四月廿五日安陽令趙希璜得此石於縣北四十里之豐樂鎭西門豹祠內土人埋於地中灰沙蒙翳其友偃師武君及徐柴二君爲助力洗剔乃稍可辨如此趙君自爲之記翁方綱

坿安陽新出四漢碑歌

安陽城北神祠廡漢四殘碑齊出土其一分爲左右二何減昔說任城五漢碑最著兗與濟裒斜石門太脩阻安陽近在河豫間何人富穴爲楹礎柱折埋頹又幾年奇光鬱鬱今纔覩子游一碑歲永初一日元孫一孰祖其一大字最遒逸力似孔宙神飛舞一云

辛酉三月日建元光和歲誰譜略云業在春秋學著錄百八傳訓詁得非嚴顏弟子行潁川鄢陵泒齊晉銘文闕泐作者誰永建八書有誰語徘徊三歎世邈遠戀鳳一翮珍鎩羽劉寬四石澀難得楊震四碑贋奚取前年黃子與何君杏壇二刻重扶樹近來我輩金石癖果邀造物精靈聚十年不得趙生出三段記摹歐帖貽行春拜謁西門君好風來拂蘇齋塵徐柴二子力勤滌武君三禮功同剖（盧谷方著三禮義證）坿之三傳證六書寸許八分稚萬古釋文豈但續洪隷作詩寄趙兼訊武墨卿使節過安陽定拓百本充囊褚擘窠題作四碑齋嘉慶三年歲戊午

乾隆癸丑三月先子得孔君碣於孔林墻外親爲洗滌移置廟內小松司馬爲繪滌碑圖徵同人題詠記事詩中所云蓋指此也方穀

漢禮器碑陰題名

此在禮器碑陰末行陳國苦虞崇伯宗之外邊拓者多遺失之七人者序銘一人書韓明府衙一人書故涿郡太守以下一人書碑陰名一人書增入諸名一人書左右側各一人書也顧南原謂碑字參錯不齊有後人附增者王篛林又謂其字體數變皆未知碑陰有此七人所作之文耳吾齋有此舊拓本東卿爲摹石傳之有功於金石匪淺也嘉慶癸酉春二月望北平翁方綱（時年八十有一）

漢隸書人名曜奴等七人最古矣此外朱登（衛方碑）仇靖（西狹頌）仇紼（郙閣頌）孫興（張遷碑）皆具本碑若石經蔡邕等雖著聞而未詳鍾繇（百石卒史碑）蔡邕（夏承碑）皆後人所題耳惜師宜官之耿球碑無傳也方綱又識

魏范式碑

是碑洪氏已多闕文隸續所列碑式無之其行次位置不可攷矣今以此舊拓本驗之每行存二十二三字下半剝泐是通計二十許行也又有洪所未錄數字尚存髣髴今亦不敢遽以補釋矣此本泰安趙閣老家舊藏後歸歷城郭氏今歸錢塘黃秋盦爲海內希有之蹟矣先是戊戌夏膠州崔君墨雲得是碑額於濟寧龍門坊水口石下魚臺令莫君拓其文遺予邀心翁魚門同觀賦詩至今五年果得見此舊拓本信乎文字之緣精靈感召非偶然也是碑舊說多誤糾李嗣眞書品之文予別有辨詳于後癸卯臘月十九日北平翁方綱

今年夏曲阜桂未谷書來云於歷城郭氏見范巨卿碑翦標本可辨者三百三十字而已結體在衞方韓仁之間與漢石經絕不類李嗣眞乃定爲蔡書無論立碑年歲不合即筆法亦大相遠矣未谷精于分隸所鑒當不差得是札後寤寐以之其秋九月得黃小松自濟寧所寓書乃知是碑爲小松所得將託孔戶部葒谷使人之便寄來京師俾予與同人題之至其冬十二月是碑寄至予既爲雙鉤一本又爲補未谷所未辨之字十有一正洪氏所釋誤字一（忠誤洪氏誤作志誤）潛心坐臥其下三日而知未谷之鑒弗確也蔡中郎卒於初平三年壬申是碑立於青龍三年乙卯相去四十三年此非他碑在漢末所立可以傅會蔡書者比也稍有知識者不至謬誤若此況李嗣眞在唐初負藝苑重名其肯自蹈於後人之譏議乎自趙德父金石錄始糾嗣眞之誤而洪文惠隸釋婁彥發漢隸字源以至近今凡著錄金石家無不以此爲口實于是未谷又增一語以爲與石經不類而李嗣眞之謬妄爲千人共掊者矣予乃取李嗣眞書後品之文讀之而知李嗣眞不誤而諸家之誤也書品此條乃論列梁蔡皇衞諸家之書其言曰毋邱興碑云是索書比蔡石經無相假借蔡公諸體惟有范巨卿碑風華豔麗古今冠絕詳李此言之意蓋合同時諸家與蔡相衡校而漢碑多不著名氏漢末一時隸法大都習蔡之體者居多惟有毋邱興一碑云是索書則其意以范巨卿碑爲不知何人書可知矣其上句云比蔡石經無相假借是專指蔡所書石經之一體言之所以下句轉出蔡公諸體謂同時學蔡書者不止學其石經一體耳蓋隸之爲勢非一而蔡之結體公私巨細其應千變如當時芝英體亦或以爲蔡書是也蔡書之體既非一端而學蔡書者亦非一人就其中蔡體之善者則莫若范巨卿碑耳此言本極明白猶之後人品唐碑亦云歐體顏體豈可即指爲率更之書魯公之書乎至於石經本非中郎一手所書今日石經拓本又已百不存一何得以是碑與石經比校耶況即使同出一手而應詔莊敬之體

與平日隨手之變亦自不同予嘗辨西嶽華山夏承劉熊諸碑昔人以爲蔡中郎書者其言皆非無據洪氏云書家名氏非出于本碑者概不足信此語以評唐宋以後之碑則可若漢碑則皆無書人名氏安得有出於本碑者哉如小歐陽於漢碑每條下皆係一語云右無撰書人名氏不亦贅乎是碑於勁利之中出以淳朴而頓挫節制神采煥發實高出漢末皇象梁鵠諸家之上其目爲蔡體第一者蓋李嗣眞見學蔡之書必多乃有此折衷之鑒不特是碑之品目上下原流劃然可尋而蔡書之勢亦因此可得其圭臬後來歐陽率更書法之秘筆筆皆從此碑得之此非深求漢唐接續之脈者未易語也予嘗竊謂漢碑自以韓叔節禮器碑爲冠若蔡中郎最有名於時其實在漢隸中非其至者然此事探原會委兩漢之書至中郎而發揮始爲盡致是以後之稱述者尤爲烜赫而唐人楷隸之祖實以是爲俎豆不祧之壇墠焉蓋嘗論書有形質有性情若禮器諸碑則形質性情合同渾化學者莫尋其端倪是以但得其形質而忘其性情是非學人之拙正亦以其境地之太高也惟至於此碑則形質皆呈露爲性情在唐初既見稱於李嗣眞則唐賢諸家當必人人服習且中郎爲漢隸之大宗書家之正路幸賴唐賢編論必有師承千百年之後猶得借此一碑爲之津逮其於書學或倘稍有補乎今必謂指爲中郎書者無所攷據而彼其駁之疑之者抑又何嘗有所攷據不過一倡百和喜於翻前人語必欲使漢隸中不許有中郎一撇一拂而後已中郎何辜而致此耶自今宜懸李嗣眞書後品之語以爲范巨卿碑之定評而予之得見此舊拓本因於千百年書學淵源一大關捩借以發明不亦大快幸哉北平翁方綱

張石公跋謂嘖非賾然已但訓爲至則非也易繫辭賾字九家作冊京作嘖嘖訓情也虞翻曰嘖謂初也揚雄太元化在嘖也范注陽氣潛地下故云化在嘖據此二訓正與採字義合亦不當引說文也廿日方綱識

是碑褾冊之首有都省書畫之印案是印爲元內府鑒藏所用則是本爲宋拓無疑矣特字有殘失者所以更少於洪氏之本耳甲辰二月二日覃谿方綱識

北齊造銅雀臺石奩門銘

北齊天保七年脩廣三臺宮殿至九年竣故此刻云八年九年也後三行人名猶存古刻先上列後下列之式亦攷證者所宜知也北平翁方綱識

坿詩

高家丁丑到戊寅銅雀臺造石奩門千二百年片石出拭苔弔古漳河濱安陽趙令王學使後先拓其蘇齋論此臺雖是建安造應劉七子無碓文匍邪孫兒窨銘字馬子石室謠誰聞此銘乃計百代後軍主幢主名猶存爾時石書用石墨兼隸楷仍隸分鐫鑱凹凸古所笑遺刻那溮隋與陳文深仲琁覓不得我方日辨歐虞眞大河迢迢水花綠爲我柱銘洗薛純天保八年丁丑即李寅即永興生之年也愚在中州金石所飢渴冈圩者碎書砥柱銘也故詩末及之方綱又識

蘇齋選碑說

昔賢尙葦謂有唐一代未嘗見右軍正書故許唐碑者當以仰承晉法爲圭臬焉

率更書化度寺碑

眞本惟范氏書樓殘石星鳳希遘宋初翻本近千字者已失其眞矣

永興書孔子廟堂碑今已得見唐石眞本矣詳具續書冊內

眞本不可見世所行者陜本圓腴城武本淸勁以二本參酌庶幾近之

率更九成宮醴泉銘

北宋拓者極肥厚

以上三種實右軍嫡乳晉法之存於今者爾

褚河南孟法師碑

眞本亦不可得矣其翻本有近虞者有近歐者二本皆不眞眞本現在吳門爲海內第一妙墨

張長史郎官石記

董刻戲鴻堂一本最失眞吳門翻刻一本亦未到此非見眞本不可眞本聞在山左人家未得見之

率更小字千文

世無二本豐道生云二王可學此帖不易幾也直可配化度寺碑矣宋拓眞本聞藏平望鎭汪氏

率更虞恭公碑此與郎官記皆另有詳說見下冊丁卯十二月補記

每行過廿二字者是舊本

率更皇甫君碑

學歐必從此入手

永興破邪論序

越州石氏刻本尚可看

河南度人經

河南陰符經

文氏停雲館所勒皆石氏本也從此問津黃庭東方象贊卽山陰矩在茲矣

樂毅論海字本（樂毅論今已得古本別撰攷二卷丁卯十二月記）

停雲本竟失之至於□□刻本則不可用也此惟復齋碑錄詳之最關攷證

薛少保書昇仙太子碑陰并碑前年月

其陰下半是鍾紹京書非薛書矣

唐初歐虞褚薛四家并稱而薛書世無知者惟此昇仙碑陰是其手迹薛曜書遠遜之薛稷字嗣通時與薛曜稱二薛

此碑在河南偃師縣其正面武后書不足道耳

唐元宗御書泰山銘後年月一行

此唐人大書最佳者中宗榮陽手勅遠遜此矣尙有薛純陀大書砥柱銘及顏魯公離堆記屢經訪搨至今尙未得見附識於此

此以上皆唐正書上乘

褚河南倪寬贊

韓存良所藏眞本不可見今惟鬱岡齋刻本

孔祭酒碑

不知何人書極似虞永興或卽謂永興書非也

褚河南伊闕佛龕碑

碑在龍門磨崖大字此唐楷中之隸法也

柳諫議李西平碑

此柳書第一能得未鑿以前之舊本更妙

李北海端州石室記

此北海書第一亦唐楷中之隸法

陳諫南海神廟碑

此碑亞於虞褚

顏魯公宋廣平碑側

此側字沖和淡遠是顏書最高之作

宋廣平碑

茅山李元靖先生碑

殷君夫人碑

元次山碑

此皆魯公正書上品

顏魯公金天王廟題名

魯公中興頌

寶懷哲書蘭陵公主碑

褚河南書房元齡碑

河南書雁塔聖教序記

張阿難碑

僧書似虞褚

莒公唐儉碑

不知何人書亦有虞褚意

褒公段志元碑

亦有隸意

柳子寬書諸葛祠記幷陰 子寬名公綽諫議之弟米元章謂其不遜於其兄者

此碑之陰 上半是其所書下半磨去矣

竇叔向碑 姪易書

于志寧碑 男立政小楷

張嘉貞書北岳廟碑

曩選唐正書五十種茲更擇其最上選三十七種爲式亭老友記於此冊嘉慶庚申臘八日方綱

予曩爲式亭錄唐人正書上品卅七種茲式亭復以素冊求錄其未盡者因取前所錄者補其最要之三種亦溫故知新之義也

虞永興書廟堂碑向未得見唐石眞本今幸得見元康里氏所藏唐本並非專以圓勝向來爲陝刻所誤耳金壇王箬林亦云虞得右軍之圓亦是僅就陝刻言之自何義門王箬林徐壇長諸前輩皆未嘗親見唐本世所謂虞書者僅皆專指陝本言之致使永興眞指湮沒不可見雖陝刻亦極似原本處然未免一律趨於過圓又起勢每傷於尖纖捺腳每失之笨鈍尙多不及城武本之得眞而城武本拓者甚少世人罕知之者然城武本年久亦太淺細又有過涉枯瘦不及陝本精腴之處愚竊撰廟堂碑攷一卷取陝本城武本逐字校核唐本著其同異得失此卷今已刻於曲阜庶幾稍見永興原碑之眞際耳

率更書虞恭公碑著錄家皆言殘闕且無率更銜名近日翻本妄以皇甫府君碑後率更銜名移置此碑之末大失眞矣世所見上半截拓本每行僅二十三四字昔林同人攷是碑据醴泉志云僅存四百餘字者即指此上半截言之葢工人惜紙不肯全拓其下半士大夫亦皆過而不問顧亭林金石文字記亦僅以殘闕二字了之此碑下半無人知者非一日矣予今屬友往陝者覓工洗滌全石以淡墨拓之乃覩外間所傳者得多千餘字第一行題下辨出中書侍郎江陵縣開國子岑文本撰渤海縣男歐陽詢書碑內全文可辨者得二千八十餘字誠大快事也擇其精妙者手摹得八百許字倘遇善工能謀重勒於石足勝外間翻本十倍矣此碑實化度醴泉間最見率更筆

意者前所論未盡故具詳說之
張長史正書郎官石記向見吴下有重勒本故疑董文敏戲鴻堂所刻之未必得眞去年始得見唐石原本乃知董刻不誤而吴門重勒之誤也此二本有王元美敬美兄弟手跋品以永興廟堂之亞實則不過可比褚公東山帖若遽以永興擬之尚過譽耳董華亭刻入戲鴻堂帖者雖失其神理然大局却自不差要之唐楷以化度爲第一廟堂醴泉亦各有臻極處此外則孟法師虞恭公皆躋妙品而長史此記或附參焉可耳
以上補前冊所未說者
又有舊所選而未寫於前冊者
昭仁寺碑
無書人名氏或以爲永興書非也
王居士塼塔銘
敬客書褚楷之派
柳書護命經
河南書小字千文
王士則書李寶臣紀功頌
御史臺題名
郎官題名
王知敬書嵩山武后詩
虞書奉三日帖
褚書奉五日帖
徐嶠之書姚彝碑
沮渠書老君祠碑
甘道士書明皇勅
以上合前冊所選凡五十種
嘉慶乙卯冬十二月六日爲式亭老友書方綱

蘇齋題跋卷下

元康里氏所藏唐搨廟堂碑

何義門云廟堂碑是相傳淮全字體但未見唐石其用筆不可攷求矣孫月峯貽有峭勁似率更之語今以此原石驗之乃凝重非峭勁也陝本稍得其圓腴而失其平正城武本稍平正而又失其圓腴世間無虞書他碑可證破邪論僅傳摹本耳孔祭酒碑彷虞法而結局太踈學者但知從陝本過趨圓折而於長捺更笨鈍著迹全失其淵穆凝遠之度得此原石本然後可以會通晉唐書家正脈直溯山陰蕺山棐几兊入不逵此本在篋日日當有吉祥雲來護之嘉慶十二年歲在丁卯春二月二十有二日北平翁方綱識

雙鉤唐搨廟堂碑字

黄山谷云孔廟虞書貞觀刻千兩黄金那購得蓋此碑唐本前惟山谷見之後惟王敬美孫月峯見之近日嗜古博聞如何義門王虛舟徐壇長皆未之見也今幸得見元康里氏舊藏本眞唐石字尚存千四百許而泐損殘失者多矣陝本最精腴而每以欹側失其平正又失在右肩圓滑撇頂尖纖捺腳笨鈍城武本清健矣又失枯瘠今以原本證之陝本城武本皆有極肖處而有必不可不訂正處慨無名手可追二本格韻與其勉强重鐫全文遜於前人不若擇其要者存之爲訂正二本之助謹摹此百廿字龕識其槩他日儻得遇良工摹此千四百餘字砌諸曲阜齋廟則閔中丞所重摹陝本及方綱所摹城武本舊拓殘字皆不足云矣惟兆庶樂推句內陝本闕一格恰在此本所脫失處無由詳攷此疑尚未豁然耳嘉慶十二年丁卯夏四月望北平翁方綱識

重摹唐搨李秀碑

觀此橅刻本始知趙子函輩所以有松雪臨寫之疑也然此不特不知北海抑且不知松雪矣松雪深厚固非以姿媚勝然至北海此碑則高松巨石拔地倚天而精神凝固炯照萬古後來趙董不過各得其一節耳董文敏所得本益遠在此橅本下而鉤摹又失之竟題曰北海書刻入戲鴻堂帖亦不言何碑也至陳香泉作帖攷乃目爲小雲麾碑董陳皆號知書者而謬誤若此雲麾豈可言大小哉即董跋以此碑與陝碑論肥瘦恐亦以目皮相也嘉慶丁巳長至日得雙鉤此本寄題方綱

宋拓懷仁集聖教序

此本用墨雖太重而其中最得神彩處則諸本莫及也畧舉一二於此杖策孤征孤字子旁上橫之下將折下處其側微有闕痕半黍許蓋由墨本如此故上石時闕之亦猶道字上筆之闕痕也乃後來拓本竟似上橫斷住中彎另起者拓手之失也嘗於同年紀曉嵐齋中見朝鮮國文殊院記沙門坦然仿集聖教序書其孤字上橫斷住中彎另起詳其立石在宋建炎四年則所臨是宋以前拓本而墨痕所掩已如此矣今以此本驗之信是連下而原有闕痕耳然此一條猶非極有關係者前幅云佛道崇虛此崇字即蘭亭敘崇山字也山頭之下

一之上橫列三小點然後中加大點無論定武本褚臨本皆同惟是褚臨本支系蕃衍又經後人屢有翻橅今之重摹褚本山下竟無此橫列三小點矣而卻尚有空一分許之黑地試問若非原有三點則山下一上無端空至分許是何故哉惟定武善本三點具存（此可爲辨定武善本之法）而褚臨則雖極精之舊本亦只見右邊一點有似於橫掠者其左二點則雖極舊之宋拓亦皆不可見矣今以此懷仁集聖教崇字驗之寔是如此其左二點或是原墨蹟上石時太輕微致久而掩昧歟要之其右一點則分明具在也而聖教舊拓亦多爲用墨所掩獨此一本崇字山下右點極爲明白誠是褚臨蘭亭之息壤矣

又此崇字山頭三直是先左挑一筆開局甚寬然後作中間一直此中間一直之末尖卻是向左微有蹙起之勢而右末小直斜注而下以見疎密迴合之章法定武本神致渾淪其緒難尋其實定武本亦是如此惟褚本此山頭三直最爲可辨而後來翻本盡失之獨懷仁集聖教具此微妙而後來拓本又盡失之惟此宋拓精本乃庶幾得之此一字眞至寶也故特拈出之以見宋拓聖教善本之可貴如此甲子秋八月十二日方綱識

郎官石記序

張長史郎官石記序都南濠所藏宋搨世無二本山谷謂唐人正書無能出其右者山谷此語葢深探草法之原謂其正書在唐人中無多讓所以草書無轍迹可尋特揭出其正書矩度使人善會其草書之根柢耳而弇州過泥此言遂謂化度九成廟堂皆爲之退三舍此猶之敬美誤讀山谷跋以爲其正書無轍迹可尋也敬美又舉容字極字取法廟堂碑且謂以今日所見王彥超本張書有出藍之觀此則實非確見唐賢諸名蹟炳在天壤千古自有定論耳愚按長史此書實由褚中令上溯王大令不必援化度廟堂始爲增價也而其用筆之

妙則是由唐人問津晉法之正路況原石久亡此本在世眞景星鳳凰矣愚題跋後閱月知此在雲谷農部友多聞齋將選石重勒精意橅傳庶足以訂正華亭董氏戲鴻堂刻之失葢褚書東山帖後推此爲無上神品矣嘉慶十年乙丑夏六月廿日北平翁方綱識

蘇齋學人北平翁方綱詩境小軒借臨旬日由褚法以問津大令葢千年以來書脈繫焉

宋拓醴泉銘

此本後有沈凡民跋所謂梁溪秦氏世藏千金帖者秦氏已摹刻行於世足以奪眞然與此斷泐處悉同無怪凡民此跋以爲伯仲之間也至於凡民跋內駁前人化度勝醴泉之說凡民此語葢本於王虛舟虛舟先生一生習歐書而不識化度豈惟不識化度抑并不識醴泉豈惟不識醴泉直不識歐書耳學歐書者須以其中圓渾之筆爲性情而方整之筆不過是其形質其淳古處乃直根柢篆隸故曰醴泉從蘭亭出而蘭亭從篆出觀斯銘者必能知此義然後爲得耳吾爲天下鑒書家拈出此義願與具眼者共詳之吾豈敢妄議虛舟先生乎

乾隆辛亥春二月既望北平翁方綱

既爲雩谷作前跋後閱月門人江秋史侍御讀禮南還以其所藏宋拓本留予齋因復借此本來細對靜研五晝夜乃益見此本紙墨拓手之妙予所見眞宋本凡十餘矣以此本居最上也雩谷先生幸珍秘之四月朔方綱又識

附錄沈凡民跋

率更在唐時已推爲書家巨手而醴泉銘乃其奉勑書尤是經意之作故品第當居邕師塔銘上評者甲化度而乙醴泉恐非篤論也宋靖康來南北間隔榷場所市都是覆本僅存間架了乏神韻不知率更書風骨內含神明外朗一片淸淑秀挺之氣夐絕塵外不善學者徒貌其棱角反張不能追取其風神無怪乎筆筆在紙素成板刻樣余見宋本不下數十惟梁溪秦氏世傳千金帖乃明懷宗出內府所賜者爲天下第一今來孝經堂獲見此本氊拓精良神采煥發當在千金帖伯仲之間識者自能辨之也因綴數語以誌老年之深幸云乾隆十有九年歲在甲戌閏四月十八日補蘿外史沈鳳書後

宋拓醴泉銘殘本

此三十九字眞宋拓本無疑予所見宋拓凡十餘本以新安汪文端公所藏全本爲第一然未有不用濃墨者蓋宋時拓工多如此耳觀者正不必以墨色過重爲嫌也己酉二月廿八日北平翁方綱識

宋拓麻姑仙壇記

此南城眞本舊拓也渾樸深厚在諸本之上今日盱江書院迺是從此翻出者耳此亦今之星鳳矣尚珍秘之方綱

顏平原書以宋廣平碑爲第一而其碑側之字尤妙是乃張長史口傳之秘法褚河南得之於虞永興永興得之於右軍者也平原書脈所以直接晉人者正在於此其次則殷君夫人碑再次則元次山李元靖諸碑矣唐人蠅頭細楷本不多見惟有此記足與宋廣平碑相印證而翻刻本又多失之獨此南城原石本尚畧存其眞意此本紙質墨色亦非近今拓手所及學顏書者於此精心求之雖以擴之尋丈可矣己酉春二月廿有六日北平翁方綱識於南昌使院

虞恭公溫彥博碑舊拓全本

林同人云碑在昭陵東南第八列第二區劉洞邨計卅六行存上尺許丁丑醴志存四百廿字今三百餘字然今拓本明白者尚有六百字若此本凡畧可辨者尚將近千字予竟題籤云舊拓全本非謂其文全也碑既極泐工人肯用寬長之紙并不可識處亦皆拓之而裝冊又幸偶留其最下數字在今日即謂之全本可矣即上截明白處以今尺度之亦有二尺許而僅云尺許何也趙子函謂不復可拓亦誣矣

墨林快事云未裝整幅每行約廿三四字通計八百廿餘字今此拓本通計可辨者竟有千字通計石存字數見後嘗慨

想若得覔工往陝西用寬長之紙全拓之或多得未見之殘畫一二筆亦幸矣今獲購此尚是數十年前拓本惟中間偶有脫失數字餘皆視今多出數百字矣壬申六月顧南雅得一本云是康熙初年拓者正與此同時拓每行存廿三字趙明誠錄云岑文本撰此必在第一行題下書人名上據牛氏圖云碑高九尺五寸濶三尺葢中腹一段尚有三四尺全無字形之空紙耳然幸存率更銜名則拓本所罕見也

今以全拓整紙量之自碑額之頂至每行七十七字之末底通高八尺二寸又細審中腹字亦尚有可辨者

趙子函云碑在李靖碑北數十步牛氏圖云南向土人樵其字

殆盡書法視皇甫九成化度三碑最爲得中予嘗謂此碑視皇甫爲得中耳豈云視化度爲得中乎今深繹之迺知子函固有所見而言之未詳也化度是率更最矜重之作是以字字遒逸無一筆馳騁至於虞恭公碑則率更年八十有一更在晚年矣筆情所到并忘矜重之迹是以皇甫之馳騁九成之整鍊化度之遒逸兼而有之時而出之其馳騁精悍或有不必盡如皇甫者其凝鍊整秀亦有不盡如九成者然其遒逸沖和則有可與化度并臻至極者孫率府所謂思慮遍審杜少陵所謂暮年轉極者也得此將近千字之本心融而神會之庶幾古今正楷舒歛通會之由可得而仰窺矣

虞恭公碑予見舊本多矣其最善者乙巳夏見王篛林所跋謂生平所見宋拓第一本者尚存七百許字辛酉春借吳門陸謹庭藏繆武子家宋拓本有江左僧彌印顧云美跋云余七歲時見此本於外祖陸文近先生几上八分書籤外王父尚寶公筆也後再見之邵僧彌頤堂今五十年凡四易主辛丑冬書於塔影園然此二本已皆不見率更銜名矣今獲此本得見率更銜名何啻球圖寶之

購得此本竟若有人如吾意拓全紙固已奇矣迺尤異者此裝冊與吾所裝化度寺碑元跋冊分寸不差銖黍率更妙蹟適得同貯一函豈非墨緣

嘉慶丙寅春得此舊拓存近千字之裝冊是年夏從蓮府增借全拓大幅因託南畹明府精拓數紙至丁卯夏計摹得二千八十六字良一快也

追想百八十年前嗜古探奇如趙子函輩能似鄗人殫用心力豈不覩今日所得更多乎然宋時人已不肯全拓下截矣可恨可恨

以今整幅驗之此本竟是康熙初之全拓本惜多翦失耳

率更此碑首尾將三千字既非一日之功復多隨手之變如遊名山正當備盡其起伏明暗以窺微妙安得僅執上尺許完整處乎須於無意中象罔求珠一重一掩

撥草聽泉處處見匡廬眞面但於句中索句耳六月一日雨窗識

嘉慶十一年春三月望汪巽泉爲購此歸於蘇齋是夏盛暑揮汗審定又費二旬之功碑凡三十六行七十七字七月三日記

只疑邕塔隼波存夢倚嵩陽晚照昏誰點墨池雲過影小樓西角玉鉤痕　流水孤邨隔碧巉珠胎玉屑幾人緘摩挲空石翻成笑已傲林侗與趙崡　題虞恭公碑二首蓋自趙子函遊九嵕後至今百八十八年矣似亦足豪也丙寅四月廿日

侯官林侗作碑攷志援醴志四百奇石存上橫僅尺許

全碑梗概誰復知趙崡秦人記親到云不可拓空嗟杳趙林後又百餘載劉洞邨緬荒蕪基昔年張同(瘮)待錢庵二老友遊秦爲我鄠筒馳卅有六行行廿許恨不續紙補所遺率更之銜罕著錄翻本妄假皇甫爲（今日翻刻本銀青光祿大夫歐陽詢書）此是率更最晚筆後於邕塔泉銘時所謂暮年思轉極非騁奇姿非矜持每當神來濟彌旨偏在泐處工難施安得此近千字本琴無弦處能傳之娟娟雲霧漏纖魄活活荇藻穿清漪美人臨窗幃羅綺天馬逸氣留銜羈上纔分明自開霽下乃掩映心摹追有如訪古蹔弭棹行間墨縷餘深思覩碑千古費揣擬坐臥三日歸求師岑公撰銜想中腹何年敲礪遭磨治唐陵陪立

最名蹟孔祭酒石處猶疑歐楷邕塔自第一吾齋贉錦誰塡僊百十年前此裝冊一函貯勿差豪釐邕碑古拓此今拓幸有難遘如相期亦擬作圖備遺失顧云殘缺徒貽嗤（亭林金石文字記碑不全者以殘缺二字了之）蘇齋楷法又獲此春雨杏苑交繁枝適逢聯飛送好語墨沼日日香風吹（昨讀廣川書法跋有燕字聯飛語以證余新得梁摹樂毅論果是眞本也）　嘉慶十一年春三月望後二日雨中自題所購虞恭公碑後方綱

虞恭公温彥博碑

温公碑較醴泉銘遒緊較皇甫碑則斂其鋒鍔此本是康熙初年拓拓手乾淨比明時漬墨拓本爲佳余向有一本宋拓也王麟洲所藏有跋今以闕乏質之他人矣

嘉慶壬申春日坐雨春風廬漫識

此百年以前拓本今不易多得者矣此碑卅六行行七十七字自宋時拓本已被工人惜紙不肯全拓僅拓其上半數字在今日所見有拓至十九字二十字廿二字者此本拓至每行廿三字可寶也

宋拓見過數本皆濃墨致掩字畫且亦皆僅至每行廿許字而已此本用墨尚未致過濃倣篋一本與此同時

拓者每行七十餘字而裝時多誤翦失尙有率更銜名可辨則世所罕有耳

今日此碑拓本第五行的字第卅六行駕字此二字損泐此本未泐二字是近日拓本之驗僕得舊拓全本後因托友往彼在劉洞邨用極寬長之紙拓整幅來就其可辨者精審摹之凡得二千八十餘字不惟率更結體之妙已攬其全且於温虞公事迹竟足補新舊唐以備攷鏡眞大快也附識於此南雅先生將倣裝矣此本竟應覓善工裝之

壬申六月十八日方綱識

虞恭公碑甚好原粘有倒置且行行欲飛去老先生或商之介亭托其代爲料理用小篋舊裝爲式精褾之可以附加小跋但不知能交妥便寄滇否不然則暫且用漿糊行行粘緊防其飛起以俟再裝此種拓本將來漸難得須成就之

若滇中命工暫就此粘緊用紙包好以待再裝亦可墨林快事云每行存廿三四字此百年前舊本之驗已行行飛起矣日內卽宜條條粘緊不能俟裝時也

此刻又聞得雲南省城有極善之裝工

虞恭公碑謝廣寄

此碑全文小篋有手寫全圖但不能借出須十日以內之功託一人抄寫之此或可託介亭卽不拘何時照其式另裝可也然則全圖必託介亭寫之

宋高宗御府褚摹蘭亭刻本

右蘭亭舊本前有機暇清賞印後有紹興二字印是宋高宗御府所藏褚本也前又有陳緝熙書畫印陳鑑字緝熙吳郡人明景泰中官國子祭酒富於收藏尤好鉤摹蘭亭嘗以所藏宋拓本重摹轉售於人王弇州以三十千購之其爲當時所珍重如此況又在三百餘年後耶乾隆五十六年春二月十九日北平翁方綱

賜潘貴妃蘭亭原刻本

此宋高宗賜潘貴妃本王弇州以爲理宗者誤也今慈谿姜氏湖州錢氏皆有此本重刻之石此其祖本也辛亥二月翁方綱

懷仁從蘭亭集聖教豈知又從聖教集成蘭亭可謂百千燈同一光矣方綱

張即之楷書佛遺教經卷

張溫夫生於淳熙三年丙午至是寶祐三年乙卯年七十四也溫夫以書著名南宋之末而金人亦極重其書此書佛遺教經自運筆意卻非仿右軍作論楞嚴者自以楷格在行押之上正無庸援吳傅朋專師晉法以例之耳嘉慶丁丑冬十二月方綱

元張伯雨書東坡虎丘寺詩卷

右張貞居書東坡虎丘寺詩後題云至正戊子上巳日按是年貞居七十二故有鬢絲之歎窅然留清詩窅亦勝刻本窈也安邑宋芝山得此蹟以見示時乾隆四十三年歲在戊戌夏閏六月二十日北平翁方綱

題此後之廿有七年雩谷復持來重題於後六行異字乃左之誤偶然筆誤不足疑耳嘉慶十年乙丑又值閏六月復以手臨本對看方綱識

明周忠介公順昌手札款云現老年契兄

俊顧厨兼黨籍論誰如瑞禍弔湘魂偏餘故紙淋漓氣多少江湖血淚痕　賸來詩話到江東文貞姚甥尺幅中松夔開庭門客語只應夜月照秋空嘉慶丁丑夏四月八日北平翁方綱

右明周忠介公致文毅手札後人因繪忠介公像於前并同時諸手札廿有二通合裝爲冊諸札有忠介手記札到之年月者亦有記札到之年月而非出忠介手書者凡十處用蘇齋印記之葢皆周氏家所舊藏也惟未呂札與林封司者是忠介身後所作內列敘諸人繆當時繆誤言旁豈原稿又經謄寫歟惜不得公子端孝先

生請卹之血書副稿同裝於此耳然其時忠義之禍慘酷至此縱有追贈祖考之舉正復何益之有君子道消小人剝廬未有若明季之甚者此內李仲達一札云冬氣不極春陽不回二語雖若切其時事然不知造物者直欲以挽迴修復元氣之全局有待於我　熙朝乃交春陽泰運也讀史至此豈止如觀彖玩占於剝復之際乎此冊今歸於南海農部雲谷齋中持以見示屬爲題識其後嘉慶丁丑四月九日方綱

明沈禹文手札

右沈禹文與錢磬室手牘二通禹文名大謨吳郡人嘗遊於文衡山之門予齋中有其小楷書詠秋葵一詩與文氏二承及周公瑕諸人同賦者書法得衡山手意此二帖雖是行草然亦仍不違於文氏派耳予又藏吳中皇甫兄弟雜文寫稿雖塗抹草草亦皆是長洲楷法之體葢爾日吳門書派上下百年間大致如此嘉慶元年歲在丙辰春二月九日題北平翁方綱

肅府刻淳化閣帖初拓本帖凡十冊肅府原跋刻本一冊

陳子文阜蘭載筆云肅府淳化閣初拓用太史紙程君房墨八間難得拓工間有私購出者直五十千者此本是也尚在王孟津未跋之前孟津跋是崇禎十一年也墨香百五十年前北李燒松迹宛然十載費家㻞楮葉良工心苦倩誰傳　龍膽壺兼鳳喙巵東書園殿幾何時八分留得題名石應教陳毛又二師　自題所藏肅府淳化閣帖初拓本二首乾隆壬寅秋七月朔北平翁方綱

劉公䜣七頌堂識小錄云肅府帖人賤其近北海先生謂勝前人其原本余曾見之闕二冊猗氏有荆君得之

歲甲辰攜往江南今不知所在矣

第一至第四卷用汪象先所藏宋搨大觀帖真本細審之以紅筆圈識乾隆甲辰秋八月廿五日蘇齋記

內府本又逐卷逐字細對改正一遍訖合之今秋用大觀□卷所改者只除自藏大觀第六卷殘本之字未經對改外今改正者十卷內合其改正五百八十二處甲辰十月十七日

內府本賜詹事府恭貯者今始備撿前後有工匠粘悞處移正重裝併於後幅謹記每卷帖數字數丙午三月四日詹事翁方綱謹記

又以第九卷參合濟源本太原本改正肅府本十六字是日坿記

嘉慶庚申冬十一月十三日以米黃所鑒評覆校艮常王氏所云者摘其一二略寫於此艮常雖閒有訂正然米黃究是舊聞是以略存之是日方綱記

嘉慶癸酉秋八月以邵瓜疇舊藏淳熙脩內司帖十卷細對肅刻本也

法字上二點用分法不如此之着迹卷一第二葉首行法字

此字似永興法卷一第廿四葉七行遲

此葉今石已是補勒□□□□□□□可寶也卷一第廿六葉

此葉今蘭州是補石非□□□□此舊拓不易得卷一第廿

八葉

右軍袁生帖之外又訛此一吾字卷一第廿八葉八行吾乙卯卯字竟訛作丣此是酉字矣明代學者不講字學如此卷一末題隸書款字

以上第一冊

初頤園所收一本拓□□□而墨工極有斟酌凡原石坳□不平□□此本每近淺淡者皆概以一色是拓手之善也

此帖末潛處耳淳化閣本誤分處作不可二字當以大觀正之昔見汪象先所藏宋拓大觀帖以此細對尚未及記出今得見李春湖所購始記之嘉慶辛未五月十

一日（卷二第一葉七八行）
宣示表以大觀帖十五行爲正淳化閣帖改作十八行
停雲館帖依此（卷二第七八葉宣示表十八行）
詳翫大觀白騎遂帖始悟唐儉碑之妙（卷二九葉二行至五行）
大觀三直筆微帶分隸意（卷二十葉二行卅字）
似是毀字（卷二十四第五行殿）
此葉今蘭州石已另刻此乃舊石本可寶也（卷二十五葉）
大觀帖傷感二字如古泉刀布之文（卷二十五葉首行二行）
大觀此等字皆似古篆（卷二十五葉三行覺）
此葉今蘭州石已另刻此乃舊刻本今不易得矣（卷二十六葉）
此辶大觀本神似永興（卷二廿三葉三行遶）

以上第二冊

大觀榷場本此首尾二亮字磨去皆尚微露上下筆痕（卷三一葉三行）
嘉字長茂舊誤嘉長（卷三三葉首行）
大觀若字無卩作一勢既是草書豈復有作卩之理未知左氏傳注槀本亦時帶章草乎（卷三三葉第八行杜預書）
精心看庾亮劉超書則北齊劉珉筆勢蓋可想見并可參之寶賢舊拓（卷三五葉二行劉超書）
渙之此帖大觀極遒厚此尚嫌單弱耳（卷三九葉王渙之書）
操之等白字大觀不如此可見摹手全不知筆法而惟工匠之是憑益信右軍袁生帖內吾字之失出於摹刻之誤而非原蹟如此矣（卷三十葉二行）
此葉今蘭州石已另補此是眞本不易得（卷三十三葉）
王劭書亦當參之寶賢以證化度之脈不究晉人之正脈而專臨學唐碑已落第二義矣況不究心唐碑而但學米董者哉（卷三十三葉四行王劭書）
瞻舊誤爲贍（卷三十三葉九行紀瞻書）
此葉今蘭州石是重刻此眞本不可得矣（卷三十四葉）
羊敬元書摹手太弱（卷三十九葉羊欣書）
郡字太不成形體寶賢雖笨鈍尚自可參（卷三廿葉八行郡）
弱極不成字（卷三廿一葉六行末孔琳之奏等字）

以上第三冊

此第四卷蕭子雲小楷書列子脩內司本圓渾古勁勝□吴荷屋得此卷宋拓（蕭思話帖褚帖歐陽帖並隱有銀錠𢰤痕疑即碑工所作紹興國子監帖）而列子小楷拙滯尚不逮此蕭刻也蕭刻雖多失於僵滯猶想見原本相去不甚遠今以所校略記於內規以圓渾卽古拓儼在前矣
此帖脩內司本精腴□□每捺腳腴勁不如此方板以脩內司本詳之此是蕭侍中以鍾法運用右軍書付官奴衣盋之秘券此本模刻之失固不待言矣然以較吾之翫賞北齊造像記得其一二拙趣者何如（卷四四五六葉蕭子雲書）

君頃右肩與定武蘭亭韋頃側下同卷四十五葉六行君
此葉今蘭州石已另補此眞本不可多得卷四十七葉
此葉今蘭州石是重刻此眞本不易得卷四十八葉
此緇□□之第三帖也當合寶賢帖看之卷四廿葉李邕書
薄紹之帖軍宅二字當以內府本參合寶賢本卷四二十四葉
薄紹之書

以上第四冊

宋儋唐明皇時人學鍾書此帖大觀石本有魏晉人意卷五三葉七行宋儋書
此葉今石是重刻此舊拓本可寶也卷五五葉宋儋書尾
此前半葉今石已另刻此其原石不可易得卷五八葉前半

大觀帖智果論書作一段連屬王子敬王右軍蔡邕扶風曹喜等均不提行卷五八九十十二十三葉
此葉首二行今石已泐去卷五廿一葉
疾惛忽移以下凡二行半今石泐卷五廿二葉
嘉慶甲子六月二十日取顧氏釋文對看蘇齋記
此第五卷末葉明代之跋後四行今已脫失矣何況古帖之闕泐失眞耶是日午後微陰又書

以上第五冊

黃長睿十七帖云侍書王著勒石勢殊疎拙方綱按疎拙二字以評淳化閣帖可謂神鑒孫退谷賞畢文簡賜本云有朴氣二評揚抑不同正相表裏因題肅本初拓

第六卷前庶以髣髴祖石本之妙壬寅冬十月十二日
此卷內袁生帖据依 內府本改正一吾字眞乃一字百金直也甲辰十月一日齋戒歸記
篤憂二字今石已另補此拓二字尚是舊本今不可得矣卷六七葉首行
第二可字點勢乃連下一字爲章法安可截斷此王侍書之失也卷六九葉九行
待此豈三字之旁點內府本皆無大觀摹本或有之或無之寶賢亦自大觀摹而無此一葢宜從之卷六十葉十行
雄字末尖垂入蜀字之內大觀摹本亦或有或無寶賢則無之內本亦無卷六十一葉十行

猶字參看寶賢卷六廿四葉六行
四月廿三日四字細審大觀原本方知內是迴折之筆而淳化本摹失也寶賢葢亦沿搨本而失者俻內司本同卷六十七葉七行
建安帖惟□□□□□□懷仁集聖教所本也苦字頓挫迴折□□□□本妙極淳化似不應訛謬至此 苦字自唐賢化度昭仁中直並不多穿上而草頭作對觕勢葢山陰之法其來有自今見大觀眞本并懷仁集聖教皆具遺則而何以淳化摹本乃失之卷六十九葉建安帖
袁生帖考辨詳具予所藏大觀眞本卷內跋語卷六廿三葉袁生帖

司州帖私福二字摹失脩內司本同（卷六廿四葉司州帖二行私二行福）

以上第六冊

以脩內司本對之其原本實□□寬出幾許不但此帖也姑記於此可見移行之斷不可（卷七十五葉承足下還來已久帖）

以上第七冊

脩內司本此每行皆寬出二分許（卷八三葉頃還少噉脯諸行）今石是另刻此是真刻可寶（卷八十三葉）此第二行人字起筆之頂吾字中間迴筆皆是同帶逆折之勢以　內府本校之正相合（卷八十五葉二行）

以上第八冊

丁巳九日吳鑑葊持有銀錠欔者一本來求題肥厚與肅本相近而筆勢頗方闊之　內府宋初拓本亦肥而方也然鑑葊之本與此本互有出入則摹手不同耳適李春潭亦持一銀錠本來摹刻微瘦遜於吳本矣此兩本第九卷皆肥與肅本異後三行皆全

甲子夏於墨卿處見一本南宋翻刻亦似肅本而第九卷仍肥於肅本末三行亦全昔王良常品閣帖第九卷謂大令書規矩者過於專謹翔舞者過於縱逸葢以第九卷之細瘦者爲專謹第十卷之放筆者爲縱逸也此特執目前所見肅本言之耳肅本此九卷是別從一本摹入以致過於細瘦以致王良常目爲專謹其實淳化原本初不如此今即以所見南宋坊賈重翻之本其第九卷尚不似肅刻之細瘦而其弟十卷卻轉較肅本稍近細瘦則是後來摹手偶有不同豈得執此以評大令書耶乃王良常竟以此剖分子敬書格謂子敬於右軍之意離而二之是則誠子敬預知後世有淳化閣帖肅州翻刻末二卷肥瘦之岐而先自區於異轍者葢良常王氏書評多是八股時藝評語中來亦猶之所評漢隸禮器碑體凡數變云云者也今偶因此九卷淳化原本非若今世所行肅本之細瘦此特一時翻摹者之所爲不足以程量大令之書而適足以證良常之誤故備言之即此二卷前後肥瘦之故不能辨析遂至大令之書不明白而上下千年書道之正變源流遂以淆紊豈止彼一說扣槃捫籥宜剖析哉嘉慶九年歲在甲子秋七月十日方綱識

嘉慶癸酉秋八月以脩內司帖詳校知肅刻此卷另從一本出也

內府本此卷之字皆較此沈厚（卷九首葉）

授衣帖晉本爲勝與淳化本字字不同不具摹改矣（卷九三葉授衣帖　晉本此下尚有四十許字授衣帖尾）

奉別帖卞氏式古堂刻本與此迴異筆勢放縱前□□□字皆作冷卞跋云唐刻初本者也（卷九四葉奉別帖）

內府本此八字筆筆重頓（卷九六葉二行彼患佳汝復見諸女八字）

脩內司本此行末底與前行末雄之上半相對此則太

收上矣卷九十三葉院新婦帖首行二行
脩內司本此行末底與次行不字正對卷九十四葉雖奉對帖首行二行
山谷云此帖有秦漢篆筆意
廿九二字極肥改勢此卽山谷所謂篆筆之類耳脩內司本廿上左半似是半缺則卽所謂改筆勢也肅刻左上半似尖則失之是亦此弟九卷另出一本之驗
山谷此評可爲晉法存古之劵脩內司本遂字左辶深
字下木皆見古厚遺意
深左下肅刻誤多一折亦另本之證卷九十八葉廿九日帖
薄冷帖可作化度左劵卷九廿一葉薄冷帖

王虛舟云錫大佳以下兩行是率更書當別爲一帖蕪湖韋中丞云淮南子柳下惠見飴曰可以養老此帖柳六惠六當作下也愚按韋說是也大觀帖亦作六而上一筆微有鉤帶之勢大觀帖是取眞迹重勒石者所謂眞迹卽南唐以來仿書之墨本耳非卽大令原迹也必是仿書手訛下爲六耳據此則錫可二字下恐原文仍當有養老二字常餌亦覺有益另自爲句益仿書者每有隨手之變致斯捨拄矣脩內司本六上一筆迴帶亦稍輕不似肅刻竟作六字卷九廿一葉錫大佳帖
此帖嗄字下缺三行十八字蹇仰料靜婢自常不和知從事甚簡致此佳也肅府上石時原失此三行南宋本有此十八字卷九廿四葉諸舍帖末段尾
虛舟益以縱筆者皆僞耳然亦不可槩論也大令有似後來歐者米者
以上第九冊
伊墨卿購得南宋坊賈重翻淳化第十卷所刻字尙不誤然筆畫已傷瘦削矣□□尙不及此肅刻初搨之神彩也嘉慶甲子六月十日方綱識於石畫小軒
嘉慶癸酉秋八月以脩內司帖詳對一遍審□脩內□□□□之本卽此肅刻所從出之本亦以見肅刻本之可信也中秋前一日
武字中間肅本失外耳顧釋遂謂與西連字互置今以

南宋本核之初不如是蓋□□以見□□□□□卷十廿三葉五行此用武之國句
歐陽率更所開先也卷十廿四葉鄱陽書首行便字
舉字中間彡挑起處中有墨迹故致誤南宋翻本此處倘明白卷十廿一葉六行舉字
此葉今已不存今蘭州石是重刻者矣此舊拓本在今日已爲至寶矣後第廿三廿四廿五廿六凡此卷末四葉同此卷十第廿二葉
內本明字在下一行之首方見章法卷十第廿二葉四行明字
以上第十冊

明李義民縮臨蘭亭

李義民以小楷擅名然蘭亭縮爲細書本自難工此中欲拈古人妙處正在神理栩栩欲活非可以皮相也嘉慶三年歲在戊午秋九月朔爲夢華居士題北平翁方綱識

此册凡縮本二種然須彌納於芥子其理微矣更於後跋詳之

王一峯縮臨定武本蘭亭

作蠅頭細書不難於得形而難於得神不難於緊密而難於寬展自如有尋丈之勢此所謂法外之意可爲知者道耳戊子秋九月二日方綱又識

蘇齋題跋卷下

文衡山書喜雨亭記卷

適爲門人莫續軒作畫雨亭詩用蘇文吾以名吾亭作結句是日購得文衡山書喜雨亭記卷子因題小齋曰雨香賦此志之邀魚門韻亭和歸築山房第八秋二桐簷影更深幽鐵門限法工尤細上黨禾書氣可求參刻石經無屋貯竊題畫雨已涎流感驚珠玉從天賜稽首冥冥豈易酬甲午是嘉靖十三年先生六十五請告歸里築玉磬山房之第八年也至今二百四十五年矣乾隆四十三年歲在戊戌秋八月廿四日北平翁方綱

我因喜雨名雨香雨餘度地蘇齋旁窗明更展喜雨卷香來着我喜欲狂文待詔書世多有無若此卷森晶芒蘇文本爲志喜作書時想値秋雨涼村村稻熟慶江渚葉葉桐響聽山房神來腕熟紙墨潤珠圓玉粟龍鸞翔虞褚法皆永師法折旋開出改體方晉人神淸唐骨重先生葢以晉入唐後來吳興擅流利得其意者郭與張郭天錫張伯雨彼皆偏師此正幟或嫌薄弱庸何傷此卷神全氣獨厚四邊力足鋒不藏仙人嘯樹豈芴窕層臺緩步窺琳瑯吾欲因茲叩津逮漸之永與漸二王停雲石刻苦側媚那兼楷法和而莊蘭亭聖教香一瓣綿綿息息來書堂吾於書道媿筆澀枯荄一寸萌驕陽得此頓如畝得澤硯田夜湧沆瀣漿發生葢葢風與氣淋漓眞宰逼墨皇寶章訪集自此始比于禾鼎眞不忘莫輕寸圍玉雙軸燭天夜夜迴虹光雨香齋詩題文衡山墨蹟卷後得此卷之後二月始爲重裝錄此於寶蘇室之南窗下冬十月四日也方綱

蘭亭眞影識經秋化度歐書詣更幽欣遇千年知莫逆悟言一室待何求古香什襲輕難洩秀韻渟空迴不流定有墨緣迴廿載神光離合爲君酬衡山小楷洛神賦卷將有歸來之意書此竢之

雨窗無事展翫文衡山書喜雨亭記卷再疊前韻方綱

綱辛丑六月二日

去年秋得見天目山房宋拓蘭亭卷今春復得見趙子固落水眞本而去年春得宋拓化度寺碑始知山陰渤

海原流合一之妙

衡山此卷實能以歐虞之法上接右軍正脈者也

書家有意到筆不到者雖作手亦不能免然精熟蘭亭定無此慮如玉潤曰極寒諸帖皆所謂飛騰綺麗兼有之矣

甲辰夏五月廿二日雨中展翫大觀眞本因識於此卷後方綱

是歲仲冬廿日以衡山仿蘇書泗州僧伽塔詩與此對看深歎其能用南唐後主撥鐙法爲書家不傳之秘漫記於此

昨於泲南得衡山所作樹石大軸始備見先生具體坡

谷之妙癸丑中秋前一日記於此卷後蘇齋學人方綱

四明范氏天一閣蘭亭

予所見神龍本皆有貞觀神龍開元大觀諸印惟王秋坪所藏本致佳而無前後諸印予既爲手摹入石矣四明范氏此石本卽豐南禺刻於烏鎮王氏者亦有神龍諸印而筆法勝諸本不啻倍蓰矣冶亭宗伯得一舊拓乃無諸印而圓潤又在范氏石本之上葢宋刻宋拓耳附記於此斯文下亦無褚氏印王秋坪本倘有褚氏印

頤園通政持所藏星鳳樓帖十二冊來看此褚臨蘭亭在申集之首卽冶亭所得本也戊午六月二十六日

此所謂星鳳樓帖者內有以泐後之汝帖摹入者其非星鳳審矣然此褚臨蘭亭實在豐南禺未勒石之前足見世所傳神龍本者特出宋朝雜帖內之一種而後人增入神龍書府諸印以炫人耳曹氏南宋人而此每卷後題紹興三年上石褚本畢竟神龍有墻壁可尋而穎井本及張金界奴本卽使超入神品尚不能免微有一豪英雄欺人之意今日合諸家所勒諸本細對識此戊午六月廿六日是日立秋

張金界奴本尾後有紹興印卽一末尾而上下鈐紹興連珠印者三焉若誠恐人疑其非出紹興內府藏者以其筆妙之飛動則愚見恐與穎井本皆出米老耳

所謂神龍本卽未必果是褚公墨迹要之必是褚臨後人上石者矣所以有神龍諸印又不及其無印者也是日又識

頤園所收盎雜取宋人祕閣諸刻摹成者即以此本褚臨蘭亭細對覩四明本無一處不相同而神理圓渾淵雅勝四明遠矣

第六行弦之脚底四明本縮上二分許可見天際烏雲帖本之失

十一行末仰字針眼尚同四明本無之

此本即文休承所謂豐道生刻於烏鎮者高出世所行神龍諸本神氣迴出矣而以宋人雜帖內之翻本對之已覺帶有傖氣右軍清眞格韻豈容貌得耶

第廿三行知字矢中撇勢竟斜側而下耶雖褚公自運已恐未必然也張金界奴三本則餘清善矣若神龍本能謀重入石時此等處更當精研也

暢左起處似以天一閣此拓爲是頤園本已塗失矣再昔治亭本核之

王虛舟竹雲題跋云予得毗陵董玉虬宋本前有神龍小璽後有褚氏印拓法精良紙墨皆古比他本高半字字亦較大勢極縱宕郭天錫稱爲字法遒逸墨彩艷發奇麗超絕洞心駭目良非虛語往在毗陵見新安汪氏所藏褚摹黃絹眞迹與此正同

徐壇長圭美堂集跋項書存家藏神龍蘭亭云禊帖惟此沈著飛動炯有神采余家有周家胄貽先贈公此帖舊刻初拓誠可寶愛後嘉興曹仲經拓覎之本漫漶已甚亦是重勒近康熙四十六年丁亥新安汪氏頤眞堂刻遜此遠矣

朱竹垞曝書亭集蘭亭神龍本跋云評禊帖者十九多推定武獨陳長方謂唐人摹本非定武石刻所能及是本有神龍半印正唐人摹本也墨迹存項子京天籟閣分授其子璦宏鋟諸石康熙壬子夏予購得之經熙寧元豐諸賢審定元人賞識略同比於瘦本差肥然抑揚得所骨力相稱假令孫莘老見之定移入墨妙亭子徐壇長云此墨迹未知竹垞並購得否汪氏本丹陽賀紫衡跋又謂四十年前見眞迹於其鄉姜宗伯家今歸汪氏自是兩本唐宋人雙鈎本多人不能別遂以爲眞無足異者項刻予未之見吾友曹仲經曾占弟子籍於竹垞先生今年秋寄書索之仲經允拓示而未至也據壇長此跋則項氏所刻神龍蘭亭康熙末年尙在朱氏也記當向嘉興人問之

吳興掌故載孫莘老墨妙亭石刻有褚本蘭亭帖故竹垞先生此跋云爾

神龍蘭亭有神龍耆府印容悳廼大印有王景修張太寧同觀一行又仇伯玉朱光庭石蒼舒觀元豐五年四月廿八日二行而宋人所刻曹娥碑後亦宛然同此其筆法位置印記悉同則豈曹娥碑亦經神龍中太平公主借出耶吾故云神龍蘭亭之目是宋人好事者所爲也

餘清齋樂毅論

戊午七月四日王塏持來樂毅論一本與此無二而無前後諸印後無書付官奴四字中間數行之末所空分許悉同第一行先之必迂迴五字間無泐痕第四行其字亦無泐痕其刻手視餘清爲善葢與此同所出也刻在前耳宋刻本無書付官奴四字

渤海藏珍帖刻趙臨樂毅行次全改直是另寫非臨也固不足論耳然其後有至治元年子昂自識自識云目昏手弱不能作也至治元年子昂年六十八是當日必實有此臨本與國學本無可稽考者尙有間也而其尾亦無書付官奴字葢子昂亦是見南宋重刻本爾所臨竟無足置論

嘉慶癸酉秋又以越州學舍本與南宋再翻本及明朝人別一翻本細對深歎邢董王篛林輩之失考也

此出自元祐秘閣續帖之本停雲其嫡孫而餘清又其旁支裔孫也

以南宋翻刻樂毅論對之則停雲勝餘清遠矣

餘清竟是墨迹上石此墨迹必宋人所書耳甲子十月

新安吳氏餘清齋刻之樂毅論乃南宋重翻之第三傳矣而邢董吳王皆詫爲梁唐摹本豈知書者所宜出此

宋刻前有題目三字一行

南宋初翻本卽墨下亦闕

三行先之必迂迴字間泐痕是其墨迹如此後泐亦然皆宋刻所無

王篛林極推此刻竟不知其從宋刻本來也

淸河張氏眞蹟日錄云吳能遠氏示余梁臨樂毅論後有邢侗再跋細辨之是宋人筆尙未及韓太史家唐初臨本何消細辨哉原本筆勢全失直是一手另寫耳張米庵辨是宋人筆尙非難事獨惜王良常之謬贊耳邢文不足言也

按張米庵淸河書畫舫自序在萬歷四十三年丙辰而所著眞蹟日錄又在其後則此條云於吳氏見邢跋樂毅論者又在其後矣吳氏此刻樂毅論及邢跋皆不同年月明朝人不知考據凡刻帖皆不同年月而其卷內之黃庭有戊戌已亥則是萬歷廿七年已亥也以此考之則張米庵見此蹟又在吳氏此刻之後廿餘年葢卽吳用卿此卷上石之蹟矣王篛林所稱粱閑蕭散逸態橫出不言是墨迹則卽據此石本言之篛林竟未知張米庵是宋人筆之語而竟以爲梁摹耳鄙見宋人之語果非妄也嘉慶乙丑十月以元祐祕閣帖之本考停雲餘淸二刻因識

巒岡亦從此迹出非從宋刻出

此直是宋朝一書手另自寫之非臨也但是影照古本之行次位道寫之張米庵曾見吳氏此蹟以爲出宋人筆信不誣也然所影亦非古本乃是影照宋刻而宋刻疑古本耳

十四行第九字𤼵此項點𤼵自南宋初翻本來

戲鴻堂刻宋樂毅論卽明人所妄傳貞觀六年褚衎者而其後乃有董跋竟目爲唐摹六本之一似此則董文敏之爲書家也何以爲後人作師法乎

餘清齋黃庭經

涿州馮文敏臨黃庭經後有文敏自記云余在甲寅年見此書乃新安吳江邨家物後有董元宰先生跋謂是唐人臨右軍眞蹟蓋小字難於寬綽而有餘故非宋元諸名家所及卽此本也甲寅是明神宗之四十二年此淸且涼下脫一行凡廿一字與頴井本所脫正同是從宋後翻本摹出也

餘清齋張金界奴本蘭亭末行斯文旁有臣張金界奴上進七字

此卷世稱天歷蘭亭白麻紙本墨色黯澹蓋唐人摹本安氏記云董陳定爲虞臨尚未信也安記法書上蘭亭帶字餘清尚微近之秋碧則益失矣

重摹子昂五字損本蘭亭卷錢梅溪摹後附邗江鮑氏重刻十三跋此卷蘇齋故物

趙藏五字損本既太泐昏卽使劉雨若勉竭心手之力亦未必遠過此乃錢君所勤是小齋此卷存影亦略足抵眞矣惟是馮涿鹿當日若屬劉生全鐫此卷究有今人不能摹到之處而況彼時前後篆題欵記未經剪去豈不較所刻快雪堂法書之溷入僞禇衛樂毅論僞禇臨洛陽宮蘭亭者較勝耶記此使彙鐫法帖者愼之

獨孤僧贈趙之五字損本此在南宋初薛氏拓已在最後故原泐昏蝕實難取影以致抱内開口亦下四點之類皆有摹失其實此是原帖之影宋芝山云原帖僞者訛傳也大約是南宋時拓耳非必南宋初亦未必是薛氏所拓詳後若使劉雨若摹入石自必尚有勝此之處

有感於斯文一行後空黑紙有世外元賞四字紅文方印

此間隔水綾上有倪生印下有蕉林祕玩印

曹世長柯梁馮諸印皆自後移此　此處廖氏尊樂堂書畫記八字陽文長方印

帖尾斯文下箕子之裔紅文印錢刻此帖未摹入

據吳子敏書畫記云此帖是黄紙拓本今驗燒殘者信然

卷前定武蘭亭四大字篆書後學生徐霖熏沐敬題

吳練塘跋載俞壽翁續考內蓋南宋時此卷已著名久
矣
此與後柯敬仲跋皆錢梅溪影寫見寄者己巳六月又
以梅溪雙鈎吳柯跋詳對之蓋梅溪欲勒吳柯跋於石
也此下朱錢鮮于三跋則皆燼餘半段矣鮮于跋以舊
存稾錄於下
傳朋赴鎮上饒相遇嘉興觀定武舊本蘭亭眞氣凜然
紹興甲子九月十四日維陽朱敦儒題（字希眞號巖壑老人）
俞松續考第一卷內載此本沈伯愚藏者凡六跋一是
吳傳朋跋二是此跋其後四跋并錄於此卷後并附識
此卷原委於後

舊見王子慶家定武墨本已絕佳今見此本尤勝吳興
錢選題
錢玉潭此跋未見於著錄今燒殘只剩上半不得見其
全文也所云王子慶本即子固落水本也乃此跋云此
本尤勝則即玆一語可以斷定其必非五字既損之近
以退筆禿鋒之本可無疑矣餘詳說於此卷之尾壬申
七月二日
蘭亭墨本最多惟定武刻獨全右軍筆意此薛紹彭家
所拓者不待聚訟知爲定本也至元己丑三衢舟中書
時過安仁鎮正月望日
此鮮于困學跋近日翻刻趙本有以此誤爲趙跋者此

跋至元己丑在趙跋之前二十年是時困學年三十三
歲困學於至元渡江時學書此尙非其晚年妙境也
以上錢舜舉鮮于伯機二跋皆尙是跋吳傳朋得自薛
氏之原拓本其抽換者但於前半抽去沈范李三跋以
滕五字未損本而去其事約在至元己丑後至大己酉
前二十年內獨孤和尙所不及知餘詳卷尾
趙第一跋又有未損又字末捺是趙書有此戰掣之勢
鐫工所不能傳也快雪堂帖劉雨若鐵筆已不能得之
矣
河聲如吼一跋何以下有解曰二字今已燒去快雪堂
所失此刻本有

第十跋而墨本輒不同本字原蹟中間一直從上直下
然後分左右撇捺快雪本誤
第十一跋末放閒放字末筆不放尖快雪不誤而石恰
此處泐矣吳靜心本竟是從快雪泐後之本再翻者誤
作放尖矣重翻快雪帖皆効其泐勢是以觀者莫詳也
此字合上下章法必無出波之理
趙第八跋末重展此卷因題下有趙氏子昂印
第十跋中間一行故蘭亭難辨蘭亭二字上蓋合同印
此條末壽張書下有趙氏書印
第十一跋末待放閒書下趙氏子昂印（此印已燒損）
第十二跋末七日書下趙氏子昂印（此一印尙極明白）

趙印考證詳於殘記卷後
前數年聞譚觀察組綬以八百金買揚州吳杜村紹浣之趙十三跋蘭亭卷後又聞揚州鮑氏從譚借出爲鐫於石鮑亦僅刻趙跋趙臨而不刻前後諸跋與馮所見略同不足異也宋芝山爲予拓此見寄云其後王芑孫跋云云是鮑氏不欲顯其從譚借耳非果芑孫物也今此卷已燬因與快雪本對之新鐫笨鈍遠遜劉雨若之得神然其中卻亦有一二處足與快雪本可資互證者末有夢禱印其人姓党前年在揚州見予題焦山僧壁詩欣然願刻之石其刻拙書能肖所以刻趙書不及劉雨若亦無怪也然松雪於此帖已不得其原委徒令人錚攬趙書而不知研究禊帖眞品其視党君之不精於刻趙而能刻拙書者相去無幾徒增悵悵而已嘉慶辛未春三月二日方綱

趙臨蘭亭附記

在字起二筆誤

于字集字上横皆改彎筆誤

陰右捺原本鋒長而此損本後拓尤長此臨作蓄勢不放誤

羣頂定武本側下則未合

賢左臣之下筆非平横也臨誤

崇山頭誤三點誤下直又誤此一字凡三誤

帶四直不合趙臨此時尙未得見不損本此尙不算入誤筆內

絲竹竹字迴筆誤因原拓已昏也

察字右捺半放非全蓄也臨誤

類左下竟改原蹟誤

抱將左下撇臨作帶挑此二處誤

託口下横放出外邊誤竹託二迴筆尤延之所講趙蓋未知

暫斤改去小直省作帶筆誤

隨內省去一小點誤

遷西下中撇直下垂地末辶又省去上點此一字二誤亦大矣亦作三點誤

豈上横反長出而下横未迆垂左此字二誤

由字不知米老所謂楷則之理而末横又外出此字二誤

諸如蠏爪針眼丁形之類皆全不依本帖其他隨手伸縮不準原蹟者不可枚舉似此則崇山何必旁挂因向諸字何必大書直是另寫一遍何謂臨哉

愚最不服臨古帖以不似爲得神形之不似神於何似若不取似則馮承素輩可不依繭紙之樣即定武原石先不可信矣舍坦途弗率而侈言凌躐此今日學者之大患也豈止書法哉

柯第一跋前奎章閣鑒書博士印柯九思印馮銓伯衡

印第一跋尾紙錫訓壺盧印

第二跋尾有丹邱柯九思章六字陽文方印縕眞齋三字陽文長印訓忠之家四字陰文方印

柯敬仲跋云趙公家藏數本惟此爲眞公寶愛終世未嘗去手然趙題譚崇文藏五字未損本云生平見蘭亭眞者三本一落水本一自藏畚損本而以譚崇文本爲三本之冠其跋是延祐丁巳在此卷十三跋後七年而不言及此本何也

趙藏五字損本原卷燼餘存字煦齋司農得之嘉慶辛未夏裝卷屬題留予几上三旬之久題其本帖贉綾後云北平翁方綱書此殘拓紙尾不啻山陰道上觀百花齊放也五月廿四日石墨書樓後軒記

撿家所藏定武褉帖有三最後得此本絕妙戊申九月三日觀於欣遇東齋

是歲冬十一月觀楊伯時路分家藏本與此正同其籤題是薛紹彭手書知此爲定武眞刻無疑（右二條沈虞卿跋）

蘭亭叙唐世摹本已不復見今但石本爾摹手刻工各有精麤故等差不同惟是定武者筆意仿佛尚存士大夫通知貴重皆欲以所藏者當之而未必然也觀此本則不容聲矣紹興辛亥立冬石湖范成大書

予從士大夫家見蘭亭石刻多矣皆號定武本雖秘府之藏亦未免雜贗也　紹定癸巳修褉之日舟過吳興欣遇沈公之孫寺丞出示家世所寶二軸望之知其爲眞也此軸本吳傅朋得諸薛氏而博古如尤王善書如朱范同所鑒賞則又信而有徵矣近歲士人作蘭亭考凡數萬言名流品題登載略盡惜無以此軸示之陵陽李心傳書（觀此跋則尙有尤延之王順伯二跋俞氏已不言及）

右一本六跋　沈伯愚所藏本

俞壽翁蘭亭續考載吳傅朋本吳跋朱跋後有沈虞卿二跋范石湖李秀巖二跋此一本六跋皆藏沈虞卿之孫伯愚寺丞家卽以其最後一跋在宋理宗紹定六年癸巳至趙文敏得於獨孤僧在元武宗至大三年庚戌相隔七十六年沈范李四跋已不存矣以沈范諸跋詳之必非後拓之五字已損者而趙跋以爲退筆書則是後拓禿鋒之本今其卷前帖雖已燒昏而以燼餘所存之字驗之確是後拓鋒頴昏翳有類於退筆禿毫者卽以羣字下半直末竟不辨其雙杈似厚畫之一筆卽此一字其非北宋舊拓可見矣則是獨孤贈趙時不特沈范李諸跋不存卽其前拓本亦已非復吳傅朋得自薛之舊也竟是宋元間有人抽換薛氏原拓本以沈范諸跋幐之而去趙所得於獨孤者是後來有以五字既損之本裝吳朱二跋爲一卷而趙未之詳考耳所以他日延祐丁巳趙文敏跋譚崇文本言平生見眞者三本而不言及於獨孤本者葢亦自覺其非彼三本之匹

亞矣然究竟是定武之五字損本故柯敬仲跋云趙公平生未嘗去手此固爾日曹世長購於趙家時相傳珍切之語而不必與趙跋譚本執而並論者也若趙跋既言五字已損而又言與王子慶所藏子固本無異子固本是五字未損者詎可同日語乎此則足以見趙文敏語特偶就一本口賞而未能細加審訂宜乎趙臨一本於輩崇之有關考核者直等諸抄胥之過寫者也下學在今日知所詳審之路而限於服虔之注師春之書皆聞名而不獲見也惟有倍加敬慎而已嘉慶壬申秋七月二日方綱敬識

蘇齋自臨小字蘭亭

元皇慶初趙文敏公以烏絲欄臨蘭亭于月江學士所藏定武眞蹟卷內至大己酉疇齋張仲壽復以烏絲欄臨定武本於後至明嘉靖戊午文衡山又以烏絲欄臨蘭亭於後此卷歸項子京家今不知藏於誰氏矣秋盦九兒以汪文端公縮臨蘭亭屬爲題尾不揣弱劣輒亦效作於後乾隆壬子秋七月二十有二日識於小石帆亭方綱

蘇齋自臨小字蘭亭

乾隆壬寅冬十月二十日北平翁方綱以定武落水本筆意訂正萬松山房本摹此

萬松山房縮臨蘭亭後題萬歷丙午年秋九月重陽前李宓臨并勒於萬松山房李宓字羲民福建龍溪人此石嘗為王虛舟先生得之於燕市後又為揚州汪杏中也所模刻今二石並藏揚州黃氏家虛舟跋云用褚本縮成徑寸刻於青田石四面環轉細若蠅頭而寬綽容與能盡筆勢以校原本不失豪髮此又玉枕後一奇翫也虛舟頗以不知其爵里為恨今予既得其里氏而又得其拓本何幸如之然其中頗有行次位置之移失偏旁點畫之舛訛不知虛舟先生何以云豪髮不失甚矣精臨之難也予從耦堂侍御借觀因用定武落水本筆意審正重摹凡改定四十餘處而後成之然此特因李氏原刻差誤太甚至於臨寫之際逐行逐字為之推算改正是以雖校李氏本為已經釐正而仍不敢自信為豪髮之逼真也他日儻得遇良工為我勒於寸石仍當重摹一過以求精至云耳乾隆四十七年歲在壬寅冬十月二十有八日北平學士翁方綱識於蘭盟書屋

瘞鶴銘

瘞鶴銘考

瘞鶴銘蘇東坡黃魯直謂右軍書歐陽永叔疑是顧況黃長睿謂爲陶隱居書或謂皆丹陽尉王瓚自後或以爲況或以爲隱居迄無定論倘得懸諸壁間眞有飛動之勢賞玩之餘聞爲參考有以見其爲隱居不疑爰列爲圖繫其說於後以與好事者共論焉乾隆壬子仲春吳東發識

瘞鶴銘原刻

爽塏勢掩華亭爰集
厥土惟寧後蕩
華表留

石旌事篆銘不朽詞曰
也迺裹以玄黃之幣藏乎
午歲　於朱方天

真侶廔亣
洪流前固重
唯髣髴事亦微
相此胎禽浮
山之下仙家
未遂吾翔

不知其紀也
華陽真逸

歲得於華
上皇

不知其紀也華陽真逸吾友張文魚藏本有此九字又午歲方天字亦據文魚本補入

江陰真宰
丹楊外仙尉
山徵君
迄

瘞鶴銘考　二

世所傳重刻本輟耕錄　淵鑒類函等書俱載其辭今以原本湊合觀之可見其以臆損益者多矣如仙家下惟有刻二字浮字下乃有二十三字天字下祇一其字皆與章法不符又觀隱居他文俱不通轉華表留聲當是留形觀章法亦然又按吾惟髣髴頂浮邱著經二句事亦微冥頂華表留形二語詳文勢亦無迺徵前事四語餘見後說

瘞鶴銘重刻本

鶴壽不知其紀也壬辰歲得于華亭甲午歲化于朱方天其未遂吾翔寥廓耶何奪之遽也迺裹以元黃之幣藏乎茲山之下仙家有刻石旌事篆銘不朽其詞曰相此胎禽浮邱著經迺徵前事出於上真余欲無言紀爾歲辰輟門去鼓華表留聲我唯髣髴事亦微冥後蕩洪流前固重扃右劃荊門未下華亭爰集眞侶瘞爾作銘華陽眞逸撰上皇山樵人逸少書　傘山徵君丹陽外仙尉江陰眞宰立石

按迺徵前事四語不特語意淺鄙文氣不貫且用十一眞韻其爲妄補可知又原刻本惟甯上有厥土二字華亭上有爽塏勢掩四字又蕩字今作湯峰口作傘山則其妄爲增益改竄不待捂擊而見矣　按臨海記云郡西北有白鶴山古老相傳此山有晨飛鶴入會稽雷門鼓中於是雷門鼓鳴洛陽聞之孫恩時

瘞鶴銘考　三

斫此鼓見白鶴飛出翺翔入雲此後鼓不復遠聲去鼓句本此今不曰雷門而曰輟門又本作仙門是不知所出也是去鼓句疑是原本第失卻雷字因臆足之耳隱居與梁武論書表凡五通娓娓數百言於書蓋深嗜之表有云昔患無書可看乃願作主書史晚愛隸法又羨典掌之人嘗言人生數紀之內識解不能周流天壤區區惟充恣五欲實可愧恥每以爲得作才鬼亦當勝於頑仙至今猶然始欲翮之又云世論江東無復鍾迹常以歎息今論旨眞蹟雖少可得而推是猶有存者不審可復幾字願工人摩塡數行脫蒙見賜實爲過幸又逸少學鍾勢巧形密勝於自運不審此例復有幾紙自

運之迹今不復希請學鍾妙又云逸少自吳興以前諸書猶未稱凡厥好迹皆自向會稽時永和十許年中者從失郡告靈不仕以後略不復書皆使此一人世中不能別見其緩異呼為末年書逸少亡後子敬年十七八全倣此人書故遂成與之相似今聖旨標顯足使眾識頓悟於逸少無末年之譏臣比郭（郭與廓通即廓並也）摹所得雖粗為字形而無復其用筆蹟勢不審前後諸卷一兩條謹密者可得在出裝之例復蒙垂給至年末間否又言嘗得右軍飛白一卷筆勢驚絕其嗜書如此其嗜右軍書如此今觀此銘筆意結搆一稟右軍亦帶有隸意故魯直謂非右軍不能余亦謂非隱居不能　隱居許長史舊館壇銘云五間面起九涂環周長隰旁嶺交汧北流其序曰旁枕雷門前瞰下泊東際連崗北横長嶺方將駛雲虹而高騖驅奔鶴以追風幽林館銘云層巖外峙邃宮內映反穴旁通縈泉遠鏡與此銘句法正同

或曰顧況嘗自號華陽眞逸隱居則未聞也余謂眞逸二字志棲遁者皆得而托之不可徒執是以論且台州志曰甯海東北蓋蒼山有石刻眞逸二字相傳陶隱居嘗居此則又眞逸之為隱居之一證也　或曰華陽眞逸之為隱居明然矣但重刻本云華陽眞逸撰上皇山樵人逸少書則明乎其非隱居書矣余曰初亦疑之按原本眞逸下有上皇字而米南宮題名曰觀山樵書則山樵二字當出原本人字逸少字疑後人妄益不然何昔人皆未之及耶查地志無所謂上皇山者元劉大彬茅山志云初元始七傳而至紫虛紫虛九傳而至隱居元始有上皇天帝之稱是華陽之教始自上皇以之名山隱寓華陽也志又云楊君諱羲字義和吳郡人徙家句容與甯間眾眞降其室傳經誥華陽之傳始此隱居許長史舊館壇記亦有眾眞降楊之語山又有降眞橋據此条口山當是降眞山亦隱寓華陽又按隱居傳七年遠遊改名王整官稱外兵與此稱外仙尉同又王蕭綸隱居碑云七年遊南岳十一年有敕遣左司徒慧明徵先生還茅山與此稱徵君合然則徵君外仙尉皆隱居自寓其銜上皇降眞皆自寓其棲隱之地而丹陽則紀其故鄉也（隱居丹陽秣陵人王右軍帖得丹楊書陽亦作楊）江陰即毘陵地亦曰晉陵梁置江陰縣秦時與丹陽並屬會稽眞宰亦隱其名序云爰集眞侶蓋隱居弟子也

按茅山高眞列傳錢妙眞晉陵女子也辭家學道於隱居普通年中獨處幽巖誦黃庭經時年十九所居燕口洞積三十年而仙裁書併詩七首與隱居別佩白練隱形入洞敕其地為燕洞奉官祠豈其人耶

按隱居許長史舊館壇碑陰記梁天監七年往永嘉十年涉海十一年夏還木溜嶼其年十月有敕迎還舊山十三年正月至茅山是年歲在甲午則所謂甲

午化于朱方者乃白會稽奉敕還茅山時也於時適過焦山因瘞鶴鐫銘於此不然何不瘞華陽而於焦山耶按漢書丹徒春秋時曰朱方屬會稽今屬鎮江

石門碑醳

郙閣銘附

石門碑醳目録

諸城王森文撰

石門碑醳

趙敏若碑東壁

紀國趙在□敏若貽堰脩祀事閬中□
隆之景南普慈劉□光遠廣漢耿巽□
□□沔程以厚任威左□□□□西□
□繁彭順成李行潼川白巨濟□□□
倸玩玉盆揖□潭艤舟衮雪步輦确登
石門拂石□從容瀹茗而去衮雪□□
亭湏復規度云寶慶丙戌前熟食五日

范鼎碑

范鼎伊沂孫李
揆慶元丁巳重
陽後一日□游

北魏永平碑

□西壁文後漢永平中開
石門今大魏改正始五
年為永平元年餘功至
二年正月訖手開復之
年同日永平今古同前
極矣哉後之君子異世
同聞焉

曹濟之碑

曹濟之龐公巽
曹璋李稟紹定
已丑熟食日識
賈祐字三德

文岡碑

郡丞潞國文岡晞堰役同邑尉舜
都張海臨洮魏機東□李壽淳熙
丁未仲春十有三日來游

張伯山碑

古郫張伯山閬中郭亮輔
晉原樊子南長江趙仲成
同□石門淳熙己酉閏月拾

安丙碑

嘉定閏月既望太守
安丙同李猴真來孫
明孫□猴之二子侍

王遠石門銘

此門蓋漢永平中所穿將五百載世代綿迴戎夷遞作乍
開乍閉通塞不恒自晋氏南遷新路廢矣其崖岸崩淪澗
閣湮褫門南北各數里車馬不通者久之攀蘿捫葛然後
可至皇魏正始元年漢中獻地褒斜始開至於門北一里
西上鑿山為道峭岨盤迂九折無以加經途巨礙行者苦
之梁秦初附實仗才賢朝難其人褒簡良牧三年
詔假節龍驤將軍督梁秦諸軍事梁秦二州刺史泰山羊
公建旟嶓漾撫境綏邊蓋有叔子之風焉以天險難升轉
輸難阻表求自迴車已南開創舊路釋負擔之勞就方軏
之逸詔遣左校令賈三德領徒一萬人將帥百□人共成
其事三德巧思機發情解意會雖元凱之梁河德衡之損
蜀未足偶其奇起四年十月十日訖永平二年正月畢功
閣廣四丈路廣六丈皆填谿棧壑砰險梁危自迴車至谷

口二百餘里連輈並轡而進往哲所不工前賢所輟思莫
不夷通焉王生履之可無臨深之歎葛氏若存亦忘木十
之勞於是畜産鑪鐵之利紈綿罽毲之饒充牣川内四民
富貴百姓息肩壯矣自非思埒班爾籌等張蔡忠公忘私
何能成其事哉乃作銘曰
龍門斯鑿大禹所彰茲巖迺穴肇自漢皇導此中國以宣
四方其功伊何既逸且康去深去阻匪閣匪梁西帶汧隴
東控樊襄河山雖險漢德是強昔惟畿甸今則關鼺永懐
古烈迹在人亡不逢殊績何用再光水眺悠皛林望幽七
□延晚露晝凾曙霜秋風夏起寒鳥春傷穹隆高閣有車
轔轔咸夷石道駟牡其駰千載絶軌百兩更新敢刊巖曲
以紀鴻塵　魏永平二年太歲己丑正月己卯朔卅日戊申
□泰典籖□原郡王遠書石師河南郡洛陽縣武阿□鑿字

石門畢墨　四　别下齋校本

石門

石門西壁

右扶風丞碑

右扶風丞□□□□李君諱□
□字□杰
斛大臺政由其□
懽喜行人蒙□□故
事再舉孝廉尚
郡朐忍令扡漢　宜
禾都尉

石門畢墨　五　别下齋校本

趙公茂碑

慶元丙辰暮春上
餘三日趙公茂宋□
志張壽卿宋咏道□
公茂二子符棪同來觀
漢刻三酌于此　石門

俞伯謨碑

賈公直正之俞
次皐伯謨師賷
成之何賁元素
紹聖乙亥仲春
望同遊伯謨題

鮮于翔碑

□□□□□□□
庚寅□□邑令
□□□
府□事文□恖
邑令鮮于翔
崇寧五年丙戌
九月廿四日遊

楊孟文石門頌

惟巛靈定位川澤股躬澤有所注川有所通余谷之川其澤南隆八方所達益域為充
高祖受命　興於漢中道由子午出　散入秦建定帝位以漢詆焉後以子午塗路歮難更隨圍谷復通堂光凡此四道垓鬲尤艱至於永平其有四年詔書開余鑿通石門中遭元二西夷　虐殘橋梁斷絶子午復修上則縣峻屈曲深顛下則入冥廎寫輸淵平阿涼泥常蔭鮮晏木石相距利磨确磐臨危槍碭履尾心寒空輿輕騎遰导弗前惡虫蔽狩蛇蛭毒蟳禾秋截霜稼苗夭殘經年不登匱餧之患卑者楚惡尊者弗安愁苦之難焉可具言於是朝知故司隸校尉楗為武陽楊君厥字孟文深執忠伉數上奏請有司議駮君遂執爭百遼咸從帝用是聽廢子由斯得其度經功餝爾要敞而晏平清涼調和烝二艾寧至建和二年仲冬上旬漢中太守楗為武陽王升字稚紀涉歷山道推序本

原嘉君明知美其仁賢勒石頌德以明厥勲其辭曰
君德明々煥々彌光剌過拾遺厲清八荒奉魁承杓綏億衙彊春宣聖恩秋貶若霜無偏蕩々貞雅以方寧靜烝庶政與乾通輔主匡君循禮有常咸曉地理知世紀綱言必忠義匪石厥章厥弘大節讜而益明揆往卓今謀合朝情醳艱即安有勲有榮禹鑿龍門君其繼縱上順斗極下答坤皇自南自北四海攸通君子安樂庶士悅雍商人咸憘農夫永同春秋記異今而紀功垂流億載世々歎誦
序曰明哉仁知豫識難易原度天道安危所歸勤々竭誠榮名休麗
五官掾南鄭趙邵字季南屬褒中晁漢彊字產伯書佐西成王戒字文寶主
王府君閔谷道危難分置六部道橋特遣行丞事西成韓朖字顯公都督掾南鄭魏整字伯玉後遣趙誦字公梁案察中曹卓　行造作石積萬世之基或解　高　格下就平易行者欣然焉
伯玉即日徙署行丞事　守安陽長

李盔碑

李盔魏拱王張億孙同來

楊伯邳碑

故司隸校尉楊君厥諱淮字伯邳舉孝廉尚書侍郎上蔡□陽令將軍長史任城金城河東山陽太守御史中丞□為尚書尚書令司隸校尉將作大匠河南尹伯邳從弟諱弼字穎伯舉孝廉西鄂長伯母憂去官復舉孝廉尚書侍郎遷□丞冀州刺史太醫令下邳相元弟功德牟盛當究三事不幸早隕國喪名臣州里失覆□□□□□□□　白守俱大司隸孟文之元孫也
□門同郡下□字子□以熹平二年二月廿二日謁歸過此追述勒銘故財□紀

劉希曾碑

記喜侍行
遊男兼善孫記回
十有三日挈家涞
嘉定辛未春閏
仌都劉氏希曾

潘宗伯碑第一摩岩

潘宗伯韓仲元以泰□六年三月十日造此
景元四年十二月十日盪寇將軍浮
亭侯譙國李苞字孝章將
中軍兵石木工二十人始通此閣道

晏袤碑

潘宗伯韓仲元以泰□六年三月十日造此
景元四年十二月十日盪寇將軍浮
亭侯譙國李苞字孝章將
中軍兵石木工二千人始通此閣道

潘宗伯韓仲元李孝章通褒余閣道碑陰

潘宗伯韓仲元記造橋閣十九字紹熙甲寅始見於石門之南崖其泰字下一字不顯止有六年以下字至此字下三字又不能識微有偏旁漢魏兩晉以泰紀年者凡七惟魏明帝有泰和六年晉武帝有泰康十年餘皆一二年或四三年則知此爲泰和六年明矣是歲蜀建興十年先是

泰和四年魏司馬懿伐蜀五年蜀諸葛亮圍祁山魏詔司馬懿拒之秋七月亮復軍明年亮休士作木牛流馬故魏人得入褒谷治橋閣矣後題景元四年三十八字者魏陳留王年號自泰和六年至此凡三十有三年則此二號皆魏之紀年無疑其書盪寇將軍云者蜀張嶷亦有此將軍號魏盪寇將軍浮亭侯李苞字孝章復通此閣道於景元四年即蜀炎興元年冬十一月魏鍾會鄧艾率衆伐蜀至江油降馬邈至綿竹斬諸葛瞻劉禪詣艾降巴蜀皆平十二月魏分益州爲梁州褒余閣衢於是乎通焉慶元元年中秋日南鄭令臨淄晏袤書

山河堰碑

紹熙五年山河堰落成
郡太守章森常平使者
范中執戎帥王宗廉以
二月丙辰徠勞工徒堰
別爲六凡九百三十五
丈釃渠四百一十丈木
以工計七十二萬四千
九百有奇工以人計一

十五萬九千八百有奇先是四年夏大水六堰盡決使者被旨兼守事會凡役慨念民輸當四倍於每歲之常洒官出錢萬緡為民助查沆賈嗣祖晏袁張柄實董其事

袞雪

袞雪

漢永平碑第二摩崖

永平六年漢中郡以詔書受廣漢蜀郡巴郡徒二千六百九十人開通褒余道太守鉅鹿鄐君部掾治級王弘史荀茂張宇韓岑等興功作太守丞廣漢

漢永平碑陰

楊[illegible][illegible]開 始作橋格六百二十三閒 大橋五為道二百五十八里郵亭驛置徒司空褒中縣官寺并六十四所凡用功七十六萬六千八百餘人瓦卅六萬九千八百四 器用錢百四十九萬九千四百餘斛粟 九年四月成就益州 東至京師去 就安隱

漢中郡太守鄐君修橋格碑凡百五十有九字漢明帝永平六年刻於褒余谷中共紀鄐先巴官鐵盆銘一歲紀熙甲寅三月甲 南鄭令晏袁以堰事□至褒谷獲此之 於石門西南險側斷崖中先是癸丑夏秋積雨苔蘚剝落至是□畫始見字學奇勁古意有餘與光武中元二年蜀郡太守何君閣道碑體勢相若建武永平去西漢未遠故字畫簡古嚴正觀之使人起敬不暇答尚之主帝與王漢中出鼓入秦道由子午金路芷驕國秦取蜀之石牛衙開道石門史雖不言靈帝建寧五年衙官掾仇審頌太守李翕郙閣碑云嘉念高帝之開石門亢功不朽則石門雖基於秦而開於高帝明矣至威帝建和二年漢中太守王升

鐫碑石門中紀永平四年司隸校尉楊君孟文以詔書鑿通石門則又從而廣之通道幾五十年至安帝永初元年西夷虐殘橋梁斷絕後歷子午凡十五年至順帝延光四年詔益州刺史罷子午道復通褒余則此路自秦漢以來通塞屢矣今碑刻於永平六年載漢中郡以詔書受廣漢蜀郡巴郡徒二千六百九十人開通褒余道太守鉅鹿鄐君部掾治級王弘史荀茂張宇韓岑弟典功作太守丞廣漢楊顯始作橋閣六百廿三大橋五為道二百五十八里九年四月成就刻石紀工器錢粟成數於崖壁中去石門不百步惜乎崖傾碑斷字有闕今所鑿棧道石竅具存通知楊孟文治石門於四年辛酉歲鄐君楊君治橋閣千一百二十三年之後物之顯晦蓋有定數如此鄐君楊君為民興此閣道三年而後成曾不諱勞而史逸其名非苔蘚封護至今必為風雨所剝此□遐亦摩滅矣敬書碑陰俾來者有以取信焉夏四月旬六日臨淄晏袤書

章部碑

章部李崟魏拱之張應邠章升之趙旻章復之以慶元二年立夏前一日來邑令張寅尉李師章載酒相從

玉盆 褒水中

玉盆

閭丘資深田德夫章德棥慶元二年二月壬申日晞堰徠

玉盆

曹濟之龐公巽曹璋李稟紹定己丑清明日識

郙閣銘 白岩

惟斯析里處漢之右谿源漂疾橫柱于道涉秋霖瀌盜溢深滿濤波滂沛激揚絕道漢水逆讓稽滯商旅路當二州經用衿沮沮縣士民或給州府休謁往還恒失日晷行理咨嗟郡縣所苦斯谿既然郙閣尤甚涗崖鑿石處隱定柱臨深長淵三百餘丈接木相連號為萬柱過者慄慄載乘為下常車迎布歲數千□遭遇隤納人物俱墮沈沒洪淵酷烈為禍自古迄今莫不創楚於是

太守漢陽阿陽李君諱翕字伯都以建寧三年二月辛巳到官思惟惠利有以綏濟聞此為難其日久矣嘉念高帝之開石門元功不朽迺俾□高掾下辨仇審改解危殆即便求隱析里大橋於今乃造校致故堅

結□互巧雖昔魯班□其擬象又醇散關之嶄漯從朝陽之平㷊減西
濱□高閣就安寧之石道禹鑿江河以靖四海經記厥續安康萬里臣
𥙖□□勤石示後乃作頌曰
上帝綏□降茲惠君克明俊德允武允文躬儉尚約化流若神袁岷如
子遐邇□均精通皓穹三納苻銀所歷𡋲勳香風有隣仍致瑞應豐稔
年登居民以樂行人夷欣慕君靡已乃詠新詩
曰析里之□以𢓊之間高山崔嵬兮水流蕩蕩地既塉确兮與寇為隣
西隴鼎峙兮□以析分□失緒業兮至于困貧危若累卵兮聖朝閔憐
分符析壞兮迺命是君扶危救傾兮全育子遺劬勞日稷兮惟惠勤勤
拯溺亨屯兮瘡痍始起閭□充庶兮百姓歡欣僉曰太平兮文翁復存

重刻郙閣銘 壹岩

惟斯析里處漢之右𧮫源漂疾橫柱于道涉秋霖漉盆溢深渭涛波滂
沛激揚絕道漢水逆讓稽滯商旅路當二州經用狩沮沮縣士民或給
州府休謁往還恒失日晷行理咨嗟郡縣所苦斯𨔉既然郙閣尤甚憑
崖鑿石處隐定柱臨深長淵三百餘丈接木相連號為萬柱過者慄慄
載乘為下常車迎布歲數千□遭遇隤納人物俱隆沈沒洪淵酷烈為
禍自古迄今莫不創楚於是
太守漢陽阿陽李君諱翕字伯都以建寧三年二月辛巳到官思惟惠
利有以綏濟聞此為難其日久矣嘉念高帝之開石門元功不朽乃俾
□官掾下辨仇審改解危殆即便求隱析里大橋於今乃造校致攻堅
結□互巧雖昔魯班□其擬象又醇散關之嶄漯從朝陽之平㷊減西
濱□高閣就安寧之石道禹鑿江河以靖四海經記厥續文康萬里臣

𥙖□□勤石示後乃作頌曰
上帝綏□降茲惠君克明俊德允武允文躬儉尚約化流若神袁岷如
子遐邇□均精通皓穹三納苻銀所歷𡋲勳香風有隣仍致瑞應豐稔
季登居民以樂行人夷欣慕君靡已乃詠新詩
曰析里之□川𢓊之間高山崔嵬兮水流蕩蕩地既塉确兮與寇為隣
西隴鼎峙兮□以析分□失緒業兮至于困貧危若累卵兮聖朝閔憐
分符析壞兮迺命是君扶危救傾兮全育子遺劬勞日稷兮惟惠勤勤
拯溺亨屯兮瘡痍始起閭□充庶兮百姓歡欣僉曰太平兮文翁復存
知縣申如塡重刻

遊石門記
褒城石門道創自秦漢後漢永平建和間復事開鑿故摩巖多漢隸北魏迄宋間加修治故兩朝摩巖亦相繼跡而宋刻尤多自開雞頭關其路遂廢遊者非舟莫達由是人跡罕到焉嘉慶十九年九月李君吉人宰褒城余委聽褒城訟暇日李君為覓舟出城東門北溯褒水水中多白石與潑波相掩映如行鏡中五里許山石森列如戟西岸石壁傾欹如頹墻高數十仞壁下間鑿方穴蓋古棧道遺蹟距壁巔西北有廟即雞頭關今為孔道循壁西北折里餘艤舟度亂石乃達石門石門東瀕褒水背亥向巳以今工部尺度之南高丈一尺太廣丈

四尺北高丈三尺太廣丈一尺中高丈五尺廣丈六尺門中通深四丈五尺門東壁趙敏若碑高二尺七寸廣尺五寸文七行行十五字碑下范鼎碑高二尺五寸廣九寸文三行行六字次北北魏永平碑高二尺廣一尺八寸文七行行九字首行十字末行三字碑下曹濟之碑高尺七寸廣二尺八寸文三行行六字另行貫某欵識五字次北文岡碑高三尺六寸廣一尺文三行行十三字末行十字又北張伯山碑高二尺八寸廣八寸文三行行十字末行十一字又北安丙碑高一尺廣五寸文三行行八字又北王遠石門銘高五尺二寸廣六尺八寸文二十六行行二十二字末行欵識低五字西壁

緖石門二字高二尺五寸廣尺五寸次南右扶風丞碑高尺八寸廣尺四寸文七行字數疏密不等殘缺特甚右扶風丞及都尉皆漢官制筆畫亦近楊君碑疑亦漢隸次南趙公茂碑高尺六寸廣尺一寸文五行第一行七字二行三行八字四行九字五行六字次南鮮于翔碑高尺五寸廣尺一寸文七行行六字第五行五字前三行模糊不可辨次南俞伯謨碑高尺五寸廣尺三寸文五行行六字又南楊孟文石門頌高六尺一寸廣五尺六寸文二十二行行三十字亦有疏密不齊者字畫清亮最為完善又南楊伯邪銘高五尺八寸廣尺六寸文七行行二十餘字不等字體大半可辨終不及石門

頌碑二碑之間有李苞魏拱之張懸卯同來十字高一尺七寸廣五寸文一行伯邪碑下劉希曾碑高九寸廣一尺第一行四字第二行三行各七字第四行五行各六字門内石理堅緻色澤滑潤而凸凹相間更絡渠紋書者未經磨治隨其高低斜正題寫故行或欹斜字亦犖确摹搨最難工緻出門南行數十步潘宗伯摩巖碑高四尺二寸廣尺六寸文四行第一行廿九字缺三字第二行十四字第三行十字第四行亦十四字三行俱低四字碑下晏袤碑迤南鄭令晏袤所書潘宗伯碑陰文高三尺八寸廣三尺文二十二行前五行另刻泰和景元原文字多剝蝕反不及原文顯亮第六行為碑陰

題額後十五行行二十二字末行十一字為碑陰正文筆畫頗清晰碑右隨巖東南折絕壁瀕水際有山河堰碑高五尺五寸廣一丈四尺七寸文十六行行九字石門舊有袞雪亭府志曰半及江中灘流如駛石上刻隸書袞雪二字今江中無此石惟魏泰和碑左壁有袞雪二字高尺九寸廣四尺一寸而無亭考其形勢自袞雪至山河堰絕壁下連石灘寘為一石故府志半及江中非江中更有袞雪也壁下無路廼登舟下石灘南行半里巖壁陡峭攀蘿捫葛始達摩巖碑麓碑外地僅容足仰視壁上乃漢永平六年碑碑中斷後半傾圯前半高三尺一寸廣四尺一寸文九行字數隨石寬狹迤書共

五十八字剝蝕將半俗名大開通此碑字體寔在小篆八分之閒真漢隸之可寶者碑下晏袤碑碑亦南鄭令晏袤所書永平六年碑陰文高六尺一寸廣三尺文二十三行前三行另刻永平碑後半自楊顯畢就安穩九十四字蓋即永平碑後半之傾圯者後二十行行三十字亦為碑陰正文俗名小開通巖下大石有章部碑高一尺七寸廣四尺三寸文九行第一行五行八行九行四字餘行五字此皆石門南摩巖碑之可考者碑石不及石門堅緻且久經風雨故易剝落然壁勢絕高得免樵牧敲礪較石門則有幸焉永平碑南即西岸石壁放舟過石壁灘多白石瀕中流白石大如牛中凹如盆容

水可五斗四時不涸名曰玉盆盆西壁臨水石刻高三尺四寸廣尺六寸上題玉盆二大字字下文三行行七字末行八字文右高二字題玉盆二小字字下文三行行八字末行二字亦低二字盆東南面皆有題字江水激磨日久漸就平滅故府志所載舊刻唐詩竟不可復尋過此水平無灘順流數里舍舟入城覓搨工增其價值令加工徧搨共得若干頁因疏其顛末以紀遊觀之獲更依各碑行字款式別寫釋文一冊以備嗜古者考證焉十二月除夕前一日署褒陽令諸城王森文記

鄐閣銘摩崖碑考

畧陽西北有郙曰置曰西依寶虹東枕嘉陵爲古棧舊路郙南有深溝溝南五里許兩山夾江成峽曰白崖西壁臨江有蔡中郎將鄐閣摩巖碑銘據碑考今地析里即置口深溪即南溝鄐閣即白崖雖古今異名而奔巖深谷猶可想見其險阻馬碑麓去路三尺七寸面修五尺一寸廣三尺五寸文十二行行二十七字第六行第十二行十一字頌三行行二十七字第三行十八字詩四行行二十七字共四百七十二字左下角缺四十字右上角缺五十三字中缺四字清顯者二百四十餘字餘多糢糊據舊志釋文讀之柱訛汪讓訛瀼衍訛所埋

訛旅車訛事阿訛河閶訛閣辯訛翔仇訛讐令訛爾工訛故昔訛百其訛莫導訛導記訛紀惠訛瘉愛訛教岷訛民川訛川堉訛磽失訛告共二十一字其脫文迎布下脫歲數千三字又脫缺文一字乃俾下脫缺文一字故堅下脫缺文二字减凸下脫高字又脫缺文二字萬里下脫臣字又脫缺文三字頌曰下脫缺文四字岷如下脫缺文四字豐稔下脫缺文五字新詩下脫缺文五字爲隣下脫缺文六字閔憐下脫缺文十一字勤勤下脫缺文十一字以上脫文除歲數千某及高字臣字尚存碑中餘皆右角缺文宜存空行而志遺之其左角缺文四十字則志載特詳城南靈巖寺石壁有故明知縣

申如塤重刻鄐閣銘縣志作宋李虞卿重刻誤碑高減舊碑寸餘廣同行數字數亦依舊式惟增末行款志七字據以考舊碑存字惟於今乃造今字右本無點申刻增點作爾其小異者復據以考舊志左角釋文漏訛溝士訛甚民訛久慄慄訛愕啼更據右角刻字以補舊志所缺空行缺文則此碑全文可以復讀惟俾字瀆字綏字通字民字之字兮字分字閔字下各缺一字千字斑字下各缺一字雖非全缺而糢糊卒不可辨爲可惜臣字下此刻有蔡字碑爲漢中郎所書無疑而蔡字下二字全缺則尤此碑憾事嗟乎分隸之由來久矣慨自李斯改六國文字從秦小篆雖非籀篆遺法而師傳有自經許祭酒解

說六書體義足爲後代楷模自隸書日趨便易隨意增減漸失六書本義遷流錯謬至於不可究詰即如中郎此銘几作入㞢作之失其形矣兮作ナ亏作于匕其事矣官作官聖作聖淆其意矣陽作陽造作造亂其聲矣臣作臣增筆即不成字豐作豊減筆又更爲一字顯背六書有雖更僕數者而糸作糸則近泉大作大則近弋卩作卩則近㔾至於自作白不作丕曰作曰更爲小篆本體可見漢人隸書猶知遵秦六書遺法未至概行改易此漢隸之所以可貴也後人因其殘缺摹寫差謬則更貽悞後學即爲申君摹文字體微小蓋非鉤摹上石所刻字法力求曲肖而激揚絶道揚字蔡隸偏旁作易

已非本字然易字未差申刻作易竝失易字本體凭崖鑿石鑿字蔡隸金作全猶近今字本形申刻作金字義更難解說以埥四海四字蔡隸作四雖變四字舊法而體勢相近申刻因其殘缺作四則謬亂太甚香風有隣隣字蔡隸作隣雖變為米字權輿而猶近乎粦申刻偏旁作粦則更不可解凡此皆不成字有乖蔡隸本體然後世必有以易作易以金作全以四作四以隣作隣且泰然以漢隸自詡者破壞字體貽誤豈為淺鮮嗚呼事不攷其原委而沓亂以致誤者又豈僅此一碑已哉乙亥新正廿八日嘉陵舟中作

靈巖寺重刻郙閣銘左角有宋太守田克仁摩巖小碑云漢武都太守李翕修析里郙閣碑在今沔州西三十里之金堂閣歲久昏蝕殆不可讀克仁開禧間得舊墨本於京口勘之歐陽公集古録洪氏隸釋及郡志所載亡失差少來守是邦因勒諸靈巖寺之后壁以永其傳紹定三年五月既望臨邛田克仁書今石壁所刻末行書知縣申如塤重刻存田記文而不言所以重刻之故一碑二名益滋疑異今夏偶過靈巖摩抄石壁察其形狀田碑毗連大碑左角石面粗加修治尚存凸凹舊形大碑鑿治視田碑深七八分及三四分不等磨盪極平間有殘缺亦有意雕刻非剝蝕自然之形揆度事理蓋田刻殘缺申君磨去舊迹復就原碑刻石以存舊文而末記明其故以致易滋後人之惑也若郡志謂李虞卿政重刻於靈巖則絕無所據殆因白水路碑記李虞卿路之功而訛傳與夏五月十四日又記

右扶風丞李君石刻攷

右扶風丞犍□武陽李君諱禹字季本以□
□□□斛大臺死由其興□□□□□□權
喜行入蒙福君故授益州從事再舉孝廉尚
□□□□□郡朐忍令換漢□□□□宜禾
都尉□□□□□

漢右扶風丞李禹題記在褒城石門西壁篆書二大字之南凡七十餘字可辨者五十餘字前共李君諱里姓氏政由其興下蓋記李君脩治道塗故有行人蒙福之語後則述其最時官閥末行剝蝕歲月無徵漢書百官公卿表右扶風治內史右地與左馮翊京兆尹為三輔皆有兩丞右扶風二千石丞六百石後漢都雒陽河南郡為尹以三輔陵廟所在不改其號但減其秩又地理志武陽屬犍為郡朐忍屬巴郡後漢郡國志同宜禾都尉屬敦煌郡廣至縣治昆崙障後漢西域傳明帝永平十六年命征匈奴取伊吾盧地置宜禾都尉以屯田則此刻當在永平以後李君之績媲美部陽惜著錄家皆未得見嘉慶十九年秋王春林大令搜剔得之王之嗜古亦晏南鄭之流與江南陸紹文跋

蔣君生沐於張叔未先生處假得石門碑釋一冊屬為縮摹因校閱一過其中傳訛頗多不少九郙閣銘一條以下附考攷之聖作聖而隸文均作聖陽作陽而隸文均作陽激揚絕道揚字云蔡作揚申刻作揚而隸文均作揚惟一作揚六係蔡隸非申刻馮崖鑿石鑿字之金字云蔡隸作金申刻作金則隸書均作金香風有隣隣字偏旁云蔡作犇申刻作犇則隸書均作犇訛可知矣且附考云蔡作金申刻作金蔡作四中刻作四蔡作犇申刻作犇皆無點畫毫釐之別惟四字於申刻中未經傳訛知為四字餘則不可攷矣夫安得王氏原本一校之也戊戌夏姜梅許槤志

漢永平碑後半八行

太守丞廣漢
楊顯將相用
□作橋格六百卌三
大橋五為道二百五十
里郵亭驛置徒司空
褒中縣官寺并六十四所
凡用功七十六萬六千八百
餘人瓦卅六萬九千八

王盇題字

王盇

晏袤書

伯謨題

□禧二年

劉年節題名

開禧二年人
日年節甫
劉牂靜來

晏德廣題名

玉盆
晏德廣段□與□
師乂禱雨于潭塵至
丙午□熙甲辰中元

張伯亨
李小本 本

石部題名

石部段雄飛晏袁
壽嵩以禱雨檥舟玉
盆側誌歲月而去又
已清明前十日以董
堰復來同登坪埽
縱觀方羊久之

李士熊題名

李士熊
來嘉定甲申
端午[illegible]壹日

石盆
與
晏洗
俞
廬
奇

陳棐忱書
春十有二
崇寧壬午仲
李昭道

李若道題名

舟登此
同遊石門艤
臨邛黃次平
弟顧道任道
昇山李若道
宣和壬寅十月二十八日

者廣端同
翁進小郡倉
三月巳
李甲
鰲力
稅申之
虞𡌦第一

李彥粹題名

前一日行記男松年侍
中直子正建炎己酉歲清明
從馮翊傅汝礪彥忠洛陽□
師民叔瞻秦亭李師古□
子寔開封王師顏希賢徐
登玉盆預行者定武田𤼵
河南李□彥粹游石門

郭嗣卿題名

郭嗣卿陳
季時程清
升慶元戊
午嘉平
初六日日𡈼
来男亻
繹侍

邵桂孫題名

康衢邵桂孫
程仲年弟忠
攝令同徠
戊午烁　季

安子文題名

畠然安丙子文抱孫
明孫與李侯貴同来
嘉定己巳閏月清
明日

何武仲題名

邑令何武仲拉
資中黃元英廣
漢沈德明普慈
周伯光黃養源
来金土子祿孫和
孫侍行嘉定辛
未中秋後十日

張元朗題名

玉盆之陽
谿歎之勝刻
師敏同遊窮
袁武震岐下
臺張元朗成都
二十二三丿
崇寧初元八

宋積之題名

成都宋積之攝中令廣漢章
以初彭城貝公肅渭南任子
飛資中從訪之為石門
之之丰而上玉盆夷
猶極、向丙、摩涛石
行澤刻酌酒去任明
之章韶父子飛
一慶元丁巳夏四月十有二

丁未十月偶於舊書肆獲褒斜石刻爲王令碑醳所無若凡十餘紙其一漢永平碑自大守丞廣漢至瓦世六萬九千八百凡八行王跋言碑中斷後半傾圮故所載前半至廣漢止而楊顯以下但載晏釋文此則猶原刻也且凡用功上有一成字爲晏釋所遺共字六十有餘視前半有過之其一玉盆二字度以營造尺上字高七寸廣九寸八分下字高八寸廣尺署晏袤書案前載玉盆字凡二慶元二年者高六七寸廣八九寸紹定二年者高止二三寸廣四寸餘均不若此之大且晏諸刻皆在淳熙紹熙閒最後者慶元元年尚在二題前則此尤空著錄盆字旁有伯謨題三字案伯謨有紹熙乙亥題

字蓋哲宗時人在晏前八十餘年此其別一題也一開禧二年人日即玉盆下斜列者其二皆晏題一淳熙甲辰攷前所載但知晏爲臨淄人官南鄭令見此刻乃知其字德廣適與名袤相應其二人不可悉辨矣一爲乙巳則後一年所題三人皆書名而云董堰復來者蓋即築山河堰事記言紹熙五年落成又云先是四年六堰盡決殆是年董築後經八年而決復大脩之晏君前後董其事故題記不一也一爲宣和壬寅李若道題與陳棐忱書一紙斜接陳書惟署名及崇寧壬午小字兩行當空處前三行爲石盆二句所壓可辨者廉下君字瑞同二字當空處貪下劉字盆下與字應下至字有下此

字而已詩上有李士熊嘉定中題字下載亦爲壓刻句後署進士郡人李一鰲別一紙下亦有舊刻惟虞姓弟喆等十餘字不當字可見故此二幅最爲叢襍一爲建炎己酉李彥粹記是爲高宗三年郭嗣卿來以慶元戊午邵桂孫徠以戊午而無紀元或同年耳安丙與何武仲皆題嘉定而己巳辛未相距二載又二紙殘缺一爲崇寧張元翊一爲慶元宋積之也攷金石萃編載玉盆題名十二段晏德廣條不知師□乃石邵之字作師命命字誤或師令耳斗潭誤升潭摩崖及甲辰下中元字缺李一鰲上進士二字襍舊刻誤作前字郡下缺人字李士熊條士字缺嘉定下缺甲申端午下缺後壹日李

彥粹條定武下缺案是田發二字郭嗣卿但前三行其午嘉平初六日晞堰來男□□繹侍四行皆缺安丙條李下缺一字此似侯蓋侯也前有李侯眞亦與安丙同來即侯貴之誤張元翊條元字上缺初字下缺八字十字下缺三成下缺都字又石門題名十八段內載宋積之條石上缺摩崖部父誤龍父下子飛飛字亦缺此雖殘尚可辨至李若道邵桂孫陳棐忱等則全無之而紹熙五年石門題字又有錄無文作碑醳若身至其地遺漏更多況其他乎吾鄉僧六舟壬辰遊焦山榻得瘞鶴銘後題名二紙見貽放翁題云陸務觀何德器張玉仲韓无咎隆興甲申閏月廿九日踏雪觀瘞鶴銘置酒上

方烽火未息望風檣戰艦在煙靄間慨然盡醉薄晚汎舟自甘露寺以歸明年二月壬午圓禪師刻之石務觀書七十三字歷歷可辨其左別有嘉熙二年十一月晦王濬李夢得韓雨行字跡大小懸殊而都大僕卽以陸題爲嘉熙又米襄陽題仲宣法芝米芾元祐辛未孟夏觀山樵書十六字竹雲題跋以爲在北固其右尚有青社碁立與權山陰賀鑄方回南陽張德洵公美廣陵石禹和叟建中靖國元年九日遊三十四字幾八百年未見著録古刻易湮往往而是可慨也夫海昌蔣光煦識

墨志

探賾索隱鉤深致遠古聖人之所以立成器也述者亦有事焉不賾則狹纇弗周也不隱則陋法弗辨也不深則褻體弗貴也不遠則囿用弗彰也器之利湮而作者之意失矣吾讀麻孟璿氏墨志將教天下所以攻之與夫蓄之者遠之至也而根究於鬼神之變倉史之撰焉深而隱矣上下諸家家法之精犄物材之良苦如正統系則以言乎天下之至賾也夫孟璿非述也作者之事也記曰衣服在躬不知其名爲罔世之守成器之利而不能名者何可彙舉獨儒者自號博通著察出其緒餘顧于被服之神明者闕如可乎是書行盡砭罔學之弊不啻有功于客卿乃孟璿所以饗客卿之報者行自此侈大哉豫章李光倬譔

墨志一卷明季宣城麻氏孟璿撰凡分九類徵引賅詳論說古雋似兼李氏墨譜陸氏墨史之長考孟璿名注復社屯師姑山兵潰被執死甚烈蓋節義之士其緒餘故自足傳所作韻語已畧載明詩綜而墨志未見諸家著錄近惟知不足齋所刊墨史中偶一附注亦希世之書也此舊鈔本傳自冬心先生魚豕甚多先祖亦曾校閱未及細勘今春因蔣茂才生沐欲刊入叢書復悉心參校一過尚慮疎謬俟明眼者再審之道光戊戌孟夏

海昌吳之淳識於拜經樓

墨志

宣城麻三衡孟璿纂
錢塘金　農壽門錄

紀原第一

古人灼龜先以墨畫龜然後灼之兆順食墨乃吉范子計然云墨出三輔

漢書云尚書令僕丞郎月賜隃麋大墨一枚小墨一枚

東宮故事云皇太子初拜給香墨四丸

西方釋迦佛爲磨休王時剝皮爲紙析髓爲墨寫大乘經

盛宏之荆州記曰筑陽縣有墨山山石悉如墨

西域有好墨而無筆硯紙云是雞足山古松心爲之梵書貝葉入水不滅

酉陽雜俎曰無勞縣出石墨爨之彌年不消

論曰劉熙釋名曰墨晦也言似物晦黑也尚元者有志焉上古無墨文字多用刀筆削竹簡間以挺點漆作書洎書策稠濁力不給一切倚辦石墨矣然周書有涅墨之刑晉襄有墨縗之制古人灼龜先以墨畫則知古者不盡以漆書也三國時皇象論墨已有多膠黝墨之說則魏晉以前又不盡用石墨而用膠墨矣自石墨無聞而好奇者往往取漆煙和松煤爲之江淹云墨則上黨松心是也權輿韋氏遂有螺丸至

易水父子渡江庶幾集大成云久之治煤不令宋熙豐間張遇謀所以入神者以意用油煙入腦麝合之聲光一變矣數百年來率繇是法晁氏墨經云奚超以宣歙之松類易水卜居其間至于今歙州墨滿天下聞亦能走四夷宣則猶是宣也而諸盛之藝不傳毋亦寸有所短歟顧人人自以爲能探元是以蒐輯本末以綴續前事用備覽觀以云守墨則近之已

系氏第二

周

浮提國人　越王女

漢

田眞　尚書令

魏

武帝

東魏

韋誕　賈思勰

梁

張永　蕺公

唐

高祖　元宗　祖敏

奚鼐（易水）　奚鼎（鼐弟）　奚超（鼐子）

陳朗（兖州）　王君得　柴珣

南唐

徐熙　徐崇嗣（熙子）　李超（鼐之子渡江後南唐賜姓）

李廷珪　李廷寬（按墨史超之次子）

李承晏（並超子墨史廷寬子）　李遷　韓熙載

李文用（承晏子）　李惟慶　李惟一

李仲宣（並文用子）　耿遂仁（按墨史作耿仁遂）　耿文政

耿文壽（並遂仁子）　耿德（按墨史作耿德眞）　耿盛

盛匡道（宜州）　盛通（一作道）　盛眞

盛丹（一作舟）　盛信　盛浩（一作皓並宣州）

宋

朱逢　徐鉉　景煥

徽宗　范質　郭遇明

汪通（一作江通）　常和　張遇

朱覲　胡景純　梅贍（墨史作瞻）

耿德眞　郭玘　蘇子瞻

賀方回　沈師　董仲淵

張懷民　潘衡　潘秉彝（衡之孫）

葉世英　朱知常　梁杲

胡友直　張秉道　王量

李世英　李克恭　徐智常

葉邦憲　晁寄一　周朝式

雪齋　蒲大韶　樂溫

康爲章　蘇彥輝　劉文通
郭忠厚　齊峯　何蘧按蘧疑蘧
方鏡湖　黃表之　劉士先
寓庵　俞林　邱敓
謝東　徐禧　蔡瑫一作滔
葉□實按墨史葉茂實　翁彥卿　潘遇
蘇澥　陳昱　關珪
關瑱　沈珪　陳瞻
王廸　潘谷　陳相
張孜　沈晏　張谷
葉谷　常遇

金
章宗

元
潘雲谷清江　胡文忠長沙　林松泉錢塘
於材仲宜興　杜清碧武夷　衛學古松江
黃修之天台　朱萬初豫章　邱可行金溪

明
邱世英　邱南傑並可行子
查文通　龍忠廸　方正
蘇眉陽　羅小華　邵格之
程君房　方于魯　蘇文元

邵青邱　汪伯倫　江晴川
汪一元　方林宗　潘方凱
汪中山　黃鳳臺　吳去塵
吳羽吉　丁南羽　吳左干按汪仲淹墨書作左干
江文所　程禹伯　屠赤水
鄭仲嘗　葉元卿　程文登
潘嘉客　方正晃按疑方亮　胡元眞
吳長孺　方書田　孫玉泉
方坦庵　孫敬泉　許方城
黃昌伯　邵賓王　汪仲嘉
王于凡　吳元象　吳益之

吳名望　葉大木　程周修
朱紹本　汪可泉　孫玉亮
徐鳳　方激　方鳳岐
查鳳山　程魁野　汪鴻漸
吳三王　黃長吉　吳叔大
吳仲實　劉鐶　汪君政
朱德甫　朱一涵　吳元輔
汪一陽　胡朝用　江之東
汪子元　吳德卿　翁義軒
吳南清　吳山泉　葉鳳池
方楚嬰　汪伯喬　汪春元

汪時育　孫碧溪　侯承之
吳越石　吳乾初　方正泳
汪俊賢　葉君錫　大潋案方于魯名大潋疑
重出　汪德順　吳仲嘉
潘丕承　程孟陽　黃無隅
吳葆素　吳連叔　黃　奐
吳龍媒　吳樂生　程夢瑞
汪前川　胡梅亭　春　宇
畢思溪　吳省元　方栢源
朱　獻　程君亮　吳仲暉
吳君衡　松溪子　曹石葉

吳充符　西　隱　朱　震
方　雲　不二生墨表有不二齋　游君用
程東里　方季康　程鳳池
汪文憲　劉雲峯　程齊五
胡君理　王　氏　德　美
楊　生　朱　氏　汪時茂
汪熙承　居易山人

論曰嘗讀陶九成所著墨工未嘗不歎其博而晉魏之間闕焉爲宛委餘編所抨顧賈思勰所出王氏又未之見矣古人用墨多自製故工者不顯唐以後姓氏稍稍出而宋元間以字號者僅見雪齋齊峯寓庵三數人及省春渚紀聞又未嘗不爽然矣錄是時士大夫如李慥徐熙徐鉉韓熙載蘇子瞻賀方回王量晁季一張秉道康爲章輩皆能製墨多以字行于世迄有明有姓字而不名雖工者有然已萬歷中歙州程方用內事相齮軋不貲以爲名高一時公卿間有左右袒者至聲徹禁地後三十年有吳去塵者金章玉質盡藝人微矣其羣從中更有羽吉可謂具體語云劍則干將莫邪木則楩楠杞梓於戲盛哉

煙品第三

韓熙載留心翰墨四方膠煤多不合意延歙工朱逢于家燒墨供用命其所曰化松堂墨又曰元中子又目名

麝香月匣而寶之熙載死伎妾攜去了無存者

春渚紀聞曰西洛王迪隱君子也其墨法止用遠煙鹿膠二物銑澤出陳瞻之右文潞公嘗從迪求墨入之持煙一奩見公且請以指按煙指起煙亦隨起曰此煙之最輕遠者乃抄煙以湯瀹起揖公對嗅云當自有龍麝氣眞煙香也凡墨入龍麝皆奪煙香而引蒸濕反爲墨病俗子不知也

蘇子瞻曰凡煙皆黑何獨油煙爲墨則白蓋松煙取遠油煙取近故爲焰所灼而白耳子近取油煙才積便掃以爲墨皆黑殆過于松煤但調不得法不爲佳墨然非煙之罪也

試墨書曰松之有利于世者甚博松花脂茯苓服之皆長生其節煮之以釀酒愈風痺强腰足其根皮食之膚革香久則香聞下風數十步外其實食之滋血髓其明爲燭其烟爲墨其種產西北者至良名黃松堅韌冠百木

何薳曰近世所用蒲大韶墨葢油煙墨也後見續仲承言紹興初同中貴鄭幾仁撫諭少師吳玠于仙人關回舟自涪陵來大韶儒服手刺就船來謁因問油煙墨何得如是之堅久也大韶云亦半以松煙和之不爾則不經久三衢蔡瑫雖家世造墨而取煙和膠皆出衆工之下其煤或雜取樺煙爲之止取利目前也

楊升庵曰元朱萬初善製墨純用松煙葢取三百年摧朽之餘精英之不可泯者用之眞非常松墨箋曰南中楊生製墨不用松煙止以燈煤爲之名玉泉墨

論曰往見故家所蓄前代墨多古香可掬研之粟粟起藍煙此自是北地松煤正如玉巵無當自張遇覃思供御用油煙入腦麝金屑爲之盡變古法金章宗搜宜和蘇合油煙墨價三倍于黃金及中統至元以來師心各至矣宣德間上博古好奇止基于煙緻而添之廉其煤之杰而弗殊然往往堅質而光不澤折衷馳驟而煙之以桐液者自羅氏始後之學于此法以治煙者置木梘仰之而薄以水納燈于其腹酌桐液炷茜草而然之覆琖置燈煙之上毋過高高則渙毋過卑卑則濁非敢徒用液也姑入紫草焉以爲色者染之蘇木以悅其容其焰盛也欲徐旣炮帶燼而微也欲消息其餘卒乎啖緩而力弛遂霍然而起之姑使無蘊乎且差等焉而後即安嗚呼能盡矣雖易水復起蔑以加焉夫一藝之微而窮工極曲坐而致天下名實無難者此雖小道可以喻大能無愼哉

治膠第四

考工記曰鹿膠青白馬膠赤白牛膠大赤鼠膠餌犀膠黃案攷工記鼠膠黑魚膠餌此似誤

衞夫人曰墨取代郡鹿膠

祖氏本易定人唐時墨官也其妙者必以鹿角膠和之故祖氏之名聞于天下今太行濟源王屋亦多好墨有圓如規者亦墨之古製

潘谷一見陳相墨曰惜哉其用一生膠耳當以重煎者爲良

春渚紀聞曰陳贍眞定人初造遇異人傳和膠法因就山中古松取煤其用膠雖不及常和沈珪而置之濕潤初不蒸敗此其妙處也又受異人之敎每斤止售半千價雖廉而利常贏餘余嘗以萬錢就贍取墨適非造墨時因返金而以斷裂不完者二十笏爲寄曰此因膠緊所致非深于墨不敢爲獻也試之果出常製之右余寶

而用之并就眞定公庫轉置得百笏自謂終身享之不盡金人渡江一掃無餘繼訪好事所藏葢一二見也緣贍在宣和間已自貴重斤直五萬比其身在葢百倍矣贍死壻董仲淵因其法而加膠墨尤堅緻恨其即死流傳不多也董後有張順亦贍壻而所製不及淵亦失贍法余偶與曾純父論李氏對膠法因語及嘉禾沈珪與居彦實造墨再和之妙純父曰頃于相州韓家見廷珪一墨曰廷珪四和墨則知對膠之法寓于此也

陶宗儀曰唐高麗歲貢松煙墨用多年老松煙和麋鹿膠造成也

論曰夫膠者墨之血脈也譬諸體性焉有首領股肱至于手拇毛髮榮衛轇結膚寸而合俄而可以一疎遠矣豈不重哉莫稠于膠而泖然研腹間以舐筆不濡者爲貴淸者與天濁者與地有以也夫鹿膠古墨家最良而今之用者葢寡何邪好奇者至染指稀膏稀膏不知從何作始然賦而無歛毋亦宰夫多于獵徒故耳吾在金陵王于凡贈余自製鹿膠墨最黝澤奪目豈獨得古法歟不務出此而畏苟難則以東粤牛膠質明瑩煎隔歲者爲良

和製第五

韋仲將墨方合墨法以眞珠一兩麝香半兩皆擣細後都合下鐵臼中擣三萬杵杵多愈善不得過二月九月

賈思勰曰醇煙擣三萬杵訖當以細絹篩堈內此物至輕微露篩喜飛去不可不謹

沈郎中帥鄜延以石燭作墨堅重而黑在松煙之上曹公所藏豈此物邪

沈約宋書曰張永善隸書又有巧思紙及墨皆自營造上每得永表啓輒玩咨嗟自歎供御者不之及也

大唐龍髓記曰傳記楚王靈夔造紅白二墨及書寫衣服黑衣用白書白衣用紅書自成一家

唐陶雅爲歙州刺史責李超云爾近所造墨殊不及吾初至郡時何也對曰公初臨郡歲取墨不過十挺今數百挺未已何暇精好

北戸錄曰南朝以墨爲螺爲量爲丸爲枚陸雲與兄書送墨二螺梁科律御墨一量十二丸漢官儀令僕丞郎賜墨一枚

宋徽宗宣和中製蘇合油墨價比黃金

何薳曰近世士人游戲翰墨因其恣意高韻創意出奇如晉韋仲將張永所製者故自不少然不皆手製加減指授善工而爲之耳如東坡先生在儋耳令潘衡所造銘曰海南松煤東坡法墨者是也其法或云每笏用金花胭脂數餅故墨色豔發勝丹砂也

蘇子瞻自製墨用高麗煤契丹膠王叔朗之嘗試高麗墨無光子瞻在海南作墨竈火發幾焚屋救滅遂罷作

墨得佳墨大小五百丸入漆者凡百丸足以了一世餘松明一車仍以照夜

王晉卿造墨用黃金丹砂墨成價與金等

李唐卿嘉祐中以書待詔者也喜墨嘗曰和墨用麝欲其香有損于墨而竟亦不能香也不若並藏以熏之潘谷之墨香徹肌骨磨研至盡而香不衰陳惟達一作進之墨一篋十年而麝氣不入但自作松香耳蓋陳墨膚理堅密不受外熏潘墨外雖美而中疎耳

張世南游宦紀聞曰書大字用松煙墨每患無光彩而易脫偶得太乙宮一高士爲符用墨訣試之果妙其法以黃明水膠半兩用水蒸化磨時以膠水兩蜆殼研至五色見浮采再添膠水俟墨濃可書則止如覺滯筆入生姜自然汁少許或融膠時入濃皂角水數滴亦可

仇池筆記曰三衢蔡瑫自煙煤膠外一物不用特以和劑有法甚黑而光

沈珪嘉禾人初因販繒往來黃山有教之爲墨者以意用膠一出便有聲稱後又出意取古松煤雜用脂漆滓燒之得煙極精細名爲漆煙每云韋仲將法止用五十兩之膠至李氏渡江始用對膠而秘不傳爲可恨一日與張處厚于居彥實家造墨而出灰池失早墨皆斷裂彥實以所用墨料精佳惜不忍棄遂蒸浸以出故膠再以新膠和之墨成其堅如玉石因悟對膠法每視煙料而煎膠膠成和煤無一滴多寡也故其墨銘云沈珪對膠十年如石一點如漆者此其最佳者也珪年七十餘晏先珪卒其法遂絕

輟耕錄曰宋熙豐間張遇供御墨用油煙入腦麝金箔謂之龍香劑元祐間潘谷墨見稱于時自後蜀中蒲大韶梁杲徐伯常及雪齋齊峯葉茂實翁彥卿等出世不乏墨惟茂實得法清黑不凝滯彥卿莫能及中統至元以來各有所傳可以仿古也

宛委餘編曰造墨之妙者無過魏韋誕所謂仲將之墨一點如漆者也六朝無過張永五季無過奚超及奚子廷珪珪在南唐賜國姓貢之水中三年不壞宋有常和沈珪陳瞻者皆妙品也張遇以龍香劑進御有隱君子王廸者止用遠煙鹿膠而自有龍麝氣當勝之至潘谷而妙駸駸乎廷珪流亞矣元朱萬初又谷流亞矣

蘇浩然澥自製墨皆作松紋皴皮堅緻如玉王廸流也

至金章宗乃以蘇合油溲煙爲之遂與黃金同價蓋墨妖也

墨箋曰金章宗宮中以張遇麝香小御團爲畫眉墨

五雜俎云用珠自李廷珪始用腦麝金泥自張遇始然李白詩曰蘭麝凝珍墨則唐時製墨已用麝更不始自宋人也

論曰晁氏稱韋賈言所以治墨之理與古今日新狀

其論甚備自張遇潘谷蔡瑫朱萬初猶出意矜愼而況于衆人乎歙州有名近代吳拭和膠精藝深心畧見施行矣上方犀璧殆無愧也歟或曰松煤遠煙自有龍麝氣而嗜者如滕達道呂行甫蘇浩然弄筆之餘啜飲餘汁異已顧往往數百年物不絕于世夫一物耳剛柔而皆用之遂令永其天年如此墨法云虬松取煙鹿膠相揉九蒸回澤萬杵力抑光可照人色不染手數言盡之若夫木難珊瑚水精金屑其易水之鄭衛乎予以蔡瑫之言爲然

稽式第六

石墨陽山勞山並出 天雨墨 金壺墨浮提國

雷公墨雷州 魚吐墨東海 塹墨懷化
馬腹墨 隃麋大小墨漢尚書令 一點如漆章誕
鎮庫墨 龍香劑唐元宗 天峯煤馮盛
石蓮墨許芝 月團徐鉉 元中子
麝香月 龍煤並韓熙載 饒州供墨唐之問
落花墨 没骨花並徐熙 東窰玉梭
天關第一煤范質 香壁 副墨子並景煥
墨元陳朗 劍脊龍紋 雙脊鯉
拙墨 進貢墨 烏玉玦並李廷珪
軟劑出光朱覲 小握子李承晏 松丸墨
狻猊墨 松煙墨 福庭東閣

九子墨並潘谷 洙泗之珍陳珍 青煙墨
供堂墨 龍香小御團並張遇 德壽宮墨葉世英
海南松煤 雪堂義墨 東坡法墨
淵雲墨並蘇子瞻 蘇合油墨宋徽宗 叢桂李世英
香齋朱知常 紫霄峯墨常和 書窗輕煤
佛帳餘馥並蒲大韶 雪齋雪齋主人 復古殿墨葉邦憲
緝熙殿墨列上光 斷金碎玉蘇澥 寄寂堂墨李晃一
畫眉墨金章宗 梅花墨高麗國 龍鳳大定
光素大定並宣德御墨 龍香御墨 探微神品並嘉靖御墨
碧天龍氣查文通徐鳳 水晶宮二種龍忠廸 牛舌墨
清悟墨禪 獨草清煙並方正 卧蠶墨蘇眉陽

小道士墨 太清玉 神品
佛元珠 天寶 玉虎符
伏虎 朝陛三級 堯年
通天香 臨池志逸 師鑾
龍涎香墨 碧玉圭 龍柱並羅小華
元黃天符 墨精 清都玉
功臣券 葵花墨 古鳳柱
梅花妙品 紫金霜 紫薇墨
神品並邵格之 上品清煙方正子晃及方激方鳳岐並製
太元十種 元香太守四種 客卿四種
松滋侯四種並汪中山 松潤雲春丁南羽 元淵

髻珠並吳左千　碧天龍香徐鳳　元元靈氣
重元　妙品　薌澤
百子榴　還樸齋墨　合權芳
貝多　青玉案並程君房　寥天一
九元三極　國寶　非煙
函三爲一　太紫重元　青麟髓
瑞元極品　旃檀香墨　佛幌輕煙
銅雀瓦　龍九子　鳳九雛並方于魯
紫雪吳伯昌　渾金璞玉　極品
鵝羣並方林宗　狀元墨邵青邱　開天容潘方凱
蠡斯墨　大國香　黃金臺

香精　千歲苓汪鴻漸　元府天球
水草滴清　清華獨步　西昆元玉並孫玉泉
元神蘇文元　萬杵元霜　元精
百壽江晴川　三元元精張少源　元海紫瀾程魁野
松風閣墨吳氏　一品元霜屠赤水　玉泉臺楊生
元璧德美　常和法墨方雲　天府元霜江文所
龍川王氏　象墨聶香居士　堅南堂墨
太元吳君實　元霜汪熙承　蒼璧汪伯倫黃長吉
紫金霜吳名望　巘峯煙王于凡　慧業文心
紫虹　元珠液　青天碧
紫磨金程禹伯　驊騮奮步鄭仲常　廬岳遺煙方書田

烏玉玦朱一涵　未曾有　無名樸
襲明　烏玉液　斷璧
花鐵　七寶光　不可磨
元璧　恩成　嫌漆白
湛睛　元草　紫金光聚
庵摩羅　寫經墨　空青吳上塵
梅溪學舍法墨　天下文明　虎文吳羽吉
千秋光　同文印　天琛吳叔大
梅花園汪仲嘉　吉雲露　紫極龍光
金質潘嘉客　月債許方城　元雲程周修
松雲墨朱紹本　世寶金壺汁　太乙藜

石上雯　鏡石　琬琰
驪龍涎　紫霜　煙璃程鳳池
太元煙程齊五　家藏乳金黃鳳臺　七合鄰虛曹石葉
元芝程宗尹　藏墨吳充符　潛然齋珍藏西隱道人
元神黃長吉　龍文程東甲　古犀毘胡元自
雙節堂墨游君用　蓮佛不二生　二儀墨江之東
法華雨葉大木　古狻猊吳德卿　墨鋌翁儀軒
紫金世良　玉蘭墨義字　玉虎符元所
鹿喜汪俊瓊　滿煙墨吳南清　元圭吳山泉
名花十友葉鳳池　延州石液　筑陽山石方楚嬰
元鯨珠汪伯喬　麒麟墨　墨林妙品汪春元

封爵銘汪時有　元璧孫碧溪　墨精八卦侯承之
無質吳越石　瑞應圖　淸溪墨吳乾初
極品墨精方泳　元元一氣吳倸素　太乙元神汪俊賢
元神葵墨葉君錫　元戎圖子墨林　龍蟠紫泥大激
元聖汪德愼　松石間意　意園珍寶陳爾新
黟光潘丕承　松圖書閣　眞賞程孟陽
舍利光　放言居法墨黃無隅　素軒眞賞吳仲嘉
磨子吳連叔　元龍黃負　宇藻陳君亮
鹿角膠吳龍燦　易水光吳樂生　蘭生程孟端
名岳藏書汪前川　鳳池方伯源　龍香吳仲暉
精式胡梅亭　獨草墨精春宇山人　西子黛汪時茂
一品天香畢思溪　異墨寶藏松溪子　桃花源墨
奇香墨　玩鵝墨　最上乘
鴻寶　紫芝林無名氏

李廷珪墨有劍脊圓餅而多爲龍紋嘉祐中仁宗以其墨賜近臣曰新安香墨其後翰林承旨賜者皆雙脊龍樣尤爲佳品

淸異錄曰蜀人景煥博雅士也志尚靜隱卜築玉壘山茅堂花榭足以自娛嘗得墨材甚精只造五十團曰以此終身墨印文曰香璧陰篆曰副墨子

徐常侍得李超墨一挺長近尺餘兄弟日書五千字凡用十年乃盡

宋初柴珣得二李膠法出潘張之上其作玉梭樣銘曰柴珣東窯者士大夫得之蓋金玉比也

范丞相質蓄一墨表曰五劍堂裏曰天關第一煤

宋元嘉墨每丸作二十萬字乃知昔墨不獨堅而耐磨亦挺質長大

崇甯已來都下墨工如張孜陳昱關珪關瑱郭遇皆有聲稱而精于樣製

東魯陳相作方圭樣銘曰洙泗之珍

志林云懷民遺東坡墨二枚其陽曰青煙煤法墨其陰曰道卿既黑而光淸而不浮湛湛如小兒睛

黃山張處厚高景臨皆起竈作煤製墨爲世業其用遠煙魚膠所製佳者不減沈師常和沈珪汪通輩或不自入山亦多即就二八買煙令渠用膠止各用印號耳

九華朱覲亦善用膠作軟劑出光墨莊敏滕公作郡日令其子製銘曰愛山堂造者最佳也子聰不逮其父何薳曰太室常和其墨精緻與其人已見東坡先生所書極善用膠余嘗就和得數餅銘云紫霄峯造者歲久磨處眞可截紙子遇不爲五百年後名而減膠售俗如江南徐熙作落墨花而子崇嗣取悅俗眼而作沒骨花敗其家法也

謝在杭云羅小華墨每挺皆二兩餘規者亦重五兩

論曰吾讀天寶中黑松使者說神其事墨之精至能

幻形爲道士奇矣羅龍文乃製小道士墨及觀薛稷爲墨封九錫墨卽吐異氣結成樓臺未嘗不髣彿想見其爲人而近世弔奇者日新月異取古人奇字篆籀饕餮蟲魚鳥獸竹木器具取義象形千變百出卽皮相之爛若披錦矣語云人願榮名且胡爲其足以重墨也近代程方諸家弄墨猥不足觀雖去塵亦作耳目近玩非不髹采可鑑無益文苑吾無取焉假令去塵但和劑成丸不施文采慮無有爲流傳者歟若南唐韓氏元中子名尤近雅聊復取聞見所及古今名式序次列之蓋其炫燿所繇來者漸矣

藏蓄第七

魏武帝銅雀臺上藏石墨數十萬斤

宋任道源家藏古墨多出御府所賜其家高者有唐高宗時鎭庫墨一笏重二斤許質堅如玉石銘曰永徽二年鎭庫墨而不著墨工名氏

唐元宗御案墨曰龍香劑一日見墨上有小道士如蠅而行上叱之曰臣墨之精黑松使者也凡世人有文者其墨上皆有龍賓十二上神之乃以墨分掌大官

許芝有妙墨八廚巢賊亂瘞于善和里第事平取之墨已不見惟石蓮匣存焉

盧杞與馮盛相遇于道各攜一囊杞發盛囊有墨一枚杞大笑盛正色曰天寳煤和鹹魚腦入金溪子手中鎔離騷古本比公曰提綾文刺三百爲名利奴頤當孰勝已而搜杞囊果是三百刺

徐鉉兄弟工染翰崇飾書具嘗出一月團墨曰此價直三萬

呂希彥行甫平生好藏墨士大夫戲之爲墨顚好墨而不能書則時磨而小啜之

洪覺範云司馬溫公無所嗜好獨蓄墨數百斤或以爲言公曰吾欲子孫知吾所用此物何爲也

蘇子瞻云未知一生當著幾兩屐吾有墨七十枚而猶求取不已石昌言蓄李廷珪墨不許人磨或戲之云子不磨墨墨將磨子今昌言墓木拱矣而墨故無恙李公擇見墨輒奪卿相間攘取殆遍懸墨滿堂此亦通人之一蔽也

試墨書曰駙馬都尉王晉卿致墨二十六丸凡十餘品雜研之作數十字以觀其色之淺深若果佳當擣合爲一品亦當爲佳墨又曰吾蓄墨多矣其間數丸云是李廷珪造雖形色異衆然歲久亂眞者多有人蓄此墨再世一日遇重病醫者龎安時愈之不取一錢獨求此墨已而轉遺子求書數幅安時蘄水人寇昌齡嗜硯墨得名硯居徐守問之曰墨貴黑硯貴發墨守不解以爲輕已嗟乎世士可與語耶

秦少游有李廷珪墨半挺不爲文理質如金石潘谷見

之而拜曰眞李氏故物也我生再見矣王四學士有之
與此爲二也墨乃平甫之所寶谷所見者其子斿以遺
少游也又有張遇墨一團面爲盤龍鱗鬣悉具其妙如
畫其背皆有張遇麝香四字潘墨之龍畧有大端耳亦
妍妙有紋如盤絲二物世未有也語曰良玉不琢謂其
不借美于外也

何薳曰余爲兒童時于彭門蔻鈞國家見其先世所藏
李廷珪下至潘谷十三家墨斷珪殘璧琢然滿目其廷
珪小挺歲久不見膠彩而粛于紙閒視之其墨皆非餘
墨所及東坡先生臨郡日取試之爲書杜詩十三篇于
篇下書墨工姓名因第其品次云

薛稷爲墨封九錫拜松煙督護元香太守兼毫州楮郡
平章事是日墨吐異氣皆結成樓臺

葉少蘊云王景源使君所藏古墨一笏蓋其先待制公
所蓄者背銘曰唐水部員外郎李慥製云諸李之祖也

何薳曰支離居士蘇澥浩然所製皆松紋皴皮而堅緻
如玉石余與其孫之南字仲容游其家所藏不過數笏
而余於李漢臣丈得半笏持視仲容云眞家寶也神宗
朝高麗人入貢奏乞浩然墨詔取其家浩然止以十笏
進是之自珍秘蓋如此世人有獲其寸許者如斷金碎
玉乃爭相誇玩云大觀間劉無言取其製銘令沈珪作
數百丸以遺好事及當朝貴人故今人所藏未必皆出
浩然手製珪作此墨亦非世之墨工可及實可亂眞也

晁季一生無他嗜獨見墨丸喜動眉宇其所製銘曰晁
季一寄寂軒造者不減潘陳賀方回張秉道康爲章皆
能精究和膠之法其製皆如犀璧也

陸九山樹聲清暑筆談曰余所蓄二墨形製古雅當是
佳品獨余不善書未經磨試然余惟不善書故墨能久
存昔呂行甫好墨而不能書則時磨墨汁小啜之余無
啜墨之量惟手摩香澤足一賞也

墨談曰齊河尹大將軍藏墨一丸謂爲元時物兩首作
銳重可三兩醇黑無一字欵識第絲絲起髮理太樸中
最含光恠似北地松煤剤想易水耳孫在中原者差不
失祖禰法耶又孟中丞好藏書墨聞有一挺爲朱紫陽
先生欵是趙宋時物

論曰吾聞之李九曰書契既造研墨乃陳煙石附筆
以流以申釋名曰硯者研也可研墨使和濡也二者
相著有以哉惟吾友陸文虎亦寶硯云文虎爲余言
天都吳去非藏墨不啻數十百家以余所知武林梁
溪猶有蘇氏遺風中原兩京更饒好事濟南邢氏九
著今中原陸沉矣惜哉南唐初盛匡道以墨顯于宣
千年以來何嗜之少也孫直公頗與余有同志而直
公探元購勝倍于予豹囊錦襲極其矜慎會風日清
好兩家品藻務爲左右拒及其久也相悅以解或曰

玩物喪志姑舍是嗚呼金玉無足論以三百綾紋刺作名利經營眎囊墨一丸孰得孰失此乃向者馮盛所羞也與其爲白之倘也毋甯爲元之倘乎

權質第八

衛大夫曰墨取十年以上彊之如石者

南唐于饒置墨務歙置硯務揚置紙務各有官歲貢有數求墨工于海陽紙工于蜀中主好蜀紙既得蜀工使行境內而六合之水與蜀同李本奚氏以幸賜國姓世爲墨官云唐之問質肅公之子有墨曰饒州供進墨務官李仲宣造世莫知其何人子頗有家法或以遺黃魯直魯直以爲不迨孫氏所有陳留孫待制家有墨半挺號稱廷珪但色重爾非古製也

成老相墨經曰墨文如麁皮磨之有油暈者一兩可染三萬箋墨染三年字紙不能昏暗者爲上

文房四譜曰李廷珪造墨其堅如玉其紋如犀

僞蜀有童子能誦書孟氏召入甚嘉其穎悟遂賜墨一丸童子誤墮于盆池中後數年植荷芰復獲之堅硬光瑩如初云是僖宗墨

潭州胡景純專取桐燒煙名桐花煙其製甚雅不爲外飾以眩俗眼大者不過數寸小者僅如指大每磨研間其光如鑑畫工寶之以點目瞳子如點漆云

潘谷賣墨都下元祐初嘗負墨筐而酣詠自若每笏止取百錢或就而乞探筐取斷碎者與之不吝也其用膠不過五十兩之制亦遇濕不敗後傳谷醉飲郊外經日不歸家人求之坐于枯井而死體皆柔軟疑其解化也東坡先生嘗贈之詩有一朝入海尋李白空看人間畫墨仙之句蓋言其爲墨隱也山谷道人云潘生一日過余取所藏墨示之谷隔錦囊探之曰此李承晏軟劑今不易得又揣一曰此谷二十年造者今精力不及無此墨也取視果然其小握子墨醫者云可入藥用亦藉其真氣之力也

韓青老農曰有持張孜墨較沈珪漆煙而勝者珪曰此非敵也乃取中光減膠一丸與孜墨並而孜墨反出其下遠甚余扣之曰廷珪對膠于百年外方見勝妙益雖精煙膠多則色爲膠所蔽逮年遠膠力漸退而墨色始見耳若孜墨急于目前之售故用膠不多而煙墨不昧歲久膠盡則脫然無光如土灰耳孜墨用宜西北入兩浙一遇梅潤則敗矣滕令嘏監嘉禾酒時延致珪甚厚令盡其藝既成即小丸摩試而忽失所在後二年濬池得之其堅緻如故令嘏莊敏公之子所蓄之古墨至多而有鑒裁因謂珪曰幸多自愛雖二李復生亦不能遠過也

墨工製名多相蹈襲其偶然耶亦好事者冀其精藝追配前人故以重名之也南唐李廷珪子承晏今有沈珪

子晏又有關珪國初張遇後有常遇和之子又有潘遇谷之子髣川布衣張谷所製得李氏法而世不多有同時有潘谷又有永嘉葉谷作油煙與潭州胡景純相上下而膠法不及陳贍之後又有梅贍耿德眞江南人所製精者不減沈珪惜其早亡藏墨之家不多見也

高深甫云墨之妙用質取其輕煙取其淸嗅之無香磨之無聲新硯新水磨若不勝忌急則熱熱則沫生用則旋研研無久停塵埃汚墨膠力泥凝用過則濯墨積匆盈藏久膠宿墨用乃精

墨箋曰朱萬初之墨沉著而無留跡輕淸而有餘潤其品在郭圯父子間又曰松煙墨深重而不姿媚油煙墨姿媚而不深重

墨談曰墨欲至實實則煙沉墨欲至虛虛則質淸松煤不膚光桐膏太骨露要之松煤則君子闇然桐膏乃文士符采又曰羅龍文是豪游哲匠程君房可稱墨家董狐方于魯殆末季烏衣中傖肸

論曰余宣人故所稱墨于宣一再致意耳繇南唐至于今盛氏之業亡焉而論墨者蓋寡余聞墨有數德匪石而堅入水不漬此似義浩浩乎小大無屈盡之期此似仁入堅節之木利可以截楮此似勇觀其光湛湛如秋水之溢于塘觀其氣氤氳如曉日此似有道古之人不卑小道務有所成名彼操一技之能必入其室格物君子蓋有述也蘇子瞻曰能辨十三家墨法較然不惑于次第豈不以學識哉次尾吳氏之言曰吾取其質惟元惟黙于以用之日新其德信已

語林第九

王充論衡曰論者既不知累害所從生又不知被累害者行賢潔也以塗搏泥以墨點繒孰有知之淸受塵白取玷靑蠅之汚常在絹素

鄭氏婚禮謁文讚曰九子之墨藏于松煙本性長生子孫無邊

婦人集曰汲太子妻與夫書曰并致上書墨十螺梁科律御墨一量十二丸皇后妃墨一量一百丸

孫巨源從劉貢父求墨而吏送于孫莘老巨源以求而未得讓劉劉曰已嘗送君矣已而知莘老誤留以其皆姓孫並爲館職故吏輩莫得其辨也劉雅善謔曰何不取其髯爲別于是館中以莘老爲大髯孫學士巨源爲小髯孫學士

黃山谷曰潘谷驗墨摸索便知精粗凡百工各妙于一物與極深研幾者同一關捩耳魏晉間士大夫往往有人材風鑒至于反照便如漆墨亦潘之流耳

宣和間嘗造香于睿思東閣南渡後如其法製之所謂東閣雲頭香也馮當世在兩府使潘谷作墨銘曰福庭東閣然則墨亦有東閣邪

何蘧一日謁呂季子于富春之法門寺出廷珪墨半笏為示初不見膠彩云是其大父申公所藏者其墨匣亦作半笏樣規製古朴是百餘年物東坡先生所謂非人磨墨墨磨人者不虛語也又曰製墨之妙正在和膠今之造佳墨者非不擇精煙而不能佳絕者膠法謬也如不善為文而取五經之語以己意合而成章望其高古終不能佳也序臣又曰東坡先生亦嘗欲為雪堂義墨何也余曰東坡蓋欲與衆共之而患其高下不一耳非所謂集衆美以為善也

彭淵材游京師十年不歸一日跨驢南還以一卒挾布橐皆斜絆其腋一邑聚觀以為必金珠也或問之淵材喜見鬚眉曰吾富可敵國矣遂命開橐則李廷珪墨一丸文與可竹一枝歐公五代史草槀一部他無所有

邢子愿墨談云僕十年前于都下得墨一挺署記辛亥與我生之辰相同手彈之鏗鏗作金石聲色理闇然即煩傅浪一擊不能驟碎再三十年擬作河間壙中殉不復令從世代間磨人吾鄉孟中丞一旦朝露所寶墨便為里兒攘取殆盡今不為郵舍女兒畫眉則為塾師小童塗鴉凡物類至失職何但中郎爨下焦桐又云向見江南奉使大璫製進御墨多龍紋采翠塗金屑珠色奪朝曦芬溢九竅正如內法醞濃郁饒甜然乏清遠朝堂高貴不比寒松居士墨亦宜然松江製墨作薄片磨之起重嵐不甚深黑比之士品則逸民之儔焉

崇禎十年冬予偶製筆為詩贈梅朗三朗三報以藏墨且答詩曰鼠鬚須寄右將軍為爾閑書九錫文聞說遠山眉黛淺葛囊聊取綠煙分更數日忽作畫見貽後綴之以跋曰孟璿惠筆余報之以墨數螺時孟璿納姬因體前詩作送墨圖贈之令想見子京風流如昨日耳屬是日方與外兄顏庭生飲酒賦詩因共浮白為盡一巵庭生省畫久之曰正恐右軍亦復不易兼舉頭曰撰墨志既成發囊見墨為之欷歔墨則猶是墨也朗三化為異物矣此物殆真能磨人者蘇子所稱通人一蔽吾其無方祛也

論曰自書契後綴文之士衆矣先秦無言墨者故勿論惟葛洪曹植陸雲庾肩吾司馬光蘇軾此數公者皆博物洽聞其言有補于世顧獨于藝成衡量進退不遺餘力傳曰雖小道必有可觀豈近是乎宣德間綜核名實至于技巧工匠器械咸精其能嘉隆之際歙州墨工襲易水之蹟而起者肩背相望亦足以知吏稱其職民安其業矣而探元論著自婁東濟南新安東海以外何寥寥邪先民有言蒐稗為美博奕為賢良有以也且以温公之名德于世無所好獨蓄墨數百斤嘗語人曰吾欲子孫知吾所用此物何為也可謂深遠矣予故自漢魏以來至于今掇其議論切

于墨事者著于篇以作語林云

墨志終

海昌蔣光煦校

雲麓漫鈔

擁爐閒話序

士於書博或荒精或餒不荒不餒而不能用其學與已吾友趙彥衛景安佐要閫幕一時郡守使者委以事而立辨諮以疑而冰釋渙然當人心者皆與經史合援今引古博不病荒精不病餒余固知其外吏而內儒學而有用者也暇日出雜著一編凡筆古今事若干說析誤鉤隱辨是與否有益學者予讀之驚且歎有過所得然景安方壯嗜學未已是惟無逃予之驚且歎將不一再而止也

序

擁爐閒紀十卷近刊於漢東學宮頗有索觀者無以應其求承乏來此適有見版併五卷刻諸郡齋近有避暑錄似與之爲對易曰雲麓漫鈔云開禧二年重陽日新安郡守趙彥衛景安書于黃山堂

雲麓漫鈔卷第一

雲麓趙彥衛景安

常州宜興縣之善拳寺唐李蠙舊宅也山上有九斗壇其下有乾水二善拳洞寺有碑其畧云準內門承奏院刑司帖據消訟院申有常州善拳寺僧沖偉執狀立橋稱抑屈者有似此立橋等人當司奉批旨就問仍取文字遂領到沖偉款問據狀先在義興善拳寺住持寺壇內有九斗壇自來屬寺建隆元年被縣令歐陽度奏陳改差道流住持蒙下吏禮部太常寺刑部定奏批旨下待制院參院不詳省寺元定御改付道流續次陳奏蒙下御史臺司御牒過省部廳並不與沖偉理定緣此

立橋乞下按鞫院諸司行遣奏元承刑部牒奉制中外諸司刑獄如有寃訴並入理寺推覆大理寺有寃即送御史臺斷又未息訴即命大僚置制院推覆此件公事合命大僚詳覆御批此小事何勞大僚詳定但問累代興創如何見說星辰便是道門中事且如郊祭天地星辰山川嶽瀆不用道士行禮既久係僧主管輙因造次所奏故致詞訴可令仍舊隸善拳或有請禱以用僧祈澤寺祈禱見差道士互有參雜亦可差僧永爲定式如此去更有如歐陽度小官人子亂撓公方有所陳述不得取旨水旱災沴乃孤之不德非因道士和尚嗣淳熙十三年蒙國史院於余家取索舊時徽宗朝文字嘗以

此碑繳納史館
我淵聖皇帝居東宮日親灑宸翰畫唐十八學士并書姓名序贊以賜宮僚張公叔夜靖康初張以南道總管自鄧領兵勤王京師拜樞密以不肯推戴異姓取過軍前飲恨而薨長子慈甫從行慈甫閤中攜畫南來諸叔嫂取之不與有以勢力來鬪者慈甫令人以贗本遺之今豫章刻是也丞相李公伯紀爲之頌序以爲閻立本畫褚亮贊而御書十八人姓名贊既不精而贊中字亦有故與改之者李初不考也後虜人請和慈甫來取其室人有自遷之先妣乃樞密公之姪而樞密夫人亦先人諸姑先人任樞密勤王幕中經理諸孤南來慈甫之閣留此宸翰付先君以行慶元五年余爲天台倅嘗以宸翰刻諸台倅公廨併載其事丞相京公得其本答書云鄉里所刻爲贗本無疑矣

高宗嘗書車攻篇賜樞密沈公與求必先字德大重字皆更一體書雲漢昭回今古罕儷聖政書作賜宰臣誤矣嘗敬觀于孫公侍郎處侍郎公諱訦

盧龍河在北方唐書云狄人謂黑爲盧謂水爲龍書云盧弓矢千箋云盧黑弓也戰國策韓盧天下之駿犬詩亦有田盧箋云盧黑也犬之黑色者多善走而猛故田犬以盧名之若守犬則不以善走爲事矣大抵牛馬之類黑者健于黃白不獨犬耳以此觀之古人皆以盧爲黑非北狄語也

晨風詩每章皆釋之爲草木獨解六駮云是獸按崔豹古今注云山有木葉似豫章皮多癬駮名六駮則六駮亦木也方與上下章意協

易緯有六日七分之說巫史附會之學非聖人之意也而學者惑之其說以六十卦爲候卦坎離震兌爲四正居中分四時震主春離主夏兌主秋坎主冬六十卦分四方主五日一候卦有六爻每月分五卦主六候五卦之中三十爻故主一月之日而候則每候五日一月六候故五卦分主六爻說者以爲楊子雲之作太元本易者如此是何窺聖人之淺也子雲首爲卦氣已非夫子

之意且卦氣起于中孚爲冬至又當坎之初此說已無理子雲又配之以中卦氣以屯直小寒又當坎之九二而太元配以閑卦氣以升直大寒又當坎之六三而太元配以干卦氣以小過直立春元亦配以差卦氣以漸當驚蟄而元亦配以銳其它倣此皆強爲之說非理之自然使以直小寒之卦而直大寒之卦而直立春更相移易有何不可殊不知易之爲義豈可專以卦氣求其間蓋有眞可配時月確然不可遷易者如一陽生爲復二陽爲臨三陽爲泰四陽大壯五陽爲夬六陽爲乾一陰爲姤二陰爲遯三陰爲否四陰爲觀五陰爲剝六陰爲坤以此配十二月是豈可更互移易哉若

因此爲例而欲以六十四卦每一爻直一日則非大易之旨矣不可不辨也今圖於後以見卦氣之謬

六十卦準氣候并天度圖

色斯舉矣翔而後集此言夫子與弟子遊行所見聖人豈有機心哉禽方回翔亦識其顏色而後集言集則非一雉矣方春領雛而食非雌而何夫子嘆其得時子路取飲食之餘以飼之乃三嗅而飛起今解者云子路捕而共夫子子路雖好勇烏至是哉或云聖人寓意於人物亦未必如此嘗舉似東萊呂先生云此說甚通

人受天地之中以生頭圓象天足方法地五藏六腑疑莫不然今醫家言喉管之下即有肺肺屬金肺之下有心心屬火肝屬木脾屬土腎屬水竊謂心居中虛治五官心當屬土肺在上爲華蓋庇覆五臟當屬火始應天地造化不然則五行錯亂失其敘矣而前輩罕言之及

觀月令仲春盛德在木故所主皆屬木而祭先脾仲夏盛德在火所主皆屬火而祭先肺仲秋盛德在金所主皆屬金而祭先肝仲冬盛德在水所主皆屬水而祭先腎中央盛德在土所主皆屬土而祭先心正義云古文尚書說脾木也肺火也心土也肝金也腎水也許慎按月令四時所祭與古文同則知先儒已有此說後人不能明之往往流入於醫家良可嘆也或恐難易豈不見天文家所用五行地理家則反其位而用之謂之大五行此吾儒所說五臟彼醫家所說不必拘也何傷乎

古者天子千里之外設方伯五國以爲屬屬有長十國以爲連連有帥三十國以爲卒卒有正二百一十國以

爲州州有伯八伯各以其屬屬於天子之老二人分天下以爲左右曰二伯故周公召公分陝而治周室中微二伯不能舉職八州之伯各以其力討服不庭以尊王室至其末也假尊王之名以力服於諸侯故王室不競而伯國伯轉而爲霸異其稱號逼斯甚矣詩旣伯旣禱釋文伯作禡音古者行師必先禱馬祖二伯以兵威諸侯常有禡祭禡霸聲相近恐以此訛孟子不過曰五霸三王之罪人也荀卿凡言王必繼之以霸如曰粹而王駁而霸王任德霸任刑殊不知王天子之事霸人臣之事君臣之分烏可亂也

子見南子子路不悅曰予所否者天厭之天厭之或者

致疑於此周制諸侯曰國君妻曰小君禮小君貢祭臣子得見小君孔子旣見衛君見其小君禮也子路不曉此意故孔子有予所否者天厭之之語天厭言天之所棄則不見衛之南子雖淫亂而居小君之位焉得不見乎

公山弗擾以費畔佛肸以中牟畔召子欲往蓋公山弗擾佛肸皆季氏之臣季氏叛魯者也二人叛季氏則必歸魯聖人喜之然亦卒不往

禮食必先祭釋者謂祭先製飮食之人釋氏亦祭謂之出生則脩鬼道僞釋之分如此

牛之爲用見於經曰肇牽車牛曰服牛乘馬惟用於車周官牛人亦不云耕也自趙過爲漢搜粟都尉始教民代田有牛耕之制又云冉耕字伯牛豈周晩已用牛耕但未廣及於天下或云伯牛之字後人所記苟如此則牛之有功於農厚矣代田事通典載甚詳

禮居士錦帶釋者謂古之帝王必有命民能敬長憐孤取舍好謙舉事力者命之於其君居士卽命民韓非子書東海上有居士狂矞華仕昆弟二人今之賜處士號是也

詩言不顯文王釋者謂不顯言甚顯也周齊侯鍾款識有不顯皇祖之語不字作丕始知爲丕字蓋移下一畫居上耳與書言不顯哉文王謨同義蓋古字少往往借

用或左右移易或省文不可以一槩論當以意求三代銘器存者甚多如祖作且仲作中伯作白空作工子孫字持戈戟者銘武功也又諸國字或不同故見於鼎彝文亦皆有異有王者則一道德以同風俗然後車同軌書同文世人但知秦以前有古篆而不知如此多品也

三江其說不同孔穎達尚書正義云南江從會稽吳縣南東入海中江從丹陽蕪湖縣西東至會稽陽羨縣東入海北江從會稽毗陵縣北入海韋昭又以松江浙江浦陽江爲三江今浙西之地受上流諸郡之水以入江海其大源有三一自甯國建康等處積上流衆水入溧陽爲金淵卽子胥沉金之所至鎭江之金壇延陵爲長

塘湖至常州宜興武進晉陵爲隔湖又自宜興環無錫平江之吳縣吳江湖州之烏程爲太湖又東爲松江自崑山秀州嘉興華亭入海其二自甯國徽嚴界聚上流之水下入杭州界合臨安之於潛新城昌化等縣之水東入江漲橋運河北自湖州市入太湖其三自廣德軍界積聚山北及上源之水下入宜興安吉合長興等縣水入太湖由松江以入海此尚書疏義禹貢之三江也但說得不分曉故後人指江東之水爲廣德諸山限隔焉得南下今云廣德軍山北上源之水始渙然矣或云此三水皆由太湖松江入海秖可云一江合以浙江受二浙之水爲一江楊子江爲一江理亦通蓋此三江皆

獨入海松江下又自有三江酈善長云松江東南行七十里入小湖自湖東南出謂之谷水谷水出小湖逕由拳縣故城下卽秦之長水縣又東南逕嘉興縣城西盥官縣故城南過武原出爲散浦以通巨海谷水旣湮廢故吳中多水松江東流聚爲小湖西北接白蜆馬騰瑇瑁四湖谷湖卽谷水又南接三江今松江北逕七十里江水分流謂之三江口卽吳越春秋范蠡去越乘舟出三江口入五湖是也庾仲初揚都賦注云太湖東注爲松江下七十里有水口分派東北入海爲婁江東南入海爲東江與松江而三太湖發源旣遠匯爲巨壑水不入海則民不奠居故云三江旣入震澤底定或云自岷山導江所包地里闊遠今三江萃於東南殊不知三江旣入係於揚州豈可捨揚而它求哉

經云嶓冢導漾東流爲漢又東爲滄浪之水過三澨至於大別南入於江東匯澤爲彭蠡東爲北江入於海此言漾漢之水自入江循江之北而行不與江混也又岷山導江東別爲沲又東至於澧過九江至於東陵東以北會於匯東爲中江入於海言江水至此盛大居中而行故曰爲中江非謂別有南江也漾漢二水不與江襍經反復言之解者因見有中北二江之文遂又添南江失經旨矣

書云雲土夢作乂孔安國注云雲夢在江南按左傳吳

人入郢楚子涉睢濟江入於雲中王寢盜攻之以戈擊王王奔鄖楚子自郢西走涉睢則當出於江南並後涉江入於雲中遂奔鄖鄖則今之安州涉江而後至雲入雲然後至鄖則雲在江北也左傳鄭伯如楚王以田江南之夢則雲在江北明矣雲夢之名互見諸書不同鄭伯田江南之夢地理志云南郡華容縣南有雲夢澤杜預云南郡支江縣西有雲夢城江夏安陸縣亦有雲夢或曰南郡華容縣東南有靑丘湖江南之夢雲夢一澤而每處有名者司馬相如賦云雲夢者方八九百里則此澤跨江南北皆有名焉在江南則今之公安石首武甯等縣江北則玉沙監利景陵等縣皆是也

今人折竹長寸餘者三以手彈於几以占吉凶命曰五兆大意髣髴灼龜按楚詞索瓊茅以筳篿命靈氛爲余占之注瓊茅靈草也筳篿算也又云小破竹也楚人結草折竹卜曰篿靈氛古之善卜者則知今之五兆葢始於楚之筳篿二字音廷專

虜使來賀正多值冰雪有司作浮筏前設巨碓以擣冰謂之冰簰又以小舟搖蕩於其間謂之混舟其制始於王荆公當國熙甯中欲行冬運汴渠舊制有閉口十月則舟不行於是以小船數十前設碓以擣冰役夫苦寒死者甚衆京師諺語有昔有磨磨漿水今有碓擣冬凌之說

紹興中李侍郎椿年行經界有獻其步田之法者若五尺以爲步六十步以爲角四角以爲畝使東西正北之相等則各以其數乘之一者一也二者四也三者九也四者十六也五者二十五也六者三十六也七者四十九也八者六十四也九者八十一也使東西爲一等南北爲一等則以短者爲口以長者爲弦以口之一而乘弦之十則十也以口之二而乘弦之十則二十也至於東西南北之不相等則合東於西合南於北而各取其半而乘之如上法又有圓田之法取圓之數相乘積之十二而得一也圭田之法取方之多補銳之少併二而得一也所謂覆月者半圓也取圓之徑半而除之乘圓之數再除其半其步可見也所謂勾股者半圭也以短爲勾以長爲股以尤長爲弦取勾之半乘股之數其步可見也有名腰鼓者中狹之謂也有名大股者中闊之謂也有名三廣者三不等之謂也三者皆先取正長倍加中廣四而得一也四而得一與十二而得一非少之也加虛數而究其窒也此積步之法見於田形之非方者然也既已得積步之數欲揵於計畝則一除二四二除四八三除七二四除九六五除一二六除一四四七除一六八八除一九二九除二一六葢一畝者除二百四十也二畝者除四百八十也三畝者除七百二十也推而上之十畝除二千四百也二十畝除四千八百也

三十畝除七千二百也又推而上一百畝者除二萬四千也二百畝者除四萬八千也三百畝者除七千二萬也

在上言之爲制下承之爲詔故漢有待詔金馬門待詔公車唐武后名曌音照遂改待詔爲待制迄今不改

許翁翁亳人少嘗取隸軍籍以功補官遇異人遂棄家入襄漢山中學道山上捕麝鹿如飛乾道間來臨安已年九十餘矣雙眸炯然飲啖異常能鍼出於方伎之外史丞相苦脾氣痛在經筵時屢更醫矣無效聞許之名招而使治之一鍼而愈自是聲動京師好作詩多言神仙劍術嘗得其三詩九十餘年老古錐雖然鶴髮未雞皮曾拖竹杖穿雲頂屢躡藤鞋看海涯志在鬼神欽仰

處心同天地未分時匣中於越冰三尺粲爛光輝說與誰　我疑麋鹿是前身九十餘年作隱淪飄瓦馭風離碧落虛舟隨水到紅塵無恩可報空磨劍有道欲傳難得人回首孤山無限好不如歸去任天眞　耳無風雨眼無花九十餘年鬢始華世味審知嚼素蠟人情全似哈清茶窮通偶耳非干志進退因而熟處家不得一生忠信力御歸山去臥烟霞後過常州之宜興山間不知其終

常州宜興縣張渚鎭臨溪有山水之勝乃過廣德大路鎭有張氏名大年臨澗爲圃號桃溪嘗倅黃藏書教子一子登第一恩科岳侯嘗館于其家題其廳事之屏云近中原版蕩金賊長驅如入無人之境將帥無能不及長城之壯余發憤河朔起自相臺總髮從軍小大歷二百餘戰雖未及遠涉夷荒討蕩巢穴亦且快國讐之萬一今又提一壘孤軍振起宜建康之城一舉而復賊擁入江倉皇宵遁所恨不能匹馬不回耳今且休兵養卒蓄銳待敵如或朝廷見念賜予器甲使之完備頒降功賞使人蒙恩即當深入虜庭縛賊主喋血馬前盡屠夷種迎二聖復還京師取故地再上版籍他時過此勒功金石豈不快哉此心一發天地知之知我者知之建炎四年六月望日河朔岳飛書後陷入罪其家洗去之今尚有遺蹟隱然按小歷右僕射杜充在建康方欲討李成而虜掩至遣統制官陳淬同統制岳飛等領兵二萬與賊戰前軍統制王𤫊引軍先遁飛等敗建康失守通判楊邦義罵賊而死充下諸將潰去多行摽掠獨飛屯宜興不擾居民晉陵士大夫避寇者賴飛以全時譽翕然稱之浙江制置使張俊薦飛爲通泰鎭撫使飛獄金人之俘因上呼問得寔付軍中磔之乃此時也

紹興中秦少傅伯陽有詩送其舅王亨道知湖州暫別甘泉豹尾中隼旟仍駐水晶宮文昌地禁論思久燕寢香凝簿領空可但龔黃宜共理便應顏謝與同風飽聞回老榴皮字試問溪頭鶴髮翁說者謂呂仙嘗到湖之東林訪沈東老留詩云西鄰既富憂不足東老雖貧樂有餘白酒釀來緣好客黃金散盡爲收書已而登東林寺于壁間以石榴皮自書其像人初不知之及秦詩出觀者不絕所謂鶴髮翁者乃給事劉公一止給事之祖都官善攝生東坡有詩故秦末句及之

春秋晉楚戰於邲邲又音汳即汴河或惡有反文改從汴漢樂浪人王景謁者王吳始作浚儀渠浚儀即今開封也永平十二年夏四月遣將作謁者王吳修汴渠自滎陽至於千乘海口晉太和中桓溫北伐前燕將通之不果義熙十三年劉裕西征姚秦復浚汴渠始有淄流弃注而岸善潰裕更疏鑿而漕運焉大業二年詔尚書左丞皇甫誼發河南男子百萬開汴河水起滎澤入淮

千餘里仍目渠河爲通濟渠又發淮南兵夫十餘萬開邗溝自山陽至於揚子江三百餘里自是南北水始通世言大業鑿汴以此攷之漢晉已有渠煬帝特開耳

老圃云芙蓉花根三年不除殺人因憶古詩云昔爲芙蓉花今成斷腸草則古人已曾言矣

自講好關中之地中分爲界如南關大散仙人饒風武休等皆爲我有仙人關外分左右二道自城州徑天水縣出皁郊堡直抵秦州頃年吳璘大軍嘗由此以出西道地皆平衍郎其地爲壕塹縱横引水縷行名曰地網以遏奔衝此仙人關左出之路也自兩當縣趨鳳州直出大散關耳關距和尚原幾咫尺彼嘗憑原下視散關

僅如蟻蛭故其勢易以危卒有緩急仙人關可恃耳此仙人關右出之路也鳳州之東興元之西褒斜谷在焉谷口三山翼然對峙南曰褒北曰斜在唐爲驛路所以通巴漢旁連武休關又極東爲饒風關地斗入糧運難致異時獨倚饒風以控商號由武休以達長安故嘗關爲蜀之咽喉向來撤離合冦饒風以迫仙人吳玠劉子羽以死守故不失西蜀則今諸關其可不嚴其備乎蜀邊關還紹興分三都統屯要地聽命於宣撫司宣司舊在利州後移興元去關密邇臨制爲便居則藉其威重以鎭撫有警則命一將東畧商號一將西據秦隴宣司建上將鼓旗直趨陳倉恢復之形成矣今併歸制置司深入內地往來待報爲難有警當如紹興之制可也

雲麓漫鈔卷第一終

雲麓漫鈔卷第二

雲麓趙彥衛景安

五穀之名見於詩書甚詳人多不考本草所著殊乖謬既以青粱黃粱白粱丹黍米粟米蘖米秫米載之中品復以黍米粳米稷米著之下品又分彫胡穄米之屬其稷米注云稷米人不識又云黍與稷相似又有稌米不知是何米至引詩云黍稷稻粱禾麻菽麥此八穀也人不能辨及所言五穀之性味鹹味酸味甘味苦性寒微寒主下氣止泄利小便稻米則云令人多熱以此言之不惟不能辨其穀且不知其性豈不知黍稷北方之禾焉有性寒稻米南方水所種何得云熱亦不特主下氣止泄而已今以詩與諸家說釋之按詩名物解云黍稷古人用以祭祀出青冀等州自揚州以南人多不識此二物極相似惟本土老農能辨之其形狀可以辨者黍葉有毛稷葉無毛黍穟妥帖而密稷穟鬔鬆而疎黍米淡黃稷米深黃黍米黏而可釀酒稷米利而可以爲飯二物皆夏收而稷先熟黍與麥爭場此其別也黍秠有丹黑白三種而米色無異土人呼稷爲穄蓋語訛也古文無穄字玉篇曰關西謂稷爲穈說文曰稷五穀長祭祀謂之粢曲禮云稷曰明粢詩云維秬維秠維穈維芑毛氏云秬黑黍也一秠二米也穈赤苗也芑白苗也爾雅曰虋赤苗詩作穈郭璞曰今之赤粱粟芑今之白粱粟有十餘種粱蓋總名耳詩曰禾麻菽麥董仲舒曰禾是粟苗孔穎達曰苗生既秀謂之禾以此推之北方曰黍稷南方曰秔稉蓋稷是諸粟之總名而黍黏可以爲酒南方秔諸穀之總名稉可以爲酒字林曰稉黏秔稻之不黏者郭璞云沛國人呼稻爲稌崔豹古今注稻之黏者爲秫禾之黏者爲黍亦謂之穄亦曰黃黍今稻之屬不下十餘種而稻其總名從可知矣北人云青粱黃粱白粱南人云赤須烏須土稈青紅蓮之類是也書曰稼穡作甘五穀味皆甘本草當以諸粟總之於禾而下列青黃白與粟之別總曰黍而下列秬秠之分南方稻總曰秔而下分赤須烏須白須香秔之類總曰稉而亦疏早稉中稉晚稉則燦然矣穀之性當云味甘平無毒益氣堅筋骨通利十二經絡生精液强筋力厚腸胃益脾止飢久食延年或有性不同各著於下凡稷粟粱禾稻穀米亦皆總名在田曰禾唐叔得禾是也稷先熟者粟粱晚熟者已收爲稻離餘爲穀去穀爲米云

張欽甫登南嶽諸詩言山頂極冷至能登青城山詩言六月山巔積雪苦寒盡取使爇時貂裘衣之不能支天積氣耳非若形質而有拘礙蓋愈高則愈清愈清則愈寒爲神靈之所居三光之所懸故其詩云上覆白玉函下盛白玉盤上下俱有雲氣耳所以青城天台大洪諸山多出光怪

子由古史商紀有曰自夏殷以來天子褋稱帝至夏去帝號稱王與殷周爲三王按禮記措之廟立之主曰帝則自商以前生曰王立之主曰帝非是生稱帝也如李唐生曰帝措之廟曰宗後人追記前事亦曰某宗非生稱宗也虞書稱堯曰惟帝其難之亦此類

魏晉以前不爲生日南北朝江南風俗兒生一朞隨男女以紙筆鍼縷置前觀其所取號爲試兒每至此日飮酒宴樂後人因爲生日梁孝元帝於其誕辰常設齋講唐太宗曰今日吾生日世俗皆爲樂在朕翻成傷感李何以劬勞之日更爲宴樂乎明皇始置千秋節自是列帝或置或不置自五季始立爲定制臣下化之多爲歌詞以頌贊之厥後又有獻遺故不得不置酒以復之宣政間蔡太師紹興間秦太師盛矣自秦薨因人有言遂降旨以禁之著爲令以梁唐三帝猶如此今人甯不思念我生之初父則憂愁母則痛楚具慶偏侍猶曰娛親永感之時焉得不動心乎顏魯子侍郎嘗以此鏤板勸人於是日齋講或習俗之久親戚饋惠有不得辭會於它日可也

九宮推移之法乾坤鑿度云太乙取其數以行九宮四正四維皆於十五注云太乙北辰之名也居其所曰大帝行於八卦日辰之間曰太一或曰天一出入所由消息紫微宮之外其星因以爲名焉故星經曰天一太一主承神猶侍衛也四正四維者八卦神所居故亦名之曰宮太一出行猶天子出巡狩省方嶽每卒卽復太一下八卦之宮周四方乃還於中央中央者地神之所居故因謂之九宮天數太一分以陽出以陰入陽起於子陰起於午是以太一下行九宮從坎宮始故曰一坎中男從中始亦言遍也自此而徙於坤宮坤母也自此而徙於震宮震長男也又自此而徙於巽宮巽爲長女所行半矣還息於中央宮旣又自此而徙於乾宮乾父也又自此而徙於兌宮兌少女也又自此而徙於艮宮艮少男也又自此而徙於離宮離中女也行則周矣上遊息於太一天一之星而反紫微宮行始坎宮終離宮數因太一行之次爲名耳出從中男入從中女亦因陰陽男女之偶爲終始之徙自坎宮必先之於坤者母與子養之其先動者次之震又次之巽巽從異姓而來此其所以敬爲主者自巽中而復之乾者父也於子教之而已於事逸也次之兌又次之艮父或老順其心所愛大小之行有法此皆合十五言有法也於唐天寶中術士蘇嘉慶始基九宮壇於城東其壇一成高三尺四階上依位置九小壇東南曰招搖正東曰軒轅東北曰太陰正南曰太一中央曰天符正北曰天一西南曰攝提正西曰咸池西北曰青龍至國朝太平興國中司天言太一式有五福大遊小遊四神天一地一眞符君綦臣綦

民綦凡十神皆天之貴神而五福所居無兵疲凡行五宮四十五年一易則又與漢唐不同據鑿度太一祇一神卽北辰之名遊行九宮今則衍而爲十雖皆出於方士之書然屈原離騷已有東皇太一疑出於周末云

韓延壽傳明府注郡騎吏稱太守爲明府齊梁人亦如之唐人則以明府稱縣令杜子美詩從二明府續處覓錦竹詩云華軒藹藹它年到錦竹亭亭出縣高江上舍前無此物幸分蒼翠拂波濤題終明府水樓云看君宜著王喬履是也旣稱令爲明府尉遂曰少府

詩寄太原學士風燈泡沫兩相悲未肯遺榮自保持領下藏珠當猛取身中有道更求誰才高雅稱神仙骨智照靈如大寶龜一半青山無買處與君攜手話希夷元祐七年九月九日鍾離權書潁川莊綽跋云昔維揚有何仙姑者世以爲謫仙能與其靈接一日鍾離過之使治黃素乃書此詩呂公亦跋其後令侯王學士至而授之後數日王古敏仲自貳卿出守會稽至維揚訪姑卽以與之王祕不以示人　宣和丙午其子誠爲西京留司御史縡有中外之好得其臨本後王氏家殘於兵

史記高紀云高祖嘗繇咸陽縱觀觀秦皇帝班固刪去一觀字失多少意思

國初循唐制進士登第者主文以黃花牋長五寸許闊半之書其姓名花押其下護以大帖又書姓名於帖面而謂之牓帖當時稱爲金花帖子後臨軒唱名兹制遂廢吳郡於太平興國中錢氏納土士始試於京師焉端拱元年郡人龔識初登科其牓帖至今藏於龔元孫明之子昱處鄉人入之石

詩齒如瓠犀又曰八月斷壺魯語曰吾豈匏瓜也哉今人不知别或呼爲壺盧或呼爲瓢或呼爲匾蒲按古今注匏瓠也壺盧瓢之無柄者瓢有柄者曰懸瓠可爲笙曲沃者良至秋乃可用漆其裏上古土尊瓦甒詩曰酌之用匏禮陶瓠祀天周禮朝踐用兩壺尊則知古以壺爲酒器周用銅謂之壺尊亞於尊彝有方圓之别周又有瓠壺形長一尺二寸六分闊五寸口徑一寸兩鼻有提梁取便於用挈壺氏掌挈壺然致挈者非有環梁不可益知長者爲瓠在夏中則可食至秋堅寔乃爲器詩名物解云瓢與瓠一物甘者名瓢苦者名瓠瓠以器言也瓢亦名壺齊魯閒長者爲瓢圓者爲胡盧今人又有匾蒲之名匾蒲卽壺之反切也形長嫩而可食爲瓠經霜而堅則謂之瓢圓或匾爲胡盧其閒葢有苦者初不以此别也匏又八音之一云

永嘉人呼柑之大而可留過歲者曰海紅按古今注甘寔形如石榴者謂之壺甘

周以夏四月爲正月於時卦屬乾正陽用事故也詩正月繁霜作政音呼秦始皇以昭王四十八年正月生於

邯鄲因名正自後作征音呼秦以十月爲歲首夏則建寅之月當爲四月從此遂以建寅月爲正月自後不改至本朝以與仁宗御名同音當時欲改正月作端月或曰一月有以政音爲言者正遂作政音如蒸餅則改曰炊餅凡平聲呼者悉改焉今人作征音呼非是奏對尤不可

軍額有御龍骨朶子直宋景文公筆記云關中謂大腹爲孤都語訛爲骨朶非也蓋檛字古作菙嘗飾以骨故曰骨菙後世吏文畧去草而只書朶又菙朶音相近訛而不返今人尚有檛劍之稱從可知矣

新莽大黃布刀文譜家皆云布刀細觀篆文其中一點

重即千字也此幣有布形無刀形謂之刀誤也況刀與布二物不可得兼曰千者當千用之

古印文有漢叟邑長說文叟作叜書牧誓注云西蜀叟孔穎達曰叟者蜀夷別名東漢興平元年馬騰等謀誅李榷益州牧劉焉遣叟兵五千助之叟邑漢蜀夷地名

古印文多云臣某者說者謂秦漢已前與人往復皆自稱臣不必君前東漢而下史傳中方無泛稱臣者其間又有臣某言事臣某言疏此則徹於君前無疑漢印皆方寸今觀之差殊不等豈人自爲度不必較以官尺耶

歷家用算多寡不同要皆本於周天三百六十五度四分度之一行一度爲一日至於三百六十五日則有奇數四分之一以一日爲百刻一歲之中當有奇刻二十五故必計之以算世歷不知天道有復而即此算數至於不可勝計故繁而多失若今推一歲奇二十五刻至於四歲已合成一日自可斷而復起且一歲積刻之算二萬六千五百二十五四歲而有十四萬六千一百歷算莫多於此而用算亦止於此故簡而無差且日行天度初歲起於子中次歲起於午中第四歲起於酉中至於第五歲復起於子中乃所謂天道有復起於子中者至中而復者也此歷法之本簡易如此而世歷不知故自太初以來未有不差之歷

後魏孝莊時用錢稍薄高道穆曰論今據古宜改鑄大

錢文載年號以紀其始古錢中文有太平五銖太平百錢孫亮時亦有太平號錢文所載則魏號也

瘞鶴銘在今鎮江府大江中焦山後巖下冬月水落布席仰臥乃可摹印紹興中訪舊本有使者過命工鑿取之石頑重不可取秖得十許字又以重不能攜但攜一兩字去棄其餘今通判東廳者是也

范文正在陝西言邊面闊遠屯壘雖多而人少或爲虜衝突自邊至長安無以爲固欲收兵於近裏州郡據要害爲三四大屯當時雖不得行紹興置沿江諸壘得其本意

僧楚祥有道行明州人也仁宗嘗召對留京師相國寺

後乞南歸江陰人造寺以居之臨辭時仁宗賜御書十餘軸每軸兩字黃羅上飛白字大盈尺旁書云賜江陰軍華藏寺楚祥長老又賜佛牙一貝葉一今並存御書有爲前住持人竊取之者惜哉寺後賜名壽聖於乾道初改名廣福在乾明寺之旁乾明已廢予嘗言之於郡守向侯子豐向聞之朝併爲乾明廣福院今悉從從乾明基矣有泛海觀音像

舒州皖公山洞留題者甚衆沈樞密复襄嘗遊見洞上苺苔剥落處露一字曰下火知非今人名試命抉剔之乃唐李翔題字甚勁健予嘗親到名公題刻已遍山水殊勝

岳州華容縣玉眞觀有謝仙大字常州宜興縣善拳寺佛殿柱上有侯米謝字湖州項王廟覺海寺亦有侯米等字皆倒書六一集跋龍書云恐是簿筏中記號

建甯府松溪縣瑞應場去郡二百四十餘里在深山中紹興間鄉民識其有銀脈取之得其利在隆興初巡轄馬遞鋪朱姓者言於府府俾措置大有所得事不可掩聞於朝賜名瑞應場置監官朱死於場中一子與人鬬亦死於場中祀爲神號七寶大王初場之左右皆大林木不二十年去場四十里皆童山場之四畔圍以大山雖盛夏亦袷衣日正中方見日光乾道中人入穴鑿山忽山合夾死五十餘人血自石縫中流出取銀之法每石壁上有黑路乃銀脈隨脈鑿穴而入甫容人身深至十數丈燭火自照所取銀鑛皆碎石用臼搗碎再上磨以絹羅細然後以水淘黃者即石棄去黑者乃銀用麪糊團入鉛以火煆爲大片即入官庫俟三兩日再煎成碎銀每五十三兩爲一包與坑戸三七分之官收三分坑戸得七分鉛從官賣又納稅錢不啻半取矣它日又鍊每五十兩爲一錠三兩作火耗坑戸爲油燭所熏不類人形大抵六次過手坑戸謂之過池曰過水池鉛池灰池之類是也

南史凡朝廷遣大臣督諸軍於外謂之行臺自臺出師謂之臺兵或有自行臺被彈者因仍故號則自稱朝廷爲臺如言向臺及臺遣使之類是也與漢人言縣官無異甚至目京師之城爲臺城梁呼建康爲臺城至今言之

宣和書畫學之制學生習篆者蟲魚古今大小二篆習隸者習義獻歐虞顏柳眞行習草者習章草張芝兼習諸家者聽諸書方圓肥瘦適中鋒藏筆勁氣淸韻古老而不俗爲上或方而有圓或圓而有方或瘠而不怯或肥而不濁若得一體者爲中方而不能圓肥而不能瘠倣古人得其筆畫而不得其均齊可觀者爲下　諸畫筆意簡全不模倣古人而盡物之情態形色俱若自然意高韻古爲上模倣前人而能出古意形色象其物宜

而設色細運思巧爲中傳模圖繪不失其眞爲下其習有六一曰佛道二曰人物三曰山川四曰鳥獸五曰竹花六曰屋木各以釋名

鹽池在中條山之北處四高中下之地東西五十里南北七十里公羊傳河千里一曲唐梁肅謂河自崑崙來會溟渤九里在鹽泉谷又唐崔敎謂鹽池之數有九一在幽朔二在河東所謂河東者大梁之東也一在鹽州一在解梁蓋河勢屈曲回抱而中有鹽泉水性至曲而折鹽性至折而聚洪範曰潤下作鹹積千里之潤去海既遠是以伏脈地中聚而作鹹此鹽水之所自由也解州鹽池自解縣東抵安邑之南凡五十里南北廣七十里中隨兩邑之境分之曰解池安邑其雇於官而種鹽者曰攬戶治畦其旁盛夏引水灌畦而種之得東南風一息而成取而暴之已而乃入之庵中其外作重堰邏卒百人曰護寶都以防盜者圖經引穆天子傳有安邑觀鹽之語春秋傳魯成公六年晉人謀去故絳諸大夫曰必居郇瑕之地沃饒而近鹽卽此地也淮浙煎鹽布灰於地引海水灌之遇東南風一宿鹽上聚灰暴乾鑿地以水淋灰謂之鹽滷投乾蓮實以試之隨投卽泛則滷有力鹽佳值雨多卽滷稀不可用取滷水入盆煎成鹽牢盆之制不一有用鐵者以數片鐵合成中釁輒爲柱以承之亦有以竹爲盆者鹽戶謂之亭戶煎夫穿木履立於盆下上以大木杴抄和鹽氣酷烈熏蒸多成疾

補陁落迦山自明州定海縣招寶山泛海東南行兩潮至昌國縣自昌國縣泛海到沈家門過鹿獅山亦兩潮至山下正南一山曰翫月巖循山而東曰善財洞又東曰菩薩泉又東曰潮音洞卽觀音示現之處又東曰仙人跡又東曰甘露潭東卽大海南逾海曰善財礁南亦大海自翫月峯之上過一山中有平地四山包之卽補陁寺寺後正北曰獅子巖左曰眞歇庵右曰佛跡石獅子巖上曰妙應峯乃最高處東曰盤陁又東曰白衣峯又東曰圓通嶺又東曰古寺基又東曰裏黨外黨又東曰桑木灣下曰木柆東卽大海白衣峯下曰無畏石又下曰象巖自妙應峯西曰石觀音下卽佛蹟又西曰善財峯又西曰西方巖又西曰彌陁峯西卽大海自西登舟有路曰高麗道頭循東經普門嶺上有塔子峯旁曰梅岑自此又東復南入寺由普門嶺自南有路循翫月巖北至善財洞及觀音巖寺前路循東到古寺基過圓通嶺卽山之北亦大海此山在海中初高麗使王舜封船至山下見一黿浮海面大如山風大作舡不能行忽夢觀音黿沒湏靜申奏於朝廷得旨始建寺時乃元豐三年也華嚴經云補怛洛迦山亦云小白花山今此山皆白丁香花東南天水混合無邊際自東卽入遼東渤海日本毛人高麗扶桑諸國自南卽入漳泉福建路云

觀音多現於洞中或於巖上及山峯變化不一甚著靈驗

文潞公作家廟求得唐杜岐公舊址止餘一堂四室兩翼公增置前兩廡及門東廡以藏祭器西廡以藏家譜祊在中門之右省牲滌器在中門之左庖厨在東南外門再重西折而南　大觀四年議禮執政官以上祭四親廟手詔古無四世之文執政官視古諸侯祭五世不爲過高祖以上一祖稱五世祖一堂五室中室置五世祖東二昭西二穆夫人並祔屋九架夏兩間飾以黝堊共七間每位籩十二豆十二簠四簋四鉶鼎一俎二壺尊二壺罍二爵坫三祝坫一燭臺三登二共用罍一副爵洗一副神版之制文潞公用晉荀安昌公祠制作版采唐周元陽議祀以元日寒食秋分冬夏至致齋一日受詔之四方酌古諸侯載遷主之義作車奉神版以行按大觀議禮神版長尺一寸博四寸五分厚五寸八分大書某祖考某封之神座每室各有神幄貯以帛囊緘以漆函祭則出於位行禮用四孟月柔日今濮秀邸用仲月謂之仲享今人有用伊川主制一木判其半中書字復以所判之半入於中或誤入及迎送遷徙而脫落則爲不敬不若用版爲當則是大觀所載神版之制宜爲當世傳用也

藝祖登內南門指牌上之字問近臣用此字何義或對是助語詞藝祖云之乎者也助得甚事命去之按史記武帝太初元年更印章以五字張晏注曰漢據土德土數五故用五爲印文若丞相曰丞相之印章諸卿及守相印文不足五字者以之字足之自後省見爲常門名云正陽之門大類一印便覺文弱如尚書省樞密院諸路軍額不用之字則知贅矣

史記武帝紀上巡南郡至江陵而東登禮灊之天柱山號曰南嶽浮江自尋陽出樅陽過彭蠡尋陽今之江州在江南與彭蠡接樅陽則又在其東北屬江北去彭蠡遠矣不應自西而東復自東而西南入彭蠡如此迂也必是自樅陽出尋陽過彭蠡顛倒書此一字不然後人傳寫之誤余嘗親到樅陽登魯直達觀亭細考之

五祀見於周禮禮記儀禮雜出於史傳多矣特牲祭法加司命泰厲爲七祀左傳家語五祀月令以門行戶竈中霤白虎通劉昭范曄高堂隆以五祀門井戶竈中霤鄭氏釋太宗伯五祀則用左氏家語說釋小祀之五祀用月令說釋王制五祀用祭法七祀不見於它經鄭氏謂周制五祀爲商制儀禮雖士亦禱五祀門戶人所資以出入中霤人所資以居竈人所資以飲食兩漢晉魏五祀井預焉隋用月令祭法李林甫本月令祀行而不祀井五祀切於人者今人不祀而廣祀天神地祇人鬼之不當祀者皆不爲怪

唐開文學館召名儒十八人如元齡如晦思廉志寧世長褚亮薛收潁達文達德明元敬開元以無量行沖韋堅張說之輩爲學士見藝文志蓋唐有兩十八學士畫家不辨

周禮以金錞和鼓以金鐲節鼓以金鐃止鼓以金鐸通鼓大司馬之職王執路鼓諸侯執賁鼓將軍執晉鼓師帥執提旅帥執鼙卒長執鐃兩司馬執鐸公司馬執鐲鼙所以令鼓也鐸所以作衆鐲所以行衆鐃所以止衆錞所以和鼓今之鑼即古之鐃而所謂鐸鐲錞不復見金聲寖矣以意求之官府夜提鈴即鐸以作衆府車鳴鑼即鐲以行衆釋氏擊小銅鉦即錞和鼓之餘意

古碑首作垂帶屈下往往額多偏一邊後人亦倣而爲之予好收古碑蓋嘗疑此及出守漢東而郡齋有五大夫碑碑首作垂帶六四在碑面二在碑之左側後面卻連右側自上轉過爲之正視則碑額甚偏及摹時碑面連左側背連右側方見其正且博蓋是文多石小故爾四邊皆刻字故也今人不知此特愛其偏失古意遠矣

史記項羽紀項王即日還國留沛公飲項王項伯東嚮坐亞父南嚮坐沛公北嚮坐張良西嚮侍漢書王陵以兵屬漢項籍取陵母置軍中陵使至則東嚮坐陵母欲以招陵又南越傳王太后置酒漢使者皆東嚮太后南嚮王北嚮相大臣皆西嚮侍史記代王西嚮讓者三南嚮讓者再注如淳曰或曰賓主位東西面君臣位南北面故西嚮坐三讓不受群臣猶稱宜乃更回坐示變即君位之漸使如注言西嚮遜示不欲東既已南嚮又何遜爲則知史記以東嚮爲尊矣

雲麓漫鈔卷第二終

雲麓漫鈔卷第三

雲麓趙彥衛景安

唐制諸州有軍故刺史銜帶使持節某州諸軍事某州刺史今之廂軍是也至國朝分京師三衙之兵屯諸州秋高更戍如江陰則戍太平州福兵則戍廣之類於建炎初始罷更戍之制今之禁軍是也百姓則列五軍有前後左右中軍之别軍校有前軍後軍中軍兵馬使左右廂虞候又有都知兵馬使左右押衙教練使其目頗繁擇民之豪富者爲之唐建中赦許帶憲銜遇赦加恩踵爲故事有積階至司徒司空僕射太保者甚爲鄉里之榮青瑣高議云曹鈞夢龍求援鈞如所約他日復夢致謝曰欲相酬要何寶曹曰惟願子孫世世不離鄉里而榮者叟再問何官曰都押衙後罷民兵權輕矣在國初有士夫被譴而責爲衙校者如海外數州每闕守帥司或差衙校攝州郡宴設脩造則令賠補及出犒賞遂有破家之患荆公當國始罷差法斂民錢雇人爲之今之衙前是也湖州有胡夫人墓誌載其夫履歷細攷之方知爲衙前今台州凡吏人妻必自稱夫人葢亦沿襲也初遇赦卽帶銀酒監武銀謂銀青光祿大夫酒謂檢校國子祭酒監謂監察御史武謂武騎尉也紹興三十六年六月衡州人訴其鄉人胡厚昌稱官戶索出告命乃其高祖再遷於乾德四年爲衡州押衙銀青光祿大夫檢校太子賓客監武如式省部契勘云元豐五年以前官制未行時衙校各帶憲銜止是吏職不合理爲官戶始立法云

幞頭之制本曰巾古亦曰折以三尺皁絹向後裹髮晉宋曰幕後周武帝遂裁出四脚名曰幞頭逐日就頭裹之又名折上巾唐馬周請以羅代絹二脚繫於上前法武也二脚垂於後法文也兩邊各爲三摺法三才又加巾子制度不一隋大業十年吏部尚書牛宏上疏曰裹頭者內宜著巾子以桐木爲內外黑漆唐武德中尚平頭小樣者證聖二年則天臨朝以絲葛爲之以賜百官呼爲武家樣又有高頭巾子亦呼爲武家諸王樣巾子景龍四年內宴賜百官內樣巾子高而後隆曰爲英王樣巾子明皇開元十四年賜臣下內樣巾子圓其頭是也又裴冕嘗自製巾子謂之僕射巾自唐中葉已後諸帝改製其垂二脚或圜或闊用絲弦爲骨稍稍翹翹矣臣庶多效之然亦不妨就枕陳宏畫明皇裹頭坦腹仰臥吹玉笛圖又鄭谷詩云玉階春冷未催班暫拂塵衣就務眠其便如此唐末喪亂自乾符後宮娥宦官皆用木圍頭以紙絹爲襯用銅鐵爲骨就其上製成而戴之取其緩急之便不暇如平時對鏡繫裹也僖宗愛之遂製成而進御五代帝王多裹朝天幞頭二脚上翹四方僭位之主各創新樣或翹上而反折於下或如團扇蕉葉

之狀合抱於前僞孟蜀始以漆紗爲之湖南馬希範二角左右長尺餘謂之龍角人或誤觸之則終日頭痛至劉漢祖始仕晉爲并州衙校裹幞頭左右長尺餘橫直之不復上翹迄今不改國初時腳不甚長巾子勢頗向前今兩腳加長而巾勢反仰向後矣

金剛經凡有六譯姚秦鳩摩羅什元魏菩提流支陳眞諦隋笈多唐元奘義淨古今所宗惟秦譯慧命須菩提六十三字世傳因僧靈幽入冥得之又云魏菩提流支文後人參入之經中有即則二字高麗大安六年以義天之祖名稷故易即爲則壽昌元年刊於大興王寺後從沙門德詵則瑜之請仍還本文而以則音呼之此本

或傳入國中故也佛書初來首有遺教經四十二章楞迦經譯師漢人故文亦簡古自楞嚴經房氏筆受有呪一卷後每經必有呪乃是尊宿譯經畢留數句不譯之文使不知義理者見之加敬寓此意耳本朝有譯經院凡得西域書令曉蕃語通文義人充譯語官譯從華言訖僧鑒義等刪定譯經潤文使與之潤色每遇聖節進新經藏中有宋朝新經是也王荊公諸人皆嘗爲之釋氏自漢明帝始通人競信之何耶葢其法似墨翟周衰楊墨之道熾孔孟力闢之秦尚刑名漢文尚黃老武帝表六經故不得而滋蔓民俗寖樂其儉素及其徒東來加以神怪民情翕然畏愛之楊氏爲我即老氏墨氏兼愛即釋氏沿民心素有從風而靡後之寓祝壽薦嚴於其間有大不敬之嫌牢不可破矣

國忌行香起於後魏及江左齊梁間每然香熏手或以香末散行謂之行香遺教經云比丘欲食先燒香唄讚之安法師行香定坐而講所以解穢流芬也斯乃中夏行香之始唐高宗時薛元超李義府爲太子設齋行香中宗設無遮齋詔五品以上行香不空三藏奏爲神堯而下七聖忌辰設齋行香至文宗朝宰臣崔蠡奏國忌設齋行香事無經據遂罷之宣宗再興釋教詔京城及外道州府國忌行香並須精潔以伸追薦之道朱梁開平三年大明節百官始行香祝壽石晉天福中竇正固

奏國忌行香宰臣跪爐百官列坐有失嚴敬今後宰臣跪爐百官立班仍飯僧百人永爲定式至本朝淳化中虞部員外郎李宗訥請國忌宰臣以下行香復禁食酒肉以表精虔從之

直省官舊制補諸州別駕司馬故事上佐借緋當時號爲朱衣自改官制不復補別駕司馬而仍舊衣緋軍人之衣緋紫亦是別其軍號今廂禁軍皆衣紫惟浙漕司兵士獨衣緋衲頗存往制

誕聖節始於唐明皇號曰千秋節又改爲天長節肅宗地平天成代宗天興文宗慶成武宗慶陽宣宗壽昌懿宗延慶僖宗應天昭宗嘉會哀帝乾和梁祖大明末帝

明聖唐莊宗萬壽明宗應聖末帝千秋晉高祖天和少帝啟聖漢高祖聖壽隱帝嘉慶周太祖永壽世宗天清恭帝天壽遂成故事

古人書字有誤即墨塗之今人多不塗旁注云卜諺語謂之卜煞莫曉其義近於范機宜華處見司馬溫公與其祖議通鑑書有誤字旁注云E然後知乃非字之半耳後人又省云

古碑有重字多作疊畫今人或寫又字不若作叠畫爲雅騶秦嶧山碑李斯小篆所題御史大夫有夫而不著大但於下作疊畫衛宏說大夫也古一字有兩名者因就注之孔子作大夫及千人字如此夫字從大從一蓋夫中有大字千字從十從人千中有人字古人從簡每遇此二字則作疊畫

秦始皇二十八年即帝位之三年也東行上嶧山立石頌秦德自泰山至會稽凡六刻石史記皆載其詞惟不著嶧山刻觀其語皆相類三句輒一换韻二世立李斯從到碣石並海南至會稽而盡刻始皇所立石旁著大臣從官名以彰先帝成功盛德唐封演敘後魏太武帝登山使人排倒之然歷代摹寫楷式邑人疲於供命聚薪其下因野火焚之由是殘缺上官求請人益勞甚有孫令取舊文勒於他石人間所傳皆新刻也其詞曰皇帝立國維初在昔嗣世稱王討伐亂逆威動四極武義直方戎臣奉詔經時不久滅六暴强廿有六年上薦高號孝道顯明既獻泰成乃降專惠親輔遠方登于嶧山羣臣從者咸思攸長追念亂世分土建邦以開爭理功戰日作流血于野自泰古始世無萬數陀及五帝莫能禁止迺今皇帝壹家天下兵不復起災害滅除黔首康定利澤長久羣臣誦畧刻此樂石以著經紀二世詔皇帝曰金石刻盡始皇帝所爲也今襲號而金石刻辭不稱始皇帝其於久遠也如後嗣爲之者不稱成功盛德丞相臣斯臣去疾御史大夫臣德昧死言臣請具刻詔書金石刻因明白矣臣昧死請制曰可廿如拾切今人作二十字讀非是樂石顏師古謂取泗濱磬石作此碑石皆宋莒公所記而學易先生河間劉斯立復著論世傳泰山篆可讀者惟有二世詔五十許字始皇刻辭皆謂已亡宋莒公鎮東平日遣工就摹得别刻新石止有卌八字集古錄亦云江鄰幾纔得此數十字余嘗以大觀二年登泰山宿絕頂訪秦篆其石埋植土中高不過四五尺形制似方而非方四面廣狹不等所謂五十許字者在南面稍平處人常所摹其三面殘缺人不措意余審觀之刮摩垢蝕漸若可辨及政和三年秋復宿嶽上親以氈椎從事始爲完善蓋四面周圍悉有字總二十二行行十二字字從西面起以北東南爲次西面六行北面三行東面六行南面七行制曰可三字復在西

南稜上十二行是始皇辭十行是二世辭以史記證之文意具如親輈遠黎史作親巡遠方黎民金石刻史作刻石著作休嗣作世聽作聖陸作垂體作禮昆作後皆史家誤北海王壽茂崧刻于石宣政間張崇侍郎知襲慶府特奉詔書脩東嶽廟碑嘗登山訪秦篆與此說同子觀復備能言之

蔡邕獨斷漢百戸小吏稱天子曰大家晉曰天唐人多曰天家又云官今人曰官家禁中又相語曰官裏官家之義蓋取五帝官天下三王家天下唐明皇自稱三郎何耶

李肇補國史唐宰相呼曰堂老兩省官曰閣老丞郎曰曹長郎中員外侍郎補遺曰院長御史相呼曰端公今人呼中官之次者曰閤長京都緝事人曰院長親事官呼上名曰端公古今之殊如此

百里之長周曰縣正春秋時魯衛謂之宰楚謂之公尹晉謂之大夫秦謂之令漢因之大曰令次曰長至唐不改唐末始有知縣之稱練湖碑南唐時立云知丹陽縣鎭縣公事蓋鎭則有兵如知州云知某州軍州事也本朝以知縣爲高令爲次或兼兵馬都監亦知縣鎭之義

紹興末宿直中官以小竹編聯籠以衣畫風雲鷺絲作枕屏一時無名號曰畫絲好事者大其制施于酒席以障風野次便于園坐人競爲之或以名不雅易曰挂恩又云出于虜中目曰話私言遮蔽可以話私事顧乾道間使者嘗求其骨則不然矣且以言爲話南人之方言非北人語也按崔豹古今注罘罳屏也罘者復也罳者思也臣朝君至屏外復思所奏之事于其下顏思古注罘罳謂連闕曲閣也以覆重刻垣墉之處其形罘罳然一曰屏也鄭禮記注屏謂之樹今浮思也刻之爲雲氣蟲獸如今闕上爲之廣雅云復思謂之屏王莽壞渭陵園門罘罳曰使民無復思漢唐蘇鶚演義稱罘罳織絲爲之輕疎浮虛象羅網交文之狀施宮殿簷戸之間也又文宗寔錄太和中甘露之禍羣臣奔上出殿北門裂罘罳而去又溫庭筠補陳武帝與王僧辨書云罘罳晝卷閶闔晨開段成式酉陽雜俎稱上林間多呼殿榱桷護雀網爲罘罳則是漢以屏爲罘罳唐以殿閣網爲罘罳以其字攷之二字皆從网有網之義漢屏疑亦有維索以爲限制今云挂絲第言以絲挂于竹骨之上若用恩字亦取罘罳之義其寔圍屏也開寶遺事云長安士女遊春野步遇名花則設席藉草以紅裙遞相插挂以爲宴幄茲其始也（東坡守汝陰以帷幕爲擇勝亭嘗作記亦此義）

古者有國之君稱其妻曰夫人稱諸異邦曰寡小君後世封爵亦此義若夫封鄭國公而妻卻封周國此近代之制惟司馬溫公曾祖政祖炫父池皆贈溫國公曾祖妣薛祖妣皇甫妣聶皆贈溫國夫人文潞公贈三代爲

燕周魏國公配各爲其國夫人深得古遺意又有封兩國夫人之制但表其尊崇而不知害理政和間改郡縣君爲孺安宜恭令碩淑人元降指揮並令帶夫爵如某縣子令人之類今亦不繫夫爵矣

周禮有五齊三酒五齊以供祭祀三酒以酌有事者今臨安歲供祠祭酒一千六百餘瓶壜又供天章閣景靈宮及取賜酒一萬四千二百餘瓶壜其酒名則曰玉練槌珍珠中和堂有美堂等玉槌珍珠名旣不典而中和有美乃守臣便坐因以名酒遂以供御及祭祀失禮甚矣予嘗言之今祠祭酒宜酌五齊之名以供祠祭三酒之名以酌有事者取賜酒則别爲一名庶幾名正理順

今之太常所用祭器雅樂悉是紹興十六年禮器局新造祭器用博古圖雅樂用大晟府制度大晟樂用徽宗君指三節爲三寸如崇寧四年所鑄景鍾是也　紹興之制則用前皇祐二年製造大樂中黍尺景鍾高九尺垂則爲鍾仰則爲鼎鼎之大中容九斛中聲所極退藏則八斛有一焉時鑄匠鄭真以謂高九尺約度金分厚薄取應聲律退藏可容二十斛數卽不應八斛有一緣九尺之高則金分太薄難以取應聲律故止令高九尺厚薄樣則隨宜爲造

禮運云修其祝嘏祝謂以主人之詞饗神嘏謂以尸之詞致酒而嘏主人故曰祝以孝告嘏以慈告案特牲少

燕周魏國公配各爲其國夫人深得古遺意又有封兩國夫人之制但表其尊崇而不知害理政和間改郡縣君爲孺安宜恭令碩淑人元降指揮並令帶夫爵如某縣子令人之類今亦不繫夫爵矣

周禮有五齊三酒五齊以供祭祀三酒以酌有事者今臨安歲供祠祭酒一千六百餘瓶壜又供天章閣景靈宮及取賜酒一萬四千二百餘瓶壜其酒名則曰玉練槌珍珠中和堂有美堂等玉槌珍珠名旣不典而中和有美乃守臣便坐因以名酒遂以供御及祭祀失禮甚矣予嘗言之今祠祭酒宜酌五齊之名以供祠祭三酒之名以酌有事者取賜酒則别爲一名庶幾名正理順

艮嶽排空霄之語以在都城之艮方故曰艮嶽南山成易名曰壽嶽都人且曰萬歲山所謂餘杭之鳳凰山卽今臨安府大内麗正門之正面接山上有天柱宮及錢王郊壇盡處卽嘉會門山勢自西北來如龍翔鳳舞掀騰而下至鳳凰山止山分左右翼大内在山之左腋後有山包之第二包卽相府第三包卽太廟第四包卽執政府包盡處爲朝天門端誠殿在山之右腋後有山包之第二包卽郊壇第三包卽易安齋第四包卽馬院東南皆大江西爲西湖北臨平湖地險且壯寔爲一都會其兆先見于東都爲山之時（爲山見國史補）

唐故事天子日御殿見羣臣曰常參朔望薦食諸陵寢

有思慕之心不能臨前殿則御便殿見羣臣曰入閤宣政前殿也謂之衙衙有仗紫宸便殿也謂之入閤其不御前殿而御紫宸也乃自正衙喚仗由閤門而入百官候朝於衙者因隨入以見故謂之入閤然衙朝也其禮尊閤宴見也其事殺自乾符以後因亂禮闕天子不能日見羣臣而見朔望故正衙常日廢仗而朔望入閤有仗其後習熟遂以入閤爲重至出御前殿猶謂之入閤此歐文忠公折簡問劉貢父者也按通典隋文帝欲斬大理吏來曠少卿趙綽固爭帝乃拂衣入閤綽又矯言欲理他事帝命引入閤綽曰臣本無他事而謬言求入死罪也會獻皇后在坐命賜綽酒則隋時已有入閤之

語正觀元年制自今中書門下及三品以上入閤議事皆命諫官隨之有失輒諫則正觀又有入閤之語矣不待開元朔望改御紫宸云入閤也元宗優人服緋求賜魚元宗曰魚袋者五品以上入閤則合符汝則不可參諸衆說則閤者殿後之便室無疑矣本朝殿後皆有主廊廊後有小室三楹室之左右各有廊通東西正廊每乘輿自內出先坐此室俟報班齊然後御殿今臨安殿後亦然故隋后得至此而太宗又恐閑燕處多肆故許諫官入隨失即諫元宗云非合符不得入也室之左右小廊通處即閤門自前殿喚仗入後殿必自東西閤門過所謂入閤過此門耳非謂後殿可名閤也內中目中

宮之居爲殿餘爲閤貴妃閤婉儀閤是也小室亦曰閤子謂殿爲閤近世之語

梁武帝崇奉釋氏置放生池謂之長命洲唐太平公主於京西擴地贖水族之生者置其中謂之放生池見劉餗傳記乾元二年三月左驍衛郎將史元琮中使庭玉奉宣於天下州縣臨江帶郭處各置放生池始於洋州訖於昇州秦淮太平橋凡八十一所見顏魯公湖州放生池記天下置放生池始於此

釋氏寫經一行以十七字爲準故國朝試童行誦經計其紙數以十七字爲行二十五行爲一紙

柳子厚遊山諸記法穆天子傳歐陽文忠公醉翁亭記

體公羊穀梁解春秋張忠定諫用兵疏倣韓退之佛骨表黃魯直跋奚文學漢王子淵便了券唐人大槐國傳依列子湯問此所謂奪胎換骨法

前代婦人以黛畫眉故見于詩詞皆云眉黛遠山今人不用黛而用墨按墨譜周宣帝令外婦人以墨畫眉禁中方得施粉黛則知墨塡眉始於後周

古人稱父曰大人又曰家父捐館則曰皇考今人呼父曰爹語人則曰老兒捐館曰先子以兒子呼父習以爲常不怪也羌人呼父爲爹漸及中國法帖陳隋諸帝與諸王書自稱耶耶韓退之祭女拏文自稱曰阿爹阿八豈唐人又稱母爲阿八今人則曰嬭按詩來朝走馬率

西水漪馬音姆豈中國之人因西音而小轉耶先子禮經皆曰先君子惟孟子載曾西之語曰吾先子蓋稱父之爵耳

今人言元孫之外孫云第幾世孫漢平紀立梁孝王元孫之耳孫爲王可謂善造語矣

魏世家魏王如姬竊兵符發晉鄙兵以救趙諸侯得尙王姬今云如姬言寵愛如王姬即左傳如夫人之義

天寶六年楊護榜試魍魎賦何待士之薄哉

釋氏法論供父母曰恩田佛僧曰敬田貧窮曰悲田

唐之東都連虢州多猛獸人習射獵而不畊蠶遷徙無常俗呼爲山棚今人謂錫宴所結綵山爲山棚

今國家有慶事臣僚上表進馬稱賀蔡邕有上加元服與羣臣上壽表末云謹奉牛一頭酒九鍾稽首再拜上千萬歲壽

蔡邕光武濟陽宮碑載世祖皇考南頓君初爲濟陽令有武帝行過宮常封閉帝將生考以令舍下濕開宮門後殿居之建元元年十二月甲子夜帝生時赤光滿室中卜者王長卜之曰此吉事不可言漢書不載

子者男子之通稱子張子夏是也亦爲爵公侯伯子男是也諸侯之上大夫卿下大夫上士中士下士凡五等亦稱子若宣子武子之類是也

唐人尙氏族推姓顯于一郡者謂之望姓如淸河張天水趙之類世人惑于流俗不究本宗源流執唐所推望姓認爲巳之所自出謂剌之屬顯然書之至於封爵亦復如是殊失尊祖敬宗之義

唐人推崔盧等姓爲甲族雖子孫貧賤皆家世所重今人不復以氏族爲事王公之女苟貧乏有盛年而不能嫁者閭閻富室便可以婚侯門壻甲科

楊子雲太元其卦有作⺌者今觀商卦象卣所刻器作亖蓋作亖象天一象地一象人其說已見于商子雲多識先秦古書太元之學必有自來

古皆說屨曲禮戶外有二屨言聞則入言不聞則不入毋踐屨侍于長者屨不上于堂解屨不敢當階就屨跪而舉之蓋古人鋪筵設席不脫屨則有塵汚之嫌今釋氏作佛事脫屨即席頗有古意又禮尸坐不脫屨少儀凡祭于室中堂上無跣燕則有之蓋祭不跣主敬也燕則有跣爲歡也屨之有絇所以示戒童子不絇未能戒也喪屨無絇去飾也人臣去國鞮屨以喪禮處之也今人爲皮鞋不用帶線乃古喪屨

龜策傳有鄉呈兆首仰足肣足開外內自橋根格身折內格上柱下柱安安挺詐等語學者多不曉予嘗論諸灼龜者云龜版以中心脈爲主旁分部有上鄉水火木金土等兆即所謂鄉也順鄉作卦即呈兆拗鄉作卦即橫兆頭昂即首仰足收即肣足發即足開外內橋今云

身中費力根格今云坐脈身折今云身斷上柱下柱今云裏外枝安安今云安静挺詐今云有鬼賊按周禮義體象謂兆之璺縱横其形體象似金木水火土凡欲作龜之時以龜足象四時而灼之其兆直上向背者爲木兆直下向足者爲水兆邪向背者爲火兆向下者爲金兆横者爲土兆色是兆氣也就兆中視其氣色似雨及止等是也

風俗通云禮傳曰夏曰嘉平商曰清祀周曰大蜡秦漢曰臘宫之奇曰虞不臘矣則周已有臘名秦始皇改臘曰嘉平從夏之舊耳

唐盧氏雜記云喪亂以來封書多以空漏子葢古人封

書皆寔封今人用空漏子套書葢始于唐又宣宗於内中置杖杖内官今内中有杖始于宣宗又代宗于文武殿設道場佛見光大官近侍咸覲文武百僚拜表賀今呼内官閤長以上爲大官亦始于唐

今人呼勸酒瓶爲酒京侯鯖録云陶人爲器有酒經晉安人盛酒以瓦壺小頸環口脩腹容一斗凡饋人牲兼置酒書云一經或二經五經它境人遊是邦不違是義閭送五經則束帶迎于門葢自晉安人語相傳及今

雲麓漫鈔卷第三終

雲麓漫鈔卷第四

雲麓趙彦衛景安

官府多用申解二字申之訓曰重凡以狀達上官必曰申聞施於簡劄亦曰劄子申呈然皆無重意解古隘切訓曰除聚而詞人上于其長曰解士人獲鄉薦亦曰得解皆無除去之義舉世咸用之與歐陽子言打字同

版行東坡長短句賀新郎詞云乳燕飛華屋嘗見其眞蹟乃棲華屋水調歌詞版行者末云但願人長久眞蹟云但得人長久以此知前輩文章爲後人妄改亦多矣

宋景文公脩唐書稾用表紙朱界貼界以墨筆書舊文傍以朱筆改之嘗見所脩韓退之傳稾末云學者仰之

如泰山北斗塗之改云景星鳳凰復塗之仍書泰山北斗字

刑統皆漢唐舊文法家之五經也當國初嘗脩之頗存南北朝之法及五代一時旨揮如奴婢不得與齊民伍有奴婢賤人類同畜産之語及五代私酒犯者處死之類不可爲訓皆當删去

三禮圖出於聶崇義如爵作雀背承一器犧象尊作一器繪牛象而不知爵三足有雀之髣髴而寔不類雀犧象皆作牛象形空其背復以寔酒今郊廟盡用此制而國子監所畫與方州所用則從崇義說不應中外自爲差殊

張忠文公叔夜嵇仲靖康間以南道總管知鄧州首提兵勤王以不推戴異姓取過軍前既講和傳到訃音云靖康丙午閏十一月內提兵入安上門除簽書樞密院在國子監街東陶潛園子內住十二月二十五日京城破以不推戴異姓取過軍前丁未年三月二十七日離京北去道中不食至白溝或曰過界河也仰天大呼遂不復語明日薨在易州孤山寨五月十六日也撞三程遂火化第六子仲熊字慈甫隨行祭祀丁巳年十一月十八日到東京相國寺慧林禪院後於天壽院前幕士馮眞家下戊午年十月十七日丙時葬於陽翟縣旌忠功德墳寺及錄到挽詩四首追授朝奉大夫汴京副留守賜紫金魚袋李儔二首聲名稟稟動寰區忠義存心老不渝奮不顧生惟盡節慮無遺策悉嘉謨獨提南服三千旅首冒重圍萬死塗時事已更身已逝惟將陰德付鵷雛命世文章伯鴻樞柱石臣殞身因衛社嗣德豈無人丹旐西原路輀車萬里春一門蒙待遇徒有淚沾巾清河張孝純二首疇昔中朝士簪紳仰令名恩威彰輔郡忠孝衛都城許國志何壯爲山功莫成西風故林道蕭瑟感秋聲李世遭奇禍煩寃痛可論交情傷死別親屬慟遺言空想還家夢難招去國魂一朝成萬古斜日下平原李儔張孝純皆屬本朝舊臣視忠文公自當媿死何顏面復爲此詩故書之以戒爲臣之不忠者紹興間贈大傅謚忠文錄用其子孫省劄云尚書省勘會到張叔夜靖康間勤王及以不推戴異姓取過軍前所有叔夜初除簽書樞密及罷政恩數難以引用别因事故蠲革並特令給還事具列傳從弟克戩守忻州亦死事贈延康殿學士謚忠確一門死事者二人盛哉

自漢以來中國財用耗于虜惟東漢爲甚段熲傳云永初諸羌反十有四年用二百四十億永和之末復經七年用八十餘億本規三年之費用五十四億後平東羌費四十四億袁安封事云漢之故事供給南單于費直歲一億九十餘萬西域歲七千四百八十萬向來議者但怪遺契丹之數多而不知漢之費尤甚

漢天子崩皆葬後祔廟畢新君卽位於廟中始行以日易月之制故葬日甚速文帝自崩至葬凡七日景帝十三日惟哀帝最久一百五十日時王莽專政葬之遲速不較也

漢爲吏長子孫居官爲姓氏於夏侯嬰可見矣嬰自高祖起沛爲大僕歷惠呂文三朝不改

地理家不知起於何時自黃帝令大撓定甲子以支干相配而分五行今地理家則有大五行之說如壬屬水地理家曰屬火之類參以人之姓歸五音分三十八將山以定吉凶近年又多用郭璞錦囊先看山從何來得金山或木水火山土山各以五音生旺輸之吉方則要

山高水來凶方反是復以七星配之謂之天星法又有用古青囊者只使三垣以壬亥爲紫微垣丑艮爲天市垣乙卯爲天乙巽巳爲六尚書丙巳爲少微垣丙丁老人星辛酉爲千太乙庚酉爲天綱祸水出入俱無妨惟坤申是地母不可用皆非聖人卜其宅兆之意然世人貪於名利多惑其說

古人戴冠上衣下裳衣則直領而寛袖裳則帬秦漢始用今道士之服蓋張天師漢人道家祖之周武帝始易爲袍上領下襴穿袖幞頭穿靴取便武事五代以來幞頭則長其脚袍則寛其袖今之公服是也或云古之中衣即今僧寺行者直裰亦古逢掖之衣

司馬溫公作通鑑兩漢用荀悅袁宏漢紀唐用舊唐書故與漢書及新唐書語不同非不欲始於三皇五帝蓋周平王以來包春秋經不可損益又不欲繼獲麟貽續經之譏故斷自命韓趙魏爲諸侯然春秋以後事雜見於諸家而無統紀劉恕道原在局中探公意自三皇五帝接於通鑑爲前紀其言曰魯隱之後止據左氏國語史記諸子而增損不及春秋則無預於聖人之經其書載三代事頗詳苟得大手筆稍刪其冗附於通鑑與之並行上下數千年事如指諸掌司馬公與之作序亦此意也劉續改前紀作外紀然非通鑑外事蓋不欲先於司馬也

選人之制始於唐自中葉以來藩鎮自辟召謂之版授時號假版官言未授王命假攝之耳國朝既收諸鎮權自一命以上皆注吏部選而選人有七階留守判官至觀察判官爲一等今承直郎節度掌書記觀察支使爲一等今儒林郎防禦團練軍事判官京府至觀察推官爲一等今文林郎防禦團練軍事推官爲一等今從事郎縣令錄事參軍爲一等今從政郎試銜知縣知錄事爲一等今脩職郎軍巡判官司戸等參軍主簿尉爲一等今迪功郎宣和間方改從今制有舉官五員及六考以上無過許改入京官老國初壬子進士甚鮮內而侍從官常參官外而監司守倅皆得薦舉歷任及四考有

舉官四員許改官增考爲六考舉官爲五人於皇祐罷常參官薦舉於康定罷知雜御史以上薦舉於治平罷通判薦舉於熙寧禁補發於乾道削薦紙嚴歲額於淳熙增教官添縣丞諸司屬官而員益冗舉削日減人有淹滯之嘆

臨安知府遷職至殿撰多兼工部兵部侍郎尚書蓋二部事減故也雖出於近制然亦是故事開封尹自眞宗由此建儲不置尹改少尹作權知府以翰林學士之久次兼之謂之省府學士若以侍從充知府則望重有事即當面奏自庶官進侍從則未免委曲應酬而權輕矣紹興既講和務與民休息禁網疎闊富家巨室競造房

廊賃金日增庚午辛未年間知江陰軍趙售之稍鑄房金民間樂之相傳云有旨蠲減鎮江賣藥人高嵩年十九攜小刀假皁衫幞頭如京都親事官狀袖黃紙一紿府門子云秦太師令賫知府遷轉文字來府中人欣然與之通傳時知府張楠才仲就便坐見之展刺拜謁如禮云秦太師有指揮乞退左右張揮去之嵩出袖中黃紙徐步展於側邊桌上籠手近前遂出刀刺之張皆避過微劃損面上又刺其頸張仰首刀自其吻過張齧住一指嵩負痛刀落巾為風飄出外虞候等入視見兩人相持遂捕送獄鞫成具奏伏誅黃紙寫云鎮江府張楠違背　聖旨不放房錢自是後房緡頓減矣

徽廟既內禪尋幸淮浙嘗作小詞名月上海棠末句云孟婆且與我做些方便而隆祐保祐之功蓋讖於此諺語謂風為孟婆非也段公路北戶錄云南方祝船神名曰孟姥孟公梁簡文船神記云又呼為孟公孟姥劉思貞云元冥為水官死為水神冥孟聲相似即元冥也

王荊公之生也有貛出於市一道人首常戴花時人目為戴花道人來訪其父曰此文字之祥是兒當之他日以文名天下因述其出處甚詳俟至執政自當見之荊公父書於冊自後休證不少差荊公甚神之洎拜兩地戒閽者有戴花道人來不問早暮即通一日道人果來荊公見之述父所記渴見之意道人曰自此益得君謹無復讐荊公扣之曰公前身李王也戒之遂辭去出戴花道人傳

高宗即位之初隆祐送小冠謂曰此祖宗閒燕之所服也蓋在國朝帽而不巾燕居雖披襖亦帽否則小冠宣政之間人君始巾在元祐間獨司馬溫公伊川先生以孱弱惡風始裁皁紬包首當時只謂之溫公帽伊川帽亦未有巾之名至渡江方著紫衫號為穿衫盡巾公卿皁隸下至閭閻賤夫皆一律矣巾之制有圓頂方頂塼頂棊頂秦伯陽又以塼頂服去頂內之重紗謂之四邊淨外又有麩袋等則近於怪矣魏道弼參政欲復衫帽竟不能行

宣和以前士大夫輩行相等皆稱字雖遇上官亦不過呼若大夫以上只云運判大夫之類蔡忠獻與人簡尺多云丈世俗傚之雖貽晚進書亦云丈知州以上則稱朝議以下皆學士秦熹臣寮論列未幾昔日之朝議進而為中大學士進而為朝議近年尤甚知州而上皆有大中通奉之稱矣

古尺牘之制某頓首或再拜或啟唐人始更為狀末云謹奉狀謝不宣謹狀或云謹上狀不宣謹狀月日某官姓名狀上某官北夢瑣言云唐盧光啟受知於租庸使張濬濬出征并汾盧為致書疏凡一事別為一幅後不聞他人為之唐末以來禮書慶賀為啟一幅前不具銜

又一幅通時暄一幅不審邇辰頌祝加餐此二幅每幅六行共三幅至宣政間則啓前具銜爲一封又以上二幅六行者同爲公啓別叠七幅爲一封秦忠獻當國有投以劄子者其制前去頓首再拜而後加又謹具申呈月日具官姓名劄子多至十餘幅平交則去申字慶元三年嚴叠楮之禁秖用三幅云後又秖許用一幅殊爲簡便

國初公狀之制前具官別行敘事後云牒件狀如前謹狀至宣和以後始用今制前具官別行稍低敘事訖復別作一行稍高云右謹具申聞謹狀

國朝印制仍唐舊諸王及中書門下印方二寸一分樞

密院宣徽三司尚書省諸司印方二寸惟尚書省印不塗金節度使印方一寸九分塗金餘印方一寸八分觀察使印亦塗金又有朱記以給京城外處職司及軍校等其制長一寸七分廣一寸六分今之印記多不如制軍校印尚有存者益可考也

紹興初嘗獲北方探事人云虜用兵多用銳陣一陣退復一陣來每一陣重如一陣重兵既多即作圓陣以旋敵人若敵人復作圓陣外向即下馬步戰待其敗走上馬追之自用兵以來如此

紹興中軍旅之興急於用度度牒之出無節士戶和糴所得減價至二三十千時有無路不逢僧之語覺果了諸人皆青出藍者每人會下不啻一二千人徜徉江浙間士夫富室巨家爲之傾動小民亦信向佛法之盛無出斯時東坡云殆非浮屠氏之福者是也果之南遷亦坐此後禁度牒二十餘年間僧徒消爍殆盡福建諸寺多用保甲看管今度牒賣八百貫人競買之守之以堅眞良法也

古者馬以駕車非朝臣正禮也宣帝時韋元成以列侯侍祠孝惠廟晨入廟天雨淖不駕駟馬車而騎至廟下有司劾奏等輩數人皆坐削爵唐睿宗時太子將釋奠有司草儀注從臣皆乘馬著衣冠左庶子劉子元曰古大夫乘車爲馬騑服魏晉朝士駕牛車李廣北征解鞍

憩息馬援南代據鞍顧盼則鞍馬行於軍旅戎服所便江左尚書郎乘馬御史治之顏延年罷官騎馬出入世稱放誕自唐以迄本朝卻以乘馬朝服爲禮如入朝及謁廟先乘車至門外換馬入宮門若從駕則宰執侍從官皆騎從南郊祀上帝則宰相騎導以此言之古以乘車爲禮騎爲不恭今人以騎爲禮乘車爲不恭古今異宜如此

漢以丞相御史爲兩府杜延年傳與兩府及兩廷尉分章趙充國傳兩府白遣義渠安國行視諸羌是也按本朝自改官制以少師少傅少保革太尉司徒司空宣政間改武官又以太尉爲武階之長爲眞兩府益比參政

樞密也自五代以來尚書省爲東府樞密院爲西府自是參樞亦云兩府也而太尉即呼爲兩府太尉云

陸羽茶經云江左日近方有蠟面之號李氏別取乳作片或號京挺的乳及骨子又云浙西湖州爲上常州次之湖州出長城今長興顧渚山中常州出義興今宜興君山懸腳嶺北岸下唐重脩茶舍記貢茶御史大夫李栖筠典郡日陸羽以爲冠於他境栖筠始進故事湖州紫筍以清明日到先薦宗廟後分賜近臣紫筍生顧渚在湖常間當茶時兩郡太守畢至爲盛集見蔡寬夫詩話玉川子謝孟諫議寄新茶有手閱月團三百片又云天子須嘗陽羨茶則孟所寄乃陽羨茶也又湖守袁高詩云

擣聲昏繫晨衆功何枯櫨則陽羨又知是餅茶不特始於李氏也袁詩又云黎氓輟耕耘採掇實苦辛一夫且當役盡室皆同臻捫葛上欹壁蓬頭入荒榛終朝不盈掬手足皆鱗皴悲嗟遍空山草木爲不春陰嶺茶未吐使曹牒已頻今人不復爲餅豈坐是耶

今之蠟梅按山谷詩後云京洛間有一種花香氣似梅花亦五出而不能晶明類女功撚蠟所成京洛人因謂蠟梅木身與葉乃類蒴藋竇高州家有一叢能香一園王立之詩話云蠟梅山谷初見之戲作二絕緣此盛行於京師詩云金蓓鎖春寒惱人香未展雖無桃李顏風味極不淺體熏山麝臍色染薔薇露披拂不滿襟時有暗香度

山谷山礬花二首序云江南野中有一種小白花木高數尺春開極香野人號爲鄭花王荆公嘗欲求此花栽作詩而陋其名予請名曰山礬野人採鄭花葉以染黃不借礬而成色故名山礬海岸孤絕處補陀落伽山譯者以謂小白花山予疑此山礬花爾不然何以觀音老人堅坐不去耶杜淵釋之云此詩及序皆以山谷手迹校過近世曾慥端伯作高齋詩話云唐人有題唐昌觀玉蘂花詩云一樹瓏璁玉刻成飄廊點地色輕輕今瑒花即玉蘂花也介甫以比瑒謂當用此瑒字蓋瑒玉名取其白山谷又更其名爲山礬謂可以染也廬陵段謙

叔家有楊汝士與白二十二帖唐昌玉蘂以少故見珍耳自來江南山山有之土人取以供染事不甚惜也則知瑒花之爲玉蘂斷無疑矣詩云北嶺山礬取意開輕風正用此時來平生習氣難料理愛著幽香未擬回高節亭邊竹已空山礬獨自倚春風二三名士開顏笑把斷花光水不通則知二花因山谷而名始著

水仙花有單葉者有千葉者楊誠齋云世以水仙爲金琖銀臺蓋單葉者其中眞有一酒琖深黃而金色至千葉水仙其中花片捲皺密蹙一片之中下輕黃而上白如染一截者與酒盃之狀殊不相似安得以舊日俗名辱之要之單葉者當命以舊名而千葉者乃眞水仙云

薤葉葱根兩不差重䕺風味獨清佳薄揉肪玉圍金錮淺染鵞黃剩素紗臺琖元非千葉種丰容要是小蓮花向來山谷相看日知是它家是當家

晏元獻公鹿葱花詩云宮后扇開靑雉尾羽人衣翦赤霜文農皇藥錄眞無謂不向萱叢辨糾紛注云本草經云萱一名忘憂一名鹿葱今驗此花中有鹿斑文與萱小同而大異其開花亦不並時則知當以有鹿斑者爲鹿葱無斑文者爲萱云

李衛公草木記有永嘉之簇蝶今此花來於浙東四布如蝶中有攢蘂晏元獻云疑是簇蝶也公有玉蝴蝶詩注此於下蘇子由又有萬蝴蝶花詩云誰唱殘春蝶戀花一團粉翅壓枝斜美人懶向釵頭插猶恐驚飛避鬢鴉則知簇蝶萬蝴蝶即今之玉蝴蝶也

今人用摺疊扇以蒸竹爲骨夾以綾羅貴家或以象牙爲骨飾以金銀盖出於高麗雞林志云高麗㲘紙爲扉銅獸鐶環加以銀飾亦有畫人物者中國轉加華侈云

字有二義二十冠而字禮成人之道也儀父子突是已五十有伯仲之字檀弓謂周道也仲遂叔肸是已今人不復到既冠而便加伯仲非禮也

金石刻盖欲傳久故必擇石之良者嶧山碑云刻此樂石說者以謂石之可以爲樂如泗濱浮磬之類近地惟吳縣之太湖鉛山石最佳浙東石多帶砂刻則費刀印多則字邊倒顚失字體嘗見會稽禹廟一碑無字脈絡凸起甚奇古背有宣和間人刻字云初過時見有字今重來字皆剝落恐後人疑作古碑非也碑額乃南朝人字體後台州軍資庫前一碑下一分已剝落無字正與禹廟碑相似上二分則有字乃是石之成層者緣打多震起故余刻台州登瀛圖取太湖石既堅且瑩擊之有聲郡人以爲奇云

漢郡守權重據數千里之地官屬皆自辟置生殺亦自已出故唐高祖易郡爲州置刺史凡前日郡守之制皆不可用至中葉置節度以統之權反甚於漢之郡守五代其權爲尤重及藝祖盡收節度使歸京師授以虛名

而賦厚祿命朝臣出知州事則前日節度之制亦不可用復置轉運提刑爲監司以督察之其法暗合於唐而制禦之術益盡善矣

建康圖經有孔子巷晉孝武太元十一年立宣尼廟後移廟過秦淮水北以舊處爲孔子寺巷曰孔子巷今平江府亦有孔夫子巷盖崇觀間興三舍於此建長洲縣學後罷舍法學亦廢今基址如故地則歸臨安裴氏目爲孔夫子巷嘉泰改元郡立坊名不知考此遂榜爲孔聖坊大抵南中言孔夫子巷者皆此義正如道家說黃帝凡山水聳秀皆云黃帝於此上升曾不知黃帝未嘗南遊也

枢之有旐禮曰死者不可別已故以其旗識之古人施於枢側近俗多用竹懸出於屋外陰陽家從而附會之以爲死之魂悠揚於太空認此以歸如浙東溫台以至江東諸郡兼採釋氏之論從而易爲幡植巨木高入雲表苟多子則立旛相接尤可怪

周天三百六十五度四分度之一（四分度之一者以一日分爲四分日之一分也）每月行二十九度半餘則十二月計行三百四十八度又加十二半餘總六度計成三百五十四度所剩小月餘度六日并五及四分度之一六日共十二日以起閏月一月一周天又二十九度半遂與日會且月以二十九日過半而日不可分故兩月各以二十九日半通一月作小一月作大也太元八十一首每首當四日半七百二十九贊每日當二贊計七百二十九贊只當三百六十四度之半欠半度并四分度之一計欠三分將踦贏二贊足其數成三百六十五度四分度之一據每贊當一日二贊計四分卻剩了一分老蘇自爲加分之法將踦贏二贊除去卻將踦贏所加四分分作一百八分又開作四分每分當二十七除去一分外所存三分有八十一分每首加一分則與周天數合

古者於宗廟之祭蓋九獻始作樂九變以降神尸在室中王用圭瓚酌鬱鬯灌於地求神而后以璋瓚酌鬱鬯以亞灌王乃迎牲於廟門之外而大夫贊幣從牲祝則迎尸出於堂戶牖間之位后先薦籩八豆八於前而王麗牲於碑射而殺之以毛告純以血告殺然後體爲七體腥之以獻王以玉爵酌醴齊以獻尸后亦以玉爵酌醴齊以獻尸用酌獻尊此之謂朝踐則朝事之籩是也饋食朝踐之後體解其犬豕牛羊烹而熟之將獻之時后又先薦籩八豆八以配王之薦熟尸未入室之前王與后再酌醴齊以獻謂之饋食既訖后又獻加籩八加豆八而王又酌以酳尸后亦從王酳尸此之謂加籩之實而羞籩自此進矣既酳而后又獻羞籩八羞豆八而諸臣進以酳尸焉故王與后各一灌而三獻與諸臣之酳是爲九祭太祝又索祭於祊樂舞入以樂皇尸兼作六代之樂遂行加爵爲旅酬之始加爵者太子三公之長一人九卿之長一人各行一加爵復有三獻若祭天則七獻漢世五供但一獻人主卽坐於東廂後世雖備三獻但責之有司而王后不預

古人多自稱下官見於傳記不一蓋漢晉諸侯之國並於其主稱臣宋孝武孝建中始有制不得稱臣止宜云下官文選江文通詣建平王書是也今人猶有言者

使臣之義始於藩鎭當國初武官處以三班號祇應官有左右班供奉班是也至太宗以其資品少又創三班借職三班奉職左右侍禁左右班殿直東西頭供奉官有司號爲小使臣內殿崇班內殿承制爲大使臣宣政

改制易為郎使臣之名不改二字害義為多即與漢置諸侯王得臣其境內一同況此自是王官而稱於比肩事主之人尤礙理

西京雜記李廣與兄弟共獵於冥山之北見卧虎射之即斃斷其髑髏以為枕示服猛也鑄銅象其形為溲器示厭辱之也故漢人目溷器為虎子鄭司農注周禮有是言唐諱虎改為馬今人云廁馬子者是也

漢天子筆管以錯寶為跗毛皆以秋兎之毫今多言寶跗蓋出西京雜記

雲麓漫鈔卷第四終

雲麓漫鈔卷第五

本朝凡前代僧寺道觀多因郊赦改賜名額或用聖節名如承天壽聖天寧乾寧之類是也隋唐舊額鮮有不改者後來創建寺多移古名州郡亦逼於人情往往曲從然豈有勅賜於彼而臣下可移於此特不思耳甚至富民功德寺皆有名額申令兩府以上得造功德寺賜名往往無力為之反不若富民也

酈道元水經注云吳興郡吳郡會稽郡謂之三吳漢順帝永建中陽羨周嘉上書以縣遠赴會至難求得分置遂以浙江西為吳以東為會稽

錢塘地理志曰會稽西部都尉治又錢塘記曰防海大塘在縣東一里許郡議曹華信家議立此塘以防海水始開募有能致一斛土者即與錢一千旬月之間來者雲集塘未成而不復取於是載土石者皆棄而去塘以之成故改名錢塘張君房辨錢塘引十三州記云杭州武林山高九十二丈周回三十里在錢塘縣南十二里靈隱寺正坐其山寺之東西漢二水東龍源橫過寺前即龍溪也冷泉亭在其上西曰錢源其流洪大下山二里八十步過橫坑橋入於錢湖蓋錢源之聚滀也錢湖一名金牛湖一名明聖湖湖有金牛遇聖明即見故有二名焉錢湖即本名也今萬松嶺下西城第一門曰錢

湖門可驗其寔行次北第二門曰湧金門即金牛出見之所也第三門曰錢塘門乃縣廨在焉葢自前古以來居人築塘以備錢湖之水故曰錢塘與圖經不同

北人諺語曰胡孫爲馬流交廣志馬文淵立兩銅柱於林邑岸北有遺兵家十餘家不反居壽冷岸南而對銅柱悉姓馬自相婚姻交州以其流寓號曰馬流歷年既長人物與之俱化語言啁哳故取譬云

魏置河東郡郡多雜流徙民有劉墮者工釀王公庶友牽拂相招飲每云索郎有顧思同旅語索郎返語爲桑落也桑落酒名今僧徒飲酒亦有廋語呼爲般若湯又云不喈言不指而徑飲也

夫子之門授業身通六藝者三千人列於四科者十人此見於經者也後世乃有七十二子之說質諸傳記既非夫子之言又且多寡不同劉歆謂七十子喪而大義乖楊雄謂速哉七十子之肖仲尼司馬遷夫子世家謂弟子身通六藝者七十二人文翁孔子廟圖漢東京肅宗安帝幸闕里之所祀是也有多至七十七人史記仲尼弟子傳家語仲尼弟子解是也開元禮用此數而去取復不一琴張申棖林放陳亢蘧瑗不在錄中國初斷以七十子之說取琴張等五人而公夏守等十人復不預大觀四年始參定弟子名宋公夏字子乘后處字子里公肩定字子仲顏祖字子襄鄡單字子家罕父里字子章秦商字子丕厚元字子籍樂顏字子聲唐會要開元禮互見之悉贈侯爵葢嘗考之史記家語之所均無者四蘧瑗林放申棖琴張史記之所無家語之所有曰陳亢琴牢家語之所無史記之所有顏何秦商蘇子由作古史有云史記家語二書既不可偏廢而琴張陳亢又見於論語此言爲當故并錄之凡七十九人

光武二十八將前史以爲上應列宿求其當於機會者不過九人耳如鄧禹馮異之殄赤眉寇恂之破朱鮪耿弇之戮張步賈復之誅五校岑彭吳漢之平公孫述彤之守信都此七事一失不可其他臧宫之徒特小才耳

漢高之興羣臣來從者其名非一以中涓以舍人以人以將屬以客以廄將以將軍以職志謁者以執盾以特將以卒以左令尹以中尉以門尉以連敖以都騎以執盾隊史以中涓騎以郎將以中謁者以騎士以郎中騎將以弩將以客吏以右司馬以騎司馬以車司馬以軍匠外又有以趙將以越戶將以越隊將以河南將軍以魏太僕以出城戶將以燕將軍以眾將以趙衛將軍以趙羽林以齊將以燕令以燕相以荊令尹以楚將以魏郎以越連敖以故羣盜長從名稱古雅散在表傳

平江有張省幹者病傷寒眼赤舌縮有膏脣口生瘡氣喘失音臟腑利已數日勢甚危此證傷寒家不載諸醫皆欲先止臟腑忽秀州醫僧寶鑑大師者過投以茵陳

五苓散白虎湯而愈諸醫問出何書僧曰仲景云五臟寔者死今賴大腸通若更止之死可立而待也五苓以導其小腸白虎以散其邪氣也諸人始服

陳吉老淮人業醫名動京師開封府有富人秪一子忽見正物皆以爲偏凡几案書冊之類排設整齊必更移令斜自以爲直以至書寫尺牘莫不皆然父母甚憂之歷聘醫者皆不曉人以吉老爲言遂攜子致懇既告退獨留其子父怪久不歸遣人詢之則曰已辦筵設矣聲樂頗盛酬勸無算酣醉乃罷置臥轎中使人扛之高下其手常令傾側展轉久之方令登榻安寢達旦酒醒遣之歸前日斜側物皆理之使正父母再三試之病已脫

然矣媼厚爲之謝且問治之方吉老云令嗣無他疾醉中嘗閃倒有肝一葉搭在肺上不能下今復飲之醉則肺脹展轉之則肝亦垂目視自如舊矣後過南方紹興中名傾浙右

唐人書皆有楷法今得唐碑雖無書人姓氏往往可觀說者以爲唐以書判試選人故人競學書理或然也國朝亦重楷法如歐陽永叔蔡君謨諸公是也自蘇黃米一洗翰墨蹊徑而行書多矣

禮曰君子將營宮室宗廟爲先又曰寢不踰廟士大夫建大第至祖考則舍之廡間今州郡亦古之侯國郡齋無不壯麗未有一州有太守家廟者葢習俗所移不以爲怪或以爲未須廟制在昔仁祖時嘗議立羣臣家廟以議襲爵不定而止若必待襲爵而後立廟祖考之得祀者葢鮮矣况乎政和五禮新儀已有定制唐以前士大夫之家無有不立廟者王珪自奉甚薄不立家廟太宗爲立廟以媿之則不待朝廷立廟明矣自唐中葉藩鎮跋扈朝廷爲羈縻之術故賜第京師立家廟命詞臣爲碑或賜鐵劵詎可自處於此而爲例耶

春秋時縣大而郡小有曰上大夫受縣下大夫受郡是也至戰國則郡大而縣小甘茂謂秦王曰宜陽大縣名曰縣寔郡也

今之州通判葢秦郡監隋郡通守之比故今人亦有言

監郡者若用司馬別駕事不親切矣

石頭城有二又有石城鍾阜龍蟠石城虎踞此金陵之石頭城也梁蕭勃父子余孝頃所據此豫章之石頭城也汪彥章爲豫章石頭驛記引洪喬附書投諸水事乃金陵之石頭

周美成作西河詞有云莫愁艇子誰繫此郢州之石城皆誤用莫愁郢人古樂府云莫愁在何處莫愁石城西艇子打兩槳催送莫愁來人不知考

婦謂夫之父曰舅夫之母曰姑壻謂婦之父曰外舅婦之母曰外姑子謂母之兄弟曰舅父之姊妹亦曰姑皆言與父母行同故也今人呼妻兄弟卻曰舅妻父曰丈

人至有與埒書自稱曰丈人者不亦陋哉泰山下有丈人山或又稱之曰泰山

周官其屬皆六十今有不止六十者蓋冬官之屬襍于五官中如染人等是也以是知冬官亦非全闕

漢縣有廷掾監鄉五部春夏爲勸農掾秋冬爲制度掾隋改尉爲縣正唐置七司一如郡制丞爲副貳如州上佐主簿上轄如錄事參軍其曹謂之錄事司司功以下有六曹尉分掌之如州判司總爲七曹今江西尚有呼縣尉爲戶尉者沿唐故也

天寶七年九月勅五品以上正員清官諸道節度使及太守等並聽蓄絲竹以展歡娛行樂盛時式覃中外至八年六月勅其南口給使王公家不得過三十人職事官一品不得過十八人三品不得過八人四品不得過六人五品不得過四人文武清官六品七品不得過二人八品九品不得過一人天寶之時尚知有限制豈可不爲之禁哉

先主紀十二年先主屯樊不知曹公卒至至宛乃聞之遂將其衆過襄陽諸葛亮說先主攻劉琮荊州可有先主曰吾不忍也關羽傳先主爲漢中王拜羽爲前將軍假節鉞是歲羽率衆攻曹仁於樊曹公遣于禁助仁秋大霖漢水汎溢禁所督七軍皆沒劉表傳代王叡爲荊州刺史是時山東兵起表亦合軍襄陽表顧問蒯越越曰兵集衆附南據江陵北守襄陽荊州八郡可傳檄而定後表爲鎮南將軍荊州牧張濟引兵入荊州界攻穰城孫堅傳初平三年袁術使堅征荊州擊劉表表遣黃祖逆於樊鄧之間堅擊破之追渡漢水遂圍襄陽單馬行峴山爲祖軍士所射殺又魏武故事載令曰楚有江漢山川之險後復先疆與秦爭衡荊州其故地也今江漢之北有樊鄧二城張濟犯穰城已謂入荊州界則南陽亦荊州隸也要之江陵襄陽俱是荊州要地東漢末分天下爲州如唐之道本朝之路非如今之州但指一郡言也是時荊州牧治襄陽猶今之帥府治某州今之荊南東漢而來或謂之江陵或謂之南郡

舉撲食物法有禁惟元正冬至寒食三節開封府出牓放三日或以數十笏銀或以樂藝女人爲一擲其他百物無不然非如今常得舉撲也

漢制自中二千石至百石爲十二等魏更爲九品梁爲十八班陳復爲品後周更爲九命隋復爲品逮今不改

代言之職西漢多命文士視草司馬相如等是也東漢則尚書郎主作文書起草漢儀曰尚書郎初從三署詣臺試初上臺稱守尚書郎中歲滿稱尚書郎三年稱侍郎魏晉以來中書監令掌贊詔命記會時事典作文書魏文孝謂高閭曰卿爲中書監職典文辭若情思不至應謝所任以其地在樞近多承寵任謂之鳳凰池齊有

中書通事舍人後去通事直曰中書舍人專掌詔誥兼呈奏之事自是詔誥之事舍人專之又王猷之爲中書令啟瑯琊王爲中書監表曰中書職掌詔命非輕才所能獨任自晉建國嘗命宰相參領中興以來益重其任故能王言彌綸德音四塞則亦宰相之任也至唐置翰林學士以文章侍從而本朝因之翰林學士司麻制批答等爲內制中書舍人六員分房行詞爲外制云

杜詩云脫身簿尉中始與箠楚辭韓昌黎詩云判司卑官不堪說未免箠楚塵埃中姜皎爲秘書監杖死周子亮爲監察御史以言事杖於朝堂代宗命劉晏考所部官吏刺史有罪五品以上繫劾六品以下杖然後奏不

特判司卑官也若本朝待士大夫有禮自開國以來未嘗妄辱一人惟犯贓罪或死或黥非常法自陛朝官以上還朝則有朝集院處之差破人從其愛惜人才如此

秦起西戎所用之禮則從其國俗自襄公列爲諸侯以爲主少昊之神作西時祀白帝牲用騮駒黃牛羝羊文公作鄜時後又有吳陽武時密時等四仲之月月祠時駒四疋木寓龍一駟木寓車各一漢高祖增北時文帝增五時路車各一乘駕被具武帝常三歲一郊又薦五時各加一牛以燎毫忌太一所用雍一時物醴棗脯殺一犛牂餘皆燎之太初又以木寓馬代駒河間獻王採三代禮獻之卒不用元帝罷諸淫祀四百七十所立南郊大風壞竹宮復五時丞相衡議復長安郊祀新莽天地合祭有夫婦同牢之說光武中興東平王蒼又請復古禮雖爲圓壇而多采用前漢故事以正月上辛祠南郊次北郊明堂高廟世祖廟自爲五供考其祀儀晝漏上水大鴻臚設九賓隨立寢殿前鍾鳴引客就位乘輿自東廂下太常導出西向拜止旋升阼階拜神退坐東廂西向侍中尚書陛者皆神座後公卿謁神座太官上食太常樂奏食舉禮樂闋君臣受賜食畢郡國上計吏占穀於神前魏晉始定南北郊以後稍稍用古禮而皇帝一獻再拜受福禮畢器席有司燒埋之宋文帝元嘉中始復三獻之禮寓龍馬卽古之明器自周亡至元嘉

而祭禮稍如古其間豈無賢良儒學之士卒不能正二王請復古禮而莫之能行習俗移人如此

古之明器神明之也今之以紙爲之謂之冥器錢曰冥財冥之爲言本於漢武紀用冥羊馬不若用明字爲近古云

司馬遷易編年爲紀傳成一家之書自後史官莫不踵之然業鉅事繁鮮有獨成一書者司馬既沒之後十篇缺焉今景紀武紀禮樂兵書將相年表日者傳三王世家龜策傳等皆非遷筆而褚先生之功爲多班彪又取司馬史起高祖至王莽誅爲漢書未成而子固續之五行志皆劉歆洪範傳古今人表亦後出范曄成後漢書

而諸志皆劉昭補注太宗命房元齡褚遂良撰晉書遂奏許敬宗來濟陸元劉子翼令狐德棻李義府薛元超上官儀等分撰以臧榮緒晉書爲主文駢儷惟李淳風明星歷所修天文律歷五行三志有法太宗自著宣武二帝及陸機王羲之四論故題曰御撰至本朝脩唐書曾魯公提舉歐陽公分脩帝紀宋祁公脩列傳而志表乃范鎮王疇宋敏求呂夏卿劉羲叟分脩今觀百官志乃唐六典地理志乃十道志禮樂志乃開元禮云

唐史好用巨字音頗不可也南史好用便字

本朝軍制有殿前司侍衛親軍司殿前司有殿前都點檢都副指揮使都虞候都點檢自太祖嘗領後不置侍衛親軍司亦有都副指揮使都虞候馬軍都指揮使步軍都指揮使雍熙以來由重進傳潛王超爲侍衛親軍都虞候後遷副都指揮使自超罷不除人只置侍衛馬軍步軍都校始分爲三號曰三衙殿前司蓋唐之十六衛侍衛親軍唐之六軍也

禮部韻畧始於科舉用律賦取六經中字爲之故曰畧紹興中黄啓宗又取六經諸子史常用字爲韻元降指揮令附於禮部韻畧之後令學者通知淳熙重刊韻畧則分入於逐韻之末既無明文許用舉子多不敢使然其間有礙理者如齊字子兮切禮地氣上齊云當於躋字下亦作齊衿字與鰥同至於衿寡云當於鰥字亦作矜如此之類甚多殊不知二字只有此出處豈可因此借用遂改齊矜作躋鰥用之也若云一作則可矣此乃黄啓宗自媒之文非取名禮部韻畧之意也

予家有米元章評書云善書者歷代有之梁武帝評書從漢末至梁得三十四人襄陽米芾評書隋唐及今又得一十四人僧智果書雖骨氣清健大小相雜如十五貴人謂偏性方循繩墨忽越規矩褚遂良如熟戰御馬舉動從人意而別有一種驕色虞世南書如學術休糧道士神雖清而體勢瘦困歐陽詢書如新瘥病人顔色憔悴舉動辛苦柳公權書如深山得道之士修養已成神氣健無一點塵俗顔眞卿書如項羽挂劍樊噲排突硬弩欲張鐵柱屹立昂然有不可犯之色李邕書如乍富小民舉動崛强禮節生疎徐浩書如蘊德之士容顔温厚舉措端正體氣純白沈傳師書如龍游天表虎嘯溪傍神釆自如骨法清虚周越書如輕薄少年舞劍空健而鋒刃交加錢易書如美丈夫肌體充悅而神氣清秀蔡襄書如少年女子體態妖饒行步緩慢多飾鉛華蘇舜欽書如五陵少年訪雲尋雨駿馬春衫醉眠芳草狂歌歡樂張友直書如宮女插花嬪嬙對鑑端正自照別有一種情態纏其人者襄陽米芾也

今人目錢有文處爲字背爲漫按漢書大宛傳錢文爲王面幕爲夫人面荀悅云幕音漫無文也張晏云錢之

文面作人乘馬錢之幕作人面形韋昭云幕錢背也包愷音漫史記亦云

諸侯年表天子加惠使諸侯得推恩分子弟國邑淮南王安傳孽子不害最長不害子建父獨不得爲侯顯宗初即位賜爵人二級爵過公乘得移與子若同產子隨州有後漢修義井記悉列出錢人姓名云五大夫某郡某錢若干凡六七十人下列分子某郡錢若干亦數十人五大夫秦漢爵但分子不曉其義豈五大夫爵高不許遷得如諸侯王及顯宗時公乘以上移與子謂之分子乎當有曉之者

優人雜劇必裝官人號爲參軍色按西京雜記京兆有古生嘗學縱橫揣摩弄矢搖丸樗蒲之術爲都掾史四十餘年善訑謾二千石隨以諧謔皆握其權要而得其歡心趙廣漢爲京兆下車而黜之終於家至今排戲皆稱古掾曹又樂府雜錄漢館陶令石耽有贓犯和帝惜其才免罪每宴令衣白衫命優伶戲辱之經年乃放後爲參軍按本朝景德三年張景以交通曹人趙諫斥爲房州參軍景爲屋壁記曰近到州知參軍無員數無職守悉以曠官敗事違戾政教者爲之凡朝廷宴使頭爲人、坦必指目參軍也倡優爲戲亦假爲之以資玩戲今人多裝狀元進士失之遠矣

東坡四月十一日食荔枝詩云海中仙人絳羅襦紅綃中單白玉膚又曰似開江珧斫玉柱更洗河豚烹腹腴注云予嘗食荔枝厚味高格兩絶果子無比惟江珧柱河豚近之又云僕嘗問荔枝何所似或曰荔枝似龍眼客皆笑其陋荔枝寔無所似也僕云荔枝似江珧柱應者憮然僕亦不辨此可謂善於比類者魏文帝以荔枝方之蒲桃庾信謂魏使尉瑾曰昔在鄴都食蒲桃甚美陳昭曰作何狀徐君房曰有類軟棗信曰君殊不體物何不言似荔枝藝苑雌黄亦云

河豚腹脹而斑狀甚醜腹中有白曰訥有肝曰脂訥最甘肥吳人甚珍之目爲西施乳東坡云腹腴者是也東坡在資善堂嘗與人談河豚之美云也直一死其美可知其間子最毒能殺人次即眼與血在年前後土人忌之須水至荻芽出時江東方有之梅聖俞詩云春洲生荻芽春岸飛楊花河豚於此時貴不數魚蝦是也

東坡云菜之美者有吾鄉之巢故人巢元修嗜之余亦嗜之元脩云使孔北海見當復云吾家菜耶因謂之元修菜東坡詩云彼美君家菜鋪田緑茸茸豆莢圓且小槐芽細而豐漢東人以豌豆苗爲菜云蜀人以爲漫頭號巢菜以坡詩求之良不誣今臨安人目之曰豆菜連角子實則知豌豆苗莢即巢菜也

嘉泰二年六月紹興府山陰農人斸地得古磚于黄閍岡字十行云郎耶王獻之保母姓李名意如廣漢人也

在毋家志行高秀歸王氏柔慎恭勤善屬文能草書解釋老旨趣年七十興寧三年歲在乙丑二月六日無疾而終（下闕十二字）望葬會稽（下闕九字）岡下殉以曲水小硯交螭方壺樹雙松於墓上立貞石而志之悲夫後八百餘載知獻之保母宮於茲土者尙（下闕二字）焉尙書李公大性伯和時持浙東憲節嘗見云硯色紫而潤後有晉獻之三字傍有永嘉二字硯後歸錢清王繼家繼好古三槐王氏後模得其本出以示余志字大小甚類蘭亭敘其閒曲水會稽字尤逼敘筆力遒逸眞有父風或云乃近人僞爲之有五驗蓋集王字故大小不等一也書晉獻之三字而不著姓獻之決不若是二也婦人謂嫁曰歸既

爲人保母不當言歸復云志行高秀皆非學者語三也獻之非善日者而云八百餘載四也古人墓甎文皆突起無刊字者五也以此推之良有理

南嶽有三衡山一也漢武南狩舒之灊山望祀後人因灊爲南嶽二也常之宜興有南岳產茶云以吳孫皓時得名

福建市舶司常到諸國舶船　大食嘉令麻辣新條甘秠三佛齊國則有眞珠象牙犀角腦子乳香沉香煎香珊瑚琉璃瑪瑙玳瑁龜筒梔子香薔薇水龍涎等　眞臘亦名眞里富三泊緣洋登流眉西棚羅斛蒲甘國則有金顏香等　渤泥國則有腦版　闍婆國多藥物　占城目麗木力千賓達儂胡麻巴洞新洲國則有夾煎　佛囉安朋豐達囉啼達磨國則有木香　波斯蘭麻逸三嶼蒲哩喚白蒲邇國則有吉貝布貝紗　高麗國則有人參銀銅水銀綾布等物大抵諸國產香畧同以上舶船候南風則回惟高麗北風方回凡乳香有揀香餅香（分三等）袋香（分三等）榻香黑榻水溼黑榻纏末如上諸國多不見史傳惟市舶司有之

荊門軍圖經關將軍廟在當陽縣玉泉山紹興初潭州人有得其印于水者二十有三年寺僧法源白於高使君得公牒之潭取之歸於寺其文爲壽亭侯印四字方廣一寸有半其上有穿穿有環廣如其印又其上並二

環各廣七分加其半以爲之長色皆剛瑩異常銅環古所以佩也三十有二年艮齋謝先生自夷陵考試回嘗見之荊門太守王公錄云余幼時侍先公爲湖南提舉常平時得觀之印方二寸餘紐上有雙環闊可六七寸篆不古非漢魏閒字體莫可推曉或云晉宋以下別有封壽亭侯者亦未可知予以慶元中因職事嘗於左藏封樁庫見之如其制又有關南司馬一印字皆作叠篆不知何時在左藏則是別有此二印也毗陵人張駒千里好古襲嘗云建炎二年六月復州寶相禪院因科修城木於三門前大樹下斸四尺餘得此印環上刻建安二十年壽亭侯印今環上卻無此字又與荊門軍所載

不同

雲麓漫鈔卷第五終

雲麓漫鈔卷第六

雲麓趙彥衛景安

古人祭器以竹木爲之傳曰大夫祭器不假爾雅曰木豆謂之豆瓦豆謂之登旊人爲簋周禮四命受器鄭司農云受祭器爲上大夫苟有功德則又得銘其祖考之功烈故銘款多云敢對揚天子之丕顯休命所謂銘施於鼎彝者是也三代鼎匜有存至今皆大夫以上得受器者之所爲宣和博古圖遂以聶崇義竹木之說爲非抑不思耳

紹興中有漁者得一石於淮狀如瓜於瓜瓣凸處有字屢鬻而不售淳熙十一年王仲行尚書守廬得之出以示予予曰乃新莽律權石字甚細篆體詛楚文因爲釋之曰律權石重四鈞黃帝初祖德□于虞虞帝始祖德帀于新歲在大梁龍集戊辰戊辰直定天命有民工德受正號即眞改正建□長壽隆崇同律度量衡□當前□龍在己巳歲次實沈初班天下方國永遵子子孫孫享傳億年按漢書律歷志王莽徵天下通知鍾律者百餘人使羲和劉歆等典領條奏其權衡篇曰衡平也權重也衡所以任權均物平輕重也本起於黃鍾之重一龠容千二百黍重十二銖兩之爲兩二十四銖爲兩十六兩爲斤三十斤爲鈞四鈞爲石王莽傳梓潼人哀章作銅匱遝符命莽下書曰予以不德托於皇初祖考黃帝

之後皇始祖考虞帝之苗裔敢不欽承以戊辰直定師古注於建除之次其日直定又資治通鑑莽始初元年歲在戊辰明年改元始建國歲在己巳故其文有皇初祖黄帝始祖虞帝戊辰直定之語趙石勒十八年七月造建德殿得圓石狀如水碓銘曰律衡石重四鈞同律度量衡有辛氏造續咸議是王莽時物與此同其間有一兩字疑者闕之以俟博識之君子

辛應仲云婦翁陸少卿在襄陽修城得一碑字頗佳而父子同名曰靖出其墨本示予碑額書云大唐羅君墓誌文前復題云隋處士羅君夫人誌銘君諱靖字禮襄陽廣昌人春秋三十有一隋仁壽四年五月終則羅君

隋人也繼云夫人張氏年八十四龍朔二年六月終則夫人唐人也今題羅君曰唐夫人曰隋已大謬碑乃靖之子紹嗣善祐所立而呼其父爲君所書三代目靖爲父又類己所立碑故辛有父子同名之疑因知文章工拙初無古今

淳熙四年間車駕幸太學建石經閣遂新兩學議者以舊像無福厚氣象合改塑既畢工始悟舊像無著處欲遷於富陽縣學武成王遷於殿前司廡下富陽縣中諸生不願易殿帥亦以不便爲詞時湯村新建東嶽行祠兩廊未有像設將遷焉已定送祠之儀行下臨安府具鼓吹學中士人襴鞹送至門外予時爲臨安幕屬以爲駭俗其舊像經兩朝祭奠宜奉安首善閣諸公以爲然議遂定自是繪像一變與古不同矣

漢大要以軍吏立國蕭曹起郡吏而爲相自絳灌至申屠嘉皆向時椎埋狗竊之人至趙廣漢尹翁歸張敞王尊之徒非郡獄吏則卒史胥佐也治效皆顯著史冊及公孫洪以儒下闕　胥史耶

漢高祖詔守尉長吏善遇高爵惠帝令民得買爵高后文帝賜天下民爵七年賜民爵戶一級當爲父後者爵一級景帝三年賜民爵一級四年五年又賜爵一級賜天下民爲父後者爵可矣賜民爵戶一級景帝三年間三遷其爵苟有犯法不知當時守尉長吏何所施其治

景帝於七國反後連年賜爵與高后之戶一級同皆欲收人心殊非先王固結人心之實

金國每年賀正旦生辰遣使所過州縣日有頓盱眙鎮江平江赤岸有宴平江排辦司數

撑船當直防護鎗旗桿子火臺火把岸樟燈籠共用五千三百一十四人

防護禁軍一百三十二人鄰州晳

撑船人二千六人

使副當直一百六十人

准備阻風添撑船一百五十人

旗鎗隊一百二十人

運使撐船二百九十六人
盱眙鎮江平江三押宴防護當直撐船一百五十
人使船撐手六十人
押進馬至鄉州十三人
沿流五巡尉火臺火把岸樺三千一百七十六人
火臺一千八百六十二座
燈籠四百七十一碗
火把船九十八隻
接伴使副當直五十人
撐船二百四十人
遞馬船十隻

每程用帶毛角羊二千斤四程計八千斤
北果錢五百貫
御筵果卓十行行十二楪
食十三琖並雙下
頓食使副每分
羊五斤　猪五斤　麪四斤
粳米五升　雞一隻　鴨一隻
鯉四斤　油半斤　柴三十斤
炭二秤　四兩燭一對　酒一斗
果三十楪　蜜煎十楪
油鹽醬菜料物各有數

點心
栗一升　羊一斤半
猪腰子一對　麪一斤半
上中下節各有降賜若折錢使副折銀三兩三錢
都管九錢一分　上中節七錢六分
下節四錢五分半
御筵不坐折金七錢
姑蘇館批支一千五十六貫八百十五文
公使庫一千六百一十九貫四百五十八文
軍資庫八千七百六十七貫一百五十九文
凡賀正生辰來回程御筵頓食等每次用二萬貫共四

萬貫他州亦不減此
唐科目至繁唐書志多不載或畧見於列傳今裒集於
此
制科及第永徽三年　志烈秋霜顯慶三年　洞曉章程四年
材稱棟梁志標忠梗
政均卓魯字俗之化通高
安心畎畝力田之業夙彰
道德資身鄉閭共挹
養志丘園嘉遁之風載遠
材堪應幕　學綜古今
茂材異行麟德元年　消聲幽藪

幽素乾封元年　詞贍文華
直言極諫　抱儒素光宅元年
韜鈐　詞操文莊
孝弟梗直天授二年　臨難不顧循節寧邦長壽三年
長材廣度沉跡下寮證聖元年　絕倫
文藝優長萬歲通天二年　疾惡大足二年
經邦聖歷三年　拔萃
龔黃　才膺管樂
賢才神龍元年　賢良方正
才高位下　孝悌廉謹
材堪經邦

草澤遺才　文學優長
茂才異行　藏器晦迹
抱器懷能景龍二年　宰臣
文可以經邦景雲元年　文以經國
藏名負俗　懷才抱器
明三經通大義　抱一史知其本末
通三教宗旨究其精微
經國治人先天元年　藻思清華
道侔伊呂　才堪刺史
寄以宣風則能興化變俗
文章俊拔越超流輩

賢良方正能直言極諫開元二年
哲人奇士隱淪屠釣
良才異等　文儒異等
文史兼優　博學通議六年
文辭雅麗　武足安邊十五年
高才草澤沉淪自舉
才高未達沉迹下寮十七年
多才二十一年　宏詞超絕流輩二十二年
王霸二十三年　知謀將帥
平判入等二十四年　國子明經
上書中書試同進士及第

文詞秀逸天寶元年　風雅古調四年
詞藻宏麗十三年　樂道安貧
文辭清麗建中元年　經學優深
高蹈丘園　軍謀
孝悌力田聞於鄉閭
超絕貞元元年　識洞韜畧堪任將帥
清廉守節政術可稱堪任縣令四年
書判拔萃元和元年　五經
開元禮　學究
律令　明習律令
才識兼茂明於體用

達於吏理可使從政

三禮二年　傳通墳典達於教化

軍謀宏遠材任將帥

詳明政術可以理人

神童六年　寶黃十二年

處士十五年　山人長慶二年

日試百篇　道舉三年

日試萬言　長念九經寶曆二年

學究周易處士大和二年

草澤應制　三傳七年

三史　童子明經大中元年

明算　童子學究

說者皆以嘉禮不野合古不墓祭春秋辛有適伊川見被髮而祭於野者曰不及百年此其戎乎自漢世祖令諸將出征拜墓以榮其鄉至唐開元詔許寒食上墓同拜埽禮沿襲至今遂有墓祭然是時有使子弟皁隸上墓而延親知者唐賢有甚不敬之嘆殊不知嘉禮不野合謂兩君相遇於境成事而退不謂宴好非指祭禮也周官冢人有祭墓爲尸之語則墓祭亦三代禮先賢嘗言之

唐野史云貞觀中太宗嘗與魏徵論書徵奏曰王右軍昔在永和九年莫春之月修禊事於蘭亭酒酣書序時白雲先生降其室而歎息之此帖流傳至於智永右軍仍孫也爲浮屠氏於越州雲門寺智永亡傳之弟子辯才上聞之卽欲詔取之徵曰辯才寶此過於頭目未易遽索後因召至長安上作贋本出示以試之辯才曰右軍作此三百七十五字始夢天台子眞傳授筆訣以永字爲法此本乃後人模倣爾所恨臣所收眞蹟昔因隋亂以石函藏之本院兵火之餘求之不得上密遣使人搜訪但得智永千文而歸旣而辯才託疾還山上乃夜祝於天是夜夢守殿神告以此帖尚存遂令西臺御史蕭翼持梁元帝畫山水圖大令書般若心經爲餌賺取以進翼至越舍於靜林坊客舍著紗帽大袖布衫往謁辯才且誑以願從師出家遂留同處乃取山水圖并心經以遺之辯才曰此兩種料上方亦無之去歲上出蘭亭模本唯老僧知其僞試將眞蹟睨秀才如何翼見之佯爲輕易且云此亦模本爾辯才曰葉公好龍見眞龍而慴以子方之顧不虛也一日辯才持鉢城中攜翼以往翼潛歸寺中紿守房童子以和尙令取淨巾遂竊蘭亭及山水心經復回客舍方易服報觀察使至後亭召辯才出詔示之辯才驚駭舉身仆地久之方甦翼日卽詣闕投進上焚香授之百僚稱賀拜翼獻書侯賜宅一區錢幣有差及賜辯才米千斛二十萬錢上於內殿學書不捨晝夜旣成書以賜歐陽詢等張彥遠法書要錄

亦載劉餗嘉話云蘭亭序梁亂出在外陳天嘉中爲僧
智永所得至大建中獻之宣帝隋平陳因獻晉王王不
之寶僧果從帝借搨及登極終不從索果師死後弟子
辯才得之太宗爲秦王因見搨本驚喜乃貴價市大王
書蘭亭終不至後知在辯才處使蕭翼取得之武德四
年入秦府貞觀十年乃搨十本以賜近臣後褚遂良請
秘於昭陵又南部新書蘭亭者武德四年歐陽詢就越
詐求之始入秦府麻道至嵩敎搨兩本一送辯才一王
自收嵩私搨一本於時天下草創秦王雖親萬機蘭亭
不離肘腋及即位學之不倦至貞觀二十年褚遂良請
入昭陵後得其模本耳尚書故實云太宗酷好法書有

大王眞蹟三千六百紙率作一丈二尺爲一軸寶惜者
獨蘭亭爲最置於座側朝夕觀覽嘗一日附耳語高宗
曰吾千秋萬歲後與吾蘭亭將去也及奉諱之日用玉
匣貯之藏於昭陵歐陽集古錄世言眞本葬在昭陵唐
末之亂爲温韜所發其所藏書畫皆剔取其裝軸金玉
而棄之於是晉魏以來諸賢墨蹟復落人間李端叔跋
云貞觀中既得蘭亭上命供奉官搨書趙模韓道政馮
承素諸葛貞等各搨數本分賜皇太子諸王近臣而一
時能書如歐虞薛輩人皆臨搨相尚故蘭亭刻石流傳
數多當有數百今所得獨定州本爲最勝章敏公元發嘗
以語人云　慶歷中宋景文爲定帥有游士攜此石走

四方最後死於定武營妓家伶人孟水清取以獻於京
愛而不敢有留之公帑自是蘭亭傳天下此定本得石
之始也至元豐中薛師正爲帥始攜去其長子别留贋
本上鑱損湍流帶右天五字爲證然其親友猶於薛氏
得舊本也大觀間其次子嗣昌始內之御府胡羯之亂
不知所在世人多誤寶鑱本爲定武本或云第五行有
僧字益是時搨本至多惟此僧永所藏爲眞又云當其
行間是僧權押縫後權字磨滅曾不知老之將至誤用
僧字何子楚跋語云石晉之亂契丹自中原輦寶貨圖
書至眞定德光死漢祖起太原遂棄此石於中山至慶
歷中李學究者得之秘不示人韓忠獻守定武力求之

乃埋石土中别刻本以獻李死其子始摹以售人後負
官緡宋景文爲帥出公帑代輸取石匣藏庫中非故舊
莫得見之熙寧中薛師正爲守其子紹彭别刻本易歸
長安　大觀間詔取石龕置於宣和殿丙午與岐陽石
鼓俱載以北又云定武初得刻於殺胡林後置郡廨薛
至定士大夫乞墨本者沓至薛惡磨打有損自刊别本
留譙樓下多持此以售求者蓋先後已二刻薛之子紹
彭私又摹刻易元殺胡林本以歸欲以自别乃取殺胡
林本湍流帶右天各劖一二筆私以爲記又謂定武本
仰字如鍼眼殊字如蟹爪列字如丁形又云一本正肥
是唐古本語蘭亭者不出此今人多惑野史之言不知

最爲謬按唐書開元二十二年初置十道採訪處置使至德三年改採訪爲觀察處置太宗時焉得有觀察使一謬也又龍朔二年改門下省爲東臺中書省爲西臺太宗時焉得有西臺御史二謬也三藏記云元奘法師周遊西宇十有七年貞觀十九年二月六日奉勑於宏福寺翻譯聖文凡六百五十部心經預焉右軍時焉得有心經其謬三也唐太宗一朝文字最爲詳備所謂拜獻書儀與夫賜宅及百寮稱賀等不應史冊不載其謬四也蘭亭蓋是右軍適意書他日別書之終不及前豈有白雲先生天台子貢守殿神告等事其謬五也蕭翼爲御史焉得潛出關而朝野皆不知至與僧爲侍人

其謬六也太宗開國之文君不應賺脫一僧而取翫好其謬七也觀其詞有賺取覩秀才皆浙人語必是會稽人撰此以神其事不可不知也

契丹用兵步騎車帳不從阡陌東西一槩而行大帳前及東西兩面差大首領三人各率萬騎分散遊奕百十里外交相巡邏謂之欄子馬戎主吹角爲號衆即頓舍環繞穹廬以近及遠只折木梢屈之爲弓子鋪不設槍營塹柵之備或聞人聲砍寨皆不實也每軍行聽鼓三伐不問昏晝一發便行未逢大敵不乘戰馬俟敵近即競乘之所以戰蹶有力也其用兵之術成列而戰休兵而乘之多伏兵斷糧道互相舉火饋餉自賷退敗無恥散而復聚

請盟錄載女直用兵之法戈爲前行號曰硬軍人馬皆全甲刃梧自副弓矢在後非在五十步內不射弓力不過七斗箭鏃至六七寸形如鑿入不可出人攜不過百枚其法什伍百皆有長伍長擊柝什長執旗百長挾鼓千人將則旗幟金鼓悉備伍長戰死四人皆斬什長戰死伍長皆斬百長戰死什長皆斬能同負戰沒之尸以歸者則得其家資凡將軍皆自執旗衆視所向而趨之自軍帥至步卒皆自馭無從者軍行大會使人獻策主帥聽之有中者爲特伍其事師還又會問有功者隨高下與之金人以爲薄復增之

李白有贈參寥子詩云著論窮天人千春秘麟閣長揖不受官拂衣歸林巒東坡所與交遊參寥乃僧人也

戰國有四公子謂春申平原孟嘗信陵梁亦四公子大通中帝謙恭待士忽有四人來貌可七十鶉衣躡履入丹陽郡建康里行乞經年無人知帝居同泰寺講佛經僧瑳永安僧慥通會妙旨與之談論四人同謁二僧杜口帝驚召入儀賢殿給湯沐帝問三教九流及漢朝舊事了如目前問其姓名一人曰姓䨥音萬名杰音傑一人曰姓[illegible]音瀆名䵨音湍一人曰姓蜀音攜名闖琛去聲一人曰姓仉音掌名䁆音覿合朝無識者惟昭明太子識之四人喜揖昭明如舊交目爲四公子

南朝有貢計館在建康縣東二里洲子岸上諸州府秀才選舉皆憩此館

六朝自石頭東至運署總二十四度皆浮航往來建康城外有朱雀航即今之浮橋是也今浙西臨流州縣凡載行旅之舟謂之航船義或取此

所之名見於六朝永昌二年置鐵所又有錢所天監中有刻漏所

爾雅曰山南曰陽水南曰陰故華陰山陰皆在山之北淮陰濟陰江陰皆在水之南

漢明帝夢金人而摩騰竺法始以白馬陁經入中國明帝處之鴻臚寺後造白馬寺居之取鴻臚寺之義隋曰

道場唐曰寺本朝則大曰寺次曰院在法寺有寺主郡有僧首總稱主首而宣和三年禁稱主字改曰管勾院門同管勾院門事供養主作知事庵主作住持至建炎初避御名並改曰住持

班固才識不逮司馬遷遠甚於高祖紀見之史記第云高祖姓劉氏母媼蓋司馬漢臣不敢斥其君名班固爲漢書盡用司馬遷舊文卻云高祖諱邦字季意謂補其遺缺不知害義至於世系卻當推究反不書秖於贊畧曰降及於周在秦作劉涉魏而東遂爲豐公豐公蓋太上皇父太公諱合言之亦從畧可見才識下於司馬矣

東坡黃州詞云人道是三國周郎赤壁蓋疑其非也今江漢間言赤壁者五漢陽漢川黃州嘉魚江夏惟江夏合於史漢陽之說出於荊州記漢川之說蓋以赤壁草市今其近處亦有烏林唐漢陽圖經云赤壁又名烏林在汉川縣西八十里跨汉南北（汉川即漢川）據此二說相去不遠然曹操初敗赤壁再敗烏林赤壁烏林乃二地今指一地二名已失之況曹操舟師自江陵順流而下周瑜自柴桑（今江州）泝流而上兩軍相遇於赤壁則赤壁當臨大江今臨嶂漢川皆非臨江處通典元和郡國志皆嘗辨汉川繆則臨嶂繆亦可知黃州出於齊安拾遺以赤鼻山爲赤壁（見水經）以三江下口爲夏口以武昌華容鎮爲曹操敗走華容其說尤繆蓋周瑜自柴桑至樊口

雲麓漫鈔卷六　王別下齋校本

會劉備與備進軍逆操而後遇於赤壁則赤壁當在樊口之上今赤鼻山在鼻口對岸何待進軍而後遇又赤壁初戰操軍不利引次江北而後有烏林之敗則赤壁當在江南岸今赤壁乃在江北岸亦非也又曹操既敗自華容道走保南郡漢南郡今江陵華容監利石首武昌華容豈走南郡路嘉魚之說唐章懷太子注東漢劉表傳云赤壁山名也今在鄂州蒲圻通典引括地志亦同元和郡縣志則云赤壁山在蒲圻縣一二十里北岸烏林與赤壁相對即周瑜用黃蓋策焚曹公舟船敗走處唐蒲圻臨江今析爲嘉魚故說者據之而指今石頭口爲地然石頭口初未嘗以赤壁名而嘉魚縣圖經亦

云此地無赤壁考之水經則不然水經云江水左源流至今巴陵之下云江水左逕至烏林（江水東注凡水經言左者皆北岸右者皆南岸）酈道元注云村居也吳黃蓋敗魏武於烏林卽是處又云江水至今漢陽界云江水左逕百人山南酈道元注云右逕赤壁山昔周瑜與黃蓋詐魏武大軍所起處據此則赤壁烏林相去二百餘里元和志所指烏林已與此合而赤壁則不同今漢陽百人山對岸大江中有赤磯者在江夏縣境江圖謂之赤圻爲江夏之說者曰此卽道元所指也曰磯曰圻者壁之誤耳嘗以爲烏林赤壁二戰相繼烏林之捷又自赤壁始不應兩地懸絕如此及觀江表志赤壁敗後黃蓋與操作詐降書紿

操以衆寡不敵交鋒之日蓋爲前鋒當因事變化至戰日蓋始用火攻之策操敗走如此則二戰初不同日方是時操師八十萬首尾相接二百里不足訝水經之言爲然後漢紀總書烏林赤壁故後人指爲一地

雲麓漫鈔卷第六

雲麓漫鈔卷第七

雲麓趙彥衛景安

唐有三院御史侍御史謂之臺院殿中侍御史謂之殿院監察御史謂之察院太常寺有四院天府院御衣院樂縣院神厨院皆子司耳五代有樞密院鹽鐵院糧斛院等品秩亦不甚高本朝樞密本兵禮均二府又有學士院舍人院爲兩制下則糧料審計進奏官告登聞檢鼓是爲六院皇子之居謂之某王宮王子則分院世俗目之曰官院僧寺亦賜名院而院之爲義始不一矣

唐人多稱使郡守一職也以其領兵則曰節度治財賦則兼觀察以至河堤處置功德之名故楊國忠領四十

餘使下逮州郡莫不然其名猥雜本朝則多稱官如提領官參謀官檢討參議官考校官覆考官詳定官參詳官判官推官下至吏胥則有通引官專知官孔目官直省官走卒則有散從官流外有剋擇官陰陽官軍校有輦官天武官之號推其原亦本於唐

上古結繩而治二帝以來始有簡策以竹爲之而書以漆或用版以鉛畫之故有刀筆鉛槧之說秦漢末用縑帛如勝廣書帛內魚腹高祖書帛射城上至中世漸用紙趙后傳所謂赫蹏者注云薄小紙然其寔亦縑帛蔡倫傳用縑帛者謂之紙縑貴簡重不便於人倫乃用木膚麻皮等則古之紙卽縑帛字蓋從糸云故今人呼書

曰冊子取簡冊之義又曰第幾卷言用縑素也江南竹簡處州作槧版尚髣髴古制盧仝詩云首云諫議送書至白絹斜封三道印豈唐人又曾用絹封書耶

靖康元年趙子㴶知寧陵縣時徽宗既遜位過亳州燒香道由其邑賜金帶趙時服綠許於綠袍上繫

盤庚將治亳商三篇之書諄諄訓誥既言其不得已又言諸臣之先以誘之三代之臣皆世族大家枝葉扶疎根株盤固如魯三桓鄭七穆是也若本朝尚科舉顯人魁士皆出寒畯觀此可見世家氣象

吳志天璽元年吳興陽羨山有空石長十餘丈曰石室郡表爲瑞遣兼司徒董朝兼太常周處封禪國山大赦

改明年爲天紀即前所云水洞是也山後有封禪碑土人目曰囤碑以其石圓八出如米廩云字畫奇古歲久多磨滅訪得舊刻以今文寫之前缺廿六字之（缺三字）亏兹格于上下光被八幽蠉飛蝡動無不歸仁是故（缺十四字）略（缺七字）上尊（缺廿七字）靡不遑假民用丕作於（缺一字）丞相（缺一字）奉迎（缺六字）率禮備儀（缺十九字）宮（缺廿四字）所臨非徊西巡遂基大宮王燭（缺三字）澤（缺一字）清萬民子來不日（缺六字）延頸跂足（缺二字）來庭柔服以仁（缺四字）日昃不暇（缺一字）觀六經旁貫百家思該道根數世陵遲大繇未光闓立東觀（缺二字）言建論墳典采詢微聞窮神極化無幽不闡舉逸遣侒寬罪宥刑尊道尚功嘉善矜弱哀賤愍凶（缺二字）朽枯上天感應（缺五字）踐祚初升特發神夢膺受籙圖玉璽啟自神匱神人指授金冊青玉符者四日月抱戴老人星見者一十有七五帝瑞氣黃旗紫蓋覆被宮闕顯著牛斗者一十有九麟鳳龜龍銜圖負書三十有九青蛇白虎丹鸞鳳魚鳥二十有二白虎白麞白鹿白兔三十有七白雉白烏白鵲白鳩一十有九赤烏赤雀二十有四白雀白鸞二十有七神魚吐書白鯉騰船者二靈絮神蠶彌被原野者三嘉禾秀穎甘露凝液六十有五殊幹連理六百八十有三明月大珠璧流離三十有六大貝餘貾餘泉七十有五大寶神璧水青穀三十有八玉燕（缺字）玉羊玉鳩者三寶鼎神鍾神盆夏祝神鬲三十有六

石室山石閭石印石羊（缺三字）石（缺二字）天讖彰石鏡光一十有七神（缺一字）頌歌廟靈（缺二字）者三（缺一字）石（缺二字）湖澤門通應讖合謠者五神（缺二字）僮靈母神女告徵表祥者三十有七靈夢啟讖神人授書著驗（缺二字）者十祕記讖文玉版紀眞者（缺一字）玉刀玉印文采光發者八（缺二字）玉琯玉璜玉環玉鉤玉稱殊輝異色者三十有三玉尊玉盌玉盤玉罌清潔光朗者九孔子河伯子胥王（缺一字）宣言天平地成天子出東門鄂者四大賢司馬微虞翻推步圖緯甄匱啟緘發事興運會者二其餘飛行之類植生之倫希古所覯命世殊奇不在瑞命之篇者不可稱而數也於是旃蒙協洽之歲月次陬訾之口日惟重光

大淵獻行年所值寔惟茲歲帝出乎震因易寔書遂受上天玉璽文曰吳眞皇帝玉質青黃解理洞徹拜受祗懲夙夜惟寅夫大德宜報大命宜彰乃以柔兆涒灘之歲欽若上天月正革元郊天祭地紀號天璽寔彰明命於是丞相沇大尉璆大司徒燮大司空朝執金吾脩城門校尉歆屯騎校尉悌尚書令忠尚書昬直晃昌國史瑩覈等僉以爲天道元默以瑞表眞今衆瑞畢至四表納貢幽荒百蠻浮海慕化九垓八埏罔不被澤率按典繇宜先行禪禮紀勒天命遂於吳興國山之陰告祭刊石以對揚乾命廣報坤德副慰天下喁喁之望焉中書東觀令史立信中郎將臣蘇建所其文大篆言符瑞初

無可取故備錄之以見皓之亡有自矣

韓退之南溪詩據張籍祭文葢絕筆於此當時同集者賈島集中有同韓侍郎泛南溪詩籍詩云坐有賈秀才葢島也二公寔同爲此遊二集可互見

周禮鼓人以雷鼓鼓神祀靈鼓鼓社祭路鼓鼓鬼享鼖鼓鼓軍事鼛鼓鼓役事晉鼓鼓金奏鄭氏注云雷鼓八面鼓也靈鼓六面鼓也路鼓四面鼓也鼖鼓兩面鼓也鼛晉鼓不言幾面則一面無疑矣故樂府用其說乃作一鼓而八出或六出四出不惟不能考擊所謂兩面者但以兩頭有革者便爲兩面則鼛晉與鼖鼓無別矣陳祥道禮書釋云八面六面四面猶言八枚六枚四枚按周禮韗人爲皐陶鼓長八尺鼓四尺中圍加三之一謂之鼖鼓爲皐鼓長尋有四尺鼓四尺倨句磬折鄭司農云鼓四尺謂面四尺司農去周不遠其言當有所據不應前後自異則八面六面四面兩面從可知矣皐有磬折之勢而禮家反不以此爲據何耶

古有九州秦漢分置郡縣東漢志仍以九州總之唐改郡爲州統以十二道使至本朝多仍唐舊有一州而四名者如會稽郡名越州名紹興府名鎭東軍額有一郡而三名者如吳郡名蘇州名軍與府名皆曰平江有一郡而二名者如毗陵郡又曰常州之類是也又有名交互而難別者如潁州曰順昌府許州曰潁昌府之類

祖宗時三衙軍兵每年揀汰下諸郡養老皆優其祿諸郡亦得以守倉庫紹興中沿江大屯倣此淳熙間劉邦翰侍郎乞秖汰在本軍給半糧自是諸軍始有老弱之人而親戚亦多遂有食不足之嘆

紹興甲寅乙卯間劉麟導虜南侵其時車駕駐平江有趙九齡者策士也請決淮西水以灌虜營朝廷不能用已而韓世忠得虜酋約戰書曰聞江南欲決淮西水以浸吾軍書到之明日虜實退師當時但以爲卻敵之功殊不知九齡之力爲多

唐制起居郞起居舍人在紫宸內閣則夾香案立殿下直第二螭首和墨濡筆皆即坳處時號螭頭所謂螭首

者益殿陛間壓階石上鐫鑿之飾今僧寺佛殿多有之
或云唐殿多於陛之四角出石螭首不應史云殿下第
二螭首也
唐三司使有三凡鞫獄以尚書侍郎與御史中丞大理
卿爲三司使中葉以後有三司使總戶部鹽鐵度支皇
太子監國則詹事左右庶子亦號三司使
唐書志道士女冠僧尼見天子必拜今之不拜未知起
自何時
儀制宰臣使相出使到闕百官城外相見賛請對拜前
期差知班申如不判請不集字即申三省及報百官元
祐元年四月文潞以致仕官不敢依儀制有旨特許書
判
國朝例崇政殿試舉人景福殿考覆自熙寧後以逐殿
增置內帑庫屋難以就置幕次遂移於集英殿見哲宗
御集
唐國子祭酒李涪刊誤云短書出晉宋兵革之際時國
禁書疏非弔喪問疾不得行尺牘故羲之書云死罪是
違制令故事也啟事論兵皆短而緘之貴易於隱藏
故事百官入朝並乘馬政和三年十二月十一日以雪
滑特許暫乘車轎不得入宮門候路通依常制自渡江
後方乘轎迄今不改
建炎中興張韓劉岳爲將人自爲法當時有張家軍韓
家軍之語四帥之中韓岳兵尤精常時於軍中角其勇
健者令爲之籍每旗頭押隊闕於所籍中又角其勇力
出衆者爲之將副有闕則於諸隊旗頭押隊內取之別
置親隨軍謂之背嵬悉於四等人內角其優者補之一
入背嵬諸軍統制而下與之亢禮犒賞異常勇健無比
凡有堅敵遣背嵬軍無有不破者見范參政致能說燕
北人呼酒瓶爲嵬大將之酒瓶必令親信人負之范嘗
使燕見道中人有負罌者則指云此背嵬也故韓兵用
以名軍嵬即罌北人語訛故云韓軍訛用字耳
朱勔之父朱沖者吳中常賣人方言以微細物博易於
鄉市中自唱曰常賣一日至虎丘主僧聽其聲甚驚出
觀之但見憩於廊廡下延之設茶語以它日必貴自是
主僧頗周給之其子勔有幹材蔡太師憩平江沖攜以
見蔡因得出入門下被使令再入相京屬童貫以軍功
補官遂取吳中水窠以進并以工巧之物輸上方就平
江爲應奉局百工技藝皆役之間以金珠爲器分遺後
宮宮人皆德之譽言日聞遂取太湖巧石大者尋丈皆
進至闕下又令發運司津置謂之花石綱勔與其子汝
賢得以自恣每還吳中輒自稱降御香張錦帆郡縣官
鼓吹以迎之勔所衣錦袍云前徽宗嘗以手撫之繡御
手于袍上宣和乙巳秋降香過泗州官吏迎見汝賢傳
指揮到城中相見及至亭遍名又云承宣歇息久之再

逼曰睡著矣是冬金人入寇勔父子以小舟東下不敢見人人亦不往見旬日間京師權貴與內侍來者頗多往往皁衣衫行於市又數日傳云上皇已在發運衙人初不信但見坐船一泊於河步緋幕張於船前問之果然又數日乘馬方至街上皁衣人益多所聞貴倖皆在焉童貫亦坐帳中續又鬧高球於南山把隘時徽宗幸發運衙城上亭觀漁又旬日始移幸浙中都人下者愈眾方全虜已過城南京遣兵來侍衛虜退師後上皇還京師往來皆親至泗州塔下燒香施僧伽鉢盂袈裟至親書於僧伽之身初普照寺大半為神霄宮至是經御筆畫圖以半還之寺僧皆歡喜鼓舞方上皇初至已將

寺之緊要屋退還及回所還益多道流盡拆去窗戶之屬及再還併所拆悉取去道流觖氣矣至靖康初勔等始被行遣籍入其家云

當塗當水陸之衝素無城壁建炎三年八月中得旨剏築時先公為呂丞相辟督其役儒林郎當塗令鍾大方朝散郎知蕪湖縣周方將朝散郎繁昌丞趙士亰主簿夫儒林郎司理參軍王儔都壕寨欲以閏八月五日興工七月二十九日賊劉麟犯城十一月十八日金人渡江遂併力興築凡役夫一萬餘人用夜义任木等五十餘萬條城成周六里半零六十五步高三丈門樓靴城馬面敵樓悉備開壕闊十二丈深二丈四年正月旦賊盧進領兵據蕪湖　二月邵青張琪踵至七月崔增圍閉一十七日至紹興元年五月十六日青領單德忠孫立魏義階在驅眾數萬駕大小戰艦數千直入姑溪河布兵圍城劄硬寨開河水以浸堤掘斷援路地方二百里發火焚民居掠鄉民三千餘人沿江採青薪疊慢道二賊首執刀秤驅逼稍緩即斬首以屍壘路一日與城平下瞰城中射火箭燒樓櫓執孕婦十有二人至城下剖腹取胎以卜自十七日至二十七日晝夜攻擊攻擊不息用雲梯三梢五梢大砲百餘座天橋對樓鵞車洞子四面填壕志在必得先公召募長槍敢死士下城四壁劫寨乘東風急發火燒賊壘慢道風猛火盛延燒賊砲鵞車洞子雲梯賊救援不暇驅強壯無殘疾鄉人衣以錦繡巾裹擁至江口剖腹取心欲祭轉西風反燒樓櫓官軍劫中賊寨連夜接戰殺死賊兵不計其數頭項賊首往往中箭砲搬歸及相度得姑溪河水面高於賊營遂於二十六夜募軍民下城決河水勢湍急渰浸賊寨計窮遂於二十七日申時拔寨順流而去凡守禦十有二日是時先公中流矢得歸朝人參議馬觀國萬金良劑即裹創巡城士氣鼓作卒保一城生聚

台州臨海縣章安祥符寺法堂上有高廟御坐寺僧師顏年八十餘矣能言東巡事云時年方十四事倍講主建炎三年十二月二十六日民間讙言天子航海東來

泊金鰲山下二十八日平明有十六人皆以戰袍步自金鰲入寺有黃領者坐頃之問寺有素食否時方修歲儀乃取炊餅五枚以進之食其三已又食其半悟講主復擷園蔬芼以薑鹽進之聞有旨取一內人乃借民間小竹輿乘之以來立語良久復令登舟晚遂復幸金鰲凡留十四日始航海幸永嘉又留四十五日復航海幸金鰲又留八日忽聞六軍皆呼萬歲提書至也於是航海由四明還紹興李正民侍郎乘桴錄云己酉十二月五日車駕至四明十五日大雨遂登舟至定海十九日至昌國縣二十六日移舟之溫台自是連日南風舟行雖穩而日僅行數十里二十九日歲除庚戌正月二日北風稍勁晚泊台州港三日早至章安知台州晁公爲來上幸祥符寺從官迎拜於道左是日得餘杭把隘官陳彥報人馬至縣迎擊乃退六日得張俊奏云二十八日二十九日正月二日凡三遇敵殺傷相當八日張思正奏云張浚出兵擊退虜騎十四日張浚自台州來十八日移舟離章安十九日晚雷雨又作二十日泊青嶼門二十一日泊溫州港國史載此事皆在四年正月與顏言不合然今歲儀皆開歲乃修則顏所記誤耶　金鰲益一獨峯坡陁鬱茂若鰲背然正與柵浦相對兩涘之間畧辨牛馬東看海門雲飛波翻渺然無際山頂有善際寺與夫祥符塔院紹興三十二年始賜額先是有人題詩云牡蠣灘頭一艇橫夕陽多處待潮生與君不負登臨約同向金鰲背上行及高廟覽之以爲詩讖求其人不可得矣御坐一竹椅寺僧今別造以黃蒙之壁間有詩云黃帽當年駕舳艫東浮鯨海出三吳中興事業風波惡好作君王坐右圖不著姓氏

宣和中陝右人發地得木簡于瓮字皆章草朽敗不可詮次得此檄云永初二年六月丁未朔廿日丙寅得車騎將軍莫府文書上郡屬國都尉二千石守丞廷義縣令三水十月丁未到府受印綬發夫討畔羌急急如律令馬四十匹驢二百頭日給內侍梁師成得之以入石未幾梁卒石簡俱亡故見者殊鮮吳思道親睹梁爵故賦其祕古堂云異錦千囊更妙好中有玉奩藏漢草榮次新吳出也得其模本示余按章草今在世益少唯急就章見在并諸帖所傳耳然急就轉模失眞愈遠官帖章草皇象索靖等書與張芸叟所珍鶬雀賦又率是贗作黃長睿已嘗辨於東觀餘論然則此檄當爲今章草第一也米元章淮鱗帖卷內稱章草乃章奏之章今攷之既用於檄則理容槩施於章奏蓋小學家流由古以降日趨於簡便故大篆變小篆小篆變隸比其久也復以隸爲繁則章奏文移悉以章草從事亦自然之勢故雖曰草而隸筆仍在良由去隸未遠故也右軍作草猶是其典型故不務爲冗筆逮張旭懷素輩出則此法埽

地矣但檄文討羌歲月與史不合此史誤無疑黃長叡已詳辨不復述急急如律令漢之公移常語猶今云符到奉行張天師漢人故承用之而道家遂得祖述

史記龜筴傳孔子曰日爲德而君天下辱於三足之烏月爲刑而相佐見食於蝦蟇盧仝月蝕詩蓋用此事淮南子堯時十日並出堯命羿仰射中其九日日中九烏皆死又山海經黑齒之北曰暘谷居水中有扶木九日居下枝一日居上枝皆載烏春秋元命苞云陽成於三故日中有三足烏

清微子服飾變古錄云燕脂紂製以紅藍汁凝而爲之官賜宮人塗之號爲桃花粉藍地水淸合之色鮮至唐頰進貢后妃得賜曰燕脂崔豹古今注云燕支葉似薊花似蒲公出西方土人以染名燕支中國亦爲紅藍以染粉爲婦人色謂爲燕支粉今人以重絳爲燕支非燕支花所染也燕支花自爲紅藍耳舊謂赤白之間爲紅即今所爲紅藍也西河舊事云失我祁連嶺使我六畜不蕃息失我焉支山使我婦女無顏色北方有焉支山山多紅藍北人採以染緋取其英鮮者作燕脂本草紅藍花堪作燕脂生梁漢及西域一名黃藍博物志云黃藍張騫所得今滄衛亦種近世人多種之收其花俟乾以染帛色鮮於茜謂之眞紅亦曰乾紅目其草曰紅花以染帛之餘爲燕支乾草初漬則色黃故又爲黃藍也

史記貨殖傳若千畝卮茜徐廣注云卮音支鮮支也茜音倩一名紅藍其花染繒赤黃也又知今之紅花乃古之茜而今之茜又謂之烏紅係用蘇方木棗木染成則非古之茜矣

江海之有潮辰刻不移昔人嘗論之山海經則以爲海鰌出入穴之度浮屠書以爲神龍之變化竇叔蒙海嶠志以爲水隨月之盈虧盧肇海賦以謂日出於海衝擊而成王充論衡以謂水者地之血脈隨氣進退獨徐叔明傳墨卿高麗錄云天包水水承地而一元之氣升降於大空之中地乘水力以自持且與元氣升降互爲抑揚而人不覺亦猶坐於船中者不知船之自運也方其氣升而地浮則海水溢上而爲潮及其氣降而地沉則海水縮下而爲汐計日十二辰由子至巳其氣爲陽而陽之氣又自有升降以運乎晝由午至亥其氣爲陰而陰之氣又自有升降以運乎夜一晝夜合陰陽之氣凡再升再降故一日之間潮汐皆再焉然晝夜之晷繫乎日升降之數應乎月日臨於子則陽氣始升月臨乎午則陰氣始升故夜潮之期月則臨子晝潮之期月皆臨午焉又日行遲月行速應遲二十九度半而月行及之日月之會謂之合朔故月朔之夜潮日亦臨子月朔之晝潮日亦臨午焉且晝即上天而言之天體西轉日月東行自朔而往月速漸東至午漸遲東而潮亦應之以

遲於晝故晝潮自朔後迭差而入於夜此所以一日午時二日午未三日未時四日未末五日申時六日申末七日酉時八日酉末夜即海下而言之天體東轉日月西行自朔而往月速漸西至子漸遲西而潮亦應之以遲於夜故夜潮自朔後迭差而入於晝此所以一日子時二日子末三日丑時四日丑末五日寅時六日寅末七日卯時八日卯末九日加以時有交變氣有盛衰而潮之所至亦因之爲大小當卯酉之月則陰陽之交也氣以交而盛出故潮之大也異於餘月當朔望之後則天地之變也氣以變而盛出故潮之大也異於餘日

世目狀元第二人爲傍眼第三人爲探花郎秦中歲時記云期集謝恩了從此使著披袋篋子騾從等仍於曲江點檢從物無得有闕闕即罰錢便於亭子小宴召小科頭同一作國樂至暮而散次即杏園初宴謂之探花宴便差定先輩二人少俊者爲兩街探花使若他人折得花卉先開牡丹芍藥來者即各有罰

雲麓漫鈔卷第七終

雲麓漫鈔卷第八

雲麓趙彦衛景安

余外舅家收柳公權親筆啟草二紙皆小楷字僅盈分而結體遒媚意態舒遠有壽文之勢紙長不過七寸廣亦如之及中興重典秘省賀方回之子首以獻書得官秦太師付以搜訪遺逸外舅之兄張公觀言以所得託賀納之秦府秦進之上方張自待次虔州瑞金簿易監文思院其季復以所得投之中人引秦事爲證亦歸於天上獨外舅兩啟尚存云上翰林柳學士璪某謬至顯榮皆承闕乏昨者璽書慰勉蘭省遷超雖上意欲壯於軍威在外臣轉深於官謗此皆學士曲垂奬會潛爲扶持繼音容於北風爲主人於東道況兼姻媾早接清華推魏公感外家之情用何氏奉諸姨之敬念深外妹亦愛愚夫不然則安得道已隔而分更敦官轉尊而志愈下藏之不忘佩以彌芳思奉冰霜邈同雲漢仰計亘霄路於高閣隔人烟於禁垣嘯傲霞高從容日近閒揮綵筆時弄紫泥益彰叔則鸞鶴之姿轉映王恭神仙之狀便當乘風浩氣濯弄瑤池秉陰陽之鑪鞴天地之橐籥異時獲賜今日先知瞻望風猷常在魂夢某再拜又侍郎頡頏重霄騰凌迴漢刻名仙館絕跡人寰潤飾洪猷承迎中旨金莖瑞露雲表先嘗玉輦靈桃窗間暗識方茲獨步誰敢爭衡況藝奮神工時推妙翰鳳鸞異態

龍虎殊姿白首何人墨池誰子後生是畏前聖有言若非思與神凝韻無俗累則安能致兹遒逸迢彼等夷窮鍾蔡之楷模入王羊之閫域往者韋相公嘗謂侍郎能以書諫者今則行執陶鈞坐登台輔終提一筆以絕百僚後命之來延頸而俟某素無勳效叨濫寵榮一授藩垣兩遷官秩猶以處牀操扇粗識孤虛跨馬彎弓未為遲暮誓將丹懇以奉休明所冀侍郎猥錄孤微終垂庇遇使其晚節無媿平生下情云云前輩俱跋為柳筆然非柳亦不能造此但啟中有筆諫之語豈它人上柳啟柳自書之耶當有辨之者

近世行狀墓誌家傳皆出於門生故吏之手往往文過

其寔人多喜之率與正史不合如近日蜀本東都故事趙普傳與正史迥然如兩人正史幾可廢前輩嘗以邵氏聞見錄與石林避暑燕居錄等以歲月參之皆不合汪彥章集有題陳文惠公遺事後云文惠陳公之相仁祖每內批夜下不過十刻一日夜分有御封至公不啟封來日袖進曰今中宮虛位張貴妃有寵恐姦人附會請正母儀非出陛下本意也仁祖首肯曰姑置之貴妃卽進冊温成皇后也當時墓碑不敢書公之曾孫袞始錄以示人按李氏長編辨此事云文惠公以景祐四年拜相寶元元年三月罷温成以康定元年十月自侍御選才人距文惠罷相凡三年餘雖當時已被寵幸不應諫臣便有正位中宮之請汪所見袞說非事實也其它往往類此

漢刺史以八月巡行所部歲盡詣京師奏事不言所處之地唐戴叔倫撫州刺史廳壁記云漢置十三郡刺史以察舉天下非法通籍殿中乘傳奏事居靡定處權不牧人其言必有據又江西節度觀察判官壁記云開元二十年四方都會之州各置採訪使以總覆四按察之任使臣有土自此始也乾元二年天下聚兵罷採訪而加防禦尋代之以專征而討逆伐叛則以節度主之其間復置觀察而悉與三使並唐書載建置頗不詳故併記之

唐之舉人先藉當世顯人以姓名達之主司然後以所業投獻踰數日又投謂之温卷如幽怪錄傳奇等皆是也蓋此等文備衆體可以見史才詩筆議論至進士則多以詩為贄今有唐詩數百種行於世者是也王荊公取而刪為唐百家詩或云荊公當刪取時用紙帖出付筆吏而吏憚於巨篇易以四韻或二韻詩公不復再看余嘗取諸家詩觀之不惟大篇多不佳餘皆一時草課以為贄皆非其得意所為故雖富而猥弱今人不會考究而妄譏刺前輩可不謹哉

本朝之文循五代之舊多駢儷之詞楊文公始為西崑體穆伯長六一先生以古文倡學者宗之王荊公為新

經說文推明義理之學兼莊老之說洎至崇觀黜史學而中興悉有禁專以孔孟爲師淳熙中尙蘇氏文多宏放紹熙尙程氏曰洛學

景祐元年四月間上謂宰臣曰近年以來陰陽不順抵氣乖舛此必應天之道有未合于天心而違於人意者宜推明咎徵之本臣僚上言早歲陳彭年等定中外醮儀列聖祖天尊在北極之上伏緣北極大帝總領萬物主宰中極而聖祖司命眞君因薦尊號躋居紫微帝君之上既定位非順自茲天下郡縣多致災傷伏望重行詳定禮院詳定當院與道衆參詳天下道觀聖祖每遇醮設於本殿供獻則聖祖天尊及六位仙官即與衆眞

各無相妨仍別用靑詞奏告如無聖祖殿處即別設醮位爲便從之後道士欲得山聖祖雜於其間以重其教復合之自渡江後朝廷作醮亦從其說老氏之教本以淸虛淡泊爲本五千文不可易也故竇太后漢文帝用之皆能治國外又有方士神仙家祠官太祝與夫後學導引靑符呪水史記皆以家名初未嘗合也秦皇漢武始好神仙方士祠祀始有觀始皇曰我慕眞人自謂眞人不稱朕乃令咸陽旁二百里內宮觀二百七十復道相通於此候神仙漢武故事於上林作飛廉觀高四十丈長安作桂觀益壽館以候神人猶未居道士元帝被疾遠求方士漢中送道士王仲都能忍寒遂即昆明觀處仲都故自後道士所居曰觀六朝多曰館亦武帝故事後魏嵩山道士寇謙之修張道陵之術以其教太冷淡無所得自言遇老子降授以辟穀輕身之法及科戒二十卷崔浩師事之始合爲一已見通鑑唐置崇元學專奉老氏配以莊列道家者流以謂天地未判有元始天尊爲祖氣次有道君以闡其端老子以明其道老子乃李氏之祖取郊祀配天之義以尊之號曰三淸然未嘗殿而祀之至本朝更定醮儀設上九位失於詳究以昊上帝列於周柱史之下故在景祐有此施行謂宜倣效景祐之制少變之奉三淸於殿以爲教門之祖若醮則祭昊天上帝於壇以爲百神之宗庶不失崇敬之義

亦唐崇元學之舊醮議當更爲奏章之制而去其邀迎之僭庶景貺來臨矣

姓氏後世不復別但曰姓某氏雖史筆亦然按史記帝紀注引春秋左氏無駭卒羽父請謚與族公問族於衆仲對曰天子建德因生以賜姓胙之土而命之氏諸侯以字爲謚因以爲族官有世功則有官族邑亦如之公命以字爲展氏注者云天子賜姓命氏諸侯命族族者氏之別名也姓者所以統繫百世使不別也氏者所以別子孫之所自出解春秋者云因生以賜姓者謂若舜之嬀禹之姒伯夷之姜是已胙之土而命之氏者若舜之有虞禹之有夏伯夷之有呂是已於字則叔牙季友

展無駭臧僖伯是已於謚則文武成宣宋戴惡衛齊惡是已氏於官則司馬司徒之類是已氏於邑則韓魏趙是已詳此諸侯既命於天子爲某公侯則是命之氏諸侯位卑不得賜姓其有以王父及以字爲氏或以官以邑既無土可分則姓與氏無別注史記者所以有族者姓之別名之語姓者統百世如周姓姬氏所以別子孫如魯衛毛聃邗晉應韓之分又春秋之時諸侯之子爲大夫則稱公子孫則稱公孫公孫之子與異姓之臣未賜族而身爲大夫則稱名無駭俠之類是也已賜族而使之世爲大夫則稱族如仲孫叔孫季孫之類是也此諸侯不得命氏而得命族之例也從可知矣若夫易云

黃帝堯舜氏作堯舜雖非姓氏既是天子當一代稱曰堯舜氏義亦通此又不拘姓氏之例也

後漢徐穉孺子傳云家貧常自耕稼非其力不食恭儉禮遜所居服其德屢辟公府不起時陳蕃爲豫章太守以禮請爲功曹穉既謁而退蕃在郡不接賓客唯穉來特設一榻去則收之及陳蕃傳不書此事卻云蕃爲樂安太守郡人周璆高潔之士前後郡守招命莫肯至唯蕃能致焉字而不名時爲置一榻去則收之璆字孟玉臨濟人有美名而司馬溫公通鑑亦秪書徐穉事不及周故周璆之名益不顯細考之葢陳蕃能尊敬賢士爲豫章太守則下徐孺之榻爲樂安太守則下周璆之榻范曄不能發明之耳

正月旦日世俗皆飲屠蘇酒自幼及長或寫屠穌千金方屠穌亦不知何義按梁宗懍荆楚歲時記云是日進椒栢酒飲桃湯服卻鬼元敷於散次第從小起注云以過臘日故崔寔月令過臘一日謂之小歲又云小歲則用之漢朝元正則行之晉世葢漢嘗以十月爲歲首也又云敷於散卽胡洽方之許山赤散並有斤兩則知敷于音訛轉爲屠蘇小歲訛而爲自小起云

自東京至女眞所謂御寨行程東京四十五里至封丘縣皆望北行四十五里至胙城縣腰頓四十五里至渡河沙店四十五里至滑州館二十五里至濬州七十里

至湯陰縣腰頓三十五里至相州安陽館六十里至磁州滏陽驛腰頓七十里至邯鄲縣館四十里至臨洺鎮七十里至信德府邢臺驛三十五里至皇甫村驛栢鄉縣五十里至趙州平棘驛一百里至眞定驛六十里至新樂縣五十里至中山驛五十里至望都縣七十里至保州金臺驛四十里至梁臺驛三十里至固城五十里至馬村鋪五十里至涿州本道館六十里至良鄉縣六十里至燕京永平館始望東行六十里至潞縣九十里至三河縣七十里至薊州八十里至永濟務九十里至七箇嶺九十里至平州八十里至新安縣六十里至潤州自此皆沿海行四十里至遷州八十里至萊州八十

里至隰州八十里至淘河島八十里至胡家務八十里至新城八十里至梯已寨六十里至倉官寨三十里至廣寧府三十里至顯州五里至東館八十里至兎兒堝八十里至梁虞務六十里至遼河大口平津館七十三里至廣州廣平館復望北行七十里至瀋州樂郊館八十里至興州興平館五十里至銀銅館九十里至咸州咸平館三十里至宿州宿寧館八十里至賈道鋪懷方館四十里至楊八寨通遠館五十里至合叔孛堇鋪同風館三十里至義和館五十里至如歸館四十里至信州彰信館七十里至勝州來德館五十里至山寺鋪會方館五十里至威州威德館五十里至龍驥館六十里

至詳州常平館六十里至濱州混同館六十里至高平館四十里至同流館五十里至沒搭合孛堇來同館七十里至烏龍館三十里至虜寨號御寨今之使虜者止至燕未有至烏龍館者

長安圖元豐三年正月五日龍圖閣待制知永興軍府事汲郡呂公大防命戸曹劉景陽按視邠州觀察推官呂大臨檢定其法以隋都城大明宮並以二寸折一里城外取容不用折法大率以舊圖及韋述西京記為本參以諸書及遺迹考定太極大明興慶三宮用折地法不能盡容諸殿又爲別圖漢都城縱廣各十五里周六十五里十二門八街九陌城之南北曲折有南斗北斗之象未央長樂宮在其中未央在西直便門長樂在東直社門隋都城外郭縱十五里一百七十五步廣十八里百十五步周六十七里高一丈八尺東西南北各三門縱十一街橫十四街當皇城朱雀門南北九里一百七十五步縱十一街各廣百步皇城之南橫街十各廣四十七步皇城左右各橫街四三街各六十步一街直安福延喜門廣百步朱雀街之東市一坊五十五萬年治之街之西市一坊五十五長安治之坊之制皇城之南三十六坊各東西二門縱各三百五十步中十八坊廣各三百五十步外十八坊廣各四百五十步皇城之內共七十四坊各四門廣各六百五十步皇城左右之

南六坊縱各五百五十步北六坊縱各四百步市居二坊之地方各六百步四面街各廣百步面各二門皇城縱三里一百四十步廣五里一百一十五步周十七里一百五十步縱五街橫七街百司居之北附宮城南直朱雀門皆有大街各廣百步東西各二門南三門太極宮城廣四里縱二里四十步周十三里一百八十步高三丈五尺東一門西二門南六門北三門宮城之西有大安宮　唐大明宮城在苑內廣二里一百四十八步縱四里九十五步東北各一門南五門西二門禁苑廣二十七里縱三十里東一門南二門北五門西內苑廣四里縱二里四面各一門東內苑廣二百五十步縱四

里九十五步東一門　以渠道水入城者三一曰龍首
渠自城東南導滻至長樂坡釃爲二渠一北流入苑一經
通化門興慶宮由皇城入太極宮二曰永安渠導交水
自大安坊西街入城北流入苑注渭三曰淸明渠導坑
水自大安坊東街入城由皇城入太極宮城內有六高
岡橫列如乾之六爻初隋建都以九二置宮室九三處
百司九五不欲令民居乃置元都觀興善寺右漢隋唐
宮禁城邑之制而西京記云街東西各五十四坊六典
注兩市居其中四坊之地凡一百一十坊今除市居二
坊外各五十五坊當以六典注爲正又六典注土閣之
西延英李庾賦東則延英耽耽當以庾賦爲正又西京

記大興城南直子午谷今據子午谷乃漢城所直隋城
南直石鼈谷西又唐志大明宮縱一千八百步廣一千
八十步今寔計縱一千一百一十八步廣一千五百三
十五步此舊說之誤也唐高宗始營大明宮于丹鳳後
南開翊善永昌二坊各爲二外郭東北隅永福一坊築
入苑先天以後爲十六王內宅又高宗以隆慶坊爲興
慶宮附外郭爲複道自大明宮經過通化門磴道潛通
以達此宮謂之夾城又制永嘉坊西百步入宮外郭東
南隅一坊始建都城以地高不便隔在郭外爲芙蓉園
引黃渠水注之號曲江明皇增築興慶宮夾城直至芙
蓉園又武宗於宣政殿東北築臺曰望仙今人誤以爲

蓬萊山武宗又修未央宮爲通光亭宣宗修憲宗遺迹
於夾城中開便門自芙蓉園北入至靑龍寺俗號新開
門自門至寺開敎化以北四坊各爲二此遷改之異也
大抵唐多仍隋舊故吕公愛其制度之密而傷唐人冐
襲史氏沒其寔遂刻而爲圖故誌之
漢以司徒司馬司空爲宰相蓋六國時有此三卿漢採
用之但改司馬曰太尉殊不知周制天子六卿大國三
卿三卿蓋諸侯之制漢人祇採六國之舊而不知周家
天子故事失之矣
釋氏智論云天帝釋以大寶鏡照四大神洲察人善惡
正五九月照南贍部洲二六十月則照東三七十一月

則照西四八十二月則照北唐太宗崇其敎故正五九
月禁食葷百官不支羊錢迄今不改陰陽家襲其說不
知其義乃曰臣下屬商而本朝以火德故臣下避之其
法始於唐唐以土德豈亦有所避耶
郭公元邁字英遠其先籍開封自高祖知白仕於吳因
家焉英遠少孤能自立政和初由鄉貢入上庠宣和中
上舍及高宗駐蹕維揚英遠隨駕免省時募使虜通兩
宮者闔人魏行可請行英遠亦慨然上表感動天聽補
右武大夫和州團練使爲之副旣次河朔子弟皆泣下
英遠曰吾有尺紙付汝到家可啟封後開緘首云出疆
當艱棘時尤難保其全身已許國何暇有二而已旣至

貽書虜帥黏罕反覆論辨用兵利害乞歸二聖旋被拘留紹興壬戌忠宣洪尚書歸自虜奏王倫與公以身殉國詞極剴切既而朱公弁亦以使事還乃言在燕及宜州時與英達倡酬攜其親染詩文數篇以歸屬對警拔翰墨精妙誠可寶奉使張公卲自軍前回有奏劄云自靖康迄於建炎使於虜而不返者數人若陳過庭聶昌司馬朴滕茂實崔縱魏行可郭元邁臣嘗有請於彼乞挈崔縱魏行可之櫬以歸命下發遣而魏行可之櫬有挈之往中京者乃不果而崔縱之櫬金人付臣護之而來謹置之臨安府城內妙行寺乞賜檢舉特與卹典訪其親而官助葬之又張早自建炎二年七月二十日自

建康被聖旨差充奉使崔尚書下都轄於當年八月二十三日入界經一十三年還闕有畫一奏狀一項向來節次天之生此民也可以元之所以然者皆去二十日以次奉使侍郎司馬朴見在眞定府樞密宇文虛中一行人見在會寧府尚書洪皓見在幽州混同江之東王涉左丞私第教導子弟尚書崔縱於宜州身亡副使郭元明見在宜州侍郎魏行可於興中府身亡副使郭元邁尚書張卲副使楊憲并官屬崔淵等並在宜州已上奉使官吏並不髡頭換官郭初離闕許補五資恩澤已得其三云

尚書至于岱宗柴又柴望大告武成柴雖祭名考之禮焚柴泰壇周禮升烟燔牲首則是祭前焚柴升烟皆求神之義因爲祭名後世轉文不焚柴而燒香當於迎神之前用鑪炭爇之近人多崇釋氏蓋西方出香釋氏動輒燒香取其淸淨故作法事則焚香誦呪道家亦燒香解穢與吾教極不同今人祀夫子祭社稷於迎神之後奠幣之前三上香禮家無之郡邑或用之

韓絅字子禮父盈胄祖蹈知荆南曾祖公彥之紹興八年任潭州判官上書論和議之非知州李昭祖得其副本申於朝廷得上旨韓絅小官動搖國是降官編管循州告詞云守臣坐汝之罪來上及到貶所又爲將官韓京所招舉家死

雲麓漫鈔卷第八終

雲麓漫鈔卷第九

雲麓趙彦衛景安

朱雀元武青龍白虎爲四方之神祥符間避聖祖諱始改元武爲眞武元冥爲眞冥元枵爲眞枵元戈爲眞戈後興醴泉觀得龜蛇道士以爲眞武現繪其像爲北方之神被髪黑衣仗劍蹈龜蛇從者執黑旗自後奉祀益嚴加號鎭天佑聖或以爲金虜之讖

今人呼洗爲砂鑼又曰廝鑼凡國朝賜契丹西夏使人皆用此語究其說軍行不暇持洗以鑼代之又中原人以擊鑼爲篩鑼今南方亦有言之者篩沙音相近篩之爲廝又小轉也書傳目養馬者爲廝以所執之鑼爲洗

曰廝鑼軍中以鑼爲洗正如秦漢用刁斗可以警夜又可以炊飯取其便耳

世傳遁甲書甲既不可隱何取名爲遁及讀漢郎中鄭固碑有云逡遁退讓遁卽循字葢古字少借用非獨此一碑也則知遁甲當云循甲言以六甲循環推數故也

秦越絶書隋經籍志云子貢作其書雜記秦漢事疑後人所傳羼內載春申君李園事史記戰國策列女傳不載女嬛之名僅見於此其策畫始終皆出女嬛尤爲異也至書烈王死後李園相春申君方封於吳又立其子爲假君皆與史記國策不合

自浙江東南溪行而溪水淺澀湍急深五七寸碎石作底小者如彈大者不過盆椀齒齒無數五色可愛行三五步一灘卽四邊或上流有擁起碎石或如堆阜或如堤堰水勢噴激怒如瀑而舟人所用器特與他舟異篙用竹加鐵鑽又有肩篙拐篙皆用木加拐如到書某字於其上每遇灘磧卽舟師足踏檣竿手執篙仰臥空中撐舟忽翻身落舟上覆面向水急撐謂之身擲篙舟師每呼肩篙頭篙轉身篙搶篙諸人卽齊聲和曰嗷嗷諸人皆齊力急撐所謂肩篙者覆面向水用肩撐所謂頭篙者覆面向水用頭撐轉篙者自身左移舟右轉轉身篙者或仰面卽覆面覆面卽仰面云搶篙者舟尾有穴每諸篙出水卽一人急用一大木挺搶船尾葢恐舟復

下也一舟復數人自水車挽水深處亦不過膝自處之靑田至溫州行石中水旣湍急必欲令舟屈曲蛇行以避石不然則碎溺爲害故土人有紙船鐵梢工之語言寄命於舟師也厥惟艱哉

近世官中行遣多用勸勉二字考之經其說有二謂之勸則不出於自然而已樂爲之謂之勉則出於不得已而人强勉之故詩言勸以義則勸非出於自然詩言勉其夫以正則勉非出於得已

世俗歲將除鄉人相率爲儺俚語謂之打野胡按論語鄉人儺朝服立於阼階注大儺驅逐疫鬼也亦呼野雲戲今人又訛耳

永安諸陵皆東南地穹西北地垂東南有山西北無山角音所利如此七陵皆在嵩少之北洛水之南雖有岡阜不甚高互爲形勢自永安縣西坡上觀安昌熙三陵在平川栢林如織萬安山來朝遥揖嵩少三陵栢林相接地平如掌計一百一十三頃方二十里云今紹興欑宮朝向正與永安諸陵相似蓋取其協於音利有上皇山新婦尖隆祐欑宮正在其下

崑崙一作崐崘禹本紀崑崙高二千五百餘里日月所相避隱爲光明也其上有醴泉華池河圖云崑崙天中柱氣上通天水經云崑崙虛在西北去嵩高五萬里天地之中也其高萬一千里河水出其東北陬爾雅云西

北之美者有崑崙之璆琳琅玕焉又曰三成爲邱注云崑崙山三重故以名昔人引山海經西海之南流沙之濱赤水之後黑水之前有大山名崑崙之邱其下有弱水之淵環之又曰鍾山西六百里有崑崙山所出五水今按山海經內崑崙虛在西北帝之下都方八百里高萬仞山有木禾面有九折以玉爲檻面有五門門有開明獸守之百神之所在郭璞曰此自別有小崑崙也淮南子曰崑崙虛中有增城九重有木禾珠樹玉樹璇樹不死樹在其西沙棠琅玕在其東絳樹在其南碧樹瑶樹在其北十洲記云崑陵即崑崙中狹上廣故曰崑崙山有三角其一角正東名曰崑崙宮其處有積金爲墉

城面方千里城上安金臺五所玉樓十二神異經云崑崙有銅柱焉其高入天所謂天柱也圍三千里圓周如削下有回屋仙人九府所居又一說云大五嶽者中嶽崑崙在九海中爲天地心神仙所居五帝所理博雅云崑崙虛赤水出東南陬河水出其東北陬洋水出其西北陬弱水出其西南陬河水之入東海三水入南海張騫渡西海至大秦大秦之西烏遲國烏國之西復有海西海之濱有小崑崙高萬仞方八百里援神契曰河水上應天河山海經崑崙山有青河白河黃河黑河環其墟其白水出東北陬向東南流爲中國河爾雅曰河出崑崙虛色白渠凡千七百所色黃百里一小曲千里一

大曲淮南子河出崑崙貫渤海入禹所導積石也水經云崑崙三仞下曰樊桐一名板桐二曰元圃一名閬風上層城一名天庭淮南又云元圃閬風樊桐在崑崙閶闔之中東漢明帝永平十七年十一月遣奉車都尉竇固駙馬都尉耿秉騎都尉劉張出燉煌崑崙塞擊破白水虜於蒲類海上唐章懷太子注謂崑崙山名因以爲塞在今肅州酒泉縣西南山有崑崙之體故名之周穆王見西王母於此山有石室王母臺則又知周穆王西遊初不出中國云凡諸書云崑崙悉注於此

古之聖王諱世皆不知避有一時暴起與僭僞之主至今諱而不改者如昭穆本作招穆讀以晉文帝諱改呼

韶城避朱梁諱改曰州如東都州南州北州是也戊字本作茂讀亦以李唐諱改云武或曰務浙人避錢氏諱改劉爲金果有石榴呼曰金罌江東人以楊行密諱呼蜜爲蜂糖太一十神有君基民基避唐明皇諱改作棊至今不改本草有薯蕷避唐代宗諱改云薯藥避英宗諱又改爲山藥則與薯蕷似不相干今當云山蕷可也

虙子賤或寫作宓子賤按顏氏家訓虙字從虍宓字從宀下必俱爲孔子弟子宓子賤卽虙羲之後俗字以爲宓或宓加山子賤碑云濟南伏生卽子賤之後是知虙之與伏古來通用誤以爲密

說文羿帝嚳時射官山海經云堯時十日並出堯命羿

射其九商書曰有窮后羿則羿是射官世有其人非一人也

東坡先生既得自便以建中靖國元年六月還次京口時章子厚丞相有海康之行其子援尚留京口以書抵先生某惶恐再拜端明尚書台座某伏聞旌旆還自南越揚舲江海躡屐嶺嶠執事者良苦數歲以來艱險備至殆昔人之所未嘗非天將降大任者豈易堪此竊惟達人大觀俯仰陳迹無復可言不審卽日尊體動止何似伏念某離違門墻於今九年一日三月何可數計傳聞車馬之音當歡欣鼓舞迎勞行色以致其積年慕戀引領舉足崎嶇瞻望之誠今乃不然近緣老親重被罪譴憂深慮切忘寢與食始聞後命方在浙東卽欲便道省覲又顧幼穉須攜挈致之所居今暫抵此治任裹糧旦暮遂行交親往來一切皆廢此則自儕於衆人宜其所以未獲進見者某於門下豈敢用此爲解舍館定然後求見長者是爲有罪況於不克見者乎逡巡猶豫事爲老親固當審思耳邇來聞諸道路之言士大夫日夜望尚書進陪國論今也使某得見豈得泊然無意哉尚書固聖時之蓍龜竊將就執事者穆卜而聽命焉南海之濱下潦上霧毒氣薰蒸執事者親所經歷於今回想必當可畏況以益高之年齒髮尤衰涉乎此境豈不惴惴但念老親性疎豁不護短內省過咎仰藏於上恩庶

有以自寬節飲食親藥物粗可僥倖歲月不然者借使小有浩懣之情悴於胸次憂思鬱結易以傷氣加以瘴癘則朝夕幾殆何可忍言況復爲淹久計哉每慮及此肝膽摧落是以不勝犬馬之情子私其父日夜覬幸今聖上慈仁哀矜耆老沛然發不世之恩詔稍弛罪罟尚得東歸田里保養垂年此微賤之禱悲傷涕泣斯須顚沛不能忘也儻問焉而執事者以爲未然使某也將何以爲懷誠不若勿卜而徒自然庶幾之爲愈也儻以爲可覬也固愚情所欲鬭然而旬數之間尚書奉尺一還朝廷登廊廟地親責重所忖度者幸而既中又不若今日之不克見可以遠迹避嫌杜讒慝之機思患而預防

之爲善也若乃思世故多端紛紜轇轕雖彌日信宿未
可盡剖勃鞮所謂君其知之矣寧須多言獨恨九年之
間學不益博文不益進以此負門下然古人有聞之而
不言能之而不爲存之而不論者竊嘗留意焉未若面
得之也請俟它日仰叩緒餘論不勝拳拳之情敢言之
執事者伏惟財幸暑溽異甚伏望保護寢興萬萬珍重
不宣某惶恐再拜先生得書大喜顧謂其子叔黨曰斯
文司馬子長之流也命從者伸楮和墨書以答之某頓
首致平學士某自儀眞得暑毒困臥如昏醉中到京口自
太守以下皆不能見茫然不知致平在此辱書乃漸醒
悟伏讀來教感嘆不已某與丞相定交四十餘年雖中

間出處稍異交情固無增損也聞其高年寄跡海隅此
懷可知但已往者更說何益惟論其未然者而已主上
至仁至信草木豚魚所知也建中靖國之意又恃以安
海康風土不甚惡寒熱皆適中舶到時四方物多有若
昆仲先於閩客廣舟中準備家常要用藥百千去自治
之餘亦可及鄰里鄉黨又丞相知養內外丹久矣所以
未成者正坐大用故也今茲閑放正宜成此然可自內
養丹切不可外服物也某在海外曾作續養生論一首
甚願寫寄病困未能到毗陵定疊檢獲當錄呈也所云
穆卜反究繹必是誤聽紛紛見及已多矣得安此行爲
幸幸更徐聽其審又見今病狀死生未可必自半月來

日食米不半合見食卽先飽今且歸毗陵聊自欺此我
里庶幾且少休不卽死書至此困憊放筆太息而已某
頓首再拜致平學士閣下六月十四日此紙乃一揮筆
勢翩翩後又寫白朮方今在其孫洽教授君處旣歸宜
興七月疾革折簡錢世雄云徑山老惟琳來問疾有偈
云扁舟駕蘭陵目換舊風日君家有天人雌雄雜讙語
我口答文殊千里來問疾若以偈相答霜桂皆笑出先
生答云云蓋與惟琳世雄問答而終乃二十八日也今
刊行先生年譜不載此以補闕文云先生集中有答致
平書而章書人多不曾見故不能曉其答意元祐三年
先生知舉時致平爲舉子初致平之文法荊公旣見先

生知舉爲文皆法坡遂爲第一逮揭榜方知子厚子
靑箱雜記載南唐徐鉉至義興讀漢太尉許馘碑其陰
有八字云談馬礪畢王田數七莫曉其指鉉以黃絹幼
婦語意求之云此謂許碑重立也義興字犯本朝熙陵
嫌名改宜興予家先塋在焉屢訪許碑不可得邑人張
駒千里云今縣治之南有數叢冢形製特大圖經以爲
許氏墓上有一碑字似漢蔡平子墓銘篆體首云司隸
夫人劉氏山陰人自後爲韻語漫滅不可讀所謂太尉
碑則不復可見矣紹興丙子冬過頤山訪故人邵子門
有殘碑云舟行許氏墓側見有此石居民以爲浣帛之
具意謂人所棄而不有者戲取以歸家水洗而讀之雖

首尾不足知其爲識碑也其文云歷司農衛尉太僕遂登太尉所謂司農夫人者其識之配乎碑敘官爵若永樂少府悉漢代所有字古隸與今文相錯舊隸漫處則以今文足之疑後人不忍磨去舊文以今文刻於漫處所謂許碑重立也因模取墨本跋其後以遺邵子使之知寶此石無使後復有如子者負之而邀云

彭祭酒學校馳聲善破經義每有難題人多請破之無不曲當後在兩省同寮嘗戲之請破月子彎彎照幾州幾家歡樂幾家愁彭停思久之云運於上者無遠近之殊形於下者有悲歡之異人益嘆伏此兩句乃吳中舟師之歌每於更闌月夜操舟蕩槳抑遏其詞而歌之聲

甚悽怨唐人有詩云徙倚仙居凭翠樓分明宮漏靜兼秋長安一夜家家月幾處笙歌幾處愁蓋行於時具載於下歲時記云是章孝標製與此意同

公孫賀爲丞相其子敬聲爲太僕驕奢不奉法擅用北軍錢千九百萬貫時詔捕陽陵大俠朱安世甚急賀自請逐捕安世以贖敬聲上許之且索一豪民亭長之責至煩丞相親捕上守盜賊至於千九百萬貫以搏一匹夫便得贖漢綱可謂闊疏矣至武帝以後則不然也

周禮五家爲比使之相保五比爲閭使之相受四閭爲族使之相葬五族爲黨使之相救五黨爲州使之相賙五州爲鄉使之相賓又五人爲伍五伍爲兩四兩爲卒五卒爲旅五旅爲師五師爲軍又均土地以稽人民而周知其數上地家七人可任也者家三人中地家六人可任也者二家五人下地家五人可任也者家二人又井牧其田野九夫爲井四井爲邑四邑爲丘四丘爲甸四甸爲縣四縣爲都又司馬法六尺爲步步百爲畮畮百爲夫夫三爲屋屋三爲井井十爲通通出匹馬三十家士一人徒二人通十爲成成百井三百家革車一乘士十人徒二十人十成爲終終千井三千家革車十乘士百人徒二百人十終爲同同方百里萬井三萬家革車百乘士千人徒二千人其制若不同又且煩碎學者多不考蓋比閭之法所以保養斯民相生相養使隣里

各有恩義秦漢間但令有罪相糾而風俗壞矣欲行三代之政則比閭之法不可不講卒伍之法以起軍旅以作田役以比追胥以令貢賦此卽後世保伍之法逐捕盜賊是也均土地稽人民此言民數大約四家計口二十有四人其堪任使者十八凡一井八家爲堪任使者二十八可見周家役民不窮其力井田之制四井爲邑四邑爲丘四丘爲甸丘十六井甸六十四井也知方百里者孟子曰方里而井計之則邑方二里丘方四里甸方八里也名爲甸之意以其居一成之中成方十里匠人云成方十里此言四丘爲甸甸與成其實一也鄭解成爲甸表裏之意其出兵車一乘故謂之甸甸乘也十

里爲成成間廣八尺深八尺謂之洫是當甸在其中旁一里以治洫故注云方十里爲成成中容一甸方八里出田稅緣邊一里治洫不稅論語注井十爲通通十爲成成出革車一乘是據成方十里出車一乘也成元年左傳服注引司馬法云四邑爲邛邛十六井出戎馬一匹牛三頭是曰匹馬三牛四邛爲甸甸六十四井出長轂一乘馬四匹牛十二頭甲士三人步卒七十二人戎楯備且謂之乘馬是據甸方八里出車一乘也二者事得相通故各據一焉若然成出兵車一乘爲七十五人耳而少康有田一成有衆一旅成方十里九百夫之田也授民田有不易一易再易通率二而當一有四百五

十人矣其中上地差多則得容五百人也其出兵夫家不盡行故一車士卒惟七十五人少康言衆一旅蓋盡舉大衆故與出賦異也司馬法乃言興賦之數據前項民數一井八家可任使者二十人今六十四井爲五百十有二家其堪役通一千二百八十人而籍於司馬之法者纔七十有五人蓋四百七十家有餘只賦兵二十五人耳司馬法又有炊家子廄巷衣裝樵汲二十五人當出外又法晦百爲夫至徒二千人此言徵調之數據前項兵籍四邑爲邛邛十六井今云十井爲通促零就整以十起數耳田制八家爲井起算兵制十人爲什起算各從其宜非有損益也比閭亦以整數四邛爲甸凡

六十四井其籍七十有五今十通爲成加前一邛三十六井之地爲百井八百家是謂二百八十八家其兵亦當添一甲有零只調三十人蓋四分常兵之數而徵發其一故八百家止言三百家番休者常五百家也積數凡百井八百家得爲丁四千八百人堪任使者二千人二十分二千之一有奇爲一百人有奇又四分百人之一強止發三十人耳百里千里皆然車馬亦然自邛備一乘乘四馬但賦一馬積四邛爲甸凡四甸方賦一乘故促十六井爲一通出一馬後加百井爲一成出一車亦無增減甸言徒七十二人甲士三人成言七十八人徒二十八人蓋調特差擇宜爲士者居多也

雲麓漫鈔卷第九終

雲麓漫鈔卷第十

雲麓趙彥衛景安

能改齋漫錄記問亦博矣第一卷書佛法乃引列子商太宰答問之語曰西方有聖者焉不治而不亂不言而自信不化而自行蕩蕩乎民無能名焉以謂佛法原天地之始夫列禦寇之書與莊子皆宗老氏多寓言列子多非舊文前賢固言矣老氏之徒所云西方謂西王母之類故周穆王西遊非佛之西方也佛之法入中國明注之史豈有為儒而信非聖之書反誣先哲耶今佛之書見在觀其入山修道蘆茅穿肘降魔驅鬼屬意空寂有所謂不治而不亂不言而自信不化而自行蕩蕩乎

與堯舜民無能名者乎借使其法果與天地並原則人類滅已久矣只此一事便見所學又言秦益公生日蜀人李善詩云無窮基有無窮問第一人為第一官其後言者以為過有旨禁之仍著令然前輩類多有之如荊公東坡皆有曾魯公張文定生日詩又載曾郎中獻秦十絕裴度只今稱聖相之句解云李義山韓碑詩帝得聖相相曰度蓋取晏子春秋仲尼魯之聖相也意以禁生日詩為非聖相為可稱其它詆訾前賢為不少又如詩人得句偶有相犯卽以為蹈襲及恃記博妄有穿鑿不暇一一論夷考其人姓吳名曾字虎臣撫州臨川人秦益公當軸時上所業得官紹興癸酉自敕局改右承奉郎主奉常簿為玉牒檢討官秦薨不敢出其第十九卷自稱不樂京局且不能委曲時好恐以罪去以此惑後人蓋癸酉歲正是秦興大獄追治賢士大夫時則必有以取媚致身清要宜乎取聖相而以禁生日為非釋氏之教與天地並原也

今三衙有殿帥馬帥步帥馬帥俗呼馬軍杜詩洗盞開嘗對馬軍唐已有此語

陶穀使越錢王因舉酒令曰白玉石碧波亭上迎仙客陶對曰口耳王聖明天子要錢塘宣政間林攄奉使契丹國中新為碧室云如中國之明堂伴使舉令曰白玉石天子建碧室林對曰口耳王聖人坐明堂伴使云奉

使不識字只有口耳壬卽無口耳王林詞窘罵之幾辱命彼之大臣云所爭非國事豈可以細故成隙遂備牒奏上朝廷一時為之降黜後以罵虜進用至中書侍郎

杜少陵故武衛將軍挽詞有曰赤羽千夫膳黃河十月冰脩可注云家語赤羽若日白羽若月千夫膳言所膳者千兵也師曰古詩云桃花亂落如紅雨赤雨言落葉也此章言將軍善舞劍及彎弧故曰舞劍過人絕鳴弓射獸能銛鋒行愜順猛噬失蹻騰赤羽千夫膳黃河十月冰橫行沙漠外神速至今稱則赤羽謂箭言弦不虛發發必得獸可以供千軍之膳苟如所注則不與下句對而意殊遠矣

漢尚書令僕丞郎月給隃麋墨大小二枚蕭子良答王僧虔書曰仲將之墨一點如漆又陸雲與兄書曰一日上三臺曹公藏石墨數十萬斤今送二螺不知隃麋石墨果何物爲之近世貴松烟取烟之遠者爲妙故江南李氏時有墨務官李廷珪等墨見存東坡時歐陽季默以油烟墨二遺坡謝以詩有云書窗拾輕煤佛帳掃餘馥辛勤破千夜收此一寸玉蓋是掃燈烟爲之邇來墨工以水槽盛水中列麄椀然以桐油上復覆以一椀專人掃煤和以牛膠揉成之其法甚快便謂之油烟或訝其太堅少以松節或漆油同取煤甚佳

唐房千里竹室記有云環堵所棲率用竹以結其四角植者爲柱楣撐者爲榱桷王元之竹樓記蓋其餘意予嘗至江上見竹屋截大竹長丈餘平破開去其節編之又以破開竹覆其縫脊簷則橫竹夾定下施窗戶與瓦屋無異西人又有板屋詩云在其版屋各從其土俗云

近日優人作雜班似雜劇而簡畧金虜官制有文班武班若醫卜倡優謂之雜班每宴集伶人進曰雜班上故流傳及此

陸羽別天下水味各立名品有石刻行於世列子云孔子言淄澠之合易牙能辨之易牙齊威公大夫淄澠二水易牙知其味威公不信數試皆驗陸羽豈得其遺意乎

古之祭墓與後世不同隨州有隨侯冢山形如飛鳳冢在其背於對山下築臺號爲祭墓臺至今人呼爲隨侯祭墓臺

汝陰王明清字仲言有揮麈錄云麈史亦其從祖王彥輔所撰則二書皆出一家彥輔多國史中事揮麈錄載張耆既貴嘗欲置酒邀禁從上許之既晝集羅幃翠幄稠疊繞圍繼以燭列屋蛾眉豪侈不可狀每數杯各少憩如是者三數暨至徹席出戶則云已再晝夜矣恐未必然蓋侍從官有朝殿每一次入局治事況人一夕不寢必困倦豈有兩晝夜而不覺朝廷爲之廢務殆幾於爛柯之說矣所以孟子有盡信書之嘆

今之民間所納夏秋二稅蓋唐大中間取一年諸色科斂最重者定爲二稅則諸色科斂已在其間後唐天成三年七月十三日勅應三京鄴都諸道州府鄉村人戶自今年七月後於夏秋田苗上每畝納麴錢伍文足陌一任造麴酒貨賣則是再增酒麴錢矣又置坊戶以三年爲界界滿必增錢實封投狀百日限滿拆封給價高人上戶增價攘奪洎其久也課高難辦又創萬戶酒之說將一坊酒額盡均苗頭上舊坊戶既有醞具其上戶亦有力造酒酤賣五等下戶白令出錢數且零細家至戶到貽害良農目今浙東湖北皆有斯弊悉緣達官慕愛民之虛名忘久遠之利病爲無窮之害予向在漢東

偶有為此舉力爭得免故書以告來者
古人多言阿字如秦皇阿房宮漢武阿嬌金屋晉尤甚阿戎阿連等語極多唐人號武后為阿武婆婦人無名以姓加阿字今之官府婦人供狀皆云阿王阿張蓋是承襲之舊云
王迥字子高族弟子立為蘇黃門壻故兄弟皆從二蘇遊子高後受學於荆公舊有周瓊姬事胡微之為作傳或用其傳作六么東坡復作芙蓉城詩以實其事迥後改名蘧字子開宅在江陰子襄居江陰常見其行狀著受學荆公甚詳紹興間其家盡裒東坡兄弟往來簡帖示人然散失亦多矣其孫寮以母宗女恩得右職常為

鎮江都統司機宜開其所得帖於都統司又有謝賜御書詩繡裳畫衮雲垂地者并表用絹朱界以寫之其自珍如此機宜公之外祖齊安郡王士褭取去為壽光堯今在天上矣
洞庭有山水之分吳中太湖內乃洞庭山產柑橘香味勝絕韋蘇州吳融王維蘇子美詩序皆指山為言楚之洞庭乃湖連亘數州邊湖亦產柑橘襄陽記李叔平敕子曰龍陽洲有千頭木奴龍陽洲在洞庭側旁張華云橘在湘水側劉瑾云寄生於南楚謝惠連甘賦傾子節兮湖之匯皆言湖邊初不指湖為言今湖南多云鼎甘亦此義洞庭名同其別如此

秦太師十客施全刺客郭知運逐客吳益嬌客朱希眞上客曹詠食客曹冠門客康伯可狎客又有莊客以及詞客湯鵬舉惡客施全乃殿前司軍校不憤和議以斬馬刀斲於街旁俟秦輿過害之賴亘傘兵執住伏誅郭臨安人登科以少俊選為孫壻秦每夕必留三杯郭多出久至中夜或它宿留門以俟秦嘗以佩刀分遺子壻一日宴集皆佩之而郭已遺人矣秦大怒適會其夜出令門者無納遂罷親吳常之宜興人門蔭為人純謹遂令繼郭改秩為臨安倅縣得次對秦薨以無實歷不得親民蔭補不行後得一子官晚還其致仕遺表恩朱希眞洛人以遺逸召既致仕復出多記中原事秦喜之秦

薨復歸嘉禾曹詠戚里與其子熹為姻家頗有才用事為戶部侍郎後安置新州曹婺之東陽人登甲科為秦門客不一歲躐進奉常簿中書檢正秦既敗追其科甲復還上舍後再登第難於入差遣有為之地者得僉幕荆門軍康伯可捷於歌詩及應用文為教坊應制秦每宴集必使為樂語詞曲湯金壇人本亦出秦門既薨攻之不遺餘力餘二人則忘之矣
翟公巽祭儀謂或祭於昏或祭於旦非是當以鬼宿渡河為候其意出於洞微志返魂香事是捨三代聖人之說取不根之言可乎
書序云伏生又以舜典合於堯典今觀史記載釐降二

女於嬀汭嬪於虞帝曰欽哉卽接慎徽五典此乃伏生本文葢二典堯舜事相連虞朝方成書故曰虞書則知今舜典孔安國所分無疑舜典曰虞舜側微堯聞之聰明將使嗣位歷試諸難作舜典曰若稽古帝舜重華協于帝濬哲文明温恭允塞元德升聞乃命以位皆依倣堯典文爲之詳味其文與堯典不類安國雖分爲二典卒不行於世隋始得於航頭遂與堯典並行史記多載尚書語不爲無補也經曰瞽子父頑母嚚象傲克諧以孝烝烝乂不格姦古文簡奧學者當於聖人分上體貼方見得舜葢舜有頑嚚之父母傲慢之弟而能盡孝曲意承順內則得其歡心外則使無犯於鄉曲盛德日著

堯聞之妻以二女卽後世尚主之意堯非不能召舜而留於帝室以舜有父母故又以二女嬪之家齊身正舉而加之上位孟子曰舜盡事親之道而瞽叟底豫瞽叟底豫而天下化此語得之豈復有浚井捐廩就時受杖等事此皆是將小夫賤隸事體貼聖人孟子又復書之何耶使其嫂果治棲所謂百官堯遣以隨主者主爲强暴攘畧百官烏得不以上聞而堯亦豈能但已也可發一笑史記多改尚書本文人疑之葢時未有訓詁曉者少故易從漢言耳自安國變隸古後人不復見古文時於史記見之

李太白詩吳姬壓酒喚客嘗說者以爲工在壓字上殊不知乃吳人方言耳至今酒家有旋壓酒子相待之語

青甆器皆云出自李王號秘色又曰出錢王今處之龍溪出者色粉青越乃艾色唐陸龜蒙有進越器詩云九秋風露越窰開奪得千峯翠色來好向中宵盛沆瀣共嵇中散鬭傳杯則知始於江南與錢王皆非也近臨安亦自燒之殊勝二處

醫書論人脈有寸關尺三部手掌後高骨下爲寸寸下爲關關下爲尺自高骨下至切寸脈指盡處得寸爲寸則是切尺脈指盡處上至中指尖豈非尺乎古人以身爲度故寓於脈以言之今醫家但屈中指以兩紋盡處爲寸或側手論夫長短雖不相遠至問尺寸何以名脈

則不能答

楚世爲强國以齊威公之霸與之爲敵謂之齊楚晉文公之霸亦與之爲敵謂之晉楚秦雄曰秦楚吳强曰吳楚自三代以來有國歷年可謂久矣其國方城以爲城漢水以爲池方城在唐汝之間則是鄧唐汝皆其北境鍾居巢爲東界及滅越至以徐沂爲東疆地亦可謂廣矣初熊繹都丹陽卽今枝江康爲勾亶王今江陵紅爲鄂王今武昌執疵爲越章王皆在江上文王熊貲始都郢今之郢州古號鄀郢昭王畏吳去郢北徙都東西葢屢遷矣

孟子曰惡紫之奪朱也葢朱與紫相亂久矣仁宗晚年

京師染紫變其色而加重先染作青徐以紫草加染謂之油紫後人指爲英宗紹統之讖已見王氏書自後只以重色爲紫色愈重人愈珍之與朱大不相類淳熙中北方染紫極鮮明中國亦效之目爲北紫蓋不先染青而以緋爲腳用紫草極少其寔復古之紫色而誠可奪朱按周禮義疏以朱湛丹秫三月末乃熾之卽以炊下湯淋所炊丹秫取其汁又爾雅一染謂之縓再染謂之竀三染謂之纁士冠有朱紘之文鄭云朱則四入是更以纁入赤汁則爲朱論語君子不以紺緅飾纁入赤汁則爲朱不入赤而入黑汁則爲紺更以此紺入黑則爲緅是五入爲緅也若更以此緅入黑汁則爲元是六入

爲元也更以此元入黑汁則七入爲緇矣則知古之朱赤汁染之紫與朱寔相去不多今之淺紫其近之矣

文士輕薄不顧理道有甚害義者孔平仲雜說載陳侗陳汝羲同在禮院爲博士職掌宗室輒祭每一次得絹五十四見一老宗室在朝路指視曰此輒材也我當得之二八相爭它日見有聯騎造朝者則又曰此皆輒材也我當得之豈有活人遽欲得財而願其死仁人固如是乎宗籍凡袒免以上賜名受官有親兄弟名士揭士芑士昆士緌者乃寓不典之言於其間又有矢之緌之亦此義也其他令誅令鯀等不可槩舉後又取怪僻字但欲爲戲笑致於撰字行尤當致思使與國姓無妨如不字連國姓固不美矣故皆以惡字綴之不衰等是也然不亦訓甚詩曰不顯文王言甚顯文王則不衰爲甚衰得乎高宗行實爲不字而孝宗從別派入近又撰與字若字必字亦非可連國姓人無言者不獨此耳徽宗書閣曰敷文取帝乃誕敷文德舞干羽於兩階七旬有苗格以寓譏誚其刻薄不遜如此

林高閭人擢第終屯田郞中子槩亦擢第爲集賢校理入儒學傳終於京師妻黃氏攜其孤扶護將歸葬閩道出姑蘇時蔣公侍郞堂知姑蘇二子長子希次子旦方年十二三贄文上謁蔣大奇之留姑蘇給以戴城橋官屋後號孺學坊爲葬二櫬於寶華山蔣公遣其子與二

林讀希字子言後爲樞密旦亦爲從官蔣之子卽之奇字穎叔亦爲樞密子言昆弟六人希旦紹顏並登科遂爲姑蘇人

本朝自收諸鎭之權令朝臣知其州事提刑轉運以糾察之而兵寔無總之者紹聖二年置師府兼兵馬鈐轄大觀二年又帶馬步軍都總管宣和元年改鈐轄爲安撫使雖帶此職而沿襲寔不復可否事靖康召兵卒無應者紹興以後其權始重四川尙帶鈐轄乾道間嘗差總管至與師臣爭坐位蓋法制不一也又如都督府太宗朝降制罷之今又不曉見唐時有此號妄寫某州大都督府尤見不知故事

本朝有糧料院貟署料字平聲解云量也按乃是量度每月合支糧食之處作側聲呼非是蓋俚俗以馬食爲馬料誤矣

名年始於漢武往往皆寓美意或記一時盛事唐德宗時思繼先烈曰貞元蓋欲法貞觀開元也若本朝改隆興取建隆紹興之義或云趙稔曾用之改乾道又改純熙詩曰時純熙矣有言純勞作屯不可用復改淳熙取淳化雍熙紹熙則法紹興純熙慶元法慶歷元祐開禧則取開寶天禧矣

溧陽縣有東漢潘長史校官碑或疑其爲校官字按范曄漢書永平十年閏月甲午南巡狩幸南陽祠章陵日北至又祠舊宅禮畢召校官弟子作雅樂奏鹿鳴帝自御塤篪和之樂嘉賓則東漢郷縣有校官矣

國朝進士累舉不第者限年許赴特奏名號爲恩科在漢初平三年九月甲午試儒生四十餘人上第賜位郎中次太子舍人下第者罷之詔令耆儒年踰六十云離本土營求糧資不得專業結童入學白首空歸長委農野永絕榮望其依科罷者聽爲太子舍人即今之恩科也詳此又知唐制大凡補官爲大理評事著作佐郎郎中之類當時以爲官稱不理事别有兼守判知之官則知漢補郎中太子舍人亦不領事以此爲官名耳不然郎中舍人何其冗也

晉書有載記其名蓋始於班孟堅東漢史顯宗時有人上書告固私作國史召詣秘書郎除蘭臺令史與前睢陽令陳宗長陵令尹敏司隸從事孟異共成世祖本紀遷爲郎典校秘書固又撰功臣平林新市公孫述事作列傳載記二十八篇奏之帝乃復使終成前所著書

白雲一也而有數義鄭子以秋官爲白雲類要云白雲司職人命是懸皆言官名也陶洪景詩山中何所有隴上多白雲只可自怡悅不堪持寄君肰景也狄人傑白雲孤飛曰吾親舍其下人以爲思親事梁瑄不歸環每見東南白雲即立望慘然久之復以爲思兄事白樂天詩清光莫獨占亦對白雲司蓋指秋雲言也

趙充國屯田事乃兵家計策不惟宣帝與漢庭諸公先零罕幵爲之惑班固亦不識其幾漢用兵皆調發於郡國千里行師遇虜輒北今罕幵等羌亦烏合充國知其不能久故欲以計挫之但云兵難隃度願至金城圖上方畧又曰明主可爲忠言兵當以全取勝及到彼但欲爲留屯計凡與漢庭往復論難者不過糧草多寡耳幾初不露也羌人見其設施出於所料之外度不可久留故輸款而退趙亦奏凱而還在邊不過自冬徂夏元不曾收得一粒穀想亦不曾下種不然五月穀將穗那肯留以遺羌邪學者不以時月攷之每語屯田必爲稱首可笑

東晉時有檢校御史專掌行馬外事以吳混爲之沿襲至唐有檢校官自三公三師左右僕射至水部郎十三階國朝因之官制行並省中興用武節度一轉即入開府儀同三司再轉爲少保以太速故又取未改官制檢校官置三公三少檢校官即檢點之義未與正官且令檢點其事故子美有園官檢校之語唐以前常言耳自爲官稱人不復云

問人之年若二十則曰弱冠蓋不習句讀將兩句作一句讀了禮曰人生十年曰幼學亦兩句讀論年則幼在禮則當學矣二十曰弱冠年雖弱在禮當冠矣三十始壯在禮當有室矣四十曰強而仕矣五十曰艾在禮則

服官政矣六十曰耆在禮可以指使人矣七十曰老而傳八十九十曰耄在禮不加刑矣皆當作兩句點今人並作一句點誤矣律文言黄幼丁實取此

見孫仲益尚書說東都秘閣建隆遺事載藝祖囑趙韓王事在前三二年寢疾時明日着灸乃省因賜器幣非是臨上仙時或移向後非元本又說實錄後來重修竄改失本意者多祥符間禁洗義倫本自後洗本難得今亦時見之可以參照

周人得夏后氏之鼎藏之太廟八百有餘歲矣周衰宋之社亡鼎淪入於泗水秦始皇滅周齊七日使萬人沒水求之不獲宋今南京泗今兗州遠矣蓋周人設詞以拒人之說正如楚子問鼎而答以九九八十一萬人可挽何涂而至之齊之事同秦不悟而力欲得之妄矣

唐八司馬皆天下奇才豈皆見識卑下而附於叔文蓋叔文雖小人欲誅宦官强王室特計出下下反爲所勝被禍耳善良皆不免當時有所拘忌不得不深誅而力詆之後人修書尚循其說似終不與爲善者非春秋之意也惟范文正公嘗畧及之八司馬庶乎氣稍伸矣

唐制縣令闕佐官攝令曰知縣事李翺任上部誌文云攝富平尉知縣事是也今差京官曰知縣差選人曰令與唐異矣又諸道判官資歷未至第曰簽書某軍節度判官廳公事今亦反之

紹興初陝西五路惟熙河曲端將兵二十萬時鄜延路安撫使王公庶忽承曲命來議事王委政路分兵官卜熬自將數十人到鄜延留月餘不得見其將官譚郎譚元猷尊人年少氣銳與衆言曰安撫過熙河不還我將迎之卜執不可譚自以二千騎行密得王帥所寓之地徑至其前王甚驚譚語其故且恐有它意王悟遂上馬徑回曲聞之亦不追王公歸而憾之未幾召爲樞密遂治曲反狀下獄以火逼殺之元猷弟說

紹興三十一年七月二十六日侵晨日出如在水而色淡而白中有二人一南一北南者色白北者色黑相與上下甚速至日中光彩射人以水照之祇見南白一人

餘不見是年十二月逆亮送死于淮南方悟黑人爲亮云

史記西門豹傳說河伯而楚辭亦有河伯詞則知古祭水神曰河伯自釋氏書入中土有龍王之說而河伯無聞矣

嘗編周孔訓子事爲圖目曰周孔家訓周公相成王而使其子伯禽代受封於魯周公戒伯禽曰我文王之子武王之弟成王之叔父我於天下亦不賤矣然我一沐三捉髮一飯三吐哺起以待士猶恐失天下之賢人子之魯愼無以國驕人　周公謂魯公曰君子不施其親不使大臣怨乎不以故舊無大故則不棄也無求備於一人　子獨立鯉趨而過庭曰學詩乎曰未也不學詩無以言鯉退而學詩他日又獨立鯉趨而過庭曰學禮乎曰未也不學禮無以立鯉退而學禮

今人多言故實史記魯世家作固家徐廣注一作故藝祖御筆用南人爲相殺諫官非吾子孫石刻在東京內中雖人才之出無定處然山東出相山西出將古亦有此語其後王荊公首變法呂惠卿蹇爲謀主章子厚蔡京蔡卞繼之卒致大亂聖言可謂如日矣渡江後士大夫不復言僅見於邵氏聞見錄及長編漢高祖謂王濞曰漢後五十年東南有亂豈汝耶聖人高見遠識固不可以小智測度也

雲麓漫鈔卷第十一

雲麓趙彦衛景安

辯易九六論

乾之爻皆九而坤六何也世之儒曰吾聞諸顥達曰陽尊得兼乎陰陰不得兼乎陽也他日予與董生言及易生曰吾聞諸畢中和云舉老而稱也請徵諸揲蓍夫端策者一變而逢少與歸奇而爲五再變而逢少與歸奇而爲四三變如之是老陽之數分揲乎指間者十有三策焉其餘三十有六四四而運之得九是已故易繫注云乾一爻三十六策也一變而遇多與歸奇而爲九再變而遇多與歸奇而爲八三變如之是老陰之數分揲乎指間者二十有五策焉其餘二十有四四四而運得六是已故易繫注云坤一爻二十四策也借如一變而遇少再變三變而遇多是少陽之數分揲乎指間者二十有一策其餘二十有八四四而運得七一變而遇多再變三變而遇少是少陰之數分揲乎指間者十有七策其餘三十有二四四而運得八故九與六爲老老爲變爻七與八爲少少爲定位故曰舉老而稱亦曰尙變而稱且夫筮爲坤者常遇八斯坤矣常遇六斯乾矣在左氏國語有之晉公子親筮之曰尙有晉國得貞屯悔豫皆八八非變爻故不曰有所之按坎二世而爲屯屯之六二爲世爻震一世而爲豫豫之初六爲世爻蓋屯

六二在坎則爲陽爻自震變豫則初六亦陽爻屯之二豫之初皆少陰不變斯非八乎卦由老數而舉曰六筮由蓍數故斥曰八在左氏春秋傳有之曰穆姜薨於東宮始往而筮之遇艮之八史曰是謂艮之隨夫艮䷳艮下艮上之隨震下兌上唯二不動斯遇八也餘五位皆九六故反焉筮法以少爲卦主變者五而定者一故以八爲占艮之六二曰艮其腓不拯其隨其心不快史以爲東宮實幽也遇此爲不利故從變爻而占苟以說於姜也何則卦以少爲主若定者五而變者一卽宜曰之某卦觀之否師之臨類是也變與定均卽決以內外今變者五定者一宜從少占懼不吉而更之故曰是謂艮之隨是

謂之云者苟以說故穆姜終死於東宮與艮會耳而杜元凱於此注以爲雜用三易故有遇八之云非臻極之理也劉子曰余與董生言六九之義信與理會爲不誣矣余又於左氏二書參焉若形影然而世人往往攘臂於其間曰生之名孰與潁達蓍邪而材孰與元凱賢邪歷載曠日未嘗有聞人明是說者雖余憤然用口舌爭特貎從者什一二焉嗟乎由數立文所如皆合昭昭乎若觀三辰其不晦也如此然猶貴聽而賤視斷斷然莫可更也矧無形之理不可見之道邪余獨悲而志之以俟夫後覺初董生言本畢中和中和本其師師之學本一行云

第一指餘一益三餘二益二餘三益一餘四益四

第二指餘一益二餘二益一餘三益四餘四益三

第三指與第二指同

右揲蓍數挂從下起指亦自下始第一指法地故益成偶第二法天故益成奇第三人極法天故同

第一指遇一益三并挂一爲五遇三遇二益二並同謂之少與一同

第二指遇一益二并挂一爲四

第三指遇一益二并挂一爲四

右三指俱遇少通計十三策其餘三十六策四四運之得九爲老陽故易繫云乾之策二百一十有六注云陽爻九一爻三十六策六爻二百一十有六

第一指遇四益四與挂一爲九

第二指遇四益三與挂一爲八遇三一同

第三指遇第二指同

右三指俱遇多通計二十五策其餘二十四策四四運之得六爲老陰故易繫云坤之策百四十有四謂陰爻六一爻二十四策六爻一百四十有四

第一指遇一益三并挂一爲五

第二指遇四益三并挂一爲八

第三指與第二指同

右初指少第二第三指多以少爲主通計二十一策其餘二十八策四四運之得七爲少陽

第一指（遇四益四并挂一為九）
第二指（遇一益二并挂一為四）
第三指（與第二指同）
右初指多第二第三指少以多為主通計一十七策其餘三十二策四四運之得八為少陰
第一指（遇少謂一二也並止於五）
第二指（遇多謂三四也並止於八）
第三指（又遇少謂一二也並止於四）
右初指少第二指多第三指又少以多為主通計一十七策其餘三十二策四四而運得八為少陰
第一指（遇多謂四也止於九）

第二指（又遇多謂三四也止於八）
第三指（遇少謂一也止於四）
右初指第二指並多第三指獨少以少為主通計二十一策其餘二十八策四四運之得七為少陽
第一指（遇少止於五）
第二指（又遇少止於四）
第三指（遇多止於八）
右初指二指並少三指獨多以多為主通計一十七策其餘三十二策四四運之得八為少陰
穆姜薨於東宮始往而筮之遇艮之八史曰是為艮之隨夫艮䷳（艮下艮上）之隨䷐（震下兌上）唯二爻不動餘五盡變變者遇九六也二不動者遇八也　晉公子親筮之曰尚有晉國得貞屯悔豫皆八夫屯䷂（震下坎上）六位盡不遇九六故不動既無所之即以世爻為占按屯是坎宮二世卦故以二為占則遇八夫豫䷏（坤下震上）是震宮一世卦以初六為占亦遇八韋昭於此注云内曰貞外曰悔震下坎上為屯坤下震上為豫言得此兩卦震在屯為貞在豫為悔八謂震兩陰爻在貞在悔皆不動所以筮史占之謂閉而不通者爻無為也乾之策二百一十有六（謂陽爻九一爻三十六策六爻當二百一十六言三十六者舉老陽也）坤之策一百四十有四（謂陰爻六一爻二十四策六爻當百四十有四言二十四者舉老陰也）凡三百有六十當朞之日二篇之策萬有一千五百二十當萬物

之數六十四卦都三百八十四爻陰陽相半各一百九十二爻
陽爻一爻三十六策合為六千九百一十二陰爻一爻二十四策合為四千六百八
右六九之數
一行大衍論云三變皆剛太陽之象也三變皆柔太陰之象也一剛二柔少陽之象也一柔二剛少陰之象也少陽之剛有始有壯有究少陰之柔有始有壯有究因綜四象之變而成八象焉八象之位而八卦之本列矣注云太陽始動施於太陰而生震象之七（謂少陽之七為震初九）再動於壯而生坎象之七（謂三索而得男也）、三動於究而生艮象之七（謂三索而得男也）太陰始動施於太陽而生巽象之八（謂少陰之八爲巽初六）再動於壯而生離象之八（謂再索而得女也）三動於究而生兌象之八（謂三索而得女也）是以九六七八分爲八象

右大衍論

國語又曰董因迎公於河公問焉曰吾其濟乎對曰臣筮之得泰之八曰是謂天地配亨小往大來今及之矣何不濟矣韋昭云泰三至五震象爲侯陰爻不動其數皆八與貞屯悔豫義同劉子曰昭此說用互體有震按董因之言天地配亨是六五帝乙歸妹以祉元吉之爻夫泰乾坤體全內外位正內爲身外爲事卜得國事也以外卦爲占六五居尊位故統論卦下辭小往大來爻遇歸妹故曰天地配亨何必取互體也

右白樂天與董生言易

易解（十八變而成卦八變而成小卦）

四營而一變三變而一爻六爻爲十八變也三變之餘四數之得九爲老陽得六爲老陰得七爲少陽得八爲少陰故乾之策二百一十有六坤之策百四十有四取老而言也凡九六爲老七八爲少其說未之聞也或曰陽極於九其次則七也極者爲老其次爲少則當老於十而少於八也曰陰不可加於陽故十不用猶當老於八而少於六也則又曰陽順而上其成數極於九陰逆而下其成數極於六自下而上陰陽均也稱于子午而壯于巳亥始於復姤而終於乾坤者陰猶陽也曷嘗有進陽而退陰與逆順之別乎且夫自然而然者天地且不能知而聖人豈得與於其間而制其予奪哉惟唐一行之學則不然以爲易固言之矣十有八變而成卦八卦而小成則十八變之間有八卦焉人莫之思也變之初有多少其一變也不五則九其二與三也不四則八八與九爲多五與四爲少多少奇耦之象也三變皆少則乾之象也乾所以爲老陽而四數其餘得九故以九名之三變皆多則坤之象也坤所以爲老陰而四數其餘得六故以六名之三變而少少者一則震坎艮之象也震坎艮所以爲少陽而四數其餘得七故以七名之三變而多多者一則巽離兌之象也巽離兌所以爲少陰而四數其餘得八故以八名之故七八九六四者因餘數以名陰陽而陰陽之所以爲老少者不在是而在乎三變之間八卦之象也此唐一行之學也

右東坡說

左傳筮卦

莊廿二年　初懿氏卜妻敬仲其妻占之曰吉是謂鳳凰于飛和鳴鏘鏘有嬀之後將育於姜五世其昌並於正卿八世之後莫之與京陳厲公蔡出也故蔡人殺五父而立之生敬仲其少也周史有以周易見陳侯者陳

侯使筮之遇觀䷓（坤下巽上）之否䷋（坤下乾上否觀六四變而爲否）曰是謂觀國之光利用賓於王（此周易觀卦六四爻辭易之爲書六爻皆有變又有互卦聖人隨其義而論之）此其代陳有國乎不在此其在異國非此其身在其子孫光遠而自他有耀者也坤土也巽風也乾天也風爲天於土上山也有山之材而照之以天光於是乎居土上故曰觀國之光利用賓於王庭實旅百奉之以玉帛天地之美具焉故曰利用賓於王猶有觀焉故曰其在後乎風行而著於土故曰其在異國乎若在異國必姜姓也姜太嶽之後也山嶽則配天物莫能兩大陳衰此其昌乎

閔元年　初畢萬筮仕於晉遇屯䷂（震下坎上屯）之比䷇（坤下坎上比屯初九變而爲比）辛廖占之曰吉屯固比入吉孰大焉其必蕃昌震爲土車從馬足居之兄長之母覆之衆歸之（坤爲衆）六體不易（初一爻變有此六義不可易也）合而能固安而能殺公侯之卦也公侯之子孫必復其始

閔二年　成季之將生也桓公使卜楚丘之父卜之曰男也其名曰友在公之右間於兩社爲公室輔季氏亡則魯不昌又筮之遇大有䷍（乾下離上大有）之乾䷀（乾下乾上大有六五變而爲純乾）曰同復於父敬如君所及生有文在其手曰友遂以命之

僖十五年　秦伯伐晉卜徒父筮之吉涉河侯車敗詰之對曰乃大吉也三敗必獲晉君其卦遇蠱䷑（巽下艮上）曰千乘三去三去之餘獲其雄狐夫狐蠱必其君也（於周易利涉大川往有事也亦秦勝晉之卦也今此所言蓋卜筮書雜辭以狐蠱爲君其義欲以喻晉惠公其象未聞）蠱之貞風也其悔山也歲云秋矣我落其實而取其材所以克也（周九月則夏之七月孟秋也艮爲山山有木今歲已秋風吹落山木之實則材爲人所取）實落材亡不敗何待三敗及韓

僖公四年　晉獻公欲以驪姬爲夫人卜之不吉筮之吉公曰從筮卜人曰筮短龜長不如從長且其繇曰專之渝攘公之羭一薰一蕕十年尚猶有臭必不可勿聽

僖公十五年　初晉獻公筮嫁伯姬於秦遇歸妹䷵（兌下震上歸妹）之睽䷥（兌上離上睽歸妹上六變而爲睽）史蘇占之曰不吉其繇曰士刲羊亦無衁也女承筐亦無貺也（周易歸妹上六爻辭也衁血也貺賜也刲羊士之功承筐女之上六無應所求不獲故下刲无血上承无寔不吉之象也離爲中女震爲長男故稱曰士女）西鄰責言不可償也歸妹之睽猶無相也震之離亦離之震（二卦變而氣相通）爲雷爲火爲嬴敗姬（嬴秦姓姬晉姓震爲雷離爲火火動熾而害其母女嫁反害其家之象故曰爲嬴敗姬）車說其輹火焚其旗不利行師敗於宗丘（車輹車下縛也丘猶邑也震爲車離爲火上六爻在震則無應故車脫輹在離則失位故火焚旗言皆失車火之用也車敗旗焚故不利行師火還害母故敗不出國近在宗邑）歸妹睽孤寇張之弧（此睽上九爻辭也處睽之極故曰睽孤失位孤絕故遇寇難而有弓矢之警皆不吉之象）姪其從姑（震爲木離爲火火從木生離爲震妹於火爲姑謂我姪者我謂之姑謂子圉質秦）六年其逋逃歸其國而棄其家明年其死於高梁之虛（惠公死之明年文公入殺懷公於高梁高梁晉地在平陽楊氏縣西南凡筮者用周易則其象可推非此而往則臨時占者或取于象或取于氣或取于時日旺相以成其占若盡附會以爻象則搆虛）

而不經故略言其歸趣他皆倣此 及惠公在秦曰先君若從史蘇之占吾不及此夫韓簡侍曰龜象也筮數也物生而後有象而後有滋滋而後有數先君之敗德及可數乎史蘇是占勿從何益 言龜以象示筮以數告象數相因而生然後有占占所以知吉凶不能變吉凶故先君敗德非由筮數所生雖復不從史蘇不能益禍 詩曰下民之孽匪降自天噂沓背憎職競由人

僖十七年 晉惠公之在梁也梁伯妻之梁嬴孕過期卜招父與其子卜之其子曰將生一男一女招曰然男為人臣女為人妾故名男曰圉女曰妾及子圉西質妾為宦女焉

僖公廿五年 秦伯師於河上將納王狐偃言於晉侯

曰求諸侯莫如勤王諸侯信之且大義也繼文之業而信宣於諸侯今為可矣使卜偃卜之曰吉遇黃帝戰於阪泉之兆公曰吾不堪也對曰周禮未改今之王古之帝也公曰筮之筮之遇大有䷍ 乾下離上大有 之睽䷥ 兌下離上睽大有九三變為睽 曰吉遇公用享于天子之卦 大有九三爻辭也三為三公而得位變而為兌兌為說得位而說故能為王所宴享 戰克而王饗吉孰大焉且是卦也 方更總言二卦之義不繫於一爻 天為澤以當日天子降心以逆公不亦可乎 乾為天兌為澤乾變為兌而上當離離為日日之在天垂曜在澤天子在上說心在下是降心逆公之象 大有去睽而復亦其所也 言去睽卦論大有亦有天子降心之象乾尊離卑降尊下卑亦其義也

宣六年 鄭公子曼滿與王子伯廖語欲為卿伯廖告人曰無德而貪其在周易豐䷶ 離下震上豐 之離䷝ 豐上六變而為純離也周易論變故雖不筮必以變言其義豐上六曰豐其屋蔀其家闚其戶闃其無人三歲不覿凶義取無德而大其屋不過三歲必滅亡 弗過之矣 不過三年 間一歲鄭人殺之

宣十二年 晉師救鄭及河聞鄭及楚平桓子欲還隨武子曰善彘子曰不可以中軍佐濟知莊子曰此師殆哉周易有之在師䷆ 坎下坤上師 之臨䷒ 兌下坤上臨師初六變而之臨 曰師出以律否臧凶執事順成為臧逆為否眾散為弱 坎為眾今變為兌兌柔弱 川壅為澤 坎為川今變為兌兌為澤是川見壅 有律以如已也 如從也法行則人從法法敗則法從人坎為法象今人眾則散為川則壅是失法之用從人之象 故曰律否臧且律竭也 竭敗也坎變為兌是法敗 盈而以竭夭且不整所以凶也 水遇夭塞不得整流則竭涸也 不行之謂臨 水變為澤乃成臨卦澤不行之物也 有帥而不從臨孰甚焉此之謂矣果遇必敗彘子尸之雖免而歸必有大咎

襄九年 穆姜薨於東宮始往而筮之遇艮之八䷳ 艮下艮上艮周禮大卜掌三易然則雜用連山歸藏周易二易皆以七八為占故言遇艮之八 史曰是謂艮之隨䷐ 震下兌上隨史疑古易遇八為不利故史以周易占變爻得隨卦而論之 隨其出也 史謂隨非閉固之卦 君必速出姜曰亡是於周易曰隨元亨利貞无咎 易筮皆以變者占遇一爻變義異則論彖故姜亦以彖為占也史據周易故指言周易以折之 元體之長也亨嘉之會也利義之和也貞事之幹也體仁足以長人嘉德足以合禮利物足以和義貞固足以幹事然故不可誣也是以雖隨无咎今我婦人而與於亂固在下位而有不仁不可謂元不靖國家不可

謂亨作而害身不可謂利弃位而姣不可謂貞有四德者隨而无咎我皆無之豈隨也哉我則取惡能無咎乎必死於此弗得出矣

襄公廿五年　齊棠公之妻東郭偃之姊也東郭偃臣崔武子棠公死偃御武子以弔焉見棠姜而美之使偃取之偃曰男女辨姓今君出自丁臣出自桓不可武子筮之遇困䷮（坎下兌上困）之大過䷛（巽下兌上大過困六三變爲大過）史皆曰吉（阿崔子）示陳文子文子曰夫從風（坎爲中男故曰夫變而爲巽故曰從風）風隕妻不可娶也（風能隕落物者變而隕落故曰妻不可娶）且其繇曰困於石據於蒺藜入於其宮不見其妻凶（困六三爻辭）困於石往不濟也（坎爲險爲水水之險者石不可以動）據於蒺藜所恃傷也（坎爲險兌爲澤澤之生物而險者蒺藜恃之則傷）入於其宮不見其妻凶無所歸也（易曰非所困而困名必辱非所據而據身必危既辱且危死其將至妻其可得見邪今卜昏而遇此非六三失位無應則喪其妻失所歸也）崔子曰嫠也何害先夫當之矣遂取之莊公通焉後崔子弑莊公

昭元年　晉侯求醫於秦秦伯使醫和視之曰疾不可爲也是謂近女室疾如蠱趙孟曰何謂蠱對曰淫溺惑亂之所生也於文皿蟲爲蠱穀之飛亦爲蠱在周易女惑男風落山謂之蠱䷑（巽下艮上蠱巽爲長女爲風艮爲少男爲山少男而說長女非匹故惑山木得風而落）皆同物也趙孟曰良醫也厚其禮而歸之

昭五年　初穆子之生也莊叔以周易筮之（莊叔穆子父得臣也）遇明夷䷣（離下坤上明夷）之謙䷎（艮下坤上謙明夷初九變爲謙）以示卜楚丘曰是將行而歸爲子祀以讒人入其名曰牛卒以餒死明夷日也（離爲日夷傷也日明傷）日之數十（甲至癸）故有十時亦當十位自王已下其二爲公其三爲卿（日中當王食時當公平旦當卿雞鳴爲士夜半爲皁人定爲輿黃昏爲隸日入爲僚晡時爲僕日昳爲臺隅中日出闕不在第尊王公曠其位）日上其中（日中盛明故以當王）食日爲二（公位）旦日爲三（卿位）明夷之謙明而未融其當旦乎（融明也離在坤下日在地中之象又變爲謙謙道卑退故曰明而未融日明未融故曰其當旦乎）故曰爲子祀（莊叔卿也卜豹爲卿故知爲子祀）日之謙當鳥故曰明夷於飛（離爲日爲鳥離變爲謙日光不足故當鳥鳥飛行故曰于飛）明而未融故曰垂其翼（於日爲未融於鳥爲垂翼）象日之動故曰君子於行（明夷初九得位有應君子象也在明傷之世居謙下之位故將避難而行）當三在旦故

曰三日不食（旦位在三又非食時故曰三日不食）離火也艮山也離爲火火焚山山敗（離艮合體故）於人爲言（艮爲言）敗言爲讒（爲離所焚故言敗）故曰有攸往主人有言言必讒也（離變爲艮故言有所往往而見燒故主人有言言而見敗故必讒言）純離爲牛（易離上離下離畜牝牛吉故言純離爲牛）世亂讒勝勝將適離故曰其名曰牛（離焚山則離勝譬世亂則讒勝山焚則離獨存故知名牛也豎牛非牝牛故不吉）謙不足飛不翔（謙道沖退故飛不遠翔）垂不峻翼不廣（峻高也翼垂下故不能廣遠）故曰其爲子後乎（不遠翔故知不遠去）吾子亞卿抑少不終（旦日正卿之位莊叔父子世爲亞卿位不足以終盡卦體蓋引而致之）

昭十二年　南蒯之將叛也枚筮之（不指其事泛卜吉凶）遇坤䷁之比䷇（坤下坤上坤坤下坎上比坤六五爻變）曰黃裳元吉（坤六五爻辭）以爲大吉也示子服惠伯曰卽欲有事何如惠伯曰吾

嘗學此矣忠信之事則可不然必敗外彊內溫忠也坎險故强坤順故溫强而能溫所以爲忠和以率貞信也水和而土安正和正信之本也故曰黃裳元吉黃中之色也裳下之飾也元善之長也中不忠不得其色下不共不得其飾事不善不得其極外內倡和爲忠率事以信爲共供養三德爲善非此三者弗當且夫易不可以占險將何事也且可飾乎中美能黃上美爲元下美則裳參成可筮猶有闕也筮雖吉未也

昭廿九年　史墨引周易言龍言眞龍

昭三十二年　史墨言季氏出其君曰君臣無常位自古以然在易卦雷乘乾曰大壯䷡乾下震上大壯震在乾上故曰雷乘乾天之道也乾爲天子震爲諸侯而在乾上君臣易位猶臣大强壯若天上有雷

哀九年　宋公伐鄭晉趙鞅卜救鄭遇水適火水火之兆占諸史趙史墨史龜史龜曰是謂沈陽可以興兵利以伐姜不利子商伐齊則可敵宋不吉史墨曰盈水名也子水位也趙鞅名盈宋姓子水盈坎乃行子姓又得北方水位名位敵不可干也炎帝爲火師神農有火瑞以火名官姜姓其後也水勝火伐姜則可史趙曰是謂如川之滿不可游也鄭方有罪不可救也救鄭則不吉不知其它陽虎以周易筮之遇泰䷊乾下坤上之需䷄乾下坎上需泰六五變曰宋方吉不可與也不可與戰泰六五曰帝乙歸妹以祉元吉帝乙紂父立爲天子故稱帝乙陰而得中有似王者嫁妹得如其願受福祿而吉大微子啓帝乙之元子也宋鄭甥舅也祉祿也若帝乙之元子歸妹而有吉祿我安得吉焉乃止

大衍之數五十其用四十有九

漢律歷志云數者一十百千萬也故曰紀於一協於十長於百大於千衍於萬又況天地之數五十有五虛其五故用五十京房謂五十者十日十二辰二十八宿凡五十也馬季長云易有太極太極生兩儀兩儀生日月日月生四時四時生五行五行生十二月十二月生二十四氣北辰居位不動其餘四十九運轉而用也且一十百千萬百居一十千萬之中分而取五十用之中之又中所以用五十也天數二十五地數三十五六天地之中數五五而二十五是天數二十五也五六三十是地數三十也又所謂一三五七九而備天數二十五也二四六八十而備地數三十也凡天地之數五十有五今而大衍之數五十虛其五是爲五十也五十之數其用四十有九者虛其一也虛其一者以況太極五猶人君端拱無爲百官効職焉

分而爲二以象兩

合同未分則用五十既虛其一則以四十九蓍分之於左右手也分之於左右以象兩儀兩儀者動儀靜儀天地是也一陰一陽之謂也

挂一以象三

先於天之左手分挂其一以象天地人之三才

揲之以四以象四時

以四數之以象四時也四數數之以包十十數莊子曰數者一二三四是也故天下之數不過十而甲子之有甲乙丙丁戊己庚辛壬癸之十日象焉

歸奇於扐以象閏

歸天手之奇於扐以象三年之一閏也堯典曰朞三百有六旬有六日是每歲餘六日也月之小盡又餘六日共成十二日故三年而一閏也

五歲再閏故再扐而後挂

又於地手逐四數之歸其餘數於扐以象五年之再閏也一年而剩六日又月之小盡六日共十二日也三年一閏外剩六日所以五年再閏而後挂者分挂之於一處也自大衍之數五十至再扐而後挂

今參之古今得簡易法

周蓍四十九莖

第一揲不五則九　第二揲不四則八

第三揲與第二揲同

三者俱少爲老陽爻重

謂初得五　次四　又四　餘三十六

兩少一多爲少陰爻拆

謂初得五　次八　又四　餘三十二

三者俱多爲老陰爻交

謂初得九　次八　又八　餘二十四

兩多一少爲少陽爻單

謂初得九　次八　又四　餘二十八

納甲例說并圖

甲乙丙丁戊己庚辛壬癸（一二三四五　六七八九十）

甲者五行之首六甲也乙丙丁戊己庚辛壬癸謂之十干寅卯辰巳午未申酉戌亥子丑謂之十二支干以十言之支以十二言之每支配干得五納者干支相配而納歸之爲五行也

八卦乾坤震坎艮巽離兌

乾坤納兩頭乾納甲與壬坤納乙與癸上下包之也配合而歸五行也其源出於八卦乾坤爲父母包括始終故乾甲坤乙乾壬坤癸包十干而無爲震庚壬而支子午葢有長子代乾之義巽辛干而支丑未葢有長女代坤之義坎戊干而支寅申離己干而支卯酉寅申卯酉者日月出入之門戶艮丙干而支辰戌故艮爲土之陽兌丁干而支巳亥故兌爲金之柔

納甲之法可以究天地生育之理乾納甲壬坤納乙癸上下包之也震巽坎離艮兌納庚辛戊己丙丁者六子生於乾坤之包中如物之處胎甲者左三剛爻交乾之氣也右三柔爻交坤之氣也乾之初爻交於坤生震故震之初爻納子午（以乾之初爻納子午也）中爻交於坤

生坎故坎初爻納寅申震納子午順轉寅申也上爻交於坤生艮故艮初爻納辰戌亦順轉也坤之初爻交於乾生巽故巽初爻納丑未以坤初爻納丑未也中爻交於乾生離故離初爻納卯酉以巽丑未逆轉卯酉也上爻交於乾生兌故兌初爻納巳亥亦逆轉也乾坤始於甲乙其次納丙丁終宜納庚辛今乃反此者卦必自下生所以先初爻次中爻終乃至上爻此易之敘亦胎育之理也物之處胎中莫不倒生自下而生者自然之理也又曰甲乙者十日之始也壬癸者十日之終也乾坤者易之門亦終始之理具焉故始於甲乙終於壬癸甲娶己而生庚乙娶戊而生辛庚辛長男長女也故以配震巽焉壬娶

丁而生戊癸娶丙而生己戊己中男中女也故以配坎離庚娶乙而生丙辛娶甲而生丁丙丁少男少女也故以配艮兌焉由乾坤而有震巽由甲乙而壬癸而有庚辛此其敘也

納甲圖

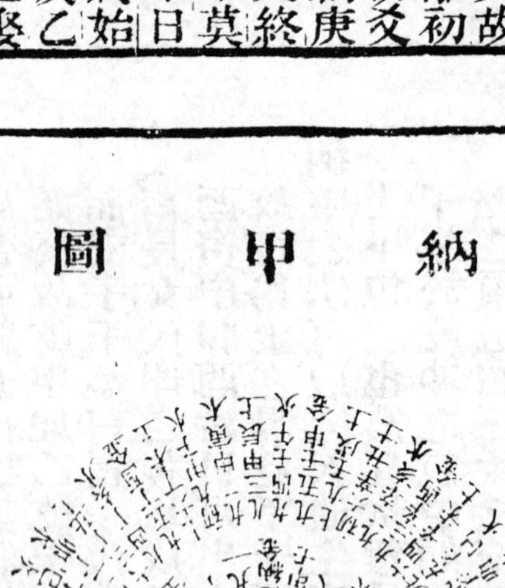

術家納甲歌

乾金甲子首　坎水戊寅頭
艮土丙辰位　震木庚子求
巽木辛丑起　離火己卯遊
坤土乙未轉　兌金丁巳流

凡得卦本之以納甲參之以世應又有飛伏其

夫六神五行相克則術家自有訣

雲麓漫鈔卷第十一終

雲麓漫鈔卷第十二

雲麓趙彥衛景安

十二律圖 呂不韋春秋

宮 黃鍾律 — 林鍾呂 宮下生林鍾爲徵
上生太簇爲商 太簇 — 南呂 下生南呂爲羽
上生姑洗爲角 姑洗 — 應鍾 林鍾爲第二宮 太簇爲第三宮與推 五聲同第一宮法
蕤賓 — 大呂
夷則 — 夾鍾
無射 — 仲呂

六律名　　六呂名

黃鍾太簇姑洗蕤賓夷則無射此六者爲陽月之管謂之律律者法也言陽氣施生各有法也又律者述也所以帥導陽氣使之通達所謂大呂應鍾南呂林鍾仲呂夾鍾此六者爲陰月之管謂之呂呂者助也言陰氣沉

伏各有助也泠州鳩曰夫六中之色故名之一曰黃鍾所以宣養六氣九德也由是第之二曰太簇所以金奏贊陽出滯也三曰姑洗所以淸潔百物考神納賓也四曰蕤賓所以安靜神人獻酬交酢也五曰夷則所以詠歌九德平民無貳也六曰無射所以宣布哲人之令德示民軌儀也爲之六間以揚沉伏而黜散越也元間大吕助宣物也二間夾鍾出四隙之細也三間仲吕宣中氣也四間林鍾和展百事俾肅純恪中也五間南吕贊陽秀也六間應鍾均利器用俾應復也

黃鍾中色君之服也鍾者種也天之中數五五爲聲聲尚宮五聲莫大焉故陽氣施鍾於黃宮滋萌萬物爲六

氣元也以黃色名元氣律者著宮聲也宮以九唱六變動不居周流六虛位於子十一月大呂呂旅也言陰大族助黃鍾宣氣而牙物也位於丑十二月太簇簇奏也言陽氣大奏地而達物也位於寅正月夾鍾言陰夾助太簇宣四方之氣而出種物也位於卯二月姑洗洗潔也言陽氣洗物姑潔之也位於辰三月中呂言微陰始起未成著於其中旅助姑洗宣氣齊物也位於巳四月蕤賓蕤繼也賓導也言陽始導陰氣使繼養物也位於午五月林鍾林君也言陰氣受任物也助蕤賓主種物使長大茂盛也位於未六月夷則則法也言陽氣正法度而使陰氣夷當傷之物也位於申七月南呂南任也

言陰氣族助夷則任成萬物也位於酉八月無射射厭也言陽氣究物而使陰氣畢剝落之終而復始無厭已也位於戌九月應鍾言陰氣應無射該藏萬物而雜陽閡鍾也位於亥十月十二月還相爲宮

伏羲氏作易紀陰陽之初以爲律法建日冬至之聲以黃鍾爲宮太簇爲商姑洗爲角林鍾爲徵南呂爲羽應鍾爲變宮蕤賓爲變徵此五聲之正也各統一日其餘以次運行當日者爲宮而商徵以類從事

十二月管相生之次至中呂而匝黃鍾爲第一宮下生林鍾爲徵上生太簇爲商下生南呂爲羽上生姑洗爲角林鍾爲第二宮太簇爲第三宮其餘爲宮與推五聲同第一宮法

四正旁通圖

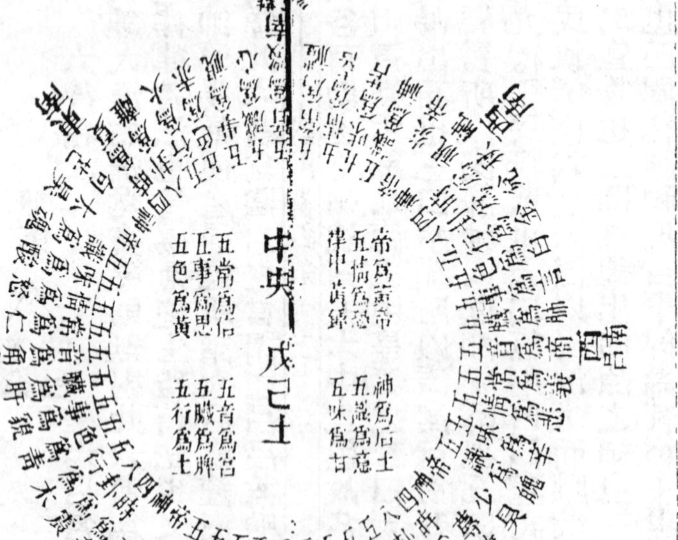

古十二律京房衍爲六十律以律所生者爲夫婦以呂所生者爲母子律所生者常同位呂所生者常異位故曰律取妻呂生子律左旋呂右轉黃鍾爲天統者黃鍾十一月陽始生故黃鍾爲宮以祀天林鍾爲地統者林鍾六月坤始生故林鍾爲宮以祀地夾鍾爲人統者夾鍾二月卽日之所自出夾鍾爲宮以祀先祖皆以類求之先作律準準之狀如瑟而長丈十三絃隱間九尺以應黃鍾之律九寸中央一弦下有畫分寸以爲六十律蔡邕已曰今無能爲者魏列和制十二笛以求律故有笛律歌聲濁者用長笛長律歌聲淸者用短笛短律聲濁者用三尺二笛聲淸者用二尺九笛因名曰此三尺

二調此二尺九調典籌郎劉秀鄧昊等以三尺二寸者應無射之律若宜用長笛執樂者曰請奏無射它十一律笛皆類此於制爲雅是因笛以求律也宜和間作樂求徵聲不得嘗創爲燕樂曰黃河淸曲其聲雜故當時有落韻詩之誚周禮疏濁者是角音淸者徵音今人卻以軍中所吹角爲角聲則角聲不可考矣按八音惟笛可以推尋晉書志黃鍾笛南呂爲羽第三孔也林鍾爲徵第四孔也又曰宮有三一曰政聲二曰下徵三曰淸角宮有七聲錯綜用之凡二十有一變伏四孔一曰正角出於角上二曰倍角近笛下三曰變宮近於宮孔倍令下四曰變徵遠於徵孔倍令高或倍或半或四分一

皆不足孔而取其度以近進退上下之法卽今笛家於其孔按以指之或半或上或下取聲者是也謂之折搭晉書又謂準之用絃緩急淸濁非管無以正也則知笛誠可以求律今人忽而不知求雖范蜀公司馬文正公亦皆泥於上黨之黍宜乎律法日廢嘗欲求善笛而問之未暇當有因余言而探賾者律庶乎復顯矣觀律準則又知今之瑟乃漢時律準非古瑟也古瑟蓋五十絃云

國朝州郡役人之制

衙前入役曰鄉戶曰押錄曰長名職次曰客司曰通引官優者曰衙職建隆以來並召募惟鄉戶押錄主持管

押官物必以有物力者其産業估可二百緡許收繫更重難日久有勞至都知兵馬使試驗其才遣赴闕與補官如衙前闕卽抽差年滿押錄里正押錄三年里正二年替限內各管重難一次諸州各有額熙寧四年行募法令民出免役錢元祐初罷募法改招稅戶投充鄉戶衙前別立法優之如公使庫等上京綱運之類並別差使臣將校其高强戶許出役錢免得重難分數紹聖初復熙寧法建炎元年減三分之一仍召募下諸色公人皆用此雇與差保正不同今人不知云旣差作保正又令出雇錢

吏人建隆四年使院人吏爲闕並募有田産諳公事人

充不足則據數均於屬縣曹司正員內差補開寶六年諸州主戶三萬以上者使院書表司□院共五十八州司三十八熙寧中吏額頗增許投名元祐行差法復損如舊紹聖復差法建炎減三之一

貼司建隆初諸州惟有私名書手在京及監司創置貼司景德二年量私名書手數立額許正行人吏保明籍定姓名祗應人吏有闕選無過犯者充元豐中始有攢司試書算又人吏不足聽差貼司權行紹興五年州縣貼司每案不得過五人二十七年言者請以吏額之半置貼司

造帳司建隆以來以使院人吏有闕抽諸縣曹司充治

平二年以縣所差人率不諳攢算放歸縣熙寧四年令募能造帳人充轉主造帳非造帳月分從其便優與請給以免役錢文仍立定酬賞元豐給雇錢元祐罷給聽於吏人內抽差三年無過轉一資與優輕酬獎一次

祗候典初請縣各遣人吏赴州承領文貼付解子達於縣熙寧四年始令募人紹聖四年以使院守闕人充

散從官初諸州有承符直散從直步奏官追催公事又有人力當直並差稅戶或坊郭有行止人二年替咸平編勅三萬戶以上節院散從步奏官併雜職一百人嘉祐八年百人外置雜職熙寧三年改人力承符並為散從官

院虞候建隆以來並依承符散從官例以鄉戶差其節級自轉充三年替歸農熙寧二年更募法以無過人投充遂於四等戶差一年替元豐至紹聖並募投名不給雇錢政和獄子給重祿兩獄六人半年替直司四人一季替宣和罷重祿雜職差如院虞候建隆以來三周年替若年限滿未願歸農者聽咸平中併散從官步奏官為額熙寧在散從官外別置紹興二十年再補二人充指教

斗子國初斗掐並選下戶有行止人充熙寧並投充不給錢紹興召保產五十千以上充攔頭至道二年諸道攔頭委轉運副使揀選充咸平三年始招客戶祗符六

年陳堯咨奏請於第五等稅戶差熙寧募元豐以來不給雇錢

諸縣人吏國初押司錄事於等第戶差選諳吏道者充遇衙前闕即抽差年滿押錄建隆法諸縣曹司主戶二萬戶以上三十人一萬戶以上二十五人七千戶以上二十人五千戶以上十七人三千戶以上十五人一千戶以上十二人不滿千戶十人抽等第戶充康定二年施昌言奏縣吏差稅戶多不省文書乞依州軍例召有產業人投名不足則差既而復行各抽充州吏以二年替仍輪上州充祗候典治平二年裁減吏額熙寧十年募祗候典替縣曹司自是縣吏不復帖差

國朝諸郡惟有廂軍牢城既又自京或它路遣至諸州屯駐每年更戍它州如福建則多戍二廣秋遣春歸故習險阻忘顧戀緩急征行人皆可用至靖康罷更戍爲郡禁軍初熙寧二年六月詔州郡廂軍即前代本處鎮守之兵軍料揀強壯團結教閱常留在城以備盜賊今後不得申奏乞差禁軍防托逐州團結分番差往本州界及本路州軍巡檢下披帶一年一替五年八月別立定人數爲額令教習弩鎗刀摽牌捍棒元豐二年陞爲下禁軍餘爲不教閱廂軍大觀撥隸諸將熙寧中樞密院奏諸路廂軍名額猥多自騎射至牢城凡二百二十三其間因事募人團立新額有事存而名未可廢又有

剩員及牢城壯城例非差出者又別爲一軍令逐路教閱廂軍已立定額外欲將別路不教閱廂軍併爲一額其餘並從省廢仍令逐路相度州郡大小排定次第每指揮不得過五百人從之（淳熙中罷招制而監司屬官教官職官祇得差廂軍多留存百姓代名數猥多反甚於存留廂軍時）壯城元豐三年五月勅諸路已置壯城兵士其有城壁樓櫓去處以城闊大小分爲兩等大城五十人小城三十人專充脩城不許招揀塡別軍分用熙寧八年樞密院之請也崇寧五年河東提舉李大年以潞州城壁頹圮申乞諸路州軍招置壯城兵士工部檢準元符令諸城池軍器及應千軍政或訓練有陳請者申總管安撫鈐轄司專行唯以所用物料責轉運司應副下其說於諸路大觀元年復奉御筆東南城壁土惡易於淪塌往往作塼城石城或爲木柵或施瓦爲屋以覆城身非西北比可令帥府置壯城兵士四百人列郡三百人依元豐法制以土起築仍開壕如土惡乃以塼石隨宜施行繼有旨罷政和三年因陳光弼請帥府列郡沿邊量數興復

剩員指揮大中祥符四年勅諸路轉運使副巡行屬部同知通都監監押揀選本城牢城人員節級兵士慶歷五年乃差內臣往福建等路揀選其就糧禁軍及本城兵士如病患可醫者減充半分剩員久或不堪與給放停公據若曾有戰功及陣亡人子弟姪子孫令仍舊自

後每監司分揀於是有剩員指揮

國初里正戶長掌課輸鄉書手隸里正里正於第一戶長於第二等差鄉書手天聖以來以上戶多占色役於第四等差耆長掌盜賊烟火之事其屬有壯丁耆長差第一第二等戶壯丁差第四第五等戶至和元年罷里正增差戶長熙寧二年募耆長壯丁四年仍舊於本等人戶輪差五年罷戶長六年行保甲法始置保正副大小保長譏察盜賊別召承帖人隸其下七年輪保丁充甲頭催稅紹聖元年耆戶長壯丁復雇募法不許以保正長保丁充代尋復保正長法既又罷甲頭以大保長催稅其保正長不願就雇者仍舊法募稅戶充耆戶長

壯丁建炎元年罷戶長催稅復甲頭紹興初拘取耆戶長錢尋罷七年大保長仍舊催科九年令保正長專管烟火盜賊不得承受文帖及課輸事十年以耆戶長雇錢充總制窠名又明年復拘壯丁錢充三十一年令保甲催稅乾道二年罷四年復八年罷

隨州大洪山本名大湖介於隨郢之間其山高峻上有三峯中有積水實為龍淵云昔有二龍鬬穿崖而出水遂涸落石尚存山下今曰落湖唐有僧自五臺來遇異人云遇湖即止僧至問地名遂止適逢大旱鄉人皆屠牛祈雨僧為祈禱成豐歲遂入山斷足祭龍以謝鄉人張素敬之父子俱入山與之俱逝節帥以聞僧賜號靈濟菩薩二張封將軍土人相與即水落處建伽藍至本朝尤盛建炎紹興初隨陷於賊而山中能自保有帶甲僧千數事定皆命以官汪彥章集有補大洪山監寺承信郎告自後多說神怪以桀黠者四出號端公誑取施利每及萬緡死則塑作將軍立於殿寺循山而上壁立在雲霄中地窄依巖為層樓雲霧所蒸屋易壞且無水蓄四簷屋溜於池以飲石林云居高山常患無水京口甘露吳靈巖雪川之道場此亦其一也

自熙寧元豐後議禮者紛然大節目有三一曰郊祀按周禮歲有九南北郊上辛祈穀孟夏雩五方帝在本朝皆行之以上公攝事三歲則又合祭天地於南郊備六

引勘箭雞竿肆眚列八寶爆樂象引犒賞諸軍皆後世之制二者不同明矣若用周禮則當於每歲九祀中省儀衛如享太廟景靈宮致齋於前殿至日出郊親行事至三歲自不妨用後世之縟儀周禮疏義引爾雅曰禘大祭不辨天神人鬼地祇則皆有禘稱祭法禘黃帝而郊嚳四代亦然皆祭天於圜丘大傳王者禘其祖之所自出據夏正即郊天論語禘自既灌鄭云三者皆禘大祭也亦豈止王莽用之而鄙其同牢邪每年既用周禮行九祀又於三年大禘天地合祭於郊有何不可迺欲以後世三年之祭與周禮每年之祀並行而為南北之辨幾同聚訟蓋無有以禘為言者二曰宗廟在禮廟有堂有室堂則南面室則西面東向故祖廟在室常東向昭穆分左右置祏室以藏主如出而祭於堂上則南向以西為上東都廟制亦然張方平嘗有東向之請矣熙寧大臣非之以謂安昌二陵如周之文武唐之太高事有相因不當遷徹後朱震王普相繼言之諫臣趙霈沮而不行曾三復不是考又申前說遂徹安陵而止有八廟雖號為正東向之位而臨安廟制有堂無室卒無東向之位可正

熙寧間議諸王襲封司馬溫公以謂今定於百年之後宜推當來某王薨某為嫡子某為嫡孫則襲封之人見矣王荊公以謂如此則是舍親而爵疎當以今之服近

者爲之侯遍父行方及子行故今襲爵不問嫡但畢父行然後及子行如令字襲畢始及子字之類襲者皆老人不一二年又須推擇有司不豫定其次每求襲安定郡王者則行下諸郡而郡中至有揭榜以求之亦有自身而遽加王爵者

明肅皇后既臨朝名所居殿曰會慶皇陵聖節亦曰會慶西京太宗神御殿曰帝華壽皇宮曰重華龔養正云欽宗神御殿曰端慶後有所礙畧增加其點畫皆有司失考也

高宗幸杭有日者姓楊忘其名召問之楊奏曰自今可賀矣杭字於文離合之有兀朮字且杭者降也兀朮其

降乎

古印文作白字葢用以印泥紫泥封詔是也今之米印及印倉敖印近之自有紙始用朱字間有爲白字者或不知其義

今人呼路岐樂人爲散樂按周禮掌教散樂釋云散樂野人爲樂之善者以其不在官之員內謂之散樂

古之禮樂於野人尚有可髣髴者今之響鐵卽編鍾今之舞蠻牌卽古武舞舞三臺與調笑卽古文舞葢古舞皆有行綴自胡舞入中國大曲柘枝之類是也古舞亡矣今反以三臺爲簡淡古以鍾鼓爲樂凡樂先擊鍾繼之鼓孟子曰百姓聞王鍾鼓之聲今但用鼓是以杖鼓易編鍾矣鍾聲和緩鼓聲急逼磬則人皆不識葢釋氏擊銅鉢號曰磬嘗見碑本宣尼十哲有持鉢者是誤認爲磬也

從駕多云扈從前賢解之者多矣至有用跋扈者左氏傳少皥氏以鳥名官有九扈注云行扈唶唶則扈從之語其本於此乎若夫跋扈卽溜悉魏時回切語卽溜切就字跋扈切固字周禮負固不服則侵之

雲麓漫鈔卷第十二終

雲麓漫鈔卷第十三

雲麓趙彥衛景安

韓退之作李虛中墓誌曰以人之始生年月所直日辰支干相生勝衰死相旺斟酌推人之壽夭貴賤利不利輒先處其年時百不失一二其說汪洋奧義閼節開解萬端千緒參錯重出學者就求其法初若可取卒然失之星官歷翁莫能與之較得失古惟有卜相與夫陰陽星數而已未有以八之生月日時支干配合者論者今取世俗所謂命書觀之往往皆近時語推尊珞琭子尤非古文蓋知始於李常容明甚業其術者託名於鬼谷子王子晉可謂忘本矣自後其書益繁今撮其吉凶神名倣太史公年表例爲之圖具於左方

支吉神　子丑寅卯辰巳午未申酉戌亥

合　丑子亥戌酉申未午巳辰卯寅

鳳凰支（右兩合是）　丑子亥戌酉申未午巳辰卯寅　丑子亥戌酉申未午巳辰卯寅

朝元祿（日時干與之祿在本命　日時帶祿）　甲乙（戌丙戌丁亥戊亥己）庚辛壬

天地合（支干皆合者是）

馬（一名文曲星一名驛馬在寅申巳亥四位）　寅亥申巳寅亥申巳寅亥申巳

庫（一名華蓋一名三奇在五行墓處）　辰丑戌未辰丑戌未辰丑戌未

三合（在五行生旺庫處）　水金火木水金火木水金火木

生成馬　申亥寅巳申亥寅巳申亥寅巳

四孟生氣全　申巳　寅申　寅巳　寅申

四仲旺氣全　午卯　亥　子午　亥　子卯　亥　子午　巳　酉　酉　酉　卯

四季墓氣全　辰戌　未　戌丑　未　辰戌　丑　辰丑　未

五行正印　得乙　丑金　得壬辰水　得丙辰土　得癸　未木　得甲　戌火

引從全　卯引辰引巳引午引未引申引酉引戌引亥引子引丑引寅引　酉從戌從亥從子從丑從寅從卯從辰從巳從午從未從申從

進神　丑寅卯辰巳午未申酉戌亥子

包承格　丑月寅月卯月辰月巳月午月未月申月酉月戌月亥月子月　亥日子日丑日寅日卯日辰日巳日午日未日申日酉日戌日

連珠　丑寅寅卯卯辰辰巳巳午午未未申申酉酉戌戌亥亥子子丑　卯辰辰巳巳午午未未申申酉酉戌戌亥亥子子丑丑寅寅卯

自生馬　[illegible]

自旺馬（以祿官代帝旺）　[illegible]

三合帶本家（要在日時上）　[illegible]

天德（以下四項並于月上求之如子月人天德在巽之類不以年論也）　巽庚丁坤壬辛乾甲癸艮丙乙

月德合　丁乙辛己丁乙辛己丁乙辛己

月空　丙甲壬庚丙甲壬庚丙甲壬庚

將星（衝前一辰是論年逢此月）　未申酉戌亥子丑寅卯辰巳午

攀鞍馬（馬側一辰是）　有寅又丑　有亥又戌　有申又未　有巳又辰　有寅又丑　有亥又戌　有申又未　有巳又辰　有寅又丑　有亥又戌　有申又未　有巳又辰

支凶神　子丑寅卯辰巳午未申酉戌亥

劫殺（一名有弼主凶刑）　巳寅亥申巳寅亥申巳寅亥申

鬼門關（主貧寒）　酉　未申　丑　巳辰

六害（妨親窮）　未（陰男陽女丸忌）　辰　寅（陽男陰女丸忌）　子（陽男陰女忌）　酉申

四衝全　午卯辰戌申巳子午戌丑寅申子卯辰戌寅巳子午辰丑寅申　酉未亥酉未亥酉丑亥卯未巳

無禮刑（刑兼相刑）　卯　子

恃勢刑　未（刑戌）　戌（刑丑）　丑（刑未）

無恩刑　申（刑巳）　寅（刑申）　巳（刑寅）

自刑　（午酉）亥　（辰酉）亥　（辰午）亥　（辰午）酉

衝（一名七星，又名一七殺，併前四衝兵爲七，故云一七殺）　午未申酉戌亥子丑寅卯辰巳

破官符（一名破碎，又名亡神，在寅申巳亥四位，與刼殺對宮）　亥申巳寅亥申巳寅亥申巳寅

退神　亥子丑寅卯辰巳午未申酉戌

咸池殺（在子午卯酉四位）　酉午卯子酉午卯子酉午卯子

自病馬（不臨官處爲自病）　木水金火木水金火

自絕馬　金火木金火木金火木

自死馬（不生處是）　火木金火木金

陽差（卽陽男陰女在辰衝前一辰是）　未　酉　亥　卯

陰錯（卽陰男陽女在辰衝後一辰是）　午　戌

白虎殺（在納音前五對宮）　午　酉　子　卯

陽命勾（陽後一辰，陰前一辰）　卯月巳月未月酉月亥月丑月

陽命絞（前一辰）　酉月亥月丑月卯月巳月未月

陰命勾（前三辰）　戌月子月寅月辰月午月申月

陰命絞（後三辰是）　辰月午月申月戌月子月寅月

金神七殺（在巳酉丑）　巳丑酉巳丑酉巳丑酉巳丑酉

孤神　寅寅巳巳巳申申申亥亥亥寅

寡宿　戌戌丑丑丑辰辰辰未未未戌

大耗殺（一名破碎，在破前）　未午酉　亥戌　卯

干吉神　甲乙丙丁戊己庚辛壬癸

合（一名六合）　己庚辛壬癸甲乙丙丁戊

官（一名官印，剋我者是）　辛庚癸壬乙甲丁丙己戊

財（一名天財，我剋者是）　戊己庚辛壬癸甲乙丙丁

祿（一名食祿星，一名祿神）　寅卯巳午巳午申酉亥子

鳳凰干（干與重合）　己庚辛壬癸甲乙丙丁戊　己庚辛壬癸甲乙丙丁戊　得戌月　得辰月

夾貴窠（兩貴人所夾之辰也）　寅丑寅亥申未午巳辰丑

福星

暗祿（一名祿合，全與祿合是）　亥戌申未申未巳辰寅丑

食神（干所生位是）　丙丁戊己庚辛壬癸甲乙

名位祿（祿帶食神）　寅卯　申酉

金輿祿（祿前第二位是）　午巳申酉申酉亥戌寅卯

生成祿（其納音見本家祿）　甲寅上　乙卯上　丁巳上　戊午上　庚申上　辛酉上　壬子上　癸亥上

文星貴人（天干合爲文星）　午巳申酉申酉亥戌寅卯

順連合　次乙　次丙　次丁　次戊　次己　次庚　次辛　次壬　次癸　次甲

逆連合　次丙　次丁　次戊　次己　次庚　次辛　次壬　次癸　次甲　次乙

外財（附上帶長生）　巳巳申申申申亥亥寅寅

夾祿（一名夾祿窠，祿前後辰是）　丑寅辰巳辰巳未申戌亥　卯卯午未午未酉戌子丑

陰官貴人　酉申子亥卯寅午巳午巳

三奇　戊庚丙丁乙丙乙丁甲庚甲戊

偏官（如甲乙以庚辛爲官，甲止以辛爲官，則庚爲偏官也；乙止以庚爲官，則辛爲偏官也）　庚辛壬癸甲乙丙丁戊己

干神一字　甲甲乙乙丙丙丁丁戊戊己己庚庚辛辛壬壬癸癸
生成財干頭生旺庫　甲甲乙乙丙丙丁丁戊戊己己庚庚辛辛壬壬癸癸
自生財干頭帶財納音納爲自生　戊申戊辰戊子上　辛巳辛酉辛丑上　壬申壬辰壬子上　乙亥乙卯乙未上　丙寅丙午丙戌上
自旺財干頭帶財納爲自旺　戊申土己亥木上　辛巳金上　甲申水上　丙寅火上
生成官剋我者在長生臨官帝旺之地　戊午火上　辛卯辛未上　庚申土酉金上　丙子水上
　辛巳庚申辛酉上　壬申癸亥壬子上　乙亥甲寅乙卯上　丙寅丙午丁未上　戊申己亥戊子上
天一貴人一名武曲貴人　丑子亥亥丑子丑午卯卯
天一貴人全　未申酉酉未申未寅巳巳
神藏殺沒全甲丙壬乙辛丁癸是五依五行之例　戊庚巳　丙丁　甲庚乙　癸壬
　丑未子申亥酉亥酉丑未丑未　卯巳卯巳
　庚丙辛丁甲庚乙辛　甲丙乙丁甲庚乙辛
干頭連珠　壬癸　壬癸　壬癸　壬癸　丙丁
　乙丙丙丁丁戊戊己己庚庚辛辛壬壬癸癸甲甲乙
　丁戊戊己己庚庚辛辛壬壬癸癸甲甲乙乙丙丙丁
進神　乙丙丁戊己庚辛壬癸甲
帶庫生成官　乙丑乙未庚辰庚戌乙丑乙未丙辰丙戌戊辰戊戌

自旺官納音逢自旺　辛卯水上　癸酉金上　丙子戊午火土
冠帶官　辛未上　壬戌上　甲戌上　丙辰上　戊戌上
官學堂　辛巳　壬申　乙亥　丙寅　戊申
食神學堂食神自帶本家長生　丙寅　戊申　辛巳　壬申　乙亥
文學學堂干頭同類下帶本家長生　乙亥乙亥　丙寅丙寅　戊申戊申　辛巳辛巳　壬申壬申
祿馬同鄉　申子辰得寅　寅午戌得申

干凶神　甲乙丙丁戊己庚辛壬癸
羊刃祿前一辰是　卯辰午未午未酉戌子丑
倒食倒劫食神　壬癸甲乙丙丁戊己庚辛
退神　癸甲乙丙丁戊己庚辛壬

空亡與空同見前　午午申申巳巳寅寅丑丑
生成鬼自在死絕處　庚子庚寅上　癸卯癸巳上　甲午甲申上　丁酉丁亥上　己巳己卯上

五行	木	火	土	金	水
長生	亥	寅	申	巳	申
沐浴	子	卯	酉	午	酉
冠帶	丑	辰	戌	未	戌
臨官	寅	巳	亥	申	亥
帝旺	卯	午	子	酉	子
衰	辰	未	丑	戌	丑
病	巳	申	寅	亥	寅
死	午	酉	卯	子	卯
墓庫	未	戌	辰	丑	辰
絕	申	亥	巳	寅	巳
胎	酉	子	午	卯	午
養	戌	丑	未	辰	未
合	亥卯未	寅午戌	巳酉丑	申子辰	
支屬	寅卯	巳午	辰戌丑未	申酉	亥子
干屬	甲乙	丙丁	戊己	庚辛	壬癸
化氣	丁壬	戊癸	甲己	乙庚	丙辛
休	水	木	火	土	金
囚	金	水	木	火	土

旺	木	火	土	金	水
相	火	土	金	水	木
死	土	金	水	木	火

雲麓漫鈔卷第十三終

雲麓漫鈔卷第十四

雲麓趙彦衛景安

洪範一書學者惑於傳注說愈多而愈不通其失有四一曰惑於天乃錫禹洪範九疇以謂禹親受之於洛而不究大易河出圖洛出書之義二曰惑於汨陳其五行以謂洪範主於五行取其五之可合者類之其不可合如三德八政等則棄而不言三曰惑於一五行至九五福爲洛書本文以爲天神言語陳列字數而不究天何言哉四曰惑於禹次之數自初一至九爲五十五數而棄五行五事至五福不言大河圖洛書俱出於羲皇之前有其數而無其義天生聖禹能究其旨敘而演之安

假天神言語文字始見其五以謂非五行不足以體之故以五行爲初一次取其五曰敬用五事三取其八曰農用八政四取其五曰五紀五取其極曰皇極六取其三曰三德七取其七曰稽疑八取其五曰庶徵九取其五六曰五福六極始也龜文秖有五五五八五五三七五五六之數分布於龜背皇極則中虛總而數之凡五十若加以中虛之數則爲五十五禹觀洛書次其數猶伏羲睹河圖而畫八卦箕子陳洪範猶文王重易而繫卦辭自初一曰五行一曰水二曰火三曰木四曰金五曰土以下皆箕子釋禹次之文他皆類此禹次之八政亦必有釋今亡矣五紀歷數下前輩云當繼以王省惟歲

至則以風雨乃箕子釋五紀之辭七稽疑者因其有雨霽蒙驛克貞悔凡七故就耆而爲稽疑庶徵曰雨暘燠寒風凡五各以其時故曰五者來備曰曰庶徵若夫皇極則中虛而五居其中大禹以謂五福六極人事之成故併於九而大法備矣以此觀洪範與易更三聖世歷三紀何異則洪範一書血脉通貫初無五行之拘又不爲三德八政之棄已別有解新舊具於左方

九類洛書

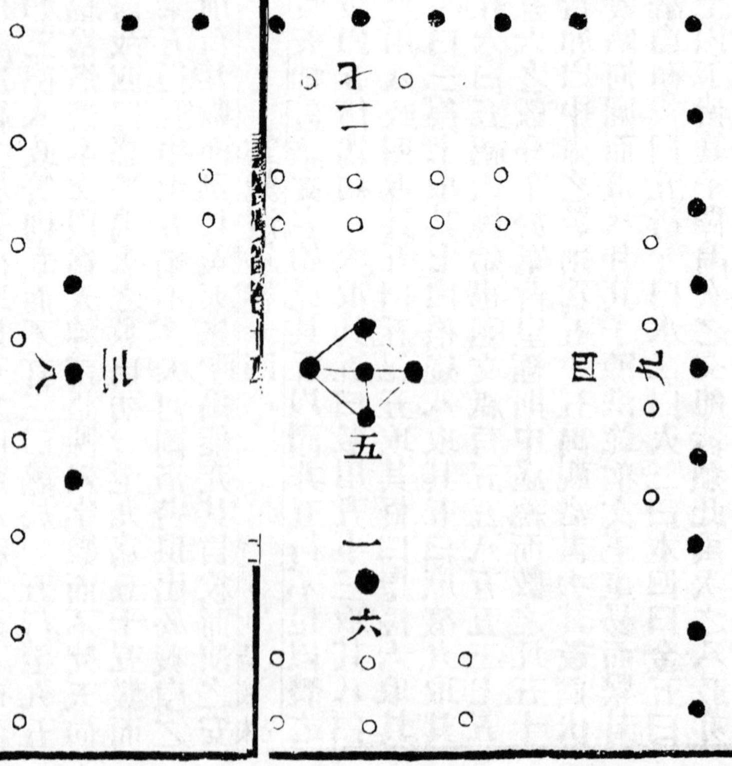

一與六共宗二與七共朋三動而左與八爲友四處於右而與九同道五處於中與十相守

雲麓漫鈔卷十四 三

洪範九疇圖

洛書

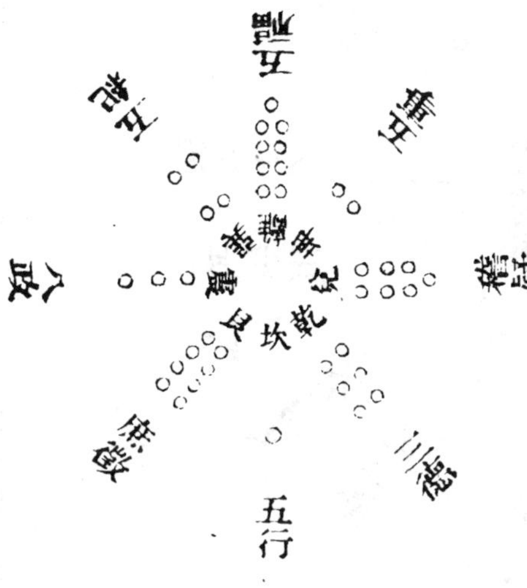

范氏洪範圖

皇極之建

貌恭肅	木曲直	時雨
言從乂	金從革	時暘
視明哲	火炎上	時燠
聽聰謀	水潤下	時寒
思睿聖	土稼穡	時風

皇極不建

貌不恭狂	木不曲直	恒雨
言不從僭	金不從革	恒暘
視不明豫	火不炎上	恒燠
聽不聰急	水不潤下	恒寒
思不睿蒙	土不稼穡	恒風

今定洛書本數禹所次圖

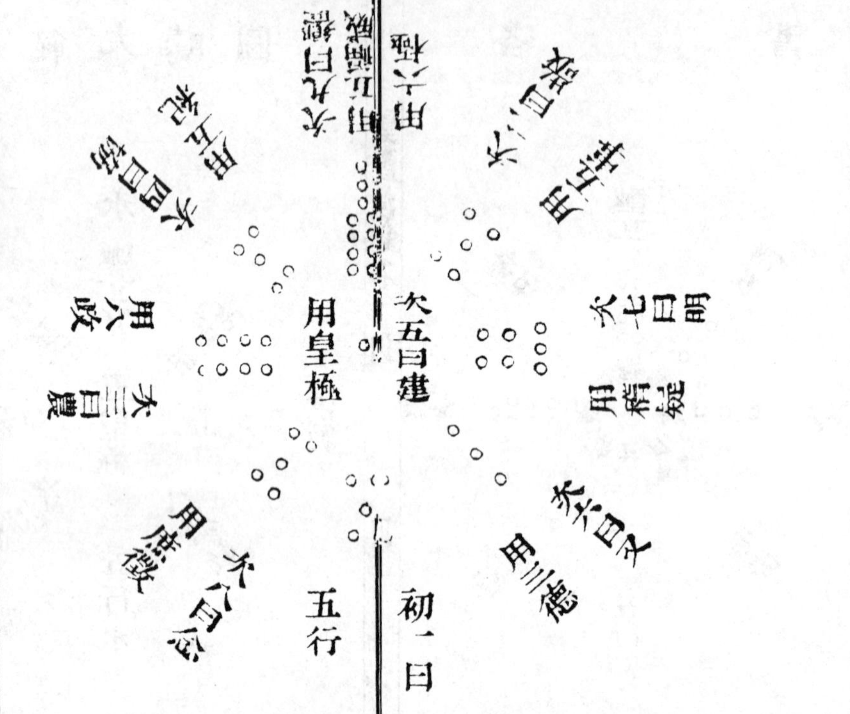

呂居仁作江西詩社宗派圖其畧云古文衰於漢末先秦古書存者爲學士大夫剽竊之資五言之妙與三百篇離騷爭烈可也自李杜之出後莫能及韓柳孟郊張籍諸人自出機杼别成一家元和之末無足論者衰至唐末極矣然樂府長短句有一唱三歎之音至國朝文物大備穆伯長尹師魯始爲古文成於歐陽氏歌詩至於豫章始大出而力振之後學者同作並和盡發千古之秘亡餘緼矣錄其名字曰江西宗派其原流皆出豫章也宗派之祖曰山谷其次陳師道無己潘大臨邠老謝逸無逸洪朋龜父洪芻駒父饒節德操今名如璧祖可正平徐俯師川林修子仁洪炎玉父汪革信民李錞希聲韓駒子蒼李彭商老晁沖之叔用江端本子之楊符信祖謝薖幼槃夏倪均父林敏功潘大觀王直方立之善權巽中高荷子勉凡二十五人居仁其一也議者以謂陳無已爲詩高古使其不死未必甘爲宗派若徐師川則固嘗不平曰吾乃居行間乎韓子蒼云我自學古人均父又以在下爲恥不知居仁當時果以優劣銓次而姑記姓名而紛紛如此以是知執太史之筆者憂憂乎難哉又不知諸公之詩其後人品藻與居仁所見又如何也紹興初盛傳蘇武令詞塞上風高漁陽秋早惆悵翠華音杳驛使空馳征鴻歸盡不寄雙龍消耗念白衣金殿除恩黄閣未成圖報誰信我致主丹衷傷時多故未作

救民方召調鼎爲霖登壇作將燕然卽須平埽擁精兵
十萬橫行沙漠奉迎天表云李丞相綱作未知是否
樞密胡公松年紹興間使虜彼盛稱甲兵之富胡曰兵
猶火也弗戢將自焚旣歸作石州詞二首月上疎簾風
射小窗孤館岑寂一杯强洗愁懷萬里堪嗟行客亂山
無數晚秋雲物蒼然何如輕抹淮山碧喜氣拂征衣作
眉間黃色役役馬頭塵暗斜陽隴首路回飛翼夢裏姑
蘇城外錢塘江北故人應念我負吹帽佳時同把金英
摘歸路且加鞭趁梅花消息又歌闋陽關腸斷短亭惟
有離別畫船送我薰風瘦馬迎人飛雪平生幽夢豈知
塞北江南而今眞嘆河山闊屈指數分攜蚤許多時節

愁絕雁行點點雲垂木葉霏霏霜滑正是荒城落日空
山殘月一尊誰念我苦憔悴天涯陡覺生華髮賴有紫
樞人共揚鞭丹闕

李氏自號易安居士趙明誠德夫之室李文叔女有才
思文章落紙人爭傳之小詞多膾炙人口已版行於世
他文少有見者上韓公樞密詩序云紹興癸丑五月樞
密韓公工部尚書胡公使虜通兩宮也有易安室者父
祖皆出韓公門下今家世淪替子姓寒微不敢望公之
車塵又貧病但神明未衰落見此大號令不能忘言作
古律詩各一章以寄區區之意以待采詩者云三年夏
六月天子視朝久凝旒望南雲垂衣思北狩如聞帝若

曰岳牧與羣后賢寧無半千運已遇陽九勿勒燕然銘
勿種金城柳豈無純孝臣識此霜露悲何必羹捨肉便
可車載脂土地非所惜玉帛如塵泥誰當可將命幣厚
詞益卑四岳僉曰俞臣下帝所知中朝第一人春官有
昌黎身爲百夫特行足萬人師嘉祐與建中爲政有皐
夔匈奴畏王商吐蕃尊子儀夷狄已破膽將命公所宜
公拜手稽首受命白玉墀曰臣敢辭難此亦何等時家
人安足謀妻子不必辭願奉天地靈願奉宗廟威徑持
紫泥詔直入黃龍城單于定稽顙侍子當來迎仁君方
恃信狂生休請纓或取犬馬血與結天日盟胡公清德
人所難謀同德協心志安脫衣已破漢恩暖離歌不道

易水寒皇天久陰后土濕雨勢未回風勢急車聲轔轔
馬蕭蕭壯士懦夫俱感泣閭閻嫠婦亦何知瀝血投書
干記室夷虜從來性虎狼不虞預備庸何傷夷甲昔時
聞楚幕乘城前日記平涼葵丘踐土非荒城勿輕談士
棄儒生露布詞成馬猶倚崤函關出雞未鳴巧匠何嘗
棄槽櫟芻蕘之言或有益不乞隋珠與和璧只乞鄉關
新信息靈光雖在應蕭蕭草中翁仲今何若遺氓豈尚
種桑麻殘虜如聞保城郭嫠家父祖生齊魯位下名高
人比數當時稷下縱談時猶記人揮汗成雨子孫南渡
今幾年漂流遂與流人伍欲將血淚寄山河去灑東山
一抔土又想見皇華過二京壺漿夾道萬人迎連昌宮

裏桃應在華萼樓頭鵲定驚但說帝心憐赤子須知天意念蒼生聖君大信明如日長亂何須在屢盟又有投內翰綦公（崇禮）啓淸照啓素習義方粗明詩禮近因疾病欲至膏肓牛蟻不分灰丁已具嘗藥雖存弱弟膺門惟有老兵既爾蒼皇因成造次信彼如簧之說惑茲似錦之言弟既可欺持官文書來輒信身幾欲死非玉鏡架亦安知僶俛難言優柔莫決呻吟未定強以同歸視聽才分實難共處忍以桑榆之晚節配茲駔儈之下才身既懷臭之可嫌惟求脫去彼素抱璧之將往決欲殺之遂肆侵凌日加毆擊可念劉伶之肋難勝石勒之拳局地扣天敢效談娘之善訴升堂入室素非李赤之甘心外援難求自陳何害豈期末事乃得上聞取自宸衷付之廷尉被桎梏而置對同凶醜以陳詞豈惟賈生羞絳灌爲倆何啻老子與韓非同傳但祈脫死莫望償金友凶横者十旬蓋非天降居囹圄者九日豈是人爲抵雀捐金利當安往將頭碎璧失固可知實自謬愚分知獄市此蓋伏遇內翰承旨搢紳望族冠蓋淸流日下無雙人間第一奉天克復本緣陸贄之詞淮蔡底平實以會昌之詔哀憐無告雖未解驂感戴鴻恩如眞出己故茲白首得免丹書淸照敢不省過知慚捫心識媿責全責智已難逃萬世之譏敗德敗名何以見中朝之士雖南山之竹豈能窮多口之談惟智者之言可以止無根

之謗高鵬尺鷃本異升沉火鼠冰蠶難同嗜好達人共悉童子皆知願賜品題與加湔洗誓當布衣蔬食溫故知新再見江山依舊一瓶一鉢重歸畎畝更須三沐三薰忝在葭莩敢茲塵瀆

十隻畫船何處宿洞庭山腳太湖心此白樂天守姑蘇遊太湖詩想見當時氣象至紹興初金人犯江浙蘇守移治洞庭前後守臣孫仲益覿胡茂老松年皆罷守寓彼胡有詩曰白蘋風靜碧波沉畫舸來遊着意深願覓靈文窺祕鑰更追遺範寫員金姓名便合聯眞隱出處何妨擬醉吟疇昔光陰費行樂中原鼙鼓正傷心時節不同如此

古人文字但取其聲音之協初無切韻之說鄭康成云其始書之也倉卒無其字或以音協比方假借爲之趣於近之而已受之者非一邦之人人因其鄉同聲異字同字異言轉生議論楊收論音律李善注嘯賦皆有曰均者韻也漢晉言均同孫炎始爲反切語魏晉以降南北分列人尚詞章淸濁重輕錙分銖別用而愈切不勝異意劉臻與陸法言論四聲音韻而取諸家之書定爲唐韻五卷詳究古人切韻之始至簡易而切當使其字的有所歸而不可以疑似轉蓋一字有四聲或只有三聲者以側聲紐平聲以平聲紐側聲故有雙聲疊韻之別如章字有章掌障灼四聲以側聲灼字紐平聲則灼

艮爲章又以平聲紐側聲則章兩爲掌章亮爲障章畧爲灼葢艮畧是雙聲章艮是疊韻以此推之他皆倣此豈不簡易而切當哉自唐人清濁之分乃有三十六字母以歸之益繁碎而難曉如一東二冬各分清濁行更生與兵明平歸作一韻若此甚多且四方之音不同國墨北惑字北人呼作穀木卜斛南方則小轉爲脣音北人近於俗南人近於雅若以四聲切之則北人之字可切而南人於四聲中俱無是字矣

唐朝定六經釋具載諸音不敢去取向有人欲刪定歸一音者乾道間議論以爲六經猶月日人人皆欲繪畫豈可拘於一家其間意義極多有借用字有避俗音字

有五方音不同字門類亦不一不可不知也

董仲舒劉向於五行灾異凡一蟲一木之異皆推其事以著驗二子漢之大儒惓惓愛君之心以爲人主無所畏惟畏天畏祖宗故委曲推類而言之庶有警悟學者未可遽少之也

易曰天數二十有五地數三十凡天地之數五十有五天一地二天三地四以至天九地十故曰天數五地數五烏覩所謂二十有五與三十哉葢天地之初皆有自然之數及降而在物莫不皆有其用天一生水地二生火天三生木地四生金天以其五而生土五行備矣陰陽不能以獨成生於陽者必成於陰故復以地之六成水配天一以爲七天之七成火配地二以爲九地之八成木配天三以爲十一天之九成金配地四以爲十三地之十成土配天五以成十五然後天之一三五七九者散而爲二十有五地之二四六八十者散而爲三十人但知其次而不知其衍

三代以禮樂爲政王畿不過千里而四方之諸侯比年入覲又一年王乃時巡方其入覲也自郊勞至於出郊獻享之禮莫不有制是以膳庖饔烹下至百工技藝皆列屬以司之葢有一日不可闕者與唐人置殿監分六尚不同矣

蕭條淡泊此難畫之意畫者得之覽者未必識也故飛

走遲速意淺之物易見而閑和嚴靜趣遠之心難形若乃高下向背遠近重復此畫工之藝耳非精鑒者之事也不知此論爲是否余非知畫者強爲之說但恐未必然也然世謂好畫者恐未能知此也此事不乃傷俗耶

介甫嘗言夏月晝睡方枕爲佳問其何理曰睡久氣蒸枕熱則轉一方冷處是則眞知睡者耶余謂夜彈琴惟石暉爲佳葢金蚌瑟瑟之類皆有光色燈燭照之則炫燿非老翁夜視所宜白石照之無光惟目昏者爲便介甫之睡眞嬾余知琴暉直以老而目暗爾是皆可嘆也余家石暉琴得之二十年昨因患兩手中指攣醫者言惟數運動以導其氣之滯者謂惟彈琴爲可亦尋理得

十餘年已忘諸曲物理損益相因不能窮至於此此老莊之徒多寓物以盡人情信有以也哉

廉恥士君子之大節罕能自守者利欲勝之爾物有爲其所勝雖善守者或牽而去故孟子謂之勇過賁育者誠有旨哉

君子之道闇然而日章而今人求速譽遂得速毁以自損者理之常然

往時有風法華者偶然至人家見筆便書初無倫理久而禍福或應豈非好怪之士爲之遷就其事耶余每見筆輒書故江隣幾比余爲風法華

清濁二聲爲樂之本而今自以爲知樂者猶未能達此安得言其細微之旨妙論精微言不以多爲貴而非人聰明不能達其義余嘗聽人讀佛書其數萬言謂可數語而盡而溺其說者以謂欲曉愚下人故如此爾然則六經簡要愚下獨不得曉耶　右六事六一先生試筆書自元祐以來諸公跋者甚衆其文不載集中故錄之

蔡君謨跋丁道護興國寺碑云此書兼後魏遺法與楊本微異隋唐之交善書者衆皆出一法道護所得最多楊本開皇六年去此十七年書當益老亦稍縱也甲辰治平初元日莆陽蔡襄記六一先生跋云蔡君謨博學君子也於書尤稱精鑒予所藏書未有不更其品目者其謂道護所書如此隋之晚年書學尤盛吾家率更與虞世南皆當時人也後顯於唐遂爲絕筆余所集錄開皇仁壽大業時碑頗多其筆畫率皆精勁而往往不著名字每執卷憫然爲之歎息惟道護能自著之然碑刻在者尤少余家集錄千卷止有此爾有太學官楊褒者喜收書畫獨得其所書興國寺碑是梁正明中人所藏君謨所謂楊家本者是也欲求其本爲不知碑所在然不難得則不足爲佳物古人亦云百不爲多一不爲少者謂此也治平元年立春後一日太廟齋宫書以上七事見歐跋不載集中

韓退之文二首不見於集得於汪達道家潮州謝孔夫子牋狀伏奉七月二十七日牒以某貶刺史特加優禮以州小俸薄慮有闕乏每月別給錢五十千以送使錢充者開緘捧讀驚榮交至顧已量分慚懼益深欲致辭爲讓則乖伏屬之禮承受享既又乖循省之道進退反側無以自寧某妻子男女并孤遺孫姪尚未到官窮州使賓罕至身衣口食絹米足充過此以往實無所用積之於室外廉者所不爲受之於官名且不正又嵩山題名元和四年二月二十六日余與著作郎樊宗師處士盧同自洛中至少室謁拾遺李徵君渤樊次玉川寺疾作歸明日與李盧道士韋濛僧榮過少室而東抵衆寺上太室中峯宿封禪壇下石室遂自龍川寺釣龍潭遇雷明日啓母石入此觀與道士趙元遇閏四月三日國

子博士韓愈題此石刻也并得三詩陪韓院長韋河南同尋劉師不遇得同字洛陽令竇牟仙客誠難訪吾人豈易同獨遊應駐景相顧且吟風藥畹瓊林秀齋軒粉壁空不題三五字何以達壺公得尋字都官員外郎韓愈秦客何年駐仙源此地深還隨躡鳧騎來訪馭風襟院閉青霞入松高野鶴尋猶疑隱形坐敢起竊桃心得師字河南令韋執中早尚逍遙境嘗懷汗漫期星郎同訪道羽客杳何之物外求仙侶人間失我師不知爛柯者何處看圍棊

杜預云國史皆承告據實而書時事仲尼脩春秋以義而制異文預之言得之未有無是事而書之有是事而

去之者且如即位事觀成王顧命與康王即位之儀則古之人君即位當皆有儀制以見羣臣以朝祖廟惟近時王氏說最簡要云不書即位禮之不舉也新君踰年即位由阼階三揖而後升謂之踐祚禮之不舉故不得而書也蓋隱以不由王命不舉此禮莊閔僖不得其始亦不敢舉此禮威宣定無所受命輒舉此禮皆據實書之褒貶自見何用多說乎

政和六年以通眞善演脩文輔教說經談論書符呪水脩眞養命詩書琴樂煆煉金石七科銓擇道士許直以所學自陳道錄院考試一科合格即保明解禮部審試得實給牒補充本科出身以備差遣其按儀齋醮法事聲讚兩科不在置科銓擇之限八年置道官視品六字四字二字先生六字法師太虛清虛紫虛碧虛沖虛大夫視卿監四字二字法師太素元素正素大夫視正郎太虛清虛紫虛郎視員郎碧虛沖虛太素郎視陞朝元素正素凝微碧落郎視京官左華右極瓊臺南昌南華丹林金闕郎視選人沖和葆光燕頤藥珠凝神殿侍晨視侍制葆光燕頤藥珠凝神殿校籍視殿撰燕頤藥珠凝神殿授經視修撰又有校儀名品宣和元年佛寺改爲宮僧寺爲觀諸陵佛寺改爲陵名明眞宮臣庶墳等改南字合掌和南不審改作擎拳稽首佛賜天尊服改蠏菩薩羅漢作道服冠簪佛號大覺金仙文殊封安惠

文靜大士普賢封安樂妙靜大士泗州大聖封巨濟大士傅大士封應化大士達磨封元一大士二祖同慧大士三祖善明大士四祖靈應大士五祖靜心大士六祖德明大士永嘉宿覺封金德大士菩薩稱仙人羅漢稱無漏金剛稱力士僧伽稱修善

雲麓漫鈔卷第十四終

雲麓漫鈔卷第十五

雲麓衛彥趙景安

博陵崔逢傳國璽譜內所載璽

受命于天既壽永昌

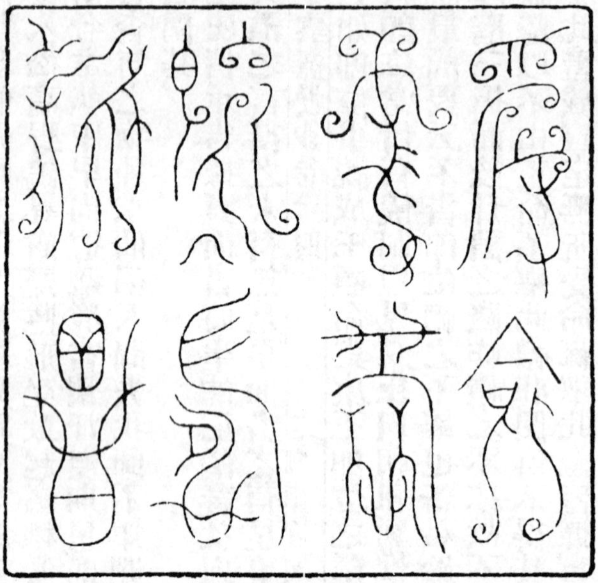

受命于天　既壽永昌

元符所得璽

受命于天既壽永昌

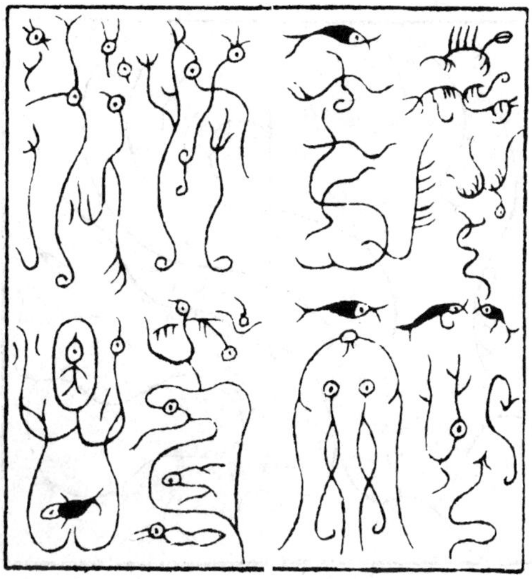

紐

檢

魏璽

受天之命皇帝壽昌

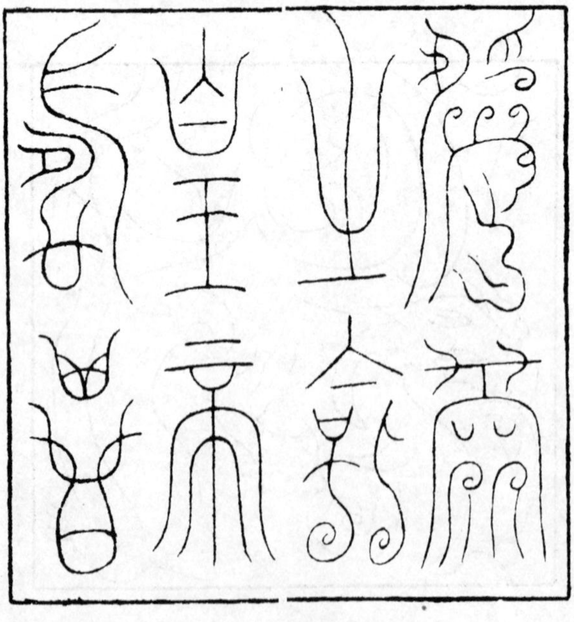

崔逢譜云魏太祖又於側命皇象小篆七字云魏所受漢傳國璽

碑本

受天之命皇帝壽昌

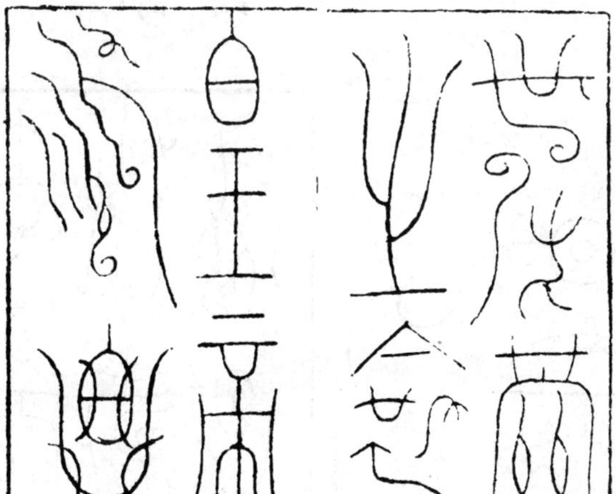

鈕

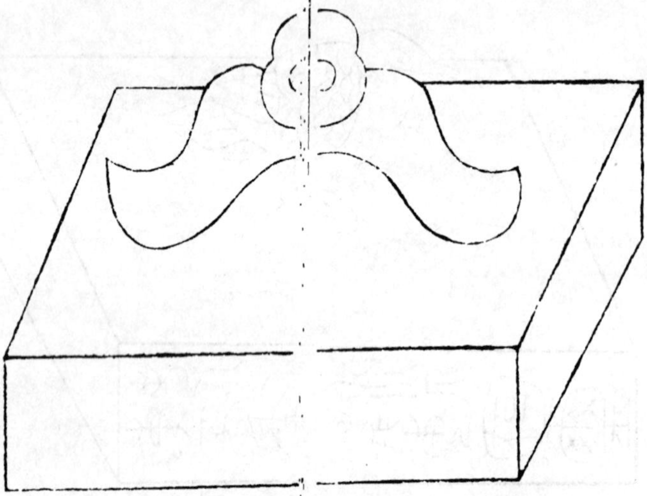

受命于天既壽永昌

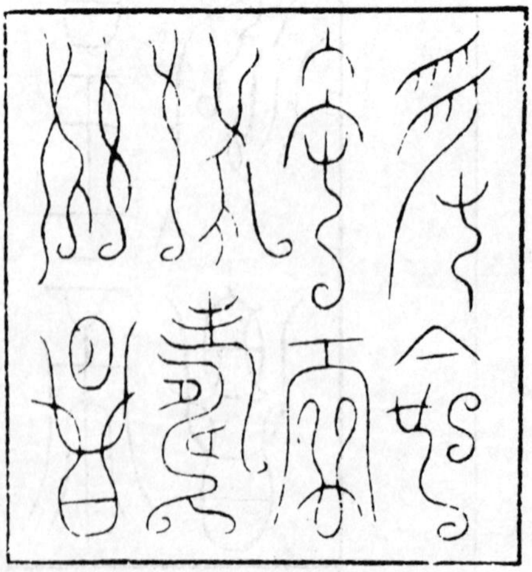

鈕

左傳襄公在楚武子使季冶問璽書而與之此諸侯大夫稱璽也秦長信侯毐作亂而覺矯王御璽及太后璽此天子稱璽也注璽者印信也天子璽白玉螭虎紐惟其所好云秦得卞和所獻玉命丞相李斯篆書詔工人孫壽用藍田玉作其文云受命于天既壽永昌秦王子嬰獻之高祖傳至平帝王莽簒位從元帝王皇后求璽莽逼取之后怒投之皐螭一角與足折至今一角小缺至東漢獻帝出奔璽則失之後三國鼎立時有假版天子之語故皆云得璽孫堅以謂得之洛陽甄官井袁術拘堅夫人吳氏取之不獲荆州刺史以謂得之袁氏送之許昌魏太祖於其側又刻小篆曰魏所受漢傳國璽

晉受魏禪不聞得璽五胡亂華往往竊造魏太武始元七年夏四月毁鄴城五層浮屠云於泥像中得玉璽二文曰受命于天既壽永昌其一刻其旁曰魏所受漢傳國璽則知此璽乃元魏時爲之比人不知考曹操雖爲漢丞相至子丕方受漢禪不應操於爲丞相時先取其寶刻云魏所受漢傳國璽其理甚明元魏但欲以爲魏有國之符而又璽上五一雀形狀不古則知董卓之亂焚燒宫室帝出奔此璽已亡至唐高祖得隋禪亦不言得璽太宗正觀十六年始刻受命璽白玉螭首文曰皇天景命有德者昌詳其文即是依倣秦璽文爲之長壽二年改玉璽爲寶神龍元年復爲璽天寶十載製八寶

五代之亂清泰之亡累朝寶玉秉畀炎火故邪律德光入汴求璽少帝云先帝受命旋令玉工製造則知後來所造僞璽亦皆亡矣崔譜又云秦璽兩面皆有文不知何據文如前周廣順中始造二寶曰皇帝承天受命之寶皇帝神寶太祖受命傳其二寶太祖又别制承天受命之寶用玉篆文廣四寸九分厚一寸二分塡以金盤龍紐條以暈錦大綬赤小綬連環玉檢高七寸廣二寸四分厚四分玉斗方三寸四分厚一寸二分皆飾以金環以紅錦加紅羅泥金夾帕納於小盝以金裝內設金床暈錦褥飾以雜色玻璃碧鈿石珊瑚金精石碼碯又盝二重皆裝以金覆以紅羅繡帕載以腰輿及行馬並

飾以金朝會陳於御坐前大禮則列於仗貟宗又改皇帝受命爲皇帝恭承天命之寶元符元年春正月甲寅永興軍咸陽縣民段義劚地得古玉印詔尚書禮部御史臺學士院祕書省太常寺官定驗以聞三月丙辰翰林學士承旨蔡京等奏奉勅講議定驗咸陽民段義所獻玉璽義稱紹聖三年十二月內河南鄉劉銀村掘土得之臣等按所獻璽色綠如藍溫潤而澤其文曰受命于天既壽永昌其背螭紐五盤紐間亦有貫組小竅其面檢文與璽相合大小不差毫髮篆文工作皆非近世所爲臣等以歷代正史考之璽之文曰皇帝壽昌者晉璽也曰受命于天者後魏璽也惟德允昌者石晉璽也

則旣壽永昌者秦璽可知今得璽於咸陽其玉乃藍田之色其篆與李斯小篆體合飾以龍鳳鳥魚其蟲書鳥跡之法於今傳古書莫可比擬非漢以後所能作明矣今陛下嗣守大寶而神璽自出其文曰受命于天旣壽永昌則天之所畀烏可忽哉晉漢以來得寶鼎瑞物猶告廟改元肆告上壽況傳國之器乎其緣寶法物禮儀乞下所屬施行詔禮部太常寺考按故事詳定以聞有司討論故實來上擇日祗受改元曰元符大赦天下百寮稱賀國史補國初創業艱難諸寶多階石爲之元豐中詔依古作天子皇帝六璽而玉時未成大觀初始得玉工之善者琢之但疊篆而已亦不大良又元符初得

漢傳國璽實秦璽乃藍田玉李斯之魚篆也其文曰受命于天旣壽永昌然獨得璽而無檢螭又不鈌疑其一角鈌者乃檢也自有璽傳考驗甚詳傳於世上獨取其文而黜其璽不用因自刊受命寶其方四寸有奇時又得古小玉印文曰承天福延萬億永無極者上又以其文倣李斯魚蟲篆作寶大將五寸爲螭紐蓋魯公命季子脩以意斆之受寶記言有以古篆進者謂是也名爲鎭國寶與受命寶爲二寶合天子皇帝六璽是爲八寶乃於大觀二年元日受之上自爲之記焉魚蟲篆者始於李斯以古帝之瑞若所謂黃帝之大螾有虞氏之鳳凰周之赤烏白魚雜肖其形而爲之篆爾其後從于闐

國求大玉一日忽有國使奉表至故事學士院召譯者出表語而後爲答詔其表有云日出東方赫赫火光照見西方五百國五百國條貫主師子黑汗王表上日出東方赫赫火光照見四天下四天下條貫主阿舅大官家你前時要者玉自家甚是用心只爲難得似你尺寸底自家已令人兩河尋訪纔得似你尺寸底便奉上也當時傳以爲笑久果得之厚大踰二尺色如截肪昔未始有也上又制一寶亦螭紐曰範圍天地幽贊神明保合太和萬壽無疆凡十六字實命魯公賦其文篆亦魚蟲然韻頗不古乃梁師成所主命睿思殿文字外庫人爲之不知爲何人書也至於制作之工則幾於秦璽矣

其寶大九寸有檢亦九寸古人所無號曰定命寶合前八寶爲九下詔以乾元用九焉又於政和八年元日受之凡兩受寶皆赦天下上曰八寶者國之神器也至于定命寶乃我受命所自制者也居常赦文前後皆翰林學士主之其間事目與行文乃中書門下諸房排定進呈獨大觀八寶赦乃魯公多自草故異於常赦靖康之變悉不存隆祐太后遣孟忠厚以大宋之寶奉迎高宗本朝故事雖存前代之制常所用曰書詔之寶書詔則用之御書之寶宸翰則用之御前之寶宣命緘封則用之奏鈔則用天下合同之寶祭祀則用皇帝恭承天命之寶六謹按漢官儀天子不佩璽侍中組負以從秦以

前爲方寸璽衛宏亦云秦以前爲方寸璽秦以來天子獨稱璽又以玉羣下莫得用徐璆傳獻帝遷許璆以廷尉徵當詣京師道爲袁術所刼術死軍破璆得其盜國璽還許上之司徒趙温謂曰君遭大難猶存此邪璆曰昔蘇武用于匈奴不墜七尺之節況此方寸印乎吳書亦云方圜四寸則知秦璽方寸耳後之璽大若此其僞爲無疑後世轉相倣效不勝其繁善乎昌黎子之言曰若傳國璽狂嬴賊斯童心侈意而爲又曰卞玉之璽何代而不傳何僞而不得旨哉噫聖人之大寶曰位苟能畏天修己不以富貴無敵爲樂而以勤儉保邦爲務皇天眷佑神器永歸奚用泥於得秦璽哉享國之久莫過三代初未聞憑藉於無情之金石也偶得元符璽文并石刻諸璽文模於前以證諸家之謬祛後來之惑以貽博識者云

雲麓漫鈔卷第十五終

滎祭酒遺文

向閱邑志有元祭酒滎肇宅在硤石鎮預備倉即其故址墓在縣東北五十里俗稱滎歪頭墓附載宋濂所作像贊而列傳無之故不詳其字去冬獲見元鹽官州牧申繼賢譔滎氏二奇女傳始知其字曰子與今春又從顧子葛民得許醇夫編修所譔滎祭酒傳具述其出處生卒踰時復得其遺文十二篇後有王中驥跋亦云其兄穀原比部鈔自許太史家惜鈔時作細字艸稾又遭庸妄人涂抹批點而蛛絲煤迹墨黯紙殘殆不可卒讀余別錄是本而悉心校訂焉嗟乎自古能文章而不傳于世者多矣彼布衣之徒懷才抱德比事屬辭不得志而死身名俱歿固足悲耳至若名公鉅卿生前赫赫著迹等身不旋踵而消滅或返不如布衣之聲施後世者尤不可勝數焉若子與先生者言行如此卓卓而文章幾至不傳其它則又何說傳稱其生當晚宋通經史百家之言尤服膺洛閩之學嘗應京兆試適賈似道當國例自署非假道學方準試乃太息以爲君子患不聞道與不力學耳苟抱道自重雖餓死不附時相而獲功名遂拂衣而歸隱紫微山不求聞達元元貞初有薦于朝詔徵入召見稱旨乃補國子監助教晉祭酒居官三載即乞休優游林下又十年而歿今觀其文平和條暢婉而多風陸宣公之奏議韓文公之五原彷彿其遺規足以維持世教正不必與虞揚范揭爭長直可與王秋澗

姚牧庵齊驅並駕乃志乘不爲之闡揚邑人莫悉其表德殘編剩墨狼籍誰加之愛護將飽蠹鼠而化煨燼閱五百餘年而僅存此十二篇之艸稾豈不重可歎哉吾鄉以儒林著者晉有干令升齊有顧景怡梁有戚公文陳有顧允南唐有褚宏度宋有張子韶而元則以先生當之庶幾無愧惟宋景濂既作像贊而其修元史乃不爲立傳卽像贊亦不見集中贊云先朝之老臣當代之巨儒似乎不合宜云當代之老臣先朝之巨儒豈後人假宋之名以題歟抑傳寫致誤歟傳云子二圭敬先肇卒孫溥克承家學不仕按鎦績霏雪錄云榮子仁名僴啟歪頭祭酒之子達實帖木兒丞相之甥草書學羲獻一童以小篋負文房具自隨嘗執筆畫烏絲不用界尺細直而匀與太璞危公交善其名與傳不同或係後改亦未可定傳又云葬于紫微山之麓攷潘廷章峽川志云榮祭酒墓在鎭西葉家埭陳雲駿峽山圖志則云國初掘毁觀明祝蘩有榮祭酒墓詩云鬱鬱佳城傍水涯豐碑滿載舊聲華往時固有碑碣何至被毁耶余訪其後人僅有一家以鬻冠爲業問彼先世遺事竟懵然不覺更堪憫耳方得斯文峽之賢士曹桐石吳榕園顧葛民皆喜出意外桐石旣跋其後葛民復有題詞行將謀諸同好付梓以傳焉是爲敘嘉慶十七年夏四月鄉後學陳鱣書于紫微講舍

文者載道明道也舍道學而言文我不知爲文也我鄉許太史慕迂先生以青年掇巍科入館閣不及數年遂歸不出閉戸讀書肆力於詩古文辭已而與張丈莘皐陳丈古民輩講論道學一言一動皆準先民矩矱家自宗伯以來藏書最富而太史尤篤嗜搜拾遺文故所藏宋元未刻之集多至百十種嘗彙漢唐以下迄于昭代之詩文名五千卷卷百頁名曰文海詩海手自丹黃而甲乙之太史之業可謂勤矣家比部穀原兄與太史至契曾借閱數十種遇文之佳者輒錄而藏之後子敦初名復從余游因出篋中書籍質余乃得讀有元榮公之文十有二篇余愛其議論精確粹然儒者之言大有裨於世道人心雖近今世俗爭尚豔體余則謂道學之文不朽之作也若風雲月露之篇卽一時傳誦號稱紙貴究與世道人心毫無關涉數年而後恐不免厭棄耳若榮公之文可謂理學名言百讀不厭矣惜也太史長往後嗣不振聞所藏者頗有散佚想榮公之文當不止此奈余老而無能不及登太史之堂徧讀全編可慨也夫榮公未詳何人而吾硤向稱元時有榮歪頭祭酒名肇宋濂贊有鉅儒句然邑志無傳而宋贊不見于集後嗣雖有在硤者余不能識面姑闕疑而俟他日正之學者但當讀其文以明道可也不必強爲之辭以附會其說亦不必拘於人之無考而輕視斯文則老人有厚幸焉

里後學王中驥朝華氏謹跋

文章不原於理學縱使摛華挼藻精妙絕倫譬若金玉錦繡非不寶貴然僅資玩好而無適於用惟夫經世之言載道之文卽無以眩人心目而其修辭也眞而樸其持論也正而大則有如布帛菽粟爲人所日需而不可廢元國子祭酒桀公子輿諱肇吾峽先賢也微山南涯預備倉基卽其故居第年湮世遠行跡無徵及讀許太史纂迂所爲傳推其闡發程朱之學前明宋學士濂所作像贊稱爲先朝老臣當世鉅儒風裁尙可想見今年春陳孝廉簡莊得其所著古文辭一卷計十有二篇指陳剴切讀之猶凜凜有生氣良以實理名言大有裨于

風敎且覺與今時習俗流弊深爲切中有不啻鍼砭而藥石也嗟乎自元迄今垂五百餘年兵燹疊經廢興不一其間著作流傳何可勝數然皆如春花秋葉隨時殞落卽幸有存者要不過紙上浮談終鮮實際而先生此編獨經刼而不泯且歷久而彌新不可見不朽盛業足以行遠而傳後者固自有眞乎乃世之人或笑以爲迂或目以爲淺近是亦不可與語斯道已可慨也夫嘉慶十有七年四月旣望里後學曹宗載識

顧　瀾

室廬輾轉盡邱墟屈指年經五百餘獨有文章偏不朽翻敎聲價重璠璵

巨儒名望共流連著述終憐渺不傳且喜東湖賢太史獨能收拾到殘編

榮祭酒像贊

宋　濂

先朝之老臣，當世之巨儒，橋門清貴，左圖右書，元君寵顧，後擁前驅，連城之璧，照乘之珠，修髯大額，此誠魁梧，峩冠博帶，可肅薄夫。噫！孟軻氏有云：得天下英才而教育之，舍公其誰乎？

榮祭酒傳

許　焞

榮肇字子興，世居鹽官之硤石，族極繁，然率多農家者流。唯肇之贈公樂善好施，與稱篤行君子。晚年得肇，日者見而異之，謂贈公曰：此子後必爲名教之傳人。翁善植之。後肇入塾，果端謹不苟言笑。既長，通經史百家之言，尤服膺濂洛關閩之學，私淑朱子，以誠意正心爲務。

父喪畢，應京兆試。宋季賈似道當國，例自署非假道學方準試。肇太息曰：君子患不聞道與不力學耳，苟抱道自處，雖窮餓以死，不榮于附時相而獲功名哉！羞惡之心，人皆有之，僕卽不才，恥心尚在也。遂拂衣而歸，隱紫微山中，勵志潛修，學益醇粹。已而宋亡元興，儒者不見重于世，肇亦不求聞達。逮成宗初政，有薦肇於朝者，詔有司徵之。肇入都，召見稱旨。帝曰：子眞宋儒也。方今學者悖理叛道，先王之教不明，子宜爲國子師，以表率天下。乃補助教，晉祭酒。肇居官三載，方正誠慤，爲有元第一流人物。以年老乞休，放歸，闡發程朱緒餘，宋儒之書燦然復明於世。優游林下又十年而歿。生宋寶慶二年，卒元大德十一年，壽八十有二。子二：圭、敬，先肇卒。孫溥克承家學，不仕，葬肇於紫微山之麓，卽世俗所稱榮歪頭墓是也。

舊史氏曰：君子疾沒世而名不稱，故必力學以求大過人者。何肇之理學經濟皦皦若此，而世罕知，徒以歪頭之墓見稱哉？抑由元之輕儒與後之無傳人耶？雖然，宋濂稱爲先朝老臣，當世巨儒，弗可及已。又曰：得天下英才而教育之，舍公其誰。其推重至矣。

榮祭酒遺文

論短喪疏

元　鹽官榮　肇著

臣聞人心者國家之元氣也而人心莫重於敦本夫人莫不本於父母也無論官骸髮膚爲父母精血所遺即夫鞠育之顧復之飲食之教誨之幸其成慮其敗靡朝靡夕無在不繫于父母之懷欲報之德昊天罔極此蓼莪孝子所以哀哀于生我也孔子所云三年之愛爲宰我安於短喪故發是言以警醒之豈誠謂父母愛子止有三年哉先王酌理準情而制喪服謂人子之於其父母也思恩無窮而致哀則有節示以中正之則定爲三年自天子至於庶人貴賤同之古者君薨嗣君諒陰三年百官總已聽治于冢宰然此制可行于古而不能行于後世何也後世之冢宰非必有如伊傅周召之賢必拘古制不惟政務有所曠廢而更不無他患焉是不得不思所以變通之周衰喪禮漸廢而以日易月之制則始自漢文帝遺詔短喪三月除服文帝之意乃謂臣庶于天子之服非兼嗣君而言之也景帝薄于天性遂據此定爲人君居喪之制自後相因莫之能改西晉武帝欲行三年之喪裴傅等爭焉武帝雖允羣臣除服而素蔬終喪亦可謂賢矣後惟北魏孝文北周武帝能行之其餘蓋罔聞焉夫人主以一人而統四海日有萬幾不可以三年致曠政務則三年諒陰既不可復而短喪又不忍如周武帝所詔軍國重事親自視朝而衰絰之服苫廬之禮悉遵前典亦庶乎變而不戾于經也歟然此人主不得已而爲之也至於大臣佐理國事或居喪而去位豈無他人焉可以代任其事者而後世乃有奪情起復之說先儒以爲有金革之事則然夫即有金革使其人果有折衝禦侮之才欲平禍亂以救甯國功非此人莫可屬則不得不從此變禮如亦庸庸無所短長自宜聽其守制何事奪情而起復而況乎非有金革之事耶昔南宋史嵩之之起復也徐元杰黄愷伯及三學諸生極論其非嵩之亦格于衆論不敢起復嗟乎凡爲此而進言者豈得已哉豈輕詆大臣哉蓋欲扶翊綱常正人心以護國家之元氣也而近世封疆大臣與夫郡縣之吏乃有在任丁憂之事夫既曰在任何爲丁憂既曰丁憂何以在任夫在任必有任中所宜臨之事宜行之禮將衰絰而臨事行禮乎抑易采服而臨事行禮乎衰絰則於事不順易采服則於心不安何可也且凡丁憂而營留任者豈眞重國家之事而欲報效于朝廷耶度不過貪位戀祿不欲一日去其居官之榮已耳如果心乎爲國則平日居官必勉盡厥職不敢有一念一事欺君而病民矣而有不能也則平日之曠職負國已多乃於居父母憂將去位而托爲報效留任辦事其心尚堪

問乎夫官長者士庶之所觀瞻而則傚也而先薄于所生則士庶傚尤欲使人心之厚風俗之淳其可得乎今士庶雖不敢短喪而居喪之禮無存焉非為官長者無以風厲之以激發其良心而然哉臣故謂上行則下效致哀于其親當先倡率之於有位者況求忠臣必於孝子之門欲望其盡忠于朝廷必先使其盡孝於父母養生非大送死為大於父母之喪但貪一官之榮不思盡厥哀其于君也亦不過逐利已耳設國家有事欲其鞠躬盡瘁矢報國之誠臣知其必不能矣故奪情起復在任丁憂之弊習斷宜禁而不行使為官者各重於所生以為士庶倡亦天子所以廣孝治天下之意也正人心

而厚風俗以護元氣其道蓋莫先于此矣惟陛下察之

民牧論

書曰民惟邦本本固邦甯又曰匹夫匹婦一能勝予予臨兆民禀乎若朽索之馭六馬若是乎天下之可愛者民而可畏者亦莫如民也聖王知其然也是以常思所以保護而安全之第天下之大億兆之衆豈人主一人之身所能一一而親撫之此不得不以宣布德教委于牧民之有司郡有守縣有令而又設監司督率於上以察屬吏之治否凡此皆為民之牧承君之命以保乂夫民人者也夫監司統乎郡縣守統乎令而與民最親而近衆務待以理者則尤在乎縣令也縣令牧民之微員耳其位卑其事繁其責重而又受制於諸上司為之亦正不易矣然使為令者誠能盡乎父母斯民之心勉勉焉以教養其民而俾無失所則吏治修舉亦庶無負於民牧之責哉而無如吏治之不古若也一有地方之任他不暇顧其心輒計曰吾將何以肥室家而為子孫計乎是直以一官為居奇殖財之地問以撫字不知也問以教化不知也即問以詰禁而亦有所不暇及也其精神之所專注者則惟在于催科夫催科乃為朝廷惟正之供萬無容於怠緩然而賦有定數征有定期按期而征如數而取亦何害近乃以先期力征為能以格外浮收為計急征暴斂并縱其書胥及官之家人僕從恣為

姦利百姓怨咨全不為卹司牧者容如是乎且其為肥私之計又不僅在是也開賄賂之門寄耳目於衙蠹結心腹于無賴紳衿於編戶內搜察其家資之厚薄一有事值即為之關通說合以攫取其賄其所以網利之方凡可以浚民膏脂者蓋纖悉靡遺焉而民以病矣夫貪牧蒞于上雖歲歲豐稔閭閻猶不無愁歎不幸而遇凶荒之災田禾無收米價騰貴民艱于食比戶嗷嗷而有司則曰是非余所知也余所知者惟有急於催科以收其羨餘而已催科益急虎狼之役四出鈎呼橫行叫囂民不堪擾拮据悉索以輸而有司依然恣意浮收有加無減雖然苟有科稅之可完雖歉收之歲亦曰艱難猶

不至于重困若窮簷無告之民弱者委于溝瀆强者糾聚無賴横行阡陌刼掠殷戶一二好義之士共爲酌濟有司則曰若輩欲市義耶置于法而拉取其財至饑民困于無食非惟弗顧抑且倍加箠楚焉夫不能裕民之食而但思奪民之食不能保民之天而直欲絶民之天嗚呼爲民父母何忍乃荼毒而至于於斯極也或謂上有郡守焉又上有監司焉百姓受令長之害豈無上訴之路而不知無可訴也彼虐取下民以飽已腹則必彌縫上司以悅其心上司悅其奉已也方心許其爲能而庇護之矣又豈肯輕納小民之訴也哉夫民怨不可蓄也衆怒不可犯也百姓雖蓄積怨怒而究不敢與有司爲難者非特畏官也乃畏法耳其所以畏法者直畏夫死耳譬有司而罹於法死亡之禍必立至不如姑爲隱忍猶可以苟延旦夕之命雖然有司莫謂小民不足畏也使困民而處之有死無生之地則民不畏死矣死既不畏何有于法法且不畏而官復何所恃耶嗟乎自古國家致亂速禍未有不起于聚斂之有司竭澤而漁不卹其民爲人主斂怨于下因以釀天下之變故欲固邦莫如安民欲安民莫要于慎擇牧民之吏而欲郡吏之良則尤在于監司大臣能洒濯其心以風厲于上則下雖有不肖之有司亦必凛然知畏而自不敢逐于貪有司既不貪則掾吏胥役又孰敢弄法舞文以魚肉齊民乎吾故願牧民之有司知民之可愛常保之如赤子知民之可畏毋棄之爲仇讐則官民相得而上下安不貽天子以宵旰之憂其于朝廷簡任之意亦庶乎無負也矣

天無私論

客有問於予曰天有私乎曰無私天既無私則凡爲天之所生皆宜爲天之所愛何以或寵綏之頻加或阨窮而不已也予應之曰此非天之有私也因乎人也上自帝王下迄隷丐皆人也皆天之所生也而貴賤懸絶若此天豈有私意於其間也哉今夫人豐厚瘠薄勢有不同聰明愚魯質有不同勇壯怯懦力有不同而或富或貧或貴或賤或壽或夭命有不同使天必欲盡生人而均之平之歸於畫一以自明其無私天豈若是之規規耶客曰天無私矣福善禍淫非天道乎則良善宜蒙福淫惡宜膺禍矣何以善人有終身潦倒惡人且奕世顯榮也予曰天之待人以積世論不以一身論身雖爲善其先世之積慝未消安能以其一身之善而遽降以福身雖爲惡其先世之餘澤猶存亦豈必以其一身之惡而驟施之禍大易不有餘慶餘殃之說乎客曰餘慶餘殃吾固知之今有人焉累世以來世濟其美而其人孜孜好善乃不惟不得榮其身而且厄其嗣續有人焉累世以來世濟其凶而其人又種種造惡乃不惟未嘗困

其身而且蕃其子孫則又何也子曰天之爲道有常有變常者一定之理變者不測之數無一定則人無以識從違非不測則人無以息僥幸此皆陰陽消長自然之所運天亦不得以私而主之夫道有常變而數有盛衰際數之盛天以常道順而行值數之衰天以變道逆而施故虞書惠迪吉從逆凶如影響言其常也柳跖壽終顔子殀亡張湯有後鄧攸無兒此變之爲也客曰天人一理也人心之是非卽可以决天意之予奪而莊周有言天之小人人之君子人之君子天之小人何又不相合而相反也子曰此莊子生於衰周之季世事壞天道變小人得志正士不容故憤而爲此荒唐悠謬之言豈眞天人之相反也哉且子獨不觀乎富貴非天之所厚乎其人而富貴焉雖小人也而人卽莫不奉之爲君子貧賤非天之所薄乎其人而貧賤焉雖君子也而人卽莫不鄙之爲小人天與人意固未嘗不合也士君子不幸而遭時不偶亦惟有順乎數安乎命盡其在我以聽夫天之所爲而已矣天有私乎無私乎又何問焉於是客不再問而退

論佛

佛也者弗也弗以人之常道爲道者也夫人之常道有君臣之義父子之親夫婦之和而彼佛氏者必去而君臣棄而父子夫婦屏除一切以期于明心見性登于化域嗚呼自有佛氏而三綱淪人道絕矣雖然使學夫佛者屏居于深山邃谷練修于精廬靜室之中悟徹眞如離去塵垢以自求於超凡而入聖彼固欲自成其爲佛也吾亦何惡乎爾吾所惡者從佛之徒曾不識佛旨元微獵其糟粕更造爲禍福因果之說以煽誘愚人其爲世道人心之害焉深也夫佛以清淨爲宗故空諸色相而必梵宮琳宇金碧輝煌傾人之財疲人之力以侈大其觀非佛之本意也佛主於慈悲方不惜捨身以濟物又豈肯借名募化說法誑人吸取衆人之脂膏以供已之欲如佛之設念而誠在于壯己之觀快己之欲則所謂清淨慈悲者其安在耶世之沙門僧比邱尼皆所謂佛門弟子也剃髮披緇托身方外名歸淨域實戀塵緣究其所爲己足爲人間之蠹賊而有所謂大和尚者本非德行高僧裝飾規模開壇講經而說法其所說法不過佛門之粗律其所講經祇是佛乘之游談居然上座受人膜拜受人齋供受人錢鈔而又多設懺會招聚愚夫愚婦混處雜居大亂男女之防更有不法僧尼以佛護身奸貪淫穢無所不至嗚呼佛如有知當亦深恨此輩大壞法門將置之於阿鼻地獄矣而世人不悟動曰佛門弟子喜施捨之不爲靳卽其人性本慳嗇平日於兄弟親戚朋友與夫鰥寡孤獨窮而無告之人欲求其稍爲賙卹而不可得者一旦僧尼以修佛殿裝佛身卽

蘇之亦不惜慨然而一爲解囊其於僧尼敬信之也如是非敬僧尼也敬佛也非信僧尼也信佛也蓋佛教之溺人已深上自王公下至庶民無不專心佞佛以求福田利益雖大聲疾呼而欲覺悟之其可得乎彼佛氏者不染愛河慾海之累六根清淨以獨修其身可也必欲廣其教于天下使天下之人果盡遵佛氏所爲去其君臣父子夫婦之倫則不仁不義之禍熾而相生相養之道息矣且人非能盡出於空桑也而人類不幾絕乎哉夫佛以慈悲爲念者也皈吾教而致天地之間人無種類其可悲憫何如又何有衆生之賴其普救也耶

原釋

夫釋氏者本西域之教自漢明帝感於夢幻使人西求佛而其教遂流入於中國至魏晉六朝之間佛教寖廣塔廟漸增而沙門之徒日益蕃鳩摩在秦繙譯經典以廣播海內後世佛書蔓延皆出自姚秦也至達摩西來掃除一切不立文字直指人心是眞善爲彼教解脫妙棄筌蹄吾嘗以爲鳩摩則滯迹於有達摩則化迹於無獨能發釋氏不住之元風者也梁武帝佞佛達摩見帝所主在於因果自視功德莫大達摩謂其所爲無一功德以是拂帝意遂隱嵩山少林寺面壁九年而逝夫武帝所爲本無一可爲功德也彼以六度布施爲第一而三度捨其身於同泰寺羣臣以錢億萬贖歸夫旣捨之矣曷爲贖復歸也欺佛乎欺己乎欺天下乎況此億萬之錢何一非百姓膏血所出不恤民艱而妄以是飽寺僧之腹功德何在又以佛主慈悲而戒殺致宗廟之祭不用牲牢惜物命而甯使祖宗絕血食迨與北魏爭壽陽則三築淮堰淹死生民數十萬不忍物命而輕棄民命倒行逆施如是又何功德之有其始也御食止於菜菓及臺城被圍而不免于破其戒食雞子卒呼荷荷而餓死豈佛喜其功德度之入於西方極樂世界耶且爾時臣叛其君子叛其父兄弟叔姪相賊相殘漸滅其彝倫事佛求福也禍乃至此夫梁武佞佛不獲福已又安能福人乎而近世之修佛事者以禮梁皇懺爲大功德何歟或謂事佛自可求福田利益北魏太武帝與崔浩深惡佛法誅沙門廢佛像毀佛寺而太武被弒浩至夷族非惡佛之報歟果爾厥後宣武最崇佛而胡太后作永寧寺極其壯麗爲浮屠九十丈上刹復十丈飾以金玉錦繡塔廟之盛自古罕有其崇佛也可謂極矣然宣武短祚胡太后不免爲爾朱榮沉于河崇佛而得禍則又何也嗟乎佛之爲道其教空萬象寂諸緣歸于清淨以證厥菩提也而豈欲紛紛擾擾以禍人福人炫惑天下使人之信而競事于奔波哉自後來釋氏借佛法而倡異言設爲天堂地獄之說藉以射利而空虛清淨之本旨已盡失矣夫人明乎理者少昧乎欲者多言及禍

福孰不生畏喜言天堂孰不慕言地獄孰不懼釋氏因爲之言曰雖有惡行能持佛念經即可以登天堂而獲福雖有善行不持佛念經不免墮地獄而罹禍於是惑其說而信之者蓋十室而九焉抑知善善惡惡天之正道也佛豈能悖于天乎如凶惡之徒日誦貝葉之書心藏蛇蝎之行既死矣以其能信佛佛即引之而享天堂之樂而正人君子以名教綱常爲已任其卒也以不信佛佛即墮之而俾受地獄之災善惡倒置是悖乎天矣佛豈爲之吾有以知其必不然者况觀夫古之佛弟子其戒行稱高潔者問其家風不過一塢白雲三間茅屋一鉢一拂到處生涯曷嘗營營於塵俗之中講因果說禍福以爲能廣釋氏之教哉吾故謂人能率性之善不昧心體本然之明恬靜澄虛泊然而寡營淡然而無欲雖不事佛亦可爲吾敎之傳人死必爲神矣若夫日逐於聲色貨利之間心性俱失雖今日飯僧明日修寺以是爲吾無量福也佛其許之乎噫是必不許之也矣孔子曰如不可求從吾所好則世之人曷不移佞佛之心轉爲切已之學庶乎大道可明而天下治矣

論鬼

以素不相識之人一旦萃聚而游處彼與此兩無所嫌何也以其爲人也若夫親戚友朋當其化爲異物之後或聞其嘯於梁曰是某之聲也鬼也則惕然恐而避或見其形于室曰是某之狀也鬼也則駭然驚而走夫方其爲人雖疏弗疑及其爲鬼雖親亦忌然則鬼也者固人之所深爲畏惡者也何畏惡乎爾曰以其禍人害人也嗟乎鬼亦何能禍害人哉凡人精神强固陽氣方充陰邪不得而干之何有於鬼惟夫氣將散數將盡命將訖已將以鬼爲鄰於是鬼從而侮之踣之是以禍害乃人所自召於鬼何與焉其爲人禍害者惟厲鬼耳彼既强死故往往出而爲祟亦不能無端而害人因其祟而致死者必其人夙與爲讐者也或則其致彼于死而報復之者也若晉景之夢大厲齊襄之見豕人鄭駟帶豐段之死于伯有漢高后傷腋而死卜爲趙王如意之爲祟是已否則其人之數身合爲代或應遭其劫如縊溺而死之鬼癘疫之鬼是也不然天地神明森然布列鬼何敢肆行胷臆妄作威福以害及平人哉况今日之鬼即昔時之人今時之人即將來之鬼何畏焉何惡焉而吾特畏惡夫世之人而鬼者也彼人而鬼者其形則人也其心則鬼也挾其機械變詐之智自以爲能與彼同類相交則以詐禦詐以詐濟詐朋比互售其姦而玩弄忠厚長者于股掌之上語言詭譎翻覆無常見有勢力可倚資之以攫利則朝夕奔走趨承若蟻附羶一朝見其勢去便轉眼若不相識且或助他人而其排擠之昌黎所云落陷穽不一引手救而反擠之又從而下石焉

若輩之所爲大都爾爾也噫所爲如此雖鬼不若然彼固醜然自以爲人也人與之相處亦信其爲人不疑其爲鬼受其欺愚而不覺及覺之而陰嘗其害已不一矣爲鬼爲蜮有靦面目詩人之刺豈過論哉吾悲夫世之人莫不知畏惡夫鬼之爲鬼而人而鬼者於青天白日之下肆行其鬼魅之伎倆以迷人而害人其可畏可惡爲吏甚而竟莫知也且親之而近之蓋亦勿思之甚矣

懲貪

古之人有言曰貪吏不可爲也廉吏亦不可爲夫貪固不可而廉則何不可之有蓋廉則無私無私則明吏治有不修乎貪則多欲多欲則昏吏治其能修乎以是思吏治之要莫要於崇廉而去貪然而天下貪吏多而廉吏少何也人逐于利耳以利爲倘則雖欲遏其貪饕之欲而不能夫廉吏之風可慕貪吏之名不可居人盡知之者也何一行作吏貪念輒生衆平日所致慨于有司之無良者有不禁躬自蹈之利誘于外則志昏於中耳身膺父母斯民之任而惟是逐逐於網利之爲此固凡爲吏者之罪也而揆厥所由州縣之吏其貪也半在營已身家之肥而半困於上司之多誅求嗟乎爲封疆大吏誠使其秉廉正潔白之操以倡率于上賄賂不通人不得以私干之則凡其所屬之吏孰不肅然知畏何敢以一官爲奇貨之居而肆其欲無如爲大吏者位高矣祿厚矣勢尊而權重矣而貪得之心亦竟恃之而愈熾方且縱屬吏之貪汙爲已聚利藪蓋羣吏之爲優爲劣進退黜陟其權一操于大吏快其欲卽引而列于薦牘拂其意卽擠而掛諸彈章其所舉劾無不計賂之有無輕重以上下其手彼羣吏見大吏之所爲如是也顧安得不竭力彌縫競事餽奉以結其驩於是雖至於下浚民膏上蝕國賦而有所不憚夫浚民膏是爲民之蠹蝕國賦是爲國之蠹況夫國之錢穀於上輸外必有所存貯于州縣之倉庫者備不虞濟緩急也今有虛籍而無實貯設有不虞將以何給是不惟民病而國亦病雖然此弊之沿積也久矣非聖天子赫然大振厥威務爲懲創而掃除之則雖命使者四出嚴行盤查而其弊卒牢固而不可破何則州縣既有虧空聞使者之出則必預爲掩飾支吾之計迨使者入境必巧探其意旨所欲曲爲承迎厚賄其左右以求隱爲之庇彼使者其果自守廉隅眞能爲天子任其勞怨無封殖之欲無徇庇之私乎而未必然也則亦不過藉是以射利苟且完事以復上之命而已有盤查之名無盤查之實縱一使旣還一使復出徒爲擾擾其於事會何濟之有愚竊以爲欲去其弊則必究其弊之由生州縣虧空之弊其原生於上司喜賄賂下屬競進奉耳吾思身爲大吏居高位享厚祿負尊勢操重權其受朝廷之寄荷國家之恩也大矣

曾不思爲國爲民而專於盈己谿壑爲罔上營私之事致耗州縣倉庫之儲蓄無以備不虞其負上之罪何如哉大吏者羣吏之表也大法則小廉故國之於大吏也待之甚優而責之特重使其怙尊貴之勢肆然于上貪而無藝慾而無厭國計民瘼了不爲念而基封疆異日之禍是何可不嚴以法懲之如以其爲大吏也縱罪惡已彰而姑爲寬縱不過薄示其譴吞舟之魚竟使漏網則大吏其何所畏不惟大吏無所畏也羣吏見大吏雖有罪而法所不加則共思爭前趨承倚之爲援而背公奉私妨民病國之事又何憚而不爲古者法行自貴盍深有見及於此也愚故謂吏無大小一以貪敗而法在所必行其贓賄雖經抄籍入官猶不得倖免於罪則刑均而法嚴人生畏懼之心長其廉恥遏其貪墨而浚剝侵蝕之弊自戢澄吏治而肅官方厚民生而裕國儲其道倘有在于斯也夫

論奢

風何以淳本于儉也俗何以壞成于奢也嗟乎自奢風一倡浸淫人心溺而不知所返也久矣富者相耀而貧者競慕凡吉凶之事强欲效富人所爲以飾一時之美觀於是多方那移重息稱貸既而逋負累累索債盈門父母妻子衣食坐是以不給其在富者自恃素蓄饒盈極欲窮奢祖宗錙銖積之彼直泥沙棄之夫如山之積奢則易消彼之身固以快樂終矣而子孫效尤日加月甚其家未有不至於傾蕩者迨傾蕩而後悔嗟何及矣奢之爲害也如是哉近俗之奢莫甚于江左浙右本不過一齊民耳家饒于財具宫室之華衣服器皿之麗食饌之豐美鮮腆儼若王公而婚嫁喪葬外觀益極其侈雖縉紳閥閱之家視之有遠不逮者滔滔江河流而日下正不知有何底止也夫自上無等賈誼所爲長太息也昔殷王紂爲象箸箕子唏之曰彼爲象箸必爲玉杯夫以天子之貴四海之富一玉杯象箸所損幾何而箕子猶以爲唏誠以奢欲一開不可復遏他日惛心蔑德何一不爲敗亡之禍卽基于是焉耳豈知今日富民之家玉杯象箸且設而爲常物乎管仲鏤簋而朱紘山節而藻梲君子以爲濫魯莊公於桓公之廟丹其楹刻其桷御孫諫曰儉共之大也侈惡之大也先君有共德而君納諸大惡無乃不可乎古人之懲夫奢也如是今富民之家其宫室器具之飾雕鏤彩漆侈濫數倍前人竟相習以爲固然無足怪鄭公子臧好聚鷸冠文公惡而殺之君子曰服之不衷身之災也今富民之衣服奇衺其不衷殆有甚焉者矣宋永寧公主衣貼繡鋪翠襦入宫太祖曰汝後勿復爲此飾主曰此用翠羽幾何太祖曰汝生長富貴當念惜福豈可造此惡業之端主因慚謝今富家婦女裙襦之綺麗彼貼繡鋪翠又烏足以爲

華美耶奢僭無度乃至此極風俗之敗壞何如也雖然物極則反天之道也晉何曾位居三公日食費萬錢猶嫌無下箸處至永嘉之末何氏無遺種石季倫富堪敵國以椒塗壁以蠟代薪與王愷鬭富武帝助愷猶不能勝及季倫爲倫秀所誅身死東市即金谷名園亦霎時蕩爲坵墟豈非以其奢侈過甚不惟爲人所忌而亦爲天之所棄耶自古驕奢而致敗亡者不可勝數即此二人以觀亦宜知所鑒矣況今人非必有如何曾之貴季倫之富也而汰焉以奢誇勝何歟夫人常苦于不足我獨享其有餘是因天之厚我以生也天厚之而我顧自斲而薄之乎則何如返之於儉去其淫靡歸於淳樸以爲後人法且與其縱一己無窮之欲恣爲蕩耗曷若推其所餘潤及於宗戚友朋鄉黨鄰里之鰥寡孤獨窮而無告者俾無失所厚種德以貽子孫則富可長保縱不能長保其富要必有賢子孫振起于其後以視夫恃富而奢一敗塗地者其得失相去奚啻什伯也哉

任人論

天下之治亂係於任人任得其人則致治任失其人則致亂此其大較也而欲任人之無失在乎人主有知人之明能知人則邪正辨而舉錯胥當不知人則是非淆而用舍乖宜治亂之分實根于是虞書曰知人則哲惟帝其難之然則知人豈易言哉而不知人之失其害又豈淺鮮哉吾嘗謂人主所處之勢至尊也而實至孤高居九重之上進退予奪生殺其權惟君得而主之故望之如帝天威焉若雷霆上自公卿下及黎庶薄海內外罔不肅然而稟於一人之命勢何尊也然以一人之身而宦官宮妾希寵于內羣臣百僚求榮于外環而伺焉百端雜出以嘗試之苟君心一有牽繫即有以蔽其聰明之運而姦邪之徒遂將乘其間顛亂黑白以蒙人主於不能察由是君子斥小人進牽類引朋布列于廷內外交結共爲壅蔽而舉朝幾無一可爲人主倚賴之人矣其勢不又孤乎夫處至尊之勢而形成孤立何也私欲蔽其聰明闇于知人受姦人之欺謾而不覺也

且夫姦邪之人所以逢君之欲以固厥寵者其術何所不至哉君好色則進之以妖冶之姿君好利則導之以聚斂之術君好佚樂則誘之以游畋戲玩之事凡夫土木甲兵禱祠可以廣侈其君之心者無不爲獻媚貢諛以成之而又飾情僞貌深藏其機于不測險詐而假爲朴誠殘刻而佯爲寬厚凡營私之計巧託奉公病民之方詭言利國人主不能察其衷竟信之而不疑任之而弗貳君臣相得甚者漸假以權夫權既入於其手彼乃內益行逢迎之術以愚其主外竊假威福之權以市於人人見爲權之所歸也而寡廉鮮恥之輩冀其一引手而登於要路者莫不輦金輸寶蠅集蟻附于其門至羽

翼既多爪牙日衆根株盤固而若人乃益無忌憚矣嗟乎進退予奪生殺之權乃朝廷所以磨礪天下之人才者也而姦人方挾之以爲私行喜怒之具其私所喜者立援而升之於雲其私所惡者卽擠之而墮之於壑且計賄賂而上下其手菀枯轉移于呼吸之頃夫庸情未有不慕榮而畏勢者也因各私爲計曰吾逆于君猶可也而權臣之意必不可拂吾虐于民無害也而權臣所求必不可違思所以進奉其左右以結其驩則雖下剝民膏上侵國賦而有所不憚驅天下之爲吏者惟權姦之是奉則人主大不利彼姦人之初豈卽計及于是哉不過貪富貴之樂媚于上以邀之耳迨位愈高勢愈厚權愈重而心益以放肆故其始也恃君之寵假其權以制人而其旣也卽人主并爲其所制動靜不得以自由而國之象危矣然彼方侈然自滿矯飾太平天變譴見于上以爲不足警人怨沸騰于下以爲不足畏災荒頻告寇盜蠭興而以爲不足憂遂釀成天下無窮之禍自古任姦敗國往往而然何可勝歎哉易曰履霜堅冰至蓋言陰邪不可不抑于其微也又曰負且乘致寇至言小人而乘君子之器所以速禍也又曰鼎折足覆公餗言任非其人未有不至於傾覆者也易之垂戒如是人主顧奈何而忽於任人也耶夫前事之善敗後事之鑒也昔漢宣帝知任丙魏而成中興及成帝任王氏竟移漢祚唐明皇任姚宋諸賢而致開元之治任楊李而召天寶之亂自漢唐而下凡天下之治亂興廢未有不在于任人得失之間夫世之人君孰不思興而治孰不思廢而亂其任人也孰不樂得忠賢而任之惟是喜夫人之能順己之私從己之欲遂至以佞爲忠以姦爲賢是崇是信委之爲心膂且專且久雖罪惡彰著而猶不忍去之也如是欲天下之無敗壞其可得乎誠使爲天下主者正其心誠其意廓然而無私粹然而無欲謹于君子小人之辨擇人而任毋爲姦人之所中則庶矣

遠慮論

天下之患常有出於所備之外夫有備猶不能無患矧不備不虞安得無一旦卒然不可知之憂書曰怨豈在明不見是圖又曰制治於未亂保邦于未危易曰思患豫防繫於旣濟之象而周公陳戒無逸乃卽在成王太平之世蓋安不忘危存不忘亡治不忘亂古之君子爲保世之謀未有不兢兢業業圖於幾先慮之深遠而預爲之備焉者也其在後世開創之君身歷艱難深鑒前代興廢之故欲爲子孫作久遠計其君臣相與講畫以定一代之規模者亦必慮之固而處之詳而後之嗣君生長崇高席承平之業薄海內外莫不頫首聽命自謂有泰山之安而可無他患也於是于祖宗所以綱紀一世之道漸就廢弛其有因循仍而未廢者亦不過視爲

具文而已矣其君既狃于晏安無憂盛危明之意而其臣復務爲容悅無陳善責難之心固寵貪榮方且競事營私互爲朋比率相欺謾以蒙蔽人主之聰明若此者危亂之機已伏特恃以爲安而不自知也斯時也非無一二老成深識之人憂天命之靡常慮人心之叵測出其忠言至計剴切指陳而君既逆耳違心拒而不納舉朝且羣笑其爲不識時務無端徒發此狂言有相與排而去之耳抑知患起於微禍生於忽不能於禍患未形之先早爲之圖一旦變故突生倉皇無措國事常有至於潰敗而不可救嘗觀歷代以來上下泄泄自謂無事而敗壞即踵于其後者蓋有可按而知也嗟乎燕雀處堂焚巢自號嗟何及矣昔楚臣莊辛有言曰亡羊而補牢未爲晚也吾以爲羊既亡而後補牢何如豫固其牢而使無亡羊之爲得乎孔子曰人無遠慮必有近憂則甚矣慮之不可以不深而備之不可以不預也夫國家一切制防之法所謂備之於有形者也而無形之備則在於結人心人心既得則民之於上也不啻如子弟衛父兄手足捍頭目羣情蟠結衆志如城縱有意外之警而亦無能爲害顧人心其何以能得哉書曰罔違道以干百姓之譽罔咈百姓以從已之欲夫咈民以從已欲民畏上而强從其心固不與也而違道干譽則不過區區行小惠以市德而亦不足以孚海內之心古之王者其慮民也意甚精其誘民也道甚篤其治民也具甚備其防民也術甚周日漸月摩旁皇周浹民服其敎而畏其神自無不依依于父母元后之戴不然自貴而賤其民自智而愚其民自肥而瘠其民自雄而弱其民束縛之馳驟之刼之以勢威之以刑行督責之術以箝制天下自謂天下其莫敢誰何而能爲子孫作萬年之計矣不知民不聊生人有叛志土崩瓦解其端實由於茲何也過爲猜防慮不見遠而所以備之者失其道也是可知有國家者遠慮而預爲之備其道在彼不在此

論調停君子小人

天下未有賢姦互任邪正並立可以致治而不至于亂者也或之言曰君子小人之分不可以太明太明則必爭爭則小人常處于勝而君子敗君子屏氣小人橫行而國家之禍深矣是何如渾然處之無迹君子不自視爲君子而亦無嚴絕夫小人君子幸而遇時當國秉鈞其於同道固宜引聚於朝相與贊輔而小人亦必有以位置之俾無失其富貴之欲則自可息其憤怨不平之心而他日無反噬之患噫此即所謂調停之說也抑知其說必不可行蓋君子能容小人而小人必不能容君子君子以忠厚爲心故其去小人也不爲已甚小人惟逞其凶狠殘戾之性故其去君子也不遺餘力吾嘗見于宋之世矣熙寧時王安石呂惠卿以新法亂政羣小

用事一時所謂君子者盡遭屏逐及乎元祐宣仁臨朝欲除新法之亂召元老而委任之於是羣賢拔彚濟濟盈廷此君子道長之日也而小人之黨不能盡去其根株也不爲泰而爲姤彼小人已駸駸乎有隱伏漸長之幾其後呂范二公慮小人在外者久不得志積怒蓄怨必將伺閒而思報復釀爲國憂故意主于調停蘇子由極言其不可然一薰一蕕十年尙猶有臭子由欲使之渾然無迹則雖不主調停仍不脫夫調停之見也嗟乎不盡去小人則君子安能久于其位又安能必小人不引進其類其與君子爲讐哉是以紹聖之初楊畏薦起章惇惇進而專權大肆凶慝凡熙甯小人盡引于朝而元祐諸君子貶竄無遺幸而哲宗雖暗猶守祖制不肯殺戮大臣不然東漢屠戮黨人之禍安知不再見于宋也耶至徽宗朝蔡京執政益肆其惡羅織黨人勒石立碑俾君子無復有可伸之氣夫小人道長則君子之類必至于鋤盡正類既盡而國家之大禍成矣此固小人之罪也亦由君子不務盡去小人之黨姑爲調停以優容之使之乘閒而起張其虎狼毒噬之威而至於此也然則調停之說其可行乎傳曰惟仁人放流之迸諸四夷不與同中國仁人豈獨忍于若輩哉蓋不決去娼疾之小人則無以保全善類也夫國以用君子而治以用小人而亂人君莫不喜治而惡亂莫不知君子不可一日無小人不可一日有也而任人則往往反是無他君子守正不阿不肯曲意以從君之欲危言讜論未免逆耳是以人君貌雖重之而情實疎焉一聞浮言輒以摇奪矣君子見幾亦即引身而退故常不得久于其位若夫小人內藏險譎之心外飾恭順之貌窺伺人主意旨之所向獻媚貢諛巧爲逢迎人主喜其能順適己意也則相得而無閒縱有歷數其姦而攻之而君亦不信言者徒獲罪而已迨政事日壞禍亂叢生君乃覺其誤國而欲去之則有所牽制而不能何也其盤踞既固而黨援者衆也此小人在位得專而久也嗟乎當小人柄用之日君子受其摧傷而莫進及其旣敗乃欲任一二君子以挽救之而事已不可爲亦第諉于無如何而已自古國家受小人之禍大抵然也何可勝數哉是故宜辨之於早而斷之於果其何以辨之秉乎義者君子也故其人難進而易退逐于利者小人也故其人易進而難退惟人君能清心而寡欲無惡直而好諛則君子小人正自可辨知其爲正任之弗貳知其爲邪去之弗難則君子道長小人道消國何患不底于治哉不然執狐疑之見使君子小人雜然而並處欲望其不釀而爲亂其可得耶其可得耶

論朋黨

甚矣朋黨之爲禍烈也夫同道相合曰朋同惡相比曰

黨惟小人有黨耳君子豈有黨哉然君子惡小人之爲黨而小人亦誣君子以爲黨不以黨誣君子欲排去君子安能一網而盡之觀自東漢而下訖於有宋其以朋黨之說而鋤善類者何可勝歎哉東漢之季桓靈不君宦寺專權橫行海内賢人君子憤小人之亂政欲擊而去之不可得乃揚淸激濁過爲風厲之行以遏其勢而太學之生又務矜名高互相標榜於是小人嫉之如讎而黨錮之禍作矣凡屬正人並隸黨籍株累蔓延鋤之殆盡嗚呼人之云亡邦國殄瘁此郭林宗所以哭之慟也而漢室已傾矣唐之中晚權亦歸于宦者人主廢立皆出其手而朝士不能和衷協濟以弭厥害方且分黨角立牛李之黨相軋相傾至昭宗之末盡驅殺淸流投之黄河使爲濁流悲夫而唐亦以亡宋自王安石更立新法同已者進異已者逐暨乎元祐高太后垂簾委任諸賢斥逐羣小以除新法之害小人不得志方且匿形伺釁以圖報復而諸賢不悟乃有朔黨洛黨蜀黨之分彼此詆訐授小人以可乘之隙及哲宗親政柄用章惇大肆凶慝凡元祐宰執及侍從諸臣貶斥竄逐目爲黨人至蔡京用事益加狂悖羅織黨人勒石立碑于端禮門外禁錮其子孫無一得免者於是舉朝之上遍立僉壬金人南牧束手無策遂至中原淪滅二帝蒙塵而宋以不救天下之壞也豈非朋黨實貽之戚哉夫大廈之傾支之非易狂瀾之倒障之綦難君子當否塞之會小人橫行之秋正宜藏器于身靜處以待時又何事過爲激烈而啟小人之鋒俾誣陷黨籍禍中于已身而害并及於國家也

榮祭酒遺文終

寶晉英光集

寶晉英光集序

予仕居潤餘十年會羽書交馳凡訪古蹟奇皆目力所
不暇僅能考海岳遺址整葺爲園薦菊爲祠倚江爲
堂礱石爲刻時至其閒徜徉縱目慨想摩挲而已夫
自江而南名城奥都潤爲大六朝而下賢規雋轍潤爲
古而又據景物之會窮心目之趣惟潤爲多人或訾予
謂歷數千百載它豈無名人才士可以表著而獨惓惓
於英光余每應之曰境無凡勝以會心爲悅人無今古
以遺蹟爲奇若杖履無日涉之勞江山有天境之助風
帆沙鳥晨雨夜虹凡是園之所包羅衆目之所觀記者
莫不挾英秀露光彩雖微遺蹟猶將强附而爼豆之而

況我宋人物如南宮者耶夫既卜園觀則不可以不祠
既闢祠則不可以不摭遺考文翰以備一堂之缺既蒐
摹琢之事而擴放失恪編次爲是集以傳又次敘之所
當舉而必不可無者也則又奚疑或者無以荅予按山
林集舊一百卷今所會萃附益未十之一南渡而後文
獻不足固無可議若曰南宮被天鑒流榮名其在兩朝
元不顧以結字思陵翰墨志有曰芾之詩文語無蹈襲
出風煙之上覺其詞翰間有凌雲之氣噫嘻此漢武帝
所以知相如也冠于篇端庶幾覽者有以自得焉紹定
壬辰歲上巳日鄂國岳珂序

寶晉英光集卷第一

賦五首

襄陽米　芾　元章著

參賦

武帝既祠太一受釐須胙意得氣泰神怡志豫閱符合瑞至于禤暮於是升通天之臺攬泬寥之路覩三星聯影晻然當戸顧侍臣曰是何星也侍臣枚皐進曰參星也帝曰是何所主對曰是主民帝曰可得聞其說歟皐曰臣之淺學俳儕優隊捷語翩言奉歡承話稱道盛德受貺甚大臣不敢對帝曰先生無辭皐乃跽而進曰自周衰道喪百里一王嗜欲加僭民財用傷貪如碩鼠墮號鵝粱匪爲匪鮪或潛或翔至于綦柰龔毖而很趙郊坑肉魏野封瘡粵嶺山斷還海城長驪丘墟地阿房鏽墻則是星也晻晻而無光帝曰亦嘗有明乎曰有古有治君曰堯與禹敬時命官以民爲屯民知樂生鼓腹歌舞次逮成湯視民如傷一夫不獲如已納隍周之文武迄于成康道德浹洽禮義興行刑措不用至于百齡則是星也亦嘗燁煜而晶熒帝曰宜乎自此不復有光矣曰惟昔秦錄不究上天悔亡乃命高祖匹夫奮張一洗世亂悪綏四方化其姦宄約以三章及我文景恭儉淳樸隱卹賑周德澤甚渥太倉積紅腐之粟司農朽不較之索則是星亦嘗煜煜而灼灼今陛下承累世之休光翕五福於卯戴坐明堂神明之會據建章珍陸之海臣萬國朝四裔名王係於祈連宛馬來於天外致赤鴈駿麃之異物獲寶鼎芝房之珍怪名在百王之上游悳並五帝之在界而乃晻晻而無光臣皐所以堙鬱而未快逡巡而不對也古訓有言曰民猶水也可以載舟可以覆舟言未及休命益陳鉤寢不得寐三起問籌翌旦坐明光殿封富民侯

壯觀賦

米元章登北山之宇徘徊四顧慨然而歎曰壯者江山之觀也開闢邃古逖哉邈矣帝德所被北幽南阯王功未宣六合阻異明翳視其消長來叛從而問起去古無章水濱莫委比世可悼晉裂漢耄披榛芟莽且代且滋豈地貝而天設特資險而附恭者乎乃物偶然而八乘以智巧爾若夫眞符秉中萬派朝宗稽顙納質不黷兵鋒版圖入而地合氛祲明其大同逵琛近賈千里不風鑑湛一色折葦可逝其或弱吹砌鱗疾颱湧山九地出沒千峯上擲如嶺並巨連雲俱還長鯨齒巨天吳腹斑閔運未既生民道艱宜乎曹郎託詞以按甲怫鬱而永歎也吾每登是宇攬是七當日杲天清嵐開練布遨大平君子引吳醇舞越女破千歲之長憂擲森然之萬古有杞初登由儀再旅至甚醉而乃去也

登黃鶴臺下臨金山賦

余登黃鶴之高臺臨紫金之奇岫下風輪以槃根中百

川而露秀抱羣山之勝勢儼化城之寶構二塔立而角具五洲落而珠闕幽怪集而洪鐘舉梵侶萃而香積奏泛海濤以出像過龍宮而一嗅水府明威以護法神龍降光於秘呪航溟陽之津途會四海之奔走其或浮玉焦山之名掩霧石簰落潮倒洪流而夜響援淡墨其難描靈鼉屹乎波起天花雨而仙遨有時江練夜白秋清月高冰壺無底下徹秋毫吾嘗中濡弭檝寒露泫袍追夸父以逐日呼龍伯以連鼇得長鯨而可跨或拔劍以逐蛟吾方老丹徒此戲卒未艾也每同興茲臺招酒侶命文豪劇太平藻飾之談以窮年而逍遙也

天馬賦有序

高公繪君素家有唐韓幹圖于闐所進黃馬一軸馬翹舉雄傑余感今無此馬故作賦云

方唐牧之至盛有天骨之超俊勒四十萬之數而隨方以分色焉此馬居其中以爲鎮目星角而電發蹏踠踣以風迅鬐龍䎘以孤起耳鳳聳而雙峻翠華建而出步閶闔下而輕噴低鶩羣而不嘶橫秋風以獨韻若夫躍溪舒急冒絮征叛直突則建德項縶橫馳則世充領斷皆絕材以比德敢伺蹶而致吝豈肯浪逐苜蓿之坡蓋當下視八坊之駿高標雄跨而獅子讓猙逸氣下衰而照夜矜穩於是風靡格頹色妙才駘入仗不動終日如坏乃得玉爲銜飾繡作鞍億稟秣粟豢肉脹筋埋其報

德也蓋不如偷盧噬盜策蹇勝柴鑄黃騧而吐水畫白澤以除災但覺馳垂就節鼠伏防猜怒雖甚厲馴號斯諸晉俛首以畢世未伏櫪以興懷嗟乎所謂英風頓盡冗仗高排若不市駿骨致龍媒如此馬者一旦天子巡朔方升喬岳埽四海之塵梭岐陽之獵則飛黃騕褭籋雲追電何所從而遽來何所從而遽來

蠶賦新添見英光堂帖或云非其所作俟考

里有織婦蒼髩葛帔顏色憔顇喟然而讓於蠶曰予工女也惟化治絲枲是司惟服勤組紃是力世受蠶事以蕃天財爾之未生我則浴而種以俟化爾之既育我則飭其器以祇事爾食有節我則採桑以薦焉爾處不

慁我則佴溫室以養焉爾惟有神我則蠲其祀而未嘗瀆也爾惟欲蠶我則趣其時而不敢慢也爾欲顯素絲之潔我則具繰盆澤器以奉之爾欲布幅利之德我則操鳴機密杼以成之春夏之勤則髮蓬不及膏秋冬之織則手胝無所代予之於子可謂殫其力矣今天下文繡被墻宇予卒歲無褐緹帛飾犬馬予終身恤緯寧我未究其術將爾忘力於我耶蠶應之曰嘻予雖微生亦稟元氣上符龍精下同馬類昔在上世寢皮食肉未知爲冠冕衣裳之等也未知禦雪霜風雨之具也當斯之時余得與蠕動之儔相忘於生生之域蠢然無見豢之樂熙然無就烹之苦自大道既隱聖人成能先蠶氏利

我之生蕃我以術因絲以代毳因帛以易韋幼者不寒老者不病自是民患弭而余生殘矣然自五帝以降雖天子之后不敢加尊於我每歲命元日親率嬪御祀于北郊築宮臨川獻繭成服非天地宗廟黼黻無所備非禮樂車服旂常無所設非馭祀無制幣非聘賢無束帛至纖至悉衣被萬物女子無貴賤皆盡心於蠶是以四海之大億民之衆無游手而有餘帛矣秦漢而下本搖末蕩樹奢媒以廣君欲開利塗以窮民力雲錦霧縠之巧歲變霜綃冰紈之名日出親桑之禮頹於上災身之服流於下倡人賤妾被后飾者以千計絲民大賈僭君服者蓋百數一室御績而千屋垂繒十人漂絮而萬夫

挾纊雖使蠶被於野繭盈於車朝收暮成猶不能給況役少以奉衆破實而爲華哉方且規規然重商人衣絲之條罷齊官瑱服之職衣弋綈以示儉襲大練以去華是猶捧由壅尾閭之深覆栖救崑崗之烈波鶩風動誰能禦之由斯而言則予之功非欲厚古而薄今時之異也子之織非欲裔身以侈物化使然也二者交墜於道矣獨怨我哉且古姜嫄太姒皆執子之勤今欲以一已之勞而讓我過矣於是織婦不能詰而終身寒云

楚辭一首

壯觀 壯觀在眞州城北原上

臨南山猗陟北岵撫壯勝猗遺萬古漫漫蒼蒼穹無所奕奕業業縱奇度逶迤猗前征盤礴猗後駐奮迅猗奔駛卻約猗眸顧環旋猗抱卷引伸猗就旅霧釋猗離掩雲乘猗呼嘷晻晻猗蟾輝悒悒猗蒸雨鬱鬱猗陽春莽莽猗玉露爚爚猗午停翳翳猗西去領吾儕猗並輿步卻飛仙猗不遐慕留其形猗久何苦便莫便猗遵坦路適莫適猗破心阻樂莫樂猗類會遇莫莞藤猗擷芳蕤

寶晉英光集卷第一終

寶晉英光集卷第二

古詩上

道林

陟巘不自期孤雲挂松頂一揖不相期飛去無留影雲已去泉更長雲泉畢世友相得每相忘

晉陵龍挂行

萬聲齊呼一聲嚇東望蒼旻雨龍挂浩浩隨雲百川倒隱隱雷車千兩駕疲農望天手加額怕歎求豐心惘惘老龍甲拆血流莽取水雖多旱彌廣暴尫囚魃精誠微赫赫炎曦一輪榜

題巨然海野圖

江郊海野坡陁闊林遠煙疎淡天末枰分蓁町暮潮發星列漁鄉夜深活關荆大圖矜秀拔取巧施工不眞絕意全萬象無不括維摩老筆巨然奪橋防忽覺來人物接籬肯更圖牛羯淵渟浪洑開龍閼汨入灑翻下鯨決楠盤疑是少陵宅蘆深恐有詹何客黃塵蔽天歸輿結時向虛齋一開滌

東坡居士作水陸於金山相招足瘡不能往作此以寄之

久陰障奪佳山川長瀾四溢魚龍淵衆看李郭渡浮玉晴風埽出淸明天頗聞妙力開大施足病不列諸方仙想應蒼璧有垂露照水百怪愁寒煙

明月歌二首

高高疑將夜色卷八荒更無纖雲屯冰輪直壓巨鼇首東海萬里齊崩奔仰觀左右毛骨竦徐埽塵煙攝羣動寥泬初疑玉兎跳銀潢更恐金波湧兒童爭指桂枝好遊人不厭嫦娥老苦留淸景拂疎星要與羲和接昏曉光到長門知不知猶勝關山人未歸淸風着我生雙翼來作蟾宮變化飛

姮娥竊藥爲飛仙夜食丹霞夌紫烟皆開銀碧排翠鈿信手拂掠新粧妍蛾眉點出爭嬋娟皎然嬌顏臨風前佳人再拜心拳拳多生端有好因緣掀雲直指烏號懸下射萬頃楊花氈南飛驚鵲殊可憐北堂人令空無眠

彩霞欲掣舞衣搵水精梳插籠鬢蟬方諸滴瀝生流泉老蚌呼吸凝芳鮮誰家破鏡飛上天滿林玉玦相勾連多情應照載花船無窮解趁尋春鞭萁堦自與桂華偏駒隙誰爭白黑先斯須幾望摶淸圓白毫宛轉吞大千纖埃不隔知無邊蕊宮可掬疑深穿曳華隨步翻繡筵琉璃倒海傾長川買來曾不用一錢笙歌醉賞須年年

菱溪石

長虹潛貫幽巖窟綠烟更染秋波骨不容俗眼覘神功只向菱溪作靈物少室仙人領一麾至誠發徧山中奇雄雌亭亭兩挺出宛若碧玉含春漪朱欄碧甃拱山麓翠霧彤霞掩幽谷能將膚寸起淸泉幾見峯前春雨足

迴來新飾紫微宮奇詭搜索林巒空五色磊磊可補缺
三品往往慙收功紫衣使者銜天勅肯教秘此蒼苔色
菱溪脫迹飛上天迴看幽谷空雲烟

僧舍假山

玉峯高愛插天碧過眼雲關無處覓纔將呀豁向疎窗
已見峯稜翻瘦脊明月照出溪中水清風埽偏巖邊石
懸崖絕磴疑可攀白霧蒼烟俱咫尺天陰未徹山陰寒
雨聲欲絕泉聲乾須知物理有眞妄豈識道眼無殊觀
萬象森嚴掌握內大塊俯仰毫芒間抽身更洗清淨足
探歷幽深非所難山僧作山眞有以詩人吟詩從此始
意教妙手發天慳戲取神功當衆美君不見浣花野老

深結廬白鹽赤甲龍虎趨濤吟醉賞左右足當時應笑
秦鞭驅

智衲草書

人愛老張書已顚我知醉素心通天筆筆卷起三峽水
墨色染徧萬壑泉興來颯颯吼風雨落紙往往翻雲烟
怒蛟狂虺忽驚走滿手墨電爭迴旋人間一日醉夢覺
物外萬態涵無邊使人壯觀不知已脫身直恐凌飛仙
秉筆爲山黛無苦洗墨成池何足數由來精絕自凝神
不在公孫渾脫舞

芾頓首今日去國之官謹成拙詩上獻相國汲公
鈞席下

百尺青琅玕浸以萬丈瀾我欲擷柯梗一釜酌知難屢
亦爲世有豈不詰其端嶷嶷吕汲公捧日當碧天簡直
抱一氣代理夫何言有志隆宋業無心崇黨偏透璞辨
珉玉披蓁刈蘭蓀腐儒自束髮口誦六藝言治亂甚白
著用舍豈一賢明時貴知遇自古遲暮年敢陳必堯舜
況時值嬀軒豈徒琢空文文姦寵羣頑汩沒俗眼順妒
嫉兒女諼竊取爲利路死棄等草菅朝哦不求和暮吟
不揭竿不歎歲不與惟恐枉所存願披向龜鑑大叫出
肺肝精誠露皎洞徹金石堅康濟有次第沿革自貫
穿刪除救災法下民不棄田剔抉經費壅源源如流泉
思豫近習隙不萦出納專正姓以明本捐賞以運邊改

弊貴無迹移風當有筌竊邑飽妻子封豕所並肩法令
若束薪不息不敢剸亦不歎折腰所歎志不宣時乎恍
易失髮白悵剛悁遲遲竟去國浼浼臨長川此志苟不
遂江湖終浩然

登米老庵呈天啟學士

我居爲江山亦不爲像法刧火色相空未覺眼界乏屹
然留西庵使我老境愜衛公精爽在千古對岌嶪公來
不可作登臨浩相接

寄題薛紹彭新收錢氏子敬帖

蕭李駭子弟不收慰問帖妙迹固通神水火土更刧所
存慰問者班班在箱篋使惡乃神護不然無寸札自此

甀畫相後人眼徒攝

溪蓮行

廣寒宮女貪遊戲瑩滑琉璃光照地嫩雲纔捧出纖腰無數鮫綃擁嬌翠仙葩恣逞天姿穠只愛臨溪梳洗慵太眞豔色禁不得含羞微笑迎秋風秋風若惱秋露泣的皪珠璣時爲入紅凝朱粉綠參差儘濺裛襦煙不濕初驚王母來瑤池酡顏更醉流霞巵三千佳麗已羅列爭先鸞鑑匀蛾眉俄見洛神歸洛浦波卷韡紋翠蛟舞羽車雲蓋空紛披碧疊巫峯生莫雨坐憐吟倚芸靈香多情先斷何人腸不見鴛鴦與鸂鶒恣穿薄影眠池塘

蕭閑堂詩并序

四明從事晉陵錢君世系字延叟過襄陽米芾曰昨送李濟明渡江與汪行之復會蕭閑堂已撤幕壁間有君像題曰權杭州觀察推官米元章像楊之儀筆楊之傑贊曰君子之友小人之讐以人方人叔度宜儔余以袖掩字而問行之曰誰歟行之曰君也僕爲檢同氣德友識面三編無二君名姓嗚呼古人論世取友況同世哉世復有三君子者觀文殿學士王公韶字子純樞密直學士劉公庠字希道則僕竟不識其面選人蔡天啓肇相知中語僕若素心者腹云得僕於王荊公益僕元豐六年赴希道金陵從事之辟會公謫居始識公于鍾山聞公門有數後進喜爭名而相非又記以長者之言也如天啓樂道人善者一人而已僕老矣不知一蔡二楊行能識面乎因延叟之語發悲歎并記其事于家集中以貽子孫嗚呼仕開求進之路則世人之邪說大行紛紛不求已而非人豈其本心實利之誘然今樂善君子一何多耶彼口不道忠信捷捷而惡人翩翩而自喜默默而懷姦藏慝竊竊掩人之善沾沾自標置者得不少愧乎旣序其事因系以詩

誰起蕭閑堂圖贊凡陋質昧昧豈我思有懷斯上古吾

生終不遇二陵已相失苟養走四方公卿更絕迹向我交漸稀背憎十六七豐吾九畹蘭任汝滿林棘我豈蕭閑人偶然得空壁美哉何方彥精絕入妙筆君不愧顧長康取媚桓溫圖九錫我不愧孟浩然緩策京山遇摩詰前此交道久不康紛紛白頭多不卒嗚呼紛紛白頭多不卒回首此君應辟易

發潤州

氣就虵須角睽通豕負塗解衣同俗裸酌水合狂夫探社新銘禹經韶舊弔虞據鞍休示壯寡要悔爲儒爲弔忠遊楚因崇讓過吳要離葬終近嚴子釣行須御晏妻知辱歆膺客自愚誠佮日難掩醯在蚋還邀和寡方聲

越知稀覺道腴命齊都將相義拙落江湖南夢應隨鴈
西風卻背鱸弓旌今正歇多少定同鳬

寶晉英光集卷第二終

寶晉英光集卷第三

古詩下

自漣漪寄薛郎中紹彭

老來書興獨未忘頗得薛老同徜徉天下有識誰鑒定
龍宮無術療膏肓淮風吹几稀訟牒典客閉閤閑壺漿
吟樹對山風景聚墨池濯硯鼉魚藏珠臺寶氣每貫月
月觀桂實時飄香銀潢爛天限織女煙海括地生靈光
儁兒乃是翰墨侶挾竹不使輿衛將象管鈿軸映瑞錦
玉麟棐几鋪雲肪依依煙華動勃鬱矯矯龍蛇起混茫
持此以爲風月伴四時之樂渠未央部刺不糾翰墨病
聖恩養在林泉鄉風沙漲天烏帽客胡不東來從此荒

歐怪褚妍不自持猶能半蹈古人規公權醜怪惡札祖
從茲古法蕩無遺張顛與柳頗同罪鼓吹俗子起亂離
懷素獦獠小解事僅趨平淡如盲醫可憐智永研空臼
去本一步呈千嗤已矣此生爲此困有口能談手不隨
誰云心存乃筆到天公自是秘精微二王之前有高古
有志欲購無高貲慇懃分貽薛紹彭散金購取重跋題

余嘗硾越竹光滑如金版在油拳上短截作軸入
笈番覆一日數十張學書作詩寄劉薛

越筠萬杵如金版安用杭油與池繭高壓巴郡烏絲欄
平欺澤國清華練老無他物適心目天使殘年同筆硯
圖書滿室翰墨香劉薛何時眼中見

劉涇收得梁武像見報余時在漣漪答以詩

劉郎收畫早甚卑折枝花草首徐熙十年之後始聞道取吾韓戴爲神奇邇來白首進道奥學者信有髓與皮始知十襲但遮壁牛馬祇可裹黴帷戕戕太平老寺主白紗冒首無冠髮武士後列肅大劍宮女旁侍顰修眉神清眸子知寡欲齒露脣反法定飢世人覩服似摩詰不知六朝居士衣後人毋把亂唐突梁時筆法了可知道子見之必再拜曹劉何物望藩籬本當第一品天下卻緣顧筆在漣漪

劉涇新收唐絹本蘭亭作詩詢之

劉郎無物可縈心沉迷蠹縑與斷簡求新不獲狂時發

自謂下取且謾眼猗嗟斯人今實尠我欲從之官有限何時大叫劉子前踞閱璽皇三復返

題蘇之孟家薛稷二鶴

遼海未須顧螻蟻仰霄孤唳留清耳從容雅步在庭除浩蕩閑心存萬里乘軒未失入佳談寫眞不妄傳詩史好藝心靈自不凡臭穢功名皆一戲武功中令應天人東髮遼陽侍帝宸連城照乘詎惜寶皇圖禮誥誰珍眞百齡生我欲公起九原蕭蕭松嶷嶷得公遺物非不多觀物懷賢心未已

題唐模子敬范新婦帖子三首

貞觀款書丈二紙不許兒奇專婦美何爲寥寥寶是似

遭亂歸眞火兼水千年誰人能繼趾不自名家殊未智嗟爾方來眼須洗玉蹙金題半歸米

雲物龍蛇森動紙父子王家眞濟美張翼小兒章近似滄溟浩對虩涔水騰蛇無足蚿多趾以假易眞信用智軀澼雖多手屢洗卷不生毛誰似米

直裂紋勻眞古紙跋印多時俗眼美誠懸尙復誤疑似有渭不能辨涇水眞僞頭面拳跌趾久假中分辨愚智寶軸開時心一洗百氏何人傳至米

甘露歌呈留守門下侍郎

太微淵默嚴不動斗爲其車運中央四序𠁊旋變造化一杓直指無偏傍柄臣比之號八柱一柱難闕各有當

紹聖元年圖舊德更公玉麟使遇國屹然山立天子重列作八柱扶天極天極尊嚴物有道不減不溢常不忒均勞於外天闕柱至今朝廷虛衮爲皇皇辟君明如日安用動威優禾木表以甘露太和液飲太液親壽益公難老歸致太平萬物好

題永徽中所模蘭亭敘（永徽去貞觀不遠得眞爲最）

永和九年暮春月內史山陰幽興發羣賢吟詠無足稱敘引抽毫縱奇札愛之重寫終不如神助留爲萬世法二十八行三百字之字最多無一似昭陵竟發不知歸模寫典刑猶可秘彥遠記模不記褚要錄班班紀名氏後生有得苦求奇尋購褚模驚一世寄言好事但賞佳

俗說紛紛那有是

太師行寄王太史彥舟

太師天源環賜第自榜迴鸞鵲雀避好賓嗜古富圖書玉軸牙籤捧珠翠歌舞陳前慰俗人不須玉澠發銀縢王郎十八魁天下招我同延貴客星未出東晉十三帖此第十一石蘊瓊緗標間是褚公爲誤以右軍標作謝我時指出一坐驚精神喚起光相射磨墨要余定等差謝公鬱勃冠烟華當時傾筊換不得歸來嘔血目生花十五年間兩到國朱門如舊無高牙帖歸翰長以姻媾忽然陳前興健嗟開元璽封尋復出永存珍秘相王涯翰林印著建中歲土謝炎靈傳更貴副車侍中王貽永

出征不貨收文藝太常借模眞卻還郄愔入版餘皆棄芳林觱第書有行次入太師重姓李我識翰長自布衣論文寫字不相非知我酷好輟已好惠然發篋手見歸謝安談笑康江左物外人標沒兩大子敬合書只後批天才物望都無那治亂悠悠八百年人隆偶聚散亦遡兵火水土不進刼端使米老鋪案間我生辛卯兩丙運今歲少辛冎亦然丙申時直辛丑日此帖忽至庸非天臨風浩思王仲寶江南宰相只謝安

天雞

天雞一叫凡雞和戢戢萬靈驚起坐智軀慾使心機大狗苟蠅營冀人墮沉沉夜色還東起身伏氈莞機暫止昧昧萬殊俱默契窮達於君寧知理

答薛紹彭寄書

世言米薛或薛米猶言弟兄與兄弟四海論年我不卑品定多知定如是

答郭純老秘校贈杖

銀蟾倒挂搖清輝當中桂子初低垂飛空已歷萬古盡下照不使秋毫欺轉盼冰輪湧東海長天一派成琉璃栽培不畏霜雪苦翦排豈容刀斧爲朗河無聲鸞飛葉紫府有陌馳修枝姮娥愛惜日已久玉階亦貴秋風吹寧論匠石可斲削還恐風雷堪出治列眞洞府秘不得紫微宮闕藏其私金童來授玉女捧投之寶篋那能窺

每當凡士脫凡骨賜予一根朝帝墀入手既覺襟服羽照人端不羞朝曦乃知不是風塵物握出風塵眞所宜邇來地不愛此寶名喧東魯誇珍奇千金欲易不可得橫紋錯落青絲披胡爲夫子遠寄我意以豪華驚絳帷低頭拜賜亦已厚我欲效報君須知三年大聘獵英俊捫膺吐氣生虹蜺揉藍綵服俯可取攜將直上青雲梯翺翔歡呼起拜舞仰瞻日彩生堯眉雞人忽報洞天曉看取飛升變化時

攬秀亭

羣峯矯矯蛟龍顚銜波鼓鬣方迴旋排空刻削萬仞碧秀色直上干雲天地形天巧世莫測插出怪變知何年

旁驚列翠不入手擬將瘦瘠來差肩何人高致得入手
擇奇結構當其前丹甍繡桷麗朝日綺疏藻井搖非烟
葱蒼數里拂巾袂蓊鬱衆木臨書筵開扉剖得曉光瑩
繞榻飛來佳氣鮮乘閒超忽不知已陡覺四顧清無邊
毫眉主人曳芒履策杖欲作商宫仙犀尊蕩漾瀉醇醴
招賓集醉秋風蓮蓮華菡萏翠的皪皎月照耀爭嬋娟
金絲鏘戛亂兩耳醉倒三百黃金船風流不見謝太守
昭亭朗賦磨新鐫放傲豈如王逸少蘭亭草聖窺天全
才華墨妙古已遠只今唯有空山川孰若開編樂教子
坐使發策驚前賢還當操筆俯欄楯試與採掇供詩篇

元祐辛未上元後一日同周文之劉瑞邁章縱矩

游泮玉

近臘背夾衣入春今重裘天運亦已廣四時或不問張
燈見戲歇發興在滄洲茲山通元府瑤壇帝曾游荷衣
可薦藻神清不沉牛厭俗入諠亂風波屢爲憂昨夕淨
名天結客湧不留一吧奇心契江澄客漾舟氷磴若見
拒寒亥如有愁大塊欲動蟄陰壑尙潛虬重賞定誰與
春光弄和柔臨曠攝北若持坏結東流臥石帶白雲勸
崖托千秋焦公心賞佳埽迹願相投分山飛鳥爭劃水
游鱗讐借我一錫地爲公瓢挂頭

硯山 有序

誰謂其小可置筆硯此石形如嵩岱頂有一小

方壇

九江有奇石跌岱而嵩頭巨靈藐一擘嵯峨憶三休屹
嶫稟異質嶒蹬誰刻鏤石十二面十峻百疊天巧盡九盤猿未
愁陽壁宜產芝陰崖諒潛虬危巔方壇結玉秘金泥修
垂手探杲日朱輪運滄洲一塵具一界妙喜非難求心
欲躡赤霄八極皆部婁借況茲對衆物其致一揆收嗟
嗟分别子交戈舂其喉

讀杜甫集

少陵平生飢乃以醉飽死惜哉斯人窮四海無寄趾後
傳水仙召牛渚花相比神怪反愛才時人乃封豕遺文
何崛奇岱輿爭贔屭貫穿破九流突兀撑一氣自嘆萬

古名寂寞身後事此老遑遑心懸磬破無裹我行自嘉
禾歘臥一篷底烈曦畏俄中開卷爲磨洗

栖雲閣

雲出救世旱澤浹雲尋歸入石了不見豐功已如遺龍
奮厲復起抱石明幽姿雲乎無定所隱者當何栖

過虎關

憑軾越虎關揚舲下清洛川神秘幽姿靈介破大樸壯
哉河山固皆是大禹鑿舟人歌大禹水怪不敢作功宣
欲萬祀人望只如昨短哦復長咏豪舉亦哀噱夢寐山
川勝使事少行樂無雨洗嵩少春烟淡寥廓

答紹彭書來論晋帖誤字

何必識難字辛苦笑揚雄自古寫字人用字或不通要知皆一戲不當問拙工意足我自足放筆一戲空

庖丁解牛刀

庖丁解牛刀無厚入有間以此交世故了不見後患奈何觸褊心忿氣益滋蔓是非錯相干惡成那容諫智者善持己頗覺操修辨此道固不遠可約亦可散黃帝本齋心斯民即聚粲

甘露作呈夷曠 新添見英光堂帖

欲雨氣不透庭梧有栖烟迴首望北固雲藏淨名天呼童速具輿凭高覽山川隱見豈不好開霽景固全須臾剛風流湛湛清露圓歸途知有伴華月上丹淵

夜登鑑遠觀江南野燒作 新添見英光堂帖

君不見紅旗一卷無奔北龍驤將軍初下蜀又不見天兵十萬領潘曹百丈靈旗照江國高樓夜登有健賞江南野燒深山谷烈勢已覺逼南辰龍虵血膏如爆竹故應玉石俱被焚老樵拾炭投斧斤長松巨梓中大厦一隨烈燄同埃塵人言木自爲風憂木中生火自焚爇欲知利害日相磨此火害人尤躁熱

不應武康清溪之檄端居即事呈淮陽建昌二太守辰溪監郡三公芾上 新添見英光堂帖

秘饞大開千古到雪圖小挂滿堂寒墨濃員嶠峯孤起枕冷燕山玉一團圓扇古人蟬雀意清風四海弟兄歡閉關不謝勤來客畏暑非緣懶作官鳧脛欲長寧可益蜩枝求足已能胖有時驚覺神游夢北里新聲舞翠鸞

獄空行寄獻府公朝奉麾下漣水令米芾惶恐 新添見英光堂帖

楚州五邑口百萬擾靜盡繫太守公政由吏八民乃擾政由太守民氣通安土樂生善民欲惡民惟欲與吏同太守無能不戢吏精力不給吏乃庸兩獄百間塞有罪有耳未聞一日空晉昌唐公名世後清風素節爲時宗五更三點運精思衆人安寢吏計窮百姓小妄赦不罪庶幾小屈能自致五邑來者初亦蠢久而官悚吏皆畏雖欲呼之亦不至乃知獄空空有理百萬無寃無枉吏

來者迎刃無留滯赦來兩獄久無事太守政聲既如此廉車旁午目所備胡不剡章上天子追鋒車來促公起去入省闈或使指吏皆欲去民欲留我祝公去豈同吏長坂大車程萬里

壯觀二首 新添見英光堂帖

無涯小智日營營昔昔浮生夢數驚重到白沙登壯觀江湖醉眼暫揩明

夢寐中間得鹿時孔軒如在定能知江山勝處頻傾酒我是當年謝客兒

壯觀後詩同二公游觀狀上呈府公工部 新添見英光堂帖

壯觀不到俄四朞叮嚀老思模雄奇羣山勢活各奔走
大川氣斂合衆離蒼嵌留雪玉刻巧碧落静滑紅輪馳
寒潮不生九澤凍行膠與子約再來

龍眞行爲天章待制林公跋書云秘府右軍書一
卷有一龍形眞字印故作 新添見英光堂帖

龍形眞字芸香裏伏日道山聊一啟媪來鶯去已千年
莫像癡兒收蠟紙蕭衍老翁食無肉錦質繡章能獨傪
不知刼火付宛家卻誤頑仙求令史文皇有經無鑒目
賴取穹官齊押尾徐生小黠辨茅簷不道天眞難力至
晚薄功名歸一戲一奩尤勝三公貴牡丹不語人能醉
墨光覺勝朱鉛媚與身俱生無術治爻染膏肓劉巨濟

芾自命此書爲跋尾書惟題於家眞蹟不寫以遺人

催租 新添見英光堂帖

一司日日下賑濟一司旦旦催租稅單狀請出且抄納
敝邑以身當夏稅之責不令受賑時催 百姓眼中聊一視白頭縣令受薄
祿不敢鞭笞怒上帝救民無術告朝廷監廟東歸早相
乞

海岳庵雜詩 新添見英光堂帖

仲若呼不聞孝然叫不應東海滚底漲南山入雲徑西
南嵯峨者起伏巧相競火輪激剛風倒化紫金鏡枕石
不知冷鼓腹歌更迴

文殊

見聞如翳幻三界若空境聞得翳根除塵銷覺圓淨

賞心亭晚望

晴新山色黛風縱蘆花雪盡日倚雕欄寒霄低細月

吳侍禁綠野亭

楚江倒水天上來吳山削玉青崔巍飛流欲截衆峯險
揮手可擘烟雲開危亭據此揭佳麗蹶出榱桷超層臺
憑空直喜縱高舉下瞰愈覺心悠哉曠野萬頃正入眼
清風四坐無纖埃淺黛低潑弱柳色紅粉正抹秋蓮腮
好音終日自多與美景變態誰能裁主人與客窮新賞
羅榼更擲神仙盃歌珠舞雪不知已何妨邀月聊徘徊
時來誰肯趣眞隱寄語沮溺無嫌猜

雜咏

贈我白毫筆報以木蘭酒我書將示誰汝筆稱我手

寶晉英光集卷第三終

寶晉英光集卷第四

律詩上

甘露寺 有序

甘露寺壁有張僧繇四菩薩吳道子行腳僧元符末一旦爲火所焚六朝遺物埽地李衛公祠手植檜亦焚蕩寺故重重金碧參差多景樓面山背江爲天下甲觀五城十二樓不過也今所存惟衛公鐵塔米老庵三間作詩悼之云

邑故重重構春歸戶戶嵐槎浮龍委骨畫失獸遺耽神
護衛公塔天留米老庵栢梁終厭勝會副越人談

題麟鳳碑

非篆非蝌璞已雕形容振振與蕭蕭會因忠厚開周德
坐想訏謨覽舜韶漢德已衰還應孽魯邦既弱不爲妖
虛齋自是驚人玩不勝雄狐逐怒鵰

題南昌縣君臨偃竹

偃蹇宜如季揮毫已逼翁衛書無曲妙玹慧有遺工作
覩虬爲物初披颯有風顧藏維謹鑰化去或難窮

詩送吳丈賓州使君元豐乙丑長沙掾舍眞禧道館書

萬里相分又一時憐君身世半差池老來猶得安城守
夜召尙淹宣室思越嶺寒橫吏迎謁荆雲暮合燕歸遲
江湖還送天涯客憔悴江湖更別離

送大夫孫公鎭東陽

照地干旄十丈長大皇孫子守東陽吳壽卷海銀爲幔
郢雪飛英錦作章無事笙簫開客館有情山水聚衙床
樓中惡語須磨鑊盡把新題換沈郎

蘇東坡輓詩五首 有序

辛巳中秋聞東坡以七月二十八日畢此世季夏相值白沙東園云羅浮嘗見赤猿後數入夢

方瞳正碧貌如圭六月相逢萬里歸口不談時驚噩夢
心常懷蜀俟秋衣可憐衆熱能偏捨自是登眞限莫違
書到鄉人望還舍晉陵元鶴已孤飛梓路使者薛道祖書來云鄉人父老咸望公歸也
淋漓十幅草兼眞玉立如山老健身夢裏赤猿眞月紀
輿前白鳳似年辰將壽賀監船虛返余約上計回過公欲近要
離烈可親忍死來還天有意免稱聖代殺文人
小冠白氎步東園原是靑城欲度仙六合著名猶似窄
八周禦魅尙能旋道如韓子頻離世文比歐公復並年
我不銜恩畏淸議東芻難致淚潸然
平生出處不同塵末路相知太息頻力疾來辭如永訣公別於眞閘屋下日待不來竊恐眞州人俱道放著天下第一等人米元章不別而去也
古書跋贊許猶新公立秋日於其子過書中批云謝跋在下懷荆州既失三遺老是年蘇子容王正仲皆卒矣
碧落新添幾侍宸公簡云相知三十年恨知公不盡余答曰更有知不盡處修楊許之業爲帝宸碧落之游異時相見乃知也今思之皆訣別之語
若誦子虛眞異

世酒傭屍侯是何人

招魂聽我楚人歌人命由天天奈何昔感松醪聊墮睫今看麥飯發悲哦（見公送麥飯詩）長沙論直終何就北海傷豪忤更多曾借南窗逃蘊暑西山松竹不堪過（南窗乃余西山書院）

奉陪洞霄內閣拉殊師利宿穹窿本公故寺絕類岳麓感之而作

湘西衣今榻留雲此日還如入夢魂六月薜蘿嗟我欲一生林壑與誰論吳王舊賞今何在惠可餘光宛若存對榻東堂清話歇長風快雨洗松門

浮玉亭（一作金山）

石赤表雄名三辰出濁清江澄天上見鰲負水中行瑞

像浮溟海殊香下玉京神靈禮金碧梵力度幽明揭榜訛浮玉莊嚴是化城壯哉夜潮落入枕百川聲

紹聖二年八月十八日觀潮於浙江亭書

怒氣號聲迸海門州人傳是子胥魂天排雲陣千雷震地擁銀山萬馬奔勢與月輪齊朔望信如壺漏報晨昏吳亡越霸成何事一唱漁歌過遠邨

山林堂

洗竹延清景培松衛歲芳好峯多漾翠嘉卉襲人香犀玉開書札龍蛇起混茫微風北窗臥眞可傲羲皇

淨名

山晚烟棲樹漁收鷺宿沙曲生初月魄遠淡滿川霞依

靜家如寺遊頻寺是家何須傳大士芰製著袈裟

秋暑憩多景樓

縱目天容曠披襟海共開山光隨眦到雲影度江來世界漸雙足（惟未入閩）生涯付一盃橫風多景夢應似穆王臺

除書學博士呈時宰

半生湖海看青山慣佩笭箵攬轡艱曉起初馳朱省路霜華態綴紫宸班百僚車後瞻丹陛五色光中望玉顏淚說書名落人世非公那解徹天關

送沂州使君納榮歸老

神強體健頰猶朱犀虎輕拋憶舊廬明月滿船常伴書素風傳世莫非書湧金門外秋長老有羨堂前錦不如

預想容觀春色好靈龜舞鶴引安車

送木邱先生入都

垂虹秋色醉題詩徑及銀濤逐酒巵雅謔高談傾國士英風俠氣嚇吳兒五侯倒屣重前席三歲專經卻下帷早把黃金買嵩少西湖遁客有心期

送潘景純

五年相遇一行頻笑佩笭箵望塞雲曼倩未應徒爲米仲宣何事樂從軍開尊共喜身強健秣馬還驚歲杪分此別固應猶作惡天涯老去與誰羣

登棲靈塔

淸露溼衣裳心遐撫大荒想霓雲上見覺蟻蚻中藏地

獻山川秘天開日月光太阿長耿介未敢暫徬徨
將行戲呈彥楚彥昭彥舟
沉沉靜境在人寰樓殿蒼巒指顧間弃汝又成朝北闕
杜門安得老西山朱金有命趨時拙窮達忘懷枉道難
主相聖賢公路啟長裾重曳舊青氈
遊山光寺
竹圍山徑晚風清又入山光寺裏行一一過僧談舊事
遲遲繞壁認題名仙來石畔懷灰劫鶴語池邊勸後生
三十年間成底事空叨關祿是浮榮
江臯晚望
柳外艤舟晚醉餘雙眼醒水光涵一氣星彩動圓靈炯

炯月初上脩脩風更冷遠山橫秀碧淡墨說吾經
壽陽樓柱
披豁雄風至欹眠一夢遲豪騎八公馬醉擷五香芝廉
老心徒勇梅生語不卑青岡何處是猶壯謝家兒
和王彥舟
混塵爣走俗陟巘喜非期漠漠江雲歇溶溶春水時陶
潛那寄傲惠遠更能詩吏事成稀闊言歸心尚遲
揚州作
東風何索寞帶雪入揚州尚想遺釵雀重觀上玉鈎眞
同一夢覺空憶十年游邂逅逢孫楚酣歌慰滯留
湖守林子中同遊道場

寶刹觸南箕林幽石磴危雲霞隨履舄魑魅避旌旗遐
寓乘新興深尋據古詩䢖尊勿置酒沆瀣已盈巵
呈王彥舟
吏日雖云冗逢休樂有餘山林三面勝圖史一齋虛煉
藥驚衰早逢人話索居傾囊收剩楮待著鹿門書
奉酬仲微見寄之作
倦遊湖海老侵尋去就何情適契心一境山林資我懶
半年風月爲君吟闢開暗室成三果選出香巒敵萬金
千里寄聲懷惠好西風正隔洞庭深
雜詠六首
俠少場中酒作讐不勝杯勺鬢今秋道言禪語須蔬屛

作意丹陽十日遊
逶迤一水出苕叢碧底無沙冷照容獨倚溪橋看風月
西山紫翠暮重重
得官塵土古揚州好客常稀俗客稠掩簿吒胥無慁我
冒風踏雪作清遊
竹西桑柘暮鵶盤特地霜風滿倦顏不用使君相料理
都緣塵土蔽青山
水月光華動不風寒增綠柳露滋松西山夜色無人管
直透疎簾翠一重
巨艦橫江穩不搖順浮溟涬午時潮江南晴色山無數
乞與閑人取次描

垂虹亭

斷雲一葉洞庭帆玉破鱸魚金破柑好作新詩寄桑苧
垂虹秋色滿東南

頻于夢中作宮詞何也漫成一首

滿院紅芳減復添清微風細入重簾穠香不使朝酲快
竟日鬱沉擁繡衫

別賀方回弟

客星熠熠滑稽雄愛著青衫自作窮澤國三年哭不死
又拖長袖揖王公

題李成畫

畫號爲眞理或然悠悠覺夢本同筌慇懃封向青山去
要識江東李謫仙

蕭堂書壁（襄陽集作五代楊氏據江封金山龍工爲下元水府在其下雖大水不能没余登山賦系以詩）

插雲臺殿壓滄溟笑語風狂伴暑清誰爲抉雲開皓月
練飛雪捲看潮生

題泗濱南山石壁曰第一山

京洛風沙千里還船頭出汴翠屏閒莫論衡霍撞星斗
且是東南第一山

書淮岸儀舟館秀野亭

青蔥秀野挾銀淮誰把丹楹此地開我欲臨風取清曠
寄聲魚鳥莫相猜

寶應道中

蒸雲大澤鬬蛟龍五日頭無一點風十幅快帆飛野水
此生亦是小時通

高郵卽事二首

高沙風快走蒼雲小艇供鱸摘紫蓴野泊終朝快清景
不孤閑祿太平身

華胥臺上欲臨風萬籟無聲霧鬱空南北二龍乘障起
威音爛色正爭雄

過浯溪

胡羯自干紀唐綱竟不維可憐德業淺有愧此碑詞

去漣水

長日閑閑境春風美鼻雷黃紬依舊暖牙鼓莫相催

瓜洲百川浦

西盼山迴緬東瞻水正茫楚人投餌處吾肯扣鳴榔

致爽軒六首

西北瞻雲異東南走貢珍川華開日月林嶺暗松筠
北固輕綃外西山淡素中一天烟雨好未獨愛霜空
玉斧初驂御通明暫往居翛然輕吹度灑落碧華珠
阿氏金爲屋姮家玉作臺岱輿凭海立兜率跨雲開
水口癡雲散林梢愛景還朝寒無物禦擁鼻對西山
夕紫堆香豆朝嵐映墨池客來不須報正是學書時

濮王宗漢作蘆鴈有佳思贈以詩

偃蹇汀眠鴈蕭梢風觸蘆京塵方滿眼速爲喚花奴
野趣分若水風光翦雪湖塵中不作惡爲有鄰公圖

題所得蔣氏帖

棐几延毛子明窗館墨卿功名皆一戲未覺了平生

太常二絕 新添見羣玉堂帖

塵埃徹腦老侵尋悞入淸流聽八音魚鳥難馴湖海志
岸沙汀竹憶山林

竹前竹後太常齋風度簫韶識舜諧博士擁書方徹卷
相公上馬報當階

鑑遠樓詩

賞心亭上羣山雪三夕丹淵借月華吟盡江南淸絕趣

亟行歸覲紫皇家

過當塗 新添見英光堂帖

鷗鷺寒依水蒹葭靜靡風朝烟開雨細輕素淡山重

淨名後三首

晨入雲隨步宵還月共輿濤傳供佛飯寒燎隔江魚市
響昏鴉亂林穿列曬疏般勤顧景物爲爾老南徐

厭市衝煙入忘懷對客遲吟看飛鳥沒坐對夕陽時 闕

舊對湘西雪遲遲憶故關水雲資老景吟引謝江山 闕

寶晉英光集卷第四終

寶晉英光集卷第五

律詩下

新主簿沈機惠棊局

縱橫世路久無猜布刧爭先豈繫懷與我一枰撩萬緒
操戈信是逐生來

求監廟作

竊祿江湖事不攖微祠舊足代深耕敢爲野史攄幽憤
待廣由庚頌太平

元祐己巳歲維揚後齋爲亳州使君蔣公永仲寫

二首

水竹風淸一夢甦濤生月破紫甌須滿堂愛客談書畫

且展宣王扇暍圖

小疾翻令吏日閑明窗盡展古書看何須新句能消暑
滿腹風雲六月寒

贈八

平時語我密須移我是商邱內不欺時節因緣翻異論
助他笑我見阿彌

題砂步三首

一株怪石數莖筠明月淸風不繫身石月無痕竹無韻
寓軒消息與君陳

砂步漫皆合松門若掩枰悠悠搖艇子眞似剡溪圖

已有扁舟興曾看過剡圖翻思名手畫誰復費工夫

題壁

歸來湖上寺頓覺濤有餘月色何太白照人心腑紓

呈通判朝奉大夫二首

不是通侯貴還容貢禹彈只應好形製自己愧彫殘

簪玳尚誰繼風雲那可看自會許持送談笈未嘗乾

長壽庵詠梅

沈檀應在骨龍麝自薰心千載吟蘄竹濤雅少知音

訓劉涇

唐滿書奩晉不收卻緣自不信雙眸發狂爲報豢龍子

不怕人稱米薛劉

送大郎應舉 尹仁

天下英才米大郎朝來跨馬入文場緒餘驚世須魁選

歸帶蟾宮桂子香

奉呈彥昭使君陪壯觀之賞

邀賓壯觀不辭寒玉立風神氣上千欲識謝公濤與處

千重巖嶺雪漫漫

寄吳詩客 吳名可字思道建康人

江上遲留臘破春好詩時見賈參軍年來覽遠多新句

難附江風與海雲

奉詔書御軸

目眩五光開雲蒸步起雷不知天近遠親見玉皇來

詠梅二首

姑射眞人自少羣要親高節許交君一臺二妙逢濤賞

甘遜佳名得致榮

江頭盡醉似泥何管領仙姿酒嘗多煙艇兩三橫岸處

惜花佇立想凌波

宿紫極宮

重柯交蔭動塵容蓬閬仙家住水宮道士神升金闕下

天君光降玉虛中朱髹筆注超凡錄碧簡書傳避世翁

三夕臨風醒病骨鈞天冉冉夢魂通

道林

樓閣明丹堊杉松振老髯僧迎方擁帚茶細旋探簷

法華臺

坱圠有同色雪深雲未開終南晴夜月髣髴似登臺

筆

摹畫由來妙手知彩牋落處直疑飛寸心用盡終何補

贏得霜毛秃後歸

墨

百煉經來老更奇暗中光價自然飛錦囊手跡長顏色

會是君王乞得歸

紙

陶泓毛穎陳元輩同日聲名四海飛獨有先生索高價

誰人獻賦洛陽歸

硯

金井寒生一水池讀書窗紙照螢飛悲歡窮泰尋常共
擲破還須匣取歸

祝壽紀慶申詩

祥雲靄靄擁華筵玉府蓬山見上仙瓊杯瀲灩祈眉算
永薦生申壽八千

青山 新添見英光堂帖

一園松竹冷陰森猶得桓公歎可臨卻巨劉琨看左傳
玉壺徒缺誤雄心

拜書學博士作 新添見英光堂帖

昔夢浮生定是非家山且喜隔年歸扁舟又出欄湖閘
出處初心老更違

研山詩 新添見英光堂帖

山研雲時抱崙書客不傳北窗多異氣正對浄名天

寶月觀 新添見英光堂帖

新創亭觀之盛又非海岱比也寶月觀用觀風
樓基高出雲表

濁盡塵難掩光分逐露圓香清得桂子珠瑩墜花鈿

寄希聲 新添見英光堂帖

竹前槐後午陰繁壺嶺華胥屢往還雅興欲爲十客具
八和崑使一身閑

萬籟 新添見英光堂帖

萬籟寒深響羣山隱映開遲遲暮鐘裏且喚竹輿來

杉徑 新添見英光堂帖

萬槊森然老更成要將餘韻闘僧清道旁誰識夌雲操
只有詩人著眼明

早來堂 新添見英光堂帖

山聚詩增思洋寬墨有池紫金化夕境嵐翠發朝曦兒
辛當銅檻蓮壺對蕙帷平心會佳趣歸計豈應遲

游湖州 垂虹亭第二首

泛泛五湖霜氣清漫漫不辨水天形何須織女支機石
且戲姮娥稱客星 時有湖州之行

周氏園居

高花落落照軒明沼水涓涓遶砌聲靜裏聞香醒倦思

雨中無事見閑情

同官送鱸二首

斑鱗獰鬣玉爲肌夢入松江自可疑跨跳金盤催膾手
西風正是憶鱸時

蠏黃鯉赤太凡生薄紫橙青道不行暫喜滿盤堆玉虀
誤教陳粟傲香粳

觀雪

月姊封銀界龍君幻玉壺江南三尺雪人道十年無

新沼未有水

排檻花爭媚環林石鬬蒼何時瀦淥浄吾欲借藤床
浄名作

大球三尺美無牕素業清風合立朝此別何言贈君子讜言忠論好禪堯

四言詩一首

題壁間

水月虛懷煙霞浪迹但莫偷愛洞然明白

長短句

江西月 秋興

溪面荷香粲粲林端遠岫青青楚天秋色太多情雲捲煙收風定　夜靜冰娥欲上夢回醉眼初醒玉絣未恥有新聲一曲請君來聽

菩薩蠻 擬古

蒹葭風外煙籠栁數疊遙山眉黛秀微雨過江來煩襟為一開　沙邊臨望處紫燕雙飛語舉酒送飛雲夜涼愁夢頻

水調歌頭 中秋

砧聲送風急蟋蟀思高秋我來對景不學宋玉解悲愁收拾淒涼興況分付樽中醽醁倍覺不勝幽自有多情處明月挂高樓　悵襟懷橫玉笛韻悠悠清時良夜借我此地倒金甌可愛一天風物遍倚欄杆十二宇宙若萍浮醉困不知醒欹枕臥江流

漁家傲 金山

昔日丹陽行樂裏紫金浮玉臨無地寶閣化成彌勒世龍宮對時時更有天花墜　浩渺一天秋水至鯨鯢鼓鬣連山沸員嶠岱輿更贔屭無根蒂莫教龍伯邦人戲

醜奴兒 兒白髮

踟躕山下濡須水我更委它物阜時和追暇相逢笑復歌　江湖樓上凭欄久極目滄波天鑑如磨偏映華簪雪一窩

滿庭芳 有序

紹聖甲戌暮春與周熟仁試賜茶書此樂章

雅燕飛觴清譚揮坐使君高會羣賢密雲雙鳳初破縷金團窗外爐煙自動開瓶試一品香泉輕濤起香生玉塵雪濺紫甌圓　嬌鬟宜美盼雙擎翠袖穩步金蓮坐中客翻愁酒醒歌闌點上紗籠畫燭花驄弄月影當軒頻相顧餘歡未盡欲去且留連

減字木蘭花 漣水登樓寄趙伯山

雲間皓月光照銀淮來萬折海岱樓中拂袖雄披楚岸風　醉餘清夜羽扇綸巾人入畫江遠淮長舉首宗英醒更狂

同前 展書卷

平生眞賞紙上龍蛇三五丈富貴功名老境誰堪寵辱驚　寸心誰語只有當年袁與許歸到寥陽玉簡霞衣侍帝旁

點絳脣 示兒尹仁尹智

莘野寥寥渭濱漠漠情何限萬重堆案那更重經眼
兒輩休驚頭上霜華滿功名晚水雲蕭散漫就驛亭看

阮郎歸 海岱樓與客酌別作

雙雙鴛鴦戲蘋洲幾行煙柳柔一聲長笛咽清秋碧雲
生暮愁 鉤月挂綺霞收浦南人泛舟娟娟何處燭明
眸相望徒倚樓

蝶戀花 海岱樓玩月作

千古漣漪清絕地海岱樓高下瞰秦淮尾水浸碧天天
似水廣寒宮闕人間世 藹藹春和生海市鼇戴三山
頭刻隨輪至寶月圓時多異氣夜光一顆千金貴

訴衷情 獻汲公相國壽

薰風吹綻滿池蓮曉雲樓閣鮮繡閣華堂嘉會齊拜玉
爐煙 斟美酒奉觥船祝芳筵宜春耐夏多福莊嚴富
貴長年

同前 思歸

勞生奔走爲籠官攬鏡鬢毛斑物外平生蕭散微宦與
闌珊 奇勝處每凭欄定忘還好山如畫水遠雲縈無
計成閑

鷓鴣天 獻汲公相國壽

煖日晴烘候小春際天和氣與精神靈臺靜養千年壽
丹竈全無一點塵 壽彭祖壽廣成華陽仙裔是今身
夜來銀漢清如洗南極星中見老人

同前 漫成

雲液無聲白似銀紅霞一抹百花新觴多莫厭頻頻勸
一片花飛減卻春 蜂翅亂蝶眉顰花間唬鳥勸遊人
人生無事須行樂富貴何時且健身

浪淘沙 祝壽 新添 見英光堂帖

祝壽慶生申德日維新期頤眉壽壽長春五福三靈祿
永永長壽仙人 遐算等莊椿德康寧年年懽會笑欣
欣歲歲仰依壽域彭祖廣成

寶晉英光集卷第五終

寶晉英光集卷第六

序二首

九雋老會序

十老會後更名曰耆英又名眞率元豐間章峴守郡與郡之長老從遊各飲酒賦詩余以杭州從事罷官經由爲作序曰

中散大夫河間公清德傑氣爲時老成高誼勁節縉紳所仰靜鎮吳國四周星紀威孚惠洽訟庭晨虛乃闢郡齋會九雋老惟內閣清河公神宇軒拔德韡昭融名威羌爽動書冊府朝議大夫廣平公秀質孤映清標邁逵鬱建功利煥于汗青大中大夫濮陽公沖襟爽澈淑質端清積厚施衍父子顯榮朝議大夫德豐公朝議大夫彭城公朝議大夫徐公朝散大夫鄭公並道韻虛曠內德淳耀或中臺青彥或四方膺使出處有裕終始一德愷悌利愛在世間承議郎崇君奉議郎黃君素行潔脩鄉閭標準早解簪紱仕路式瞻咸頎頎碩德天錫難老貌若遐鶴言爲龜鑑於是羽觴屢酬雅章遞作敘懷感遇樂時休明顧盼之間穆如清徽薰如太和夫學不美身仕欲行志名節既立榮利後之若諸公積儲淵深不極經緯而不苟於得進退從容于禮可垂後生仰止以昔從遊四海多與賢豪刻繪既傳屬爲序引嗚呼樂道入善君子有之顧常何堪忝於承命謹序

正六譯波羅蜜經序

佛性火火鍊礦而成金其剛無物踰其精不復礦精如是故況定剛如是故況慧能慧而定故來者破破者妄也萬法是也不破者眞也一法是也眞妄不立者金剛是也故我大能仁憫浩劫之奔沉悼萬世之迷執昧自度之頓悟逐小果之滯念故以無說爲說法非身爲大身無所證爲得菩提非具足見如來相慧劍犀利天魔屏蹤永斷滅於言餘存眞如於不動諸相離則凡夫超聖纖疑動則苦海長沉受記以來天人加護顧六譯之障妙偕百義之晦微一埽諸塵洞見全體欲示同志刻而傳之

記五首

仰高堂記

無爲軍宇北有射堵曰北極帝君射家所忌多折弓損指夫南者太乙所照又東西理也大澤氣蒸則害弓矢積雨敗堵主者請繕余初撤不急不知義者及者峻者適者之在後也其成也交契于天眞仰止高山景行前修合于小雅後之君子豈以彀者的者錚者鏜者以易前四者乎崇寧乙酉守老楚米芾記子尹仁篆題

漣水軍唐王侍御廟記

易曰地中有山謙淮海維揚之浮山頂見于城隍廟足是其象不然則大江憑陵而下無物礙也又曰山上有澤咸海岱維漣之鬱隄山在長淮底是其象漁者巨網足懸鐵引之間得石隨水如得魚至岸或百夫乃舉非

其勢截然長千里鬱然爲隄以捍海則吞淮而西孰可禦也大山大澤神明之封而鬱隄之山唐侍御王公主而祠之夫百神受職於帝帝不曰義方節義所嬰挺畢寡力折姦逆臣宜主是山以捍巨海不然曷以寥寥四百年英爽如一日弭災捍患父母此邦也紹聖丁丑丹陽米芾竊席是邦政不中民夏旱四月晦齋戒請雨翌日雨降浹尺方懼應之速惕惕益料政僻弗契于神災且隨至父老海客載沉水百兩詣牙門曰神應公其謝雨于神余答曰神父母汝久矣於是齋一日出郊耆穉萬人以從蕭鄰滿宇薰燎達天一人跽曰某爲堂一人跽曰某爲廡已而廟成翼翼殖殖威儀肅然正宁位神

東室位賢母西室位宋小君尊卑有序神明安穆維侍御奇節卓行著于史氏播在鄉曲其感通之妙紀於參知政事高紳翰林學士王禹偁端民殿學士錢明逸虞部員外郎胡若此得畧也方是時四民列古今之績請額于朝芾且薰濯筆硯以俟制詔爲公表焉

淨名齋記

帶江萬里十郡百邑繚山爲城臨流爲隍者惟吾丹徒重樓參差巧若圖刓地靈極倪而雲霞出沒星辰挂腹而天光不夜高三景小萬有者惟吾甘露東北極海野西南朝數山者謂之多景然臺殿羽張寶堵中盤五州之後與西爲阻若夫東眺京峴西極棲霞平林坡陀淮海之域遠岫隱見滁泗之封洪流東折白沙之雲濤如線大磧南絕中泠之巖巖蔚起笮山之隙岧嶤雙聳五州之外崚嶒千壘黃鶴寶勢珠捧于豆長山異氣龍矗于天晨曦垂虹時媚于左長庚織月每華其右千林霜落萬嶺雪饒春聚于西郊而秋留于南巖者惟吾淨名天下佳山水固多矣在東南則杭以湖山障其境洪以西山彌其望潭以岳麓周其區皆一山也而望兩邦逮窮荒迢遞發周羽皇之歎者有之矣百川匯流而赴北既濬既淵亦沃亦蕩也多山引嶺而趍東且列且驅各羣各醜也吾齋在萬井之中半天之上乃右卷而一揖焉此其所以得山川之多而甲天下之勝也至若水天

鑑湛而博望弭槎葭葦榔鳴而詹何投餌洪鐘動而飛仙下疾颷舉而連山湧地祇聽法水怪效珍或鵬雲壓山海氣吞野纖雲漏月清籟韻松兜羅密而靈光生陰霧合而大霆走瑰奇忽怳又不可得而詳言之襄陽米芾字元章將卜老丹徒而仲宜長老以道相契會內閣蔣公穎叔以詩見寄云京城汨沒興如何歸棹翩翩返薜蘿盡室生涯寄京口滿床圖籍鎖巖阿六朝人物東流盡千古江山北固多爲借文殊方丈地中間容取病維摩於是宜公以其末句命名余居亦冀公之與余同此樂也余今來也歲時在其間去也自筆藏爲圖念老矣無佳句歷其勝後之登吾齋覽吾勝者得不爲吾賦

平元符紀元八月望日漣漪郡嘉瑞堂書

明道觀壁記

大中祥符旣降天子本尊祖之義範容奉于玉淸縣木之式安于明道背負乾岡面負大邱坤震兩山左盤右紆濁泓淸演二流前媚起坎朝巽美哉吉土後八十三年觀宇隳徒弗虔吏弗視壬申八月仰圖以請明年九月始得錢三十萬乃完元祐甲戌正月五日令臣芾謹記

章聖天臨殿記 新添見羣玉堂帖

章聖天臨殿者眞宗膺符稽古成功讓德文明武定章聖元孝皇帝之御坐也煒哉建隆根滋雍熙幹挺祥符

之後蔚然垂蔭太平休氣被于無垠天子於是講漢唐之彌文紹帝皇之絕業升岱報天臨汾禮地問道泰淸旋軫輿王肆覲省方六飛還都旬陳絡蹕建杓弭車重瞳天臨繡黼下照慶賜是邑此其所也已而雲氣常繞神靈密衛天屣有響皇威凜然及臣之至者八十三年矣方今加惠萬靈蕃字育養以增方來之隆而欲追已覩之盛臣芾於是丹堊其上冀修封之後有是舉也謹刻石以俟令臣芾謹序

贊十三首

書法贊

去顏肉增褚骨發天秀助神物敢竊議賭骨突

十六羅漢贊

巍巍釋能儒十六大果士每於垢濁世見此無相身追貌自楚工礫玉妙吳匠種種出道韻二幻與佛同在處爲道場五濁化淨土

法雲佛國禪師白如來眞贊

頭瞻玉座再與金田一般獦獠敬愼人天不落此相莫下名言

李邕帖贊 有序

右唐秘書李邕字泰和書光王琚元宗皇帝之子濮王嶠太宗皇帝之曾孫故紫微舍人石昌言所藏元祐丁卯過甬上遇紫微孫夷庚字坦

夫以張萱六畫徐浩二古帖易得尙有厲少府求地黃帖白麻紙在石氏坦夫幼安長子書畫號翰林苑蘇子瞻爲之序此帖飄縱後帖謹嚴余欲此帖坦夫惜不與幼安程夫人於戶間使以歸余焉六月甲申南郡舟中裝贊曰

蓬蓬皇皇才高氣方張說姤善杜甫揚光子敬儲逸僧虔與詳潤分玉瑩秀溢春芳

晦堂心如來眞贊

此是晦堂更無佛祖百尺竿頭誰敢進步無限衆生爲此老誤誤不誤陝府鐵牛跳出土兩腳搥胸叫寃苦

王謝眞蹟贊 有序

家藏晉王謝眞蹟五軸唐文皇而下名書甚衆
王謝帖皆唐粱御府物題跋宛然每開卷使人
目動神驚也嘗作謝公贊云
山林妙寄巖廊英舉不繇不羲自發淡古有赫太帝天
造翰藝末下龍蹟震驚天地有我太祖跋也
唐文皇手詔贊有序
余以右軍帖于王晉卿家易唐文皇手詔因贊
之曰
龍彩鳳英天開日升忽戯翰墨敛太平雲章垂發目
動神驚
王略帖贊

昭回于天垂英光躋頡歷稽化大荒煙華淡濃動彷彿
一噫萬古稱天章鸞參虬引鵠序翔此數字皆有形勢洞天九
九八十一通遂陽茫茫十二小劫長自晉至今十二代璽完神訶
命㩲藏
歐陽詢度尚庾亮帖贊有序
右唐左文館學士兼太子率更令銀青光祿大
夫渤海縣開國男歐陽詢字信長書度尚帖元
豐巳未官長沙獲于南昌魏泰庾亮帖壬戌歲
過山陽獲于今中散大夫鍾離景伯各著半古
印適合縫文曰清河圖籍之印乃昔一書也究
延平之化豈不有神參孔壁之遺孰云致誤元

祐庚午冬至蕭閑外舍裝贊曰
渤海兒怪字亦險絕眞到內史行自爲法莊若對越俊
如跳擲後學莫窺遂趁厇步
王獻之蘇氏寶帖贊有序　新添　見英光堂帖
右蘇氏寶帖故連右軍快雪時晴帖元豐甲子
獲于子美子志東探元子國老孫也印二分在
快雪帖合縫四角亦有褚氏印崇寧元年五月
十五日易跋時甘露下吾家寶晉齋碧梧廿本
猗太宰秀當代靈襟踈沖韻邁一筆落兩行帶雲龍廷
走百怪驚電掣斷兕快盤偃蹇意無在藐百川會北海
人那知冠千載

褚摹右軍蘭亭燕集序贊有序
右米姓秘玩天下蘭亭本第一唐太宗獲此書
命起居郎褚遂良檢校馮承素韓道政趙模諸
葛貞湯普澈之流摹賜王公貴人著于張彥遠
法書要錄此軸在蘇氏題爲褚遂良摹觀其意
易改誤數字眞是褚法皆率意落筆餘字皆鉤
塡咸清潤有秀氣轉摺毫鋩備盡與眞無異非
深知書者所不能到世俗所收或肥或瘦乃是
工人所作正以此本爲定
熠燿客星豈晉所得養器泉石留腴翰墨戲著譚標書
存馬式鬱鬱昭陵玉盌已出戎溫無類誰寶眞物水月

何殊志尊用一繡繅金鎔瑤機錦綺猗歟元章守之勿失壬午閏六月九日大江濟川亭艤寶晉齋艎對紫金浮玉羣山迎快風銷暑重裝

王右軍稧恭帖贊

混沌破龍蛇出大荒子鼓神物縱變怪造怳忽起洪水稽天骨大道驚戮狂勃時蟄引無憚率神禹符鎮鏬窟

黃龍眞贊新添見英光堂帖

的的曹溪一點開從茲驢足蹈塵埃黃龍若不三元接爭得東林八轉來

偈一首

臨化偈

衆香國中來衆香國中去人欲識去來去來事如許天下老和尚錯入輪回路

銘二首

坐右銘

進退有命去就有義仕宦有守遠恥有禮翔而後集色斯舉矣

章聖天臨殿銘新添見英光堂帖

五僞既埽眞符錫寶晏晏太平物茂人好告岱垂統省方于宋天步所及澤浹植動我先大夫須慶觀酺平箱載酒號太平車帝功不宰衍衍衎衎年流恩住臣職司護不埽不汚下有帝武宗岳極坤穹碑觸雲祖烈燿焞留俟後昆陛下承業萬國一攝德廣翕協深文可法須碑琢牒臣筆日涉在雍邸壬申歲製

寶晉英光集卷第六終

寶晉英光集卷第七

碑五首

焦山普濟院碑 崇寧上章協洽至日文

眞宗大中祥符甲寅封潤州焦山大聖焦公明應公公名光字孝然漢高陽侯蔡邕贊曰猗歟焦君嘗此元默衡門之下棲遲偃息泌之洋洋樂以忘食鶴鳴九臯寅亮帝側乃徵乃用將受袞職昊天不弔賢人遘慝不遺一老屏此四國如何穹蒼不詔斯惑惜哉朝廷喪斯舊德恨此學士將何法則漢維既絕焦公同德作者孔聖後生不與易也去一千三百年英靈炳然感通著於祥符聖製穆如素履詳於魏史芾嘗銘曰水清石白焦公

之宅妙道難測能語而默俟河之清乃通帝夢殖殖瑤壇萬靈是擁眄響遠濁以道祚宋公德不董客必茹素擁徒駕御必以風雨明悳感神神應可呼勒銘津塗以肅薄夫惟公爲神主雖久護佛正法肇自梁室崇寧膺歷元聖當天忠賢充朝道化周行四海同文五緯不愆百嘉生柔惟深禪師開大法席披蓁易朽作新是宇金地寶構千五百架東南信士報上及親捐金供寶不可勝數天人咸嘉大緣用立悅然化人之居金鰲負背出於海上來者如入淨土兜率威攝精進脫棄塵葆師於高廣坐中作獅子吼度得度者如佛在時芾自基訖成目覩其事贊曰古佛留法度大心種種威攝現勝相大心衆生攝威德求度傾身及衆寶冥陽咸會精誠通正法是歸大緣集我今稽首佛陀僧永奠海山作津筏我今稽首明應公永護寶車炳威德悉化大心依淨住一世咸如今佛日三光不愆四序調主聖臣忠載萬億五穀蕃生土地肥萬靈常躋仁壽域

顏魯公碑陰記

魯公爲盧杞所忌李希烈反杞首議遣公諫者甚衆德宗問杞對曰眞卿朝廷重臣忠義聞天下誰不慴服臣常父事之今遣使不爲賊憚則辱國紛紛之言豈足聽陛下當自斷之無惑衆意德宗不能奪遂遣之人知公不還矣親族餞于長樂坡公旣飮乃躍上梁跳躑謂餞

者曰吾昔江南遇道士陶八八得刀圭碧霞餌之自此不衰嘗云七十後有大厄當會我于羅浮山此行幾是歟次汜水悅遇陶笑謂曰吉吉指嵩少而去後公死于賊賊平家人啟瘞狀有金色爪髮皆長如生人歸葬偃師北山先塋後有賈人至羅浮山遇二道士奕卽而觀之問曰子何所來賈人曰洛陽其一笑謂曰幸託書達吾家許諾卽札書付之其題曰至洛都偃師縣北小顏家及往訪之則塋也守塚蒼頭識公書大驚問狀皆公也因與至其家白之家人大哭卜日開壙發棺已空矣鳴呼杞欲害公之人而不能害公之仙也希烈杞等賊耳賊之殺人有常刑公死且不朽又況仙耶元祐三年

適觀郡人新公之祠因得謁拜公像其英氣仙骨凜然如在嘗閱洛中紀異載公前事考史所載杞拜公于中書與對德宗之言姦人表裏無忤則公之仙復何疑焉公之大節紀載甚多而論次于林公之文爲備固已激忠義之積風沮陰邪之萎魄至仙真事吾又以刻于碑陰以貽續仙傳者襄陽漫仕米芾記并書

戴公之碑崇寧甲申九

南宋隱士戴公禺字仲若父逵避作高蹈不娶晉故稱宅山林廢臭軒冕吾皎皎之操屬其適身皇皇群君莫得師臣百辟卿風蕭夫司敦神超之後女子捨宅八百年間依律浮化貝梁簡文皇帝撰碑凜凜神爽以時來

舍山有北庵多樂禪寓戒或不嚴毒螫立至豈徒慵陳之護法蓋亦山祇之稟戒我之粉榆實公故里想清涼之嘗枕對蕙帷其如在乃刻貞石用詔來古詞曰

猗猗嗟嗟皎皎戴君煉丹超神晉故湯火沸濯足清冷濱我來八百後坐石不埽塵不埽塵公來下唳鶴吟猿朝復夜

露筋之碑

天地之間雖大體陽況君子陰比小人而五行交相爲功各有正位其龐雜者亦交處于陰陽之間蓋亂臣賊子之所稟婦人女子之所蓋雖自其粉飾一時班域聖賢明未卽察而陰譴亦不旋踵則澤國之女嗜膚露筋不就有幃之子氏不顯于一時祠方揭于千古庸夫庸婦之所傳稱有如昨日是幽顯之所共信而古今不可得而議者然則伯夷叔齊之節不必俟聖人萬世所自知明矣紹聖元年十月中岳外史米芾東歸過其下刻石贊曰

王化煥猗盛江漢叔運媥猗人倫亂一德彥猗昭世典情莫轉猗天質善楚澤涵猗雲木偃煒斯囯猗日星建

天衣懷禪師碑新添見玉堂帖

佛以一法接二乘離則法生台乃法盡拘法則小作遊戲去法則大用縱橫是以二乘有果果自念生一法無殊殊因惑起不昧因果則法存性在不證因果則法滅

性空故大能仁去罪忘心留果不證去罪忘心故惡生無所留果不證故異類可行所以寒影對空紅爐點雪如如不動金體相呈者也雪竇禪師釋迦正宗仁銑巨派有嫡子義懷者溫州樂清陳氏以漁爲業母夢星殞于庭因而有妊生而異稟每求出家欲往投師神先告夢曰法王來也翌旦師至衆咸異之嘗在雙林聞講經云應無所住而生其心師乃問曰既無所住何處生心講師嘆曰此非吾義學能解汝必大禪宗速須求度遂詣京師景德寺落染於稠人中遇言法華撫師背曰雲門臨濟去已而一鉢遊方諸方畢到頭角既露將徒已多遂詣顯公願執下事嘗入室顯公曰恁麽也不得不

恁麽也不得恁麽不恁麽總不得師擬對顯公便打推出翌日天寒水桶墮地廓然大悟通身汗流遂入室投機顯公覺師舉止異常向前搊定叫賊師以手托開珍重便去至無爲軍崇壽寺出世導人香烟信傳法乳恩立舉揚曰鴈過長空影沉寒水水無留影之心鴈無遺蹤之意若能如是方解異類中行顯公聞之令書于塔下謂衆曰此大吾宗矣時瑯琊覺禪師並主化大行每指學者曰懷公古佛可去問看一旦示疾山谷晝鳴林木色皓師謂門人智才曰吾今行矣爲說偈云紅日照扶桑白雲封華岳三更過鐵圍拶折驪龍角智才曰復有何事師扣枕三下推枕便行住世七十二年僧居四

十六臘時治平元年九月二十五日也若夫太山傾頹四衆墮淚十八變已三昧火生堅固墜空塔漏地皆陳迹也何足道哉凡應現檀林投子崇壽與教杉山景德天衣等八刹其接物利人忘身忍辱既得古佛之密迹皆極如來之麁行所謂萬緣無漏故得四衆歸心王臣護特天人瞻仰其嗣法者不可勝紀而智才實其首法存宗本重元若沖法秀應夫智其高弟宗本弟子口口善本與其師及法口口一旦師孫仲宣會集雲遊衲子林下相逢謂襄陽漫仕曰如來數百萬言皆眞實諦假託一語人有眼目益道緣僞喪派逐濫漸各道所聞願刊樂石子其執筆爲我直書芾曰然南岳二碑曹溪四碣述修厥德稽首讚云

稽首歸依無上尊清淨圓滿千億化三身俱現立法祖一法不立卽如來示現有漸緣慈悲慈悲本不爲佛祖佛祖不立無歸依所以三身開後覺寥寥千古古佛遠堂堂此身卽古佛衆生不昧本來心此是古佛行住處

墓表一首

樂圃先生墓表

樂圃先生吳郡朱氏名長文字伯原光祿公之子十九歲登乙科病足不肯從吏趍築室居郡樂圃坊有山林趣著書閱古樂堯舜道久之名稱藹然一邦嚮服郡守監司莫不造請謀政所急士大夫過者必奔走樂圃以

後爲恥名動京師公卿薦以自代者甚衆天子賢之起爲本郡教授以爲未廣也起爲太學先生以道授多士未幾擢東觀仍兼樞府屬元符元年二月丙申遘疾不祿享年六十子耜杭州鹽官尉耦耕舉進士以六月葬至德鄉從光祿之塋先生道廣不疵短人人亦樂趍先生勢不在人上而人不敢議益見之如麟鳳焉方擢欲使大施設而命不假朝野惜之著書三百卷六經有辯說樂圃有集琴臺有志吳郡有續記又著琴史其序略曰方朝廷成太平之功制禮作樂以比隆商周則是書也豈虛文哉此先生志也至於詩書藝文之學莫不騷雅造古死之日家徒藏書二萬卷天子知其清特贈縑

百四嗚呼先生可謂清賢矣余昔居郡與先生遊知先生者也表曰窮達有命出處有時司出處者非命而誰時與命違士能不出出而無命孰論於時升公之堂埋公朱絲清音不改樂闕松悲

題跋七首

跋快雪時晴帖

晉右軍將軍會稽內史王羲之字逸少書快雪帖見張彥遠法書要錄本朝參知政事蘇公太簡家故物故有翰林學士院印唐賜魏丞相徵傳之子孫故有鄭公之後印又傳于褚遂良之孫長史故有褚印予在都下以好玩十種易于蘇太簡孫秘書激字志東志東與予德友也蘇才翁子美有跋及國老押署紹聖丙申以示翰林學士蔡公仍以翰林印印之即太簡作翰林時所用一日駙馬都尉王晉卿借觀求之不與已乃翦去國老署及子美跋著于模本乃見還因詳錄得之之自紹聖丁酉海岱樓題米芾審定

跋褚模蘭亭帖

右唐中書令河南公褚遂良字登善臨晉右將軍王羲之蘭亭宴集序本朝丞相王文惠公故物辛未歲見于梁美叔齋云借于公孫辛巳歲購于公孫巘黃絹幅至欣字合縫用證摹本僧字果徐僧權合縫書也雖臨王帖全是褚法其狀若巖巖奇峯之峻英英穠秀之華翩翩自得如飛舉之仙爽爽孤騫類逸羣之鶴蕙若振和風之麗霧露擢秋幹之鮮肅肅慶雲之映霄矯矯龍章之動彩九奏萬舞鵷鷺充庭鏘玉鳴瑲窈窕合度宜其拜章帝所留賞羣賢也至于永和字全效其雅韻九觴字備著其真標浪字無異于書名由字益彰其楷則若夫臨倣莫稱于魏薛賞別不聞于歐虞信百代之秀規一時之清鑒也壬午八月二十六日寶晉齋舫手裝襄陽米芾審定真蹟秘玩

跋謝安石帖行書太師後跋

右晉太傅南郡公謝安字安石書六十五字四角開元小璽御府書也永存珍秘印入唐相王涯家翰林之印達中御府所用更兵火水土之劫者八百年歷代得以保之必有神護元祐中見晉十三帖於太師李瑋第云購于侍中王貽永家中太宗皇帝借其藏書模閣帖但取郗愔兩行餘王戎陸雲晉武帝王衍及此謝帖謝萬帖共十二帖皆不取模版余特愛此帖欲博以奇玩議十年不成元符中歸翰長蔡公建中靖國元年二月十日以余篤好見歸余年辛卯今太歲辛巳大小運丙申丙辰於辛卯月辛丑日余生辛丑丙申時獲之此非天耶米芾記

跋李邕帖

右唐秘書監李邕字泰和墨蹟五十字易于呂文靖丞

相家戶部尚書穉卿之孫端問有三帖第一帖有張子有字墨淡昏第二帖有緗雲字紙揭損此第三帖也精彩動人墨渴筆勁想運筆神助丁丑歲漣漪郡齋手裝

跋王右軍帖

右晉金紫光祿大夫右將軍會稽內史王羲之字逸少王略帖八十一字入梁唐御府已見陶穀跋末全印及首半印曰永存珍秘唐相王涯印也自五代由陶入鄭郭亦見前跋至本朝入參知政事蘇太簡家以墨妙筆精印蘇氏印國老武功圖書許國後裔等印國老才翁題爲卞舜賓子澄字通淵爲尚書郎孫之純純之妻李丞相瑒之後弟縡字彥益余姻家累年約爲購會余使西都帖自杞至元約白金一笏當語宗正仲袁字君發遂力以十五萬購之李不許且曰米亦姻家也卽以十五萬取則以歸米迨使還如約然已使庸工折背翦損矣昔梁武不收慰問帖唐文雖收尙别卷非慰問者此無貞觀印但開元入御府爾古今印跋完備有傳授之緒吾閱書一世老矣信天下第一帖也崇寧癸未季春九日玉堂竹齋手裝

跋晉賢十三帖

右本朝參知政事蘇太簡所藏丙寅歲得于集賢國老孫秘閣子美子志東志東好事與予通家書畫上皆邳公之後四代相印蘇氏字印太簡被太宗遇使第諸國簿收書畫三等賜予甚多公卿之家無出其右此尤著名者紹聖中重裝翰林粹元長旣跋印以今翰林印副車王晉卿借去翦下元長所跋著他書軸乃見還其上故印存焉元符之元漣漪瑞墨堂題

跋羲獻帖

柳誠懸得大令之書于太宗卷首連于大令之後可以鑒矣復得右軍兩行反謂又一帖是誤以羲之爲獻之又嘗見跋馮當世西昇經實非閻褚能書未必能别猶歐虞之於唐以書名天下而不任識書魏鄭公無書名乃同褚遂良爲貞觀書證凡經貞觀收者後世以爲無僞識者以此爲鑒癸未玉堂竹齋太常博士米芾記

跋唐摹帖

開元御府大中建中宏文皆收搨黃金白玉雖至寶器毀之則再作何代無工惟書落筆雖自再寫亦不可復得搨而藏諸何陋之有第一帖右軍閣帖有而無及謝侯字第二及末桓溫帖世未有别本漣漪郡嘉瑞堂元章記

寶晉英光集卷第七終

寶晉英光集卷第八

雜著

論書格 雜述二十九條

唐末書格甚卑惟楊景度行書與顏魯公壁圻屋漏同意王荆公文嘗謂此書意之所至筆之所止則已不曳以就長促以就短信斯言也楚國米芾錢塘官舍書

書祥瑞

黄帝以聖德治天下景星現其星如半月于中天自曉沒於南極帝堯百獸舞鳳凰翔庭生五色瑞芝民之子八九老人擊壤而歌之帝舜慶雲現壽星在弧南極常以秋分之際現于丙春分之旦沒于丁天下承平萬姓

樂業四海晏清

書呂溱事

溱字叔濟楊州江都人舉進士第一爲人精敏過人辨訟無不決初授將作監丞通判亳州累遷秘書郎直集賢院知蘇州未幾除度支三司判官同修起居注坐預進奏院蘇舜欽燕飲事出知蘄州復歷楚舒二郡叔濟平居不接士大夫留意於陰陽文字精大數未幾拜侍讀學士知徐州上賜宴于資善堂上令內侍諭溱曰此會特爲卿設可盡醉也溱爲人簡倨每接賓客語不過數言而已時人目爲七字舍人性復驕豪後除龍圖閣訟無不立斷故豪強懾畏之京師翕然見稱由此上益眷遇之後因職事奏對上曰卿有疾色何耶對曰無疾上曰宜勉以進醫藥溱退甚自疑未幾疾作上章辭府事拜樞密直學士提舉醴泉觀使中使挾御醫診視賜三萬緡不久而卒贈禮部尚書上手批付中書曰溱立朝最孤事君之節絶迹權貴故中廢者十餘年無人肯爲達之者朕近親擢領要務頗著風績今忽淪亡甚可嗟悼可常賻之外量與優給及一行葬事官爲辦集庶示將來以勵臣節元豐二年暮春之初米芾元章書

題古良醫妙技 以下並不標題

華陀反死回生俞氏剖腹視病張氏隔膚視膜斯同道也

向與一相識書橫粘如是卷如何

許南叔善爲令政聲流于隣壤

右軍快雪時晴帖眞字在蘇志東房今居吳郡

張顛書賀八清鑑風流千載人也帖凡七紙蘇太簡家物液獻章子厚也

趙子立收筆陣圖前有右軍眞蹟并筆樣手勢圖後爲章子厚取之使吳匠製甚入用今吳有其遺製近知此書在章持房下

晉畫古賢十八失其名在蘇太簡孫之顏行人間名畫也

李重光作此等紙以供澄心堂用其出不一以池州馬

牙礶㙸者爲上品此乃饒紙不入墨致字少風神

樞密林文節觀吾家右軍書歎息久之一日云貞觀印閣下有一軸相去五六寸乃是兩枚亦有相合者不相當也余聞之內愠不敢發視者月餘一旦忘之既開皆不相當忽悟文節語卽馳告公曰使君愈寶重也

漣水陳生善作重山複嶺古木瀑泉近世少及皆若眞山不以雕鎪細巧爲美

吾老年方得瑯琊紫金石與余家所收右軍硯無異人間第一品也端歙皆出其下新得右軍紫金硯石力疾書數日也吾不來斯不復用此石矣

漢畫龍已如今則劍飾所刻頭圓者周龍也

蔣永仲作松贈晏秀吾題云撐雲既奇倔怒節更堅瘦怒爲露也

好事家所收帖有如篆籀者迴視二王頓有塵意晉人書一帖是也謝奕之混然天成謝安之淸邁眞宜批子敬帖尾也其帖首尾印記多與敝篋所收同君倩唐氏陳氏之類玉軸古錦皆故物希世之珍不可盡言恨不能同賞歸卽追寫數十幅頓失故步可笑可笑

陸琙字士瑤或云陸統有一字如此不可識統一作玩

武帝書紙糜潰而墨色如新有墨處不破吁豈臨學所能欲令人棄筆硯也古人得此等書臨學安得不臻妙境獨寫唐人筆札意格尫弱豈有勝理其氣象有若太古之人自然淳野之質張長史懷素豈能臻其藩籬耶

昔歸公跋趙令時古帖得之矣欲盡舉一奩書易一二帖恐未許也今日已懶開篋但磨墨終日追想一二字以自慰也

學書貴弄翰謂把筆輕自然手心虛振迅天眞出於意外所以古人書各各不同若一一相似則奴書也其次要得筆謂骨筋皮肉脂澤風神皆全猶如一佳士也又筆筆不同三字三畫異故作異重輕不同出於天眞自然異又書非以使毫使毫行墨而已其渾然天成如蓴絲是也又得筆則雖細爲髭髮亦圓不得筆雖麤如椽亦褊此雖心得亦可學入學之理在先寫壁作字必懸手鋒抵壁久之必自得趣也余初學顏七八歲也字至大一幅寫簡不成見柳而慕緊結乃學柳金剛經久之知出于歐乃學歐久之如印板排筭乃慕褚而學最久又慕段季轉摺肥美八面皆全久之覺段全繹展蘭亭遂并看法帖入晉魏平淡棄鍾方而師師宜官劉寬碑是也篆便愛咀楚石鼓文又悟竹簡以竹聿行漆而鼎銘妙古老焉其書壁以沈傳師爲主小字大不取也大不取也

退之云羲之俗書趁姿媚此公不獨爲石鼓發想亦見此等物耳

名畫記載京兆尹黎幹印曰黎氏此帖前後載者是柳

書後一帖半貞觀印剪除不去故不入開元御府
僧權卽徐謝帖懷珍王帖懷充皆梁武帝書證也
世南呈非虞筆後人妄添可洗除
孝先本朝宰相王會也嘗跋中令送梨帖
芉芾名連姓合之楚姓米芉是古字屈下筆乃芾字如
三代芥芥大夫字合刻印記之義元祐中爲石藏隱守

劉季孫跋題

劉季孫於從行入百置得義獻帖蘇軾要芾小研山不與季孫遂以此帖來易與之芾愛帖許之王詵借山去已一月聞欲易帖渠自欲山恐易了遂百簡索不還至季孫赴任數日乃還山無人追及遂不及易季孫卒其子以二十千賣王防父知太原得之二三年間以數種好玩於防處易不成季孫爲兩浙路分司章惇要不與蘇軾秦觀等有詩題其後今皆除了潤州見時猶在軾觀惇等共題書曰惟辟玉食夫至玩玉食非人主則人臣孰堪之乃是神物護持並合歸上聖

吳生畫徧閱一世未有此比若入御府未裝間望假一日使諸生識世間不復有也（諸生至今未給食）

馬唐畫非幹筆少圓潤秀氣與芾家天王同往往世間此等畫便假名吳生甚衆

榜文二道

到任榜

朝廷深卹下民天性善良偶因充役以期限罪破傷父母肌膚使秀民不得賓興于上於是以等差使量出錢而復其終身之役使百姓各各保完膂膚爲良善人饑荒則賑濟緩急闕乏則借貸與錢糧百姓無對本加倍利無流移鄉土而衣食給足國家不以張官設吏收給爲勞有凶歲倚閣赦放之恩是隱卹百姓德澤甚厚而百姓於是時所宜興于行義不作姦宄盜賊詞訟侵欺狡惡以犯官司至于證明理直則受杖破傷父母肌膚官司明則受杖無怨官司不明則雖直誤受杖比至別處次第論訴求直得直時父母肌膚已毀傷不可復完使一鄉人指爲至愚毀傷父母肌膚爲不孝論訟官司爲不良陷害他人爲不仁同鄉並舍結怨子孫相憎惡讐害不已爲不智辜負朝廷至誠惻怛愛民使趍善良之意僕甚惜之一邦有識四民之耆老小學師長其助僕勸化百姓務尚和厚敬長老勤農桑救貧困養疎親省詞訟不欺善良不兼并竊藏盜賊姦宄犯禁物保全人情和厚然後感召和氣五穀豐熟字養蕃息

六順曉示

父慈謂爲人父伯父叔父愛姪如子愛他人之子亦如已之子

子孝謂爲人之子孝於父母伯叔父母如已父母見他人年高如父母者敬之如已之父母

兒友謂爲人之兄友愛其弟愛伯叔之弟如已親弟見他人年幼小者愛之如已之弟

弟恭謂爲人之弟恭敬其兄事伯叔之兄如已之親兄敬他人年長者如已之兄四海之人皆如兄弟

姑仁謂爲人之姑世俗謂之婆謂之家已之女嫁他人家爲婦能愛養婦如已之女則婦心孝生得兒孫亦孝凌虐婦婦每生不孝心生得兒孫亦皆不孝

婦義謂感翁婆之恩夫之義夫沒不改嫁不招接聯夫只事翁婆如夫在慈養兒孫長成娶婦成家身卻受婦兒孫供養

右是人間六順之事能感召時和歲豐人壽長家道富子孫多或遇朝廷恩赦則當給賜粟帛或免身役旌表門閭其父不慈子不孝兄不友弟不恭姑不仁婦不義侵犯善良棄絕恩義是十惡五逆事便感召災害氣生年穀不熟家破人亡子孫滅絕於法則斬絞徒流之罪遇赦不原一邦有識耆老後生好善之人務轉相訓告漸成忠厚以副朝廷德澤愛養元元之心

劄子一通

論書學 時充書畫學博士

一太史星歷學小史書畫學自漢隸東觀讎用典籍甚多太學所無欲乞倣古隸秘書省試經義附太學文藝並優取自上旨

一書學自祖宗朝句中正楊南仲周越咸以他官知判書石而已無職事自遇聖上天縱悟筆一貫欲釐凡格以造高古緣珍圖名札必俟心悟筆隨乘興揮妙非可課程或撰到珍圖臨成名札必經天鑒以判工拙難從外勘當欲乞徑於內東門司具狀投進或非時宣取乞依太常寺例用楠子奏報

一如蒙改隸伏覩舊工部作七寺監內一位乞充兩學諸色人等並乞依武學例秘書省錢如不足以太學錢通給

右取進止

寶晉英光集卷第八終

附錄劉克莊後邨集所載

米元章有帖云老弟山林集多於眉陽集然不襲古人一句子瞻南還與之說茫然歎久之似歎渠偷也

戲跋二首

大令云亡筆不傳世無行草已千年偶然遺下鸞羣帖生出楊風與米顛

其二

二集一傳一不傳可能寶晉勝坡仙蘇郎不醉常如醉米老眞顛卻辨顛世傳米老有辨顛帖

孫元京閱茲集戲題二首云

宋士飄然有楚狂書名痼疾盡膏肓太湖靈壁應無價遮莫相隨共一航

自許蘇黃二子間千秋冠服一朝還南宮郎吏多才思縹渺彤庭故國山

寫本寶晉英光集六卷吳文定公原博故物也萬歷丁巳中秋十日獲于公之四世孫所校讐之次摘錄劉孫二公四詩於後以志梗概行將授梓以廣其傳云後學張丑記

寶晉英光集補遺

文

十紙說

福州紙漿硾亦能歲久余往見杭州俞氏張長史惡札禪師不合爲婚主者是也入水亦不透

越陶竹萬杵在油拳上緊薄可愛余年五十始作此紙謂之金版也

六合紙自晉已用乃蔡侯漁網遺制也網麻也人因而用木皮

無爲紙亦有細白者硾亦入用

川麻不漿以膠作黃紙唐詔敕皆是所以有白麻之別

也長沙雲口廿年前未使灰透明有骨古紙擣細者不在唐澄心之下因康王教紙匠遂入灰品不及康王展之則石灰滿手

油拳不漿硾則硾能如漿然不杢久唐人漿硾六合慢麻紙書經明透歲久水濡不入今人以油拳策經爲卷則不杢背古書耳

河北桑皮紙白而慢愛糊漿硾成佳如古紙余得用淮陽守糊背二幅硾亦頗佳仍落墨彩

饒州竹入墨在連上又有黃皮紙天性如染薄緊可愛亦宜背古書連紙不可寫經用小便浸稻榦非竹也天陰便臭又連蠹非佳品漿硾亦不成

康王作紙錢紙遂天下近利厚故俗更不作好紙在鈎
上循紙上
嶺嶠梅紙品在池上循韶藤皆有紙而韻大行于嶺南
不入墨如循也
唐硬黃摹書皆令冷金向明搨也紙細無如川紙故詔
敕用而禁臣下上表不得僭也

題贈叔晦

余始與公故爲僚宦僕與叔晦爲代雅以文藝同好甚
相得於其別也故以祕玩贈之題以示兩姓之子孫異
日相值者襄陽米黻元章記
叔晦之子道奴德奴慶奴僕之子鼇兒洞陽三雄

王謝書跋

李太師收晉賢十四帖王戎書若篆籀謝安格在子敬
上眞宜批帖尾也

張旭書跋

余收張季明帖云秋氣深不審氣力復何如也眞行相
間長史世間第一帖也其次賀八帖餘非合書

書紫金研事

蘇子瞻攜吾紫金研去囑其子入棺吾今得之不以斂
傳世之物豈可與清淨圓明本來妙覺眞常之性同去
住哉

書夢

五月十七夜夢至信州玉山縣巡檢廨中遇奉議郎宮
教黃升中頵黃兩眼小而有鬚坐主位十八早記之時
在泰宜陵

跋頭陀寺碑

右唐殷令名書頭陀寺碑齊王簡栖所撰錄于文選令
名之子仲容官禮部郎据法書要錄云仲容奕世工書
精妙曠古令名嘗書濟度寺額後代程式父開山也武
德中爲尚書故闕山字而李氏諱不及淳旦照基諱者
正在貞觀永徽間跋尾書惟則者集賢待制史惟則小
印混字郎唐相晉國忠獻韓公所寶書也元祐戊辰集
賢林舍人招爲苕霅之游九月二日道吳門以王維畫
古帝王易于龍圖閣待制俞獻可字昌言之孫彥文翌
日與丹徒葛藻字季忱撿閱審定五日吳江艤舟垂虹
亭題襄陽米黻

賜裘謝表

寒威應律天體初裘寵頒列采之衣溥錫周行之士竊
以視如手足以待之厚慈同父母而愛之深方艮裘之
御躬念庶僚而加惠斯蓋伏遇陛下文明昭度振育垂
恩至化迪於四時深仁被於羣動當傳稱愛日之候詩
歌處室之期眷疆埸□□特頒在笥悉逮有官臣等
濫被身章如更煖律奉挾纊之施罔克報功負在梁之
誚惟知安吉

易義

易曰天數五地數五五位相得而各有合此五行生成之數洪範曰五行生數天肇一於北至陰之所陰極生寒寒生水故曰北耦二曰南陽之所也陽極生熱熱生火東陽中也陽散而生風風生木陰止以收而生燥燥生金金中央也陰陽之所交者也陰陽交而生濕濕生土所以成變化而行鬼神皆不出乎此夫體立而後成性以至稼穡皆五行之性也性定而後辨味皆五行之味也水物至陰其性流濕故江淮缺五字於山不若海之下故惟潤下所以指名之也五行聲色臭味而此獨舉味者人之所待以生養者爲味爲急故也

孔聖手植檜贊

煒東皇養白石御元氣昭道一動化機此檜植矯龍怪挺雄質二千年敵金石記治亂如一昔百代下蔭圭璧

記顧愷之畫

苐近收顧虎頭金粟坐石存神像李伯時見欲傾囊易也

書評

余采陳唐至本朝書法得一十四家智永書氣骨清健大小相雜如十四五貴冑褊性方就繩墨忽越規矩褚遂良如熟馭陣馬舉動隨人而別有一種驕色虞世南如學休糧道士神格雖清而體氣四疲歐陽詢如新愈病人顏色憔悴舉動辛勤柳公權如深山道士修養已成神氣清健無一點塵俗顏眞卿如項籍挂甲樊噲排突硬弩欲張鐵柱將立傑然有不可犯之色李邕如乍富小民舉動掘强禮節生疎徐浩如蘊德之人動容温厚舉止端正敦尚名節體氣純白沈傳師如龍游天表虎踞溪旁神清自如骨法清靈周越如輕薄少年舞劍氣勢空健而舉刃交加錢易如美丈夫肌體充悅神氣清秀蔡襄如少年女子體態嬌嬈行步緩慢多飾名花蘇舜欽如五陵少年訪雲尋雨駿馬青衫醉眠芳草狂歌院落張友直如宮女插花媚嬌對鑑端正自然別有一種韻致

書戒

士不可無特操三兩面趨有濟者人卽不察鬼能窺人至於晚節末路身名並喪無以見祖先于地下日暮塗遠倒行送施乃是劫盜士子尤所宜愼無爲三身憂三身者過去祖先也見在己身也未來子孫也

跋顏書

顏眞卿學褚遂良既成自以挑踢名家作用太多無平淡天成之趣此帖尤多褚法石刻醴泉尉時及麻姑山記皆褚法也此特貴其眞蹟爾非爭坐帖比大抵顏柳挑踢爲後世醜怪惡札之祖從此古法蕩無遺矣安氏鹿肉乾脯帖蘇氏馬病帖渾厚純古無挑踢是刑部尚

書時合作意氣得紙札精謂之合作此筆氣鬱結不條暢逆旅所書李大夫者名先顏唐功臣也崇寧丙戌六月六日從九品下米芾記

論書

因爲邑判押遂使字有俗氣右軍暮年方妙正在山林時吾家收右軍在會稽時與王述書頓有塵氣又其驗也

西園雅集圖記

李伯時效唐小李將軍爲著色泉石雲物草木花竹皆絕妙動人而人物秀發各肖其形自有林下風味無一點塵埃氣不爲凡筆也其烏帽黃道服捉筆而書者爲東坡先生仙桃巾紫裘而坐觀者爲王晉卿幅巾青衣據方机而凝竚者爲丹陽蔡天啓捉椅而視者爲李端叔後有女奴雲鬟翠飾倚立自然富貴風韻乃晉卿之家姬也孤松盤鬱上有凌霄纏絡紅綠相間下有大石案陳設古器瑤琴芭蕉圍繞坐於石盤旁道帽紫衣右手倚石左手執卷而觀書者爲蘇子由團巾繭衣手秉蕉箑而熟視者爲黃魯直幅巾野褐據橫卷畫淵明歸去來者爲李伯時披巾青服撫肩而立者爲晁无咎跪而捉石觀畫者爲張文潛道巾素衣按膝而俯視者爲鄭靖老後有童子執靈壽杖而立二人坐於盤根古檜下幅巾青衣袖手側聽者爲秦少游琴尾冠紫道服摘阮者爲陳碧虛唐巾深衣昂首而題石者爲米元章幅巾袖手而仰觀者爲王仲至前有鬅頭頑童捧古硯而立後有錦石橋竹逕繚繞於清溪深處翠陰茂密中有袈裟坐蒲團而說無生論者爲圓通大師旁有幅巾褐衣而諦聽者爲劉巨濟二人並坐於怪石之上下有激湍潨流於大溪之中水石潺湲風竹相吞爐煙方裊草木自馨人間清曠之樂不過於此嗟乎洶湧於名利之域而不知退者豈易得此耶自東坡而下凡十有六人以文章議論博學辨識英辭妙墨好古多聞雄豪絕俗之資高僧羽流之傑卓然高致名動四夷後之攬者不獨圖畫之可觀亦足彷彿其人耳

書海月贊跋

元豐四年余至惠州訪天竺淨惠師見其堂張海月辨公眞像坡公贊於其上書法遒勁余不覺見獵索紙疾書匪敢並駕坡公亦聊以廣好人所好之意云爾

無爲章吉老墓表

神農有熊氏咸以捄民爲生而知之簡易無文後世聖賢相師或口授若心得其至也雖千年若合符契故孔氏謂安知來者之不如今又曰聖人有所不能知夫陰陽儲精神而明之可不妙哉無爲章氏迪字吉老洞精醫書而得鍼刺術於素問內經之間以其道捄人者壽至七十九莫不視膚透膜隨鍼病已華俞氏不能過也

又以其道授子濟濟誓救三千人因不復鍼又以父道付子權吾聞士大夫多道濟權起病如神逮得守符親所嘗試會濟請以吾友周元章撰埋誌不復多得願表墓道遂直書其事吾不及識君觀其子孫廉介自守不以藝取人知君隱施夫行符藥除病救人除害物者上清有錄許氏旌陽雞犬亦仙去後之人勿替其志來拜墓下讀吾文者勉之

動靜交相養賦

天地有常道萬物有常性道不可以終靜濟之以動性不可以終動養之以靜養之則兩全而交利不養之則兩傷而交病故聖人取諸震以發身受以復而知命所以莊子曰智養恬易曰蒙養正者也吾觀天文其中有程日明則月晦日晦則月明明晦交養晝夜乃成吾觀歲功其中有信陽進則陰退陽退則陰進進退交養寒暑乃順且躁者本于靜也斯則躁爲民靜爲君以民養君教化之根則動養靜之道斯存且有者生於無也斯則無爲母有爲子以母養子生成之理則靜養動之義明矣所以動之爲用在氣爲春在鳥爲飛在舟爲檝在弩爲機不有動也靜將疇依所以靜之爲用在蟲爲蟄在水爲止在門爲鍵在輪爲柅不有靜也動奚資始則知動兮靜所伏靜兮動所倚吾何以知交養之然哉以此有以見人之生於世出處相濟必有時而後行非匏瓜不可以長繫人之善其身枉直相尋必有時而屈故尺蠖不可以長伸嗟夫今之人知動之可以成功不知非其時動必爲凶知靜之可以立德不知非其理靜亦爲賊大矣哉動靜之際聖人其難之先之則過時後之則不及時交養之間不容毫釐故老氏觀妙顏氏知幾噫非二君子吾誰與歸

論草書

草書若不入晉人格口徒成下品張顛俗子變亂古法驚諸凡夫自有識者懷素少加平淡稍到天成而時代壓之不能高古高閑而下但可懸之酒肆䛒光尤可憎惡也

書異石

西山書院丹徒私居也上皇樵人以異石來告余凡八十一穴狀類泗淮山一品石加秀潤焉余因題爲洞天一品石以麗其八十一數令百夫輦致寶晉齋又七日甘露下其石梧桐柳竹椿杉蕉菊無不霑也自五月望至廿六日猶未已

詩

擬古

青松勁挺姿凌霄恥屈盤種種出枝葉牽連上松端秋花起絳烟旖旎雲錦殷不羞不自立舒光射丸丸柏見吐子效鶴疑縮頸還青松本無華安得保歲寒

龜鶴年壽齊羽介所託殊種種是靈物相得忘形軀鶴有沖霄心龜厭曳尾居以竹兩附口相將上雲衢報汝愼勿語一語墮泥塗

入境寄集賢林舍人

揚帆載月逹相過佳氣葱葱聽謳歌路不拾遺知政肅野多滯穗是時和天分秋暑賫吟興晴獻溪山入醉哦便捉蟾蜍共研墨綵牋書盡翦江波

重九會郡樓

山清氣爽九秋天黃菊紅茱滿泛船千里結言寧有後羣賢畢至猥居前杜郎閑客今焉是謝守風流古所傳獨把秋英緣底事老來情味向詩偏

和林公峴山之作

皎皎中天月團團徑千里震澤乃一水所占已過二㛮羅即峴山繆云形大地地惟東吳偏山水古佳麗中有皎皎人瓊衣玉爲餌位維列仙長學與千年對幽操入獨處迢迢願招類金飆帶秋威欻逐雲櫺至朝隮輿馭飈暮返光浮袂雲盲有風驅蟾養有刀利亭亭太陰宮無乃瞻星氣與深夷險一理洞軒裳僞紛紛夸俗勞坦坦忘懷易浩浩將我行蠢蠢須公起

送王渙之彥舟

集英春殿鳴捎歇神武天臨光下澈鴻臚初唱第一聲白面王郎年十八神武樂育天下造不使敲抨使傳道衣錦東南第一州棘璧湖山兩淸照襄陽野老漁竿客不愛紛華愛泉石相逢不約約無逆輿握古書同岸幘淫朋孌黨初相慕濯髮洒心求易慮翩翩遜鶴雲中侶上苴氐鴟那一顧邇來器業何深至湛湛具區無底沚可憐一點終不易枉駕殷勤尋漫仕漫仕平生四方走多與英才並肩肘少有俳辭能罵鬼老學鴟夷漫存口一官聊且三徑貧取捨殊塗莫迴首

爲政

美人爲政本忘機服藥求仙事不違葉縣已泥丹竈畢瀛洲宮伴赤松歸先師有訣神將助大聖無心火自飛九轉但能生羽翼雙鳧忽去定何依

戲成呈司諫台坐

我思岳麓抱黃閣飛泉元在天半落石鯨吐出湔一里赤日霧起陰紛薄我曾坐石浸足眠時項抵水洗背肩客時劝我病欲死一夜轉筋若艾燃（關灌）如今病渴擁爐坐安得縮卻三十年嗚呼安得縮卻三十年重往坐石浸足眠

將之苕溪戲作呈諸友

松竹留因夏溪山去爲秋久賡白雪詠更度采菱謳纜玉鱸堆案團金橘滿洲水宮無限景載與謝公遊

半歲依脩竹三時看好花懶傾恵泉酒點盡壑源茶主席多同好羣峯伴不譁朝來還蠹簡便起故巢嗟（余居半歲）

諸公載酒不輟而余以疾每約置膳清話而已復借書劉李周三姓

好懶難辭友知窮豈念通貧非理生拙病覺養心功小圃能留客青冥不厭鴻秋帆尋賀老載酒過江東仕倦成流落遊頻慣轉蓬熱來隨意住凉至逐緣東入境親疎集他鄉彼此同暖衣兼飽食但覺愧梁鴻旅食緣交住浮家爲興來句留荆水話襟抱卞峯開過剡如尋戴遊梁定賦枚漁歌堪畫處又有魯公陪密友從春折紅薇過夏榮團枝殊自得顧我若含情漫有蘭隨色寧無石對聲卻憐皎皎月依舊滿船行

拜中岳命作

雲水心常結風塵面久盧重尋釣鼇客初入選仙圖鼠雀眞官耗龍蛇與衆俱卻懷閑祿厚不敢著酒夫常貧須漫仕閑祿是身榮不託先生第終成俗吏名重緘議法口靜洗看山睛夷惠中何有圖書老此生

謹以鄙詩送提舉通直使江西

三吳有丈夫氣欲吞海水開口論世事借箸對天子瑞節高如松一歲幾繁使秋水浮湘月罇酒屢覿止言别不可攀寥虛看雲駛

秋山

淡墨秋林畫遠天暮霞還照紫添烟故人好在重攜手不到平山漫五年

穰侯出關

穰侯去國緩驅車蔡澤還來取范雎惡客只應眞可厭怪他漢相館卬虛

中秋登海岱樓作

目窮淮海兩如銀萬道虹光育蚌珍天上若無修月戶桂枝撑損向西輪

壯觀

君謨登壯觀要我賦新詩鬢逐年光老詞緣大作奇江山一世斷風雅六朝卑對酒勸不飲操懷誰與知

次韻魏泰見寄

山椒卜築瞰江波千里常懷楚製荷舊憐俊氣閒羈馬老厭奴書不玩鶩眞逸豈因明主弃聖時長和野民歌

一自扣舷驚夏統洛川雲物至今多

和陳建州覺民

七年烏帽抗黃塵晝錦歸來世又新若過武夷山下看人間不太儆精神

白頭何慕久京華靜洗黃塵眼界花萬寶精神在風月好詩追取不須賒陳詩首唱云汨汨塵埃閲歲華青山相見認空花淸淮風月元無價憑欣詩翁爲我賒又一篇云長淮千古自流東六月城頭日日風天際玉滿無出處夜山圍在月明中絕唱也爲之刻而不復和

收張僧繇天王上有薛稷題閻二物樂老處元直取得又收景濤問禮圖亦六朝畫珊瑚一枝

三枝朱草出金沙來自天支節相家當日蒙恩預名表

愧無五色筆頭花
一生
一生吏案發入狂重入承明馬齒長書畫不賢倉庾氏
便於賃舍植秋芳
張長史今歲仍得見于越上長史遂出此展之可
愛成佳物也主者寶之
吳人善秙理惡楮化爲美其他亦倣此第未知之耳
奉酬山甫
每登鑑遠樓下視皇天蕩恩挹落落入凭欄攬萬象忽
逢西浦士談彩何蕭曠養成谷口名行見靑藜杖山色
且淡濃灑鷥翩下上漁舟何者子佇目看煙浪
過姑孰作
下輿照澗數星星一世還如隔世經不見山東李十二
靑山山色只靑靑
皇太后挽辭
餘慶源眞相求賢佐裕陵知幾捲箔早戡變叱龍升靜
德犨邪震淸心後世矜大恩知欲報聖孝已踰曾
溫厚同光獻剛廉法寶慈擁扶樂推聖照徹托公欺南
紀歸忠魄東朝足素規仁明存舊幄常似補天時
都梁十景詩 十景在泗州首絕第一山懷古卽集中題泗濱南山石壁二首
龜峯高聳接雲樓撞月鐘聲吼鐵牛一百八聲俱聽徹
夜行猶自不知休 龜山寺晚鐘

塔邊雲影任高低閒逐淸風自在飛四海望遙人久渴
不成霖雨又空歸 五塔寺歸雲
西山月落楚天低不放紅塵點翠微鶴唳一聲松露滴
水晶寒溼道人衣 瑞巖庵淸眺
鐵笛誰吹一曲哀淸風約我上層臺悠揚正到堪聽處
怕惹閒愁卻下來 淸風山聞笛
山徑重重鎖綠苔松花曾見幾番開羣仙費盡招呼力
那得休官一箇來 八仙臺招隱
風輕雲淡午天春花外遊人載酒樽不是山屏遮隔斷
牧童錯指是孤村 杏花園春晝
半山亭下老苔錢鑿破玻瓈引碧泉一片玉蟾留不住
夜深飛入鏡中天 玻瓈泉浸月
自是韶光不耐秋水光山色一時休細將瓦礫分明看
片片飛來落葉愁 會景亭陳迹
怪石巑岏玉作堆登臨晚景更徘徊夕陽無限堪停好
莫到奇山空自迴 寶接山落照
望海樓
雲間鐵甕近靑天縹緲飛樓百尺連三峽江聲流筆底
六朝帆影落尊前幾番畫角催紅日無事滄洲起白煙
忽憶賞心何處是春風秋月兩茫然
甘露寺
六代蕭蕭木葉稀樓高北固落殘暉兩州城郭靑煙起

千里江山白鷺飛海近雲濤驚夜夢天低月露溼秋衣
使君肯負時平樂長倒金鍾盡醉歸

雜詠

揚清歌發皓齒北方佳人東鄰子且吟白紵停綠水長袖拂面爲君起寒雲夜卷霜海空胡風吹天飄塞鴻玉顏滿堂樂未終館娃日落歌吹濃絃歌興罷拂衣還棄米何嘗有俸錢恩自大鈞能逐物只應訪藥是優賢

閶門舟中戲作呈伯原

蘋風忽起吹舟悍雨打圖書藏裹亂閶門咫尺不安流
星宿浮槎寄江漢吳王故苑古長洲潮汐池邊一佇留
秀蕙芳蘭無處所荒荒叢葦滿清流

觀音巖

秦驅禹鑿已寥寥卻爲高人得姓焦鮑餌有時邀楚釣
海雲常覺護山樵巖多陰霧龍藏角虹絓蒼林玉露飄
濁氣不侵靈覡下方壇曾駐紫清飈

貞娘墓歌

何不學仙家纍纍白楊西郭陰風悲虎邱一叩貞娘墓
薜荔援墻委蘭露千歲蒙茸幾樹花夜飄鬼火曉啼鴉
向憐挾瑟彈清月猶憶吹簫乘彩霞吳閶少年往來道
黛蛾釵燕誰能好酒滴春雲夢不消泉聲幽咽鐘聲老
陌上行遊緩緩歸昨日紅顏今日非東望闔閭穿葬處
玉鳧將化湛盧飛

不集南山

山翁茗芋葛彊隨庭下青春鸞雀飛幕府慣爲方外客
風前嬾易道家衣

詞

醉太平

風爐煮茶霜刀剖瓜暗香口透窗紗是池中藕花　高
梳髻鴉濃妝臉霞玉尖彈動琵琶問香醪飲麼

海昌蔣光煦校錄

寶晉英光集補遺終

蟫補隅錄目錄

尚書全解卷三十四

宋 林之奇 撰

多方

惟五月丁亥王來自奄至于宗周周公曰王若曰猷告爾四國多方惟爾殷侯尹民我惟大降爾命爾罔不知洪惟圖天之命弗永寅念于祀惟帝降格于夏有夏誕厥逸不肯慼言于民乃大淫昏不克終日勸于帝之迪乃爾攸聞厥圖帝之命不克開于民之麗乃大降罰崇亂有夏因甲于內亂不克靈承于旅罔丕惟進之恭洪舒于民亦惟有夏之民叨懫日欽劓割夏邑天惟時求民主乃大降顯休命于成湯刑殄有夏惟天不畀純乃

惟以爾多方之義民不克永于多享惟夏之恭多士大不克明保享于民乃胥惟虐于民至于百為大不克開乃惟成湯克以爾多方簡代夏作民主愼厥麗乃勸厥民刑用勸以至于帝乙罔不明德愼罰亦克用勸要囚殄戮多罪亦克用勸開釋無辜亦克用勸今至于爾辟弗克以爾多方享天之命

奄卽淮夷也上篇逸書之序皆言踐奄則是成王之東伐淮夷所滅者奄也而下篇周官之序遂言滅淮夷以是知奄卽淮夷之一種繼而言之則謂之淮夷別其國名則曰奄考之春秋赤狄之有潞氏甲氏留氏舒之有舒蓼舒鳩正如淮夷之有奄也當成王初

即位周公之攝政奄蓋嘗與武庚三叔興兵以共爲脣齒而閒王室矣觀大誥序言三監及淮夷叛而多士有曰昔朕來自奄予大降爾四國民命則知當時所謂淮夷叛者即奄也今成王既即政而奄又叛焉蓋周自文武興於西土而化行於南故西夷最先服而東夷之服爲最後是以武王牧野之戰方與紂決勝負於行陣之閒而西南夷之邦所謂庸蜀羌髳微盧彭濮者已皆作使而成王之即政天下已太平矣東夷之奄猶興兵以叛也當周公之攝政則奄之叛也周公征之及成王之即政則奄之叛也成王征之成王之征之也以其恃遠不賓故屢叛命既討平之

則遷其君而居於蒲姑蒲姑齊地也使之密邇中國以教化之故也既自奄而歸在於宗周之鎬京諸侯皆來朝會周公稱王命以誥庶邦之諸侯故作此篇蓋當周公之攝也淮夷以武庚有興復之志三叔有流言之惡遂與之相挺以爲亂周公雖討平之而以殷之頑民遷於成周然當淮夷之再叛殷人不能無覬覦之心故作此篇以告之言桀紂之所以亡商周之所以興明天命之不可不畏汝當遷善違罪毋懷反側以自速罪戾也蓋此篇與多士之意同然多士之所誥者殷之頑民而此篇之所誥者併於多方諸侯唐孔氏曰自武王伐紂及成王即位新封建者甚

少天下諸侯多是殷之舊國其心未服周家由是奄君重叛今因滅奄新歸故告天下諸侯以興亡之戒欲令其無二心也語雖普告天下意在殷之舊國此說是也五月丁亥先儒以爲歸政明年之五月按多士之發首曰惟三月先儒以爲致政明年之三月然周公既成洛邑而後歸政洛邑之營以攝政七年之三月而歸政在其十二月則以明年三月遷殷頑民於成周其年月有所考按此篇有曰今爾奔走臣我監五祀我監者即所謂監我士師工也周公歸政以後監我士師工既臣於我監五祀則非明年之五月矣世代遼遠不可得而考也先儒又言淮夷奄叛魯

征淮夷作費誓王親征奄滅其國則是以魯之征淮夷與成王踐奄同時此非也蓋先儒既以周公歸政而命公之後封伯禽於魯故以魯征淮夷爲在歸政之明年按伯禽之封於魯久矣非在周公歸政之日也世家曰伯禽即位之後有管蔡等反淮夷徐戎亦並興伯禽率師伐之於費作費誓由此觀之則魯之征淮夷不與成王之踐奄同時先儒之言非也王來自奄至於宗周即序曰成王歸自奄在宗周也宗周鎬京也詩云赫赫宗周褒姒滅之皆指鎬京而言周公曰王若曰周公以王命告也漢孔氏曰稱周公以別王自告唐孔氏曰王肅云周公攝政稱成王之命

以告及還政稱王曰嫌爲成王辭故加周公以明之然多士之篇王若曰之上不加周公曰者以彼上自云周公初于新邑洛用告知是周公故也此說皆是猷者發語之辭先儒曰順大道告四方若字在曰之上猷字在曰之下而以若爲順以猷爲道言順大道其說鑿矣此蓋將以告四國多方之諸侯故發語而有此言也殷侯尹民言殷之諸侯正民者唐孔氏所謂天下諸侯多是殷之舊國者也既言告爾四國多方而又特言殷侯尹民唐孔氏所謂語雖普告天下意在殷之舊國是也我惟大降爾命所謂成王既黜殷命也蓋紂雖誅而武庚尚封於商之故都則殷命

未降及武庚以叛見殺殷之故都無復湯之子孫是爲大降爾命也我之所以大降爾命者蓋以武庚忘我周之大德而逞其不軌之謀故不得已而誅之此乃爾之所親覩爾無不知之也意謂武庚之亡乃天之命爾當備知之矣於是以桀紂之所以失天下者委曲以訓之以見夫廢興存亡皆有天命而天之所以予奪者又皆係其君之如何耳不可以僥倖求也此惟圖天之命謂桀也言桀大惟謀天之命欲天之永顧於我夏家桀雖有圖天之志而不知所以圖天之道故不能長敬念祭祀之事嘗考之詩如曰印盛于豆云云以迄于今蓋先王之於祭禮內盡其誠外

盡其物洋洋乎如鬼神之在其上在左右故天錫之以福而萬世不絕三百篇之中其歌咏福壽之綿長未有不自於祭祀桀欲圖天之命而不敬念祭祀之事是卻行而求及前人也桀雖不能敬念祀事而天猶降格而向之譴告警戒欲扶持而安全之桀則不知天戒之可畏大爲逸豫不肯爲憂民之言夫有憂民之言未必有憂民之心桀尚不肯爲憂民之言則無憂民之心可知矣乃大爲淫昏之行於天之道不能勸勉於終日之間欲其終日且不可得況於朞月乎況於終身乎迪道也天之道者道之大原出於天故也此皆爾之所聞蓋武庚之事則爾殷侯見而知

之故曰爾罔不知桀之事則爾殷侯聞而知之故曰乃爾攸聞也麗先儒作平聲讀施也謂所施政教不若只作如字讀薛氏曰麗與離麗也之麗同陳少南曰麗附也皆是也夫天視自我民視天聽自我民聽民之所謂天未有不眷之也民之所去天未有不釋之也桀不明於民之所以附則其德無以得民心其何以得天之心乎乃欲圖帝之命其可哉蓋有得天之道雖無求於天而福壽自至無得天之道則雖汲汲以圖之天豈可以圖而得哉而說者亦以圖天之命圖帝之命曰天曰帝從而分之分别亦鑿也既不能明民之所以附故乃大降刑罰以斬艾其民是崇

亂於有夏也崇亂者猶言長惡也甲始也言桀之亂自內而始也夫言天下之治者自身修而後家齊家齊而後國治國治而後天下平及其亂也亦然蓋亦自身而及家自家而及國自國而及天下故其始在內也旅衆也舒惰也盤庚曰古我前后罔不惟民之承論語曰使民如承大祭民雖卑弱不可以不善承之也五子之歌曰皇祖有訓民可近不可下爲人上者奈何不敬要之所以訓其子孫惟以民之所係者重不可不敬也桀不能善承於衆則其不遵祖訓甚矣桀之不能善承於衆則罔大進於恭德而惟大惰於臨民則其恭德何以大進恭德不大進則安能善

承於衆乎惟是有夏之民饕餮者忿懥者加欽崇而尊用之與之劓割夏邑劓割者言其戕賊之政如劓割然也饕餮者則必厚賦重斂以傷民之財忿懥者則必嚴刑峻法以殘民之命此其所以爲劓割夏邑也蓋桀之所以肆其虐政者非獨一人也其左右前後無非小人故其虐政浸淫於天下則斯民不自聊生必將並告無辜於上下神祇故天於是鑒萬方而求爲民主者也天之愛民甚矣必不使一人肆於民上棄天地之性以從其淫其時惟湯之一德可以享天心故天降明美之命於湯使王天下而刑絶有夏使不得保其社稷也惟天不畀純言天之不與桀者

大矣純與天維純佑命事雖異而意則同天之所以不畀桀者蓋桀不能以四方之義民長久以多享國祚也夫義民者用之則安富尊榮以享綿長之壽桀雖有義民而不能用故亦不克享國惟夏所恭敬之多士大不能明保享於民之道蓋夏之多士貪饕忿懥豈能明此哉保享於民謂安民而以之享國長久也義民則明於保享之道饕懥是用則宜其不永矣此多士者惟相與爲虐以毒斯民凡百所爲大不能明故成湯以是時而興乃以天於多方簡求可以代夏者惟湯上當天意故代夏而作民主湯之所以能作民主者蓋以湯謹其民之所附者以推之於民故

民莫不胥勸既有以使民之附矣雖其民之陷於刑者亦不以爲怨皆用勸也自成湯以後至于帝乙無不明德而謹罰而民亦皆用勸夫明德者固所以使民勸至於刑罰豈亦使之勸哉蓋先王之於刑罰謹而行之出於不得已故刑一人而天下莫不洗心滌慮以遷於善故其刑罰之行察其要辭以其罪而殄戮之以其無辜而開赦之無有不勸者矣今至於爾君紂則不能率乃祖之所行故不能以爾多方而享天之命蓋德之不修則雖有多方而不克享德之修則雖七十里而可以王也維紂之所以至於滅亡者無非自取之也爾多方其可以有他志哉無逆論中

宗高宗祖甲享國之永自是厥後立王生則逸不知稼穡之艱難亦罔或克壽或十年或七八年或五六年或三四年其言商之賢君惟三宗而已則其餘無非辟王也多士則曰成湯至于帝乙罔不明德恤祀多方則曰自成湯至于帝乙罔不明德慎罰則是由紂以前無非賢王也蓋與成王言則責其難不如三宗之享國不足稱也與商民言則樂道前王之善苟能克紹成湯之基緒而不至失墜者皆可稱也讀書者苟不以意逆志則是周公之言自相違背不足以爲萬世之訓矣

嗚呼王若曰誥告爾多方非天庸釋有夏非天庸釋有

殷乃惟爾辟以爾多方大淫圖天之命屑有辭乃惟有夏圖厥政不集于享天降時喪有邦間之乃惟爾商後王逸厥逸圖厥政不蠲烝天惟降時喪惟聖罔念作狂惟狂克念作聖天惟五年須暇之子孫誕作民主罔可念聽天惟求爾多方大動以威開厥顧天惟爾多方罔堪顧之惟我周王靈承于旅克堪用德惟典神天天惟式教我用休簡畀殷命尹爾多方今我曷敢多誥我惟大降爾四國民命爾曷不忱裕之于爾多方爾曷不夾介乂我周王享天之命今爾尚宅爾宅畋爾田爾曷不惠王熙天之命爾乃迪屢不靜爾心未愛爾乃不大宅天命爾乃屑播天命爾乃自作不典圖忱于正我惟時其教告之我惟時其戰要囚之至于再至于三乃有不用我降爾命我乃其大罰殛之非我有周秉德不康寧乃惟爾自速辜

此篇陳桀紂之所以失天下商周之所以得天下以誥多方之諸侯意謂天之所奪非人力之所能支天之所予非人力之所能移而所以或予或奪者又係其德不德何如耳汝多方諸侯當謹於奉上以順天命不可以有他志也前既言桀之失德而天命湯以伐夏作民主即繼之以紂之弗克以爾多方享天之命而紂之所以墜厥命周之所以受厥命詳言其所以然之故使多方諸侯知天之棄商而不可復興則

自此以下是也言天之喪夏非天有意以用釋之也桀自取之耳其喪殷也亦非天有意以用釋之也亦紂自取之耳蓋謙遜敬懿天表之應應之以福驕溢靡麗天表之應應之以禍桀紂貴爲天子富有天下纂數百年之基緒而乃喪國亡身覆宗絕祀者其於禍敗蓋自己求之天但應之而已故天之所以釋有殷者乃以爾之君以此多方之衆而欲謀天之命使其永眷顧於我殷家緜緜延延歷千萬年而不絕而乃有淫泆之行此豈可以謀天命哉夫既奄有多方之衆則是天命未改使其能懷戒謹之心以修厥德則雖不切切然以謀天命蓋未艾也既大爲淫泆矣

則雖欲以多方而圖天之命多方豈可以常有而天命豈可以圖而得哉大爲淫佚固不可以圖天之命而乃屑屑有辭此又尤天之所怒也說文曰屑動作切切也言其動作屑屑然而皆爲之辭說以自解釋也王嘉曰動民以行不以言應天以實不以文下民細微猶不可詐況上天神明而可欺哉夫淫者固非所以得天而屑有辭者又益禍而促亡也史記言紂資辯捷疾智足以拒諫言足以飾非而武王數其罪亦曰謂已有天命謂敬不足行謂祭無益謂暴無傷祖伊以西伯戡黎之故奔告於紂紂則曰我生不有命在天則其屑有辭紂蓋優爲之也雖則有辭自欺

可也天其可欺乎桀之矯誣上天紂之屑有辭自古亂亡之君若出一轍也不集於享卽上文不克永于多享大不克明保享于民言其享國之效於此不遂矣有夏之圖其政而乃不集于享則其政暴虐不足以得心故也故天降是喪亡以禍之然天之喪亡也必假手於人故湯自有邦諸侯開而取之也夫社稷無常奉君臣無常位自古已然桀有天下而不知所以保天下之道則湯自一邦而開之何者天子諸侯無常位也然湯亦豈有意於開夏哉蓋天之命爾前既言紂之失德此復言之者將極陳紂之喪亡以明周之當有天下故畧舉湯之代夏以明周之代殷亦

然也商之後王紂不思帝乙以前明德慎罰以克保成湯之基緒而不至失墜乃惟沈湎惟淫佚是務以逸於逸焉逸厥逸者甚言其逸若醇乎醇之謂也其圖厥政也則惟穢德之彰聞而其不潔也久矣故天降是喪亡以禍之紂之圖厥政而不潔是亦桀之圖厥政而不集於享天之所以皆降時喪也蠲潔也烝久也毛氏傳曰烝寘也而鄭箋爲久古者聲寘塡塵同正義曰傳訓烝寘也故轉寘爲久而釋詁塵久也乃作塵字故箋辨之古者寘塡塵三字音同可假借而用之故也天惟五年須暇之則其不蠲也久矣惟聖罔念作狂惟狂克念作聖此言天之所以須暇商

之子孫也夫聖之與狂其相去不啻千萬里之遠而聖乃可以作狂狂乃可以作聖者特在念不念之間耳書曰思曰睿睿作聖孟子曰心之官則思思則得之不思則不得也以是知念不念之間聖狂之所以分也苟其質之聖矣自恃其聖而不之思則日復一日天命之性益就彫喪其作狂也何有苟其質狂矣自恥其狂而思之日復一日天命之性忽然而復其作聖也何有惟不念耳如太甲之初立不明乎德欲敗度縱敗禮以速戾于厥躬豈啻狂而已哉及伊尹放之於桐致之憂患之地而發其憤悱之思遂能處仁遷義爲商太宗周公作無逸之書以戒成王以之

與文王並列爲迪哲之君自視未放於桐之前相去豈不甚遠以太甲觀之則狂而克念者其作聖可必也故紂無道而天猶寬以待之至于五年罪惡貫盈不自悛革而後降喪亡者欲其自狂而克念以作聖也則天之仁愛於紂欲扶持而安全之豈不至哉夫以紂之淫酗肆虐武王有應天順人之志而猶寬以待之冀其改過者武王忠厚之心也而以爲天者武王之所以爲天實使之也須待也暇寬也須暇者待之以寬也須暇之子孫謂湯之子孫蓋指紂也五年者先儒謂服喪三年還師二年蘇氏亦從此說夫觀兵之說予於泰誓已辨之詳矣泰誓序言惟十有一

年武王伐殷蓋武王即位之十一年若從先儒之說則是即位之五年克殷也此所謂五年正猶武成之所謂九年也武成之所謂九年者意者文王未崩之前九年蓋亦以紂之惡可伐而不忍伐之故大統未集也此所謂五年者意者武王未克紂之前五年蓋亦以紂之罪惡爲可伐而猶冀其改過故須暇之也由是觀之周之伐殷豈得已而不已哉晉武帝以孫皓淫暴有問罪之志其臣羊祜則曰孫皓暴虐已甚於今可不戰而克若皓不幸而沒吳人更立令主雖有百萬之衆長江未可窺也王濬則曰孫皓荒淫宜速征伐若一旦皓死更立賢主則强敵也此言正春

秋時晉伯宗所謂後之人或者將敬奉德義以事神人而申固其命若之何待之也蓋其意以區區之仁義不足以易吾之大計也晉武帝之心則惟恐吳之有賢王而我不得以逞其欲武王之心則惟恐紂之不能改過人之度量相遠一至於此不觀於晉武無以知武王之爲至德也武王寬以待之五年矣而紂是以爲我大作民主矣何所慮哉故其言行無可念聽者誕作民主即所謂我生不有命在天也董仲舒曰晏然自謂如日在天正此也紂既無可念聽故天求爾多方諸侯之賢者俾之伐殷大動以威而開其能顧天則命集之矣顧與顧諟天之明命之顧同言

其起居動作未嘗忘之若上帝之在其左右也大動以威者李博士曰天之釋商豈得已哉大動以威則非小變也是也開者天誘其衷也天求其能顧天者而爾多方諸侯無有一邦可以堪顧天之道者言皆不能勝其任也其時惟我周王知民之爲貴而善承于衆不敢忽慢能堪于用德以治天下可以爲天地社稷宗廟鬼神之主故天用教我周以用休而使膺受多福商擇於多方而以殷之命與之爲多方之君也王博士曰天教周王以用休猶所謂天誘其衷也是也即上所謂開桀之失德也天監于萬方眷求一德俾作神主而湯以一德之故乃受天命以有九有

之師紂之失德也天求爾多方開厥顧天而武王以用德之故乃畀殷命以尹爾多方由此觀之則湯武之事豈得已而不已哉蓋適當天心之所眷顧故不得不以征伐爲已任也使桀紂能守其祖宗之基緒則我豈閒而取之哉使多方之諸侯其德有可以當天意者則天命必不舍彼而私於我也惟殷周之廢興皆有天命則我今豈敢惟務諄諄然以此多告汝哉我之大降管蔡霍奄之四國民命而黜之者惟其自作孽而已爾當戒之何不以誠信之道優游雍容寬而行之於爾多方四國之所以至於降其命者惟其不信故也爾何不爲我周王之夾輔介助贊襄其

君以至于治以享天之命今爾雖殷之諸侯而尚得以居爾之居畋爾之田是汝不失其舊物則我於爾非無恩也爾何不順王而廣天之命乎宅爾宅畋爾田謂多方諸侯奄有其舊之封疆食其舊之田畝也熙廣也今汝乃怙過不悛我所以順迪汝者屢矣而猶未能安靜以順上之命則以爾心未仁故也爾苟有仁心則能居易以俟命矣其有不靜乎爾乃不大定於天之命而有覬覦反側之慮則是爾乃動作切切然以播搖天命是爾自作不常之事我將謀爾之信于正道故惟以言語教告汝使汝曉然知善之可爲而不善之不可爲教告之而不從則我惟要囚於

汝以戰恐之使汝有畏而後遷善遠罪也至于再至于三則汝宜知過矣而乃猶不服我黜爾四國民命之事則是汝怙終而不順其上我則以大罰而殺汝也非我一人所持之德不使爾康寧故使爾陷于刑戮乃爾之自召其罪也夫多方之諸侯迪之之屢而猶不靜至於胥播天命使周不以教告而徐譬之遽納之於刑則是周之秉德不康寧也苟教告而不從則要囚之要囚之而又不服此豈可置而不問哉故必至於大罰殛之而後已今爾多方諸侯苟能夾介周王而宅天之命則雖要囚猶可以免而況於大罰殛乎故以此言誘而進之使之有所愧亦有所畏而

後無他慮也

王曰嗚呼猷告爾有多方士暨殷多士今爾奔走臣我監五祀越惟有胥伯小大多正爾罔不克臬自作不和爾惟和哉爾室不睦爾惟和哉爾邑克明爾惟克勤乃事爾尚不忌于凶德亦則以穆穆在乃位克閱于乃邑謀介爾乃自時洛邑尚永力畋爾田天惟畀矜爾我有周惟其大介賚爾迪簡在王庭尚爾事有服在大僚王曰嗚呼多士爾不克勸忱我命爾亦則惟不克享凡民惟曰不享爾乃惟逸惟頗大遠王命則惟爾多方探天之威我則致天之罰離逖爾土王曰我不惟多誥我惟祗告爾命又曰時惟爾初不克敬于和則無我怨

自此以上皆是徧告爾多方之殷侯欲其安於天命而不可以懷反側之心以僥倖天下之有變自此以下又所以戒勑殷之遺多士也殷多士者卽自衛之故都遷於成周以密邇王室者觀此以下文言今爾奔走臣我監五祀則此所語正指殷之多士而乃曰告爾四方多士正如康誥之篇正誥康叔而曰大誥侯甸男邦采衛也唐孔氏曰因告四方諸侯遂告成周之人徧使諸侯知之是也武王之滅殷而封武庚於其故都也則使三叔監之三叔既挾武庚以叛而周以殷之多士遷於成周使密邇王室適當周公之歸政故使周公爲之監焉所謂監我士師工是也我

命周公監汝多士而汝多士奔走不倦以臣事於我所立之監者於今五年矣商曰祀周曰年成王云祀者以其誥殷多士故也先儒以五祀爲五年無過則還本土蓋先儒以此篇之作在於成王卽政之明年五月則未有五祀之期故其說不得不如此唐孔氏遂從而爲之說曰五年再閏天道有成如期以五年無過則得還本土以民性重遷設期以誘之其支離一至於此先儒於多士篇亦曰庶幾還有此本土又曰由洛修善得本土有幹有年夫周公旣遷殷頑民而又欲使之還本土此事無所經見多士曰爾厥有幹有年於茲洛此篇曰乃自時洛邑尚永力畋爾田

曰有年曰永力皆謂其能遷善遠罪則其子子孫孫永居洛邑而不絕不然則離逖爾土矣尚安得有年乎安得永力乎經以爲有年于茲洛洛邑永力則必無還本土之言先儒之說蓋臆見也胥相也伯長也謂於汝多士之中爲之長者是相長也正亦衆官之長或小或大皆有其長故曰多正顧民以相長事卽小大衆正官之人是也爾之臣於我監旣五年矣於惟有相長以爲小大之正者當爲多士之表率爾無不能守法也其有身而驕淫矜誇自作其不和者爾小大多正當有以和之也其於有家而乖爭陵犯自作其不睦者爾小大多正亦當有以和之也爾邑者

總謂成周之地所遷之頑民一邑之內也自作不和則失其所以修身之道爾室不睦則失其所以齊家之道而爲之長者又無以和之使其德歸厚則爾邑何自而清明哉惟其不和不睦者有以和之使其易直子諒之心油然而生而鄙詐慢易之氣不可得而入則人人有士君子之行此爾邑之所以明也爾邑之明是爾之能勤於事也夫吉人爲善惟日不足凶人爲不善亦惟日不足而好善惡惡者天下之常情也則凶德者蓋人之所忌惡焉夫自作不和爾室不睦皆凶德也爾能去其不睦之習而反之於善則不以凶德而見忌故曰不忌於凶德也爾之能勤于事

則爾庶幾不以凶德而見忌亦則以和而在位也穆穆和也和則無凶德矣修身而身以和齊家而家以和夫何凶德之有我能閱視爾邑而謀助於爾則自此洛邑庶幾永遠致力以享其土田之奉焉考之王制天子之田方千里公侯田百里伯七十里子男五十里至於天子之公卿大夫士以及諸侯之臣其土田皆有等差故此篇上言畋爾田謂諸侯之所有者也此言畋爾田謂多士之所有者也天惟畀矜爾者言爾能以和而在位則天當有以畀汝憐汝也天既畀矜於爾則我周亦當有大助爾大賚爾我周之所爲視天而已矣然天之畀矜我周之大賚者蓋於汝

多士迪而進之簡而擇之使在王庭庶幾有服行爾事而在於大僚者蓋既迪之簡之故其才德可以處大僚之任者則使之服行爾事也自古人君之革命建國與夫埽平僭叛者豈以其所用之人概不足取哉蓋亦擇其可用者而用之不以彼此而有分別也光武之平公孫述述將有才幹者皆擢用之曹操之滅袁氏多辟青冀幽并名士以爲掾屬其破荊州條品州人優劣皆擢而用之劉備之降劉璋董和等璋之所授用也吳懿等璋之姻親也彭羕璋之所擯棄也劉巴宿昔之所忌恨也皆處顯任盡其器能蓋用人之道惟其賢而用之彼之臣耶賢則用之吾之臣

耶賢則用之周於殷之多士而未嘗迪簡之者不賢故也其賢則雖大僚亦將使之服行爾事而況其下乎故周以此誘之使之遷善也成王又謂爾多士苟不能更相勸勉以信用我之命爾亦則不能奉上矣夫我之所以命汝者優游饜飫丁寧委曲欲其心曉然知趨舍之塗豈欺汝哉爾以我之命爲信然而相率以蹈行之則奉上之道得矣不克勸忱我命則是不克享也爾不克享則凡民化之亦皆無奉上之心矣乃爾惟逸豫惟頗僻自暴自棄以歸於小人之域夫逸豫頗僻者豈天所以命之之意哉則是爾大廢王命而不能奉承之也大廢王命則天之威將加於

汝汝之於天之威乃自取之也故曰探天之威夫天之於人也其災祥禍福豈有所擇哉在人者於己取之而已矣天之畀矜非天私予之也以爾多士之穆穆在位故也天之威非天偏疾之也以爾多士之天遠王命故也無不自己求之者也爾既有以取天之威則我奉天之罰而致之於汝離逖爾土而遠徙之矣夫以殷之多士預於武庚之亂以間王室武庚既誅則其黨姦同惡之人雖不可以盡誅亦當投諸四裔以禦魑魅然後爲絶後患周則不然不忍以不教之而致天之罰故不徒不徙之遠方而乃遷之成周以自近焉既遷成周矣而猶不率教則必將使爾離

遠於爾之本土而移之遐裔也然其移之於遠也豈成周之私意哉有德者天之所命人君則制爲五服以章之凡以助天而已有罪者天之所討人君則制爲五刑以用之亦以助天而已故爾多士之穆穆有位則天所畀矜周之介賚以助天之畀矜也大遠王命則天之所罰周之離逖以助天之罰也天之賞罰非假手於人則不成故也言豈惟譊譊然以多誥於汝哉我之所命汝者皆致敬而告於爾我以敬告爾其可以不敬受哉又曰者陳少南曰承上文而言之也是也我敬告爾以命者惟欲我之和而已苟不能敬受則是爾之初已不能敬於和之道離逖爾士之

罰自此而降矣皆爾有以取之爾無我怨也殷於夏之遺士迪之簡之而列于百官周之於殷不然殷士以爲怨也而況於離爾上乎然我之予奪皆本於天天之予奪皆本於爾多士不可不自反也以爲怨則非也畢命曰昔周公毖殷頑民遷於洛邑密邇王室式化厥訓多士暨此篇皆訓之之辭此其所以化也殷周俱征伐得天下殷既革夏邦家輯寧身致太平雖太甲昏庸伊尹放之于桐攝政三年而下不變及武王克商未幾周公相成王而管蔡挾武庚以叛殷人響應周公討而平之遷其頑民於成周使密邇王室成王即政而奄又作亂殷人不無覬覦之心周公

用作此篇以誥之者蓋桀雖不道惟滅德作威以殘害于百姓湯舉大義而伐之東征西怨南征北怨攸徂之民室家相慶曰徯我后后來無罰惟桀之民困於虐政無與桀其惡者其望成湯若大旱之於雲霓此所以身致太平至紂之罪則浮於桀矣觀畢命曰商俗靡靡利口惟賢餘風未殄惟利口之俗至於康王歷五十餘年而尚未殄以此見紂於其民不惟肆其威虐而其智術機巧又有以漸漬商民之心術使與之同惡相濟以毒萬方書之所載如乃惟四方之多罪逋逃以爲大夫卿士又曰爲天下逋逃主萃淵藪又曰紂有臣億萬至於牧野之戰所率以抗武王

之師者其會如林紂雖滅而其餘民甚衆既其心術不變於紂之惡此其所以迪屢不靜歷數世而餘風未殄也向非有多士多方之篇明言利害以曉譬之而又以周公君陳畢公爲之師長其爲患可勝言哉

尚書全解

爾雅南昌本校勘記訂補　許光清校

爾雅序　元十行本顧刻嘉靖吳元恭本同　臧刻雪聰書院本作註爾雅序

郭璞撰　南昌本無　雪聰本同　十行本有此三字吳本作晉郭璞撰

自序　雪聰本二字在序末各本無

爾雅疏敘　十行本作爾雅注疏序雪聰本吳本無邢序按單注本不當有邢序十行亦單注本有之何也

洛州　十行本洛

凡一十卷　十行本無此句

郭璞注　十行本晉郭璞註　吳本晉郭璞注

釋詁第一　釋言第二　釋訓第三　釋親第四　此卷上之總目南昌本無之以分上卷也十行本亦無以分二卷上卷至釋地第九也雪聰本吳本皆有

釋詁第一　嚴元照爾雅匡名云石經有此目　十行本下二格　雪聰本下一格　餘倣此

又曰胡不承權輿　十行本作吁嗟乎不承權輿

假昌叔　雪聰本昌叔反　案當有反字南昌本誤十行本吳本均不載釋文十行本卷末有音釋但注昌叔二字於假字下蓋其體例通不標反切字及音字也今盧刻經典釋文作尺叔反　後闕反字不具載

湯孫奏假　十行本雪聰本吳本並假　案此釋京上之假非釋丕上之假阮據誤本為之曲說非是

釗義未聞　十行本到　南昌本校經文而未及注故詳之

亡江切　蒲板切　之日切　雪聰本切並作反　案釋文皆作反南昌本誤以後並同不具載

遂幠大東　十行本遂荒大東

昨雷切　雪聰本作雷反

餘皆常語　雪聰本無餘字

般盤樂洛　雪聰本般音盤樂音洛　案釋文皆有音字南昌本所據蓋用音釋者　盧刻般蒲安反　後不具載

亶丁簡切　雪聰本丁但反盧刻同

敖五報反　南昌本無　雪聰本有此四字盧刻同

粵　石經作粵

那猶今人云　十行本今作令

欱音閤　雪聰本音閤　盧刻古荅反

盍胡臘切　雪聰本胡臘反

讐　十行本雪聰本吳本並讎

丹朱憑身以儀之讎猶儔也　雪聰本丹朱馮身儀之無以字下重讎字

媿普計切　雪聰本譜計反

隕于閔切　雪聰本于閔反

禧　石經作禧嚴可均石經校文云从衣者字書無此字

謂宋也　十行本雪聰本吳本並宋地

功　十行本攻

皆曰勉強　十行本雪聰本吳本皆自勉強

合音恰下同　雪聰本下並同　盧刻孫羊兩反下同

魯詩曰　十行本雪聰本吳本曰並云

罄空畢罄　十行本雪聰本吳本並作畢罄

亟欺冀切雪聰本紀力反
鼜阬阬十行本鼜阬坑
阬阬謂阬壍也十行本阬坑謂阬壍也
便謂之馬疾十行本雪聰本吳本便爲之馬病案南昌本作謂云可止而病作疾則其誤故記中亦作病
癉丁賀反南昌本無 雪聰本有盧刻同
哀我癉人十行本僤人
惄如調饑十行本雪聰本吳本並調飢 案饑穀不熟南昌本誤
熯而善切雪聰本而漢反
埤音椑雪聰本音脾 盧刻又音婢
逸書曰釗我周王十行本無逸字 案疏釋逸字

行或尼之十行本行作止案疏辨行字
質爾民人十行本人民
年穀不登十行本年數
孫叔然字別爲義失矣十行本無此九字 雪聰本字作自
儀長亦體榦也十行本雪聰本吳本無也字 十行本榦作幹
𩭪也雪聰本作𩭪也
音兔罝十行本音嗟
皆稽久雪聰本皆稽久也
隝音質雪聰本音只 盧刻之實反又音陟
扼雪聰本把
絜清十行本雪聰本潔清

召伯所稅十行本稅作說
𨽍詞戒切雪聰本詞誡反
娠音振雪聰本音辰
覎雪聰本願
渾故本切雪聰本扶本反 盧刻胡本反
捷也十行本無也字
以我剡耜十行本覃耜
儴音穰雪聰本音攘
故皆爲臻至也十行本雪聰本吳本故皆爲臻臻至也
付新死者於祖廟十行本雪聰本吳本無者字
妥他可切雪聰本他回反盧刻同

嗣先公爾酋矣十行本似先公酋矣
釋言第二
格爾來眾庶十行本雪聰本吳本皆無來字
疑者亦止十行本作休者
屝符佛切雪聰本符沸反盧刻同
圮彼美反雪聰本皮美反盧刻同
撫敉撫也誤十行本雪聰本吳本皆作憮敉憮也南昌本
撫愛撫也十行本雪聰本皆作憮愛撫也
亟虛記切雪聰本墟記反盧刻同
差初加切雪聰本差音初
斯即隨切雪聰本斯从斤誤

騣以正切雪牕本以證反盧刻同
鞫究雪牕本鞫作鞠
皆所以約勤謹戒衆吳本約勤
琛敕金切雪牕本敕金反盧刻同
偁好也十行本雪牕本吳本皆作稱好也
物偁人意亦爲好各本偁作稱
幼稺者冥昧各本稺作稚
燒燎十行本雪牕本吳本並謂燒燎
水中簰筏十行本無筏字
分符問反南昌本闕　雪牕本有此四字盧刻同并云注同
天之方懠音薺十行本無音薺

謂聲音十行本音聲
眕雪牕本作眕
淩獵雪牕本倰獵
噩巨力切雪牕本鄂五刀反盧刻同
諄也雪牕本諄注同
相于寤十行本雪牕本吳本相千寤
題了淩切雪牕本丁倰反盧刻同
猷來無棄十行本猷作猶
詩曰小戎俴十行本雪牕本吳本小戎俴收
蘧石經作蘧
謂逃去雪牕本逃亡

卻偃十行本仰偃
謂潰敗十行本雪牕本吳本謂潰敗南昌本誤
尹正也十行本君正也
相怨狠十行本雪牕本吳本相怨恨
謂隋慢大雅烝民云夙夜匪懈十行本作注　南昌本作疏上句作謂怠慢也
謂寬緩十行本作遲緩宣緩也注
饘之然反雪牕本有此四字盧刻同　南昌本闕
小跪十行本雪牕本吳本並小跽　盧刻同
覥他典反雪牕本有盧刻同　南昌本闕
苐音貝雪牕本作苐非潰反　盧刻作芳味反又方蓋反

狃忲復爲十行本狃伏雪牕本狃忕吳本狃伏　案校勘記引雪牕本作忕仍據刻誤
緡繩也雪牕本緡綱也
釋訓第三
廱廱十行本作雝
慅蚤雪牕本慅音騷　盧刻郭騷草蕭二音
瞿居其反雪牕本居具反
僑嬌人反雪牕本憍居高反　盧刻憍九苗反
道人君者之德望十行本雪牕本吳本並作君人者
丁丁砍木聲十行本雪牕本吳本並作斫木
恨士失也十行本自失
謞虛各反　訿子尔反雪牕本有　盧刻同

惟逑鞫也十行本惟作推鞫作鞠

德音淸洽十行本洽作冾

所以結好媛雪牕本誤爲媛

謂慰䘏也十行本雪牕本吳本並恤

無或侜張爲幻十行本無或胥譸張爲幻

釋親第四

書曰聿嬪于京並詩曰十行本詩曰曰嬪于京雪牕本吳本

如王者尊之者尊之也十行本吳本加王者尊之字雪牕本加土

同姓之親無服屬十行本無之親二字

其女子子爲從母姊妹十行本作其女子爲　案是刻改故二字見上格

二室十行本貳室

女子子之夫十行本女子之夫　案亦剜改

父之父母誤十行本雪牕本吳本並婦之父母　南昌本

爾雅卷中雪牕本吳本有　南昌本有卷上而無中下非也既分十卷則并卷上不應有十行本作兩卷但分上下是也

釋宮第五　釋器第六　釋樂第七　釋天第八

釋地第九　釋丘第十　釋山第十一　釋水第十

二雪牕本吳本有

釋宮第五

扆倚雪牕本扆音倚郭注其內謂之家句下　案南昌本失○隔別誤并入

亦亦隱閻案十行本雪牕本吳本並安亦南昌本誤下宦夾安要四字亦音釋誤連注

又曰樀雪牕本吳本作樀盧刻同

今呼之簃廚十行本義廚

羣臣之側位也十行本雪牕本吳本並列位

鼅滿覓切雪牕本蒲覓反盧刻同

四達謂之逵本誤十行本雪牕本吳本並四達謂之衢南昌

此皆人行步趨走之處因以名云大路謂之奔下注十行本雪牕本吳

本並有南昌本闕

以爲步渡彴也十行本作步橋

歲十月十行本歲十一月　疏辨十月

但有大室十行本但有太寢

釋器第六

缶方九反雪牕本有盧刻同

槮謂之涔雪牕本作涔

衣後襟也十行本雪牕本吳本並作衣後裾也

前謂之報雪牕本作報

肉臛也雪牕本作腌

雜肉醬十行本雪牕本吳本並雜骨醬

美玉名雪牕本美玉也

今之錍箭十行本吳本今之錍箭

邊孔適等十行本吳本孔邊適等

因通謂之縫也十行本雪牕本吳本皆無也字

釋樂第七

皆五音之別名雪牕本皆作謂

䕩長八寸十行本雪牕本吳本並作八尺　南昌本誤
施簧十九簧十行本並作簧
三簧一和雪牕本二和
篞小者名篎十行本有此注在小者謂之篎下
廣雅云七孔十行本雪牕本吳本並有在籥如笛三孔而短小之下　南昌本闕
釋天第八
氣清而温陽十行本雪牕本吳本並氣青　南昌本誤
道光照十行本下有也字
通平暢也雪牕本吳本並作道平暢也
病乎栢切雪牕本字门反　案當作栢字柄反
純陽用事十行本雪牕本吳本並作陰　南昌本誤

泰風有隧十行本大風
風與火爲庉十行風與雹
詩云終風且霾　詩云終風且曀十行本雪牕本吳本並作詩曰
詩云益之以霢霂各本並詩曰
營室十行本宮室誤
謂之定句
朱鳥之口十行本口作名
瘵蘾石經作瘵蘾嚴氏校文云作癠不體
瘕縣十行本雪牕本作瘕
此其象十行本下有也字
類於上帝十行本𩔰於
釋地第九

墳大防墳莫大於河墳注十行本雪牕本吳本並有　南昌本闕
其名謂之歷十行本雪牕本吳本壓　注同
此卽半體之人各有一目十行本無之字有字
大蒙各本太石經亦太記言作大誤大平同
爾雅卷下十行本作二卷此題在釋地後釋丘前
釋丘第十
或云薬者十行本雪牕本吳本並無者字
水潦所還十行本所環
昌丘十行本曷丘
中央隆峻十行本隆高
如畝畝丘十行本畞吳本畝

墳大防十行本墳作墳
釋山第十一
至于大伾十行本大作太雪牕本吳本伾作坯
岑雪牕本岑　注同
言鐵峻十行本雪牕本鐵
㞬謂高過雪牕本高遠誤
防隄盛音成十行本雪牕本吳本俱無下二字　案盧刻時征反則非釋文誤連然雪牕本〇下有音成二字十行本卷末音釋盛下注成字或其所祖本如此失隔別耳
連中斷絕十行本雪牕本吳本連下有山字　南昌本誤
別山陵間有水者之名十行本無間字　吳本無有字
釋水第十二

今江東呼水中沙堆 十行本江東作河中
水流潛出 十行本雪牕本吳本並水泉
歸異出同流肥 十行本流作曰
遵彼汝墳 十行本吳本汝濆　案十行本凡書句皆改從今本此獨作濆可知舊本如是則校勘記謂墳是者非也
言徑涏 吳本言作有
衣謂褌 雪牕本吳本衣謂褌十行本衣謂褌衣　南昌本誤
直橫渡也 十行本作絕河而渡也
陼小陼 十行本渚
水多約絜 十行本約潔
從釋地已下至九河皆禹所名也 十行本雪牕本吳本並作經大字提行　南昌本作九河下注小字雙行

爾雅卷下 雪牕本吳本有
釋草第十三　釋木第十四　釋蟲第十五　釋魚第十六　釋鳥第十七　釋獸第十八　釋畜第十九 同上
釋草第十三
江東呼之曰蘱帚 十行本雪牕本吳本並落帚　南昌本誤
蒃蕁也 雪牕本作蕁大
蒤虎杖 十行本作蒢後音釋中蒢下注除則非誤刊可知自與南昌本之蒤音途盧刻之大奴反不同蓋所據本異也
瓠棲瓣 十行本棲作犀注引詩同石經原刻作捿

苦菜可食 十行本若菜　案各本蓋涉上誰謂荼苦而誤郭引詩釋苦而此句釋菜字也不然菜之可食何待言乎
百卉總名 十行本雪牕本吳本並百草　南昌本誤
薽音其 雪牕本音眞
簫管之屬 十行本雪牕本吳本上並有謂字
虇蒿 十行本吳本藘
亦呼為莕音杏 雪牕本無為字十行本亦呼之為莕也無音杏二字
大葉白華根如指 雪牕本作菅華白葉根如菲
長一二尺可啖 十行本作長三尺亦可啖雪牕本作長二尺可啖
今酸棗草 十行本雪牕本吳本並酸漿　南昌本誤
苦葴音針 十行本無音針二字

蘇桂類 十行本雪牕本吳本並荏類　南昌本誤
黃白異名 雪牕本異色
臺可以為禦雨笠 十行本無以字
苻鬼目 雪牕本符
拄音主 南昌本無盧刻張縷反　案南昌本柱夫校勘記引釋文柱本或作拄同似兩通然觀音反則雪牕本作拄是
虋冬一名 十行本雪牕本吳本並門冬
尾尾蔏陸 十行本雪牕本吳本並馬尾
蔆蕨水中芰 雪牕本吳本蕨作今　案疏亦同南昌本誤
旋蕧 十行本吳本作蕧雪牕本作覆　南昌本誤　案校勘記又作蕧
九葉 十行本九作几誤

共叢生一莖雪牎本無一字
大莖小葉葉紫黄色十行本小華華紫雪牎本吴本小葉華紫
蘇蘔石經蘇作睐校文云作蘇不體毛本作蘇睐釋文蘇音米説文有睐無蘇
中馗菌十行本菌作𦿆注同
似人家麻生山中雪牎本下有之字衍
篾蕧十行本苔蕧
芏夫王十行本天王誤
似莞藺雪牎本似莞藺
拔蘢葛十行本蘢葛
江西謂之𧄎十行本作虌
童粱十行本誤梁

爾雅　十三　別下齋校本

蔨蔞十行本雪牎本並作蔨十行本注同
一名海羅十行本雪牎本吴本並海蘿
馮䧿車前十行本雪牎本吴本並馬䧿　南昌本誤
糾青絲綸十行本綸作繩
秋爲蒿十行本誤嵩注同
名蒡卽其實十行本本誤漏雪牎本吴本並重蒡字　南昌
藨芀十行本前後經注並作芀
初生者爲芛十行本無者字
音豬豬十行本雪牎本豬並作豬
猶敷蕍十行本雪牎本吴本上有蕍字　南昌本漏

釋木第十四

柀粘十行本粘作檆注同
似棣細葉雪牎本闕似字
而庳小雪牎本痺
子如細栗栗十行本吴本細栗十行本下栭栗亦不作
可以爲杯器素十行本素作索
柜柳石經柳作桺校文作桺不體案桺説文繫馬柱桺説文檑椐木則釋木自當作桺
皮可煮作飲十行本吴本作可以煮
柳音卯盧刻同案柳既作桺則音卯亦當作音丣
今之杜棠十行本雪牎本吴本並杜棃　南昌本誤
杋繫梅雪牎本杋注同
楥櫨先殫十行本先殫誤

爾雅　十四　別下齋校本

杬魚毒十行本雪牎本誤杭
葉圓而厚各本圓作員
實似棗赤可食十行本赤作亦
荐棲十行本雪牎本荐棲
樹小如梔子十行本雪牎本吴本如梔作似
槲樕十行本槲樕
朩自獎石經獎作獎从犬不从大
不獎頓十行本不弊頓樞雪牎本不獎頗
獎者翳十行本雪牎本吴本並作蔽者　南昌本誤
覆地者雪牎本復地者
楸樹性上竦十行本吴本性其上竦雪牎本性甚竦

今江東亦呼莢菉樧十行本雪牕本吳本莢不重南昌本衍

謂細枝翹繚十行本雪牕本吳本枝下有皆字　南昌本漏

釋蟲第十五

謂之螗蟧音夷十行本無下三字

似天牛角長十行本雪牕本吳本並作長角

強蚌十行本作強蚌注中蚌子同

蟌馬蝬十行本雪牕本吳本蟌並作蟌　南昌本誤

詩云喓喓草蟲雪牕本作詩曰

齊人呼蟻蟻蚌十行本呼爲蟓蚌雪牕本呼蟻爲蚌

俗呼爲蠮螉吳本蠮作蠮

俗謂之桑蟃雪牕本蟃作蝡

食桑葉者蚢下注各本並蕭葉　南昌本誤

釋魚第十六

無鱗肉黃十行本作鯡其肉黃

鯷各本皆作鮎　南昌本誤

今鱓魚十行本鱓魚

即白鯈魚十行本吳本無魚字

喙小鯇而長各本鯇作鋭　南昌本誤

爲䱍音繩十行本無下二字

自京門以上十行本作荆門

爲當魱音胡十行本無下二字

強大多力雪牕本作音䲃多力盖涉音釋而誤

蜎狂兖切蠉香兖切雪牕本蜎狂兖反蠉香兖切

大苦山十行本吳本苦作若

字前長各本甲前長　南昌本誤

亦有紫色者雪牕本亦作小

白文爲點各本並白爲文點

蜠大而險各本蜠作蜠

即上貝小各本並作小貝

螣螣蛇釋上螣字雪牕本作螣吳本作螣　按南昌本音

一校勘記云釋螣上音朕下音騰雪牕本則螣音朕螣音騰

一字非也

丹甲青玄各本並青文

釋鳥第十七

江東呼爲穫穀雪牕本作擭穀

音綢繆十行本無

桃蟲鷦十行本鷦作鷦

皆自食十行本吳本並能自食

今婟澤鳥十行本婟作㛰

亦名摶黍各本摶作搏

須鸁雪牕須鸁音釋同

尾長者各本並長尾者

江東呼白鶾各本並白鵫

今在隴西十行本無在字

釋獸第十八

江東呼豨皆通名雪聰本豨作狶十行本無下三字
黑白駮十行本駮作駁
獸其皮骨爪牙各本獸作獻
毛深者爲班各本並作斑
多玄虎玄豹十行本下有也字
有角兩足各本並作兩腳
大腹痺腳痺十行本吴本作庳雪聰本作卑
有毛反踵雪聰本吴本作及踵
玃類也十行本也上有是字
狀如貛㹠吴本無如字十行本無㹠字
亦名鼸鼩各本鼸鼩

鼰鼠雪聰本吴本作䶅鼠
如鼠而大雪聰本無而字
音漏洩雪聰本洩作泄十行本無此三字
江東名咽曰齸齸者各本曰作爲雪聰本齸字不重
裹食處　頰裹雪聰本並作裏
釋畜第十九
北海有獸各本北海內有獸
惟馬石經馬作馬校文作馬不體
赤色黑鬣雪聰本赤作紫
但尾毛白十行本作尾毛俱白
闕廣各本並闕廣

此卽腰裹各本騕裹
兩被毛十行本被作披
或曰美髦鬣各本曰作云十行本無鬣字
日三百餘里十行本無餘字
今之犪牛也十行本吴本作㹛牛　盧刻釋文子息反本或作㹛
髀膝尾雪聰本尾作屬
皆踊䟤踊十行本作踴吴本作踴
江東呼雞少者曰鍵各本江東上有今字雪聰本鍵下有音練二字吴本有音練也三字
大羊爲羬六尺雪聰本尺下有者字
大豕爲豟五尺雪聰本尺下有也字

有害狗十行本作善狗
古之名雞雪聰本作古之雞也

續宋中興編年資治通鑑照曠閣本以元刻本校補元本半葉十三行行廿二字　許光治校

卷一　置下空格有檢字鼓院　轉運趙開言請罷下有權茶二字

卷二　留蜀口乃作各引所部來會軍下有勢字復振下子羽命吳玠至不敢犯共十七字皆無另行缺者補如左

軍勢復振下空一格接吳玠自鳳翔走保大散關之東和向原

或謂玠宜移屯漢中以保巴蜀玠曰賊不破我詎敢輕進吾堅壁重兵下瞰雍甸金懼吾乘虛襲其後此保蜀長策也諸將乃服秦鳳路經略孫渥收本路兵保鳳州統制官關師古收熙河兵保鞏

富平之敗退保巴蜀雖可爲江淮之聲援而關陝

昭金不可復矣張浚輕師失律不能不任其咎

十一月裁定祀典　秦檜從二帝北行及韃辣入寇以檜爲參謀軍事以催錢糧爲名挈家泛小舟連水軍自言遂發檜赴行在檜云殺虜人之監已者奔舟來歸然金家同舟婢僕亦如故人皆知其非逃歸也檜之來也朝士多疑之惟范宗尹李回與檜善力薦其忠及引對檜言如欲天下無事須是南自南北自北遂建議講和且乞上致書於撻辣以來好上謂輔臣曰檜朴忠可用朕得之喜而不寐蓋聞二帝母后消息又得一佳士也遂以檜爲禮部尚書　十二月定四川激賞絹額　金人册劉豫爲皇帝國僞號大

齊都大名府豫既立復還東平以張孝純爲尚書左丞相李孝楊張東權爲左右丞弟益爲北京留守子麟知濟南府　豫自以生景州守濟南節制東平僭位大名遂起四郡強壯爲雲從子弟應募者數千人豫又立三衞官曰翊衞曰親衞曰勳衞以士大夫之子爲之一年升一等滿六歲則試以弓馬合格人出官　金大索客戶拘殺之

卷三　置九路都轉運下無空格有江浙荆三字接下湖閩廣置司湖州尋罷

卷四　依口口作舊制立爲轉員之法　韓世忠敗下金人於宿遷至亭堇十三字皆無另接之文補如左

僞齊兵于淮陽　三月初收官誥綾紙錢　以韓世忠爲京東淮東宣撫處置使岳飛湖北京西宣撫副使張浚於諸大帥中獨稱世忠與飛可倚以大事故並用之　李綱入對上疏凡十六其論中興及金人失信襄陽形勝與和戰朋黨五事皆利害之大者上嘉勞久之　夏四月嚴考校監司守令法　僞齊陷唐州判官唐皐臣推官張從之死之　賜功臣號訓宗室名　復翰林侍讀學士　劉光世破僞齊劉龍城　五月振湖南饑　收免丁錢　金星犯畢占法邊有邊兵以戒守邊者　六月以王庶知荆南府地震詔罪己求言　嚴贓吏法　秋七月黜內侍

馮益　劉光世復壽春府　張浚奏東南形勝莫重
於建康實爲中興根本請聖駕臨建康撫三軍而圖
恢復上從之　九月上如平江　僞齊分道入寇初
劉豫因粘罕得立知奉粘罕而已蔑視他帥至是請
兵於金宗亟沮之聽豫自行而遣兀朮提兵黎陽以
覩釁劉光世時駐廬州以爲難守張俊駐泗州亦請
益兵衆情恟懼張浚以書戒俊及光世曰賊豫之兵
以逆犯順若不勦除何以立國平日亦安用養兵今
日之事有進擊無退保趙鼎等請上親書付浚大略
欲退師還江南爲保江之計浚奏若諸將渡江則無
淮南而長江之險與金共淮南之屯正所以屏蔽大

江使賊得淮南因糧就運以爲家計江南其可保乎
今淮西之寇正當合兵掩擊況士氣益振可保必勝
若一有退意則大事去矣又岳飛一動襄漢有警復
何所制願朝廷勿專制于中使諸將不敢觀望上乃
手書報浚曰非卿識高遠慮何以臻此浚奉詔與議
稍息光世已舍廬州而退浚卽星馳至采石遣人諭
光世之衆曰若有一人渡江卽下接斬以徇仍督光世復還廬州
甯能處小下有小字朝廷以求活耶
卷五　以高閌爲國子司業此下原闕一頁今據元刻補如左
是月劉光世薨臨其喪光世番貴其爲大將御軍姑
息無克復志論者以此咎之謚武僖

癸亥紹興十三年春正月建國子監太學以岳飛宅
爲之　更科舉法以經義爲第一場詩賦爲第二場
策論各一爲三場　初御前殿詔殿幄册用文綉
上徽宗尊謚體神合道駿烈遜功聖文仁德憲慈顯
孝皇帝　親享太廟　二月戒獻圖讖　宰執奏福
建安撫使葉夢得措畫弭盜之事上曰盜之竊發多
緣守令非人掊克所致宜令帥司條具凡有害於民
者除之自此夢得或招或捕或誘之相機三策並用
三月建太社太稷　築圜丘　夏四月班鄉飲酒
儀　上諭宰執曰郡政以循良稱者更與擢用庶爲
諸郡守之勸　閏月立貴妃吳氏爲皇后　五月御

射殿閱馬　張九成落職編置南安軍　天中節百
官上壽　詔監司失按罰　胡舜陟與呂源有隙表
舜陟贓汚遣大理寺丞袁栴往推劾之居兩旬舜不
服而死人皆爲冤　秋七月初謁景靈宮　八月洪
皓來歸先是虜主以生子大赦始許皓等南歸中興
奉使幾三十人生還者惟皓及張邵朱弁三人而已
若陳過庭聶昌司馬朴滕茂實崔縱魏行可皆執節
於北荒歿於王事　九月魏良臣與檜言遷客之久
在遐方者可因赦而徙以召和氣檜怒乃出良臣知
池州　冬十月續國朝會要　重創渾天儀　十一
月庚申合祭天地于南郊　上書六經皆畢檜因請

刊石于國子監仍頒墨本賜諸州學　禁私鑄錢
十二月癸未朔日有食之詔避殿減膳　建秘書省
求遺書　金使來賀正貢金酒器六事綾羅紗縠三
百段馬六疋　復置三館養士　申嚴銅錢出界禁
卷七　檄契丹西夏亮作高麗　數金人君臣如罵檄檄字
無作奴隸二字爾　遷冀作翼祖神御　陸游尹穡召對下有稱旨
二字張浚再起宣撫江淮下空四格有將命諸將四字以分其
勢下空三格有時朝論三字交諫曰下空四格有奈何退師四字金人乘
下空四格有其後正軍四字上下有尋悔之二字
卷八　及用再拜二字未得穩當此下原闕一頁今補如左
四州不可與寧少增歲幣欽宗梓宮亦當奉迎陵寢

地彼必不肯歸我宜因每遣使入國恭謁陵寢一次
周操陳良翰同議以爲名分既正則叔姪之類不必
校惟土疆不可與歸正人不可遣邊備不可徹及每
歲展敬陵寢皆當預約錢用材馬騏同議以爲我當
稱大宋謹白如與大遼之禮虞允文力陳不可與和
四州之地與和尚原商於一帶之險不可以輕棄累
疏爭之　召浚赴行在浚沿途復上疏爭之且曰金
兵屯河南者號十七萬今歲意欲迫我以和復調十
萬之師盡臨邊境未論人糧且以馬草料論之馬騾
驢馱自十萬計月用草二百一十萬束料二十一萬
斛今茲大雪轉輸益艱稍遲至春虜之潰遁有可必

者臣所以累具奏陳未須遣使正欲坐視其變使命
一下則必增醜虜之氣墮士卒之心失中原之望攜
契丹之衆利害至重而朝廷易爲之又曰自秦檜主
和陰懷他志卒成逆亮之禍檜之大罪未正於朝致
使其黨復出爲惡臣聞立大事者以人心爲本今內
外之議未決而遣使之詔已下失中原之心失將士
之心失四海傾慕陛下之心他日誰爲陛下出力用
命哉人心既失如水之覆難以復收而況於天則下
順於義則未安臣竊爲陛下憂之又曰遣使之議臣
身在外初不預聞臣竊惟徽宗欽宗不幸不返此亘
古非常之巨變凡在臣庶不如無生且八陵久隔赤

子塗炭國家於金大義若何況夫逆亮憑陵移書侮
慢邀求大臣坐索壤地其事近在前歲今議者不務
力爲自強之計因虜帥一移書遂遣朝士再走麾下
再貽書則又欲遣侍從近臣趨風聽命復將裒吾民
之膏血以奉讐人欺陛下以欵之之名而共爲和之
之實其說固曰吾將欵之而後下接修我兵政
卷十　毋蹈往獘弊皆使中人傳旨下有且事有是非當面反覆詰
難猶恐未盡中人傳旨十九字又安能盡　趙魏公二年九閏月下有
惟虞雍公滿二年而上魯公六年九閏月十六字
卷十一　欲遷左揆而葉下空五格有張尚書中五字論其招權
下空七格有納賄之狀上大怒七字夏五月親下空十一格有試舉人賜余復以下五百

五十一字 罷劉光祖（下空七格有言職是祥詹同知七字）首上學術邪正（下空五格有之章及奏名五字）丁未議賑諸（下有路字）水旱

卷十二 併論朱熹彭龜年不當逐（下留祖急忘憤無君臣罪當沐從從）（直下上字作其還黃勾下）時劉德秀爲諫長與（下空一格有察字）官張（有下聖印的改一字一格）宗室與舉（憲）除福州觀察使改名（下空一格有賜字）

卷十三 甲申立貴妃（下有楊氏二字）爲皇后 朝廷（朝作宋）聞其事 揚州亟（揚作楊州）不能成功（下有其迹二字）復同安漢陽藏（斷）春三監 （蒼）以不立皇（楊）后

卷十四 丙午瞻（瞻）太學內舍生十員

卷十五 辛巳嘉定十四年春正月（下有丙戌二字）朔䨥乙未雷 己亥多少保安丙甍

續通鑑 七 別下齋校本

東漢會要補卷跋

徐氏兩漢會要舊鈔本及　武英殿聚珍本不易購吳門近有活字本可家置一編矣此道光二年南城胡森香海以鄭堂江氏校本栞於端溪精舍者癸巳八月假汪小米中翰所藏明人鈔本第三十七三十八兩卷及三十六三十九之半各本俱闕者獨完備惜鈔出胥史之手謬誤不少迺校核范史明知脫譌者一一訂補三十六卷赦宥條下延熹九年六月大赦天下案九年大赦紀無文當作永康元年又建安元年正月大赦天下二年正月大赦天下案紀建安元年正月癸酉七月丁丑凡兩赦自是終建安之年無大赦此云二年正月當作七月葢蒙上文興平二年正月之文而誤衍也若此疑似且仍舊文未敢遽改小米將屬楊君墅明經用活字版補全此數卷而敝齋插架得先成完書亦快事也蔣生沐廣文從余鈔補鈌之卷刻入叢書屬錄此跋附於卷後咸豐四年二月嘉興錢泰吉識

跋 一 別下齋校本

東漢會要卷三十六

二月君子以議獄緩死可令疑罪使詳其法大辟之科盡冬月乃斷其立春在十二月中者勿以報或如故事後卒施行

律學

治書侍御史二人選明法律者爲之凡天下諸讞疑事掌以法律當其是非百官志

郭躬父宏習小杜律前書杜周斷獄深刻子延年亦明法律對父故言小也太守寇恂以宏爲決曹掾斷獄至三十年用法平諸爲所決者退無怨情郡內比之東海于公躬少傳父業講授徒衆常數百人後爲郡吏辟公府元和三年拜廷尉躬

家世掌法務在寬平及典理官決獄斷刑多依矜恕乃條諸重文可從輕者四十一事奏之事皆施行著於令子晊亦明法律政有名迹郭氏自宏後數世皆傳法律子孫至公者一人廷尉七人侯者三人刺史二千石侍中郎將者二十餘人侍御史正監平者甚衆郭躬傳

吳雄以明法律斷獄平起自孤宦致位司徒子訢孫恭三世廷尉爲法名家郭躬傳

陳寵曾祖父咸成哀間以律令爲尚書王莽召爲掌寇大夫咸稱病篤於是乃收斂其家律令書文皆壁藏之寵明習家業少爲郡吏辟司徒鮑昱府昱高其能轉爲辭曹掌天下獄訟其所平決無不厭服衆心撰辭訟比七卷決事科條皆以事類相從陳寵傳

陳忠爲廷尉正司徒劉愷舉忠明習法律擢拜尚書忠自以世典刑法用心務在寬詳初父寵在廷尉上除漢法溢於甫刑者未施行忠略依寵意奏上二十三條爲決事比以省請讞之敝陳忠傳

鍾皓世善刑律以詩律教授門徒千人本傳

王渙習尚書讀律令循吏傳

赦宥

建武元年大赦天下　二年三月大赦天下

六月戊戌大赦天下立太子　三年正月大赦天下

六月壬戌大赦天下　四年正月大赦天下

五年正月大赦天下　七年四月大赦天下

中元元年大赦天下封禪

明帝永平二年自殊死以下謀反大逆皆赦除之祀明堂

十年四月大赦天下

十五年四月大赦天下其謀反大逆及諸不應宥者皆赦除之

章帝建初三年大赦天下祀明堂

元和二年大赦天下祀明堂

和帝永元十一年大赦天下

十四年三月大赦天下臨辟雍

元興元年大赦天下改元

殤帝延平元年大赦天下

安帝永初元年大赦天下　三年正月大赦天下加元服

四年四月大赦天下　元初三年二月大赦天下

永寧元年大赦天下立太子　建光元年大赦天下

延光元年大赦天下改元　四年六月大赦天下

順帝永建元年大赦天下　四年正月大赦天下

陽嘉元年大赦天下　三年五月大赦天下

永和四年四月大赦天下　漢安元年大赦天下改元

建康元年大赦天下改元

質帝即位大赦天下　本初元年六月大赦天下

威帝建和元年大赦天下　二年大赦天下

東漢會要　三　剛下齋校本

和平元年大赦天下　元嘉元年大赦天下

永興元年大赦天下

永壽元年正月大赦天下改元

三年正月大赦天下　延熹元年六月大赦天下

三年正月大赦天下　四年六月大赦天下

六年三月大赦天下　八年三月大赦天下

九年六月大赦天下

靈帝建寧元年大赦天下　四年正月大赦天下

熹平元年五月大赦天下　二年二月大赦天下

三年二月大赦天下　四年五月大赦天下

五年四月大赦天下　六年正月大赦天下

光和元年三月大赦天下　二年四月大赦天下

三年正月大赦天下　四年四月大赦天下

五年正月大赦天下　六年三月大赦天下

中平元年十二月大赦天下

三年二月大赦天下　四年正月大赦天下

六年四月大赦天下　八月辛未大赦天下

獻帝初平元年大赦天下　二年正月大赦天下

三年正月大赦天下　四年正月大赦天下

興平元年正月大赦天下　二年正月大赦天下

建安元年正月大赦天下　二年正月大赦天下

雜録

東漢會要　四　剛下齋校本

建武二十年吳漢病篤車駕親臨問所欲言對曰臣愚無所知識唯願陛下謹無赦而已本傳

王符述赦篇曰凡療病者必知脈之虛實氣之所結然後爲之方故疾可愈而壽可長也爲國者必先知民之所苦禍之所起然後爲之禁故姦可塞而國可安也今日賊良民之甚者莫大於數赦贖赦贖數則惡人昌而善人傷矣何以明之哉夫謹敕之人身不蹈非又有爲吏正直不避彊禦而姦猾之黨橫加誣言者皆知赦之不久故也善人君子被侵怨而能至闕庭自明萬無數人數人之中得省問者百不過一既對尚書而空遣去者復什六七矣其輕薄姦軌既陷罪法怨毒之家冀其

辜戮以解畜憤而反一槩悉蒙赦釋令惡人高會而誇咤老盜服臧而過門孝子見讐而不得討遭盜者覩物而不敢取痛莫甚焉夫養稂莠者傷禾稼惠奸軌者賊良民書曰文王作罰刑茲無赦先王之制刑法也非好傷人肌膚斷人壽命也貴威姦懲惡除人害也故經稱天命有德五服五章哉天討有罪五刑五用哉詩刺彼宜有罪汝反脫之古者唯始受命之君承大亂之極寇賊姦軌難爲法禁故不得不有一赦與之更新頤育萬物以成大化非以養姦活罪故縱天賊也夫性惡之民民之豺狼雖得放宥之澤終無改悔之心旦脫重梏夕還囹圄嚴明令尹不能使其斷絕何也凡敢爲大姦者才必有過於衆而能自媚於上者也多散誕得之財奉以諂諛之辭以轉相驅非有第五公之廉直孰不爲顧哉論者多曰久不赦則姦軌熾而吏不制宜數肆眚以解散之此未昭亂之本源不察禍福之所生也本傳

東漢會要卷三十七

方域上

都邑

建武元年十月車駕入洛陽幸南京遂定都焉紀

建武中杜篤以關中表裏山河先帝舊京不宜改營洛邑迺作書一篇名曰論都奏之曰夫大漢之盛世藉靡上之饒得御外理內之術覽州本帝皇所以育業霸王所以衍功西被隴蜀南通漢中北據谷口東阻嶔巖關函守嶢山東道窮斯固帝王之淵囿而守國之利器也利器不可以久虛而國家亦不忘乎西都何必去洛邑之渟瀯與本傳

杜篤奏上論都欲令車駕遷還長安耆老聞者皆懷動土之心莫不眷然佇立西望徐州刺史王景以宮廟已立恐人情疑惑會時有神雀諸瑞迺作金人論以頌洛邑之美天人之符文有可採循吏傳

建初中京師修起宮室濬繕城隍而關中耆老猶望朝廷西顧班固乃上兩都賦稱洛邑制度之美以折西賓淫侈之論其辭曰有西都賓問於東都主人曰蓋聞皇漢之初經營也嘗有意乎都河洛矣輟而弗康寔用西遷左據函谷二崤之阻表以泰華終南之山右界褒斜隴首之險帶以洪河涇渭之川華實之毛則九州之上腴焉防禦之阻則天下之奧區焉主人喟然而歎曰子

實秦人矜夸館室保界河山信識昭襄而知始皇矣惡睹夫大漢之云爲乎今將語子以建武之理永平之事且夫僻界西戎險阻四塞修其防禦孰與處乎土中平夷洞達萬方輻湊秦領九嵕涇渭之川曷若四瀆五嶽帶河泝洛圖書之淵子習秦阿房之造天而不知京洛之有制識函谷之可關而不知王者之無外也（全文見本傳）

獻帝中平七年關東兵起董卓懼欲遷都以違其難迺大會公卿議曰高祖都關中十有一世光武宮洛陽於今亦十世矣案石包讖宜徙都長安以應天人之意百官無敢言者楊彪曰移都改制天下大事故般庚五遷殷民胥怨昔關中遭王莽變亂宮室焚蕩民庶塗炭百不一在光武受命更都洛邑今天下無虞百姓樂安明公建立聖主光隆漢祚無故捐宗廟棄園陵恐百姓驚動必有糜沸之亂石包室讖妖邪之書豈可信用卓曰關中肥饒故秦得幷吞六國且隴右材木自出致之甚易又杜陵南山下有武帝故瓦陶竈數千所幷功營之可使一朝而辦百姓何與議若有前卻我以大兵驅之可令詣滄海彪曰天下動之至易安之甚難惟明公慮焉卓作色曰公欲阻國計耶太尉黃琬曰此國之大事楊公之言得無可思卓不答司空荀爽見卓意壯恐害彪等因從容言曰相國豈樂此耶山東兵起非一日可禁故當遷以圖之此秦漢之埶也卓意小解

卓時欲徙都長安迺謂陳紀曰三輔平敞四面險固土地肥美號爲陸海今關東兵起恐洛陽不可久居長安猶有宮室今欲西遷何如紀曰天下有道守在四夷宜修德政以懷不附遷移至尊誠計之末者愚以公宜事委公卿專精外任其有違命則威之以武今關東兵起民不堪命若謙遠朝政率師討伐則塗炭之民庶幾可全若欲徙萬乘以自安將有累卵之危崢嶸之險也卓意甚忤而敬紀名行無所復言（陳紀傳）

卓議遷都長安太尉黃琬與司徒楊彪諫不從琬退而駁議之曰昔周公營洛邑以寧姬光武卜東都以隆漢天之所啓神之所安大業既定豈宜妄有遷動琬竟坐免（黃琬傳）

初平元年二月丁亥遷都長安（紀）

興平二年乘輿播遷建安元年楊奉韓暹奉車駕至雒陽是時宮室燒盡百官披荆棘依牆壁間曹操在許謀迎天子衆以爲山東未定荀彧曰昔晉文公納襄王而諸侯景從漢高爲義帝縞素而天下歸心自天子蒙塵將軍首倡義兵徒以山東擾亂未遑遠赴今鑾駕旋軫東京榛蕪義士有存本之思兆民懷感舊之哀誠因此時奉主上以從人望大順也秉至公以服天下大畧也扶宏義以致英俊大德也四方雖有逆節其何能爲操迺將兵詣洛陽引董昭問計昭曰將軍入朝此下諸將

未必服從今留輔弼事勢不便惟有移駕幸許耳操曰此孤本志也遂遷都許

輿地圖

光武披輿地圖指示鄧禹曰天下郡國如是今始迺得其一子前言以吾慮天下不足定何也禹曰古之興者在德厚薄不以大小禹傳

建武十五年議封皇子大司空上輿地圖紀

永平十五年明帝案地圖封皇子明德馬后紀

省併郡國

世祖建武十年省定襄郡徙其民於西河

十一年省朔方牧幷幷州

十二年省金城郡屬隴西

十三年二月丁巳幷西京十三國廣平屬鉅鹿眞定屬常山河間屬信都城陽屬琅邪泗水屬廣陵淄川屬高密膠東屬北海六安屬廬江廣陽屬上谷據此惟有九國云十三誤也

十二月復置金城郡

二十年省五原郡徙其吏人置河東

和帝永元二年五月庚戌分太山爲濟北國分樂成涿郡勃海爲河間國

六年十一月詔以勃海郡屬冀州

巳上皆本紀所載者紀所不書而載於本郡之下者有志可　茲不具錄

前書地理志承秦三十六郡縣邑數百後稍分析至於孝平凡郡國百三縣邑道侯國千五百八十七世祖中興惟官多役煩迺命幷合省郡國十縣邑道侯國四百餘所至明帝置郡一章帝置郡國二和帝置三安帝又命屬國別領比郡者六又所省縣漸復分置至於孝順凡郡國百五縣邑道侯國千一百八十

十三部上

河南尹　雒陽　河南　梁　滎陽
卷　原武　陽武　中牟
開封　苑陵　平陰　穀城
緱氏　鞏　成皐　京
密　新城　偃師　新鄭
平

河內郡　懷　河陽　軹　波
沁水　野王　温　州
平皋　山陽　武德　獲嘉
修武　共　汲　朝歌
蕩陰　林慮

河東郡　安邑　楊　平陽　臨汾
汾陰　蒲坂　大陽　解
皮氏　聞喜　絳邑　永安

河北　猗氏　垣　襄陵
北屈　蒲子　濩澤　端氏
宏農郡　宏農　陝　黽池　新安
宜陽　陸渾　盧氏　湖
華陰
京兆尹　長安　霸陵　杜陵　鄭
新豐　藍田　長陵　商
上雒　陽陵
左馮翊　高陵　池陽　雲陽　祋祤
頻陽　萬年　蓮勺　重泉
臨晉　郃陽　夏陽　衙

粟邑
右扶風　槐里　安陵　平陵　茂陵
鄠　郿　武功　陳倉
汧　渝麋　雍　栒邑
美陽　漆　杜陽
右司隸校尉部郡七縣邑侯國百六
潁川郡　陽翟　襄　襄城　昆陽
定陵　舞陽　郾　臨潁
潁陽　潁陰　許　新汲
鄢陵　長社　陽城　父城
輪氏

汝南郡　平輿　新陽　西平　上蔡
南頓　汝陰　汝陽　新息
北宜春　濦强　灈陽　期思
陽安　項　西華　細陽
安城　吳房　鮦陽　慎陽
慎　新蔡　安陽　富波
宜祿　朗陵　弋陽　召陵
征羌　思善　宋公　褒信
原鹿　定潁　固始　山桑
城父
梁國　下邑　睢陽　虞　碭山

蒙　穀熟　鄢　寧陵
薄
沛國　相　蕭　沛　豐
鄲　穀陽　譙　洨
蘄　銍　酇　建平
臨睢　竹邑　公丘　向
龍亢　苻離　虹　太丘
杼秋
陳國　陳　陽夏　寧平　苦
柘　新平　扶樂　武平
長平

魯國 魯 騶 蕃 薛
卞 汶陽
右豫州刺史部郡國六縣邑侯國九十九
魏郡 鄴 繁陽 內黃 墟
黎陽 陰 安邑 館陶
清淵 平恩 沙 斥丘
武安 曲梁 梁期
鉅鹿郡 廮陶 楊氏 鄡
下曲陽 任 鉅鹿 南和 廣平
斥章 曲周 廣宗 列人
廣年 平鄉 南䜌
常山國 元氏 高邑 都鄉 南行唐
房子 平棘 欒城 九門
靈壽 蒲吾 井陘 眞定
上艾
中山國 盧奴 北平 毋極 新市
望都 唐 安國 安熹
漢昌 蠡吾 上曲陽 蒲陰
廣昌
安平國 信都 阜城 南京 扶柳
下博 武邑 觀津 經
堂陽 武遂 饒陽 安平

南深 弓高 易 武垣
河閒國 樂成
中水 鄚 高陽 文安
東州 成平 東平
清河國 甘陵 貝丘 東武城 鄃
靈 繹幕 廣川
趙國 邯鄲 易陽 襄國 柏人
中丘
勃海郡 南皮 高城 重合 浮陽
東光 章武 陽信 修
右冀州刺史部郡國九縣邑侯國百
陳留郡 陳留 浚儀 尉氏 雍丘
襄邑 外黃 小黃 東昏
濟陽 平丘 封丘 酸棗
長垣 已吾 考城 圉
扶溝
東郡 濮陽 燕 白馬 頓丘
東阿 東武陽 范 臨邑
博平 聊城 發干 樂平
陽平 衛公 穀城
東平國 無鹽 東平陸 富成 章
壽張 須昌 寧陽

任城國 任城 亢父 樊
泰山郡 奉高 博 梁甫 鉅平
嬴 茌 萊蕪 蓋
南武陽 南城 費 牟
濟北國 盧 蛇邱 成 茌平
剛
山陽郡 昌邑 東緡 鉅野 高平
湖陸 南平陽 方與 瑕邱
金鄉 防東
濟陰郡 定陶 寃句 成陽 乘氏
句陽 鄄城 離狐 廩邱

單父 成武 巳氏
右兗州刺史部郡國八縣邑公侯國八十
東海郡 郯 蘭陵 戚 朐
襄賁 昌慮 承 陰平
利城 合城 祝其 厚邱
贛榆
琅邪國 開陽 東武 琅邪 東莞
西海 諸 莒 東安
陽都 臨沂 即邱 繒
姑幕
彭城國 彭城 武原 傅陽 呂

留 梧 甾邱 廣戚
廣陵郡 廣陵 江都 高郵 平安
淩 東陽 射陽 鹽瀆
輿 堂邑 海曲
下邳國 下邳 徐 僮 睢陵
下相 淮陰 淮浦 盱台
高山 潘旌 淮陵 取慮
東成 曲陽 司吾 良成
夏邱
右徐州刺史部郡國五縣邑侯國六十二
濟南郡 東平陵 著 於陵 臺

菅 土城 梁鄒 鄒平
東朝陽 歷城
平原郡 平原 高唐 般 鬲
祝阿 樂陵 濕陰 安德
厭次
樂安國 臨濟 千乘 高菀 樂安
博昌 蓼城 利 益
壽光
北海國 劇 營陵 平壽 都昌
安邱 淳于 平昌 朱虛
東安平 高密 昌安 夷安

膠東　即墨　壯武　下密
拒　觀陽
東萊郡　黃　牟平　惤　曲成
掖　當利　東牟　昌陽
盧鄉　長廣　黔陬　葛盧
不其
齊國　臨菑　西安　昌國　臨朐
廣　般陽
右青州刺史部郡國六縣六十五
南陽郡　宛　冠軍　葉　新野
章陵　西鄂　雉　魯陽

犨　堵陽　博望　舞陰
比陽　復陽　平氏　棘陽
湖陽　隨　育陽　涅陽
陰　酇　鄧　山都
酈　穰　朝陽　蔡陽
安衆　筑陽　武當　順陽
成都　襄陽　南鄉　丹水
析
南郡　江陵　巫　秭歸　中廬
編　當陽　華容　襄陽
邔　宜城　鄀　臨沮

枝江　夷道　夷陵　州陵
佷山
江夏郡　西陵　西陽　軑　鄳
竟陵　雲杜　沙羡　邾
下雉　蘄春　鄂　平春
南新市　安陸
零陵郡　泉陵　零陵　營道　營浦
泠道　洮陽　都梁　夫夷
始安　重安　湘鄉　昭陽
烝陽
桂陽郡　郴　便　耒陽　陰山

南平　臨武　桂陽　含洭
湞陽　曲江　漢寧
武陵郡　臨沅　漢壽　孱陵　零陽
充　沅陵　辰陽　酉陽
遷陵　鐔成　沅南　作唐
長沙郡　臨湘　攸　茶陵　安城
酃　湘南　連道　昭陵
益陽　下雋　羅　醴陵
容陵
右荊州刺史部郡七縣邑侯國百一十七
九江郡　陰陵　壽春　浚遒　成德

西曲陽 合肥 歷陽 當塗
全椒 鍾離 阜陵 下蔡
平阿 義成

丹陽郡
宛陵 溧陽 故鄣 丹陽
於潛 涇 歙 黝
陵陽 蕪湖 秣陵 湖熟
句容 江乘 春穀 石城

廬江郡
舒 雩婁 尋陽 灊
臨湖 龍舒 襄安 皖
居巢 六安 蓼 安豐
陽泉 安風

會稽郡
山陰 鄮 烏傷 諸暨
餘暨 太末 上虞 剡
餘姚 句章 鄞 章安
永寧 東部

吳郡
吳 海鹽 烏程 餘杭
毗陵 丹徒 曲阿 由拳
安 富春 陽羨 無錫
婁

豫章郡
南昌 建城 新淦 宜春
廬陵 贛 雩都 南野
南城 鄱陽 歷陵 餘汗
鄡陽 彭澤 柴桑 艾
海昏 平都 石陽 臨汝
建昌

右揚州刺史部郡六縣邑侯國九十二

東漢會要

東漢會要卷三十八

方域下

十三部下

漢中郡　南鄭　成固　西城　褒中
沔陽　安陽　錫　上庸
房陵
巴郡　江州　宕渠　朐忍　閬中
魚復　臨江　枳　涪陵
墊江　安漢　平都　充國
宣漢　漢昌
廣漢郡　雒　新都　緜竹　什方
涪　梓潼　白水　葭萌
郪　廣漢　德陽
蜀郡　成都　郫　江原　繁
廣都　臨邛　湔氐　汶江
八陵　廣柔　緜虒
犍爲郡　武陽　資中　牛鞞　南安
僰道　江陽　荷節　南廣
漢安
牂牁郡　故且蘭　平夷　鄨　毋斂
談指　夜郎　同竝　談藁
漏江　毋單　宛温　鐔封
漏臥　句町　進乘　西隨
越巂郡　邛都　遂久　靈關　臺登
青蛉　卑水　三縫　會無
定莋　闌　蘇示　大莋
莋秦　姑復
益州郡　滇池　勝休　俞元　律高
賁古　毋掇　建伶　穀昌
收靡　味　昆澤　同瀨
同勞　雙柏　連然　梇棟
秦臧
永昌郡　不韋　巂唐　比蘇　楪榆
邪龍　雲南　哀牢　博南
廣漢屬國　陰平　甸氏　剛氐
蜀郡屬國　漢嘉　嚴道　徙　旄牛
犍爲屬國　朱提　漢陽
右益州刺史部郡國十二縣邑一百一十八
隴西郡　狄道　安故　氐道　首陽
大夏　襄武　臨洮　枹罕
白石　鄣　河關
漢陽郡　冀　望恒　阿陽　畧陽
勇士　成紀　隴　獂道
蘭干　平襄　顯親　上邽

西

武都郡　下辨　武都　上祿　故道

河池　沮　羌道

金城郡　允吾　浩亹　令居　枝楊

金城　榆中　臨羌　破羌

安夷　允街

安定郡　臨涇　高平　朝那　烏枝

三水　陰盤　彭陽　淳觚

北地郡　富平　泥陽　弋居　廉

參䜌　靈州

武威郡　姑臧　張掖　武威　休屠

揟次　鸞鳥　樸劇　媼圍

宣威　倉松　鸇陰　祖厲

顯美　左騎

張掖郡　觻得　昭武　删丹　氐池

屋蘭　日勒　驪軒　番和

酒泉郡　福祿　表是　樂涫　玉門

會水　沙頭　安彌　乾齊

延壽

敦煌郡　敦煌　冥安　效穀　拼泉

廣至　龍勒

張掖屬國　候官　左騎　千人　司馬官

千人官

張掖居延屬國　居延

右涼州刺史部郡國十二縣道侯官九十八

上黨郡　長子　屯留　銅鞮　沾

涅　襄垣　壺關　泫氏

高都　潞　猗氏　陽阿

穀遠

太原郡　晉陽　界休　榆次　中都

于離　茲氏　狼孟　鄔

孟　平陶　京陵　陽曲

大陵　祈　慮虒　陽邑

上郡　膚施　白土　垣漆　奢延

雕陰　楨林　定陽　高奴

龜茲　侯官

西河郡　離石　平定　美稷　樂街

中陽　臯狼　平周　平陸

益蘭　圜陰　藺　圜陽

廣衍

五原郡　九原　五原　臨沃　文國

河陰　武都　宜梁　曼柏

成宜　西安陽

雲中郡　雲中　咸陽　箕陵　沙陵

沙南 北輿 武泉 原陽
定襄郡 定襄 成樂 武進
善無 桐過 武城 駱
中陵
鴈門郡 陰館 繁畤 樓煩 武州
汪陶 劇陽 崞 平城
埒 馬邑 鹵城 廣武
原平 彊陰
朔方郡 臨戎 三封 朔方 沃野
廣牧 大城
右幷州刺史部郡九縣邑侯國九十八

涿郡 涿 迺 故安 范陽
良鄉 北新城 方城
廣陽郡 薊 廣陽 昌平 軍都
安次
代郡 高柳 桑乾 道人 當城
馬城 班氏 狋氏 北平
東安陽 平舒 代
上谷郡 沮陽 潘 甯 廣甯
居庸 雊瞀 涿鹿 下落
漁陽郡 漁陽 狐奴 路 雍奴
泉州 平谷 安樂 傂奚

右北平郡 獷平 土垠 徐無 俊靡 無終
遼西郡 陽樂 海陽 令支 肥如
臨渝
遼東郡 襄平 新昌 無慮 望平
候城 安市 平郭 西安平
汶 番汗 沓氏
元菟郡 高句驪 西蓋烏 上殷台 高顯
候城 遼陽
樂浪郡 朝鮮 講邯 浿水 含資
占蟬 遂城 增地 帶方

駟望 海冥 列口 長岑
屯有 昭明 鏤方 提奚
渾彌 樂都
遼東屬國 昌遼 賓徒 徒河 無慮
險瀆 房
右幽州刺史部郡國十一縣邑侯國九十
南海郡 番禺 博羅 中宿 龍川
四會 揭陽 增城
蒼梧郡 廣信 謝沐 高要 封陽
臨賀 端谿 馮乘 富川
荔浦 猛陵 鄣平

鬱林郡　布山　安廣　阿林　廣鬱
中溜　桂林　潭中　臨塵
定周　增食　領方
合浦郡　合浦　徐聞　高涼　臨允
朱崖
交趾郡　龍編　羸𨻻　定安　苟漏
麊泠　曲陽　北帶　稽徐
西于　朱䳒　封谿　望海
九眞郡　胥浦　居風　咸懽　無功
無編
日南郡　西卷　朱吾　盧容　象林
北景

右交趾刺史部郡七縣五十六

復九州

獻帝建安十八年復禹貢九州本紀獻帝春秋云時省幽幷州以其郡國幷於冀州省司隸校尉及涼州以其郡國幷爲雍州省交州幷荆州益州於是有兗豫青徐荆揚冀益雍也九數雖同而禹貢無益州有梁州然梁益亦一地也

宮苑

南宮　北宮永明三年起八年十月成
長樂宮　邯鄲宮傳景丹
長信宮帝祖母稱長信宮見百官志　長秋宮皇后宮
永樂宮靈帝母所居　濯龍宮桓帝紀

永安宮何皇后紀　承光宮种暠傳
中宮皇后宮　東宮前殿明帝紀
東宮太子宮　桐宮和帝陰皇后紀
章德前殿后紀在九龍門內　椒房后妃以椒塗壁取其繁衍多子
嘉德殿后紀在九龍門內　玉堂殿靈帝中平四年修
崇德殿孫程傳　承福殿五行志
宣德殿馬援傳　安福殿黃香傳
宣平殿張奮傳　宣室殿五行志
德陽殿鍾離意傳　宣明殿樊儵傳
千秋殿五行志　溫明殿景丹傳
萬歲殿五行志　卻非殿光武紀
黃龍殿五行志　和歡殿五行志
華光殿劉寬賜侍講華光殿　含德殿
章臺殿　天祿殿
溫飭殿　迎春殿
壽安殿　永寧殿東京賦
樂成殿靈紀注　壽安殿梁后紀
靈臺殿靈紀注　北閣後殿馬后紀
章臺下殿馬防傳　雲臺廣室陰興傳
平樂觀鄧騭傳　東觀安紀注云南宮有東觀
藺觀禮儀志　承祿觀清河王慶居承祿觀
上林苑諸帝校獵於此　西苑順帝陽嘉元年紀

廣成苑順帝陽嘉四年幸廣成苑　鴻德苑威帝延熹元年置鴻德苑令
顯陽苑延熹二年造　平樂苑洛陽宮殿名有平樂苑
畢圭靈昆苑靈帝光和三年作　西園靈帝紀
南園百官志云在洛水南　芳林園東京賦
濯龍園馬后三紀　直里園百官志
鴻池威帝開在雒陽東二十里　濯龍池東京賦
永巷後改掖庭
宮掖門魏闕附
平城門　蒼龍門郎蒼龍闕
元武門　北門
南掖門　東門
朔平門　右七門見百官志各置司馬屬衛尉
南端門闕門也南方正門　應門中門也
崇賢門東門也　金商門西門也
雲龍門德陽殿東門　神虎門德陽殿西門
九龍門嘉德殿在內　已上並見東京賦
象魏闕東京賦云建象魏之兩觀旌六典之舊章文選注云立兩觀者欲表明六典舊章之法垂於象魏
朱雀闕曹節傳　永樂門蔡邕傳
嘉德門曹褒傳　盛化門蔡邕傳
承明門陳蕃傳　盛饌門閤五行志
青瑣門百官志注　鴻都門來歷傳

雒陽城門
平城門　上西門
雍門　廣陽門
津門　小苑門
開陽門　耗門
中東門　上東門
穀門　夏門

街市

雒陽二十四街街一亭十二城門門一亭蔡質漢儀
雒陽市長屬河南尹百官志
長安鑄錢多姦巧京兆尹閻興召第五倫爲督鑄錢掾領長安市倫平銓衡正斗斛市無阿枉百姓悅服第五倫傳

宮苑雜錄

行在所光紀注云天子以四海爲家故謂所居爲行在所
天子無外乘輿所幸即爲京師竇武傳
建武十九年修西京宮室紀
永平三年起北宮及諸官府尚書鍾離意上疏曰竊見北宮大作人失農時自古非苦宮室狹小但患人不安寧宜且罷止以應天心帝勅大匠止作諸宮後德陽殿成百官大會帝思意言謂公卿曰鍾離尚書若在此殿不立傳
肅宗時承平久宮室臺榭漸爲壯麗扶風梁鴻作五噫

歌曰陟彼北芒兮噫覽觀帝京兮噫宮室崔嵬兮噫民之劬勞兮噫遼遼未央兮噫上聞而非之袁紀

順帝陽嘉元年修飾宮殿郎顗拜章曰宮殿官府近始永平歲時未積便更修造又西苑之設禽畜是處離房別觀本不常居而皆務精土木營建無已消功單賄巨億爲計願罷將作之官減雕文之飾傳

威帝欲廣開鴻池趙典諫曰鴻池汎溉已百頃尤復增而深之非所以崇唐虞之約己孝文之愛人也帝納典言傳

靈帝欲造畢圭靈琨苑楊賜上疏諫曰竊聞使者並出規度城南人田欲以爲苑昔先生造囿裁足以修三驅之禮薪萊芻牧皆悉往焉先帝之制左開鴻池右作上林不奢不約以合禮中今猥規郊城之地以爲苑囿壞沃衍廢田園驅居人蓄禽獸殆非所謂若保赤子之義今城外之苑已有五六可以逞情意順四節也宜惟夏禹卑宮太宗露臺之意帝欲止中常侍樂松等曰昔文王之囿百里人以爲小齊宣五里人以爲大今與百姓共之無害於政也帝悅遂令築苑傳

中平二年造萬金堂於西園紀

河渠水利

建武七年杜詩爲南陽守善於計畧省愛民役造作水排鑄爲農器用力少見功多百姓便之又修治陂池廣拓土田郡內比室殷足時人方於召信臣故南陽爲之語曰前有召父後有杜母傳

任延爲武威太守置水官吏修理溝渠皆蒙其利傳

汝南舊有鴻卻陂成帝時丞相翟方進奏毀敗之建武中太守鄧晨欲修復其功聞許楊曉水脈召與議之楊曰昔成帝用方進之言尋而自夢上天天帝怒曰何故敗我濯龍淵自後民失其利多致饑困時有謠歌曰敗我陂者翟子威飴我大豆亨我芋魁反乎覆陂當復昔大禹決江疏河以利天下明府今興立廢業富國安民童謠之言將有證於此誠願以死效力晨大悅因補楊爲都水掾使典其事楊立因高下形勢起塘四百餘里數年迺立百姓得其便累歲大稔許楊傳

建武二十四年張純上穿陽渠引洛水爲漕百姓得其利張純傳

王霸伐匈奴陳委輸可從溫水漕以省陸轉輸之勞事皆施行王霸傳

鮑昱拜汝南太守郡多陂池歲歲決壞年費常三千餘萬昱乃上作方梁石洫水常饒足本傳

明帝永平十二年四月遣將作謁者王吳修汴渠自滎陽至於千乘海口汴渠即莨蕩渠也汴自滎陽首受河所謂石門在滎陽山北一里過汴以東積石爲隄亦號金隄成帝鴻嘉中所作也

王景少好學多伎藝時有薦景能理水顯宗詔與將作

謁者王吳共修作浚儀渠吳用景堨流法水迺不復爲害初平帝時河汴決壞未及得修建武十年陽武令張汜上言河決積久日月侵毀濟渠所漂數十許縣修理之費其功不難宜改修隄防以安百姓書奏光武卽爲發卒方營河功而浚儀令樂俊復上言昔元光之間人庶熾盛緣隄墾殖而瓠子河決尚二十餘年不卽擁塞今居家稀少田地饒廣雖未修理其患猶可且新被兵革方興力役勞怨既多民不堪命宜須平靜更議其事光武得此遂止後汴渠東侵日月彌廣而水門故處皆在河中兗豫百姓怨歎以爲縣官常興佗役不先民急永平十二年議修汴渠迺引見景問以理水形便景陳

其利害應對敏給帝喜之又以常修浚儀功業有成迺賜景山海經河渠書禹貢圖及錢帛衣物夏遂發卒數十萬遣景與王吳修渠築隄自滎陽東至千乘海口千餘里景迺商度地勢鑿山阜破砥磧直截溝澗防遏衝要疏決雍積十里立一水門令更相洄注無復潰漏之患景雖簡省役費然猶以百億計明年夏渠成帝親自循行詔濱河郡國置河隄員吏如西京舊制景由是知名王吳及諸從事掾史皆增秩一等王景傳

永平十三年四月汴渠成幸滎陽循行河渠乙酉詔曰自汴渠決敗六十餘歲加頃年以來雨水不時汴流東侵日月益甚水門故處皆在河中漭瀁廣溢莫測圻岸蕩蕩極望不知綱紀今兗豫之人多被水患迺云縣官不先人急好興他役又或以爲河流入汴幽冀蒙利故曰左隄彊則右隄傷左右俱彊則下方傷宜任水勢所之使人隨高而處公家息壅塞之費百姓無陷溺之患議者不同南北異論朕不知所從久而不決今既築隄理渠絕水立門河汴分流復其舊迹陶丘之北漸就壤墳故薦嘉玉潔牲以禮河神東過洛汭歎禹之績今五土之宜反其正色濱渠下田賦與貧人無令豪右得固其利庶繼世宗瓠子之作因遂度河登太行進幸上黨而還紀

王景爲廬江太守郡界有孫叔敖所起芍陂稻田景驅

率吏民使修起蕪廢由是境內豐給景傳

永平中理虖沱石臼河從都慮至羊腸倉欲令東漕太原吏人苦役連年前後沒溺死者不可勝筭建初三年拜鄧訓謁者使監領其事訓考量隱括知大功難立具以上言肅宗從之遂罷其役更用驢輦歲省費億萬計訓傳

元和三年張禹爲下邳相徐縣北界有蒲陽坂傍多良田而堙廢莫修禹爲開水門通引灌溉遂成孰田數百頃傳

和帝永元十年三月壬戌詔曰隄防溝渠所以助順地理通利壅塞今廢慢懈弛不以爲負刺史二千石其隨

宜疏導勿因緣妄發以爲煩擾將顯行其罰紀
何敞爲汝南太守修理鮦陽舊渠百姓賴其利墾田增三萬餘頃吏人共刻石頌敞功德傳
安帝元初二年正月修理西門豹所分漳水爲支渠以溉民田二月詔三輔河內河東上黨趙國太原各修理舊渠通利水道以溉公私田疇紀
三年正月修理太原舊溝渠溉灌官私田紀
虞詡爲朝歌長先是運道艱險舟車不通驢馬負載僦五致一詡迺自將吏士案行川谷自沮至下辯數十里中皆燒石翦木開漕舡道以人僦直雇借傭者於是水運通利歲省四千餘萬虞詡傳
順帝永和五年馬臻爲會稽太守始立鏡湖築塘周回三百十里灌田九十餘頃通典
靈帝熹平四年遣守宮令之鹽監穿渠爲民興利紀

關梁

建武九年省關都尉
十九年復致函谷關都尉致當作置
章帝元和二年十一月壬辰日南至初閉關梁並紀
郭丹從師長安買符入函谷關符即繻也舊出入關皆用傳傳煩因裂繻帛分持後復出合之以爲符信非眞符也
天井關在太行山下　居庸關光武紀
五阮關鮮卑傳注云在代郡　常山關光武紀
武關劉虞傳　白水關李固解印綬於白水關
玉門關班昭傳注云在燉煌郡
靈帝中平元年黄巾賊起自函谷大谷廣城伊闕轘轅旋門孟津小平津諸關並置都尉皇甫嵩傳

傳置

鄧訓乘傳到武威拜張掖太守
光武遣馮異與銚期乘傳撫循屬縣異傳
武陵蠻圍劉尚詔使宋均乘傳發江夏奔命往救之宋均傳
刺史鄧盛馳傳辟王允爲別駕王允傳
衛颯爲桂陽太守鑿山通道五百餘里列亭傳置郵驛傳

東漢會要卷三十九

蕃夷上

東夷

武帝滅朝鮮於是東夷始通上京建武之初復來朝貢時遼東大守祭肜威讋北方於是濊貊倭韓萬里朝獻故章和已後使聘流通逮永初多難始入寇鈔威靈失政漸滋蔓焉自中興之後四夷來賓雖時有乖畔使驛不絕故國俗風土可得畧紀劉攽曰畧合作譯

夫餘國在元菟北千里建武中東夷諸國皆來獻見二十五年夫餘王遣使奉貢光武厚答報之於是使命歲通至安帝永初五年夫餘王始將步騎七八千人寇鈔

樂浪殺傷吏民後復歸附永寧元年迺遣嗣子尉仇台詣闕貢獻天子賜尉仇台印綬金綵順帝永和元年其王來朝京師帝作黃門鼓吹角抵戲以遣之威帝延熹四年遣使朝賀貢獻永康元年王夫台將二萬餘人寇元菟元菟太守公孫域擊破之斬首千餘級至靈帝熹平三年復奉章貢獻夫餘本屬元菟獻帝時其王求屬遼東云

挹婁古肅愼之國也漢興已後臣屬夫餘

高句驪東夷相傳以爲夫餘別種武帝滅朝鮮以高句驪爲縣建武八年遣使朝貢二十三年冬句驪蠶支落大加戴升等萬餘口詣樂浪內屬二十五年春句驪寇右北平漁陽上谷大原而遼東太守祭肜以恩信招之皆復款塞後句驪王宮數犯邊境和帝元興元年春復入遼東寇畧六縣太守景夔擊破之斬其渠帥安帝永初五年宮遣使貢獻求屬元菟元初五年復與濊貊寇元菟攻華麗城建光元年春幽州刺史馮煥元菟太守姚光遼東太守蔡諷等將兵出塞擊之捕斬濊貊渠帥獲兵馬財物宮迺遣嗣子遂成將二千餘人攻元菟遼東焚城郭殺傷二千餘人於是發廣陽漁陽右北平涿郡屬國三千餘騎同救之而貊人已去夏復與遼東鮮卑八千餘人攻遼隊殺掠吏人蔡諷等追擊於新昌是歲宮死子遂成立明年遂成還漢生口詣元菟降遂成

死子伯固立其後濊貊率服東垂少事順帝陽嘉元年置元菟郡屯田六部質威之間復犯遼東西安平建寧二年元菟太守景臨討之斬首數百級伯固降服乞屬元菟云

東沃沮臣屬句驪又有北沃沮

濊元朔元年內屬建武六年封其渠帥爲縣侯

韓有三種一曰馬韓二曰辰韓三曰弁辰

倭建武中元二年奉貢朝賀光武賜以印綬並本傳

南蠻

光武中興武陵蠻夷特盛建武二十三年精夫相單

吴越春秋目録

上第一卷

吴太伯傳

元本太伯傳[illegible]吴王太伯傳太伯三以天下讓[illegible]不王者也吴之後君又未嘗追王之尊之曰王名不與實稱也今去王字以從其實

第二卷

吴王壽夢傳

第三卷

王僚使公子光傳

元本不曰吴王僚傳而曰王僚使公子光傳蓋謂使之伐楚耳光即闔閭既自有傳此云使公子光贅也今姑從其舊

第四卷

闔閭内傳

第五卷

夫差内傳

元本闔閭夫差傳皆曰内傳下卷無余勾踐傳皆曰外傳内吴而外越何也况睢又越人乎若以吴爲内則太伯壽夢王僚三傳不曰内而闔閭夫差二傳獨曰内又何也今不敢輒去内外二字姑存之

下第六卷

越王無余外傳

第七卷

勾踐入臣外傳

元本越王勾踐入臣獨無外傳字今補其闕姑從越諸傳亦作外傳云

第八卷

勾踐歸國外傳

第九卷

勾踐陰謀外傳

元本勾踐入臣歸國伐吴諸傳皆書名獨陰謀傳書越王而不名不知何義今於陰謀傳去越王二字而書勾踐從諸例也

第十卷

勾踐伐吴外傳

吴越春秋目録

吳越春秋（古今逸史本以影宋本及明翻大德本校 宋本每半葉九行行十八字無注蔣光煦校）

宋本目錄

大德十年歲在丙午三月音註
越六月書成刊板十二月畢工

前文林郎國子監書庫官徐天祜音註
紹興路儒學學錄留 聖
紹興路儒學學正陳昺伯
紹興路儒學教授梁 相
正議大夫紹興路總管提調學校官劉克昌

徐氏補註

第一卷

勾吴

前註已引漢地理志顔師古註又按史記註勾吴大吴也索隱亦引師古註謂當如顔解但師古云勾吴猶越爲于越也索隱乃以于越爲於越于與於皆語之發聲耳準內了註勾吴吴人語不正言吴而加以勾世本註勾吴太伯始吴人所居地名史記正義曰十九世壽夢始號勾吴與史記所載太伯時已號勾吴不同疑正義誤

壽夢

已見前註又按史記索隱云系本曰吴孰姑徙勾吴宋忠曰孰姑壽夢也壽孰音相近姑之言諸也毛詩傳舊讀月者爲姑是以姑爲諸孰姑壽夢一人耳又名乘

第四卷

陸門八以象天八風水門八以法地八聰

吴郡志引此書以爲陸門八以象天八風水門八以法地八卦吴郡圖經續記八聰亦作八卦爲是吴都賦郛郭周帀重城結隅通門二八水道陸衢

鄭定公大懼乃令國中

前註已正其誤按史年表鄭定公十一年書楚建作亂殺之是爲楚平王十年其後吴破楚入郢乃昭王十年蓋鄭獻公八年非定公時也

申包胥

史記楚世家亦作申鮑胥註服虔曰楚大夫王孫包胥劉伯莊曰包字亦作鮑史記正義包胥姓公孫封於申故曰申包胥戰國策以爲棼冒勃蘇

秦桓公素沉湎

前註已正其誤按史年表秦哀公三十一年書楚包胥請救是爲楚昭王十年楚十一年書秦救至即哀公三十二年也據此則請救在三十一年秦師至楚乃三十二年非桓公時也

嚴王何罪國幾絶

嚴字義不通今詳當是莊王謂前王何罪幾至絶國按嚴本山姓其先即楚莊王支孫以謚爲莊姓者也如前漢莊忌子助後漢莊光皆避明帝諱改姓嚴此以莊爲嚴亦避諱追改也

第五卷

入五湖之中

已詳見前註又按張勃吴錄云五湖者太湖之别名以其周行五百里故以五湖爲名又揚泉五湖賦止爲太湖而作陸龜蒙云大湖上稟咸池五車之氣故一水五名今併存之

帶劒挺鈹

鈹字或作錟方言錟謂之鈹或曰劒如刀裝者前漢功臣表周竈以長鈹擊項籍顔師古註長刃兵爲刀而劒形史記作長鈹鈹鋌同

吳越春秋吳王太伯傳第一（宋本明本無王字）

後漢趙曄撰

妍（研）營種之術　注　孟子作獯（獯）鬻　相子彊（彊）鳩夷

高子句畢（宋本卑）立　而吳益彊（彊）

吳越春秋吳王壽夢傳第二

注　使其子孤（狐）庸　二十五年（提行）　次日季札（宋本扎下同）

注　遂逃奔未（宋）明年及（反）自宋　以効（效下同）不恨士

也　伐吳至乾谿（宋本作溪）惟（宋本唯下同）仁是處

吳越春秋王僚使公子光傳第三

王卽位三（宋本二案下言三年不飛則作三是）年　注　杜頭（預）曰　臣（宋本臣下有之字）

誠愚不知所謂也　安可致（宋本置）耶　往許（宋本詐）

召子向子胥　中心切（宋本惻）怛　胥乃貫（烏還切三字宋本原注）

弓執矢　注　則后（後）人追書也　楚（宋本平）王殺吾父

兄（父作兄）　沂（泝）水而上　發其簞（箪）筥　自守貞（宋本貞下同）

明　乃被髮徉（佯）狂　但欲自復私讎耳（宋本耻）　用

兵於北（此）國　九年（提行）　注　喪作器（器）字　僚可殺（殺）

也　注　大馭祭雨（兩）軹

吳越春秋闔閭內傳第四

以容（容）禮事之　寡人欲彊（彊）國霸王　子胥乃使相

上（土）嘗水　立蛇（宋本蛇下同）門者　俱能爲劍（宋本下有也字）

而金鐵之精不銷淪流（宋本沶）　子以善爲劍聞於王（王下宋本有王字）

使子作劍　莫（宋本莫字無）耶曰夫神物之化須人

而成（成下宋本有之字）　金鐵刀（乃）濡　季孫拔劍之鍔（鍔）中

缺者大（大）如黍米　吳霸有缺（闕）則亡矣　而有之（人）

貪王之重賞也　王乃（宋本乃）舉衆鈎以示之　會楚之

白喜（宋本有注云上音伯下音嚭下文同）來奔　楚白州犂（宋本黎下同）之孫

注　誅（詳）此書　遂殺（誅）郤宛　側聞子前人（宋本人下有君字）

子胥（宋本胥下有曰字）不然其言　以付於子（宋本子下有胥字）

猶徽（傲）色於我哉　我辱壯（勇）士椒邱訢　注　蔚當

作覩（覩）　以事其（吾）君　操劍盾（宋本楯下同）而立　孫子

乃親自操抱（枹）擊鼓　吳王有女滕（宋本縢）玉　吾卽侍

（得）而殺之　注　伐夷侵潛（潛）六　破檇（檇注同）里（注中檇李作檇）

注　字千（子）囊　注　杜豫（預）曰豫章　注　上（土）地之名

善珮二（宋本一）枚　昭公自服一枚（宋本枚下有其字）子常欲之

亦三（宋本二）年止之　請（宋本謂）馬以贖成公（宋本下有從者許之）

（乃丘）飲從者酒　注　郤（郄）大人棄諸夢中　卽還矣（宋本下有定字）

公乃與（宋本下有之字）漁者之子橈子胥（宋本下有見字）軍將至

吾國君懼懼（怖）　秦栢（柏）公（注內及下同）　封（執）豕長蛇

（蛇）遫（速）吳之未定　冰（水）不入口　秦使公子子蒲

（宋本揃下同）子虎　不妝（收）又焚之　加（加）此者也　注　益

其爵祿而及子（之作反）　然已愧（媿）矣　吾嘗饑（飢）敦

（宋本敔）於禮義　注　吳之絮（離）宮越王獻西子於月（此）

斯且（止）闔閭之霸時　注　楚子重子反（此空格作一）歲七奔

命　徙于蔦（宋本爲）若

吴越春秋夫差內傳第五

齊孤立寡(於)國 請伏國人於郟(郊) 注 吴子傳(使)來
復微(黴)師 厚獻太宰嚭(宋本嚭下同) 譬由磐石之由(田)
君按(宋本案) 兵無伐 義存亡魯(宋本下有也字) 主(宋本王)以
伐越而不聽臣 其心畏越(宋本下有曰字) 今大夫辱弔(宋本
弔辱) 而身見之 以教孤孤(宋本無下孤字) 賴天之賜也 直士(宋本
息) 舉(宋本與) 賢 兵強(宋本彊) 執箕帚(宋本箒) 士卒不恩(宋本
息) 修祭祀(宋本下有大王賜三字) 死且不敢忘 以賀君(軍) 吏
(宋本士) 戰而不勝越(宋本無越字) 亂之必矣 與戰(宋本勝) 而勝
君為之奈(宋本無奈字) 何 而其心不已(宋本下有復字) 召王孫
駱 憂戚(宋本或) 潰亂 解冠幘(宋本下有結字) 乃(及) 從勾踐
之師伐齊 注 賈計(諠) 策 吴國之命(宋本作命之) 吾貫(宋本
慣) 弓接矢 託汝子於齊鮑氏(宋本晏) 乃以諷諫(宋本下有
以字) 激於王 而稷(宋本稷) 其形 挾彈危擲(宋本躑) 蹭蹬
滅我吴官(宮) 望之如墨(宋本黑) 始周依(宋本衣) 負於
晉 決在今其(日) 不得事君 於藩(宋本蕃) 籬之外 晉
侯(宋本公) 次之 注 郎禹貢所謂內(內) 在江夏郡(郡) 遂
緣江(宋本無江字) 泝淮 告於天乎(于) 執事 子胥所謂且
(明本旦宋本且) 食者也 吴王仰天呼曰(宋本無曰字) 吴不肯受
(宋本下有絕滅而聽其成六字) 注 釋越不誅(誅) 為不孝 越王謹上
刎(刻) 青天 何王之忍辱厚(宋本無厚字) 恥也 注 嚭遂而
臣越 注 破吴姜(彊) 晉霸越楚(是) 也 注 然吴時諸家

(冢) 墓 注 告其(具) 載圖志獨不及宰嚭家(冢) 則(何) 也

吴越春秋越王無余外傳第六

注 越舊經善(作) 無餘 宇(字) 熙 因而妊(宋本妊) 孕 注
汝(汝) 山廣柔人 化為黃能(宋本有注云囊來切鼈三足) 聞帝使
文(文) 命于斯 齋於黃帝(宋本有之字下作嶽巖) 巖嶽之下 禹
退文(文入) 齋三月 復返歸嶽(宋本下有從三子三字) 乘四載 注
山行乘撵(撵下同) 使太(大) 章步東西 有受其饑(飢)
於是周行寓(寓) 內 疏九河於潸(潛) 淵 葬之後曰(宋本
田) 無改畝 無余質林(朴) 注 禹家(冢) 在會稽山人
其語曰(曰) 注 中(凡) 十二世 注 至是二千五百七
十年矣 注 至於元(允) 常

吴越春秋越王勾踐入臣外傳第七

注 郎今西與(與) 袁(無袁字) 行酒三二觴 大(宋本天) 王德
壽 注 皇甫謐(謐) 云 夏殷(宋本殷) 恃力 三王臣弒(宋本
殺下同) 其君 身居(拘) 而名尊 不離三獄之困(因) 注
玄玉百殼(穀) 折(拆) 獄破械 案墜(宋本墜) 籍 委國於
一(二) 老 今懷夏將滯(宋本滯) 觀變參災(宋本灾) 施左關
之檽(檽) 吴王登遠高(臺) 望 夫(宋本天) 以戊寅日間喜
到舍上(宋本下有勝字) 不御坐 而為相國快(快下空格作私字) 意
耶 雖以眩移拘於網(網) 誠(誠) 事之敗 注 日昃(昃)
也 吾已絕望(宋本下有宮闕二字)

吴越春秋勾踐歸國外傳第八

注淮南下有子字曰 范蠡進曰曰下無空格 異哉 豈直欲破
彊宋本彊 敵 修德自守亡衆宋本下有破軍二字 復以於會稽
之上 周千一百二十一二 步一圓宋本員 三方 乃地
之林桂 齋宋本齊 臺在於襟山 注 被接 越境無襟山
注 魯國下卞 縣南 葛不連蔓尭菜 台台 我君心
苦宋本下有受字 命更之 注 皆作未昧 若飴 注 有饑飢 不
還食四體疲一句 聞有宋本其 饑飢 寒爲之哀 九年
提行 必餌毛帖拈 伏 故前無剽宋本劓 過之兵 宜損
之少 辭 茂葉茂作葉 者摧 注 頗據推 五勝
吳越春秋越王陰謀外傳第九
大夫何易見而之 難使也 名曰東皇公宋本下有祠字 乃

吳越春秋 二 別下齋校本

使木工工下空格作三 千餘人 注 亦已伏汰 矣 注 臺始基
於闔閭廬 望陽出耀宋本燿 其必宋本作必其 受之 必
成其名宋本下有臣聞二字 越王 夏亡以妹喜宋本嬉 注 申人
與繒岳西 戎 道荐饑飢下同 餒 以愧媿 勾踐勾踐宋本
無下勾踐 氣服 諸侯莫莫 不聞知 女郎捷末宋本下有袁公操其
本而刺處女女應即入之三入處女因舉杖擊之二十三字 注 未同末下 折墮地
則宋本其 如之何 金爲寶下空格作敝注二字 不止也 請悉其
要宋本下有音曰二字 頭若激卯卵 道女要 在斯 陳音宋本
下有之字 山
吳越春秋勾踐伐吳外傳第十
吳之所以爲彊疆 者 往宦宋本官 士三百人於吳 凡

宋本義 四方之士 於是乃大會羣臣 而患其志宋本
下有不字 行之少恥也 注 益以兵舟 師勝稱善掩惡下 願以
此戰宋本下有申字 包胥曰 貪者吝予宋本與 之不失其利下 願
以此戰宋本下有申字 包胥曰 則不能斷宋本下空三格 去就之疑
於是越王曰宋本曰字無 境外千里辱者則是子宋本子
也 大夫宋本下有曰字 敬受命矣 不答宋本答 所勸 軍行
成宋本作成行 陣 徑宋本徑 至吳 惟宋本唯 欲以窮夫差
則吳願宋本願字無 長爲臣妾 將許宋本下有成字 之 何子言
之其合宋本作空格 於天 越王宋本下有不聽二字 還於吳 吳殺
忠臣伍子胥宋本下有我君王聞諸侯六字 長頸鳥喙宋本喙 可以
與 共患難 三二十四年提行 義宋本下有之字 一也 流汗

吳越春秋 六 別下齋校本

汗 之愧媿 大夫曳宋本洩 庸 不知忠臣 信也 奇說
怪論論 潘候宋本候 者 從瑯邪宋本瑯 奉先王生 雅
琴 注 被棠錢鐵 之甲 欲徙葬琅邪宋本耶 其可不
誠誠 乎 子不揚宋本揚下同 其歷八主宋本王 至少康
卽位十六 世 無王去無余六十 世 無彊宋本下不空接 魯
穆 王侯自稱爲君宋本名 格霸二百二十四年宋本下有
所伐還游江東六字 注 則十七 世矣

錢塘遺事 塲葉山房刊本以鮑淥飲抄本校 蔣光煦校

目録 天目山崩讖 金陵水山山水 龍朔翔宮

謡讁 皮龍榮 張賁貴 赴援 二相適遁去 諫誅

韓震 朝臣朝宵 道遁 王鑰錀 平章 陳留主並

相

卷之一

天目山讖 天目山前垂 兩乳長 凡四易 脫美字 名

高宗浙臉 幸慈寧后閤閣 其後駐蹕于杭州 州字衍

夢吳越王取故地 宋 宋字衍 高宗 因 便 留住我 其

父皓 下脫在北買一妾東平人八字 郎鏐也 三字庄

錢塘遺事 一 別下齋校本

十里荷花 清佳嘉 歸去鳳池城 誇 聞之歌 然

下脫卒爲金主送死之媒未足恨也至于荷豔桂香妝點二十字 湖山之清麗 宮

寶 殿無人春晝長 下脫燕子歸來依舊忙憶君王憶君王月破黃昏人斷腸蓋悼欽宗

之不復返也 二十九字

高宗定都 今岳六 飛縱未入關 金人侵犯 揚州

金人侵犯 杭

遊湖詞 衣帶一江而曰已

冷泉亭 一泓清可浸沁 詩脾 流去出 西湖載歌舞

題白塔橋 脫驛路有白塔橋印賣朝京里程圖士大夫往臨安必買以披閱有人題于壁曰三

十字 白塔橋邊賣地經

伍子胥廟 瀨女 脫子字 不吝千金之身爲效効 其死

貪攘壤 東齊 賜額清忠忠清

射潮箭 左首手 數步 其大如秤枰

淨慈 脫寺字 羅漢 又尤 不可

萬回哥哥 左手執擎 鼓

龍翔宮 三之二一 和樂之閣樓 直 脫下字 景靈宮

鑾轡路 縈迴枉德車

浙江十廟 廟在浙江之邊北 各有司所 存司

孝宗問何簑衣卜 卜字在問字下 金人南徙 向穴 子胡 孫

拖白不終場

大理寺豕祭 在 脫大字 理寺者 少牢也 脫其文云三字 時

特 用豕以祭

錢塘遺事 二 別下齋校本

格天閣 復我 衍我字 君之位以安宋天 國下 敵金 人嘉

其忠 遂諂事撻懶辣 盍其胸中有慊歉 眞誤

猾 國夏 之賊也

卷之二

淳熙盛事 誕辰三世總值 丁年

辛幼安詞 敵金 人追隆祐太后 望中烽火猶記 作猶

記燈 火

東窗事發 王夫人 重夫人二字 未幾子秦 熺亦死夫人

思之 夫人思之四字在未幾上 設醮 衍二字

慶元侍講 宮中嘗常 讀之大要主在 求放心耳 若

舉常 得賢者輔導 于是謀逐公 脫忽字 一日 當此

隆脫冬字恐難立進講臺諫給事舍向宗良弟兄
兄弟只止緣交通賓客論漏泄機密陳瓘上抗章劾
之敢出狂往語兼是隨先朝舊僚無飯吃喫
韓平原知閤閤余亦作一篇脫云字
趙子直薨於占古鄖
韓平原客既已而一見歡喜甚語問曰危如於
壘累卵矣三軍骸暴骨生者召擢還用除苛
解撓擾轉禍爲禍矣衍矣字
濟王各以被紅半袖爲號人皆聳悚動巡尉脫司
字弓兵而已戰剿之時王已本無疾贈朝奉
脫郎字

三京之役合淮南西兵命淮西師帥機各路給
齋字衍齋五日糧登城投降脫二十八日四字二十七九
日已據北牢岸矣
辛卯火馮時楷
史彌遠自與楊太后楊召后之事
卷之三
趙信庵李逆全送死召到至廟堂無一事焠研
然有聲
嵩之起復賜之下脫美謚以旌其忠焉嵩之廢後苦目疾又久之疽發背死二十一字
史字衍史嵩之當國
崔福之死公辯委會廳注無戒諭直值王步帥崔

衍崔字福遇賊不擊更相傚倣法效爲師闇者脫當
字推誠共事
孟保相勝滅之得士脫卒字心
余樵隱字又乂夫有挈字故內地玠壬師子蜀
冬
余晦帥蜀天雞此余玠敵夷國狄聞之中土國
之無人矣所有余除晦內批
晦誣維忠殿脫院字陳大方余開再同下五爲利路
州安撫血迸逆流而上惟忠脫顏字色不變
彭大雅大雅今脫拜矣二字拜君公以出師之一二表
趙方威名隨侍立在淮北旦奉以數書云去與

語其母子曰在省部訖自目
劉雄飛出巡按捕盜
卷之四
北兵渡江以至靖靜江府過遏廣右遏幹腹之師
移司師隆興
行打算法江浙閫千金爲而募徙木
丁相罷政引小宵人退逮其奴畢脫字遷登岸
何權孫縣者未至孫縣申至州借錢丁之父
母子
吳潛入相份傳介七十翁葉舟遡潮梅水簾簾
楹接尺咫不及見其吾艷大布帶深衣善喜

延方外友　相當國者　移司師黃州　疑移司師
李璮歸國　其終則直眞　改正日律歷　泰道宏開
萬物象新　恩流漸東海悉來臣　中興玉寶歷喜
環循
嚴覆試　必嚴過省及人覆試之禁
劉整北叛　鄧鄭與　與西立字脫者　二十八人司　黑
　炭同灰下圍
雪詞　鼓動滕神六　郤恨是　鷺鴨池邊　山河元是
　我的底
紫原三策　于襄襄危之際　內地何用乎衍乎字　多兵
　可得六十萬字脫或百里　在京荊湖　陷昭以厚

利　更說一句不字脫得　何說政　趙乾家淨地
巴伯延顏　駐經驛駐
卷之五
推排公田　請下都省督　內引入劉劉
公田專官　王唐住珪　臨安字脫則　察判與馬　元演
　洪䃃穗
公田賞罰　盱盱江人　拜發書檢
公田之禍　嘉興隸浙兩西浙　方夢至玉　莅莊　官
　正止　欲買數之多
謫皮龍榮　收用習之速　于膝下上
銀關先讖　貼始蓋　請字脫依四川法　為號脫後北朝二字

大兵二字脫渡江下江南二字脫之時
推排田畝　石右具在前　經畧界　從來未必然　何
　須經理界
彗星之變　丙乙辭相位　命公卿舉行之　理禮義
　不慾　彗出三河脫周分與河南無干七字
理宗升遐　社稷幾已亡矣
理宗政迹　厲勵精為治　臨吳越字脫之分　名位之
　外分
度宗即位　前最有錢　下東本寺問故　理宗二字衍
　忽夢有告之字脫者曰
似道專政　宰執署書紙尾而已　諷凡臺諫

賈相之虐　適字脫有二人　有字脫人題詩曰　公田國
　事字脫俱休矣
卷之六
降生皇子　民居逈屋時字　皆動　十一月二字脫仲冬
龍飛賦題　過北之時年　別院除少聖人
襄陽受圍　圍襄字脫陽　止遷蹕之議字脫者　築置堡
戲文誨淫　乃宮字脫中　乳母　糠也不下堂
賈相諱言　賈似道字脫見　襄城被圍
明堂遇雨　為大理禮使　胡貴嬪之兄父　卽字脫曰
　出嘉會門　劾鐫罷
張貴赴援　生兵日增字脫既　築　及思鬼關　欲為焚

囊用（脫遂字）爲所得　募屯（死）士　求將久爲（之）張
貴（脫俗字）號　其智勇（脫素字）各水中（水中二字作峪字）立便
硬寨近（造）水哨　此乃（衍）有死　高須（頭）港口　巨
斧（脫勁弩二字）起船（矴）出江　短氣（脫越字）數日有浮尸
（脫逆流而上）
繫（係下同）籍秀才　娶（脫妻字）某氏　生民凋瘴（瘵）
地生白毛　如銀線（脫茶字）
襄樊失陷　備殫其（心）力　衣裝薪火（芻）
勉留賈相　聯絡爲（氣）勢　則（脫有字）大可慮者
度宗晏駕　皇子㬎（昰）
諒陰三元　王龍澤（下無注）

詔兵勤王　朝廷遂（遂字衍）黃萬石守（守字衍）趙溍守
（守字衍）開府（封）夏貴守（守字衍）篤（督）萬壽守（守字衍）
張彥守（守字衍）孫虎臣守（守字衍）仇子眞守（守字衍）
張世傑守（守字衍）阮克己守（守字衍）平江（脫克字）己揚州
人
下郢復州　巴（伯）延（顏）　牽舟紆（迂）行　沙洋之（工之）備
未能（知）措手　歸（降）附
北兵渡江　攻陽邏（羅）堡　題詩（脫于字）
下鄂州　通任長沙（江）之責

卷之七

下蘄黃州　以襄漢（復）船　管京（景）模（謨）　復（復字衍）置

至南康軍葉閶（昌）
下江州　錢孫眞（眞孫）
賈相出師　天（夫）亦何有　邊遽（劇）日駭　是必有不
（脫能字）孤忠自恃（誓）深切迫切（急）
遣使請和　宋兵不敵（支）
下饒州　衣冠（棺）與之（脫飲字）大醉　先決（脫矣字）
破池州　豈可偷生避死也（哉）留詩其（於）第
蕪湖潰師　唱（喝）轉官資　督府之師（印）
金山之敗　大兵入建康府（脫沿江二字）重鎭（脫既失二字）
上望（墜）下
誅韓震　闕（閤）入禁闕　議請計（作計議二字）大閧而入

出　又以大（火）刀遇（遣）兵逐之
五木之敗　入常州（脫府字）常州知州（府）知州（府）
又（與）角　一州（州作州）
朝臣宵遁　乙亥正（三）月　自（皆）遁
罷賈似道　豈（豈字衍）不（脫知字）戒（戎）事之緩急戰功（攻）
披（被）甲　我不丈（成）夫　姑與（予）薄伐　今（脫無字）復
奏（奏字衍）周公之事　于（于字衍）十四日　翁應（脫龍字）
免于追（遠）竄　又（以）犯（正）
貶賈似道　首聞訴（邸）報　吐（唾）去　此鄉（脫哉必敗之此鄉六
字）此鄉亦獨（復）何罪
相陳宜中　還朝廷（廷字衍）不（初）喜（無）矯飾　出仕（位）

經綸(濟)
卷之八
張世傑入衛 以(以字衍) 盡其力時(時字衍)
議遷蹕 開智(督) 放歸(散) 輕動(脫耳字) 謀(計) 者(者字
衍) 龜茲小(小字衍) 國耶
陳宜中奏 迫(迎) 駕 唱(喝) 散 謹(徑) 具(自) 自(具) 刼
咈(拂) 民 悔恨(悟)
陳宜中都督 松(沿) 江 河(江) 西 差寄居(脫官字) 給
一軍(兵)
詔諭三將 師(嚴) 旅(帥)
呂文煥回本國書 多差(羞) 爲(以) 尤(猶) 難 劉也(整)

中告(苦) 急(意) 令 案(投) 几(肌) 肉 留著豈異詩
常之機俗眼據圖觀形穿識驪黃之馬(作留此一著豈期俗眼徒爾觀形)
敵(夷) 國(狄) 烏(因) 能(亦) 于生(脫奚益二字) 良辰
(臣) 事(伐) 觀(覩) 忘(忌) 怨
督府檄文 危(厄) 運 人(臣) 子 表(賢) 臣 共僉(會)
日蝕 蝕(食) 之 今吾自(當) 儆悟少(脫知字) 徵艾 涓(消)
厄運 毋有(脫所字) 隱之(衍之字)
諸郡望風而降 降爲(爲字衍) 澧(澧下同) 州 密誘(侑)
與(與字衍) 朱(宋) 帥(師) 巴延(伯顏下同) 長(脫河字) 堰 如(私) 遣
使 有(有字衍) 百姓 東(京) 城
納降表 草之時(時字衍) 理僉(會) 永(求) 爲(封)

京城歸附 納太皇(均衍文) 程(闕作鵬) 飛 賈餘慶(脫謝堂二
字) 文天祥(三字衍文) 段(阮) 登炳
吉州歸附 丙子二月(脫十五日三字) 權城(脫守字) 官民悉
歸帥焉(六字均衍文)
揚州死節 遭擒(脫宋都夕三字)
卷之九
書狀官 吳慶月(用)
掌管禮物(脫通事二字) 官 通事(二字衍) 江陵(陰) 人
北朝館伴使 特穆爾(作帖木兒下同)
祈請使行程記 趙若(岩) 秀 順(夷) 逆(夏) 初十日一
行下脫十一十二十三日事補如左

十一日吳堅賈餘慶家鉉翁劉岊各乞封贈三代妻屬
衆官乞封贈三代奏從之午後文天祥自北寨登舟同
帖木兒萬戶至諸使衆官會於唐西寺就宿舟中
十二日早行舟夜泊八場國濟橋
十三日夜泊上墩兵火之餘橫尸滿野
侍(待) 吳文二相 舞勸(脫酒是二字) 夜 無(塞) 路 車(弓) 弩
阿朮丞(平) 相(章) 諸司(使) 親札勉(勸) 不書(署) 名
諸官(使) 札 出從(巡) 州(府) 洽 夜泊(宿) 舟中 于(于字
衍) 午前徑(經) 行 揚州(脫北門二字) 軍馬 夜宿荒草(作草地)
許(呂) 文德 至清河口(四字衍文) 十二日(脫至字) 宿遷縣
宿(僅) 有 邳州牧(守) 置酒作(脫樂字) 徐州府(守) 臣 諸

使脫多字感懷傷碑記在存焉脫是晚二字過九里下無注
生起于豐沛去沛豐國信取所指旨揮敕自此敕字
至駐劄下勅字凡十皆衍文帶營行尚書府省陳充允謙
浙東脫路字兵馬賈相病重脫仍宿館內四字歇來遠脫堂字
中十餘座右首手乘馬脫而坐二字諸脫使字率屬
官恭滿賀散中宮書至過州二十里草塵廬
皆各膜胡外跪如常南禮作行朝
卷之十
御賜給號奉奏名注素索添外下吏部吏使既
與之號偕皆銜押字
擇日唱第先脫量字支少金與之不得作闕口宰執

脫拱字立傳其名脫而字呼之謂脫之字臚傳且直躬
少去立就甲入入次去立于軒下爲一班脫便
字賜食宜宣唱注飯肉內有湯鹽粉授出上
旨傳待出兩南廡下淡黃脫絹字帶子子字衍
尤加當詳唱第畢既出紫殿店中疏散灑徐
益臨安脫府字
置狀元局客司脫監門二字
越二日拜黃甲于貢院案中上排次與各匠爲者
書鋪告示正奏各名
次日賜聞喜宴正奏各名特奏各名先斟酒三
行不下食作不下食三行又脫不一食三字第三酌下鮮旋鮓

次日局中亦上六七盃正奏各名皆預赴焉

宣和奉使高麗圖經（知不足齋本以宋本校補宋本每頁十八行每行十七字）

徐兢序

簡汰（宋本作去）其同於中國者 蓋倣（倣下有古字）聚米之遺制也

徐蕆跋（此跋宋本在四十卷行狀後）

里人徐周賓借（作乞）未歸 或謂郡有北醫上宣（作官）生

目錄

第十八卷 道教（教下有釋氏二字）

第二十八卷 供帳（作張）一

第二十九卷 供帳（作張）二

卷第一

始封 光武中興麗（作罷）遣邊吏 而桂婁代（作伐）之 以爲營（作縈）州牧 高宗又命李勣討（作往）平之 俘其王高藏 據于桂（作挹）婁

卷第二

世次 旣以（作已）槩叙之于前矣

王氏 三年四年遣（作連）使來朝

卷第三

封境 又與日本琉球（作流求）聃（作耽）羅黑水毛人等國

遼水東西（作南）四百八十里（此句宋本不作注） 唐貞（作正）觀問

形勢 稍分爲兩岐（作歧）

卷第四

外門 其城皆無（作爲）夾柱 宣仁門通揚（作暘）全羅三州

卷第五

宮殿一 梯航沓至（作杳土） 古木交陰（作蔭）

乾德殿 被（作彼）使者至楷以拘

卷第六

延英殿閣 或獻或酬（作詶） 風俗之化源（作原）

別宮 又有辰韓朝鮮長（作常）安樂浪下（作卞）韓金冠六宮

卷第七

冠服 皆錦繡金銀首（作自）飾 革帶（帶下有皆字）金珥

王服 紫羅勒中（作巾）

令官服 一曰大對盧（作盧） 次曰大大（作太太）夫人使者

次曰（無曰字）衣頭大兄 次曰（無曰字）大兄次曰（無次曰二字作收字）位使者 次曰（無曰字）上位使者次曰（無曰字）小兄次曰（無曰字）諸過節次曰（無曰字）先八又有掌賓客（客下有比字）

鴻臚卿 次曰（無曰字）末客

國相服 判尚（尚下有書字）吏部事

卷第八

人物 閤門祗候高唐愈敏（作閔）仲衡 閤門祗候尹仁勇（作男）

紫金魚袋李之美 必惓惓（作卷卷）有傾葵之意

卷第十一

金吾仗衛軍 服紫寬袖彩（作綵）

卷第十二

左右衛牽攏軍　烏紗軟絹作帽

卷第十三

兵器　圖作宊之於左

儀戟　各列十二枚作枝

佩劍　以象玉錑作璏

卷第十四

五方旗　麗人駭觀頌目作頒自　愧其陋焉

卷第十五

騎兵馬　螺鈿為鞍韉無韉字

卷第十六

官府　不事作復馴雅

倉廩　大義倉舊在西作南門內

卷第十七

祠宇　則具專作車服冕圭親祠之　然及期以祀作祠神

為名

靖國安和寺　半巘灘磧日日字下空二格宋本作清軒　過山門

闕作闕

興國寺　大宋皇帝聖壽萬萬字下空五格宋本作年觀其碩頌之意出

於誠心

王城內外諸寺、　此文王翊德山作謂徵也無注

卷第十八

釋氏　其法崇作宗盛　形制小而聲悲作愁

國師　烏革鈴作鈐履

沙彌比邱　自幼作初出家

卷第十九

民庶　山林居作至多

卷第二十二

庭燎　皆於庭中中下有以字

秉燭　庭作廷中設紅紗燭籠

治事　已事則棄棄下有之字

卷第二十三

土產　絕品者謂之絕作絁　而螺鈿之子作工

卷第二十四

次使副　從詔書入到副作到

終中節　技術郭範作範

卷第二十五

弔慰　緬惟永嘉作慕

卷第二十六

私覿　則見於別篇云作也

燕飲作儀

卷第二十七

館廳　自餘作為賓主

使副位　上為作出火珠

西郊亭　而營治草草下空二十格宋本作創不設寢
使者初到
卷第二十八
纈幕　下有蓮臺花座坐作
光明臺　甌中有有下空一格宋本不空
卷第二十九
畫摺扇　觀其所饋續作
卷第三十一
水釜　水釜之制形作　可以負持荷作
卷第三十二
瓦尊　國無穤稬作米

卷第三十三
幕船　以朱采作繩係之
卷第三十四
黑水洋　不覺見作有海
卷第三十五
黑山　昔海程云亦作是使舟頓宿之地
卷第三十六
羣山島　沿岸乘秉作旗幟　國俗皆雅揖五字作注
卷第四十
同文　雖高句麗驪作域居海島
儒學　引領嘆慕至以以字下有一金易一篇用爲規範則其用心可知矣觀夫倭辰

餘國或橫書或左書或結繩爲信或鍥木爲誌各
不同制而麗人乃摹寫隸法取正中華至於貨泉
之文符印之刻舉不敢妄有增損字體者是宜文
物之美侔於上國爲炎宋肇興文化遠被稽首扣
闕請爲藩臣其使者每至來朝觀國之光歆豔晏
粲歸而相語人益加勉淳化二年廷試天下士彼
亦賓貢其人來獻文藝太宗皇帝嘉之用擢其數
內王彬崔罕等進上及第授將仕郎守秘書省校
書郎津遣還國時國王治上表致謝詞甚感慨神
宗皇帝憫俗學之弊命訓釋三經以發天下蔽蒙
特詔賜其書本俾之獲見大道之純全主上丕承
先志推廣舍法又賜其來學子弟金端等科名以
歸於是靡然二
百五十三字
附錄
行狀　祿大夫提行　寓居家作黃鶴樓上　俾倚坐坐作
臥　鼓噪梟作入獄　蒸烝作嘗不少怠　林至忤牾作坐
時宰　常傾一坐坐作　或至於涕泳流作也　曰藏歲作

曰葴葴作　而公之生有十千作歲來歸之兆　雖夜屏
鐙漏燭作　天橫馳騁其用無窮此八字無　韶合制字本
意意下有縱橫馳騁其用無窮八字

管子（花齋本以影宋本校補元本參許光清校 影宋本每葉二十行行二十一字）

管子序

楊忱撰

序曰春秋尊王不尊霸與中國不與夷狄始于平王避夷難也是王室遷而微也見于周書文侯之命微王也是王者失賞也費誓善其備夷是諸侯之正也秦誓專征伐是諸侯之失禮也書春秋合體而異世也書以文侯之命終其治也春秋以平王東遷始其微也自東遷六十五年春秋無晉以其亡護亂也及其滅中國之國而後見其行事譏失賞也周之微也幸不夷其宗稷齊桓之力也其中國無與加其盛也其夷狄無與抗其力也見于衛詩美其存中國也春秋無與辭何異也存一國之風無其人則衛夷矣全王道之正與之霸是諸侯可專征伐也夫晉之爲霸也異齊遠矣桓正文譎夫桓之爲正抑夷狄存中國文之爲譎陵中國微王室晉之風也無美其美無功其功外無他焉雖國人不與也然而桓之正非王道之正也以文譎而桓正也桓之功非王道之功也以攘狄而存周也無桓周滅有周桓賊桓卒齊衰楚人滅周周之不幸桓之早死也故曰周之存桓之功也桓之不幸管仲之早死也故曰桓之功管仲之力也自是楚滅諸國而熾矣今得其著書然後知攘狄之功皆遠略也儆譏霸信刑賞豈王者詆民哉霸嚴政令豈王者怠忽哉霸鄉方略豈王者不先謀哉霸審勞佚豈王者暴師哉霸謹畜積豈王者使民不足哉亦時夷狄內聘大者畏威小者懷仁功亦至矣不幸名之不正然奈衰世何孔子曰微管仲吾其被髮左衽矣此其據也時大宋甲申秋九月二十三日序

管子卷第一

唐司空房玄齡注

牧民第一（國頌四維四順士經六親五法）

注故能威（影宋作盛）而結固之（也下六親九字無）

野蕪曠（無曠）

注能明此法者（者下有則字）刑簡則威令遠（速）聞

右國頌

注非貞（眞）廉也

右四維

注謂與子之生全

右四順

注謂所處可必（必可）使百代常行

右士經

注必不聽下同此（無此字）人必行之其從之若由門矣

（人必行人必從之若由門矣）言堂室事而（而下有令字）滿

右六親五法

形勢第二（無同異者題注子目不錄）

虎豹得託王念孫讀書雜志與此合幽
注明主王所不賓敬燕雀爵翔集
不足以饗享鬼神
注不在其落烏中鵠鵠　如此之人人下有任之二字　則亂大
邦也
可以與遠舉
注可與舉圖國之遠也　無得以已及無及字　不及疑神
不神祐　謂神將借備已也
邪氣入襲讀書雜志與此合内
注人必哀之之下有也字　則彼來意不極然也
道往者其人莫來往　道來者其人莫往來

管子　三　別下齋校本

注故彼不結結下有也字　心行所能不見　未不見而親
有國者之大禁也此下無注文
權脩第三
注及其兵用不滿備於千　無空然然下有也字矣
故上不不下有能字好本事　則鬼神驟祟祟
注如神用也之
則小廉不可不下有行字脩也
立政第四
則不可授以與重祿　則財材臣不用
右三本
草木不下有得字植殖成　桑麻不植殖於野

右五事
注譙責讓也　計上計也　著標著也　及坐及也
憲法也以上皆無
右首憲
注則武術不必偃
右九敗
乘馬第五立國　士農工商　大數　聖人　陰陽　失時　爵位　地里　務市事
非於太大讀書雜志與此合山之下
右立國
爲之有道以下提行另起　則事不可理也以下提行
右陰陽花齋本此及下二章有按語不稱績似原注影宋無

不可謂之有道以下提行　曼蔓山　可以爲輔軸　五暴
而長命之下有曰字某鄉　三二夫爲一家
注季絹細絹也無五字　暴布白布也無五字　一本作大繢
繼器也　二一尺去其三
右士農工商
閒閑讀書雜志與此合
注閑閑其淫辟則自善
右聖人
管子卷第二
房　玄齡　注
七法第六謂則象法化決塞心術計數　四傷爲兵之數　選陳

注不能立此有其字人而用之謂草革物當以漸也則
無時成書矣以下注無物有背倍叛
右七法
注下皆者隱實言虛
實寶也非實寶也
注人君所無所字以服海內用非其國自按此當是有字
莫敢開閞焉
注三者各得其宜三者各各得宜
右四傷無百匿二字書雜志與此合讀
注為近而成威遠無以正天下也句首有則字王者下有
之字征伐

是以聖王主貴之則天下下有威字畏之矣不試不藏
臧同注必順於禮理義故不禮理不勝天下此下多不義不
勝天下一句不義不勝人
右為兵之數
注所以營営作而興利者也又須謀得其人也也字無
故不得使收穫下有也字謂譎誑詐之言不顧而恃
恃之
右選陳
版法第七
注必令得其上正
三經既飭飾是謂君心作謂君二字

注言執法下有者字必當深植
象法作地無親
注無所親私私親任賢則國祥祥長
高安安高在乎同利
管子卷第三
幼官第八
注然土雖均三王四季濡古軟字四字無而金得九
分全一以供官也管子氏但舉其目
勸勉以選遷注同下衆
注使七上之備署財署各具其名籍之木本管氏
仲別五其圖謂之分方圖而上土位居中或為猥

煨燼羽獸無獸字南方朱鳥雀春箕宿多風下有也字
寒氣蕭肅殺自然修理而長育下有也字故虛耗
下有也字北方玄武下有也字聽所以順殺氣也故須
間之下有也字
修鄉閭之無之字什伍
注故雷故烝泄東方青龍歲之將終故曰雨
易上五句末並有也字
審取于與以總之母毋有一日之師役
注然後修澤梁下有也字所以助明祭行禮每來於此
以安之下有也字制祿下有亦字與有功能審定者勝下有也字
後二句同

則器械器械備

注則器械備具下有也字　故鬼見禾形也　此有有下有因其二字　數在他篇

收天下之無之字豪傑

注則於初早旦　主至春　故離害而欽禁故難言而欽敬

皆大義故近成大勝也　偕謂同為下有其字事

莫之無之字能傷也　罰人是君也無也字

注謂天下同盟諸侯下有矣字　皆下有己字計定

則功得而無害下有也字

紛官圖第九　西方本圖　西方副圖　南方本圖　中方本圖　北方本圖　南方副圖　中方副圖　北方副圖　東方本圖　東方副圖

秋行夏政至西方方外

右西方本圖

旗物尚白至西方方外

右西方副圖

夏行春政至南方方外　遠近不乘乖

右南方本圖

若因處虛守靜至此居圖方中　同異分官官　攻攷之以言　九木本摶摶大　動而無不從靜而無不同二句無　勸勉以選遷衆

右中方本圖

冬行秋政至北方方外　毋毌有一日之師役　三鄉鄉使四輔

右北方本圖

旗物尚赤至南方方外　則危國國危

右南方副圖

必得文威武官習勝之至此居於圖方中　幾行義勝也之

右中方副圖

旗物尚黑至北方方外

右北方副圖

春行冬政至東方方外　十二中卯十二小下卯

右東方本圖

旗物尚青至東方方外

右東方副圖

五輔第十

注賤苟有得之利也　故殘賊苟且下有也字　上既賊殘

苟而不舍

是故聖正主飭此八禮　賜賑罷露　而民不足以於備用者

注則女工傷成於天下寒　染文繡為絲純色　不使無所漏失也

管子卷第四

宙合第十一

若鼓之有字無此 㨖㨖 而無齋齊 其欲 扶撥撥 以爲
正
注則沈就 枉取直也
民之興善也如此化雜志合 讀書
注擬提 迹而求履法
故論論 教者取辟焉
注地以陰氣化萬物物之生化無有崖畔地以陰化無物不化故乃
法以制崖畔 法天地之廣厚厚廣也 是旣信之有矣以
非則不可掩故先以恩義意 不可告戒戒告於彼也
誳信浧濡儒
注終無益也助 臣亦益 偷生不利爾甚下有也字

管子 別下齋校本

爵尊則卿 肅士
注所以安然安 而無憂也 言凡 怨怒 平准在 萬家
讀注無 充 未末 衡 所以易注無 政也 聽不順愼 而
忿愛於粟米貨財貯 也 內縱于美色好 淫音 聲讀書雜志
合 則煩亂以亡忘 其國家矣 夫土上 旣主盛處賢
以操士主 民 而不可以字無以 廣舉
注此以土上 瀷湊漏之流也在瀷字下不在句末 應擊而鳴
者也注此 止 故曰和擊象 而不差 如槖之成盛 物
也 故槖天地也注止此
貴富富貴 以當
注壽平 古貴遺 言之立名

樞言第十二
霸主積于將戰字無戰 士 萬物之指脂 也
注人亦加之下有也字 以衆無衆字 少喻多下有深字 所驚也
改爲謂 分別
人故相贈憎 也 賢大夫不恃宗至室 豚豚乎莫得
其門下注一本作沌平博而圂豚豚乎莫得而聞也
注其猶而面 焉
惡者美之克充 也 一陽下有兩字 二陰者 未嘗之有也
無也字
管子卷第五
八觀第十三

管子 二 別下齋校本

閭閈不可以毋毋 闔
注自然端無端字 直 時貨謂穀帛畜產也在金玉雖多下 謂
民家下有也字
視觀 臺榭 上賦重流其藏者無者字 也
注則人無人字 藏流散也
則國無毋 一年之積
注故謂小凶下有也字 有毀損羸羸 瘠者也 六天下所
以存其生 則用力不休矣也
里無士舍時無會同 鄉官無法制無皆作毋 觀左右本
無本字 求朝之臣 不可 務盡力
注非但疾怨非上又又上非 輕賤爵祿也

不論志行而有爵祿也(不論而在爵祿)
注　不論志行使(能)之
民倍本行(無行字)而求外勢　觀左右本求(無求字)朝之臣
然則衆必(心)輕令而上位危　而人主無(毋)所匿其
情矣
法禁第十四
注　以趣(趨)疾也(以下提行)　求人饑(附)己　故其人但爲私
行(者)所以禁之也(以下提行)　邀虛譽言(也)
畢無(毋身無任同上其)能進毋功者
注　得祿與其(其)分者(也)　皆(無皆字)貨利末業
而重致於其(無其字)君
注　自(臣)有用少而家業富　天(反)違法制
壹(壹)士以爲亡資
注　則私養其士(生)　隱僻(自隱)其行　卑身雜處所以遁
民(上)　以買其聲譽(句首有所字)
固國之(無之字)本
注　蘇生息也(在謂之蘇功下)　則止而尋(循)常也
靜而安(治)安而尊
重令第十五
凡君(布)之重器
注　雖日(日)出令　謂(謂字無)增令者
故令一出(下有可字)示民邪途五衞

注　志士所以(無以字)恥　不以少求多　不以小居大(二句)
(末皆有也字)見一而(句)制
故禁不行(勝)於親貴(賞)罰不行於便辟　二三(無此兩字)而
求令之必行　動(勤)衆用兵
注　更不滅(減)此三者
然則先生(王)將若之何　不爲六者益損(損益)於祿賞而
守可(無可字)以必固　此正(王)天下之道也
管子卷第六
法法第十六
則事毋(毋)常
注　末(末)審之故也　造姦以待赦也(矣)　常(必)自恃(待)
爲貴也　詭行自亢(無此句)　易國之(下有成字)俗　故曰
大害(下有也字)　犯法漸廣轉(博)　欲危君
所(足)以著貴賤(讀書雜志合)
注　無閒游(游閑)之日
則功臣怨功臣怨(不重此三字)　則民不誹議(謗元本下句亦作謗)
民不誹議　勞之苦之(無此二字)飢之渴之
注　不以下有私寵(不以私寵下)
以聽上令上令盡行禁(無此五字)盡止(上)引而使之　必王
注　與大臣之德行得於身也
注　過猶(與)不及
生而(於)不正

注亦須納言約賢而自輔　亦望操此六者以諮御下
皆欲操此謀操六者　今令臣子得此六者是父君君父
之不智也
彼民不服法死節制　務矜物之人
注大士不務矜謙而接物
濡者無者字虛也　其所不無不字能已也
注必公誠效於國　臣管氏自稱下有也字　李同理無三字
則古今臧也無也字
注固賊傷國　不須川用兵　在於爲國家而治民務
積聚也　即則道正之士
則內亂自是起下有矣字讀書雜志合　法愛於民下有也字

兵法第十七
用兵之禍者無者字也
注則何爲而不危矣哉
因其民也無也字　因其利民讀書雜志令
注則法度審也無也字　士既厲械之又利
進無所疑退無所匱進而無疑退而無所匱　凌山阬險
注故不能疑度謂之下有爲字神
畜之以道則民無民字和
注雖勝不勝驕
用敵適內同　注教之盡也
注既無既字不能致器

無形無二字無爲焉
管子卷第七
大匡第十八
今君知臣下有之字不肖也　夫國人憎惡怨糾之母
注今受君令令而立子糾
夷吾之爲君臣無臣字也　及瓜時而無而字來
注君怒魯桓桓
來修舊無舊字好　反誅屨屨於徒人費
注則能無二心此有也字如是乎
其於君不如親糾也無也字　魯君問施伯施伯曰施伯不重
注管子之事必濟矣也　待猶擬也無也字

必令忽下有也字相齊之右　吾不可以試也無也字　吾以
五乘之實距路無距字
注更將五乘先行距作便疑便之誤路
遂入國無三字　遂公子糾　公汗汙出曰　內修兵革革字
無關市之征侈迻之　諸侯之爲義者無之字　此夷
吾之所患也無也字
注則安何能圖我　服魯請從服於齊　將欲改先者
之所圖無將字　自圖辟其人　故弭息其師二句末有也字
而若令人以重幣使之　諸侯之禮句首有請字
注盡與小侯國
諸侯許無許字諾桓公乃北伐令支　士庶人毋事無專字

棄妻
注謂結好息民人之會也 率一二歲而一稅之 謂
餘了子未仕者
凡仕者近宮公內同 注
注謂當常有儲擬 遽之有可司 一作食其委此句無
今令鮑叔進大夫
注外廾進大夫
行此三者三下有人字元本作二人者
注勸勸而不惰 貴得其罪惰 亦言人於此三 故
無赦下有也字
管子卷第八

中匡第十九
民辦辨軍事矣
注使出甲兵以贖之下有也字
遍而有者亡矣無有字
小匡第二十
注柄所操以作事國柄者也
使百姓皆加勇無加字 管夷吾親財躬寡人中鉤
注稱舉譽也 如此是衆必與之 是況不恥垢辱
管仲詘纓插捷衽 而戎上士凍飢 而賢下有士字大夫
在後
注人或不懇闘鬭 所以誓勸勤兵士 故曰石下有也字

皆爲謂田器
比耒耜穀注穀同芨
注芨音捶無三字 鎡錤基也
敬畏戚農下有有司見之而不以告其罪五有司已於事而竣十八字 政齊語作征五字無案引齊語皆劉績注後同
注故聖主王敬畏農
管子仲對曰民安之下 因以賞罪罰
注待可用之時而使之三字無也 謂此人聽所稱柄之
言 所謂皮肉相也此注比 三大夫之所選
鄉退而修連四句皆無注 故可得而誅也無故字
注衆不恥娶之 家居善 則鄉善矣 所謂家居居家治
理可移於官

聰明質賢仁 試諸木士土 渠彌於河有 陼讀書雜志合
注後復教之宾穿 渠 而有牢國固
中諸侯國中國諸侯 兵不解醫翳注同 謂爾伯舅毋下拜
句首有窴字 南至吳越已巴 牂牁柯 桓公築夷儀以而
封之 鄰蓋與社牡丘 施於是列廣地 曹孫宿之
其爲人下有也字 小廉而苛荷 忕
注苛荷忕察習也
管子卷第九
霸形第二十二
齊國下有有字百姓 狄代伐邢衞 於是令令之縣鍾磬
之榱 桓公視管仲子曰 而有無四面兵革之憂上句

楚取宋鄭而不知止禁

霸言第二十三

注 於國下有則字 戮其首罪 兵革幸 在於有權

均分以鈞鈞 天下之衆而臣之

注 地自利彼於於不重 我何貪

而重與予 人王玉 是以聖王務懼具 其備 時而舉

舉兵時至而舉兵

注 故憂也也字無 猶欲進跕焦 而卻行 亦適 可圖霸以

刑形 危之 未嘗有先能能先 作難

注 禍必反求來

功攻 得而名從

注 刑得怒刑 則重刑失喜刑 則輕 其威權既能 動移所惡

問第二十四

注 令今 不遺忘 欲知其風俗所好尚尚好

今其事之久留也何若若何 而未有田宅者幾何家人

官承吏下有之字 無田饒

注 可決而灌溉溉灌 者 兩刀刃 鈹也 雖通路而爲防

妨 礙者 日行邊鄙無與 關塞

管子卷第十

戒第二十六

注 嚴爲防禦禁 故曰任重重任 殤天子 日聞期願顒

實寡

使四肢枝注同 耳目 聞一言以而 貫萬物

注 三日悖悼 耄也 何不出乎下有盍何不也四字 言我未本

不與汝及此謀 令君行之句首有故字

必則朋乎必不明乎

注 朋明 能有所不知 其朋乎己也 猳 謂以木連

狗讀書雜志合 言易牙終能亡日國 滅家 然後稱所

量堂 也

地圖第二十七

期有日數矣以 宿定所征伐之國 使白吏蕭肅 敬

參患第二十八

而重誅者失有幸非

制分第二十九

而後有勝也無有字

注 必潛而近通 由也無二字

君臣上第三十

修上官官上 之道 比宮官 中之事

注 謂以水木 爲標 故無有獨得善者也無有字 不敢

得 爲敗也

則在法字下 所出法制度者明也

注 三族謂農商工上 也言因下有士字 上下有體案當作謂士農商工

也下句不當有士字篇中言工商隱則商工一族也

以勞受授 祿

注橫謂紀紀察之官　布之政懸象
務四支之人力
注言其敬而供士上　前茲是謂其是道　然而嚴或
威銷縮
是以官人不家官事人不事
注則得夫失相輔　故曰言一體　君能善川用
管子卷第十一
君臣下第三十一
致賞則匱下注賞而不已則匱六字
注君得名君道
一畝之富畝
注則雖先雖先通亂令令能隔陋也　斬漸以勝之常
伺君以興福禍　假說妖妄之言下有外字以惑衆
君臣上下之分素下注有謀慮之患無別謂上慮而不勞也十四字
注赶謂逡逾巡曲也　故有合成或也注止此　王上得
制者
戒心形刑注同於內
注求人者少少者
忠臣之所行也無之字
注故人皆以養其形刑　而摮擊係於衣食之利也
然後舉周用之　不分別也注止此　故失其援矣也
而智詐恐讋之而讋稱述恐之疑本作而讋恐之稱述二字涉下而衍或以難通遂

改爲智詐也　此三二者或生王疑全纂君弒殺主　下其
十什伍名　以權權伏之所以固洪供者之意　其
初材能尤高者　故士反士反於情也
小稱第三十二
注無善可稱故弱下有也字
我託可惡以來美名又可得乎我託可惡此句在上作疊句
注嫱西施雖美　或實之也注止此
有善而歸之下有於字民
注在於君人下有者字
公喜官宮而妒　桓公管仲鮑叔牙甯武戚四人飲
四稱第三十三
注而後已言之乎而令危使已言之乎　以為法式千平
酒食則慈下無注　不毀諱其辭　不斷亡已矣
注執下有事字佞說　專固寵位直擬全生　無求下有於字去也
未必能貴其爵位句首有不令人三字　小人所忌僟疑懼之訛者
君子言其接佞訣注止此
湛面湎於酒
侈靡第三十五
故鄉卿而不理　令周公斷斷指滿稽無指字
注又下有亦字從而考之　謂度時與也化　人亦為之傷
悼之也　油然含閏潤　而閏潤悅之　待愛下有之字
而後使　平雲少雨少雨　祖禰大人之始也　所謂

悅以使民人案注避諱民多作人　革變舊弊作革而當　故民勸
勉之也無民字之作者
是棁下有之字傳革
注言上士既乏於衣食　或令其其字無　有所絃絃率
強而可使服事而可二字正文非注
注則使招來而請謁也之　不失邪　其兆者
百姓誰敢衍敖
注而誰敢敖者而誰可放敖者　謂不為天下之所疾者也作
二句當作者也
擇人天人之之所戴讀書雜志天字衍案此蓋誤複之字
注可以禦上強與短兵古　之寇也　毋得助佐焉　之也

立餘日食而侈
注然後至可以至於承君之酢報也　令今既不平
此謂殺弑君之事　皆謂篡弑殺案古弑殺同字　不遇其
利下有不如小好修遂是以入字而而字無　猶與他國爭名是下有者字必
自相畀者也作而惕　謂與衆為約要束也　謂壙中
埋藏處深培暗也　此壟之次穿深也　則下有人字遞
相衘親
地與他若一者無若字元本作若者一
注今令與先受封者　均齊若一則止下有也字　所以先
下有陳字他人　不可顧小利而移也之
中寢諸子告寡人舍朝不鼎饋此及注十六字均無　國貧而下有

貧字元本同鄙富　夫紂在止上
注此三言言三疑王誤三者貴
公日何若何若　甚日日久臨
注雖久臨具其位　祭用川曰沈浮也　以賞賜下有賞與
二字所明者者字無　寇敵同伺郄曰日有變　令今八
未當變
任之以事下有而字因其謀
注諸變則四變也變作邊　每於高險顯之處　春秋種
獲穫九尤為農要　應小而失大大失事之宜　謂稱
其寶矣也　此踰喻成功　角兩雄之為道也　重
無實上有雖字則輕不可起下有用字

輕重有齊無輕字案上句末輕字當置此元本亦不複
注重者不則限則以過作不為國　大國禮之之禮　當遠
之也當而遠之
水鼎之汨汨也　見兄遺
注死則者無所為　盛或生發謀　此禮義之王正者
也　則惬恒怯而苟免　隨取而得其利此句無　允
尤多塵埃　得則商工之用
夷吾之間下有之字也
注武王再下有駕字伐紂也
然後運可請也無可字　或滅滿與虛
注青聲魚角　或遲重滯疑凝　默至

物下有而字無形聲　周之法則壞壞矣　若花落也之莅

管子卷第十三

心術上第三十六

掃除不潔絜注同　殺戮僇作勠　注禁誅

注宮下有者字心之宅　下解下有中字門

世人之所職者精也無者字

注得道之精而然也無也字　爲好所惕怵

心術下第三十七

萬物畢必得畢元本

注財同裁字訓無五字　則是自理矣　唯思之極無四字

豈鬼神能致其力下有我字也　然後國定從也

治心在於中無於字

注理心在於適中中適也　故曰若存若亡下有也字

必以正平乎同元本注同

白心第三十八

注必其當立者必建其當立者也　入其賞陽賜　豈須卜筮

而後知乎

滿之徒虧下注謂月二字　人言善亦勿無聽　空然勿無勿字

兩之人夫元本同　或搯搖元本之　韓韓韓乎

注令天夫口手目足　動勤而爲之　反歸理中理

非有隱惜於大人

管子卷第十四

水地第三十九

而好灑灑古洗字案灑人之惡　文理明者著　及反元本同

其常者也以其精神純

非特知於麤麤也下麤字作粗元本同讀書雜志合

注九竅五慮上有言字是身之精下有也字

精精字無讀書雜志合麤濁蹇能存而不能忘亡者也

注不期於自日　謂涸澤下有之字中　能巧正於萬物

四時第四十

注則必觀察其聽所致改革　謂失其常居也無也字

故聖正也　時物春蠢而生也　而有弊梗敗梗塞

者　預修隄阬防　使之行水也無五字　言土上之

四時　言上土輔四時

開九久墳　鬬譯諰諰　補缺塞拆坼

注故令補缺塞缺塞拆坼也　時則入於怯怯嗇

以壬水癸之日發五政　作教而寄武下有焉字讀書雜志合

以爲久必元本同長

注不合三政者則無死

五行第四十一

注人稟大天地陰陽之氣以生故以制之無之字

修槩水土上元本同花齋本引楊評蓋依升庵改以待乎天堇

注土上待天誠也　然後能丨趙刻事字僅存一丨地　上土師

昔者無者字黃帝以其緩急作五聲　黃鍾灑酒光　不
天麗奧奧出皮弊幣
注春秋三二時聘問之禮　故地下有氣字交競而炙實
使人內御御不重讀書雜志合其氣足則發而止
注以助其閉藏之下有氣字也

管子卷第十五

勢第四十二

注言將為冀纂篡殺凶逆之節雖萌牙而下有不字生然然字
無天地寂泊已得天極作己同極則當致力　道德饒
餘裕恐力有大禍故也
一此字花齋本誤作小字入注偃一側
注知云云作必權正文設武伏

正第四十三

注故而人命不失也　而不交爭也無也字　能行信正
政者

九變第四十四　短語十八花齋本誤十九

注故能至死此也

任法第四十五

注天下自理句首有而字末有也字　以順下有之字於法無法字上事
其主為偽託於諶　此此正法為恠僻　此五事
解見下文下有也字　君身不能自禁上此也
不適能其意以聽於其上

注是教下有以字妄為舉措下有也字

明法第四十六

以埶埶注同勝也　然則為人臣者無者字
注苟有材能則無二字法自舉擇之故不可隱蔽也

正世第四十七

逆行無行字不必同

治國第四十八

而亂國常必貧　昔年者七十九代之君　則民無所
無所字游食
注謂淫徭稅不以時　則計所倍而取庸也矣　計四
時常丁有所用　雖農亦通於事士業也

管子卷第十六

內業第四十九

注謂每心生心生　道之君子乎　而物事自變化變化
貪官則心亂下有也字
謂之聖人人不重能正靜　是謂內德得
注不反守於道句首有若字　慕賞為乃善　意氣內得下有
善者二字和之情精類　則和氣獨擅於凶句中

封禪第五十

注懸釣鉤其車

小問第五十一

何為其以為寡也

注如此有者禮也
管子仲對曰有時先事　飄風暴雨爲民患害　公當
嘗召叔牙而問焉
注但見當塗遂而漸以取進耳
曲曲不直木己傳
注喻小人用則卽君子退也
管仲以於是知桓公之可以霸也
注故目自名曰粟　茲兔與滋勉同無六字　謂贊引渡
水者也　善承古人之心法　汪注邊地進也　言
於于干戰
管子仲曰然　桓公令儐者延而止上　客或欲無欲字

見於齊桓公
管子卷第十七
七臣七主第五十二
注謂平易意慮心也
呼鳴呼嗚美哉
注德得和自此而至　令中申主不能然　徂狚伺也
故爲謂先君之理　故數衰而國未失固　凡兆
此皆主虞而安故也　在其主之智愚愚智　謂臺榭
車音馬所爲侈靡者所上有以字　必弃木本逐末故壞
下有也字
傷伐五穀藏元本同讀書雜志合　山多蟲螟蝁本蝁元　夫凡私

之所起無所字
注不憂其職務下有也字　愚臣雖有忠損於主
禁藏第五十三
注有罪必不不必誅
飲食食飲元本同足以和血氣　能以以字無元本同利害者
注所以苞之也　用銚耨耨者　則備軍戰用也
秋萩雜志合讀書室熯造
注謂以大火乾也　楸萩木鬱臭　故燒之無之字於新
造之室以禳祓也無也字
所以去茲毒也無也字　毋拊卯卵　毋拊竿竽
注謂五常之德德句首有五常二字

內無煩擾擾之政
注必不失財時
不亂而亡者無者字　未嘗有也無也字
注故兵字下有弱　私利則積下有之字於家
夫斂鍛注內作鉤元本鍛鉤本同　元者花齋本注中鉤誤均　以分其威下有
權字元本同
注令無令字敵國無國字之所愛者各權　私俠挾辯士
管子卷第十八
入國第五十四
一曰老老有以養老之禮養老者八字注　上共棺槨椰　三車年然
後事之十士人有病者　九十以上一日一日問

九守第五十五

（主位主因）（主明主周）（主聽主參）（主賞督名）（主問同）

虛心平易（意）以待須

注　故戒之當如當（高）山深淵

桓公問第五十六

注　復謂曰（白）也

度地第五十七

而擇地形（利）之肥饒者

注　制而（之）斷之　言水頓挫而却也（也字無）　塞（控）亦控（塞）也　謂其錄（祿）稟甲士還以備兵數也（也字無）

閱具（其）備水之器　有（毋）事用之　衛（沖郎衛之此）水可据者据之終歲以毋敗爲固（故元本效）

管子卷第十九

地員第五十八

注　謂其地每年皆頁（須）更易也　而爲五音之木（本）

徙（徙本陡）（九）山十九施命之曰（日字無元本同）泉英　其草競與薔（注下無）　各有草土（木）　薜下於萑（注下無）　濞而不肕（注下無）剛而不轂（穀）

注　槖上（土）　謂若竹箭之長（下有也字）

終無痟醒（醒內同）　注　求黽猶擅（楷擅）　有蘢（龍）與斥

注　蘢（龍）斤（斥）並古草名

其忍（種）忍蘟　恣上（土）之次曰　沙上（土）之次　凡中土三十物種二十（十二）物　猶上（土）之次曰五弞（弘元本作壯）

五弞（同上下並同）之狀　離圻（圻）以臞堉

弟子職第五十九

毋驕恃（恃）力

注　虛謂虛僞（詐）　謂汎水而拚也（之）　對客而讓則有不足故敬心（注無對客讓下）　挾猶著也（四字無）　此（下有已字）是

再益之剛紀也（末三字無）

攘臂袂（袂）及肘

注　西南隅（隅）也　謂聚其所歸（埽）之穢壞

遂出是去（注下無）　有常則否（下無假始也三字）

管子卷第二十

形勢解第六十四

盡力其（共本供）（元）養　如符節之相得也（也字無元本同）　則民循（脩本同）（元）正　號令（令）逆民心　舉事而（而字無）有禍

斤刀（刃）也　如水之（之字無）走下　則人（人字無）主之明蔽

故聖人擇言必顧其累擇行（上六字無元本同）必顧其憂

可遠見（下有者字）也　故曰美人之（下有懷字）不論其禮（理）義

以尺寸量長短（短長）則得　則臣不知於（於字無）爲臣之理　父不父（下有則字）子不子　莫知其舍（釋）之也　異起（元本趣讀書雜志合）而同歸　雖大必削（雖成必敗元本同）　而任衆（聖）人之智而不任衆（聖）人之智　使人有禮（理）遇人有理（禮讀書雜志合元本信）　其（其字無元本同）行賊暴也　行而（此無空格）賊暴

管子卷第二十一

立政九敗解第六十五

必不能無能字勝也 反及於禽獸 請謁任譽元本舉下同讀書雜志合 人君唯勿毋聽諂諛飾過之言 成事以質質下同 則必有崩弛堵壞壞之心

明法解第六十七

貴臣不得蔽其無其字賤 利私術者 欲以愛元本受讀書雜志合爵祿 則天下服德元本聽讀書雜志合 牧魚漁其民 使之奉王主之法 專任法而無而字不自舉焉元本同

臣乘馬第六十八

有衡求弊弊焉 而織歸於府若者

乘馬數第六十九

民失衣本 此齊力而無而字 功地田筴相圓員 郡縣上臾腴之壤

管子卷第二十二

事語第七十一

不待權輿與

海王第七十二

人數問開讀書雜志合 口千萬也

注 而有三萬人矣無矣字 行服連軺輂元本輦讀書雜志合者

國蓄第七十三

親信信親元本同 而死利 則臣民不盡其忠

注 君悉知之無之字 收藏其穀故也無也字

人有若干百千十之數矣

注 本謂務農農務 若不能權其利門所制其輕重 約收其繒帛下有也字 不可得擅其利下有也字 則國利不散也無國字 按古之石上有六十為大男五十為大女吾子謂小男小女也十八字

有功利不得卿鄉 王玉起於禹氏

山國軌第七十四

若干皆作千 不陰據其軌皆者元本同下制其上 未淫失決元本同也 上且脩循游人

注 必取要作瞻焉

捍寵籠 纍箕勝籯屑糗糗下同 以幣貴貨金 二家竝貴散其衆

山權數第七十五

此之謂國下有權字 回曰歲且阸

山至數第七十六

注 卽積委之弊幣 去滅減也

則三二分在上矣 泰秋田穀之存予子讀書雜志合者若干 無不為穀國元本同筴 則諸侯穀歸下有於字吾國矣

諸侯服而無止止 故守大夫以下有一字縣之筴 大夫聚旅壤而封 以鄉完見重

管子卷第二十三

地數第七十七
左足入左右足斷右足入右左足斷
注在今廣平郡曲周縣下有也字 而競取收粟也
民自有百鼓之粟者無者字不行
注十二斛下有也字
則財利無利字稅於天下矣
揆度第七十八
以市虎武前注雙虎之皮同豹之皮 民更吏相制 用使不得
不用也 其人力同周而宮室美者
國准第七十九
五家之數殊而用之元本同一也上句

輕重甲第八十
天子下之國也 民之藉籍下並同去分 奉繕王工 則
空閒閒讀書雜志合有以相給資 其手搔揆之功
注沛沛水所流入海之處
煮沸火煮水為鹽下有煮海水三字注 彼盡饋食之空一格元本下國字在此
與讀書雜志合也 白辟壁也 故物無立主元本同
管子卷第二十四
輕重乙第八十一
然後戴載黃金而出 而天下足矣無而字 竟土上元本
同無患 旃平其歸我若流水 已有得元本同四者
之序 請以令令為諸侯之商賈立客舍

輕重丁第八十三
毋每至其本 少者三十千鍾 其周中中周元本同十金
溝瀆阬阬而不遂 龍鬥於馬謂請之陽 而有二
十二十作廿齊之故
輕重戊第八十四
以其不埍捎也衆鳥居其土上 虖芊楚之南 令其
賈賈再什以上
輕重己第八十五
堤竈泄非井元本同 耜耜耒耨

荀子 顧廣圻藏

荀子卷第一

青取之於藍[illegible]

此卷勸學篇內[illegible]監諸本皆作循焉

傲囋非也諸本皆作傲非也囋非也

卷第二

此卷不苟篇內故懷負石而赴河諸本皆無故懷二字

舉人之過惡諸本無惡字

故君子不下室堂諸本無室字

榮辱篇內博之而窮者諸本無之字

乳彘觸虎監本作不觸虎

人也憂忘其身諸本人也作小人

豈不迂乎哉諸本作豈不亦迂哉

而耳辨音聲清濁諸本無而字

卷第三

此卷非相篇內注李兌諸本作李斯

仁人不能推知士不能明諸本無人士二字

節族久而絕諸本作節奏

注宗族久則廢諸本作節奏久則廢

其以治亂者諸本作以其

矜莊以莅之諸本作齊莊

口舌之於嚵唯諸本作之均

非十二子篇內長養人民諸本作生民

弟佗其冠諸本作第作

仲尼篇內信而不處謙監本作不忘處謙

頓窮則從之疾力以申重之諸本無從之二字

卷第四

卷內抑亦變化矣諸本作抑易變化注又有仰是反易也三字

在人下則社稷之臣諸本作在一人下

注飾之以儲價監本作諸賈

以從俗為善諸本作容俗

未嘗有也諸本作閭也

不敢有他志諸本作下能

內不自以誣外外不自以欺內諸本作內不自以誣外不自以欺

人無師法則隆情矣有師法則隆性矣諸本作人無師法則隆性矣有師法則隆積矣注云隆厚也積習也隆性謂恣其本性之欲厚於積習謂化乃善也

積土而為山積水而為海諸本而為皆作謂之

卷第五

卷內大節是也小節一出焉一入焉中君也監本作大節是也小節非也一出焉一入焉中君也

卷第六

卷內弘覆乎天若德裕乃身不廢在王庭諸本無不廢在王庭一句

鳥獸之羽毛齒革也諸本無齒革二字

徒壞墮落諸本作徙壞

上好攻取功則國貧諸本作上好功則國貧

卷第七

此卷內注則能持固也諸本作持國

彊固榮辱諸本作彊國

周國者諸本作用國者

經其任諸本作輕其任

卷第八

此卷內敬詘而不苟諸本作不悖

謹脩飾而不危諸本作謹脩飭

緣義而有類諸本作類而有類

是狂生者也諸本作是聞難狂生者也

不胥時而樂諸本作而落

能無流慆也諸本作能無慆也

兩齒墮矣諸本作而齒墮矣

非于是諸本作非是于下又舉于是亦作是于

隱其所憐所愛諸本無所憐二字

不知道此道安值將卑埶出勞併耳目之樂而親自貫日而治詳一內而曲辨之慮諸本無此三十二字

卷第九

此卷臣道篇內注橋與矯同屈也諸本作反也

過而通情諸本作同情

致士篇內禮義備而君子歸之諸本作禮義脩

詩曰無言不讎無德不報此之謂也諸本此四句在篇末不若利淫之後非

卷第拾

卷內注與王處京臺之下諸本作與王劇處下

燕之繆蟣諸本作繆蟣

所以得天下也諸本作一天下

注制重罪入以兵甲犀脅二戟輕罪入蘭盾鞈革二戟諸本作制重罪贖以犀甲一戟輕罪備一戟

刑罰省而威流諸本無罰省而成四字

注襲取具處諸本作襲處其所

又不能凝其有諸本作處其人

卷第拾壹

此卷彊國篇內然而不教誨不調一監本作不教不誨不調不

權謀傾覆幽險而盡亡監本無盡字

贏則敖句絕上執拘則最監本上字作句絕

處勝人之勢監本於此上有荀卿子說齊相曰七字

注謂連繫監本作遠繫

孰比於小事者矣監本作敦比

天論篇內權謀傾覆幽險而盡亡矣監本作盡而亡矣

卷第拾貳

卷内皆民載其事監本作皆使民載其事
皆以己之情欲爲多監本作情爲欲多
卷第拾三
卷内苟怠惰偷懦之爲安居若者必危謂子無居字
無性則僞之無所加監本作無性
卷第拾四
卷内聲音動静性術之變監本作生術
莫善於樂監本作美善相樂
金石絲竹所以道樂也監本作道德
卷第拾五
卷内注文不若無辨其善與不善監本無與不善三字
正文不以所已藏監本作已所藏
卷第拾六
卷内所緣有同異諸本作以同異
喜怒哀樂監本作喜怒
注心能召萬物能召知萬物雖能召所知能召而
知之監本召皆作占
注散爲萬名諸本作萬物
然後止諸本皆作正
實無别而爲異諸本作實别爲異
注實不可别爲異所諸本無不字
今聖人沒諸本作聖王

注辭者論一意辨者明兩端諸本作辨論一意以明兩端者也
拾以爲己實諸本作己寶
困於多欲者也監本作欲多
情之數也諸本作所也注兩數字皆作所
注以有欲之意及至求之時諸本作以有欲之意求之
多固難類所受乎天也諸本無此九字
欲雖不可去所求不得諸本作所求必不得
注奚以損亂而過此也諸本作至此也
注奚以益治而過此諸本作至此
卷第拾七
此卷性惡篇内不察乎人之性僞之分者也諸本作不察乎僞之情者也
僞起於性而生禮義諸本作僞起而生禮義
所以異而過衆諸本作制衆注過衆亦同
兄弟相拂奪監本正文拂作怫
性惡則與聖王諸本皆作興聖王
塗之人可以爲禹則然塗之人能爲禹未必然也諸本作塗之人可以爲禹未必然也塗之人可以爲禹則然塗之人能爲禹未必然也
靡而已矣靡而已矣諸本只一句
君子篇内治世曉然諸本無治字
注則所得者小也諸本作則無所得也
卷第拾捌

此卷成相篇武王善之諸本作喜之

堯不德諸本作不能

注彌公諸本作纚公

脩領監本作循領注脩領亦同

賦篇內五聽循領并注諸本作脩領

盈大平寓宙諸本作充盈乎大寓非

待之而後存諸本作待之爲而後存

請占之五帝諸本作五泰

注占驗也諸本於此下有五泰五帝也五字

帝占之曰諸本作五泰占之曰

喜溼并注諸本溼皆作温非

注眇末之意諸本作杪末

注昭或爲照諸本作或爲朝

不知佩也不知異也諸本皆作弗字

注爲之謀也諸本作媒也

刁父諸本作力父注亦同

卷第拾玖

卷內注革急則木廉隅見諸本作革急則裏木廉隅見

卷第貳拾

此卷宥坐篇內文王誅潘止諸本作潘正

注居士狂矞諸本作任矞

吾亦未輟諸本作未餟輟

子道篇內言以類使諸本作言以類接

宗廟不毀諸本作宗廟不毀

堯問篇內五穀蕃焉監本作五穀播焉

劉向後序處子之言諸本無此四字

右荀卿子書楊倞注凡三十二篇爲二十卷并劉向篇目舊嘗患此書無善本求之國子監亦未嘗版行比集諸家所藏得二浙西蜀本凡四增寡同異莫適取正未乃於廬陵學官藏書中得元豐國子監者遂取以爲據然猶有謬誤用諸本參校凡是正一百五十有四字其有疑而未決者并世俗所習熟而未定如青出於藍而青於藍者監本所出而文義或非如美善相樂者皆不敢沒其實著之卷末又一百二十有六條雖未敢以爲盡善然耳目所及此已特爲精好謹刻之江西計臺俾學者得以考訂而誦習焉淳熙八年六月丙午吳郡錢佃謹識

藝芸書舍藏宋槧荀子二北宋則呂夏卿監本南宋則錢佃江西漕司本也佃字耕道陳直齋稱其本最爲完善指同時建浙蜀諸本而言若較監本互有短長正以合之乃成兩美耳近者王石渠先生讀書雜志內有荀子一種屬訪此兩本將採擇焉當必各盡其所長矣錢本合孟揚文中爲四書刊於淳熙年呂本耕道謂刊於元豐困學記聞謂今監本乃唐與政台州所刊熙寧舊本按熙寧元豐相接當無異本而台州重刊則今未之見云道光己丑孟陬日顧千里記

意林逸文

海昌周廣業輯

鶡冠子云扁鵲兄弟三人並豎魏文侯問孰最善扁鵲云長兄神眂故名不聞家仲兄神毫毛故名不出門臣針人血脈投人毒藥故名聞諸侯（世賢篇 錦繡萬花谷後集醫類注云出意林）

神農稽首再拜問于太一小子曰鑿井出泉五味煎煮口別生熟後乃含咀男女異利子識其父曾聞上古之時人壽過百無殂落之咎獨何氣之使耶太一小子曰天有九門中道最良日月行之名國皇字人老老人出現其方長生長生死衆曜同光神農從其嘗藥以致人

命（路史後紀炎帝紀注引唐馬總意林）

袁准正書太歲在酉乞漿得酒太歲在巳販妻鬻子則知災祥有自然之理（施元之注蘇詩引馬總意林）

叔敖作期思陂而荆土用贍（天中記陂類引意林）

蘭以芳致燒膏以肥見焫翠以羽殃身蚌以珠破腹女惡蛾眉士惡勝己由來尚矣（天中記蘭類引意林）

右計五條皆今本所闕者路史注一則尤爲古奥惜羅氏失記書名不知僕射從何錄出也意林在明世已非完帙故天中記所載率與廖本相同而亦有兩條絕異者此必別有依據自惟固陋不能博考先就所見集之亦虬龍片甲鳳凰一毛也俟該洽者重爲

增益焉

意林卷二缺文照宋刻補

鶡冠子三卷

烏鵲之巢可俯而窺麋鹿之居可招而係此在上者慈心

扁鵲兄弟三人並醫魏文侯問曰子三人其孰最善扁鵲鍼人血脈投人毒藥故名聞諸侯

王孫子一卷

衛公重裘累茵見負薪者而屢哭之問曰何故對曰雪下衣薄故失薪衛公顏色大懼乃開府金出倉粟以賑貧窮吾恐鄰國貪養賢以勝吾也

意林卷六 照宋刻全本補

萬機論八卷 蔣濟

甲作乙婦丙來殺乙而甲不知後甲遂嫁與丙作妻生二子丙乃語甲甲因丙醉殺之並害二子於義剛烈則寬死否參者云女子潔行專一不以鼓刀稱義今又改嫁已絶先夫之恩親害胞胎又無慈母之道也

法訓八卷 名刪

公人好人之公私人好人之私

念已之短好人之長近仁也

有財不濟交非有財也有位不舉能非有位也

相憎者能生無辜之毀相愛者能飾無實之譽

君子好聞過而無過小人惡聞過而有過

新言 吳太常顧譚字默造

刑者小人之防禮者君子之儉佞人之入雖燃膏莫見其清也

鍾子芻蕘五卷 士季

珪玉棄於糞土鉛錫列於和肆觀者以鉛錫是眞珪璧是僞膠之與漆合而不離煙之與水離而不合

典語十卷 陸景

榮辱所以化君子賞罰所以禦小人受金行穢非貞士之操背主事讐非忠臣之節唯高帝用陳平齊桓用管仲耳

拘烏獲之手雖錙銖不能勝掩離婁之目雖崇岱不能睹絆騄驥之足雖跬步不能發斷鴻鵠之翮雖尋常不能奮

默記三卷 吳大鴻臚張儼字子節

堯舜不能化朱均使爲善瞽瞍不能染重華使行惡

新言五卷 裴𢼸

鷙鳥之擊必俛其首猛獸之攫必匿其爪虎豹不外其牙噬犬不見其齒故用兵者示之以柔迎之以剛見之以弱乘之以强

烏鳶之卵不毀則鳳凰至誹謗之言不誅則忠言達千里之隄以螻蟻之穴漏百材之屋以突隙之煙焚

正書二十五卷 袁準

交接廣而信衰于友爵祿厚而忠衰于君

曾子妻將適市兒隨啼謂兒曰吾還與汝殺犬妻還曾子援弓將射犬妻曰向與兒戲乎曾子曰教化始于童昏若之何其以訓耶

正論十九卷 袁 字耀卿

鴟抱鼠而仰號恐鵷鶵之奪已

蘇子十八卷 名淳衛人也

蘭以芳致燒膏以肥見焫翠以羽殃身蚌以珠碎腹女惡蛾眉士惡多口由來尚矣周之管蔡秦之趙高其惡何比吾欲比之狗馬狗馬能致遠伏狩吾欲比之虎豹虎

豹則君子愛其文章吾欲比之蝮蛇蝮蛇則瘰偏枯之疾吾欲比之鴆鳥鴆鳥又能去公子牙而安魯國惟有青蠅蒼鼠覆國殘家可比

世要十卷 桓範字元則魏大司農

加脂粉則嫫母進黨不潔則西施屏今學亦如此學之脂粉亦厚矣

伐一樹除一苗猶先看可伐而除之况害人而不詳審也

遇不遇命也善不善人也君子能修善而未必遇小人不能修善未必不遇

中才之人知隨年長事以學增故年長則智廣疑缺二字則

見博

陸子十卷 名雲字士龍晉人

水則有波釣則有磨我入便之無如之何物動而亹已將形而行迹以絃在木而音和絲在繡而服美神觸物而機駭情遭變而思易

新論十卷 夏侯湛字孝若晉散騎常侍

爪生于肉去爪而肉不知髮生于皮去髮而皮不知萬物之在天地同爪髮之在身體皆統于神明不可亂也

擇才而官之則明主不用不肖之臣擇主而事之則君子不事昏闇之主

析言十卷 張顯

被仁義作府庫食道德作棃棗古人有言君不稽古無以承天臣不稽古無以事君始皇李斯是已

幽求子二十卷 杜夷字 晉國子祭酒

凡人既飽而後輕食既煖而後輕衣服臨觴念戚則旨酒失甘對饗思哀則嘉餚易味

裘以嚴霜見愛葛以當暑見親

玉以石辨白以黑昭故醜好相招

從山林猶朝廷猶飛鴻之與雞鶩

獵者嗜肉不多於獵者及其凌崗巒超溪壑而有遺身之志耳

干子十卷 名寶字令升

執杓而飲河者不過滿腹棄室而灑雨者不過濡身勢弱于己則虎步而凌之勢强于己則蹴行而事之此姦雄之才也亦且小人

新論十卷 華譚字令思仕晉

干雲之枝不育於邱垤之顛徑寸之珠不産于渟汙之渚

志林二十四卷 盧達

東海之魚墜一鱗崑崙之木棄一葉世人皆能知之

孫子十二卷 名綽字興公仕晉

教之治性猶藥之治病疾若倒懸而求藥于崑崙之山是身後也

大光明乎天燈燭何施矣時雨霈乎地溉灌何用焉朱門之家鬼守其闕多藏之室人窺其牆

義記十卷 名敬

衣煖而忘百姓之寒食美而忘百姓之飢非人也假天下之目以視則四海毫末可見借六合之耳以聽則八表之音可聞

國無道而尸大位可恥也國有道而有抱關擊柝亦恥也

遊女見人悅之則自謂過于西施桀紂見人尊之則自謂過于禹湯

登高使人意遠臨深使人志淸

諸葛子一卷

縱盜飲酒非窮惡之法絶纓加賜非防邪之萌

要言十四卷

食穀而鄙田衣帛而笑蠶豈不惑耶

符子二十卷 名朗

水生于石未有居山而溺者火生于木未有抱木而焦者

神農本草六卷

稽首再拜問于太一小子曰自鑿井出泉五味煎煮口別生熟後乃食咀男女異利子識其父曾聞太古之時人壽過百無殂落之咎獨何氣使然耶太一小子曰天有九門中門最良日月行之名曰國皇字曰老人出見南方長生不死衆耀同光神農乃從而嘗藥以救人命

相牛經一卷 甯戚

相馬經二卷 伯樂

相鶴經一卷 浮邱公

司馬兵法三卷 穰苴

國雖大戰必亡天下雖平天下亦危古者國容不入軍軍容不入國國容入軍則軍亂軍容入國則國亂順命上賞犯令上戮

孫子兵法十卷 名武

黃石公記三卷

與衆好生者靡不成與衆同惡者靡不傾四民用虛國家無儲四民用足國家安樂

氾勝之書二卷

相貝經一卷

淮南萬畢術一卷

首澤浮針取頭中垢塞針孔置水中則浮燒角入山則虎豹自遠惡其臭也

取大鏡高懸置水盆于其下則見四鄰矣取沸湯置甕中密以新縑沈中三日成冰取鴻毛縑囊貯之可以渡江不溺

馬好嚙人取殭蠶塗其上脣卽差

取門冬赤黍漬以狐血陰乾之欲飲酒者取一丸置舌
下以含之令人不醉
博物志十一卷（張華字茂先）
竹譜一卷（戴凱之）
筆墨法一卷（韋仲將）
筆用羊青作心明曰羊杜以兎毫衣羊青使中心高並
去其穢毛使毛不髯茹也
新序三十卷
五教五卷（譙周）
周髀一卷
夢書十卷
九章算術一卷
卷二補二家本有目無文卷六全補共四十一家內有
目無文十二家勤闡先生所採遺文略見於此惟袁準
正書太歲在酉一條此轉失去大都宋本亦不全矣此
從選樓鈔得成完璧實爲可寶惜周先生未見也嘉慶
丙子四月李遇孫識

酉陽雜俎（津逮本以影宋本校補　蔣光煦校　影宋本每半葉十一行行二十字）
酉陽雜俎序
昔太史公好奇周遊天下取友四海歸而爲書然則是
書也其亦段氏寓其好奇之意與余嘗過閩中號多士
之國見其類書甚多有所謂通志天文七音六書昆蟲
草木等略比事集句史韻姓氏會元等書浩乎博哉猶
有恨不得見酉陽之雜俎也已酉夏被闕檄攝事於斯
始得其書觀之嗚呼何其記之奇且繁也惜其字畫漫
漶考諸舊籍乃再刊而新之廣文彭君奎實董其事噫
後豈無太史公者嘉其所好而備采錄哉淳祐十載
唐段少卿酉陽雜俎前集卷第一
忠志　常箭一膚（拔）　上嘗觀漁（提行）　中綱（網）而止
角邊畫（盡）處　引之（下有長字）尺餘　有二八（一作大下注一作人）
雕　上嘗夢曰（日）烏（鳥）飛　因指壽安蟲娘爲（是）鵶
女　上數（下有件字）子將輸　及二（上）皇復宮闕陷（陷）入
印中
禮異　災亂用傷（傷）　刃戟畫絳（絲）　懸（一）　大鐘（鐘下同）
（聲說文曰卽無細卽壻字）言當躪（躪）新婦迹　合雛（歠）嘉禾
以青繒（下注云一作裕）爲幟　通類相言於（解）足下
天咫　釋氏書言（提行）　盛德新（所）感　豔麗聰晤（悟）
長慶中有人翫（此三字無）八月十五夜（翫下有有人三字）月光屬
于（無光屬于三字有見字）林中（天下有光屬三字）如疋布　工部員外

（有張字）周封　披榛（蓁）窺之　乃起（下有與字）二人

唐段少卿酉陽雜俎前集卷第二

玉格　梵度覆（覆）弈　天圓十二（提行）　名山三百（提行）
有羅酆山（提行）　洞天六宮（提行）　高二千六百里洞天
六宮（無此四字）　六天一日（提行）（一日究作一作宛）　空洞之小
天（上空一格）　改世（氏）更生　佛爲三十（提行）　藏經（提行）
白誌見腹（提行）　仙藥（下有有字）　陽（羊）起石　七白（作正）
（文）靈蔬薤白（日）華　非尸解（尸作解）也　食之爲太
極太（大）夫　青烏公（提行）　十二試三不過（下有一作遇三字注）
有傳先生（提行）　入然（焦）山七年　廊（朗）然有宮字
古肅然（下有一作愐四字注）（肅）山也　乘鶴而（西）至時太

（大）早　元宗幸蜀（提行）　乃命中使齋（下有雄黃二字）十斤
君此志甚勁（勁下無注）　及（乃）令盡其血塗鶴　當哭九
族親情（盡）　路悶（悶）其附信　忽覺室（屯）中　初覺
精神遊散（下有奄字）如夢中　與已爭煞（殺）牛事　牆如
黑石（石作黑）　何故竊撥（下有一作他二字注）　趙自規（窺）　其錄
布（奇）泉怪石
壺史　其睫疎揮（長）　言太山老君（無君字）師　所邢等
（算）終身之事　休村（於）軀茲板　具鱠邀房（房下有房字）　有
且以軀茲板爲托（託）　夜中靈（露）　樸殿（樸作璵）　金
闕滿焉　此八吾所不及之（無之字）　本村墅（下注一懋作墅）
令其示（取）甘草　某本驕雅（稚）不識道者（下有久字）

往來於白湫（下有一作湫三字注）　牽妻孥迴避（下有之字）　誣其
夫死有自（因）

唐段少卿酉陽雜俎前集卷第三

貝編（日隨作一作隨）（一日衆作一作衆）　衆烏說偈（衆上空一格）
日身天（日上空一格）（作女日女作）　光明林（光上空一格）　甲
胄林（甲上空一格）　蓮出摩偷（提行）　生此（生作此）　天上而
生厭（壓）離　十二種離垢（提行）　燈膜（膜作膜）血　歡喜口
蟲（蟲字連上不空）　又有（又上空一格）　睽婆羅人（提行）　瞿陁尼
女（提行）　南洲耳髮（提行）　生瞻部者（提行）　阿脩羅以鬼
（提行）　八萬四千有（無有字）由旬　赤目魚正走冰（水）行
住空上（作）山窟　鬼怪閻浮提（提行）　龍不發冷（龍上空一格）

（格）不起雷（電）光　其雷聲（其上空一格）　其雨（其上空一格）　地
獄（提行）　青出死地獄（不提行空一格）（但）　處合地獄（提行）　洋
如蘇鸞腹火入（人）大號叫（提行）　睽口生確（碓）　阿
鼻十六（提行）　人漸死時（人上空一格）　器世將壞（器上空一格）
阿修羅（提行）　鬘持天鏡（提行）　正行天（正上空一格）　忉利天
（忉上空一格）　無法第八（無上空一格）　微細行天（微上空一格）　閻摩那
婆（閻上空一格）　所作之善（業）果報　又第二樹（又上空一格）
夜摩天（夜上空一格）　又閻浮那（又上空一格）　若有將（所）食肥
膩　參屬日天姓（天作姓）　姓持乂（乂）迦　夜乂口煙
（提行）　龍王（不提行上空一格）　徐州角成（城）縣　高并（井）南
北二境　臺使（下有與字）其羣臣　盧縣（提行）　一（經）日合

上屋取之　一夕而雨下有或云是揚州所進初範摸時有異人至請閉戶入室
數日開戶模成其人已失有圖并傳於世此鏡五月五日於揚子江心鑄之凡四十七字
唐段少卿酉陽雜俎前集卷第四
境異　西屠俗提行　稅波斯不提行連上讀　宜牟羊　馬　簑
綦鼻黃髮　舉俗事妖祆　有妖祆祠　丈夫婦人
俱下有佩字帶　土俗下有傻海二字潮落之後　常暴雨無雨字作
田種每三字年有二三十萬　齋絲絲布　龜茲國提行
蘩繁息也　婆羅遮提行　焉耆國提行　九月九日牀
麻撒　王出首領無首領二字作酋字家首酋領騎王馬　王
及首酋領　執瓦石東西捧杖作捧杖東西　東西無此二字
以笄刺其之下　地廣十千里　尋蟹蚓之類食下有

酉陽雜俎　四　別下齋校本

之字　梵僧不提行連上空一格　于氏志怪于上空一格　晉朱桓
不提行連上空一格　王子年拾遺下有記字　才水深餘尺　但心有
喜兆　又言初授又字不提行連上讀
存此燭
唐段少卿酉陽雜俎前集卷第五
詭習　連擊皷子倘下有中字　其色如金下有用成弓焉酒四字焉下有小
注一作彈弓四字　成天下太平字下有字體端嚴如人模成焉九字　蠒
將姓夏下有者字　建中初條下有一條云元和中江淮
儒士王瓊嘗在段君秀家令座客取一瓦子畫作龜
甲懷之一食頃取出乃一龜放於庭中循垣而行經
宿卻成瓦子又取花含默封於密器中一夕開花

勛郞鄉縣
怪術　張魏公張上有丞相二字公下有延賞二字　艮久下有曲終而舞不已僧七
字　喝曰　隣院僧下有亦陸所熟也遂令左八字　右邀之　有筇杖
子子作子忽　跳出　色青短氣作短氣　不能煞殺此
將收攻　桂州　遂釘皮名下有於字　地　元和中一條無
唐段少卿酉陽雜俎前集卷第六
藝絕　日沒汲　水滿之　榻以穉綴絹
器奇　乃知鉤劍之有靈　後鉤劍為爪州　紫衣朱
虬作衣朱紫糺髮　尙書獨不下有害字　塵坌　將討請　其道
要
樂　一人吹空管下有一字　人級繩則琴瑟竽竽筑　用皮

酉陽雜俎　五　別下齋校本

紘紘
唐段少卿酉陽雜俎前集卷第七
酒食　後梁韋琳提行　常懷鮐服鰒之誚　曲蒙鈞鈎
拔　澤覃紫膞膞　謹列判　銅鎗門　陂渠池　俊乂
河隈之穌蘇　熊蒸熊上空一格　蝨足上下俱空一格　一
歲一二花梨　或謂之餦餭或字不空連上讀　糟禽獸形
藉字不空連上讀　切用骨力刀　豆牙菹豆上空一格　菹族葅
乙去法下有一作升三字法　鯉一尺鯉字不空連上讀　炙肉鱝魚
炙上空一格　有能造冷有作又不空連上讀　道流提行
唐段少卿酉陽雜俎前集卷第八
黥　捉羊脾髀　擊人者今京兆薛公下有元賞二字　又賊不提

(行空一格)有人上(下有於字)側牽之　指其去(剳)處　纈竊
鎖勝(藤)絕細每軍設(鼓)力　善驢鞠豆(逗)　出血
十(斗)餘　闕句奴(下有劍奴二字)法
雷　柳公權(提行)
唐段少卿酉陽雜俎前集卷第九
事感　乃沉鉤索一(之)
盜俠　土鼓(無此三字)縣令　皇覽(不提行連上讀)　客勿持(恃)弓
矢　乃彈之儈(無儈字)　皮肉如脂(腊)　江淮中(下有有字)
不意旴暗(晗)相遇　李廓在潁(穎)州
唐段少卿酉陽雜俎前集卷第十
物異　應人(無此二字作里語曰三字)生年　華(綵)公墓碑　赤木

(提行)材(無)中宿縣山下有神字(字)　䜌胸腮(腮)　金(宮)
金中蠳　青龍白虎(龍)　甘棠奉(黎)　言於道者處
(下有傳字)得　李師古條下有一條云漢太上皇爲□□
秦王子嬰所奉白玉璽高祖斬白蛇劍□□綵□□
九華玉以爲　雜廁五色琉璃爲劍匣劍在匣中□
景猶照於外與挺劍不昧十二年一加磨礠刃□□
雪開匣板鞘輒有風氣光彩射人
唐段少卿酉陽雜俎前集卷第十一
廣知　陶隱居(連上讀不空)　夫學道之人條下有七條云
玉女以黃玉爲誌大如黍在鼻上無此誌者鬼使也
入山忌日大月忌三日十五日十八日二十四日

二十六日三十日小月忌一日五日十三(二作)日十
六日二十六日二十八日　凡夢五藏得五穀肺爲
麻肝爲麥心爲黍腎爲菽脾爲粟　凡人不可北嚮
理髮脫衣及唾大小便　月朔日勿怒　三月三日
不可食百艸心四月四日勿伐樹木五月五日勿見
血六月六日勿起土七月七日勿思忖惡事八月四
日勿市履屣九月九日勿起牀席十月五日勿罰責
人十一月十一日可沐浴十二月三日可戒齋如此
忌三官所察凡存脩不可叩頭叩頭則傾凡天覆泥
凡天帝號於上境太乙泣於中田但心存叩頭而已
老子拔白日正月四日二月八日三月十二日四

月十六日五月二十(一有六字)日六月二十四日七月二
十八日八月十九日九月十六日十月十三日十一
月十日十二月七日食千(乾)薑古襯(櫬)板二
目不同(連上讀不提行)獸峽(岐)尾　凡飛鳥(飛作鳥)投人家
口(井)中　凡冢井閑(間)氣　刀(刁)斗出於言(古)器
握(掘)得銅匣　每言(下有射之法凡四字)光長而搖者鹿　挾
(夾)者虎威一名右(左)皇　昔遇道(下有者字)言　衆鱗
鱗(鱗字一衍)不復去　有當(富)家名寅　時袁王傳(傅)季
玘寓(遇)汴　浮二蛇醬以木(水)　置於閑(閒)處　不
得少輒(輟)
唐段少卿酉陽雜俎前集卷第十二

語資 庾信連上讀不提行 崔劼溫良涼 鼬性多豫預下二並
同 卿鄉在鄴 每有珍藏旨 梁宴魏使條下接
魏僕射以下三條 姓莫氏下有父亦會作仕五字 衣冠子
之女 撒撒戶視之 書報甯王下有云字 號曰肉杌
四字作本文 燕公常讀連上讀不提行 北斗建午于 上諸
色人吏中來末 時靖恭方坊 合錢數十萬下有會飲
其家四字 萬大訴其母 攘臂歐毆之 好養私名客
乃夜辦裝腰其作具腰 益大俠也無也字作之流二字 兒
聚娶女嫁 察人之微下有也字 有人親見薛司徒說
之也此十字作小注 壞牆薰熏鼠 長空任鳥飛下有欲知吾道
廓不與物情違十字 馬不無不字 聽之 張父文 成往成無成字

乃以長女下有妻字之 因大脯次無次字
唐段少卿酉陽雜俎前集卷第十三
冥跡 女郎下有乃字 平陵 與什下有敘字 溫涼 漢魏大時
事 仍乃去不返 唯云二字作正文 因賦詩下有日字
至明邱旦 老人喪其一子日暮泣成血下有心逐斷猨驚迹
隨飛烏滅十字
尸穸 後魏提行 俗覔覔 欲似以 南朝傳無傳字 歐
毆 罔象 婦人着箇箇 魏末有人連上讀不提行 菩提
寺增僧多 吾地地下有下字 見發鬼兵 大臣家冢 墓
遂投沒至膝 乃同酬酹地張燈對碁弈
唐段少卿酉陽雜俎前集卷第十四

諾皐記上 大荒中提行 鬼名天陪陪 鬼名天天邂
語忘語上空一格 一日壓壓作至 神荼鬱壘領萬鬼下接
舊儺詞曰申作食 狒胃食虎雄伯食魅騰蘭一日簡
食祥攬一作攬 諸食咎伯倚食夢強粱祖名共食磔一日
磔 死寄生窮奇騰根共食蠱 王延壽所夢有游光
虁殺 諸渠 印堯 虁瞿 倉獐 將劇 撎
脈 堯峴寺一日堯峴等 吐火羅國縛底野城古波斯
王烏瑟多習之所築也王初築此城高二三尺卽壞
歎曰吾應無道天令築此城不成矣有小女名那息
見父憂恚問曰王有鄰敵乎王曰吾是波斯國王領
千餘國今至吐火羅國欲築此城垂功萬代旣不遂

心所以憂耳女曰願王無憂明旦令匠視我所履之
迹築之卽立王異之至明女起步西北自截右手小
指遺血成蹤匠隨血築之逐日轉蹤帀神女遂化爲
海神其海至今猶在堡子下澄清如鏡周五百餘步
其形似人下有而舉二字 一作祭元齊字元作死 清水宛口清上
有荆之二字 猪諸鼻轂 沈敬下有一作敞三字注 太上末時
令須遇遇 長白 取杜樹葉投之 引出入 至
曉着履岸 妬婦津妬上有臨清有三字 君何以水神善美
大定足初 此島鰕蝦下並同 一夕至登舟州 獨
李右座下有林甫二字 有述術者言 賈相公下有耽字 乙
明日 衣皂作皁衣行尋之 博物有者字不能識之

切竊窺之　我實野夜叉　任公爾縱觀　或見枕
撓其頭　忽值引騎騶　鄭相下有餘慶二字　勑勤勒之
術　令待持念　言我其無其字類　境無遺跬址
腊腦陷而死

唐段少卿酉陽雜俎前集卷第十五

諾皐記下　陸紹提行郎中又無又字　蠕蠕如而長就
井取承水　入孟五更　遂擴摸靴中　至其某驛
稍上工者　劉許諸諾　辭酹地禱之　飛天野
夜叉　寘懷中坐食下有頃字　忽有五金色龜　赤白
相見間　俗言山魈蕭　纔纔跳跡直上　遽令鑿
塞之　以韋一有一作章三字注程　一日如存天狀存作有　如節使

酉陽雜俎　二一　刊下齋校本

之牙門　攘背臂迫之　東壁古牆培下　他答反下有補
器又云器鍇物頭也九字　瘡創甚　疑胃下有在其二字中也　腹中
下有亦字無傷

唐段少卿酉陽雜俎前集卷第十六

廣動植之一　經史下有或經史三字已載　總敘二字提行羽嘉生空
一格　騾不滋乳四字作正文　閶鳴元懸　得合瀾蠣得上
空一格
羽篇　田李納緒作田緒李納　方一十餘里　一日月作一日井
有容足素練無練字者　瞋目叱吒咤　蚜蚜蚄
具貝州蝗　白澤圖連上讀不提行　武州周縣　乳兒下有
兒字病如瘧

毛篇　釋氏書連上讀不提行　白馬黑馬毛　綠袂方言黃
目自尾屬頸也　人趁趨　嘗職識于南海　如
狙杙杙　有鴆鳩　常駕于兩猨　遂竟競拔之
睡常以倚物

唐段少卿酉陽雜俎前集卷第十七

廣動植之二　見焚僧下有一作普三字注　杖決六十　鮎魚
提行　眷下有還字　入母腹　濟南郡東無東字北　竟競取
土
蟲篇　元和中下有成式二字　形狀大無大字如次無次字　竊赤
下有之蟻之大四字者　蟻樓下有高字　三尺餘　俗人所呼俗作奉歐
歐不能已　常骭骭息　有此蛆虫長寸餘　抱搶

酉陽雜俎　二二　刊下齋校本

提行　南中名有避役　常獲治坑　後復如蚓焉
蝨同虱下　舊說蝨蟲無蝨字作蟲徵二字　驗其字作木本

唐段少卿酉陽雜俎前集卷第十八

木篇　松今凡言兩根株　松命根下根字下有　竹花
曰獲蕕　白幕蘭欄注闌作蘭　落人齒下有一作髮三字注　塔
戟成就下有焉字不空格　歲又久芬芳　有人牧羊牛下同
瞻荖蔔花　復一日均無傷　無日構下有一作大日構小
日構八字小注　我在鄴我上有蒲蔔二字　可得下有不字言　酒醉
宿醒醒　己無已字下有銀塔　滿曹胄王　沙門施
陀沙　如和米豆屑　呼爲阿部落鞞　熱則子紫
黑　葉似戠葉　阿驛波斯阿上有底楠實三字　底珍下有

一作稱三字注
唐段少卿酉陽雜俎前集卷第十九
草篇以屋星爲節以莖爲剛綱仙經言仙上有鳳腦芝之三字
以鏝實寶初布於塼上色如鹽藍如蒸下有旃字
檀博邪雅不提行連上讀載箕其瓦多兩脚角而
無傷芒茇一名水栗提行劉犨下有一作炳三字注當時
明名公蜀下有一作菝三字注葵下有本胡中葵也一名胡葵似葵大者紅十四字
氣如麻芋香眠於渠梁下蔓金苔下有色如金若螢火
之聚大九字無縈聚之三字鑠日目如火布之子也下有一作囲布
悅之子七字老鵐爪惟籬葉如牛蒡而美狹如支提
子稍大天芊芋尤無心草味如白下有尉字雞皆

酉陽雜俎　二　別下齋校本

伐下注云一作竹盧山上有石耳二字大如栗栗呼爲下有野字
狐絲有人別引之
唐段少卿酉陽雜俎前集卷第二十
肉攫部一爲鶻鴿竿所送白鴿鶻此爲下有永色二字
次青麻色鴿一曰鶻四字作注白下有鷹字兎鷹細斑
短脛項向湊休林巨黑一日里里作墨土黃提行白皂
皁鸍提行

唐摭言雅雨堂刻本以曝書亭鈔本校參以王穀原比部藏本爲張石匏明經傳錄者又方雪齋
學師吳千仲明經兩校本悉標明所出　蔣光煦校
目錄京兆有府解送讌召名陰注陽授受
第一卷周後人翊聖
統序科第以事草華澤
貢舉釐革并行鄉飲酒所宜貢之下脫人字
會昌五年舉格節文並合封送省方云脫司字准準
述進士上篇以時教行禮而視方校覲化焉
述進士下篇終身爲文方校問人故爭名常吳云脫切而二
字爲時吳校俗所吳校亦弊注如方校好留春色與明年
謂之打毦燥吳校毦毴

唐摭言　一　別下齋校本

散序進士獨孤及提行損之生法泫
兩監注皆苦貧其弊敝故天寶二十十二載貞觀
五年提行龍朔二年提行類三下不及律生六年
至亦聽俱作正文
鄉貢其秀吳云脫才字異等有唐貞觀方校元已前咸
亨五方校三年開耀二方校元年劉思元方校立永淳
二方校元年
廣文斯亦救救生徒之離散也大順二方校元年
兩都貢舉始置內兩都貢舉禮部侍郎官長號
試雜文後至調露二年方云調露在垂拱前後至二字可疑或前垂拱誤也
劉思元立放入策方校第

朝見　赴吳云脫京字朝見
謁先師　有時忘飡食　此朕所望於習方校賢才也
進士歸禮部比方校初皆考功主之　當首悉落之
既得而聞作聞命矣　莫敢方云脫蹉字跌　及下有是字有請
求者　交全契分作分契　畫龍之効劾

第二卷

京兆府解送　或至渾化吳校作悉中第　請落由吳云太平廣記作請
放落之由
廢等第　州司府　送名豈分合差第等　始專脫以字明
經取士
置等第　李時特　劉棊纂注　涉擅揚場而屈其等

第
府元落　韋璩彖
等第罷舉　樊京並下有口卒作年　蘇俊卒作口下有年字
爲等第後久方及第　劉棊纂下同
爭解元　復日試破竹賦句疑　張祜祜下同
得失以道　李翺與下脫從字弟正辭書　所過猶亦各有
時　未到於天人之際作未能到於古之人耳　同得失憂喜
而動下脫於心二字乎心無心字　由文而後脫仁字義者習也
吾不能知其下脫有字無也
恚恨　爲試官不末送　大凡頑石處土上　當爲方校
謂風波王本流可望　一年在坐家園　陵鑠轢險詖

當垂名於不朽下脫矣字

第三卷

散序　如丞相吳郡方云脫陸字公展　其方云脫時字有何士
參者　注中書門下官
關試　其日於南省試判兩節吳云太平廣記此下有試後授春關謂之關試
九字
今年及第明年登科　郭代云王本公　金牓題名墨上
尙新
慈恩寺題名遊賞賦詠雜記　奉勅宜方校宣依　仍議
讓令將士創造　仙筝方校錚新從紫府來天下上也
張新羽翼　半垂紅袖薛陶濤窗　鄙夫請非次改

今王本令　次及一角觝吳云北里志作觝者　遽遂爲團司
所發　先王本可先納罰錢　開成五年提行　率常稚
雅飲　鶴馭迴飈吳校作飈迴飄　雲雨外　桂花會到封月
嬋娟在治王本冶只求金不耗用心空學稱科無私
蓬蓮峰太守別知音　注始不敢以有叨竊之望注
欲賡仙曲意征怔營　佇爲霖雨增曾相賀
李仙方校宣古一枝今過郄郗誂榮　蓬山皆羨美
齊榮貴　注左方校戈牢楊業王本葉穿時　注分汾
之名第下脫同字故也　牽撓憂形於色　最先後合勾
當何事　人享鑾畫榼一小盎　厄於官宦途　見
逢竹行李蕭條　薄攻五字許詩　悉授其毋母

風驅雷王本雷一逝　四面看朝櫪櫛比　三十驊騮一
烘哄塵　從此中原息戰鞞鞞作鼓　其中姝麗吳云脫必
矣二字　神龍已來提行
第四卷
節操　復取婁婁擲之　度方見其所下脫彼三字致意遺忘
以遺賂津要　孫泰泰下同　停舟途徒步
師友　韓衢方云據新舊書當作會　私方校估　謚曰貞　潭昂之
孫無之孫二字有昂字有古人風　李華提行　張友有略　貞
元十三二年　李敏作李行敏　我方校幾欲修書　斯又
爲准王本佳　永以三歎歎　以足下才惟爲挺生
存實等方云文粹無此三字作而況二字　類全斯下脫用字　理王本埋

而識之仁之義　先生有義道出義皇先生所孤或
作有才過屈宋　時赴鄭老同衾襟期　得錢則即相貿
賴得有蘇司業　考之百言行而無瑕下脫尤字　當
願按接於宣尼　儻能憐雲壑方校壑字衍　獎方校將無知
猥辱書禮札　推推心腑以問天天　不知寰宇
之廖寥廓　道在稊稗稗字一無相阻　筆衍力此還
苕　李義山提行　卽乃知戴潛遺一介郵其家矣
第五卷
切磋注注　盍書畧字以田加下脫各字首久矢而成各無今字
日配咎爲晷　几三二書　又高方校商論之際　猶
不以爲損　若高方校商論不能下氣　官止於太子

校書下脫郎字　則見吳本下有其字文　忽若然若然觀之文
當下筆復時時復得詠其文　亦不甚遠於揚子雲書
矣矣書苦雨之辭　古之文非也也非茲世之人　不亦
亦不見有過於斯者　如他人疾書之寫誦文之是不
不是過也　獲麟解詞　汝擇處高焉　詞高下有則字出
下有於字泉出下有於字泉　向何者　謂不如下有者謂不如常五字
迺出常也
以其人不稱才試而後驚　不信有其其有才　第二場
試詩歌篇無篇字　部王本剖莫得之　初聞云何人徘
徊句疑　遂亟請吳校諳宴所
第六卷

公薦　卽請方校有還字此賦　稷薛契夔龍之要務焉
掌天下選拔王本拔　今人室如懸罄磬　天下向方校
向有四百人應舉　故天下衍下字以大旱相試也
天下衍下字何不雨　莫若舉襄州刺史靳口作靳吳
非口作靳吳不可　不如一卿王本作十卿　嘗一臠之可
肉未知誰擬試秦王本齊竽　九先王之舊都　願
顙不勝區區　顒薦齊秀才書按此篇文粹作令狐楚　舉學
必專授　使其馳一檄飛脫一字書　家居君侯之宇
化下　最所知者脫實字　斯人也　豎豎刁易牙　則
脫德字格于天地　豈惟霸者焉無焉字有爲然二字　則堯將
不能得無爲爾作則堯將不得爲齊桓公矣　管夷吾用所以能

繼絕脫范字其所脫可字求而得而衍得而二字不取者
在方校脫古字無上誰爲謂天地寬皆脫皆字有所負
故見賢而能知脫知字而能用脫用字而能盡其材
賢者作聖人不好色而好德者脫也字復又其次也
下也脫最甚二字不好德而好色者窮矣刪詩脫序字書
則夷狄脫之字人也雖孔聖子之廟猶不能朝夕
而事焉脫況天下之人乎六字而不能得禮善士人良士
二者卒然無然字有一於郊之體身其爲惜之作他日爲問下
惜之不宜直則不足以伸道也
第七卷
起自寒苦播至已飯矣方校云全唐詩話引此段下注云出摭言無此[illegible]

擲罷而後擊鍾七字官終襄帥方云按絳傳無廣襄帥者常嘗於中條
山萬固寺泉衍泉字入院讀書弟第留卷而已不
過過
知己竊以朝廷作當世之士文立行光明可以爲後進
作生又脫之字所依歸者不過十人脫馬字翺亦常伏其門下
舉此八字皆衍文其五脫六字人則無無衍無字誘勸之心其餘
脫則字或雖或作雖知脫之字欲爲脫之字薦言於人復懼作又
恐人脫字之不我信復生疑而不脫自字信自信猶且
作猶且不固矧曰能脫知字人之固三往復無復字作見之又三
字不如其載再萬說不見一人焉始就州序之
貢與舉人事屬詞求進脫之字士梁君知人之過

故也翺漸游子于朋友公卿間翺學聖人經籍
教訓文句之脫旨字遂賦脫感字知己以自傷而求
古人之賢無賢字未獲下有嗟夫二字況察者未之究爾乎
亦朱顏作失容而止雖爲顯頼下有被字緼絮復又求
者亦昏在遷政化下有端風二字俗劉之志行下有當以六經
諸人心蕭之志行十一字不得其政正而獲下有重祿不三字易下有
一刻之安四字元奉親孝下有居喪哀撫孤仁徇朋友之急莅職明於賞罰終身貧二十
字而樂天知命下有焉字是無樂也無此四字於是作破陣
樂詞下有是樂也三字兄弟以學著下有稱字乃述詩書禮易
樂春秋爲古無古字五說以詩史書爲煩繁不編
年乃無乃字有陳事而三字爲列傳以次序纘修志下有未字

就而殁瞻其人口無人口二字有形容不侯其言而見其仁十字劉備被
卿佐之服不可屈抑折中取其中取其節之舉
學廣而不徧偏精其貫穿甚於精者下有又字文方復雅
尙尙之至嘗當以律度百代爲任無爲任二字有而字古之能
者超邁蹈作孤絕厲可無王本與知者言也道邈下有
使字車各有所與下有游乎二字河間邢宇下有紹宗二字深明
操持不局無不局二字趙郡李蕚崿下同伯沈遠邃廉
靜梁國喬澤潭劉在京口無口字下常嘗寢疾郎無郎
字作挺卿二字若不起尙書劉公下有每有勝理必詣與談終日忘返退而嘆日
閭劉公十九字清言見皇王之理矣下有陳郡二字殷下有寅字直清有
識尙恨言理少未對對未下有與字劉面隴西李廣廣敬

叔堅明冲（下有而字）粹讀（淡）而不厭渤海（無此二字）吳興（下有沈興一字）宗秀（季）長楊俊（浚作陽）秀（季）融粹（下有徵字）而俊（周）溦（無溦字）該博（練）故事張友（有下同）略行略（備）而文尹徵（徵）之誠（下有明字）是皆後（厚）於蕭者也（下有尚書顏公重名節敦故舊與茂挺少相知顏與陸據柳芳最善二十四字）天下謂之（下有顏字）蕭李（無李字）之交居（下有易字）委順故言之不作（下有云字）一云李華復有（友）權皐張友（有）略命（今）代風騷

將

第八卷

通榜韋紓（方云韓集作羣玉）其次六人（吳校脫沈花二字）張浚（吳校作後）餘（吳校脫李翊二字）王郎中傑（王本礎）皆烜爀（吳校作赫）

唄穫旦（且）至

陰注陽受數斗不能（無能字）亂黃價（方校作駕）爲（吳校爲上）（脫皆字）將相

夢特以青灰落衣襟（脫開字）

自放狀頭展于（干）時

誤放故過（落）雜文太眞錯咢（愕）趨出摽（作標下脫標日）（二字）寒進也

爲鄉人輕視而得者而深（脫自字）晦密

及第與長行拜官相次王倜（提行）丞相魯（曾）公損（方校據宰）（相世系表當作摶下同）之子

入道弘（宏）道要樞及（乃）知命也者息則智惟（性）

昏

第九卷

防愼不至惡扎（札）可以佐弟

誤掇惡名言綦（纂）之窮自是綦（纂）落數舉

好知已惡及第賦東都望幸刺詩（作詩刺之）曰鄭隱者（提行）沆召隱徵（徵）辯白雲（下有起字）封中賦敖教（無教字）

請退主司於簾中卒愕換之（吳云太平廣記引國史補白雲上有若出二字）（賦作題於簾中作爲其所中愕下有然字）

好及第惡登科時號錦暖（襖）子上着莎衣得之不求（方校作永）

勑賜及第韜玉置（方校致）書謝新人呼同年又左（吳校本

加）常侍大理卿

表薦及第然（自）是屢言措大率皆負心

惡得及第明年打春（吳云太平廣記作春）李端（瑞）

四凶不能（吳校脫下字又云太平廣記作知）磻叟陸鸞（吳校脫講字）

第十卷

載應不捷聲價益振李郃（方校云新舊書皆作郃）竟垂裕（譽）於千載者

海敘不遇宋濟老於辭（詞）場娥（王本蛾）眉先妬盧汪（方校注）可以（亦）不在心否以（亦）不在面雕鐫意匠若（吳本苦）多端酌（方校灼）然不錯唯吳子華深知（脫之字）手挼六十（下有花字）甲子人生如瘧（雲）在須臾

何乃自苦八（七）尺軀　紂（桀）非舜（桀）是何足憑　桐
君桂父豈欺（勝）我醉裏騎（白）龍多上升　其餘尤上
（王本工）輕巧　尤能詠（王本下有物字）　山鵲（方校）詩曰　顏
標典鄱陽（脫郡字）鞠場（脫卒字）字初搆　以車牛（作十中）搜之
磨去（脫其文二字）　始（謂）以文友相遇　白鳥遊行監（王本）
（樹）　復受（王本授）八韻一軸　時（特）與放鄉里之役
會貳車騁（吳本聘）鄰道　或非緘（疑）繇（繇）工八韻
客死于維陽（王本揚）曰（王本日）令銷此道　送維陽（王本）
（揚）戮之　執（絡）事中損之子
韋莊奏請追贈不及第人近代者　上（王本丁）古風　韓
文公作誌東野（作東野誌）謚曰貞耀（王本曜）先生　賀就（作門）

面試一篇　殿前作賦聲磨（摩）空　元精炯炯（作耿耿）
貫當中　我今垂翅負（附）冥鴻　他日不羞蛇與（作）
龍　文公特著辨諱（作諱辯）一篇　豕突禽（鯨）狂　去
其（作其去）倏忽（注）莊云不及（無及字）第談矣　幼而（有）
清才（注）名與定保家諱（王本諱下有下字）一字同　俾使
已升（斤）寃人
第十一卷
反初不第　太祖頗奇（方校倚）之　極力媒孽（王本蘖）
無官受黜　浩然錯愕（愣）伏床下　南山歸臥（敝）廬
求之（方校足）一聯　乃受（授）長江縣尉　黜隨州（方脫城二
字）縣尉

薦舉不捷　三百篇（脫隨字）表進獻　璘縝（吳校袗）絺們腹
復為鳥散餘花（脫落字）詩二三十首
以德報怨　泳接（脫之二字）傲睨
惡分疎　閩人黃遘（吳校過）二人俱近事（吳校引唐詩紀事作俱求選京）
（師）此書應更懽（惵）也　殷浩之競（矜）持
怨怒　才名籍然（吳校甚）日者殊不顧曙（脫第字）目崔曰
始終留（憐）得董庭蘭　但媿椰（揶）歈　嘗試（案下有闕）
（文）要欲知其（無其字）某郡太守　翻覆何定（下空二格）
非求利（下接十二葉八行非求名至十三葉六行不知其他止）中（申）之以喜
色復（論）語曰　華與庾中丞書（提行）聲華滿路一
（下接前十一葉九行雖遇夷中慮至十二葉二行任華頓首）衆君子開之當仁

（信）矣　奉呈於公（無此二字）固不易耳僕（下接十三葉七行到京輦）
（至十四葉一行任華頓首）華告辭京尹賈大夫書（提行）豈徒欲
咸君子（無子字）之名而已哉　或以君子（無子字）之才
欲漢（沈）君恃才傲物之過　造勞（王本簉）者門謝焉
宦（王本宦）學事師　而懦欠之華（作夫下輩）食如玉而難
登得（作得食）如玉之粟　言之遜（遜）人
第十二卷
自負　甫獻韋右（左）丞　自謂頗挺生（王本出）竊効（效）貢
公喜　吾之門人（作一門）而不以（吳校能）令終　則（脫果）
（字）等色人　杜十五（吳云北夢瑣言作四）公　盧延讓（提行）因
知文賦易為下者（得）之乎（吳校云統籤作不同文賦易為着者之乎全唐詩話）

(同北夢瑣言作爲是者之乎)明年犯(昭)長安　夫立(無此二字下有於戲)
(前代帝王有七字)聖(盛)德大業者必有(見又脫於字)歌頌若今歌
頌聖德(作大業)緣路歌(脫吟字)對語驚泉(人)益久
(無久字)困矣(無矣字)縱有(吳校到)緱山也無益　緘封寄
去時(方校作與誰)終不(方校必)有悔
輕佻　被前(脫件字)人羅織　亦大(大)悠悠　長樂坡前
(作飯顆山頭)祇爲從來(前)作詩苦　有同人(人)試者
光業常(嘗)言　榮(營)邱辨士　常(嘗)任祠部員外
聞者靡不洪(大)哂　貶澄(吳校登)州司馬
設奇沽譽　旣而復易之(無之字)紅錦　以(方云脫作字)中單
襜褕

酒失　巨(叵)耐一雙窮相眼　熒醉目(目)於秦坑人多
記(方校識)之　公屢賞歐(歐)陽琳文學　相公(國)錯曉
(愕)而去　注　筆離毛(王本手)　雲(方校雪)耳紅毛淺碧蹄
不得籠中更(方校再)喚人　注　鸚鵡離籠(籠)主人
常爱(王本愛)語咬咬(方校交交)　常搖朱尾弄輪(王本綸)鈎
注　鷹離主(吳校韉)　鏡(吳校鐶)離臺　醉酣(游)還命管絃
來　身之災(脫也字)
第十三卷
敏捷　每賦一詠(方校韻)　故場中號爲溫八吟(叉)　命
札(題)於臺盤上　少年從事誇門地(吳校第)莫向鐏前
喜氣(吳校作氣色)麄　不稱賓筵語(方校喜)氣麄　張祜(祜)

楊公逼棠巨魚(杯)　定應(吳校作應須)遭者(著)老尚書
上常(嘗)怒一宮嬪　朕怪此人然(無然字)不忿(吳校)
(分)前時忤主恩　裴慶(虔)餘　滿額鵝(作半額微)黃金縷
衣翠翹浮動玉釵垂(作玉搔頭裊鳳雙飛)知還(還)道巫山(作朝來)
行雨歸　希仁(作笑人)何事寫詩情　然相(明)公亦有
目連變　金湯(鞍)鍍(鞍)了出長安　亟以一絕箴(吳校)
(答)之曰　注　或謂(至)古人也(作正文)　在陵(麥)室而須
門　今信四豎(豎)子　以江皐對纏(瀍)洛　公明立
(標)榜　自喪秣陵之使(師)　豈以天德(王本聽)益高
弄(下有權字)虞候爲王申　崔澹(提行)　主司何事厭我
(吾)皇

第十四卷
主司失意　改受(授)王起　責受(授)蘄州刺史　薦(存)
升華顯　每自咎而煌(惶)灼　實其(無其字)不屈人
緘深懇而(下脫一字)得敷陳　盡得於邳(王本郰)吏　豈畏
如篁(簧)之巧　自(吳校百)計推(吳校摧)之
第十五卷
雜記　進士牓頭(提行)　進士舊例(提行)　南院放牓(接上不提)
(行)一度思鄉(卿)一愴然　陳標(標)　地(曉)色初分
月(日)色紅　常(嘗)便殿召對　所送進士(脫也字)罷
書羅裙盡(儘)嫂裁　安潛乃具寮耳會趨走(方云疑有誤)
僧善聲(吳校氣)色　咸通元年(方云當是九年)　九轉丸(丹)

成鼎未開 一片昇平雅韻 頌聲 短覺 王本 鬱 長啾
滿九衢 就可 王本 中 愁殺鄭昌圖 啄木嘗距 作口 嘗
長 爲福建 脱諸州 二字 觀察使 袞以 脱文 字 辭進鄉縣
小民 詹死 至哀辭 方云疑 是注文 注 慶弔及詩 時 以
含毫紙 珌 墨爲末事 適 吳 酧 戲 較今古

賡擬詩

蘆浦筆記 知不足齋本 鈔本校

卷一
洪範七稽疑脱字 圛 雺 霧 圛
錫字出處 後漢亦 始 謂之錫耳
重五日生 以惡月 日 生
射寢石 要皆出于疑 無 心 而 獨 不及李
從理入口 魏尅 克
屏星 無注 放 俱云 下脱 車字 蔽
阿字 亦云 日 問許元 汝 度
阿堵 目精 睛
生活 江霿 下 脱 復

卷二
武成次序 受 紂 率其旅 列爵惟 爲 五分土惟 爲 三
漢瓶 萬 力 秋宅
卷三
振字 如此 下脱 放二字
晉八弔喪 卿常好 下脱 我字 作驢鳴
打字 打迸 併 打嚏 下脱 噴字 打綫 線
卷四
巴丘 隋以來稱崇仁 下脱以鄉得名今 撫州崇仁九字 縣是也
餘干 幻 則 踐
管名 凡七 八 鄉

蘆浦筆記

草鞵大王事　此（比）近

卷五

趙清獻公日記　宣賜酒（下脫食字）七寶茶　二日晴聖駕

幸覆考所起居下脫文補如左

考到諸科卷子

三日晴　上巳日

聖駕幸覆考所　起居

賜上巳酒各二果子一

四日微雨春寒

聖駕幸覆考所　起居

賜酒食果子

五日陰寒

駕幸覆考所　起居

藝（業）業（藝）　謂文理疎淺退落無疑（無此九字）　謂所試

文字並皆荒惡（無此九字）　五號等事（第）　集英殿（下脫門字）

卷六

金根車　出（下）降　史記（傳）

季子碑　作蜀（蜀）非季子（字）也

瘞雀銘　雷（元）門去鼓（敱）

紫薇王舍人夢　小錠（鋌）　具（且）書之

卷七

比事　聲振（震）　報讐（仇）

欣母石　遺飧（飯）　知烏（鳥）所誤

卷八

至和拜相制　久滋（茲）著效

資政莊（壯）節王公家傳　今日得（無日得二字有知字）死所矣

敵（虜）察　謚莊（壯）節　不食五（三）日　田（白）謂　命

（令）嫁遣之　皆公所薦（下脫越立二字）起立（衍立字）

卞氏二牒　長史（吏）

卷九

白玉樓賦　數同（周）　九萬（下脫里字）　珠宇（樹）　拊琴（瑟）

凡（九）韶差（裁）冠而（以）逍遙者也　亂曰（直接上文不提行）

明（晴）窗　九素烟中（光）寒一色

驢飲箴　伊嬪（婦）

卷十

杜詩句差　聰惠（慧）

籌筆驛詩　虎奔咸（還）逐鹿　東期赤魏庭（廷）　想像

音（鳳）徽在

米小儀題褉帖詩　蕭翼（乂）　油臘（蠟）

了頭巖詩　前峯虢龜豈（本）是（非）龜

上元詞　進堯（瑤）盃傳（盡）宣車馬上天街　珠簾（燈）翠

模護春風

念奴嬌　留（流）落天涯

陶穀使江南詞　秦弱（蒻）蘭

生査子 露溼玉蘭櫩秋

觀石林燕語多故實舊聞或古今嘉言善行可謂博洽矣而

懷玉汪先生每事辨其誤信乎述作之難也昌詩讀書不多託子罌以自試好事者聞欲得之而筆札或不給後二年乙亥秋輟清俸鋟梓于六峰縣齋非敢以傳世也亦顧聞其誤焉爾重陽日書

後山集 明本以舊鈔本校任注本毛鈔本附傳錄義門先生校本

卷一

送江楚州 詩末注南豐之子綰爲山陽簿

送江端禮 下注季共

次韻答學者四首 下自注黃州何郎兄弟

答張文潛 下自注來詩云欲餉子桑歸問婦食簞過午尚懸牆

卷二

送秦覯二首 下注從東坡學於杭州

次韻秦少游春江秋野圖 下注宗室所畫 猶須著此翁 下注秦詩請君添小艇畫我作漁翁

次韻蘇公西湖觀月聽琴 下無并涉潁二首五字 下首有次韻蘇公涉潁六字題

卷三

次韻蘇公竹間亭絶句 下注是夕公畫枯木

寄張文潛 下有舍人二字 未用夢疑香 下注來書云補郡之樂發于夢寐

時先生寄婦翁郭 下有槩字 大夫曹州使宅

卷四

贈 下有定字 國寶三首

卷五

杜侍郎挽詞 下注紘

九月再逢堪一笑　下注是歲閏九月兩作重陽

咸平讀書堂　下注爲朱智叔作

不應爲米（下乃轄字明本注云缺字）鄉里

卷六

除官　注有十一月三字下接秘書省正字

沙軟留徐步　句作山合遮西顧注文作魏本云丙稾塗上四字不注

大行皇太后挽詞　下注代人作欽聖

送晁堯民守徐　下注端仁

卷七

嘲無咎文潛二首　作一首題下注一本作二首

是日（下有遺官兵分四字）賜柴米

卷八

贈張文潛　下注少公之客也聞文潛召試

誰使淸波早（下乃白字明本注云缺字）

卷九

贈大素（下乃庵字明本注缺一字）軻律師二首

君看荷葦榭（下乃葉字明本注缺一字）扇挾策未必賢樗蒲

誤筆仍煩送喜來　下注報中作師适讀者爲筆誤

而同官（作局）皆少年

卷十

緬想兩公子（明本注此有缺文四字案有作惡變淸涼誰憐塵沙底疲馬踏等句）朝陽

化人乃（作巧）作（下乃細樣二字明本墨塊）花何年落子空三（作王）家

送（下有仁字）王生（作主）兼寄西堂圖澄禪師

卷十三

其有得者（者字無）乎昔（下有者字）先王因人而教因（作同）而治

史稱羽持具飲（下有李字）季卿德成而後（下無空格明本注缺一字）乃（作及）所以同於民也王（作不）務本而趨末故藝（作業）成而下也

送邪（作邢）居實序　其患在於俗（下接學俗學之患在人之材室人之耳目誦其師傳造字之說從俗之文才數萬言其爲士之業盡是矣夫學以明理文以述志思以通其學氣以達其文古之人導其聽明廣其見聞所以學也正志完氣所以言也王氏之學加就鑿耳案其形模而出之不待修飾而器矣求爲桓壁彝鼎其可得乎昔者子孔子謂闕黨童子非求益乃欲速者也坐則居位行則先人其志盈矣無以復加矣而闕黨童子後無聞焉子韓子謂張童子日長與少與有成人之禮焉童子之所學不足當之宜息其已學而勤其未學可也童子以數歲通二經則奇矣使四五十而不加又何奇而張童子復無傳焉吾年如生時見子曾子於江漢之問獻其說餘十萬言高自學道子會子不以爲狂而報書曰持之以厚吾之不失其身子會子之賜也吾以謂三君子之言可法古之學可道今之學可戒也以爲子別三百零一字）

章善序（明本缺此題上下篇誤合）　余讀毛詩巷伯而悲之行而

不審蹈其所徇嗚呼其可不愼乎故君子致思焉

於是作章善夫脩道以德脩德以善爲之者善也

忘之者德也忘則存矣存則忘（六十一字明本缺）甚（甚字無）

矣

爲（作萬）法一空　孰（下有與字）效先佛（佛字無下句同）之已試乎

俯下有案字指授　於是頗頗下無頗字採華嚴寶積
所謂淺之無之字爲丈夫者乎
遊從之樂下有彭城解夫子居餞踰年九字

卷十四

范文正公無公字　謂王荆公　勢在而眞不負下有豈眞不負四字耶
願因無因字　俟以聞焉
古下有蓋字有之　目有黑子而昏華下有瘍字瘍俠於頸領
敢不略陳無陳字其愚
而其進則未下有已字也
一本大作云可不下有預字須計此　游馬下有數字出至山東

夜渴之水無水字
論國子賣書狀下注貼黃并

卷十五

而後作侯世作與士大之所爲思無思字也　知民之當於
水下有也字築塘浚井下有其字利至今
推而外之無句
祭周公孔子于學下有蓋自三代以來共之然學十字祀周公　其下有徒字與後之學者　爲守攻之下有地其城因山阻水兩不承敵大武以百萬之師攻之二十字不克時民氏作亦連年歷戰　先發後
從作亡下有是字故項氏嘗作常都　易爲下有攻字剽竊無竊字
然質直謹言作然諾

其獄多盜下有其盜二字多劫而徐故無下有盜字也　犴犴字
無獄屢空叔怳爲令有能下有聲字
八月十四日下有安德二字陳師道記
亡而爲陶下有今定陶三字之故城　五代無二字承唐之亂
蓋亦下有知字其一焉　今下有夫字失下有其字先後之序
蓋可採而賦下有也字
儀至浚下有儀字榮波既緒作緒者二字　次其所引無引字
經始自下有西字河西　而諸父兄下有弟字獨有見於
此作未者何也
乃破半半字無下同臂而藏之　其者二字作豈昔亦可以文施
耶佛之報身下有嚴字以萬德前日下有是字也

而不非其所無所字非又懼與作有時而忘之也以下有名字
吾居安得力而下有勝字諸常與子問津於無可無
可下有不可二字之塗使世皆下有愚則可以默而欺之而世不皆十二字愚
也　吾懼子之不免下有也字既嗣其世下有而字向善
讎惡而下有又字能沈潛摧折
有老氏下有之字宮　農者趨眞病下有且字死　至其隆替
下有則字繫于世
而三家替下有矣字則盛下有衰字不極而事畢下有畢字豈
智力所能下有哉字交素而遠名下有其字僧之英乎
泉意其下有然字　蓋下有可字知矣
臣蓋不得辭下有也字而下有曾字不得望前驅之塵　文

而又（作文而不露何義門云不露當是又傳）臣（下有陳字）師道昧死謹

記

人多病脚（下有弱字）

既月而成（下有而字）林出芝則（下有地字）說亦究　端木賜

之後則（下有有字）莊休　又十有五世（下有矣字）

卷十六

統者一也（下有一字）天下而君之學者（下有自周而下至於所不論也）

（五代其十三字）所論者五焉而王法（下有之字）所討　天命

不（作未）改（下有故字）管仲不得而革也　又皆（下有有字）功于

民而魏則中國（作州）也

此其所（下有以字）異也

遠者（下有有字）所不知

不學而能者（下有資也資可常乎夫義有由之者有畏之者由之者十九字）道也

持其才有能否（下有纓字）

卷十七

材以成世務（下有而字）不自賢聖　偏（無偏字）昧者聽微右

廢者便（作偏）左謹冒死（下有以字）對　昔（下有者字）商湯

夫（下有以字）不攻敵（作敵攻）自亡　教（作數何云疑數）之以文

三分（無分字）天下而有二　惟其所輕（無經字）重則

服常刑（下有常刑二字）者　此先王之政（下有也字）墨子之

術（下有可字）而得（作御得）用也　所保者衆（下有所字）恃者地

是爲（作危）道（下有也字）宣（下有王字）王者事也　外則欲有（有字）

（無）事匈奴

擬學士院試（下有館字）職策　爲二（下有公字）之聖賢　而本

末具矣（下有雖然二字）而其所以（下有治字）者察而不苟

之道（下有也字）則毋甚高論（下有其字）所志亦苟矣　都

（下有公字）卿之位言（下有足字）飾人之（下有詞字）

問孔（無孔字）子（下有曰字）二者何施（下有而字）可也　而談（下有）

（者字）以謂能爲之講（作備）也國家承平百年之（作而）效

（下有未字）臻此而難任人（下有而字）鑾夷率服豈其時

之異乎（下有則字）擇於數者　顧不能順（作舜）之（下有事字）

京東轉運司試進士策（下有問字）其（下有相字）遼夷莫甚於

此　君子何取（下有焉字）好（作乃）戰（下有鬭字）從橫之上耳

以言（下有語字）稱　而孟子（下有皆字）以爲聖　宜得其

人（下有而字）反不稱所舉

卷十八

更深（空格乃太史二字）之嗟

顯有體符（下空格作幼徇成明）

明（作名）過其情

報不後於（下奇章二字明本注缺二字）

興賢（下空格乃東里二字）既竊（下空格乃知人二字）之自（作目）

人欲未充（下空格恩言狎至四字）非（作朞）年而化

有（下有前字）無郤辱（作脣）焦口燥（作燥）貌（無貌字）

自衛尉少卿（下有卿字）中大夫

亦莫宜於公下有惟公二字翼亮三聖
惟大士之天服作眼妙下有心字

卷十九

問下有師字曰賀也可得耶下有澄曰在淮南使臣有獻固願見也后喜過望遣
使隨二十字燈作澄求之淮南既下有歸字而雨通言於
君下有若人二字居士向所見異人難下有與字儒釋並矣
則其下有同字時
我以耳聞下有聞字不以心形形字無
蓋不更此而而字無境也
斷畏作長下無空格續下有短字抛梁北明本云缺案作瑞塔亭亭入雲直百年闕
戰及明時千里河山餘故國
恭惟二字無皇帝陛下明本注此有缺文案無注
不無下有風字雨澤澤字無之憂
重寶下有慶字讚者伏以右作佑伏以因下有緣字契會
治師作絲從理資賢守之良能下有逆此一空敢志大報伏願刑設弗用人自
不寃十八字

卷二十

而卒下有天字以禮自誓志下有又字成其子繼其聲下有
者字
久之以歸康州下有康州二字佐大臣幕府然亦以是數
至作致言二字者則知其母下有孰吾二字孰汝
而至司徒下空格作謩謩之子通判絳州下有行州二字事葬

下有有字銘臣作君之行治晁與余交下有久字
謂可當下有大事士有罪當六字贍作贖而後使下有欲字刑訴于監
司下有監司二字怒不問所所字無在下有亡字而人信之
下有外屬為三字徐守數薦宰相下有將字用矣得價價字
無不下有償字出
理公卒下有于字汝陰之薦福院我其銘公下有公字默然
始出汝陰下有證悟禪師在焉聞其道轍講謝徒而從之十六字明年
吾往矣下有既疾又謂永圓日九月十八日吾其已乎實以十八字既望坐逝
或使下有或字守
銘以送下有之字
其後有防作昉娶高氏子孫數十下有八字獻大珠下有
直字數萬巽以行直下有毋危言以近禍而憂其親君氏富羣弟盡用且十八
字負君文作又償以祿
李某邵下有敏脩張某四字
行下有於字方內
募民下有出字粟面作而賜以官思曠之車下有與人共之猶以為難
則余之色詞拒者衆矣於是由二十字以敘之
為樞密使下有仁宗二字務伸寒士入有薦君於丞相荆
公下有荆公二字書其姓名君徙妻下有子字避之賦薪
以下有八字束
穎公姊弟二字作之姊為趙氏婦下有及孫而絕與其夫子稾殯山陽久而殯壞夫人
過之力不能葬為治完之而歸告其親使舉之而莫得也先君以嫁貲讓羣弟畜孤振窮斂死恤終

夫人同之不以累其夫先君卒貧不能家夫人以大家子就之下養人以為夫憂夫人安之不以累其子年高而家益貧從其不肖子就食河北舟一百一十字 及鄆之東河 誦彌

陀不絕 下有口字 加 下有恩字 諸子 淑嫁從母之子左

司員外郎 九字作陝西轉運使直秘閣八字 張舜民媛嫁 下有從母之子四字 章珙

西邊茶苦 下有兵字 上書曰 下有先王詳內略外化成人和誰得侮之不然憂在內不在外也顧惠中國以寧內憂其後朋黨之論興變更大臣公上書曰四十六字 非國之 下有憂正邪亂聽心腹之疾憂之大也惟聖王明辨之十九字 歷撫州宜興 作黃下有臨川尉輕俠少年戒其黨與母犯禁公之皇考治壽州其政如此而人莫知其所出夫人之所難為而公子父之所易蓋人以刑而公以德能服人之心而不知其然所以善鄉[illegible]嶠郛察能否從司法參軍遷鎮東節度推官舉監眞州倉以課遷太子中允太常博士知泰州如皐信州玉山二縣興學校以進善新官寺以臨衆治梁道繕置驛以奉行旅歲凶請糴于鄰州以振飢明年公又請日今幸歲一登然居者未完亡者未復而賦役如平時與凶年等願緩一載如皐賴公保其生業而近縣不勝其弊公事覲將順其志有女弟死家貧不能歸逆喪以葬而瞷其孤為吏信厚敏惠所居以廉稱信州錢仙芝使客過公諭吏民以惠客公謝罷之僊芝勢嫓怒以危法中公請御史出驗治仙芝坐誣公得罪而公卒不免也公祖延鐸散騎常侍祖仁旺贈水部員外郎考致堯戶部郎中直史館贈諫議大夫妣某氏公夫人周氏吳氏朱氏公子壁不仕肇中書舍人牟安仁令宰湘漳簿布龍圖閣直學士肇吏部郎中女嫁承議郎闕景碑南康主簿王无咎祕閣校理王安國江宰府教授朱景略祕書李中承議郎王幾宣德郎周彭儒一卒于家一再適王无咎凡女九人慶歷七年公年六十九道病卒于南京皇祐元年葬龍池鄉清風里源頭公以子貴累贈光祿卿夫人分封京兆文城仁壽郡太君公子舍人謂其門人陳師道公之葬既以銘載于墓中今幸蒙恩追榮三品復立碑於墓道以顯揚其勞烈明示來今是以命汝為之銘師道幸以服役奉明命雖愚不敏其何敢辭

退考究其行治慨然興歎其試何小其效何大耶及讀其書又有大者而未試也因書以逆志而又知其懷之有言言之有不盡則其雄深偉奇驚世而善俗者猶其餘也世徒見其仕而不遇仁而不年以為公恨此固命之適六百一十字 豈足道哉 下有顧嘗以為志不見於仕則發之於文文不施於今則必傳之於後有能行其言則不窮矣此公之志也其可謂盛哉故述而銘之以勵其子亦以自勵又以勵後人其銘曰人之多言言不由德德必有言惟公之賢嗚呼哀哉得時無命功名其餘夫復何恨何以觀德南阡之碑其言不忘後世之師公則已矣其言可試其惟終之在公孫子一百二十九字

卷二十一

不一言何也 無也字

郎近城覓使 作便 襲擊兼令開 作閒下有道字 將文字與石普

圖 作閣 承輸 作輸

臣事君 下有乃字 非敵國之禮也

以問公曰 下有陛下欲了欲未了耶曰國十字 危如此

卷二十二

良玉不琢 作瑑 謂 下有其字 不借美於外也張遇 作其 後梁 作平

聞楊山人 下有之字 善相人也

苦草先生則禾不熟 三字無下亦無三空格作人疫甘草薺苦 草黃蒿也

便可包後 明本注有缺文三字案後作復不缺

卷二十三

大坐為奎 下注音穩

心堂 上有前卷有澄四字 趙元 下無空格 考家 才二千卷於 作與

此說 下無空格 相似但掌 作堂 房不同耳

其守李下徽字明本注缺一字之
忽有老卒下有生火二字埽地如法
宣下有仁字后當國
釋從青明本注缺二字案無注人主某寺
宣下有仁字后初臨朝

卷二十四

凡十年下有一字遺使以事動四作中國
龍圖閣待制韓下有川字公
國號明本注缺二字案乃吾祖

卷二十五

而而字無太祖不可

後山集　三　刊下齋校本

卷二十六

不能去皮皮字無梗也　重定麴錢下有壞字
册畢受明本注缺一字案作賀字儀
仲夏糶鹽下有以字惠民
二十九貫石斤下有疋字
縣而下有旋字入施施字無之
好箇翰林學士不注缺文某久以此奉此作待
通答曰究竟下有還他二字
教以毋效下有我字也
二百餘人下有欲字飯僧

卷二十七

莊氏採曲而過直下無注
尊卑分也下有子字下同孔子曰　蘇長公曰不提行
象欲殺舜而不畏堯邪曰象無兄也安知有君哉此條
在五世之祖條下及下半條皆明本所缺
道不可以言傳而因言可以適道古之人讀其書則
得言誦其言則得意通其意則得道是知謂自得
下接今之學者

卷二十八

太祖下有大字笑曰
與今黃下有亞夫二字庶
問知其下有癡字弟也

後山集　三　刊下齋校本

卷二十九

又曰不提行
會子固舊鈔無固字別本闕短於韻語
自分身如鼓子花下有子字野於是爲作詞也

卷第三十

木蘭花減字下注九日清尊一首
滿庭芳下注詠茶閩嶺一首

東湖叢記

雲自在龕刻
光緒九年六月
王懿榮署

凡例

一是編多從錄昔人文字未敢妄加刪易然字經三寫烏焉成馬其有展轉登載或不無詞句舛錯文義抵牾愧譾陋未能悉訂閱者諒之

一六書四體初未講求此中金石諸條亦就傳錄者依樣葫蘆略存形似恐有筆畫闕誤貽笑方家不見鄙夷爲之教正實所致幸

一所登載近人著述槩以沒世爲限至現存者所業投贈不乏佳篇惟與體例不符故從割愛俱不闌入

一記中各種或假自知交得資眼福或剽從估販無力購求即有一二舊藏近已雲烟過眼倘按圖索驥無以應求幸勿見責

目錄

東湖叢記小引

僻處海隅屏居家衖足跡所至不出吳地見聞寡陋曷足深慚惟破籍斷碑性所癖嗜累月窮年遂有所積隨得隨鈔初無義例叢雜掎拾自備遺忘藏諸篋衍匪以問世云爾

咸豐六年丙辰七月放庵居士蔣光煦識於商觚周鼎秦鏡漢甓之齋

東湖叢記卷一

雜考類

海昌蔣光煦生沐

雲自在龕叢書之

紫薇山廣福院柱礎題字

余家峽石在東西兩山之間西山即紫薇山也上有廣福禪院舊志謂唐宋坦捨宅所建有辨親大師者宋仁宗天禧間賜紫今西廡之佛龕相傳其塑像也院有柱礎作覆蓮花形余屢游其處見礎上隱隱有字跡亟洗刷拓之其西南一礎刻天聖乙丑歲建造弟子施承（下一字模黏）捨礎一口東南一礎刻弟子范德（下俱泐弟字之次行有若良字者）西北一礎刻弟子張彥輝捨礎一口東北一礎刻弟子張承皓捨礎一口兩礎爲佛座所壓不能全拓藉知修造在天聖間至今未嘗易故址也志又言殿外有鐘委地唐時物也今諦審之鑄字幾滿並剝蝕不可辨尚有首行本鎮稅課四字可識案峽石酒稅南宋初歸殿帥楊和王此稱稅課云云當是宋時所鑄其非唐物明矣道光壬辰吳江楊龍石（澥）嘗至鐘畔審眡云有大業二字喜以語余今徧覓內外不可得豈二十餘年之間遂又磨滅耶書以俟後來者覆審之（翁小海雒云古人功德銘冢多有大業字即書業之意不必定是年號也）

禮樂書序

元四家集虞文靖爲最富然遺篇逸什亦往往有之禮樂書序其一也撿類稿及學古錄皆無之文云自古帝王之爲治禮樂其具也政刑所以輔其成者歟仲尼之言爲邦夏時也殷輅也周冕也韶舞也放鄭遠佞其政刑之所以行歟故先

儒之言曰有關雎麟趾之化而后可以行周官之法度周官之法度政刑也關雎麟趾之意其禮樂之本歟秦漢而下有天下者於禮樂乎何有而所謂政刑者豈必出於天理人心之中正者哉是以昔人深歎乎百世之無善治也我皇元太祖皇帝受天命以興列祖繼作至於世祖皇帝一統天下立朝廷定制度以御萬方郊廟社稷之祀享朝廷之會同斟酌前代衣服鼎俎之制金石羽佾之節以奉於天地神祇祖宗以合其宗王臣鄰百官及四方之來賓者駸駸乎禮樂之殷矣然而喪亂既久生息未復舊染之俗未盡變逼乃建都縣置守令託之以民社統之以方伯連率聯絡周密治法脩明而又寄耳目於御史之臺分中外爲廿四道稽諸近代置提

刑按察之官蓋將約其民而使盡協於中者矣後又易提刑爲肅政其意豈不欲刑錯不用率之以正而民無不正焉意禮樂其在是矣閩爲東南文物富庶之邦其部置憲踰六十年吏民之所共識者其長貳數有儒臣來居以治教之所以仰體聖心於行事之間者亦莫不盡其思矣今皇上如天之仁覆育寰宇功成治定殷荐祟配固其時乎耳目親切之司豈有內外之間哉去年僉憲前進士趙君承禧宗吉始欲發明其微而推究之乃得故宋太常博士陳祥道所著禮書與其弟暘所進樂書送郡學官刻而傳之方鳩工而趙君移節浙右於是經歷前進士達理惟實可行知事前國學貢士張君汝遴允中相與讐校而完成之二君與趙君之意所以見

憲府設官之本旨而欲贊成聖治于今日者也乃使郡儒學訓導韋泰訪集於臨川山中而使之敘焉夫禮樂之事大矣三君子之心至矣集何以言之哉切嘗論之歷代之史載其所謂禮樂者略可見焉唐開元禮盛矣宋承五季之後禍亂粗息乃勅劉溫叟李昉等損益開元之書爲開寶通禮嘉祐治平間姚闢蘇洵修太常檢討以成而陸佃張璪之所定也議者以爲簡繁失中又或以爲雜出衆手其論蓋未定也而陳氏之言曰考六藝百家之文以究先王禮樂之迹辨形名度數之制發仁義道德之蘊凡廿年而後成可謂勤矣進書在元祐更改之初其有待而發者歟或曰陳氏之爲書因聶崇義之圖辯疑補闕采繪尤精書存繪本不甚傳於世爲可

惜也方是時濂洛關西諸君子之言具在學者得其說而有考於陳氏之書則道器精粗兼備矣若夫樂之爲說尤有感於陳氏之言焉其曰中則和過則淫斯言也先王復興不可易也宮商角徵羽五聲之正也角之於徵羽之於宮其間音節既遠故上下之間有變宮變徵之設二變之終不復可觀是以二變不可無而七均備矣十二律各有宮商角徵羽之調而非二變不足以成自然之理殆不可易是故宋之議樂也急於中聲之求而七均以成調者無所議也舊法以黍定尺以尺定律王朴用縱黍定尺而管之容黍爲有餘胡瑗用横黍定尺而管之容黍爲不足且黍之生豐凶大小不可齊也故范鎮之爲雅樂亦不可定然則中之不可得而過不及

之差誠有如陳氏之所憂者而陳氏之說獨於二變四清之聲是去者其必有特見矣哉盍其書見於建中靖國之年時君方自聖以聲爲律而身爲度二變之外四清之餘不復可理怨思哀怒之交作無以爲國而陳氏之說孰與之施行哉此又大可慨者也二書之出學士大夫好古博雅者必將致其問學焉國家有大制作將有徵於諸生二書不虛作而三君之志得矣是爲序雍虞集書此序愛日精廬藏書志失載案雍正甲辰婁思遜刊虞文靖公文集有鄉先輩沈濬初先生翼機序

九域志

九域志八十卷元朱思本纂集有自序云天地大矣萬國九州之夥五湖四海之廣而山川原隰人物動植毛舉浩繁況乎郡國州縣自開闢以來其間建置沿革混合瓜分世異代殊不可枚數所以誌疆宇者往往校勘少疎使漏遺彌廣思本切有慨焉因取元和郡縣志以及太平寰宇方輿勝覽天官輿地諸書詳加檢校思欲輯理一書以附諸君子之後又以拙性迂疎天資譾劣恐貽畫虎之譏輟而復作者再矣竊惟我皇元肇運自世祖龍飛漠北定鼎燕南雖爲遼金舊都自聖朝混一區寓奠安黎庶爲億萬年不拔之鴻基況幽冀之域在禹貢惟九州之首蓋深有合于遂古皇圖之制焉矧歷代以還自嬴秦破九州爲郡縣中古之下迄而不改遂使九州之域僅僅徒有其名幾於湮遺湮沒暇日因取羣籍參考異同分條晰理一以禹貢九州爲準的乃以州縣屬府府

屬都省以都省分隸九州焉九州既分然後繫以星躔畫爲疆宇并系前代帝王之建置寇盜之僭竊悉爲詳載使開卷者於千百年區宇混合瓜分者瞭然如睹諸掌書成凡得八十卷題曰九域志云時皇元大德元年長至日沛國朱思本識案錢竹汀宮詹大昕補元史藝文志朱思本輿地圖二卷阮文達公研經室外集朱思本貞一齋詩文稿二卷云思本成輿地圖一書有輿地圖自序一篇可證孫淵如觀察星衍祠堂書目有明羅洪先增補朱思本廣輿圖獨九域志不見于各家書目余所藏者殘本八卷不知世間尚有全書否

號叔大林鐘釋文

儀徵阮文達公云此周虢叔大林鐘也鐘之大從來無及此者考工記鐘以兩欒之銑爲十以起度今以工部營造尺度之銑長一尺三寸五分卽命此數爲十以之度鉦得十之八與考工合以之度甬得十之五與考工不合其甬舞間兩銑間本橢圜今拓本無從度取鉦之中有銘四行四十字左銑有銘六行四十五字鉦左右篆帶各二帶間無乳鼓隧間爲蚪文按國語周景王鑄無射而爲之大林單穆公諫謂作重幣以絕民資又鑄大鐘以鮮其繼若無射有林耳不及也先王之制鐘重不過石今王作鐘聽之不及比之不度細抑大陵不容于耳云云韋昭注謂大林爲無射之覆無射陽聲之細者大林陰聲之大者考口鐘之銑已逾周尺二尺之外古權約三當今一百廿斤爲石石約當今四十斤今此鐘極大實在四十斤外矣此銘文有曰用作皇考惠叔大⿱林令和鐘大⿱林令卽大林蓋先周景王爲之者林下加令正是令字林令古

同韻加八且足以肖鐘兩相覆之形此古人作字肖形肖聲之妙韋昭之注益可證矣叀即惠字之省文虢叔之父謚也南仲煩氏諸鼎多有之而或釋鼎文爲專字誤矣又字似久字然宰辟父敦命乃乃字形正同此其他鐘鼎文此類甚多而或讀爲故或讀爲及皆不能通其義讀爲乃則通矣孖字乃邦字反文分邑之口加于丰上耳旨乃稽字說文作䭬齊侯鐘作頟從旨也此作戈從木也木即說文所謂木上曲稽字正從此矣𢦏與下對字形相合詩曰帝作邦作對毛傳對配也義讀爲儀古義音如儀周禮注故書儀作義漢書鄒陽傳亦書郲儀父爲義矣魯大也敘也故鹵旅臚等字皆與之同韻相假向來釋鐘鼎文者或以爲敷或以爲睿皆非是嚴

即儼異即翼省文也詩口有儼有翼十口在二三爲上下以晝之長短口之鍠鍠越越言鐘聲鐘鼎款識口許子鐘銘曰鍠鍠越越凡所見此其類也陊字即降字下乜當右轉書者誤左耳餘字習見者不具論此鐘銘辭爾雅篆體朗㽞摹考既畢憙說竟曰益都段赤亭徵君松苓云左氏傳謂虢仲虢叔王季之穆爲文王卿士是二虢惟喬季爲最顯古器物銘所載虢叔作尊鬲考古圖所載虢叔作叔殷鬲博古圖所載虢叔彝及此鐘篆法之古並同殆亦一時所造虢言亓國叔言其字古人五十以伯仲故也薛尚功謂虢言亓姓叔言其序者誤曰作大棽和鐘盄鐘樂器之大者樂所以示其龢而銘之所載𣪊𣪊越越又以形容其和之德故曰龢鐘惟遲父

鐘作和𦿷𦿷字與此𦿷字略同而鐘鼎款識釋作夾字迄无確證則林字近是偃師武虛谷大令億云鐘銘皇考惠叔大棽和鐘棽與林同周景王鑄無射爲之大林是也當景王時虢亡已久不宜復有虢叔爲之效尤盍其後續封也唐書宰相世系表西虢地在虞鄭之間平王東遷奪虢叔之地與鄭武公楚莊王起陸渾之師責王滅虢於是平王求虢叔裔孫序封於陽曲是爲郭公表文多舛謬亦有所據依然則此言序封與予所證符楚簡王十四年越既滅郯及頃襄王十八年復有鄒費郯邳春秋時小諸侯絕而重封類如此者不可僕數也叔初封於虢子孫因之世世稱叔樊仲山甫後有樊仲皮亦襲樊仲晉之智氏世稱伯趙氏世稱孟故予於此銘亦以此𡗜之銘爲何君夢華藏本詢其所自云得之口司馬達甫

鉦間　虢叔旅曰不顯皇考惠叔

穆秉元明德御于乃邦積古齋釋作辟稽積古齋釋作㝵

手積古齋釋作屯作積古齋釋作作對積古齋釋作攸旅敢啟帥井皇考

威儀爲御于天子迺積古齋釋作卣天子

右鉦　多錫旅休對天

子魯休錫積古齋釋作揚用作積古齋下有朕字初拓本模黏或後洗刷得之皇

考惠叔大棽和鐘

皇考儼在上翼在下

鍠鍠積古齋釋作愷愷越越積古齋釋作能能降旅多福旅其

萬年子孫永寶用享已上從阮文達公手蹟錄

虢叔大林鐘釋文二

吾邑陳受笙孝廉均客馬秋藥太常履泰陝西學使幕得此鐘于西安市肆後歸汀州伊墨卿太守秉綬今在武林瞿氏阮文達公題其拓本云此鐘新在關中出土受笙年兄獲之以示余乃虢叔大𪔲鐘也與余所藏虢叔大𪔲鐘無一字少異洵是同時一國之器特此重今稱五十斤余鐘重六十餘爲少大耳左方畫梟余鐘所無鐘之有畫梟者余于王復齋舊宋拓本中見有一與此無異此中銘字有爲青綠所掩者校以余鐘可讀也平湖朱椒堂漕帥爲弼云虢叔大林鐘爲弼曾考釋之載入積古款識矣此鐘爲受笙先生所得銘文

與阮雲臺師所藏鐘無異惟梟形彼鐘所無考工記梟氏賈疏謂族有世業以氏名官此鐘以梟爲銘則作鐘者爲梟氏當亦如鳧栗之以官爲氏非以氏名官也梟爲水鳥入水常浮豈梟氏爲聲聲貴清揚作鐘者遂以梟爲氏與敢質諸大雅大與翁宜泉比部樹培云薛氏鐘鼎款識遲父鐘釋作𩁹即此鐘銘上一字也御于乃辟是辟字非邦鉦間弟三行首一字是屯非手下一字是亡非亡積古齋鐘鼎款識所載宗周鐘有云亡競可證穆秉元明德穆下有二字遲父鐘曰穆二不顯龍光盄和鐘曰穆二師秉明德可證也甘泉江鄭堂藩云虢叔旅曰不顯皇考叀叔穆秉元明德御于乃邦頓手𩒨旅敢啟帥井皇考威義口御于天子迺天子大林和鐘

即無射之覆作無射爲大林以覆之其律中林鐘說見國語注無射乾之上九林鐘坤之初六上九位高聲細初六位下聲大無射之聲爲大林之聲所抑是以細抑大陵不容於耳然則大林鐘其聲乖於律度必無和理而名之曰和鐘者蓋無射律長四寸六千五百六十一分之六千五百二十四林鐘律長六寸先以無射之律爲本又加以林鐘之律此賈侍中之所謂覆也藩以爲和當讀作和較之和用無射林鐘二律之和數以鑄此大林鐘也鼓間花紋刻作雙梟寓梟氏爲聲之意耳

明文衡

明文衡九十八卷其九十九及一百兩卷則補鈌也正德庚

午刊本首有程敏政自序文見集中目錄後有跋云右皇明文衡目錄二卷乃先師族叔學士篁墩先生之所選定而曾采錄以類次之者也宏治己未先生卒于京邸其孤錦衣千兵燻扶櫬南還暇日相與檢閱弊藁是卷在焉曾手錄出妄欲以卒先生之業但所居休甯山中非通衢於諸家之集未易卒致而先生遺書尚留京邸無從檢錄自辛酉抵丁卯凡三入試金陵其於國初以來諸家之集博詢有所見輒贖以歸雖重費弗少惜因目錄之所定采諸集之所載日積月累各以類次彙成十有六冊西蜀張公以名進士推刑新安已二載于茲矣仕優而學裒然高出一時今年夏聞曾有是集亟欲一見披閱之餘以爲聖朝文運之所敓治教之所關首

捐俸倡刻之時又錦衣弟以所留在京諸得集還休甯乃得參互相證少免脫略公理刑餘暇手自校其魯魚亥豕之謬於目錄中未有文者朱注缺字于下以別之後之君子倘補其缺收其遺續其所未登使是集爲一代大備之典則我朝文治之盛豈不於斯益有考見也哉刻告成因忘其固陋謹識編刻始終本末歲月如此俟業少進傳諸有文者姓氏出處大略增置卷末未知其果能遂否也茲所刻工役頗鉅董其事而以貲助者歙義民詹以祺等雖出于一時子來之誠而張公以義感人之素亦可見矣其目錄缺文隨有所得輒刻附于後不復類入以亂其成卷先後之序云正德五年歲次庚午十二月中澣後學休甯程曾謹識後附尚義助刻姓

氏凡二十一人卷末有後序云作文難選文尤難惟子期然後識高山流水之音而淄澠之味亦非易牙不能辨自漢以來文章代有編選如昭明文選姚鉉文粹之類何止數家求無遺議者難矣我朝百餘年道化熙洽臺閣之宗工山林之詞匠彪炳鳳翥時不乏人第無以編選爲任者諸大家全集各行一方人亦罕得見之其時代差遠者又雲散鳥沒零落無餘矣故世之偏見洽聞者舉前輩文辭問之則喀然不能一啟口間有强辨者則謂當世之文無足追古者是又不自咎其淺而欲盡誣一代之人也噫其流固至此哉此篁墩程學士有皇明文衡之選也學士在英宗時以奇童被薦入翰林讀中秘書落筆言語妙天下嘗自洪武以來旁蒐遐索垂三十年得一百五十六家擇其文詞之精者分類錄之得九百七十二篇昔真西山輯正宗以明義理切世用爲主必體本乎古指近乎經者取之否則雖工不錄學士之意蓋本諸此觀其所選之文與其所自序者可具見矣學士沒諸集散失庠生程曾於敗篋中得學士手書目錄不忍遂泯學士初志徧訪海內蓄書之家亦幾十餘年始克成編適予承乏來推刑新安乃於政暇略加校正分爲九十八卷釐書入梓民之尚義者聞而樂助之餘則予以次規措總爲費計錢二十萬有奇六閱月梓人訖工予莊誦而歎曰觀乎天文以察時變觀乎人文以化成天下皇明之文蔚然燦然華實相副出入乎典謨浸淫乎雅頌足以超秦漢而上之其盛如此列聖

之化顧不於此可仰見哉雖則一代之人文未必盡於此而染指可以知鼎味矣他日安知不有鉅儒續爲編選乎夫歐陽不好杜詩東坡不喜遷史文人不相知類如此者予亦安敢謂學士所選果無遺議乎間有目錄無文字者缺之以俟續訪別爲一卷樂助如詹以祺輩共廿一人附書於目錄之後以示勸亦以見是編之梓行非予一人所能成也正德五年歲次庚午季冬望日賜進士直隸徽州府推官西蜀張鵬謹識

六藝之一錄

錢塘倪山夫濤著六藝之一錄凡分六集第一集金器款識二十四卷第二集石刻文字一百六卷第三集法帖論述三

十八卷第四集古今書體一百二卷第五集歷朝書論四十卷第六集歷朝書譜九十六卷合四百六卷又續編十二卷序之者梁文濂汪惟憲厲鶚汪師韓趙一清其自序云士生百世之後古人不得見見古人遺蹟如見古人焉古人遺蹟不可見見古人之論古人遺蹟者如見古人焉然則後世之于古人雖得之傳聞其慨慕咨嗟流連歎喟當百什倍于親薰而炙之者而可無深思篤好僅比于雲煙之掠眼已耶係儒問徑天高于脩人脩人不知日予雖不知猶近之予我故夫學有師承道有源委自尺寸至尋丈以至于不可窮極夫非同此居高行遠之術歟余最不工書每見古人書論書評輒用神往正如里之醜人覩好色而知愛無他其迹殊其神

契也顧自恨去日苦多炳燭之明其明幾何然而心之所向筆不能已忘其陋劣撰成此書名曰六藝之一錄其類則釐而為六其卷則四百十有奇積日以來耗璇楮墨草稿初創以示吾友桐叩沈君笑而贈之句云韓信怯胯下乃能將漢師其謂我素不工書而偏好會粹古來之工書者以自成篇帙也諷誦斯言且慙且喜夫事有相反而相信獨深者飢者之說飽寒者之談煖雖終身不解而飽煖之情形得不謂之津津有味乎嗚呼吾即不得見古人古人有知或者其不鄙我乎或者論古人之遺跡而不啻親見古人于一室乎抑余嘗服宋儒曾子固其文學其賞識不下歐陽文忠公而所集古今篆刻為金石錄五百卷者乃不獲與趙德夫並傳則書之顯晦不可究詰況余之渺見寡聞安思與世儒角耶大耋可嗟是錄也僅以當鼓缶之歌可耳不足出而質之大雅君子也乾隆五年歲次庚申二月望日隱塘昆渠自序時年七十又二山夫又著有周易蛾術七十四卷有自序又文德翼傭吹錄注及刊削水經注倪氏鈐說諸書吳城云山夫以貢生任遂安司訓年八十餘終

四書總要

殘元本四書總要不著撰人名氏吾邑馬衎齋思贊藏本也後有手跋云四書總要三卷宋婺源程先生所著專主黃氏輔氏之說繪圖發揮眞朱子之功臣也海內藏書家已少是本余入苕溪僅得中卷兩卷他日當徧訪以成完書耳花山

馬寒中識于衎齋時辛巳三月案此元刊本每半葉十三行行廿四字又元許謙讀四書叢說八卷元刊本每半葉十六行行廿四字又元張存中四書集註通證六卷元刊本每半葉十三行行廿四字元蕭鎰四書待問二十二卷元刊本每半葉十四行行廿三字

詩經講集說

詩經講集說六卷元盧觀撰案經義考不著卷第署未見又引黃虞稷云盧觀字彥達熊之父也案盧熊即撰蘇州府志者補元史藝文志亦不著卷第此影元鈔本卷末有至正辛巳校梓一行前有盧自序及吳簡跋再案經義考錄吳氏簡詩義署佚亦不詳卷第又引紹興府志稱吳簡字仲廣吳江人以薦入官歷紹興學錄吳兔床明經云千頃堂書目載元毛直方詩學大成吾鄉周芚兮大令春曾見元刊本有毛直方序而不著撰人宋毛直方入元不仕

姜遐斷碑
青蒲王述庵司寇昶金石萃編六十一卷載姜遐斷碑不及
三百字雍州金石記云存二百餘字云案金石錄補稱此碑祖父子姓之
名尙備以天授二年十月十日葬於昭陵神蹟鄉之舊塋今
此碑自祖暮以下文俱不存其葬處但有葬於昭陵之舊塋
未見有神蹟鄉也又云此碑雖文多磨泐然葬於昭陵之舊
塋文甚分明此七字中不能再容神蹟鄉三字其昭陵上空
二格亦例所應爾非闕闕泐是金石錄補之語猶未確也今
案吳江陸貫夫紹曾續古刻叢鈔載此碑存六百餘字其昭
陵下實有神蹟鄉三字然猶未敢據以爲斷也後得是碑整
拓三十三行之舊本每行存三十四字雖仍斷缺而可辨之

字尙有出於王陸二家之外者其神蹟鄉三字實尙明晰此
余所目驗者故知金石之文非親見原碑整拓未可遽信也
雍州金石記謂碑中東宮通事舍人可以補史之闕粹編引
長安志證無神蹟鄉之名又載乙速孤神慶碑尾蹟鄉二字
而不載碑首神跡鄉董大宀鐫字一行今此二碑俱有神蹟
鄉之名則更可以補地志之闕矣又案醴泉縣志崇正十一年荀好善
修云姜遐碑存九百餘字今此拓可辨者亦九百餘字
上缺部侍郎郕國公晞撰文并書一行
上缺望與彼規矩之流杪間閒之智亦衆矣咸欲輸大擧景
躡賢飛光則負鼎者絕臏已𠂇二行□子之薄於德而厚於
□東里閭之美其貌而空其腹復何取焉其□王允之一

日千里三行後於魯□　公之有焉公諱遐字柔遠代爲
天水著姓惟先肇於炎農氏大□配于天四行□之方聲□
國命於晉年四徵君之禾首天祉休祉代不虛賢　曾祖
景周使持節驃騎五行王五□□□克象山岳繼代二千石
賢期五百年祖暮　唐起義相國守員外賓曹參軍六行□
□亠□□□奉　□起□□部兵部郎中□爲將作□□
殿中監左屯衞大將軍贈□七行璽旗鼓終□□壁　公殷
盛德雍熙之風稟靈岳逍遙之氣□五秀以會質□六行
以崇心八行□辶以孝𠂇□之以位賢時謂言室顏回張家
曾子矣故伯父太子僕嘗指　公而謂人九行第宗黨□其
秀□邦國以爲□□又奉　制授東宮通事舍人時　春

闈肇建妙選寮賓十行於　國□辶通事舍人　公□瑰
偉明晤如神彥輔雲天披覩瑩目太初日月懷袖十一行矣
鸞鳳六象方□俯仰之容□韶九成□□鏗鏘之韻夷夏
以爲殊觀朝廷莫不駭矚昔十二行授茲任以　公□無以
易故久於其職頃之遷左衞翊府郎將肅鈎陳以警衞奉
　閶闔十三行古難其□□□□綱以一俊採時秀以旌奇
雖則荏苒有年愛無以上膺成命尋又　制十四行來儀喻
鹿眼□解前矣尋檢校光祿少卿明試以功滿歲爲正四
□九列有美昔人七侍十五行左衞將軍此後七年不進轉
後來者多昇上位時論殊以爲屈　公處之怡然未始以
細十六行擢考洛州及諸縣官屬　公神無滯識明有餘養

正之以紬陟飾之以文理自午及未考十七行地官侍郎餘
如故佐六禮以節人性明七教以興人德天工人代　公
實崇之至若躑競十八行固以無聲自是雲口在口豈直風
生口閣時　恩勅賜絹百疋以彰寸用之効也又奉十九
行故授斯任以　國慶果封口口俄丁內憂去職哀貶
柴毀莫能俯就尋奪禮起爲左豹二十行典憲每　勅公與
執事參議焉或降　中使頻延厚錫　公雖祗奉　恩奬
而毀疢彌侵二十一行十有二遺命務令薄葬於舊塋口口冕
旒與悼斂日賜朝服一襲賵贈有加哀榮以備二十二行口史
卽以天授二年十月十日同合葬于　昭陵神跡鄉之
舊　塋禮也惟二十三行性以道潤身恥名口行詣

徵索隱搴枝葉於口經原始要終求聖賢於黃卷性堅正
以靜二十四行訓子姪不交異類口口操行不入口叐之門人
口通家豈辶李膺之室自喪妻後不復再二十五行於窮疊每
有口亠則終始糸之加以博聞强識備殫諸藝尤善草隸
起冠一時雅好山水二十六行之艮會雖口尙口京植誠口皿
至於奉親也則罄無方之養故有女伎歌舞之娛加洞精
二十七行通元有逾焉亇口口之口未口不操翰紀時文詠月
羽京以絃口風口矣時中書令薛元二十八行抱創口於泉壤
瘞明德於山邱長子銀青光祿大夫太常卿楚國公皎次
子兵部侍郎晦二十九行贈　公吏部尙書口氏口人爲口國
夫人永以　月靈以口冈極痛百身兮無口思萬古二十行

以親奉風規口敘口求刂術意將申而氣口言欲口而心
口遂爲銘口　三十一行建摽亠偶儻口冰口
口瓆夆外月心卒逢波雲披遷亠行必可則言歸于謠括
囊衆藝該三十二行亠口美　口憲必口　帝宇北宸重寄西
在掌武珪口薪奔謙光傴僂神口昧昧天道若三十三行

續復古編

續復古編四卷元曹本撰書史云曹本善篆書𥻘宋張有始爲復古
編二卷張氏藏書志載元吳均增修復古編二卷卷上分子
卷三卷下分子卷二錢竹汀宮詹大昕補元史藝文志載戚
崇僧後復古編一卷泰不華重類復古編十卷獨是書不見
於前人著錄研經室外集云從吳江潘耒家所藏過錄惟向

缺上正下譌一類無從補掇今此本所缺正同其爲秘籍可
知余從西吳書舫見之亟錄其前後諸序補入藏書志小學
類惜戚秦二書世間恐更尠傳本矣　古者保氏之職其教
國子以六藝六書其一也後世之設教異乎成周之時學者
安于淺陋之習往往馳騖于空言而不究于實用其於六書
之義一切棄而不講于是上下數千百年之間以此名世者
不過數人而已古學之泯絕可知夫制作禮樂天子之事而
射御已亡其法獨書與數窮而在下者皆可習之至于書有
許氏戴氏數家之說然猶稀闊寂寥若此其久可勝歎哉宋
之中世吳興隱士張謙中氏考證俗書之譌謬若干字甚有
功于書學終宋世三百餘年工篆籀見稱絕藝者莫或過之

大名曹君子學篆書深穩圓勁素嘗得之裹言子當路有氣力者以為書學將墜一旦國家須才非可冒焉以充其選若曹君宜置諸館閣以備任使然莫有聽者久之君繇都昌丞調官京師始相見間出其所為續復古編將補張氏之未備者君于是書雖馳驅王事寢食為廢莊周氏所謂用志不分迺凝于神有不信夫推君之志豈沒溺于流俗者耶素備官詞林嘗代撰三皇饗祀樂章君為書之藏諸秘閣已而力求補外乃出佐信州幕府其行也序其書而歸之至正十二年三月丙辰臨川危素書　桓兒時侍祖父之旁故治書侍御史東平李公交最厚相見必講篆籀之學本之說文而凡字書之可取者皆參究其說數稱張氏復古編之善聞之既熟

竊取而觀之時猶未能盡曉獨怪其文之約疑有所未備而不敢問其後稍長日惟記誦詞章之為務于斯學也廢不復習迨于今數十年昔之所疑莫能自釋為恨洹陽曹子學好古工篆其筆法又明于六書之義他日出續編示余則因其舊文裒□彙次增多四千□百四十七字然後知張氏之編特舉其槩果有所遺而未錄將以待于來者續而補之使為完書不特有功于張氏所以為後學之助固多矣然非志專而力勤考核精審援据該洽如吾子學其孰能余雖衰惰有愧于此而佩服先訓未之敢忘願學之心終不能已詧識其端尚于曹子而卒業篆體變而為隸楷去古日遠往往多謬于六書秦漢以來千有餘年學士大夫習染深痼徒事於斯

冰之學而襲隸楷之譌者莫或取正宋元豐中吳興張有謙中篤志斯文嗟徇俗之非是悉為刊定釋成一編題以復古學者誦其功然其間闕略未備者十二三大元興崇尚文學而得洹陽曹子學氏補其闕遺然後六書之義始正蓋子學氏之于篆幼而習之二十餘年其屢如一日故謙中之書未嘗去左右間益考求凡有得者附著于編久之合若干字輯而傳諸學者名曰續復古編君子謂子學氏之于斯文其功當不在謙中之下為其紬俗而返之正是亦猶謙中之志爾夫謙中之志卒待于子學而成之信乎復古之難哉自古道之既微豪傑之士莫不有意于復之度其勢有非一時一人之所能致于此槩可覩矣予因子學氏之所輯足以裨張氏

之未備遂論次之以告于世之學古君子子學名本方仕于時將有光顯云至正十一年歲在辛卯正月十又二日上元楊翮序　道出於天而字作於聖人字之所形即道之所形也故河圖出而天一地十之數彰易卦畫而陽奇陰偶之象著字之本原其肇於此乎軒頡有作人文日孳六書之教愈精愈詳逮夫籀斯造興工篆呈巧曲盡天地萬物之狀而無所遺變而至于隸楷日趨于易而益生生無窮矣此亦理勢之自然盖有不容已者然而轉相變易雜以俗書漸失古意獨許叔重氏說文之作條理嚴密脈絡貫通古人字學賴是以傳其有功於世多矣自是而降好奇尚異承誤踵譌或偏旁點畫之殊或魯魚亥豕之舛其錯亂有不可勝言者此吳

與張隱君謙中復古編之所繇作也聲分而韻類考古以證
今據許氏之書而推本徐氏正俗之意其有功于字學亦豈
少哉然上下卷止三千餘字惜其猶有所未盡也洹陽曹君
子學氏博極羣書其于字畫古今之異尤所研究慨然有志
續張氏之遺而補其缺求字之原正俗之謬從而筆之積四
千餘字將俾後人識古今文字之變而不墮於譌謬之域苟
非子學考索不懈其於六書八體安能盡古人之精意而得
其大全其所著定當與許氏張氏之書並行于世豈小補哉
至正十八年龍集戊戌九月既望京兆宇文公諒叙于會稽
白雲寓隱　自八文既著風氣日開科斗鳥迹之茫昧凡幾
變而至于籀斯斯時已弗古矣蓋遂古之初書始萌芽民俗

醇朴以之代結繩足矣降及三代典謨訓誥誓命之文作而
書法由是滋焉亦勢使然也今其遺文可見者不過鼎彝之
間石鼓嶧山亦漫滅而僅存籀斯之文散落於人間者無幾
然繼周者秦最爲近古意三代之文大率類此籀斯特其名
世者耳宋吳興張謙中志于古道病俗書之亂古作復古編
上下卷心思無窮而目力有限蓋詳而未備者也洹陽曹君
子學惜謙中之編尚有缺遺政成之暇旁搜博采作復古編
續所以備謙中之未備噫用心亦勤矣間嘗觀曹君之書而
見其體製㫖法遠追古作得心應手本乎天成曹君何以得
此於古人哉聞之濠梁董灝曰君天資穎悟絕人年十七八
時輒喜作石鼓嶧山篆法籀斯而主說文徐李而下不數也

靜坐一室置圖書于左右仰而覸焉久之若有得也徐起而
書之蓋已得其彷彿矣又久之則心領神會目無全牛筆意
之妙亦不自知其然矣予因爲之說曰字書形而下者也而
形而上者之道存焉世人習書其用心非不勤且勞也而屑
屑求之于形似之間譬之木偶人焉其形皃則甚肖也至于
精神風采則無有吾知曹君之書蓋有進乎道茲特其緒餘
耳君既有志於復古必將愈讀古書行古道以古人自期是
編一出當與字書並傳世有知君者安知君之不猶古人哉
而君亦何愧于古之人哉至正十年冬十有二月望日四明
蔣景武叙　宋大觀中吳興隱士張有作復古編以正俗書
之譌僅三千餘字竊嘗病其太約疑有闕遺欲集而補之未

皇也大名曹君子學以工篆籀乃博採六經子史暨先代銘
刻器物款識古文奇字攟而集之名曰續復古編張氏之書
其類有六曰聯緜曰形聲相類曰聲相類曰形相類曰筆跡
小異曰上正下譌曹君如其類而加二焉曰音同字異□□
□□□凡千餘字積二十年始見克成書嗟夫古文湮滅久
矣惟許慎說文十五篇僅存爲世遵信然其中間有遺脫如
劉免之類學者不知許氏偶失載遂以爲無是字而不敢書
至以宅字代之者皆是也吾嘗考諸經而辨之曰詩有篤公
劉又曰勝殷遏劉書曰無盡劉語曰幸而免又曰吾知免夫
大知字者宜莫如孔子詩書孔子所刪定語又孔子嘉言也
豈有六經字而非古者乎蓋許氏偶失載明矣學者守經自

信不當泥乎許氏之爲是也世聞予說而繆其久習反訾予以不知予徐而自解曰由許愼迄今千歲矣有一克新者倡爲是說而欲央千載文是非襪衆人之所信其抵牾而莫從也宜哉噫吾何汲汲以求乎今世將存其說以竢夫后世之君子也焉知不有同予說者焉今曹君爲是書于六經所有許氏張氏書所遺悉考證而殫集焉觀其論辨舛不符吾說庸是同予者固無待於後世而有也曹君與予未嘗相求而脗合如此則千載之後如曹君宜不一二而已也夫同予說至于再于三則衆人之所繆者將不待辨而自釋然矣斯吾所以有望于后世之君子者也予喜曹君不相求而合也於是書爲續復古編敘至正二十二年龍集壬寅夏四月八日

江左外史鄱陽克新仲銘序　向見子學隸古能不背說文今覩是書知其用功篆籀深矣子學平生負氣有志事功竟抑鬱下僚以死爲是書盍其餘力也紳與子學相親知其人而惜之獨幸是書之僅見於好事也嗚呼世之不得行其所學而僅以一藝聞者豈獨吾子學哉張紳　至順元統間本隨侍先君子寓豫章後至京師頗喜工篆籀往往爲人書及自書日不下數幅祈寒盛暑未嘗辭憚亦未嘗自信自欺盍古者字少而用多故有正文假借通用爾後方言名物傳見滋繁甚有無從下筆者一幅之間常數字或十數字多至數十字大抵疑異譌誤悉空之時于筆倦意嬾之際取說文旁搜徧討此卽此字某當作某見諸注說者如此散在他部者如此載于經史子集者如此質之先達訪于通人亦義有歸考之有據卽於向之所空者補足之然後敢以歸於人人惟見遲延不快寫豈知疑而未得者詎敢苟且哉考旣有得則筆之于帙日積時久彌以益多他日裒帙而指計焉得四千餘字好事者見之咸謂宜類集如張氏之編使學者知字有而說文無者則未始無有也余曰張隱君篤信說文故能推徐氏正俗之意而成復古編余始窘于俗誤今考輯若此其未考者尚不少綴以歲月加之考索弗倦當復有是編之多孰謂是編能盡張氏之遺哉後編之出亦猶我之續張則又我之續我也于是乎書于續編後至正十五年歲在乙未四月廿五日曹本子學甫識　（上缺）上文音同字異並說文所收

正文或體及籀古也世之未嘗考者或不知其爲同好奇者但取其異而遺其正故予兼舉爲續復古編壹類其數二千三百六十七字昔人載酒問奇所得未必若是之富也至正十五年秋七月望日洹陽生識

金史板刻說

烏程施北研（國祁）熟精金元史事所注元遺山詩及金源劄記皆已刊行其禮耕堂叢說余所見者僅三十七篇未知是足本否有金史板刻說云元人徐一夔始豐稾載俞子中墓碣云至正初（四年甲申）朝廷修三史移文江浙行省繕寫鋟版遺翰林應奉張翥視工屬子中校正（子中名和號紫芝郎書王蒙芝蘭室圖記并題如此江仙亭詩卷首籀文者清河書畫舫紫芝書白石續書譜又少嘗作松雪僞書幾于逼眞松雪遂留賞賜晚年專臨晉帖

及見獄之十三行眞跡刻意模擬遂名家續夷堅志王起善跋云至正戊子八年武林始刊金史始獲一覩殆以宋史卷帙繁重遼金史政事僻陋故止浙中一刻無他本行世遂少日知錄載嘉靖初國子監官張邦奇請刻廿一史云十七史取舊板修補宋史取廣東板遼金史求善本翻刻盡廣東版不刻遼金史而浙版已亡止存印本求善本者乃取初印耳戊春在吳門從友人借得浙刻元本書凡廿冊每冊卷首鈐楊氏家藏書畫私印八字篆文長印或郎明楊南峯奚囊手鏡物耶與南本相校其字形行格每頁廿行每行廿二字低行天會十五年錯卷哀紀刑志等皆同惟衞紀大安三年大元字提行而完顏合達傳百十二卷後凡北兵字又皆不提行是書不全書賈取南本補入者大抵取浙版印本翻作監版無疑故其文字互譌不及二百字總目尾頁載列校

勘官彭衡倪中麥壽岳信楊鑄牟思善卜勝李源模丁士恒宋九人求詳惟揭模似爲文安從子揭十八百官志二五十六卷尾頁載軍須庫典牧司圉牧司提舉牧圉所四官兩監本皆脫去且其末頁直書卷目于下格若本無此四職者乃鈔胥之弊又禮志六三十三卷原廟下列傳七十六卷宗磐傳下兩監本皆脫一頁並存空白一版而所校浙本兩頁皆存想當日所取翻刻之本偶缺耳曾記元人張昱輦下曲云院官賜宴搊酒黃羊禮待諸臣亦殊優渥其閒總裁失檢纂修紕繆始詒非論至史成後不付監刻移文浙省僅令張俞二人視校不過取名下士抑具員而已此元臣之草草也至明人復惜謄寫之工箋紙之費徒取舊印窠模一任工司剜脫卽此四頁亦非難覓之物竟不吝查採補致北監本每頁廿二行每格廿一字踵成其謬自監官林文俊表進以前諒必無一人寓目者以一代要典視爲奉行故事此明臣之草草尤甚者茲據徐銘玉跋知此史自金亡百有十年蒙古太宗七年乙未至順帝至正四年甲申始有浙本又隔百八十六年明世宗嘉靖八年己丑始有南本其間不絕如綫是可嘆也

田侁墓志

道光乙未揚州灣頭鎭人以河役築堤取土獲唐田侁兩墓志江都梅蘊生孝廉植之得之以拓本贈丹徒嚴問樵丈保庸丈錄梅跋并自跋裝幅贈余其梅跋云誌文首行題淮南節度討擊副使光祿大夫試殿中監兼泗州長史北平縣開國伯田君抜舊唐書地理志云肅宗乾元元年復揚州置淮

南節度使親王爲都督領使長史爲節度副大使知節度事恒以揚州爲治舊領縣四江都六合海陵高郵職官志云凡親王總戎曰元帥文武官總統者則曰總管以奉使言之則曰節度使有大使副使判官凡將帥出行兵滿萬人以上置長史五千人以上置副使討擊使不常置一見於吳尋陽長公主墓誌銘云主生于有六長臣時授鎭南軍節度討擊使再見於此光祿大夫於唐爲從弟二品文散官殿中監爲從弟三品文職事官兼泗州長史新唐書方鎭表云肅宗至德元載淮南節度領揚楚滁和壽廬舒光蘄安黃申沔十二州治揚州其後十二州或有分合至德宗建中二年增領泗州貞元四年始以泗州隸淮泗節度盡田君死於三年泗州尙

隸淮南也舊唐書志云九品以上皆帶散位謂之本品職事則隨才錄用武德令職事解散官欠一階不至爲兼職事卑者不解散官貞觀令以職事高者爲守卑者爲行仍各帶散位其欠一階依舊爲兼與當階者皆解散位永徽以來欠一階者或爲兼或帶散位或爲守其兩職事者亦爲兼誌云兼泗州長史其兩職事與上柱國爲正二品勳官凡勳十有二轉爲上柱國北平縣開國伯爲正弟四品上階爵云故淮南節度使工部尚書潁川陳公者陳少游也舊書少游列傳以大歷八年遷揚州大都督府長史淮南節度觀察使封潁川縣開國子又云爲禮部兵部尚書而誌云工部當據誌爲是通鑑於大歷十一年冬十月載少游從討李靈曜戰于汴州

德宗建中二年少游遣兵擊海州李納巡官王涉三年拔海密二州四年將兵從討李希烈屯盱眙尋屯希烈陷大梁江淮大震少游遣參謀溫述送款於希烈又遣巡官趙詵結李納于鄆州新書興元元年希烈僭僞號遣將楊豐齎僞赦令送少游爲張建中所殺以僞赦令送行在劉洽取汴州得希烈僞起居注書某月日少游上表歸順少游聞之羞憤發病死而田君誌中懷百勝之謀有七擒之略云云又夫人誌少參戎武累著勛業云云蓋褒少游擊希烈李納諸武功也通鑑云少游既死淮南大將王韶欲自爲留後畏韓滉誅遂止尋以杜亞爲節度使是時德宗又改元貞元元年至五年亞爲東都留守田君死於三年適當亞爲節使誌云又歷諸府

幕權總職司即此時也又云道路艱阻未獲還鄉其時淮西將陳仙奇既殺希烈而吳少誠又殺仙奇爲淮西留後田君若反葬涇陽必經淮西故云艱阻也其撰者左衛率府騎曹參軍桑叔文書人右金吾兵曹參軍儲彥琛新書左右衛左右金吾爲從二品職在十六衛其屬有騎曹參軍兵曹參軍其職各正八品叔文彥琛衛屬官也歲跋云按江都縣屬廣陵國隋爲江都郡武德三年杜伏威歸國改爲兗州七年改邗州九年改爲揚州大都督府皆以江都爲治地在雷塘西十餘里蜀岡之下江陽縣貞觀十八年分江都縣置在郭下與江都分理

山光寺考　國朝雍正十一年揚州府志在江都縣東北灣頭鎮隋大業間建寺初爲煬帝北宮帝嘗筮得

山火賁卦惡之因以宮爲寺名山火後名山光唐張祜詩云禪智山光好墓田於時江都縣城東蓋九京也宋天禧中改爲果勝寺僧請山光舊額更建于郡東南弟三港沙河岸側今灣頭鎮山光寺本名福慧禪院儀徵阮芸臺相國于嘉慶八年重題隋山光寺額以志古蹟今江都縣贊賢坊又名四望坊地在舊城大東門內元代徙城而東南疑存唐舊名云江陽縣臨灣坊今名灣頭鎮去城東北十里即古茱萸灣舊以爲唐之東塘周韓令坤克揚州守之敗南唐兵於灣頭堰宋詔毀灣頭港口以遏金兵令不得積水通舟李全敗攻揚州在灣頭立寨元攻揚州以兵屯灣頭然則灣之得名其來已久誌又云孤墳巍巍兮倚雲臨水知唐時已有水環繞其

處辛丑六月二十日庸識誌云夫人清河冀氏景城郡王奕之長女奕葢始官節度押衙押衙郎衙推太子賓客爲正二品官按唐人封王不必皆高官顯秩如郭子儀李光弼等王僧虔封王時僅爲李抱貞都虞候王武俊封王時僅爲李寶臣牙將李惟簡封王時不過官太子諭德冀奕即其類也越三日又記田君父爲朔州刺史其夫人誌作祥州地理志無祥州葢誤字也又按誌中高祖曾祖五十五十一互異世字闕避太宗諱何作河古通松栢蕭蕭下脫一兮字作腹不孕何下莫辨者一字無上一字疑又字泐七月七日悔禪再記

唐故淮南節度討擊副使光祿大夫試殿中監兼泗州長史上柱國北平縣開國伯田府君墓誌銘并序　左衛率府騎曹參軍桑叔文撰右金吾兵曹參軍儲彥琛書　公諱侁京兆府涇陽人也鍾鼎之族被于前史高祖宏皇光祿大夫靈冀等州刺史祖崇朝散大夫恒王府司馬父仁俊朝議大夫朔州刺史並公望縣歸德映臺閣冰壺表節水鏡居心公惟岳降神妙季獨秀才高捧日詞美朝天懷百勝之謀有七擒之略故淮南節度使工部尚書穎川陳公以特達見許殊禮相遇屈公入幕補節度討擊副使累奏光祿大夫試殿中監兼泗州長史上柱國北平縣開國伯且拖有子玉文公爲之側席漢有汲黯當朝爲之正色若非功高衛霍名比關張孰能有此榮貴方將匡讚台階効隆元老何期智士石折賢人星殞積善無徵奄然辭位貞

元三年七月七日告終于江都縣贊賢坊之私弟春秋五十有一未得歸其枌榆且欲卜其宅兆即以其年八月四日歸葬于江都縣山光寺南原之塋禮也公孝德純深八表墻仞舒卷風雲之際從容淮海之間挺生不羣保此全德一朝休息平生已矣豪梁之上無復魚臺仲蔚之園空餘榛棘嗚呼哀哉乃爲銘曰森然秀氣欝爾嘉猷彎弧月滿長劍星流肅肅轅門稜稜霜氣日耀金戈雲連鐵騎南陽菊散西鄂芝沉摧殘壯志埋沒雄心琴覆弦寬書埋簡落平陵松樹穎川石鄉曠野蕭條悲風寂寞

唐故泗州長史試殿中監京兆田府君墓誌銘并序　府君諱侁京兆涇陽人也曾祖宏唐故光祿大夫驃騎大將軍靈冀等州刺史祖崇朝散大夫恒王府司馬父仁俊朝議大夫祥州刺史之次子也公豁達英才氣雄志勇少參戎武累著勳業至如攻必取戰必勝安危定難只在談笑則公之德歟世不絕賢尋拜泗州長史試殿中監又歷諸府幕權總職司則翰墨不能縷載夫人清河冀氏淮南節度押衙開府儀同三司檢校太子賓客景城郡王奕之長女也皆軒冕盛族令德備聞輔佐君子實謂秦晉耳公久主强兵屢清淮海功高望重日冀還榮所謂公祿及二千石壽逾百歲奈河上天不仁屈公以短麻哀哉貞元三年七月七日寢疾歿于揚州江都縣贊賢坊之私第也享年五十其時道路艱阻未獲還鄉權卜葬于揚州江陽縣臨灣

坊之原也積善無慶夫人小因沉痾於貞元十一年六月廿五日又終舊室嗚呼漂然寄家親故乖遠數歲之內淪謝相望夫人作腹不孕亡又無別息以姪孫益繼副其後益罄其餘產奉舉大事以其年八月廿七日合祔於府君舊塋禮也慮恐歲月遷邁陵谷變移所銘貞石期於不朽辭曰功成業就兮身之云亡事不可問兮悠悠彼蒼駿馬錦衣兮淪形滅影寶劍金甲兮沉氣銷光孤墳峨峨兮倚雲臨水新栢蕭蕭（脫兮）滴露凝霜親友哭送兮從茲一別永無返期兮泉路何長

羣史姓纂韻譜

羣史姓纂韻譜六卷首題永福黃邦光集各家書目未載惜

無序文可考卷末有跋云諸史列傳記其姓名不待目錄而知卷帙所在檢閱之便無加於此建炎間書肆刊行歷歲浸久遂失其傳因鋟板於永嘉郡淳熙丙午二月望日吳興沈樞題此影宋精鈔本余家先世舊藏也世少傳本仁和邵位西刑部（懿辰）云沈樞當即撰通鑑總類者

元遺山集

國朝錢湘靈先生（陸燦）晚歲逃禪其手校之書每押以明經別駕書經解元臨濟三十四彭祖九十七世一印又曰陸終彭祖後人余藏有先生手批元遺山集有跋云每首印紅圈俱程孟陽選元遺山七言律也計共壹百七十二首又一首射虎云虎跡騣騣近九關豈知飛將乃黃間弦弧霹靂應手破從騎爛斑載錦還得意雲雷捲勍敵迴頭蔾藿但空山腹皮食肉男兒事未分書生袖手閑此首出翰墨全書集所不載云甲辰獻歲十有八日呵凍記是年歲朝甲子日有食之元宵月食既經兩三時乃復圓沙老書生記書法縱橫蒼老年筆也先生著有調運齋集其手稿余獲藏之

張右史集

宋刊本張右史集七十卷按汲古閣珍藏秘本書目張右史文集六十卷毛斧季云世所行文潛集纔十之五右史集乃大全此本後有張（表臣）序視毛氏所見又增多十卷第文潛集據周紫芝太倉稊米集稱有一百卷本不知較此本何如按張（表臣）著有珊瑚鉤詩話及與陳後山晁无咎游惟序中

稱兩侍太師公相及秦公熺送示舊藏八冊云云疑張附檜之門下晚節不無有玷然其捜羅至二千七百餘篇其有功於蘇門諸君子亦不可沒云　予去冬兩侍太師公相論近世中原名士因及蘇門諸君子自黃豫章秦少游陳後山晁無咎諸文集皆已次第行世獨宛邱先生張文潛詩文散落其家子弟死兵火未有纂萃而詮次之者因俾訪求始得公相汪公藻手編三十卷頗復不全繼得浙西憲王公鈇所錄四十卷續集十餘卷稍爲精好又得察院何公若數卷最後秘監秦公熺送示舊藏八冊不分卷大抵總四家凡百餘卷亟加考訂去其重複正其訛謬補其缺漏定取七十卷號張右史集凡古賦三十二篇古詩七百四首五言律詩三百三

十四首七言詩三百三十九首絕句諸小詩七百七首古樂府等詩八十四首哀挽四十一首騷一十二篇表狀十五篇啟十三篇文二十九篇贊銘偈疏簡評十九篇題跋三十一篇傳記二十一篇序十五篇議說二十三篇經史等論五十七篇書十二篇墓誌十七篇同文館唱和六卷通二千七百餘篇嗚呼其盛矣哉信君子多文之富也公於諸人最為死後其文章雄深雅健穠纖瓌麗無所不有晻曖堙晦者殆數十年一旦得師相而振發之其光明焜耀蓋將偕五緯二十八宿爛然而垂無窮矣不其幸歟予年十七始識先生於陳猥蒙誘掖其後遷謫流離而予侍親南北就學應舉多不相值曩時雜蓄先生文集殆百卷喪亂以來捐失皆盡今者網

羅之餘固不多然未為盡也繼自今有得當為後集以附諸紹興十三年閏四月十八日單父張表臣敘

朱文公大同集

吳門黃蕘圃主政丕烈讀未見齋書目載元刊朱文公大同集十卷題學生縣學司書兼奉文公祠陳利用編凡為詩二卷文八卷前有鄱陽干越都璋纂集宋太師徽國文公朱先生年譜節略後有縣學朱先生祠堂記為嘉定五年龍泉葉適記泉山徐璣書案公集通行本一百卷續集五卷別集七卷舊本續集十一卷有淳祐五年王遂序別集十卷有咸淳元年黃鏞序視類編本大相逕庭惜所見之本殘缺過甚僅錄其目藏之以俟訪求全璧焉案王遂序稱蔡西山之孫覺

軒抄錄成帙劉文昌家亦抄掇悉以付友人劉叔忠刊落云

東湖叢記卷一終

東湖叢記卷二

海昌蔣光煦生沐

續經義考

仁和沈椒園廉訪廷芳撰續經義考未成書也稿本散佚曾見其副其楊氏梧禮記說義纂訂二十四卷所錄口口序徐健菴司寇乾學序及龔芝麓尚書鼎孳傳略侍御有案語云前考云楊氏禮記說義而未著其名字及書之卷數下云未見後載汪琬序一篇蓋從堯峰集中纂錄者予獲是書于閩中讀之而歎其精當明備四十九篇之條理秩然中惟中庸大學二篇以朱子有章句故不復釋亦以見其有識因爲錄二序一傳以存梗概不錄汪序者前考中已見也又鄭氏庭

曾禮記訂補二十二卷有自序案云朱氏考中作廷曾書二十四卷下注未見今得其書故復載此此書列錯簡疑文于目而以大戴記第于十九二十兩卷二十一二十二兩卷則疑經也又黃氏宗羲朱子壺說一篇下有案語云黃氏此書係答劉伯宗言投壺經言壺頸修七寸腹修五寸口徑二寸半容斗五升鄭注腹容斗五升三分益一則爲二斗積三百二十四寸以腹修五寸約之所得求其圍得周二尺七寸有奇是爲腹經九寸有餘也按鄭氏此說皆整數二斗之積也四分去一則與經文斗五升合矣故朱子欲去二斗虛加之數是也其實斗五升之積爲二百四十三寸以腹修五寸約之五取一焉得四十八寸六分即圜積也圜積求徑三歸四因開方之是爲腹徑八寸四釐有奇圜積求周十二因開方之是爲圜周二尺四寸一分四釐有奇若鄭氏三分益一以爲二斗方積六十四寸八分既有虛加之數則當用圓田法即以六十四寸八分者開方之徑得八寸四釐奇三因于徑周得二尺四寸一四亦如前法朱子以積求徑之法謂廣六十四寸八分此六十四寸者自爲正方又取其其八分者割裂而加於正之外則四面加二釐五毫之數徑爲八寸五釐此則朱子不明算法而不自知其誤也

補經義考

嘉定錢既勤東垣竹汀先生猶子也著有補經義考書亦未見刊行其凡例十四則有志斯道者所宜究心爾亟錄如左

一是書原爲補竹垞之作則部分體例似宜俱仍其舊然有不得不略爲變通者時代既有後先著述兖出兩手也

一先儒爵里字謚有可考者並依竹垞之例引故籍載明之史志亦有此法也若其行事居官一切立德立言立功無關於經義者自有正史及志乘文集碑石記載俱不贅錄以省繁文惟如譚允厚論皮日休全祖望論王應麟之類事關明季先儒宿兖文雖繁仍備錄之

一進士登第唐宋以後諸史皆載某年金史亦有書干支者朱氏明詩綜全稱干支今引用故書自不能畫一改正姑仍其舊舉人同

一別號非古也然後世稱謂所及似不宜槩廢私謚古人

亦有之後代雖不無訛濫然究可以知其人之大略今偶或載之

一蓋棺論定不志見存史傳之例所以慎冒濫也竹垞于同時師友如孫退翁顧甯人閻百詩陸翼王徐原一黃俞邰李天生之類並載其書與其論說蓋或曾經刊刻或傳鈔已有定本固可徵信也今並仍其例

一竹垞每于書後載明卷數曰存曰闕曰佚曰未見今悉仍之惟存字下今注明某氏刊本鈔本宋刊本元刊本影宋鈔本仿傳是樓書目及浙江采輯遺書總目之例也如曾見數本不妨並注仿遂初堂書目之例也其有本爲秘書人所罕覯亦或注有某人印記今藏某人處仿鐵網珊

瑚之例也

一書之有序文跋語猶人之冠冕也非此不可以見書之梗概及刊刻歲月遠近今仍竹垞之例無論古今人序跋悉行收錄其凡例則擇其文簡且明可效法于後世者亦或登載若著述大旨自作案語及之

一各經零星著述竹垞但注存佚字議論意旨莫可窺見今略述大概如歸有光三江圖敘說則言其據郭璞說以岷江浙江吳淞江爲三江

一馬氏經籍考全采晁公武趙希弁陳振孫之說竹垞仿之故于晁趙陳三家及楊士奇張萱王圻黃虞稷程敏政陸元輔之說亦全行采入今仍其例凡

四庫全書提要浙江采輯遺書總目讀書敏求記之類悉爲錄載以示洽聞

一竹垞學問淵醇無書不覽經義攷綜覈博精經訓源流籍此彰著實爲自古書目家所未有然千慮之失賢者亦或不免流覽所及是正及之考竹垞於楊止菴周易一編正其訛誤曰非敢形前賢之短慮誤後學也今東垣之區區縷言亦即此意

一羣經次第自劉氏七略班氏漢志以易冠諸經之首唐以後書目無不遵之蓋以羣自伏羲書爲最古也然禮記經解以詩居首王儉七志以孝經居先旨趣亦有不同是次第之不可不講也今補入次第一門

一羣經俱有字數自字數不明而易可脫去无咎悔亡書舜典可增加二十八字矣今補入字數一門以杜蘭臺之改

一宣講立學二門竹垞有目無書今檢載籍補之

一五鳳之樓非一木所能造五侯之鯖非一味所能成古人著書所以必先儲書也寒士無力購置而一瓻之假不能無所藉于春明坊尚望當世諸藏書家出其插架以慰渴飢異日倘書成仍仿通志堂經解例於序文言明假某氏某人書若干種庶無掠美云

宋范文穆石經始末記

吾鄉談孺木先生遷著國榷一百卷傳抄者僅崇正一朝事

實耳全書向藏焉二樓謙漢晉齋余曾見之其橐林外索槀林雜俎東林詩集余俱從亡友吳鑪鄉之涵所借鈔外索載宋范文穆公成大石經始末記云石經已載前記晁子止作考異而序之考異之作大抵以監本參校互有得失其間顚倒闕訛所當辨正然古今字畫雖小不同而實通用耳考異并序凡二十有一碑共在石經堂中子止之序曰鴻都石經自遷徙鄴雍遂茫昧于人間至唐太和中復刊十二經立石國學而唐長興中詔國子博士田敏與其僚校諸經鏤之板故今世太學之傳獨此二本爾按趙清獻公成都記僞蜀相毋昭裔捐俸金取九經琢石於學宮而或又云毋昭裔依太和舊本令張德釗書國朝皇祐中田元均補刻公羊高穀梁

赤二傳然後十二經始全至宣和間席升獻又刊孟軻書參焉今攷之僞相實毋昭裔也孝經論語爾雅廣政甲辰歲張德釗書周易辛亥歲楊鈞孫逢吉書尙書周德正書周禮孫朋吉書毛詩禮記儀禮張紹文書左氏傳不誌何人書而口字闕共書亦必爲蜀人所書然則蜀之立石蓋十經其書者不獨德昭而能盡用太和本固已可嘉凡歷八年其石千數昭裔獨辦之尤偉然也公武異時守三榮嘗對國子監所摹長興板本讀之其差誤益多矣昔議者謂太和石本授寫非精時人弗之許而世以長興板本爲便國初遂頒布天下收向日民間寫本不用然有訛舛無由參校孰知其謬猶以爲官旣刊定難於獨改由是而槪石經固脫錯而監本亦難盡從

公武至少城寒暑一再易節暇日因命學官讐校之石本周易說卦乾健也以下有韓康伯注略例有邢璹注禮記月令從李林甫改定者監本皆不取外周易經文不同者五科尙書十科毛詩四十七科周禮四十二科儀禮三十一科禮記三十二科春秋左氏傳四十六科公羊傳二十一科穀梁傳二十三科考經四科論語八科爾雅五科孟子二十七科其傳注不同者尤多不可勝記獨計經文猶三百二科迹其文理雖若文多誤然如尙書禹貢篇夢土作乂毛詩日月篇以至困窮而作左氏傳昭公十七年六物之占在宋衛陳鄭論語述而篇舉一隅而示之衛靈篇敬其事而後食其祿之類未知孰是先儒有改尙書無頗爲無陂改春秋郭公爲郭亡

者世皆譏之此不敢決之以臆姑兩存之亦鐫諸石附于經後必有能改而正之者焉於上又刻古文尙書而爲之序曰自秦更前代法制以來凡曰古者後世寥乎無聞書契之作固始於伏羲然變狀百出而不彼之若者亦已多矣尙書一經獨有古文在豈非得於壁間以聖人舊藏而天地亦有所護不忍使之絕滅中間雖遭漢巫蠱唐天寶之患終不能晦蝕今行于人間者豈無謂耶況孔氏謂尙書以其上古之書也當時蝌蚪旣不復見爲隸古此實一耳雖然聖人遠矣而文字間可以槪想則古書之傳不爲浪設予抵少城作石經考異之餘因得此古文全編于學官乃延士張㒸倣呂氏所鏤木丹刻石是不徒文字足以貽世若二典曰粤若喾之類

學者可不知與嗚呼信而好古學于古訓乃有獲蓋前牒所令方將配孝經周易經文之古者同附于石經之列以故勿克第述一二以示後之好奇字者識又安知世無揚子雲時

乾道庚寅仲夏望日序

類編長安志

昭文張月霄金吾愛日精廬藏書志載元駱天驤類編長安志十卷余求之十年不可得執友吳江翁叔均大年爲假之吳中藏書家余手鈔帀月而畢其第十卷石刻一門有石經重立始末蓋駱之功不特所采各書足資考證如藏書志所云也　石經唐貞觀四年立國子監在務本坊領國子大學四門書律算六學巢寇入城宮殿官府皆爲灰燼獨國子監

石經存焉天祐甲子許公韓建始遷石經于府城北市令府學有元祐庚午學官黎持所撰移石經記其略曰石經開成中鐫刻唐史載之文宗時太學勒石經而鄭覃周墀等校定九經上石及覃以宰臣祭酒進石壁九經一百六十卷郎今之石經也舊在務本坊天祐中韓建築新城石經弃於城南至朱梁時劉鄩守長安有幕吏尹玉羽者白鄩入鄩方備岐軍之侵謂此非急務玉羽紿以助賊鄩然之遷於唐尚書省其處窪下隨立輒仆悉輦置文廟之北墉分爲東西次比而陳列明皇孝經臺立之中央顏褚歐虞徐柳之碑分布而立焉正大辛卯遷徙悉以摧仆至庚戌省幕王公琛奉而起立至元十四年碑盡摧倒天驤與孟文昌充西府教官請灞橋唐邑劉斌而復立焉石經音釋五經文字序例音釋十碑在府學東序石經之碑陰

得書紀緣

凡古書入手類有前緣余所藏明周硯農手鈔朱性父鐵網珊瑚其珍惜之意甚至卷前有紀緣一篇云按珊瑚生海底高者盈數尺非鉤距可致須以鐵爲網網之然後可初出水輭不著手見風則堅正赤色槎牙直立供人游目天下之異寶也書何以名以其所述作多非人間世所恒覩或出之名家之什襲或出之世閥之代珍載籍雖極博迄罕得而傳購索雖極深卒未繇而遇此酉陽禹穴之外别自一種猶之大海淵沈珊瑚樹生其底而性甫朱先生猶收之以鐵網噫異

哉朱先生吳中高士多讀未見書生宏正間與文待詔衡山吳閣學匏菴沈徵君石田輩稱素心莫逆友故一時耳目覩記迥絶凡流而更留心研討所遇名山祕笈輒搜弆而手録之積久薈萃成十四卷大都皆勝國時人筆墨卷軸大而忠孝節義小而書畫文章散而儒元典教靡弗備焉觀止矣其字畫之精楷幾二百年矣尚如新曩藏姚宫詹現聞先生閣閣好事家爭借鈔而不得近世鼎遷流入隱湖爲汲古閣古物仍祕不借人也汲古令似黼季乃能不靳慨然借我老年目力不勝賈勇繕謄兩年卒業時有誚讓者曰書頗不奇子何敝敝爲所役乎予謝之曰昌歜芰角其嗜不同人各有懷非爾所知也竊念朱先生勞于結網予生晚末乃逸而坐致

盈丈珍奇著諸几格貧兒暴富石家金谷園王家紫絲步障鬭豔爭高不如此裘多多矣記得少陵句曰詩卷長留天地間釣竿欲拂珊瑚樹予于此十四卷亦云癸卯十一月三月六十四老人硯農周榮起述又所見　國朝朱蔚如賓王手鈔周益公集亦有紀綠一篇云周益公集二百卷年譜一卷附錄五卷凡百五十四萬五千餘言卷帙浩繁繇宋至今遂無嗣刻　本朝如玉峯傳是樓藏書最富僅有鈔本故近世之士得其殘篇斷簡亦必奉若拱璧也吾婁顧子夏珍手鈔益公集十本合清河沛國所藏僅得七十三卷而以平園首卷補省齋文稿後卷之闕嘗謂予曰此集向藏玉峯近聞歸郡城王聲宏矣若得从之補闕訂譌亦人生一快事也言已

浩歎康熙壬寅春校訖吳都文粹請政武陵武陵喜因授予益公集曰此余志所未逮者舍子誰屬哉越十有一日武陵暴卒春仲有書賈自郡來言王聲宏先生欲借校吳都文粹予遂忻然與之偕往蓋欲問益公集消息也足凡三及門時值清和晷長人困逡巡郡邸進退失據乃就韋公祠卜筊兆吉復詣得見先生以吳都文粹贄請觀益公全集目凡二十七種時錢子方蔚館于金閶予即歸攜顧所鈔往請補於先生先生具述冣督學某公會遣繕書者就舍鈔成而去既而復請許就校乃見省齋文稿檢首闕五卷向朱張之藏所謂首五卷者至此乃知其譌時與先生披閱見互有差繆因相為訂正喜動顏色戲謂予曰孺子可教也予起謝詰朝復同

錢子往先生遂出集首兩種錢子留校省齋予持平園以歸時夏五哉生魄也鈔對訖再詣見先生略無難色但臨行頻囑鄭重而行又借省別詞科掖垣玉堂政府五種歸蓋六月將晦矣七月二十四日順風揚帆亭午抵蘇冒暑入城易歷官奏議奉詔承明還邸日猶未銜山旅客喧闐喘吁揮汗雖趣舍萬殊人各有營也予滿欲喜心無寐宵雨達旦風自西颼爾乃放舟中流食頃入黑甜鄉裏旋聽風水桔槔聲相送而篙師又報維舟矣鈔竟復往易親征龍飛日記閒居游山奏事南歸毘陵玉堂雜志二老堂詩話雜志玉蕊辨樂府凡一十三種二十三卷歸校訖值先生送其嗣登江科試錢子亦往遂羈焉迨竣書稿附錄年譜還謝則為十月中旬云往

返六閱月先生每責期與老人期戒後乃糾諸衆力家貧乏潤筆資乃為桐鄉金子星軺先鈔成焉予復借于金自十月下旬始鈔成于雍正元年三月計三千六百八十七葉葉計字四百二十是集也錢子方蔚實總其成訂正舛錯費許心目予因就卷中脫落疑譌處另立副葉開載更俟善本續校焉噫予十有一月中鈔成全集兩部誠大快事獨念武陵始事不獲見其成為憾然其長君聞之於哀絰中猶欲續成先志而哀毀過中又弱一个時癸卯正月二十四日乙巳距武陵忌辰秪二十一日哀哉武陵存日不獨收藏甚夥而手鈔秘本充盈篋笥尤喜人借鈔謂益公集世罕見其全欲搜羅補綴成全傳世以予可佐其成數屬意焉蓋武陵之心公心

也予蓑厥志今既濟矣爲志其鈔成始末如此武陵有知是亦可無憾已夫

潁上本黃庭經

宿遷徐壇長侍講（用錫）圭美堂集云蘘門已亥冬跋潁上黃庭經計其行數尙是鎭海本鎭海止五十七行較眞潁本一行落門字眞本亦旁注四行落固字眞本亦旁注四十行落中字四十二行落天字四十三四十四行共少三句二十一字四十九行落轉字五十三行三訛爲王眞本共五十八行越州石氏本文氏停雲館本俱爾憶康熙丙子客京師過姜葦間先生見其自慈仁市回喜不自勝曰得一寶開視一帖曰此眞潁上黃庭問今以配蘭亭者殊不爾曰彼固鎭海本也惟蘭亭無贋刻耳視所得黃庭殊漫漶不分明記其十六行使字磔作八分六字上點起句下後物色廟市中得一帙較鎭海誠卞璧之視砥石惜數年同直不曾出示告以故致渠如許博雅終身不識眞潁上黃庭可恨也鎭海黃庭不特字形粗糙點畫木强且成行譌脫落字至不可句讀三譌爲王鹵莽極矣當時姜師指教時惜不知問何時何人假作以眞潁較之又並非重摹此本又何以不假他帖而摹思古齋石刻五小篆書於前從何考據得之海內之大必有知其故者眞潁亦非難得余購得於慈仁市頗勝姜師本廣東左五世兄粤章唐有依樣復得之廟市竟初搨友人晳曰瑚仲經亦物色得之少次於左在余本上余不忍奪其好今則之脫手贈他人矣第識之者少故得之爲易嘉興張叔未解元（廷濟）跋云右宿遷徐壇長侍講用錫說載圭美堂集卷二十詳矣然不知此刻正是眞潁上黃庭經也潁井石兩面刻今殘石尙存一面存黃庭二十二行一面存蘭亭十五行黃庭所存者二十二行懷玉字起四十二行伏天門字止而四十三四十四行正少三句二十一字今以此全本與殘本對勘字畫剝蝕脫落絲毫不爽則此便是眞正確據眞拓極難得今碑肆通行者率皆重摹如徐侍講所指摘諸處則鎭海刻的是從潁井翻出謂鎭海本刻得不精妙則可謂非從潁井出而以五十八行者爲潁本則非矣姜何兩本之佳否不可知然攷恐侍講以眞潁爲五十八行之說先入於胸一見脫門字固字五十七行之本便指定爲鎭海本而遂謂鎭海本之亦並非重摹此本也（徐謂此本者言五十八行本耳鎭海既非摹此自然不同）徐此說既刻於集讀之者必譌以傳譌矣立說之難如此潁石字多脫落黃蘭二帖皆然當時據本如是正見古人謹恪不妄之意至五十三行之王字即是玉字越州石氏長洲文氏海昌陳氏（秀餐軒帖）皆作王與門井庭石七字成文本直作玉則亦未可執三字以爲諸本病井石之出在前明何時不可知何義門謂楊文貞東里集有潁令某刻思古齋帖二本跋則非明末出可知矣安世鳳墨林快事謂萬歷間出邢子愿宋牧仲謂嘉靖間出說不一今觀張登雲刻跋（黃庭石尾刻）云此刻久塵潁上學宮相傳學址舊在城南外關民間掘井得石潁上尠有知

者歲月澶漫不可考則知出井固久明末名始噪耳又頹本蘭亭跋云此蘭亭褚筆也神龍渤海鬱岡快雪知止（皆摹蘇太簡家）本戲鴻餘清秋碧（皆摹張金界奴本）與此同是一家筆而此刻其最精妙者董思翁云以較各帖所刻皆出其下王虛舟云米稱褚摹本轉折毫鋩與真無異唯此足以當之翁覃溪閣學云據米老所記（詳蘇米齋蘭亭考卷五卷六文多不備錄）此本出自蘇太簡家則非米所自臨亦非米所上石而其間殘缺諸處（原注在癸丑稽山陰之蘭亭修長此林修竹又有清流激之類因向之痛夫文凡闕二十九字）之米所未言不知米見於蘇氏已闕數抑後來上石時闕數今驗中間類之二字頹石所不闕然二字太劣宋牧仲筠廊偶筆云灸搨類字殘缺補之者可憎則之字末脚雖劣而此二字皆非石原闕也（延濟案驗石本）

（非因搨致殘缺是後人妄補耳）至此石本固不知勒於何時而背圓輕約無拘謹之傷實良工所開惜不具記歲月又無跋識其顛末耳（原注董文敏容臺集云頹上本筆法頗似米當是米臨入石蓋揣度之辭耳）案此刻的是神妙況原石碎去二百餘年得不珍爲瓌寶頹石之碎王文簡居易錄玉版黃庭蘭亭出井中藏於縣庫明末流寇之亂庫石碎於賊王虛舟吏部云崇正間縣令張俊英者北之鄙人也惡上官索取之煩遂碎其石張湞江繼齡（浦山徵君庚之兄）云國初一俗吏厭上官索搨碎之有卜氏者得蘭亭一片今爲其孀婦所祕藏不獨全者不可得即碎者亦難得矣今年仲夏嘉善汪友棠泉果自河南歸示余二紙云碎石尚存致之頗不易此二拓海鹽友人錢兒寄坤所貽寄坤長余一歲爲柞溪翁（名本誠字惟寅年至八十六道光元年卒）之次君鑒古能世其學素心脫贈是可感也」平湖錢夢廬（天樹）跋頹上覆本黃蘭二帖云明頹上井中所出石刻右軍黃庭與褚模絹本褉帖董思翁定爲宋米薛輩手模後人因之無敢異辭余昔曾臧趙松雪所臨黃庭經卷後有同時元人一十五跋內應本跋云得宋刻太清樓本黃庭并褉帖松雪見之愛不能釋應氏因重模二帖入石自藏舉原本以贈松雪松雪爲臨此卷以報之故松雪所臨者前後均有思古齋朱文印記始知頹上二帖是元時應氏重模太清樓本思翁因見其鐫手精好故偶指爲宋刻耳然即頹上本亦有翻刻且不止一本就余所見朱侍郎茮堂藏有頹上本褉帖已蠹蝕過半尚如雲中龍爪神采奕奕射

人大非尋常所見之本可比是刻雖佳較諸侍郎藏本不無稍遜大約出自初次復模近亦不可多得矣侍郎藏本是應氏原刻無疑不然思翁爲書家董狐何只見尋常之本安肯贊美若是耶元時重模尚然如是若見太清樓原刻更當何如耳按太清樓帖計十卷始於元祐五年庚午四月以湻化閣帖所未刻前代遺墨入石建中靖國元年辛巳八月畢工歷一十一載費緡錢一十五萬乃成初名續閣帖本欲續於湻化閣帖之下後復殿於大觀帖末黃庭褉帖俱在第五卷內與樂毅論合爲一卷而當時評者尚有不滿之辭難矣

張登雲跋

二帖右軍真蹟不傳惟虞永興褚潭州歐陽率更臨本盛

傳傳而寖遠寖廣如真賞齋停雲館諸刻不足觀此刻久塵潁上學宮相傳學址舊在城南外關因民間掘井得石洗而視之迺出此焉然潁人尠鏡古者歲月漬漫不可考余索而諦識風神遒勁大近褚筆蓋唐文皇以館閣摹本散置黌塾間疑其一云龔耶張登雲跋桌稱易曉徵君云張登雲郎刻中立四子者

何義門跋

黃庭近代傳摹失真一例平順無復向背往來之勢獨潁上本橫畫起處仰勒平收有如大字唐摹宋鐫故自別也余曩見從父端文所藏自三關之間至絳宮紫華凡三十六行比前後獨加腴澤此當稍後出而筆意尚存亦殊耐尋玩爾康熙己亥冬日義門何焯題

胡天岫詩集

國初宜興胡天岫先生山原名日新一字海嶽寓居峽石賣藥供母所著詩曰寓廬集詞曰與眾集序之者陸辛齋先生嘉淑朱人遠先生爾邁陸序云學古人之詩知其人知其所以為詩而後古人之詩可得而學也三百篇詩之祖也三百篇之人千古詩人之祖也記曰溫柔敦厚詩教也然其有所指斥也曰投畀有北投畀有昊曰不死何為何不遄死而託而逃之也則曰永矢勿歌永矢勿告安所謂溫柔敦厚哉不知其人皆憂時閔世之人其詩皆憂時閔世之詩也憂時閔世之人唯恐其君臣不為堯舜之君臣其治不為堯舜之治急迫哀至則發揚蹈厲以出之而不然則託而為衡門泌水之娛故其曰有北有昊也猶其曰吹笙鼓簧也曰不死遄死也猶其曰干祿壽豈也而其曰勿歌勿告也則猶其曰尚寐無吪也其詞異其旨同要歸之溫柔敦厚而已矣後三百篇而稱詩其前則屈平唐宋之徒其後則元亮子美其眉目也元亮塵泥軒冕陶然於三徑五柳之間而或以為羲熙之完人子美浣花雲安之什猶然瞻太白而遇武功也而騷人之旨又無論也胡子天岫今之元亮子美也自婺而還陽羨已而又還鹽官之峽山之武原飄蓬飛梗于吳山越水之陬而傳經懸壺蕭然廛市上無剖符之大夫下無惡愛之諸侯其遇奇不偶殆有過于二公于是其行邁有詩其寄託有詩橫

經負耒之士仁祖之流相與慰藉其貧困而唱答其悲歌又有詩故自漢魏三唐以下無所不摹似自五古樂府以至律絕無所不工妙而作詩之旨吾得一言蔽之曰溫厚和平而已其溫厚和平也一歸之三百篇之遺一歸之三百篇詩人之志而已矣如是而安得不工乎是故其高尚日益遠則詩亦日益進與予交幾二十年數四見其詩數四變亦數四益上而其指歸則一而已矣一者其本也益進而益上者則其功力也則讀天岫之詩必知其人而後知其詩知其為元亮子美之人而後知其為三百篇之詩也不然則雖歎頌其聲情羨慕其風格亦猶之西笑而望長安耳烏足以知天岫之詩哉余愛其詩尤愛其人故論著之如此有讀天岫之詩而

知其人者知不以余言爲河漢也朱序云詩三百篇大抵古賢人君子不得志於時者之所爲作也子長氏亦謂虞卿非窮愁不能著書以自見信哉窮而益工也有以夫雖然竊見今之處約者矣問其業曰無有遑遑焉日奔走於衣食之不暇而名山之傳一切唾棄之嗚呼是何異於蟪蛄莫莢會何知夫春秋之與晦朔哉余嘗持此論以律天下士最後得吾友天岫胡子云胡子本陽羨人生當華胄負時名俾其與世詭隨鮮衣怒馬從俠少年遊頗堪自快即不然遵先人之志裂逢掖負青囊浪跡湖海問道術並用能生殺人則世之踵門待命者亦趾相錯也乃胡子獨否自國變後弃家去陽羨懸壺武原市上者數年後以娶婦至谷湖遂卜廡下居居此且十餘年余嘗過其寓廬湫隘殊甚而胡子則晏如也賣藥得錢聊以自給不得錢適安故我或行吟步兩山間或上高陽橋貰酒輒醉既醉作爲詩章以報之雖盎無斗儲桁無懸衣然歌聲琅琅未嘗不珠聯而璧合者噫唏胡子亦奇矣哉自是世之人無勿目胡子爲詩叟即有知其醫之工而來請者亦不敢以錢爲贈反曰君能詩盍爲我點竄焉及胡子見其詩著墨處都如獲名寶去更不屑受其錢而麾之是以終然十餘年居此間而青鞵布韈惟與嶺雲湖月締人外交胡子不幾憊甚雖然胡子之樂固在也試還而問其業則曰醫順陰陽調補泄術也而以道御之功原與宰相侔矣問其業之富則曰有文若干卷詩賦若干卷填詞若干卷無不上下

千年縱橫萬里金谷玉津不足侈言其美麗矣即未得下翹車之招乎然而衡門帶水可與晤歌風雨披帷其人斯在隔五十里外猶有與胡子稱忘形者有人焉是皆遑世而窮愁自放者也敢序其集以垂諸後世當勿爲蟪蛄莫莢所笑

捨宅誓願文

宋張功甫（鎡）捨宅誓願文今南湖集所載從石刻對錄其剝蝕字以葉石君金石文隨錄手稿填補余曾見吳門人家有此碑字跡絕無剝損宋拓也後有米芾書三字筆法全模海岳知爲當時集米書所成如懷仁之於聖教第不明言集字爲可異耳結銜淳熙十四年歲次丙午七月初七日大乘菩薩戒弟子承事郎直祕閣新權通判臨安軍府事兼管內勸農張鎡疏後有景定壬戌中秋蜀閬州許文安捐金命工重刊永爲不朽之傳御前應奉余桌刊住山息峯行海立石凡三行案淳熙十四年歲在丁未碑文作丙午朱朗齋明經（文藻）辨之甚詳

西溪叢語

影宋鈔本西溪叢語較時行本多一序三條序云嘗讀新論云若小說家合叢殘小語以作短書有可觀之辭予以生平父兄師友相爲譚說屢歷見聞疑誤考證積而漸富有足采者因綴輯成編目爲叢語不敢誇于多聞聊以自怡而已紹興昭陽作噩仲春望日西溪姚寬令威云其海上八下一條

云凡木一歲生一節來歲復于節上再長也又宣和貴人下一條云樹萱錄引杜詩云虬鬚似太宗色映寒夜春又云子章髑髏血模糊懷中瀉出呈大夫又台州杜瀆下一條云詩人用字各有所宜梅言橫松言架何遜詩云枝橫卻月觀花繞凌風臺江淹詩云風散松架險雲鬱石道深杜甫詩云南望青松架短壑此書後有跋云己酉清和晦日校於述古堂之北窗雙鈎闌外柳罩池面黃鸝坐濕求其友聲可謂今雨來人不到門矣貫花道人錢曾遵王記

塔影

吾鄉有塔影河又有塔現之異殆如山海之市不可以時刻期也咸豐壬子秋復現前此則乾隆壬戌有之考明胡濙溪傳堅談云甯夏承天寺塔甚偉麗有僧房在塔之南廊而北壁上有小塔影宛然倒垂近年乃又移在東廊殊不可測按桯史云泗州僧伽塔院有塔影一日見於城中民家泗固無塔而影儼然在地輟耕錄云松江城中有四塔夏監運家乃在四塔之東而小室內時有塔影長五寸許倒懸西壁上夷堅續志云南雄延祥寺有三塔影其影不以陰晴現在壁間一影倒懸二影向上云云若吾鄉之塔影河其塔卓立水中塔現則在山顛四面環繞數十塔其影不一無倒者信乎理不可測歟

山志

華陰王山史宏撰山志二集五卷後附明世系一卷十七帖述一卷徧覓初集未得見其論史記漢書云漢較書郎楊終

字小山受詔刪太史公書爲十餘萬言是史記曾經刪定非原書矣然今之史記又非小山原本也劉子駿著漢書一百卷傳之劉歆歆撰漢書未及而亡班固所作全用劉書則今之漢書亦非但襲司馬也

吳漁山集

墨井道人晚年棄家浮海至西洋經數萬里故其畫有參洋法者然不多見也其集有陸上游道雅所刻本爲詩上下二卷三巴集一卷畫跋一卷道光間孫子瀟太史原湘別購得漁山手稿爲桃溪從游兩集唐半園宇昭序之

悅生近語

明臨清徐辰叟彤恒善畫著悅生近語所錄畫者自幻霞倪瓚至葆生張翀凡八十家其自述曰臞恒因古人所稱呆孫嬾瓚而擬之也畫尊南宗希心神韻嘗自矜有筆墨外意性懶不堪多作偶成一幀輒自歎異不以示人鍾伯敬云彖一會許爲余作畫而責余不作詩余曾有過彖一一詩以不往被刪余詩苟不可存雖其贈密友者必去之此亦輕作詩之過也彖一之畫經年不予不似余輕作詩可以想其高致矣

元文選

震澤楊慧樓進士復吉編輯元文選搜羅最富惜未能刊行其自序云蘇伯修文類所以彙有元一代之文也書成於元統二年故元統以後概未之及亦猶呂伯恭文鑑有北宋而無南宋同爲藝林闕典然其中廟廊鉅製大略已備惟山林

隱逸之作致多遺漏耳昔歐陽原功嘗謂中統至元之文厖而蔚元貞大德之文暢而腴至大延祐之文麗而貞泰定天歷之文贍而雄百餘年間魁儒碩彥相繼挺生匠心所運發爲詞華蔚然自成一代文章之體規矩矱源歷歷可溯一自王元美創爲元無文之說耳食者遂信爲實然于是舉元人著作胥束之高閣絕口不談即葛端調古文二集間登劉虞二家而例言中尙有貶辭餘則更等之自鄶無譏矣可勝歎哉余惟有元之文分南北二宗北宗以元裕之爲圭臬輔之者爲李仁卿郝伯常楊焕然其接武而興者則有劉夢吉王仲謀姚端甫馬伯庸宋誠夫盧處道許可用南宗又分兩派在江右者始于熊與可吳幼清而其後虞伯生揭曼碩歐陽

原功卓然大家浙東之在鄞者戴帥初任叔實袁伯長在婺者則有金吉甫胡汲仲許益之吳立夫張子長黃晉卿柳道傳吳正傳胡古愚洎乎末造北學久衰江右之人材亦不振惟浙東一派英英輩出蔚爲後勁有若陳君采李季和劉德元陳子上戴叔能金道原楊廉夫陳敬初徐大章鄭季明張孟兼胡仲申蘇平仲朱伯賢若而人而宋景濂王子充吳瀞仲劉伯溫謝原功之顯於明者尙不與焉亦云盛矣間嘗取而瀏覽之或蒼茫渾灝或渟泓演迤或崛強可喜或瀟灑不羣實足嗣響唐宋卑視有明是豈可聽其浮沈散佚莫之過萃因慨然爲是選自諸家專集以及史傳雜錄山經地志稗官野乘書畫題識無不網羅搜采露鈔雪纂幾二十載而後就緒凡爲卷三十爲篇一千有奇其本諸文類者僅百二十首餘則皆從据摭而得之銖積寸累頗極苦心載考　國朝康熙中吳門顧俠君曾輯元詩選初二三集共三百家最爲繁富其闡發幽微表章前哲殉乎不遺餘力惜未并元文論次壽諸黎棗遂致日就湮滅今余茲選聊自附滋溪之後乘亦所以步秀野草堂之後塵云爾嘉慶十三年冬十月朔震澤楊復吉撰

安平院寶幢碑記

原此寶幢始自鉅唐大中十四年歲次庚辰正月二十有七日衆緣於臨平西長樂鄉界永興院前建立洎乾德五年太歲丁卯八月中爲年久隳斜因修整而寡力致損動而頃摧

日月寖深五十餘稔今安平院住持沙門瑞明與合院徒衆發心施長材移□舊巷東二十步添續層□載崇樹之葬古佛舍利□顆於龍柱海山之下俾其境域民安遹遠甯謐無虞介祉淨祝鴻圖恭順人天常加翊衛功資動植利等寃親若見若聞同臻覺岸時屬　天禧二年六月戊申重立是日立秋鐫　城祥符寺寶塔功德主內殿賜紫臨壇賜紫紹證僧忌中臨平都酒務金承以上合賜珍財嚴護舍利葬此幢下右街圓鑒大師紹因清辨大師居亮賜紫善慶僧慶餘傾昭各施五百文入緣買彩色嚴飾寶幢刻石郡人趙克和陶員安平院住持沙門瑞明閤院徒弟記見沈去矜謙臨平記

董文敏法帖

楊大瓢山人（賓）大瓢偶筆云董宗伯法帖松江董彥京刻書種堂帖十卷續帖十卷海甯陳增城刻蓮華經一部小玉煙堂帖十三種觀復堂帖一部又有汪森然刻玉山草堂帖二卷吳延之刻研廬帖六卷又玉露堂帖不知何人刻趙晉齋（魏）云董帖有寶鼎齋來仲樓鷓鴣館紅鵝館紅綬軒海漚堂來青閣蒹葭堂眾香堂大來堂銅龍堂諸刻案余所見劍合齋帖六卷皆文敏臨古諸書刻者爲陳鉅昌又有延清堂帖亦陳鉅昌刻未見清暉閣帖十卷不知何人所刻　國朝長白斌笠耕觀察（良）抱冲齋帖十二卷董書居其半

敬業堂文集

吾邑查初白編脩（慎行）周易玩詞集解十卷已錄入　四庫全書其易象考信屬稿未竣今讀敬業堂文集有楊中允（中訥）墓志銘一首中與楊論易義及春秋諸說節錄于此亦金石例中創例也文云竊窺先生自壯至老無非讀書之時自入仕迄歸休無非讀書之地故於書無所不讀而最深于經于經無所不窮而尤精於易春秋其于易也謂聖人立象設卦以前民用自王輔嗣以理言易乃入於虛無幻眇之域故言易不言數非易也言數而不知變非易也余嘗叩以卦變圖及十九卦之義先生曰卦變之說昉於虞仲翔至朱子始作圖以陰陽對待兩卦一前一後合爲一圖六十四卦合爲三十二圖如重乾居首則重坤居末姤居圖首則復居圖末之類是也以三十二圖反復之則爲六十四圖每圖首末各以一卦爲主如遇前一卦有爻變則自前而後共變六十四卦如遇後一卦有爻變則自後而前共變六十四卦此三十二圖之凡例也進而推其詳如本卦則一爻變自初變上便成六卦有兩爻變自初變上共成十五卦有三爻變自初變上共成二十卦有四爻變自初變上共成十五卦有五爻變自初變上共成六卦若六變全變只一卦連本卦共六十有四也以前後論後卦一爻變與前卦五爻所變之卦同二爻變與前卦四爻所變之卦同三爻變與前卦三爻所變之卦同四爻變與前卦二爻所變之卦同五爻變與前卦一爻所變之卦同若六爻皆變卽是前卦前後交互所以兩圖合爲

一圖也凡占變例者自六爻皆不變至一二四五六爻全變圖可無待十圖唯三爻變通二十卦以前後十卦分貞悔非按圖考索猝未易辨其前後須玩六十四圖圖凡變在前十卦者初爻皆有變凡變在後十卦者初爻皆無變占值一卦三爻變者專看初爻之變與不變初爻或九或六則變在前十卦初爻或七或八則變在後十卦以此推之一二不爽三百八十四爻無一爻不變卽無一卦不變其指訟泰等十九卦爲卦變者朱子特因彖傳有上下往來之文故舉以見例耳何嘗謂卦變止於十九卦耶其于春秋尤嗜左氏傳余又會舉五始之說叩之先生曰春秋一書聖人爲尊王作也既爲尊王而作則所以正天地之常經垂萬世之大法者豈特

謹始一端云爾哉自王袞因圖緯之說以黃帝受圖而得五始謂春秋書改元即位取法于此何休從而和之殊不思改元正號即位謹始王者事也諸侯用之則僭矣當春秋時周德雖衰天命未改魯安得有元年魯君不奉王命安得自即位聖人於元年之下即位之上以王法繩之故首書云元年春王正月意蓋託魯以尊周正以見元者王之所自出正朔者唯王乃得改而非謂魯之元年足以善始魯君之即位足以奉元也左氏與公羊唯知此義故以正月爲周正以加王於正爲大一統王袞何休之徒不明乎此遂以元之氣正天之端以天之端正王之政以王之政正諸侯之即位其與聖人筆削之微旨不幾刺謬哉之二說者余退而識之至今罔

戮云

米書方圓庵記殘拓

張叔未丈云是記原文此吾之所以休息乎此也窺其制則圓蓋而方址覆刻本作此吾佛亦如之使吾黨祝髮云云原文至於吾佛亦如之覆刻本作至於諸法同體云云原文而規矩一切則諸法同體覆刻本作而規矩一切則之所以休息乎此也云云此拓原刻共二十四行審其紙墨並非宋刻則原石之佚應亦未遠萬歷丁酉仁和縣令胡 既欲重摹何難覓一整幅上石且亦何難于翦割之本援紀載舊文一加檢校胡乃草率若是數年前有人攜蓋華亭臨是記絹本横卷來天竺辨才法師起其真沙門歎止是原石原文惟滔

字下少然喬木三字以制禮樂上無聖人二字當是拓本蝕缺然亦可見明末時原刻尚易訪購

小學盦遺稿

錢廣伯布衣馥邑之路仲里人讀書不治舉子業生平不苟于言行年未五十而卒其門人錢唐邵書稼輯其所著彙存之爲小學盦遺稿儀徵阮文達公序之謂漢志載史籀倉頡等十家爲小學宋人又輯小學書專言明倫立教之旨處士謂必兼漢儒宋儒之說而小學之義乃備嘗自題其居曰小學盦其學與行概可知矣余從管兄芷湘庭芬所假得邵本錄存其副欲刊行而未果也稿中有與陳仲魚書諧聲轉注假借策對二篇錄之以見一斑云　與陳仲魚書三代兩漢

之書字多同聲通用三代兩漢之音與隋唐之韻譜各異讀三代兩漢之書可以識古人之音韻識古人之音韻乃可以讀三代兩漢之書而無穿鑿附會之意如木伐再生曰櫱正作櫱古文作不梓枿竝有聲意可見詩周南汝墳乃作肄夫肄从聿𢍰聲訓習也何爲有木伐再生之義哉蓋秦皇燒滅經書滌除舊典洎乎漢代口相傳授鄭康成云其始書之也倉卒無其字或以音類比方假借爲之趣於近之而已受之者非一邦之人人用其鄉同言異字同字異言於茲遂生矣揚子方言曰陳鄭之間曰枿秦晉之間曰肄此用肄爲櫱故曰斬而復生也使釋之者曰斬而復生曰櫱方言曰陳鄭之間曰枿秦晉之間曰肄則以肄爲櫱聲近假借灼灼明矣惟

僅曰斬而復生曰肄不明言其假借遂致人謂肄有木伐再生之義又湘水出零陵陽海山北入江从水相聲召南采蘋傳曰湘烹也字書於湘竝有烹煮之訓前漢郊祀志注引韓詩作𩰫則湘是假借字此或失之附會者也如獸足謂之番古文作𤰷从又十公以象掌趾猶釆之象獸指爪也楚辭九歌湘夫人假借爲播字抱經盧先生鍾山札記云𤰷从丑象舉手之形四點爪之象也又胹脅肉也从肉分聲一曰胹腸閒肥也呂氏春秋察今篇假借爲鬻字是猶史記平準書借選爲餎尙書大傳借饌爲餎漢書食貨志借撰爲餎也鍾山札記云胹乃从鬲省其下又與寸篆文亦相近故可讀鬻不幾失之穿鑿乎凡此皆由不識古人音韻故不知是同聲通

用也於是益信亭林先生讀書自考文始考文自知音始之說之確不可易也雖然詩本音於小雅常棣之烝也無戎大雅文王有聲之匪棘其欲依元熊朋來五經說改音易字而不知古音東冬鍾江之通魚虞模尤侯幽與夫魚虞模蕭宵肴豪尤侯幽之同用則亭林於此尙未盡合也知音豈易言哉惜足下知我不禁狂言喋喋幸勿爲他人道也　諧聲轉注假借古音各有部分能就三百篇舉其例否六書象形指事會意形也諧聲轉注假借聲也聲音之學尙矣形自古文而籀而篆而隸而楷屢變矣聲有不變者哉三代兩漢之音其不同於隋唐之韻譜也必也居今之世求古之音其何自而求之曰亦求之諧聲轉注假借之三書而詩三百篇乃其

理例之統宗也如說文隹部雄字从隹厷聲今厷在蒸韻雄收東部離隔甚遠而詩用雄字則與陵懲蒸兢厷升爲韻是雄古音羽陵切信乎以厷得聲也苟不證之三百篇幾何不以雄之厷爲非聲乎鄭氏康成論語注云或之言有也案說文戈部或字解說云邦也从口从戈以守一一地也重文作域古人以或爲有未解其故觀乎商頌九有韓詩作九域乃知有或一聲之轉漢氏注經訓故多通於音也陳風澤彼序云刺時也男女相說憂思感傷焉其第三章云有美一人碩大且儼傳曰儼矜莊貌夫男女相說安得此莊語豈所謂正容以悟之使人之意也消耶說文引作碩大且嬒薛君韓詩章句曰嬒重頤也然後知毛詩作儼是假借字又如小雅巧

言篇載𢧢大猷作秩秩居河之湄作麋皆所謂以音類比方假借爲之趣於近之而已鄭君詩箋云古者聲寘填塵同也禮注云古者搖猶聲近是古今之不同鄭君已早言之後人於古昔有韻之文不能通其音不知今人之音不同乎古也而悉委之於叶豈得爲通知古今哉三百篇中如行字皆戶郎切明字皆謨郎切兄字皆虛王切慶字皆去羊切是古正音非叶韻也故或謂叶字口旁之十可移之於口之上斯言切中肯綮益明乎古音然後三百篇之詩可得而歌而欲明古音非精研六書之諧聲轉注假借不可若詩三百篇則固其金科玉律也夫

阮𦤎天發神讖碑

張叔未丈云天璽紀功碑目嘉慶十年乙丑火後人間墨本日少今制軍儀徵阮師刻石廣陵洵是裨益後學余家有舊本二新本四今細爲校之丹下中段石第三字左存丿第四字左存ㄅ下段第二字左存𠃊第三字左存阝多字下右頂存ㄅ許字下頂右存ㄱ而此皆缺郡上脫吳字海下無夏字應是翦割本遺脫丙日下干字半列十四日下而十四日下之屮補列於後工半二半字在吳郡字之左𤔲字在臯儀字下爲爲丹下中段石之第五字而皆補後不入正文蓋因裱本倒亂無可位置未以整幅校勘所致本字與杜字左傍同而此作木是王氏萃編縮摹本之誤而此仍之則大非也太平之𦉫字舊本尚全此摹下半係所據本不甚舊予下卩字省下弓字八月下一字絡上字作㣿不沿闕字之誤番上存火吏下𣲖應是從字之上半昭下存尸應是告字之上頂則勝翁氏兩漢金石記

𢧵右旁先ㄱ次㇏次ㄅ原石明顯且𢧵字右旁可證此第三筆作ㄣ竟似兩筆誤

善下半先く次乙次乙雖鐘鼎古篆文字亦皆不乖此法此作九不文矣

[illegible]石旁下半先く次乙次乙之原石明顯此作𠃊不文

稟下半曰內兩橫與左右兩直皆不連此作𢆉誤

[illegible]中撇首有小橫回鋒得勢且與上及左之三撇參差不齊此竟作丨誤

樂書

宋陳暘樂書二百卷經義考失收其進禮書表禮部牒及自序楊林二序載於張氏藏書志後有陳岐林字冲二跋余載

後序張亦失載爲錄補之岐韶齔過庭之時先君樞密誨以經學且語之曰六經之道同歸禮樂之用爲急大小戴二鄭去今逾遠羣儒互相抵牾迄無成說吾鄉二陳先生杜門發憤究心大業著成二書揚搉事辭于湮沒之餘訂正制度于殘缺之後義爲之訓器爲之圖讀之如指諸掌爾其勉之岐壯而游宦南北未克斯志竭來假守盱江退食之暇閱軍所藏卷帙甲乙首得禮書佩而誦之若身周旋裼襲于其間而樂書恨未之覩聞其子弟從南豐林氏游因移書令訪其家之遺果得副本以至岐于是不惟自喜見生平未見之書且得以無負先君提耳之誨試撮其凡以觀大要刪去二變四清之說尊君華國以爲不刊之典真二經之鼓吹諸子百家之領袖也是不可以不並行于世竊謂人之情達於禮而不達於樂失之拘達於樂而不達於禮失之縱今之士神遊目擊于禮書之日久厭飫而自得之矣是書之成岐當朝焉夕焉以爲進學之地使人能三復而玩味之心不苟思必依于禮手足不苟動必依于樂充之于氣而和平見之于行而篤敬形之于語默進退而無非僻乖戾之習庶幾有補于來者此岐之志也慶元己未重陽日三山陳岐謹跋右陳賢良所著樂書貫穿六經網羅百氏上自皇王以至我宋本末條貫靡不備述秩以八音分以三部屏去四清二變之說確乎鄭衛不能入也書凡二百卷建中靖國初給筆札繕寫以進儲之祕府久而未彰史君陳先生志務稽古得其家藏副本令

宇沖校勘以廣其傳宇沖自惟末學豈足以窺前賢之閫奥
隨文釋義補闕訂訛不敢不盡心焉若夫一二制度有其文
而亡其圖非蕪陋之所能增益姑以俟知者門生迪功郎建
昌軍南豐縣主簿林宇沖謹書」案元刊本列銜作宇沖跋中
有誤作子沖者或板刻脱落之誤兹從藏書志作宇沖　天
地高卑　無窮聖人法天地
而使之安防其情而使之　由
興焉記曰大樂與天地同和大禮與天地同節謂禮樂之本
也吉凶軍賓嘉之儀式五聲八音十二律　禮樂之文
也本葢百世不易　此二帝三王之同於治也
上替下僭攻奪篡弑之相仍而禮樂　矣
東記二
仲尼無位不　杞宋之衰惜陽褒之
去其文　秦燔以後禮樂無書博士
學臆說言人人殊叔孫行之　曹褒議之而
不行茫茫宇宙　用者二千年矣安得夢寐中
宋元祐間三山陳祥道作禮書　氏之
言而得其制度　會同之禮
旗服器之制靡不悉備他日其弟
暘又作樂書定五聲十二律之本二變四清之辯雅夷褻正
之分粲然明白成一家言惜時尚安石之説二書雖出竟未
有傳習之者皇元積德百有餘年聖上鋭意中古禮樂之治
儒臣行四方購求遺書不知幾人而二陳之書莫有知者皆

甯趙公宗吉來僉閩憲求二書於民間二年而始得之迭郡
學官方鳩工鋟梓而趙公移節浙右繼是經歷前進士蓬君
可行知事前國學貢士張君允中取而繙閱之曰是大有益
於制作者豈可使之沒沒耶爰命前國學貢士福州路府判
官保奉訓董其事郡學正林夫質會諸儒相與校讎而完成
之是歲仲秋釋奠之前一日翰林學士臨川邵庵虞先生序
成將命適至嗟夫作者不蘄人之知知之者常在百世之後
二書不行於昔而行於文明盛時豈偶然哉必有服習而得
其說以贊聖代之制作者非曰小補云爾禮書凡一百五十
卷樂書凡二百　卷至正七年龍集丁亥八月三山後學
余載序案此序後有列銜并錄於左
東記二
校勘督工　直學楊璁
直學張文俊
司書張伯通
葉鉞　黃誠　陳淦
六齋訓導　陳亘琛　鄭拱辰　韋泰
福州路儒學學正陳　彬
福州路儒學教授林　光大
夏承碑
顧云美苓跋云藁是勳字懋是懋字咳是孩字縱是蹤字戚

是戚字列是烈字叢是傑字勤紹紹字當作卲字高也贋本不知漢隸通用之字見上文有紹縱字改爲勤約一字之訛便覺文體不礬案以勤約爲贋本與各家所說正相反不知云美所見何本也

東湖叢記卷二終

東湖叢記卷三

海昌蔣光煦生沐

周宗伯記字

周宗伯作識小錄予多取其說其記古字云形影之影本作景葛稚川加彡於右軍陣之陣本作陳王右軍去東作車他若焉本鳶字後改爲焉哉之焉之本乏字後改爲之乎之之朋本鳳字後改爲朋友之朋匹本鷟字後改爲匹配之匹雅本鴉字後改爲雅頌之雅（雅本作疋）烏本鵲字後改爲履舄之舄爵本雀字後改爲爵祿爵舉之爵霸本魄字（月體黑者謂之霸）後改爲王霸之霸（王伯之伯不當作霸）汝本汝水後借爲爾汝之汝（爾汝之汝當作女）無本蕃廡後借爲有無之無（有無之無止可作无與亡）與本黨與後借爲取予之與予本取予後借爲余我之予蚤本蚤蝨後借爲早暮之早冰本凝結之凝後改爲冰凌之冰（冰本作仌）奠本尊罍之奠後改爲奠定之奠厄本科厄（音娛木節也）後轉爲困厄之厄椹本鈇椹（音鍼木趺也）後轉爲桑葚之葚嗔本振（音田盛氣也）後轉爲瞋怒之瞋新本薪字後爲新舊之新而加艸以代之要本腰字後爲要害之要而加肉以代之野本墅字後爲田野之野而加土以代之巨本矩字後爲巨細之巨而加矢以代之府本俯字後爲府庫之府而加人以代之示本祇字後爲告示之示而加氏以代之須本鬚字後爲斯須之須而加髟以代之記假借字云告誥作浩倉枳敬作祝圖壽年作基年瑚璉作胡輦俎豆作沮桓百寮作百遼俠少作陝少職方作識方

谷神作浴神眉壽作麋壽琢磨作琢摩斜谷作余谷行李作行理紛紜作汾沄功德作公德蓼莪作蓼義遐邇作徦爾後昆作後緄英雄作瑛雄謇諤作謇鄂清儉作清渰九肩作九增讜言作黨言蕭條作蕭蓧忠勇作中勇表著作俵著蜂起作蠭啟朝聘作朝娉擾攘作擾穰於是作於氏不暇作不夏奈何作奈河禋于六宗作煙于六宗平原十仞作平源十及疇咨作詶咨黃屋作皇屋孳孳作滋滋芃芃作梵梵蹤作縱袞作緄苛作荷勳作薰默作墨澤作睪夾作央莠作秀蕃作番懲作徵優作憂孩作咳泉作湶椁作郭姓作性霆作庭特作犆矩作柜亦作奕欄作蘭叶作汁漸作瀐穢作濊菽作叔黎作犂俾作卑靈作零璧與辟通非與飛通刑與形通而與

如通伍姓之伍作五歐陽姓之陽作羊記改字云罪本作辠言自受辛苦也秦始皇以近皇字故改作罪對本作對漢文帝以言多非誠故改口從士雒本作洛東漢以火德王忌水故去水從佳疊本作曡揚雄以古理官決罪三日乃得其宜也新室以三日大盛故改從田騧本騶字宋明帝以近於禍故改作騧隋本隨字隋文帝以周齊不遑寧處故去走作隋邠本幽字唐明皇以近於幽故改作邠此皆學者不可不知也見山志二集

分類補注李太白詩

臨海洪筠軒頤煊讀書叢錄載元建安余氏勤有堂刊本分類補注李太白詩二十五卷與藏書續志同惟蕭士贇序藏書續志失載其文云唐詩大家數李杜爲稱首古今註杜詩者號千家註李詩者曾不一二見非詩家一欠事歟僕自弱冠知誦太白詩時習舉子業雖好之未暇究也厥後乃得專意於此間趨庭以求聞所未聞或從師以蘄解所未解冥思遐想章究其意之所寓旁搜遠引句考其字之所原若夫義之所顯槩不贅演或疑其贋作爲移置卷末以俟具眼者自擇焉此其例也一日得巴陵李粹甫家藏左綿所刊春陵楊君齊賢子見註本讀之惜其博而不能約至取唐廣德以後事及宋儒記錄詩詞爲祖甚而併杜註內僞作蘇東坡箋事已經益守郭知達刪去者亦引用焉因取其本類此者爲之節又擇其善者存之註所未盡者以予所知附其後混爲一註全集有賦八篇子見本無註此則併註之標其目曰分類

補註李太白集吁晦庵李子曰太白詩從容於法度之中蓋聖於詩者則其意之所寓字之所原又豈予寡陋之見所能知乃欲以意逆志於數百載之上多見其不知量矣註成不忍棄置又從而刻諸棗者所望於四方之賢師友是正之發明之增而益之俾箋註者由是而十百千焉與杜註等顧不美歟其冊諸以註蟲魚幸甚至元辛卯中秋日章貢金精山北冰厓後人粹齋蕭士贇粹可案宋蕭立之號冰厓有集三卷此稱冰厓後人殆其裔歟

也是園書目

也是園書目十卷虞山錢遵王曾編有自序云已酉清和詮次家藏書目告蔵放筆而歎蓋歎乎聚之艱而散之易也竭予二十餘年心力食不重味衣不完采摒擋家貲悉藏典籍

中如蟲之負版鼠之般薑甲乙部居粗有條理憶年驟爲時從先生長者游得聞其緒論經經史緯頗知讀書法逮壯有志藏弆始次第訪求問津知塗幸免於冥行擿埴然生平所酷嗜者宋槧本爲最友人馮定遠每戲予曰昔人佞佛子佞宋刻乎相與一笑而終不能已於佞也丙午丁未之交胸中茫茫然意中惘惘然舉家藏宋刻之重複者折閱售之泰興季氏殆將塞聰蔽明仍爲七日以前之混沌與抑以天公憐予佞宋之癖假手滄葦以破予之惑與穆參軍賣書相國寺中逢人輒曰有能讀得韓柳文成句者便以一部相贈人知其爲伯長者引去予之賣書不及伯長之高而聊以解嘲者在夫巳氏之豕肉喻也夫巳氏曰知味者謂擗龍脯不能果

腹不如豕肉足口放箸得以一飽今子所去之宋刻龍脯也所藏之善本豕肉也老饕差足自慰又何用過屠門而大嚼乎予曰固矣更有進焉者椎埋洗削之夫盤列市中豨蹄操刀而割甘其味以爲太羹弗若也易牙過而笑其失飪矣今予雖愛豕肉不正不食稟然有聖訓存焉又何龍脯之足以荒其志乎嗟嗟好書者不少概見而眞好與眞知者實難其人是必知之眞而後好之始眞然好之既眞而不造於眞知者吾未之見也癸卯冬予過雲上軒見架上列張以甯春王正月考一書援據詳洽口翁歎其絕佳少間走札往借已混亂帙中老人懶於檢覓而止耿耿掛胸臆間者五六年去秋初度有人插標以數册敗書來售而此書儼然在焉得之如

獲拱璧因感墨汁因緣艱於榮名利祿然世間聚散何常百六飆迴絳雲一燼圖史之厄等於秦灰今吾家所藏不過一毛片羽焉知他年不爲有力者捆載而去抑或散於麴肆麵坊論秤而盡俱未可料總之不滿達人之一哂耳江湖散人云所藏皆正定可傳予之書咸手自點勘疑譌後有識者細心繙閱始知其苦志若謂藏書多緒寫本子未足援據此乃假好書之名而無眞好之樂者竟謂之不知書不足與言可也佛日錢曾述　後序云諸家經籍志惟焦氏詳而有法予每思悉舉所藏編定目錄自慙四部單疏若區類詮次登之簿籍未免有掛一漏萬之譏緣是卒卒中止今年春斧季邀予過隱湖止宿燒燭檢書快談至夜分倦思寢斧季誘而使

之言意將窮予所藏而後已予嘉其志且愛其眞好遂傾悉以對胸中秘而久不欲宣於人者竟如猩猩血縷縷而出矣斧季復誘予寫書目時敕先在旁目笑我兩人間或出一二語以相慫慂余歸遂發興叢書於堂四部臚列援豪次第頗效焦氏體例稍以己意參之釐爲十卷浹辰始畢然終不敢謂已成一家之書目也惟是聊且錄之如甲乙帳簿命侍史備遺忘便檢覓以應斧季之請不煩借書一瓻可耳吳門錢功甫高士也老屋三間藏書充棟口翁釋褐後卽與之交時時過從出看囊錢市餻餌相對共啖一日語公吾老矣藏書多人間未有本子公明日來當作蔡邕之贈我欲閱轉就公借他年屬纊時公與我料理身後事以爲償博何如口翁喜

甚質明往其意色閔嘿已不肯踐宿諾矣嗟乎讀書種子習氣未除斤斤護惜益非獨一功甫然也其書後雖散爲雲煙此一段嘉話至今猶在人口功甫有李師師外傳一卷即筌翁云道君在五國城所作從榷場中來者功甫歿此書不知散落何處今雖懸百金購求豈可復見趙元度初得李誠營造法式中缺十餘卷徧訪藏書家罕有蓄者後於留院得殘本三册又借得閣本參考而閣本亦缺六七數卷先後搜訪竭二十餘年之力始爲完書圖樣界畫最爲難事用五十千命長安良工始能措手今人巧取豪奪溝澮易盈焉知一書之難得如此元度收藏數十卷二酉五車斯架塞屋臨老乃發無書之歎非無書也即挂一漏萬之意也旨哉我欲以此

一言贈世之藏書家哆然自足者遵王再題

周西嶽華山神廟碑

張叔未丈云西魏文帝大統七年宇文泰命楊子昕構華廟植松二千餘株周武帝天和二年丁亥詔史臣爲之頌而立此碑也楊子昕魏書北史皆無傳碑所云晉國公宇文護也護字薩保周太祖文帝之兄太祖崩後皆受護處分保定三年詔大冢宰晉國公親則懿昆任當元輔自今詔誥及有司文書並不得稱公名然玉珽之擊御刀之斫即見於天和七年此所云任屬阿衡親惟旦奭安有哉撰者万讀若萬紐于瑾書者趙文淵瑾有文名文淵有書名而錄是碑者褒貶率異辭余謂今所以人知珍惜者石在隨唐以前其背又有開元

一刻兩面兩側唐宋題字已無餘地而顔公寶蹟亦列其側嘉靖地震古刻盡失此獨巍然完善固是金天王靈爽式憑而撰書之工否直可存而不論矣升作附陸氏音義天險不可升鄭本作昇此則增阜於左從古文虞惟古有是文所以手文曰虞或可約畧假借耳大統七年歲在辛酉此曰旃蒙於爾雅歲在辛曰重光不合今驗石本直末剝蝕又似十字然即是十年亦歲在甲曰閼逢也周書列傳于謹字思敬唐瑾字附璘瑾傳賜姓宇文氏時燕公于謹勳高望重朝野所屬瑾白文帝言謹學行兼修願與之同姓結爲兄弟庶子孫承其餘論有益義方文帝歎異者久之更賜瑾姓万紐于氏瑾乃深相納結敦長幼之序謹亦庭羅子孫行弟姪之敬汲

古閣刻作言瑾學行兼修瑾亦庭羅子孫趙氏金石錄盧刻本後以子瑾請與同姓更爲万紐于則子瑾二字皆誤且文義當言請與于謹同姓不當于謹請與同姓也顧氏炎武金石文字記亦作言瑾學行兼修王氏昶金石萃編錄顧說亦沿其訛皆寫刊失校之故須文空處後人題字者南監牧使劉航仲通提舉牧羊公事邢舜中聖徒同謁祠下熙甯癸丑仲秋十七日題又宋熙甯二年九月守彰化十一月移本路轉運副使制置解鹽使明年十一月移東京轉運使十二月三日過華陰河南陳繹題應體用科彥古進士彥恭彥成侍行馮翊保定二解元盧定趙琢同謁於金天王祠下又李偘奉敕祈雨甲寅三月晦又熙甯七年三月二十三日向晉職方

員外郎陳縚自泰倅移開封令恭謁金天祠下彥默彥淵彥正侍行又元豐元年十月十二日侍親出帥華池與友人鮮于溱宋彰□謁祠下鄞江俞次皐謹題又張叔卿被命之利路恭謁祠下男祕書省校書郎康伯侍行又治平丁未夏領本路提點刑獄謁祠下後六年蒙恩除天章閣待制秦鳳等路都轉運使過祠恭謁金天帝宋熙甯癸丑正月二十九日東萊蔡延慶仲遠題又熙甯十年三月十九日題又提點刑獄尚書職方郎中劉忱之任蒲中躬謁祠下男唐工唐老唐純唐傑侍行此舊裝册俱佚今從整幅拓錄又跋唐華嶽精享昭應碑云開元八載亢旱元宗命許國公蘇頲以瑞祝之辭旅於西嶽旋爾得雨既禱而祠因此立碑也是年七月頲

罷相為禮部尚書碑故言舊相尚書也撰者咸廙王氏昶云開元時咸廙為十八學士之一圖形含象亭若顧氏炎武金石文字記疑即趙冬曦傳大理評事咸廙業恐未合書者劉升昶云唐書作劉昇附見劉德威傳題額者李休光錢氏大昕云碑石左右蓮華魏鬼十六字與元元年盧放書又有李休光題額二十字驗其字體亦出盧手蓋勒碑之後又六十餘年而始題其額耳此刻周天和二年丁亥華嶽頌之背石之兩側與正文空處唐宋元明人題刻已徧蓋西嶽祠中烜赫有名之刻嘉靖末地震古石多毀此與述聖頌獨存

周無專鼎釋文

張叔未翁釋周無專鼎文云隹九月既望甲戌王格于周廟燔于圖室司徒南仲右無專入門立中庭王呼史翏册令無專曰官嗣□王□側□□錫女元衣黹束戈琱㦸縞緌彤矢攸勒鑾旂無專敢對揚天子丕顯魯休用作尊鼎用享于□烈考用丐釁壽萬年子孫永寶用召各通作格格于某鼎彝習見之文澂浦吳侃叔世兄東發為余題沈紀鴻贈本亦釋作格後以[illegible]為燔於自藏本改釋為昬通作脤其實後說不如前說耳[illegible]廟字無可疑[illegible]舊釋烝澂浦畢萇園世丈星海曰烝冬祭時在九月不得曰烝六書統番作[illegible][illegible]即番字故反亦通翻[illegible]从火為燔記曰燔燎羶薌燔亦作鐇春秋傳曰天子有事鐇焉以饋同姓是也吳侃叔因其說為余跋沈贈本儀徵阮師積古齋鐘鼎彝器款識用之萇園丈既明先生

之孫也世其家學精通篆隸所藏金石文散失殆盡間有存者尚多佳本圖室吳侃叔曰劉元城廟制圖外為垣門門內為廷又內為廟又內復為廷又內為寢寢內為都宮太祖及三昭三穆之廟在焉然則所謂入門者垣門也中廷寢外之廷也圖室都宮也七廟皆宗太廟曰太室圖室殆統七廟而言但圖室不見於經傳古文都作[illegible]圖作[illegible]二字疑古亦通用侍御朱石甫同門為弼曰圖室藏河圖之室也唐虞謂之天府周謂之明堂[illegible][illegible]治司嗣鼎彝皆通用此上一字是司字下一字作司治嗣解俱可[illegible]中謂宣王時人者大雅常武篇毛傳謂文王時武臣者鄭箋也大興翁覃溪閣學詩或言南仲篤周祜北城于方西拒昆或言江漢常武世並列

方召申與樊亦如岐陽十石鼓文王宣王爭考授是也□右字句立于王之右者宣王令者也入門北鄉立于中廷者受王令者也翁閣學說吳侃叔釋作佑顧氏廣圻釋作侑皆不必□□□無字無可疑無是姓舜時有無澤見莊子周有魯人無駭是也吳侃叔通作廡朱右甫書擧書亭本謂古鼅字省是春秋時許國之器□釋作專較惠字更善□內入古通是入門合文無疑□立固通位然此正當作立解□釋翏為近□舊說佐侃叔釋作稣非改釋作扛通作共朱右甫書侃叔本云當是鳴字案此當闕疑□□釋作傎側善矣然下二字釋難定則此二字尚難得解□侃叔釋作咀然釋作虎□遂釋作方積古齋用之案虎字全文旁文如王圭父

丁尊□□虢叔鐘□吳彝□□遽仲觶□左旁象足爪形無有連者此左直下不斷則非虎字矣既非虎字則傎側咀祝遉側虎方義皆難安□□古器文屢見如頌鼎□□頌壺□□□□頌敢□□□□舊釋束帶自不如帶束之善孫淵如觀察於擧書亭本釋作㡀屯通作純案屯字如虢叔鐘□□邢叔鐘□□叔氏鐘□□□□祿康鐘□□頌鼎□□頌壺□□□□頌敢□□□□□總無從○者蓋○取○義●象地形不相通者孫說存之可耳嚴氏可均云㡀純二字積古齋釋為帶束尚沿舊誤則非也□嘉定錢竹汀少詹曰伯姬鼎師毀敦並有緰必字薛氏釋必為繹案考工記天子圭中必鄭讀如鹿車繹之繹是必

繹古文相通□積古齋云矢作□者與伯姬鼎同蓋矢在房攢聚之形侃叔釋作疾□□錢少詹謂攸勒即詩之鞗革案頌鼎□□□□頌壺□□□□頌敢□□□□□吳彝□□□□與此同惟石鼓文作鋚勒從無有作鞗革者蓋攸是本字或从金勒可省為革攸不可增革作鞗說文有鋚字無鞗字知鞗字非矣段若膺大令說文勒字注云爾疋轡首謂之革革即勒之省毛詩鞗革皆當依古金石刻作攸勒鋚勒毛傳曰攸轡首飾也革轡首也自來上句奪首飾二字而莫得其解云云是誠先得我心者唯是攸字有作三點有作一直則不必改寫作攸耳□割通作丏吳侃叔說積古齋用之□舊釋鹽吳侃叔曰鼎彝中屢言斳丏

□壽萬年□鐘也□□手撫而目眡之□鐘之象□鐘所以彌固之也是知□乃彌本字漢碑作麋壽乃借也奏父故作□壽與□皆从象形鼀字蓋鼀亦音赤眞切莊子宋人有善為不龜手之藥者龜皴裂也□所以彌其裂也血□血者也故此亦為彌壽案吳說善矣然□簋器簋字如立簋□□簋□□鬲叔興父簋□□史燕簋□□與比□字實相類安得盡改讀為彌蓋簋象龜形龜久也簋壽即龜壽即麋壽則作用丏簋壽文義更安

陸梅谷藏書

平湖陸梅谷烜刊奇晉齋叢書其收藏甚富嘗見書估攜來中統本史記後有梅谷跋云此書刊於中統二年按中統二

年卽宋理宗景定二年辛酉也考蒙古主是時方尙儒術召賓默許衡至開平定官制設翰林聽儒士被俘者贖爲民故序云國家方緇文學非虛譽也而斯時之宋乃倚重賈似道一人日以湖山宴游爲樂曾不如蒙古氏之有君嗟夫此書刊於此時正草昧初開渾沌未鑿之日余讀其書嘉其能進於中國故輿也勃焉豈徒恃兵力之强哉然則此書抑豈獨以舊本爲可貴哉梅谷陸某題倩侍兒虹屏書于册乾隆四十五年庚子上距中統二年巳五百有廿年展寫之日亦維季春後有梅谷掌書畫史沈采虹屏印記又晏公類要後有虹屏跋云晏元獻公類要晁氏郡齋讀書志謂六十五卷焦氏經籍志謂八十卷而此僅三十七卷似非完書然其中有

公四世孫袠補闕并至歷代雜錄止蓋已爲足本矣載讀曾南豐集有此書序云總七十四篇合二篇爲一卷則正三十七卷也益信爲足本無疑晁氏所見殆傳鈔不同耳爰錄曾序冠首而識于後時乾隆辛丑四月十二立夏日是歲閏五月春事未闌海棠繡球木筆紫荆薔薇花尙繁盛新妝初畢御砑綾夾衣晏坐花南水北亭啜鏡溪新茗書署印同前眞藏書家韻事也

周頌壺

此器向爲錢塘趙丈之琛尊人所藏丈爲余言不知何時失去家藏銘文拓本因摹刻于小屏余所見置于几案者是也後見竊古者莫遠湖言在越郡得之壺已鎔去僅存頸上有字處數寸而已歸之雲間某氏近日拓本皆由此不全者出是壺先著錄曝書亭集竹垞老人原題之拓本今藏嘉興張叔未丈處未翁嘗爲人題此殘拓云古尊彝之屬器蓋皆有文者字體有異而語句則無異所以志器蓋之相符不至離異牽合此正古人用心之愼從無一器著兩段語句相同之文而蓋上反無文也曝書亭集載王太僕益朋家所藏頌壺項腹皆有銘云云今朱檢討之遺拓二篇及手跋眞墨具在吾家當是一爲器文一爲蓋文竹翁並未目驗不過僅據墨拓而著錄之疎矣是壺久無蹤跡莫君遠湖遊山陰得之項口周遭僅存數寸而百五十文字具在文在項外當是蓋之四周必高四寸器之文仍不外露也遠湖足跡廣眼力闊是

壺之蓋安知不尙在人間珀芥磁針行有遇合則竹老項腹有銘一語之疎亦從可訂正云延濟書于三頌軒中莫述隹者云此是佛經鄭之罪過故尙留之也

西遊記

海鹽張石匏明經開福應劉燕庭觀察喜海之招赴秦中歸以元邱眞人西遊記見餉後有徐星伯郡守松程春廬奉丞同文董方立孝廉祐誠諸跋其徐跋云長春眞人之經西域也取道於金山爲科布多之阿爾泰山記曰金山南面有大河渡河而南是今額爾齊斯河金山東北與烏魯木齊屬之古城南北相直今自科布多赴新疆驛路直南抵古城近古城之嘑倫布拉克台蘇吉台噶順台皆沙磧是卽白骨甸也

博克達山三峰高峙去古城北數日程即見之故記云涉大沙陀南望陰山若天際銀霞詩云三峰並起插雲寒也云陰山前三百里和州者謂博克達山南吐魯番爲古火州地訛火爲和耳唐北庭大都護府治在今濟木薩之北府建於長安二年記言楊何爲大都護足補新唐書方鎮表之闕端府者端即都護字之合音輪臺縣亦長安二年置縣治約在今阜康縣縣西五六十里據新唐書地理志自庭州西延城西至輪臺縣二百二十里塞外砂磧難以計程記云三百餘里葢約言之輪臺東爲阜康縣縣治在博克達山陰故南望陰山九月十日並陰山而西約十餘程度沙場又六日至天池海沙場者晶河城東至託多克積沙成山浮溜難行東距阜康縣一千一百里故云十餘程其間亂流而過當有洛克倫河圖壁河瑪納斯河烏蘭烏蘇河記不顯言者塞外之水山雪所融夏日盛漲過時則涸九月正水竭之時葢不知有河也自託多克過晶河山行五百五十里至賽喇木淖爾東岸淖爾正圓周百餘里雪山環之所謂天池海並淖爾南行五十里入塔勒奇山峽諺曰果子溝溝水南流勢甚湍急架木橋以度車馬峽長六十里今爲四十二橋即四十八橋遺址記云出峽入東西大川次及一程至阿里馬城今出塔勒奇山口南行一百七十里至惠遠城阿里馬城者即今西阿里瑪圖河在拱宸城東北出塔勒奇山東西南至阿里瑪圖河僅百里記云又西行四日至荅剌速沒輦水勢深闊抵西北

流乘舟以濟原注云沒輦河也荅剌速沒輦是今伊犂河以西行四日計之當在今綏林渡之西渡河南下至一大山疑今鉛廠諸山又西行十二日度西南一山當是善塔斯嶺又沿山而西有駐軍古跡大塚若斗星相聯是今特默爾圖淖爾南岸地多古翁仲記云又西南行六日有霍闌沒輦由浮橋渡色渾流急深數丈勢傾西北霍闌沒輦者今之那林河自渡伊犂河以南所經之程即今伊犂戍喀什噶爾兵往來之路出鄂爾果珠勒卡倫傍特默爾圖淖爾東南經布魯特遊牧以至回疆此長春眞人赴行在時所經也其歸程則渡那林河而直北由特默爾圖淖爾之西以達吹河之南乃轉而東北渡伊犂河其渡處在綏林渡之東故百餘里即至阿里馬城自阿里瑪城出塔勒奇山口經賽喇木淖爾與往時程同過賽喇木淖爾不復東折而東北行其分路處在千珠罕卡倫地東北山行由沁達蘭至阿魯沁達蘭入塔爾巴哈台界以至原歷之金山大河驛其途徑較直然計自阿里馬城至金山亦不下二千里而記言至天池海過陰山後行二日方接元歷金山南大河驛山路崎嶇必不能速進如此且方接云者久詞也葢二字下脫十字眞人以四月初六日自阿里馬城行凡二十日至金山爲是月二十五日下文云並山行四月二十八日大雨雪二十八日尚未出金山則爲二十五日至金山無疑矣適從龔定盦假讀此記西域余所素經識其相合者如此道光二年四月大興徐松跋距長春眞

人歸抵金山之歲凡十一壬午矣程董跋不備錄又有烏程沈垚金山以東釋文更長亦不及錄石匏丈自書緣起云歲丁酉之春予應汀州太守劉燕庭先生之招將爲閩遊道出紫峽與同人道別蔣君生沐屬於杭郡振綺堂藏書訪元邱眞人西遊記會於汪君又邨所詢及未有以應也悤悤渡江抵汀一日偶言於燕翁知有藏本留京邸宅日許相假也明年九月燕翁赴甘肅鞏秦階觀察任偕予往未至燕翁奉諱返旆小住西安越歲東還迨辛丑之秋任陝西延榆綏觀察書來乞余復西行壬寅春挈兒時恩重入關時燕翁攝理撫商觀察留署齋踰半歲知此書曾攜行笈癸卯春同送榆林因命兒子手錄之殆有夙緣邪是書經徐星伯給諫手訂諸家題跋皆爲給諫而作蓋給諫昔曾親歷其地故一一疏證如此未幾給諫出守榆林暇日轉假其本校之以朱筆改正又補鈔孫序及錢少詹段大令跋兩通烏程沈君垚金山㠯東釋皆燕翁本所未及也予目力加眊不能讀一過藉兒子勉力以成俾五千里外得踐數年宿諾亦幸已榆林古朔方郡出城數里欵貢城舊址在焉予嘗登城北望黃沙白草大漠連天秦築長城隱隱指其外即蒙古部落人情風土不與華同記中所言亦漸相近矣感慨流連不知此身之何以至此也歲臘歸里出以復生沐當可添一段公案道光甲辰六月石匏張開福識于榆林節署年六十有一

寶綸堂集

會稽陳章侯洪綬寶綸堂集十卷刊於康熙乙酉有羅坤胡其毅兩序孟遠傳一首今刊本不可復得矣有遊淨慈寺高麗寺二記志湖山者所宜採及也

唐周文遂墓誌甎

張叔未丈云唐周文遂墓誌甎刻海昌周松靄進士春所藏王蘭泉宗伯昶金石萃編卷一百十三錄此作石誤也甎易損嘉慶丙寅進士貽余一本模黏已甚此倘是乾隆辛卯初得時所拓其手書跋即在是年夏五二日蓋李作舟聘所貽本也是甎爲人盜去進士旋復購得今進士歿後又不知所屬即剝損之本亦不易得矣未申公表身紳卒玉表字紳字顯卒當是碎字紳碎二字缺表字不全王錄文缺三字據本不清耳楊氏上脫農字譽案是舉字之刖王說是至咸譽所知則不必定是舉字耳仁和老友趙晉齋魏昔藏有唐處士包公夫人墓誌甎余曾手拓其文萃編錄作石亦同此誤

虞恭公溫彥博碑

此碑自安世鳳墨林快事云約得四百餘字王虛舟題跋云所存七百餘字至王蘭泉司寇得幾及千字之本爲多矣余所見陸白齋釋文則一千四百餘字翁覃溪閣學釋文則二千餘字陸翁兩家略有出入今以全幅整裝翁題之本參考錄之如左翁題云嘉慶丙寅春得千許字舊裝本因從蓮府壻覓全拓大幅丁卯夏竟通得二千餘字岑文粗可讀率更銜名朗然良一大快迫想百八十年前嗜古探奇如趙子函輩早能用意全拓所得不更可增多乎然宋時人已不肯全拓下半截矣顧亭林不知詳考漫以殘闕二字置之

第一行　唐故特進尙書右僕射上柱國虞恭公溫公碑空十二字
下具撰書銜名則王氏言在前闕二行非矣　□中書侍郎□都督江陵縣開國
子岑文本□□□□銀青光祿大夫□□□□□□渤
海縣男歐陽詢書□第二行　昔者帝嬀升歷九官奮其庸有
周誕命六卿揚其職國鈞總於公相□乎二□朝□歸於
臺閣成乎□晉雖濟□□□□□□□□□□□□□□
□□□魏□□代天□□帝載立盛德建□□□□第三
行　也若夫昴宿麗天感其靈者人傑嵩嶽鎭地降其神者
國楨叶卜夢於龍彫□物色於舟楫其□也□庸器而□
□□其丬也□□□而□□□豈□□之人□□兹復□
□矣公太原祁人諱彥博字大第四行　臨系姬文之遠冑派

唐叔之遙源食邑河內世功開其緒著姓晉陽令德流其
祚雖復安國□□□□□□□□漢之忠義次房□於□
下晉之勳烈太眞□於京口猶培塿之望極天潢汙之山
□□□第五行　祖裕魏大中大夫言爲准的行成表綴廊廟
翹首搢紳結轍□公叔而比德□思□而□方□考君攸
隨三原令泗州司馬　皇朝贈魏州刺史聚螢成學夢鳥
飛文名冠洛中望高許下孔門密子□□第六行　不顯於當
時潁川陳君哀榮無間於異代能兼之者不亦優乎公□
兩儀之正□□百□之懿德□仁義以□□□禮□以□
名□用內□常情所以自維輝光外□達識所以知□洋
洋焉若洪河之東第七行　注巖巖焉猶華岳之西峙若乃三

德六行列聖之所貴也舉厝必□其域九流七略先代之
所重也□息□□喚□□□□□□□□□雲蜺以辶
□淪□□□與然則京臺□□始於覆□巨川維第八行
地肇自涓流是以平津筮仕由賓王而佩印文終創業階
□吏而命社美□令範同符前烈隨開皇中本州□□□
□□應詔□以高第直內史省于時隆□□俊乂盈朝
□□侍郎薛道衡才宗唐肆第九行　牢籠多士太子洗馬李
綱直道正辭羽儀海內並下堂見禮倒屣定交曰季之稱
冀缺□□□趙□之□□宣□□□令□□□古義□
懸衡垂則奏□語而善陸生坐宣室而悅賈誼乃授通事
舍人十行　斂笏鳳池垂紳鸞閣瓌姿月舉韶音玉振每至文

武在列華裔□庭對越於青蒲之上□□於赤墀之下陽
□□□漢苑□□比其□□洪□□□□以方其辯斯
乃辶賢之餘事具□之一隅猗歟雅第十一行　度在乎經國大
業之始以親喪去官孺慕之感哀毀之極與夫長孫居憂
子龍在疚□□□而□□□□□□□□□煬帝親
行九伐問罪三韓于時禮部尙書楊玄感□□□□□
□□斛斯政第十二行　出奔高麗既而乘輶南反詔公銜命蕃
境申明臣節陳之以逆順宣暢國威□之以禍福遂□□
□增輝□□□□千紀□□菹醢之罰□□□□□
□焚如之刑豈如□□□□□□海張騫第十三行　擁節
無功於月氏又以公爲東北道招慰大使屬天地橫潰寇

戎板蕩夷羊在牧商郊□漂杵之師□□□□□□□□
□之□□我高祖□五紀而出震乘六龍而御天憑玉握
河洛之符授鉞遷夏商十四行之鼎艾綬銀章弓旌先於髦
俊建社班瑞光寵屬於勳庸庶績所以咸凝□土於焉□
□乃授公□□□幽州總管府長史封河西郡公食邑二
□戶□□□□□□□□雖連率總其方□□□毗其政
十五行刑而滅沒不羣豈蹉跎於吳阪清越振響終特達於
章臺徵爲中書舍人遷中書侍郎□周建官□□內史□
□□□□□中書司國典於□□王言於□□詳其歷
選則□□□美於江東求其得人十六行則孝若飛聲於洛
下云誰嗣響復在茲焉屬獫狁縱慝疆場大駭甘泉□□
烽之火雲□□□貝之陣□□□□□□□□□□□
□瞯□□□□懷辛□之將琴書在□佇甘□之臣乃
以公爲行十七行軍長史十萬之師方絕大漢五餌之術必
繫單千而南風褰律□之和北狄肆豺狼之毒衛尉數奇
□□□□□□□□□□□□□如雲霓□終□事□
之□□皇帝嗣堯□□繼文治□平章百姓十八行澆俗佯
於結繩叶和萬邦遠夷同於編戶威慴龍瀚澤流寵□□
寶無俟於□域□□□□□□□□□□□□□□□
□□□□□□□□□□□拜雍州治中檢校吏部郎
中詩□爲中書侍郎十九行公望爲時宗才稱王佐鴻翼所
漸自回溪而薄九霄驥足既馳遊閶闔而躍千里雖儁□

□□□□□□□□□激揚□□□□□□□□□□□
□□閣糾繆□□大選陳議武□渥洽□□□□故能二十
行爵命曰隆寵祿歲厚有司馬之四至慈明之十旬乃以
本官行太子右庶子遷御史大夫仍檢校中書侍郎遷中
書令□□□□□恭□□忠直表於廊廟□□□□□□
□位□□獨□□□□職司八二十一行柄公又處之故能出
總糾寮入專機管執簡册以肅周行奉綵綸以光帝□□
少翁□□□□□□□□□□□復□□□□□□休烈
其猶病諸俄檢校左衛□□□餘如故進封虞國公食邑
三千戶二十二行德優爵重鎬京之舊制非功不侯中陽之令
典踰七命而兼二善□下以協□□比□□佩□□□□
□□□□□荒□□□□□矣□尚書者重於司會之職
僕射者踰於副相之位上圖天道譬斗極二十三行之運四時
下料人事邁元愷之贊百揆　聖朝欽若前典憲章往代
懷磻溪而□聆想傳巖而□□□□公□書□□□□□
□命聞寵禮賢□□□□臨事而□□□覩□遺書□南
宮之故實詳求善二十四行道勤行而不倦歷選前哲仰止而
無怠是以忠允寬裕□內恭之德清虛□□□新□之度
□□□□□□□□□夙夜□□□□□□勤□茲□□
式是百辟□□□□以事一人獻替之規不忘於忠二十五行
恕損益之義皆出於仁厚違規矩枉尋尺光其家而弗爲
利社稷安億兆□其身而無悔肅肅焉濟濟焉□□□

□□□□□之周□善□□□□子文之毀家非徒言□
公□□□信□貴中和心之（二十六行）所同必擇善以利物意
之所異不是巳而違人闕德義爲宮牆包禮度□□□□
人之善糸□□之清□□□□□□□□之□□富辭令
而絕毀譽□□交而篤久要位高矣□□滋□祿厚矣治
家踰（二十七行）約以孝敬之道移於哲兄行慈惠之心治於猶
子允所謂朝廷之棟幹人倫之龜鑑焉以貞觀十一年□
□□□□　駕□洛陽□公自感疾暴動　上寄深臂指
　恩篤股肱中使相望於道路名醫畢（二十八行）陳其方技遂
輔德愆報彌留曠旬兩楹之奠旣兆二豎之灾將□□遺
銀青光祿大夫行中書侍郎□□□□□□□□閑所欲
言公志在忠益表陳治道□□之□□盡命終之德克著
昔□卿大夫無（二十九行）忘於舉能子顏啓足情存於慎赦恥
焉千載於斯一揆六月□日薨於旌善里中春秋六十有
□　上聞□□□□□□□悼伴翕君之請尸類齊后之□
□卽以其日舉哀於□次百僚陪列莫不流涕乃（三十行）詔
民部尚書莒國公唐儉工部侍郎盧義恭護喪行中書侍
郎杜正倫□□□禮部侍郎令狐德棻水部郎中□□□
□□□□□□□應太常考行謚曰恭公乃　詔有司立
碑紀德□塋地於　昭陵（三十一行）之側并給東園祕器賻贈
二千段喪葬所須並令官給□祖送之典墳塋之制咸率
禮□□□□夫鐘鼎□□□□□□□□代□彝鍇□

□□□□□琬琰□□□遂□□□□獻元葉漢室之良
佐（三十二行）也密陵當陽晉朝之賢輔也雖復卿雲摛思班爾
運奇勒銘由其子孫表墓資於□□□□□□□□□
□□□□□□□□□□□□□□詔□□往載不其
偉歟式揚一德垂之百代其詞曰□（三十三行）藹藹高門世膺
顯命堂堂盛德家襲餘慶抗節飛英扶危流詠軒蓋接□
珪璋疊映□□□□□□□□□□□□□□□□
□□□□□□材□楚重□□□□然□遊藝□德
財成□□範（三十四行）圖儞墨非焉擅奇雕龍貽則發跡素里
馳聲上國仲舒揚庭吾丘侍詔數□□□□數□□□
□□□□□□□□□□□□□□□□堯舜□
□□□□□□求賢受書汜上釋釣滋泉陳（三十五行）謨德
顯定策功宣縱壑鵷鷩摶風初矯密勿鸞閣便繁鳳沼仲
舉性□夷吾□□我□員□□儀表□□□□□□
□□□□□□□□□□□□懷□□□□□□□
□遺名鑄丹□荷傳薪（三十六行）理一水逝黃岐光沈趙日稅
駕天府夷體泉室麟閣圖形烏英騰實悲纏卿□慟□
冕旒寵踰□□　恩隆□□□□□□□□羅□□□懿
範□□□山邱

嚴修能購書

歸安嚴修能（元照）購得宋張（洽）春秋集傳吾邑錢廣伯布衣爲之作緣與朱朗齋明經往來書札皆議價值之多寡傳鈔

者並附之書後可謂風雅好事者矣　錢廣伯復久能云承命爲購春秋張氏集傳容徐圖之至許以鐵網珊瑚爲酬未免失之太重耳馥頓首朱朗齋復廣伯云昨日承示嚴先生札及鐵網珊瑚俱已轉致敝居停汪九先生緣宋板春秋一書據九先生自言當時買本實係七折錢六十兩目前所需二百金之價未爲過多皆由時下書價大槩皆昂此書雖已缺卷究屬久佚之遺經較尋常无足重輕之宋元板書差爲珍重今讀嚴先生來諭諄諄意殊可感若必執意昂價取利是屬市道非所以待有道也但只照本七折錢六十兩之數斷不可少勢不能九先生虧本以曲從耳乞先生附便轉致嚴先生但其書現在横河橋姚宅爲日過遲姚處如合用則

不能懸待耳文藻頓首鐵網珊瑚一書玩之不忍釋手然係嚴先生持贈之意不可辜也謹繳上又復廣伯云日昨承示嚴先生來翰稔悉一切今早既轉致汪九先生矣張氏集傳既爲經義考所佚又爲永樂大典所遺而四方藏弆家從未經著録則此書之可寶貴在遺編之散亡已久而不在鋟板之爲宋爲元也書籍流傳除兎園册子之外皆無益于舉業之學者必謂有益于舉業而後當出價購求而後當寶愛此語而出自嚴先生之口則不免立言失體矣今皆不具論要而言之此書在汪九先生從二百金之價讓至六十金已屬減無可減在嚴先生從十六千之價加至卅五千亦屬增無可增今弟以二説衡之爲折中之論勸嚴先生再出三千五

百文足成五十五兩之數以兩不相從之中寓成人之美之道是否有當伏乞裁定但此事自七月相待今已稽時計此番覆後僅可再待半月不可誤九先生之得善價而他就也文藻頓首修能自跋云張文憲春秋集傳一書其詳見盧抱經學士跋中元照嘗按勝國迨　國朝諸藏書家皆不著録聞常熟人家有之後毁于火朱竹垞徐健菴諸公皆未嘗見老友鮑以文爲言虎林有藏此缺本者遂親往求之其人索直二百有奇逮壬子之歲以錢廣伯朱朗齋爲之介紹畀以四十緡得之每册有曹榕顧汝修圖記共存十九卷其書宋集衆説自三傳外于晉取杜元凱于唐取啖趙陸三家于宋取孫明復孫莘老劉原父程正叔劉質夫許崧老胡康侯七

家之説最多餘如蘇氏呂氏雖間取之不甚多也凡有數説可以互相發明者以一家爲主而餘説夾注于下文憲自亦間有論斷存者幾四十條大概視集注尤條暢而全同者亦有數處其春王正月公即位辯析至詳凡夾注幾千字皆集注所無學者所當細考也元照念此書僅存于灰燼之餘世無二本不敢自秘因于暇日手謄此本以爲之副起于六月初三日將四旬而竣事遂爲書得書之顛末并其大指于卷後後之得此書者尚善視之哉時抱經學士書跋之明年乾隆甲寅季秋之月甲寅晦苕水嚴元照久能氏書于芳椒堂又余所見明焦弱侯家精鈔洞天清祿集有何義門先生手跋云此書近時刻本皆訛清祿爲錄且去集字又謬分爲十

一門似未詳讀本序者也古畫辨中次第亦多錯亂皆當以此本爲正康熙癸巳義門何焯記修能亦跋其後云余數年前曾見此書今爲塘棲宋茗香助教所得此雖已有刻本然舊本故可貴舊簽隸書五字大類文待詔紙亦甚精古香可愛既以香修小印鈐於卷端復鈐於簽茗香先生幸善視之小生福薄不得以此書插架如何如何嘉慶八年五月修能居士嚴元照識觀諸跋益見前輩愛書之苦心如此如此江雨人教諭云修能三歲時以指取碗中茶汁畫几上覩之成疾字從此遂能書阮芸臺宮保所補表忠觀碑乃其筆也

麓山寺碑

舊拓李北海麓山寺碑爲孫退谷少宰研山齋藏本較王蘭泉司寇所載多及百九十字其碑末庚午九月下尚有壬子

朔十一日壬戌建九字又其後有且上計于京不偶茲會贊口十一字乃接英英拔霧諸語爲自來著錄家所未及不覩是拓或將以贊詞爲碑銘矣

素師聖母帖 元祐戊辰刻本

張叔未丈云聖母晉康帝時人畢尚書引王松年仙苑編珠語正合然碑云家本廣陵仙於東土曰東陵焉而畢引漢書地理志廬江郡金蘭西北有東陵鄉則甚不合錢詹事云此碑不列書撰人素師俗姓錢此從叔父淮南節度觀察使禮部尚書證之史是杜岐公佑則此即藏眞所書撰者必別是一人此論甚精大和四年裴休諸題名好事者移登覽題記轉摹入此耳瞿木夫之說亦精細案素書自敘帖年四十一

恣肆狂怪究增嫌厭此作年五十六謹嚴肅穆深得魏晉遺規此後絹本千文貞元十五年所作筆愈蹙緊然氣體轉遜此整暇故余於素師書中最耆此蹟也昔年丁未戊申余以新拓黏來鶴堂中流覽最久此拓是元明時物與董臨之拓俱得自同里王樹堂家因合裝而識之集書結習白首難忘豕覩可豪不知洴澼書之行自笑已

釋文

聖母心愈至言世疾氷釋遂奉上清之教旋登列聖之位仙階崇者靈感遠豐功邁者神應速乃有眞人劉君擁節乘麟降於庭內劉君名綱貴眞也以聖母道應寶籙才合上仙授之祕符餌之珍藥遂神儀爽變膚骼纖妍脫異俗

流鄙遠塵愛杜氏初忿責我婦禮聖母翛然不經聽慮久之生訟至於幽圄拘同羑里倏口霓裳仙駕降空卿雲臨戶顧召二女躡虛同升旭日初照聳身直上旌幢彩煥輝耀莫倫異樂殊香沒空方息康帝以爲中興之瑞詔於其所置仙宮觀慶殊祥也因號曰東陵聖母家本廣陵仙於東土曰東陵焉二女俱升曰聖母焉遂宇既崇眞儀麗設遠近歸赴傾弔江淮水旱札瘥無不禱請神貺昭答人用大康姦盜之徒或未引咎則有奇禽翔其廬上靈徵既降罪必斯獲閭井之間無隱慝焉自晉暨隨年將三百都鄙精奉東徒奔屬及煬帝東遷運終多忌苛禁道侶 元空九聖丕承慕揚至道眞宮祕府罔不往 上半不全 建況靈

縱（今蹤蹟之蹤古作縱此猶存古法）可許道化在人雖蕪翳荒郊而莫禱
雲集棟宇未復書艾銜悲誰其興之粤因碩德從叔父淮
南節度觀察使禮部尚書（空）監軍使太原郭公道冠方隅
勳崇南服淮沂既蒸祋（此字未釋）作而不朽存乎頌聲
貞元九年歲在癸酉五月

素師遺蹟以聖母碑為第一此帖刻本以元祐戊辰刻於西安府學為最佳渲熙秘閣續帖亦以真本上石似少肥少古健之氣明寶賢堂刻軟弱無力至湖南綠天庵刻則誤易殊甚為之釋者董文敏（臨寫并釋文粤因碩德住石刻本今附裝册後）瞿木夫（名中溶嘉定人著有古泉山館金石文綵此釋載湖南通志）各有差誤余自幼耆習此碑能背誦茲釋其文而條董瞿釋之誤於後

世疾（世字顯即謂下有缺筆然斷非舊字董臨與釋俱作舊）祕符（董作祕藏）初忿（董作初忍）
歸赴（董作俱赴）傾弔（弔至也瞿釋作市亦可董釋作市則大非）九聖（上脫二字）
建（上字上半有蝕瞿云似旌字近是董作重）
心俞至言世疾冰釋（瞿作閒□主□□疾□釋）忿（瞿釋作怨）躡虛（瞿作踐）
息（瞿云似亦字大非）家本廣陵（瞿作家於廣陵大非）設（瞿云似復似沒皆非）奇禽
鳥（瞿作）晉（瞿作昔）評（瞿□）郊（瞿云疑是頹字）蒸（瞿□□下字余亦不能釋）

陝刻聖母碑尾大和題文渲熙帖刻無之則碑本之本無是文可知矣文在元祐刻款之後則非元祐刻可知矣畢氏關中金石記未審文是左行而於同登字亦未契勘瞿氏中溶古泉山館跋尾謂必是登臨遊覽者所題而非是帖之題跋說近是然何以刻在是石之尾亦未確指大興學士翁覃溪先生復初齋文集卷二十四鴈塔題名重摹本跋篇之末附識云今陝西碑林懷素聖母帖一石尾有大和四年裴柳同登楷題是即唐鴈塔題名石刻之僅存者而元祐時借用其前半之空石刻素書耳則說乃真確真審鴈塔原題世無隻字即宋大名柳瑊重摹之十卷雖殘拓亦何從得見茲賴是刻之借用而此二十九字之原刻佳蹟歸然獨存豈非厚幸然非翁先生拈出亦何以抉學古之疑益歎審讀古刻之不易

資治通鑑

宋刊本資治通鑑（每半葉十一行行廿一二字不等序十一行十九字）卷中銜名隨官改換又一殘宋本題增節司馬溫公資治通鑑（首行末行均夾行大字每半葉十四行行廿四五字不等）存三冊未詳何人增節

草堂詩箋

宋魯訔杜工部草堂詩箋有高麗刻本如水筒詩何假將軍蓋何蓋高麗本作佩注引李貳師拔刀刺泉事錢□□謂較蓋字為穩其為善本可知矣校庵明經（翌鳳）云

荀子校本

高郵王懷祖先生（念孫）讀書雜志荀子補遺後刻元和顧澗蘋（廣圻）校本刪去三條案原稿王制篇天下無王霸主（句見讀書雜志第三楊注主或衍字非也）則常勝矣千里按則上疑當有彊字又下文天下無王霸主則常勝矣千里按疑當作天下無王主句霸則常勝矣今本上文彊字脫下文主（句上屬）霸（下屬）二字互倒成

相篇水至平端不傾心術如此象聖人缺而有勢直而用抴必參天楊注而有勢之上疑脫一字言既得權勢則度已以繩接人用抴功業必參天也千里缺而疑當作射遠此章之義見淮南子說山越人學遠射參天而發適在五步之內高誘注越人習水便舟而不知射射遠反直仰天而發矢勢盡而還故近在五步之內參猶望也楊注以參天爲功業必參天也非也又以埶爲權埶亦非也埶疑讀當爲蓺蓺射準也直者平也端也抴者直之反也用抴必參天者有蓺而不直也楊注失之遠矣其王制篇二條雜志第三論之謂下衍霸字顧則謂上脫彊字下霸主二字互倒意有不同故不復載成相篇所刪則不可知或以顧說爲未是且補射遠二字

恐未能闕疑耶

新莽大泉五十范

張叔未丈云嘉慶八年癸亥十一月十日大興友人翁宜泉樹培來書云所說金石契泉范事弟從前有辯甚長已蒙芑堂將板改正乃建武五銖范也至磨款另是司馬達甫之大泉五十范背有僞款弟磨去非建武字也然今悔之不應磨去已無及矣造孽奈何泉范名始竹垞跋培曾見江鄭堂貨泉范背有母字培藏大泉范背亦有母字而倪氏又名泉鎔會持此語細稟家君仍以從范之名爲是蓋禮運之語可據也覃溪先生引范金以徵泉范巳細書於余家藏五銖泉范冊內而錢竹汀少詹跋江鄭堂所藏新莽泉母云其形橢圓中容背泉八枚背之右隅有文曰母蓋當時呼錢模爲母也秀水朱氏所見大泉五十之母遂名之曰范由未得見此

異聞耳則謂范謂母其說不妨兩存耳

東湖叢記卷三終

東湖叢記卷四

松桂堂帖

海昌蔣光煦生沐

宋刻米海嶽書有紹興米帖羣玉堂帖英光堂帖世皆不多見從未有言及松桂堂者余於六舟上人所獲英光殘帖後有相義錄其文不見於寶真齋法書贊且行次較異後有跋云右相義錄先南宮之所撰次者因得墨本於匡廬好古君子之家載觀筆勢挽萬牛氣槩淩九秋英誼凜如袞貶森嚴真一代之春秋也巨容謹跋亦僅知巨容爲南宮後人不知爲何帖也案復初齋文集所載英光堂帖內有巨容跋數帖亦謂別是一刻及觀張叔未丈所藏米帖簽爲涿州馮相國

所題直云松桂堂帖後亦有巨容跋云歲在戊申備員廬山倉掾適逢艱歉不雨者三月政懷憂國之心一日文簡曹公再世孫尊民出示先南宮禱雨靈驗詩墨跡百拜敬觀愈增感慨因念南宮仙去遺翰多上中秘其散落人間者又不知其幾今塔下一詩豈非佛力護持而不爲六丁取去耶尊民知寶是編斯亦九原之幸也曾孫巨容鑒定謹跋因甓石松桂堂與好事君子共之時菊節後五日乃悟巨容所跋諸帖皆松桂堂也張藏之帖後歸嘉善程別駕文榮其所著南村帖考中詳言之程宦金陵癸丑之春程殉難焉此帖想已灰飛煙滅矣思之可勝浩歎

相義錄

義者士所舍也世治道隆上下宅義先王之澤至于海隅匹夫匹婦莫不知之猶人之寒必絮暑必絺處必棟宇陰陽和而四肢適其命不夭無足怪者若夫時昧道降先王之澤竭士去其常舍相求利而不止天下大化以趣向擇利爲風故臣謀君子悖父士賣友拖紳襲冕之下化爲豺犬蕭牆衽席之上起爲寇仇方是時有一介士嶷嶷不流受命忘身者則一世失舍之人視之反若寒絺暑絮布席于野四肢遘厲而死亡立至也然而士知舍之安雖誘之以封爵之以刃奮身不顧視鼎鑊如華堂麗室使一時桀暴逆虜降殘斂兇顧之而不敢逼至于千百年涉殘編昧遺事者猶目眥眦髮指冠宛如面目相對覩其大充塞乎

天地之間耳不賁哉余閱史感房叔安之義於是錄亂亡之間上下以義相舍者著相義錄有所不錄以俟後世知我者辛酉八月吉日襄陽米芾元章敘

房叔安字子仁清河人也爲口元邈青州長史齊高帝鎮淮陰宋明帝疑之齊高乃北通魏遣書結元邈以自固元邈問叔安安曰夫布衣韋帶之士銜一餐而不忘義使之然今公居方州之重託君臣之義無故舉忠孝而弃之三齊之士甯蹈東海而死耳不敢隨將軍也元邈乃遣叔安詣闕發其謀齊高遂執索章安叔答曰寡君使章上天子不上將軍僕所言利國家不利將軍不須置問齊高壯其義遣去苟伯玉勸殺之齊高曰人各爲其口昇明同時至

方伯封侯竟以功中齊高開縣騎府補元邈司馬甚懽齊
高益加敬齊興用元邈兄弟名始終叔安時爲益州司馬
甯蜀太守帝懷其忠正不撓褒加前將官後卒官帝歎曰
叔安節義求之古人恨不早至方伯子長瑜亦有行義任
爲州從事
韓係伯襄陽民事父母口孝謹稱其俗種桑於田界係伯
以枝所蔭損人苗乃徙界北數尺種桑鄰人遂侵田之又
爲徙數尺別種久之慙服還所侵地親拜謝之朝廷聞之
蠲其役表其閭鄉里化服以壽終
李世勣爲唐守黎陽竇建德破之釋不問復使守黎陽已
而世勣自拔歸吏白誅其父建德嘉其執義貰而不誅

王軌爲唐守滑州其奴弑之以其首奔建德建德曰奴殺
主大逆賞之廢教將焉用斬奴返軌首
米口曰建德隋唐劇賊口口口之正益知義之足以感人
嗟乎吾讀史至此爲垂紳之士三歎
盛彥師宋州口城人爲唐宋州刺史徐圓朗反爲安撫大
使戰敗獲之賊使作書招其弟舉城叛彥師援筆乃書曰
吾奉使無狀爲賊禽誓死報國若善侍老母勿以我爲念
圓朗歎曰將軍義士也終不敢害
王成字義君南鄭人少師事太尉李固梁冀欲害固策免
知不免禍遣三子歸鄉里幼子燮年十二姊文姬嫁同郡
趙伯英有賢智默然獨悲曰李氏滅矣自太公積德累仁

何以遇此密與二兄謀匿燮託言還京師有頃難作二兄
遣害文姬乃告成曰君執義先君有古人之節今委君以
六尺之孤李氏存滅其在君矣成曰諾乃將燮泛江東下
入徐州燮姓名爲口家保成賣卜於市各爲異人陰相往
來燮作閉郎受書酒家口口妻以女十餘年間冀誅大赦
求大臣冤死者後燮乃以本末告酒家酒家具車厚遣之
皆不受成遂名立而絕迹不仕燮後爲河南尹及成卒以
禮葬之感傷舊恩每四節爲設上賓之位以祠焉
孫期字仲彧濟陰成武人也少爲諸生習京氏易古文尚
書家貧事母至孝牧豕大澤中以奉養遠人從學者執經
壟畔以追之里落化其仁讓漢末黃巾賊起過其境相約

不得犯孫先生舍辟召皆不應以德義自守終于家
此帖較英光堂本略高其殘闕數字亦有原石本無者非盡
搨工遺失及後來損壞紙本也
懷仁集聖教序
聖教序碑斷文漸闊鋒穎芒鍛俱無不獨紛糺何以慈出等
字也碑斷時代則曹秋嶽侍郎謂在紹興二年王虛舟吏部
謂在宋南渡後何義門太史謂在明天順中楊大瓢山人謂
在嘉靖乙卯然楊後亦自知其非其大瓢偶筆云聖教碑斷
時代曹秋岳謂在宋紹興二年至王敬美謂在元末國初何
屺瞻云在明成宏間余向以爲斷于嘉靖乙卯地震偶見徐
興公跋引敬美語始悟余說之非蓋乙卯爲嘉靖二年而敬

美生于其時如果是時新斷不應有元末國初之語所謂疑以傳疑者也

周虢季盤奭尊釋文

此盤爲吉金最鉅之品閻以盛芻秣飼馬遇識古者收之其出土尙在道光十餘年間也嘉興徐籀莊丈同柏有釋文云銘文八行行十三字又合三重文四凡一百十一字綏古文維薄伐玁狁與詩六月同文搏薄古今字嚴玁省犾旁𢆶象犬頭尾四足形緐古文戠从口糸虢省聲趄趄即桓桓戓古文俄讀若俘俄从垂會意俘者頃頭頓首之象竹書紀年厲王十四年玁狁侵宗周西鄙召穆公帥師追荊蠻至于洛宣王五年夏六月尹吉甫帥師伐玁狁至于太原秋八月方叔帥師伐荊蠻當時玁狁荊

蠻相爲倚伏故詩采芑云征伐玁狁蠻荊來威而是銘亦云薄伐玁狁用政蠻方也宣榭宣王廟虢季子白蓋幽王以後人

惟十二季正月初吉丁亥虢季子
白作寶盤丕顯子白庸武于戎功
經維四方薄伐玁狁于洛之陽折
首五百執訊五十是以先行桓子白獻
俘于王王孔嘉子白義王格周廟宣
榭爰鄉王曰伯父孔顯有光王賜
乘馬是用佐王賜用弓彤矢其央
賜用戉用政蠻方子子孫孫萬季無疆

又周奭尊釋文云奭古文奭古文奭从雨自此从雨白白與自同又字从大此从夫奭又與赫通說文奭盛也此燕召公名讀若郝王成王竹書紀年成王十九年王巡狩侯甸方岳召康公從三十三年王游於卷阿召康公從銘云汝南知爲十九年事女汝水在周禮職方氏豫州域據前漢書地理志酈氏水經注汝水出宏農郡盧氏縣還歸山東至南陽郡魯陽縣大盂山又東至河南郡梁縣天息山又東南至汝南郡定陵縣高陵山又東南至原鹿縣入淮凡過郡四行千三百四十里汝南汝水之南以漢志汝南郡證之平輿故沈國陽安故道國吳房故房國南頓故頓國汝陰故胡國新蔡故呂國新息故息國思期故蔣國西平故柏國弋陽故黃國上蔡

故蔡國項故項國安陽故江國皆其地貨从伩从貝當是古優字讀如優賢揚歷之優鄭氏古文尙書盤庚下貾从貝从史史氏音同當是古貾字緐从冂从糸冂古席字今作斥斥義近責从糸當是績字讀爲績爾疋釋貝貝小者鰿餘貾黃白文銘云優貾績謂以貝厚禮之與他器云錫貝五朋錫貝十朋同書盤庚具乃貝玉古者貨貝與玉並重故即以賞貝作廟器也公日辛召公父詩甘棠箋召伯姬姓陸氏音義燕世家云與周同姓孔安國及鄭皆云爾皇甫謐云文王之庶子案左傳富辰言文王之昭十六國無燕未知士安之言何據是銘又可互證日辛字商人以生日爲字史記索隱皇甫謐云微字上甲以甲日生也譙周謂死稱廟主白虎通謂殷以生日名其

子皆非是人執策在車上御車之象銘此者紀從王巡狩事夾著子事父之義禮曲禮疏御謂主事官有世功故有御事之因是也

奭（奭）從王女（汝）南贊（僕）

貺（貺）緪（賸）用作公日

辛寶彝　人執策形　車形

琢硯名手

國朝曲阜孔（尚任）錄其所藏金石書畫古玩等爲一編題曰享金簿中載金殿揚者琢硯名手供奉　內廷製松花石硯甚夥石出遼東松花江較綠豆端色尤蒨潤云余所見平湖高文恪硯旁鐫松花江石四字或出殿揚之所製耶又康熙

雍正間吳門有顧二孃者工琢硯黃莘田（任）贈以詩云一寸干將切紫泥專諸門巷日初西（自注顧家於專諸舊里）如何軋軋鳴機手割偏端州十里溪余所見顧製之研有吳門顧二孃造篆書欵錢嶼沙方伯（琦）澄碧齋硯譜云吳門顧大家工於製硯技妙入神時閩中林黃諸公以風雅爭雄各抱研癖而莘田曾任高要令端溪即其所轄得石最多特爲延致出其所積盡付磨礲四十年來匪但老成凋謝并莘田十研亦零落殆盡不知所之矣又云製研名手夙推吳門顧大家余生也晚不及見其人平生所遇者淮陰魏氏金壇王氏王爲翠皆前輩後裔閩中薛氏董氏林氏皆顧門下士也譜中新製多出其手（案愚谷文存載旌德呂建侯亦琢研名手）

高唐州殘碑

吾邑吳槎客先生（騫）所著尖陽叢筆有云高唐州治庭中有石在堦下偶歲大疫獄囚赴讞者跪此石上疫輒已他囚爭求跪之皆驗旣而州民聞之奔赴無不立瘳州守異之命發石蓋古碑半截也洗其背有文皆殘缺可辨者數字今錄于左石高二尺六寸闊一尺二寸後移濟南署孟琢亭先生在州時曾拓之凡五行

□是□兩□□□□　第一行

□□絕□□后□□　第二行

□□秩都□□□□　第三行

神□□□□見功譽　第四行

□元□□□□□□　第五行

歙硯

尖陽叢筆載元人江光啟送姪濟舟售硯序云唐開元間獵人葉氏得石子長城里因以爲硯自是歙硯聞天下其山爲羊鬬嶺之巘兩水夾之至盡處乃產硯石其一曰緊足坑次曰羅文坑（今曰衙坑）又次曰莊基坑相去纔百步而石品絕不相似其舊坑之中又自歧爲三曰泥漿棗心綠石去舊坑才數尺石品亦異自莊基北行二里泝溪微上曰眉子坑則東坡所歌者坑今在水底不可劚其陵谷變遷之驗歟舊坑綠石爲世所貴硯材之在石中如木根之在土中大小曲直悉如之劚者先剝去頑石次得石爲硯材而極粗工人名曰粗麻

石之心最緊處爲涙又出至漫處爲絲又外愈漫處爲羅紋故吾鄉雙溪王公之記曰緊處爲涙漫處爲絲至論也今以吾鄉杉木板譬之木心爲涙出外爲絲愈外爲羅紋亦物性之自然者也絲之品不一曰刷絲曰内裏絲曰叢絲曰馬尾絲皆因其形似以立名不必悉數以石理勁直故紋如絲而旁爲墻壁獨吐絲甚奇覩之疎疎見黑點如灑墨側視刷絲粲然工人所謂硯寶獨舊坑東心坑或有之蓋石之精華吐出光彩以爲絲也至元十四年辛巳達官屬婺源縣尹汪月山求硯發數郡夫力石盡山頹壓死數人乃已今之所得皆異時堆鑿之餘隨湍流出數里之外者每梅源初退工人沿流掇拾殘珪斷璧能滿五寸者蓋寡世之求硯者率求端方

中尺度非是不取工人患之乃取他山頑黝滑枯植燥而有絲紋之石衒于舊坑之下或反得高價真石卒不售三衢絲石黑而頑南路絲石紅而枯水池山絲石枯而燥俱不宜筆墨予家去產硯所三十里而近故知硯爲詳舊坑在雙溪時巳墮不知何年再鬭至元辛巳再墮而石盡時獨緊足頗有大石今至疑有脫誤五年十月二十八日夜墮聲如雷陽溪屋瓦皆驚鳥獸奔駭數年前工人告予緊足石剛鑿巳盡予不之信至是果然案近日歙硯竟不復出佳者讀此文知元時巳然何況今日耶

孟蜀書范

新篁張叔未丈藏有古銅一片上楷書反刻易奇而法詩正而葩春秋謹嚴左氏浮誇十六字凡四行四字爲一行未翁題爲書范有自跋云此初刋書時鑿銅爲式以頒示匠者之物也案韓文始鐫于孟蜀今本春秋二句在前此與今異蓋易詩故不當後春秋左傳也惜不得歐陽書後本作一佐證鮑丈以文審定爲書范亦猶泉范之名始見於曝書亭集也吳江翁海琛廣平寓書於余引蔡練江澂所著雞窗叢談內書范一則謂是宋乾德時物余謂蔡說爲是范作一左證則可若斷定時地當以宋學正葆湑題作蜀槧韓文范爲正墨板始於唐末板本文選益州始有歐陽子書少時所得于州南李氏之韓集後云集本出于蜀文字刻畫頗精於今世行本則此爲孟蜀勅刋韓集時鑢銅爲式可知也上海趙司農秉沖藏有鏡

范瓦范皆金石中少見之品余亦藏有磬范爲未翁所品題者

龍鶴文說

春秋列國兩漢諸王皆奉正朔而各自紀元厥後國勢分裂強臣叛命遂有更朔建號等事或者乃以吳越稱元爲非分不知五季時中原篡奪如弈棋諸方竊據如蜂起而武肅獨能破巢滅董保障二浙一十四州民命數百萬卒以納土歸宋又使生靈不受兵燹之厄其功誠終古不朽訾議云何哉且其建元之故亦嘗詳考碑錄乎蓋武肅自丁卯迄壬辰二十六年中奉纂號者三建國號者三丁卯四月唐亡次年戊辰無可稱天祐五年及天復七年因自建元天寶若崇化寺尊勝幢載天寶四年辛未明慶寺白傘蓋陀羅尼載五年壬

申推知建元在戊辰約五年以唐亡故不用梁開平乾化等號案吳越又有真聖觀碑崇福廟記署開平二年碑錄不載而廣潤龍王廟碑則稱梁貞明二年丙子臨安崇覺院開山碑又功臣禪院記同登聖寺摩厓稱龍德元年辛巳上宮詩稱三年癸未良以通使故也癸未十月梁又亡次年甲申無可稱龍德四年因復建元寶大若泠泉亭記載寶大元年九里松觀音尊勝幢載二年乙酉東陽縣觀音寺銅鐘衢州司馬墓誌同又水月寺幢載寶正元年丙戌招賢寺幢載二年丁亥浚舜井記載三年貢院橋柱載六年辛卯寶石山落星石制書同羅隱記文有或登秀而層排巨石或岩嶤而朝揖眾山之句又新建靈德王廟碑在武康風山推知寶大建元在甲申寶正改元在丙戌至六年辛卯寶八年以梁亡亦不用後唐同光天成等號而天竺日觀菴經幢復稱後唐長興三

年壬辰亦以通使故也是其於故國淪亡强臣篡弒之會別具忠愛纏綿未忍遽舍之至意雖晉吳天祐岐蜀天復遵用唐號而或亡或僭一節不終在歐史固失采其事即順伯亦未究其心今立堂錢君為武肅裔孫出所藏寶正三年戊子太湖龍簡告文見示此大可以裨碑闕者比年讀史見歐公文筆太簡謬處殊多不能表章吳越始終節鎮忠君愛民之事因藉此簡年確疏天寶寶大建號之由以證之此彭雲楣先生所以有新五代史補正之作阮芸臺中丞詁經精舍亦以命題鄙著歐史補正議中曾將此簡載入而流傳本反改寶正為天成非也見禮耕堂叢說

滏水集

禮耕叢說云上章涒灘之夏劉疎雨出此本示余曰觀其字畫之峻潔烏絲之明淨非毛鈔不能是可寶也余以山館珍藏本不敢假僅取其次者而讀之今年春過之小疎復出以見示煥若神明頓還舊觀知為寶惜傳世者未忍與諸書散去繹其諱令定為　國初所錄且通幅結搆多帖體與今行世本中州集如出一手為汲古寫樣無疑閒閱諸古體本諸離騷參以莊列荀楊極似坡谷而雜入于佛老歸潛志云公性喜佛老晚年頗畏士論擇其文主張二氏者削去而行間道錄禪偈徵引錯出何耶諸史論亦平平無奇遺山云公文長于辨析極所欲言不拘繩墨亦似有不槪于心者惟游華山詩為裕之龍山詩之脫胎新體戒諭為欽叔百官詔之藍

本想見當日游從諸名士羣然推仰奉為科律如此再考古詩遂初園八詠止載六首而記中尚有悠然臺味真菴二目豈元闕抑脫鈔耶外如送楊叔能關中詩日省齋銘遺山跋弔楊善淵詩續夷堅志皆不見若裕州學記有升孟子曾子于堂而子思子傳學庸獨不得配云云案禮志大定中始遷孟對顏至曾子絕無升配事良係胥手倒寫曾子二字之誤又据次本卷首有楊文獻元序茲則前傳後銘而已今錄呈可精寫補入讀凡數過計正字削字補字約及二百惜案頭無他書可證挂漏不免耳案滏水集藏書志載何義門學士手校本凡二十卷何云接墓誌及中州集皆言前後三十卷則尚有後集十卷今北研所載劉疎雨藏汲古閣本不言卷數而余

所藏曹倦圃侍郎家鈔本亦二十卷板心有槜李曹氏倦圃藏書八字檢有日省齋銘其餘所缺正同又案曹本卷首楊雲翼序云趙公自擇其所爲文章釐爲二十卷與藏書志所志亦同而第二十卷題米元章修靜語錄引後有一跋云閑閑題此帖謂元裕之言此語多觸忌諱且不欲示人某身後可刻之石觀其所言原無所謂避忌也至論禪亦深有所得也矣豈以元章自況歟公以辛卯後之一歲壬辰年五月十有二日病歿云今此帖頁在河朔人家玩跋語當亦是金元間人決非後人所加惜不得劉何二本一證之

歸田類稿

元刊本歸田類稿二十八卷二張養浩撰前有李朮魯文公翀序云三十八卷與本書不合張氏藏書志所載亦二十八卷又言卷末有畫像記畫像贊及神道碑銘祠堂碑銘與此本亦合惟此本又有余觀畫像贊云華不注山有名賢焉高標玉立雅操氷堅行超乎孝友之仲志卓乎博望之騫敬直乎內而所養者大義方於外而所施者全是宜著立朝之偉節吐格君之讜言倡道德以敦俗垂文章之正傳補過盡忠見幾明決難進易退投閑引年翫習池之雲錦詠謝墅之風煙綠野之堂獨樂之園媲二美以自足曠千載而比肩帝曰噫嘻西土頻連煩强起以臥治布德音而誕宣隨車致雨草奏襄天幸鮒轍口口口口口口口口口口口口口口口口口口口風馬陟降後先嗟夫今而復見斯人與何幸還渲乎治古之前士而有志斯世與庶幾服膺乎忠告之編則景行高山之仰止殆儀刑風采之凜然至正丁酉仲夏朔旦後學岳陽余觀拜手敬贊又林泉生贊云神範端莊和若春陽中秉直剛嚴若秋霜仕止有道進退可法恭惟大雅允矣明哲後學林泉生拜案千頃堂書目補元人集部有林泉生覺是集二十卷注云字清源福州永福人天歷二年進士翰林直學士知制誥同修國史

盧氏補金藝文志說

亭林先生嘗言明人著書無非盜竊金源著述遭此龍漢一劫真不幸也余雜輿書籍詩注會從諸書採輯約及二百種間取文淵閣目核之所藏不及四之一歎爲竊盜之餘殘缺已甚擬作金文目一則以稍存梗概嗣以底本焚去未能也今訒菴出其所藏抱經學士四朝藝文補志屬余校之因取詩注依類補入凡得百餘種及平遼三佳崑崙坡軒等誤凡訂數十字至楊之美之象數雜說趙閑閑之老子集解張銈之草齋集張潔古之珍珠囊各有小辨稍加是正若王百一汝南遺事一書蓋與元裕之壬辰雜編楊煥然天興近鑑並紀金末時事本志乃類入地理豈以主奔亡不暇而遐說懸瓠郡載耶惟金源爲宋人僞書所誣數百年來謬誤流傳都視爲虎狼之國凶暴不可近不知天會皇統開于前大定明昌踵于後文治彬彬人才蔚起在朝在野各有著述彼其人俱苦心孤詣成茲小品或傳都市或藏家塾自幸可以名世雖所製未必盡善要不從剽賊中來其英光畸氣不可泯沒

者固在曾未百年而文淵一厄蕩爲烏有自中州選外爲遺山所汰如白寓齋曹聽翁輩固已隻字不存卽宋潛溪所舉殷奬之周仲善等亦一詩不見雖以抱經學士及辛楣宮詹學業宏見聞博畢力搜采終于不可多得顧余鄙識所見者金源一隅耳他可知矣徒令諸書如虎豹一鞟僅留名集于天壤間故金目之說實有痛心焉者博雅好古如訶蓭當必有同慨者乎似聞君家多祕籍校閱之下若更將金源及宋遼元諸家兼爲補正尤四朝不幸中之幸也余雖老敢不執簡以從見禮耕堂叢說

先憂集

國朝仁和陳芳生著先憂集五十七卷其捕蝗考一卷已錄入四庫全書今刋本日少爰鈔其敘目以諗留心民瘼者先憂集者輯古來荒政書爲後世備荒者法也芳生生於崇正壬午時天下奇荒析骸易子隨地而有國家由是多故而芳生所居千墪村煙火千門至是僅三百焉蓋由承平日久自宰輔以至庶人俱不知荒政爲何事一旦無年遂悲鴻雁離莫知所振哉今天下無事含哺鼓腹之風可以坐致而忽有人者切切焉惟荒政是議得無犯杞人之譏乎然而九年水七年旱堯湯亦不能免事至而圖之何如早爲之所且芳生固生長于憂患之中者也敢謂豐年可常恃乎范文正曰先天下之憂而憂後天下之樂而樂誦斯二言留心世道者

能以平居無事而不念之哉康熙甲子五月望日陳芳生識

總理荒政第一務本第二節用第三田制第四水利第五常平倉第六義倉第七社倉第八保甲第九酒禁第十原荒第十一占候第十二預防第十三廣樹藝第十四修省第十五祈禱第十六捕蝗第十七急上聞第十八罰蔽災第十九檢踏第二十籍戶口第二十一撫流民第二十二慈幼第二十三贖賣子附遣使第二十四任人第二十五假便宜第二十六犯專擅第二十七留上供第二十八弛山澤之禁第二十九蠲租第三十改折第三十一官糴第三十二通商第三十三無抑價第三十四無遏糴第三十五揭販之禁第三十六稱貸第三十七通有無第三十八勸分第三十九減私租第四十納粟第四十一度僧附贖罪第四十二緩刑附賑粥第四十三賑濟第四十四賑鄉僻第四十五罰侵欺第四十六興工作第四十七弭盜賊第四十八救荒本草第四十九辟穀方第五十治疾疫第五十一恤死第五十二耕牛第五十三慮後第五十四不恤荒之戒第五十五養濟院第五十六荒政餘論第五十七

湯鄰初曹廉讓

同里曹桐石徵士宗載紫峽文獻錄云湯煥字鄰初嘉靖乙卯舉人嘗手摹褚河南千文二石其戚徐李二生各得其一徐石後歸朱竹垞檢討李石聞在海鹽云案江陰志云湯煥舉人爲江陰教諭後徵爲翰林待詔轉郡丞吳越間比之文待詔焉詹氏小辨云湯煥書楷學虞行學趙草學懷素至入

能品番禺方恆泰椽坪詩話云湯煥著有書指二卷桐石之曾叔祖廉讓先生三才藏弆金石法帖書畫最夥余所見宋拓黃庭經捨宅誓願文米張鐵捨宅爲寺有發願文集米元章書爲之見容臺集有廉讓先生題識惜鬻古者夥夥攜去不及錄其文爲憾後得見宋拓晉唐小楷四種後有跋語亟鈔之以存鄉先輩賞鑒之跡跋云憶丙子客都下同西溟悔餘澹遠每至廟市定得書畫碑刻幾種輒互相鑒賞距今十餘年來古蹟散落友朋間闊興致索然昨偶至慈仁觀得此小楷四種尚堪展玩是蚤同年徐壇長攜示美髯舊藏十七帖古意盎然益增今昔之感時丙戌夏杪廉讓題於山靜日長之寓齋今曹氏後人尚存大觀帖石數十凶缺失尾石不知何人所摹

敬日草

明大學士晉江蔣公德璟敬日草余所藏本秀水朱氏潛采堂鈔本也有奉旨與工部議周尺咨文一首云看得周尺之說古今推求不一有用累黍者漢書律歷志云以子穀秬黍中者度之九十分爲黃鐘之長一黍爲分十分爲寸十寸爲尺爾雅云秬黑黍也顏師古云中者不大不小後周特牛宏等議曰上黨羊頭山黍其色至烏其形圓重唐禮樂志曰黍真則尺定尺定則律均宋竇儼司馬光等考定周尺用上黨黍十黍爲一寸是也有用指者古人拨指知寸布手知尺舒臂知尋大禹聲爲律身爲度用左手中指三節三寸謂之君指裁爲宮聲之管許慎說文曰中婦人手長八寸謂之咫尺卽周尺也有用璧羨者考工記曰璧羨度尺好三寸以爲度蓋璧徑九寸羨而長之縱十寸廣八寸同謂之度尺則周之十寸八寸皆爲尺也有用蔈粟者蔈禾穗芒也淮南子云律數十二故十二蔈當一粟十粟而當一寸是也有用蠶絲者孫子算術云蠶吐絲爲忽自絲毫釐分而成一寸是也有用馬尾者易緯以十馬尾爲分是也臣等詳考之竊謂人指則長短不同璧羨則古璧難得粟有輕重馬尾有巨細蠶絲秒忽亦難辨惟累黍之法爲正而又有謂圭璧之屬用指尺冠冕尊彝之屬用黍尺者又有謂歲有豐歉地有肥磽累黍較驗亦復不齊者故前代製尺非特用累黍尺必求古器以雜較焉如後周得古玉斗據斗造律度量衡晉荀勗取古物七品以勗尺推較古器與本銘尺寸無差宋高若訥用漢貨泉

度尺寸司馬光用上黨黍與淯化錢一文長一寸爲准因定周尺如今木工尺七寸五分而弱此古今求周尺之槪也隋書所載歷代之尺十有五種第一種卽周尺與西漢劉歆銅斛尺東漢建武銅尺晉荀勗律尺祖沖之銅尺皆合今去古旣遠欲求確據惟高皇帝特命宋濂冷謙等所定樂律及劉基等所定欽天監晷景可憑而晷景尤其顯者宋和峴用西京銅望臬卽司天臺影表銅臬下石尺也影表上可測天度數不爽況其宅乎先臣唐順之云今欽天監表尺乃元郭守敬所造比市尺止得八寸强守敬精於律歷決非苟作嘗取黑黍中者一千二百粒日乾之秤重五錢者以九十粒橫累之命爲九寸與表尺果合於今欲求周尺似不能舍是而它

求矣抑本部又有說焉高皇帝創制垂法貽謀萬世當時製爲鎮圭定按周尺則率繇舊章莫若以鎮圭之尺爲主若欲別造準尺是必博搜古器如表尺之屬兼求真黍參互考定非可懸虛臆决也崇正十四年八月十一日工部據以回奏奉聖旨旣說周尺卽周鎮尺著照鎮圭式造尺進覽璟按京尺甚長因請御前尺及鎮圭與郭守敬觀星臺銅臬親較之御前尺比京尺止六寸鎮圭尺二寸比京尺止七寸三分欽天監日晷表尺比京尺止七寸二分遂以鎮圭尺爲定云後附歷代尺考文長不及備錄

曹真碑

道光癸卯西安南門外農民耕田得一碑上下俱殘闕徐星

伯太守松辨爲魏曹真碑有跋云檢三國志知是魏曹真碑也史稱真爲太祖族子收養與諸子同使與文帝共止碑云侍坐公子將餘同生又云口爲周輔東平峨峨雖比以周漢懿親而詞特隱約蓋真本秦氏子養於曹氏不得顯言之碑云公使持節鎮西將軍遂牧我州據傳文帝卽王位以真爲鎮西將軍假節都督雍凉州諸軍事碑下文有雝州字是作碑者爲雍州人則此曰我州者雍州也碑云張掖張進又云羌胡誑之妖道公張羅設穽陷之坑网卽傳所謂張進等反於酒泉真遣費耀討破之斬進等也張進反事又見魏志蘇則閻温二傳陷之坑网足資互證傳云黃初三年以真爲上軍大將軍都督中外諸軍事假節鉞與夏侯尚等征孫權擊牛渚屯破之按吳志朱然傳魏遣曹真夏侯尚張郃等攻江陵魏文帝自往宛爲其勢援連屯圍城權遣將軍孫盛督萬人備州上立圍塢爲然外救郃渡兵攻盛盛不能拒卽時卻退郃據州上圍守然中外斷絕權遣潘璋楊粲等解而圍不解時然城中兵少腫病堪戰者裁五千人真等起土山鑿地道立樓櫓臨城弓矢雨注將士皆失色然晏如而無恐意方厲吏士伺間隙攻破兩屯魏攻圍然凡六月日未退江陵令姚泰謀爲內應事覺然戮泰尚等不能克乃撤攻退還碑云徵公拜上軍大將軍又言奮雷霆於朱然是其事矣碑又云諸葛亮稱兵上邽公拜大將軍此太和二年孔明出兵祁山敗於街亭事傳云遷大將軍諸葛亮圍祁山南安天水安定

三郡反應亮帝遣真督諸軍軍郿遣張郃擊亮將馬謖大破之安定民楊條等略吏民保月支城真進軍圍之條謂其衆曰大將軍自來吾願早降耳遂自縛出三郡皆平碑所謂公斬其造意顯有忠義原與脅口又云立化柔嘉百姓恃戴若邛陽春皆楊條出降平三郡事惟陸議事無可考太和二年紀云曹休與吳將陸議戰於石亭敗績不言與真戰碑言口冬霜於陸議可以補傳之闕真卒於太和五年二月此碑之作當在其時魏世貞石於黃初諸碑外增此一種亦希世之珍矣

扌之後陳氏有齊國當愍王時亻宋并與行一爲基長以清慎爲限交以親仁爲上仕以忠董行二巾騎夫石間孫侍坐

公子將餘同生使少長有三行罕公使持節鎮西將軍遂牧
我州張掖張進四行羌胡誑之妖道公張羅設穽陷之坑网
十五行公不能於是徵公拜上軍大將軍擁生六行轂節鉞如
故七行亻蜀口諸葛亮稱兵上邽公拜大將軍授八行援於賊
公斬與造意顯有忠義原與脅九行曰約立化柔嘉百姓恃
戴豈叩陽春殊十行冬霜於陸議奮雷霆於朱然屠口賊於
十一行亍績家有注記豈我末臣所䟽備載十二行兵如何勿
旌一命而俯宋孔之敬十三行從俗以桂讞不忝世以違憲
寬十四行嗟悼羣黨哀酸賻賵之贈禮十五行冀令趙護太尉
掾嚴武雝州十六行岳登華岱鑽亘石示後嗣十七行上爲周
輔東平峨峨作漢十八行毛杖鉞牧我陝西威同霜十九行平

東記四　三二

孨爰立碑作頌萬載不斗二十行

碑陰

上闕定皇甫口ナ忠　州民中郎扌口馬下闕
上闕丌孚泰承　州民中郎北地衙亓下闕
上闕翊山泰伯謀　州民中郎京兆郭允下闕
上闕季超　州民中郎安定胡牧下闕
上闕珍仲儉　州民中郎隴西辛纘下闕
上闕灬詳元衡　州民秦國長史馮翊下闕
上闕侯安定梁瑋稚才　州民護羌長史安定下闕
上闕郎北地梁幾彥章　州民西郡長史安定下闕
上闕隴西彭紃士蒲　州民下辨長天水趙下闕

上闕安定皇甫聲季雍　州民廣至長安定胡丰下闕
上闕尉北地謝述祖然　州民脩武長京兆郭洼下闕
上闕代公時　州民武安長京兆趙欽下闕
上闕風㞢誼公達　州民玉門長京兆宗恢下闕
上闕地傅均休平　州民小平農都尉安定下闕
上闕騎都尉西鄉侯京兆張䋝敬仲　州民曲沃農都尉京兆土下闕
上闕司馬馮翊李翼國祐　州民郎中扶風姜潛公隱
上闕卩農丞北地傅信子思　州民郎中安定皇甫隆始下闕
上闕空茂材北地傅芬蘭石　州民郎中馮翊王濟文雍
上闕將軍司馬安定席觀仲歷　州民郎中京兆尹夏休和
上闕尉主簿中郎天水姜兆元龜　州民郎中天水尹韙叔穀

東記四　三三

上闕將軍馮翊李先彥進　州民郎中安定胡廣宣禮
上闕督廣武亭侯南安龐孚山牵　州民郎中安定楊宗初伯
上闕尉參戰事郎中京兆韓汜德脩　州民玉門侯京兆郎靖幼并
上闕領司金丞扶風韋禹巨文　州民騎副督天水古成凱伯
上闕前典虞令安定王嘉公惠　州民雍州部從事天水梁茵下闕
民京令京兆趙審安偉　州民雍州部從事安定皇甫下闕
民臨濟令扶風士孫秋鄉伯　州民雍州部從事安定梁馥上闕
民鄗令隴西李溫士恭　州民雍州從事天水孫承季步
民北平令安定皇甫肇幼𢧐　州民雍州從事京兆蕭儀公下闕
民中阝夫乁下闕　州民雍州書左口定阝下闕
馬二槎藏書

吾鄉陳仲魚徵君鱣向山閣藏書大半歸馬二槎上舍嶽上舍余中表行也時得借觀其吟香仙館書目多世所未見之本有宋本漢書晉書因以漢晉名其齋晉書爲天籟閣故物有王弇州手鈔補闕之卷真書林瓌寶也余曾假得劉子注十卷後有各跋錄之以見珍秘晁氏讀書志云齊劉晝孔昭撰唐袁孝政注凡五十五篇言修心治身之道而辭頗薄俗或以爲劉勰或以爲劉孝標未知孰是庚午巳月晦日葉子寅讀識此書丁丑冬得之梅花館越宿郎取去庚辰秋再見之南樓如逢故人亟攜之歸內鈔錄多誤朱筆已較正至劉子姓氏南陽先生雖言之而終無的據當以俟知者世無刻本可勿珍諸康熙庚寅中秋十八日許心扆識舊鈔本前葉

有此二跋後跋旁注云辛卯夏五月十日晨窗見太翁外舅圖記此册有外舅圖記內子補印圖記云云葉跋下有葉子印春玉圖人二印又有葉豹文葉國華二印許跋下有丹臣印又有歸高陽葉氏印卷首有葉氏菉竹堂藏書印卷末有楙印南陽閬秀二印葢葉文莊公舊藏也鱣記此五硯樓書也因舊鈔檢得之不令隨他書去卷端題劉子卷下又有無一至無十字號其爲藏本出無疑惜五硯主人在日未取藏本勘之爲一恨事而藏本早售去茲無從借校又一恨矣我友周丈香巖家多祕書向假得活字本校如右其朱墨兩筆舊校者多合余前校活字本是者存之非者不贅焉讀是書者以舊鈔爲主活字參之可耳嘉慶庚午五月一日校畢時在支硎道中復錄此書世鮮刻本惟程榮漢魏叢書本有之然脫誤甚多不可據也是舊鈔以他書道藏本證之每葉二十行行十七字其自藏本出無疑不知何故正文與注或錯出或訛舛舊校而外又賴活字本校正無算可知書非宋刻可據者十不一二也余向從萃古齋見一小匡子細字本主人云是宋刻惜亦不全後聞爲陽湖孫伯淵售去當致書山左向彼借校一破羣疑讀書在廣見博聞余謂藏書之道亦然藏而能讀非見聞廣博不足以奏其功焉庚午五月十三燒燭重檢復翁又記劉子十卷隋書不著錄唐志作梁劉勰譔郡齋讀書志直齋書錄解題俱作劉晝孔昭譔直齋引唐播州錄事參軍袁孝政序略云晝傷已不遇天下陵遲播遷

江表故作此書時人莫知謂爲劉勰及孝標梁書南史俱無明文且當時崇佛而是書末篇歸心道教故道藏收之太公部無字號中其非勰及孝標之書明甚又是書激通篇儁班超憤而習武卒建西域之績又安得謂劉歆作乎惟北齊書儒林傳云劉晝字孔昭渤海阜城人少孤貧愛學恣意披覽晝夜不息舉秀才不第譔高才不遇傳三篇又頻上書言亦切直多非世要終不見收自謂博物奇才言好矜大每云使我數十卷書行于後世不易齊景之千駟也傳雖不云有此書然於書中大意相合或疑袁孝政所作非也然孝政之注雖不能備詳典故亦不可少自明以來刊本注甚無幾而本文脫誤竟不可讀吳中袁氏五硯樓向得舊鈔本藍格緜紙

倘是明中葉時人從道藏本錄出又周氏香嚴家藏活字本亦係明時舊本黄君蕘圃既得袁氏所藏舊鈔本乃假周氏活字本校於其上余復屬蕘圃以厚價雇人摹鈔活字本以歸而以舊鈔本校之夫而後劉書袁注差覺完善可觀而世間適行程榮何允中等刻俱堪廢矣活字本第八卷中原缺一葉余手錄補入而并錄蕘圃二跋於後至所校活字本題誤者朱書於旁或兩可者則標於上嗟乎聚書固難校書亦復非易甚惟深歷此中甘苦者知之耳嘉慶十五年秋郭海陳鱣記

文公家禮

敬業堂文集跋元板纂圖集注文公家禮後云虞道園云朱子使門人輯儀禮經傳通解其志固將有所為也事有弗逮終身念之而所謂家禮者因司馬氏之說而粗加隱括時未成書而世已傳之其門人楊復氏以其師之遺意為之記注者甚以補其闕云按楊復字志仁一字省齋秦溪人宋史藝文志有楊復儀禮圖解十七卷續文獻通考所載又有儀禮圖十四帙家禮雜說附注二卷家禮乃信齋所自注而儀禮圖及經傳通解則與黄勉齋諸公相繼共成之者也余家舊有宋刻儀禮圖今又購得纂圖集注家禮凡十卷刻板卷首楊氏附注後又有復軒劉垓孫增注楊稱門人而劉稱後學則此本已非楊氏原書然校諸俗下所傳本其儀節詳畧幸多異同圖式亦不合俗本乃明邱瓊山以己意參酌編次者

并失劉氏之舊矣又按原刻序文乃朱子親筆後來翻刻既多或致失真今以全集考之不同者凡七處常體二字集作禮舉其契二字集作要體要體二字疑翻刻之訛當從集至用於貧窶集訛用作困務本之務集訛作敦崇化之崇集亦訛作敦又不可以一日不字之上少亦字究觀古今集少究字此則當依刻本而增加改正者也

陸放翁佚詩

寓蓬萊館桐葉吹殘蕉葉黄驛窗微雨送淒涼長安許史無平素莫恨棲棲立路旁又云古驛蕭條獨倚闌角聲催晚雨催寒殘年會合知無日猶說新豐強自寬夜還驛舍樓上琴琴初發更斷雲收雨旋成晴市橋新漲搖燈影驛路殘泥壯履聲閒關變遷非曩日情懷牢落感餘生高秋病起猶能醉剩買官醅樂太平又云白頭漸覺黑絲多造物將如此老何三萬里天供醉眼二千年事入悲歌劍關會踏連雲棧海道新窺浴日波未頌中興吾未死插江崖石竟須摩泰和羅鶴應樵隨錄予在友人郭貢士用端家見所藏放翁墨蹟大書四詩字勁麗可愛詩亦立格高鍊放翁詩集不載故錄之見東林外索

寶祐四年會天歷

寶祐四年會天歷影宋精鈔本凡二十七葉後有列銜

寶祐三年十月　日保章正兼同知算造兼權管德壽宮鐘鼓院判執禮

靈臺郎充同知算造楊旂

靈臺郎兼主管測驗渾儀刻漏所相師堯
換授保章正充同知算造譚　玉
靈臺郎判太史局提點歷書鄧宗文
靈臺郎判太史局提點歷書李輔卿

嘉定錢竹汀宮詹跋云宋寶祐會天歷予訪之五十年今春始于姑蘇吳氏得見之朱錫鬯跋引農家諺以元日立春爲百年罕遇予考元世祖至元三十一年甲午歲正月一日立春見於周密癸辛雜識陶九成輟耕錄距宋理宗寶祐四年丙辰僅卅有八年耳夫元日立春猶之天正朔旦冬至也以古法十九年一章之率推之本非罕覯之事田家不諳推步故有此諺未可信以爲實也分卦直日以坎離震兌各六爻

主二十四氣及五日一候皆唐大衍術而宋因之元授時以後始不立求卦氣七十二候諸術今時人子弟遂不知六日七分爲何語矣崑山徐相國宋槧本今已不存此從竹垞影鈔本展轉摹寫不無脫漏譌舛要是世間希有之物其書元鳥爲乣鳥姤爲遇恆爲常皆避宋諱若八月三日下大夫登三字當爲禾乃登之譌嘉定錢大昕跋又瞿木夫參軍中溶跋云右宋寶祐四年會天歷一冊予友李君尚之從吳氏鈔本傳錄計二十七葉每葉十六行字數大小不齊首葉標題大宋寶祐四年丙辰會天萬年具注歷後列太歲幹支納音總計一歲之日歲德合取土修造大將軍太陰歲破歲殺黃幡豹尾及年九宮各月大小次葉首題太史局後云先準中書省劄子奉聖旨二十四氣氣應時令卽造具單狀於歷日前連粘頒賜施行今據換授保章正充同知算造譚玉等依會天歷推算到丙辰歲氣節加時辰刻頒賜具如後云云後列二十四氣各注時刻末云右謹具呈寶祐三年十月日靈臺郎判太史局提點歷書鄧宗文成永祥李輔卿以後逐月開列每月之前首題月之大小及九宮月建小注六行紀此月之節并天道宜向等語與明之大統歷略同惟以月令二十七候散注後各日之下爲少異耳每行大率分爲七截首列逐日干支納音建除二十八宿旁注帝后大忌及長短星次注二十四氣四正卦爻弦望滅沒社伏臘沐浴上朔除手足甲爪次注七十二候公辟侯大夫卿卦土王用事次注吉

凶神宜忌之事次注晝夜及日出入時刻次注人神所在旁注血忌血支次注日遊神所在標題所謂具注是也冊尾別有一葉首二行云右件人神所在及血忌血支不可鍼灸出血日遊在房內產婦不宜於方位上安牀帳及埽舍皆凶後題年月日同前又銜名云保章正充同知算造兼主管文德殿鍾鼓院判執禮靈臺郎充同知算造楊旂靈臺郎下缺數字兼主管測驗渾儀刻漏所相師堯換授保章正充同知算造譚玉又後列鄧宗文李輔卿銜名如前案漢儒多用卦氣爲占驗甲子卦氣起中孚六日八十分日之七見於易緯稽覽圖以坎離震兌主二至二分爲四正卦卦有六爻爻主一氣餘六十卦卦主六日七分見是類謀孟喜章句卦氣圖及京房

以卦爻配朞之說皆本之卦氣以公辟侯大夫卿五位周旋用事見乾鑿度又以月令分主五日一候見通卦驗其著於歷也並見於後魏之正光歷（詳魏書律歷志）又以候卦分內外內卦主中氣末候外卦主節氣初候則始於唐開元中僧一行之大衍歷推土王用事及滅沒之法劉昭後漢書律歷志已有之一行大衍歷略例云古以中氣所益之日爲沒沒分偕盡者爲滅開元歷以中分所盈爲沒朔分所虛爲滅此皆宋歷承用古法之大較也元授時歷今不獲見明大統歷大率本之授時而並行刪去可知歷書至元而一變矣是書所載吉凶神殺今選擇家多用之惟除手足甲爪之日不傳閱此書亦無從尋其義例予以所藏洪武九年欽頒選擇歷書對之

宋歷有而洪武書無者凶神之五盜也遇此日不宜出行其例正月起丑逆行十二辰與天賊同亦見宋刻三歷撮要又五月己酉平日下有五道攷三歷撮要亦僅一見於出行吉日下云不犯往亡五道不歸大吉道盜音同未知卽盜之誤否其宋歷無而洪武書有者吉神之除神也除神乃申酉二日與凶神五離同其名異而實同者宋歷之大明卽洪武書之上吉又宋歷明堂作丙堂河魁作天魁玉宇作玉堂玉堂之稱或後人嫌與玉堂黃道相混而改至明堂河魁俱係古名而此獨異則未審其故矣又寅申巳亥爲王日卯午子酉爲官日後人有互易之者酉子卯午爲守日辰未戌丑爲牢日邵泰衢作歷神原始謂其字譌而亦互易之今檢宋歷悉同可知術家相沿如是術家謂上朔日陽年以年干加寅順數至亥陰年以年干加丑順數至巳與魏書所載推算得之者不同宋史律歷志嘉泰元年臣僚言比歷書一日之間吉凶並出異端並用如土鬼暗金兀之類（六甲土鬼直日及暗金殺上兀下兀並見三歷撮要）則添注於凶神之上猶可也而其首則揭九良之名其末則出九曜吉凶之法勘昏行嫁之法至於周公出行一百二十歲宮宿圖凡閭閻鄙俚之說無所不有是豈正風俗之道願削不經之論從之今查土鬼等皆不見於此書而每日著吉神卽不著凶神著凶神卽不著吉神可知此嘉泰改定之制其先則不盡然也卷首止列太歲等九神及九宮並無年神方位奏書博士各神幾日得辛幾龍治水云云此類疑

皆授時歷所剏也所注帝后大忌以晁伯咎歷代紀年證之多合而于十月二十日缺太祖正月八日缺英宗恐是鈔胥誤脫耳卦名恆作常遘作遇月令元鳥之元作乙雉雊之雊作鳴歇旦之旦作鳥神殺元武作真武敬安作恭安皆避其本朝名諱同音之字鶡旦新唐書宋史並作鶡鳥曡見宋刻書亶字有作从亩从旦者未解其故近檢歷代紀年及本紀知欽宗初賜名亶後改烜又改桓而後蓄疑冰釋因讀此書牽連及之李輔卿此書首尾兩見而宋史作李德卿恐史之誤也會天歷史缺其法尚之精於算學得是書而推衍之可以補正史之缺不誠快事歟木夫瞿中溶跋

東萊呂氏兩漢菁華廿八卷影宋本精鈔曝書亭故物也竹垞老人手跋云呂成公兩漢菁華二十八卷語簡而味長學者之津筏也於范史論不及志蓋蔚宗書原未有志自孫宣公判國子監以司馬彪續漢書志八篇混入范史中後人不復置辨讀此乃知成公史學之精審也康熙庚辰八月晦前三日竹垞彝尊跋于紅藥山房時年七十有二

九成宮醴泉銘

大瓢偶筆云宋搨肥而未剔本甚瘦余初疑其出兩石近稼堂為余言字本肥搨久石摩則筆畫僅存自然細瘦非兩石也其說良是又碑陰有宋元豐五年壬戌張覲元豐庚申王璞張玟鄭琳等題名不識稼堂見之否

朱淑真詩集

新註朱淑真斷腸詩集前集十卷後集八卷題錢塘鄭元佐註首有宋通判平江軍事魏仲恭撰序　嘗聞摛辭麗句固非女子之事間有天資秀發性靈鍾慧出言吐句有奇男子之所不如雖欲掩其名不可得耳如蜀之花蕊夫人詩話孟蜀花蕊夫人善詩凡三十餘篇大槩似王建宮詞近時之李易安尤顯顯著名者宋朝李易安居士有樂府集各有宮詞樂府行乎世然所謂膾炙者可一二數豈能皆佳也比往武林見旅邸中好事者往往傳誦朱淑真詞每竊聽之清新婉麗蓄思含情能道人意中事豈泛泛者所能及逖齋閒覽謂韓偓編香奩集偓富於才能道人意外事閨非知者所能及未嘗不一唱而三歎也禮記一唱三歎而有遺音矣蚤歲不幸父母失審不能擇伉儷左成十一年已不能庇其伉儷而亡之乃嫁為市井民家妻一生抑鬱不得志故詩中多有憂愁怨恨之語每臨風對月古漢宮春詞爭似我隨時臨風對月暢飲更高歌觸目傷懷皆寓於詩以寫其胸中不平之氣竟無知音列子伯牙死以為世無足知音者悒悒抱恨而終自古佳人多命薄東坡詩全句又瑞鶴仙詞恨佳人命薄似春雲無定楊花飄泊豈止顏色如花命如葉耶古詞須信顏色如花命如秋葉觀其詩想其人風韻如此乃下配一庸夫固負此生矣其死也不能葬骨於地下如青冢之可弔杜詠懷述古詩獨留青冢向黃昏注昭君死單于葬之城中多白草此冢獨青并其詩為父母一火焚之今所傳者百不一存是重不幸也嗚呼寃哉予是以歎息之不足援筆而書之唐王勃援筆成篇聊以慰其芳魂於九泉寂寞之濱未為不遇也如其敘述始末自有臨安王唐佐為之傳姑書其大槩為別

引云乃名其詩為斷腸集杜子美詩梅花滿枝空斷腸後有好事君子當知予言之不妄也淳熙壬寅二月望日醉下闕

誠齋集

楊誠齋集世行本八十卷或一百二十卷者皆非完書先君子向曾疑之以不得善本一校為憾余近見宋氏賓王汪氏秀峯各家所藏俱一百三十三卷始知插架舊本卷帙前後頗多錯亂甚至以一卷分而為二者亦有以兩卷併而為一者妄行增損欲謂之無心之誤可乎余重加編次闕者補之宜分宜併者悉以宋氏本為據於是始無遺憾矣讀公贈誥有文規姚姒蓋一百三十卷之多詩到陰何積四千二百首之富云云則是集在公子長孺付梓時已釐定一百三十三

卷之數矣然舊序闕如兩本同之竇王取宋史本傳以冠簡
端其汲古之勤可以槩見所惜字句行款均不免有脫漏之
譏安得宋槧落手中焚香細讀一洗老眼蒙翳歟乾隆乙酉
重九後十日甌亭吳城記老眼昏花頗以𢭏書爲苦是集補
錄之後予友査君巨川復加校正落葉盡埽快何如之城又
記文獻通考江湖荆溪南海俱自有序而集中江西道院及
朝天續集二序見焉通考題一百三十三卷內閣書目同豈
別有一本與此本終詩話完本也康熙戊戌清和晦日繡谷
焯記秦宋端平元年羅茂良校刊本十行十六字

東湖叢記卷四終

東湖叢記卷五

海昌蔣光煦生沐

余澹心著作

余澹心懷江山集今所見者凡四種一平生蕭瑟詩有虞山某某序吳郡葉襄序及余自序一三吳遊覽志則吳駿公偉業序之一楓江酒船詩則姜如須垓序之一梅花詩亦自序王蘭泉司寇國朝詞綜云有秋雪詞一卷曾見馬二槎上舍藏有澹心手鈔玉琴齋詞精絕無倫有梅村祭酒題云澹心詞大要本於放翁而點染藻豔出脫輕俊又得諸金荃清真此絲學富而才雋無所不詣其勝耳余少喜學詞每自恨香奩豔情當昇平遊賞之日不能渺思巧句以規摹秦柳中歲悲歌佗傺之響間有所發而轉喉捫舌瘖噫不能出聲比垂老而其氣漸已衰矣此余詞所以不成也讀澹心之作不能無愧叟東弟梅村居士題又有尤西堂侍講題云昔人問詞何句最佳曰好似一江春水向東流然小樓昨夜卒召牽機之禍豈非恨耶千載而下遇余子爲知已從而和之可以破洗面之淚矣宋人佳句殊不多得秦九雨打梨花深閉門遂用入兩調柳七楊柳外曉風殘月脫胎魏承班漁歌子而梢公登溷未免妬語不如霜風淒緊關河冷落殘照當樓尤爲切響此外亦寥寥矣他如紅杏枝頭春意鬧停書雲破月來花弄影郎中只以一句了其一生詞家之矜重身價若此如余子之清言綺語絡繹奔赴又何巧于用多耶壽詞多者

無過魏鶴山苦不能佳稼軒差強人意余子于此兼能擅場固知才人無所不可猶記梅村賦滿江紅贈余子云賭墅好尋王武子論書不減蕭思話問後來領袖復誰人如卿者足以定余子矣辛亥夏五長洲同學弟尤侗漫題皆真跡也案澹心著有味外軒稿板橋雜記茶史曹倦圃侍郎溶靜惕堂文集中有題澹心雜錄序一首則其所著當不止此澹心詞流傳甚少今附錄數首于左

附錄

四十九歲感遇詞六首 并序

已香山云四十九年身老日一百五夜月明天蘇子瞻云嗟我與君皆丙子四十九年窮不死余今年四十九身既老矣窮猶未死追想生平六朝如夢每誦宋諸公詞倚而和之聊進一盃正山谷所云坐來聲歎霜竹也

和王介甫

江山依舊搖搖地西風忽然吹透只有上陽白髮江南紅豆繁華往事空流水最飄零酒狂詩瘦六朝花鳥五湖煙月幾人消受問千古英雄誰又況伯業銷沉故國傾覆四十餘年收拾舞衫歌袖莫愁艇子桓伊笛正落葉烏啼時候草堂人倦畫屏斜倚盈盈清晝

念奴嬌 和蘇子瞻

狂奴故態臥東山白眼看他世上老子一生貧徹骨不學黠婁模樣醉倒金尊笑呼銀漢自命風騷將樓高百尺一峨嵋堪作屏障追想五十年前文章義氣儘淋漓悲壯一自金銅辭漢後曾共楚四相向司馬青衫內家粗袖此地空惆悵花奴打鼓聲聲喚醒喻亮

水龍吟 和陸放翁

白雲黃石人家山中宰相推前輩布衾似鐵湘簾似水有人酣睡劍削芙蓉簪裝珷瑣都無塵累聽鵝鵝號罷霓裳舞破干日酒真堪醉說起英雄兒女哭東風幾番揮淚明年五十江南遊子九分顛白髮臨頭黃金去手孤負凌雲氣槩待何時倩取麻姑鳥爪爲余抓背

永遇樂 和辛幼安

擘阮彈箏杖矛擊筑慷慨如此壯士橫刀美人卻扇總爲多情使胸中五岳夢中三島不覺一時填起歎浮生短衣破帽應蘇餘子天涯哀草斜陽歸騎認得蕭蕭故壘四十九年青樓白馬一覺揚州耳謝家安石王家逸少日在風流叢裏從今後及時行樂逍遙而已

沁園春 別劉後村

老去悲秋藥愁頭竹葉盈杯正洞庭木落宮鶯作別楚天雲淨旗雁初迴天許閒人人尋韻事高築栽花十丈臺儂租吏縱咆哮如虎如我何哉東籬更葺茹齋鄰架上藏書萬卷堆歎年將半百鬚髯如戟運逢百六心事成灰莫語封侯休言獻策只勸先生歸去來平生恨恨相如太白未是奇才

摸魚兒 和辛幼安

最傷情落花飛絮惹春光不住佳人縹緲朱樓下一曲清歌何處鶯無語誰傳道桃花人面黃金縷霍王小女恨芳草王孫書生薄倖空寫斷腸句江南好茂苑繁雄如故畫船多少簫鼓吳宮花草隨風雨更有千門萬戶蘇臺暮君不見夷光少伯皆塵土斜陽無主看鷗鳥忘機飛來飛去只在煙深處

本草衍義

本草衍義二十卷宋刊本字大悅目每半葉十一行每行二十一字亦馬二槎藏書卷首劄文特全視拜經樓元刊本更精洵可寶也　太醫學狀承尚書省批送下提舉荊湖北路常平等事劉亞夫狀承直郎澧州司戶曹事寇宗奭撰成本草衍義二十卷申尚書省投納後批送太醫學看詳申尚書省本學尋牒送眾學官看詳去後今據博士李康等狀上件寇宗奭所獻本草衍義委是用心研究意義可採並是詣實申聞事十二月二十五日奉聖旨寇宗奭特與轉壹官依條施行添差充收買藥材所辨驗藥材右劄付寇宗奭政和六年十二月二十八日宣和元年　月本宅鏤板印造姪宣教郎知解州解縣丞寇約校勘

蘇學士集

義門先生校宋商邱所刊蘇子美集自記云周益公稱衢本滄浪集嘗刻于三衢南渡後本也計世當有之又云蠶尾

集載渠家有宋槧本滄浪集正衙本也商邱與新城交最深而不知假以是正蓋近人讀書但備數而不求善本雖偬圃竹垞猶不免況北方之學者乎復從吳文定叢書堂鈔本補錄施元之跋一首云蘇子美集十五卷歐陽文忠公爲之首序子美在寶元慶歷間有大名其文章瓌奇豪邁自成一家不幸淪落早世故生平所著纔止于此而近時亦少見之元之因俾鋟版于三衢又得尙書汪公聖錫所藏豫章先生詩爲子美作也惜其未大傳并附之左方若祭文墓志已見於文忠集中此不復載乾道辛卯六月巳巳吳興施元之書案黃詩今通行翁刊山谷詩註有之義門先生謂南遷浮夜航以下時本凡脫十八字者今翁本已補全不錄此本亦從馬二槎上舍借觀卷尾署款云辛酉初秋韓江寓齋借馬

氏所收義門原校本覆審世鈺案姚世鈺字玉裁號薏田歸安人著有孱守齋遺稿四卷錄入 四庫全書附存目中全謝山庶常祖望鮚埼亭集姚薏田墓志稱其授徒江都而卒馬曰琯兄弟經紀其喪又云薏田之學私淑義門人亦有言壆守太堅今此跋稱韓江寓齋云云正與授徒江都之語合則此書爲薏田傳校之本可知

紫苔山房帖

陳玉几撰書畫涉筆云紫苔山房帖時揭相沿失真如方筆寫照面目雖存神氣亡矣此帖爲新安徐若水從真跡摹勒上石鉤盤磔勁黍累無差知古人書法之妙非俗本所能傳而且以知世之傳者不必盡工于書雖能好者卽亦傳也

許龍華

亡友許龍華光治邑廩膳生生平績學旁及書畫篆刻靡不精妙辨別金石如犀燭水卒於咸豐乙卯年僅四十有八余搜得其手定詞稿二卷付梓惜詩文各體散佚大半擬編輯之而未竟也今錄其古金釋文數篇以見一斑云 留君盙積古齋款識有留君簋二文皆不全此器第十字明是餴字譌字下有孑二字寶字下有用字蓋彼二器皆剝蝕一則併餴字不存一則僅存而字畫糢糊故釋作商其寶與上餴字篆法相同稍有增減而移偏旁夰字向食字上耳 奭尊文曰⿱䀠大從王汝南伐貝卅畝旅矢用作公日辛寶彝孫形軒形⿱䀠大卽奭奭之異文按奭訓赤色則變文从火亦宜貝錫貝也

卅畝賞田得奉其宗廟祭也周圭田五十畝商當卅五畝旅矢因南伐而賜之得此三賜故作器以銘焉日辛者如旅鼎之日乙癸彝之日庚表彝亦曰日辛是也孫形軒形寫頌禱意謂軒輊通甗如尊彝爲祭器統稱者誤也⿱䀠大或通昊翠同

魚父癸彝薛氏鍾鼎款識有鷹父癸彝是作魚形大意正同積古齋鐘鼎彝器款識亦有父巳鷹壺薛氏阮氏皆謂是作器者名恐非其象形而不識文者無論已若兕若虎若爵若雞不皆人名古人尙質銘賜銘功但圖其物至周始識之銘故如册册言錫册子孫言有世祿或橫戈或荷貝或弓矢尊卣旂物皆錫命也重屋者立廟也山形者詩錫之山川也足跡者春秋傳賜我先君履也立戟執刀者象武功也蓋無

以人名冠父癸等字上者　班尊古以賜銘器此尊右作册字左戈槓形賜戈而作此尊也以有父乙字故積古齋收入商器班釋通辨然古辨从辛此从㐅正是天省　伯𩕢父鬲積古齋收伯躳父鼎一器文與此符惟鬲字作𩰲其釋躳字云舊釋爲吕皇二字誤此字从吕从頁从弓乃古文躳案躳字或从吕或从弓無兼从弓吕者今此器頁下㝉从女本非弓字𩂣釋作令尊令二字亦難通今其支明是鬲字當是拓本模糊耳　秭壺㚇字卯敦及穆公鼎有之敦文同此鼎作𡗜破艸爲𡗜恐無是理然古地名人名字率皆彷彿得之似以釋共者爲長周有共伯和攝厲王政此又㚇夕當作共人言盡力王事者恭人也下二字當作蔑歷邑尊賢尊師淮父

卣皆有之古器二字不少亦勉勉之意敔敦文又有曰蔑敔歷事則滅歷者猶言無若我之任事耳古文語簡質故但云蔑歷也又㚇或是榮省榮从兩火从冖从木此支左偏火字與下筆不屬似是二火字周初有榮公厲王時有榮夷公而書序有王命榮伯作賄肅慎之命則榮又伯爵也若釋作榮則下字其人字歟抑卩字爲邑之省歟秭當即榮邑之內諸侯也　它敦積古齋鐘鼎彝器欵識收它所作器有彝有簠有盉而此不載有可取以相證者彝銘王各大室井叔右乇此云井叔有乇卽一井叔簠銘司奠還散卽此銘足周司散之𨑂奠定也𤴔古文正字正定古字通足亦止也有定之義簠銘命乇司徒彝銘作司空或謂乇當作允魯桓公名軌史

記作允者考魯桓未嘗爲王官當非是　舃彝㠯氏錢氏十六長樂堂釋作祝阮氏釋作䄑以宜侃䡕輴轉通釋定爲宜祉之宜𤼲釋作啟而讀爲脤𦐇而未確恐𦥑𦥑祇是祀字其加𦥑者象兩手形奉承之義也𤼲祇是殷字鐘鼎文辰字無近似𠂂者殷祀者易殷薦之上帝書肇稱殷禮祀於新邑謂盛祀也　乇簠案乇所作器最多此册已見一敦積古齋鐘鼎彝器欵識復收一彝一盉按𡧊積古齋釋作穴取人在屋下之義按𠙵與冂有別篆文惟𡧊字𡧊作𠙵此或乇字歟乇下或作乚與冂不連倒文作入理或有之說文勹部有𠣾字覆也从勹覆人薄皓切盍卽抱字然命名者罕若乇字則周時多命名者如尹乇涉乇者未易更僕數也此簠也曰作旅

𧸘彝此亦如師望簋云作𧸘彝也　虢叔大林鐘𡨦釋惠乇釋純乍釋祚井釋刑義釋儀卣釋由𣐮釋林巽釋翼𧯠釋愷能釋熊皆無可疑矣然猶有疑者𡨦釋作㝵似矣然邢叔鐘作貴此字當从貝从𢎘或貴字之省貴大也純粹也𢦏釋作攸以旅字屬下句亦恐非是邢叔鐘貴純作旅作一句彼作魯此作旅旅魯古文通用旅轂旅豆可作魯轉作穆其明證也𢦏旅二字當連讀𢦏或於字於大辭也如於昭於爍之類貴純祚於旅言有此至大至純之祚祚於大衆也謂德辟師三句爲韻亦非穆秉元明當作一句德御於乃辟當作一句言其德可御於天子也帥刑二字當連讀卽率型字也敢肇率型皇考威儀卽書汝肇刑文武意𦗟彼作𦗟釋爲亦非爲

御義雖通貫而篆法不應如是當為龍字象形古龍寵通用詩為龍為光我龍受之何天之龍以龍為寵此類極多是寵御於天子無疑以[illegible]為逌屬于上句作韻與上文攸字下文休字叶亦非攸字在帥字前帥既作韻則攸非韻即曰間句相叶文氣亦殊不屬非其體也似不若从石鼓舊釋作乃為勝魯釋作報訓為嘉見寶林鐘不知旅即魯也作魯文異而義同也揚字是對字下脫文故補於句末旅對揚天子魯休如頌鼎頌敢對揚天子丕顯魯休同例其宅不為丕省亦與頌鼎同[illegible]或是畀純作允畀可作[illegible]或可以廾叒在上允从[illegible]凡[illegible]皆可為增筆如睿可為敵虘可作敵之類畀純作允言畀之純德作其允信義尤較順旅字屬下文作句

義為更勝旅為𤔲叔名文義一律下文旅休變文作魯義尤允協也　史頌鼎右文曰維三年五月丁子維作隹省字丁子繫日幹支背盤鐘鼎文往往有之說者謂上日用幹下日用支蓋二日也恐未必然王在宗周命史頌德蘇滅命作令亦省字德字下不从心作言案心字與言字義通如謙可从心訾可从言是也蘇字省作𩵋𩵋次姬鼎文同釋文家作魚訛也滅作㓕當是古文命史頌德也命史頌布德於已滅之蘇故曰蘇滅友里君百姓姓作生亦省字曰友里君即尚書友邦君之例統天下諸侯曰友邦君指一國之邑里大夫則曰友里君君者上辭也帥𨸏𨸏作𩋛亦古文𨸏城垣也帥俾修於成周修作攸亦省字言蘇國之君長百姓率以城垣修

車服於成周也休有成事有作又古文蘇賓章臣即申明兩語言蘇國賓服章明臣道即上文脩於成周休有成事也取吉金用作𩰫彝將省𤉲鼎省貝古文率如此頌其萬年㫃疆皆省日匡天子顯命匡作匩之增字顯令省子子孫孫永寶用子孫重文鐘鼎文皆如是率俾俾或俾字假借於義尤顯又刞有史頌敦文亦同此德作德下𩵋字仍作𩵋餘字較明㸚𤕦字下為𪓐字𪓐與戾同戾至也章字下為馬字章馬當錫之章服及馬也取字當釋作錫則章馬及吉金皆賜予之物歟

澄清堂帖

大瓢偶筆云澄清堂帖刻于昇元二年故又名昇元帖非別

有所謂昇元帖也前輩不察往往分而為二且誤認為淳化之祖則以搨本少世不多見故也黃仙裳云邢子原翻刻半部予亦未見又云余鄉董氏昇元帖十卷乃南唐李後主昇元二年刻唐賀知章雙鈎王氏父子書故又名澄清堂帖蟫翅初搨世間無二本載董文敏容臺集康熙丁亥董氏之子孫得八百金售于松江提督張侯又南又南死歸其子小侯安公後有又南跋又南客雲間陸閬玉為余言首卷刻蘭亭次洛神次屏風碑後多與十七帖同余幼時寓董氏曾一見之及長奔走四方無因緣至故鄉已卯庚辰間屬兒子壁往借不得戊子春赴黔中繞道渡塘觀之則已入侯門久矣此生平第一恨事也

萬卷堂藝文目

管君芷湘從禾中汪氏鈔得萬卷堂藝文目八卷見遺汪氏蓋得于　京師廟市係明人舊鈔本芷湘謂竹垞老人家藏有聚樂堂藝文志詳列卷數撰人此書疑卽聚樂之目前有西亭宗正自序余復從曹倦圃侍郎溶靜惕堂文集補錄跋語一首于後　余宅西乃游息之所建堂五楹以所儲書環列其中倣唐人法分經史子集用各色牙籤識別經類凡十一易書詩春秋禮樂孝經論語孟子經解小學凡六百八十部凡六千一百二十卷史類凡十二正史編年雜史制書傳記職官儀注刑法譜牒目錄地志雜志凡九百三十部凡一萬八千卷子類凡十儒道釋農兵醫卜藝小說五行家凡一千

二百部凡六千零七十卷集類凡三楚辭別集總集凡一千五百部凡一萬二千五百六十卷編爲四部人代姓氏各具譔述之下東陂子曰余垂髫時卽喜收書然無四方之緣不能多見多致大梁又自金元以來屢經兵燹藏書之家甚少卽有亦皆近代之刻求唐以前則希矣間或假之中吳兩浙東郡耀州澶淵應山諸處或寫錄或補綴葢亦有年所得僅此信積書之難也隆慶庚午秋日余齋居多暇積雨初霽命童出曝因取而觀其內或有丹鉛圈點或有校勘題評平生心跡歷歷在目亦足以自鏡矣本余所好或資紀述若曰畜德則吾豈敢隆慶庚午八月中秋日東陂居士睦㮮書　有明宗室工藝文者莫多於隆萬而灌夫宗正爲之最老其持

躬謹潔多門內之行蒙勅奬風諸藩今觀其書目部分完整卷逾數萬所嗜在此故能刻削豪習與古作者並馳也往孫北海少宰令祥符猶就其第鈔經注二百餘册載歸京師崇禎壬午賊決河隄書堂付之巨浸徒其目存耳予因慨太平難覯以二百七十年金甌無缺而自楊文貞葺文淵閣書目外未嘗一遣求書之使設較讐之官亦當時之闕典也道不終衰固宜有若灌夫其人者出任其責然灌夫竭一生心力所致止于斯與書猶不謂盡出今之號爲藏書者不過斥金帛有餘羅市肆所習見吾知聖賢典籍其不至漸漸滅者亦倖焉而已

靜惕堂文集又有萊竹堂書目一跋附錄于此天下易散之物莫如書一番喪亂古籍必斷滅數百種不復

見取文淵閣目視宋藝文志則多缺取萊竹堂萬卷堂二目視文淵閣又缺取天一閣曠園絳雲樓諸目視萊竹萬卷缺更倍矣學古之士乘時盡力求索方稱不負此生舉世寥寥誰堪共語然實有不須世變先受其殃者秘錮之病是也無板之書流傳甚罕收藏家倖得之則寶護如金玉扃鑰終其身矜已獨優傲人以所不備脫遇水火兵革孤行之本旣失別無他處可尋此等肺腸極爲得罪名教歷觀古今藏書者往往罹鬱攸之虐否則不肖子流蕩棄之葢徒知惜書不知傳書其惡出喪亂外雖賢者不免也文莊公去今幾二百年子姓好文目中書聞猶存十一二我意文莊雖生治世致書安得如此其多必不靳流通故四方不脛而至我書肯傳之

人人甯不持書報我我一而已而人則眾是傳者約報者反博也今之志士苟欲藏書當用此法以祕錮爲戒因閱葉氏書目識之

玉枕蘭亭

賈秋壑命王用和縮蘭亭於靈壁石經年乃成至酬以勇爵錢文端所謂以萬燈炙而成之者也相傳有二石其一右軍立像有秋壑珍玩印其一坐象有賀似道小印立象近不復見覃溪閣學謂福州府學本立象殆偶誤耳坐象之石流歸福州郡學大瓢山人謂明末藏陳磐生家其曾孫持至京與石田畫卷同質於蕭盩庵侍御震侍御刖以一石刻其自跋云太平清話載賈秋壑使廖瑩中以燈影縮蘭亭字令工王

用和以靈壁石刻之經年乃就酬以武爵今石高五寸大九寸厚四分色青黑遠望如墨叩之琅然旁微缺內會字磨滅羣字右字帶字流字有損背有右軍像又云是石摹勒之妙在諸石本之上且縮大爲小形神逼真即起右軍于九原當亦驚歎其殊絕也康熙壬寅秋予在長安得之閣人之手蓋因秋壑死後石落在閩及出閩仍歸于閩之人亦異矣此後存亡當有數姑記之以識神物康熙壬子秋七月既望盩庵居士題侍御子靜君贅于金壇虞氏虞名興簡故侯官令攜至江南王翁林嘗手拓之後歸鎮江守秀水陳鷟峯乾隆二三十年間錢唐汪主事憲得此石以獻其座師錢文端而錢又歸金壇于文襄文襄貢之 天府余所聞玉枕流傳始末如此中間

蕭遇耿逆之亂石爲其私人陳昉所得蕭之子復得之亦大瓢山人說也近有謂武林人家有此石者不知信否六舟上人謂趙晉齋曾見之以絲網密裹恐爲人盜拓也余前年曾假張叔未丈藏錢文端家拓本精摹一石刻者武原人胡衣谷也

東陽蘭亭

楊大瓢山人跋石公所藏東陽蘭亭云定武蘭亭余所見最多從無出東陽何氏之右者故雖石理尚有可疑而字畫堅勁不得不以定武真本目之也余所得何氏本最多然皆近時搨墨漫漶幾無完筆石公此本爲宣德後初搨筆畫尚多清楚惜後十一行失去未爲全璧然前後本係兩石而後石差弱今既得前石則後石之有無固可弗論毋怪乎石公之

以十三行半截碑爲比也石公索余跋爲道其大都如此案石公名和字省吾山人之弟行也余亦藏有東陽本乃許兄心如光清所贈尚是明時搨本兩石具在特後石裁去一行雖屬重文亦可惜也後有何士英張元忭二跋皆板刻後石有一白堂三字跋中有東陽一白公云云當是士英之號後石自欣俛仰一行起前石至欣俛仰一行止潰者每剪去後石首行故東里集以爲後石起能不也竹雲題跋石裂爲三號三段石世稱梅花本方發如言何氏子孫各執一片抑又在擁車而爭之後耶

學古錄後跋

至正元年十有一月闕端公使文公之五世孫炘來求記屏山書院并徵先生文稿以刻諸梓本與先生之幼子翁歸

及同門之友編輯之得在朝稿二十卷應制錄六卷歸田稿一十八卷方外稿六卷蓋先生在朝時爲文多不存稿因已十遺六七歸田之稿間亦放軼今特就其所有者而錄之所謂泰山一毫芒也先生前代世家以道德文學繇成均頌臺史館經筵洊歷清要皆承平之日其所著述則國家之典故功臣賢士之遺蹟在焉歸僑臨川塵慮消歇日與四方之賓客門人子弟講明道義敷暢詳懇以其緒餘發而爲言深欲闡明儒先之微以救末流之失先生之學庶或於此而可見歟是年十有二月門人李本謹識右跋張氏藏書志失載

後漢書志牒文

吳縣黃蕘圃主事丕烈讀未見齋書目有宋刻後漢書六十

四册八函有本紀列傳無志劉原起本下注云曝書亭集題跋云相傳宋孫宣公奭判國子監校刊官書遂以司馬氏志入之范書中雖有是說未得確證癸丑冬季得宋景祐本漢書卷首有牒文一篇版心有後漢志字讀之乃刊後漢志牒文也文云中書門下牒國子監翰林侍講學士尚書工部侍郎知審官院事兼判國子監孫奭奏臣忝膺朝命獲次近班思有補于化文輒干塵于睿覽竊以先王典訓在述作以惟明歷代憲章徵簡策而何見鋪觀載籍博考前聞制禮作樂之功世存沿襲天文地理之說率有異同馬遷八書於焉咸在班固十志得以備詳光武嗣西漢而興范曄繼東觀之作成當世之茂典列三史以並行克由聖朝刊布天下雖紀傳之類與遷固以皆同書志之間在簡編而或闕臣竊見劉昭注補後漢志三十卷蓋范曄作之于前劉昭述之于後始因亡逸終遂補全綴以遺文申之奧義至于輿服之品具載規程職官之宜各存制度儻加鉛槧仍俾雕鎪庶成一家之書以備前史之闕伏□晉宋書等例各有志獨前後漢有所未全其後漢志三十卷欲望聖慈許令校勘雕印如允臣所奏乞差臣與各官同共校勘兼乞差劉崇超都大管勾伏候勅旨牒奉勅宜令國子監依孫奭所奏施行牒至准勅故牒乾興元年十一月十四日牒右諫議大夫參知政事魯給事中參知政事呂中書侍郎兼禮部尚書平章事王守司徒兼侍中牒文如此可據以證竹垞跋語

元本後漢書

陳仲魚徵君跋元本漢書云今歲正月鱣從武林得元本漢書攜之中吳別業吾友黃君蕘圃過而見之云家藏有元本後漢書當以持贈越數日冒雨載書而來欣然受讀楮墨精良實勝前漢書遠甚中有錢陸燦名號印知爲湘靈曾藏標題皆其手書卷末云右奉湻化五年七月二十五日敕重刊正後有景祐元年九月祕書丞余靖上書蓋係景祐間所刊湻化本而元時重刊者版心識有大德九年刊補而徵竟敬慎等字皆避諱缺筆猶不失宋本面目也因取汲古閣本校之凡劉刊吳補及近刻惠氏補注所已辨者俱不具論如今本和帝紀云孝和皇帝諱肇注伏侯古今注曰肇之字曰始

肇音兆臣賢案許慎說文肇音大可反上諱也但伏侯許慎並漢時人而帝諱不同蓋應別有所據是本正文作諱肈注伏說作肈許說仍作肇按說文云肈上諱在戈部當从肁聲惟伏侯古今注从攴作肈故云伏許並漢時人而帝諱不同若如今本溷而爲一何不同之有邪斯可寶一也今本鄭康成傳云師事京兆第五元是本元下多先字又云吾家舊貧不爲父母羣弟所容是本無不字俱與唐史承節所譔鄭公碑合吾師阮撫使山左金石考云爲父母羣弟所容猶言幸爲親包覆成就蓋不欲舉親之失如此自後校書者因前不樂爲吏父數怒之遂疑此書爲父母羣弟所容不相合輒妄加不字踵謬至今是碑遠勝今本後漢書鱣今得見元本後

漢書無不字斯可寶二也今本阜城王延傳云以汝南之長平西華新陽扶桑四縣益淮陽國注扶桑故城在陳州太康縣北是本作扶樂按錢詹事考異云扶桑當依閩本作扶樂鱣謂桑樂形似致誤劉隆馬援二傳皆作扶樂郡國志陳國有扶樂可證斯可寶三也今本郭太傳云初太始至南州過袁奉高不宿而去從叔度累宿不去或以問太太曰奉高之器譬之泛濫雖清而易挹叔度之器汪汪若千頃之波澂之不清撓之不濁不可量也已而果然太以是名聞天下凡七十四字是本皆章懷注引謝承之文按考異云初讀此傳至此數行疑其詞句不倫後得閩中舊本乃知本章懷注今本皆儳入正文閩本係嘉靖己酉按察使周采等校刊其原出

于宋刻較之它本爲善如左原以下十人附書林宗傳末今本皆各自跳行閩本獨否鱣於是本益歎詹事之言信而有徵其左原以下十人並不跳行斯可寶四也今本律歷志云五者以備是本作五是以備考異云閩本及古本作五者此後人以今本尙書易之鱣按李雲傳云五氏來備注是與氏古字通蓋惟古本尙書作是故章懷云然三國時氏儀亦作是儀閩本雖出于宋然此等舛譌猶未盡善斯可寶五也約舉五事已見其凡古人云日讀誤書亦是一適然而古書未宜輕心從事蕘圃嘗曰汲古閣刻書富矣每見所藏底本極精曾不一校反多臆改殊爲恨事斯言良然安得好古者悉照元本精摹付梓嘉惠埶林厥功不亦懋哉嘉慶十年三月

識黃蕘圃主事丕烈跋云後漢書本宋刻佳者湻化不可得見景祐本殘者有之此外如建安劉原起刊於家塾散室本又有一大字皆名爲宋而實則不及元明刊本何以明之蓋所從出本異也惟正統本最稱善以所從出爲湻化本也大德本亦自湻化本出此又有景祐間余祕丞書者乃翻湻化本耳景祐至大德大德至宏治遞爲修補故板刻字樣各有不同非如正統十年一例專刻也余向在京師收得前後漢正統本甚爲寶愛後因旅橐空匱欲商諸仲魚仲魚慨以幾十金相易而書魔故態仍復固留未予帶諸南歸心甚怏怏及歸而又爲一友人豪奪而去頃仲魚得大德本漢書問及前所欲易書余無以應因檢舊藏大德本後漢書贈之此書

書友攜來余未知貴重不過以幾金相易而仲魚展閱之下頗得其佳處作爲跋語表之非特書之幸亦余之幸也向使藏諸篋笥而以尋常本視之書不且因余而轉晦哉爰頁跋數語以著余過以著仲魚之鑒賞云

韻會舉要

古今韻會三十卷元昭武黄公紹直翁編輯昭武熊忠子中舉要有劉辰翁序及熊忠自序其陳宲謹跋十行已見藏書志卷末尚有孛朮魯翀序韻會舉要書考余謙跋爲張氏所失載序云文宗皇帝御奎章閣得昭武黄氏韻會舉要寫本至順二年春勅應奉翰林文字臣余謙校正明年夏上進賜旌其功余氏今提學江浙以書見質始知其刊正補削根據

不苟序曰惟古大司徒以六藝教萬民六德行賓賢能禮容樂聲射中御節書文數紀六德六行會焉書者文也象形用禮之儀諧聲用樂之律指事用射之彀會意用御之範轉注假借用數之則六書□焉容必由儀聲必由律中必由彀節必由範紀必由則文斯立而教斯興焉天子考之以正其僞天下同之以安其情文斯明而政斯行焉世衰教湮文厖藝舛形體變易音義阻艱許氏立說而文有類沈約譜聲而韻有書元魏用翻毋而字有攝書家賓焉黄氏遡流而源兼取並載得者便之雖然形體變易若可鑑矣音義阻艱猶或累焉余氏以文臣奉詔正誤令績也來提舉謀鋟其書義舉也學者得此明其心目仁澤也噫此其編號舉要耳其傳可盡

傳虖因是一均可通其餘均虖刻本快覩盖有待焉元統乙亥冬翰林侍講學士前中奉大夫浙江等處行中書省參知政事孛朮魯翀序跋云時至順二年二月己未臣欽承帝命點校葛元鼎所書韻會以進越明年四月丁卯乃遂訖工獻納上徹聖鑒龍賚下班曷勝感怍念惟韻版文字乖誤頗繁茲既考徵就易輯具成編尚獲與學者咸被于天下同文之休斯願翰林國史臣余謙拜手稽首謹書元刊本書學正韻卷後亦有二年八月江浙等處儒學提舉余謙補修一行

酉陽雜俎

酉陽雜俎明內鄉李雲鵠刊本有宋周登鄧復二序後有趙清常琦美一序備詳宋本原委亦明刻中不易購之佳本也

右酉陽雜俎二十卷唐段成式少卿所撰也余舊不識此書惟見諸家詩詞多引據其說及假來此以其書之所名者訪焉則無有也郡博士管君容成偶得之以示余其書類多仙佛詭怪幽經祕錄之所出至於推析物理器奇藝絶廣動植等篇則有前哲之所未及知者其載唐事修史者或取之按唐史成式世居青齊褒公志元四世孫宰相文昌之子也文昌少客荆州酉陽荆之屬成式豈嘗寓遊於此邪余聞方輿記云昔秦人隱學於小酉山石穴中有所藏書千卷梁湘東王尤好聚書故其賦曰訪酉陽之逸典或者成式以所籍書有異乎世俗故取諸逸典之義以名之也然自唐以前若古雜家小說今既不傳而瑣碎之觀未有近於此者詎可棄

之而不存乎且其書以酉陽名而客之過此者未嘗不以是書爲問也因刻之於此以備客對嘉定七祺甲戌十月旣望永康周登書　段成式酉陽雜俎三十卷唐書藝文志載之於丙部子錄小說家今陳君所刊止前集二十卷又缺其序余以家藏續集十卷并前集之序畀之遂爲全書謹按成式出於將相之胄襲乎珪組之榮而史氏稱其博學强記且多奇編祕籍今考其所論撰蓋有書生終身耳目之所不能及者信乎其爲博矣然是書也世所罕覩是以周使君訪之而無有管博士得之而未全余家聚書萬有餘卷與編隱帙居多而此書偶在所錄陳君知而求之甚力姑敘所以俾廣其傳嘉定癸未六月旣望武陽鄧復應甫題　文獻通考載酉

陽雜俎前集二十卷續集十卷世僅行其前集吳中壓市闤處輒有書籍列入檐蔀下謂之書攤子所鬻者悉小說門事唱本之類所謂門事皆閨中兒女子之所唱說也或有一二遺編斷簡如元珠落地間爲罔象得之美每從吳門過必於書攤子上覓書一徧歲戊子偶一攤見雜俎續集十卷宛然具存乃以銖金易歸奮然思校恨無善本堂兄可菴案頭有校本雜俎前集因詢其據何本校定兄曰吾婦翁繆含齋可貞氏平生好奇讀書嘗見崑山俞質夫先生有宋刻雜俎因讐是書吾轉錄此册耳美喜甚便擕之歸開窗拂几較三四過其間錯誤如數則合爲一則者輒分之脫者輒補之魚亥者亟正之不可勝屈指矣又爲搜廣記類書及雜說所引隨類續補歲乙巳嘉禾項夢玉氏復以數條見示又所未備也復爲續之乃知是書必經人刪取不然何放逸之多乎美每欲刻之而患力不勝丁未官留臺侍御內鄉李公有士安元凱之癖與美同好自美案頭見之欣然欲刻焉美曰子不語怪而雜俎所記多怪事柰何先生曰否否禹鑄九鼎而神奸別周公敘山海經而奇邪著使人不逢不若焉嗚世有頗行瘝德者侍御旣以章疏爲鼎爲經以別之矣乃茲刻又大著怪事而廣之豈謂有若尸竈諸皐所記存之于心未見之於行事者又章疏之所不及攻而人之所不及避也藉此以誅其心僇其意使暗者昧者皆趨明日不至煩白簡矣是亦息人心奇瑰之一端云廸功郎南京都察院照

磨所照磨海虞趙琦美撰

味水軒日記

明李太僕日華味水軒日記八卷自萬歷已酉至丙辰記其所見書畫異聞時事附及焉中有云近日所刻異書有夢游仙游二錄非詞非傳奇相傳爲楊廉夫避地江南時所作倘有俠遊錄未見又云峽石人以雪水繅繭作緜有天然碧色織以爲裯謂之松陰色今余鄉知以繭濯紫薇橋下之水作緜有自然碧色無有知用雪水繅繭者矣

元本李善注文選跋

余十二歲時誦文選乃汲古閣所刊李善注本在近時讀本中爲最善猶恨其脫誤良多卽何義門學士評校尚有未盡

疑莫能明聞吾鄉馬氏道古樓曾藏宋本已爲書賈購去不知所歸三十年來舟車南北恆以自隨者惟汲古閣本而已今歲寓吳于吾友黃君蕘圃處見有持宋本六臣注文選出售者價直太昂且以其六臣注也而忽之以爲安得有皆本李注乎蕘圃曰數年前曾見元重刊宋本今聞尚在余欣然屬其轉購越數日方盛暑蕘圃遣蒼頭持札負書而來閱之則李注文選也云託書賈從甬直嚴氏得來者遂如其價而購之書凡六十卷目一卷每葉二十行行二十一字每卷首題奉政大夫同知池州路總管府事張伯顏助率重刊按錢詹事養新錄偁是書有前海北海南道肅政廉訪使余璉序今此本缺焉又不列年月然余定爲延祐本考鄭元祐僑吳

集有平江路總管致仕張公壙誌云張氏長洲之相城人公諱世昌字正卿成宗賜名伯顏由將作院判官累任慶元路同知延祐七年陞奉政大夫池州路同知泰定五年改福甯州尹後遷漳州路總管告老以平江路總管致仕今合諸卷首結銜知刊于延祐時矣錢遵王讀書敏求記云善注有張伯顏重刊元版不及宋版遠甚以余所聞中吳藏書家所有宋本已多不全似未若斯之完善復借鈕君非石所藏元本校之惟末卷後鈕本有監造路吏劉晉英郡人葉誠十一字此已刓蝕其行欵字畫纖豪畢合或云明萬歷間金臺汪諒所刊未必然也爰繙閱一過始知汲古閣本所脫者如司馬長卿上林賦脫標郭璞注張平子思元賦脫爛漫麗靡藐以

迭遐二句并注陸士衡答賈長淵詩脫魯侯戾止袞服委蛇二句并注曹子建箜篌引脫百年忽我遺生在華屋處二句鮑明遠放歌行脫今君有何疾臨路獨遲迴二句枚叔七發脫自太子有悅色至然而有起色矣二段共十九行并注宣德皇后令脫標任彥升三字曹子建求通親親表脫有不蒙施之物一句若斯之類遽數難終惟司馬長卿封禪文脫上帝垂恩儲祉將以慶成二句元刊已脫又如西都賦注引三蒼之作王蒼閒居賦注引韋孟詩之作安革猛詩元刊亦然汲古本蓋仍其誤而義門亦未之校正也余好書無力未敢貪多惟童而習之者每思善本是正文字邇來隨有所獲今更得此不勝狂喜它日擬築選樓以儲之非特賀茲書之遭

且以銘良友之德云爾右見簡莊綴文（案元張伯顏本十行廿六字明汪諒本十一行廿一字）又案余會見一六臣注殘宋本內有注例數條皆旁有一直標其起訖亦舊版所罕見也如兩都賦善注云諸引文證皆舉先以明後以示作者必有所祖述也他皆類此又云然文雖出彼而意微殊不可以文害意他皆類此又云諸釋義或引後以明前示臣之任不敢專他皆類此西都賦善注云然同卷再見者並云已見上文務從省也他皆類此東都賦善注云其異篇再見者並云已見某篇他皆類此又云其事煩已重見及易知者直云已見上文而他皆類此西京賦善注云善曰舊注是者因而留之並於篇首題其姓名其有乖繆善乃具釋並稱善以別之他皆類此又向注云凡人姓

名及事易知而別卷重見者云見某篇亦從省也他皆類此又善注云凡魚鳥草木皆不重見他皆類此甘泉賦善注云然舊有集注者並篇內具列其姓名亦稱臣善以相別佗皆類此內向注一條汲古閣及胡氏仿宋刻並作李善餘若琴賦李斯上秦始皇書注內雖均有他皆類此之文而不標旁真則未知何意

元本春秋左傳句讀直解跋

世所行春秋左傳杜林合注鰓少時讀之不知何人所合首載凡例題宋林堯叟唐翁著例中乃云春秋提要依大全錄之每爲駭異後閱經義考載林氏堯叟春秋左傳句解四十卷引鄭玥曰堯叟字唐翁崇正中杭州書坊取其書合杜注

行之又載王氏道焜等春秋杜林合注五十卷引陸元輔曰道焜杭人中天啟辛酉鄉試與里人趙如原濬之共輯是書按道焜字昭平官兵部職方司主事乙酉徇節爲吾郡三仁之一因檢明刻原本有道焜敘爲天啟丙寅年作非崇正中書坊所合坊間翻刻并削去道焜等名即以編書之凡例改題堯叟遂使永樂大全竟出諸宋人之口允堪一笑然究未見單刻林本今夏偶從吳市買得審係元刊後有叢書堂印又有華莊叔子元本識云左傳四冊吳文定公故物也保之每卷題云音注全文春秋括例始末左傳句讀直解凡七十卷經義考作春秋左傳句解四十卷者殆未經寓目耳展讀數過乃歎今之合注本紕繆多端或刪杜以就林或移林以

冒杜復取崇正本注疏以校經傳畧舉數條如隱四年經庚戌衛州吁弑其君完此作戊申僖三年傳未絕之也此作未之絕也九年經晉侯詭諸卒此作佹諸十八年傳而從師于訾婁此作而後凡斯之類皆與唐石經合日本山井鼎考文亦每引以證足利本即所謂林直解者是益見書之舊本爲可取余得宋版周易本義及詩集傳視少時所讀監本補正甚多受益不淺茲更得此而參焉足以自慰矣右見簡莊綴文案跋中云經義考作春秋左傳句解四十卷者殆未經寓目歟似以竹垞爲誤七十卷之本爲四十卷也余嘗見元刻四十卷之本其標題云春秋正經全文左傳增注句解次行梅谿林堯叟唐翁後學林仲連校定每葉二十二行每行二

十一字因妄臆當時竹垞所見之本或是此本而七十卷之本或竹垞所未見歟跋中四冊應是四十冊

春秋內外傳考證

元和陳芳林樹華著春秋內外傳考證五十一卷自序云樹華性好春秋左氏傳研精覃思久矣每見俗本承譌文義益晦心病之因念漢石經遺字僅載于隸釋東觀餘論廣川書跋諸書魏晉石經俱已湮沒獨宋石經年代較近迺蜀石經絕無宋石經多行體未可全據亦罕覯拓本唯唐開成石經歷千百歲劫火之餘雖遭殘闕巋然獨存海內士林取則此殆有神靈呵護者至 國初顧亭林先生著金石文字記信劉昫唐書貶石經語遂詳校易書詩三禮三傳論語爾雅識

其謬戾孰謂所據舊本羼入明嘉靖西安王堯惠等補刻正
左傳誤字計九十餘條唐刻誤者實止數條而石經與監本
異同處轉致疏漏甚或以是爲非朱竹垞先生弗察全卷盡
錄經義考中開成石經受誣多矣穡懼其日就磨泐也爰取
春秋左氏傳校讀再三復假得南宋慶元重雕淳化元年監
本春秋正義南宋相臺岳氏集解本及架上元明諸刻本並
舊本陸氏經典釋文悉力互勘準古酌今期歸至當兼審定
句讀俾使誦習字體放石經通乎俗而不失乎古意行款則
依岳本釋文左氏音義六卷附於經傳集解三十卷後庶不
紊舊次又慮人之習非勝是也撰考正七卷采異同羅衆說
無關文字者略焉明代刻本流傳最廣間亦標舉其脫誤使

知釐正疑似皆有根據亭林先生云讀九經自考文始考文
自知音始至哉斯言樹華幼承庭訓獲侍師嚴長大無成端
居却埽聊從事鉛槧孜孜矻矻繼晷焚膏但冀少補藝林即
糾前修微失識者諒必深鑒苦衷恕其妄而教之耳乾隆三
十有五年庚寅吳郡陳樹華識又云庚申冬晚余由山右解
組歸里獲覩堯圃黄君丕烈新刊明道二年國語即用影鈔
原書雕板其嘉惠海內學者功匪淺鮮矣又附札記若干條
別爲一卷志異同評得失更見公心鄙著考正莽簽有年因
取錄之就正士林諸君子嘉慶六年辛酉春正月古泉陳樹
華識於響山書屋案段懋堂大令玉裁經韻樓集有陳芳林
墓誌銘謂所著尚有國語補音訂誤及詩集均未見

精華錄

宋任淵注黄山谷詩內集宏治中有刊本其所選黄太史精
華錄世尠傳本宏治中亦有仿宋刊者有自序云萬寶集于
前則萬其色萬其色因不無去取及擇而千之亦自具一可
否有上選焉黄太史山谷集幾萬其篇章走嘗節其略而繆
註之十之一也然其間猶有叢蘭幽桂奇玉特珠萃類出拔
者走又別帙焉是上選也一日雷子誠過而見之喜而欲壽
梓來索帙賞版故併述其所以然而與之天社任淵序案山
谷外集史容注別集容之孫季温補撰余所見陸放翁詩選
註題宋史温箋惜無序跋可考不知史温即容之孫季温否

古泉詩

大興翁宜泉比部樹培有古泉詩二百韻集中失載附錄于
此

垂寶千年閟深心十載藏鼎鐘羅篆籀星斗粲琳琅疏
佐參疑信尊盧說渺茫禪通徵九棘附會引三皇異品
稱堯舜遺型想夏商山銅論管子竹冊紀成湯篆馬銘
難辨當金制未詳一文神作巨十貨布名莊下逮春秋
世中原晉楚疆重輕權遣相子母諫周王圜法三横別
刀環四寸强分封秦鄭衛列爵姒姬姜假國羣經軼西
京九府亡屯留今上黨即墨古郵棠信矣昔從竹何疑
邑改堂汝州傳鄭氏齊地補安陽屈北鄰蒲子燕南盡
督亢攷工同築冶言利述荀揚啓鎔徵榆莢懸針寫稻

芒五銖緣闊細半兩質低昂峻法私通禁姦民盜鑄攙
青蚨千貫朽紫紺四圍鑲直一如么布衡千誤大黃傳
形摹款識變體論凡將龍馬規圓橢鼉蚆畫頡頏笵銅
連錫煉垂露鏤金相字邑劉家卯符懸吉日剛律因居
攝制尺準建初量誌應公孫述文成白水鄉刮磨工史
鳳省試掾臣蒼雒邑傳光武延平歷孝殤質桓猶守府
靈獻遷垂裳勢漸三分兆形還四出防銅駝廢翁仲石
馬出臨漳廿世尊昭烈三傳閱帝芳華林供御苑帳構
濟軍糧充賜惟千億空名以百當源流于漢魏行用到
荆湘兩晉酉都徙中興帝業勸海隅交穀帛江左貨秕
糠僭閏年兼紀兵戎日未遑赫連分霸據拓跋起披猖

東記五　廿八

建業仍孫氏吳興號沈郎蜀名更李壽秦制變姚萇致
富收豐貨遵文撫承光休徵占後趙令甲肇前涼遂啟
真書體何時幕字昉翦輪除肉好倒薤倫薤蘇樣肖雞
鵝目名嗤稱女孀水沈颺荇葉皮削串瓜瓢雍冀氐嵬
俗公私鑿鑄忙環塗輕布幣阡陌值農桑像詩河陽毀
諮問太延喪臚材選公式絹價課官贓佩處男宜卜銜
來雀可褫空談失馮鑑新製出高洋末造糜爭鹿諸雄
斧拒螳開元識天寶大業鑒隋煬周郭裁鉛鐵班師獻
隨從六朝圓泥一七德舞鏗鏘銘語旋爲質權衡網在
綱八分詞典重千載法精良撥蠟煎銅液垂鈎削劍鍔
可憐銀魄缺爲驗粉痕傷沿誤刊青瑣傳疑引辟瑞鄭

虔編會稡平仲紀珩璜八角穿形偪雙挑隸體伉揮犀
誇墨客拾翠詠吳娘貞觀文明盛乾封雨露灑范陽馳
羽檄麤武掃欃槍鏑鏃銷京兆洊屠革會昌陳羅磬藺
若磨鑪隱蒼瑱節度官開局淮南郡置坊相輪鳴鐸寂
火齊細沙盪金粟離塵劫青蓮化寶航琳宮刹梵象叢
刹撤銅羊福地非東浙秦州誤鳳翔舊名仍屬洛傳寫
乃訛楊宣梓藍丹桂興平越兗梁潤洪閩廣蜀潭鄂益
判襄鄀邑存沿革屏藩儼保障幾年恢佛宇一旦變蕭
墻節鎮縱橫勢軍容左右廂飛錢箋赫虢賜帶肚螳螂
虎將屯龍武魚符合鯢魴契丹推撤刺吳越富菰蔣河
朔連驍騎沙陀服裲襠山巔糜府庫嶺外恣跳踉墐土

東記五　廿九

殲窯匠澄泥殖麥麵馬殷興鐵冶甯化設鉛場商旅通
荒徼壓征徧野眈瞿曇淪巨橐錐劢鑄純鋼索借桃符
挂絲牽綵勝纏浪傳方却瘧良已患成瘡掌握身宜婉
醫痊病入盌細創描柳葉偃月肖蟻幫古誌疑公祏諸
經列上庠塔銘題宦寺鏡背認宮嬙烏震權終解鏈譔
計未臧藕心長短結花莖別離妝天策會開府金陵竟
復隍盤龍看寶匣跨犬送歸艎孟蜀承王蜀南唐溯後
唐閩書附殷國陶錄佚錢塘劍史稱檮杌汾碑問蚜蚄
漢周時炭炭河洛水湯湯改號疑重寶嫌名亦避匡島
峒咸入版嗱囈許同牀九域輿圖畫三更燭影猝侍臣
呈定本御筆煥宸章自是奎文冠無煩閣帖裝真行諸

體備故事百年嘗向背垂斜界迴環繞右行錙銖依古
式體例自誰創封禪塗金簡郊壇奉玉璞大中符瑞紀
景德叶豐穰芝貢雙岐穗禾占並蒂秧禘追元始祖書
庋最高桃殿陛瞻嵩岳山陵枕洛邙絹繒輸北地財賦
竭西羌祭藏邊籌餉郊圻野食蝗試礬浸瓦礫化藥煮
盂鑴合券官交售齋縉庫取償徵材雜川社造楮刨貧
當勘票嚴關榷屯田闢莠良刻期三界換新法一人倡
苗稅丹羅綱絲麥紡斷軠生財危社稷流毒中膏肓市
井言徒嘖征徭骨欲朘額盈千億萬監利鄧均房蕿斸
聯包匭槎浮逢鄯湟塗金范鳥背夾錫愈頭瘍字觸無
心識支傾大木宋礦山表陝府磚甃湧滄浪南渡橫天

塹東京想夢粱銙牌行會子車駕駐餘杭河北傳烽火
江南荐歉歉茶場通玉壘輜重下金閶嘉定增卬利炎
興賦沆碭泉司權鐵鼓古器括銅鈁減額間黃汴瀦田
感蔡洸匡門沈帝座孛斗亙天狼耶律開基遠金源舊
澤滂黃龍遷板蕩鴨綠動帆檣皇統傳興定乾亨迄太
康僞齊封杭俚西夏競撞搪朔代朝疎勒青徐控紀郭
幹難河傾洞沙漠石雷硍梵篆西番譯春錢兩鬢鬚粧
樓傾碧瓦白塔挹瓊漿重慨元明世無譏叔季妝西戎
漢安息南粤古狼牤蔥嶺于闐左輪臺烏弋旁龜茲征
文肆真臘饌沙饈釋典窮三藏山經述大荒波斯居達
過交阯產桃榔僭號聞哈密訛文訂什邡吐蕃鄰突厥

張掖屬燉煌碎葉原銷鐵銅芽好種菁華言譯那底詞
注引天方膽格桃榕核因墀玉截肪披肩垂寶珞側面
彝高脽服劍非馳獵聯騎宛槃轀轤成金小小攜過海
泱泱嶋樣鈴關鏈雞林泛舡艣形模辨安法世系譜高
唐厥勝圖分泒神奇品鑑鰑如環皆鞞琫宥郘卽圭璋
利市宜官位侯王大吉祥論衡詮兕犬爾雅釋鰷鰭鳴
鶴翮鸂鶒蟠螭舞鳳凰鯨紋排薄翅翮羽集新篁梅瓣
疎欄映菱花止水注枝枝交翠蔦朵朵綴紅薔富貴年
無極團圓樂未央女牛當此夕河漢兩相望翼鴛橋邊
鵲幃搴月褭嫦長生合龍虎秘戲睡鴛鴦魚水層層浪
樓臺曲曲桁鑑銘云不老瓦篆曰毋忘仙咒文如律陰

符印去殃星官題曼倩雷煞攝天罡八駿分騏驥千金
攤驌驦牙籌催鐵騎玉局勒龍驤食貨吏諸史編年集
眾長盛衰因損益治亂互更張緒論非私淑成書竊恐
惶姓名存董逌著錄闕良常市肆評銖黍同人贈慨慷
果然痂有癖不啻喜如狂百代菁華萃千秋矩矱彰精
鏐臚面幕秘笈貯縑緗尊彝詳官族盤盂紀拜颺勒名
申綰綍作冊錫鑾錫活碧蒸銅骨深紅蝕土岡血斑侵
鬼火手澤換風霜纖麗摹圓印輕瑩挹古香粉牌書跋
尾壘搨付裝潢秘玩嚴金鑰傳觀出錦囊生平勞夢寐
萬選富巾箱

餘姚山中漢人摩厓

此刻有建武十七年廿八年云云或者疑是東漢初人題字
詳文義似係紀其世次而并及所卒年月非立石之紀元可
比文中高祖至九子云云所稱高祖想係三老諱通者九子
卽前九孫如伯子次子適合九數更增二女子子耳此人既
稱高祖於建武年卒其世代必在建武後百餘十年尙在漢
代爲漢人書可知況隸法近古必非六朝後人所能六舟土
人從餘姚周君清泉所拓贈云是餘姚山中摩厓新訪得者
前作四格後三行不分格六舟目爲兩浙第一碑信不虛也
案天下金石志載海甯審山有吳大帝判字余家正在審山
之麓每欲披榛剔蘚步周君後塵思之不禁神往

三老諱通字少文　掾諱忽字子儀

庚午忌日　建武十七年歲在辛
慈母失諱字棠君　丑四月辛卯忌日
癸未忌日　母諱捐字謁君
右第一格凡四行行七字　建武廿八年歲在壬
子五月十日甲戌忌日
右第二格凡六行行字不等
伯子元曰大孫　次子邯曰子南
次子但曰仲城　次子土曰无土
次子紆曰子淵　次子富曰少元
次子提餘曰伯老　子女曰无名
次子持侯曰仲廱　次女反曰君明

次子盈曰少河　右第四格凡六行行字不等
右第三格凡六行行字不等
三老德業岳烈克命先已汁稽履仁難名兮而右九孫日
月彤代猶元風力寸第一行　邯氏所識祖諱欽顯後嗣蓋春
秋義言不及尊翼上也念高祖祖字係左側補刻至九子未遠所
諱第二行不列言事口忌貴所出敬及焉敬曉末孫益副祖
德焉

酉陽雜俎續集

此明人鈔本有跋云按吳曾漫錄解諾皐之義最爲明了惟
支諾皐不知何意又有支動支植二目因悟支者干支之支
蓋雜俎諾皐之外更出此條猶今類書者以甲乙子丑等分

配此則借干支之支以別于前目之諾皐耳支動支植者前
集有廣動植四卷觸類伸之支諾皐之義益明矣萬歷戊戌
七月既望生洲居士孫允伽識

西漢五銖錢笵

吳子苾閣學式芬云近時陝右所出五銖甎笵甚多皆殘缺
不完其錢穿上均有一橫畫笵上空處閒有紀年月者余所
見有本始三年地節二年元康三年神爵二年四種皆漢宣
帝時製也穿上橫畫五銖錢今傳世尙多考古者莫能定其
時代得此笵而後知其爲宣帝時其有補於考訂豈淺哉

東湖叢記卷五終

東湖叢記卷六

海昌蔣光煦生沐

論衡

王氏論衡通行本以通津草堂刊者爲勝程榮本不及也獨累害篇汙爲江河下脫四百字張氏藏書志亦云而所闕之文莫能考見以爲憾偶從西吳書舫購得元刻十五卷本有之亟錄以餉讀是書者不欲爲帳後之秘也

矣夫如是市虎之訛投杼之誤不足怪則玉變爲石珠化爲礫不足詭也何則昧心冥冥之知使之然也文王所以爲糞土而惡來所以爲金玉也非紂憎聖而好惡也心知惑蔽蔽惑不能審則微子十去比干五剖未足痛也故三監讒聖人周公奔楚後母毀孝子伯奇放流當時周世孰有不惑乎後鴟鴞作而黍離興諷詠之者乃悲傷之故無雷風之變周公之惡不滅當夏不隕霜鄒衍之罪不除德不能感天誠不能動變君子篤信審己也安能遏累害於人聖賢不治名害至不免辟形章墨短掩匿白長不理身冤不弭流言受垢取毀不求潔完故惡見而善不彰行缺而跡不顯邪僞之人治身以巧俗脩詐以偶衆猶漆盤盂之工穿牆不見弄丸劍之倡手指不知也世不見短故共稱之將不聞惡故顯用之夫如是世俗之所謂賢潔者未必非惡所謂邪汙者未必非善也或曰言有招患行有召恥所在常由小人夫小人性患恥者也含邪而生懷僞而遊沐浴累害之中何招召之有故夫火生者不傷濕水居者無溺患火不苦熱水不痛寒氣性自然焉招之者君子也以忠言招患以高行招恥何世不然然而太山之惡君子不得名毛

東萊書說

增修東萊書說三十五卷門人時瀾修定後學趙善鍇鈔宋刊本每半葉十行每行大字十九小字廿二黃蕘圃主事藏有千頃堂鈔本後有跋云尚書說自秦誓至洛誥凡十八篇伯氏太史己亥之冬口授諸生而筆之册者也惟念伯氏退休里中之日居多以詩書禮樂訓授學者俾其有以自得乎此初未嘗專爲書也然聽之有淺深記之有工拙傳習既廣而漫不可收拾伯氏蓋深病之一日客有來告者曰紀錄之易差固也各述其所聞復有詳畧得失之異則其差爲甚矣非有以審其事學者何從而信之於是然其言取尚書置几間而爲之說先之秦誓費誓者欲自其流尚泝唐虞之際也辭旨所發不能不敷暢詳至者欲學者易於覽習而有以舍其舊也訖於洛誥而遂以絕筆者以夫精義無窮今姑欲以是而廢夫世之所筆錄蓋非所以言夫經也未再歲伯氏下世整次讀詩記猶未終篇書及三禮皆未及次第考論而書猶口授而非傳聞南康史君曾侯取而刊之學宮書來求記其本末義不辭也因書其所知附於卷末大愚叟

金石契言

蓮涇居士王叔子（聞遠）著有金石契言，敘其知交七十七人，皆畸人逸士也。中言朱蔚如名賓王，起家市井，性嗜奇書，無力搆弄，則百方丐鈔，惟以搜羅遺佚、訪求放失爲事。鰥居無子，憑權奇以餬口，竭力塋葬先世之棺，更聳一友葬其親。嚴冬午夜不戒於火，延燒鄰塋，鄰搆訟，友乃告急於蔚如，蔚如挺身代友醵金庀治墓門冢樹，訟得息，其見義必爲、慷慨急難又如此。向讀蔚如所校之書，歎其精審，不知其人始末，讀此益當寶愛其手跡矣。王又著有孝慈堂書目，流傳甚尠，今錄金石契言序文如左：

余畢生連蹇不偶於時，且秉性鈍拙，杜門剷跡，寡交遊，世亦鮮有知余心者。自束髮至皓首垂五十年，餘其間馳聲譽、趨功利、遨遊徵逐泛泛之交，不可謂

友，可稱爲心交者，屈指僅七十又七人。凡此七十又七人者，宗黨也，姻戚也，同學也，世講也，父執也，友生也，解后也，神交也，史胥壓井也，方外雜流也，道不必相同，品不必一致，皆與余心契如金如石焉者。人各綴一傳，傳其人，并傳其人與余相契之心。然則心與心相契，契與金石相融，其中精微元妙之理，神乎神乎，不亦難言矣乎！雖然，集中諸傳，殆如畫工之肖形聲音□□□□傳於藻繪丹鉛之外，又何難言之有？故名其書曰金石契言。

春秋透天闗

殘元本春秋透天闗，存卷三、卷四，共二卷。案經義考云：春秋透天闗十二卷，未見。葉氏菉竹堂書目有之，亦不著撰人。又案

補元史藝文志有楊維楨春秋透天闗十二卷，千頃堂目有晏兼善春秋透天闗十二卷，此未知何本。

一角編

仁和周晩菘（二學）輯其所得書畫碑帖之目曰一角編，丁敬身隱君（敬）序之曰：簿錄書畫之編，前古罕見。自南齊高帝名畫集、梁虞和法書目而下，繼者疊起，或志傳流，或衡精粗，或僅列標目，或惟鑑技能，取裁不同，各歸攸當。至明之朱性父、郁逢慶，於所見墨跡凡詩文題跋悉著錄之，使名賢幽介之遺文奧筆未得流布者，或於是中擷其芳潤，識見尤卓。而嘉禾汪樂卿、吳中張米庵暨本朝卞中丞排羅蒐纂，愈爲富衍。高文恪之銷夏錄，乃并詳紙素之脩縮、連綴之次第，雖狹

於齊古者無所措其手足。朱竹垞檢討以爲簿錄書畫之法至是始備，然悉合他氏之有與典籍之舊而成，非一家之專蓄也。友兄周晩菘氏研田所入，蓄書畫百餘種，一一精訂而手錄之，體例雖仍乎銷夏，而所錄悉一已之藏，不闌入他氏一鱗片甲，至裝潢亦纖屑具備，則爲晩菘所獨創。晩菘善鑒賞，饒潔癖，類米海岳，每得一箋握素，必低徊審諦，累數日不去左右，昔人所言棐几三展、明窗百回，晩菘有焉。嘻！賈秋壑藏蘭亭至八千匣，嚴世蕃書畫亦不下千餘件，惟於身汰勢去之日，爲大吏治官所簿錄，以示貪嬻，視海岳之舉拂蕭然，悉以藏弄納諸天府，爲何如也耶？由是而論，彼雖多猶牛之繭毛，此雖少若麟之一角。顧晩菘猶恐人議其眼福之薄，而

取馬遠氏之交稱以字其編無乃太謙矣乎時雍正十二年歲次甲寅城南友愚弟丁敬拜題又厲太鴻徵君鶚序杭堇浦太史世駿序文皆見集中後有金雨栗侍郎甡後序潘蘭垞香祖題詩此册爲梁山舟學士同書故物以贈張芑堂徵士燕昌者梁有題記册中所錄宋搨蘭亭定武本後有淳化四年十月勒石一行董文敏題爲生平所未見

肅府本淳化閣帖

山陰楊太瓢山人賓云明諸王刻法帖者三一周王刻東書堂法帖十卷一晉王刻寶賢堂法帖十二卷一肅王翻淳化閣帖十卷所謂遵訓閣法帖是一大興翁覃溪閣學方綱云帖凡十册肅府原跋刻本一册陳子文阜蘭載筆云肅府淳化閣初拓用太史紙程君房墨人間難得云云今案帖第二卷末有張鶴鳴跋石標二字故知在卷二也卷五六七有肅恭王題記五卷後又有至正中題字此則想是原帖有元人題識而一併摹入者也卷十後附肅憲王書一通明人夏愚存賓云集王右軍書者也跋者凡二十五人望岐道人肅世子趙煥張嗣誠萬歷丙辰張鍈公鼐朱維登賈鴻洙萬歷丁巳湯啟煜周如錦張孔教高鏻劉重慶李起元萬歷戊午傅振高黃衮周懋相盛以宏徐元案黃和來宗道萬歷己未李從心周鏻劉世綸庚申呂兆熊天啟辛酉至崇正十一年尚有王鐸一跋并張鶴鳴王鐸計之則跋者二十七人余所見者如此不知尚有遺缺否案明承休昭懿王彌鍈有復齋集古法帖今未見

宋季三朝政要

宋季三朝政要昭文張氏照曠閣刊本僅就鈔本付梓脫譌甚多近守山閣刊本從趙晉齋魏所校元刻本補鄭清之條下千餘字善矣其第五卷前誤書曰守臣王宗洙一條王旵臣迎降其時王宗洙下元刻本尚有充太府寺簿續除兵部郎官奉使福建郎非王宗洙二十字不知趙本既以元刻校正何以尚脫此二十字

白月栖雲塔銘

東武劉燕庭方伯喜海云新羅朗空大師白月栖雲塔碑在高麗慶尙道榮川郡石南山寺梁貞明三年崔仁渷撰文釋端目集金生書金生唐貞元間人案東國通鑑云時有金生者父母微不知世系自幼能書平生不攻他藝又好佛隱居不仕年踰八十猶操筆不休隸行草皆入神學者寶之元趙文敏跋金生所書昌林寺碑曰字畫深有典刑雖唐人名刻未能遠過之金生書名洵非虛譽也崔仁渷致遠從弟碑陰石南山後記稱仁渷者辰韓茂族人所謂一代三崔金榜題迴曰崔致遠曰崔仁渷曰崔承祐案梁貞明三作當新羅國神德王朴景暉之六年甄萱之二十六年弓裔之十七年也碑文中有文德三年云云考唐僖宗光啟四年戊申二月改元文德三月昭宗立逾年卽改元龍紀再逾年又改元大順文德三年實大順元年也唐書東夷列傳新羅國自會昌不復朝貢或唐末戎蟊不擾新羅偶知有文德之號卽沿用之

不復知其後之屢改爾

新羅國故兩朝國師教諡朗空大師白月栖雲之塔碑銘并序 門人翰林學士守兵部侍郎知瑞書院事賜紫金魚袋臣崔仁渷奉教撰金生書釋端目集 聞夫真境希夷玄津杳渺澄如滄海邈若太虛智舟何以達其涯慧駕莫能尋其際況復去聖逾遠滯凡既深靡制心猿難調意馬由是徇虛弄實者俱懷逐塊之情執有迷空者盡起趁炎之想若非哲人出世開士乘時高演真宗廣宣善誘何以爰析重元之理得歸衆妙之門潛認髻珠密傳心印達斯道者豈異人乎大師是也大師法諱行寂俗姓崔氏其先周朝之尙父遐苗齊國之丁公遠裔其後使乎兎郡留寓雞

林今為京萬河南人也祖諱全避世辭榮幽居養志父諱佩常年登九歲學冠三冬長奉投筆之心仍效止戈之藝所以繫名軍旅充職戎行母薛氏夢見僧謂曰宿因所追願為阿孃之子覺後感其靈瑞備啟所天自屏膻腴勤為胎教以大和六年十二月三十日誕生大師生標奇骨有異凡流遊戲之時須為佛事每聚沙而造塔常摘葉以為香爰自青襟尋師絳帳請業則都忘寢食臨文則惣括宗源嘗以深信金言志遺塵俗謂父曰所願出家脩道以報罔極之恩其父知有宿根合符前夢不阻其志愛而許之遂迺削染披緇苦求遊學欲尋學海歷選名山至於伽耶海印寺便謁宗師精探經論統雜花之妙義該貝葉之真

文師謂學徒曰釋子多聞顏生好學昔聞其語今見其人豈與青眼赤髭同年而語哉大中九年於福泉寺官壇受其具戒旣而浮囊志切繫草情深像教之宗已勞力學元機之旨盍以心求所以衲策挈瓶下山尋路徑詣崛山謁通曉大師自投五體虔啟衷懷大師便許昇堂遂令入室從此服膺數載勤苦多方雖至道□□目擊馨成山之志而常齊淡薄神疲增煮海之勞則知歷試諸難多能鄙事每於坐臥只念遊方遂於咸通十一年投入備朝使金公緊榮西笑之心備陳所志金公情深傾蓋許以同舟無何利涉大川達于西岸此際不遠千里至於上都尋蒙有司特具事由奏聞天聽降勅宜令左街寶堂寺孔雀王院安

置大師所喜神居駐足勝境栖心未幾降誕之辰勅徵入內懿宗皇帝遽宏至化虔仰元風問大師曰遠涉滄溟有何求事大師對勅曰貧道幸獲觀風上國問道中華今日叨沐鴻恩得窺盛事所求遍遊靈跡追尋赤水之珠還耀吾鄉更作青邱之印天子厚加寵賚甚善其言猶如法秀之逢晉文曇鸞之對梁武古今雖異名德尤同以後至五臺山投花嚴寺求感於文殊大聖先上中臺忽遇神人鬢眉皓爾叩頭作禮膜拜祈恩謂大師曰不易遠來善哉佛子莫淹此地速向南方認其五色之霜必沐曇摩之雨大師含悲頂別漸次南行乾符二年至成都府巡謁到靜衆精舍禮無相大師影堂大師新羅人也因謁寫真具聞遺

美爲唐帝導師元宗之師同鄕唯恨異其時後代所求追
其迹企聞石霜慶諸和尙啟如來之室演迦葉之宗道樹
之陰禪流所聚大師殷勤禮足幽盐虔誠仍栖方便之門
果得摩尼之寶俄而追遊衡岳參知識之禪居遠至漕溪
禮祖師之寶塔傍東山之遐秀採六葉之遺芳四遠參尋
無方不到雖觀空色豈忘偏隆以中和五年來歸故國時
也至於崛嶺重謁大師大師云且喜早歸豈期相見後學
各得其賜念玆在玆所以再託扉莚不離左右中間忽擕
缾鉢重訪水雲或錫飛於五嶽之初暫栖天柱或盃渡於
三河之後方住水精至文德二年四月中崛山大師寢疾
便往故山精勤侍疾至於歸化付屬傳心者唯在大師一

人而已初憩錫於朔州之建子若纔修茅舍始啟山門來
者如雲朝三暮四頃歲時當厄運世屬屯蒙災星長照於
三韓毒露常鋪於四郡況於巖谷無計潛藏乾甯初至止
王城藁薦蔔於焚香之寺光化末旋歸野郡植旃檀於薙
草之墟所恨正値魔軍將宣佛道孝恭大王驟登寶位欽
重禪宗以大師獨步海東孤標天下特遣僧正法賢等聊
飛鳳筆徵赴皇居大師謂門人曰自欲安禪終須助化吾
道之流於末代外護之恩也乃以天祐三年秋九月初忽
出溟郊方歸京邑至十六日引登秘殿孤坐禪牀主上預
淨宸襟整其冕服待以國師之禮虔申鑽仰之情大師辭
色從容神儀自若尊道說羲軒之術治邦談堯舜之風□

鏡忘疲洪鐘待扣有親從上殿者四人曰行謙邃奐信宗
讓規讓景行超十哲名盐三禪探元鄕之秘宗論絶境之
幽抜聖人見頻迴麈尾甚悅龍顏忽於明年夏末乍別京
畿晷遊海嶠至金海府蘇公忠子知府及弟律凞領軍莫
不斂袵欽風開襟慕道請居名寺冀福蒼生十大師可以
栖遲暗垂慈化掃妖煙於塞外灑甘露於山中神德大王
光統丕圖寵徵赴闕至貞明元年春大師遽擕禪衆來至
帝鄕依前命南山實際寺安之此寺則先是聖上以黃閤
潛龍禪扃附鳳尋付大師永爲禪宇此時奉迎行所重謁
慈顏爰開有待之心再聽無爲之說辭還之際特結良因
爰有女弟子明瑤夫人龍島宗枝鳩林冠族仰止高山尊

崇佛理以石南山寺請爲收領永以住持秋七月大師以
甚愜雅懷始謀栖止此寺也遠連四岳高壓南溟溪澗爭
流酷似金輿之谷巖巒鬬峻疑如紫盖之峰誠招隱之幽
堺亦栖禪之佳境者也大師遍探靈巘未有定居初至此
山以爲終焉之所至明年春二月初大師覺其不悆稱染
微痾至十二日詰旦告衆曰生也有涯吾將行矣守而勿
失汝等勉旃趺坐繩牀儼然就滅報齡八十五僧臘六十
一于時雲霧晦冥山巒震動有山下人望山頂者五色光
氣衝於空中中有一物上天宛然金柱豈止智順則天垂
花盖法成則空斂靈棺而已哉於是門人等傷割五情若
亡天屬至十七日敬奉色身假隸于西峯之麓聖考大王

忽聆遷化良惻仙襟特遣中使監護葬儀仍令弔祭至三年十一月中改葬於東巒之頂去寺三百來步全身不散神色如常門下等重覩悲顔不勝感慕仍施石戶封閉大師資靈河岳稟氣星辰居纓褐之英應黃裳之吉由是早栖禪境久拂客塵禪二主於兩朝濟羣生於三界邦家爰太魔賊歸降則知大覺真身觀音後體啟元開而敷揚至理開慈室而汲引元流生命示亡效鶴樹歸真之跡化身如在追雞峯住寂之心存殁化人始終宏道可謂定慧無方神通自在者焉弟子信宗禪師周解禪師休偘禪師等五百來人共保一心皆居上足常勤守護永切追攀每念巨海塵飛高風電絕累趍魏闕請樹豐碑今上克纘洪基

恭承寶籙欽崇禪化不異前朝贈謚曰朗空大師塔名白月栖雲之塔爰命微臣宜修讚曰仁滉固辭不免唯命是從輒課菲詞式揚餘烈譬如提蠡酌海莫知溟渤之深執管闚天難測穹蒼之闊然而早蒙慈誨會以宗盟雖以援筆有慚著文無愧强名云道將報法恩其詞曰至道無爲猶如大地萬法同歸千門一致奧惟正覺誘彼羣類聖凡有殊開悟無異懿歟禪伯生我海東明同日月量等虛空名由德顯智與慈融去傳法要來化童蒙水月澄心煙霞匿曜忽飛美譽頻降佳召扶贊兩朝闡揚玄教再破燈明雲開月照哲人去世緇素傷心門徒顧切國主恩深塔封巒頂碑倚溪潯芥城雖盡永曜禪林案萃編載此碑僅得五百餘字

論畫詩

亡友吳江翁穆仲雒性情迥峭勤學工詩尤善六法遲迴審視不肯苟下一筆時手甜熟之枝深斥其非獨與烏程費子苕丹旭互相許可故其寫生生面獨開能于南田新羅外自樹一幟論詩則與吾鄉潘萊蘋廣文華尤稱同調唱和最久有論畫詩一卷搜輯幽隱于方外閨秀爲多子茗亦工詩能詞卒後汪劍秋茂才鉽爲輯存二卷曰環渚生遺稿子茗與武進湯貞愍公貽汾周旋最久得其指授故所作山水人物皆有超逸絕塵之致顧時人競索其士女子茗不屑爲也

玩齋集

元貢禮部玩齋集張氏藏書志稱卷九重修定水教忠報德

禪寺之碑宋賓王校補四十一字自扁其坐禪之室曰大香下尙闕五百六十九字後得天順刊本始行錄補云云案是集天順刊本之後又有餘姚史元熙重刊本流傳甚尠郎吾邑爲貢公寓居之地其集雖鈔本亦未見余於西吳書舫獲覩足本補錄闕文如左得樹樓雜鈔云海昌流寓元末有貢玩齋師泰及謝原功肅縣志失載謝謝上虞人與會稽唐肅時稱二肅明史皆附見高啟傳後

正月八日終其徒宗元等旣塔于城南雲峯又二年戶部尙書貢師泰以祕書卿召過浙水之東其弟子天甯惠禪師天童良禪師相率謁予於舍館執進士趙友蘭所爲狀請銘乃節其狀曰師諱明孜字舜田族張氏州之黃巖人初母周嘗事佛好施予出見饑疾者輒傾囊濟之當娠時

夢巽脩入室乃生師師幼穎悟日記千餘言於浮圖書一過目輒意解年十七辭父母出家留之不可遂往仙居三學寺禮雪山曇和尚落髮受具既而聞天童坦禪師倡道東南即詣之一見問曰達磨不東來二祖不西往其意云何師應聲曰金不博金水不洗水坦曰此子機鋒敏捷宗門令器也自是徧參碩師門人若古林茂公竺原道公東州永公元叟端公東嶼海公尤器重之時日溪泳禪師居天甯請師掌三藏相與激揚宗旨聲譽益著會仙居慈安法席久虛衆推師主之已而三學諸宿曰此吾師受經地其可使爲它山重乎遂力挽以歸泰定初行宣政院於江浙丞相脫歡公實領院事首檄師住天台之淨惠寺至順

三年移主仙居紫籜山廣度寺至元六年宣政院使納麟高公選住處之蓮山蒜隱雁山師方登高臨深超然自樂而丞相別怯里不花公領院事復起師主天甯師辭不獲乃笑曰出處隨緣爾遂行先是寺毀于火師至升堂集衆揚翼曰吾徒赤手何能有所建立况茲寺力猶可爲乎於是衆志堅一施財以賚經始會不踰年而穹殿深堂重門修廡與凡樓閣庫藏之製靡不雄偉壯麗內外秩然既事會南行臺侍御史左公江浙行省左丞帖木公以使過台見而偉之爲請于朝錫師金襴袈裟加今號久之平章榮祿方公同知樞密院事賚德公參政正奉公分省

冢上瓦佐弋瓦

明王忠文禕集中有漢瓦記謂漢未央宮瓦凡六等有曰儲胥未央者今不之見其他秦漢諸瓦近世出者益多有專輯瓦文爲一種者不止粹編所載已也余所收冢上二字瓦其質堅如鐵石土花斑剝尤爲僅見稱冢上者瓦當有嵬氏冢舍冢當萬歲諸文蓋墓舍所施耳近有以詩冢土立說謂是社屋之瓦不知冢大也土社也未有以冢爲社者或以壚墓間物爲嫌則墓銘地莂墓磚之類多矣何得於瓦而疑之東武劉燕庭方伯喜海所藏佐弋二字瓦海鹽張石匏明經開福爲賦長歌并序云燕庭觀察於長安得是瓦篆文佐弋二字按史記秦本紀云內史肆佐弋竭注秦時少府有佐弋漢武帝改爲佽飛掌弋射者此瓦前人所未著錄屬賦此詩以

補秦漢瓦圖之闕阿房之宮刧灰飛土花繡錯餘璇題延年益壽制雖古奚若少府佐弋之所遺臣斯小篆施金石土型宛宛嚋刻畫吾聞佽飛更名始漢武此瓦猶是嬴秦土何爲前人未收拾睹奇御待劉原父同時并得秦詔版二世刻辭微集古秦中昔號帝王州荒煙蔓草空人愁六經一刼况片瓦當年誰佐祖龍者不見秦時明月長娉婷鴻臺高高鴻飛何冥冥余亦藏有佐弋殘瓦明經爲余從方伯處摹全文補刻于木案漢書百官公卿表少府屬官有左弋居室太初元年更名佽飛說文左右之左作𠂇輔佐之佐作左其旁人字乃後來俗體增益今此瓦文正作佐豈秦漢時已有之歟

禮部韻略

宋刊禮部韻畧後有紹定庚寅上巳重刊于藏書閣二行周香嚴 錫瓚 跋云此書邵僧彌家藏本上平聲缺首五頁上聲缺第三十五第三十六頁去聲缺首頁入聲缺廿五頁下五頁其餘殘缺字甚多余於南城顧抱冲處借所得顧步巖家藏汲古閣宋本六册其韻畧條例一册邵本所缺倩友王士安照樣補錄於後并補書缺頁十三頁其缺字處不敢輒加全補用別紙附錄于每册之後緣毛本亦有殘闕後人乃用曹楝亭本補完細核宋本微有不同處也其黑圈識者邵本字未缺因文及之紅點識者毛本用曹本補全畧為識別俾後之覽是書者有可考訂幸不至如毛本用後來刻本妄加全補焉吳門汪氏藏宋本五册韻畧條式爲前册每半葉十行行十八字小字雙行廿二三不等後册分五卷韻字每行排五大字注文同前紹定重刊行書二行在五卷後條式至六十六葉前半葉止下缺案千頃堂書目載宋高宗御書禮部韻寳六册刊于湖州吳兕牀明經云吾邑陸氏向有是書係行書今不知在何所

集韻

段懋堂大令 玉裁 手校集韻自跋云凡汲古閣所鈔書散在人間者無不精善此書則精乎精者也書成于宋仁宗寳元二年故太祖太宗真宗及太祖以上諱及其所謂聖祖諱皆缺筆禎字下云知盈切上所稱說文祥也上所稱者猶言今上之名也故空一格不言諱者嫌於名終則諱也禎字不缺筆蓋影寫失之或云禎字本空白不書但注云知盈切上所稱以別於他諱也自英宗以後諱皆不缺筆則知此所影者的爲仁宗時本但其板心每葉皆云某人重刊某人重開某人重刁則亦非最初版矣丁度等此書兼綜條貫凡經史子集小學方言音釋之存者采擷殆徧雖或稍有紕繆然以是貫博覽而通古音其有用最大自明時已無刻本亭林且以不得見爲憾康熙丙戌楝亭曹氏即刊之今年居蘇州朝山墩從周君漪塘許借此本校曹本外錯每當快意似倩麻姑癢處爬也凡曹本缺處此本皆完善而曹所据本與此本時有不同上聲十四賄此本以粲益謂履曰屣六字綴于隧字注曹本則無此六字而空白二寸弱蓋最初本當大書屣字注云粲益謂履曰屣正在曹空白處耳余復以己所見正兩本之誤書于曹本上方他日有刊此書者可以假道汲古閣子晉斧季印章重重當時愛寳至矣百數十年而周君珍藏

可謂傳之其人周君學問淹雅又復能作荆州之借流布善本於天地間以視世之扃鐍善本不與通人借讀者其度量相去何如也乾隆五十九年六月金壇段玉裁跋每卷後皆記宋本葉數行數又自記云凡照影宋本改者書於本字本身旁側凡以意正者書於本行上下方亦有照宋改本仍恐模糊而書上下方者若廬氏今案曹本卷十後景祐元年一葉上煩以下缺今則從傳校汲古閣本補錄如左

聖聰親賜裁定甚見行廣韻韻略所載疎漏子注乖殊宜弃乃留當收復闕一字兩出數文同見不詳本意迷惑後生欲乞朝廷差官重撰定廣韻使知適從詔祁戩與國子監直講王洙同刊修刑部郎中知制誥丁度禮部員外郎

知制誥李淑詳定又以都官員外郎崇政殿說書賈昌朝
嘗纂羣經音辨奏同刊修至寶元二年九月書成上之此葉
宋本十九字爲一行後有寶元慶歷刊板列銜及後跋附左案後跋自書籍以下原缺
寶元二年九月十一日延和殿進呈奉聖旨鏤版施行
校勘天平軍節度推官承奉郎試大理評事充國子監直講兼英王宮教授臣趙師民
校勘朝奉郎秘書省著作佐郎充國子監直講兼蘇王宮伴讀武騎尉臣孫　錫
刊脩宣德郎守大理寺丞史館檢討兼國子監直講同知太常禮院臣王　洙
刊脩宣德郎守尚書刑部員外郎直史館同脩起居注判三司鹽鐵勾院上騎都尉賜緋魚袋臣宋　祁
刊脩朝奉郎尚書司封員外郎崇政殿說書天章閣侍講判太府寺同判國子監事輕車都尉賜緋魚袋臣賈昌朝
刊脩龍圖閣直學士朝散大夫行起居舍人權知開封府兼畿內勸農使上騎都尉陽武縣開國
男食邑三百戶賜紫金魚袋臣鄭　戩

詳定翰林侍讀學士朝散大夫行尚書吏部員外郎史館脩撰充宗正寺脩玉牒官勾當三班院兼侍勾群源
觀事輕車都尉平棘縣開國伯食邑八百戶賜紫金魚袋臣李　淑
詳定翰林學士兼侍讀學士朝請大夫尚書左司郎中知制誥判秘閣兼判太常禮院羣牧使柱
國濟陽郡開國侯食邑一千一百戶賜紫金魚袋臣丁　度
慶歷三年八月十七日雕印成延和殿進呈奉聖旨送國
子監施行
朝散大夫右諫議大夫參知政事輕車都尉河內郡開國侯食邑一
千戶食實封貳百戶賜紫金魚袋臣賈昌朝
推忠協謀佐理功臣開府儀同三司行刑部尚書同中書門下平章事兼樞密使集賢殿大學士
上柱國臨淄郡開國公食邑二千五百戶食實封柒百戶臣晏　殊
推忠協謀同德守正佐理功臣特進行工部尚書同中書門下平章事兼樞密使昭文館大學士
上柱國京兆郡開國公食邑七千五百戶食實封貳千七百戶臣章得象
恭惟國朝垂精藝文特命儒臣編集韻字蓋欲垂惠學者
傳之無窮歷歲未幾惜已泯沒南康黃灝始得善本刊于
桂林精舍洛陽陳環實成之南中無書籍下闕

法喜寺井瓴

右海鹽法喜寺井瓴其文曰已巳年四月初二日虎墩西保
民康一郎捨井瓴五百片入法喜寺永充奏井實記也押下天
聖七年四月二日內民字僅存上尸奏字當即甃同音相借
千寶曰以瓴壘井曰甃此其義也釋六舟達受云此瓴與山
陰古墓中所出晉太康五年楊紹買地莂及臨海淨土寺二
十八宿井中所出永和間朱卵子瓴同爲土墼時未經火以

釘劃就故筆筆邊累凸起一線達受謂虎下是墩字保下是
上字抑或口字喜字之末筆似有心字其文首行紀其干支
月日末行復紀元號月日此古人偶爾游戲亦不礙其重文
也桐城吳康甫貳尹延康嘗得一瓴同此仁宗紀元文曰天
聖八年庚午歲其年雨水調云詩作稻高低大熟姑記凡二
十言字逕二三分不等筆劃棱細邊無凸線以上四瓴俱坯
時爲之再撥瓴有水旱之別旱古土花微黃獨水古黑如煙
煤初出水時援手盡黑曾親試之故爲拈出

高麗鐘銘

劉燕庭方伯海東金石存考載奉德寺鐘銘陽文唐大歷■年
歲次辛亥十二月鑄翰林郎金弼奚撰金口口書在慶尚道

慶州府又引高麗史地理志奉德寺新羅惠恭王鑄大鐘重銅一十二萬斤撞之聲聞百餘里云按此鐘拓本首行曰聖德大王神鐘之銘考東國史略聖德王名隆基後改名興光在位三十五年謚曰聖德唐書一百四十九卷興光本名與太宗同先天中則天改焉開元十六年上表請令人就中國學問經教二十五年興光卒據唐書興光與太宗同名史略云名隆基則與元宗同名矣新唐書但言興光襲王開元中數入朝又遣子弟入太學學經術二十五年死似亦彼國之賢而有文者惠恭王則興光之孫也名乾運卒于建中四年史略稱其始立五廟一年六祭則奉德寺者其新羅國王金氏之祖廟歟拓本剝落不可盡識文中捨銅一十二萬云云

與麗史正合惟鑄造年月不見銘文或拓手所遺無從購全文而證之矣

彭孝介著述

道光辛丑謁朱蘭坡先生珔於金閶寓館詢及海鹽彭孝介先生著述時方選輯國朝古文以孝介文不多見欲存其人余無以應也後得其全集凡爲詩十六卷雜著一卷彭氏舊聞一卷拾遺一卷而文集缺焉案徐盛全彭孝介先生傳言先生集多至百卷文集若干卷外有史論流寇志亡臣表方土外紀國恩家乘錄彭氏舊聞錄茗齋雜記歷代詩鈔五言妙境茗齋四韻合編諸種惟詩餘余前已刻入叢書則其佚者不少矣

益齋亂稿

明高麗鄭麟趾撰高麗史一百三十九卷前有進高麗史箋及高麗世系後列修史官銜名如藝文館直提學春秋館記注記事及知承文院事等諸職亦足以考見彼國尚文之證其凡例言世家舊有李齊賢等贊今仍之按李齊賢著有益齋亂稿十卷拾遺一卷有李穡序柳成龍跋金鑌跋其十一世孫時發跋又李穡撰墓志銘一首齊賢與姚牧庵趙松雪諸公交際其集流入中國萬歷中有重刻本考東國故實者所不廢也案海東諸國紀朝鮮申叔舟著成于成化七年在鄭麟趾之後桂苑筆耕集唐高麗崔致遠撰近刻入海山仙館叢書

曶鼎

江陰孔昭孔云孫淵如先生曰赤環當爲亦元赤芾元衣也張叔未先生曰廿是廿非私山是卌山是世首行六字下應是室字王在周穆王太室是鍾鼎中習見語余謂𠫓是相字上丰即木字下𠙵即目字也六異字俱是俾字古字簡省只作卑篆文作𢐀積古齋鍾鼎款識第六行末敢字釋作爲

周曾伯霥簠

張石匏丈云簠文十一行行八言末行六言重文三言凡八十九言以周尺度之高四寸深二寸有半口縱一尺一寸弱横一尺四寸弱足深一寸三分縱八寸横一尺五分重八十八兩友人甬上周小匡所藏云其先人購自關中按阮制府積古齋款識載一器與此同惟文考上多且字後文會霥中

多白字鍚作𨱇乇作才賜作𦀚諸文反正爲異度丕二字此本較著不阮釋欒借爲樂疑誤會阮云即鄀夏之後國爵爲伯而春秋作子者意後王貶之開補案通志氏族略夏少康封少子曲烈于鄫襄六年莒滅之鄫太子巫仕魯去邑爲曾氏據此爲仕魯之世所造器耳曰伯者即士冠禮伯某甫意後文會𩂣蒙上文省去白字𤰇即㫃字穌文說文㫃古文旅簠作匿阮釋㽞君簠云簠从古从匚古聲通作胡左傳哀十一年傳胡簋之事則嘗學之胡簋即簠簋也禮明堂位殷之六瑚與敦簋並列明爲盛黍稷之器瑚爲簠異名無疑此器制方正合周禮舍人注方曰簠之文博古圖載叔邦父簠形制亦同可互證也

鄭仁愷碑

金石萃編載唐鄭仁愷碑元和顧澗蘋（廣圻）思適齋集已辨其誤按陸貫夫（紹曾）續古刻叢鈔載此碑凡三十三行每行六十六字首行大唐故贍安州都督鄭府君碑（陽文篆字）次行通議大夫行國子司業兼修國史上柱國□□縣開國子崔融撰（上缺）暹書末行大唐景（中缺十字）亥朔廿八日甲寅建

書城偶輯

從管兄芷湘假得吾邑陳誰園（萊孝）書城偶輯四冊中載書名大魁節用悉皆不求人陳云右書又名羣類總目又名字林通寶大成日本所刻後有正德癸巳三年鎸字樣按正德彼國年號其歲次戊辰也又載書名蔓金苔陳云萬歷中秣陵焦弱侯竑集以元亨利貞分爲四卷起學術終假託爲目三十其自序以爲有感于碎而聚光以有若昔之黎園獻蔓金者也

錢同人釋鐘鼎銘識

嘉定錢同人（侗）竹汀先生猶子也竹汀先生輯宋遼金元四史朔閏考未卒業同人增補成書嘉興李香沚明經（富孫）得其手稿刊于粵東今其板藏余家即明經所贈也嘗見集古鐘鼎款識有同人釋文云案⿰爿片字說文所無獨鼎字從⿰爿片許君謂象析木以炊也商器中多有⿰爿片子孫字宋人皆釋爲析劉原父云析子孫者猶貽厥孫謀之意余謂古人用此字當自有取義特其音失傳莫可引證釋爲析木則可若徑以當

析字殊未的也說文解片字云判木不得以片爲判明矣尤韻會稱篆文析朱爲非與析木爲⿰爿片之例正同庸得以析字釋⿰爿片字乎近人多沿劉氏之誤余嚮獲商父乙觚有⿰爿片子孫字辨之云爾又云此器末一字是輂之別體輂與連通即禮記夏后氏四連之連鄭注周禮云故書輂爲連然則連輂本一字韓勑碑胡輦器用尚用輦字此古義之僅存者族兄十蘭州鴛嘗得壺鼎中有輂字與此同體著于十六長樂堂古器款識謂輂與甗同通用題曰壺甗實則輂即禮器之名無煩通證也又云文中⿱罒古字與胡通哀十一年左傳胡簋之事杜注云胡簋禮器名夏曰胡賈逵服虔注並同古器如尊彝敦鼎之類款識多無定稱即胡簋簠等器亦不可泥他器中

有𧰼字或釋作篚張仲簠匿字亦釋作簠然其字从夫與甫聲本同此字从古似釋爲胡較勝也

再續名醫類案

同里沈馨堂廣文（德孚）著有馨堂吟稿二卷其詩宗法香山和易近情如其爲人家世善醫至廣文其術益精寒暑昏旦隨時而赴不以貧富易視鄉人共稱爲長者有庸工好以峻劑予人廣文曰終恐誤人已而果然獨于同里張（璿）每許可爲嘗輒存再續名醫類案若干卷葢踵魏玉橫之書也

漁洋山人佚詩

漁洋山人手稿一册自署乙亥文稿凡文十二篇詩七首有題梓花圖二絶句爲高江村宮詹賦云文梓青牛事已遐瀛

山重見滿林花九成絳雪人間少須問仙人蔡少霞天半（原作一片白塗改）朱霞照赤城輕生（原作綃）寫貌（原作得）可憐生一從收入吳都賦平仲君遷枉擅名又題趙天羽給事寫真二首云乘願蕭然現宰官三條椽下舊安單青城歸後惟琴鶴添得清風竹萬竿何人寫出貨篔谷位置天然巖石中解識虎頭金粟影此君風味略相同又送馬生歸金陵云隨身鉢袋與軍持慚負年年白社期君到獻花巖畔去爲予一謝嬾融師五詩檢蠶尾集皆不載

丁隱君佚詩

余收得樊榭山房詩集爲萬近蓬（福）藏本有丁敬身隱君（敬）手書詩蹟卷五游龍興寺詩其眉上有云甲申臘月寺爲鄰

火所燒寸椽不留獨胡季亶所書陁羅尼經幢巍然無恙城中易黑灰此獨未摧拉竟成詩讖爲憮然者久之敬身七十一歲記于萬秀才近蓬藏本時乙酉閏二月二日也此幢予曾作長歌稿已失去去臘龍興寺被災後予過之市井凋殘寺已盡燬維此幢無恙歎佛力之獨堅喜古緣之不損因賦一律記之一火俄教掃百椽地中三日尚浮煙樹空真歎人灾烈幢在方知佛力堅俗駕何曾諳擊掃（韋蘇州石鼓詩既擊既掃黑白分）貞材枉自極雕鐫幾時客有如歐者下馬能來此布氈又卷六明鄭貴妃書泥金普門品經同丁敬身作詩其眉上有云予稿已燬去見此尚可記也因附錄之敬身記比似楊家妹子書顏挑柳趯更憐渠（米公云顏柳以挑趯名家貴妃所書是學顏書頗腴勁可玩）蒙將

白馬馱經力已到紅羊換劫餘敲冰硯紙帝青光爇水皴毫苦末黃（苦末梵語泥金也見翻譯名義）想見莊嚴書竟處開函猶拂內家香月墮霙飛不可攀琳瑯金薤見來難祝釐有願纏綿在遺事分明似阿環了無印跋流傳久鈿匣香厨昧幾家綺語莫教塡障習好同天女散來花（宋張端義貴耳集真定大歷寺藏經皆唐宮人所書經尾署姓氏極可觀佛龕上有一塗金匣藏心經一幅字尤婉麗後題云善女人楊氏爲大唐皇帝三郎書）敬叟附記七十一歲案此數詩硯林詩集皆不載

蘇平仲集

明蘇平仲文集十六卷前有劉誠意宋景濂方正學三序正統壬戌刊本黎（諒）跋云太史蘇先生平生所著詩文若干篇前蒙陰縣薄林與直編類分爲一十六卷鋟版郡庠歷年既

人朽失過半印行于世者亦泯沒無存嗚呼惜哉正統庚申予授官括郡公暇訪求先輩遺文故老首以先生是集舉嘗欲求一觀竟不可得後因公事抵溫郡謁少保黃先生先生以平仲文集見示予讀之竟日手不忍釋惜乎集中字義多昏翳訛謬有不可讀處許求假而歸公暇躬自謄錄校正繕寫成書命工重壽諸梓以永其傳與同志者共覽焉正統壬戌八月望日處州府推官章貢黎諒謹識余所藏本有宋蔚如賓王考藏印并自記云蘇先生集爲有明文集之最板刊正統七年迄今已二百七十六年矣世鮮其全間有藏者亦多板印模棱此從天藻堂錢杜西氏藏本錢方蔚兄手鈔誠善本也識者鑒之乾隆二年閏九月宋賓王記

青華閣帖

嘉定錢旣勤東垣青華閣帖考異自序曰青華閣帖三卷紹興十七年先後摹勒上石不見於賞鑒家著錄是公是私莫由詳定以卷末題摹勒年月後有御書之寶印推之標題題記當是光堯手書其爲官帖可知高廟精于八法鉤勒之善遠出淳化上紹興中本有國子監帖以淳化舊帖翻刻于板今亦不可多得然監帖以舊翻鐫此從眞蹟摹勒監帖刻于棗木此刊于元石監帖假手臣工此造於大內以理推之■知國子監帖之必不如青華閣也宋帖尠有釋文陳與義閣帖釋文施宿大觀帖總釋姜夔絳帖平皆自爲一書惟劉次莊臨江帖于每卷後除去篆書淳化三年云云綴以釋文此帖于每帖後即緊附釋文與戲魚例雖不同同爲楊格耳然與諸家所釋間有異同予因作考異三卷以備臨池家句讀之助非敢云著作也嘉慶丁巳仲春錢東垣記案趙晉齋魏云此帖本刻不知所本疑明人以二王帖集出僞作也

黃鶴注杜詩

得樹樓雜鈔云黃希字夢得號師心撫州宜黃人宋乾道中進士官永新令嘗作春風堂于縣治楊誠齋爲之記有補注杜詩搜剔隱微皆前人所未發子鶴續成之鶴字叔似所著有北窗寓言集西江人物志所載甚明世人但知黃鶴注杜不知其續成父書也特表出之案余所藏宋刊殘本杜詩補注題曰黃氏補千家注紀年杜工部詩史臨川黃希夢得補

注臨川黃鶴叔似補注又元刊本題曰集千家註分類杜工部詩東萊徐居仁編次臨川黃鶴補注益信宋本之可貴矣宋刊本後有國子監崇文閣官書借讀者必須愛護損壞闕失典掌者不許收受印記考元史仁宗紀曰皇慶二年六月建崇文閣于國子監則此本當是元代官書也

章簡甫劉雨若

章簡甫名文章藻之父也所摹帖有華氏眞賞齋帖陸氏懷素自敘帖孫氏太清樓右軍十七帖見王弇州章叟墓誌劉雨若名光暘所摹帖有翰香館帖五卷許氏鼎閣帖五卷王孝儀雪庵米帖井底十七帖唐太宗屏風帖馮氏快雪堂帖見明夏愚存賓金石目又戲鴻堂鬱岡齋二帖鉤填者爲王

鴻臚鳳巖宏憲王又摹秘閣本歐陽率更離騷經後歸涿州馮相國亦夏說也夏又云鄣都尉永固與余善爲金石文字之友

漢尚方鏡范

張叔未丈云此漢尚方鏡之母嘉慶壬戌秦中人攜至都下贈安邑宋芝山學博葆湻余偕趙潤甫孝廉觀於其寓質係白沙土下闕處蓋鎔冶時所以進銅也案鎔造之物皆有模范今所傳古泉范蓋用此以合土再用土以冶泉名曰泉母實是泉祖此土合實鏡所從出真鏡之母也獨是摶土聚沙勢難堅久千百年歷劫不壞能與金石同壽是又足珍矣余是年留京師于謙士趙奉常處見衛字瓦母亦白沙土質是以土型土又從來收羅古瓦家所未著錄者地不愛寶日出

日奇神遊目想得不重企古緣趙奉常名秉冲孝廉名秉湻

金寶牌

宋彭乘墨客揮犀十卷　四庫已著錄其續墨客揮犀十卷則儀徵阮文達公經進也世少傳本古今說海中刻者不及其半余所見張月霄金吾藏本後歸馬二槎瀛有葉石君珍藏印有云上令上方鑄爲金龜金牌各數百龜以賜近臣人一枚時受賜者除戚里外在庭者十有七人餘悉埋玉清昭應宮寶符閣及殿基之下以爲寶鎮牌賜天下州府軍監各一今謂之金寶牌者是也案明武宗鷹牌豹牌俱見于近時金石家著錄此牌惜不傳于世未能知其文字也

春秋比事

春秋比事二十卷宋沈棐撰經義考著佚止錄陳亮一序今案元刊本後有二跋云頃得劉氏家本特表而出之且讐正三十六字乙者十有三減者六注者十有七云嘉定辛未廬陵譚卿月浚明謹書于右至元戊寅冬十有一月朔中奉大夫山南江北道肅政廉訪使圖魯公等禮成廟學乃登崇文閣徧閱典籍得春秋比事一部敘沈文伯先生之所作也觀其引事連類天理人欲剖析明甚可謂得聖人誅心之法惜乎寫本不能廣及於是命校官計學廩之餘鋟梓以壽其傳然徽憲府官僚志同道合深識遠慮焉能俾聖賢大經大法流布于天下耶是不可不書也顯仁承乏郡教不揆愚鄙輒爲短引以識其題名歲月云己卯春正月望日中興路儒學

教授王顯仁謹書案經義考引都穆說曰嘉定辛未廬陵譚卿月序則以爲著于莆陽劉朔非文伯也蓋譚親見劉氏家本故云今譚跋具在並不言劉朔所著但云頃得劉氏家本則著其所藏之自非指著書之人明矣豈譚別有序而失之耶至沈文伯之字王跋中明稱之何以經義考又引吳師道陳振孫之說反以陳亮爲誤也然竹翁固未見是書者今此本首題曰沈先生春秋比事末有圖魯等九人列銜惟陳亮序缺半葉余亟鈔藏其副與呂東萊左傳類編同珍爲秘籍云

論硯

仁和錢嶼沙方伯琦著有澄碧齋硯譜所列八十餘品中鄭

夾漈陸放翁二研則瓌材巨寶也其論硯諸說如青花云青花隱現微露端倪中浮芷藻活碧瑩然試以松煙若釜鏽蠟嫩紫云眼光露碧花影浮青如李翱之文其味黯然而長其光油然而幽與墨相融如水入乳水坑云晴際生煙雨前出潤竟體澄瑩冰壺一片是清氣凝結而成水碧金膏對此都慙形穢火捺云紫氣迴薄聚而為輪花如鼠迹雜遝紋如朱螺轉旋此雲水之靈機偶然凝聚非綴玉緝瓊尋常烜耀也蕉葉白云色白花青光潤瑩澈流水今日明月前身可以想其高致已上諸說與近時嘉應吳蘭修所著硯史大略相同戴醇士閣學熙語余云研史所采寶研堂研辨諸說其論最精品第端石者不可不知也又王雀舫郡守云昔與石華論玫瑰紫青花一縷臙脂環繞者仍是點滴青花之佳者玫瑰紫實質青花紫紫花浮於青上如瑣子錦者方是曾與石華辨明彼時書已刻成未經更正石華已歸道山矣又云玫瑰紫青花惟水歸洞有之甚難得在諸青花之上

藏書印記

藏書家印記或鈐名印或署齋號惟汲古閣毛氏於宋元刊本之精者則以宋本元本橢圓式印別之又以甲字印鈐於首子晉斧季諸名印篆文俱極精美山陰祁氏澹生堂藏書則有澹生堂中儲經籍主人手校無朝夕讀之欣然忘飲食典衣市書恆不給後人但念阿翁癖子孫益之守弗失一印千頃堂藏書則有晉江黃氏父子藏書一印尤為藝林佳話若諸家之示人以愛護之法戒子孫以保守之道其叮嚀之意尤善之至善者也所見如鬻及借人為不孝一印輾轉相仿效者甚多有一印云昔司馬溫公藏書甚富所讀之書終身如新今人讀書恆隨手拋置甚非古人遺意也夫佳書難得易失稍一殘缺修補無從每見一書或有損壞輒為憤惋如對殘廢之人數年來蒐羅略備卷帙斬然所以遺吾子孫者至厚也後人觀之宜加珍護即借吾書者亦望諒愚意也遺經堂主人記又有一印云趙文敏公書卷末云吾家業儒辛勤置書以遺子孫其志何如後人不讀將至於鬻頹其家聲不如禽犢若歸他姓當念斯言取非其有無甯舍旃此二印未辨誰氏之記青浦王述庵司寇有一印云二萬卷書可貴

一千通金石備購且藏劇勞勤願後人勤講肄敷文章明義理習典故兼游藝時整齊勿廢墜如不材敢賣棄是非人犬豕類屏出族加鞭箠述庵傳誡吾邑陳簡莊孝廉亦有一印云得此書費辛苦後之人其鑒我又刻仲魚圖象鈐于上同時黃蕘圃主政有百宋一廛之號吳兔牀明經以千元十架相敵故老風流猶令聞者眉飛色舞惜司寇孝廉兩家遺籍轉瞬散佚不若三百年來之天一閣尚巍然于甬上也毛子晉云王弇州藏書每以貞元二字印鈐之又別以伯雅仲雅季雅三印

十種蘭亭

大德間錢唐錢國衡刻十種蘭亭筆法咸具異趣同時錢塘林松泉以製墨名于時見六藝之一錄

詩宗集韻

十二先生詩宗集韻二十卷元絳人裴庾甫編十二先生者杜工部李青蓮高達夫韓吏部柳柳州孟東野歐陽文忠蘇文忠王荆公曾南豐黃山谷陳無已

吳下塚墓遺文

此書前有吳文定寬序都太僕穆序續集有桒恭煥序云東吳文獻之邦遠而漢唐不能悉矣宋元以來耆德宿望名公鉅卿可計而數也而銘誌或埋沒而無傳碑刻或斷裂而未顯後生者何所稽法哉予病淹之餘偶閱平橋漫錄多載遺志及得錢叔寶氏冢墓遺文讀之及南壕都君所輯蒐錄幾備然未免限于不得見者之缺也於是稍爲錄出續其未備

都君以後者亦用補入所以遵先祖日記云聊以備參考云耳隆慶庚午夏六月立秋日桒恭煥敬識案恭煥文莊五世孫也

勿軒集

勿軒先生文集八卷明成化二年熊斌刋本黃蕘圃主事書其後云勿軒先生文集舊藏有鈔本藍格者出淡生堂甚古雅近從胥門書肆于架上獲此槧經汲古閣毛氏孝慈堂王氏收藏雖明刻實希有也攜歸與鈔本勘對彼脫誤多矣書之明刻而可寶者此爾嘉慶巳巳七月十有一日復翁丕烈

借書錄序

明危學士素文集有借書錄序云余家唐宋時徙臨川先世多藏書國初罹兵燹無存者其存者不多見故物記方髫齓先大父俾治儒業甚篤及長出從師友稍知自厲而無書家又貧不能致書學未成輒爲童子師得錢以供賦稅給衣食問遺姻族應接賓友其羸悉以市書妻子數告空乏而書不可以不備也若此者幾廿年然撦拾纖細書亦不能多致獨賴藏書之家多素之親友雅知其嗜好之顓肯以書假借或久留而不怨或數請而弗拒故於天也日月星辰風雨霜露之象於人也聖賢仙佛文武忠烈戰伐攻取賊亂奸詭之迹於地也山川郡國城郭冢墓草木昆蟲之物靡所不載反之於身則性命道德昭焉施之於事則禮樂刑政具焉至於法書碑刻稗官小說方技之微術數之末亦莫有所遺顧素之

楳愚固陋其窺萬一於其間者皆諸君子借之以書素得而讀之之力也向微諸君子吾幾不得古人著書之意矣而諸君子惡利於素何其厚哉故載其所借書目併附其家世名字出處爲借書目以示子孫余惟往迹幼時舅父馬兩如公公名鈺賜以全唐文其後嘉興李香子明經當孫語以當鈔文瀾閣經史諸種嗣從同邑吳鱸鄉茂才之湑假拜經樓藏本以資校勘而徽州程木庵葡目洪溥因六舟上人貽以式古堂書畫彙攷尤難得也典籍因緣歷歷可念讀此文知古人用意之厚

東湖叢記卷六終

生沐表叔早歲孤露稟承慈教購書之費太夫人每出所

蓄貲之頃出示東湖叢記六卷陶讀而善之慫慂付梓曰
宋劉昌詩有云非敢以傳世也亦願聞其誤焉爾今兹刻
亦此意云表侄潘喜陶識

别下齋書畫録序

蔣氏自夢華上舍以風雅倡率後進所居求青閣收藏書畫之富不異雲林清秘兼工詩詞一時名流如郭祥伯尤二娱嘗主其家時相唱和著有讀畫吟評二卷所見宋元以來名蹟無不品題惜未竟其業而殁賞鑑家皆深惋之生沐庚文則其從姪也少日即耳濡目染勤於搜訪年踰弱冠骨董家即不敢以贗石相欺所儲書畫精品得諸於吳中及武原當湖諸故家者居半且别下齋中藏書數萬卷不乏宋抄元刻亦皆手為讐勘丹黄燦然每得一書一畫必商之於丹徒嚴太史問樵嘉興李映博香沚吳江翁小海處士故插架所列亦不下亞於求青閣道光庚戌与同里許美梅茂才纂别下齋書畫録若干卷猶未竟而

吳江翁雒處士小海段

姜梅又謝世諸執友並皆星散於是悵悵無所偶俯視餘子殊
碌碌不足以言則收藏之興亦稍衰矣咸豐乙未粵寇闌入東南
浙江全省戒嚴生沐翌春避居予家嗣復遷茶陵山中庚申二月
寇焚掠不生沐之居燼焉異生所蓄一旦盡歸劫火於遂從儕無
聊酒後每搥膺慟哭是冬即抱恨以終幸書畫錄草稿一冊及許
君手繕殘本二卷尚存予家其續得者皆不在是焉今年烽燧
粗息予亦倦遊索居里巷課孫之暇爲繕一過統爲七卷以留之
至其與予所編別下齋藏書錄十卷則隻字無存矣嗚呼惜哉
嘗思清福爲天所靳自古皆然讀周公謹之雲煙過眼錄李清
照之金石錄後序元遺山之故物譜皆於兵燹後慨想承平而作
是爲鑑矣生沐中歲後惑於膩友之品評辟如僮之收掌每朋儕
衆怨於膩友之責讓之膩
友與守之髮童　跋

遠來求觀者皆秘不出眎蓋憚於取携之勞樽酒之費深以為拒
亦非達觀者之胸襟殊可哂焉微此冊存則何以知所藏若是之
富哉設使東青閣主人存曾見之亦必嘆其泥於物而不適於情故
沒世之所遺如此也時
大清同治四年歲在乙丑仲冬中浣芷湘老人管庭芬呵凍序於
校書讀畫之齋時年六十有九
同時收藏金石書畫之富者莫如吾邑白馬禪院之六舟上人
達受上人主講南屏淨慈時行篋所携甚富嘗寄余南屏行
篋記四卷自寇陷武林及海昌皆焚掠不存今於廢紙中得其
手抄殘稿數葉因附録於後而知張伯雨為元季一代賞鑑
名家沒時僅存一篋千古同一轍焉吁越十日芷翁又記

別下齋書畫録卷之一

海昌　放菴主人蔣光煦編

寵萩居士許光治校

宋馬麟畫梅冊子　絹本，二幅，高六寸，闊二寸七分

宋馬麟古澗寒梅對幅真蹟　江村信天巢珍藏小品　康熙庚辰重裝

□ 江村秘藏　第一幅在上左方

別業飛來峰後，有梅花萬樹，臈破春回，寒香沁骨，遠近高下，望如堆瓊。横琴執卷，盤礴其下，山僧或來對坐無語，新鳥啄花，壽敵不已，不知何如黄農人，朅來京國，此意那可復說。況乃十年于今，剪燭看畫，忽已漏盡，因試郎瓊林墨，記于左方。　照 □ 玲竹

□ 江村秘藏　第二幅在下左方

書畫録卷之一

乙

万樹梅花一畝居。竹多新筍水多魚。与卿歸去茅亭下。椎髻蓬裙對讀書。 余離父母三年，隨夫官京國，未識故園春山秋水，徒從於耳。弱軀病瘁，未必能相隨宦成，援心從之，酒餘之暇，因畫為題此。甲午十月，高祥。

□鱗香　在幅上右方　□可以馨　□新筍晚花時　二印在左方

項墨林家藏馬麟畫稿，如掌片者數十番，皆草草麗筆，略具邱壑而老韻溢出，正唐人題跋法也。馬夏一時應詔紈扇羅帶，方寸求奇不得不爾。余獲此二方於數寸中，二字本誤中末句轉 石崖古洞老梅蒼蒼，如在深山歲寒，其畫法則又沉毅酣暢，精神完足，直与李營邱、郭河陽爭勝，令人玩味無窮。敬更覓之四幅，始可裝成小冊，數年未有遇者，以二幀為對幅，賦小詩云：剛妝書卷出窗坐。冷韻如聞向急

溪翁樹老梅空澗曲。有誰能領略荒寒。西溪舊業拾尋懶。鄧尉
春游畏客多。淨几竹床清晝永。怡神畫裡任婆娑。康熙庚辰
四月四日、坐澗静齋、不雨不晴、輕雲蔽日、轉益陰森、濃綠疎紅、點
綴逾勝、自北墅歸。芍藥大放、剪列瓶中、冶態繁香、恍憶都下
昔遊、因題跡冊、遂并記云、江邨高士奇、

□竹窗　□高士奇印　□澹人

□高　○公孫讓　奩千六號、高祥　□清河郡記　四印皆在下左方

高家奩贈墨林藏。鈿閣春深助咏歌。兩幅土綃千點雪。勝他
百寶如意箱。北宗殘本已如神。對眼曾無一點塵。肯捨寒香不
歸去。横雲山下荷鋤人。生沫六兄、以北宗馬麟寫梅二幀見示
蒼古秀逸、直須從唐人中求之、江邨宮詹詩自項氏公子

琴亭編修爲其愛女蓉嬪女爲得天尚書繼室工詩書畫

淡各有題詠殊可寶玩屬題爲賦二絶句庚子長至錢杜記

□壺公 □叔美 □錢杜私印 三印在左方下

一寸生綃一寸金。女郎奩匣出清吟。高麗事堂名 尚書昔簡

隱。青是西湖女士心。落盡千紅是雨然。留春無計獨裁詩如

何更讀清閨詠。又觸冰華照影時。道光二十一年辛丑四月七

日爲生沐蔣六兄世好先生賦嘉興竹里弟七十四歲老者張

廷濟叔未甫

□廷濟 □張叔未

昔年於沈文恪公第觀 賜書中有夏禹玉袖珍小冊八幀山

水花果各臻其妙今復得觀斯冊較之禹玉所作更加秀潤

絶去院體板滯之病，當時馬夏並稱，信非同院諸人所可比擬。 二樣收藏之富，雄甲於吳越間，然當以此冊為冠。柘河漫士識于味夢軒中。

小海 在幅右方下。

一枝如字寫娉婷，鈿尺相隨墨審馨。壓倒崔盧好奩媚，添箱奩止十三經。 侍晚窗前却扇也，焚香粉黛貴商量。畫眉縱有張京兆，不抵兒家點竅描。 相見圍屏射雀初，一時冰玉有誰如。不須更索祁公酒，細蕊寒光讀漢書。 故山借隱欲歸耕，底事忘心說宦成。已見尚書署紅杏，何須此手佐調羹。 院本當年數馬麟，流傳試作故家珍。煙雲過眼珠還浦，名蹟仍歸姓馬人。 右馬麟畫梅二殘練，係天籟閣項氏舊物。高文悟士奇得之，嗣公子㻵亭太史輿，為其女祥詹贈女夫張文敬照，題於前，祥題於後。文敬原與同里沈氏為田澤村，鄉宗敬姪女高氏其緒也。其依儼同在京師，題中一思湖上別業，一以病肺未能相隨宦成云。士居子身居　廟堂，不忘泌水衡門之樂。昔東坡先生贈畫家有林泉動我早抽身句，古今人所同情也，然不忘榮祿，丈夫且難，況女子乎。同時友馬大二樣，好古之癖，不減墨林，嘗媵是冊，珍如球璧，今年冬偶至其家，暇日出此命加墨，爰成絶詩五首，附書冊尾，乞郢教。　道光庚寅嘉平月小蓬海外史翁雒手草。

□翁雒印　□晉雪盦

畫梅冊二葉，上二有款印，可稽。錢唐高居事定為南宋馬麟筆意事精於鑒古，可令庸擬隷摘麟為鳥遠之子，父子並值画院。此冊高氏從滕為華亭張氏牧奩中物，余友海昌馬君二樸得之。歲庚寅，曾出此見示，爲題絕詩五首。今生沐蔣六兄又從二樸購取，重加裝潢，以供珍玩。生沐為二樸族孫婿，當日未為添箱之助，越數年卒為生沐所有，洵是墨緣，是安之猷侍婿之硯，不得專美於前矣。辛丑秋七月既望重觀，即試寄惠紫豪筆附識。吳江翁雒穆仲。

□雒　□穆仲　□小海

明陳麋公四先生贊冊　紙本，高五寸九分，闊七寸二分，每頁六行，綾裝。

□硯仙　右方下押角

四先生贊有序　知希則貴，身隱焉文，雅羞稱道，世之潘鄰。

書畫録卷一　四

六半立藏於ゝ門戶，既為男子，不忍與草木俱腐，露盡英雄，乃以神仙退步，斯所謂進則天下，退非尋常者也。我思古人，實獲吾心，得四志士，曰范少伯、魯仲連、張子房、李長源，各繫以贊，用存高尚焉。

范少伯，功吳死，殘越生。載西子，浮海行。耕於齊，爲上卿。更於陶，散千金。出只奇，徙成名。鴟夷子，何童心。

魯仲連，看高節，嗜奇策。挫秦帝，解齊厄。掉富貴，若煙雲。鴻冥ゝ，何慕焉。吾執鞭，魯仲連。

張子房，秦ゝ鹿，雄其公。林ゝゝ獨，真見其人。漢ゝ馬，得天下。帝借公，公借帝。爲韓來，報韓去。前黃石，後赤松。張子房，真英雄。

李長源　辟五穀，相三帝，寢對榻，出聯轡，九仙骨，一品氣。功太高，跡太奇，知如龍見如龍潛。吾師乎，李長源。

崇禎己卯春録於祇仙廬　八十二翁陳繼儒

□仲醇　□陳繼儒印　□寧作我　在右方上

煙霞宰相重瑶京，不朽雲間徵士名，處畫英雄方是步李原

辦香猶在四先生。八十二翁如何滿仙，縱横老筆散雲煙，錦隭披卷生香在，屈指風流百廿年。　乾隆己卯相月，蘭陵吳樹政題於賜志堂中。

□吳樹征　□薇峰

沈芥舟水墨寫意山水冊　紙本，十二頁，高七寸一分，闊九寸六分。

乾隆庚寅春二月上浣作山水意仿如圖十二幀　沈宗騫

口宗騫 口眘舟 款在末幅右下，每幅皆用此二印

先生姓沈氏，諱宗騫，字眘舟，初名稘，世居歸安之烏鎮，為前明尚書演之後，博辨識，能文，善書，尤工繪事，著有辨香書屋画論、閱帖考證，若干卷行於世。先外大父南邨先生及家君均出先生之門，年八十餘，猶以筆墨自娛，見古書畫，很諄竟不敢言倦色，董宗伯所謂壽而仙者，如此冊筆法簡勁，當是暮年之作，尤可貴也，生沐其寶之，己亥冬十二月，後學汪夢舟旭謹識

口夢舟 旭印

包鈞萬画設色冊 絹本十二頁，高六寸二分，闊四寸三分

第一頁，画 瓶花、盆花、香几

第二頁，圖章 [白] 梨花深院 [朱] 似癡似醉 [白]下 天涯一葉秋 [朱]上 春花秋夢 [朱] 避俗如仇 [白] 付之一笑

第三頁、画 戊戌麥秋臨画意，包鈞試筆。画二鳥一樹。

□ 印鈞 此款在右方上。

第四頁 字 銅鼓帖叙前已草就，昨忽忘之，徧檢廢紙中乃得，即爲書呈。今日天氣復寒，筆墨亦不能稱意，聊以了此詩畢一債而已。士鉉 □ 不有佳作

第五頁 画 蛺蝶、金線草花。

第六頁 画 麻姑、手捧一壽鹿。□ 别是一家 右方押角

第七頁 画 蜻蜓、蒲公英花

第八頁 字 愛此長身密，終朝款我扉。雖然無祿位，亦自有榮和。樹少梅堪伴，身臞竹可依。會令生羽翼，放爾入雲飛。歲次戊戌新春，剪於符蕅讀書堂。白沙包鈞。

書画録卷一 六

□（約印）□（守和）（此印在右方上押角）

第九頁　畫　楊柳棲蝶

第十頁　畫　畫眉苔草

第十一頁　畫　月季　□約□印（右方押角）

第十二頁　畫　放鶴吟松擕着雲醉石泉（畫二人一鶴）

□（白沙人）（款在右方）

汪退谷中允臨洛神賦冊（紙本，高六寸八分，闊三寸五分，每頁半五行）

洛神賦（并序）（賦全文不錄）　□（松齋）（右方下押角）

康熙五十八年歲次己亥八月廿二日秋泉居士汪士鋐臨

□（汪印士鋐）□（退谷）

昔人最重洛神賦，以陳思文厥冠千古，而右軍父子又喜書之，故

尤称於世、柳誠懸云子敬書洛神賦人間合有數本、開不獨
世所傳十三行已也、往得時本洛神賦以爲子專書不知果否、觀
其用筆頗類大雅集興福寺吴文碑、因偶臨之、己亥八月廿六、
秋泉跋 □坊左 □中允

昨見龍眠臨天嘉間畫本、則知古人於洛神賦不獨書之、而又圖之、
此所以尤重於世也、天嘉爲陳文帝年號、其畫必延山卯徵事繪圖、
每節書賦語於上、字格古樸、真得六朝書法、畫尤古雅、其衣冠
制度、車輿服飾、以及花卉樹石、絶非世所常見、尤可愛玩、因臨
此書、并爲及之、同日秋泉居士又跋 □士鋐印 龔龍 □秋泉

□安儀周家珍藏 此印在頁左方下

鄭谷口臨曹全碑墨蹟冊

書畫録卷一

全文 碑陰九人、不録全文、

漢郃陽令曹君碑、神廟初出渭水磧中、未經毀蝕、字畫完好、較之宇内所存東漢諸碑、剥落殆盡、好古之士未有不閲筆興歎者也、此碑一出、東南漸知有漢法矣、癸丑春夏之交、養痾芝園、晝長多暇、漫臨一通、遣勒于灘木樓中、是歲臘月、謁天壽山、得晤左羽先生、識以求教。 谷口小弟鄭簠、

口 谷口 鄭簠

右金陵鄭汝器先生所臨曹景完碑縮本也、用雜碑法、書畢之紙上、焕然如新、余得之内兄楊漢嘉善禾中故家物也、本朝隸書、以谷口為第一、同時諸老輩極口稱之、竹垞老先生贈以長歌、曝書亭額聯屏障、悉出其手、傾倒至矣、今見吾里所藏之

生臨漢鄭固尹宙孔宙百石卒史諸本多缺、表、是書婿譚
左司先生瑄者門先生寢食於是碑、此更得意極筆亟爲鈎
勒傳之細加校勘、第二行米字上少雜字、第四行等字上少横
字、碑陰自故吏郡曹史守丞馬訪子謀起至處士安平祈博季
長二百止少四十三行、仍其大本不敢增減一字、以貽好古諸君子
乾隆甲辰長夏六忍居士李集跋

此即觀妙齋所藏本、谷口先生跋語現刻金石文字考略中
楊史館張李氏肆山堂、故得之、說言吳中積家物耳、先大父欲
鈎勒傳之而未果、嘉慶癸酉重爲裝潢附識於此

季遇孫印　此印在跋尾

口

查蔵山楷書真蹟冊　高麗紙本高五寸闊三寸一分、五行、行十八字

書畫録卷一　八

春夜宴桃李園序全文不録。康熙己巳清和月臨趙松雪書。查昇。

○查 □足下何昇

送李愿歸盤谷序全文不録。己巳中秋前，燈下書此，不足觀也。聲山查昇。

□查昇之印 □聲山翰墨

袁文達公臨遺教經墨蹟紙本，高五寸五分，闊六寸一分，十行，行十四字，十頁，畫烏絲闌寫。

○硯北此印在右方下

座主袁文達公墨蹟 □蘆汀鑑藏 綾籤。

佛遺教經。釋迦牟尼佛初轉法輪起，至是名知足。 □晉文作卦 □錫 □子孫永寶

寶祐三年張即之寫。 乾隆二十年重九，袁曰修節臨

□曰□修 □白蘆汀姚氏此印押角在左方下

右袁文達公節臨張樗寮佛遺教經一冊，向為吾鄉姚侍御蘆汀先生物，不知何時散失，予於嘉慶己巳春，至鼓塘，偶見是冊

於書肆中以二金得之文達公嘗謂此行為 國朝第一流人物
殁而為神事雖近誕然西江人皆鑿鑿言之書法之妙乃其餘
事耳 戴光曾識 □光曾

姜西溟真蹟 後本高五寸二分闊二寸六分四行

紫衣跋下頁二行 □子孫永寶 此印在左方下押尾

樂毅論 □詠心齋 夏侯泰初 □真賞 全怡 臨稽

十三行 柳跋 康熙十五年五月朔日姜宸英臨

□姜印宸英 □西溟

紫衣跋尚有右軍四種宋搨猶可作活計然下殺風流自此遠矣
天啟五年歲在乙丑暮春之朔書於天津舟次 董其昌

獻之洛神賦遺蹟跋尾补詩一十三行 □姜宸英印 □西溟

書畫録卷一 九

時人畫冊 濶九寸三分高寸六寸 七頁俱有生沐燙款

第一頁、絹 設色芍藥、辛生畢楷 □辛生

第二頁、 清香習〻拂襟裾、九節靈根最愛渠、翠石生雲廉漾水、一編靜展道家書、 倣孫雪居、水墨菖蒲石 蔣寶齡 □子延

第三頁、絹 風正一帆懸、擬石田翁、海霞金原 □金原

第四頁、絹 戊戌秋日寫得錢春蔬果、縵卿殷樹柏、 □樹柏印 □年已七十矣

第五頁、絹 青綠山水、仿香光筆、昂云、□朱昂云

第六頁、絹 設色罌粟、寫於留雲山館、湖客子揚、□馮其 □子揚

第七頁、絹 題漁翁夜傍西岩宿一詩、設色山水、趙大年有此圖、仿作、

黄均 □穀原

第八頁 遠帆春水闊，高寺夕陽多。 道光戊戌秋仿 次閑趙之琛

□趙印之琛 □趙都尉

第九頁 果實設色 仿陸包山筆意 竹虞沈雒

□謫伯 □沈印竹虞 □墨壺客 此印在左方下押角

第十頁 絹 設色山水 戊戌九秋作於三才錦齋 文鼎

○後山 □文鼎之印

第十一頁 絹 南田先生有桔梗花圖，即徐熙翁苗圖之遺也。余戲為洋漾花寫生，雖不能媲美古人，聊以供畫林新樣之一助云。戊戌八月小海翁雒 □翁雒 □穉仲 □小蓬海

第十二頁 絹 水墨美人 曉樓費丹旭 □子苕

書畫録卷一

一

十

第十三冊、絹、設色芙蓉、己亥長至後三日、子祥張熊、□子祥畫記

第十四冊、絹、溪山秋意、庚子春仲、翟庭芬、□庭芬 □湘芷

另頁附題詩三首、溪煙碧岩深々。秋在溪刀水湛虛只山秋。翠疊淨如洗。黃楝舞林楓。故葉飛還止倚松倚孤亭。何處擬芳節。急雨漲平橋。林宗把翠色。微風蕩水紋。溪光淨於拋木末結孤亭。石磴來剛加老漁尚未歸。一徑苔花蝕。小島嵐景澹古木暗來猛。瀑泉破空飛。百道爭澗壑。密樓結靜綠。嘯歌詢可樂。遙送村隔一溪。炊煙曳叢篤。有客載酒來。醉鄉不好話。何須染俗塵。且做雲中鶴。

□翟庭芬 □子佩 □萬拆堂 此印為押角

峽山紀遊圖 紙本、圖及詩、俱有款識、

溪山真意四字隸書 貽谿 □雨生詞翰

倣方水道人筆法 小翁雅 □小海 □雅

仲秋既望生沐偕殷丈雲樓及諸同人復游峽山屬寫第二圖

以紀斯游 張熊子祥識 □熊印

戊戌嘉平六日生沐招同管君芷湘張君子祥及兒子蓮生尋

審山諸勝至依雲別墅流連竟日而返既成短章復製

此圖奉政詩僊浚琴東弟寶鑒 □蔣 □子延

己亥冬十一月之望偕同人過蔣氏依雲堂作是圖并紀小詩

即請教正 西吳費丹旭 □子苕

己亥仲冬偕仝人作硤山之遊即維舟依雲堂上抵暮而歸

生沐屬補圖以紀雅集并跋 芷湘管庭芬 □芬庭

書畫録卷一 十二

以上冊中詩及附題詠者十餘家、俱編入酬唱集中、不備録

谷湖吟社圖冊 紙本、

谷湖吟社圖、甲午仲春、瀫翁屬寫、奉寄愛菊先生、即乞赤政 生沐蕭之字、雅正、并綴短章、用詩一絫、英年冠吾宗。健筆立詩壘。暇日賦富唱酬。群才集其美。林園想興歇。春事正芳藹。詩夢因君深。已度谷湖。琴東逸史蔣寶齡 □蔣 □子延

引樹先生像 千潭李印、□李印

不步木天。僅藉冷瓊。探奇禹穴。栽萩稽山。任雨既編。樂歸林泉。唱虒欣叶。扶杖隨肩。近游攬勝。谷湖洄沿。馬帳清娛。絃披簡編。沆瀣氣合。問難勤惓。吟朋盡替。酬唱珠聯。一時裙屐。契洽蘭言。儼驚鶯聚和。吾霄愴分。追念程命。載兒容額書

茉琴跋。彷彿在前。我偶雁影。莫試翻斷柳。鄂零露。披圖

題跋。戊戌夏杪同懷弟富孫敬題。□（季印 富孫）

翁小海畫冊二冊 絹本，共二十四頁，高七寸二分，闊九寸四分。稚蓬識

上冊

迴得天意字（四大） 生沐六兄屬題 丹旭（西吴費丹旭曉樓印）□

第一頁 黄荃徐熙艾宣諸家，皆嘗寫生，為龜鳳偶爾遊戲，

非其專長。稍後楊大明特以畫龜擅名，此藝苑之别調也。余以黄

荃法為之。夫有形質者以為游戲之，可以為别調也，亦無不可。穆仲

附識 □（翁雉）□（穆仲）

第二頁 蘋蒿滿地綠波渾。膩腹鬅鬆漾水痕。正是江鄉櫻

笋節。教人錯認小河豚。小蓬海外史稚 □（小海）

書畫錄卷之

十二

第三頁 水邊草樹識新歸。一點香泥濕帶花飛。 翁雒

□ 穉仲

第四頁 蜻眼瓜藤暑氣清。蔓煙葉露有蟲聲。筆訶五色云人曉。還向東陵問邵平。 方檡菴題畫句 翁雒

□ 小蓬海 □ 穉仲

第五頁 霓裳散明月。羅襪凌素波。 法白陽筆 小海

□ 翁雒印

第六頁 丰茸紫綬艷於霞。水鳥飛來隔水涯。不向天垣多耍種。野人原當水葓花。 題友人水樹紫薇作 翁雒

□ 小蓬海

第七頁 用盡邢州砂萬斛。未便琢出此樣郎。 法白陽意

書青藤句 雛 □（小蓬海）

第八頁 仿李延之 小海 □（篛雛印） □（篛雛書畫記 此印在右方下）

第九頁 遥擬郭元方 小蓬海 □（篛雛之印）

第十頁 積陰漠漠沙汀暗，小朵疏疏野水蒲。寫出湖天好

好煙景，綠蓑歌裡是香南。書舊作一絶 篛雛

□（小蓬海）

第十一頁 邊寫粉本是誰工，約略秋花點綴中。日暖秋秋

藪蕩外，誰家雙隻恰逃籠。仿宋人筆戲題絶句 篛雛

□（篛雛私印）

第十二頁 香杭新熟夕陽肥，綠裏紅襟趯趯飛。最憶湄

膝風色晚，何來雙隻在人和。仿曾巢雲 小海雛 □（篛雛）

書畫録卷一 十三

道光戊戌六月畫於鴛湖別下齋中。吴江翁雒 小海

下冊

活潑潑地 四大字 丹旭為生沐六兄題 □ 費丹旭印 □ 子苕

第一頁 蚕豆花開紫陌肥。婆婆粉翅共依稀。一方生布釘

珠璐。春夢偏濃宵睡少。蓬莨作理畫眉稀。鄰鄰牵芣蹤

時和。穆仲 □ 翁穆仲

第二頁 一葉𦽰飛塞滿庭。綠天客雨亦溟溟。先生窗網

今朝破。多謝蛛絲補一纑。翁雒作并戲題 小海

第三頁 積水滿坳堂。冥契蒙莊。空 空字本脫補 居蠓蛣占螺房。

一笑浮生終是寄。直憑蟣蝨記浮鄉。記得鴛湖寄。潮過時光。蛤蜊蒜

葉夢橫塘。夢醒爬沙閱舊曲。人倚琴床。 仿唐棣海物

圖、并録舊作 雜、□ 蒻雜之印 □ 小海

第四頁 雲溪外史云寫生好跡果甚似則近俗不似則離，方蘭士謂不當形似須作詩語參解，形之不足之務肖其神明而得之 穆仲、□ 小蓬海

第五頁 秋苔冷艷嬌無加紅淡如還是殘春色若向花前問舊名只恐東風厘不相識 雲溪外史詩 蒻雜、□ 小蓬海

第六頁 藤昌祐遺意、小海雜、□ 小蓬海

第七頁 隨筆點染沙畲小草殊有湖天空闊之致、

穆仲雜、□ 穆仲

第八頁 擬芳草堂、小海雜、□ 蒻雜印

第九頁 仿蔣南沙、小蓬海蒻雜、□ 蒻雜秋印

書畫録卷之一

第十頁　草蟲點綴費平章。一種閒愁寄夕陽。紙醉金迷今安那。秋聲吹老半閒堂。陳琳蕭女史題拟筆絶句。雜□小海

第十一頁　照水殘紅咽露痕。一般哀艷不勝情。寫來可似閨人照。多髮朱顏太瘦生。趙靜香録事舊題拟畫句。翁雒

戊戌夏六月画於別下齋。□小蓬海□翁雒

第十二頁　生沐六兄門暇時問餘緒。將筆六法點多墨戲逸品。不暇時日。嘗與余討論。頗有相益之處。茲屬為花鳥冊子十二葉。勉事塗抹。雖畢盡心力。若猶未能合度也。慚愧慚愧

翁雒附識。□翁雒□穉仲

時賢尺牘三冊　皆梅里李香子先生富孫師友往來之札

上冊

梁山舟學士三札 附鈔三紙　阮芸臺中丞二札 附一紙

錢裴山中丞三札　潘德園侍御四札

中冊

孫淵如觀察一札　李鄦齋方伯五札

吳澹川明經二札　陳曼生司馬二札

劉芙初太史二札　陳碩士少宗伯二札

錢恪齋方伯二札　朱椒堂少司馬二札

繼蓮龕方伯五札

下冊

嚴少峰太守一札　鍾仰山少司寇一札

書畫録卷一　十五

黄蕘圃主事三札　　沈小湖少司空四札

汪小米舍人二札　　陳雲伯大令一札

沈竹岑明經二札

篝燈教讀圖冊　存其作圖者數家，已採記序詩詞數十家，已刊入題贈集，不録。

篝燈教讀（四大字）　戊戌秋仲，殷樹柏題。　□殷印　樹柏□　研癖（此印在右方上）

第一圖（絹）　生沐六兄屬畫篝鐙教讀圖，並記昔時太夫人督課事，如因仿文伯仁意爲之圖，更系以詩（詩已刊）并政。錢杜。

□錢杜　□叔美　□松壺居士

第二圖（紙）　篝燈教讀。戊戌秋日，寫生沐仁兄屬。張熊。（詩一絶已刊）　□子祥

第三圖（絹）　篝燈教讀圖。生沐六兄索圖并政。小海弟翁雒。（詩已刊）

□翁雒

第四圖、紙　篝燈教讀圖、　戊戌秋日爲生沐先生作　竹賓雅、

口吳江沈雄　口竹賓　口墨壺客　此印在左方下押角

第五圖、紙　篝燈教讀圖、　朝讀隨嚴師。夜讀依慈母。豈知慈母課更嚴。誓報重泉期莫負。兒勤母亦喜。兒怠母又怒。兒裁成童太猶弱。強使長跪心愈苦。一燈青熒照膝几。脫口書聲瓶瀉水。霜鳥棲定復驚飛。碧落月浮空夜清美。此情回溯十載餘。孤兒成立晚著書。々堂依舊屏帷靜。不見燈前慈母影。詩未刊

戊戌嘉平月爲生沐仁兄寫并題、　竇齡、　口子延

第六圖、紙　西風庭樹散慈烏。十載燈窗托畫圖。珍重樓遺書數卷。尚留親淚未模糊。　己亥冬十二月生沐六兄屬寫篝燈教讀圖。西吳費丹旭并題。詩未刊　口子苕

書畫録卷一

十六

第七圖、補篝燈教讀圖、生沐六兄先生屬、文敞 □ 文敞

第八圖、補篝燈教讀圖、凜凜霜闈抱潔廉。清宵靜課一經橫。甘將慈母經營苦。領取佳兒誦讀聲。風木長懷嗟白髮。文章有價看青雲程。回頭鞠育恩難盡、常記青燈照眼明。生沐先生正、張培敦、稱詩未 □ 研樵

補詩一、奉題生沐仁兄篝燈教讀圖、即希正句、兒失父。母作師。母督兒。母淚垂。母不督兒兒父心悲。一燈熒熒搽素帷。呼兒跣讀靈在金知。保兒長成兒無疾。佑兒聰明兒無病。兒時德領慈訓慈。慈顏一去杳莫追。兒今讀書如兒時。呼嗟母兮知不知。呼嗟父兮知不知。伯常弟嚴保庸甫稿、刊詩未 □ 拙同

補詩二、天特生。賢母賢。天特報孝子。孝子孝端本母賢。母教

一如父教。母之節彰，國史。母之訓垂，家乘。母今身歸泉原。母教耳猶提聽。生丁年而怙失。桂蘭孤以零丁。火一幕而夜讀懸父存以語徑。承奕葉之清芬。後殊洽乎邵境。吁嗟此一幕燈。哀哀母氏劬勞。昔鶯鳴宵半啼烏。今悲椿上桂孤寫。一片孝子心。繪一幅賢母圖。敬題慕燈教讀圖，即希青士、淑玉氏王埼拜草、

口淑玉氏　咏詩未刊

顧西楳孀居圖　紙本，高四尺一寸八分，闊一尺零九分，設色。

辛卯八月，寫於茸紫花菴。西楳居士顧洛。　口顧洛印

顧螺峰女史花果立軸　冷金箋本，高三尺七寸，闊一尺五分，設色。

庚寅春二月，寫于擷翠樓。螺峰顧韶。　口螺峰　口韶

趙次閑松石　紙本，高四尺五寸七分，闊一尺零九分，設色。

書畫録卷一

走

次閑寫 □趙印之琛 □遁母急翁

徐瓶山紫藤鸜鵒 紙本高四尺八寸七分 闊二尺零九分設色

春暖紫藤花爛熳風和鸜鵒浴清池 餅山 □徐周印 □餅山

馮楊霞人物 紙本高三尺八寸四分 闊二尺零六分設色

戊戌秋日寫林高士自鋤明月種梅花句為生甫先生雅屬 西湖霞女子揚 □馮箕私印 □揚子

江石如花卉 紙本高二尺五寸 一分闊九寸設色

擬張琳平法甲申秋九月石如江介 □江介之印

戴醞士山水 冷金箋高三尺三寸 六分闊一尺三寸

潑墨寫嵐煙翠微猶積霧溪路不逢人歸雲溼秋樹生法大兄屬 醞士戴熙 □醞士

別下齋書畫録卷之二

海昌　放菴主人蔣光煦編
　　　寵花居士許光治校

王煙客摹古畫冊 紙本，高一尺二寸九分，闊八寸五分。

王麓臺奉常摹古畫冊。余見王奉常摹古畫冊不一，是摹真亦是真，摹古二百年來第二本也。敝藏十幀，宋白牋上，神明特煥發。此生沐兄藏寶，後有奉常手跋，精詳殊足重。道光二十一年辛丑八月二十日，嘉興竹里七十四歲老者張廷濟。

□張叔未　□廷濟　□海嶽盦門弟子

第一頁　仿巨然　□煙客　□王麓臺書畫記 此印在右方下押角　□揆 此印在左方下押角

第二頁　江亭秋色。隸。仿趙伯駒　□麓之　□揆 此印在左方下

書畫録卷二　　乙

第三頁 仿黄子久 □煙客 □字藻儒號歙菴 此印在右方下

第四頁 仿趙令穰江鄉清夏圖 □之遊 □揆 印在左方下

第五頁 仿吳仲圭 □煙客 □揆 印在右方下

第六頁 仿董北苑 □煙客 ○歙菴 此印在右方下

第七頁 仿黄鶴山樵 □之遊 ○歙菴 此印在右方下

第八頁 趙文敏團扇小幀布景閑僻有尋丈之勢因仿其意爲作此圖 □之遊 □字藻儒號歙菴 此印在右方下

第九頁 仿小米筆 □之遊 □揆 □字藻儒號歙菴 二印在左方下

第十頁 仿大癡筆 □煙客 ○歙菴 此印在左方下

第十一頁 仿倪高士 □煙客 ○歙菴 此印在右方下

第十二頁 仿梅道人溪山圖 壬辰首春爲聖符賢甥寫此十二

幀詩矣。王時敏。□王時敏印　□歸村老農　□王掞之書畫記　二印在右方下

□獻庵　□掞　二印在右方下　□錢印天樹　此印在末幅空頁右方下押角

西田　此印在跋頁右方上

余於畫道雖有癖嗜，未能造其藩籬，比年愁累紛遝，益與筆硯諸緣落落。聖諭以臣田索畫，因之興會且苦難竟，度閒者年餘，新正偶見元煌郡伯之畫，備宋元諸家勝，精能而兼神逸，反覆展玩，恍目驚心，不覺技癢，適風日融和，明窗和墨，率意磅礴，遂得十二幀，非董巨三趙元季四大家之所不依，而猶見擬古者間架起承之意耶，以強名，非謂果得其形模也。然畫雖小技，而必所見者廣，日以古法浸灌心胸，而又專精熟習，乃臻於妙，如董文敏公骨帶煙霞，學深淵海，近代罕二，係余曩者時每侍燕閒，見其揮

鄭〻餘評論書畫，遇乃上有殘牋數束，輙弄筆作樹石，紛披滿紙，心手駢習，至老不衰，故其筆墨韵致妙絶古今為然。余資本鈍，而又經年不一執筆，頹隨自廢，詎能有成。今且衰病日侵，目力無及，歲月蹉跎，徒有慨歎。聖府正當盛年，又深畫學癖，並滂歷剔舉業暇隙，翻天悲然，研精肆力，直造古人之室，一揮時習之衰，為文敏後表，差不負老人期許。於此而軟甜府癩不足為法，竟當屏置弗觀，勿使惡習熏染，貽桓祖恭似渴之識也。壬辰花朝西廬老人王時敏識

□王時敏印　□西廬老人

查二瞻字冊　紙本高七寸七分，闊一尺零九分。

第一頁　江南正月初猶是有梅花踏雪歸何處　青溪處士

家。士標□士標秋印□查二瞻

第二頁　隔江看樹色。沿月汲溪聲。不見長干住。那從此路行。士標、□仝□仝

第三頁　邏人橫鳥路。江祖出漁梁。水急舟行疾。山花拂面香。查士標□仝□仝

第四頁　夜郎天外怨離居。明月樓中音信疎。似雁春歸看欲盡。南來不作豫章書。查士標□仝□仝

第五頁　山郭幽居正向陽。高林古木暗蒼蒼。剡藤百幅誰能置。為掃帆枝瀨月長。士標□仝□仝

第六頁　遠岸無人行樹。經霜有伴紅。停舟披好句。題葉贈江楓。查士標□仝□仝

書畫錄卷二

三

第七頁　行背青山郭。吟當白露秋。風流無在宋。寶訪古剎
州。士標　□令　□令
第八頁　莊荻江南江市春。逢君歸騎帶征塵。一杯相屬成知
己。何必平生是故人。士標　□令　□令
第九頁　愧君好畫復能詩。骨瘦秋來朽竹枝。昨夜夢回如得
見。紙窗斜影月低時。士標　□　查二瞻
第十頁　幸有煙波興。無辭筆硯勞。綠情無怨棘。都似反騷。
士標　□士標和印　□查二瞻
第十一頁　茆户無一人。高懷獨倚杖。徑過前村煙。陽水尋
遠嶂。題畫　士標　□令　□令
第十二頁　孤舟山水雪晴時。看到梅花一萬枝。東嶺題詩西

唵酥等閒忘却少年期 士標 □ 士標私印

查二瞻畫册 紙本高七寸闊六寸五分

第一頁 眉公云字與畫各有門庭字須生畫不可不熟字須熟外生畫須熟外熟漸江此冊正妙不熟余爲轉語曰畫須熟外熟畫更須熟外生 朱士旂 □士旂 □紅杏 此頁在副頁查二印已泐

第二頁 押角有名印已泐

第三頁 疎樹清溪裡虛亭書嘯歸來山色好正在夕陽邊 士標 □ 印二字模糊不辨

第四頁 白雲字泐二畫法 士標字泐一追前意 ○二瞻

第五頁 子久畫法 士標 ○仝上

第六頁 寒溪竹屋 宋人畫法樹梅壑仿意己未九月 □二瞻

第七頁　山溪茅屋　士標　○　二瞻

第八頁　花溪漁隱　士標擬松雪寫意　○　仝

第九頁　淡墨秋山畫遠知　士標畫米友仁印　○　仝

第十頁　深柳人家　士標畫意　○　仝

第十一頁　士標畫　○　仝

筆頭煉得如秋水鉤勒橫空出遠知數點白雲小春樹只教意

畫折人情　清湘苦瓜濟道人　□　有龍眠濟　□　前白後從不識字　題在副頁

第十二頁　倪元鎮畫竹樹字　冊一山　士標擬意己未　□　二瞻

竹樹蕭〻見小如畫倪何〻滿人潮消軒老眼爭明支如冲雪腸枯〻

呈闕　清湘瞎尊者濟　□　清湘石〻濤　題在副頁

祝枝山字冊　紙本高九寸六分闊五寸一分皆書杜詩

□鷗亭主人審定　□唐字和白

前出塞九首　後出塞五首

遣興五首　陪鄭廣文遊何將軍園林　全文不錄

壬子歲春三月望日，承　祖君見睱，枉寺尋芳晚歸，集于清白樓中，仍設饌相款，偶紙筆在案，爰書老杜出塞詩以遺之。枝指道人祝允明。□祝氏希哲　○鷗亭主人審定

王樹畦山水冊　紙本，高五寸六分，闊七寸四分

雲煙滿紙。四大字　生佛題。□放庵居士

第一頁，雲林畫以天真幽澹為宗，乙酉夏五，學浩。□茶畦

第二頁，仿吳仲圭法，學浩。□學浩　□樹畦

第三頁，深山藏古寺，仿大癡法，樹畦。□合　□合

書畫録卷二　五

第四頁　乙酉五月仿趙文敏法　學浩　□椒畦

第五頁　乙酉夏五仿大米法于山南老屋　椒畦　□仝

第六頁　平遠山如蘊藉人　學浩　□學浩

第七頁　仿黃鶴山樵法　學浩　□仝

第八頁　碧梧清暑仿元人意　椒畦　□仝　□壁隂挂吳刀　右方押角

第九頁　仿梅花道人法　學浩　□茱畦

第十頁　仿唐解元意　學浩　□仝

第十一頁　仿巨然法于山南老屋之易画軒　椒畦　□仝

第十二頁　仿紫芝法乙酉五月仿宋元各家法于山南老屋

椒畦　□學浩

□家住梅溪舊板橋　□枝樹軒珍藏印　二印在首頁

李長蘅畫冊 高麗紙本，高五寸，闊四寸，水墨筆。對幅有李家槎書，合裱一冊。

□ 綠溪山莊收藏之印 在首頁右下。二印鈐在畫之上下，每幅皆同

第一頁 □長蘅 □唐作梅 □北枝生

臨子久帖一段。不録 陶汎 □宗柳 □陶汎

第二頁 □仝 □秀水唐氏

山中綠草堪坐，竹下清光逼人。水鳥故窺不避，好音若与相親。松枝正堪釀酒，竹皮亦可為冠。倚醉折殘蠟屐，逃禪兀坐蒲團。風過竹自成韻，雲生草漫如煙。黃鳥恰來簷上，清流亦復涓涓。山居六言二首。 張枝 □張枝之印 □公蘇

第三頁 □仝 □北枝生

奇樹爭春競秀，流芳入綺錢。合歡分四照，同心期萬年。香浮佳氣福

葉映彩雲前。欲識揚旌賦。金玉滿甘泉。錢千秋 □ 錢印千秋

□ 蕉隱 首引

第五頁 □ 仝 □ 庚作梅 □ 北枝生

書十日画一水画論一則 不録 陶龍見 □ 雲從父 □ 陶印龍見

第六頁 □ 李印流芳 □ 秀水庚氏 □ 北枝生

書女史箴 不録 不損 □ 項真之印 □ 不損氏

第七頁 □ 長蘅 □ 北枝生

書東坡語一則 不録 朱治炯 □ 子暇氏

第八頁 □ 仝 □ 仝

巖下茆齋構亦精。當軒几淨不容塵。雲山莫道無人跡。鳥去雲來是送迎。南北東西馬背上。何人解得草茆廬。千章老樹千山裡。

碧筒出探常倚闌。王闓、□王闓 □季仙氏 □水西寓生 首、此引

第四頁、錯五吐、□合 □秀水唐氏

依沙宿舸船。不瀨月猶猶。風起春燈閃。江鳴夜雨懸。晨鐘雲外溼。

勝地石堂煙。將紫捭裡鷗外。合情漫泊寬。壬申小春、汪挺

□汪挺之印 □蘭簷 首引

第九頁、□李長蘅 □秀水唐氏

書亭可念古面一則、不錄 朱呉廷 □朱呉廷印 □介眉 □聊寄 首引

第十頁、癸丑春日寫 李流芳 □李流芳 □長蘅 □唐作梅 □北枝生

書東人禊著一則、不錄 陶昌之 □陶印昌之 □祥發氏

馬扶義跋一則、紹本高一寸四分 闊八寸四分

第一頁、雪月孤山夜。扁舟載鶴來。暗香吹不散。一樹玉花開。

書畫録巻二

文

正月二十日、栖霞道人跋　□元跋

第二頁　名牌新様紫乎排，露重煙深正好看，都怪錦堂依亞女，帶風斜上玉闌干。元跋　□元跋之印　□栖霞子　◯虞父之陽　引首

第三頁　鳥倫死女一字模糊將知人摘奇內踏破珠。馬元跋　□元跋之印

第四頁　金塘花竹映春紅，枝上幽禽奏暖風。莫把殘英都識盡，無情流水画橋東。仿于青年筆　□令　□全

第五頁　山兼寫意　元跋　□元跋

第六頁　擬它山筆意　栖霞　□沙南　◯雲林本一方

第七頁　一片寒霞雲萬里，子規啼罷欲栖內。□元跋

第八頁　金本生於水，如何謾木知。黄芽三百碗，天地与煎熬。

法石田翁筆　□沙南

第九頁　稽留老樹亭梧陶雲湖法　雪樵　□元馭　□栖霞子

第十頁　入村様徑引嘗果栗園御馭　□筆補造化

第十一頁　趙子固有群仙圖卷戲臨一角　南沙馭　□元馭　○云松　在下柳雨

第十二頁　庚辰八月寫于棲霞山房　馬元馭　□元馭之印　□栖霞子

王忘菴花卉冊　紙本

第一頁　松梅　□王武私印

第二頁　桃柳　□仝　□勤中

第三頁　萱蝶　□仝　□仝

第四頁　虞美人　□最多情　□樓外琴深

第五頁　梨燕　□王武私印　□勤中

第六頁　荷　□仝　□仝

書畫録卷二

第七頁 秋棠 □仝 □仝

第八頁 落桂 □仝 □仝

第九頁 菊 □華柤 印在敓中 □中勤

第十頁 芙蓉 □王武私印 □中勤

第十一頁 蟬柳 □緑叢烟雨江南家

第十二頁 山茶 辛亥清和摹古十二幀 忘菴王武 □王武勤中

□水窗雪月 野卞押角

徐雪軒蔬菜冊 紙本高七寸一分下闊八寸六分 冊中題字係煋宗代筆

第一頁 福橘百合新菜試筆爲百福之兆古人每寫之

橘者從吉合者遇吉寄慶之所不會故特之物之致意疑脱字焉

○月明每切相思 □湘陵號雪軒 □自疑不作塵凡客

第二頁、 雪消香散墨爲神，點入枝頭最可人。客語時流莫驚訝，山家別是一番春。 □ 香圃梅花

第三頁、 酴醾開，花事了，殘味漸斂香根。二家其衡瑞者如宜与新茶同供，不可使南人會者謀之，恐損乃真之趣耳。 吾鄉奈山所產春爲蘭花笋，脆嫩甘香，世之無其美。 櫻桃惟洞庭羅漢寺所生甚佳。 □ 求戲

第四頁、 枇杷臘滿，榴實口開，比珠聯之詩，金色味能不同，要當以形色相與。 榴重河陰，枇杷貴白沙，其地所產，珍異特甚。画果像形易得，味方妙耳。 □ 十里紅樓下 □ 徐浩之印 □ 別號雪軒

第五頁、 春風夢散已含跎，冰蕈涼生始見花。爲愛芳名多插鬢，昨宵可向秋邊卸。 □ 莫教今夜夜深 世人愛其名，我獨取其潔。移

書画録卷二

植小窗前，夜夜伴明月。雪軒又跋

第六頁　秋梨以無瘢者爲佳，赤棗以鬆熟者爲貴，以意領之，各得其味，乃知造物在我，何與秋風。□秋作不受穿鑿　紅衣落盡菱角初肥，北渚愁余，南湖望汝，我懷伊人，正在此時矣。寄庵子。□只寄得相思一點

第七頁　王瓜南種不佳，大兵在蘇，去後留北種，大如王瓜而柔，生脆鬆甜，可列果中。茄子，徵仲文待詔癖愛之，搜訪佳種植南園畦間，初出價百錢，入秋甚賤，糟醬俱宜。□琴香　二物如野老相對田間，真真可敬，非若燕窩、海參，富貴爭誇，盡亡其意味耳。

第八頁　可耐陶彭澤無錢對菊花　予家藏豆頗多，秋老摘莢，

甘美特甚，一飽之後，便與黃花同傲，多賤與我何有哉 □ 余一時用心丕見亦是妄

第九頁 二君臭味相似，而闊客遠來，敲僕獨上，孰知鬼面不正自不凡，渾然天棄中，何必以手指見奇也 ○ 沉酣風致 □ 不知多少銷魂 香橼粗皮粗者，吳儂呼為鬼面，細者人皆賤之 ○ 赤蘭齋

第十頁 寒窗良友，出香入性，乃我以更自寶，其以冷耳 □ 吾作素情

有心甚妙，有根不餘，淡查而佳，有肉更飽 ○ 放眼天地寬

第十一頁 郭河陽每寫拳石作捲雲皴，而黃鶴山樵又為牛毛皴，巧奪天機，查臻其妙，商遁檢破筆以二家之法合圖，未為不可，若米顛見之，不識能下拜否耶 □ 徑九折以渡瀘

第十二頁 峒山秋片一壺，多慕梅花數朵，此種景色已入春禽

書畫録卷二 十

喈喈之際，四時氣候流轉不停，展卷便是一年。六十小款，彈指而過，如是如是矣。康熙癸未，予從閩歸，息影家園，歎世路嶮巇，人情涼薄，無可為念者，惟向紙窗硯上墨瀋可愛，自題自畫以自娛足矣。雪軒徐浩 [雪軒徐浩] [宮允學生子孫] [青山白雪] 引首

費曉樓仕女冊　絹本折蓬裱

第一頁　折得梅花獨自看。[曉樓書畫]　此潘昉詩句

芳心靜悄，向小溪閒覓。一枝春早，前剪綠裁家，兩兩三三。輸與天然佳妙。梁簡文帝雪裡覓梅花詩：宜須畏剪綵，學作兩三枝。霜寒鶴睡誰為伴。算弄影東風不妒。但暗裡一味淒涼，吐徹馬蹄香處。看看天斜竹外。便酒旗低亞。雪深誰識。角聲秋催，犯大江城。着眉那人知道。枯來說了消殺。寂寞不被羅浮煖。笑更愁。從淡凍瓶添。鎮夜繡衾孤

蕪。右調踈影題第一圖　口蔣印保庸
第二頁、海棠影下。子規聲裏。立盡黄昏。口仝上　此洪咨夔詞句
紅絲影裏。把畫幅依纈。解甚春心。恁啼切恨消凝許久。看不分
明。有一對宿慣深枝蝴蝶。正春去過了。風信初番。此似紅樵便無
那。銀燭不須燒。花夢醒時。夜憐我繡衾孤擲。更枝上聲聲不
如歸。問前館燈殘。可聽伊說。右調洞仙歌題第二圖　口琴言寶
第三頁、紅藕香殘玉簟秋。口子吉　此李易安詞句
綠雲中煙颸曼度。菱絲荇帶無數。桃笙夢醒冰肌瀞。驀覺夜
涼如許。風又雨。向卅六陂塘。一帶瀟瀟。想倚花前度。記擷取香多
那邊遏渚將。不管環珮亂無主。荇移鷺。鴛鴦對浴。誤賦冷香飛上
詩句。白石　魚鱗箔展金波皺。柳永詞銀塘靜魚鱗簟展　望數意儂蓮渺。數白

書畫録卷二　之

纔算一點紅心。怎分將伊護。添黃羅御。笑羅帳多時。六郎消受。香心汗蘇。 右調萬遍陂塘，題第三圖。首句脱誤度，今考改正

□柱問 □保庸

第四頁。 笑摟沈煙索煮茶。□子昭 此調未查

吳娘心字燒難遠。長歌心事描難就。颺入落花風。香多同不同。一抹春雲剪。一片春旗展。若惜馬卿嬌。渴多清未清。 右調菩薩蠻，題第四圖。○舊史氏 □保庸私印

第五圖、顛。 閒階待卜心期。落花空細數。 此張槃詞

碎步緗裙識。最關心紅封皂淺襯。碧花殘蘇。縷綰蝴蝶成底事。贏得閒愁萬縷。更若向東皇私祝。醉樣情懷秋樣影。怪精靈何事偏相逐。渾不信。謝家沫。 行來已過屏山曲。輕難禁么

風揉綠。小魚溜玉。嫌熱燈花紅一簇。長是賺人幽獨。又占針綫蹊翻覆。舟舟斜陽芳草地。蒂天涯一片三情緒。遮斷了。望鄉目。右調金縷曲。題第五圖。□醉經室

第六圖頁、小窓和雨夢梨花。□子苔 此三君名氏小秦王詞。

巫峽亂雲飛。正蘭膏將殘。繡幃低掛。還得香魂。儘輕撩重壓。千尖飄灑。逕遠錄。怕倩影和煙都化。著意溫存。猶胡蝶驚回。那邊飄瓦。縱有閒愁牽惹。想有淚三言。玉容如畫。索許淒迷。空倚伊紅杏小樓前夜。深掩重門。證記取溶溶月下。還待青騰半枕。墜歡重攬。右調三姝媚。題十六圖。□梅禪唐填

辛丑文二月。于役禾中。言訪生沐蔣君于硤石。出佳如十六圖索題詞。還吳門。陸續製成如干首奉政。殊不稱小紅低唱耳。

書畫録卷二　十二

蕨保庸并記〇蕨　□鈞墨漫人

第七頁、人在東風正倚闌。□淀樓書畫　此張泌詞句

翠鳳翹環髻。滿目春酣。芳心屈曲有誰諳。行近紅泥亭子畔

不用人攙。獨自探鶯憩。移步猶貪。數點零紫滿江南。漫

將相思春影翻。搭上紅襟。右調賣花聲。題第六圖。□蕨門榿

第八頁、閒倚熏籠坐到明。□淀樓書畫　此王殷公宮詞

鴨爐煙沈。覓輕火細。重幃深下房櫳。力倦難支。奈暮嗔

兩香燒。春擁催睡堪憎甚。合歡床一半長空。憶得初逢慶

歸。茴部原稿作雖漫卸了輕容。而今苦恨漫漫夜。漸眉依峰翠。

臉上波紅。家裡衾寒。知否冷暖誰同。纏綿難剗相思處。有

許多蠟炬陪儂。便朦朧。好夢都無。有也惺鬆。右調高

陽臺題第七圖 □ 梅禪龕

第九頁 碧瑤窗前學草書。□ 上含 此王岐公宮詞

掃眉人倦。古墨臨窗展。鮮事婆娑鬟來侍硯。下換新裙白練。辨香初拜夫人。精摹奉戒股敍分。寫到簪花字樣。私憐腕下生春。右調清平樂題第八圖 □ 嚴 □ 保庸 □ 梅禪居士

第十頁 楨敲回。衣露滿身花氣。□ 子苕 此吳草窗詞句

阿誰鼓。踢損痕。清商曲切湘雲韻。冷香叢裏、知他夢影鷗長鸞短。楊柳風前。菰蒲雨外。綠雲零亂。約纖鱗、戲隔紅游戲。直須把羅裙浣。一池清呼情喚。便折盡露并玉誰篩。蒙湘筍譜。倚羅香袍。戲人凉數。玉腕輕搖。儂家住近。琴河紅畔。穩不多芳澤。裳風珮水。惹來都滿。右調水龍吟題第九

書畫録卷二

十三

圖、(二)嚴洲柤

第十一頁、　猶抱琵琶半遮面。□ 吹樓書画 此白樂天詩句、

萬喚千呼。上羅弦絲。驚鴻影翔。把瓊田穩插。瑤琴較短。香肩微倚。錦瑟同長。偶愈增嬌。羞還欲却。彷彿徐妃一樣妝。愁々立。尚天斜未定。慢道勝常。　全身似隔紅牆。有淪落江州早斷腸。怅檀槽謾彈。微憎鳳尾。冰弦待撥。云品龍香。 坡詩、數弦已品龍香撥來 面猶遮鳳尾槽 琵琶玉閨中。淳梁未去。曾否回身暱就將。輕々卸。憶十三初學。舊事堪傷。　右調沁園春。題第十圖、□ 嚴伯子 □ 震天谷者存乎慚

冊中偶愈增嬌、偶原稿作側

第十二頁、　劉萎薇説與相思。羞謫瘦損。□ 苦子 此陸嚴詞以

青銅寫恨。紅豆言情。儘擁鬢凝想。畫眉人遠。愁欲絶。瘦影

香嚴孤倚。卿須憐我。看不辨分明人面。待來朝重與端詳。記
取銷魂模樣。　隆歡如夢難尋。憶蒼雁銷鱗。前約都爽。停辛
佇苦。訴不盡四角中央情況。知渠省否。但默默無言相向。儘瀟
灑骨作去香梳。惟願那人無恙。　右調瑤華題第十一圖 ○ 梅禪盦
第十三頁　獨立寒階望月華。 □ 苕子 此張命人詩句
草細微微印襪。苔深款款沾鞋。赤闌干畔重徘徊。招手廣寒
人下。　燈火誰家庭院。管絃何處樓臺。光明只照有情懷。不
管風吹羅帶。　右調西江月題第十二圖 □庸臣 □甫悔 □椎澗
第十四頁　亂擲芳英為鬢(斜)朵。事事關心。 □ 苕子 此鴻文子句
燕蹴還低。蹀躞銜欲濕。謝痕泥潤黃昏。橫斜影獨。留住影邊
春。多少零香賸粉。深閨裡。苔費濕痕。須揀取入時新樣。依

書畫録卷二　西

語畫眉人。一枝商略就。紅情怕惱。緑夢愁濕。便蜻蜓飛上

也自消魂。深夜小樓初卸。簫々雨、飛度前林。清寒甚。未朝

試覓。欲許又飄蕭。右調滿庭芳、題第十三圖、□文 湘梅

第十五頁 手把玉簪敲砌竹。□子苦 此白行簡諸句、

湘雲弄影清如此。有翠袖含愁思。從倚雲階人獨自。春纖一

捻。種々櫻桃。个々人々家。從前不肯銷魂事。聲節當筵十三

四筵莫卧今紅淚漬。香生縮就。天寒日暮。何處尋佳士。右

調青玉案、題十四圖、日印 保庸 道人 湘 □文 悔

第十六頁 向雪後尋春。此張元幹詞句、己未冬十二月、為別下齋主

人作、西吳費丹旭 □書畫 曉樓

曲々迴欄遮遍。弓々點破較。青田素影欠分明。蘧原稿作鼓翼飛、借問小

溪前路。可有詠花穀。常角殷勤意。墻腰宛轉情。冷香深處最淒清。幾日芳銷幾日斟清明。幾日高燒銀燭花夢照難醒。右調唱火令題十五圖 □居庸 □一字梅禪 □醉經室詩書畫之印章

○明宣德御筆七子圖幅 絹本高二尺三寸五分濶一尺六寸三分

宣德御筆 敕賜內監王進 □宣和殿寶 璽在上方字上

惲南田溪山高逸五軸 紙本高六尺一寸五分濶二尺五一寸六分

□寄意雲山 引首

臘月壇戶烘硯偶憶徐幼文溪山高逸戲仿其意 東園惲壽平 □正叔 □壽平之印

王題南田山水立軸 紙本高三尺九寸五分濶一尺七寸六分

□數悰

黄鶴山樵爲元四大家之一，初宗摩詰，後師董元，秋山草堂圖，脱板爲雅，别具風致，亦娍明早年筆，如南田此作，運筆纖秀，賦色古澹，脱去摹仿之迹，自臻神妙，摩挲久之，略志快筆。

辛戊子二月十日，劍門樵客王翬。□王翬之印 □石谷子

□夢字玉予 □耕煙散人 □來青閣 三印右下押角

新羅山人花卉立軸 紙本，高五尺五分，濶二尺六寸六分。

新羅山人寫于解弢館 ○布衣生 □新羅山人

○張瑞圖字幅 綾本，高五尺一寸三分，濶二尺一寸六分。

□雲軒 此印引首

使夫居有良田廣宅，背山臨流，溝池環匝，竹木周布，果蔬樹前，場圃居後，舟車足以代步涉之難，使令足以息四體之役，養叙

有兼味之膳、妻子無苦身之累、良時吉日、則烹羔豚以奉之、良朋萃止、則陳酒肴以娛之、躊躇畦圃、遊戲平林、濯清水、追涼風、釣遊鯉、弋高鴻、風於舞雩之下、詠歸高堂之上、日與達者論道講書、俯仰二儀、錯綜人物、彈南薰之雅操、發清商之妙曲、安神閨房、思老氏之玄虛、呼吸精和、求至人之彷彿、不受當時之責、永保性命之期、則可凌霄漢、出宇宙之外矣、豈羨夫入帝王之門哉、 果亭山人瑞圖、 □張印瑞圖 □文章學士 □揮毫落紙如雲煙

方蘭坻山水 紙本高二尺零八分 闊一尺一寸二分

溪涼雲淨。山迴長、人氣清。虛亭亭亡人。泉散樹翳。 樸盦方薰、 □方薰之印 □方氏蘭坻

羅兩峰梅花幅 絹本高二尺四寸三分闊八寸九分

江南雪消春漸回。溪東溪西楳花開。出人得句無不澹。指得老逋携酒來。王元章句。甲辰六月。羅聘臨 □兩峰道人

□竹士審定真跡 □秋庵鑑定真蹟 二印右押角

陳文簡字立軸 高麗紙本高五尺八寸五分闊二尺零九分

□玉青齋舊藏 引首

曉日東樓起。林端見早梅。獨傳寒氣發。不逐衆花開。素影風前艷。龍光雪後催。藂香霑紫陌。枝曲拂春苔。止渴曾為用。和羹舊有材。含情欲攀折。瞻望欲徘徊。陳文龍

□陳印文龍 □乾齋

蔣南沙梅竹水仙立軸 絹本高二尺三寸九分闊一尺二寸四分

某按補之為揚雄之後揚當从才

庚戌小春仿元人筆意、蔣廷錫、 □蔣廷錫印 □青桐居士

南沙三清圖立軸 紙本高四尺零一分 闊二尺四寸八分

三清圖、丙午春仲、擬楊補之法 蔣廷錫、 □廷錫私印 □酉君

龔芝麓字幅 綾本高四尺六寸五分 闊一尺零五分

○香巖壽 引首

秋紫春文茂。一出谷當知濟世仁言大。投林勝著稀。名高神虎杖。心空海鷗機。三徑松筠長。重開隔歲扉。天涯春興減。蓬鬢一登樓。伏枕憐同病。迴車羨汎落。遊宮寞三月撥櫓無五湖舟。還憶蔡床如風夜縱酒酬。春初同過書雲園亭劇飲甚歡和辛亥春初沈舍人韻奉送 慄翁老年甚(?)都諫假歸並請正、 弟龔鼎孳、 □龔鼎孳 □孝升

書畫録卷二

十七

○趙文度煮茶圖立軸 紙本高三尺五寸 闊一尺一寸八分

煮茶圖 丁巳四月廿日趙左寫於懷新堂 □趙左之印 □文度氏

幽人茶竈煙每與宿雲亂憑闌望所思春湖渺無賴 題

煎茶圖 董其昌 □董氏玄宰

○查二瞻埜山清曉立軸 紙本高二尺四寸八分 闊一尺一寸五分

埜山清曉 士標 □查士標印 □字二瞻

別下齋書画録卷之三

海昌 放菴主人蔣光煦編
寵秋居士許光治校

仇十洲人物小幅

絹本高一尺七寸一分 闊八寸八分

仇英製 □實父 □仇英

樓前楊柳翠煙迷。樓外香塵逐馬蹄。風捲歌聲春不散，多陽還在画橋西。徵明 □文印徵明 □徵仲 ○停雲館

文衡山山水立軸

紙本高三尺七寸四分 闊九寸一分

蒼山曲曲水斜斜。茅屋高低帶淺沙。東馬城中塵似海，多君不到野人家。壬寅夏日 徵明 □文印徵明 □徵仲

陸包山水墨玉簪幅

紙本高四尺零一分 闊九寸

書画録卷三

乙

玉簪閑向空階冷。獨立偏秋意自猜。若使指靈當下見。快疑

釵殘缺二字、疑作釵復飛來。包山陸治、□陸氏叔平 □包山子

○蘭陵 □古吳繆氏妝藏 二印在右方下押角

文三橋山水幅 紙本、高一尺四寸六分、闊八寸七分

新柳鵝黃近釣磯。桃花初發映柴扉。山居鎮日忘塵慮。惟有常簾燕子知。秋霖初霽、戲筆作此、三橋文彭、□文彭 □文壽承氏

孫雪居鍾進士立軸 紙本、高二尺八寸八分、闊八寸五分

午日寫、雪居、□漢陽長印

陸五湖桃花源圖立軸 紙本、高一尺七寸七分、闊八寸四分

□師□道 印在右方下

桃花源記并詩、畫高以上書於上方、全文不録、 陸師道書并畫、□陸子傳

華新羅淵明歸趣圖幅　紙本，高三尺七寸四分，闊一尺七寸四分

乙亥冬日，摘淵明句為圖，園日涉以成趣，撫孤松而盤桓。　新羅山人時年七十有四。

□游戲引首　□華嵒　□秋岳　□離垢居士

徐俟齋芝草幅　紙本，高三尺六寸五分，闊一尺六寸六分

神芝挺九莖。嘉名蔚三秀。綺皓託幽姿。佺期永年壽。仙都有丹闕。維此神芝藪。五色今非老。為最皆瓊玖。海上有仙山。芝草成宮闕。縱廣逾方丈。離奇不可說。神仙於遊處。俯復供采擷。安坐共圍棋。未遇丹洲擷。辛未秋日，畫於澗上草堂。　奉餘山人俟齋徐枋

□徐枋之印　□俟齋　◯上沙引首

◯笠山永間　□居易堂記　二印在左方下

□徐伯子俟齋畫記　此印在左方下

王石谷秋柳　高一尺三寸五分，闊七寸九分，紙本

庚申十月廿日，暮燈拈此。石谷王翬　□石谷子　□王翬之印

不傍朱門傍小家，夕陽明滅酒帘斜。鶯兒燕子歸何處，忍耐凄涼祇暮鴉。此余秋柳詩之一也，因爲石谷先生題畫。查昇

□查昇之印　□秉水唐氏　□綠溪山莊收藏之印　□拙佁氏　三印皆左下押角

王覺斯字幅　綾本，高五尺零九分，闊一尺四寸一分

紫藥對師池，浮生半不閒。詩如島外鶴，寒得雨前山。大地煙花裏，微風靜默間。殘編翻水事，季月知秋還。吾天界寺僧谷語。覺拙覺斯　□煙潭漁叟　□王鐸之印

陳香泉字幅　綾本，高三尺五寸，闊一尺三寸

倚溪侵嶺多高樹，詩酒書棋有小樓。鶩起鳶飛起雲根，一渡秋去却回頭。　□御賜日巖首引　□陳印奕禧　□六謙　款奕禧二字

邢 巽作邨

金罍道人水墨花卉立軸 紙本高三尺七寸六分 闊一尺零六分

擁瓦息遮小醉印孤勘。筆底餘狂寫玉簪獅子街頭通德衡。樓下多

寫一將 字題去 充綾子五錢金。 金罍道人 □雨溪 魚鳥 □文長 此印 引首

去年百葉僅遮根。今歲千花爛壓門。帶瑯銀鈕鷄綠腕。琵

琶玉肘滿烏孫。得叩髭底搔仍攝。曾記燕中買論畫。秋老矣。

落悄悴甚。啼煙泣露領江邨。 東白朝玉簪成四闋之作後書

此。 □鳳氣 邢人 □右下押角 不可識 □六角 所得 □百八磚 硯齋

王雅宜字幅 高一尺七寸闊八寸九 灑金粟箋紙本

旦發胥江口。經湖中瞻眺、三首、

瀛壖秀蒖蘩。地險藩山川。渾沌自太古。決瀦開吳天。仰欽咸

池澤。俯瞰東南偏。龍宮竭瑰麗。鮫室同淵泉。殊孚托晨陽

書畫録卷三　　三

吐。溟虛霄象懸。洪濤既瀰沵。列嶂亦迴延。雲標海上巘。石秀
鏡中蓮。開冬春肅氣。茫茫浩丟還。黃鵠有奇翼。六表恣周
還。僅遇浮邱公。叔忽蓬萊顛。風有邱壑尚。酒懷寓鶴蹤。
揚帆忽天璚。赤水駭虹龍。五湖寫杯掌。三州漫雲胸。金屏
匣地軸。玉鏡開天容。積翠四瀆並。浸維万谷宗。丹邱駐日月。瑤草
連春冬。絳氣恣蒙鬱。青霞何複重。仙人悅飛鳳。千載空芙蓉
喘歌委爵鼠。絕頂巢孤松。桌臨疑 印嗅 莊子意清暉。身師謁爲
瀨水宿。濟前瀨。蓍食凌霄嶂。雲帆詫多奇。處處石非一。飛龍
性已難。歸鷗機弥悅。藹雲兜戍翠。攘同后羣緒。帳蒼茫天外
孫溟洞風濤壯。去流伯禹功。長嘯鴻虞。散若人臣權。翔宇宙
空倚仰。威匹往不復朝。退來相弗賜。總書萬壑顛。根承三島上。

彼美戰勝覺。薜蘿遲在望。

還山三首

久厭歸西山。貰喧漫鞅掌。青陽麗江皋。芳草階所賞。巖餘白
雪停。水接紅霞上。地軸隱墳衍。天池匯決漭。蛟人靜西淵。多牝
遠清響。秀色浴層巒。虛光涵萬象。川原信洪瞻。景物羽嶠靄。
發於自靡靡。適性非外獎。彼美邛園宓。眷言興我想。　恭承
休明日。九軌今一家。進列館臺上。退列勢龍蛇。吾道苟不虧。安用
事咄嗟。山川日閑曠。土風頗清嘉。躡步凌絕巘。濯月玩歸霞。鳴
嚶藹以繁。陽林茀漸花。風光枝上泛。日采水中華。感物春殊結。
悟空理已遐。永言咏多懷。聊以遣紛拏。　環洲信玲瓏。灌莽何蔥
倩。中有方丈室。聊以酬清燕。對嶺屯白雲。齊林從碧蘚。時聞松

書畫録卷三　　四

操觚。日覧湖山亭。緑猱歡，獨待道書慵不老。多言謝丹鼇散
髮鄉環舟。顏懷康樂趣。壬辛壬子弁亭。寄言虞心人歲晚同
居春。　嘉靖壬辰春王月記旨，書於萬玉齋中。　雅宜王寵

□王履吉印　□韓齋　□受濺　□大雅堂引首　□吳愘之印　□蔣楷寶玩二印押尾

〇王叔明山水立軸　紙本，高三尺九寸，闊一尺四寸七分

黃鶴山中樵者王蒙，畫於京師龍河方丈。□王蒙　□叔明

□天游生　□全氏建美　□中人　□鶴居三印皆缺在右方下

□周　□伯二印皆缺在左方下

余見山樵名畫多矣，云不規摹古人者，雲林所謂五百年來云云
此君，不虛也，然諸樵中以仿董巨為最，此幅仿巨然，又叔明平生
第一得意筆，得此幅，諸叔明畫可盡廢矣。　董其昌

画家以皴法為第一義，皴法中以破網解索為難，惟趙吳興得董巨正傳，每用此皴法，脫盡画史院庸史習氣。淋明是琅首甥，故獨似舅氏。此幅置吳興画中，不復可辨也。過蘄州泊舟江干書。丙申閏八月廿日，香宰。二題在右方庫中，上有印章疑是偽作

□移揩寶玩　此印在左角下

○惲南田蒼虯石壁圖立軸　紙本，高五尺一寸三分，闊二尺四寸六分

樛枝勢夭矯，忽欲攫拏虯。又如驚螭起，默與奔雷逢。螭虯君子身，直立撐鴻濛。終南与青都，煙雨遥相通。錯著青溪水榭，戲作蒼虯石壁，為上款殘缺一字君老年翁壽。南田壽平。

□惲壽平印章　□南田正叔　□南田花隱客　□雲溪漁父　二印在左方下押角　□長洲王時新月軒氏藏

今人皆知南田之画獨絕一世，要知先生以一腔塊壘消為光風

露月襟懷故落筆自有一種瀟洒出塵之致若徒以筆墨求先生者豈真知先生者耶從之覽斯画者可想見先生之遺風矣壬午夏至後一日賀天鈞題 □賀印天鈞 □紫薇 此題在上前方之右

○王石谷仿癡翁山水立軸 紙本設色高三尺八寸四分闊一尺七寸

□太原 引首

雲多不計山深淺地僻絶無人往來莫訝披圖便成句紫川曾對翠峰湖 歲次戊寅春仲坐雨燕臺邸舍觀癡翁真蹟戲仿大意呈 古非年先生清鑒 王翬 □王翬之印 □石谷子

□澄懷館印 □耕煙散人 二印在右方下押角

草華秋鶴寫意月季立軸 絹本高三尺六寸二分闊一尺三寸一分

不困顏色如遂遠麝蘭鋪 新羅 □華嵒 □秋岳 下印在右方下押角

○王麓臺仿倪黄山水立軸 紙本，設色，高二尺七寸一分，闊一尺三寸一分

○ 掃花菴 引首

庚辰初夏，愚姪千兩同余北行，京江舟次，寫倪黄大意，筆墨未竟，入都後愚姪千欲以此圖轉奉 時翁老先生，以拙工而登匠石之門，小遲迴久之，度閣經年，今以南歸相促，不敢自匿其醜，點染成之，附以就正有道，愧未足爲清秘之藏也。 康熙壬午端月，婁東王原祁識

□原祁之印 □麓臺 □興與煙霞會 此印在右方下押角

□許焞收藏 在左方下押角

○惲南田秋色立軸 紙本，設色，高三尺八寸八分，闊一尺七寸

黄鵠紫鳳嬌欲舞，金幢玉節紛來迎。南山悠然忽在眼，滿手秋風參菊英。 丁卯秋白雲溪館製，南田壽平。□惲正叔 □壽平

書畫録卷三

六

○南田桃花立軸 絹本點染，高二尺，闊一尺一寸

□寄岳雲 印在右方上角

照水紅霞動，飲風翠帶長。偶從逢惠子，相與訪濠梁。 庚申暮春，偶過虞山，訪石谷王山人，因得晤 天涯張先生，傾蓋如平生驩，甚快也。暇日戲拈小詞，索予更畫桃花，并作荇藻游魚，以比莊惠之知云尔。南田草𢇁壽平。 □惲正叔 □壽平

○王煙客仿黄子久山水幅 紙本，高二尺二寸六，闊一尺一寸

仿黄子久筆。王時敏。 □王時敏印

陳篛亭二貓圖幅 絹本設色，高二尺一寸七，闊一尺二寸八分，鈎勒

野堂先生屬寫。時殘缺一字酉歲新秋後一日 陳桐。 □陳桐之印 □篛亭

（）華亭人 □破硯齋主人 二印在右方下押角

梁山舟字立軸 紙本，高三尺七寸二分，闊一尺一寸七分

夫太紘之山，難知易求，不天不地，不沉不浮，玄芝萬樹，絳樹特生，此一山也。長谷山杳杳巍巍，玄雲飄飄，玉液霏霏，有道之士，登山不衰，采服黄精，以致天飛，此二山也。皆古賢之所秘，子精思之。　山舟梁同書

□梁印同書　□梁氏元穎

此幅已贈錢深廬學博，聞尚存江右寓館。

錢野堂洋茶立軸 絹本，高三尺七寸八分，闊一尺六寸二分，鈎勒設色。

乾隆二年仲春月，畫于黔陽道署。□錢元昌　□朝采

自粵至黔，水陸跋涉，向嗜洋茶，不離襟帶，當冬春時，思此花不得，輒拂絹素為之，追想形色，此第二幅也。并録原題於左。時年六十有二。□野堂　□元昌　此題在款右方上。

花譜稱洋茶花以滇蜀為最，蓋未見洋茶也。滇花開極大，又勝

書畫録卷三　七

於蜀礦皆殷紅一色，若西洋諸種，自丹砂而遞淺至於人面紅，自雪白而稍深至於暈碧、暈紅、暈黃，重臺疊瓣，穠艷清雅，眾美畢備，洵是奇品。更或一花二色、或三色，又奇品中之尤奇者。余初見於廣溪寺前，名貴若異寶，云自海舶初致，竭力購之。及官嶺南，此花盈市，而價甚廉。後守桂林，遂遣舟由桂江而達廣州，盡購諸品，羅列於老桂之下，視滇蜀種若奴婢，況其他矣。野堂并題。 □野堂 此題在左方上。

○文休承山水幅 紙本，高一尺六寸九分，闊八寸七分，設色。

庚申四月，文嘉寫。 □休□承 □文仲子

際天春水碧於藍。掩映桃花一萬重。更上君山最高頂，洞庭渡島削芙蓉。与祁文登湖上諸山作 山中人王寵 □顧吉

青天倒影玻璃鏡。錦樹橫看翡翠屏。好景忽從圖畫見。只疑身在望湖亭。　文彭　□文彭印

春水溶溶淨遠天。吳山如在鏡中懸。桃花夾岸香風轉。落日輕帆蕩漾船。　袁袞　□袁袞印

□卧庵所藏　此印右方下押角　□表水袁氏　□朱之赤　□希之　□休寧朱之赤珍藏圖書　四印左方下押角

○冒巢民青綠山水立軸　紙本，高三尺零二分，闊一尺四寸三分

雲逸道兄正。　巢民冒襄七十又八作　□巢民冒襄印　□辟疆

□涉園主人鑑藏　此印在右方下押角

○倪雲林林堂逸致立軸　紙本，高二尺六寸九分，闊八寸三分

風雨破寂寥。客多墨瀋舞銀毫。題詩為報陳司勳。秋色荊溪艇子遙。與敬初別幾歲月矣，因寫林堂逸致，并題，卻寄。

書畫録卷三

至正辛未、滄浪湯士瑛 無印

髻影如煙帖晚秋。澹雲漠々雨初收。山僮忽報故人信、一幅新圖到渡頭。坐來繫舟、得倪徵君寄惠詩畫、即拈一絶

陳基、 □ 陳基印 □ 敬初

□ 婁東吳氏祠藏 此印在右方上 □ 無書藏 □ 与平欵首 二印在右方下

□ 延陵仲子大銓之章 □ 孫青一字樊川 二印在左方下 □ 汪氏吉香樓藏 此印在綾邊左方下

○孫雪居杏花雙燕立軸 紙本設色、高三尺四寸六分、闊九寸三分、

十里紅花媚。雙飛紫燕嬌。雪居弘、 □ 孫允執 □ 漢陽太守章

○無名氏杜文貞公像 紙本設色、高一尺五寸、闊七寸七分、 無名氏當作范子安、

唐工部杜少陵先生像、此原本乃趙承旨所摹、今藏維揚麥處叟、范生子安、摹以寄贈、格 格筆甚工、并録原題于右、

刪後騷餘代有聞。集成惟許杜陵人。憑誰寄語沿流者。流到江西不是春。 □壽 □平

杜工部像 四字隸書 像覃溪篆在右方上

杜公像有石本，今已不獲拓本矣。此幅神理完然。 □翁印方綱 □覃溪

吾觀少陵詩。謂與元氣侔。力能排天斡九地。壯顏毅色不可求。浩蕩八極中。生物豈不稠。醜妍巨細萬手殊。竟莫見以何雕鎪。惜哉命之窮。顛倒不見收。青衫老更斥。餓走半九州。瘦妻僵前子仆後。攘攘盜賊森戈矛。吟哦當此時。不廢朝廷憂。常欲天子聖。大臣各伊周。寧令吾廬獨破受凍死。不忍四海赤子寒颼颼。傷屯悼屈止一身。嗟時之人我所羞。所以見公像。再拜涕泗流。惟公之心古亦少。願起公死從公游。 道光十八年戊戌五月日錄半山題少陵像

書畫錄卷三 九

古詩二首於慎習堂、楓江羽翁小海、□翁雄印 □小蓬海 此題在上嵌幅

□男兒可儕焉 □曾在味辛軒中 二印在下嵌幅左右

○姜西溟字幅 紙本、高二尺零六分、闊七寸六分

□戲鴻 引首

春夜宴桃李園序、全文不録 姜宸英、□西溟 □宸英秋印

□釋六舟長物 此印在左方下押角

○董香光丹臺春曉立軸 紙本、高二尺九分、闊一尺三寸五分、不設色

丹臺春曉、山樵之筆、今年秋於惠山吳氏得之、擬為此圖、玄宰

□宗伯學士 □董氏玄宰 □秋崖玩賞 □虞平家藏 二印在右方下

□紅豆書樓 □琳美審定秘玩 □巢假司馬 三印在右方下

○唐六如秋林野興圖立軸 紙本設色、高二尺八寸四分、闊一尺二寸二分

唐六如秋林野興圖真蹟、神品　王穉登題、□穉登　篇題一條、附裱於幅

□南京解元　首引

石壁巉巖立、白雲覆復重、下有餐霞客、獨坐對青峰、正德四年三月吳郡唐寅詩畫、□庚申皇帝　□唐寅私印　□項子京家珍藏　此印在右方上邊下

□黃琳美之　□項墨林父秘笈之印　二印在右方下　□退密　□墨林秘玩　四印在右方上

□項元汴印　□子京父印　□項墨林鑒賞章　三印在左方下

○王石谷仿右丞江村雪霽立軸　絹本高二尺六寸二分、闊一尺二寸、設淺色、

王右丞江郊雪霽、歲次己未臘月、虞山石谷王翬、□王翬之印

□與子靜齋　此印在右方下　□栖碧石山房　此印在左方下　○烟嵐高騰、婁龍印

摩詰溪山今已無、千秋誰仿雪晴圖、人間妙許丹青在、畢竟風神讓古虞、取形園二世兄屬題、獅峰沈宗敬、□沈宗敬印　□南季氏

書畫錄卷三

十

林端積白雲。指南與指北。一幅輞川圖。還遜湍明霽色。誰為掃
袁川。深巖餘厚紫。忽有出人衍。倚然自來去。癸巳六月廿八日
為所取園之又題。退谷汪士鋐。□汪印士鋐 □退翁
破墨天然入化工。虞山不墜舊宗風。秦山寒雪圖何在。纖巧空
勞粉筆聊。所取園老先生屬題。徐葆光。□葆光 □澄齋 三題在上 截方白紙

○王煙客仿迂翁山水立軸 紙本高二尺九寸 闊一尺二寸六分

丁卯中秋。仿迂翁筆意。似 宸甫詞丈覽教。王時敏。□王時敏印 □烟客
丁卯中秋。舟泊金閶門時。毘陵唐君俞載雲林畫來。赴約方抄
待入眼。忽得宸甫所示孫遠之此圖。遂奪雲林之神情。觀止矣。
君俞畫出。知其去以尚矣。他時更求為宸甫作仿倪畫。並寧。 題在左方 上無印

○王元照仿王叔明山水幅 絹本、高二尺五寸四分 闊一尺三寸四分

叔明乃趙文敏之甥、故與學有淵源、然非得力於右丞、又焉能酷似其自寫也、此幀為其得意之作、元季四大家仿古、推為第一、觀此筆法、豈虛語耶、惟 東老道翁假政之 王鑑 □王鑑之印

○王麓臺擬雲山水幅 紙本、高二尺八寸 闊一尺三寸三分

○ 掃花菴 引首

余憶戊寅冬、從豫章歸、溪山迴抱、村墟層疊、頗似梅道人筆意、摹仿未能、夢見十餘年來心神澗曠、與有合處、方信古人得力、以天地為師也、庚寅清和既望、麓臺王原祁

□王印原祁 □麓臺

無名氏明妃立軸 絹本、高三尺零四分 闊一尺三寸六分

天山雪後北風寒。把得琵琶馬上彈。曲罷不知青海月，徘徊猶作故宮看。滄溟此詩，雖盛唐諸賢不能過也。此画不署名，然大有古人之意，爰取此詩題之。夢樓。□王文治

○王孟端墨竹立軸 紙本高三尺六寸四分 闊一尺零八分

毘陵王孟端寫。□王紱印 □游戲翰墨 □東居士 此印右方下押角

倚倚玉立兩三枝。彷彿瀟湘暮雨時。誰具無心經有節，淡來霜雪不雕欺。王曼。□宋晉國公之裔 □竜房拙中人 □東湖鑒賞 印在右方下押角

□蔣楷寶玩 印在綾廣左下

○王孟端山水立軸 紙本高四尺二寸四分 闊一尺零五分

□孟端 □游戲翰墨

萬古山川一鏡湖。層層曲曲見樓臺。雲隨曉月峰前墜，鷗逐春溪

樹裡來。西岸落花人蕩槳。半汀殘雨落街畫。霧屋何處有此
地。物外四時無點埃。豈但右軍多筆法。要知黃石是仙和。奔灘
觸浪飛鯨鯉。絕壁凝嵐風護翠苔。玉宇金堂疑太華。紫芝誤
草、憶原誤傍蓬萊。相看六月不知暑。一榻清風真快哉。
吾弟畫端、學以成於己、而德蘊諸內、三餘之暇、工畫、印高出人意
表、雖古人不過也、黃君林洪、吾之至友也、書無不讀、而術無不
精、兼醫卜耕稼之藝、亦用心焉、今觀畫端為林洪畫此圖、筆
法高古、用意精深、一幅之間、而眾妙咸備、豈二人道術相忘不
求而自工耶、抑豈道眼相燭、不敢相欺、致如此之精耶、嗚呼、
天地之間、未必無荊玉也、卞氏不生耳、大抵有卞氏、則荊玉自
然出矣、二君子好古而尚志、趣清而才廣、豈無識之者哉、苟

書畫録卷之三　　十二

有識之者以知吾言之不妄謂矣。洪武丙子耐軒居士王達識

□王達善氏　□聽雨軒　此二印在右幅上

前山後山蒼翠深，大樹小樹寒蕭森。不知何處打漁者，暮泊船溪水深。徐賁　釣魚叟　□陶琢　此二印在右方上

□臥生　□菊澗　□東南之美　□臥庵所藏　□休寧朱之赤珍藏圖書　五印在右方下

□朱之赤鑒賞　□蘧然家印　二印在右方下押角

○倪雲林墨竹立軸　紙本，高一尺三寸，闊一尺四分

吳淞江水似清湘，煙雨孤篷道遠長。寫出玄叢腸斷句，鷓鴣啼處竹蒼蒼。丁丑七月八日畫贈彥學辭文。懶瓚

□希之　□文伯仁德承章　二印在左方下押角　□夢華　在右下後邊

○董香光神樓圖幅　絹本，高二尺一寸九分，闊一尺

壬寅新秋董玄宰画 □董其昌印 □画禪引首

劉南垣大司寇僑居吳興，欲構一樓，每長物無辨，文徵明作神樓圖贈之，樓構有長歌紀事，予此圖仿之，乃繩齋守余郡時作也，今日過東昌，其長公携以見示，蓋三十餘年矣，不勝感慨重題于官舫中，甲戌四月十九日也，董其昌時年八十歲

□宗伯學士 □董氏玄宰

文太史神樓圖，余後得之苕中，癸卯贈繩齋，年丈不知存否

二題在上，款方絹上 □夢華 在後 跋在

宋石門山水幅 絹本設色，高二尺七寸六分，闊一寸四分

萬麻甲辰冬日，石門老人宋旭時年八十 □宋旭之印 □宋氏初陽

華秋岳蓉蕪春晓圖幅 紙本，高二尺七寸，分，闊八寸九分

書畫録卷三

新羅山人品寫于解弢館 □華喦 □布衣 此印在右方下押角

翟琴峰臨清閟閣幅 紙本高三尺七寸 闊九寸三分

壬申十月望後臨倪高士清閟閣圖呈 蓀窓四兄夫子一教

予友胡蓀窓上舍爾汝故物也向藏予家生見而愛之索去

翟繼昌、 □翟印 繼昌 □琴峰

○王孟端山水立軸 紙本高三尺二寸五 紙闊七寸一分

王友石山水真蹟 半偈菴重裝 □稱 □登 此題簽紫入綾邊內

□孟端 □非戲翰墨 □蔣楷秘玩 在綾邊右廉

朱娛村愛蓮説立軸 紙本高三尺九寸二分 闊一尺六寸九分

□娛村 首封

周子愛蓮説、全文不錄

乾隆庚午六月廿有六日、過倩復與長兄書齋見盆荷數種大關清香滿座，因書周子愛蓮說，以奉清玩。㙜村弟朱稻孫。

□朱稻孫印　□稼翁

綠雲圖五軸　絹本，高三尺六寸又三分，闊一尺一寸八分，設色。

幻月為雲未可知，多應留命在花枝。年年一樹梅花發，便是蘿郎再見時。　夢禪居士題月禪畫。□王氏禹卿　□夢樓　此題在幅左方上

香閨才調如相如，和淚重看錦字書。四十春光鶯燕夢，畫殘雲下月殘初。　碧雲信斷悵春風，開落桃花廿載中。應是前生仙島客，人間小別補伴詩翁。　廣陵才名契夙緣，錢塘招下兩心憐。那知依舊吳山綠，勝鬥春明柔翠鈿。　別話深情黃絹帶，舊煙餘恨總縈思。西江此去移官艇，且聽清歌倚雪兒。　研齋先生擅作者之風騷，寄贈君之煙月，羅專瑞去。

書畫錄卷三　而

情緒絳雲二千年仙種梅花作雨偏成紅淚三千里春宵燕
玉媛煙儂伙寒煙非徒詩剪綺裁緒雅獨擬吟樹咏絮何
堪慧業竟宗生天蒹葭類煉孰捉綢繆之駕鳳圖寐寘
難延光碧之螢情多勝彼崔郎去縷一面神悼深於荀令
伴衹四時為題金粉香雲夜解幽思於白下長溯綠波芳草
強添別緒於江頭 星橋硯宗泰拜題□宗泰□星橋 此題在右方上
綠雲易散琉璃脆。千古傷心一夢同。夜事空聞又吹落。梅花
爭不怨東風。 弦支酒肯守春歸。便逐風花一霎飛。而君花
前開無慮。餘香猶發上朝。 董香小像佛燈前。琉璃墨名
因果妙傳。天與多情餞慧業。故令心許到神仙。題奉 研齋
三兄大人正之、 平湖弟沈初、 □沈初 □云椒 □香草溪 此題在後邊右

燈不分明酒不濕。深宵作辦掩朱門。畫師縱有銷魂筆。難寫
斜陽一片痕。何事春風送玉簫。羅幃猶繫舊紅絲。九衢燈火
明如晝。悔聽鐘敲事早輸。　西江江上水東流。莫捲朱簾獨上樓。
今夜百花洲上月。饒人斷恨到西洲。奉題絳雲閣。即請　研齋親、
家大人吟壇誨正。时癸丑仲夏。百花洲寓齋。與子盖比鄰也。姻愚
弟王文治。　□文□治　□曾經滄海　此題在後邊左

絳雲別誌　□松石閒意

姬姓田氏。燕京故家女也。母夢桃花滿林而生。因名絳雲。賦質
幽閒。性復聰穎。年七歲。即知茹素禮佛。口誦心經。不失一字。及長
凡讀書刺繡。玥門弈彈琴。妙有風解。皆不習而能。父母相繼殁。托
於舅氏。舅氏家多道重。擬以姬為人小妻。一時貴遊皆往請。姬深

書畫録卷三　　十五

不自顧、昌男氏詰之、雅白、犯衆与禍、命也、不敢怨懟、若復失身匪耦、則重辱也、世間紈袴之子、日在喜粱醉夢中、豈知惜玉憐香者乎、昌男氏不之強、歲庚戌、余需次春明、旅閒不自聊、老友蔣明府名式者、客於京、憐余客況、為余謀置妾、以慰悲懷、有為絳雲謀者、齊君崑遷老妪達其意、因往視焉、容色殊麗、舉止安詳、靦靦有林下風致、余心竊喜之、其男氏以余家未豐、而齒較長、欲阻其事、雅告男曰、向以女鄰於擇對、為惑正以未得其人、而有待也、今既得之、乃覿面失之乎、我觀康察、神氣恬密、丰度端凝、其內蘊誠篤、純無輕薄之習、我若耦此君、終身有託、死亦無憾矣、乃於長至日、問雅而下吉焉、雅既歸、風期清逸、雅淡自好、帷房之內、不蘭麝而自馨、不綺羅而自艷、暇日學殘縱觀搦管題詞、烏絲小令、秀逸宜人、余悦其慧解、益加憐重、閨中如良友焉、每聞墻東尼菴誦經、歡躍然抱出世想、間與之論古今事、輒能知大義、清辯滔滔、與余交多合、真夙根人也、歲將除、姬抱寒疾、頗念客齋餞臘、未免增岑寂、晚宴強起侍醼、圍爐守歲、夜漏將闌、病容不支、余促其就寢、姬曰、一年但存此夕、安可易視之、黎明、余將入朝賀、姬復謂余曰、燕京風土、與南土異、五更嚴寒、稍不謹、即嬰疾、乃手持貂裘為余禦寒、迨朝罷歸來、而姬以病勢轉劇、急延醫審候、已不治矣、問有何語見囑、唯伏枕流淚、不能成聲、越一晝夜而逝、時辛亥正月初二日、年纔二十耳、哀哉、姬死後、容色榮逸如生前、惟殁於倉卒間、未得倩畫師圖其形貌、為恨事、先自是姬

書畫録卷三　　六

殁之前十日，偶抱微恙，翌日即瘳，挑燈對坐，忽謂余曰：妾少失父母，常恐淪落，偶以果終身，自侍巾櫛，寵遇優渥，匝月恩情深於百歲，妾願足矣。聞吳中山水秀麗甲天下，他年追隨林下，舁籃輿，棹畫舫，遍覽名勝，亦人生樂事，不知妾有此清福否？語次若不勝慘戚者，並爲余言：妾夢不祥，恐命止此。泉再四詰之，乃曰：前夕夢登一小樓，樓之外絳桃一樹，芳菲可愛，憑闌遠望，有執拂垂髻人自雲中冉冉而下，謂妾曰：汝不宜久居此，盍隨余去？妾未及答，又曰：人生如花開花落，韶華佳景能久恃哉？瞬眼之間，花飛夢醒。余聞而詫之，孰意此夢竟爲先兆，恨與余年齒不相若，居處不相近，三千里外，若寄身以待余之至者，非有夙世緣不及此，乃結褵僅四十日，既天作之合，而又靳其緣，若是回首

惘然如夢中事未免有情曷能自已哉爲作別誌 百花主人識 □陳文文印 □研齋 此題在上嵌方

陳章汀林泉清話圖立軸 紙本設色高四尺二寸五分闊一尺五寸二分

林泉清話 辛丑花朝仿趙文敏筆意 白堤夜隱陳壿 □陳壿 □章道士

方蘭坻水墨花卉立軸 絹本高四尺九寸八分闊一尺四寸二分

玉潭居士有此圖見於太倉金氏即仿其意 樗菴方薰 □方薰印 □蘭坻

奚鐵生水墨花卉立軸 絹本高四尺九寸八分闊一尺四寸二分

嘉慶丙辰冬日仿陳道復筆意 鐵生岡 □鐵生 □奚岡之印

余秋室美人立軸 絹本高二尺四寸四分闊九寸六分

書畫録卷三 完

嘉會姚孫自三晉致書索予所作仕女時嚴冬未及搆思因撿舊日存畫同此幅寄之　秋室記　□余集之印

費曉樓桃花仕女幅　絹本直四尺一寸九分　闊一尺二寸七分

西吳費丹旭為別下齋主人作　□費丹旭印　□子苕

別下齋書畫録卷之四

海昌　放菴主人蔣光煦編
寵苞居士許夫治校

□王若水花鳥（翠花）立軸　絹本鉤勒設色高二尺七寸一分闊一尺三寸二分

若水王淵畫 □ 若水小

溪邊簇簇錦映波。流飄泊何如有釣舟。紫荇蒼莎成益友。天空雲淡禾禁秋。　隴西李洞拜手 □ 李洞之印 在右方上

簇々復悠々。年々拂渴流。羞池伴黃菊。雅澹過清秋。夜帶鳴蛩急。寒藏鏽灘鷗。倚溪歸已晚。憑仗繫扁舟。　北燕喬簣成仲山父題 □ 喬簣成印 在右方上 □ 喬氏珍秘 在右方下

金風颯々送新凉。景物偏宜秋夜長。滿目蕭騷無限思。野

芳何處發幽香。南村陶宗儀題 □陶印九成 在高詩下

□吳興沈氏家藏 □黄氏珍藏

○莫江上山水小幅 絹本高一尺八寸闊八寸三分

□鶖池閒 引首

望見巖頭雲吹作林間雨。遥憶所思人。渺渺隔南浦。甲子春日仿米老墨法 江上外史笪重光 □江上 □笪印重光

□吳氏珍藏 在左方下押角

○吳漁山雪景立軸 紙本高一尺二寸一分闊九寸九分

辛丑夏秋之間為 孝翁先生擬勝國名家筆意。虞山吳歷。 ◯漁山 □石氏 在右方下押角

○文衡山山水立軸 絹本設色高一尺六九寸九分闊八寸五分

胥臺山楚麓太湖涵。遠水兼天日夜浮。誰在夕陽居閣上。渺然

天際見歸舟。　癸卯春仲同　禄之泛舟出胥口。舟中漫作

徵明。　□〔文印 徵明〕　□〔惟庚寅 吾以降〕〔右方下 押角〕

○文五峰溪山積雪立軸〔紙本淺色。高二尺六寸 闊九寸八分〕

谿山積雪〔四隸字〕　五峰文伯仁寫　□〔五峰〕　□〔文伯仁〕

○王石谷仿唐六如小景幅〔紙本高二尺六寸五分 闊一尺三寸七分〕

浦樹冥冥綠未齊。雨晴泥滑鷓鴣啼。相思不見江南客。一面竹

枝春日西。　癸丑四月十八日。坐雨小樓。戲仿六如居士小幅。適讀白

石翁絕句因録於左。　烏目山中人石谷子王翬。　□〔王翬之印〕

□〔困學齋〕〔印在右方下押角〕　□〔錢氏天樹〕　□〔錢氏味夢軒藏〕〔二印在左方下〕

○王忘菴水墨花鳥立軸〔紙本高二尺五寸 闊一尺一寸〕

書畫録卷四　二

○吳趙 引首

歲寒三友而松柏迺見長。獸有山茶花，姝殘亦不除。朱英堪瑞雪，碧葉耐凌霜。居然松柏助，以觀士輝光。松柏其後凋之質，凌寒蒼翠，獨見其姜，而山礬之種，乃能於冰雪嚴凝之時，鈐（衒）其嬌（艷）媚，是志抱貞而不與衆卉爲伍者也。戲以水墨爲之，更覺清新有致。壬午仲冬日，忍菴武 □王武私印 □勤中

□行素藏珍　□式錫已珍賞　二印在右下

查百華山水立軸　絹本，高二尺五寸一分，闊一尺三寸二分，設色。

新綠迎春柳，暮雲横古寺。遙憑欄聽曉鐘，瀟洒忘塵世。

海昌查昉　□查昉之章　□白陽居士　○射圃 引首

錢獻之隸書立軸　紙本，高三尺零九分，闊一尺四寸二分

孔門傳經本有分科如游之禮夏之詩是也漢時去古未遠師徒授受各有專　錢坫　□錢坫之印　□獻之

費晴樓梅花仕女立軸　絹本高四尺一寸九分　闊一尺二寸七分

己亥冬日西吳費丹旭為別下齋主人作　□子苕

○吳漁山山水立軸　紙本高三尺一寸二分　闊一尺二寸

○漁山　引首

嵐氣初收露色開高松卓立白雲隈不將粉本為規矩造化隨他筆底來　丙辰二月十一日　歙山吳歷　□吳歷　□墨井

□延陵　□梅溪居士　二印在左方下石上　□芙水張蓉鏡心賞　此印在左方下押角

○惲南田山水立軸　絹本高二尺九寸六分　闊一尺四寸一分淺色

南宋人惟李晞古畫法奇峭故六如居士宗之予此圖兼採

書畫録卷四　三

兩家之勝趣。丁巳長夏，南田壽平。　□壽平　□正叔

○王煙客臨良常山館圖立軸　紙本，高三尺八寸四分，紙闊一尺六寸

甲戌初冬臨大癡老人良常山館圖。西廬老人王時敏。

□王時敏印　□煙客　□吳越錢氏鑒藏書畫　此印在左方下

○王廉州長松仙館圖小幅　絹本，高一尺二寸六分，闊七寸九分

甲寅初秋仿北苑長松仙館圖於虞邨家館。湘碧王鑑。

□王鑑

○冒巢民花卉立軸　絹本，高二尺九寸一分，闊九寸五分

潘郎擲果盈車日，那有心情惡歲寒。十兩黃金買我畫，知伊原是舊儒酸。癸酉冬仲望後一日，巢民冒襄。　□巢民　□辟疆

□辟疆園　此印在左方下押角

何義門字幅 紙本，高三尺七寸三分，濶一尺四寸七分。

林隙陰崖霧香冥。石根寒溜玉玎玲。雲來朔漠疑秋早。小逕清涼覺地靈。靜愛鳥聲存野調。閑嫌人跡帶塵腥。南宮說有金銀第。可是菩提要士星。書似 董林年世兄 義門何焯。

□何焯之印 □𡸇瞻 案先生本字屺瞻，此印作𡸇瞻，疑早年字。

羅兩峰光風精蕙圖立軸 紙本，高三尺四寸，濶一尺五寸三分。

光風精蕙。 蕙本蘭之族，依然臭味同。曾為水仙佛。相識楚詞中。幻色雖非實，真香亦竟空。云何起微歎，鼻觀已先通。

兩峰道人羅聘。 □羅聘私印 □兩峰 □月泉吟社 此印在左方下押角

王夢樓字幅 紙本，高三尺八寸，濶一尺零七分。

□掃葉山房 引首

書畫録卷四

四

偶向僧房宿，自然幽興生。當門圍樹影，隔院遠鐘聲。雲老新晴溼，江綠曉月清。晴懷宜野逸，不是愛逃名。宿寶蓮庵作

寄奉芷塘吾弟正政，時壬寅冬十月，夢樓愚兄文治頓首。

□文治私印　□文章太守

方蘭坻水墨山水立軸　紙本高二尺五寸二分，濶九寸五分

碧山樓外晚來晴，雲物多增老眼明。願賃一椽邨舍住，石耕溪釣舉家清。陸天游山居圖，有高蹈絕俗之意。昔人作畫，未不以筆墨工拙為能事也。乾隆甲寅秋八月白露後五日寫於山靜居。樗盦方薰。□董□士　□蘭可為知者道　此印在右方下

薰　此押在右方上　□鄂盟心賞　□椒花館　二印在左方下押角

吳鎮生溪山煙靄圖立軸　紙本高二尺八寸四分，濶一尺五寸五分

仿井西老人溪山煙靄圖、辛丑八月、錢生奚岡、

□錢生　□奚岡　□鶴渚生　此印右方下押角

桂未谷隸書幅　高麗紙本、高三尺零二分、闊一尺五寸、

門外晚晴秋色老、萬條寒玉一溪煙。　瀆井復民桂馥

□桂馥之印　□未谷

王蓬心水墨山水立軸　紙本、高三尺零二分、闊一尺六寸二分、

進脩婿有志于六法、從余一載有餘、頗通其意、方謂相聚日久、不難盡得此中機趣、不意今當遠離、作此爲別、他日重至京師、余尚健在、進脩其以所作印証可也、　蓬心老拙宸、　□王宸之印　□蓬心

□小廣且易　此印在右方下

○王孟津字幅　綾本、高六尺五寸二分、闊一尺二寸八分、

書畫録卷四　五

眼食發詐、使來今地實難為識、若所以為識、政在此耳、奉別吿(者)

丞安和慶屢、極冷、不審尊體復何如、敵之、皆如(如)復不勝　辛

丑二月、王鐸為兄(允)翀老詞丈、　□王印鐸之　□宗伯學士

○周少谷設色花鳥立軸　絹本高五尺一寸　闊四尺四寸八分

不書款、　□周印之昆　□服卿

梁山舟字幅　紙本高二尺八寸八分　闊一尺八寸二分

明夜、月照積雪。大江流日夜。客心悲未央。澄江淨如練。玉繩低建

章。池塘生春草。秋菊有佳色。信千古奇語、不必有所附麗而文

章好境即此瞭然、齊隋以還、神采都盡矣、　董華亭語、　山舟

梁同書、　□梁印同書　□梁氏元穎

○姜巢雲梅花立軸　絹本高五尺三寸四分　闊二尺七寸八分

甲寅秋杪畫祝公老道兄尊堂太夫人六十榮壽。巢雲壽

泓 □壽泓之印 □在湄文

萱色輕黄綵服新。海濱借隱祝長春。寒香晚節孤高甚。想

見堂前拜母人。題贈 公老道兄 查昇 □查昇之印 □查聲山

汪石如鍾進士圖幅 紙本高二尺八寸四分 闊一尺八寸五分

辛卯夏五。石如居士汪介畫。 □汪介之印

○周草庭墨梅立軸 紙本高三尺一寸三分 闊一尺八寸四分

草庭 □德元 □冲壺秋月 □泼踏饕思 □崔印之美 □天○文 三印皆在右方上下

草庭姓周，名號，字德元，草庭别稱也。世居太倉，後徙昆山。父迪

母鄭，生而秀爽，長且嗜學，學成，閉門授徒，當道聞之，而以賢良

薦至京，辭歸，疊湖石為山，構樓于 旁缺二字 吟自適，善詩文，家

書畫録卷四 六

緑慕會稽王元章陳憲章乃寫梅花妙奪天巧抗行二公云殆俠奇高士也萬麻癸酉海鹽沂陽王文祿識

□沂陽 □文祿 □世廉（識在左方） □蔣楷寳玩（此印在左下押角）

○倪文正公水墨瓶花立軸 紙本高四尺二寸五分 闊二尺二寸四分

鴻寶璐庚辰湯兼 □倪印元璐 □鴻寶 □雲中白鶴（此印在左方下）

—|—

（橢圓印）古香樓 □汪季青珍藏書畫之印（二印在左方下）

朱子穎山水立軸 紙本高二尺九寸五分 闊一尺六寸三分

春風春雨柳毿毿。一片春波一葉帆。都炎涼官粗眷甚。不堪描

向大江南。朱孝純醉題 □孝純之章 □子穎文

翁覃溪字幅 高麗紙本高三尺二寸 八分闊二尺二寸

（圓印）長生未央 引首瓦當式

淡墨秋山畫遠天。暮霞還照紫添煙。故人好在重攜手。不到平
山澂五年。米芾、　臨海岳帖為慎齋老世兄鑒　翁方綱
□翁印方綱　□覃溪

○項易菴山水立軸　紙本，高二尺六寸四分，闊一尺六寸三分，淡色。
松亭閒適、　古胥山樵項聖謨畫、　□項印聖謨　□狂吟客
□項伯子不一平氏　此印在右方下押角

蘋南女史水照立軸　絹本，高四尺六寸七分，闊二尺二寸七分
人間此趣在仙家。採藥歸來日影斜。自覺春衣香滿袖。步因山
徑在松花。　屈指遥知歲月過。靜中此趣得天和。此生与世無留
戀。不把閒情似女蘿。　石橋流水萬株松。小鹿閒眠芳草叢。白鶴
相隨長作伴。丹爐一點火微紅。　冉冉流光日漸曛。閒花野草畫

書畫録卷四　　x

氤氲不知青鳥何時至。嵗嵗山前望彩雲。洞門雖設常常閉。只許靈禽獨往還。閬苑瑶臺誰可到。羅仙一去渺難攀。冰蠶沿澗鳥關關。荷鋪提筐帶藥還。曲徑高低在袂溼。山風吹動亂雲鬟。 季錫自題 口季錫 口蘇南

口徐欵 口赤臨 此兩欵在左方下

費曉樓仕女横幅 絹本高一尺三寸四分闊二尺五寸二分

七絃欲整調新絃。倦倚石牀獨睡眠。惺忪好夢記初回。一桁桐陰墮秋涼。丁酉秋日為 生沐仁大兄正屬。 曉樓丹旭 口子苕

沈竹賓花卉横幅 紙本

仿白陽山人筆意。 生沐先生屬即正。 竹賓焯 口沈焯 口竹賓

王夢樓書卷 紙本高八寸七分長三尺七寸八分

□ 柿葉山房 引首

重陽後一日，晝晴，与張前齋、寶巖諸子補登高於凌江湖，时將為楚遊。

江湖西風上布袍。華顛對客尚能豪，眼看秋雨重陽近。心惜黄花一（下一字似是邑字）樣棚。勞芰水連天將望鄉，暮山銜月且登高。鄉園全節殊難值。為我燈前畫濁醪。

同年家梅岑觀察以平定句補苗人事略見示，為記，以詩兼用志別。

楚塞萬重山。苗民忽逞頑。弓刀乘險入。笳鼓唱歌還。探穴金湯膽。縱邊略見斑。畫將慈惠（下脫一字疑是字）運用在兵間。卅載長安邸，相逢兩鬢星。宦遊成底事。幸昔皖曾經。戎政書生

書画録卷四 八

頫仁巖過客聽。張帆明日去。惆悵岳雲青。

爲孫趙梁寫蘭，雲巖山人題絶句以贈，次韻謝之。

兒童憐我楚江邊。遠寄蘭心碧影流。多謝詩人香草句。

微波欲拂洞庭秋。

梅花庵

梅花花樹豔猩唇。曾占名葩舊日春。門閉不逢前度客。溪山欲謀再來人。紅迷夕照還如夢。綠盡天涯獨愴神。我願大千花世界。有花開處畫詮真。

嘉慶初元丙辰一陽來復之日，偶錄舊作於小止觀齋　吾餘居士王文治　□文治私印　□文章太守

黄秋士西山紀遊圖小横幅　紙本，高八寸七分，長一尺二寸六分

辛丑春暮，生沐先生偕硯農徵君，爲吳中西山探幽之勝，各有所作，屬補圖是圖，以紀一時興趣，即請教正。　秋士黄鞠

□日鞠之印　□秋士

梁山舟奚鐵生書畫扇面合幅

子美自許稷與契，人未必許也。然其詩云：舜舉十六相，身尊道何高。秦時用商鞅，法令如牛毛。自是稷契輩人口中語也。又云：知名未足稱，局促商山芝。又云：王侯與螻蟻，同盡隨邱墟。欲聞第一義，回向心地初。乃知子美詩外，尚有事在也。　詩之敍律至唐始成，然亦多原六朝，有意而造語工夫，各有徵狀，何遜入西塞山詩：薄雲巖際出，初月波中上。至少陵江邊小閣則云：薄雲巖際宿，孤月浪中翻。雖因舊而益妍，類獺髓補痕也。　宋人詩話二

別書 蛾子便面上，子翁小舟。 □山舟

仿石師道人臨北苑筆意，為蛾子一兄。乙卯九秋錢生棨同

□棨泉之印 □棨同

王酉室詩卷 紙本，高八寸七分，長三尺四寸四分

○酉室肖形

合石湖宴，分韻得談字。 □吳印中孚 □一字守愚

芳筵人節越城南。湖景良朋得笑談。柳外旗亭喧社鼓。竹間香室淨禪龕。迎春賽勝花爭巧。試暖瑤梅蕊蕊字原脫，補末句後尚含。興洽任教歸路晚。羽觴弄月不辭酣。

花朝宴徐氏園。

連雨欲回游飲興。新晴剛喜及花期。名園佳麗真堪賞。勝友逢

迎不待招。邀。晚晷暮驚拈。彩席移。青雲借向酒杯浮人生燕
樂非容易。莫負風光對柳條。
上巳游石湖登上方作
三月暮春春服成。勝遊觴詠暢幽情。已聞瀚海煙塵掃。更
愛澄湖雲霽明。臨水徜徉修禊事。登山悅懷御風行。及時為
樂輸吾輩。肯負滄洲鷗鳥盟。
暮春望日游虎邱作
春游虎阜湯登臨。花事今稀綠滿林。望支層霄添秀色。坐
來高閣從重陰。香浮酒醆蘭熏氣。簾轉鶯啼鳥和音。意賞
不嫌歸棹晚。青看碧月上波心。　穀祥　□祿之　□宗辛之居
□吳印中孚　□一字守愚　□及魚秘玩　□吾進秘印　□竹素書房　□大來吾氏書畫記
書畫録卷四　十

王煙客山水横幅 紙本、高二尺二寸 長三尺五寸五分

癸丑初秋、屏跡西田、仿董北苑筆意 西廬老人王時敏

□王時敏印 □煙客

汪退谷字横幅 紙本高二尺二寸三分 闊三尺零二分

虞伯施少受學於顧野王、野王嘗夏日閑憚散使喚云、伯施
採筆便成詩曰、垂緌飲清露、流響出疎桐、居高聲自遠、非是
藉秋風、野王喜曰、此子沈靜寡欲、當享大名於天下 汪士鋐

□松南居士 □汪印士鋐 □松齋 首翻

王東莊山水卷 紙本、高七寸一分、闊二尺六寸、紙稍殘缺、

余昔好游、跋渉四方、倦而帰隱、受海浪 下殘缺四五字、 不復遠行、盖得
内人相助之力也、 敬翁老先生、曽作勸耕歸詩以贈、付聚

珍藏下缺二字賓、沒曺遺海、潮漂浸、遂失此詩、今復憶録出下缺二字

寫其面呈政、聊寓拋磚之意云爾、庚午春日、仿子久筆於寒

香湖、王昆、□王昆之印 □和日 □龍道人 此印在下押角

李檀園書寒山詩卷 紙本、高一尺一寸九分 長三尺四寸四分

寒山詩九首 全文不録、

病中久不事筆墨、從豫章讀寒山詩、可當良藥否也、因得宣

紙謄寫數篇、戊辰夏午月、誰念道人李流芳識於檀園蘿

龕、□李印流芳 □長蘅氏

張洲昭花卉屏幅 絹本、高五尺零九分 濶一尺二寸九分 設色、

第一幅 杏花碧桃黃薔薇、□蘋花館 □蓴搭 以下印皆同

第二幅 玉蘭海棠桃花、

第三幅 諸色牡丹
第四幅 蜀葵夜合
第五幅 五榴梔子
第六幅 荷花鷄冠
第七幅 秋葵老少年秋蘭
第八幅 梧桐牽牛菊花
第九幅 蓉桂
第十幅 山茶水仙
第十一幅 梅花
第十二幅 秋白竹月季 翁首道人張昉惠于吳廷齋中
□張昉之印 □材昭氏

王夢樓摹古屏幅　紙本，高二尺五寸六分，闊一尺一寸九分。

第一幅　使夫忠者遂節，通者義著，昭之東海，屬之華裔，澤如春下，應如草，道光宇宙，賢者託心，鄰國傾慕。梁穀以為大書，而神氣自合。□文章太守　印下皆同

第二幅　献白，極熱，敬惟府君此月内得書來，時我日間希消息中渡如何。憲侯極熱帖

第三幅　張翰字季鷹，吳郡人，有清才，善屬文，而縱任不拘，時人號之為江東步兵。歐陽率更

第四幅　昨夜大雨，所料道計不堪矣，已使旋行，訖，即百方作通，猶雲狀，首得永康探狀。北海縉書三帖之一。

第五幅　公權蒙詔，出守翰林，職在閑吟，親情囑託，誰肯遵

矣。深察感幸出權呈。 柳誠懸。

第六幅 秉質端和，藝理優暢，早膺秀茂，俱列士林，或見義勇，或登高能賦。 徐少師書朱巨川告。

第七幅 我欲乘輕舟，東訪赤松和蓬萊，不可聊，弱水三千里。不如金山和清風來帆耶。 坡翁妙高臺詩

第八幅 桃李無言〻之王廿風。黄鸝唯見綠，恩和人言九事以為律。從有江船，吾欲東和。 黄涪翁。

第九幅 聽仰門榮，情誠雖勤，禮隊之禮，殊為曠闊，近者伏承移鎮并州，寄倚國重。 蔡君謨尺牘。

第十幅 金中央之陰陽之所交者，之陰陽交而生濕，濕生土，所以成變化而行鬼神，皆不出乎此。 宋葉陽易義。 夢樓王文治

□王印文治 □曾經滄海 收末幅有此二印

翁小海畫宋賢像 紙本高三尺五寸四分 闊一尺零八分

黃文節公像 道光戊戌春三月下澣吴江翁雒仿戴文進意

□翁雒印 □小蓮海

白石道人像 道光戊戌暮春追摹白良玉畫筆 松陵翁雒小海 □吴江翁雒 □穉仲 鶴氅如煙羽扇風贈情芳草綠波中里郎辦了人間事來看淒霜數點紅白石老仙自題句 翁雒手錄 □翁雒 □小海 □小海蓮

六一居士像 道光戊戌秋九月寫於小雲巢 翁雒 □翁穉仲

孤山高隱 道光戊戌嘉平摹宋本 翁雒 □翁雒之印 □小蓮海

項易庵墨梅小軸 紙本高二尺一寸五分 闊九寸三分

梅論以林君復雪後園林纔半樹為極致畫梅以王元章環苞萬點冰雪一圍為大觀余家舊蓄元章墨梅展對之餘如逢仙（仙字原脱注此字下）但圖不惜佳紙試臨一過愧未能得其清癯之致也　項聖謨　□項聖謨畫　□别號易菴

改七香踏香圖幅　絹本高一尺三寸八分闊六寸九分

暮春如居士踏香圖　蒼煙漠漠迷香徑萬點瑤華破春冷月明老鶴飛上天羨人下山踏花歸曉霧洗東風吹香露溼衣君不知心合幽思立許久倚樹綠過湘江水湄　玉壺山人畫於那伽室云　□七香　□改琦畫印

吳漁山山水立軸　絹本高三尺一寸一分闊八寸四分

吳歷　□吳歷　□漁山

翟琴峰折枝花卉横幅　絹本高三尺二寸九分　闊八尺二寸設色

翟繼昌　□琴印　□琴峰

翟琴峰荷花幅　紙本高三尺七寸　一分闊八寸

留得殘荷聽雨聲。摹白雲外史呈　賡堂老長兄先生　翟

繼昌。　〔葫蘆印〕翟繼昌　□琴峰　□歸研草堂　此印在右方下

翟琴峰水仙幅　紙本高三尺七寸　三分闊八寸

風皺水紋明漏春。粉塵痕　淺注云粉痕誤塵　月浸不沾塵。銷魂一點凌波襪

千古傷心賦洛神。丙子中秋爲　絅伯大弟畫並題　琴峰外史

翟繼昌。　□翟印繼昌　□琴峰

凌寒玉骨清波影。鉛華洗盡明粧靚。借水閒花本自奇。亭亭仙

子容顏靜。山礬是弟梅是兄。句山谷　近侍莊君椎与和。方春二月絅

奇葩。展圖見冬青花。雲水光中淡渡眼。群艷奪色欺朝霞。

久傾城歸相對。小鬟夜火嘗新茶。 首 道光辛卯暮春應綱伯先

生屬題。 清如吳嘉淦 □嘉淦 □清如

翟琴峰芭蕉殷雲樓梔子合幅 紙本。高三尺七寸二分，濶八寸三分。

□翟印繼昌 □琴峰

生深六兄藏得故友翟琴峰墨戲，屬補一花并系二十八字。獻

正。 濃墨還將禿筆揮。狂風吹破葉如飛。偶然憶著昌黎句。

梔子花來很不肥。 戊戌八月廿又四日，樹柏。 □雲樓詩畫 □年七十矣

又琴峰芭蕉張子祥墨梅合幅 仝上

⑧琴峰 □天樸所斗

敗蕉雪壓葉殺乾。只有梅花不怕寒。唐報離披如鶴氣之肩

摩詰画中看。戊戌秋日，子祥張熊補梅，并題。□張熊之印 □子祥書画記

張郎山字幅 冷金箋，高三尺五寸，一尺闊八寸。

霜花不媚人，風葉能送秋。紛紛東馬塵，只用一墻隔。 郎山居士。□張潤閑印 □郎山

費曉樓仕女幅 絹本四幅，高四尺，闊九寸六分。

第一幅，困人天氣是殘春，只有鶯兒繡不真。九十韶光等閑過，一庭紅雨又成塵。 寶釵斜嚲髻蟬鬆，針帖閑看意萬重。女伴不來春又去，重門猶借燕泥封。 環渚生 □費丹旭印 □子苕

第二幅，菱花香散水風涼，一曲湖陰柳色長。獨棹蘭橈向南浦，等閑惟悴又逢郎。 水藻花淺泛秋和，采羅湖菱傍晚歸。怕向郎邊問消息，鴛鴦無語背人飛。 曉樓 □仝 □三碑鄉人

書画録卷四　十五

第三幅、數續飛來何處砧。關山迢遞雁書沈。可知夜色荒寒裡。有客空眠獨擁衾。幾番霜信撩征夢。敢向西風怨別離。多謝入窗好明月。團圞猶未是歸期。子苕 □曉樓書畫

第四幅、春風何處認重山。曲曲紅闌夜色深。為底頻頻看殘雪。我回來遠織羅衣。垂髻十五正盈盈。碧玉樓頭一笛橫。不信啾啁雙翠羽。花梢有月證分明。庚子十一月寫為別下齋主人清鑒。曉樓費丹旭并題 □子苕

周雲巖寫生花卉幅 紙本四幅高二尺六寸九分闊八寸八分

第一幅、花信一番催。曉看樓外梅。園林深積雪。春色破寒來。師南田翁法為蔆苗六兄先生清鑒。雲巖山人並

□周笠之印 □雲巖山人

第二幅　閒坐小窗晝日長，一拳瘦石挂斜陽，好看花事當蒲節，節教鬖榴紫間處。周笠 □雲巖寫生

第三幅　高情猶憶柴桑宅，松菊怡顏杯酒湖。庚寅夏六月寫于藝香鄉堂。雲巖周笠 □吳門周笠 □念伽山叟

第四幅　鐵幹亭亭耐朔風，尾叉枝翠羽鎮青葱，天教點綴三冬景，不受冰霜不肯紅。吳中周笠 □雲巖畫

孫淵如篆書幅　紙本四鏡幅

尚方作鏡大毋傷，巧工刻之成文章，左龍右虎辟不祥，朱鳥玄武順陰陽，子孫備具居中央，湅治銀錫清而明，長保二親樂富昌，壽敝金石如侯王。許氏作鏡自有紀，青龍白虎居左右，聖人周公魯孔子，俗吏高遷車生耳，郡舉孝廉州博士，少不努力老乃悔吉。

書畫録卷四

十六

嘉慶己巳元旦書代春帖子。五松居士。□丁對寀 上寀 □孫氏 伯淵 □臣印 星衍

王丹思山水冊　徐本查題。

第一頁。上元月色。□丹思 下皆同

今年春色勝常年，此夜風光最可憐。鳷鵲樓前新月滿，鳳皇臺上寶燈燃。士標。□士標 私印 □查二 瞻 下皆同

第二頁。煙林春靄。□仝

紫蓋仙輿詰旦來，青旗遥倚望春臺。不知庭霰今朝落，疑是林花昨夜開。查士標

第三頁。天際雲峰。□仝

巫嶺過天際，重佳期宿世歡相從。朝雲暮雨連天暗，神女知來第幾峰。士標

第四頁。東皋幽話。□仝

東皋踈雨挂斜暉。野戍巢由指翠微。別酒稍酣乘興去，知君不羡白雲歸。　查士標

第五頁　海上神山口　仝

飄飄鸞鶴杳難攀。萬里東遊海上山。應是世人遥望處，紫霄餘調落雲間。　查士標

第六頁　南渚狎鷗口　仝

海鷗何事更相疑。野老如今久息機。旅泊一逢南浦上，雲濤煙樹影依微。　士標

第七頁　江天瞻望口　仝

山路清寒近探梅。振衣高處共悠哉。飛鴻杳杳江天闊，一片秋從萬里來。　查士標

書畫録卷四　　文

第八頁　樓頭秋思。□仝

莫嫌風雨作新寒。一樹青楓已半丹。身在荒寒圖畫裏。小橋（橋字疑作樓）西角剩憑欄。李士標

第九頁　嚴陵歸興。□仝

石瀨沙平流水寒。水邊斜插一漁竿。江南夜見生歸思。遂似嚴陵七里灘。李士標

第十頁　新雁題詩。壬午八月，興珏偶成十幀。敬銘。□仝

十月江南未隕霜。青楓欲赤碧梧黃。停橈坐對西山晚。新雁題詩小着行。士標。□□（皆同首頁）

翁小海花卉對幅（絹本，高四尺一寸五分，闊一尺八分）

上幅，仿滕處士寫生於吟香僊館。小海翁雒。□（翁雒之印）□（翁仲子）

下幅、背臨劉蓴之筆意似　雅三一兄先生教正　吳江弟翁

雛、□翁雛印 □穉仲

又小海花卉卷　絹本高六寸一分長五尺九寸六分

活色生香　四字題卷首　雲樓殷樹柏 □雲翁 □殷印樹柏

暈碧裁紅淺復濃。一年花葉閑闌中。野夫別有春風筆。不識

崔吳院解工。道光癸巳秋九月、戲圖穉花横卷并綴小詩　吳

江翁雛、□翁雛印 □翁穉仲 □小海書畫 此印在卷首

書畫録卷四　六

別下齋書畫録卷之五

海昌　枚菴主人蔣光煦編

龐萊居士許光治校

虎阜餞春圖卷　紙本高七寸

虎阜餞春圖。卷首五大字。辛丑初夏，為生沐大兄先生題，頤承書。

□承字燕謀　□定山頤氏　□水流雲在　姓印引首

道光辛丑閏三月，海昌生沐蔣君來游吳門，以立夏之前一日邀同人登虎阜，為餞春之舉。余圖之，同游者，閔梧、龍石、姚鈞、及予也。蒙培。□原穀　□鬱官夢畫　□大癡後人　二印為下左右押角

虎阜餞春圖記。□水流雲在

辛丑閏三月，海昌蔣生沐茂才來自硤川，於立夏前一日泊舟虎

巳、招同人為錢春之舉、吳縣黄穀原主客、丹徒嚴問樵太史、吳江楊龍石茂才、震澤翁村鈞上舍、皆來會、期而未至者、震澤王硯農、元和楊雅雲、而余以病未赴、是日也、積雨初收、綠陰如幄、主客諧暢、各適本懷、越日、穀原為之圖、主人首唱一詩、同人屬而和之、以紀一時之興會焉、夫良辰勝地、名流雅集、天下至難得之事也、豈其情隨事遷、而盛迹為陳迹也、然則今日之樂乎、蘇子云、自其變者而觀之、則天地曾不能以一瞬、自其不變而觀之、則造物與我皆無盡也、然則今日之會、其有異於山陰一敘耶、於是列敘時人、録其唱和之作、以記一時盛事、覽是圖者謂江南春常在卷中可也、長洲顧承記、時年四十有五、

□ 承字燕謀　□ 家山顧氏

蔣生生來雅好古。網羅已滿藏書齋。吳門適意作春遊，一葉扁舟五湖伍。集者羅洞枝、黃穀原、楊龍石、蔣村翁暨君而五。山塘風飾繁盛區。獨以屏昇增清娛。日對眾芳漸衰歇，落紅成陣堪嗟吁。年年話別數相見，合併東皇肆筵餞。春情皆送春波流。但聽園林鳥鼓譟。又問春遠去將為何。懷昔此地韶華多。可奈尋春信遲誤。宋代玉樹空枝柯。殷勤勸酹杯中淥。暖趁鷗鳧在新浴。特啟蓬窓送柳東。道道望盡天涯綠。雖然語君君自愁。且與攜手三層樓。穫兹翰墨來兩續。眼前勝景能攀留。閱者有黃叟。穀原記之，惟願況醉経老人尋及屢朋與偕曠。主人記事詩懷暢。挑排岸齊看青雀舫。祇惜春歸人亦歸。輕帆恰並風花飛。雁訂後約毋乖違。終當插菊登高會。海湧峰頭嘯秋籟。歡娛我猶趣同載。補入屬

客倩重繪。道光辛丑閏月，生沐學長先生屬題屏上錢春

圖印正。汪蘭坡朱琭 □朱琭之印 □翰林供奉

君注白公堤。我訪青瑤嶼，同作錢春遊，爰寫惜芳序。今年閏

春長，花信遲遲園圃。天公故相惱，十日九風雨，匆匆對花尾，無歎

歡綜阻。平原故相就，水木差若然方。一尊送韶光，別思感南浦。極

目嶺海間，羽書急旁午。共此艷陽天，人事異甘苦。我意殊闌珊，

君興獨飄舉。聯詠開沖襟，同舟究仙侶。畫圖屬剞劂，蕭疎擬

支許。從游愧胥謝，雅集張未與。後游訂延秋，期君圖再補。

道光辛丑閏月，生沐先生招友屏上錢春，作圖索題。是日同

社第有此集，禱中及之，以志勝遊。印正。中吳董國華稿。

□琴涵 □身行萬里半天下

扶病追歡上畫橈，紅裙勸酒不能消。閒愁不逐東風去，和雨和煙挂柳條。

生床六兄大人郢正。保庸 □杜洲

劍池添漲鳥聲喧，雅集山塘趁落暄。前畫餘花無盡絮，餞春須問綰春園。

奉題別下齋主人屏風餞春圖一絕，即正。芷湘管庭芬 □芷庭 □佩子

不如歸去一聲聲，催得殘紅糝地輕。斟酌一尊林尾酒，多情輸與蔣元卿。

招要裙屐餞殘春，如水流光豈可論。多恐桐橋西去路，綠波芳草總消魂。

好春如夢太闌珊，根觸閒愁欲遣難。收拾離情歸畫本，殷勤留當爪痕看。

辛丑初夏，吳門旅舍題應生沐先生雅屬，即請印正。吳興王叡豪 時年六十有五

□王保鷗 □二樵

婪尾花前一樽酒，子規啼遍蘇堤柳。留春不得餞春歸，畫舫青帘琵琶語。七里横塘水似烟，冶游時節峭寒天。東風吹過笙歌和，無數殘紅點客筵。　生沐六兄大人正䀋。　蒙那弟許光清草稿。　□（蒙那 筆墨）

東風紅雨芳草綠波春似行客。七里山塘，為喚喚舞裙歌扇。草藉花成祖餞，匆匆烟樹催行客。算今年展韶華，百二又教輕別。擕一醉酬春歸去，共羨風流名士。裙屐買愁清愁滿地，榆錢狼藉。短房祠前花濺淚，真堪慕上鵑啼血。待歸來認青衫酒痕猶濕。萬卷尋芳　生沐六兄大人正拍。　穆嶼許光治倚聲。　□（光治 印信）

生沐六兄以席上餞春圖詩寄示，即次元韵奉政

山依樓閣水停橈。一半芳春被雨消。我有十年離别感，横塘舊夢正蕭條。丁亥歲王文樗嘉祥招同人觀水榭於此，今十年矣

前詩意有未盡，再題三絶

過盡韶華見緑蔭。席山橋近小横湖。不知歌舞消魂地，只有吹簫客自知。時家弟大年流寓吴門

旅魄江湖舊梓鄉。鬢如絲，我漸如絲。而今雛入鶯花隊，懶發狂言問紫雲。湖席上有妓

流泉一登鳳巖阿，都青舫壽就薜蘿。畫裡春光長不老，生公石畔落花多。星槎在舟中，而莫君穀原畫否

以花手人石生崖觴。道光辛丑二月二日，翁雒弟時有目疾。□翁雒印

□陶齋

不隨仙侣汪輕橈，春去天涯恨未消。斟酌橋邊水楊柳，負他濃緑一條條。生沐先生屬和，求教正。 瞿鷗湖弟翁大年稿

○南蘋女史花卉卷　紙本，高五寸七分，長七尺一寸八分，工筆設色。

□以文年州均信印長壽　□州鈞又

甲寅二月，寫於長安邸舍。　蔣季錫　□季錫　□南蘋

□寫生　□淞孝藝　二印在卷末

○沈石田采芝圖卷　紙本，高九寸九分，長二丈四尺三寸六分。紙凡四接，每接皆用啓南印騎縫。

石田翁深谷采芝圖。大字，題卷首。　小角同書，時年八十有九。　□小角　□梁印同書

山林未嘗有定形，亦者亦隨形運置，兩相忘形焉。余嘗愛彷爲長卷，

此卷甚足、觀者未知能當卧遊否耶。　沈周　□啓南　□石田　押角二用啓南印。

□偶叔　□東娄　此印在紙尾押角　□味夢軒中秘笈神品　□安之過眼　二印在下綃綾右角下

□夢廬審定真蹟　□蔣楷寶玖　二印在左角下　□天樹印信　□子嘉　二印在上綾綾左角下

陳曼生花卉卷　紙本設色，高七寸五分，長六尺二寸九分。紙凡一接。

嘉慶庚午春二月禄臨宋元各家花卉彙成是卷頗覺興味

未識鑒者以為何如。曼生陳鴻壽并記 □鴻壽之印 □曼生

□老曼詩書畫印 此印在卷首。

○陳香泉字卷 紙本，高一尺四分，長一丈零二寸四分，紙凡一接

□卞璧樓 翻

王子淵洞簫賦 原夫簫幹之所生兮起，于枝示御而可貴也，不書賦題及名

壬午九月杪初二始將欲南歸，出此卷索書，遂寫此存之。此紙將

至家園，有以示人，恐為攫去，時廿七日。奕禧書於燕京宣北坊之

邸舍。 □臣禧私印 □香泉翁

西風晚入樹陰凉，染翰閒成数十行，却被知音催我急，今朝翻

作膚書帖。香泉自題 □臣奕禧印 □六譲翰墨

依雲堂圖卷　絹本，高七寸六分，長三丈九寸八分，接素紙一丈二尺。

依雲堂圖。四大字。　己亥長至後二日，生沐仁兄大人屬書。　錢唐孫元培。□孫元培印　四字書於金粟箋。

依雲堂圖。　己亥秋七月，爲生沐六兄先生屬。　竹賓雒。

□吳江沈雒　□竹賓

林泉娛寂志。水竹成幽居。一房山色佳。嘯傲泳清虛。仰觀惟白雲。伴君取歡餘。捲舒布若髮。靉靆迷村墟。相依若咫尺。天風爲吹噓。堂前樹護草。花發榮階除。俯仰自寥泬。爽氣來窗疏。春秋佳日間。倚杖迎高興。登樓望田野。浩蕩啟靈境。波煙渺天末。檻底數帆影。一塔卓雲際。照水若橋梗。開窗俯綠野。領略田園景。北牖桑柘濃。極目接獅嶺。儼我住船艙。山水獨資領。最宜雪霽

吠畛田踏萬頃。籍此潔白華。南陵日正和。梅邊結亭榭。數弓
手自闢。待竹架短籬。叅差疊奇石。半移延冷雲。三徑疑佳趣。橫
斜亞墻株。掩映護窗隙。棲遲香彈古琴。填詞擬長笛。破空玉燕飛。
入座瑤華白。晤對比芝蘭。暇情安硯席。豈得戀春暉。寸草亦愛
惜。小池通野泉。夾岸植疏柳。一派掬涼月。方塘不厭敵。舫齋倚淪
漪。將擬種菱藕。繁花互擁簇。深樹蔭前溪。倚欄對青山。石勢欲
奔走。煙霞鎖林麓。招隱任詩酒。怡然有所思。花時好奉母。白雲知
此志。天意亦良厚。生涯未有屬、 荃湘庭芬稿、□荃湘印 庭芬 □荃湘 一字子佩
磨眼離塵俗。屏皮墻矮。村前遥指山。負山臨水。占取好風光。花竹
居然和氣添。樹將草木文章。春風暖。新巢育宴。紅雨燕泥香。
清得三徑畔。煙華不少。風月難量。嘉枝與奉母。愛日方長。高下

書畫録卷五 六

亭池樓閣曲欄更小榭迴廊烏啼夜情深反喻介壽上高堂

生沐六兄大人屬填，調寄滿庭芳，希正拍。姜梅弟許光治稿

□淡　□姜梅

陸錢兼九峰雪霽圖卷　紙本，高六寸二分，長三尺九寸三分

九峰雪霽圖。字五大　高翔麟　□高翔麟印　□紱堂

九峰雪霽。略仿大癡道人法，於梅葉閣。錢穀識。□穀　□錢氏首引

陸布衣錢叔寶先生，以書畫擅名數十年，其所為詩古文詞，洪思奪乃出澗入雲，一時作家尠以抗者。吾子獨居一研，惟以翰墨為娛樂。震澤王徵君研農與先生善，思所以行其樂者，語海昌蔣秀才生沐謀。蔣君諾諾，錄梅葉閣詩文為若干卷，合同郡顧先生醉易行素堂稿並付梓氏，屬吳中二布衣集。時先生年八十餘矣，久臥病

得見成書而殁。殁之前，就篋中檢所畫九峰雪霽圖卷及所校宋本九僧詩，屬王君以貽蔣生。既殁，蔣君裝治是卷，而乞余言為之記。余惟先生孤高絶俗，厲然人之交，人品似沈啟南而阸寡過之。其詩古文詞實有精神不可磨滅之要。將殁之年，而王君急之為謀，蔣君急急為應之，俾先生平時性情專壹之志藉以慰焉。而不至有敬禮宣文之慨，不可謂之非天也。不然，先生且無子，零星殘稿，能于蠹魚旦暮間耶？而王君之經（為）謀也忠，蔣君之任事也篤，是皆足以風世。余故於圖卷之尾，所記始末，以告世之能讀先生詩文者。

道光十有九年十月，元和朱綬仲環甫撰。□朱仲環　□鐙湖漁隱

錢叔陸君，吳中耆宿，有鄭虔三絶之譽。道光戊戌，生休見刊行其詩文十一卷，合顧君醉易為西布衣集。時錢叔年過八十，老且病。

欲作畫以報而未果病劇擔篋中得此卷歸諸 先生此亦翰墨塲

中一段佳話也 時道光己亥花朝節前葛翔麟跋 □葛翔麟印 □欽堂

□詞官 呂竦

余讀西布衣集至梅葉閣詩文諸作而後歎世之以畫重欽叢先

生者淺也今展此卷而又歎世之以詩畫重欽叢先生者猶淺也海

昌蔣君生沐得其稿而為之鋟板以行復得是卷為先生垂殁

時持贈之物殘墨飄零珍惜倍至其風義有足多者 道光庚子

元夕後三日硤石蔣君過余登東草堂携示此卷時余適將至

溧陽司鐸之任倚裝擾攘題數語歸之震澤俞岳徵孫識

□歸廬

海昌蔣君生沐鋟吳中西布衣集甫竣事而欽叢先生病篤生

徵君硯農，携其梅葉閣初印本往視先生疾，先生一見喜甚，遂
力疾摟篋中宿昔自怡之卷以報蔣君。越數日，先生尋溘逝矣。烏
虖！余聞先生與蔣君居距二百數十里，平生未有一日之雅，重以徵君
一言介紹，蔣君毅然以往，奇劇之資，而先生激色辛以是卷報之，此間
神交，推襟送抱，有如此其摯者。傳札緒餘，未足多矣。碩徵君寧合
兩家未謀面之因緣，俾定不朽之業，尤可尚也。兩布衣集者，錢棠先
生梅葉閣詩古文辭合硯農文醉經稿也。道光二十年庚子孟陬下澣
鸎湖唐壽萼觀并記。□壽萼 □壽珊翔宝
巖壑沈冥，林木刹積，目窮飛鳥，千里寒色。展卷之後，試令筆墨家
與冰雪共狀之。越百日，壽萼又記。□壽萼
客秋王徵士硯農以海昌蔣君生沐所刊兩布衣集見示，今歲新正

集俞虞文箋東草堂徵士出九峰雪霽圖、云此陸文錢兼臨殁以貽生沐者、數翰墨緣、相結在未識面前、冥冥之中有主之者耶、時余急欲放棹上沙、一瞻澗上祠屋、匆促別去、仲春乙未、徵士又携卷來屬題、憶昔走訪梅葉閣時、見其臥榻下有二甕、一置銀佯、一置番餅、凡得友朋潤筆、悉投入、家乏則就甕取付酒家、相對酬飲、縱論經史以為樂、終其身不娶、余高其行、以重聽故不數數往、西莊吳中獨絕、是幅煙雲動盪、脫盡前人蹊徑、尤平生得意筆也、一再展玩、令人悠然作尋梅想、庚子仲春望後一日、吳江徐達源識、時年六十有四、

□ 達源　□ 徐山民

此九峰雪霽圖、陸文錢兼中年得意作也、病劇時、屬致蔣君生沐、以為刻書之報者、蔣君感其意、裝成長卷、索題於余、因書

重有感焉。江南通志：國朝欽遠猷先生，洞徹經史，寓居僧舍，終身不娶。山水特饒秀韵。今陸丈與之同邑，其人品極相似，形貌亦酷肖。豈非異世而同揆者乎。惟是遠猷著述，渺不可得，詎當時未經傳播耶。是則梅葉閣詩文集之刻，尤不可緩也。憶丁酉之秋，詩集刻至第四卷，余携詣病榻前，丈猶手繙一二頁，遂取所藏宋九僧詩校本及是幅爲属。不數日而丈逝矣。老成凋謝，掇拾愴懷，至今念之，不能終卷。蔣君其慎藏之。庚子四月既望，笠澤王之佐跋。

□王之佐　□滄霞

。董香光仿米山水卷　高麗紙本，高五寸三分，長五尺六寸九分，紙一接。

文敏仿米高筆妙。瑯琊王澍。　□天官大夫　□澍　□隨園　此印在右方下

宿雨初霽，晚煙未洋，則其狀類如此。米元暉自題墨戲語也。高

彥沖（跋）亦爲之，更趣姿媚，方之壺少變其法，一以簡古奇峭爲宗趣。餘子仿效，但得皮肉，故知米氏父子氣韻不可學也。秀峯識

□昌　□半古樓居氏所藏　□證人 眞隱弟子　□積書 盈藏寶玩（三印俱在右方下）

于吳門居氏半古樓所藏，而居氏藏古甚精，而特自矜重，人欲觀者，必就而觀之，雖以商邱冢宰之貴盛，亦自枉駕，主賓茶話而已。是卷筆墨蒼老，氣韻和秀，洵爲思翁晚年妙品，又知太宰當日展玩時，幾多贊歎，幾多寶玩也。雍正戊申春二月十有二日。

虛舟老西農鑒定。　□王澍印　□恭壽

□二泉寓公（此印在題跋紙末角下）　□蔣楷寶玩（此印在題跋紙尾）

○仇十洲陶靖節圖卷　紙本，高八寸五分，長一丈四尺一寸四分。

仇英實父寫　□十洲

靖節先生遺跡、

一段　遣一力給其子、書曰、汝旦夕之費、自給爲難、今遣此力、助汝薪水之勞、此亦人子也、可善遇之、

二段　解印綬去職、時年四十二、

三段　縣吏、

四段　賦歸去來辭、

五段　葛巾漉酒、

六段　挂无絃琴而言曰、但識琴中趣、何勞絃上聲

七段　淵明有足疾、使一門生二子、舉籃輿、時年四十六

八段　貴賤造之者、有酒輒設飲、淵明若先醉、即語客曰、我醉欲眠君且去、明朝有意抱琴來、

九段 既至欣然共酌、俄頃弘至亦無忤色、時年五十四、

十段 白衣人送酒、

十一段 王弘以九日命酒遣介至淵明獨飲而歸、

十二段 元嘉元年、顏延之爲始安郡、送二萬錢与淵明、悉置酒家稍就取飲、時年六十、

十三段 江州刺史檀道濟往候之、淵明偃卧瘠餒有日矣、道濟餽梁肉、麾而去之、 仇十洲画淵明圖一卷、妙絶當世、因書所自出焉云、 董其昌、 □ 知制誥日講官 □ 董印其昌 □ 蔣楷寶玩 此印在後邊綾上

證月閣合作卷 絹本、高七寸六分、長三尺八寸三分、水墨、

證月閣 大字 隸首、道光乙亥秋中、爲 生庵世尊兄書、樹未弟張廷濟、時年六十又二、 □ 樹未張 □ 廷濟

生沐仁兄倩千潭李翁寫照，曉樓費君加衣摺，竹宸沈君画松，小海翁君補石。子祥張君集衆美而布置成圖，斯真異曲同工，足為藝林韵事。圖成，名之曰證月，屬余置款。時在道光己亥秋九月，吾如雲樓殿樹柏記。□綬卿 □樹柏印 □家在笤霅溪畔

廣寒丕四萬八千戶，玉宇瓊樓亘今古。欲將清景證清修，寫出園林月當和。春風澹蕩可憐宵，君家紅闌六曲橋。照此金波和穆穆，漏添銀箭夜迢迢。韶光到眼真幽絶，秋千院落芳菲節。郁雅合葉底煙好，花濃聚枝間雪。花花碧海潮音塵，曾是清虛紫府人。一片禪心凝色相，三生仙骨悟前身。此時把酒邀月同，娟娥未許矜風韵。緑水多情淺印痕，華雲有態涼生暈。晴霄珠斗轉闌珊，寶鴨香沉夜向闌。雲幽屏移蓮疑合，冰銷衣製

五銖寒。斜飛霰脚苔花冷。暝色浮空天宇迴。漫供清輝淡素襟。當頭認取明蟾影。呈請　生沫六兄大人教正　蕢邨許光清

□光清　□蕢邨子

柳眼花鬚。春色黃昏作。香影碎東風。過迷塵趣。和漏永。隄花重門鎖。蟾影墮清輝。爭愛今宵。開則纖阿娑。證則吳剛伍。三五影。三生果。梅花倩對成。慧業爭些箇。還知麼。前生明月來生我。

□光治　□姜梅　□飛華居士

調寄千秋歲豈請

生沫六兄大人正　姜梅許光清填

秋緒翻新。銀河依舊。暮層驚鴻字曾聊賦。晚寒詩。抗手群英才調。對而今桂魄當頭。好認取雪襟冰抱。出塵正松風醒夢。爐香並裊。　我與飛鴻印爪。重九前初訪君於別下齋　記拳起晶簾。茗譚傾倒。仙骨君身。於意忘最詩稿。以情天結習除難。應寄語葯娥休惱。

執禱趣一片雲朋微雲都壻調月華清奉生沐仁弟大人方家一粲　笠山人蕭馨　□笠仙　□蕭馨

○王若谷江山縱覽圖卷　紙本高四寸六分長一丈四尺七寸二分淺色

江山縱覽　歲次甲子初秋海虞石谷子王翬畫于天淵之放酣樓

□王翬　□石谷子　○上下軒　□虞康鑒定　二印在左方下押角

此段脫落過半重歸在補佚中所録補者而後未接題首原記并後跋

方蘭坻花卉卷　絹本設色高六寸長六丈零二分

一段　藝花舍社雨餘語度春風　董　□董

露挹灼灼受風憐寫入生綃一幅嬌常與亦知春信早年年來及

試花前　□桐花館主

二段　陳淳江寫花亦能兼徐黃之美雅道後精妝有不能過也

其得心應手之作惜世不多見予家藏其杜鵑一本　□方□董

子規啼徹夕陽中。一樹繁花倚晚風。為惜堂堂春去也，枝頭猶自綴殘紅。□德輿之印

三段、仿周舜卿欽、方董、□蘭士

漫道庭前花事闌，山花映日氣猶殷。朱顏不改春長在，彷彿仙家大小還。□寉年

四段、擘寒花于結霜成實果於纖露、仿白雲羽画法、謝睦由□荃」

「顛翔鄉物最㛹伊。北客從來味不知。緣有軟紅塵撲面，全丸顆顆繫人思。乾隆乙卯芒種月金德輿並畫識此。□德 □輿

○二奚鐵生花卉卷 紙本、高一尺一寸、長一丈二尺一寸、淡色、紙二接、

蒙泉外史寫生、首鈐 山舟、□山舟

□翠玲瓏 首鈐

一段 一種天香異。千株國色傾。應憐花似臉。半醉倚華清。
□紫道士 □吳岡私印

二段 输与東君書造化。筆頭春色最先來。□紫泉外史

三段 雲母溪時鉛粉薄，劉郎重對鬢絲多。□錢生 □拂衣千仞

四段 堂背宜男草，花間葉後桑，應須好語植，男說解忘憂
□紫泉外史 □吳岡

五段 秋意漸生楊柳岸。晚涼都在藕花汀。□鶴渚生 □吳岡

六段 赤心忠國士。野服道家裝。□嚴未居士

九 七段 栖遲秋圃寄甘淡。雅愛山家不似春。□錢生詩畫 □紫泉外史

十 八段 婕妤綽約垂含羞。冰骨霜姿本一流。今夜避（避字脫，補寫於末句次）

仙子千里夢初驚，星落星羅漫。 蛾子烟長過奈冬花盦相与揭摧

下脫二段在補佚末
七段八段二條

画理，因作此卷，取白陽之骨，雪居之神，南田之韻，自謂行筆設色稍可，而古藻澹逸之趣，尚有愧於三公。餘子姑且置之，以為後日張本耳。時在嘉慶丙辰清和，蒙泉外史奚岡記。

□錢生　□奚岡私印

凡以通

○名人尺牘卷

梁園分袂，倏忽二年（三），暇念陸清，時殷夢寐。晤竣川諸君，知近履清勝，為慰。宦齋多暇，京邸餘閒，若硫詩識，儘多樂事，是企風流，可勝歎羨。弟近況益不堪言，年踰五十，昨秋一子復殤，雖好讀老莊素安時命，然而煢獨之傷，能無增感。先生聞之，定為弟樹瘤太息也。行路實難，老而逾憊。既乏身東扉履之此資（資　復），傷之無脂韋滑稽之態，構頃實廬，自分與世長已，且以稱衡之刺，每之空懷子猷之舟、時時興盡、印如先生昨年所賜高任二圖、至今尚藏弆篋衍、老情之懸繫可知矣、惟是年來頗好小詞、老而愈篤、藉以消磨歲月、驅策窮愁、如昔年見贈金菊對芙蓉二調、歸而疊韻、遂得三十餘首、擬由匆冗之暇録寫送、幾遲旬録呈、記室果玉近選今詞、亦復犂然、先生近作必多、萬望悉以見示、用相攸助、告成大觀、南鴻有便、並且旦暮望之矣、從如京邸諸先生有所戚倚穀齋、并祈廣搜博采、纖以惠我、尤為注切、阮亭先生想時披晤、咫已季圖相候、晤時更望道念、弟年來蹤跡、大抵在玉峰徐健菴先生家、倘蒙寄訊、即寄健翁處可也、鱗羽參差、久疏音驛、茲因子萬四弟入都之便、特勒數行申悃、秋風蕭瑟、擲筆慨然、 賤名

弟肅、 左慎、 ○ 陳 八

書畫録卷五 古

老世翁閣棹石城弟以病不能往晤止從惟德世兄口中得悉
福履（雖下二字譜）遠邊慰而兼解住懷計此時已在君子堂中飲春和久矣
頃因贛州了空上人歸一行申候附啟者贛州景德寺弟向寓其
中亦若子瞻之於天寧也了空即其寺之主人清修梵行行業殊
世遠近歸依雖非金山之妙高亦可比惠州之契順其殿半傾欲皆
了公一手一力興新重建今尚有大悲大士像一軀修整工費計二
百金集立願廣募所善與人同一以衆擎易舉所幸老世翁視
事于茲亦推誼照拂憑惠高之呼順風疾庇西湖六橋東惠州兩閘潤
州玉帶文人名士所出率多功德不能不于老世翁是祈禱也俾
其有成不獨了空感生成弟亦拜大德也道遠弟不能來或即
以此作弟之抽攀可耳幸勿不責曷勝翹企弟戚再行

晚後學黎士弘頓首，謹奉書牧齋先生尊前：日者巨源徐子以不肖無似，猥以賤名聞之閣下，曾得讀先生報章。今巨源又欲不肖裒集近文，令其有通其言于左右。往弘則何人也？古文章之士欲就正于當世有道，或負債其書於車前，或隱其姓氏為人傭，春作舍以求款近，至三年五年，不復得見其面。彼其見大人先生之難如此，而又不敢自呈其無因之言如此。今弘既聚其著部之辭，公能識姓名而士之長者，則弘之安亦甚矣。弘生三十五年矣，束髮受制舉之書，雖削收時譽，不喜自厭舊所為，較先世所積，頗有藏書，日夕編摩，弟兄自課，約略手抄，殆將二百卷，為詩歌古文亦約略數百餘紙，然亟亟乎為之，而終求一言之誠乎道，而不可得者，則見聞之不廣也，時命之不達也，所見當世能以有集行世者率

皆身都尊顯，典章制誥之言，多出其手，名臣將相墓版碑銘，非
得其文者，子孫以爲不孝，非其文重，其事不足重也，弘少且賤，不得
入承明，典著作，又生長萬山中，不接于大人君子，即使文可駕賈班，
言可陵崔蔡，亦何能之歎而哭（笑）不戚而啼以一發其胸中之奇乎，
因歎史遷才高一代，其所著書，爲古今冠冕，亦由家世史官，去
秦楚之際未遠，又親見孝武之世，王侯將相，偉績豐功，登封戰獵
之雄，宮闕樓觀之美，故其文環奇詼宕，与事俱傳，若司馬長卿，
才非不敵也，所著惟上林子虛諸篇告巴蜀一文，餘無所表見于
其卒（將）也，將卒，特著封禪一書，猶李廣數奇，恨不一當軍（單）于，此自
文人之習，欲用其所未足耳，史公遂謂相如卒後五年，天子果初后
土，封泰山，即推量之過也，假使弘不累且賤，少徼天幸，承致通顯

能一登著作之林，又所聞所見，少年史遷之時，又所接于大人君子
得如先生者一二輩，雖其文之傳不傳不可知，柳豈玉僅以月露
風雲作此寒儉無聊之語，与秋蟲春鳥爭其音，即抵孔子所以
自況，誠不自量，而以繫乎天下之有才而不克自盡其才者，則不能不
爲之三歎矣。先生人文位望，當世所宗，以後進小生通辭之始，即當
援引儀德，布請教之誠，而忽敢率尔发其狂譚，侍先生之廣大謙
其言之成而進其所不足，亦藉以爲三隅之反，望先生之復之，更敬上所
著録文二十五篇，望門遥擲，惶恐何勝，不宣。士弘再拜　左照　六
三君子相繼而斃諸獄，自劉忠愍公以後，未有罹禍若斯之酷者也。
嗟乎，人誰無死，第患無死所耳。三君子求仁得仁，即一瞑而萬世不朽，
亦復何憾。第國運至此，將有滔滔不返之勢，如何，近維一節，後奉嚴

首、雖還行按摘、時日何需、而言産可完、將何了局、儻承留風序首之
徒、為延陵督責之事、則忠臣義士之子孫言唯數矣、老先生何以
慕之、書牘碎磔、絶與宋李相類、不知時賢何意、欲一一刻畫之、又聞
史垣纂為大璫所收、新選人俱仰鼻息、此三百年來未有事也、因
子居便、肅附候台祺、不盡、錢士升再頓首、祺當作居　五
弟素拙於聲律、安敢持布鼓過雷門、徼詩不及、聞其令兄弟居居
之情、不能以已、故因從子之請、欲以俚言勒聞陵之祝、而承教峻却、
敢不仰承、絶勿為壽、敬聞命矣、沈啟南畫、亦是舊人筆、但太本色、
恐價亦不高、擬冗附復、不盡、小弟鍾惺頓首　四
尊知、湛若水再拜、孫奉太守安大人賢契大孝苦廬、令弟以手翰
至、始聞尊府君奄棄善養、豈勝驚怛、制於官守、奔慰未由、緬

惟吾契孝愛篤至惟此大杖何以堪受所宜以礼節情以終大孝外有舊縛不能躬致于室上謹即令弟行館敬申言君快草晤不備謹疏十一月廿四日燈下水再拜具 三

人生不相見動如參與商春復夏夏且將秋矣何時不敘香醪如寥耶使面即書去二聯有墨汁當如命亦不出此二首也蔣君有藏畫第絜一扇極快事賜答題首複 二

高賢下及(交)坐聆清韻如在淵明之園(圃)根俗史(吏)冗碌戶外之履沓來不得時時奉清風耳又蔣華九方書之須使弟盛哉無量大詩誇題數語無能游物萬之耳使還草草謝復不盡弟日華頓首 一

口 李日華印

口馬扶羲蘇果卷 絹本高七寸九分長五尺七寸一分設色

□襯物

馬元馭寫 □馬元馭 □扶羲 □天空山人

○馬江香花卉卷 絹本設色，高九寸四分，長五尺九寸五分。 二印卷首押角

□狀情 □神游象外 □畫在詩中

一段 水漾晴空壓疊波，晚來金粉漫庭訶。裁成艷思偏應巧，

分得春光數最多。欲從似含非受處，正發未舒有一般。歎華堂

容散簾垂地，想憑闌干斂翠蛾。 江香 □馬氏荃 □字曰江香

二段 幽艷紛相競，纖穠各自奇。雖稱春爛熳，也要筆扶持。

○馬氏 □荃印

三段 □花奴 佳節逢吹帽，黃金染菊籬。淵明何處飲，三徑冷香

猶缺末句一字 □馬氏荃 □字曰江香

四段　唳露風聲裊湮。雅貴壓聲喬和。深紅殊耐久。相對歲寒淵。

□江香

己巳秋七月上澣，寫於霜松軒。馬荃。□馬荃 □江香 □家學（此印下押角）

○王右軍畫扇圖卷　紙本，高六寸六分，長三尺四寸八分。

右軍書扇圖。（紙高麗）乾隆元年歲在丙辰清明前二日，梁溪吳應蓮篆額。□吳應蓮印 □錫之園 □秀水唐氏（此印在額右）

□錢山 □司勳之章 □唐作梅 □北枝生（二印在右方下押角） □秀水唐氏

□綠溪山莊收藏之印（二印在左方下） □衡□老拙 □良常山下人（此印在題右方） □王澍印

□虞舟（二印在男紙） □歸來草堂 □唐作梅印 □士燮（三印在烏絲闌末行） □翁雒印

□穆仲（二印在副紙）

（此卷面酒退，道光戊戌登高前一日，秀水殷樹柏書。□殷樹柏 □縵鄉）

惜字上疑有脱文

繼山白描，妙入神品，為有明第一，惜世間真蹟絶少。此右軍書扇圖，清麗不凡，天趣獨得，宜與龍眠為乎後先相望也。雍正丙午清明前一日，拙老人蔣衡書于二泉寓齋。

口衡　口拙老

逸少在蕺山，見老姥持扇，求許，因各書五字，老姥有愠色。逸少曰：但云王右軍書，則百金可得。於是人皆競搆之。後好事者遂繪圖傳記。白描人物，南渡以前獨重李伯時，以後至有明三百年，推繼山王氏為第一。繼山以名進士，頗自矜重，不輕落筆。世間真蹟絶少。昔在京師，見繼山画卷多幅，一李白斗酒百篇圖，一右軍書扇圖，惜為有力所得。今此卷不獨追維往事，并令我想見逸少風流也。丁未十二月十有二日，琅邪王澍呵凍書後

□王澍印　□虛舟　□良常山下人　此印在題前　以上二題皆用烏絲闌書在一紙

白描，古謂之白畫，見於紀載者，宗少文有白畫孔門弟子像，展子虔有白畫王世充象，至李龍尤以此擅名，蓋此法之由來舊矣。此卷爲滕國王繼山畫右軍書扇圖，向藏嘉禾唐比枝綠谿山莊，今余友蔣君生沐購得之，暇日出示，歎爲罕覯。按繼山名鑑，字汝明，仲山先生問之子，嘉靖乙丑進士，官至太僕寺卿，畫本家學，名滿當世，或有言勝其父者，遂終身不復作，以視郭河陽子名思者不能紹父業，廣搜父畫，欲晦其跡，人品之相懸，奚啻霄壤，宜其餘事亦迥乎獨絕也。時道光戊戌五月十又五日，吳江翁雒觀并書。　□翁雒印　□穉仲

明人之工於白描者，尤子求、丁南羽，及繼山司馬三家，尤丁二公流

侍尚有惟司勳筆墨，絕不易得。是卷舊藏吾鄉唐氏綠谿山莊，今為生沐蔣君所得，展卷細玩，深得龍眠妙旨，寶之寶之，莫飲人以缸面酒也。道光戊戌登高前一日，秀水殷樹柏書。

□樹柏印　□縵卿

別下齋書畫録卷之六

海昌　放菴主人蔣光煦編
巃嵸居士許光治校

○瀟湘暮雨卷　紙本高九寸一分長三尺七寸二分淺色

瀟湘暮雨。吳字 檉山老人 一字糢糊似是德字 書。

□鶴夢軒 此印在右方上　□從好齋。□松門藏 二印在右方上

余舊閱惲仿李龍眠瀟湘春暮雨。非夜雨也。暮雨尚有淒迷可象。若入夜則無可捉摸矣。龍公偶誤着語耳。然亦行解是果德位中人。大癡老人三千大千。靡不涉入。豈分明與晦耶。其以書繪與我輩交。直游戲也。以卷之言失之。而必欲求補。豈波心太切交。此卷在案頭三四年。為余病。未能落筆。今日漫為之。不唯不能追古。

印視余前作，亦未知其有合否矣。丁未春正月，元宵後一日，竹嬾居士李日華書於清夢軒。□日華 □竹嬾

曾孫含漢珍藏。□李印含漢 此款印在後邊綾右方

李君實先生一画卷，客新安時，坐雨邸中，因想昔人瀟湘夜雨圖，以意摸摹者。嘗有鑒賞家以二十柄上好川扇易之，不与。丙辰初夏，徐徵君父子、陳衛伯偕余過訪，先生出以相示。徵君画品上通古人，少所許可，一見亦不覺賞歎服，以為視原本當自勝之。先生之長君会嘉，徵君之次公朋標，与衛伯皆於書画中素稱白眉者，唯余於此道本無解，然頗耆之，畫宿習未忘耳。由是先生命長君出所藏顏平原、倪雲林、文太史諸名公真蹟，展玩終日，不忍釋手，皆世之罕物也。徵君跋先生此卷，一一具載之矣。而徵君

之書法殺入吳興沈海棠室、卷中有此二絶、足稱聯璧矣、因持

過番善屬余跋、老嬾目昏、踰月未及書、竟不識知落何人手、徧

覓尋不可得、咸為之痛恨、余擬以此卷云先生存圖于前、徵君

重跋于後、今還延舊觀、則異日延津之合、亦未可知也、人得人失、姑

置之、何如、二公胸中邱壑、与翰墨富矣、不知許之否、六月二日、黃

葉庵釋智舷題、□智舷之印　□黃葉庵主　□臥遊在紙接處騎縫

□玕香齋引首　跋惟黃葉菴主及陳眉公二首、陳跋失去未録

家君舊圖題語如右、積存笥中、謹録於此、男肇亨沐手書

□肇亨　□會叔氏章

後半題跋未録在末卷補缺中

○顧升山蘇果卷　紙本、原裝作冊、後改為卷、水墨、

饒嘗風露四大字　夢華仁兄屬　郭麐、□郭麐祥伯

一段　笋　○　髯　□　清福上帝所吝清名上帝所忌

二段　萊菔　□　白雲先生

三段　枇杷　□　原甚

四段　香橼　○　飲秀

五段　水紅菱　□　往來苕霅之澗

六段　葱　木瓜　□　北香菴

七段　茄　○　真率

八段　芋　□　擲筆大息曰好〻

九段　蓮房　回　不言

十段　楊梅　□　屏花齋

十一段　石榴　□　山外山樵

十二段　香瓜　□竹午老
十三段　青果　□小蘊堤長
十四段　桃實　□山谷民
十五段　蘿豆　竹香菴居士頤升寫、□頤升之印　□小升　□世間第一風漢筆

樊榭祥伯二家詞已全載，補錄甲惟二娛詞已殘缺，僅存二闋

司農廿六兄屬題蔬果画冊，填河傳十五闋，用各賦，同學弟
厲鶚、□曾給筆札　□吳焯　□尺鳧

頤升山所画蔬果十五種，樊榭用河傳各賦題之，極賦物之妙，
今歸夢華蔣兄，介思亭吳兄乞為繼聲，因成菩薩鬘十五闋，愧
不足繼樊榭之後，當今詞家，吾吳無逾尤二娛者，思亭蓋往
求之，余言其嘗矣矣，嘉慶丙寅重午前日，浮眉樓主人郭
麐再記、□臣麐私印　□浮眉樓

菩薩蠻，用頻伽韵。二娛學人尤維熊倚聲 □ 蓬海翁墨

以上三家詞，僕皆稿後補録，樊榭詞集中不存，尤宜留意。

管仲姬墨竹卷 紙本，絹裝，高八寸三分，長一丈四寸三分

管氏仲姬寫 □ 魏國夫人趙管 □ 河北棠邨 □ 張氏鑒藏

鍾伯敬山水卷 紙本，高一尺三寸六分，闊八寸三分

乙丑莫春，病坐小樓，天時人事，與筆墨筆恒順，作此三百，而成此画，惺識 □ 鍾印

伯敬卒於是年六月，蓋其絕筆也。元歎悼念日深，此画當歸元歎，使逝者山水魂魄，栖止藝香支硎間耳。後九年為崇禎癸酉冬日，譚元春題于武原浪舫 □ 譚氏友夏

□ 寄岳 引首

伯敬先生畫寫逸品，縱似倪元人之派，筆致清逸，有雲西、天游之風，真能脱盡町畦，超於象外，長蘅、孟陽、徵有習氣，皆不及也。□女兄　道心　□頤香　〇人

伯敬自稱晚知，居士言晚年方知筆墨，而深自喜幸，故云晚知筆墨精微，造化所秘，本未易知，操觚之士終身從事於此，而不知其要妙者皆是也。伯敬蓋得之於詩，從荒寒一境悟入，所以爲筆輒有會，念令人停口而讀。筆墨思伯敬晚知之有所造，能無愧耶。己巳臘月，惲壽平題。□惲壽　平印

畫家塵俗蹊徑，盡爲掃除，獨有荒寒一境，真元人神髓，所謂士氣逸品，不入俗目，惟識真者方能賞之。雲溪外史。□白雲　外史

頑石若愚，客昆陵東郊精舍，得此帖，愛玩不能釋手，屬余題而

藏之可稱善鑒矣 □惲正叔

此竟陵鍾先生遺墨也畫以人重豈不信然息齋嗜學好古其寶藏之 茶菴升識 朱印

惲正叔筆墨超異詩論古韻如評竟陵此幅為冷元人一派為從荒寒一徑悟入皆得其間三昧蓋其眼高識逸故能擬得到此家東王介菴書法亦能洵不落家數町畦也茶菴一評尤為言近旨遠非解人安能道之 丙申四月望日題於香錫堂中

平湖張璞臯 □石穀

董香光尺牘冊 紙本羅紋紙裱

董香光尺牘異暑帖 □陸時化印 □恥與萬人同

今年異暑及秋尚多病湖山之勝遂不可具念之念之古曼自何

蘇之淡久虛無人海上吳子初獨得三昧恨在文為雅道之盟敢述
之左右早將揭其殼傳非僅吳君之感也不一九月八日弟名心具
左承 □象南 在尺牘之上 □□真賞 □淵之 □陸吟竹珍藏 在綠紙之上
昨見姚大理知馮京兆已為異物餘無所聞正欲過從而日已及
中急欲飯驅車還矣了文債殊悶悶接遠從當造談亦有丹陽
月素之念昔其乾餘未及報即是足為丈夫清之罪於一嚎海上
書極極為不懷讀一過不勝歎服不知觀者何以復也不一弟其昌
頓首 □潤之珍賞 □象南
昨所云異者能前知者乃新都名士吳友所著專以星度為言其
驗如神恨其匆歸不能細勘從暮吾兄必欲一奉敎幸勿失之彼
命閣下弟其昌頓首

眉公老兄源契奉上便銀收訖風雨屏居不能相過阿難倡信宿
書納上聞有孝廉雅角海上舍親皆直爲指其處不足介懷把耳弟
其昌頓首　□ 潤之珍賞　□ 象南

昨歲接手教知丈於風塵倥偬間猶念故舊誼至矣久不作郵不報
章并以疎知己望丈南宮之喜如望歲事雖暫躓屢蹶何遽至爵
把臂乃及聞蹤跡滯金陵頃來金昌正不相棄以爲歉然耳遠辱
丈寄重之厚貺深用感愧謝謝　□ 其昌頓首
□ 潤之珍賞　□ 東吳高氏　□ 象南

小僕送寄者歸云甚難進明日弟即出亦須投文後方稟則書亦
不能先投文而遞老親家必在投文後相見猶爲可及况兩勢如此弟
之出亦不可期奈何奈何弟意此正所至不過追餉所餘不多今日

之事，辟面為急。不如老叔家一相見，即承當代，僕材出為有識步
弟向來勸老叔家亦是此意，不容當樹不教。昨者青浦公過追
崇觀其辭色頗屬，弟為納足，豈無之氣色，敢以此進，何如弟力
能作書，書外無法，還遇得再見教，可導達而行也。弟其昌頓首

承示弟與辰超兄同造中丞公，因眉公來去，中丞公留神超兄在廨
嘗有四五首，渠云嘗獨持設段之議，弟且未與同聲以俟其可否
蓋弟所不知者，神超自能任之，頗以弟力為嫌，故此謹容舫布，弟
名正具。左沖

丹陵之言極是，且屋亦無一樣可用者，幸老叔家作書言此屋
并地，正在內無他端也。此復，弟其昌頓首

扇及畫共十二，俱書上。昨所諭已悉之，未公祖矣，總無果及意也。司

理六抵一探之，侯有信即奉報。中澗師亦附名已足矣。玫佑二兄亦太
簡矣，容再瀆。弟其昌頓首
菲礼不蒙備登，弟甚愧悚。敢再瀆左右，若老親家再揮斤者，
弟畫扇俱不敢拈筆，以此為要，於門下幸亮之。弟其昌頓首
口 潤之
　 珍貴

屢拜老親家重貺，弟無一以獻，深愧深感。昨出西郭，不謂絲
況未得晤，以悉近況，有懷如何。佳之扇拈（下脫一字，非敢筆字）即日揮寫奉上。
昨見太翁，知老親家將有政此之役，果爾，弟與潞同年傳兄索
其文稿，或可不走金陵道否？暇當再請見面一一。弟名正具 左沖
熊使君頃已有數字奉覽之，果即留之，不必歸於弟，覆柬已悉
老親家前說矣，容再悉。弟其昌頓首

弟于選擇之書，原無傳受，承太翁寄之，前日有之志，令諸選
擇家議之，皆言上吉。昨者造謝，不得面晤，為歉。屬冬承太翁
令路使者口諭，聞節有以如約，久不敢相促。弟入春多事，且定
上名房事，結局亦情所可亮。敢煩老親家再為趋庭，以名感甚
感甚。弟名正具。右沖 □ 仝上

蘭谿祝云殊，請人抄其推子平術甚奇中。老親家必耳其名矣，欲
弟介紹一晤。老親家不知尊造可先示弟否？乞示之，弟亦急欲
得之觀，与決捷期，便可預賀也。何如？弟名正具。□ 仝上

以老親家之賜至重，弟恐無以報瓊，故不敢當，乃承推惠至再，敢
不拜嘉，愧感交并。客歸專覆，不一。弟名正具。右沖

前以李行初奉簽，李已辞，未能出門已矣。今姑送初甘炎自守

書畫録卷六

文

其文學人品實有倍眼前諸君意不過為游藝車馬僕從之資非有深望老親家與其事深為有益弟亦受其多矣惠書如奉懇不一弟某頓首

舍姪亦行初同年弟之親房也　左沖

今日欲先出候朱公祖承教知事在留故以書奉覓之果已付小僕往探之餘容面悉弟某頓首

筆帖已自此勿復用弟在內書房而小僕寫帖在外宅每遣不及故白

使者今日一行未尚有欲致者如完之文書猶在乞老親家發來改添數語尤便蓋為瀫門生楊文縣昨書來相托衷言耳已行矣則不必更追之諸容面悉弟某頓首白事

吴公祠之役，有常用之行矣。今早曾送審来，西洽舍經事，以將劄時，幸先見示，以便弟与宗含録。至望至望。弟尹昌頓首白事

口 潤之所藏

二月初旬有書致兄，想已得達矣。不審春来兄起居及日用若何？以為遠念。前因楊（此字原注在四字側）四房人来，又接手教，并得所寄各具，感相念。此石非桃花剌也，價亦只三金。弟不曾見桃花剌，今已作房價半策，与淩二足共用去矣。弟家世讀春秋，未有題名，今年入穀，適本鄉四山欲換經，遂爲換之。看春秋本房中十二人，南雲卷有六，而解經魁四焉。又十一人亦同詠坐主者，共廿三人。此亦何用，為之曾祖讀經之老場屋，争之，是年試録一本奉去，尚俟得墨卷寄来。忠録圖以父子与弟家父子何等交契，於家人中所少，今其身故一

一切事皆弟擔閣、獨恐力不勝耳、寄田等事極小惟兄与樹心自
謀為之、以報我一信可也、又仲長寄書來云欲收青浦田二百畝
亦何必問之兄即為收之、仲長書並不曾見、只洪子崖書中云、不
知仲長書竟付何人寄、乃不到也、百凡仗庇、諸不一、具、前書矣
鳳林三兄大人侍下、弟其昌頓首、

□祖巖 □象南

董文敏与吾鄉王太史月山為同年、王奉常煙客乃其年姪
也、後以少子託之奉常、為奉常壻、故有親家之稱、册中之札云親家
皆与奉常札、 □崖時化號
法門有龍象、既京兆董宗伯、書中之龍象也、二公相肖而相峙焉、
京兆剛健得姿、宗伯敷唐得姿、京兆圓足取勁圓姿、宗伯贊、

朴娱殖，亦好，未易優者也。吾家稼書先生性情學問，与香光迥別，而亦有契合焉。作香光象賛曰：「公之學殖，見乎文章；公之翰墨，藝苑稱長。如肅瞻遗象，我心洋洋。人知公顯名被乎八荒，不知其夙興夜寐，孜孜矻矻，日就而月將，宜乎至今有餘光。」其稱許如此。賛在三魚堂集中。乾隆丙午長至，六十三老人陸時化。

□ 婁江陸潤之鑒節印

此册名畢尚書帖，以第一簡今年畢尚書起，所以爲名。仿十七帖之意。

□ 陸時化印

項易菴畫册 紙本，高六寸八分，闊四寸六分。

一段 有客來自餘杭，長道天目高寒，其雪經春未化。時在彼中，久雨初霽，忽見青山緑樹間，如玉峰瑶台，真奇觀也。偶來四家陸叟寒林圖立軸　四家者、董香光、惲南田、王石谷、王圓照也。

董香光圖、紙本、水墨、高四尺四寸四分、闊一尺一寸一分、絹裝。

子久此圖、予家收藏二十年、為王尚賓易去、此粉本也。元宰

□ 其昌

惲南田圖、紙本、淺絳、高一尺三寸九分、闊九寸六分、絹裝。

癡翁陸叟寒林、昔在婁東王奉常家、癡翁妙迹與夏山浮嵐數幀相埒、吾友石谷子擬本最佳、余此幀略有出入。南田客壽平

□ 惲　□ 正叔

王石谷圖、紙本、水墨、高二尺八寸六分、闊一尺一寸二分、絹裝。

歲在丁未十二月上澣、仿子久陸叟寒林奉寄、貫時道長先生。虞山石谷王翬。□ 王翬之印

石谷画道甲天下，鑒賞家定論久歸然。余比年每見其新作，必詫爲登峰造極，無以復加，及継見則又過之，未知將來所詣若何底止。昔柳子論觀文謂如懸衡，增之銖兩則俯，反是則仰，欲令吾俯莫若增重其筆，增之不已，將懼吾首至地。今余觀石谷画亦然。石谷日進乎技，一樹一石，無不與諸古人血脈貫通，如子久逸韵出塵，學者僅能摹其郛廓，乃獨奪神抉髓，使之重開生面，此非時流可幾萬一。余展玩伏膺，不覺斂氣慴墨，豈但首之至地也哉。西廬老人王時敏題。□王印時敏　□遜之　□錢天樹印　此印在下押角

王皃照圖　紙本，水墨，高一尺九寸九分，闊一尺二寸二分，紙裝。

□棃香庵　首引

黄子久陡壑密林圖，乃其生平得意之作，爲吾婁奉常烟翁所

藏。今冬予偶過席邨，雲林禪師出藏畫，遂仿其法，庶亦知不免學步之誚矣。擲筆爲之惘然。乙巳嘉平王鑑　□王鑑之印

惲南田水墨荷花卷　紙本，高五寸九分，長四尺守六分，紙一接

寫城北郭蓮花池，游賞最快意，戲爲點墨，蓮多逸趣也。

□正叔　□壽平

夜飲歸，挑燈了此，殘筆垢硯，聊爲伸紙，莫作畫觀。

□南田草衣　□寄岳雲

六君子圖　合裝作卷，故長短不齊，內缺一段，別未得也。

一段　水墨，高九寸四分，長三尺二寸九分

渭川之上偶收拾，一圖新篠葉藏深碧，應憶隱林第，遠籠煙氣溪，低拂雨懷乾，舒卷無心窮已，相忘度歲寒。　趙天裕　之印

□見陽子珍藏記　□見陽圖書　□子安珍藏記　□四雲印

二段、高八寸三分、長二尺九寸四分、

與可、九思舊於京師見先生墨竹併題跋此段今不敢用己意繼先生之後故全用舊法也、　錫洲　□敬仲畫印　□柯九思敬仲印

右石室先生文公所畫古木筆意簡古、破墨清潤天趣飛動逸真逸品也又有元章亞能鑒賞于上可爲寶玩但欠墨竹一枝故爲補于其後、後學柯九思題　□書畫印　□柯氏敬仲　□緝真齋　□奎章閣鑒書博士

三段、高九寸三分、長二尺五寸三分、　見陽氏諸章同前

敬仲爲古山作、　□柯氏敬仲　□緝真齋

四段、高九寸七分、長二尺三寸四分、畫於宋銀光紙上、

龍角、趙原、善印

五段、高九寸、長二尺五寸八分

至正乙巳孟夏下旬守之作於文山小隱 □欣守之印 □从心叟 □存誠齋

六段、高九寸三分、長二尺六寸三分

門山道人齊郡張紳為 善相蔡山主寫雅篷竹枝於普賢寺

乙丑正月廿有五日 □雲門山道人

以下另接裱題詠諸家

幽人卜築湖山曲。四檻蕭蕭森碧玉。我回月夜来好風。恍疑身在蒼崖谷。 松陵虞麟 善印

溪頭結屋茅不多。奈此綠溪脩竹何。天光雲影忽顛倒，翡翠流聲相錯磨。方丈幽居原自好。尋幽常繫驚步經過。主人鑽竅穿深竅。白日恍聞擊節歌。 吳江曹説 □松陵曹説子言印

知子移家過其廬，画圖珍玩与書俱。萬竿緑竹瞻淇澳，一曲清
流比鑑湖。閑產懶求忘勢利，性情頤養息奔波。携琴終擬諧
騎鶴，弹徹秋風啼夜烏。吳郡僧碧潭行𢖪
□吳郡 苂葛　□碧潭　□白雲之客
為愛主徵士，其居吳興郡。乾坤得清氣，風月屬閒人。已有婆娑
竹，渾無一點塵。平生隨所寓，取適任天真。　天游生陸廣
□甫里陸氏
吳下人多水竹居，俞君棨指笑談餘。記文周已翻淵甚，味咏应
當雨露初。篇什漫勞陳組繡，園池空復有禽魚。只今蕭散南湖
上，種玉蹤清孰悔予。
仲和先生吳城漫書二字 偶畫叢業 有水竹居 閒甚清逺，兵後以其地更軍卒，因遷居

秣陵南湖之上，亦種竹環渠，瀠蕩其間，比之城中尤清曠也。俞君作記閎翻洪瀚，雖白首暮年，猶不除少年舉子習氣耳。題燕適之所曰水竹居。吳人多用之，類皆鑿池種竹，以詩深靜爽朗也。余至吳中士人家，每見如此，故篇中悉及之。至正廿二年，歲在壬寅九月廿六日，倪瓚書。□ 雲林子

園旋方玉繞文瀾。密箐如雲翥鳳鸞。杜曲舊聞皆野性。湖濱初數一鄭都。 陶宗文 □ 雲樵子

蕭蕭水竹綠幽（華）居。獨事栖遲只晏如。瀲灩綠波搖几席。交加蒼玉映階除。网魚可祈荒巖鱠。截簡堪編教子書。野艇數過窺隱德。題詩空自愧踟躕。 長洲釋如海 妄印

屋枕滄湖地自偏。水光竹色滿虛簷。風搖翠羽香浮席。月送金

波影入簾間拂玉琴和鳳吹。怒吹鐵笛起龍潛。春時有活吾餘事。筍蕨芳香味可兼。 王雨 名印 高九寸三分長二尺五寸七分

六逸圖 隸書 諸公筆墨可稱逸品。而竹窗再本中逸品也。因取竹溪六逸之義。亦以名斯圖。乾隆癸亥中元後三日。印須老人蒙老喬崇僖識 口 洪彤堂藏

右盧蕃以下八人題詠。餘非為前文游六逸圖而作。因本在原裝於後。故仍舊貫。不敢強為一家眷屬也。崇僖又識 另紙

陸包山菊卷 紙本設色 高八寸五分長七尺八寸 紙一接

東籬霜影 隸書 穉登 口 王印穉登 口 百穀

○ 茂苑西 引首 口 紅雨軒

一段 金芝纖繁蘂。玉屑紛芳萼。 口 徐崇

支

四家陡壑密林圖立軸 四家者、董香光、惲南田、王石谷、王圓照也、

董香光圖、 紙本、水墨、高一尺四寸四分、濶一尺一寸一分、絹裱、

子久此圖、予家收藏二十年、為王尚賓易去、此粉本也、 元宰

□其昌

惲南田圖、 紙本、淺絳、高一尺三寸九分、濶九寸六分、絹裱、

癡翁陡壑密林、昔在婁東王奉常家、癡翁妙迹、与夏山浮嵐、聲價相埒、吾友石谷子摹本最佳、余此幀畧有出入、南田弟壽平

□惲　□正叔

王石谷圖、 紙本、水墨、高二尺八寸七分、濶一尺一寸二分、絹裱、

歲在丁未十二月上澣、仿子久陡壑密林奉寄、畏何道長先生、

虞山石谷王翬、 □王翬之印

石谷畫道甲天下鑒賞家定論久歸然余比年每見其新作必詑爲登峰造極無以復加及継見則又過之未知將來所詣若何底止昔柳子論觀文謂如懸衡增之銖兩則俯反是則仰欲令無俯莫若增重其所增之不已將懼吾首至地今余觀石谷畫亦然石谷日進乎技之樹之石氣不与諸古人血脈貫通如子久逸韵出塵學者僅能摹其郛廓乃獨奪神扶髓使之重開生面此非時流可致萬一余展玩伏膺不覺致氣慣墨豈但首之至地也哉西廬老人王時敏題 □王印時敏 □遜之 □錢天樹印 此印左下押角

王圓照圖 紙本水墨高一尺九寸九分闊一尺二寸二分紙裝

□染香庵 首引

黄子久陡壑密林圖乃其生平得意之作爲吾家奉常煙翁所

藏。今冬予偶過席邪，雲林禪師出縑素畫，遂仿其法應之，知不免學步之誚矣。擲筆爲之惘然。乙巳嘉平王鑑。□王鑑之印

惲南田水墨荷花卷　紙本，高五寸九分，長四尺六寸六分，紙一接。

寓城北郭蓮花池，消夏最快意。戲爲點墨，並遂多逸趣也。

□正叔　□壽平

夜飲歸，殘燈了然，援筆据硯，欣爲伸紙，莫作畫觀。

□南田草衣　□寄岳雲

六君子圖　合裝作卷，故長短不齊，内缺一段，則未爲可也。

一段　水墨紙本，高九寸四分，長三尺八寸九分。

渭川川上綠，收拾一圖畫家業。藏深碧處隱碎竿，遠籠煙景淡。依稀雨懷較舒卷，意窮已相忘，慶（度）歲寒。趙天裕　無印

□貝陽子珍藏記　□貝陽圖書　□子安珍藏記　□四雲印

二段、高八寸三分長二尺九寸四分、

与可、九思舊於京師見先生墨竹、併題如此、今不敢用己意、継

先生之後、故全用舊法也、　錫洲　□敬仲畫印　□柯九思敬仲印

右石室先生文公所畫古木筆意簡古、破墨清潤、天趣飛動、逸

真逸品也、又有天章丞館鑒賞于上、可為寶玩、但欠墨竹一枝、故為

補于其後、後學柯九思題、　□書畫印　□柯氏敬仲　□縕真齋　□奎章閣鑒書博士

三段、高九寸三分長二尺五寸三分　貝陽氏諸章同前

敬仲為古山作、　□柯氏敬仲　□縕真齋

四段、高九寸七分、長二尺三寸、四分、畫於宋銀光紙上、

龍角、趙原、善印

五段　高九寸五分長二尺八分

至正乙巳孟夏百宜之作於文山小隱　□欽宜之印　□從心叟　□存誠齋

六段　高九寸三分長二尺六寸三分

門山道人齊郡張紳為　宜相戲山玉寫於篷竹枝於菁賢寺

乙丑正月廿有五日　□雲門山道人

以下另接裱題詠諸家

幽人卜築湖山曲。回欄蕭蕭森碧玉。截回月夜來好風。恍疑身在

篔簹谷。　松陵盧麟　吉印

溪頭結屋蒼雲多。奈此繞溪脩竹何。天光雲影忽顛倒翡翠流

影相錯磨。方丈幽居原自好。尋常俗駕少經過。主人鐵笛穿深

窈。白日惟閒擊節歌。　吳江曹說　□松陵曹說子宗印

知子移家過其廬。畫圖珍玩与書俱。萬竿緑竹瞻淇澳。一曲清
流比鑑湖。閑適懶求忘勢利。性情厭養息奔波。揆琴終擬語
聽鶴。彈徹秋風啼夜烏。吳郡僧碧潭行現、

□吳郡 笑菊　□碧潭　□白雲之窓

爲愛王徵士。幽居發興新。乾坤渴清氣。風月屬閒人。已有婆娑
竹。渾無一點塵。平生隨所寓。取適任天真。　天游生陸廣

□甫里陸氏

吳下人多水竹居。俞君蒙指笑談餘。記文開已翻閒甚。味詠應
當雨露初。篇什漫勞陳組繡。園池寧復有倉魚。只今蕭散南湖
上。種玉蹤清孰侮予。
仲和先吳城 漫虎二字似宜删去 閑甚 有水竹居 清遠兵燹以其地受軍率因遷居

秣陵南湖之上，亦種竹環渠，深翳其間，比之城中，尤清曠也。俞君
作記，閑翻洪瀚，館白首暮年，猶不除少年舉子習氣耳。題無適
之所曰水竹居。吳人多用之，數皆鑿池種竹，以得深靜爽朗也。余至
吳中士大夫家，每見如此，故篇中悉及之。至正廿二年，歲在壬寅九月
廿六日，倪瓚書。□ 雲林子

圓琁方玉涵文瀾，容箸青如雲煮鳳團。杜曲舊聞皆野性，湖濱初
數一鄰知。　陶宗文 □ 雲棲子

蕭蕭水竹繞華居，獨事栖遲只易如。瀲灩綠波搖几席，亦安茄蒼玉
映階除。網魚可祈充庖饌，栽筍閒堪編教子書。野艇數過窺隱德，
題詩空自愧瓊琚。　長洲釋妙海　妄印

屋枕澄湖地自偏，水光竹色滿虛簷。風搖翠羽香浮席，月送金

波影入簾間，拂玉琴，和鳳吹，怒吹銕笛起龍潛。春時有添無餘事。笋蕨芳香味可兼。 王雨 無印 高九寸三分長二尺五寸七分

六逸圖。隸書 諸公筆墨可稱逸品，而竹塘卉木中逸品也。因取竹溪六逸之義以名斯圖。 乾隆癸亥中元後三日，印須老人贊君為崇脩識 □ 洲形堂藏

右宣麟 以下以人題詠。餘非為前六文，為六逸圖而作，因本在原裝於後，故仍舊貫，不擬良為一家眷屬也。崇脩又識 另紙

陸包山菊卷 紙本設色 高一尺一寸五分長七尺寸 紙一接

東籬霜豔。隸書 穉登。 □王印穉登 □百穀

() 莞西引首 □ 紅雨軒

一段 金英纖蕊萬玉層飾芳蕚。 □ 給宗

二段　玉宇留仙品，蟾宫結桂枝。□ 木樨 求

三段　浄会傳經、□ 品字 蓮

四段　狂歎太白樹。□ 太史 白

五段　春艶有餘露，秋花復如畫。□ 山桃紅

六段　鳥為能言巧，花還帶月出。□ 雁 云

七段　曙色揚朝暉，霜欺托真素。□ 海日 紅

八段　天真帰来晚，白衣送酒時。□ 白 趣

九段　佛座争輝、□ 碧玉 幢

十段　撩心多結露，嘗味静中邊。□ 蓮 房

十一段　六郎豈寒眼，且以不凋殘。□ 松 了

十二段　江上看秋艶，妝臺剩粉妝。□ 玉芙 蓉

十三段　桐枝清露沁上高標、□鳳尾

隆慶辛未九秋庭中菊英甚佳因額各種而以淡墨出之為其高逸之三橋居士篆刻諸多名亦更書畧焉　包山陸治

□陸氏叔平　□包山子　□仁西軒　□竹窗　左押角

菊榮枝々墨色新。燈前月下別傳神。可憐元亮亡云通識湯向東籬作醉人。　插帽秋花老更狂。為緣高逸重寒芳。夜來不怕西風急。認取籬根葉上霜。　稻蟹初肥正及時。更宜把酒問花枝。留虞人卷義皇易。讀遍文辞与眾稀。　次第栽花直到秋。春花不及菊花幽。春花先占東風美。菊占寒芳在後頭。　包山子寫菊花各種屬予錄篆以記其名、復成四截句以足興云　三橋文彭

□文彭　□文壽承印　□蒲香齋主　左押角　○好雲樓　□渠清閣書畫記

書畫録卷六　末

○王石谷山水立軸 紙本。高三尺九寸五分，闊一尺七寸六分

黄鶴山樵為元四大家之一，初宗摩詰，後師董元。秋山草堂圖，幹柯高雅，別具風致，亦將明早年筆如南田所作。運筆纖秀，賦色古澹，脱去摹仿之迹，自臻神化。摩挲久之，竊志快幸。戊子二月，劍門樵客王翬。 □澄懷 引首 □王翬之印 □石谷子

□夢字玉子 在右方下 □耕煙散人 □東青湖 二印在左方下

别下齋書畫録卷之七

海昌　放庵主人蔣光煦編
寵蔭居士許光治校

周六止墨蘭卷　高七寸六分長一丈一尺寸四分紙二接

空谷含芬　四大字　馬雲鳳題　□馬印雲鳳　□舜儀

□留耕堂印　□五雅齋珍藏印

松下雲邊古澗傍。崇朝采采未盈筐。將蜂滿袖空相逐。終入城東便不香。　王穉登　□穉　□登

風入蘭香度。芳心不自禁。無因修紉佩。玉立夜庭深。　杜大綬

□子行

叢蘭在空谷。幽香風外聞。佳人日已遠。悵望楚江濆。　文震孟

□文起　□東壺

雨浥三湘翠，風生九畹香。清芬与高節，朝夕詎能忘。　士端

□項印士端　□國衡

手培蘭蕙兩三栽，日暖風和次第開。坐久不知香在室，推窗時有蝶飛來。　莫振明　莫印

緑葉丹莖王者香，翠陰從蕊曉冒秋霜。幽貞獨有蘼蕪草，空谷佳人物自芳。　陳道　□性之

幽香生谷口，香景自芬馥。荊溪春半時，紫莖滿林麓。　范善慶　□餘夫　□范印善慶

湘皋春意動，暖氣入蘭心。風外微香度，懷人江水深。　朱治登　□日氏升　□朱印治登

閒庭春雨餘，忽見幽蘭長。坐久不聞香，清居絶塵想。 士端

□項印士端 □國緯

蘭芳名國香，根生傍蘚石。歲寒心猗猗，在淇澳。 錢允治 □功文

香冷霜風秋草空，瑶花何處託淮鴻。凌波今夜清江畔，應是相思明月中。 周鳴鹿 □友白 □竺澤漁郎

葉帶朝煙翠陸離，花含春霧紫葳蕤。美人只隔湘波水，持得芳馨欲寄誰。 王穉登 □王印穉登

芳英翠葉滿湖湘，荏苒風飄王者香。持贈玉人堪紉佩，絶勝南浦芰荷叢。 蒲澂源 □澂 □源

風前碧玉樹，谷口國香開。欲紉爲長佩，相思隔楚雲。 文葆光

○停雲 □文徵明印

幽蘭生磵谷，清風散微馥。美人何處尋，香在湘江曲。 袁翼錄

題 □袁氏苑宸 以上各詩俱題在卷中每段款之上下，枝六止署款在後

周天球戲作 □六止居士 □周氏天球 □周氏公瑕 □抱甕翁

□高氏江邨艸堂珍藏書畫之印 □朱復廬收藏印 □桂馥栖印 □乾峰道人 □五研齋珍藏印

□蘭渚軒 □高士奇圖書記 □止園居士 □高軒 □休寧朱之赤珍藏圖書

○主人霞城龍燮 □董浦清賞 □高廿一達璨 以上三印在卷後 □蘭渚軒 □高軒 二印騎縫

□吳門王月軒珍藏書畫印 □高岱私印 二印在卷後

周幼海雅尚翰墨，放於臨池之餘，嘗寫九畹以寓興焉。其揮毫不偏不倚，其潑墨不枯不濡，布置間架，卓有軌法，其布葉如纖靡，敷榮若美女之臨風，其叢表挺幹若武士之執戟，其安放也若

翩翻窕窈、若舞鳳之振翎、巧姿參差、若游鱗之振鬣、更有反側斜欹、同葵藿之向陽、卷舒聳銳、等蒲劍之刺球、收量倒影依垂、弱態難支、扶疏蔥菁、堅身自持、植君子之庭階、常比德而相宜。崇禎六年仲春月、項士端題、□項印士端 □國徵氏

窓前舊種春蘭百本、近並增植、幽芳滿室、朝雨中偶取周公瑕蘭譜觀之、不知香自紙上生耶、硯下生耶、孰幻孰真、總不必辨、惟賦二詩、手藝移植自山阿、楚岫湘江意倍多、定別有情人不識、含悲含怨向誰何。墨瀋淋漓葉葉新、縱橫腕底寫花神、此當前九畹經春雨、粉本今朝認始真。康熙戊寅正月廿四、雨中書於簡靜齋、藏用老人高士奇、□藏用老人 □士奇 □高竹

十月廿日雨、西再觀、江邨、□相賞□石潤意

書畫録卷七

三

二段　玉宇留仙品，蟾宫结桂枝。□ 木樨 求

三段　净会传经。□ 品字 蓮

四段　狂歌太白楼。□ 太史 白

五段　春艳有余露，秋花复如画。□ 山桃红

六段　鸟为能言巧，花还带月幽。□ 雁 云

七段　曙色扬朝晖，霜歌托真蒙。□ 海日 红

八段　元亮归来日，白衣送酒时。□ 白 超

九段　佛座争辉。□ 碧玉 幢

十段　撩心多结处，尝味辨中边。□ 蓮 房

十一段　六郎岂寒暑，且与不凋姿。□ 松 了

十二段　江上看秋艳，粧真剩粉痕。□ 玉芙 蓉

十三段、桐枝清露、池上高標、 □鳳尾

隆慶辛未九秋庭中菊英甚佳、因顧各種而以潑墨出之、為其高逸也、三橋居士篆刻諸多名、而更書畧焉　包山陸治

□陸氏 叔平　□包 山子　□紅雨 軒　□竹窗 右押 角

菊榮枝枝墨色新、燈前月下別傳神、可憐元亮亡去通謝、漫向東籬作醉人。　插帽秋花老更狂、為緣高逸重寒芳、夜來不怕西風急、認取籬根葉上霜。　稻蟹初肥正及時、更宜把酒問花枝、窗虛虛卷羲皇易、讀遍爻辭与彖辭。　次第栽花直到秋、春花不及菊花幽、春花先占東風美、菊占寒芳在後頭。　包山子寫菊花各種、屬予鐫篆以記其名、復成四截句以足興云、三橋文彭、

□文 彭　□文壽 承印　□蘭香 齋主　左押 角　○好雲樓　□娛清閣 書畫記

書畫録卷六

末

○王石谷山水立軸 紙本，高三尺九寸五分，闊一尺七寸六分

黄鶴山樵為元四大家之一，初宗摩詰，後師董元秋山草堂圖，骨格高雅，別具風致，亦將明早年筆，如南田所作，運筆纖秀，賦色古澹，脫去摹仿之迹，自臻神化，摩挲參之，窃志快幸。戊子二月，劍門桂客王翬。

□澄懷引首 □王翬之印 □石谷子

□夢寄玉子 在右方下 □耕煙散人 □來青淵 二印在左方下

別下齋書畫録卷三　文

海昌　放菴主人蔣光煦編

寵菽居士許光治校

周六止墨蘭卷　高七寸八分長一丈一尺　箋四分紙二接

空谷含芬　四大字　馬雲鳳題　□馬印雲鳳　□舜儀

□留耕堂印　□五雅齋珍藏印

松下雲邊石澗傍。崇朝采采未盈筐。游蜂滿砌雲相逐。終入城來便不香。　王穉登　□穉□登

風入蘭香度。芳心不自持。無因脩紉佩。玉立夜庭深。　杜大綬

□子行

叢蘭在空谷。出香風外聞。佳人日已遠。悵望楚江濆　文震孟

口文起 口震孟

雨浥三湘翠，風生九畹香。清芬与高節，朝夕記能忘。 士端

口項印士端 口國衡

手培蘭蕙兩三栽，日暖風和次第開。坐久不知香在室，推窓

時有蝶飛來。 莫振明 生印

綠葉丹莖王者香，蔭從灘畔冒秋霜。幽芳獨有蘼蕪草，空谷

高人想自知。 陳道 口性之

幽香生谷口，香氣自芬馥。荊溪春半時，紫莖滿林麓。 范

善慶 口餘夫 口范印善慶

湘皋春意動，暖氣入蘭心。風外微香度，懷人江水深。 朱浴

登 口日升氏 口朱印浴登

閒庭春雨餘。忽見幽蘭長。坐久不聞香。清居絶塵想。 士端

□項印士端 □國緯

蘭芳名國香。根生傍舊域。片石歲寒心。猗猗在淇澳。 錢允治 □功文

香冷霜風枕夢雲。瑶花何處託淩鴻。凌波今夜清江畔應星相思明月中。 周鳴鹿 □友白 □芝澤漁郎

葉帶朝煙翠陸離。花含春露紫葳蕤。美人只隔湘波水。持得芳馨欲寄誰。 王穉登 □王印穉登

芳英翠葉滿湖湘。荏苒風飄王者香。持贈玉人堪紉佩。絶勝南浦芰荷裳。 浦瀓源 □瀓□源

風前碧玉樹。谷口國香開。欲紉爲長佩。相思隔楚雲。 文葆光

○停雲　□文徵明印

幽蘭生礀谷清風散微馨美人何處尋香在湘江曲　袁翼録

題　□袁氏尚宏　以上各詩俱題在卷中每段落之上下放六止略款在後

周天球戲作　□六止居士　□周氏天球　□周氏公瑕　□花癡公羽

□高氏江邨艸堂珍藏書畫之印　□朱復庵收藏印　□桂隱栖印　□乾峰道人　□五研齋珍藏印

□蘭渚軒　□高士奇圖書記　□江邨居士　□高軒　□休寧朱之赤珍藏圖書

○澹城主人　夔龍　□蓮浦清賞　□高廿一達璪　以上三印在上後廉　□蘭渚軒　□高軒　二印騎縫

□吳門王月軒珍藏書畫印　□高岱私印　二印在下後廉

周幼海雅尚翰墨放於臨池之餘嘗寫九畹以寓興焉其揮毫不偏不倚其濃墨不枯不濡布置間架皆有執法其布葉如織靡敷縈若美女之臨風其叢秀挺幹若武士之執戟其安花也若

翩翻宛窈若舟鳳之様翔、巧密參差若游鱗之振鬣、要有反側斜欹同葵藿之向陽、拳舒聳銳等蒲劍之刺水、帖並儷影依垂弱態難支、扶疎葱蒨、堅身自持、植君子之庭階常比德而相宜、崇禎六年仲春月、項士端題、□項印士端 □一國德氏

窗前舊種春蘭百本、近復增植、幽芳滿室、朝雨中偶取周公瑕蘭譜觀之、不知香自紙上生耶、硯下生耶、孰幻孰真、總不必辨、惟賦二詩、千叢移植自山阿、楚畹湘江意倍多、別有情人不識含愁含怨向誰何、墨瀋淋漓葉葉新、縱橫脫底寫花神、此間前九畹經春雨、都本今朝認假真、康熙戊寅正月廿四、雨中書於蘭靜齋、藏用老人高士奇、□藏用老人 □士奇 □高斯

十月廿七日雨、西舟觀、江邨、□相賞如石湖意

書畫録卷七　三

月四日南海吳榮光時年六十有八 以下印失記

米公天馬賦是平生得意作，所書大字小字後人傳刻不一，此墨蹟海昌友釋六舟達受物，今歸硤石生沐廣文蔣六兄先生，二兄皆鑒古精識，此寶蹟可謂得所。米書大字本即瑯琊有書本我里陳友山觀察藏有董文敏臨寫縮本，殊遜騰綽無前，不可方物。去年秋九海鹽朱尚齋觀察以董臨瑯琊有書本縮書二冊，來索書後，董自有跋語，亦精核，今又觀此，於是賦洵是墨緣。米公以皇祐三年辛卯生，熙寧甲寅伏波岩題名，乙卯浯溪詩，元豐辛酉東林寺李北海碑前題名，元祐丙寅蘗洲題字，書名皆作黻，皆在四十歲前。元祐辛未觀山樵書，名作芾。余同年友南海吳荷屋中丞所跋誠是。 道光二十二年壬寅四月十二日，嘉興弟七十五歲

老者張廷濟

董香光字冊 每頁高七寸三分，闊八寸四分，紙本。

唐大興寺故大德大辯正廣智三藏和尚碑銘并序 不録

右軍有構燈法，傳于晉唐諸名家，所謂口訣手授者。南唐李後主獨傳此法，余於徐季海三藏碑悟其法，書於內撥留筆取之，正自寬解人不可得，其易識。 印失記

辛未六月，將書方正學求忠書院記及臨碑數種，以發筆思，因以玉枕蘭亭法緒季海此碑。廿日。

陳老蓮蕙草立軸 絹本設色鈎勒，高二尺二寸五分，闊八寸九分，原軸精裝。

老蓮寫於秋溪漱玉之亭。 □ 蓮子

□ 曾藏鄭暇山家。 □ 任邱王氏鑒藏古畫之章

書畫録卷八

藍田叔山水立軸 紙本淺色高三尺七寸一分闊一尺七寸八分後叢

秋水拍天青縮遠疏樹葉脫亂似剪千里萬里淨雲歛湘妃髮怨霜華淺眉斂翠痕細如卷剡溪藤滑筆興軟墨瀋精點濃於染我法廷翁未堪展 戊寅歲泊湖上殘月清霜放歸棹遂作此以志僭高奈山老翁之遊興云 西湖外史藍瑛

□藍瑛 □田叔

西陵習氣洗畫縱橫風光幽澹木石蕭森咫尺不遠勝上古琴惟許嚴子陵梅子真同我來尋 題田叔倪家山 八十一翁陳繼儒 □陳繼儒印 □眉公

○查梅壑山水卷 紙本高九寸長五尺八寸三分

雲山千疊天外如屋三間水濕莫遮迷津漁父知等閒來看桃

花○士標寫于邗江之種書堂 □二瞻 □士標

方蘭坻花卉卷 紙本高七寸七分長六尺六寸九分設色

阿那其枝四字隸 余既賦鷓鴣天詞題方丈所寫九種折枝芳卉

越十餘日重過澹秋時秋陰作涼幽窗無俚復展是卷逸趣横

生因書四字於引首丙寅秋仲九日倪稻孫 □鶴林外史

蘭坻方薰寫于桐華館 □方氏蘭坻

□夢隱書記羽肖

澹秋程兄出示方君所作設色畫花卉九種因製小詞書于卷尾調

鷓鴣天 檻外濃陰護晚花卷中彩筆淨鉛華春雲為約秋霞

識蓮水還如田水舒 臨粉本試圍茶語溪香影在天涯年來

頗結幽蘭夢又展煙痕上畫叉 同日又見標倉設色畫蘭為兩軸

苗得觀桐華館試茶圖,時丙寅七月二十日也。西湖夢隱填詞

□ 樸来

澹秋上兄出方山人此卷見示,夜涼孫雨,春夢如煙,慨想青瑤

含情白紵,因譜念奴嬌一闋,書於左方。 秋陰屋角,正穠間夢鼓。

蘆中吟節,最憶娟娟風露裏。應有寒芳未吐,纖剪榴殷,房含

荷颯,更禁廉纖雨。此時窗畔,彩毫詠換青句。 卻看點翠裁紅,

此人孤寄,解對生綃語。蝴蝶黃時飛款倦,猶認煙痕一縷。青蔓

畦荒,白花籬冷,屋罨牽蘿補。紫雲重翻,簾旌何其堪數。 文

起沈欽韓作 □長年日利 □文起 上印誤倒印

寄山堂接語與鄉,曾試螺峰第一綱。記得桃花醲面面,生綃ゝ幢

尚含香。 冶葉倡條粉本摹,紙窗秋氣戰孤蕭。莊南研北補(鋪)香

題重鐫新詩入畫圖 同宋楊小宛作 雲帆邵震 無印

余与方丈令子鐵珊締交垂十年前歲献歲津門小逆旅 京華討

不相見已屢易寒暑矣庚午暮春月行脚吳中重過 滄秋存

展是卷因懷鐵珊不置此時方丈真蹟難得而可貴得者絹本

居多若染紙生動無論此者未審鐵珊尚能收藏我誅俟異

日證之也八日午窗鶴林外史又書 □稻子

硯西楳證月圖卷 絹本設色高七寸九分 長二尺八寸三分

證月圖 三大字 丹旭 □旭印 □象丹 子苦

生沐六兄先生雅屬 甲午小春仿元人筆意于萃紫菴之南

窓西楳硯洛時年七十有三 □洛 □西梅

米昂之搖想閣圖卷 絹本青綠高九寸六分 長六尺二寸

書畫録卷七

瑶想閣圖、四字篆　生沐一兄居士、尚未識面、刻因苕溪舊友擬

筆墨屬書、先以此為羔雁之用。愧眼力不逮也、即請正擘、

道光丙申中秋後一日、韜庵江沅題、□江沅私印 □韜庵

瑶想閣圖、　生沐六兄先生屬、昌印之製、□印之

張子祥水雪精神冊　水仙十二頁、紙本、

殷雲樓水仙冊　二冊、二十四頁、紙本、

金海霞小横幅　絹本、

戊戌夏五月、寫宋人小窗和雨夢梨花句意　松陵疎柳村農

龍江、□海霞 □金源之印

殷雲樓水族果冊　紙本十二頁

集師友尺牘、二冊、朱裱、

蔣仲籬畫冊 絹本山水及花果共十二頁

陳古民詩冊 紙本四頁、芷湘所贈、

陸冰脩書畫冊 紙本十頁、

楊西亭山水冊 絹本十頁、高四寸七分、闊一尺二寸六分、款在末頁、

丙申清和月、西亭楊晉、 □楊晉、 □西亭

文衡山畫冊 絹本八頁 疑非真蹟

王祿之書畫冊 紙本八頁

項聖謨山水冊 絹本十二頁、

扇面冊 六冊、明人及國朝名人俱備、約共有頁當細録其題印以備、

朱曉芳小紅低唱圖幅 絹本、

沈道生梅花幅 紙本、

書畫録卷六

十一

張子祥蒼松石壁圖立軸 絹本，臨惲南田。
吳漁山歸莊圖立軸 絹本，高二尺九寸六分，闊一尺三寸一分。
甲戌夏日，擬趙大年，於叢蘭書屋。墨井吳歷口 墨井道人
張子祥菊石小幅 紙本
明人合景立軸 紙本
啟南楳碧石梔，徐鼎山白鵝，趙次閑石。
張研樵山水小幅 絹本青綠
禪柯茶煙圖立軸 紙本
費曉樓天官立軸 紙本
張子祥仿惲牡丹立軸 紙本
又水墨荷花立軸 紙本

黄皞樓澄月圖小横幅 綃本

王覺斯隷書立軸 綾本

朱昂之清溪樓圖小幅 綃本設色

沈竹賓山水横幅 紙本

翁小海梨雲香紫圖幅 綃本

張子祥白牡丹幅 紙本

時人合作屏幅 紙本十幅又題幅二

趙次閑、顧西楳、徐瓶山、沈玉川、趙穀雲畫合幅 趙次閑、張琳未合書二題幅

時人合作書畫屏幅 紙本二十四幅

張琳未正書小篆 二幅

書畫録卷又

十六

翁小海　鵪鶉、雙鴨、人物、松陰論古　共四幅

沈竹賓、山水、溪山深遠、共二幅

蔣琴東、歸漁圖、賞秋圖　共二幅

劉子和、鴛鴦、鸂鶒、共二幅、

張子祥　水仙、紫薇、靈璧石　英石　共四幅、

殷雲樓、行書二、菊、粉團、秋蔬果、果品、共六幅、

楊龍石　行書二幅、

陳南樓女史花卉小幅　紙本、設色二幅、高尺寸、闊八寸九分、

無款　□陳氏　□錢書　□品十齋居口中　□上元弟子　□家在邏村　□白隅家學

沈石薌牡丹幅　紙本

周雲巖寫生花卉幅　紙本四幅、

費曉樓肘裝士女幅　絹本兩幅

又石壁題詩圖立軸　紙本

顧西楳三教論道圖立軸　紙本

葉小鸞花卉小立軸　粉箋本疑非真跡

釋六舟梅花水仙大屏幅　紙本四幅

别下齋書畫録補闕

草稿中間有脱逸、因從許美梅茂才
所手定不全清本中補完、餘印仍之

李竹嬾瀟湘暮雨卷

上下有竹嬾自題及
黄葉庵釋智舷所題

淨因禪師雪巖、倩文與可寫竹一枝、曰見者使人清涼心地、以代
說法耳、君實寫瀟湘圖、大類李龍眠、顧不寫竹、竹聲蕭蕭
在其中矣、陳繼儒為舷公題卷、　□麋公　□臥遊　印在紙接又騎縫

□研雪齋　首引

南岳拔地五百里、登祝融峰、下視世界、盪為雲海、其谿谷諸水
奔灣湊合、匯於洞庭、涵天浴日、畫者難措其手、獨其沮
洳浸淫處、從青草湖而上、為瀟湘二江、渺瀰荒忽、唐人詩所謂

笠釣青莊〻者濤迷蹤漢可以想見余往見京師見李伯時瀟湘暮雨圖筆蹤可數而氣象出没深歎古人於一滴墨水中吐吞天地山川之變別去已十年餘矣甲寅首夏於新安邸中遇蓉城王琳郎其人魁岸負奇所謂胸吞雲夢八九者也偶徵余繪事勉作此圖步〻趨〻且有瞠若之歎矧夢中索夢者耶聊資一噱而已　家君舊圖題語如右積存篋中謹録於此

男肇亨沐手書　□肇亨　□會嘉氏章

○如蕉中堅　引首

猶記君實先生前圖小景疊石為坡〻上三五老樹挺立如揖如拱枝葉含潤欲滴臨江忽聳一墩〻上有一小亭若恣情山水者欲領略雲物吞吐煙嵐變幻盡莫勝於斯亭矣余因戲

題曰：亭中無人，覺得江山風月無主，何不著余亭中？愛惡之情不忘，夢寐此可見矣。不意前圖爲航公失去，航公具卷請補之，而先生復圖如右。山川位次似若少異，而煙景淒迷，視昔有加無減。古人所謂淫雲如夢雨如塵者，展卷驚如磁鐵之合。先生真胸中羅山川，腕下生煙雨者矣。前後李未可并置高下。獨恨余老而無識，昔嘗爲峨眉之游，乃不迂道瀟湘，爲此時此景款自印合耳。猶私心見煙雲合变，有蓬茅無任雨雪者，輒忻忻神往。冀坐臥此中，少領佳趣，兼爲前題解嘲也。然終自怪夢說往質君夢。君實曰：非夢說，是真夢說。余因笑而具書如右。竹浪主人徐宏澤書於白學村之雲肆，時年六十九。

□潤卿　□徐印宏澤　□秋清卿堅

書畫録補缺

□ 雙溪草堂 首引

昔人游覽輿圖，遇山水則加眷戀，每恨眼孔不能安置天地，今披九爲先生妙筆，於尺幅間縮盡山水情狀，心思既合，神與偕忘，漸覺紙上煙霏雲動，波浪興勃，與身游矣，此豈三文錢雞毛筆使兩耶。癸酉陽月，書於雙溪草堂，馮元鍇題。

口 馮印元鍇　口 鍇文之

忽忽間，煙中有數點山，諸之瀟湘暮雨圖，筆下清風遠此，只見先生本來面目。癸未十月九日，徑山信題。

信印

君實儀部，爲之摹妙師圖此卷，蕭疎淡遠，大有逸韵，如王右軍與山陰道士寫黄庭，當並傳不朽耳。昔右軍寫就，籠鵝群而去，不知師何以報之，以師詩禪最上乘，想儀部樂以筆硯作佛事也，社弟陸鳴和題。□陸鳴和印　□三儒父　□從好齋　印在標綫下。

嘉慶辛酉春，余從袁江至長沙，時積雨空濛，水天一色，想見瀟湘夜雨諸景，輒呼米老不置。追游楚歸，適得此卷，為吾鄉竹嬾先生得意筆，沖和淡遠，見者神往，况為余親歷之境耶。題者七人，陳仲醇外，皆吾禾高雅之士，畫者題者，色色精絶，具見前輩風流。釋莘如，名智舷，號秋潭，俗姓周，住郊西黄葉庵，著有黄葉庵集。徐春門，宏澤，居春波里，詩書畫皆工，時稱春門三絶。陸三儒鳴和，隱居竹樗里，竹嬾曾賦六君詠贈之。馮鑑之，元鑑，萬曆庚子舉人，任涪州知州，棄官歸，築室淮溪之濱。釋雪嶠，名圓信，別號侄山，俗姓朱，鄞人，後住東塔寺圓寂，名甚著。竹嬾先生長子會嘉，號酣鷗，著寫山樓李圖，夢餘諸草，曾主鴛湖詩社。

書畫録叢跋　三一

凡物之遇合有定、余亦纂郡志於吾禾前哲、搜採在傳、凡有手跡、即購得若干、入冊已十餘年矣、茲得是卷、文獻所在、不僅作臥游已也、因疏諸公姓氏於後、仲醇非禾人、不具書、壬戌三月既望、松門戴光曾識於雙溪里之從好齋

口光曾 口松門 口情求文獻 口虹涯 此印在題前

竹嬾先生瀟湘暮雨圖、原本為南宋孝廉王拚郎寫、兄竹嬾画勝、醉鷗所錄跋語是也、余曾見味水軒日記並載此圖前後二跋、今後圖已得、而能以失去之圖究在何處、書此以俟延津之合、松門又識 口松門手書

竹嬾先生瀟湘暮雨圖、著里之家多有、以神運真、神品也、最為故友松門所得之、後袖卷商易趙文度雪溪圖卷、余因趙卷題跋

十餘家是卷僅七人故不見所請自後亦不知爲何人之手今生沐蔣先寄歸屬跋見卷如見吾舊友回憶其事已卅餘年矣之爲展閱不勝人琴之感云道光己亥嘉平月殷樹柏時年七十有一　□殷印樹柏　□縵卿

頤牙山蔬果卷

已見前卷補録
樊榭諸家詞

青浮卵盌。餅煮槐芽。竹胎猶短。園丁掣鋤。疏籬煙雨滿。我來參玉版。一村嫩雨。林梢活如啼眼。稱皆和苦劇。洋州詩句曾柬。有人炊晚飯。前

三月小桃吹謝。綠野荒原。英秾種菜不堪論。芸薹蕭。書閑門外。臥龍已去天星隕。軍散盡。戰士猶徵壞。去今遠種之

書畫録補缺　　四一

鄰翁殘冬。滿畦黃葉風。　蘿蔔
顆顆黃破。一林盧橘。懸金欲墮。吹紅螺。愛新雞。酒挪。秋壓
東園朋。跳脫玲瓏美人腕。牽銀絲。映得光零亂。蠟丸團
汁兜酸。搓丸。歡將書寄難。　枇杷
天涼如水。霜黃梧子。斜陽返照。秋香一樹。纍纍霏靡。鯉魚風
又起。　晶盤界向簡坊。市空齋裡。點綴烏皮几。遠還疏淡如
知清處。酒醒閒著袅。　香櫞
依嘴黃灣。乱覆蘭渚。壁合魚又。斜撐艇子。照影鴉家家採
菱姥。　江南水國堪清夏。涼風酒。粉刺兜羅帕。生憎牽負鏡
奩粧。天涯。浮梁去賣茶。　水紅菱
貢兼橘柚。南方與偶。烏爪休抓。倚欄閒弄脈脈想見銷魂玉

纖瓜。殘香漬入搓酥粉。西風緊。一夜芙蓉冷。檀奴有意為遮交午腮紅。傍簾櫳。　木瓜

村陌吹笛。水風涼。綠蟾牆邊路長。牛衣古柳紫瓜香。商量為他加蜀薑。　園官菜把無窮蔓。清貧要。且汲流泉煮。折項瓠。白雕胡。山廚敵苦蘇。　茄

秋果懷抱。龍涎味漏。雅號名妍。江鄉幽興最堪憐。年年溥鵰不論錢。　藷鐺折脚煨殘火。山僧坐。往事今無那。斫侯鯖。擣金齏。削評。何如玉糝羹。　芋

湖天平碧。鴉頭十五。淮叟搖輕櫓。清歌學唱想夫憐。采得綠房和子擘。　家鄉消夏灣前路。愁時候。心苦君知否。館娃宮北煙空。銷魂墜粉紅。　蓮房

書畫録補闕

五

鶴巢。兎紫。濃陰蕭灑。樹間紅碎。滿江城堪羨。棟花風知。筠
籠和葉賣　堆盤磊磊楊家果。玫瑰顆。掐得檀痕破。淚淋
漓。涇膩臙脂和泪。問郎知不知。楊梅
霜後。紅透。檔屠初部。伴栗黃鐵。和橙綠瘦。石醋炒珠凑其
秋來子滿枝。　粉裙曾染屠腥血。花時節。光景真飄瞥。向墻
陰一樹。猶記舊風流。涇搔頭。石榴
溪漲。風浪。龍爪船上。密蒲席幂。許多新樣。園廚揉酥。醍
醐誰將。漫叟鼻飾。　散延香粉祈河鼓。當風露。黏著黃金縷
夢晉騰。事難憑。東陵。種時熟未曾。香瓜
閩嶺。幽境。海天遙。綠荔丹蕉最饒。何如青子綴長條。風標。紅
鹽點不添。　慢直峰下家千里。沾牙齒。諫味長如此。試燈天孽

柑廼春纖。裏衣來和茗煎。 橄欖

赧赧堪擣。舊湖州水驛。旗亭小留。重來杜牧惱春愁。紅樓。

一味不奈秋。 吳孃枇葉傷心曲。數數盛。殺羅難教綉破時節

翠娥顰。嬌嗔。中心别有人。 枇實

風颭。月暗。曲廊斜。别夢依依謝家。牽牛籬落掛青花。天斜。豆

棚閒著花。 豆花 八月吹涼雨。秋深處。勞向裁吳綿。犀鎮帷。換袷

衣。依稀。一擔香又肥。藕 司農廿六兄屬題蔬果畫冊。填河傳十

五闋。用各韻。同學弟厲鶚。 倶字印。

[印] 曾紛筆札 首引

蘤賓與瓊萼。登臨多雅致。一笑閑書堂。三月都忘味。虎郎自

癡絕。日日理青甆。供設解禪意。西風吹緊些。 六 花曾閑解語草

書畫錄補缺

六橋通雲不能，鶯燕和騷客空清醒。出自小北門外青畦半園戶

安得從居，五畝如老圃。妙筆天然，如青藤與白陽。酒清茶

熟，傲著安自生香。　司農廿六兄屬題吾友餘冬蔬果畫冊

留觀三月，跋五絕句歸之。時康熙甲午展重陽日，吳焯書於

繡谷亭。　□吳焯　□尺鳧

東風欲破紫苔痕細，輕雷一夜驚蒼玉。時節近櫻廚，何人餉老夫。

新諳春生玉味，小點吳鹽白。又是焙茶天，山家處處煙。　節

廢畦荒圃添泉流，一檐斜日鄰翁灌。頭頭含花穢，還須斷酒渠。

五湖煙水好，可惜英雄老。回首換年華，春風雪白花。　灌畝

當筵脫手金丸小，蜂黃易著麻姑爪。斜日洞庭怯，已應嘗橘官。

重來門巷路，一樹垂垂在。記得雪成團，枝頭黃雀寒。　枇杷

清霜初點黃花瓦。兒童園破種雲籬。香遠坐（脱二字）暈沙淺菠伽。形容殊魁壘。卻笑豐肌腳。小卷載根株。誰傳種樹書。香櫞

一繩累破秋痕淺。茫茫野蕩波流漫。坐箇小漁娃。船身似缺瓜。水天閒語（詁）處。隱語相系渺。要見玉玲瓏。紅衣褪一重。水紅菱

粉痕不染凝雲凍。金盤素手投來重。掌汗拭輕容。有人雙頰紅。甜香午枕邊。卯酒初醒後。酒醒夢揚州。揚州舊酒樓。木瓜

蝸牛廬外連畦紫。擔頭壓受喧朝市。一笑謝廚娘。饒嘗風露香。當時花滿地。色與輕衫似。轉眼又秋光。悠揚小蝶黃。茄

平生不負然糠火。園收山栗同珍果。隔岸有高荷。秋來涼雨多。岷峨殊遠在。那不陂塘罷。生計更蹲鴟。今年飯豆多。芋

紅衣落盡星星見。刺菱團芡看都厭。最好晚涼天。賣時採近船。

書畫録補缺

x

西湘秋老矣。唱徹雙鬟如。莫道苦心多。空房還奈何。蓮房

森々鶴頂懸捶髓。臂支起粟皺紅玉。結夏記山房。微風深隔涼。

指痕留一捻。怕向鮫綃浥。越女雪肌膚。潤郎曾見否。楊梅

青房已坼珍珠錦。金鐶纍樹收初夏。冰壺瓠犀寒。芳名原帶酸。

檀郎閒調笑。多子憐渠好。依肯入房櫳。一方裙衩紅。石榴

平疇子母迎朝日。東隣剝見新標樹。破瓜我沈吟。可憐碧玉名。

冰天同夜話。逆鼻香氣傳。插竹看登筵。星期又一年。香瓜

紛々誰見紅塵墮。春盤常伴數姿果。吹氣本如蘭。非關一蕋含。

酒醒添病渴。記取投時節。纖核教還他。夜燈看作花。橄欖

腿痕一抹紅霞暈。吳孃小擘春纖嫩。結子太思々。閒心昨夜風。

瑤池閒蕊泛。海底仙人慶。青雀倘飛還。因緣見阿環。桃實

短籬瘦竹欹斜插。一棚慣向疏疏雨。低戰數枝花。秋來絡緯家。
萁湯煎太急。能醫珠明肥。小出晚風涼。盲翁正作場。　藊豆
頤竹山所画蔬果十五種，樊榭用河傳各係題之，極肖物之狀。今
歸夢華蔣先介思亭吳兄乞為繼聲，因成菩薩蠻十五闋，愧
不足繼樊榭之後。當今詞家吾吳云如尤二娛，若思亭盍往求之，
余言其驗矣夫。嘉慶丙寅重午前七日，浮眉樓主人郭麐并記

郭麐私印　□　浮眉樓　□

籜龍角舊碌碌玉。嫩衣教褪層層綠。風味借山廚。先嘗輸野夫。　杏
紅萱葉白。節候清設訣。西崦鑲耕夫。天燒殘燒燒煙。　筍
不煩擔水荒畦種。煙苗露甲朝猶沍。翦事說燒燒豬。清肌獨有渠。
園丁聲計老。辣玉甜冰物。一種瑞楊花。鮮鬆滾井華。　蘿蔔

書画録補缺

八

甘蔗氷崖香龍爪畋殊緑橘千頭如比荔獻珠窗董風送満帆。

此右二娛詞也、姜梅清本脫去一葉，擬更二娛詞集補之

已見巻上第九頁

方蘭坻花卉巻　重裝，當刪

此則前録脫遂過，半今重録於此

阿那其枝　書隷

余既賦鷓鴣天詞題方丈所寫九種折枝花卉，越十餘日重過，澹秋時秋陰作涼，出窓笥裡復展是巻，遂趣横生，因書四字於引首。丙寅秋仲九日倪稻生　□鶴林外史

蘭坻方董寫於桐華館　□方氏蘭坻

□夢隱書記　引首

澹秋程兄出示方山人設色画花卉九種，因製小詞，書于巻尾。

調倚鷓鴣天　檻外濃陰護晚花，巻中彩筆淨鉛華，春雲

為約秋雲淡蓮子水還如田水斜　臨粉本試園茶語溪香籠
在天涯年來頗結幽蘭夢又展煙痕上畫叉
同日又見檡菴設色畫蘭石兩軸並得觀桐花館主試茶圖時丙
寅七月二十日也　西湖夢隱填詞　□米樓

奚鐵生花卉卷

前録脱去第七第八兩段特補其缺

七段　盧女從時鉛粉褪　劉郎重到鬢絲多

□鐵生　□振衣千仞

八段　萱背宜男草　花間葉後絲　應須好培植　見説解忘憂

□蒙泉外史　□岡奚

卷中凡加圈者皆是美格不全清本